ALA-LC Romanization Tables에 의한

한글 로마자 표기
용례 사전
정부 표기법 용례 첨부

ALA–LC Romanization Table에 의한

한글 로마자 표기
용례 사전

정부 표기법 용례 첨부

미국 의회도서관 목록전문위원

이영기 편저

경인문화사

서 문

　처음 미 의회 도서관에서 일을 시작하면서 한글의 로마자 표기법을 마주했을 때의 당혹감이 수십년이 지난 지금 아직도 가슴에 각인처럼 남아 있습니다.

　한국 자료를 소장하고 있는 해외 도서관의 대부분이 사용하고 있는 ALA-LC Romanization Tables, Korean은 1937년 두 명의 미국인(매큔과 라이샤워)이 창안한 매큔-라이샤워 방식에 근거하고 있습니다. 이 방식은 한글을 자역(字譯)하려는 것이 아니라 소리대로 표기하는 방식이기에 처음 접하는 분들께는 조금은 생소한 표기법이리라 짐작됩니다. 그동안 여러 차례 이용자 여러분들이나 도서관 관계자 여러분께 좀 더 납득하기 쉬운 표기법을 제공하기 위해 논의를 거듭했지만 아직도 모두를 만족시킬 수 있는 표기법이 없는 현실에서 옳고 그름의 문제를 떠나 이용자 여러분들께 혼란과 당혹감을 조금이라도 줄일 수 있고, 또 통일된 표기를 가짐으로 자료의 검색이나 목록 작성 등 한국학 연구 데이타베이스의 정확도를 높일 수 있다면 하는 작은 바램으로 목록 작업 틈틈이 하나, 둘 모았던 용례들이 이제 제법 한권의 분량이 되었습니다. 많이 망설였지만 한국학에 깊은 관심과 많은 열정을 갖고 계시는 경인 문화사의 한정희 사장님께서 쾌히 승락하여 주서서 용기를 내어 한권의 책으로 꾸며봅니다.

　아직 한글과 한자 검색어의 상호 연관이 이루어지지 않은 해외 한국학 도서관의 환경을 고려하여 한자어 용례들을 함께 수록하였습니다.

　이 작은 책자는 주변의 이목을 받지 못하는 분야에서 말없이 묵묵히 일하고 계시는 한국학 도서관의 여러분들 모두의 공동 작업으로 이루어진 것입니다. 그러나 오류가 있다면 그것은 오로지 필자의 잘못입니다. 연락 주시면 수정토록 하겠습니다. 이 조그만 노력이 바탕이 되어 더 나은 표기법이 나오기를 기대해봅니다.

　처음 인터넷 상에 표기법 사전이라는 프로그램을 개발하며 함께 노력했던 위스콘신 대학의 정우섭 교수님, 동아시아학 도서관 협의회 한국 자료 분과 장재용 회장님께 깊은 감사의 말씀을 전합니다. 그리고 누구보다도 이 작은 책자를 기다리며 격려를 아끼지 않았던 고 김숙희 미의회 도서관 한국 목록과 전임 과장님께 드리고 싶습니다. 또한 흩어진 구슬에 불과한 자료들을 이렇게 유용한 자료로 만들어 주신 경인 문화사의 김환기 이사님, 김소영 팀장 그리고 편집부 여러분께도 감사의 말씀을 전합니다.

이 조그만 책이 한국학 관계자 여러분들께 작은 보탬이라도 될 수 있다면 한국 자료라는 화두를 안고 지내온 지난 날들이 그리 아깝지는 않으리라 생각하며 그동안 이해가 않되는 일들로 끙끙거리는 저자를 말없이 옆에서 지켜봐 준 집사람과 두 아이들에게도 작은 흔적이나마 전할 수 있어 다행이라 생각됩니다.

끝으로 이 책자의 내용은 모두 저자 작업의 결과이며 저자가 소속된 기관과는 전혀 무관함을 밝힙니다.

戊戌年 초여름

저자 拜

차 례

서문 _ 4

1. 한글의 로마자 표기 _ 7

2. 한자어(漢字語)의 로마자 표기 _ 495

3. 역사인명(歷史人名)의 로마자 표기 _ 741

* 표제어의 배열은 한글의 가나다 순으로 하였습니다.

1

한글의 로마자 표기

한글 용례	ALA-LC Romanization	정부 표기안	한글 용례	ALA-LC Romanization	정부 표기안
0순위	0-sunwi	0-sunwi	2탄	2-t'an	2-tan
1권	1-kwŏn	1-gwon	2판	2-p'an	2-pan
1년차	1-yŏnch'a	1-nyeoncha	2평	2-p'yŏng	2-pyeong
1등	1-tŭng	1-deung	20년사	20-yŏnsa	20-nyeonsa
1면	1-myŏn	1-myeon	20년史	20-yŏnsa	20-nyeonsa
1번	1-pŏn	1-beon	20세기형	20-segihyŏng	20-segihyeong
1번지	1-pŏnji	1-beonji	20세손	20-seson	20-seson
1세	1-se	1-se	21세기	21-segi	21-segi
1세대	1-sedae	1-sedae	21세기사	21-segisa	21-segisa
1원	1-wŏn	1-won	21세기적	21-segijŏk	21-segijeok
1인자	1-inja	1-inja	25시	25-si	25-si
1조	1-cho	1-jo	25현	25-hyŏn	25-hyeon
1차	1-ch'a	1-cha	200결	200-kyŏl	200-gyeol
1판	1-p'an	1-pan	3김	3-Kim	3-Kim
1호기	1-hogi	1-hogi	3단계	3-tan'gye	3-dangye
1호분	1-hobun	1-hobun	3번째	3-pŏntchae	3-beonjjae
1호선	1-hosŏn	1-hoseon	3부작	3-pujak	3-bujak
10강	10-kang	10-gang	3선	3-sŏn	3-seon
10개월	10-kaewŏl	10-gaewol	3세	3-se	3-se
10계명	10-kyemyŏng	10-gyemyeong	3세들	3-sedŭl	3-sedeul
10기	10-ki	10-gi	3섹터	3-sekt'ŏ	3-sekteo
10년간	10-yŏn'gan	10-nyeongan	3종	3-chong	3-jong
10명	10-myŏng	10-myeong	3차	3-ch'a	3-cha
11번가	11-pŏn'ga	11-beonga	3차원	3-ch'awŏn	3-chawon
100년	100-yŏn	100-nyeon	3천년사	3-ch'ŏnnyŏnsa	3-cheonnyeonsa
100답	100-tap	100-dap	3호분	3-hobun	3-hobun
100대	100-tae	100-dae	30억년	30-ŏngnyŏn	30-eongnyeon
100문	100-mun	100-mun	31역	31-yŏk	31-yeok
100세인	100-sein	100-sein	32년차	32-yŏnch'a	32-nyeoncha
100주년	100-chunyŏn	100-junyeon	33쌍	33-ssang	33-ssang
103위	103-wi	103-wi	38선	38-sŏn	38-seon
2광구	2-kwanggu	2-gwanggu	300년	300-yŏn	300-nyeon
2굴	2-kul	2-gul	386세대	386-sedae	386-sedae
2급	2-kŭp	2-geup	4년제	4-yŏnje	4-nyeonje
2기판	2-kip'an	2-gipan	4색	4-saek	4-saek
2년	2-yŏn	2-nyeon	4선	4-sŏn	4-seon
2년생	2-yŏnsaeng	2-yeonsaeng	4악장	4-akchang	4-akjang
2단계	2-tan'gye	2-dangye	4월회	4-wŏrhoe	4-wolhoe
2라운드	2-raundŭ	2-raundeu	4집	4-chip	4-jip
2인자	2-inja	2-inja	4차원	4-ch'awŏn	4-chawon
2인자들	2-injadŭl	2-injadeul	4파전	4-p'ajŏn	4-pajeon
2주기	2-chugi	2-jugi	40시간제	40-siganje	40-siganje
2천년대	2-ch'ŏnnyŏndae	2-cheonnyeondae	49재	49-chae	49-jae

한글 용례	ALA-LC Romanization	정부 표기안
5강	5-kang	5-gang
5돌	5-tol	5-dol
5백년	5-paengnyŏn	5-baengnyeon
5분간	5-pun'gan	5-bungan
5음계	5-ŭmgye	5-eumgye
5일장	5-ilchang	5-iljang
5일제	5-ilche	5-ilje
5줍	5-chŭp	5-jeup
5천만	5-ch'ŏnman	5-cheonman
5초남	5-ch'onam	5-chonam
50목	50-mok	50-mok
58학번들	58-hakpŏndŭl	58-hakbeondeul
6촌	6-ch'on	6-chon
6호선	6-hosŏn	6-hoseon
600년간	600-yŏn'gan	600-nyeongan
7막	7-mak	7-mak
7장	7-chang	7-jang
7주갑	7-chugap	7-jugap
8학군	8-hakkun	8-hakgun
8회	8-hoe	8-hoe

한글 용례	ALA-LC Romanization	정부 표기안
가	ka	ga
가가	kaga	gaga
가각	kagak	gagak
가각본	Kagakpon	Gagakbon
가갈	kagal	gagal
가감	kagam	gagam
가객	kagaek	gagaek
가거	kagŏ	gageo
가거도	Kagŏdo	Gageodo
가거든	kagŏdŭn	gageodeun
가게	kage	gage
가게된	kagedoen	gagedoen
가겠다	kagetta	gagetda
가격	kagyŏk	gagyeok
가격법	kagyŏkpŏp	gagyeokbeop
가결	kagyŏl	gagyeol
가계	kagye	gagye
가계도	kagyedo	gagyedo
가계부	kagyebu	gagyebu
가고	kago	gago
가고자	kagoja	gagoja
가고파	kagop'a	gagopa
가곡	kagok	gagok

한글 용례	ALA-LC Romanization	정부 표기안
가곡리	Kagong-ni	Gagok-ri
가곡선	kagoksŏn	gagokseon
가곡집	kagokchip	gagokjip
가공	kagong	gagong
가공업	kagongŏp	gagongeop
가관	kagwan	gagwan
가교	kagyo	gagyo
가구	kagu	gagu
가구동	Kagu-dong	Gagu-dong
가구주	kaguju	gaguju
가군	kagun	gagun
가극	kagŭk	gageuk
가극단	kagŭktan	gageukdan
가금	kagŭm	gageum
가급	kagŭp	gageup
가급적	kagŭpchŏk	gageupjeok
가기	kagi	gagi
가긴	kagin	gagin
가길	kagil	gagil
가까운	kakkaun	gakkaun
가까워	kakkawŏ	gakkawo
가까워지고	kakkawŏjigo	gakkawojigo
가까이	kakkai	gakkai
가깝게	kakkapke	gakkapke
가깝고도	kakkapkodo	gakkapgodo
가깝다	kakkapta	gakkapda
가꾸기	kakkugi	gakkugi
가꾸는	kakkunŭn	gakkuneun
가꾸며	kakkumyŏ	gakkumyeo
가꾼	kakkun	gakkun
가꿔	kakkwŏ	gakkwo
가나	kana	gana
가나가와	Kanagawa	Ganagawa
가나다	kanada	ganada
가나셀	Kanasel	Ganasel
가나안	Kanaan	Ganaan
가나자와	Kanajawa	Ganajawa
가난	kanan	ganan
가난살이	kanansari	ganansari
가납	kanap	ganap
가내	kanae	ganae
가네	kane	gane
가네카와	Kanek'awa	Ganekawa
가노	kano	gano
가노라	kanora	ganora

한글 용례	ALA-LC Romanization	정부 표기안	한글 용례	ALA-LC Romanization	정부 표기안
가느다란	kanŭdaran	ganeudaran	가려는가	karyŏnŭn'ga	garyeoneunga
가는	kanŭn	ganeun	가려므나	karyŏmŭna	garyeomeuna
가는가	kanŭn'ga	ganeunga	가려움	karyŏum	garyeoum
가는데	kanŭnde	ganeunde	가려진	karyŏjin	garyeojin
가늠	kanŭm	ganeum	가렴	karyŏm	garyeom
가능	kanŭng	ganeung	가렵도다	karyŏptoda	garyeopdoda
가능량	kanŭngnyang	ganeungnyang	가령	karyŏng	garyeong
가능성	kanŭngsŏng	ganeungseong	가례	karye	garye
가능주의	kanŭngjuŭi	ganeungjuui	가례도	karyedo	garyedo
가다	kada	gada	가례초	karyech'o	garyecho
가다듬고	kadadŭmko	gadadeumgo	가로	karo	garo
가다머	Kadamŏ	Gadameo	가로수	karosu	garosu
가닥	kadak	gadak	가로수길	karosukil	garosugil
가단	kadan	gadan	가록	karok	garok
가담	kadam	gadam	가룡	karyong	garyong
가덕도	Kadŏkto	Gadeokdo	가루베	Karube	Garube
가던	kadŏn	gadeon	가르기	karŭgi	gareugi
가도	kado	gado	가르는	karŭnŭn	gareuneun
가동	kadong	gadong	가르쳐	karŭch'yŏ	gareuchyeo
가두	kadu	gadu	가르치고	karŭch'igo	gareuchigo
가두는가	kadunŭn'ga	gaduneunga	가르치는	karŭch'inŭn	gareuchineun
가두리	kaduri	gaduri	가르치다	karŭch'ida	gareuchida
가두었을까	kaduŏssŭlkka	gadueosseulkka	가르치며	karŭch'imyŏ	gareuchimyeo
가드너	Kadŭnŏ	Gadeuneo	가르치지	karŭch'iji	gareuchiji
가득	kadŭk	gadeuk	가르친	karŭch'in	gareuchin
가득찬	kadŭkch'an	gadeukchan	가르칠	karŭch'il	gareuchil
가득한	kadŭkhan	gadeukhan	가르칠까	karŭch'ilkka	gareuchilkka
가득한데	kadŭkhande	gadeukhande	가르침	karŭch'im	gareuchim
가든	kadŭn	gadeun	가른	karŭn	gareun
가등	kadŭng	gadeung	가른다	karŭnda	gareunda
가디언	kadiŏn	gadieon	가름	karŭm	gareum
가라	kara	gara	가릉군	Karŭng-gun	Gareung-gun
가라사대	karasadae	garasade	가리	kari	gari
가라앉는	karaannŭn	garaanneun	가리고	karigo	garigo
가락	karak	garak	가리마	karima	garima
가락국	Karakkuk	Garakguk	가리방	karibang	garibang
가락동	Karak-tong	Garak-dong	가리봉	Karibong	Garibong
가락성	Karaksŏng	Garakseong	가리봉동	Karibong-dong	Garibong-dong
가람	karam	garam	가리키는	karik'inŭn	garikineun
가람고	Karamgo	Garimgo	가리키다	karik'ida	garikida
가람누리	Karamnuri	Garamnuri	가리킨	karik'in	garikin
가람사	Karamsa	Garamsa	가린	karin	garin
가랑	karang	garang	가림	karim	garim
가량	karyang	garyang	가림다	karimda	garimda
가려	karyŏ	garyeo	가림토	Karimt'o	Garimto

한글 용례	ALA-LC Romanization	정부 표기안	한글 용례	ALA-LC Romanization	정부 표기안
가마	kama	gama	가별초	Kabyŏlch'o	Gabyeolcho
가마니	kamani	gamani	가볍게	kabyŏpke	gabyeopge
가마뫼	Kamamoe	Gamamoe	가볍고	kabyŏpko	gabyeopgo
가마미	Kamami	Gamami	가병	kabyŏng	gabyeong
가마터	kamat'ŏ	gamateo	가보	kabo	gabo
가마터골	Kamat'ŏkol	Gamateogol	가보고	kabogo	gabogo
가만	kaman	gaman	가보는	kabonŭn	gaboneun
가만히	kamanhi	gamanhi	가보면	kabomyŏn	gabomyeon
가망	kamang	gamang	가보세	kabose	gabose
가매	kamae	gamae	가복	kabok	gabok
가매장	kamaejang	gamaejang	가본	kabon	gabon
가맹	kamaeng	gamaeng	가볼	kabol	gabol
가맹점	kamaengjŏm	gamaengjeom	가봉	kabong	gabong
가멘	kamen	gamen	가봐야	kabwaya	gabwaya
가면	kamyŏn	gamyeon	가봤니	kabwanni	gabwanni
가면극	kamyŏn'gŭk	gamyeongeuk	가봤으면	kabwassŭmyŏn	gabwasseumyeon
가면극선	kamyŏn'gŭksŏn	gamyeongeukseon	가부	kabu	gabu
가면무	kamyŏnmu	gamyeonmu	가부장	kabujang	gabujang
가면서	kamyŏnsŏ	gamyeonseo	가부장적	kabujangchŏk	gabujangjeok
가면희	kamyŏnhŭi	gamyeonhui	가부장제	kabujangje	gabujangje
가명	kamyŏng	gamyeong	가부좌	kabujwa	gabujwa
가목	kamok	gamok	가비	kabi	gabi
가묘	kamyo	gamyo	가빴던	kappattŏn	gappatdeon
가묘법	kamyopŏp	gamyobeop	가사	kasa	gasa
가묘제	kamyoje	gamyoje	가사선	kasasŏn	gasaseon
가무	kamu	gamu	가사집	kasajip	gasajip
가무기	kamugi	gamugi	가사체	kasach'e	gasache
가무적	kamujŏk	gamujeok	가사학	kasahak	gasahak
가무제	kamuje	gamuje	가산	kasan	gasan
가문	kamun	gamun	가산고	kasan'go	gasango
가물	kamul	gamul	가산군	Kasan-gun	Gasan-gun
가미	kami	gami	가산리	Kasan-ni	Gasan-ri
가미시스카	Kamisisŭk'a	Gamisiseuka	가산성	kasansŏng	gasanseong
가미야마	Kamiyama	Gamiyama	가산세	kasanse	gasanse
가미카제	kamik'aje	gamikaje	가산제	kasanje	gasanje
가방	kabang	gabang	가산현	Kasan-hyŏn	Gasan-hyeon
가방끈	kabangkkŭn	gabangkkeun	가상	kasang	gasang
가배	kabae	gabae	가서	kasŏ	gaseo
가버린	kabŏrin	gabeorin	가선	kasŏn	gaseon
가별	kabŏl	gabeol	가설	kasŏl	gaseol
가범	kabŏm	gabeom	가성	kasŏng	gaseong
가법(加法)	kapŏp	gabeop	가세	kase	gase
가법(家法)	kabŏp	gabeop	가세나	kasena	gasena
가벼운	kabyŏun	gabyeoun	가셨을까	kasyŏssŭlkka	gasyeosseulkka
가변형	kabyŏnhyŏng	gabyeonhyeong	가속	kasok	gasok

한글 용례	ALA-LC Romanization	정부 표기안	한글 용례	ALA-LC Romanization	정부 표기안
가속도	kasokto	gasokdo	가예산	kayesan	gayesan
가속화	kasokhwa	gasokhwa	가예원	Kayewŏn	Gayewon
가손	kason	gason	가오리	kaori	gaori
가솔	kasol	gasol	가옥	kaok	gaok
가수	kasu	gasu	가온	kaon	gaon
가수동	Kasu-dong	Gasu-dong	가와바타	Kawabat'a	Gawabata
가숙	kasuk	gasuk	가와사키	Kawasak'i	Gawasaki
가순	kasun	gasun	가와치	Kawach'i	Gawachi
가스	kasŭ	gaseu	가요	kayo	gayo
가스관	kasŭgwan	gaseugwan	가요들	kayodŭl	gayodeul
가슬갑사	Kasŭlgapsa	Gaseulgapsa	가요사	kayosa	gayosa
가슴	kasŭm	gaseum	가요시	kayosi	gayosi
가습기	kasŭpki	gaseupgi	가용성	kayongsŏng	gayongseong
가승	kasŭng	gaseung	가우	kau	gau
가시	kasi	gasi	가우도	Kaudo	Gaudo
가시고	kasigo	gasigo	가우처	Kauch'ŏ	Gaucheo
가시권	kasikwŏn	gasigwon	가운	kaun	gaun
가시내	kasinae	gasinae	가운데	kaunde	gaunde
가시는	kasinŭn	gasineun	가운동	Kaun-dong	Gaun-dong
가시동	Kasi-dong	Gasi-dong	가원	Kawŏn	Gawon
가시리	kasiri	gasiri	가월	kawŏl	gawol
가시밭	kasibat	gasibat	가위	kawi	gawi
가시지	kasiji	gasiji	가위질	kawijil	gawijil
가시청	kasich'ŏng	gasicheong	가은현	Kaŭn-hyŏn	Gaeun-hyeon
가식	kasik	gasik	가을	kaŭl	gaeul
가신	kasin	gasin	가을내	kaŭllae	gaeullae
가신면	Kasin-myŏn	Gasin-myeon	가을호	kaŭrho	gaeulho
가실	kasil	gasil	가음정동	Kaŭmjŏng-dong	Gaeumjeong-dong
가십시오	kasipsio	gasipsio	가의	kaŭi	gaui
가쎄	kasse	gasse	가이드	kaidŭ	gaideu
가압	kaap	gaap	가이드라인	kaidŭrain	gaideurain
가압류	kaamnyu	gaamnyu	가이드북	kaidŭbuk	gaideubuk
가야	kaya	gaya	가인	kain	gain
가야국	Kayaguk	Gayaguk	가일	kail	gail
가야금	kayagŭm	gayageum	가입	kaip	gaip
가야누마	Kayanuma	Gayanuma	가자	kaja	gaja
가야대	Kayadae	Gayadae	가자미	kajami	gajami
가야사	Kayasa	Gayasa	가장	kajang	gajang
가야산	Kayasan	Gayasan	가장결	kajanggyŏl	gajanggyeol
가야인	Kayain	Gayain	가장본	kajangbon	gajangbon
가야지	kayaji	gayaji	가재	kajae	gajae
가야진	Kayajin	Gayajin	가재미	kajaemi	gajaemi
가얏고	kayatko	gayatgo	가전	kajŏn	gajeon
가양주	kayangju	gayangju	가전군	Kajŏn-gun	Gajeon-gun
가언	kaŏn	gaeon	가전체	kajŏnch'e	gajeonche

한글 용례	ALA-LC Romanization	정부 표기안	한글 용례	ALA-LC Romanization	정부 표기안
가정	kajŏng	gajeong	가집	kajip	gajip
가정고	Kajŏnggo	Gajeonggo	가짜	katcha	gajja
가정과	kajŏngkwa	gajeonggwa	가차	kach'a	gacha
가정식	kajŏngsik	gajeongsik	가창	kach'ang	gachang
가정천	Kajŏngch'ŏn	Gajeongcheon	가창군	Kach'ang-gun	Gachang-gun
가정학	kajŏnghak	gajeonghak	가처분	kach'ŏbun	gacheobun
가제	kaje	gaje	가천	Kach'ŏn	Gacheon
가제트	kajet'ŭ	gajeteu	가천동	Kach'ŏn-dong	Gacheon-dong
가져	kajyo	gajyeo	가첩	kach'ŏp	gacheop
가져다준	kajyŏdajun	gajyeodajun	가체	kach'e	gache
가져라	kajyŏra	gajyeora	가축	kach'uk	gachuk
가져서	kajyŏso	gajyeoseo	가치	kach'i	gachi
가져야	kajyŏya	gajyeoya	가치관	kach'igwan	gachigwan
가져온	kajyŏon	gajyeoon	가치론	kach'iron	gachiron
가족	kajok	gajok	가치세	kach'ise	gachise
가족내	kajongnae	gajongnae	가치화	kach'ihwa	gachihwa
가족농	kajongnong	gajongnong	가칭	kach'ing	gaching
가족묘	kajongmyo	gajongmyo	가카	kak'a	gaka
가족법	kajokpŏp	gajokbeop	가타	kat'a	gata
가족부	Kajokpu	Gajokbu	가타리	Kat'ari	Gatari
가족사	kajoksa	gajoksa	가타이	Kat'ai	Gatai
가족주의	kajokchuŭi	gajokjuui	가태	kat'ae	gatae
가족학	kajokhak	gajokhak	가택	kat'aek	gataek
가좌	Kajwa	Gajwa	가토	Kat'o	Gato
가좌동	Kajwa-dong	Gajwa-dong	가톨리시즘	K'at'ollisijŭm	Gatollisijeum
가주	Kaju	Gaju	가톨릭	Kat'ollik	Gatollik
가주군	Kaju-gun	Gaju-gun	가톨릭교	Kat'ollikkyo	Gatollikgyo
가죽	kajuk	gajuk	가통	kat'ong	gatong
가죽화	kajukhwa	gajukhwa	가파도	Kap'ado	Gapado
가중	kajung	gajung	가평	Kap'yŏng	Gapyeong
가즈시게	Kajŭsige	Gajeusige	가평군	Kap'yŏng-gun	Gapyeong-gun
가즈오	Kajŭo	Gajeuo	가평읍	Kap'yŏng-ŭp	Gapyeong-eup
가즈이	Kajŭi	Gajeui	가평현	Kap'yŏng-hyŏn	Gapyeong-hyeon
가즈히로	Kajŭhiro	Gajeuhiro	가풍	kap'ung	gapung
가즈히코	Kajŭhik'o	Gajeuhiko	가하였다	kahayŏtta	gahayeotda
가중리	Kajŭng-ni	Gajeung-ri	가해	kahae	gahae
가지	kaji	gaji	가해자	kahaeja	gahaeja
가지기	kajigi	gajigi	가해진	kahaejin	gahaejin
가지도	kajido	gajido	가행	kahaeng	gahaeng
가지무라	Kajimura	Gajimura	가향주	kahyangju	gahyangju
가지산	Kajisan	Gajisan	가향주류	kahyangjuryu	gahyangjuryu
가진	kajin	gajin	가헌	kahŏn	gaheon
가진다면	kajindamyŏn	gajindamyeon	가형	kahyŏng	gahyeong
가질	kajil	gajil	가호	kaho	gaho
가질데	kajilte	gajilde	가혹	kahok	gahok

한글 용례	ALA-LC Romanization	정부 표기안	한글 용례	ALA-LC Romanization	정부 표기안
가혼	kahon	gahon	각종	kakchong	gakjong
가화	kahwa	gahwa	각주	kakchu	gakju
가회	Kahoe	Gahoe	각지	kakchi	gakji
가회동	Kahoe-dong	Gahoe-dong	각직	kakchik	gakjik
가훈	kahun	gahun	각천	kakch'ŏn	gakcheon
가흥동	Kahŭng-dong	Gaheung-dong	각체	kakch'e	gakche
각	kak	gak	각축	kakch'uk	gakchuk
각가	kakka	gakga	각파	kakp'a	gakpa
각각	kakkak	gakgak	각판	kakp'an	gakpan
각간	kakkan	gakgan	각패	kakp'ae	gakpae
각계	kakkye	gakgye	각필	kakp'il	gakpil
각고	kakko	gakgo	각하	kakha	gakha
각국	kakkuk	gakguk	각헌	kakhŏn	gakheon
각국사	kakkuksa	gakguksa	각훈	kakhun	gakhun
각궁	kakkung	gakgung	간	kan	gan
각기	kakki	gakgi	간결	kan'gyŏl	gangyeol
각기둥	kakkidung	gakgidung	간경	kan'gyŏng	gangyeong
각도	kakto	gakdo	간과	kan'gwa	gangwa
각력	kangnyŏk	gangnyeok	간괘	kan'gwae	gangwae
각록전	kangnokchŏn	gangnokjeon	간극	kan'gŭk	gangeuk
각론	kangnon	gangnon	간기	kan'gi	gangi
각료	kangnyo	gangnyo	간다	kanda	ganda
각백	kakpaek	gakbaek	간다는	kandanŭn	gandaneun
각본	kakpon	gakbon	간다라	Kandara	Gandara
각비	kakpi	gakbi	간단한	kandanhan	gandanhan
각사	kaksa	gaksa	간담	kandam	gandam
각색	kaksaek	gaksaek	간담회	kandamhoe	gandamhoe
각서	kaksŏ	gakseo	간도	Kando	Gando
각석	kaksŏk	gakseok	간독	kandok	gandok
각설이	kaksŏri	gakseori	간디	Kandi	Gandi
각섬석	kaksŏmsŏk	gakseomseok	간략한	kallyakhan	gallyakhan
각성	kaksŏng	gakseong	간명	kanmyŏng	ganmyeong
각성기	kaksŏnggi	gakseonggi	간문화주의	kanmunhwajuŭi	ganmunhwajuui
각세도	kaksedo	gaksedo	간민회	kanminhoe	ganminhoe
각수	kaksu	gaksu	간배	kanbae	ganbae
각시	kaksi	gaksi	간병	kanbyŏng	ganbyeong
각시탈	kaksit'al	gaksital	간본	kanbon	ganbon
각양	kagyang	gagyang	간부	kanbu	ganbu
각오	kago	gago	간사	kansa	gansa
각읍	kagŭp	gageup	간산	kansan	gansan
각인	kagin	gagin	간선	kansŏn	ganseon
각자	kakcha	gakja	간선제	kansŏnje	ganseonje
각자장	kakchajang	gakjajang	간섭	kansŏp	ganseop
각쟁이	kakchaengi	gakjaengi	간성	Kansŏng	Ganseong
각저	kakchŏ	gakjeo	간성군	Kansŏng-gun	Ganseong-gun

한글 용례	ALA-LC Romanization	정부 표기안	한글 용례	ALA-LC Romanization	정부 표기안
간성현	Kansŏng-hyŏn	Ganseong-hyeon	간첩단	kanch'ŏptan	gancheopdan
간소	kanso	ganso	간청	kanch'ŏng	gancheong
간소화	kansohwa	gansohwa	간추린	kanch'urin	ganchurin
간송	kansong	gansong	간토	Kant'o	Ganto
간수	kansu	gansu	간통	kant'ong	gantong
간식	kansik	gansik	간통죄	kant'ongjoe	gantongjoe
간신	kansin	gansin	간판	kanp'an	ganpan
간악	kanak	ganak	간편한	kanp'yŏnhan	ganpyeonhan
간암	kanam	ganam	간평	kanp'yŏng	ganpyeong
간양록	Kanyangnok	Ganyangnok	간행	kanhaeng	ganhaeng
간언	kanŏn	ganeon	간행물	kanhaengmul	ganhaengmul
간여	kanyŏ	ganyeo	간행사	kanhaengsa	ganhaengsa
간역시	kanyŏksi	ganyeoksi	간행소	kanhaengso	ganhaengso
간염	kanyŏm	ganyeom	간행위	kanhaengwi	ganhaengwi
간옹	kanong	ganong	간행회	kanhaenghoe	ganhaenghoe
간월사	Kanwŏlsa	Ganwolsa	간호	kanho	ganho
간음	kanŭm	ganeum	간호부	kanhobu	ganhobu
간음죄	kanŭmjoe	ganeumjoe	간호사	kanhosa	ganhosa
간의	kanŭi	ganui	간호원	kanhowŏn	ganhowon
간이	kani	gani	간호인	kanhoin	ganhoin
간이방	kanibang	ganibang	간호학	kanhohak	ganhohak
간이역	kaniyŏk	ganiyeok	간화	kanhwa	ganhwa
간인	kanin	ganin	간화선	Kanhwasŏn	Ganhwaseon
간자	kanja	ganja	간화禪	Kanhwasŏn	Ganhwaseon
간장	kanjang	ganjang	간화선법	Kanhwasŏnpŏp	Ganhwaseonbeop
간재	Kanjae	Ganjae	갇혀	kach'yŏ	gatyeo
간쟁	kanjaeng	ganjaeng	갇혔는가	kach'yŏnnŭn'ga	gatyeoneunga
간절	kanjŏl	ganjeol	갇힌	kach'in	gachin
간절함	kanjŏrham	ganjeolham	갈	kal	gal
간접	kanjŏp	ganjeop	갈고	kalgo	galgo
간접세	kanjŏpse	ganjeopse	갈곡	Kalgok	Galgok
간정	Kanjŏng	Ganjeong	갈구	kalgu	galgu
간증	kanjŭng	ganjeung	갈근탕	kalgŭnt'ang	galgeuntang
간증문	kanjŭngmun	ganjeungmun	갈까	kalkka	galkka
간증집	kanjŭngjip	ganjeungjip	갈남리	Kallam-ni	Gallam-ri
간지	kanji	ganji	갈다	kalda	galda
간직	kanjik	ganjik	갈담장	kaldamjang	galdamjang
간찰	kanch'al	ganchal	갈대	kaltae	galdae
간찰선	kanch'alsŏn	ganchalseon	갈대밭	kaltaebat	galdaebat
간찰집	kanch'alchip	ganchaljip	갈도	kaldo	galdo
간찰첩	kanch'alch'ŏp	ganchalcheop	갈등	kaltŭng	galdeung
간책	kanch'aek	ganchaek	갈라	kalla	galla
간척	kanch'ŏk	gancheok	갈라파고스	Kallap'agosŭ	Gallapagoseu
간척촌	kanch'ŏkch'on	gancheokchon	갈래	kallae	gallae
간첩	kanch'ŏp	gancheopdan	갈리는	kallinŭn	gallineun

한글 용례	ALA-LC Romanization	정부 표기안	한글 용례	ALA-LC Romanization	정부 표기안
갈림	kallim	gallim	감람	Kamnam	Gamnam
갈림길	kallimkil	gallimgil	감략	kamnyak	gamnyak
갈마들	Kalmadŭl	galmadeul	감량	kamnyang	gamnyang
갈망	kalmang	galmang	감로	kamno	gamno
갈매	kalmae	galmae	감리	kamni	gamni
갈매기	kalmaegi	galmaegi	감리교	Kamnigyo	Gamnigyo
갈매동	Kalmae-dong	Galmae-dong	감리사	kamnisa	gamnisa
갈멜	Karmel	Galmel	감리원	kamniwŏn	gamniwon
갈모	Kalmo	Galmo	감리회	Kamnihoe	Gamnihoe
갈무리	kalmuri	galmuri	감면	kammyŏn	gammyeon
갈문	Kalmun	Galmun	감모	kammo	gammo
갈밭	kalbat	galbat	감목	kammok	gammok
갈변	kalbyŏn	galbyeon	감문	kammun	gammun
갈비	kalbi	galbi	감물	kammul	gammul
갈사만	Kalsaman	Galsaman	감방	kampang	gambang
갈아	kara	gara	감별	kambyŏl	gambyeol
갈암	Karam	Garam	감별곡	kambyŏlgok	gambyeolgok
갈이	kari	gari	감봉	kambong	gambong
갈증	kalchŭng	galjeung	감사	kamsa	gamsa
갈채	kalch'ae	galchae	감사관	kamsagwan	gamsagwan
갈천	Kalch'ŏn	Galcheon	감사원	Kamsawŏn	Gamsawon
갈팡	kalp'ang	galpang	감사인	kamsain	gamsain
갈피	kalp'i	galpi	감상	kamsang	gamsang
갈현	Karhyŏn	Galhyeon	감상기	kamsanggi	gamsanggi
갈현리	Karhyŏn-ni	Galhyeon-ri	감상문	kamsangmun	gamsangmun
감	kam	gam	감상법	kamsangpŏp	gamsangbeop
감가(減價)	kamka	gamga	감상전	kamsangjŏn	gamsangjeon
감각	kamgak	gamgak	감성	kamsŏng	gamseong
감격	kamgyŏk	gamgyeok	감성적	kamsŏngjŏk	gamseongjeok
감계사	Kamgyesa	Gamgyesa	감세	kamse	gamse
감고	kamko	gamgo	감소	kamso	gamso
감고(敢告)	kamgo	gamgo	감소적	kamsojŏk	gamsojeok
감군	kamgun	gamgun	감소형	kamsohyŏng	gamsohyeong
감금	kamgŭm	gamgeum	감수	kamsu	gamsu
감기	kamgi	gamgi	감수광	kamsugwang	gamsugwang
감꽃	kamkkot	gamkkot	감수성	kamsusŏng	gamsuseong
감나무	kamnamu	gamnamu	감수인	kamsuin	gamsuin
감당	kamdang	gamdang	감수자	kamsuja	gamsuja
감도네	kamdone	gamdone	감시	kamsi	gamsi
감독	kamdok	gamdok	감시관	kamsigwan	gamsigwan
감독관	kamdokkwan	gamdokgwan	감시단	kamsidan	gamsidan
감독론	kamdongnon	gamdongnon	감시자	kamsija	gamsija
감독원	kamdogwŏn	gamdogwon	감시제	kamsije	gamsije
감독직	kamdokchik	gamdokjik	감식단	Kamsiktan	Gamsikdan
감동	kamdong	gamdong	감실	kamsil	gamsil

한글 용례	ALA-LC Romanization	정부 표기안	한글 용례	ALA-LC Romanization	정부 표기안
감싸고	kamssago	gamssago	감형	kamhyŏng	gamhyeong
감싸는	kamssanŭn	gamssaneun	감호	kamho	gamho
감아도	kamado	gamado	감홍주	kamhongju	gamhongju
감았나	kamanna	gamanna	감화	kamhwa	gamhwa
감어홍	kamŏhŭng	gameoheung	감화원	kamhwawŏn	gamhwawon
감여	kamyŏ	gamyeo	감흥	kamhŭng	gamheung
감역	kamyŏk	gamyeok	감흥록	kamhŭngnok	gamheungnok
감염	kamyŏm	gamyeom	감히	kamhi	gamhi
감염인	kamyŏmin	gamyeomin	갑	kap	gap
감영	kamyŏng	gamyeong	갑골	kapkol	gapgol
감옥	kamok	gamok	갑골문	kapkolmun	gapgolmun
감옥서	kamoksŏ	gamokseo	갑곳	kapkot	gapgot
감으면	kamŭmyŏn	gameumyeon	갑곶	kapkot	gapgot
감은	kamŭn	gameun	갑기	kapki	gapgi
감은사	Kamŭnsa	Gameunsa	갑니다	kamnida	gamnida
감음	kamŭm	gameum	갑문	kammun	gammun
감응	kamŭng	gameung	갑부	kappu	gapbu
감의록	kamŭirok	gamuirok	갑사	Kapsa	Gapsa
감인	kamin	gamin	갑산	Kapsan	Gapsan
감자	kamja	gamja	갑산군	Kapsan-gun	Gapsan-gun
감저	kamjŏ	gamjeo	갑산부	Kapsan-bu	Gapsan-bu
감전	kamjŏn	gamjeon	갑순	Kapsun	Gapsun
감정	kamjŏng	gamjeong	갑술	Kapsul	Gapsul
감정적	kamjŏngjŏk	gamjeongjeok	갑술년	Kapsullyŏn	Gapsullyeon
감정학	kamjŏnghak	gamjeonghak	갑신	Kapsin	Gapsin
감지	kamji	gamji	갑신본	Kapsinbon	Gapsinbon
감찰	kamch'al	gamchal	갑오	Kabo	Gabo
감찰부	Kamch'albu	gamchalbu	갑오년	Kabonyŏn	Gabonyeon
감찰사	kamch'alsa	gamchalsa	갑옷	kabot	gabot
감척	kamch'ŏk	gamcheok	갑위	kabwi	gabwi
감천	kamch'ŏn	gamcheon	갑을	kabŭl	gabeul
감천리	Kamch'ŏl-li	Gamcheon-ri	갑인	kabin	gabin
감청	kamch'ŏng	gamcheong	갑인자	Kabincha	Gabinja
감추고	kamch'ugo	gamchugo	갑자	kapcha	gapja
감추려	kamch'uryo	gamchuryeo	갑자기	kapchagi	gapjagi
감추려한	kamch'uryŏhan	gamchuryeohan	갑자년	kapchanyŏn	Gapjanyeon
감축	kamch'uk	gamchuk	갑종	kapchong	gapjong
감춘	kamch'un	gamchun	갑주	kapchu	gapju
감출	kamch'ul	gamchul	갑진	Kapchin	Gapjin
감춰져	kamch'wŏjyŏ	gamchwojyeo	갑진자	Kapchincha	Gapjinja
감춰졌던	kamch'wŏjyŏttŏn	gamchwojyeotdeon	갑천	Kapch'ŏn	Gapcheon
감춰진	kamch'wŏjin	gamchwojin	갑관	kapp'an	gappan
감탄	kamt'an	gamtan	갓	kat	gat
감투	kamt'u	gamtu	갓일	kannil	gannil
감행	kamhaeng	gamhaeng	갓흔	kathŭn	gateun

한글 용례	ALA-LC Romanization	정부 표기안	한글 용례	ALA-LC Romanization	정부 표기안
갔구나	katkuna	gatguna	강동지	Kangdongji	Gangdongji
갔는가	kannŭn'ga	ganneunga	강동현	Kangdong-hyŏn	Gangdong-hyeon
갔다	katta	gatda	강등	kangdŭng	gangdeung
갔다고	kattago	gatdago	강력	kangnyŏk	gangnyeok
갔어	kassŏ	gasseo	강령	kangnyŏng	gangnyeong
갔어요	kassŏyo	gasseoyo	강령군	Kangnyŏng-gun	Gangnyeong-gun
갔을까	kassŭlkka	gasseulkka	강령전	Kangnyŏngjŏn	Gangnyeongjeon
갔지만	katchiman	gatjiman	강령현	Kangnyŏng-hyŏn	Gangnyeong-hyeon
강	kang	gang	강례	kangnye	gangnye
강가	kangka	gangga	강록	kangnok	gangnok
강건	kanggŏn	ganggeon	강론	kangnon	gangnon
강경	kanggyŏng	ganggyeong	강루	kangnu	gangnu
강계	Kanggye	Ganggye	강루리	Kangnu-ri	Gangnu-ri
강계고	kanggyego	ganggyego	강릉	Kangnŭng	Gangneung
강계군	Kanggye-gun	Ganggye-gun	강릉군	Kangnŭng-gun	Gangneung-gun
강계도	kanggyedo	ganggyedo	강릉도	Kangnŭngdo	Gangneungdo
강계부	Kanggye-bu	Ganggye-bu	강릉부	Kangnŭng-bu	Gangneung-bu
강계지	Kanggyeji	Ganggyeji	강릉시	Kangnŭng-si	Gangneung-si
강구	kanggu	ganggu	강릉현	Kangnŭng-hyŏn	Gangneung-hyeon
강국	kangguk	gangguk	강리	kangni	gangni
강국기	kanggukki	ganggukgi	강리도	kangnido	gangnido
강국론	kanggungnon	ganggungnon	강림	kangnim	gangnim
강군	kanggun	ganggun	강림리	Kangnim-ni	Gangnim-ri
강권	kangkwŏn	ganggwon	강매	kangmae	gangmae
강규	kanggyu	ganggyu	강명	kangmyŏng	gangmyeong
강길	kangkil	ganggil	강목	kangmok	gangmok
강길사	Kanggilsa	Ganggilsa	강목표	kangmokp'yo	gangmokpyo
강남	kangnam	gangnam	강문	kangmun	gangmun
강남구	Kangnam-gu	Gangnam-gu	강문동	Kangmun-dong	Gangmun-dong
강남대	Kangnamdae	Gangnamdae	강물	kangmul	gangmul
강내리	Kangnae-ri	Gangnae-ri	강민	kangmin	gangmin
강냉이	kangnaengi	gangnaengi	강박	kangbak	gangbak
강년	kangnyŏn	gangnyeon	강반	kangban	gangban
강녕	kangnyŏng	gangnyeong	강변	kangbyŏn	gangbyeon
강녕전	Kangnyŏngjŏn	Gangnyeongjeon	강변로	Kangbyŏnno	gangbyeonno
강단	kangdan	gangdan	강병	kangpyŏng	gangbyeong
강당	kangdang	gangdang	강보	kangbo	gangbo
강대	kangdae	gangdae	강복	kangbuk	gangbuk
강대국	kangdaeguk	gangdaeguk	강북구	Kangbuk-ku	Gangbuk-gu
강도	kangdo	gangdo	강사	kangsa	gangsa
강도부	Kangdobu	Gangdobu	강사용	kangsayong	gangsayong
강독	kangdok	gangdok	강산	kangsan	gangsan
강독회	kangdokhoe	gangdokhoe	강산제	Kangsanje	Gangsanje
강동	kangdong	gangdong	강상	kangsang	gangsang
강동군	Kangdong-gun	Gangdong-gun	강상련	Kangsangnyŏn	Gangsangnyeon

한글 용례	ALA-LC Romanization	정부 표기안	한글 용례	ALA-LC Romanization	정부 표기안
강상리	Kangsang-ri	Gangsang-ri	강연집	kangyŏnjip	gangyeonjip
강상묘	Kangsangmyo	Gangsangmyo	강연회	kangyŏnhoe	gangyeonhoe
강생	Kangsaeng	Gangsaeng	강오	kango	gango
강서	Kangsŏ	Gangseo	강와	kangwa	gangwa
강서구	Kangsŏ-gu	Gangseo-gu	강요	kangyo	gangyo
강서군	Kangsŏ-gun	Gangseo-gun	강우	kangu	gangu
강서원	kangsŏwŏn	gangseowon	강원	Kangwŏn	Gangwon
강서현	Kangsŏ-hyŏn	Gangseo-hyeon	강원대	Kangwŏndae	Gangwondae
강석	Kangsŏk	Gangseok	강원도	Kangwŏn-do	Gangwon-do
강선	kangsŏn	gangseon	강원인	Kangwŏnin	Gangwonin
강설	kangsŏl	gangseol	강원학	Kangwŏnhak	Gangwonhak
강성	kangsŏng	gangseong	강유전	kangyujŏn	gangyujeon
강성리	Kangsŏng-ni	Gangseong-ri	강음현	Kangŭm-hyŏn	Gangeum-hyeon
강성현	Kangsŏng-hyŏn	Gangseong-hyeon	강의	kangŭi	gangui
강소	Kangso	gangso	강의록	kangŭirok	ganguirok
강소국	kangsoguk	gangsoguk	강의장	kangŭijang	ganguijang
강소기업	kangsogiŏp	gangsogieop	강의집	kangŭijip	ganguijip
강소농	kangsonong	gangsonong	강이	kangi	gangi
강소성	Kangso-sŏng	Gangso-seong	강인	kangin	gangin
강속	kangsok	gangsok	강인하고	kanginhago	ganginhago
강속구	kangsokku	gangsokgu	강인한	kanginhan	ganginhan
강수	kangsu	gangsu	강자	kangja	gangja
강술	kangsul	gangsul	강자들	kangjadŭl	gangjadeul
강습	kangsŭp	gangseup	강재	Kangjae	Gangjae
강습소	kangsŭpso	gangseupso	강점	kangjŏm	gangjeom
강습용	kangsŭbyong	gangseubyong	강점기	kangjŏmgi	gangjeomgi
강습원	kangsŭbwŏn	gangseubwon	강정	kangjŏng	gangjeong
강습회	kangsŭphoe	gangseuphoe	강제	kangje	gangje
강시	kangsi	gangsi	강조	kangjo	gangjo
강신무	kangsinmu	gangsinmu	강조점	kangjochŏm	gangjojeom
강신제	Kangsinje	Gangsinje	강종	Kangjong	Gangjong
강심장	kangsimjang	gangsimjang	강좌	kangjwa	gangjwa
강아지	kangaji	gangaji	강좌집	kangjwajip	gangjwajip
강안	kangan	gangan	강주	Kangju	Gangju
강안궁	Kangan'gung	Gangangung	강직	kangjik	gangjik
강안리	Kangan-ni	Gangan-ri	강직성	kangjiksŏng	gangjikseong
강안학	Kanganhak	Ganganhak	강직한	kangjikhan	gangjikhan
강암	Kangam	Gangam	강진	Kangjin	Gangjin
강양	Kangyang	Gangyang	강진군	Kangjin-gun	Gangjin-gun
강역	kangyŏk	gangyeok	강진현	Kangjin-hyŏn	Gangjin-hyeon
강역고	kangyŏkko	gangyeokgo	강철	kangch'ŏl	gangcheol
강역도	kangyŏkto	gangyeokdo	강철왕	kangch'ŏrwang	gangcheorwang
강연	kangyŏn	gangyeon	강촌	kangch'on	gangchon
강연록	kangyŏnnok	gangyeonnok	강치	Kangch'i	Gangchi
강연문	kangyŏnmun	gangyeonmun	강탈	kangt'al	gangtal

한글 용례	ALA-LC Romanization	정부 표기안	한글 용례	ALA-LC Romanization	정부 표기안
강탈자	kangt'alcha	gangtalja	개	kae	gae
강토	kangt'o	gangto	개가	kaega	gaega
강하다	kanghada	ganghada	개간	kaegan	gaegan
강하제	kanghaje	ganghaje	개간지	kaeganji	gaeganji
강학	kanghak	ganghak	개경	Kaegyŏng	Gaegyeong
강학관	kanghakkwan	ganghakgwan	개경사	Kaegyŏngsa	Gaegyeongsa
강학청	Kanghakch'ŏng	Ganghakcheong	개고	kaego	gaego
강학회	kanghakhoe	ganghakhoe	개고기	kaegogi	gaegogi
강한	kanghan	ganghan	개골	kaegol	gaegol
강한가	kanghan'ga	ganghanga	개골산	Kaegolsan	Gaegolsan
강해	kanghae	ganghae	개관	kaegwan	gaegwan
강행	kanghaeng	ganghaeng	개교	kaegyo	gaegyo
강행군	kanghaenggun	ganghaenggun	개구리	kaeguri	gaeguri
강현	kanghyŏn	ganghyeon	개국	kaeguk	gaeguk
강호	kangho	gangho	개그	kaegŭ	gaegeu
강화	Kanghwa	Ganghwa	개그맨	kaegŭmaen	gaegeumaen
강화군	Kanghwa-gun	Ganghwa-gun	개그적	kaegŭjŏk	gaegeujeok
강화길	Kanghwakil	Ganghwagil	개금	Kaegŭm	Gaegeum
강화도	Kanghwado	Ganghwado	개나리	kaenari	gaenari
강화도사	Kanghwadosa	Ganghwadosa	개념	kaenyŏm	gaenyeom
강화도史	Kanghwadosa	Ganghwadosa	개념들	kaenyŏmdŭl	gaenyeomdeul
강화부	Kanghwa-bu	Ganghwa-bu	개념사	kaenyŏmsa	gaenyeomsa
강화사	Kanghwasa	Ganghwasa	개념어	kaenyŏmŏ	gaenyeomeo
강화조	kanghwajo	ganghwajo	개념학	kaenyŏmhak	gaenyeomhak
강화현	Kanghwa-hyŏn	Ganghwa-hyeon	개념화	kaenyŏmhwa	gaenyeomhwa
강회	kanghoe	ganghoe	개당	kaedang	gaedang
강희	kanghŭi	ganghui	개도	kaedo	gaedo
갖고	katko	gatgo	개도국	kaedoguk	gaedoguk
갖기	katki	gatgi	개들	kaedŭl	gaedeul
갖추다	katch'uda	gatchuda	개똥	kaettong	gaettong
갖추어야	katch'uŏya	gatchueoya	개똥지빠귀	Kaettongjippagwi	gaettongjippagwi
갖추자	katch'uja	gatchuja	개량	kaeryang	gaeryang
갖춘	kach'un	gatchun	개량주의	kaeryangjuŭi	gaeryangjuui
갖춤	kach'um	gatchum	개령군	Kaeryŏng-gun	Gaeryeong-gun
같고	katko	gatgo	개령현	Kaeryŏng-hyŏn	Gaeryeong-hyeon
같고도	katkodo	gatgodo	개록	kaerok	gaerok
같다	katta	gatda	개론	kaeron	gaeron
같은	kat'ŭn	gateun	개마	kaema	gaema
같은데	kat'ŭnde	gateunde	개마총	Kaemach'ong	Gaemachong
같은지	kat'ŭnji	gateunji	개막	kaemak	gaemak
같이	kach'i	gachi	개명	kaemyŏng	gaemyeong
같이한	kach'ihan	gachihan	개목사	Kaemoksa	Gaemoksa
갚는	kamnŭn	gamneun	개미	kaemi	gaemi
갚은	kap'ŭn	gapeun	개미떼	kaemitte	gaemitte
갚을	kap'ŭl	gapeul	개미떼들	kaemittedŭl	gaemittedeul

한글 용례	ALA-LC Romanization	정부 표기안	한글 용례	ALA-LC Romanization	정부 표기안
개미목	Kaemimok	Gaemimok	개소문	Kaesomun	Gaesomun
개발	kaebal	gaebal	개수	kaesu	gaesu
개발구	kaebalgu	gaebalgu	개시	kaesi	gaesi
개발권	kaebalkwŏn	gaebalgwon	개신	kaesin	gaesin
개발론	kaeballon	gaeballon	개신교	Kaesin'gyo	Gaesingyo
개발론적	kaeballonjŏk	gaeballonjeok	개신교인	Kaesin'gyoin	Gaesingyoin
개발망	kaebalmang	gaebalmang	개악	kaeak	gaeak
개발법	kaebalpŏp	gaebalbeop	개안	kaean	gaean
개발부	kaebalbu	gaebalbu	개암	kaeam	gaeam
개발비	kaebalbi	gaebalbi	개었습니다	kaeŏssŭmnida	gaeeotseumnida
개발실	kaebalsil	gaebalsil	개역	kaeyŏk	gaeyeok
개발업	kaebarŏp	gaebareop	개요	kaeyo	gaeyo
개발업법	kaebarŏppŏp	gaebareopbeop	개운	kaeun	gaeun
개발원	kaebarwŏn	gaebarwon	개운포	Kaeunp'o	Gaeunpo
개발주의	kaebaljuŭi	gaebaljuui	개원	kaewŏn	gaewon
개발학	kaebarhak	gaebalhak	개원사	Kaewŏnsa	Gaewonsa
개발형	kaebarhyŏng	gaebalhyeong	개월	kaewŏl	gaewol
개방	kaebang	gaebang	개의	kaeŭi	gaeui
개방대	kaebangdae	gaebangdae	개인	kaein	gaein
개방적	kaebangjŏk	gaebangjeok	개인성	kaeinsŏng	gaeinseong
개방주의	kaebangjuŭi	gaebangjuui	개인적	kaeinjŏk	gaeinjeok
개방형	kaebanghyŏng	gaebanghyeong	개인주의	kaeinjuŭi	gaeinjuui
개방화	kaebanghwa	gaebanghwa	개입	kaeip	gaeip
개백현	Kaebaek-hyŏn	Gaebaek-hyeon	개작	kaejak	gaejak
개벽	kaebyŏk	gaebyeok	개잔	kaejan	gaejan
개변	kaebyŏn	gaebyeon	개장	kaejang	gaejang
개별	kaebyŏl	gaebyeol	개전	kaejŏn	gaejeon
개별적	kaebyŏlchŏk	gaebyeoljeok	개전일	kaejŏnil	gaejeonil
개보	kaebo	gaebo	개정	kaejŏng	gaejeong
개복	kaebok	gaebok	개정법	kaejŏngpŏp	gaejeongbeop
개비	kaebi	gaebi	개정안	kaejŏngan	gaejeongan
개사	kaesa	gaesa	개정일	kaejŏngil	gaejeongil
개산	Kaesan	Gaesan	개정판	kaejŏngp'an	gaejeongpan
개산군	Kaesan-gun	Gaesan-gun	개조	kaejo	gaejo
개선	kaesŏn	gaeseon	개조론	kaejoron	gaejoron
개선안	kaesŏnan	gaeseonan	개조파	kaejop'a	gaejopa
개선책	kaesŏnch'aek	gaeseonchaek	개주	Kaeju	Gaeju
개설	kaesŏl	gaeseol	개주군	Kaeju-gun	Gaeju-gun
개설서	kaesŏlsŏ	gaeseolseo	개찬	kaech'an	gaechan
개성	kaesŏng	gaeseong	개창	kaech'ang	gaechang
개성군	Kaesŏng-gun	Gaeseong-gun	개채	kaech'ae	gaechae
개성부	Kaesŏng-bu	Gaeseong-bu	개척	kaech'ŏk	gaecheok
개성시	Kaesŏng-si	Gaeseong-si	개척기	kaech'ŏkki	gaecheokgi
개성현	Kaesŏng-hyŏn	Gaeseong-hyeon	개척민	kaech'ŏngmin	gaecheongmin
개소	kaeso	gaeso	개척법	kaech'ŏkpŏp	gaecheokbeop

한글 용례	ALA-LC Romanization	정부 표기안	한글 용례	ALA-LC Romanization	정부 표기안
개척사	kaech'ŏksa	gaecheoksa	개혁적	kaehyŏkchŏk	gaehyeokjeok
개척자	kaech'ŏkcha	gaecheokja	개혁주의	kaehyŏkchuŭi	gaehyeokjuui
개척자들	kaech'ŏkchadŭl	gaecheokjadeul	개혁주의자	kaehyŏkchuŭija	gaehyeokjuuija
개천	kaech'ŏn	gaecheon	개혁파	kaehyŏkp'a	gaehyeokpa
개천경	Kaech'ŏn'gyŏng	Gaecheongyeong	개화	kaehwa	gaehwa
개천군	Kaech'ŏn-gun	Gaecheon-gun	개화기	kaehwagi	gaehwagi
개천사	Kaech'ŏnsa	Gaecheonsa	개화당	kaehwadang	gaehwadang
개천절	Kaech'ŏnjŏl	Gaecheonjeol	개화론	kaehwaron	gaehwaron
개청	kaech'ŏng	gaecheong	개화파	kaehwap'a	gaehwapa
개체	kaech'e	gaeche	개황	kaehwang	gaehwang
개체적	kaech'ejŏk	gaechejeok	객	kaek	gaek
개체학	kaech'ehak	gaechehak	객관	kaekkwan	gaekgwan
개최	kaech'oe	gaechoe	객관성	kaekkwansŏng	gaekgwanseong
개축	kaech'uk	gaechuk	객관식	kaekkwansik	gaekgwansik
개축비	kaech'ukpi	gaechukbi	객관적	kaekkwanjŏk	gaekgwanjeok
개토	kaet'o	gaeto	객사	kaeksa	gaeksa
개통	kaet'ong	gaetong	객석	kaeksŏk	gaekseok
개관	kaep'an	gaepan	객원	kaegwŏn	gaegwon
개편	kaep'yŏn	gaepyeon	객일	kaegil	gaegil
개편론	kaep'yŏnnon	gaepyeollon	객주	kaekchu	gaekju
개편안	kaep'yŏnan	gaepyeonan	객주제	kaekchuje	gaekjuje
개평	kaep'yŏng	gaepyeong	객체	kaekch'e	gaekche
개폐	kaep'ye	gaepye	갤러리	kaellŏri	gaelleori
개폐론	kaep'yeron	gaepyeron	갤럭시	Kaellŏksi	Gaelleoksi
개폐문	kaep'yemun	gaepyemun	갤럽	kaellŏp	gaelleop
개포	Kaep'o	Gaepo	갤리온	Kaellion	Gaellion
개풍	Kaep'ung	Gaepung	갭	kaep	gaep
개풍군	Kaep'ung-gun	Gaepung-gun	갯	kaet	gaet
개학	kaehak	gaehak	갯마을	kaenmaŭl	gaenmaeul
개학날	kaehangnal	gaehangnal	갯벌	kaetpŏl	gaetbeol
개항	kaehang	gaehang	갯살림	kaetsallim	gaetsallim
개항기	kaehanggi	gaehanggi	갱	kaeng	gaeng
개항사	kaehangsa	gaehangsa	갱년기	kaengnyŏn'gi	gaengnyeongi
개항장	kaehangjang	gaehangjang	갱생	kaengsaeng	gaengsaeng
개헌	kaehŏn	gaeheon	갱신	kaengsin	gaengsin
개헌론	kaehŏnnon	gaeheollon	갱장	kaengjang	gaengjang
개혁	kaehyŏk	gaehyeok	거	kŏ	geo
개혁가	kaehyŏkka	gaehyeokga	거가	kŏga	geoga
개혁가들	kaehyŏkkadŭl	gaehyeokgadeul	거간	kŏgan	geogan
개혁령	kaehyŏngnyŏng	gaehyeongnyeong	거간꾼	kŏgankkun	geogankkun
개혁론	kaehyŏngnon	gaehyeongnon	거관	kŏgwan	geogwan
개혁법	kaehyŏkpŏp	gaehyeokbeop	거군	kŏgun	geogun
개혁사	kaehyŏksa	gaehyeoksa	거금	kŏgŭm	geogeum
개혁실	Kaehyŏksil	gaehyeoksil	거기	kŏgi	geogi
개혁안	kaehyŏgan	gaehyeogan	거꾸로	kŏkkuro	geokkuro

한글 용례	ALA-LC Romanization	정부 표기안	한글 용례	ALA-LC Romanization	정부 표기안
거는	kŏnŭn	geoneun	거발환	Kŏbarhwan	Geobalhwan
거니는	kŏninŭn	geonineun	거버넌스	kŏbŏnŏnsŭ	geobeoneonseu
거닐다	kŏnilda	geonilda	거버넌스적	kŏbŏnŏnsŭjŏk	geobeoneonseujeok
거닐며	kŏnilmyŏ	geonilmyeo	거부	kŏbu	geobu
거닐어	kŏnirŏ	geonireo	거부권	kŏbukwŏn	geobugwon
거대	kŏdae	geodae	거부자	kŏbuja	geobuja
거동	kŏdong	geodong	거북	kŏbuk	geobuk
거두며	kŏdumyŏ	geodumyeo	거북선	kŏbuksŏn	geobukseon
거두소서	kŏdusosŏ	geodusoseo	거북이	kŏbugi	geobugi
거둔	kŏdun	geodun	거북하다	kŏbukhada	geobukhada
거둔다	kŏdunda	geodunda	거북한	kŏbukhan	geobukhan
거든	kŏdŭn	geodeun	거불	kŏbul	geobul
거들고	kŏdŭlgo	geodeulgo	거비	kŏbi	geobi
거들지	kŏdŭlji	geodeulji	거사	kŏsa	geosa
거듭	kŏdŭp	geodeup	거사집	kŏsajip	geosajip
거듭나게	kŏdŭmnage	geodeumnage	거산	Kŏsan	Geosan
거듭나다	kŏdŭmnada	geodeumnada	거상	kŏsang	geosang
거듭난	kŏdŭmnan	geodeumnan	거석	kŏsŏk	geoseok
거등	kŏdŭng	geodeung	거성	kŏsŏng	geoseong
거란	Kŏran	Georan	거세	kŏse	geose
거란성	Kŏransŏng	Georanseong	거센	kŏsen	geosen
거란판	Kŏranp'an	Georanpan	거수	kŏsu	geosu
거래	kŏrae	georae	거수기	kŏsugi	geosugi
거래법	kŏraepŏp	georaebeop	거수자	kŏsuja	geosuja
거래소	kŏraeso	georaeso	거시	kŏsi	geosi
거룡	Kŏryong	georyong	거시적	kŏsijŏk	geosijeok
거룩하다	kŏrukhada	georukada	거신	Kŏsin	Geosin
거룩한	kŏrukhan	georukan	거실	kŏsil	geosil
거룩해	kŏrukhae	georukhae	거암	kŏam	geoam
거류	kŏryu	georyu	거액	kŏaek	geoaek
거류민	kŏryumin	georyumin	거야	kŏya	geoya
거류지	kŏryuji	georyuji	거여구	Kŏyŏ-gu	Geoyeo-gu
거름	kŏrŭm	georeum	거역	kŏyŏk	geoyeok
거리	kŏri	geori	거열군	Kŏyŏl-gun	Geoyeol-gun
거리낄	kŏrikkil	georikkil	거열주	Kŏyŏl-chu	Geoyeol-ju
거마	kŏma	geoma	거열형	kŏyŏrhyŏng	geoyeolhyeong
거목	kŏmok	geomok	거요	kŏyo	geoyo
거목들	kŏmoktŭl	geomokdeul	거용	kŏyong	geoyong
거묘	kŏmyo	geomyo	거욱대	kŏuktae	geoukdae
거문	kŏmun	geomun	거울	kŏul	geoul
거문고	Kŏmun'go	Geomungo	거원	kŏwŏn	geowon
거문도	Kŏmundo	Geomundo	거위	kŏwi	geowi
거물	kŏmul	geomul	거유	kŏyu	geoyu
거미	kŏmi	geomi	거의	kŏŭi	geoui
거미줄	kŏmijul	geomijul	거의록	kŏŭirok	geouirok

한글 용례	ALA-LC Romanization	정부 표기안	한글 용례	ALA-LC Romanization	정부 표기안
거이	kŏi	geoi	거침	kŏch'im	geochim
거인	kŏin	geoin	거탑	kŏt'ap	geotap
거인들	kŏindŭl	geoindeul	거푸집	kŏp'ujip	geopujip
거일	kŏil	geoil	거품	kŏp'um	geopum
거장	kŏjang	geojang	거화	kŏhwa	geohwa
거장들	kŏjangdŭl	geojangdeul	격정	kŏkchŏng	geokjeong
거재	kŏjae	geojae	격정들	kŏkchŏngdŭl	geokjeongdeul
거저	kŏjŏ	gojeo	건	kŏn	geon
거절	kŏjŏl	geojeol	건가	kŏn'ga	geonga
거점	kŏchŏm	geojeom	건강	kŏn'gang	geongang
거정	Kŏjŏng	Geojeong	건강권	kŏn'gangkwŏn	geonganggwon
거제	Kŏje	Geoje	건강법	kŏn'gangpŏp	geongangbeop
거제군	Kŏje-gun	Geoje-gun	건강성	kŏn'gangsŏng	geongangseong
거제도	Kŏjedo	Geojedo	건강식	kŏn'gangsik	geongangsik
거제부	Kŏje-bu	Geoje-bu	건강학	kŏn'ganghak	geonganghak
거제시	Kŏje-si	Geoje-si	건곤	kŏn'gon	geongon
거제현	Kŏje-hyŏn	Geoje-hyeon	건괘	kŏn'gwae	geongwae
거조	Kŏjo	Geojo	건국	kŏn'guk	geonguk
거족	kŏjok	geojok	건국단	kŏn'guktan	geongukdan
거주	kŏju	geoju	건국당	Kŏn'guktang	Geongukdang
거주민	kŏjumin	geojumin	건국대	Kŏn'guktae	Geongukdae
거주지	kŏjuji	geojuji	건국론	kŏn'gungnon	geongungnon
거중기	kŏjunggi	geojunggi	건국사	kŏn'guksa	geonguksa
거지	kŏji	geoji	건국일	Kŏn'gugil	Geongugil
거지들	kŏjidŭl	geojideul	건국지	kŏn'gukchi	geongukji
거진	kŏjin	geojin	건국회	kŏn'gukhoe	geongukhoe
거집	kŏjip	geojip	건군	kŏn'gun	geongun
거짓	kŏjit	geojit	건기	kŏn'gi	geongi
거짓말	kŏjinmal	geojinmal	건기연	Kŏn'giyŏn	Geongiyeon
거짓말들	kŏjinmaldŭl	geojinmaldeul	건너	kŏnnŏ	geonneo
거짓말쟁이	kŏjinmaljaengi	geojinmaljaengi	건너는	kŏnnŏnŭn	geonneoneun
거창	Kŏch'ang	Geochang	건너다	kŏnnŏda	geonneoda
거창가	Kŏch'angga	Geochangga	건너온	kŏnnŏon	geonneoon
거창군	Kŏch'ang-gun	Geochang-gun	건너지	kŏnnŏji	geonneoji
거창부	Kŏch'ang-bu	Geochang-bu	건넌	kŏnnŏn	geonneon
거창읍	Kŏch'ang-ŭp	Geochang-eup	건넌다	kŏnnŏnda	geonneonda
거창하다	kŏch'anghada	geochanghada	건널목	kŏnnŏlmok	geonneolmok
거창한	kŏch'anghan	geochanghan	건넜으면	kŏnnŏssŭmyŏn	geonneosseumyeon
거창현	Kŏch'ang-hyŏn	Geochang-hyeon	건네는	kŏnnenŭn	geonneneun
거처	kŏch'ŏ	geocheo	건네다	kŏnneda	geonneda
거천	kŏch'ŏn	geocheon	건네준	kŏnnejun	geonnejun
거친	kŏch'in	geochin	건넨다	kŏnnenda	geonnenda
거칠다	kŏch'ilda	geochilda	건달	kŏndal	geondal
거칠부	Kŏch'ilbu	Geochilbu	건달파	kŏndalp'a	geondalpa
거칠은	kŏch'irŭn	geochileun	건답	kŏndap	geondap

한글 용례	ALA-LC Romanization	정부 표기안	한글 용례	ALA-LC Romanization	정부 표기안
건대	Kŏndae	Geondae	건겨	kŏnjyŏ	geonjyeo
건들지	kŏndŭlji	geondeulji	건겨야	kŏnjyŏya	geonjyeoya
건룡	Kŏllyung	Geollyung	건겨야지	kŏnjyŏyaji	geonjyeoyaji
건립	kŏllip	geollip	건조	kŏnjo	geonjo
건립자	kŏllipcha	geollipja	건조물	kŏnjomul	geonjomul
건립지	kŏllipchi	geollipji	건주	Kŏnju	Geonju
건명	kŏnmyŏng	geonmyeong	건준	kŏnjun	geonjun
건물	kŏnmul	geonmul	건지	kŏnji	geonji
건물지	kŏnmulji	geonmulji	건지리	Kŏnji-ri	Geonji-ri
건물터	kŏnmult'ŏ	geonmulteo	건천	kŏnch'ŏn	geoncheon
건방	kŏnbang	geonbang	건청궁	Kŏnch'ŏnggung	Geoncheonggung
건봉사	Kŏnbongsa	Geonbongsa	건초	kŏnch'o	geoncho
건빵	kŏnppang	geonppang	건축	kŏnch'uk	geonchuk
건삼	kŏnsam	geonsam	건축가	kŏnch'ukka	geŏnchukga
건상	kŏnsang	geonsang	건축도	kŏnch'ukto	geonchukdo
건설	kŏnsŏl	geonseol	건축론	kŏnch'ungnon	geonchungnon
건설기	kŏnsŏlgi	geonseolgi	건축물	kŏnch'ungmul	geonchungmul
건설단	kŏnsŏltan	geonseoldan	건축법	kŏnch'ukpŏp	geonchukbeop
건설대	kŏnsŏltae	geonseoldae	건축사	kŏnch'uksa	geonchuksa
건설론	kŏnsŏllon	geonseollon	건축상	kŏnch'uksang	geonchuksang
건설부	Kŏnsŏlbu	Geonseolbu	건축어	kŏnch'ugŏ	geonchugeo
건설사	kŏnsŏlsa	geonseolsa	건축적	kŏnch'ukchŏk	geonchukjeok
건설업	kŏnsŏrŏp	geonseoreop	건축학	kŏnch'ukhak	geonchukhak
건설인	kŏnsŏrin	geonseorin	건춘문	Kŏnch'unmun	Geonchunmun
건설족	kŏnsŏljok	geonseoljok	건칠	kŏnch'il	geonchil
건설지	kŏnsŏlchi	geonseolji	건칠불	kŏnch'ilbul	geonchilbul
건설청	Kŏnsŏlch'ŏng	Geonseolcheong	건투	kŏnt'u	geontu
건성	kŏnsŏng	geonseong	건판	kŏnp'an	geonpan
건성사	Kŏnsŏngsa	Geonseongsa	건평	kŏnp'yŏng	geonpyeong
건실화	kŏnsirhwa	geonsilhwa	건하	Kŏnha	Geonha
건안	kŏnan	geonan	건화	kŏnhwa	geonhwa
건암	kŏnam	geonam	건화물선	kŏnhwamulsŏn	geonhwamulseon
건양	kŏnyang	geonyang	건흥	kŏnhŭng	geonheung
건양대	Kŏnyangdae	Geonyangdae	걷고	kŏtko	geotgo
건옹	Kŏnong	Geonong	걷기	kŏtki	geotgi
건우	kŏnu	geonu	걷노라면	kŏnnoramyŏn	geonnoramyeon
건운	Kŏnun	Geonun	걷느냐	kŏnnŭnya	geonneunya
건원릉	Kŏnwŏllŭng	Geonwolleung	걷는	kŏnnŭn	geonneun
건의	kŏnŭi	geonui	걷는다	kŏnnŭnda	geonneunda
건입동	Kŏnip-tong	Geonip-dong	걷다	kŏtta	geotda
건재	kŏnjae	geonjae	걷어	kŏdŏ	geodeo
건저	kŏnjŏ	geonjeo	걷어낸	kŏdŏnaen	geodeonaen
건전	kŏnjŏn	geonjeon	걷히고	kŏch'igo	geochigo
건전성	kŏnjŏnsŏng	geonjeonseong	걷힌	kŏch'in	geochin
건전화	kŏnjŏnhwa	geonjeonhwa	걸	kŏl	geol

한글 용례	ALA-LC Romanization	정부 표기안	한글 용례	ALA-LC Romanization	정부 표기안
걸개	kŏlgae	geolgae	검단	Kŏmdan	Geomdan
걸고	kŏlgo	geolgo	검단리	Kŏmdan-ni	Geomdan-ri
걸기	kŏlgi	geolgi	검도	kŏmdo	geomdo
걸다	kŏlda	geolda	검도회	kŏmdohoe	geomdohoe
걸라	kŏlla	geolla	검등	kŏmdung	geomdung
걸랴	kŏllya	geollya	검등소	kŏmdungso	geomdungso
걸레	kŏlle	geolle	검룡소	Kŏmnyongso	Geomnyongso
걸리다	kŏllida	geollida	검무	kŏmmu	geommu
걸린	kŏllin	geollin	검복	kŏmbok	geombok
걸린다	kŏllinda	geollinda	검사	kŏmsa	geomsa
걸림	kŏllim	geollim	검사국	kŏmsaguk	geomsaguk
걸림돌	kŏllimtol	geollimdol	검산	kŏmsan	geomsan
걸립	kŏllip	geollip	검색	kŏmsaek	geomsaek
걸망	kŏlmang	geolmang	검색법	kŏmsaekpŏp	geomsaekbeop
걸식	kŏlsik	geolsik	검색사	kŏmsaeksa	geomsaeksa
걸식자	kŏlsikcha	geolsikja	검서관	kŏmsŏgwan	geomseogwan
걸신	kŏlsin	geolsin	검속	kŏmsok	geomsok
걸어	kŏrŏ	georeo	검수	kŏmsu	geomsu
걸어간	kŏrŏgan	georeogan	검술	kŏmsul	geomsul
걸어라	kŏrŏra	georeora	검승전	Kŏmsŭngjŏn	Geomseungjeon
걸어서	kŏrŏsŏ	georeoseo	검시	kŏmsi	geomsi
걸어온	kŏrŏon	georeoon	검시관	kŏmsigwan	geomsigwan
걸었다	kŏrŏtta	georeotda	검시도	kŏmsido	geomsido
걸었을까	kŏrŏssŭlkka	georeosseulkka	검시장	kŏmsijang	geomsijang
걸왕	kŏrwang	georwang	검시척	kŏmsich'ŏk	geomsicheok
걸으며	kŏrŭmyŏ	georeumyeo	검안	kŏman	geoman
걸은	kŏrŭn	georeun	검안서	kŏmansŏ	geomanseo
걸음	kŏrŭm	georeum	검약	kŏmyak	geomyak
걸음마	kŏrŭmma	georeumma	검역	kŏmyŏk	geomyeok
걸이	kŏri	geori	검역소	kŏmyŏkso	geomyeokso
걸인	kŏrin	georin	검역원	kŏmyŏgwŏn	geomyeogwon
걸작	kŏlchak	geoljak	검열	kŏmyŏl	geomyeol
걸작선	kŏlchaksŏn	geoljakseon	검열본	kŏmyŏlbon	geomyeolbon
걸쳐	kŏlch'yŏ	geolchyeo	검열부	kŏmnyŏlbu	geomyeolbu
걸친	kŏlch'in	geolchin	검은	kŏmŭn	geomeun
걸프	Kŏlp'ŭ	Geolpeu	검인	kŏmin	geomin
걸행	kŏrhaeng	geolhaeng	검인정	kŏminjŏng	geominjeong
검	kŏm	geom	검정	kŏmjŏng	geomjeong
검간	Kŏmgan	Geomgan	검증	kŏmjŭng	geomjeung
검객	kŏmgaek	geomgaek	검증서	kŏmjŭngsŏ	geomjeungseo
검거	kŏmgŏ	geomgeo	검증원	kŏmjŭngwŏn	geomjeungwon
검결	kŏmgyŏl	geomgyeol	검진	kŏmjin	geomjin
검계	kŏmgye	geomgye	검진법	kŏmjinpŏp	geomjinbeop
검기	kŏmgi	geomgi	검찰	kŏmch'al	geomchal
검기무	kŏmgimu	geomgimu	검찰직	kŏmch'aljik	geomchaljik

한글 용례	ALA-LC Romanization	정부 표기안	한글 용례	ALA-LC Romanization	정부 표기안
검찰청	kŏmch'alch'ŏng	geomchalcheong	겨루기	kyŏrugi	gyeorugi
검총	kŏmch'ong	geomchong	겨루기論	kyŏrugiron	gyeorugiron
검출	kŏmch'ul	geomchul	겨루다	kyŏruda	gyeoruda
검출기	kŏmch'ulgi	geomchulgi	겨리	Kyŏri	Gyeori
검토	kŏmt'o	geomto	겨린	kyŏrin	gyeorin
검토관	kŏmt'ogwan	geomtogwan	겨울	kyŏul	gyeoul
검토서	kŏmt'osŏ	geomtoseo	겨울밤	kyŏulpam	gyeoulbam
겁	kŏp	geop	겨울철	kyŏulch'ŏl	gyeoulcheol
겁외가	kŏboega	geoboega	겨웠지만	kyŏwŏtchiman	gyeowotjiman
것	kŏt	geot	겨자	kyŏja	gyeoja
것들	kŏttŭl	geotdeul	격	kyŏk	gyeok
겉	kŏt	geot	격대	kyŏktae	gyeokdae
게	ke	ge	격돌	kyŏktol	gyeokdol
게라마	Kerama	Gerama	격동	kyŏktong	gyeokdong
게리	Keri	Geri	격동기	kyŏktonggi	gyeokdonggi
게릴라	kerilla	gerilla	격랑	kyŏngnang	gyeongnang
게릴라들	kerilladŭl	gerilladeul	격려	kyŏngnyŏ	gyeongnyeo
게세르칸	Keserŭk'an	Gesereukan	격론	kyŏngnon	gyeongnon
게송	kesong	gesong	격론집	kyŏngnonjip	gyeongnonjip
게시판	kesip'an	gesipan	격류	kyŏngnyu	gyeongnyu
게양	keyang	geyang	격리	kyŏngni	gyeongni
게양대	keyangdae	geyangdae	격멸	kyŏngmyŏl	gyeongmyeol
게오르크	Keorŭk'ŭ	Georeukeu	격몽	kyŏngmong	gyeongmong
게으른	keŭrŭn	geeureun	격문	kyŏngmun	gyeongmun
게으름	keŭrŭm	geeureum	격문선	kyŏngmunsŏn	gyeongmunseon
게으름뱅이	keŭrŭmbaengi	geeureumbaengi	격물	kyŏngmul	gyeongmul
게이	kei	gei	격발	kyŏkpal	gyeokbal
게이머	keimŏ	geimeo	격변	kyŏkpyŏn	gyeokbyeon
게이지	Keiji	Geiji	격변기	kyŏkpyŏn'gi	gyeokbyeongi
게이츠	Keich'ŭ	Geicheu	격상	kyŏksang	gyeoksang
게이치	Keich'i	Geichi	격서	kyŏksŏ	gyeokseo
게이트	keit'ŭ	geiteu	격세	kyŏkse	gyeokse
게이트웨이	keit'ŭwei	geiteuwei	격식	kyŏksik	gyeoksik
게일	Keil	Geil	격암	Kyŏgam	Gyeogam
게일런	Keillŏn	Geilleon	격언	kyŏgŏn	gyeogeon
게임	keim	geim	격쟁	kyŏkchaeng	gyeokjaeng
게임식	keimsik	geimsik	격전	kyŏkchŏn	gyeokjeon
게페우	Kep'eu	Gepeu	격전지	kyŏkchŏnji	gyeokjeonji
겐도	Kendo	Gendo	격정	kyŏkchŏng	gyeokjeong
겐타로	Kent'aro	Gentaro	격조	kyŏkcho	gyeokjo
겔릭호	Kellikho	Gellikho	격주	kyŏkchu	gyeokju
겨냥	kyŏnyang	gyeonyang	격주간	kyŏkchugan	gyeokjugan
겨누다	kyŏnuda	gyeonuda	격차	kyŏkch'a	gyeokcha
겨눈	kyŏnun	gyeonun	격하게	kyŏkhage	gyeokhage
겨레	kyŏre	gyeore	겪다	kyŏkta	gyeokda

한글 용례	ALA-LC Romanization	정부 표기안	한글 용례	ALA-LC Romanization	정부 표기안
겪었던	kyŏkŏttŏn	gyeokkeotdeon	결과물	kyŏlgwamul	gyeolgwamul
겪은	kyŏkkŭn	gyeokkeun	결구법	kyŏlgupŏp	gyeolgubeop
견	kyŏn	gyeon	결국	kyŏlguk	gyeolguk
견감	kyŏn'gam	gyeongam	결기현	Kyŏlgi-hyŏn	Gyeolgi-hyeon
견과류	kyŏn'gwaryu	gyeongwaryu	결단	kyŏltan	gyeoldan
견당사	Kyŏndangsa	Gyeondangsa	결두전	kyŏldujŏn	gyeoldujeon
견디고	kyŏndigo	gyeondigo	결말	kyŏlmal	gyeolmal
견디는	kyŏndinŭn	gyeondineun	결방	kyŏlbang	gyeolbang
견디다	kyŏndida	gyeondida	결백	kyŏlbaek	gyeolbaek
견딘	kyŏndin	gyeondin	결별	kyŏlbyŏl	gyeolbyeol
견문	kyŏnmun	gyeonmun	결부	kyŏlbu	gyeolbu
견문기	kyŏnmun'gi	gyeonmungi	결부제	kyŏlbuje	gyeolbuje
견문록	kyŏnmunnok	gyeonmunnok	결사	kyŏlsa	gyeolsa
견문지	kyŏnmunji	gyeonmunji	결사단	kyŏlsadan	gyeolsadan
견물	kyŏnmul	gyeonmul	결사대	kyŏlsadae	gyeolsadae
견사	kyŏnsa	gyeonsa	결사문	kyŏlsamun	gyeolsamun
견성	kyŏnsŏng	gyeonseong	결사적	kyŏlsajŏk	gyeolsajeok
견성군	Kyŏnsŏng-gun	Gyeonseong-gun	결사회	kyŏlsahoe	gyeolsahoe
견성암	Kyŏnsŏngam	Gyeonseongam	결산	kyŏlsan	gyeolsan
견습	kyŏnsŭp	gyeonseup	결산서	kyŏlsansŏ	gyeolsanseo
견습생	kyŏnsŭpsaeng	gyeonseupsaeng	결성	kyŏlsŏng	gyeolseong
견실하다	kyŏnsirhada	gyeonsilhada	결성군	Kyŏlsŏng-gun	Gyeolseong-gun
견실한	kyŏnsirhan	gyeonsilhan	결성록	kyŏlsŏngnok	gyeolseongnok
견실해	kyŏnsirhae	gyeonsilhae	결성현	Kyŏlsŏng-hyŏn	Gyeolseong-hyeon
견암	kyŏnam	gyeonam	결속	kyŏlsok	gyeolsok
견우	Kyŏnu	Gyeonu	결송	kyŏlsong	gyeolsong
견우성	Kyŏnusŏng	Gyeonuseong	결송장	Kyŏlsongjang	Gyeolsongjang
견유기	kyŏnyugi	gyeonyugi	결승	kyŏlsŭng	gyeolseung
견인	kyŏnin	gyeonin	결승문	kyŏlsŭngmun	gyeolseungmun
견인차	kyŏninch'a	gyeonincha	결실	kyŏlsil	gyeolsil
견제	kyŏnje	gyeonje	결심	kyŏlsim	gyeolsim
견주	kyŏnju	gyeonju	결안	kyŏran	gyeoran
견줌	kyŏnjum	gyeonjum	결연	kyŏryŏn	gyeoryeon
견지	kyŏnji	gyeonji	결원	kyŏrwŏn	gyeorwon
견지사	Kyŏnjisa	Gyeonjisa	결의	kyŏrŭi	gyeorui
견직	kyŏnjik	gyeonjik	결의단	kyŏrŭidan	gyeoruidan
견직물	kyŏnjingmul	gyeonjingmul	결의문	kyŏrŭimun	gyeoruimun
견책	kyŏnch'aek	gyeonchaek	결전	kyŏlchŏn	gyeoljeon
견첩록	kyŏnch'ŏmnok	gyeoncheomnok	결절지	kyŏlchŏlji	gyeoljeolji
견타라	Kyŏnt'ara	Keontara	결정	kyŏlchŏng	gyeoljeong
견학	kyŏnhak	gyeonhak	결정권	kyŏlchŏngkwŏn	gyeoljeonggwon
견학리	Kyŏnhang-ni	Gyeonhak-ri	결정례	kyŏlchŏngnye	gyeoljeongnye
견훤	Kyŏnhwŏn	Gyeonhwon	결정론	kyŏlchŏngnon	gyeoljeongnon
결	kyŏl	gyeol	결정문	kyŏlchŏngmun	gyeoljeongmun
결과	kyŏlgwa	gyeolgwa	결정본	kyŏlchŏngbon	gyeoljeongbon

한글 용례	ALA-LC Romanization	정부 표기안	한글 용례	ALA-LC Romanization	정부 표기안
결정서	kyŏlchŏngsŏ	gyeoljeongseo	경건한	kyŏnggŏnhan	gyeonggeonhan
결정적	kyŏlchŏngjŏk	gyeoljeongjeok	경계	kyŏnggye	gyeonggye
결정판	kyŏlchŏngp'an	gyeoljeongpan	경계비	kyŏnggyebi	gyeonggyebi
결제	kyŏlje	gyeolje	경계선	kyŏnggyesŏn	gyeonggyeseon
결집	kyŏlchip	gyeoljip	경계인	kyŏnggyein	gyeonggyein
결코	kyŏlk'o	gyeolko	경계적	kyŏnggyejŏk	gyeonggyejeok
결탁	kyŏlt'ak	gyeoltak	경고	kyŏnggo	gyeonggo
결핍	kyŏlp'ip	gyeolpip	경공업	kyŏnggongŏp	gyeonggongeop
결함	kyŏrham	gyeolham	경공업부	kyŏnggongŏppu	gyeonggongeopbu
결합	kyŏrhap	gyeolhap	경공업성	kyŏnggongŏpsŏng	gyeonggongeopseong
결합법	kyŏrhappŏp	gyeolhapbeop	경공인	kyŏnggongin	gyeonggongin
결합시	kyŏrhapsi	gyeolhapsi	경과	kyŏnggwa	gyeonggwa
결합식	kyŏrhapsik	gyeolhapsik	경관	kyŏnggwan	gyeonggwan
결핵	kyŏrhaek	gyeolhaek	경관과	kyŏnggwankwa	gyeonggwangwa
결혼	kyŏrhon	gyeolhon	경관직	kyŏnggwanjik	gyeonggwanjik
결혼식	kyŏrhonsik	gyeolhonsik	경광	kyŏnggwang	gyeonggwang
겸	kyŏm	gyeom	경교	kyŏnggyo	gyeonggyo
겸무	kyŏmmu	gyeommu	경교장	Kyŏnggyojang	Gyeonggyojang
겸사	kyŏmsa	gyeomsa	경구	kyŏnggu	gyeonggu
겸산	kyŏmsan	gyeomsan	경구용	kyŏngguyong	gyeongguyong
겸상	kyŏmsang	gyeomsang	경국	kyŏngguk	gyeongguk
겸선	kyŏmsŏn	gyeomseon	경국사	Kyŏngguksa	Gyeongguksa
겸손	kyŏmson	gyeomson	경국전	Kyŏnggukchŏn	Gyeonggukjeon
겸수	kyŏmsu	gyeomsu	경극	kyŏnggŭk	gyeonggeuk
겸암	kyŏmam	gyeomam	경기	kyŏnggi	gyeonggi
겸양	kyŏmyang	gyeomyang	경기고	Kyŏnggigo	Gyeonggigo
겸임	kyŏmim	gyeomim	경기군	Kyŏnggi-gun	Gyeonggi-gun
겸재	Kyŏmjae	Gyeomjae	경기도	Kyŏnggi-do	Gyeonggi-do
겸재파	Kyŏmjaep'a	Gyeomjaepa	경기병	kyŏnggibyŏng	gyeonggibyeong
겸제	Kyŏmje	Gyeomje	경기영	kyŏnggiyŏng	gyeonggiyeong
겸지사	Kyŏmjisa	Gyeomjisa	경기장	kyŏnggijang	gyeonggijang
겸직	kyŏmjik	gyeomjik	경기전	kyŏnggijŏn	gyeonggijeon
겸한	kyŏmhan	gyeomhan	경기체	Kyŏnggich'e	Gyeonggiche
겸헌	Kyŏmhŏn	Gyeomheon	경기체가	Kyŏnggich'ega	Gyeonggichega
겹	kyŏp	gyeop	경기학	Kyŏnggihak	Gyeonggihak
겹겹	kyŏpkyŏp	gyeopgyeop	경기회	kyŏnggihoe	gyeonggihoe
겹처마	kyŏpch'ŏma	gyeopcheoma	경남	Kyŏngnam	Gyeongnam
겹치다	kyŏpch'ida	gyeopchida	경남권	Kyŏngnamkwŏn	Gyeongnamgwon
겹친	kyŏpch'in	gyeopchin	경남대	Kyŏngnamdae	Gyeongnamdae
경	kyŏng	gyeong	경남인	Kyŏngnamin	Gyeongnamin
경각	kyŏnggak	gyeonggak	경남학	Kyŏngnamhak	Gyeongnamhak
경감	kyŏnggam	gyeonggam	경내	kyŏngnae	gyeongnae
경갑	kyŏnggap	gyeonggap	경녕	kyŏngnyŏng	gyeongnyeong
경강	kyŏnggang	gyeonggang	경노	kyŏngno	gyeongno
경건	kyŏnggŏn	gyeonggeon	경능	Kyŏngnŭng	Gyeongneung

한글 용례	ALA-LC Romanization	정부 표기안	한글 용례	ALA-LC Romanization	정부 표기안
경단협	Kyŏngdanhyŏp	Gyeongdanhyeop	경방단	kyŏngbangdan	gyeongbangdan
경당	kyŏngdang	gyeongdang	경배	kyŏngbae	gyeongbae
경대	kyŏngdae	gyeongdae	경범죄	kyŏngbŏmjoe	gyeongbeomjoe
경덕궁	Kyŏngdŏkkung	Gyeongdeokgung	경별초	kyŏngbyŏlch'o	gyeongbyeolcho
경도	kyŏngdo	gyeongdo	경보	kyŏngbo	gyeongbo
경도대	Kyŏngdodae	Gyeongdodae	경보기	kyŏngbogi	gyeongbogi
경동	Kyŏngdong	Gyeongdong	경복	kyŏngbok	gyeongbok
경동고	Kyŏngdonggo	Gyeongdonggo	경복고	Kyŏngbokko	Gyeongbokgo
경동중	Kyŏngdongjung	Gyeongdongjung	경복궁	Kyŏngbokkung	Gyeongbokgung
경락	kyŏngnak	gyeongnak	경복중	Kyŏngbokchung	Gyeongbokjung
경래관	Kyŏngnaegwan	Gyeongnaegwan	경봉	Kyŏngbong	Gyeongbong
경략사	kyŏngnyaksa	gyeongnyaksa	경부	kyŏngbu	gyeongbu
경량	kyŏngnyang	gyeongnyang	경부선	Kyŏngbusŏn	Gyeongbuseon
경력	kyŏngnyŏk	gyeongnyeok	경북	Kyŏngbuk	Gyeongbuk
경련	kyŏngnyŏn	gyeongnyeon	경북대	Kyŏngbuktae	Gyeongbukdae
경렴정	Kyŏngnyŏmjŏng	Gyeongnyeomjeong	경북선	Kyŏngbuksŏn	Gyeongbukseon
경례	kyŏngnye	gyeongnye	경북학	Kyŏngbukhak	Gyeongbukhak
경로	kyŏngno	gyeongno	경비	kyŏngbi	gyeongbi
경로당	kyŏngnodang	gyeongnodang	경비대	kyŏngbidae	gyeongbidae
경륜	kyŏngnyun	gyeongnyun	경비사	kyŏngbisa	gyeongbisa
경릉	Kyŏngnŭng	Gyeongneung	경비업	kyŏngbiŏp	gyeongbieop
경리	kyŏngni	gyeongni	경비업법	kyŏngbiŏppŏp	gyeongbieopbeop
경리국	kyŏngniguk	gyeongniguk	경비율	kyŏngbiyul	gyeongbiyul
경리원	kyŏngniwŏn	gyeongniwon	경빈	Kyŏngbin	Gyeongbin
경림	kyŏngnim	gyeongnim	경사	kyŏngsa	gyeongsa
경마	kyŏngma	gyeongma	경사지	kyŏngsaji	gyeongsaji
경마장	kyŏngmajang	gyeongmajang	경산	Kyŏngsan	Gyeongsan
경매	kyŏngmae	gyeongmae	경산군	Kyŏngsan-gun	Gyeongsan-gun
경맥	Kyŏngmaek	gyeongmaek	경산대	Kyŏngsandae	Gyeongsandae
경멸	kyŏngmyŏl	gyeongmyeol	경산부	Kyŏngsan-bu	Gyeongsan-bu
경모궁	Kyŏngmogung	Gyeongmogung	경산시	Kyŏngsan-si	Gyeongsan-si
경무	kyŏngmu	gyeongmu	경산읍	Kyŏngsan-ŭp	Gyeongsan-eup
경무관	kyŏngmugwan	gyeongmugwan	경산현	Kyŏngsan-hyŏn	Gyeongsan-hyeon
경무국	kyŏngmuguk	gyeongmuguk	경상	kyŏngsang	gyeongsang
경무대	Kyŏngmudae	Gyeongmudae	경상남도	Kyŏngsang-namdo	Gyeongsangnam-do
경무부	kyŏngmubu	gyeongmubu	경상남북도	Kyŏngsang-nambukto	Gyeongsangnambuk-do
경무사	Kyŏngmusa	Gyeongmusa	경상대	Kyŏngsangdae	Gyeongsangdae
경무서	Kyŏngmusŏ	Gyeongmuseo	경상도	Kyŏngsang-do	Gyeongsang-do
경무청	Kyŏngmuch'ŏng	Gyeongmucheong	경상북도	Kyŏngsang-bukto	Gyeongsangbuk-do
경문	kyŏngmun	gyeongmun	경상우도	Kyŏngsang-udo	Gyeongsangu-do
경미	kyŏngmi	gyeongmi	경상학	kyŏngsanghak	Gyeongsanghak
경미한	kyŏngmihan	gyeongmihan	경색	kyŏngsaek	gyeongsaek
경민	kyŏngmin	gyeongmin	경서	kyŏngsŏ	gyeongseo
경민가	kyŏngmin'ga	gyeongminga	경서동	Kyŏngsŏ-dong	Gyeongseo-dong
경방	kyŏngbang	gyeongbang	경서원	Kyŏngsŏwŏn	Gyeongseowon

한글 용례	ALA-LC Romanization	정부 표기안	한글 용례	ALA-LC Romanization	정부 표기안
경선	kyŏngsŏn	gyeongseon	경영체	kyŏngyŏngch'e	gyeongyeongche
경선궁	Kyŏngsŏngung	Gyeongseonung	경영학	kyŏngyŏnghak	gyeongyeonghak
경성	Kyŏngsŏng	Gyeongseong	경오	Kyŏngo	Gyeongo
경성군	Kyŏngsŏng-gun	Gyeongseong-gun	경오자	Kyŏngoja	Gyeongoja
경성궁	Kyŏngsŏnggung	Gyeongseonggung	경옥고	Kyŏngokko	Gyeongokgo
경성대	Kyŏngsŏngdae	Gyeongseongdae	경와	kyŏngwa	gyeongwa
경성부	Kyŏngsŏng-bu	Gyeongseong-bu	경용	kyŏngyong	gyeongyong
경성좌	Kyŏngsŏngjwa	Gyeongseongjwa	경우	kyŏngu	gyeongu
경세	kyŏngse	gyeongse	경우회	Kyŏnguhoe	Gyeonguhoe
경세가	kyŏngsega	gyeongsega	경운	kyŏngun	gyeongun
경세가들	kyŏngsegadŭl	gyeongsegadeul	경운궁	Kyŏngun'gung	Gyeongungung
경세론	kyŏngseron	gyeongseron	경운동	Kyŏngun-dong	Gyeongun-dong
경세서	kyŏngsesŏ	gyeongseseo	경운회	Kyŏngunhoe	Gyeongunhoe
경세원	Kyŏngsewŏn	Gyeongsewon	경원	kyŏngwŏn	gyeongwon
경소	kyŏngso	gyeongso	경원각	Kyŏngwŏn'gak	Gyeongwongak
경손	kyŏngson	gyeongson	경원군	Kyŏngwŏn-gun	Gyeongwon-gun
경수로	kyŏngsuro	gyeongsuro	경원대	Kyŏngwŏndae	Gyeongwondae
경순	kyŏngsun	gyeongsun	경원부	Kyŏngwŏn-bu	Gyeongwon-bu
경술	Kyŏngsul	Gyeongsul	경원선	Kyŏngwŏnsŏn	Gyeongwonseon
경승	Kyŏngsŭng	Gyeongseung	경위	kyŏngwi	gyeongwi
경시	kyŏngsi	gyeongsi	경유	kyŏngyu	gyeongyu
경신	Kyŏngsin	Gyeongsin	경윤	kyŏngyun	gyeongyun
경실련	Kyŏngsillyŏn	Gyeongsillyeon	경은	Kyŏngŭn	Gyeongeun
경안	kyŏngan	gyeongan	경음	kyŏngŭm	gyeongeum
경안궁	Kyŏngan'gung	Gyeongangung	경의	kyŏngŭi	gyeongui
경안천	Kyŏnganch'ŏn	Gyeongancheon	경의군	Kyŏngŭi-gun	Gyeongui-gun
경암	Kyŏngam	Gyeongam	경의선	Kyŏngŭisŏn	Gyeonguiseon
경애	kyŏngae	gyeongae	경이	kyŏngi	gyeongi
경양	kyŏngyang	gyeongyang	경인	Kyŏngin	Gyeongin
경양현	Kyŏngyang-hyŏn	Gyeongyang-hyeon	경인선	Kyŏnginsŏn	Gyeonginseon
경어	kyŏngŏ	gyeongeo	경일	kyŏngil	gyeongil
경어법	kyŏngŏpŏp	gyeongeobeop	경자	kyŏngja	gyeongja
경역	kyŏngyŏk	gyeongyeok	경자자	Kyŏngjacha	Gyeongjaja
경역리	Kyŏngyŏng-ni	Gyeongyeok-ri	경작	kyŏngjak	gyeongjak
경연	kyŏngyŏn	gyeongyeon	경작권	kyŏngjakkwŏn	gyeongjakgwon
경연관	kyŏngyŏn'gwan	gyeongyeongwan	경작인	kyŏngjagin	gyeongjagin
경연청	kyŏngyŏnch'ŏng	gyeongyeoncheong	경장	kyŏngjang	gyeongjang
경열	kyŏngyŏl	gyeongyeol	경장설	kyŏngjangsŏl	gyeongjangseol
경영	kyŏngyŏng	gyeongyeong	경재	kyŏngjae	gyeongjae
경영대	kyŏngyŏngdae	gyeongyeongdae	경쟁	kyŏngjaeng	gyeongjaeng
경영론	kyŏngyŏngnon	gyeongyeongnon	경쟁력	kyŏngjaengnyŏk	gyeongjaengnyeok
경영법	kyŏngyŏngpŏp	gyeongyeongbeop	경쟁법	kyŏngjaengpŏp	gyeongjaengbeop
경영사	kyŏngyŏngsa	gyeongyeongsa	경쟁사	kyŏngjaengsa	gyeongjaengsa
경영자	kyŏngyŏngja	gyeongyeongja	경쟁史	kyŏngjaengsa	gyeongjaengsa
경영적	kyŏngyŏngjŏk	gyeongyeongjeok	경쟁자	kyŏngjaengja	gyeongjaengja

한글 용례	ALA-LC Romanization	정부 표기안	한글 용례	ALA-LC Romanization	정부 표기안
경적	kyŏngjŏk	gyeongjeok	경찰대	Kyŏngch'aldae	Gyeongchaldae
경전	kyŏngjŏn	gyeongjeon	경찰법	kyŏngch'alpŏp	gyeongchalbeop
경전들	kyŏngjŏndŭl	gyeongjeondeul	경찰사	kyŏngch'alsa	gyeongchalsa
경정집	Kyŏngjŏngjip	Gyeongjeongjip	경찰상	kyŏngch'alsang	gyeongchalsang
경제	kyŏngje	gyeongje	경찰서	kyŏngch'alsŏ	gyeongchalseo
경제과	kyŏngjekwa	gyeongjegwa	경찰청	kyŏngch'alch'ŏng	gyeongchalcheong
경제관	kyŏngjegwan	gyeongjegwan	경찰학	kyŏngch'arhak	gyeongchalhak
경제국	kyŏngjeguk	gyeongjeguk	경책	kyŏngch'aek	kyeongchaek
경제권	kyŏngjekwŏn	gyeongjegwon	경천	kyŏngch'ŏn	gyeongcheon
경제론	kyŏngjeron	gyeongjeron	경천아	Kyŏngch'ŏna	Gyeongcheona
경제부	kyŏngjebu	gyeongjebu	경청	kyŏngch'ŏng	gyeongcheong
경제사	kyŏngjesa	gyeongjesa	경총	Kyŏngch'ong	Gyeongchong
경제성	kyŏngjesŏng	gyeongjeseong	경추문	Kyŏngch'umun	Gyeongchumun
경제인	kyŏngjein	gyeongjein	경축	kyŏngch'uk	gyeongchuk
경제적	kyŏngjejŏk	gyeongjejeok	경춘	Kyŏngch'un	Gyeongchun
경제지	kyŏngjeji	gyeongjeji	경춘사	Kyŏngch'unsa	Gyeongchunsa
경제팀	kyŏngjet'im	gyeongjetim	경춘선	Kyŏngch'unsŏn	Gyeongchunseon
경제하	kyŏngjeha	gyeongjeha	경춘전	Kyŏngch'unjŏn	Gyeongchunjeon
경제학	kyŏngjehak	gyeongjehak	경칩	kyŏngch'ip	gyeongchip
경제학사	kyŏngjehaksa	gyeongjehaksa	경쾌한	kyŏngk'waehan	gyeongkwaehan
경제형	kyŏngjehyŏng	gyeongjehyeong	경파	Kyŏngp'a	Gyeongpa
경조	kyŏngjo	gyeongjo	경판	kyŏngp'an	gyeongpan
경종	kyŏngjong	gyeongjong	경판각	Kyŏngp'an'gak	Gyeongpangak
경주	Kyŏngju	Gyeongju	경판본	Kyŏngp'anbon	Gyeongpanbon
경주군	Kyŏngju-gun	Gyeongju-gun	경포	Kyŏngp'o	Gyeongpo
경주마	kyŏngjuma	gyeongjuma	경포교	kyŏngp'ogyo	gyeongpogyo
경주부	Kyŏngju-bu	Gyeongju-bu	경포대	Kyŏngp'odae	Gyeongpodae
경주사	Kyŏngjusa	Gyeongjusa	경포수	kyŏngp'osu	gyeongposu
경주시	Kyŏngju-si	Gyeongju-si	경포호	Kyŏngp'oho	Gyeongpoho
경주인	Kyŏngjuin	Gyeongjuin	경하	kyŏngha	gyeongha
경중	kyŏngjung	gyeongjung	경학	kyŏnghak	gyeonghak
경지	kyŏngji	gyeongji	경학사	Kyŏnghaksa	Gyeonghaksa
경지리	Kyŏngji-ri	Gyeongji-ri	경학원	Kyŏnghagwŏn	Gyeonghagwon
경지사	kyŏngjisa	gyeongjisa	경학적	Kyŏnghakchŏk	Gyeonghakjeok
경직	kyŏngjik	gyeongjik	경해	Kyŏnghae	Gyeonghae
경직도	kyŏngjikto	gyeongjikdo	경향	kyŏnghyang	gyeonghyang
경진	Kyŏngjin	Gyeongjin	경향극	kyŏnghyanggŭk	gyeonghyanggeuk
경진년	Kyŏngjinnyŏn	Gyeongjinnyeon	경향들	kyŏnghyangdŭl	gyeonghyangdeul
경질	kyŏngjil	gyeongjil	경향성	kyŏnghyangsŏng	gyeonghyangseong
경집	kyŏngjip	gyeongjip	경향시	kyŏnghyangsi	gyeonghyangsi
경차	kyŏngch'a	gyeongcha	경허	Kyŏnghŏ	Gyeongheo
경차관	kyŏngch'agwan	gyeongchagwan	경헌	Kyŏnghŏn	Gyeongheon
경찰	kyŏngch'al	gyeongchal	경험	kyŏnghŏm	gyeongheom
경찰관	kyŏngch'algwan	gyeongchalgwan	경험담	kyŏnghŏmdam	gyeongheomdam
경찰권	kyŏngch'alkwŏn	gyeongchalgwon	경험들	kyŏnghŏmdŭl	gyeongheomdeul

한글 용례	ALA-LC Romanization	정부 표기안	한글 용례	ALA-LC Romanization	정부 표기안
경험방	kyŏnghŏmbang	gyeongheombang	계록	kyerok	gyerok
경험적	kyŏnghŏmjŏk	gyeongheomjeok	계룡	Kyeryong	Gyeryong
경험집	kyŏnghŏmjip	gyeongheomjip	계룡단	Kyeryongdan	Gyeryongdan
경혈	kyŏnghyŏl	gyeonghyeol	계룡대	Kyeryongdae	Gyeryongdae
경협	kyŏnghyŏp	gyeonghyeop	계룡사	Kyeryongsa	Gyeryongsa
경혜	Kyŏnghye	Gyeonghye	계룡산	Kyeryongsan	Gyeryongsan
경호	kyŏngho	gyeongho	계룡시	Kyeryong-si	Gyeryong-si
경호실	kyŏnghosil	gyeonghosil	계류	kyeryu	gyeryu
경호원	kyŏnghowŏn	gyeonghowon	계류리	Kyeryu-ri	Gyeryu-ri
경화	kyŏnghwa	gyeonghwa	계림	Kyerim	Gyerim
경회	Kyŏnghoe	Gyeonghoe	계림군	Kyerim-gun	Gyerim-gun
경회루	Kyŏnghoeru	Gyeonghoeru	계림도	Kyerimdo	Gyerimdo
경흥	Kyŏnghŭng	Gyeongheung	계림로	Kyerimno	Gyerimno
경희	Kyŏnghŭi	Gyeonghui	계림부	kyerim-bu	Gyerim-bu
경희궁	Kyŏnghŭigung	Gyeonghuigung	계립현	Kyerip-hyŏn	Gyerip-hyeon
경희대	Kyŏnghŭidae	Gyeonghuidae	계면	Kyemyŏn	Gyemyeon
곁	kyŏt	gyeot	계면조	Kyemyŏnjo	Gyemyeonjo
계	kye	gye	계명	Kyemyŏng	Gyemyeong
계간	kyegan	gyegan	계명대	Kyemyŏngdae	Gyemyeongdae
계감	kyegam	gyegam	계명사	Kyemyŏngsa	Gyemyeongsa
계경	kyegyŏng	gyegyeong	계모	kyemo	gyemo
계곡	kyegok	gyegok	계모형	kyemohyŏng	gyemohyeong
계관	kyegwan	gyegwan	계몽	kyemong	gyemong
계급	kyegŭp	gyegeup	계몽기	kyemonggi	gyemonggi
계급론	kyegŭmnon	gyegeumnon	계몽도	kyemongdo	gyemongdo
계급론적	kyegŭmnonjŏk	gyegeumnonjeok	계몽사	Kyemongsa	Gyemongsa
계급적	kyegŭpchŏk	gyegeupjeok	계몽원	kyemongwŏn	gyemongwon
계급주의	kyegŭpchuŭi	gyegeupjuui	계몽적	kyemongjŏk	gyemongjeok
계급화	kyegŭphwa	gyegeupwa	계몽주의	kyemongjuŭi	gyemongjuui
계남	Kyenam	Gyenam	계몽지	kyemongji	gyemongji
계녀	kyenyŏ	gyenyeo	계묘	Kyemyo	Gyemyo
계녀서	Kyenyŏsŏ	Gyenyeoseo	계문사	Kyemunsa	Gyemunsa
계년	kyenyŏn	gyenyeon	계미	Kyemi	Gyemi
계년사	kyenyŏnsa	gyenyeonsa	계미자	Kyemicha	Gyemija
계단	kyedan	gyedan	계발	kyebal	gyebal
계단식	kyedansik	gyedansik	계백	Kyebaek	Gyebaek
계동	Kye-dong	Gye-dong	계보	kyebo	gyebo
계락	Kyerak	Gyerak	계보적	kyebojŏk	gyebojeok
계란맨	kyeranmaen	gyeranmaen	계보학	kyebohak	gyebohak
계랑	kyerang	gyerang	계본	kyebon	gyebon
계량	kyeryang	gyeryang	계본소	kyebonso	gyebonso
계량법	kyeryangpŏp	gyeryangbeop	계부	kyebu	gyebu
계량적	kyeryangjŏk	gyeryangjeok	계비	kyebi	gyebi
계량화	kyeryanghwa	gyeryanghwa	계빈	kyebin	gyebin
계렬	kyenyŏl	gyeryeol	계사	kyesa	gyesa

한글 용례	ALA-LC Romanization	정부 표기안	한글 용례	ALA-LC Romanization	정부 표기안
계사년	Kyesanyŏn	Gyesanyeon	계위	kyewi	gyewi
계사전	Kyesajŏn	Gyesajeon	계유	Kyeyu	Gyeyu
계산	kyesan	gyesan	계유년	Kyeyunyŏn	Gyeyunyeon
계산동	Kyesan-dong	Gyesan-dong	계율	kyeyul	gyeyul
계산리	Kyesan-ni	Gyesan-ri	계율종	Kyeyulchong	Gyeyuljong
계산법	kyesanpŏp	gyesanbeop	계일헌	Kyeirhŏn	Gyeilheon
계상	kyesang	gyesang	계자	kyeja	gyeja
계서	kyesŏ	gyeseo	계장	kyejang	gyejang
계선	Kyesŏn	Gyeseon	계적	kyejŏk	gyejeok
계성	Kyesŏng	Gyeseong	계전	kyejŏn	gyejeon
계성군	Kyesŏng-gun	Gyeseong-gun	계절	kyejŏl	gyejeol
계서요	kyesyŏyo	gyesyeoyo	계절별	kyejŏlbyŏl	gyejeolbyeol
계속	kyesok	gyesok	계절화	kyejŏrhwa	gyejeolhwa
계손	kyeson	gyeson	계정	kyejŏng	gyejeong
계송	kyesong	gyesong	계제	kyeje	gyeje
계수	kyesu	gyesu	계제사	kyejesa	gyejesa
계수관	kyesugwan	gyesugwan	계조당	Kyejodang	Gyejodang
계수동	Kyesu-dong	Gyesu-dong	계족	kyejok	gyejok
계승	kyesŭng	gyeseung	계종	Kyejong	Gyejong
계승국	kyesŭngguk	gyeseungguk	계좌제	kyejwaje	gyejwaje
계승사	kyesŭngsa	gyeseungsa	계주	kyeju	gyeju
계승자	kyesŭngja	gyeseungja	계지	kyeji	gyeji
계승자들	kyesŭngjadŭl	gyeseungjadeul	계집	kyejip	gyejip
계시	kyesi	gyesi	계천	kyech'ŏn	gyecheon
계시는가	kyesinŭn'ga	gyesineunga	계첩	kyech'ŏp	gyecheop
계시록	kyesirok	gyesirok	계초	kyech'o	gyecho
계신	kyesin	gyesin	계촌	kyech'on	gyechon
계심	kyesim	gyesim	계축	Kyech'uk	Gyechuk
계심헌	Kyesimhŏn	Gyesimheon	계축자	Kyech'ukcha	Gyechukja
계씨	Kyessi	Gyessi	계측	kyech'ŭk	gyecheuk
계안	kyean	gyean	계층	kyech'ŭng	gyecheung
계암	Kyeam	Gyeam	계층별	kyech'ŭngbyŏl	gyecheungbyeol
계약	kyeyak	gyeyak	계통	kyet'ong	gyetong
계약론	kyeyangnon	gyeyangnon	계통론	kyet'ongnon	gyetongnon
계약법	kyeyakpŏp	gyeyakbeop	계통수	kyet'ongsu	gyetongsu
계약서	kyeyaksŏ	gyeyakseo	계파	kyep'a	gyepa
계약직	kyeyakjik	gyeyakjik	계품	kyep'um	gyepum
계양	Kyeyang	Gyeyang	계호학	Kyehohak	Gyehohak
계엄	kyeŏm	gyeeom	계호학적	Kyehohakchŏk	Gyehohakjeok
계엄령	kyeŏmnyŏng	gyeeomnyeong	계화	Kyehwa	Gyehwa
계엄법	kyeŏmpŏp	gyeeombeop	계회도	kyehoedo	gyehoedo
계열	kyeyŏl	gyeyeol	계획	kyehoek	gyehoek
계열들	kyeyŏldŭl	gyeyeoldeul	계획가	kyehoekka	gyehoekga
계열화	kyeyŏrhwa	gyeyeolhwa	계획국	Kyehoekkuk	gyehoekguk
계원	kyewŏn	gyewon	계획론	kyehoengnon	gyehoengnon

한글 용례	ALA-LC Romanization	정부 표기안	한글 용례	ALA-LC Romanization	정부 표기안
계획법	kyehoekpŏp	gyehoekbeop	고국	koguk	goguk
계획안	kyehoegan	gyehoegan	고군	kogun	gogun
계획자	kyehoekcha	gyehoekja	고군산	Kogunsan	Gogunsan
계획적	kyehoekchŏk	gyehoekjeok	고궁	kogung	gogung
곗날	kyennal	gyennal	고귀	kogwi	gogwi
고	ko	go	고균	Kogyun	Gogyun
고가(古家)	koga	goga	고글	kogŭl	gogeul
고가(高價)	koka	goga	고글리	Kogŭlli	gogeulli
고가치	kogach'i	gogachi	고금	kogŭm	gogeum
고갈	kogal	gogal	고금도	Kogŭmdo	Gogeumdo
고강	kogang	gogang	고금도진	Kogŭmdojin	Gogeumdojin
고강동	Kogang-dong	Gogang-dong	고금록	kogŭmnok	gogeumnok
고개	kogae	gogae	고금주	kogŭmju	gogeumju
고객	kogaek	gogaek	고급	kogŭp	gogeup
고갯	kogaet	gogaet	고기	kogi	gogi
고갯길	kogaetkil	gogaetgil	고기후	kogihu	gogihu
고건축	kogŏnch'uk	gogeonchuk	고깃덩이	kogittŏngi	gogitdeongi
고검	kogŏm	gogeom	고난	konan	gonan
고견	kogyŏn	gogyeon	고난기	konan'gi	gonangi
고경	kogyŏng	gogyeong	고난사	konansa	gonansa
고계	kogye	gogye	고남	Konam	Gonam
고고	kogo	gogo	고남리	Konam-ni	Gonam-ri
고고관	kogogwan	gogogwan	고녀	konyŏ	gonyeo
고고부	kogobu	gogobu	고노	Kono	Gono
고고학	kogohak	gogohak	고농	konong	gonong
고고학보	kogohakpo	gogohakbo	고농서	konongsŏ	gonongseo
고고학사	kogohaksa	gogohaksa	고뇌	konoe	gonoe
고공	kogong	gogong	고니	koni	goni
고공법	kogongpŏp	gogongbeop	고다니	Kodani	Godani
고공사	kogongsa	gogongsa	고단한	kodanhan	godanhan
고공전	kogongjŏn	gogongjeon	고단해	kodanhae	godanhae
고광	kogwang	gogwang	고달	Kodal	Godal
고굉	kogoeng	gogoeng	고달퍼	kodalp'ŏ	godalpeo
고교	kogyo	gogyo	고달프다	kodalp'ŭda	godalpeuda
고교생	kogyosaeng	gogyosaeng	고달픈	kodalp'ŭn	godalpeun
고구	Kogu	Gogu	고담	kodam	godam
고구려	Koguryŏ	Goguryeo	고당	kodang	godang
고구려계	Koguryŏgye	Goguryeogye	고대	kodae	godae
고구려비	Koguryŏbi	Goguryeobi	고대리	Kodae-ri	Godae-ri
고구려사	Koguryŏsa	Goguryeosa	고대사	kodaesa	godaesa
고구려어	Koguryŏŏ	Goguryeoeo	고대사론	kodaesaron	godaesaron
고구려인	Koguryŏin	Goguryeoin	고대실	kodaesil	godaesil
고구려적	Koguryŏjŏk	Goguryeojeok	고대인	kodaein	godaein
고구마	koguma	goguma	고덕	kodŏk	godeok
고구마꽃	kogumakkot	gogumakkot	고덕면	Kodŏng-myŏn	Godeok-myeon

한글 용례	ALA-LC Romanization	정부 표기안	한글 용례	ALA-LC Romanization	정부 표기안
고덕현	Kodŏk-hyŏn	Godeok-hyeon	고려조	Koryŏjo	Goryeojo
고도	kodo	godo	고려지	Koryŏji	Goryeoji
고도리	kodori	godori	고려척	koryŏch'ŏk	goryeocheok
고도리전	kodorijŏn	godorijeon	고려탑	Koryŏt'ap	Goryeotap
고도징	kodojing	godojing	고려파	Koryŏp'a	Goryeopa
고도화	kodohwa	godohwa	고령	koryŏng	goryeong
고독	kodok	godok	고령군	Koryŏng-gun	Goryeong-gun
고동	kodong	godong	고령농	koryŏngnong	goryeongnong
고두	kodu	godu	고령자	koryŏngja	goryeongja
고든	Kodŭn	Godeun	고령지	Koryŏngji	goryeongji
고등	kodŭng	godeung	고령층	koryŏngch'ŭng	goryeongcheung
고등과	kodŭngkwa	godeunggwa	고령토	koryŏngt'o	goryeongto
고등관	kodŭnggwan	godeunggwan	고령현	Koryŏng-hyŏn	Goryeong-hyeon
고등동	Kodŭng-dong	Godeung-dong	고령화	koryŏnghwa	goryeonghwa
고등어	kodŭngŏ	godeungeo	고로	koro	goro
고딕체	kodikch'e	godikche	고록	korok	gorok
고딩	koding	goding	고롬	korom	gorom
고라니	korani	gorani	고료	koryo	goryo
고란사	Koransa	Goransa	고룡	koryong	goryong
고랑	korang	gorang	고루	koru	goru
고래	korae	gorae	고륜	koryun	goryun
고래실	koraesil	goraesil	고르바초프	Korŭbach'op'ŭ	Goreubachopeu
고략	koryak	goryak	고르바쵸프	Korŭbach'yop'ŭ	Goreubachyopeu
고려	Koryŏ	Goryeo	고름	korŭm	goreum
고려가	Koryŏga	Goryeoga	고리	kori	gori
고려경	Koryŏgyŏng	Goryeogyeong	고리끼	Korikki	Gorikki
고려관	Koryŏgwan	Goryeogwan	고리대	koridae	goridae
고려국	Koryŏguk	Goryeoguk	고린도	Korindo	Gorindo
고려기	Koryŏgi	Goryeogi	고림	korim	gorim
고려대	Koryŏdae	Goryeodae	고림동	Korim-dong	Gorim-dong
고려도	Koryŏdo	Goryeodo	고립	korip	gorip
고려묘	Koryŏmyo	Goryeomyo	고립아	koriba	goriba
고려사	Koryŏsa	Goryeosa	고마	koma	goma
고려선	Koryŏsŏn	Goryeoseon	고마운	komaun	gomaun
고려성	Koryŏsŏng	Goryeoseong	고마워	komawŏ	gomawo
고려시	Koryŏsi	Goryeosi	고마워요	komawŏyo	gomawoyo
고려식	Koryŏsik	Goryeosik	고만	koman	goman
고려악	Koryŏak	Goryeoak	고맙다	komapta	gomapda
고려약	Koryŏyak	Goryeoyak	고맙습니다	komapsŭmnida	gomapseumnida
고려원	Koryŏwŏn	Goryeowon	고명	komyŏng	gomyeong
고려율	Koryŏyul	Goryeoyul	고모	komo	gomo
고려인	Koryŏin	Goryeoin	고모루성	Komorusŏng	Gomoruseong
고려인들	Koryŏindŭl	Goryeoindeul	고모부	komobu	gomobu
고려장	koryŏjang	goryeojang	고목	komok	gomok
고려적	Koryŏjŏk	Goryeojeok	고목근	komokkŭn	gomokgeun

한글 용례	ALA-LC Romanization	정부 표기안	한글 용례	ALA-LC Romanization	정부 표기안
고묘	komyo	gomyo	고사전	kosajŏn	gosajeon
고무	komu	gomu	고사통	kosat'ong	gosatong
고무신	komusin	gomusin	고산	kosan	gosan
고문	komun	gomun	고산군	Kosan-gun	Gosan-gun
고문관	komun'gwan	gomungwan	고산도	Kosando	Gosando
고문관들	komun'gwandŭl	gomungwandeul	고산동	Kosan-dong	Gosan-dong
고문단	komundan	gomundan	고산리	Kosan-ni	Gosan-ri
고문론	komunnon	gomullon	고산사	Kosansa	Gosansa
고문서	komunsŏ	gomunseo	고산자	Kosanja	Gosanja
고문서학	komunsŏhak	gomunseohak	고산현	Kosan-hyŏn	Gosan-hyeon
고물	komul	gomul	고상	kosang	gosang
고미	Komi	Gomi	고상하다	kosanghada	gosanghada
고미술품	komisulp'um	gomisulpum	고상한	kosanghan	gosanghan
고민	komin	gomin	고생대	kosaengdae	gosaengdae
고민들	komindŭl	gomindeul	고서	kosŏ	goseo
고바야시	Kobayasi	Gobayasi	고서들	kosŏdŭl	goseodeul
고바우	Kobau	Gobau	고서류	kosŏryu	goseoryu
고발	kobal	gobal	고서적	kosŏjŏk	goseojeok
고배	kobae	gobae	고석	kosŏk	goseok
고백	kobaek	gobaek	고선	Kosŏn	Goseon
고백록	kobaengnok	gobaengnok	고선사	Kosŏnsa	Goseonsa
고백서	kobaeksŏ	gobaekseo	고성	Kosŏng	Goseong
고백적	kobaekchŏk	gobaekjeok	고성군	Kosŏng-gun	Goseong-gun
고법	kobŏp	gobeop	고성능	kosŏngnŭng	goseongneung
고법전	kobŏpchŏn	gobeopjeon	고성리	Kosŏng-ni	Goseong-ri
고변	kobyŏn	gobyeon	고성부	Kosŏng-bu	Goseongbu
고보	kobo	gobo	고성읍	Kosŏng-ŭp	Goseong-eup
고보이	Koboi	Goboi	고성장	kosŏngjang	goseongjang
고복	kobok	gobok	고성현	Kosŏng-hyŏn	Goseong-hyeon
고본	kobon	gobon	고세	kose	gose
고봉	kobong	gobong	고소	koso	goso
고봉현	Kobong-hyŏn	Gobong-hyeon	고소설	kososŏl	gososeol
고부	kobu	gobu	고소설도	kososŏlto	gososeoldo
고부가	kobuga	gobuga	고소설학	kososŏrhak	gososeolhak
고부군	Kobu-gun	Gobu-gun	고소장	kosochang	gosojang
고분	kobun	gobun	고소하다	kosohada	gosohada
고분군	kobun'gun	gobungun	고소한	kosohan	gosohan
고분자	kobunja	gobunja	고속	kosok	gosok
고불	kobul	gobul	고손	koson	goson
고비	kobi	gobi	고송	kosong	gosong
고삐	koppi	goppi	고수	kosu	gosu
고사	kosa	gosa	고수들	kosudŭl	gosudeul
고사기	kosagi	gosagi	고수리	Kosu-ri	Gosu-ri
고사리	kosari	gosari	고스필모폰드	Kosŭp'ilmop'ondŭ	Goseupilmopondeu
고사리손	kosarison	gosarison	고슴도치	kosŭmdoch'i	goseumdochi

한글 용례	ALA-LC Romanization	정부 표기안	한글 용례	ALA-LC Romanization	정부 표기안
고승	kosŭng	goseung	고우	kou	gou
고승들	kosŭngdŭl	goseungdeul	고우이	Koui	Goui
고승전	kosŭngjŏn	goseungjeon	고운	koun	goun
고승호	Kosŭngho	Goseungho	고운당	Koundang	Goundang
고시	kosi	gosi	고운사	Kounsa	Gounsa
고시가	kosiga	gosiga	고울	koul	goul
고시각	Kosigak	gosigak	고원	kowŏn	gowon
고시로	Kosiro	Gosiro	고원국	Kowŏn'guk	Gowonguk
고시베리아인	Kosiberiain	Gosiberiain	고원군	Kowŏn-gun	Gowon-gun
고시사	kosisa	gosisa	고월	Kowŏl	Gowol
고시원	kosiwŏn	gosiwon	고위	kowi	gowi
고시이	Kosii	Gosii	고위층	kowich'ŭng	gowicheung
고시조	kosijo	gosijo	고위험	kowihŏm	gowiheom
고시촌	kosich'on	gosichon	고유	koyu	goyu
고식생	kosiksaeng	gosiksaeng	고유성	koyusŏng	goyuseong
고신	kosin	gosin	고유어	koyuŏ	goyueo
고신도	kosindo	gosindo	고율	koyul	goyul
고신라	Kosilla	Gosilla	고은	koŭn	goeun
고실	kosil	gosil	고은님	koŭnnim	goeunnim
고실업	kosirŏp	gosireop	고은사	Koŭnsa	Goeunsa
고싸움	Kossaum	Gossaum	고을	koŭl	goeul
고씨굴	Kossigul	Gossigul	고음	koŭm	goeum
고아	koa	goa	고음기	koŭmgi	goeumgi
고아시아인	Koasiain	Goasiain	고읍	koŭp	goeup
고암	Koam	Goam	고의	koŭi	goui
고약	koyak	goyak	고이	koi	goi
고약해	koyakhae	goyakhae	고이치	Koich'i	Goichi
고양	Koyang	Goyang	고인	koin	goin
고양군	Koyang-gun	Goyang-gun	고인돌	koindol	goindol
고양시	Koyang-si	Goyang-si	고인쇄	koinswae	goinswae
고양이	koyangi	goyangi	고임	koim	goim
고양현	Koyang-hyŏn	Goyang-hyeon	고자	koja	goja
고어	koŏ	goeo	고자세	kojase	gojase
고언	koŏn	goeon	고장	kojang	gojang
고에너지	koenŏji	goeneoji	고쟁이	kojaengi	gojaengi
고역	koyŏk	goyeok	고적	kojŏk	gojeok
고연리	Koyŏl-li	Goyeon-ri	고적기	kojŏkki	gojeokgi
고옥	kook	gook	고적도	kojŏkto	gojeokdo
고왕암	Kowangam	Gowangam	고전	kojŏn	gojeon
고요	koyo	goyo	고전극	kojŏn'gŭk	gojeongeuk
고요한	koyohan	goyohan	고전극사	kojŏn'gŭksa	gojeongeuksa
고요했던	koyohaettŏn	goyohaetdeon	고전적	kojŏnjŏk	gojeonjeok
고용	koyong	goyong	고전학	kojŏnhak	gojeonhak
고용률	koyongnyul	goyongnyul	고정	kojŏng	gojeong
고용인	koyongin	goyongin	고정리	Kojŏng-ni	Gojeong-ri

한글 용례	ALA-LC Romanization	정부 표기안	한글 용례	ALA-LC Romanization	정부 표기안
고제	koje	goje	고추	koch'u	gochu
고조	kojo	gojo	고추장	koch'ujang	gochujang
고조리서	kojorisŏ	gojoriseo	고충	koch'ung	gochung
고조모	kojomo	gojomo	고취	koch'wi	gochwi
고조부	kojobu	gojobu	고취서	koch'wisŏ	gochwiseo
고조선	Kojosŏn	Gojoseon	고취악	koch'wiak	gochwiak
고조선사	Kojosŏnsa	Gojoseonsa	고치	koch'i	gochi
고졸	kojol	gojol	고치고	koch'igo	gochigo
고졸자	kojolcha	gojolja	고치기	koch'igi	gochigi
고종	Kojong	Gojong	고치는	koch'inŭn	gochineun
고주	koju	goju	고치자	koch'ija	gochija
고주알	kojual	gojual	고친	koch'in	gochin
고죽	kojuk	gojuk	고친다	koch'inda	gochinda
고중세	kojungse	gojungse	고친판	koch'inp'an	gochinpan
고즈넉한	kojŭnŏkhan	gojeuneokhan	고칠	koch'il	gochil
고즈원	Kojŭwin	Gojeuwin	고침	koch'im	gochim
고증	kojŭng	gojeung	고침판	koch'imp'an	gochimpan
고증학	kojŭnghak	gojeunghak	고코로	kok'oro	gokoro
고지	koji	goji	고타야	Kot'aya	Gotaya
고지기	kojigi	gojigi	고타키	Kot'ak'i	Gotaki
고지도	kojido	gojido	고택	kot'aek	gotaek
고진로	kojillo	gojillo	고택지	kot'aekchi	gotaekji
고질	kojil	gojil	고토	kot'o	goto
고질병	kojilpyŏng	gojilbyeong	고통	kot'ong	gotong
고집	kojip	gojip	고파	kop'a	gopa
고집쟁이	kojipchaengi	gojipjaengi	고판화	kop'anhwa	gopanhwa
고징	kojing	gojing	고평	Kop'yŏng	Gopyeong
고착	koch'ak	gochak	고품격	kop'umkyŏk	gopumgyeok
고찰	koch'al	gochal	고품질	kop'umjil	gopumjil
고참	koch'am	gocham	고풍	kop'ung	gopung
고창	Koch'ang	Gochang	고픈	kop'ŭn	gopeun
고창군	Koch'ang-gun	Gochang-gun	고하	koha	goha
고창제	Koch'angje	Gochangje	고하는	kohanun	gohaneun
고창현	Koch'ang-hyŏn	Gochang-hyeon	고하라	kohara	gohara
고철	koch'ŏl	gocheol	고하리	Koha-ri	Goha-ri
고청	koch'ŏng	gocheong	고학	kohak	gohak
고체	koch'e	goche	고학당	kohaktang	gohakdang
고체시	koch'esi	gochesi	고학력	kohangnyŏk	gohangnyeok
고쳐	koch'yŏ	gochyeo	고학력화	kohangnyŏkhwa	gohangnyeokhwa
고쳐쓴	koch'yŏssŭn	gochyeosseun	고학생	kohaksaeng	gohaksaeng
고쳐쓴이	koch'yŏssŭni	gochyeosseuni	고한	kohan	gohan
고쳐야	koch'yŏya	gochyeoya	고한다	kohanda	gohanda
고쳐야지	koch'yŏyaji	gochyeoyaji	고함	koham	goham
고초	koch'o	gocho	고해	kohae	gohae
고총	koch'ong	gochong	고행	kohaeng	gohaeng

한글 용례	ALA-LC Romanization	정부 표기안	한글 용례	ALA-LC Romanization	정부 표기안
고행록	kohaengnok	gohaengnok	곡옥	kogok	gogok
고향	kohyang	gohyang	곡용	kogyong	gogyong
고헌	Kohŏn	Goheon	곡우	kogu	gogu
고현	kohyŏn	gohyeon	곡운	Kogun	Gogun
고현내	Kohyŏnnae	Gohyeonnae	곡장	kokchang	gokjang
고현내면	Kohyŏnnae-myŏn	Gohyeonnae-myeon	곡집	kokchip	gokjip
고현동	Kohyŏn-dong	Gohyeon-dong	곡창	kokch'ang	gokchang
고현리	Kohyŏn-ni	Gohyeon-ri	곡천	kokch'ŏn	gokcheon
고혈압	kohyŏrap	gohyeorap	곡초	kokch'o	gokcho
고형	kohyŏng	gohyeong	곡총	kokch'ong	gokchong
고호	Koho	Goho	곡필	kokp'il	gokpil
고화첩	kohwach'ŏp	gohwacheop	곤	kon	gon
고환	kohwan	gohwan	곤경	kon'gyŏng	gongyeong
고황	kohwang	gohwang	곤괘	kon'gwae	gongwae
고효율	kohyoyul	gohyoyul	곤궁	kon'gung	gongung
고훈	kohun	gohun	곤극	kon'gŭk	gongeuk
고흥	Kohŭng	Goheung	곤남군	Konnam-gun	Gonnam-gun
고흥군	Kohŭng-gun	Goheung-gun	곤도	Kondo	Gondo
고희	kohŭi	gohui	곤두	kondu	gondu
곡	kok	gok	곤두박질	kondubakchil	gondubakjil
곡강	kokkang	gokgang	곤룡	kollyong	gollyong
곡강루	Kokkangnu	Gokgangnu	곤룡포	kollyongp'o	gollyongpo
곡곡	kokkok	gokgok	곤륜	Kollyun	Gollyun
곡내부	kongnaebu	gongnaebu	곤륜산	Kollyunsan	Gollyunsan
곡령	kongnyŏng	gongnyeong	곤릉	Kollŭng	Golleung
곡례	Kongnye	gongnye	곤명	konmyŏng	gonmyeong
곡류	kongnyu	gongnyu	곤미	konmi	gonmi
곡마	kongma	gongma	곤범	Konbŏm	Gonbeom
곡마단	kongmadan	gongmadan	곤봉	konbong	gonbong
곡명	kongmyŏng	gongmyeong	곤산	Konsan	Gonsan
곡물	kongmul	gongmul	곤상	konsang	gonsang
곡부	kokpu	gokbu	곤양	Konyang	Gonyang
곡사	koksa	goksa	곤양군	Konyang-gun	Gonyang-gun
곡산	Koksan	Goksan	곤어	Konyŏ	Gonyeo
곡산군	Koksan-gun	Goksan-gun	곤외	konoe	gonoe
곡산부	Koksan-bu	Goksan-bu	곤우	konu	gonu
곡선	koksŏn	gokseon	곤의	konŭi	gonui
곡성	Koksŏng	Gokseong	곤장	konjang	gonjang
곡성군	Koksŏng-gun	Gokseong-gun	곤장형	konjanghyŏng	gonjanghyeong
곡성현	Koksŏng-hyŏn	Gokseong-hyeon	곤재	konjae	gonjae
곡수정	Koksujŏng	Goksujeong	곤전	konjŏn	gonjeon
곡식	koksik	goksik	곤지	Konji	Gonji
곡안리	Kogan-ri	Gogan-ri	곤차로프	Konch'arop'ŭ	Goncharopeu
곡양	kogyang	gogyang	곤충	konch'ung	gonchung
곡예	kogye	gogye	곤충류	konch'ungnyu	gonchungnyu

한글 용례	ALA-LC Romanization	정부 표기안	한글 용례	ALA-LC Romanization	정부 표기안
곤형	konhyŏng	gonhyeong	곱절	kopchŏl	gopjeol
곤혹	konhok	gonhok	곱하기	kophagi	gophagi
곧	kot	got	곳	kot	got
곧게	kotke	gotge	곳간	kotkan	gotgan
곧은	kodŭn	godeun	곳간채	kotkanch'ae	gotganchae
곧은골	Kodŭn'gol	Godeungol	곳곳	kotkot	gotgot
골	kol	gol	곳나무	konnamu	gonnamu
골각	kolgak	golgak	곳집	kotchip	gotjip
골각기	kolgakki	golgakgi	공	kong	gong
골간	kolgan	golgan	공간	konggan	gonggan
골검	kolgŏm	golgeom	공간론	konggannon	gonggannon
골계	kolgye	golgye	공간사	Konggansa	Gonggansa
골계전	kolgyejŏn	golgyejeon	공간성	konggansŏng	gongganseong
골기	kolgi	golgi	공간적	kongganjŏk	gongganjeok
골독	koldok	goldok	공감	konggam	gonggam
골드	koldŭ	goldeu	공감대	konggamdae	gonggamdae
골든	koldŭn	goldeun	공개	konggae	gonggae
골라	kolla	golla	공개형	konggaehyŏng	gonggaehyeong
골려준	kollyŏjun	gollyeojun	공거문	konggŏmun	gonggeomun
골리앗	Kolliat	Golliat	공격	konggyŏk	gonggyeok
골매	Kolmae	Golmae	공경	konggyŏng	gonggyeong
골목	kolmok	golmok	공계	konggye	gonggye
골목길	kolmokkil	golmokgil	공고	konggo	gonggo
골문	kolmun	golmun	공고문	konggomun	gonggomun
골방	kolbang	golbang	공고관	konggop'an	gonggopan
골북	kolbuk	golbuk	공고화	konggohwa	gonggohwa
골육	koryuk	goryuk	공공	konggong	gonggong
골절	kolchŏl	goljeol	공공성	konggongsŏng	gonggongseong
골절학	kolchŏrhak	goljeolhak	공공재	konggongjae	gonggongjae
골조	koljo	goljo	공공형	konggonghyŏng	gonggonghyeong
골짜기	koltchagi	goljjagi	공공회	konggonghoe	gonggonghoe
골패	kolp'ae	golpae	공곳이	Konggoji	Gonggoji
골퍼	kolp'ŏ	golpeo	공과(功過)	konggwa	gonggwa
골품	kolp'um	golpum	공과(工科)	kongkwa	gongkwa
골품제	kolp'umje	golpumje	공과대	kongkwadae	gonggwadae
골프	kolp'ŭ	golpeu	공관	konggwan	gonggwan
곰	kom	gom	공교육	konggyoyuk	gonggyoyuk
곰방메	kombangme	gombangme	공교육화	konggyoyukhwa	gonggyoyukhwa
곰보	kombo	gombo	공구	konggu	gonggu
곰보빵	komboppang	gomboppang	공구류	kongguryu	gongguryu
곰삭은	komsagŭn	gomsageun	공군	Konggun	Gonggun
곰시	Komsi	Gomsi	공군력	Konggunnyŏk	Gonggunnyeok
곱	kop	gop	공굴	konggul	gonggul
곱게	kopke	gopge	공귀리	Konggwi-ri	Gonggwi-ri
곱은	kobŭn	gobeun	공급	konggŭp	gonggeup

한글 용례	ALA–LC Romanization	정부 표기안	한글 용례	ALA–LC Romanization	정부 표기안
공급망	konggŭmmang	gonggeummang	공립고	kongnipko	gongnipgo
공급원	konggŭbwŏn	gonggeubwon	공립형	kongniphyŏng	gongniphyeong
공급자	konggŭpcha	gonggeupja	공매	kongmae	gongmae
공급처	konggŭpch'ŏ	gonggeupcheo	공매도	kongmaedo	gongmaedo
공기	konggi	gonggi	공맹	Kong-Maeng	Gong-Maeng
공기업	konggiŏp	gonggieop	공맹학	Kongmaenghak	Gongmaenghak
공기업론	konggiŏpnon	gonggieomnon	공멸	kongmyŏl	gongmyeol
공납	kongnap	gongnap	공명	kongmyŏng	gongmyeong
공납금	kongnapkŭm	gongnapgeum	공명단	kongmyŏngdan	gongmyeongdan
공납제	kongnapche	gongnapje	공명심	kongmyŏngsim	gongmyeongsim
공녀	kongnyŏ	gongnyeo	공명장	kongmyŏngjang	gongmyeongjang
공노비	kongnobi	gongnobi	공명첩	kongmyŏngch'ŏp	gongmyeongcheop
공단	kongdan	gongdan	공명패	kongmyŏngp'ae	gongmyeongpae
공단동	Kongdan-dong	Gongdan-dong	공모	kongmo	gongmo
공대	kongdae	gongdae	공모자	kongmoja	gongmoja
공덕	kongdŏk	gongdeok	공모자들	kongmojadŭl	gongmojadeul
공덕가	Kongdŏkka	gongdeokga	공모전	kongmojŏn	gongmojeon
공덕경	kongdŏkkyŏng	gongdeokgyeong	공목	kongmok	gongmok
공덕리	Kongdŏng-ni	Gongdeok-ri	공묘	kongmyo	gongmyo
공도	kongdo	gongdo	공무	kongmu	gongmu
공돈	kongdon	gongdon	공무국	kongmuguk	gongmuguk
공동	kongdong	gongdong	공무원	kongmuwŏn	gongmuwon
공동선	kongdongsŏn	gongdongseon	공무원들	kongmuwŏndŭl	gongmuwondeul
공동위	kongdongwi	gongdongwi	공무원법	kongmuwŏnpŏp	gongmuwonbeop
공동체	kongdongch'e	gongdongche	공무원용	kongmuwŏnyong	gongmuwonyong
공동체론	kongdongch'eron	gongdongcheron	공문	kongmun	gongmun
공동화	kongdonghwa	gongdonghwa	공문서	kongmunsŏ	gongmunseo
공두	kongdu	gongdu	공문서관	Kongmunsŏgwan	gongmunseogwan
공략	kongnyak	gongnyak	공문식	kongmunsik	gongmunsik
공략론	kongnyangnon	gongnyangnon	공물	kongmul	gongmul
공량	kongnyang	gongnyang	공물지	kongmulji	gongmulji
공려	kongnyŏ	gongnyeo	공민	kongmin	gongmin
공령	kongnyŏng	gongnyeong	공민증	kongminchŭng	gongminjeung
공로	kongno	gongno	공민협	Kongminhyŏp	gongminhyeop
공로자	kongnoja	gongnoja	공방	kongbang	gongbang
공로자들	kongnojadŭl	gongnojadeul	공방전	kongbangjŏn	gongbangjeon
공론	kongnon	gongnon	공백	kongbaek	gongbaek
공론사	kongnonsa	gongnonsa	공범들	kongbŏmdŭl	gongbeomdeul
공론장	kongnonjang	gongnonjang	공법	kongpŏp	gongbeop
공론화	kongnonhwa	gongnonhwa	공법론	kongpŏmnon	gongbeomnon
공룡	kongnyong	gongnyong	공법적	kongpŏpchŏk	gongbeopjeok
공릉	Kongnŭng	Gongneung	공병	kongbyŏng	gongbyeong
공리	kongni	gongni	공병대	kongbyŏngdae	gongbyeongdae
공리주의	kongnijuŭi	gongnijuui	공보	kongbo	gongbo
공립	kongnip	gongnip	공보관	kongbogwan	gongbogwan

한글 용례	ALA-LC Romanization	정부 표기안	한글 용례	ALA-LC Romanization	정부 표기안
공보관실	Kongbogwansil	gongbogwansil	공수도	kongsudo	gongsudo
공보부	Kongbobu	Gongbobu	공술	kongsul	gongsul
공보실	kongbosil	gongbosil	공습	kongsŭp	gongseup
공보원	kongbowŏn	gongbowon	공시	kongsi	gongsi
공보처	kongboch'ŏ	gongbocheo	공시제	kongsije	gongsije
공복	kongbok	gongbok	공식	kongsik	gongsik
공복들	kongboktŭl	gongbokdeul	공신	kongsin	gongsin
공부	kongbu	gongbu	공신각	kongsin'gak	gongsingak
공부론	kongburon	gongburon	공신들	kongsindŭl	gongsindeul
공부방	kongbupang	gongbubang	공신록	kongsinnok	gongsinnok
공부법	kongbupŏp	gongbubeop	공신전	kongsinjŏn	gongsinjeon
공부자	Kongbuja	Gongbuja	공안	kongan	gongan
공북리	Kongbung-ni	Gongbuk-ri	공안국	kongan'guk	gonganguk
공비	kongbi	gongbi	공안부	konganbu	gonganbu
공사	kongsa	gongsa	공안파	konganp'a	gonganpa
공사관	kongsagwan	gongsagwan	공약	kongyak	gongyak
공사인	kongsain	gongsain	공약집	kongyakchip	gongyakjip
공사지	kongsaji	gongsaji	공양	kongyang	gongyang
공사책	kongsach'aek	gongsachaek	공양군	Kongyang-gun	Gongyang-gun
공산	kongsan	gongsan	공양품	kongyangp'um	gongyangpum
공산군	kongsan'gun	gongsangun	공어	kongŏ	gongeo
공산권	kongsankwŏn	gongsangwon	공언	kongŏn	gongeon
공산당	Kongsandang	Gongsandang	공업	kongŏp	gongeop
공산당사	Kongsandangsa	Gongsandangsa	공업계	kongŏpkye	gongeopgye
공산비	Kongsanbi	Gongsanbi	공업대	kongŏptae	gongeopdae
공산성	Kongsansŏng	Gongsanseong	공업별	kongŏppyŏl	gongeopbyeol
공산주의	kongsanjuŭi	gongsanjuui	공업부	kongŏppu	gongeopbu
공산주의자	kongsanjuŭija	gongsanjuuija	공업사	kongŏpsa	gongeopsa
공산주의자들	kongsanjuŭijadŭl	gongsanjuuijadeul	공업성	kongŏpsŏng	gongeopseong
공산화	kongsanhwa	gongsanhwa	공업화	kongŏphwa	gongeophwa
공삼	kongsam	gongsam	공여	kongyŏ	gongyeo
공상	kongsang	gongsang	공여국	kongyŏguk	gongyeoguk
공상업	kongsangŏp	gongsangeop	공역	kongyŏk	gongyeok
공생	kongsaeng	gongsaeng	공연	kongyŏn	gongyeon
공서	kongsŏ	gongseo	공연권	kongyŏnkwŏn	gongyeongwon
공선	Kongsŏn	Gongseon	공연사	kongyŏnsa	gongyeonsa
공설	kongsŏl	gongseol	공연장	kongyŏnjang	gongyeonjang
공성	kongsŏng	gongseong	공연학	kongyŏnhak	gongyeonhak
공성술	kongsŏngsul	gongseongsul	공연학적	kongyŏnhakchŏk	gongyeonhakjeok
공성전	kongsŏngjŏn	gongseongjeon	공영	kongyŏng	gongyeong
공세	kongse	gongse	공영권	kongyŏngkwŏn	gongyeonggwon
공세리	Kongse-ri	Gongse-ri	공영형	kongyŏnghyŏng	gongyeonghyeong
공소	kongso	gongso	공예	kongye	gongye
공손	kongson	gongson	공예가	kongyega	gongyega
공수	kongsu	gongsu	공예관	kongyegwan	gongyegwan

한글 용례	ALA-LC Romanization	정부 표기안	한글 용례	ALA-LC Romanization	정부 표기안
공예사	kongyesa	gongyesa	공정성	kongjŏngsŏng	gongjeongseong
공예실	kongyesil	gongyesil	공정책	kongjŏngch'aek	gongjeongchaek
공예전	kongyejŏn	gongyejeon	공정화	kongjŏnghwa	gongjeonghwa
공예품	kongyep'um	gongyepum	공제	kongje	gongje
공예학	kongyehak	gongyehak	공제회	kongjehoe	gongjehoe
공옥	kongok	gongok	공조	kongjo	gongjo
공용	kongyong	gongyong	공조회	kongjohoe	gongjohoe
공용어	kongyongŏ	gongyongeo	공존	kongjon	gongjon
공용화	kongyonghwa	gongyonghwa	공종별	kongjongbyŏl	gongjongbyeol
공원	kongwŏn	gongwon	공주	kongju	gongju
공원화	kongwŏnhwa	gongwonhwa	공주군	Kongju-gun	Gongju-gun
공유	kongyu	gongyu	공주궁	kongjugung	gongjugung
공유지	kongyuji	gongyuji	공주들	kongjudŭl	gongjudeul
공유화	kongyuhwa	gongyuhwa	공주목	Kongju-mok	Gongju-mok
공은	kongŭn	gongeun	공주부	Kongju-bu	Gongju-bu
공음	kongŭm	gongeum	공주시	Kongju-si	Gongju-si
공의	kongŭi	gongui	공주인	Kongjuin	Gongjuin
공이	kongi	gongi	공주현	Kongju-hyŏn	Gongju-hyeon
공익	kongik	gongik	공중	kongjung	gongjung
공익사	kongiksa	gongiksa	공증	kongjŭng	gongjeung
공인	kongin	gongin	공증법	kongjŭngpŏp	gongjeungbeop
공자	Kongja	Gongja	공증법제	Kongjŭngpŏpche	gongjeungbeopje
공자교	Kongjagyo	Gongjagyo	공증인	kongjŭngin	gongjeungin
공자묘	Kongjamyo	Gongjamyo	공증인법	Kongjŭnginpŏp	gongjeunginbeop
공자학	Kongjahak	Gongjahak	공지	kongji	gongji
공작	kongjak	gongjak	공직	kongjik	gongjik
공작관	Kongjakkwan	gongjakgwan	공직자	kongjikcha	gongjikja
공작기	kongjakki	gongjakgi	공직자상	kongjikchasang	gongjikjasang
공작단	kongjaktan	gongjakdan	공진	kongjin	gongjin
공작대	kongjaktae	gongjakdae	공진화	kongjinhwa	gongjinhwa
공작사	kongjaksa	gongjaksa	공짜	kongtcha	gongjja
공작선	kongjaksŏn	gongjakseon	공창	kongch'ang	gongchang
공작소	kongjakso	gongjakso	공창제	kongch'angje	gongchangje
공작원	kongjagwŏn	gongjagwon	공채	kongch'ae	gongchae
공장	kongjang	gongjang	공처가	kongch'ŏga	gongcheoga
공장법	kongjangpŏp	gongjangbeop	공천	kongch'ŏn	gongcheon
공장부	kongjangbu	gongjangbu	공천원	kongch'ŏnwŏn	gongcheonwon
공장안	kongjangan	gongjangan	공첩	kongch'ŏp	gongcheop
공재	kongjae	gongjae	공청	kongch'ŏng	gongcheong
공저	kongjŏ	gongjeo	공청협	Kongch'ŏnghyŏp	Gongcheonghyeop
공적	kongjŏk	gongjeok	공청회	kongch'ŏnghoe	gongcheonghoe
공적(公的)	kongchŏk	gongjeok	공초	kongch'o	gongcho
공전	kongjŏn	gongjeon	공출	kongch'ul	gongchul
공전제	kongjŏnje	gongjeonje	공친	kongch'in	gongchin
공정	kongjŏng	gongjeong	공탁	kongt'ak	gongtak

한글 용례	ALA-LC Romanization	정부 표기안	한글 용례	ALA-LC Romanization	정부 표기안
공통	kongt'ong	gongtong	과격	kwagyŏk	gwagyeok
공통성	kongt'ongsŏng	gongtongseong	과계	kwagye	gwagye
공파	kongp'a	gongpa	과금	kwagŭm	gwageum
공판	kongp'an	gongpan	과기	kwagi	gwagi
공편	kongp'yŏn	gongpyeon	과기원	Kwagiwŏn	Gwagiwon
공편자	kongp'yŏnja	gongpyeonja	과기협	Kwagihyŏp	Gwagihyeop
공편저	kongp'yŏnjŏ	gongpyeonjeo	과내	kwanae	gwanae
공평	kongp'yŏng	gongpyeong	과녀	kwanyŏ	gwanyeo
공평성	kongp'yŏngsŏng	gongpyeongseong	과년도	kwanyŏndo	gwanyeondo
공포	kongp'o	gongpo	과농	kwanong	gwanong
공포증	kongp'ochŭng	gongpojeung	과대	kwadae	gwadae
공표	kongp'yo	gongpyo	과도	kwado	gwado
공하	kongha	gongha	과도기	kwadogi	gwadogi
공학	konghak	gonghak	과두	kwadu	gwadu
공학고	konghakko	gonghakgo	과로	kwaro	gwaro
공학원	Konghagwŏn	Gonghagwon	과로사	kwarosa	gwarosa
공학자들	konghakchadŭl	gonghakjadeul	과로성	kwarosŏng	gwaroseong
공학회	konghakhoe	gonghakhoe	과만	kwaman	gwaman
공한	konghan	gonghan	과명	kwamyŏng	gwamyeong
공항	konghang	gonghang	과목	kwamok	gwamok
공해	konghae	gonghae	과문	kwamun	gwamun
공해전	konghaejŏn	gonghaejeon	과물	kwamul	gwamul
공헌	konghŏn	gongheon	과발현	kwabarhyŏn	gwabalhyeon
공형	konghyŏng	gonghyeong	과부	kwabu	gwabu
공화	konghwa	gonghwa	과부가	kwabuga	gwabuga
공화국	konghwaguk	gonghwaguk	과세	kwase	gwase
공화적	konghwajŏk	gonghwajeok	과세법	kwasepŏp	gwasebeop
공화주의	konghwajuŭi	gonghwajuui	과수	kwasu	gwasu
공화주의적	konghwajuŭijŏk	gonghwajuuijeok	과수업	kwasuŏp	gwasueop
공황	konghwang	gonghwang	과수원	kwasuwŏn	gwasuwon
공회	konghoe	gonghoe	과수원댁	kwasuwŏndaek	gwasuwondaek
공후	konghu	gonghu	과시	kwasi	gwasi
공후인	Konghuin	Gonghuin	과시일	kwasiil	gwasiil
공훈	konghun	gonghun	과실	kwasil	gwasil
공훈록	konghunnok	gonghullok	과실주	kwasilchu	gwasilju
공휴일	konghyuil	gonghyuil	과액	kwaaek	gwaaek
곶자왈	Kotchawal	Gotjawal	과업	kwaŏp	gwaeop
곶창	Kotch'ang	Gotchang	과업들	kwaŏptŭl	gwaeopdeul
과	kwa	gwa	과연	kwayŏn	gwayeon
과감히	kwagamhi	gwagamhi	과외	kwaoe	gwaoe
과객	kwagaek	gwagaek	과우	kwau	gwau
과거	kwagŏ	gwageo	과육	kwayuk	gwayuk
과거법	kwagŏpŏp	gwageobeop	과의	kwaŭi	gwaui
과거사	kwagŏsa	gwageosa	과인	kwain	gwain
과거제	kwagŏje	gwageoje	과일잼	kwailchaem	gwailjaem

한글 용례	ALA-LC Romanization	정부 표기안	한글 용례	ALA-LC Romanization	정부 표기안
과일주	wailchu	gwailju	과해동	Kwahae-dong	Gwahae-dong
과잉	kwaing	gwaing	과협	Kwahyŏp	Gwahyeop
과자	kwaja	gwaja	과화	kwahwa	gwahwa
과장	kwajang	gwajang	과회	kwahoe	gwahoe
과적	kwajŏk	gwajeok	곽	kwak	gwak
과전	kwajŏn	gwajeon	곽산	Kwaksan	Gwaksan
과전법	kwajŏnpŏp	gwajeonbeop	곽산군	Kwaksan-gun	Gwaksan-gun
과정	kwajŏng	gwajeong	곽예	Kwagye	Gwagye
과정록	kwajŏngnok	gwajeongnok	관	kwan	gwan
과정론	kwajŏngnon	gwajeongnon	관가	kwan'ga	gwanga
과정사	kwajŏngsa	gwajeongsa	관가정	kwan'gajŏng	gwangajeong
과정상	kwajŏngsang	gwajeongsang	관각	kwan'gak	gwangak
과정안	kwajŏngan	gwajeongan	관개	kwan'gae	gwangae
과정학	kwajŏnghak	gwajeonghak	관객	kwan'gaek	gwangaek
과제	kwaje	gwaje	관견	kwan'gyŏn	gwangyeon
과제들	kwajedŭl	gwajedeul	관경	kwan'gyŏng	gwangyeong
과제론	kwajeron	gwajeron	관계	kwan'gye	gwangye
과제별	kwajebyŏl	gwajebyeol	관계도	kwan'gyedo	gwangyedo
과제장	kwajechang	gwajejang	관계론	kwan'gyeron	gwangyeron
과주	kwaju	gwaju	관계망	kwan'gyemang	gwangyemang
과천	Kwach'ŏn	Gwacheon	관계법	kwan'gyepŏp	gwangyebeop
과천군	Kwach'ŏn-gun	Gwacheon-gun	관계사	kwan'gyesa	gwangyesa
과천시	Kwach'ŏn-si	Gwacheon-si	관계성	kwan'gyesŏng	gwangyeseong
과천현	Kwach'ŏn-hyŏn	Gwacheon-hyeon	관계자	kwan'gyeja	gwangyeja
과체	kwach'e	gwache	관계적	kwan'gyejŏk	gwangyejeok
과총	Kwach'ong	Gwachong	관고	kwan'go	gwango
과퇴적	kwat'oejŏk	gwatoejeok	관고첩	kwan'goch'ŏp	gwangocheop
과표	kwap'yo	gwapyo	관곡	kwan'gok	gwangok
과학	kwahak	gwahak	관공	kwan'gong	gwangong
과학계	kwahakkye	gwahakgye	관공서	kwan'gongsŏ	gwangongseo
과학고	kwahakko	gwahakgo	관공선	kwan'gongsŏn	gwangongseon
과학과	kwahakkwa	gwahakgwa	관광	kwan'gwang	gwangwang
과학관	kwahakkwan	gwahakgwan	관광객	kwan'gwanggaek	gwangwanggaek
과학대	kwahaktae	gwahakdae	관광도	kwan'gwangdo	gwangwangdo
과학도	kwahakto	gwahakdo	관광론	kwan'gwangnon	gwangwangnon
과학부	kwahakpu	gwahakbu	관광부	Kwan'gwangbu	Gwangwangbu
과학사	kwahaksa	gwahaksa	관광사	kwan'gwangsa	gwangwangsa
과학성	kwahaksŏng	gwahakseong	관광지	kwan'gwangji	gwangwangji
과학원	kwahagwŏn	gwahagwon	관광학	kwan'gwanghak	gwangwanghak
과학자	kwahakcha	gwahakja	관교	kwan'gyo	gwangyo
과학자들	kwahakchadŭl	gwahakjadeul	관구	kwan'gu	gwangu
과학적	kwahakchŏk	gwahakjeok	관군	kwan'gun	gwangun
과학화	kwahakhwa	gwahakhwa	관권	kwankwŏn	gwangwon
과학회	kwahakhoe	gwahakhoe	관급	kwan'gŭp	gwangeup
과한	kwahan	gwahan	관기	kwan'gi	gwangi

한글 용례	ALA-LC Romanization	정부 표기안	한글 용례	ALA-LC Romanization	정부 표기안
관내	kwannae	gwannae	관리업	kwalliŏp	gwallieop
관내도	kwannaedo	gwannaedo	관리영	kwalliyŏng	gwalliyeong
관념	kwannyŏm	gwannyeom	관리원	kwalliwŏn	gwalliwon
관념론	kwannyŏmnon	gwannyeomnon	관리인	kwalliin	gwalliin
관념적	kwannyŏmjŏk	gwannyeomjeok	관리자	kwallija	gwallija
관노	kwanno	gwanno	관리제	kwallije	gwallije
관노비	kwannobi	gwannobi	관리직	kwallijik	gwallijik
관능	kwannŭng	gwanneung	관리처	kwallich'ŏ	gwallicheo
관당	kwandang	gwandang	관리청	kwallich'ŏng	gwallicheong
관대	kwandae	gwandae	관리팀	kwallit'im	gwallitim
관덕	Kwandŏk	Gwandeok	관리학	kwallihak	gwallihak
관덕동	Kwandŏk-tong	Gwandeok-dong	관립	kwallip	gwallip
관덕정	Kwandŏkchŏng	Gwandeokjeong	관명	kwanmyŏng	gwanmyeong
관동	Kwandong	Gwandong	관모	kwanmo	gwanmo
관동군	kwandonggun	Gwandonggun	관목	kwanmok	gwanmok
관동무	kwandongmu	gwandongmu	관문	kwanmun	gwanmun
관두자	kwanduja	gwanduja	관문사	Kwanmunsa	Gwanmunsa
관등	kwandŭng	gwandeung	관물	kwanmul	gwanmul
관등제	kwandŭngje	gwandeungje	관미	Kwanmi	Gwanmi
관란	Kwallan	Gwallan	관민	kwanmin	gwanmin
관란정	Kwallanjŏng	Gwallanjeong	관반	kwanban	gwanban
관람	kwallam	gwallam	관방	kwanbang	gwanbang
관련	kwallyŏn	gwallyeon	관방사	kwanbangsa	gwanbangsa
관련법	kwallyŏnpŏp	gwallyeonbeop	관백	kwanbaek	gwanbaek
관련성	kwallyŏnsŏng	gwallyeonseong	관법	kwanpŏp	gwanbeop
관련자	kwallyŏnja	gwallyeonja	관병	kwanbyŏng	gwanbyeong
관례	kwallye	gwallye	관보	kwanbo	gwanbo
관로	kwallo	gwallo	관보국	kwanboguk	gwanboguk
관록	kwallok	gwallok	관복	kwanbok	gwanbok
관료	kwallyo	gwallyo	관부	kwanbu	gwanbu
관료들	kwallyodŭl	gwallyodeul	관북	Kwanbuk	gwanbuk
관료적	kwallyojŏk	gwallyojeok	관불	kwanbul	gwanbul
관료제	kwallyoje	gwallyoje	관불회	kwanburhoe	gwanbulhoe
관료제론	kwallyojeron	gwallyojeron	관비	kwanbi	gwanbi
관료제설	kwallyojesŏl	gwallyojeseol	관사	kwansa	gwansa
관료주의	kwallyojuŭi	gwallyojuui	관산	Kwansan	Gwansan
관리	kwalli	gwalli	관산리	Kwansan-ni	Gwansan-ri
관리과	kwallikwa	gwalligwa	관상	kwansang	gwansang
관리국	kwalliguk	gwalliguk	관상감	Kwansanggam	Gwansanggam
관리단	kwallidan	gwallidan	관상학	kwansanghak	gwansanghak
관리론	kwalliron	gwalliron	관서	kwansŏ	gwanseo
관리법	kwallipŏp	gwallibeop	관서지	kwansŏji	gwanseoji
관리사	kwallisa	gwallisa	관선재	Kwansŏnjae	Gwanseonjae
관리소	kwalliso	gwalliso	관성	kwansŏng	gwanseong
관리실	kwallisil	gwallisil	관성록	kwansŏngnok	gwanseongnok

한글 용례	ALA-LC Romanization	정부 표기안	한글 용례	ALA-LC Romanization	정부 표기안
관세	kwanse	gwanse	관음암	Kwanŭmam	Gwaneumam
관세국	kwanseguk	gwanseguk	관음전	Kwanŭmjŏn	Gwaneumjeon
관세사	kwansesa	gwansesa	관음종	Kwanŭmjong	Gwaneumjong
관세율	kwanseyul	gwanseyul	관음찬	kwanŭmch'an	gwaneumchan
관세음	kwanseŭm	gwanseeum	관인	kwanin	gwanin
관세화	kwansehwa	gwansehwa	관인층	kwaninch'ŭng	gwanincheung
관소	kwanso	gwanso	관자	kwanja	gwanja
관속	kwansok	gwansok	관장	kwanjang	gwanjang
관송	kwansong	gwansong	관재	kwanjae	gwanjae
관수	kwansu	gwansu	관저	kwanjŏ	gwanjeo
관수리	Kwansu-ri	Gwansu-ri	관전	kwanjŏn	gwanjeon
관수집	kwansujip	gwansujip	관절	kwanjŏl	gwanjeol
관습	kwansŭp	gwanseup	관절염	kwanjŏllyŏm	gwanjeollyeom
관습법	kwansŭppŏp	gwanseupbeop	관점	kwanchŏm	gwanjeom
관심	kwansim	gwansim	관정	kwanjŏng	gwanjeong
관심사	kwansimsa	gwansimsa	관제	kwanje	gwanje
관아재	Kwanajae	Gwanajae	관제과	kwanjekwa	gwanjegwa
관악	kwanak	gwanak	관제묘	kwanjemyo	gwanjemyo
관악구	Kwanak-ku	Gwanak-gu	관조	kwanjo	gwanjo
관악기	Kwanakki	Gwanakgi	관주	kwanju	gwanju
관악사	Kwanaksa	Gwanaksa	관중	kwanjung	gwanjung
관악산	Kwanaksan	Gwanaksan	관직	kwanjik	gwanjik
관안	kwanan	gwanan	관직명	kwanjingmyŏng	gwanjingmyeong
관암	Kwanam	Gwanam	관찬	kwanch'an	gwanchan
관양	kwanyang	gwanyang	관찰	kwanch'al	gwanchal
관여	kwanyŏ	gwanyeo	관찰기	kwanch'algi	gwanchalgi
관역	kwanyŏk	gwanyeok	관찰사	kwanch'alsa	gwanchalsa
관영	kwanyŏng	gwanyeong	관찰자	kwanch'alcha	gwanchalja
관요	kwanyo	gwanyo	관찰지	kwanch'alchi	gwanchalji
관용	kwanyong	gwanyong	관창	Kwanch'ang	Gwanchang
관용어	kwanyongŏ	gwanyongeo	관천	kwanch'ŏn	gwancheon
관용언	kwanyongŏn	gwanyongeon	관철	kwanch'ŏl	gwancheol
관우	Kwanu	Gwanu	관청	kwanch'ŏng	gwancheong
관우회	Kwanuhoe	Gwanuhoe	관촌	Kwanch'on	Gwanchon
관우희	Kwanuhŭi	Gwanuhui	관측	kwanch'ŭk	gwancheuk
관운	Kwanun	Gwanun	관측망	kwanch'ŭngmang	gwancheungmang
관운장	Kwanunjang	Gwanunjang	관측소	kwanch'ŭkso	gwancheukso
관원	kwanwŏn	gwanwon	관치	kwanch'i	gwanchi
관원들	kwanwŏndŭl	gwanwondeul	관통	kwant'ong	gwantong
관음	kwanŭm	gwaneum	관폭도	kwanp'okto	gwanpokdo
관음경	kwanŭmgyŏng	gwaneumgyeong	관하	kwanha	gwanha
관음도	kwanŭmdo	gwaneumdo	관하여	kwanhayŏ	gwanhayeo
관음리	Kwanŭm-ni	Gwaneum-ri	관학	kwanhak	gwanhak
관음사	Kwanŭmsa	Gwaneumsa	관학생	kwanhaksaeng	gwanhaksaeng
관음상	kwanŭmsang	gwaneumsang	관학파	kwanhakp'a	gwanhakpa

한글 용례	ALA-LC Romanization	정부 표기안	한글 용례	ALA-LC Romanization	정부 표기안
관한	kwanhan	gwanhan	광량만	Kwangnyangman	Gwangnyangman
관할	kwanhal	gwanhal	광량진	kwangnyangjin	Gwangnyangjin
관해	kwanhae	gwanhae	광령리	Kwangnyŏng-ni	Gwangnyeong-ri
관해기	kwanhaegi	gwanhaegi	광릉	Kwangnŭng	Gwangneung
관해정	Kwanhaejŏng	Gwanhaejeong	광림	Kwangnim	Gwangnim
관행	kwanhaeng	gwanhaeng	광명	kwangmyŏng	gwangmyeong
관헌	kwanhŏn	gwanheon	광명사	Kwangmyŏngsa	Gwangmyeongsa
관현	kwanhyŏn	gwanhyeon	광명성	Kwangmyŏngsŏng	Gwangmyeongseong
관현악	kwanhyŏnak	gwanhyeonak	광명시	Kwangmyŏng-si	Gwangmyeong-si
관혼	kwanhon	gwanhon	광명전	kwangmyŏngjŏn	gwangmyeongjeon
관혼례	kwanhollye	gwanhollye	광목	kwangmok	gwangmok
관화	kwanhwa	gwanhwa	광무	kwangmu	gwangmu
관후리	Kwanhu-ri	Gwanhu-ri	광무국	kwangmuguk	gwangmuguk
관훈	Kwanhun	Gwanhun	광무대	Kwangmudae	Gwangmudae
관훈동	Kwanhun-dong	Gwanhun-dong	광문	Kwangmun	Gwangmun
관휴지	Kwanhyuji	Gwanhyuji	광문각	Kwangmun'gak	Gwangmungak
괄	kwal	gwal	광문사	Kwangmunsa	Gwangmunsa
광	kwang	gwang	광문회	Kwangmunhoe	Gwangmunhoe
광개토	Kwanggaet'o	Gwanggaeto	광물	kwangmul	gwangmul
광개토경	Kwanggaet'ogyong	Gwanggaetogyeong	광민탕	Kwangmint'ang	Gwangmintang
광경	kwanggyŏng	gwanggyeong	광범위	kwangbŏmwi	gwangbeomwi
광계	kwanggye	gwanggye	광보	kwangbo	gwangbo
광고	kwanggo	gwanggo	광복	kwangbok	gwangbok
광고론	kwanggoron	gwanggoron	광복군	Kwangbokkun	Gwangbokgun
광고사	kwanggosa	gwanggosa	광복단	Kwangboktan	Gwangbokdan
광고사적	kwanggosajŏk	gwanggosajeok	광복로	Kwangbongno	Gwangbongno
광고인	kwanggoin	gwanggoin	광복론	kwangbongnon	gwangbongnon
광고주	kwanggoju	gwanggoju	광복절	Kwangbokchŏl	Gwangbokjeol
광공업	kwanggongŏp	gwanggongeop	광복지	kwangbokchi	gwangbokji
광교	Kwanggyo	Gwanggyo	광복회	Kwangbokhoe	Gwangbokhoe
광구	kwanggu	gwanggu	광부	kwangbu	gwangbu
광긔	kwanggŭi	gwanggui	광불	kwangbul	gwangbul
광기	kwangki	gwanggi	광사	Kwangsa	Gwangsa
광남	kwangnam	gwangnam	광산	kwangsan	gwangsan
광년	kwangnyŏn	gwangnyeon	광산국	kwangsan'guk	gwangsanguk
광대	kwangdae	gwangdae	광산업	kwangsanŏp	gwangsaneop
광대가	kwangdaega	gwangdaega	광산학	kwangsanhak	gwangsanhak
광대들	kwangdaedŭl	gwangdaedeul	광산현	Kwangsan-hyŏn	Gwangsan-hyeon
광대역	kwangdaeyŏk	gwangdaeyeok	광상	kwangsang	gwangsang
광덕	kwangdŏk	gwangdeok	광서	kwangsŏ	gwangseo
광덕동	Kwangdŏk-tong	Gwangdeok-dong	광서본	kwangsŏbon	gwangseobon
광도	Kwangdo	Gwangdo	광선	kwangsŏn	gwangseon
광동	kwangdong	gwangdong	광성	kwangsŏng	gwangseong
광란	kwangnan	gwangnan	광수	Kwangsu	Gwangsu
광란극	kwangnan'gŭk	gwangnangeuk	광수무	kwangsumu	gwangsumu

한글 용례	ALA-LC Romanization	정부 표기안	한글 용례	ALA-LC Romanization	정부 표기안
광신	kwangsin	gwangsin	광주부	kwangju-bu	Gwangju-bu
광실	Kwangsil	Gwangsil	광주시	Kwangju-si	Gwangju-si
광안리	Kwangan-ni	Gwangan-ri	광주요	Kwangjuyo	Gwangjuyo
광암	Kwangam	Gwangam	광주진	Kwangjujin	Gwangjujin
광암동	Kwangam-dong	Gwangam-dong	광지원	Kwangjiwŏn	Gwangjiwon
광야	kwangya	gwangya	광진	Kwangjin	Gwangjin
광양	Kwangyang	Gwangyang	광진단	kwangjindan	gwangjindan
광양군	Kwangyang-gun	Gwangyang-gun	광천	kwangch'ŏn	gwangcheon
광양만	kwangyangman	Gwangyangman	광천리	Kwangch'ŏl-li	Gwangcheon-ri
광양만권	Kwangyangmankwŏn	Gwangyangmangwon	광천읍	Kwangch'ŏn-ŭp	Gwangcheon-eup
광양시	Kwangyang-si	Gwangyang-si	광촌	kwangch'on	gwangchon
광양항	Kwangyanghang	Gwangyanghang	광택	kwangt'aek	gwangtaek
광양현	Kwnagyang-hyŏn	Gwangyang-hyeon	광통사	Kwangt'ongsa	Gwangtongsa
광어	kwangŏ	gwangeo	광평	Kwangp'yŏng	Gwangpyeong
광업	kwangŏp	gwangeop	광풍	kwangp'ung	gwangpung
광업법	kwangŏppŏp	gwangeopbeop	광학	kwanghak	gwanghak
광업부	kwangŏppu	gwangeopbu	광한	kwanghan	gwanghan
광업사	kwangŏpsa	gwangeopsa	광한루	Kwanghallu	Gwanghallu
광업성	kwangŏpsŏng	gwangeopseong	광한루기	Kwanghallugi	Gwanghallugi
광여	Kwangyŏ	Gwangyeo	광한전	kwanghanjŏn	gwanghanjeon
광여도	kwangyŏdo	gwangyeodo	광합성	kwanghapsŏng	gwanghapseong
광역	kwangyŏk	gwangyeok	광해	kwanghae	gwanghae
광역권	kwangyŏkkwŏn	gwangyeokgwon	광혜원	Kwanghyewŏn	Gwanghyewon
광역시	Kwangyŏksi	gwangyeoksi	광호	Kwangho	Gwangho
광역화	kwangyŏkhwa	gwangyeokhwa	광화	kwanghwa	gwanghwa
광연	Kwangyŏn	Gwangyeon	광화문	Kwanghwamun	Gwanghwamun
광영	kwangyŏng	gwangyeong	광화문역	Kwanghwamunnyŏk	Gwanghwamunyeok
광우	kwangu	gwangu	광활한	kwanghwarhan	gwanghwalhan
광우병	kwangupyŏng	gwangubyeong	광효	Kwanghyo	Gwanghyo
광운	kwangun	gwangun	광희	kwanghŭi	gwanghui
광원	kwangwŏn	gwangwon	광희문	Kwanghŭimun	Gwanghuimun
광의	kwangŭi	gwangui	괘	kwae	gwae
광의리	Kwangŭi-ri	Gwangui-ri	괘불	kwaebul	gwaebul
광인	kwangin	gwangin	괘불대	kwaebultae	gwaebuldae
광인들	kwangindŭl	gwangindeul	괘불도	kwaebulto	gwaebuldo
광일	Kwangil	Gwangil	괘불탱	kwaebult'aeng	gwaebultaeng
광자	kwangja	gwangja	괘불화	kwaeburhwa	gwaebulhwa
광장	kwangjang	gwangjang	괘서	kwaesŏ	gwaeseo
광정	kwangjŏng	gwangjeong	괘석리	Kwaesŏng-ni	Gwaeseok-ri
광정원	Kwangjŏngwŏn	Gwangjeongwon	괘자	kwaeja	gwaeja
광제원	Kwangjewŏn	Gwangjewon	괘편당	Kwaep'yŏndang	Gwaepyeondang
광종	Kwangjong	Gwangjong	괜찮나요	kwaench'annayo	gwaenchannayo
광주	Kwangju	Gwangju	괜찮다	kwaench'ant'a	gwaenchanta
광주군	Kwangju-gun	Gwangju-gun	괜찮아	kwaench'ana	gwaenchana
광주목	Kwangju-mok	Gwangju-mok	팽이	kwaengi	gwaengi

한글 용례	ALA-LC Romanization	정부 표기안	한글 용례	ALA-LC Romanization	정부 표기안
괴	koe	goe	교과용	kyogwayong	gyogwayong
괴기	koegi	goegi	교관	kyogwan	gyogwan
괴담	koedam	goedam	교구	kyogu	gyogu
괴로와	koerowa	goerowa	교구사	kyogusa	gyogusa
괴로울	koeroul	goeroul	교구장	kyogujang	gyogujang
괴로움	koeroum	goeroum	교군	kyogun	gyogun
괴로워	koerowŏ	goerowo	교기	kyogi	gyogi
괴롭다	koeropta	goeropda	교남	kyonam	gyonam
괴롭더라	koeroptŏra	goeropdeora	교단	kyodan	gyodan
괴롭히는가	koerop'inŭn'ga	goeropineunga	교단사	kyodansa	gyodansa
괴롭힘	koerophim	goerophim	교당	kyodang	gyodang
괴뢰	koeroe	goeroe	교대	kyodae	gyodae
괴뢰군	koeroegun	goeroegun	교대관	kyodaegwan	gyodaegwan
괴리	koeri	goeri	교대제	kyodaeje	gyodaeje
괴물	koemul	goemul	교도	kyodo	gyodo
괴방	koebang	goebang	교도관	kyodogwan	gyodogwan
괴벨스	Koebelsŭ	Goebelseu	교도대	kyododae	gyododae
괴산	Koesan	Goesan	교도소	kyodoso	gyodoso
괴산군	Koesan-gun	Goesan-gun	교도소론	kyodosoron	gyodosoron
괴수	koesu	goesu	교동	Kyo-tong	Gyo-dong
괴시리	Koesi-ri	Goesi-ri	교동군	Kyodong-gun	Gyodong-gun
괴정동	Koejŏng-dong	Goejeong-dong	교동도	Kyodongdo	Gyodongdo
괴질	koejil	goejil	교동부	Kyodong-bu	Gyodong-bu
괴짜	koetcha	goejja	교동현	Kyodong-hyŏn	Gyodong-hyeon
괴짜들	koetchadŭl	goejjadeul	교두보	kyodubo	gyodubo
괴테	Koet'e	Goete	교란	kyoran	gyoran
괴헌	Koehŏn	Goeheon	교란책	kyoranch'aek	gyoranchaek
괵	koek	goek	교량	kyoryang	gyoryang
굄돌	koemdol	goemdol	교련	kyoryŏn	gyoryeon
굉	koeng	goeng	교련관	kyoryŏn'gwan	gyoryeongwan
굉필	Koengp'il	Goengpil	교령	kyoryŏng	gyoryeong
교	kyo	gyo	교령류	kyoryŏngnyu	gyoryeongnyu
교가	kyoga	gyoga	교류	kyoryu	gyoryu
교각	kyogak	gyogak	교류론	kyoryuron	gyoryuron
교감	kyogam	gyogam	교류사	kyoryusa	gyoryusa
교감본	kyogambon	gyogambon	교류상	kyoryusang	gyoryusang
교감학	kyogamhak	gyogamhak	교류원	kyoryuwŏn	gyoryuwon
교감학적	kyogamhakchŏk	gyogamhakjeok	교류전	kyoryujŏn	gyoryujeon
교계	kyogye	gyogye	교류제	kyoryuje	gyoryuje
교과	kyogwa	gyogwa	교류회	kyoryuhoe	gyoryuhoe
교과목	kyokwamok	gyogwamok	교리	kyori	gyori
교과별	kyokwabyŏl	gyogwabyeol	교리들	kyoridŭl	gyorideul
교과서	kyogwasŏ	gyogwaseo	교린	kyorin	gyorin
교과서들	kyogwasŏdŭl	gyogwaseodeul	교린사	kyorinsa	gyorinsa
교과서사	kyogwasŏsa	gyogwaseosa	교린지	kyorinji	gyorinji

한글 용례	ALA-LC Romanization	정부 표기안	한글 용례	ALA-LC Romanization	정부 표기안
교면	kyomyŏn	gyomyeon	교세	kyose	gyose
교명	kyomyŏng	gyomyeong	교수	kyosu	gyosu
교목	kyomok	gyomok	교수관	kyosugwan	gyosugwan
교무원	kyomuwŏn	gyomuwon	교수님	kyosunim	gyosunim
교문	kyomun	gyomun	교수단	kyosudan	gyosudan
교문사	Kyomunsa	Gyomunsa	교수댁	kyosudaek	gyosudaek
교문서	kyomunsŏ	gyomunseo	교수들	kyosudŭl	gyosudeul
교민	kyomin	gyomin	교수법	kyosupŏp	gyosubeop
교민단	kyomindan	gyomindan	교수실	kyosusil	gyosusil
교방	kyobang	gyobang	교수안	kyosuan	gyosuan
교방사	kyobangsa	gyobangsa	교수용	kyosuyong	gyosuyong
교배	kyobae	gyobae	교수진	kyosujin	gyosujin
교범	kyobŏm	gyobeom	교수형	kyosuhyŏng	gyosuhyeong
교보	Kyobo	Gyobo	교수회	kyosuhoe	gyosuhoe
교복	kyobok	gyobok	교술	kyosul	gyosul
교본	kyobon	gyobon	교습	kyosŭp	gyoseup
교부	kyobu	gyobu	교시	kyosi	gyosi
교부세	kyobuse	gyobuse	교신	kyosin	gyosin
교분	kyobun	gyobun	교실	kyosil	gyosil
교분기	kyobun'gi	gyobungi	교실형	kyosirhyŏng	gyosilhyeong
교빙고	Kyobinggo	Gyobinggo	교안	kyoan	gyoan
교사	kyosa	gyosa	교양	kyoyang	gyoyang
교사대	kyosadae	gyosadae	교양과	kyoyangkwa	gyoyanggwa
교사들	kyosadŭl	gyosadeul	교양관	kyoyanggwan	gyoyanggwan
교사령	kyosaryŏng	gyosaryeong	교양론	kyoyangnon	gyoyangnon
교사론	kyosaron	gyosaron	교양본	kyoyangbon	gyoyangbon
교사용	kyosayong	gyosayong	교양서	kyoyangsŏ	gyoyangseo
교사用	kyosayong	gyosayong	교양인	kyoyangin	gyoyangin
교사제	kyosaje	gyosaje	교양지	kyoyangji	gyoyangji
교사쿠	Kyosak'u	Gyosaku	교역	kyoyŏk	gyoyeok
교사회	kyosahoe	gyosahoe	교역사	kyoyŏksa	gyoyeoksa
교산	kyosan	gyosan	교역자	kyoyŏkcha	gyoyeokja
교살	kyosal	gyosal	교연	Kyoyŏn	Gyoyeon
교생	kyosaeng	gyosaeng	교연실	Kyoyŏnsil	Gyoyeonsil
교서	kyosŏ	gyoseo	교연조	kyoyŏnjo	gyoyeonjo
교서감	kyosŏgam	gyoseogam	교열	kyoyŏl	gyoyeol
교서관	kyosŏgwan	gyoseogwan	교예	kyoye	gyoye
교서회	kyosŏhoe	gyoseohoe	교외	kyooe	gyooe
교석	kyosŏk	gyoseok	교우	kyou	gyou
교섭	kyosŏp	gyoseop	교우론	kyouron	gyouron
교섭국	kyosŏpkuk	gyoseopguk	교우사	Kyousa	Gyousa
교섭사	kyosŏpsa	gyoseopsa	교우촌	kyouch'on	gyouchon
교섭학	kyosŏphak	gyoseophak	교우회	kyouhoe	gyouhoe
교성	kyosŏng	gyoseong	교원	kyowŏn	gyowon
교성리	Kyosŏng-ni	Gyoseong-ri	교원대	kyowŏndae	gyowondae

한글 용례	ALA-LC Romanization	정부 표기안	한글 용례	ALA-LC Romanization	정부 표기안
교원생	kyowŏnsaeng	gyowonsaeng	교재용	kyojaeyong	gyojaeyong
교원용	kyowŏnyong	gyowonyong	교재화	kyojaehwa	gyojaehwa
교원지	kyowŏnji	gyowonji	교전	kyojŏn	gyojeon
교원회	kyowŏnhoe	gyowonhoe	교점	kyojŏm	gyojeom
교유	kyoyu	gyoyu	교정	kyojŏng	gyojeong
교유록	kyoyurok	gyoyurok	교정론	kyojŏngnon	gyojeongron
교유문	kyoyumun	gyoyumun	교정법	kyojŏngpŏp	gyojeongbeop
교육	kyoyuk	gyoyuk	교정소	kyojŏngso	gyojeongso
교육가	kyoyukka	gyoyukga	교정원	kyojŏngwŏn	gyojeongwon
교육감	kyoyukkam	gyoyukgam	교제	kyoje	gyoje
교육과	kyoyukkwa	gyoyukgwa	교조	kyojo	gyojo
교육관	kyoyukkwan	gyoyukgwan	교종	kyojong	gyojong
교육국	kyoyukkuk	gyoyukguk	교주	kyoju	gyoju
교육기	kyoyukki	gyoyukgi	교주본	kyojubon	gyojubon
교육대	kyoyuktae	gyoyukdae	교지	kyoji	gyoji
교육력	kyoyungnyŏk	gyoyungnyeok	교직	kyojik	gyojik
교육령	kyoyungnyŏng	gyoyungnyeong	교직원	kyojigwŏn	gyojigwon
교육론	kyoyungnon	gyoyungnon	교집합	kyojiphap	gyojiphap
교육법	kyoyukpŏp	gyoyukbeop	교차	kyoch'a	gyocha
교육부	Kyoyukpu	Gyoyukbu	교차로	kyoch'aro	gyocharo
교육비	kyoyukpi	gyoyukbi	교차점	kyoch'achŏm	gyochajeom
교육사	kyoyuksa	gyoyuksa	교첩	kyoch'ŏp	gyocheop
교육상	kyoyuksang	gyoyuksang	교체	kyoch'e	gyoche
교육서	kyoyuksŏ	gyoyukseo	교체기	kyoch'egi	gyochegi
교육성	kyoyuksŏng	gyoyukseong	교체론	kyoch'eron	gyocheron
교육실	kyoyuksil	gyoyuksil	교촌	Kyoch'on	Gyochon
교육열	kyoyungnyŏl	gyoyungnyeol	교촌리	Kyoch'on-ni	Gyochon-ri
교육용	kyoyungyong	gyoyungyong	교총	Kyoch'ong	Gyochong
교육원	kyoyugwŏn	gyoyugwon	교태	kyot'ae	gyotae
교육자	kyoyukcha	gyoyukja	교태전	Kyot'aejŏn	Gyotaejeon
교육자들	kyoyukchadŭl	gyoyukjadeul	교토	Kyot'o	Gyoto
교육적	kyoyukchŏk	gyoyukjeok	교통	kyot'ong	gyotong
교육청	kyoyukch'ŏng	gyoyukcheong	교통국	Kyot'ongguk	Gyotongguk
교육학	kyoyukhak	gyoyukhak	교통량	kyot'ongnyang	gyotongnyang
교육학적	kyoyukhakchŏk	gyoyukhakjeok	교통로	kyot'ongno	gyotongno
교육회	kyoyukhoe	gyoyukhoe	교통부	Kot'ongbu	Gyotongbu
교은	Kyoŭn	Gyoeun	교통사	kyot'ongsa	gyotongsa
교음사	Kyoŭmsa	Gyoeumsa	교통성	Kyot'ongsŏng	Gyotongseong
교의	kyoŭi	gyoui	교파	kyop'a	gyopa
교인	kyoin	gyoin	교포	kyop'o	gyopo
교인들	kyoindŭl	gyoindeul	교풍	kyop'ung	gyopung
교자	kyoja	gyoja	교하	Kyoha	Gyoha
교장	kyojang	gyojang	교하군	Kyoha-gun	Gyoha-gun
교재	kyojae	gyojae	교하리	Kyoha-ri	Gyoha-ri
교재론	kyojaeron	gyojaeron	교하현	Kyoha-hyŏn	Gyoha-hyeon

한글 용례	ALA-LC Romanization	정부 표기안	한글 용례	ALA-LC Romanization	정부 표기안
교학	kyohak	gyohak	구국단	kuguktan	gugukdan
교학과	kyohakkwa	gyohakgwa	구국대	kuguktae	gugukdae
교학사	Kyohaksa	Gyohaksa	구극	kugŭk	gugeuk
교합	kyohap	gyohap	구근	kugŭn	gugeun
교항리	Kyohang-ni	Gyohang-ri	구금	kugŭm	gugeum
교향	kyohyang	gyohyang	구급	kugŭp	gugeup
교향곡	kyohyanggok	gyohyanggok	구급방	kugŭppang	gugeupbang
교향악	kyohyangak	gyohyangak	구급방류	kugŭppangnyu	gugeupbangnyu
교헌	kyohŏn	gyoheon	구기	kugi	gugi
교화	kyohwa	gyohwa	구기다	kugida	gugida
교화경	Kyohwagyŏng	Gyohwagyeong	구기리	Kugi-ri	Gugi-ri
교화사	kyohwasa	gyohwasa	구나	kuna	guna
교화소	kyohwaso	gyohwaso	구노	kuno	guno
교환	kyohwan	gyohwan	구눌	kunul	gunul
교환국	kyohwan'guk	gyohwanguk	구니지	Kuniji	Guniji
교환기	kyohwan'gi	gyohwangi	구다라	Kudara	Gudara
교환막	kyohwanmak	gyohwanmak	구다라선	kudarasŏn	gudaraseon
교환서	kyohwansŏ	gyohwanseo	구단	kudan	gudan
교황	Kyohwang	Gyohwang	구담	Kudam	Gudam
교황청	Kyohwangch'ŏng	Gyohwangcheong	구담리	Kudam-ni	Gudam-ri
교회	kyohoe	gyohoe	구당	kudang	gudang
교회론	kyohoeron	gyohoeron	구당사	kudangsa	gudangsa
교회론적	kyohoeronjŏk	gyohoeronjeok	구대	kudae	gudae
교회보	kyohoebo	gyohoebo	구덕	Kudŏk	Gudeok
교회사	kyohoesa	gyohoesa	구도	kudo	gudo
교회사적	kyohoesajŏk	gyohoesajeok	구도기	kudogi	gudogi
교훈	kyohun	gyohun	구도장	kudojang	gudojang
교훈가	kyohun'ga	gyohunga	구도현	Kudo-hyŏn	Gudo-hyeon
교훈집	kyohunjip	gyohunjip	구두	kudu	gudu
구	ku	gu	구두어	kuduŏ	gudueo
구가	kuga	guga	구두점	kuduchŏm	gudujeom
구가정	kugajŏng	gugajeong	구들	kudŭl	gudeul
구간	kugan	gugan	구라	kura	gura
구강	kugang	gugang	구라파	Kurap'a	Gurapa
구결	kugyŏl	gugyeol	구락	kurak	gurak
구경	kugyŏng	gugyeong	구락부	kurakpu	gurakbu
구계	kugye	gugye	구랑	kurang	gurang
구계리	Kugye-ri	Gugye-ri	구럼비	Kurŏmbi	Gureombi
구고술	kugosul	gugosul	구렁이	kurŏngi	gureongi
구곡	kugok	gugok	구려	kuryŏ	guryeo
구곡가	kugokka	gugokga	구례	Kurye	Gurye
구곡도	Kugokto	Gugokdo	구례군	Kurye-gun	Gurye-gun
구관	kugwan	gugwan	구례현	Kurye-hyŏn	Gurye-hyeon
구구	kugu	gugu	구로	Kuro	Guro
구국	kuguk	guguk	구로구	Kuro-gu	Guro-gu

한글 용례	ALA-LC Romanization	정부 표기안	한글 용례	ALA-LC Romanization	정부 표기안
구로동	Kuro-dong	Guro-dong	구분	kubun	gubun
구료	kuryo	guryo	구분론	kubunnon	gubunnon
구룡	kuryong	guryong	구분법	kubunpŏp	gubunbeop
구룡강	Kuryonggang	Guryonggang	구분전	kubunjŏn	gubunjeon
구룡교	Kuryonggyo	Guryonggyo	구비	kubi	gubi
구룡리	Kuryong-ni	Guryong-ri	구빈	kubin	gubin
구룡포	Kuryongp'o	Guryongpo	구사	kusa	gusa
구류	kuryu	guryu	구사군	Kusa-gun	Gusa-gun
구르는	kurŭnun	gureuneun	구사대	kusadae	gusadae
구르믈	kurŭmŭl	gureumeul	구사론	kusaron	gusaron
구르지	kurŭji	gureuji	구산	kusan	gusan
구름	kurŭm	gureum	구산동	Kusan-dong	Gusan-dong
구름재	Kurŭmjae	Gureumjae	구산리	Kusan-ni	Gusan-ri
구릉	kurŭng	gureung	구산현	Kusan-hyŏn	Gusan-hyeon
구릉지	kurŭngji	gureungji	구삼국	kusamguk	gusamguk
구리	Kuri	Guri	구삼국사	kusamguksa	gusamguksa
구리시	Kuri-si	Guri-si	구상	kusang	gusang
구린지	kurinji	gurinji	구상론	kusangnon	gusangnon
구림	Kurim	Gurim	구상론적	kusangnonjŏk	gusangnonjeok
구림리	Kurim-ni	Gurim-ri	구상팀	kusangt'im	gusangtim
구마	kuma	guma	구생	kusaeng	gusaeng
구마검	kumagŏm	gumageom	구서	kusŏ	guseo
구만	kuman	guman	구서동	Kusŏ-dong	Guseo-dong
구매	kumae	gumae	구석	kusŏk	guseok
구매력	kumaeryŏk	gumaeryeok	구석기	kusŏkki	guseokgi
구멍	kumŏng	gumeong	구선	kusŏn	guseon
구면	kumyŏn	gumyeon	구성	kusŏng	guseong
구명	kumyŏng	gumyeong	구성군	Kusŏng-gun	Guseong-gun
구목	kumok	gumok	구성동	Kusŏng-dong	Guseong-dong
구묘	kumyo	gumyo	구성력	kusŏngnyŏk	guseongnyeok
구문	kumun	gumun	구성론	kusŏngnon	guseongnon
구미	Kumi	Gumi	구성법	kusŏngpŏp	guseongbeop
구미시	Kumi-si	Gumi-si	구성원	kusŏngwŏn	guseongwon
구미역	Kumiyŏk	Gumiyeok	구성주의	kusŏngjuŭi	guseongjuui
구미호	kumiho	gumiho	구성체	kusŏngch'e	guseongche
구민	kumin	gumin	구성체론	kusŏngch'eron	guseongcheron
구법	kubŏp	gubeop	구성학	kusŏnghak	guseonghak
구법(求法)	kupŏp	gubeop	구세	kuse	guse
구법당	kubŏptang	gubeopdang	구세군	Kusegun	Gusegun
구법승	kubŏpsŭng	gubeopseung	구세주	Kuseju	Guseju
구별	kubyŏl	gubyeol	구세쥬	Kusyejyu	Gusyejyu
구보	kubo	gubo	구소설	kusosŏl	gusoseol
구봉	kubong	gubong	구속	kusok	gusok
구봉리	Kubong-ni	Gubong-ri	구수	kusu	gusu
구부	Kubu	Gubu	구순	kusun	gusun

한글 용례	ALA-LC Romanization	정부 표기안	한글 용례	ALA-LC Romanization	정부 표기안
구술	kusul	gusul	구위	kuwi	guwi
구술사	kusulsa	gusulsa	구은	kuŭn	gueun
구술집	kusulchip	gusuljip	구을	kuŭl	gueul
구슬	kusŭl	guseul	구을현	Kuŭr-hyŏn	Gueul-hyeon
구슬알	kusŭral	guseural	구음	kuŭm	gueum
구습	kusŭp	guseup	구의	Kuŭi	Guui
구시	kusi	gusi	구의동	Kuŭi-dong	Guui-dong
구식	kusik	gusik	구이	kui	gui
구심	kusim	gusim	구인	kuin	guin
구심력	kusimnyŏk	gusimnyeok	구인록	kuinnok	guinnok
구심서	kusimsŏ	gusimseo	구인사	Kuinsa	Guinsa
구십	kusip	gusip	구임	kuim	guim
구십년대	kusimnyŏndae	gusimnyeondae	구임원	kuimwŏn	guimwon
구십주년	kusipchunyŏn	gusipjunyeon	구자	kuja	guja
구아	Kua	Gua	구잠리	Kujam-ni	Gujam-ri
구아리	Kua-ri	Gua-ri	구장	kujang	gujang
구안	kuan	guan	구장본	kujangbon	gujangbon
구암	kuam	guam	구재	kujae	gujae
구암동	Kuam-dong	Guam-dong	구전	kujŏn	gujeon
구암리	Kuam-ni	Guam-ri	구전법	kujŏnpŏp	gujeonbeop
구애	kuae	guae	구절	kujŏl	gujeol
구약	Kuyak	Guyak	구정	kujŏng	gujeong
구양군	Kuyang-gun	Guyang-gun	구정물	kujŏngmul	gujeongmul
구어	kuŏ	gueo	구제	kuje	guje
구어리	Kuŏ-ri	Gueo-ri	구제도	kujedo	gujedo
구언	kuŏn	gueon	구제역	kujeyŏk	gujeyeok
구여	kuyŏ	guyeo	구제역들	kujeyŏktŭl	gujeyeokdeul
구역	kuyŏk	guyeok	구제회	kujehoe	gujehoe
구역청	kuyŏkch'ŏng	guyeokcheong	구조	kujo	gujo
구역회	kuyŏkhoe	guyeokhoe	구조론	kujoron	gujoron
구연	kuyŏn	guyeon	구조론적	kujoronchŏk	gujoronjeok
구연법	kuyŏnpŏp	guyeonbeop	구조사	kujosa	gujosa
구영	Kuyŏng	Guyeong	구조사적	kujosachŏk	gujosajeok
구와바라	Kuwabara	Guwabara	구조용	kujoyong	gujoyong
구왕궁	kuwanggung	guwanggung	구조적	kujojŏk	gujojeok
구요	kuyo	guyo	구조주의	kujojuŭi	gujojuui
구용	Kuyong	Guyong	구조화	kujohwa	gujohwa
구우	kuu	guu	구족	kujok	gujok
구운	kuun	guun	구족계	kujokkye	gujokgye
구운몽	Kuunmong	Guunmong	구종	kujong	gujong
구운몽도	Kuunmongdo	Guunmongdo	구좌	kujwa	gujwa
구원	kuwŏn	guwon	구주	kuju	guju
구원론	kuwŏnnon	guwollon	구지	kuji	guji
구월	Kuwŏl	Guwol	구지가	kujiga	gujiga
구월산	Kuwŏlsan	Guwolsan	구진	kujin	gujin

한글 용례	ALA-LC Romanization	정부 표기안	한글 용례	ALA-LC Romanization	정부 표기안
구척	kuch'ŏk	gucheok	구화	kuhwa	guhwa
구천	kuch'ŏn	gucheon	구활자본	kuhwalchabon	guhwaljabon
구청	kuch'ŏng	gucheong	구황	kuhwang	guhwang
구청장	kuch'ongjang	gucheongjang	구황리	Kuhwang-ni	Guhwang-ri
구체	kuch'e	guche	구황방	kuhwangbang	guhwangbang
구체성	kuch'esŏng	gucheseong	구황비	kuhwangbi	guhwangbi
구체적	kuch'ejŏk	guchejeok	구황청	Kuhwangch'ŏng	Guhwangcheong
구체화	kuch'ehwa	guchehwa	구획	kuhoek	guhoek
구축	kuch'uk	guchuk	구휼	kuhyul	guhyul
구축술	kuch'uksul	guchuksul	구휼곡	kuhyulgok	guhyulgok
구층	kuch'ŭng	gucheung	국	kuk	guk
구층탑	kuch'ŭngt'ap	gucheungtap	국가	kukka	gukga
구치	kuch'i	guchi	국가관	kukkagwan	gukgagwan
구치소	kuch'iso	guchiso	국가들	kukkadŭl	gukgadeul
구칠	kuch'il	guchil	국가론	kukkaron	gukgaron
구타자	kut'aja	gutaja	국가별	kukkabyŏl	gukgabyeol
구타펠	Kut'ap'el	Gutapel	국가상	kukkasang	gukgasang
구태	kut'ae	gutae	국가설	kukkasŏl	gukgaseol
구택	kut'aek	gutaek	국가적	kukkajŏk	gukgajeok
구텐베르크	Kut'enberŭk'ŭ	Gutenbereukeu	국가주의	kukkajuŭi	gukgajuui
구토	kut'o	guto	국가주의적	kukkajuŭijŏk	gukgajuuijeok
구파	kup'a	gupa	국가화	kukkahwa	gukgahwa
구평리	Kup'yŏng-ni	Gupyeong-ri	국간	kukkan	gukgan
구포	Kup'o	Gupo	국강	Kukkang	Gukgang
구품	kup'um	gupum	국강상	kukkangsang	gukgangsang
구품계	kup'umgye	gupumgye	국격	kukkyŏk	gukgyeok
구풍첩	Kup'ungch'ŏp	gupungcheop	국경	kukkyŏng	gukgyeong
구하	Kuha	Guha	국경선	kukkyŏngsŏn	gukgyeongseon
구하기	kuhagi	guhagi	국경일	kukkyŏngil	gukgyeongil
구하나오	kuhanao	guhanao	국고	kukko	gukgo
구하다	kuhada	guhada	국고채	kukkoch'ae	gukgochae
구하지	kuhaji	guhaji	국공	kukkong	gukgong
구학련	kuhangnyŏn	guhangnyeon	국공유지	kukkongyuji	gukgongyuji
구한	kuhan	guhan	국교	kukkyo	gukgyo
구한국	Kuhan'guk	Guhanguk	국군	kukkun	gukgun
구한다	kuhanda	guhanda	국궁	kukkung	gukgung
구한말	kuhanmal	guhanmal	국권	kukkwŏn	gukgwon
구해	kuhae	guhae	국극	kukkŭk	gukgeuk
구허	kuhŏ	guheo	국극사	kukkŭksa	gukgeuksa
구현	kuhyŏn	guhyeon	국기	kukki	gukgi
구현시	Kuhyŏn-si	Guhyeon-si	국기원	Kukkiwŏn	Gukgiwon
구형	kuhyŏng	guhyeong	국기일	kukkiil	gukgiil
구호	kuho	guho	국난	kungnan	gungnan
구호동	Kuho-dong	Guho-dong	국내	kungnae	gungnae
구호라	kuhora	guhora	국내법	kungnaepŏp	gungnaebeop

한글 용례	ALA-LC Romanization	정부 표기안	한글 용례	ALA-LC Romanization	정부 표기안
국내법적	kungnaepŏpchŏk	gungnaebeopjeok	국방비	kukpangbi	gukbangbi
국내성	Kungnaesŏng	Gungnaeseong	국방사부	Kukpangsabu	Gukbangsabu
국내외	kungnaeoe	gungnaeoe	국방성	Kukpangsŏng	Gukbangseong
국내외산	kungnaeoesan	gungnaeoesan	국별	kukpyŏl	gukbyeol
국내외적	kungnaeoejŏk	gungnaeoejeok	국보	kukpo	gukbo
국내적	kungnaejŏk	gungnaejeok	국보급	kukpokŭp	gukbogeup
국당초문	kuktangch'omun	gukdangchomun	국보법	kukpopŏp	gukbobeop
국대	kuktae	gukdae	국보위	Kukpowi	Gukbowi
국도	kukto	gukdo	국본	kukpon	gukbon
국동	kuktong	gukdong	국부	kukpu	gukbu
국력	kungnyŏk	gungnyeok	국부론	kukpuron	gukburon
국로	kungno	gungno	국부인	kukpuin	gukbuin
국론	kungnon	gungnon	국빈	kukpin	gukbin
국립	kungnip	gungnip	국사	kuksa	guksa
국립대	kungniptae	gungnipdae	국사당	Kuksadang	Guksadang
국맥	kungmaek	gungmaek	국사비	Kuksabi	Guksabi
국면	kungmyŏn	gungmyeon	국사전	Kuksajŏn	Guksajeon
국명	kungmyŏng	gungmyeong	국사집	kuksajip	guksajip
국모	kungmo	gungmo	국사학	kuksahak	guksahak
국무	kungmu	gungmu	국산	kuksan	guksan
국무령	kungmuryŏng	gungmuryeong	국산재	kuksanjae	guksanjae
국무부	Kungmubu	Gungmubu	국산화	kuksanhwa	guksanhwa
국무원	Kungmuwŏn	Gungmuwon	국상	kuksang	guksang
국문	kungmun	gungmun	국새	kuksae	guksae
국문론	kungmunnon	gungmunnon	국서	kuksŏ	gukseo
국문법	kungmunpŏp	gungmunbeop	국선	kuksŏn	gukseon
국문사	kungmunsa	gungmunsa	국선도	Kuksŏndo	Gukseondo
국문시	kungmunsi	gungmunsi	국세	kukse	gukse
국문학	kungmunhak	gungmunhak	국세법	kuksepŏp	guksebeop
국물	kungmul	gungmul	국세청	Kuksech'ŏng	Guksecheong
국민	kungmin	gungmin	국수	kuksu	guksu
국민당	Kungmindang	Gungmindang	국수당	Kuksudang	Guksudang
국민대	Kungmindae	Gungmindae	국수류	kuksuryu	guksuryu
국민들	kungmindŭl	gungmindeul	국수주의	kuksujuŭi	guksujuui
국민보	kungminbo	gungminbo	국수집	kuksuchip	guksujip
국민복	kungminbok	gungminbok	국술	kuksul	guksul
국민부	kungminbu	gungminbu	국시	kuksi	guksi
국민장	kungminjang	gungminjang	국악	kugak	gugak
국민적	kungminjŏk	gungminjeok	국악계	kugakkye	gugakgye
국민주	kungminju	gungminju	국악기	kugakki	gugakgi
국민회	Kungminhoe	Gungminhoe	국악사	kugaksa	gugaksa
국방	kukpang	gukbang	국악원	Kugagwŏn	Gugagwon
국방대	Kukpangdae	Gukbangdae	국악인	kugagin	gugagin
국방론	kukpangnon	gukbangnon	국악제	kugakche	gugakje
국방부	Kukpangbu	Gukbangbu	국악학	kugakhak	gugakhak

한글 용례	ALA-LC Romanization	정부 표기안	한글 용례	ALA-LC Romanization	정부 표기안
국악회	kugakhoe	gugakhoe	국제관	kukchegwan	gukjegwan
국어	kugŏ	gugeo	국제대	Kukchedae	Gukjedae
국어과	kugŏkwa	gugeogwa	국제법	kukchepŏp	gukjebeop
국어본	kugŏbon	gugeobon	국제법적	kukchepŏpchŏk	gukjebeopjeok
국어사	kugŏsa	gugeosa	국제부	kukchebu	gukjebu
국어원	Kugŏwŏn	Gugeowon	국제어론	kukcheŏron	gukjeeoron
국어학	Kugŏhak	Gugeohak	국제적	kukchejŏk	gukjejeok
국어학적	Kugŏhakchŏk	Gugeohakjeok	국제전	kukchejŏn	gukjejeon
국역	kugyŏk	gugyeok	국제주의	kukchejuŭi	gukjejuui
국역본	kugyŏkpon	gugyeokbon	국제관	kukchep'an	gukjepan
국역집	kugyŏkchip	gugyeokjip	국제화	kukchehwa	gukjehwa
국연	kugyŏn	gugyeon	국조	kukcho	gukjo
국영	kugyŏng	gugyeong	국존	kukchon	gukjon
국오	kugo	gugo	국주	kukchu	gukju
국왕	kugwang	gugwang	국지	kukchi	gukji
국왕들	kugwangdŭl	gugwangdeul	국창	kukch'ang	gukchang
국왕전	kugwangjŏn	gugwangjeon	국채	kukch'ae	gukchae
국외	kugoe	gugoe	국채국	kukch'aeguk	gukchaeguk
국운	kugun	gugun	국책	kukch'aek	gukchaek
국원	kugwŏn	gugwon	국천	Kukch'ŏn	Gukcheon
국원경	Kugwŏn'gyŏng	Gugwongyeong	국철	kukch'ŏl	gukcheol
국원성	Kugwŏnsŏng	Gugwonseong	국청	kukch'ŏng	gukcheong
국위	kugwi	gugwi	국체	kukch'e	gukche
국유	kugyu	gugyu	국초	kukch'o	gukcho
국유림	kugyurim	gugyurim	국치	kukch'i	gukchi
국은	kugŭn	gugeun	국치일	Kukch'iil	Gukchiil
국읍	kugŭp	gugeup	국태	kukt'ae	guktae
국익	kugik	gugik	국태공	kukt'aegong	guktaegong
국인	kugin	gugin	국토	kukt'o	gukto
국일	kugil	gugil	국토연	Kukt'oyŏn	Guktoyeon
국자	kukcha	gukja	국통자	Kukt'ongja	Guktongja
국자감	Kukchagam	Gukjagam	국통조	Kukt'ongjo	Guktongjo
국자생	Kukchasaeng	Gukjasaeng	국파	Kukp'a	Gukpa
국자시	kukchasi	gukjasi	국포	kukp'o	gukpo
국자학	Kukchahak	Gukjahak	국필	kukp'il	gukpil
국장	kukchang	gukjang	국학	Kukhak	Gukhak
국장생	Kukchangsaeng	Gukjangsaeng	국학부	Kukhakpu	Gukhakbu
국저	kukchŏ	gukjeo	국학원	Kukhagwŏn	Gukhagwon
국적	kukchŏk	gukjeok	국학자	kukhakcha	gukakja
국적법	kukchŏkpŏp	gukjeokbeop	국학자들	kukhakchadŭl	gukakjadeul
국적선대	kukchŏksŏndae	gukjeokseondae	국학파	kukhakp'a	gukhakpa
국정	kukchŏng	gukjeong	국한	kukhan	gukhan
국정원	Kukchŏngwŏn	Gukjeongwon	국한문	Kuk-Hanmun	Guk-Hanmun
국정화	kukchŏnghwa	gukjeonghwa	국한문체	Kuk-Hanmunch'e	Guk-Hanmunche
국제	kukche	gukje	국행제	kukhaengje	gukaengje

한글 용례	ALA-LC Romanization	정부 표기안	한글 용례	ALA-LC Romanization	정부 표기안
국헌	kukhŏn	gukheon	군무부	kunmubu	gunmubu
국협	Kukhyŏp	Gukhyeop	군무사	kunmusa	gunmusa
국호	kukho	gukho	군문	kunmun	gunmun
국혼	kukhon	gukhon	군미	kunmi	gunmi
국화	kukhwa	gukhwa	군민	kunmin	gunmin
국화도	kukhwado	gukhwado	군민회	kunminhoe	gunminhoe
국화주	kukhwaju	gukhwaju	군방	kunbang	gunbang
국회	kukhoe	gukhoe	군번	kunbŏn	gunbeon
국회법	Kukhoepŏp	Gukhoebeop	군벌	kunbŏl	gunbeol
국휼례	kukhyullye	gukhyullye	군법	kunpŏp	gunbeop
군	kun	gun	군보	kunbo	gunbo
군가	kun'ga	gunga	군복	kunbok	gunbok
군경	kun'gyŏng	gungyeong	군부	kunbu	gunbu
군계	kun'gye	gungye	군부대	kunbudae	gunbudae
군곡	Kun'gok	Gungok	군북	Kunbuk	Gunbuk
군곡리	Kun'gong-ni	Gungok-ri	군북면	Kunbung-myŏn	Gunbuk-myeon
군공	kun'gong	gungong	군북천	Kunbukch'ŏn	Gunbukcheon
군관	kun'gwan	gungwan	군붓질	kunbutchil	gunbutjil
군관직	kun'gwanjik	gungwanjik	군비	kunbi	gunbi
군교	kun'gyo	gungyo	군사	kunsa	gunsa
군국	kun'guk	gunguk	군사력	kunsaryŏk	gunsaryeok
군국주의	kun'gukchuŭi	gungukjuui	군사부	kunsabu	gunsabu
군기	kun'gi	gungi	군사사	kunsasa	gunsasa
군남	Kunnam	Gunnam	군사사부	kunsasabu	gunsasabu
군노	kunno	gunno	군사적	kunsajŏk	gunsajeok
군단	kundan	gundan	군사주의	kunsajuŭi	gunsajuui
군담	kundam	gundam	군사학	kunsahak	gunsahak
군당	kundang	gundang	군사화	kunsahwa	gunsahwa
군대	kundae	gundae	군산	Kunsan	Gunsan
군도	kundo	gundo	군산도	Kunsando	Gunsando
군둔전	kundunjŏn	gundunjeon	군산선	Kunsansŏn	Gunsanseon
군락	kullak	gullak	군산시	Kunsan-si	Gunsan-si
군란	kullan	gullan	군산좌	kunsanjwa	gunsanjwa
군량	kullyang	gullyang	군산중	Kunsanjung	Gunsanjung
군량미	kullyangmi	gullyangmi	군산창	kunsanch'ang	gunsanchang
군령	kullyŏng	gullyeong	군산항	Kunsanhang	Gunsanhang
군령권	kullyŏngkwŏn	gullyeonggwon	군서	kunsŏ	gunseo
군례	kullye	gullye	군석	kunsŏk	gunseok
군례악	kullyeak	gullyeak	군선	kunsŏn	gunseon
군률	kullyul	gullyul	군수	kunsu	gunsu
군립	kullip	gullip	군수국	kunsuguk	gunsuguk
군마	kunma	gunma	군수리	Kunsu-ri	Gunsu-ri
군명	kunmyŏng	gunmyeong	군수미	kunsumi	gunsumi
군목	kunmok	gunmok	군수보	kunsubo	gunsubo
군무	kunmu	gunmu	군수부	kunsubu	gunsubu

한글 용례	ALA-LC Romanization	정부 표기안	한글 용례	ALA-LC Romanization	정부 표기안
군신	kunsin	gunsin	군중	kunjung	gunjung
군아	kuna	guna	군중들	kunjungdŭl	gunjungdeul
군악	kunak	gunak	군지	kunji	gunji
군악대	kunaktae	gunakdae	군직	kunjik	gunjik
군역	kunyŏk	gunyeok	군진	kunjin	gunjin
군역세	kunyŏkse	gunyeokse	군집	kunjip	gunjip
군역제	kunyŏkche	gunyeokje	군청	kunch'ŏng	guncheong
군영	kunyŏng	gunyeong	군총	kunch'ong	gunchong
군영제	kunyŏngje	gunyeongje	군축	kunch'uk	gunchuk
군오	kuno	guno	군축론	kunch'ungnon	gunchungnon
군옥	kunok	gunok	군칙	kunch'ik	gunchik
군왕	kunwang	gunwang	군포	Kunp'o	Gunpo
군요	kunyo	gunyo	군포시	Kunp'o-si	Gunpo-si
군용	kunyong	gunyong	군필	kunp'il	gunpil
군우	kunu	gunu	군함	kunham	gunham
군위	Kunwi	Gunwi	군함도	Kunhamdo	Gunhamdo
군위군	Kunwi-gun	Gunwi-gun	군해	kunhae	gunhae
군위현	Kunwi-hyŏn	Gunwi-hyeon	군헌	kunhŏn	gunheon
군읍	kunŭp	guneup	군현	kunhyŏn	gunhyeon
군읍지	kunŭpchi	guneupji	군현제	kunhyŏnje	gunhyeonje
군인	kunin	gunin	군호	kunho	gunho
군인들	kunindŭl	gunindeul	군화	kunhwa	gunhwa
군인전	kuninjŏn	guninjeon	굳건히	kutkŏnhi	gutgeonhi
군자	kunja	gunja	굳게	kutke	gutge
군자감	Kunjagam	Gunjagam	굳세어라	kutseŏra	gutseeora
군자곡	kunjagok	gunjagok	굴	kul	gul
군자리	Kunja-ri	Gunja-ri	굴곡	kulgok	gulgok
군자면	Kunja-myŏn	Gunja-myeon	굴기	kulgi	gulgi
군장	kunjang	gunjang	굴까	kulkka	gulkka
군적	kunjŏk	gunjeok	굴내	kullae	gullae
군적청	kunjŏkch'ŏng	gunjeokcheong	굴대	kultae	guldae
군전	kunjŏn	gunjeon	굴뚝	kulttuk	gulttuk
군절	kunjŏl	gunjeol	굴러	kullo	gulleo
군정	kunjŏng	gunjeong	굴러도	kullŏdo	gulleodo
군정관	kunjŏnggwan	gunjeonggwan	굴레	kulle	gulle
군정권	kunjŏngkwŏn	gunjeonggwon	굴리기	kulligi	gulligi
군정기	kunjŏnggi	gunjeonggi	굴리는가	kullinŭn'ga	gullineunga
군정법	kunjŏngpŏp	gunjeongbeop	굴립주	kullipchu	gullipju
군정서	kunjŏngsŏ	gunjeongseo	굴복	kulbok	gulbok
군정청	Kunjŏngch'ŏng	Gunjeongcheong	굴불사	Kulbulsa	Gulbulsa
군정폐	kunjŏngp'ye	gunjeongpye	굴산	kulsan	gulsan
군종감실	Kunjonggamsil	Gunjonggamsil	굴산사	Kulsansa	Gulsansa
군주	kunju	gunju	굴업도	Kurŏpto	Gureopdo
군주론	kunjuron	gunjuron	굴욕	kuryok	guryok
군주상	kunjusang	gunjusang	굴절	kulchŏl	guljeol

한글 용례	ALA-LC Romanization	정부 표기안	한글 용례	ALA-LC Romanization	정부 표기안
굴지	kulchi	gulji	궁병	kungbyŏng	gungbyeong
굴직한	kuljikhan	guljikhan	궁부인	kungbuin	gungbuin
굴포	Kulp'o	Gulpo	궁사	kungsa	gungsa
굴포리	Kulp'o-ri	Gulpo-ri	궁산	kungsan	gungsan
굴피집	kulp'ijip	gulpijip	궁산리	Kungsan-ni	Gungsan-ri
굴하지	kurhaji	gulhaji	궁상	kungsang	gungsang
굵은	kulgŭn	gulgeun	궁성	kungsŏng	gungseong
굶주린	kumjurin	gumjurin	궁성문	kungsŏngmun	gungseongmun
굶주림	kumjurim	gumjurim	궁속	kungsok	gungsok
굽는	kumnŭn	gumneun	궁수	kungsu	gungsu
굽어	kubŏ	gubeo	궁술	kungsul	gungsul
굽이	kubi	gubi	궁시	kungsi	gungsi
굽이치는	kubich'inŭn	gubichineun	궁시장	kungsijang	gungsijang
굽지	kupchi	gupji	궁실	kungsil	gungsil
굿	kut	gut	궁아	kunga	gunga
굿거리	kutkŏri	gutgeori	궁옹	kungong	gungong
굿놀이	kunnori	gunnoli	궁위	kungwi	gungwi
굿디넷	Kuttinet	Gutdinet	궁을	kungŭl	gungeul
굿모닝	kunmoning	gunmoning	궁인	kungin	gungin
굿바이	kutpai	gutbai	궁장	kungjang	gungjang
굿타이딩스	Kutt'aidingsŭ	Guttaidingseu	궁장지	Kungjangji	Gungjangji
궁	kung	gung	궁전	kungjŏn	gungjeon
궁가	kungga	gungga	궁정	kungjŏng	gungjeong
궁궐	kunggwŏl	gunggwol	궁정동	Kungjŏng-dong	Gungjeong-dong
궁궐지	kunggwŏlchi	gunggwolji	궁주	kungju	gungju
궁극	kunggŭk	gunggeuk	궁중	kungjung	gungjung
궁극자	kunggŭkcha	gunggeukja	궁중화	kungjunghwa	gungjunghwa
궁극적	kunggŭkchŏk	gunggeukjeok	궁집	kungjip	gungjip
궁금한	kunggŭmhan	gunggeumhan	궁체	kungch'e	gungche
궁금할	kunggŭmhal	gunggeumhal	궁체사	kungch'esa	gungchesa
궁금해	kunggŭmhae	gunggeumhae	궁터	kungt'ŏ	gungteo
궁금했던	kunggŭmhaettŏn	gunggeumhaetdeon	궁평리	Kungp'yŏng-ni	Gungpyeong-ri
궁내	kungnae	gungnae	궁핍	kungp'ip	gungpip
궁내부	kungnaebu	gungnaebu	궁한	kunghan	gunghan
궁내청	kungnaech'ŏng	gungnaecheong	궁할	kunghal	gunghal
궁녀	kungnyŏ	gungnyeo	궁합	kunghap	gunghap
궁노	kungno	gungno	궁합법	kunghappŏp	gunghapbeop
궁노비	kungnobi	gungnobi	궁허지	kunghŏchi	gungheoji
궁능	kungnŭng	gungneung	궁형	kunghyŏng	gunghyeong
궁루	kungnu	gungnu	궁혜	kunghye	gunghye
궁리	kungni	gungni	궂을	kujŭl	gujeul
궁망	kungmang	gungmang	권	kwŏn	gwon
궁문	kungmun	gungmun	권고	kwŏn'go	gwongo
궁방	kungbang	gungbang	권농	kwŏnnong	gwonnong
궁벌	kungbŏl	gungbeol	권능	kwŏnnŭng	gwonneung

한글 용례	ALA-LC Romanization	정부 표기안	한글 용례	ALA-LC Romanization	정부 표기안
권당	kwŏndang	gwondang	권학가	kwŏnhakka	gwonhakga
권력	kwŏllyŏk	gwollyeok	권한	kwŏnhan	gwonhan
권력가	kwŏllyŏkka	gwollyeokga	궐	kwŏl	gwol
권력망	kwŏllyŏngmang	gwollyeokmang	궐기	kwŏlgi	gwolgi
권력욕	kwŏllyŏngyok	gwollyeongnyok	궐내	kwŏllae	gwollae
권력자	kwŏllyŏkcha	gwollyeokja	궐도	kwŏlto	gwoldo
권력자들	kwŏllyŏkchadŭl	gwollyeokjadeul	궐문	kwŏlmun	gwolmun
권력형	kwŏllyŏkhyŏng	gwollyeokhyeong	궐성	kwŏlsŏng	gwolseong
권리금	kwŏlligŭm	gwolligeum	궐성군	Kwŏlsŏng-gun	Gwolseong-gun
권말	kwŏnmal	gwonmal	궐지	kwŏlchi	gwolji
권말기	kwŏnmalgi	gwonmalgi	궐지현	Kwŏlji-hyŏn	Gwolji-hyeon
권번	kwŏnbŏn	gwonbeon	궤	kwe	gwe
권법	kwŏnpŏp	gwonbeop	궤도	kwedo	gwedo
권부	kwŏnbu	gwonbu	궤범	kwebŏm	gwebeom
권불	kwŏnbul	gwonbul	궤변	kwebyŏn	gwebyeon
권사	kwŏnsa	gwonsa	궤적	kwejŏk	gwejeok
권선	kwŏnsŏn	gwonseon	귀가	kwiga	gwiga
권선문	kwŏnsŏnmun	gwonseonmun	귀감	kwigam	gwigam
권성사	kwŏnsŏngsa	gwonseongsa	귀갑문	Kwigammun	Gwigammun
권세	kwŏnse	gwonse	귀거래	kwigŏrae	gwigeorae
권수	kwŏnsu	gwonsu	귀거래사	kwigŏraesa	gwigeoraesa
권신	kwŏnsin	gwonsin	귀계	kwigye	gwigye
권업	kwŏnŏp	gwoneop	귀고리	kwigori	gwinongja
권업회	kwŏnŏphoe	gwoneophoe	귀국	kwiguk	gwiguk
권역	kwŏnyŏk	gwonyeok	귀농	kwinong	gwinong
권역별	kwŏnyŏkpyŏl	gwonyeokbyeol	귀농인	kwinongin	gwinongin
권우	Kwŏnu	Gwonu	귀농자	kwinongja	gwinongja
권원	kwŏnwŏn	gwonwon	귀덕군	Kwidŏk-kun	Gwideok-gun
권위	kwŏnwi	gwonwi	귀뚜라미	kwitturami	gwitturami
권위주의	kwŏnwijuŭi	gwonwijuui	귀래정	Kwiraejŏng	Gwiraejeong
권유	kwŏnyu	gwonyu	귀로	kwiro	gwiro
권익	kwŏnik	gwonik	귀면	kwimyŏn	gwimyeon
권자본	kwŏnjabon	gwonjabon	귀면와	kwimyŏnwa	gwimyeonwa
권장	kwŏnjang	gwonjang	귀미리	Kwimi-ri	Gwimi-ri
권주	kwŏnju	gwonju	귀병	kwipyŏng	gwibyeong
권주가	kwŏnjuga	gwonjuga	귀보	kwibo	gwibo
권찰	kwŏnch'al	gwonchal	귀부	kwibu	gwibu
권총	kwŏnch'ong	gwonchong	귀비	kwibi	gwibi
권총형	kwŏnch'onghyŏng	gwonchonghyeong	귀산	kwisan	gwisan
권축	kwŏnch'uk	gwonchuk	귀산동	Kwisan-dong	Gwisan-dong
권칠	kwŏnch'il	gwonchil	귀산리	Kwisan-ni	Gwisan-ri
권태	kwŏnt'ae	gwontae	귀성	kwisŏng	gwiseong
권투	kwŏnt'u	gwontu	귀성군	Kwisŏng-gun	Gwiseong-gun
권하는	kwŏnhanŭn	gwonhaneun	귀성부	Kwisŏng-bu	Gwiseong-bu
권학	kwŏnhak	gwonhak	귀속	kwisok	gwisok

한글 용례	ALA-LC Romanization	정부 표기안	한글 용례	ALA-LC Romanization	정부 표기안
귀순	kwisun	gwisun	귀화어	kwihwaŏ	gwihwaeo
귀신	kwisin	gwisin	귀화인	kwihwain	gwihwain
귀실	kwisil	gwisil	귀환	kwihwan	gwihwan
귀암	kwiam	gwiam	귀환민	kwihwanmin	gwihwanmin
귀양	kwiyang	gwiyang	귀환자	kwihwanja	gwihwanja
귀양다리	kwiyangdari	gwiyangdari	귓속말	kwitsongmal	gwitsongmal
귀양지	kwiyangji	gwiyangji	귓전	kwitchŏn	gwitjeon
귀양터	kwiyangt'ŏ	gwiyangteo	규	kyu	gyu
귀여운	kwiyŏun	gwiyeoun	규격	kyugyŏk	gyugyeok
귀영	Kwiyŏng	Gwiyeong	규격집	kyugyŏkchip	gyugyeokjip
귀의	kwiŭi	gwiui	규곤	kyugon	gyugon
귀인	kwiin	gwiin	규당	kyudang	gyudang
귀인사	Kwiinsa	Gwiinsa	규례	kyurye	gyurye
귀일리	Kwiil-li	Gwiil-ri	규명	kyumyŏng	gyumyeong
귀재	kwijae	gwijae	규모	kyumo	gyumo
귀재들	kwijaedŭl	gwijaedeul	규방	kyubang	gyubang
귀전암	Kwijŏnam	Gwijeonam	규범	kyubŏm	gyubeom
귀정	kwijŏng	gwijeong	규범성	kyubŏmsŏng	gyubeomseong
귀족	kwijok	gwijok	규범화	kyubŏmhwa	gyubeomhwa
귀족사	kwijoksa	gwijoksa	규보	Kyubo	Gyubo
귀족적	kwijokchŏk	gwijokjeok	규수	kyusu	gyusu
귀족제	kwijokche	gwijokje	규슈	Kyusyu	Gyusyu
귀족제론	kwijokcheron	gwijokjeron	규암	kyuam	gyuam
귀족제설	kwijokchesŏl	gwijokjeseol	규약	kyuyak	gyuyak
귀주	Kwiju	Gwiju	규온	kyugon	gyuon
귀주성	Kwijusŏng	Gwijuseong	규원	kyuwŏn	gyuwon
귀중	kwijung	gwijung	규율	kyuyul	gyuyul
귀중본	kwijungbon	gwijungbon	규일고	Kyuilgo	Gyuilgo
귀중하다	kwijunghada	gwijunghada	규장	kyujang	gyujang
귀중한	kwijunghan	gwijunghan	규장각	Kyujanggak	Gyujanggak
귀중해	kwijunghae	gwijunghae	규장각지	Kyujanggakchi	Gyujanggakji
귀중히	kwijunghi	gwijunghi	규정	kyujŏng	gyujeong
귀천	kwich'ŏn	gwicheon	규정집	kyujŏngjip	gyujeongjip
귀촉도	Kwich'okto	Gwichokdo	규제	kyuje	gyuje
귀촌	kwich'on	gwichon	규제론	kyujeron	gyujeron
귀출라프	Kwich'ŭllap'ŭ	Gwichullapeu	규제법	kyujepŏp	gyujebeop
귀틀	kwit'ŭl	gwiteul	규제적	kyujejŏk	gyujejeok
귀틀집	kwit'ŭljip	gwiteuljip	규준	Kyujun	Gyujun
귀하	kwiha	gwiha	규중	kyujung	gyujung
귀하다	kwihada	gwihada	규칙	kyuch'ik	gyuchik
귀한	kwihan	gwihan	규칙집	kyuch'ikchip	gyuchikjip
귀향	kwihyang	gwihyang	규탄	kyut'an	gyutan
귀형	kwihyŏng	gwihyeong	규합	kyuhap	gyuhap
귀화	kwihwa	gwihwa	규훈	kyuhun	gyuhun
귀화소	kwihwaso	gwihwaso	균	kyun	gyun

한글 용례	ALA-LC Romanization	정부 표기안	한글 용례	ALA-LC Romanization	정부 표기안
균등	kyundŭng	gyundeung	그래도	kŭraedo	geuraedo
균류	kyunnyu	gyullyu	그래서	kŭraesŏ	geuraeseo
균여	kyunyŏ	gyunyeo	그래피티	kŭraep'it'i	geuraepiti
균여전	kyunyŏjŏn	gyunyeojeon	그래픽	kŭraep'ik	geuraepik
균역법	kyunyŏkpŏp	Gyunyeokbeop	그래핀	Kŭraep'in	Geuraepin
균열	kyunyŏl	gyunyeol	그랜드	kŭraendŭ	geuraendeu
균전법	kyunjŏnpŏp	gyunjeonbeop	그랜저	Kŭraenjŏ	Geuraenjeo
균전제	kyunjŏnje	gyunjeonje	그랩스트	Kŭraepsŭt'ŭ	Geuraepseuteu
균전청	Kyunjŏnch'ŏng	Gyunjeoncheong	그랬어요	kŭraessŏyo	geuraesseoyo
균주	kyunju	gyunju	그랬지	kŭraetchi	geuraetji
균청	kyunch'ŏng	gyuncheong	그러나	kŭrŏna	geureona
균형	kyunhyŏng	gyunhyeong	그러므로	kŭrŏmŭro	geureomeuro
균형론적	kyunhyŏngnonjŏk	gyunhyeongnonjeok	그러해서	kŭrŏhaesŏ	geureohaeseo
균형성	kyunhyŏngsŏng	gyunhyeongseong	그럴	kŭrŏl	geureol
균형적	kyunhyŏngjŏk	gyunhyeongjeok	그럴까	kŭrŏlkka	geureolkka
균형점	kyunhyŏngchŏm	gyunhyeongjeom	그렇게	kŭrŏk'e	geureoke
균형화	kyunhyŏnghwa	gyunhyeonghwa	그렇고	kŭrŏk'o	geureoko
귤	kyul	gyul	그렇다	kŭrŏt'a	geureota
귤원	Kyurwŏn	Gyurwon	그렇지	kŭrŏch'i	geureochi
귤정공파	Kyulchŏnggongp'a	Gyuljeonggongpa	그레고리	Kŭregori	Geuregori
귤하	Kyurha	Gyulha	그레샴	Kŭresyam	Geuresyam
그	kŭ	geu	그려	kŭryŏ	geuryeo
그게	kŭge	geuge	그려낸	kŭryŏnaen	geuryeonaen
그곳	kŭgot	geugot	그려라	kŭryŏra	geuryeora
그날	kŭnal	geunal	그려진	kŭryŏjin	geuryeojin
그날들	kŭnaldŭl	geunaldeul	그루	kŭru	geuru
그냥	kŭnyang	geunyang	그루빠	kŭruppa	geuruppa
그녀	kŭnyŏ	geunyeo	그루터기	kŭrut'ŏgi	geuruteogi
그녀들	kŭnyŏdŭl	geunyeodeul	그룹	kŭrup	geurup
그늘	kŭnŭl	geuneul	그른가	kŭrŭn'ga	geureunga
그늘진	kŭnŭljin	geuneuljin	그릇	kŭrŭt	geureut
그대	kŭdae	geudae	그리	kŭri	geuri
그대로	kŭdaero	geudaero	그리고	kŭrigo	geurigo
그들	kŭdŭl	geudeul	그리기	kŭrigi	geurigi
그때	kŭttae	geuttae	그리는	kŭrinŭn	geurineun
그땐	kŭttaen	geuttaen	그리다	kŭrida	geurida
그라고	kŭrago	geurago	그리던	kŭridŏn	geurideon
그라우팅	kŭraut'ing	geurauting	그리드	kŭridŭ	geurideu
그라퍼	kŭrapŏ	geurapeo	그리마	kŭrima	geurima
그라프	kŭrap'ŭ	geurapeu	그리메	kŭrime	geurime
그라픽	kŭrap'ik	geurapik	그리며	kŭrimyŏ	geurimyeo
그라픽네트	kŭrap'iknet'ŭ	geurapikneteu	그리스	Kŭrisŭ	Geuriseu
그라픽스	kŭrap'iksŭ	geurapikseu	그리스도	Kŭrisŭdo	Geuriseudo
그란마	Kŭranma	Geuranma	그리스도교	Kŭrisŭdogyo	Geuriseudogyo
그래	kŭrae	geurae	그리스도교계	Kŭrisŭdogyogye	Geuriseudogyogye

한글 용례	ALA-LC Romanization	정부 표기안	한글 용례	ALA-LC Romanization	정부 표기안
그리스도인	Kŭrisŭdoin	Geuriseudoin	극락	kŭngnak	geungnak
그리심	kŭrisim	geurisim	극락사	Kŭngnaksa	Geungnaksa
그리운	kŭriun	geuriun	극락암	Kŭngnagam	Geungnagam
그리움	kŭrium	geurium	극락전	Kŭngnakchŏn	Geungnakjeon
그리워	kŭriwŏ	geuriwo	극렴	Kŭngnyŏm	Geungnyeom
그리워서	kŭriwŏsŏ	geuriwoseo	극명	kŭngmyŏng	geungmyeong
그리워한	kŭriwŏhan	geuriwohan	극문학	kŭngmunhak	geukmunhak
그리피스	Kŭrip'isŭ	Geuripiseu	극복	kŭkpok	geukbok
그린	kŭrin	geurin	극복기	kŭkpokki	geukbokgi
그린다	kŭrinda	geurinda	극복론	kŭkpongnon	geukbongnon
그린비	Kŭrinbi	Geurinbi	극복사	kŭkpoksa	geukboksa
그린이	kŭrini	geurini	극본	kŭkpon	geukbon
그림	kŭrim	geurim	극비	kŭkpi	geukbi
그림꾼	kŭrimkkun	geurimkkun	극비리	kŭkpiri	geukbiri
그림들	kŭrimdŭl	geurimdeul	극상	kŭksang	geuksang
그림방	kŭrimbang	geurimbang	극성	kŭksŏng	geukseong
그림색	kŭrimsaek	geurimsaek	극수	kŭksu	geuksu
그림자	kŭrimja	geurimja	극악	kŭgak	geugak
그림전	kŭrimjŏn	geurimjeon	극양	kŭgyang	geugyang
그림책	kŭrimch'aek	geurimchaek	극연	kŭgyŏn	geugyeon
그립다	kŭripta	geuripda	극영	Kŭgyŏng	Geugyeong
그만	kŭman	geuman	극예술	kŭngyesul	geungyesul
그만큼	kŭmank'ŭm	geumankeum	극예술학	kŭngyesurhak	geungyesulhak
그물	kŭmul	geumul	극오	kŭgo	geugo
그물망	kŭmulmang	geumulmang	극우	kŭgu	geugu
그물추	kŭmulch'u	geumulchu	극우적	kŭgujŏk	geugujeok
그물코	kŭmulk'o	geumulko	극우주의	kŭgujuŭi	geugujuui
그믐	kŭmŭm	geumeum	극위	kŭgwi	geugwi
그믐날	kŭmŭmnal	geumeumnal	극의	kŭgŭi	geugui
그믐밤	kŭmŭmpam	geumeumbam	극인	kŭgin	geugin
그윽하고	kŭŭkhago	geueukhago	극일	kŭgil	geugil
그을어	kunŭrŏ	geueuleo	극자	kŭkcha	geukja
그이	kŭi	geui	극작	kŭkchak	geukjak
그저	kŭjŏ	geujeo	극작가	kŭkchakka	geukjakga
그칠줄	kŭch'ilchul	geuchiljul	극작가들	kŭkchakkadŭl	geukjakgadeul
그토록	kŭt'orok	geutorok	극작가론	kŭkchakkaron	geukjakgaron
그해	kŭhae	geuhae	극작법	kŭkchakpŏp	geukjakbeop
그후	kŭhu	geuhu	극장	kŭkchang	geukjang
극	kŭk	geuk	극장들	kŭkchangdŭl	geukjangdeul
극기	kŭkki	geukgi	극장사	kŭkchangsa	geukjangsa
극단	kŭktan	geukdan	극장주	kŭkchangju	geukjangju
극단들	kŭktandŭl	geukdandeul	극재	Kŭkchae	Geukjae
극대화	kŭktaehwa	geukdaehwa	극적	kŭkchŏk	geukjeok
극동	Kŭktong	Geukdong	극종	kŭkchong	geukjong
극동과	Kŭktongkwa	Geukdonggwa	극지	kŭkchi	geukji

한글 용례	ALA-LC Romanization	정부 표기안	한글 용례	ALA-LC Romanization	정부 표기안
극청	kŭkch'ŏng	geukcheong	근사남	kŭnsanam	geunsanam
극치	kŭkch'i	geukchi	근사녀	kŭnsanyŏ	geunsanyeo
극한	kŭkhan	geukhan	근사록	kŭnsarok	geunsarok
극협	Kŭkhyŏp	Geukhyeop	근상	Kŭnsang	Geunsang
극형	kŭkhyŏng	geukhyeong	근성	kŭnsŏng	geunseong
극화	kŭkhwa	geukhwa	근세	kŭnse	geunse
근	kŭn	geun	근세사	kŭnsesa	geunsesa
근거	kŭn'gŏ	geungeo	근속	kŭnsok	geunsok
근거지	kŭn'gŏji	geungeoji	근속급	kŭnsokkŭp	geunsokgeup
근거지사	kŭn'gŏjisa	geungeojisa	근수	kŭnsu	geunsu
근고문선	kŭn'gomunsŏn	geungomunseon	근시	kŭnsi	geunsi
근곡	kŭn'gok	geungok	근신	kŭnsin	geunsin
근교	kŭn'gyo	geungyo	근암	kŭnam	geunam
근기론	Kŭn'giron	Geungiron	근역	kŭnyŏk	geunyeok
근년	kŭnnyŏn	geunnyeon	근영	kŭnyŏng	geunyeong
근농	Kŭnnong	geunnong	근왕주의	kŭnwangjuŭi	geunwangjuui
근대	kŭndae	geundae	근왕파	kŭnwangp'a	geunwangpa
근대극	kŭndaegŭk	geundaegeuk	근우	kŭnu	geunu
근대기	kŭndaegi	geundaegi	근원	kŭnwŏn	geunwon
근대사	kŭndaesa	geundaesa	근원적	kŭnwŏnjŏk	geunwonjeok
근대사론	kŭndaesaron	geundaesaron	근위대	kŭnwidae	geunwidae
근대상	kŭndaesang	geundaesang	근육	kŭnyuk	geunyuk
근대성	kŭndaesŏng	geundaeseong	근장	kŭnjang	geunjang
근대성들	kŭndaesŏngdŭl	geundaeseongdeul	근재	kŭnjae	geunjae
근대성론	kŭndaesŏngnon	geundaeseongnon	근절	kŭnjŏl	geunjeol
근대시	kŭndaesi	geundaesi	근접	kŭnjŏp	geunjeop
근대식	kŭndaesik	geundaesik	근정문	Kŭnjŏngmun	Geunjeongmun
근대적	kŭndaejŏk	geundaejeok	근정전	Kŭnjŏngjŏn	Geunjeongjeon
근대주의	kŭndaejuŭi	geundaejuui	근정청	Kŭnjŏngch'ŏng	Geunjeongcheong
근대화	kŭndaehwa	geundaehwa	근조	kŭnjo	geunjo
근대화론	kŭndaehwaron	geundaehwaron	근중	kŭnjung	geunjung
근로	kŭllo	geullo	근참기	kŭnch'amgi	geunchamgi
근로당	kŭllodang	geullodang	근처	kŭnch'ŏ	geuncheo
근로자	kŭlloja	geulloja	근천정	Kŭnch'ŏnjŏng	Geuncheonjeong
근린	kŭllin	geullin	근체시	kŭnch'esi	geunchesi
근무	kŭnmu	geunmu	근초	kŭnch'o	geuncho
근무기	kŭnmugi	geunmugi	근초고	Kŭnch'ogo	Geunchogo
근무제	kŭnmuje	geunmuje	근촌	kŭnch'on	geunchon
근묵	Kŭnmuk	Geunmuk	근친	kŭnch'in	geunchin
근보	kŭnbo	geunbo	근친혼	kŭnch'inhon	geunchinhon
근본	kŭnbon	geunbon	근포	Kŭnp'o	Geunpo
근본적	kŭnbonjŏk	geunbonjeok	근품	kŭnp'um	geunpum
근본주의	kŭnbonjuŭi	geunbonjuui	근해	kŭnhae	geunhae
근비	kŭnbi	geunbi	근해도	kŭnhaedo	geunhaedo
근사	kŭnsa	geunsa	근현대	kŭnhyŏndae	geunhyeondae

한글 용례	ALA-LC Romanization	정부 표기안	한글 용례	ALA-LC Romanization	정부 표기안
근현대사	kŭnhyŏndaesa	geunhyeondaesa	글힘	Kŭrhim	geulhim
근화	kŭnhwa	geunhwa	금	kŭm	geum
근화동	Kŭnhwa-dong	Geunhwa-dong	금감	kŭmgam	geumgam
글	kŭl	geul	금감원	Kŭmgamwŏn	Geumgamwon
글꼴	kŭlkkol	geulkkol	금강	kŭmgang	geumgang
글누림	kŭllurim	geullurim	금강경	Kŭmganggyŏng	Geumganggyeong
글들	kŭldŭl	geuldeul	금강도	kŭmgangdo	geumgangdo
글러컬리즘	kŭllok'ŏllijŭm	geulleokeollijeum	금강문	kŭmgangmun	geumgangmun
글로	kŭllo	geullo	금강사	Kŭmgangsa	Geumgangsa
글로리아	kŭlloria	geulloria	금강산	Kŭmgangsan	Geumgangsan
글로벌	kŭllobŏl	geullobeol	금강산가	Kŭmgangsan'ga	Geumgangsanga
글로벌리제이션	kŭllobŏllijeisyŏn	geullobeollijeisyeon	금강산기	Kŭmgangsan'gi	Geumgangsangi
글로벌리즘	kŭllobŏllijŭm	geullobeollijeum	금강산도	Kŭmgangsando	Geumgangsando
글로벌화	kŭllobŏrhwa	geullobeolhwa	금강석	kŭmgangsok	geumgangseok
글로벌化	kŭllobŏrhwa	geullobeolhwa	금강저	kŭmgangjŏ	geumgangjeo
글로세움	Kŭlloseum	Geulloseum	금계	kŭmgye	geumgye
글로아트	Kŭlloat'ŭ	Geulloateu	금고	kŭmgo	geumgo
글로연	Kŭlloyŏn	Geulloyeon	금고법	kŭmgopŏp	geumgobeop
글로컬	kŭllok'ŏl	geullokeol	금고法	kŭmgopŏp	geumgobeop
글로컬리제이션	kŭllok'ŏllijeisyŏn	geullokeollijeisyeon	금고형	kŭmgohyŏng	geumgohyeong
글린	Kŭllin	Geullin	금곡	Kŭmgok	Geumgok
글마당	Kŭlmadang	Geulmadang	금곡동	Kŭmgok-tong	Geumgok-dong
글말	kŭlmal	geulmal	금곡사	Kŭmgoksa	Geumgoksa
글모아	Kŭlmoa	Geulmoa	금과	kŭmgwa	geumgwa
글발	kŭlpal	geulbal	금과현	Kŭmgwa-hyŏn	Geumgwa-hyeon
글방	kŭlpang	geulbang	금관	kŭmgwan	geumgwan
글벗사	Kŭlbŏtsa	Geulbeotsa	금관경	kŭmgwan'gyŏng	geumgwangyeong
글봄	Kŭlbom	Geulbom	금관총	Kŭmgwanch'ong	Geumgwanchong
글빛	Kŭlpit	Geulbit	금광	kŭmgwang	geumgwang
글수레	Kŭlsure	Geulsure	금광명경	Kŭmgwangmyŏnggyŏng	Geumgwangmyeonggyeong
글숨	kŭlsum	geulsum	금구군	Kŭmgu-gun	Geumgu-gun
글쓰기	kŭlssŭgi	geulsseugi	금구현	Kŭmgu-hyŏn	Geumgu-hyeon
글쓴이	kŭlssŭni	geulsseuni	금군	kŭmgun	geumgun
글쓴이들	kŭlssŭnidŭl	geulsseunideul	금군장	kŭmgunjang	geumgunjang
글씨	kŭlssi	geulssi	금군청	Kŭmgunch'ŏng	Geumguncheong
글씨체	kŭlssich'e	geulssiche	금기	kŭmgi	geumgi
글안	kŭran	geuran	금기어	kŭmgiŏ	geumgieo
글자	kŭlcha	geulja	금기언	kŭmgiŏn	geumgieon
글쟁이	kŭljaengi	geuljaengi	금남	kŭmnam	geumnam
글쟁이들	kŭljaengidŭl	geuljaengideul	금남군	Kŭmnam-gun	Geumnam-gun
글집	kŭlchip	geuljip	금남리	Kŭmnam-ni	Geumnam-ri
글짱	kŭltchang	geuljjang	금남집	kŭmnamjip	geumnamjip
글터	Kŭlt'ŏ	Geulteo	금낭경	Kŭmnanggyŏng	Geumnanggyeong
글통	kŭlt'ong	geultong	금단	kŭmdan	geumdan
글판	kŭlp'an	geulpan	금당	kŭmdang	geumdang

한글 용례	ALA-LC Romanization	정부 표기안	한글 용례	ALA-LC Romanization	정부 표기안
금당사	Kŭmdangsa	Geumdangsa	금산천	Kŭmsanch'ŏn	Ggeumsancheon
금대	kŭmdae	geumdae	금서	kŭmsŏ	geumseo
금대봉	Kŭmdaebong	Geumdaebong	금석	kŭmsŏk	geumseok
금도	kŭmdo	geumdo	금석록	kŭmsŏngnok	geumseongnok
금동	kŭmdong	geumdong	금석문	kŭmsŏngmun	geumseongmun
금동관	kŭmdonggwan	geumdonggwan	금석서	kŭmsŏksŏ	geumseokseo
금동불	kŭmdongbul	geumdongbul	금석원	Kŭmsŏgwŏn	Geumseogwon
금동제	kŭmdongje	geumdongje	금석학	kŭmsŏkhak	geumseokhak
금란	kŭmnan	geumnan	금선각	Kŭmsŏn'gak	Geumseongak
금란군	Kŭmnan-gun	Geumnan-gun	금성	Kŭmsŏng	Geumseong
금란리	Kŭmnan-ni	Geumnan-ri	금성군	Kŭmsŏng-gun	Geumseong-gun
금령	kŭmnyŏng	geumnyeong	금성사	Kŭmsŏngsa	Geumseongsa
금룡	kŭmnyong	geumnyong	금성산	Kŭmsŏngsan	Geumseongsan
금류회	Kŭmnyunhoe	Geumnyunhoe	금성현	Kŭmsŏng-hyŏn	Geumseong-hyeon
금릉	Kŭmnŭng	Geumneung	금소	kŭmso	geumso
금릉군	Kŭmnŭng-gun	Geumneung-gun	금속	kŭmsok	geumsok
금리	kŭmni	geumni	금속학	kŭmsokhak	geumsokhak
금마	kŭmma	geumma	금송	kŭmsong	geumsong
금마저	Kŭmmajŏ	geummajeo	금수	kŭmsu	geumsu
금맥	kŭmmaek	geummaek	금수례	kŭmsure	geumsure
금메달	kŭmmedal	geummedal	금수산	Kŭmsusan	Geumsusan
금모래	kŭmmorae	geummorae	금순	Kŭmsun	Geumsun
금문	kŭmmun	geummun	금안동	Kŭman-dong	Geuman-dong
금문당	Kŭmmundang	Geummundang	금암	kŭmam	geumam
금문도	Kŭmmundo	Geummundo	금액	kŭmaek	geumaek
금문사	Kŭmmunsa	Geummunsa	금야군	Kŭmya-gun	Geumya-gun
금물	kŭmmul	geummul	금양	kŭmyang	geumyang
금박	kŭmbak	geumbak	금양군	Kŭmyang-gun	Geumyang-gun
금박장	kŭmbakchang	geumbakjang	금양현	Kŭmyang-hyŏn	Geumyang-hyeon
금반언	kŭmbanŏn	geumbaneon	금언	kŭmŏn	geumeon
금방	kŭmbang	geumbang	금역당	Kŭmyŏktang	Geumyeokdang
금방울	kŭmbangul	geumbangul	금연	kŭmyŏn	geumyeon
금방울전	Kŭmbangulchŏn	Geumbanguljeon	금영	kŭmyŏng	geumyeong
금별	kŭmbyŏl	geumbyeol	금오	Kŭmo	Geumo
금병매	Kŭmbyŏngmae	Geumbyeongmae	금오대	Kŭmodae	Geumodae
금보	kŭmbo	geumbo	금오랑	kŭmorang	geumorang
금부	kŭmbu	geumbu	금오산	Kŭmosan	Geumosan
금불	kŭmbul	geumbul	금요일	Kŭmyoil	Geumyoil
금봉어	kŭmbungŏ	geumbungeo	금원	kŭmwŏn	geumwon
금빛	kŭmpit	geumbit	금위군	kŭmwigun	geumwigun
금사	kŭmsa	geumsa	금위영	kŭmwiyŏng	geumwiyeong
금사리	Kŭmsa-ri	Geumsa-ri	금유	kŭmyu	geumyu
금산	Kŭmsan	Geumsan	금융	kŭmyung	geumyung
금산군	Kŭmsan-gun	Geumsan-gun	금융업	kŭmnyungŏp	geumyungeop
금산사	Kŭmsansa	Geumsansa	금융업법	kŭmnyungŏppŏp	geumyungeopbeop

한글 용례	ALA-LC Romanization	정부 표기안	한글 용례	ALA-LC Romanization	정부 표기안
금융인	kŭmyungin	geumyungin	금호	kŭmho	geumho
금은	kŭmŭn	geumeun	금호강	Kŭmhogang	Geumhogang
금은제	kŭmŭnje	geumeunje	금호동	Kŭmho-dong	Geumho-dong
금의	kŭmŭi	geumui	금화	kŭmhwa	geumhwa
금일봉	kŭmilbong	geumilbong	금화군	Kŭmhwa-gun	Geumhwa-gun
금입사	kŭmipsa	geumipsa	금화사	Kŭmhwasa	Geumhwasa
금잔	kŭmjan	geumjan	금화현	Kŭmhwa-hyŏn	Geumhwa-hyeon
금장	kŭmjang	geumjang	금환	kŭmhwan	geumhwan
금전	kŭmjŏn	geumjeon	금환총	Kŭmhwanch'ong	Geumhwanchong
금전악	kŭmjŏnak	geumjeonak	금후	kŭmhu	geumhu
금전적	kŭmjŏnjŏk	geumjeonjeok	금회	Kŭmhŭi	Geumhui
금정	Kŭmjŏng	geumjeong	급	kŭp	geup
금정구	Kŭmjŏng-gu	Geumjeong-gu	급격히	kŭpkyŏkhi	geupgyeokhi
금정리	Kŭmjŏng-ni	Geumjeong-ri	급경사	kŭpkyŏngsa	geupgyeongsa
금제	kŭmje	geumje	급경사지	kŭpkyŏngsaji	geupgyeongsaji
금제불	kŭmjebul	geumjebul	급기	kŭpki	geupgi
금조	kŭmjo	geumjo	급대처	kŭptaech'ŏ	geupdaecheo
금주	kŭmju	geumju	급료	kŭmnyo	geumnyo
금주령	kŭmjuryŏng	geumjuryeong	급류	kŭmnyu	geumnyu
금준	kŭmjun	geumjun	급문	kŭmmun	geummun
금지	kŭmji	geumji	급박	kŭppak	geupbak
금지령	kŭmjiryŏng	geumjiryeong	급방	kŭppang	geupbang
금지법	kŭmjipŏp	geumjibeop	급변	kŭppyŏn	geupbyeon
금창	Kumch'ang	Geumchang	급별	kŭppyŏl	geupbyeol
금척리	Kŭmch'ŏng-ni	Geumcheok-ri	급보	kŭppo	geupbo
금천	kŭmch'ŏn	geumcheon	급사	kŭpsa	geupsa
금천강	Kŭmch'ŏn'gang	Geumcheongang	급성	kŭpsŏng	geupseong
금천군	Kŭmch'ŏn-gun	Geumcheon-gun	급속	kŭpsok	geupsok
금천현	Kŭmch'ŏn-hyŏn	Geumcheon-hyeon	급속히	kŭpsokhi	geupsokhi
금철	Kŭmch'ŏl	Geumcheol	급수	kŭpsu	geupsu
금침	kŭmch'im	geumchim	급수비	kŭpsubi	geupsubi
금탄리	Kŭm'tan-ni	Geumtan-ri	급식	kŭpsik	geupsik
금통위	Kŭmt'ongwi	Geumtongwi	급식법	kŭpsikpŏp	geupsikbeop
금파	Kŭmp'a	Geumpa	급암	Kŭbam	Gubam
금파리	Kŭmp'a-ri	Geumpa-ri	급여	kŭbyŏ	geubyeo
금패	kŭmp'ae	geumpae	급재	kŭpchae	geupjae
금포	kŭmp'o	geumpo	급전	kŭpchŏn	geupjeon
금포리	Kŭmp'o-ri	Geumpo-ri	급제	kŭpche	geupje
금하	Kŭmha	Geumha	급제자	kŭpcheja	geupjeja
금학	Kŭmhak	Geumhak	급진	kŭpchin	geupjin
금학동	Kŭmhak-tong	Geumhak-dong	급진적	kŭpchinjŏk	geupjinjeok
금한	kŭmhan	geumhan	급진주의	kŭpchinjuŭi	geupjinjuui
금향정	Kŭmhyangjŏng	Geumhyangjeong	급파	kŭpp'a	geuppa
금헌	kŭmhŏn	geumheon	긋기	kŭtki	geutgi
금형	kŭmhyŏng	geumhyeong	긍	kŭng	geung

한글 용례	ALA-LC Romanization	정부 표기안	한글 용례	ALA-LC Romanization	정부 표기안
긍정	kŭngjŏng	geungjeong	기나긴	kinagin	ginagin
긍정성	kŭngjŏngsŏng	geungjeongseong	기나이	Kinai	Ginai
긍정적	kŭngjŏngjŏk	geungjeongjeok	기내	kinae	ginae
긍지	kŭngji	geungji	기네스	Kinesŭ	Gineseu
괴담	kŭidam	guidam	기네스북	Kinesŭbuk	Gineseubuk
기	ki	gi	기녀	kinyŏ	ginyeo
기각	kigak	gigak	기녀담	kinyŏdam	ginyeodam
기간	kigan	gigan	기년	kinyŏn	ginyeon
기간제	kiganje	giganje	기년제	kinyŏnje	ginyeonje
기간지	kiganji	giganji	기념	kinyŏm	ginyeom
기갑	kigap	gigap	기념관	kinyŏmgwan	ginyeomgwan
기갑사	kigapsa	gigapsa	기념물	kinyŏmmul	ginyeommul
기강	kigang	gigang	기념본	kinyŏmbon	ginyeombon
기개	kigae	gigae	기념비	kinyŏmbi	ginyeombi
기거	kigŏ	gigeo	기념일	kinyŏmil	ginyeomil
기경	kigyŏng	gigyeong	기념전	kinyŏmjŏn	ginyeomjeon
기계	kigye	gigye	기념展	kinyŏmjŏn	ginyeomjeon
기계론	kigyeron	gigyeron	기념지	kinyŏmji	ginyeomji
기계류	kigyeryu	gigyeryu	기념집	kinyŏmjip	ginyeomjip
기계사	kigyesa	gigyesa	기념탑	kinyŏmt'ap	ginyeomtap
기계적	kigyejŏk	gigyejeok	기념관	kinyŏmp'an	ginyeompan
기계학	kigyehak	gigyehak	기념호	kinyŏmho	ginyeomho
기계화	kigyehwa	gigyehwa	기념회	kinyŏmhoe	ginyeomhoe
기고	kigo	gigo	기노시타	Kinosit'a	Ginosita
기고가	kigoga	gigoga	기는	kinŭn	gineun
기고문	kigomun	gigomun	기능	kinŭng	gineung
기공	kigong	gigong	기능사	kinŭngsa	gineungsa
기과	kigwa	gigwa	기능성	kinŭngsŏng	gineungseong
기관	kigwan	gigwan	기능자	kinŭngja	gineungja
기관들	kigwandŭl	gigwandeul	기능장	kinŭngjang	gineungjang
기관명	kigwanmyŏng	gigwanmyeong	기능적	kinŭngjŏk	gineungjeok
기관사	kigwansa	gigwansa	기능주의	kinŭngjuŭi	gineungjuui
기관장	kigwanjang	gigwanjang	기다려	kidaryŏ	gidaryeo
기관지	kigwanji	gigwanji	기다려라	kidaryŏra	gidaryeora
기관차	kigwanch'a	gigwancha	기다려지는	kidaryŏjinŭn	gidaryeojineun
기교	kigyo	gigyo	기다리	kidari	gidari
기교주의	kigyojuŭi	gigyojuui	기다리고	kidarigo	gidarigo
기구	kigu	gigu	기다리는	kidarinŭn	gidarineun
기구고	kigugo	gigugo	기다리던	kidaridŏn	gidarideon
기구과	kigukwa	gigugwa	기다리며	kidarimyŏ	gidarimyeo
기구한	kiguhan	giguhan	기다리지	kidariji	gidariji
기국	kiguk	giguk	기다린	kidarin	gidarin
기근	kigŭn	gigeun	기다린다	kidarinda	gidarinda
기금	kigŭm	gigeum	기다린들	kidarindŭl	gidarindeul
기기	kigi	gigi	기다림	kidarim	gidarim

한글 용례	ALA-LC Romanization	정부 표기안	한글 용례	ALA-LC Romanization	정부 표기안
기단	kidan	gidan	기록들	kiroktŭl	girokdeul
기단부	kidanbu	gidanbu	기록문	kirongmun	girongmun
기담	kidam	gidam	기록물	kirongmul	girongmul
기당	kidang	gidang	기록사	kiroksa	giroksa
기대	kidae	gidae	기록서	kiroksŏ	girokseo
기대어	kidaeŏ	gidaeeo	기록원	Kirogwŏn	Girogwon
기댄	kidaen	gidaen	기록인	kirogin	girogin
기댈	kidael	gidael	기록ㅅ	kirogin	girogin
기도	kido	gido	기록자	kirokcha	girokja
기도문	kidomun	gidomun	기록지	kirokchi	girokji
기도시	kidosi	gidosi	기록집	kirokchip	girokjip
기도회	kidohoe	gidohoe	기록청	kirokch'ŏng	girokcheong
기독	Kidok	Gidok	기록학	kirokhak	girokhak
기독교	Kidokkyo	Gidokgyo	기록화	kirokhwa	girokhwa
기독교계	Kidokkyogye	Gidokgyogye	기론적	kironjŏk	gironjeok
기독교도	Kidokkyodo	Gidokgyodo	기료	kiryŏ	giryo
기독교보	Kidokkyobo	Gidokgyobo	기루	kiru	giru
기독교사	Kidokkyosa	Gidokgyosa	기류	kiryu	giryu
기독교사적	Kidokkyosachŏk	Gidokgyosajeok	기륭	Kiryung	Giryung
기독교인	Kidokkyoin	Ggidokgyoin	기르고	kirŭgo	gireugo
기독교인들	Kidokkyoindŭl	Gidokgyoindeul	기르기	kirŭgi	gireugi
기독교적	Kidokkyojŏk	Gidokgyojeok	기르는	kirŭnŭn	gireuneun
기독교학	Kidokkyohak	Gidokgyohak	기르다	kirŭda	gireuda
기독대	kidoktae	gidokdae	기름	kirŭm	gireum
기독론	Kidongnon	Gidongnon	기리고차	kirigoch'a	girigocha
기독인	Kidogin	Gidogin	기리는	kirinŭn	girineun
기동	kidong	gidong	기리며	kirimyŏ	girimyeo
기두	kidu	gidu	기린	kirin	girin
기둥	kidung	gidung	기린도	kirindo	girindo
기득권	kidŭkkwŏn	gideukgwon	기린원	Kirinwŏn	Girinwon
기람	kiram	giram	기림	Kirim	Girim
기략	kiryak	giryak	기림사	Kirimsa	Girimsa
기량	kiryang	giryang	기립	kirip	girip
기러기	kirŏgi	gireogi	기마	kima	gima
기려	kiryŏ	giryeo	기마대	kimadae	gimadae
기로	kiro	giro	기마병	kimabyŏng	gimabyeong
기로과	kirokwa	girogwa	기마차	kimach'a	gimacha
기로국	kiroguk	giroguk	기막힌	kimakhin	gimakin
기로소	kiroso	giroso	기만	kiman	giman
기로수	Kirosu	Girosu	기망죄	kimangjoe	gimangjoe
기록	kirok	girok	기맥	kimaek	gimaek
기록과	kirokkwa	girokgwa	기명	kimyŏng	gimyeong
기록관	kirokkwan	girokgwan	기목진	Kimokchin	Gimokjin
기록국	kirokkuk	girokguk	기몽	kimong	gimong
기록단	kiroktan	girokdan	기묘	kimyo	gimyo

한글 용례	ALA-LC Romanization	정부 표기안	한글 용례	ALA-LC Romanization	정부 표기안
기묘록	kimyorok	gimyorok	기사	kisa	gisa
기묘자	Kimyocha	Gimyoja	기사단	kisadan	gisadan
기묘한	kimyohan	gimyohan	기사도	kisado	gisado
기무	kimu	gimu	기사련	Kisaryŏn	Gisaryeon
기무라	Kimura	Gimura	기사록	kisarok	gisarok
기무처	kimuch'ŏ	gimucheo	기사명	kisamyŏng	gisamyeong
기문	kimun	gimun	기사연	Kisayŏn	Gisayeon
기문당	Kimundang	Gimundang	기사장	kisajang	gisajang
기물	kimul	gimul	기사집	kisajip	gisajip
기미	kimi	gimi	기사쿠	Kisak'u	Gisaku
기미야	Kimiya	Gimiya	기산	kisan	gisan
기민사	Kiminsa	Giminsa	기상	kisang	gisang
기민한	kiminhan	giminhan	기상도	kisangdo	gisangdo
기민함	kiminham	giminham	기상청	Kisangch'ŏng	Gisangcheong
기밀	kimil	gimil	기상학	kisanghak	gisanghak
기반	kiban	giban	기색	kisaek	gisaek
기반재	kibanjae	gibanjae	기생	kisaeng	gisaeng
기반형	kibanhyŏng	gibanhyeong	기생들	kisaengdŭl	gisaengdeul
기발	kibal	gibal	기생충	kisaengch'ung	gisaengchung
기발한	kibarhan	gibalhan	기생충학	kisaengch'unghak	gisaengchunghak
기발효	kibarhyo	gibalhyo	기서	kisŏ	giseo
기방	kibang	gibang	기석	kisŏk	giseok
기백	kibaek	gibaek	기선	kisŏn	giseon
기법	kipŏp	gibeop	기선량	kisŏnnyang	giseonnyang
기변	kibyŏn	gibyeon	기설	kisŏl	giseol
기별	kibyŏl	gibyeol	기성	kisŏng	giseong
기병	kibyŏng	gibyeong	기성동	Kisŏng-dong	Giseong-dong
기보	kibo	gibo	기성복	kisŏngbok	giseongbok
기보법	kibopŏp	gibobeop	기성회	kisŏnghoe	giseonghoe
기복	kibok	gibok	기세	kise	gise
기본	kibon	gibon	기소	kiso	giso
기본권	kibonkwŏn	gibongwon	기술리	Kisol-li	Gisol-ri
기본도	kibondo	gibondo	기수	kisu	gisu
기본법	kibonpŏp	gibonbeop	기숙	kisuk	gisuk
기본서	kibonsŏ	gibonseo	기숙사	kisuksa	gisuksa
기본적	kibonjŏk	gibonjeok	기술	kisul	gisul
기본형	kibonhyŏng	gibonhyeong	기술계	kisulgye	gisulgye
기봉	kibong	gibong	기술과	kisulkwa	gisulgwa
기부	kibu	gibu	기술관	kisulgwan	gisulgwan
기부금	kibugŭm	gibugeum	기술력	kisullyŏk	gisullyeok
기분	kibun	gibun	기술부	kisulbu	gisulbu
기비	kibi	gibi	기술사	kisulsa	gisulsa
기뻤다	kippŏtta	gippeotda	기술상	kisulsang	gisulsang
기쁜	kippŭn	gippeun	기술서	kisulsŏ	gisulseo
기쁨	kippŭm	gippeum	기술원	kisurwŏn	gisurwon

한글 용례	ALA-LC Romanization	정부 표기안	한글 용례	ALA-LC Romanization	정부 표기안
기술인	kisurin	gisurin	기여	kiyŏ	giyeo
기술人	kisurin	gisurin	기여도	kiyŏdo	giyeodo
기술자	kisulcha	gisulja	기역	kiyŏk	giyeok
기술자들	kisulchadŭl	gisuljadeul	기연	kiyŏn	giyeon
기술적	kisulchŏk	gisuljeok	기연록	kiyŏnnok	giyeollok
기술지	kisulji	gisulji	기연사	kiyŏnsa	giyeonsa
기술직	kisuljik	gisuljik	기영	kiyŏng	giyeong
기술처	kisulch'ŏ	gisulcheo	기예	kiye	giye
기술팀	kisult'im	gisultim	기옥	kiok	giok
기슭	kisŭk	giseuk	기옹	Kiong	Giong
기습	kisŭp	giseup	기와	kiwa	giwa
기승	kisŭng	giseung	기외르기	Kioerŭgi	Gioereugi
기시	kisi	gisi	기요	kiyo	giyo
기식	kisik	gisik	기요시	Kiyosi	Giyosi
기신	kisin	gisin	기요히토	Kiyohit'o	Giyohito
기신론	kisinnon	gisinnon	기용	kiyong	giyong
기실	kisil	gisil	기우	kiu	giu
기아	kia	gia	기우기	kiugi	giugi
기아차	Kiach'a	Giacha	기우단	kiudan	giudan
기악	kiak	giak	기우뚱한	kiuttunghan	giuttunghan
기안	kian	gian	기우자	kiuja	giuja
기암	kiam	giam	기우제	kiuje	giuje
기양	kiyang	giyang	기우집	kiujip	giujip
기양현	Kiyang-hyŏn	Giyang-hyeon	기운	kiun	giun
기어	kiŏ	gieo	기울기	kiurgi	giurgi
기어이	kiŏi	gieoi	기울이기	kiurigi	giurigi
기억	kiŏk	gieok	기원	kiwŏn	giwon
기억들	kiŏktŭl	gieokdeul	기원들	kiwŏndŭl	giwondeul
기언	kiŏn	gieon	기원론	kiwŏllon	giwollon
기업	kiŏp	gieop	기원사	kiwŏnsa	giwonsa
기업가	kiŏpka	gieopga	기원절	kiwŏnjŏl	giwonjeol
기업가들	kiŏpkadŭl	gieopgadeul	기원집	kiwŏnjip	giwonjip
기업가적	kiŏpkajŏk	gieopgajeok	기유	kiyu	giyu
기업내	kiŏmnae	gieomnae	기윤실	Kiyunsil	Giyunsil
기업들	kiŏptŭl	gieopdeul	기율	kiyul	giyul
기업론	kiŏmnon	gieomnon	기은	Kiŭn	Gieun
기업부	kiŏppu	gieopbu	기의	kiŭi	giui
기업사	kiŏpsa	gieopsa	기이	kii	gii
기업소	kiŏpso	gieopso	기이재	Kiijae	Giijae
기업원	kiŏbwŏn	gieobwon	기이하고	kiihago	giihago
기업인	kiŏbin	gieobin	기이한	kiihan	giihan
기업적	kiŏpchŏk	gieopjeok	기인	kiin	giin
기업청	Kiŏpch'ŏng	gieopcheong	기인설	kiinsŏl	giinseol
기업체	kiŏpch'e	gieopche	기인전	kiinjŏn	giinjeon
기업화	kiŏphwa	gieophwa	기인제	kiinje	giinje

한글 용례	ALA-LC Romanization	정부 표기안	한글 용례	ALA-LC Romanization	정부 표기안
기일	kiil	giil	기진	kijin	gijin
기일제	kiilche	giilje	기질	kijil	gijil
기자	kija	gija	기차	kich'a	gicha
기자단	kijadan	gijadan	기찬	kich'an	gichan
기자들	kijadŭl	gijadeul	기찰	kich'al	gichal
기자묘	Kijamyo	Gijamyo	기창	kich'ang	gichang
기자재	kijajae	gijajae	기천현	Kich'ŏn-hyŏn	Gicheon-hyeon
기자전	kijajŏn	gijajeon	기체	kich'e	giche
기자회	kijahoe	gijahoe	기체결	kich'egyŏl	gichegyeol
기작	kijak	gijak	기초	kich'o	gicho
기장	kijang	gijang	기초적	kich'ojŏk	gichojeok
기장군	Kijang-gun	Gijang-gun	기축	Kich'uk	Gichuk
기장현	Kijang-hyŏn	Gijang-hyeon	기축년	Kich'ungnyŏn	Gichungnyeon
기재	kijae	gijae	기출	kich'ul	gichul
기재례	kijaerye	gijaerye	기층	kich'ŭng	gicheung
기저	kijo	gijeo	기치	kich'i	gichi
기적	kijŏk	gijeok	기침	kich'im	gichim
기적들	kijŏktŭl	gijeokdeul	기타	kit'a	gita
기적비	kijŏkpi	gijeokbi	기타가와	Kit'agawa	Gitagawa
기전	kijŏn	gijeon	기탁	kit'ak	gitak
기전체	kijŏnch'e	gijeonche	기틀	kit'ŭl	giteul
기절	kijŏl	gijeol	기파랑	Kip'arang	Giparang
기점	kichŏm	gijeom	기파랑가	Kip'arangga	Giparangga
기정	Kijŏng	Gijeong	기판	kip'an	gipan
기제	kije	gije	기포	kip'o	gipo
기제사	kijesa	gijesa	기포탑	Kip'ot'ap	Gipotap
기조	kijo	gijo	기폭제	kip'okche	gipokje
기존	kijon	gijon	기풍	kip'ung	gipung
기졸	kijol	gijol	기프트	kip'ŭt'ŭ	gipeuteu
기종	kijong	gijong	기피	kip'i	gipi
기주	kiju	giju	기하	kiha	giha
기준	kijun	gijun	기하학	kihahak	gihahak
기준법	kijunpŏp	gijunbeop	기하학적	kihahakchŏk	gihahakjeok
기준안	kijunan	gijunan	기학	kihak	gihak
기준점	kijunchŏm	gijunjeom	기한	kihan	gihan
기준척	kijunch'ŏk	gijuncheok	기한재	Kihanjae	Gihanjae
기준치	kijunch'i	gijunchi	기한제	kihanje	gihanje
기중	kijung	gijung	기해	kihae	gihae
기중기	kijunggi	gijunggi	기해년	Kihaenyŏn	Gihaenyeon
기증	kijŭng	gijeung	기행	kihaeng	gihaeng
기증전	kijŭngjŏn	gijeungjeon	기행록	kihaengnok	gihaengnok
기증展	kijŭngjŏn	gijeungjeon	기행문	kihaengmun	gihaengmun
기지	kiji	giji	기행첩	kihaengch'ŏp	gihaengcheop
기지시	Kiji-si	Giji-si	기허당	Kihŏdang	Giheodang
기지촌	kijich'on	gijichon	기협	Kihyŏp	Gihyeop

한글 용례	ALA-LC Romanization	정부 표기안	한글 용례	ALA-LC Romanization	정부 표기안
기형	kihyŏng	gihyeong	길동	Kiltong	Gildong
기형성	kihyŏngsŏng	gihyeongseong	길동무	kiltongmu	kildongmu
기호	kiho	giho	길라잡이	killajabi	gillajabi
기호파	kihop'a	gihopa	길러	killŏ	gilleo
기호학	kihohak	gihohak	길러낸	killŏnaen	gilleonaen
기호학적	kihohakchŏk	gihohakjeok	길러라	killŏra	gilleora
기호학파	Kihohakp'a	Gihohakpa	길례	killye	gillye
기혼	kihon	gihon	길례청	killyech'ŏng	gillyecheong
기화	kihwa	gihwa	길로	killo	gillo
기회	kihoe	gihoe	길리군	Killi-gun	Gilli-gun
기회주의	kihoejuŭi	gihoejuui	길림	Killim	Gillim
기회주의자	kihoejuŭija	gihoejuuija	길림성	Killim-sŏng	Gillim-seong
기획	kihoek	gihoek	길목	kilmok	gilmok
기획단	kihoektan	gihoekdan	길밖	kilbak	gilbak
기획들	kihoektŭl	gihoekdeul	길밭	Kilbat	gilbat
기획론	kihoengnon	gihoengnon	길벗	kilbŏt	gilbeot
기획물	kihoengmul	gihoengmul	길산	Kilsan	Gilsan
기획부	kihoekpu	gihoekbu	길상	Kilsang	Gilsang
기획원	Kihoegwŏn	Gihoegwon	길상문	Kilsangmun	Gilsangmun
기획자	kihoekcha	gihoekja	길상사	Kilsangsa	Gilsangsa
기획자들	kihoekchadŭl	gihoekjadeul	길상탑	Kilsangt'ap	Gilsangtap
기획전	kihoekchŏn	gihoekjeon	길선	Kilsŏn	Gilseon
기획처	kihoekch'ŏ	gihoekcheo	길성군	Kilsŏng-gun	Gilseong-gun
기획청	Kihoekch'ŏng	Gihoekcheong	길성현	Kilsŏng-hyŏn	Gilseong-hyeon
기획팀	kihoekt'im	gihoektim	길쌈	kilssam	gilssam
기효	Kihyo	Gihyo	길안면	Kiran-myŏn	Giran-myeon
기후	kihu	gihu	길안사	Kiransa	Giransa
긴	kin	gin	길안천	Kiranch'ŏn	Girancheon
긴급	kin'gŭp	gingeup	길어	kiro	gireo
긴나라	Kinnara	Ginnara	길어서	kirŏsŏ	gireoseo
긴날락	Kinnallak	Ginnallak	길었던	kirŏttŏn	gireotdeon
긴내	Kinnae	Ginnae	길운	kirun	girun
긴박	kinbak	ginbak	길원	kirwŏn	girwon
긴장	kinjang	ginjang	길음동	Kirŭm-dong	Gireum-dong
긴지	Kinji	Ginji	길이	kiri	giri
긴축	kinch'uk	ginchuk	길일	kiril	giril
긴타라	Kint'ara	Gintara	길잡이	kiljabi	giljabi
긴다	kitta	gitda	길장	kiljang	giljang
길	kil	gil	길재	Kilchae	Giljae
길거리	kilkŏri	gilgeori	길조	kilcho	giljo
길게	kilge	gilge	길주	Kilchu	Gilju
길군악	kilgunak	gilgunak	길주군	Kilchu-gun	Gilju-gun
길놀이	killori	gillori	길주목	Kilchu-mok	Gilju-mok
길눈	kilnun	gilnun	길지	kilji	gilji
길담	Kiltam	gildam	길진	kiljin	giljin

한글 용례	ALA-LC Romanization	정부 표기안	한글 용례	ALA-LC Romanization	정부 표기안
길창	Kilch'ang	Gilchang	깊숙이	kipsugi	gipsugi
길창군	Kilch'ang-gun	Gilchang-gun	깊어	kip'ŏ	gipeo
길한	kirhan	gilhan	깊어진	kip'ŏjin	gipeojin
길항	kirhang	gilhang	깊었네	k'ip'ŏnne	gipeonne
길흥	kirhyung	gilhyung	깊은	kip'ŭn	gipeun
김	Kim	gim	깊이	kip'i	gipi
김기스	Kimgisŭ	Gimgiseu	까거	kkagŏ	kkageo
김룡리	Kimnyong-ni	Gimnyong-ri	까놓고	kkanok'o	kkanoko
김영사	Kimyŏngsa	Gimyeongsa	까는	kkanŭn	kkaneun
김장	kimjang	gimjang	까니	kkani	kkani
김제	Kimje	Gimje	까다로운	kkadaroun	kkadaroun
김제군	Kimje-gun	Gimje-gun	까닭	kkadak	kkadak
김제시	Kimje-si	Gimje-si	까레이스키	Kkareisŭk'i	Kkareiseuki
김천	Kimch'ŏn	Gimcheon	까마귀	kkamagwi	kkamagwi
김천군	Kimch'ŏn-gun	Gimcheon-gun	까막	kkamak	kkamak
김천도	Kimch'ŏndo	Gimcheondo	까세	kkase	kkase
김천시	Kimch'ŏn-si	Gimcheon-si	까자흐스딴	Kkajahŭsŭttan	Kkajaheuseuttan
김치	Kimch'i	Gimchi	까지	kkaji	kkaji
김치녀	Kimch'inyŏ	Gimchinyeo	까지나	kkajina	kkajina
김치밥	Kimch'ibap	Gimchibap	까지만	kkajiman	kkajiman
김치학	Kimch'ihak	Gimchihak	까지의	kkajiŭi	kkajiui
김포	Kimp'o	Gimpo	까츄사	kkach'yusa	kkachyusa
김포군	Kimp'o-gun	Gimpo-gun	까츄사들	kkach'yusadŭl	kkachyusadeul
김포미	Kimp'omi	Gimpomi	까치	kkach'i	kkachi
김포시	Kimp'o-si	Gimpo-si	까치밥	kkach'ibap	kkachibap
김포현	Kimp'o-hyŏn	Gimpo-hyeon	까페	kkap'e	kkape
김해	Kimhae	Gimhae	각기	kkaki	kkakgi
김해군	Kimhae-gun	Gimhae-gun	각두기	kkaktugi	kkakdugi
김해부	Kimhae-bu	Gimhae-bu	각뚜기	kkakttugi	kkakttugi
김해시	Kimhae-si	Gimhae-si	간간하게	kkankkanhage	kkankkanhage
김해학	Kimhaehak	Gimhaehak	간간한	kkankkanhan	kkankkanhan
김화	Kimhwa	Gimhwa	간돌	kkandol	kkandol
김화군	Kimhwa-gun	Gimhwa-gun	깔깔깔	kkalkkalkkal	kkalkkalkkal
김화현	Kimhwa-hyŏn	Gimhwa-hyeon	깔린	kkallin	kkallin
깁다	kipta	gipda	깜짝	kkamtchak	kkamjjak
깁더	kiptŏ	gipdeo	깡충	kkangch'ung	kkangchung
깃	kit	git	깡통	kkangt'ong	kkangtong
깃기	kitki	gitgi	깡패	kkangp'ae	kkangpae
깃든	kittŭn	gitdeun	깨고	kkaego	kkaego
깃들다	kittŭlda	gitdeulda	깨기	kkaegi	kkaegi
깃발	kitpal	gitbal	깨끗한	kkaekkŭthan	kkaekkeuthan
깃털	kitt'ŏl	gitteol	깨끗해야	kkaekkŭthaeya	kkaekkeuthaeya
깊게	kipke	gipge	깨는	kkaenŭn	kkaeneun
깊고	kipko	gipgo	깨다	kkaeda	kkaeda
깊다	kipta	gipda	깨닫고	kkaedatko	kkaedatgo

한글 용례	ALA-LC Romanization	정부 표기안	한글 용례	ALA-LC Romanization	정부 표기안
깨닫다	kkaedatta	kkaedatda	꼬꼬	kkokko	kkokko
깨닫자	kkaedatcha	kkaedatja	꼬꼬댁	kkokkodaek	kkokkodaek
깨달은	kkaedarŭn	kkaedareun	꼬닥	kkodak	kkodak
깨달음	kkaedarŭm	kkaedareum	꼬레	Kkore	Kkore
깨라	kkaera	kkaera	꼬레아	Kkorea	Kkorea
깨런다	kkaeryŏnda	kkaeryeonda	꼬레아니	Kkoreani	Kkoreani
깨부수기	kkaebusugi	kkaebusugi	꼬레알리즘	Kkoreallijŭm	Kkoreallijeum
깨야	kkaeya	kkaeya	꼬리	kkori	kkori
깨어	kkaeŏ	kkaeeo	꼬마	kkoma	kkoma
깨어나	kkaeŏna	kkaeeona	꼬막	kkomak	kkomak
깨어날	kkaeŏnal	kkaeeonal	꼬순	kkosun	kkosun
깨어라	kkaeŏra	kkaeeora	꼭	kkok	kkok
깨어서	kkaeŏsŏ	kkaeeoseo	꼭꼭	kkokkkok	kkokkkok
깨어진	kkaeŏjin	kkaeeojin	꼭대기	kkoktaegi	kkokdaegi
깨우네	kkaeune	kkaeune	꼭두	kkoktu	kkokdu
깨우는	kkaeunŭn	kkaeuneun	꼭두극	Kkoktugŭk	kkokdugeuk
깨우다	kkaeuda	kkaeuda	꼭지	kkokchi	kkokji
깨우자	kkaeuja	kkaeuja	꼰대	kkondae	kkondae
깨우쳐야	kkaeuch'ŏya	kkaeuchyeoya	꼴값	kkolkap	kkolgap
깨운지	kkaeunji	kkaeunji	꼴깝	kkolkkap	kkolkkap
깨워	kkaewo	kkaewo	꼴뚜기	kkolttugi	kkolttugi
깨워라	kkaewŏra	kkaewora	꼴보수	kkolbosu	kkolbosu
깨진	kkaejin	kkaejin	꼴찌	kkoltchi	kkoljji
깨쳤겠나	kkaech'yŏkkenna	kkaechyeotgenna	꼼꼼한	kkomkkomhan	kkomkkomhan
깨침	kkaech'im	kkaechim	꼼꼼히	kkomkkomhi	kkomkkomhi
깽판	kkaengp'an	kkaengpan	꼼무니스트	Kkommunisŭt'ŭ	kkommuniseuteu
꺼꾸로	kkŏkkuro	kkeokkuro	꼼수	kkomsu	kkomsu
꺼낸	kkŏnaen	kkeonaen	꼿꼿한	kkokkothan	kkotkkotan
꺼져	kkŏjyŏ	kkeojyeo	꽁뜨	kkongttŭ	kkongtteu
꺼지지	kkŏjiji	kkeojiji	꽁지	kkongji	kkongji
꺼지지는	kkŏjijinŭn	kkeojijineun	꽁치	kkongch'i	kkongchi
꺼질	kkŏjil	kkeojil	꽁트	kkongt'u	kkongteu
걱쇠	kkŏksoe	kkeoksoe	꽁트집	kkongt'ŭjip	kkongteujip
걱어	kkŏkŏ	kkeogeo	꽃	kkot	kkot
걱지	kkŏkchi	kkeokji	꽃가마	kkotkama	kkotgama
껶는	kkŏngnŭn	kkeongneun	꽃게	kkotke	kkotge
껶어	kkŏgŏ	kkeokkeo	꽃길	kkotkil	kkotgil
껶이지	kkŏkkiji	kkeokkiji	꽃꽂이	kkotkkoji	kkotkkoji
걸걸	kkŏlkkŏl	kkeolkkeol	꽃놀이	kkonnori	kkonnori
껍데기	kkŏptegi	kkeopdegi	꽃다발	kkottabal	kkotdabal
껍질	kkŏpchil	kkeopjil	꽃다지	kkottaji	kkotdaji
께루다	kkeruda	kkeruda	꽃동산	kkottongsan	kkotdongsan
께서	kkesŏ	kkeseo	꽃들	kkottŭl	kkotdeul
겨문거리	kkyŏmutkŏri	kkyeomutgeori	꽃밭	kkotpat	kkotbat
꼬기	kkogi	kkogi	꽃분이	Kkotpuni	kkotbuni

한글 용례	ALA-LC Romanization	정부 표기안	한글 용례	ALA-LC Romanization	정부 표기안
꽃삽	kkotsap	kkotsap	꿈나무	kkumnamu	kkumnamu
꽃상여	kkotsangyŏ	kkotsangyeo	꿈틀	kkumt'ŭl	kkumteul
꽃송이	kkotsongi	kkotsongi	꿈틀거려라	kkumt'ŭlgŏryŏra	kkumteulgeoryeora
꽃송이들	kkotsongidŭl	kkotsongideul	꿈틀거리는	kkumt'ŭlgŏrinŭn	kkumteulgeorineun
꽃씨	kkotssi	kkotssi	꿔라	kwŏra	kkwora
꽃입	kkonnip	kkonnip	꿩	kkwŏng	kkwong
꽃잎	kkonnip	kkonnip	꿰뚫는	kkwettullŭn	kkwettulneun
꽃자리	kkotchari	kkotjari	꿰뚫어	kkwetturŏ	kkwettureo
꽃제비	kkotchebi	kkotjebi	꿰뚫으셨어요	kkwetturŭsyŏsso	kkwettureusyeosso
꽃중년	kkotchungnyŏn	kkotjungnyeon	꿰어	kkweŏ	kkweeo
꽉쇠	kkawksoe	kkwaksoe	끄레물	kkŭremul	kkeuremul
꽝	kkwang	kkwang	끄셨나요	kkŭsyŏnnayo	kkeusyeonnayo
꽹과리	kkwaenggwari	kkwaenggwari	끄시기	kkŭsigi	kkeusigi
꾀	kkoe	kkoe	끄자	kkŭja	kkeuja
꾀꼬리	kkoekkori	kkoekkori	끄지	kkŭji	kkeuji
꾸는	kkunŭn	kkuneun	끈	kkŭn	kkeun
꾸는가	kkunŭn'ga	kkuneunga	끈목	kkŭnmok	kkeunmok
꾸다	kkuda	kkuda	끈질기고	kkŭnjilgigo	kkeunjilgigo
꾸러미	kkurŏmi	kkureomi	끈질긴	kkŭnjilgin	kkeunjilgin
꾸리며	kkurimyŏ	kkurimyeo	끊고	kkŭnko	kkeunko
꾸리에	Kkurie	Kkurie	끊어야	kkŭnŏya	kkeuneoya
꾸릴데	kkurilte	kkurilde	끊어진	kkŭnŏjin	kkeuneojin
꾸며	kkumyŏ	kkumyeo	끊을	kkŭnŭl	kkeuneul
꾸미개	kkumigae	kkumigae	끊임	kkŭnim	kkeunim
꾸민	kkumin	kkumin	끌	kkŭl	kkeul
꾸민이	kkumini	kkumini	끌고	kkŭlgo	kkeulgo
꾸밈	kkumim	kkumim	끌라르	Kkŭllarŭ	Kkeullareu
꾸바	Kkuba	Kkuba	끌려	kkŭllyŏ	kkeullyeo
꾸었던	kkuŏtŏn	kkueotdeon	끌려간	kkŭllyŏgan	kkeullyeogan
꾸었을까	kkuŏssŭlkka	kkueosseulkka	끌어	kkŭrŏ	kkeureo
꾸짖다	kkujitta	kkujitda	끌지	kkŭlchi	kkeulji
꾸짖은	kkujijŭn	kkujijeun	끓는	kkŭllŭn	kkeulleun
꾼	kkun	kkun	끓여	kkŭryŏ	kkeuryeo
꾼다	kkunda	kkunda	끓이는	kkŭrinŭn	ggeurineun
꾼들	kkundŭl	kkundeul	끗	kkŭt	kkeut
꾿	kkut	kkut	끝	kkŭt	kkeut
꾿빠이	kkutppai	kkutppai	끝나는가	kkŭnnanŭn'ga	kkeunnaneunga
꿀단지	kkultanji	kkuldanji	끝날	kkŭnnal	kkeunnal
꿀벌	kkulbŏl	kkulbeol	끝났다	kkŭnnatta	kkeunnatda
꿇게	kkulk'e	kkulge	끝내	kkŭnnae	kkeunnae
꿇리니	kkullini	kkullini	끝내기	kkŭnnaegi	kkeunnaegi
꿈	kkum	kkum	끝내야	kkŭnnaeya	kkeunnaeya
꿈결	kkumkyŏl	kkumgyeol	끝별	kkŭtpyŏl	kkeutbyeol
꿈길	kkumkil	kkumgil	끝자락	kkŭtcharak	kkeutjarak
꿈꾼	kkumkkun	kkumkkun	끝장	kkŭtchang	kkeutjang

한글 용례	ALA-LC Romanization	정부 표기안
끼고	kkigo	kkigo
끼끗한	kkikkŭthan	kkikkeuthan
끼리	kkiri	kkiri
끼운	kkiun	kkiun
끼인	kkiin	kkiin
끼지	kkiji	kkiji
끼치는	kkich'inŭn	kkichineun
끼치다	kkich'ida	kkichida
끼친	kkich'in	kkichin
끽다거	Kkiktagŏ	Kkikdageo
낑깡	kkingkkang	kkingkkang

한글 용례	ALA-LC Romanization	정부 표기안
나	na	na
나가노	nagano	nagano
나가는	naganŭn	naganeun
나가는가	naganŭn'ga	naganeunga
나가사키	Nagasak'i	Nagasaki
나가자	nagaja	nagaja
나간	nagan	nagan
나갈	nagal	nagal
나감	nagam	nagam
나경	Nagyŏng	nagyeong
나고	nago	nago
나고야	Nagoya	Nagoya
나고야성	Nagoyasŏng	Nagoyaseong
나곡천	Nagokch'ŏn	Nagokcheon
나귀	nagwi	nagwi
나그네	nagŭne	nageune
나기	nagi	nagi
나꼼수	nakkomsu	nakkomsu
나나봉	Nanabong	Nanabong
나날	nanal	nanal
나날들	nanaldŭl	nanaldeul
나남	Nanam	Nanam
나노	nano	nano
나눅	Nanok	Nanok
나누고	nanugo	nanugo
나누기	nanugi	nanugi
나누는	nanunŭn	nanuneun
나누다	nanuda	nanuda
나누리	nanuri	nanuri
나누면서	nanumyŏnsŏ	nanumyeonseo
나누었을까	nanuŏssŭlkka	nanueosseulkka
나눈	nanun	nanun

한글 용례	ALA-LC Romanization	정부 표기안
나눌수록	nanulsurok	nanulsurok
나눔	nanum	nanum
나눔사	Nanumsa	Nanumsa
나눠	nanwŏ	nanwo
나는	nanŭn	naneun
나다	nada	nada
나당	Na-Tang	Na-Dang
나던	nadŏn	nadeon
나됨	Nadoem	Nadoem
나드리	nadŭri	nadeuri
나들목	nadŭlmok	nadeulmok
나들이	nadŭri	nadeuri
나라	nara	nara
나라들	naradŭl	naradeul
나라원	Narawŏn	Narawon
나라키	Narak'i	Naraki
나락	narak	narak
나랏	narat	narat
나랏빛	naratpit	narabit
나래	narae	narae
나래울	Naraeul	naraeul
나랜스	naraensŭ	naraenseu
나례	narye	narye
나례가	naryega	naryega
나루	naru	naru
나루시계	Narusige	Narusige
나루터	narut'ŏ	naruteo
나룻배	narutpae	narutbae
나르는	narŭnŭn	nareuneun
나르스	Narŭsŭ	Nareuseu
나르스카야	Narŭsŭk'aya	Nareuseukaya
나름	narŭm	nareum
나리	nari	nari
나리동	Nari-dong	Nari-dong
나리히코	Narihik'o	Narihiko
나마	nama	nama
나막신	namaksin	namaksin
나말	namal	namal
나면	namyŏn	namyeon
나무	namu	namu
나무곽	namugwak	namugwak
나무관	namugwan	namugwan
나무군	namugun	namugun
나무꾼	namukkun	namukkun
나무들	namudŭl	namudeul

한글 용례	ALA-LC Romanization	정부 표기안	한글 용례	ALA-LC Romanization	정부 표기안
나무지기	namujigi	namujigi	나우만	Nauman	Nauman
나문	namun	namun	나은	naŭn	naeun
나물	namul	namul	나의	naŭi	naui
나뭇군	namutkun	namutgun	나이	nai	nai
나뭇잎	namunnip	namunnip	나이로비	Nairobi	Nairobi
나발	nabal	nabal	나이제리아	Naijeria	Naijeria
나병	nabyŏng	nabyeong	나이지리아	Naijiria	Naijiria
나부끼는	nabukkinŭn	nabukkineun	나이테	nait'e	naite
나비	nabi	nabi	나이토	Nait'o	Naito
나빌레라	nabillera	nabillera	나인	nain	nain
나쁘다	nappŭda	nappeuda	나자니엘	Najaniel	Najaniel
나쁜	nappŭn	nappeun	나전	najŏn	najeon
나산	Nasan	Nasan	나전장	najŏnjang	najeonjang
나서	nasŏ	naseo	나정	Najŏng	Najeong
나서다	nasŏda	naseoda	나졸	najol	najol
나서라	nasŏra	naseora	나종	najong	najong
나서자	nasŏja	naseoja	나주	Naju	Naju
나선	nasŏn	naseon	나주군	Naju-gun	Naju-gun
나성	nasŏng	naseong	나주목	Naju-mok	Naju-mok
나세	nase	nase	나주시	Naju-si	Naju-si
나스루딘	Nasŭrudin	Naseurudin	나주진	Najujin	Najujin
나쓰메	Nassŭme	Nasseume	나중	najung	najung
나아가라	naagara	naagara	나지	naji	naji
나아가야	naagaya	naagaya	나진	Najin	Najin
나아가야할	naagayahal	naagayahal	나찰	Nach'al	Nachal
나아가자	naagaja	naagaja	나체	nach'e	nache
나아갈	naagal	naagal	나초스	Nach'osŭ	Nachoseu
나아오라	naaora	naaora	나치	Nach'i	Nachi
나암	Naam	Naam	나치오	Nach'io	Nachio
나약	nayak	nayak	나침반	nach'imban	nachimban
나오고	naogo	naogo	나침반사	Nach'imbansa	Nachimbansa
나오너라	naonŏra	naoneora	나침반社	Nach'imbansa	Nachimbansa
나오는	naonŭn	naoneun	나카	Nak'a	Naka
나오다	naoda	naoda	나카네	Nak'ane	Nakane
나오지	naoji	naoji	나카노	Nak'ano	Nakano
나오키	Naok'i	Naoki	나카니시	Nak'anisi	Nakanisi
나온	naon	naon	나카무라	Nak'amura	Nakamura
나온다	naonda	naonda	나카오	Nak'ao	Nakao
나옹	Naong	Naong	나카지마	Nak'ajima	Nakajima
나와	nawa	nawa	나카츠라	Nak'ach'ŭra	Nakacheura
나와서	nawasŏ	nawaseo	나타나고	nat'anago	natanago
나와야	nawaya	nawaya	나타나는	nat'ananŭn	natananeun
나왔다	nawatta	nawatda	나타나다	nat'anada	natanada
나왔더니	nawattŏni	nawatdeoni	나타난	nat'anan	natanan
나왔어	nawassŏ	nawasseo	나타났다	nat'anatta	natanatda

한글 용례	ALA-LC Romanization	정부 표기안	한글 용례	ALA-LC Romanization	정부 표기안
나타낸	nat'anaen	natanaen	낙서	naksŏ	nakseo
나탈리아	Nat'allia	Natalria	낙서들	naksŏdŭl	nakseodeul
나팔	nap'al	napal	낙선	naksŏn	nakseon
나팔꽃	nap'alkkot	napalkkot	낙선재	Naksŏnjae	Nakseonjae
나팔수	nap'alsu	napalsu	낙선재본	Naksŏnjaebon	Nakseonjaebon
나팔수들	nap'alsudŭl	napalsudeul	낙성	Naksŏng	Nakseong
나포	nap'o	napo	낙송	naksong	naksong
나폴레옹	Nap'olleong	Napolleong	낙수	naksu	naksu
나풀	nap'ul	napul	낙수리	Naksu-ri	Naksu-ri
나하	Naha	Naha	낙안	Nagan	Nagan
나한	nahan	nahan	낙안군	Nagan-gun	Nagan-gun
나한당	nahandang	nahandang	낙안성	Nagansŏng	Naganseong
나한도	Nahando	Nahando	낙안현	Nagan-hyŏn	Nagan-hyeon
나한전	Nahanjŏn	Nahanjeon	낙암	Nagam	Nagam
낙	nak	nak	낙양	Nagyang	Nagyang
낙가산	Nakkasan	Nakgasan	낙양춘	Nagyangch'un	Nagyangchun
낙강군	Nakkang-gun	Nakgang-gun	낙엽	nagyŏp	nagyeop
낙건정	Nakkŏnjŏng	Nakgeonjeong	낙엽기	nagyŏpki	nagyeopgi
낙관	nakkwan	nakgwan	낙영	Nagyŏng	Nagyeong
낙관법	nakkwanpŏp	nakgwanbeop	낙오	nago	nago
낙관적	nakkwanjŏk	nakgwanjeok	낙오자	nagoja	nagoja
낙도	Nakto	Nakdo	낙용	Nagyong	Nagyong
낙도현	Nakto-hyŏn	Nakdo-hyeon	낙원	nagwŏn	nagwon
낙동	Naktong	Nakdong	낙인	nagin	nagin
낙동강	Naktonggang	Nakdonggang	낙전	Nakchŏn	Nakjeon
낙동강선	Naktonggangsŏn	Nakdonggangseon	낙점	nakchŏm	nakjeom
낙동리	Naktong-ni	Nakdong-ri	낙조	nakcho	nakjo
낙랑	Nangnang	Nangnang	낙종	nakchong	nakjong
낙랑국	Nangnangguk	Nangnangguk	낙죽장	nakchukchang	nakjukjang
낙랑군	Nangnang-gun	Nangnang-gun	낙중	Nakchung	Nakjung
낙랑리	Nangnang-ni	Nangnang-ri	낙중학	Nakchunghak	Nakjunghak
낙랑부	Nangnang-bu	Nangnang-bu	낙찰	nakch'al	nakchal
낙랑인	Nangnangin	Nangnangin	낙찰자	nakch'alja	nakchalja
낙론계	nangnon'gye	nangnongye	낙천	nakch'ŏn	nakcheon
낙뢰	nangnoe	nangnoe	낙촌	Nakch'on	Nakchon
낙뢰목	nangnoemok	nangnoemok	낙타	nakt'a	nakta
낙릉군	Nangnŭng-gun	Nangneung-gun	낙태	nakt'ae	naktae
낙민동	Nangmin-dong	Nangmin-dong	낙태죄	nakt'aejoe	naktaejoe
낙방	nakpang	nakbang	낙포	Nakp'o	Nakpo
낙방생	nakpangsaeng	nakbangsaeng	낙하	nakha	nakha
낙빈	nakpin	nakbin	낙하산	nakhasan	nakhasan
낙사	Naksa	Naksa	낙하생	nakhasaeng	nakhasaeng
낙산	Naksan	Naksan	낙화	nakhwa	nakhwa
낙산동	Naksan-dong	Naksan-dong	낙화암	Nakhwaam	Nakhwaam
낙산사	Naksansa	Naksansa	낙후	nakhu	nakhu

한글 용례	ALA-LC Romanization	정부 표기안	한글 용례	ALA-LC Romanization	정부 표기안
낙후도	nakhudo	nakhudo	난초	nanch'o	nancho
낚는	nangnŭn	nangneun	난초문	nanch'omun	nanchomun
낚시	naksi	naksi	난타	nant'a	nanta
낚시터	naksit'ŏ	naksiteo	난파	nanp'a	nanpa
난	nan	nan	난파기	nanp'agi	nanpagi
난가	Nan'ga	Nanga	난파선	nanp'asŏn	nanpaseon
난계	Nan'gye	Nangye	난포	Nanp'o	Nanpo
난고	Nan'go	Nango	난해	nanhae	nanhae
난곡	Nan'gok	Nangok	난해어	nanhaeŏ	nanhaeeo
난관	nan'gwan	nangwan	난후군	Nanhu-gun	Nanhu-gun
난국	nan'guk	nanguk	날	nal	nal
난나	Nanna	nanna	날개	nalgae	nalgae
난다	nanda	nanda	날갯짓	nalgaetchit	nalgaetjit
난대림	nandaerim	nandaerim	날거미줄	nalgŏmijul	nalgeomijul
난로	nallo	nallo	날고	nalgo	nalgo
난리	nalli	nalli	날기	nalgi	nalgi
난문제	nanmunje	nanmunje	날까	nalkka	nalkka
난민	nanmin	nanmin	날다	nalda	nalda
난민촌	nanminch'on	nanminchon	날들	naldŭl	naldeul
난봉가	nanbongga	nanbongga	날라나	nallana	nallana
난사	nansa	nansa	날라리	nallari	nallari
난산	nansan	nansan	날려	nallyŏ	nallyeo
난산현	Nansan-hyŏn	Nansan-hyeon	날리는	nallinŭn	nallineun
난상	nansang	nansang	날쌘돌이	nalssaendori	nalssaendori
난석	Nansŏk	Nanseok	날아	nara	nara
난설헌	Nansŏrhŏn	Nanseolheon	날아가	naraga	naraga
난세	nanse	nanse	날아간	naragan	naragan
난세부	nansebu	nansebu	날아라	narara	narara
난여	Nanyŏ	Nanyeo	날아야	naraya	naraya
난임	nanim	nanim	날아온	naraon	naraon
난자	nanja	nanja	날았던	narattŏn	naratdeon
난장	nanjang	nanjang	날으는	narŭnŭn	nareuneun
난장이	nanjangi	nanjangi	날은다	narŭnda	nareunda
난적	nanjŏk	nanjeok	날을	narŭl	nareul
난전	nanjŏn	nanjeon	날인	narin	narin
난정	nanjŏng	nanjeong	날자	nalja	nalja
난제	nanje	nanje	날자꾸나	naljakkuna	naljakkuna
난졸재	Nanjolchae	Nanjoljae	날조	nalcho	naljo
난종	Nanjong	Nanjong	날줄	nalchul	naljul
난중	nanjung	nanjung	날카로운	nalk'aroun	nalkaroun
난지	Nanji	Nanji	날카롭고	nalk'aropko	nalkaropgo
난징	Nanjing	Nanjing	날카롭다	nalk'aropta	nalkaropda
난처한	nanch'ŏhan	nancheohan	낡은	nalgŭn	nalgeun
난처해진	nanch'ŏhaejin	nancheohaejin	남	nam	nam
난청	nanch'ŏng	nancheong	남간	Namgan	Namgan

한글 용례	ALA-LC Romanization	정부 표기안	한글 용례	ALA-LC Romanization	정부 표기안
남강	Namgang	Namgang	남만	Namman	Namman
남겨	namgyŏ	namgyeo	남매	nammae	nammae
남겨라	namgyŏra	namgyeora	남매탑	nammaet'ap	nammaetap
남겨진	namgyŏjin	namgyeojin	남매현	Nammae-hyŏn	Nammae-hyeon
남겼나	namgyŏnna	namgyeonna	남면	Nam-myŏn	Nam-myeon
남경	Namgyŏng	Namgyeong	남명	Nammyŏng	Nammyeong
남경리	Namgyŏng-ni	Namgyeong-ri	남명문	Nammyŏngmun	Nammyeongmun
남계	Namgye	Namgye	남명학	Nammyŏnghak	Nammyeonghak
남계리	Namgye-ri	Namgye-ri	남문	nammun	nammun
남고	namko	namgo	남민	Nammin	Nammin
남곡	Namgok	Namgok	남민전	Namminjŏn	Namminjeon
남곽	Namgwak	Namgwak	남반	namban	namban
남관	Namgwan	Namgwan	남반부	nambanbu	nambanbu
남광	namgwang	namgwang	남방	nambang	nambang
남구	Nam-gu	Nam-gu	남방식	nambangsik	nambangsik
남궁	Namgung	Namgung	남보	nambo	nambo
남극	namgŭk	namgeuk	남봉	nambong	nambong
남근	namgŭn	namgeun	남부	nambu	nambu
남근석	namgŭnsŏk	namgeunseok	남부군	Nambugun	Nambugun
남기	namki	namgi	남부권	nambukwŏn	nambugwon
남기고	namgigo	namgigo	남부선	nambusŏn	nambuseon
남기고자	namgigoja	namgigoja	남북	nambuk	nambuk
남기네	namgine	namgine	남북국	nambukkuk	nambukguk
남기신	namgisin	namgisin	남북도	Nambuk-to	Nambuk-do
남기지	namgiji	namgiji	남북러	Nam-Puk-Rŏ	Nam-Buk -Reo
남긴	namgin	namgin	남북시	nambuksi	nambuksi
남길	namgil	namgil	남북조	Nam-Pukcho	Nam-Bukjo
남김	namgim	namgim	남북중	Nam-Puk-Chung	Nam-Buk-Jung
남남	namnam	namnam	남북한	Nam-Pukhan	Nam-Bukhan
남내현	Namnae-hyŏn	Namnae-hyeon	남빙양	Nambingyang	Nambingnyang
남녀	namnyŏ	namnyeo	남사	namsa	namsa
남녘	namnyŏk	namnyeok	남사당	Namsadang	Namsadang
남는다	namnŭnda	namneunda	남사당패	Namsadangp'ae	Namsadangpae
남다	namta	namda	남사리	Namsa-ri	Namsa-ri
남다른	namdarŭn	namdareun	남산	Namsan	Namsan
남단	namdan	namdan	남산도	Namsando	Namsando
남당	Namdang	Namdang	남산리	Namsan-ni	Namsan-ri
남대문	Namdaemun	Namdaemun	남산부	Namsan-bu	Namsan-bu
남도	namdo	namdo	남산재	Namsanjae	Namsanjae
남동방	namdongbang	namdongbang	남산현	Namsan-hyŏn	Namsan-hyeon
남두	Namdu	Namdu	남상	Namsang	Namsang
남로	Namno	Namno	남색	namsaek	namsaek
남로당	Namnodang	Namnodang	남생이	namsaengi	namsaengi
남루	namnu	namnu	남서	namsŏ	namseo
남리	Namni	Namni	남서동	Namsŏ-dong	Namseo-dong

한글 용례	ALA-LC Romanization	정부 표기안	한글 용례	ALA-LC Romanization	정부 표기안
남서부	namsŏbu	namseobu	남재	Namjae	Namjae
남선	Namsŏn	Namseon	남전	namjŏn	namjeon
남성	namsŏng	namseong	남전리	Namjŏn-ni	Namjeon-ri
남성로	Namsŏngno	Namseongro	남정	namjŏng	namjeong
남성리	Namsŏng-ni	Namseong-ri	남정기	namjŏnggi	namjeonggi
남성성	namsŏngsŏng	namseongseong	남정네	namjŏngne	namjeongne
남성주의	namsŏngjuŭi	namseongjuui	남정네들	namjŏngnedŭl	namjeongnedeul
남소	Namso	Namso	남정리	Namjŏng-ni	Namjeong-ri
남송	Namsong	Namsong	남제	Namje	Namje
남식	Namsik	Namsik	남조류	Namjoryu	Namjoryu
남아	nama	nama	남조선	Namjosŏn	Namjoseon
남아공	Namagong	Namagong	남종선	Namjongsŏn	Namjongseon
남아서	namasŏ	namaseo	남종화	Namjonghwa	Namjonghwa
남아야	namaya	namaya	남중	Namjung	Namjung
남악	Namak	Namak	남지	namchi	namji
남았는가	namannŭn'ga	namanneunga	남진	namjin	namjin
남양	Namyang	Namyang	남쪽	namtchok	namjjok
남양군	Namyang-gun	Namyang-gun	남창	namch'ang	namchang
남양부	Namyang-bu	Namyang-bu	남창리	Namch'ang-ni	Namchang-ri
남여	namyŏ	namyeo	남천	Namch'ŏn	Namcheon
남연	namyŏn	namyeon	남천군	Namch'ŏn-gun	Namcheon-gun
남연군	Namyŏn-gun	Namyeon-gun	남천현	Namch'ŏn-hyŏn	Namcheon-hyeon
남염	Namyŏm	Namyeom	남첩	namch'ŏp	namcheop
남영동	Namyŏng-dong	Namyeong-dong	남촌	namch'on	namchon
남왜	Namwae	namwae	남치리	Namch'i-ri	Namchi-ri
남용	namyong	namyong	남침	namch'im	namchim
남운	Namun	Namun	남침설	namch'imsŏl	namchimseol
남원	Namwŏn	Namwon	남태령	Namt'aeryŏng	Namtaeryeong
남원경	Namwŏn'gyŏng	Namwongyeong	남파	namp'a	nampa
남원군	Namwŏn-gun	Namwon-gun	남파동	Namp'a-dong	Nampa-dong
남원부	Namwŏn-bu	Namwon-bu	남편	namp'yŏn	nampyeon
남원시	Namwŏn-si	Namwon-si	남편들	namp'yŏndŭl	nampyeondeul
남원진	Namwŏnjin	Namwonjin	남평	Namp'yŏng	Nampyeong
남원현	Namwŏn-hyŏn	Namwon-hyeon	남평군	Namp'yŏng-gun	Nampyeong-gun
남은	namŭn	nameun	남평현	Namp'yŏng-hyŏn	Nampyeong-hyeon
남을	namŭl	nameul	남포	Namp'o	Nampo
남의사	Namŭisa	Namuisa	남포군	Namp'o-gun	Nampo-gun
남인	Namin	Namin	남포시	Namp'o-si	Nampo-si
남일	Namil	Namil	남포현	Namp'o-hyŏn	Nampo-hyeon
남일동	Namil-tong	Namil-dong	남표	Namp'yo	Nampyo
남자	namja	namja	남풍	namp'ung	nampung
남자들	namjadŭl	namjadeul	남하	namha	namha
남작	namjak	namjak	남학	namhak	namhak
남장	namjang	namjang	남한	Namhan	Namhan
남장로교	Namjangnogyo	Namjangnogyo	남한강	Namhan'gang	Namhangang

한글 용례	ALA-LC Romanization	정부 표기안	한글 용례	ALA-LC Romanization	정부 표기안
남한강길	Namhan'gangkil	Namhanganggil	낭만주의자	nangmanjuŭija	nangmanjuuija
남한산	Namhansan	Namhansan	낭비	nangbi	nangbi
남항	Namhang	Namhang	낭비성	nangbisŏng	nangbiseong
남해	Namhae	Namhae	낭성	Nangsŏng	Nangseong
남해군	Namhae-gun	Namhae-gun	낭송	nangsong	nangsong
남해도	Namhaedo	Namhaedo	낭인	nangin	nangin
남해신	Namhaesin	Namhaesin	낭자	nangja	nangja
남해안	Namhaean	Namhaean	낭자전	Nangjajŏn	Nangjajeon
남해현	Namhae-hyŏn	Namhae-hyeon	낭주	Nangju	Nangju
남행	namhaeng	namhaeng	낭중	Nangjung	Nangjung
남호	namho	namho	낭천군	Nangch'ŏn-gun	Nangcheon-gun
남화	namhwa	namhwa	낭천현	Nangch'ŏn-hyŏn	Nangcheon-hyeon
남화경	Namhwagyŏng	Namhwagyeong	낭청	nangch'ŏng	nangcheong
남환	Namhwan	Namhwan	낭혜	nanghye	nanghye
납	nap	nap	낮게	natke	natge
납골	napkol	napgol	낮은	najŭn	najeun
납골당	napkoltang	napgoldang	낮추려는	nach'uryŏnŭn	natchuryeoneun
납니다	namnida	namnida	낮추면	natch'umyŏn	natchumyeon
납물	nammul	nammul	낮선	natsŏn	natseon
납본	nappon	napbon	낮설게	natsŏlge	natseolge
납부	nappu	napbu	낮설은	natsorlŭn	natseoreun
납북	nappuk	napbuk	낮섦	natsŏm	natseom
납북자	nappukcha	napbukja	낱내	nannae	nannae
납세	napse	napse	낱말	nanmal	nanmal
납세자	napseja	napseja	낱말들	nanmaldŭl	nanmaldeul
납씨가	Napssiga	Napssiga	낱말밭	nanmalbat	nanmalbat
납약	nabyak	nabyak	낳고	nak'o	natgo
납약중	nabyakchŭng	nabyakjeung	낳는	nannŭn	nanneun
납월북	nabwŏlbuk	nabwolbuk	낳는가	nannŭn'ga	nanneunga
납일	nabil	nabil	낳다	natta	nata
납채	napch'ae	napchae	낳았나	naanna	naanna
납채례	napch'aerye	napchaerye	낳으시다	naŭsida	naeusida
납치	napch'i	napchi	낳은	naŭn	naeun
납포군	Napp'o-gun	Nappo-gun	내	nae	nae
낫겠다	natketta	natgetda	내각	naegak	naegak
낫는다	nannŭnda	nanneunda	내각제	naegakche	naegakje
났는가	nannŭn'ga	nanneunga	내간	naegan	naegan
났던	nattŏn	natdeon	내게	naege	naege
낭	nang	nang	내경	naegyŏng	naegyeong
낭독	nangdok	nangdok	내고	naego	naego
낭림	Nangnim	Nangnim	내곡	Naegok	Naegok
낭만	nangman	nangman	내곡동	Naegok-tong	Naegok-dong
낭만성	nangmansŏng	nangmanseong	내공	naegong	naegong
낭만적	nangmanjŏk	nangmanjeok	내과	naekwa	naegwa
낭만주의	nangmanjuŭi	nangmanjuui	내과학	naekwahak	naegwahak

한글 용례	ALA-LC Romanization	정부 표기안	한글 용례	ALA-LC Romanization	정부 표기안
내관	naegwan	naegwan	내림굿	naerimgut	naerimgut
내구	naegu	naegu	내립니다	naerimnida	naerimnida
내구력	naeguryŏk	naeguryeok	내막	naemak	naemak
내구성	naegusŏng	naeguseong	내면	naemyŏn	naemyeon
내국세	naegukse	naegukse	내면적	naemyŏnjŏk	naemyeonjeok
내국인	naegugin	naegugin	내면화	naemyŏnhwa	naemyeonhwa
내규	naegyu	naegyu	내명부	naemyŏngbu	naemyeongbu
내금강	Naegŭmgang	Naegeumgang	내몰리는	naemollinŭn	naemollineun
내금위	Naegŭmwi	Naegeumwi	내몰린	naemollin	naemollin
내기	naegi	naegi	내몽고	Naemonggo	Naemonggo
내놓아라	naenoara	naenoara	내무	naemu	naemu
내는	naenŭn	naeneun	내무부	Naemubu	naemubu
내다	naeda	naeda	내무성	Naemusŏng	Naemuseong
내다본	naedabon	naedabon	내물	naemul	naemul
내단	naedan	naedan	내미로리	Naemiro-ri	naemirori
내당	naedang	naedang	내밀	naemil	naemil
내당동	Naedang-dong	Naedang-dong	내방	naebang	naebang
내덕리	Naedŏng-ni	Naedeok-ri	내복	naebok	naebok
내도	Naedo	Naedo	내부	naebu	naebu
내동	Nae-dong	Nae-dong	내부화	naebuhwa	naebuhwa
내동리	Naedong-ni	Naedong-ri	내분비	naebunbi	naebunbi
내드름	naedŭrŭm	naedeureum	내분비계	naebunbigye	naebunbigye
내디딘	naedidin	naedidin	내분비학	naebunbihak	naebunbihak
내딛는	naedinnŭn	naedinneun	내불	Naebul	Naebul
내라	naera	naera	내비	naebi	naebi
내란	naeran	naeran	내비게이션	naebigeisyŏn	naebigeisyeon
내래	naerae	naerae	내비게이터	naebigeit'ŏ	naebigeiteo
내러티브	naerŏtibŭ	naereotibeu	내사	naesa	naesa
내려	naeryŏ	naeryeo	내산	Naesan	Naesan
내려다	naeryŏda	naeryeoda	내산리	Naesan-ni	Naesan-ri
내려다본	naeryŏdabon	naeryeodabon	내생적	naesaengjŏk	naesaengjeok
내려온	naeryoon	naeryeoon	내선	naesŏn	naeseon
내력	naeryŏk	naeryeok	내설악	Naesŏrak	Naeseorak
내륙	naeryuk	naeryuk	내성	naesŏng	naeseong
내륙권	naeryukkwŏn	naeryukgwon	내성균	naesŏnggyun	naeseonggyun
내리	naeri	naeri	내성율	naesŏngyul	naeseongyul
내리게	naerige	naerige	내세	naese	naese
내리는	naerinŭn	naerineun	내세관	naesegwan	naesegwan
내리다	naerida	naerida	내세론	naeseron	naeseron
내리며	naerimyŏ	naerimyeo	내셔널	naesyŏnŏl	naesyeoneol
내리실	naerisil	naerisil	내셔널리즘	naesyŏnŏllijŭm	naesyeoneollijeum
내리지	naeriji	naeriji	내소사	Naesosa	Naesosa
내린	naerin	naerin	내수	naesu	naesu
내릴	naeril	naeril	내수리	Naesu-ri	Naesu-ri
내림	naerim	naerim	내시	naesi	naesi

한글 용례	ALA-LC Romanization	정부 표기안	한글 용례	ALA-LC Romanization	정부 표기안
내시감	Naesigam	Naesigam	내지	naeji	naeji
내시경	naesigyŏng	naesigyeong	내지리	Naeji-ri	Naeji-ri
내시부	Naesibu	Naesibu	내직	naejik	naejik
내신	naesin	naesin	내진	naejin	naejin
내실화	naesirhwa	naesilhwa	내촌리	Naech'on-ni	Naechon-ri
내암	Naeam	Naeam	내취	naech'wi	naechwi
내앞	Naeap	Naeap	내치	naech'i	naechi
내야	naeya	naeya	내칙	naech'ik	naechik
내야할	naeyahal	naeyahal	내침	naech'im	naechim
내어	naeŏ	naeeo	내탕고	Naet'anggo	Naetanggo
내역	naeyŏk	naeyeok	내탕금	naet'anggŭm	Naetanggeum
내연	naeyŏn	naeyeon	내편	naep'yŏn	naepyeon
내영	naeyŏng	naeyeong	내평	Naep'yŏng	Naepyeong
내외	naeoe	naeoe	내평리	Naep'yŏng-ni	Naepyeong-ri
내외법	naeoepŏp	naeoebeop	내포	Naep'o	Naepo
내외분	naeoebun	naeoebun	내한	naehan	naehan
내외신	naeoesin	naeoesin	내항	naehang	naehang
내외친	naeoech'in	naeoechin	내화	naehwa	naehwa
내요	naeyo	naeyo	내화리	Naehwa-ri	Naehwa-ri
내용	naeyong	naeyong	내화성	naehwasŏng	naehwaseong
내용별	naeyongbyŏl	naeyongbyeol	내훈	naehun	naehun
내용소	naeyongso	naeyongso	낸다	naenda	naenda
내용적	naeyongjŏk	naeyongjeok	낸시	Naensi	Naensi
내원	naewŏn	naewon	냄비	naembi	naembi
내의	naeŭi	naeui	냄새	naemsae	naemsae
내의원	Naeŭiwŏn	Naeuiwon	냇가	naetka	naetga
내이포	Naeip'o	Naeipo	냉	naeng	naeng
내인	naein	naein	냉난방	naengnanbang	naengnanbang
내일	naeil	naeil	냉담	naengdam	naengdam
내자	naeja	naeja	냉동	naengdong	naengdong
내장	naejang	naejang	냉동어	naengdongŏ	naengdongeo
내장사	Naejangsa	Naejangsa	냉면	naengmyŏn	naengmyeon
내장산	Naejangsan	Naejangsan	냉소	naengso	naengso
내장형	naejanghyŏng	naejanghyeong	냉소주의	naengsojuŭi	naengsojuui
내재	naejae	naejae	냉수	naengsu	naengsu
내재율	naejaeyul	naejaeyul	냉수리	Naengsu-ri	Naengsu-ri
내재적	naejaejŏk	naejaejeok	냉전	naengjŏn	naengjeon
내재화	naejaehwa	naejaehwa	냉전적	naengjŏnjŏk	naengjeonjeok
내적	nachŏk	naejeok	냉천	Naengch'ŏn	Naengcheon
내전	naejŏn	naejeon	냉천리	Naengch'ŏn-ni	Naengcheon-ri
내정	naejŏng	naejeong	냐	nya	nya
내제	naeje	naeje	냠냠	nyamnyam	nyamnyam
내조	naejo	naejo	냥	nyang	nyang
내조자	naejoja	naejoja	냥문녹	nyangmunnok	nyangmunnok
내주	naeju	naeju	너	nŏ	neo

한글 용례	ALA-LC Romanization	정부 표기안	한글 용례	ALA-LC Romanization	정부 표기안
너구리	nŏguri	neoguri	넘세	nŏmse	neomse
너그러움	nŏgŭrŏum	neogeureoum	넘어	nŏmŏ	neomeo
너나드리	Nŏnadŭri	neonadeuri	넘어서	nŏmŏsŏ	neomeoseo
너덜	nŏdŏl	neodeol	넘어선	nŏmŏsŏn	neomeoseon
너럭	nŏrŏk	neoreok	넘어설	nŏmŏsŏl	neomeoseol
너른	nŏrŭn	neoreun	넘어야	nŏmŏya	neomeoya
너머	nŏmŏ	neomeo	넘어지니	nŏmŏjini	neomeojini
너무나	nŏmuna	neomuna	넘으며	nŏmŭmyŏ	neomeumyeo
너무도	nŏmudo	neomudo	넘은	nŏmŭn	neomeun
너무한	nŏmuhan	neomuhan	넘을	nŏmŭl	neomeul
너불	nŏbul	neobul	넘자	nŏmcha	neomja
너새니얼	Nŏsaeniŏl	Neosaenieol	넘지	nŏmchi	neomji
너와집	nŏwajip	neowajip	넘쳐	nŏmch'yŏ	neomchyeo
너울	nŏul	neoul	넘치나이다	nŏmch'inaida	neomchinaida
너울북	nŏulbuk	neoulbuk	넘치는	nŏmch'inŭn	neomchineun
너희	nŏhŭi	neohui	넙치	nŏpch'i	neopchi
너희들	nŏhŭidŭl	neohuideul	넝쿨	nŏngk'ul	neongkul
넉넉하다	nŏngnŏkhada	neongneokhada	넣고	nŏk'o	neoko
넋	nŏk	neok	넣고는	nŏk'onŭn	neokoneun
널개	nŏlgae	neolgae	넣는	nŏnnŭn	neonneun
널길	nŏlgil	neolgil	넣는가	nŏnnŭn'ga	neonneunga
널리	nŏlli	neolli	넣지	nŏch'i	neochi
널무덤	nŏlmudŏm	neolmudeom	네	ne	ne
널받침	nŏlbatch'im	neolbatchim	네거리	negŏri	negeori
널방	nŏlbang	neolbang	네거티브	negŏt'ibŭ	negeotibeu
널이	nŏri	neori	네게	nege	nege
넓게	nŏlke	neolge	네겹	negyŏp	negyeop
넓고	nŏlko	neolgo	네덜란드어	Nedŏllandŭŏ	Nedeollandeueo
넓어진	nŏlbŏjin	neolbeojin	네르발	Nerŭbal	Nereubal
넓은	nŏlbŭn	neolbeun	네모	nemo	nemo
넓이	nŏlbi	neolbi	네번째	nebŏntchae	nebeonjjae
넓히기	nŏlp'igi	neolpigi	네비게이션	nebigeisyŏn	nebigeisyeon
넘겨준	nŏmgyŏjun	neomgyeojun	네시간	nesigan	nesigan
넘고	nŏmko	neomgo	네오	Neo	Neo
넘기	nŏmki	neomgi	네이라쿠	Neirak'u	Neiraku
넘기려는	nŏmgiryŏnŭn	neomgiryeoneun	네이버	Neibŏ	Neibeo
넘나드는	nŏmnadŭnŭn	neomnadeuneun	네이션	neisyŏn	neisyeon
넘나든	nŏmnadŭn	neomnadeun	네이처	neichŏ	neicheo
넘나들기	nŏmnadŭlgi	neomnadeulgi	네크워크	nek'ŭwŏk'ŭ	nekeuwokeu
넘는	nŏmnŭn	neomneun	네트	net'ŭ	neteu
넘는다	nŏmnŭnda	neomneunda	네트로피	net'ŭrop'i	neteuropi
넘다	nŏmta	neomda	네트워크	net'ŭwŏk'ŭ	neteuwokeu
넘버	nŏmbŏ	neombeo	네트워크적	net'ŭwŏk'ujŏk	neteuwokeujeok
넘버원	nŏmbŏwŏn	neombeowon	네트워크형	net'ŭwŏk'uhyŏng	neteuwokeuhyeong
넘보기	nŏmbogi	neombogi	네트워킹	net'ŭwŏk'ing	neteuwoking

한글 용례	ALA-LC Romanization	정부 표기안	한글 용례	ALA-LC Romanization	정부 표기안
네트웍	net'ŭwŏk	neteuwok	노기	nogi	nogi
네티즌	net'ijŭn	netijeun	노기연	Nogiyŏn	Nogiyeon
네티켓	net'ik'et	netiket	노길	nogil	nogil
네팔	Nep'al	Nepal	노남리	Nonam-ni	Nonam-ri
넥서스	Neksŏsŭ	Nekseoseu	노년	nonyŏn	nonyeon
넥스트	neksŭt'ŭ	nekseuteu	노년기	nonyŏn'gi	nonyeongi
녀	yŏ	nyeo	노농	nonong	nonong
녀근석	yŏgŭnsŏk	nyeogeunseok	노니는	noninŭn	nonineun
녀류	yŏryu	nyeoryu	노닐다	nonilda	nonilda
녀성	yŏsŏng	nyeoseong	노닐었으나	nonirŏssŭna	nonireosseuna
녀성들	yŏsŏngdŭl	nyeoseongdeul	노다	Noda	Noda
녀인	yŏin	nyeoin	노다지	nodaji	nodaji
녀장군	yŏjanggun	nyeojanggun	노답	nodap	nodap
녀장수	yŏjangsu	nyeojangsu	노도	nodo	nodo
년	yŏn	nyeon	노동	nodong	nodong
년간	yŏn'gan	nyeongan	노동당	Nodongdang	Nodongdang
년대	yŏndae	nyeondae	노동동	Nodong-dong	Nodong-dong
년대표	yŏndaep'yo	nyeondaepyo	노동력	nodongnyŏk	nodongnyeok
년도	yŏndo	nyeondo	노동리	Nodong-ni	Nodong-ri
년륜	yŏllyun	nyeollyun	노동법	nodongpŏp	nodongbeop
년식	yŏnsik	nyeonsik	노동법적	nodongpŏpchŏk	nodongbeopjeok
년차	yŏnch'a	nyeoncha	노동부	Nodongbu	Nodongbu
년호	yŏnho	nyeonho	노동성	Nodongsŏng	Nodongseong
년회	yŏnhoe	nyeonhoe	노동시	nodongsi	nodongsi
념	nyŏm	nyeom	노동요	nodongyo	nodongyo
념원	yŏmwŏn	nyeomwon	노동자	nodongja	nodongja
녕변	Yŏngbyŏn	Nyeongbyeon	노동자들	nodongjadŭl	nodongjadeul
녕이록	Yŏngirok	Nyeongirok	노동자회	nodongjahoe	nodongjahoe
노	No	No	노동절	Nodongjŏl	Nodongjeol
노가다	nogada	nogada	노동청	Nodongch'ŏng	nodongcheong
노가리	nogari	nogari	노동회	nodonghoe	nodonghoe
노가재	Nogajae	Nogajae	노두	nodu	nodu
노객	nogaek	nogaek	노드	Nodŭ	Nodeu
노걸대	Nogŏldae	Nogeoldae	노들	nodŭl	nodeul
노계	Nogye	Nogye	노란	noran	noran
노고	nogo	nogo	노랑	norang	norang
노고단	Nogodan	Nogodan	노래	norae	norae
노고산동	Nogosan-dong	Nogosan-dong	노래들	noraedŭl	noraedeul
노고지리	nogojiri	nogojiri	노래방	noraebang	noraebang
노곡	Nogok	Nogok	노래질	noraejil	noraejil
노교수	nogyosu	nogyosu	노래집	noraejip	noraejip
노구	nogu	nogu	노래함	noraeham	noraeham
노국	Noguk	Noguk	노랫	noraet	noraet
노군	Nogun	Nogun	노랫말	noraenmal	noraenmal
노근리	Nogŭn-ri	Nogeun-ri	노략	noryak	noryak

한글 용례	ALA-LC Romanization	정부 표기안	한글 용례	ALA-LC Romanization	정부 표기안
노략질	noryakchil	noryakjil	노비	nobi	nobi
노량	Noryang	Noryang	노비제	nobije	nobije
노량진	Noryangjin	Noryangjin	노비첩	nobich'ŏp	nobicheop
노력	noryŏk	noryeok	노사	nosa	nosa
노련	noryŏn	noryeon	노사공	nosagong	nosagong
노령	noryŏng	noryeong	노사과연	Nosagwayŏn	Nosagwayeon
노령화	noryŏnghwa	noryeonghwa	노사관	nosagwan	nosagwan
노론	Noron	Noron	노사정	Nosajŏng	Nosajeong
노루	Noru	noru	노산	Nosan	Nosan
노르베르트	Norŭberŭt'ŭ	Noreubereuteu	노산군	Nosan-gun	Nosan-gun
노르웨이	Norŭwei	Noreuwei	노산동	Nosan-dong	Nosan-dong
노름	norŭm	noreum	노산주	Nosan-ju	Nosan-ju
노릇	norŭt	noreut	노상	nosang	nosang
노릉지	Norŭngji	Noreungji	노서	Nosŏ	Noseo
노리	nori	nori	노서동	Nosŏ-dong	Noseo-dong
노리개	norigae	norigae	노석동	Nosŏk-tong	Noseok-dong
노리는	norinŭn	norineun	노선	nosŏn	noseon
노리츠	Norich'ŭ	Noricheu	노성	nosŏng	noseong
노리코	Norik'o	Noriko	노성인	Nosŏngin	noseongin
노린다	norinda	norinda	노소	noso	noso
노마	noma	noma	노송	nosong	nosong
노마드	nomadŭ	nomadeu	노송도	Nosongdo	Nosongdo
노망	nomang	nomang	노수	Nosu	Nosu
노무라	Nomura	Nomura	노숙	nosuk	nosuk
노무사	nomusa	nomusa	노숙인	nosugin	nosugin
노무자	nomuja	nomuja	노스	nosŭ	noseu
노무자들	nomujadŭl	nomujadeul	노스탤지어	nosŭt'aeljiŏ	noseutaeljieo
노문	Nomun	Nomun	노승	nosŭng	noseung
노문사	Nomunsa	Nomunsa	노아	Noa	Noa
노믹스	nomiksŭ	nomikseu	노암	Noam	Noam
노바티스	Nobat'isŭ	Nobatiseu	노암리	Noam-ni	Noam-ri
노반	Noban	Noban	노여움	noyŏum	noyeoum
노벨	Nobel	Nobel	노역	noyŏk	noyeok
노변동	Nobyŏn-dong	Nobyeon-dong	노엮개	noyŏkkae	noyeokgae
노병	nobyŏng	nobyeong	노연투	Noyŏnt'u	Noyeontu
노보루	Noboru	Noboru	노영	Noyŏng	Noyeong
노보예	Noboye	Noboye	노예	noye	noye
노복	nobok	nobok	노예제	noyeje	noyeje
노봉	Nobong	Nobong	노오력	nooryŏk	nooryeok
노부	nobu	nobu	노오트	noot'ŭ	nooteu
노부도	Nobudo	Nobudo	노와	Nowa	Nowa
노부인	nobuin	nobuin	노우트	nout'ŭ	nouteu
노부코	Nobuk'o	Nobuko	노운협	Nounhyŏp	Nounhyeop
노블	nobŭl	nobeul	노원	Nowŏn	Nowon
노블레스	nobŭllesŭ	nobeulleseu	노원구	Nowŏn-gu	Nowon-gu

한글 용례	ALA-LC Romanization	정부 표기안	한글 용례	ALA-LC Romanization	정부 표기안
노융	noyung	noyung	노후	nohu	nohu
노은	Noŭn	Noeun	녹	nok	nok
노은동	Noŭn-dong	Noeun-dong	녹각	nokkak	nokgak
노을	noŭl	noeul	녹권	nokkwŏn	nokgwon
노이로제	noiroje	noiroje	녹도	Nokto	Nokdo
노인	noin	noin	녹도문	noktomun	nokdomun
노인과	noinkwa	noingwa	녹두	noktu	nokdu
노인기	noin'gi	noingi	녹두꽃	noktukkot	nokdukkot
노인당	Noindang	Noindang	녹둔도	Noktundo	Nokdundo
노인들	noindŭl	noindeul	녹문	Nongmun	Nongmun
노인법	noinpŏp	noinbeop	녹봉	nokpong	nokbong
노인성	noinsŏng	noinseong	녹봉제	nokpongje	nokbongje
노인정	noinjŏng	noinjeong	녹산	Noksan	Noksan
노인학	noinhak	noinhak	녹색	noksaek	noksaek
노인회	noinhoe	noinhoe	녹수	Noksu	Noksu
노자	Noja	Noja	녹숙	noksuk	noksuk
노자나불	Nojanabul	Nojanabul	녹십자	Noksipcha	Noksipja
노작	nojak	nojak	녹쓴	nokssŭn	noksseun
노장	nojang	nojang	녹아	noga	noga
노장학	Nojanghak	Nojanghak	녹야	Nogya	Nogya
노저	Nojŏ	Nojeo	녹양	Nogyang	Nogyang
노적	Nojŏk	Nojeok	녹용	nogyong	nogyong
노적봉	Nojŏkpong	Nojeokbong	녹우당	Nogudang	Nogudang
노전평	Nojŏnp'yŏng	Nojeonpyeong	녹원	Nogwŏn	nogwon
노정	nojŏng	nojeong	녹을	nogŭl	nogeul
노정록	nojŏngnok	nojeongnok	녹음	nogŭm	nogeum
노제	noje	noje	녹음집	nogŭmjip	nogeumjip
노조	nojo	nojo	녹읍	nogŭp	nogeup
노조에	Nojoe	Nojoe	녹자	nokcha	nokja
노주	noju	noju	녹전	nokchŏn	nokjeon
노천	noch'ŏn	nocheon	녹조	nokcho	nokjo
노촌	Noch'on	Nochon	녹지	nokchi	nokji
노총	noch'ong	nochong	녹차	nokch'a	nokcha
노출	noch'ul	nochul	녹천	Nokch'ŏn	Nokcheon
노치	Noch'i	Nochi	녹취	nokch'wi	nokchwi
노컷	nok'ŏt	nokeot	녹취록	nokch'wirok	nokchwirok
노키아	Nok'ia	Nokia	녹패	nokp'ae	nokpae
노트	not'ŭ	noteu	녹화	nokhwa	nokhwa
노포	nop'o	nopo	녹훈	nokhun	nokhun
노포동	Nop'o-dong	Nopo-dong	논객	non'gaek	nongaek
노풍	Nop'ung	Nopung	논객들	non'gaektŭl	nongaekdeul
노하우	nohau	nohau	논거	non'gŏ	nongeo
노헌	Nohŏn	Noheon	논고	non'go	nongo
노화	nohwa	nohwa	논곡리	Non'gong-ni	Nongok-ri
노화리	Nohwa-ri	Nohwa-ri	논공	non'gong	nongong

한글 용례	ALA-LC Romanization	정부 표기안	한글 용례	ALA-LC Romanization	정부 표기안
논단	nondan	nondan	논형	nonhyŏng	nonhyeong
논란	nollan	nollan	놀	nol	nol
논리	nolli	nolli	놀고	nolgo	nolgo
논리적	nollijŏk	nollijeok	놀까	nolkka	nolkka
논리학	nollihak	nollihak	놀다	nolda	nolda
논맹	Non-Maeng	Non-Maeng	놀라게	nollage	nollage
논문	nonmun	nonmun	놀라게한	nollagehan	nollagehan
논문선	nonmunsŏn	nonmunseon	놀라는	nollanŭn	nollaneun
논문지	nonmunji	nonmunji	놀라운	nollaun	nollaun
논문집	nonmunjip	nonmunjip	놀라지	nollaji	nollaji
논밭	nonbat	nonbat	놀란	nollan	nollan
논변	nonbyŏn	nonbyeon	놀랜드	Nollaendŭ	Nollaendeu
논보	nonbo	nonbo	놀러	nollŏ	nolleo
논사록	Nonsarok	Nonsarok	놀았다	noratta	noratda
논산	Nonsan	Nonsan	놀았다네	norattane	noratdane
논산시	Nonsan-si	Nonsan-si	놀음	norŭm	noreum
논선	nonsŏn	nonseon	놀이	nori	nori
논설	nonsŏl	nonseol	놀이성	norisŏng	noriseong
논설집	nonsŏlchip	nonseoljip	놀이터	norit'ŏ	noriteo
논술	nonsul	nonsul	놀이판	norip'an	noripan
논술기	nonsulgi	nonsulgi	놀잇감	norikkam	noritgam
논어	Nonŏ	Noneo	놀자	nolja	nolja
논의	nonŭi	nonui	놈	nom	nom
논장	nonjang	nonjang	놋	not	not
논쟁	nonjaeng	nonjaeng	놋쇠	notsoe	notsoe
논쟁고	nonjaenggo	nonjaenggo	농	nong	nong
논쟁들	nonjaengdŭl	nonjaengdeul	농가	nongga	nongga
논쟁사	nonjaengsa	nonjaengsa	농경	nonggyŏng	nonggyeong
논저	nonjŏ	nonjeo	농고	nonggo	nonggo
논저집	nonjŏjip	nonjeojip	농공	nonggong	nonggong
논전사	nonjŏnsa	nonjeonsa	농공구류	nonggongguryu	nonggongguryu
논점	nonchŏm	nonjeom	농공상	nonggongsang	nonggongsang
논제	nonje	nonje	농과	nongkwa	nonggwa
논조	nonjo	nonjo	농교	Nonggyo	nonggyo
논주	nonju	nonju	농구	nonggu	nonggu
논증	nonjŭng	nonjeung	농구류	nongguryu	nongguryu
논집	nonjip	nonjip	농군	nongkun	nonggun
논찬	nonch'an	nonchan	농기	nonggi	nonggi
논총	nonch'ong	nonchong	농기계	nonggigye	nonggigye
논평	nonp'yŏng	nonpyeong	농기구	nonggigu	nonggigu
논평집	nonp'yŏngjip	nonpyeongjip	농노	nongno	nongno
논픽션	nonp'iksyŏn	nonpiksyeon	농다리	Nongdari	nongdari
논하다	nonhada	nonhada	농단	nongdan	nongdan
논한다	nonhanda	nonhanda	농단자	nongdanja	nongdanja
논항	nonhang	nonhang	농단자들	nongdanjadŭl	nongdanjadeul

한글 용례	ALA-LC Romanization	정부 표기안	한글 용례	ALA-LC Romanization	정부 표기안
농담	nongdam	nongdam	농악무	nongangmu	nongangmu
농대	nongdae	nongdae	농암	Nongam	Nongam
농도	nongdo	nongdo	농약	nongyak	nongyak
농림	nongnim	nongnim	농어민	nongŏmin	nongeomin
농림고	nongnimgo	nongnimgo	농어업	nongŏŏp	nongeoeop
농림부	Nongnimbu	Nongnimbu	농어업인	nongŏŏbin	nongeoeobin
농림산물	nongnimsanmul	nongnimsanmul	농어촌	nongŏch'on	nongeochon
농림성	Nongnimsŏng	Nongnimseong	농업	nongŏp	nongeop
농림업	nongnimŏp	nongnimeop	농업계	nongŏpkye	nongeopgye
농림중	nongnimjung	nongnimjung	농업대	nongŏptae	nongeopdae
농림학	nongnimhak	nongnimhak	농업법	nongŏppŏp	nongeopbeop
농무	nongmu	nongmu	농업사	nongŏpsa	nongeopsa
농무부	Nongmubu	Nongmubu	농업성	Nongŏpsŏng	Nongeopseong
농민	nongmin	nongmin	농업용	nongŏmyong	nongeobyong
농민군	nongmin'gun	nongmingun	농업인	nongŏbin	nongeobin
농민들	nongmindŭl	nongmindeul	농업학	nongŏphak	nongeophak
농민시	nongminsi	nongminsi	농요	nongyo	nongyo
농민층	nongminch'ŭng	nongmincheung	농용	nongyong	nongyong
농민회	nongminhoe	nongminhoe	농원	nongwŏn	nongwon
농바우	Nongbau	Nongbau	농인	nongin	nongin
농번기	nongbŏn'gi	nongbeongi	농자재	nongjajae	nongjajae
농법	nongpŏp	nongbeop	농작물	nongjangmul	nongjangmul
농본주의	nongbonjuŭi	nongbonjuui	농잠	nongjam	nongjam
농부	nongbu	nongbu	농장	nongjang	nongjang
농사	nongsa	nongsa	농장인	nongjangin	nongjangin
농사꾼	nongsakkun	nongsakkun	농정	nongjŏng	nongjeong
농사철	nongsach'ŏl	nongsacheol	농정소	nongjŏngso	nongjeongso
농산물	nongsanmul	nongsanmul	농정책	nongjŏngch'aek	nongjeongchaek
농산어촌	nongsanŏch'on	nongsaneochon	농조	nongjo	nongjo
농산촌	nongsanch'on	nongsanchon	농주	nongju	nongju
농상	nongsang	nongsang	농지	nongji	nongji
농상공부	Nongsanggongbu	Nongsanggongbu	농지법	nongjipŏp	nongjibeop
농상무성	Nongsangmusŏng	Nongsangmuseong	농청	nongch'ŏng	nongcheong
농생명	nongsaengmyŏng	nongsaengmyeong	농촌	nongch'on	nongchon
농서	nongsŏ	nongseo	농축산	nongch'uksan	nongchuksan
농성	nongsŏng	nongseong	농축업	nongch'ugŏp	nongchugeop
농소	Nongso	Nongso	농토	nongt'o	nongto
농소리	Nongso-ri	Nongso-ri	농투산이	nongt'usani	nongtusani
농수산	nongsusan	nongsusan	농포	nongp'o	nongpo
농수산물	nongsusanmul	nongsusanmul	농포동	Nongp'o-dong	Nongpo-dong
농시	nongsi	nongsi	농포자	Nongp'oja	Nongpoja
농식품	nongsikp'um	nongsikpum	농학	nonghak	nonghak
농신보	nongsinbo	nongsinbo	농학사	nonghaksa	nonghaksa
농심	nongsim	nongsim	농한기	nonghan'gi	nonghangi
농악	nongak	nongak	농협	Nonghyŏp	Nonghyeop

한글 용례	ALA-LC Romanization	정부 표기안	한글 용례	ALA-LC Romanization	정부 표기안
농화학	nonghwahak	nonghwahak	누구	nugu	nugu
농회	nonghoe	nonghoe	누구나	nuguna	nuguna
높고	nopko	nopgo	누구냐	nugunya	nugunya
높낮이	nomnaji	nomnaji	누군가	nugun'ga	nugunga
높다	nopta	nopda	누군들	nugundŭl	nugundeul
높아	nop'a	nopa	누나	nuna	nuna
높은	nop'ŭn	nopeun	누는	nunŭn	nuneun
높이	nop'i	nopi	누드	nudŭ	nudeu
높이는	nop'inŭn	nopineun	누들	nudŭl	nudeul
높이다	nop'ida	nopida	누려야	nuryŏya	nuryeoya
높이려면	nop'iryŏmyŏn	nopiryeomyeon	누룩	nuruk	nuruk
높이자	nop'ija	nopija	누르하치	Nurŭhach'i	Nureuhachi
높인	nop'in	nopin	누름돌	nurŭmtol	nureumdol
높일데	nop'ilte	nopilde	누리	nuri	nuri
높임	nop'im	nopim	누리는	nurinŭn	nurineun
높임말	nop'immal	nopimmal	누릴	nuril	nuril
높임법	nop'impŏp	nopimbeop	누림	nurim	nurim
놓고	nok'o	noko	누마루	numaru	numaru
놓는	nonnŭn	nonneun	누방현	Nubang-hyŏn	Nubang-hyeon
놓다	not'a	nota	누비는	nubinŭn	nubineun
놓아	noa	noa	누비다	nubida	nubida
놓아라	noara	noara	누비며	nubimyŏ	nubimyeo
놓으며	noŭmyŏ	noeumyeo	누비옷	nubiot	nubiot
놓으면	noŭmyŏn	noeumyeon	누비장	nubijang	nubijang
놓은	noŭn	noeun	누빈	nubin	nubin
놓을	noŭl	noeul	누상동	Nusang-dong	Nusang-dong
놓인	noin	noin	누설	nusŏl	nuseol
놓쳤던	notch'yŏttŏn	nochyeotdeon	누수	nusu	nusu
놓치기	noch'igi	nochigi	누실	nusil	nusil
놓치다	noch'ida	nochida	누암리	Nuam-ni	Nuam-ri
놓치지	noch'iji	nochiji	누우면	nuumyŏn	nuumyeon
놔두라	nwadura	nwadura	누운	nuun	nuun
뇌	noe	noe	누운들	nuundŭl	nuundeul
뇌물	noemul	noemul	누울	nuul	nuul
뇌사	noesa	noesa	누울지라도	nuulchirado	nuuljirado
뇌성	noesŏng	noeseong	누워서	nuwŏsŏ	nuwoseo
뇌연	Noeyŏn	Noeyeon	누웠더니	nuwŏttŏni	nuwotdeoni
뇌종양	noejongyang	noejongyang	누웠을까	nuwŏssŭlkka	nuwosseulkka
뇌짱	noetchang	noejjang	누이	nui	nui
뇌출혈	noech'urhyŏl	noechulhyeol	누적	nujŏk	nujeok
누	nu	nu	누정	nujŏng	nujeong
누가	nuga	nuga	누정기	nujŏnggi	nujeonggi
누각	nugak	nugak	누정록	nujŏngnok	nujeongrok
누거	nugŏ	nugeo	누정시	nujŏngsi	nujeongsi
누고	nugo	nugo	누차	nuch'a	nucha

한글 용례	ALA-LC Romanization	정부 표기안	한글 용례	ALA-LC Romanization	정부 표기안
누추한	nuch'uhan	nuchuhan	느끼는	nŭkkinŭn	neukkineun
누판고	Nup'an'go	Nupango	느끼다	nŭkkida	neukkida
누항	nuhang	nuhang	느낀	nŭkkin	neukkin
누항사	Nuhangsa	Nuhangsa	느낀다	nŭkkinda	neukkinda
눈	nun	nun	느낄	nŭkkil	neukkil
눈길	nunkil	nungil	느낌	nŭkkim	neukkim
눈꺼풀	nunkkŏp'ul	nunkkeopul	느루	nŭru	neuru
눈꽃	nunkkot	nunkkot	느리게	nŭrige	neurige
눈동자	nuntongja	nundongja	느리고	nŭrigo	neurigo
눈망울	nunmangul	nunmangul	느린	nŭrin	neurin
눈물	nunmul	nunmul	느림	nŭrim	neurim
눈보라	nunbora	nunbora	느림보	nŭrimbo	neurimbo
눈빛	nunpit	nunbit	느시	Nŭsi	Neusi
눈사람	nunsaram	nunsaram	느티나무	nŭt'inamu	neutinamu
눈송이	nunsongi	nunsongi	느티만	nŭt'iman	neutiman
눈썹	nunssŏp	nunsseop	느티숲	Nŭt'isup	neutisup
눈총	nunch'ong	nunchong	늑	nŭk	neuk
눌러	nullo	nulleo	늑대	nŭktae	neukdae
눌러쓴	nullŏssŭn	nulleosseun	늑도	Nŭkto	Neukdo
눌뫼	Nulmoe	Nulmoe	늑약	Nŭgyak	neugyak
눌민	Nulmin	Nulmin	늑장	nŭkchang	neukjang
눌와	Nurwa	Nurwa	는	nŭn	neun
눌은	nurŭn	nureun	는야	nŭnya	neunya
눌인	nurin	nurin	늘	nŭl	neul
뉘	nwi	nwi	늘거리	Nŭlgŏri	neulgeori
뉘엿	nwiyŏt	nwiyeot	늘고	nŭlgo	neulgo
뉴	nyu	nyu	늘근	nŭlgŭn	neulgeun
뉴노멀	nyunomŏl	nyunomeol	늘봄	nŭlbom	neulbom
뉴딜	nyudil	nyudil	늘샘	Nŭlsaem	Neulsaem
뉴라이트	nyulait'ŭ	nyuraiteu	늘품	nŭlp'um	neulpum
뉴만	Nyuman	Nyuman	늘픔	nŭlp'ŭm	neulpeum
뉴베리상	Nyuberisang	Nyuberisang	늙어	nŭlgŏ	neulgeo
뉴스	nyusŭ	nyuseu	늙으면	nŭlgŭmyŏn	neulgeumyeon
뉴스레터	nyusŭret'ŏ	nyuseureteo	늙은	nŭlgŭn	neulgeun
뉴스룸	nyusŭrum	nyuseurum	늙은이	nŭlgŭni	neulgeuni
뉴스민	Nyusŭmin	Nyuseumin	능	nŭng	neung
뉴욕	Nyuyok	Nyuyok	능가경	Nŭnggagyŏng	Neunggagyeong
뉴질랜드	Nyujillaendŭ	Nyujillaendeu	능가사	Nŭnggasa	Neunggasa
뉴타운	nyut'aun	nyutaun	능내	Nŭngnae	Neungnae
뉴턴	Nyut'ŏn	Nyuteon	능동적	nŭngdongjŏk	neungdongjeok
뉴파워	nyupawŏ	nyupawo	능라	Nŭngna	Neungna
뉴포커스	Nyup'ok'ŏsŭ	nyupokeoseu	능라도	Nŭngnado	Neungnado
느껴요	nŭkkyŏyo	neukkyeoyo	능력	nŭngnyŏk	neungnyeok
느껴질	nŭkkyŏjil	neukkyeojil	능률	nŭngnyul	neungnyul
느끼고	nŭkkigo	neukkigo	능묘	nŭngmyo	neungmyo

한글 용례	ALA-LC Romanization	정부 표기안	한글 용례	ALA-LC Romanization	정부 표기안
능묘비	nŭngmyobi	neungmyobi	다	ta	da
능사	nŭngsa	neungsa	다가	taga	daga
능산	Nŭngsan	Neungsan	다가오는	tagaonŭn	dagaoneun
능산리	Nŭngsan-ni	Neungsan-ri	다가온	tagaon	dagaon
능선	nŭngsŏn	neungseon	다가올	tagaol	dagaol
능성	nŭngsŏng	neungseong	다각	tagak	dagak
능성현	Nŭnsŏng-hyŏn	Neungseong-hyeon	다각적	tagakchŏk	dagakjeok
능소	Nŭngso	Neungso	다각화	tagakhwa	dagakhwa
능양군	Nŭngyang-gun	Neungyang-gun	다경	Tagyŏng	Dagyeong
능엄	Nŭngŏm	Neungeom	다계층	tagyech'ŭng	dagyecheung
능엄경	Nŭngŏmgyŏng	Neungeomgyeong	다과	tagwa	dagwa
능연	Nŭngyŏn	Neungyeon	다과류	tagwaryu	dagwaryu
능원	nŭngwŏn	neungwon	다구	tagu	dagu
능원군	Nŭngwŏn-gun	Neungwon-gun	다국어	tagugŏ	dagugeo
능인	Nŭngin	Neungin	다국적	tagukchŏk	dagukjeok
능주군	Nŭngju-gun	Neungju-gun	다그치며	tagŭch'imyŏ	dageuchimyeo
능주목	Nŭngju-mok	Neungju-mok	다그칠데	tagŭch'ilte	dageuchilde
능지	nŭngji	neungji	다극	tagŭk	dageuk
능참봉	nŭngch'ambong	neungchambong	다극화	tagŭkhwa	dageukhwa
능침	Nŭngch'im	Neungchim	다기	tagi	dagi
능한	nŭnghan	neunghan	다기능	taginŭng	dagineung
능행	nŭnghaeng	neunghaeng	다기전	tagijŏn	dagijeon
능행도	nŭnghaengdo	neunghaengdo	다까시	Takkasi	Dakkasi
능호	nŭngho	neungho	다나	Tana	Dana
능화	Nŭnghwa	Neunghwa	다나카	Tanak'a	Danaka
늦기	nŭtki	neutgi	다낭성	Tanangsŏng	Danangseong
늦봄	nŭtpom	neutbom	다넷	Tanet	Danet
늦은	nŭjŭn	neujeun	다녀	tanyŏ	danyeo
늦지	nŭtchi	neutji	다녀간	tanyŏgan	danyeogan
늪	nŭp	neup	다녀온	tanyŏon	danyeoon
늬는	nŭinŭn	nuineun	다녔다	tanyŏtta	danyeotda
니	ni	ni	다뉴경	Tanyugyŏng	Danyugyeong
니덤	Nidŏm	Nideom	다뉴세	tanyuse	danyuse
니들	nidŭl	nideul	다뉴세문경	tanyusemun'gyŏng	danyusemungyeong
니르바나	Nirŭbana	Nireubana	다니네	tanine	danine
니브	Nibŭ	Nibeu	다니는	taninŭn	danineun
니스벳	Nisŭbet	Niseubet	다니엘	Taniel	Daniel
니시노	Nisino	Nisino	다다	tada	dada
니야기	niyagi	niyagi	다다라	tadara	dadara
니이호리	Niihori	Niihori	다다르다	tadarŭda	dadareuda
니체	Nich'e	Niche	다다시	Tadasi	Dadasi
니콘	Nik'on	Nikon	다다오	Tadao	Dadao
니트	nit'ŭ	niteu	다다이스트	tadaisŭt'ŭ	dadaiseuteu
님	nim	nim	다다이즘	Tadaijŭm	Dadaijeum
			다단계	tadan'gye	dadangye

한글 용례	ALA-LC Romanization	정부 표기안	한글 용례	ALA-LC Romanization	정부 표기안
다달이	tadari	dadari	다맥	tamaek	damaek
다담	tadam	dadam	다면	tamyŏn	damyeon
다담상	tadamsang	dadamsang	다면성	tamyŏnsŏng	damyeonseong
다대	Tadae	Dadae	다면적	tamyŏnjŏk	damyeonjeok
다대동	Tadae-dong	Dadae-dong	다모	tamo	damo
다대진	Tadaejin	Dadaejin	다목적	tamokchŏk	damokjeok
다대포	Tadaep'o	Dadaepo	다무라	Tamura	Damura
다도코로	Tadok'oro	Dadokoro	다문	tamun	damun
다도학	Tadohak	Dadohak	다문화	tamunhwa	damunhwa
다도해	Tadohae	Dadohae	다문화적	tamunhwajŏk	damunhwajeok
다독이는	tadoginŭn	dadogineun	다문화주의	tamunhwajuŭi	damunhwajuui
다독일	tadogil	dadogil	다물	tamul	damul
다동	Ta-dong	Da-dong	다물도	Tamulto	Damuldo
다듬는	tadŭmnŭn	dadeumneun	다민족	taminjok	daminjok
다듬다	tadŭmta	dadeumda	다밋	Tamit	Damit
다듬은	tadŭmŭn	dadeumeun	다반사	tabansa	dabansa
다듬이	tadŭmi	dadeumi	다방	tabang	dabang
다라	tara	dara	다방리	Tabang-ni	Dabang-ri
다라니	Tarani	Darani	다백	tabaek	dabaek
다락	tarak	darak	다변화	tabyŏnhwa	dabyeonhwa
다락방	tarakpang	darakbang	다보	tabo	dabo
다락밭	tarakpat	darakbat	다보성	Tabosŏng	Daboseong
다락원	Taragwŏn	Daragwon	다보스	Tabosŭ	Daboseu
다람	Taram	Daram	다보탑	Tabot'ap	Dabotap
다람쥐	taramjwi	daramjwi	다보하시	Tabohasi	Dabohasi
다랑쉬	Tarangshwi	Darangswi	다부	tabu	dabu
다래헌	Taraehŏn	Daraeheon	다부동	Tabu-dong	Dabu-dong
다례	tarye	darye	다부처	tabuch'ŏ	dabucheo
다루기	tarugi	darugi	다비	tabi	dabi
다루는	tarunŭn	daruneun	다비식	tabisik	dabisik
다루지	taruji	daruji	다빈치	Tabinch'i	Dabinchi
다르게	tarŭge	dareuge	다사	tasa	dasa
다르다	tarŭda	dareuda	다사랑	Tasarang	Dasarang
다르지	tarŭji	dareuji	다사헌	Tasahŏn	Dasaheon
다른	tarŭn	dareun	다산	tasan	dasan
다른가	tarŭn'ga	dareunga	다산리	Tasan-ni	Dasan-ri
다른강	tarŭn'gang	dareungang	다산학	Tasanhak	Dasanhak
다를	tarŭl	dareul	다색	tasaek	dasaek
다를까	tarŭlkka	dareulkka	다서	tasŏ	daseo
다름	tarŭm	dareum	다섯	tasŏt	daseot
다리	tari	dari	다섯시	tasŏtsi	daseotsi
다리목	tarimok	darimok	다성	tasŏng	daseong
다리지	tariji	dariji	다세대	tasedae	dasedae
다만	taman	daman	다솜	Tasom	Dasom
다매체	tamaech'e	damaeche	다송	Tasong	Dasong

한글 용례	ALA-LC Romanization	정부 표기안	한글 용례	ALA-LC Romanization	정부 표기안
다송리	Tasong-ni	Dasong-ri	다이아	taia	daia
다송자	Tasongja	Dasongja	다이아몬드	taiamondŭ	daiamondeu
다수	tasu	dasu	다이애나	Taiaena	Daiaena
다스려라	tasŭryŏra	daseuryeora	다이어트	taiŏt'ŭ	daieoteu
다스려야	tasŭryŏya	daseuryeoya	다이제스트	taijesŭt'ŭ	daijeseuteu
다스렸는가	tasŭryŏnnŭn'ga	daseuryeonneunga	다이크	Taik'ŭ	Daikeu
다스리는	tasŭrinŭn	daseurineun	다인	tain	dain
다스리다	tasŭrida	daseurida	다인종	tainjong	dainjong
다스림	tasŭrim	daseurim	다인현	Tain-hyŏn	Dain-hyeon
다시	tasi	dasi	다자	taja	daja
다시라기	Tasiragi	Dasiragi	다자적	tajajŏk	dajajeok
다시로	Tasiro	Dasiro	다자주의	tajajuŭi	dajajuui
다시집	tasijip	dasijip	다자주의적	tajajuŭijŏk	dajajuuijeok
다식	tasik	dasik	다정	tajŏng	dajeong
다식과	tasikkwa	dasikgwa	다중	tajung	dajung
다식판	tasikp'an	dasikpan	다중적	tajungjŏk	dajungjeok
다신전	tasinjŏn	dasinjeon	다지다	tajida	dajida
다야마	Tayama	Dayama	다지리	tajiri	dajiri
다양	tayang	dayang	다진	tajin	dajin
다양성	tayangsŏng	dayangseong	다질	tajil	dajil
다양화	tayanghwa	dayanghwa	다짐	tajim	dajim
다연	Tayŏn	dayeon	다차원	tach'awŏn	dachawon
다완	tawan	dawan	다차원적	tach'awŏnjŏk	dachawonjeok
다우	Tau	Dau	다찬	tach'an	dachan
다운	taun	daun	다채널	tach'aenŏl	dachaeneol
다운동	Taun-dong	Daun-dong	다채로운	tach'aeroun	dachaeroun
다운샘	Taunsaem	Daunsaem	다채성	tach'aesŏng	dachaeseong
다움	taum	daum	다처	tach'ŏ	dacheo
다웅	taung	daung	다쳤고	tach'yŏtko	dachyeotgo
다원	tawŏn	dawon	다츠시로시즈오	Tach'ŭsirosijŭo	Dacheusirosijeuo
다원성	tawŏnsŏng	dawonseong	다층	tach'ŭng	dacheung
다원적	tawŏnjŏk	dawonjeok	다층성	tach'ŭngsŏng	dacheungseong
다원주의	tawŏnjuŭi	dawonjuui	다층적	tach'ŭngjŏk	dacheungjeok
다원커우	Tawŏnk'ŏu	Dawonkeou	다치바나키	Tach'ibanak'i	Dachibanaki
다윈	Tawin	Dawin	다카르	Tak'arŭ	Dakareu
다윗	Tawit	Dawit	다카마쓰총	Tak'amassŭch'ong	Dakamasseuchong
다음	taŭm	daeum	다카시	Tak'asi	Dakasi
다이나믹	tainamik	dainamik	다카아키	Tak'aak'i	Dakaaki
다이내믹	tainaemik	dainaemik	다카이	Tak'ai	Dakai
다이내믹스	tainaemiksŭ	dainaemikseu	다카하시	Takahasi	Dakahasi
다이렉트	tairekt'ŭ	dairekteu	다컴	Tak'ŏm	Dakeom
다이버	taibŏ	daibeo	다케노리	Tak'enori	Dakenori
다이브	taibŭ	daibeu	다케미쓰	Tak'emissŭ	Dakemisseu
다이쇼	Taisyo	Daisyo	다케시마	Tak'esima	Dakesima
다이스케	Taisŭk'e	Daiseuke	다케야마	Tak'eyama	Dakeyama

한글 용례	ALA-LC Romanization	정부 표기안	한글 용례	ALA-LC Romanization	정부 표기안
다쿠미	Tak'umi	Dakumi	단구원	Tan'guwŏn	Danguwon
다큐	tak'yu	dakyu	단국	tan'guk	danguk
다큐멘터리	tak'yument'ŏri	dakyumenteori	단국대	Tan'guktae	Dangukdae
다큐멘터리스트	tak'yument'ŏrisŭt'ŭ	dakyumenteoriseuteu	단군	Tan'gun	Dangun
다큐프라임	tak'yup'ŭraim	dakyupeuraim	단군교	Tan'gun'gyo	Dangungyo
다키이	Tak'ii	Dakii	단군릉	Tan'gunnŭng	Dangunneung
다투다	tat'uda	datuda	단극	tan'gŭk	dangeuk
다투인	Tat'uin	Datuin	단금	tan'gŭm	dangeum
다트앤	Tat'ŭaen	Dateuaen	단기	tan'gi	dangi
다포	tap'o	dapo	단단함	tandanhan	dandanham
다품종	tap'umjong	dapumjong	단대	tandae	dandae
다하도록	tahadorok	dahadorok	단대사	tandaesa	dandaesa
다학문적	tahangmunjŏk	dahangmunjeok	단도	tando	dando
다학제적	tahakchejŏk	dahakjejeok	단독	tandok	dandok
다한	tahan	dahan	단독성	tandoksŏng	dandokseong
다할	tahal	dahal	단둥	Tandung	Dandung
다함	taham	daham	단둥시	Tandung-si	Dandung-si
다해	tahae	dahae	단디	tandi	dandi
다헌	tahŏn	daheon	단련	tallyŏn	dallyeon
다형	tahyŏng	dahyeong	단련사	tallyŏnsa	Dallyeonsa
다호	Taho	Daho	단령	tallyŏng	dallyeong
다호리	Taho-ri	Daho-ri	단막	tanmak	danmak
다화	tahwa	dahwa	단막극	tanmakkŭk	danmakgeuk
다회	tahoe	dahoe	단말기	tanmalgi	danmalgi
닥종이	takchongi	dakjongi	단말기용	tanmalgiyong	danmalgiyong
닥치고	takch'igo	dakchigo	단면	tanmyŏn	danmyeon
닭아	takka	dakka	단면도	tanmyŏndo	danmyeondo
닭은	takkŭn	dakkeun	단면도집	tanmyŏndojip	danmyeondojip
닭이	takki	dakki	단명	tanmyŏng	danmyeong
단	tan	dan	단목	tanmok	danmok
단가	tanka	danga	단문	tanmun	danmun
단가(單價)	tanka	danga	단미	tanmi	danmi
단가(短歌)	tan'ga	danga	단민	Tanmin	Danmin
단가표	tankap'yo	dangapyo	단발	tanbal	danbal
단검	tan'gŏm	dangeom	단발령	tanballyŏng	danballyeong
단결	tan'gyŏl	dangyeol	단방	tanbang	danbang
단경	tan'gyŏng	dangyeong	단백질	tanbaekchil	danbaekjil
단계	tan'gye	dangye	단백질들	tanbaekchildŭl	danbaekjildeul
단계별	tan'gyebyŏl	dangyebyeol	단비	tanbi	danbi
단계적	tan'gyejŏk	dangyejeok	단산	tansan	dansan
단고	tan'go	dango	단상	tansang	dansang
단곡	Tan'gok	Dangok	단색	tansaek	dansaek
단과	tankwa	dangwa	단색화	tansaekhwa	dansaekwa
단과별	tankwabyŏl	dangwabyeol	단서	tansŏ	danseo
단구	tan'gu	dangu	단석	tansŏk	danseok

한글 용례	ALA-LC Romanization	정부 표기안	한글 용례	ALA-LC Romanization	정부 표기안
단성	tansŏng	danseong	단자	tanja	danja
단성고	tansŏnggo	danseonggo	단자염류	tanjayŏmnyu	danjayeomnyu
단성군	Tansŏng-gun	Danseong-gun	단장	tanjang	danjang
단성사	Tansŏngsa	Danseongsa	단재	Tanjae	Danjae
단성현	Tansŏng-hyŏn	Danseong-hyeon	단전	tanjŏn	danjeon
단소	tanso	danso	단절	tanjŏl	danjeol
단속	tansok	dansok	단정	tanjŏng	danjeong
단속법	tansokpŏp	dansokbeop	단정론	tanjŏngnon	danjeongnon
단순	tansun	dansun	단조	tanjo	danjo
단숨	tansum	dansum	단조로움	tanjoroum	danjoroum
단시	tansi	dansi	단종	Tanjong	Danjong
단시조	tansijo	dansijo	단종제	Tanjongje	Danjongje
단식	tansik	dansik	단죄	tanjoe	danjoe
단심	tansim	dansim	단주	tanju	danju
단심가	tansimga	dansimga	단지	tanji	danji
단아	tana	dana	단지론	tanjiron	danjiron
단안	tanan	danan	단천	Tanch'ŏn	Dancheon
단암	Tanam	Danam	단천군	Tanch'ŏn-gun	Dancheon-gun
단애	tanae	danae	단청	tanch'ŏng	dancheong
단야	tanya	danya	단청장	tanch'ŏngjang	dancheongjang
단양	Tanyang	Danyang	단청전	tanch'ŏngjŏn	dancheongjeon
단양군	Tanyang-gun	Danyang-gun	단체	tanch'e	danche
단양사	Tanyangsa	Danyangsa	단체별	tanch'ebyŏl	danchebyeol
단양현	Tanyang-hyŏn	Danyang-hyeon	단체장	tanch'ejang	danchejang
단어	tanŏ	daneo	단체장직	tanch'ejangjik	danchejangjik
단어족	tanŏjok	daneojok	단추	tanch'u	danchu
단엄	tanŏm	daneom	단축	tanch'uk	danchuk
단열	tanyŏl	danyeol	단층	tanch'ŭng	dancheung
단오	Tano	Dano	단층들	tanch'ŭngdŭl	dancheungdeul
단오도	Tanodo	Danodo	단파	tanp'a	danpa
단오절	Tanojŏl	Danojeol	단편	tanp'yŏn	danpyeon
단오제	Tanoje	Danoje	단편선	tanp'yŏnsŏn	danpyeonseon
단오첩	Tanoch'ŏp	Danocheop	단편집	tanp'yŏnjip	danpyeonjip
단웃날	Tanonnal	Danonnal	단평	tanp'yŏng	danpyeong
단원	tanwŏn	danwon	단평집	tanp'yŏngjip	danpyeongjip
단원고	Tanwŏn'go	Danwongo	단풍	tanp'ung	danpung
단원들	tanwŏndŭl	danwondeul	단하	tanha	danha
단원제	tanwŏnje	danwonje	단학	Tanhak	Danhak
단월	Tanwŏl	Danwol	단해	tanhae	danhae
단월동	Tanwŏl-dong	Danwol-dong	단행본	tanhaengbon	danhaengbon
단위	tanwi	danwi	단형	tanhyŏng	danhyeong
단의	tanŭi	danui	닫다	tatta	datda
단인	tanin	danin	닫았다	tadatta	dadatda
단일	tanil	danil	닫을까	tadŭlkka	dadeulkka
단일화	tanirhwa	danilhwa	닫집	Tatchip	Datjip

한글 용례	ALA-LC Romanization	정부 표기안	한글 용례	ALA-LC Romanization	정부 표기안
닫힌	tach'in	dachin	달변	talbyŏn	dalbyeon
닫힘	tach'im	dachim	달빛	talpit	dalbit
달	tal	dal	달성	talsŏng	dalseong
달걀	talgyal	dalgyal	달성군	Talsŏng-gun	Dalseong-gun
달거리	talgŏri	dalgeori	달수	Talsu	Dalsu
달관	talgwan	dalgwan	달아나라	taranara	daranara
달구벌	Talgubŏl	Dalgubeol	달아난	taranan	daranan
달구지	talguji	dalguji	달아라	tarara	darara
달굿대	talguttae	dalgutdae	달영	Taryŏng	Daryeong
달궁	Talgung	Dalgung	달을	tarŭl	dareul
달기	talgi	dalgi	달이	Tari	Dari
달님	tallim	dallim	달인	tarin	darin
달다	talda	dalda	달인들	tarindŭl	darindeul
달달	taldal	daldal	달인학	tarinhak	darinhak
달라	talla	dalla	달자	talja	dalja
달라재	Tallajae	Dallajae	달전리	Talchŏn-ni	Daljeon-ri
달라져	tallajyŏ	dallajyeo	달지	talji	dalji
달라졌나	tallajyŏnna	dallajyeonna	달진	Talchin	Daljin
달라지는	tallajinŭn	dallajineun	달집	Talchip	Daljip
달라진	tallajin	dallajin	달천	Talch'ŏn	Dalcheon
달랑	tallang	dallang	달천록	talch'ŏnnok	dalcheollok
달래	tallae	dallae	달콤	talk'om	dalkom
달래고	tallaego	dallaego	달팽이	talp'aengi	dalpaengi
달러	tallŏ	dalleo	닭	tak	dak
달러화	Tallŏhwa	Dalleohwa	닭고기	takkogi	dakgogi
달레	talle	dalle	닭고	tamko	damgo
달려	tallyŏ	dallyeo	닭아	talma	dalma
달려라	tallyŏra	dallyeora	닭았다	talmatta	dalmatda
달려온	tallyŏon	dallyeoon	닭으리	talmŭri	dalmeuri
달력	tallyŏk	dallyeok	닭은	talmŭn	dalmeun
달렸네	tallyŏnne	dallyeonne	닭지	tamji	damji
달료	tallyo	dallyo	닳도록	talt'orok	daltorok
달리	talli	dalli	담	tam	dam
달리(達里)	Tal-li	Dal-ri	담겨	tamgyŏ	damgyeo
달리는	tallinŭn	dallineun	담겨진	tamgyŏjin	damgyeojin
달리다	tallida	dallida	담군	tamgun	damgun
달리던	tallidŏn	dallideon	담그기	tamgŭgi	damgeugi
달린	tallin	dallin	담그는	tamgŭnŭn	damgeuneun
달린다	tallinda	dallinda	담그다	tamgŭda	damgeuda
달릴	tallil	dallil	담금	tamgŭm	damgeum
달마	Talma	Dalma	담기네	tamgine	damgine
달마선	Talmasŏn	Dalmaseon	담긴	tamgin	damgin
달마회	Talmahoe	Dalmahoe	담긴다	tamginda	damginda
달무리	talmuri	dalmuri	담낭	tamnang	damnang
달밤	talpam	dalbam	담는	tamnŭn	damneun

한글 용례	ALA-LC Romanization	정부 표기안	한글 용례	ALA-LC Romanization	정부 표기안
담다	tamta	damda	담자균	tamjagyun	damjagyun
담당	tamdang	damdang	담장	tamjang	damjang
담당관	tamdanggwan	damdanggwan	담쟁이	tamjaengi	damjaengi
담당관실	tamdanggwansil	damdanggwansil	담진	Tamjin	Damjin
담당부	tamdangbu	damdangbu	담징	Tamjing	Damjing
담당자	tamdangja	damdangja	담관	tamp'an	dampan
담당자용	tamdangjayong	damdangjayong	담합	tamhap	damhap
담당층	tamdangch'ŭng	damdangcheung	담헌	Tamhŏn	Damheon
담대	tamdae	damdae	담헌서	Tamhŏnsŏ	Damheonseo
담덕	Tamdŏk	Damdeok	담화	tamhwa	damhwa
담디	tamdi	damdi	담화사	tamhwasa	damhwasa
담라	tamna	damna	답	tap	dap
담론	tamnon	damnon	답가	tapka	dapga
담론장	tamnonjang	damnonjang	답게	tapke	dapge
담론적	tamnonjŏk	damnonjeok	답교	Tapkyo	Dapgyo
담론학	tamnonhak	damnonhak	답다	tapta	dapda
담론화	tamnonhwa	damnonhwa	답답하면	taptaphamyŏn	dapdaphamyeon
담바고	tambago	dambago	답답한	taptaphan	dapdaphan
담배	tambae	dambae	답동	Tap-tong	Dap-dong
담백하고	tambaekhago	dambaekhago	답문	tammun	dammun
담백한	tambaekhan	dambaekhan	답방	tappang	dapbang
담벼락	tampyŏrak	dambyeorak	답변	tappyŏn	dapbyeon
담보	tambo	dambo	답변들	tappyŏndŭl	dapbyeondeul
담보법	tambopŏp	dambobeop	답사	tapsa	dapsa
담비	tambi	dambi	답사기	tapsagi	dapsagi
담사	Tamsa	Damsa	답사단	tapsadan	dapsadan
담수	tamsu	damsu	답사서	tapsasŏ	dapsaseo
담시	tamsi	damsi	답사시	tapsasi	dapsasi
담시집	tamsijip	damsijip	답사회	tapsahoe	dapsahoe
담아	tama	dama	답신	tapsin	dapsin
담아낸	tamanaen	damanaen	답싸리	tapssari	dapssari
담아온	tamaon	damaon	답안	taban	daban
담암	Tamam	Damam	답안지	tabanji	dabanji
담양	Tamyang	Damyang	답한	taphan	daphan
담양군	Tamyang-gun	Damyang-gun	답할	taphal	daphal
담양부	Tamyang-bu	Damyang-bu	답향	taphyang	daphyang
담양읍	Tamyang-ŭp	Damyang-eub	당	tang	dang
담양현	Tamyang-hyŏn	Damyang-hyeon	당간	tanggan	danggan
담연	tamyŏn	damyeon	당감동	Tanggam-dong	Danggam-dong
담원	Tamwŏn	Damwon	당겼다	tanggyŏtta	danggyeotda
담으려오	tamŭryŏo	dameuryeoo	당고개	Tanggogae	Danggogae
담은	tamŭn	dameun	당고모	tanggomo	danggomo
담임	tamim	damim	당군	Tanggun	Danggun
담자	tamcha	damja	당굿	tanggut	danggut
담자(坦子)	tamja	damja	당금	Tanggŭm	Danggeum

한글 용례	ALA-LC Romanization	정부 표기안	한글 용례	ALA-LC Romanization	정부 표기안
당기기	tanggigi	danggigi	당악	Tangak	Dangak
당기는	tangginŭn	danggineun	당안	tangan	dangan
당기자	tangija	danggija	당약	Tangyak	Dangyak
당긴	tanggin	danggin	당역	tangyŏk	dangyeok
당나귀	tangnagwi	dangnagwi	당연	tangyŏn	dangyeon
당뇨	tangnyo	dangnyo	당우	Tangu	Dangu
당뇨병	tangnyopyŏng	dangnyobyeong	당원	tangwŏn	dangwon
당당	tangdang	dangdang	당위	tangwi	dangwi
당당하게	tangdanghage	dangdanghage	당의	tangŭi	dangui
당당하고	tangdanghago	dangdanghago	당인	Tangin	Dangin
당당하라	tangdanghara	dangdanghara	당인리	Tangin-ni	Dangin-ri
당당한	tangdanghan	dangdanghan	당일	tangil	dangil
당당했던	tangdanghaettŏn	dangdanghaetdeon	당장	tangjang	dangjang
당당히	tangdanghi	dangdanghi	당쟁	tangjaeng	dangjaeng
당대	tangdae	dangdae	당쟁론	tangjaengnon	dangjaengnon
당도	tangdo	dangdo	당쟁사	tangjaengsa	dangjaengsa
당돌한	tangdorhan	dangdolhan	당적	tangjŏk	dangjeok
당랑	tangnang	dangnang	당정	tangjŏng	dangjeong
당론	tangnon	dangnon	당정리	Tangjŏng-ni	Dangjeong-ri
당류	tangnyu	dangnyu	당제	tangje	dangje
당면	tangmyŏn	dangmyeon	당주	tangju	dangju
당백전	Tangbaekchŏn	Dangbaekjeon	당지	tangji	dangji
당보	tangbo	dangbo	당지기	tangjigi	dangjigi
당부	tangbu	dangbu	당직	tangjik	dangjik
당분	tangbun	dangbun	당직자	tangjikcha	dangjikja
당분간	tangbun'gan	dangbungan	당진	Tangjin	Dangjin
당비	tangbi	dangbi	당진군	Tangjin-gun	Dangjin-gun
당사	tangsa	dangsa	당진현	Tangjin-hyŏn	Dangjin-hyeon
당사국	tangsaguk	dangsaguk	당질	tangjil	dangjil
당사자	tangsaja	dangsaja	당질녀	tangjillyŏ	dangjillyeo
당산	Tangsan	Dangsan	당차게	tangch'age	dangchage
당산제	Tangsanje	Dangsanje	당첩	tangch'ŏp	dangcheop
당상	tangsang	dangsang	당초	tangch'o	dangcho
당상관	tangsanggwan	dangsanggwan	당초문	Tangch'omun	Dangchomun
당선	tangsŏn	dangseon	당파	tangp'a	dangpa
당선인	tangsŏnin	dangseonin	당평	tangp'yŏng	dangpyeong
당선자	tangsŏnja	dangseonja	당풍	tangp'ung	dangpung
당선작	tangsŏnjak	dangseonjak	당하	tangha	dangha
당성	tangsŏng	dangseong	당하게	tanghage	danghage
당송사	Tang-Songsa	Dang-Songsa	당하는	tanghanŭn	danghaneun
당수	tangsu	dangsu	당하리	Tangha-ri	Dangha-ri
당시	tangsi	dangsi	당하매	tanghamae	danghamae
당신	tangsin	dangsin	당하지	tanghaji	danghaji
당신들	tangsindŭl	dangsindeul	당한	tanghan	danghan
당신화	tangsinhwa	dangsinhwa	당한다	tanghanda	danghanda

한글 용례	ALA-LC Romanization	정부 표기안	한글 용례	ALA-LC Romanization	정부 표기안
당혹	tanghok	danghok	대공원	taegongwŏn	daegongwon
당후	Tanghu	danghu	대공황	taegonghwang	daegonghwang
닻	tat	dat	대과(大科)	taekwa	daegwa
닿게	tatk'e	dake	대과(大過)	taegwa	daegwa
닿는	tannŭn	danneun	대관	taegwan	daegwan
닿는다	tannŭnda	danneunda	대관령	Taegwallyŏng	Daegwallyeong
닿소리	tatsori	datsori	대관록	taegwallok	daegwallok
닿을	taŭl	daeul	대관식	taegwansik	daegwansik
닿을진대	taŭlchindae	daeuljindae	대광	Taegwang	Daegwang
대	tae	dae	대광리	Taegwang-ni	Daegwang-ri
대가	taega	daega	대광명전	Taegwangmyŏngjŏn	Daegwangmyeongjeon
대가야	Taegaya	Daegaya	대괴수	taegoesu	daegoesu
대가야사	Taegayasa	Daegayasa	대교	taegyo	daegyo
대가족	taegajok	daegajok	대교구	taegyogu	daegyogu
대각	taegak	daegak	대교구청	taegyoguch'ŏng	daegyogucheong
대각간	Taegakkan	Daegakgan	대교당	taegyodang	daegyodang
대각선	taegaksŏn	daegakseon	대교본	taegyobon	daegyobon
대각성	taegaksŏng	daegakseong	대구	Taegu	Daegu
대각회	Taegakhoe	Daegakhoe	대구군	Taegu-gun	Daegu-gun
대간	taegan	daegan	대구대	Taegudae	Daegudae
대감	taegam	daegam	대구부	Taegu-bu	Daegu-bu
대갓집	taegatchip	daegatjip	대구선	Taegusŏn	Daeguseon
대강	taegang	daegang	대구시	Taegu-si	Daegu-si
대개	taegae	daegae	대구현	Taegu-hyŏn	Daegu-hyeon
대개조론	taegaejoron	daegaejoron	대국	taeguk	daeguk
대거	taegŏ	daegeo	대국민	taegungmin	daegungmin
대건	Taegŏn	Daegeon	대국화	taegukhwa	daegukhwa
대검	Taegŏm	Daegeom	대군	taegun	daegun
대검찰청	Taegŏmch'alch'ŏng	Daegeomchalcheong	대굴	taegul	daegul
대겁	taegŏp	daegeop	대궁	taegung	daegung
대격돌	taegyŏktol	daegyeokdol	대권	taekwŏn	daegwon
대격동	taegyŏktong	daegyeokdong	대권역	taegwŏnyŏk	daegwonyeok
대결	taegyŏl	daegyeol	대궐	taegwŏl	daegwol
대결단	taegyŏltan	daegyeoldan	대규모	taegyumo	daegyumo
대경	taegyŏng	daegyeong	대근	Taegŭn	Daegeun
대계	taegye	daegye	대금	taegŭm	daegeum
대고	taego	daego	대금리	Taegŭm-ni	Daegeum-ri
대고객	taegogaek	daegogaek	대금장	taegŭmjang	daegeumjang
대곡	Taegok	Daegok	대기	taegi	daegi
대곡군	Taegok-kun	Daegok-gun	대기근	taegigŭn	daegigeun
대곡리	Taegong-ni	Daegok-ri	대기넘비	taeginyŏmbi	daeginyeombi
대곡천	Taegokch'ŏn	Daegokcheon	대기업	taegiŏp	daegieop
대공	taegong	daegong	대기업병	taegiŏppyŏng	daegieopbyeong
대공간	taegonggan	daegonggan	대기획	taegihoek	daegihoek
대공개	taegonggae	daegonggae	대나무	taenamu	daenamu

한글 용례	ALA-LC Romanization	정부 표기안	한글 용례	ALA-LC Romanization	정부 표기안
대나무꽃	taenamukkot	daenamukkot	대두국	Taeduguk	Daeduguk
대남	taenam	daenam	대둔	taedun	daedun
대납	taenap	daenap	대둔사	Taedunsa	Daedunsa
대납제	taenapche	daenapje	대둔산	Taedunsan	Daedunsan
대낮	taenat	daenat	대들보	taedŭlpo	daedeulbo
대내	taenae	daenae	대등	taedŭng	daedeung
대내외	taenaeoe	daenaeoe	대라	taera	daera
대내적	taenaejŏk	daenaejeok	대란	taeran	daeran
대논쟁	taenonjaeng	daenonjaeng	대람	Taeram	Daeram
대니얼	Taeniŏl	Daenieol	대략	taeryak	daeryak
대다라니경	Taedaranigyŏng	Daedaranigyeong	대량	taeryang	daeryang
대단	taedan	daedan	대려	taeryŏ	daeryeo
대단결	taedan'gyŏl	daedangyeol	대련	taeryŏn	daeryeon
대담	taedam	daedam	대렵도	taeryŏpto	daeryeopdo
대담집	taedamjip	daedamjip	대령	taeryŏng	daeryeong
대답	taedap	daedap	대례	taerye	daerye
대당	Taedang	Daedang	대례복	taeryebok	daeryebok
대대	taedae	daedae	대례재	taeryejae	daeryejae
대대로	taedaero	daedaero	대로	taero	daero
대대장	taedaejang	daedaejang	대로망	taeromang	daeromang
대덕	Taedŏk	Daedeok	대록	taerok	daerok
대덕군	Taedŏk-kun	Daedeok-gun	대론	taeron	daeron
대덕읍	Taedŏg-ŭp	Daedeok-eup	대료	taeryo	daeryo
대도	taedo	daedo	대룡	taeryong	daeryong
대도독부	Taedodokpu	Daedodokbu	대륙	taeryuk	daeryuk
대도서	Taedosŏ	Daedoseo	대륙붕	taeryukpung	daeryukbung
대도시	taedosi	daedosi	대륜	taeryun	daeryun
대도시권	taedosikwŏn	daedosigwon	대리	taeri	daeri
대도유나	Taedoyuna	Daedoyuna	대리석	taerisŏk	daeriseok
대도호부	Taedohobu	Daedohobu	대리인	taeriin	daeriin
대독	taedok	daedok	대리인단	taeriindan	daeriindan
대동	taedong	daedong	대리점	taerijŏm	daerijeom
대동강	Taedonggang	Daedonggang	대림	Taerim	Daerim
대동교	Taedonggyo	Daedonggyo	대립	taerip	daerip
대동군	Taedong-gun	Daedong-gun	대마	taema	daema
대동굿	Taedonggut	Daedonggut	대마도	Taemado	Daemado
대동단	Taedongdan	Daedongdan	대마주	Taemaju	Daemaju
대동맥	taedongmaek	daedongmaek	대막리지	Taemangniji	Daemangniji
대동문	Taedongmun	Daedongmun	대만	Taeman	Daeman
대동법	taedongpŏp	daedongbeop	대망	taemang	daemang
대동보	Taedongbo	Daedongbo	대망론	taemangnon	daemangnon
대동사	taedongsa	daedongsa	대면	taemyŏn	daemyeon
대동아	Taedonga	Daedonga	대명	Taemyŏng	Daemyeong
대동회	Taedonghoe	Daedonghoe	대명동	Taemyŏng-dong	Daemyeong-dong
대두	taedu	daedu	대명률	Taemyŏngnyul	Daemyeongnyul

한글 용례	ALA-LC Romanization	정부 표기안	한글 용례	ALA-LC Romanization	정부 표기안
대명사	taemyŏngsa	daemyeongsa	대봉동	Taebong-dong	Daebong-dong
대명율	Taemyŏngyul	Daemyeongyul	대부	taebu	daebu
대명필	taemyŏngp'il	daemyeongpil	대부도	Taebudo	Daebudo
대모	taemo	daemo	대부인	taebuin	daebuin
대모임	taemoim	daemoim	대부흥	taebuhŭng	daebuheung
대목	taemok	daemok	대북	taebuk	daebuk
대목장	taemokchang	daemokjang	대북관	taepukkwan	daebukgwan
대몽	Taemong	Daemong	대북파	taebukp'a	daebukpa
대무	taemu	daemu	대불	taebul	daebul
대무대	taemudae	daemudae	대불정	Taebulchŏng	Daebuljeong
대무량수경	Taemuryangsugyŏng	Daemuryangsugyeong	대비	taebi	daebi
대무신	Taemusin	Daemusin	대비책	taebich'aek	daebichaek
대문	taemun	daemun	대사	taesa	daesa
대문사	Taemunsa	Daemunsa	대사간	Taesagan	Daesagan
대미	taemi	daemi	대사건	taesakŏn	daesageon
대민	taemin	daemin	대사관	taesagwan	daesagwan
대박	taebak	daebak	대사들	taesadŭl	daesadeul
대반란	taeballan	daeballan	대사령	Taesaryŏng	Daesaryeong
대반야경	Taebanyagyŏng	Daebanyagyeong	대사례	Taesarye	Daesarye
대반전	taebanjŏn	daebanjeon	대사록	taesarok	daesarok
대방	Taebang	Daebang	대사림	taesarim	daesarim
대방군	Taebang-gun	Daebang-gun	대사마	Taesama	Daesama
대방현	Taebang-hyŏn	Daebang-hyeon	대사면	taesamyŏn	daesamyeon
대백과	taebaekkwa	daebaekgwa	대사상	taesasang	daesasang
대벌	taebŏl	daebeol	대사성	Taesasŏng	Daesaseong
대범	taebŏm	daebeom	대사습	Taesasŭp	Daesaseup
대법	Taebop	Daebeop	대사원	taesawŏn	daesawon
대법원	Taebŏbwŏn	Daebeobwon	대사의	taesaŭi	daesaui
대법전	taepŏpchŏn	daebeopjeon	대사전	taesajŏn	daesajeon
대변	taebyŏn	daebyeon	대사집	taesajip	daesajip
대변인	taebyŏnin	daebyeonin	대사헌	Taesahŏn	Daesaheon
대변혁	taebyŏnhyŏk	daebyeonhyeok	대산	Taesan	Daesan
대변화	taebyŏnhwa	daebyeonhwa	대산리	Taesan-ni	Daesan-ri
대변환	taebyŏnhwan	daebyeonhwan	대상	taesang	daesang
대보	Taebo	Daebo	대상국	taesangguk	daesangguk
대보단	Taebodan	Daebodan	대상리	Taesang-ni	Daesang-ri
대보름	taeborŭm	daeboreum	대상별	taesangbyŏl	daesangbyeol
대보름제	Taeborŭmje	Daeboreumje	대상인	taesangin	daesangin
대보살	taebosal	daebosal	대상자	taesangja	daesangja
대복	taebok	daebok	대서	taesŏ	daeseo
대복사	Taeboksa	Daeboksa	대서사	taesŏsa	daeseosa
대본	taebon	daebon	대서사시	taesŏsasi	daeseosasi
대본산	taebonsan	daebonsan	대서성	Taesŏsŏng	Daeseoseong
대본영	Taebonyŏng	Daebonyeong	대서양	Taesŏyang	Daeseoyang
대봉	Taebong	Daebong	대서정시	taesŏjŏngsi	daeseojeongsi

한글 용례	ALA-LC Romanization	정부 표기안	한글 용례	ALA-LC Romanization	정부 표기안
대석	taesŏk	daeseok	대야리	Taeya-ri	Daeya-ri
대선	taesŏn	daeseon	대양	taeyang	daeyang
대선사	taesŏnsa	daeseonsa	대양주	Taeyangju	Daeyangju
대선생	taesŏnsaeng	daeseonsaeng	대어	taeŏ	daeeo
대설	taesŏl	daeseol	대업	taeŏp	daeeop
대성	taesŏng	daeseong	대여	taeyŏ	daeyeo
대성동	Taesŏng-dong	Daeseong-dong	대역	taeyŏk	daeyeok
대성리	Taesŏng-ni	Daeseong-ri	대역사	taeyŏksa	daeyeoksa
대성사	Taesŏngsa	Daeseongsa	대역어	taeyŏgŏ	daeyeogeo
대성산	Taesŏngsan	Daeseongsan	대역죄	taeyŏkchoe	daeyeokjoe
대성암	Taesŏngam	Daeseongam	대연	taeyŏn	daeyeon
대성원	Taesŏngwŏn	Daeseongwon	대연설회	taeyŏnsŏrhoe	daeyeonseolhoe
대성전	Taesŏngjŏn	Daeseongjeon	대연평	Taeyŏnp'yŏng	Daeyeonpyeong
대세	taese	daese	대열	taeyŏl	daeyeol
대세론	taeseron	daeseron	대열기	taeyŏlgi	daeyeolgi
대소	taeso	daeso	대엽	taeyŏp	daeyeop
대소면	Taeso-myŏn	Daeso-myeon	대영	taeyŏng	daeyeong
대솔	taesol	daesol	대예측	taeyech'ŭk	daeyecheuk
대송	Taesong	Daesong	대오	taeo	daeo
대송리	Taesong-ni	Daesong-ri	대옥	taeok	daeok
대수	taesu	daesu	대왕	taewang	daewang
대수로	taesuro	daesuro	대왕님	taewangnim	daewangnim
대순	Taesun	Daesun	대왕릉	Taewangnŭng	Daewangreung
대숲	taesup	daesup	대왕비	taewangbi	daewangbi
대승	taesŭng	daeseung	대왕암	Taewangam	Daewangam
대승사	Taesŭngsa	Daeseungsa	대외	taeoe	daeoe
대승암	Taesŭngam	Daeseungam	대외관	taeoegwan	daeoegwan
대시	taesi	daesi	대요	taeyo	daeyo
대신	taesin	daesin	대용	taeyong	daeyong
대신궁	Taesin'gung	Daesingung	대용량	taeyongnyang	daeyongnyang
대신대	Taesindae	Daesindae	대우	taeu	daeu
대신불	taesinbul	daesinbul	대우차	Taeuch'a	Daeucha
대심	taesim	daesim	대운	taeun	daeun
대심리	Taesim-ni	Daesim-ri	대운하	taeunha	daeunha
대심원	taesimwŏn	daesimwon	대울	Taeul	Daeul
대아	taea	daea	대웅	taeung	daeung
대아리	Taea-ri	Daea-ri	대웅비	taeungbi	daeungbi
대아찬	Taeach'an	Daeachan	대웅전	taeungjŏn	daeungjeon
대아헌	Taeahŏn	Daeaheon	대원	taewŏn	daewon
대악	taeak	daeak	대원군	Taewŏn'gun	Daewongun
대안	taean	daean	대원들	taewŏndŭl	daewondeul
대안리	Taean-ni	Daean-ri	대원사	Taewŏnsa	Daewonsa
대안서	taeansŏ	daeanseo	대원수	Taewŏnsu	Daewonsu
대안적	taeanjŏk	daeanjeok	대원수님	taewŏnsunim	daewonsunim
대야	taeya	daeya	대위	taewi	daewi

한글 용례	ALA-LC Romanization	정부 표기안	한글 용례	ALA-LC Romanization	정부 표기안
대유	taeyu	daeyu	대전시	Taejŏn-si	Daejeon-si
대유행	taeyuhaeng	daeyuhaeng	대전쟁	taejŏnjaeng	daejeonjaeng
대윤	Taeyun	Daeyun	대전집	taejŏnjip	daejeonjip
대율	taeyul	daeyul	대전학	Taejŏnhak	Daejeonhak
대율리	Taeyul-li	Daeyul-ri	대전환	taejŏnhwan	daejeonhwan
대은	taeŭn	daeeun	대전환기	taejŏnhwan'gi	daejeonhwangi
대응	taeŭng	daeeung	대접	taejŏp	daejeop
대응성	taeŭngsŏng	daeeungseong	대접주	taejŏpchu	daejeopju
대응책	taeŭngch'aek	daeeungchaek	대정	Taejŏng	Daejeong
대의	taeŭi	daeui	대정치가	taechŏngch'iga	daejeongchiga
대의원	taeŭiwŏn	daeuiwon	대제	taeje	daeje
대의제	taeŭije	daeuije	대제안	taejean	daejean
대이동	taeidong	daeidong	대제학	taejehak	daejehak
대이리	Taei-ri	Daei-ri	대조	taejo	daejo
대인	taein	daein	대조사	Taejosa	Daejosa
대인도	taeindo	daeindo	대조선	Taejosŏn	Daejoseon
대일	taeil	daeil	대조표	taejop'yo	daejopyo
대입	taeip	daeip	대졸	taejol	daejol
대자	taeja	daeja	대졸자	taejolcha	daejolja
대자보	taejabo	daejabo	대종	taejong	daejong
대자원	Taejawŏn	Daejawon	대종가	taejongga	daejongga
대장	taejang	daejang	대종교	Taejonggyo	Daejonggyo
대장각	taejanggak	daejanggak	대종사	taejongsa	daejongsa
대장각판	taejanggakp'an	daejanggakpan	대종상	Taejongsang	Daejongsang
대장간	taejangkan	daejanggan	대좌	taejwa	daejwa
대장경	Taejanggyŏng	Daejanggyeong	대죄	taejoe	daejoe
대장경판	taejanggyŏngp'an	daejanggyeongpan	대주	taeju	daeju
대장군	taejanggun	daejanggun	대주교	Taejugyo	Daejugyo
대장기	taejanggi	daejanggi	대주변국	taejubyŏn'guk	daejubyeonguk
대장부	taejangbu	daejangbu	대중	taejung	daejung
대장성	taejangsŏng	daejangseong	대중관	taejunggwan	daejunggwan
대장장	taejangjang	daejangjang	대중성	taejungsŏng	daejungseong
대장정	taejangjŏng	daejangjeong	대중적	taejungjŏk	daejungjeok
대재	taejae	daejae	대중주의	taejungjuŭi	daejungjuui
대재부	Taejaebu	Daejaebu	대중주의적	taejungjuŭijŏk	daejungjuuijeok
대재상	taejaesang	daejaesang	대중화	taejunghwa	daejunghwa
대적	taejŏk	daejeok	대증광시	Taejŭnggwangsi	Daejeunggwangsi
대적광전	taejŏkkwangjŏn	daejeokgwangjeon	대지	taeji	daeji
대전	Taejŏn	Daejeon	대지동	Taeji-dong	Daeji-dong
대전군	Taejŏn-gun	Daejeon-gun	대지진	taejijin	daejijin
대전당	taejŏndang	daejeondang	대진	taejin	daejin
대전대	Taejŏndae	Daejeondae	대진대	Taejindae	Daejindae
대전략	taejŏllyak	daejeollyak	대집단	taejiptan	daejipdan
대전망	taejŏnmang	daejeonmang	대쪽	taetchok	daejjok
대전사	Taejŏnsa	Daejeonsa	대차	taech'a	daecha

한글 용례	ALA-LC Romanization	정부 표기안	한글 용례	ALA-LC Romanization	정부 표기안
대차지	taech'aji	daechaji	대통령제	taet'ongnyŏngje	daetongnyeongje
대찬	taech'an	daechan	대통령직	taet'ongnyŏngjik	daetongnyeongjik
대창	taech'ang	daechang	대통령학	taet'ongnyŏnghak	daetongnyeonghak
대책	taech'aek	daechaek	대통합	taet'onghap	daetonghap
대책위	taech'aegwi	daechaegwi	대투쟁	taet'ujaeng	daetujaeng
대처	taech'ŏ	daecheo	대파국	taep'aguk	daepaguk
대처법	taech'ŏpŏp	daecheobeop	대판	taep'an	daepan
대척	taech'ŏk	daecheok	대평	taep'yŏng	daepyeong
대천	Taech'ŏn	Daecheon	대평동	Taep'yŏng-dong	Daepyeong-dong
대천록	Taech'ŏllok	daecheollok	대평리	Taep'yŏng-ni	Daepyeong-ri
대첩	taech'ŏp	daecheop	대평소	taep'yŏngso	daepyeongso
대첩비	taech'ŏppi	daecheopbi	대포	taep'o	daepo
대청	taech'ŏng	daecheong	대포동	Taep'o-dong	Daepo-dong
대청댐	Taech'ŏngtaem	Daecheongdaem	대포리	Taep'o-ri	Daepo-ri
대청호	Taech'ŏngho	Daecheongho	대폭등	taep'oktŭng	daepokdeung
대체	taech'e	daeche	대폭락	taep'ongnak	daepongnak
대초	taech'o	daecho	대폭발	taep'okpal	daepokbal
대초리	Taech'o-ri	Daecho-ri	대표	taep'yo	daepyo
대총	taech'ong	daechong	대표단	taep'yodan	daepyodan
대추리	Taech'u-ri	Daechu-ri	대표들	taep'yodŭl	daepyodeul
대출	taech'ul	daechul	대표부	taep'yobu	daepyobu
대충	taech'ung	daechung	대표성	taep'yosŏng	daepyoseong
대충돌	taech'ungdol	daechungdol	대표자	taep'yoja	daepyoja
대취	taech'wi	daechwi	대표자회	taep'yojahoe	daepyojahoe
대취타	taech'wit'a	daechwita	대표작	taep'yojak	daepyojak
대치	taech'i	daechi	대표적	taep'yojŏk	daepyojeok
대치리	Taech'i-ri	Daechi-ri	대표제	taep'yoje	daepyoje
대침	taech'im	daechim	대표형	taep'yohyŏng	daepyohyeong
대칭	taech'ing	daeching	대풍	taep'ung	daepung
대타협	taet'ahyŏp	daetahyeop	대풍리	Taep'ung-ni	Daepung-ri
대탁	taet'ak	daetak	대풍헌	Taep'unghŏn	Daepungheon
대탐사	taet'amsa	daetamsa	대필	taep'il	daepil
대탐사대	taet'amsadae	daetamsadae	대하	taeha	daeha
대탐험	taet'amhŏm	daetamheom	대하는	taehanŭn	daehaneun
대탑	taet'ap	daetap	대하리	Taeha-ri	Daeha-ri
대테러리즘	taet'erŏrijŭm	daetereorijeum	대하여	taehayŏ	daehayeo
대토론	taet'oron	daetoron	대학	taehak	daehak
대토론회	taet'oronhoe	daetoronhoe	대학관	taehakkwan	daehakgwan
대통	taet'ong	daetong	대학교	taehakkyo	daehakgyo
대통령	taet'ongnyŏng	daetongnyeong	대학로	Taehangno	Daehangno
대통령님	taet'ongnyŏngnim	daetongnyeongnim	대학사	taehaksa	daehaksa
대통령들	taet'ongnyŏngdŭl	daetongnyeongdeul	대학살	taehaksal	daehaksal
대통령론	taet'ongnyŏngnon	daetongnyeongnon	대학생	taehaksaeng	daehaksaeng
대통령상	taet'ongnyŏngsang	daetongnyeongsang	대학생들	taehaksaengdŭl	daehaksaengdeul
대통령실	Taet'ongnyŏngsil	daetongnyeongsil	대학생회	taehaksaenghoe	daehaksaenghoe

한글 용례	ALA-LC Romanization	정부 표기안	한글 용례	ALA-LC Romanization	정부 표기안
대학용	taehagyong	daehagyong	대흥	Taehŭng	Daeheung
대학원	taehagwŏn	daehagwon	대흥군	Taehŭng-gun	Daeheung-gun
대학원생	taehagwŏnsaeng	daehagwonsaeng	대흥면	Taehŭng-myŏn	Daeheung-myeon
대학인	taehagin	daehagin	대흥사	Taehŭngsa	Daeheungsa
대학촌	taehakch'on	daehakchon	대흥촌	Taehŭngch'on	Daeheungchon
대한	taehan	daehan	대흥현	Taehŭng-hyŏn	Daeheung-hyeon
대한문	Taehanmun	Daehanmun	댁	taek	daek
대한사	Taehansa	Daehansa	댄스	taensŭ	daenseu
대한인	Taehanin	Daehanin	댐	taem	daem
대합창	taehapch'ang	daehapchang	댓	taet	daet
대항	taehang	daehang	댕댕이장	taengdaengijang	daengdaengijang
대항리	Taehang-ni	Daehang-ri	더	tŏ	deo
대항전	taehangjŏn	daehangjeon	더굿	Tŏgut	deogut
대항해	taehanghae	daehanghae	더그	Tŏgŭ	deogeu
대해	taehae	daehae	더난	Tŏnan	Deonan
대해도	Taehaedo	Dehaedo	더들리	Tŏdŭlli	Deodeulli
대해부	taehaebu	daehaebu	더듬어	tŏdŭmŏ	deodeumeo
대해전	taehaejŏn	daehaejeon	더듬어서	tŏdŭmŏsŏ	deodeumeoseo
대행	taehaeng	daehaeng	더듬으며	tŏdŭmŭmyŏ	deodeumeumyeo
대행수	taehaengsu	daehaengsu	더듬이	tŏdŭmi	deodeumi
대향로	taehyangno	daehyangno	더러운	tŏrŏun	deoreoun
대혁명	taehyŏngmyŏng	daehyeongmyeong	더미	tŏmi	deomi
대현	taehyŏn	daehyeon	더봄	Tŏbom	Deobom
대현동	Taehyŏn-dong	Daehyeon-dong	더북스	Tŏbuksŭ	Deobukseu
대형	taehyŏng	daehyeong	더불어	tŏburŏ	deobureo
대호	taeho	daeho	더블딥	tŏbŭldip	deobeuldip
대호군	Taeho-gun	Daeho-gun	더블유	tŏbŭryu	deobeuryu
대호지	taehoji	daehoji	더숲	Tŏsup	Deosup
대화	taehwa	daehwa	더썬	Tŏssŏn	Deosseon
대화들	taehwadŭl	daehwadeul	더욱	tŏuk	deouk
대화록	taehwarok	daehwarok	더운	tŏun	deoun
대화리	Taehwa-ri	Daehwa-ri	더위	tŏwi	deowi
대화재	taehwajae	daehwajae	더클	Tŏk'ŭl	Deokeul
대화적	taehwajŏk	daehwajeok	더팩트	Tŏp'aekt'ŭ	Deopaekteu
대화첩	taehwach'ŏp	daehwacheop	더하기	tŏhagi	deohagi
대화체	taehwach'e	daehwache	더하는	tŏhanŭn	deohaneun
대확장	taehwakchang	daehwakjang	더함	tŏham	deoham
대회	taehoe	daehoe	더휴먼	Tŏhyumŏn	Deohyumeon
대회의실	taehoeŭisil	daehoeuisil	덕	tŏk	deok
대회의장	taehoeŭijang	daehoeuijang	덕교리	Tŏkkyo-ri	Deokgyo-ri
대회장	taehoejang	daehoejang	덕남	Tŏngnam	Deongnam
대회팀	taehoet'im	daehoetim	덕니	Tŏngni	Deongni
대훈	taehun	daehun	덕담	tŏktam	deokdam
대흑산도	Taehŭksando	Daeheuksando	덕대리	Tŏktae-ri	Deokdae-ri
대흔	Taehŭn	Daeheun	덕만	Tŏngman	Deongman

한글 용례	ALA-LC Romanization	정부 표기안	한글 용례	ALA-LC Romanization	정부 표기안
덕망	tŏngmang	deongmang	덕진동	Tŏkchin-dong	Deokjin-dong
덕맹현	Tŏngmaeng-hyŏn	Deongmaeng-hyeon	덕창	Tŏkch'ang	Deokchang
덕명	Tŏngmyŏng	Deongmyeong	덕창진	Tŏkch'angjin	Deokchangjin
덕목	tŏngmok	deongmok	덕천	Tŏkch'ŏn	Deokcheon
덕산	Tŏksan	Deoksan	덕천군	Tŏkch'ŏn-gun	Deokcheon-gun
덕산군	Tŏksan-gun	Deoksan-gun	덕천군파	Tŏkch'ŏn'gunp'a	Deokcheongunpa
덕산리	Tŏksan-ni	Deoksan-ri	덕천동	Tŏkch'ŏn-dong	Deokcheon-dong
덕산현	Tŏksan-hyŏn	Deoksan-hyeon	덕천리	Tŏkch'ŏn-ni	Deokcheon-ri
덕선	tŏksŏn	deokseon	덕치	tŏkch'i	deokchi
덕성	tŏksŏng	deokseong	덕풍	tŏkp'ung	deokpung
덕소	Tŏkso	Deokso	덕행	tŏkhaeng	deokhaeng
덕솔	Tŏksol	Deoksol	덕행록	tŏkhaengnok	deokhaengnok
덕수	Tŏksu	Deoksu	덕현리	Tŏkhyŏn-ni	Deokhyeon-ri
덕수궁	Tŏksugung	Deoksugung	덕혜	Tŏkhye	Deokhye
덕수당	Tŏksudang	Deoksudang	덕후	Tŏkhu	Deokhu
덕수리	Tŏksu-ri	Deoksu-ri	덕흥	Tŏkhŭng	Deokheung
덕순	Tŏksun	Deoksun	던져	tŏnjyŏ	deonjyeo
덕신	tŏksin	deoksin	던져라	tŏnjyŏra	deonjyeora
덕영	Tŏgyŏng	Deogyeong	던져야	tŏnjyŏya	deonjyeoya
덕온가	Tŏgon'ga	Deogonga	던져지는	tŏnjyŏjinŭn	deonjyeojineun
덕옹	Tŏgong	Deogong	던져진	tŏnjyŏjin	deonjyeojin
덕용	Tŏgyong	Deogyong	던졌는가	tŏnjyŏnnŭn'ga	deonjyeonneunga
덕우	Tŏgu	Deogu	던지는	tŏnjinŭn	deonjineun
덕원	Tŏgwŏn	Deogwon	던지다	tŏnjida	deonjida
덕원군	Tŏgwŏn-gun	Deogwon-gun	던진	tŏnjin	deonjin
덕유	Tŏgyu	Deogyu	덤	tŏm	deom
덕유산	Tŏgyusan	Deogyusan	덤벼	tŏmbyŏ	deombyeo
덕유정	Tŏgyujŏng	Deogyujeong	덤핑	tŏmp'ing	deomping
덕은	Tŏgŭn	Deogeun	덧뵈기	tŏtpoegi	deotboegi
덕은군	Tŏgŭn-gun	Deogeun-gun	덩어리	tŏngŏri	deongeori
덕이	Tŏgi	Deogi	덩이	tŏngi	deongi
덕인	tŏgin	deogin	덫	tŏt	deot
덕인리	Tŏgin-ni	Deogin-ri	덮다	tŏpta	deopda
덕일	Tŏgil	deogil	덮밥	tŏppap	deopbap
덕장	tŏkchang	deokjang	덮어	tŏp'ŏ	deopeo
덕재리	Tŏkchae-ri	Deokjae-ri	덮인	tŏp'in	deopin
덕적도	Tŏkchŏkto	Deokjeokdo	데	te	de
덕적면	Tŏkchŏng-myŏn	Deokjeok-myeon	데니	Teni	Deni
덕제	Tŏkche	Deokje	데니즐리	Tenijŭlli	Denijeulli
덕조	tŏkcho	deokjo	데땅뜨	tettangttŭ	dettangtteu
덕종	Tŏkchong	Deokjong	데라우치	Terauch'i	Derauchi
덕주	Tŏkchu	Deokju	데려감	teryŏgam	deryeogam
덕주사	Tŏkchusa	Deokjusa	데리다	Terida	Derida
덕지	tŏkchi	deokji	데메테르	Temet'erŭ	Demetereu
덕진	Tŏkchin	Deokjin	데모당	Temodang	Demodang

한글 용례	ALA-LC Romanization	정부 표기안	한글 용례	ALA-LC Romanization	정부 표기안
데모스	temosŭ	demoseu	도굴	togul	dogul
데뷔	tebwi	debwi	도근현	Togŭn-hyŏn	Dogeun-hyeon
데스크	tesŭk'ŭ	deseukeu	도기	togi	dogi
데쓰야	Tessŭya	Desseuya	도기보오꼬	Togibookko	Dogibookko
데이빗	Teibit	Deibit	도깨비	tokkaebi	dokkaebi
데이지	teiji	deiji	도끼	tokki	dokki
데이코	Teik'o	Deiko	도난	tonan	donan
데이콤	teik'om	deikom	도날드	Tonaldŭ	Donaldeu
데이터	teit'ŏ	deiteo	도남	Tonam	Donam
데이터베이스	teit'ŏbeisŭ	deiteobeiseu	도내	tonae	donae
데일리	teilli	deilli	도너	Tonŏ	Doneo
데카메론	Tek'ameron	Dekameron	도널드	Tonŏldŭ	Doneoldeu
데커	Tek'ŏ	Dekeo	도네	tone	done
데탕트	tet'angt'ŭ	detangteu	도노무라	Tonomura	Donomura
데통베	Tet'ongbe	Detongbe	도농	tonong	donong
덴동	Tendong	Dendong	도는	tonŭn	doneun
덴마크	Tnmak'ŭ	Denmakeu	도달	todal	dodal
델	tel	del	도담리	Todam-ni	Dodam-ri
델랑드	Tellangdŭ	Dellangdeu	도당	todang	dodang
델로트케비치	Tellot'ŭk'ebich'i	Delloteukebichi	도당굿	Todanggut	Dodanggut
델리	telli	delli	도당제	todangje	dodangje
델알테	Telalt'e	Deralte	도대체	todaech'e	dodaeche
델파이	telp'ai	delpai	도덕	todŏk	dodeok
도	to	do	도덕경	Todŏkkyŏng	Dodeokgyeong
도가	Toga	Doga	도덕관	todŏkkwan	dodeokgwan
도가니	togani	dogani	도덕성	todŏksŏng	dodeokseong
도감	togam	dogam	도덕적	todŏkchŏk	dodeokjeok
도갑사	Togapsa	Dogapsa	도덕회	todŏkhoe	dodeokhoe
도강	togang	dogang	도도	todo	dodo
도강도	togangdo	dogangdo	도도로키	Todorok'i	Dodoroki
도검	togŏm	dogeom	도독	todok	dodok
도검류	togŏmnyu	dogeomnyu	도독부	todokpu	dodokbu
도경	Togyŏng	Dogyeong	도동	To-dong	Do-dong
도계	togye	dogye	도동리	Todong-ni	Dodong-ri
도계동	Togye-dong	Dogye-dong	도두	todu	dodu
도계읍	Togye-ŭp	Dogye-eup	도두리	Todu-ri	Dodu-ri
도고	Togo	Dogo	도둑	toduk	doduk
도곡	Togok	Dogok	도둑놈	todungnom	dodungnom
도곡동	Togok-tong	Dogok-dong	도둑놈들	todungnomdŭl	dodungnomdeul
도공	togong	dogong	도둑들	toduktŭl	dodukdeul
도교	Togyo	Dogyo	도라	tora	dora
도교승	Togyosŭng	Dogyoseung	도라산	Torasan	Dorasan
도구	togu	dogu	도라지	toraji	doraji
도구론	toguron	doguron	도라지꽃	torajikkot	dorajikkot
도구용	toguyong	doguyong	도란	toran	doran

한글 용례	ALA-LC Romanization	정부 표기안	한글 용례	ALA-LC Romanization	정부 표기안
도랍현	Torap-hyŏn	Dorap-hyeon	도민회	tominhoe	dominhoe
도랑	torang	dorang	도박	tobak	dobak
도래	torae	dorae	도반	toban	doban
도래인	toraein	doraein	도발	tobal	dobal
도래지	toraeji	doraeji	도발사	tobalsa	dobalsa
도량	toryang	doryang	도발상	tobalsang	dobalsang
도량형	toryanghyŏng	doryanghyeong	도발설	tobalsŏl	dobalseol
도련	toryŏn	doryeon	도발자	tobalcha	dobalja
도련님	toryŏnnim	doryeonnim	도발적	tobalchŏk	dobaljeok
도령	toryŏng	doryeong	도방	tobang	dobang
도로	toro	doro	도배	tobae	dobae
도로고	Torogo	Dorogo	도배장	tobaejang	dobaejang
도록	torok	dorok	도백	tobaek	dobaek
도루	toru	doru	도벌	tobŏl	dobeol
도류	toryu	doryu	도범	tobŏm	dobeom
도르릭	torŭrik	doreurik	도법	topŏp	dobeop
도리	tori	dori	도변수	top'yŏnsu	dobyeonsu
도리이	Torii	Dorii	도별	tobyŏl	dobyeol
도리화	torihwa	dorihwa	도보	tobo	dobo
도림	Torim	Dorim	도봉	Tobong	Dobong
도림동	Torim-dong	Dorim-dong	도봉산	Tobongsan	Dobongsan
도림사	Torimsa	Dorimsa	도부	tobu	dobu
도립	torip	dorip	도빈	Tobin	Dobin
도마	toma	doma	도사	tosa	dosa
도마리	Toma-ri	Doma-ri	도산	tosan	dosan
도마뱀	tomabaem	domabaem	도산리	Tosan-ni	Dosan-ri
도망	tomang	domang	도산법	tosanpŏp	dosanbeop
도망자	tomangja	domangja	도살	tosal	dosal
도매	tomae	domae	도상	tosang	dosang
도면	tomyŏn	domyeon	도상국	tosangguk	dosangguk
도면집	tomyŏnjip	domyeonjip	도상학	tosanghak	dosanghak
도모	tomo	domo	도서	tosŏ	doseo
도모꼬	Tomokko	Domokko	도서과	tosŏkwa	doseogwa
도목	tomok	domok	도서관	tosŏgwan	doseogwan
도목장	tomokchang	domokjang	도서관법	tosŏgwanpŏp	doseogwanbeop
도무	tomu	domu	도서관보	tosŏgwanbo	doseogwanbo
도무지	tomuji	domuji	도서관본	tosŏgwanbon	doseogwanbon
도문	Tomun	Domun	도서전	tosŏjŏn	doseojeon
도문강	Tomun'gang	Domungang	도서展	tosŏjŏn	doseojeon
도미	tomi	domi	도서화	tosŏhwa	doseohwa
도미네	tomine	domine	도석화	tosŏkhwa	doseokhwa
도미노	tomino	domino	도선	Tosŏn	Doseon
도미타	Tomit'a	Domita	도선사	Tosŏnsa	Doseonsa
도민	tomin	domin	도설	tosŏl	doseol
도민들	tomindŭl	domindeul	도성	tosŏng	doseong

한글 용례	ALA-LC Romanization	정부 표기안	한글 용례	ALA-LC Romanization	정부 표기안
도성도	tosŏngdo	doseongdo	도예가	toyega	doyega
도성문	tosŏngmun	doseongmun	도오루	Tooru	Dooru
도성제	tosŏngje	doseongje	도와	towa	dowa
도소매업	tosomaeŏp	dosomaeeop	도와줘	towajwŏ	dowajweo
도솔	Tosol	Dosol	도왜	Towae	Dowae
도솔가	Tosolga	Dosolga	도요	toyo	doyo
도솔산	Tosolsan	Dosolsan	도요미	Toyomi	Doyomi
도솔암	Tosoram	Dosoram	도요새	Toyosae	Doyosae
도솔천	Tosolch'ŏn	Dosolcheon	도요지	toyoji	doyoji
도수	tosu	dosu	도요카와	Toyok'awa	Doyokawa
도순	tosun	dosun	도요타	Toyot'a	Doyota
도슨트	Tosŭnt'ŭ	Doseunteu	도요토미	Toyot'omi	Doyotomi
도승	tosŭng	doseung	도용	toyong	doyong
도승지	tosŭngji	doseungji	도우미	toumi	doumi
도시	tosi	dosi	도운	toun	doun
도시군	tosigun	dosigun	도움	toum	doum
도시락	tosirak	dosirak	도원	towŏn	dowon
도시론	tosiron	dosiron	도원경	towŏn'gyŏng	dowongyeong
도시림	tosirim	dosirim	도원기	Towŏn'gi	Dowongi
도시미쓰	Tosimissŭ	dosimisseu	도원도	Towŏndo	Dowondo
도시민	tosimin	dosimin	도원동	Towŏn-dong	Dowon-dong
도시사	tosisa	dosisa	도월	Towŏl	Dowol
도시아키	Tosiak'i	Dosiaki	도위	Towi	Dowi
도시오	Tosio	Dosio	도윤	Toyun	Doyun
도시유키	Tosiyuk'i	Dosiyuki	도은	Toŭn	Doeun
도시적	tosijŏk	dosijeok	도읍	toŭp	doeup
도시형	tosihyŏng	dosihyeong	도읍기	toŭpki	doeupgi
도시화	tosihwa	dosihwa	도읍지	toŭpchi	doeupji
도시히코	Tosihik'o	Dosihiko	도의	toŭi	doui
도식	tosik	dosik	도이	Toi	Doi
도식주의	tosikchŭi	dosikjuui	도이힐러	Toihillŏ	Doihilleo
도신	Tosin	Dosin	도인	toin	doin
도심	tosim	dosim	도인들	toindŭl	doindeul
도심부	tosimbu	dosimbu	도일	toil	doil
도심역	tosimyŏk	dosimyeok	도입	toip	doip
도심형	tosimhyŏng	dosimhyeong	도자	toja	doja
도아	toa	doa	도자관	tojagwan	dojagwan
도안	toan	doan	도자기	tojagi	dojagi
도암	Toam	Doam	도자기사	tojagisa	dojagisa
도야지	toyaji	doyaji	도자길	Tojagil	Dojagil
도약	toyak	doyak	도자전	tojajŏn	dojajeon
도약기	toyakki	doyakgi	도자학	tojahak	dojahak
도여	Toyŏ	Doyeo	도작	tojak	dojak
도연	toyŏn	doyeon	도장	tojang	dojang
도예	toye	doye	도장류	tojangnyu	dojangnyu

한글 용례	ALA-LC Romanization	정부 표기안	한글 용례	ALA-LC Romanization	정부 표기안
도재	tojae	dojae	도탄	tot'an	dotan
도적	tojŏk	dojeok	도탄집	tot'anjip	dotanjip
도전	tojŏn	dojeon	도태	tot'ae	dotae
도전사	tojŏnsa	dojeonsa	도토리	tot'ori	dotori
도전자	tojŏnja	dojeonja	도통	tot'ong	dotong
도전장	tojŏnchang	dojeonjang	도관	top'an	dopan
도전적	tojŏnjŏk	dojeonjeok	도편수	top'yonsu	dopyeonsu
도접주	tojŏpchu	dojeopju	도포	top'o	dopo
도정	tojŏng	dojeong	도폭	top'ok	dopok
도정사	tojŏngsa	dojeongsa	도표	top'yo	dopyo
도제	toje	doje	도표해	top'yohae	dopyohae
도제원	Tojewŏn	Dojewon	도피안사	Top'iansa	Dopiansa
도제조	Tojejo	Dojejo	도하가	tohaga	dohaga
도조	Tojo	Dojo	도하전	tohajŏn	dohajeon
도종	Tojong	Dojong	도학	Tohak	Dohak
도주	toju	doju	도학자	Tohakcha	Dohakja
도중	tojung	dojung	도학파	Tohakp'a	Dohakpa
도증	Tojŭng	Dojeung	도한	tohan	dohan
도지	toji	doji	도항리	Tohang-ni	Dohang-ri
도지법	tojipŏp	dojibeop	도해	tohae	dohae
도지사	tojisa	dojisa	도향	tohyang	dohyang
도진	tojin	dojin	도형	tohyŏng	dohyeong
도찰	toch'al	dochal	도호	Toho	Doho
도참	Toch'am	Docham	도호부	tohobu	dohobu
도참설	Toch'amsŏl	Dochamseol	도화	tohwa	dohwa
도창리	Toch'ang-ni	Dochang-ri	도화리	Tohwa-ri	Dohwa-ri
도채위경	toch'aewigyŏng	dochaewigyeong	도화서	Tohwasŏ	Dohwaseo
도처	toch'ŏ	docheo	도화원	Tohwawŏn	Dohwawon
도천	Toch'ŏn	Docheon	도화지	tohwaji	dohwaji
도첩	toch'ŏp	docheop	도회	tohoe	dohoe
도첩제	toch'ŏpche	docheopje	도후쿠	Tohuk'u	Dohuku
도청	toch'ŏng	docheong	독	tok	dok
도초도	Toch'odo	Dochodo	독가스	tokkasŭ	dokgaseu
도총	toch'ong	dochong	독거	tokkŏ	dokgeo
도총관	Toch'onggwan	Dochonggwan	독경	tokkyŏng	dokgyeong
도총제부	toch'ongjebu	dochongjebu	독경자	tokkyŏngja	dokgyeongja
도축	toch'uk	dochuk	독곡	Tokkok	Dokgok
도출	toch'ul	dochul	독교	tokkyo	dokgyo
도치	Toch'i	Dochi	독기	tokki	dokgi
도쿄	Tok'yo	Dokyo	독노회	Tongnohoe	Dongnohoe
도쿠나가	Tok'unaga	Dokunaga	독단	toktan	dokdan
도쿠토미	Tok'ut'omi	Dokutomi	독대	toktae	dokdae
도큐먼트	tok'yumŏnt'ŭ	dokyumeonteu	독도	Tokto	Dokdo
도큐멘타리	tok'yument'ari	dokyumentari	독도리	Tokto-ri	Dokdo-ri
도큐멘터리	tok'yument'ŏri	dokyumenteori	독도전	Toktojŏn	Dokdojeon

한글 용례	ALA–LC Romanization	정부 표기안	한글 용례	ALA–LC Romanization	정부 표기안
독도戰	Toktojŏn	Dokdojeon	독성	toksŏng	dokseong
독락	tongnak	dongnak	독성학	toksŏnghak	dokseonghak
독락당	Tongnaktang	Dongnakdang	독소	tokso	dokso
독려	tongnyŏ	dongnyeo	독송	toksong	doksong
독로	Tongno	Dongno	독송경	toksonggyŏng	doksonggyeong
독로강	Tongnogang	Dongnogang	독송회	toksonghoe	doksonghoe
독립	tongnip	dongnip	독수	toksu	doksu
독립관	Tongnipkwan	Dongnipgwan	독수리	toksuri	doksuri
독립국	tongnipkuk	dongnipguk	독수리들	toksuridŭl	doksurideul
독립군	Tongnipkun	Dongnipgun	독습	toksŭp	dokseup
독립단	Tongniptan	Dongnipdan	독식	toksik	doksik
독립당	Tongniptang	Dongnipdang	독신	toksin	doksin
독립문	Tongnimmun	Dongnipmun	독신녀	toksinnyŏ	doksinnyeo
독립사	tongnipsa	dongnipsa	독심술	toksimsul	doksimsul
독무덤	tongmudŏm	dongmudeom	독어	Togŏ	Dogeo
독무재	Tongmujae	Dongmujae	독일	Togil	Dogil
독문	tongmun	dongmun	독일사	Togilsa	Dogilsa
독문학	Tongmunhak	Dongmunhak	독일식	Togilsik	Dogilsik
독물	tongmul	dongmul	독일인	Togirin	Dogirin
독물기	tongmulgi	dongmulgi	독일학	Togirhak	Dogilhak
독방	tokpang	dokbang	독자	tokcha	dokja
독배	tokpae	dokbae	독자층	tokchach'ŭng	dokjacheung
독백	tokpaek	dokbaek	독재	tokchae	dokjae
독버섯	tokpŏsot	dokbeoseot	독재자	tokchaeja	dokjaeja
독법	tokpŏp	dokbeop	독재자들	tokchaejadŭl	dokjaejadeul
독보	tokpo	dokbo	독점	tokchŏm	dokjeom
독보적	tokpojŏk	dokbojeok	독점법	tokchŏmpŏp	dokjeombeop
독본	tokpon	dokbon	독점제	tokchŏmje	dokjeomje
독부	tokpu	dokbu	독제	tokche	dokje
독사	toksa	doksa	독존	tokchon	dokjon
독산	Toksan	Doksan	독주	tokchu	dokju
독산성	Toksansŏng	Doksanseong	독주회	tokchuhoe	dokjuhoe
독살	toksal	doksal	독진	Tokchin	Dokjin
독살설	toksalsŏl	doksalseol	독창성	tokch'angsŏng	dokchangseong
독서	toksŏ	dokseo	독창적	tokch'angjŏk	dokchangjeok
독서광	toksŏgwang	dokseogwang	독트린	tokt'ŭrin	dokteurin
독서光	Toksŏgwang	dokseochoep	독특	tokt'ŭk	dokteuk
독서당	Toksŏdang	Dokseodang	독특성	tokt'ŭksŏng	dokteukseong
독서록	toksŏrok	dokseorok	독판	tokp'an	dokpan
독서법	toksŏpŏp	dokseobeop	독학	tokhak	dokhak
독서인	toksŏin	dokseoin	독학사	tokhaksa	dokaksa
독서회	toksŏhoe	dokseohoe	독함	tokham	dokham
독선	toksŏn	dokseon	독해	tokhae	dokhae
독설	toksŏl	dokseol	독해문	tokhaemun	dokhaemun
독섬	Toksŏm	Dokseom	독행도	Tokhaengdo	Dokhaengdo

한글 용례	ALA-LC Romanization	정부 표기안	한글 용례	ALA-LC Romanization	정부 표기안
독후감	tokhugam	dokhugam	돌담길	toldamkil	doldamgil
돈	ton	don	돌덧널	toldŏnnŏl	doldeonneol
돈가방	tonkabang	dongabang	돌도끼	toldokki	doldokki
돈교	Ton'gyo	Dongyo	돌들	toldŭl	doldeul
돈녕	Tonnyŏng	Donnyeong	돌려라	tollyŏra	dollyeora
돈대	Tondae	Dondae	돌리니	tollini	dollini
돈사	tonsa	donsa	돌린	tollin	dollin
돈수	tonsu	donsu	돌림	tollim	dollim
돈스코이호	Tonsŭk'oiho	Donseukoiho	돌림병	tollimpyŏng	dollimbyeong
돈암	Tonam	Donam	돌망치	tolmangch'i	dolmangchi
돈암동	Tonam-dong	Donam-dong	돌망태	tolmangt'ae	dolmangtae
돈암장	Tonamjang	Donamjang	돌무지	tolmuji	dolmuji
돈오	tono	dono	돌발	tolbal	dolbal
돈와	Tonwa	Donwa	돌베개	tolbegae	dolbegae
돈의	Tonŭi	Donui	돌보고	tolbogo	dolbogo
돈의문	Tonŭimun	Donuimun	돌보기	tolbogi	dolbogi
돈점	tonjŏm	donjeom	돌보는	tolbonŭn	dolboneun
돈줄	tonchul	donjul	돌보다	tolboda	dolboda
돈차	tonch'a	doncha	돌보미	tolbomi	dolbomi
돈화	tonhwa	donhwa	돌보지	tolboji	dolboji
돈화문	Tonhwamun	Donhwamun	돌봄	tolbom	dolbom
돈황	Tonhwang	Donhwang	돌봐	tolbwa	dolbwa
돈황본	Tonhwangbon	Donhwangbon	돌사자	tolsaja	dolsaja
돈후	tonhu	donhu	돌산	tolsan	dolsan
돈는	tonnŭn	donneun	돌살	tolsal	dolsal
돋보기	totpogi	dotbogi	돌살촉	tolsalch'ok	dolsalchok
돋아라	todara	dodara	돌삽	tolsap	dolsap
돋우는	todunŭn	doduneun	돌샘	Tolsaem	dolsaem
돋우다	toduda	doduda	돌아	tora	dora
돋움	todum	dodum	돌아라	torara	dorara
돋움체	todumch'e	dodumche	돌아서	torasŏ	doraseo
돋을	todŭl	dodeul	돌아온	toraon	doraon
돌	tol	dol	돌이켜	torik'yŏ	dorikyeo
돌각담	tolgaktam	dolgakdam	돌입	tollip	dorip
돌개	tolgae	dolgae	돌자	tolja	dolja
돌검	tolgŏm	dolgeom	돌작살	toljaksal	doljaksal
돌격	tolgyŏk	dolgyeok	돌직구	tolchikku	doljikgu
돌격대	tolgyŏktae	dolgyeokdae	돌짐승	toljimsŭng	doljimseung
돌고	tolgo	dolgo	돌창	tolch'ang	dolchang
돌고예	Tolgoye	dolgoye	돌챙이	tolch'aengi	dolchaengi
돌괭이	tolgwaengi	dolgwaengi	돌칼	tolk'al	dolkal
돌궐	Tolgwŏl	Dolgwol	돌탑	tolt'ap	doltap
돌낫	tollat	dolnat	돌톱	tolt'op	doltop
돌널	tolnŏl	dolleol	돌파	tolp'a	dolpa
돌담	toldam	doldam	돌파구	tolp'agu	dolpagu

한글 용례	ALA-LC Romanization	정부 표기안	한글 용례	ALA-LC Romanization	정부 표기안
돌팔이	tolp'ari	dolpari	동남아	Tongnama	Dongnama
돌풍	tolp'ung	dolpung	동남풍	tongnamp'ung	dongnampung
돌하르방	Tolharŭbang	Dolhareubang	동네	tongne	dongne
돐	tol	dol	동네북	tongnebuk	dongnebuk
돐날	tolnal	dollal	동녀	tongnyŏ	dongnyeo
돕기	topki	dopgi	동년	tongnyŏn	dongnyeon
돕는	tomnŭn	domneun	동년배	tongnyŏnbae	dongnyeonbae
동	tong	dong	동녕	Tongnyŏng	Dongnyeong
동각	Tonggak	Donggak	동녕부	Tongnyŏngbu	Dongnyeongbu
동강	Tonggang	Donggang	동녘	tongnyŏk	dongnyeok
동강공파	Tongganggongp'a	Dongganggongpa	동농	Tongnong	Dongnong
동거	tonggŏ	donggeo	동다송	Tongdasong	Dongdasong
동검	tonggŏm	donggeom	동단	Tongdan	Dongdan
동결	tonggyŏl	donggyeol	동답	tongdap	dongdap
동경	tonggyŏng	donggyeong	동대	Tongdae	Dongdae
동경대	Tonggyŏngdae	Donggyeongdae	동대문	Tongdaemun	Dongdaemun
동경대생들	Tonggyŏngdaesaengdŭl	Donggyeongdaesaengdeul	동대사	Tongdaesa	Dongdaesa
동계	tonggye	donggye	동덕	Tongdŏk	Dongdeok
동계면	Tonggye-myŏn	Donggye-myeon	동덕대	Tongdŏktae	Dongdeokdae
동고	Tonggo	Donggo	동덕리	Tongdŏng-ni	Dongdeok-ri
동곡	Tonggok	Donggok	동도	Tongdo	dongdo
동과	Tonggwa	Donggwa	동도관	Tongdogwan	Dongdogwan
동관	tonggwan	donggwan	동도끼	tongdokki	dongdokki
동광	Tonggwang	Donggwang	동도섬	Tongdosŏm	Dongdoseom
동광사	Tonggwangsa	Donggwangsa	동독	Tongdok	Dongdok
동교	tonggyo	donggyo	동동	tongdong	dongdong
동교동	Tonggyo-dong	Donggyo-dong	동두천	Tongduch'ŏn	Dongducheon
동구	tonggu	donggu	동두천시	Tongduch'ŏn-si	Dongducheon-si
동구권	Tonggukwŏn	Donggugwon	동락	tongnak	dongnak
동구능	Tonggunŭng	Dongguneung	동락당	Tongnaktang	Dongnakdang
동구릉	Tonggurŭng	Donggureung	동란	tongnan	dongnan
동국	Tongguk	Dongguk	동람	Tongnam	Dongnam
동국대	Tongguktae	Donggukdae	동랑	tongnang	dongnang
동굴	tonggul	donggul	동래	Tongnae	Dongnae
동궁	tonggung	donggung	동래구	Tongnae-gu	Dongnae-gu
동궐	Tonggwŏl	Tonggwol	동래군	Tongnae-gun	Dongnae-gun
동궐도	Tonggwŏlto	Donggwoldo	동래부	Tongnae-bu	Dongnae-bu
동그라미	tonggŭrami	donggeurami	동래현	Tongnae-hyŏn	Dongnae-hyeon
동극	tonggŭk	donggeuk	동량	tongnyang	dongnyang
동극선	tonggŭksŏn	donggeukseon	동력	tongnyŏk	dongnyeok
동기	tonggi	donggi	동력학	tongnyŏkhak	dongnyeokhak
동김녕	Tonggimnyŏng	Donggimnyeong	동령	Tongnyŏng	Dongnyeong
동남	tongnam	dongnam	동로	tongno	dongno
동남리	Tongnam-ni	Dongnam-ri	동로면	Tongno-myŏn	Dongno-myeon
동남방	tongnambang	dongnambang	동로현	Tongno-hyŏn	Dongno-hyeon

한글 용례	ALA-LC Romanization	정부 표기안	한글 용례	ALA-LC Romanization	정부 표기안
동료	tongnyo	dongnyo	동방삭	Tongbangsak	Dongbangsak
동리	tongni	dongni	동방원	Tongbangwŏn	Dongbangwon
동리산	Tongnisan	Dongnisan	동방학	Tongbanghak	Dongbanghak
동림	Tongnim	Dongnim	동백	tongbaek	dongbaek
동림사	Tongnimsa	Dongnimsa	동백꽃	tongbaekkkot	dongbaekkkoch
동립문	Tongnipmun	Dongnimmun	동백림	Tongbaengnim	Dongbaengnim
동만	tongman	dongman	동번	tongbŏn	dongbeon
동맹	tongmaeng	dongmaeng	동변	tongbyŏn	dongbyeon
동맹국	tongmaengguk	dongmaengguk	동병	tongbyŏng	dongbyeong
동맹단	tongmaengdan	dongmaengdan	동보	tongbo	dongbo
동맹주의	tongmaengjuŭi	dongmaengjuui	동복	tongbok	dongbok
동면	tongmyŏn	dongmyeon	동복리	Tongbong-ni	Dongbok-ri
동명	tongmyŏng	dongmyeong	동본	tongbon	dongbon
동명묘	Tongmyŏngmyo	Dongmyeongmyo	동봉	tongbong	dongbong
동목	tongmok	dongmok	동부	tongbu	dongbu
동몽	tongmong	dongmong	동부동	Tongbu-dong	Dongbu-dong
동무	tongmu	dongmu	동북	tongbuk	dongbuk
동무들	tongmudŭl	dongmudeul	동북동	Tongbuk-tong	Dongbuk-dong
동문	tongmun	dongmun	동북로	Tongbungno	Dongbungno
동문관	tongmun'gwan	dongmungwan	동북면	Tongbung-myŏn	Dongbuk-myeon
동문동	Tongmun-dong	Dongmun-dong	동북방	tongbukpang	dongbukbang
동문들	tongmundŭl	dongmundeul	동북아	Tongbuga	Dongbuga
동문록	tongmunnok	dongmullok	동빙고	Tongbinggo	Dongbinggo
동문사	Tongmunsa	Dongmunsa	동사	tongsa	dongsa
동문선	Tongmunsŏn	Dongmunseon	동사약	Tongsayak	Dongsayak
동문지	tongmunji	dongmunji	동산	tongsan	dongsan
동문학	tongmunhak	dongmunhak	동산군	Tongsan-gun	Dongsan-gun
동문회	tongmunhoe	dongmunhoe	동산방	Tongsanbang	Dongsanbang
동물	tongmul	dongmul	동삼	Tongsam	Dongsam
동물권	Tongmulkwŏn	dongmulgwon	동삼동	Tongsam-dong	Dongsam-dong
동물기	tongmulgi	dongmulgi	동상	tongsang	dongsang
동물담	tongmuldam	dongmuldam	동색	tongsaek	dongsaek
동물류	tongmullyu	dongmullyu	동서	tongsŏ	dongseo
동물용	tongmullyong	dongmuryong	동서대	Tongsŏdae	Dongseodae
동물원	tongmurwŏn	dongmurwon	동서독	Tong-Sŏdok	Dong-Seodok
동물지	tongmulji	dongmulji	동서리	Tongsŏ-ri	Dongseo-ri
동물학	tongmurhak	dongmulhak	동서반	tongsŏban	dongseoban
동물형	tongmurhyŏng	dongmulhyeong	동서방	tongsŏbang	dongseobang
동민	tongmin	dongmin	동서양	Tong-Sŏyang	Dong-Seoyang
동민회	tongminhoe	dongminhoe	동석	tongsŏk	Dongseok
동반	tongban	dongban	동선	tongsŏn	dongseon
동반인	tongbanin	dongbanin	동성	tongsŏng	dongseong
동반자	tongbanja	dongbanja	동성군	Tongsŏng-gun	Dongseong-gun
동방	tongbang	dongbang	동성사	Tongsŏngsa	Dongseongsa
동방사	Tongbangsa	Dongbangsa	동성애	tongsŏngae	dongseongae

한글 용례	ALA-LC Romanization	정부 표기안	한글 용례	ALA-LC Romanization	정부 표기안
동성애자	tongsŏngaeja	dongseongaeja	동여	tongyŏ	dongyeo
동성촌	tongsŏngch'on	dongseongchon	동여도	tongyŏdo	dongyeodo
동성혼	tongsŏnghon	dongseonghon	동역학	tongyŏkhak	dongyeokhak
동소	tongso	dongso	동연	tongyŏn	dongyeon
동소문	Tongsomun	Dongsomun	동영	Tongyŏng	Dongyeong
동수	tongsu	dongsu	동영상	tongyŏngsang	dongyeongsang
동순태호	Tongsunt'aeho	Dongsuntaeho	동예	Tongye	Dongye
동숭	Tongsung	Dongsung	동오	Tongo	Dongo
동숭동	Tongsung-dong	Dongsung-dong	동온	tongon	dongon
동시	tongsi	dongsi	동요	tongyo	dongyo
동시대	tongsidae	dongsidae	동요곡	tongyogok	dongyogok
동시성	tongsisŏng	dongsiseong	동요선	tongyosŏn	dongyoseon
동시전	tongsijŏn	dongsijeon	동요집	tongyojip	dongyojip
동시집	tongsijip	dongsijip	동우	tongu	dongu
동식물	tongsingmul	dongsingmul	동우회	tonguhoe	donguhoe
동식물명	tongsingmulmyŏng	dongsingmulmyeong	동원	tongwŏn	dongwon
동식물성	tongsingmulsŏng	dongsingmulseong	동원형	tongwŏnhyŏng	dongwonhyeong
동신	Tongsin	Dongsin	동원호	Tongwŏnho	Dongwonho
동신당	Tongsindang	Dongsindang	동월	tongwŏl	dongwol
동신대	Tongsindae	Dongsindae	동위	tongwi	dongwi
동심	tongsim	dongsim	동유	tongyu	dongyu
동심원	Tongsimwŏn	Dongsimwon	동율	tongyul	dongyul
동심초	tongsimch'o	dongsimcho	동은	tongŭn	dongeun
동아	tonga	donga	동의	tongŭi	dongui
동아대	Tongadae	Dongadae	동의대	Tongŭidae	Donguidae
동아리	tongari	dongari	동의서	tongŭisŏ	donguiseo
동악	Tongak	Dongak	동의어	tongŭiŏ	donguieo
동악산	Tongaksan	Dongaksan	동의학	Tongŭihak	Donguihak
동안	tongan	dongan	동이	tongi	dongi
동안거	tongan'gŏ	dongangeo	동이고	tongigo	dongigo
동암	Tongam	Dongam	동이론	tongiron	dongiron
동약	Tongyak	Dongyak	동이족	Tongijok	Dongijok
동양	Tongyang	Dongyang	동이현	Tongi-hyŏn	Dongi-hyeon
동양대	Tongyangdae	Dongyangdae	동인	tongin	dongin
동양론	Tongyangnon	Dongyangnon	동인들	tongindŭl	dongindeul
동양사	Tongyangsa	Dongyangsa	동인시	tonginsi	donginsi
동양인	Tongyangin	Dongyangin	동인지	tonginji	donginji
동양적	Tongyangjŏk	Dongyangjeok	동인회	tonginhoe	donginhoe
동양학	Tongyanghak	Dongyanghak	동일	tongil	dongil
동양학적	Tongyanghakchŏk	Dongyanghakjeok	동자	tongja	dongja
동양화	tongyanghwa	dongyanghwa	동자례	tongjarye	dongjarye
동어	tongŏ	dongeo	동자부	Tongjabu	Dongjabu
동업	tongŏp	dongeop	동자상	tongjasang	dongjasang
동업인	tongŏbin	dongeobin	동작	tongjak	dongjak
동업자	tongŏpcha	dongeopja	동작구	Tongjak-ku	Dongjak-gu

한글 용례	ALA-LC Romanization	정부 표기안	한글 용례	ALA-LC Romanization	정부 표기안
동작성	tongjaksŏng	dongjakseong	동태적	tongt'aejŏk	dongtaejeok
동장	tongjang	dongjang	동토	tongt'o	dongto
동장군	tongjanggun	dongjanggun	동특성	tongt'ŭksŏng	dongteukseong
동재	Tongjae	Dongjae	동파	tongp'a	dongpa
동적	tongchŏk	dongjeok	동패	tongp'ae	dongpae
동전	tongjŏn	dongjeon	동편	tongp'yŏn	dongpyeon
동절기	tongjŏlgi	dongjeolgi	동편제	Tongp'yŏnje	Dongpyeonje
동점(同點)	tongchŏm	dongjeom	동포	tongp'o	dongpo
동점(東漸)	tongjŏm	dongjeom	동포들	tongp'odŭl	dongpodeul
동정	tongjŏng	dongjeong	동포사	tongp'osa	dongposa
동제	tongje	dongje	동포회	tongp'ohoe	dongpohoe
동제사	Tongjesa	Dongjesa	동피랑	Tongp'irang	Dongpirang
동조	tongjo	dongjo	동하총	tonghach'ong	donghachong
동조화	tongjohwa	dongjohwa	동학	Tonghak	Donghak
동족	tongjok	dongjok	동학교	Tonghakkyo	Donghakgyo
동종	tongjong	dongjong	동학군	Tonghakkun	Donghakgun
동주	Tongju	Dongju	동학난	Tonghangnan	Donghaknan
동지	tongji	dongji	동학당	Tonghaktang	Donghakdang
동지들	tongjidŭl	dongjideul	동학사	Tonghaksa	Donghaksa
동지사	Tongjisa	Dongjisa	동학인	Tonghagin	Donghagin
동지애	tongjiae	dongjiae	동한	tonghan	donghan
동지일	Tongjiil	Dongjiil	동항	tonghang	donghang
동지적	tongjijŏk	dongjijeok	동해	Tonghae	Donghae
동지회	tongjihoe	dongjihoe	동해권	Tonghaekwŏn	Donghaegwon
동진	tongjin	dongjin	동해대	Tonghaedae	Donghaedae
동질	tongjil	dongjil	동해물	Tonghaemul	Donghaemul
동질성	tongjilsŏng	dongjilseong	동해시	Tonghae-si	Donghae-si
동짓달	tongjittal	dongjitdal	동해안	Tonghaean	Donghaean
동쪽	tongtchok	dongjjok	동해왕	Tonghaewang	Donghaewang
동창	tongch'ang	dongchang	동해학	Tonghaehak	Donghaehak
동창생	tongch'angsaeng	dongchangsaeng	동행	tonghaeng	donghaeng
동창회	tongch'anghoe	dongchanghoe	동행자	tonghaengja	donghaengja
동책	tongch'aek	dongchaek	동향	tonghyang	donghyang
동척	Tongch'ŏk	Dongcheok	동헌	tonghŏn	dongheon
동천	tongch'ŏn	dongcheon	동혈	tonghyŏl	donghyeol
동천당	Tongch'ŏndang	Ddongcheondang	동형	tonghyŏng	donghyeong
동천동	Tongch'ŏn-dong	Dongcheon-dong	동호	tongho	dongho
동천리	Tongch'ŏn-ni	Dongcheon-ri	동호사	Tonghosa	Donghosa
동초	tongch'o	dongcho	동호인	tonghoin	donghoin
동촌	Tongch'on	Dongchon	동호회	tonghohoe	donghohoe
동춘	Tongch'un	Dongchun	동화	tonghwa	donghwa
동춘당	Tongch'undang	Dongchundang	동화리	Tonghwa-ri	Donghwa-ri
동충	tongch'ung	dongchung	동화사	Tonghwasa	Donghwasa
동치	Tongch'i	Dongchi	동화제	tonghwaje	donghwaje
동태	tongt'ae	dongtae	동화주의	tonghwajuŭi	donghwajuui

한글 용례	ALA-LC Romanization	정부 표기안	한글 용례	ALA-LC Romanization	정부 표기안
동화집	tonghwajip	donghwajip	되시오	toesio	doesio
동회	tonghoe	donghoe	되어	toeŏ	doeeo
돗	tot	dot	되어라	toeŏra	doeeora
돼야	twaeya	dwaeya	되어서	toeŏsŏ	doeeoseo
돼요	twaeyo	dwaeyo	되어야	toeŏya	doeeoya
돼지	twaeji	dwaeji	되어준	toeŏjun	doeeojun
됐나	twaenna	dwaenna	되어지는가	toeŏjinŭn'ga	doeeojineunga
됐다	twaetta	dwaetda	되어진	toeŏjin	doeeojin
됐어	twaessŏ	dwaesseo	되어질	toeŏjil	doeeojil
되	toe	doe	되었나	toeŏnna	doeeonna
되게	toege	doege	되었나이다	toeŏnnaida	doeeonnaida
되겠습니다	toegessŭmnida	doegetseumnida	되었는가	toeŏnnŭn'ga	doeeonneunga
되고	toego	doego	되었다	toeŏtta	doeeotda
되고도	toegodo	doegodo	되었던	toeŏttŏn	doeeotdeon
되기	toegi	doegi	되었을까	toeŏssŭlkka	doeeosseulkka
되나	toena	doena	되여	toeyŏ	doeyeo
되네	toene	doene	되여야	toeyŏya	doeyeoya
되네요	toeneyo	doeneyo	되읍니다	toeomnida	doeomnida
되는	toenŭn	doeneun	되자	toeja	doeja
되는가	toenŭn'ga	doeneunga	되지	toeji	doeji
되다	toeda	doeda	되짚다	toejipta	doejipda
되도록	toedorok	doedorok	되짚어	toejip'ŏ	doejipeo
되돌리는	toedollinŭn	doedollineun	되짚어본	toejip'ŏbon	doejipeobon
되돌림	toedollim	doedollim	되찾기	toech'atki	doechatgi
되돌아	toedora	doedora	되찾는	toech'annŭn	doechanneun
되돌아본	toedorabon	doedorabon	되찾은	toech'ajŭn	doechajeun
되라	toera	doera	되찾자	toech'atcha	doechatja
되려	toeryŏ	doeryeo	되풀이	toep'uri	doepuri
되려는	toeryŏnŭn	doeryeoneun	된	toen	doen
되리	toeri	doeri	된다	toenda	doenda
되리니	toerini	doerini	된장	toenjang	doenjang
되리라	toerira	doerira	될	toel	doel
되밟다	toebapta	doebapda	될까	toelkka	doelkka
되살려	toesallyŏ	doesallyeo	됨	toem	doem
되살려낸	toesallyŏnaen	doesallyeonaen	두	tu	du
되살려야	toesallyŏya	doesallyeoya	두건	tugŏn	dugeon
되살리기	toesalligi	doesalligi	두견	tugyŏn	dugyeon
되살리다	toesallida	doesallida	두견주	tugyŏnju	dugyeonju
되살린	toesallin	doesallin	두계	tugye	dugye
되살아	toesara	doesara	두고	tugo	dugo
되살아난	toesaranan	doesaranan	두고온	tugoon	dugoon
되새겨	toesaegyŏ	doesaegyeo	두곡	tugok	dugok
되새기며	toesaegimyŏ	doesaegimyeo	두곡동	Tugok-tong	Dugok-dong
되새길수록	toesaegilsurok	doesaegilsurok	두곡리	Tugong-ni	Dugok-ri
되소서	toesosŏ	doesoseo	두기	tugi	dugi

한글 용례	ALA-LC Romanization	정부 표기안	한글 용례	ALA-LC Romanization	정부 표기안
두꺼비	tukkŏbi	dukkeobi	두산동	Tusan-dong	Dusan-dong
두꺼운	tukkŏun	dukkeoun	두서	tusŏ	duseo
두껍	tukkŏp	dukkeop	두석장	Tusŏkchang	Duseokjang
두남	tunam	dunam	두선	Tusŏn	Duseon
두뇌	tunoe	dunoe	두성	Tusŏng	Duseong
두는	tunŭn	duneun	두수	tusu	dusu
두다	tuda	duda	두시	tusi	dusi
두당	tudang	dudang	두실	tusil	dusil
두더지	tudŏji	dudeoji	두아라	Tuara	Duara
두드리고	tudŭrigo	dudeurigo	두안	Tuan	Duan
두드리는	tudŭrinŭn	dudeurineun	두암	Tuam	Duam
두드림	tudŭrim	dudeurim	두암관	Tuamgwan	Duamgwan
두락	turak	durak	두암실	Tuamsil	Duamsil
두락리	Turang-ni	Durak-ri	두어야	tuŏya	dueoya
두란노	Turanno	Duranno	두인	Tuin	Duin
두렁집	turŏngchip	dureongjip	두일리	Tuil-li	Duil-ri
두레	ture	dure	두자	tuja	duja
두레박	turebak	durebak	두전	tujŏn	dujeon
두려운	turyŏun	duryeoun	두창	tuch'ang	duchang
두려움	turyŏum	duryeoum	두칠	Tuch'il	Duchil
두려워	turyŏwŏ	duryeowo	두침	tuch'im	duchim
두려웠다	turyŏwŏtta	duryeowotda	두타	Tut'a	Duta
두렵지	turyŏpchi	duryeopji	두타산	Tut'asan	Dutasan
두령	turyŏng	duryeong	두텁게	tut'ŏpke	duteopge
두루	turu	duru	두표	tup'yo	dupyo
두루길	turukil	durugil	두해	tuhae	duhae
두루마기	turumagi	durumagi	둑	tuk	duk
두루미	turumi	durumi	둔	tun	dun
두루봉	Turubong	Durubong	둔감	tun'gam	dungam
두류	Turyu	Duryu	둔갑	tun'gap	dungap
두류산	Turyunsan	Duryunsan	둔내	Tunnae	Dunnae
두른	turŭn	dureun	둔내면	Tunnae-myŏn	Dunnae-myeon
두만	Tuman	Duman	둔다	tunda	dunda
두만강	Tuman'gang	Dumangang	둔병	tunbyŏng	dunbyeong
두메	tume	dume	둔재	tunjae	dunjae
두면	tumyŏn	dumyeon	둔전	tunjŏn	dunjeon
두모포	Tumop'o	Dumopo	둔전평	Tunjŏnp'yŏng	Dunjeonpyeong
두목	tumok	dumok	둔촌	Tunch'on	Dunchon
두문	Tumun	Dumun	둔토	tunt'o	dunto
두문동	Tumun-dong	Dumun-dong	둔화	tunhwa	dunhwa
두문동비	Tumun-dongbi	Dumun-dongbi	둔황	Tunhwang	Dunhwang
두물	tumul	dumul	둘	tul	dul
두병	tubyŏng	dubyeong	둘러	tullŏ	dulleo
두부	tubu	dubu	둘러선	tullŏsŏn	dulleoseon
두산	Tusan	Dusan	둘러싼	tullŏssan	dulleossan

한글 용례	ALA-LC Romanization	정부 표기안	한글 용례	ALA-LC Romanization	정부 표기안
둘레	tulle	dulle	듀이	Tyui	Dyui
둘레길	tullekil	dullegil	드나든	tŭnadŭn	deunadeun
둘리	Tulli	Dulli	드나들기	tŭnadŭlgi	deunadeulgi
둥굴소	Tunggulso	Dunggulso	드넓은	tŭnŏlbŭn	deuneobeun
둥근	tunggŭn	dunggeun	드는	tŭnŭn	deuneun
둥우리	tunguri	dunguri	드는가	tŭnŭn'ga	deuneunga
둥지	tungji	dungji	드라마	tŭrama	deurama
됬습니다	twŏtsŭmnida	dwotsseumnida	드라마투르기	tŭramat'urŭgi	deuramatureugi
뒤	twi	dwi	드라망	tŭramang	deuramang
뒤늦은	twinŭjŭn	dwineujeun	드라이버	tŭraibŏ	deuraibeo
뒤덮다	twidŏpta	dwideopda	드라이브	tŭraibŭ	deuraibeu
뒤덮은	twidŏp'ŭn	dwideopeun	드라이브사	Tŭraibŭsa	Deuraibeusa
뒤돌아	twidora	dwidora	드라이브社	Tŭraibŭsa	Deuraibeusa
뒤바꾼	twibakkun	dwibakkun	드래곤	tŭregon	deuraegon
뒤바꿔	twipakkwŏ	dwibakkwo	드래그	tŭraegŭ	deuraegeu
뒤셰	Twisye	Dwisye	드러나다	tŭrŏnada	deureonada
뒤안	twian	dwian	드러나지	tŭrŏnaji	deureonaji
뒤안길	twiankil	dwiangil	드러난	tŭrŏnan	deureonan
뒤엎으려	twiŏp'ŭryŏ	dwieopeuryeo	드러났는데도	tŭrŏnannŭndedo	deureonanneundedo
뒤엎은	twiŏp'ŭn	dwieopeun	드러내기	tŭrŏnaegi	deureonaegi
뒤지다	twijida	dwijida	드러낸	tŭronaen	deureonaen
뒤집기	twijipki	dwijipgi	드러커	Tŭrŏk'ŏ	Deureokeo
뒤집어	twijibŏ	dwijibeo	드레스덴	Tŭresŭden	Deureseuden
뒤집어라	twijibŏra	dwijibeora	드레이크	Tŭreik'ŭ	Deureikeu
뒤집어본	twijibŏbon	dwijibeobon	드려야	tŭryŏya	deuryeoya
뒤집어서	twijibsŏ	dwijibeoseo	드로잉	tŭroing	deuroing
뒤집은	twijibŭn	dwijibeun	드론	tŭron	deuron
뒤집을	twijibŭl	dwijibeul	드리겠읍니다	tŭrigessŭmnida	deurigesseumnida
뒤테르트르	Twit'erŭt'ŭrŭ	Dwitereuteureu	드리는	tŭrinŭn	deurineun
뒤틀린	twit'ŭllin	dwiteullin	드리옵니다	tŭriomnida	deuriomnida
뒤편	twip'yŏn	dwipyeon	드리운	tŭriun	deuriun
뒤프렌	Twip'ŭren	Dwipeuren	드린다	tŭrinda	deurinda
뒤흔드는	twihŭndŭnŭn	dwiheundeuneun	드림	tŭrim	deurim
뒤흔든	twihŭndŭn	dwiheundeun	드림북	Tŭrimbuk	Deurimbuk
뒷	twit	dwit	드립니다	tŭrimnida	deurimnida
뒷간	twikkan	dwitgan	드문	tŭmun	deumun
뒷개	twitkae	dwitgae	드실래요	tŭsillaeyo	deusillaeyo
뒷날	twinnal	dwinnal	득	tŭk	deuk
뒷담화	twittamhwa	dwitdamhwa	득남	tŭngnam	dungnam
뒷받침	twitpach'im	dwitbatchim	득도	tŭkto	deukdo
뒷불	twitpul	dwitbul	득보	tŭkpo	deukbo
뒷산	twitsan	dwitsan	득수	tŭksu	deuksu
뒷이야기	twinniyagi	dwinniyagi	득실	tŭksil	deuksil
뒷표지	twitp'yoji	dwitpyoji	득오	tŭgo	deugo
듀나	Tyuna	Dyuna	득음	tŭgŭm	deugeum

한글 용례	ALA-LC Romanization	정부 표기안	한글 용례	ALA-LC Romanization	정부 표기안
득의	tŭgŭi	deugui	들어간	tŭrŏgan	deureogan
득정	tŭkchŏng	deukjeong	들어난	tŭrŏnan	deureonan
득지	tŭkchi	deukji	들어라	tŭrŏra	deureora
득통	tŭkt'ong	deuktong	들어야	tŭrŏya	deureoya
득표	tŭkp'yo	deukpyo	들어온	tŭrŏon	deureoon
든	tŭn	deun	들었나	tŭrŏnna	deureonna
든다	tŭnda	deunda	들여	tŭryŏ	deuryeo
든든하군	tŭndŭnhagun	deundeunhagun	들여다	tŭryŏda	deuryeoda
든든하軍	tŭndŭnhagun	deundeunhagun	들여다본	tŭryŏdabon	deuryeodabon
든든한	tŭndŭnhan	deundeunhan	들으며	tŭrŭmyŏ	deureumyeo
든든해요	tŭndŭnhaeyo	deundeunhaeyo	들은	tŭrŭn	deureun
듣고	tŭtko	deutgo	들을수록	tŭrŭlsurok	deureulsurok
듣고는	tŭtkonŭn	deutgoneun	들이기	tŭrigi	deurigi
듣기	tŭtki	deutgi	들이는	tŭrinŭn	deurineun
듣는	tŭnnŭn	deunneun	들이다	tŭrida	deurida
듣는다	tŭnnŭnda	deunneunda	들인	tŭrin	deurin
듣다	tŭtta	deutda	들자	tŭlja	deulja
들	tŭl	deul	들지	tŭlji	deulji
들가	tŭlka	deulga	들추는	tŭlch'unŭn	deulchuneun
들개	tŭlkae	deulgae	들추다	tŭlch'uda	deulchuda
들고	tŭlgo	deulgo	들춰낸	tŭlch'wŏnaen	deulchweonaen
들국화	tŭlgukhwa	deulgukhwa	들춰서	tŭlch'wŏsŏ	deulchweoseo
들기	tŭlgi	deulgi	들키기	tŭlk'igi	deulkigi
들길	tŭlkil	deulgil	들판	tŭlp'an	deulpan
들깨	tŭlkkae	deulkkae	등	tŭng	deung
들꽃	tŭlkkot	deulkkot	등가	tŭngga	deungga
들나물	tŭllamul	deulnamul	등가성	tŭnggasŏng	deunggaseong
들녁	tŭllyŏk	deullyeok	등계집	tŭnggyejip	deuggyejip
들녘	tŭllyŏk	deullyeok	등계집	tŭnggyejip	deunggyejip
들다	tŭlda	deulda	등과록	tŭnggwarok	deunggwarok
들러	tŭllŏ	deulleo	등권	tŭngkwŏn	deunggwon
들려	tŭllyŏ	deullyeo	등극	tŭnggŭk	deunggeuk
들려준	tŭllyŏjun	deullyeojun	등급	tŭnggŭp	deunggeup
들로화	Tŭllohwa	Deullohwa	등기	tŭnggi	deunggi
들뢰즈	Tŭlloejŭ	Deulloejeu	등기법	tŭnggipŏp	deunggibeop
들리는	tŭllinŭn	deullineun	등나무	tŭngnamu	deungnamu
들리지	tŭlliji	deulliji	등나무회	Tŭngnamuhoe	Deungnamuhoe
들린	tŭllin	deullin	등단	tŭngdan	deungdan
들메	tŭlme	deulme	등대	tŭngdae	deungdae
들면	tŭlmyŏn	deulmyeon	등대사	Tŭngdaesa	Deungdaesa
들목	tŭlmok	deulmok	등대장	tŭngdaejang	deungdaejang
들불	tŭlpul	deulbul	등락	tŭngnak	deungnak
들소리	tŭlsori	deulsori	등록	tŭngnok	deungnok
들어	tŭrŏ	deureo	등록금	tŭngnokkŭm	deungnokgeum
들어가	tŭrŏga	deureoga	등록제	tŭngnokche	deungnokje

한글 용례	ALA-LC Romanization	정부 표기안	한글 용례	ALA-LC Romanization	정부 표기안
등롱	tŭngnong	deungnong	디아스포라	tiasŭp'ora	diaseupora
등문	tŭngmun	deungmun	디앤피	Tiaenp'i	Diaenpi
등반	tŭngban	deungban	디오네	Tione	Dione
등불	tŭngpul	deungbul	디오니시	Tionisi	Dionisi
등사	tŭngsa	deungsa	디자이너	tijainŏ	dijaineo
등사기	tŭngsagi	deungsagi	디자이너들	tijainŏdŭl	dijaineodeul
등산	tŭngsan	deungsan	디자인	tijain	dijain
등산가	tŭngsan'ga	deungsan'ga	디자인과	tijainkwa	dijaingwa
등산로	tŭngsallo	deungsallo	디자인사	tijainsa	dijainsa
등서책	tŭngsŏch'aek	deungseochaek	디자인실	tijainsil	dijainsil
등암	Tŭngam	Deungam	디자인전	tijainjŏn	dijainjeon
등영	tŭngyŏng	deungyeong	디저어트	tijŏŏt'ŭ	dijeoeoteu
등용	tŭngyong	deungyong	디저트	tijŏt'ŭ	dijeoteu
등운	tŭngun	deungun	디지로그	tijilogŭ	dijirogeu
등잔	tŭngjan	deungjan	디지털	tijit'ŏl	dijiteol
등잔불	tŭngjanpul	deungjanbul	디지털트렌드	tijit'ŏlt'ŭrendŭ	dijiteolteurendeu
등장	tŭngjang	deungjang	디지털화	tijit'ŏrhwa	dijiteolhwa
등재	tŭngjae	deungjae	디테일	tit'eil	diteil
등전	tŭngjŏn	deungjeon	디펜스	tip'ensŭ	dipenseu
등정	tŭngjŏng	deungjeong	디플	Tip'ŭl	Dipeul
등정기	tŭngjŏnggi	deungjeonggi	디플랜	Tip'ŭllaen	Dipeullaen
등주	tŭngju	deungju	딛고	titko	ditgo
등줄기	tŭngchulgi	deungjulgi	딛고서	titkosŏ	ditgoseo
등지	tŭngji	deungji	딜레마	tillema	dillema
등진	tŭngjin	deungjin	딜쿠샤	Tilk'usya	Dilkusya
등초본	tŭngch'obon	deungchobon	딩굴다	tinggulda	dinggulda
등촉	tŭngch'ok	deungchok	딩굴면서	tinggulmyŏnsŏ	dinggulmyeonseo
등패	tŭngp'ae	deungpae	따	tta	tta
등허리	tŭnghŏri	deungheori	따귀	ttagwi	ttagwi
디	ti	di	따기	ttagi	ttagi
디도스	tidosŭ	didoseu	따꺼	ttakkŏ	ttakkeo
디디고	tidigo	didigo	따는	ttanŭn	ttaneun
디딘	tidin	didin	따님	ttanim	ttanim
디딜방아	tidilbanga	didilbanga	따돌린	ttadollin	ttadollin
디딤	tidim	didim	따돌림	ttadollim	ttadollim
디딤돌	tidimtol	didimdol	따따	ttatta	ttatta
디딤터	tidimt'ŏ	didimteo	따뜻하게	ttattŭthage	ttatteuthage
디렉터	tirekt'ŏ	direkteo	따뜻한	ttattŭthan	ttatteuthan
디렉토리	tirekt'ori	direktori	따뜻했던	ttattŭthaettŏn	ttatteuthaetdeon
디미방	timibang	dimibang	따라	ttara	ttara
디벨로퍼	tibellop'ŏ	dibellopeo	따라가	ttaraga	ttaraga
디벨로퍼들	tibellop'ŏdŭl	dibellopeodeul	따라기	ttaragi	ttaragi
디북	tibuk	dibuk	따라서	ttarasŏ	ttaraseo
디스크레션	tisŭk'ŭresyŏn	diseukeuresyeon	따로	ttaro	ttaro
디스플레이	tisŭp'ŭllei	diseupeullei	따르는	ttarŭnŭn	ttareuneun

한글 용례	ALA-LC Romanization	정부 표기안	한글 용례	ALA-LC Romanization	정부 표기안
따르라	ttarŭra	ttareura	떠나다	ttŏnada	tteonada
따른	ttarŭn	ttareun	떠나던	ttŏnadŏn	tteonadeon
따먹기	ttamŏkki	ttameokgi	떠나도	ttŏnado	tteonado
따비	Ttabi	Ttabi	떠나라	ttŏnara	tteonara
따사모	Ttasamo	Ttasamo	떠나며	ttŏnamyŏ	tteonamyeo
따스운	ttasŭun	ttaseuun	떠나면	ttŏnamyŏn	tteonamyeon
따스한	ttasŭhan	ttaseuhan	떠나야	ttŏnaya	tteonaya
따오기	ttaogi	ttaogi	떠나온	ttŏnaon	tteonaon
따이한	Ttaihan	Ttaihan	떠나자	ttŏnaja	tteonaja
따져	ttajyŏ	ttajyeo	떠난	ttŏnan	tteonan
따져본	ttajyŏbon	ttajyeobon	떠난다	ttŏnanda	tteonanda
딱새	ttaksae	ttaksae	떠날	ttŏnal	tteonal
딴	ttan	ttan	떠남	ttŏnam	tteonam
딴따라	ttanttara	ttanttara	떠는	ttŏnŭn	tteoneun
딸	ttal	ttal	떠다니네	ttŏdanine	tteodanine
딸기	ttalgi	ttalgi	떠다니는	ttŏdaninŭn	tteodanineun
딸기골	Ttalgikol	Ttalgigol	떠도는	ttŏdonŭn	tteodoneun
딸꾹	ttalkkuk	ttalkkuk	떠돌다	ttŏdolda	tteodolda
딸들	ttaldŭl	ttaldeul	떠돌던	ttŏdoldŏn	tteodoldeon
딸린	ttallin	ttallin	떠돌이	ttŏdori	tteodori
땀	ttam	ttam	떠들다	ttŏdŭlda	tteodeulda
땅	ttang	ttang	떠받드는	ttŏbattŭnŭn	tteobatdeuneun
땅굴	ttangkul	ttanggul	떠받친	ttŏbatch'in	tteobatchin
땅끝	ttangkkŭt	ttangkkeut	떠벌이	ttŏbŏri	tteobeori
땅콩	ttangk'ong	ttangkong	떠서	ttŏsŏ	tteoseo
땅크병	ttangk'ŭbyŏng	ttangkeubyeong	떠오르고	ttŏorŭgo	tteooreugo
때	ttae	ttae	떠오르는	ttŏorŭnŭn	tteooreuneun
때때로	ttaettaero	ttaettaero	떠요	ttŏyo	tteoyo
때때옷	ttaettaeot	ttaettaeot	떠있는	ttŏinnŭn	tteoinneun
때려	ttaeryŏ	ttaeryeo	떡	ttŏk	tteok
때려라	ttaeryŏra	ttaeryeora	떡고물	ttŏkkomul	tteokgomul
때렸는데요	ttaeryŏnnŭndeyo	ttaeryeonneundeyo	떡국	ttŏkkuk	tteokguk
때로	ttaero	ttaero	떡볶이	ttŏkpokki	tteokbokki
때론	ttaeron	ttaeron	떡살	ttŏksal	tteoksal
때문	ttaemun	ttaemun	떨게	ttŏlge	tteolge
땐	ttaen	ttaen	떨리는	ttŏllinŭn	tteollineun
땔	ttael	ttael	떨어진	ttŏrŏjin	tteoreojin
땔나무	ttaellamu	ttaellamu	떨지	ttŏlji	tteolji
땡볕	ttaengbyŏt	ttaengbyeot	떨쳐	ttŏlch'yŏ	tteolchyeo
땡이	ttaengi	ttaengi	떨치는	ttŏlch'inŭn	tteolchineun
땡추	ttaengch'u	ttaengchu	떨친	ttŏlch'in	tteolchin
떠나	ttŏna	tteona	떳떳하다	ttŏttŏthada	tteottteotada
떠나간	ttŏnagan	tteonagan	떼	tte	tte
떠나는	ttŏnanŭn	tteonaneun	떼법	ttebŏp	ttebeop
떠나는가	ttŏnanŭn'ga	tteonaneunga	뗄	ttel	ttel

한글 용례	ALA-LC Romanization	정부 표기안
멧목	ttenmok	ttenmok
또	tto	tto
또까레프	Ttokkarep'ŭ	Ttokkarepeu
또는	ttonŭn	ttoneun
또문	Ttomun	Ttomun
또순이	ttosuni	ttosuni
또한	ttohan	ttohan
똑	ttok	ttok
똑딱선	ttokttaksŏn	ttokttakseon
똑똑하고	ttokttokhago	ttokttokago
똑똑하다	ttokttokhada	ttokttokada
똑똑한	ttokttokhan	ttokttokan
똑바로	ttokparo	ttokbaro
똘똘	ttolttol	ttolttol
똘똘하고	ttolttorhago	ttolttolhago
똘배	Ttolbae	ttolbae
똥	ttong	ttong
똥따	ttongttak	ttongttak
똥따기	ttongttakki	ttongttakgi
뚜벅	ttubŏk	ttubeok
뚝섬	Ttuksŏm	Ttukseom
뚫고	ttulk'o	ttulgo
뚫어진	tturŏjin	ttureojin
뚫으셨오	tturŭsyotso	ttureusyeosso
뚱보	ttungbo	ttungbo
뛰고	ttwigo	ttwigo
뛰는	ttwinŭn	ttwineun
뛰며	ttwimyŏ	ttwimyeo
뛰면서	ttwimyŏnsŏ	ttwimyeonseo
뛰어	ttwiŏ	ttwieo
뛰어난	ttwiŏnan	ttwieonan
뛰어든	ttwiŏdŭn	ttwieodeun
뛰어라	ttwiŏra	ttwieora
뛰어야	ttwiŏya	ttwieoya
뛰쳐	ttwich'yŏ	ttwichyeo
뛴다	ttwinda	ttwinda
뜨거든	ttŭgŏdŭn	tteugeodeun
뜨거운	ttŭgŏun	tteugeoun
뜨거워	ttŭgŏwŏ	tteugeowo
뜨겁게	ttŭgŏpke	tteugeopge
뜨겁고	ttŭgŏpko	tteugeopgo
뜨겁고도	ttŭgŏpkodo	tteugeopgodo
뜨게	ttŭge	tteuge
뜨고	ttŭgo	tteugo
뜨기	ttŭgi	tteugi

한글 용례	ALA-LC Romanization	정부 표기안
뜨끔	ttŭkkŭm	tteukkeum
뜨끔한	ttŭkkŭmhan	tteukkeumhan
뜨네	ttŭne	tteune
뜨는	ttŭnŭn	tteuneun
뜨는가	ttŭnŭn'ga	tteuneunga
뜨는구나	ttŭnŭn'guna	tteuneunguna
뜨니	ttŭni	tteuni
뜨다	ttŭda	tteuda
뜨락	ttŭrak	tteurak
뜨락또르	ttŭrakttorŭ	tteurakttoreu
뜨릴	ttŭril	tteuril
뜨면	ttŭmyŏn	tteumyeon
뜨인	ttŭin	tteuin
뜬	ttŭn	tteun
뜬살이	ttŭnsari	tteunsari
뜰	ttŭl	tteul
뜸	ttŭm	tteum
뜸밭	ttŭmbat	tteumbat
뜸북새	ttŭmbuksae	tteumbuksae
뜻	ttŭt	tteut
뜻밖	ttŭtpak	tteutbak
뜻밖에	ttŭtpake	tteutbage
띄우는	ttŭiunŭn	ttuiuneun
띄운	ttŭiun	ttuiun
띄운다면	ttŭiundamyŏn	ttuiundamyeon
띄워	ttŭiwŏ	ttuiwo
띠	tti	tti
띠고	ttigo	ttigo
띠고리	ttigori	ttigori
띠모르레스떼	Ttimorŭresŭtte	Ttimoreureseutte
띠뱃놀이	ttibaennori	ttibaennori
띠아오위타이	Ttiaowit'ai	Ttiaowitai

한글 용례	ALA-LC Romanization	정부 표기안
라고	rago	rago
라네	rane	rane
라는	ranŭn	raneun
라도	rado	rado
라디오	radio	radio
라디오국	radioguk	radioguk
라떼	ratte	ratte
라띠나	Lattina	Rattina
라라	Lara	rara
라마교	Ramagyo	Ramagyo
라마다	Ramada	Ramada

한글 용례	ALA-LC Romanization	정부 표기안	한글 용례	ALA-LC Romanization	정부 표기안
라마단	Ramadan	Ramadan	란초	nanch'o	rancho
라마자	Ramacha	Ramaja	란코프	Lank'op'ŭ	Rankopeu
라면	ramyŏn	ramyeon	람	nam	ram
라미라	Namira	Ramira	람사르	Ramsarŭ	Ramsareu
라벨	label	rabel	랑	rang	rang
라봉리	Nabong-ni	Rabong-ri	랑자전	nangjajŏn	rangjajeon
라사라	Rasara	Rasara	래	nae	rae
라산	nasan	rasan	래력	naeryŏk	raeryeok
라서	rasŏ	raseo	래소	naeso	raeso
라선시	Nasŏn-si	Raseon-si	래암	Naeam	raeam
라쇼몽	Rasyomong	Rasyomong	래여애반다라	Naeyŏaebandara	Raeyeoaebandara
라스	Rasŭ	Raseu	래영	naeyŏng	raeyeong
라암	Naam	Raam	래영도	naeyŏngdo	raeyeongdo
라야	raya	raya	래원	naewŏn	raewon
라오스	Laosŭ	Raoseu	래일	naeil	raeil
라온	Laon	Raon	래지	Naeji	Raeji
라옹	Naong	Raong	랜덤	raendŏm	raendeom
라운드	raundŭ	raundeu	랜드	laendŭ	raendeu
라울	Raul	Raul	램프	laemp'ŭ	raempeu
라움	Raum	Raum	랩소디	raepsodi	raepsodi
라원리	Nawŏn-ni	Rawon-ri	랭그랑	Laenggŭrang	Raenggeurang
라이닝	laining	raining	랭기지	laenggiji	raenggiji
라이다	laida	raida	랭보	Raengbo	Raengbo
라이더	raidŏ	raideo	랴오둥	Lyaodung	Ryaodung
라이벌	raibŏl	raibeol	랴오허	Ryaohŏ	Ryaoheo
라이브러리	laibŭrŏri	raibeureori	략	yak	ryak
라이온	laion	raion	략기	yakki	ryakgi
라이징	raijing	raijing	략사	yaksa	ryaksa
라이트	rait'ŭ	raiteu	략전	yakchŏn	ryakjeon
라이프	laip'ŭ	raipeu	량	yang	ryang
라이프니츠	Laip'ŭnich'ŭ	Raipeunicheu	량강도	Yanggang-do	Ryanggangdo
라인	lain	rain	량문	yangmun	ryangmun
라주바예프	Rajubayep'ŭ	Rajubayepeu	량문록	yangmunnok	ryangmunnok
라캉	Lak'ang	Rakang	량반	yangban	ryangban
라킨	Lak'in	Rakin	량수경	yangsugyŏng	ryangsugyeong
라틴	Lat'in	Ratin	량심	yangsim	ryangsim
라한	nahan	rahan	량종	yangjong	ryangjong
락	nak	rak	러	Rŏ	Reo
락관주의	nakkwanjuŭi	rakgwanjuui	러닝	lŏning	reoning
락동강	Naktonggang	Rakdonggang	러브	lŏbŭ	reobeu
락랑	Nangnang	Rangrang	러시	rŏsi	reosi
락송	naksong	raksong	러시아	Rŏsia	Reosia
락원	nagwŏn	ragwon	러시아어	Rŏsiaŏ	Reosiaeo
락희	Nak'ŭi	Rakhui	러시아인	Rŏsiain	Reosiain
란	nan	ran	러시안	Rŏsian	Reosian

한글 용례	ALA-LC Romanization	정부 표기안	한글 용례	ALA-LC Romanization	정부 표기안
러語	Rŏŏ	Reoo	렌즈	lenjŭ	renjeu
러일	Rŏ-Il	Reo-Il	렌트겐	rent'ügen	renteugen
럭셔리	lŏksyŏri	reoksyeori	렘브란트	Rembŭrant'ŭ	Rembeuranteu
럭스	Rŏksŭ	Reokseu	려	yŏ	ryeo
럭키	lŏkk'i	reokki	려해	Yŏhae	Ryeohae
런던	Lŏndŏn	Reondeon	려행	yŏhaeng	ryeohaeng
런민	Rŏnmin	Reonmin	려행사	yŏhaengsa	ryeohaengsa
레노	Leno	reno	력	yŏk	ryeok
레닌	Lenin	Renin	력대	yŏktae	ryeokdae
레닌그라드	Lenin'gŭradŭ	Reningeuradeu	력량	yŏngnyang	ryeongnyang
레닌주의	Leninjuŭi	Reninjuui	력사	yŏksa	ryeoksa
레드	redŭ	redeu	력사적	yŏksajŏk	ryeoksajeok
레드우드	Redŭudŭ	Redeuudeu	력사학	yŏksahak	ryeoksahak
레디앙	Rediang	Rediang	련	yŏn	ryeon
레바논	Lebanon	Rebanon	련담	Yŏndam	Ryeondam
레볼루션	rebollusyŏn	rebollusyeon	련대성	yŏndaesŏng	ryeondaeseong
레브첸꼬	Lebŭch'enkko	Rebeuchenkko	련락원	yŏllagwŏn	ryeollagwon
레스토랑	resŭt'orang	reseutorang	련파	Ryŏnp'a	Ryeonpa
레슨	lesŭn	Reseun	련합	yŏnhap	ryeonhap
레슬링	resŭlling	reseulling	련합회	yŏnhaphoe	ryeonhaphoe
레시피	resip'i	resipi	렬	yŏl	ryeol
레실	Lesil	Resil	렬사	yŏlsa	ryeolsa
레위그	Lewigŭi	Rewigui	렬화	yŏrhwa	ryeolhwa
레이더	reidŏ	reideo	렴	yŏm	ryeom
레이디	leidi	Reidi	령	yŏng	ryeong
레이버	leibŏ	Reibeo	령남	Yŏngnam	Ryeongnam
레이블	leibŭl	reibeul	령도	yŏngdo	ryeongdo
레이스	leisŭ	reiseu	령도사	yŏngdosa	ryeongdosa
레이저	reijŏ	reijeo	령도자	yŏngdoja	ryeongdoja
레인	rein	rein	령도적	yŏngdojŏk	ryeongdojeok
레인지	reinji	reinji	령유권	yŏngyukwŏn	ryeongyugwon
레임	reim	reim	령장	yŏngchang	ryeongjang
레저	lejŏ	rejeo	령통사	Yŏngt'ongsa	Ryeongtongsa
레즈	Rejŭ	Rejeu	례	ye	rye
레즈비언	lejŭbiŏn	rejeubieon	례복	yebok	ryebok
레지스탕스	rejisŭt'angsŭ	rejiseutangseu	례약	yeak	ryeak
레지스트리	rejisŭt'ŭri	rejiseuteuri	례절법	yejŏlpŏp	ryejeolbeop
레짐	rejim	rejim	례편	yep'yŏn	yepyeon
레츠	rech'ŭ	recheu	로	ro	ro
레터	let'ŏ	reteo	로걸대	Nogŏltae	Rogeoldae
레토릭	ret'orik	retorik	로고	logo	rogo
레포트	rep'ot'ŭ	repoteu	로그	logŭ	rogeu
레프	lep'ŭ	repeu	로그인	logŭin	rogeuin
레프트	lep'ŭt'ŭ	repeuteu	로널드	Ronŏldŭ	Roneoldeu
렉터	Rekt'ŏ	Rekteo	로네	Lone	Rone

한글 용례	ALA-LC Romanization	정부 표기안	한글 용례	ALA-LC Romanization	정부 표기안
로년기	nonyŏn'gi	ronyeongi	로열	royŏl	royeol
로다	roda	roda	로운	roun	roun
로댕	Rodaeng	Rodaeng	로의	roŭi	roui
로데오	Rodeo	rodeo	로이스	Roisŭ	Roiseu
로도	rodo	rodo	로이즈	Roijŭ	Roijeu
로도스	Rodosŭ	Rodoseu	로일	Ro-Il	Ro-Il
로동	nodong	rodong	로작	nojak	rojak
로동당	Nodongdang	Rodongdang	로잔	Lojan	Rojan
로동법	nodongpŏp	rodongbeop	로정	nojŏng	rojeong
로동자	nodongja	rodongja	로제티	Rojet'i	Rojeti
로동자들	nodongjadŭl	rodongjadeul	로조	Ro-Cho	Ro-Jo
로드	rodŭ	rodeu	로컬	lok'ŏl	rokeol
로드니	Rodŭni	Rodeuni	로컬리티	lok'ŏllit'i	rokeolliti
로드맵	rodŭmaep	rodeumaep	로켓	rok'et	roket
로렌스	Lorensŭ	Rorenseu	로크	rok'ŭ	rokeu
로령	Noryŏng	Roryeong	로템	Rot'em	Rotem
로마	Roma	Roma	로한	Ro-Han	Ro-Han
로마자	Romacha	Romaja	로회	nohoe	rohoe
로마字	Romacha	Romaja	록	nok	rok
로만	roman	roman	론	non	ron
로망	romang	romang	론개	Non'gae	Rongae
로망스	romangsŭ	romangseu	론고	non'go	rongo
로맨스	romaensŭ	romaenseu	론문	nonmun	ronmun
로맨틱	romaent'ik	romaentik	론문집	nonmunjip	ronmunjip
로버타	Robŏt'a	Robeota	론집	nonjip	ronjip
로버트	Robŏt'ŭ	Robeoteu	롤러	rollŏ	rolleo
로병	nobyŏng	robyeong	롤즈	Roljŭ	Roljeu
로병들	nobyŏngdŭl	robyeongdeul	롭게	ropke	ropge
로보트	robot'ŭ	roboteu	롭고	ropko	ropgo
로봇	robot	robot	롭구나	ropkuna	ropguna
로부터	robut'ŏ	robuteo	롯데	Lotte	Rotde
로부터의	robut'ŏŭi	robuteoui	뢰	noe	roe
로비	lobi	robi	료	yo	ryo
로산진	Rosanjin	Rosanjin	료녕	Yonyŏng	Ryonyeong
로서	rosŏ	roseo	료녕성	Yonyŏng-sŏng	Ryonyeong-seong
로서아	Nosŏa	Roseoa	료동	Yodong	Ryodong
로서의	rosŏŭi	roseoui	료리	yori	ryori
로선	nosŏn	roseon	료법	yopŏp	ryobeop
로스	Rosŭ	Roseu	료조	Ryojo	Ryojo
로스토프	Rosŭt'op'ŭ	Roseutopeu	료하	Yoha	Ryoha
로써	rossŏ	rosseo	룡	yong	ryong
로써의	rossŏŭi	rosseoui	룡문	Yongmun	Ryongmun
로씨야어	Rossiyaŏ	Rossiyaeo	룡산	Yongsan	Ryongsan
로앤비즈	Loaenbijŭ	Roaenbijeu	룡정	Yongjŏng	Ryongjeong
로얄	royal	royal	룡정시	Yongjŏng-si	Ryongjeong-si

한글 용례	ALA-LC Romanization	정부 표기안	한글 용례	ALA-LC Romanization	정부 표기안
룡포	yongp'o	ryongpo	류해	yuhae	ryuhae
루	nu	ru	류해보	yuhaebo	ryuhaebo
루덴스	Rudensŭ	Rudenseu	류형	yuhyŏng	ryuhyeong
루머	rumŏ	rumeo	류형별	yuhyŏngbyŏl	ryuhyeongbyeol
루비	rubi	rubi	륙	yuk	ryuk
루쉰	RuShwin	Ruswin	륙군	yukkun	ryukgun
루스	Rusŭ	Ruseu	륙전	yukchŏn	ryukjeon
루시	Lusi	Rusi	륙해군성	Yukhaegunsŏng	Ryukaegunseong
루시드	Lusidŭ	Rusideu	륜	yun	ryun
루이	Lui	Rui	륜리	yulli	ryulli
루이스	Luisŭ	Ruiseu	률	yul	ryul
루정	nujŏng	rujeong	륭	yung	ryung
루케트	Ruk'et'ŭ	Ruketeu	르네상스	rŭnesangsŭ	reunesangseu
루터	Lut'ŏ	Ruteo	르네상스인	rŭnesangsŭin	reunesangseuin
루터회	Lut'ŏhoe	Ruteohoe	르뽀	rŭppo	reuppo
루테로	Rut'ero	Rutero	르뽀選	rŭpposŏn	reupposeon
루트	rut'ŭ	ruteu	르뽀집	rŭppojip	reuppojip
루트번스타인	Rut'ŭbŏnsŭt'ain	Ruteubeonseutain	르뽀集	rŭppojip	reuppojip
루페	Lup'e	Rupe	르포	rŭp'o	reupo
룩셈부르크	Luksemburŭk'ŭ	Ruksembureukeu	르포르타주	rŭp'orŭt'aju	reuporeutaju
룩셈부르크군	Luksemburŭk'ŭgun	Ruksembureukeugun	르포르타쥬	rŭp'orŭt'ajyu	reuporeutajyu
룩소르	Luksorŭ	Ruksoreu	를	rŭl	reul
룩스	Luksŭ	Rukseu	릉	nŭng	reung
룰	rul	rul	릉라도	Nŭngnado	Reungnado
룰렛	rullet	rullet	리	i	ri
룸살롱	rumsallong	rumsallong	리걸	ligŏl	rigeol
뤼순	Rwisun	Rwisun	리과	ikwa	rigwa
류	yu	ryu	리그	ligŭ	rigeu
류구	yuku	ryugu	리기	igi	rigi
류노스케	Ryunosŭk'e	Ryunoseuke	리기론	igiron	rigiron
류리	yuri	ryuri	리눅스	Linuksŭ	Rinukseu
류리제	yurije	ryurije	리눅스형	Linuksŭhyŏng	Rinukseuhyeong
류민회	yuminhoe	ryuminhoe	리더	lidŏ	rideo
류서	yusŏ	ryuseo	리더들	lidŏdŭl	rideodeul
류성	yusŏng	ryuseong	리더론	lidŏron	rideoron
류수	yusu	ryusu	리더쉽	lidŏshwip	rideoswip
류역	yuyŏk	ryuyeok	리더스	ridŏsŭ	rideoseu
류우호오	Ryuuhoo	Ryuuhoo	리더십	lidŏsip	rideosip
류이민사	yuiminsa	ryuiminsa	리델	Ridel	Ridel
류조	Ryujo	Ryujo	리두	idu	ridu
류집	yujip	ryujip	리드	lidŭ	rideu
류큐	Ryuk'yu	Ryukyu	리듬	ridŭm	rideum
류타	Ryut'a	Ryuta	리라	rira	rira
류통	yut'ong	ryutong	리라이팅	rirait'ing	riraiting
류학생용	yuhaksaengyong	ryuhaksaengyong	리론	iron	riron

한글 용례	ALA-LC Romanization	정부 표기안	한글 용례	ALA-LC Romanization	정부 표기안
리론집	ironjip	rironjip	리치맨	rich'imaen	richimaen
리모델링	rimodelling	rimodelling	리콜	rik'ol	rikol
리버럴	libŏrŏl	ribeoreol	리크루트	rik'ŭrut'ŭ	rikeuruteu
리베라	Libera	Ribera	리터러시	lit'ŏrŏsi	riteoreosi
리베르	Liberŭ	Ribereu	리턴	rit'ŏn	riteon
리베리아	Riberia	Riberia	리토피아	lit'op'ia	ritopia
리보	ribo	ribo	리틀	lit'ŭl	riteul
리본	ribon	ribon	리퍼블릭	rip'ŏbŭllik	ripeobeullik
리북스	Ribuksŭ	Ribukseu	리포트	rip'ot'ŭ	ripoteu
리뷰	ribyu	ribyu	리포트팀	rip'ot'ŭt'im	ripoteutim
리뷰집	ribyujip	ribyujip	리프레임	rip'ŭreim	ripeureim
리브리스	libŭrisŭ	ribeuriseu	리하르트	Riharŭt'ŭ	Rihareuteu
리비어	Libiŏ	Ribieo	리학	ihak	rihak
리빙	libing	ribing	리해	ihae	rihae
리빙스톤	Libingsŭt'on	Ribingseuton	리허설	rihŏsŏl	riheoseol
리사회	isahoe	risahoe	린	in	rin
리상	isang	risang	린다	Linda	Rinda
리서치	risŏch'i	riseochi	릴레이	rillei	rillei
리세스	risesŭ	riseseu	릴리	Lilli	Rilli
리셋	riset	riset	릴리어스	Lilliŏsŭ	Rillieoseu
리소스	risosŭ	risoseu	림	im	rim
리수	risu	risu	림상	imsang	rimsang
리스컴	Lisŭk'ŏm	Riseukeom	림진강	Imjin'gang	Rimjingang
리스크	risŭk'ŭ	riseukeu	림해	imhae	rimhae
리스타트	risŭt'at'ŭ	riseutateu	립	ip	rip
리스트	lisŭt'ŭ	riseuteu	립장	ipchang	ripjang
리스트럭처링	risŭt'ŭrŏkch'ŏring	riseuteureokcheoring	립체적	ipch'ejŏk	ripchejeok
리씽킹	rissingk'ing	rissingking	링	ring	ring
리아트	Liat'ŭ	Riateu	링컨	Lingk'ŏn	Ringkeon
리야기	iyagi	riyagi	링크	ringk'ŭ	ringkeu
리어	riŏ	rieo			

한글 용례	ALA-LC Romanization	정부 표기안
리얼	riŏl	rieol
리얼리즘	riŏllijŭm	rieollijeum
리얼리티	riŏllit'i	rieolliti
리에	Rie	Rie
리엔지니어링	rienjiniŏring	rienjinieoring
리용	iyong	riyong
리우	Riu	Riu
리움	Lium	Rium
리윤	iyun	riyun
리조	Yijo	Rijo
리즈	Rijŭ	Rijeu
리지웨이	Rijiwei	Rijiwei
리처드	Rich'ŏdŭ	Richeodeu
리치	rich'i	richi

한글 용례	ALA-LC Romanization	정부 표기안
마	ma	ma
마가	Maga	Maga
마각	magak	magak
마감	magam	magam
마감재	magamchae	magamjae
마감채	magamch'ae	magamchae
마갑총	Magapch'ong	Magapchong
마게리트	Magerit'ŭ	Mageriteu
마고자	magoja	magoja
마곡	Magok	Magok
마곡사	Magoksa	Magoksa
마공리	magong-ri	Magok-ri
마구	magu	magu

한글 용례	ALA-LC Romanization	정부 표기안	한글 용례	ALA-LC Romanization	정부 표기안
마구류	maguryu	maguryu	마르크스학	Marŭk'ŭsŭhak	Mareukeuseuhak
마구잡이	magujabi	magujabi	마르크시즘	Marŭk'ŭsijŭm	Mareukeusijeum
마군	magun	magun	마르타	Marŭt'a	Mareuta
마권	makwŏn	magwon	마르티나	Marŭt'ina	Mareutina
마그리트	Magŭrit'ŭ	Mageuriteu	마른	marŭn	mareun
마기	magi	magi	마름	marŭm	mareum
마나	mana	mana	마리	mari	mari
마나베	Manabe	Manabe	마리산	Marisan	Marisan
마녀	manyŏ	manyeo	마리아	Maria	Maria
마노	Mano	Mano	마린	marin	marin
마누라	manura	manura	마립간	Maripkan	Maripgan
마늘	manŭl	maneul	마마	mama	mama
마니	Mani	Mani	마마병	mamabyŏng	mamabyeong
마니산	Manisan	Manisan	마모	mamo	mamo
마니아	mania	mania	마발	mabal	mabal
마님	manim	manim	마방집	mabangjip	mabangjip
마다	mada	mada	마법	mabŏp	mabeop
마당	madang	madang	마법사	mabŏpsa	mabeopsa
마당극	madanggŭk	madanggeuk	마법성	mabŏpsŏng	mabeopseong
마도	mado	mado	마별초	Mabyŏlch'o	Mabyeolcho
마도동	Mado-dong	Mado-dong	마병	mabyŏng	mabyeong
마도서	Madosŏ	Madoseo	마부	mabu	mabu
마도진	Madojin	Madojin	마비	mabi	mabi
마돈나	Madonna	Madonna	마사	masa	masa
마동	Ma-dong	Ma-dong	마사노리	Masanori	Masanori
마두	madu	madu	마사노스케	Masanosuk'e	Masanoseuke
마디	madi	madi	마사다케	Masadak'e	Masadake
마라	mara	mara	마사루	Masaru	Masaru
마라난타	Maranant'a	Marananta	마사리크	Masarik'ŭ	Masarikeu
마라도	Marado	Marado	마사아키	Masaak'i	Masaaki
마력	maryŏk	maryeok	마사오	Masao	Masao
마련	maryŏn	maryeon	마사유키	Masayuk'i	Masayuki
마로니에	maronie	maronie	마사카쓰	Masak'assŭ	Masakasseu
마루	maru	maru	마사회	Masahoe	Masahoe
마루야마	Maruyama	Maruyama	마산	Masan	Masan
마루지	maruji	maruji	마산대	Masandae	Masandae
마르고	marŭgo	mareugo	마산리	Masan-ni	Masan-ri
마르굴란	Marŭgullan	Mareugullan	마산시	Masan-si	Masan-si
마르께주의자	Marŭkkesŭjuŭija	Mareukkeseujuuija	마산포	Masanp'o	Masanpo
마르다	marŭda	mareuda	마상	masang	masang
마르스	Marŭsŭ	Mareuseu	마석	Masŏk	Maseok
마르지	marŭji	mareuji	마선	masŏn	maseon
마르크스	Marŭk'ŭsu	Mareukeuseu	마성	masŏng	maseong
마르크스주의	Marŭk'ŭsujuŭi	Mareukeuseujuui	마세요	maseyo	maseyo
마르크스주의적	Marŭk'ŭsŭjuŭijŏk	Mareukeuseujuuijeok	마셔라	masyŏra	masyeora

한글 용례	ALA-LC Romanization	정부 표기안	한글 용례	ALA-LC Romanization	정부 표기안
마수	masu	masu	마을회	maŭrhoe	maeulhoe
마수리	Masu-ri	Masu-ri	마음	maŭm	maeum
마술	masul	masul	마음사	Maŭmsa	maeumsa
마술사	masulsa	masulsa	마의	maŭi	maui
마술적	masulchŏk	masuljeok	마의방	maŭibang	mauibang
마스오	Masŭo	Maseuo	마이	Mai	Mai
마스우종	Masŭujong	Maseuujong	마이너리티	mainŏrit'i	maineoriti
마스터	masŭt'ŏ	maseuteo	마이노리티	mainorit'i	mainoriti
마스터플랜	masŭt'ŏp'ŭllaen	maseuteopeullaen	마이닝	maining	maining
마스터피스	masŭt'ŏp'isŭ	maseuteopiseu	마이더스	maidŏsŭ	maideoseu
마시는	masinŭn	masineun	마이디팟	Maidip'at	Maidipat
마시라	masira	masira	마이산	Maisan	Maisan
마식령	Masingnyŏng	Masingnyeong	마이스터	maisŭt'ŏ	maiseuteo
마신	masin	masin	마이크로파	maik'ŭrop'a	maikeuropa
마십시오	masipsio	masipsio	마이크로파이낸스	maik'ŭrop'ainaensŭ	maikeuropainaenseu
마쓰모토	Massŭmot'o	Masseumoto	마이크로필름	maik'ŭrop'illŭm	maikeuropilleum
마쓰시타	Massŭsit'a	Masseusita	마이클	Maik'ŭl	Maikeul
마쓰오	Massŭo	Masseuo	마인드	maindŭ	maindeu
마아케팅	maak'et'ing	maaketing	마자	maja	maja
마악	maak	maak	마자수	Majasu	Majasu
마악면	Maak-myŏn	Maak-myeon	마작	majak	majak
마애	maae	maae	마장	majang	majang
마애불	Maaebul	Maaebul	마장리	Majang-ni	Majang-ri
마애종	maaejong	maaejong	마재	Majae	Majae
마야	Maya	Maya	마적	majŏk	majeok
마약	mayak	mayak	마적단	majŏktan	majeokdan
마약류	mayangnyu	mayangnyu	마전동	Majŏn-dong	Majeon-dong
마에다	Maeda	Maeda	마정	majŏng	majeong
마에마	Maema	Maema	마제	maje	maje
마에스트로	maesŭt'ŭro	maeseuteuro	마젤란	Majellan	Majellan
마오	mao	mao	마조	majo	majo
마왕	mawang	mawang	마주	maju	maju
마운령	Maullyŏng	Maullyeong	마주선	majusŏn	majuseon
마운령비	Maullyŏngbi	Maullyeongbi	마주친	majuch'in	majuchin
마운틴	maunt'in	mauntin	마주한	majuhan	majuhan
마월	Mawŏl	Mawol	마중	majung	majung
마월리	Mawŏl-li	Mawol-ri	마중물	majungmul	majungmul
마을	maŭl	maeul	마지	maji	maji
마을들	maŭldŭl	maeuldeul	마지기	majigi	majigi
마을사	maŭlsa	maeulsa	마지노선	majinosŏn	majinoseon
마을史	maŭlsa	maeulsa	마지막	majimak	majimak
마을주의	maŭljuŭi	maeuljuui	마진	majin	majin
마을주의자	maŭljuŭija	maeuljuuija	마차	mach'a	macha
마을지	maŭlchi	maeulji	마찰	mach'al	machal
마을誌	maŭlchi	maeulji	마천	mach'ŏn	macheon

한글 용례	ALA-LC Romanization	정부 표기안	한글 용례	ALA-LC Romanization	정부 표기안
마초	Mach'o	Macho	막는다	mangnŭnda	mangneunda
마촌	mach'on	machon	막다	makta	makda
마총	mach'ong	machong	막다른	maktarŭn	makdareun
마춤법	mach'umpŏp	machumbeop	막달레나	Maktallena	Makdallena
마취	mach'wi	machwi	막료	mangnyo	mangnyo
마츠다	Mach'ŭda	Macheuda	막리지	mangniji	mangniji
마치	mach'i	machi	막막	mangmak	mangmak
마치다	mach'ida	machida	막막함	mangmakham	mangmakham
마치며	mach'imyŏ	machimyeo	막부	makpu	makbu
마침내	mach'imnae	machimnae	막부제	makpuje	makbuje
마커스	Mak'ŏsŭ	Makeoseu	막사	maksa	maksa
마케팅	mak'et'ing	maketing	막사발	maksabal	maksabal
마케팅론	mak'et'ingnon	maketingnon	막새	maksae	maksae
마켓	mak'et	maket	막스	Maksŭ	Makseu
마코토	Mak'ot'o	Makoto	막아	maga	maga
마크	mak'ŭ	makeu	막아도	magado	magado
마크로밀	Mak'ŭromil	Makeuromil	막아라	magara	magara
마키	Mak'i	Maki	막아서	magasŏ	magaseo
마키아벨리	Mak'iabelli	Makiabelli	막아야	magaya	magaya
마키팅	mak'it'ing	makiting	막았을까	magassŭlkka	magasseulkka
마태	Mat'ae	Matae	막을	magŭl	mageul
마태오	Mat'aeo	Mataeo	막이	magi	magi
마테오	Mat'eo	Mateo	막장	makchang	makjang
마테오로치	Mat'eoroch'i	Mateorochi	막전	makchŏn	makjeon
마트	mat'ŭ	mateu	막중	makchung	makjung
마티	Mat'i	Mati	막지	makchi	makji
마틴	Mat'in	Matin	막차	makch'a	makcha
마패	map'ae	mapae	막하	makha	makha
마평천	Map'yŏngch'ŏn	Mapyeongcheon	막후	makhu	makhu
마포	Map'o	Mapo	막히는	makhinŭn	makineun
마포장	Map'ojang	Mapojang	막힌	makhin	makin
마피아	map'ia	mapia	막힐	makhil	makil
마하	maha	maha	만	man	man
마하나발	Mahanabal	Mahanabal	만가	man'ga	manga
마하연	Mahayŏn	Mahayeon	만가집	man'gajip	mangajip
마한	Mahan	Mahan	만감	man'gam	mangam
마한성	Mahansŏng	Mahanseong	만경	man'gyŏng	mangyeong
마흔	mahŭn	maheun	만경강	Man'gyŏnggang	Mangyeonggang
막	mak	mak	만경대	Man'gyŏngdae	Mangyeongdae
막개발	makkaebal	makgaebal	만경봉	Man'gyŏngbong	Mangyeongbong
막걸리	makkŏlli	makgeolli	만경봉호	Man'gyŏngbongho	Mangyeongbongho
막고	makko	makgo	만경전	Man'gyŏngjŏn	Mangyeongjeon
막기	makki	makgi	만고	man'go	mango
막내	mangnae	mangnae	만곡	man'gok	mangok
막는	mangnŭn	mangneun	만공	man'gong	mangong

한글 용례	ALA-LC Romanization	정부 표기안	한글 용례	ALA-LC Romanization	정부 표기안
만국	man'guk	manguk	만든이	mandŭni	mandeuni
만국사	man'guksa	manguksa	만들	mandŭl	mandeul
만권	man'gwŏn	mangwon	만들고	mandŭlgo	mandeulgo
만권당	Man'gwŏndang	Mangwondang	만들기	mandŭlgi	mandeulgi
만기	man'gi	mangi	만들記	mandŭlgi	mandeulgi
만나	manna	manna	만들까	mandŭlkka	mandeulkka
만나게	mannage	mannage	만들다	mandŭlda	mandeulda
만나고	mannago	mannago	만들려는	mandŭllyŏnŭn	mandeullyeoneun
만나기	mannagi	mannagi	만들며	mandŭlmyŏ	mandeulmyeo
만나는	mannanŭn	mannaneun	만들어	mandŭrŏ	mandeureo
만나다	mannada	mannada	만들어낸	mandŭrŏnaen	mandeureonaen
만나라	mannara	mannara	만들어서	mandŭrŏsŏ	mandeureoseo
만나러	mannarŏ	mannareo	만들어야	mandŭrŏya	mandeureoya
만나며	mannamyŏ	mannamyeo	만들어온	mandŭrŏon	mandeureoon
만나면	mannamyŏn	mannamyeon	만들어졌나	mandŭrŏjyŏnna	mandeureojyeonna
만나본	mannabon	mannabon	만들어졌는가	mandŭrŏjyŏnnŭn'ga	mandeureojyeonneunga
만나서	mannasŏ	mannaseo	만들어졌다	mandŭrŏjyŏtta	mandeureojyeotda
만난	mannan	mannan	만들어진	mandŭrŏjin	mandeureojin
만난다	mannanda	mannanda	만들었나	mandŭrŏnna	mandeureonna
만날	mannal	mannal	만들었는가	mandŭrŏnnŭn'ga	mandeureonneunga
만남	mannam	mannam	만들었다	mandŭrŏtta	mandeureotda
만남展	mannamjŏn	mannamjeon	만들었어요	mandŭrŏssŏyo	mandeureosseoyo
만납시다	mannapsida	mannapsida	만들었을까	mandŭrŏssŭlkka	mandeureosseulkka
만났다	mannatta	mannatda	만들자	mandŭlja	mandeulja
만났어	mannassŏ	mannasseo	만들지	mandŭlji	mandeulji
만났을	mannassŭl	mannasseul	만듭니다	mandŭmnida	mandeumnida
만년	mannyŏn	mannyeon	만력	mallyŏk	mallyeok
만년제	Mannyŏnje	Mannyeonje	만력제	Mallyŏkche	Mallyeokje
만년필	mannyŏnp'il	mannyeonpil	만록	mallok	mallok
만능	mannŭng	manneung	만리	malli	malli
만능주의	mannŭngjuŭi	manneungjuui	만리경	Malligyŏng	Malligyeong
만다	manda	manda	만리마	mallima	mallima
만다라	mandara	mandara	만만	manman	manman
만담	mandam	mandam	만몽	Man-Mong	Man-Mong
만당	mandang	mandang	만무방	manmubang	manmubang
만대	mandae	mandae	만물	manmul	manmul
만덕	mandŏk	mandeok	만민	manmin	manmin
만도	mando	mando	만발	manbal	manbal
만동묘	Mandongmyo	Mandongmyo	만번	manbŏn	manbeon
만두	mandu	mandu	만법	manpŏp	manbeop
만두과	mandukwa	mandugwa	만병	manbyŏng	manbyeong
만드는	mandŭnŭn	mandeuneun	만보	manbo	manbo
만든	mandŭn	mandeun	만보기	manbogi	manbogi
만든곳	mandŭn'got	mandeungot	만보산	Manbosan	Manbosan
만든다	mandŭnda	mandeunda	만복	manbok	manbok

한글 용례	ALA-LC Romanization	정부 표기안	한글 용례	ALA-LC Romanization	정부 표기안
만복사	Manboksa	Manboksa	만인보	maninbo	maninbo
만복장	Manbokchang	manbokjang	만인사	Maninsa	Maninsa
만봉	Manbong	Manbong	만인소	Maninso	Maninso
만불산	Manbulsan	Manbulsan	만일	manil	manil
만사	mansa	mansa	만자	manja	manja
만상	mansang	mansang	만장	manjang	manjang
만석	mansŏk	manseok	만재도	Manjaedo	Manjaedo
만석꾼	mansŏkkkun	manseokkkun	만적	manjŏk	manjeok
만선	mansŏn	manseon	만전	manjŏn	manjeon
만성	mansŏng	manseong	만절당	Manjŏltang	Manjeoldang
만성병	mansŏngbyŏng	manseongbyeong	만정	manjŏng	manjeong
만세	manse	manse	만정제	Manjŏngje	Manjeongje
만세력	manseryŏk	manseryeok	만조	Manjo	Manjo
만세보	Mansebo	Mansebo	만족	manjok	manjok
만세전	Mansejŏn	Mansejeon	만족도	manjokto	manjokdo
만소로프	Mansorop'ŭ	Mansoropeu	만종	manjong	manjong
만송	Mansong	Mansong	만주	Manju	Manju
만수	mansu	mansu	만주국	Manjuguk	Manjuguk
만수리	Mansu-ri	Mansu-ri	만주벌	Manjupŏl	manjubeol
만수무	Mansumu	Mansumu	만주식	Manjusik	Manjusik
만신	mansin	mansin	만주어	Manjuŏ	Manjueo
만안	manan	manan	만주족	Manjujok	Manjujok
만암	Manam	Manam	만주학	Manjuhak	Manjuhak
만약	manyak	manyak	만죽재	Manjukchae	Manjukjae
만어	Manŏ	Maneo	만찬	manch'an	manchan
만언	manŏn	maneon	만천	manch'ŏn	mancheon
만언사	Manŏnsa	Maneonsa	만철	Manch'ŏl	Mancheol
만언소	Manŏnso	Maneonso	만초	Manch'o	Mancho
만연	manyŏn	manyeon	만추	manch'u	manchu
만영	Manyŏng	Manyeong	만춘	manch'un	manchun
만오	mano	mano	만취	manch'wi	manchwi
만요슈	Manyosyu	Manyosyu	만큼	mank'ŭm	mankeum
만우	manu	manu	만파	manp'a	manpa
만우절	Manujŏl	Manujeol	만평	manp'yŏng	manpyeong
만운	Manun	Manun	만포	Manp'o	Manpo
만원	manwŏn	manwon	만필	manp'il	manpil
만월	manwŏl	manwol	만하	Manha	Manha
만월대	Manwŏldae	Manwoldae	만하임	Manhaim	Manhaim
만은	manŭn	maneun	만학지	Manhakchi	Manhakji
만을	manŭl	maneul	만한	manhan	manhan
만의	manŭi	manui	만해	Manhae	Manhae
만이	mani	mani	만해당	Manhaedang	Manhaedang
만이전	Manijŏn	Manijeon	만행	manhaeng	manhaeng
만이천봉	man-ich'ŏnbong	manicheonbong	만향	manhyang	manhyang
만인	manin	manin	만호	manho	manho

한글 용례	ALA-LC Romanization	정부 표기안	한글 용례	ALA-LC Romanization	정부 표기안
만호부	Manhobu	Manhobu	말랑	mallang	mallang
만혼	manhon	manhon	말랑한	mallanghan	mallanghan
만화	manhwa	manhwa	말레이시아	Malleisia	Malleisia
만화가	manhwaga	manhwaga	말려	mallyŏ	mallyeo
만화가들	manhwagadŭl	manhwagadeul	말로	mallo	mallo
만화경	manhwagyŏng	manhwagyeong	말리는	mallinŭn	mallineun
만화사	manhwasa	manhwasa	말리체바	Mallich'eba	Mallicheba
만화사판	manhwasap'an	manhwasapan	말뭉치	malmungch'i	malmungchi
만화적	manhwajŏk	manhwajeok	말본	malbon	malbon
만화책	manhwach'aek	manhwachaek	말사	malsa	malsa
만회	manhoe	manhoe	말살	malsal	malsal
만횡	manhoeng	manhoeng	말살책	malsalch'aek	malsalchaek
만휴	Manhyu	Manhyu	말석	malsŏk	malseok
많고	mank'o	manko	말세	malse	malse
많습니다	mansŭmnida	mansseumnida	말소	malso	malso
많아	mana	mana	말씀	malssŭm	malsseum
많아요	manayo	manayo	말씀사	Malssŭmsa	Malsseumsa
많았던	manattŏn	manatdeon	말아	mara	mara
많은	manŭn	maneun	말아다오	maradao	maradao
많을수록	manŭlsurok	maneulsurok	말아야	maraya	maraya
많이	mani	mani	말엽	maryŏp	maryeop
맏	mat	mat	말음	marŭm	mareum
맏아들	madadŭl	madadeul	말이산	Marisan	Marisan
맏이	maji	maji	말자	malja	malja
말	mal	mal	말죽거리	Malchukkŏri	Maljukgeori
말갈	Malgal	Malgal	말짱	maltchang	maljjang
말갈인	Malgarin	Malgarin	말춤	malch'um	malchum
말갈족	Malgaljok	Malgaljok	말치크	Malch'ik'ŭ	Malchikeu
말고	malgo	malgo	말할	marhal	malhal
말괄랑이	malgwallangi	malgwallangi	맑게	malkke	makge
말굽	malgup	malgup	맑고	malko	makgo
말글	malgŭl	malgeul	맑다	makta	makda
말기	malgi	malgi	맑스	Maksŭ	Makseu
말길	malkil	malgil	맑스주의	Maksŭjuŭi	Makseujuui
말끔하게	malkkŭmhage	malkkeumhage	맑시즘	Maksijŭm	Maksijeum
말끔한	malkkŭmhan	malkkeumhan	맑쓰	Maksŭ	Maksseu
말년	mallyŏn	mallyeon	맑아	malga	malga
말더듬이	maltŏdŭmi	maldeodeumi	맑아서	malgasŏ	malgaseo
말도	Malto	maldo	맑은	malgŭn	malgeun
말들	maldŭl	maldeul	맑음	malgŭm	malgeum
말뚝	malttuk	malttuk	맘모스	Mammosŭ	Mammoseu
말뚝이	malttugi	malttugi	맙소사	mapsosa	mapsosa
말라	malla	malla	맛나답니다	mannadamnida	mannadamnida
말라르메	Mallarŭme	Mallareume	맛담	mattam	matdam
말라야	Mallaya	Mallaya	맛질	matchil	matjil

한글 용례	ALA-LC Romanization	정부 표기안	한글 용례	ALA-LC Romanization	정부 표기안
맛집	matchip	matjip	망은	mangŭn	mangeun
망	mang	mang	망인	mangin	mangin
망가겨	manggajyŏ	manggajyeo	망일	mangil	mangil
망각	manggak	manggak	망자	mangja	mangja
망간	manggan	manggan	망정	mangjŏng	mangjeong
망건	manggŏn	manggeon	망조	mangcho	mangjo
망건장	manggŏnjang	manggeonjang	망종	mangjong	mangjong
망경암	Manggyŏngam	Manggyeongam	망주석	Mangjusŏk	Mangjuseok
망고	manggo	manggo	망쳐	mangch'yŏ	mangchyeo
망교	manggyo	manggyo	망쳤는가	mangch'yŏnnŭn'ga	mangchyeonneunga
망국	mangguk	mangguk	망쳤다	mangch'yŏtta	mangchyeotda
망국론	manggungnon	manggungnon	망쳤을까	mangch'yŏssŭlkka	mangchyeosseulkka
망국사	mangguksa	mangguksa	망치	mangch'i	mangchi
망단	mangdan	mangdan	망치는	mangch'inŭn	mangchineun
망덕사	Mangdŏksa	Mangdeoksa	망친	mangch'in	mangchin
망두석	mangdusŏk	mangduseok	망친다	mangch'inda	mangchinda
망둑어	mangdugŏ	mangdugeo	망탈리테	Mangt'allit'e	Mangtallite
망라	mangna	mangna	망하겠소	manghagesso	manghagetso
망령	mangnyŏng	mangnyeong	망하였나	manghayŏnna	manghayeonna
망망	mangmang	mangmang	망한	manghan	manghan
망매	mangmae	mangmae	망한다	manghanda	manghanda
망명	mangmyŏng	mangmyeong	망할	manghal	manghal
망명자	mangmyŏngja	mangmyeongja	망해	manghae	manghae
망명자들	mangmyŏngjadŭl	mangmyeongjadeul	망해도	manghaedo	manghaedo
망명지	mangmyŏngji	mangmyeongji	망해라	manghaera	manghaera
망부	mangbu	mangbu	망해사	Manghaesa	Manghaesa
망부석	mangbusŏk	mangbuseok	망해야	manghaeya	manghaeya
망상	mangsang	mangsang	망해정	Manghaejŏng	Manghaejeong
망상록	mangsangnok	mangsangnok	망향	manghyang	manghyang
망석	mangsŏk	mangseok	망향가	manghyangga	manghyangga
망선문	Mangsŏnmun	Mangseonmun	맞게	matke	matge
망설이나	mangsŏrina	mangseorina	맞나요	mannayo	mannayo
망설인	mangsŏrin	mangseorin	맞는	mannŭn	manneun
망신	mangsin	mangsin	맞닿음	mattaŭm	matdaeum
망신살이	mangsinsari	mangsinsari	맞대결	mattaegyŏl	matdaegyeol
망아지	mangaji	mangaji	맞바꾸는	matpakkunŭn	matbakkuneun
망양	mangyang	mangyang	맞바꾼	matpakkun	matbakkun
망양초	mangyangch'o	mangyangcho	맞벌이	matpŏri	matbeori
망언	mangŏn	mangeon	맞서	matsŏ	matseo
망우동	Mangu-dong	Mangu-dong	맞서는	matsŏnŭn	matseoneun
망우리	Mangu-ri	Mangu-ri	맞서다	matsŏda	matseoda
망원	mangwŏn	mangwon	맞선	matsŏn	matseon
망원경	mangwŏn'gyŏng	mangwongyeong	맞섬	matsŏm	matseom
망원동	Mangwŏn-dong	Mangwon-dong	맞수	matsu	matsu
망월	mangwŏl	mangwol	맞수들	matsudŭl	matsudeul

한글 용례	ALA-LC Romanization	정부 표기안	한글 용례	ALA-LC Romanization	정부 표기안
맞아	maja	maja	매립	maerip	maerip
맞으며	majŭmyŏ	majeumyeo	매매	maemae	maemae
맞은	majŭn	majeun	매매춘	maemaech'un	maemaechun
맞을	majŭl	majeul	매무새	maemusae	maemusae
맞을까	majŭlkka	majeulkka	매물	maemul	maemul
맞이	maji	maji	매물도	Maemuldo	Maemuldo
맞짱	matchang	majjjang	매미	maemi	maemi
맞추고	match'ugo	matchugo	매번	maebŏn	maebeon
맞추기	match'ugi	matchugi	매봉	Maebong	Maebong
맞추는	match'unŭn	matchuneun	매부	maebu	maebu
맞추다	matchuda	matchuda	매사	maesa	maesa
맞추려고	match'uryŏgo	matchuryeogo	매산	Maesan	Maesan
맞추어진	match'uŏjin	matchueojin	매산리	Maesan-ni	Maesan-ri
맞춘	match'un	matchun	매소	maeso	maeso
맞춤	match'um	matchum	매수	maesu	maesu
맞춤법	match'umpŏp	matchumbeop	매스	maesŭ	maeseu
맞춤형	match'umhyŏng	matchumhyeong	매심재	Maesimjae	Maesimjae
맡	mat	mat	매약	maeyak	maeyak
맡겼습니다	matkyŏtsŭmnida	matgyeotseumnida	매옹	Maeong	Maeong
맡기자	matkija	matgija	매우	maeu	maeu
맡길	matkil	matgil	매운	maeun	maeun
매	mae	mae	매월	maewŏl	maewol
매개	maegae	maegae	매월당	Maewŏldang	Maewoldang
매거진	maegŏjin	maegeojin	매은	Maeŭn	Maeeun
매경	Maegyŏng	Maegyeong	매이	Maei	Maei
매계	maegye	maegye	매일	maeil	maeil
매곡	Maegok	Maegok	매일생한	maeilsaenghan	maeilsaenghan
매곡현	Maegok-hyŏn	Maegok-hyeon	매입	maeip	maeip
매국	maeguk	maeguk	매장	maejang	maejang
매국노	maegungno	maegungno	매장지	maejangji	maejangji
매기	maegi	maegi	매주	maeju	maeju
매김	maegim	maegim	매죽당	Maejuktang	Maejukdang
매녀	maenŏ	maeneo	매죽헌	Maejukhŏn	Maejukheon
매뉴얼	maenyuŏl	maenyueol	매지	maeji	maeji
매니지먼트	maenijimŏnt'ŭ	maenijimeonteu	매직	maejik	maejik
매니페스토	maenip'esŭt'o	maenipeseuto	매직스	Maejiksŭ	Maejikseu
매니페스트	maenip'esŭt'ŭ	maenipeseuteu	매진	maejin	maejin
매단	maedan	maedan	매집	maejip	maejip
매달린	maedallin	maedallin	매창	Maech'ang	Maechang
매동	Mae-dong	Mae-dong	매천	Maech'ŏn	Maecheon
매듭	maedŭp	maedeup	매체	maech'e	maeche
매듭장	maedŭpchang	maedeupjang	매체사	maech'esa	maechesa
매력	maeryŏk	maeryeok	매축	maech'uk	maechuk
매력적	maeryŏkchŏk	maeryeokcheok	매켄지	Maek'enji	Maekenji
매룡리	Maeryong-ni	Maeryong-ri	매크로	maek'ŭro	maekeuro

한글 용례	ALA-LC Romanization	정부 표기안	한글 용례	ALA-LC Romanization	정부 표기안
매크로데이터	maek'ŭrodeit'ŏ	maekeurodeiteo	맹렬한	maengnyŏrhan	maengnyeolhan
매클레이	Maek'ŭllei	Maekeullei	맹부	Maengbu	Maengbu
매킨타이어	Maek'int'aiŏ	Maekintaieo	맹산	Maengsan	Maengsan
매티	Maet'i	Maeti	맹산군	Maengsan-gun	Maengsan-gun
매판	maep'an	maepan	맹산현	Maengsan-hyŏn	Maengsan-hyeon
매학정	Maehakchŏng	Maehakjeong	맹서	maengsŏ	maengseo
매향	Maehyang	Maehyang	맹수	maengsu	maengsu
매헌	Maehŏn	Maeheon	맹아	maenga	maenga
매호	Maeho	Maeho	맹아림	maengarim	maengarim
매혹	maehok	maehok	맹연	maengyŏn	maengyeon
매혹적	maehokchŏk	maehokjeok	맹인	maengin	maengin
매화	maehwa	maehwa	맹자	Maengja	Maengja
매화가	maehwaga	maehwaga	맹자학	Maengjahak	Maengjahak
매화꽃	maehwakkot	maehwakkot	맹종	maengjong	maengjong
매화도	maehwado	maehwado	맹주	maengju	maengju
맥	maek	maek	맹추	maengch'u	maengchu
맥계	Maekkye	Maekgye	맹춘	Maengch'un	Maengchun
맥국	Maekkuk	Maekguk	맹풍	maengp'ung	maengpung
맥궁	maekkung	maekgung	맹하	Maengha	Maengha
맥락	maengnak	maengnak	맹학교	maenghakkyo	maenghakgyo
맥락화	maengnakhwa	maengnakhwa	맹현	Maenghyŏn	Maenghyeon
맥미란	Maengmilan	Maengmiran	맹호	maengho	maengho
맥밀란	Maengmillan	Maengmillan	맹휴	maenghyu	maenghyu
맥박	maekpak	maekbak	맷는	maennŭn	maenneun
맥베드	Maekbedŭ	Maekbedeu	맷어준	maejŏjun	maejeojun
맥스	maeksŭ	maekseu	맷어진	maejŏjin	maejeojin
맥아더	Maegadŏ	Maegadeo	맷은	maejŭn	maejeun
맥주	maekchu	maekju	맷음	maejŭm	maejeum
맥추	Maekch'u	Maekchu	맷음말	maejŭmmal	maejeummal
맥코믹	Maekk'omik	maekkomik	맷히면	maech'imyŏn	maechimyeon
맨	maen	maen	맷힌	maech'in	maechin
맨발	maenbal	maenbal	머금은	mŏgŭmŭn	meogeumeun
맨셰비키	Maensyebik'i	Maensyebiki	머나먼	mŏnamŏn	meonameon
맨손	maenson	maenson	머니	mŏni	meoni
맨얼굴	maenŏlgul	maeneolgul	머레이	Mŏrei	Meorei
맨입	maenip	maenip	머리	mŏri	meori
맨해튼	Maenhaet'ŭn	Maenhaeteun	머리말	mŏrimal	meorimal
맵	maep	maep	머리맡	mŏrimat	meorimat
맷돌	maettol	maetdol	머리책	mŏrich'aek	meorichaek
맹	maeng	maeng	머무는	mŏmunŭn	meomuneun
맹견	maenggyŏn	maenggyeon	머무르라	mŏmurŭra	meomureura
맹견도	Maenggyŏndo	Maenggyeondo	머무름	mŏmurŭm	meomureum
맹근다	maenggŭnda	maenggeunda	머문다	mŏmunda	meomunda
맹꽁이	maengkkongi	maengkkongi	머물고	mŏmulgo	meomulgo
맹덕	Maengdŏk	Maengdeok	머물기	mŏmulgi	meomulgi

한글 용례	ALA-LC Romanization	정부 표기안	한글 용례	ALA-LC Romanization	정부 표기안
머물다	mŏmulda	meomulda	멀었다	mŏrŏtta	meoreotda
머물수	mŏmulsu	meomulsu	멀지	mŏlji	meolji
머물어	mŏmurŏ	meomureo	멀쩡하면	mŏltchŏnghamyŏn	meoljjeonghamyeon
머물어서	mŏmurŏsŏ	meomureoseo	멀티	mŏlt'i	meolti
머물어야	mŏmurŏya	meomureoya	멀티미디어	mŏlt'imidiŏ	meoltimidieo
머물지	mŏmulji	meomulji	멀티버시티	mŏlt'ibŏsit'i	meoltibeositi
머쉰	mŏshwin	meoswin	멀티유즈	mŏlt'iyujŭ	meoltiyujeu
머치슨	Mŏch'isŭn	Meochiseun	멈추기	mŏmch'ugi	meomchugi
머칸다위레	Mŏk'andawire	Meokandawire	멈추어	mŏmch'uŏ	meomchueo
머튼	Mŏt'ŭn	Meoteun	멈추지	mŏmch'uji	meomchuji
먹거리	mŏkkŏri	meokgeori	멈춘	mŏmch'un	meomchun
먹겠다	mŏkketta	meokgetda	멈출	mŏmch'ul	meomchul
먹고	mŏkko	meokgo	멈춤	mŏmch'um	meomchum
먹고도	mŏkkodo	meokgodo	멈춰	mŏmch'wŏ	meomchwo
먹구름	mŏkkurŭm	meokgureum	멈춰라	mŏmch'wŏra	meomchwora
먹기	mŏkki	meokgi	멉니까	mŏmnikka	meomnikka
먹는	mŏngnŭn	meongneun	멋	mŏt	meot
먹는가	mŏngnŭn'ga	meongneunga	멋스러운	mŏssŭrŏun	meotseureoun
먹는다	mŏngnŭnda	meongneunda	멋스러움	mŏtsŭrŏum	meotseureoum
먹다	mŏkta	meokda	멋진	mŏtchin	meotjin
먹어	mŏgŏ	meogeo	멍	mŏng	meong
먹어라	mŏgŏra	meogeora	멍게	mŏngge	meongge
먹어서	mŏgŏsŏ	meogeoseo	멍에	mŏnge	meonge
먹어야	mŏgŏya	meogeoya	멍청한	mŏngch'ŏnghan	meongcheonghan
먹었다	mŏgŏtta	meogeotda	멎는	mŏnnŭn	meonneun
먹었을까	mŏgŏssŭlkka	meogeosseulkka	멎은	mŏjŭn	meojeun
먹었지요	mŏgŏtchiyo	meogeotjiyo	메가	mega	mega
먹여	mogyŏ	meogyeo	메가시티	megasit'i	megasiti
먹으면	mŏgŭmyŏn	meogeumyeon	메가트렌드	megat'urendŭ	megateurendeu
먹은	mŏgŭn	meogeun	메갈리아	Megallia	Megallia
먹을	mŏgŭl	meogeul	메고	mego	mego
먹을거리	mŏgŭlkŏri	meogeulgeori	메구미	Megumi	Megumi
먹을까	mŏgŭlkka	meogeulkka	메뉴	menyu	menyu
먹지마	mŏkchima	meokjima	메뉴얼	menyuŏl	menyueol
먹칠	mŏkch'il	meokchil	메는	menŭn	meneun
먹황새	mŏkhwangsae	meokhwangsae	메니페스토	menip'esŭt'o	menipeseuto
먹힌	mŏkhin	meokin	메다워	Medawŏ	Medawo
먼	mŏn	meon	메달	medal	medal
먼데이	Mŏndei	Meondei	메돼지	medwaeji	medwaeji
먼동	mŏndong	meondong	메디나	Medina	Medina
먼로주의	Mŏllojuŭi	Meollojuui	메디안	Median	Median
먼저	mŏnjŏ	meonjeo	메디치	Medich'i	Medichi
먼지	mŏnji	meonji	메디칼	medik'al	medikal
멀고	mŏlgo	meolgo	메디컴	Medik'ŏm	Medikeom
멀리	mŏlli	meolli	메르스	Merŭsŭ	Mereuseu

한글 용례	ALA-LC Romanization	정부 표기안	한글 용례	ALA-LC Romanization	정부 표기안
메마른	memarŭn	memareun	멜로	mello	mello
메모	memo	memo	머	myŏ	myeo
메모리	memori	memori	며느리	myŏnŭri	myeoneuri
메밀	memil	memil	며칠	myŏch'il	myeochil
메밀꽃	memilkkot	memilkkot	멱	myŏk	myeok
메세나	Mesena	Mesena	멱남	Myŏngnam	Myeongnam
메세지	meseji	meseji	면	myŏn	myeon
메스암페타민	Mesŭamp'et'amin	Meseuampetamin	면감	myŏn'gam	myeongam
메시아	Mesia	Mesia	면담	myŏndam	myeondam
메시지	mesiji	mesiji	면담록	myŏndamnok	myeondamnok
메신저	mesinjŏ	mesinjeo	면례	myŏllye	myeollye
메아리	meari	meari	면류	myŏllyu	myeollyu
메운	meun	meun	면류관	myŏllyugwan	myeollyugwan
메이	Mei	Mei	면모	myŏnmo	myeonmo
메이데이	Meidei	Meidei	면목	myŏnmok	myeonmok
메이드	meidŭ	meideu	면목동	Myŏnmok-tong	Myeonmok-dong
메이드북	Meidŭbuk	Meideubuk	면방직	myŏnbangjik	myeonbangjik
메이저	meijŏ	meijeo	면복	Myŏnbok	Myeonbok
메이저리그	Meijŏrigŭ	Meijeorigeu	면봉	myŏnbong	myeonbong
메이지	Meiji	Meiji	면사	myŏnsa	myeonsa
메이커	meik'ŏ	meikeo	면상	myŏnsang	myeonsang
메이커스	meik'ŏsŭ	meikeoseu	면세	myŏnse	myeonse
메이트	meit'ŭ	meiteu	면세점	myŏnsejŏm	myeonsejeom
메주	meju	meju	면암	Myŏnam	Myeonam
메지	meji	meji	면앙	myŏnang	myeonang
메첼	Mech'el	Mechel	면앙정	Myŏnangjŏng	Myeonangjeong
메카	mek'a	meka	면앙정가	Myŏnangjŏngga	Myeonangjeongga
메카니즘	mek'anijŭm	mekanijeum	면양	Myŏnyang	Myeonyang
메카트로닉스	mek'at'ŭroniksŭ	mekateuronikseu	면업사	myŏnŏpsa	myeoneopsa
메커니즘	mek'ŏnijŭm	mekeonijeum	면역	myŏnyŏk	myeonyeok
메타	met'a	meta	면역력	myŏnyŏngnyŏk	myeonyeongnyeok
메타드라마	met'adŭrama	metadeurama	면역학	myŏnyŏkhak	myeonyeokhak
메타모포시스	met'amop'osisŭ	metamoposiseu	면우	Myŏnu	Myeonu
메트로	met'ŭro	meteuro	면임	myŏnim	myeonim
메트로폴리스	met'ŭrop'ollisŭ	meteuropolliseu	면장	myŏnjang	myeonjang
메트로폴리탄	met'ŭrop'ollit'an	meteuropollitan	면적	myŏnjŏk	myeonjeok
멕시코	Meksik'o	Meksiko	면접	myŏnjŏp	myeonjeop
멘토	ment'o	mento	면제	myŏnje	myeonje
멘토들	ment'odŭl	mentodeul	면직	myŏnjik	myeonjik
멘토링	ment'oring	mentoring	면책	myŏnch'aek	myeonchaek
멘히르	Menhirŭ	Menhireu	면천	myŏnch'ŏn	myeoncheon
멜라민	mellamin	mellamin	면천군	Myŏnch'ŏn-gun	Myeoncheon-gun
멜랑콜리	mellangk'olli	mellangkolli	면학	myŏnhak	myeonhak
멜랑콜리아	mellangk'ollia	mellangkollia	면학회	myŏnhakhoe	myeonhakhoe
멜레테	Mellet'e	Mellete	면할	myŏnhal	myeonhal

한글 용례	ALA-LC Romanization	정부 표기안	한글 용례	ALA-LC Romanization	정부 표기안
면허	myŏnhŏ	myeonheo	명도	Myŏngdo	Myeongdo
면혁학	myŏnhyŏkhak	myeonhyeokhak	명도전	Myŏngdojŏn	Myeongdojeon
면혁학적	myŏnhyŏkhakchŏk	myeonhyeokhakjeok	명동	Myŏng-dong	Myeong-dong
면화	myŏnhwa	myeonhwa	명동촌	Myŏngdongch'on	Myeongdongchon
면회	myŏnhoe	myeonhoe	명랑	myŏngnang	myeongnang
멸	myŏl	myeol	명량	Myŏngnyang	myeongnyang
멸공	myŏlgong	myeolgong	명령	myŏngnyŏng	myeongnyeong
멸망	myŏlmang	myeolmang	명례	Myŏngnye	Myeongnye
멸망사	myŏlmangsa	myeolmangsa	명록	Myŏngnok	Myeongnok
멸문	myŏlmun	myeolmun	명륜	myŏngnyun	myeongnyun
멸사	myŏlsa	myeolsa	명륜당	Myŏngnyundang	Myeongnyundang
멸시	myŏlsi	myeolsi	명륜동	Myŏngnyun-dong	Myeongnyun-dong
멸족	myŏlchok	myeoljok	명률	Myŏngnyul	Myeongnyul
멸종	myŏlchong	myeoljong	명릉	Myŏngnŭng	Myeongneung
멸종사	myŏlchongsa	myeoljongsa	명리	myŏngni	myeongni
명	myŏng	myeong	명리학	Myŏngnihak	Myeongnihak
명가	myŏngga	myeongga	명림	myŏngnim	myeongnim
명감	myŏnggam	myeonggam	명망	myŏngmang	myeongmang
명강	myŏnggang	myeonggang	명망가	myŏngmangga	myeongmangga
명강의	myŏnggangŭi	myeonggangui	명명	myŏngmyŏng	myeongmyeong
명경	myŏnggyŏng	myeonggyeong	명문	myŏngmun	myeongmun
명경대	Myŏnggyŏngdae	Myeonggyeongdae	명문가	myŏngmun'ga	myeongmunga
명고	Myŏnggo	Myeonggo	명문家	myŏngmun'ga	myeongmunga
명곡	myŏnggok	myeonggok	명문가들	myŏngmun'gadŭl	myeongmungadeul
명과	myŏnggwa	myeonggwa	명문고	myŏngmun'go	myeongmungo
명관	myŏnggwan	myeonggwan	명문당	Myŏngmundang	Myeongmundang
명구	myŏnggu	myeonggu	명문장	myŏngmunjang	myeongmunjang
명구절	myŏnggujŏl	myeonggujeol	명문장가	myŏngmunjangga	myeongmunjangga
명구집	myŏnggujip	myeonggujip	명문장가들	myŏngmunjanggadŭl	myeongmunjanggadeul
명군	Myŏnggun	Myeonggun	명문집	myŏngmunjip	myeongmunjip
명기	myŏnggi	myeonggi	명반	myŏngban	myeongban
명기사	myŏnggisa	myeonggisa	명방파제	myŏngbangp'aje	myeongbangpaje
명기자	myŏnggija	myeonggija	명배신전	Myŏngbaesinjŏn	myeongbaesinjeon
명남	Myŏngnam	Myeongnam	명보	myŏngbo	myeongbo
명남루	Myŏngnamnu	Myeongnamnu	명복	myŏngbok	myeongbok
명논문	myŏngnonmun	myeongnonmun	명봉	Myŏngbong	Myeongbong
명단	myŏngdan	myeongdan	명부	myŏngbu	myeongbu
명단편	myŏngdanp'yŏn	myeongdanpyeon	명부류	myŏngburyu	myeongburyu
명답	myŏngdap	myeongdap	명부전	Myŏngbujŏn	Myeongbujeon
명당	myŏngdang	myeongdang	명분	myŏngbun	myeongbun
명당기	myŏngdanggi	myeongdanggi	명분론	myŏngbunnon	myeongbunnon
명당설	myŏngdangsŏl	myeongdangseol	명불	myŏngbul	myeongbul
명당지	myŏngdangchi	myeongdangji	명비	myŏngbi	myeongbi
명대	Myŏngdae	Myeongdae	명사	myŏngsa	myeongsa
명데스크	myŏngdesŭk'ŭ	myeongdeseukeu	명사들	myŏngsadŭl	myeongsadeul

한글 용례	ALA-LC Romanization	정부 표기안	한글 용례	ALA-LC Romanization	정부 표기안
명사론	myŏngsaron	myeongsaron	명언집	myŏngŏnjip	myeongeonjip
명사리	Myŏngsa-ri	Myeongsa-ri	명연	Myŏngyŏn	Myeongyeon
명사문	myŏngsamun	myeongsamun	명연설	myŏngyŏnsŏl	myeongyeonseol
명산	myŏngsan	myeongsan	명연설문	myŏngyŏnsŏlmun	myeongyeonseolmun
명산기	myŏngsan'gi	myeongsangi	명예	myŏngye	myeongye
명산론	myŏngsannon	myeongsallon	명오리	Myŏngo-ri	Myeongo-ri
명상	myŏngsang	myeongsang	명옥	myŏngok	myeongok
명상록	myŏngsangnok	myeongsangnok	명왕	Myŏngwang	Myeongwang
명상론	myŏngsangnon	myeongsangnon	명운	myŏngun	myeongun
명상집	myŏngsangjip	myeongsangjip	명원	Myŏngwŏn	Myeongwon
명서원	Myŏngsŏwŏn	Myeongseowon	명월	myŏngwŏl	myeongwol
명석	myŏngsŏk	myeongseok	명월관	Myŏngwŏlgwan	Myeongwolgwan
명석정	Myŏngsŏkchŏng	Myeongseokjeong	명유	myŏngyu	myeongyu
명석조	myŏngsŏkcho	myeongseokjo	명윤	Myŏngyun	Myeongyun
명석하고	myŏngsŏkhago	myeongseokhago	명의	myŏngŭi	myeongui
명석하다	myŏngsŏkhada	myeongseokhada	명의록	myŏngŭirok	myeonguirok
명석한	myŏngsŏkhan	myeongseokhan	명이	Myŏngi	Myeongi
명선	myŏngsŏn	myeongseon	명인	myŏngin	myeongin
명성	myŏngsŏng	myeongseong	명인들	myŏngindŭl	myeongindeul
명성촌	Myŏngsŏngch'on	Myeongseongchon	명인전	myŏnginjŏn	myeonginjeon
명세	myŏngse	myeongse	명일	myŏngil	myeongil
명세서	myŏngsesŏ	myeongseseo	명일리	Myŏngil-li	Myeongil-ri
명소	myŏngso	myeongso	명자	Myŏngja	Myeongja
명수	myŏngsu	myeongsu	명작	myŏngjak	myeongjak
명수필	myŏngsup'il	myeongsupil	명작선	myŏngjaksŏn	myeongjakseon
명승	myŏngsŭng	myeongseung	명장	myŏngjang	myeongjang
명승부	myŏngsŭngbu	myeongseungbu	명장들	myŏngjangdŭl	myeongjangdeul
명승지	myŏngsŭngji	myeongseungji	명장리	Myŏngjang-ni	Myeongjang-ri
명시	myŏngsi	myeongsi	명장전	myŏngjangjŏn	myeongjangjeon
명시선	myŏngsisŏn	myeongsiseon	명재	myŏngjae	myeongjae
명시조	myŏngsijo	myeongsijo	명저	myŏngjŏ	myeongjeo
명시집	myŏngsijip	myeongsijip	명저들	myŏngjŏdŭl	myeongjeodeul
명신	myŏngsin	myeongsin	명저선	myŏngjŏsŏn	myeongjeoseon
명신록	myŏngsinnok	myeongsinnok	명적	myŏngjŏk	myeongjeok
명신전	myŏngsinjŏn	myeongsinjeon	명절	myŏngjŏl	myeongjeol
명실	myŏngsil	myeongsil	명정	myŏngjŏng	myeongjeong
명심	myŏngsim	myeongsim	명제	myŏngje	myeongje
명아주	Myŏngaju	Myeongaju	명조	Myŏngjo	Myeongjo
명암	myŏngam	myeongam	명족	myŏngjok	myeongjok
명암보	Myŏngambo	Myeongambo	명종	Myŏngjong	Myeongjong
명양	Myŏngyang	Myeongyang	명주	myŏngju	myeongju
명언	myŏngŏn	myeongeon	명주군	Myŏngju-gun	Myeongju-gun
명언구	myŏngŏn'gu	myeongeongu	명주목	Myŏngju-mok	Myeongju-mok
명언들	myŏngŏndŭl	myeongeondeul	명주사	Myŏngjusa	Myeongjusa
명언록	myŏngŏnnok	myeongeollok	명줄	myŏngchul	myeongjul

한글 용례	ALA-LC Romanization	정부 표기안	한글 용례	ALA-LC Romanization	정부 표기안
명중	myŏngjung	myeongjung	명호	myŏngho	myeongho
명증	myŏngjŭng	myeongjeung	명확한	myŏnghwakhan	myeonhwakhan
명지	Myŏngji	Myeongji	명활	Myŏnghwal	Myeonghwal
명지대	Myŏngjidae	Myeongjidae	명황	Myŏnghwang	Myeonghwang
명지리	Myŏngji-ri	Myeongji-ri	명효	myŏnghyo	myeonghyo
명지사	Myŏngjisa	Myeongjisa	명휘	Myŏnghwi	Myeonghwi
명진	Myŏngjin	Myeongjin	몇	myŏt	myeot
명찰	myŏngch'al	myeongchal	몇개	myŏtkae	myeotgae
명창	myŏngch'ang	myeongchang	모	mo	mo
명창들	myŏngch'angdŭl	myeongchangdeul	모계	mogye	mogye
명창전	myŏngch'angjŏn	myeongchangjeon	모계제	mogyeje	mogyeje
명천	Myŏngch'ŏn	Myeongcheon	모과	Mogwa	mogwa
명천군	Myŏngch'ŏn-gun	Myeongcheon-gun	모국	moguk	moguk
명천현	Myŏngch'ŏn-hyŏn	Myeongcheon-hyeon	모국어	mogugŏ	mogugeo
명철	myŏngch'ŏl	myeongcheol	모금	mogŭm	mogeum
명청	Myŏng-Ch'ŏng	Myeong-Cheong	모금가	mogŭmga	mogeumga
명초	Myŏngch'o	Myeongcho	모금가들	mogŭmgadŭl	mogeumgadeul
명촌	Myŏngch'on	Myeongchon	모기장	mokijang	mogijang
명치	myŏngch'i	myeongchi	모기지	mogiji	mogiji
명치정	Myŏngch'ijŏng	Myeongchijeong	모기지론	mogijiron	mogijiron
명치좌	Myŏngch'ijwa	Myeongchijwa	모난	monan	monan
명칭	myŏngch'ing	myeongching	모녀	monyŏ	monyeo
명칼럼	myŏngk'allŏm	myeongkalleom	모노그래프	monogŭraep'ŭ	monogeuraepeu
명쾌	myŏngk'wae	myeongkwae	모놀로그	monollogŭ	monollogeu
명쾌하고	myŏngk'waehago	myeongkwaehago	모니터	monit'ŏ	moniteo
명쾌한	myŏngk'waehan	myeongkwaehan	모니터링	monit'ŏring	moniteoring
명탄	Myŏngt'an	Myeongtan	모닝	moning	moning
명태	myŏngt'ae	myeongtae	모닥불	modakpul	modakbul
명판	myŏngp'an	myeongpan	모당	modang	modang
명패	myŏngp'ae	myeongpae	모더니스트	modŏnisŭt'ŭ	modeoniseuteu
명포리	Myŏngp'o-ri	Myeongpo-ri	모더니즘	modŏnijŭm	modeonijeum
명품	myŏngp'um	myeongpum	모더니즘시	modŏnijŭmsi	modeonijeumsi
명품들	myŏngp'umdŭl	myeongpumdeul	모더니티	modŏnit'i	modeoniti
명품선	myŏngp'umsŏn	myeongpumseon	모던	modŏn	modeon
명품전	myŏngp'umjŏn	myeongpumjeon	모던스케이프	modŏnsŭk'eip'ŭ	modeonseukeipeu
명품화	myŏngp'umhwa	myeongpumhwa	모델	model	model
명필	myŏngp'il	myeongpil	모델들	modeldŭl	modeldeul
명필집	myŏngp'ilchip	myeongpiljip	모독	modok	modok
명학	Myŏnghak	Myeonghak	모두	modu	modu
명학소민	Myonghaksomin	Myeonghaksomin	모두루총	Moduruch'ong	Moduruchong
명행	Myŏnghaeng	Myeonghaeng	모둠	modum	modum
명행록	myŏnghaengnok	myeonghaengnok	모둠살이	modumsari	modumsari
명헌	Myŏnghŏn	Myeongheon	모드	modŭ	modeu
명현	myŏnghyŏn	myeonghyeon	모든	modŭn	modeun
명현록	myŏnghyŏnnok	myeonghyeonnok	모들	modŭl	modeul

한글 용례	ALA-LC Romanization	정부 표기안	한글 용례	ALA-LC Romanization	정부 표기안
모듬	modŭm	modeum	모본	mobon	mobon
모디움	Modium	Modium	모빌리티	mobillit'i	mobilliti
모란	moran	moran	모사	mosa	mosa
모란강	Moran'gang	Morangang	모사도	mosado	mosado
모란꽃	morankkot	morankkot	모산	Mosan	Mosan
모란문	moranmun	moranmun	모살기	mosalgi	mosalgi
모란병	moranbyŏng	moranbyeong	모색	mosaek	mosaek
모란봉	Moranbong	Moranbong	모서리	mosŏri	moseori
모란화	moranhwa	moranhwa	모성	mosŏng	moseong
모래	morae	morae	모세	Mose	Mose
모래톱	moraet'op	moraetop	모셔진	mosyŏjin	mosyeojin
모략	moryak	moryak	모수	mosu	mosu
모로	moro	moro	모순	mosun	mosun
모루	moru	moru	모스	mosŭ	moseu
모르겠다	morŭgetta	moreugetda	모스크바	Mosŭk'ŭba	Moseukeuba
모르고	morŭgo	moreugo	모스트	mosŭt'ŭ	moseuteu
모르는	morŭnŭn	moreuneun	모슬포	Mosŭlp'o	Moseulpo
모르다	morŭda	moreuda	모습	mosŭp	moseup
모르면	morŭmyŏn	moreumyeon	모습들	mosŭptŭl	moseupdeul
모르지만	morŭjiman	moreujiman	모시	mosi	mosi
모른다	morŭnda	moreunda	모시고	mosigo	mosigo
모른다카이	morŭndak'ai	moreundakai	모시기	mosigi	mosigi
모를	morŭl	moreul	모시는	mosinŭn	mosineun
모름	morŭm	moreum	모시는데	mosinŭnde	mosineunde
모리	mori	mori	모신	mosin	mosin
모리브덴	moribŭden	moribeuden	모실까요	mosilkkayo	mosilkkayo
모리스	Morisŭ	Moriseu	모아	moa	moa
모리카와	Morik'awa	Morikawa	모아서	moasŏ	moaseo
모립	Morip	Morip	모악	Moak	Moak
모립제	moripche	moripje	모악산	Moaksan	Moaksan
모먼트	momŏnt'ŭ	momeonteu	모암	Moam	Moam
모멘텀	moment'ŏm	momenteom	모암동	Moam-dong	Moam-dong
모멘토	moment'o	momento	모양	moyang	moyang
모바일	mobail	mobail	모양근	moyanggŭn	moyanggeun
모반	moban	moban	모양성	Moyangsŏng	moyangseong
모반죄	mobanchoe	mobanjoe	모엣	Moet	Moet
모방	mobang	mobang	모여	moyo	moyeo
모방설	mobangsŏl	mobangseol	모여도	moyŏdo	moyeodo
모범	mobŏm	mobeom	모역	moyŏk	moyeok
모범국	mobŏmguk	mobeomguk	모요사	Moyosa	Moyosa
모범생	mobŏmsaeng	mobeomsaeng	모욕	moyok	moyok
모범장	Mobŏmjang	mobeomjang	모용	moyong	moyong
모범적	mobŏmjŏk	mobeomjeok	모용각	Moyonggak	Moyonggak
모병	mobyŏng	mobyeong	모원당	Mowŏndang	Mowondang
모병관	mobyŏnggwan	mobyeonggwan	모유	moyu	moyu

한글 용례	ALA-LC Romanization	정부 표기안	한글 용례	ALA-LC Romanization	정부 표기안
모으고	moŭgo	moeugo	모호	moho	moho
모으는	moŭnŭn	moeuneun	모화	Mohwa	Mohwa
모은	moŭn	moeun	모화관	Mohwagwan	Mohwagwan
모은암	Moŭnam	Moeunam	모히토	Mohit'o	Mohito
모음	moŭm	moeum	목	mok	mok
모음사	Moŭmsa	Moeumsa	목가	mokka	mokga
모음집	moŭmjip	moeumjip	목가구	mokkagu	mokgagu
모의	moŭi	moui	목각	mokkak	mokgak
모이	moi	moi	목간	mokkan	mokgan
모인	moin	moin	목걸이	mokkŏri	mokgeori
모자	moja	moja	목격	mokkyŏk	mokgyeok
모자들	mojadŭl	mojadeul	목격자	mokkyŏkcha	mokgyeokja
모전	mojŏn	mojeon	목격자들	mokkyŏkchadŭl	mokgyeokjadeul
모전동	Mojŏn-dong	Mojeon-dong	목계	Mokkye	Mokgye
모전탑	Mojŏnt'ap	Mojeontap	목공	mokkong	mokgong
모정	mojŏng	mojeong	목공예	mokkongye	mokgongye
모정리	Mojŏng-ni	Mojeong-ri	목공장	mokkongjang	mokgongjang
모조	mojo	mojo	목곽	mokkwak	mokgwak
모진	mojin	mojin	목곽묘	mokkwangmyo	mokgwangmyo
모집	mojip	mojip	목관	mokkwan	mokgwan
모짜르트	Motcharŭt'ŭ	Mojjareuteu	목관묘	mokkwanmyo	mokgwanmyo
모처	moch'ŏ	mocheo	목기	mokki	mokgi
모촌	moch'on	mochon	목기장	mokkijang	mokgijang
모촌리	Moch'on-ni	Mochon-ri	목단	moktan	mokdan
모충사	Moch'ungsa	Mochungsa	목단강	Moktan'gang	Mokdangang
모친	moch'in	mochin	목단강시	Moktan'gang-si	Mokdangang-si
모태	mot'ae	motae	목단지	Moktanji	Mokdanji
모텔	mot'el	motel	목도	mokto	mokdo
모토	mot'o	moto	목돈	mokton	mokdon
모토시다	Mot'osida	Motosida	목동	moktong	mokdong
모토유키	Mot'oyuk'i	Motoyuki	목동가	moktongga	mokdongga
모퉁이	mot'ungi	motungi	목라	Mongna	mongna
모티브	mot'ibŭ	motibeu	목란	mongnan	mongnan
모티폴로지	mot'ip'olloji	motipolloji	목란꽃	mongnankkot	mongnankkot
모티프	mot'ip'ŭ	motipeu	목련	mongnyŏn	mongnyeon
모포	mop'o	mopo	목련경	mongnyŏn'gyŏng	mongnyeongyeong
모피	mop'i	mopi	목록	mongnok	mongnok
모하당	Mohadang	Mohadang	목록법	mongnokpŏp	mongnokbeop
모함	moham	moham	목록집	mongnokchip	mongnokjip
모함마드	Mohammadŭ	Mohammadeu	목록화	mongnokhwa	mongnokhwa
모험	mohŏm	moheom	목릉	Mongnŭng	Mongneung
모험주의	mohŏmjuŭi	moheomjuui	목마	mongma	mongma
모험주의적	mohŏmjuŭijŏk	moheomjuuijeok	목마름	mongmarŭm	mongmareum
모현	Mohyŏn	Mohyeon	목멱	mongmyŏk	mongmyeok
모형	mohyŏng	mohyeong	목멱사	Mongmyŏksa	Mokmyeoksa

한글 용례	ALA-LC Romanization	정부 표기안	한글 용례	ALA-LC Romanization	정부 표기안
목멱산	Mongmyŏksan	Mokmyeoksan	목적	mokchŏk	mokjeok
목면	mongmyŏn	mongmyeon	목적극	mokchŏkkŭk	mokjeokgeuk
목문	mongmun	mongmun	목전	mokchŏn	mokjeon
목민	mongmin	mongmin	목제	mokche	mokje
목민관	mongmin'gwan	mongmingwan	목제품	mokchep'um	mokjepum
목민서	Mongminsŏ	Mongminseo	목조	mokcho	mokjo
목민학	mongminhak	mongminhak	목조각	mokchogak	mokjogak
목본류	mokponnyu	mokbollyu	목조탑	Mokchot'ap	mokjotap
목봉	mokpong	mokbong	목종	Mokchong	Mokjong
목불	Mokpul	Mokbul	목주	mokchu	mokju
목사	moksa	moksa	목지	mokchi	mokji
목사님	moksanim	moksanim	목차	mokch'a	mokcha
목사회	moksahoe	moksahoe	목차집	mokch'ajip	mokchajip
목석	moksŏk	mokseok	목책	mokch'aek	mokchaek
목석원	Moksŏgwŏn	Mokseogwon	목척	mokch'ŏk	mokcheok
목선재	Moksŏnjae	Mokseonjae	목천	mokch'ŏn	mokcheon
목성	Moksŏng	Mokseong	목천군	Mokch'ŏn-gun	Mokcheon-gun
목소리	moksori	moksori	목천현	Mokch'ŏn-hyŏn	Mokcheon-hyeon
목소리들	moksoridŭl	moksorideul	목청	mokch'ŏng	mokcheong
목수	moksu	moksu	목축	mokch'uk	mokchuk
목숨	moksum	moksum	목축업	mokch'ugŏp	mokchukeop
목신	Moksin	Moksin	목칠	mokch'il	mokchil
목씨	Mokssi	Mokssi	목탁	mokt'ak	moktak
목아	moga	moga	목탑	mokt'ap	moktap
목양	Mogyang	Mogyang	목판	mokp'an	mokpan
목양사	Mogyangsa	Mogyangsa	목판본	mokp'anbon	mokpanbon
목어	mogŏ	mogeo	목판화	mokp'anhwa	mokpanhwa
목요	Mogyo	Mogyo	목포	Mokp'o	Mokpo
목요일	Mogyoil	Mogyoil	목포권	Mokp'okwŏn	Mokpogwon
목요회	Mogyohoe	Mogyohoe	목포대	Mokp'odae	Mokpodae
목욕	mogyok	mogyok	목포발	Mokp'obal	Mokpobal
목욕탕	mogyokt'ang	mogyoktang	목포시	Mokp'o-si	Mokpo-si
목우	Mogu	Mogu	목포항	Mokp'ohang	Mokpohang
목우자	Moguja	Moguja	목표	mokp'yo	mokpyo
목우회	Moguhoe	Moguhoe	목표제	mokp'yoje	mokpyoje
목운	Mogun	Mogun	목표치	mokp'yoch'i	mokpyochi
목원	Mogwŏn	Mogwon	목현	Mokhyŏn	Mokhyeon
목원대	Mogwŏndae	Mogwondae	목화	mokhwa	mokhwa
목월	Mogwŏl	Mogwol	목화꽃	mokhwakkot	mokwakkot
목은	Mogŭn	Mogeun	목활자	mokhwalcha	mokhwalja
목일회	Mogirhoe	Mogilhoe	목활자관	mokhwalchap'an	mokwaljapan
목자	mokcha	mokja	목회	mokhoe	mokhoe
목자상	mokchasang	mokjasang	목회자	mokhoeja	mokhoeja
목장	mokchang	mokjang	몬드라곤	Mondŭragon	Mondeuragon
목재	mokchae	mokjae	몬드리안	Mondŭrian	Mondeurian

한글 용례	ALA-LC Romanization	정부 표기안	한글 용례	ALA-LC Romanization	정부 표기안
몬트리얼	Mont'ŭriŏl	Monteurieol	못했는가	mothaennŭn'ga	motaenneunga
몰	mol	mol	못했을까	mothaessŭlkka	motaesseulkka
몰골	molgol	molgol	몽	mong	mong
몰두	moltu	moldu	몽고	Monggo	Monggo
몰라	molla	molla	몽고족	Monggojok	Monggojok
몰라도	mollado	mollado	몽고풍	Monggop'ung	Monggopung
몰라봐	mollabwa	mollabwa	몽골	Monggol	Monggol
몰라서	mollasŏ	mollaseo	몽골리카	Monggollik'a	Monggollika
몰라요	mollayo	mollayo	몽골어	Monggorŏ	Monggoreo
몰락	mollak	mollak	몽골인	Monggorin	Monggorin
몰락사	mollaksa	mollaksa	몽두	mongdu	mongdu
몰랐던	mollattŏn	mollatdeon	몽려	Mong-Ryŏ	Mong-Ryeo
몰록	mollok	mollok	몽룡	Mongnyong	Mongnyong
몰린	mollin	mollin	몽산	Mongsan	Mongsan
몰몬교	Molmon'gyo	Molmongyo	몽상	mongsang	mongsang
몰수	molsu	molsu	몽상가	mongsangga	mongsangga
몰아	mora	mora	몽심재	Mongsimjae	Mongsimjae
몰입	morip	morip	몽암	Mongam	Mongam
몰츠	Molch'ŭ	Molcheu	몽양	Mongyang	Mongyang
몸돌	Momdol	Momdol	몽어	Mongŏ	Mongeo
몸부림	momburim	momburim	몽어과	Mongŏgwa	Mongeogwa
몸뻬	momppe	momppe	몽어학	Mongŏhak	Mongeohak
몸성	momsŏng	momseong	몽오	Mongo	Mongo
몸짓	momchit	momjit	몽와	Mongwa	Mongwa
몹쓸	mopssŭl	mopsseul	몽유	mongyu	mongyu
못	mot	mot	몽유록	mongyurok	mongyurok
못난	monnan	monnan	몽유병	mongyupyŏng	mongyubyeong
못난이	monnani	monnani	몽정	mongjŏng	mongjeong
못다	motta	motda	몽천	Mongch'ŏn	Mongcheon
못다핀	mottap'in	motdapin	몽촌	Mongch'on	Mongchon
못다한	mottahan	motdahan	몽학	Monghak	Monghak
못다할	mottahal	motdahal	몽헌	Monghŏn	Mongheon
못된	mottoen	motdoen	몽화록	monghwarok	monghwarok
못생긴	motsaenggin	motsaenggin	뫼벗	Moebŏt	Moebeot
못자리	motchari	motjari	묘	myo	myo
못하게	mothage	motage	묘각	Myogak	Myogak
못하는	mothanŭn	motaneun	묘도	myodo	myodo
못하는가	mothanŭn'ga	motaneunga	묘동	Myo-dong	Myo-dong
못하니	mothani	motani	묘련사	Myoryŏnsa	Myoryeonsa
못하다	mothada	motada	묘령	myoryŏng	myoryeong
못한	mothan	motan	묘방	myobang	myobang
못할	mothal	motal	묘법	myobŏp	myobeop
못해	mothae	motae	묘비	myobi	myobi
못했나	mothaenna	motaenna	묘비명	myobimyŏng	myobimyeong
못했네	mothaenne	motaenne	묘사	myosa	myosa

한글 용례	ALA-LC Romanization	정부 표기안	한글 용례	ALA-LC Romanization	정부 표기안
묘산	Myosan	Myosan	무과	mukwa	mugwa
묘성	myosŏng	myoseong	무관	mugwan	mugwan
묘소	myoso	myoso	무관직	mugwanjik	mugwanjik
묘시	Myosi	Myosi	무교	Mugyo	Mugyo
묘약	myoyak	myoyak	무교회주의자	mugyohoejuŭija	mugyohoejuuija
묘엄	Myoŏm	Myoeom	무구	mugu	mugu
묘역	myoyŏk	myoyeok	무구류	muguryu	muguryu
묘의	myoŭi	myoui	무국	muguk	muguk
묘자리	myochari	myojari	무궁화	mugunghwa	mugunghwa
묘적암	Myojŏgam	Myojeogam	무궁화꽃	mugunghwakkot	mugunghwakkot
묘전	myojŏn	myojeon	무궁화호	Mugunghwaho	Mugunghwaho
묘제	myoje	myoje	무극	mugŭk	mugeuk
묘지	myoji	myoji	무극리	Mugŭng-ni	Mugeuk-ri
묘지기	myojigi	myojigi	무급	mugŭp	mugeup
묘지명	myojimyŏng	myojimyeong	무기	mugi	mugi
묘책	myoch'aek	myochaek	무기력	mugiryŏk	mugiryeok
묘청	Myoch'ŏng	Myocheong	무기류	mugiryu	mugiryu
묘표	myop'yo	myopyo	무기리	Mugi-ri	Mugi-ri
묘한	myohan	myohan	무기명	mugimyŏng	mugimyeong
묘향	myohyang	myohyang	무기산	Mugisan	mugisan
묘향산	Myohyangsan	Myohyangsan	무기수	mugisu	mugisu
묘향산도	Myohyangsando	Myohyangsando	무기질	mugijil	mugijil
묘호	myoho	myoho	무기한	mugihan	mugihan
무	mu	mu	무나	muna	muna
무가	muga	muga	무낙관	munakkwan	munakgwan
무가집	mugajip	mugajip	무남	munam	munam
무감	mugam	mugam	무너뜨리기	munŏttŭrigi	muneotteurigi
무감각	mugamgak	mugamgak	무너졌는가	munŏjyŏnnŭn'ga	muneojyeonneunga
무강	Mugang	Mugang	무너지고	munŏjigo	muneojigo
무거	mugŏ	mugeo	무너지는	munŏjinŭn	muneojineun
무거동	Mugŏ-dong	Mugeo-dong	무너지다	munŏjida	muneojida
무거운	mugŏun	mugeoun	무너지던	munŏjidŏn	muneojideon
무거워	mugŏwŏ	mugeowo	무너지지	munŏjiji	muneojiji
무거워서	mugŏwŏsŏ	mugeowoseo	무너진	munŏjin	muneojin
무겁게	mugŏpke	mugeopge	무네요시	Muneyosi	Muneyosi
무게	muge	muge	무녀	munyŏ	munyeo
무격	mugyŏk	mugyeok	무녀도	munyŏdo	munyeodo
무겸	Mugyŏm	Mugyeom	무녕	Munyŏng	Munyeong
무경	mugyŏng	mugyeong	무노조	munojo	munojo
무계	mugye	mugye	무능	munŭng	muneung
무계리	Mugye-ri	Mugye-ri	무능함	munŭngham	muneungham
무고	mugo	mugo	무늬	munŭi	munui
무고죄	mugochoe	mugojoe	무늬염	munŭiyŏm	munuiyeom
무곡	mugok	mugok	무단	mudan	mudan
무공	mugong	mugong	무당	mudang	mudang

한글 용례	ALA-LC Romanization	정부 표기안	한글 용례	ALA-LC Romanization	정부 표기안
무당무	mudangmu	mudangmu	무명회	Mumyŏnghoe	Mumyeonghoe
무대	mudae	mudae	무묘	Mumyo	Mumyo
무덕	Mudŏk	Mudeok	무무	Mumu	Mumu
무덤	mudŏm	mudeom	무문	mumun	mumun
무도	mudo	mudo	무문관	Mumun'gwan	Mumungwan
무도사	mudosa	mudosa	무반	muban	muban
무도회	mudohoe	mudohoe	무반직	mubanjik	mubanjik
무독	Mudok	Mudok	무방	mubang	mubang
무돌길	Mudolkil	Mudolgil	무방비	mubangbi	mubangbi
무동	mudong	mudong	무버	mubŏ	mubeo
무등	mudŭng	mudeung	무변	mubyŏn	mubyeon
무등곡	Mudŭnggok	Mudeunggok	무병	mubyŏng	mubyeong
무등리	Mudŭng-ni	Mudeung-ri	무보	mubo	mubo
무등방	Mudŭngbang	Mudeungbang	무보집	mubojip	mubojip
무등산	Mudŭngsan	Mudeungsan	무복	mubok	mubok
무등산권	Mudŭngsankwŏn	Mudeungsangwon	무봉	Mubong	Mubong
무딘	mudin	mudin	무부	mubu	mubu
무라야마	Murayama	Murayama	무분별	mubunbyŏl	mubunbyeol
무라타	Murat'a	Murata	무불	Mubul	Mubul
무량	muryang	muryang	무비	mubi	mubi
무량사	Muryangsa	Muryangsa	무빙	mubing	mubing
무량수	muryangsu	muryangsu	무사	musa	musa
무량수경	muryangsugyŏng	muryangsugyeong	무사지	musaji	musaji
무량수전	muryangsujŏn	muryangsujeon	무삭제판	musakchep'an	musakjepan
무량심	muryangsim	muryangsim	무산	musan	musan
무량전	Muryangjŏn	Muryangjeon	무산군	Musan-gun	Musan-gun
무레꾼	murekkun	murekkun	무산부	Musan-bu	Musan-bu
무력	muryŏk	muryeok	무산자	musanja	musanja
무렵	muryŏp	muryeop	무산향	Musanhyang	Musanhyang
무령	Muryŏng	Muryeong	무산현	Musan-hyŏn	Musan-hyeon
무령군	Muryŏng-gun	Muryeong-gun	무상	musang	musang
무례	murye	murye	무색	musaek	musaek
무뢰	muroe	muroe	무색계	Musaekkye	Musaekgye
무뢰배	muroebae	muroebae	무서운	musŏun	museoun
무뢰한	muroehan	muroehan	무서워	musŏwŏ	museowo
무료	muryo	muryo	무선	musŏn	museon
무룡리	Muryong-ni	Muryong-ri	무섭고도	musŏpkodo	museopgodo
무룡산	Muryongsan	Muryongsan	무섭다	musŏpta	museopda
무르익을	murŭigŭl	mureuigeul	무성	musŏng	museong
무릉	Murŭng	Mureung	무성산	Musŏngsan	Museongsan
무릎	murŭp	mureup	무세포	musep'o	musepo
무림	murim	murim	무소	muso	muso
무명	mumyŏng	mumyeong	무소속	musosok	musosok
무명인	mumyŏngin	mumyeongin	무소유	musoyu	musoyu
무명자	mumyŏngja	mumyeongja	무속	musok	musok

한글 용례	ALA-LC Romanization	정부 표기안	한글 용례	ALA-LC Romanization	정부 표기안
무속고	musokko	musokgo	무역법	muyŏkpŏp	muyeokbeop
무속인	musogin	musogin	무역부	muyŏkpu	muyeokbu
무속지	musokchi	musokji	무역사	muyŏksa	muyeoksa
무속학	musokhak	musokhak	무역상	muyŏksang	muyeoksang
무송	Musong	Musong	무역성	Muyŏksŏng	Muyeokseong
무쇠	musoe	musoe	무역학	muyŏkhak	muyeokhak
무쇠소	musoeso	musoeso	무역항	muyŏkhang	muyeokhang
무수	musu	musu	무연고	muyŏn'go	muyeongo
무수동	Musu-dong	Musu-dong	무연탄	muyŏnt'an	muyeontan
무수리	musuri	musuri	무열	muyŏl	muyeol
무숙	musuk	musuk	무염	Muyŏm	Muyeom
무순	musun	musun	무영	muyŏng	muyeong
무술	musul	musul	무영탑	Muyŏngt'ap	Muyeongtap
무술년	Musullyŏn	Musullyeon	무예	muye	muye
무슨	musŭn	museun	무예도	muyedo	muyedo
무승부	musŭngbu	museungbu	무예사	muyesa	muyesa
무시	musi	musi	무예청	Muyech'ŏng	Muyecheong
무시림	Musirim	Musirim	무오	Muo	Muo
무시이	Musii	Musii	무왕	Muwang	Muwang
무식	musik	musik	무용	muyong	muyong
무신	musin	musin	무용가	muyongga	muyongga
무신난	Musinnan	Musinnan	무용가들	muyonggadŭl	muyonggadeul
무신도	Musindo	Musindo	무용가론	muyonggaron	muyonggaron
무신란	Musinnan	Musillan	무용단	muyongdan	muyongdan
무실	musil	musil	무용당	Muyongdang	Muyongdang
무심	musim	musim	무용론	muyongnon	muyongnon
무심장	musimjang	musimjang	무용사	muyongsa	muyongsa
무심천	Musimch'ŏn	Musimcheon	무용인	muyongin	muyongin
무쌍	mussang	mussang	무용적	muyongjŏk	muyongjeok
무아	mua	mua	무용제	muyongje	muyongje
무악	Muak	Muak	무용총	Muyongch'ong	Muyongchong
무악동	Muak-tong	Muak-dong	무용학	muyonghak	muyonghak
무안	muan	muan	무우	muu	muu
무안군	Muan-gun	Muan-gun	무원	muwŏn	muwon
무안부	Muan-bu	Muan-bu	무원록	muwŏnnok	muwonnok
무안현	Muan-hyŏn	Muan-hyeon	무위	muwi	muwi
무애	muae	muae	무위당	Muwidang	Muwidang
무애무	muaemu	muaemu	무위사	Muwisa	Muwisa
무야	muya	muya	무위영	Muwiyŏng	Muwiyeong
무어	muŏ	mueo	무을면	Muŭl-myŏn	Mueul-myeon
무어길래	muŏgillae	mueogillae	무응답	muŭngdap	mueungdap
무언	muŏn	mueon	무의	muŭi	muui
무엇	muŏt	mueot	무의공	Muŭigong	Muuigong
무역	muyŏk	muyeok	무의미	muŭimi	muuimi
무역론	muyŏngnon	muyeongnon	무의식	muŭisik	muuisik

한글 용례	ALA-LC Romanization	정부 표기안	한글 용례	ALA-LC Romanization	정부 표기안
무의자	Muŭija	Muuija	무진도	mujindo	mujindo
무이해	muihae	muihae	무진장	mujinjang	mujinjang
무익	muik	muik	무찌른	mutchirŭn	mujjireun
무인	muin	muin	무창	Much'ang	Muchang
무인기	muin'gi	muingi	무창부	Much'ang-bu	Muchang-bu
무인난	muinnan	muinnan	무창포	Much'angp'o	Muchangpo
무인도	muindo	muindo	무채색	much'aesaek	muchaesaek
무인란	muinnan	muillan	무책임	much'aegim	muchaegim
무인석	mŭinsŏk	muinseok	무척	much'ŏk	mucheok
무일	Muil	Muil	무척산	Muchŏksan	Mucheoksan
무임	muim	muim	무천	Much'ŏn	Mucheon
무임소	muimso	muimso	무첨당	Much'ŏmdang	Mucheomdang
무자	Muja	muja	무첨재	Much'ŏmjae	Mucheomjae
무자녀	mujanyŏ	mujanyeo	무청	much'ŏng	mucheong
무자년	Mujanyŏn	Mujanyeon	무체	Much'e	Muche
무자비	mujabi	mujabi	무촌	much'on	muchon
무자식	mujasik	mujasik	무촌리	Much'on-ni	Muchon-ri
무자식자	mujasikcha	mujasikja	무치	much'i	muchi
무작정	mujakchŏng	mujakjeong	무치허	Much'ihŏ	Muchiheo
무장	mujang	mujang	무침	much'im	muchim
무장군	mujanggun	mujanggun	무쿠리	Muk'uri	Mukuri
무장론	mujangnon	mujangnon	무크	muk'ŭ	mukeu
무장사	Mujangsa	Mujangsa	무타하라	Mut'ahara	Mutahara
무장현	Mujang-hyŏn	Mujang-hyeon	무풍	mup'ung	mupung
무재해	mujaehae	mujaehae	무하	muha	muha
무적	mujŏk	mujeok	무학	muhak	muhak
무전	mujŏn	mujeon	무학재	Muhakchae	Muhakjae
무전수	mujŏnsu	mujeonsu	무한	muhan	muhan
무정	mujŏng	mujeong	무한론	muhannon	muhallon
무정부	mujŏngbu	mujeongbu	무해성	muhaesŏng	muhaeseong
무정부주의	mujŏngbujuŭi	mujeongbujuui	무혈	muhyŏl	muhyeol
무정부주의자	mujŏngbujuŭija	mujeongbujuuija	무협	muhyŏp	muhyeop
무정부주의자들	mujŏngbujuŭijadŭl	mujeongbujuuijadeul	무형	muhyŏng	muhyeong
무제	muje	muje	무형식	muhyŏngsik	muhyeongsik
무조	Mujo	Mujo	무호	muho	muho
무좀	mujom	mujom	무혼	muhon	muhon
무종	Mujong	Mujong	무환	muhwan	muhwan
무죄	mujoe	mujoe	무효	muhyo	muhyo
무주	Muju	Muju	무후	Muhu	Muhu
무주군	Muju-gun	Muju-gun	무흘	Muhŭl	Muheul
무주지	Mujuji	Mujuji	무희	muhŭi	muhui
무주현	Muju-hyŏn	Muju-hyeon	묵	muk	muk
무지	muji	muji	묵가	Mukka	mukga
무지개	mujigae	mujigae	묵계	mukkye	mukgye
무진	Mujin	Mujin	묵고	mukko	mukgo

한글 용례	ALA-LC Romanization	정부 표기안	한글 용례	ALA-LC Romanization	정부 표기안
묵곡	Mukkok	Mukgok	문경	Mun'gyŏng	Mungyeong
묵곡리	Mukkong-ni	Mukgok-ri	문경군	Mun'gyŏng-gun	Mungyeong-gun
묵난화	mungnanhwa	mungnanhwa	문경부	Mun'gyŏng-bu	mungyeong-bu
묵란	mungnan	mungnan	문경선	Mun'gyŏngsŏn	Mungyeongseon
묵로	Mungno	Mungno	문경시	Mun'gyŏng-si	Mungyeong-si
묵매화	mungmaehwa	mungmaehwa	문경읍	Mun'gyŏng-ŭp	Mungyeong-eup
묵묵히	mungmukhi	mungmuki	문경현	Mun'gyŏng-hyŏn	Mungyeong-hyeon
묵방	Mukpang	Mukbang	문고	mun'go	mungo
묵방리	Mukpang-ni	Mukbang-ri	문고본	mun'gobon	mungobon
묵사	Muksa	Muksa	문고사	Mun'gosa	Mungosa
묵상	muksang	muksang	문곡	Mun'gok	Mungok
묵상집	muksangjip	muksangjip	문공	Mun'gong	Mungong
묵시록	muksirok	muksirok	문공부	Mun'gongbu	Mungongbu
묵암	Mugam	Mugam	문공사	Mun'gongsa	Mungongsa
묵언	mugŏn	mugeon	문과	munkwa	mungwa
묵연	mugyŏn	mugyeon	문관	mun'gwan	mungwan
묵예	mugye	mugye	문광	Mun'gwang	Mungwang
묵을라	mugŭlla	mugeulla	문광부	Mun'gwangbu	Mungwangbu
묵자	Mukcha	Mukja	문교	mun'gyo	mungyo
묵장	Mukchang	Mukjang	문교부	Mun'gyobu	Mungyobu
묵재	Mukchae	Mukjae	문기	mun'gi	mungi
묵적	mukchŏk	mukjeok	문기류	mun'giryu	mungiryu
묵점	Mukchŏm	Mukjeom	문단	mundan	mundan
묵정	Mukchŏng	Mukjeong	문단사	mundansa	mundansa
묵정동	Mukchŏng-dong	Mukjeong-dong	문답	mundap	mundap
묵조선	Mukchosŏn	Mukjoseon	문답식	mundapsik	mundapsik
묵지	mukchi	mukji	문답집	mundapchip	mundapjip
묵첩	mukch'ŏp	mukcheop	문당	Mundang	Mundang
묵향	mukhyang	mukhyang	문당동	Mundang-dong	Mundang-dong
묵호	Mukho	Mukho	문덕	Mundŏk	Mundeok
묵회	mukhŭi	mukhui	문덕곡	Mundŏkkok	Mundeokgok
묶고	mukko	mukgo	문도	mundo	mundo
묶다	mukta	mukda	문도회	mundohoe	mundohoe
묶어	mukkŏ	mukkeo	문독	Mundok	Mundok
묶어서	mukkŏsŏ	mukkeoseo	문둥병	mundungpyŏng	mundungbyeong
묶은	mukk'ŭn	mukkeun	문득	muntŭk	mundeuk
묶음	mukkŭm	mukkeum	문등현	Mundŭng-hyŏn	Mundeung-hyeon
문	mun	mun	문디	Mundi	Mundi
문간	munkan	mungan	문란	mullan	mullan
문간방	munkanbang	munganbang	문례집	mullyejip	mullyejip
문감	mun'gam	mungam	문론선	mullonsŏn	mullonseon
문갑	mun'gap	mungap	문루	mullu	mullu
문건	munkŏn	mungeon	문리	mulli	mulli
문견록	mun'gyŏnnok	mungyeonnok	문림	mullim	mullim
문겸	Mun'gyŏm	Mungyeom	문말	munmal	munmal

한글 용례	ALA-LC Romanization	정부 표기안	한글 용례	ALA-LC Romanization	정부 표기안
문맥	munmaek	munmaek	문산	Munsan	Munsan
문맥회	Munmaekhoe	Munmaekhoe	문산관	Munsan'gwan	Munsangwan
문맹	munmaeng	munmaeng	문산역	Munsannyŏk	Munsanyeok
문맹자	munmaengja	munmaengja	문살	munsal	munsal
문명	munmyŏng	munmyeong	문상	munsang	munsang
문명론	munmyŏngnon	munmyeongnon	문상객	munsanggaek	munsanggaek
문명론적	munmyŏngnonchŏk	munmyeongnonjeok	문생	munsaeng	munsaeng
문명병	munmyŏngpyŏng	munmyeongbyeong	문생들	munsaengdŭl	munsaengdeul
문명사	munmyŏngsa	munmyeongsa	문서	munsŏ	munseo
문명사적	munmyŏngsachŏk	munmyeongsajeok	문서군	munsŏgun	munseogun
문명인	munmyŏngin	munmyeongin	문서류	munsŏryu	munseoryu
문명학	munmyŏnghak	munmyeonghak	문서집	munsŏjip	munseojip
문명화	munmyŏnghwa	munmyeonghwa	문서철	munsŏch'ŏl	munseocheol
문명화론	munmyŏnghwaron	munmyeonghwaron	문서청	Munsŏch'ŏng	Munseocheong
문목	munmok	munmok	문석	munsŏk	munseok
문묘	munmyo	munmyo	문선	munsŏn	munseon
문묘악	Munmyoak	Munmyoak	문선사	Munsŏnsa	Munseonsa
문묘제	munmyoje	munmyoje	문선집	munsŏnjip	munseonjip
문무	munmu	munmu	문성	Munsŏng	Munseong
문무관	munmugwan	munmugwan	문성군	Munsŏng-gun	Munseong-gun
문무사	Munmusa	munmusa	문성당	Munsŏngdang	Munseongdang
문무자	Munmuja	Munmuja	문소	munso	munso
문문	munmun	munmun	문수	munsu	munsu
문물	munmul	munmul	문술	Munsul	Munsul
문물전	munmulchŏn	munmuljeon	문신	munsin	munsin
문민	munmin	munmin	문심	Munsim	Munsim
문밖	munbak	munbak	문아	Muna	Muna
문반직	munbanjik	munbanjik	문안	munan	munan
문방	munbang	munbang	문안사	Munansa	Munansa
문방구	munbanggu	munbanggu	문암	Munam	Munam
문방도	munbangdo	munbangdo	문암리	Munam-ni	Munam-ri
문배	Munbae	Munbae	문양	munyang	munyang
문배주	Munbaeju	Munbaeju	문양리	Munyang-ni	Munyang-ri
문벌	munbŏl	munbeol	문양목	munyangmok	munyangmok
문벌들	munbŏldŭl	munbeoldeul	문양사	munyangsa	munyangsa
문법	munpŏp	munbeop	문양전	Munyangjŏn	Munyangjeon
문법론	munpŏmnon	munbeomnon	문양집	munyangjip	munyangjip
문법학	munpŏphak	munbeophak	문양관	munyangp'an	munyangpan
문병	munbyŏng	munbyeong	문어	munŏ	muneo
문봉	Munbong	Munbong	문언	munŏn	muneon
문부	munbu	munbu	문예	munye	munye
문부성	Munbusŏng	Munbuseong	문예계	munyegye	munyegye
문비	munbi	munbi	문예광	munyegwang	munyegwang
문사	munsa	munsa	문예단	munyedan	munyedan
문사철	munsach'ŏl	munsacheol	문예림	Munyerim	Munyerim

한글 용례	ALA-LC Romanization	정부 표기안	한글 용례	ALA-LC Romanization	정부 표기안
문예물	munyemul	munyemul	문전	munjŏn	munjeon
문예미	munyemi	munyemi	문정	Munjŏng	Munjeong
문예부	munyebu	munyebu	문정공파	Munjŏnggongp'a	Munjeonggongpa
문예사	munyesa	munyesa	문제	munje	munje
문예선	munyesŏn	munyeseon	문제들	munjedŭl	munjedeul
문예원	Munyewŏn	Munyewon	문제시	munjesi	munjesi
문예적	munyejŏk	munyejeok	문제적	munjejŏk	munjejeok
문예지	munyeji	munyeji	문제점	munjechŏm	munjejeom
문예촌	munyech'on	munyechon	문제집	munjejip	munjejip
문예학	munyehak	munyehak	문조	Munjo	Munjo
문와	munwa	munwa	문조사	Munjosa	Munjosa
문왕	Munwang	Munwang	문존	munjon	munjon
문우	munu	munu	문종	Munjong	Munjong
문우사	Munusa	Munusa	문주	munju	munju
문우회	munuhoe	munuhoe	문주리	Munju-ri	Munju-ri
문원	Munwŏn	Munwon	문중	munjung	munjung
문원각	Munwŏn'gak	Munwongak	문중사	munjungsa	munjungsa
문원리	Munwŏn-ni	Munwon-ri	문중사적	munjungsachŏk	munjungsajeok
문음	Munŭm	Muneum	문지	Munji	Munji
문음사	Munŭmsa	Muneumsa	문지기	munjigi	munjigi
문의	munŭi	munui	문지사	Munjisa	Munjisa
문의군	Munŭi-gun	Munui-gun	문질	munjil	munjil
문의현	Munŭi-hyŏn	Munui-hyeon	문집	munjip	munjip
문이	Muni	Muni	문집류	munjimnyu	munjimnyu
문이당	Munidang	Munidang	문창사	Munch'angsa	Munchangsa
문인	munin	munin	문창콘	Munch'angk'on	Munchangkon
문인들	munindŭl	munindeul	문천	Munch'ŏn	Muncheon
문인명	muninmyŏng	muninmyeong	문천군	Munch'ŏn-gun	Muncheon-gun
문인석	muninsŏk	muninseok	문첩	munch'ŏp	muncheop
문인화	muninhwa	muninhwa	문첩초	munch'ŏpch'ŏ	muncheopcho
문인화론	muninhwaron	muninhwaron	문청	Munch'ŏng	Muncheong
문자(文字)	muncha	munja	문체	munch'e	munche
문자관	munchagwan	munjagwan	문체론	munch'eron	muncheron
문자꼴	munchakkol	munjakkol	문총	munch'ong	munchong
문자도	munchado	munjado	문치	munch'i	munchi
문자집	munchajip	munjajip	문치주의	munch'ijuŭi	munchijuui
문자학	munchahak	munjahak	문콘진	Munk'onjin	Munkonjin
문자향	Munchahyang	Munjahyang	문턱	munt'ŏk	munteok
문자화	munchahwa	munjahwa	문파	munp'a	munpa
문장	munjang	munjang	문풍지	munp'ungji	munpungji
문장가	munjangga	munjangga	문필	munp'il	munpil
문장가들	munjanggadŭl	munjanggadeul	문필가	munp'ilga	munpilga
문장들	munjangdŭl	munjangdeul	문하	munha	munha
문장론	munjangnon	munjangnon	문하성	Munhasŏng	Munhaseong
문장사	munjangsa	munjangsa	문학	munhak	munhak

한글 용례	ALA-LC Romanization	정부 표기안	한글 용례	ALA-LC Romanization	정부 표기안
문학가	munhakka	munhakga	문화병	munhwapyŏng	munhwabyeong
문학관	munhakkwan	munhakgwan	문화부	Munhwabu	Munhwabu
문학들	munhaktŭl	munhakdeul	문화사	munhwasa	munhwasa
문학론	munhangnon	munhangnon	문화사적	munhwasachŏk	munhwasajeok
문학리	Munhang-ni	Munhak-ri	문화상	munhwasang	munhwasang
문학사	munhaksa	munhaksa	문화성	Munhwasŏng	Munhwaseong
문학史	munhaksa	munhaksa	문화어	munhwaŏ	munhwaeo
문학상	munhaksang	munhaksang	문화역	Munhwayŏk	Munhwayeok
문학서	munhaksŏ	munhakseo	문화열	munhwayŏl	munhwayeol
문학선	munhaksŏn	munhakseon	문화원	munhwawŏn	munhwawon
문학選	munhaksŏn	munhakseon	문화인	munhwain	munhwain
문학성	munhaksŏng	munhakseong	문화장	munhwajang	munhwajang
문학인	munhagin	munhagin	문화재	munhwajae	munhwajae
문학자	munhakcha	munhakja	문화재과	Munhwajaekwa	Munhwajaegwa
문학적	munhakchŏk	munhakjeok	문화재들	munhwajaedŭl	munhwajaedeul
문학제	munhakche	munhakje	문화재적	munhwajaechŏk	munhwajaejeok
문학집	munhakchip	munhakjip	문화재청	Munhwajaech'ŏng	Munhwajaecheong
문학과	munhakp'a	munhakpa	문화재학	Munhwajaehak	munhwajaehak
문학회	munhakhoe	munhakhoe	문화적	munhwajŏk	munhwajeok
문항	munhang	munhang	문화전	munhwajŏn	munhwajeon
문항라	munhangna	munhangna	문화제	munhwaje	munhwaje
문해	munhae	munhae	문화지	munhwaji	munhwaji
문해론	munhaeron	munhaeron	문화학	munhwahak	munhwahak
문향	munhyang	munhyang	문화학적	munhwahakchŏk	munhwahakjeok
문헌	munhŏn	munheon	문화현	Munhwa-hyŏn	Munhwa-hyeon
문헌들	munhŏndŭl	munheondeul	문화형	munhwahyŏng	munhwahyeong
문헌록	munhŏnnok	munheonnok	문회	Munhoe	Munhoe
문헌사적	munhŏnsachŏk	munheonsajeok	문흥리	Munhŭng-ni	Munheung-ri
문헌적	munhŏnjŏk	munheonjeok	묻거든	mutkŏdŭn	mutgeodeun
문헌집	munhŏnjip	munheonjip	묻고	mutko	mutgo
문헌학	munhŏnhak	munheonhak	묻노라	munnora	munnora
문헌학적	munhŏnhakchŏk	munheonhakjeok	묻는	munnŭn	munneun
문형	munhyŏng	munhyeong	묻는다	munnŭnda	munneunda
문호	munho	munho	묻는다면	munnŭndamyŏn	munneundamyeon
문호리	Munho-ri	Munho-ri	묻다	mutta	mutda
문화	munhwa	munhwa	묻습니다	mutsŭmnida	mutseumnida
문화간	munhwagan	munhwagan	묻어	mudŏ	mudeo
문화계	munhwagye	munhwagye	묻어둔	mudŏdun	mudeodun
문화과	Munhwakwa	Munhwagwa	묻어라	mudŏra	mudeora
문화관	munhwagwan	munhwagwan	묻었는가	mudŏnnŭn'ga	mudeonneunga
문화국	munhwaguk	munhwaguk	묻은	mudŭn	mudeun
문화군	Munhwa-gun	Munhwa-gun	묻지	mutchi	mutji
문화권	munhwakwŏn	munhwagwon	묻혀	much'yŏ	muchyeo
문화단	munhwadan	munhwadan	묻혀진	mutch'yŏjin	muchyeojin
문화론	munhwaron	munhwaron	묻히리라	much'irira	muchirira

한글 용례	ALA-LC Romanization	정부 표기안	한글 용례	ALA-LC Romanization	정부 표기안
묻힌	much'in	muchin	물명고	mulmyŏnggo	mulmyeonggo
물	mul	mul	물목	mulmok	mulmok
물가	mulka	mulga	물볼기	mulbolgi	mulbolgi
물가론	mulkaron	mulgaron	물빛	mulpit	mulbit
물가사	mulkasa	mulgasa	물사리	Mulsari	mulsari
물건	mulgŏn	mulgeon	물산	mulsan	mulsan
물걸리	Mulgŏl-li	Mulgeol-ri	물새	mulsae	mulsae
물결	mulkyŏl	mulgyeol	물색	mulsaek	mulsaek
물고	mulgo	mulgo	물성	mulsŏng	mulseong
물고기	mulkogi	mulgogi	물숨	mulsum	mulsum
물고온	mulgoon	mulgoon	물안개	muran'gae	murangae
물골	mulkol	mulgol	물어	murŏ	mureo
물구나무	mulgunamu	mulgunamu	물어도	murŏdo	mureodo
물권	mulkwŏn	mulgwon	물어라	murŏra	mureora
물권법	mulkwŏnpŏp	mulgwonbeop	물었다	murŏtta	mureotda
물길	mulkil	mulgil	물었더니	murŏttŏni	mureotdeoni
물깨운지	mulkkaeunji	mulkkaeunji	물었습니다	murŏssŭmnida	mureotseumnida
물꼬	mulkko	mulkko	물은	murŭn	mureun
물끄러미	mulkkŭrŏmi	mulkkeureomi	물음	murŭm	mureum
물도리동	Muldori-dong	Muldori-dong	물음들	murŭmdŭl	mureumdeul
물든	muldŭn	muldeun	물음표	murŭmp'yo	mureumpyo
물든다	muldŭnda	muldeunda	물자	mulcha	mulja
물들	muldŭl	muldeul	물장난	mulchangnan	muljangnan
물들이고	muldŭrigo	muldeuligo	물주	mulchu	mulju
물들이는	muldŭrinŭn	muldeurineun	물주제	mulchuje	muljuje
물들이다	muldŭrida	muldeurida	물줄기	mulchulgi	muljulgi
물들인	muldŭrin	muldeurin	물질	mulchil	muljil
물량	mullyang	mullyang	물질성	mulchilsŏng	muljilseong
물량군	Mullyang-gun	Mullyang-gun	물질주의	mulchiljuŭi	muljiljuui
물러	mullŏ	mulleo	물표	mulp'yo	mulpyo
물러나야	mullŏnaya	mulleonaya	물푸레	mulp'ure	mulpure
물러날	mullŏnal	mulleonal	물품	mulp'um	mulpum
물러서면	mullŏsŏmyŏn	mulleoseomyeon	물품사	Mulp'umsa	mulpumsa
물러설	mullŏsŏl	mulleoseol	물형	murhyŏng	mulhyeong
물레	mulle	mulle	물화	murhwa	mulhwa
물레방아	mullebanga	mullebanga	뭉쳐	mungch'yŏ	mungchyeo
물려	mullyo	mullyeo	뭉치면	mungch'imyŏn	mungchimyeon
물려준	mullyŏjun	mullyeojun	뭉친	mungch'in	mungchin
물론	mullon	mullon	뭉크	mungk'ŭ	mungkeu
물류	mullyu	mullyu	뭐	mwŏ	mwo
물리	mulli	mulli	뭐길래	mwŏgillae	mwogillae
물리치다	mullich'ida	mullichida	뭐꼬	mwŏkko	mwokko
물림	mullim	mullim	뭐냐	mwŏnya	mwonya
물망	mulmang	mulmang	뭐예요	mwŏyeyo	mwoyeyo
물망초	mulmangch'o	mulmangcho	뭔가	mwŏn'ga	mwonga

한글 용례	ALA-LC Romanization	정부 표기안	한글 용례	ALA-LC Romanization	정부 표기안
뭔지	mwŏnji	mwonji	미들	midŭl	mideul
뭡니까	mwŏmnikka	mwomnikka	미들웨어	midŭlweŏ	mideulweeo
뮈텔	Mwit'el	Mwitel	미디어	midiŏ	midieo
뮈토스	Mwit'osŭ	Mwitoseu	미디어렙	midiŏrep	midieorep
뮤지엄	myujiŏm	myujieom	미디어론	midiŏron	midieoron
뮤지움	myujium	myujium	미디어시티	Midiŏsit'i	midieositi
뮤지컬	myujik'ŏl	myujikeol	미디얼리티	midiŏllit'i	midieolliti
므나	Mŭna	meuna	미라클	mirak'ŭl	mirakeul
미	mi	mi	미래	mirae	mirae
미간	migan	migan	미래력	miraeryŏk	miraeryeok
미간행	miganhaeng	miganhaeng	미래불	Miraebul	Miraebul
미감	migam	migam	미래사	Miraesa	Miraesa
미강	migang	migang	미래상	miraesang	miraesang
미경	migyŏng	migyeong	미래인	miraein	miraein
미곡	migok	migok	미래전	miraejŏn	miraejeon
미곡법	Migokpŏp	migokbeop	미래학	miraehak	miraehak
미곡현	Migok-hyŏn	Migok-hyeon	미래형	miraehyŏng	miraehyeong
미공개	migonggae	migonggae	미량	miryang	miryang
미국	Miguk	Miguk	미러링	mirŏring	mireoring
미국사	Miguksa	Miguksa	미러클	mirŏk'ŭl	mireokeul
미국인	Migugin	Migugin	미레	mire	mire
미국적	Migukchŏk	Migukjeok	미련	miryŏn	miryeon
미국학	Migukhak	Migukhak	미련함	miryŏnham	miryeonham
미군	Migun	Migun	미로	miro	miro
미군사	Miunsa	Migunsa	미론	miron	miron
미군정	Migunjŏng	Migunjeong	미루	miru	miru
미군정기	Migunjŏnggi	Migunjeonggi	미루어	miruŏ	mirueo
미궁	migung	migung	미루어질	miruŏjil	mirueojil
미권스	Migwŏnsŭ	Migwonseu	미룰	mirul	mirul
미나미	Minami	Minami	미르	Mirŭ	Mireu
미나코	Minak'o	Minako	미르북	Mirŭbuk	Mireubuk
미네	mine	mine	미르호	Mirŭho	Mireuho
미네루바	Mineruba	Mineruba	미륵	mirŭk	mireuk
미네르바	Minerŭba	Minereuba	미륵도	Mirŭkto	Mireukdo
미네소타	Minesot'a	Minesota	미륵리	Mirŭng-ni	Mireuk-ri
미네오	Mineo	Mineo	미륵불	Mirŭkpul	Mireukbul
미녀	minyŏ	minyeo	미륵사	Mirŭksa	Mireuksa
미녀들	minyŏdŭl	minyeodeul	미륵전	Mirŭkchŏn	Mireukjeon
미니	mini	mini	미리	miri	miri
미다스	Midasŭ	Midaseu	미리내	mirinae	mirinae
미당	Midang	Midang	미리사	Mirisa	Mirisa
미덕	midŏk	mideok	미림	Mirim	Mirim
미도파	Midop'a	Midopa	미립	mirip	mirip
미동	midong	midong	미마야오	Mimayao	Mimayao
미두	Midu	Mmidu	미만	miman	miman

한글 용례	ALA-LC Romanization	정부 표기안	한글 용례	ALA-LC Romanization	정부 표기안
미망	mimang	mimang	미술론	misullon	misullon
미망인	mimangin	mimangin	미술부	misulbu	misulbu
미맥	Mimaek	Mimaek	미술사	misulsa	misulsa
미메시스	Mimesisŭ	Mimesiseu	미술사적	misulsachŏk	misulsajeok
미명	mimyŏng	mimyeong	미술원	Misurwŏn	Misurwon
미모	mimo	mimo	미술인	misurin	misurin
미묘	mimyo	mimyo	미술인들	misurindŭl	misurindeul
미묘한	mimyohan	mimyohan	미술전	misulchŏn	misuljeon
미문	mimun	mimun	미술제	misulche	misulje
미문사	Mimunsa	Mimunsa	미술품	misulp'um	misulpum
미미소	mimiso	mimiso	미술회	misurhoe	misulhoe
미발	mibal	mibal	미스	misŭ	miseu
미발표	mibalp'yo	mibalpyo	미스매치	misŭmaech'i	miseumaechi
미배치	mibaech'i	mibaechi	미스터	misŭt'o	miseuteo
미봉	mibong	mibong	미스터리	misŭt'ŏri	miseuteori
미분	mibun	mibun	미스테리	misŭt'eri	miseuteri
미사	misa	misa	미스토리	misŭt'ori	miseutori
미사리	Misa-ri	Misa-ri	미스핏츠	Misŭp'itch'ŭ	Miseupitcheu
미사일	misail	misail	미시	misi	misi
미산	Misan	Misan	미시간	Misigan	Misigan
미상	misang	misang	미시사	misisa	misisa
미생	misaeng	misaeng	미시적	misijŏk	misijeok
미생물	misaengmul	misaengmul	미식	misik	misik
미생물학	misaengmurhak	misaengmulhak	미신	misin	misin
미생물학적	misaengmurhakchŏk	misaengmulhakjeok	미싱	mising	mising
미성	misŏng	miseong	미쓰	missŭ	misseu
미성년	misŏngnyŏn	miseongnyeon	미쓰비시	Missŭbisi	Misseubisi
미성년자	misŏngnyŏnja	miseongnyeonja	미쓰이	Missŭi	Misseui
미세	mise	mise	미쓰하시	Missŭhasi	Misseuhasi
미세움	Miseum	Miseum	미쓰히코	Missŭhik'o	Misseuhiko
미션	misyŏn	misyeon	미아	mia	mia
미소	miso	miso	미안	mian	mian
미송리	Misong-ni	Misong-ri	미암	Miam	Miam
미수	misu	misu	미야자키	Miyajak'i	Miyajaki
미수금	misugŭm	misugeum	미야자토	Miyajat'o	Miyajato
미수록	misurok	misurok	미야지마	Miyajima	Miyajima
미수복	misubok	misubok	미야타	Miyat'a	Miyata
미숙	misuk	misuk	미얀마	Miyanma	Miyanma
미숙련	misungnyŏn	misungnyeon	미역	miyŏk	miyeok
미술	misul	misul	미예문	Miyemun	Miyemun
미술가	misulga	misulga	미오마야	Miomaya	Miomaya
미술가들	misulgadŭl	misulgadeul	미완	miwan	miwan
미술과	misulkwa	misulgwa	미완성	miwansŏng	miwanseong
미술관	misulgwan	misulgwan	미용	miyong	miyong
미술관회	Misulgwanhoe	Misulgwanhoe	미용식	miyongsik	miyongsik

한글 용례	ALA-LC Romanization	정부 표기안	한글 용례	ALA-LC Romanization	정부 표기안
미용실	miyongsil	miyongsil	미추홀	Mich'uhol	Michuhol
미용인	miyongin	miyongin	미출판	mich'ulp'an	michulpan
미운	miun	miun	미취업	mich'wiŏp	michwieop
미움	mium	mium	미츠코	Mich'ŭk'o	Micheuko
미워	miwŏ	miwo	미츠토시	Mitsŭt'osi	Micheutosi
미원	miwŏn	miwon	미치고	mich'igo	michigo
미원현	Miwŏn-hyŏn	Miwon-hyeon	미치광이	mich'igwangi	michigwangi
미음	miŭm	mieum	미치광이들	mich'igwangidŭl	michigwangideul
미인	miin	miin	미치는	mich'inŭn	michineun
미인곡	miin'gok	miingok	미치는가	mich'inŭn'ga	michineunga
미인도	miindo	miindo	미치다	mich'ida	michida
미일	Mi-Il	Mi-Il	미치도록	mich'idorok	michidorok
미적	mijŏk	mijeok	미치시타	Mich'isit'a	Michisita
미적(美的)	michŏk	mijeok	미친	mich'in	michin
미전	Mijŏn	mijeon	미친다	mich'inda	michinda
미전향	mijŏnhyang	mijeonhyang	미칠	mich'il	michil
미제	mije	mije	미카	Mik'a	Mika
미주	Miju	miju	미카와치	Mik'awach'i	Mikawachi
미주알	mijual	mijual	미켈	Mik'el	Mikel
미중	Mi-Chung	Mi-Jung	미크로	Mik'ŭro	Mikeuro
미중일	Mi-Chung-Il	Mi-Jung-Il	미타	Mit'a	Mita
미즈	Mijŭ	Mijeu	미탄	Mit'an	Mitan
미즈호	Mijŭho	Mijeuho	미탄사	Mit'ansa	Mitansa
미지	miji	miji	미터법	mit'ŏpŏp	miteobeop
미진	Mijin	Mijin	미테랑	Mit'erang	Miterang
미진사	Mijinsa	Mijinsa	미투리	mit'uri	mituri
미진한	mijinhan	mijinhan	미평동	Mip'yŏng-dong	Mipyeong-dong
미질부성	Mijilbusŏng	Mijilbuseong	미포	Mip'o	Mipo
미쯔구	Mitchŭgu	Mijjeugu	미필적	mip'ilchŏk	mipiljeok
미쯔비시	Mitchŭbisi	Mijjeubisi	미하일	Mihail	Mihail
미쯔이	Mitchŭi	Mijjeui	미하일로비치	Mihaillobich'i	Mihaillobichi
미처	mich'ŏ	micheo	미하일롭스키	Mihaillopsŭk'i	Mihaillopseuki
미천한	mich'ŏnhan	micheonhan	미학	mihak	mihak
미쳐	mich'yŏ	michyeo	미학관	mihakkwan	mihakgwan
미쳐도	mich'yŏdo	michyeodo	미학사	mihaksa	mihaksa
미쳐라	mich'yŏra	michyeora	미학자	mihakcha	mihakja
미쳐서	mich'yŏsŏ	michyeoseo	미학적	mihakchŏk	mihakjeok
미쳐야	mich'yŏya	michyeoya	미항	mihang	mihang
미쳤고	mich'yŏtko	michyeotgo	미행	mihaeng	mihaeng
미쳤는	mich'yŏnnŭn	michyeonneun	미행복	mihaengbok	mihaengbok
미쳤는가	mich'yŏnnŭn'ga	michyeonneunga	미행자	mihaengja	mihaengja
미쳤다	mich'yŏtta	michyeotda	미호	miho	miho
미쳤어요	mich'yŏssŏyo	michyeosseoyo	미혼	mihon	mihon
미촌	Mich'on	Michon	미혼모	mihonmo	mihonmo
미추	Mich'u	Michu	미화	mihwa	mihwa

한글 용례	ALA-LC Romanization	정부 표기안	한글 용례	ALA-LC Romanization	정부 표기안
미화원	mihwawŏn	mihwawon	민본	minbon	minbon
믹스	miksŭ	mikseu	민부	minbu	minbu
민	min	min	민비	Minbi	Minbi
민가	min'ga	minga	민사	minsa	minsa
민가협	Min'gahyŏp	mingahyeop	민사고	Minsago	Minsago
민간	min'gan	mingan	민사당	Minsadang	minsadang
민간극	min'gan'gŭk	mingangeuk	민사법	minsapŏp	minsabeop
민간인	min'ganin	minganin	민생	minsaeng	minsaeng
민경	min'gyŏng	mingyeong	민생단	Minsaengdan	Minsaengdan
민관	min'gwan	mingwan	민생주의	minsaengjuŭi	minsaengjuui
민교협	Min'gyohyŏp	Mingyohyeop	민서	minsŏ	minseo
민국	min'guk	minguk	민선	minsŏn	minseon
민국당	Min'guktang	Mingukdang	민성	minsŏng	minseong
민국사	Min'guksa	Minguksa	민성사	Minsŏngsa	Minseongsa
민국史	Min'guksa	Minguksa	민세	minse	minse
민군	min'gun	mingun	민소법	minsopŏp	minsobeop
민글	Min'gŭl	mingeul	민속	minsok	minsok
민낯	minnat	minnat	민속경	minsokkyŏng	minsokgyeong
민노회	Minnohoe	Minnohoe	민속극	minsokkŭk	minsokgeuk
민단	Mindan	Mindan	민속무	minsongmu	minsongmu
민담	mindam	mindam	민속악	minsogak	minsogak
민담집	mindamjip	mindamjip	민속약	minsogyak	minsogyak
민둥산	mindungsan	mindungsan	민속원	Minsogwŏn	Minsogwon
민들레	mindŭlle	mindeulle	민속제	minsokche	minsokje
민들레꽃	mindŭllekkot	mindeullekkot	민속주	minsokchu	minsokju
민란	millan	minnan	민속지	minsokchi	minsokji
민력	millyŏk	millyeok	민속촌	minsokch'on	minsokchon
민립	millip	minnip	민속학	minsokhak	minsokhak
민맥	minmaek	minmaek	민속학적	minsokhakchŏk	minsokhakjeok
민며느리	minmyŏnŭri	minmyeoneuri	민심	minsim	minsim
민며느리제	minmyŏnŭrije	minmyeoneurije	민안	minan	minan
민문고	Minmun'go	Minmungo	민암부	Minambu	Minambu
민박	minbak	minbak	민애청	Minaech'ŏng	Minaecheong
민방	minbang	minbang	민약	minyak	minyak
민방위	minbangwi	minbangwi	민언협	Minŏnhyŏp	Mineonhyeop
민방위부	Minbangwibu	Minbangwibu	민연	Minyŏn	Minyeon
민법	minpŏp	minbeop	민영	minyŏng	minyeong
민법련	Minpŏmnyŏn	Minbeomnyeon	민영화	minyŏnghwa	minyeonghwa
민변	Minbyŏn	Minbyeon	민예	minye	minye
민병	minbyŏng	minbyeong	민예사	Minyesa	Minyesa
민보	minbo	minbo	민예총	Minyech'ong	Minyechong
민보사	minbosa	minbosa	민예품	minyep'um	minyepum
민보社	Minbosa	Minbosa	민요	minyo	minyo
민보의	minboŭi	minboui	민요집	minyojip	minyojip
민복	minbok	minbok	민요학	minyohak	minyohak

한글 용례	ALA-LC Romanization	정부 표기안	한글 용례	ALA-LC Romanization	정부 표기안
민우회	Minuhoe	Minuhoe	민주화	minjuhwa	minjuhwa
민원	minwŏn	minwon	민중	minjung	minjung
민유림	minyulim	minyurim	민중당	Minjungdang	Minjungdang
민음사	Minŭmsa	Mineumsa	민중들	minjungdŭl	minjungdeul
민음인	Minŭmin	Mineumin	민중론	minjungnon	minjungnon
민의	minŭi	minui	민중사	minjungsa	minjungsa
민의원	Minŭiwŏn	Minuiwon	민중사반	Minjungsaban	Minjungsaban
민의학	minŭihak	minuihak	민중상	minjungsang	minjungsang
민자	minja	minja	민중적	minjungjŏk	minjungjeok
민자당	Minjadang	Minjadang	민중판	minjungp'an	minjungpan
민자련	Minjaryŏn	Minjaryeon	민천	Minch'ŏn	Mincheon
민자통	Minjat'ong	Minjatong	민청	Minch'ŏng	Miricheong
민장	minjang	minjang	민청련	Minch'ŏngnyŏn	Mincheongnyeon
민적	minjŏk	minjeok	민초	minch'o	mincho
민적법	minjŏkpŏp	minjeokbeop	민촌	Minch'on	Minchon
민전	Minjŏn	Minjeon	민추사	Minch'usa	Minchusa
민정	minjŏng	minjeong	민추위	Minch'uwi	Minchuwi
민정당	Minjŏngdang	Minjeongdang	민추협	Minch'uhyŏp	Minchuhyeo
민조사	Minjosa	Minjosa	민칙	minch'ik	minchik
민족	minjok	minjok	민통	Mint'ong	Mintong
민족권	minjokkwŏn	minjokgwon	민통련	Mint'ongnyŏn	Mintongnyeon
민족들	minjoktŭl	minjokdeul	민통선	Mint'ongsŏn	Mintongseon
민족론	minjongnon	minjongnon	민투위	Mint'uwi	Mintuwi
민족사	minjoksa	minjoksa	민풍	minp'ung	minpung
민족사적	minjoksachŏk	minjoksajeok	민한당	Minhandang	Minhandang
민족설	minjoksŏl	minjokseol	민혁투	Minhyŏkt'u	Minhyeoktu
민족성	minjoksŏng	minjokseong	민화	minhwa	minhwa
민족시	minjoksi	minjoksi	민화전	minhwajŏn	minhwajeon
민족어	minjogŏ	minjogeo	민화집	minhwajip	minhwajip
민족적	minjokchŏk	minjokjeok	믿고	mitko	mitgo
민족주의	minjokchuŭi	minjokjuui	믿기	mitki	mitgi
민족주의론	minjokchuŭiron	minjokjuuiron	믿는	minnŭn	minneun
민족주의자	minjokchuŭija	minjokjuuija	믿는가	minnŭn'ga	minneunga
민족지	minjokchi	minjokji	믿듯이	mittŭsi	mitdeusi
민족지적	minjokchichŏk	minjokjijeok	믿어라	midŏra	mideora
민족학	minjokhak	minjokhak	믿어요	midŏyo	mideoyo
민족향	minjokhyang	minjokhyang	믿어준	midŏjun	mideojun
민족혼	minjokhon	minjokhon	믿었다	midŏtta	mideotda
민종	Minjong	Minjong	믿으며	midŭmyŏ	mideumyeo
민주	minju	minju	믿을	midŭl	mideul
민주당	Minjudang	Minjudang	믿음	midŭm	mideum
민주적	minjujŏk	minjujeok	믿음직한	midumjikhan	mideumjikhan
민주주의	minjujuŭi	minjujuui	믿지	mitchi	mitji
민주주의론	minjujuŭiron	minjujuuiron	밀	mil	mil
민주주의적	minjujuŭijŏk	minjujuuijeok	밀가루	milkaru	milgaru

한글 용례	ALA-LC Romanization	정부 표기안
밀가리	milkari	milgari
밀경소	milgyŏngso	milgyeongso
밀고	milgo	milgo
밀교	Milgyo	Milgyo
밀교계	Milgyogye	Milgyogye
밀기	milgi	milgi
밀다	milda	milda
밀레	mille	mille
밀레니엄	millleniŏm	millenieom
밀리기	milligi	milligi
밀리언	milliŏn	millieon
밀린	millin	millin
밀림	millim	millim
밀며	milmyŏ	milmyeo
밀명	milmyŏng	milmyeong
밀물	milmul	milmul
밀봉	milbong	milbong
밀사	milsa	milsa
밀산군	Milsan-gun	Milsan-gun
밀성	Milsŏng	Milseong
밀성군	Milsŏng-gun	Milseong-gun
밀수	milsu	milsu
밀실	milsil	milsil
밀알	miral	miral
밀암	Miram	Miram
밀약	miryak	miryak
밀약설	miryaksŏl	miryakseol
밀양	Miryang	Miryang
밀양군	Miryang-gun	Miryang-gun
밀양시	Miryang-si	Miryang-si
밀어서	mirŏsŏ	mireoseo
밀언	mirŏn	mireon
밀영	miryŏng	miryeong
밀운군	Mirun-gun	Mirun-gun
밀입북	mirippuk	miripbuk
밀전병	miljŏnbyŏng	miljeonbyeong
밀정	milchŏng	miljeong
밀주	milchu	milju
밀지	milchi	milji
밀착	milch'ak	milchak
밀착형	milch'akhyŏng	milchakhyeong
밀폐	milp'ye	milpye
밈	mim	mim
밉꼬	mipkko	mipkko
및	mit	mit

한글 용례	ALA-LC Romanization	정부 표기안
밑	mit	mit
밑거름	mitkŏrŭm	mitgeoreum
밑두리	mitturi	mitduri
밑바닥	mitpadak	mitbadak
밑반찬	mitpanch'an	mitbanchan

한글 용례	ALA-LC Romanization	정부 표기안
바	pa	ba
바가지	pagaji	bagaji
바구니	paguni	baguni
바깥	pakkat	bakkat
바깥쪽	pakkattchok	bakkatjjok
바꾸고	pakkugo	bakkugo
바꾸기	pakkugi	bakkugi
바꾸네	pakkune	bakkune
바꾸는	pakkunŭn	bakkuneun
바꾸다	pakkuda	bakkuda
바꾸려는	pakkuryŏnŭn	bakkuryeoneun
바꾸어	pakkuŏ	bakkueo
바꾸어라	pakkuŏra	bakkueora
바꾸었나	pakkuŏnna	bakkueonna
바꾸자	pakkuja	bakkuja
바꾼	pakkun	bakkun
바꾼다	pakkunda	bakkunda
바꿀	pakkul	bakkul
바꿉니다	pakkumnida	bakkumnida
바꿔	pakkwŏ	bakkwo
바꿔라	pakkwŏra	bakkwora
바꿔야	pakkwŏya	bakkwoya
바뀌고	pakkwigo	bakkwigo
바뀌어야	pakkwiŏya	bakkwieoya
바뀌었어요	pakkwiŏssŏyo	bakkwieosseoyo
바뀐	pakkwin	bakkwin
바뀐다	pakkwinda	bakkwinda
바나나	panana	banana
바나리	Panari	Panari
바느질	panŭjil	baneujil
바늘	panŭl	baneul
바다	pada	bada
바다밭	padabat	badabat
바닥	padak	badak
바닷가	padatka	badatga
바닷길	padatkil	badatgil
바당	padang	badang
바둑	paduk	baduk

한글 용례	ALA-LC Romanization	정부 표기안	한글 용례	ALA-LC Romanization	정부 표기안
바디	padi	badi	바보새	pabosae	babosae
바디장	padijang	badijang	바야흐로	payahŭro	bayaheuro
바띠	Patti	Batti	바오	pao	bao
바라	para	bara	바오로	Paoro	Baoro
바라기	paragi	baragi	바오장	Paojang	Baojang
바라는	paranŭn	baraneun	바우덕이	Paudŏgi	Baudeogi
바라는가	paranŭn'ga	baraneunga	바우어마이스터	Pauŏmaisŭt'ŏ	Baueomaiseuteo
바라던	paradŏn	baradeon	바우처	pauch'ŏ	baucheo
바라며	paramyŏ	baramyeo	바울	Paul	Baul
바라문	Paramun	Baramun	바움	paum	baum
바라밀	Paramil	Baramil	바위	pawi	bawi
바라밀경	Paramilgyŏng	Baramilgyeong	바이	pai	bai
바라밀다	paramilta	baramilda	바이러스	pairŏsŭ	baireoseu
바라보는	parabonŭn	baraboneun	바이링궐	pailinggwŏl	bairinggwol
바라보며	parabomyŏ	barabomyeo	바이블	Paibŭl	Baibeul
바라본	parabon	barabon	바이세노	Paiseno	Baiseno
바라볼	parabol	barabol	바이오	paio	baio
바라지	paraji	baraji	바이오매스	paiomaesŭ	baiomaeseu
바라춤	parach'um	barachum	바이칼	Paik'al	Baikal
바란다	paranda	baranda	바젤	Pajel	Bajel
바람	param	baram	바지	paji	baji
바람개비	paramgaebi	baramgaebi	바쳐	pach'yŏ	bachyeo
바람결	paramkyŏl	baramgyeol	바쳤을까	pach'yŏtsŭlkka	bachyeosseulkka
바람직하고	paramjikhago	baramjikhago	바치게	pach'ige	bachige
바람직한	paramjikhan	baramjikhan	바치고	pach'igo	bachigo
바랑산	Parangsan	Barangsan	바치는	pach'inŭn	bachineun
바래고	paraego	baraego	바친	pach'in	bachin
바랜	paraen	baraen	바친다	pach'inda	bachinda
바램	paraem	baraem	바퀴	pak'wi	bakwi
바로	paro	baro	바탕	pat'ang	batang
바루기	parugi	barugi	바트트르	Pat'ŭt'ŭrŭ	Bateuteureu
바룸	Parum	Barum	박	pak	bak
바르게	parŭge	bareuge	박기	pakki	bakgi
바르다	parŭda	bareuda	박달	paktal	bakdal
바르텍	Parŭt'ek	Bareutek	박달재	Paktaljae	Bakdaljae
바르트	Parŭt'ŭ	Bareuteu	박달족	Paktalchok	Bakdaljok
바른	parŭn	bareun	박동	paktong	bakdong
바른사	Parŭnsa	Bareunsa	박람	pangnam	bangnam
바름터	Parŭmt'ŏ	Bareumteo	박람회	pangnamhoe	bangnamhoe
바리	pari	bari	박리	pangni	bangni
바리때	parittae	barittae	박명	pangmyŏng	bangmyeong
바리에떼	Pariette	Bariette	박문	pangmun	bangmun
바벨	pabel	babel	박문각	Pangmun'gak	Bangmungak
바보	pabo	babo	박문국	Pangmun'guk	Bangmunguk
바보들	pabodŭl	babodeul	박문사	Pangmunsa	Bangmunsa

한글 용례	ALA-LC Romanization	정부 표기안	한글 용례	ALA-LC Romanization	정부 표기안
박문원	Pangmunwŏn	Bangmunwon	반가	pan'ga	banga
박물	pangmul	bangmul	반가상	pan'gasang	bangasang
박물관	pangmulgwan	bangmulgwan	반가운	pan'gaun	bangaun
박물관학	pangmulgwanhak	bangmulgwanhak	반가워	pan'gawŏ	bangaweo
박물류	pangmullyu	bangmullyu	반감	pan'gam	bangam
박물지	pangmulji	bangmulji	반갑습니다	pangapsŭmnida	bangapseumnida
박물회	pangmurhoe	bangmulhoe	반값	pankap	bangap
박사	paksa	baksa	반걸음	pan'gŏrŭm	bangeoreum
박사님	paksanim	baksanim	반격	pan'gyŏk	bangyeok
박사전	paksajŏn	baksajeon	반계	Pan'gye	Bangye
박산	paksan	baksan	반계제	Pan'gyeje	Bangyeje
박수	paksu	baksu	반고	Pan'go	Bango
박스	paksŭ	bakseu	반고사	Pan'gosa	Bangosa
박시	paksi	baksi	반곡	Pan'gok	Bangok
박씨	pakssi	bakssi	반골	pan'gol	bangol
박애	pagae	bagae	반공	pan'gong	bangong
박애주의	pagaejuŭi	bagaejuui	반공법	pan'gongpŏp	bangongbeop
박애주의자	pagaejuŭija	bagaejuuija	반공산주의	pan'gongsanjuŭi	bangongsanjuui
박약	pagyak	bagyak	반공주의	pan'gongjuŭi	bangongjuui
박약아	pagyaga	bagyaga	반구	Pan'gu	Bangu
박어	pagŏ	bageo	반구대	Pan'gudae	Bangudae
박영사	Pagyŏngsa	Bagyeongsa	반구정	Pan'gujŏng	Bangujeong
박우사	Pagusa	Bagusa	반궁리	Pan'gung-ni	Bangung-ri
박월	pagwŏl	bagwol	반근대	pan'gŭndae	bangeundae
박은	pagŭn	bageun	반근대적	pan'gŭndaejŏk	bangeundaejeok
박을라꼬	pagŭllakko	bageullakko	반기	pan'gi	bangi
박이정	Pagijŏng	Bagijeong	반기업	pan'giŏp	bangieop
박자	pakcha	bakja	반기업주의	pan'giŏpchuŭi	bangieopjuui
박쥐	pakchwi	bakjwi	반남	pannam	bannam
박쥐들	pakchwidŭl	bakjwideul	반납	pannap	bannap
박차고	pakch'ago	bakchago	반노	panno	banno
박치기	pakch'igi	bakchigi	반닫이	pandaji	bandaji
박타령	pakt'aryŏng	baktaryeong	반달	pandal	bandal
박토	pakt'o	bakto	반당	pandang	bandang
박통사	Pakt'ongsa	Baktongsa	반대	pandae	bandae
박평군	Pakp'yŏng-gun	Bakpyeong-gun	반대세	pandaese	bandaese
박학	pakhak	bakhak	반딤핑	pandŏmp'ing	bandeomping
박학사	Pakhaksa	Bakhaksa	반딤핑법	pandŏmp'ingpŏp	bandeompingbeop
박해	pakhae	bakhae	반도	pando	bando
박해사	pakhaesa	bakaesa	반도체	pandoch'e	bandoche
박히다	pakhida	bakhida	반독점	pandokchŏm	bandokjeom
박힌	pakhin	bakin	반독점법	pandokchŏmpŏp	bandokjeombeop
밖	pak	bak	반동	pandong	bandong
밖에	pakke	bakke	반동적	pandongjŏk	bandongjeok
반	pan	ban	반드시	pandŭsi	bandeusi

한글 용례	ALA-LC Romanization	정부 표기안	한글 용례	ALA-LC Romanization	정부 표기안
반듯하게	pandŭthage	bandeutage	반여	Panyŏ	Banyeo
반디	pandi	bandi	반여동	Panyŏ-dong	Banyeo-dong
반디모아	Pandimoa	Bandimoa	반역	panyŏk	banyeok
반딧불	panditpul	banditbul	반역당	panyŏktang	banyeokdang
반란	pallan	ballan	반역민	panyŏngmin	banyeongmin
반란민	pallanmin	ballanmin	반역사성	panyŏksasŏng	banyeoksaseong
반려	pallyŏ	ballyeo	반역자	panyŏkcha	banyeokja
반론	pallon	ballon	반역향	pannyŏkhyang	banyeokhyang
반만년	panmannyŏn	banmannyeon	반열	panyŏl	banyeol
반메	panme	banme	반열도	panyŏlto	banyeoldo
반미	panmi	banmi	반영	panyŏng	banyeong
반민	panmin	banmin	반영적	panyŏngjŏk	banyeongjeok
반민족	panminjok	banminjok	반올림	panollim	banollim
반민족주의	panminjokchuŭi	banminjokjuui	반우	Panu	Banu
반민족주의자	panminjokchuŭija	banminjokjuuija	반움·집	panumchip	banumjip
반민주	panminju	banminju	반원	panwŏn	banwon
반박	panbak	banbak	반월	panwŏl	banwol
반백	panbaek	banbaek	반월기	panwŏlgi	banwolgi
반백년	panbaengnyŏn	banbaengnyeon	반월성	Panwŏlsŏng	Banwolseong
반복	panbok	banbok	반음	panŭm	baneum
반봉건	panbonggŏn	banbonggeon	반응	panŭng	baneung
반부패	panbup'ae	banbupae	반응법	panŭngpŏp	baneungbeop
반분	panbun	banbun	반의	panŭi	banui
반비례	panbirye	banbirye	반의어	panŭiŏ	banuieo
반사	pansa	bansa	반인	panin	banin
반사회	pansahoe	bansahoe	반인도적	panindojŏk	banindojeok
반산	Pansan	Bansan	반일	panil	banil
반상	pansang	bansang	반입	panip	banip
반상제	pansangje	bansangje	반작용	panjagyong	banjagyong
반석	pansŏk	banseok	반장	panjang	banjang
반설	pansŏl	banseol	반전	panjŏn	banjeon
반성	pansŏng	banseong	반절	panjŏl	banjeol
반성성	pangsŏngsŏng	banseongseong	반점	panjŏm	banjeom
반성적	pansŏngjŏk	banseongjeok	반정	panjŏng	banjeong
반세계화	pansegyehwa	bansegyehwa	반정록	panjŏngnok	banjeongnok
반세기	pansegi	bansegi	반정부	panjŏngbu	banjeongbu
반송	pansong	bansong	반제	panje	banje
반수	pansu	bansu	반제국주의	panjegukchuŭi	banjegukjuui
반시	pansi	bansi	반제리	Panje-ri	Banje-ri
반시대성	pansidaesŏng	bansidaeseong	반종파	panjongp'a	banjongpa
반시대적	pansidaejŏk	bansidaejeok	반주	panju	banju
반시주의	pansijuŭi	bansijuui	반주인	panjuin	banjuin
반액	panaek	banaek	반중	Panjung	Banjung
반야	panya	banya	반지	panji	banji
반야경	Panyagyŏng	Banyagyeong	반지성	panjisŏng	banjiseong

한글 용례	ALA-LC Romanization	정부 표기안	한글 용례	ALA-LC Romanization	정부 표기안
반지성주의	panjisŏngjuŭi	banjiseongjuui	받던	pattŏn	batdeon
반짝	pantchak	banjjak	받들어	pattŭrŏ	batdeureo
반짝이는	pantchaginŭn	banjjagineun	받아	pada	bada
반쪽	pantchok	banjjok	받아낸	padanaen	badanaen
반차	panch'a	bancha	받아라	padara	badara
반차도	Panch'ado	Panchado	받아야	padaya	badaya
반찬	panch'an	banchan	받았을까	padassŭlkka	badasseulkka
반천년	panch'ŏnnyŏn	bancheonnyeon	받은	padŭn	badeun
반첩	panch'ŏp	bancheop	받을	padŭl	badeul
반체제	panch'eje	bancheje	받을까	padŭlkka	badeulkka
반촌	panch'on	banchon	받이	paji	baji
반추	panch'u	banchu	받지	patchi	batji
반출	panchul	banchul	받쳐	patch'yŏ	batchyeo
반출사	panch'ulsa	banchulsa	받침	patch'im	batchim
반칙	panch'ik	banchik	발	pal	bal
반침	Panch'im	Banchim	발가락	palkarak	balgarak
반침략	panch'imnyak	banchimryak	발간	palgan	balgan
반크	Pank'ŭ	Bankeu	발걸음	palkŏrŭm	balgeoreum
반탁	pant'ak	bantak	발견	palgyŏn	balgyeon
반테러	pant'erŏ	bantereo	발견론	palgyŏnnon	balgyeollon
반통	pant'ong	bantong	발견품	palgyŏnp'um	balgyeonpum
반통일	pant'ongil	bantongil	발고	palgo	balgo
반파	panp'a	banpa	발광	palgwang	balgwang
반파시즘	panp'asijŭm	banpasijeum	발군	palgun	balgun
반패권주의	panp'aekwŏnjuŭi	banpaegwonjuui	발굴	palgul	balgul
반편견	panp'yŏn'gyŏn	banpyeongyeon	발굴기	palgulgi	balgulgi
반평화	panp'yŏnghwa	banpyeonghwa	발굴단	palgultan	balguldan
반포	panp'o	banpo	발굴법	palgulpŏp	balgulbeop
반포소	panp'oso	banposo	발굴사	palgulsa	balgulsa
반포식	panp'osik	banposik	발굴품	palgulp'um	balgulpum
반포처	panp'och'ŏ	banpocheo	발굽	palgup	balgup
반하는	panhanŭn	banhaneun	발권	palkwŏn	balgwon
반하다	panhada	banhada	발권국	Palkwŏn'guk	balgwonguk
반학문성	panhangmunsŏng	banhangmunseong	발급	palgŭp	balgeup
반한	panhan	banhan	발기	palgi	balgi
반합	panhap	banhap	발길	palkil	balgil
반항	panhang	banhang	발단	paltan	baldan
반항아	panhanga	banhanga	발달	paltal	baldal
반핵	panhaek	banhaek	발달사	paltalsa	baldalsa
반현실주의	panhyŏnsiljuŭi	banhyeonsiljuui	발돋움	paldodum	baldodum
반환	panhwan	banhwan	발라	palla	balla
받기	patki	batgi	발레	palle	balle
받는	pannŭn	banneun	발레단	palledan	balledan
받는가	pannŭn'ga	banneunga	발레리	Palleri	Balleri
받다	patta	batda	발령	pallyŏng	ballyeong

한글 용례	ALA-LC Romanization	정부 표기안	한글 용례	ALA-LC Romanization	정부 표기안
발명	palmyŏng	balmyeong	발전과	palchŏnkwa	baljeongwa
발명왕	palmyŏngwang	balmyeongwang	발전단	palchŏndan	baljeondan
발명자	palmyŏngja	balmyeongja	발전론	palchŏnnon	baljeonnon
발명품	palmyŏngp'um	balmyeongpum	발전법	palchŏnpŏp	baljeonbeop
발목	palmok	balmok	발전사	palchŏnsa	baljeonsa
발몽	palmong	balmong	발전소	palchŏnso	baljeonso
발문	palmun	balmun	발전적	palchŏnjŏk	baljeonjeok
발바닥	palpadak	balbadak	발전주의	palchŏnjuŭi	baljeonjuui
발발	palbal	balbal	발전지	palchŏnji	baljeonji
발버둥	palbŏdung	balbeodung	발전학	palchŏnhak	baljeonhak
발병	palpyŏng	balbyeong	발제	palche	balje
발사	palsa	balsa	발주	palchu	balju
발산	palsan	balsan	발지	palchi	balji
발산리	Palsan-ni	Balsan-ri	발지론	palchiron	baljiron
발상	palsang	balsang	발췌	palch'we	balchwe
발상지	palsangji	balsangji	발췌시	palch'wesi	balchwesi
발생	palsaeng	balsaeng	발취	palch'wi	balchwi
발생기	palsaenggi	balsaenggi	발치	palch'i	balchi
발생론	palsaengnon	balsaengnon	발칙한	palch'ikhan	balchikhan
발생론적	palsaengnonjŏk	balsaengnonjeok	발칸	Palk'an	Balkan
발생학	palsaenghak	balsaenghak	발톱	palt'op	baltop
발소리	palsori	balsori	발틱해	Palt'ikhae	Baltikhae
발송	palsong	balsong	발포	palp'o	balpo
발신	palsin	balsin	발표	palp'yo	balpyo
발신인	palsinin	balsinin	발표회	palp'yohoe	balpyohoe
발심	palsim	balsim	발품	palp'um	balpum
발아	para	bara	발한	parhan	balhan
발양	paryang	baryang	발한동	Parhan-dong	Balhan-dong
발언	parŏn	bareon	발해	Parhae	Balhae
발언록	parŏnnok	bareonrok	발해고	Parhaego	Balhaego
발언집	parŏnjip	bareonjip	발해관	Parhaegwan	Balhaegwan
발왈라	Parwalla	Barwalla	발해국	Parhaeguk	Balhaeguk
발우	paru	balu	발해금	Parhaegŭm	Balhaegeum
발원	parwŏn	barwon	발해사	Parhaesa	Balhaesa
발원지	parwŏnji	barwonji	발해악	Parhaeak	Balhaeak
발육	paryuk	baryuk	발해인	Parhaein	Balhaein
발음	parŭm	bareum	발해풍	Parhaep'ung	Balhaepung
발음법	parŭmpŏp	bareumbeop	발행	parhaeng	balhaeng
발의	parŭi	barui	발행소	parhaengso	balhaengso
발자국	palchaguk	baljaguk	발행인	parhaengin	balhaengin
발자옥	palchaok	baljaok	발행처	parhaengch'ŏ	balhaengcheo
발자욱	palchauk	baljauk	발현	parhyŏn	balhyeon
발자취	palchach'wi	baljachwi	발화	parhwa	balhwa
발작	palchak	baljak	발화통	parhwat'ong	balhwatong
발전	palchŏn	baljeon	발효	parhyo	balhyo

한글 용례	ALA-LC Romanization	정부 표기안	한글 용례	ALA-LC Romanization	정부 표기안
발효용	parhyoyong	barhyoyong	밥북	Pappuk	Babbuk
발효주	parhyoju	balhyoju	밥상	papsang	bapsang
발휘	parhwi	balhwi	밥집	papchip	bapjip
밝	pak	bak	밧줄	patchul	batjul
밝게	palke	bakge	방	pang	bang
밝고	palko	bakgo	방각	panggak	banggak
밝아	palga	balga	방각본	panggakpon	banggakbon
밝아온	palgaon	balgaon	방간	panggan	banggan
밝아올	palgaol	balgaol	방간본	pangganbon	bangganbon
밝은	palgŭn	balgeun	방갓	panggat	banggat
밝터	Pakt'ŏ	Bakteo	방계	panggye	banggye
밝혀	palk'yŏ	balkyeo	방곡	Panggok	Banggok
밝혀낸	palk'yŏnaen	balkyeonaen	방곡령	Panggongnyŏng	Banggongnyeong
밝혀라	palk'yŏra	balkyeora	방공	panggong	banggong
밝혀서	palk'yŏsŏ	balkyeoseo	방과	panggwa	banggwa
밝혀지는	palk'yojinŭn	balkyeojineun	방관	panggwan	banggwan
밝혀지리라	palk'yŏjirira	balkyeojirira	방구	panggu	banggu
밝혀진	palk'yŏjin	balkyeojin	방글라데시	Panggŭlladesi	Banggeulladesi
밝히고	palk'igo	balkigo	방금	panggŭm	banggeum
밝히기	palk'igi	balkigi	방내리	Pangnae-ri	Bangnae-ri
밝히는	palk'inŭn	balkineun	방네	pangne	bangne
밝히다	palk'ida	balkida	방도	pangdo	bangdo
밝히며	palk'imyŏ	balkimyeo	방동천	Pangdongch'ŏn	Bangdong-cheon
밝히면	palk'imyŏn	balkimyeon	방들	pangdŭl	bangdeul
밝히신	palk'isin	balkisin	방랑	pangnang	bangnang
밝히오리	palk'iori	balkiori	방랑기	pangnanggi	bangnanggi
밝히지	palk'iji	balkiji	방략	pangnyak	bangnyak
밝힌	palk'in	balkin	방례	pangnye	bangnye
밝힌다	palk'inda	balkinda	방료	pangnyo	bangnyo
밝힐	palk'il	balkil	방립	pangnip	bangnip
밝힘	park'im	balkim	방만	pangman	bangman
밟고	palko	bapgo	방말	pangmal	bangmal
밟기	palki	bapgi	방면	pangmyŏn	bangmyeon
밟는	pamnŭn	bapneun	방명록	pangmyŏngnok	bangmyeongnok
밟다	papta	bapda	방목	pangmok	bangmok
밟은	palbŭn	balbeun	방문	pangmun	bangmun
밟힌	palp'in	balpin	방문객	pangmun'gaek	bangmungaek
밤	pam	bam	방문기	pangmun'gi	bangmungi
밤길	pamkil	bamgil	방문자	pangmunja	bangmunja
밤나무	pamnamu	bamnamu	방물	pangmul	bangmul
밤다래	pamdarae	bamdarae	방물가	pangmulga	bangmulga
밤색	pamsaek	bamsaek	방물전	pangmuljŏn	bangmuljeon
밤하늘	pamhanŭl	bamhaneul	방미	pangmi	bangmi
밥	pap	bap	방방	pangbang	bangbang
밥그릇	papkŭrŭt	bapgeureut	방백	pangbaek	bangbaek

한글 용례	ALA-LC Romanization	정부 표기안	한글 용례	ALA-LC Romanization	정부 표기안
방법	pangbŏp	bangbeop	방어진	Pangŏjin	Bangeojin
방법론	pangbŏmnon	bangbeomnon	방어청	Pangŏch'ŏng	Bangeocheong
방법론적	pangbŏmnonchŏk	bangbeomnonjeok	방언	pangŏn	bangeon
방북	pangbuk	bangbuk	방언사	pangŏnsa	bangeonsa
방사	pangsa	bangsa	방언집	pangŏnjip	bangeonjip
방사능	pangsanŭng	bangsaneung	방언학	pangŏnhak	bangeonhak
방사량	pangsaryang	bangsaryang	방역	pangyŏk	bangyeok
방사선	pangsasŏn	bangsaseon	방역제	pangyŏkche	bangyeokje
방사선량	pangsasŏnnyang	bangsaseonnyang	방영	pangyŏng	bangyeong
방사선학	pangsasŏnhak	bangsaseonhak	방외	pangoe	bangoe
방사성	pangsasŏng	bangsaseong	방우회	Panguhoe	Banguhoe
방사용	pangsayong	bangsayong	방울	pangul	bangul
방산	pangsan	bangsan	방위	pangwi	bangwi
방산리	Pangsan-ni	Bangsan-ri	방위군	pangwigun	bangwigun
방생	pangsaeng	bangsaeng	방위론	pangwiron	bangwiron
방생소	pangsaengso	bangsaengso	방위부	Pangwibu	bangwibu
방생처	pangsaengch'ŏ	bangsaengcheo	방위비	pangwibi	bangwibi
방서	pangsŏ	bangseo	방위세	pangwise	bangwise
방석	pangsŏk	bangseok	방이동	Pangi-dong	Bangi-dong
방송	pangsong	bangsong	방일	pangil	bangil
방송고	pangsonggo	bangsonggo	방임	pangim	bangim
방송국	pangsongguk	bangsongguk	방임주의	pangimjuŭi	bangimjuui
방송극	pangsonggŭk	bangsonggeuk	방자	Pangja	Bangja
방송대	pangsongdae	bangsongdae	방장	pangjang	bangjang
방송론	pangsongnon	bangsongnon	방장산	Pangjangsan	Bangjangsan
방송법	pangsongpŏp	bangsongbeop	방재	pangjae	bangjae
방송사	pangsongsa	bangsongsa	방재과	pangjaekwa	bangjaegwa
방송업	pangsongŏp	bangsongeop	방재청	Pangjaech'ŏng	Bangjaecheong
방송인	pangsongin	bangsongin	방적	pangjŏk	bangjeok
방송인들	pangsongindŭl	bangsongindeul	방전	pangjŏn	bangjeon
방송학	pangsonghak	bangsonghak	방정	pangjŏng	bangjeong
방수	pangsu	bangsu	방정식	pangjŏngsik	bangjeongsik
방술	pangsul	bangsul	방제	pangje	bangje
방식	pangsik	bangsik	방조	pangjo	bangjo
방실	pangsil	bangsil	방조제	pangjoje	bangjoje
방심	pangsim	bangsim	방종	pangjong	bangjong
방아	panga	banga	방주	pangju	bangju
방아골	Pangakol	Bangagol	방중	pangjung	bangjung
방안	pangan	bangan	방중술	pangjungsul	bangjungsul
방약	pangyak	bangyak	방지	pangji	bangji
방어	pangŏ	bangeo	방지기	pangjigi	bangjigi
방어리	Pangŏ-ri	Bangeo-ri	방지법	pangjipŏp	bangjibeop
방어사	Pangŏsa	Bangeosa	방직	pangjik	bangjik
방어선	pangŏsŏn	bangeoseon	방직공	pangjikkong	bangjikgong
방어적	pangŏjŏk	bangeojeok	방진	pangjin	bangjin

한글 용례	ALA-LC Romanization	정부 표기안	한글 용례	ALA-LC Romanization	정부 표기안
방책	pangch'aek	bangchaek	배교자	paegyoja	baegyoja
방첩	pangch'ŏp	bangcheo	배구	paegu	baegu
방첩대	pangch'ŏptae	bangcheopdae	배급	paegŭp	baegeup
방초	pangch'o	bangcho	배기	paegi	baegi
방촌	Pangch'on	Bangchon	배꼽	paekkop	baekkop
방추차	Pangch'uch'a	Bangchucha	배꽃	Paekkot	baekkot
방축	pangch'uk	bangchuk	배낭	paenang	baenang
방출	pangch'ul	bangchul	배낭족	paenangjok	baenangjok
방침	pangch'im	bangchim	배다리	Paedari	Baedari
방콕	Pangk'ok	Bangkok	배달	paedal	baedal
방탕	pangt'ang	bangtang	배달경	Paedalgyŏng	Baedalgyeong
방탕아	pangt'anga	bangtanga	배달국	Paedalguk	Baedalguk
방통	pangt'ong	bangtong	배달국사	Paedalguksa	Baedalguksa
방통대	Pangt'ongdae	Bangtongdae	배달원	paedarwŏn	baedarwon
방파제	pangp'aje	bangpaje	배당	paedang	baedang
방패	pangp'ae	bangpae	배드민턴	paedŭmint'ŏn	baedeuminteon
방패선	pangp'aesŏn	bangpaeseon	배려	paeryŏ	baeryeo
방패형	pangp'aehyŏng	bangpaehyeong	배례	paerye	baerye
방편	pangp'yŏn	bangpyeon	배리	paeri	baeri
방폐장	pangp'yejang	bangpyejang	배문사	Paemunsa	Baemunsa
방풍	pangp'ung	bangpung	배미	paemi	baemi
방학	panghak	banghak	배민회	Paeminhoe	Baeminhoe
방한	panghan	banghan	배반	paeban	baeban
방함록	panghamnok	banghamnok	배반자	paebanja	baebanja
방해	panghae	banghae	배뱅이	paebaengi	baebaengi
방향	panghyang	banghyang	배본	paebon	baebon
방향성	panghyangsŏng	banghyangseong	배분	paebun	baebun
방형	panghyŏng	banghyeong	배분적	paebunjŏk	baebunjeok
방형식	Panghyŏngsik	banghyeongsik	배불	paebul	baebul
방호	pangho	bangho	배불론	Paebullon	Baebullon
방호단	panghodan	banghodan	배산	paesan	baesan
방호소	panghoso	banghoso	배상	paesang	baesang
방화	panghwa	banghwa	배설	paesŏl	baeseol
방황	panghwang	banghwang	배송	paesong	baesong
발	pat	bat	배수첩	paesuch'ŏp	baesucheop
발길	patkil	batgil	배수첩들	paesuch'ŏptŭl	baesucheopdeul
배	pae	bae	배식	paesik	baesik
배개	paegae	baegae	배신	paesin	baesin
배격	paegyŏk	baegyeok	배신자	paesinja	baesinja
배경	paegyŏng	baegyeong	배신자들	paesinjadŭl	paesinjadeul
배경론	paegyŏngnon	baegyeongnon	배심	paesim	baesim
배경론적	paegyŏngnonchŏk	baegyeongnonjeok	배심원	paesimwŏn	baesimweon
배경학	paegyŏnghak	baegyeonghak	배안	paean	baean
배관	paegwan	baegwan	배알	paeal	baeal
배교	paegyo	baegyo	배역	paeyŏk	baeyeok

한글 용례	ALA-LC Romanization	정부 표기안	한글 용례	ALA-LC Romanization	정부 표기안
배연신굿	Paeyŏnsingut	Baeyeonsingus	배포처	paep'och'ŏ	baepocheo
배열	paeyŏl	baeyeol	배표	paep'yo	baepyo
배우	paeu	baeu	배필	paep'il	baepil
배우겠소	paeugetso	baeugetso	배향	paehyang	baehyang
배우고	paeugo	baeugo	배화	paehwa	baehwa
배우기	paeugi	baeugi	배회	paehoe	baehoe
배우는	paeunŭn	baeuneun	배후	paehu	baehu
배우는가	paeunŭn'ga	baeuneunga	배후지	paehuji	baehuji
배우다	paeuda	baeuda	백	paek	baek
배우며	paeumyŏ	baeumyeo	백가	paekka	baekga
배우자	paeuja	baeuja	백강	Paekkang	Baekgang
배우지	paeuji	baeuji	백강구	Paekkanggu	Baekganggu
배운	paeun	baeun	백결	Paekkyŏl	Baekgyeol
배운다	paeunda	baeunda	백경	paekkyŏng	baekgyeong
배울	paeul	baeul	백고	paekko	baekgo
배움	paeum	baeum	백곡	paekkok	baekgok
배움론	paeumnon	baeumnon	백곡리	Paekkong-ni	Baekgok-ri
배움터	paeumt'ŏ	baeumteo	백골	paekkol	baekgol
배워	paewŏ	baewo	백골도	paekkolto	baekgoldo
배워라	paewŏra	baewora	백곰	paekkom	baekgom
배웠는가	paewŏnnŭn'ga	baewonneunga	백과	paekkwa	baekgwa
배위	paewi	baewi	백관	paekkwan	baekgwan
배율	paeyul	baeyul	백관복	paekkwanbok	baekgwanbok
배자	paeja	baeja	백관지	Paekkwanji	Baekgwanji
배장	paejang	baejang	백광	paekkwang	baekgwang
배장품	paejangp'um	baejangpum	백구	paekku	baekgu
배재	Paejae	Baejae	백구가	Paekkuga	Baekguga
배재대	Paejaedae	Baejaedae	백구사	Paekkusa	Baekgusa
배정	paejŏng	baejeong	백기	paekki	baekgi
배제	paeje	baeje	백길	paekkil	baekgil
배지	paeji	baeji	백남	Paengnam	Baengnam
배짱	paetchang	baejjang	백년	paengnyŏn	baengnyeon
배척	paech'ŏk	baecheok	백년사	paengnyŏnsa	baengnyeonsa
배천군	Paech'ŏn-gun	Baecheon-gun	백넘	paengnyŏm	baengnyeom
배첩	paech'ŏp	baecheop	백담	Paektam	Baekdam
배첩장	paech'ŏpchang	baecheopjang	백담사	Paektamsa	Baekdamsa
배추	paech'u	baechu	백답	paektap	baekdap
배출	paech'ul	baechul	백도	paekto	baekdo
배출권	paech'ulkwŏn	baechulgwon	백도라지	paektoraji	baekdoraji
배출량	paech'ullyang	baechullyang	백도리	Paekto-ri	Baekdo-ri
배출원	paech'urwŏn	baechurwon	백동	Paektong	Baekdong
배치	paech'i	baechi	백동화	Paektonghwa	Baekdonghwa
배치도	paech'ido	baechido	백두	Paektu	Baekdu
배판	paep'an	baepan	백두산	Paektusan	Baekdusan
배포	paep'o	baepo	백두산족	Paektusanjok	Baekdusanjok

한글 용례	ALA-LC Romanization	정부 표기안	한글 용례	ALA-LC Romanization	정부 표기안
백두산함	Paektusanham	Baekdusanham	백선	paeksŏn	baekseon
백량	paengnyang	baengnyang	백설	paeksŏl	baekseol
백련	paengnyŏn	baengnyeon	백설령	Paeksŏllyŏng	Baekseollyeong
백련교	Paengnyŏn'gyo	Baengnyeongyo	백성	paeksŏng	baekseong
백련사	Paengnyŏnsa	Baengnyeonsa	백성군	Paeksŏng-gun	Baekseong-gun
백령	Paengnyŏng	Baengnyeong	백성들	paeksŏngdŭl	baekseongdeul
백령도	Paengnyŏngdo	Baengnyeongdo	백세	paekse	baekse
백로	paengno	baengno	백송	paeksong	baeksong
백록	Paengnok	Baengnok	백수	paeksu	baeksu
백록담	Paengnoktam	Baengnokdam	백수들	paeksudŭl	baeksudeul
백록동	Paengnok-tong	Baengnok-dong	백숙	paeksuk	baeksuk
백룡	Paengnyong	Baengnyong	백순	paeksun	baeksun
백릉	Paengnŭng	Baengneung	백승	paeksŭng	baekseung
백마	paengma	baengma	백신	paeksin	baeksin
백마강	Paengmagang	Baengmagang	백아	paega	baega
백마산	Paengmasan	Baengmasan	백아도	Paegado	Baegado
백만	paengman	baengman	백악	paegak	baekak
백만인	paengmanin	baengmanin	백악관	Paegakkwan	Baekakgwan
백면	paengmyŏn	baengmyeon	백안	paegan	baekan
백목	paengmok	baengmok	백암	Paegam	Baekam
백무	paengmu	baengmu	백암공파	Paegamgongp'a	Baegamgongpa
백문	paengmun	baengmun	백암리	Paegam-ni	Baegam-ri
백미	paengmi	baengmi	백야	paegya	baegya
백민	paengmin	baengmin	백양	paegyang	baegyang
백반	paekpan	baekban	백양사	Paegyangsa	Baegyangsa
백발	paekpal	baekbal	백억	paegŏk	baegeok
백발가	paekpalga	baekbalga	백여	paegyŏ	baegyeo
백배	paekpae	baekbae	백여국	paegyŏguk	baegyeoguk
백백	paekpaek	baekbaek	백여년	paegyŏnyŏn	baegyeonyeon
백백교	Paekpaekkyo	Baekbaekgyo	백열사	Paegyŏlsa	Baegyeolsa
백범	Paekpŏm	Baekbeom	백영사	Paegyŏngsa	Baengnyeongsa
백복령	Paekpongnyŏng	Baekbongnyeong	백오	paego	baego
백봉	paekpong	baekbong	백오인	paegoin	baegoin
백부	paekpu	baekbu	백옥	paegok	baegok
백분	paekpun	baekbun	백운	Paegun	Baegun
백분화	paekpunhwa	baekbunhwa	백운동	Paegun-dong	Baegun-dong
백불	paekpul	baekbul	백운리	Paegun-ni	Baegun-ri
백비	paekpi	baekbi	백운면	Paegun-myŏn	Baegun-myeon
백사	paeksa	baeksa	백운사	Paegunsa	Baegunsa
백산	Paeksan	Baeksan	백운산	Paegunsan	Baegunsan
백삼위	paek-samwi	baeksamwi	백운암	Paegunam	Baegunam
백상	paeksang	baeksang	백원	paegwŏn	baegwon
백색	paeksaek	baeksaek	백월	paegwŏl	baegwol
백서	paeksŏ	baekseo	백월산	Paegwŏlsan	Baegwolsan
백석	Paeksŏk	Baekseok	백유	paegyu	baegyu

한글 용례	ALA-LC Romanization	정부 표기안	한글 용례	ALA-LC Romanization	정부 표기안
백유경	Paegyugyŏng	baegyugyeong	백척	paekch'ŏk	baekcheok
백의	paegŭi	baegui	백천	Paekch'ŏn	Baekcheon
백의사	Paegŭisa	Baeguisa	백천군	Paekch'ŏn-gun	Baekcheon-gun
백이	paegi	baegi	백천리	Paekch'ŏl-li	Baekcheon-ri
백이산	Paegisan	Baegisan	백초	paekch'o	baekcho
백익	paegik	baegik	백촌	Paekch'on	Baekchon
백인	paegin	baegin	백촌강	Paekch'on'gang	Baekchongang
백일	paegil	baegil	백총	Paekch'ong	Baekchong
백일기	paegilgi	baegilgi	백치	paekch'i	baekchi
백일상	paegilsang	baegilsang	백탑	paekt'ap	baektappa
백일장	paegilchang	baegiljang	백탑파	Paekt'app'a	Baektappa
백일하	paegirha	baegilha	백태	paekt'ae	baektae
백일홍	paegirhong	baegilhong	백토	paekt'o	baekto
백자	paekcha	baekja	백파	Paekp'a	Baekpa
백자요	paekchayo	baekjayo	백판	paekp'an	baekpan
백작	paekchak	baekjak	백팔	paekp'al	baekpal
백장	paekchang	baekjang	백패	paekp'ae	baekpae
백장면	paekchangmyŏn	baekjangmyeon	백편	paekp'yŏn	baekpyeon
백장암	Paekchangam	Baekjangam	백포	paekp'o	baekpo
백전	paekchŏn	baekjeon	백학	paekhak	baekhak
백정	paekchŏng	baekjeong	백합	paekhap	baekhap
백제	Paekche	Baekje	백합꽃	Paekhapkkot	baekapkkot
백제계	Paekchegye	Baekjegye	백합화	paekhaphwa	baekhaphwa
백제국	Paekcheguk	Baekjeguk	백허	Paekhŏ	Baekheo
백제권	Paekchekwŏn	Baekjegwon	백헌	Paekhŏn	Baekheon
백제금	Paekchegŭm	Baekjegeum	백혈병	paekhyŏlpyŏng	baekyeolbyeong
백제미	Paekchemi	Baekjemi	백호	paekho	baekho
백제사	Paekchesa	Baekjesa	백호기	paekhogi	baekhogi
백제선	Paekchesŏn	Baekjeseon	백화	paekhwa	baekhwa
백제악	Paekcheak	Baekjeak	백화당	Paekhwadang	baekhwadang
백제어	Paekcheŏ	Baekjeeo	백화점	paekhwajŏm	baekhwajeom
백제인	Paekchein	Baekjein	백흥암	Paekhŭngam	Baekheungam
백제인들	Paekcheindŭl	Baekjeindeul	밴가드	paen'gadŭ	baengadeu
백제지	Paekcheji	Baekjeji	밴도	Paendo	Baendo
백조	paekcho	baekjo	밸류	paellyu	baellyu
백조파	Paekchop'a	Baekjopa	밸리	paelli	baelli
백졸재	Paekcholjae	Baekjoljae	뱀	paem	baem
백주	paekchu	baekju	뱀들	paemdŭl	baemdeul
백주년	paekchunyŏn	baekjunyeon	뱀딸기	paemttalgi	baemttalgi
백중	paekchung	baekjung	뱃길	paetkil	baetgil
백중력	paekchungnyŏk	baekjungnyeok	뱃노래	paennorae	baennorae
백중절	Paekchungjŏl	Baekjungjeol	뱃머리	paenmŏri	baenmeori
백지	paekchi	baekji	뱃불	paetpul	baetbul
백지화	paekchihwa	baekjihwa	뱃사공	paetsagong	baessagong
백창	Paekch'ang	Baekchang	뱃사람	paessaram	baessaram

한글 용례	ALA-LC Romanization	정부 표기안	한글 용례	ALA-LC Romanization	정부 표기안
뱃사람들	paessaramdŭl	baessaramdeul	버스톤	Pŏsŭt'ŏn	Beoseuton
뱃속	paetsok	baetsok	버지니아	Pŏjinia	Beojinia
뱅크	paengk'ŭ	baengkeu	버클리	Pŏk'ŭlli	Beokeulri
뱅킹	paengk'ing	baengking	버튼	pŏt'ŭn	beoteun
버갓	Pŏgat	Beogat	버틴	pŏt'in	beotin
버그스텐	Pŏgŭsŭt'en	Beogeuseuten	버팀목	pŏt'immok	beotimmok
버금	pŏgŭm	beogeum	벅수	pŏksu	beoksu
버나드	Pŏnadŭ	Beonadeu	벅찬	pŏkch'an	beokchan
버는	pŏnŭn	beoneun	번	pŏn	beon
버드나무	pŏdŭnamu	beodeunamu	번개	pŏn'gae	beongae
버들	pŏdŭl	beodeul	번뇌	pŏnnoe	beonnoe
버들잎	pŏdullip	beodeullip	번다	pŏnda	beonda
버러지	pŏrŏji	beoreoji	번로	pŏllo	beollo
버러지들	pŏrŏjidŭl	beoreojideul	번리	pŏlli	beonri
버려	pŏryŏ	beoryeo	번석	Pŏnsŏk	Beonseok
버려라	pŏryŏra	beoryeora	번성	pŏnsŏng	beonseong
버려야	pŏryŏya	beoryeoya	번성케	pŏnsŏnk'e	beonseongke
버려야지	pŏryŏyaji	beoryeoyaji	번수	pŏnsu	beonsu
버려진	pŏryŏjin	beoryeojin	번식	pŏnsik	beonsik
버렸기	pŏryŏkki	beoryeotgi	번안	pŏnan	beonan
버렸을	pŏryŏssŭl	beoryeosseul	번암	Pŏnam	Beonam
버리고	pŏrigo	beorigo	번역	pŏnyŏk	beonyeok
버리기	pŏrigi	beorigi	번역가	pŏnyŏkka	beonyeokga
버리는	pŏrinŭn	beorineun	번역가들	pŏnyŏkkadŭl	beonyeokgadeul
버리는가	pŏrinŭn'ga	beorineunga	번역관	pŏnyŏkkwan	beonyeokgwan
버리다	pŏrida	beorida	번역문	pŏnyŏngmun	beonyeongmun
버리더라	pŏridŏra	beorideora	번역본	pŏnyŏkpon	beonyeokbon
버리려	pŏriryŏ	beoriryeo	번역사	pŏnyŏksa	beonyeoksa
버리지	pŏriji	beoriji	번역서	pŏnyŏksŏ	beonyeokseo
버린	pŏrin	beorin	번역시	pŏnyŏksi	beonyeoksi
버릴	pŏril	beoril	번역실	Pŏnyŏksil	beonyeoksil
버릴수록	pŏrilsurok	beorilsurok	번역원	pŏnyŏgwŏn	beonyeogwon
버림	pŏrim	beorim	번역자	pŏnyŏkcha	beonyeokja
버립시다	pŏripsida	beoripsida	번역집	pŏnyŏnkchip	beonyeokjip
버마	Pŏmă	Beoma	번역팀	pŏnyŏkt'im	beonyeoktim
버마식	Pomasik	Beomasik	번역학	pŏnyŏkhak	beonyeokhak
버블링	pŏbŭlling	beobeulling	번영	pŏnyŏng	beonyeong
버선	pŏsŏn	beoseon	번와장	pŏnwajang	beonwajang
버선발	pŏsŏnpal	beoseonbal	번제	Pŏnje	Beonje
버섯	pŏsŏt	beoseot	번지	pŏnji	beonji
버섯류	pŏsŏnnyu	beoseonnyu	번지는	pŏnjinŭn	beonjineun
버섯類	pŏsŏnnyu	beoseonnyu	번질	pŏnjil	beonjil
버스	pŏsŭ	beoseu	번째	pŏntchae	beonjjae
버스데이	pŏsŭdei	beoseudei	번쯤	pŏntchŭm	beonjjeum
버스웰	Pŏsŭwel	Beoseuwel	번차	pŏnch'a	beoncha

한글 용례	ALA-LC Romanization	정부 표기안	한글 용례	ALA-LC Romanization	정부 표기안
번호	pŏnho	beonho	범월	pŏmwŏl	beomwol
벌	pŏl	beol	범위	pŏmwi	beomwi
벌거벗은	pŏlgŏbŏsŭn	beolgeobeoseun	범인	pŏmin	beomin
벌교	Pŏlgyo	Beolgyo	범일	pŏmil	beomil
벌레	pŏlle	beolle	범절	pŏmjŏl	beomjeol
벌레들	pŏlledŭl	beolledeul	범조	pŏmjo	beomjo
벌레잡이	pŏllejabi	beollejabi	범조사	Pŏmjosa	Beomjosa
벌려	pŏllyŏ	beollyeo	범종	pŏmjong	beomjong
벌리자	pŏllija	beollija	범죄	pŏmjoe	beomjoe
벌릴	pŏllil	beollil	범죄사	pŏmjoesa	beomjoesa
벌릴데	pŏllilte	beollilde	범죄인	pŏmjoein	beomjoein
벌어	pŏrŏ	beoreo	범죄자	pŏmjoeja	beomjoeja
벌어지는	pŏrŏjinŭn	beoreojineun	범주	pŏmju	beomju
벌어진	pŏrŏjin	beoreojin	범직	pŏmjik	beomjik
벌인	pŏrin	beorin	범진	pŏmjin	beomjin
벌지	pŏlji	beolji	범천	pŏmch'ŏn	beomcheon
벌집	pŏltchip	beoljip	범태평양	pŏmt'aep'yŏngnyang	beomtaepyeongyang
벌채	pŏlch'ae	beolchae	범패	pŏmp'ae	beompae
벌초	pŏlch'o	beolcho	범학리	Pŏmhang-ni	Beomhak-ri
벌판	pŏlp'an	beolpan	범학사	Pŏmhaksa	Beomhaksa
범	pŏm	beom	범한	pŏmhan	beomhan
범간	pŏmgan	beomgan	범허정	Pŏmhŏjŏng	Beomheojeong
범간죄	pŏmganjoe	beomganjoe	법	pŏp	beop
범국민	pŏmgungmin	beomgungmin	법가	pŏpka	beopga
범금	pŏmgŭm	beomgeum	법강	pŏpkang	beopgang
범례	pŏmnye	beomnye	법견	Pŏpkyŏn	Beopgyeon
범망경	Pŏmmanggyŏng	Beommanggyeong	법경	Pŏpkyŏng	Beopgyeong
범문	pŏmmun	beommun	법계	pŏpkye	beopgye
범민련	Pŏmminnyŏn	Beomminnyeon	법계도	pŏpkyedo	beopgyedo
범민족	pŏmminjok	beomminjok	법계도	Pŏpkyedo	Beopgyedo
범방	Pŏmbang	Beombang	법계도기	Pŏpkyedogi	Beopgyedogi
범방동	Pŏmbang-dong	Beombang-dong	법계도기	Pŏpkyedogi	Beopgyedogi
범부	pŏmbu	beombu	법계사	Pŏpkyesa	Beopgyesa
범부리	Pŏmbu-ri	Beombu-ri	법고	pŏpko	beopgo
범부처	pŏmbuch'ŏ	beombucheo	법공	Pŏpkong	Beopgong
범사록	Pŏmsarok	Beomsarok	법공양	pŏpkongyang	beopgongyang
범선	pŏmsŏn	beomseon	법관	pŏpkwan	beopgwan
범성	pŏmsŏng	beomseong	법구경	Pŏpkugyŏng	Beopgugyeong
범속	pŏmsok	beomsok	법궁	Pŏpkung	Beopgung
범양사	Pŏmyangsa	Beomyangsa	법규	pŏpkyu	beopgyu
범어	Pŏmŏ	Beomeo	법규론	pŏpkyuron	beopgyuron
범어사	Pŏmŏsa	Beomeosa	법규집	pŏpkyujip	beopgyujip
범용	pŏmyong	beomyong	법난	pŏmnan	beomnan
범우	pŏmu	beomu	법당	pŏptang	beopdang
범우사	Pŏmusa	Beomusa	법도	pŏpto	beopdo

한글 용례	ALA-LC Romanization	정부 표기안	한글 용례	ALA-LC Romanization	정부 표기안
법동리	Pŏptong-ni	Beopdong-ri	법성포	Pŏpsŏngp'o	Beopseongpo
법랑	Pŏmnang	Beomnang	법세	pŏpse	beopse
법령	pŏmnyŏng	beomnyeong	법신불	pŏpsinbul	beopsinbul
법령문	pŏmnyŏngmun	beomnyeongmun	법안	pŏban	beoban
법령집	pŏmnyŏngjip	beomnyeongjip	법안종	Pŏbanjong	Beobanjong
법례	pŏmnye	beomnye	법어	pŏbŏ	beobeo
법례집	pŏmnyejip	beomnyejip	법어집	pŏbŏjip	beobeojip
법론	pŏmnon	beomnon	법연	Pŏbyŏn	Beobyeon
법륜	Pŏmnyun	Beomnyun	법영사	Pŏbyŏngsa	Beobyeongsa
법륜사	Pŏmnyunsa	Beomnyunsa	법왕	Pŏbwang	Beobwang
법륜종	Pŏmnyunjong	Beomnyunjong	법운암	Pŏbunam	Beobunam
법률	pŏmnyul	beomnyul	법원	pŏbwŏn	beobwon
법률국	Pŏmnyulguk	Beomnyulguk	법원사	Pŏbwŏnsa	Beobwonsa
법률안	pŏmnyuran	beomnyuran	법은	pŏbŭn	beobeun
법률원	pŏmnyurwŏn	beomnyurwon	법의	pŏbŭi	beobui
법률학	pŏmnyurhak	beomnyulhak	법의학	pŏbŭihak	beobuihak
법륭	Pŏmnyung	Beomnyung	법이론적	pŏbironjŏk	beobironjeok
법륭사	Pŏmnyungsa	Beomnyungsa	법인	pŏbin	beobin
법리	pŏmni	beomni	법인들	pŏbindŭl	beobindeul
법리적	pŏmnijŏk	beomnijeok	법인세	pŏbinse	beobinse
법망	pŏmmang	beobmang	법인세법	pŏbinsepŏp	beobinsebeop
법망경	Pŏmmanggyŏng	Beommanggyeong	법인화	pŏbinhwa	beobinhwa
법맥	pŏmmaek	beommaek	법장	Pŏpchang	Beopjang
법명	pŏmmyŏng	beommyeong	법적	pŏpchŏk	beopjeok
법무	pŏmmu	beommu	법전	pŏpchŏn	beopjeon
법무부	Pŏmmubu	Beommubu	법전들	pŏpchŏndŭl	beopjeondeul
법무사	pŏmmusa	beommusa	법정	pŏpchŏng	beopjeong
법문	pŏmmun	beommun	법정책적	pŏpchŏngch'aekchŏk	beopjeongchaekjeok
법문사	Pŏmmunsa	Beommunsa	법제	pŏpche	beopje
법문집	pŏmmunjip	beommunjip	법제도적	pŏpchedojŏk	beopjedojeok
법민	Pŏmmin	Beommin	법제론	pŏpcheron	beopjeron
법보	pŏppo	beopbo	법제사	pŏpchesa	beopjesa
법복	pŏppok	beopbok	법제상	pŏpchesang	beopjesang
법부	pŏppu	beopbu	법제실	Pŏpchesil	Beopjesil
법사	pŏpsa	beopsa	법제처	Pŏpchech'ŏ	Beopjecheo
법사리전	pŏpsarijŏn	beopsarijeon	법제화	pŏpchehwa	beopjehwa
법사종	Pŏpsajong	Beopsajong	법조	pŏpcho	beopjo
법상	Pŏpsang	Beopsang	법조인	pŏpchoin	beopjoin
법상종	Pŏpsangjong	Beopsangjong	법조팀	popchot'im	beopjotim
법서	pŏpsŏ	beopseo	법종	Pŏpchong	Beopjong
법서원	Pŏpsŏwŏn	Beopseowon	법주	Pŏpchu	Beopju
법석	pŏpsŏk	beopseok	법주사	Pŏpchusa	Beopjusa
법선	Pŏpsŏn	Beopseon	법창	pŏpch'ang	beopchang
법성	Pŏpsŏng	Beopseong	법천리	Pŏpch'ŏn-ni	Beopcheon-ri
법성종	Pŏpsŏngjong	Beopseongjong	법천사	Pŏpch'ŏnsa	Beopcheonsa

한글 용례	ALA-LC Romanization	정부 표기안	한글 용례	ALA-LC Romanization	정부 표기안
법철학	pŏpch'ŏrhak	beopcheolhak	베	pe	be
법철학적	pŏpch'ŏrhakchŏk	beopcheolhakjeok	베가	pega	bega
법첩	pŏpch'ŏp	beopcheop	베개	pegae	begae
법치	pŏpch'i	beopchi	베갯머리	pegaenmŏri	begaenmeori
법치주의	pŏpch'ijuŭi	beopchijuui	베갯모	pegaenmo	begaenmo
법칙	pŏpch'ik	beobchik	베고	pego	bego
법칙적	pŏpch'ikchŏk	beopchikjeok	베네	Pene	Bene
법통	pŏpt'ong	beoptong	베네딕도	Penedikto	Benedikdo
법통성	pŏpt'ongsŏng	beoptongseong	베네수엘라	Penesuella	Benesuella
법학	pŏphak	beophak	베는	penŭn	beneun
법학부	Pŏphakpu	beopakbu	베다	peda	beda
법학자	pŏphakcha	beophakja	베델	Pedel	Bedel
법학회	pŏphakhoe	beophakhoe	베드로	Pedŭro	Bedeuro
법화	pŏphwa	beophwa	베뢰아	Peroea	Beroea
법화경	Pŏphwagyŏng	Beophwagyeong	베르트랑	Perŭt'ŭrang	Bereuteurang
법화사	Pŏphwasa	Beophwasa	베를린	Perŭllin	Bereullin
법화원	Pŏphwawŏn	Beophwawon	베리만	Periman	Beriman
법화전	pŏphwajŏn	beophwajeon	베버	Pebŏ	Bebeo
법화종	Pŏphwajong	Beophwajong	베스마	Pesŭma	Beseuma
법회	pŏphoe	beophoe	베스트	pesŭt'ŭ	beseuteu
법흥	pŏphŭng	beopheung	베스트셀러	pesŭt'ŭsellŏ	beseuteuselleo
법흥사	Pŏphŭngsa	Beopheungsa	베아타	Peat'a	Beata
벗	pŏt	beot	베어드	Peŏdŭ	Beeodeu
벗겨	pŏtkyŏ	beotgyeo	베어스	Peŏsŭ	Beeoseu
벗겨야	pŏtkyŏya	beotgyeoya	베옷	peot	beot
벗고	pŏtko	beotgo	베이비	peibi	beibi
벗기	pŏtki	beotgi	베이비부머	peibibumŏ	beibibumeo
벗기고	pŏtkigo	beotgigo	베이비붐	peibibum	beibibum
벗기기	pŏtkigi	beotgigi	베이스	peisŭ	beiseu
벗기다	pŏtkida	beotgida	베이직	peijik	beijik
벗긴다	pŏtkinda	beotginda	베이징	Peijing	Beijing
벗는	pŏnnŭn	beonneun	베이커	Peik'ŏ	Beikeo
벗다	pŏtta	beotda	베인테	Peint'e	Beinte
벗들	pŏttŭl	beotdeul	베일	peil	beil
벗어	pŏsŏ	beoseo	베지근한	pejigŭnhan	bejigeunhan
벗어나	pŏsŏna	beoseona	베짱이	petchangi	bejjangi
벗어나기	pŏsŏnagi	beoseonagi	베체트병	Pech'et'ŭbyŏng	Becheteubyeong
벗어난	pŏsŏnan	beoseonan	베트남	Petŭnam	Beteunam
벗어날	pŏsŏnal	beoseonal	베풀다	pep'ulda	bepulda
벗어라	pŏsŏra	beoseora	벡워드	Pekwidŭ	Bekwideu
벗어야	pŏsŏya	beoseoya	벤처	pench'ŏ	bencheo
벗은	pŏsŭn	beoseun	벤치마크	pench'imak'ŭ	benchimakeu
벙기	pŏnggi	beonggi	벨	pel	bel
벙어리	pŏngŏri	beongeori	벨기에	Pelgie	Belgie
벚꽃	pŏtkkot	beotkkot	벨룩스	Pelluksŭ	Bellukseu

한글 용례	ALA-LC Romanization	정부 표기안	한글 용례	ALA-LC Romanization	정부 표기안
벨지움	Peljium	Beljium	벽장	pyŏkchang	byeokjang
벨트	pelt'u	belteu	벽주	pyŏkchu	byeokju
벼과	pyŏkwa	byeogwa	벽진	Pyŏkchin	Byeokjin
벼락	pyŏrak	byeorak	벽진군	Pyŏkchin-gun	Byeokjin-gun
벼랑	pyŏrang	byeorang	벽체	pyŏkch'e	byeokche
벼랑길	pyŏrangkil	byeoranggil	벽초	Pyŏkch'o	Byeokcho
벼루	pyŏru	byeoru	벽파	Pyŏkp'a	Byeokpa
벼리	pyŏri	byeori	벽해	pyŏkhae	byeokhae
벼슬	pyŏsŭl	byeoseul	벽호	Pyŏkho	Byeokho
벼슬살이	pyŏsŭlsari	byeoseulsari	벽화	pyŏkhwa	byeokhwa
벼슬아치	pyŏsŭrach'i	byeoseulachi	벽화묘	pyŏkhwamyo	byeokhwamyo
벽	pyŏk	byeok	벽화분	pyŏkhwabun	byeokhwabun
벽강	Pyŏkkang	Byeokgang	변	pyŏn	byeon
벽계	Pyŏkkye	Byeokgye	변강	pyŏn'gang	byeongang
벽계수	Pyŏkkyesu	Byeokgyesu	변경	pyŏn'gyŏng	byeongyeong
벽곡	Pyŏkkok	Byeokgok	변경민	pyŏn'gyŏngmin	byeongyeongmin
벽골	Pyŏkkol	Byeokgol	변계	pyŏn'gye	byeongye
벽골군	Pyŏkkol-gun	Byeokgol-gun	변고	pyŏn'go	byeongo
벽골제	Pyŏkkolche	Byeokgolje	변괴	pyŏn'goe	byeongoe
벽골제사	Pyŏkkoljesa	Byeokgoljesa	변기	pyŏn'gi	byeongi
벽골지	Pyŏkkolchi	Byeokgolji	변동	pyŏndong	byeondong
벽광	Pyŏkkwang	Byeokgwang	변동론	pyŏndongnon	byeondongnon
벽돌	pyŏktol	byeokdol	변동성	pyŏndongsŏng	byeondongseong
벽돌칸	pyŏktolk'an	byeokdolkan	변동시	pyŏndongsi	byeondongsi
벽동	Pyŏktong	Byeokdong	변두리	pyŏnduri	byeonduri
벽동군	Pyŏktong-gun	Byeokdong-gun	변란	pyŏllan	byeollan
벽력	pyŏngnyŏk	byeongnyeok	변란들	pyŏllandŭl	byeollandeul
벽사	pyŏksa	byeoksa	변론	pyŏllon	byeollon
벽사관	Pyŏksagwan	Byeoksagwan	변론기	pyŏllon'gi	byeollongi
벽산	Pyŏksan	Byeoksan	변리사	pyŏllisa	byeollisa
벽서	pyŏksŏ	byeokseo	변명	pyŏnmyŏng	byeonmyeong
벽성	Pyŏksŏng	Byeokseong	변모	pyŏnmo	byeonmo
벽성군	Pyŏksŏng-gun	Byeokseong-gun	변무주	Pyŏnmuju	Byeonmuju
벽송	Pyŏksong	Byeoksong	변발	pyŏnbal	byeonbal
벽송정	Pyŏksongjŏng	Byeoksongjeong	변방	pyŏnbang	byeonbang
벽안	pyŏgan	byeogan	변법	pyŏnpŏp	byeonbeop
벽암	Pyŏgam	Byeogam	변별	pyŏnbyŏl	byeonbyeol
벽암록	Pyŏgamnok	Byeogamnok	변별적	pyŏnbyŏlchŏk	byeonbyeoljeok
벽암문파	Pyŏgammunp'a	Byeogammunpa	변보	pyŏnbo	byeonbo
벽오	Pyŏgo	Byeogo	변비	pyŏnbi	byeonbi
벽오동	pyŏgodong	byeogodong	변사	pyŏnsa	byeonsa
벽온	pyŏgon	byeogon	변산	Pyŏnsan	Byeonsan
벽온방	pyŏgonbang	byeogonbang	변상	pyŏnsang	byeonsang
벽옹	Pyŏgong	Byeogong	변상도	pyŏnsangdo	byeonsangdo
벽은	Pyŏgŭn	Byeogeun	변성대	pyŏnsŏngdae	byeonseongdae

한글 용례	ALA-LC Romanization	정부 표기안	한글 용례	ALA-LC Romanization	정부 표기안
변성상	pyŏnsŏngsang	byeonseongsang	변화상	pyŏnhwasang	byeonhwasang
변소	pyŏnso	byeonso	변환	pyŏnhwan	byeonhwan
변수	pyŏnsu	byeonsu	변환기	pyŏnhwan'gi	byeonhwangi
변수들	pyŏnsudŭl	byeonsudeul	별	pyŏl	byeol
변신	pyŏnsin	byeonsin	별감	pyŏlgam	byeolgam
변용	pyŏnyong	byeonyong	별고	pyŏlgo	byeolgo
변이	pyŏni	byeoni	별곡	pyŏlgok	byeolgok
변장	pyŏnjang	byeonjang	별관	pyŏlgwan	byeolgwan
변전	pyŏnjŏn	byeonjeon	별교	pyŏlgyo	byeolgyo
변절	pyŏnjŏl	byeonjeol	별군	pyŏlgun	byeolgun
변절자	pyŏnjŏlcha	byeonjeolja	별궁	pyŏlgung	byeolgung
변제	pyŏnje	byeonje	별권	pyŏlgwŏn	byeolgwon
변주	pyŏnju	byeonju	별기	pyŏlgi	byeolgi
변주곡	pyŏnjugok	byeonjugok	별기군	pyŏlgigun	byeolgigun
변증법	pyŏnjŭngpŏp	byeonjeungbeop	별기대	pyŏlgidae	byeolgidae
변증법적	pyŏnjŭngpŏpchŏk	byeonjeungbeopjeok	별난	pyŏllan	byeollan
변증학	pyŏnjŭnghak	byeonjeunghak	별당	pyŏltang	byeoldang
변천	pyŏnch'ŏn	byeoncheon	별동	pyŏltong	byeoldong
변천기	pyŏnch'ŏn'gi	byeoncheongi	별동대	pyŏltongdae	byeoldongdae
변천사	pyŏnch'ŏnsa	byeoncheonsa	별동이	pyŏltongi	byeoldongi
변치	pyŏnch'i	byeonchi	별들	pyŏldŭl	byeoldeul
변태	pyŏnt'ae	byeontae	별무리	pyŏlmuri	byeolmuri
변통	pyŏnt'ong	byeontong	별미	pyŏlmi	byeolmi
변하고	pyŏnhago	byeonhago	별밭	pyŏlbat	byeolbat
변하는	pyŏnhanŭn	byeonhaneun	별배	pyŏlbae	byeolbae
변하지	pyŏnhaji	byeonhaji	별별	pyŏlbyŏl	byeolbyeol
변한	pyŏnhan	byeonhan	별본	pyŏlbon	byeolbon
변한다	pyŏnhanda	byeonhanda	별빛	pyŏlpit	byeolbit
변함	pyŏnham	byeonham	별사	pyŏlsa	byeolsa
변해	pyŏnhae	byeonhae	별산대	pyŏlsandae	byeolsandae
변해야	pyŏnhaeya	byeonhaeya	별세	pyŏlse	byeolse
변했나	pyŏnhaenna	byeonhaenna	별순검	pyŏlsun'gŏm	byeolsungeom
변했는가	pyŏnhaennŭn'ga	byeonhaenneunga	별시	pyŏlsi	byeolsi
변혁	pyŏnhyŏk	byeonhyeok	별식	pyŏlsik	byeolsik
변혁기	pyŏnhyŏkki	byeonhyeokgi	별신	pyŏlsin	byeolsin
변혁적	pyŏnhyŏkchŏk	byeonhyeokjeok	별신굿	Pyŏlsin'gut	Byeolsingut
변협	Pyŏnhyŏp	Byeonhyeop	별신제	Pyŏlsinje	Byeolsinje
변형	pyŏnhyŏng	byeonhyeong	별안간	pyŏrangan	byeorangan
변호	pyŏnho	byeonho	별안군	Pyŏran-gun	Byeoran-gun
변호권	pyŏnhokwŏn	byeonhogwon	별자리	pyŏlchari	byeoljari
변호사	pyŏnhosa	byeonhosa	별장	pyŏlchang	byeoljang
변호사들	pyŏnhosadŭl	byeonhosadeul	별전	pyŏlchŏn	byeoljeon
변호사회	pyŏnhosahoe	byeonhosahoe	별점	pyŏlchŏm	byeoljeom
변호인	pyŏnhoin	byeonhoin	별제지	pyŏlcheji	byeoljeji
변화	pyŏnhwa	byeonhwa	별주부	Pyŏljubu	Byeoljubu

한글 용례	ALA-LC Romanization	정부 표기안	한글 용례	ALA-LC Romanization	정부 표기안
별주부전	Pyŏljubujŏn	Byeoljubujeon	병서	pyŏngsŏ	byeongseo
별집	pyŏlchip	byeoljip	병석	pyŏngsŏk	byeongseok
별집류	pyŏlchimnyu	byeoljimnyu	병선	pyŏngsŏn	byeongseon
별책	pyŏlch'aek	byeolchaek	병설	pyŏngsŏl	byeongseol
별천지	pyŏlch'ŏnji	byeolcheonji	병성	Pyŏngsŏng	Byeongseong
별청	Pyŏlch'ŏng	Byeolcheong	병성동	Pyŏngsŏng-dong	Byeongseong-dong
별초	pyŏlch'o	byeolcho	병술	pyŏngsul	byeongsul
별편	pyŏlp'yŏn	byeolpyeon	병신년	Pyŏngsinnyŏn	Byeongsinnyeon
볍씨	pyŏpssi	byeopssi	병실	pyŏngsil	byeongsil
병	pyŏng	byeong	병암	pyŏngam	byeongam
병가	pyŏngga	byeongga	병야	Pyŏngya	byeongya
병감	pyŏnggam	byeonggam	병역	pyŏngyŏk	byeongyeok
병고	Pyŏnggo	Byeonggo	병역법	Pyŏngyŏkpŏp	byeongyeokbeop
병곡	pyŏnggok	byeonggok	병영	pyŏngyŏng	byeongyeong
병과	pyŏngkwa	byeonggwa	병오	Pyŏngo	Byeongo
병과류	pyŏnggwaryu	byeonggwaryu	병와	pyŏngwa	byeongwa
병굿	pyŏnggut	byeonggut	병요	pyŏngyo	byeongyo
병기	pyŏnggi	byeonggi	병용	pyŏngyong	byeongyong
병기류	pyŏnggiryu	byeonggiryu	병원	pyŏngwŏn	byeongwon
병단	pyŏngdan	byeongdan	병원비	pyŏngwŏnbi	byeongwonbi
병독성	pyŏngdoksŏng	byeongdokseong	병원선	pyŏngwŏnsŏn	byeongwonseon
병동	pyŏngdong	byeongdong	병원체	pyŏngwŏnch'e	byeongwonche
병든	pyŏngdŭn	byeongdeun	병인	pyŏngin	byeongin
병란	pyŏngnan	byeongnan	병인년	Pyŏnginnyŏn	Byeonginnyeon
병렬	pyŏngnyŏl	byeongnyeol	병자	pyŏngja	byeongja
병렬관	pyŏngnyŏlp'an	byeongnyeolpan	병자년	Pyŏngjanyŏn	Byeongjanyeon
병리	pyŏngni	byeongni	병자록	Pyŏngjarok	Byeongjarok
병리학	pyŏngnihak	byeongnihak	병자자	Pyŏngjacha	Byeongjaja
병마	pyŏngma	byeongma	병작법	pyŏngjakpŏp	byeongjakbeop
병마사	pyŏngmasa	byeongmasa	병장	pyŏngjang	byeongjang
병명	pyŏngmyŏng	byeongmyeong	병장기	pyŏngjanggi	byeongjanggi
병명별	pyŏngmyŏngbyŏl	byeongmyeongbyeol	병장설	pyŏngjangsŏl	byeongjangseol
병무	pyŏngmu	byeongmu	병적	pyŏngchŏk	byeongjeok
병무청	Pyŏngmuch'ŏng	Byeongmucheong	병전	Pyŏngjŏn	Byeongjeon
병문안	pyŏngmunan	byeongmunan	병정	pyŏngjŏng	byeongjeong
병법	pyŏngpŏp	byeongbeop	병정님	pyŏngjŏngnim	byeongjeongnim
병변	Pyŏngbyŏn	byeongbyeon	병제사	pyŏngjesa	byeongjesa
병부	Pyŏngbu	Byeongbu	병조	pyŏngjo	byeongjo
병부령	Pyŏngburyŏng	Byeongburyeong	병종	Pyŏngjong	Byeongjong
병사	pyŏngsa	byeongsa	병증	pyŏngchŭng	byeongjeung
병사들	pyŏngsadŭl	byeongsadeul	병지	Pyŏngji	Byeongji
병산	pyŏngsan	byeongsan	병진	Pyŏngjin	Byeongjin
병산동	Pyŏngsan-dong	Byeongsan-dong	병진자	Pyŏngjincha	Byeongjinja
병산리	Pyŏngsan-ni	Byeongsan-ri	병참	pyŏngch'am	byeongcham
병상	pyŏngsang	byeongsang	병창	pyŏngch'ang	byeongchang

한글 용례	ALA-LC Romanization	정부 표기안	한글 용례	ALA-LC Romanization	정부 표기안
병천	Pyŏngch'ŏn	Byeongcheon	보구곶리	Pogugon-ni	Bogugot-ri
병탄	pyŏngt'an	byeongtan	보국	poguk	boguk
병판	pyŏngp'an	byeongpan	보권문	pogwŏnmun	bogwonmun
병풍	pyŏngp'ung	byeongpung	보궐	pogwŏl	bogwol
병풍산	Pyŏngp'ungsan	Byeongpungsan	보금자리	pogŭmjari	bogeumjari
병학	pyŏnghak	byeonghak	보급	pogŭp	bogeup
병학사	Pyŏnghaksa	Byeonghaksa	보급선	pogŭpsŏn	bogeupseon
병학통	pyŏnghakt'ong	byeonghaktong	보급처	pogŭpch'ŏ	bogeupcheo
병합	pyŏnghap	byeonghap	보급판	pogŭpp'an	bogeuppan
병합사	pyŏnghapsa	byeonghapsa	보급회	pogŭphoe	bogeuphoe
병해충	pyŏnghaech'ung	byeonghaechung	보기	pogi	bogi
병행	pyŏnghaeng	byeonghaeng	보길도	Pogilto	Bogildo
별	pyŏt	byeot	보나	pona	bona
보	po	bo	보내	ponae	bonae
보가	poga	boga	보내기	ponaegi	bonaegi
보각	Pogak	Bogak	보내노라	ponaenora	bonaenora
보간	Pogan	Bogan	보내는	ponaenŭn	bonaeneun
보감	pogam	bogam	보내다	ponaeda	bonaeda
보강	pogang	bogang	보내서	ponaesŏ	bonaeseo
보건	pogŏn	bogeon	보내시오	ponaesio	bonaesio
보건대	pogŏndae	bogeondae	보내야	ponaeya	bonaeya
보건법	pogŏnpŏp	bogeonbeop	보내인	ponaein	bonaein
보건부	Pogŏnbu	Bogeonbu	보내지	ponaeji	bonaeji
보건사	pogŏnsa	bogeonsa	보낸	ponaen	bonaen
보건성	Pogŏnsŏng	Bogeonseong	보냅니다	ponaemnida	bonaepnida
보건소	pogŏnso	bogeonso	보너스	ponŏsŭ	boneoseu
보건학	pogŏnhak	bogeonhak	보노	Pono	Bono
보검	pogŏm	bogeom	보노보	ponobo	bonobo
보게	poge	boge	보노보들	ponobodŭl	bonobodeul
보겠다는	pogettanŭn	bogetdaneun	보는	ponŭn	boneun
보경	pogyŏng	bogyeong	보는가	ponŭn'ga	boneunga
보경사	Pogyŏngsa	Bogyeongsa	보니	poni	boni
보고	pogo	bogo	보다	poda	boda
보고는	pogonŭn	bogoneun	보다는	podanŭn	bodaneun
보고문	pogomun	bogomun	보다도	podado	bodado
보고사	Pogosa	Bogosa	보단	podan	bodan
보고서	pogosŏ	bogoseo	보덕	Podŏk	Bodeok
보고서팀	pogosŏt'im	bogoseotim	보덕사	Podŏksa	Bodeoksa
보고자	pogoja	bogoja	보데인	Podein	Bodein
보고집	pogojip	bogojip	보도	podo	bodo
보관	pogwan	bogwan	보도각	Podogak	Bodogak
보관소	pogwanso	bogwanso	보도국	podoguk	bodoguk
보관청	Pogwanch'ŏng	Bogwancheong	보도사	podosa	bodosa
보광사	Pogwangsa	Bogwangsa	보드래	Podŭrae	Bodeurae
보구곶	Pogugot	Bogugot	보들레르	Podŭllerŭ	Bodeullereu

한글 용례	ALA-LC Romanization	정부 표기안	한글 용례	ALA-LC Romanization	정부 표기안
보듬고	podŭmko	bodeumgo	보발	pobal	bobal
보라	pora	bora	보발군	pobalgun	bobalgun
보라매	poramae	boramae	보발꾼	pobalkkun	bobalkkun
보라빛	porapit	borabit	보배	pobae	bobae
보람	poram	boram	보배산	Pobaesan	Bobaesan
보략	poryak	boryak	보법	popŏp	bobeop
보러	porŏ	boreo	보병	pobyŏng	bobyeong
보려	poryŏ	boryeo	보복	pobok	bobok
보려면	poryŏmyŏn	boryeomyeon	보부	pobu	bobu
보련	poryŏn	boryeon	보부상	pobusang	bobusang
보련각	Poryŏn'gak	Boryeongak	보부청	Pobuch'ŏng	Bobucheong
보령	Poryŏng	Boryeong	보불	pobul	bobul
보령군	Poryŏng-gun	Boryeong-gun	보빙	pobing	bobing
보령리	Poryŏng-ni	Boryeong-ri	보빙사	pobingsa	bobingsa
보령시	Poryŏng-si	Boryeong-si	보사부	Posabu	Bosabu
보령현	Poryŏng-hyŏn	Boryeong-hyeon	보산	Posan	Bosan
보루	poru	boru	보산동	Posan-dong	Bosan-dong
보루군	porugun	borugun	보산자	Posanja	Bosanja
보류	poryun	boryun	보살	posal	bosal
보르헤스	Porŭhesŭ	Boreuheseu	보살계	posalgye	bosalgye
보름제	porŭmje	boreumje	보살계본	posalgyebon	bosalgyebon
보리	pori	bori	보살도	posaltdo	bosaldo
보리스	Porisŭ	Boriseu	보살상	posalsang	bosalsang
보리쌀	porissal	borissal	보살핌	posalp'im	bosalpim
보림	Porim	borim	보상	posang	bosang
보림리	Porim-ni	Borim-ri	보상금	posanggŭm	bosanggeum
보림사	Porimsa	Borimsa	보상무	Posangmu	Bosangmu
보림사장	Porimsajang	Borimsajang	보서	posŏ	boseo
보릿고개	poritkogae	boritgogae	보석	posŏk	boseok
보만재	Pomanjae	Bomanjae	보선	posŏn	boseon
보만제	Pomanje	Bomanje	보설	posŏl	boseol
보며	pomyŏ	bomyeo	보성	Posŏng	Boseong
보면	pomyŏn	bomyeon	보성각	Posŏnggak	Boseonggak
보면서	pomyŏnsŏ	bomyeonseo	보성강	Posŏnggang	Boseonggang
보문	pomun	bomun	보성군	Posŏng-gun	Boseong-gun
보문각	Pomun'gak	Bomungak	보성리	Posŏng-ni	Boseong-ri
보문동	Pomun-dong	Bomun-dong	보성부	Posŏng-bu	Boseong-bu
보문법	pomunpŏp	bomunbeop	보성사	Posŏngsa	Boseongsa
보문사	Pomunsa	Bomunsa	보세	pose	bose
보문산	Pomunsan	Bomunsan	보세요	poseyo	boseyo
보물	pomul	bomul	보솔	posol	bosol
보물급	pomulkŭp	bomulgeup	보수	posu	bosu
보물선	pomulsŏn	bomulseon	보수인	posuin	bosuin
보물섬	pomulsŏm	bomulseom	보수적	posujŏk	bosujeok
보민	pomin	bomin	보수주의	posujuŭi	bosujuui

한글 용례	ALA-LC Romanization	정부 표기안	한글 용례	ALA-LC Romanization	정부 표기안
보수주의자	posujuŭija	bosujuuija	보원	Powŏn	Bowon
보수주의자들	posujuŭijadŭl	bosujuuijadeul	보월	Powŏl	Bowol
보수화	posuhwa	bosuhwa	보월도	powŏlto	bowoldo
보스	posŭ	boseu	보월빙	powŏlbing	bowolbing
보스턴	Posŭt'ŏn	Boseuteon	보위	powi	bowi
보습	posŭp	boseup	보위부	powibu	bowibu
보습제	posŭpche	boseupje	보위성	powisŏng	bowiseong
보승군	Posŭng-gun	Boseung-gun	보유	poyu	boyu
보시	posi	bosi	보유고	poyugo	boyugo
보신	posin	bosin	보유국	poyuguk	boyuguk
보신각	Posin'gak	Bosingak	보유자	poyuja	boyuja
보신각종	Posin'gakchong	Bosingakjong	보유판	poyup'an	boyupan
보신탕	posint'ang	bosintang	보육	poyuk	boyuk
보실	posil	bosil	보육료	poyungnyo	boyungnyo
보심록	Posimnok	Bosimnok	보육법	poyukpŏp	boyukbeop
보십시오	posipsio	bosipsio	보육사	poyuksa	boyuksa
보아	poa	boa	보육원	poyugwŏn	boyugwon
보아도	poado	boado	보은	poŭn	boeun
보아라	poara	boara	보은군	Poŭn-gun	Boeun-gun
보아서	poasŏ	boaseo	보은현	Poŭn-hyŏn	Boeun-hyeon
보아스	Poasŭ	Boaseu	보응	Poŭng	Boeung
보아야	poaya	boaya	보이	poi	boi
보아하니	poahani	boahani	보이나요	poinayo	boinayo
보안	poan	boan	보이는	poinŭn	boineun
보안국	Poan'guk	Boanguk	보이더라	poidŏra	boideora
보안대	Poandae	Boandae	보이듯	poidŭt	boideut
보안법	poanpŏp	boanbeop	보이듯이	poidŭsi	boideusi
보안사	Poansa	Boansa	보이스사	Poisŭsa	Boiseusa
보안회	poanhoe	boanhoe	보이지	poiji	boiji
보았나	poanna	boanna	보인	poin	boin
보았네	poanne	boanne	보인다	poinda	boinda
보았는가	poannŭn'ga	boanneunga	보인소	Poinso	Boinso
보았다	poatta	boatda	보일	poil	boil
보았을	poassŭl	boasseul	보입니다	poimnida	boimnida
보았읍니다	poassŭmnida	boasseumnida	보자	poja	boja
보약	poyak	boyak	보자기	pojagi	bojagi
보양	poyang	boyang	보장	pojang	bojang
보양지	poyangji	boyangji	보장록	pojangnok	bojangnok
보여	poyŏ	boyeo	보장론	pojangnon	bojangnon
보여서	poyŏsŏ	boyeoseo	보장법	pojangpŏp	bojangbeop
보연	poyŏn	boyeon	보장성	pojangsŏng	bojangseong
보옥	pook	book	보재	Pojae	Bojae
보온병	poonpyŏng	boonbyeong	보전	pojŏn	bojeon
보완	powan	bowan	보전법	pojŏnpŏp	bojeonbeop
보우	Pou	Bou	보정	pojŏng	bojeong

한글 용례	ALA-LC Romanization	정부 표기안	한글 용례	ALA-LC Romanization	정부 표기안
보정관	pojŏngp'an	bojeongpan	보통	pot'ong	botong
보조	pojo	bojo	보통골	Pot'ongkol	Botonggol
보조금	pojogŭm	bojogeum	보통문	pot'ongmun	botongmun
보조사	pojosa	bojosa	보트	pot'ŭ	boteu
보조원	pojowŏn	bojowon	보티에	Pot'ie	Botie
보조적	pojojŏk	bojojeok	보편	pop'yŏn	bopyeon
보조직	pojojik	bojojik	보편사	pop'yŏnsa	bopyeonsa
보존	pojon	bojon	보편성	pop'yŏnsŏng	bopyeonseong
보존론	pojonnon	bojollon	보편적	pop'yŏnjŏk	bopyeonjeok
보존사	pojonsa	bojonsa	보편주의	pop'yŏnjuŭi	bopyeonjuui
보존소	pojonso	bojonso	보편화	pop'yŏnhwa	bopyeonhwa
보존학	pojonhak	bojonhak	보필	pop'il	bopil
보존회	pojonhoe	bojonhoe	보필자	pop'ilcha	bopilja
보좌	pojwa	bojwa	보필자들	pop'ilchadŭl	bopiljadeul
보좌관	pojwagwan	bojwagwan	보학	pohak	bohak
보좌인	pojwain	bojwain	보한	Pohan	Bohan
보주	poju	boju	보한재	Pohanjae	Bohanjae
보증	pojŭng	bojeung	보합	pohap	bohap
보증법	pojŭngpŏp	bojeungbeop	보해	pohae	bohae
보지	poji	boji	보허	Pohŏ	Boheo
보직	pojik	bojik	보험	pohŏm	boheom
보진	pojin	bojin	보험금	pohŏmgŭm	boheomgeum
보진재	Pojinjae	Bojinjae	보험료	pohŏmnyo	boheomnyo
보창	Poch'ang	Bochang	보험법	pohŏmpŏp	boheombeop
보창군	Poch'ang-gun	Bochang-gun	보험인	pohŏmin	boheomin
보천	Poch'ŏn	Bocheon	보헤미안	pohemian	bohemian
보천교	Poch'ŏn'gyo	Bocheongyo	보현	Pohyŏn	Bohyeon
보천군	Poch'ŏn-gun	Bocheon-gun	보현사	Pohyŏnsa	Bohyeonsa
보천보	Poch'ŏnbo	Bocheonbo	보혜미안	pohyemian	bohyemian
보철	poch'ŏl	bocheol	보호	poho	boho
보철학	poch'ŏrhak	bocheolhak	보호국	pohoguk	bohoguk
보첩	poch'ŏp	bocheop	보호국화	pohogukhwa	bohogukhwa
보첩교	Poch'ŏpkyo	Bocheopgyo	보호권	pohokwon	bohogwon
보첩류	poch'ŏmnyu	bocheomnyu	보호단	pohodan	bohodan
보첩초	poch'ŏpch'o	bocheopcho	보호법	pohopŏp	bohobeop
보초	poch'o	bocho	보호사	pohosa	bohosa
보충	poch'ung	bochung	보호원	pohowŏn	bohowon
보충군	poch'unggun	bochunggun	보호자	pohoja	bohoja
보충대	poch'ungdae	bochungdae	보호팀	pohot'im	bohotim
보타	Pot'a	Bota	보화	pohwa	bohwa
보탑사	Pot'apsa	Botapsa	보화리	Pohwa-ri	Bohwa-ri
보태	pot'ae	botae	보훈	pohun	bohun
보태다	pot'aeda	botaeda	보훈처	Pohunch'ŏ	Bohuncheo
보태평	Pot'aep'yŏng	Botaepyeong	복	pok	bok
보탬	pot'aem	botaem	복각	pokkak	bokgak

한글 용례	ALA-LC Romanization	정부 표기안	한글 용례	ALA-LC Romanization	정부 표기안
복거	pokkŏ	bokgeo	복식관	poksikkwan	boksikgwan
복고	pokko	bokgo	복식류	poksingnyu	boksingnyu
복고풍	pokkop'ung	bokgopung	복식본	poksikpon	boksikbon
복골	pokkol	bokgol	복식사	poksiksa	boksiksa
복골복	pokkolbok	bokgolbok	복식사적	poksiksajŏk	boksiksajeok
복교	pokkyo	bokgyo	복식전	poksikchŏn	boksikjeon
복교리	Pokkyo-ri	Bokgyo-ri	복식학	poksikhak	boksikak
복구	pokku	bokgu	복신	poksin	boksin
복구사	pokkusa	bokgusa	복싱	poksing	boksing
복권	pokkwŏn	bokgwon	복암	pogam	bogam
복권국	pokkwŏn'guk	bokgwonguk	복암리	Pogam-ni	Bogam-ri
복귀	pokkwi	bokgwi	복야	pogya	bogya
복근	pokkŭn	bokgeun	복여	pogyŏ	bogyeo
복기	pokki	bokgi	복역	pogyŏk	bogyeok
복덕	poktŏk	bokdeok	복원	pogwŏn	bogwon
복덕방	poktŏkpang	bokdeokbang	복원력	pogwŏnnyŏk	bogwonnyeok
복두	poktu	bokdu	복원안	pogwŏnan	bogwonan
복령사	Pongnyŏngsa	Bongnyeongsa	복원용	pogwŏnyong	bogwonyong
복룡동	Pongnyong-dong	Bongnyong-dong	복위	pogwi	bogwi
복룡리	Pongnyong-ni	Bongnyong-ri	복음	pogŭm	bogeum
복리	pongni	bongni	복음주의	pogŭmjuŭi	bogeumjuui
복마	pongma	bongma	복음주의적	pogŭmjuŭijŏk	bogeumjuuijeok
복마경	pongmagyŏng	bongmagyeong	복음화	pogŭmhwa	bogeumhwa
복명	pongmyŏng	bongmyeong	복음회	pogŭmhoe	bogeumhoe
복무	pongmu	bongmu	복이	pogi	bogi
복민	pongmin	bongmin	복자	pokcha	bokja
복본	pokpon	bokbon	복잡	pokchap	bokjap
복본주의	pokponjuŭi	bokbonjuui	복잡계	pokchapkye	bokjapgye
복부	pokpu	bokbu	복잡하지	pokchaphaji	bokjaphaji
복비	pokpi	bokbi	복잡한	pokchaphan	bokjaphan
복사	poksa	boksa	복장	pokchang	bokjang
복사꽃	poksakkot	boksakkot	복전	pokchŏn	bokjeon
복사리	Poksa-ri	Boksa-ri	복점	pokchŏm	bokjeom
복서	poksŏ	bokseo	복정	pokchŏng	bokjeong
복선	poksŏn	bokseon	복제	pokche	bokje
복성	poksŏng	bokseong	복종	pokchong	bokjong
복성리	Poksŏng-ni	Bokseong-ri	복지	pokchi	bokji
복속	poksok	boksok	복지관	pokchigwan	bokjigwan
복수	poksu	boksu	복지국	Pokchiguk	bokjiguk
복수군	Poksu-gun	Boksu-gun	복지론	pokchiron	bokjiron
복순현	Poksun-hyŏn	Boksun-hyeon	복지법	pokchipŏp	bokjibeop
복술	poksul	boksul	복지부	pokchibu	bokjibu
복시	poksi	boksi	복지사	pokchisa	bokjisa
복식	poksik	boksik	복지원	pokchiwŏn	bokjiwon
복식고	poksikko	boksikgo	복지적	pokchijŏk	bokjijeok

한글 용례	ALA-LC Romanization	정부 표기안	한글 용례	ALA-LC Romanization	정부 표기안
복지주의	pokchijuŭi	bokjijuui	본리지	Ponniji	Bolliji
복지학	pokchihak	bokjihak	본말	ponmal	bonmal
복지형	pokchihyŏng	bokjihyeong	본말체	ponmalch'e	bonmalche
복지화	pokchihwa	bokjihwa	본문	ponmun	bonmun
복지회	pokchihoe	bokjihoe	본보기	ponbogi	bonbogi
복직	pokchik	bokjik	본복	ponbok	bonbok
복창	pokch'ang	bokchang	본부	ponbu	bonbu
복채	pokch'ae	bokchae	본부장	ponbujang	bonbujang
복천	Pokch'ŏn	Bokcheon	본부화	ponbuhwa	bonbuhwa
복천동	Pokch'ŏn-dong	Bokcheon-dong	본사	ponsa	bonsa
복판	pokp'an	bokpan	본산	ponsan	bonsan
복합	pokhap	bokhap	본색	ponsaek	bonsaek
복합성	pokhapsŏng	bokhapseong	본선	ponsŏn	bonseon
복합적	pokhapchŏk	bokhapjeok	본성	ponsŏng	bonseong
복합파	pokhapp'a	bokhappa	본시	ponsi	bonsi
복합화	pokhaphwa	bokhaphwa	본심	ponsim	bonsim
복현	Pokhyŏn	Bokhyeon	본암	ponam	bonam
복현골	Pokhyŏnkol	Bokhyeongol	본연	ponyŏn	bonyeon
복현동	Pokhyŏn-dong	Bokhyeon-dong	본원	ponwŏn	bonwon
복희	Pokhŭi	Bokhui	본원경	Ponwŏn'gyŏng	Bonwongyeong
볶음	pokkŭm	bokkeum	본원종	Ponwŏnjong	Bonwonjong
본	pon	bon	본위	ponwi	bonwi
본가	pon'ga	bonga	본인	ponin	bonin
본거지	pon'gŏji	bongeoji	본적	ponjŏk	bonjeok
본격	ponkyŏk	bongyeok	본점	ponjŏm	bonjeom
본격화	ponkyŏkhwa	bongyeokhwa	본정	Ponjŏng	Bonjeong
본관	pon'gwan	bongwan	본조	ponjo	bonjo
본관록	pon'gwallok	bongwannok	본지	ponji	bonji
본국	pon'guk	bonguk	본질	ponjil	bonjil
본국검	Pon'gukkŏm	bongukgeom	본질적	ponjilchŏk	bonjiljeok
본궁	pon'gung	bongung	본처	ponch'ŏ	boncheo
본권	pon'gwŏn	bongwon	본청	ponch'ŏng	boncheong
본기	pon'gi	bongi	본체	ponch'e	bonche
본능	ponnŭng	bonneung	본초	ponch'o	boncho
본다	ponda	bonda	본초학	ponch'ohak	bonchohak
본다는	pondanŭn	bondaneun	본토	pont'o	bonto
본다면	pondamyŏn	bondamyeon	본풀이	ponp'uri	bonpuri
본당	pondang	bondang	본피	ponp'i	bonpi
본당사	pondangsa	bondangsa	본향	Ponhyang	Bonhyang
본동	Pon-dong	Bon-dong	본향당	Ponhyangdang	Bonhyangdang
본드	pondŭ	bondeu	본회퍼	Ponhoep'ŏ	Bonhoepeo
본래	pollae	bollae	볼	pol	bol
본령	pollyŏng	bollyeong	볼가강	Polgagang	Bolgagang
본류	pollyu	bollyu	볼고그라드	Polgogŭradŭ	Bolgogeuradeu
본리	Pon-ni	Bon-ri	볼기	polgi	bolgi

한글 용례	ALA-LC Romanization	정부 표기안	한글 용례	ALA-LC Romanization	정부 표기안
볼까	polkka	bolkka	봉림사	Pongnimsa	Bongnimsa
볼래	pollae	bollae	봉명	pongmyŏng	bongmyeong
볼런티어	pollŏnt'iŏ	bolleontieo	봉모당	Pongmodang	Bongmodang
볼륨	pollum	bollum	봉무	Pongmu	Bongmu
볼리비아	Pollibia	Bollibia	봉무동	Pongmu-dong	Bongmu-dong
볼링장	pollingjang	bollingjang	봉미	pongmi	bongmi
볼모	polmo	bolmo	봉미관	pongmigwan	bongmigwan
볼셰비키	Polsyebik'i	Bolsyebiki	봉미산	Pongmisan	Bongmisan
볼음	Porŭm	Boruem	봉별기	pongbyŏlgi	bongbyeolgi
볼프	Polp'ŭ	Bolpeu	봉북리	Pongbung-ni	Bongbuk-ri
볼피첼리	Polp'ich'elli	Bolpichelli	봉분	pongbun	bongbun
봄	pom	bom	봉사	pongsa	bongsa
봄길	pomkil	bomgil	봉사단	pongsadan	bongsadan
봄날	pomnal	bomnal	봉사록	pongsarok	bongsarok
봄봄	pombom	bombom	봉사론	pongsaron	bongsaron
봄빛	pompit	bombit	봉사자	pongsaja	bongsaja
봅니다	pomnida	bomnida	봉산	Pongsan	Bongsan
봅시다	popsida	bopsida	봉산곡	Pongsan'gok	Bongsangok
봉	pong	bong	봉산군	Pongsan-gun	Bongsan-gun
봉건	ponggŏn	bonggeon	봉산리	Pongsan-ni	Bongsan-ri
봉건적	ponggŏnjŏk	bonggeonjeok	봉산면	Pongsan-myŏn	Bongsan-myeon
봉계	Ponggye	Bonggye	봉서	pongsŏ	bongseo
봉계동	Ponggye-dong	Bonggye-dong	봉서재	Pongsŏjae	Bongseojae
봉계리	Ponggye-ri	Bonggye-ri	봉선리	Pongsŏn-ni	Bongseon-ri
봉공	ponggong	bonggong	봉선사	Pongsŏnsa	Bongseonsa
봉구	Ponggu	Bonggu	봉선화	pongsŏnhwa	bongseonhwa
봉구네	Ponggune	Bonggune	봉선화가	pongsŏnhwaga	bongseonhwaga
봉기	ponggi	bonggi	봉성	Pongsŏng	Bongseong
봉기동	Ponggi-dong	Bonggi-dong	봉성리	Pongsŏng-ni	Bongseong-ri
봉기론	ponggiron	bonggiron	봉성현	Pongsŏng-hyŏn	Bongseong-hyeon
봉길	Ponggil	Bonggil	봉송	pongsong	bongsong
봉길리	Ponggil-li	Bonggil-ri	봉쇄	pongswae	bongswae
봉납	pongnap	bongnap	봉쇄령	pongswaeryŏng	bongswaeryeong
봉내	Pongnae	Bongnae	봉수	pongsu	bongsu
봉녕사	Pongnyŏngsa	Bongnyeongsa	봉수대	pongsudae	bongsudae
봉대	Pongdae	Bongdae	봉수망	pongsumang	bongsumang
봉덕리	Pongdŏng-ni	Bongdeok-ri	봉안	pongan	bongan
봉도	Pongdo	Bongdo	봉안기	pongan'gi	bongangi
봉람	Pongnam	Bongnam	봉안리	Pongan-ni	Bongan-ri
봉래	Pongnae	Bongnae	봉암	Pongam	Bongam
봉래산	Pongnaesan	Bongnaesan	봉암사	Pongamsa	Bongamsa
봉래의	Pongnaeŭi	Bongnaeui	봉양	pongyang	bongyang
봉령사	Pongnyŏngsa	Bongnyeongsa	봉오동	Pongo-dong	Bongo-dong
봉록	pongnok	bongnok	봉우리	ponguri	bonguri
봉룡동	Pongnyong-dong	Bongnyong-dong	봉원	Pongwŏn	Bongwon

한글 용례	ALA-LC Romanization	정부 표기안	한글 용례	ALA-LC Romanization	정부 표기안
봉원군	Pongwŏn'gun	Bongwongun	부	pu	bu
봉원사	Pongwŏnsa	Bongwonsa	부가	puga	buga
봉은	pongŭn	bongeun	부가세	pugase	bugase
봉은사	Pongŭnsa	Bongeunsa	부가형	pugahyŏng	bugahyeong
봉의동	Pongŭi-dong	Bongui-dong	부강	pugang	bugang
봉이	pongi	bongi	부거	pugŏ	bugeo
봉인	pongin	bongin	부거리	Pugŏ-ri	Bugeo-ri
봉작제	pongjakche	bongjakje	부결	pugyŏl	bugyeol
봉정암	Pongjŏngam	Bongjeongam	부경	Pugyŏng	Bugyeong
봉제	pongje	bongje	부경대	Pugyŏngdae	Bugyeongdae
봉제사	pongjesa	bongjesa	부계	pugye	bugye
봉주르	pongjurŭ	bongjureu	부계면	Pugye-myŏn	Bugye-myeon
봉지	pongji	bongji	부곡	Pugok	Bugok
봉직	pongjik	bongjik	부곡리	Pugong-ni	Bugok-ri
봉찬	pongch'an	bongchan	부곡제	pugokche	bugokje
봉창	pongch'ang	bongchang	부과	pugwa	bugwa
봉천	Pongch'ŏn	Bongcheon	부과금	pugwagŭm	bugwageum
봉천동	Pongch'ŏn-dong	Bongcheon-dong	부관	pugwan	bugwan
봉천리	Pongch'ŏn-ni	Bongcheon-ri	부교	pugyo	bugyo
봉천파	Pongch'ŏnp'a	Bongcheonpa	부교리	pugyori	bugyori
봉촌	Pongch'on	Bongchon	부교수	pugyosu	bugyosu
봉투	pongt'u	bongtu	부교재	pugyojae	bugyojae
봉평	Pongp'yŏng	Bongpyeong	부국	puguk	buguk
봉평리	Pongp'yŏng-ni	Bongpyeong-ri	부국론	pugungnon	bugungnon
봉하	Pongha	Bongha	부군	pugun	bugun
봉학리	Ponghang-ni	Bonghak-ri	부군당	Pugundang	Bugundang
봉합	ponghap	bonghap	부근	pugŭn	bugeun
봉헌	ponghŏn	bongheon	부근리	Pugŭn-ni	Bugeun-ri
봉헌관	ponghŏn'gwan	bongheongwan	부글	pugŭl	bugeul
봉화	ponghwa	bonghwa	부기	pugi	bugi
봉화군	Ponghwa-gun	Bonghwa-gun	부길리	Pugil-li	Bugil-ri
봉화대	ponghwadae	bonghwadae	부길면	Pugil-myŏn	Pugil-myeon
봉황	ponghwang	bonghwang	부끄러운	pukkŭrŏun	bukkeureoun
봉황각	Ponghwanggak	Bonghwanggak	부끄러움	pukkŭrŏum	bukkeureoum
봉황금	Ponghwanggŭm	Bonghwanggeum	부끄러워	pukkŭrŏwŏ	bukkeureowo
봉황대	ponghwangdae	bonghwangdae	부끄러워야	pukkŭrŏwŏya	bukkeureowoya
봉황동	Ponghwang-dong	Bonghwang-dong	부끄럼	pukkŭrŏm	bukkeureom
봉황문	ponghwangmun	bonghwangmun	부끄럽다	pukkŭrŏpta	bukkeureopda
봉황성	Ponghwangsŏng	Bonghwangseong	부남	Punam	Punam
봐도	pwado	bwado	부녀	punyŏ	bunyeo
봐야	pwaya	bwaya	부녀회	punyŏhoe	bunyeohoe
봐요	pwayo	bwayo	부녕현	Punyŏng-hyŏn	Bunyeong-hyeon
봤나	pwanna	bwanna	부농	punong	bunong
봤어	pwassŏ	bwasseo	부농층	punongch'ŭng	bunongcheung
뵙자	poepcha	boepja	부는	punŭn	buneun

한글 용례	ALA-LC Romanization	정부 표기안	한글 용례	ALA-LC Romanization	정부 표기안
부다	puda	buda	부른	purŭn	bureun
부단한	pudanhan	budanhan	부른다	purŭnda	bureunda
부담	pudam	budam	부른다면	purŭndamyŏn	bureundamyeon
부담금	pudamgŭm	budamgeum	부름	purŭm	bureum
부당	pudang	budang	부릅시다	purŭpsida	bureupsida
부대	pudae	budae	부리	puri	buri
부도	pudo	budo	부리고	purigo	burigo
부도지	pudoji	budoji	부리던	puridŏn	burideon
부동	pudong	budong	부림	purim	burim
부동산	pudongsan	budongsan	부마	puma	buma
부동산법	pudongsanpŏp	budongsanbeop	부마국	Pumaguk	Bumaguk
부동산부	pudongsanbu	budongsanbu	부머	pumŏ	bumeo
부동산세	pudongsanse	budongsanse	부메랑	pumerang	bumerang
부동산학	pudongsanhak	budongsanhak	부모	pumo	bumo
부동속	pudongsok	budongsok	부모경	pumogyŏng	bumogyeong
부동층	pudongch'ŭng	budongcheung	부모님	pumonim	bumonim
부두	pudu	budu	부모님들	pumonimdŭl	bumonimdeul
부드러운	pudŭrŏun	budeureoun	부모들	pumodŭl	pumodeul
부드러움	pudŭrŏum	budeureoum	부모회	pumohoe	bumohoe
부딪쳐	puditch'yŏ	buditchyeo	부문	pumun	bumun
부딪쳐라	puditch'yŏra	buditchyeora	부문별	pumunbyŏl	bumunbyeol
부딪치고	puditch'igo	buditchigo	부문사	pumunsa	bumunsa
부따	putta	butta	부민	pumin	bumin
부라원루	Purawŏllu	Burawonru	부민관	Pumin'gwan	bumingwan
부락	purak	burak	부방	pubang	bubang
부랑	purang	burang	부벽루	Pubyŏngnu	Bubyeongnu
부랑자	purangja	burangja	부보상	pubosang	bubosang
부러울	purŏul	bureoul	부복	pubok	bubok
부러워	purŏwŏ	bureowo	부본	pubon	bubon
부러진	purŏjin	bureojin	부부	pubu	bubu
부럼	purŏm	bureom	부부고	pubugo	bubugo
부럽지	purŏpchi	bureopji	부부장	pubujang	bubujang
부령	Puryŏng	Buryeong	부부총	Pubuch'ong	Bubuchong
부령군	Puryŏng-gun	Buryeong-gun	부분	pubun	bubun
부령현	Puryŏng-hyŏn	Buryeong-hyeon	부사	pusa	busa
부례	purye	burye	부사관	pusagwan	busagwan
부록	purok	burok	부사령	pusaryŏng	busaryeong
부루칸모로	Puruk'anmoro	Burukanmoro	부산	Pusan	Busan
부류	puryu	buryu	부산권	Pusankwŏn	Busangwon
부르는	purŭnŭn	bureuneun	부산대	Pusandae	Busandae
부르는가	purŭnŭn'ga	bureuneunga	부산물	pusanmul	busanmul
부르며	purŭmyŏ	bureumyeo	부산성	Pusansŏng	Busanseong
부르자	purŭja	bureuja	부산시	Pusan-si	Busan-si
부르죠아	purŭjyoa	bureujyoa	부산요	Pusanyo	Busanyo
부르키나	Purŭk'ina	Bureukina	부산진	Pusanjin	Busanjin

한글 용례	ALA-LC Romanization	정부 표기안	한글 용례	ALA-LC Romanization	정부 표기안
부산진구	Pusanjin-gu	Busanjin-gu	부여부	Puyŏ-bu	Buyeo-bu
부산진성	Pusanjinsŏng	Busanjinseong	부여성	Puyŏsŏng	Buyeoseong
부산포	Pusanp'o	Busanpo	부여읍	Puyŏ-ŭp	Buyeo-eup
부산학	Pusanhak	Busanhak	부여정	Puyŏjŏng	Buyeojeong
부산항	Pusanhang	Busanhang	부여현	Puyŏ-hyŏn	Buyeo-hyeon
부상	pusang	busang	부역	puyŏk	buyeok
부생	pusaeng	busaeng	부역제	puyŏkche	buyeokje
부서	pusŏ	buseo	부연	puyŏn	buyeon
부서장	pusŏjang	buseojang	부연사	Puyŏnsa	Buyeonsa
부서진	pusŏjin	buseojin	부왕	puwang	buwang
부석	Pusŏk	Buseok	부왜	puwae	buwae
부석사	Pusŏksa	Buseoksa	부용	Puyong	Buyong
부선	pusŏn	buseon	부울경	Puulgyŏng	Buulgyeong
부설	pusŏl	buseol	부원	puwŏn	buwon
부설권	pusŏlkwŏn	buseolgwon	부원군	puwŏn'gun	buwongun
부성	pusŏng	buseong	부원동	Puwŏn-dong	Buwon-dong
부세	puse	buse	부원록	puwŏnnok	buwollok
부소	Puso	Buso	부원현	Puwŏn-hyŏn	Buwon-hyeon
부소산	Pusosan	Busosan	부위	puwi	buwi
부속	pusok	busok	부위별	puwibyŏl	buwibyeol
부솔	pusol	busol	부유	puyu	buyu
부수	pusu	busu	부유하고	puyuhago	buyuhago
부수고	pusugo	busugo	부유하다	puyuhada	buyuhada
부숴	puswŏ	buswo	부유한	puyuhan	buyuhan
부승지	pusŭngji	buseungji	부윤	puyun	buyun
부시	Pusi	Busi	부윤공파	Puyun'gongp'a	Buyungongpa
부시다	pusida	busida	부은	puŭn	bueun
부식	pusik	busik	부음	puŭm	bueum
부신	pusin	busin	부의	puŭi	buui
부실	pusil	busil	부이	pui	bui
부아	pua	bua	부인	puin	buin
부안	Puan	Buan	부인사	Puinsa	Buinsa
부안군	Puan-gun	Buan-gun	부인전	pŭinjŏn	buinjeon
부안현	Puan-hyŏn	Buan-hyeon	부인회	puinhoe	buinhoe
부암	Puam	Buam	부임	puim	buim
부암동	Puam-dong	Buam-dong	부자	puja	buja
부양	puyang	buyang	부자들	pujadŭl	bujadeul
부업	puŏp	bueop	부자묘	pujamyo	bujamyo
부엉배	Puŏngbae	Bueongbae	부자유	pujayu	bujayu
부엉이	puŏngi	bueongi	부자학	pujahak	bujahak
부엌	puŏk	bueok	부작	pujak	bujak
부엌문	puŏngmun	bueongmun	부작용	pujagyong	bujagyong
부여	Puyŏ	Buyeo	부장	pujang	bujang
부여군	Puyŏ-gun	Buyeo-gun	부장들	pujangdŭl	bujangdeul
부여기	Puyŏgi	Buyeogi	부장품	pujangp'um	bujangpum

한글 용례	ALA-LC Romanization	정부 표기안	한글 용례	ALA-LC Romanization	정부 표기안
부재	pujae	bujae	부크	Puk'ŭ	Bukeu
부재자	pujaeja	bujaeja	부키	puk'i	buki
부적	pujŏk	bujeok	부탁	put'ak	butak
부적동	Pujŏk-tong	Bujeok-dong	부터	put'ŏ	buteo
부적리	Pujŏng-ni	Bujeok-ri	부터의	put'ŏŭi	buteoui
부적응	pujŏgŭng	bujeogeung	부통령	put'ongnyŏng	butongnyeong
부전	pujŏn	bujeon	부패	pup'ae	bupae
부정	pujŏng	bujeong	부평	Pup'yŏng	Bupyeong
부정법	pujŏngpŏp	bujeongbeop	부평부	Pup'yŏng-bu	Bupyeong-bu
부정사	pujŏngsa	bujeongsa	부포	Pup'o	Bupo
부제	puje	buje	부포리	Pup'o-ri	Bupo-ri
부제조	pujejo	bujejo	부표	pup'yo	bupyo
부제학	pujehak	bujehak	부풀려	pup'ullyŏ	bupullyeo
부조	pujo	bujo	부풀려진	pup'ullyŏjin	bupullyeojin
부조리	pujori	bujori	부품	pup'um	bupum
부조법	pujopŏp	bujobeop	부피	pup'i	bupi
부조전	pujojŏn	bujojeon	부학	puhak	buhak
부조화	pujohwa	bujohwa	부합	pihap	buhap
부족	pujok	bujok	부호	puho	buho
부존	pujon	bujon	부호군	Puhogun	Buhogun
부주	puju	buju	부화	puhwa	buhwa
부주지	pujuji	bujuji	부활	puhwal	buhwal
부주필	pujup'il	bujupil	부활절	Puhwalchŏl	Buhwaljeol
부지	puji	buji	부황	puhwang	buhwang
부직	pujik	bujik	부휴	Puhyu	Buhyu
부진	pujin	bujin	부휴당	Puhyudang	Buhyudang
부창	puch'ang	buchang	부휴자	Puhyuja	Buhyuja
부채	puch'ae	buchae	부흥	puhŭng	buheung
부채장	puch'aejang	buchaejang	부흥회	puhŭnghoe	buheunghoe
부채전	puch'aejŏn	buchaejeon	북	puk	buk
부처	Puch'ŏ	Bucheo	북간도	Pukkando	Bukgando
부처님	Puch'ŏnim	Bucheonim	북경	Pukkyŏng	Bukgyeong
부천	Puch'ŏn	Bucheon	북경시	Pukkyŏng-si	Bukgyeong-si
부천시	Puch'ŏn-si	Bucheon-si	북관	Pukkwan	Bukgwan
부첨사	puch'ŏmsa	bucheomsa	북괴	Pukkoe	Bukgoe
부쳐	puch'yo	buchyeo	북구	Puk-ku	Buk-gu
부촌	puch'on	buchon	북국	pukkuk	bukguk
부총리	puch'ongni	buchongni	북궐	Pukkwŏl	Bukgwol
부총재	puch'ongjae	buchongjae	북극	Pukkŭk	Bukgeuk
부추기는	puch'uginŭn	buchugineun	북극광	Pukkŭkkwang	Bukgeukgwang
부추기는가	puch'uginŭn'ga	buchugineunga	북극권	Pukkŭkkwŏn	Bukgeukgwon
부치는	puch'inŭn	buchineun	북극성	Pukkŭksŏng	Bukgeukseong
부치지	puch'iji	buchiji	북남	Pungnam	Pungnam
부친	puch'in	buchin	북녀	pungnyŏk	bungnyeok
부침	puch'im	buchim	북노당	Pungnodang	Bungnodang

한글 용례	ALA-LC Romanization	정부 표기안	한글 용례	ALA-LC Romanization	정부 표기안
북놀이	pungnori	bungnori	북송	puksong	buksong
북단	puktan	bukdan	북송선	puksongsŏn	buksongseon
북대문	Puktaemun	Bukdaemun	북스	puksŭ	bukseu
북도	pukto	bukdo	북스코프	Puksŭk'op'ŭ	Bukseukopeu
북동	puktong	bukdong	북실	puksil	buksil
북동부	puktongbu	bukdongbu	북쏠레	Pukssolle	Bukssolle
북두	puktu	bukdu	북악	Pugak	Bugak
북두성	Puktusŏng	Bukduseong	북악산	Pugaksan	Bugaksan
북드라망	Puktŭramang	Bukdeuramang	북안	Pugan	Bugan
북드림	Puktŭrim	Bukdeurim	북애	Pugae	Bugae
북랜드	Pungnaendŭ	Bungnaendeu	북양	Pugyang	Bugyang
북랩	Pungnaep	Bungnaep	북어	pugŏ	bugeo
북로	pungno	bungno	북여	pugyŏ	bugyeo
북로그	Pungnogŭ	Bungnogeu	북역	pugyŏk	bugyeok
북로당	Pungnodang	Bungnodang	북연부	pugyŏnbu	bugyeonbu
북막	Pungmak	Bungmak	북영	Pugyŏng	Bugyeong
북만	pungman	bungman	북우	Pugu	Bugu
북면	Pung-myŏn	Buk-myeon	북원	Pugwon	Bugwon
북문	pungmun	bungmun	북원경	Pugwŏn'gyŏng	Bugwongyeong
북문도	pungmundo	bungmundo	북원록	Pugwŏllok	Bugwollok
북미	Pungmi	Bungmi	북위	pugwi	bugwi
북반부	pukpanbu	bukbanbu	북인	Pugin	Bugin
북방	pukpang	bukbang	북인더갭	Pugindŏgaep	Bugindeogaep
북방계	pukpanggye	bukbanggye	북일	Puk-Il	Buk-Il
북방사	pukpangsa	bukbangsa	북장	Pukchang	Bukjang
북방식	pukpangsik	bukbangsik	북저	Pukchŏ	Bukjeo
북벌	pukpŏl	bukbeol	북적	pukchŏk	bukjeok
북벌론	pukpŏllon	bukbeollon	북전	pukchŏn	bukjeon
북보	Pukpo	Bukbo	북접	Pukchŏp	Bukjeop
북부	pukpu	bukbu	북정	Pukchŏng	Bukjeong
북부동	Pukpu-dong	Bukbu-dong	북정동	Pukchŏng-dong	Bukjeong-dong
북부선	pukpusŏn	bukbuseon	북정록	pukchŏngnok	bukjeongnok
북비	pukpi	bukbi	북정리	Pukchŏng-ni	Bukjeong-ri
북사	puksa	buksa	북조	Pukcho	Bukjo
북사리	Puksa-ri	Buksa-ri	북조선	Pukchosŏn	Bukjoseon
북산	Puksan	Buksan	북종	Pukchong	Bukjong
북상기	Puksanggi	Buksanggi	북종선	Pukchongsŏn	Bukjongseon
북새	puksae	buksae	북종화	Pukchonghwa	Bukjonghwa
북서	puksŏ	bukseo	북중	Puk-Chung	Buk-Jung
북서방	puksŏbang	bukseobang	북지리	Pukchi-ri	Bukji-ri
북선	puksŏn	bukşeon	북지장사	Pukchijangsa	Bukjijangsa
북성재	Puksŏngjae	Bukseongjae	북진	pukchin	bukjin
북셀프	Pukselp'ŭ	Bukselpeu	북창	Pukch'ang	Bukchang
북소	Pukso	Bukso	북창동	Pukch'ang-dong	Bukchang-dong
북소리	puksori	buksori	북천	Pukch'ŏn	Bukcheon

한글 용례	ALA-LC Romanization	정부 표기안	한글 용례	ALA-LC Romanization	정부 표기안
북청	Pukch'ŏng	Bukcheong	분관	pun'gwan	bungwan
북청군	Pukch'ŏng-gun	Bukcheong-gun	분교	pun'gyo	bungyo
북촌	Pukch'on	Bukchon	분구	pun'gu	bungu
북측	pukch'ŭk	bukcheuk	분구묘	pun'gumyo	bungumyo
북톡	pukt'ok	buktok	분권	punkwŏn	bungwon
북파	pukp'a	bukpa	분권적	punkwŏnjŏk	bungwonjeok
북팜	Pukp'am	Bukpam	분권형	punkwŏnhyŏng	bungwonhyeong
북페리타	Pukp'erit'a	Bukperita	분권화	punkwŏnhwa	bungwonhwa
북평	Pukp'yŏng	Bukpyeong	분규	pun'gyu	bungyu
북평사	Pukp'yŏngsa	Bukpyeongsa	분급제	pun'gŭpche	bungeupje
북포스	Pukp'osŭ	Bukposeu	분기	pun'gi	bungi
북폭	pukp'ok	bukpok	분기점	pun'gichŏm	bungijeom
북풍	pukp'ung	bukpung	분꽃	punkkot	bunkkot
북피아	Pukp'ia	Bukpia	분노	punno	bunno
북학	pukhak	bukhak	분다	punda	bunda
북학론	Pukhangnon	Bukhangnon	분단	pundan	bundan
북학의	Pukhagŭi	Bukhagui	분단국	pundan'guk	bundanguk
북학파	Pukhakp'a	Bukhakpa	분단사	pundansa	bundansa
북한	Pukhan	Bukhan	분단인	pundanin	bundanin
북한군	Pukhan'gun	Bukhangun	분담	pundam	bundam
북한법	Pukhanpŏp	Bukhanbeop	분담금	pundamgŭm	bundamgeum
북한병	Pukhanbyŏng	Bukanbyeong	분당	Pundang	Bundang
북한산	Pukhansan	Bukhansan	분대	pundae	bundae
북한식	Pukhansik	Bukansik	분도	Pundo	Bundo
북한적	Pukhanjŏk	Bukanjeok	분들	pundŭl	bundeul
북한지	Pukhanji	Bukhanji	분렬	punnyŏl	bullyeol
북한관	Pukhanp'an	Bukanpan	분례	pullye	bullye
북한학	Pukhanhak	Bukhanhak	분례기	Pullyegi	Bullyegi
북한행	Pukhanhaeng	Bukanhaeng	분류	pullyu	bullyu
북항	pukhang	bukang	분류군	pullyugun	bullyugun
북해도	Pukhaedo	Bukhaedo	분류명	pullyumyŏng	bullyumyeong
북핵	Pukhaek	Bukhaek	분류법	pullyupŏp	bullyubeop
북행가	pukhaengga	bukhaengga	분류별	pullyubyŏl	bullyubyeol
북행기	pukhaenggi	bukhaenggi	분류표	pullyup'yo	bullyupyo
북후면	Pukhu-myŏn	Bukhu-myeon	분리	pulli	bulli
분	pun	bun	분리론	pulliron	bulliron
분간	pun'gan	bungan	분립	pullip	bullip
분감	pun'gam	bungam	분말	punmal	bunmal
분강	Pun'gang	Bungang	분맥	punmaek	bunmaek
분개	pun'gae	bungae	분명	punmyŏng	bunmyeong
분경	Pun'gyŏng	Bungyeong	분모	punmo	bunmo
분계선	pun'gyesŏn	bungyeseon	분묘	punmyo	bunmyo
분과	punkwa	bungwa	분묘군	punmyogun	bunmyogun
분과위	punkwawi	bungwawi	분방	punbang	bunbang
분과회	punkwahoe	bungwahoe	분방함	punbangham	bunbangham

한글 용례	ALA-LC Romanization	정부 표기안	한글 용례	ALA-LC Romanization	정부 표기안
분배	punbae	bunbae	분주	punju	bunju
분배율	punbaeyul	bunbaeyul	분지	punji	bunji
분배표	punbaep'yo	bunbaepyo	분지로	Punjiro	Bunjiro
분별	punbyŏl	bunbyeol	분책	punch'aek	bunchaek
분사	punsa	bunsa	분청	punch'ŏng	buncheong
분산	punsan	bunsan	분청자	punch'ŏngja	buncheongja
분석	punsŏk	bunseok	분초	punch'o	buncho
분석국	punsŏkkuk	bunseokguk	분출	punch'ul	bunchul
분석단	Punsŏktan	bunseokdan	분통	punt'ong	buntong
분석론	punsŏngnon	bunseongnon	분투	punt'u	buntu
분석반	punsŏkpan	bunseokban	분투기	punt'ugi	buntugi
분석법	punsŏkpŏp	bunseokbeop	분파	punp'a	bunpa
분석서	punsŏksŏ	bunseokseo	분포	punp'o	bunpo
분석실	punsŏksil	bunseoksil	분포도	punp'odo	bunpodo
분석원	punsŏgwŏn	bunseogwon	분할	punhal	bunhal
분석적	punsŏkchŏk	bunseokjeok	분해	punhae	bunhae
분석집	punsŏkchip	bunseokjip	분향	punhyang	bunhyang
분석틀	punsŏkt'ŭl	bunseokteul	분홍	punhong	bunhong
분석팀	punsŏkt'im	bunseoktim	분화	punhwa	bunhwa
분석학	punsŏkhak	bunseokhak	분화기	punhwagi	bunhwagi
분쇄	punswae	bunswae	분화능	punhwanŭng	bunhwaneung
분수	punsu	bunsu	분황	Punhwang	Bunhwang
분수령	punsuryŏng	bunsuryeong	분황사	Punhwangsa	Bunhwangsa
분수설	punsusŏl	bunsuseol	분황전	Punhwangjŏn	Bunhwangjeon
분쉬	Punshwi	Bunswi	분회	punhoe	bunhoe
분식	punsik	bunsik	불	pul	bul
분신	punsin	bunsin	불가	pulga	bulga
분야	punya	bunya	불가결	pulgagyŏl	bulgagyeol
분야별	punyabyŏl	bunyabyeol	불가능	pulganŭng	bulganeung
분양	punyang	bunyang	불가능주의	pulganŭngjuŭi	bulganeungjuui
분업	punŏp	buneop	불가담	pulgadam	bulgadam
분열	punyŏl	bunyeol	불가론	pulgaron	bulgaron
분열증	punyŏlchŭng	bunyeoljeung	불가사의	pulgasaŭi	bulgasaui
분원	punwŏn	bunwon	불가침	pulgach'im	bulgachim
분위기	punwigi	bunwigi	불가피성	pulgap'isŏng	bulgapiseong
분자	punja	bunja	불가피한	pulgap'ihan	bulgapihan
분장	punjang	bunjang	불간섭	pulgansŏp	bulganseop
분장토	punjangt'o	bunjangto	불감	pulgam	bulgam
분재	punjae	bunjae	불갑사	Pulgapsa	Bulgabsa
분재기	punjaegi	bunjaegi	불경	Pulgyŏng	Bulgyeong
분쟁	punjaeng	bunjaeng	불경전	Pulgyŏngjŏn	Bulgyeongjeon
분쟁법	punjaengpŏp	bunjaengbeop	불고	pulgo	bulgo
분전법	Punjŏnpŏp	bunjeonbeop	불공	pulgong	bulgong
분절	punjŏl	bunjeol	불공정	pulgongjŏng	bulgongjeong
분조	Punjo	Bunjo	불과	pulgwa	bulgwa

한글 용례	ALA-LC Romanization	정부 표기안	한글 용례	ALA-LC Romanization	정부 표기안
불광	Pulgwang	Bulgwang	불면증	pulmyŏnchŭng	bulmyeonjeung
불광산	Pulgwangsan	Bulgwangsan	불멸	pulmyŏl	bulmyeol
불교	Pulgyo	Bulgyo	불명	pulmyŏng	bulmyeong
불교계	Pulgyogye	Bulgyogye	불모	pulmo	bulmo
불교권	Pulgyokwŏn	Bulgyogwon	불모산	Pulmosan	Bulmosan
불교도	Pulgyodo	Bulgyodo	불모지	pulmoji	bulmoji
불교사	Pulgyosa	Bulgyosa	불문	pulmun	bulmun
불교사적	Pulgyosachŏk	Bulgyosajeok	불문학	Pulmunhak	Bulmunhak
불교식	Pulgyosik	Bulgyosik	불미	pulmi	bulmi
불교적	Pulgyojŏk	Bulgyojeok	불바다	pulbada	bulbada
불교학	Pulgyohak	Bulgyohak	불배	pulbae	bulbae
불국	Pulguk	Bulguk	불법	pulpŏp	bulbeop
불국사	Pulguksa	Bulguksa	불법성	pulpŏpsŏng	bulbeopseong
불국토	Pulgukt'o	Bulgukto	불변	pulbyŏn	bulbyeon
불굴	pulgul	bulgul	불볕	pulpyŏt	bulbyeot
불궤	pulgwe	bulgwe	불보	Pulbo	Bulbo
불균형	pulgyunhyŏng	bulgyunhyeong	불복	pulbok	bulbok
불기	Pulgi	Bulgi	불복장	pulbokchang	bulbokjang
불기둥	pulgidung	bulgidung	불복종	pulbokchong	bulbokjong
불길	pulkil	bulgil	불분권	pulbun'gwŏn	bulbungwon
불꽃	pulkkot	bulkkot	불빛	pulpit	bulbit
불꾼	pulkkŭn	bulkkun	불사	pulsa	bulsa
불나비	pulnabi	bulnabi	불상	Pulsang	Bulsang
불노	Pullo	Bullo	불상군	Pulsanggun	Bulsanggun
불노동	Pullo-dong	Bullo-dong	불상들	Pulsangdŭl	Bulsangdeul
불능	pullŭng	bulleung	불서	Pulsŏ	Bulseo
불다	pulda	bulda	불설	Pulsŏl	Bulseol
불단	Pultan	Buldan	불성	pulsŏng	bulseong
불당	pultang	buldang	불순	pulsun	bulsun
불던	puldŏn	buldeon	불승	pulsŭng	bulseung
불도	pulto	buldo	불신	pulsin	bulsin
불람	pullam	bullam	불신론	pulsinnon	bulsillon
불량	pullyang	bullyang	불심	pulsim	bulsim
불량촌	pullyangch'on	bullyangchon	불쑥	pulssuk	bulssuk
불러	pullŏ	bulleo	불씨	pulssi	bulssi
불러올	pullŏol	bulleool	불안	puran	buran
불렀다	pullŏtta	bulleotda	불안전	puranjŏn	buranjeon
불령	pullyŏng	bullyeong	불안정	puranjŏng	buranjeong
불령사	Pullyŏngsa	Bullyeongsa	불안정성	puranjŏngsŏng	buranjeongseong
불로	pullo	bullo	불안정화	puranjŏnghwa	buranjeonghwa
불리는	pullinŭn	bullineun	불암	puram	buram
불만	pulman	bulman	불암사	Puramsa	Buramsa
불망	pulmang	bulmang	불어	purŏ	bureo
불매향	pulmaehyang	bulmaehyang	불어도	purŏdo	bureodo
불면	pulmyŏn	bulmyeon	불어라	purŏra	bureora

한글 용례	ALA-LC Romanization	정부 표기안	한글 용례	ALA-LC Romanization	정부 표기안
불어온	purŏon	bureoon	불퉁한	pult'unghan	bultunghan
불어와	purŏwa	bureowa	불티	pult'i	bulti
불여우	puryŏu	buryeou	불패	pulp'ae	bulpae
불연속적	puryŏnsokchŏk	buryeonsokjeok	불편	pulp'yŏn	bulpyeon
불영	puryŏng	buryeong	불편한	pulp'yŏnhan	bulpyeonhan
불영사	Puryŏngsa	Buryeongsa	불편함	pulp'yŏnham	bulpyeonham
불온(不穩)	puron	buron	불평	pulp'yŏng	bulpyeong
불온한(不溫)	puronhan	buronhan	불평등	pulp'yŏngdŭng	bulpyeongdeung
불요	puryo	buryo	불평등도	pulp'yŏngdŭngdo	bulpyeongdeungdo
불우	puru	buru	불필	Pulp'il	Bulpil
불우헌	Puruhŏn	Buruheon	불학	Purhak	Bulhak
불우헌가	Puruhŏn'ga	Buruheonga	불학사	Purhaksa	Bulhaksa
불우헌곡	Puruhŏn'gok	Buruheongok	불한당	purhandang	bulhandang
불운	purun	burun	불함	purham	bulham
불위	purwi	burwi	불함산	Purhamsan	Bulhamsan
불웅	purŭng	bureung	불협	purhyŏp	bulhyeop
불의	purŭi	burui	불화	purhwa	bulhwa
불이	puri	buri	불화살	purhwasal	bulhwasal
불이문	Purimun	Burimun	불화전	purhwajŏn	bulhwajeon
불이성	Purisŏng	Buriseong	불화첩	purhwach'ŏp	bulhwacheop
불이익	puriik	buriik	불확실	purhwaksil	bulhwaksil
불일	Puril	Buril	불확실성	purhwaksilsŏng	bulhwaksilseong
불일치	purilch'i	burilchi	불확정	purhwakchŏng	bulhwakjeong
불임	purim	burim	불확정성	purhwakchŏngsŏng	bulhwakjeongseong
불입상	puripsang	buripsang	불환	purhwan	bulhwan
불자	pulcha	bulja	불활성화	purhwalsŏnghwa	bulhwalseonghwa
불자들	pulchadŭl	buljadeul	불황	purhwang	bulhwang
불자회	Pulchahoe	Buljahoe	불회도	purhoedo	bulhoedo
불전	pulchŏn	buljeon	불효	purhyo	bulhyo
불조	Pulcho	Buljo	불후	purhu	bulhu
불좌	pulchwa	buljwa	불휘	purhwi	bulhwi
불지	pulji	bulji	붉게	pulkke	bukge
불지사	Pulchisa	Buljisa	붉고	pulko	bukgo
불참	pulch'am	bulcham	붉다	pulta	bukda
불천위	pulch'ŏnwi	bulcheonwi	붉어서	pulgŏsŏ	bulgeoseo
불청객	pulch'ŏnggaek	bulcheonggaek	붉어졌다	pulgŏjyŏtta	bulgeojyeotda
불치	pulch'i	bulchi	붉은	pulgŭn	bulgeun
불치병	pulch'ipyŏng	bulchibyeong	붐	pum	bum
불칼	pulk'al	bulkal	붓	put	but
불타	pult'a	bulta	붓글	putkŭl	butgeul
불탑	pult'ap	bultap	붓길	putkil	butgil
불태화	pult'aehwa	bultaehwa	붓끝	putkkŭt	butkkeut
불통	pult'ong	bultong	붓다	Putta	Butda
불투	pult'u	bultu	붓든이	puttŭni	butdeuni
불투명	pult'umyŏng	bultumyeong	붕	pung	bung

한글 용례	ALA-LC Romanization	정부 표기안	한글 용례	ALA-LC Romanization	정부 표기안
붕괴	punggoe	bunggoe	블랙	pŭllaek	beullaek
붕당	pungdang	bungdang	블랙박스	pŭllaekpaksŭ	beullaekbakseu
붕어	pungŏ	bungeo	블랙아웃	Pŭllaekaut	beullaekaut
붕어빵	pungŏppang	bungeoppang	블랙홀	pŭllaekhol	beullaekhol
붕우	pungu	bungu	블랙홀	pŭllaekhol	beullaekhol
붙었다	put'ŏtta	buteotsda	블러스	Pŭllŏsŭ	Beulleoseu
붙었다고	put'ŏttago	buteotdago	블럭	pŭllŏk	beulleok
붙여	puch'yŏ	butyeo	블럭화	pŭllŏkhwa	beulleokhwa
붙은	put'ŭn	buteun	블레인	Pŭllein	Beullein
붙임	puch'im	buchim	블로거	bŭllogŏ	beullogeo
붙자	putcha	butja	블로그	bŭllogŭ	beullogeu
붙잡힌	putchap'in	butjapin	블록	pŭllok	beullok
뷔소니에르	Pwisonierŭ	Bwisoniereu	블록化	pŭllokhwa	beullokhwa
뷔페	pwip'e	bwipe	블루	pŭllu	beullu
뉴스	Pyusŭ	Byuseu	블루스	pŭllusŭ	beulluseu
브라보	pŭrabo	beurabo	블루칩	pŭlluch'ip	beulluchip
브라운	Pŭraun	Beuraun	블루키노	Pŭlluk'ino	Beullukino
브라이언	Pŭraiŏn	Beuraieon	비	pi	bi
브라질	Pŭrajil	Beurajil	비가	piga	biga
브란트	Pŭrant'ŭ	Beuranteu	비각	pigak	bigak
브래들리	Pŭraedŭlli	Beuraedeulli	비거	pigŏ	bigeo
브랜드	pŭraendŭ	beuraendeu	비거도	Pigŏdo	bigeodo
브랜드화	pŭraendŭhwa	beuraendeuhwa	비겁하게	pigŏphage	bigeophage
브랜딩	pŭraending	beuraending	비겁한	pigŏphan	bigeophan
브러더	pŭrŏdŏ	beureodeo	비결	pigyŏl	bigyeol
브레먀	Pŭremya	Beuremya	비경	pigyŏng	bigyeong
브레인	pŭrein	beurein	비고	pigo	bigo
브레히트	Pŭrehit'ŭ	Beurehiteu	비곡	pigok	bigok
브렉시트	Pŭreksit'ŭ	Beureksiteu	비공개	pigonggae	bigonggae
브루스	Pŭrusŭ	Beuruseu	비공식	pigongsik	bigongsik
브루엔	Pŭruen	Beuruen	비관	pigwan	bigwan
브루클린	Pŭruk'ŭllin	Beurukeullin	비관세	pigwanse	bigwanse
브뤼셀	Pŭrwisel	Beurwisel	비교	pigyo	bigyo
브리즈	Pŭrijŭ	Beurijeu	비교론	pigyoron	bigyoron
브리지	pŭriji	beuriji	비교론적	pigyoronchŏk	bigyoronjeok
브리태니커	Pŭrit'aenik'ŏ	Beuritaenikeo	비교법적	pigyopŏpchŏk	bigyobeopjeok
브리티시	Pŭrit'isi	Beuritisi	비교사적	pigyosachŏk	bigyosajeok
브리프	pŭrip'ŭ	beuripeu	비교수	pigyosu	bigyosu
브리핑	pŭrip'ing	beuriping	비교적	pigyojŏk	bigyojeok
브릭	Pŭrik	Beurik	비교지	pigyoji	bigyoji
브릿지	pŭritchi	beuritji	비교집	pigyojip	bigyojip
블라디미르	Pŭlladimirŭ	Beulladimireu	비구	pigu	bigu
블라디보스토크	Pŭlladibosŭt'ok'ŭ	Beulladiboseutokeu	비구니	piguni	biguni
블라미디르	Pŭlladimirŭ	Beullamidireu	비구니회	pigunihoe	bigunihoe
블라지미르	Pŭllajimirŭ	Beullajimireu	비구상	pigusang	bigusang

한글 용례	ALA-LC Romanization	정부 표기안	한글 용례	ALA-LC Romanization	정부 표기안
비군사적	pigunsajŏk	bigunsajeok	비디오물	pidiomul	bidiomul
비굴	pigul	bigul	비람	piram	biram
비극	pigŭk	bigeuk	비래동	Pirae-dong	Birae-dong
비극론	pigŭngnon	bigeungnon	비략	piryak	biryak
비극서	pigŭksŏ	bigeukseo	비련	piryŏn	biryeon
비극적	pigŭkchŏk	bigeukjeok	비례	pirye	birye
비금	pigŭm	bigeum	비례주	piryeju	biryeju
비금도	Pigŭmdo	Bigeumdo	비로	piro	biro
비금면	Pigŭm-myŏn	Bigeum-myeon	비로봉	Pirobong	Birobong
비금속	pigŭmsok	bigeumsok	비로암	Piroam	Biroam
비금융	pigŭmyung	bigeumyung	비로자나	Pirojana	Birojana
비기	pigi	bigi	비로자나불	Pirojanabul	Birojanabul
비긴	pigin	bigin	비록	pirok	birok
비껴	pikkyŏ	bikkyeo	비롯하여	pirothayŏ	birotayeo
비낀	pikkin	bikkin	비롯한	pirothan	birotan
비나이다	pinaida	binaida	비롯했는가	pirothaennŭn'ga	birotaensneunga
비날론	pinallon	binallon	비료	piryo	biryo
비녀	pinyŏ	binyeo	비룡	piryong	biryong
비노조	pinojo	binojo	비룡리	Piryong-ni	Biryong-ri
비뇨기	pinyogi	binyogi	비류	Piryu	Biryu
비뇨기과	pinyogikwa	binyogigwa	비류국	Piryuguk	Biryuguk
비누	pinu	binu	비르투	Pirŭt'u	Bireutu
비눗방울	pinutpangul	binutbangul	비리	piri	biri
비는	pinŭn	bineun	비망	pimang	bimang
비늘	pinŭl	bineul	비망록	pimangnok	bimangnok
비니	pini	bini	비명	pimyŏng	bimyeong
비닐	pinil	binil	비목	pimok	bimok
비단	pidan	bidan	비몽	pimong	bimong
비단길	pidankil	bidangil	비무장	pimujang	bimujang
비단꽃	pidankkot	bidankkot	비문	pimun	bimun
비단보	pidanpo	bidanbo	비밀	pimil	bimil
비담	Pidam	Bidam	비바람	pibaram	bibaram
비답	pidap	bidap	비방	pibang	bibang
비대칭	pidaech'ing	bidaeching	비범	pibŏm	bibeom
비도서	pidosŏ	bidoseo	비법	pipŏp	bibeop
비독자	pidokcha	bidokja	비벼	pibyŏ	bibyeo
비동맹	pidongmaeng	bidongmaeng	비변	pibyŏn	bibyeon
비동맹국	pidongmaengguk	bidongmaengguk	비변사	Pibyŏnsa	Bibyeonsa
비동맹주의	pidongmaengjuŭi	bidongmaengjuui	비보	pibo	bibo
비동시성	pidongsisŏng	bidongsiseong	비보호	piboho	biboho
비동일화	pidongirhwa	bidongilhwa	비복	Pibok	Bibok
비둘기	pidulgi	bidulgi	비본	pibon	bibon
비둘기들	pidulgidŭl	bidulgideul	비봉	pibong	bibong
비들기	pidŭlgi	bideulgi	비부	Pibu	bibu
비디오	pidio	bidio	비비	pibi	bibi

한글 용례	ALA-LC Romanization	정부 표기안	한글 용례	ALA-LC Romanization	정부 표기안
비빈	pibin	bibin	비애	piae	biae
비빔	pibim	bibim	비야리성	Piyarisŏng	Biyariseong
비빔밥	pibimpap	bibimbap	비어	piŏ	bieo
비사	pisa	bisa	비어고	Piŏgo	Bieogo
비사벌	Pisabŏl	Bisabeol	비언어	piŏnŏ	bieoneo
비산동	Pisan-dong	Bisan-dong	비언어적	piŏnŏjŏk	bieoneojeok
비상	pisang	bisang	비에이	Piei	Biei
비상구	pisanggu	bisanggu	비엔날레	Piennalle	Biennalle
비상망	pisangmang	bisangmang	비연	piyŏn	biyeon
비상식	pisangsik	bisangsik	비열	piyŏl	biyeol
비상식적	pisangsikchŏk	bisangsikjeok	비영리	piyŏngni	biyeongni
비서	pisŏ	biseo	비옥	piok	biok
비서각	Pisŏgak	Biseogak	비옥도	piokto	biokdo
비서감	Pisŏgam	Biseogam	비완	Piwan	Biwan
비서관	pisŏgwan	biseogwan	비요	piyo	biyo
비서관들	pisŏgwandŭl	biseogwandeul	비욘드	piyondŭ	biyondeu
비서관실	pisŏgwansil	biseogwansil	비용	piyong	biyong
비서실	pisŏsil	biseosil	비용법	piyongpŏp	biyongbeop
비서원	Pisŏwŏn	Biseowon	비우다	piuda	biuda
비석	pisŏk	biseok	비우면	piumyŏn	biumyeon
비선	pisŏn	biseon	비운	piun	biun
비소	piso	biso	비움	pium	bium
비소설적	pisosŏlchŏk	bisoseoljeok	비웃다	piutta	biutda
비속	pisok	bisok	비워낸	piwŏnaen	biwonaen
비속어	pisogŏ	bisogeo	비워둔	piwŏdun	biwodun
비송	pisong	bisong	비원	piwŏn	biwon
비숍	Pisyop	Bisyop	비유	piyu	biyu
비수	pisu	bisu	비육	piyuk	biyuk
비수기	pisugi	bisugi	비율	piyul	biyul
비수출	pisuch'ul	bisuchul	비은	Piŭn	Bieun
비순수	pisunsu	bisunsu	비이	Pii	Bii
비순위	pisunwi	bisunwi	비인	Piin	Biin
비슈케크	Pisyuk'ek'ŭ	Bisyukekeu	비인군	Piin-gun	Biin-gun
비슬	Pisŭl	Biseul	비인지적	piinjijŏk	biinjijeok
비슬산	Pisŭlsan	Biseulsan	비인현	Piin-hyŏn	Biin-hyeon
비슷하게	pisŭthage	biseutage	비임상	piimsang	biimsang
비슷한	pisŭthan	biseutan	비자	pija	bija
비시장재	pisijangjae	bisijangjae	비자금	pijagŭm	bijageum
비싸다	pissada	bissada	비자발적	pijabalchŏk	bijabaljeok
비씨	pissi	bissi	비장	pijang	bijang
비아	Pia	Bia	비장한	pijanghan	bijanghan
비아북	Piabuk	Biabuk	비전	pijŏn	bijeon
비안	pian	bian	비전향	pijŏnhyang	bijeonhyang
비안현	Pian-hyŏn	Bian-hyeon	비점	pijŏm	bijeom
비암사	Piamsa	Biamsa	비정	pijŏng	bijeong

한글 용례	ALA-LC Romanization	정부 표기안	한글 용례	ALA-LC Romanization	정부 표기안
비정규	pijŏnggyu	bijeonggyu	비춰본	pichwŏbon	bichwobon
비정규군	pijŏnggyugun	bijeonggyugun	비춰	pich'wi	bichwi
비정규직	pijŏnggyujik	bijeonggyujik	비춰색	pich'wisaek	bichwisaek
비정규직법	pijŏnggyujikpŏp	bijeonggyujikbeop	비치	pich'i	bichi
비정부	pijŏngbu	bijeongbu	비치는	pich'inŭn	bichineun
비정상	pijŏngsang	bijeongsang	비친	pich'in	bichin
비정상성	pijŏngsangsŏng	bijeongsangseong	비켜	pik'yŏ	bikyeo
비젼	pijyŏn	bijyeon	비키니섬	Pik'inisŏm	Bikiniseom
비전원	Pijyŏnwŏn	Bijyeonwon	비타	pit'a	bita
비조	pijo	bijo	비타민	pit'amin	bitamin
비종교인	pijonggyoin	bijonggyoin	비타베아타	Pit'abeat'a	Bitabeata
비주	piju	biju	비타협	pit'ahyŏp	bitahyeop
비주류	pijuryu	bijuryu	비탈	pit'al	bital
비주얼	pijuŏl	bijueol	비탈진	pit'aljin	bitaljin
비주택	pijut'aek	bijutaek	비태록	pit'aerok	bitaerok
비준	pijun	bijun	비트	pit'ŭ	biteu
비중	pijung	bijung	비트겐슈타인	Pit'ŭgensyut'ain	Biteugensyutain
비쥬얼스	pijyuŏlsŭ	bijyueolseu	비트코인	Pit'ŭk'oin	Biteukoin
비즈	pijŭ	bijeu	비틀거리는	pit'ŭlgŏrinŭn	biteulgeorineun
비즈니스	pijŭnisŭ	bijeuniseu	비틀거리며	pit'ŭlgŏrimyŏ	biteulgeorimyeo
비즈니스팀	pijŭnisŭt'im	bijeuniseutim	비틀대는	pit'ŭldaenŭn	biteuldaeneun
비지	piji	biji	비틀어도	pit'ŭrŏdo	biteureodo
비지네스맨	pijinesŭmaen	bijineseumaen	비파	pip'a	bipa
비지니스	pijinisŭ	bijiniseu	비파괴	pip'agoe	bipagoe
비참	pich'am	bicham	비파형	pip'ahyŏng	bipahyeong
비참여	pich'amyŏ	bichamyeo	비판	pip'an	bipan
비창	pich'ang	bichang	비판론	pip'annon	bipannon
비책	pich'aek	bichaek	비판서	pip'ansŏ	bipanseo
비처	pich'ŏ	bicheo	비판적	pip'anjŏk	bipanjeok
비처방	pich'ŏbang	bicheobang	비페닐류	pip'enillyu	bipenillyu
비천	Pich'ŏn	Picheon	비평	pip'yŏng	bipyeong
비천당	Pich'ŏndang	Bicheondang	비평가	pip'yŏngga	bipyeongga
비천상	Pich'ŏnsang	Bicheonsang	비평가들	pip'yŏnggadŭl	bipyeonggadeul
비철	pich'ŏl	bicheol	비평들	pip'yŏngdŭl	bipyeongdeul
비첩	pich'ŏp	bicheop	비평론	pip'yŏngnon	bipyeongnon
비체들	pich'edŭl	bichedeul	비평론집	pip'yŏngnonjip	bipyeongnonjip
비쳐진	pich'yŏjin	bichyeojin	비평사	pip'yŏngsa	bipyeongsa
비총제	pich'ongje	bichongje	비평상	pip'yŏngsang	bipyeongsang
비추는	pich'unŭn	bichuneun	비평서	pip'yŏngsŏ	bipyeongseo
비추다	pich'uda	bichuda	비평선	pip'yŏngsŏn	bipyeongseon
비추어	pich'uŏ	bichueo	비평選	pip'yŏngsŏn	bipyeongdeuk
비축	pich'uk	bichuk	비평적	pip'yŏngjŏk	bipyeongjeok
비춘	pich'un	bichun	비평집	pip'yŏngjip	bipyeongjip
비춘다	pich'unda	bichunda	비평판	pip'yŏngp'an	bipyeongpan
비춰	pichwŏ	bichwo	비평학	pip'yŏnghak	bipyeonghak

한글 용례	ALA-LC Romanization	정부 표기안	한글 용례	ALA-LC Romanization	정부 표기안
비평화	pip'yŏnghwa	bipyeonghwa	빈민	pinmin	binmin
비폭력	pip'ongnyŏk	bipongnyeok	빈민원	Pinminwŏn	Binminwon
비폭력주의	pip'ongnyŏkchuŭi	bipongnyeokjuui	빈부	pinbu	binbu
비풍	pip'ung	bipung	빈섬	Pinsŏm	Binseom
비피더스	Pip'idŏsŭ	Bipideoseu	빈센트	Pinsent'ŭ	Binsenteu
비하	piha	biha	빈손	pinson	binson
비하리	Piha-ri	Biha-ri	빈왕록	Pinwangnok	Binwangnok
비하인드	pihaindŭ	bihaindeu	빈자	pinja	binja
비합법	pihappŏp	bihapbeop	빈자리	pinjari	binjari
비해당	Pihaedang	Bihaedang	빈자촌	pinjach'on	binjachon
비핵	pihaek	bihaek	빈전	Pinjŏn	Binjeon
비핵화	pihaekhwa	bihaekhwa	빈처	pinch'ŏ	bincheo
비행	pihaeng	bihaeng	빈치	pinch'i	binchi
비행기	pihaenggi	bihaenggi	빈터	pint'ŏ	binteo
비행사	pihaengsa	bihaengsa	빈튼	Pint'ŭn	Binteun
비행선	pihaengsŏn	bihaengseon	빈하이신구	Pinhaisin-gu	Binhaisin-gu
비행운	pihaengun	bihaengun	빈흥록	pinhŭngnok	binheungnok
비협력	pihyŏmnyŏk	bihyeomnyeok	빌	pil	bil
비형식	pihyŏngsik	bihyeongsik	빌딩	pilding	bilding
비호	piho	biho	빌레못	Pillemot	Billemot
비호들	pihodŭl	bihodeul	빌려	pillyŏ	billyeo
비혼	pihon	bihon	빌려준	pillyŏjun	billyeojun
비화	pihwa	bihwa	빌리지	pilliji	billiji
비화들	pihwadŭl	bihwadeul	빌린	pillin	billin
비확산	pihwaksan	bihwaksan	빌림	pillim	billim
빅	pik	bik	빌며	pilmyŏ	bilmyeo
빅데이터	pikteit'ŏ	bikdeiteo	빌뱅이	Pilbaengi	Bilbaengi
빅딜	piktil	bikdil	빔	pim	bim
빅뱅	pikpaeng	bikbaeng	빗	pit	bit
빅벨	Pikbel	bikbel	빗나가고	pinnagago	binnagago
빅스	Piksŭ	Bikseu	빗내	Pinnae	binnae
빅터	Pikt'ŏ	Bikteo	빗대어	pittaeŏ	bitdaeeo
빅토리아	Pikt'oria	Biktoria	빗돌	pittol	bitdol
빈	pin	bin	빗물	pinmul	binmul
빈곤	pin'gon	bingon	빗방울	pitpangul	bitbangul
빈곤층	pin'gonch'ŭng	bingoncheung	빗살	pitsal	bitsal
빈관	pin'gwan	bingwan	빗소리	pissori	bitsori
빈굴	pin'gul	bingul	빗속	pitsok	bitsok
빈궁	pin'gung	bingung	빗자루	pitcharu	bitjaru
빈다	pinda	binda	빗장	pitchang	bitjang
빈대	pindae	bindae	빗점골	Pitchŏmkol	Bitjeomgol
빈도	pindo	bindo	빙	ping	bing
빈도수	pindosu	bindosu	빙계	pinggye	binggye
빈둥거리다	pindunggŏrida	bindunggeorida	빙고	pinggo	binggo
빈례	pillye	billye	빙부	pingbu	bingbu

한글 용례	ALA-LC Romanization	정부 표기안	한글 용례	ALA-LC Romanization	정부 표기안
빙빙	pingbing	bingbing	빠져서	ppajyŏsŏ	ppajyeoseo
빙상	pingsang	bingsang	빠졌다	ppajyŏtta	ppajyeotda
빙신	pingsin	bingsin	빠즈드냐예프	Ppajŭdŭnyayep'ŭ	Ppajeudeunyayepeu
빙원	pingwŏn	bingwon	빠지다	ppajida	ppajida
빙월	pingwŏl	bingwol	빠지면	ppajimyŏn	ppajimyeon
빙하	pingha	bingha	빠진	ppajin	ppajin
빙하기	pinghagi	binghagi	빨간	ppalgan	ppalgan
빙허	Pinghŏ	Bingheo	빨강	ppalgang	ppalgang
빙허각	Pinghŏgak	Bingheogak	빨개	ppalgae	ppalgae
빙화	pinghwa	binghwa	빨갱이	ppalgaengi	ppalgaengi
빛	pit	bit	빨래	ppallae	ppallae
빚고	pitko	bitgo	빨래판	ppallaep'an	ppallaepan
빚꾸러기들	pitkkurŏgidŭl	bitkkureogideul	빨리	ppalli	ppalli
빚는	pinnŭn	binneun	빨찌산	ppaltchisan	ppaljjisan
빚다	pitta	bitda	빨치산	ppalch'isan	ppalchisan
빚돈	pitton	bitdon	빵	ppang	ppang
빚어	pijŏ	bijeo	빵상	ppangsang	ppangsang
빚어낸	pijŏnaen	bijeonaen	빵집	ppangchip	ppangjip
빚은	pijŭn	bijeun	빼고	ppaego	ppaego
빛	pit	bit	빼뚤이	ppaetturi	ppaetturi
빛고을	pitkoŭl	bitgoeul	빼앗겨도	ppaeatkyŏdo	ppaeatgyeodo
빛깔	pitkkal	bitkkal	빼앗긴	ppaeatkin	ppaeatgin
빛나라	pinnara	binnara	빼앗았는가	ppaeasannŭn'ga	ppaeasanneunga
빛나래	pinnarae	binnarae	빼앗지	ppaeatchi	ppaeatji
빛나리	pinnari	binnari	백판	ppaekp'an	ppaekpan
빛날	pinnal	binnal	뺑소니	ppaengsoni	ppaengsoni
빛내여	pinnaeyŏ	binnaeyeo	뺨	ppyam	ppyam
빛내이는	pinnaeinŭn	binnaeineun	뻐꾸기	ppŏkkugi	ppeokkugi
빛내이자	pinnaeija	binnaeija	버스	ppŏsŭ	ppeoseu
빛낸	pinnaen	binnaen	뻔	ppŏn	ppeon
빛냄	pinnaem	binnaem	뻗다	ppŏtta	ppeotda
빛들	pittŭl	bitdeul	뼈	ppyŏ	ppyeo
빠르게	pparŭge	ppareuge	뽀빠이	Ppoppai	Ppoppai
빠른	pparŭn	ppareun	뽀이들	ppoidŭl	ppoideul
빠른가	pparŭn'ga	ppareunga	뽑고	ppopko	ppopgo
빠를까	pparŭlkka	ppareulkka	뽑다	ppopta	ppopda
빠리	Ppari	Ppari	뽑아	ppoba	ppoba
빠릿	pparit	pparit	뽑아서	ppobasŏ	ppobaseo
빠순이	Ppasuni	Ppasuni	뽑은	ppobŭn	ppobeun
빠알간	ppaalgan	ppaalgan	뽑지	ppopchi	ppopji
빠알리	Ppaalli	Ppaalli	뽑히지	ppop'iji	ppopiji
빠알리어	Ppaalliŏ	Ppaallieo	뽑힌	ppophin	ppopin
빠이	ppai	ppai	뿅	ppong	ppong
빠져	ppajyŏ	ppajyeo	뿌려	ppuryŏ	ppuryeo
빠져든	ppajyŏdŭn	ppajyeodeun	뿌려라	ppuryŏra	ppuryeora

한글 용례	ALA-LC Romanization	정부 표기안
뿌리	ppuri	ppuri
뿌리고	ppurigo	ppurigo
뿌리는	ppurinŭn	ppurineun
뿌리다	ppurida	ppurida
뿌리러	ppurirŏ	ppurireo
뿌린	ppurin	ppurin
뿐	ppun	ppun
뿔	ppul	ppul
뿔고등	ppulgodung	ppulgodung
뿔난	ppullan	ppullan
뿜어낸	ppumŏnaen	ppumeonaen
쁘렌싸	Ppŭrenssa	Ppeurenssa
쁠럭	ppŭllŏk	ppeulleok
삐딱	ppittak	ppittak
삐딱하게	ppittakhage	ppittakage
삐딱한	ppittakhan	ppittakan
삐라	ppira	ppira
삐삐	ppippi	ppippi

한글 용례	ALA-LC Romanization	정부 표기안
사	sa	sa
사가	saga	saga
사가재	Sagajae	Sagajae
사가정	Sagajŏng	Sagajeong
사각	sagak	sagak
사간	sagan	sagan
사간공	Sagan'gong	Sagangong
사간원	Saganwŏn	Saganwon
사간회	Saganhoe	Saganhoe
사감	sagam	sagam
사강	sagang	sagang
사개	Sagae	Sagae
사객	Sagaek	Sagaek
사건	sakŏn	sageon
사건들	sakŏndŭl	sageondeul
사건별	sakŏnbyŏl	sageonbyeol
사건사	sakŏnsa	sageonsa
사건적	sakŏnjŏk	sageonjeok
사격	sagyŏk	sagyeok
사견	sagyŏn	sagyeon
사경	sagyŏng	sagyeong
사경회	sagyŏnghoe	sagyeonghoe
사계	sagye	sagye
사계월	sagyewŏl	sagyewol
사계절	sagyejŏl	sagyejeol

한글 용례	ALA-LC Romanization	정부 표기안
사고	sago	sago
사고관	sagogwan	sagogwan
사고력	sagoryŏk	sagoryeok
사고본	sagobon	sagobon
사곡	sagok	sagok
사공	sagong	sagong
사과	sagwa	sagwa
사관	sagwan	sagwan
사괄	sagwal	sagwal
사교	sagyo	sagyo
사교육	sagyoyuk	sagyoyuk
사교육비	sagyoyukpi	sagyoyukbi
사교의	sagyoŭi	sagyoui
사교적	sagyojŏk	sagyojeok
사구	sagu	sagu
사국	saguk	saguk
사군	sagun	sagun
사군자	sagunja	sagunja
사군자화	sagunjahwa	sagunjahwa
사권	Sagwŏn	Sagwon
사귀고	sagwigo	sagwigo
사귀는	sagwinŭn	sagwineun
사귀다	sagwida	sagwida
사귀자	sagwija	sagwija
사권	sagwin	sagwin
사규	sagyu	sagyu
사그라	sagŭra	sageura
사극	sagŭk	sageuk
사금	sagŭm	sageum
사금융	sagŭmyung	sageumyung
사금파리	sagŭmp'ari	sageumpari
사급	sagŭp	sageup
사기	sagi	sagi
사기극	sagigŭk	sagigeuk
사기꾼	sagikkun	sagikkun
사기리	Sagi-ri	Sagi-ri
사기장	sagijang	sagijang
사나	sana	sana
사나요	sanayo	sanayo
사나이	sanai	sanai
사남	sanam	sanam
사내	sanae	sanae
사내들	sanaedŭl	sanaedeul
사내리	Sanae-ri	Sanae-ri
사냐구요	sanyaguyo	sanyaguyo

한글 용례	ALA-LC Romanization	정부 표기안	한글 용례	ALA-LC Romanization	정부 표기안
사냥	sanyang	sanyang	사라져	sarajyŏ	sarajyeo
사냥기	sanyanggi	sanyanggi	사라져간	sarajyŏgan	sarajyeogan
사냥꾼	sanyangkkun	sanyangkkun	사라져야	sarajyŏya	sarajyeoya
사년	sanyŏn	sanyeon	사라져야할	sarajyŏyahal	sarajyeoyahal
사노	sano	sano	사라졌다	sarajyŏtta	sarajyeotda
사노맹	Sanomaeng	Sanomaeng	사라졌을까	sarajyŏssŭlkka	sarajyeosseulkka
사노비	sanobi	sanobi	사라지고	sarajigo	sarajigo
사농	sanong	sanong	사라지기	sarajigi	sarajigi
사농경	sanonggyŏng	sanonggyeong	사라지다	sarajida	sarajida
사뇌가	sanoega	sanoega	사라지지	sarajiji	sarajiji
사는	sanŭn	saneun	사라진	sarajin	sarajin
사는가	sanŭn'ga	saneunga	사라진다	sarajinda	sarajinda
사는게	sanŭn'ge	saneunge	사라질	sarajil	sarajil
사는데	sanŭnde	saneunde	사람	saram	saram
사니	sani	sani	사람들	saramdŭl	saramdeul
사다	sada	sada	사람살이	saramsari	saramsari
사다리	sadari	sadari	사랑	sarang	sarang
사다리꼴	sadarikkol	sadarikkol	사랑가	sarangga	sarangga
사다야	Sadaya	Sadaya	사랑니	sarangni	sarangni
사다함	Sadaham	Sadaham	사랑론	sarangnon	sarangnon
사닥다리	sadaktari	sadakdari	사랑방	sarangpang	sarangbang
사단	sadan	sadan	사랑법	sarangpŏp	sarangbeop
사단장	sadanjang	sadanjang	사랑시	sarangsi	sarangsi
사담집	sadanjip	sadamjip	사랑詩	sarangsi	sarangsi
사당	sadang	sadang	사랑주의	sarangjuŭi	sarangjuui
사당도	sadangdo	sadangdo	사랑채	sarangch'ae	sarangchae
사당동	Sadang-dong	Sadang-dong	사랑회	saranghoe	saranghoe
사당패	sadangp'ae	sadangpae	사략	saryak	saryak
사대	sadae	sadae	사량	saryang	saryang
사대등	Sadaedŭng	Sadaedeung	사력	saryŏk	saryeok
사대문	sadaemun	sadaemun	사령	saryŏng	saryeong
사대부	sadaebu	sadaebu	사령관	saryŏnggwan	saryeonggwan
사대부가	sadaebuga	sadaebuga	사령부	saryŏngbu	saryeongbu
사대부들	sadaebudŭl	sadaebudeul	사령장	Saryŏngchang	saryeongjang
사대주의	sadaejuŭi	sadaejuui	사례	sarye	sarye
사도	sado	sado	사례별	saryebyŏl	saryebyeol
사독	sadok	sadok	사례안	saryean	saryean
사돈	sadon	sadon	사례의	Saryeŭi	Saryeui
사동	sadong	sadong	사례적	saryejŏk	saryejeok
사두매현	Sadumae-hyŏn	Sadumae-hyeon	사례집	saryejip	saryejip
사뒀더니	sadwŏttŏni	sadwotdeoni	사례책	saryech'aek	saryechaek
사드	Sadŭ	Sadeu	사로	saro	saro
사또	satto	satto	사로메	Sarome	Sarome
사라	sara	sara	사로잡고	sarojapko	sarojapgo
사라리	Sara-ri	Sara-ri	사로잡는	sarojamnŭn	sarojamneun

한글 용례	ALA-LC Romanization	정부 표기안	한글 용례	ALA-LC Romanization	정부 표기안
사로잡다	sarojapta	sarojapda	사마리아인들	Samariaindŭl	Samariaindeul
사로잡은	sarojabŭn	sarojabeun	사마쉐프	Samaswep'ŭ	Samaswepeu
사로잡을	sarojabŭl	sarojabeul	사마시	Samasi	Samasi
사로잡힌	sarojaphin	sarojapin	사막	samak	samak
사로청	Saroch'ŏng	Sarocheong	사막화	samakhwa	samakhwa
사록	sarok	sarok	사만	Saman	Saman
사론	saron	saron	사망	samang	samang
사론집	saronjip	saronjip	사망론	samangnon	samangnon
사료	saryo	saryo	사망현	Samang-hyŏn	Samang-hyeon
사료과	Saryokwa	saryogwa	사면	samyŏn	samyeon
사료관	saryogwan	saryogwan	사면령	samyŏnnyŏng	samyeonnyeong
사료적	saryojŏk	saryojeok	사명	samyŏng	samyeong
사료전	saryojŏn	saryojeon	사명당	Samyŏngdang	Samyeongdang
사료지	saryoji	saryoji	사모	samo	samo
사료집	saryojip	saryojip	사모곡	samogok	samogok
사룡	Saryong	Saryong	사목	samok	samok
사루비아	Sarubia	Sarubia	사묘제	samyoje	samyoje
사루어	saruŏ	sarueo	사무	samu	samu
사류	saryu	saryu	사무관	samugwan	samugwan
사류재	Saryujae	Saryujae	사무국	samuguk	samuguk
사륜	saryun	saryun	사무라이	samurai	samurai
사르다	sarŭda	sareuda	사무사	samusa	samusa
사르라	sarŭra	sareura	사무소	samuso	samuso
사르리	sarŭri	sareuri	사무엘	Samuel	Samuel
사르비아	sarŭbia	sareubia	사무역	samuyŏk	samuyeok
사르트르	Sarŭt'ŭrŭ	Sareuteureu	사무원	samuwŏn	samuwon
사리	sari	sari	사무직	samujik	samujik
사리감	sarigam	sarigam	사무처	samuch'ŏ	samucheo
사리구	sarigu	sarigu	사무치다	samuch'ida	samuchida
사리기	sarigi	sarigi	사무치면	samuch'imyŏn	samuchimyeon
사리원	Sariwŏn	Sariwon	사무친	samuch'in	samuchin
사리자	sarija	sarija	사무칠	samuch'il	samuchil
사리탑	sarit'ap	saritap	사문	samun	samun
사리함	sariham	sariham	사문서	samunsŏ	samunseo
사림	sarim	sarim	사문학	samunhak	samunhak
사림원	Sarimwŏn	Sarimwon	사물	samul	samul
사림파	Sarimp'a	Sarimpa	사물들	samuldŭl	samuldeul
사립	sarip	sarip	사물재	Samulchae	Samuljae
사립고	saripko	saripgo	사미	sami	sami
사립대	sariptae	saripdae	사미계	samigye	samigye
사립문	sarimmun	sarimmun	사미승	samisŭng	samiseung
사립중	saripchung	saripjung	사미인곡	samiin'gok	samiingok
사마	Sama	Sama	사민	samin	samin
사마리아	Samaria	Samaria	사민주의	saminjuŭi	saminjuui
사마리아인	Samariain	Samariain	사바	saba	saba

한글 용례	ALA-LC Romanization	정부 표기안	한글 용례	ALA-LC Romanization	정부 표기안
사바틴	Sabat'in	Sabatin	사상가들	sasanggadŭl	sasanggadeul
사반	Saban	Saban	사상계	Sasanggye	Sasanggye
사방	sabang	sabang	사상구	Sasang-gu	Sasang-gu
사방댐	sabangtaem	sabangdaem	사상록	sasangnok	sasangnok
사백	sabaek	sabaek	사상론	sasangnon	sasangnon
사백록	Sabaengnok	Sabaengnok	사상사	sasangsa	sasangsa
사벌	sabŏl	sabeol	사상사적	sasangsachŏk	sasangsajeok
사벌국	Sabŏlguk	Sabeolguk	사상서	sasangsŏ	sasangseo
사범	sabŏm	sabeom	사상성	sasangsŏng	sasangseong
사범대	sabŏmdae	sabeomdae	사상적	sasangjŏk	sasangjeok
사범서	sabŏmsŏ	sabeomseo	사상화	sasanghwa	sasanghwa
사법	sabŏp	sabeop	사색	sasaek	sasaek
사법(私法)	sapŏp	sabeop	사색기	sasaekki	sasaekgi
사법관	sabŏpkwan	sabeopgwan	사색들	sasaektŭl	sasaekdeul
사법론	sabŏmnon	sabeomnon	사생	sasaeng	sasaeng
사법부	sabŏppu	sabeopbu	사생관	sasaenggwan	sasaenggwan
사법성	Sabŏpsŏng	sabeopseong	사생학	sasaenghak	sasaenghak
사법적	sapŏpchŏk	sabeopjeok	사생활	sasaenghwal	sasaenghwal
사변	sabyŏn	sabyeon	사서	sasŏ	saseo
사변록	sabyŏnnok	sabyeonnok	사서관	sasŏgwan	saseogwan
사병	sabyŏng	sabyeong	사서국	Sasŏguk	saseoguk
사보	sabo	sabo	사서직	sasŏjik	saseojik
사보담	Sabodam	Sabodam	사석	sasŏk	saseok
사복	sabok	sabok	사선	sasŏn	saseon
사복시	saboksi	saboksi	사선무	Sasŏnmu	Saseonmu
사부	sabu	sabu	사설	sasŏl	saseol
사부동	Sabu-dong	Sabu-dong	사설망	sasŏlmang	saseolmang
사북	Sabuk	Sabuk	사설본	sasŏlbon	saseolbon
사분	sabun	sabun	사설선	sasŏlsŏn	saseolseon
사분율	sabunyul	sabunyul	사설집	sasŏlchip	saseoljip
사불산	Sabulsan	Sabulsan	사성	sasŏng	saseong
사비	sabi	sabi	사성동	Sasŏng-dong	Saseong-dong
사비국	Sabiguk	Sabiguk	사성암	Sasŏngam	Saseongam
사비기	Sabigi	Sabigi	사세	sase	sase
사비성	Sabisŏng	Sabiseong	사소	saso	saso
사뿐히	sappunhi	sappunhi	사소한	sasohan	sasohan
사사	sasa	sasa	사손	sason	sason
사사가와	Sasagawa	Sasagawa	사송	sasong	sasong
사사기	sasagi	sasagi	사송록	Sasongnok	Sasongnok
사사로운	sasaroun	sasaroun	사수	sasu	sasu
사사연	Sasayŏn	Sasayeon	사수도	Sasudo	Sasudo
사산	sasan	sasan	사수령	sasuryŏng	sasuryeong
사삼	sasam	sasam	사수리	Sasu-ri	Sasu-ri
사상	sasang	sasang	사숙	sasuk	sasuk
사상가	sasangga	sasangga	사숙인	sasugin	sasugin

한글 용례	ALA-LC Romanization	정부 표기안	한글 용례	ALA-LC Romanization	정부 표기안
사숙재	Sasukchae	sasukjae	사업적	saŏpchŏk	saeopjeok
사순	sasun	sasun	사업청	saŏpch'ŏng	saeopcheong
사순절	Sasunjŏl	Sasunjeol	사업체	saŏpch'e	saeopche
사술	sasul	sasul	사업팀	saŏpt'im	saeoptim
사슬	sasŭl	saseul	사업화	saŏphwa	saeophwa
사슴	sasŭm	saseum	사업회	saŏphoe	saeophoe
사시	sasi	sasi	사여	sayŏ	sayeo
사식	sasik	sasik	사여촉	saryŏch'ok	sayeochok
사신	sasin	sasin	사역	sayŏk	sayeok
사신도	sasindo	sasindo	사역원	Sayŏgwŏn	Sayeogwon
사실	sasil	sasil	사역자	sayŏkcha	sayeokja
사실들	sasildŭl	sasildeul	사연	sayŏn	sayeon
사실성	sasilsŏng	sasilseong	사연들	sayŏndŭl	sayeondeul
사실적	sasilchŏk	sasiljeok	사열	sayŏl	sayeol
사실주의	sasiljuŭi	sasiljuui	사예	saye	saye
사실주의론	sasiljuŭiron	sasiljuuiron	사오	sao	sao
사심	sasim	sasim	사옥	saok	saok
사십	sasip	sasip	사온	saon	saon
사십구재	sasip-kujae	sasipgujae	사와	sawa	sawa
사십년사	sasimnyŏnsa	sasimnyeonsa	사외보	saoebo	saoebo
사십대	sasiptae	sasipdae	사요	sayo	sayo
사십시요	sasipsiyo	sasipsiyo	사요나라	sayonara	sayonara
사십오	sasip-o	sasibo	사요상	sayusang	sayosang
사십이	sasip-i	sasibi	사용	sayong	sayong
사십팔	sasip-p'al	sasippal	사용권	sayongkwŏn	sayonggwon
사십팔경	sasipp'algyŏng	sasippalgyeong	사용기	sayonggi	sayonggi
사악	saak	saak	사용료	sayongnyo	sayongnyo
사안	saan	saan	사용법	sayongpŏp	sayongbeop
사암	Saam	Saam	사용자	sayongja	sayongja
사액	saaek	saaek	사우	sau	sau
사야	saya	saya	사우당	Saudang	Saudang
사약	sayak	sayak	사우디	Saudi	Saudi
사양	sayang	sayang	사우회	sauhoe	sauhoe
사양업	sayangŏp	sayangeop	사원	sawŏn	sawon
사어	saŏ	saeo	사원보	sawŏnbo	sawonbo
사언	saŏn	saeon	사원전	sawŏnjŏn	sawonjeon
사업	saŏp	saeop	사원지	sawŏnji	sawonji
사업단	saŏptan	saeopdan	사월	Sawŏl	sawol
사업대	saŏptae	saeopdae	사월동	Sawŏl-tong	Sawol-dong
사업법	saŏppŏp	saeopbeop	사위	sawi	sawi
사업별	saŏppyŏl	saeopbyeol	사유	sayu	sayu
사업부	saŏppu	saeopbu	사유별	sayubyŏl	sayubyeol
사업상	saŏpsang	saeopsang	사유상	sayusang	sayusang
사업자	saŏpcha	saeopja	사유화	sayuhwa	sayuhwa
사업장	saŏpchang	saeopjang	사육	sayuk	sayuk

한글 용례	ALA-LC Romanization	정부 표기안	한글 용례	ALA-LC Romanization	정부 표기안
사육신	Sayuksin	Sayuksin	사전적	sajŏnjŏk	sajeonjeok
사육신묘	Sayuksinmyo	Sayuksinmyo	사전팀	sajŏnt'im	sajeontim
사은	saŭn	saeun	사전학	sajŏnhak	sajeonhak
사은사	saŭnsa	saeunsa	사절	sajŏl	sajeol
사의	saŭi	saui	사절단	sajŏltan	sajeoldan
사의당	Saŭidang	Sauidang	사정	sajŏng	sajeong
사이	sai	sai	사정관	sajŏnggwan	sajeonggwan
사이공	Saigong	Saigong	사정관제	sajŏnggwanje	sajeonggwanje
사이드	saidŭ	saideu	사정인	sajŏngin	sajeongin
사이버	saibŏ	saibeo	사제	saje	saje
사이버리즘	saibŏrijŭm	saibeorijeum	사제단	sajedan	sajedan
사이버스페이스	saibŏsŭp'eisŭ	saibeoseupeiseu	사제당	Sajedang	Sajedang
사이버스페이스법	Saibŏsŭp'eisu-pŏp	saibeoseupeiseubeop	사제록	sajerok	sajerok
사이비	saibi	saibi	사제복	sajebok	sajebok
사이언스	saiŏnsŭ	saieonseu	사제청	Sajech'ŏng	Sajecheong
사이징	saijing	saijing	사조	sajo	sajo
사이크	Saik'ŭ	Saikeu	사조들	sajodŭl	sajodeul
사이클	saik'ŭl	saikeul	사족	sajok	sajok
사익	saik	saik	사족층	sajokch'ŭng	sajokcheung
사인	sain	sain	사종	Sajong	Sajong
사인교	sain'gyo	saingyo	사죄	sajoe	sajoe
사인들	saindŭl	saindeul	사죄단	sajoedan	sajoedan
사인방	sainbang	sainbang	사죄문	sajoemun	sajoemun
사인암	Sainam	Sainam	사주	saju	saju
사일	Sail	Sail	사주당	Sajudang	Sajudang
사일무	Sailmu	Sailmu	사주제	sajuje	sajuje
사임	saim	saim	사주학	sajuhak	sajuhak
사임당	Saimdang	Saimdang	사중	sajung	sajung
사자	saja	saja	사중주	sajungju	sajungju
사자기	sajagi	sajagi	사증	sachŭng	sajeung
사자무	sajamu	sajamu	사지	saji	saji
사자후	sajahu	sajahu	사지만	sajiman	sajiman
사장	sajang	sajang	사지요	sajiyo	sajiyo
사장님	sajangnim	sajangnim	사직	sajik	sajik
사장들	sajangdŭl	sajangdeul	사직단	Sajiktan	Sajikdan
사장학	sajanghak	sajanghak	사직동	Sajik-tong	Sajik-dong
사재	sajae	sajae	사직서	sajiksŏ	sajikseo
사저	sajŏ	sajeo	사진	sajin	sajin
사적	sajŏk	sajeok	사진가	sajin'ga	sajinga
사적(私的)	sachŏk	sajeok	사진가들	sajin'gadŭl	sajingadeul
사적기	sajŏkki	sajeokgi	사진가선	sajin'gasŏn	sajingaseon
사적비	sajŏkpi	sajeokbi	사진감	Sajin'gam	Sajingam
사적지	sajŏkchi	sajeokji	사진관	sajin'gwan	sajingwan
사전	sajŏn	sajeon	사진들	sajindŭl	sajindeul
사전류	sajŏnnyu	sajeonnyu	사진류	sajinnyu	sajillyu

한글 용례	ALA-LC Romanization	정부 표기안	한글 용례	ALA-LC Romanization	정부 표기안
사진사	sajinsa	sajinsa	사키에	Sak'ie	Sakie
사진선	sajinsŏn	sajinseon	사타로프	Sat'arop'ŭ	Sataropeu
사진전	sajinjŏn	sajinjeon	사탑	sat'ap	satap
사진집	sajinjip	sajinjip	사태	sat'ae	satae
사진첩	sajinch'ŏp	sajincheop	사태론	sat'aeron	sataeron
사진판	sajinp'an	sajinpan	사택	sat'aek	sataek
사집	sajip	sajip	사토	Sat'o	Sato
사집과	sajipkwa	sajipgwa	사토시	Sat'osi	Satosi
사차	sach'a	sacha	사퇴	sat'oe	satoe
사찬	sach'an	sachan	사투	sat'u	satu
사찰	sach'al	sachal	사투리	sat'uri	saturi
사찰령	sach'allyŏng	sachallyeong	사파리	Sap'a-ri	Sapa-ri
사찰터	sach'alt'ŏ	sachalteo	사파이어	sap'aiŏ	sapaieo
사창	sach'ang	sachang	사판	sap'an	sapan
사창가	sach'angka	sachangga	사팔	sap'al	sapal
사창리	Sach'ang-ni	Sachang-ri	사팔뜨기	sap'alttŭgi	sapaltteugi
사채	sach'ae	sachae	사패	sap'ae	sapae
사책	sach'aek	sachaek	사평부	Sap'yŏng-bu	Sapyeong-bu
사천	Sach'ŏn	Sacheon	사평천	Sap'yŏngch'ŏn	Sapyeongcheon
사천군	Sach'ŏn-gun	Sacheon-gun	사평현	Sap'yŏng-hyŏn	Sapyeong-hyeon
사천대	Sach'ŏndae	Sacheondae	사표	sap'yo	sapyo
사천리	Sach'ŏn-ni	Sacheon-ri	사품	sap'um	sapum
사천왕	Sach'ŏnwang	Sacheonwang	사피엔스	Sap'iensŭ	Sapienseu
사천왕문	Sach'ŏnwangmun	Sacheonwangmun	사하	saha	saha
사천왕사	Sach'ŏnwangsa	Sacheonwangsa	사하구	Saha-gu	Saha-gu
사천왕상	Sach'ŏnwangsang	Sacheonwangsang	사학	sahak	sahak
사천현	Sach'ŏn-hyŏn	Sacheon-hyeon	사학과	sahakkwa	sahakgwa
사철	sach'ŏl	sacheol	사학론	sahangnon	sahangnon
사체	sach'e	sache	사학사	sahaksa	sahaksa
사초	sach'o	sacho	사학사적	sahaksachŏk	sahaksajeok
사촌	sach'on	sachon	사학자	sahakcha	sahakja
사촌리	Sach'on-ni	Sachon-ri	사학회	sahakhoe	sahakhoe
사춘기	sach'un'gi	sachungi	사할린	Sahallin	Sahallin
사출	sach'ul	sachul	사함	saham	saham
사충	Sach'ung	Sachung	사합원	Sahabwŏn	Sahabwon
사충단	Sach'ungdan	Sachungdan	사항	sahang	sahang
사치	sach'i	sachi	사해	sahae	sahae
사치도	sach'ido	sachido	사행	sahaeng	sahaeng
사칙	sach'ik	sachik	사행로	sahaengno	sahaengno
사친	sach'in	sachin	사행록	sahaengnok	sahaengnok
사친회	sach'inhoe	sachinhoe	사향	sahyang	sahyang
사칠	sach'il	sachil	사향가	sahyangga	sahyangga
사캬무니	Sak'yamuni	Sakyamuni	사헌	sahŏn	saheon
사쿠라	sak'ura	sakura	사헌부	Sahŏnbu	Saheonbu
사쿠라이	Sak'urai	Sakurai	사현	sahyŏn	sahyeon

한글 용례	ALA-LC Romanization	정부 표기안	한글 용례	ALA-LC Romanization	정부 표기안
사협회	sahyŏphoe	sahyeophoe	삭주군	Sakchu-gun	Sakju-gun
사형	sahyŏng	sahyeong	삭풍	sakp'ung	sakpung
사형수	sahyŏngsu	sahyeongsu	삭히는	sakhinŭn	sakineun
사형제	sahyŏngje	sahyeongje	산	san	san
사호	saho	saho	산간	san'gan	sangan
사화	sahwa	sahwa	산강재	San'gangjae	Sangangjae
사화집	sahwajip	sahwajip	산개	San'gae	Sangae
사환	sahwan	sahwan	산경치	San'gyŏngch'i	Sangyeongchi
사활	sahwal	sahwal	산경표	san'gyŏngp'yo	sangyeongpyo
사회	sahoe	sahoe	산고	san'go	sango
사회과	sahoekwa	sahoegwa	산곡	san'gok	sangok
사회관	sahoegwan	sahoegwan	산골	sankol	sangol
사회권	sahoekwŏn	sahoegwon	산국화	san'gukhwa	sangukhwa
사회극	sahoegŭk	sahoegeuk	산기	sanki	sangi
사회당	Sahoedang	sahoedang	산기협	San'gihyŏp	Sangihyeop
사회론	sahoeron	sahoeron	산길	sankil	sangil
사회론적	sahoeronchŏk	sahoeronjeok	산꽃	sankkot	sankkot
사회부	sahoebu	sahoebu	산나물	sannamul	sannamul
사회사	sahoesa	sahoesa	산능	sannŭng	sanneung
사회상	sahoesang	sahoesang	산다	sanda	sanda
사회성	sahoesŏng	sahoeseong	산다고	sandago	sandago
사회적	sahoejŏk	sahoejeok	산다는	sandanŭn	sandaneun
사회주의	sahoejuŭi	sahoejuui	산다이	Sandai	Sandai
사회주의자	sahoejuŭija	sahoejuuija	산당	sandang	sandang
사회주의적	sahoejuŭijŏk	sahoejuuijeok	산당들	Sandangdŭl	Sandangdeul
사회주의화	sahoejuŭihwa	sahoejuuihwa	산당화	sandanghwa	sandanghwa
사회학	sahoehak	sahoehak	산대	sandae	sandae
사회학적	sahoehakchŏk	sahoehakjeok	산도	sando	sando
사회화	sahoehwa	sahoehwa	산돌	Sandol	Sandol
사후	sahu	sahu	산동	Sandong	Sandong
사후적	sahujŏk	sahujeok	산동네	santongne	sandongne
사훈	sahun	sahun	산돼지	sandwaeji	sandwaeji
사흘	sahŭl	saheul	산둥	Sandung	Sandung
삭	sak	sak	산들	sandŭl	sandeul
삭녕	Sangnyŏng	Sangnyeong	산료	sallyo	sallyo
삭녕군	Sangnyŏng-gun	Sangnyeong-gun	산릉	sallŭng	salleung
삭녕현	Sangnyŏng-hyŏn	Sangnyeong-hyeon	산림	sallim	sallim
삭령	Sangnyŏng	Sangnyeong	산림법	sallimpŏp	sallimbeop
삭망	sangmang	sangmang	산림부	Sallimbu	Sallimbu
삭망일	Sangmangil	Sangmangil	산림직	sallimjik	sallimjik
삭발	sakpal	sakbal	산림청	Sallimch'ŏng	Sallimcheong
삭읍	sagŭp	sakeup	산마을	sanmaŭl	sanmaeul
삭제	sakche	sakje	산맥	sanmaek	sanmaek
삭제판	sakchep'an	sakjepan	산맥선	sanmaeksŏn	sanmaekseon
삭주	Sakchu	Sakju	산메기	sanmegi	sanmegi

한글 용례	ALA-LC Romanization	정부 표기안	한글 용례	ALA-LC Romanization	정부 표기안
산명	sanmyŏng	sanmyeong	산술	sansul	sansul
산문	sanmun	sanmun	산스끄리뜨	Sansŭkkŭrittŭ	Sanseukkeuritteu
산문들	sanmundŭl	sanmundeul	산스크리트어	Sansŭk'ŭrit'ŏ	Sanseukeuriteueo
산문사	sanmunsa	sanmunsa	산신	sansin	sansin
산문선	sanmunsŏn	sanmunseon	산신각	sansin'gak	sansingak
산문집	sanmunjip	sanmunjip	산실	sansil	sansil
산물	sanmul	sanmul	산실청	Sansilch'ŏng	Sansilcheong
산방	sanbang	sanbang	산셋김	sanssitkim	sanssitgim
산방길	sanbangkil	sanbanggil	산악	sanak	sanak
산법	sanpŏp	sanbeop	산악계	sanakkye	sanakgye
산별	sanbyŏl	sanbyeol	산악인	sanagin	sanagin
산보	sanpo	sanbo	산악인들	sanagindŭl	sanagindeul
산보(散譜)	sanbo	sanbo	산야	sanya	sanya
산본	sanbon	sanbon	산야초	sanyach'o	sanyacho
산본동	Sanbon-dong	Sanbon-dong	산양	sanyang	sanyang
산부	sanbu	sanbu	산양삼	sanyangsam	sanyangsam
산부인과	sanbuinkwa	sanbuingwa	산업	sanŏp	saneop
산북	Sanbuk	Sanbuk	산업계	sanŏpkye	saneopgye
산불	sanpul	sanbul	산업대	sanŏptae	saneopdae
산빛	sanpit	sanbit	산업론	sanŏmnon	saneomnon
산사	sansa	sansa	산업별	sanŏppyŏl	saneopbyeol
산사연	Sansayŏn	Sansayeon	산업사	sanŏpsa	saneopsa
산산현	Sansan-hyŏn	Sansan-hyeon	산업성	Sanŏpsŏng	Saneopseong
산삼	sansam	sansam	산업용	sanŏmnyong	saneobyong
산상	sansang	sansang	산업적	sanŏpchŏk	saneopjeok
산새	sansae	sansae	산업화	sanŏphwa	saneophwa
산성	sansŏng	sanseong	산운	sanun	sanun
산성군	sansŏnggun	sanseonggun	산울림	sanullim	sanullim
산성권	sansŏngkwŏn	sanseonggwon	산유화	sanyuhwa	sanyuhwa
산성리	Sansŏng-ni	Sanseong-ni	산유화회	Sanyuhwahoe	sanyuhwahoe
산성화	sansŏnghwa	sanseonghwa	산은	Sanŭn	Saneun
산세	sanse	sanse	산음	sanŭm	saneum
산소	sanso	sanso	산음현	Sanŭm-hyŏn	Saneum-hyeon
산송	sansong	sansong	산의리	Sanŭi-ri	Sanui-ri
산수	sansu	sansu	산인	sanin	sanin
산수군	Sansu-gun	Sansu-gun	산일	sanil	sannil
산수기	sansugi	sansugi	산자	sanja	sanja
산수도	Sansudo	Sansudo	산재	sanjae	sanjae
산수리	Sansu-ri	Sansu-ri	산전	sanjŏn	sanjeon
산수야	Sansuya	Sansuya	산정	sanjŏng	sanjeong
산수유	sansuyu	sansuyu	산정동	Sanjŏng-dong	Sanjeong-dong
산수헌	Sansuhŏn	Sansuheon	산정현	Sanjŏng-hyŏn	Sanjeong-hyeon
산수화	sansuhwa	sansuhwa	산제비	sanjebi	sanjebi
산수화전	sansuhwajŏn	sansuhwajeon	산조	sanjo	sanjo
산수화展	sansuhwajŏn	sansuhwajeon	산줄기	sanjulgi	sanjulgi

한글 용례	ALA-LC Romanization	정부 표기안	한글 용례	ALA-LC Romanization	정부 표기안
산중	sanjung	sanjung	살	sal	sal
산중인	sanjŭngin	sanjeungin	살게	salge	salge
산지	sanji	sanji	살겠다	salgetta	salgetda
산지니	sanjini	sanjini	살결	salkyŏl	salgyeol
산직	sanjik	sanjik	살고	salgo	salgo
산직리	Sanjing-ni	Sanjik-ri	살고자	salgoja	salgoja
산채	sanch'ae	sanchae	살구	Salgu	salgu
산책	sanch'aek	sanchaek	살구꽃	Salgukkot	salgukkot
산책기	sanch'aekki	sanchaekgi	살균제	salgyunje	salgyunje
산책서	sanch'aeksŏ	sanchaekseo	살기	salgi	salgi
산책자	sanch'aekcha	sanchaekja	살기로	salgiro	salgiro
산책자들	sanch'aekchadŭl	sanchaekjadeul	살기식	salgisik	salgisik
산척	Sanch'ŏk	Sancheok	살길	salkil	salgil
산천	sanch'ŏn	sancheon	살까	salkka	salkka
산천재	Sanch'ŏnjae	Sancheonjae	살꽃	salkkot	salkkot
산천제	Sanch'ŏnje	Sancheonje	살다	salda	salda
산청	Sanch'ŏng	Sancheong	살다가	saldaga	saldaga
산청군	Sanch'ŏng-gun	Sancheong-gun	살다간	saldagan	saldagan
산체스	Sanch'esŭ	Sancheseu	살더라	saldŏra	saldeora
산초	sanch'o	sancho	살던	saldŏn	saldeon
산촌	sanch'on	sanchon	살든	saldŭn	saldeun
산출	sanch'ul	sanchul	살라	salla	salla
산토끼	sant'okki	santokki	살려	sallyŏ	sallyeo
산통	sant'ong	santong	살려낸	sallyŏnaen	sallyeonaen
산파	sanp'a	sanpa	살려라	sallyŏra	sallyeora
산포	sanp'o	sanpo	살려야	sallyŏya	sallyeoya
산포지	sanp'oji	sanpoji	살렸고	sallyŏtko	sallyeotgo
산필	sanp'il	sanpil	살롱	sallong	sallong
산하	sanha	sanha	살리고	salligo	salligo
산학	sanhak	sanhak	살리기	salligi	salligi
산학연	Sanhagyŏn	Sanhagyeon	살리는	sallinŭn	sallineun
산학자	sanhakcha	sanhakja	살리다	sallida	sallida
산해	sanhae	sanhae	살리라	sallira	sallira
산해경	Sanhaegyŏng	Sanhaegyeong	살리자	sallija	sallija
산해관	Sanhaegwan	Sanhaegwan	살리타	Sallit'a	Sallita
산해정	Sanhaejŏng	Sanhaejeong	살리타이	Sallit'ai	Sallitai
산행	sanhaeng	sanhaeng	살린	sallin	sallin
산행기	sanhaenggi	sanhaenggi	살린다	sallinda	sallinda
산향	sanhyang	sanhyang	살릴	sallil	sallil
산호	sanho	sanho	살릴데	sallilte	sallilde
산호리	Sanho-ri	Sanho-ri	살림	sallim	sallim
산호림	sanhorim	sanhorim	살림꾼	sallimkkun	sallimkkun
산화	sanhwa	sanhwa	살림살이	sallimsari	sallimsari
산화가	sanhwaga	sanhwaga	살림집	sallimchip	sallimjip
산화물	sanhwamul	sanhwamul	살림터	sallimt'ŏ	sallimteo

한글 용례	ALA-LC Romanization	정부 표기안	한글 용례	ALA-LC Romanization	정부 표기안
살립시다	sallipsida	sallipsida	삵창	Samch'ang	Samchang
살만교	Salman'gyo	Salmangyo	삵터	samt'ŏ	samteo
살며	salmyŏ	salmyeo	삼	sam	sam
살면	salmyŏn	salmyeon	삼가	samga	samga
살바다라	Salbadara	Salbadara	삼가군	Samga-gun	Samga-gun
살사	salsa	salsa	삼가해	samgahae	samgahae
살상	salsang	salsang	삼가현	Samga-hyŏn	Samga-hyeon
살생	salsaeng	salsaeng	삼각	samgak	samgak
살성	salsŏng	salseong	삼각산	Samgaksan	Samgaksan
살수	salsu	salsu	삼각지	Samgakchi	Samgakji
살아	sara	sara	삼각형	samgakhyŏng	samgakyeong
살아가기	saragagi	saragagi	삼강	Samgang	Samgang
살아간	saragan	saragan	삼강록	Samgangnok	Samgangnok
살아갈	saragal	saragal	삼거리	samgŏri	samgeori
살아난	saranan	saranan	삼경	samgyŏng	samgyeong
살아라	sarara	sarara	삼경당	Samgyŏngdang	Samgyeongdang
살아서	sarasŏ	saraseo	삼계	samgye	samgye
살아서는	sarasŏnŭn	saraseoneun	삼계교	Samgyegyo	Samgyegyo
살아야	saraya	saraya	삼계동	Samgye-dong	Samgye-dong
살아온	saraon	saraon	삼고	samko	samgo
살아요	sarayo	sarayo	삼고(三苦)	samgo	samgo
살암	saram	saram	삼공	Samgong	Samgong
살앗주	saratchu	saratju	삼곳리	Samgon-ni	Samgot-ri
살았는가	sarannŭn'ga	saranneunga	삼광	samgwang	samgwang
살았다	saratta	saratda	삼광조	Samgwangjo	Samgwangjo
살았던	sarattŏn	saratdeon	삼구	Samgu	Samgu
살았어	sarassŏ	sarasseo	삼국	samguk	samguk
살았을까	sarassŭlkka	sarasseulkka	삼국사	samguksa	samguksa
살어도	sarŏdo	sareodo	삼국지	samgukchi	samgukji
살어리랏다	sarŏriratta	sareoriratda	삼군	samgun	samgun
살으렵니다	sarŭryŏmnida	sareuryeomnida	삼군부	Samgunbu	Samgunbu
살인	sarin	sarin	삼귀	Samgwi	Samgwi
살인마	sarinma	sarinma	삼균	samgyun	samgyun
살인자	sarinja	sarinja	삼균주의	Samgyunjuŭi	Samgyunjuui
살인죄	sarinjoe	sarinjoe	삼급	samgŭp	samgeup
살지	salji	salji	삼기	samgi	samgi
살지요	saljiyo	saljiyo	삼남	samnam	samnam
살타	salt'a	salta	삼년	samnyŏn	samnyeon
살펴	salp'yŏ	salpyeo	삼년사	samnyŏnsa	samnyeonsa
살펴본	salp'yŏbon	salpyeobon	삼년상	samnyŏnsang	samnyeonsang
살포	salp'o	salpo	삼농	Samnong	Samnong
살풀이	salp'uri	salpuri	삼는다	samnŭnda	samneunda
살해	sarhae	salhae	삼다도	Samdado	Samdado
삶	sam	sam	삼다수	Samdasu	Samdasu
삶기	samki	samgi	삼당	samdang	samdang

한글 용례	ALA-LC Romanization	정부 표기안	한글 용례	ALA-LC Romanization	정부 표기안
삼대	samdae	samdae	삼민사	Samminsa	Samminsa
삼대록	samdaerok	samdaerok	삼민주의	samminjuŭi	samminjuui
삼대록계	samdaerokkye	samdaerokgye	삼방록	Sambangnok	Sambangnok
삼덕동	Samdŏk-tong	Samdeok-dong	삼방리	Sambang-ni	Sambang-ri
삼덕리	Samdŏng-ni	Samdeok-ri	삼백년	sambaengnyŏn	sambaengnyeon
삼도	Samdo	Samdo	삼백선	sambaeksŏn	sambaekseon
삼도구촌	Samdokuch'on	Samdoguchon	삼베	sambe	sambe
삼도만	Samdoman	Samdoman	삼변	sambyŏn	sambyeon
삼독	Samdok	Samdok	삼별초	Sambyŏlch'o	Sambyeolcho
삼동	samdong	samdong	삼보	sambo	sambo
삼동동	Samdong-dong	Samdong-dong	삼봉	Sambong	Sambong
삼두품	samdup'um	samdupum	삼봉리	Sambong-ni	Sambong-ri
삼둔자	Samdunja	Samdunja	삼부	sambu	sambu
삼등	samdŭng	samdeung	삼부경	sambugyŏng	sambugyeong
삼등군	Samdŭng-gun	Samdeung-gun	삼부작	sambujak	sambujak
삼등부	Samdŭng-bu	Samdeung-bu	삼불	sambul	sambul
삼등전	Samdŭngjŏn	Samdeungjeon	삼불망	Sambulmang	Sambulmang
삼등현	Samdŭng-hyŏn	Samdeung-hyeon	삼사	samsa	samsa
삼락	samnak	samnak	삼산	Samsan	Samsan
삼락리	Samnang-ni	Samnak-ri	삼산재	Samsanjae	Samsanjae
삼랑	Samnang	Samnang	삼상	Samsang	samsang
삼략	samnyak	samnyak	삼색	samsaek	samsaek
삼로	samno	samno	삼생	samsaeng	samsaeng
삼론	samnon	samnon	삼선	samsŏn	samseon
삼룡	samnyong	samnyong	삼설기	Samsŏlgi	Samseolgi
삼룡리	Samnyong-ni	Samnyong-ri	삼성	samsŏng	samseong
삼루	samnu	samnu	삼성가	Samsŏngga	Samseongga
삼릉	samnŭng	samneung	삼성家	Samsŏngga	Samseongga
삼리	Sam-ni	Sam-ri	삼성각	Samsŏnggak	Samseonggak
삼림	sallim	sallim	삼성기	Samsŏnggi	Samseonggi
삼림령	sallimnyŏng	sallimnyeong	삼성당	Samsŏngdang	Samseongdang
삼림법	sallimpŏp	sallimbeop	삼성리	Samsŏng-ni	Samseong-ri
삼만	samman	samman	삼성사	Samsŏngsa	Samseongsa
삼만리	sammalli	sammalli	삼성전	Samsŏngjŏn	Samseongjeon
삼망	sammang	sammang	삼성판	Samsŏngp'an	Samseongpan
삼매	sammae	sammae	삼성혈	Samsŏnghyŏl	Samseonghyeol
삼매가	sammaega	sammaega	삼세	samse	samse
삼매경	sammaegyŏng	sammaegyeong	삼송	samsong	samsong
삼매경론	sammaegyŏngnon	sammaegyeongnon	삼수	samsu	samsu
삼매론	sammaeron	sammaeron	삼수군	Samsu-gun	Samsu-gun
삼명	sammyŏng	sammyeong	삼시	samsi	samsi
삼묘리	Sammyo-ri	Sammyo-ri	삼신	samsin	samsin
삼무	sammu	sammu	삼신각	samsin'gak	samsingak
삼문	Sammun	Sammun	삼신교	Samsin'gyo	Samsingyo
삼미	sammi	sammi	삼심제	Samsimje	Samsimje

한글 용례	ALA-LC Romanization	정부 표기안	한글 용례	ALA-LC Romanization	정부 표기안
삼십구	samsip-ku	samsipgu	삼조	samjo	samjo
삼십년사	samsimnyŏnsa	samsimnyeonsa	삼족	samjok	samjok
삼십삼	samsip-sam	samsipsam	삼존	samjon	samjon
삼십송	samsipsong	samsipsong	삼존도	samjondo	samjondo
삼십육계	Samsip-yukkye	samsimyukgye	삼존불	samjonbul	samjonbul
삼십팔	samsip-p'al	samsippal	삼존상	samjonsang	samjonsang
삼아	sama	sama	삼종	samjong	samjong
삼았다	samatta	samatda	삼주	samju	samju
삼았습니다	samassŭmnida	samatseumnida	삼중	samjung	samjung
삼았음	samatsŭm	samasseum	삼중당	Samjungdang	Samjungdang
삼양	Samyang	Samyang	삼지	samji	samji
삼양동	Samyang-dong	Samyang-dong	삼지연	Samjiyŏn	Samjiyeon
삼엄	samŏm	sameom	삼지창	samjich'ang	samjichang
삼업	samŏp	sameop	삼진	samjin	samjin
삼역	samyŏk	samyeok	삼찬	samch'an	samchan
삼연	samyŏn	samyeon	삼창	Samch'ang	Samchang
삼영	Samyŏng	Samyeong	삼척	Samch'ŏk	Samcheok
삼우	Samu	Samu	삼척군	Samch'ŏk-kun	Samcheok-gun
삼우당	Samudang	Samudang	삼척부	Samch'ŏk-pu	Samcheok-bu
삼우반	Samuban	Samuban	삼척선	Samch'ŏksŏn	Samcheokseon
삼우사	Samusa	Samusa	삼척시	Samch'ŏk-si	Samcheoksi
삼운	samun	samun	삼천	samch'ŏn	samcheon
삼원	Samwŏn	Samwon	삼천년사	samch'ŏnnyŏnsa	samcheonnyeonsa
삼원사	Samwŏnsa	Samwonsa	삼천리	samch'ŏlli	samcheolli
삼월	Samwŏl	Samwol	삼천만	samch'ŏnman	samcheonman
삼위	Samwi	Samwi	삼천삼백	samch'ŏn-sambaek	samcheonsambaek
삼육	Samyuk	Samyuk	삼천포	Samch'ŏnp'o	Samcheonpo
삼은	samŭn	sameun	삼청	samch'ŏng	samcheong
삼읍지	samŭpchi	sameupji	삼청동	Samch'ŏng-dong	Samcheong-dong
삼익	Samik	Samik	삼청사	Samch'ŏngsa	Samcheongsa
삼인	samin	samin	삼체	samch'e	samche
삼인행	Saminhaeng	Saminhaeng	삼촌	samch'on	samchon
삼일	Samil	Samil	삼출액	samch'uraek	samchuraek
삼일오	Sam-iro	Samiro	삼층	samch'ŭng	samcheung
삼일절	Sam-ilchŏl	Samiljeol	삼치	samch'i	samchi
삼장	Samjang	Samjang	삼칠	samch'il	samchil
삼장원	Samjangwŏn	Samjangwon	삼칠제	samch'ilche	samchilje
삼재	samjae	samjae	삼켜져야	samk'yŏjyŏya	samkyeojeoya
삼전	Samjŏn	Samjeon	삼키다	samk'ida	samkida
삼전도	Samjŏndo	Samjeondo	삼키며	samk'imyŏ	samkimyeo
삼전도비	Samjŏndobi	Samjeondobi	삼킨	samk'in	samkin
삼절	samjŏl	samjeol	삼판	samp'an	sampan
삼정	samjŏng	samjeong	삼팔	samp'al	sampal
삼정승	samjŏngsŭng	samjeongseung	삼팔도선	Samp'aldosŏn	Sampaldoseon
삼정책	Samjŏngch'aek	Samjeongchaek	삼팔선	Samp'alsŏn	Sampalseon

한글 용례	ALA-LC Romanization	정부 표기안	한글 용례	ALA-LC Romanization	정부 표기안
삼평리	Samp'yŏng-ni	Sampyeong-ri	상계	sanggye	sanggye
삼포	Samp'o	Sampo	상계사	sanggyesa	sanggyesa
삼품	samp'um	sampum	상계史	sanggyesa	sanggyesa
삼풍	Samp'ung	Sampung	상고	sanggo	sanggo
삼하	Samha	Samha	상고기	sanggogi	sanggogi
삼학	Samhak	Samhak	상고사	sanggosa	sanggosa
삼학사	Samhaksa	Samhaksa	상고사적	sanggosachŏk	sanggosajeok
삼한	Samhan	Samhan	상고암	Sanggoam	sanggoam
삼한동	Samhan-dong	Samhan-dong	상공	sanggong	sanggong
삼한사	Samhansa	Samhansa	상공국	Sanggongguk	Sanggongguk
삼현	Samhyŏn	Samhyeon	상공부	Sanggongbu	Sanggongbu
삼협	Samhyŏp	Samhyeop	상공업	sanggongŏp	sanggongeop
삼화	samhwa	samhwa	상공업사	sanggongŏpsa	sanggongeopbsa
삼화령	Samhwaryŏng	Samhwaryeong	상공인	sanggongin	sanggongin
삼화사	Samhwasa	Samhwasa	상관	sanggwan	sanggwan
삼화현	Samhwa-hyŏn	Samhwa-hyeon	상관성	sanggwansŏng	sanggwanseong
삼황	Samhwang	Samhwang	상관습	sanggwansŭp	sanggwanseup
삼회	samhoe	samhoe	상관적	sanggwanjŏk	sanggwanjeok
삼흥리	Samhŭng-ri	Samheung-ri	상국	sangguk	sangguk
삼희	Samhŭi	Samhui	상궁	sanggung	sanggung
삽	sap	sap	상권	sangkwŏn	sanggwon
삽교	Sapkyo	Sapgyo	상극	sanggŭk	sanggeuk
삽교리	Sapkyo-ri	Sapgyo-ri	상극설	sanggŭksŏl	sanggeukseol
삽교집	Sapkyojip	Sapgyojip	상금	sanggŭm	sanggeum
삽다리	Saptari	Sapdari	상금리	Sanggŭm-ni	Sanggeum-ri
삽도	sapto	sapdo	상급용	sanggŭmyong	sanggeubyong
삽살개	sapsalgae	sapsalgae	상기	sanggi	sanggi
삽질	sapchil	sapjil	상남	Sangnam	Sangnam
삽화	saphwa	saphwa	상납	sangnap	sangnap
삽화본	saphwabon	saphwabon	상놈	sangnom	sangnom
삿갓	sakkat	satgat	상단	sangdan	sangdan
삿뽀로	Sapporo	Satpporo	상담	sangdam	sangdam
샀어	sassŏ	sasseo	상담가	sangdamga	sangdamga
상	sang	sang	상담가들	sangdamgadŭl	sangdamgadeul
상가	sangga	sangga	상담기	sangdamgi	sangdamgi
상각	sanggak	sanggak	상담론	sangdamnon	sangdamnon
상간	sanggan	sanggan	상담사	sangdamsa	sangdamsa
상감	sanggam	sanggam	상담소	sangdamso	sangdamso
상감리	Sanggam-ni	Sanggap-ri	상담실	sangdamsil	sangdamsil
상강	Sanggang	Sanggang	상담원	sangdamwŏn	sangdamwon
상거래	sanggŏrae	sanggeorae	상담학	sangdamhak	sangdamhak
상거래법	sanggŏraepŏp	sanggeoraebeop	상당	sangdang	sangdang
상견례	sanggyŏnnye	sanggyeonnye	상당구	Sangdang-gu	Sangdang-gu
상경	sanggyŏng	sanggyeong	상당현	Sangdang-hyŏn	Sangdang-hyeon
상경성	Sanggyŏngsŏng	Sanggyeongseong	상대	sangdae	sangdae

한글 용례	ALA-LC Romanization	정부 표기안	한글 용례	ALA-LC Romanization	정부 표기안
상대국	sangdaeguk	sangdaeguk	상법	sangpŏp	sangbeop
상대등	sangdaedŭng	sangdaedeung	상변	sangbyŏn	sangbyeon
상대방	sangdaebang	sangdaebang	상병	sangbyŏng	sangbyeong
상대성	sangdaesŏng	sangdaeseong	상보	sangbo	sangbo
상대적	sangdaejŏk	sangdaejeok	상복	sangbok	sangbok
상대주의	Sangdaejuŭi	sangdaejuui	상봉	sangbong	sangbong
상도	sangdo	sangdo	상봉녹	Sangbongnok	Sangbongnok
상도리	Sangdo-ri	Sangdo-ri	상봉록	Sangbongnok	Sangbongnok
상동	sangdong	sangdong	상부	sangbu	sangbu
상두꾼	sangdukkun	sangdukkun	상사	sangsa	sangsa
상량	sangnyang	sangnyang	상사동	Sangsa-dong	Sangsa-dong
상량문	sangnyangmun	sangnangmun	상산	Sangsan	Sangsan
상례	sangnye	sangnye	상산고	Sangsan'go	Sangsango
상로	Sangno	Sangno	상산군	Sangsan-gun	Sangsan-gun
상록	sangnok	sangnok	상산읍	Sangsan-ŭp	Sangsan-eup
상록수	sangnoksu	sangnoksu	상산지	Sangsanji	Sangsanji
상록회	sangnokhoe	sangnokhoe	상상	sangsang	sangsang
상류	sangnyu	sangnyu	상상계	sangsanggye	sangsanggye
상륙	sangnyuk	sangnyuk	상상력	sangsangnyŏk	sangsangnyeok
상리	Sangni	Sangni	상생	sangsaeng	sangsaeng
상림리	Sangnim-ni	Sangnim-ri	상생경	sangsaenggyŏng	sangsaenggyeong
상립	Sangnip	Sangnip	상생론	sangsaengnon	sangsaengnon
상말	sangmal	sangmal	상생적	sangsaengjŏk	sangsaengjeok
상말전	sangmaljŏn	sangmaljeon	상생회	Sangsaenghoe	sangsaenghoe
상매리	Sangmae-ri	Sangmae-ri	상서	sangsŏ	sangseo
상명	Sangmyŏng	Sangmyeong	상서로운	sangsŏroun	sangseoroun
상명대	Sangmyŏngdae	Sangmyeongdae	상서성	Sangsŏsŏng	Sangseoseong
상모	sangmo	sangmo	상서원	Sangsŏwŏn	Sangseowon
상모리	Sangmo-ri	Sangmo-ri	상석	sangsŏk	sangseok
상목	sangmok	sangmok	상선	sangsŏn	sangseon
상무	sangmu	sangmu	상설	sangsŏl	sangseol
상무국	sangmuguk	sangmuguk	상설전	sangsŏljŏn	sangseoljeon
상무론	sangmuron	sangmuron	상세	sangse	sangse
상무부	Sangmubu	Sangmubu	상세한	sangsehan	sangsehan
상무사	Sangmusa	Sangmusa	상소	sangso	sangso
상무성	Sangmusŏng	Sangmuseong	상소리	sangsori	sangsori
상문	sangmun	sangmun	상소문	sangsomun	sangsomun
상민	sangmin	sangmin	상속	sangsok	sangsok
상박	sangbak	sangbak	상속법	sangsokpŏp	sangsokbeop
상반기	sangban'gi	sangbangi	상속세	sangsokse	sangsokse
상방	sangbang	sangbang	상쇠	sangsoe	sangsoe
상백	sangbaek	sangbaek	상쇠들	sangsoedŭl	sangsoedeul
상백리	Sangbaeng-ni	Sangbaek-ri	상수	sangsu	sangsu
상번	Sangbŏn	Sangbeon	상수도	sangsudo	sangsudo
상벌	sangbŏl	sangbeol	상수리	Sangsu-ri	Sangsu-ri

한글 용례	ALA-LC Romanization	정부 표기안	한글 용례	ALA-LC Romanization	정부 표기안
상수시	Sangsu-si	Sangsu-si	상의	sangŭi	sangui
상수학	sangsuhak	sangsuhak	상이	sangi	sangi
상수학적	sangsuhakchŏk	sangsuhakjeok	상이암	Sangiam	Ssangiam
상술	sangsul	sangsul	상이한	sangihan	sangihan
상스러움	sangsŭrŏum	sangseureoum	상인	sangin	sangin
상습	sangsŭp	sangseup	상인동	Sangin-dong	Sangin-dong
상승	sangsŭng	sangseung	상인들	sangindŭl	sangindeul
상시	sangsi	sangsi	상인세	sanginse	sanginse
상시관	Sangsigwan	sangsigwan	상임	sangim	sangim
상시리	Sangsi-ri	Sangsi-ri	상자	sangja	sangja
상식	sangsik	sangsik	상장	sanchang	sangjang
상신	sangsin	sangsin	상장(上場)	sangjang	sangjang
상신리	Sangsin-ni	Sangsin-ri	상장례	sangjangnye	sangjangnye
상실	sangsil	sangsil	상장제	sangjangje	sangjangje
상아	sanga	sanga	상재생	Sangjaesaeng	Sangjaesaeng
상아탑	Sangat'ap	Sangatap	상쟁	sangjaeng	sangjaeng
상안	Sangan	Sangan	상저가	Sangjŏga	Sangjeoga
상언	Sangŏn	Sangeon	상전	sangjŏn	sangjeon
상언식	Sangŏnsik	Sangeonsik	상절	sangjŏl	sangjeol
상업	sangŏp	sangeopsa	상점	sangjŏm	sangjeom
상업부	Sangŏppu	Sangeopbu	상정	sangjŏng	sangjeong
상업사	sangŏpsa	sangeopsa	상정리	Sangjŏng-ni	Sangjeong-ri
상업성	Sangŏpsŏng	Sangeopseong	상정법	Sangjŏngpŏp	Sangjeongbeop
상업학	sangŏphak	sangeophak	상제	sangje	sangje
상업화	sangŏphwa	sangeophwa	상제례	sangjerye	sangjerye
상여	sangyŏ	sangyeo	상조	sangjo	sangjo
상여꾼	sangnyŏkkun	sangyeokkun	상조계	sangjogye	sangjogye
상역	sangyŏk	sangyeok	상조사	sangjosa	sangjosa
상연	sangyŏn	sangyeon	상조회	sangjohoe	sangjohoe
상엿	sangyŏt	sangyeot	상종	sangjong	sangjong
상영	sangyŏng	sangyeong	상좌	Sangjwa	Sangjwa
상오리	Sango-ri	Sango-ri	상주	sangju	sangju
상옹	Sangong	Sangong	상주군	Sangju-gun	Sangju-gun
상왕	sangwang	sangwang	상주리	Sangju-ri	Sangju-ri
상용	sangyong	sangyong	상주목	Sangju-mok	Sangju-mok
상용어	sangyongŏ	sangyongeo	상주시	Sangju-si	Sangju-si
상용화	sangyonghwa	sangyonghwa	상중	sangjung	sangjung
상원	sangwŏn	sangwon	상중리	Sangjung-ni	Sangjung-ri
상원군	Sangwŏn-gun	Sangwon-gun	상지	Sangji	Sangji
상원사	Sangwŏnsa	Sangwonsa	상지대	Sangjidae	Sangjidae
상월	Sangwŏl	Sangwol	상징	sangjing	sangjing
상위	sangwi	sangwi	상징물	sangjingmul	sangjingmul
상위고	sangwigo	sangwigo	상징어	sangjingŏ	sangjingeo
상유	Sangyu	Sangyu	상차림	sanch'arim	sangcharim
상응	sangŭng	sangeung	상책	sangch'aek	sangchaek

한글 용례	ALA-LC Romanization	정부 표기안	한글 용례	ALA-LC Romanization	정부 표기안
상처	sangch'ŏ	sangcheo	상호주의	sanghojuŭi	sanghojuui
상처들	sangch'ŏdŭl	sangcheodeul	상환	sanghwan	sanghwan
상체	sangch'e	sangche	상환용	sanghwanyong	sanghwanyong
상촌리	Sangch'on-ni	Sangchon-ri	상황	sanghwang	sanghwang
상추	sangch'u	sangchu	상황론	sanghwangnon	sanghwangnon
상춘곡	Sangch'un'gok	Sangchungok	상황론적	sanghwangnonchŏk	sanghwangnonjeok
상층	sangch'ung	sangchung	상황전	sanghwangjŏn	sanghwangjeon
상층	sangch'ŭng	sangcheung	상황화	sanghwanghwa	sanghwanghwa
상카	Sangk'a	Sangka	상회	sanghoe	sanghoe
상쾌하다	sangk'waehada	sangkwaehada	상훈	sanghun	sanghun
상쾌한	sangk'waehan	sangkwaehan	샅샅이	satsach'i	satsachi
상태	sangt'ae	sangtae	새	sae	sae
상택지	Sangt'aekchi	Sangtaekji	새것	saegŏt	saegeot
상투	sangt'u	sangtu	새겨	saegyŏ	saegyeo
상트	Sangt'ŭ	Sangteu	새겨야	saegyŏya	saegyeoya
상편	sangp'yŏn	sangpyeon	새겨진	saegyŏjin	saegyeojin
상평	Sangp'yŏng	Sangpyeong	새기고	saegigo	saegigo
상평창	Sangp'yŏngch'ang	Sangpyeongchang	새기다	saegida	saegida
상표	sangp'yo	sangpyo	새긴	saegin	saegin
상표권	sangp'yokwŏn	sangpyogwon	새길	saegil	saegil
상표법	sangp'yopŏp	sangpyobeop	새김	saegim	saegim
상품	sangp'um	sangpum	새끼	saekki	saekki
상품권	sangp'umkwŏn	sangpumgwon	새날	saenal	saenal
상품별	sangp'umbyŏl	sangpumbyeol	새남터	Saenamt'ŏ	Saenamteo
상품화	sangp'umhwa	sangpumhwa	새납	saenap	saenap
상피제	Sangp'ije	Sangpije	새내기	saenaegi	saenaegi
상하	sangha	sangha	새누리당	Saenuridang	Saenuridang
상하다	sanghada	sanghada	새들	saedŭl	saedeul
상하이	Sanghai	Sanghai	새로	saero	saero
상하이시	Sanghai-si	Sanghai-si	새로운	saeroun	saeroun
상하현	Sangha-hyŏn	Sangha-hyeon	새로움	saeroum	saeroum
상학	sanghak	sanghak	새로이	saeroi	saeroi
상한	sanghan	sanghan	새록	saerok	saerok
상한선	sanghansŏn	sanghanseon	새론	saeron	saeron
상항	Sanghang	Sanghang	새롬	saerom	saerom
상해	sanghae	sanghae	새롭게	saeropke	saeropge
상해파	Sanghaep'a	Sanghaepa	새롭고	saeropko	saeropgo
상향	sanghyang	sanghyang	새마을	saemaŭl	saemaeul
상허	Sanghŏ	Sangheo	새마을학	Saemaŭrhak	Saemaeulhak
상헌	Sanghŏn	Sangheon	새만금	Saeman'gŭm	Saemangeum
상현	sanghyŏn	sanghyeon	새문社	Saemunsa	Saemunsa
상현달	sanghyŏntal	sanghyeondal	새미	saemi	saemi
상협	Sanghyŏp	Sanghyeop	새벗	saebŏt	saebeot
상형	sanghyŏng	sanghyeong	새벽	saebyŏk	saebyeok
상호	sangho	sangho	새별	saebyŏl	saebyeol

한글 용례	ALA-LC Romanization	정부 표기안	한글 용례	ALA-LC Romanization	정부 표기안
새빛	saebit	saebit	샘물	saemmul	saemmul
새사연	Saesayŏn	Saesayeon	샘물터	saemmult'ŏ	saemmulteo
새싹	saessak	saessak	샘터	saemt'ŏ	saemteo
새싹회	Saessakhoe	Saessakhoe	샘터사	Saemt'ŏsa	Saemteosa
새얼	saeŏl	saeeol	샛님	saennim	saennim
새우	saeu	saeu	샛바람	saepparam	saetbaram
새우젓	saeujŏt	saeujeot	샛별	saetpyŏl	saetbyeol
새울까	saeulkka	saeulkka	생	saeng	saeng
새움	saeum	saeum	생가	saengga	saengga
새움터	Saeumt'ŏ	Saeumteo	생각	saenggak	saenggak
새재	saejae	saejae	생각들	saenggaktŭl	saenggakdeul
새천년	saech'ŏnnyŏn	saecheonnyeon	생각법	saenggakpŏp	saenggakbeop
새총	saech'ong	saechong	생각사	saenggaksa	saenggaksa
새터	saet'ŏ	saeteo	생강	saenggang	saenggang
새터민	saet'ŏmin	saeteomin	생거	saenggŏ	saenggeo
새틀	saet'ŭl	saeteul	생것	saengkŏt	saenggeot
새판	saep'an	saepan	생것들	saengkŏttŭl	saenggeotdeul
색	saek	saek	생계	saenggye	saenggye
색경	saekkyŏng	saekgyeong	생계비	saenggyebi	saenggyebi
색계	saekkye	saekgye	생곡동	Saenggok-tong	Saenggok-dong
색깔	saekkkal	saekkkal	생기	saenggi	saenggi
색깔별	saekkkalbyŏl	saekkkalbyeol	생긴	saenggin	saenggin
색난	saengnan	saengnan	생길까	saenggilkka	saenggilkka
색다른	saektarŭn	saekdareun	생나무	saengnamu	saengnamu
색달	Saektal	Saekdal	생도	saengdo	saengdo
색동회	Saektonghoe	Saekdonghoe	생동	saengdong	saengdong
색리	Saengni	Saengni	생래	saengnae	saengnae
색명	saengmyŏng	saengmyeong	생략	saengnyak	saengnyak
색목인	Saengmogin	Saengmogin	생로	saengno	saengno
색상	saeksang	saeksang	생리	saengni	saengni
색시	saeksi	saeksi	생리학	saengnihak	saengnihak
색안경	saegan'gyŏng	saegangyeong	생명	saengmyŏng	saengmyeong
색연필	saegyŏnp'il	saengnyeonpil	생명관	saengmyŏnggwan	saengmyeonggwan
색인	saegin	saegin	생명력	saengmyŏngnyŏk	saengmyeongnyeok
색인어	saeginŏ	saegineo	생명론	saengmyŏngnon	saengmyeongnon
색인집	saeginjip	saeginjip	생명선	saengmyŏngsŏn	saengmyeongseon
색채	saekch'ae	saekchae	생명수	saengmyŏngsu	saengmyeongsu
샌	saen	saen	생명파	saengmyŏngp'a	saengmyeongpa
샌드위치	saendŭwich'i	saendeuwichi	생물	saengmul	saengmul
샌즈	Saenjŭ	Saenjeu	생물군	saengmulgun	saengmulgun
샐러드	saellŏdŭ	saelleodeu	생물권	saengmulkwŏn	saengmulgwon
샐러리	saellŏri	saelleori	생물명	saengmulmyŏng	saengmulmyeong
샐러리맨	saellŏrimaen	saelleorimaen	생물상	saengmulsang	saengmulsang
샘	saem	saem	생물종	saengmuljong	saengmuljong
샘골	Saemkol	Saemgol	생물체	saengmulch'e	saengmulche

한글 용례	ALA-LC Romanization	정부 표기안	한글 용례	ALA-LC Romanization	정부 표기안
생물학	saengmurhak	saengmulhak	생존	saengjon	saengjon
생물학적	saengmurhakchŏk	saengmulhakjeok	생존권	saengjonkwŏn	saengjongwon
생방송	saengbangsong	saengbangsong	생존기	saengjon'gi	saengjongi
생불	saengbul	saengbul	생존력	saengjonnyŏk	saengjonnyeok
생사	saengsa	saengsa	생존자	saengjonja	saengjonja
생사관	saengsagwan	saengsagwan	생중계	saengjunggye	saengjunggye
생사학	saengsahak	saengsahak	생쥐	saengjwi	saengjwi
생산	saengsan	saengsan	생진시	Saengjinsi	Saengjinsi
생산물	saengsanmul	saengsanmul	생채	saengch'ae	saengchae
생산비	saengsanbi	saengsanbi	생천군	Saengch'ŏn-gun	Saengcheon-gun
생산사	saengsansa	saengsansa	생철	saengch'ŏl	saengcheol
생산성	saengsansŏng	saengsanseong	생철학적	saengch'ŏrhakchŏk	saengcheolhakjeok
생산용	saengsanyong	saengsanyong	생체	saengch'e	saengche
생산적	saengsanjŏk	saengsanjeok	생태	saengt'ae	saengtae
생산주의	saengsanjuŭi	saengsanjuui	생태계	saengt'aegye	saengtaegye
생산주의적	saengsanjuŭijŏk	saengsanjuuijeok	생태과	saengt'aekwa	saengtaegwa
생산직	saengsanjik	saengsanjik	생태원	Saengt'aewŏn	Saengtaewon
생산품	saengsanp'um	saengsanpum	생태적	saengt'aejŏk	saengtaejeok
생생	saengsaeng	saengsaeng	생태주의	saengt'aejuŭi	saengtaejuui
생생하게	saengsaenghage	saengsaenghage	생태학	saengt'aehak	saengtaehak
생생한	saengsaenghan	saengsaenghan	생태학적	saengt'aehakchŏk	saengtaehakjeok
생선	saengsŏn	saengseon	생판	saengp'an	saengpan
생선전	saengsŏnjŏn	saengseonjeon	생포	saengp'o	saengpo
생성	saengsŏng	saengseong	생협	saenghyŏp	saenghyeop
생성적	saengsŏngjŏk	saengseongjeok	생활	saenghwal	saenghwal
생소	saengso	saengso	생활관	saenghwalgwan	saenghwalgwan
생수	saengsu	saengsu	생활구	saenghwalgu	saenghwalgu
생식	saengsik	saengsik	생활권	saenghwalkwŏn	saenghwalgwon
생식용	saengsigyong	saengsigyong	생활록	saenghwallok	saenghwallok
생신	saengsin	saengsin	생활사	saenghwalsa	saenghwalsa
생애	saengae	saengae	생활상	saenghwalsang	saenghwalsang
생애담	saengaedam	saengaedam	생활어	saenghwarŏ	saenghwareo
생애사	saengaesa	saengaesa	생활인	saenghwarin	saenghwarin
생약	saengyak	saengyak	생활자	saenghwalcha	saenghwalja
생약학	saengyakhak	saengyakhak	생활재	saenghwaljae	saenghwaljae
생업	saengŏp	saengeop	생활표	saenghwalp'yo	saenghwalpyo
생원	saengwŏn	saengwon	생황	saenghwang	saenghwang
생원과	saengwŏn'gwa	saengwongwa	샤룡	Syaryong	Syaryong
생원시	Saengwŏnsi	Saengwonsi	샤를	Syarŭl	Syareul
생원전	saengwŏnjŏn	saengwonjeon	샤머니즘	syamŏnijŭm	syameonijeum
생육신	Saengyuksin	Saengyuksin	샤먼	syamŏn	syameon
생일	saengil	saengil	샤브	syabŭ	syabeu
생일도	Saengilto	saengildo	샤브쉬나	Syabŭshwina	Syabeuswina
생장	saengjang	saengjang	샤이에	Syaie	Syaie
생전	saengjŏn	saengjeon	샤이오	Syaio	Syaio

한글 용례	ALA-LC Romanization	정부 표기안	한글 용례	ALA-LC Romanization	정부 표기안
샨티	Syant'i	Syanti	서까래	sŏkkarae	seokkarae
샬롬	Syallom	Syallom	서나	sŏna	seona
샴페인	syamp'ein	syampein	서나벌	Sŏnabŏl	Seonabeol
서	sŏ	seo	서남	sŏnam	seonam
서가	sŏga	seoga	서남대	Sŏnamdae	Seonamdae
서가도	sŏgado	seogado	서남부	sŏnambu	seonambu
서각	sŏgak	seogak	서남해	Sŏnamhae	Seonamhae
서간	sŏgan	seogan	서남해안	Sŏnamhaean	Seonamhaean
서간도	Sŏgando	seogando	서낭	sŏnang	seonang
서간문	sŏganmun	seoganmun	서낭당	sŏnangdang	seonangdang
서간집	sŏganjip	seoganjip	서낭신	sŏnangsin	seonangsin
서간첩	sŏganch'ŏp	seogancheop	서낭제	sŏnangje	seonangje
서간체	sŏganch'e	seoganche	서노련	Sŏnoryŏn	Seonoryeon
서강	Sŏgang	Seogang	서는	sŏnŭn	seoneun
서강대	Sŏgangdae	Seogangdae	서늘한	sŏnŭrhan	seoneulhan
서강사	Sŏgangsa	Seogangsa	서늘했다	sŏnŭrhaetta	seoneulhaetda
서거	sŏgŏ	seogeo	서다	sŏda	seoda
서계	sŏge	seoge	서단산	Sŏdansan	Seodansan
서결첩	sŏgyŏlch'ŏp	seogyeolcheop	서담	Sŏdam	Seodam
서경	Sŏgyŏng	Seogyeong	서당	sŏdang	seodang
서경대	Sŏgyŏngdae	Seogyeongdae	서당도	sŏdangdo	seodangdo
서經硏	Sŏgyŏngyŏn	Seogyeongyeon	서대	Sŏdae	Seodae
서계	sŏgye	seogye	서대문	Sŏdaemun	Seodaemun
서고	sŏgo	seogo	서도	sŏdo	seodo
서곡	sŏgok	seogok	서독	Sŏdok	Seodok
서공	Sŏgong	Seogong	서돈	sŏdon	seodon
서곶	Sŏgot	Seogot	서동	Sŏdong	Seodong
서관	sŏgwan	seogwan	서동요	sŏdongyo	seodongyo
서광	sŏgwang	seogwang	서둔	sŏdun	seodun
서광사	Sŏgwangsa	Seogwangsa	서둔동	Sŏdun-dong	Seodun-dong
서교	Sŏgyo	Seogyo	서라	sŏra	seora
서교동	Sŏgyo-dong	Seogyo-dong	서라벌	Sŏrabŏl	Seorabeol
서구	sŏgu	seogu	서락	sŏrak	seorak
서구권	sŏgukwŏn	seogugwon	서랍	sŏrap	seorap
서구식	sŏgusik	seogusik	서러워라	sŏrŏwŏra	seoreowora
서구인	sŏguin	seoguin	서러워서	sŏrŏwŏsŏ	seoreowoseo
서구인들	sŏguindŭl	seoguindeul	서럽고	sŏrŏpko	seoreopgo
서구화	sŏguhwa	seoguhwa	서럽더라	sŏrŏptŏra	seoreopdeora
서궁	sŏgung	seogung	서령	Sŏryŏng	Seoryeong
서궁록	Sŏgungnok	seogungnok	서령군	Sŏryŏng-gun	Seoryeong-gun
서궐	sŏgwŏl	seogwol	서례	sŏrye	seorye
서귀	Sŏgwi	Seogwi	서로	sŏro	seoro
서귀포	Sŏgwip'o	Seogwipo	서론	sŏron	seoron
서귀포시	Sŏgwip'o-si	Seogwipo-si	서류	sŏryu	seoryu
서기	sŏgi	seogi	서류관	sŏryugwan	seoryugwan

한글 용례	ALA-LC Romanization	정부 표기안	한글 용례	ALA-LC Romanization	정부 표기안
서른	sŏrŭn	seoreun	서비스부	sŏbisŭbu	seobiseubu
서릉부	Sŏrŭngbu	Seoreungbu	서비스업	sŏbisŭŏp	seobiseueop
서릉씨	Sŏrŭngssi	Seoreungssi	서비스직	sŏbisŭjik	seobiseujik
서리	sŏri	seori	서비스팀	sŏbisŭt'im	seobiseutim
서린	sŏrin	seorin	서비스표	sŏbisŭp'yo	seobiseupyo
서림	sŏrim	seorim	서빙고	Sŏbinggo	Seobinggo
서림사	Sŏrimsa	Seorimsa	서사	sŏsa	seosa
서림재	Sŏrimjae	Seorimjae	서사론	sŏsaron	seosaron
서막	sŏmak	seomak	서사론적	sŏsaronchŏk	seosaronjeok
서면	sŏmyŏn	seomyeon	서사시	sŏsasi	seosasi
서명	sŏmyŏng	seomyeong	서사체	sŏsach'e	seosache
서명본	sŏmyŏngbon	seomyeongbon	서사학	sŏsahak	seosahak
서명본展	sŏmyŏngbonjŏn	seomyeongbonjeon	서사화	sŏsahwa	seosahwa
서목	sŏmok	seomok	서산	Sŏsan	Seosan
서묘	Sŏmyo	Seomyo	서산군	Sŏsan-gun	Seosan-gun
서문	sŏmun	seomun	서산현	Sŏsan-hyŏn	Seosan-hyeon
서문당	Sŏmundang	Seomundang	서삼릉	Sŏsamnŭng	Seosamneung
서문집	sŏmunjip	seomunjip	서상	sosang	seosang
서미	Sŏmi	Seomi	서상기	Sŏsanggi	Seosanggi
서민	sŏmin	seomin	서생	sŏsaeng	seosaeng
서민들	sŏmindŭl	seomindeul	서생포	Sŏsaengp'o	Seosaengpo
서민층	sŏminch'ŭng	seomincheung	서서	sŏsŏ	seoseo
서반	Sŏban	Seoban	서서원	Sŏsŏwŏn	Seoseowon
서발문	sŏbalmun	seobalmun	서석	sŏsŏk	seoseok
서발문선	sŏbalmunsŏn	seobalmunseon	서설	sŏsŏl	seoseol
서발턴	Sŏbalt'ŏn	Seobalteon	서성	Sŏsŏng	seoseong
서방	sŏbang	seobang	서성리	Sŏsŏng-ni	Seoseong-ri
서백	Sŏbaek	Seobaek	서성이다	sosŏngida	seoseongida
서법	sŏpŏp	seobeop	서세	sŏse	seose
서베이	sŏbei	seobei	서소	sŏso	seoso
서벽	Sŏbyŏk	Seobyeok	서소문	Sŏsomun	Seosomun
서변동	Sŏbyŏn-dong	Seobyeon-dong	서수	sŏsu	seosu
서보	Sŏbo	Seobo	서수라동	Sŏsura-dong	Seosura-dong
서봉	Sŏbong	Seobong	서수형	sŏsuhyŏng	seosuhyeong
서부	sŏbu	seobu	서숙	sŏsuk	seosuk
서부동	Sŏbu-dong	Seobu-dong	서술	sŏsul	seosul
서북	sŏbuk	seobuk	서술적	sŏsulchŏk	seosuljeok
서북계	Sŏbukkye	Seobukgye	서술형	sŏsurhyŏng	seosulhyeong
서북로	sŏbungno	seobungno	서시	sŏsi	seosi
서북면	Sŏbung-myŏn	Seobuk-myeon	서식	sŏsik	seosik
서북파	Sŏbukp'a	Seobukpa	서식지	sŏsikchi	seosikji
서브	sŏbŭ	seobeu	서식집	sŏsikchip	seosikjip
서비스	sŏbisŭ	seobiseu	서식처	sŏsikch'ŏ	seosikcheo
서비스과	sŏbisŭkwa	seobiseugwa	서신	sŏsin	seosin
서비스론	sŏbisŭron	seobiseuron	서실	sŏsil	seosil

한글 용례	ALA–LC Romanization	정부 표기안	한글 용례	ALA–LC Romanization	정부 표기안
서악동	Sŏak-tong	Seoak-dong	서울대생들	Sŏuldaesaengdŭl	Seouldaesaengdeul
서안	Sŏan	Seoan	서울말	Sŏulmal	Seoulmal
서암	Sŏam	Seoam	서울성	Sŏulsŏng	Seoulseong
서애	Sŏae	Seoae	서울시	Sŏul-si	Seoul-si
서야	sŏya	seoya	서울市	Sŏul-si	Seoul-si
서약서	sŏyaksŏ	seoyakseo	서울역	Sŏuryŏk	Seoulyeok
서양	sŏyang	seoyang	서울연	Sŏuryŏn	Seouryeon
서양사	sŏyangsa	seoyangsa	서울파	Sŏulp'a	Seoulpa
서양서	sŏyangsŏ	seoyangseo	서울학	Sŏurhak	Seoulhak
서양식	sŏyangsik	seoyangsik	서울학적	Sŏurhakchŏk	Seoulhakjeok
서양인	sŏyangin	seoyangin	서울형	Sŏurhyŏng	Seoulhyeong
서양인들	sŏyangindŭl	seoyangindeul	서원	sŏwŏn	seowon
서양화	sŏyanghwa	seoyanghwa	서원군	Sŏwŏn-gun	Seowon-gun
서어	sŏŏ	seoeo	서원대	Sŏwŏndae	Seowondae
서어비스	sŏŏbisŭ	seoeobiseu	서원문	sŏwŏnmun	seowonmun
서언	sŏŏn	seoeon	서원조	sŏwŏnjo	seowonjo
서얼	sŏŏl	seoeol	서원현	Sŏwŏn-hyŏn	Seowon-hyeon
서역	Sŏyŏk	Seoyeok	서월	Sŏwŏl	Seowol
서역기	Sŏyŏkki	Seoyeokgi	서유	sŏyu	seoyu
서역인	Sŏyŏgin	Seoyeogin	서유기	Sŏyugi	Seoyugi
서역전	Sŏyŏkchŏn	Seoyeokjeon	서윤	Sŏyun	Seoyun
서연	Sŏyŏn	Seoyeon	서음	Sŏŭm	Seoeum
서열	sŏyŏl	seoyeol	서이	Sŏi	Seoi
서열화	sŏyŏrhwa	seoyeolhwa	서인	sŏin	seoin
서예	sŏye	seoye	서있네	sŏinne	seoinne
서예가	sŏyega	seoyega	서있는	sŏinnŭn	seoinneun
서예관	soyegwan	seoyegwan	서있다	sŏitta	seoitda
서예론	sŏyeron	seoyeron	서자	sŏja	seoja
서예사	sŏyesa	seoyesa	서장	Sŏjang	Seojang
서예인	sŏyein	seoyein	서장관	Sŏjanggwan	Seojanggwan
서예전	sŏyejŏn	seoyejeon	서장대	Sŏjangdae	Seojangdae
서오능	Sŏonŭng	Seooneung	서재	sŏjae	seojae
서오룽	Sŏorŭng	Seooreung	서재리	Sŏjae-ri	Seojae-ri
서옥설	Sŏoksŏl	Seookseol	서적	sŏjŏk	seojeok
서요	sŏyo	seoyo	서적부	sŏjŏkpu	seojeokbu
서용	Sŏyong	Seoyong	서적상	sŏjŏksang	seojeoksang
서우얼	Sŏuŏl	Seoueol	서적점	sŏjŏkchŏm	seojeokjeom
서운	sŏun	seoun	서적포	sŏjŏkp'o	seojeokpo
서운관	Sŏun'gwan	Seoungwan	서전	Sŏjŏn	Seojeon
서운산	Sŏunsan	Seounsan	서점	sŏjŏm	seojeom
서운한	sŏunhan	seounhan	서정	sŏjŏng	seojeong
서울	Sŏul	Seoul	서정록	sŏjŏngnok	seojeongrok
서울고	Sŏulgo	Seoulgo	서정리	Sŏjŏng-ni	Seojeong-ri
서울대	Sŏuldae	Seouldae	서정성	sŏjŏngsŏng	seojeongseong
서울대생	Sŏuldaesaeng	Seouldaesaeng	서정시	sŏjŏngsi	seojeongsi

한글 용례	ALA-LC Romanization	정부 표기안	한글 용례	ALA-LC Romanization	정부 표기안
서정적	sŏjŏngjŏk	seojeongjeok	서포	Sŏp'o	Seopo
서제	sŏje	seoje	서포동	Sŏp'o-dong	Seopo-dong
서주	Sŏju	Seoju	서포항	Sŏp'ohang	Seopohang
서주지	sŏjuji	seojuji	서품	sŏp'um	seopum
서중	Sŏjung	Seojung	서프라이즈	sŏp'ŭraijŭ	seopeuraijeu
서중리	Sŏjung-ni	Seojung-ri	서핑	sŏp'ing	seoping
서증	sŏjŭng	seojeung	서하	Sŏha	Seoha
서지	sŏji	seoji	서하당	Sŏhadang	Seohadang
서지과	sŏjikwa	seojigwa	서학	Sŏhak	Seohak
서지적	sŏjijŏk	seojijeok	서학변	Sŏhakpyŏn	Seohakbyeon
서지학	sŏjihak	seojihak	서학회	Sŏhakhoe	Seohakhoe
서지학적	sŏjihakchŏk	seojihakjeok	서한	sŏhan	seohan
서진	sŏjin	seojin	서한문	sŏhanmun	seohanmun
서집	sŏjip	seojip	서한집	sŏhanjip	seohanjip
서쪽	sŏtchok	seojjok	서해	Sŏhae	Seohae
서찰	sŏch'al	seochal	서해도	Sŏhaedo	Seohaedo
서찰첩	sŏch'alch'ŏp	seochalcheop	서해록	sŏhaerok	seohaerok
서책	sŏch'aek	seochaek	서해안	sŏhaean	seohaean
서천	Sŏch'ŏn	Seocheon	서해안권	sŏhaeankwŏn	Seohaeangwon
서천군	Sŏch'ŏn-gun	Seocheon-gun	서행	sŏhaeng	seohaeng
서천동	Sŏch'ŏn-dong	Seocheon-dong	서현사	Sŏhyŏnsa	Seohyeonsa
서천리	Sŏch'ŏn-ni	Seocheon-ri	서호	Sŏho	Seoho
서첩	sŏch'ŏp	seocheop	서호리	Sŏho-ri	Seoho-ri
서첩들	sŏch'ŏptŭl	seocheopdeul	서화	sŏhwa	seohwa
서청	Sŏch'ŏng	Seocheong	서화가	sŏhwaga	seohwaga
서체	sŏch'e	seoche	서화가들	sŏhwagadŭl	seohwagadeul
서체학	sŏch'ehak	seochehak	서화집	sŏhwajip	seohwajip
서초	sŏch'o	seocho	서화징	sŏhwajing	seohwajing
서초구	Sŏch'o-gu	Seocho-gu	서화첩	sŏhwach'ŏp	seohwacheop
서초동	Sŏch'o-dong	Seocho-dong	서회	sŏhoe	seohoe
서촌	Sŏch'on	Seochon	서후면	Sŏhu-myŏn	Seohu-myeon
서총대	Sŏch'ongdae	Seochongdae	서흥	Sŏhŭng	Seoheung
서총련	Sŏch'ongnyŏn	Seochongnyeon	서흥군	Sŏhŭng-gun	Seoheung-gun
서커스	sŏk'ŏsŭ	seokeoseu	서흥현	Sŏhŭng-hyŏn	Seoheung-hyeon
서탑	Sŏt'ap	seotap	석	sŏk	seok
서태지	Sŏt'aeji	Seotaeji	석가	Sŏkka	Seokga
서투른	sŏt'urŭn	seotureun	석가모니	Sŏkkamoni	Seokgamoni
서툰	sŏt'un	seotun	석가모니불	Sŏkkamonibul	Seokgamonibul
서파	sŏp'a	seopa	석가불	Sŏkkabul	Seokgabul
서편	sŏp'yŏn	seopyeon	석가산	Sŏkkasan	Seokgasan
서편제	Sŏp'yŏnje	Seopyeonje	석가탑	Sŏkkatap	Seokgatap
서평	sŏp'yŏng	seopyeong	석각	sŏkkak	seokgak
서평군	Sŏp'yŏng-gun	Seopyeong-gun	석간	sŏkkan	seokgan
서평리	Sŏp'yŏng-ni	Seopyeong-ri	석개울	sŏkkaeul	seokgaeul
서평현	Sŏp'yŏng-hyŏn	Seopyeong-hyeon	석거	Sŏkkŏ	Seokgeo

한글 용례	ALA-LC Romanization	정부 표기안	한글 용례	ALA-LC Romanization	정부 표기안
석경	Sŏkkyŏng	Seokgyeong	석성	Sŏksŏng	Seokseong
석곡리	Sŏkkong-ni	Seokgok-ri	석성군	Sŏksŏng-gun	Seokseong-gun
석공	sŏkkong	seokgong	석성현	Sŏksŏng-hyŏn	Seokseong-hyeon
석공업	sŏkkongŏp	seokgongeop	석세스	sŏksesŭ	seokseseu
석곽	sŏkkwak	seokgwak	석수	sŏksu	seoksu
석곽묘	sŏkkwangmyo	seokgwangmyo	석수동	Sŏksu-dong	Seoksu-dong
석관	sŏkkwan	seokgwan	석순	sŏksun	seoksun
석관묘	sŏkkwanmyo	seokgwanmyo	석실	sŏksil	seoksil
석교리	Sŏkkyo-ri	Seokgyo-ri	석실분	sŏksilbun	seoksilbun
석굴	sŏkkul	seokgul	석아화	Sŏgahwa	Seogahwa
석굴암	Sŏkkuram	Seokguram	석암	Sŏgam	Seogam
석굴암론	Sŏkkuramnon	Seokguramnon	석암리	Sŏgam-ni	Seogam-ri
석기	sŏkki	seokgi	석애	sŏgae	seogae
석남	sŏngnam	seongnam	석양	sŏgyang	seogyang
석다리	Sŏkta-ri	Seokda-ri	석양군	Sŏgyang-gun	Seogyang-gun
석담	Sŏktam	Seokdam	석어당	Sŏgŏdang	Seogeodang
석당	sŏktang	seokdang	석여	Sŏgyŏ	Seogyeo
석도	sŏkto	seokdo	석영	sŏgyŏng	seogyeong
석독	sŏktok	seokdok	석오	Sŏgo	Seogo
석등	sŏktŭng	seokdeung	석왕	Sŏgwang	Seogwang
석류	sŏngnyu	seongnyu	석왕사	Sŏgwangsa	Seogwangsa
석릉	Sŏngnŭng	Seongneung	석요	sŏgyo	seogyo
석림	sŏngnim	seongnim	석우	Sŏgu	Seogu
석목	Sŏngmok	Seongmok	석유	sŏgyu	seogyu
석묘	sŏngmyo	seongmyo	석의	sŏgŭi	seogui
석문	sŏngmun	seongmun	석인	sŏgin	seogin
석물	sŏngmul	seongmul	석일사	Sŏgilsa	Seogilsa
석물지	sŏngmulji	seongmulji	석장	Sŏkchang	Seokjang
석방	sŏkpang	seokbang	석장동	Sŏkchang-dong	Seokjang-dong
석보	Sŏkpo	seokbo	석장리	Sŏkchang-ni	Seokjang-ri
석봉	sŏkpong	seokbong	석장생	Sŏkchangsaeng	Seokjangsaeng
석봉리	Sŏkpong-ni	Seokbong-ri	석재	sŏkchae	seokjae
석봉체	Sŏkpongch'e	Seokbongche	석전	sŏkchŏn	seokjeon
석불	sŏkpul	seokbul	석정	Sŏkchŏng	Seokjeong
석불사	Sŏkpulsa	Seokbulsa	석정리	Sŏkchŏng-ni	Seokjeong-ri
석불상	sŏkpulsang	seokbulsang	석조	sŏkcho	seokjo
석불좌	sŏkpuljwa	seokbuljwa	석조물	sŏkchomul	seokjomul
석비	sŏkpi	seokbi	석조전	Sŏkchojŏn	Seokjojeon
석비문	sŏkpimun	seokbimun	석존	sŏkchon	seokjon
석빙	sŏkping	seokbing	석종	sŏkchong	seokjong
석빙고	Sŏkpinggo	Seokbinggo	석좌	sŏkchwa	seokjwa
석사자	sŏksaja	seoksaja	석주	sŏkchu	seokju
석산	Sŏksan	Seoksan	석죽화	sŏkchukhwa	seokjukhwa
석산리	Sŏksan-ni	Seoksan-ri	석채	Sŏkch'ae	Seokchae
석상	sŏksang	seoksang	석천	Sŏkch'ŏn	Seokcheon

한글 용례	ALA-LC Romanization	정부 표기안	한글 용례	ALA-LC Romanization	정부 표기안
석초	Sŏkch'o	Seokcho	선과	sŏn'gwa	seongwa
석촌	Sŏkch'on	Seokchon	선관	sŏn'gwan	seongwan
석촌동	Sŏkch'on-dong	Seokchon-dong	선광	sŏn'gwang	seongwang
석총	Sŏkch'ong	Seokchong	선교	sŏn'gyo	seongyo
석축	sŏkch'uk	seokchuk	선교부	sŏn'gyobu	seongyobu
석축로	sŏkch'ungno	seokchungno	선교사	sŏn'gyosa	seongyosa
석탄	sŏkt'an	seoktan	선교사들	sŏn'gyosadŭl	seongyosadeul
석탄리	Sŏkt'an-ni	Seoktan-ri	선교성	Sŏn'gyosŏng	Seongyoseong
석탄일	Sŏkt'anil	Seoktanil	선교원	sŏn'gyowŏn	seongyowon
석탑	sŏkt'ap	seoktap	선교장	Sŏn'gyojang	Seongyojang
석토	Sŏkt'o	Seokto	선교적	sŏn'gyojŏk	seongyojeok
석파	Sŏkp'a	Seokpa	선교학	sŏn'gyohak	seongyohak
석판	sŏkp'an	seokpan	선교회	sŏn'gyohoe	seongyohoe
석포	Sŏkp'o	Seokpo	선구	sŏn'gu	seongu
석필	sŏkp'il	seokpil	선구자	sŏn'guja	seonguja
석학	sŏkhak	seokhak	선구자들	sŏn'gujadŭl	seongujadeul
석학들	sŏkhaktŭl	seokhakdeul	선국	Sŏn'guk	Seonguk
석호	Sŏkho	Seokho	선군	sŏn'gun	seongun
석화	sŏkhwa	seokhwa	선군절	Sŏn'gunjŏl	Seongunjeol
석화촌	Sŏkhwach'on	Seokhwachon	선귤당	Sŏn'gyultang	Seongyuldang
석회	sŏkhoe	seokhoe	선기	sŏn'gi	seongi
섞여	sŏkkyŏ	seokkyeo	선내	sŏnnae	seonnae
선	sŏn	seon	선녀	sŏnnyŏ	seonnyeo
선가	sŏn'ga	seonga	선농	Sŏnnong	Seonnong
선각	sŏn'gak	seongak	선농단	Sŏnnongdan	Seonnongdan
선각자	sŏn'gakcha	seongakja	선농제	Sŏnnongje	Seonnongje
선각자들	sŏn'gakchadŭl	seongakjadeul	선단	sŏndan	seondan
선감도	Sŏn'gamdo	Seongamdo	선단동	Sŏndan-dong	Seondan-dong
선강	Sŏn'gang	Seongang	선달	Sŏndal	Seondal
선거	sŏn'gŏ	seongeo	선답	sŏndap	seondap
선거고	Sŏn'gŏgo	Seongeogo	선덕	Sŏndŏk	Seondeok
선거권	sŏn'gŏkwŏn	seongeogwon	선데이	Sŏndei	Seondei
선거들	sŏn'gŏdŭl	seongeodeul	선도	sŏndo	seondo
선거법	sŏn'gŏpŏp	seongeobeop	선도구	sŏndogu	seondogu
선거안	sŏn'gŏan	seongeoan	선도자	sŏndoja	seondoja
선거전	sŏn'gŏjŏn	seongeojeon	선도자들	sŏndojadŭl	seondojadeul
선거展	sŏn'gŏjŏn	seongeojeon	선도적	sŏndojŏk	seondojeok
선거제	sŏn'gŏje	seongeoje	선도형	sŏndohyŏng	seondohyeong
선거지	Sŏn'gŏji	Seongeoji	선도회	sŏndohoe	seondohoe
선결	sŏn'gyŏl	seongyeol	선독	Sŏndok	Seondok
선경	Sŏn'gyŏng	Seongyeong	선돌	Sŏndol	Seondol
선계	Sŏn'gye	Seongye	선동	sŏndong	seondong
선고	sŏn'go	seongo	선동가	sŏndongga	seondongga
선곡	sŏn'gok	seongok	선동부	sŏndongbu	seondongbu
선공감	Sŏn'gonggam	Seongonggam	선동원	sŏndongwŏn	seondongwon

한글 용례	ALA-LC Romanization	정부 표기안	한글 용례	ALA-LC Romanization	정부 표기안
선동자	sŏndongja	seondongja	선불	sŏnbul	seonbul
선두	sŏndu	seondu	선불교	Sŏnbulgyo	Seonbulgyo
선랑	Sŏllang	Seollang	선불장	Sŏnbulchang	Seonbuljang
선래	Sŏllae	Seollae	선비	sŏnbi	seonbi
선량	sŏnnyang	seollyang	선비가	sŏnbiga	seonbiga
선례	sŏllye	seollye	선비네	sŏnbine	seonbine
선릉	Sŏnnŭng	Seolleung	선비들	sŏnbidŭl	seonbideul
선리	sŏlli	seolli	선비족	Sŏnbijok	Seonbijok
선린	sŏllin	seollin	선사	sŏnsa	seonsa
선림	Sŏllim	Seollim	선사들	sŏnsadŭl	seonsadeul
선망	sŏnmang	seonmang	선사비	sŏnsabi	seonsabi
선면전	Sŏnmyŏnjŏn	Seonmyeonjeon	선산	Sŏnsan	Seonsan
선명	sŏnmyŏng	seonmyeong	선산군	Sŏnsan-gun	Seonsan-gun
선명회	Sŏnmyŏnghoe	Seonmyeonghoe	선산읍	Sŏnsan-ŭp	Seonsan-eup
선목	Sŏnmok	Seonmok	선상	sŏnsang	seonsang
선묘	Sŏnmyo	Seonmyo	선생	sŏnsaeng	seonsaeng
선무	sŏnmu	seonmu	선생가	sŏnsaengga	seonsaengga
선무사	sŏnmusa	seonmusa	선생님	sŏnsaengnim	seonsaengnim
선묵	Sŏnmuk	Seonmuk	선생들	sŏnsaengdŭl	seonsaengdeul
선문	sŏnmun	seonmun	선생안	sŏnsaengan	seonsaengan
선문답	sŏnmundap	seonmundap	선샤인	sŏnsyain	seonsyain
선문대	Sŏnmundae	Seonmundae	선서	sŏnsŏ	seonseo
선문집	sŏnmunjip	seonmunjip	선서문	sŏnsŏmun	seonseomun
선문학	sŏnmunhak	seonmunhak	선서화	sŏnsŏhwa	seonseohwa
선물	sŏnmul	seonmul	선선하다	sŏnsŏnhada	seonseonhada
선미	sŏnmi	seonmi	선성	Sŏnsŏng	Seonseong
선민	sŏnmin	seonmin	선수	sŏnsu	seonsu
선민주의	sŏnminjuŭi	seonminjuui	선수들	sŏnsudŭl	seonsudeul
선박	sŏnbak	seonbak	선순환	sŏnsunhwan	seonsunhwan
선박사	sŏnbaksa	seonbaksa	선술	sŏnsul	seonsul
선박세	sŏnbakse	seonbakse	선술집	sŏnsulchip	seonsuljip
선반	sŏnban	seonban	선습	sŏnsŭp	seonseup
선발	sŏnbal	seonbal	선승	sŏnsŭng	seonseung
선방	sŏnbang	seonbang	선시	sŏnsi	seonsi
선배	sŏnbae	seonbae	선심	sŏnsim	seonsim
선배들	sŏnbaedŭl	seonbaedeul	선안	Sŏnan	Seonan
선법	sŏnpŏp	seonbeop	선암	Sŏnam	Seonam
선별	sŏnbyŏl	seonbyeol	선암각	Sŏnamgak	Seonamgak
선별적	sŏnbyŏljŏk	seonbyeoljeok	선암리	Sŏnam-ni	Seonam-ri
선병	sŏnbyŏng	seonbyeong	선암사	Sŏnamsa	Seonamsa
선본	sŏnbon	seonbon	선양	sŏnyang	seonyang
선봉	Sŏnbong	Seonbong	선양국	Sŏnyangguk	Seonyangguk
선봉장	sonbongjang	seonbongjang	선양회	sŏnyanghoe	seonyanghoe
선부	sŏnbu	seonbu	선어	Sŏnŏ	Seoneo
선부동	Sŏnbu-dong	Seonbu-dong	선어록	sŏnŏrok	seoneorok

한글 용례	ALA-LC Romanization	정부 표기안	한글 용례	ALA-LC Romanization	정부 표기안
선언	sŏnŏn	seoneon	선점론	sŏnjŏmnon	seonjeomnon
선언문	sŏnŏnmun	seoneonmun	선정	sŏnjŏng	seonjeong
선언서	sŏnŏnsŏ	seoneonseo	선정릉	Sŏnjŏngnŭng	Seonjeongneung
선열	sŏnyŏl	seonyeol	선정인	sŏnjŏngin	seonjeongin
선열들	sŏnyŏldŭl	seonyeoldeul	선정자	sŏnjŏngja	seonjeongja
선영	sŏnyŏng	seonyeong	선정작	sŏnjŏngjak	seonjeongjak
선온도	sŏnondo	seonondo	선제	sŏnje	seonje
선왕	sŏnwang	seonwang	선조	sŏnjo	seonjo
선우	Sŏnu	Seonu	선조들	sŏnjodŭl	seonjodeul
선운	Sŏnun	Seonun	선종	Sŏnjong	Seonjong
선운사	Sŏnunsa	Seonunsa	선종선	Sŏnjongsŏn	Seonjongseon
선원	sŏnwŏn	seonwon	선주	sŏnju	seonju
선원록	sŏnwŏnnok	seonwonnok	선죽교	Sŏnjukkyo	Seonjukgyo
선원사	Sŏnwŏnsa	Seonwonsa	선직랑	Sŏnjingnang	Seonjingnang
선원전	Sŏnwŏnjŏn	Seonwonjeon	선진	sŏnjin	seonjin
선위	sŏnwi	seonwi	선진국	sŏnjin'guk	seonjinguk
선위선	sŏnwisŏn	seonwiseon	선진국형	sŏnjin'gukhyŏng	seonjingukhyeong
선유	sŏnyu	seonyu	선진형	sŏnjinhyŏng	seonjinhyeong
선유가	sŏnyuga	seonyuga	선진화	sŏnjinhwa	seonjinhwa
선유락	Sŏnyurak	Seonyurak	선집	sŏnjip	seonjip
선유실리	Sŏnyusil-li	Seonyusil-ri	선착	sŏnch'ak	seonchak
선율	sŏnyul	seonyul	선착장	sŏnch'akchang	seonchakjang
선의	sŏnŭi	seonui	선창	sŏnch'ang	seonchang
선이수제	sŏnisuje	seonisuje	선천	sŏnch'ŏn	seoncheon
선이해	sŏnihae	seonihae	선천군	Sŏnch'ŏn-gun	Seoncheon-gun
선인	sŏnin	seonin	선천부	Sŏnch'ŏn-bu	Seoncheon-bu
선인동	Sŏnin-dong	Seonin-dong	선초	Sŏnch'o	Seoncho
선인들	sŏnindŭl	seonindeul	선택	sŏnt'aek	seontaek
천인장	sŏninjang	seoninjang	선택권	sŏnt'aekkwŏn	seontaekgwon
선일	Sŏnil	Seonil	선택론	sŏnt'aengnon	seontaengnon
선임	sŏnim	seonim	선택론적	sŏnt'aengnonjŏk	seontaengnonjeok
선자연	Sŏnjayŏn	Seonjayeon	선택제	sŏnt'aekche	seontaekje
선잠	sŏnjam	seonjam	선택형	sŏnt'aekhyŏng	seontaekyeong
선잠제	Sŏnjamje	Seonjamje	선편	sŏnp'yŏn	seonpyeon
선장	sŏnjang	seonjang	선포	sŏnp'o	seonpo
선재	Sŏnjae	Seonjae	선표	sŏnp'yo	seonpyo
선적	sŏnjŏk	seonjeok	선풍	sŏnp'ung	seonpung
선전	sŏnjŏn	seonjeon	선하주	sŏnhaju	seonhaju
선전관	sŏnjŏn'gwan	seonjeongwan	선학	sŏnhak	seonhak
선전대	sŏnjŏndae	seonjeondae	선학동	Sŏnhak-tong	Seonhak-dong
선전부	Sŏnjŏnbu	Seonjeonbu	선학리	Sŏnhang-ni	Seonhak-ri
선전성	sŏnjŏnsŏng	seonjeonseong	선학사	Sŏnhaksa	Seonhaksa
선전원	sŏnjŏnwŏn	seonjeonwon	선학원	Sŏnhagwŏn	Seonhagwon
선전원들	sŏnjŏnwŏndŭl	seonjeonwondeul	선한	sŏnhan	seonhan
선점	sŏnjŏm	seonjeom	선함	sŏnham	seonham

한글 용례	ALA-LC Romanization	정부 표기안	한글 용례	ALA-LC Romanization	정부 표기안
선행	sŏnhaeng	seonhaeng	설비	sŏlbi	seolbi
선행관	sŏnhaenggwan	seonhaenggwan	설사	sŏlsa	seolsa
선현	sŏnhyŏn	seonhyeon	설산	Sŏlsan	Seolsan
선현들	sŏnhyŏndŭl	seonhyeondeul	설상	sŏlsang	seolsang
선혈	sŏnhyŏl	seonhyeol	설선당	sŏlsŏndang	seolseondang
선형	sŏnhyŏng	seonhyeong	설성	Sŏlsŏng	Seolseong
선혜청	Sŏnhyech'ŏng	Seonhyecheong	설악	Sŏrak	Seorak
선호	sŏnho	seonho	설악산	Sŏraksan	Seoraksan
선황제	Sŏnhwangje	Seonhwangje	설원	sŏrwŏn	seorwon
선휘원	Sŏnhwiwŏn	Seonhwiwon	설인	sŏrin	seorin
설	sŏl	seol	설전	sŏlchŏn	seoljeon
설강	sŏlgang	seolgang	설정	sŏlchŏng	seoljeong
설경	sŏlgyŏng	seolgyeong	설죽	Sŏlchuk	Seoljuk
설계	sŏlgye	seolgye	설중매	Sŏlchungmae	Seoljungmae
설계권	sŏlgyekwŏn	seolgyegwon	설천	sŏlch'ŏn	seolcheon
설계도	sŏlgyedo	seolgyedo	설촌	Sŏlch'on	Seolchon
설계리	Sŏlgye-ri	Seolgye-ri	설치	sŏlch'i	seolchi
설계사	sŏlgyesa	seolgyesa	설탕	sŏlt'ang	seoltang
설계안	sŏlgyean	seolgyean	설파	sŏlp'a	seolpa
설계자	sŏlgyeja	seolgyeja	설풍	sŏlp'ung	seolpung
설계집	sŏlgyejip	seolgyejip	설한	sŏrhan	seolhan
설곡	Sŏlgok	Seolgok	설화	sŏrhwa	seolhwa
설교	sŏlgyo	seolgyo	설화리	Sŏrhwa-ri	Seolhwa-ri
설교자	sŏlgyoja	seolgyoja	설화산	Sŏrhwasan	Seolhwasan
설교집	sŏlgyojip	seolgyojip	설화성	sŏrhwasŏng	seolhwaseong
설교학	sŏlgyohak	seolgyohak	설화집	sŏrhwajip	seolhwajip
설득	sŏltŭk	seoldeuk	섬	sŏm	seom
설득력	sŏltŭngnyŏk	seoldeungnyeok	섬광	sŏmgwang	seomgwang
설레는	sŏllenŭn	seolleneun	섬기는	sŏmginŭn	seomgineun
설레임	sŏlleim	seolleim	섬기다	sŏmgida	seomgida
설령	sŏllyŏng	seollyeong	섬긴	sŏmgin	seomgin
설립	sŏllip	seollip	섬길까	sŏmgilkka	seomgilkka
설립자	sŏllipcha	seollipja	섬김	sŏmgim	seomgim
설립지	sŏllipchi	seollipji	섬돌	sŏmtol	seomdol
설명	sŏlmyŏng	seolmyeong	섬들	sŏmdŭl	seomdeul
설명문	sŏlmyŏngmun	seolmyeongmun	섬세한	sŏmsehan	seomsehan
설명서	sŏlmyŏngsŏ	seolmyeongseo	섬용지	Sŏmyongji	Seomyongji
설뫼	Sŏlmoe	Seolmoe	섬유	sŏmyu	seomyu
설문	sŏlmun	seolmun	섬유종증	sŏmyujongchŭng	seomyujongjeung
설문대	Sŏlmundae	Seolmundae	섬진	Sŏmjin	Seomjin
설법	sŏlpŏp	seolbeop	섬진강	Sŏmjin'gang	Seomjingang
설법도	sŏlpŏpto	seolbeopdo	섬진강권	Sŏmjin'gangkwŏn	Seomjinganggwon
설법자	sŏlpŏpcha	seolbeopja	섬촌군	Sŏmch'on-gun	Seomchon-gun
설봉	Sŏlbong	Seolbong	섭	sŏp	seop
설봉산	Sŏlbongsan	Seolbongsan	섭론	sŏmnon	seomron

한글 용례	ALA-LC Romanization	정부 표기안	한글 용례	ALA-LC Romanization	정부 표기안
섭생	sŏpsaeng	seopsaeng	성난	sŏngnan	seongnan
섭외	sŏboe	seoboe	성남	Sŏngnam	Seongnam
섭외국	sŏboeguk	seoboeguk	성남리	Sŏngnam-ni	Seongnam-ri
섭정	sŏpchŏng	seopjeong	성남시	Sŏngnam-si	Seongnam-si
섭취	sŏpch'wi	seopchwi	성내	sŏngnae	seongnae
섭취량	sŏpch'wiryang	seopchwiryang	성내리	Sŏngnae-ri	Seongnae-ri
성	sŏng	seong	성냥	sŏngnyang	seongnyang
성가형	sŏnggahyŏng	seonggahyeong	성냥갑	sŏngnyanggap	seongnyanggap
성각	sŏnggak	seonggak	성년	sŏngnyŏn	seongnyeon
성건동	Sŏnggŏn-dong	Seonggeon-dong	성년례	sŏngnyŏllye	seongnyeollye
성격	sŏngkyŏk	seonggyeok	성년식	sŏngnyŏnsik	seongnyeonsik
성결	sŏnggyŏl	seonggyeol	성능	sŏngnŭng	seongneung
성결교	Sŏnggyŏlgyo	Seonggyeolgyo	성당	sŏngdang	seongdang
성경	Sŏnggyŏng	Seonggyeong	성당포	Sŏngdangp'o	Seongdangpo
성경적	Sŏnggyŏngjŏk	Seonggyeongjeok	성대한	sŏngdaehan	seongdaehan
성경학	Sŏnggyŏnghak	Seonggyeoṅghak	성덕	Sŏngdŏk	Seongdeok
성곡	Sŏnggok	Seonggok	성덕리	Sŏngdŏng-ni	Seongdeok-ri
성골	sŏnggol	seonggol	성도	sŏngdo	seongdo
성공	sŏnggong	seonggong	성도회	sŏngdohoe	seongdohoe
성공기	sŏnggonggi	seonggonggi	성동	Sŏngdong	Seongdong
성공률	sŏnggongnyul	seonggongnyul	성동구	Sŏngdong-gu	Seongdong-gu
성공인	sŏnggongin	seonggongin	성동리	Sŏngdong-ni	Seongdong-ri
성공적	sŏnggongjŏk	seonggongjeok	성령	sŏngnyŏng	seongryeong
성공회	Sŏnggonghoe	Seonggonghoe	성령론	sŏngnyŏngnon	seongryeongron
성공회대	Sŏnggonghoedae	Seonggonghoedae	성루	sŏngnu	seongnu
성과	sŏngkwa	seonggwa	성류사	Sŏngnyunsa	Seongnyunsa
성과급	sŏngkwagŭp	seonggwageup	성리	sŏngni	seongni
성과물	sŏngkwamul	seonggwamul	성리설	Sŏngnisŏl	Seongniseol
성과전	sŏngkwajŏn	seonggwajeon	성리학	Sŏngnihak	Seongnihak
성과주의	sŏngkwajuŭi	seonggwajuui	성리학파	Sŏngnihakp'a	Seongnihakpa
성곽	sŏnggwak	seonggwak	성림	Sŏngnim	Seongnim
성곽길	sŏnggwakkil	seonggwakgil	성립	sŏngnip	seongrip
성광	Sŏnggwang	Seonggwang	성립사	sŏngnipsa	seongripsa
성광사	Sŏnggwangsa	Seonggwangsa	성막	sŏngmak	seongmak
성교	sŏnggyo	seonggyo	성명	sŏngmyŏng	seongmyeong
성구	sŏnggu	seonggu	성명서	sŏngmyŏngsŏ	seongmyeongseo
성국	sŏngguk	seongguk	성명학	sŏngmyŏnghak	seongmyeonghak
성군	sŏnggun	seonggun	성모	sŏngmo	seongmo
성균	Sŏnggyun	Seonggyun	성목	sŏngmok	seongmok
성균관	Sŏnggyun'gwan	Seonggyungwan	성묘	sŏngmyo	seongmyo
성균관대	Sŏnggyun'gwandae	Seonggyungwandae	성무	Sŏngmu	Seongmu
성극	Sŏnggŭk	Seonggeuk	성묵	Sŏngmuk	Seongmuk
성근	sŏnggŭn	seonggeun	성문	sŏngmun	seongmun
성기	sŏnggi	seonggi	성문리	Sŏngmun-ni	Seongmun-ri
성기군	Sŏnggi-gun	Seonggi-gun	성문사	Sŏngmunsa	Seongmunsa

한글 용례	ALA-LC Romanization	정부 표기안	한글 용례	ALA-LC Romanization	정부 표기안
성벽	sŏngbyŏk	seongbyeok	성암동	Sŏngam-dong	Seongam-dong
성변	Sŏngbyŏn	seongbyeon	성약	sŏngyak	seongyak
성별	sŏngbyŏl	seongbyeol	성어	sŏngŏ	seongeo
성보	sŏngbo	seongbo	성업	sŏngŏp	seongeop
성보사	Sŏngbosa	Seongbosa	성업회	sŏngŏphoe	seongeophoe
성봉각	Sŏngbonggak	Seongbonggak	성역	sŏngyŏk	seongyeok
성부	sŏngbu	seongbu	성오	Sŏngo	Seongo
성북	Sŏngbuk	Seongbuk	성옥	Sŏngok	Seongok
성북구	Sŏngbuk-ku	Seongbuk-gu	성왕	sŏngwang	seongwang
성북동	Sŏngbuk-tong	Seongbuk-dong	성우	sŏngu	seongu
성분	sŏngbun	seongbun	성운	sŏngun	seongun
성불	sŏngbul	seongbul	성웅	sŏngung	seongung
성불경	Sŏngbulgyŏng	Seongbulgyeong	성원	sŏngwŏn	seongwon
성불론	sŏngbullon	seongbullon	성원들	sŏngwŏndŭl	seongwondeul
성불사	Sŏngbulsa	Seongbulsa	성원사	Sŏngwŏnsa	Seongwonsa
성사	sŏngsa	seongsa	성위	sŏngwi	seongwi
성산	Sŏngsan	Seongsan	성육신	sŏngyuksin	seongyuksin
성산군	Sŏngsan-gun	Seongsan-gun	성은	sŏngŭn	seongeun
성산동	Sŏngsan-dong	Seongsan-dong	성음	sŏngŭm	seongeum
성삼	Sŏngsam	Seongsam	성읍	sŏngŭp	seongeup
성상	sŏngsang	seongsang	성읍리	Sŏngŭp-ni	Seongeup-ri
성서	sŏngsŏ	seongseo	성의	sŏngŭi	seongui
성서적	Sŏngsŏjŏk	Seongseojeok	성인	sŏngin	seongin
성석	Sŏngsŏk	Seongseok	성인기	sŏngin'gi	seongingi
성선	sŏngsŏn	seongseon	성인봉	Sŏnginbong	Seonginbong
성세	sŏngse	seongse	성인선	sŏnginsŏn	seonginseon
성소	sŏngso	seongso	성인식	sŏnginsik	seonginsik
성속	sŏngsok	seongsok	성인전	sŏnginjŏn	seonginjeon
성쇠	sŏngsoe	seongsoe	성일	sŏngil	seongil
성수	sŏngsu	seongsu	성자	Sŏngja	Seongja
성수산	Sŏngsusan	Seongsusan	성장	sŏngjang	seongjang
성숙	sŏngsuk	seongsuk	성장기	sŏngjanggi	seongjanggi
성숙기	sŏngsukki	seongsukgi	성장률	sŏngjangnyul	seongjangnyul
성숙도	sŏngsukto	seongsukdo	성장사	sŏngjangsa	seongjangsa
성스러운	sŏngsŭrŏun	seongseureoun	성장축	sŏngjangch'uk	seongjangchuk
성시	sŏngsi	seongsi	성장통	sŏngjangt'ong	seongjangtong
성시도	sŏngsido	seongsido	성장형	sŏngjanghyŏng	seongjanghyeong
성신	Sŏngsin	Seongsin	성적	sŏngjŏk	seongjeok
성실	sŏngsil	seongsil	성적표	sŏngjŏkp'yo	seongjeokpyo
성심	sŏngsim	seongsim	성전	sŏngjŏn	seongjeon
성씨	sŏngssi	seongssi	성절	Sŏngjŏl	Seongjeol
성악	sŏngak	seongak	성정	sŏngjŏng	seongjeong
성안	Sŏngan	seongan	성조	sŏngjo	seongjo
성안당	Sŏngandang	Seongandang	성조기	Sŏngjogi	Seongjogi
성암	Sŏngam	Seongam	성종	Sŏngjong	Seongjong

한글 용례	ALA-LC Romanization	정부 표기안	한글 용례	ALA-LC Romanization	정부 표기안
성종대	Sŏngjongdae	Seongjongdae	성호원	Sŏnghowŏn	Seonghowon
성종조	Sŏngjongjo	Seongjongjo	성호학	Sŏnghohak	Seonghohak
성좌	sŏngjwa	seongjwa	성혼	sŏnghon	seonghon
성좌들	sŏngjwadŭl	seongjwadeul	성화	sŏnghwa	seonghwa
성주	sŏngju	seongju	성황	sŏnghwang	seonghwang
성주군	Sŏngju-gun	Seongju-gun	성황단	sŏnghwangdan	seonghwangdan
성주리	Sŏngju-ri	Seongju-ri	성황당	sŏnghwangdang	seonghwangdang
성주목	Sŏngju-mok	Seongju-mok	성황사	Sŏnghwangsa	Seonghwangsa
성주사	Sŏngjusa	Seongjusa	성황신	sŏnghwangsin	seonghwangsin
성지	sŏngji	seongji	성황제	sŏnghwangje	seonghwangje
성직	sŏngjik	seongjik	성회	sŏnghoe	seonghoe
성직자	sŏngjikcha	seongjikja	섶자락	sŏpcharak	seopjarak
성차	sŏngch'a	seongcha	세	se	se
성찬	sŏngch'an	seongchan	세가	sega	sega
성찰	sŏngch'al	seongchal	세간	segan	segan
성찰론	sŏngch'allon	seongchallon	세거	segŏ	segeo
성찰성	sŏngch'alsŏng	seongchalseong	세겹	segyop	segyeop
성찰적	sŏngch'alchŏk	seongchaljeok	세경	segyŏng	segyeong
성책	sŏngch'aek	seongchaek	세경본	segyŏngbon	segyeongbon
성책초	sŏngch'aekch'o	seongchaekcho	세경사	Segyŏngsa	Segyeongsa
성천	Sŏngch'ŏn	Seongcheon	세계	segye	segye
성천강	Sŏngch'ŏn'gang	Seongcheongang	세계관	segyegwan	segyegwan
성천군	Sŏngch'ŏn-gun	Seongcheon-gun	세계론	segyeron	segyeron
성철	Sŏngch'ŏl	Seongcheol	세계사	segyesa	segyesa
성청사	Sŏngch'ŏngsa	Seongcheongsa	세계사적	segyesachŏk	segyesajeok
성체	sŏngch'e	seongche	세계성	segyesŏng	segyeseong
성초	Sŏngch'o	Seongcho	세계어	segyeŏ	segyeeo
성총	Sŏngch'ong	Seongchong	세계인	segyein	segyein
성취	sŏngch'wi	seongchwi	세계인들	segyeindŭl	segyeindeul
성취도	sŏngch'wido	seongchwido	세계적	segyejŏk	segyejeok
성취도별	sŏngch'widobyŏl	seongchwidobyeol	세계화	segyehwa	segyehwa
성큼	sŏngk'ŭm	seongkeum	세계화론	segyehwaron	segyehwaron
성탄	Sŏngt'an	Seongtan	세고	sego	sego
성탄절	Sŏngt'anjŏl	Seongtanjeol	세곡	segok	segok
성터	sŏngt'ŏ	seongteo	세공	segong	segong
성패	sŏngp'ae	seongpae	세관	segwan	segwan
성한	sŏnghan	seonghan	세광	Segwang	Segwang
성향	sŏnghyang	seonghyang	세균	segyun	segyun
성현	sŏnghyŏn	seonghyeon	세균전	segyunjŏn	segyunjeon
성현공	Sŏnghyŏn'gong	Seonghyeongong	세금	segŭm	segeum
성현들	sŏnghyŏndŭl	seonghyeondeul	세기	segi	segi
성형	sŏnghyŏng	seonghyeong	세기적	segijŏk	segijeok
성호	sŏngho	seongho	세기전	segijŏn	segijeon
성호록	sŏnghorok	seonghorok	세기형	segihyŏng	segihyeong
성호리	Sŏngho-ri	Seongho-ri	세네갈	Senegal	Senegal

한글 용례	ALA-LC Romanization	정부 표기안	한글 용례	ALA-LC Romanization	정부 표기안
세다	seda	seda	세브란스인	Sebŭransŭin	Sebeuranseuin
세대	sedae	sedae	세브르	Sebŭrŭ	Sebeureu
세대관	sedaegwan	sedaegwan	세사미	Sesami	Sesami
세대기	sedaegi	sedaegi	세상	sesang	sesang
세대들	sedaedŭl	sedaedeul	세상사	sesangsa	sesangsa
세대론	sedaeron	sedaeron	세상살이	sesangsari	sesangsari
세대별	sedaebyŏl	sedaebyeol	세서리아	Sesŏria	Seseoria
세대주	sedaeju	sedaeju	세석	sesŏk	seseok
세덕사	Sedŏksa	Sedeoksa	세석인	Sesŏgin	Seseokin
세도	sedo	sedo	세설	sesŏl	seseol
세라믹	seramik	seramik	세속	sesok	sesok
세력	seryŏk	seryeok	세속화	sesokhwa	sesokhwa
세력도	seryŏkto	seryeokdo	세손	seson	seson
세력들	seryŏktŭl	seryeokdeul	세손궁	seson'gung	sesongung
세련	seryŏn	seryeon	세수	sesu	sesu
세르게이	Serŭgei	Sereugei	세습	sesŭp	seseup
세르주	Serŭju	Sereuju	세습무	sesŭmmu	seseummu
세리프	serip'ŭ	seripeu	세승	sesŭng	seseung
세마	Sema	Sema	세시	sesi	sesi
세명	semyŏng	semyeong	세시기	sesigi	sesigi
세명대	Semyŏngdae	Semyeongdae	세실	Sesil	sesil
세모	semo	semo	세심	sesim	sesim
세모시	semosi	semosi	세쓰코	Sessŭk'o	Sesseuko
세목	semok	semok	세악	Seak	Seak
세무	semu	semu	세악수	Seaksu	Seaksu
세무사	semusa	semusa	세우고	seugo	seugo
세무사회	semusahoe	semusahoe	세우기	seugi	seugi
세무서	semusŏ	semuseo	세우는	seunŭn	seuneun
세무인	semuin	semuin	세우다	seuda	seuda
세무팀	semut'im	semutim	세우지	seuji	seuji
세미	semi	semi	세운	seun	seun
세미나	semina	semina	세울까	seulkka	seulkka
세미나실	seminasil	seminasil	세울데	seulte	seulde
세밀한	semirhan	semilhan	세움	seum	seum
세밀화	semirhwa	semilhwa	세움전	Seumjŏn	Seumjeon
세밀화집	semirhwajip	semilhwajip	세워	sewŏ	sewo
세밀히	semirhi	semilhi	세워라	sewŏra	sewora
세배	sebae	sebae	세원	sewŏn	sewon
세번	sebŏn	sebeon	세월	sewŏl	sewol
세법	sepŏp	sebeop	세월호	Sewŏrho	Sewolho
세법론	sepŏmnon	sebeomnon	세웠나	sewŏnna	sewonna
세법학	sepŏphak	sebeophak	세웠으면	sewŏssŭmyŏn	sewosseumyeon
세보	sebo	sebo	세율	seyul	seyul
세부	sebu	sebu	세이이치	Seiich'i	Seiichi
세브란스	Sebŭransŭ	Sebeuranseu	세이지	Seijji	Seiji

한글 용례	ALA-LC Romanization	정부 표기안	한글 용례	ALA-LC Romanization	정부 표기안
세이츄	Seich'yu	Seichyu	세학사	Sehaksa	Sehaksa
세이치	Seich'i	Seichi	세한	sehan	sehan
세이타로	Seit'aro	Seitaro	세한도	Sehando	Sehando
세이프가드	seip'ŭgadŭ	seipeugadeu	세화	sehwa	sehwa
세이하쿠	Seihak'u	Seihaku	세화회	Sehwahoe	Sehwahoe
세일러	seillŏ	seilleo	섹션	seksyŏn	seksyeon
세일즈	seiljŭ	seiljeu	섹슈얼리티	seksyuŏllit'i	seksyueolliti
세입	seip	seip	섹스	seksŭ	sekseu
세자	seja	seja	섹터	sekt'ŏ	sekteo
세자궁	sejagung	sejagung	센서	sensŏ	senseo
세자리	sejari	sejari	센서스	sensŏsŭ	senseoseu
세자보	Sejabo	Sejabo	센스	sensŭ	senseu
세자부	Sejabu	Sejabu	센카쿠	Senk'ak'u	Senkaku
세자빈	Sejabin	Sejabin	센타	sent'a	senta
세작	sejak	sejak	센터	sent'ŏ	senteo
세전	sejŏn	sejeon	센터장	sent'ŏjang	senteojang
세전리	Sejŏn-ni	Sejeon-ri	센터화	sent'ŏhwa	senteohwa
세제	seje	seje	센티멘탈	sent'iment'al	sentimental
세제법	sejepŏp	sejebeop	센티멘털	sent'iment'ŏl	sentimenteol
세제사	sejesa	sejesa	센티미터	sent'imit'ŏ	sentimiteo
세조	Sejo	Sejo	셀러	sellŏ	selleo
세족	sejok	sejok	셀렉션	selleksyŏn	selleksyeon
세존	sejon	sejon	셈	sem	sem
세종	Sejong	Sejong	셉테드	sept'edŭ	sebtedeu
세종대	Sejongdae	Sejongdae	셋	set	ses
세종시	Sejong-si	Sejong-si	서먼	Syŏmŏn	Syeomeon
세종조	Sejongjo	Sejongjo	서먼호	Syŏmŏnho	Syeomeonho
세종학	Sejonghak	Sejonghak	서원녹	Syŏwŏnnok	Syeowonnok
세죽	Sejuk	Sejuk	서유긔	Syŏyugŭi	Syeoyugui
세죽리	Sejung-ni	Sejuk-ri	서한	Syŏhan	Syeohan
세줄	sejul	sejul	선	syŏn	syeon
세중	sejung	sejung	세샹	syesyang	syesyang
세지만	sejiman	sejiman	셰익스피어	Syeiksŭp'iŏ	Syeikseupieo
세찬	sech'an	sechan	셰일	syeil	syeil
세책	sech'aek	sechaek	셰일라	Syeilla	syeilla
세책업	sech'aegŏp	sechaegeop	셰프	syep'ŭ	syepeu
세출	sech'ul	sechul	소	so	so
세충	sech'ung	sechung	소가	Soga	Soga
세칙	sech'ik	sechik	소가야	Sogaya	Sogaya
세카이	sek'ai	sekai	소각장	sogakchang	sogakjang
세탁	set'ak	setak	소감	sogam	sogam
세태	set'ae	setae	소강	sogang	sogang
세트	set'ŭ	seteu	소개	sogae	sogae
세포	sep'o	sepo	소개집	sogaejip	sogaejip
세포주	sep'oju	sepoju	소격사	Sogyŏksa	Sogyeoksa

한글 용례	ALA-LC Romanization	정부 표기안	한글 용례	ALA-LC Romanization	정부 표기안
소경	sogyŏng	sogyeong	소농	sonong	sonong
소경영	sogyŏngyŏng	sogyeongyeong	소담하다	sodamhada	sodamhada
소계	Sogye	Sogye	소담한	sodamhan	sodamhan
소고	sogo	sogo	소당	sodang	sodang
소고기	sogogi	sogogi	소대	sodae	sodae
소고당	Sogodang	Sogodang	소대장	sodaejang	sodaejang
소고집	sogojip	sogojip	소대현	Sodae-hyŏn	Sodae-hyeon
소곡	Sogok	Sogok	소덕	Sodŏk	sodeok
소곤	sogon	sogon	소데츠	Sodech'ŭ	Sodecheu
소골	sogol	sogol	소도	Sodo	sodo
소공동	Sogong-dong	Sogong-dong	소도시	sodosi	sodosi
소관	sogwan	sogwan	소도읍	sodoŭp	sodoeup
소교	sogyo	sogyo	소독	sodok	sodok
소국	soguk	soguk	소동	sodong	sodong
소국민	sogungmin	sogungmin	소득	sodŭk	sodeuk
소굴	sogul	sogul	소득세	sodŭkse	sodeukse
소규모	sogyumo	sogyumo	소들	sodŭl	sodeul
소극	sogŭk	sogeuk	소라	sora	sora
소극장	sogŭkchang	sogeukjang	소라리	Sora-ri	Sora-ri
소극장사	sogŭkchangsa	sogeukjangsa	소라주	Soraju	Soraju
소근	sogŭn	sogeun	소래	Sorae	Sorae
소금	sogŭm	sogeum	소래사	Soraesa	Soraesa
소금강	Sogŭmgang	Sogeumgang	소량	soryang	soryang
소금기	sogŭmki	sogeumgi	소량화	soryanghwa	soryanghwa
소금밭	sogŭmbat	sogeumbat	소련	Soryŏn	Soryeon
소급	sogŭp	sogeup	소련군	Soryŏn'gun	Soryeongun
소기	sogi	sogi	소련파	Soryŏnp'a	Soryeonpa
소나기	sonagi	sonagi	소령	soryŏng	soryeong
소나무	sonamu	sonamu	소로	soro	soro
소나무림	sonamurim	sonamurim	소로리	Soro-ri	Soro-ri
소낙비	sonakpi	sonakbi	소록	sorok	sorok
소내	sonae	sonae	소록도	Sorokto	Sorokdo
소네트	Sonet'ŭ	Soneteu	소론	soron	soron
소녀	sonyŏ	sonyeo	소룡	soryong	soryong
소녀들	sonyŏdŭl	sonyeodeul	소르본	Sorŭbon	Soreubon
소녀상	sonyŏsang	sonyeosang	소리	sori	sori
소녀회	sonyŏhoe	sonyeohoe	소리굿	sorigut	sorigut
소년	sonyŏn	sonyeon	소리깔	sorikkal	sorikkal
소년단	sonyŏndan	sonyeondan	소리꾼	sorikkun	sorikkun
소년들	sonyŏndŭl	sonyeondeul	소리쳐	sorich'yŏ	sorichyeo
소년병	sonyŏnbyŏng	sonyeonbyeong	소림	Sorim	Sorim
소년원	sonyŏnwŏn	sonyeonwon	소림사	Sorimsa	Sorimsa
소년지	sonyŏnji	sonyeonji	소만	Soman	Soman
소년회	sonyŏnhoe	sonyeonhoe	소말리아	Somallia	Somallia
소노부	Sonobu	Sonobu	소망	somang	somang

한글 용례	ALA-LC Romanization	정부 표기안	한글 용례	ALA-LC Romanization	정부 표기안
소매	somae	somae	소서	sosŏ	soseo
소매업	somaeŏp	somaeeop	소서노	Sosŏno	Soseono
소매점	somaejŏm	somaejeom	소선	Sosŏn	Soseon
소맥	somaek	somaek	소설	sosŏl	soseol
소멸	somyŏl	somyeol	소설가	sosŏlga	soseolga
소명	somyŏng	somyeong	소설가들	sosŏlgadŭl	soseolgadeul
소명현	Somyŏng-hyŏn	Somyeong-hyeon	소설론	sosŏllon	soseollon
소모	somo	somo	소설사	sosŏlsa	soseolsa
소모율	somoryul	somoyul	소설사적	sosŏlsachŏk	soseolsajeok
소목	somok	somok	소설선	sosŏlsŏn	soseolseon
소목장	somokchang	somokjang	소설어	sosŏrŏ	soseoreo
소묘	somyo	somyo	소설적	sosŏlchŏk	soseoljeok
소무	Somu	Somu	소설집	sosŏlchip	soseoljip
소문	somun	somun	소설책	sosŏlch'aek	soseolchaek
소박	sobak	sobak	소설학	sosŏrhak	soseolhak
소박하고	sobakhago	sobakago	소성	sosŏng	soseong
소박하여	sobakhayŏ	sobakayeo	소세키	Sosek'i	Soseki
소박하지만	sobakhajiman	sobakajiman	소소	Soso	Soso
소박한	sobakhan	sobakan	소소로	Sosoro	Sosoro
소반	soban	soban	소소리	Soso-ri	Soso-ri
소방	sobang	sobang	소소생	Sososaeng	Sososaeng
소방서	sobangsŏ	sobangseo	소소한	sosohan	sosohan
소백	Sobaek	Sobaek	소속	sosok	sosok
소백산	Sobaeksan	Sobaeksan	소송	sosong	sosong
소복	sobok	sobok	소송론	sosongnon	sosongnon
소봉	sobong	sobong	소송법	sosongpŏp	sosongbeop
소부	sobu	sobu	소송안	sosongan	sosongan
소부대	sobudae	sobudae	소송제	sosongje	sosongje
소부리	Soburi	Soburi	소쇄	Soswae	Soswae
소북	Sobuk	Sobuk	소쇄원	Soswaewŏn	Soswaewon
소비	sobi	sobi	소수	sosu	sosu
소비에트	Sobiet'ŭ	Sobieteu	소수록	sosurok	sosurok
소비자	sobija	sobija	소수림	Sosurim	Sosurim
소비자들	sobijadŭl	sobijadeul	소수성	sosusŏng	sosuseong
소비자법	sobijapŏp	sobijabeop	소수자	sosuja	sosuja
소비자원	Sobijawŏn	Sobijawon	소수자들	sosujadŭl	sosujadeul
소비품	sobip'um	sobipum	소수점	sosuchŏm	sosujeom
소사	ssa	sosa	소쉬르	Soshwirŭ	Soswireu
소사리	Sosa-ri	Sosa-ri	소스	sosŭ	soseu
소사읍	Sosa-ŭp	Sosa-eup	소승	sosŭng	soseung
소사이어티	sosaiŏt'i	sosaieoti	소승률장	Sosŭngnyulchang	Soseungnyuljang
소사전	sosajŏn	sosajeon	소시지	sosiji	sosiji
소상	sosang	sosang	소식	sosik	sosik
소상공인	sosanggongin	sosanggongin	소식지	sosikchi	sosikji
소색	sosaek	sosaek	소신	sosin	sosin

한글 용례	ALA-LC Romanization	정부 표기안	한글 용례	ALA-LC Romanization	정부 표기안
소신기전	sosin'gijŏn	sosingijeon	소윤	Soyun	Soyun
소신학교	sosinhakkyo	sosinhakgyo	소은	Soŭn	Soeun
소신학교사	Sosinhakkyosa	Sosinhakgyosa	소음	soŭm	soeum
소실	sosil	sosil	소이치	Soich'i	Soichi
소싱	sosing	sosing	소인	soin	soin
소아	soa	soa	소일	soil	soil
소아론	soaron	soaron	소임	soim	soim
소아시아	Soasia	Soasia	소자	soja	soja
소아암	soaam	soaam	소작	sojak	sojak
소악부	Soakpu	Soakbu	소작권	sojakkwŏn	sojakgwon
소안	Soan	Soan	소작농	sojangnong	sojangnong
소안면	Soan-myŏn	Soan-myeon	소작료	sojangnyo	sojangnyo
소암	Soam	Soam	소작인	sojagin	sojagin
소액	soaek	soaek	소작제	sojakche	sojakje
소양	soyang	soyang	소장	sojang	sojang
소양강	Soyanggang	Soyanggang	소장(訴狀)	sochang	sojang
소양정	Soyangjŏng	Soyangjeong	소장본	sojangbon	sojangbon
소양호	Soyangho	Soyangho	소장전	sojangjŏn	sojangjeon
소언	soŏn	soeon	소장처	sojangch'ŏ	sojangcheo
소업종	soŏpchong	soeopjong	소장품	sojangp'um	sojangpum
소에야	Soeya	Soeya	소재	sojae	sojae
소연평도	Soyŏnp'yŏngdo	Soyeonpyeongdo	소재지	sojaeji	sojaeji
소오	Soo	Soo	소정	sojŏng	sojeong
소오지	Sooji	Sooji	소정리	Sojŏng-ni	Sojeong-ri
소옹	Soong	Soong	소제	soje	soje
소와	Sowa	Sowa	소조	sojo	sojo
소와당	Sowadang	Sowadang	소조불	Sojobul	Sojobul
소왕	sowang	sowang	소주	soju	soju
소외	sooe	sooe	소주방	sojubang	sojubang
소외감	sooegam	sooegam	소죽	sojuk	sojuk
소요	soyo	soyo	소중	sojung	sojung
소요산	Soyosan	Soyosan	소중하기에	sojunghagie	sojunghagie
소용	soyong	soyong	소중하다	sojunghada	sojunghada
소용돌이	soyongdori	soyongdori	소중한	sojunghan	sojunghan
소운	Soun	Soun	소지	soji	soji
소울	soul	soul	소지역	sojiyŏk	sojiyeok
소원	sowŏn	sowon	소지주	sojiju	sojiju
소월	Sowŏl	Sowol	소지주가	sojijuga	sojijuga
소위	sowi	sowi	소진	sojin	sojin
소위원회	sowiwŏnhoe	sowiwonhoe	소집	sojip	sojip
소유	soyu	soyu	소채	soch'ae	sochae
소유권	soyukwŏn	soyugwon	소천	soch'ŏn	socheon
소유권법	soyukwŏnpŏp	soyugwonbeop	소첩	soch'ŏp	socheop
소유론	soyuron	soyuron	소청	soch'ŏng	socheong
소유지	soyuji	soyuji	소청제	soch'ŏngje	socheongje

한글 용례	ALA-LC Romanization	정부 표기안	한글 용례	ALA-LC Romanization	정부 표기안
소총	soch'ong	sochong	속기록	sokkirok	sokgirok
소춘	soch'un	sochun	속내	songnae	songnae
소치	Soch'i	Sochi	속는	songnŭn	songneun
소타령	sot'aryŏng	sotaryeong	속담	soktam	sokdam
소탕	sot'ang	sotang	속담집	soktamjip	sokdamjip
소태리	Sot'ae-ri	Sotae-ri	속도	sokto	sokdo
소태산	Sot'aesan	Sotaesan	속도전	soktojŏn	sokdojeon
소테츠	Sot'ech'ŭ	Sotecheu	속독	soktok	sokdok
소통	sot'ong	sotong	속뜻	sokttŭt	soktteut
소통령	sot'ongnyŏng	sotongnyeong	속량	songnyang	songnyang
소파	sop'a	sopa	속록	songnok	songnok
소평	Sop'yŏng	Sopyeong	속류	songnyu	songnyu
소포	sop'o	sopo	속리	Songni	Songni
소포함	sop'oham	sopoham	속리사	Songnisa	Songnisa
소품	sop'um	sopum	속리산	Songnisan	Songnisan
소품전	sop'umjŏn	sopumjeon	속리산면	Songnisan-myŏn	Songnisan-myeon
소프트	sop'ŭt'ŭ	sopeuteu	속마음	songmaŭm	songmaeum
소프트웨어	sop'ŭt'uweŏ	sopeuteuweeo	속명	songmyŏng	songmyeong
소피	sop'i	sopi	속물	songmul	songmul
소하천	Sohach'ŏn	Sohacheon	속미인곡	songmiin'gok	songmiingok
소학	sohak	sohak	속박	sokpak	sokbak
소학교	sohakkyo	sohakgyo	속보	sokpo	sokbo
소학류	Sohangnyu	Sohangnyu	속사포	soksap'o	soksapo
소학리	Sohang-ni	Sohak-ri	속삭인다	soksaginda	soksaginda
소학생	sohaksaeng	sohaksaeng	속삭임	soksagim	soksagim
소한	Sohan	Sohan	속살	soksal	soksal
소행성	sohaengsŏng	sohaengseong	속상하게	soksanghage	soksanghage
소헌	Sohŏn	Soheon	속상하다	soksanghada	soksanghada
소형	sohyŏng	sohyeong	속상한	soksanghan	soksanghan
소호	Soho	Soho	속상해	soksanghae	soksanghae
소홀	sohol	sohol	속상해도	soksanghaedo	soksanghaedo
소화	sohwa	sohwa	속설	soksŏl	sokseol
소화관	sohwagwan	sohwagwan	속성	soksŏng	sokseong
소화기	sohwagi	sohwagi	속성과	soksŏngkwa	sokseonggwa
소확동	Sohwak-tong	Sohwak-dong	속세	sokse	sokse
소환	sohwan	sohwan	속셈	soksem	soksem
소황	Sohwang	Sohwang	속속들이	soksoktŭri	soksokdeuri
소회	sohoe	sohoe	속수	soksu	soksu
소흑산	Sohŭksan	Soheuksan	속신	soksin	soksin
소흑산도	Sohŭksando	Soheuksando	속심	soksim	soksim
소흥	Sohŭng	Soheung	속앓이	sogari	sogari
속	sok	sok	속어	sogŏ	sogeo
속고	sokko	sokgo	속옷	sogok	sogot
속공	sokkong	sokgong	속요	sogyo	sogyo
속국	sokkuk	sokguk	속읍	sogŭp	sogeup

한글 용례	ALA-LC Romanization	정부 표기안	한글 용례	ALA-LC Romanization	정부 표기안
속인	sogin	sogin	손풍	Sonp'ung	Sonpung
속임수	sogimsu	sogimsu	손해	sonhae	sonhae
속장	sokchang	sokjang	솔	sol	sol
속장경	Sokchanggyŏng	Sokjanggyeong	솔거	Solgŏ	solgeo
속전	sokchŏn	sokjeon	솔나무	sollamu	sollamu
속절	sokchŏl	sokjeol	솔대	Soltae	Soldae
속제	Sokche	Sokje	솔래	Sollae	Sollae
속주	Sokchu	Sokju	솔로	sollo	sollo
속지	sokchi	sokji	솔로몬	Sollomon	Sollomon
속집	sokchip	sokjip	솔루션	sollusyŏn	sollusyeon
속찬	sokch'an	sokchan	솔뫼	Solmoe	Solmoe
속초	Sokch'o	Sokcho	솔바람	solparam	solbaram
속초시	Sokch'o-si	Sokcho-si	솔벗	Solbŏt	Solbeot
속편	sokp'yŏn	sokpyeon	솔섬	Solsŏm	Solseom
속함	sokham	sokham	솔성	Solsŏng	Solseong
속해	sokhae	sokae	솔잎	sollip	sollip
속현	sokhyŏn	sokhyeon	솔직하고	solchikhago	soljikago
속화	sokhwa	sokwa	솔직한	solchikhan	soljikan
속효	sokhyo	sokyo	솔직히	solchikhi	soljiki
손	son	son	솔터	Solt'ŏ	Solteo
손가락	sonkarak	songarak	솜	som	som
손각시	son'gaksi	songaksi	솜씨	somssi	somssi
손곡	Son'gok	Songok	솟고	sotko	sotgo
손곡동	Son'gok-tong	Songok-dong	솟는	sonnŭn	sonneun
손골	Son'gol	Songol	솟대	sottae	sotdae
손금	sonkŭm	songeum	솟아	sosa	sosa
손길	sonkil	songil	솟아라	sosara	sosara
손끝	sonkkŭt	sonkkeut	송	Song	Song
손녀	sonnyŏ	sonnyeo	송가	songga	songga
손님	sonnim	sonnim	송간	Songgan	Songgan
손님들	sonnimdŭl	sonnimdeul	송강	Songgang	Songgang
손맛	sonmat	sonmat	송강정	Songgangjŏng	Songgangjeong
손바닥	sonpadak	sonbadak	송계	Songgye	Songgye
손상	sonsang	sonsang	송곡	Songgok	Songgok
손수	sonsu	sonsu	송골	Songgol	Songgol
손쉽게	sonshwipke	sonswipge	송광	songgwang	songgwang
손실	sonsil	sonsil	송광면	Songgwang-myŏn	Songgwang-myeon
손와	Sonwa	Sonwa	송광사	Songgwangsa	Songgwangsa
손위	sonwi	sonwi	송국	songguk	songguk
손응성	Sonŭng-sŏng	Soneung-seong	송국리	Songgung-ni	Songguk-ri
손익	sonik	sonik	송국리식	Songgung-nisik	Songguk-risik
손자	sonja	sonja	송국리형	Songgung-nihyŏng	Songguk-rihyeong
손재	sonjae	sonjae	송금	songgŭm	songgeum
손질	sonjil	sonjil	송남	Songnam	Songnam
손탁	Sont'ak	Sontak	송내	Songnae	Songnae

한글 용례	ALA-LC Romanization	정부 표기안	한글 용례	ALA-LC Romanization	정부 표기안
송내리	Songnae-ri	Songnae-ri	송정리	Songjŏng-ni	Songjeong-ri
송년	songnyŏn	songnyeon	송죽	Songjuk	Songjuk
송당	Songdang	Songdang	송죽리	Songjung-ni	Songjuk-ri
송당리	Songdang-ni	Songdang-ri	송진	songjin	songjin
송덕비	songdŏkpi	songdeokbi	송천	Songch'ŏn	Songcheon
송도	Songdo	Songdo	송천리	Songch'ŏl-li	Songcheon-ri
송도원	Songdowŏn	Songdowon	송파	Songp'a	Songpa
송도지	Songdoji	Songdoji	송평	Songp'yŏng	Songpyeong
송두	Songdu	Songdu	송평동	Songp'yŏng-dong	Songpyeong-dong
송두리	Songdu-ri	Songdu-ri	송학	Songhak	Songhak
송림	songnim	songnim	송학동	Songhak-tong	Songhak-dong
송무	Songmu	Songmu	송학리	Songhang-ni	Songhak-ri
송사	songsa	songsa	송헌	Songhŏn	Songheon
송사리	songsari	songsari	송현	Songhyŏn	Songhyeon
송산	Songsan	Songsan	송현동	Songhyŏn-dong	Songhyeon-dong
송산리	Songsan-ni	Songsan-ri	송화	Songhwa	Songhwa
송산현	Songsan-hyŏn	Songsan-hyeon	송화강	Songhwagang	Songhwagang
송상	Songsang	Songsang	송화군	Songhwa-gun	Songhwa-gun
송서	Songsŏ	Songseo	송화주	songhwaju	songhwaju
송석헌	Songsŏkhŏn	Songseokheon	송화현	Songhwa-hyŏn	Songhwa-hyeon
송설헌	Songsŏrhŏn	Songseolheon	송환	songhwan	songhwan
송수	Songsu	Songsu	송환기	songhwan'gi	songhwangi
송신	songsin	songsin	쇄	swae	swae
송신소	songsinso	songsinso	쇄국	swaeguk	swaeguk
송악	Songak	Songak	쇄국화	swaegukhwa	swaegukhwa
송악군	Songak-kun	Songak-gun	쇄담	swaedam	swaedam
송악면	Songang-myŏn	Songak-myeon	쇄미록	Swaemirok	Swaemirok
송악성	Songaksŏng	Songakseong	쇄빙선	swaebingsŏn	swaebingseon
송암	Songam	Songam	쇄신	swaesin	swaesin
송양	Songyang	Songyang	쇠	soe	soe
송와	Songwa	Songwa	쇠가죽	Soegajuk	soegajuk
송운	Songun	Songun	쇠고기	soegogi	soegogi
송월당	Songwŏltang	Songwoldang	쇠낫	soenat	soenat
송월동	Songwŏl-tong	Songwol-dong	쇠뇌	soenoe	soenoe
송유관	songyugwan	songyugwan	쇠북	soebuk	soebuk
송이	songi	songi	쇠붙이	soebuch'i	soebuchi
송이당	Songidang	Songidang	쇠붙이들	soebuch'idŭl	soebuchideul
송일	Songil	Songil	쇠사슬	soesasŭl	soesaseul
송자	Songja	Songja	쇠스랑	soesŭrang	soeseurang
송장	songjang	songjang	쇠퇴	soet'oe	soetoe
송전	songjŏn	songjeon	쇠하는	soehanŭn	soehaneun
송전리	Songjŏn-ni	Songjeon-ri	쉿물	soetmul	soenmul
송전탑	songjŏnt'ap	songjeontap	쇼걸	syogŏl	syogeol
송절동	Songjŏl-tong	Songjeol-dong	쇼다	Syoda	Syoda
송정	Songjŏng	Songjeong	쇼쇼쇼	Syosyosyo	Syosyosyo

한글 용례	ALA-LC Romanization	정부 표기안	한글 용례	ALA-LC Romanization	정부 표기안
쇼에이	Syoei	Syoei	수궁가	Sugungga	Sugungga
쇼우와	Syouwa	Syouwa	수금	sugŭm	sugeum
쇼우이찌로우	Syouitchirou	Syouijjirou	수급	sugŭp	sugeup
쇼조	Syojo	Syojo	수급권	sugŭpkwŏn	sugeupgwon
쇼지	Syoji	Syoji	수기	sugi	sugi
쇼케이스	syok'eisŭ	syokeiseu	수기집	sugijip	sugijip
쇼코	Syok'o	Syoko	수난	sunan	sunan
쇼크	syok'ŭ	syokeu	수난기	sunan'gi	sunangi
쇼타로	Syot'aro	Syotaro	수난사	sunansa	sunansa
쇼펜하우어	Syop'enhauŏ	Syopenhaueo	수내동	Sunae-dong	Sunae-dong
쇼핑	syop'ing	syoping	수녀	sunyŏ	sunyeo
쇼핑몰	syop'ingmol	syopingmol	수녀회	sunyŏhoe	sunyeohoe
수	su	su	수능	sunŭng	suneung
수가	suka	suga	수능엄경	Sunŭngŏmgyŏng	Suneungeomgyeong
수가리	Suga-ri	Suga-ri	수다	suda	suda
수간	sugan	sugan	수단	Sudan	Sudan
수감	sugam	sugam	수달	sudal	sudal
수갑	sugap	sugap	수달피	sudalp'i	sudalpi
수강	sugang	sugang	수담옥	Sudamok	Sudamok
수강생	sugangsaeng	sugangsaeng	수답	sudap	sudap
수강생들	sugangsaengdŭl	sugangsaengdeul	수당	sudang	sudang
수건	sugŏn	sugeon	수당기	Sudanggi	Sudanggi
수결	sugyŏl	sugyeol	수덕문	Sudŏngmun	Sudeongmun
수경	sugyŏng	sugyeong	수덕사	Sudŏksa	Sudeoksa
수계	sugye	sugye	수도	sudo	sudo
수계도	sugyedo	sugyedo	수도권	sudokwŏn	sudogwon
수계별	sugyebyŏl	sugyebyeol	수도리	Sudo-ri	Sudo-ri
수고	sugo	sugo	수도법	sudopŏp	sudobeop
수고본	sugobon	sugobon	수도사	Sudosa	Sudosa
수곡	Sugok	Sugok	수도승	sudosŭng	sudoseung
수곡동	Sugok-tong	Sugok-dong	수도원	sudowŏn	sudowon
수곡파	Sugokp'a	Sugokpa	수도인	sudoin	sudoin
수공	sugong	sugong	수도자	sudoja	sudoja
수공업	sugongŏp	sugongeop	수도작	sudojak	sudojak
수공업자	sugongŏpcha	sugongeopja	수도회	sudohoe	sudohoe
수공예	sugongye	sugongye	수동	sudong	sudong
수교	sugyo	sugyo	수동골	Sudongkol	Sudonggol
수교사	sugyosa	sugyosa	수라	sura	sura
수구	sugu	sugu	수라간	surakan	suragan
수구당	Sugudang	Sugudang	수라장	surajang	surajang
수구파	Sugup'a	Sugupa	수락	surak	surak
수국	suguk	suguk	수락사	Suraksa	Suraksa
수국사	Suguksa	Suguksa	수락산	Suraksan	Suraksan
수군	sugun	sugun	수량	suryang	suryang
수궁	sugung	sugung	수량사	suryangsa	suryangsa

한글 용례	ALA-LC Romanization	정부 표기안	한글 용례	ALA-LC Romanization	정부 표기안
수런거리는	surŏn'gŏrinŭn	sureongeorineun	수목선	sumoksŏn	sumokseon
수렁	surŏng	sureong	수목원	Sumogwŏn	Sumogwon
수레	sure	sure	수몰	sumol	sumol
수려한	suryŏhan	suryeohan	수몰민	sumolmin	sumolmin
수력	suryŏk	suryeok	수묵	sumuk	sumuk
수련	suryŏn	suryeon	수묵화	sumukhwa	sumukhwa
수련원	suryŏnwŏn	suryeonwon	수묵화전	sumukhwajŏn	sumukhwajeon
수렴	suryŏm	suryeom	수문	sumun	sumun
수렵	suryŏp	suryeop	수문관	sumun'gwan	sumungwan
수렵도	suryŏpto	suryeopdo	수문군	Sumun-gun	Sumun-gun
수렵총	suryŏpch'ong	suryeopchong	수문장	sumunjang	sumunjang
수령	suryŏng	suryeong	수미	Sumi	Sumi
수령관	suryŏnggwan	suryeonggwan	수미단	Sumidan	Sumidan
수령님	suryŏngnim	suryeongnim	수박	subak	subak
수령제	suryŏngje	suryeongje	수반	suban	suban
수로	suro	suro	수발	subal	subal
수로국	Suroguk	Suroguk	수배	subae	subae
수록	surok	surok	수백	subaek	subaek
수뢰	suroe	suroe	수범	subŏm	subeom
수료	suryo	suryo	수병	subyŏng	subyeong
수룡동	Suryong-dong	Suryong-dong	수복	subok	subok
수룡음	Suryongŭm	Suryongeum	수복호	Subokho	Subokho
수류	suryu	suryu	수부	subu	subu
수류산	Suryusan	Suryusan	수북	subuk	subuk
수륙	suryuk	suryuk	수분화	subunhwa	subunhwa
수륙재	Suryukchae	Suryukjae	수비	subi	subi
수릉	Surŭng	Sureung	수비대	subidae	subidae
수릉군	Surŭng-gun	Sureung-gun	수사	susa	susa
수리	suri	suri	수사록	susarok	susarok
수리공	surigong	surigong	수사리	Susa-ri	Susa-ri
수리업	suriŏp	surieop	수사적	susajŏk	susajeok
수리온	Surion	Surion	수사학	susahak	susahak
수리적	surijŏk	surijeok	수산	susan	susan
수리학	surihak	surihak	수산고	susan'go	susango
수림	surim	surim	수산국	Susan'guk	Susanguk
수립	surip	surip	수산대	Susandae	Susandae
수막새	sumaksae	sumaksae	수산리	Susan-ni	Susan-ri
수많은	sumanŭn	sumaneun	수산물	susanmul	susanmul
수망	Sumang	Sumang	수산부	Susanbu	Susanbu
수매	sumae	sumae	수산성	Susansŏng	Susanseong
수맥	sumaek	sumaek	수산업	susanŏp	susaneop
수면	sumyŏn	sumyeon	수산업사	susanŏpsa	susaneopsa
수명	sumyŏng	sumyeong	수산업자	susanŏpcha	susaneopja
수모	sumo	sumo	수산지	susanji	susanji
수목	sumok	sumok	수삼	susam	susam

한글 용례	ALA-LC Romanization	정부 표기안	한글 용례	ALA-LC Romanization	정부 표기안
수상	susang	susang	수심	susim	susim
수상궁	susanggung	susanggung	수심결	susimgyŏl	susimgyeol
수상록	susangnok	susangnok	수안	suan	suan
수상자	susangja	susangja	수안군	Suan-gun	Suan-gun
수상작	susangjak	susangjak	수안보	Suanbo	Suanbo
수상집	susangjip	susangjip	수안현	Suan-hyŏn	Suan-hyeon
수상한	susanghan	susanghan	수암골	Suamkol	Suamgol
수색	susaek	susaek	수암리	Suam-ni	Suam-ni
수생태계	susaengt'aegye	susaengtaegye	수압	suap	suap
수서	susŏ	suseo	수양	suyang	suyang
수서원	Susŏwŏn	Suseowon	수양개	Suyanggae	Suyanggae
수석	susŏk	suseok	수양론	suyangnon	suyangnon
수석리	Susŏk-ni	Suseok-ri	수양산	Suyangsan	Suyangsan
수선	susŏn	suseon	수양제	Suyangje	Suyangje
수선관	Susŏn'gwan	Suseongwan	수양학	suyanghak	suyanghak
수선사	Susŏnsa	Suseonsa	수양회	suyanghoe	suyanghoe
수선재	Susŏnjae	Suseonjae	수어	suŏ	sueo
수성	susŏng	suseong	수어영	suŏyŏng	sueoyeong
수성군	Susŏng-gun	Suseong-gun	수업	suŏp	sueop
수성기	susŏnggi	suseonggi	수업론	suŏmnon	sueomnon
수성리	Susŏng-ni	Suseong-ri	수업료	suŏmnyo	sueomnyo
수성부	Susŏng-bu	Suseong-bu	수업제	suŏpche	sueopje
수성지	Susŏngji	Suseongji	수여	suyŏ	suyeo
수성현	Susŏng-hyŏn	Suseong-hyeon	수연	suyŏn	suyeon
수세	suse	suse	수연장	Suyŏnjang	Suyeonjang
수소	suso	suso	수염	suyŏm	suyeom
수속	susok	susok	수영	suyŏng	suyeong
수송	susong	susong	수영구	Suyŏng-gu	Suyeong-gu
수송단	susongdan	susongdan	수영장	suyŏngjang	suyeongjang
수수	susu	susu	수온	suon	suon
수수께끼	susukkekki	susukkekki	수옹	Suong	Suong
수수께끼집	susukkekkijip	susukkekkijip	수왕사	Suwangsa	Suwangsa
수수료	susuryo	susuryo	수왕회	Suwanghoe	Suwanghoe
수술	susul	susul	수요	suyo	suyo
수슬리나	Susŭllina	Suseullina	수요일	Suyoil	Suyoil
수습	susŭp	suseup	수용	suyong	suyong
수습기	susŭpki	suseupgi	수용도	suyongdo	suyongdo
수시	susi	susi	수용력	suyongnyŏk	suyongnyeok
수시아나	Susiana	Susiana	수용사	suyongsa	suyongsa
수식	susik	susik	수용성	suyongsŏng	suyongseong
수식어	susigŏ	susigeo	수용소	suyongso	suyongso
수식언	susigŏn	susigeon	수용자	suyongja	suyongja
수신	susin	susin	수우	Suu	Suu
수신사	Susinsa	Susinsa	수우당	Suudang	Suudang
수신서	susinsŏ	susinseo	수우프	suup'ŭ	suupeu

한글 용례	ALA-LC Romanization	정부 표기안	한글 용례	ALA-LC Romanization	정부 표기안
수운	suun	suun	수정청	Sujŏngch'ŏng	Sujeongcheong
수원	Suwŏn	Suwon	수정판	sujŏngp'an	sujeongpan
수원국	suwŏn'guk	suwonguk	수제	suje	suje
수원군	Suwŏn-gun	Suwon-gun	수제비	sujebi	sujebi
수원대	Suwŏndae	Suwondae	수제천	Sujech'ŏn	Sujecheon
수원부	Suwŏn-bu	Suwon-bu	수제화	sujehwa	sujehwa
수원성	Suwŏnsŏng	Suwonseong	수조	sujo	sujo
수원시	Suwŏn-si	Suwon-si	수족	sujok	sujok
수원읍	Suwŏn-ŭp	Suwon-eup	수종	sujong	sujong
수월	suwŏl	suwol	수종사	Sujongsa	Sujongsa
수월성	suwŏlsŏng	suwolseong	수종재	Sujongjae	Sujongjae
수위	suwi	suwi	수좌	sujwa	sujwa
수유	suyu	suyu	수주	suju	suju
수유부	suyubu	suyubu	수주현	Suju-hyŏn	Suju-hyeon
수은	suŭn	sueun	수준	sujun	sujun
수의	suŭi	suui	수준별	sujunbyŏl	sujunbyeol
수의사	suŭisa	suuisa	수줍은	sujubŭn	sujubeun
수의사회	suŭisahoe	suuisahoe	수중	sujung	sujung
수이	Sui	Sui	수지	suji	suji
수이전	Suijŏn	Suijeon	수지표	sujip'yo	sujipyo
수익	suik	suik	수직	sujik	sujik
수익률	suingnyul	suingnyul	수진재	Sujinjae	Sujinjae
수익성	suiksŏng	suikseong	수질	sujil	sujil
수인	suin	suin	수집	sujip	sujip
수인선	Suinsŏn	Suinseon	수집가	sujipka	sujipga
수일람	Suillam	Suillam	수차	such'a	sucha
수일본	suilbon	suilbon	수찰	such'al	suchal
수입	suip	suip	수채화	such'aehwa	suchaehwa
수자기	Sujagi	Sujagi	수척	such'ŏk	sucheok
수자원	sujawŏn	sujawon	수천	such'ŏn	sucheon
수잔나	Sujanna	Sujanna	수철성	Such'ŏlsŏng	Sucheolseong
수장	sujang	sujang	수첩	such'ŏp	sucheop
수장품	sujangp'um	sujangpum	수청	such'ŏng	sucheong
수재	sujae	sujae	수초	such'o	sucho
수저	sujŏ	sujeo	수촌	such'on	suchon
수적	sujŏk	sujeok	수총각	such'onggak	suchonggak
수전	sujŏn	sujeon	수축	such'uk	suchuk
수절	sujŏl	sujeol	수출	such'ul	suchul
수절가	sujŏlga	sujeolga	수출입	such'urip	suchurip
수정	sujŏng	sujeong	수출입국	such'uripkuk	suchuripguk
수정과	sujŏnggwa	sujeonggwa	수출입사	such'uripsa	suchuripsa
수정본	sujŏngbon	sujeongbon	수취	such'wi	suchwi
수정봉	sujŏngbong	sujeongbong	수치	such'i	suchi
수정안	sujŏngan	sujeongan	수치도	such'ido	suchido
수정주의	sujŏngjuŭi	sujeongjuui	수척	such'ik	suchik

한글 용례	ALA-LC Romanization	정부 표기안	한글 용례	ALA-LC Romanization	정부 표기안
수탁	sut'ak	sutak	수혜	suhye	suhye
수탈	sut'al	sutal	수호	suho	suho
수탈사	sut'alsa	sutalsa	수호령	suhoryŏng	suhoryeong
수탈상	sut'alsang	sutalsang	수호신	suhosin	suhosin
수토사	sut'osa	sutosa	수호자	suhoja	suhoja
수판	sup'an	supan	수호지	Suhoji	Suhoji
수퍼	sup'ŏ	supeo	수화	suhwa	suhwa
수평	sup'yŏng	supyeong	수확	suhwak	suhwak
수평선	sup'yŏngsŏn	supyeongseon	숙	suk	suk
수평적	sup'yŏngjŏk	supyeongjeok	숙군	sukkun	sukgun
수포군	Sup'o-gun	Supo-gun	숙녀	sungnyŏ	sungnyeo
수표	sup'yo	supyo	숙달	suktal	sukdal
수표교	Sup'yogyo	Supyogyo	숙대	Suktae	Sukdae
수품	Sup'um	Supum	숙덕	suktŏk	sukdeok
수프	sup'ŭ	supeu	숙련	sungnyŏn	sungnyeon
수피아	Sup'ia	Supia	숙명	Sungmyŏng	Sungmyeong
수필	sup'il	supil	숙명대	Sungmyŏngdae	Sungmyeongdae
수필가	sup'ilga	supilga	숙미회	Sungmihoe	Sungmihoe
수필들	sup'ildŭl	supildeul	숙박	sukpak	sukbak
수필집	sup'ilchip	supiljip	숙박업	sukpagŏp	sukbageop
수필학	sup'irhak	supilhak	숙부인	Sukpuin	Sukbuin
수하	suha	suha	숙빈	Sukpin	Sukbin
수학	suhak	suhak	숙성	suksŏng	sukseong
수학과	suhakkwa	suhakgwa	숙소	sukso	sukso
수학사	suhaksa	suhaksa	숙수	suksu	suksu
수학원	suhagwŏn	suhagwon	숙식	suksik	suksik
수학자	suhakcha	suhakja	숙어	sugŏ	sugeo
수학자들	suhakchadŭl	suhakjadeul	숙여	sugyŏ	sugyeo
수해	suhae	suhae	숙열기	sugyŏlgi	sugyeolgi
수행	suhaeng	suhaeng	숙영	sugyŏng	sugyeong
수행론	suhaengnon	suhaengnon	숙원	sugwŏn	sugwon
수행법	suhaengpŏp	suhaengbeop	숙의	sugŭi	sugui
수행성	suhaengsŏng	suhaengseong	숙이지	sugiji	sugiji
수행자	suhaengja	suhaengja	숙인	sugin	sugin
수행장	suhaengjang	suhaengjang	숙전	Sukchŏn	Sukjeon
수행처	suhaengch'ŏ	suhaengcheo	숙정	Sukchŏng	Sukjeong
수험	suhŏm	suheom	숙정문	Sukchŏngmun	Sukjeongmun
수험서	suhŏmsŏ	suheomseo	숙제	sukche	sukje
수험자	suhŏmja	suheomja	숙종	Sukchong	Sukjong
수혈	suhyŏl	suhyeol	숙주	sukchu	sukju
수혈식	suhyŏlsik	suhyeolsik	숙지	sukchi	sukji
수혈학	suhyŏrhak	suhyeolhak	숙지황	Sukchihwang	Sukjihwang
수협	Suhyŏp	Suhyeop	숙직	sukchik	sukjik
수형	suhyŏng	suhyeong	숙천	Sukch'ŏn	Sukcheon
수형자	suhyŏngja	suhyeongja	숙천군	Sukch'ŏn-gun	Sukcheon-gun

한글 용례	ALA-LC Romanization	정부 표기안	한글 용례	ALA-LC Romanization	정부 표기안
숙천현	Sukch'ŏn-hyŏn	Sukcheon-hyeon	순수함	sunsuham	sunsuham
숙청	sukch'ŏng	sukcheong	순시	sunsi	sunsi
숙청문	Sukch'ŏngmun	Sukcheongmun	순시기	sunsigi	sunsigi
숙향	sukhyang	sukhyang	순식간	sunsikkan	sunsikgan
숙헌	Sukhŏn	Sukheon	순안	sunan	sunan
순	sun	sun	순안군	Sunan-gun	Sunan-gun
순간	sun'gan	sungan	순안현	Sunan-hyŏn	Sunan-hyeon
순간들	sun'gandŭl	sungandeul	순암	Sunam	Sunam
순결	sun'gyŏl	sungyeol	순언	Sunŏn	Suneon
순결함	sun'gyŏrham	sungyeolham	순오지	Sunoji	Sunoji
순경	sun'gyŏng	sungyeong	순웅	Sunong	Sunong
순계	Sun'gye	Sungye	순원	Sunwŏn	Sunwon
순공	Sun'gong	Sungong	순위	sunwi	sunwi
순교	sun'gyo	sungyo	순위표	sunwip'yo	sunwipyo
순교자	sun'gyoja	sungyoja	순응	sunŭng	suneung
순교자들	sun'gyojadŭl	sungyojadeul	순응성	sunŭngsŏng	suneungseong
순교지	sun'gyoji	sungyoji	순의군	Sunŭi-gun	Sunui-gun
순국	sun'guk	sunguk	순장	Sunjang	Sunjang
순군	sun'gun	sungun	순절	sunjŏl	sunjeol
순금속	sun'gŭmsok	sungeumsok	순절기	sunjŏlgi	sunjeolgi
순도	sundo	sundo	순절록	sunjŏllok	sunjeollok
순라	sulla	sulla	순절인	sunjŏrin	sunjeorin
순라군	sullakun	sullagun	순정	sunjŏng	sunjeong
순력	Sullyŏk	Sullyeok	순정효	sunjŏnghyo	sunjeonghyo
순력도	sullyŏkto	sullyeokdo	순제	Sunje	Sunje
순례	sullye	sullye	순조	Sunjo	Sunjo
순례기	sullyegi	sullyegi	순종	sunjong	sunjong
순례단	sullyedan	sullyedan	순지리	Sunji-ri	Sunji-ri
순례자	sullyeja	sullyeja	순직	sunjik	sunjik
순록	sullok	sullok	순찰사	sunch'alsa	sunchalsa
순무	sunmu	sunmu	순창	Sunch'ang	Sunchang
순무영	Sunmuyŏng	Sunmuyeong	순창군	Sunch'ang-gun	Sunchang-gun
순문예	sunmumye	sunmunye	순창리	Sunch'ang-ni	Sunchang-ri
순방	sunbang	sunbang	순창현	Sunch'ang-hyŏn	Sunchang-hyeon
순방지	sunbangji	sunbangji	순천	Sunch'ŏn	Suncheon
순백	sunbaek	sunbaek	순천군	Sunch'ŏn-gun	Suncheon-gun
순복음	sunbogŭm	sunbogeum	순천대	Sunch'ŏndae	Suncheondae
순비	Sunbi	Sunbi	순천만	Sunch'ŏnman	Suncheonman
순빈	Sunbin	Snbin	순천부	Sunch'ŏn-bu	Suncheon-bu
순사	sunsa	sunsa	순천시	Sunch'ŏn-si	Suncheon-si
순서	sunsŏ	sunseo	순천향	Sunch'ŏnhyang	Suncheonhyang
순성	sunsŏng	sunseong	순천향대	Sunch'ŏnhyangdae	Suncheonhyangdae
순성현	Sunsŏng-hyŏn	Sunseong-hyeon	순천현	Sunch'ŏn-hyŏn	Suncheon-hyeon
순수	sunsu	sunsu	순풍	sunp'ung	sunpung
순수비	sunsubi	sunsubi	순하게	sunhage	sunhage

한글 용례	ALA-LC Romanization	정부 표기안	한글 용례	ALA-LC Romanization	정부 표기안
순한	sunhan	sunhan	숨소리	sumsori	sumsori
순해	sunhae	sunhae	숨쉰	sumshwin	sumswin
순화	sunhwa	sunhwa	숨어	sumŏ	sumeo
순화군	Sunhwa-gun	Sunhwa-gun	숨었나	sumŏnna	sumeonna
순화론	sunhwaron	sunhwaron	숨은	sumŭn	sumeun
순환	sunhwan	sunhwan	숫자	sutcha	sutja
순환기	sunhwan'gi	sunhwangi	숭	sung	sung
순환기학	sunhwan'gihak	sunhwangihak	숭고	sunggo	sunggo
순환형	sunhwanhyŏng	sunhwanhyeong	숭고하지	sunggohaji	sunggohaji
순회	sunhoe	sunhoe	숭고한	sunggohan	sunggohan
순흥	Sunhŭng	Sunheung	숭례	sungnye	sungnye
순흥군	Sunhŭng-gun	Sunheung-gun	숭례문	Sungnyemun	Sungnyemun
순흥부	Sunhŭng-bu	Sunheung-bu	숭명	sungmyŏng	sungmyeong
순흥읍	Sunhŭng-ŭp	Sunheung-eup	숭모	sungmo	sungmo
숟가락	sutkarak	sutgarak	숭모지	sungmoji	sungmoji
술	sul	sul	숭모회	sungmohoe	sungmohoe
술기	sulgi	sulgi	숭문	sungmun	sungmun
술래	sullae	sullae	숭미	sungmi	sungmi
술문	sulmun	sulmun	숭배	sungbae	sungbae
술문찬	sulmunch'an	sulmunchan	숭산	Sungsan	Sungsan
술방	sulpang	sulbang	숭상	sungsang	sungsang
술사	sulsa	sulsa	숭선군	Sungsŏn-gun	Sungseon-gun
술수	sulsu	sulsu	숭성군	Sungsŏng-gun	Sungseong-gun
술술	sulsul	sulsul	숭숭이	sungsungi	sungsungi
술시	sulsi	sulsi	숭실	sungsil	sungsil
술어	surŏ	sureo	숭실대	Sungsildae	Sungsildae
술이	suri	suri	숭어	sungŏ	sungeo
술정	Sulchŏng	Suljeong	숭유	sungyu	sungyu
술정리	Sulchŏng-ni	Suljeong-ri	숭의	sungŭi	sungui
숨	sum	sum	숭인문	Sunginmun	Sunginmun
숨겨	sumgyŏ	sumgyeo	숭일	sungil	sungil
숨겨둔	sumgyŏdun	sumgyeodun	숭전대	Sungjŏndae	Sungjeondae
숨겨와	sumgyŏwa	sumgyeowa	숭혜전	Sunghyejŏn	Sunghyejeon
숨겨져	sumgyŏjyŏ	sumgyeojyeo	숯불	sutpul	sutbul
숨겨진	sumgyŏjin	sumgyeojin	숲	sup	sup
숨결	sumkyŏl	sumgyeol	숲길	supkil	supgil
숨결展	sumkyŏljŏn	sumgyeoljeon	쉘	swel	swel
숨기기	sumgigi	sumgigi	쉬나이더	Shwinaidŏ	Swinaideo
숨기는	sumginŭn	sumgineun	쉬는	shwinŭn	swineun
숨기려한	sumgiryŏhan	sumgiryeohan	쉬다	shwida	swida
숨긴	sumgin	sumgin	쉬띄꼬프	Shwittŭikkop'ŭ	Swittuikkopeu
숨길	sumgil	sumgil	쉬리	Shwiri	Swiri
숨다	sumta	sumda	쉬어	shwiŏ	swieo
숨바섬	Sumbasŏm	Sumbaseom	쉬었다가	shwiŏttaga	swieotdaga
숨비	Sumbi	Sumbi	쉬운	shwiun	swiun

한글 용례	ALA-LC Romanization	정부 표기안	한글 용례	ALA-LC Romanization	정부 표기안
쉬자요	shwijayo	swijayo	스물	sŭmul	seumul
쉬핑	shwip'ing	swiping	스물여섯	sŭmul-yŏsŏt	seumuryeoseot
쉰	shwin	swin	스미는	sŭminŭn	seumineun
쉰들러	Shwindŭllŏ	Swindeulleo	스미스	Sŭmisŭ	Seumiseu
쉴	shwil	swil	스미에	Sŭmie	Seumie
쉼	shwim	swim	스민	sŭmin	seumin
쉼표	shwimp'yo	swimpyo	스베	Sŭbe	Seube
쉽게	shwipke	swipge	스베틀라나	Sŭbet'ŭllana	Seubeteullana
쉽고	shwipko	swipgo	스스로	sŭsŭro	seuseuro
슈머	syumŏ	syumeo	스스무	Sŭsŭmu	Seuseumu
슈바이처	Syubaich'ŏ	Syubaicheo	스승	sŭsŭng	seuseung
슈바이처들	Syubaich'ŏdŭl	Syubaicheodeul	스승님	sŭsŭngnim	seuseungnim
슈양외사	syuyangoesa	Syuyangoesa	스승들	sŭsŭngdŭl	seuseungdeul
슈양의사	Syuyangŭisa	Syuyanguisa	스에자네	Sŭejane	Seuejane
슈퍼	syup'ŏ	syupeo	스와인하트	Sŭwainhat'ŭ	Seuwainhateu
슈퍼맨	syup'ŏmaen	syupeomaen	스웨덴	Sŭweden	Seuweden
슈퍼비전	syup'ŏbijŏn	syupeobijeon	스웨리에	Sŭweriye	Seuweriye
슈프리마	Syup'ŭrima	Syupeurima	스위스	Sŭwisŭ	Seuwiseu
슈허지	Syuhŏji	Syuheoji	스위치	sŭwich'i	seuwichi
슈호지	syuhoji	syuhoji	스즈키	Sujŭk'i	Seujeuki
스나이더	Sŭnaidŏ	Seunaideo	스첼	Sŭch'el	Seuchel
스낵	sŭnaek	seunaek	스처간	sŭch'yŏgan	seuchyeogan
스님	sŭnim	seunim	스카른	sŭk'arŭn	seukareun
스님들	sŭnimdŭl	seunimdeul	스카우트	sŭk'aut'ŭ	seukauteu
스러운	sŭrŏun	seureoun	스칼라피노	Sŭk'allap'ino	Seukallapino
스러움	sŭrŏum	seureoum	스캔들	sŭk'aendŭl	seukaendeul
스러진	sŭrŏjin	seureojin	스캔한	sŭk'aenhan	seukaenhan
스런	sŭrŏn	seureon	스커트	sŭk'ŏt'ŭ	seukeoteu
스럽게	sŭrŏpke	seureopge	스케닝	sŭk'ening	seukening
스리랑카	Sŭrirangk'a	Seurirangka	스케이트	sŭk'eit'ŭ	seukeiteu
스리랑카어	Sŭrirangk'aŏ	Surirangkaeo	스케이트장	sŭk'eit'ŭjang	seukeiteujang
스리체어스	Sŭrich'eŏsŭ	Seuricheeoseu	스케이프	sŭk'eip'ŭ	seukeipeu
스릴러	sŭrillŏ	seurilleo	스케일	sŭk'eil	seukeil
스마트	sŭmat'ŭ	seumateu	스케치	sŭk'ech'i	seukechi
스마트폰	sŭmat'ŭp'on	seumateupon	스케치북	sŭk'ech'ibuk	seukechibuk
스머	sŭmyŏ	seumyeo	스코틀랜드	Sŭk'ot'ŭllaendŭ	Seukoteullaendeu
스머드는	sŭmyŏdŭnŭn	seumyeodeuneun	스코프	Sŭk'op'ŭ	Seukopeu
스머든	sŭmyŏdŭn	seumyeodeun	스코필드	Sŭk'op'ildŭ	Seukopildeu
스머들어	sŭmyŏdŭrŏ	seumyeodeureo	스콜	sŭk'ol	seukol
스모킹	sŭmok'ing	seumoking	스쿨	sŭk'ul	seukul
스몰	sŭmol	seumol	스쿨러	sŭk'ullŏ	seukulleo
스무	sŭmu	seumu	스퀘어	sŭk'weŏ	seukweeo
스무날	sŭmunal	seumunal	스크랜턴	Sŭk'ŭraent'ŏn	Seukeuraenteon
스무살	sŭmusal	seumusal	스크랜튼	Sŭk'ŭraent'ŭn	Seukeuraenteun
스무해	sŭmuhae	seumuhae	스크루지	Sŭk'ŭruji	Seukeuruji

한글 용례	ALA-LC Romanization	정부 표기안	한글 용례	ALA-LC Romanization	정부 표기안
스크린	sŭk'ŭrin	seukeurin	스프레드	sŭp'ŭredŭ	seupeuredeu
스타	sŭt'a	seuta	스피노자	Sŭp'inoja	Seupinoja
스타벅스	Sŭt'abŏksŭ	Seutabeokseu	스피드	sŭp'idŭ	seupideu
스타일	sŭt'ail	seutail	스피리트	sŭp'irit'ŭ	seupiriteu
스타일링	sŭt'ailling	seutailling	스피리트호	Sŭp'irit'ŭho	Seupiriteuho
스타일画	sŭt'airhwa	seutailhwa	스피릿	sŭp'irit	seupirit
스타트업	sŭt'atŭŏp	seutateueop	스피치	sŭp'ich'i	seupichi
스탈린	Sŭt'allin	Seutallin	슬기	sŭlgi	seulgi
스태프	sŭt'aep'ŭ	seutaepeu	슬기로운	sŭlgiroun	seulgiroun
스탠더드	sŭt'aendŏdŭ	seutaendeodeu	슬로디	Sŭllodi	Seollodi
스턴	Sŭt'ŏn	Seuteon	슬퍼	sŭlp'ŏ	seulpeo
스테이	sŭt'ei	seutei	슬퍼서	sŭlp'ŏsŏ	seulpeoseo
스테이션	sŭt'eisyŏn	seuteisyeon	슬프게	sŭlp'ŭge	seulpeuge
스토리	sŭt'ori	seutori	슬프다	sŭlp'ŭda	seulpeuda
스토리두잉	sŭt'oriduing	seutoriduing	슬프려고	sŭlp'ŭryŏgo	seulpeuryeogo
스토리보드	sŭt'oribodŭ	seutoribodeu	슬픈	sŭlp'ŭn	seulpeun
스토리텔링	sŭt'orit'elling	seutoritelling	슬픈읍	Sŭlp'ŭn-ŭp	Seulpeun-eup
스토어	sŭt'oŏ	seutoeo	슬플	sŭlp'ŭl	seulpeul
스톡홀름	Sŭt'okhollŭm	Seutokholleum	슬픔	sŭlp'ŭm	seulpeum
스톰	sŭt'om	seutom	슬하	sŭrha	seulha
스툭	Sŭt'uk	Seutuk	습	sŭp	seup
스튜디오	sŭt'yudio	seutyudio	습격	sŭpkyŏk	seupgyeok
스트라이크	Sŭt'ŭraik'ŭ	Seuteuraikeu	습격기	sŭpkyŏkki	seupgyeokgi
스트레스	sŭt'ŭresŭ	seuteureseu	습관	sŭpkwan	seupgwan
스트레이트	sŭt'ŭreit'ŭ	seuteureiteu	습득	sŭptŭk	seupdeuk
스트로브	sŭt'ŭrobŭ	seuteurobeu	습득론	sŭptŭngnon	seupdengnon
스트롱	sŭt'ŭrong	seuteurong	습성	sŭpsŏng	seupseong
스트리트	sŭt'ŭrit'ŭ	seuteuriteu	습유	sŭbyu	seubyu
스트림	sŭt'ŭrim	seuteurim	습작	sŭpchak	seupjak
스티브	Sŭt'ibŭ	Seutibeu	습지	sŭpchi	seupji
스티븐스	Sŭt'ibŭnsŭ	Seutibeunseu	습진	sŭpchin	seupjin
스틸	sŭt'il	seutil	승	sŭng	seung
스파게티	sŭp'aget'i	seupageti	승가	Sŭngga	Seungga
스파링	sŭp'aring	seuparing	승가대	Sŭnggadae	Seunggadae
스파이	sŭp'ai	seupai	승가사	Sŭnggasa	Seunggasa
스페이스	sŭp'eisŭ	seupeiseu	승객	sŭnggaek	seunggaek
스페인	Sŭp'ein	Seupein	승격	sŭngkyŏk	seunggyeok
스페인어	Sŭp'einŏ	Seupeineo	승경	Sŭnggyŏng	Seunggyeong
스펙	sŭp'ek	seupek	승계	sŭnggye	seunggye
스펙터클	sŭp'ekt'ŏk'ŭl	seupekteokeul	승고	sŭnggo	seunggo
스펙트럼	sŭp'ekt'ŭrŏm	seupekteureom	승공	sŭnggong	seunggong
스포니	Sŭp'oni	Seuponi	승관	Sŭnggwan	Seunggwan
스포아	sŭp'oa	seupoa	승군	Sŭnggun	Seunggun
스포츠	sŭp'och'ŭ	seupocheu	승냥이	sŭngnyangi	seungnyangi
스폰서	sŭp'onsŏ	seuponseo	승단	sŭngdan	seungdan

한글 용례	ALA-LC Romanization	정부 표기안	한글 용례	ALA-LC Romanization	정부 표기안
승당	Sŭngdang	Seungdang	승차자	sŭngch'aja	seungchaja
승동	Sŭng-dong	Seung-dong	승천	sŭngch'ŏn	seungcheon
승람	sŭngnam	seungnam	승총	sŭngch'ong	seungchong
승려	sŭngnyŏ	seungnyeo	승통	sŭngt'ong	seungtong
승려들	sŭngnyŏdŭl	seungnyeodeul	승패	sŭngp'ae	seungpae
승록	sŭngnok	seungnok	승평	Sŭngp'yŏng	Seungpyeong
승리	sŭngni	seungni	승평군	Sŭngp'yŏng-gun	Seungpyeong-gun
승리산	sŭngnisan	seungnisan	승하	sŭngha	seungha
승리자	sŭngnija	seungnija	승호군	Sŭngho-gun	Seungho-gun
승리호	sŭngniho	seungniho	승화	sŭnghwa	seunghwa
승마	sŭngma	seungma	시	si	si
승만경	Sŭngman'gyŏng	Seungmangyeong	시가	siga	siga
승무	sŭngmu	seungmu	시가도	sigado	sigado
승방	sŭngbang	seungbang	시가들	sigadŭl	sigadeul
승병	sŭngbyŏng	seungbyeong	시가론	sigaron	sigaron
승보	sŭngbo	seungbo	시가법	sigapŏp	sigabeop
승부	sŭngbu	seungbu	시가사	sigasa	sigasa
승부리안	Sŭngburian	Seungburian	시가선	sigasŏn	sigaseon
승부사	sŭngbusa	seungbusa	시가전	sigajŏn	sigajeon
승산	sŭngsan	seungsan	시가지	sigaji	sigaji
승상	Sŭngsang	Seungsang	시가집	sigajip	sigajip
승선	sŭngsŏn	seungseon	시가체	sigach'e	sigache
승선원	Sŭngsŏnwŏn	Seungseonwon	시가학	sigahak	sigahak
승소	sŭngso	seungso	시각	sigak	sigak
승시	Sŭngsi	Seungsi	시각들	sigaktŭl	sigakdeul
승여사	Sŭngyŏsa	Seungyeosa	시각적	sigakchŏk	sigakjeok
승연사	Sŭngyŏnsa	Seungyeonsa	시간	sigan	sigan
승용차	sŭngyongch'a	seungyongcha	시간관	sigan'gwan	sigangwan
승인	sŭngin	seungin	시간들	sigandŭl	sigandeul
승자	sŭngja	seungja	시간성	sigansŏng	siganseong
승장	sŭngjang	seungjang	시간제	siganje	siganje
승적	sŭngjok	seungjeok	시간표	siganp'yo	siganpyo
승전	sŭngjŏn	seungjeon	시강원	Sigangwŏn	Sigangwon
승전무	sŭngjŏnmu	seungjeonmu	시개정	sigaejŏng	sigaejeong
승정	sŭngjŏng	seungjeong	시계노부	Sigenobu	Sigenobu
승정원	Sŭngjŏngwŏn	Seungjeongwon	시계루	Sigeru	Sigeru
승제	Sŭngje	Seungje	시계무라	Sigemura	Sigemura
승주	Sŭngju	Seungju	시계오키	Sigeok'i	Sigeoki
승주군	Sŭngju-gun	Seungju-gun	시경	sigyŏng	sigyeong
승주목	Sŭngju-mok	Seungju-mok	시계	sigye	sigye
승지	sŭngji	seungji	시계열	sigyeyŏl	sigyeyeol
승지원	Sŭngjiwŏn	Seungjiwon	시계열화	sigyeyŏrhwa	sigyeyeolhwa
승직	sŭngjik	seungjik	시고	sigo	sigo
승진	sŭngjin	seungjin	시골	sigol	sigol
승차	sŭngch'a	seungcha	시골뜨기	sigolttŭgi	sigoltteugi

한글 용례	ALA-LC Romanization	정부 표기안	한글 용례	ALA-LC Romanization	정부 표기안
시공	sigong	sigong	시도	sido	sido
시공간	sigonggan	sigonggan	시도기	sidogi	sidogi
시공관	Sigonggwan	Sigonggwan	시도들	sidodŭl	sidodeul
시공사	Sigongsa	Sigongsa	시도별	sidobyŏl	sidobyeol
시구	sigu	sigu	시동	sidong	sidong
시구문	Sigumun	Sigumun	시드	sidŭ	sideu
시국	siguk	siguk	시드니	Sidŭni	Sideuni
시국가	sigukka	sigukga	시들	sidŭl	sideul
시군	sigun	sigun	시들지	sidŭlji	sideulji
시굴	sigul	sigul	시라사키	Sirasak'i	Sirasaki
시권	Sigwŏn	Sigwon	시랑공파	Siranggongp'a	Siranggongpa
시그마	sigŭma	sigeuma	시랑동	Sirang-dong	Sirang-dong
시극	sigŭk	sigeuk	시력	siryŏk	siryeok
시극사	sigŭksa	sigeuksa	시련	siryŏn	siryeon
시금치	sigŭmch'i	sigeumchi	시로스케	Sirosŭk'e	Siroseuke
시급	sigŭp	sigeup	시론	siron	siron
시급하다	sigŭphada	sigeuphada	시론사	sironsa	sironsa
시급한	sigŭphan	sigeuphan	시론적	sironjŏk	sironjeok
시급히	sigŭphi	sigeupi	시론집	sironjip	sironjip
시기	sigi	sigi	시료	siryo	siryo
시끄러운	sikkŭrŏun	sikkeureoun	시루	siru	siru
시나리오	sinario	sinario	시루봉	Sirubong	Sirubong
시나리오별	sinariobyŏl	sinariobyeol	시류	siryu	siryu
시나위	sinawi	sinawi	시리	Siri	Siri
시난	sinan	sinan	시리고	sirigo	sirigo
시내	sinae	sinae	시리아	Siria	Siria
시냇물	sinaenmul	sinaenmul	시리우스	Siriusŭ	Siriuseu
시너지	sinŏji	sineoji	시리이즈	siriijŭ	siriijeu
시네마	sinema	sinema	시리즈	sirijŭ	sirijeu
시네마폴리티카	sinemap'ollit'ik'a	sinemapollitika	시린	sirin	sirin
시네아스트	sineasŭt'ŭ	sineaseuteu	시림	sirim	sirim
시녀	sinyŏ	sinyeo	시립	sirip	sirip
시노	sino	sino	시립대	siriptae	siripdae
시니	sini	sini	시마	Sima	Sima
시니어	siniŏ	sinieo	시마네현	Simane-hyŏn	Simane-hyeon
시다	sida	sida	시말	simal	simal
시단	sidan	sidan	시말서	simalsŏ	simalseo
시담	sidam	sidam	시맥	simaek	simaek
시당	Sidang	Sidang	시멘트	siment'ŭ	simenteu
시대	sidae	sidae	시멘틱	siment'ik	simentik
시대극	sidaegŭk	sidaegeuk	시명	simyŏng	simyeong
시대사	sidaesa	sidaesa	시모노세끼	Simonosekki	Simonosekki
시대성	sidaesŏng	sidaeseong	시모무라	Simomura	Simomura
시대인	sidaein	sidaein	시목	Simok	Simok
시대적	sidaejŏk	sidaejeok	시목동	Simok-tong	Simok-dong

한글 용례	ALA-LC Romanization	정부 표기안	한글 용례	ALA-LC Romanization	정부 표기안
시몬	Simon	Simon	시설론	sisŏllon	siseollon
시무	simu	simu	시설물	sisŏlmul	siseolmul
시무책	simuch'aek	simuchaek	시설업	sisŏrŏp	siseoreop
시문	simun	simun	시성	sisŏng	siseong
시문고	simun'go	simungo	시세	sise	sise
시문록	simunnok	simunnok	시세이	Sisei	Sisei
시문집	simunjip	simunjip	시소	siso	siso
시문학	simunhak	simunhak	시술	sisul	sisul
시미즈	Simijŭ	Simijeu	시술비	sisulbi	sisulbi
시민	simin	simin	시스템	sisŭt'em	siseutem
시민군	simin'gun	simingun	시스템的	sisŭt'emjŏk	siseutemjeok
시민권	siminkwŏn	simingwon	시습	sisŭp	siseup
시민들	simindŭl	simindeul	시승	sisŭng	siseung
시민론	siminnon	siminnon	시시	sisi	sisi
시민성	siminsŏng	siminseong	시식	sisik	sisik
시민적	siminjŏk	siminjeok	시심	sisim	sisim
시민주의	siminjuŭi	siminjuui	시아	sia	sia
시민관	siminp'an	siminpan	시안	sian	sian
시민학	siminhak	siminhak	시안시	Sian-si	Sian-si
시바	Siba	Siba	시애틀	Siaet'ŭl	Siaeteul
시발	sibal	sibal	시어	siŏ	sieo
시발점	sibalchŏm	sibaljeom	시어머니	siŏmŏni	sieomeoni
시방	sibang	sibang	시어사	Siŏsa	Sieosa
시범	sibŏm	sibeom	시언	siŏn	sieon
시베리아	Siberia	Siberia	시업	siŏp	sieop
시병	sibyŏng	sibyeong	시엔에이	Sienei	Sienei
시보	sibo	sibo	시엔핑	Sienp'ing	Sienping
시보사	Sibosa	Sibosa	시연	siyŏn	siyeon
시복	sibok	sibok	시오	sio	sio
시봉	sibong	sibong	시오니즘	Sionijŭm	Sionijeum
시부	sibu	sibu	시온	Sion	Sion
시부모	sibumo	sibumo	시옷	siot	siot
시블리	Sibŭlli	Sibeulli	시용	siyong	siyong
시비	sibi	sibi	시운	siun	siun
시사	sisa	sisa	시원	siwŏn	siwon
시사점	sisachŏm	sisajeom	시원전	siwŏnjŏn	siwonjeon
시산	sisan	sisan	시원하게	siwŏnhage	siwonhage
시상	sisang	sisang	시원한	siwŏnhan	siwonhan
시서	sisŏ	siseo	시월	Siwŏl	Siwol
시서화	sisŏhwa	siseohwa	시위	siwi	siwi
시선	sisŏn	siseon	시위군	siwigun	siwigun
시선들	sisŏndŭl	siseondeul	시위대	siwidae	siwidae
시선사	Sisŏnsa	Siseonsa	시의	siŭi	siui
시선집	sisŏnjip	siseonjip	시의도	siŭido	siuido
시설	sisŏl	siseol	시의방	siŭibang	siuibang

한글 용례	ALA-LC Romanization	정부 표기안	한글 용례	ALA-LC Romanization	정부 표기안
시의회	siŭihoe	siuihoe	시지락	Sijirak	Sijirak
시인	siin	siin	시지푸스	Sijip'usŭ	Sijipuseu
시인들	siindŭl	siindeul	시집	sijip	Sijipuseu
시인론	siinnon	siinnon	시찰	sich'al	sichal
시인사	Siinsa	Siinsa	시책	sich'aek	sichaek
시인선	siinsŏn	siinseon	시책문	sich'aengmun	sichaengmun
시인집	siinjip	siinjip	시천주	Sich'ŏnju	Sicheonju
시일	siil	siil	시첩	sich'ŏp	sicheop
시작	sijak	sijak	시청	sich'ŏng	sicheong
시장	sijang	sijang	시청각	sich'ŏnggak	sicheonggak
시장권	sijangkwŏn	sijanggwon	시청각물	sich'ŏnggangmul	sicheonggangmul
시장님	sijangnim	sijangnim	시청독	sich'ŏngdok	sicheongdok
시장론	sijangnon	sijangnon	시청률	sich'ŏngnyul	sicheongnyul
시장별	sijangbyŏl	sijangbyeol	시청사	sich'ŏngsa	sicheongsa
시장사	sijangsa	sijangsa	시청자	sich'ŏngja	sicheongja
시장재	sijangjae	sijangjae	시체	sich'e	siche
시장주의	sijangjuŭi	sijangjuui	시초	sich'o	sicho
시장주의자	sijangjuŭija	sijangjuuija	시추	sich'u	sichu
시장화	sijanghwa	sijanghwa	시침	sich'im	sichim
시장회	sijanghoe	sijanghoe	시카고	Sik'ago	Sikago
시재	sijae	sijae	시켜야	sik'yŏya	sikyeoya
시적	sichŏk	sijeok	시켰는가	sik'yŏnnŭn'ga	sikyeonneunga
시적고	Sijŏkko	Sijeokgo	시크릿	sik'ŭrit	sikeurit
시전	sijŏn	sijeon	시키고	sik'igo	sikigo
시전지	sijŏnji	sijeonji	시키기	sik'igi	sikigi
시절	sijŏl	sijeol	시키는	sik'inŭn	sikineun
시절가	sijŏlga	sijeolga	시키는가	sik'inŭn'ga	sikineunga
시점	sichŏm	sijeom	시키자	sik'ija	sikija
시정	sijŏng	sijeong	시킨	sik'in	sikin
시정기	sijŏnggi	sijeonggi	시킨다	sik'inda	sikinda
시정연	Sijŏngyŏn	Sijeongyeon	시킬	sik'il	sikil
시제	sije	sije	시킬까	sik'ilkka	sikilkka
시조	sijo	sijo	시킬데	sik'ilte	sikilde
시조론	sijoron	sijoron	시타델	Sit'adel	Sitadel
시조사	sijosa	sijosa	시트	sit'ŭ	siteu
시조사적	sijosachŏk	sijosajeok	시티	sit'i	siti
시조시	sijosi	sijosi	시파	Sip'a	Sipa
시조집	sijojip	sijojip	시판	sip'an	sipan
시조창	Sijoch'ang	Sijochang	시패	Sip'ae	Sipae
시종	sijong	sijong	시펜	Sip'en	Sipen
시종관	sijonggwan	sijonggwan	시편	sip'yŏn	sipyeon
시주	siju	siju	시평	sip'yŏng	sipyeong
시중	sijung	sijung	시평집	sip'yŏngjip	sipyeongjip
시지	siji	siji	시프트	sip'ŭt'ŭ	sipeuteu
시지동	Siji-dong	Siji-dong	시학	sihak	sihak

한글 용례	ALA-LC Romanization	정부 표기안	한글 용례	ALA-LC Romanization	정부 표기안
시학적	sihakchŏk	sihakjeok	식물	singmul	singmul
시학회	sihakhoe	sihakhoe	식물류	singmullyu	singmullyu
시한	sihan	sihan	식물명	singmulmyŏng	singmulmyeong
시한울	Sihanul	Sihanul	식물성	singmulsŏng	singmulseong
시해	sihae	sihae	식물원	singmurwŏn	singmurwon
시행	sihaeng	sihaeng	식물지	singmulji	singmulji
시행령	sihaengnyŏng	sihaengnyeong	식민	singmin	singmin
시향	sihyang	sihyang	식민성	singminsŏng	singminseong
시헌	sihŏn	siheon	식민주의	singminjuŭi	singminjuui
시험	sihŏm	siheom	식민지	singminji	singminji
시험관	sihŏmgwan	siheomgwan	식민지기	singminjigi	singminjigi
시험림	sihŏmnim	siheomnim	식민지인	singminjiin	singminjiin
시험법	sihŏmpŏp	siheombeop	식민지적	singminjichŏk	singminjijeok
시험소	sihŏmso	siheomso	식민지주의	singminjuŭi	singminjijuui
시험원	sihŏmwŏn	siheomwon	식민지주의적	singminjuŭijŏk	singminjijuuijeok
시험장	sihŏmjang	siheomjang	식민지화	singminjihwa	singminjihwa
시혜청	Sihyech'ŏng	Sihyecheong	식민화	singminhwa	singminhwa
시호	siho	siho	식별	sikpyŏl	sikbyeol
시화	Sihwa	Sihwa	식사	siksa	siksa
시화집	sihwajip	sihwajip	식산	siksan	siksan
시화첩	sihwach'ŏp	sihwacheop	식생	siksaeng	siksaeng
시화호	Sihwaho	Sihwaho	식생활	siksaenghwal	siksaenghwal
시회	sihoe	sihoe	식성	siksŏng	sikseong
시효	sihyo	sihyo	식성군	Siksŏng-gun	Sikseong-gun
시흥	Sihŭng	Siheung	식신족론	siksinjongnon	siksinjongnron
시흥군	Sihŭng-gun	Siheung-gun	식안연	Siganyŏn	Siganyeon
시흥도	Sihŭngdo	Siheungdo	식염	sigyŏm	sigyeom
시흥시	Sihŭng-si	Siheung-si	식영정	Sigyŏngjŏng	Sigyeongjeong
시흥현	Sihŭng-hyŏn	Siheung-hyeon	식용	sigyong	sigyong
시힘	sihim	sihim	식읍	sigŭp	sigeup
식	sik	sik	식이	sigi	sigi
식객	sikkaek	sikgaek	식재료	sikchaeryo	sikjaeryo
식구	sikkgu	sikgu	식전	sikchŏn	sikjeon
식구들	sikkudŭl	sikgudeul	식중독	sikchungdok	sikjungdok
식기	sikki	sikgi	식초	sikch'o	sikcho
식년	singnyŏn	singnyeon	식촌	sikch'on	sikchon
식년시	Singnyŏnsi	Singnyeonsi	식탁	sikt'ak	siktak
식단	siktan	sikdan	식품	sikp'um	sikpum
식당	siktang	sikdang	식품명	sikp'ummyŏng	sikpummyeong
식도	sikto	sikdo	식품부	sikp'umbu	sikpumbu
식량	singnyang	singnyang	식품학	sikp'umhak	sikpumhak
식량권	singnyangkwŏn	singnyanggwon	식품학적	sikp'umhakchŏk	sikpumhakjeok
식량난	singnyangnan	singnyangnan	식혜	sikhye	sikye
식료품	singnyop'um	singnyopum	식화	sikhwa	sikhwa
식목	singmok	singmok	식화지	Sikhwaji	Sikwaji

한글 용례	ALA-LC Romanization	정부 표기안	한글 용례	ALA-LC Romanization	정부 표기안
신	sin	sin	신국부	sin'gukpu	singukbu
신가	sin'ga	singa	신국부론	sin'gukpuron	singukburon
신가요	sin'gayo	singayo	신군부	sin'gunbu	singunbu
신가정	sin'gajŏng	singajeong	신군주론	sin'gunjuron	singunjuron
신가집	sin'gajip	singajip	신굿	sin'gut	singut
신가치	singach'i	singachi	신궁	sin'gung	singung
신간	sin'gan	singan	신권	sinkwŏn	singwon
신간회	Sin'ganhoe	Singanhoe	신규	sin'gyu	singyu
신갈	sin'gal	singal	신극	sin'gŭk	singeuk
신감	sin'gam	singam	신기	sin'gi	singi
신강	sin'gang	singang	신기(神氣)	sinki	singi
신개념	sin'gaenyŏm	singaenyeom	신기동	Sin'gi-dong	Singi-dong
신개항장	sin'gaehangjang	singaehangjang	신기론	Sin'giron	Singiron
신검	sin'gŏm	singeom	신기루	sin'giru	singiru
신격	sinkyŏk	singyeok	신기리	Sin'gi-ri	Singi-ri
신격화	sinkyŏkhwa	singyeokhwa	신기법	sin'gipŏp	singibeop
신경	sin'gyŏng	singyeong	신기술	sin'gisul	singisul
신경리	Sin'gyŏng-ni	Singyeong-ri	신기통	Sin'git'ong	Singitong
신경영	sin'gyŏngyŏng	singyeongyeong	신기한	sin'gihan	singihan
신경제	sin'gyŏngje	singyeongje	신기후	sin'gihu	singihu
신경통	sin'gyŏngt'ong	singyeongtong	신나는	sinnanŭn	sinnaneun
신경향	sin'gyŏnghyang	singyeonghyang	신내	Sinnae	Sinnae
신계	Sin'gye	Singye	신냉전	sinnaengjŏn	sinnaengjeon
신계군	Sin'gye-gun	Singye-gun	신네트워크	sinnet'ŭwŏk'ŭ	sinneteuwokeu
신계단	Sin'gyedan	Singyedan	신녀	sinnyŏ	sinnyeo
신계리	Sin'gye-ri	Singye-ri	신년	sinnyŏn	sinnyeon
신계사	Sin'gyesa	Singyesa	신년사	sinnyŏnsa	sinnyeonsa
신계현	Sin'gye-hyŏn	Singye-hyeon	신년호	sinnyŏnho	sinnyeonho
신고	sin'go	singo	신념	sinnyŏm	sinnyeom
신고산	Sin'gosan	Singosan	신녕군	Sinnyŏng-gun	Sinnyeong-gun
신고서	sin'gosŏ	singoseo	신녕현	Sinnyŏng-hyŏn	Sinnyeong-hyeon
신고인	sin'goin	singoin	신농	Sinnong	Sinnong
신고자	sin'goja	singoja	신단	sindan	sindan
신곡	Sin'gok	Singok	신단수	Sindansu	Sindansu
신공	sin'gong	singong	신당	sindang	sindang
신공법	sin'gongpŏp	singongbeop	신당동	Sindang-dong	Sindang-dong
신공항	sin'gonghang	singonghang	신대	Sindae	Sindae
신과세제	Sin'gwaseje	singwaseje	신대동	Sindae-dong	Sindae-dong
신광	Sin'gwang	Singwang	신대륙	sindaeryok	sindaeryuk
신광사	Sin'gwangsa	Singwangsa	신대리	Sindae-ri	Sindae-ri
신교	sin'gyo	singyo	신덕	Sindŏk	Sindeok
신교육	sin'gyoyuk	singyoyuk	신데렐라	sinderella	sinderella
신구	sin'gu	singu	신도	sindo	sindo
신구론	sin'guron	singuron	신도군	Sindo-gun	Sindo-gun
신국	sin'guk	singuk	신도비	Sindobi	Sindobi

한글 용례	ALA-LC Romanization	정부 표기안	한글 용례	ALA-LC Romanization	정부 표기안
신도시	sindosi	sindosi	신문계	sinmun'gye	sinmungye
신도회	sindohoe	sindohoe	신문고	Sinmun'go	sinmungo
신독재	sindokchae	sindokjae	신문관	Sinmun'gwan	sinmungwan
신동	sindong	sindong	신문국	sinmun'guk	sinmunguk
신동아	Sindonga	Sindonga	신문류	sinmunnyu	sinmunnyu
신동촌	Sindongch'on	Sindongchon	신문명	sinmunmyŏng	sinmunmyeong
신드롬	sindŭrom	sindeurom	신문사	sinmunsa	sinmunsa
신들	Sindŭl	Sindeul	신문社	sinmunsa	sinmunsa
신디케이트	sindik'eit'ŭ	sindikeiteu	신문장	sinmunjang	sinmunjang
신라	Silla	Silla	신문쟁이	sinmunjaengi	sinmunjaengi
신라검	Sillagŏm	Sillageom	신문지	sinmunji	sinmunji
신라관	Sillagwan	Sillagwan	신미	Sinmi	Sinmi
신라금	Sillagŭm	Sillageum	신미록	Sinmirok	Sinmirok
신라대	Silladae	Silladae	신민	sinmin	sinmin
신라도	Sillado	Sillado	신민당	Sinmindang	Sinmindang
신라방	Sillabang	Sillabang	신민요	sinminyo	sinminyo
신라비	Sillabi	Sillabi	신민족주의	sinminjokchuŭi	sinminjokjuui
신라사	Sillasa	Sillasa	신민족주의론	sinminjokchuŭiron	sinminjokjuuiron
신라선	Sillasŏn	Sillaseon	신민족주의자	sinminjokchuŭija	sinminjokjuuija
신라소	Sillaso	Sillaso	신민주주의	sinminjujuŭi	sinminjujuui
신라악	Sillaak	Sillaak	신민회	Sinminhoe	Sinminhoe
신라원	Sillawŏn	Sillawon	신바람	sinparam	sinbaram
신라인	Sillain	Sillain	신발	sinbal	sinbal
신라인들	Sillaindŭl	Sillaindeul	신발굴	sinbalgul	sinbalgul
신라초	Sillach'o	Sillacho	신방	sinbang	sinbang
신랄한	sillarhan	sillalhan	신배달	sinbaedal	sinbaedal
신령	sillyŏng	sillyeong	신법	sinpŏp	sinbeop
신록	sillok	sillok	신보	sinbo	sinbo
신론	sillon	sillon	신보사	sinbosa	sinbosa
신뢰	silloe	silloe	신봉	sinbong	sinbong
신뢰도	silloedo	silloedo	신봉동	Sinbong-dong	Sinbong-dong
신뢰성	silloesŏng	silloeseong	신봉자	sinbongja	sinbongja
신룡	sillyong	sillyong	신봉자들	sinbongjadŭl	sinbongjadeul
신륵사	Sillŭksa	Silleuksa	신부	sinbu	sinbu
신리더십	sinlidŏsip	sillideosip	신부님	sinbunim	sinbunim
신림동	Sillim-dong	Sillim-dong	신부들	sinbudŭl	sinbudeul
신매	Sinmae	Sinmae	신북	sinbuk	sinbuk
신매리	Sinmae-ri	Sinmae-ri	신북방	sinbukpang	sinbukbang
신명	sinmyŏng	sinmyeong	신분	sinbun	sinbun
신모	sinmo	sinmo	신분제	sinbunje	sinbunje
신목	Sinmok	Sinmok	신비	sinbi	sinbi
신묘	sinmyo	sinmyo	신비로움	sinbiroum	sinbiroum
신묘년	Sinmyonyŏn	Sinmyonyeon	신비주의	sinbijuŭi	sinbijuui
신무용	sinmuyong	sinmuyong	신비함	sinbiham	sinbiham
신문	sinmun	sinmun	신사	sinsa	sinsa

한글 용례	ALA-LC Romanization	정부 표기안	한글 용례	ALA-LC Romanization	정부 표기안
신사고	sinsago	sinsago	신쇼	Sinsyo	Sinsyo
신사도	sinsado	sinsado	신수	sinsu	sinsu
신사동	Sinsa-dong	Sinsa-dong	신시	sinsi	sinsi
신사비	sinsabi	sinsabi	신시가	sinsiga	sinsiga
신사상	sinsasang	sinsasang	신시대	sinsidae	sinsidae
신사조	sinsajo	sinsajo	신식	sinsik	sinsik
신사회	sinsahoe	sinsahoe	신식민지주의적	sinsingminjuŭijŏk	sinsingminjijuuijeok
신산	Sinsan	Sinsan	신신	sinsin	sinsin
신산업	sinsanŏp	sinsaneop	신실	sinsil	sinsil
신삼론	sinsamnon	sinsamnon	신실학	sinsirhak	sinsilhak
신상	sinsang	sinsang	신심명	sinsimmyŏng	sinsimmyeong
신상리	Sinsang-ni	Sinsang-ri	신아	sina	sina
신상품	sinsangp'um	sinsangpum	신아사	Sinasa	Sinasa
신새벽	sinsaebyŏk	sinsaebyeok	신아세아	sinasea	sinasea
신생	sinsaeng	sinsaeng	신안	Sinan	Sinan
신생국	sinsaengguk	sinsaengguk	신안군	Sinan-gun	Sinan-gun
신생대	sinsaengdae	sinsaengdae	신안법	sinanpŏp	sinanbeop
신생명	sinsaengmyŏng	sinsaengmyeong	신안사	Sinansa	Sinansa
신생활	sinsaenghwal	sinsaenghwal	신안선	Sinansŏn	Sinanseon
신서	sinsŏ	sinseo	신안현	Sinan-hyŏn	Sinan-hyeon
신서원	Sinsŏwŏn	Sinseowon	신암	Sinam	Sinam
신서학	sinsŏhak	sinseohak	신암리	Sinam-ni	Sinam-ri
신석	sinsŏk	sinseok	신앙	sinang	sinang
신석기	sinsŏkki	sinseokgi	신앙물	sinangmul	sinangmul
신선	sinsŏn	sinseon	신앙인	sinangin	sinangin
신선당	Sinsŏndang	Sinseondang	신애사	Sinaesa	Sinaesa
신선도	Sinsŏndo	Sinseondo	신약	sinyak	sinyak
신선들	sinsŏndŭl	sinseondeul	신양	sinyang	sinyang
신선전	sinsŏnjŏn	sinseonjeon	신양리	Sinyang-ni	Sinyang-ri
신선한	sinsŏnhan	sinseonhan	신어	sinŏ	sineo
신설	sinsŏl	sinseol	신여성	sinnyŏsŏng	sinyeoseong
신성	sinsŏng	sinseong	신여자	sinnyŏja	sinyeoja
신성군	Sinsŏng-gun	Sinseong-gun	신연구	sinyŏn'gu	sinyeongu
신성장	sinsŏngjang	sinseongjang	신연리	Sinyŏn-ni	Sinyeon-ri
신세	sinse	sinse	신영	Sinyŏng	Sinyeong
신세계	sinsegye	sinsegye	신영지	sinyŏngji	sinyeongji
신세대	sinsedae	sinsedae	신영토론	sinyŏngt'oron	sinyeongtoron
신세동	Sinse-dong	Sinse-dong	신예	sinye	sinye
신세림	Sinserim	Sinserim	신왕	Sinwang	Sinwang
신소년	sinsonyŏn	sinsonyeon	신용	sinyong	sinyong
신소설	sinsosŏl	sinsoseol	신용골	Sinyongkol	Sinyonggol
신소재	sinsojae	sinsojae	신용군	Sinyong-gun	Sinyong-gun
신속	sinsok	sinsok	신용리	Sinyong-ni	Sinyong-ri
신송	Sinsong	Sinsong	신용어	sinyongŏ	sinyongeo
신송리	Sinsong-ni	Sinsong-ri	신원	sinwŏn	sinwon

한글 용례	ALA-LC Romanization	정부 표기안	한글 용례	ALA-LC Romanization	정부 표기안
신원리	Sinwŏl-li	Sinwon-ri	신제도주의적	sinjedojuŭijŏk	sinjedojuuijeok
신월	Sinwŏl	Sinwol	신제품	sinjep'um	sinjepum
신월리	Sinwŏl-li	Sinwol-ri	신조	sinjo	sinjo
신위	sinwi	sinwi	신조명	sinjomyŏng	sinjomyeong
신유	Sinyu	Sinyu	신조사	Sinjosa	Sinjosa
신유년	Sinyunyŏn	Sinyunyeon	신조선	Sinjosŏn	Sinjoseon
신유학	Sinnyuhak	Sinyuhak	신조선보	Sinjosŏnbo	Sinjoseonbo
신유학적	sinyuhakchŏk	Sinyuhakjeok	신종	sinjong	sinjong
신은	sinŭn	sineun	신종교	sinjonggyo	sinjonggyo
신음	sinŭm	sineum	신주	sinju	sinju
신웅시	Sinŭng-si	Sineung-si	신중	sinjung	sinjung
신의	sinŭi	sinui	신쥬	sinjyu	sinjyu
신의군	Sinŭi-gun	Sinui-gun	신쥬꾸	Sinjyukku	Sinjyukku
신의주	Sinŭiju	Sinuiju	신증	sinjŭng	sinjeung
신의주부	Sinŭiju-bu	Sinuiju-bu	신증후군	sinjŭnghugun	sinjeunghugun
신의주시	Sinŭiju-si	Sinuiju-si	신지	Sinji	Sinji
신이치	Sinich'i	Sinichi	신지동	Sinji-dong	Sinji-dong
신이치로	Sinich'iro	Sinichiro	신지식	sinjisik	sinjisik
신인	sinin	sinin	신지정학	sinjijŏnghak	sinjijeonghak
신인간	sinin'gan	siningan	신지지	sinjiji	sinjiji
신인간사	Sinin'gansa	Siningansa	신지평	sinjip'yŏng	sinjipyeong
신인류	sinillyu	sinillyu	신진	sinjin	sinjin
신인상	sininsang	sininsang	신질서	sinjilsŏ	sinjilseo
신일	sinil	sinil	신찬	sinch'an	sinchan
신임	sinim	sinim	신창	Sinch'ang	Sinchang
신입	sinip	sinip	신창군	Sinch'ang-gun	Sinchang-gun
신입생	sinipsaeng	sinipsaeng	신창동	Sinch'ang-dong	Sinchang-dong
신자	sinja	sinja	신창리	Sinch'ang-ni	Sinchang-ri
신자유주의	sinjayujuŭi	sinjayujuui	신창타이	sinch'angt'ai	sinchangtai
신자유주의적	sinjayujuŭijŏk	sinjayujuuijeok	신창현	Sinch'ang-hyŏn	Sinchang-hyeon
신자전	sinjajŏn	sinjajeon	신천	Sinch'ŏn	Sincheon
신작	sinjak	sinjak	신천군	Sinch'ŏn-gun	Sincheon-gun
신작로	sinjangno	sinjangno	신천리	Sinch'ŏl-li	Sincheon-ri
신장	sinjang	sinjang	신천웅	Sinch'ŏnong	Sincheonong
신장염	sinjangyŏm	sinjangyeom	신천지	sinch'ŏnji	sincheonji
신재생	sinjaesaeng	sinjaesaeng	신천현	Sinch'ŏn-hyŏn	Sincheon-hyeon
신전	sinjŏn	sinjeon	신청	sinch'ŏng	sincheong
신전략	sinjŏllyak	sinjeollyak	신체	sinch'e	sinche
신정	sinjŏng	sinjeong	신체계	sinch'egye	sinchegye
신정당	sinjŏngdang	sinjeongdang	신체시	Sinch'esi	sinchesi
신정보	sinjŏngbo	sinjeongbo	신체시가	sinch'esiga	sinchesiga
신정보화	sinjŏngbohwa	sinjeongbohwa	신체적	sinch'ejŏk	sinchejeok
신정부	sinjŏngbu	sinjeongbu	신촌	Sinch'on	Sinchon
신정판	sinjŏngp'an	sinjeongpan	신촌리	Sinch'on-ni	Sinchon-ri
신제도	sinjedo	sinjedo	신촌천	Sinch'onch'ŏn	Sinchoncheon

한글 용례	ALA-LC Romanization	정부 표기안	한글 용례	ALA-LC Romanization	정부 표기안
신축	sinch'uk	sinchuk	신한옥	sinhanok	sinhanok
신춘	sinch'un	sinchun	신한첩	sinhanch'ŏp	sinhancheop
신충	Sinch'ung	Sinchung	신항	sinhang	sinhang
신탁	sint'ak	sintak	신항리	Sinhang-ni	Sinhang-ri
신탁법	sint'akpŏp	sintakbeop	신해	Sinhae	Sinhae
신탁업	sint'agŏp	sintageop	신행	sinhaeng	sinhaeng
신탁업법	Sint'agŏppŏp	sintageopbeop	신행정부	sinhaengjŏngbu	sonhaengjeongbu
신탄진	Sint'anjin	Sintanjin	신혈	sinhyŏl	sinhyeol
신탑	Sint'ap	Sintap	신협	Sinhyŏp	Sinhyeop
신태양	Sint'aeyang	Sintaeyang	신호	sinho	sinho
신태인	Sint'aein	Sintaein	신호등	sinhodŭng	sinhodeung
신파	sinp'a	sinpa	신혼	sinhon	sinhon
신파극	sinp'agŭk	sinpageuk	신화	sinhwa	sinhwa
신판	sinp'an	sinpan	신화론	sinhwaron	sinhwaron
신페이	Sinp'ei	Sinpei	신화리	Sinhwa-ri	Sinhwa-ri
신편	sinp'yŏn	sinpyeon	신화성	sinhwasŏng	sinhwaseong
신평	sinp'yŏng	sinpyeong	신화적	sinhwajŏk	sinhwajeok
신평론	sinp'yŏngnon	sinpyeongnon	신화폐	sinhwap'ye	sinhwapye
신평리	Sinp'yŏng-ri	Sinpyeong-ri	신화학	sinhwahak	sinhwahak
신평화	sinp'yŏnghwa	sinpyeonghwa	신회화	sinhoehwa	sinhoehwa
신포	Sinp'o	Sinpo	신흥	sinhŭng	sinheung
신포동	Sinp'o-dong	Sinpo-dong	신흥국	sinhŭngguk	sinheungguk
신포세	Sinp'ose	Sinpose	신흥군	Sinhŭng-gun	Sinheung-gun
신품	sinp'um	sinpum	신흥동	Sinhŭng-dong	Sinheung-dong
신품종	sinp'umjong	sinpumjong	신흥리	Sinhŭng-ni	Sinheung-ri
신풍	sinp'ung	sinpung	신흥사	Sinhŭngsa	Sinheungsa
신풍리	Sinp'ung-ni	Sinpung-ri	신고	sitko	sitgo
신필	sinp'il	sinpil	싣다	sitta	sitda
신하	sinha	sinha	실	sil	sil
신학	Sinhak	Sinhak	실개천	silgaech'ŏn	silgaecheon
신학교	sinhakkyo	sinhakgyo	실격	silgyŏk	silgyeok
신학교사	sinhakkyosa	sinhakgyosa	실경	silgyŏng	silgyeong
신학대	sinhaktae	sinhakdae	실과	silkwa	silgwa
신학문	sinhangmun	sinhangmun	실기	silgi	silgi
신학문사	sinhangmunsa	sinhangmunsa	실기류	silgiryu	silgiryu
신학부	sinhakpu	sinhakbu	실내	sillae	sillae
신학사	sinhaksa	sinhaksa	실담어	sildamŏ	sildameo
신학원	sinhagwŏn	sinhagwon	실라버스	sillabŏsŭ	sillabeoseu
신학자	sinhakcha	sinhakja	실려	sillyŏ	sillyeo
신학적	sinhakchŏk	sinhakjeok	실려가	sillyŏga	sillyeoga
신학회	sinhakhoe	sinhakoe	실려간	sillyŏgan	sillyeogan
신한	sinhan	sinhan	실려온	sillyŏon	sillyeoon
신한국	Sinhan'guk	Sinhanguk	실력	sillyŏk	sillyeok
신한국보	Sinhan'gukpo	Sinhangukbo	실력가	sillyŏkka	sillyeokka
신한류	sinhallyu	sinhallyu	실력설	sillyŏksŏl	sillyeokseol

한글 용례	ALA-LC Romanization	정부 표기안	한글 용례	ALA-LC Romanization	정부 표기안
실력자	sillyŏkcha	sillyeokja	실용성	siryongsŏng	siryongseong
실력자들	sillyŏkchadŭl	sillyeokjadeul	실용적	siryongjŏk	siryongjeok
실례	sillye	sillye	실용주의	siryongjuŭi	siryongjuui
실록	sillok	sillok	실용화	siryonghwa	siryonghwa
실록청	Sillokch'ŏng	Sillokcheong	실의	sirŭi	sirui
실록초	sillokch'o	sillokcho	실익	sirik	sirik
실루엣	silluet	sillues	실장	silchang	siljang
실리	silli	silli	실재	siljae	siljae
실리콘	sillik'on	sillikon	실재관	silchaegwan	siljaegwan
실린	sillin	sillin	실적	silchŏk	siljeok
실명	silmyŏng	silmyeong	실전	silchŏn	siljeon
실명제	silmyŏngje	silmyeongje	실전적	silchŏnjŏk	siljeonjeok
실무	silmu	silmu	실제	silche	silje
실무가	silmuga	silmuga	실제적	silchejŏk	siljejeok
실무론	silmuron	silmuron	실존	silchon	siljon
실무자	silmuja	silmuja	실존적	silchonjŏk	siljonjeok
실무자들	silmujadŭl	silmujadeul	실존주의	Silchonjuŭi	siljonjuui
실무집	silmujip	silmujip	실종	silchong	siljong
실물	silmul	silmul	실종자	silchongja	siljongja
실미도	Silmido	Silmido	실중	silchung	siljung
실버	silbŏ	silbeo	실증	silchŭng	siljeung
실비	silbi	silbi	실증사	silchŭngsa	siljeungsa
실비명	silbimyŏng	silbimyeong	실증적	silchŭngjŏk	siljeungjeok
실사	silsa	silsa	실증주의	siljŭngjuŭi	siljeungjuui
실사본	silsabon	silsabon	실지	silji	silji
실상	silsang	silsang	실직	siljik	siljik
실상사	Silsangsa	Silsangsa	실직국	Silchikkuk	Siljikguk
실상탑	silsangt'ap	silsangtap	실질	silchil	siljil
실생활	silsaenghwal	silsaenghwal	실질적	silchilchŏk	siljiljeok
실성	silsŏng	silseong	실창	silch'ang	silchang
실세	silse	silse	실천	silch'ŏn	silcheon
실속	silsok	silsok	실천가	silch'ŏn'ga	silcheonga
실수	silsu	silsu	실천가들	silch'ŏn'gadŭl	silcheongadeul
실습	silsŭp	silseuptim	실천론	silch'ŏnnon	silcheonnon
실습팀	silsŭpt'im	silseuptim	실천적	silch'ŏnjŏk	silcheonjeok
실시간	silsigan	silsigan	실체	silch'e	silche
실언	sirŏn	sireon	실체법	silch'epŏp	silchebeop
실언록	sirŏnnok	sireollok	실체적	silch'ejŏk	silchejeok
실업	sirŏp	sireop	실측	silch'ŭk	silcheuk
실업계	sirŏpkye	sireopgye	실크	silk'ŭ	silkeu
실업자	sirŏpcha	sireopja	실태	silt'ae	siltae
실연	siryŏn	siryeon	실태적	silt'aejŏk	siltaejeok
실연자	siryŏnja	siryeonja	실패	silp'ae	silpae
실용	siryong	siryong	실패작	silp'aejak	silpaejak
실용서	siryongsŏ	siryongseo	실학	Sirhak	silhak

한글 용례	ALA-LC Romanization	정부 표기안	한글 용례	ALA-LC Romanization	정부 표기안
실학자	sirhakcha	silhakja	심리록	simnirok	simnirok
실학자들	sirhakchadŭl	silhakjadeul	심리론	simniron	simniron
실학자적	sirhakchajŏk	silhakjajeok	심리적	simnijŏk	simnijeok
실학적	Sirhakchŏk	silhakjeok	심리전	simnijŏn	simnijeon
실학파	Sirhakp'a	silhakpa	심리주의	simnijuŭi	simnijuui
실학회	sirhakhoe	silhakhoe	심리학	simnihak	simnihak
실행	sirhaeng	silhaeng	심리학설	simnihaksŏl	simnihakseol
실행인	sirhaengin	silhaengin	심리학적	simnihakchŏk	simnihakjeok
실행자	sirhaengja	silhaengja	심마니	simmani	simmani
실향	sirhyang	silhyang	심문	simun	simmun
실향민	sirhyangmin	silhyangmin	심문관	simmun'gwan	simmungwan
실험	sirhŏm	silheom	심미안	simmian	simmian
실험극	sirhŏmgŭk	silheomgeuk	심미적	simmijŏk	simmijeok
실험적	sirhŏmjŏk	silheomjeok	심방	simbang	simbang
실현	sirhyŏn	silhyeon	심방곡	Simbanggok	Simbanggok
실화	sirhwa	silhwa	심복	simbok	simbok
실화집	sirhwajip	silhwajip	심부	simbu	simbu
실황기	sirhwanggi	silhwanggi	심부름	simburŭm	simbureum
실효	sirhyo	silhyo	심부름꾼	simburŭmkkun	simbureumkkun
실효성	sirhyosŏng	silhyoseong	심부름꾼들	simburŭmkkundŭl	simbureumkkundeul
실효적	sirhyojŏk	silhyojeok	심비언	Simbiŏn	Simbieon
싫다	silt'a	silda	심사	simsa	simsa
싫어	sirŏ	sireo	심사과	simsakwa	simsagwa
싫어요	sirŏyo	sireoyo	심사국	simsaguk	simsaguk
싫은	sirŭn	sireun	심산	Simsan	Simsan
심	sim	sim	심상	Simsang	Simsang
심강	simgang	simgang	심서	simsŏ	simseo
심거	Simgŏ	Simgeo	심성	simsŏng	simseong
심겨진	simgyŏjin	simgyeojin	심성론	simsŏngnon	simseongnon
심결	simgyŏl	simgyeol	심성사	simsŏngsa	simseongsa
심경	simgyŏng	simgyeong	심술	simsul	simsul
심계	simgye	simgye	심술꾸러기	simsulkkurŏgi	simsulkkureogi
심계원	Simgyewŏn	Simgyewon	심신	simsin	simsin
심고	simko	simgo	심심	simsim	simsim
심고(心告)	simgo	simgo	심심풀이	simsimp'uri	simsimpuri
심곡리	Simgong-ni	Simgok-ri	심심하고	simsimhago	simsimhago
심귀리	Simgwi-ri	Simgwi-ri	심심한	simsimhan	simsimhan
심근	simgŭn	simgeun	심악	Simak	Simak
심는	simnŭn	simneun	심악현	Simak-hyŏn	Simak-hyeon
심도	simdo	simdo	심약	simyak	simyak
심득	simdŭk	simdeuk	심양	Simyang	Simyang
심령	simnyŏng	simnyeong	심양관	Simyanggwan	Simyanggwan
심령학	simnyŏnghak	simnyeonghak	심어	simŏ	simeo
심론	simnon	simnon	심어진	simŏjin	simeojin
심리	simni	simni	심연	simyŏn	simyeon

한글 용례	ALA-LC Romanization	정부 표기안	한글 용례	ALA-LC Romanization	정부 표기안
심오성	simosŏng	simoseong	십대	siptae	sipdae
심우	simu	simu	십도	sipto	sipdo
심우도	Simudo	Simudo	십륙	sip-yuk	simryuk
심원	simwŏn	simwon	십리	simni	simni
심원사	Simwŏnsa	Simwonsa	십문	simmun	simmun
심유	simyu	simyu	십사	sip-sa	sipsa
심으면	simŭmyŏn	simeumyeon	십삼	sip-sam	sipsam
심은	simŭn	simeun	십삼릉	sip-samnŭng	sipsamneung
심의	simŭi	simui	십삼절	Sip-samjŏl	Sipsamjeol
심의회	simŭihoe	simuihoe	십승지	sipsŭngji	sibseungji
심인	simin	simin	십오	sip-o	sibo
심인성	siminsŏng	siminseong	십오방	Sibobang	Sibobang
심장	simjang	simjang	십오세기	sip-osegi	sibosegi
심지	simji	simji	십오일	sip-oil	siboil
심체	simch'e	simche	십육	sip-yuk	simyuk
심춘	Simch'un	Simchun	십육성	Simnyuksŏng	Simyukseong
심층	simch'ŭng	simcheung	십육지	sip-yukchi	simyukji
심층수	simch'ŭngsu	simcheungsu	십이	sip-i	sibi
심층적	simch'ŭngjŏk	simcheungjeok	십이궁	sibigung	sibigung
심통	simt'ong	simtong	십이륙	Sip-iryuk	sibiryuk
심판	simp'an	simpan	십이사	sip-isa	sibisa
심판론	simp'allon	sompallon	십이시	sibisi	sibisi
심판소	simp'anso	simpanso	십이월	Sip-iwŏl	Sibiwol
심판원	Simp'anwŏn	simpanwon	십이육	Sip-iyuk	Sibiyuk
심페이	Simp'ei	Simpei	십이지	sip-iji	sibiji
심포닉	simp'onik	simponik	십이지상	sip-ijisang	sibijisang
심포지엄	simp'ojiŏm	simpojieom	십이지신	sip-ijisin	sibijisin
심포지움	simp'ojiom	simpojiom	십이차	sip-ich'a	sibicha
심포지움	simp'ojium	simpojium	십일	sip-il	sibil
심학	simhak	simhak	십일월	Sip-irwŏl	Sibilwol
심해	simhae	simhae	십일조	sip-ilcho	sibiljo
심해저	simhaejŏ	simhaejeo	십일조법	sip-ilchopŏp	sibiljobeop
심혈	simhyŏl	simhyeol	십자	sipcha	sibja
심화	simhwa	simhwa	십자가	Sipchaga	Sipjaga
십	sip	sip	십자가상	Sipchagasang	Sipjagasang
십간	sipkan	sipgan	십자로	sipcharo	sipjaro
십개월	sipkaewŏl	sipgaewol	십자성	Sipchasŏng	Sipjaseong
십결	sipkyŏl	sipgyeol	십장가	Sipchangga	Sipjangga
십계	sipkye	sipgye	십장생	sipchangsaeng	sipjangsaeng
십계명	Sipkyemyŏng	Sipgyemyeong	십장생도	sipchangsaengdo	sipjangsaengdo
십계명가	Sipkyemyŏngga	Sipgyemyeongga	십정	sipchŏng	sipjeong
십구	sip-ku	sipgu	십조	sipcho	sipjo
십국	sipkuk	sipguk	십중	sipchung	sipjung
십년	simnyŏn	simnyeon	십진	sipchin	sipjin
십년간	simnyŏn'gan	simnyeongan	십진법	sipchinpŏp	sipjinbeop

한글 용례	ALA-LC Romanization	정부 표기안	한글 용례	ALA-LC Romanization	정부 표기안
십청	Sipch'ŏng	Sipcheong	싸인	ssain	ssain
십청헌	Sipch'ŏnghŏn	Sipcheongheon	싸전	ssajŏn	ssajeon
십초시	sipch'osi	sipchosi	싸티얀	Ssat'iyan	Ssatiyan
십층	sip-ch'ŭng	sipcheung	싸홈	ssahom	ssahom
십칠	sip-ch'il	sipchil	싹	ssak	ssak
십팔	sip-p'al	sippal	싼	ssan	ssan
십팔기	Sipp'algi	Sippalgi	쌀	ssal	ssal
십훈	siphun	sipun	쌈	ssam	ssam
십훈요	Siphunyo	Sipunyo	쌈지	ssamji	ssamji
싱가포르	Singgap'oru	Singgaporeu	쌉쌀한	ssapssarhan	ssapssalhan
싱가포우르	Singap'ourŭ	Singgapoureu	쌍	ssang	ssang
싱거운	singgŏun	singgeoun	쌍검	ssanggŏm	ssanggeom
싱크	singk'ŭ	singkeu	쌍계	Ssanggye	Ssanggye
싱크넷	singk'ŭnet	singkeunet	쌍계사	Ssanggyesa	Ssanggyesa
싶다	sipta	sipda	쌍계정	Ssanggyejŏng	Ssanggyejeong
싶다면	siptamyŏn	sipdamyeon	쌍두	ssangdu	ssangdu
싶어	sip'ŏ	sipeo	쌍령	Ssangnyŏng	Ssangnyeong
싶어요	sip'ŏyo	sipeoyo	쌍릉	ssangnŭng	Ssangneung
싶었다	sip'ŏtta	sipeotda	쌍린기	ssangnin'gi	ssangningi
싶었던	sip'ŏttŏn	sipeotdeon	쌍매당	Ssangmaedang	Ssangmaedang
싶으면	sip'ŭmyŏn	sipeumyeon	쌍묘도	Ssangmyodo	Ssangmyodo
싶은	sip'ŭn	sipeun	쌍백	Ssangbaek	Ssangbaek
싶은가	sip'ŭn'ga	sipeunga	쌍벽	ssangbyŏk	ssangbyeok
싶을	sip'ŭl	sipeul	쌍봉	ssangbong	ssangbong
싶지	sipchi	sipji	쌍부파	Ssangbup'a	Ssangbupa
싸가지	ssagaji	ssagaji	쌍북	Ssangbuk	Ssangbuk
싸드	Ssadŭ	Ssadeu	쌍북리	Ssangbung-ni	Ssangbuk-ri
싸리문	ssarimun	ssarimun	쌍사자	ssangsaja	ssangsaja
싸리풀	ssarip'ul	ssaripul	쌍송	ssangsong	ssangsong
싸먹고	ssamŏkko	ssameokgo	쌍수	ssangsu	ssangsu
싸우고	ssaugo	ssaugo	쌍암	Ssangam	Ssangam
싸우는	ssaunŭn	ssauneun	쌍암동	Ssangam-dong	Ssangam-dong
싸우는가	ssaunŭn'ga	ssauneunga	쌍어	ssangŏ	ssangeo
싸운	ssaun	ssaun	쌍영	Ssangyŏng	Ssangyeong
싸울	ssaul	ssaul	쌍오	Ssango	Ssango
싸움	ssaum	ssaum	쌍옥루	Ssangongnu	Ssangongnu
싸움꾼	ssaumkkun	ssaumkkun	쌍용	Ssangyong	Ssangyong
싸워	ssawŏ	ssawo	쌍용차	Ssangyongch'a	Ssangyongcha
싸워도	ssawŏdo	ssawodo	쌍웅리	Ssangung-ni	Ssangung-ri
싸워라	ssawŏra	ssawora	쌍천	Ssangch'ŏn	Ssangcheon
싸워야	ssawŏya	ssawoya	쌍청	Ssangch'ŏng	Ssangcheong
싸웠다	ssawŏtta	ssawotda	쌍청리	Ssangch'ŏng-ni	Ssangcheong-ri
싸웠던	ssawŏttŏn	ssawotdeon	쌍충사	Ssangch'ungsa	Ssangchungsa
싸웠을까	ssawŏssŭlkka	ssawosseulkka	쌍학리	Ssanghang-ni	Ssanghak-ri
싸이	Ssai	Ssai	쌍호정	Ssanghojŏng	Ssanghojeong

한글 용례	ALA-LC Romanization	정부 표기안	한글 용례	ALA-LC Romanization	정부 표기안
쌍화	Ssanghwa	Ssanghwa	쑨원	Ssunwŏn	Ssunwon
쌍화점	Ssanghwajŏm	Ssanghwajeom	쑹	Ssung	Ssung
쌓는	ssannŭn	ssanneun	쑹메이링	Ssungmeiring	Ssungmeiring
쌓는가	ssannŭn'ga	ssanneunga	쓰개	ssŭgae	sseugae
쌓는다	ssannŭnda	ssanneunda	쓰고	ssŭgo	sseugo
쌓다	ssat'a	ssatda	쓰기	ssŭgi	sseugi
쌓으며	ssaŭmyŏ	ssaeumyeo	쓰기론	ssŭgiron	sseugiron
쌓은	ssaŭn	ssaeun	쓰나타로	Ssŭnat'aro	Sseunataro
쌓인	ssain	ssain	쓰노다	Ssŭnoda	Sseunoda
쌤	ssaem	ssaem	쓰노라	ssŭnora	sseunora
써내려간	ssŏnaeryŏgan	sseonaeryeogan	쓰는	ssŭnŭn	sseuneun
써낸	ssŏnaen	sseonaen	쓰다	ssŭda	sseuda
써네스트	Ssŏnesŭt'ŭ	sseoneseuteu	쓰다주쿠	Ssŭdajuk'u	Sseudajuku
써니	Ssŏni	Sseoni	쓰던	ssŭdŏn	sseudeon
써라	ssŏra	sseora	쓰라	ssŭra	sseura
써버린	ssŏbŏrin	sseobeorin	쓰라고요	ssŭragoyo	sseuragoyo
써비스	ssŏbisŭ	sseobiseu	쓰라린	ssŭrarin	sseurarin
써야	ssŏya	sseoya	쓰러지는	ssŭrŏjinŭn	sseureojineun
써주신	ssŏjusin	sseojusin	쓰러진	ssŭrŏjin	sseureojin
써펜타인	ssŏp'ent'ain	sseopentain	쓰러질	ssŭrŏjil	sseureojil
썩고	ssŏkko	sseokgo	쓰러질지언정	ssŭrŏjiljiŏnjŏng	sseureojiljieonjeong
썩은	ssŏgŭn	sseokeun	쓰레기	ssŭregi	sseuregi
썰물	ssŏlmul	sseolmul	쓰레기들	ssŭregidŭl	sseuregideul
썰전	ssŏlchŏn	sseoljeon	쓰레기장	ssŭregijang	sseuregijang
썼다	ssŏtta	sseotda	쓰레빠	ssŭreppa	sseureppa
쎄르게이비치	Sserŭgeibich'i	Ssereugeibichi	쓰면	ssŭmyŏn	sseumyeon
쏘가리	ssogari	ssogari	쓰시마	Ssŭsima	Sseusima
쏘나타	Ssonat'a	Ssonata	쓰시마번	Ssŭsima-bŏn	Sseusima-beon
쏘는	ssonŭn	ssoneun	쓰신	ssŭsin	sseusin
쏘다	ssoda	ssoda	쓰여	ssŭyŏ	sseuyeo
쏘聯	Ssoryŏn	Ssoryeon	쓰여져야	ssŭyŏjyŏya	sseuyeojyeoya
쏘베트	Ssobet'ŭ	Ssobeteu	쓰여진	ssŭyŏjin	sseuyeojin
쏘아	ssoa	ssoa	쓰이는	ssŭinŭn	sseuineun
쏘았다	ssoatta	ssoatda	쓰인	ssŭin	sseuin
쏙	ssok	ssok	쓰임	ssŭim	sseuim
쏟아	ssoda	ssoda	쓰임새	ssŭimsae	sseuimsae
쏟은	ssodŭn	ssodeun	쓰잘데	ssŭjalte	sseujalde
쏠림	ssollim	ssollim	쓴	ssŭn	sseun
쏭	ssong	ssong	쓴다	ssŭnda	sseunda
쏴라	sswara	sswara	쓴다는	ssŭndanŭn	sseundaneun
쐐기	sswaegi	sswaegi	쓴맛	ssŭnmat	sseunmat
쑤어	ssuŏ	ssueo	쓴이	ssŭni	sseuni
쑥	ssuk	ssuk	쓸	ssŭl	sseul
쑥개	ssukkae	ssukgae	쓸개	ssŭlgae	sseulgae
쑥쑥	ssukssuk	ssukssuk	쓸모	ssŭlmo	sseulmo

한글 용례	ALA-LC Romanization	정부 표기안
쓸쓸한	ssŭlssŭrhan	sseulsseulhan
쓸쓸함	ssŭlssŭrham	sseulsseulham
쓸쓸해	ssŭlssŭrhae	sseulsseulhae
쓸쓸해서	ssŭlssŭrhaesŏ	sseulsseulhaeseo
씀	ssŭm	sseum
씀씀이	ssŭmssŭmi	sseumsseumi
씨	ssi	ssi
씨가	ssiga	ssiga
씨네	ssine	ssine
씨네21	Ssine-21	ssine-21
씨름	ssirŭm	ssireum
씨름꾼	ssirŭmkkun	ssireumkkun
씨름도	Ssirŭmdo	ssireumdo
씨리즈	ssirijŭ	ssirijeu
씨받이	ssibaji	ssibaji
씨보	ssibo	ssibo
씨아	ssia	ssia
씨아이알	Ssiaial	Ssiaial
씨알	ssial	ssial
씨알머리	ssialmŏri	ssialmeori
씨앗	ssiat	ssiat
씨앤피	Ssiaenp'i	Ssiaenpi
씨엔씨	Ssienssi	Ssienssi
씨유	ssiyu	ssiyu
씨족	ssijok	ssijok
씨족제	ssijokche	ssijokje
씨줄	ssijul	ssijul
씨티	ssit'i	ssiti
씩	ssik	ssik
씩씩하고	ssikssikhago	ssikssikhago
씩씩한	ssikssikhan	ssikssikhan
씻고	ssitko	ssitgo
씻김	ssikkim	ssitgim
씻어	ssiŏ	ssiseo
씽크	ssingk'ŭ	ssingkeu
씽크빅	ssingk'ŭbik	ssingkeubik

한글 용례	ALA-LC Romanization	정부 표기안
아	a	a
아가다	Agada	Agada
아가리	agari	agari
아가미	agami	agami
아가씨	agassi	agassi
아가페	agap'e	agape
아강	agang	agang

한글 용례	ALA-LC Romanization	정부 표기안
아경	Agyŏng	Agyeong
아계	Agye	Agye
아고라	Agora	Agora
아곡	agok	agok
아골	agol	agol
아관	Agwan	Agwan
아교	agyo	agyo
아구	agu	agu
아궁	agung	agung
아궁이	agungi	agungi
아귀찜	agwitchim	agwijjim
아그네스	Agŭnesŭ	Ageuneseu
아기	agi	agi
아기꽃	agikkot	agikkot
아까운	akkaun	akkaun
아끼나	akkina	akkina
아끼는	akkinŭn	akkineun
아낌	akkim	akkim
아나	ana	ana
아나로그	anarogŭ	anarogeu
아나운서	anaunsŏ	anaunseo
아나운서실	anaunsŏsil	anaunseosil
아나키스트	anak'isŭt'ŭ	anakiseuteu
아나키스트들	anak'isŭt'ŭdŭl	anakiseuteudeul
아나키즘	anak'ijŭm	anakijeum
아낙네	anangne	anangne
아낙네들	anangnedŭl	anangnedeul
아날로그	anallogŭ	anallogeu
아남	Anam	Anam
아내	anae	anae
아냐	anya	anya
아네스	Anesŭ	Aneseu
아노미	anomi	anomi
아놀드	Anoldŭ	Anoldeu
아뇨스	Anyosŭ	Anyoseu
아느냐	anŭnya	aneunya
아는	anŭn	aneun
아는가	anŭn'ga	aneunga
아니	ani	ani
아니거늘	anigŏnŭl	anigeoneul
아니겠습니까	anigessŭmnikka	anigetseumnikka
아니고	anigo	anigo
아니기	anigi	anigi
아니냐	aninya	aninya
아니네	anine	anine

한글 용례	ALA-LC Romanization	정부 표기안	한글 용례	ALA-LC Romanization	정부 표기안
아니다	anida	anida	아랍어과	Arabŏkwa	Arabeogwa
아니라	anira	anira	아랑	Arang	Arang
아니라는	aniranŭn	aniraneun	아랑제	Arangje	Arangje
아니라니까	aniranikka	aniranikka	아래	arae	arae
아니란	aniran	aniran	아래서	araesŏ	araeseo
아니마	anima	anima	아래쪽	araetchok	araejjok
아니면	animyŏn	animyeon	아랫	araet	araet
아니야	aniya	aniya	아러	arŏ	areo
아니었다	aniŏtta	anieotda	아레오바고	Areobago	Areobago
아니었어	aniŏssŏ	anieosseo	아렌트	Arent'ŭ	Arenteu
아니에요	anieyo	anieyo	아련한	aryŏnhan	aryeonhan
아니잖아요	anijanayo	anijanayo	아련히	aryŏnhi	aryeonhi
아닌	anin	anin	아령	aryŏng	aryeong
아닌가	anin'ga	aninga	아로리	Arori	Aori
아닌데	aninde	aninde	아로새긴	arosaegin	arosaegin
아닐텐데	anilt'ende	aniltende	아뢰나이다	aroenaida	aroenaida
아닙니다	animnida	animnida	아뢰옵나니	aroeomnani	aroeomnani
아다지오	adajio	adajio	아뢰옵니다	aroeomnida	aroeomnida
아단	Adan	Adan	아류	aryu	aryu
아달라	Adalla	Adalla	아르노스	Arŭnosŭ	Areunoseu
아담	Adam	Adam	아르덴느	Arŭdennŭ	Areudenneu
아당	Adang	Adang	아르케	Arŭk'e	Areuke
아도	Ado	Ado	아르코	Arŭk'o	Areuko
아동	adong	adong	아르헨티나	Arŭhent'ina	Areuhentina
아동극	adonggŭk	adonggeuk	아름	arŭm	areum
아동단	adongdan	adongdan	아름다운	arŭmdaun	areumdaun
아동학	adonghak	adonghak	아름다운지	arŭmdaunji	areumdaunji
아드리앙	Adŭriang	Adeuriang	아름다운지요	arŭmdaunjiyo	areumdaunjiyo
아득한	adŭkhan	adeukan	아름다움	arŭmdaum	areumdaum
아득히	adŭkhi	adeuki	아름다웠더라고	arŭmdawŏttŏrago	areumdawotdeorago
아들	adŭl	adeul	아름다웠던	arŭmdawŏttŏn	areumdawotdeon
아들들	adŭldŭl	adeuldeul	아름답게	arŭmdapke	areumdapge
아등	Adŭng	Adeung	아름답고	arŭmdapko	areumdapgo
아라	Ara	Ara	아름답다	arŭmdapta	areumdapda
아라리	arari	arari	아름지기	arŭmjigi	areumjigi
아라메	Arame	Arame	아름터	arŭmt'ŏ	areumteo
아라메길	Aramekil	Aramegil	아리	Ari	Ari
아라비아	Arabia	Arabia	아리나레	Arinare	Arinare
아라비아로렌스	Arabiarorensŭ	Arabiarorenseu	아리네	Arine	Arine
아라야마	Arayama	Arayama	아리랑	arirang	arirang
아라이	Arai	Arai	아리샘	Arisaem	Arisaem
아라크네	Arak'ŭne	Arakeune	아리수	Arisu	Arisu
아라한	Arahan	Arahan	아리아	aria	aria
아람	aram	aram	아리영정	Ariyŏngjŏng	Ariyeongjeong
아랍	Arap	Arap	아리타	Arit'a	Arita

한글 용례	ALA-LC Romanization	정부 표기안	한글 용례	ALA-LC Romanization	정부 표기안
아마겟돈	Amaketton	Amagetdon	아비지	Abiji	Abiji
아마미야	Amamiya	Amamiya	아비토	Abit'o	Abito
아마첩	Amach'ŏp	Amacheop	아비투스	abit'usŭ	abituseu
아마추어	amach'uŏ	Amachueo	아빠	appa	appa
아마추어리즘	amach'uŏrijŭm	amachueorijeum	아사	asa	asa
아만	aman	aman	아사노	Asano	Asano
아말	Amal	Amal	아사달	Asadal	Asadal
아메리카	Amerik'a	Amerika	아사연	Asayŏn	Asayeon
아메리카노	Amerik'ano	Amerikano	아사자	asaja	asaja
아메바	Ameba	Ameba	아사히	Asahi	Asahi
아모레	Amore	Amore	아산	Asan	Asan
아모르문디	Amorŭmundi	Amoreumundi	아산군	Asan-gun	Asan-gun
아모카	amok'a	amoka	아산만	Asanman	Asanman
아무	amu	amu	아산시	Asan-si	Asan-si
아무나	amuna	amuna	아산역	Asanyŏk	Asanyeok
아무다리야	Amudariya	Amudariya	아산학	Asanhak	Asanhak
아무도	amudo	amudo	아산현	Asan-hyŏn	Asan-hyeon
아무런	amurŏn	amureon	아서	asŏ	aseo
아무렴	amuryŏm	amuryeom	아서라	asŏra	aseora
아무르	Amurŭ	Amureu	아선	Asŏn	Aseon
아무리	amuri	amuri	아성	asŏng	aseong
아문	amun	amun	아세아	Asea	Asea
아물지	amulji	amulji	아세안	Asean	Asean
아미	Ami	Ami	아세요	aseyo	aseyo
아미산	Amisan	Amisan	아셈	Asem	Asem
아미성	Amisŏng	Amiseong	아손	Ason	Ason
아미재	Amijae	Amijae	아송	asong	asong
아미타	amit'a	amita	아수라	asura	asura
아미타경	Amit'agyŏng	Amitagyeong	아쉬움	ashwium	aswium
아미타불	Amit'abul	Amitabul	아스카	Asŭk'a	Aseuka
아민	Amin	Amin	아스타나	Asŭt'ana	Aseutana
아바이	abai	abai	아스팔트	asŭp'alt'ŭ	aseupalteu
아박무	Abangmu	Abangmu	아스팩	Asŭp'aek	Aseupaek
아방	abang	abang	아시나요	asinayo	asinayo
아방가르드	Abanggarŭdŭ	Abanggareudeu	아시는	asinŭn	asineun
아방궁	Abanggung	Abanggung	아시는가	asinŭn'ga	asineunga
아버지	abŏji	abeoji	아시아	Asia	Asia
아버지들	abŏjidŭl	abeojideul	아시아계	Asiagye	Asiagye
아버지산	abŏjisan	abeojisan	아시아관	Asiagwan	Asiagwan
아범	abŏm	abeom	아시아국	Asiaguk	Asiaguk
아베	Abe	Abe	아시아들	Asiadŭl	Asiadeul
아부	abu	abu	아시아류	Asiaryu	Asiaryu
아비	abi	abi	아시아사	Asiasa	Asiasa
아비달마	Abidalma	Abidalma	아시아인	Asiain	Asiain
아비라	abira	abira	아시아적	Asiajŏk	Asiajeok

한글 용례	ALA-LC Romanization	정부 표기안	한글 용례	ALA-LC Romanization	정부 표기안
아시아주의	Asiajuŭi	Asiajuui	아이비엠	Aibiem	Aibiem
아시아학	Asiahak	Asiahak	아이세움	Aiseum	Aiseum
아시아형	Asiahyŏng	Asiahyeong	아이아	Aia	Aia
아십니까	asimnikka	asimnikka	아이영	aiyŏng	aiyeong
아쓰시	Assŭsi	Asseusi	아이요	aiyo	aiyo
아씨	assi	assi	아이젠시타인	Aijensit'ain	Aijensitain
아아	aa	aa	아이젠하워	Aijenhawŏ	Aijenhaweo
아아록	Aarok	Aarok	아이코	Aik'o	Aiko
아악	aak	aak	아이콘	aik'on	aikon
아악대	aaktae	aakdae	아이템	ait'em	aitem
아악부	Aakpu	Aakpu	아이티	ait'i	aiti
아암	Aam	Aam	아이티씨	Ait'issi	Aitissi
아언	aŏn	aeon	아이폰	Aip'on	Aipon
아연	ayŏn	ayeon	아이필드	Aip'ildŭ	Aipildeu
아열대	ayŏltae	ayeoldae	아인	Ain	Ain
아영	Ayŏng	Ayeong	아인슈타인	Ainsyut'ain	Ainsyutain
아오	aŏ	ao	아자	aja	aja
아오야기	Aoyagi	Aaoyagi	아자개	Ajagae	Ajagae
아오이	Aoi	Aoi	아재	ajae	ajae
아오지	Aoji	Aoji	아쟁	ajaeng	ajaeng
아오키	Aok'i	Aoki	아쟁악회	Ajaengakhoe	Ajaengakhoe
아우	au	au	아저씨	ajŏssi	ajeossi
아우내	Aunae	Aunae	아저씨들	ajŏssidŭl	ajeossideul
아우누리	Aunuri	Aunuri	아전	Ajŏn	Ajeon
아우들	audŭl	audeul	아정	Ajŏng	Ajeong
아우라	Aura	Aura	아젠다	ajenda	ajenda
아우르는	aurŭnŭn	aureuneun	아주	aju	aju
아우르다	aurŭda	aureuda	아주대	Ajudae	Ajudae
아우른	aurŭn	aureun	아줌마	ajumma	ajumma
아우성	ausŏng	auseong	아즈마	Ajŭma	Ajeuma
아웃	aut	aut	아지	Aji	Aji
아웃라이어	autlaiŏ	autraieo	아지매	ajimae	ajimae
아웃사이더	autsaidŏ	autsaideo	아지트	ajit'ŭ	ajiteu
아웃소싱	autsosing	autsosing	아직	ajik	ajik
아웅	aung	aung	아직도	ajikto	ajikdo
아웅산	Aungsan	Aungsan	아직은	ajigŭn	ajiguen
아워	awŏ	awo	아진	Ajin	Ajin
아이	ai	ai	아찔	atchil	ajjil
아이덴티티	aident'it'i	aidentiti	아찔함	atchirham	ajjilham
아이돌	aidol	aidol	아차	ach'a	acha
아이들	aidŭl	aideul	아차산	Ach'asan	Achasan
아이디	aidi	aidi	아차성	Ach'asŏng	Achaseong
아이디어	aidiŏ	aidieo	아취헌	Ach'wihŏn	Achwiheon
아이러니	airŏni	aireoni	아침	ach'im	achim
아이비넷	Aibinet	Aibinet	아카기	Ak'agi	Akagi

한글 용례	ALA-LC Romanization	정부 표기안	한글 용례	ALA-LC Romanization	정부 표기안
아카넷	Ak'anet	Akanet	아프고	ap'ŭgo	apeugo
아카데미	ak'ademi	akademi	아프니	ap'ŭni	apeuni
아카데미아	ak'ademia	akademia	아프니까	ap'ŭnikka	apeunikka
아카데미즘	ak'ademijŭm	akademijeum	아프다	ap'ŭda	apeuda
아카마	Ak'ama	Akama	아프다고	ap'ŭdago	apeudago
아카마츠	Ak'amach'ŭ	Akamacheu	아프리카	Ap'ŭrik'a	Apeurika
아카이브	ak'aibŭ	akaibeu	아프면	ap'ŭmyŏn	apeumyeon
아카이브전	ak'aibujŏn	akaibeujeon	아프지	ap'ŭji	apeuji
아카이빙	ak'aibing	akaibing	아픈	ap'ŭn	apeun
아카저널리스트	ak'ajŏnŏllisŭt'ŭ	akajeoneolliseuteu	아픈가요	ap'ŭn'gayo	apeungayo
아케이드	ak'eidŭ	akeideu	아픈이	ap'ŭni	apeuni
아쿠타가와	Ak'ut'agawa	Akutagawa	아플	ap'ŭl	apeul
아크	ak'ŭ	akeu	아픔	ap'ŭm	apeum
아크로스틱	ak'ŭrosŭt'ik	akeuroseutik	아학	ahak	ahak
아크릴아마이드	ak'ŭriramaidŭ	akeurilamaideu	아함	Aham	Aham
아키라	Ak'ira	Akira	아함경	Ahamgyŏng	Ahamgyeong
아키르	Ak'irŭ	Akireu	아헌	ahŏn	aheon
아키바	Ak'iba	Akiba	아헌관	Ahŏn'gwan	Aheongwan
아키텍처	ak'it'ekch'ŏ	akitekcheo	아현동	Ahyŏn-dong	Ahyeon-dong
아키토피아	ak'it'op'ia	akitopia	아호	aho	aho
아키히코	Ak'ihik'o	Akihiko	아홉	ahop	ahop
아킬레스	ak'illesŭ	akilleseu	아홉간	ahopkan	ahopgan
아킬레스건	ak'illesŭgŏn	akilleseugeon	아화옥	Ahwaok	Ahwaok
아태	A-T'ae	A-Tae	아회도	ahoedo	ahoedo
아테나	At'ena	Atena	아혼	ahŭn	aheun
아테네	At'ene	Atene	아혼해	ahŭnhae	aheunhae
아토피	at'op'i	atopi	아희	ahŭi	ahui
아트	at'ŭ	ateu	악	ak	ak
아티스트	at'isŭt'ŭ	atiseuteu	악견산	Akkyŏnsan	Akgyeonsan
아틸라	At'illa	Atilla	악고	akko	akgo
아파	ap'a	apa	악곡	akkok	akgok
아파서	ap'asŏ	apaseo	악공	akkong	akgong
아파트	ap'at'ŭ	apateu	악관	akkwan	akgwan
아파하는	ap'ahanŭn	apahaneun	악귀	akkwi	akgwi
아파하지	ap'ahaji	apahaji	악극	akkŭk	akgeuk
아팠고	ap'atko	apatgo	악극단	akkŭktan	akgeukdan
아팠지만	ap'atchiman	apatjiman	악극사	akkŭksa	akgeuksa
아펜젤러	Ap'enjellŏ	Apenjelleo	악기	akki	akgi
아편	ap'yŏn	apyeon	악기장	akkijang	akgijang
아포	ap'o	apo	악기전	akkijŏn	akgijeon
아포리아	ap'oria	aporia	악녀	angnyŏ	angnyeo
아포리즘	ap'orijŭm	aporijeum	악단	aktan	akdan
아포유	Ap'oyu	Apoyu	악당	aktang	akdang
아폴리네르	Ap'ollinerŭ	Apollinereu	악당들	aktangdŭl	akdangdeul
아프게	ap'ŭge	apeuge	악대	aktae	akdae

한글 용례	ALA-LC Romanization	정부 표기안	한글 용례	ALA-LC Romanization	정부 표기안
악독	aktok	akdok	안겨라	an'gyŏra	angyeora
악동	aktong	akdong	안겨온	an'gyŏn	angyeon
악령	angnyŏng	angnyeong	안경	an'gyŏng	angyeong
악론	angnon	angnon	안경공	an'gyŏnggong	angyeonggong
악률	angnyul	angnyul	안경테	an'gyŏngt'e	angyeongte
악마	angma	angma	안계	an'gye	angye
악마들	angmadŭl	angmadeul	안계리	An'gye-ri	Angye-ri
악마성	angmasŏng	angmaseong	안고	anko	ango
악면	anmyŏn	angmyeon	안곡	an'gok	angok
악몽	angmong	angmong	안구	an'gu	angu
악무	angmu	angmu	안국	an'guk	anguk
악법	akpŏp	akbeop	안국기	An'gukki	Angukgi
악보	akpo	akbo	안국동	An'guk-tong	Anguk-dong
악부	akpu	akbu	안국사	An'guksa	Anguksa
악부시	Akpusi	Akbusi	안기	anki	angi
악사	aksa	aksa	안기는	an'ginŭn	angineun
악사장	aksajang	aksajang	안기르	An'girŭ	Angireu
악산	Aksan	Aksan	안기부	An'gibu	Angibu
악서	aksŏ	akseo	안길	an'gil	angil
악성	aksŏng	akseong	안남	Annam	Annam
악수	aksu	aksu	안내	annae	annae
악순환	aksunhwan	aksunhwan	안내도	annaedo	annaedo
악양면	Agyang-myŏn	Agyang-myeon	안내서	annaesŏ	annaeseo
악연	agyŏn	agyeon	안내원	annaewŏn	annaewon
악우회	aguhoe	aguhoe	안내자	annaeja	annaeja
악인	agin	agin	안내판	annaep'an	annaepan
악장	akchang	akjang	안네	Anne	Anne
악전	akchŏn	akjeon	안녕	annyŏng	annyeong
악정	akchŏng	akjeong	안녕히	annyŏnghi	annyeonghi
악조	akcho	akjo	안는다	annŭnda	anneunda
악지	akchi	akji	안다	anda	anda
악질	akchil	akjil	안단테	andant'e	andante
악취	akch'wi	akchwi	안덕면	Andŏng-myŏn	Andeok-myeon
악학	akhak	akak	안데스	Andesŭ	Andeseu
악화	akhwa	akwa	안도현	Ando-hyŏn	Ando-hyeon
악회	akhoe	akoe	안독원	Andogwŏn	Andogwon
악흥	akhŭng	akeung	안동	Andong	Andong
안	an	an	안동군	Andong-gun	Andong-gun
안가	an'ga	anga	안동권	Andongkwŏn	Andonggwon
안간	an'gan	angan	안동대	Andongdae	Andongdae
안강	An'gang	Angang	안동리	Andong-ni	Andong-ri
안개	an'gae	angae	안동시	Andong-si	Andong-si
안거	an'gŏ	angeo	안동촌	Andongch'on	Andongchon
안건	ankŏn	angeon	안동포	Andongp'o	Andongpo
안겨	an'gyŏ	angyeo	안되나요	andoenayo	andoenayo

한글 용례	ALA-LC Romanization	정부 표기안	한글 용례	ALA-LC Romanization	정부 표기안
안되는가	andoenŭn'ga	andoeneunga	안섬	Ansŏm	Anseom
안되는데	andoenŭnde	andoeneunde	안성	Ansŏng	Anseong
안되옵니다	andoeomnida	andoeomnida	안성군	Ansŏng-gun	Anseong-gun
안된다	andoenda	andoenda	안성시	Ansŏng-si	Anseong-si
안될	andoel	andoel	안성천	Ansŏngch'ŏn	Anseongcheon
안됩니까	andoemnikka	andoemnikka	안성판	Ansŏngp'an	Anseongpan
안드레이	Andŭrei	Andeurei	안성현	Ansŏng-hyŏn	Anseong-hyeon
안또니	Anttoni	Anttoni	안소니	Ansoni	Ansoni
안락	allak	allak	안수	ansu	ansu
안락당	Allaktang	Allakdang	안시성	Ansisŏng	Ansiseong
안락도	allakto	allakdo	안식	ansik	ansik
안락사	allaksa	allaksa	안식년	ansingnyŏn	ansingnyeon
안락정	Allakchŏng	Allakjeong	안식일	ansigil	ansigil
안롱	Allong	Allong	안심	ansim	ansim
안료	allyo	allyo	안심가	ansimga	ansimga
안릉	Allŭng	Alleung	안심동	Ansim-dong	Ansim-dong
안마	anma	anma	안심리	Ansim-ni	Ansim-ri
안마사	anmasa	anmasa	안심사	Ansimsa	Ansimsa
안면	anmyŏn	anmyeon	안쓰기	anssŭgi	ansseugi
안면도	Anmyŏndo	Amyeondo	안아	anna	ana
안무	anmu	anmu	안아락	anarak	anarak
안무가	anmuga	anmuga	안악	Anak	Anak
안민	anmin	anmin	안악군	Anak-kun	Anak-gun
안민가	Anmin'ga	Anminga	안악현	Anak-hyŏn	Anak-hyeon
안밖	anp'ak	anbak	안암	Anam	Anam
안법	anpŏp	anbeop	안압	Anap	Anap
안변	Anbyŏn	Anbyeon	안압지	Anapchi	Anapji
안변군	Anbyŏn-gun	Anbyeon-gun	안압지관	Anapchigwan	Anapjigwan
안변부	Anbyŏn-bu	Anbyeon-bu	안양	Anyang	Anyang
안보	anbo	anbo	안양군	Anyang-gun	Anyang-gun
안보론	anboron	anboron	안양사	Anyangsa	Anyangsa
안보법	anbopŏp	anbobeop	안양시	Anyang-si	Anyang-si
안보실	anbosil	anbosil	안열현	Anyŏr-hyŏn	Anyeol-hyeon
안보적	anbojŏk	anbojeok	안영리	Anyŏng-ni	Anyeong-ri
안보화	anbohwa	anbohwa	안원부	Anwŏn-bu	Anwon-bu
안부	anbu	anbu	안음현	Anŭm-hyŏn	Aneum-hyeon
안분당	Anbundang	Anbundang	안의군	Anŭi-gun	Anui-gun
안비현	Anbi-hyŏn	Anbi-hyeon	안의현	Anŭi-hyŏn	Anui-hyeon
안산	Ansan	Ansan	안인리	Anin-ni	Anin-ri
안산군	Ansan-gun	Ansan-gun	안장	anjang	anjang
안산시	Ansan-si	Ansan-si	안재	Anjae	Anjae
안살림	ansallim	ansallim	안적암	Anjŏgam	Anjeogam
안살림꾼	ansallimkkun	ansallimkkun	안전	anjŏn	anjeon
안색	ansaek	ansaek	안전도	anjŏndo	anjeondo
안서	Ansŏ	Anseo	안전망	anjŏnmang	anjeonmang

한글 용례	ALA-LC Romanization	정부 표기안	한글 용례	ALA-LC Romanization	정부 표기안
안전부	Anjŏnbu	Anjeonbu	안해도	anhaedo	anhaedo
안전성	Anjŏnsŏng	Anjeonseong	안향전	Anhyangjŏn	Anhyangjeon
안전원	anjŏnwŏn	anjeonwon	안허리	anhŏri	anheori
안전청	Anjŏnch'ŏng	Anjeoncheong	안협현	Anhyŏp-hyŏn	Anhyeop-hyeon
안절	anjŏl	anjeol	안화리	Anhwa-ri	Anhwa-ri
안정	anjŏng	anjeong	안화사	Anhwasa	Anhwasa
안정군	Anjŏng-gun	Anjeong-gun	안휘성	Anhwi-sŏng	Anhwiseong
안정법	anjŏngpŏp	anjeongbeop	앉다	anta	anda
안정성	anjŏngsŏng	anjeongseong	앉아	anja	anja
안정소	anjŏngso	anjeongso	앉은	anjŭn	anjeun
안정적	anjŏngjŏk	anjeongjeok	앉을	anjŭl	anjeul
안정화	anjŏnghwa	anjeonghwa	않겠나	ank'enna	ankenna
안좌도	Anjwado	Anjwado	않고	ank'o	anko
안주	anju	anju	않고는	ank'onŭn	ankoneun
안주군	Anju-gun	Anju-gun	않기	ank'i	anki
안주목	Anju-mok	Anju-mok	않나	anna	anna
안주성	Anjusŏng	Anjuseong	않네	anne	anne
안주진	Anjujin	Anjujin	않는	annŭn	anneun
안중	anjung	anjung	않는가	annŭn'ga	anneunga
안지	anchi	anji	않는다	annŭnda	anneunda
안쪽	antchok	anjjok	않는다는	annŭndanŭn	anneundaneun
안착	anch'ak	anchak	앓다	ant'a	anta
안찰사	anch'alsa	anchalsa	앓던	ant'ŏn	anteon
안치	anch'i	anchi	앓습니다	ansŭmnida	anseumnida
안치는	anch'inŭn	anchineun	않아	ana	ana
안케	Ank'e	Anke	않아도	anado	anado
안태	ant'ae	antae	않아야	anaya	anaya
안태사	Ant'aesa	Antaesa	않았나	ananna	ananna
안테나	ant'ena	antena	않았다	anatta	anatda
안토니오	Ant'onio	Antonio	않았다면	anattamyŏn	anatdamyeon
안톤	Ant'on	Anton	않았던	anattŏn	anatdeon
안트워프	Ant'ŭwŏp'ŭ	Anteuwopeu	않았을까	annassŭlkka	anasseulkka
안티	ant'i	anti	않으랴	anŭrya	aneurya
안티쿠스	Ant'ik'usŭ	Antikuseu	않으려고	anŭryŏgo	aneuryeogo
안팎	anp'ak	anpak	않으려면	anŭryŏmyŏn	aneuryeomyeon
안평	Anp'yŏng	Anpyeong	않으리라	anŭrira	aneurira
안평군	Anp'yŏng-gun	Anpyeong-gun	않으면	anŭmyŏn	aneumyeon
안풍	Anp'ung	Anpung	않은	anŭn	aneun
안하는	anhanŭn	anhaneun	않을	anŭl	aneul
안하다	anhada	anhada	않을까	anŭlkka	aneulkka
안학	Anhak	Anhak	않지만	anch'iman	anchiman
안학궁	Anhakkung	Anhakgung	알	al	al
안학동	Anhak-tong	Anhak-dong	알겠다	algetta	algetda
안함	anham	anham	알겠습니다	algessŭmnida	algetseumnida
안해	anhae	anhae	알겠지	algetchi	algetji

한글 용례	ALA-LC Romanization	정부 표기안	한글 용례	ALA-LC Romanization	정부 표기안
알고	algo	algo	알아야	araya	araya
알곡밥	algokpap	algokbap	알아줌	arajum	arajum
알기	algi	algi	알았다	aratta	aratda
알기도	algido	algido	알았더라면	arattŏramyŏn	aratdeoramyeon
알까	alkka	alkka	알았던	arattŏn	aratdeon
알다	alda	alda	알았지	aratchi	aratji
알던	aldŏn	aldeon	알약	aryak	aryak
알라	Alla	Alla	알에이치	Areich'i	Areichi
알라디촌	Alladich'on	Alladichon	알에치	Arech'i	Arechi
알라딘	Alladin	Alladin	알으십니까	arŭsimnikka	areusimnikka
알람브라	Allambŭra	Allambeura	알자	alja	alja
알래스카	Allaesŭk'a	Allaeseuka	알제리	Aljeri	Aljeri
알레고리적	allegorijŏk	allegorijeok	알지	alji	alji
알레그레	Allegŭre	Allegeure	알지만	aljiman	aljiman
알레스	Allesŭ	Alleseu	알찬	alch'an	alchan
알렉산드로비치	Alleksandŭrobich'i	Alleksandeurobichi	알칼리	alk'alli	alkalli
알렉산드르	Alleksandŭrŭ	Alleksandeureu	알칼리수	alk'allisu	alkallisu
알렉산드리아	Alleksandŭria	Alleksandeuria	알콜	alk'ol	alkol
알렉스	Alleksŭ	Allekseu	알키	Alk'i	Alki
알렌	Allen	Allen	알타	Alt'a	Alta
알렙	Allep	Allep	알타이	Alt'ai	Altai
알려	allyŏ	allyeo	알타이어	Alt'aiŏ	Altaieo
알려도	allyŏdo	allyeodo	알타이학	Alt'aihak	Altaihak
알려지지	allyŏjiji	allyeojiji	알트	Alt'ŭ	Alteu
알려진	allyŏjin	allyeojin	알파	alp'a	alpa
알력	allyŏk	allyeok	알프스	Alp'ŭsŭ	Alpeuseu
알리	Alli	Alli	앎	am	am
알리기	alligi	alligi	앓다	alt'a	alta
알리는	allinŭn	allineun	암	am	am
알리다	allida	allida	암각	amgak	amgak
알림	allim	allim	암각화	amgakhwa	amgakwa
알립니다	allimnida	allimnida	암각화군	amgakhwagun	amgakwagun
알마	Alma	Alma	암담	amdam	amdam
알맹이	almaengi	almaengi	암담하고	amdamhago	amdamhago
알며	almyŏ	almyeo	암담한	amdamhan	amdamhan
알면	almyŏn	almyeon	암류	amnyu	amnyu
알바	alba	alba	암모니아	Ammonia	Ammonia
알바들	albadŭl	albadeul	암벽	ambyŏk	ambyeok
알봉	Albong	Albong	암브로시우스	Ambŭrosiusŭ	Ambeurosiuseu
알사바	Alsaba	Alsaba	암사	amsa	amsa
알성과	Alsŏngkwa	Alseonggwa	암사동	Amsa-dong	Amsa-dong
알성시	Alsŏngsi	Alseongsi	암산	amsan	amsan
알아	ara	ara	암살	amsal	amsal
알아내나	aranaena	aranaena	암살단	amsaltan	amsaldan
알아서	arasŏ	araseo	암살사	amsalsa	amsalsa

한글 용례	ALA-LC Romanization	정부 표기안	한글 용례	ALA-LC Romanization	정부 표기안
암살자	amsalcha	amsalja	앙덕리	Angdŏng-ni	Angdeok-ri
암석	amsŏk	amseok	앙드레	Angdŭre	Angdeure
암수	amsu	amsu	앙리	Angni	Angni
암시장	amsijang	amsijang	앙트러프러너십	angt'ŭrŏp'ŭrŏnŏsip	angteureopeureoneosip
암실	amsil	amsil	앞	ap	ap
암울	amul	amul	앞길	apkil	apgil
암자	amja	amja	앞날	amnal	amnal
암주	amju	amju	앞당기는	aptangginŭn	apdanggineun
암초	amch'o	amcho	앞당기자	aptangija	apdanggija
암키와	amk'iwa	amkiwa	앞둔	aptun	apdun
암태도	Amt'aedo	Amtaedo	앞뒤	aptwi	apdwi
암투	amt'u	amtu	앞서	apsŏ	apseo
암행	amhaeng	amhaeng	앞서간	apsŏgan	apseogan
암헌	Amhŏn	Amheon	앞선	apsŏn	apseon
암호	amho	amho	앞섰다	apsŏtta	apseotda
암홍어	amhongŏ	amhongeo	앞장	apchang	apjang
암혹	amhŭk	amheuk	앞지르고	apchirŭgo	apjireugo
암혹기	amhŭkki	amheukgi	앞치마	apch'ima	apchima
압	ap	ap	애	ae	ae
압강	Apkang	Apgang	애가	aega	aega
압구	apku	apgu	애가집	aegajip	aegajip
압구정	Apkujŏng	Apgujeong	애견	aegyŏn	aegyeon
압구정동	Apkujŏng-dong	Apgujeong-dong	애견가	aegyŏn'ga	aegyeonga
압날	amnal	amnal	애국	aeguk	aeguk
압력	amnyŏk	amnyeok	애국가	Aegukka	Aegukga
압록	Amnok	Amnok	애국단	aeguktan	aegukdan
압록강	Amnokkang	Amnokgang	애국론	aegungnon	aegungnon
압류	amnyu	amnyu	애국반	aegukpan	aegukban
압박	appak	apbak	애국심	aeguksim	aeguksim
압송	apsong	apsong	애국일	aegugil	aegugil
압송인	apsongin	apsongin	애국자	aegukcha	aegukja
압슬형	apsŭrhyŏng	apseulhyeong	애국자들	aegukchadŭl	aegukjadeul
압승	apsŭng	apseung	애국주의	aegukchuŭi	aegukjuui
압승술	apsŭngsul	apseungsul	애국혼	aegukhon	aegukhon
압축	apch'uk	apchuk	애급	Aegŭp	Aegeup
압축적	apch'ukchŏk	apchukjeok	애기	aegi	aegi
압해관	Aphaegwan	Apaegwan	애끼이소	aekkiiso	aekkiiso
압행	aphaeng	apaeng	애너벨	Aenŏbel	Aeneobel
압형	aphyŏng	apyeong	애널리스트	aenŏllisŭt'ŭ	aeneolliseuteu
압혼	aphŭn	apeun	애니깽	Aenikkaeng	Aenikkaeng
앗	at	at	애니매이션	aenimeisyŏn	aenimaeisyeon
앗싸	atssa	atssa	애니멀	aenimŏl	aenimeol
앙	ang	ang	애니메이션	aenimeisyŏn	aenimeisyeon
앙굴렘	Anggullem	Anggullem	애니미즘	aenimijŭm	aenimijeum
앙금	anggŭm	anggeum	애도	aedo	aedo

한글 용례	ALA-LC Romanization	정부 표기안	한글 용례	ALA-LC Romanization	정부 표기안
애드	aedŭ	aedeu	앤길	Aen'gil	Aengil
애드버타이저	aedŭbŏt'aijŏ	aedeubeotaijeo	앤디	Aendi	Aendi
애드컴	Aedŭk'ŏm	Aedeukeom	앤솔로지	aensolloji	aensolloji
애들	aedŭl	aedeul	앨런	Aellŏn	Aelleon
애락	aerak	aerak	앨리스	Aellisŭ	Aelliseu
애련	aeryŏn	aeryeon	앨버트	Aelbŏt'ŭ	Aelbeoteu
애로	aero	aero	앨범	aelbŏm	aelbeom
애리시	Aerisi	Aerisi	앨피	Aelp'i	Aelpi
애마	aema	aema	앵	aeng	aeng
애사	aesa	aesa	앵그리	aenggŭri	aenggeuri
애산	Aesan	Aesan	앵무	aengmu	aengmu
애서가	aesŏga	aeseoga	앵무가	Aengmuga	Aengmuga
애송	aesong	aesong	앵무새	aengmusae	aengmusae
애송시	aesongsi	aesongsi	앵베르	Aengberŭ	Aengbereu
애스턴	Aesŭt'ŏn	Aeseuteon	야	ya	ya
애월	Aewŏl	Aeweol	야간	yagan	yagan
애월리	Aewŏl-li	Aeweol-ri	야경	yagyŏng	yagyeong
애월읍	Aewŏl-ŭp	Aeweol-eup	야곡	yagok	yagok
애인	aein	aein	야광	yagwang	yagwang
애일라	Aeilla	Aeilla	야광주	yagwangju	yagwangju
애장판	aejangpan	aejangpan	야구	yagu	yagu
애절한	aejŏrhan	aejeolhan	야구단	yagudan	yagudan
애정	aejŏng	aejeong	야금	yagŭm	yageum
애정류	aejŏngnyu	aejeongnyu	야금술	yagŭmsul	yageumsul
애제문	aejemun	aejemun	야기	yagi	yagi
애족	aejok	aejok	야나가와	Yanagawa	Yanagawa
애주가	aejuga	aejuga	야나기	Yanagi	Yanagi
애증	aejŭng	aejeung	야나기마치	Yanagimach'i	Yanagimachi
애첩	aech'ŏp	aecheop	야누스	yanusŭ	yanuseu
애치슨	Aech'isŭn	Aechiseun	야단	yadan	yadan
애탄	Aet'an	Aetan	야담	yadam	yadam
애틋한	aet'ŭt'an	aeteutan	야담집	yadamjip	yadamjip
애프터	aep'ŭt'ŏ	aepeuteo	야당	yadang	yadang
애플	aep'ŭl	aepeul	야당사	yadangsa	yadangsa
애플리케이션	aep'ŭllik'eisyŏn	aepeullikeisyeon	야대	yadae	yadae
애학	aehak	aehak	야등이	Yadŭngi	yadeungi
애향	aehyang	aehyang	야로	yaro	yaro
애향숙	Aehyangsuk	Aehyangsuk	야록	yarok	yarok
애환	aehwan	aehwan	야류	yaryu	yaryu
액	aek	aek	야마	yama	yama
액면	aengmyŏn	aengmyeon	야마다	Yamada	Yamada
액션	aeksyŏn	aeksyeon	야마베	Yamabe	Yamabe
액정	aekchŏng	aekjeong	야마사토	Yamasat'o	Yamasato
액화	aekhwa	aekhwa	야마시타	Yamasit'a	Yamasita
앤	aen	aen	야마천	Yamach'ŏn	Yamacheon

한글 용례	ALA-LC Romanization	정부 표기안	한글 용례	ALA-LC Romanization	정부 표기안
야마토	Yamato	Yamato	야정	Yajŏng	Yajeong
야만	yaman	yaman	야즈	Yajŭ	Yajeu
야만성	yamansŏng	yamanseong	야지마	Yajima	Yajima
야만적	yamanjŏk	yamanjeok	야차	yach'a	yacha
야망	yamang	yamang	야채	yach'ae	yachae
야명주	yamyŏngju	yamyeongju	야초	Yach'o	Yacho
야목리	Yamong-ni	Yamok-ri	야치	Yach'i	Yachi
야미도	Yamido	Yamido	야학	yahak	yahak
야반	yaban	yaban	야학교	yahakkyo	yahakgyo
야보사	Yabosa	Yabosa	야학회	yahakhoe	yahakhoe
야사	yasa	yasa	야한	yahan	yahan
야사록	yasarok	yasarok	야행	yahaeng	yahaeng
야산	yasan	yasan	야화	yahwa	yahwa
야생	yasaeng	yasaeng	야화기	yahawgi	yahwagi
야생란	yasaengnan	yasaengnan	야후	Yahu	Yahu
야생화	yasaenghwa	yasaenghwa	약	yak	yak
야설	yasŏl	yaseol	약가	yakka	yakga
야성	yasŏng	yaseong	약간	yakkan	yakgan
야소	Yaso	Yaso	약과	yakkwa	yakgwa
야소교	Yasogyo	Yasogyo	약관	yakkwan	yakgwan
야수	yasu	yasu	약관집	yakkwanjip	yakgwanjip
야수로	Yasuro	Yasuro	약국	yakkuk	yakguk
야스나리	Yasŭnari	Yaseunari	약동	yaktong	yakdong
야스아키	Yasŭak'i	Yaseuaki	약동학적	yaktonghakchŏk	yakdonghakjeok
야스야키	Yasŭyak'i	Yaseuyaki	약력	yangnyŏk	yangnyeok
야스쿠니	Yasŭk'uni	Yaseukuni	약령	yangnyŏng	yangnyeong
야스히로	Yasŭhiro	Yaseuhiro	약령시	Yangnyŏngsi	yangnyeongsi
야승	Yasŭng	Yaseung	약록	yangnok	yangnok
야심	yasim	yasim	약론	yangnon	yangnon
야심사	Yasimsa	yasimsa	약료	yangnyo	yangnyo
야아	Yaa	Yaa	약리	yangni	yangni
야아현	Yaa-hyŏn	Yaa-hyeon	약리학	yangnihak	yangnihak
야언	yaŏn	yaeon	약물	yangmul	yangmul
야영	yayŏng	yayeong	약방	yakpang	yakbang
야영소	yayŏngso	yayeongso	약보	yakpo	yakbo
야외	yaoe	yaoe	약사	yaksa	yaksa
야외극	yaoegŭk	yaoegeuk	약사경	Yaksagyŏng	yaksagyeong
야욕	yayok	yayok	약사동	Yaksa-dong	Yaksa-dong
야위어도	yawiŏdo	yawieodo	약사암	Yaksaam	Yaksaam
야유	yayu	yayu	약산	Yaksan	Yaksan
야유회	yayuhoe	yayuhoe	약서	yaksŏ	yakseo
야은	Yaŭn	Yaeun	약선	yaksŏn	yakseon
야인	yain	yain	약세	yakse	yakse
야자수	yajasu	yajasu	약소	yakso	yakso
야장	yajang	yajang	약소국	yaksoguk	yaksoguk

한글 용례	ALA-LC Romanization	정부 표기안	한글 용례	ALA-LC Romanization	정부 표기안
약속	yaksok	yaksok	양계	yanggye	yanggye
약손	yakson	yakson	양곡	yanggok	yanggok
약수	yaksu	yaksu	양관	Yanggwan	Yanggwan
약수권	yaksukwŏn	yaksugwon	양관와	Yanggwanwa	Yanggwanwa
약수동	Yaksu-dong	Yaksu-dong	양구	Yanggu	Yanggu
약수리	Yaksu-ri	Yaksu-ri	양구군	Yanggu-gun	Yanggu-gun
약술	yaksul	yaksul	양구읍	Yanggu-ŭp	Yanggu-eub
약식	yaksik	yaksik	양구인	Yangguin	Yangguin
약엽	yagŏp	yageop	양구현	Yanggu-hyŏn	Yanggu-hyeon
약왕	Yagwang	yagwang	양국	yangguk	yangguk
약용	yagyong	yagyong	양궁	yanggung	yanggung
약용주	yagyongju	yagyongju	양극	yanggŭk	yanggeuk
약자	yakcha	yakja	양극화	yanggŭkhwa	yanggeukhwa
약자체	yakchach'e	yakjache	양금	yanggŭm	yanggeum
약장	yakchang	yakjang	양기	yanggi	yanggi
약장수	yakchangsu	yakjangsu	양꼬치	yangkkoch'i	yangkkochi
약재	yakchae	yakjae	양날	yangnal	yangnal
약전	Yakchŏn	Yakjeon	양녀	yangnyŏ	yangnyeo
약점	yakchŏm	yakjeom	양념	yangnyŏm	yangnyeom
약정	yakchŏng	yakjeong	양단	yangdan	yangdan
약제	yakche	yakje	양대	yangdae	yangdae
약제학	Yakchehak	Yakjehak	양덕	Yangdŏk	yangdeok
약종	yakchong	yakjong	양덕군	Yangdŏk-kun	Yangdeok-gun
약주	yakchu	yakju	양덕현	Yangdŏk-hyŏn	Yangdeok-hyeon
약주류	yakchuryu	yakjuryu	양도	yangdo	yangdo
약진	yakchin	yakjin	양도의	yangdoŭi	yangdoui
약차	yakch'a	yakcha	양동	Yangdong	Yangdong
약천	Yakch'ŏn	Yakcheon	양동리	Yangdong-ni	Yangdong-ri
약초	yakch'o	yakcho	양란	yangnan	yangnan
약촌	yakch'on	yakchon	양력	yangnyŏk	yangnyeok
약탈	yakt'al	yaktal	양로	yangno	yangno
약탈적	yakt'alchŏk	yaktaljeok	양로회	Yangnohoe	Yangnohoe
약탐기	yakt'amgi	yaktamgi	양록	Yangnok	Yangnok
약포	Yakp'o	yakpo	양립	yangnip	yangrip
약학	yakhak	yakhak	양말	yangmal	yangmal
약학회	Yakhakhoe	Yakhakhoe	양면	yangmyŏn	yangmyeon
약해	yakhae	yakhae	양면성	yangmyŏnsŏng	yangmyeonseong
약혼	yakhon	yakhon	양면적	yangmyŏnjŏk	yangmyeonjeok
약화	yakhwa	yakhwa	양명	Yangmyŏng	Yangmyeong
약효	yakhyo	yakhyo	양명학	Yangmyŏnghak	Yangmyeonghak
얇은	yalbŭn	yalbeun	양무	yangmu	yangmu
양	yang	yang	양문	yangmun	yangmun
양가	yangga	yangga	양문각	Yangmun'gak	Yangmungak
양각	yanggak	yanggak	양문록	yangmullok	yangmullok
양강	yanggang	yanggang	양민	yangmin	yangmin

한글 용례	ALA-LC Romanization	정부 표기안	한글 용례	ALA-LC Romanization	정부 표기안
양반	yangban	yangban	양아버지	yangabŏji	yangabeoji
양반가	yangban'ga	yangbanga	양악	yangak	yangak
양반들	yangbandŭl	yangbandeul	양안	yangan	yangan
양반전	yangbanjŏn	yangbanjeon	양약	yangyak	yangyak
양방	yangbang	yangbang	양양	Yangyang	Yangyang
양백	yangbaek	yangbaek	양양가	Yangyangga	Yangyangga
양병	yangbyŏng	yangbyeong	양양군	Yangyang-gun	Yangyang-gun
양병론	yangbyŏngnon	yangbyeongnon	양양부	Yangyang-bu	Yangyang-bu
양보	yangbo	yangbo	양요	Yangyo	Yangyo
양복	yangbok	yangbok	양원	yangwŏn	yangwon
양봉	yangbong	yangbong	양원제	yangwŏnje	yangwonje
양분	yangbun	yangbun	양위	yangwi	yangwi
양비론	yangbiron	yangbiron	양육	yangyuk	yangyuk
양사동	Yangsa-dong	Yangsa-dong	양육비	yangyukpi	yangyukbi
양사재	Yangsajae	Yangsajae	양은	yangŭn	yangeun
양산	Yangsan	Yangsan	양음력	yangŭmnyŏk	yangeumnyeok
양산군	Yangsan-gun	Yangsan-gun	양의	yangŭi	yangui
양산도	Yangsando	Yangsando	양의사	yangŭisa	yanguisa
양산시	Yangsan-si	Yangsan-si	양이	Yangi	Yangi
양상	yangsang	yangsang	양인	yangin	yangin
양생	yangsaeng	yangsaeng	양자	yangja	yangja
양서	yangsŏ	yangseo	양자강	Yangjagang	Yangjagang
양서원	Yangsŏwŏn	Yangseowon	양자적	yangjajŏk	yangjajeok
양성	yangsŏng	yangseong	양잠	yangjam	yangjam
양성군	Yangsŏng-gun	Yangseong-gun	양장	yangjang	yangjang
양성성	yangsŏngsŏng	yangseongseong	양장리	Yangjang-ni	Yangjang-ri
양성소	yangsŏngso	yangseongso	양재	yangjae	yangjae
양성원	yangsŏngwŏn	yangseongwon	양적	yangchŏk	yangjeok
양성현	Yangsŏng-hyŏn	Yangseong-hyeon	양전	Yangjŏn	Yangjeon
양성화	yangsŏnghwa	yangseonghwa	양전동	Yangjŏn-dong	Yangjeon-dong
양손	yangson	yangson	양제	Yangje	Yangje
양손잡이	yangsonjabi	yangsonjabi	양조	yangjo	yangjo
양수	Yangsu	Yangsu	양조업	yangjoŏp	yangjoeop
양수리	Yangsu-ri	Yangsu-ri	양종	yangjong	yangjong
양순	yangsun	yangsun	양주	yangju	yangju
양술	yangsul	yangsul	양주군	Yangju-gun	Yangju-gun
양식	yangsik	yangsik	양주목	Yangju-mok	Yangju-mok
양식들	yangsiktŭl	yangsikdeul	양주부	Yangju-bu	Yangju-bu
양식론	yangsingnon	yangsingnon	양주집	yangjujip	yangjujip
양식적	yangsikchŏk	yangsikjeok	양지	yangji	yangji
양심	yangsim	yangsim	양지군	Yangji-gun	Yangji-gun
양심당	Yangsimdang	Yangsimdang	양지리	Yangji-ri	Yangji-ri
양심적	yangsimjŏk	yangsimjeok	양지현	Yangji-hyŏn	Yangji-hyeon
양아들	yangadŭl	yangadeul	양직묘	yangjingmyo	yangjingmyo
양아록	Yangarok	Yangarok	양진당	Yangjindang	Yangjindang

한글 용례	ALA-LC Romanization	정부 표기안	한글 용례	ALA-LC Romanization	정부 표기안
양질	yangjil	yangjil	어깨	ŏkkae	eokkae
양천	Yangch'ŏn	Yangcheon	어눌	ŏnul	eonul
양천군	Yangch'ŏn-gun	Yangcheon-gun	어눌한	ŏnurhan	eonulhan
양천현	Yangch'ŏn-hyŏn	Yangcheon-hyeon	어느	ŏnŭ	eoneu
양철	yangch'ŏl	yangcheol	어느새	ŏnŭsae	eoneusae
양철북	Yangch'ŏlbuk	yangcheolbuk	어당	ŏdang	eodang
양초	yangch'o	yangcho	어더케	ŏdŏk'e	eodeoke
양촌	Yangch'on	Yangchon	어데서	ŏdesŏ	eodeseo
양치	yangch'i	yangchi	어데선가	ŏdesŏn'ga	eodeseonga
양치류	yangch'iryu	yangchiryu	어도지	Odoji	Eodoji
양친	yangch'in	yangchin	어두운	ŏduun	eoduun
양탕국	Yangt'angguk	Yangtangguk	어둔	ŏdun	eodun
양태	yangt'ae	yangtae	어둠	ŏdum	eodum
양택	yangt'aek	yangtaek	어드	ŏdŭ	eodeu
양털	yangt'ŏl	yangteol	어드메	ŏdŭme	eodeume
양파	yangp'a	yangpa	어드벤쳐	ŏdŭbench'yo	eodeubenchyeo
양평	Yangp'yŏng	Yangpyeong	어드벤쳐전	ŏdŭbench'yojŏn	eodeubenchyeojeon
양평군	Yangp'yŏng-gun	Yangpyeong-gun	어등산	Odŭngsan	Eodeungsan
양평리	Yangp'yŏng-ni	Yangpyeong-ri	어디	ŏdi	eodi
양행	yanghaeng	yanghaeng	어디서	ŏdisŏ	eodiseo
양허	yanghŏ	yangheo	어디지	ŏdiji	eodiji
양허권	yanghŏkwŏn	yangheogwon	어딜	ŏdil	eodil
양헌	Yanghŏn	Yangheon	어떠한고	ŏttŏhan'go	eotteohango
양현	yanghyŏn	yanghyeon	어떠했을까	ŏttŏhaessŭlkka	eotteohaesseulkka
양혜	yanghye	yanghye	어떤	ŏttŏn	eotteon
양호	yangho	yangho	어떻게	ŏttŏk'e	eotteoke
양화	yanghwa	yanghwa	어락당	Oraktang	Eorakdang
양화교	Yanghwagyo	Yanghwagyo	어람	ŏram	eoram
양화진	Yanghwajin	Yanghwajin	어랑	ŏrang	eorang
양회	yanghoe	yanghoe	어려운	ŏryŏun	eoryeoun
양회호	Yanghŭiho	Yanghuiho	어려울	ŏryŏul	eoryeoul
얕은	yat'ŭn	yateun	어려움	ŏryŏum	eoryeoum
애기	aegi	yaegi	어려워	ŏryŏwŏ	eoryeowo
애기꾼	yaegikkun	yaegikkun	어렵고	ŏryŏpko	eoryeopgo
애들	aedŭl	yaedeul	어렵지	ŏryŏpchi	eoryeopji
어	ŏ	eo	어로	ŏro	eoro
어가	ŏga	eoga	어록	ŏrok	eorok
어계	ŏgye	eogye	어록전	ŏrokchŏn	eorokjeon
어곤	ŏgon	eogon	어록집	ŏrokchip	eorokjip
어구	ŏgu	eogu	어록해	ŏrokhae	eorokhae
어금니	ŏgŭmni	eogeumni	어뢰	ŏroe	eoroe
어긋나는	ŏgŭnnanŭn	eogeunnaneun	어룡	ŏryong	eoryong
어긋난	ŏgŭnnan	eogeunnan	어루만지는	ŏrumanjinŭn	eorumanjineun
어긋남	ŏgŭnnam	eogeunnam	어루만지다	ŏrumanjida	eorumanjida
어긋냄	ŏgŭnnaem	eogeunnaem	어류	ŏryu	eoryu

한글 용례	ALA-LC Romanization	정부 표기안	한글 용례	ALA-LC Romanization	정부 표기안
어르신	ŏrŭsin	eoreusin	어부	ŏbu	eobu
어른	ŏrŭn	eoreun	어부가	ŏbuga	eobuga
어른들	ŏrŭndŭl	eoreundeul	어부계	ŏbugye	eobugye
어름	ŏrŭm	eoreum	어부사	ŏbusa	eobusa
어름치	ŏrŭmch'i	eoreumchi	어사	ŏsa	eosa
어리석다	ŏrisŏkda	eoriseokda	어사대	ŏsadae	eosadae
어리석은	ŏrisŏgŭn	eoriseogeun	어사도	ŏsado	eosado
어린	ŏrin	eorin	어사화	ŏsahwa	eosahwa
어린애	ŏrinae	eorinae	어산	ŏsan	eosan
어린이	ŏrini	eorini	어색	ŏsaek	eosaek
어린이날	ŏrininal	eorininal	어색한	ŏsaekhan	eosaekhan
어린이들	ŏrinidŭl	eorinideul	어서	ŏsŏ	eoseo
어릴	ŏril	eoril	어선	ŏsŏn	eoseon
어릴적	ŏrilchŏk	eoriljeok	어소시에이트	ŏsosieit'ŭ	eososieiteu
어릿	ŏrit	eorit	어수	ŏsu	eosu
어릿광대	ŏritkwangdae	eoritgwangdae	어순	ŏsun	eosun
어머나	ŏmŏna	eomeona	어시재	Osijae	Eosijae
어머니	ŏmŏni	eomeoni	어야	ŏya	eoya
어머니들	ŏmŏnidŭl	eomeonideul	어업	ŏŏp	eoeop
어머니전	ŏmŏnijŏn	eomeonijeon	어업권	ŏŏpkwŏn	eoeopgwon
어머니傳	ŏmŏnijŏn	eomeonijeon	어업령	ŏŏmnyŏng	eoeopnyeong
어머님	ŏmŏnim	eomeonim	어업법	ŏŏppŏp	eoeopbeop
어멈	ŏmŏm	eomeom	어연	ŏyŏn	eoyeon
어명	ŏmŏng	eomeong	어영군	ŏyŏnggun	eoyeonggun
어메이징	ŏmeijing	eomeijing	어영청	ŏyŏngch'ŏng	eoyeongcheong
어명	ŏmyŏng	eomyeong	어용	ŏyong	eoyong
어무	ŏmu	eomu	어용론	ŏyongnon	eoyongnon
어무이	ŏmui	eomui	어용인	ŏyongin	eoyongin
어문	ŏmun	eomun	어용지	ŏyongji	eoyongji
어문각	Omun'gak	Eomungak	어우	ŏu	eou
어문계	ŏmun'gye	eomungye	어우당	ŏudang	eoudang
어문법	ŏmunpŏp	eomunbeop	어우동	ŏudong	eoudong
어문학	ŏmunhak	eomunhak	어우러지다	ŏurŏjida	eoureojida
어문학계	ŏmunhakkye	eomunhakgye	어우러진	ŏurŏjin	eoureojin
어문학사	ŏmunhaksa	eomunhaksa	어우러짐	ŏurŏjim	eoureojim
어문학적	ŏmunhakchŏk	eomunhakjeok	어울	ŏul	eoul
어물전	ŏmuljŏn	eomuljeon	어울리는	ŏullinŭn	eoullineun
어미	ŏmi	eomi	어울림	ŏullim	eoullim
어민	ŏmin	eomin	어원	ŏwŏn	eowon
어민들	ŏmindŭl	eomindeul	어원론	ŏwŏnnon	eowollon
어방	ŏbang	eobang	어은	ŏŭn	eoeun
어버이	ŏbŏi	eobeoi	어은동	Oŭn-dong	Eoeun-dong
어버이날	Obŏinal	Eobeoinal	어음	ŏŭm	eoeum
어법	ŏpŏp	eobeop	어음론	ŏŭmnon	eoeumnon
어보	ŏbo	eobo	어의	ŏŭi	eoui

한글 용례	ALA-LC Romanization	정부 표기안	한글 용례	ALA-LC Romanization	정부 표기안
어의동	Ŏŭi-dong	Eoui-dong	어휘론	ŏhwiron	eohwiron
어이할까	ŏihalkka	eoihalkka	어휘장	ŏhwijang	eohwijang
어장	ŏjang	eojang	어휘집	ŏhwijip	eohwijip
어전	ŏjŏn	eojeon	어흥	ŏhŭng	eoheung
어절	ŏjŏl	eojeol	억	ŏk	eok
어정	ŏjŏng	eojeong	억류	ŏngnyu	eongnyu
어제	ŏje	eoje	억류기	ŏngnyugi	eongnyugi
어젠다	ŏjenda	eojenda	억류자	ŏngnyuja	eongnyuja
어주	ŏju	eoju	억불	ŏkpul	eokbul
어지럴사	ŏjirŏlsa	eojireolsa	억불론	ŏkpullon	eokbullon
어지지	ŏjiji	eojiji	억센	ŏksen	eoksen
어진	ŏjin	eojin	억압	ŏgap	eokap
어진이	ŏjini	eojini	억양	ŏgyang	eogyang
어질고도	ŏjilgodo	eojilgodo	억울	ŏgul	eogul
어짊	ŏjim	eojim	억제	ŏkche	eokje
어째서	ŏtchaesŏ	eojjaeseo	억지	ŏkchi	eokji
어쨌다구	ŏtchaettagu	eojjaetdagu	억지로	ŏkchiro	eokjiro
어쩌다	ŏtchŏda	eojjeoda	억척	ŏkch'ŏk	eokcheok
어쩌면	ŏtchŏmyŏn	eojjeomyeon	언	ŏn	eon
어쩐대나	ŏtchŏndaena	eojjeondaena	언간	ŏn'gan	eongan
어쩔까나	ŏtchŏlkkana	eojjeolkkana	언관	ŏn'gwan	eongwan
어찌	ŏtchi	eojji	언급	ŏn'gŭp	eongeup
어찌씨	ŏtchissi	eojjissi	언노련	Ŏnnoryŏn	Eonnoryeon
어찌하여	ŏtchihayŏ	eojjihayeo	언니	ŏnni	eonni
어찌할	ŏtchihal	eojjihal	언더독	ŏndŏdok	eondeodok
어찰	ŏch'al	eochal	언더우드	Ŏndŏudŭ	Eondeoudeu
어찰첩	ŏch'alch'ŏp	eochalcheop	언덕	ŏndŏk	eondeok
어천가	ŏch'ŏn'ga	eocheonga	언덕길	ŏndŏkkil	eondeokgil
어초	ŏch'o	eocho	언동	ŏndong	eondong
어촌	ŏch'on	eochon	언론	ŏllon	eollon
어크로스	ŏk'ŭrosŭ	eokeuroseu	언론사	ŏllonsa	eollonsa
어토	ŏt'o	eoto	언론인	ŏllonin	eollonin
어투	ŏt'u	eotu	언론인들	ŏllonindŭl	eollonindeul
어패	ŏp'ae	eopae	언론인회	ŏlloninhoe	eolloninhoe
어패류	ŏp'aeryu	eopaeryu	언론학	ŏllonhak	eollonhak
어필	ŏp'il	eopil	언문	ŏnmun	eonmun
어학	ŏhak	eohak	언문지	ŏnmunji	eonmunji
어학사	ŏhaksa	eohaksa	언문청	ŏnmunch'ŏng	eonmuncheong
어학원	ŏhagwŏn	eohagwon	언성	ŏnsŏng	eonseong
어학회	ŏhakhoe	eohakhoe	언술	ŏnsul	eonsul
어항	ŏhang	eohang	언약	ŏnyak	eonyak
어형	ŏhyŏng	eohyeong	언양	Ŏnyang	Eonyang
어형론	ŏhyŏngnon	eohyeongnon	언양군	Ŏnyang-gun	Eonyang-gun
어휘	ŏhwi	eohwi	언양현	Ŏnnyang-hyŏn	Eonyang-hyeon
어휘력	ŏhwiryŏk	eohwiryeok	언어	ŏnŏ	eoneo

한글 용례	ALA-LC Romanization	정부 표기안	한글 용례	ALA-LC Romanization	정부 표기안
언어관	ŏnŏgwan	eoneogwan	얽힌	ŏlk'in	eolkin
언어들	ŏnŏdŭl	eoneodeul	엄	ŏm	eom
언어론	ŏnŏron	eoneoron	엄격	ŏmkyŏk	eomgyeok
언어사적	ŏnŏsachŏk	eoneosajeok	엄금	ŏmgŭm	eomgeum
언어학	ŏnŏhak	eoneohak	엄나무	ŏmnamu	eomnamu
언어학사	ŏnŏhaksa	eoneohaksa	엄마	ŏmma	eomma
언어학적	ŏnŏhakchŏk	eoneohakjeok	엄무	ŏmmu	eommu
언어화	ŏnŏhwa	eoneohwa	엄비	ŏmbi	eombi
언역본	ŏnyŏkpon	eonyeokbon	엄인	ŏmin	eomin
언월도	ŏnwŏldo	eonwoldo	엄정	ŏmjŏng	eomjeong
언저리	ŏnjŏri	eonjeori	엄한	ŏmhan	eomhan
언제	ŏnje	eonje	업	ŏp	eop
언제나	ŏnjena	eonjena	업계	ŏpkye	eopgye
언제쯤	ŏnjetchŭm	eonjejjeum	업고	ŏpko	eopgo
언챙이	ŏnch'aengi	eonchaengi	업그레이드	ŏpkŭreidŭ	eopgeureideu
언타이드	ŏnt'aidŭ	eontaideu	업무	ŏmmu	eommu
언해	ŏnhae	eonhae	업무용	ŏmmuyong	eommuyong
언해류	ŏnhaeryu	eonhaeryu	업보	ŏppo	eopbo
언해문	ŏnhaemun	eonhaemun	업소	ŏpso	eopso
언해본	ŏnhaebon	eonhaebon	업어다	ŏbŏda	eobeoda
언해서	ŏnhaesŏ	eonhaeseo	업역주의	ŏbyŏkchuŭi	eobyeokjuui
언행	ŏnhaeng	eonhaeng	업자	ŏpcha	eopja
언행록	ŏnhaengnok	eonhaengnok	업장	ŏpchang	eopjang
얻고	ŏtko	eotgo	업적	ŏpchŏk	eopjeok
얻는	ŏnnŭn	eonneun	업종	ŏpchong	eopjong
얻는가	ŏnnŭn'ga	eonneunga	업종별	ŏpchongbyŏl	eopjongbyeol
얻어	ŏdŏ	eodeo	업체	ŏpch'e	eopche
얻었는가	ŏdŏnnŭn'ga	eodeonneunga	없게	ŏpke	eopge
얼	ŏl	eol	없고	ŏpko	eopgo
얼굴	ŏlgul	eolgul	없기	ŏpki	eopgi
얼굴들	ŏlguldŭl	eolguldeul	없나	ŏmna	eomna
얼굴전	ŏlguljŏn	eolguljeon	없냐고	ŏmnyago	eomnyago
얼굴展	ŏlguljŏn	eolguljeon	없네	ŏmne	eomne
얼레빗	ŏllebit	eollebit	없는	ŏmnŭn	eomneun
얼룩	ŏlluk	eolluk	없는가	ŏmnŭn'ga	eomneunga
얼룩소	ŏllukso	eollukso	없는데	ŏmnŭnde	eomneunde
얼마	ŏlma	eolma	없다	ŏpta	eopda
얼마나	ŏlmana	eolmana	없다고	ŏpttago	eopdago
얼어	ŏrŏ	eoreo	없다는	ŏptanŭn	eopdaneun
얼얼	orŏl	eoreol	없다면	ŏptamyŏn	eopdamyeon
얼음	ŏrŭm	eoreum	없더라	ŏptŏra	eopdeora
얼자	ŏlja	eolja	없도록	ŏptorok	eopdorok
얼큰한	ŏlk'ŭnhan	eolkeunhan	없습니다	ŏpsŭmnida	eopsseumnida
얼터너티브	ŏlt'ŏnŏt'ibŭ	eolteoneotibeu	없앨	ŏpsael	eopsael
얽매여	ŏngmaeyŏ	eongmaeyeo	없어	ŏpsŏ	eopseo

한글 용례	ALA-LC Romanization	정부 표기안	한글 용례	ALA-LC Romanization	정부 표기안
없어도	ŏpsŏdo	eopseodo	에듀케이션	edyuk'eisyŏn	edyukeisyeon
없어라	ŏpsŏra	eopseora	에드바르트	Edŭbarŭt'ŭ	Edeubareuteu
없어지지	ŏpsŏjiji	eopseojiji	에드워드	Edŭwŏdŭ	Edeuwodeu
없어진	ŏpsŏjin	eopseojin	에디션	edisyŏn	edisyeon
없었나	ŏpssŏnna	eopseonna	에디터	edit'ŏ	editeo
없었는가	ŏpsŏnnŭn'ga	eopseonneunga	에디트	edit'ŭ	editeu
없었다	ŏpssŏtta	eopseotda	에딘버러	Edinbŏrŏ	Edinbeoreo
없었다면	ŏpssŏttamyŏn	eopseotdamyeon	에뜨랑제	Ettŭrangje	Etteurangje
없었던	ŏpsŏttŏn	eopseotdeon	에로	ero	ero
없었을까	ŏpsŏssŭlkka	eopseosseulkka	에로스	erosŭ	eroseu
없으면	ŏpsŭmyŏn	eopseumyeon	에로티시즘	erot'isijŭm	erotisijeum
없을	ŏpssŭl	eopseul	에로틱	erot'ik	erotik
없을까	ŏpssŭlkka	eopseulkka	에르	Erŭ	Ereu
없이	ŏpsi	eopsi	에른스트	Erŭnsŭt'ŭ	Ereunseuteu
없인	ŏpsin	eopsin	에를링	Erŭlling	Ereulling
없지요	ŏpchiyo	eopjiyo	에릭	Erik	Erik
엇갈린	ŏtkallin	eotgallin	에만	eman	eman
엇갈림	ŏtkallim	eotgallim	에밀	Emil	Emil
엇더한	ŏttŏhan	eotdeohan	에밀레	Emille	Emille
엇들어	ŏttŭrŏ	eotdeureo	에밀레종	Emillejong	Emillejong
엇롱	ŏnnong	eonnong	에반스	Ebansŭ	Ebanseu
엇물림	ŏnmullim	eonmullim	에버라드	Ebŏradŭ	Ebeoradeu
엇박자	ŏtpakcha	eotbakja	에버트	Ebŏt'ŭ	Ebeoteu
엇지	ŏtchi	eotji	에번	Ebŏn	Ebeon
엉덩이	ŏngdŏngi	eongdeongi	에베르트	Ebŭrŭt'ŭ	Ebereuteu
엉터리	ŏngt'ŏri	eongteori	에베소서	Ebesosŏ	Ebesoseo
엎다	ŏpta	eopda	에비	Ebi	Ebi
엎으려	ŏp'ŭryŏ	eopeuryeo	에비슨	Ebisŭn	Ebiseun
에	e	e	에서	esŏ	eseo
에게	ege	ege	에서나	esŏna	eseona
에게나	egena	egena	에서는	esŏnŭn	eseoneun
에게는	egenŭn	egeneun	에서도	esŏdo	eseodo
에게도	egedo	egedo	에서와	esŏwa	eseowa
에게로	egero	egero	에서의	esŏŭi	eseoui
에게서	egesŏ	egeseo	에선	esŏn	eseon
에겐	egen	egen	에세이	esei	esei
에구	egu	egu	에세이스트	eseisŭt'ŭ	eseiseuteu
에너지	enŏji	eneoji	에세이집	eseijip	eseijip
에너지법	enŏjipŏp	eneojibeop	에세이集	eseijip	eseijip
에네르기	enerŭgi	enereugi	에센스	esensŭ	esenseu
에는	enŭn	eneun	에서	Esyŏ	Esyeo
에덴	Eden	Eden	에소릴	Esoril	Esoril
에도	edo	edo	에스니시티	esŭnisit'i	eseunisiti
에듀	edyu	edyu	에스라	Esŭra	Eseura
에듀웰	Edyuwel	Edyuwel	에스원	Esŭwŏn	Eseuwon

한글 용례	ALA-LC Romanization	정부 표기안	한글 용례	ALA-LC Romanization	정부 표기안
에스토르	Esŭt'orŭ	Eseutoreu	에필로그	ep'illogŭ	epillogeu
에스페란토	Esŭp'erant'o	Eseuperanto	엑서더스	eksŏdŏsŭ	ekseodeoseu
에스프리	esŭp'ŭri	eseupeuri	엑설런스	eksŏllŏnsŭ	ekseolleonseu
에쎄	esse	esse	엑소더스	eksodŏsŭ	eksodeoseu
에쎈에스	essenesŭ	esseneseu	엑스	eksu	ekseu
에쓰페란토	Essŭp'erant'o	Esseuperanto	엑스포	eksŭp'o	ekseupo
에어리어	eŏriŏ	eeorieo	엔	en	en
에의	eŭi	eui	엔들	endŭl	endeul
에이	ei	ei	엔블록	Enbŭllok	Enbeullok
에이드	eidŭ	eideu	엔아이	Enai	Enai
에이미	eimi	eimi	엔지니어	enjiniŏ	enjinieo
에이스케	Eisŭk'e	Eiseuke	엔지니어링	enjiniŏring	enjinieoring
에이엠	Eiem	Eiem	엔지오	enjio	enjio
에이원	Eiwŏn	Eiwon	엔진	enjin	enjin
에이전시	eijŏnsi	eijeonsi	엔칭	Ench'ing	Enching
에이제이	Eijei	Eijei	엔타임	Ent'aim	Entaim
에이젠시	eijensi	eijensi	엔터	ent'o	enteo
에이즈	Eijŭ	Eijeu	엔터테인먼트	ent'ŏt'einmŏnt'ŭ	enteoteinmeonteu
에이지	eiji	eiji	엔트리	ent'ŭri	enteuri
에이치	Eich'i	Eichi	엘도라도	Eldorado	Eldorado
에이콘	Eik'on	Eikon	엘레나	Ellena	Ellena
에즈라	Ejŭra	Ejeura	엘레지	elleji	elleji
에지구렌	Ejiguren	Ejiguren	엘리드	ellittŭ	ellitteu
에치엠유	Ech'iemyu	Echiemyu	엘리베이터	ellibeit'o	ellibeiteo
에커트	Ek'ŏt'ŭ	Ekeoteu	엘리아	Ellia	Ellia
에코	ek'o	eko	엘리자베스	Ellijabesŭ	Ellijabeseu
에코리브르	Ek'oribŭrŭ	Ekoribeureu	엘리트	ellit'ŭ	elliteu
에코리조트	ek'olijot'ŭ	ekorijoteu	엘리트들	ellit'ŭdŭl	elliteudeul
에코뮤니티	ek'omyunit'i	ekomyuniti	엘리트주의	ellit'ŭjuŭi	elliteujuui
에코토피아	ek'ot'op'ia	ekotopia	엘리펀트	ellip'ŏnt'ŭ	ellipeonteu
에콰도르	Ek'wadorŭ	Ekwadoreu	엘맨	Elmaen	Elmaen
에큐메니즘	ek'yumenijŭm	ekyumenijeum	엘비컴	Elbik'ŏm	Elbikeom
에큐메니칼	ek'yumenik'al	ekyumenikal	엘샤다이	Elsyadai	Elsyadai
에큐메닉스	ek'yumeniksŭ	ekyumenikseu	엘지	Elji	Elji
에크스튀르	ek'ŭsŭt'wirŭ	ekeuseutwireu	엠네스티	emnesŭt'i	emneseuti
에타니아	Et'ania	Etania	엠마오	Emmao	Emmao
에트노스	et'ŭnosŭ	eteunoseu	엠브레인	embŭrein	embeurein
에티오피아	Et'iop'ia	Etiopia	엠애드	Em-Aedŭ	Em-Aedeu
에티오피아군	Et'iop'iagun	Etiopiagun	엠엘	Emel	Emel
에티켓	et'ik'et	etiket	엣세이	etsei	etsei
에포컬	ep'ok'ŏl	epokeol	엣세이집	etseijip	etseijip
에프	ep'ŭ	epeu	엣센스	essensŭ	essenseu
에피고넨	Ep'igonen	Epigonen	엥겔스	Enggelsŭ	Enggelseu
에피소드	ep'isodŭ	episodeu	엥스트	Engsŭt'ŭ	Engseuteu
에피파니	Ep'ip'ani	Epipani	여	yŏ	yeo

한글 용례	ALA-LC Romanization	정부 표기안	한글 용례	ALA-LC Romanization	정부 표기안
여가	yŏga	yeoga	여록	yŏrok	yeorok
여각	yŏgak	yeogak	여론	yŏron	yeoron
여간해서	yŏganhaesŏ	yeoganhaeseo	여류	yŏryu	yeoryu
여강	Yŏgang	yeogang	여름	yŏrŭm	yeoreum
여객선	yŏgaeksŏn	yeogaekseon	여리고	yŏrigo	yeorigo
여건	yŏkŏn	yeogeon	여림	yŏrim	yeorim
여걸	yŏgŏl	yeogeol	여말	Yŏmal	Yeomal
여경	yŏgyŏng	yeogyeong	여명	yŏmyŏng	yeomyeong
여고	yŏgo	yeogo	여명기	yŏmyŏnggi	yeomyeonggi
여고생	yŏgosaeng	yeogosaeng	여몽	Yŏ-Mong	Yeo-Mong
여공	yŏgong	yeogong	여문	yŏmun	yeomun
여과	yŏgwa	yeogwa	여문각	Yŏmun'gak	Yeomungak
여관	yŏgwan	yeogwan	여문책	Yŏmunch'aek	Yeomunchaek
여교사	yŏgyosa	yeogyosa	여미고	yŏmigo	yeomigo
여교원	yŏgyowŏn	yeogyowon	여미리	Yŏmi-ri	yeomiri
여군	yŏgun	yeogun	여민	yŏmin	yeomin
여권	yŏkwŏn	yeogwon	여민락	yŏmillak	yeomillak
여권법	Yŏkwŏnpŏp	Yeogwonbeop	여배우	yŏbaeu	yeobaeu
여근	yŏgŭn	yeogeun	여배우들	yŏbaeudŭl	yeobaeudeul
여기	yŏgi	yeogi	여백	yŏbaek	yeobaek
여기서	yŏgisŏ	yeogiseo	여보	yŏbo	yeobo
여기시여	yŏgisiyŏ	yeogisiyeo	여복지	Yŏbokchi	Yeobokji
여기자	yŏgija	yeogija	여부	yŏbu	yeobu
여기자들	yŏgijadŭl	yeogijadeul	여사	Yŏsa	yeosa
여남	yŏnam	yeonam	여산	Yŏsan	Yeosan
여는	yŏnŭn	yeoneun	여산군	Yŏsan-gun	Yeosan-gun
여단	yŏdan	yeodan	여산신	yŏsansin	yeosansin
여담	yŏdam	yeodam	여상	yŏsang	yeosang
여대	yŏdae	yeodae	여서	Yŏsŏ	yeoseo
여대생	yŏdaesaeng	yeodaesaeng	여서도	Yŏsŏdo	Yeoseodo
여대생들	yŏdaesaengdŭl	yeodaesaengdeul	여선	Yŏsŏn	Yeoseon
여덟	yŏdŏl	yeodeol	여선교사	yŏsŏn'gyosa	yeoseongyosa
여도	yŏdo	yeodo	여선생	yŏsŏnsaeng	yeoseonsaeng
여든해	yŏdŭnhae	yeodeunhae	여선현	Yŏsŏn-hyŏn	yeoseonhyeon
여라	yŏra	yeora	여섯	yŏsŏt	yeoseot
여락	Yorak	Yeorak	여성	yŏsŏng	yeoseong
여람	Yŏram	Yeoram	여성들	yŏsŏngdŭl	yeoseongdeul
여래	yŏrae	yeorae	여성론	yŏsŏngnon	yeoseongnon
여래도	yŏraedo	yeoraedo	여성복	yŏsŏngbok	yeoseongbok
여래장	yŏraejang	yeoraejang	여성부	Yŏsŏngbu	Yeoseongbu
여러	yŏrŏ	yeoreo	여성사	yŏsŏngsa	yeoseongsa
여러분	yŏrŏbun	yeoreobun	여성성	yŏsŏngsŏng	yeoseongseong
여럿	yŏrŏt	yeoreot	여성적	yŏsŏngjŏk	yeoseongjeok
여럿이	yŏrŏsi	yeoreosi	여성주의	yŏsŏngjuŭi	yeoseongjuui
여로	yŏro	yeoro	여성주의적	yŏsŏngjuŭijŏk	yeoseongjuuijeok

한글 용례	ALA-LC Romanization	정부 표기안	한글 용례	ALA-LC Romanization	정부 표기안
여성지	yŏsŏngji	yeoseongji	여의	Yŏŭi	yeoui
여성학	yŏsŏnghak	yeoseonghak	여의군	Yŏŭigun	Yeouigun
여성학적	yŏsŏnghakchŏk	yeoseonghakjeok	여의도	Yŏŭido	Yeouido
여성회	yŏsŏnghoe	yeoseonghoe	여의동	Yŏŭi-dong	Yeoui-dong
여소	yŏso	yeoso	여의사	yŏŭisa	yeouisa
여소학	Yŏsohak	Yeosohak	여의주	yŏŭiju	yeouiju
여속	yŏsok	yeosok	여이	Yŏi	Yeoi
여속고	yŏsokko	yeosokgo	여인	yŏin	yeoin
여수	Yŏsu	Yeosu	여인들	yŏindŭl	yeoindeul
여수대	Yŏsudae	Yeosudae	여인상	yŏinsang	yeoinsang
여수시	Yŏsu-si	Yeosu-si	여인숙	yŏinsuk	yeoinsuk
여숙	Yŏsuk	Yeosuk	여일	yŏil	yeoil
여순	yŏsun	Yeosun	여자	yŏja	yeoja
여순지	Yŏsunji	Yeosunji	여자계	Yŏjagye	Yeojagye
여승	yŏsŭng	yeoseung	여자들	yŏjadŭl	yeojadeul
여시	yŏsi	yeosi	여장	yŏjang	yeojang
여시아문	Yŏsiamun	Yeosiamun	여장군	yŏjanggun	yeojanggun
여식	yŏsik	yeosik	여재	yŏjae	yeojae
여신	yŏsin	yeosin	여적	yŏjŏk	yeojeok
여신상	yŏsinsang	yeosinsang	여전	yŏjŏn	yeojeon
여심	yŏsim	yeosim	여전사	yŏjŏnsa	yeojeonsa
여씨	Yŏssi	Yeossi	여전한	yŏjŏnhan	yeojeonhan
여악	yŏak	yeoak	여전히	yŏjŏnhi	yeojeonhi
여암	Yŏam	Yeoam	여절	yojŏl	yeojeol
여양	Yŏyang	Yeoyang	여정	yŏjŏng	yeojeong
여양군	Yŏyang-gun	Yeoyang-gun	여정집	yŏjŏngjip	yeojeongjip
여여	Yŏyŏ	Yeoyeo	여제	yŏje	yeoje
여여빈	Yŏngbin	Yeoyeobin	여조	Yŏjo	yeojo
여여한	yŏyŏhan	yeoyeohan	여조현	Yŏjo-hyŏn	Yeojo-hyeon
여염집	yŏyŏmchip	yeoyeomjip	여주	Yŏju	Yeoju
여오	Yŏo	Yeoo	여주군	Yŏju-gun	Yeoju-gun
여와	Yŏwa	Yeowa	여주목	Yŏju-mok	Yeoju-mok
여왕	yŏwang	yeowang	여중	yŏjung	yeojung
여왕들	yŏwangdŭl	yeowangdeul	여중생	yŏjungsaeng	yeojungsaeng
여왕벌	yŏwangbŏl	yeowangbeol	여증	Yŏjŭng	Yeojeung
여요	yŏyo	yeoyo	여지	yŏji	yeoji
여우	yŏu	yeou	여지고	yŏjigo	yeojigo
여운	yŏun	yeoun	여지도	yŏjido	yeojido
여울	yŏul	yeoul	여지지	yŏjiji	yeojiji
여울목	yŏulmok	yeoulmok	여직	yŏjik	yeojik
여울슬	Yŏulsŭl	Yeoulseul	여직공	yŏjikkong	yeojikgong
여원	Yŏwŏn	Yeowon	여진	Yŏjin	Yeojin
여유	yŏyu	yeoyu	여진인	Yŏjinin	Yeojinin
여유당	Yŏyudang	Yeoyudang	여진족	Yŏjinjok	Yeojinjok
여유롭게	yŏyuropke	yeoyuropge	여진학	Yŏjinhak	Yeojinhak

한글 용례	ALA-LC Romanization	정부 표기안	한글 용례	ALA-LC Romanization	정부 표기안
여차	yŏch'a	yeocha	역관	yŏkkwan	yeokgwan
여창	Yŏch'ang	Yeochang	역관들	yŏkkwandŭl	yeokgwandeul
여천	Yŏch'ŏn	Yeocheon	역내	yŏngnae	yeongnae
여천군	Yŏch'ŏn-gun	Yeocheon-gun	역년대	yŏngnyŏndae	yeongnyeondae
여체	yŏch'e	yeoche	역능	yŏngnŭng	yeongneung
여초	Yŏch'o	Yeocho	역대	yŏktae	yeokdae
여초리	Yŏch'o-ri	Yeocho-ri	역도	yŏkto	yeokdo
여촌	Yŏch'on	Yeochon	역동	yŏktong	yeokdong
여치	yŏch'i	yeochi	역동성	yŏktongsŏng	yeokdongseong
여파	yŏp'a	yeopa	역동적	yŏktongjŏk	yeokdongjeok
여하	yŏha	yeoha	역동학	yŏktonghak	yeokdonghak
여학교	yŏhakkyo	yeohakgyo	역둔토	Yŏktunt'o	Yeokdunto
여학당	yŏhaktang	yeohakdang	역락	Yŏngnak	Yeongnak
여학생	yŏhaksaeng	yeohaksaeng	역량	yŏngnyang	yeongnyang
여학생들	yŏhaksaengdŭl	yeohaksaengdeul	역로	yŏngno	yeongno
여학생사	Yŏhaksaengsa	Yeohaksaengsa	역류	yŏngnyu	yeongnyu
여항	yŏhang	yeohang	역리	yŏngni	yeongni
여항인	yŏhangin	yeohangin	역마	yŏngma	yeongnma
여항인들	yŏhangindŭl	yeohangindeul	역마차	yŏngmach'a	yeongmacha
여해	yŏhae	yeohae	역모	yŏngmo	yeongmo
여행	yŏhaeng	yeohaeng	역모죄	yŏngmojoe	yeongmojoe
여행권	yŏhaengkwŏn	yeohaenggwon	역민사	Yŏngminsa	Yeongminsa
여행기	yŏhaenggi	yeohaenggi	역법	yŏkpŏp	yeokbeop
여행길	yŏhaengkil	yeohaenggil	역본	yŏkpon	yeokbon
여행사	yŏhaengsa	yeohaengsa	역부	yŏkpu	yeokbu
여행서	yŏhaengsŏ	yeohaengseo	역비	yŏkpi	yeokbi
여행업	yŏhaengŏp	yeohaengeop	역사	yŏksa	yeoksa
여행자	yŏhaengja	yeohaengja	역사가	yŏksaga	yeoksaga
여행지	yŏhaengji	yeohaengji	역사관	yŏksagwan	yeoksagwan
여행학	yŏhaenghak	yeohaenghak	역사국	yŏksaguk	yeoksaguk
여향	yŏhyang	yeohyang	역사극	yŏksagŭk	yeoksageuk
여헌	Yŏhŏn	Yeoheon	역사넷	Yŏksanet	Yeoksanet
여호	Yŏho	Yeoho	역사들	yŏksadŭl	yeoksadeul
여호와	Yŏhowa	Yeohowa	역사략	yŏksaryak	yeoksaryak
여화	Yŏhwa	Yeohwa	역사론	yŏksaron	yeoksaron
여회	Yŏhoe	Yeohoe	역사부	Yŏksabu	Yeoksabu
여훈	Yŏhun	Yeohun	역사상	yŏksasang	yeoksasang
여흥	yŏhŭng	yeoheung	역사서	yŏksasŏ	yeoksaseo
여흥군	Yŏhŭng-gun	Yeoheung-gun	역사성	yŏksasŏng	yeoksaseong
여희옵고	yŏhŭiopko	yeohuiopgo	역사인	yŏksain	yeoksain
역	yŏk	yeok	역사적	yŏksajŏk	yeoksajeok
역가	yŏkka	yeokga	역사전	yŏksajŏn	yeoksajeon
역경	yŏkkyŏng	yeokgyeong	역사주의	yŏksajuŭi	yeoksajuui
역경원	Yŏkkyŏngwŏn	Yeokgyeongwon	역사책	yŏksach'aek	yeoksachaek
역경인	yŏkkyŏngin	yeokgyeongin	역사팀	yŏksatim	yeoksatim

한글 용례	ALA-LC Romanization	정부 표기안	한글 용례	ALA-LC Romanization	정부 표기안
역사학	yŏksahak	yeoksahak	역청	yŏkch'ŏng	yeokcheong
역사학적	yŏksahakchŏk	yeoksahakjeok	역토	Yŏkt'o	Yeokto
역산	yŏksan	yeoksan	역편	yŏkp'yŏn	yeokpyeon
역삼	Yŏksam	Yeoksam	역학	yŏkhak	yeokhak
역삼동	Yŏksam-dong	Yeoksam-dong	역학서	yŏkhaksŏ	yeokhakseo
역상고	yŏksanggo	yeoksanggo	역학원	Yŏkhagwŏn	yeokhagwon
역상집	yŏksangjip	yeoksangjip	역학인	yŏkhagin	yeokhagin
역서	yŏksŏ	yeokseo	역학적	yŏkhakchŏk	yeokakjeok
역선	yŏksŏn	yeokseon	역한	yŏkhan	yeokhan
역설	yŏksŏl	yeokseol	역할	yŏkhal	yeokhal
역세권	yŏksekwŏn	yeoksegwon	역할론	yŏkhallon	yeokhallon
역습	yŏksŭp	yeokseup	역해	yŏkhae	yeokhae
역시	yŏksi	yeoksi	역호설	yŏkhosŏl	yeokoseol
역신들	yŏksindŭl	yeoksindeul	역훈	yŏkhun	yeokhun
역심	yŏksim	yeoksim	엮고	yŏkko	yeokgo
역암	Yŏgam	Yeogam	엮는	yŏng'nŭn	yeongneun
역양	Yŏgyang	Yeogyang	엮어	yŏkkŏ	yeokkeo
역어	yŏgŏ	yeogeo	엮은	yŏkkŭn	yeokkeun
역옹	Yŏgong	Yeogong	엮은곳	yŏkkŭn'got	yeokkeungot
역용	yŏgyong	yeogyong	엮은데	yŏkkŭnde	yeokkeunde
역원	yŏgwŏn	yeogwon	엮은이	yŏkkŭni	yeokkeuni
역인	yŏgin	yeogin	엮은이들	yŏkkŭnidŭl	yeokkeunideul
역임	yŏgim	yeogim	엮음	yŏkkŭm	yeokkeum
역자	yŏkcha	yeokja	엮음집	yŏkkŭmjip	yeokkeumjip
역장	yŏkchang	yeokjang	엮일까	yŏkkilkka	yeokkilkka
역저당	yŏkchŏdang	yeokjeodang	연	yŏn	yeon
역저자	yŏkchŏja	yeokjeoja	연가	yŏn'ga	yeonga
역적	yŏkchŏk	yeokjeok	연간	yŏn'gan	yeongan
역적들	yŏkchŏktŭl	yeokjeokdeul	연간물	yŏn'ganmul	yeonganmul
역적록	yŏkchŏngnok	yeokjeongnok	연감	yŏn'gam	yeongam
역적론	yŏkchŏngnon	yeokjeongnon	연감사	Yŏn'gamsa	Yeongamsa
역전	yŏkchŏn	yeokjeon	연강	Yŏn'gang	Yeongang
역전기	yŏkchŏn'gi	yeokjeongi	연개	Yŏn'gae	Yeongae
역정	yŏkchŏng	yeokjeong	연결	yŏn'gyŏl	yeongyeol
역졸	yŏkchol	yeokjol	연결로	yŏn'gyŏllo	yeongyeollo
역주	yŏkchu	yeokju	연결망	yŏn'gyŏlmang	yeongyeolmang
역주단	yŏkchudan	yeokjudan	연결식	yŏn'gyŏlsik	yeongyeolsik
역주본	yŏkchubon	yeokjubon	연경	Yŏn'gyŏng	Yeongyeong
역주서	yŏkchusŏ	yeokjuseo	연경기	Yŏn'gyŏnggi	Yeongyeonggi
역주자	yŏkchuja	yeokjuja	연경당	Yŏn'gyŏngdang	Yeongyeongdang
역주집	yŏkchujip	yeokjujip	연경재	Yŏn'gyŏngjae	Yeongyeongjae
역주팀	yŏkcht'im	yeokjutim	연계	yŏn'gye	yeongye
역주해	yŏkchuhae	yeokjuhae	연계록	yŏn'gyerok	yeongyerok
역참	yŏkch'am	yeokcham	연계망	yŏn'gyemang	yeongyemang
역천군	Yŏkch'ŏn-gun	Yeokcheon-gun	연계성	yŏn'gyesŏng	yeongyeseong

한글 용례	ALA-LC Romanization	정부 표기안	한글 용례	ALA-LC Romanization	정부 표기안
연고	yŏn'go	yeongo	연극학	yŏn'gŭkhak	yeongeukhak
연고자	yŏn'goja	yeongoja	연근	yŏn'gŭn	yeongeun
연고자들	yŏn'gojadŭl	yeongojadeul	연금	yŏn'gŭm	yeongeum
연곡	yŏn'gok	yeongok	연금론	yŏn'gŭmnon	yeongeumnon
연곡리	Yŏngong-ni	Yeongok-ri	연금사	yŏn'gŭmsa	yeongeumsa
연곡사	Yŏn'goksa	Yeongoksa	연금술	yŏn'gŭmsul	yeongeumsul
연관	yŏn'gwan	yeongwan	연금제	yŏn'gŭmje	yeongeumje
연관성	yŏn'gwansŏng	yeongwanseong	연기	yŏn'gi	yeongi
연관어	yŏn'gwanŏ	yeongwaneo	연기군	Yŏn'gi-gun	Yeongi-gun
연관표	yŏn'gwanp'yo	yeongwanpyo	연기법	Yŏn'gipŏp	Yeongibeop
연구	yŏn'gu	yeongu	연기사	Yŏn'gisa	Yeongisa
연구가	yŏn'guga	yeonguga	연기현	Yŏn'gi-hyŏn	Yeongi-hyeon
연구계	yŏn'gugye	yeongugye	연길	Yŏn'gil	Yeongil
연구과	yŏn'gukwa	yeongugwa	연길시	Yŏn'gil-si	Yeongil-si
연구관	yŏn'gugwan	yeongugwan	연꽃	yŏnkkot	yeonkkot
연구단	yŏn'gudan	yeongudan	연다	yŏnda	yeonda
연구물	yŏn'gumul	yeongumul	연단	yŏndan	yeondan
연구반	yŏn'guban	yeonguban	연달아	yŏndara	yeondara
연구법	yŏn'gupŏp	yeongubeop	연담	yŏndam	yeondam
연구부	yŏn'gubu	yeongubu	연당	Yŏndang	Yeondang
연구사	yŏn'gusa	yeongusa	연당동	Yŏndang-dong	Yeondang-dong
연구사적	yŏn'gusajŏk	yeongusajeok	연당리	Yŏndang-ni	Yeondang-ri
연구생	yŏn'gusaeng	yeongusaeng	연대	yŏndae	yeondae
연구서	yŏn'gusŏ	yeonguseo	연대기	yŏndaegi	yeondaegi
연구소	yŏn'guso	yeonguso	연대별	yŏndaebyŏl	yeondaebyeol
연구실	yŏn'gusil	yeongusil	연대성	yŏndaesŏng	yeondaeseong
연구안	yŏn'guan	yeonguan	연대적	yŏndaejŏk	yeondaejeok
연구용	yŏn'guyong	yeonguyong	연덕	Yŏndŏk	Yeondeok
연구원	yŏn'guwŏn	yeonguwon	연도	yŏndo	yeondo
연구지	yŏn'guji	yeonguji	연도리	Yŏndo-ri	Yeondo-ri
연구진	yŏn'gujin	yeongujin	연동	yŏndong	yeondong
연구집	yŏn'gujip	yeongujip	연동리	Yŏndong-ni	Yeondong-ri
연구초	yŏn'guch'o	yeongucho	연동화	yŏndonghwa	yeondonghwa
연구팀	yŏn'gut'im	yeongutim	연두	yŏndu	yeondu
연구회	yŏn'guhoe	yeonguhoe	연두색	yŏndusaek	yeondusaek
연구회전	yŏn'guhoejŏn	yeonguhoejeon	연등	yŏndŭng	yeondeung
연국	Yŏn'guk	Yeonguk	연등동	Yŏndŭng-dong	Yeondeung-dong
연군	yŏn'gun	yeongun	연등사	Yŏndŭngsa	Yeondeungsa
연극	yŏn'gŭk	yeongeuk	연등회	yŏndŭnghoe	yeondeunghoe
연극단	yŏn'gŭktan	yeongeukdan	연락	yŏllak	yeollak
연극론	yŏn'gŭngnon	yeongeungnon	연락선	yŏllaksŏn	yeollakseon
연극사	yŏn'gŭksa	yeongeuksa	연락처	yŏllakch'ŏ	yeollakcheo
연극인	yŏn'gŭgin	yeongeugin	연려실	Yŏllyŏsil	yeollyeosil
연극인들	yŏn'gŭgindŭl	yeongeugindeul	연력표	yŏllyŏkp'yo	yeollyeokpyo
연극제	yŏn'gŭkche	yeongeukje	연령	yŏllyŏng	yeollyeong

한글 용례	ALA-LC Romanization	정부 표기안	한글 용례	ALA-LC Romanization	정부 표기안
연례	yŏllye	yeollye	연세	yŏnse	yeonse
연료	yŏllyo	yeollyo	연세대	Yŏnsedae	Yeonsedae
연료재	yŏllyojae	yeollyojae	연소	yŏnso	yeonso
연륜	yŏllyun	yeollyun	연속	yŏnsok	yeonsok
연립	yŏllip	yeollip	연속성	yŏnsoksŏng	yeonsokseong
연말	yŏnmal	yeonmal	연쇄	yŏnswae	yeonswae
연맹	yŏnmaeng	yeonmaeng	연수	yŏnsu	yeonsu
연명	yŏnmyŏng	yeonmyeong	연수단	yŏnsudan	yeonsudan
연명부	yŏnmyŏngbu	yeonmyeongbu	연수생	yŏnsusaeng	yeonsusaeng
연모	yŏnmo	yeonmo	연수소	yŏnsuso	yeonsuso
연못	yŏnmot	yeonmot	연수실	yŏnsusil	yeonsusil
연무	yŏnmu	yeonmu	연수원	yŏnsuwŏn	yeonsuwon
연무관	Yŏnmugwan	yeonmugwan	연습	yŏnsŭp	yeonseup
연문	yŏnmun	yeonmun	연승	yŏnsŭng	yeonseung
연문집	yŏnmunjip	yeonmunjip	연시	yŏnsi	yeonsi
연미	yŏnmi	yeonmi	연시제	Yŏnsije	yeonsije
연민	yŏnmin	yeonmin	연시조	yŏnsijo	yeonsijo
연반리	Yŏnban-ni	Yeonban-ri	연신	yŏnsin	yeonsin
연방	yŏnbang	yeonbang	연신원	Yŏnsinwŏn	Yeonsinwon
연방제	yŏnbangje	yeonbangje	연씨	Yŏnssi	Yeonssi
연백	Yŏnbaek	Yeonbaek	연안	yŏnan	yeonan
연백군	Yŏnbaek-kun	Yeonbaek-gun	연안군	Yŏnan-gun	Yeonan-gun
연변	Yŏnbyŏn	Yeonbyeon	연안부	Yŏnan-bu	Yeonan-bu
연변학	Yŏnbyŏnhak	Yeonbyeonhak	연안파	Yŏnanp'a	Yeonanpa
연병	yŏnbyŏng	yeonbyeong	연암	Yŏnam	Yeonam
연보	yŏnbo	yeonbo	연애	yŏnae	yeonae
연보전	Yŏn-Pojŏn	Yeon-Bojeon	연애학	yŏnaehak	yeonaehak
연복군	Yŏnbok-kun	Yeonbok-gun	연약한	yŏnyakhan	yeonyakhan
연봉	yŏnbong	yeonbong	연양	Yŏnyang	Yeonyang
연봉제	yŏnbongje	yeonbongje	연양리	Yŏnyang-ni	Yeonyang-ri
연부	Yŏnbu	Yeonbu	연어	yŏnŏ	yeoneo
연사	yŏnsa	yeonsa	연역	yŏnyŏk	yeonyeok
연산	Yŏnsan	Yeonsan	연엽주	Yŏnyŏpchu	Yeonyeopju
연산군	Yŏnsan'gun	Yeonsangun	연예	yŏnye	yeonye
연산동	Yŏnsan-dong	Yeonsan-dong	연예사	yŏnyesa	yeonyesa
연산주	Yŏnsan-ju	Yeonsan-ju	연예인	yŏnyein	yeonyein
연산현	Yŏnsan-hyŏn	Yeonsan-hyeon	연옥	yŏnok	yeonok
연상	yŏnsang	yeonsang	연외천	Yŏnoech'ŏn	Yeonoecheon
연석	yŏnsŏk	yeonseok	연우	Yŏnu	Yeonu
연설	yŏnsŏl	yeonseol	연원	yŏnwŏn	yeonwon
연설문	yŏnsŏlmun	yeonseolmun	연원도	yŏnwŏndo	yeonwondo
연설집	yŏnsŏlchip	yeonseoljip	연원록	yŏnwŏllok	yeonwollok
연설회	yŏnsŏrhoe	yeonseolhoe	연유	yŏnyu	yeonyu
연성	Yŏnsŏng	yeonseong	연유기	yŏnyugi	yeonyugi
연성군	Yŏnsŏng-gun	Yeonseong-gun	연의	yŏnŭi	yeonui

한글 용례	ALA-LC Romanization	정부 표기안	한글 용례	ALA-LC Romanization	정부 표기안
연의도	yŏnŭido	yeonuido	연평	Yŏnp'yŏng	Yeonpyeong
연인	yŏnin	yeonin	연평도	Yŏnp'yŏngdo	Yeonpyeongdo
연인들	yŏnindŭl	yeonindeul	연포	Yŏnp'o	Yeonpo
연자	yŏnja	yeonja	연표	yŏnp'yo	yeonpyo
연작	yŏnjak	yeonjak	연풍군	Yŏnp'ung-gun	Yeonpung-gun
연작시	yŏnjaksi	yeonjaksi	연풍현	Yŏnp'ung-hyŏn	Yeonpung-hyeon
연장	yŏnjang	yeonjang	연필	yŏnp'il	yeonpil
연장전	yŏnjangjŏn	yeonjangjeon	연하	yŏnha	yeonha
연장통	yŏnjangt'ong	yeonjangtong	연합	yŏnhap	yeonhap
연재	yŏnjae	yeonjae	연합사	yŏnhapsa	yeonhapsa
연적	yŏnjŏk	yeonjeok	연합전	yŏnhapchŏn	yeonhapjeon
연접	yŏnjŏp	yeonjeop	연합제	yŏnhapche	yeonhapje
연정	yŏnjŏng	yeonjeong	연합회	yŏnhaphoe	yeonhaphoe
연제	Yŏnje	yeonje	연해	yŏnhae	yeonhae
연제구	Yŏnje-gu	Yeonje-gu	연해주	Yŏnhae-ju	Yeonhae-ju
연좌	yŏnjwa	yeonjwa	연행	yŏnhaeng	yeonhaeng
연좌법	Yŏnjwapŏp	Yeonjwabeop	연행가	yŏnhaengga	yeonhaengga
연좌제	yŏnjwaje	yeonjwaje	연행기	yŏnhaenggi	yeonhaenggi
연주	yŏnju	yeonju	연행도	yŏnhaengdo	yeonhaengdo
연주군	Yŏnju-gun	Yeonju-gun	연행록	yŏnhaengnok	yeonhaengnok
연주대	Yŏnjudae	Yeonjudae	연행론	yŏnhaengnon	yeonhaengnon
연주법	yŏnjupŏp	yeonjubeop	연행사	yŏnhaengsa	yeonhaengsa
연주사	yŏnjusa	yeonjusa	연향	yŏnhyang	yeonhyang
연주자	yŏnjuja	yeonjuja	연헌	Yŏnhŏn	yeonheon
연준	yŏnjun	yeonjun	연혁	yŏnhyŏk	yeonhyeok
연지	yŏnji	yeonji	연혁집	yŏnhyŏkchip	yeonhyeokjip
연차	yŏnch'a	yeoncha	연호	yŏnho	yeonho
연찬	yŏnch'an	yeonchan	연호군	Yŏnho-gun	Yeonho-gun
연창	yŏnch'ang	yeonchang	연화	Yŏnhwa	Yeonhwa
연천	Yŏnch'ŏn	Yeoncheon	연화경	yŏnhwagyŏng	yeonhwagyeong
연천군	Yŏnch'ŏn-gun	Yeoncheon-gun	연화대	Yŏnhwadae	Yeonhwadae
연천현	Yŏnch'ŏn-hyŏn	Yeoncheon-hyeon	연화대무	Yŏnhwadaemu	Yeonhwadaemu
연체	yŏnch'e	yeonche	연화리	Yŏnhwa-ri	Yeonhwa-ri
연초	yŏnch'o	yeoncho	연화장	yŏnhwajang	yeonhwajang
연촌	Yŏnch'on	Yeonchon	연회	yŏnhoe	yeonhoe
연축동	Yŏnch'uk-tong	yeonchuk-dong	연회도	yŏnhoedo	yeonhoedo
연출	yŏnch'ul	yeonchul	연회식	yŏnhoesik	yeonhoesik
연출가	yŏnch'ulga	yeonchulga	연희	yŏnhŭi	yeonhui
연출가들	yŏnch'ulgadŭl	yeonchulgadeul	연희궁	Yŏnhŭigung	Yeonhuigung
연출가론	yŏnch'ulgaron	yeonchulgaron	연희본	yŏnhŭibon	yeonhuibon
연출사	yŏnch'ulsa	yeonchulsa	열	yŏl	yeol
연타	yŏnt'a	yeonta	열강	yŏlgang	yeolgang
연탄	yŏnt'an	yeontan	열강들	yŏlgangdŭl	yeolgangdeul
연파	yŏnp'a	yeonpa	열고	yŏlgo	yeolgo
연관	yŏnp'an	yeonpan	열고서	yŏlgosŏ	yeolgoseo

한글 용례	ALA-LC Romanization	정부 표기안	한글 용례	ALA-LC Romanization	정부 표기안
열공	yŏlgong	yeolgong	열부	yŏlbu	yeolbu
열광	yŏlgwang	yeolgwang	열불	yŏlbul	yeolbul
열구현	Yŏlgu-hyŏn	Yeolgu-hyeon	열사	yŏlsa	yeolsa
열국사	Yŏlguksa	Yeolguksa	열사들	yŏlsadŭl	yeolsadeul
열국지	yŏlgukchi	yeolgukji	열사비	yŏlsabi	yeolsabi
열기	yŏlgi	yeolgi	열사전	yŏlsajŏn	yeolsajeon
열기(熱氣)	yŏlki	yeolgi	열상	yŏlsang	yeolsang
열까	yŏlkka	yeolkka	열선전	yŏlsŏnjŏn	yeolseonjeon
열녀	yŏllyŏ	yeollyeo	열성	yŏlsŏng	yeolseong
열녀들	yŏllyŏdŭl	yeollyeodeul	열성자	yŏlsŏngja	yeolseongja
열녀전	yŏllyŏjŏn	yeollyeojeon	열성조	yŏlsŏngjo	yeolseongjo
열다	yŏlda	yeolda	열쇠	yŏlsoe	yeolsoe
열다섯	yŏl-tasŏt	yeoldaseot	열쇠패	yŏlsoep'ae	yeolsoepae
열다섯해	yŏl-tasŏthae	yeoldaseothae	열수	Yŏlsu	Yeolsu
열대림	yŏltaerim	yeoldaerim	열수현	Yŏlsu-hyŏn	Yeolsu-hyeon
열도	yŏlto	yeoldo	열심	yŏlsim	yeolsim
열두	yŏl-tu	yeoldu	열심히	yŏlsimhi	yeolsimhi
열두달	yŏl-tudal	yeoldudal	열악	yŏrak	yeorak
열등감	yŏltŭnggam	yeoldeunggam	열암	Yŏram	Yeoram
열락	yŏllak	yeollak	열암곡	Yŏramgok	Yeoramgok
열량	yŏllyang	yeollyang	열야산	Yŏryasan	Yeoryasan
열려	yŏllyŏ	yeollyeo	열야산현	Yŏryasan-hyŏn	Yeoryasan-hyeon
열려라	yŏllyŏra	yeollyeora	열양	Yŏryang	Yeolyang
열려실	Yŏllyŏsil	Yeollyeosil	열어	yŏro	yeoreo
열려진	yŏllyŏjin	yeollyeojin	열어간	yŏrŏgan	yeoreogan
열리는	yŏllinŭn	yeollineun	열어갈	yŏrŏgal	yeoreogal
열리다	yŏllida	yeollida	열어라	yŏrŏra	yeoreora
열리지	yŏlliji	yeolliji	열어본	yŏrŏbon	yeoreobon
열린	yŏllin	yeollrin	열어요	yŏrŏyo	yeoreoyo
열린다	yŏllinda	yeollinda	열었는가	yŏrŏnnŭn'ga	yeoreonneunga
열린원	Yŏllinwŏn	Yeollinwon	열었다	yŏrŏtta	yeoreotda
열림	yŏllim	yeollim	열여	yŏlyŏ	yeoryeo
열림원	Yŏllimwŏn	Yeollimwon	열여섯	yŏl-yŏsŏt	yeoryeoseot
열림터	Yŏllimt'ŏ	Yeollimteo	열왕기	yŏrwanggi	yeorwanggi
열망	yŏlmang	yeolmang	열음	yŏrŭm	yeoreum
열매	yŏlmae	yeolmae	열음사	Yŏrŭmsa	Yeoreumsa
열며	yŏlmyŏ	yeolmyeo	열의	yŏrŭi	yeorui
열면	yŏlmyŏn	yeolmyeon	열일곱	yŏl-ilgop	yeolilgop
열무	yŏlmu	yeolmu	열자	yŏlja	yeolja
열반	yŏlban	yeolban	열전	yŏlchŏn	yeoljeon
열반경	yŏlban'gyŏng	yeolbangyeong	열정	yŏlchŏng	yeoljeong
열반경소	yŏlban'gyŏngso	yeolbangyeongso	열정적	yŏlchŏngjŏk	yeoljeongjeok
열반송	yŏlbansong	yeolbansong	열지	yŏlji	yeolji
열반종	Yŏlbanjong	Yeolbanjong	열차	yŏlch'a	yeolcha
열병식	yŏlbyŏngsik	yeolbyeongsik	열패	yŏlp'ae	yeolpae

한글 용례	ALA-LC Romanization	정부 표기안	한글 용례	ALA-LC Romanization	정부 표기안
열풍	yŏlp'ung	yeolpung	엽	yŏp	yeop
열하	Yŏrha	yeolha	엽기	yŏpki	yeopgi
열화	Yŏrhwa	yeolhwa	엽기적	yŏpkijŏk	yeopgijeok
열화정	Yŏrhwajŏng	Yeolhwajeong	엽서	yŏpsŏ	yeopseo
엷다	yŏlta	yeolda	엽전	yŏpchŏn	yeopjeon
엷은	yŏlbŭn	yeolbeun	엿보고	yŏtpogo	yeotbogo
염	Yŏm	yeom	엿보기	yŏtpogi	yeotbogi
염근리	Yŏmgŭn-ni	Yeomgeun-ri	엿보는	yŏtponŭn	yeotboneun
염기	yŏmgi	yeomgi	엿보다	yŏtpoda	yeotboda
염라	yŏmna	yeomna	엿보지	yŏtpoji	yeotboji
염락	Yŏmnak	Yeomnak	였나	yŏnna	yeonna
염려	yŏmnyŏ	yeomnyeo	였다	yŏtta	yeotda
염력	yŏmnyŏk	yeomnyeok	였던	yŏttŏn	yeotdeon
염료	yŏmnyo	yeomnyo	였던가	yŏttŏn'ga	yeotdeonga
염리	Yŏmni	Yeomni	영	yŏng	yeong
염리동	Yŏmni-dong	Yeomni-dong	영가	yŏngga	yeongga
염병	yŏmbyŏng	yeombyeong	영가집	yŏnggajip	yeonggajip
염분	yŏmbun	yeombun	영간	Yŏnggan	Yeonggan
염불	yŏmbul	yeombul	영감	yŏnggam	yeonggam
염불선	yŏmbulsŏn	yeombulseon	영강사	Yŏnggangsa	Yeonggangsa
염산	yŏmsan	yeomsan	영강현	Yŏnggang-hyŏn	Yeonggang-hyeon
염색	yŏmsaek	yeomsaek	영거	Yŏnggŏ	Yeonggeo
염색법	yŏmsaekpŏp	yeomsaekbeop	영걸	yŏnggŏl	yeonggeol
염색장	yŏmsaekchang	yeomsaekjang	영경묘	Yŏnggyŏngmyo	Yeonggyeongmyo
염생	yŏmsaeng	yeomsaeng	영계	yŏnggye	yeonggye
염세	yŏmse	yeomse	영고탑	Yŏnggot'ap	Yeonggotap
염소	yŏmso	yeomso	영공	yŏnggong	yeonggong
염소방	yŏmsobang	yeomsobang	영광	yŏnggwang	yeonggwang
염송	yŏmsong	yeomsong	영광군	Yŏnggwang-gun	Yeonggwang-gun
염송집	yŏmsongjip	yeomsongjip	영광촌	Yŏnggwangch'on	Yeonggwangchon
염양춘	Yŏmyangch'un	Yeomyangchun	영구	yŏnggu	yeonggu
염원	yŏmwŏn	yeomwon	영구화	yŏngguhwa	yeongguhwa
염장	yŏmjang	yeomjang	영국	Yŏngguk	Yeongguk
염전	yŏmjŏn	yeomjeon	영국사	Yŏngguksa	Yeongguksa
염정	Yŏmjŏng	Yeomjeong	영근	yŏnggŭn	yeonggeun
염주	yŏmju	yeomju	영남	Yŏngnam	Yeongnam
염증	yŏmchŭng	yeomjeung	영남대	Yŏngnamdae	Yeongnamdae
염창	Yŏmch'ang	Yeomchang	영남루	Yŏngnamnu	Yeongnamnu
염창리	Yŏmch'ang-ni	Yeomchang-ri	영남사	Yŏngnamsa	Yeongnamsa
염천	yŏmch'ŏn	yeomcheon	영남산	Yŏngnamsan	Yeongnamsan
염초	yŏmch'o	yeomcho	영남진	Yŏngnamjin	Yeongnamjin
염초방	Yŏmch'obang	Yeomchobang	영농	yŏngnong	yeongnong
염필	yŏmp'il	yeompil	영달	yŏngdal	yeongdal
염한현	Yŏmhan-hyŏn	Yeomhan-hyeon	영대	Yŏngdae	Yeongdae
염화	yŏmhwa	yeomhwa	영대정	Yŏngdaejŏng	Yeongdaejeong

한글 용례	ALA-LC Romanization	정부 표기안	한글 용례	ALA-LC Romanization	정부 표기안
영덕	Yŏngdŏk	Yeongdeok	영산군	Yŏngsan-gun	Yeongsan-gun
영덕군	Yŏngdŏk-kun	Yeongdeok-gun	영산재	Yŏngsanjae	Yeongsanjae
영덕현	Yŏngdŏk-hyŏn	Yeongdeok-hyeon	영산전	Yŏngsanjŏn	Yeongsanjeon
영도	Yŏngdo	Yeongdo	영산현	Yŏngsan-hyŏn	Yeongsan-hyeon
영도사	Yŏngdosa	Yeongdosa	영상	yŏngsang	yeongsang
영동	Yŏngdong	Yeongdong	영상물	yŏngsangmul	yeongsangmul
영동군	Yŏngdong-gun	Yeongdong-gun	영상학	yŏngsanghak	yeongsanghak
영동대	Yŏngdongdae	Yeongdongdae	영생	yŏngsaeng	yeongsaeng
영동선	Yŏngdongsŏn	Yeongdongseon	영서	Yŏngsŏ	Yeongseo
영동현	Yŏngdong-hyŏn	Yeongdong-hyeon	영선	Yŏngsŏn	Yeongseon
영등	yŏngdŭng	yeongdeung	영선동	Yŏngsŏn-dong	Yeongseon-dong
영등포	Yŏngdŭngp'o	Yeongdeungpo	영선못	Yŏngsŏnmot	Yeongseonmot
영락	Yŏngnak	Yeongnak	영성	yŏngsŏng	yeongseong
영령	yŏngnyŏng	yeongnyeong	영성군	Yŏngsŏng-gun	Yeongseong-gun
영롱	yŏngnong	yeongnong	영성사	Yŏngsŏngsa	Yeongseongsa
영롱한	yŏngnonghan	yeongnonghan	영세	yŏngse	yeongse
영롱함	yŏngnongham	yeongnongham	영송	yŏngsong	yeongsong
영릉	Yŏngnŭng	Yeongneung	영송군	Yŏngsong-gun	Yeongsong-gun
영리	yŏngni	yeongni	영송리	Yŏngsong-ni	Yeongsong-ri
영리해	yŏngnihae	yeongnihae	영수	yŏngsu	yeongsu
영림	yŏngnim	yeongnim	영수각송	Yŏngsugaksong	Yeongsugaksong
영림서	Yŏngnimsŏ	Yeongnimseo	영수증	yŏngsujŭng	yeongsujeung
영마루	yŏngmaru	yeongmaru	영시	Yŏngsi	Yeongsi
영매	yŏngmae	yeongmae	영신	yŏngsin	yeongsin
영매술	yŏngmaesul	yeongmaesul	영아반	yŏngaban	yeongaban
영명	yŏngmyŏng	yeongmyeong	영안	Yŏngan	Yeongan
영문	yŏngmun	yeongmun	영안군	Yŏngan-gun	Yeongan-gun
영문과	Yŏngmunkwa	Yeongmungwa	영암	Yŏngam	Yeongam
영문전	Yŏngmunjŏn	Yeongmunjeon	영암군	Yŏngam-gun	Yeongam-gun
영문판	Yŏngmunp'an	Yeongmunpan	영암사	Yŏngamsa	Yeongamsa
영문학	Yŏngmunhak	Yeongmunhak	영암촌	Yŏngamch'on	Yeongamchon
영미	Yŏng-Mi	Yeong-Mi	영약	yŏngyak	yeongyak
영미어	Yŏng-Miŏ	Yeong-Mieo	영양	yŏngyang	yeongyang
영변	Yŏngbyŏn	Yeongbyeon	영양군	Yŏngyang-gun	Yeongyang-gun
영변군	Yŏngbyŏn-gun	Yeongbyeon-gun	영양식	yŏngyangsik	yeongyangsik
영변부	Yŏngbyŏn-bu	Yeongbyeon-bu	영양팀	yŏngyangt'im	yeongyangtim
영변지	Yŏngbyŏnji	Yeongbyeonji	영어	Yŏngŏ	Yeongeo
영복리	Yŏngbong-ni	Yeongbok-ri	영어과	Yŏngŏkwa	Yeongeogwa
영봉	yŏngbong	yeongbong	영어권	Yŏngŏkwŏn	Yeongeogwon
영북	Yŏngbuk	Yeongbuk	영어사	Yŏngŏsa	Yeongeosa
영빈관	Yŏngbin'gwan	Yeongbingwan	영어학	Yŏngŏhak	Yeongeohak
영사	yŏngsa	yeongsa	영언	yŏngŏn	yeongeon
영사관	Yŏngsagwan	Yeongsagwan	영업	yŏngŏp	yeongeop
영산	Yŏngsan	Yeongsan	영업부	yŏngŏppu	yeongeopbu
영산강	Yŏngsan'gang	Yeongsangang	영업세	yŏngŏpse	yeongeopse

한글 용례	ALA-LC Romanization	정부 표기안	한글 용례	ALA-LC Romanization	정부 표기안
영역	yŏngyŏk	yeongyeok	영재아	yŏngjaea	yeongjaea
영역별	yŏngyŏkpyŏl	yeongyeokbyeol	영저리	Yŏngjŏ-ri	Yeongjeo-ri
영영	yŏngyŏng	yeongyeong	영적	yŏngchŏk	yeongjeok
영왕	Yŏngwang	Yeongwang	영전	yŏngjŏn	yeongjeon
영욕	yŏngyok	yeongyok	영접	yŏngjŏp	yeongjeop
영웅	yŏngung	yeongung	영접록	yŏngjŏmnok	yeongjeopnok
영웅들	yŏngungdŭl	yeongungdeul	영접사	Yŏngjŏpsa	Yeongjeopsa
영웅론	yŏngungnon	yeongungnon	영정	yŏngjŏng	yeongjeong
영웅적	yŏngungjŏk	yeongungjeok	영조	Yŏngjo	Yeongjo
영웅전	yŏngungjŏn	yeongungjeon	영조대	Yŏngjodae	Yeongjodae
영웅주의	Yŏngungjuŭi	Yeongungjuui	영종	Yŏngjong	Yeongjong
영원	yŏngwŏn	yeongwon	영종도	Yŏngjongdo	Yeongjongdo
영원군	Yŏngwŏn-gun	Yeongwon-gun	영주	yŏngju	yeongju
영원현	Yŏngwŏn-hyŏn	Yeongwon-hyeon	영주군	Yŏngju-gun	Yeongju-gun
영원히	yŏngwŏnhi	yeongwonhi	영주리	Yŏngju-ri	Yeongju-ri
영월	Yŏngwŏl	Yeongwol	영주시	Yŏngju-si	Yeongju-si
영월군	Yŏngwŏl-gun	Yeongwol-gun	영준	yŏngjun	yeongjun
영월부	Yŏngwŏl-bu	Yeongwol-bu	영지	yŏngji	yeongji
영월암	Yŏngwŏram	Yeongworam	영지무	yŏngjimu	yeongjimu
영월행	Yŏngwŏrhaeng	Yeongwolhaeng	영진	yŏngjin	yeongjin
영위	yŏngwi	yeongwi	영진군	Yŏngjin-gun	Yeongjin-gun
영유	yŏngyu	yeongyu	영진리	Yŏngjin-ni	Yeongjin-ri
영유군	Yŏngyu-gun	Yeongyu-gun	영창	yŏngch'ang	yeongchang
영유권	yŏngyukwŏn	yeongyugwon	영창군	Yŏngch'ang-gun	Yeongchang-gun
영유아	yŏngyua	yeongyua	영창현	Yŏngch'ang-hyŏn	Yeongchang-hyeon
영유현	Yŏngyu-hyŏn	Yeongyu-hyeon	영천	Yŏngch'ŏn	Yeongcheon
영은	yŏngŭn	yeongeun	영천군	Yŏngch'ŏn-gun	Yeongcheon-gun
영은문	Yŏngŭnmun	Yeongeunmun	영천리	Yŏngch'ŏn-ni	Yeongcheon-ri
영응	yŏngŭng	yeongeung	영천시	Yŏngch'ŏn-si	Yeongcheon-si
영응기	yŏngŭnggi	yeongeunggi	영춘	Yŏngch'un	Yeongchun
영의정	yŏngŭijŏng	yeonguijeong	영춘군	Yŏngch'un-gun	Yeongchun-gun
영이록	Yŏngirok	Yeongirok	영춘현	Yŏngch'un-hyŏn	Yeongchun-hyeon
영인	yŏngin	yeongin	영탑	Yŏngt'ap	Yeongtap
영인본	yŏnginbon	yeonginbon	영토	yŏngt'o	yeongto
영인집	yŏnginjip	yeonginjip	영토론	yŏngt'oron	yeongtoron
영인판	yŏnginp'an	yeonginpan	영토사	yŏngt'osa	yeongtosa
영일	Yŏngil	Yeongil	영토선	yŏngt'osŏn	yeongtoseon
영일군	Yŏngil-gun	Yeongil-gun	영토적	yŏngt'ojŏk	yeongtojeok
영일만	Yŏngilman	Yeongilman	영토전	yŏngt'ojŏn	yeongtojeon
영일현	Yŏngir-hyŏn	Yeongil-hyeon	영토학	yŏngt'ohak	yeongtohak
영작	yŏngjak	yeongjak	영토화	yŏngt'ohwa	yeongtohwa
영장	yŏngjang	yeongjang	영통	Yŏngt'ong	Yeongtong
영장(令狀)	yŏngchang	yeongjang	영통사	Yŏngt'ongsa	Yeongtongsa
영장류	yŏngjangnyu	yeongjangnyu	영평군	Yŏngp'yŏng-gun	Yeongpyeong-gun
영재	yŏngjae	yeongjae	영평현	Yŏngp'yŏng-hyŏn	Yeongpyeong-hyeon

한글 용례	ALA-LC Romanization	정부 표기안	한글 용례	ALA-LC Romanization	정부 표기안
영풍	Yŏngp'ung	Yeongpung	예경	Yegyŏng	Yegyeong
영풍군	Yŏngp'ung-gun	Yeongpung-gun	예경보	yegyŏngbo	yegyeongbo
영하	yŏngha	yeongha	예고	yego	yego
영하읍	Yŏngha-ŭp	Yeongha-eup	예관	yegwan	yegwan
영학	yŏnghak	yeonghak	예광	yegwang	yegwang
영한	Yŏng-Han	Yeong-Han	예교	yegyo	yegyo
영한관	Yŏng-Hanp'an	Yeong-Hanpan	예국	Yeguk	Yeguk
영합	yŏnghap	yeonghap	예궐	Yegwŏl	Yegwol
영해	yŏnghae	yeonghae	예규	yegyu	yegyu
영해군	Yŏnghae-gun	Yeonghae-gun	예규지	yegyuji	yegyuji
영해부	Yŏnghae-bu	Yeonghae-bu	예규집	yegyujip	yegyujip
영해파	Yŏnghaep'a	Yeonghaepa	예그린	Yegŭrin	Yegeurin
영향	yŏnghyang	yeonghyang	예금	yegŭm	yegeum
영향력	yŏnghyangnyŏk	yeonghyangnyeok	예기	yegi	yegi
영허	Yŏnghŏ	Yeongheo	예나루	Yenaru	Yenaru
영험	yŏnghŏm	yeongheom	예날	yennal	yenal
영험록	yŏnghŏmnok	yeongheomnok	예남	Yenam	Yenam
영험전	yŏnghŏmjŏn	yeongheomjeon	예낭	yenang	yenang
영호군	Yŏngho-gun	Yeongho-gun	예능	yenŭng	yeneung
영호남	Yŏng-Honam	Yeong-Honam	예능학	yenŭnghak	yeneunghak
영혼	yŏnghon	yeonghon	에니	Yeni	Yeni
영혼관	yŏnghon'gwan	yeonghongwan	예단	yedan	yedan
영혼들	yŏnghondŭl	yeonghondeul	예담	Yedam	Yedam
영혼론	yŏnghollon	yeonghollon	예당	Yedang	Yedang
영화	yŏnghwa	yeonghwa	예대	yedae	yedae
영화계	yŏnghwagye	yeonghwagye	예덕	Yedŏk	Yedeok
영화관	yŏnghwagwan	yeonghwagwan	예덕리	Yedŏng-ni	Yedeok-ri
영화론	yŏnghwaron	yeonghwaron	예도	yedo	yedo
영화사	yŏnghwasa	yeonghwasa	예랑	Yerang	Yerang
영화상	Yŏnghwasang	yeonghwasang	예루살렘	Yerusallem	Yerusallem
영화악	yŏnghwahak	yeonghwaak	예룽	Yerŭng	Yereung
영화인	yŏnghwain	yeonghwain	예리	yeri	yeri
영화적	yŏnghwajŏk	yeonghwajeok	예리한	yerihan	yerihan
영화제	yŏnghwaje	yeonghwaje	예림	yerim	yerim
영활한	yŏnghwarhan	yeonghwalhan	예림당	Yerimdang	Yerimdang
영흥	Yŏnghŭng	Yeongheung	예맥	Yemaek	Yemaek
영흥군	Yŏnghŭng-gun	Yeongheung-gun	예맥사	Yemaeksa	Yemaeksa
영흥만	Yŏnghŭngman	Yeongheungman	예멘	Yemen	Yemen
영흥부	Yŏnghŭng-bu	Yeongheung-bu	예명사	Yemyŏngsa	Yemyeongsa
옆	yŏp	yeop	예목	Yemok	Yemok
옆집	yŏpchip	yeopjip	예문	yemun	yemun
예	ye	ye	예문각	Yemun'gak	Yemungak
예가	Yega	Yega	예문관	Yemun'gwan	Yemungwan
예감	yegam	yegam	예물	yemul	yemul
예견	yegyŏn	yegyeon	예방	yebang	yebang

한글 용례	ALA-LC Romanization	정부 표기안	한글 용례	ALA-LC Romanization	정부 표기안
예방법	yebangpŏp	yebangbeop	예술가	yesulga	yesulga
예방적	yebangjŏk	yebangjeok	예술가들	yesulgadŭl	yesulgadeul
예배	yebae	yebae	예술계	yesulgye	yesulgye
예배당	yebaedang	yebaedang	예술과	yesulkwa	yesulgwa
예배서	yebaesŏ	yebaeseo	예술관	yesulgwan	yesulgwan
예법	yepŏp	yebeop	예술국	yesulguk	yesulguk
예보	yebo	yebo	예술단	yesultan	yesuldan
예복	yebok	yebok	예술대	yesultae	yesuldae
예불	yebul	yebul	예술론	yesullon	yesullon
예비	yebi	yebi	예술사	yesulsa	yesulsa
예비군	yebigun	yebigun	예술사적	yesulsachŏk	yesulsajeok
예비역	yebiyŏk	yebiyeok	예술성	yesulsŏng	yesulseong
예쁘다	yeppŭda	yeppeuda	예술원	Yesurwŏn	Yesurwon
예쁜	yeppŭn	yeppeun	예술원상	Yesurwŏnsang	Yesurwonsang
예사	Yesa	Yesa	예술인	yesurin	yesurin
예산	yesan	yesan	예술인단	yesurindan	yesurindan
예산군	Yesan-gun	Yesan-gun	예술인들	yesurindŭl	yesurindeul
예산서	yesansŏ	yesanseo	예술적	yesulchŏk	yesuljeok
예산안	yesanan	yesanan	예술제	yesulche	yesulje
예산처	yesanch'ŏ	yesancheo	예술지	yesulchi	yesulji
예산현	Yesan-hyŏn	Yesan-hyeon	예술품	yesulp'um	yesulpum
예상	yesang	yesang	예술학	Yesurhak	yesulhak
예서	yesŏ	yeseo	예술혼	yesurhon	yesulhon
예서원	Yesŏwŏn	Yeseowon	예술화	yesurhwa	yesulhwa
예서첩	yesŏch'ŏp	yeseocheop	예스	yesu	yeseu
예설	yesŏl	yeseol	예스코	Yesŭk'o	Yeseuko
예성	Yesŏng	Yeseong	예식	yesik	yesik
예성강	Yesŏnggang	Yeseonggang	예신	Yesin	Yesin
예성강도	Yesŏnggangdo	Yeseonggangdo	예안	Yean	Yean
예속	yesok	yesok	예안군	Yean-gun	Yean-gun
예속성	yesoksŏng	yesokseong	예안리	Yean-ni	Yean-ri
예술	Yesol	Yesol	예안현	Yean-hyŏn	Yean-hyeon
예송	yesong	yesong	예언	yeŏn	yeeon
예송군	Yesong-gun	Yesong-gun	예언가	yeŏn'ga	yeeonga
예수	Yesu	Yesu	예언론	yeŏllon	yeeollon
예수교	Yesugyo	Yesugyo	예언서	yeŏnsŏ	yeeonseo
예수教	Yesugyo	Yesugyo	예언자	yeŏnja	yeeonja
예수님	Yesunim	Yesunim	예언적	yeŏnjŏk	yeeonjeok
예수원	Yesuwŏn	Yesuwon	예영	Yeyŏng	Yeyeong
예수쟁이	Yesujaengi	Yesujaengi	예옥	Yeok	Yeok
예수쟁이들	Yesujaengidŭl	Yesujaengideul	예외	yeoe	yeoe
예수회	Yesuhoe	Yesuhoe	예외적	yeoejŏk	yeoejeok
예숙	Yesuk	Yesuk	예요	yeyo	yeyo
예순	yesun	yesun	예우	yeu	yeu
예술	yesul	yesul	예원	Yewŏn	Yewon

한글 용례	ALA-LC Romanization	정부 표기안	한글 용례	ALA-LC Romanization	정부 표기안
예원사	Yewŏnsa	Yewonsa	옛날	yennal	yetnal
예원지	Yewŏnji	Yewonji	옛사람	yetsaram	yetsaram
예의	yeŭi	yeui	옛여인	yennyŏin	yennyeoin
예이츠	Yeich'ŭ	Yeicheu	옛여인들	yennyŏindŭl	yennyeoindeul
예인	yein	yein	옛이야기	yenniyagi	yenniyagi
예인들	yeindŭl	yeindeul	옛이야기들	yenniiyagidŭl	yenniyagideul
예일	Yeil	Yeil	옛적	yetchŏk	yetjeok
예장	Yejang	Yejang	옛집	yetchip	yetjip
예장동	Yejang-dong	Yejang-dong	옛터	yett'ŏ	yetteo
예전	yejŏn	yejeon	오	o	o
예전사	Yejŏnsa	Yejeonsa	오가	oga	oga
예절	yejŏl	yejeol	오가닉	oganik	oganik
예정	yejŏng	yejeong	오가산	Ogasan	Ogasan
예제	yeje	yeje	오가야	Ogaya	Ogaya
예조	Yejo	Yejo	오가와	Ogawa	Ogawa
예종	Yejong	Yejong	오가피	ogap'i	ogapi
예지	yeji	yeji	오가해	ogahae	ogahae
예지각	Yejigak	Yejigak	오각대	Ogaktae	Ogakdae
예찬	yech'an	yechan	오간	Ogan	Ogan
예찬사	Yech'ansa	Yechansa	오감	ogam	ogam
예참	Yech'am	Yecham	오감도	ogamdo	ogamdo
예천	Yech'ŏn	Yecheon	오강	Ogang	Ogang
예천군	Yech'ŏn-gun	Yecheon-gun	오개년	ogaenyŏn	ogaenyeon
예천현	Yech'ŏn-hyŏn	Yecheon-hyeon	오거	Ogŏ	Ogeo
예체능	yech'enŭng	yecheneung	오게	oge	oge
예총	Yech'ong	Yechong	오게나	ogena	ogena
예측	yech'ŭk	yecheuk	오결	ogyŏl	ogyeol
예측성	yech'ŭksŏng	yecheukseong	오경	ogyŏng	ogyeong
예측적	yech'ŭkchŏk	yecheukjeok	오계	Ogye	Ogye
예치	yech'i	yechi	오고	ogo	ogo
예토	Yet'o	Yeto	오고시	Ogosi	Ogosi
예하	yeha	yeha	오곡	ogok	ogok
예학	yehak	yehak	오곡리	Ogong-ni	Ogok-ri
예해	yehae	yehae	오골	ogol	ogol
예향	Yehyang	Yehyang	오골계	ogolgye	ogolgye
예홀	yehol	yehol	오광대	Ogwangdae	Ogwangdae
예화	yehwa	yehwa	오구	ogu	ogu
옌지	Yenji	Yenji	오구굿	Ogugut	Ogugut
옌칭	Yench'ing	Yenching	오구라	Ogura	Ogura
옐로	yello	yello	오국	oguk	oguk
옐젼	Yeltchin	Yeljjin	오국리	Ogung-ni	Oguk-ri
옛	yet	yet	오국지	ogukchi	ogukji
옛것	yetkŏt	yetgeot	오군영	Ogunyŏng	Ogunyeong
옛글	yetkŭl	yetgeul	오궁	ogung	ogung
옛길	yetkil	yetgil	오기	ogi	ogi

한글 용례	ALA-LC Romanization	정부 표기안	한글 용례	ALA-LC Romanization	정부 표기안
오기노	Ogino	Ogino	오래도록	oraedorok	oraedorok
오끼나와	Okkinawa	Okkinawa	오래된	oraedoen	oraedoen
오너	onŏ	oneo	오랜	oraen	oraen
오너라	onŏra	oneora	오랫	oraet	oraet
오네	one	one	오랴	orya	orya
오노	Ono	Ono	오럴	orŏl	oreol
오뇌	onoe	onoe	오렌지	orenji	orenji
오누마	Onuma	Onuma	오렴	oryŏm	oryeom
오누이	onui	onui	오레	orye	orye
오는	onŭn	oneun	오례의	oryeŭi	oryeui
오는가	onŭn'ga	oneunga	오로라	orora	orora
오늘	onŭl	oneul	오로빌	Orobil	Orobil
오니시	Onisi	Onisi	오록	orok	orok
오다	oda	oda	오롯이	orosi	orosi
오다가	odaga	odaga	오룡	oryong	oryong
오단	odan	odan	오룡동	Oryong-dong	Oryong-dong
오당	Odang	Odang	오류	oryu	oryu
오대	Odae	Odae	오륜	oryun	oryun
오대산	Odaesan	Odaesan	오르고	orŭgo	oreugo
오더라	odŏra	odeora	오르그	Orŭgŭ	Oreugeu
오덕	odŏk	odeok	오르내린	orŭnaerin	oreunaerin
오덕동	Odŏk-tong	Odeok-dong	오르다	orŭda	oreuda
오덕리	Odŏng-ni	Odeok-ri	오르도스	Orŭdosŭ	Oreudoseu
오덕사	Odŏksa	Odeoksa	오르며	orŭmyŏ	oreumyeo
오데	ode	ode	오르면	orŭmyŏn	oreumyeon
오도	Odo	Odo	오른	orŭn	oreun
오도송	Odosong	Odosong	오른다	orŭnda	oreunda
오독떼기	odokttegi	odokttegi	오른손	orŭnson	oreunson
오동	odong	odong	오름	orŭm	oreum
오동각	Odonggak	Odonggak	오리	ori	ori
오동도	Odongdo	Odongdo	오리니	orini	orini
오두	odu	odu	오리뜰	orittŭl	oritteul
오두막	odumak	odumak	오리라	orira	orira
오두막집	odumakchip	odumakjip	오리발	oribal	oribal
오두품	Odup'um	Odupum	오리엔탈리즘	orient'allijŭm	orientallijeum
오듯이	odŭsi	odeusi	오리엔테이션	orient'eisyŏn	orienteisyeon
오디세이	odisei	odisei	오리엔트	orient'ŭ	orienteu
오딧세이	oditsei	oditsei	오리정	Orijŏng	Orijeong
오똑이	ottogi	ottogi	오리진	orijin	orijin
오라	ora	ora	오림	orim	orim
오락	orak	orak	오림동	Orim-dong	Orim-dong
오락성	oraksŏng	orakseong	오마니	omani	omani
오랑캐	orangk'ae	orangkae	오마샤리프	Omasyarip'ŭ	Omasyaripeu
오랑캐꽃	orangk'aekkot	orangkaekkoch	오마이	omai	omai
오래	orae	orae	오마주	omaju	omaju

한글 용례	ALA-LC Romanization	정부 표기안	한글 용례	ALA-LC Romanization	정부 표기안
오만	oman	oman	오산리	Osan-ni	Osan-ri
오매	omae	omae	오산시	Osan-si	Osan-si
오매리	Omae-ri	Omae-ri	오상	Osang	Osang
오멘	omen	omen	오상사	Osangsa	Osangsa
오멜라스	Omellasŭ	Omellaseu	오상시	Osang-si	Osang-si
오며	omyŏ	omyeo	오색	osaek	osaek
오며는	omyŏnŭn	omyeoneun	오색리	Osaeng-ni	Osaek-ri
오면	omyŏn	omyeon	오서	Osŏ	Oseo
오명	omyŏng	omyeong	오석	Osŏk	Oseok
오몽녀	Omongnyŏ	Omongnyeo	오석리	Osŏng-ni	Oseok-ri
오묘	omyo	omyo	오성	osŏng	oseong
오무라	Omura	Omura	오성사	Osŏngsa	Oseongsa
오물	omul	omul	오세암	Oseam	Oseam
오미	omi	omi	오세요	oseyo	oseyo
오바마	Obama	Obama	오선	osyŏn	osyeon
오발탄	obalt'an	obaltan	오소	oso	oso
오방	obang	obang	오소서	ososŏ	ososeo
오방리	Obang-ni	Obang-ri	오스트론	Osot'uron	Osoteuron
오방색	obangsaek	obangsaek	오솔	osol	osol
오백	obaek	obaek	오솔길	osolkil	osolgil
오백년	obaengnyŏn	obaengnyeon	오수	osu	osu
오백년사	obaengnyŏnsa	obaengnyeonsa	오수리	Osu-ri	Osu-ri
오백세	obaekse	obaekse	오순	osun	osun
오버	obŏ	obeo	오순절	Osunjŏl	Osunjeol
오버더퍼	Obŏdŏp'ŏ	Obeodeopeo	오스카빌	Osŭk'abil	Oseukabil
오벨리스크	obellisŭk'ŭ	obelliseukeu	오스트리아	Osŭt'ŭria	Oseuteuria
오보	obo	obo	오스트리아인	Osŭt'ŭriain	Oseuteuriain
오복	obok	obok	오스틴	Osŭt'in	Oseutin
오복동	Obok-tong	Obok-dong	오슬로	Osŭllo	Oseullo
오봉	Obong	Obong	오시	Osi	Osi
오봉동	Obong-dong	Obong-dong	오시렵니까	osiryŏmnikka	osiryeomnikka
오봉리	Obong-ni	Obong-ri	오시카와	Osik'awa	Osikawa
오봉산	Obongsan	Obongsan	오신	osin	osin
오부	Obu	Obu	오실골	Osilkol	Osilgol
오부치	Obuch'i	Obuchi	오십	osip	osip
오분	obun	obun	오십년	osimnyŏn	osimnyeon
오브	obŭ	obeu	오십삼	osip-sam	osipsam
오브제	obŭje	obeuje	오씨	Ossi	Ossi
오블리주	obŭlliju	obeulliju	오아	Oa	Oa
오빠	oppa	oppa	오악	Oak	Oak
오사	Osa	Osa	오악도	oakto	oakdo
오사무	Osamu	Osamu	오악사	Oaksa	Oaksa
오사카	Osak'a	Osaka	오암	Oam	Oam
오사카성	Osak'asŏng	Osakaseong	오애	oae	oae
오산	Osan	Osan	오양선	Oyangsŏn	Oyangseon

한글 용례	ALA-LC Romanization	정부 표기안	한글 용례	ALA-LC Romanization	정부 표기안
오언	oŏn	oeon	오제	Oje	Oje
오언률	oŏnnyul	oeonnyul	오제로	Ojero	Ojero
오언율	oŏnyul	oeonyul	오조리	Ojo-ri	Ojo-ri
오언절	Oŏnjŏl	Oeonjeol	오족	ojok	ojok
오역	oyŏk	oyeok	오졸	Ojol	Ojol
오염	oyŏm	oyeom	오졸재	Ojolchae	Ojoljae
오염원	oyŏmwŏn	oyeomwon	오종	ojong	ojong
오영	Oyŏng	Oyeong	오주	Oju	Oju
오오니시	Oonisi	Ooonisi	오죽	ojuk	ojuk
오오무라	Oomura	Oomura	오죽헌	Ojukhŏn	Ojukheon
오오카와	Ook'awa	Ookawa	오줌	ojum	ojum
오오타케	Oot'ak'e	Ootake	오지	oji	oji
오옥	Ook	Ook	오지리	Oji-ri	Oji-ri
오왕도	Owangdo	Owangdo	오지리(墺地利)	Ojiri	Ojiri
오욕	oyok	oyok	오직	ojik	ojik
오용	oyong	oyong	오진	ojin	ojin
오우가	Ouga	Ouga	오진리	Ojin-ni	Ojin-ri
오우아	Oua	Oua	오차	och'a	ocha
오운정	Ounjŏng	Ounjeong	오찬	och'an	ochan
오원	Owŏn	Owon	오찬회	och'anhoe	ochanhoe
오월	Owŏl	Owol	오창	Och'ang	Ochang
오월회	Owŏrhoe	Owolhoe	오천	och'ŏn	ocheon
오웬	Owen	Owen	오천년	och'ŏnnyŏn	ocheonnyeon
오위	Owi	Owi	오천면	Och'ŏn-myŏn	Ocheon-myeon
오위장본	owijangbon	owijangbon	오청본	och'ŏngbon	ocheongbon
오음	Oŭm	Oeum	오촌	och'on	ochon
오음실	Oŭmsil	Oeumsil	오촌댁	Och'ondaek	Ochondaek
오이	oi	oi	오층	och'ŭng	ocheung
오이도	Oido	Oido	오컴	Ok'ŏm	Okeom
오이디푸스	Ooidip'usŭ	Oidipuseu	오코노기	Ok'onogi	Okonogi
오이에스	Oiesŭ	Oieseu	오쿠하라	Ok'uhara	Okuhara
오인	oin	oin	오키	Ok'i	Oki
오일맨	oilmaen	oilmaen	오타	ot'a	ota
오일장	oilchang	oiljang	오타베	Ot'aebe	Otabe
오일팔	O-ilp'al	Oilpal	오태리	Ot'ae-ri	Otae-ri
오자	ocha	oja	오토피아	Ot'op'ia	Otopia
오작교	Ojakkyo	Ojakgyo	오틸리엔	Ot'illien	Otillien
오작인	ojagin	ojagin	오판	op'an	opan
오장	ojang	ojang	오페라	op'era	opera
오장원	Ojangwŏn	Ojangwon	오페르트	Op'erŭt'ŭ	Opereuteu
오재	Ojae	Ojae	오포	Op'o	Opo
오적	ojŏk	ojeok	오푸스	Op'usŭ	Opuseu
오전	ojŏn	ojeon	오품	Op'um	Opum
오정	Ojŏng	Ojeong	오프	op'ŭ	opeu
오정동	Ojŏng-dong	Ojeong-dong	오픈	op'ŭn	opeun

한글 용례	ALA-LC Romanization	정부 표기안	한글 용례	ALA-LC Romanization	정부 표기안
오피니언	op'iniŏn	opinieon	옥류관	Ongnyugwan	Ongnyugwan
오항	Ohang	Ohang	옥류금	Ongnyugŭm	Ongnyugeum
오항천	Ohangch'ŏn	Ohangcheon	옥린몽	ongninmong	ongninmong
오해	ohae	ohae	옥마현	Ongma-hyŏn	Ongma-hyeon
오해들	ohaedŭl	ohaedeul	옥매향	Ongmaehyang	Ongmaehyang
오행	ohaeng	ohaeng	옥방	okpang	okbang
오행설	ohaengsŏl	ohaengseol	옥봉	Okpong	Okbong
오행지	ohaengji	ohaengji	옥분	okpun	okbun
오향	ohyang	ohyang	옥분리	Okpun-ni	Okbun-ri
오향리	Ohyang-ni	Ohyang-ri	옥사	oksa	oksa
오현	ohyŏn	ohyeon	옥산	Oksan	Oksan
오호	oho	oho	옥산면	Oksan-myŏn	Oksan-myeon
오호라	ohora	ohora	옥산현	Oksan-hyŏn	Oksan-hyeon
오호리	Oho-ri	Oho-ri	옥상	oksang	oksang
오호츠크해	Ohoch'ŭk'ŭhae	Ohocheukeuhae	옥새	oksae	oksae
오황	ohwang	ohwang	옥서	Oksŏ	Okseo
오후	ohu	ohu	옥석	oksŏk	okseok
옥	ok	ok	옥석리	Oksŏng-ni	Okseok-ri
옥갑	okkap	okgap	옥성	Oksŏng	Okseong
옥개	okkae	okgae	옥성리	Oksŏng-ni	Okseong-ri
옥계	Okkye	Okgye	옥션	oksyŏn	oksyeon
옥계동	Okkye-dong	Okgye-dong	옥소	okso	okso
옥과	okkwa	okgwa	옥소전	Oksojŏn	Oksojeon
옥과군	Okkwa-gun	Okgwa-gun	옥쇄	okswae	okswae
옥과현	Okkwa-hyŏn	Okgwa-hyeon	옥수	oksu	oksu
옥관자	okkwanja	okgwanja	옥수동	Oksu-dong	Oksu-dong
옥구	Okku	Okgu	옥야리	Ogya-ri	Ogya-ri
옥구군	Okku-gun	Okgu-gun	옥연	ogyŏn	ogyeon
옥구부	Okku-bu	Okgu-bu	옥영	Ogyŏng	Ogyeong
옥구현	Okku-hyŏn	Okgu-hyeon	옥오	Ogo	Ogo
옥국재	Okkukchae	Okgukjae	옥외	ogoe	ogoe
옥녀봉	Ongnyŏbong	Ongnyeobong	옥원	Ogwŏn	Ogwon
옥담	Oktam	Okdam	옥유당	Ogyudang	Ogyudang
옥당	Oktang	Okdang	옥인	Ogin	Ogin
옥대	oktae	okdae	옥인동	Ogin-dong	Ogin-dong
옥도	Okdo	Okdo	옥장	Okchang	Okjang
옥도리	Okdo-ri	Okdo-ri	옥저	Okchŏ	Okjeo
옥동	Oktong	Okdong	옥전	okchŏn	okjeon
옥란	Ongnan	Ongnan	옥졸	okchol	okjol
옥란빙	ongnanbing	ongnanbing	옥주	Okchu	Okju
옥로	Ongno	Ongno	옥중	okchung	okjung
옥로주	ongnoju	ongnoju	옥천	Okch'ŏn	Okcheon
옥루	ongnu	ongnu	옥천군	Okch'ŏn-gun	Okcheon-gun
옥루몽	Ongnumong	Ongnumong	옥천암	Okch'ŏnam	Okcheonam
옥류	ongnyu	ongnyu	옥천현	Okch'ŏn-hyŏn	Okcheon-hyeon

한글 용례	ALA-LC Romanization	정부 표기안	한글 용례	ALA-LC Romanization	정부 표기안
옥추경	Okch'ugyŏng	Okchugyeong	온조	Onjo	Onjo
옥충	Okch'ung	Okchung	온종일	onjongil	onjongil
옥토	okt'o	okto	온천	onch'ŏn	oncheon
옥파	Okp'a	Okpa	온천장	onch'ŏnjang	oncheonjang
옥편	okp'yŏn	okpyeon	올가	Olga	Olga
옥합	okhap	okhap	올가미	olgami	olgami
옥형	Okhyŏng	Okhyeong	올곧게	olgotke	olgotge
옥호	okho	okho	올그뷰로	Olgŭpyuro	Olgeubyuro
온	on	on	올댓	Oldaet	Oldaet
온갖	on'gat	ongat	올라	olla	olla
온건	on'gŏn	ongeon	올라가	ollaga	ollaga
온건파	on'gŏnp'a	ongeonpa	올라갈	ollagal	ollagal
온계	On'gye	Ongye	올레	olle	olle
온고	On'go	Ongo	올레길	ollekil	ollegil
온공	On'gong	Ongong	올려라	ollyŏra	ollyeora
온기	on'gi	ongi	올리고	olligo	olligo
온난	onnan	onnan	올리니	ollini	ollini
온난화	onnanhwa	onnanhwa	올리다	ollida	ollida
온누리	onnuri	onnuri	올리버	Ollibŏ	Ollibeo
온다	onda	onda	올리브	ollibŭ	ollibeu
온달	Ondal	Ondal	올리자	ollija	ollija
온달성	Ondalsŏng	Ondalseong	올린	ollin	ollin
온당	ondang	ondang	올림	ollim	ollim
온돌	ondol	ondol	올림피아	Ollimp'ia	ollimpia
온라인	ollain	ollain	올림픽	Ollimp'ik	ollimpik
온리	olli	olli	올립니다	ollimnida	ollimnida
온리원	olliwŏn	olliwon	올바로	olbaro	olbaro
온북스	Onbuksŭ	Onbukseu	올바르게	olbarŭge	olbareuge
온산	Onsan	Onsan	올바른	olbarŭn	olbareun
온새미로	Onsaemiro	Onsaemiro	올바름	olbarŭm	olbareum
온석	onsŏk	onseok	올벼	Olbyŏ	Olbyeo
온성	Onsŏng	Onseong	올인	orin	orin
온성군	Onsŏng-gun	Onseong-gun	올컬러	olk'ŏllŏ	olkeolleo
온성현	Onsŏng-hyŏn	Onseong-hyeon	올해	orhae	olhae
온수	onsu	onsu	옮겨	omgyŏ	omgyeo
온수군	Onsu-gun	Onsu-gun	옮기고	omgigo	omgigo
온실	onsil	onsil	옮긴	omgin	omgin
온양	Onyang	Onyang	옮긴다는	omgindanŭn	omgindaneun
온양군	Onyang-gun	Onyang-gun	옮긴이	omgini	omgini
온유	onyu	onyu	옮김	omgim	omgim
온의	Onŭi	Onui	옳게	olk'e	olke
온의동	Onŭi-dong	Onui-dong	옳고	olk'o	olko
온전한	onjŏnhan	onjeonhan	옳다	olt'a	olta
온전히	onjŏnhi	onjeonhi	옳다고	olt'ago	oltago
온정	onjŏng	onjeong	옮았습니다	orassŭmnida	orasseumnida

한글 용례	ALA-LC Romanization	정부 표기안	한글 용례	ALA-LC Romanization	정부 표기안
옳은	orŭn	oreun	와당	wadang	wadang
옴	om	om	와랑	Warang	Warang
옴니버스	omnibŏsŭ	omnibeoseu	와룡당	Waryongdang	Waryongdang
옴마니	Ommani	Ommani	와사등	Wasadŭng	Wasadeung
옴부즈만	ombujŭma	ombujeuman	와산	Wasan	Wasan
옵니다	omnida	omnida	와산동	Wasan-dong	Wasan-dong
옷	ot	ot	와서	wasŏ	waseo
옷감	otkam	otgam	와서는	wasŏnŭn	waseoneun
옷들	ottŭl	otdeul	와선재	Wasŏnjae	Waseonjae
옷본	otpon	otbon	와요	wayo	wayo
옷차림	otch'arim	otcharim	와요지	wayoji	wayoji
옷치긴	Otch'igin	Otchigin	와우	wau	wau
옷칠	otch'il	otchil	와우각	Waugak	Waugak
옹	ong	ong	와우리	Wau-ri	Wau-ri
옹고집	onggojip	onggojip	와우산	Wausan	Wausan
옹관	onggwan	onggwan	와유	wayu	wayu
옹관묘	onggwanmyo	onggwanmyo	와의	waŭi	waui
옹관장	onggwanjang	onggwanjang	와이겔리	Waigelli	Waigelli
옹구	onggu	onggu	와이브로	waibŭro	waibeuro
옹근	onggŭn	onggeun	와이즈베리	Waijŭberi	Waijeuberi
옹글게	onggŭlge	onggeulge	와이프	waip'ŭ	waipeu
옹기	onggi	onggi	와인	wain	wain
옹기들	onggidŭl	onggideul	와전	wajŏn	wajeon
옹기장	onggijang	onggijang	와주테이	Wajut'ei	Wajutei
옹기장이	onggijangi	onggijangi	와중	wajung	wajung
옹녕	Ongnyŏng	Ongnyeong	와지로	Wajiro	Wajiro
옹달샘	ongdalsaem	ongdalsaem	와질	wajil	wajil
옹립	ongnip	ongrip	와카마쓰	Wak'amassŭ	Wakamasseu
옹산	Ongsan	Ongsan	와타나베	Wat'anabe	Watanabe
옹암리	Ongam-ni	Ongam-ri	와해	wahe	wahae
옹주	ongju	ongju	완	Wan	Wan
옹진	Ongjin	Ongjin	완간	wan'gan	wangan
옹진군	Ongjin-gun	Ongjin-gun	완결	wan'gyŏl	wangyeol
옹진현	Ongjin-hyŏn	Ongjin-hyeon	완공	wan'gong	wangong
옹치	ongch'i	ongchi	완구	wan'gu	wangu
옹치격	ongch'ikyŏk	ongchigyeok	완녕군	Wannyŏng-gun	Wannyeong-gun
옹호	ongho	ongho	완당	Wandang	Wandang
옹호론	onghoron	onghoron	완도	Wando	Wndo
옹호자	onghoja	onghoja	완도군	Wando-gun	Wando-gun
옹호자들	onghojadŭl	onghojadeul	완두	Wandu	Wandu
옻칠	otch'il	otchil	완두꽃	Wandukkot	Wandukkot
와	wa	wa	완벽	wanbyŏk	wanbyeok
와가	waga	waga	완산	Wansan	Wansan
와그너	Wagŭnŏ	Wageuneo	완산부	Wansan-bu	Wansan-bu
와다	Wada	Wada	완산주	Wansan-ju	Wansan-ju

한글 용례	ALA-LC Romanization	정부 표기안	한글 용례	ALA-LC Romanization	정부 표기안
완상	wansang	wansang	왕가	wangga	wangga
완석정	Wansŏkchŏng	Wanseokjeong	왕검	Wanggŏm	Wanggeom
완성	wansŏng	wanseong	왕검성	Wanggŏmsŏng	Wanggeomseong
완성자	wansŏngja	wanseongja	왕계	Wanggye	Wanggye
완수	wansu	wansu	왕국	wangguk	wangguk
완숙	wansuk	wansuk	왕궁	wanggung	wanggung
완안	Wanan	Wanan	왕궁리	Wanggung-ni	Wanggung-ri
완역	wanyŏk	wanyeok	왕궁지	wanggungji	wanggungji
완역본	wanyŏkpon	wanyeokbon	왕권	wangkwŏn	wanggwon
완염	Wanyŏm	Wanyeom	왕기설	wanggisŏl	wanggiseol
완월회	Wanwŏrhoe	Wanwolhoe	왕녀	wangnyŏ	wangnyeo
완전	wanjŏn	wanjeon	왕대	wangdae	wangdae
완전주의자	wanjŏnjuŭija	wanjeonjuuija	왕대비	wangdaebi	wangdaebi
완전판	wanjŏnp'an	wanjeonpan	왕도	wangdo	wangdo
완정판	wanjŏngp'an	wanjeongpan	왕들	wangdŭl	wangdeul
완주	Wanju	Wanju	왕따	wangtta	wangtta
완주군	Wanju-gun	Wanjugun	왕따들	wangttadŭl	wangttadeul
완주기	wanjugi	wanjugi	왕랑	Wangnang	Wangnang
완창본	wanch'angbon	wanchangbon	왕래	wangnae	wangnae
완천군	Wanch'ŏn-gun	Wancheon-gun	왕룡	Wangnyong	Wangnyong
완초	wanch'o	wancho	왕릉	Wangnung	Wangnung
완초장	wanch'ojang	wanchojang	왕릉	wangnŭng	wangneung
완충지	wanch'ungji	wanchunggi	왕림	wangnim	wangnim
완치	wanch'i	wanchi	왕립	wangnip	wangnip
완판	wanp'an	wanpan	왕명	wangmyŏng	wangmyeong
완판본	wanp'anbon	wanpanbon	왕묘	wangmyo	wangmyo
완풍	Wanp'ung	Wanpung	왕묘도	wangmyodo	wangmyodo
완풍군	Wanp'ung-gun	Wanpung-gun	왕방산	Wangbangsan	Wangbangsan
완형	wanhyŏng	wanhyeong	왕봉	wangbong	wangbong
완화	wanhwa	wanhwa	왕부	wangbu	wangbu
왈	wal	wal	왕비	wangbi	wangbi
왈라반	Wallaban	Wallaban	왕비들	wangbidŭl	wangbideul
왈츠	walch'ŭ	walcheu	왕비릉	wangbirŭng	wangbireung
왓소	watso	watso	왕비족	wangbijok	wangbijok
왔나	wanna	wanna	왕사	wangsa	wangsa
왔는가	wannŭn'ga	wanneunga	왕산	Wangsan	Wangsan
왔는지	wannŭnji	wanneunji	왕생	wangsaeng	wangsaeng
왔니	wanni	wanni	왕생가	wangsaengga	wangsaengga
왔니껴	wannikkyŏ	wannikkyeo	왕성	wangsŏng	wangseong
왔다	watta	watda	왕세손	wangseson	wangseson
왔더냐	wattŏnya	watdeonya	왕세자	wangseja	wangseja
왔던	wattŏn	watdeon	왕세자빈	wangsejabin	wangsejabin
왔소	watso	watso	왕손	wangson	wangson
왔을까	wassŭlkka	wasseulkka	왕손록	wangsonnok	wangsollok
왕	wang	wang	왕실	wangsil	wangsil

한글 용례	ALA-LC Romanization	정부 표기안	한글 용례	ALA-LC Romanization	정부 표기안
왕실전	wangsiljŏn	wangsiljeon	외고	oego	oego
왕십	Wangsip	Wangsip	외고산	Oegosan	Oegosan
왕십리	Wangsimni	Wangsipni	외곡	oegok	oegok
왕위	wangwi	wangwi	외과	oekwa	oegwa
왕자	wangja	wangja	외과학	oekwahak	oegwahak
왕자들	wangjadŭl	wangjadeul	외곽	oegwak	oegwak
왕자부	Wangjabu	Wangjabu	외관	oegwan	oegwan
왕조	wangjo	wangjo	외교	oegyo	oegyo
왕조사	wangjosa	wangjosa	외교가	oegyoga	oegyoga
왕족	wangjok	wangjok	외교관	oegyogwan	oegyogwan
왕진	wangjin	wangjin	외교관들	oegyogwandŭl	oegyogwandeul
왕진리	Wangjil-li	Wangjin-ri	외교국	oegyoguk	oegyoguk
왕창	wangch'ang	wangchang	외교론	oegyoron	oegyoron
왕청현	Wangch'ŏng-hyŏn	Wangcheong-hyeon	외교부	Oegyobu	Oegyobu
왕초	wangch'o	wangcho	외교사	oegyosa	oegyosa
왕초보	wangch'obo	wangchobo	외교사적	oegyosajŏk	oegyosajeok
왕태자	wangt'aeja	wangtaeja	외교술	oegyosul	oegyosul
왕태후	wangt'aehu	wangtaehu	외교원	Oegyowŏn	Oegyowon
왕통	wangt'ong	wangtong	외교적	oegyojŏk	oegyojeok
왕환	wanghwan	wanghwan	외구	oegu	oegu
왕후	wanghu	wanghu	외국	oeguk	oeguk
왕후궁	wanghugung	wanghugung	외국군	oegukkun	oegukgun
왕후들	wanghudŭl	wanghudeul	외국문	oegungmun	oegungmun
왕흥사	Wanghŭngsa	Wangheungsa	외국사	oeguksa	oeguksa
왜	wae	wae	외국어	oegugŏ	oegugeo
왜겸	waegŏm	waegeom	외국어학	oegugŏhak	oegugeohak
왜곡	waegok	waegok	외국인	oegugin	oegugin
왜관	Waegwan	Waegwan	외국인들	oegugindŭl	oegugindeul
왜관읍	Waegwan-ŭp	Waegwan-eup	외국전	oegukchŏn	oegukjeon
왜구	Waegu	Waegu	외국학	oegukhak	oegukak
왜구전	Waegujŏn	Waegujeon	외국환	oegukhwan	oegukhwan
왜놈	Waenom	Waenom	외규장각	Oegyujanggak	Oegyujanggak
왜란	Waeran	Waeran	외금	oegŭm	oegeum
왜란기	Waeran'gi	Waerangi	외기	oegi	oegi
왜란사	Waeransa	Waeransa	외길	oegil	oegil
왜변	Waebyŏn	Waebyeon	외길사	Oegilsa	Oegilsa
왜성	Waesŏng	Waeseong	외다	oeda	oeda
왜소	waeso	waeso	외당	Oedang	Oedang
왜어	Waeŏ	Waeeo	외대	Oedae	Oedae
왜어학	Waeŏhak	Waeeohak	외도	oedo	oedo
왜인	Waein	Waein	외도동	Oedo-dong	Oedo-dong
왜인들	Waeindŭl	Waeindeul	외동	Oe-dong	Oe-dong
왜적	Waejŏk	Waejeok	외동딸	oedongttal	oedongttal
왜학	Waehak	Waehak	외딴	oettan	oettan
외	oe	oe	외딸	oettal	oettal

한글 용례	ALA-LC Romanization	정부 표기안	한글 용례	ALA-LC Romanization	정부 표기안
외래	oerae	oerae	외조	oejo	oejo
외래계	oeraegye	oeraegye	외줄	oejul	oejul
외래어	oeraeŏ	oeraeeo	외직	oejik	oejik
외래종	oeraejong	oeraejong	외집	oejip	oejip
외로운	oeroun	oeroun	외채	oech'ae	oechae
외로울	oeroul	oeroul	외척	oech'ŏk	oecheok
외로워서	oerowŏsŏ	oerowoseo	외척들	oech'ŏktŭl	oecheokdeul
외롭고	oeropko	oeropgo	외쳐	oech'yŏ	oechyeo
외롭구나	oeropkuna	oeropguna	외쳐라	oech'yŏra	oechyeora
외롭다고	oeroptago	oeropdago	외촌장	oech'onjang	oechonjang
외면	oemyŏn	oemyeon	외출	oech'ul	oechul
외명부	oemyŏngbu	oemyeongbu	외치는	oech'inŭn	oechineun
외무	oemu	oemu	외치다	oech'ida	oechida
외무부	Oemubu	Oemubu	외친	oech'in	oechin
외무성	Oemusŏng	Oemuseong	외침	oech'im	oechim
외무직	oemujik	oemujik	외톨이	oet'ori	oetori
외박	oebak	oebak	외편	oep'yŏn	oepyeon
외방	oebang	oebang	외포리	Oep'o-ri	Oepo-ri
외별초	Oebyŏlch'o	oebyeolcho	외할아버지	oeharabŏji	oeharabeoji
외부	oebu	oebu	외항	oehang	oehang
외부성	Oebusŏng	Oebuseong	외향	oehyang	oehyang
외사	Oesa	Oesa	외형제	oehyŏngje	oehyeongje
외사국	Oesaguk	Oesaguk	외환	oehwan	oehwan
외삼촌	oesamch'on	oesamchon	왼발	oenbal	oenbal
외상	oesang	oesang	왼발잡이	oenbaljabi	oenbaljabi
외상학	oesanghak	oesanghak	왼손	oenson	oenson
외설	oesŏl	oeseol	왼쪽	oentchok	oenjjok
외세	oese	oese	요	yo	yo
외소	oeso	oeso	요가	yoga	yoga
외솔	Oesol	Oesol	요각	yogak	yogak
외솔회	Oesorhoe	Oesolhoe	요각류	yogangnyu	yogangnyu
외시	oesi	oesi	요간기	yogan'gi	yogangi
외식	oesik	oesik	요건	yokŏn	yogeon
외신	oesin	oesin	요결	yogyŏl	yogyeol
외씨	oessi	oessi	요계	Yogye	Yogye
외암	Oeam	Oeam	요곡리	Yogong-ni	Yogok-ri
외암리	Oeam-ni	Oeam-ri	요공	Yogong	Yogong
외양	oeyang	oeyang	요괴	yogoe	yogoe
외양론	oeyangnon	oeyangnon	요구	yogu	yogu
외연	Oeyŏn	Oeyeon	요꼬	Yokko	Yokko
외인	oein	oein	요녀	yonyŏ	yonyeo
외자	oeja	oeja	요녕성	Yonyŏng-sŏng	Yonyeong-seong
외재	Oejae	Oejae	요단	Yodan	Yodan
외전	oejŏn	oejeon	요단강	Yodan'gang	Yodangang
외제	oeje	oeje	요대	yodae	yodae

한글 용례	ALA-LC Romanization	정부 표기안	한글 용례	ALA-LC Romanization	정부 표기안
요덕	Yodŏk	Yodeok	요시카와	Yosik'awa	Yosikawa
요도	Yodo	Yodo	요시히데	Yosihide	Yosihide
요도해	Yodohae	Yodohae	요암리	Yoam-ni	Yoam-ri
요동	Yodong	Yodong	요약	yoyak	yoyak
요동사	Yodongsa	Yodongsa	요약본	yoyakpon	yoyakbon
요동성	Yodongsŏng	Yodongseong	요약집	yoyakchip	yoyakjip
요동성총	Yodongsŏngch'ong	Yodongseongchong	요양	yoyang	yoyang
요란	yoran	yoran	요양원	yoyangwŏn	yoyangwon
요람	yoram	yoram	요역	yoyŏk	yoyeok
요람기	yoramgi	yoramgi	요역제	yoyŏkche	yoyeokje
요략	yorak	yoryak	요요	yoyo	yoyo
요령	yoryŏng	yoryeong	요우지	Youji	Youji
요로	yoro	yoro	요우커	Youk'ŏ	Youkeo
요로원	Yorowŏn	Yorowon	요원	yowŏn	yowon
요록	yorok	yorok	요율	yoyul	yoyul
요론	yoron	yoron	요은	Youn	Yoeun
요류	yoryu	yoryu	요의	youi	youi
요르그	Yorŭgu	Yoreugeu	요이치	Yoich'i	Yoichi
요리	yori	yori	요인	yoin	yoin
요리사	yorisa	yorisa	요인들	yoindŭl	yoindeul
요리인	yoriin	yoriin	요일	yoil	yoil
요모	yomo	yomo	요절	yojŏl	yojeol
요목	yomok	yomok	요점	yochŏm	yojeom
요목표	yomokp'yo	yomokpyo	요정	yojŏng	yojeong
요문론	yomunnon	yomullon	요즈음	yojŭŭm	yojeueum
요법	yopŏp	yobeop	요즘	yojŭm	yojeum
요부	yobu	yobu	요지	yoji	yoji
요사	Yosa	Yosa	요지경	yojigyŏng	yojigyeong
요사채	yosach'ae	yosachae	요지집	yojijip	yojijip
요산	yosan	yosan	요철요	Yoch'ŏryo	Yocheoryo
요상한	yosanghan	yosanghan	요청	yoch'ŏng	yocheong
요새	yosae	yosae	요체	yoch'e	yoche
요새지	yosaeji	yosaeji	요충	yoch'ung	yochung
요서	Yosŏ	Yoseo	요충지	yoch'ungji	yochungji
요석	yosŏk	yoseok	요코	Yok'o	Yoko
요선	yosŏn	yoseon	요코타	Yok'ot'a	Yokota
요세	Yose	Yose	요크타운	Yok'ŭt'aun	Yokeutaun
요셉	Yosep	Yosep	요트	yot'ŭ	yoteu
요소	yoso	yoso	요하	Yoha	Yoha
요소들	yosodŭl	yosodeul	요한	Yohan	Yohan
요술	yosul	yosul	요해	yohae	yohae
요승	yosŭng	yoseung	요호	Yoho	Yoho
요시무라	Yosimura	Yosimura	욕	yok	yok
요시미	Yosimi	Yosimi	욕구	yokku	yokgu
요시아키	Yosiak'i	Yosiaki	욕망	yongmang	yongmang

한글 용례	ALA-LC Romanization	정부 표기안	한글 용례	ALA-LC Romanization	정부 표기안
욕망들	yongmangdŭl	yongmangdeul	용두산	Yongdusan	Yongdusan
욕망론	yongmangnon	yongmangnon	용들	yongdŭl	yongdeul
욕설	yoksŏl	yokseol	용량	yongnyang	yongnyang
욕심	yoksim	yoksim	용례	yongnye	yongnye
욕야카르타주	Yogyak'arŭt'a-ju	Yogyakareutaju	용례집	yongnyejip	yongnyejip
욕조	yokcho	yokjo	용률	Yongnyul	yongnyul
욕지	Yokchi	Yokji	용마루	yongmaru	yongmaru
욕지도	Yokchido	Yokjido	용매	yongmae	yongmae
욕천	Yokch'ŏn	Yokcheon	용맹	yongmaeng	yongmaeng
욕탕	yokt'ang	yoktang	용면	yongmyŏn	yongmyeon
욘사마	Yonsama	Yonsama	용모	yongmo	yongmo
용	yong	yong	용문	Yongmun	Yongmun
용감	yonggam	yonggam	용문면	Yongmun-myŏn	Yongmun-myeon
용감한	yonggamhan	yonggamhan	용문사	Yongmunsa	Yongmunsa
용강골	Yongganggol	Yongganggol	용문산	Yongmunsan	Yongmunsan
용강군	Yonggang-gun	Yonggang-gun	용미리	Yongmi-ri	Yongmi-ri
용강동	Yonggang-dong	Yonggang-dong	용법	yongpŏp	yongbeop
용강리	Yonggang-ni	Yonggang-ri	용변	yongbyŏn	yongbyeon
용강현	Yonggang-hyŏn	Yonggang-hyeon	용병	Yongbyŏng	yongbyeong
용건	yongkŏn	yonggeon	용병제	yongbyŏngje	yongbyeongje
용계	Yonggye	Yonggye	용봉	yongbong	yongbong
용관	Yonggwan	Yonggwan	용봉동	Yongbong-dong	Yongbong-dong
용관동	Yonggwan-dong	Yonggwan-dong	용부	Yongbu	Yongbu
용구	Yonggu	Yonggu	용비	Yongbi	Yongbi
용궁	yonggung	yonggung	용사	yongsa	yongsa
용궁군	Yonggung-gun	Yonggung-gun	용산	Yongsan	Yongsan
용궁면	Yonggung-myŏn	Yonggung-myeon	용산구	Yongsan-ku	Yongsan-gu
용궁사	Yonggungsa	Yonggungsa	용산동	Yongsan-dong	Yongsan-dong
용궁현	Yonggung-hyŏn	Yonggung-hyeon	용산리	Yongsan-ni	Yongsan-ri
용기	yonggi	yonggi	용상	yongsang	yongsang
용녀	yongnyŏ	yongnyeo	용서	yongsŏ	yongseo
용달	yongdal	yongdal	용석	Yongsŏk	Yongseok
용담	Yongdam	Yongdam	용선	yongsŏn	yongseon
용담군	Yongdam-gun	Yongdam-gun	용성	Yongsŏng	Yongseong
용담댐	Yongdamtaem	Yongdamdaem	용성리	Yongsŏng-ni	Yongseong-ri
용담동	Yongdam-dong	Yongdam-dong	용성문	Yongsŏngmun	Yongseongmun
용담현	Yongdam-hyŏn	Yongdam-hyeon	용소고	Yongsogo	Yongsogo
용당리	Yongdang-ni	Yongdang-ri	용솟음	yongsosŭm	yongsoseum
용덕	Yongdŏk	Yongdeok	용수	yongsu	yongsu
용덕리	Yongdŏng-ni	Yongdeok-ri	용수동	Yongsu-dong	Yongsu-dong
용도	yongdo	yongdo	용신	Yongsin	Yongsin
용도별	yongdobyŏl	yongdobyeol	용아	Yonga	Yonga
용동궁	Yongdonggung	Yongdonggung	용악	Yongak	Yongak
용두	Yongdu	Yongdu	용안	yongan	yongan
용두레	Yongdure	Yongdure	용안군	Yongan-gun	Yongan-gun

한글 용례	ALA-LC Romanization	정부 표기안	한글 용례	ALA-LC Romanization	정부 표기안
용안현	Yongan-hyŏn	Yongan-hyeon	용하	Yongha	Yongha
용암	yongam	yongam	용하군	Yongha-gun	Yongha-gun
용암사	Yongamsa	Yongamsa	용함	Yongham	Yongham
용어	yongŏ	yongeo	용해	yonghae	yonghae
용어집	yongŏjip	yongeojip	용해로	yonghaero	yonghaero
용언	yongŏn	yongeon	용헌	Yonghŏn	Yongheon
용역	yongyŏk	yongyeok	용현	yonghyŏn	yonghyeon
용연	Yongyŏn	Yongyeon	용혈	yonghyŏl	yonghyeol
용연동	Yongyŏn-dong	Yongyeon-dong	용호군	Yongho-gun	Yongho-gun
용연리	Yongyŏn-ni	Yongyeon-ri	용혼	yonghon	yonghon
용왕	yongwang	yongwang	용화	yonghwa	yonghwa
용왕제	yongwangje	yongwangje	용화교	Yonghwagyo	Yonghwagyo
용원	yongwŏn	yongwon	용화리	Yonghwa-ri	Yonghwa-ri
용은	Yongŭn	Yongeun	용화사	Yonghwasa	Yonghwasa
용의	yongŭi	yongui	용흥리	Yonghŭng-ni	Yongheung-ri
용의자	yongŭija	yonguija	우	u	u
용인	Yongin	Yongin	우가키	Ugak'i	Ugaki
용인군	Yongin-gun	Yongin-gun	우간다	Uganda	Uganda
용인대	Yongindae	Yongindae	우강	Ugang	Ugang
용인시	Yongin-si	Yongin-si	우거	ugŏ	ugeo
용인학	Yonginhak	Yonginhak	우거지게	ugŏjige	ugeojige
용인현	Yongin-hyŏn	Yongin-hyeon	우거진	ugŏjin	ugeojin
용자	yongja	yongja	우경	ugyŏng	ugyeong
용장	yongjang	yongjang	우경화	ugyŏnghwa	ugyeonghwa
용재	Yongjae	Yongjae	우계	Ugye	Ugye
용전리	Yongjŏn-ni	Yongjeon-ri	우고	Ugo	Ugo
용정	Yongjŏng	Yongjeong	우골탑	ugolt'ap	ugoltap
용정리	Yongjŏng-ni	Yongjeong-ri	우공	Ugong	Ugong
용존	Yongjon	Yongjon	우관	Ugwan	Ugwan
용주	Yongju	Yongju	우구	Ugu	Ugu
용주사	Yongjusa	Yongjusa	우국	uguk	uguk
용지	yongji	yongji	우군	ugun	ugun
용진	yongjin	yongjin	우금	Ugŭm	Ugeum
용천	Yongch'ŏn	Yongcheon	우금리	Ugŭm-ni	Ugeum-ri
용천군	Yongch'ŏn-gun	Yongcheon-gun	우금티	Ugŭmt'i	Ugeumti
용천리	Yongch'ŏn-ni	Yongcheon-ri	우기	ugi	ugi
용천부	Yongch'ŏn-bu	Yongcheon-bu	우기는	uginŭn	ugineun
용춘	Yongch'un	Yongchun	우기다	ugida	ugida
용탄동	Yongt'an-dong	Yongtan-dong	우길	ugil	ugil
용트림	yongt'ŭrim	yongteurim	우나리야	Unariya	Unariya
용틀임	yongt'ŭrim	yongteulim	우남	Unam	Unam
용포	yongp'o	yongpo	우느냐	unŭnya	uneunya
용품	yongp'um	yongpum	우는	unŭn	uneun
용품업	yongp'umŏp	yongpumeop	우는게	unŭn'ge	uneunge
용품전	yongp'umjŏn	yongpumjeon	우니에르쌀까	Unierŭssalkka	Uniereussalkka

한글 용례	ALA-LC Romanization	정부 표기안	한글 용례	ALA-LC Romanization	정부 표기안
우담	Udam	Udam	우물	umul	umul
우담바라	Udambara	Udambara	우미	umi	umi
우당	Udang	Udang	우미관	Umigwan	Umigwan
우대	udae	udae	우민	umin	umin
우도	udo	udo	우바이	Ubai	Ubai
우도가	udoga	udoga	우박	ubak	ubak
우돌	udol	udol	우방	ubang	ubang
우동	udong	udong	우방국	ubangguk	ubangguk
우두	udu	udu	우별초	Ubyŏlch'o	Ubyeolcho
우두동	Udu-dong	Udu-dong	우보	Ubo	Ubo
우두리	Udu-ri	Udu-ri	우복	Ubok	Ubok
우둥불	Udungpul	Udungbul	우봉	Ubong	Ubong
우득록	Udŭngnok	Udeungnok	우봉현	Ubong-hyŏn	Ubong-hyeon
우등	udŭng	udeung	우부	Ubu	Ubu
우등상	udŭngsang	udeungsang	우분	ubŭn	ubeun
우등생	udŭngseang	udeungsaeng	우사	usa	usa
우딸사	Uttalsa	Uttalsa	우산	usan	usan
우뚝	uttuk	uttuk	우산국	Usan'guk	Usanguk
우라키	Urak'i	Uraki	우산도	Usando	Usando
우락	urak	urak	우산리	Usan-ni	Usan-ri
우란	Uran	Uran	우삼	Usam	Usam
우란분	Uranbun	Uranbun	우상	usang	usang
우란분경	Uranbun'gyŏng	Uranbungyeong	우상들	usangdŭl	usangdeul
우랄	Ural	Ural	우상화	usanghwa	usanghwa
우람한	uramhan	uramhan	우생학	usaenghak	usaenghak
우량	uryang	uryang	우서	Usŏ	Useo
우러러	urŏrŏ	ureoreo	우석	Usŏk	Useok
우러르며	urŏrŭmyŏ	ureoreumyeo	우석대	Usŏktae	Useokdae
우렁	urŏng	ureong	우선	usŏn	useon
우레	ure	ure	우선주	usŏnju	useonju
우룽이	Urongi	Urongi	우성	usŏng	useong
우뢰	uroe	uroe	우세	use	use
우루루	ururu	ururu	우송	usong	usong
우룩	Urŭk	Ureuk	우수	usu	usu
우리	uri	uri	우수대	usudae	usudae
우리네	urine	urine	우수리	Usu-ri	Usu-ri
우리들	uridŭl	urideul	우수리스크	Usurisŭk'ŭ	Usuriseukeu
우린	urin	urin	우수성	ususŏng	ususeong
우림	Urim	Urim	우수영	Usuyŏng	Usuyeong
우마	uma	uma	우수정	Usujŏng	Usujeong
우먼	umŏn	umeon	우순	usun	usun
우묵	Umuk	Umuk	우술	Usul	Uusul
우문	umun	umun	우스개	usŭgae	useugae
우문관	Umun'gwan	Umungwan	우스다	Usŭda	Useuda
우문학	Umunhak	Umunhak	우스운	usŭun	useuun

한글 용례	ALA-LC Romanization	정부 표기안	한글 용례	ALA-LC Romanization	정부 표기안
우습다	usŭpta	useupda	우장	ujang	ujang
우승	usŭng	useung	우재	Ujae	Ujae
우승상	usŭngsang	useungsang	우저	ujŏ	ujeo
우시오	usio	usio	우적가	Ujŏkka	Ujeokga
우시장	usijang	usijang	우전	Ujŏn	Ujeon
우신	Usin	Usin	우정	ujŏng	ujeong
우신사	Usinsa	Usinsa	우정국	Ujŏngguk	Ujeongguk
우쓰미	Ussŭmi	Usseumi	우정론	ujŏngnon	ujeongnon
우아	ua	ua	우정사	ujŏngsa	ujeongsa
우아한	uahan	uahan	우정승	ujŏngsŭng	ujeongseung
우암	Uam	Uam	우제	Uje	Uje
우애	uae	uae	우조	Ujo	Ujo
우양	uyang	uyang	우졸재	Ujoljae	Ujoljae
우어	Uŏ	Ueo	우종사	Ujongsa	Ujongsa
우언	uŏn	ueon	우주	uju	uju
우에노	Ueno	Ueno	우주관	ujugwan	ujugwan
우에누	Uenu	Uenu	우주력	ujuryŏk	ujuryeok
우역	Uyŏk	Uyeok	우주론	ujuron	ujuron
우연	uyŏn	uyeon	우주벡키스탄	Ujubekk'isŭt'an	Ujubekkiseutan
우연히	uyŏnhi	uyeonhi	우주인	ujuin	ujuin
우열	uyŏl	uyeol	우주전	ujujŏn	ujujeon
우영	Uyŏng	Uyeong	우중	ujung	ujung
우웅	Uong	Uong	우즈베키스탄	Ujŭbek'isŭt'an	Ujeubekiseutan
우와	uwa	uwa	우즈벡스탄	Ujŭbeksŭt'an	Ujeubekseutan
우왕	uwang	uwang	우직	ujik	ujik
우왕현	Uwang-hyŏn	Uwang-hyeon	우직하게	ujikhage	ujikhage
우울	uul	uul	우직한	ujikhan	ujikhan
우울군	Uul-gun	Uul-gun	우진	Ujin	Ujin
우울증	uulchŭng	uuljeung	우차	uch'a	ucha
우월	uwŏl	uwol	우찬성	uch'ansŏng	uchanseong
우월감	uwŏlgam	uwolgam	우천	uch'ŏn	ucheon
우월성	uwŏlsŏng	uwolseong	우천리	Uch'ŏn-ni	Ucheon-ri
우위	uwi	uwi	우체	uch'e	uche
우유	uyu	uyu	우체국	uch'eguk	ucheguk
우의	uŭi	uui	우체모탁국	Uch'emot'akkuk	Uchemotakguk
우의방	uŭibang	uuibang	우체부	uch'ebu	uchebu
우의정	Uŭijŏng	Uuijeong	우체사	Uch'esa	uchesa
우이도	Uido	Uido	우체통	uch'et'ong	uchetong
우이령	Uiryŏng	Uiryeong	우촌	Uch'on	Uchon
우이자	Uija	Uija	우충	uch'ung	uchung
우익	uik	uik	우치리	Uch'i-ri	Uchi-ri
우익위	Uigwi	Uigwi	우크라이나	Uk'ŭraina	Ukeuraina
우인	Uin	Uin	우키요에	Uk'iyoe	Ukiyoe
우일	uil	uil	우토	Ut'o	Uto
우자마主義	Ujamajuŭi	Ujamajueui	우토로	Ut'oro	Utoro

한글 용례	ALA-LC Romanization	정부 표기안	한글 용례	ALA-LC Romanization	정부 표기안
우파	up'a	upa	운동들	undongdŭl	undongdeul
우편	up'yŏn	upyeon	운동론	undongnon	undongnon
우편국	up'yŏn'guk	upyeonguk	운동사	undongsa	undongsa
우편함	up'yŏnham	upyeonham	운동사적	undongsachŏk	undongsajeok
우평	Up'yŏng	Upyeong	운동서	undongsŏ	undongseo
우포	Up'o	Upo	운동장	undongjang	undongjang
우표	up'yo	upyo	운동회	undonghoe	undonghoe
우풍현	Up'ung-hyŏn	Upung-hyeon	운디네	Undine	Undine
우학모	Uhangmo	Uhangmo	운로	Ullo	Ullo
우해	Uhae	Uhae	운룡도	Ullyongdo	Ullyongdo
우해이	Uhaei	Uhaei	운명	unmyŏng	unmyeong
우향	Uhyang	Uhyang	운명담	unmyŏngdam	unmyeongdam
우현	uhyŏn	uhyeon	운명론	unmyŏngnon	unmyeongnon
우호	uho	uho	운명적	unmyŏngjŏk	unmyeongjeok
우호적	uhojŏk	uhojeok	운명체	unmyŏngch'e	unmyeongche
우혼	Uhon	Uhon	운명학	unmyŏnghak	unmyeonghak
우화	uhwa	uhwa	운묵	Unmuk	Unmuk
우화집	uhwajip	uhwajip	운문	unmun	unmun
우회	uhoe	uhoe	운문사	Unmunsa	Unmunsa
우후	uhu	uhu	운문산	Unmunsan	Unmunsan
욱	uk	uk	운반	unban	unban
욱수	Uksu	Uksu	운반선	unbansŏn	unbanseon
욱수동	Uksu-dong	Uksu-dong	운보	Unbo	Unbo
욱오	Ugo	Ugo	운봉	Unbong	Unbong
운	un	un	운봉군	Unbong-gun	Unbong-gun
운강	Un'gang	Ungang	운봉현	Unbong-hyŏn	Unbong-hyeon
운거	Un'gŏ	Ungeo	운부	unbu	unbu
운곡	Un'gok	Ungok	운사	unsa	unsa
운곡리	Un'gong-ni	Ungok-ri	운산	Unsan	Unsan
운기	un'gi	ungi	운산군	Unsan-gun	Unsan-gun
운남	Unnam	Unnam	운서	unsŏ	unseo
운남군	Unnam-gun	Unnam-gun	운석	unsŏk	unseok
운남동	Unnam-dong	Unnam-dong	운성	Unsŏng	Unseong
운남성	Unnam-sŏng	Unnam-seong	운성리	Unsŏng-ni	Unseong-ri
운노	Unno	Unno	운소	Unso	Unso
운니동	Unni-dong	Unni-dong	운송	unsong	unsong
운다	unda	unda	운송국	unsongguk	unsongguk
운당	undang	undang	운수	unsu	unsu
운대	Undae	Undae	운수부	unsubu	unsubu
운대리	Undae-ri	Undae-ri	운수사	Unsusa	Unsusa
운동	undong	undong	운악산	Unaksan	Unaksan
운동가	undongga	undongga	운암	Unam	Unam
운동가들	undonggadŭl	undonggadeul	운암사	Unamsa	Unamsa
운동계	undonggye	undonggye	운애	Unae	Unae
운동권	undongkwŏn	undonggwon	운양	Unyang	Unyang

한글 용례	ALA-LC Romanization	정부 표기안	한글 용례	ALA-LC Romanization	정부 표기안
운연	Unyŏn	Uunyeon	운행법	unhaengpŏp	unhaengbeop
운영	unyŏng	unyeong	운현궁	Unhyŏn'gung	Unhyeongung
운영과	unyŏngkwa	unyeonggwa	운혜	Unhye	Unhye
운영론	unyŏngnon	unyeongnon	운호	Unho	Unho
운영실	unyŏngsil	unyeongsil	운회	unhoe	unhoe
운영업	unyŏngŏp	unyeongeop	울	ul	ul
운영전	Unyŏngjŏn	Unyeongjeon	울고	ulgo	ulgo
운영팀	unyŏngt'im	unyeongtim	울기	ulgi	ulgi
운와	Unwa	Unwa	울다	ulda	ulda
운요호	Unyoho	Unyoho	울던	uldŏn	uldeon
운용	unyong	unyong	울도	Uldo	Uldo
운용리	Unnyong-ni	Unyong-ri	울돌목	Ultolmok	Uldolmok
운용성	unyongsŏng	unyongseong	울라	ulla	ulla
운용실	unyongsil	unyongsil	울려	ullyŏ	ullyeo
운용업	unyongŏp	unyongeop	울력	ullyŏk	ullyeok
운우	unu	unu	울릉	Ullŭng	Ulleung
운율	unyul	unyul	울릉군	Ullŭng-gun	Ulleung-gun
운임	unim	unim	울릉도	Ullŭngdo	Ulleungdo
운장	Unjang	Unjang	울리고	ulligo	ulligo
운재	Unjae	Unjae	울리네	ulline	ulline
운전	unjŏn	unjeon	울리다	ullida	ullida
운전사	unjŏnsa	unjeonsa	울리지	ulliji	ulliji
운전자	unjŏnja	unjeonja	울린	ullin	ullin
운정	Unjŏng	Unjeong	울릴	ullil	ullil
운제	Unje	Unje	울림	ullim	ullim
운조루	Unjoru	Unjoru	울림사	Ullimsa	Ullimsa
운종	Unjong	Unjong	울보	ulbo	ulbo
운종가	Unjongga	Unjongga	울산	Ulsan	Ulsan
운주	Unju	Unju	울산군	Ulsan-gun	Ulsan-gun
운주사	Unjusa	Unjusa	울산대	Ulsandae	Ulsandae
운중동	Unjung-dong	Unjung-dong	울산시	Ulsan-si	Ulsan-si
운천	Unch'ŏn	Uncheon	울산읍	Ulsan-ŭp	Ulsan-eup
운천동	Unch'ŏn-dong	Uncheondong	울어	urŏ	ureo
운초	Unch'o	Uncho	울어줄	urŏjul	ureojul
운치	unch'i	unchi	울었사옵니다	urŏtsaomnida	uleotssaomnida
운판	Unp'an	Unpan	울음	urŭm	ureum
운평	Unp'yŏng	Unpyeong	울이	uri	uri
운평리	Unp'yŏng-ni	Unpyeong-ri	울자	ulja	ulja
운하	unha	unha	울절	uljŏl	uljeol
운하길	unhakil	unhagil	울주	Ulju	Ulju
운학	Unhak	Unhak	울주군	Ulju-gun	Ulju-gun
운학리	Unhang-ni	Unhak-ri	울지	ulji	ulji
운학재	Unhakchae	Unhakjae	울지도	uljido	uljido
운해	Unhae	Unhae	울지마	uljima	uljima
운행	unhaeng	unhaeng	울진	Ulchin	Uljin

한글 용례	ALA-LC Romanization	정부 표기안	한글 용례	ALA-LC Romanization	정부 표기안
울진군	Ulchin-gun	Uljin-gun	웅신현	Ungsin-hyŏn	Ungsin-hyeon
울진현	Ulchin-hyŏn	Uljin-hyeon	웅장	ungjang	ungjang
울타리	ult'ari	ultari	웅장하고	ungjanghago	ungjanghago
울퉁	ult'ung	ultung	웅주	Ungju	Ungju
울프	Ulp'ŭ	Ulpeu	웅지	ungji	ungji
울화	urhwa	ulhwa	웅진	Ungjin	Ungjin
움직여	umjiggyŏ	umjigyeo	웅진동	Ungjin-dong	Ungjin-dong
움직여온	umjiggyŏon	umjigyeoon	웅진성	Ungjinsŏng	Ungjinseong
움직이는	umjiginŭn	umjigineun	웅천	Ungch'ŏn	Ungcheon
움직이는가	umjiginŭn'ga	umjigineunga	웅천군	Ungch'ŏn-gun	Ungcheon-gun
움직이다	umjigida	umjigida	웅천현	Ungch'ŏn-hyŏn	Ungcheon-hyeon
움직인	umjigin	umjigin	웅포	Ungp'o	Ungpo
움직인다	umjiginda	umjiginda	웅포리	Ungp'o-ri	Ungpo-ri
움직일	umjigil	umjigil	웅혼	unghon	unghon
움직임	umjigim	umjigim	웅후	unghu	unghu
움집	umchip	umjip	워낭	wŏnang	wonang
움집터	umjipt'ŏ	umjipteo	워드	wŏdŭ	wodeu
움터	umt'ŏ	umteo	워시번	Wŏsibŏn	Wosibeon
움튼	umt'ŭn	umteun	워싱턴	Wŏsingt'ŏn	Wosingteon
움틀	umt'ŭl	umteul	워싱톤	Wŏsingt'on	Wosington
웃거름	utkŏrŭm	utgeoreum	워커	Wŏk'ŏ	Wokeo
웃게	utke	utge	워크	wŏk'ŭ	wokeu
웃고	utko	utgo	워크숍	wŏk'ŭsyop	wokeusyop
웃고간	utkogan	utgogan	워홀	Wŏhol	Wohol
웃기게	utkige	utgige	웍숍	wŏksyop	woksyop
웃기는	utkinŭn	utgineun	웍스	wŏksŭ	wokseu
웃긴	ukkin	utgin	웍크샵	wŏkk'ŭsap	wokkeusap
웃는	unnŭn	unneun	원	wŏn	won
웃다	utta	utta	원가	wŏnka	wonga
웃다리	uttari	utdari	원각	Wŏn'gak	Wongak
웃던	uttŏn	utdeon	원각경	Wŏn'gakkyŏng	Wongakgyeong
웃어라	usŏra	useora	원각사	Wŏn'gaksa	Wongaksa
웃어온	usŏon	useoon	원각사비	Wŏn'gaksabi	Wongaksabi
웃옷	udot	usot	원감	Wŏn'gam	Wongam
웃으며	usŭmyŏ	useumyeo	원격	wŏnkyŏk	wongyeok
웃으면서	usŭmyŏnsŏ	useumyeonseo	원경	wŏn'gyŏng	wongyeong
웃음	usŭm	useum	원고	wŏn'go	wongo
웅	ung	ung	원고본	wŏn'gobon	wongobon
웅녀	ungnyŏ	ungnyeo	원고지	wŏn'goji	wongoji
웅비	ungbi	ungbi	원고집	wŏn'gojip	wongojip
웅산	Ungsan	Ungsan	원곡	Wŏn'gok	Wongok
웅성	ungsŏng	ungseong	원곡동	Wŏn'gok-tong	Wongok-dong
웅성거리다	ungsŏnggŏrida	ungseonggeorida	원공	Wŏn'gong	Wongong
웅숭깊다	ungsunggipta	ungsunggipda	원광	Wŏn'gwang	Wongwang
웅신	Ungsin	Ungsin	원광대	Wŏn'gwangdae	Wongwangdae

한글 용례	ALA-LC Romanization	정부 표기안	한글 용례	ALA-LC Romanization	정부 표기안
원광사	Wŏn'gwangsa	Wongwangsa	원명	Wŏnmyŏng	Wonmyeong
원교	Wŏn'gyo	Wongyo	원목	wŏnmok	wonmok
원교체	Wŏn'gyoch'e	Wongyoche	원묘	Wŏnmyo	Wonmyo
원구	Wŏn'gu	Wongu	원문	wŏnmun	wonmun
원군	wŏn'gun	wongun	원미	Wŏnmi	Wonmi
원근	wŏn'gŭn	wongeun	원미사	Wŏnmisa	Wonmisa
원근법	wŏn'gŭnbŏp	wongeunbeop	원민	Wŏnmin	Wonmin
원기	wŏn'gi	wongi	원병	wŏnbyŏng	wonbyeong
원내	wŏnnae	wonnae	원보	Wŏnbo	Wonbo
원년	wŏnnyŏn	wonnyeon	원본	wŏnbon	wonbon
원님	wŏnnim	wonnim	원봉	Wŏnbong	Wonbong
원단	wŏndan	wondan	원봉리	Wŏnbong-ni	Wonbong-ri
원당	Wondang	Wondang	원사	wŏnsa	wonsa
원당동	Wŏndang-dong	Wondang-dong	원산	Wŏnsan	Wonsan
원당리	Wŏndang-ni	Wondang-ri	원산도	Wŏnsando	Wonsando
원대	wŏndae	wondae	원산역	Wŏnsannyŏk	Wonsanyeok
원대한	wŏndaehan	wondaehan	원산지	wŏnsanji	wonsanji
원더	wŏndŏ	wondeo	원산현	Wŏnsan-hyŏn	Wonsan-hyeon
원더풀	wŏndŏp'ul	wondeopul	원삼	wŏnsam	wonsam
원덕	Wŏndŏk	wondeok	원삼국	wŏnsamguk	wonsamguk
원덕읍	Wŏndŏg-ŭp	Wondeok-eup	원상	wŏnsang	wonsang
원도	wŏndo	wondo	원생	wŏnsaeng	wonsaeng
원도심	wŏndosim	wondosim	원서	wŏnsŏ	wonseo
원동	wŏndong	wondong	원서동	Wŏnsŏ-dong	Wonseo-dong
원동력	wŏndongnyŏk	wondongnyeok	원석	wŏnsŏk	wonseok
원두	wŏndu	wondu	원성	wŏnsŏng	wonseong
원두군	Wŏndu-gun	Wondu-gun	원성군	Wŏnsŏng-gun	Wonseong-gun
원득	Wŏndŭk	Wondeuk	원소	wŏnso	wonso
원람	wŏllam	wollam	원소리	Wŏnso-ri	Wonso-ri
원랑	Wŏllang	Wollang	원수	wŏnsu	wonsu
원력대	Wŏllyŏktae	Wollyeokdae	원수님	wŏnsunim	wonsunim
원령	wŏllyŏng	wollyeong	원수리	Wŏnsu-ri	Wonsu-ri
원례	Wollye	Wollye	원순	Wŏnsun	Wonsun
원로	wŏllo	wollo	원술랑	Wŏnsullang	Wonsullang
원록	Wŏllok	Wollok	원숭이	wŏnsungi	wonsungi
원론	wŏllon	wollon	원스톱	wŏnsŭt'op	wonseutop
원료	wŏllyo	wollyo	원시	wŏnsi	wonsi
원료용	wŏllyoyong	wollyoyong	원시림	wŏnsirim	wonsirim
원룡	Wŏllyong	Wollyong	원시적	wŏnsijŏk	wonsijeok
원류	wŏllyu	wollyu	원쑤	wŏnssu	wonssu
원류사	wŏllyusa	Wollyusa	원아	wŏna	wona
원리	wŏlli	wolli	원아수	wŏnasu	wonasu
원리적	wŏllijŏk	wollijeok	원암	Wŏnam	Wonam
원림	wŏllim	wollim	원암리	Wŏnam-ni	Wonam-ri
원림법	wŏllimpŏp	wollimbeop	원앙	wŏnang	wonang

한글 용례	ALA-LC Romanization	정부 표기안	한글 용례	ALA-LC Romanization	정부 표기안
원앙문	wŏnangmun	wonangmun	원주민	wŏnjumin	wonjumin
원액	wŏnaek	wonaek	원주시	Wŏnju-si	Wonju-si
원앤원	Wŏn-aen-Wŏn	Won-aen-Won	원주진	Wŏnjujin	Wonjujin
원양	wŏnyang	wonyang	원지	Wŏnji	Wonji
원어	wŏnŏ	woneo	원지동	Wŏnji-dong	Wonji-dong
원여	Wŏnyŏ	wonyeo	원진	Wŏnjin	Wonjin
원연	Wŏnyŏn	Wonyeon	원진리	Wŏnjin-ni	Wonjin-ri
원영	Wŏnyŏng	Wonyeong	원천	wŏnch'ŏn	woncheon
원예	wŏnye	wonye	원천국	wŏnch'ŏn'guk	woncheonguk
원오	Wŏno	Wono	원천리	Wŏnch'ŏl-li	Woncheon-ri
원오리	Wŏno-ri	Wono-ri	원초	wŏnch'o	woncho
원용	wŏnyong	wonyong	원촌	Wŏnch'on	Wonchon
원우	wŏnu	wonu	원충	wŏnch'ung	wonchung
원월리	Wŏnwŏl-li	Wonwol-ri	원측	Wŏnch'ŭk	Woncheuk
원유	wŏnyu	wonyu	원치	wŏnch'i	wonchi
원유관	wŏnyugwan	wonyugwan	원칙	wŏnch'ik	wonchik
원융	Wŏnyung	Wonyung	원탁	wŏnt'ak	wontak
원음	wŏnŭm	woneum	원택	Wŏnt'aek	Wontaek
원음사	Wŏnŭmsa	Woneumsa	원통	Wŏnt'ong	Wontong
원음주의	wŏnŭmjuŭi	woneumjuui	원통기	wŏnt'onggi	wontonggi
원인	wŏnin	wonin	원통리	Wŏnt'ong-ni	Wontong-ri
원일	Wŏnil	Wonil	원통함	wŏnt'ongham	wontongham
원자	wŏnja	wonja	원통형	wŏnt'onghyŏng	wontonghyeong
원자력	wŏnjaryŏk	wonjaryeok	원판	wŏnp'an	wonpan
원자력법	wŏnjaryŏkpŏp	wonjaryeokbeop	원판형	wŏnp'anhyŏng	wonpanhyeong
원자로	wŏnjaro	wonjaro	원평군	Wŏnp'yŏng-gun	Wonpyeong-gun
원작	wŏnjak	wonjak	원포인트	wŏnp'oint'ŭ	wonpointeu
원작자	wŏnjakcha	wonjakja	원폭	wŏnp'ok	wonpok
원장	wŏnjang	wonjang	원풍	Wŏnp'ung	Wonpung
원재료	wŏnjaeryo	wonjaeryo	원풍리	Wŏnp'ung-ni	Wonpung-ri
원저	wŏnjŏ	wonjeo	원하거든	wŏnhagŏdŭn	wonhageodeun
원저자	wŏnjŏja	wonjeoja	원하는	wŏnhanŭn	wonhaneun
원적	wŏnjŏk	wonjeok	원하는가	wŏnhanŭn'ga	wonhaneunga
원전	wŏnjŏn	wonjeon	원하지	wŏnhaji	wonhaji
원전성	wŏnjŏnsŏng	wonjeonseong	원한	wŏnhan	wonhan
원전집	wŏnjŏnjip	wonjeonjip	원한다	wŏnhanda	wonhanda
원점	wŏnchŏm	wonjeom	원행	wŏnhaeng	wonhaeng
원정	wŏnjŏng	wonjeong	원헌	Wŏnhŏn	Wnheon
원정대	wŏnjŏngdae	wonjeongdae	원형	wŏnhyŏng	wonhyeong
원제	wŏnje	wonje	원형사	wŏnhyŏngsa	wonhyeongsa
원조	wŏnjo	wonjo	원형적	wŏnhyŏngjŏk	wonhyeongjeok
원종	Wŏnjong	Wonjong	원형질	wŏnhyŏngjil	wonhyeongjil
원주	Wŏnju	Wonju	원혜	Wŏnhye	Wonhye
원주군	Wŏnju-gun	Wonju-gun	원혼	wŏnhon	wonhon
원주목	Wŏnju-mok	Wonju-mok	원화	Wŏnhwa	Wonhwa

한글 용례	ALA-LC Romanization	정부 표기안	한글 용례	ALA-LC Romanization	정부 표기안
원활	wŏnhwal	wonhwal	월보	wŏlbo	wolbo
원활화	wŏnhwarhwa	wonhwalhwa	월보사	wŏlbosa	wolbosa
원회	Wŏnhoe	Wonhoe	월봉	Wŏlbong	Wolbong
원효	Wonhyo	Wonhyo	월북	wŏlbuk	wolbuk
원효로	Wŏnhyoro	Wonhyoro	월북자	wŏlbukcha	wolbukja
원효소	Wŏnhyoso	Wnhyoso	월사	Wŏlsa	Wolsa
원효종	Wŏnhyojong	Wonhyojong	월산	wŏlsan	wolsan
원흉	wŏnhyung	wonhyung	월산리	Wŏlsan-ni	Wolsan-ri
원흉들	wŏnhyungdŭl	wonhyungdeul	월성	Wŏlsŏng	Wolseong
원흥리	Wŏnhŭng-ni	Wonheung-ri	월성군	Wŏlsŏng-gun	Wolseong-gun
월	wŏl	wol	월성동	Wŏlsŏng-dong	Wolseong-dong
월가	Wŏlga	Wolga	월성로	Wŏlsŏngno	Wolseongno
월街	Wŏlga	Wolga	월송	Wŏlsong	Wolsong
월간	wŏlgan	wolgan	월송리	Wŏlsong-ni	Wolsong-ri
월간사	wŏlgansa	wolgansa	월송천	Wŏlsongch'ŏn	Wolsongcheon
월간지	wŏlganji	wolganji	월아	Wŏra	Wora
월강	Wŏlgang	Wolgang	월악	Wŏrak	Worak
월경	wŏlgyŏng	wolgyeong	월악산	Wŏraksan	Woraksan
월경성	wŏlgyŏngsŏng	wolgyeongseong	월암	Wŏram	Woram
월경지	wŏlgyŏngji	wolgyeongji	월암리	Wŏram-ni	Woram-ri
월계	wŏlgye	wolgye	월야	wŏrya	wolya
월계관	wŏlgyegwan	wolgyegwan	월여	Wŏryŏ	Wolyeo
월계동	Wŏlgye-dong	Wolgye-dong	월연	wŏryŏn	woryeon
월고	Wŏlgo	Wolgo	월영	Wŏryŏng	Woryeong
월곡	Wŏlgok	Wolgok	월요	wŏryo	woryo
월곡리	Wŏlgong-ni	Wolgok-ri	월요병	wŏryopyŏng	woryobyeong
월광	wŏlgwang	wolgwang	월요일	Wŏryoil	Woryoil
월남	Wŏllam	Wollam	월인	Wŏrin	Worin
월남사	Wŏllamsa	Wollamsa	월전	Wŏlchŏn	Woljeon
월남전	Wŏllamjŏn	Wollamjeon	월전리	Wŏlchŏn-ni	Woljeon-ri
월내동	Wŏllae-dong	Wollae-dong	월정	Wŏlchŏng	Woljeong
월대지	wŏltaeji	woldaeji	월정리	Wŏlchŏng-ni	Woljeong-ri
월동	wŏltong	woldong	월정사	Wŏlchŏngsa	Woljeongsa
월드	wŏldŭ	woldeu	월주	Wŏlchu	Wolju
월드컵	Wŏldŭk'ŏp	woldeukeop	월주요	Wŏlchuyo	Woljuyo
월등한	wŏldŭnghan	woldeunghan	월지	Wŏlchi	Wolji
월랑	Wŏllang	Wollang	월지국사	Wŏlchiguksa	Woljiguksa
월령	wŏllyŏng	wollyeong	월창	wŏlch'ang	wolchang
월령가	wŏllyŏngga	wollyeongga	월천	Wŏlch'ŏn	Wolcheon
월례	wŏllye	wollye	월천리	Wŏlch'ŏn-ni	Wolcheon-ri
월록	Wŏllok	wollok	월촌동	Wŏlch'on-dong	Wolchon-dong
월명	wŏlmyŏng	wolmyeong	월출	Wŏlch'ul	Wolchul
월미	Wŏlmi	Wolmi	월출산	Wŏlch'ulsan	Wolchulsan
월미도	Wŏlmido	Wolmido	월탄	Wŏlt'an	Woltan
월백	wŏlbaek	wolbaek	월파	Wŏlp'a	Wolpa

한글 용례	ALA-LC Romanization	정부 표기안	한글 용례	ALA-LC Romanization	정부 표기안
월평	Wŏlp'yŏng	Wolpyeong	위리	wiri	wiri
월평동	Wŏlp'yŏng-dong	Wolpyeong-dong	위만	Wiman	Wiman
월포	Wŏlp'o	Wolpo	위무	wimu	wimu
월하	Wŏrha	Wolha	위문	wimun	wimun
월헌	Wŏrhŏn	Wolheon	위문사	wimunsa	wimunsa
월호	Wŏrho	Wolho	위문품	wimunp'um	wimunpum
월회	wŏrhoe	wolhoe	위민	wimin	wimin
웨슬레	Wesŭlle	Weseulle	위반	wiban	wiban
웨슬리	Wesŭlli	Weseulli	위반자	wibanja	wibanja
웨어러블	weŏrŏbŭl	weeoreobeul	위배	wibae	wibae
웨이	wei	wei	위버	Wibŏ	Wbeo
웨이브	weibŭ	weibeu	위법	wibŏp	wibeop
웨이사	Weisa	Weisa	위빠싸나	Wippassana	Wippassana
웨이트	weit'ŭ	weiteu	위사	wisa	wisa
웨일즈	Weiljŭ	Weiljeu	위사의	wisaŭi	wisaui
웬	wen	wen	위산	wisan	wisan
웬만한	wenmanhan	wenmanhan	위상	wisang	wisang
웰다잉	weldaing	weldaing	위생	wisaeng	wisaeng
웰빙	welbing	welbing	위생과	wisaengkwa	wisaenggwa
웰치	Welch'i	Welchi	위생국	wisaengguk	wisaengguk
웰페어노믹스	welp'eŏnomiksŭ	welpeeonomikseu	위생법	wisaengpŏp	wisaengbeop
위	wi	wi	위생사	wisaengsa	wisaengsa
위계	wigye	wigye	위생적	wisaengjŏk	wisaengjeok
위공	Wigong	Wigong	위생학	wisaenghak	wisaenghak
위관	wigwan	wigwan	위생학적	wisaenghakchŏk	wisaenghakjeok
위구르	Wigurŭ	Wigureu	위서	wisŏ	wiseo
위궤양	wigweyang	wigweyang	위선	wisŏn	wiseon
위기	wigi	wigi	위선자	wisŏnja	wiseonja
위기론	wigiron	wigiron	위선지	Wisŏnji	Wiseonji
위기설	wigisŏl	wigiseol	위성	wisŏng	wiseong
위기적	wigijŏk	wigijeok	위수	wisu	wisu
위너지	Winŏji	Wineoji	위수령	wisuryŏng	wisuryeong
위당	Widang	Widang	위스퍼	wisŭp'ŏ	wiseupeo
위대하다	widaehada	widaehada	위시	wisi	wisi
위대한	widaehan	widaehan	위안	wian	wian
위덕	Widŏk	Wideok	위안부	wianbu	wianbu
위도	Wido	Wido	위안소	wianso	wianso
위도면	Wido-myŏn	Wido-myeon	위안화	wianhwa	wianhwa
위드	widŭ	wideu	위암	wiam	wiam
위력	wiryŏk	wiryeok	위애드	Wiaedŭ	Wiaedeu
위력적	wiryŏkchŏk	wiryeokjeok	위엄	wiŏm	wieom
위령탑	wiryŏngt'ap	wiryeongtap	위업	wiŏp	wieop
위례	Wirye	Wirye	위업사	wiŏpsa	wieopsa
위례성	Wiryesŏng	Wiryeseong	위용	wiyong	wiyong
위로	wiro	wiro	위원	wiwŏn	wiwon

한글 용례	ALA-LC Romanization	정부 표기안	한글 용례	ALA-LC Romanization	정부 표기안
위원군	Wiwŏn-gun	Wiwon-gun	위헌	wihŏn	wiheon
위원단	wiwŏndan	wiwondan	위헌성	wihŏnsŏng	wiheonseong
위원실	wiwŏnsil	wiwonsil	위헌적	wihŏnjŏk	wiheonjeok
위원장	wiwŏnjang	wiwonjang	위험	wihŏm	wiheom
위원장들	wiwŏnjangdŭl	wiwonjangdeul	위험도	wihŏmdo	wiheomdo
위원진	wiwŏnjin	wiwonjin	위험성	wihŏmsŏng	wiheomseong
위원회	wiwŏnhoe	wiwonhoe	위협	wihyŏp	wihyeop
위원회법	wiwŏnhoepŏp	wiwonhoebeop	위화도	Wihwa-do	Wihwa-do
위인	wiin	wiin	위화부	Wihwa-bu	Wihwa-bu
위인들	wiindŭl	wiindeul	위흔	Wihŭn	Wiheun
위인전	wiinjŏn	wiinjeon	윈도우	windou	windou
위임	wiim	wiim	윌러드	Willŏdŭ	Willeodeu
위임장	wiimchang	wiimjang	윌리암	William	William
위자료	wijaryo	wijaryo	윌리암스버그	Williamsŭbŏgŭ	Williamseubeogeu
위장	wijang	wijang	윌리엄	Wiliŏm	Willieom
위장복	wijangbok	wijangbok	윌버	Wilbŏ	Wilbeo
위정	Wijŏng	Wijeong	윌손	Wilson	Wilson
위조	wijo	wijo	윌콕스	Wilk'oksŭ	Wilkokseu
위종	Wijong	Wijong	윗녘	winnyŏk	winnyeok
위주	wiju	wiju	윗마을	winmaŭl	winmaeul
위즈	wijŭ	wijeu	유	yu	yu
위즈덤	wijŭdŏm	wijeudeom	유가	yuka	yuga
위증	wijŭng	wijeung	유가사지론	Yugasajiron	Yugasajiron
위증죄	wijŭngchoe	wijeungjoe	유가이스	Yugaisŭ	Yugaiseu
위창	Wich'ang	Wichang	유가적	yugajŏk	yugajeok
위촉	wich'ok	wichok	유가족	yugajok	yugajok
위츠	Wich'ŭ	Wicheu	유감	yugam	yugam
위치	wich'i	wichi	유격	yugyŏk	yugyeok
위치도	wich'ido	wichido	유격구	yugyŏkku	yugyeokgu
위키피디아	Wik'ip'idia	Wikipidia	유격대	yugyŏktae	yugyeokdae
위탁	wit'ak	witak	유견	yugyŏn	yugyeon
위태	wit'ae	witae	유경	Yugyŏng	Yugyeong
위태로운	wit'aeroun	witaeroun	유계	yugye	yugye
위트먼	Wit'ŭmŏn	Witeumeon	유계안	yugyean	yugyean
위패	wip'ae	wipae	유고	yugo	yugo
위풍	wip'ung	wipung	유고슬라비아	Yugosŭllabia	Yugoseullabia
위하시여	wihasiyŏ	wihasiyeo	유고집	yugojip	yugojip
위하어	wihayŏ	wihayeo	유곡	yugok	yugok
위한	wihan	wihan	유곡록	yugongnok	yugongnok
위함	wiham	wiham	유곡리	Yugok-ni	Yugok-ri
위항	wihang	wihang	유골	yugol	yugol
위항인	wihangin	wihangin	유공	yugong	yugong
위해	wihae	wihae	유공인	yugongin	yugongin
위해도	wihaedo	wihaedo	유공자	yugongja	yugongja
위해서	wihaesŏ	wihaeseo	유곽	yugwak	yugwak

한글 용례	ALA-LC Romanization	정부 표기안	한글 용례	ALA-LC Romanization	정부 표기안
유관	yugwan	yugwan	유대인	Yudaein	Yudaein
유괴	yugoe	yugoe	유덕	Yudŏk	Yudeok
유괴범	yugoebŏm	yugoebeom	유도	yudo	yudo
유교	Yugyo	Yugyo	유도설	yudosŏl	yudoseol
유교계	Yugyogye	Yugyogye	유도회	Yudohoe	Yudohoe
유교식	Yugyosik	Yugyosik	유동	yudong	yudong
유교적	Yugyojŏk	Yugyojeok	유동성	yudongsŏng	yudongseong
유교학	Yugyohak	Yugyohak	유두	yudu	yudu
유교화	Yugyohwa	Yugyohwa	유라시아	Yurasia	Yurasia
유교회	Yugyohoe	Yugyohoe	유람	yuram	yuram
유구	yugu	yugu	유람가	yuramga	yuramga
유구국	Yuguguk	Yuguguk	유람기	yuramgi	yuramgi
유구한	yuguhan	yuguhan	유람단	yuramdan	yuramdan
유권	yukwŏn	yugwon	유람록	yuramnok	yuramnok
유권자	yukwŏnja	yugwonja	유랑	yurang	yurang
유권자들	yukwŏnjadŭl	yugwonjadeul	유랑자	yurangja	yurangja
유금	Yugŭm	Yugeum	유랑자들	yurangjadŭl	yurangjadeul
유기	yugi	yugi	유래	yurae	yurae
유기략	yugiryak	yugiryak	유래기	yuraegi	yuraegi
유기론	yugiron	yugiron	유래담	yuraedam	yuraedam
유기아	yugia	yugia	유래지	yuraeji	yuraeji
유기장	yugijang	yugijang	유래집	yuraejip	yuraejip
유기적	yugijŏk	yugijeok	유량	yuryang	yuryang
유기질	yugijil	yugijil	유량동	Yuryang-dong	Yuryang-dong
유나이티드	yunait'idŭ	yunaitideu	유럽	Yurŏp	Yureop
유네스코	Yunesŭk'o	Yuneseuko	유럽史	Yurŏpsa	Yureopsa
유년	yunyŏn	yunyeon	유럽행	Yurŏphaeng	Yureophaeng
유년기	yunyŏn'gi	yunyeongi	유력	yuryŏk	yuryeok
유념	yunyŏm	yunyeom	유력자	yuryŏkcha	yuryeokja
유능	yunŭng	yuneung	유령	yuryŏng	yuryeong
유니	yuni	yuni	유령들	yuryŏngdŭl	yuryeongdeul
유니더스	Yunidŏsŭ	yunideoseu	유령학	yuryŏnghak	yuryeonghak
유니버스	yunibŏsŭ	yunibeoseu	유례	yurye	yurye
유니버시아드	Yunibŏsiadŭ	Yunibeosiadeu	유로	Yuro	Yuro
유니버시티	yunibŏsit'i	yunibeositi	유로존	Yurojon	Yurojon
유니스토리	yunist'ori	yuniseutori	유로화	Yurohwa	Yurohwa
유니언	yuniŏn	yunieon	유록	yurok	yurok
유니온	yunion	yunion	유료	yuryo	yuryo
유다	Yuda	Yuda	유료화	yuryohwa	yuryohwa
유단	yudan	yudan	유류	yuryu	yuryu
유단자	yudanja	yudanja	유릉	Yurŭng	Yureung
유달동	Yudal-tong	Yudal-dong	유리	yuri	yuri
유달산	Yudalsan	Yudalsan	유리공	yurigong	yurigong
유당	Yudang	Yudang	유리광	yurigwang	yurigwang
유대	yudae	yudae	유리나	Yurina	Yurina

한글 용례	ALA-LC Romanization	정부 표기안	한글 용례	ALA-LC Romanization	정부 표기안
유리배	yuribae	yuribae	유배우	yubaeu	yubaeu
유리잔	yurichan	yurijan	유배인	yubaein	yubaein
유리창	yurich'ang	yurichang	유배자	yubaeja	yubaeja
유린	yurin	yurin	유배자들	yubaejadŭl	yubaejadeul
유린기	yurin'gi	yuringi	유배지	yubaeji	yubaeji
유림	Yurim	Yurim	유배형	yubaehyŏng	yubaehyeong
유림가	Yurimga	Yurimga	유범	yubŏm	yubeom
유림계	yurimgye	yurimgye	유별	yubyŏl	yubyeol
유마	Yuma	Yuma	유보	yubo	yubo
유망	yumang	yumang	유복자	yubokcha	yubokja
유망록	yumangnok	yumangnok	유불	Yu-Pul	Yu-Bul
유맥	yumaek	yumaek	유불도	Yubulto	Yubuldo
유머	yumŏ	yumeo	유불선	Yu-Pul-Sŏn	Yu-Bul-Seon
유머집	yumŏjip	yumeojip	유비쿼터스	yubik'wŏt'ŏsŭ	yubikwoteoseu
유명	yumyŏng	yumyeong	유사	yusa	yusa
유모어	yumŏo	yumoeo	유사시	yusasi	yusasi
유모어집	yumŏŏjip	yumoeojip	유사지	yusaji	yusaji
유목	yumok	yumok	유산	yusan	yusan
유목민	yumongmin	yumongmin	유산가	Yusan'ga	yusanga
유목민적	yumongminjŏk	yumongminjeok	유산기	yusan'gi	yusangi
유목적	yumokchŏk	yumokjeok	유산들	yusandŭl	yusandeul
유몽	yumong	yumong	유산원	yusanwŏn	yusanwon
유몽휘	yumonghwi	yumonghwi	유산적	yusanjŏk	yusanjeok
유무	yumu	yumu	유상	yusang	yusang
유묵	yumuk	yumuk	유상수	yusangsu	yusangsu
유묵집	yumukchip	yumukjip	유생	yusaeng	yusaeng
유문	yumun	yumun	유생들	yusaengdŭl	yusaengdeul
유물	yumul	yumul	유서	yusŏ	yuseo
유물과	yumulkwa	yumulgwa	유석	Yusŏk	Yuseok
유물관	yumulgwan	yumulgwan	유선	yusŏn	yuseon
유물군	yumulgun	yumulgun	유설	yusŏl	yuseol
유물들	yumuldŭl	yumuldeul	유성	yusŏng	yuseong
유물론	yumullon	yumullon	유성군	Yusŏng-gun	Yuseong-gun
유물상	yumulsang	yumulsang	유성기	yusŏnggi	yuseonggi
유물전	yumuljŏn	yumuljeon	유세비우스	Yusebiusŭ	Yusebiuseu
유물展	yumuljŏn	yumuljeon	유소	Yuso	Yuso
유물집	yumuljip	yumuljip	유소년	yusonyŏn	yusonyeon
유미	yumi	yumi	유수	yusu	yusu
유민	yumin	yumin	유술	Yusul	Yusul
유발	yubal	yubal	유술록	Yusullok	Yusullok
유방	yubang	yubang	유스	yusu	yuseu
유배	yubae	yubae	유스티니아누스	Yusŭt'inianusŭ	Yuseutinianuseu
유배객	yubaegaek	yubaegaek	유시	yusi	yusi
유배객들	yubaegaektŭl	yubaegaekdeul	유신	yusin	yusin
유배길	yubaekil	yubaegil	유신각	Yusin'gak	Yusingak

한글 용례	ALA-LC Romanization	정부 표기안	한글 용례	ALA-LC Romanization	정부 표기안
유신론	yusinnon	yusinnon	유일신	yuilsin	yuilsin
유신회	Yusinhoe	Yusinhoe	유입	yuip	yuip
유실	yusil	yusil	유자	yuja	yuja
유실물	yusilmul	yusilmul	유자녀	yujanyŏ	yujanyeo
유심	yusim	yusim	유자녀들	yujanyŏdŭl	yujanyeodeul
유아	yua	yua	유작	yujak	yujak
유아기	yuagi	yuagi	유작전	yujakchŏn	yujakjeon
유암	Yuam	Yuam	유작집	yujakchip	yujakjip
유약	yuyak	yuyak	유재	Yujae	Yujae
유양리	Yuyang-ni	Yuyang-ri	유적	yujŏk	yujeok
유어마인드	Yuŏmaindŭ	Yueomaindeu	유적고	yujŏkko	yujeokgo
유언	yuŏn	yueon	유적지	yujŏkchi	yujeokji
유언장	yuŏnchang	yueonjang	유전	yujŏn	yujeon
유업	yuŏp	yueop	유전기	yujŏngi	yujeongi
유엔	Yuen	Yuen	유전리	Yujŏn-ni	Yujeon-ri
유엔군	Yuengun	Yuengun	유전자	yujŏnja	yujeonja
유역	yuyŏk	yuyeok	유전체	yuujŏnch'e	yujeonche
유역권	yuyŏkkwŏn	yuyeokgwon	유전학	yujŏnhak	yujeonhak
유연	yuyŏn	yuyeon	유전형	yujŏnhyŏng	yujeonhyeong
유연당	Yuyŏndang	Yuyeondang	유점사	Yujŏmsa	Yujeomsa
유연성	yuyŏnsŏng	yuyeonseong	유정	Yujŏng	Yujeong
유연적	yuyŏnjŏk	yuyeonjeok	유정리	Yujŏng-ni	Yujeong-ri
유연화	yuyŏnhwa	yuyeonhwa	유정회	Yujŏnghoe	Yujeonghoe
유영	yuyŏng	yuyeong	유조	Yujo	Yujo
유예	yuye	yuye	유족	yujok	yujok
유예지	yuyeji	yuyeji	유족들	yujoktŭl	yujokdeul
유용	yuyong	yuyong	유족회	Yujokhoe	yujokhoe
유용성	yuyongsŏng	yuyongseong	유종	yujong	yujong
유우머	yuumŏ	yuumeo	유죄	yujoe	yujoe
유운문	Yuunmun	Yuunmun	유주	Yuju	Yuju
유원	Yuwŏn	Yuwon	유지	yuji	yuji
유원지	yuwŏnji	yuwonji	유지적	yujijŏk	yujijeok
유월	yuwŏl	yuwol	유집	yujip	yujip
유유	yuyu	yuyu	유착	yuch'ak	yuchak
유유자적	yuyujajŏk	yuyujajeok	유찬	yuch'an	yuchan
유음	yuŭm	yueum	유채	yuch'ae	yuchae
유의	yuŭi	yuui	유천	Yuch'ŏn	Yucheon
유의어	yuŭiŏ	yuuieo	유천리	Yuch'ŏn-ni	Yucheon-ri
유이민	yuimin	yuimin	유청	Yuch'ŏng	Yucheong
유이치	Yuich'i	Yuichi	유청군	Yuch'ŏng-gun	Yucheong-gun
유익	yuik	yuik	유체	yuch'e	yuche
유인	yuin	yuin	유초	Yuch'o	Yucho
유인물	yuinmul	yuinmul	유촌	Yuch'on	Yuchon
유일	yuil	yuil	유출	yuch'ul	yuchul
유일록	Yuillok	Yuillok	유출입	yuch'urip	yuchurip

한글 용례	ALA-LC Romanization	정부 표기안	한글 용례	ALA-LC Romanization	정부 표기안
유충	yuch'ung	yuchung	유합	Yuhap	yuhap
유취	yuch'wi	yuchwi	유항	Yuhang	Yuhang
유치	yuch'i	yuchi	유해	yuhae	yuhae
유치권	yuch'ikwŏn	yuchigwon	유해류	yuhaeryu	yuhaeryu
유치론	yuch'iron	yuchiron	유해보	Yuhaebo	Yuhaebo
유치원	yuch'iwŏn	yuchiwon	유해성	yuhaesŏng	yuhaeseong
유치전	yuch'ijŏn	yuchijeon	유행	yuhaeng	yuhaeng
유카탄	Yuk'at'an	Yukatan	유행가	yuhaengga	yuhaengga
유코	Yuk'o	Yuko	유행병	yuhaengpyŏng	yuhaengbyeong
유쾌	yuk'wae	yukwae	유향	yuhyang	yuhyang
유키에	Yuk'ie	Yukie	유향소	Yuhyangso	Yuhyangso
유키치	Yuk'ich'i	Yukichi	유헌	Yuhŏn	Yuheon
유키코	Yuk'ik'o	Yukiko	유현	Yuhyŏn	Yuhyeon
유태인	Yut'aein	Yutaein	유형	yuhyŏng	yuhyeong
유택	yut'aek	yutaek	유형들	yuhyŏngdŭl	yuhyeongdeul
유턴	yut'ŏn	yuteon	유형론	yuhyŏngnon	yuhyeongnon
유토피아	yut'op'ia	yutopia	유형론적	yuhyŏngnonjŏk	yuhyeongnonjeok
유토피아적	yut'op'iajŏk	yutopiajeok	유형별	yuhyŏngbyŏl	yuhyeongbyeol
유통	yut'ong	yutong	유형적	yuhyŏngjŏk	yuhyeongjeok
유통업	yut'ongŏp	yutongeop	유형화	yuhyŏnghwa	yuhyeonghwa
유티	Yut'i	Yuti	유호	Yuho	Yuho
유파	yup'a	yupa	유혹	yuhok	yuhok
유편	yup'yŏn	yupyeon	유혹자	yuhokcha	yuhokja
유평리	Yup'yŏng-ni	Yupyeong-ri	유화	yuhwa	yuhwa
유폐	yup'ye	yupye	유화과	yuhwagwa	yuhwagwa
유포	yup'o	yupo	유황	yuhwang	yuhwang
유포론	yup'oron	yuporon	유회	yuhoe	yuhoe
유표	yup'yo	yupyo	유회군	Yuhoe-gun	Yuhoe-gun
유품	yup'um	yupum	유회당	Yuhoedang	Yuhoedang
유품관	yup'umgwan	yupumgwan	유회당가	Yuhoedangga	Yuhoedangga
유품전	yup'umjŏn	yupumjeon	유효	yuhyo	yuhyo
유풍	yup'ung	yupung	유효성	yuhyosŏng	yuhyoseong
유하	Yuha	Yuha	유훈	yuhun	yuhun
유하리	Yuha-ri	Yuha-ri	유휴	yuhyu	yuhyu
유학	yuhak	yuhak	유휴화	yuhyuhwa	yuhyuhwa
유학계	yuhakkye	yuhakgye	유흔	Yuhŭn	Yuheun
유학기	yuhakki	yuhakgi	유흥	yuhŭng	yuheung
유학부	yuhakpu	yuhakbu	유희	yuhi	yuhui
유학사	yuhaksa	yuhaksa	유희적	yuhŭijŏk	yuhuijeok
유학생	yuhaksaeng	yuhaksaeng	육가공	yukkagong	yukgagong
유학생들	yuhaksaengdŭl	yuhaksaengdeul	육각	yukkak	yukgak
유학자	yuhakcha	yuhakja	육갑	yukkap	yukgap
유학자들	yuhakchadŭl	yuhakjadeul	육경	Yukkyŏng	Yukgyeong
유학파	yuhakp'a	yuhakpa	육계	Yukkye	Yukgye
유한	yuhan	yuhan	육곡	Yukkok	Yukgok

한글 용례	ALA-LC Romanization	정부 표기안	한글 용례	ALA-LC Romanization	정부 표기안
육곡리	Yukkong-ni	Yukgok-ri	육조	yukcho	yukjo
육관	yukkwan	yukgwan	육조소	yukchoso	yukjoso
육괴	yukkoe	yukgoe	육종	yukchong	yukjong
육군	yukkun	yukgun	육종학	Yukchonghak	yukjonghak
육군국	Yukkun'guk	Yukgunguk	육주	yukchu	yukju
육군력	yukkunnyŏk	yukgullyeok	육지	yukchi	yukji
육기	yukki	yukgi	육지형	yukchihyŏng	yukjihyeong
육담	yuktam	yukdam	육직	yukchik	yukjik
육당	Yuktang	Yukdang	육진	Yukchin	Yukjin
육당본	yuktangbon	yukdangbon	육체	yukch'e	yukche
육도	yukto	yukdo	육체적	yukch'ejŏk	yukchejeok
육두품	yuktup'um	yukdupum	육촌	yukch'on	yukchon
육례	yungnye	yungnye	육탄	yukt'an	yuktan
육로	yungno	yungno	육포	yukp'o	yukpo
육룡	yungnyong	yungnyong	육품	yukp'um	yukpum
육묘	yungmyo	yungmyo	육품계	yukp'umgye	yukpumgye
육문사	Yungmunsa	Yungmunsa	육필	yukp'il	yukpil
육법	yukpŏp	yukbeopsa	육필시	yukp'ilsi	yukpilsi
육법사	Yukpŏpsa	Yukbeopsa	육혈포	yukhyŏlp'o	yukhyeolpo
육본	Yukpon	Yukbon	육회	yukhoe	yukhoe
육부	yukpu	yukbu	윤	Yun	Yun
육사	Yuksa	Yuksa	윤도장	Yundojang	Yundojang
육상	yuksang	yuksang	윤락	yullak	yullak
육선생	Yuksŏnsaeng	Yukseonsaeng	윤리	yulli	yulli
육성	yuksŏng	yukseong	윤리론	yulliron	yulliron
육성교	Yuksŏnggyo	yukseonggyo	윤리적	yullijŏk	yullijeok
육성책	yuksŏngch'aek	yukseongchaek	윤리학	yullihak	yullihak
육성회	yuksŏnghoe	yukseonghoe	윤리학적	yullihakchŏk	yullihakjeok
육수군	Yuksu-gun	Yuksu-gun	윤문	yunmun	yunmun
육수산	Yuksusan	Yuksusan	윤사	Yunsa	Yunsa
육시	yuksi	yuksi	윤산	Yunsan	Yunsan
육신	yuksin	yuksin	윤색	yunsaek	yunsaek
육십	yuksip	yuksip	윤오월	yunowŏl	yunowol
육십년	yuksimnyŏn	yuksimnyeon	윤음	Yunŭm	Yuneum
육십칠일	yuksip-ch'iril	yuksipchiril	윤작	yunjak	yunjak
육십현	Yuksip-hyŏn	Yuksip-hyeon	윤첸	Yunch'en	Yunchen
육아	yuga	yuga	윤필암	Yunp'iram	Yunpiram
육영	yugyŏng	yugyeong	윤회	yunhoe	yunhoe
육영회	yugyŏnghoe	yukyeonghoe	율	yul	yul
육예	yugye	yugye	율곡	Yulgok	Yulgok
육이오	Yuk-io	Yuk-io	율곡학	Yulgokhak	Yulgokhak
육인집	yuginjip	yuginjip	율대리	Yultae-ri	Yuldae-ri
육일	yugil	yugil	율도국	Yultoguk	Yuldoguk
육전	yukchŏn	yukjeon	율동	yultong	yuldong
육정	Yukchŏng	Yukjeong	율려	Yullyŏ	Yullyeo

한글 용례	ALA-LC Romanization	정부 표기안	한글 용례	ALA-LC Romanization	정부 표기안
율목	Yulmok	Yulmok	은봉	ŭnbong	eunbong
율사	yulsa	yulsa	은비녀	ŭnbinyŏ	eunbinyeo
율시	yulsi	yulsi	은비령	Ŭnbiryŏng	Eunbiryeong
율암	Yuram	Yuram	은빛	ŭnpit	eunbit
율원리	Yurwŏl-li	Yurwon-ri	은사	ŭnsa	eunsa
율현동	Yurhyŏn-dong	Yulhyeon-dong	은사님	ŭnsanim	eunsanim
융	yung	yung	은사론	ŭnsaron	eunsaron
융기	yunggi	yunggi	은산	Ŭnsan	Eunsan
융기문	yunggimun	yunggimun	은산군	Ŭnsan-gun	Eunsan-gun
융릉	Yungnŭng	Yungneung	은산현	Ŭnsan-hyŏn	Eunsan-hyeon
융복합	yungbokhap	yungbokhap	은색	ŭnsaek	eunsaek
융성	yungsŏng	yungseong	은서	Ŭnsŏ	Eunseo
융원	Yungwŏn	Yungwon	은선리	Ŭnsŏn-ni	Enseon-ri
융합	yunghap	yunghap	은성	ŭnsŏng	eunseong
융합적	yunghapchŏk	yunghapjeok	은세계	ŭnsegye	eunsegye
융합형	yunghaphyŏng	yunghaphyeong	은수저	ŭnsujŏ	eunsujeo
융화	yunghwa	yunghwa	은신	ŭnsin	eunsin
융화주의	yunghwajuŭi	yunghwajuui	은신군	Ŭnsin-gun	Eunsin-gun
융화주의자	yunghwajuŭija	yunghwajuuija	은암	ŭnam	eunam
융희	Yunghŭi	Yunghui	은어	ŭnŏ	euneo
으뜸	ŭttŭm	eutteum	은언	ŭnŏn	euneon
으뜸사	Ŭttŭmsa	Eutteumsa	은언군	Ŭnŏn-gun	Euneon-gun
으뜸서	ŭttŭmsŏ	eutteumseo	은유	ŭnyu	eunyu
으로	ŭro	euro	은유들	ŭnyudŭl	eunyudeul
으로도	ŭrodo	eurodo	은율	ŭnyul	eunyul
으로서	ŭrosŏ	euroseo	은율군	Ŭnyul-gun	Eunyul-gun
으로서의	ŭrosŏŭi	euroseoui	은율현	Ŭnyur-hyŏn	Eunyul-hyeon
으로의	ŭroŭi	euroui	은입사	ŭnipsa	eunibsa
으째야	ŭtchaeya	eujjaeya	은자	ŭnja	eunja
은	ŭn	eun	은자루	ŭnjaru	eunjaru
은거	ŭn'gŏ	eungeo	은잔	ŭnjan	eunjan
은경	ŭn'gyŏng	eungyeong	은장	ŭnjang	eunjang
은곡	ŭn'gok	eungok	은장도	ŭnjangdo	eunjangdo
은광	ŭn'gwang	eungwang	은재	ŭnjae	eunjae
은광사	Ŭn'gwangsa	Eungwangsa	은적암	Ŭnjŏgam	Eunjeogam
은군자	ŭn'gunja	eungunja	은전	ŭnjŏn	eunjeon
은금	Ŭn'gŭm	Eungeum	은제	ŭnje	eunje
은닉	ŭnnik	eunnik	은제관	Ŭnjegwan	Eunjegwan
은닉죄	ŭnnikchoe	eunnikjoe	은주	ŭnju	eunju
은대	ŭndae	eundae	은중경	ŭnjunggyŏng	eunjunggyeong
은둔	ŭndun	eundun	은진	ŭnjin	eunjin
은뢰	Ŭlloe	eulloe	은진군	Ŭnjin-gun	Eunjin-gun
은밀하게	ŭnmirhage	eunmilhage	은진현	Ŭnjin-hyŏn	Eunjin-hyeon
은밀하고	ŭnmirhago	eunmilhago	은천	ŭnch'ŏn	euncheon
은밀한	ŭnmirhan	eunmilhan	은천군	Ŭnch'ŏn-gun	Euncheon-gun

한글 용례	ALA-LC Romanization	정부 표기안	한글 용례	ALA-LC Romanization	정부 표기안
은천리	Ŭnch'ŏn-ni	Euncheon-ri	읊은	ŭlp'ŭn	eulpeun
은총	ŭnch'ong	eunchong	음	ŭm	eum
은퇴	ŭnt'oe	euntoe	음각	ŭmgak	eumgak
은평	Ŭnp'yŏng	Eunpyeong	음계	ŭmgye	eumgye
은폐	ŭnp'ye	eunpye	음담	ŭmdam	eumdam
은하	ŭnha	eunha	음독	ŭmdok	eumdok
은하계	Ŭnhagye	Eunhagye	음란	ŭmnan	eumnan
은하수	Ŭnhasu	Eunhasu	음란물	ŭmnanmul	eumnanmul
은항	Ŭnhang	Eunhang	음료	ŭmnyo	eumnyo
은해	ŭnhae	eunhae	음률	ŭmnyul	eumnyul
은해사	Ŭnhaesa	Eunhaesa	음모	ŭmmo	eummo
은행	ŭnhaeng	eunhaeng	음모론	ŭmmoron	eummoron
은행권	ŭnhaengkwŏn	eunhaenggwon	음반	ŭmban	eumban
은행론	ŭnhaengnon	eunhaengnon	음산	ŭmsan	eumsan
은행법	ŭnhaengpŏp	eunhaengbeop	음서	ŭmsŏ	eumseo
은행사	ŭnhaengsa	eunhaengsa	음서제	ŭmsŏje	eumseoje
은행잎	ŭnhaengip	eunhaengip	음선군	Ŭmsŏn-gun	Eumseon-gun
은행제	ŭnhaengje	eunhaengje	음성	ŭmsŏng	eumseong
은허	ŭnhŏ	eunheo	음성군	Ŭmsŏng-gun	Eumseong-gun
은혜	ŭnhye	eunhye	음성물	ŭmsŏngmul	eumseongmul
을	ŭl	eul	음성학	ŭmsŏnghak	eumseonghak
을기	ŭlgi	eulgi	음성학적	ŭmsŏnghakchŏk	eumseonghakjeok
을묘	Ŭlmyo	Eulmyo	음성현	Ŭmsŏng-hyŏn	Eumseong-hyeon
을묘자	Ŭlmyocha	Eulmyoja	음식	ŭmsik	eumsik
을미	Ŭlmi	Eulmi	음食	ŭmsik	eumsik
을미년	Ŭlminyŏn	Eulminyeon	음식들	ŭmsiktŭl	eumsikdeul
을밀대	Ŭlmildae	Eulmildae	음식점	ŭmsikchŏm	eumsikjeom
을반	Ŭlban	Eulban	음식점업	ŭmsikchŏmŏp	eumsikjeomeop
을병	Ŭlbyŏng	Eulbyeong	음식책	ŭmsikch'aek	eumsikchaek
을불	Ŭlbul	Eulbul	음악	ŭmak	eumak
을불리	Ŭlbul-li	Eulbul-ri	음악가	ŭmakka	eumakga
을사	ŭlsa	eulsa	음악계	ŭmakkye	eumakgye
을수동	Ŭlsu-dong	Eulsu-dong	음악극	ŭmakkŭk	eumakgeuk
을숙도	Ŭlsukto	Eulsukdo	음악꾼	ŭmakkkun	eumakkkun
을유	Ŭryu	Eulyu	음악꾼들	ŭmakkkundŭl	eumakkkundeul
을유년	Ŭryunyŏn	Euryunyeon	음악론	ŭmangnon	eumangnon
을지	ŭlchi	eulji	음악본	ŭmakpon	eumakbon
을지로	Ŭlchiro	Euljiro	음악사	ŭmaksa	eumaksa
을축생	Ŭlch'uksaeng	Eulchuksaeng	음악원	ŭmagwŏn	eumagwon
을파소	Ŭlp'aso	Eulpaso	음악인	ŭmagin	eumagin
을해	Ŭrhae	Eulhae	음악적	ŭmakchŏk	eumakjeok
을해자	Ŭrhaecha	Eulhaeja	음악제	ŭmakche	eumakje
읊노라니	ŭmnorani	eumnorani	음악학	ŭmakhak	eumakhak
읊다	ŭpta	eupda	음악학적	ŭmakhakchŏk	eumakhakjeok
읊었다	ŭlp'ŏtta	eulpeotda	음악회	ŭmakhoe	eumakhoe

한글 용례	ALA-LC Romanization	정부 표기안	한글 용례	ALA-LC Romanization	정부 표기안
음애	ŭmae	eumae	읍치	ŭpch'i	eupchi
음양	ŭmyang	eumyang	읍혈녹	Ŭphyŏllok	Euphyeollok
음양론	ŭmyangnon	eumyangnon	읍혈록	Ŭphyŏllok	Euphyeollok
음양학	ŭmyanghak	eumyanghak	읍호	ŭpho	eupho
음어시	ŭmŏsi	eumeosi	응	ŭng	eung
음역	ŭmyŏk	eumyeok	응고	ŭnggo	eunggo
음영	ŭmyŏng	eumyeong	응골방	Ŭnggolbang	Eunggolbang
음용	ŭmyong	eumyong	응급	ŭnggŭp	eunggeup
음운	ŭmun	eumun	응달	ŭngdal	eungdal
음운론	ŭmunnon	eumunnon	응답	ŭngdap	eungdap
음운론적	ŭmunnonjŏk	eumunnonjeok	응답자	ŭngdapcha	eungdapja
음운학	ŭmunhak	eumunhak	응력	ŭngnyŏk	eungnyeok
음울	ŭmul	eumul	응모	ŭngmo	eungmo
음이온	ŭmion	eumion	응모자	ŭngmoja	eungmoja
음절	ŭmjŏl	eumjeol	응보	ŭngbo	eungbo
음조	ŭmjo	eumjo	응사	ŭngsa	eungsa
음주	ŭmju	eumju	응수	ŭngsu	eungsu
음주례	ŭmjurye	eumjurye	응시	ŭngsi	eungsi
음죽	ŭmjuk	eumjuk	응시자	ŭngsija	eungsija
음죽군	Ŭmjuk-kun	Eumjuk-gun	응신록	ŭngsillok	eungsillok
음죽현	Ŭmjuk-hyŏn	Eumjuk-hyeon	응오딘지엠	Ŭngodinjiem	Eungodinjiem
음지	ŭmji	eumji	응와	ŭngwa	eungwa
음직	ŭmjik	eumjik	응용	ŭngyong	eungyong
음청	ŭmch'ŏng	eumcheong	응용법	ŭngyongpŏp	eungyongbeop
음청류	ŭmch'ŏngnyu	eumcheongnyu	응원	ŭngwŏn	eungwon
음청사	ŭmch'ŏngsa	eumcheongsa	응원가	ŭngwŏn'ga	eungwonga
음택	ŭmt'aek	eumtaek	응전	ŭngjŏn	eungjeon
음풍	ŭmp'ung	eumpung	응지	ŭngji	eungji
음학	ŭmhak	eumhak	응진	ŭngjin	eungjin
음향	ŭmhyang	eumhyang	응집	ŭngjip	eungjip
음혈론	ŭmhyŏllon	eumhyeollon	응집력	ŭngjimnyŏk	eungjipnyeok
음훈	ŭmhun	eumhun	응집성	ŭngjipsŏng	eungjipseong
음흉	ŭmhyung	eumhyung	응징	ŭngjing	eungjing
읍	ŭp	eup	응징력	ŭngjingnyŏk	eungjingnyeok
읍내	ŭmnae	eumnae	응축	ŭngch'uk	eungchuk
읍내리	Ŭmnae-ri	Eumnae-ri	의	ŭi	ui
읍락	ŭmnak	eumnak	의가	ŭiga	uiga
읍리	ŭmni	eumni	의감	ŭigam	uigam
읍면동	ŭpmyŏndong	eupmyeondong	의거	ŭigŏ	uigeo
읍사	ŭpsa	eupsa	의거단	ŭigŏdan	uigeodan
읍성	ŭpsŏng	eupseong	의거사	ŭigŏsa	uigeosa
읍제	ŭpche	eupje	의견	ŭigyŏn	uigyeon
읍지	ŭpchi	eupji	의견란	ŭigyŏnnan	uigyeonnan
읍차	ŭpch'a	eupcha	의견제	ŭigyŏnje	uigyeonje
읍취헌	Ŭpch'wihŏn	Eupchwiheon	의견지	ŭigyŏnji	uigyeonji

한글 용례	ALA-LC Romanization	정부 표기안	한글 용례	ALA-LC Romanization	정부 표기안
의결	ŭigyŏl	uigyeol	의무	ŭimu	uimu
의경	ŭigyŏng	uigyeong	의무국	ŭimuguk	uimuguk
의공	ŭigong	uigong	의문	ŭimun	uimun
의과	ŭikwa	uigwa	의문들	ŭimundŭl	uimundeul
의과학	ŭikwahak	uigwahak	의문문	ŭimunmun	uimunmun
의관	ŭigwan	uigwan	의문법	ŭimunpŏp	uimunbeop
의구	ŭigu	uigu	의문사	ŭimunsa	uimunsa
의군	ŭigun	uigun	의물	ŭimul	uimul
의군부	Ŭigunbu	Uigunbu	의미	ŭimi	uimi
의궤	ŭigwe	uigwe	의미론	ŭimiron	uimiron
의궤도	ŭigwedo	uigwedo	의미론적	ŭimironchŏk	uimironjeok
의궤류	ŭigweryu	uigweryu	의미망	ŭimimang	uimimang
의금부	Ŭigŭmbu	Uigeumbu	의미역	ŭimiyŏk	uimiyeok
의기	ŭigi	uigi	의미학	ŭimihak	uimihak
의녀	ŭinyŏ	uinyeo	의민	ŭimin	uimin
의녕	ŭinyŏng	uinyeong	의민단	ŭimindan	uimindan
의논	ŭinon	uinon	의방	ŭibang	uibang
의당	ŭidang	uidang	의범	ŭibŏm	uibeom
의대	ŭidae	uidae	의병	ŭibyŏng	uibyeong
의도	ŭido	uido	의병들	ŭibyŏngdŭl	uibyeongdeul
의도적	ŭidojŏk	uidojeok	의병사	ŭibyŏngsa	uibyeongsa
의령	Ŭiryong	Uiryeong	의병장	ŭibyŏngjang	uibyeongjang
의령군	Ŭiryong-gun	Uiryeong-gun	의보	ŭibo	uibo
의령현	Ŭiryŏng-hyŏn	Uiryeong-hyeon	의복	ŭibok	uibok
의례	ŭirye	uirye	의복식	ŭiboksik	uiboksik
의례구	ŭiryegu	uiryegu	의본	ŭibon	uibon
의례법	ŭiryepŏp	uiryebeop	의부	ŭibu	uibu
의례복	ŭiryebok	uiryebok	의사	ŭisa	uisa
의례적	ŭiryejŏk	uiryejeok	의사당	ŭisadang	uisadang
의로운	ŭiroun	uiroun	의사들	ŭisadŭl	uisadeul
의로움	ŭiroum	uiroum	의사학	ŭisahak	uisahak
의록	ŭirok	uirok	의사회	ŭisahoe	uisahoe
의료	ŭiryo	uiryo	의산	ŭisan	uisan
의료계	ŭiryogye	uiryogye	의상	ŭisang	uisang
의료법	ŭiryopŏp	uiryobeop	의상학	ŭisanghak	uisanghak
의료비	ŭiryobi	uiryobi	의생	ŭisaeng	uisaeng
의료사	ŭiryosa	uiryosa	의서	ŭisŏ	uiseo
의료용	ŭiryoyong	uiryoyong	의선	ŭisŏn	uiseon
의료원	ŭiryowŏn	uiryowon	의성	Ŭisŏng	uiseong
의료인	ŭiryoin	uiryoin	의성군	Ŭisŏng-gun	Uiseong-gun
의류	ŭiryu	uiryu	의성현	Ŭisŏng-hyŏn	Uiseong-hyeon
의류학	ŭiryuhak	uiryuhak	의수	ŭisu	uisu
의리	ŭiri	uiri	의숙	ŭisuk	uisuk
의림	ŭirim	uirim	의순	ŭisun	uisun
의명	ŭimyŏng	uimyeong	의술	ŭisul	uisul

한글 용례	ALA-LC Romanization	정부 표기안	한글 용례	ALA-LC Romanization	정부 표기안
의승군	Ŭisŭnggun	Uiseunggun	의젓한	ŭijŏthan	uijeothan
의식	ŭisik	uisik	의젓함	ŭijŏtham	uijeotham
의식주	ŭisikchu	uisikju	의정	ŭijŏng	uijeong
의식집	ŭisikchip	uisikjip	의정부	Ŭijŏngbu	Uijeongbu
의식화	ŭisikhwa	uisikhwa	의정부시	Ŭijŏngbu-si	Uijeongbu-si
의신	ŭisin	uisin	의정사	ŭijŏngsa	uijeongsa
의심	ŭisim	uisim	의정서	ŭijŏngsŏ	uijeongseo
의안	ŭian	uian	의정안	ŭijŏngan	uijeongan
의안군	Ŭian-gun	Uian-gun	의정원	Ŭijŏngwŏn	Uijeongwon
의암	ŭiam	uiam	의제	ŭije	uije
의약	ŭiyak	uiyak	의제별	ŭijebyŏl	uijebyeol
의약업	ŭiyagŏp	uiyakeop	의제화	ŭijehwa	uijehwa
의약청	ŭiyakch'ŏng	uiyakcheong	의존	ŭijon	uijon
의약품	ŭiyakp'um	uiyakpum	의존도	ŭijondo	uijondo
의연한	ŭiyŏnhan	uiyeonhan	의존형	ŭijonhyŏng	uijonhyeong
의연히	ŭiyŏnhi	uiyeonhi	의종	ŭijong	uijong
의열	ŭiyŏl	uiyeol	의주	ŭiju	uiju
의열단	ŭiyŏltan	uiyeoldan	의주군	Ŭiju-gun	Uiju-gun
의열록	ŭiyŏllok	uiyeollok	의주길	Ŭijukil	Uijugil
의열사	ŭiyŏlsa	uiyeolsa	의주녀	Ŭijunyŏ	Uijunyeo
의영	ŭiyŏng	uiyeong	의주목	Ŭiju-mok	Uiju-mok
의왕	ŭiwang	uiwang	의주부	Ŭiju-bu	Uiju-bu
의왕시	Ŭiwang-si	Uiwang-si	의주진	Ŭijujin	Uijujin
의욕	ŭiyok	uiyok	의중	ŭijung	uijung
의용	ŭiyong	uiyong	의지	ŭiji	uiji
의용군	ŭiyonggun	uiyonggun	의창	ŭich'ang	uichang
의용단	ŭiyongdan	uiyongdan	의창동	Ŭich'ang-dong	Uichang-dong
의용대	ŭiyongdae	uiyongdae	의천	ŭich'ŏn	uicheon
의원	ŭiwŏn	uiwon	의총	ŭich'ong	uichong
의원님	ŭiwŏnnim	uiwonnim	의친	ŭich'in	uichin
의원님들	ŭiwŏnnimdŭl	uiwonnimdeul	의통	ŭit'ong	uitong
의원학	ŭiwŏnhak	uiwonhak	의하여	ŭihayŏ	uihayeo
의위	ŭiwi	uiwi	의학	ŭihak	uihak
의의	ŭiŭi	uiui	의학과	ŭihakkwa	uihakgwa
의인	ŭiin	uiin	의학교	ŭihakkyo	uihakgyo
의자	ŭija	uija	의학론	ŭihangnon	uihangnon
의자녀	ŭijanyŏ	uijanyeo	의학보	ŭihakpo	uihakbo
의장	ŭijang	uijang	의학사	ŭihaksa	uihaksa
의장기	ŭijanggi	uijanggi	의학원	ŭihagwŏn	uihagwon
의장법	ŭijangpŏp	uijangbeop	의학적	ŭihakchŏk	uihakjeok
의재	ŭijae	uijae	의학회	ŭihakhoe	uihakhoe
의적	ŭijŏk	uijeok	의한	ŭihan	uihan
의전	ŭijŏn	uijeon	의해	ŭihae	uihae
의절	ŭijŏl	uijeol	의헌	ŭihŏn	uiheon
의젓하다	ŭijŏthada	uijeothada	의현들	ŭihyŏndŭl	uihyeondeul

한글 용례	ALA-LC Romanization	정부 표기안	한글 용례	ALA-LC Romanization	정부 표기안
의협	ŭihyŏp	uihyeop	이기게	igige	igige
의호	ŭiho	uiho	이기고	igigo	igigo
의혹	ŭihok	uihok	이기기	igigi	igigi
의혹들	ŭihoktŭl	uihokdeul	이기는	iginŭn	igineun
의화군	Ŭihwa-gun	Uihwa-gun	이기다	igida	igida
의화단	Ŭihwadan	Uihwadan	이기론	igiron	igiron
의황	ŭihwang	uihwang	이기적	igijŏk	igijeok
의회	ŭihoe	uihoe	이기주의	igijuŭi	igijuui
의회론	ŭihoeron	uihoeron	이기주의자	igijuŭija	igijuuija
의회사	ŭihoesa	uihoesa	이기지	igiji	igiji
의흥군	Ŭihŭng-gun	Uiheung-gun	이긴	igin	igin
의흥부	Ŭihŭng-bu	Uiheung-bu	이긴다	iginda	iginda
의흥현	Ŭihŭng-hyŏn	Uiheung-hyeon	이길	igil	igil
이	i	i	이길까	igilkka	igilkka
이가	iga	iga	이끄는	ikkŭnŭn	ikkeuneun
이가서	Igasŏ	Igaseo	이끄는가	ikkŭnŭn'ga	ikkeuneunga
이간질	iganjil	iganjil	이끄시여	ikkŭsiyŏ	ikkeusiyeo
이것	igŏt	igeot	이끈	ikkŭn	ikkeun
이게	ige	ige	이끈다	ikkŭnda	ikkeunda
이겨	igyŏ	igyeo	이끌	ikkŭl	ikkeul
이겨내기	igyŏnaegi	igyeonaegi	이끌고	ikkŭlgo	ikkeulgo
이겨라	igyŏra	igyeora	이끌다	ikkŭlda	ikkeulda
이견	igyŏn	igyeon	이끌리오	ikkŭllio	ikkeullio
이겼다	igyŏtta	igyeotda	이끌어	ikkŭrŏ	ikkeureo
이경	igyŏng	igyeong	이끌어간	ikkŭrŏgan	ikkeureogan
이계	Igye	igye	이끼	ikki	ikki
이고	igo	igo	이나	ina	ina
이고본	Yigobon	Igobon	이남	inam	inam
이곡	Igok	Igok	이내	inae	inae
이곡리	Igong-ni	Igok-ri	이냐	inya	inya
이곳	igot	igot	이냐는	inyanŭn	inyaneun
이공	Igong	igong	이너북	Inŏbuk	Ineobuk
이공계	igonggye	igonggye	이너스	Inŏsŭ	Ineoseu
이공대	igongdae	igongdae	이년	inyŏn	inyeon
이공학사	igonghaksa	igonghaksa	이념	inyŏm	inyeom
이과	ikwa	igwa	이념사	inyŏmsa	inyeomsa
이관	igwan	igwan	이념적	inyŏmjŏk	inyeomjeok
이교	igyo	igyo	이념팀	inyŏnt'im	inyeomtim
이국	iguk	iguk	이념화	inyŏmhwa	inyeomhwa
이군	igun	igun	이노	ino	ino
이권	ikwŏn	igwon	이노드	Inodŭ	Inodeu
이그나트	igŭnat'ŭ	igeunateu	이노베이터	inobeit'ŏ	inobeiteo
이금동	Igŭm-dong	Igeum-dong	이노벨리	Inobelli	Inobelli
이급	igŭp	igeup	이노비전	Inobijŏn	Inobijeon
이기	igi	igi	이노스케	Inosŭk'e	Inoseuke

한글 용례	ALA-LC Romanization	정부 표기안	한글 용례	ALA-LC Romanization	정부 표기안
이노우에	Inoue	Inoue	이래	irae	irae
이뇌	Inoe	Inoe	이래서	iraesŏ	iraeseo
이누이	Inui	Inui	이래서야	iraesŏya	iraeseoya
이는	inŭn	ineun	이래야	iraeya	iraeya
이니	ini	ini	이래요	iraeyo	iraeyo
이니셔티브	inisyŏt'ibŭ	inisyeotibeu	이랜드	Iraendŭ	Iraendeu
이니시에이션	inisieisyŏn	inisieisyeon	이랴	irya	irya
이니이다	iniida	iniida	이량	Iryang	Iryang
이다	ida	ida	이러닝	irŏning	ireoning
이단	idan	idan	이런	irŏn	ireon
이단론	idannon	idannon	이럴	irŏl	ireol
이단아	idana	idana	이렇게	irŏk'e	ireoke
이담	Idam	idam	이렇게도	irŏk'edo	ireokedo
이당	Idang	Idang	이렇습니다	irŏssŭmnida	ireoseumnida
이대	idae	idae	이레	ire	ire
이대로	idaero	idaero	이력	iryŏk	iryeok
이대론	idaeron	idaeron	이력서	iryŏksŏ	iryeokseo
이더라	idŏra	ideora	이례	irye	irye
이데아	idea	idea	이로	Iro	iro
이데올로기	ideollogi	ideollogi	이로다	iroda	iroda
이덴슬리벨	Idensŭllibel	idenseullibel	이로소이다	irosoida	irosoida
이도	ido	ido	이로움	iroum	iroum
이동	idong	idong	이론	iron	iron
이동권	idongkwŏn	idonggwon	이론가	iron'ga	ironga
이동성	idongsŏng	idongseong	이론적	ironjŏk	ironjeok
이두	idu	idu	이롬	irom	irom
이두품	idup'um	idupum	이룡	iryong	iryong
이득	idŭk	ideuk	이루겠노라	irugennora	irugennora
이득세	idŭkse	ideukse	이루고	irugo	irugo
이든지	idŭnji	ideunji	이루기	irugi	irugi
이들	idŭl	ideul	이루는	irunŭn	iruneun
이듯	idŭt	ideut	이루다	iruda	iruda
이등	idŭng	ideung	이루며	irumyŏ	irumyeo
이따위	ittawi	ittawi	이루어	iruŏ	irueo
이라	ira	ira	이루어낸	iruŏnaen	irueonaen
이라고	irago	irago	이루어라	iruŏra	irueora
이라는	iranŭn	iraneun	이루어져	iruŏjyŏ	irueojyeo
이라니	irani	irani	이루어진	iruŏjin	irueojin
이라도	irado	irado	이루어질	iruŏjil	irueojil
이라면	iramyŏn	iramyeon	이루지	iruji	iruji
이라올라	Iraolla	iraolla	이룩하신	irukhasin	irukhasin
이라지만	irajiman	irajiman	이룩하자	irukhaja	irukhaja
이라크	Irak'ŭ	Irakeu	이룩한	irukhan	irukhan
이란	iran	iran	이룬	irun	irun
이랑	irang	irang	이룰	irul	irul

한글 용례	ALA-LC Romanization	정부 표기안	한글 용례	ALA-LC Romanization	정부 표기안
이룸	irum	irum	이민	imin	imin
이뤄	irwo	irwo	이민법	iminpŏp	iminbeop
이뤄온	irwŏon	irwoon	이민사	iminsa	iminsa
이류	iryu	iryu	이민선	iminsŏn	iminseon
이륙	iryuk	iryuk	이민자	iminja	iminja
이륜	iryun	iryun	이민자들	iminjadŭl	iminjadeul
이르계바예브	Irŭgyebayebŭ	Ireugyebayebeu	이바구	ibagu	ibagu
이르기	irŭgi	ireugi	이바노비치	Ibanobich'i	Ibanobichi
이르는	irŭnŭn	ireuneun	이바지	ibaji	ibaji
이르다	irŭda	ireuda	이반	iban	iban
이르라	irŭra	ireura	이발	ibal	ibal
이르멜린	Irŭmellin	Ireumellin	이발사	ibalsa	ibalsa
이른	irŭn	ireun	이방	ibang	ibang
이른바	irŭnba	ireunba	이방인	ibangin	ibangin
이름	irŭm	ireum	이방인들	ibangindŭl	ibangindeul
이름들	irŭmdŭl	ireumdeul	이배	Ibae	Ibae
이리	Iri	Iri	이백	ibaek	ibaek
이리나	Irina	Irina	이번	ibŏn	ibeon
이리시	Iri-si	Iri-si	이별	ibŏl	ibeol
이리유카바	Iriyuk'aba	Iriyukaba	이별찬	Ibŏlch'an	Ibeolchan
이마	ima	ima	이벤트	ibent'ŭ	ibenteu
이마고	imago	imago	이변	ibyŏn	ibyeon
이마무라	Imamura	Imamura	이별	ibyŏl	ibyeol
이마스	Imasŭ	Imaseu	이별가	ibyŏlga	ibyeolga
이마이	Imai	Imai	이별곡	ibyŏlgok	ibyeolgok
이마즈야	Imajŭya	Imajeuya	이보다	iboda	iboda
이마트	Imat'ŭ	Imateu	이복	ibok	ibok
이매진	imaejin	imaejin	이본	ibon	ibon
이며	imyŏ	imyeo	이봄	Ibom	ibom
이면	imyŏn	imyeon	이봐	ibwa	ibwa
이면들	imyŏndŭl	imyeondeul	이부	ibu	ibu
이면사	imyŏnsa	imyeonsa	이부작	ibujak	ibujak
이면상	imyŏnsang	imyensang	이북	ibuk	ibuk
이명	imyŏng	imyeong	이분법	ibunpŏp	ibunbeop
이모	imo	imo	이불	ibul	ibul
이모작	imojak	imojak	이불깃	ibulgit	ibulgit
이목	imok	imok	이불병	Ibulbyŏng	Ibulbyeong
이무기	imugi	imugi	이브	ibŭ	ibeu
이문	imun	imun	이브센	Ibŭsen	Ibeusen
이문사	Imunsa	Imunsa	이비	ibi	ibi
이문화	imunhwa	imunhwa	이비라	Ibirak	Ibirak
이물	imul	imul	이비컴	Ibik'ŏm	Ibikeom
이미	imi	imi	이빨	ippal	ippal
이미지	imiji	imiji	이쁘리트	Ipporit'ŭ	Ipporiteu
이미지스	imijisŭ	imijiseu	이쁘제	ippŭje	ippeuje

한글 용례	ALA-LC Romanization	정부 표기안	한글 용례	ALA-LC Romanization	정부 표기안
이쁜	ippŭn	ippeun	이신	isin	isin
이사	isa	isa	이십	isip	isip
이사금	Isagŭm	Isageum	이십니까	isimnikka	isimnikka
이사부	Isabu	Isabu	이십대	isiptae	isipdae
이사악꼬브나	Isaakkkobŭna	Isaakkkobeuna	이십사	isip-sa	isipsa
이사오	Isao	Isao	이십세기	isipsegi	isipsegi
이사장	isajang	isajang	이십오	isip-o	isibo
이사회	isahoe	isahoe	이십오년	isip-onyŏn	isibonyeon
이삭	isak	isak	이십팔	isip-p'al	isippal
이산	isan	isan	이쓰코	Issŭk'o	Isseuko
이산군	Isan-gun	Isan-gun	이아	Ia	Ia
이산현	Isan-hyŏn	Isan-hyeon	이아고	Iago	Iago
이상	isang	isang	이안	Ian	Ian
이상곡	Isanggok	isanggok	이야	iya	iya
이상적	isangjŏk	isangjeok	이야기	iyagi	iyagi
이상주의	isangjuŭi	isangjuui	이야기들	iyagidŭl	iyagideul
이상향	isanghyang	isanghyang	이야기쟁이	iyagijaengi	iyagijaengi
이상형	isanghyŏng	isanghyeong	이야기집	iyagijip	iyagijip
이서	isŏ	iseo	이야기판	iyagip'an	iyagipan
이서원	Isŏwŏn	Iseowon	이야말로	iyamallo	iyamallo
이설	isŏl	iseol	이양	iyang	iyang
이성	isŏng	iseong	이어	iŏ	ieo
이성적	isŏngjŏk	iseongjeok	이어도	Iŏdo	Ieodo
이성현	Isŏng-hyŏn	Iseong-hyeon	이어라	iŏra	ieora
이속	Isok	Isok	이어야	iŏya	ieoya
이솝	Isop	Isop	이어온	iŏon	ieoon
이송	isong	isong	이어지는	iŏjinŭn	ieojineun
이수	isu	isu	이어진	iŏjin	ieojin
이수자	isuja	isuja	이억	iŏk	ieok
이수제	isuje	isuje	이언	iŏn	ieon
이순	isun	isun	이었나	iŏnna	ieonna
이숲	isup	isup	이었는가	iŏnnŭn'ga	ieonneunga
이슈	isyu	isyu	이었다	iŏtta	ieotda
이슈들	isyudŭl	isyudeul	이었습니다	iŏssŭmnida	ieosseumnida
이스라엘	Isŭrael	Iseurael	이었으면	iŏssŭmyŏn	ieosseumyeon
이슬	isŭl	iseul	이었을까	iŏssŭlkka	ieosseulkka
이슬람	Isŭllam	Iseullam	이에나가	Ienaga	Ienaga
이승	isŭng	iseung	이에요	ieyo	ieyo
이시며	isimyŏ	isimyeo	이여	iyŏ	iyeo
이시어	isiŏ	isieo	이여도	iyŏdo	iyeodo
이시여	isiyŏ	isiyeo	이역	iyŏk	iyeok
이시와타리	Isiwat'ari	Isiwatari	이역경들	iyŏkkyŏngdŭl	iyeokgyeongdeul
이시이	Isii	Isii	이연	Iyŏn	Iyeon
이시카와	Isik'awa	Isikawa	이였다	iyŏtta	iyeotda
이식	isik	isik	이오	io	io

한글 용례	ALA-LC Romanization	정부 표기안	한글 용례	ALA-LC Romanization	정부 표기안
이와	Iwa	Iwa	이일	iil	iil
이와나미	Iwanami	Iwanami	이임	iim	iim
이와노	Iwano	Iwano	이입	iip	iip
이와우	Iwau	Iwau	이자	ija	ija
이왕	iwang	iwang	이자율	ijayul	ijayul
이왕직	Yiwangjik	Yiwangjik	이장	ijang	ijang
이외	ioe	ioe	이재	Ijae	ijae
이외다	ioeda	ioeda	이재국	Ijaeguk	ijaeguk
이요	iyo	iyo	이적	ijŏk	ijeok
이용	iyong	iyong	이전	ijŏn	ijeon
이용국	Iyongguk	iyongguk	이전지	ijŏnji	ijeonji
이용사	iyongsa	iyongsa	이점	ichŏm	ijeom
이용자	iyongja	iyongja	이정표	ijŏngp'yo	ijeongpyo
이우	Iu	Iu	이제	ije	ije
이우당	Iudang	Iudang	이제사	ijesa	ijesa
이우치	Iuch'i	Iuchi	이젠	ijen	ijen
이운지	Iunji	Iunji	이조	Yijo	Yijo
이웃	iut	iut	이종	ijong	ijong
이웃들	iuttŭl	iutdeul	이주	iju	iju
이웃집	iutchip	iutjip	이주국	ijuguk	ijuguk
이원	iwŏn	iwon	이주사	ijusa	ijusa
이원군	Iwŏn-gun	Iwon-gun	이중	ijung	ijung
이원론	iwŏllon	iwollon	이중어	ijungŏ	ijungeo
이원제	iwŏnje	iwonje	이중주	ijungju	ijungju
이원현	Iwŏn-hyŏn	Iwon-hyeon	이중화	ijunghwa	ijunghwa
이원화	iwŏnhwa	iwonhwa	이즈미	Ijŭmi	Ijeumi
이월	iwŏl	iwol	이즘	ijŭm	ijeum
이위정	Iwijŏng	Iwijeong	이지	iji	iji
이유	iyu	iyu	이지북	Ijibuk	Ijibuk
이유기	iyugi	iyugi	이지앤	Ijiaen	Ijiaen
이유식	iyusik	iyusik	이지원	Ijiwŏn	Ijiwon
이윤	iyun	iyun	이지치	Ijich'i	Ijichi
이윤회성	iyunhoesŏng	iyunhoeseong	이직	ijik	ijik
이율	iyul	iyul	이직자	ijikcha	ijikja
이은	iŭn	ieun	이진	ijin	ijin
이음	iŭm	ieum	이질	ijil	ijil
이음법	iŭmpŏp	ieumbeop	이질성	ijilsŏng	ijilseong
이음씨	iŭmssi	ieumssi	이질적	ijilchŏk	ijiljeok
이의	iŭi	iui	이집트	Ijipt'ŭ	Ijipteu
이의동	Iŭi-dong	Iui-dong	이쪽	itchok	ijjok
이이	ii	ii	이차	ich'a	icha
이이누마	Iinuma	Iinuma	이채	ich'ae	ichae
이익	iik	iik	이천	ich'ŏn	icheon
이인	iin	iin	이천구	Ich'ŏn-gu	Icheon-gu
이인자	iinja	iinja	이천군	Ich'ŏn-gun	Icheon-gun

한글 용례	ALA-LC Romanization	정부 표기안	한글 용례	ALA-LC Romanization	정부 표기안
이천년	ich'ŏnnyŏn	icheonnyeon	이학사	ihaksa	Ihaksa
이천동	Ich'ŏn-dong	Icheon-dong	이항	ihang	ihang
이천시	Ich'ŏn-si	Icheon-si	이해	ihae	ihae
이천십	ich'ŏn-sip	icheonsip	이해방	ihaebang	ihaebang
이천자	ich'ŏnja	icheonja	이해서	ihaesŏ	ihaeseo
이천현	Ich'ŏn-hyŏn	Icheon-hyeon	이행	ihaeng	ihaeng
이촌	ich'on	ichon	이행기	ihaenggi	ihaenggi
이치	ich'i	ichi	이행자	ihaengja	ihaengja
이치노헤	Ich'inohe	Ichinohe	이헌	Ihŏn	Iheon
이칠	Ich'il	Ichil	이형	ihyŏng	ihyeong
이카로스	Ik'arosŭ	Ikaroseu	이호	iho	iho
이케아	ik'ea	Ikea	이호테우	Ihot'eu	Ihoteu
이케우치	Ik'euch'i	Ikeuchi	이혼	ihon	ihon
이케이	Ik'ei	Ikei	이화	Ihwa	Ihwa
이코	ik'o	iko	이화동	Ihwa-dong	Ihwa-dong
이코노미	ik'onomi	ikonomi	이화인	Ihwain	Ihwain
이코노미스트局	Ik'onomisŭt'ŭguk	ikonomiseuteuguk	이화장	Ihwajang	Ihwajang
이코북	Ik'obuk	Ikobuk	이환	ihwan	ihwan
이콘	ik'on	ikon	이회	Ihoe	Ihoe
이타가키	It'agak'i	Itagaki	이후	ihu	ihu
이탈	it'al	ital	이휴정	Ihyujŏng	Ihyujeong
이탈리아	It'allia	Itallia	익	ik	ik
이태리	It'aeri	Itaeri	익두스	Iktusŭ	Ikduseu
이태원	It'aewŏn	Itaewon	익명	ingmyŏng	ingmyeong
이택스	it'aeksŭ	itaekseu	익명서	Ingmyŏngsŏ	ingmyeongseo
이택재	It'aekchae	Itaekjae	익문사	Ingmunsa	Ingmunsa
이토	It'o	Ito	익사	iksa	iksa
이통	it'ong	itong	익산	Iksan	Iksan
이투	It'u	Itu	익산군	Iksan-gun	Iksan-gun
이틀	it'ŭl	iteul	익산시	Iksan-si	Iksan-si
이파르	Ip'arŭ	Ipareu	익살	iksal	iksal
이파리	ip'ari	ipari	익성군	Iksŏng-gun	Ikseong-gun
이판	ip'an	ipan	익숙한	iksukhan	iksukhan
이판승	ip'ansŭng	ipanseung	익숙함	iksukham	iksukham
이판화	ip'anhwa	ipanhwa	익스프레스	iksŭp'ŭresŭ	ikseupeureseu
이판화류	ip'anhwaryu	ipanhwaryu	익어	igŏ	igeo
이팝	ip'ap	ipap	익여	Igyŏ	igyeo
이포	Ip'o	Ipo	익원	Igwŏn	Igwon
이폴리트	Ip'ollit'ŭ	Ipolliteu	익재	Ikchae	Ikjae
이품	ip'um	ipum	익정	Ikchŏng	Ikjeong
이프레스	Ip'ŭresŭ	Ipeureseu	익종	Ikchong	Ikjong
이피게니아	ip'igenia	ipigenia	익헌	Ikhŏn	Ikheon
이하	iha	iha	익혀	ikhyŏ	ikhyeo
이하선염	ihasŏnyŏm	ihaseonyeom	익혀라	ikhyŏra	ikhyeora
이학	ihak	ihak	익화군	Ikhwagun	Ikwagun

한글 용례	ALA-LC Romanization	정부 표기안	한글 용례	ALA-LC Romanization	정부 표기안
익히고	ikhigo	ikhigo	인도법	indopŏp	indobeop
익히는	ikhinŭn	ikhineun	인도사	Indosa	Indosa
인	in	in	인도양	Indoyang	Indoyang
인가	in'ga	inga	인도적	indojŏk	indojeok
인가권	in'gakwŏn	ingagwon	인도주의	indojuŭi	indojuui
인각사	In'gaksa	Ingaksa	인도주의자	indojuŭija	indojuuija
인간	in'gan	ingan	인돈	Indon	Indon
인간관	in'gan'gwan	ingangwan	인동	Indong	Indong
인간론	in'gannon	ingannon	인동군	Indong-gun	Indong-gun
인간사	in'gansa	ingansa	인동초	Indongch'o	Indongcho
인간상	in'gansang	ingansang	인동현	Indong-hyŏn	Indong-hyeon
인간적	in'ganjŏk	inganjeok	인드라망	Indŭramang	Indeuramang
인간주의	in'ganjuŭi	inganjuui	인득	indŭk	indeuk
인간학	in'ganhak	inganhak	인들	indŭl	indeul
인간형	in'ganhyŏng	inganhyeong	인디	Indi	Indi
인간형론	in'ganhyŏngnon	inganhyeongnon	인디고	Indigo	Indigo
인감	In'gam	ingam	인디언	indiŏn	indieon
인걸	in'gŏl	ingeol	인뗄리젠찌야	inttelligentchiya	inttelligenjjiya
인격	inkyŏk	ingyeok	인라인	inlain	illain
인격권	inkyŏkkwŏn	ingyeokgwon	인력	illyŏk	illyeok
인격적	inkyŏkchŏk	ingyeokjeok	인력거	Illyŏkkŏ	illyeokgeo
인경	In'gyŏng	Ingyeong	인력팀	Illyŏkt'im	illyeoktim
인계	in'gye	ingye	인로	Illo	illo
인공	in'gong	ingong	인록	Illok	illok
인공기	In'gonggi	Ingonggi	인류	illyu	illyu
인과	in'gwa	ingwa	인류사	illyusa	illyusa
인구	in'gu	ingu	인류학	illyuhak	illyuhak
인구사	in'gusa	ingusa	인류학적	illyuhakchŏk	illyuhakjeok
인구학	in'guhak	inguhak	인륜	illyun	illyun
인구학적	in'guhakchŏk	inguhakjeok	인륜적	illyunjŏk	illyunjeok
인권	inkwŏn	ingwon	인맥	inmaek	inmaek
인권법	inkwŏnpŏp	ingwonbeop	인멸	inmyŏl	inmyeol
인권적	inkwŏnjŏk	ingwonjeok	인명	inmyŏng	inmyeong
인근	in'gŭn	ingeun	인명록	inmyŏngnok	inmyeongnok
인기	inki	ingi	인목	Inmok	Inmok
인내천	innaech'ŏn	innaecheon	인문	inmun	inmun
인다	inda	inda	인문계	inmun'gye	inmungye
인당수	Indangsu	Indangsu	인문당	Inmundang	Inmundang
인덕	Indŏk	Indeok	인문사	inmunsa	inmunsa
인데	inde	inde	인문적	inmunjŏk	inmunjeok
인덱스	indeksŭ	indekseu	인문주의	inmunjuŭi	inmunjuui
인덱스사	Indeksŭsa	Indekseusa	인문주의자	inmunjuŭija	inmunjuuija
인도	Indo	Indo	인문학	inmunhak	inmunhak
인도네시아	Indonesia	Indonesia	인문학적	inmunhakchŏk	inmunhakjeok
인도네시아어	Indonesiaŏ	Indonesiaeo	인물	inmul	inmul

한글 용례	ALA-LC Romanization	정부 표기안	한글 용례	ALA-LC Romanization	정부 표기안
인물고	inmulgo	inmulgo	인생들	insaengdŭl	insaengdeul
인물기	inmulgi	inmulgi	인생론	insaengnon	insaengnon
인물님	inmullim	inmullim	인생론집	insaengnonjip	insaengnonjip
인물들	inmuldŭl	inmuldeul	인서체자	insŏch'echa	inseocheja
인물론	inmullon	inmullon	인선	insŏn	inseon
인물부	inmulbu	inmulbu	인성	insŏng	inseong
인물사	inmulsa	inmulsa	인성군	Insŏng-gun	Inseong-gun
인물전	inmuljŏn	inmuljeon	인성론	insŏngnon	inseongnon
인물지	inmulchi	inmulji	인세	inse	inse
인물형	inmurhyŏng	inmulhyeong	인센	Insen	Insen
인물화	inmurhwa	inmulhwa	인센티브	insent'ibŭ	insentibeu
인민	inmin	inmin	인쇄	inswae	inswae
인민군	Inmin'gun	Inmingun	인쇄본	inswaebon	inswaebon
인민들	inmindŭl	inmindeul	인쇄사	inswaesa	inswaesa
인민상	Inminsang	inminsang	인쇄소	Inswaeso	inswaeso
인민적	inminjŏk	inminjeok	인쇄술	inswaesul	inswaesul
인베이전	inbeijŏn	inbeijeon	인수	insu	insu
인벤토리	inbent'ori	inbentori	인수봉	Insubong	Insubong
인보	inbo	inbo	인수위	insuwi	insuwi
인본	inbon	inbon	인술	insul	insul
인본적	inbonjŏk	inbonjeok	인스	insŭ	inseu
인본주의	inbonjuŭi	inbonjuui	인스턴트	insŭt'ŏnt'ŭ	inseuteonteu
인봉소	Inbongso	Inbongso	인습	insŭp	inseup
인부	inbu	inbu	인시	Insi	Insi
인북스	Inbuksŭ	Inbukseu	인식	insik	insik
인분	inbun	inbun	인식론	insingnon	insingnon
인분뇨	inbunnyo	inbunnyo	인식론적	insingnonchŏk	insingnonjeok
인비리	Inbi-ri	Inbi-ri	인신	insin	insin
인빈서블	inbinsŏbŭl	inbinseobeul	인심	insim	insim
인사	insa	insa	인암	Inam	Inam
인사들	insadŭl	insadeul	인애	inae	inae
인사이드	insaidŭ	insaideu	인양	inyang	inyang
인사이트	insait'ŭ	insaiteu	인어	inŏ	ineo
인산	insa	insan	인연	inyŏn	inyeon
인산군	Insan-gun	Insan-gun	인연기	inyŏn'gi	inyeongi
인삼	insam	insam	인연들	inyŏndŭl	inyeondeul
인삼사	insamsa	insamsa	인영사	Inyŏngsa	Inyeongsa
인삼주	insamju	insamju	인왕	Inwang	Inwang
인상	insang	insang	인왕경	Inwanggyŏng	Inwanggyeong
인상주의	insangjuŭi	insangjuui	인왕동	Inwang-dong	Inwang-dong
인상파	Insangp'a	Insangpa	인왕리	Inwang-ni	Inwang-ri
인상학	insanghak	insanghak	인왕문	Inwangmun	Inwangmun
인색	insaek	insaek	인왕사	Inwangsa	Inwangsa
인생	insaeng	insaeng	인왕산	Inwangsan	Inwangsan
인생관	insaenggwan	insaenggwan	인용	inyong	inyong

한글 용례	ALA-LC Romanization	정부 표기안	한글 용례	ALA-LC Romanization	정부 표기안
인용사	inyongsa	inyongsa	인척	inch'ŏk	incheok
인우회	Inuhoe	Inuhoe	인천	Inch'ŏn	Incheon
인원	inwŏn	inwon	인천교	Inch'ŏn'gyo	Incheongyo
인원수	inwŏnsu	inwonsu	인천군	Inch'ŏn-gun	Incheon-gun
인위	inwi	inwi	인천대	Inch'ŏndae	Incheondae
인위적	inwijŏk	inwijeok	인천부	Inch'ŏn-bu	Incheon-bu
인유	inyu	inyu	인천학	Inch'ŏnhak	Incheonhak
인의	inŭi	inui	인체	inch'e	inche
인자	inja	inja	인초	Inch'o	Incho
인장	injang	injang	인촌	Inch'on	Inchon
인장류	injangnyu	injangnyu	인출	inch'ul	inchul
인재	injae	injae	인출장	inch'ulchang	inchuljang
인재들	injaedŭl	injaedeul	인치	inch'i	inchi
인재론	injaeron	injaeron	인칭	inch'ing	inching
인적	injŏk	injeok	인큐베이터	ink'yubeit'ŏ	inkyubeiteo
인적(人的)	inchŏk	injeok	인터	int'ŏ	inteo
인전	Injŏn	Injeon	인터내셔널	int'ŏnaesyŏnŏl	inteonaesyeoneol
인전사	Injŏnsa	Injeonsa	인터넷	int'ŏnet	inteonet
인접	injŏp	injeop	인터넷망	int'ŏnenmang	inteonenmang
인정	injŏng	injeong	인터넷상	Int'ŏnetsang	inteonetsang
인정문	Injŏngmun	Injeongmun	인터랙티브	int'ŏraekt'ibŭ	inteoraektibeu
인정전	Injŏngjŏn	Injeongjeon	인터뷰	int'ŏbyu	inteobyu
인정제	injŏngje	injeongje	인터뷰어	int'ŏbyuŏ	inteobyueo
인제	Inje	Inje	인터뷰이	int'ŏbyui	inteobyui
인제군	Inje-gun	Inje-gun	인터뷰집	int'ŏbyujip	inteobyujip
인제대	Injedae	Injedae	인터체인지	int'ŏch'einji	inteocheinji
인제지	Injeji	Injeji	인터컨티넨탈	int'ŏk'ŏnt'inent'al	inteokeontinental
인제현	Inje-hyŏn	Inje-hyeon	인터페이스	int'ŏp'eisŭ	inteopeiseu
인조	injo	injo	인턴	int'ŏn	inteon
인종	injong	Injong	인턴십	int'ŏnsip	inteonsip
인종주의	injongjuŭi	injongjuui	인테러뱅	int'erŏbaeng	intereobaeng
인주	inju	inju	인테리	int'eri	interi
인준	injun	injun	인테리어	int'eriŏ	interieo
인중	injung	injung	인트로	Int'ŭro	inteuro
인증	injŭng	injeung	인평동	Inp'yŏng-dong	Inpyeong-dong
인증서	injŭngsŏ	injeungseo	인포	inp'o	inpo
인증제	injŭngje	injeungje	인포그래픽	inp'ogŭraep'ik	inpogeuraepik
인지	inji	inji	인포메이션	inp'omeisyŏn	inpomeisyeon
인지도	injido	injido	인품	inp'um	inpum
인지력	injiryŏk	injiryeok	인품부	inp'umbu	inpumbu
인지성	injisŏng	injiseong	인프라	inp'ŭra	inpeura
인지적	injijŏk	injijeok	인플레이션	inp'ŭlleisyŏn	inpeulleisyeon
인진도군	Injindo-gun	Injindo-gun	인하	inha	inha
인질	injil	injil	인하대	Inhadae	Inhadae
인질살이	injilsari	injilsali	인한	inhan	inhan

한글 용례	ALA-LC Romanization	정부 표기안	한글 용례	ALA-LC Romanization	정부 표기안
인향	inhyang	inhyang	일깨워	ilkkaewŏ	ilkkaewo
인헌	Inhŏn	Inheon	일꾼	ilkkun	ilkkun
인혁당	Inhyŏktang	Inhyeokdang	일꾼들	ilkkundŭl	ilkkundeul
인현	Inhyŏn	Inhyeon	일남	illam	illam
인형	inhyŏng	inhyeong	일년	illyŏn	illyeon
인형들	inhyŏngdŭl	inhyeongdeul	일다	ilda	ilda
인화	inhwa	inhwa	일당	iltang	ildang
인후	inhu	inhu	일대	iltae	ildae
일	il	il	일대기	iltaegi	ildaegi
일가	ilga	ilga	일대사	iltaesa	ildaesa
일각	ilgak	ilgak	일독법	iltokpŏp	ildokbeop
일각수	Ilgaksu	Ilgaksu	일동	Iltong	Ildong
일간	ilgan	ilgan	일두	ildu	ildu
일간지	ilganji	ilganji	일두품	Ildup'um	Ildupum
일감	ilkam	ilgam	일득록	Ildŭngnok	Ildeungnok
일검	ilgŏm	ilgeom	일들	ildŭl	ildeul
일경	ilgyŏng	ilgyeong	일등	iltŭng	ildeung
일고	ilgo	ilgo	일등주의	iltŭngjuŭi	ildeungjuui
일곡	Ilgok	ilgok	일람	illam	illam
일곡동	Ilgok-tong	Ilgok-dong	일람도	illamdo	illamdo
일곱	ilgop	ilgopsi	일람집	illamjip	illamjip
일곱시	ilgopsi	ilgopsi	일람표	illamp'yo	illampyo
일공육사	Ilgongyuksa	ilgongyuksa	일래라	illaera	illaera
일과	ilgwa	ilgwa	일러	illŏ	illeo
일곽	ilgwak	ilgwak	일러두기	illŏdugi	illeodugi
일관	ilgwan	ilgwan	일러스트	illŏsŭt'u	illeoseuteu
일관성	ilgwansŏng	ilgwanseong	일러스트레이션	illŏsŭt'ŭreisyŏn	illeoseuteureisyeon
일괄	ilgwal	ilgwal	일러스트레이터	illŏsŭt'ŭreit'ŏ	illeoseuteureiteo
일광	ilgwang	ilgwang	일러스트회	illŏsŭt'uhoe	illeoseuteuhoe
일교	Ilgyo	Ilgyo	일렁이네	illŏngine	illeongine
일구	Ilgu	Ilgu	일레인	Illein	Illein
일구는	ilgunŭn	ilguneun	일력	illyŏk	illyeok
일구었다	ilguŏtta	ilgueotda	일련	illyŏn	illyeon
일군	Ilgun	ilgun	일렬	illyŏl	illyeol
일군들	ilkundŭl	ilgundeul	일록	illok	illok
일궁	Ilgung	Ilgung	일류	illyu	illyu
일그러진	ilgŭrŏjin	ilgeureojin	일률	illyul	illyul
일급	ilgŭp	ilgeup	일률론	illyullon	illyullon
일기	ilgi	ilgi	일률적	illyulchŏk	illyuljeok
일기도	ilgido	ilgido	일리	illi	illi
일기문	ilgimun	ilgimun	일만	ilman	ilman
일까	ilkka	ilkka	일만리	ilmalli	ilmalli
일깨우는	ilkkaeunŭn	ilkkaeuneun	일맥사	Ilmaeksa	Ilmaeksa
일깨운	ilkkaeun	ilkkaeun	일면	ilmyŏn	ilmyeon
일깨운지	ilkkaeunji	ilkkaeunji	일명	ilmyŏng	ilmyeong

한글 용례	ALA-LC Romanization	정부 표기안	한글 용례	ALA-LC Romanization	정부 표기안
일몰	ilmol	ilmol	일상사	ilsangsa	ilsangsa
일무	Ilmu	ilmu	일상성	ilsangsŏng	ilsangseong
일문	ilmun	ilmun	일상적	ilsangjŏk	ilsangjeok
일문학	Ilmunhak	Ilmunhak	일생	ilsaeng	ilsaeng
일민	ilmin	ilmin	일서각	Ilsŏgak	Ilseogak
일민주의	Ilminjuŭi	Ilminjuui	일석	Ilsŏk	Ilseok
일반	ilban	ilban	일선	ilsŏn	ilseon
일반계	ilban'gye	ilbangye	일선군	Ilsŏn-gun	Ilseon-gun
일반용	ilbanyong	ilbanyong	일선현	Ilsŏn-hyŏn	Ilseon-hyeon
일반인	ilbanin	ilbanin	일성	ilsŏng	ilseong
일반적	ilbanjŏk	ilbanjeok	일성당	Ilsŏngdang	Ilseongdang
일반직	ilbanjik	ilbanjik	일성록	Ilsŏngnok	Ilseongnok
일반화	ilbanhwa	ilbanhwa	일세	ilse	ilse
일방	ilbang	ilbang	일소	ilso	ilso
일방적	ilbangjŏk	ilbangjeok	일속	Ilsok	Ilsok
일배	ilbae	ilbae	일손	ilson	ilson
일백	ilbaek	ilbaek	일송	ilsong	ilsong
일백년사	ilbaengnyŏnsa	ilbaengnyeonsa	일송북	Ilsongbuk	Ilsongbuk
일벌	ilbŏl	ilbeol	일송정	Ilsongjŏng	Ilsongjeong
일베	Ilbe	Ilbe	일수	ilsu	ilsu
일보	ilbo	ilbo	일수록	ilsurok	ilsurok
일보사	ilbosa	ilbosa	일승	Ilsŭng	Ilseung
일보社	ilbosa	ilbosa	일승종	ilsŭngjong	Ilseungjong
일본	Ilbon	Ilbon	일시	ilsi	ilsi
일본관	Ilbon'gwan	Ilbongwan	일시고	ilsigo	ilsigo
일본군	Ilbon'gun	Ilbongun	일식	ilsik	ilsik
일본님	Ilbonnim	Ilbonnim	일식도	ilsikto	ilsikdo
일본도	Ilbondo	Ilbondo	일신	ilsin	ilsin
일본부	Ilbonbu	Ilbonbu	일신사	Ilsinsa	Ilsinsa
일본사	Ilbonsa	Ilbonsa	일신현	Ilsin-hyŏn	Ilsin-hyeon
일본성	Ilbonsŏng	Ilbonseong	일심	ilsim	ilsim
일본식	Ilbonsik	Ilbonsik	일암	Iram	Iram
일본어	Ilbonŏ	Ilboneo	일양	Iryang	Iryang
일본어사	Ilbonŏsa	Ilboneosa	일어	Irŏ	Ireo
일본인	Ilbonin	Ilbonin	일어나	irŏna	ileona
일본인들	Ilbonindŭl	Ilbonindeul	일어나고	irŏnago	ireonago
일본종	Ilbonjong	Ilbonjong	일어나는	irŏnanŭn	ireonaneun
일본학	Ilbonhak	Ilbonhak	일어나라	irŏnara	ireonara
일본해	Ilbonhae	Ilbonhae	일어나요	irŏnayo	ireonayo
일부	ilbu	ilbu	일어나지	irŏnaji	ireonaji
일봉	Ilbung	Ilbung	일어났는지는	irŏnannŭnjinŭn	ireonanneunjineun
일빛	ilpit	ilbit	일어서다	irŏsŏda	ireoseoda
일사	ilsa	ilsa	일어선	irŏsŏn	ireoseon
일산	Ilsan	Ilsan	일어선다	irŏsŏnda	ireoseonda
일상	ilsang	ilsang	일어설	irŏsŏl	ireoseol

한글 용례	ALA-LC Romanization	정부 표기안	한글 용례	ALA-LC Romanization	정부 표기안
일어학	Irŏhak	Ireohak	일중	Ilchung	Iljung
일연	Iryŏn	Iryeon	일지	ilchi	ilji
일영	iryŏng	iryeong	일지사	Ilchisa	Iljisa
일옹	Irong	Irong	일지암	Ilchiam	Iljiam
일왕	Irwang	Irwang	일진	ilchin	iljin
일요	iryo	iryo	일진사	Ilchinsa	Iljinsa
일요일	Iryoil	Iryoil	일진회	Ilchinhoe	Iljinhoe
일용	iryong	iryong	일찍	iltchik	iljjik
일용직	iryongjik	iryongjik	일차	ilch'a	ilcha
일용품	iryongp'um	iryongpum	일천	ilch'ŏn	ilcheon
일우	iru	iru	일천만	ilch'ŏnman	ilcheonman
일원	irwŏn	irwon	일청	Ilch'ŏng	Ilcheong
일원론	irwŏnnon	irwonnon	일체	ilch'e	ilche
일원상	Irwŏnsang	Irwonsang	일체형	ilch'ehyŏng	ilchehyeong
일원적	irwŏnjŏk	irwonjeok	일체화	ilch'ehwa	ilchehwa
일원화	irwŏnhwa	irwonhwa	일초	ilch'o	ilcho
일월	Irwŏl	Irwol	일출	ilch'ul	ilchul
일월신	Irwŏlsin	Irwolsin	일출봉	Ilch'ulbong	Ilchulbong
일으켜	irŭk'yŏ	ireukyeo	일측	Ilch'ŭk	Ilcheuk
일으키기	irŭk'igi	ireukigi	일치	ilch'i	ilchi
일으키다	irŭk'ida	ireukida	일치론	ilch'iron	ilchiron
일으키자	irŭk'ija	ireukija	일치설	ilch'isŏl	ilchiseol
일으킨	irŭk'in	ireukin	일침	ilch'im	ilchim
일웅	Irŭng	ireung	일탈	ilt'al	iltal
일이	iri	iri	일터	ilt'ŏ	ilteo
일인	irin	irin	일통	ilt'ong	iltong
일인자	irinja	irinja	일파	ilp'a	ilpa
일일사	Irilsa	Irilsa	일패	ilp'ae	ilpae
일일이	iriri	iriri	일편	ilp'yŏn	ilpyeon
일입	irip	ilip	일품	ilp'um	ilpum
일자	ilcha	ilja	일한	irhan	ilhan
일자리	ilchari	iljari	일해	Irhae	Ilhae
일장	ilchang	iljang	일향	Irhyang	Ilhyang
일장기	Ilchanggi	Iljanggi	일호	irho	ilho
일절	ilchŏl	iljeol	일화	irhwa	ilhwa
일정	ilchŏng	iljeong	일화집	irhwajip	ilhwajip
일제	Ilche	Ilje	일확	irhwak	ilhwak
일제기	Ilchegi	Iljegi	일환	irhwan	ilhwan
일조각	Ilchogak	Iljogak	일회	irhoe	ilhoe
일종	ilchong	iljong	일휴당	Irhyudang	Ilhyudang
일주	ilchu	ilju	일혼	irhŭn	ilheun
일주가	ilchuga	iljuga	읽고	ilko	ikgo
일주기	ilchugi	iljugi	읽고서	ilkkosŏ	ikgoseo
일주문	Ilchumun	iljumun	읽기	ilki	ikgi
일주일	ilchuil	iljuil	읽기사	ilkisa	ikgisa

한글 용례	ALA-LC Romanization	정부 표기안	한글 용례	ALA-LC Romanization	정부 표기안
읽는	ingnŭn	ingneun	임란기	Imnan'gi	Imnangi
읽는다	ingnŭnda	ingneunda	임마누엘	Immanuel	Immanuel
읽는데	ingnŭnde	ingneunde	임마뉴엘	Immanyuel	Immanyuel
읽다	ikta	ikda	임명	immyŏng	immyeong
읽어	ilgŏ	ilgeo	임명장	immyŏngchang	immyeongjang
읽어도	ilgŏdo	ilgeodo	임명직	immyŏngjik	immyeongjik
읽어라	ilgŏra	ilgeora	임목	immok	immok
읽어야	ilgŏya	ilgeoya	임무	immu	immu
읽었나	ilgŏnna	ilgeonna	임문	Immun	Immun
읽었는가	ilgŏnnŭn'ga	ilgeonneunga	임바라기	imbaragi	imbaragi
읽었다	ilgŏtta	ilgeotda	임베디드	imbedidŭ	imbedideu
읽으렴	ilgŭryŏm	ilgeuryeom	임부	Imbu	Imbu
읽으며	ilgŭmyŏ	ilgeumyeo	임분	imbun	imbun
읽으면	ilgŭmyŏn	ilgeumyeon	임불리	Imbul-li	Imbul-ri
읽은	ilgŭn	ilgeun	임산	imsan	imsan
읽을	ilgŭl	ilgeul	임산물	imsanmul	imsanmul
읽음	ilgŭm	ilgeum	임산부	imsanbu	imsanbu
읽히는	ilk'inŭn	ilkineun	임상	imsang	imsang
잃고	ilk'o	ilko	임상도	imsangdo	imsangdo
잃다	ilta	ilta	임상적	imsangjŏk	imsangjeok
잃어	irŏ	ireo	임상학	imsanghak	imsanghak
잃어진	irŏjin	ireojin	임성	Imsŏng	Imseong
잃었다	irŏtta	ireotda	임수	Imsu	Imsu
잃은	irŭn	ireun	임술	Imsul	Imsul
임	im	im	임시	imsi	imsi
임간	imgan	imgan	임시적	imsijŏk	imsijoek
임거당	Imgŏdang	Imgeodang	임시직	imsijik	imsijik
임계	Imgye	Imgye	임신	imsin	imsin
임계들	imgyedŭl	imgyedeul	임신자	Imsincha	imsinja
임관	imgwan	imgwan	임실	Imsil	Imsil
임금	imgŭm	imgeum	임실군	Imsil-gun	Imsil-gun
임금님	imgŭmnim	imgeumnim	임실현	Imsir-hyŏn	Imsil-hyeon
임금들	imgŭmdŭl	imgeumdeul	임야	imya	imya
임금법	imgŭmpŏp	imgeumbeop	임언	Imŏn	Imeon
임기	imgi	imgi	임업	imŏp	imeop
임나	Imna	Imna	임업부	Imŏppu	Imeopbu
임노동	imnodong	imnodong	임업성	Imŏpsŏng	Imeopseong
임당	Imdang	Imdang	임영관	Imyŏnggwan	Imyeonggwan
임당동	Imdang-dong	Imdang-dong	임오	Imo	Imo
임대	imdae	imdae	임용	imyong	imyong
임대부	imdaebu	imdaebu	임우	Imu	Imu
임대차	imdaech'a	imdaecha	임원	imwŏn	imwon
임동면	Imdong-myŏn	Imdong-myeon	임원들	imwŏndŭl	imwondeul
임둔군	Imdun-gun	Imdun-gun	임원리	Imwŏn-ni	Imwon-ri
임란	Imnan	Imnan	임은	Imŭn	Imeun

한글 용례	ALA-LC Romanization	정부 표기안	한글 용례	ALA-LC Romanization	정부 표기안
임의	imŭi	imui	임해군	Imhae-gun	Imhae-gun
임의적	imŭijŏk	imuijeok	입	ip	ip
임인	Imin	Imin	입각	ipkak	ipgak
임인자	Imincha	Iminja	입고	ipko	ipgo
임자	imja	imja	입구	ipku	ipgu
임자도	Imjado	Imjado	입국	ipkuk	ipguk
임장	Imjang	Imjang	입국론	ipkungnon	ipgungnon
임재	Imjae	Imjae	입궁	ipkung	ipgung
임전	imjŏn	imjeon	입궐	ipkwŏl	ipgwol
임정	Imjŏng	Imjeong	입낙찰	imnakch'al	imnakchal
임정사	Imjŏngsa	Imjeongsa	입는	imnŭn	imneun
임제	Imje	Imje	입니까	imnikka	imnikka
임제록	Imjerok	Imjerok	입니다	imnida	imnida
임제종	Imjejong	Imjejong	입다	ipta	ipda
임존성	Imjonsŏng	Imjonseong	입당	iptang	ipdang
임종	imjong	imjong	입대	iptae	ipdae
임종게	imjongge	imjongge	입덧	iptŏt	ipdeot
임지	imji	imji	입도	ipto	ipdo
임진	Imjin	Imjin	입동	iptong	ipdong
임진각	Imjin'gak	Imjingak	입력	imnyŏk	imnyeok
임진강	Imjin'gang	Imjingang	입말	immal	immal
임진년	Imjinnyŏn	Imjinnyeon	입말체	immalch'e	immalche
임진란	Imjinnan	Imjinnan	입맛	immat	immat
임진록	Imjinnok	Imjinnok	입문	immun	immun
임진자	Imjincha	Imjinja	입문서	immunsŏ	immunseo
임차	imch'a	imcha	입법	ippŏp	ipbeop
임차인	imch'ain	imchain	입법권	Ippŏpkwŏn	ipbeopgwon
임창	Imch'ang	Imchang	입법례	ippŏmnye	ipbeomnye
임천	Imch'ŏn	Imcheon	입법론적	ippŏmnonjŏk	ipbeomnonjeok
임천군	Imch'ŏn-gun	Imcheon-gun	입법부	ippŏppu	ipbeopbu
임천부	Imch'ŏn-bu	Imcheon-bu	입법자	ippŏpcha	ipbeopja
임티아즈	Imt'iajŭ	Imtiajeu	입법화	ippŏphwa	ipbeophwa
임파	imp'a	impa	입봉리	Ippong-ni	Ipbong-ri
임파워먼트	imp'awŏmŏnt'ŭ	impawomeonteu	입북	ippuk	ipbuk
임팩트	imp'aekt'ŭ	impaekteu	입사	ipsa	ipsa
임페리얼	imp'eriŏl	imperieol	입사장	ipsajang	ipsajang
임펠러	imp'ellŏ	impelleo	입산	ipsan	ipsan
임프린트	imp'ŭrint'ŭ	impeurinteu	입상	ipsang	ipsang
임피군	Imp'i-gun	Impi-gun	입상자	ipsangja	ipsangja
임피현	Imp'i-hyŏn	Impi-hyeon	입상작	ipsangjak	ipsangjak
임하	Imha	Imha	입석	Ipsŏk	Ipseok
임하동	Imha-dong	Imha-dong	입석리	Ipsŏng-ni	Ipseok-ri
임학과	imhakkwa	imhakgwa	입성	ipsŏng	ipseong
임한	imhan	imhan	입성기	ipsŏnggi	ipseonggi
임해	imhae	imhae	입소	ipso	ipso

한글 용례	ALA-LC Romanization	정부 표기안	한글 용례	ALA-LC Romanization	정부 표기안
입소문	ipsomun	ipsomun	있거든	itkŏdŭn	itgeodeun
입수	ipsu	ipsu	있거라	ikkŏra	itgeora
입술	ipsul	ipsul	있게	itke	itge
입시	ipsi	ipsi	있겠니	itkenni	itgenni
입신	ipsin	ipsin	있겠습니다	itketsŭmnida	itgetseumnida
입실	ipsil	ipsil	있고	itko	itgo
입안	iban	iban	있구나	itkuna	itguna
입암	Ibam	Ibam	있기	itki	itgi
입양	ibyang	ibyang	있기라도	itkirado	itgirado
입양아	ibyanga	ibyanga	있기에	ikkie	itgie
입양인	ibyangin	ibyangin	있길	ikkil	itgil
입은	ibŭn	ibeun	있나	inna	inna
입음	ibŭm	ibeum	있나요	innayo	innayo
입장	ipchang	ipjang	있네	inne	inne
입재	Ipchae	Ipjae	있는	innŭn	inneun
입적	ipchŏk	ipjeok	있는가	innŭn'ga	inneunga
입점	ipchŏm	ipjeom	있는데	innŭnde	inneunde
입점리	Ipchŏm-ni	Ipjeom-ri	있다	itta	itda
입정동	Ipchŏng-dong	Ipjeong-dong	있다고	ittago	itdago
입주	ipchu	ipju	있다면	ittamyŏn	itdamyeon
입주자	ipchuja	ipjuja	있던	ittŏn	itdeon
입증	ipchŭng	ipjeung	있사옵니다	issaomnida	itsaomnida
입지	ipchi	ipji	있소	isso	itso
입지적	ipchijŏk	ipjijeok	있소이다	issoida	itsoida
입찰	ipch'al	ipchal	있습니까	issŭmnikka	itseumnikka
입창	ipch'ang	ipchang	있습니다	issŭmnida	itseumnida
입체	ipch'e	ipche	있어	issŏ	isseo
입체적	ipch'ejŏk	ipchejeok	있어도	issŏdo	isseodo
입체화	ipch'ehwa	ipchehwa	있어서	issŏsŏ	isseoseo
입추	ipch'u	ipchu	있어야	issŏya	isseoya
입춘	ipch'un	ipchun	있어요	issŏyo	isseoyo
입학	iphak	iphak	있었구나	issŏtkuna	isseotguna
입학식	iphaksik	iphaksik	있었나요	issŏnnayo	isseonnayo
입학자	iphakcha	iphakja	있었네	issŏnne	isseonne
입헌	iphŏn	ipheon	있었는가	issŏnnŭn'ga	isseonneunga
입헌주의	iphŏnjuŭi	ipheonjuui	있었다	issŏtta	isseota
입회기	Iphoegi	iphoegi	있었다는	issŏttanŭn	isseotdaneun
입후보	ip'ŭbo	iphubo	있었더냐	issŏttŏnya	isseotdeonya
입후보자	ip'ŭboja	iphuboja	있었던	issŏttŏn	isseotdeon
입히기	ip'igi	ipigi	있었을까	issŏssŭlkka	isseosseulkka
입히다	ipp'ida	ipida	있으랴	issŭrya	isseurya
잇고	itko	itgo	있으면	issŭmyŏn	isseumyeon
잇기	itki	itgi	있은	issŭn	isseun
잇는	innŭn	inneun	있을	issŭl	isseul
잇다	itta	itda	있을까	issŭlkka	isseulkka

한글 용례	ALA-LC Romanization	정부 표기안	한글 용례	ALA-LC Romanization	정부 표기안
있음	issŭm	isseum	자격	chagyŏk	jagyeok
있잖아	itchana	itjana	자격루	Chagyŏngnu	Jagyeongnu
있제	itche	itje	자결	chagyŏl	jagyeol
있지	itchi	itji	자결주의	chagyŏljuŭi	jagyeoljuui
잉	ing	ing	자경	Chagyŏng	Jagyeong
잉걸	Inggŏl	Inggeol	자경전	Chagyŏngjŏn	Jagyeongjeon
잉걸불	Inggŏlpul	Inggeolbul	자계	Chagye	Jagye
잉여	ingyŏ	ingyeo	자고	chago	jago
잉카	Ingk'a	Ingka	자공	Chagong	Jagong
잉투기	Ingt'ugi	Ingtugi	자관	Chagwan	Jagwan
잊고	itko	itgo	자구	chagu	jagu
잊기	itki	itgi	자구책	chaguch'aek	jaguchaek
잊어버린	ijŏbŏrin	ijeoborin	자국	chaguk	jaguk
잊어야	ijŏya	ijeoya	자국어	chagugŏ	jagugeo
잊었다	ijŏtta	ijeotda	자국어학	chagugŏhak	jagugeohak
잊었지만	ijŏtchiman	ijeotjiman	자국학	chagukhak	jagukhak
잊으라	ijŭra	ijeura	자궁	chagung	jagung
잊으리야	ijŭriya	ijeuriya	자귀	chagwi	jagwi
잊으면	ijŭmyŏn	ijeumyeon	자극	chagŭk	jageuk
잊은	ijŭn	ijeun	자극기	chagŭkki	jageukgi
잊을	ijŭl	ijeul	자극적	chagŭkchŏk	jageukjeok
잊지	itchi	itji	자금	chagŭm	jageum
잊혀	itch'yŏ	itchyeo	자금단	chagŭmdan	jageumdan
잊혀져	itch'yŏjyŏ	itchyeojyeo	자금성	Chagŭmsŏng	Jageumseong
잊혀져간	ich'yŏjyŏgan	itchyeojyeogan	자급	chagŭp	jageup
잊혀지고	ich'yŏjigo	itchyeojigo	자긍	chagŭng	jageung
잊혀지지	ich'yŏjiji	itchyeojiji	자긍심	chagŭngsim	jageungsim
잊혀진	ich'yŏjin	itchyeojin	자기	chagi	jagi
잊히는	ich'inŭn	ichineun	자기록	chagirok	jagirok
잊힌	ich'in	itchin	자꾸	chakku	jakku
잊힐리야	ich'illiya	ichilliya	자꾸만	chakkuman	jakkuman
잎	ip	ip	자나	chana	jana
잎사귀	ipsagwi	ipsagwi	자네	chane	jane
잎새	ipsae	ipsae	자녀	chanyŏ	janyeo
			자녀들	chanyŏdŭl	janyeodeul
한글 용례	ALA-LC Romanization	정부 표기안	자녀안	chanyŏan	janyeoan
자	cha	ja	자농	chanong	janong
자가	chaga	jaga	자눌	Chanul	Janul
자갈	chagal	jagal	자는	chanŭn	janeun
자갈돌	chagaltol	jagaldol	자다가도	chadagado	jadagado
자강	chagang	jagang	자당	chadang	jadang
자강회	Chaganghoe	Jaganghoe	자대	chadae	jadae
자개	chagae	jagae	자도	chado	jado
자거	chagŏ	jageo	자동	chadong	jadong
자거라	chagŏra	jageora	자동사	chadongsa	jadongsa

한글 용례	ALA-LC Romanization	정부 표기안	한글 용례	ALA-LC Romanization	정부 표기안
자동차	chadongch'a	jadongcha	자모	chamo	jamo
자동화	chadonghwa	jadonghwa	자모변	chamobyŏn	jamobyeon
자득적	chadŭkchŏk	jadeukjeok	자문	chamun	jamun
자들	chadŭl	jadeul	자문진	chamunjin	jamunjin
자라	chara	jara	자미	Chami	Jami
자라난	charanan	jaranan	자미산	Chamisan	Jamisan
자라는	charanŭn	jaraneun	자미원	Chamiwŏn	Jamiwon
자라도	charado	jarado	자미협	Chamihyŏp	Jamihyeop
자락	charak	jarak	자미화	chamihwa	jamihwa
자람	Charam	Jaram	자민당	Chamindang	Jamindang
자랐다	charatta	jaratda	자민련	Chaminnyŏn	Jaminryeon
자랑	charang	jarang	자바	Chaba	Jaba
자력	charyŏk	jaryeok	자반	chaban	jaban
자료	charyo	jaryo	자발	chabal	jabal
자료관	charyogwan	jaryogwan	자발적	chabalchŏk	jabaljeok
자료부	charyobu	jaryobu	자백	chabaek	jabaek
자료사	charyosa	jaryosa	자백법	chabaekpŏp	jabaekbeop
자료선	charyosŏn	jaryoseon	자별	chabyŏl	jabyeol
자료실	charyosil	jaryosil	자보	Chabo	Jabo
자료용	charyoyong	jaryoyong	자복	chabok	jabok
자료원	charyowŏn	jaryowon	자본	chabon	jabon
자료적	charyojŏk	jaryojeok	자본가	chabon'ga	jabonga
자료전	charyojŏn	jaryojeon	자본론	chabonnon	jabonnon
자료집	charyojip	jaryojip	자본주의	chabonjuŭi	jabonjuui
자료팀	charyot'im	jaryotim	자본주의론	chabonjuŭiron	jabonjuuiron
자료학	charyohak	jaryohak	자부	chabu	jabu
자룡	Charyong	Jaryong	자부심	chabusim	jabusim
자루	charu	jaru	자비	chabi	jabi
자류	charyu	jaryu	자사	chasa	jasa
자르는	charŭnŭn	jareuneun	자산	chasan	jasan
자른	charŭn	jareun	자산군	Chasan-gun	Jasan-gun
자리	chari	jari	자살	chasal	jasal
자린	charin	jarin	자살론	chasallon	jasallon
자림	Charim	Jarim	자상	chasang	jasang
자립	charip	jarip	자색	chasaek	jasaek
자립단	chariptan	jaripdan	자생	chasaeng	jasaeng
자립성	charipsŏng	jaripseong	자생적	chasaengjŏk	jasaengjeok
자립적	charipchŏk	jaripjeok	자생종	chasaengjong	jasaengjong
자만	chaman	jaman	자생지	chasaengji	jasaengji
자망	Chamang	Jamang	자서	chasŏ	jaseo
자매	chamae	jamae	자서전	chasŏjŏn	jaseojeon
자멸	chamyŏl	jamyeol	자석	chasŏk	jaseok
자명	chamyŏng	jamyeong	자선	chasŏn	jaseon
자명고	Chamyŏnggo	Jamyeonggo	자성	chasŏng	jaseong
자명종	chamyŏngjong	jamyeongjong	자성군	Chasŏng-gun	Jaseong-gun

한글 용례	ALA-LC Romanization	정부 표기안	한글 용례	ALA-LC Romanization	정부 표기안
자성론	chasŏngnon	jaseongnon	자운	Chaun	Jaun
자성회	Chasŏnghoe	Jaseonghoe	자웅	chaung	jaung
자세	chase	jase	자원	chawŏn	jawon
자세히	chasehi	jasehi	자원과	chawŏnkwa	jawongwa
자소	chaso	jaso	자원관	chawŏn'gwan	jawongwan
자손	chason	jason	자원도	chawŏndo	jawondo
자수	chasu	jasu	자원부	chawŏnbu	jawonbu
자수장	chasujang	jasujang	자원화	chawŏnhwa	jawonhwa
자숙	chasuk	jasuk	자월	Chawŏl	Jawol
자숙회	chasukhoe	jasukhoe	자위	chawi	jawi
자순	chasun	jasun	자위권	chawikwŏn	jawigwon
자술	chasul	jasul	자위단	chawidan	jawidan
자스민	chasŭmin	jaseumin	자위대	chawidae	jawidae
자습	chasŭp	jaseup	자유	chayu	jayu
자승	chasŭng	jaseung	자유당	Chayudang	Jayudang
자시	chasi	jasi	자유로	Chayuro	Jayuro
자식	chasik	jasik	자유론	chayuron	jayuron
자식들	chasiktŭl	jasikdeul	자유롭게	chayuropke	jayuropge
자신	chasin	jasin	자유사판	Chayusap'an	Jayusapan
자신감	chasin'gam	jasingam	자유시	chayusi	jayusi
자아	chaa	jaa	자유인	chayuin	jayuin
자안	Chaan	Jaan	자유인들	chayuindŭl	jayuindeul
자암	Chaam	Jaam	자유재	chayujae	jayujae
자애로운	chaaeroun	jaaeroun	자유종	chayujong	jayujong
자야	chaya	jaya	자유주의	chayujuŭi	jayujuui
자양	chayang	jayang	자유주의자	chayujuŭija	jayujuuija
자엘펠더	Chaelp'eldŏ	Jaelpeldeo	자유주의적	chayujuŭijŏk	jayujuuijeok
자여	Chayŏ	Jayeo	자유항	chayuhang	jayuhang
자연	chayŏn	jayeon	자유형	chayuhyŏng	jayuhyeong
자연관	chayŏngwan	jayeongwan	자유화	chayuhwa	jayuhwa
자연사	chayŏnsa	jayeonsa	자율	chayul	jayul
자연사적	chayŏnsachŏk	jayeonsajeok	자율성	chayulsŏng	jayulseong
자연석	chayŏnsŏk	jayeonseok	자율적	chayulchŏk	jayuljeok
자연스럽게	chayŏnsŭrŏpke	jayeonseureopge	자율형	chayurhyŏng	jayulhyeong
자연식	chayŏnsik	jayeonsik	자율화	chayurhwa	jayulhwa
자연주의	chayŏnjuŭi	jayeonjuui	자은	Chaŭn	Jaeun
자연학	chayŏnhak	jayeonhak	자은도	Chaŭndo	Jaeundo
자영	chayŏng	jayeong	자음	chaŭm	jaeum
자영업	chayŏngŏp	jayeongeop	자의	chaŭi	jaui
자예	chaye	jaye	자의식	chaŭisik	jauisik
자오선	Chaosŏn	Jaoseon	자의적	chaŭijŏk	jauijeok
자외선	chaoesŏn	jaoeseon	자이	Chai	Jai
자용	Chayong	Jayong	자이니치	Chainich'i	Jainichi
자우	Chau	Jau	자이델	Chaidel	Jaidel
자욱	chauk	jauk	자이언트	chaiŏnt'ŭ	jaieonteu

한글 용례	ALA-LC Romanization	정부 표기안	한글 용례	ALA-LC Romanization	정부 표기안
자이툰	Chait'un	Jaitun	자첩	chach'ŏp	jacheop
자익	chaik	jaik	자청	chach'ŏng	jacheong
자인	chain	jain	자청비	chach'ŏngbi	jacheongbi
자임	chaim	jaim	자체	chach'e	jache
자자	chaja	jaja	자초	chach'o	jacho
자작	chajak	jajak	자충	chach'ung	jachung
자작농	chajangnong	jajaknong	자충수	chach'ungsu	jachungsu
자작리	Chajang-ni	Jajak-ri	자취	chach'wi	jachwi
자작시	chajaksi	jajaksi	자취들	chach'widŭl	jachwideul
자잠	chajam	jajam	자치	chach'i	jachi
자장	chajang	jajang	자치가	chach'iga	jachiga
자장면	chajangmyŏn	jajangmyeon	자치도	chach'ido	jachido
자재	chajae	jajae	자치론	chach'iron	jachiron
자재암	Chajaeam	Jajaeam	자치부	chach'ibu	jachibu
자저	chajŏ	jajeo	자치사	chach'isa	jachisa
자저집	chajŏjip	jajeojip	자치시	chach'isi	jachisi
자적	chajŏk	jajeok	자치제	chach'ije	jachije
자전	chajŏn	jajeon	자치주	chach'iju	jachiju
자전거	chajŏn'gŏ	jajeongeo	자치학	chach'ihak	jachihak
자전설	chajŏnsŏl	jajeonseol	자치화	chach'ihwa	jchihwa
자전적	chajŏnchŏk	jajeonjeok	자치회	chach'ihoe	jachihoe
자전차	chajŏnch'a	jajeoncha	자카르타	Chak'arŭt'a	Jakareuta
자정	chajŏng	jajeong	자코메티	Chak'omet'i	Jakometi
자제	chaje	jaje	자타카	Chat'ak'a	Jataka
자조	chajo	jajo	자탄	chat'an	jatan
자조적	chajojŏk	jajojeok	자탄사	chat'ansa	jatansa
자족	chajok	jajok	자퇴	chat'oe	jatoe
자족성	chajoksŏng	jajokseong	자투리	chat'uri	jaturi
자존	chajon	jajon	자평	chap'yŏng	japyeong
자존심	chajonsim	jajonsim	자포리	Chap'o-ri	Japo-ri
자주	chaju	jaju	자하	chaha	jaha
자주성	chajusŏng	jajuseong	자하동	Chaha-dong	Jaha-dong
자주적	chajujŏk	jajujeok	자하라	Chahara	Jahara
자주주의	chajujuŭi	jajujuui	자하문	Chahamun	Jahamun
자주화	chajuhwa	jajuhwa	자학	chahak	jahak
자준	Chajun	Jajun	자학증	chahakchŭng	jahakjeung
자중	chajung	jajung	자행	chahaeng	jahaeng
자중론	chajungnon	jajungnon	자허	Chahŏ	Jaheo
자중천	Chajungch'ŏn	Jajungcheon	자헌	Chahŏn	Jaheon
자중론	chajŭngnon	jajeungnon	자현	Chahyŏn	Jahyeon
자지	chaji	jaji	자형	chahyŏng	jahyeong
자진	chajin	jajin	자혜	chahye	jahye
자질	chajil	jajil	자호	chaho	jaho
자집	chajip	jajip	자호재	Chahojae	Jahojae
자천	Chach'ŏn	Jacheon	자화상	chahwasang	jahwasang

한글 용례	ALA-LC Romanization	정부 표기안	한글 용례	ALA-LC Romanization	정부 표기안
자활	chahwal	jahwal	작업장	chagŏpchang	jageopjang
자회	chahoe	jahoe	작용	chagyong	jagyong
자회사	chahoesa	jahoesa	작위	chagwi	jagwi
자회사형	chahoesahyŏng	jahoesahyeong	작은	chagŭn	jageun
자훈	Chahun	jahun	작자	chakcha	jakja
자휘	Chahwi	Jahwi	작전	chakchŏn	jakjeon
작	chak	jak	작전권	chakchŏnkwŏn	jakjeongwon
작가	chakka	jakga	작전부	chakchŏnbu	jakjeonbu
작가군	chakkagun	jakgagun	작전사	chakchŏnsa	jakjeonsa
작가들	chakkadŭl	jakgadeul	작정	chakchŏng	jakjeong
작가록	chakkarok	jakgarok	작중	chakchung	jakjung
작가론	chakkaron	jakgaron	작지	chakchi	jakji
작가상	chakkasang	jakgasang	작지만	chakchiman	jakjiman
작가전	chakkajŏn	jakgajeon	작창	chakch'ang	jakchang
작고	chakko	jakgo	작청	Chakch'ŏng	Jakcheong
작곡	chakkok	jakgok	작촌	Chakch'on	Jakchon
작곡가	chakkokka	jakgokga	작통	chakt'ong	jaktong
작곡집	chakkokchip	jakgokjip	작통법	chakt'ongpŏp	jaktongbeop
작년	changnyŏn	jangnyeon	작통제	chakt'ongje	jaktongje
작농	changnong	jangnong	작품	chakp'um	jakpum
작도	chakto	jakdo	작품들	chakp'umdŭl	jakpumdeul
작동	chaktong	jakdong	작품론	chakp'umnon	jakpumnon
작목	changmok	jangmok	작품별	chakp'umbyŏl	jakpumbyeol
작문	changmun	jangmun	작품선	chakp'umsŏn	jakpumseon
작문법	changmunpŏp	jangmunbeop	작품전	chakp'umjŏn	jakpumjeon
작물	changmul	jangmul	작품집	chakp'umjip	jakpumjip
작법	chakpŏp	jakbeop	작풍	chakp'ung	jakpung
작법무	chakpŏmmu	jakbeommu	작해	chakhae	jakhae
작별	chakpyŏl	jakbyeol	작호	chakho	jakho
작부	chakpu	jakbu	작화	chakhwa	jakhwa
작살	chaksal	jaksal	잔	chan	jan
작설	chaksŏl	jakseol	잔교	chan'gyo	jangyo
작성	chaksŏng	jakseong	잔등	chandŭng	jandeung
작성도	Chaksŏngdo	jakseongdo	잔디	chandi	jandi
작성자	chaksŏngja	jakseongja	잔류	challyu	jallyu
작성현	Chaksŏng-hyŏn	Jakseong-hyeon	잔사	chansa	jansa
작습니다	chaksŭmnida	jakseumnida	잔상	chansang	jansang
작시	chaksi	jaksi	잔소리	chansori	jansori
작심	chaksim	jaksim	잔수	Chansu	jansu
작아도	chagado	jagado	잔영	chanyŏng	janyeong
작악	Chagak	Jagak	잔운	Chanun	janun
작약	Chagyak	Jagyak	잔인	chanin	janin
작업	chagŏp	jageop	잔잔한	chanjanhan	janjanhan
작업반	chagŏppan	jageopban	잔재	chanjae	janjae
작업시	chagŏpsi	jageopsi	잔치	chanch'i	janchi

한글 용례	ALA-LC Romanization	정부 표기안	한글 용례	ALA-LC Romanization	정부 표기안
잔치상	chanch'isang	janchisang	잠재적	chamjaejŏk	jamjaejeok
잔칫날	chanch'innal	janchinnal	잠저	chamjŏ	jamjeo
잔폰	chanp'on	janpon	잠정	chamjŏng	jamjeong
잔혹	chanhok	janhok	잠정적	chamjŏngjŏk	jamjeongjeok
잔혹사	chanhoksa	janhoksa	잠행	chamhaeng	jamhaeng
잔혹史	chanhoksa	janhoksa	잡	chap	jap
잔혹한	chanhokhan	janhokhan	잡가	chapka	japga
잘	chal	jal	잡감	chapkam	japgam
잘난	challan	jallan	잡건	chapkŏn	japgeon
잘났다	challatta	jallatda	잡건철	chapkŏnch'ŏl	japgeoncheol
잘도	chaldo	jaldo	잡고	chapko	japgo
잘못	chalmot	jalmot	잡곡	chapkok	japgok
잠	cham	jam	잡곡밥	chapkokpap	japgokbap
잠거	chamgŏ	jamgeo	잡과	chapkwa	japgwa
잠겨	chamgyŏ	jamgyeo	잡기	chapki	japgi
잠곡	Chamgok	Jamgok	잡놈	chamnom	jamnom
잠금	chamgŭm	jamgeum	잡놈들	chamnomdŭl	jamnomdeul
잠긴	chamgin	jamgin	잡는	chamnŭn	jamneun
잠깐	chamkkan	jamkkan	잡다	chapta	japda
잠녀	chamnyŏ	jamnyeo	잡담	chaptam	japdam
잠대현	Chamdae-hyŏn	Jamdae-hyeon	잡던	chaptŏn	japdeon
잠두봉	Chamdubong	Jamdubong	잡동	chaptong	japdong
잠들	chamdŭl	jamdeul	잡동산이	chaptongsani	japdongsani
잠들지	chamdŭlji	jamdeulji	잡록	chamnok	jamnok
잠룡	chamnyong	jamnyong	잡론	chamnon	jamnon
잠명	chammyŏng	jammyeong	잡류	chamnyu	jamnyu
잠명류	chammyŏngnyu	jammyeongnyu	잡문	chammun	jammun
잠사	chamsa	jamsa	잡문선	chammunsŏn	jammunseon
잠수	chamsu	jamsu	잡방	chappang	japbang
잠수교	Chamsugyo	Jamsugyo	잡변	chappyŏn	japbyeon
잠수굿	chamsugut	jamsugut	잡보	chappo	japbo
잠수함	chamsuham	jamsuham	잡복고	chappokko	japbokgo
잠시	chamsi	jamsi	잡사	chapsa	japsa
잠실	Chamsil	Jamsil	잡상인	chapsangin	japsangin
잠암	Chamam	Jamam	잡색	chapsaek	jabsaek
잠언	chamŏn	jameon	잡설	chapsŏl	japseol
잠언집	chamŏnjip	jameonjip	잡스	Chapsŭ	japseu
잠업	chamŏp	jameop	잡아	chaba	jaba
잠연	Chamyŏn	jamyeon	잡아라	chabara	jabara
잠와	Chamwa	Jamwa	잡아야	chabaya	jabaya
잠입	chamip	jamip	잡어	chabŏ	jabeo
잠자리	chamjari	jamjari	잡역	chabyŏk	jabyeok
잠자리(寢席)	chamchari	jamjari	잡역세	chabyŏkse	jabyeokse
잠재	chamjae	jamjae	잡영	chabyŏng	jabyeong
잠재력	chamjaeryŏk	jamjaeryeok	잡으려	chabŭryŏ	jabeuryeo

한글 용례	ALA-LC Romanization	정부 표기안	한글 용례	ALA-LC Romanization	정부 표기안
잡은	chabŭn	jabeun	장교동	Changgyo-dong	Janggyo-dong
잡을	chabŭl	jabeul	장교들	changgyodŭl	janggyodeul
잡을라	chabŭlla	jabeulla	장구	changgu	janggu
잡의	chabŭi	jabui	장군	changgun	janggun
잡이	chabi	jabi	장군님	changgunnim	janggunnim
잡인	chabin	jabin	장군들	changgundŭl	janggundeul
잡자	chapcha	japja	장군전	changgunjŏn	janggunjeon
잡장	chapchang	japjang	장군총	Changgunch'ong	Janggunchong
잡종	chapchong	japjong	장기	changgi	janggi
잡지	chapchi	japji	장기군	Changgi-gun	Janggi-gun
잡지사	chapchisa	japjisa	장기수	changgisu	janggisu
잡채	chapch'ae	japchae	장기적	changgijŏk	janggijeok
잡초	chapch'o	japcho	장기현	Changgi-hyŏn	Janggi-hyeon
잡플래닛	chapp'ŭllaenit	jappeullaenit	장기화	changgihwa	janggihwa
잡필	chapp'il	jappil	장날	changnal	jangnal
잡학	chaphak	japhak	장남	changnam	jangnam
잡혀간	chap'yŏgan	japyeogan	장년	changnyŏn	jangnyeon
잡훼원	Chaphwewŏn	Japhwewon	장노회	Changnohoe	Jangnohoe
잡회	chaphŭi	jabhui	장뇌	changnoe	jangnoe
잡히는	chaphinŭn	japineun	장니	changni	jangni
잡히지마	chaphijima	japijima	장님	changnim	jangnim
잡힌	chaphin	japin	장단	changdan	jangdan
잣	chat	jat	장단군	Changdan-gun	Jangdan-gun
잣대	chattae	jatdae	장단기	changdan'gi	jangdangi
장	chang	jang	장단면	Changdan-myŏn	Jangdan-myeon
장가	changga	jangga	장단현	Changdan-hyŏn	Jangdan-hyeon
장간	changgan	janggan	장달	Changdal	Jangdal
장강	Changgang	Janggang	장담	changdam	jangdam
장거리	changgŏri	janggeori	장당	changdang	jangdang
장검	changgŏm	janggeom	장대	changtae	jangdae
장경	Changgyŏng	Janggyeong	장대하다	changdaehada	jangdaehada
장경각	Changgyŏnggak	Janggyeonggak	장덕	Changdŏk	Jangdeok
장경판전	Changgyŏngp'anjŏn	Janggyeongpanjeon	장덕리	Changdŏng-ni	Jangdeok-ri
장계	changgye	janggye	장도	changdo	jangdo
장고	changgo	janggo	장도장	changdojang	jangdojang
장고봉	Changgobong	Janggobong	장돌뱅이	changtolbaengi	jangdolbaengi
장고산	Changgosan	Janggosan	장동리	Changdong-ni	Jangdong-ri
장곡	Changgok	Janggok	장뜰	changttŭl	jangtteul
장곡리	Changgong-ni	Janggok-ri	장락	Changnak	Jangnak
장관	changgwan	janggwan	장락리	Changnang-ni	Jangnak-ri
장관급	changgwankŭp	janggwangeup	장래	changnae	jangnae
장관론	changgwannon	janggwannon	장려	changnyŏ	jangnyeo
장관실	changgwansil	janggwansil	장려금	changnyŏgŭm	jangnyeogeum
장교	changgyo	janggyo	장려회	changnyŏhoe	jangnyeohoe
장교단	changgyodan	janggyodan	장련	Changnyŏn	Jangnyeon

한글 용례	ALA-LC Romanization	정부 표기안	한글 용례	ALA-LC Romanization	정부 표기안
장련군	Changnyŏn-gun	Jangnyeon-gun	장봉	Changbong	Jangbong
장련현	Changnyŏn-hyŏn	Jangnyeon-hyeon	장봉도	Changbongdo	Jangbongdo
장렬하게	changnyŏrhage	jangnyeolhage	장부	changbu	jangbu
장렬한	changnyŏrhan	jangnyeolhan	장비	changbi	jangbi
장령	Changnyŏng	Jangnyeong	장사	changsa	jangsa
장례	changnye	jangnye	장사길	changsakil	jangsagil
장례법	changnyepŏp	jangnyebeop	장사꾼	changsakkun	jangsakkun
장례사	changnyesa	jangnyesa	장사꾼들	changsakkundŭl	jangsakkundeul
장례식	changnyesik	jangnyesik	장사동	Changsa-dong	Jangsa-dong
장로	changno	jangno	장사정포	Changsajŏngp'o	Jangsajeongpo
장로교	Changnogyo	Jangnogyo	장산	Changsan	Jangsan
장로파	changnop'a	jangnopa	장산곶	Changsan'got	Jangsangot
장로회	Changnohoe	Jangnohoe	장산도	Changsando	Jangsando
장류	changnyu	jangnyu	장산동	Changsan-dong	Jangsan-dong
장르	changnŭ	jangneu	장산리	Changsan-ni	Jangsan-ri
장르론	changnŭron	jangneuron	장산면	Changsan-myŏn	Jangsan-myeon
장르론적	changnŭronchŏk	jangneuronjeok	장삼	changsam	jangsam
장릉	Changnŭng	Jangneung	장상리	Changsang-ni	Jangsang-ri
장림동	Changnim-dong	Jangnim-dong	장생	changsaeng	jangsaeng
장마	changma	jangma	장서	changsŏ	jangseo
장막	changmak	jangmak	장서각	Changsŏgak	Jangseogak
장만	changman	jangman	장서각본	Changsŏgakpon	Jangseogakbon
장면	changmyŏn	jangmyeon	장서전	changsŏjŏn	jangseojeon
장면들	changmyŏndŭl	jangmyeondeul	장석	Changsŏk	Jangseok
장명	changmyŏng	jangmyeong	장설	Changsŏl	Jangseol
장명등	changmyŏngdŭng	jangmyeongdeung	장성	changsŏng	jangseong
장모	changmo	jangmo	장성군	Changsŏng-gun	Jangseong-gun
장무리	Changmu-ri	Jangmu-ri	장성리	Changsŏng-ni	Jangseong-ri
장문	changmun	jangmun	장성현	Changsŏng-hyŏn	Jangseong-hyeon
장물	changmul	jangmul	장세	changse	jangse
장미	changmi	jangmi	장소	changso	jangso
장미꽃	changmikkot	jangmikkot	장소들	changsodŭl	jangsodeul
장미촌	changmich'on	jangmichon	장소성	changsosŏng	jangsoseong
장민	Changmin	Jangmin	장속	Changsok	Jangsok
장방형	changbanghyŏng	jangbanghyeong	장손	changson	jangson
장백	Changbaek	Jangbaek	장수	changsu	jangsu
장백산	Changbaeksan	Jangbaeksan	장수군	Changsu-gun	Jangsu-gun
장번	Changbŏn	Jangbeon	장수리	Changsu-ri	Jangsu-ri
장법	changpŏp	jangbeop	장수명	changsumyŏng	jangsumyeong
장벽	changbyŏk	jangbyeok	장수산	Changsusan	Jangsusan
장병	changbyŏng	jangbyeong	장수인	chàngsuin	jangsuin
장병들	changbyŏngdŭl	jangbyeongdeul	장수촌	changsuch'on	jangsuchon
장보	changbo	jangbo	장수현	Changsu-hyŏn	Jangsu-hyeon
장복	changbok	jangbok	장숙	Changsuk	Jangsuk
장본	changbon	jangbon	장승	changsŭng	jangseung

한글 용례	ALA-LC Romanization	정부 표기안	한글 용례	ALA-LC Romanization	정부 표기안
장승제	changsŭngje	jangseungje	장위부	Changwi-bu	Jangwi-bu
장시	changsi	jangsi	장유가	changyuga	jangyuga
장시간	changsigan	jangsigan	장의	changŭi	jangui
장시조	changsijo	jangsijo	장의사	changŭisa	janguisa
장식	changsik	jangsik	장이	changi	jangi
장식구	changsikku	jangsikgu	장인	changin	jangin
장식품	changsikp'um	jangsikpum	장인들	changindŭl	jangindeul
장식화	changsikhwa	jangsikhwa	장자	Changja	Jangja
장신	changsin	jangsin	장자못	Changjamot	Jangjamot
장신구	changsin'gu	jangsingu	장작	changjak	jangjak
장신구사	changsin'gusa	jangsingusa	장잠현	Changjam-hyŏn	Jangjam-hyeon
장신대	Changsindae	Jangsindae	장장	Changjang	Jangjang
장쑤성	Changssu-sŏng	Jangssu-seong	장재	Changjae	Jangjae
장아찌	changatchi	jangajji	장적	Changjŏk	Jangjeok
장악	changak	jangak	장전	changjŏn	jangjeon
장악과	changakkwa	jangakgwa	장절공	Changjŏlgong	Jangjeolgong
장악서	Changaksŏ	Jangakseo	장정	changjŏng	jangjeong
장악원	Changagwŏn	Jangagwon	장정가	changjŏngga	jangjeongga
장안	changan	jangan	장정가들	changjŏnggadŭl	jangjeonggadeul
장안성	Changansŏng	Janganseong	장정현	Changjŏng-hyŏn	Jangjeong-hyeon
장안읍	Changan-ŭp	Jangan-eup	장제	Changje	Jangje
장암	Changam	Jangam	장제군	Changje-gun	Jangje-gun
장애	changae	jangae	장조	Changjo	Jangjo
장애물	changaemul	jangaemul	장족	changjong	jangjok
장애아	changaea	jangaea	장종	Changjong	Jangjong
장애우	changaeu	jangaeu	장좌리	Changjwa-ri	Jangjwa-ri
장애인	changaein	jangaein	장주	Changju	Jangju
장애인사	changaeinsa	jangaeinsa	장지	changji	jangji
장애자	changaeja	jangaeja	장지문	changjimun	jangjimun
장애학	changaehak	jangaehak	장진	changjin	jangjin
장어영	Changŏyŏng	Jangeoyeong	장진군	Changjin-gun	Jangjin-gun
장언부	Changŏn-bu	Jangeon-bu	장진호	Changjinho	Jangjinho
장엄	changŏm	jangeom	장차	changch'a	jangcha
장엄구	changŏmgu	jangeomgu	장천	Changch'ŏn	Jangcheon
장연	Changyŏn	Jangyeon	장천군	Changch'ŏn-gun	Jangcheon-gun
장연군	Changyŏn-gun	Jangyeon-gun	장천리	Changch'ŏn-ni	Jangcheon-ri
장연현	Changyŏn-hyŏn	Jangyeon-hyeon	장천성현	Changch'ŏnsŏng-hyŏn	Jangcheonseong-hyeon
장옷	changot	jangot	장초	Changch'o	Jangcho
장왕	Changwang	Jangwang	장초군	Changch'o-gun	Jangcho-gun
장왕사	Changwangsa	Jangwangsa	장촌	Changch'on	Jangchon
장용영	Changyongyŏng	Jangyongyeong	장촌리	Changch'on-ni	Jangchon-ri
장원	changwŏn	jangwon	장총	changch'ong	jangchong
장원리	Changwŏn-ni	Jangwon-ri	장춘	Changch'un	Jangchun
장원사	Changwŏnsa	Jangwonsa	장충	Changch'ung	Jangchung
장위동	Changwi-dong	Jangwi-dong	장충단	Changch'ungdan	Jangchungdan

한글 용례	ALA-LC Romanization	정부 표기안	한글 용례	ALA-LC Romanization	정부 표기안
장치	changch'i	jangchi	재개념화	chaegaenyŏmhwa	jaegaenyeomhwa
장콩	Changk'ong	Jangkong	재개발	chaegaebal	jaegaebal
장타	changt'a	jangta	재개정판	chaegaejŏngp'an	jaegaejeongpan
장타령	Changt'aryŏng	Jangtaryeong	재건	chaegŏn	jaegeon
장터	changt'ŏ	jangteo	재건위	chaegŏnwi	jaegeonwi
장터길	changt'ŏkil	jangteogil	재건축	chaegŏnch'uk	jaegeonchuk
장토	changt'o	jangto	재검토	chaegŏmt'o	jaegeomto
장통교	Changt'onggyo	Jangtonggyo	재결례	chaegyŏllye	jaegyeollye
장파	Changp'a	Jangpa	재결합	chaegyŏrhap	jaegyeolhap
장판	changp'an	jangpan	재경	chaegyŏng	jaegyeong
장편	changp'yŏn	jangpyeon	재경부	Chaegyŏngbu	Jaegyeongbu
장평	Changp'yŏng	Jangpyeong	재경사	chaejŏngsa	jaegyeongsa
장평리	Changp'yŏng-ni	Jangpyeong-ri	재계	chaegye	jaegye
장표	Changp'yo	Jangpyo	재고	chaego	jaego
장하리	Changha-ri	Jangha-ri	재고찰	chaegoch'al	jaegochal
장학	changhak	janghak	재교육	chaegyoyuk	jaegyoyuk
장학금	changhakkŭm	janghakgeum	재구	chaegu	jaegu
장학리	Changhang-ni	Janghak-ri	재구상	chaegusang	jaegusang
장학생	changhaksaeng	janghaksaeng	재구성	chaegusŏng	jaeguseong
장학회	changhakhoe	janghakhoe	재구조화	chaegujohwa	jaegujohwa
장한	changhan	janghan	재구축	chaeguch'uk	jaeguchuk
장한가	changhan'ga	janghanga	재규정	chaegyujŏng	jaegyujeong
장한몽	Changhanmong	Janghanmong	재균형	chaegyunhyŏng	jaegyunhyeong
장항리	Changhang-ni	Janghang-ri	재기	chaegi	jaegi
장항선	Changhangsŏn	Janghangseon	재난	chaenan	jaenan
장해	changhae	janghae	재단	chaedan	jaedan
장헌	Changhŏn	Jangheon	재담	chaedam	jaedam
장현	Changhyŏn	Janghyeon	재도약	chaedoyak	jaedoyak
장현리	Changhyŏn-ni	Janghyeon-ri	재독	chaedok	jaedok
장호	Changho	Jangho	재동	Chae-dong	Jae-dong
장호원	Changhowŏn	Janghowon	재두루미	chaedurumi	jaedurumi
장화	Changhwa	Janghwa	재래	chaerae	jaerae
장화리	Changhwa-ri	Janghwa-ri	재량	chaeryang	jaeryang
장황	changhwang	janghwang	재러	chaerŏ	jaereo
장황하게	changhwanghage	janghwanghage	재령	Chaeryŏng	Jaeryeong
장회체	changhoech'e	janghoeche	재령군	Chaeryŏng-gun	Jaeryeong-gun
장훈	Changhun	Janghun	재령현	Chaeryŏng-hyŏn	Jaeryeong-hyeon
장흥	Changhŭng	Jangheung	재론	chaeron	jaeron
장흥군	Changhŭng-gun	Jangheung-gun	재료	chaeryo	jaeryo
장흥리	Changhŭng-ni	Jangheung-ri	재룡	Chaeryong	Jaeryong
장흥부	Changhŭng-bu	Jangheung-bu	재림	chaerim	jaerim
장흥현	Changhŭng-hyŏn	Jangheung-hyeon	재림교	Chaerimgyo	Jaerimgyo
재	chae	jae	재만	chaeman	jaeman
재가	chaega	jaega	재무	chaemu	jaemu
재간	chaegan	jaegan	재무부	Chaemubu	Jaemubu

한글 용례	ALA-LC Romanization	정부 표기안	한글 용례	ALA-LC Romanization	정부 표기안
재무서	Chaemusŏ	Jaemuseo	재생형	chaesaenghyŏng	jaesaenghyeong
재무장	chaemujang	jaemujang	재선	chaesŏn	jaeseon
재무적	chaemujŏk	jaemujeok	재설계	chaesŏlgye	jaeseolgye
재물	chaemul	jaemul	재세	chaese	jaese
재물보	chaemulbo	jaemulbo	재소	chaeso	jaeso
재미	chaemi	jaemi	재수	chaesu	jaesu
재미주의	chaemijuŭi	jaemijuui	재수굿	Chaesugut	Jaesugut
재미진	chaemijin	jaemijin	재수생	chaesusaeng	jaesusaeng
재반격	chaeban'gyŏk	jaebangyeok	재스민	Chaesŭmin	Jaeseumin
재발	chaebal	jaebal	재승	Chaesŭng	Jaeseung
재발견	chaebalgyŏn	jaebalgyeon	재식민화	chaesingminhwa	jaesingminhwa
재발화	chaebarhwa	jaebalhwa	재신	chaesin	jaesin
재방문율	chaebangmunyul	jaebangmunyul	재실	chaesil	jaesil
재배	chaebae	jaebae	재앙	chaeang	jaeang
재배업	chaebaeŏp	jaebaeeop	재야	chaeya	jaeya
재배치	chaebaech'i	jaebaechi	재연	chaeyŏn	jaeyeon
재벌	chaebŏl	jaebeol	재영토화	chaeyŏngt'ohwa	jaeyeongtohwa
재벌가	chaebŏlga	jaebeolga	재외	chaeoe	jaeoe
재벌家	chaebŏlga	jaebeolga	재용고	Chaeyonggo	Jaeyonggo
재벌님	chaebŏllim	jaebeollim	재우는	chaeunŭn	jaeuneun
재벌들	chaebŏldŭl	jaebeoldeul	재우면	chaeumyŏn	jaeumyeon
재벌사	chaebŏlsa	jaebeolsa	재운	chaeun	jaeun
재범	chaebŏm	jaebeom	재울	chaeul	jaeul
재보	chaebo	jaebo	재원	chaewŏn	jaewon
재보험	chaebohŏm	jaeboheom	재원도	chaewŏndo	jaewondo
재봉	chaebong	jaebong	재원자	chaewŏnja	jaewonja
재봉틀	chaebongt'ŭl	jaebongteul	재위	chaewi	jaewi
재부	chaebu	jaebu	재음미	chaeŭmmi	jaeeummi
재부산	chaebusan	jaebusan	재의	chaeŭi	jaeui
재부상	chaebusang	jaebusang	재이	Chaei	jaeui
재분류	chaebullyu	jaebullyu	재이산	Chaeisan	Jaeisan
재분배	chaebunbae	jaebunbae	재인식	chaeinsik	jaeinsik
재불	Chaebul	Jaebul	재인천	chaeinch'ŏn	jaeincheon
재사	Chaesa	Jaesa	재인청	Chaeinch'ŏng	Jaeincheong
재사당	Chaesadang	Jaesadang	재일	chaeil	jaeil
재사회화	chaesahoehwa	jaesahoehwa	재일본	Chaeilbon	Jaeilbon
재산	chaesan	jaesan	재임	chaeim	jaeim
재산과	chaesankwa	jaesangwa	재자	chaeja	jaeja
재산권	chaesankwŏn	jaesangwon	재전	Chaejŏn	Jaejeon
재산권법	chaesankwŏnpŏp	jaesangwonbeop	재정	chaejŏng	jaejeong
재산팀	chaesant'im	jaesantim	재정론	chaejŏngnon	jaejeongnon
재상	chaesang	jaesang	재정립	chaejŏngnip	jaejeongrip
재생	chaesaeng	jaesaeng	재정법	chaejŏngpŏp	jaejeongbeop
재생산	chaesaengsan	jaesaengsan	재정부	Chaejŏngbu	Jaejeongbu
재생산권	chaesaengsankwŏn	jaesaengsangwon	재정비	chaejŏngbi	jaejeongbi

한글 용례	ALA-LC Romanization	정부 표기안	한글 용례	ALA-LC Romanization	정부 표기안
재정사	chaejŏngsa	jaejeongsa	재합	chaehap	jaehap
재정성	Chaejŏngsŏng	Jaejeongseong	재해	chaehae	jaehae
재정의	chaejŏngŭi	jaejeongui	재해석	chaehaesŏk	jaehaeseok
재정판	chaejŏngp'an	jaejeongpan	재향	chaehyang	jaehyang
재정학	chaejŏnghak	jaejeonghak	재향지	chaehyangji	jaehyangji
재조	chaejo	jaejo	재현	chaehyŏn	jaehyeon
재조명	chaejomyŏng	jaejomyeong	재현기	chaehyŏn'gi	jaehyeongi
재조정	chaejojŏng	jaejojeong	재협상	chaehyŏpsang	jaehyeopsang
재조합	chaejohap	jaejohap	재혼	chaehon	jaehon
재주	chaeju	jaeju	재화	chaehwa	jaehwa
재중	chaejung	jaejung	재확인	chaehwagin	jaehwagin
재즈	chaejŭ	jaejeu	재활	chaehwal	jaehwal
재지	chaeji	jaeji	재활성	chaehwalsŏng	jaehwalseong
재직자	chaejikcha	jaejikja	재활성화	chaehwalsŏnghwa	jaehwalseonghwa
재진입	chaejinip	jaejinip	재활용	chaehwaryong	jaehwaryong
재질	chaejil	jaejil	재활원	chaehwarwŏn	jaehwarwon
재집권	chaejipkwŏn	jaejipgwon	재회	chaehoe	jaehoe
재창간호	chaech'angganho	jaechangganho	잭	Chaek	Jaek
재창업	chaech'angŏp	jaechangeop	잭나이프	chaeknaip'ŭ	jaeknaipeu
재창조	chaech'angjo	jaechangjo	잰내비	chaennaebi	jaennaebi
재창출	chaech'angch'ul	jaechangchul	잿더미	chaettŏmi	jaetdeomi
재처리	chaech'ŏri	jaecheori	잿빛	chaeppit	jaetbit
재추	chaech'u	jaechu	쟁	chaeng	jaeng
재출간	chaech'ulgan	jaechulgan	쟁계	chaenggye	jaenggye
재출발	chaech'ulbal	jaechulbal	쟁기	chaenggi	jaenggi
재취	chaech'wi	jaechwi	쟁론기	chaengnon'gi	jaengnongi
재취업	chaech'wiŏp	jaechwieop	쟁위	chaengwi	jaengwi
재치	chaech'i	jaechi	쟁의	chaengŭi	jaengui
재침	chaech'im	jaechim	쟁점	chaengchŏm	jaengjeom
재탄생	chaet'ansaeng	jaetansaeng	쟁점들	chaengchŏmdŭl	jaengjeomdeul
재테크	chaet'ek'ŭ	jaetekeu	쟁취	chaengch'wi	jaengchwi
재통일	chaet'ongil	jaetongil	쟁탈	chaengt'al	jaengtal
재판	chaep'an	jaepan	쟁탈전	chaengt'aljŏn	jaengtaljeon
재판관	chaep'an'gwan	jaepangwan	쟁투사	chaengt'usa	jaengtusa
재판록	chaep'annok	jaepallok	쟌르	chyannŭ	jyanreu
재판론	chaep'annon	jaepallon	저	chŏ	jeo
재판소	chaep'anso	jaepanso	저가	chŏka	jeoga
재판정	chaep'anjŏng	jaepanjeong	저감	chŏgam	jeogam
재팬	Chaep'aen	Jaepaen	저개발	chŏgaebal	jeogaebal
재편	chaep'yŏn	jaepyeon	저개발국	chŏgaebalguk	jeogaebalguk
재편성	chaep'yŏnsŏng	jaepyeonseong	저것	chŏgŏt	jeogeot
재편집	chaep'yŏnjip	jaepyeonjip	저격	chŏgyŏk	jeogyeok
재평가	chaep'yŏngka	jaepyeongga	저격수	chŏgyŏksu	jeogyeoksu
재학	chaehak	jaehak	저고리	chŏgori	jeogori
재한	chaehan	jaehan	저곡	Chŏgok	Jeogok

한글 용례	ALA-LC Romanization	정부 표기안	한글 용례	ALA-LC Romanization	정부 표기안
저교	Chŏgyo	Jeogyo	저수지	chŏsuji	jeosuji
저군	Chŏgun	Jeogun	저숙련	chŏsungnyŏn	jeosungnyeon
저궁	Chŏgung	Jeogung	저숙련공	chŏsungnyŏngong	jeosungnyeongong
저금리	chŏgŭmni	jeogeumni	저술	chŏsul	jeosul
저급	chŏgŭp	jeogeup	저술가	chŏsulga	jeosulga
저기	chŏgi	jeogi	저숲	Chŏsup	Jeosup
저긴데	chŏginde	jeoginde	저습지	chŏsŭpchi	jeoseupji
저널	chŏnŏl	jeoneol	저승	chŏsŭng	jeoseung
저널리스트	chŏnŏllisŭt'ŭ	jeoneolliseuteu	저신뢰	chŏsilloe	jeosilloe
저널리즘	chŏnŏllijŭm	jeoneollijeum	저신용	chŏsinyong	jeosinyong
저널리즘적	chŏnŏllijŭmjŏk	jeoneollijeumjeok	저암	Chŏam	Jeoam
저널사	chŏnŏlsa	jeoneolsa	저양현	Chŏyang-hyŏn	Jeoyang-hyeon
저녁	chŏnyŏk	jeonyeok	저어새	Chŏŏsae	Jeoeosae
저당권	chŏdangkwŏn	jeodanggwon	저예산	chŏyesan	jeoyesan
저도	Chŏdo	Jeodo	저온	chŏon	jeoon
저독성	chŏdoksŏng	jeodokseong	저옹	Chŏong	Jeoong
저들	chŏdŭl	jeodeul	저우리	Chŏu-ri	Jeou-ri
저들네	chŏdŭlle	jeodeulle	저우실	Chŏusil	Jeousil
저량	chŏryang	jeoryang	저울	chŏul	jeoul
저런	chŏrŏn	jeoreon	저위	Chŏwi	jeowi
저력	chŏryŏk	jeoryeok	저의	chŏŭi	jeoui
저리	chŏri	jeori	저이	chŏi	jeoi
저만치	chŏmanch'i	jeomanchi	저인	chŏin	jeoin
저모	chŏmo	jeomo	저인망	chŏinmang	jeoinmang
저무는	chŏmunŭn	jeomuneun	저임금	chŏimgŭm	jeoimgeum
저문	chŏmun	jeomun	저자	chŏja	jeoja
저민	chŏmin	jeomin	저자명	chŏjamyŏng	jeojamyeong
저바구	chŏbagu	jeobagu	저자세	chŏjase	jeojase
저변	chŏbyŏn	jeobyeon	저작	chŏjak	jeojak
저본	chŏbon	jeobon	저작권	chŏjakkwŏn	jeojakgwon
저부담	chŏbudam	jeobudam	저작권법	chŏjakkwŏnpŏp	jeojakgwonbeop
저비용	chŏbiyong	jeobiyong	저작물	chŏjangmul	jeojangmul
저산	Chŏsan	Jeosan	저작상	chŏjaksang	jeojaksang
저산성	Chŏsansŏng	Jeosanseong	저작자	chŏjakcha	jeojakja
저서	chŏsŏ	jeoseo	저작집	chŏjakchip	jeojakjip
저서들	chŏsŏdŭl	jeoseodeul	저장	chŏjang	jeojang
저석	Chŏsŏk	Jeoseok	저장학	chŏjanghak	jeojanghak
저석리	Chŏsŏng-ni	Jeoseok-ri	저전	Chŏjŏn	Jeojeon
저성	Chŏsŏng	Jeoseong	저전동	Chŏjŏn-dong	Jeojeon-dong
저성기	Chŏsŏnggi	Jeoseonggi	저절로	chŏjŏllo	jeojeollo
저성장	chŏsongjang	jeoseongjang	저점	chochŏm	jeojeom
저소득	chŏsodŭk	jeosodeuk	저족	Chŏjok	Jeojok
저소득층	chŏsodŭkch'ŭng	jeosodeukcheung	저주	chŏju	jeoju
저속	chŏsok	jeosok	저지	chŏji	jeoji
저수	chŏsu	jeosu	저쪽	chŏtchok	jeojjok

한글 용례	ALA-LC Romanization	정부 표기안	한글 용례	ALA-LC Romanization	정부 표기안
저촌	Chŏch'on	Jeochon	적량동	Chŏngnyang-dong	Jeongnang-dong
저축	chŏch'uk	jeochuk	적령기	chŏngnyŏnggi	jeongnyeonggi
저축률	chŏch'ungnyul	jeochungnyul	적록	chŏngnok	jeongnok
저출산	chŏch'ulsan	jeochulsan	적막	chŏngmak	jeongmak
저층	chŏch'ŭng	jeocheung	적멸	chŏngmyŏl	jeongmyeol
저치	Chŏch'i	Jeochi	적발	chŏkpal	jeokbal
저탄소	chŏt'anso	jeotanso	적법	chŏkpŏp	jeokbeop
저탄소화	chŏt'ansohwa	jeotansohwa	적벽	Chŏkpyŏk	Jeokbyeok
저편	chŏp'yŏn	jeopyeon	적벽가	Chŏkpyŏkka	Jeokbyeokga
저폐	Chŏp'ye	Jeopye	적산	chŏksan	jeoksan
저포	Chŏp'o	Jeopo	적삼	Chŏksam	Jeoksam
저포리	Chŏp'o-ri	Jeopo-ri	적상	Chŏksang	Jeoksang
저하	chŏha	jeoha	적상산	Chŏksangsan	Jeoksangsan
저항	chŏhang	jeohang	적색	chŏksaek	jeoksaek
저항시	chŏhangsi	jeohangsi	적석	chŏksŏk	jeokseok
저항인	chŏhangin	jeohangin	적석묘	chŏksŏngmyo	jeokseongmyo
저항적	chŏhangjŏk	jeohangjeok	적석사	Chŏksŏksa	Jeokseoksa
저항지	chŏhangji	jeohangji	적석총	chŏksŏkch'ong	jeokseokchong
저해	chŏhae	jeohae	적선	chŏksŏn	jeokseon
저해제	chŏhaeje	jeohaeje	적성	chŏksŏng	jeokseong
저헌	Chŏhŏn	Jeoheon	적성국	chŏksŏngguk	jeokseongguk
저화	Chŏhwa	Jeohwa	적소	chŏkso	jeokso
적	chŏk	jeok	적손	Chŏkson	Jeokson
적갈	chŏkkal	jeokgal	적솔력	chŏksollyŏk	jeoksollyeok
적갈색	chŏkkalsaek	jeokgalsaek	적수	chŏksu	jeoksu
적개심	chŏkkaesim	jeokgaesim	적시다	chŏksida	jeoksida
적계	chŏkke	jeokge	적실	chŏksil	jeoksil
적공	chŏkkong	jeokgong	적실성	chŏksilsŏng	jeoksilseong
적구	chŏkku	jeokgu	적심	chŏksim	jeoksim
적군	chŏkkun	jeokgun	적십자	Chŏksipcha	Jeoksipja
적극	chŏkkŭk	jeokgeuk	적십자사	Chŏksipchasa	Jeoksipjasa
적극적	chŏkkŭkchŏk	jeokgeukjeok	적암	Chŏgam	Jeogam
적금	chŏkkŭm	jeokgeum	적여	chŏgyŏ	jeogyeo
적기	chŏkki	jeokgi	적오	Chŏgo	Jeogo
적나라	chŏngnara	jeongnara	적용	chŏgyong	jeogyong
적나라한	chŏngnarahan	jeongnarahan	적용사	chŏgyongsa	jeogyongsa
적남	Chŏngnam	Jeongnam	적위대	chŏgwidae	Jeogwidae
적농	chŏngnong	jeongnong	적응	chŏgŭng	jeogeung
적는다	chŏngnŭnda	jeongneunda	적응사	chŏgŭngsa	jeogeungsa
적대	chŏktae	jeokdae	적응주의	chŏgŭngjuŭi	jeogeungjuui
적대국	chŏktaeguk	jeokdaeguk	적의	chŏgŭi	jeogui
적대적	chŏktaejŏk	jeokdaejeok	적자	chŏkcha	jeokja
적도	chŏkto	jeokdo	적자들	chŏkchadŭl	jeokjadeul
적들	chŏktŭl	jeokdeul	적장	chŏkchang	jeokjang
적라	chŏngna	jeongna	적장자	chŏkchangja	jeokjangja

한글 용례	ALA-LC Romanization	정부 표기안	한글 용례	ALA-LC Romanization	정부 표기안
적장자설	chŏkchangjasŏl	jeokjangjaseol	전공자들	chŏn'gongjadŭl	jeongongjadeul
적전	chŏkchŏn	jeokjeon	전공지	Chŏn'gongji	Jeongongji
적정	chŏkchŏng	jeokjeong	전과	chŏnkwa	jeongwa
적정성	chŏkchŏngsŏng	jeokjeongseong	전관	chŏn'gwan	jeongwan
적정화	chŏkchŏnghwa	jeokjeonghwa	전광	Chŏn'gwang	Jeongwang
적조	chŏkcho	jeokjo	전교	Chŏn'gyo	Jeongyo
적중	chŏkchung	jeokjung	전교서	Chŏn'gyosŏ	Jeongyoseo
적진	chŏkchin	jeokjin	전교조	Chŏn'gyojo	Jeongyojo
적처	Chŏkch'ŏ	Jeokcheo	전구	chŏn'gu	jeongu
적천	Chŏkch'ŏn	Jeokcheon	전국	chŏn'guk	jeonguk
적촌	Chŏkch'on	Jeokchon	전국구	chŏn'gukku	jeongukgu
적추	Chŏkch'u	Jeokchu	전국보	Chŏn'gukpo	Jeongukbo
적폐	chŏkp'ye	jeokpye	전국책	Chŏn'gukch'aek	Jeongukchaek
적합	chŏkhap	jeokhap	전군	chŏn'gun	jeongun
적합성	chŏkhapsŏng	jeokhapseong	전극	chŏn'gŭk	jeongeuk
적혈구	chŏkhyŏlgu	jeokhyeolgu	전근대	chŏn'gŭndae	jeongeundae
적호기	Chŏkhogi	Jeokhogi	전기	chŏn'gi	jeongi
적화	chŏkhwa	jeokhwa	전기류	chŏn'giryu	jeongiryu
적후	chŏkhu	jeokhu	전기문	chŏn'gimun	jeongimun
전	chŏn	jeon	전기집	chŏn'gijip	jeongijip
전가	chŏn'ga	jeonga	전기차	chŏn'gich'a	jeongicha
전각	chŏn'gak	jeongak	전기학	chŏn'gihak	jeongihak
전각집	chŏn'gakchip	jeongakjip	전나무	chŏnnamu	jeonnamu
전간	chŏn'gan	jeongan	전남	Chŏnnam	Jeonnam
전감	chŏn'gam	jeongam	전남대	Chŏnnamdae	Jeonnamdae
전강	chŏn'gang	jeongang	전남도	Chŏnnam-do	Jeonnam-do
전개	chŏn'gae	jeongae	전남사	Chŏnnamsa	Jeonnamsa
전개론	chŏn'gaeron	jeongaeron	전노협	Chŏnnohyŏp	Jeonnohyeop
전개안	chŏn'gaean	jeongaean	전농동	Chŏnnong-dong	Jeonnong-dong
전객	chŏn'gaek	jeongaek	전달	chŏndal	jeondal
전객기	chŏn'gaekki	jeongaekgi	전달자	chŏndalcha	jeondalja
전객사	chŏngaeksa	jeongaeksa	전담	chŏndam	jeondam
전거	chŏn'gŏ	jeongeo	전답	chŏndap	jeondap
전건	Chŏn'gŏn	Jeongeon	전당	chŏndang	jeondang
전격	chŏnkyŏk	jeongyeok	전당포	chŏndangp'o	jeondangpo
전결	chŏn'gyŏl	jeongyeol	전대	chŏndae	jeondae
전경	chŏn'gyŏng	jeongyeong	전대통령	chŏndaet'ongnyŏng	jeondaetongnyeong
전경련	Chŏn'gyŏngnyŏn	Jeongyeongnyeon	전대협	Chŏndaehyŏp	Jeondaehyeop
전계	Chŏn'gye	Jeongye	전도	chŏndo	jeondo
전계군	Chŏn'gye-gun	Jeongye-gun	전도단	chŏndodan	jeondodan
전고	chŏn'go	jeongo	전도대	chŏndodae	jeondodae
전곡	Chŏn'gok	Jeongok	전도사	chŏndosa	jeondosa
전골	chŏn'gol	jeongol	전도시	chŏndosi	jeondosi
전공	chŏn'gong	jeongong	전도지	chŏndoji	jeondoji
전공자	chŏn'gongja	jeongongja	전도회	chŏndohoe	jeondohoe

한글 용례	ALA-LC Romanization	정부 표기안	한글 용례	ALA-LC Romanization	정부 표기안
전돈	chŏndon	jeondon	전매소	chŏnmaeso	jeonmaeso
전돌	chŏndol	jeondol	전면	chŏnmyŏn	jeonmyeon
전등	chŏndŭng	jeondeung	전면적	chŏnmyŏnjŏk	jeonmyeonjeok
전등록	Chŏndŭngnok	Jeondeungnok	전모	chŏnmo	jeonmo
전등사	Chŏndŭngsa	Jeondeungsa	전몰	chŏnmol	jeonmol
전등설	chŏndŭngsŏl	jeondeungseol	전무	chŏnmu	jeonmu
전라	Chŏlla	Jeolla	전문	chŏnmun	jeonmun
전라남도	Chŏlla-namdo	Jeollanam-do	전문가	chŏnmun'ga	jeonmunga
전라남북도	Chŏlla-nam-bukto	Jeollanambuk-do	전문가들	chŏnmun'gadŭl	jeonmungadeul
전라도	Chŏlla-do	Cheolla-do	전문대	chŏnmundae	jeonmundae
전라북도	Chŏlla-bukto	Jeollabuk-do	전문서	chŏnmunsŏ	jeonmunseo
전락	chŏllak	jeollak	전문성	chŏnmunsŏng	jeonmunseong
전란	chŏllan	jeollan	전문의	chŏnmunŭi	jeonmunui
전란기	chŏllan'gi	jeollangi	전문적	chŏnmunjŏk	jeonmunjeok
전람	chŏllam	jeollam	전문점	chŏnmunjŏm	jeonmunjeom
전람회	chŏllamhoe	jeollamhoe	전문직	chŏnmunjik	jeonmunjik
전랑	Chŏllang	Cheollang	전문형	chŏnmunhyŏng	jeonmunhyeong
전래	chŏllae	jeollae	전물	chŏnmul	jeonmul
전래사	chŏllaesa	jeollaesa	전미	chŏnmi	jeonmi
전략	chŏllyak	jeollyak	전민	chŏnmin	jeonmin
전략가	chŏllyakka	jeollyakga	전민련	Chŏnminnyŏn	Jeonminnyeon
전략가들	chŏllyakkadŭl	jeollyakgadeul	전반	chŏnban	jeonban
전략론	chŏllyangnon	jeollyangnon	전반기	chŏnban'gi	jeonbangi
전략서	chŏllyaksŏ	jeollyakseo	전반적	chŏnbanjŏk	jeonbanjeok
전략적	chŏllyakchŏk	jeollyakjeok	전반전	chŏnbanjŏn	jeonbanjeon
전략팀	chŏllyakt'im	jeollyaktim	전방	chŏnbang	jeonbang
전략화	chŏllyakhwa	jeollyakhwa	전방위	chŏnbangwi	jeonbangwi
전량	chŏllyang	jeollyang	전방위형	chŏnbangwihyŏng	jeonbangwihyeong
전력	chŏllyŏk	jeollyeok	전범	chŏnbŏm	jeonbeom
전령	chŏllyŏng	jeollyeong	전범들	chŏnbŏmdŭl	jeonbeomdeul
전례	chŏllye	jeollye	전법	chŏnpŏp	jeonbeop
전례고	chŏllyego	jeollyego	전변	chŏnbyŏn	jeonbyeon
전례원	Chŏllyewŏn	Jeollyewon	전별연	chŏnbyŏryŏn	jeonbyeolyeon
전률	chŏnnyul	jeollyul	전보	chŏnbo	jeonbo
전리	chŏlli	jeolli	전보국	chŏnboguk	jeonboguk
전립	chŏllip	jeollip	전복	chŏnbok	jeonbok
전막현	Chŏnmak-hyŏn	Jeonmak-hyeon	전봇대	chŏnbottae	jeonbotdae
전말	chŏnmal	jeonmal	전부	chŏnbu	jeonbu
전말기	chŏnmalgi	jeonmalgi	전부고	Chŏnbugo	Jeonbugo
전망	chŏnmang	jeonmang	전북	Chŏnbuk	Jeonbuk
전망대	chŏnmangdae	jeonmangdae	전북대	Chŏnbuktae	Jeonbukdae
전망사	Chŏnmangsa	jeonmangsa	전북인	Chŏnbugin	Jeonbugin
전망서	chŏnmangsŏ	jeonmangseo	전	Chŏnbyuk	Jeonbyuk
전매	chŏnmae	jeonmae	전비	chŏnbi	jeonbi
전매국	Chŏnmaeguk	Jeonmaeguk	전사	chŏnsa	jeonsa

한글 용례	ALA-LC Romanization	정부 표기안	한글 용례	ALA-LC Romanization	정부 표기안
전사들	chŏnsadŭl	jeonsadeul	전심	chŏnsim	jeonsim
전사자	chŏnsaja	jeonsaja	전아	Chŏna	Jeona
전사자판	Chŏnsajap'an	Jeonsajapan	전악	Chŏnak	Jeonak
전산	chŏnsan	jeonsan	전악서	Chŏnaksŏ	Jeonakseo
전산망	chŏnsanmang	jeonsanmang	전안	Chŏnan	Jeonan
전산원	chŏnsanwŏn	jeonsanwon	전야	chŏnya	jeonya
전산학	chŏnsanhak	jeonsanhak	전약	Chŏnyak	Jeonyak
전산화	chŏnsanhwa	jeonsanhwa	전어군	Chŏnŏ-gun	Jeoneo-gun
전생	chŏnsaeng	jeonsaeng	전어지	Chŏnŏji	Jeoneoji
전서	chŏnsŏ	jeonseo	전언	chŏnŏn	jeoneon
전서체	Chŏnsŏch'e	Jeonseoche	전업	chŏnŏp	jeoneop
전석	Chŏnsŏk	Jeonseok	전업농	chŏnŏmnong	jeoneomnong
전선	chŏnsŏn	jeonseon	전역	chŏnyŏk	jeonyeok
전선길	chŏnsŏnkil	jeonseongil	전연	Chŏnyŏn	Jeonyeon
전선사	Chŏnsŏnsa	Jeonseonsa	전열관	chŏnyŏlgwan	jeonyeolgwan
전선적	chŏnsŏnjŏk	jeonseonjeok	전염	chŏnyŏm	jeonyeom
전설	chŏnsŏl	jeonseol	전염병	chŏnyŏmpyŏng	jeonyeombyeong
전설론	chŏnsŏllon	jeonseollon	전예원	Chŏnyewŏn	Jeonyewon
전설사	Chŏnsŏlsa	Jeonseolsa	전옥서	Chŏnoksŏ	Jeonokseo
전설적	chŏnsŏlchŏk	jeonseoljeok	전용	chŏnyong	jeonyong
전설집	chŏnsŏlchip	jeonseoljip	전우	chŏnu	jeonu
전성	chŏnsŏng	jeonseong	전우들	chŏnudŭl	jeonudeul
전성군	Chŏnsŏng-gun	Jeonseong-gun	전우회	chŏnuhoe	jeonuhoe
전성기	chŏnsŏnggi	jeonseonggi	전운	chŏnun	jeonun
전세	chŏnse	jeonse	전운사	Chŏnunsa	Jeonunsa
전소	chŏnso	jeonso	전원	chŏnwŏn	jeonwon
전속	chŏnsok	jeonsok	전위	chŏnwi	jeonwi
전송	chŏnsong	jeonsong	전위대	chŏnwidae	jeonwidae
전수	chŏnsu	jeonsu	전위적	chŏnwijŏk	jeonwijeok
전술	chŏnsul	jeonsul	전유	chŏnyu	jeonyu
전술론	chŏnsullon	jeonsullon	전율	chŏnyul	jeonyul
전승	chŏnsŭng	jeonseung	전음	chŏnŭm	jeoneum
전승지	chŏnsŭngji	jeonseungji	전의	chŏnŭi	jeonui
전시	chŏnsi	jeonsi	전의군	Chŏnŭi-gun	Jeonui-gun
전시과	Chŏnsigwa	Jeonsigwa	전의현	Chŏnŭi-hyŏn	Jeonui-hyeon
전시관	chŏnsigwan	jeonsigwan	전이	chŏni	jeoni
전시기	chŏnsigi	jeonsigi	전인	chŏnin	jeonin
전시실	chŏnsisil	jeonsisil	전인대	Chŏnindae	Jeonindae
전시작	chŏnsijak	jeonsijak	전인적	chŏninjŏk	jeoninjeok
전시장	chŏnsijang	jeonsijang	전일	chŏnil	jeonil
전시팀	chŏnsit'im	jeonsitim	전일적	chŏnilchŏk	jeoniljeok
전시품	chŏnsip'um	jeonsipum	전일제	chŏnilche	jeonilje
전시회	chŏnsihoe	jeonsihoe	전임	chŏnim	jeonim
전신	chŏnsin	jeonsin	전자	chŏnja	jeonja
전신국	chŏnsin'guk	jeonsinguk	전자관	chŏnjagwan	jeonjagwan

한글 용례	ALA-LC Romanization	정부 표기안	한글 용례	ALA-LC Romanization	정부 표기안
전자기	chŏnjagi	jeonjagi	전체주의	chŏnch'ejuŭi	jeonchejuui
전자책	chŏnjach'aek	jeonjachaek	전축	chŏnch'uk	jeonchuk
전자파	chŏnjap'a	jeonjapa	전춘	Chŏnch'un	Jeonchun
전작례	Chŏnjangnye	Jeonjangnye	전치	chŏnch'i	jeonchi
전작시	chŏnjaksi	jeonjaksi	전치사	chŏnch'isa	jeonchisa
전장	chŏnjang	jeonjang	전칙	chŏnch'ik	jeonchik
전장기	chŏngjanggi	jeonjanggi	전탑	chŏnt'ap	jeontap
전재	chŏnjae	jeonjae	전통	chŏnt'ong	jeontong
전쟁	chŏnjaeng	jeonjaeng	전통극	chŏnt'onggŭk	jeontonggeuk
전쟁기	chŏnjaenggi	jeonjaenggi	전통미	chŏnt'ongmi	jeontongmi
전쟁들	chŏnjaengdŭl	jeonjaengdeul	전통성	chŏnt'ongsŏng	jeontongseong
전쟁론	chŏnjaengnon	jeonjaengnon	전통장	chŏnt'ongjang	jeontongjang
전쟁사	chŏnjaengsa	jeonjaengsa	전통적	chŏnt'ongjŏk	jeontongjeok
전쟁터	chŏnjaengt'ŏ	jeonjaengteo	전통주	chŏnt'ongju	jeontongju
전적	chŏnjŏk	jeonjeok	전통주의	chŏnt'ongjuŭi	jeontongjuui
전적비	chŏnjŏkpi	jeonjeokbi	전통화	chŏnt'onghwa	jeontonghwa
전적지	chŏnjŏkchi	jeonjeokji	전투	chŏnt'u	jeontu
전전	Chŏnjŏn	Jeonjeon	전투기	chŏnt'ugi	jeontugi
전정제	chŏngjŏnje	jeonjeongje	전투력	chŏnt'uryŏk	jeonturyeok
전정제론	chŏngjŏnjeron	jeonjeongjeron	전투복	chŏnt'ubok	jeontubok
전정폐	Chŏnjŏngp'ye	Jeonjeongpye	전투사	chŏnt'usa	jeontusa
전제	chŏnje	jeonje	전투선	chŏnt'usŏn	jeontuseon
전제고	chŏnjego	jeonjego	전투원	chŏnt'uwŏn	jeontuwon
전조	chŏnjo	jeonjo	전투원들	chŏnt'uwŏndŭl	jeontuwondeul
전주	Chŏnju	Jeonju	전투함	chŏnt'uham	jeontuham
전주곡	chŏnjugok	jeonjugok	전파	chŏnp'a	jeonpa
전주군	Chŏnju-gun	Jeonju-gun	전폐	Chŏnp'ye	Jeonpye
전주대	Chŏnjudae	Jeonjudae	전하	chŏnha	jeonha
전주목	Chŏnju-mok	Jeonju-mok	전하게	chŏnhage	jeonhage
전주부	Chŏnju-bu	Jeonju-bu	전하고	chŏnhago	jeonhago
전주부성	Chŏnju-busŏng	Jeonju-buseong	전하기	chŏnhagi	jeonhagi
전주서	Chŏnjusŏ	Jeonjuseo	전하는	chŏnhanŭn	jeonhaneun
전주시	Chŏnju-si	Jeonju-si	전하다	chŏnhada	jeonhada
전주읍	Chŏnju-ŭp	Jeonju-eub	전하지	chŏnhaji	jeonhaji
전주학	Chŏnjuhak	Jeonjuhak	전학	chŏnhak	jeonhak
전지	chŏnji	jeonji	전한	chŏnhan	jeonhan
전직	chŏnjik	jeonjik	전한서	Chŏnhansŏ	Jeonhanseo
전진	chŏnjin	jeonjin	전함	chŏnham	jeonham
전집	chŏnjip	jeonjip	전합니다	chŏnhamnida	jeonhamnida
전차	chŏnch'a	jeoncha	전해	chŏnhae	jeonhae
전채	chŏnch'ae	jeonchae	전해라	chŏnhaera	jeonhaera
전책	chŏnch'aek	jeonchaek	전해졌을까	chŏnhaejyŏssŭlkka	jeonhaejyeosseulkka
전철	chŏnch'ŏl	jeoncheol	전해준	chŏnhaejun	jeonhaejun
전철화	chŏnch'ŏrhwa	jeoncheolhwa	전해질	chŏnhaejil	jeonhaejil
전체	chŏnch'e	jeonche	전향	chŏnhyang	jeonhyang

한글 용례	ALA-LC Romanization	정부 표기안	한글 용례	ALA-LC Romanization	정부 표기안
전향사	Chŏnhyangsa	Jeonhyangsa	절룸바리	chŏllumbari	jeollumbari
전향적	chŏnhyangjŏk	jeonhyangjeok	절망	chŏlmang	jeolmang
전혀	chŏnhyŏ	jeonhyeo	절멸	chŏlmyŏl	jeolmyeol
전형	chŏnhyŏng	jeonhyeong	절명	chŏlmyŏng	jeolmyeong
전호	chŏnho	jeonho	절명가	chŏlmyŏngga	jeolmyeongga
전화	chŏnhwa	jeonhwa	절목	chŏlmok	jeolmok
전화국	chŏnhwaguk	jeonhwaguk	절박	chŏlbak	jeolbak
전화기	chŏnhwagi	jeonhwagi	절박성	chŏlbaksŏng	jeolbakseong
전환	chŏnhwan	jeonhwan	절박하면서	chŏlbakhamyŏnsŏ	jeolbakhamyeonseo
전환국	chŏnhwan'guk	jeonhwanguk	절박하면서도	chŏlbakhamyŏnsŏdo	jeolbakhamyeonseodo
전환국들	chonhwan'guktŭl	jeonhwangukdeul	절박한	chŏlbakhan	jeolbakhan
전환기	chŏnhwan'gi	jeonhwangi	절반	chŏlban	jeolban
전환법	chŏnhwanpŏp	jeonhwanbeop	절벽	chŏlbyŏk	jeolbyeok
전환적	chŏnhwanjŏk	jeonhwanjeok	절사	Chŏlsa	Jeolsa
전환점	chŏnhwanchŏm	jeonhwanjeom	절산	Chŏlsan	Jeolsan
전황	chŏnhwang	jeonhwang	절산리	Chŏlsan-ni	Jeolsan-ri
전회	chŏnhoe	jeonhoe	절상	chŏlsang	jeolsang
전후	chŏnhu	jeonhu	절세	chŏlse	jeolse
전후도	chŏnhudo	jeonhudo	절실하게	chŏlsirhage	jeolsilhage
전후사	chŏnhusa	jeonhusa	절실한	chŏlsirhan	jeolsilhan
전휘집	chŏnhwijip	jeonhwijip	절약	chŏryak	jeoryak
절	chŏl	jeol	절약형	chŏryakhyŏng	jeoryakyeong
절가	chŏlka	jeolga	절요	chŏryo	jeoryo
절감	chŏlgam	jeolgam	절용	chŏryong	jeoryong
절강성	Chŏlgang-sŏng	Jeolgang-seong	절은	chŏrŭn	jeoreun
절개	chŏlgae	jeolgae	절의	chŏrŭi	jeorui
절경	chŏlgyŏng	jeolgyeong	절이고	chŏrigo	jeorigo
절곡	Chŏlgok	Jeolgok	절인	chŏrin	jeorin
절과	chŏlgwa	jeolgwa	절일	chŏril	jeoril
절구	chŏlgu	jeolgu	절작	chŏljak	jeoljak
절규	chŏlgyu	jeolgyu	절재	Chŏlchae	Jeoljae
절기	chŏlgi	jeolgi	절절	chŏljŏl	jeoljeol
절노	Chŏllo	Ceollo	절정	chŏlchŏng	jeoljeong
절대	chŏltae	jeoldae	절제	chŏlche	jeolje
절대로	chŏltaero	jeoldaero	절제사	Chŏljesa	Jeoljesa
절대성	chŏltaesŏng	jeoldaeseong	절제회	chŏlchehoe	jeoljehoe
절대적	chŏltaejŏk	jeoldaejeok	절중	Chŏlchung	Jeoljung
절도	chŏlto	jeoldo	절지	chŏlchi	jeolji
절도병	chŏltopyŏng	jeoldobyeong	절지문	chŏlchimun	jeoljimun
절도사	chŏltosa	jeoldosa	절집	chŏlchip	jeoljip
절도죄	chŏldojoe	jeoldojoe	절차	chŏlch'a	jeolcha
절두	chŏltu	jeoldu	절차법	chŏlch'apŏp	jeolchabeop
절두산	Chŏltusan	Jeoldusan	절차상	chŏlch'asang	jeolchasang
절둑발이	chŏldukpari	jeoldukbali	절차적	chŏlch'ajŏk	jeolchajeok
절령	Chŏllyŏng	Jeollyeong	절충	chŏlch'ung	jeolchung

한글 용례	ALA–LC Romanization	정부 표기안	한글 용례	ALA–LC Romanization	정부 표기안
절터	chŏlt'ŏ	jeolteo	점프팀	chŏmp'ŭt'im	jeompeutim
절해	chŏrhae	jeolhae	점필재	Chŏmp'iljae	Jeompiljae
절행	chŏrhaeng	jeolhaeng	점화	chŏmhwa	jeomhwa
절후	chŏrhu	jeolhu	접	chŏp	jeop
젊게	chŏmke	jeomge	접객	chŏpkaek	jeopgaek
젊은	chŏlmŭn	jeolmeun	접경	chŏpkyŏng	jeopgyeong
젊은이	chŏlmŭni	jeolmeuni	접골	chŏpkol	jeopgol
젊은이들	chŏlmŭnidŭl	jeolmeunideul	접골사	chŏpkolsa	jeopgolsa
젊음	chŏlmŭm	jeolmeum	접근	chŏpkŭn	jeopgeun
점	chŏm	jeom	접근권	chŏpkŭnkwŏn	jeopgeungwon
점거	chŏmgŏ	jeomgeo	접근법	chŏpkŭnpŏp	jeopgeunbeop
점검	chŏmgŏm	jeomgeom	접근성	chŏpkŭnsŏng	jeopgeunseong
점고	chŏmgo	jeomgo	접는	chŏmnŭn	jeomneun
점괘	chŏmgwae	jeomgwae	접대	chŏptae	jeopdae
점교	chŏmgyo	jeomgyo	접두	chŏptu	jeopdu
점등	chŏmdŭng	jeomdeung	접목	chŏmmok	jeopmok
점령	chŏmnyŏng	jeomnyeong	접미사	chŏmmisa	jeopmisa
점령기	chŏmnyŏnggi	jeomnyeonggi	접변	chŏppyŏn	jeopbyeon
점령자	chŏmnyŏngja	jeomnyeongja	접사	chŏpsa	jeopsa
점령지	chŏmnyŏngji	jeomnyeongji	접선	chŏpsŏn	jeopseon
점령하	chŏmnyŏngha	jeomnyeongha	접속	chŏpsok	jeopsok
점령형	chŏmnyŏnghyŏng	jeomnyeonghyeong	접속문	chŏpsongmun	jeopsongmun
점록	chŏmnok	jeomnok	접수	chŏpsu	jeopsu
점박이	chŏmbagi	jeombagi	접시	chŏpsi	jeopsi
점복	chŏmbok	jeombok	접안	chŏban	jeoban
점서	Chŏmsŏ	Jeomseo	접어들	chŏbŏdŭl	jeobeodeul
점성	chŏmsŏng	jeomseong	접역	Chŏbyŏk	Jeobyeok
점성술	chŏmsŏngsul	jeomseongsul	접은	chŏbŭn	jeobeun
점성학	chŏmsŏnghak	jeomseonghak	접장	chŏpchang	jeopjang
점수	chŏmsu	jeomsu	접장본	chŏpchangbon	jeopjangbon
점심	chŏmsim	jeomsim	접점	chŏpchŏm	jeopjeom
점안	chŏman	jeoman	접종	chŏpchong	jeopjong
점원	chŏmwŏn	jeomwon	접주	chŏpchu	jeopju
점자	chŏmcha	jeomja	접촉	chŏpch'ok	jeopchok
점장	chŏmjang	jeomjang	접촉론	chŏpch'ongnon	jeopchongnon
점제현	Chŏmje-hyŏn	Jeomje-hyeon	접하기	chŏphagi	jeophagi
점진	chŏmjin	jeomjin	접합	chŏphap	jeophap
점진적	chŏmjinjŏk	jeomjinjeok	접합체	chŏphapch'e	jeophapche
점찰	chŏmch'al	jeomchal	접힘	chŏphim	jeopim
점촌	Chŏmch'on	Jeomchon	젓가락	chŏkkarak	jeotgarak
점촌시	Chŏmch'on-si	Jeomchon-si	젓갈	chŏtkal	jeotgal
점토	chŏmt'o	jeomto	젓는	chŏnnŭn	jeonneun
점포	chŏmp'o	jeompo	정	chŏng	jeong
점포세	chŏmp'ose	jeompose	정가	chŏngka	jeongga
점프	chŏmp'ŭ	jeompeu	정가제	chŏngkaje	jeonggaje

한글 용례	ALA-LC Romanization	정부 표기안	한글 용례	ALA-LC Romanization	정부 표기안
정각	chŏnggak	jeonggak	정년	chŏngnyŏn	jeongnyeon
정간	chŏnggan	jeonggan	정녕코	chŏngnyŏngk'o	jeongnyeongko
정간보	Chŏngganbo	Jeongganbo	정단	Chŏngdan	Jeongdan
정간사	Chŏnggansa	Jeonggansa	정담	chŏngdam	jeongdam
정갈	chŏnggal	jeonggal	정당	chŏngdang	jeongdang
정갈한	chŏnggarhan	jeonggalhan	정당과	chongdangkwa	jeongdanggwa
정감	chŏnggam	jeonggam	정당급	chŏngdangkŭp	jeongdanggeup
정감록	Chŏnggamnok	Jeonggamnok	정당론	chŏngdangnon	jeongdangnon
정강	chŏnggang	jeonggang	정당법	chŏngdangpŏp	jeongdangbeop
정거	Chŏnggŏ	Jeonggeo	정당성	chŏngdangsŏng	jeongdangseong
정거장	chŏnggŏjang	jeonggeojang	정당한	chŏngdanghan	jeongdanghan
정겨운	chŏnggyŏun	jeonggyeoun	정당화	chŏngdanghwa	jeongdanghwa
정견	chŏnggyŏn	jeonggyeon	정대	chŏngdae	jeongdae
정경	chŏnggyŏng	jeonggyeong	정대협	Chŏngdaehyŏp	Jeongdaehyeop
정경사	Chŏnggyŏngsa	Jeonggyeongsa	정덕	Chŏngdŏk	Jeongdeok
정계	chŏnggye	jeonggye	정도	chŏngdo	jeongdo
정계비	Chŏnggyebi	Jeonggyebi	정독	Chŏngdok	Jeongdok
정고	Chŏnggo	Jeonggo	정동	chŏngdong	jeongdong
정곡	chŏnggok	jeonggok	정동진	Chŏngdongjin	Jeongdongjin
정곡사	Chŏnggoksa	Jeonggoksa	정든	chŏngdŭn	jeongdeun
정관	chŏnggwan	jeonggwan	정랑	chŏngnang	jeongnang
정관재	Chŏnggwanjae	Jeonggwanjae	정래	Chŏngnae	Jeongnae
정광	Chŏnggwang	Jeonggwang	정래동	Chŏngnae-dong	Jeongnae-dong
정교	chŏnggyo	jeonggyo	정략론	chŏngnyangnon	jeongnyangnon
정교본	chŏnggyobon	jeonggyobon	정략적	chŏngnyakchŏk	jeongnyakjeok
정교회	Chŏnggyohoe	Jeonggyohoe	정량	chŏngnyang	jeongnyang
정구품	chŏnggup'um	jeonggupum	정려	Chŏngnyŏ	Jeongnyeo
정구회	chŏngguhoe	jeongguhoe	정려각	chŏngnyŏgak	jeongnyeogak
정국	chŏngguk	jeongguk	정려비	chŏngnyŏbi	jeongnyeobi
정군	chŏnggun	jeonggun	정력	chŏngnyŏk	jeongnyeok
정궁	chŏnggung	jeonggung	정련	chŏngnyŏn	jeongnyeon
정권	chŏngkwŏn	jeonggwon	정렬	chŏngnyŏl	jeongnyeol
정권기	chŏngkwŏn'gi	jeonggwongi	정령	chŏngnyŏng	jeongnyeong
정권들	chŏngkwŏndŭl	jeonggwondeul	정례	chŏngnye	jeongnye
정규	chŏnggyu	jeonggyu	정로	chŏngno	jeongno
정규군	chŏnggyugun	jeonggyugun	정론	chŏngnon	jeongnon
정규직	chŏnggyujik	jeonggyujik	정론사	Chŏngnonsa	Jeongnonsa
정글	chŏnggŭl	jeonggeul	정릉	Chŏngnŭng	Jeongneung
정기	chŏnggi	jeonggi	정리	chŏngni	jeongni
정기록	Chŏnggirok	Jeonggirok	정리론	chŏngniron	jeongniron
정기전	chŏnggijŏn	jeonggijeon	정리법	chŏngnipŏp	jeongnibeop
정난	chŏngnan	jeongnan	정리부	chŏngnibu	jeongnibu
정난기	chŏngnan'gi	jeongnangi	정리사	chŏngnisa	jeongnisa
정남	chŏngnam	jeongnam	정리자	chŏngnija	jeongnija
정내	Chŏngnae	Jeongnae	정리집	chŏngnijip	jeongnijip

한글 용례	ALA-LC Romanization	정부 표기안	한글 용례	ALA-LC Romanization	정부 표기안
정림	Chŏngnim	Jeongnim	정보학사	chŏngbohaksa	jeongbohaksa
정림사	Chŏngnimsa	Jeongnimsa	정보함	chŏngboham	jeongboham
정립	chŏngnip	jeongnip	정보화	chŏngbohwa	jeongbohwa
정말	chŏngmal	jeongmal	정보화실	chŏngbohwasil	jeongbohwasil
정맥	chŏngmaek	jeongmaek	정복	chŏngbok	jeongbok
정면	chŏngmyŏn	jeongmyeon	정복기	chŏngbokki	jeongbokgi
정명	chŏngmyŏng	jeongmyeong	정복설	chŏngboksŏl	jeongbokseol
정명론	chŏngmyŏngnon	jeongmyeongnon	정복자	chŏngbokcha	jeongbokja
정목	Chŏngmok	Jeongmok	정본	chŏngbon	jeongbon
정묘	Chŏngmyo	Jeongmyo	정봉리	Chŏngbong-ni	Jeongbong-ri
정묘년	Chŏngmyonyŏn	Jeongmyonyeon	정부	chŏngbu	jeongbu
정무	chŏngmu	jeongmu	정부기	chŏngbugi	jeongbugi
정무원	chŏngmuwŏn	jeongmuwon	정부들	chŏngbudŭl	jeongbudeul
정무원들	chŏngmuwŏndŭl	jeongmuwondeul	정부록	chŏngburok	jeongburok
정문	chŏngmun	jeongmun	정부론	chŏngburon	jeongburon
정문사	Chŏngmunsa	Jeongmunsa	정부원	Chŏngbuwŏn	Jeongbuwon
정문연	Chŏngmunyŏn	Jeongmunyeon	정부인	Chŏngbuin	Jeongbuin
정미	chŏngmi	jeongmi	정부제	chŏngbuje	jeongbuje
정미소	chŏngmiso	jeongmiso	정부학	chŏngbuhak	jeongbuhak
정민	Chŏngmin	Jeongmin	정북	chŏngbuk	jeongbuk
정민사	Chŏngminsa	Jeongminsa	정북동	Chŏngbuk-tong	Jeongbuk-dong
정밀(精密)	chŏngmil	jeongmil	정분	chŏngbun	jeongbun
정밀한(情密)	chŏngmirhan	jeongmilhan	정비	chŏngbi	jeongbi
정방	chŏngbang	jeongbang	정비법	chŏngbipŏp	jeongbibeop
정배	Chŏngbae	Jeongbae	정사	chŏngsa	jeongsa
정백	Chŏngbaek	Jeongbaek	정사품	chŏngsap'um	jeongsapum
정백동	Chŏngbaek-tong	Jeongbaek-dong	정산	chŏngsan	jeongsan
정백리	Chŏngbaeng-ni	Jeongbaek-ri	정산군	Chŏngsan-gun	Jeongsan-gun
정벌	chŏngbŏl	jeongbeol	정산동	Chŏngsan-dong	Jeongsan-dong
정법	chŏngpŏp	jeongbeop	정산현	Chŏngsan-hyŏn	Jeongsan-hyeon
정변	chŏngbyŏn	jeongbyeon	정삼품	chŏngsamp'um	jeongsampum
정변록	chŏngbyŏnnok	jeongbyeonnok	정상	chŏngsang	jeongsang
정병	chŏngbyŏng	jeongbyeong	정상성	chŏngsangsŏng	jeongsangseong
정보	chŏngbo	jeongbo	정상적	chŏngsangjŏk	jeongsangjeok
정보관	chŏngbogwan	jeongbogwan	정상화	chŏngsanghwa	jeongsanghwa
정보국	chŏngboguk	jeongboguk	정상화론	chŏngsanghwaron	jeongsanghwaron
정보도	chŏngbodo	jeongbodo	정색	chŏngsaek	jeongsaek
정보법	chongbopŏp	jeongbobeop	정서	chŏngsŏ	jeongseo
정보부	chŏngbobu	jeongbobu	정서법	chŏngsŏpŏp	jeongseobeop
정보사	chŏngbosa	jeongbosa	정서본	chŏngsŏbon	jeongseobon
정보실	chŏngbosil	jeongbosil	정서적	chŏngsŏjŏk	jeongseojeok
정보원	chŏngbowŏn	jeongbowon	정석	chŏngsŏk	jeongseok
정보지	chŏngboji	jeongboji	정석가	Chŏngsŏkka	jeongseokga
정보팀	chŏngbot'im	jeongbotim	정선	chŏngsŏn	jeongseon
정보학	chŏngbohak	jeongbohak	정선군	Chŏngsŏn-gun	Jeongseon-gun

한글 용례	ALA-LC Romanization	정부 표기안	한글 용례	ALA-LC Romanization	정부 표기안
정설	chŏngsŏl	jeongseol	정예	chŏngye	jeongye
정성	chŏngsŏng	jeongseong	정오	chŏngo	jeongo
정성스런	chŏngsŏngsŭrŏn	jeongseongseureon	정오동	Chŏngo-dong	Jeongo-dong
정세	chŏngse	jeongse	정오지	Chŏngjoji	Jeongoji
정속	chŏngsok	jeongsok	정오품	chŏngop'um	jeongopum
정송	Chŏngsong	Jeongsong	정왕산	Chŏngwangsan	Jeongwangsan
정수	chŏngsu	jeongsu	정요	chŏngyo	jeongyo
정수록	Chŏngsurok	Jeongsurok	정용	Chŏngyong	Jeongyong
정수사	Chŏngsusa	Jeongsusa	정우당	Chŏngudang	Jeongudang
정수현	Chŏngsu-hyŏn	Jeongsu-hyeon	정우사	Chŏngusa	Jeongusa
정숙	chŏngsuk	jeongsuk	정우회	Chŏnguhoe	Jeonguhoe
정순	Chŏngsun	jeongsun	정운	chŏngun	jeongun
정승	chŏngsŭng	jeongseung	정원	chŏngwŏn	jeongwon
정승들	chŏngsŭngdŭl	jeongseungdeul	정원군	Chŏngwŏn'gun	Jeongwon-gun
정시	chŏngsi	jeongsi	정월	Chŏngwŏl	Jeongwol
정식	chŏngsik	jeongsik	정월류	chŏngwŏllyu	jeongwollyu
정신	chŏngsin	jeongsin	정위	Chŏngwi	Jeongwi
정신과	chŏngsinkwa	jeongsingwa	정위적	chŏngwijŏk	jeongwijeok
정신대	chŏngsindae	jeongsindae	정유	chŏngyu	jeongyu
정신병	chŏngsinpyŏng	jeongsinbyeong	정유년	Chŏngyunyŏn	Jeongyunyeon
정신사	chŏngsinsa	jeongsinsa	정유사	chŏngyusa	jeongyusa
정신사적	chŏngsinsachŏk	jeongsinsajeok	정유사들	chŏngyusadŭl	jeongyusadeul
정신적	chŏngsinjŏk	jeongsinjeok	정유자	Chŏngyucha	Jeongyuja
정실	chŏngsil	jeongsil	정육품	chŏngyukp'um	jeongyukpum
정심	chŏngsim	jeongsim	정윤	Chŏngyun	Jeongyun
정악	chŏngak	jeongak	정음	chŏngŭm	jeongeum
정악원	Chŏngagwŏn	Jeongagwon	정음고	chŏngŭmgo	jeongeumgo
정안	Chŏngan	Jeongan	정음관	chŏngŭmgwan	jeongeumgwan
정안군	Chŏngan-gun	Jeongan-gun	정음사	Chŏngŭmsa	Jeongeumsa
정암	Chŏngam	Jeongam	정음청	Chŏngŭmch'ŏng	Jeongeumcheong
정암리	Chŏngam-ni	Jeongam-ri	정음학	Chŏngŭmhak	Jeongeumhak
정암사	Chŏngamsa	Jeongamsa	정읍	Chŏngŭp	Jeongeup
정양	chŏngyang	jeongyang	정읍군	Chŏngŭp-kun	Jeongeup-gun
정양사	Chŏngyangsa	Jeongyangsa	정읍사	Chŏngŭpsa	Jeongeupsa
정양현	Chŏngyang-hyŏn	Jeongyang-hyeon	정읍시	Chŏngŭp-si	Jeongeup-si
정언	chŏngŏn	jeongeon	정읍현	Chŏngŭp-hyŏn	Jeongeup-hyeon
정업	chŏngŏp	jeongeop	정의	chŏngŭi	jeongui
정업원	Chŏngŏbwŏn	Jeongeobwon	정의단	chŏngŭidan	jeonguidan
정여	Chŏngyŏ	Jeongyeo	정의당	Chŏngŭidang	Jeonguidang
정역	Chŏngyŏk	Jeongyeok	정의로운	chŏngŭiroun	jeonguiroun
정역본	chŏngyŏkpon	jeongyeokbon	정의록	chŏngŭirok	jeonguirok
정연	chŏngyŏn	jeongyeon	정의론	chŏngŭiron	jeonguiron
정연사	Chŏngyŏnsa	Jeongyeonsa	정의부	Chŏngŭibu	jeonguibu
정열기	chŏngyŏlgi	jeongyeolgi	정의적	chŏngŭijŏk	jeonguijeok
정영	Chŏngyŏng	Jeongyeong	정이	Chŏngi	Jeongi

한글 용례	ALA-LC Romanization	정부 표기안	한글 용례	ALA-LC Romanization	정부 표기안
정이공	Chŏngigong	Jeongigong	정착지	chŏngch'akchi	jeongchakji
정이품	chŏngip'um	jeongipum	정착화	chŏngch'akhwa	jeongchakhwa
정인	chŏngin	jeongin	정찰	chŏngch'al	jeongchal
정일당	Chŏngiltang	Jeongildang	정찰국	chŏngch'alguk	jeongchalguk
정일봉	Chŏngilbong	Jeongilbong	정찰병	chŏngch'albyŏng	jeongchalbyeong
정일품	chŏngilp'um	jeongilpum	정창원	Chŏngch'angwŏn	Jeongchangwon
정자	chŏngja	jeongja	정책	chŏngch'aek	jeongchaek
정자각	chŏngjagak	jeongjagak	정책과	chŏngch'aekkwa	jeongchaekgwa
정자동	Chŏngja-dong	Jeongja-dong	정책단	chŏngch'aektan	jeongchaekdan
정자본	chŏngjabon	jeongjabon	정책론	chŏngch'aengnon	jeongchaengnon
정작	chŏngjak	jeongjak	정책사	chŏngch'aeksa	jeongchaeksa
정장	chŏngjang	jeongjang	정책사적	chŏngch'aeksachŏk	jeongchaeksajeok
정재	chŏngjae	jeongjae	정책실	chŏngch'aeksil	jeongchaeksil
정재사	Chŏngjaesa	Jeongjaesa	정책안	chŏngch'aegan	jeongchaegan
정쟁	chŏngjaeng	jeongjaeng	정책적	chŏngch'aekchŏk	jeongchaekjeok
정적	chŏngjŏk	jeongjeok	정책처	chŏngch'aekch'ŏ	jeongchaekcheo
정전	chŏngjŏn	jeongjeon	정책학	chŏngch'aekhak	jeongchaekhak
정전론	chŏngjŏnnon	jeongjeonnon	정처	chŏngch'ŏ	jeongcheo
정전법	Chŏngjŏnpŏp	Jeongjeonbeop	정척	Chŏngch'ŏk	Jeongcheok
정전화	chŏngjŏnhwa	jeongjeonhwa	정천	Chŏngch'ŏn	Jeongcheon
정절	chŏngjŏl	jeongjeol	정청	Chŏngch'ŏng	Jeongcheong
정정	chŏngjŏng	jeongjeong	정체	chŏngch'e	jeongche
정제	chŏngje	jeongje	정체성	chŏngch'esŏng	jeongcheseong
정제품	chŏngjep'um	jeongjepum	정체전	Chŏngch'ejŏn	jeongchejeon
정조	Chŏngjo	Jeongjo	정초	chŏngch'o	jeongcho
정조대	chŏngjodae	jeongjodae	정초군	Chŏngch'o-gun	Jeongcho-gun
정조사	Chŏngjosa	Jeongjosa	정초식	chŏngch'osik	jeongchosik
정족	chŏngjok	jeongjok	정촌	Chŏngch'on	Jeongchon
정족산	Chŏngjoksan	Jeongjoksan	정축	Chŏngch'uk	Jeongchuk
정종	chŏngjong	jeongjong	정축본	Chŏngch'ukpon	Jeongchukbon
정좌	chŏngjwa	jeongjwa	정축자	Chŏngch'ukcha	Jeongchukja
정주	Chŏngju	Jeongju	정춘	Chŏngch'un	Jeongchun
정주군	Chŏngju-gun	Jeongju-gun	정충	chŏngch'ung	jeongchung
정주목	Chŏngjumok	Jeongju-mok	정취	chŏngch'wi	jeongchwi
정주지	chŏngjuji	jeongjuji	정치	chŏngch'i	jeongchi
정주진	Chŏngjujin	Jeongjujin	정치가	chŏngch'iga	jeongchiga
정주학	Chŏngjuhak	Jeongjuhak	정치관	chŏngch'igwan	jeongchigwan
정중	chŏngjung	jeongjung	정치국	chŏngch'iguk	jeongchiguk
정지	chŏngji	jeongji	정치기	chŏngch'igi	jeongchigi
정직	chŏngjik	jeongjik	정치대	chŏngch'idae	jeongchidae
정진	chŏngjin	jeongjin	정치론	chŏngch'iron	jeongchiron
정깃담살이	chŏngjittamsari	jeongjjitdamsari	정치범	chŏngch'ibŏm	jeongchibeom
정착	chŏngch'ak	jeongchak	정치부	chŏngch'ibu	jeongchibu
정착기	chŏngch'akki	jeongchakgi	정치사	chŏngch'isa	jeongchisa
정착사	chŏngch'aksa	jeongchaksa	정치성	chŏngch'isŏng	jeongchiseong

한글 용례	ALA-LC Romanization	정부 표기안	한글 용례	ALA-LC Romanization	정부 표기안
정치인	chŏngch'iin	jeongchiin	정화	chŏnghwa	jeonghwa
정치인들	chŏngch'iindŭl	jeongchiindeul	정화용	chŏnghwayong	jeonghwayong
정치적	chŏngch'ijŏk	jeongchijeok	정확	chŏnghwak	jeonghwak
정치제	chŏngch'ije	jeongchije	정확도	chŏnghwakto	jeonghwakdo
정치체	chŏngch'ich'e	jeongchiche	정확성	chŏnghwaksŏng	jeonghwakseong
정치학	chŏngch'ihak	jeongchihak	정확히	chŏnghwakhi	jeonghwaki
정치학적	chŏngch'ihakchŏk	jeongchihakjeok	정회	chŏnghoe	jeonghoe
정치화	chŏngch'ihwa	jeongchihwa	정효	Chŏnghyo	Jeonghyo
정칠품	chŏngch'ilp'um	jeongchilpum	정후	Chŏnghu	Jeonghu
정침	chŏngch'im	jeongchim	정훈	chŏnghun	jeonghun
정크	chŏngk'ŭ	jeongkeu	정훈국	Chŏnghun'guk	Jeonghunguk
정탐	chŏngt'am	jeongtam	젖는다	chŏnnŭnda	jeonneunda
정탐기	chŏngt'amgi	jeongtamgi	젖어	chŏjŏ	jeojeo
정태적	chŏngt'aejŏk	jeongtaejeok	젖어라	chŏjŏra	jeojeora
정토	chŏngt'o	jeongto	젖은	chŏjŭn	jeojeun
정토군	Chŏngt'o-gun	Jeongto-gun	젖줄	chŏtchul	jeojjul
정토종	Chŏngt'ojong	Jeongtojong	젖지	chŏtchi	jeotji
정토찬	chŏngt'och'an	Jeongtochan	제	che	je
정통	chŏngt'ong	jeongtong	제1	che-1	je-1
정통론	chŏngt'ongnon	jeongtongnon	제가	chega	jega
정통부	Chŏngt'ongbu	Jeongtongbu	제갈	Chegal	Jegal
정통성	chŏngt'ongsŏng	jeongtongseong	제감	Chegam	Jegam
정통파	chŏngt'ongp'a	jeongtongpa	제강	chegang	jegang
정특반	Chŏngt'ŭkpan	Jeongteukban	제거	chegŏ	jegeo
정파	chŏngp'a	jeongpa	제고	chego	jego
정팔품	chŏngp'alp'um	jeongpalpum	제곱	chegop	jegop
정평	chŏngp'yŏng	jeongpyeong	제공	chegong	jegong
정평군	Chŏngp'yŏng-gun	Jeongpyeong-gun	제공형	chegonghyŏng	jegonghyeong
정포	Chŏngp'o	Jeongpo	제과	chegwa	jegwa
정표	chŏngp'yo	jeongpyo	제과점	chegwajŏm	jegwajeom
정하다	chŏnghada	jeonghada	제관	chegwan	jegwan
정학	chŏnghak	jeonghak	제구	chegu	jegu
정한론	chŏnghannon	jeonghannon	제국	cheguk	jeguk
정합성	chŏnghapsŏng	jeonghapseong	제국군	chegukkun	jegukgun
정해	chŏnghae	jeonghae	제국기	chegukki	jegukgi
정해년	Chŏnghaenyŏn	Jeonghaenyeon	제국론	chegungnon	jegungnon
정해본	chŏnghaebon	jeonghaebon	제국사	cheguksa	jeguksa
정해서	chŏnghaesŏ	jeonghaeseo	제국적	chegukchŏk	jegukjeok
정향	Chŏnghyang	Jeonghyang	제국주의	chegukchuŭi	jegukjuui
정헌	Chŏnghŏn	Jeongheon	제국주의론	chegukchuŭiron	jegukjuuiron
정형	chŏnghyŏng	jeonghyeong	제국주의자	chegukchuŭija	jegukjuuija
정혜	Chŏnghye	Jeonghye	제귀	Chegwi	Jegwi
정혜사	Chŏnghyesa	Jeonghyesa	제기	chegi	jegi
정호	Chŏngho	Jeongho	제기동	Chegi-dong	Jegi-dong
정혼	chŏnghon	jeonghon	제내리	Chenae-ri	Jenae-ri

한글 용례	ALA-LC Romanization	정부 표기안	한글 용례	ALA-LC Romanization	정부 표기안
제너럴	chenŏrŏl	jeneoreol	제보	chebo	jebo
제네바	Cheneba	Jeneba	제보자	cheboja	jeboja
제네시스	Chenesisŭ	Jenesiseu	제복	chebok	jebok
제노네	Chenone	Jenone	제본	chebon	jebon
제노사이드	Chenosaidŭ	Jenosaideu	제봉	Chebong	Jebong
제논	chenon	jenon	제부	chebu	jebu
제다움	chedaum	jedaum	제분	chebun	jebun
제단	chedan	jedan	제불	chebul	jebul
제단지	chedanji	jedanji	제비	chebi	jebi
제당	chedang	jedang	제비가	chebiga	jebiga
제대	chedae	jedae	제비들	chebidŭl	jebideul
제대로	chedaero	jedaero	제빈	Chebin	Jebin
제대책	chedaech'aek	jedaechaek	제사	chesa	jesa
제도	chedo	jedo	제사장	chesajang	jesajang
제도들	chedodŭl	jedodeul	제산	chesan	jesan
제도론	chedoron	jedoron	제삼	chesam	jesam
제도사	chedosa	jedosa	제상	chesang	jesang
제도적	chedojŏk	jedojeok	제생	chesaeng	jesaeng
제도주의	chdojuŭi	jedojuui	제생원	Chesaengwŏn	Jesaengwon
제도주의적	chdojuŭijŏk	jedojuuijeok	제서	Chesŏ	Jeseo
제도화	chedohwa	jedohwa	제석	chesŏk	jeseok
제독	chedok	jedok	제석굿	Chesŏkkut	Jeseokgus
제동	chedong	jedong	제석원	Chesŏgwŏn	Jeseogwon
제련	cheryŏn	jeryeon	제석천	Chesŏkch'ŏn	Jeseokcheon
제련소	cheryŏnso	jeryeonso	제선	Chesŏn	Jeseon
제령	Cheryŏng	Jeryeong	제세	Chese	Jese
제례	cherye	jerye	제수	chesu	jesu
제례문	cheryemun	jeryemun	제술	Chesul	Jesul
제례악	cheryeak	jeryeak	제술과	Chesulgwa	Jesulgwa
제로	chero	jero	제술업	chesurŏp	jesureop
제만록	chemannok	jemanrok	제승	chesŭng	jeseung
제망매	Chemangmae	Jemangmae	제시	chesi	jesi
제명	chemyŏng	jemyeong	제신	Chesin	Jesin
제목	chemok	jemok	제아도	cheado	jeado
제문	chemun	jemun	제안	chean	jean
제문제	chemunje	jemunje	제안서	cheansŏ	jeanseo
제물	chemul	jemul	제안자	cheanja	jeanja
제물진	Chemuljin	Jemuljin	제암	Cheam	Jeam
제물포	Chemulp'o	Jemulpo	제암리	Cheam-ri	Jeam-ri
제민	Chemin	Jemin	제압	cheap	jeap
제바	Cheba	Jeba	제야	cheya	jeya
제반	cheban	jeban	제약	cheyak	jeyak
제발	chebal	jebal	제양현	Cheyang-hyŏn	Jeyang-hyeon
제방	chebang	jebang	제어	cheŏ	jeeo
제법	chebŏp	jebeop	제언	cheŏn	jeeon

한글 용례	ALA-LC Romanization	정부 표기안	한글 용례	ALA-LC Romanization	정부 표기안
제언어	cheŏnŏ	jeeoneo	제전	chejŏn	jejeon
제영시	cheyŏngsi	jeyeongsi	제정	chejŏng	jejeong
제옹	Cheong	Jeong	제제	cheje	jeje
제와술	chewasul	jewasul	제제팀	chejet'im	jejetim
제와장	chewajang	jewajang	제조	chejo	jejo
제왕	chewang	jewang	제조법	chejopŏp	jejobeop
제왕들	chewangdŭl	jewangdeul	제조소	chejoso	jejoso
제왕부	Chewangbu	Jewangbu	제조업	chejoŏp	jejoeop
제왕적	chewangjŏk	jewangjeok	제조직	chejojik	jejojik
제왕학	chewanghak	jewanghak	제주	Cheju	Jeju
제요	cheyo	jeyo	제주군	Cheju-gun	Jeju-gun
제원	chewŏn	jewon	제주대	Chejudae	Jejudae
제원군	Chewŏn-gun	Jewon-gun	제주도	Cheju-do	Jeju-do
제원도	Chewŏndo	Jewondo	제주島	Chejudo	Jejudo
제원면	Chewŏn-myŏn	Jewon-myeon	제주도(島)	Chejudo	Jejudo
제월	Chewŏl	Jewol	제주도인	Chejudoin	Jejudoin
제월당	Chewŏldang	Jewoldang	제주마	Chejuma	Jejuma
제위	chewi	jewi	제주목	Cheju-mok	Jeju-mok
제의	cheŭi	jeui	제주민	Chejumin	Jejumin
제의성	cheŭisŏng	jeuiseong	제주부	Cheju-bu	Jeju-bu
제의식	cheŭisik	jeuisik	제주사	Chejusa	Jejusa
제의적	cheŭijŏk	jeuijeok	제주시	Cheju-si	Jeju-si
제이	chei	jei	제주어	Chejuŏ	Jejueo
제이슨	Cheisŭn	Jeiseun	제주인	Chejuin	Jejuin
제이씨	Cheissi	Jeissi	제주학	Chejuhak	Jejuhak
제이콥	Cheik'op	Jeikop	제주형	Chejuhyŏng	Jejuhyeong
제이프로	Cheip'ŭro	Jeipeuro	제중	Chejung	Jejung
제인	Chein	Jein	제중원	Chejungwŏn	Jejungwon
제일	cheil	jeil	제지	cheji	jeji
제일선	cheilsŏn	jeilseon	제직	chejik	jejik
제일주의	cheilchuŭi	jeiljuui	제찰	chech'al	jechal
제임스	Cheimsŭ	Jeimseu	제창	Chech'ang	Jechang
제임스타운	Cheimsŭt'aun	Jeimseutaun	제창현	Chech'ang-hyŏn	Jechang-hyeon
제자	cheja	jeja	제책	chech'aek	jechaek
제자도	chejado	jejado	제천	Chech'ŏn	Jecheon
제자들	chejadŭl	jejadeul	제천군	Chech'ŏn-gun	Jecheon-gun
제자리	chejari	jejari	제천시	Chech'ŏn-si	Jecheon-si
제작	chejak	jejak	제천현	Chech'ŏn-hyŏn	Jecheon-hyeon
제작론	chejangnon	jejangnon	제철	chech'ŏl	jecheol
제작사	chejaksa	jejaksa	제철로	chech'ŏllo	jecheollo
제작사들	chejaksadŭl	jejaksadeul	제철소	chech'ŏlso	jecheolso
제작소	chejakso	jejakso	제출	chech'ul	jechul
제작전	chejakchŏn	jejakjeon	제출자	chech'ulcha	jechulja
제작팀	chejakt'im	jejaktim	제패	chep'ae	jepae
제재	chejae	jejae	제패론	chep'aeron	jepaeron

한글 용례	ALA–LC Romanization	정부 표기안	한글 용례	ALA–LC Romanization	정부 표기안
제포	Chep'o	Jepo	조각승	chogaksŭng	jogakseung
제품	chep'um	jepum	조각장	chogakchang	jogakjang
제품화	chep'umhwa	jepumhwa	조각전	chogakchŏn	jogakjeon
제프	Chep'ŭ	Jepeu	조감	chogam	jogam
제한	chehan	jehan	조감도	chogamdo	jogamdo
제한령	chehannyŏng	jehannyeong	조개	chogae	jogae
제한법	chehanpŏp	jehanbeop	조건	chokŏn	jogeon
제해	chehae	jehae	조건부	chokŏnbu	jogeonbu
제향	chehyang	jehyang	조경	chogyŏng	jogyeong
제향날	chehyangnal	jehyangnal	조경묘	chogyŏngmyo	jogyeongmyo
제헌	chehŏn	jeheon	조경학	chogyŏnghak	jogyeonghak
제헌절	Chehŏnjŏl	jeheonjeol	조계	chogye	jogye
제현	chehyŏn	jehyeon	조계사	Chogyesa	Jogyesa
제현집	chehyŏnjip	jehyeonjip	조계산	Chogyesan	Jogyesan
제형	Chehyŏng	Jehyeong	조계종	Chogyejong	Jogyejong
제형별	chehyŏngbyŏl	jehyeongbyeol	조계종사	Chogyejongsa	Jogyejongsa
제호	cheho	jeho	조공	chogong	jogong
제호집	chehojip	jehojip	조공도	chogongdo	jogongdo
제화	chehwa	jehwa	조과	chogwa	jogwa
제화공	chehwagong	jehwagong	조광	chogwang	jogwang
제후	chehu	jehu	조교	chogyo	jogyo
제휴	chehyu	jehyu	조교수	chogyosu	jogyosu
제흥	Chehŭng	Jeheung	조교천	Chogyoch'ŏn	Jogyocheon
제흥군	Chehŭnggun	Jeheung-gun	조구	Chogu	Jogu
젠가	chen'ga	jenga	조국	choguk	joguk
젠더	chendŏ	jendeo	조국사	choguksa	joguksa
젠더적	chendŏjŏk	jendeojeok	조국상	choguksang	joguksang
젠북	Chenbuk	Jenbuk	조국애	chogugae	jogugae
젠쇼	Chensyo	Jensyo	조그만	chogŭman	jogeuman
젠요	Chenyo	Jenyo	조근	chogŭn	jogeun
젠틀맨	chent'ŭlmaen	jenteulmaen	조금	chogŭm	jogeum
져슐	chyŏsyul	jyeosyul	조금씩	chogŭmssik	jogeumssik
져야	chyŏya	jyeoya	조급한	chogŭphan	jogeuphan
젼	chyŏn	jyeon	조기	chogi	jogi
젼나	chyŏnna	jyeonna	조난	chonan	jonan
젼는가	chyŏnnŭn'ga	jyeonneunga	조남동	Chonam-dong	Jonam-dong
젼다	chyŏtta	jyeotda	조달	chodal	jodal
조	cho	jo	조달분	chodalbun	jodalbun
조가	Choga	Joga	조달청	Chodalch'ŏng	Jodalcheong
조가비	chogabi	jogabi	조담	chodam	jodam
조각	chogak	jogak	조당	Chodang	Jodang
조각가	chogakka	jogakga	조도	Chodo	Jodo
조각문	chogangmun	jogangmun	조동	Chodong	Jodong
조각보	chogakpo	jogakbo	조동리	Chodong-ni	Jodong-ri
조각사	chogaksa	jogaksa	조동종	Chodongjong	Jodongjong

한글 용례	ALA-LC Romanization	정부 표기안	한글 용례	ALA-LC Romanization	정부 표기안
조두	chodu	jodu	조사선	chosasŏn	josaseon
조랑	Chorang	Jorang	조사소	chosaso	josaso
조랑말	Chorangmal	Jorangmal	조사원	chosawŏn	josawon
조력	choryŏk	joryeok	조사자	chosaja	josaja
조련	choryŏn	joryeon	조사처	chosach'ŏ	josacheo
조령	Choryŏng	Joryeong	조사표	chosap'yo	josapyo
조례	chorye	jorye	조사화	chosahwa	josahwa
조례동	Chorye-dong	Jorye-dong	조사회	chosahoe	josahoe
조록	Chorok	Jorok	조산	chosan	josan
조루리	choruri	joruri	조상	chosang	josang
조류	choryu	joryu	조상님	chosangnim	josangnim
조르바	Chorŭba	Joreuba	조상들	chosangdŭl	josangdeul
조리	chori	jori	조상신	chosangsin	josangsin
조리법	choripŏp	joribeop	조서	chosŏ	joseo
조리서	chorisŏ	joriseo	조석	chosŏk	joseok
조림	chorim	jorim	조선	Chosŏn	Joseon
조만간	choman'gan	jomangan	조선관	Chosŏn'gwan	Joseongwan
조망	chomang	jomang	조선국	Chosŏn'guk	Joseonguk
조명	chomyŏng	jomyeong	조선군	Chosŏn'gun	Joseongun
조모	chomo	jomo	조선글	Chosŏn'gŭl	Joseongeul
조목	chomok	jomok	조선대	Chosŏndae	Joseondae
조묘	chomyo	jomyo	조선도	Chosŏndo	Joseondo
조문	chomun	jomun	조선록	Chosŏllok	Joseollok
조문국	Chomun'guk	Jomunguk	조선문	Chosŏnmun	Joseonmun
조문별	chomunbyŏl	jomunbyeol	조선부	Chosŏnbu	Joseonbu
조문사	chomunsa	jomunsa	조선사	Chosŏnsa	Joseonsa
조문판	chomunp'an	jomunpan	조선상	Chosŏnsang	Joseonsang
조물주	chomulchu	jomulju	조선소	chosŏnso	joseonso
조반	choban	joban	조선심	Chosŏnsim	Joseonsim
조방	chobang	jobang	조선어	Chosŏnŏ	Joseoneo
조방군	Chobang-gun	Jobang-gun	조선어과	Chosŏnŏkwa	Joseoneogwa
조보	chobo	jobo	조선어법	Chosŏnŏpŏp	Joseoneobeop
조복	chobok	jobok	조선어학	Chosŏnŏhak	Joseoneohak
조부	chobu	jobu	조선업	chosŏnŏp	joseoneop
조부모	chobumo	jobumo	조선인	Chosŏnin	Joseonin
조사	chosa	josa	조선적	Chosŏnjŏk	Joseonjeok
조사과	chosakwa	josagwa	조선조	Chosŏnjo	Joseonjo
조사관	chosagwan	josagwan	조선족	Chosŏnjok	Joseonjok
조사국	chosaguk	josaguk	조선족사	Chosŏnjoksa	Joseonjoksa
조사단	chosadan	josadan	조선초	Chosŏnch'o	Joseoncho
조사당	Chosadang	Josadang	조선판	Chosŏnp'an	Joseonpan
조사들	chosadŭl	josadeul	조선풍	Chosŏnp'ung	Joseonpung
조사법	chosapŏp	josabeop	조선학	Chosŏnhak	Joseonhak
조사부	chosabu	josabu	조선해	Chosŏnhae	Joseonhae
조사서	chosasŏ	josaseo	조선화	Chosŏnhwa	Joseonhwa

한글 용례	ALA-LC Romanization	정부 표기안	한글 용례	ALA-LC Romanization	정부 표기안
조성	chosŏng	joseong	조운	choun	joun
조성기	chosŏnggi	joseonggi	조운사	Chounsa	Jounsa
조성당	Chosŏngdang	Joseongdang	조운선	chounsŏn	jounseon
조성론	chosŏngnon	joseongnon	조운창	Chounch'ang	Jounchang
조성비	chosŏngbi	joseongbi	조원	chowŏn	jowon
조성청	chosŏngch'ŏng	joseongcheong	조율	choyul	joyul
조성회	chosŏnghoe	joseonghoe	조은	Choŭn	Joeun
조세	chose	jose	조의	choŭi	joui
조세론	choseron	joseron	조이	choi	joi
조세범	chosebŏm	josebeom	조이스	Choisŭ	Joiseu
조세법	chosepŏp	josebeop	조인	choin	join
조세율	choseyul	joseyul	조인스	Choinsŭ	Joinseu
조세창	Chosech'ang	Josechang	조일	choil	joil
조센진	Chosenjin	Josenjin	조작	chojak	jojak
조셉	Chosep	Josep	조작사	chojaksa	jojaksa
조소	choso	joso	조장	chojang	jojang
조속히	chosokhi	josokhi	조저	Chojŏ	Jojeo
조손	choson	joson	조절	chojŏl	jojeol
조수	chosu	josu	조절댐	chojŏltaem	jojeoldaem
조시	chosi	josi	조절지	chojŏlchi	jojeolji
조식	chosik	josik	조정	chojŏng	jojeong
조신	chosin	josin	조정법	chojŏngpŏp	jojeongbeop
조심	chosim	josim	조정실	chojŏngsil	jojeongsil
조심성	chosimsŏng	josimseong	조제	choje	joje
조아리다	choarida	joarida	조제론	chojeron	jojeron
조안면	Choan-myŏn	Joan-myeon	조제법	chojepŏp	jojebeop
조야	choya	joya	조종	chojong	jojong
조약	choyak	joyak	조종사	chojongsa	jojongsa
조약과	choyakkwa	joyakgwa	조종암	Chojongam	Jojongam
조약국	choyakkuk	joyakguk	조종자	chojongja	jojongja
조양각	Choyanggak	Joyanggak	조종학	chojonghak	jojonghak
조양동	Choyang-dong	Joyang-dong	조준	chojun	jojun
조양천	Choyangch'ŏn	Joyangcheon	조지	Choji	Joji
조어도	Choŏdo	Joeodo	조지프	Chojip'ŭ	Jojipeu
조언	choŏn	joeon	조직	chojik	jojik
조업	choŏp	joeop	조직국	chojikkuk	jojikguk
조역	choyŏk	joyeok	조직권	chojikkwŏn	jojikgwon
조역론	choyŏngnon	joyeongnon	조직들	chojiktŭl	jojikdeul
조연	choyŏn	joyeon	조직력	chojingnyŏk	jojingnyeok
조영	choyŏng	joyeong	조직론	chojingnon	jojingnon
조예	choye	joye	조직사	chojiksa	jojiksa
조용하게	choyonghage	joyonghage	조직자	chojikcha	jojikja
조용한	choyonghan	joyonghan	조직적	chojikchŏk	jojikjeok
조우	chou	jou	조직체	chojikch'e	jojikche
조우관	chougwan	jougwan	조직화	chojikhwa	jojikhwa

한글 용례	ALA-LC Romanization	정부 표기안	한글 용례	ALA-LC Romanization	정부 표기안
조짐	chojim	jojim	족명	chokmyŏng	jongmyeong
조차	choch'a	jocha	족보	chokpo	jokbo
조찬	choch'an	jochan	족보학	chokpohak	jokbohak
조처	choch'ŏ	jocheo	족속	choksok	joksok
조천	Choch'ŏn	Jocheon	족속들	choksoktŭl	joksokdeul
조천록	choch'ŏllok	jocheollok	족쇄	chokswae	jokswae
조청	Cho-Ch'ŏng	Jo-Cheong	족외혼	chogoehon	jogoehon
조총	choch'ong	jochong	족장	chokchang	jokjang
조총련	Choch'ongnyŏn	Jochongryeon	족적	chokchŏk	jokjeok
조치	choch'i	jochi	족청	Chokch'ŏng	Jokcheong
조치법	choch'ipŏp	jochibeop	존	chon	jon
조치원	Choch'iwŏn	Jochiwon	존경	chon'gyŏng	jongyeong
조칙	choch'ik	jochik	존경각	Chon'gyŏnggak	Jongyeonggak
조카	chok'a	joka	존덕정	Chondŏkchŏng	Jondeokjeong
조커	chok'ŏ	jokeo	존불	chonbul	jonbul
조탑	chot'ap	jotap	존스	Chonsŭ	Jonseu
조탑동	Chot'ap-tong	Jotap-dong	존슨	Chonsŭn	Jonseun
조폐	chop'ye	jopye	존심	chonsim	jonsim
조포	Chop'o	Jopo	존엄	chonŏm	joneom
조폭	chop'ok	jopok	존왕	Chonwang	Jonwang
조한	Cho-Han	Jo-Han	존자	chonja	jonja
조합	chohap	johap	존재	chonjae	jonjae
조합법	chohappŏp	johapbeop	존재론	chonjaeron	jonjaeron
조합소	chohapso	johapso	존재론적	chonjaeronchŏk	jonjaeronjeok
조합원	chohabwŏn	johabwon	존중	chonjung	jonjung
조합장	chohapchang	johapjang	존폐	chonp'ye	jonpye
조합주의	chohapchuŭi	johapjuui	존호	chonho	jonho
조항	chohang	johang	존화록	Chonhwarok	Jonhwarok
조혈	chohyŏl	johyeol	존황	Chonhwang	Jonhwang
조형	chohyŏng	johyeong	졸	chol	jol
조형미	chohyŏngmi	johyeongmi	졸고	cholgo	jolgo
조혼	chohon	johon	졸기	cholgi	jolgi
조화	chohwa	johwa	졸다	cholda	jolda
조화경	Chohwagyŏng	Johwagyeong	졸다가	choldaga	joldaga
조화문	Chohwamun	Johwamun	졸다가도	choldagado	joldagado
조화적	chohwajŏk	johwajeok	졸본	Cholbon	Jolbon
조회	chohoe	johoe	졸본성	Cholbonsŏng	Jolbonseong
조흥	Chohŭng	Joheung	졸속	cholsok	jolsok
족	chok	jok	졸수재	Cholsujae	Jolsujae
족내혼	chongnaehon	jongnaehon	졸업	chorŏp	joreop
족당	choktang	jokdang	졸업생	chorŏpsaeng	joreopsaeng
족대	choktae	jokdae	졸업자	chorŏpcha	joreopja
족도	chokto	jokdo	졸업전	chorŏpchŏn	joreopjeon
족도리	choktori	jokdori	졸옹	Chorong	Jorong
족두리	chokturi	jokduri	졸재	Choljae	Joljae

한글 용례	ALA-LC Romanization	정부 표기안	한글 용례	ALA-LC Romanization	정부 표기안
좀비	chombi	jombi	종류	chongnyu	jongnyu
좁게	chopke	jopge	종리	chongni	jongni
좁아	choba	joba	종리원	Chongniwŏn	Jongniwon
좁아서	chobasŏ	jobaseo	종말	chongmal	jongmal
좁은	chobŭn	jobeun	종말론	chongmallon	jongmallon
종	chong	jong	종명	chongmyŏng	jongmyeong
종가	chongga	jongga	종목	chongmok	jongmok
종각	chonggak	jonggak	종묘	Chongmyo	Jongmyo
종결	chonggyŏl	jonggyeol	종묘서	Chongmyosŏ	Jongmyoseo
종결법	chonggyŏlpŏp	jonggyeolbeop	종묘악	Chongmyoak	Jongmyoak
종경	Chonggyŏng	Jonggyeong	종무	chongmu	jongmu
종계	chonggye	jonggye	종무원	Chongmuwŏn	Jongmuwon
종고	Chonggo	Jonggo	종문사	Chongmunsa	Jongmunsa
종곡	chonggok	jonggok	종법	Chongpŏp	Jongbeop
종교	chonggyo	jonggyo	종법사	Chongbŏpsa	Jongbeopsa
종교계	chonggyogye	jonggyogye	종별	chongbyŏl	jongbyeol
종교론	chonggyoron	jonggyoron	종부사	Chongbusa	Jongbusa
종교사	chonggyosa	jonggyosa	종북	chongbuk	jongbuk
종교성	chonggyosŏng	jonggyoseong	종북론	chongbungnon	jongbungnon
종교인	chonggyoin	jonggyoin	종북주의	chongbukchuŭi	jongbukjuui
종교적	chonggyochŏk	jonggyojeok	종사	chongsa	jongsa
종교지	chonggyoji	jonggyoji	종사관	chongsagwan	jongsagwan
종교학	chonggyohak	jonggyohak	종사원	chongsawŏn	jongsawon
종교화	chonggyohwa	jonggyohwa	종사자	chongsaja	jongsaja
종구품	chonggup'um	jonggupum	종사품	chongsap'um	jongsapum
종국	chongguk	jongguk	종삼	Chongsam	Jongsam
종군	chonggun	jonggun	종삼품	chongsamp'um	jongsampum
종군기	chonggun'gi	jonggungi	종생기	Chongsaenggi	Jongsaenggi
종균	chonggyun	jonggyun	종선록	Chongsŏnnok	Jongseonnok
종기	chonggi	jonggi	종성군	Chongsŏng-gun	Jongseong-gun
종다리	chongdari	jongdari	종소리	chongsori	jongsori
종단	chongdan	jongdan	종속	chongsok	jongsok
종단기	chongdan'gi	jongdangi	종속성	chongsoksŏng	jongsokseong
종단별	chongdanbyŏl	jongdanbyeol	종속적	chongsokchŏk	jongsokjeok
종단사	chongdansa	jongdansa	종손	chongson	jongson
종단적	chongdanjŏk	jongdanjeok	종손가	chongson'ga	jongsonga
종달리	Chongdal-li	Jongdal-ri	종식	chongsik	jongsik
종대	chongdae	jongdae	종신	chongsin	jongsin
종량제	chongnyangje	jongnyangje	종실	chongsil	jongsil
종려	Chongnyŏ	Jongnyeo	종암동	Chongam-dong	Jongam-dong
종렬	chongnyŏl	jongnyeol	종애	Chongae	Jongae
종로	Chongno	Jongno	종약	chongyak	jongyak
종로구	Chongno-gu	Jongno-gu	종양	chongyang	jongyang
종로서	Chongnosŏ	Jongnoseo	종양형	chongyanghyŏng	jongyanghyeong
종루	chongnu	jongnu	종언	chongŏn	jongeon

한글 용례	ALA-LC Romanization	정부 표기안	한글 용례	ALA-LC Romanization	정부 표기안
종업원	chongŏbwŏn	jongeobwon	종횡담	chonghoengdam	jonghoengdam
종영	chongyŏng	jongyeong	좇고	chotko	jotgo
종오품	chongop'um	jongopum	좇다	chotta	jotda
종육품	chongyukp'um	jongyukpum	좋겠다	chok'etta	joketda
종읍	Chongŭp	Jongeup	좋고	chok'o	joko
종이	chongi	jongi	좋다	chot'a	jota
종이품	chongip'um	jongipum	좋습네다	chotsŭmneda	josseumneda
종일	chongil	jongil	좋아	choa	joa
종일품	chongilp'um	jongilpum	좋아라	choara	joara
종자	chongja	jongja	좋아요	choayo	joayo
종자론	chongjaron	jongjaron	좋아해	choahae	joahae
종잣돈	chongjatton	jongjatdon	좋았을	choassŭl	joasseul
종장	chongjang	jongjang	좋은	choŭn	joeun
종적	chongjŏk	jongjeok	좋은가	choŭn'ga	joeunga
종전	chongjŏn	jongjeon	좋을	choŭl	joeul
종정	chongjŏng	jongjeong	좋을랑고	choŭllanggo	joeullanggo
종정원	Chongjŏngwŏn	Jongjeongwon	좋을텐데	choŭlt'ende	joeultende
종조	chongjo	jongjo	좌	chwa	jwa
종족	chongjok	jongjok	좌경	chwagyŏng	jwagyeong
종족성	chongjoksŏng	jongjokseong	좌경화	chwagyŏnghwa	jwagyeonghwa
종주	chongju	jongju	좌계	Chwagye	Jwagye
종주국	chongjuguk	jongjuguk	좌도	Chwado	Jwado
종주기	chongjugi	jongjugi	좌돌	chwadol	jwadol
종중	chongjung	jongjung	좌목	chwamok	jwamok
종중회	chongjunghoe	jongjunghoe	좌별초	Chwabyŏlch'o	Jwabyeolcho
종지	chongji	jongji	좌상	chwasang	jwasang
종착	chongch'ak	jongchak	좌선	Chwasŏn	jwaseon
종착역	chongch'angnyŏk	jongchangnyeok	좌수영	Chwasuyŏng	Jwasuyeong
종착지	chongch'akchi	jongchakji	좌승	Chwasŭng	Jwaseung
종친	chongch'in	jongchin	좌승상	Chwasŭngsang	Jwaseungsang
종친록	chongch'innok	jongchinnok	좌승지	Chwasŭngji	Jwaseungji
종친부	chongch'inbu	jongchinbu	좌시	chwasi	jwasi
종친회	chongch'inhoe	jongchinhoe	좌시중	Chwasijung	Jwasijung
종칠품	chongch'ilp'um	jongchilpum	좌우	chwau	jwau
종택	chongt'aek	jongtaek	좌우명	chwaumyŏng	jwaumyeong
종파	chongp'a	jongpa	좌우파	chwaup'a	jwaupa
종파주의	chongp'ajuŭi	jongpajuui	좌윤	Chwayun	Jwayun
종팔품	chongp'alp'um	jongpalpum	좌의병	chwaŭibyŏng	jwauibyeong
종합	chonghap	jonghap	좌의정	chwaŭijŏng	jwauijeong
종합적	chonghapchŏk	jonghapjeok	좌익	chwaik	jwaik
종합전	chonghapchŏn	jonghapjeon	좌익당	chwaiktang	jwaikdang
종합집	chonghapchip	jonghapjip	좌익수	chwaiksu	jwaiksu
종향	chonghyang	jonghyang	좌장	chwajang	jwajang
종회	chonghoe	jonghoe	좌절	chwajŏl	jwajeol
종횡	chonghoeng	jonghoeng	좌찬성	chwach'ansŏng	jwachanseong

한글 용례	ALA-LC Romanization	정부 표기안	한글 용례	ALA-LC Romanization	정부 표기안
좌초	chwach'o	jwacho	주기별	chugibyŏl	jugibyeol
좌충	chwach'ung	jwachung	주기적	chugijŏk	jugijeok
좌파	chwap'a	jwapa	주나	chuna	juna
좌판	chwap'an	jwapan	주년	chunyŏn	junyeon
좌편향	chwap'yŏnhyang	jwapyeonhyang	주노	chuno	juno
좌표	chwap'yo	jwapyo	주는	chunŭn	juneun
좌현	chwahyŏn	jwahyeon	주는가	chunŭn'ga	juneunga
죄	choe	joe	주니어	chuniŏ	junieo
죄상	choesang	joesang	주다	chuda	juda
죄송스런	choesongsŭrŏn	joesongseureon	주단	chudan	judan
죄송합니다	choesonghamnida	joesonghamnida	주달	chudal	judal
죄수	choesu	joesu	주당	chudang	judang
죄악	choeak	joeak	주대	chudae	judae
죄악세	choeakse	joeakse	주도	chudo	judo
죄업	choeŏp	joeeop	주도권	chudokwŏn	judogwon
죄인	choein	joein	주도성	chudosŏng	judoseong
죄적	choejŏk	joejeok	주도적	chudojŏk	judojeok
죄증	choejŭng	joejeung	주도형	chudohyŏng	judohyeong
죄행	choehaeng	joehaeng	주동	chudong	judong
죠셉	Chyosep	Jyosep	주동자	chudongja	judongja
죠션	Chyosyŏn	Jyosyeon	주동자들	chudongjadŭl	judongjadeul
주	chu	ju	주둔	chudun	judun
주가	chuka	juga	주둔군	chudungun	judungun
주간	chugan	jugan	주둔사	chudunsa	judunsa
주간지	chuganji	juganji	주둔지	chudunji	judunji
주갑	chugap	jugap	주량	churyang	juryang
주갑설	chugapsŏl	jugapseol	주력	churyŏk	juryeok
주거	chugŏ	jugeo	주련	churyŏn	juryeon
주거지	chugŏji	jugeoji	주례	churye	jurye
주경	chugyŏng	jugyeong	주례사	churyesa	juryesa
주고	chugo	jugo	주로	churo	juro
주고자	chugoja	jugoja	주류	churyu	juryu
주곡동	Chugok-tong	Jugok-dong	주류성	Churyusŏng	Juryuseong
주공	Chugong	Jugong	주류표	churyup'yo	juryupyo
주관	chugwan	jugwan	주류화	churyuhwa	juryuhwa
주관식	chugwansik	jugwansik	주름	churŭm	jureum
주관적	chugwanjŏk	jugwanjeok	주릉	churŭng	jureung
주교	chugyo	jugyo	주리	churi	juri
주구	chugu	jugu	주리론	Churiron	Juriron
주군	chugun	jugun	주린	churin	jurin
주군제	chugunje	jugunje	주립	churip	jurip
주궁	chugung	jugung	주마	chuma	juma
주권	chukwŏn	jugwon	주막	chumak	jumak
주기	chugi	jugi	주말	chumal	jumal
주기론	chugiron	jugiron	주머니	chumŏni	jumeoni

한글 용례	ALA-LC Romanization	정부 표기안	한글 용례	ALA-LC Romanization	정부 표기안
주머닌	chumŏnin	jumeonin	주석서	chusŏksŏ	juseokseo
주먹	chumŏk	jumeok	주석집	chusŏkchip	juseokjip
주목	chumok	jumok	주선	chusŏn	juseon
주몽	Chumong	Jumong	주설	chusŏl	juseol
주문	chumun	jumun	주성	chusŏng	juseong
주문도	Chumundo	Jumundo	주성리	Chusŏng-ni	Juseong-ri
주문진	Chumunjin	Jumunjin	주세법	chusepŏp	jusebeop
주문처	chumunch'ŏ	jumuncheo	주세요	chuseyo	juseyo
주물러	chumullŏ	jumulleo	주소	chuso	juso
주민	chumin	jumin	주소록	chusorok	jusorok
주민들	chumindŭl	jumindeul	주소서	chusosŏ	jusoseo
주민용	chuminyong	juminyong	주술	chusul	jusul
주방	chubang	jubang	주술화	chusurhwa	jusulhwa
주방문	chubangmun	jubangmun	주스	chusŭ	juseu
주방장	chubangjang	jubangjang	주승	chusŭng	juseung
주범	chubŏm	jubeom	주시	chusi	jusi
주법	chupŏp	jubeop	주시겠어요	chusigetsŏyo	jusigesseoyo
주변	chubyŏn	jubyeon	주시려	chusiryŏ	jusiryeo
주변국	chubyŏn'guk	jubyeonguk	주시오	chusio	jusio
주변부	chubyŏnbu	jubyeonbu	주식	chusik	jusik
주변인	chubyŏnin	jubyeonin	주신	chusin	jusin
주변인들	chubyŏnindŭl	jubyeonindeul	주신다	chusinda	jusinda
주변학	chubyŏnhak	jubyeonhak	주신다면	chusindamyŏn	jusindamyeon
주변해	chubyŏnhae	jubyeonhae	주심	chusim	jusim
주보	chubo	jubo	주암	Chuam	Juam
주보사	chubosa	jubosa	주암댐	Chuamtaem	Juamdaem
주보社	chubosa	jubosa	주암리	Chuam-ni	Juam-ri
주본	chubon	jubon	주어	chuŏ	jueo
주봉	chubong	jubong	주어야	chuŏya	jueoya
주부	chubu	jubu	주어진	chuŏjin	jueojin
주비회	chubihoe	jubihoe	주었습니다	chuŏssŭmnida	jueotseumnida
주빈	chubin	jubin	주역	chuyŏk	juyeok
주사	chusa	jusa	주역들	chuyŏktŭl	juyeokdeul
주사론	chusaron	jusaron	주역학	chuyŏkhak	juyeokhak
주사파	Chusap'a	jusapa	주연	chuyŏn	juyeon
주산	Chusan	jusan	주오	chuo	juo
주산리	Chusan-ni	Jusan-ri	주옥	chuok	juok
주산지	chusanji	jusanji	주웅	Chuong	Juong
주상	chusang	jusang	주왕산	Chuwangsan	Juwangsan
주색	chusaek	jusaek	주요	chuyo	juyo
주생	chusaeng	jusaeng	주요국	chuyoguk	juyoguk
주생활	chusaenghwal	jusaenghwal	주우스	chuusŭ	juuseu
주석	chusŏk	juseok	주울	chuul	juul
주석궁	Chusŏkkung	Juseokgung	주월	Chuwŏl	Juwol
주석단	Chusŏktan	Juseokdan	주월리	Chuwŏl-li	Juwol-ri

한글 용례	ALA-LC Romanization	정부 표기안	한글 용례	ALA-LC Romanization	정부 표기안
주유소	chuyuso	juyuso	주지	chuji	juji
주은	chuŭn	jueun	주지학	chujihak	jujihak
주을	chuŭl	jueul	주진군	Chujin-gun	Jujin-gun
주의	chuŭi	juui	주차	chuch'a	jucha
주의류	chuŭiryu	juuiryu	주차장	chuch'ajang	juchajang
주의보	chuŭibo	juuibo	주찬	chuch'an	juchan
주의자	chuŭija	juuija	주창	chuch'ang	juchang
주의화	chuŭihwa	juuihwa	주천	chuch'ŏn	jucheon
주이소	chuiso	juiso	주청	chuch'ŏng	jucheong
주인	chuin	juin	주청사	Chuch'ŏngsa	Jucheongsa
주인공	chuin'gong	juingong	주체	chuch'e	juche
주인공들	chuin'gongdŭl	juingongdeul	주체들	chuch'edŭl	juchedeul
주인공론	chuin'gongnon	juingongnon	주체별	chuch'ebyŏl	juchebyeol
주인선	Chuinsŏn	Juinseon	주체성	chuch'esŏng	jucheseong
주인장	chuinjang	juinjang	주체적	chuch'ejŏk	juchejeok
주일	chuil	juil	주체화	chuch'ehwa	juchehwa
주임	chuim	juim	주초	chuch'o	jucho
주자	chuja	juja	주초론	chuch'oron	juchoron
주자감	Chujagam	Jujagam	주촌	Chuch'on	Juchon
주자동	Chuja-dong	Juja-dong	주최	chuch'oe	juchoe
주자서	Chujasŏ	Jujaseo	주축	chuch'uk	juchuk
주자소	Chujaso	Jujaso	주춧돌	chuch'uttol	juchutdol
주자학	Chujahak	Jujahak	주치의	chuch'iŭi	juchiui
주자학적	Chujahakchŏk	Jujahakjeok	주코티	Chuk'ot'i	Jukoti
주작	Chujak	Jujak	주택	chut'aek	jutaek
주장	chujang	jujang	주택국	chut'aekkuk	jutaekguk
주장산	Chujangsan	Jujangsan	주택법	chut'aekpŏp	jutaekbeop
주재	chujae	jujae	주파	chup'a	jupa
주저	chujŏ	jujeo	주파수	chup'asu	jupasu
주전	chujŏn	jujeon	주판	chup'an	jupan
주전론	chujŏnnon	jujeonnon	주편	chup'yŏn	jupyeon
주점	chujŏm	jujeom	주편저	chup'yŏnjŏ	jupyeonjeo
주정	chujŏng	jujeong	주포리	Chup'o-ri	Jupo-ri
주제	chuje	juje	주품	Chup'um	Jupum
주제네바	chujeneba	Jujeneba	주필	chup'il	jupil
주제도	Chujedo	Jujedo	주한	chuhan	juhan
주제론	chujeron	jujeron	주해	chuhae	juhae
주제명	chujemyong	jujemyeong	주해서	chuhaesŏ	juhaeseo
주제별	chujebyŏl	jujebyeol	주현군	Chuhyŏn-gun	Juhyeon-gun
주제어	chujeŏ	jujeeo	주협연	Chuhyŏbyŏn	Juhyeopyeon
주제학	chujehak	jujehak	주화	chuhwa	juhwa
주제화	chujehwa	jujehwa	주화론	chuhwaron	juhwaron
주조	chujo	jujo	주화론자	chuhwaronja	juhwaronja
주종	chujong	jujong	죽	chuk	juk
주주	chuju	juju	죽간	chukkan	jukgan

한글 용례	ALA-LC Romanization	정부 표기안	한글 용례	ALA-LC Romanization	정부 표기안
죽거든	chukkŏdŭn	jukgeodeun	죽었어	chugŏssŏ	jugeosseo
죽계	Chukkye	Jukgye	죽었지	chugŏtchi	jugeotji
죽계지	Chukkyeji	Jukgyeji	죽여라	chugyŏra	jugyeora
죽곡	Chukkok	Jukgok	죽여야	chugyŏya	jugyeoya
죽곡리	Chukkong-ni	Jukgok-ri	죽여야겠소	chugyŏyagesso	jugyeoyagetso
죽교	chukkyo	jukgyo	죽염	chugyŏm	jugyeom
죽기	chukki	jukgi	죽였는가	chugyŏnnŭn'ga	jugyeonneunga
죽내리	Chungnae-ri	Jungnae-ri	죽였을까	chugyŏssŭlkka	jugyeosseulkka
죽농	Chungnong	Jungnong	죽오	Chugo	Jugo
죽는다	chungnŭnda	jungneunda	죽우	Chugu	jugu
죽능리	Chungnŭng-ni	Jungneung-ri	죽으리	chugŭri	jugeuri
죽도	Chukto	Jukdo	죽으면	chugŭmyŏn	jugeumyeon
죽동	Chuk-tong	Juk-dong	죽은	chugŭn	jugeun
죽동리	Chuktong-ni	Jukdong-ri	죽은자	chugŭnja	jugeunja
죽렴장	chungnyŏmjang	jungnyeomjang	죽을	chugŭl	jugeul
죽령	Chungnyŏng	Jungnyeong	죽음	chugŭm	jugeum
죽령재	Chungnyŏngjae	Jungnyeongjae	죽음론	chugŭmnon	jugeumnon
죽령현	Chungnyŏng-hyŏn	Jungnyeong-hyeon	죽이고	chugigo	jugigo
죽로당	Chungnodang	Jungnodang	죽이기	chugigi	jugigi
죽록	Chungnok	Jungnok	죽이는	chuginŭn	jugineun
죽림	chungnim	jungnim	죽이려는가	chugiryŏnŭn'ga	jugiryeoneunga
죽림리	Chungnim-ni	Jungnim-ri	죽인	chugin	jugin
죽림형	chungnimhyŏng	jungnimhyeong	죽장동	Chukchang-dong	Jukjang-dong
죽마	chungma	jungma	죽재	chukchae	jukjae
죽방렴	Chukpangnyŏm	Jukbangnyeom	죽전	Chukchŏn	Jukjeon
죽비	chukpi	jukbi	죽전동	Chukchŏn-dong	Jukjeon-dong
죽산	Chuksan	Juksan	죽절문	Chukchŏlmun	Jukjeolmun
죽산군	Chuksan-gun	Juksan-gun	죽정	Chukchŏng	Jukjeong
죽산리	Chuksan-ni	Juksan-ri	죽정리	Chukchŏng-ni	Jukjeong-ri
죽산현	Chuksan-hyŏn	Juksan-hyeon	죽제	Chukche	Jukje
죽서	Chuksŏ	Jukseo	죽죽리	Chukchung-ni	Jukjuk-ri
죽서루	Chuksŏru	Jukseoru	죽지	chukchi	jukji
죽석관	Chuksŏkkwan	Jukseokgwan	죽지사	Chukchisa	Jukjisa
죽성	Chuksŏng	Jukseong	죽창	chukch'ang	jukchang
죽성리	Chuksŏng-ni	Jukseong-ri	죽천	Chukch'ŏn	Jukcheon
죽세	chukse	jukse	죽파	Chukp'a	Jukpa
죽소	Chukso	Jukso	죽판동	Chukp'an-dong	Jukpan-dong
죽수	Chuksu	Juksu	죽하	Chukha	Jukha
죽어	chugŏ	jugeo	죽향	chukhyang	jukhyang
죽어도	chugŏdo	jugeodo	죽헌	Chukhŏn	Jukheon
죽어서	chugŏsŏ	jugeoseo	죽현현	Chukhyŏn-hyŏn	Jukhyeon-hyeon
죽어서는	chugŏsŏnŭn	jugeoseoneun	준	chun	jun
죽어서도	chugŏsŏdo	jugeoseodo	준거	chun'gŏ	jungeo
죽어야	chugŏya	jugeoya	준경묘	Chun'gyŏngmyo	Jungyeongmyo
죽었다	chugŏtta	jugeotda	준공	chun'gong	jungong

한글 용례	ALA-LC Romanization	정부 표기안	한글 용례	ALA-LC Romanization	정부 표기안
준공사	chun'gongsa	jungongsa	중간재	chungganjae	jungganjae
준공식	chun'gongsik	jungongsik	중간층	chungganch'ŭng	junggancheung
준다	chunda	junda	중간파	chungganp'a	jungganpa
준명	Chunmyŏng	Junmyeong	중강	Chunggang	Junggang
준법	chunpŏp	junbeop	중개	chunggae	junggae
준봉	Chunbong	Junbong	중개사	chunggaesa	junggaesa
준비	chunbi	junbi	중개사법	chunggaesapŏp	junggaesabeop
준비단	chunbidan	junbidan	중개상	chunggaesang	junggaesang
준비반	chunbiban	junbiban	중개업	chunggaeŏp	junggaeeop
준비생	chunbisaeng	junbisaeng	중건	chunggŏn	junggeon
준비위	chunbiwi	junbiwi	중건가	chunggŏn'ga	junggeonga
준비호	chunbiho	junbiho	중견	chunggyŏn	junggyeon
준비회	chunbihoe	junbihoe	중견국	chunggyŏn'guk	junggyeonguk
준설	chunsŏl	junseol	중경	Chunggyŏng	Junggyeong
준설선	chunsŏlsŏn	junseolseon	중경지	Chunggyŏngji	Junggyeongji
준소	Chunso	Junso	중계	chunggye	junggye
준수	chunsu	junsu	중계과	chunggyegwa	junggyegwa
준암	Chunam	Junam	중고	chunggo	junggo
준양	Chunyang	Junyang	중고교	chunggogyo	junggogyo
준위	chunwi	junwi	중고급	chunggoggŭp	junggogeup
준이치	Chunich'i	Junichi	중고기	chunggogi	junggogi
준정	Chunjŏng	Junjeong	중고등용	chunggodŭngyong	junggodeungyong
준조세	chunjose	junjose	중고령자	chunggoryŏngja	junggoryeongja
준칙	chunch'ik	junchik	중고령층	chunggoryŏngch'ŭng	junggoryeongcheung
준평	Chunp'yŏng	Junpyeong	중고생	chunggosaeng	junggosaeng
줄	chul	jul	중고선	chunggosŏn	junggoseon
줄거리	chulgŏri	julgeori	중고제	chunggoje	junggoje
줄기	chulgi	julgi	중공	Chunggong	Junggong
줄께	chulkke	julkke	중공군	Chunggonggun	Junggonggun
줄다리기	chuldarigi	juldarigi	중공업	chunggongŏp	junggongeop
줄레조	Chullejo	Jullejo	중과세	chungkwase	junggwase
줄리아	Chullia	Jullia	중관	Chunggwan	Junggwan
줄이고	churigo	jurigo	중광	Chunggwang	Junggwang
줄이는	churinŭn	jurineun	중교	Chunggyo	Junggyo
줄창	chulch'ang	julchang	중구	Chung-gu	Jung-gu
줄타기	chult'agi	jultagi	중구청	Chung-guch'ŏng	Jung-gucheong
줌	chum	jum	중국	Chungguk	Jungguk
줍기	chupki	jupgi	중국군	Chunggukkun	Junggukgun
줍다	chupta	jupda	중국사	Chungguksa	Jungguksa
중	chung	jung	중국식	Chungguksik	Jungguksik
중가	Chungga	Jungga	중국어	Chunggugŏ	Junggukeo
중가구동	Chunggagu-dong	Junggagu-dong	중국어권	Chunggugŏkwŏn	Junggugeogwon
중간	chuggan	junggan	중국인	Chunggugin	Junggugin
중간본	chungganbon	jungganbon	중국인들	Chunggugindŭl	Junggugindeul
중간엽	chungganyŏp	jungganyeop	중국학	Chunggukhak	Junggukhak

한글 용례	ALA-LC Romanization	정부 표기안	한글 용례	ALA-LC Romanization	정부 표기안
중국해	Chunggukhae	Junggukhae	중명	Chungmyŏng	Jungmyeong
중국형	Chunggukhyŏng	Junggukyeong	중명전	Chungmyŏngjŏn	Jungmyeongjeon
중국화	Chunggukhwa	Junggukhwa	중묘	chungmyo	jungmyo
중군	Chunggun	Junggun	중문	chungmun	jungmun
중굿날	Chunggutnal	Junggutnal	중문사	Chungmunsa	Jungmunsa
중궁	Chunggung	Junggung	중문판	Chungmunp'an	Jungmunpan
중극	Chunggŭk	Junggeuk	중문학	Chungmunhak	Jungmunhak
중근세	chunggŭnse	junggeunse	중미	Chungmi	Jungmi
중금리	Chunggŭm-ni	Junggeum-ri	중반	chungban	jungban
중급	chungŭp	junggeup	중반군	Chungban-gun	Jungban-gun
중기	chunggi	junggi	중반기	chungban'gi	jungbangi
중남미	Chungnammi	Jungnammi	중방	Chungbang	Jungbang
중남부	chungnambu	jungnambu	중변	chungbyŏn	jungbyeon
중년	chungnyŏn	jungnyeon	중보	chungbo	jungbo
중농	chungnong	jungnong	중복	chungbok	jungbok
중니	Chungni	Jungni	중봉	Chungbong	Jungbong
중단	chungdan	jungdan	중부	chungbu	jungbu
중단편	chungdanp'yŏn	jungdanpyeon	중부대	Chungbudae	Jungbudae
중단편선	chungdanp'yŏnsŏn	jungdanpyeonseon	중부동	Chungbu-dong	Jungbu-dong
중당	Chungdang	Jungdang	중북	Chungbuk	Jungbuk
중대	chungdae	jungdae	중사	chungsa	jungsa
중대사	chungdaesa	jungdaesa	중사성	Chungsasŏng	Jungsaseong
중대성	chungdaesŏng	jungdaeseong	중사읍	Chungsaŭp	Jungsa-eup
중대장	chungdaejang	jungdaejang	중산	chungsan	jungsan
중덕	Chungdŏk	Jungdeok	중산간	chungsan'gan	jungsangan
중도	chungdo	jungdo	중산동	Chungsan-dong	Jungsan-dong
중도계	chungdogye	jungdogye	중산리	Chungsan-ni	Jungsan-ri
중도론	chungdoron	jungdoron	중산재	Chungsanjae	Jungsanjae
중도식	chungdosik	jungdosik	중산층	chungsanch'ŭng	jungsancheung
중도파	chungdop'a	jungdopa	중산층적	chungsanch'ŭngchŏk	jungsancheungjeok
중독	chungdok	jungdok	중상	chungsang	jungsang
중독자	chungdokcha	jungdokja	중상주의	chungsangjuŭi	jungsangjuui
중동	Chungdong	Jungdong	중생	chungsaeng	jungsaeng
중등	chungdŭng	jungdeung	중생대	chungsaengdae	jungsaengdae
중량	chungnyang	jungnyang	중서	chungsŏ	jungseo
중력	chungnyŏk	jungnyeok	중서부	chungsŏbu	jungseobu
중류	chungnyu	jungnyu	중석	chungsŏk	jungseok
중류제	chungnyuje	jungnyuje	중선	Chungsŏn	Jungseon
중리	Chung-ni	Jung-ni	중성	chungsŏng	jungseong
중립	chungnip	jungnip	중성표	chungsŏngp'yo	jungseongpyo
중립성	chungnipsŏng	jungnipseong	중세	chungse	jungse
중립화	chungniphwa	jungniphwa	중세기	chungsegi	jungsegi
중매	chungmae	jungmae	중세사	chungsesa	jungsesa
중매인	chungmaein	jungmaein	중세어	chungseŏ	jungseeo
중매쟁이	chungmaejaengi	jungmaejaengi	중소	chungso	jungso

한글 용례	ALA-LC Romanization	정부 표기안	한글 용례	ALA-LC Romanization	정부 표기안
중소형	chungsohyŏng	jungsohyeong	중원군	Chungwŏn-gun	Jungwon-gun
중속	chungsok	jungsok	중원음	Chungwŏnŭm	Jungwoneum
중손	chungson	jungson	중월리	Chungwŏl-li	Jungwol-ri
중수	chungsu	jungsu	중위	chungwi	jungwi
중수비	chungsubi	jungsubi	중유	chungyu	jungyu
중순	chungsun	jungsun	중음	Chungŭm	Jungeum
중시	chungsi	jungsi	중의	Chungŭi	Jungui
중식	chungsik	jungsik	중이	Chungi	Jungi
중신	chungsin	jungsin	중인	chungin	jungin
중심	chungsim	jungsim	중인들	chungindŭl	jungindeul
중심곽	chungsimgwak	jungsimgwak	중인층	chunginch'ŭng	jungincheung
중심성	chungsimsŏng	jungsimseong	중일	Chung-Il	Jung-Il
중심적	chungsimjŏk	jungsimjeok	중일한	Chung-Il-Han	Jung-Il-Han
중심제	chungsimje	jungsimje	중임	chungim	jungim
중심주의	chungsimjuŭi	jungsimjuui	중장	chungjang	jungjang
중심지	chungsimji	jungsimji	중장기	chungjanggi	jungjanggi
중심형	chungsimhyŏng	jungsimhyeong	중장기적	chungjanggijŏk	jungjanggijeok
중안	Chungan	Jungan	중장년	chungjangnyŏn	jungjangnyeon
중암	Chungam	Jungam	중장리	Chungjang-ni	Jungjang-ri
중암암	Chungamam	Jungamam	중장편	chungjangp'yŏn	jungjangpyeon
중앙	chungang	jungang	중재	chungjae	jungjae
중앙단	chungangdan	jungangdan	중재적	chungjaejŏk	jungjaejeok
중앙당	chungangdang	jungangdang	중저	chungjŏ	jungjeo
중앙대	Chungangdae	Jungangdae	중저가	chungjŏka	jungjeoga
중앙사	chungangsa	jungangsa	중전	chungjŏn	jungjeon
중앙선	chungangsŏn	jungangseon	중점	chungchŏm	jungjeom
중앙회	chunganghoe	junganghoe	중점적	chungchŏmjŏk	jungjeomjeok
중야	Chungya	Jungya	중정	Chungjŏng	Jungjeong
중약	chungyak	jungyak	중정대	Chungjŏngdae	Jungjeongdae
중양절	Chungyangjŏl	Jungyangjeol	중정리	Chungjŏng-ni	Jungjeong-ri
중역	chungyŏk	jungyeok	중조	Chung-Cho	Jung-Jo
중역들	chungyŏktŭl	jungyeokdeul	중종	Chungjong	Jungjong
중엽	chungyŏp	jungyeop	중좌	chungjwa	jungjwa
중영조	Chung-Yŏng-Cho	Jung-Yeong-Jo	중증	chungchŭng	jungjeung
중옥	Chungok	Jungok	중지	chungji	jungji
중온	Chungon	Jungon	중진	chungjin	jungjin
중외	chungoe	jungoe	중창	chungch'ang	jungchang
중요	chungyo	jungyo	중창비	chungch'angbi	jungchangbi
중요국	chungyoguk	jungyoguk	중천	chungch'ŏn	jungcheon
중요국들	chungyoguktŭl	jungyogukdeul	중초	Chungch'o	Jungcho
중요성	chungyosŏng	jungyoseong	중촌	Chungch'on	jungchon
중용	chungyong	jungyong	중촌리	Chungch'on-ni	Jungchon-ri
중우회	Chunguhoe	Junguhoe	중추	chungch'u	jungchu
중원	Chungwŏn	Jungwon	중추사	Chungch'usa	Jungchusa
중원경	Chungwŏn'gyŏng	Jungwongyeong	중추원	Chungch'uwŏn	Jungchuwon

한글 용례	ALA-LC Romanization	정부 표기안	한글 용례	ALA-LC Romanization	정부 표기안
중추절	Chungch'ujŏl	Jungchujeol	쥘	chwil	jwil
중층성	chungch'ŭngsŏng	jungcheungseong	쥬교	Chyugyo	Jyugyo
중층적	chungch'ŭngjŏk	jungcheungjeok	즈려	chŭryŏ	jeuryeo
중치막	chungch'imak	jungchimak	즈음	chŭŭm	jeueum
중칭	Chungch'ing	Jungching	즈화	Chŭhwa	Jeuhwa
중판	chungp'an	jungpan	즉	chŭk	jeuk
중편	chungp'yŏn	jungpyeon	즉문	chŭngmun	jeungmun
중평	Chungp'yŏng	Jungpyeong	즉설	chŭksŏl	jeukseol
중학	chunghak	junghak	즉용	chŭgyong	jeugyong
중학교	chunghakkyo	junghakgyo	즉위	chŭgwi	jeugwi
중학생	chunghaksaeng	junghaksaeng	즉위년	chŭgwinyŏn	jeugwinyeon
중학원	chunghagwŏn	junghagwon	즉위식	chŭgwisik	jeugwisik
중한	Chung-Han	Jung-Han	즉흥	chŭkhŭng	jeukheung
중해	chunghae	junghae	즐	chŭl	jeul
중핵	chunghaek	junghaek	즐거운	chŭlgŏun	jeulgeoun
중현기	chunghyŏn'gi	junghyeongi	즐거움	chŭlgŏum	jeulgeoum
중협	Chunghyŏp	Junghyeop	즐거워	chŭlgŏwŏ	jeulgeowo
중형	chunghyŏng	junghyeong	즐겁게	chŭlgŏpke	jeulgeopge
중호	Chungho	Jungho	즐겁고	chŭlgŏpko	jeulgeopgo
중화	chunghwa	junghwa	즐겨	chŭlgyŏ	jeulgyeo
중화군	Chunghwa-gun	Junghwa-gun	즐겨라	chŭlgyŏra	jeulgyeora
중화권	Chunghwakwŏn	Junghwagwon	즐겼던	chŭlgyŏttŏn	jeulgyeotdeon
중화론	chunghwaron	junghwaron	즐기기	chŭlgigi	jeulgigi
중화문	chunghwamun	junghwamun	즐기는	chŭlginŭn	jeulgineun
중화적	Chunghwajŏk	Junghwajeok	즐기다	chŭlgida	jeulgida
중화주의	Chunghwajuŭi	Junghwajuui	즐기며	chŭlgimyŏ	jeulgimyeo
중화학	chunghawhak	junghwahak	즐긴	chŭlgin	jeulgin
중화현	Chunghwa-hyŏn	Junghwa-hyeon	즐긴다	chŭlginda	jeulginda
중회연	chunghoeyŏn	junghoeyeon	즐목	chŭlmok	jeulmok
중후기	chunghugi	junghugi	즐목문	chŭlmongmun	jeulmongmun
중후반	chunghuban	junghuban	즐문	chŭlmun	jeulmun
중후한	chunghuhan	junghuhan	즙	chŭb	jeub
중흥	chunghŭng	jungheung	증	chŭng	jeung
중흥기	chunhhŭnggi	jungheunggi	증가	chŭngga	jeungga
중흥단	chunghŭngdan	jungheungdan	증강	chŭnggang	jeunggang
중흥부	Chunghŭngbu	Jungheungbu	증거	chŭnggŏ	jeunggeo
중흥조	Chunghŭngjo	Jungheungjo	증거들	chŭnggŏdŭl	jeunggeodeul
쥐서	chwŏsŏ	jwoseo	증고	Chŭnggo	Jeunggo
쥐	chwi	jwi	증관	Chŭnggwan	Jeunggwan
쥐고	chwigo	jwigo	증광	Chŭnggwang	Jeunggwang
쥐네	chwine	jwine	증광시	Chŭnggwangsi	Jeunggwangsi
쥐는	chwinŭn	jwineun	증권	chŭngkkwŏn	jeunggwon
쥐락	chwirak	jwirak	증권사	chŭngkwŏnsa	jeunggwonsa
쥐불	chwibul	jwibul	증권업	chŭngkwŏnŏp	jeunggwoneop
쥔	chwin	jwin	증기	chŭnggi	jeunggi

한글 용례	ALA-LC Romanization	정부 표기안	한글 용례	ALA-LC Romanization	정부 표기안
증대	chŭngdae	jeungdae	증진	chŭngjin	jeungjin
증도	chŭngdo	jeungdo	증진법	chŭngjinpŏp	jeungjinbeop
증도가	chŭngdoga	jeungdoga	증촌리	Chŭngch'on-ni	Jeungchon-ri
증류	chŭngnyu	jeungnyu	증치방	chŭngch'ibang	jeungchibang
증류주	chŭngnyuju	jeungnyuju	증판	chŭngp'an	jeungpan
증류주류	chŭngnyujuryu	jeungnyujuryu	증편	chŭngp'yŏn	jeungpyeon
증명	chŭngmyŏng	jeungmyeong	증평	Chŭngp'yŏng	Jeungpyeong
증명서	chŭngmyŏngsŏ	jeungmyeongseo	증평군	Chŭngp'yŏng-gun	Jeungpyeong-gun
증보	chŭngbo	jeungbo	증평권	Chŭngp'yŏngkwŏn	Jeungpyeonggwon
증보판	chŭngbop'an	jeungbopan	증폭	chŭngp'ok	jeungpok
증산	chŭngsan	jeungsan	증해	chŭnghae	jeunghae
증산교	Chŭngsan'gyo	Jeungsangyo	증행록	chŭnghaengnok	jeunghaengnok
증산군	Chŭngsan-gun	Jeungsan-gun	증후	chŭnghu	jeunghu
증산도	Chŭngsando	Jeungsando	증후군	chŭnghugun	jeunghugun
증산현	Chŭngsan-hyŏn	Jeungsan-hyeon	지	chi	ji
증상	chŭngsang	jeungsang	지가(地價)	chika	jiga
증상들	chŭngsangdŭl	jeungsangdeul	지각	chigak	jigak
증서	chŭngsŏ	jeungseo	지갑	chigap	jigap
증서들	chŭngsŏdŭl	jeungseodeul	지게	chige	jige
증설	chŭngsŏl	jeungseol	지경리	Chigyŏng-ni	Jigyeong-ri
증손	chŭngson	jeungson	지계	Chigye	Jigye
증손녀	chŭngsonnyŏ	jeungsonnyeo	지고	chigo	jigo
증손자	chŭngsonja	jeungsonja	지고간	chigogan	jigogan
증손주	chŭngsonju	jeungsonju	지곡	chigok	jigok
증수	chŭngsu	jeungsu	지공	Chigong	Jigong
증시	chŭngsi	jeungsi	지관	chigwan	jigwan
증식	chŭngsik	jeungsik	지광	Chigwang	Jigwang
증식법	chŭngsikpŏp	jeungsikbeop	지구	chigu	jigu
증언	chŭngŏn	jeungeon	지구상	chigusang	jigusang
증언록	chŭngŏnnok	jeungeollok	지구의	chiguŭi	jiguui
증언록팀	chŭngŏnnokt'im	jeungeolloktim	지구촌	chiguch'on	jiguchon
증언서	chŭngŏnsŏ	jeungeonseo	지구화	chiguhwa	jiguhwa
증언자	chŭngŏnja	jeungeonja	지국	chiguk	jiguk
증언집	chŭngŏnjip	jeungeonjip	지국사	chiguksa	jiguksa
증여	chŭngyŏ	jeungyeo	지귀	chigwi	jigwi
증여세	chŭngyŏse	jeungyeose	지귀동	Chigwi-dong	Jigwi-dong
증오	chŭngo	jeungo	지극한	chigŭkhan	jigeukhan
증인	chŭngin	jeungin	지극해	chigŭkhae	jigeukhae
증인들	chŭngindŭl	jeungindeul	지극히	chigŭkhi	jigeukhi
증자	chŭngja	jeungja	지금	chigŭm	jigeum
증정	chŭngjŏng	jeungjeong	지금껏	chigŭmkkŏt	jigeumkkeot
증정록	chŭngjŏngnok	jeungjeongnok	지긋한	chigŭthan	jigeuthan
증좌	chŭngjwa	jeungjwa	지기	chigi	jigi
증지현	Chŭngji-hyŏn	Jeungji-hyeon	지길	chigil	jigil
증직	Chŭngjik	Jeungjik	지나	china	jina

한글 용례	ALA-LC Romanization	정부 표기안	한글 용례	ALA-LC Romanization	정부 표기안
지나간	chinagan	jinagan	지도	chido	jido
지나다	chinada	jinada	지도과	chidokwa	jidogwa
지나도록	chinadorok	jinadorok	지도군	Chido-gun	Jido-gun
지나며	chinamyŏ	jinamyeo	지도력	chidoryŏk	jidoryeok
지나버린	chinabŏrin	jinabeorin	지도부	chidobu	jidobu
지나온	chinaon	jinaon	지도사	chidosa	jidosa
지나인	Chinain	Jinain	지도서	chidosŏ	jidoseo
지나쳐서	chinach'yŏsŏ	jinachyeoseo	지도실	chidosil	jidosil
지나칠	chinach'il	jinachil	지도안	chidoan	jidoan
지난	chinan	jinan	지도원	chidowŏn	jidowon
지남	Chinam	Jinam	지도자	chidoja	jidoja
지내	chinae	jinae	지도자들	chidojadŭl	jidojadeul
지내고	chinaego	jinaego	지도자론	chidojaron	jidojaron
지내는	chinaenŭn	jinaeneun	지도적	chidojŏk	jidojeok
지내다	chinaeda	jinaeda	지도창	chidoch'ang	jidochang
지내동	Chinae-dong	Jinae-dong	지도첩	chidoch'ŏp	jidocheop
지내세요	chinaeseyo	jinaeseyo	지독한	chidokhan	jidokhan
지낸	chinaen	jinaen	지동	chidong	jidong
지낼	chinael	jinael	지동설	chidongsŏl	jidongseol
지네	chine	jine	지디	Chidi	Jidi
지녔다	chinyŏtta	jinyeotda	지라	Chira	Jira
지녕	Chinyŏng	Jinyeong	지락	chirak	jirak
지노귀	chinogwi	jinogwi	지략	chiryak	jiryak
지눌	Chinul	Jinul	지략담	chiryaktam	jiryakdam
지는	chinŭn	jineun	지렛대	chirettae	jiretdae
지는가	chinŭn'ga	jineunga	지려면	chiryŏmyŏn	jiryeomyeon
지능	chinŭng	jineung	지령	chiryŏng	jiryeong
지능적	chinŭngjŏk	jineungjeok	지례	chirye	jirye
지능형	chinŭnghyŏng	jineunghyeong	지례군	Chirye-gun	Jirye-gun
지능화	chinŭnghwa	jineunghwa	지례동	Chirye-dong	Jirye-dong
지니	chini	jini	지례현	Chirye-hyŏn	Jirye-hyeon
지니넷	Chininet	Jininet	지로	Chiro	Jiro
지니시고	chinisigo	jinisigo	지루한	chiruhan	jiruhan
지니인	chiniin	jiniin	지류	chiryu	jiryu
지닌	chinin	jinin	지르기	chirŭgi	jireugi
지다	chida	jida	지르는	chirŭnŭn	jireuneun
지단	chidan	jidan	지름길	chirŭmkil	jireumgil
지당	chidang	jidang	지리	chiri	jiri
지대	chidae	jidae	지리관	chirigwan	jirigwan
지대법	chidaepŏp	jidaebeop	지리론	chiriron	jiriron
지대석	chidaesŏk	jidaeseok	지리산	Chirisan	Jirisan
지대지	chidaeji	jidaeji	지리산권	Chirisankwŏn	Jirisangwon
지대한	chidaehan	jidaehan	지리상	chirisang	jirisang
지대화	chidaehwa	jidaehwa	지리설	chirisŏl	jiriseol
지덕	Chidŏk	Jideok	지리적	chirijŏk	jirijeok

한글 용례	ALA-LC Romanization	정부 표기안	한글 용례	ALA-LC Romanization	정부 표기안
지리지	chiriji	jiriji	지부	chibu	jibu
지리학	chirihak	jirihak	지분	chibun	jibun
지리학사	chirihaksa	jirihaksa	지불	chibul	jibul
지리학적	chirihakchŏk	jirihakjeok	지불제	chibulche	jibulje
지린성	Chirin-sŏng	Jirin-seong	지붕	chibung	jibung
지마	Chima	Jima	지비록	Chibirok	Jibirok
지만	Chiman	Jiman	지사	chisa	jisa
지맥	chimaek	jimaek	지사들	chisadŭl	jisadeul
지면	chimyŏn	jimyeon	지사사	chisasa	jisasa
지명	chimyŏng	jimyeong	지사서	chisasŏ	jisaseo
지명고	chimyŏnggo	jimyeonggo	지사쿠	Chisak'u	Jisaku
지명자	chimyŏngja	jimyeongja	지산	Chisan	Jisan
지목	chimok	jimok	지산동	Chisan-dong	Jisan-dong
지무	chimu	jimu	지상	chisang	jisang
지문	chimun	jimun	지상국	chisangguk	jisangguk
지문당	Chimundang	Jimundang	지상군	chisanggun	jisanggun
지물	chimul	jimul	지상권	chisangkwŏn	jisanggwon
지미	Chimi	Jimi	지상사	chisangsa	jisangsa
지미재	Chimijae	Jimijae	지상파	chisangp'a	jisangpa
지반	chiban	jiban	지샘	chisaem	jisaem
지방	chibang	jibang	지서	chisŏ	jiseo
지방관	chibanggwan	jibanggwan	지석	chisŏk	jiseok
지방권	chibangkwŏn	jibanggwon	지석리	Chisŏng-ni	Jiseok-ri
지방대	chibangdae	jibangdae	지석묘	chisŏngmyo	jiseongmyo
지방도	chibangdo	jibangdo	지석묘군	chisŏngmyogun	jiseongmyogun
지방별	chibangbyŏl	jibangbyeol	지선	Chisŏn	Jiseon
지방비	chibangbi	jibangbi	지선당	Chisŏndang	Jiseondang
지방사	chibangsa	jibangsa	지선리	Chisŏn-ni	Jiseon-ri
지방세	chibangse	jibangse	지설	chisŏl	jiseol
지방주의	chibangjuŭi	jibangjuui	지성	chisŏng	jiseong
지방지	chibangji	jibangji	지성계	chisŏnggye	jiseonggye
지방채	chibangch'ae	jibangchae	지성들	chisŏngdŭl	jiseongdeul
지방화	chibanghwa	jibanghwa	지성론	chisŏngnon	jiseongnon
지방회	chibanghoe	jibanghoe	지성사	chisŏngsa	jiseongsa
지배	chibae	jibae	지성인	chisŏngin	jiseongin
지배권	chibaekwŏn	jibaegwon	지성人	chisŏngin	jiseongin
지배력	chibaeryŏk	jibaeryeok	지성지	chisŏngji	jiseongji
지배사	chibaesa	jibaesa	지세	chise	jise
지배인	chibaein	jibaein	지소	chiso	jiso
지배자	chibaeja	jibaeja	지소림	Chisorim	Jisorim
지배자들	chibaejadŭl	jibaejadeul	지속	chisok	jisok
지배층	chibaech'ŭng	jibaecheung	지속론	chisongnon	jisongnon
지법	chibŏp	jibeop	지속성	chisoksŏng	jisokseong
지보	Chibo	Jibo	지속위	chisogwi	jisogwi
지봉	Chibong	Jibong	지속적	chisokchŏk	jisokjeok

한글 용례	ALA-LC Romanization	정부 표기안	한글 용례	ALA-LC Romanization	정부 표기안
지송	Chisong	Jisong	지오멘털리티	chiomentʻŏllitʻi	jiomenteolliti
지수	chisu	jisu	지오콘다	Chiokʻonda	Jiokonda
지수재	Chisujae	Jisujae	지옥	chiok	jiok
지순	chisun	jisun	지옥설	chioksŏl	jiokseol
지순한	chisunhan	jisunhan	지옥화	chiokhwa	jiokhwa
지숭	Chisung	Jisung	지온	chion	jion
지슬	Chisŭl	Jiseul	지우	chiu	jiu
지승	chisŭng	jiseung	지우기	chiugi	jiugi
지시	chisi	jisi	지우다	chiuda	jiuda
지식	chisik	jisik	지우려	chiuryŏ	jiuryeo
지식인	chisigin	jisigin	지운	chiun	jiun
지식인들	chisigindŭl	jisigindeul	지워	chiwŏ	jiwo
지식장	chisikchang	jisikjang	지워지지	chiwŏjiji	jiwojiji
지식층	chisikchʻŭng	jisikcheung	지워진	chiwŏjin	jiwojin
지신	chisin	jisin	지원	chiwŏn	jiwon
지신굿	Chisinʻgut	Jisingut	지원과	chiwŏnkwa	jiwongwa
지신총	chisinchʻong	jisinchong	지원관실	chiwŏnʻgwansil	jiwongwansil
지실	chisil	jisil	지원군	chiwŏnʻgun	jiwongun
지안	Chian	Jian	지원금	chiwŏnʻgŭm	jiwongeum
지암	Chiam	Jiam	지원단	chiwŏndan	jiwondan
지압	chiap	jiap	지원법	chiwŏnpŏp	jiwonbeop
지애	Chiae	Jiae	지원병	chiwŏnbyŏng	jiwonbyeong
지양	Chiyang	Jiyang	지원부	chiwŏnbu	jiwonbu
지양사	Chiyangsa	Jiyangsa	지원사	chiwŏnsa	jiwonsa
지어	chiŏ	jieo	지원설	chiwŏnsŏl	jiwonseol
지어다가	chiŏdaga	jieodaga	지원처	chiwŏnchʻŏ	jiwoncheo
지언	Chiŏn	Jieon	지원처별	chiwŏnchʻŏbyŏl	jiwoncheobyeol
지엄	Chiŏm	Jieom	지원청	chiwŏnchʻŏng	jiwoncheong
지역	chiyŏk	jiyeok	지원팀	chiwŏntʻim	jiwontim
지역도	chiyŏkto	jiyeokdo	지월	Chiwŏl	Jjiwol
지역별	chiyŏkpyŏl	jiyeokbyeol	지위	chiwi	jiwi
지역사	chiyŏksa	jiyeoksa	지유	Chiyu	Jjiyu
지역성	chiyŏksŏng	jiyeokseong	지은	chiŭn	jieun
지역어	chiyŏgŏ	jiyeogeo	지은이	chiŭni	jieuni
지역적	chiyŏkchŏk	jiyeokjeok	지음	chiŭm	jieum
지역주의	chiyŏkchuŭi	jiyeokjuui	지웅	Chiŭng	Jieung
지역학	chiyŏkhak	jiyeokhak	지의	Chiŭi	Jiui
지역화	chiyŏkhwa	jiyeokhwa	지이산	Chiisan	Jiisan
지연	chiyŏn	jiyeon	지인	chiin	jiin
지연성	chiyŏnsŏng	jiyeonseong	지일	Chiil	Jiil
지연전	chiyŏnjŏn	jiyeonjeon	지자	chija	jija
지열원	chiyŏrwŏn	jiyeorwon	지자체	chijachʻe	jijache
지염	chiyŏm	jiyeom	지장	Chijang	Jijang
지영사	Chiyŏngsa	Jiyeongsa	지장경	chijanggyŏng	Jijanggyeong
지오	Chio	Jio	지장암	Chijangam	Jijangam

한글 용례	ALA-LC Romanization	정부 표기안	한글 용례	ALA-LC Romanization	정부 표기안
지재	chijae	jijae	지초	chich'o	jicho
지재권	chijaekwŏn	jijaegwon	지촌	Chich'on	Jichon
지저	chijŏ	jijeo	지추	chich'u	jichu
지적	chijŏk	jijeok	지축	chich'uk	jichuk
지적(知的)	chichŏk	jijeok	지출	chich'ul	jichul
지적도	chijŏkto	jijeokdo	지취	chich'wi	jichwi
지적학	chijŏkhak	jijeokhak	지층	chich'ŭng	jicheung
지전	Chijŏn	Jijeon	지친	chich'in	jichin
지전설	chijŏnsŏl	jijeonseol	지칠줄	chich'ilchul	jichiljul
지절	Chijŏl	Jijeol	지침	chich'im	jichim
지점	chijŏm	jijeom	지침서	chich'imsŏ	jichimseo
지점토	chijŏmt'o	jijeomto	지켜	chik'yŏ	jikyeo
지정	chijŏng	jijeong	지켜낸	chik'yŏnaen	jikyeonaen
지정안	chijŏngan	jijeongan	지켜라	chik'yŏra	jikyeora
지정학	chijŏnghak	jijeonghak	지켜본	chik'yŏbon	jikyeobon
지정학적	chijŏnghakchŏk	jijeonghakjeok	지켜야	chik'yŏya	jikyeoya
지조	chijo	jijo	지켜온	chik'yŏon	jikyeoon
지조암	Chijoam	Jijoam	지키고	chik'igo	jikigo
지족	Chijok	Jijok	지키기	chik'igi	jikigi
지족암	Chijogam	Jijogam	지키는	chik'inŭn	jikineun
지존	chijon	jijon	지키는데	chik'inŭnde	jikineunde
지존들	chijondŭl	jijondeul	지키라	chik'ira	jikira
지죠	Chijyo	Jijyo	지키랴	chik'irya	jikirya
지주	chiju	jiju	지키리라	chik'irira	jikirira
지주사	Chijusa	Jijusa	지키자	chik'ija	jikija
지주제	chijuje	jijuje	지키지	chik'iji	jikiji
지준	Chijun	Jijun	지킨	chik'in	jikin
지중	Chijung	Jijung	지킨다	chik'inda	jikinda
지중해	Chijunghae	Jijunghae	지킬	chik'il	jikil
지즈코	Chijŭk'o	Jijeuko	지킴이	chik'imi	jikimi
지지	chiji	jiji	지탑	Chit'ap	Jitap
지지당	chijidang	jijijdang	지탑리	Chit'am-ni	Jitap-ri
지지론	chijiron	jijiron	지평	chip'yŏng	jipyeong
지지율	chijiyul	jijiyul	지평군	Chip'yŏng-gun	Jipyeong-gun
지지층	chijich'ŭng	jijicheung	지평선	chip'yŏngsŏn	jipyeongseon
지진	chijin	jijin	지평현	Chip'yŏng-hyŏn	Jipyeong-hyeon
지진사	chijinsa	jijinsa	지폐	chip'ye	jipye
지질	chijil	jijil	지포	Chip'o	Jipo
지질도	chijilto	jijildo	지표	chip'yo	jipyo
지질학	chijirhak	jijilhak	지피	chip'i	jipi
지척	chich'ŏk	jicheok	지하	chiha	jiha
지천	chich'ŏn	jicheon	지하국	Chihaguk	jihaguk
지청	chich'ŏng	jicheong	지하당	chihadang	jihadang
지체	chich'e	jiche	지하도	chihado	jihado
지쳐	chich'yŏ	jichyeo	지하수	chihasu	jihasu

한글 용례	ALA-LC Romanization	정부 표기안	한글 용례	ALA-LC Romanization	정부 표기안
지하실	chihasil	jihasil	직면	chingmyŏn	jingmyeon
지하철	chihach'ŏl	jihacheol	직무	chingmu	jingmu
지학사	Chihaksa	Jihaksa	직무급	chingmugŭp	jingmugeup
지한	chihan	jihan	직무급제	chingmugŭpche	jingmugeupje
지한파	chihanp'a	jihanpa	직물	chingmul	jingmul
지행	chihaeng	jihaeng	직방	chikpang	jikbang
지행단	Chihaengdan	Jihaengdan	직보	chikpo	jikbo
지향	chihyang	jihyang	직분	chikpun	jikbun
지향성	chihyangsŏng	jihyangseong	직분론	chikpunnon	jikbullon
지향적	chihyangjŏk	jihyangjeok	직분자	chikpunja	jikbunja
지향점	chihyangchŏm	jihyangjeom	직산	Chiksan	Jiksan
지향형	chihyanghyŏng	jihyanghyeong	직산군	Chiksan-gun	Jiksan-gun
지험기	chihŏmgi	jiheomgi	직산현	Chiksan-hyŏn	Jiksan-hyeon
지현	Chihyŏn	Jihyeon	직선	chiksŏn	jikseon
지형	chihyŏng	jihyeong	직선제	chiksŏnje	jikseonje
지형도	chihyŏngdo	jihyeongdo	직설	chiksŏl	jikseol
지형학	chihyŏnghak	jihyeonghak	직소	chikso	jikso
지혜	chihye	jihye	직소지	chiksoji	jiksoji
지혜로운	chihyeroun	jihyeroun	직속	chiksok	jiksok
지화학	chihwahak	jihwahak	직시	chiksi	jiksi
지화학도	chihwahakto	jihwahakdo	직신	chiksin	jiksin
지화학적	chihwahakchŏk	jihwahakjeok	직언	chigŏn	jigeon
지환	chihwan	jihwan	직업	chigŏp	jigeop
지황	chihwang	jihwang	직업들	chigŏptŭl	jigeopdeul
지회	chihoe	jihoe	직업별	chigŏppyŏl	jigeopbyeol
지휘	chihwi	jihwi	직업병	chiŏppyŏng	jigeopbyeong
지휘관	chihwigwan	jihwigwan	직업성	chigŏpsŏng	jigeopseong
지휘사	chihwisa	jihwisa	직업어	chigŏbŏ	jigeobeo
지히로	Chihiro	Jihiro	직업인	chigŏbin	jigeobin
직	chik	jik	직업적	chigŏpchŏk	jigeopjeok
직각	chikkak	jikgak	직역	chigyŏk	jigyeok
직간	chikkan	jikgan	직영	chigyŏng	jigyeong
직경	chikkyŏng	jikgyeong	직원	chigwŏn	jigwon
직계	chikkye	jikgye	직원들	chigwŏndŭl	jigwondeul
직공	chikkong	jikgong	직장	chikchang	jikjang
직관	chikkwan	jikgwan	직장인	chikchangin	jikjangin
직관고	Chikkwan'go	Jikgwango	직장인들	chikchangindŭl	jikjangindeul
직관류	chikkwannyu	jikgwannyu	직전	chikchŏn	jikjeon
직교	Chikkyo	Jikgyo	직접	chikchŏp	jikjeop
직교역	chikkyoyŏk	jikgyoyeok	직제	chikche	jikje
직구	chikku	jikgu	직제학	Chikchehak	Jikjehak
직권	chikkwŏn	jikgwon	직종	chikchong	jikjong
직녀	Chingnyŏ	Jingnyeo	직종별	chikchongbyŏl	jikjongbyeol
직령	Chingnyŏng	Jingnyeong	직주	chikchu	jikju
직립	chingnip	jingnip	직지	Chikchi	Jikji

한글 용례	ALA-LC Romanization	정부 표기안	한글 용례	ALA-LC Romanization	정부 표기안
직지사	Chikchisa	Jikjisa	진도현	Chindo-hyŏn	Jindo-hyeon
직진	chikchin	jikjin	진돗개	Chindotkae	Jindotgae
직첩	chikch'ŏp	jikcheop	진동	chindong	jindong
직필	chikp'il	jikpil	진동리	Chindong-ni	Jindong-ri
직할	chikhal	jikhal	진드기	chindŭgi	jindeugi
직할시	Chikhalsi	Jikhalsi	진령	Chillyŏng	Jillyeong
직함	chikham	jikham	진례	Chillye	Jillye
직해	chikhae	jikhae	진례면	Chillye-myŏn	Jillye-myeon
직행	chikhaeng	jikhaeng	진례현	Chillye-hyŏn	Jillye-hyeon
직후	chikhu	jikhu	진로	chillo	jillo
진	chin	jin	진료	chillyo	jillyo
진가	chinka	jinga	진리	chilli	jilli
진각종	Chin'gakchong	Jingakjong	진리회	Chillihoe	Jillihoe
진강	Chin'gang	Jingang	진맥	chinmaek	jinmaek
진검	chin'gŏm	jingeom	진메	Chinme	Jinme
진격	chin'gyŏk	jingyeok	진면목	chinmyŏnmok	jinmyeonmok
진결	Chin'gyŏl	Jingyeol	진명	Chinmyŏng	Jinmyeong
진경	chin'gyŏng	jingyeong	진명현	Chinmyŏng-hyŏn	Jinmyeong-hyeon
진고개	Chin'gogae	Jingogae	진목리	Chinmong-ni	Jinmok-ri
진곡	Chin'gok	Jingok	진무	chinmu	jinmu
진골	Chin'gol	Jingol	진문	Chinmun	Jinmun
진공	chin'gong	jingong	진배	chinbae	jinbae
진관	chin'gwan	jingwan	진번	Chinbŏn	Jinbeon
진관사	Chin'gwansa	Jingwansa	진번군	Chinbŏn-gun	Jinbeon-gun
진광	Chin'gwang	Jingwang	진법	chinpŏp	jinbeop
진교	Chin'gyo	Jingyo	진보	chinbo	jinbo
진국	chin'guk	jinguk	진보군	Chinbo-gun	Jinbo-gun
진군	chingun	jingun	진보당	Chinbodang	Jinbodang
진귀한	chin'gwihan	jingwihan	진보적	chinbojŏk	jinbojeok
진급	chin'gŭp	jingeup	진보주의	chinbojuŭi	jinbojuui
진나리	Chinna-ri	Jinna-ri	진보주의자	chinbojuŭija	jinbojuuija
진남포	Chinnamp'o	Jinnampo	진보주의자들	chinbojuŭijadŭl	jinbojuuijadeul
진노	chinno	jinno	진보현	Chinbo-hyŏn	Jinbo-hyeon
진농서	chinnongsŏ	jinnongseo	진본	chinbon	jinbon
진다	chinda	jinda	진부한	chinbuhan	jinbuhan
진단	chindan	jindan	진비록	Chinbirok	Jinbirok
진단기	chindan'gi	jindangi	진사	chinsa	jinsa
진단법	chindanpŏp	jindanbeop	진사과	chinsakwa	jinsagwa
진달래	chindallae	jindallae	진사시	chinsasi	jinsasi
진달래꽃	chindallaekkot	jindallaekkot	진산	Chinsan	Jinsan
진덕	Chindŏk	Jindeok	진산군	Chinsan-gun	Jinsan-gun
진도	Chindo	Jindo	진상	chinsang	jinsang
진도개	Chindogae	Jindogae	진서	Chinsŏ	Jinseo
진도견	Chindogyŏn	Jindogyeon	진서리	Chinsŏ-ri	Jinseo-ri
진도군	Chindo-gun	Jindo-gun	진선	chinsŏn	jinseon

한글 용례	ALA-LC Romanization	정부 표기안	한글 용례	ALA-LC Romanization	정부 표기안
진선군	Chinsŏn-gun	Jinseon-gun	진인	Chinin	Jinin
진선미	Chinsŏnmi	Jinseonmi	진인진	Chininjin	Jininjin
진설	chinsŏl	jinseol	진일보	chinilbo	jinnilbo
진성	Chinsŏng	Jinseong	진입	chinip	jinip
진속군	Chinsok-kun	Jinsok-gun	진자	chinja	jinja
진솔	chinsol	jinsol	진작	chinjak	jinjak
진솔한	chinsorhan	jinsolhan	진잠군	Chinjam-gun	Jinjam-gun
진수	chinsu	jinsu	진잠현	Chinjam-hyŏn	Jinjam-hyeon
진수군	Chinsu-gun	Jinsu-gun	진장	chinjang	jinjang
진수회	Chinsuhoe	Jinsuhoe	진적	chinjŏk	jinjeok
진시	Chinsi	Jinsi	진적첩	chinjŏkch'ŏp	jinjeokcheop
진신	Chinsin	Jinsin	진전	chinjŏn	jinjeon
진신찰	chinsinch'al	jinsinchal	진정	chinjŏng	jinjeong
진실	chinsil	jinsil	진정서	chinjŏngsŏ	jinjeongseo
진심	chinsim	jinsim	진정한	chinjŏnghan	jinjeonghan
진안	Chinan	Jinan	진제	Chinje	Jinje
진안골	Chinankol	Jinangol	진졸	Chinjol	Jinjol
진안군	Chinan-gun	Jinan-gun	진종	Chinjong	Jinjong
진안현	Chinan-hyŏn	Jinan-hyeon	진주	chinju	jinju
진암	Chinam	Jinam	진주군	Chinju-gun	Jinju-gun
진앙	chinang	jinang	진주목	Chinju-mok	Jinju-mok
진앙지	chinangji	jinangji	진주사	Chinjusa	Jinjusa
진양	Chinyang	Jinyang	진주성	Chinjusŏng	Jinjuseong
진언	chinŏn	jineon	진주시	Chinju-si	Jinju-si
진언집	chinŏnjip	jineonjip	진주탑	Chinjut'ap	Jinjutap
진여	Chinyŏ	Jinyeo	진중	chinjung	jinjung
진역	Chinyŏk	Jinyeok	진지	chinji	jinji
진연	chinyŏn	jinyeon	진지하게	chinjihage	jinjihage
진영	chinyŏng	jinyeong	진지한	chinjihan	jinjihan
진오	Chino	Jino	진진	chinjin	jinjin
진오기	Chinogi	Jinogi	진진한	chinjinhan	jinjinhan
진옥	Chinok	Jinok	진짜	chintcha	jinjja
진왕	Chinwang	Jinwang	진찬	chinch'an	jinchan
진원	chinwŏn	jinwon	진찬도	chinch'ando	jinchando
진원군	Chinwŏn-gun	Jinwon-gun	진찬연	chinch'anyŏn	jinchanyeon
진원사	Chinwŏnsa	Jinwonsa	진채화	chinch'aehwa	jinchaehwa
진원현	Chinwŏn-hyŏn	Jinwon-hyeon	진척	chinch'ŏk	jincheok
진월	Chinwŏl	Jinwol	진천	Chinch'ŏn	Jincheon
진위	chinwi	jinwi	진천군	Chinch'ŏn-gun	Jincheon-gun
진위군	Chinwi-gun	Jinwi-gun	진천동	Chinch'ŏn-dong	Jincheon-dong
진위대	Chinwidae	Jinwidae	진천현	Chinch'ŏn-hyŏn	Jincheon-hyeon
진위현	Chinwi-hyŏn	Jinwi-hyeon	진체	chinch'e	jinche
진유	Chinyu	Jinyu	진출	chinch'ul	jinchul
진웅	Chinŭng	Jineung	진출사	chinch'ulsa	jinchulsa
진의	chinŭi	jinui	진충	chinch'ung	jinchung

한글 용례	ALA-LC Romanization	정부 표기안	한글 용례	ALA-LC Romanization	정부 표기안
진타라	Chint'ara	Jintara	질마재	Chilmajae	Jilmajae
진타오	Chint'ao	Jintao	질머지고	chilmŏjigo	jilmeojigo
진토	chint'o	jinto	질문	chilmun	jilmun
진통	chint'ng	jintong	질문들	chilmundŭl	jilmundeul
진파리	Chinp'a-ri	Jinpa-ri	질문지	chilmunji	jilmunji
진평	Chinp'yŏng	Jinpyeong	질병	chilbyŏng	jilbyeong
진폐	Chinp'ye	Jinpye	질병론	chilbyŏngnon	jilbyeongnon
진포	Chinp'o	Jinpo	질서	chilsŏ	jilseo
진폭	chinp'ok	jinpok	질서론	chilsŏron	jilseoron
진품	chinp'um	jinpum	질소	chilso	jilso
진풍경	chinp'unggyŏng	jinpunggyeong	질시	chilsi	jilsi
진학	chinhak	jinhak	질시루	chilsiru	jilsiru
진한	Chinhan	Jinhan	질암	chiram	jiram
진해	Chinhae	Jinhae	질의	chirŭi	jirui
진해군	Chinhae-gun	Jinhae-gun	질적	chilchŏk	jiljeok
진해만	Chinhaeman	Jinhaeman	질주	chilchu	jilju
진행	chinhaeng	jinhaeng	질투	chilt'u	jiltu
진행법	chinhaengpŏp	jinhaengbeop	질팡	chilp'ang	jilpang
진행형	chinhaenghyŏng	jinhaenghyeong	질환	chirhwan	jilhwan
진헌	Chinhŏn	Jinheon	짊어질	chilmŏjil	jilmeojil
진혼	chinhon	jinhon	짐	chim	jim
진혼곡	chinhon'gok	jinhongok	짐승	chimsŭng	jimseung
진홍	chinhong	jinhong	집	chip	jip
진홍빛	chinhongpit	jinhongbit	집강	chipkang	jipgang
진화	chinhwa	jinhwa	집강소	Chipkangso	Jipgangso
진화론	chinhwaron	jinhwaron	집개	chipkae	jipgae
진화론들	chinhwarondŭl	jinhwarondeul	집거	chipkŏ	jipgeo
진화적	chinhwajŏk	jinhwajeok	집결지	chipkyŏlji	jipgyeolji
진휼	Chinhyul	Jinhyul	집계	chipkye	jipgye
진흘림	Chinhŭllim	Jinheullim	집고	chipko	jipgo
진흥	chinhŭng	jinheung	집권	chipkwŏn	jipgwon
진흥과	chinhŭngkwa	jinheunggwa	집권기	chipkwŏn'gi	jipgwongi
진흥군	Chinhŭng-gun	Jinheung-gun	집권적	chipkwŏnjŏk	jipgwonjeok
진흥법	chinhŭngpŏp	jinheungbeop	집넘	chimnyŏm	jimnyeom
진흥원	chinhŭngwŏn	jinheungwon	집니다	chimnida	jimnida
진흥책	chinhŭngch'aek	jinheungchaek	집단	chiptan	jipdan
진흥청	Chinhŭngch'ŏng	Jinheungcheong	집단적	chiptanjŏk	jipdanjeok
진흥회	chinhŭnghoe	jinheunghoe	집단주의	chiptanjuŭi	jipdanjuui
질	chil	jil	집단화	chiptanhwa	jipdanhwa
질감	chilgam	jilgam	집대성	chiptaesŏng	jipdaeseong
질그릇	chilgŭrŭt	jilgeureut	집대성자	chiptaesŏngja	jipdaeseongja
질긴	chilgin	jilgin	집들이	chiptŭri	jipdeuri
질라	Chilla	Jilla	집람	chimnam	jimnam
질량	chillyang	jillyang	집략	chimnyak	jimnyak
질러	chillŏ	jilleo	집록	chimnok	jimnok

한글 용례	ALA-LC Romanization	정부 표기안	한글 용례	ALA-LC Romanization	정부 표기안
집무	chimmu	jimmu	집행법	chiphaengpŏp	jiphaengbeop
집문당	Chimmundang	Jimmundang	집행부	chiphaengbu	jiphaengbu
집변	chippyŏn	jipbyeon	집행자	chip'aengja	jiphaengja
집부	chippu	jipbu	집현	chiphyŏn	jiphyeon
집사	chipsa	jipsa	집현재	Chiphyŏnjae	Jiphyeonjae
집사재	Chipsajae	Jipsajae	집현전	Chiphyŏnjŏn	Jiphyeonjeon
집서	Chipsŏ	Jipseo	집회	chiphoe	jiphoe
집석	chipsŏk	jipseok	짓고	chitko	jitgo
집설	chipsŏl	jipseol	짓기	chitki	jitgi
집성	chipsŏng	jipseong	짓는	chinnŭn	jinneun
집성방	chipsŏngbang	jipseongbang	짓는다	chinnŭnda	jinneunda
집성촌	chipsŏngch'on	jipseongchon	짓다	chitta	jitda
집세	chipse	jipse	짓들	chittŭl	jitdeul
집시	chipsi	jipsi	짓밟다	chitpalta	jitbapda
집신	chipsin	jipsin	짓밟은	chitpalbŭn	jitbapeun
집안	chiban	jiban	짓밟혀	chitpalp'yŏ	jitbalpyeo
집안시	Chiban-si	Jiban-si	짓밟힌	chitpalp'in	jitbalpin
집약	chibyak	jibyak	징	ching	jing
집약본	chibyakpon	jibyakbon	징검	chinggŏm	jinggeom
집어	chibŏ	jibeo	징검다리	chinggŏmdari	jinggeomdari
집영	chibyŏng	jibyeong	징계	chinggye	jinggye
집옥재	Chibokchae	Jibokjae	징계권	chinggyekwŏn	jinggyegwon
집요	chibyo	jibyo	징병	chingbyŏng	jingbyeong
집요한	chibyohan	jibyohan	징병제	chingbyŏngje	jingbyeongje
집의	Chibŭi	Jibui	징비	chingbi	jingbi
집자	chipcha	jipja	징비록	Chingbirok	Jingbirok
집자리	chipchari	jipjari	징세	chingse	jingse
집장가	Chipchangga	Jipjangga	징세서	chingsesŏ	jingseseo
집적	chipchŏk	jipjeok	징수	chingsu	jingsu
집적거리다	chipchŏkkŏrida	jipjeokgeorida	징용	chingyong	jingyong
집적지	chipchŏkchi	jipjeokji	징용공	chingyonggong	jingyonggong
집정	chipchŏng	jipjeong	징용자	chingyongja	jingyongja
집제	chipche	jipje	징출	chingch'ul	jingchul
집주	chipchu	jipju	징후	chinghu	jinghu
집중	chipchung	jipjung	징후들	chinghudŭl	jinghudeul
집진	chipchin	jipjin	짖지도	chitchido	jitjido
집춘	Chipch'un	Jipchun	짙은	chit'ŭn	jiteun
집터	chipt'ŏ	jipteo	짚고	chipko	jipgo
집필	chipp'il	jippil	짚신	chipsin	jipsin
집필인	chipp'irin	jippirin	짚어	chip'ŏ	jipeo
집필자	chipp'ilcha	jippilja	짚어낸	chip'ŏnaen	jipeonaen
집필진	chipp'ilchin	jippiljin	짚어라	chip'ŏra	jipeora
집합	chiphap	jiphap	짚어본	chip'ŏbon	jipeobon
집해	chiphae	jiphae	짚풀	chipp'ul	jippul
집행	chiphaeng	jiphaeng	짜	tcha	jja

한글 용례	ALA-LC Romanization	정부 표기안
짜기	tchagi	jjagi
짜다	tchada	jjada
짜라투스트라	Tcharat'usŭt'ŭra	Jjaratuseuteura
짜야	tchaya	jjaya
짜오	tchao	jjao
짜임새	tchaimsae	jjaimsae
짜장면	tchajangmyŏn	jjajangmyeon
짝	tchak	jjak
짝사랑	tchaksarang	jjaksarang
짝짓기	tchakchitki	jjakjitgi
짝퉁	tchakt'ung	jjaktung
짠	tchan	jjan
짠하다	tchanhada	jjanhada
짧게	tchalge	jjalge
짧은	tchalbŭn	jjalbeun
짬뽕	tchamppong	jjamppong
쩨는	tchaenŭn	jjaeneun
쩍쩍이	tchaektchaegi	jjaekjjaegi
쩌우	Tchŏu	Jjeou
쪼아대는	tchoadaenŭn	jjoadaeneun
쪽	tchok	jjok
쪽물	tchongmul	jjongmul
쪽박	tchokpak	jjokbak
쪽발이	tchokpari	jjokbari
쪽빛	tchokpit	jjokbit
쪽샘	tchoksaem	jjoksaem
쫄병	tcholbyŏng	jjolbyeong
쫄지마	tcholjima	jjoljima
쫑고파	tchonggop'a	jjonggopa
쫓는	tchonnŭn	jjonneun
쫓아	tchoch'a	jjocha
쫓아간	tchoch'agan	jjochagan
쫓은	tchoch'ŭn	jjocheun
쭈글이	tchugŭri	jjugeuri
쭈물	tchumul	jjumul
쭝국애	Tchunggugae	Jjunggugae
찌개	tchigae	jjigae
찌그다시	Tchigŭdasi	Jjigeudasi
찌다	tchida	jjida
찌리라	tchirira	jjirira
찌아찌아	Tchiatchia	Jjiajjia
찍고	tchikko	jjikgo
찍기	tchikki	jjikgi
찍는다	tchingnŭnda	jjingneunda
찍다	tchikta	jjikda

한글 용례	ALA-LC Romanization	정부 표기안
찍어야	tchigŏya	jjigeoya
찍은	tchigŭn	jjigeun
찍은이	tchigŭni	jjigeuni
찍을	tchigŭl	jjigeul
찔레	tchille	jjille
찔레꽃	tchillekkot	jjillekkot
찜질	tchimjil	jjimjil
찜질방	tchimjilbang	jjimjilbang
찡한	tchinghan	jjinghan
찢김	tchitkim	jjitgim
찢어	tchijŏ	jjijeo

한글 용례	ALA-LC Romanization	정부 표기안
차	ch'a	cha
차가	ch'aga	chaga
차가운	ch'agaun	chagaun
차고지	ch'agoji	chagoji
차관	ch'agwan	chagwan
차기	ch'agi	chagi
차나무	ch'anamu	chanamu
차노	Ch'ano	Chano
차단	ch'adan	chadan
차단성	ch'adansŏng	chadanseong
차단제	ch'adanje	chadanje
차대	Ch'adae	Chadae
차도	ch'ado	chado
차등	ch'adŭng	chadeung
차라	ch'ara	chara
차라리	ch'arari	charari
차라타이	Ch'arat'ai	Charatai
차량	ch'aryang	charyang
차려	ch'aryŏ	charyeo
차려낸	ch'aryŏnaen	charyeonaen
차려라	ch'aryŏra	charyeora
차례	ch'arye	charye
차로	ch'aro	charo
차록	ch'arok	charok
차륜	ch'aryun	charyun
차륜식	ch'aryunsik	charyunsik
차리고	ch'arigo	charigo
차리기	ch'arigi	charigi
차린	ch'arin	charin
차림	ch'arim	charim
차림새	ch'arimsae	charimsae
차마	ch'ama	chama

한글 용례	ALA-LC Romanization	정부 표기안	한글 용례	ALA-LC Romanization	정부 표기안
차베스	Ch'abesŭ	Chabeseu	착근	ch'akkŭn	chakgeun
차별	ch'apyŏl	chabyeol	착륙	ch'angnyuk	changnyuk
차별성	ch'abyŏlsŏng	chabyeolseong	착맥부	Ch'angmaekpu	Changmaekbu
차별적	ch'abyŏlchŏk	chabyeoljeok	착명	Ch'angmyŏng	Chakmyeong
차별화	ch'abyŏrhwa	chabyeolhwa	착색	ch'aksaek	chaksaek
차비	ch'abi	chabi	착수	ch'aksu	chaksu
차비군	Ch'abi-gun	Chabi-gun	착시	ch'aksi	chaksi
차사	Ch'asa	Chasa	착종	ch'akchong	chakjong
차산	ch'asan	chasan	착취	ch'akch'wi	chakchwi
차서	ch'asŏ	chaseo	착취적	ch'akchwijŏk	chakchwijeok
차석	ch'asŏk	chaseok	착하고	ch'akhago	chakhago
차선	ch'asŏn	chaseon	착하면서	ch'akhamyŏnsŏ	chakhamyeonseo
차선책	ch'asŏnch'aek	chaseonchaek	착하시다	ch'akhasida	chakhasida
차세대	ch'asedae	chasedae	착한	ch'akhan	chakhan
차수	Ch'asu	Chasu	찬	ch'an	chan
차스닥	Ch'asŭdak	Chaseudak	찬가	ch'an'ga	changa
차악	ch'aak	chaak	찬대리	Ch'andae-ri	Chandae-ri
차액	ch'aaek	chaaek	찬동	ch'andong	chandong
차오	ch'ao	chao	찬드라	Ch'andŭra	Chandeura
차원	ch'awŏn	chawon	찬란	ch'allan	challan
차유령	Ch'ayuryŏng	Chayuryeong	찬란한	ch'allanhan	challanhan
차의	ch'aŭi	chaui	찬란했던	ch'allanhaettŏn	challanhaetdeon
차이	ch'ai	chai	찬명	ch'anmyŏng	chanmyeong
차이나	Ch'aina	Chaina	찬미	ch'anmi	chanmi
차이나타운	Ch'ainat'aun	Chainataun	찬반	ch'anban	chanban
차이니스	Ch'ainisŭ	Chainiseu	찬반론	ch'anbannon	chanballon
차이니즈	Ch'ainijŭ	Chainijeu	찬불	ch'anbul	chanbul
차이완	Ch'aiwan	Chaiwan	찬불가	ch'anbulga	chanbulga
차이점	ch'aichŏm	chaijeom	찬불요	ch'anburyo	chanburyo
차이코프스키	Ch'aik'op'ŭsŭk'i	Chaikopeuseuki	찬비	ch'anbi	chanbi
차인	ch'ain	chain	찬사	ch'ansa	chansa
차임	ch'aim	chaim	찬설	ch'ansŏl	chanseol
차자	ch'aja	chaja	찬섬	Ch'ansŏm	Chanseom
차작	Ch'ajak	Chajak	찬성	ch'ansŏng	chanseong
차장	ch'ajang	chajang	찬송가	ch'ansongga	chansongga
차전	ch'ajŏn	chajeon	찬수청	Ch'ansuch'ŏng	Chansucheong
차주	ch'aju	chaju	찬술	ch'ansul	chansul
차지	ch'aji	chaji	찬스	ch'ansŭ	chanseu
차차	ch'ach'a	chacha	찬양	ch'anyang	chanyang
차타	ch'at'a	chata	찬양회	ch'anyanghoe	chanyanghoe
차폐막	ch'ap'yemak	chapyemak	찬요	ch'anyo	chanyo
차폰	ch'ap'on	chapon	찬요초	ch'anyoch'o	chanyocho
착각	ch'akkak	chakgak	찬찬히	ch'anch'anhi	chanchanhi
착검	ch'akkŏm	chakgeom	찰	ch'al	chal
착공	ch'akkong	chakgong	찰나	ch'alla	challa

한글 용례	ALA-LC Romanization	정부 표기안	한글 용례	ALA-LC Romanization	정부 표기안
찰로	ch'allo	challo	참선법	ch'amsŏnpŏp	chamseonbeop
찰리사	Ch'allisa	Challisa	참선비	ch'amsŏnbi	chamseonbi
찰스	Ch'alsŭ	Chalseu	참성단	Ch'amsŏngdan	Chamseongdan
찰한	ch'arhan	chalhan	참시	ch'amsi	chamsi
참	ch'am	cham	참언	ch'amŏn	chameon
참가	ch'amga	chamga	참언론인	ch'amŏllonin	chameollonin
참가자	ch'amgaja	chamgaja	참여	ch'amyŏ	chamyeo
참가자들	ch'amgajadŭl	chamgajadeul	참여자	ch'amyŏja	chamyeoja
참고	ch'amgo	chamgo	참여적	ch'amyŏjŏk	chamyeojeok
참고략	ch'amgoryak	chamgoryak	참여진	ch'amyŏjin	chamyeojin
참고서	ch'amgosŏ	chamgoseo	참여형	ch'amyŏhyŏng	chamyeohyeong
참관	ch'amgwan	chamgwan	참외	ch'amoe	chamoe
참관기	ch'amgwan'gi	chamgwangi	참요	ch'amyo	chamyo
참관자	ch'amgwanja	chamgwanja	참으로	ch'amŭro	chameuro
참관자들	ch'amgwanjadŭl	chamgwanjadeul	참을	ch'amŭl	chameul
참교육	ch'amgyoyuk	chamgyoyuk	참의	Ch'amŭi	Chamui
참글	ch'amgŭl	chamgeul	참의원	Ch'amŭiwŏn	Chamuiwon
참기	ch'amki	chamgi	참전	ch'amjŏn	chamjeon
참기름	ch'amgirŭm	chamgireum	참전기	ch'amjŏn'gi	chamjeongi
참나무	ch'amnamu	chamnamu	참전사	ch'amjŏnsa	chamjeonsa
참다운	ch'amdaun	chamdaun	참전자	ch'amjŏnja	chamjeonja
참대	ch'amdae	chamdae	참정	ch'amjŏng	chamjeong
참돌	ch'amdol	chamdol	참정권	ch'amjŏngkwŏn	chamjeonggwon
참동계	Ch'amdonggye	Chamdonggye	참존	ch'amjon	chamjon
참된	ch'amdoen	chamdoen	참지	ch'amchi	chamji
참뜻	ch'amttŭt	chamtteut	참판	ch'amp'an	champan
참모	ch'ammo	chammo	참패	ch'amp'ae	champae
참모들	ch'ammodŭl	chammodeul	참형	ch'amhyŏng	chamhyeong
참모부	chammobu	chammobu	참혹	ch'amhok	chamhok
참모습	ch'ammosŭp	chammoseup	참회	ch'amhoe	chamhoe
참배	ch'ambae	chambae	참회기	ch'amhoegi	chamhoegi
참법	ch'ampŏp	chambeop	참회록	ch'amhoerok	chamhoerok
참변	ch'ambyŏn	chambyeon	참회문	ch'amhoemun	chamhoemun
참봉	ch'ambong	chambong	참회법	ch'amhoepŏp	chamhoebeop
참빗장	ch'ambitchang	chambitjang	찻그릇	ch'atkŭrŭt	chatgeureut
참빛	ch'ambit	chambit	찻자리	ch'atchari	chatjari
참사	ch'amsa	chamsa	찻잔	ch'atchan	chatjan
참사랑	ch'amsarang	chamsarang	창	ch'ang	chang
참사역	ch'amsayŏk	chamsayeok	창가	ch'angga	changga
참살	ch'amsal	chamsal	창가(窓)	ch'angka	changka
참살이	ch'amsari	chamsari	창간	ch'anggan	changgan
참상	ch'amsang	chamsang	창간사	ch'anggansa	changgansa
참새	ch'amsae	chamsae	창간호	ch'angganho	changganho
참석	ch'amsŏk	chamseok	창강	Ch'anggang	Changgang
참선	ch'amsŏn	chamseon	창건	ch'anggŏn	changgeon

한글 용례	ALA-LC Romanization	정부 표기안	한글 용례	ALA-LC Romanization	정부 표기안
창건기	ch'anggŏn'gi	changgeongi	창발	ch'angbal	changbal
창경	Ch'anggyŏng	Changgyeong	창백	ch'angbaek	changbaek
창경궁	Ch'anggyŏnggung	Changgyeonggung	창백한	ch'angbaekhan	changbaekhan
창계	Ch'anggye	Changgye	창본	ch'angbon	changbon
창고	ch'angko	changgo	창봉	ch'angbong	changbong
창곡	Ch'anggok	Changgok	창부	ch'angbu	changbu
창공	ch'anggong	changgong	창비	Ch'angbi	Changbi
창광	ch'anggwang	changgwang	창사	ch'angsa	changsa
창광원	Ch'anggwangwŏn	Changgwangwon	창산	Ch'angsan	Changsan
창구	ch'anggu	changgu	창살	ch'angsal	changsal
창구(窓口)	ch'angku	changgu	창생	ch'angsaeng	changsaeng
창구별	ch'angkubyŏl	changgubyeol	창서	Ch'angsŏ	Changseo
창군	ch'anggun	changgun	창설	ch'angsŏl	changseol
창군사	ch'anggunsa	changgunsa	창성	Ch'angsŏng	Changseong
창궐	ch'anggwŏl	changgwol	창성군	Ch'angsŏng-gun	Changseong-gun
창극	ch'anggŭk	changgeuk	창성사	Ch'angsŏngsa	Changseongsa
창극단	ch'anggŭktan	changgeukdan	창세	Ch'angse	Changse
창극사	ch'anggŭksa	changgeuksa	창세기	Ch'angsegi	Changsegi
창극조	Ch'anggŭkcho	changgeukjo	창수록	ch'angsurok	changsurok
창극집	ch'anggŭkchip	changgeukjip	창수집	ch'angsujip	changsujip
창기	ch'anggi	changgi	창시	ch'angsi	changsi
창끝	ch'angkkŭt	changkkeut	창시자	ch'angsija	changsija
창녀	ch'angnyŏ	changnyeo	창신	Ch'angsin	Changsin
창녕	Ch'angnyŏng	Changnyeong	창신동	Ch'angsin-dong	Changsin-dong
창녕군	Ch'angnyŏng-gun	Changnyeong-gun	창신사	Ch'angsinsa	Changsinsa
창녕현	Ch'angnyŏng-hyŏn	Changnyeong-hyeon	창씨	ch'angssi	changssi
창달	ch'angdal	changdal	창악	Ch'angak	Changak
창덕	Ch'angdŏk	Changdeok	창안	ch'angan	changan
창덕궁	Ch'angdŏkkung	Changdeokgung	창암	Ch'angam	Changam
창도	ch'angdo	changdo	창암리	Ch'angam-ni	Changam-ri
창도자	ch'angdoja	changdoja	창양동	Ch'angyang-dong	Changyang-dong
창동	Ch'ang-dong	Chang-dong	창업	ch'angŏp	changeop
창들	ch'angdŭl	changdeul	창업가	ch'angŏpka	changeopga
창란	ch'angnan	changnan	창업가들	ch'angŏpkadŭl	changeopgadeul
창랑	Ch'angnang	Changnang	창업자	ch'angŏpcha	changeopja
창랑리	Ch'angnang-ni	Changnang-ri	창업주	ch'angŏpchu	changeopju
창룡	ch'angnyong	changnyong	창업파	ch'angŏpp'a	changeoppa
창릉	Ch'angnŭng	Changneung	창연	ch'angyŏn	changyeon
창림사	Ch'angnimsa	Changnimsa	창왕	Ch'angwang	Changwang
창립	ch'angnip	changnip	창우사	Ch'angusa	Changusa
창립기	ch'angnipki	changnipgi	창원	Ch'angwŏn	Changwon
창립자	ch'angnipcha	changnipja	창원군	Ch'angwŏn-gun	Changwon-gun
창명	ch'angmyŏng	changmyeong	창원대	Ch'angwŏndae	Changwondae
창문	ch'angmun	changmun	창원부	Ch'angwŏn-bu	Changwon-bu
창문사	Ch'angmunsa	Changmunsa	창원시	Ch'angwŏn-si	Changwon-si

한글 용례	ALA-LC Romanization	정부 표기안	한글 용례	ALA-LC Romanization	정부 표기안
창의	ch'angŭi	changui	창화	Ch'anghwa	Changhwa
창의력	ch'angŭiryŏk	changuiryeok	창화고	ch'anghwago	changhwago
창의록	ch'angŭirok	changuirok	창화군	Cha'nghwa-gun	Changhwa-gun
창의문	Ch'angŭimun	Changuimun	창화시	ch'anghwasi	changhwasi
창의성	ch'angŭisŏng	changuiseong	창화집	ch'anghwajip	changhwajip
창의적	ch'angŭijŏk	changuijeok	찾기	ch'atki	chatgi
창인사	Ch'anginsa	Changinsa	찾는	ch'annŭn	channeun
창자	ch'angja	changja	찾는가	ch'annŭn'ga	channeunga
창작	ch'angjak	changjak	찾는구나	ch'annŭn'guna	channeunguna
창작가	ch'angjakka	changjakga	찾는다	ch'annŭnda	channeunda
창작가들	ch'angjakkadŭl	changjakgadeul	찾다	ch'atta	chatda
창작곡	ch'angjakkok	changjakgok	찾습니다	ch'atsŭmnida	chatseumnida
창작단	ch'angjaktan	changjakdan	찾아	ch'aja	chaja
창작사	ch'angjaksa	changjaksa	찾아낸	ch'ajanaen	chajanaen
창작상	ch'angjaksang	changjaksang	찾아라	ch'ajara	chajara
창작선	ch'angjaksŏn	changjakseon	찾아본	ch'ajabon	chajabon
창작설	ch'angjaksŏl	changjakseol	찾아서	ch'ajasŏ	chajaseo
창작적	ch'angjakchŏk	changjakjeok	찾아쓴	ch'ajassŭn	chajasseun
창작지	ch'angjakchi	changjakji	찾아온	ch'ajaon	chajaon
창작집	ch'angjakchip	changjakjip	찾아와	ch'ajawa	chajawa
창제	ch'angje	changje	찾았네	ch'ajanne	chajanne
창조	ch'angjo	changjo	찾으려고	ch'ajŭryŏgo	chajeuryeogo
창조력	ch'angjoryŏk	changjoryeok	찾은	ch'ajŭn	chajeun
창조사	Ch'angjosa	Changjosa	찾자	ch'atcha	chatja
창조성	ch'angjosŏng	changjoseong	찾지	ch'atchi	chatji
창조자	ch'angjoja	changjoja	채	ch'ae	chae
창조적	ch'angjojŏk	changjojeok	채국정	Ch'aegukchŏng	Chaegukjeong
창조파	ch'angjop'a	changjopa	채굴	ch'aegul	chaegul
창조형	ch'angjohyŏng	changjohyeong	채굴권	ch'aegulkwŏn	chaegulgwon
창조화	ch'angjohwa	changjohwa	채권	ch'aekwŏn	chaegwon
창종	ch'angjong	changjong	채근담	Ch'aegŭndam	Chaegeundam
창주	Ch'angju	Changju	채널	ch'aenŏl	chaeneol
창지사	Ch'angjisa	Changjisa	채록	ch'aerok	chaerok
창지투	Ch'angjit'u	Changjitu	채록자	ch'aerokcha	chaerokja
창출	ch'angch'ul	changchul	채록집	ch'aerokchip	chaerokjip
창틀	ch'angt'ŭl	changteul	채륜	Ch'aeryun	Chaeryun
창평	Ch'angp'yŏng	Changpyeong	채륜서	Ch'aeryunsŏ	Chaeryunseo
창평군	Ch'angp'yŏng-gun	Changpyeong-gun	채마	ch'aema	chaema
창평현	Ch'angp'yŏng-hyŏn	Changpyeong-hyeon	채마밭	ch'aemabat	chaemabat
창피	ch'angp'i	changpi	채무	ch'aemu	chaemu
창하	Ch'angha	Changha	채무자	ch'aemuja	chaemuja
창해	Ch'anghae	Changhae	채묵화	ch'aemukhwa	chaemukhwa
창해리	Ch'angmae-ri	Changhae-ri	채보	ch'aebo	chaebo
창현	ch'anghyŏn	changhyeon	채봉	ch'aebong	chaebong
창호	ch'angho	changho	채산	ch'aesan	chaesan

한글 용례	ALA-LC Romanization	정부 표기안	한글 용례	ALA-LC Romanization	정부 표기안
채상장	ch'aesangjang	chaesangjang	책임론	ch'aegimnon	chaegimnon
채색	ch'aesaek	chaesaek	책임성	ch'aegimsŏng	chaegimseong
채색화	ch'aesaekhwa	chaesaekhwa	책임자	ch'aegimja	chaegimja
채소	ch'aeso	chaeso	책임자명	ch'aegimjamyŏng	chaegimjamyeong
채식	ch'aesik	chaesik	책임제	ch'aegimje	chaegimje
채옹	Ch'aeong	Chaeong	책장	ch'aekchang	chaekjang
채용	ch'aeyong	chaeyong	책중	ch'aekchung	chaekjung
채우고	ch'aeugo	chaeugo	책판	ch'aekp'an	chaekpan
채우다	ch'aeuda	chaeuda	책화	ch'aekhwa	chaekhwa
채운면	Ch'aeun-myŏn	Chaeun-myeon	챙겨	ch'aenggyŏ	chaenggyeo
채울	ch'aeul	chaeul	챙겨야	ch'aenggyŏya	chaenggyeoya
채움	ch'aeum	chaeum	챙겨야지	ch'aenggyŏyaji	chaenggyeoyaji
채주	ch'aeju	chaeju	챙기지	ch'aenggiji	chaenggiji
채지리	Ch'aeji-ri	Chaeji-ri	챙김	ch'aenggim	chaenggim
채집	ch'aejip	chaejip	처	ch'ŏ	cheo
채취	ch'aech'wi	chaechwi	처가	ch'ŏga	cheoga
채택	ch'aet'aek	chaetaek	처가살이	ch'ŏgasari	cheogasari
채홍사	ch'aehongsa	chaehongsa	처녀	ch'ŏnyŏ	cheonyeo
채화	ch'aehwa	chaehwa	처녀굴	Ch'ŏnyŏgul	Cheonyeogul
책	ch'aek	chaek	처녀들	ch'ŏnyŏdŭl	cheonyeodeul
책가	ch'aekka	chaekga	처능	Ch'ŏnŭng	Cheoneung
책가도	ch'aekkado	chaekgado	처럼	ch'ŏrŏm	cheoreom
책갈피	ch'aekkalp'i	chaekgalpi	처려근지	Ch'ŏryŏgŭnji	Cheoryeogeunji
책거리	ch'aekkŏri	chaekgeori	처리	ch'ŏri	cheori
책담	Ch'aektam	Chaekdam	처리록	ch'ŏrirok	cheorirok
책동	ch'aektong	chaekdong	처리법	ch'ŏripŏp	cheoribeop
책들	ch'aektŭl	chaekdeul	처마	ch'ŏma	cheoma
책략	ch'aengnyak	chaengnyak	처방	ch'ŏbang	cheobang
책마을	ch'aengmaŭl	chaengmaeul	처방록	ch'ŏbangnok	cheobangnok
책머리	ch'aengmŏri	chaengmeori	처방법	ch'ŏbangpŏp	cheobangbeop
책명	ch'aengmyŏng	chaengmyeong	처방서	ch'ŏbangsŏ	cheobangseo
책무	ch'aengmu	chaengmu	처방전	ch'ŏbangjŏn	cheobangjeon
책문	ch'aengmun	chaengmun	처방책	ch'ŏbangch'aek	cheobangchaek
책방	ch'aekpang	chaekbang	처벌	ch'ŏbŏl	cheobeol
책밭	ch'aekpat	chaekbat	처벌법	ch'ŏbŏlpŏp	cheobeolbeop
책벌레	ch'aekpŏlle	chaekbeolle	처분	ch'ŏbun	cheobun
책벌레들	ch'aekpŏlledŭl	chaekbeolledeul	처사	ch'ŏsa	cheosa
책보	ch'aekpo	chaekbo	처사가	Ch'ŏsaga	Cheosaga
책보세	Ch'aekpose	Chaekbose	처서	Ch'ŏsŏ	Cheoseo
책봉	ch'aekpong	chaekbong	처세	ch'ŏse	cheose
책봉사	ch'aekpongsa	chaekbongsa	처세술	ch'ŏsesul	cheosesul
책사	ch'aeksa	chaeksa	처소	ch'ŏso	cheoso
책상	ch'aeksang	chaeksang	처소지	ch'ŏsoji	cheosoji
책인	ch'aegin	chaegin	처용	Ch'ŏyong	Cheoyong
책임	ch'aegim	chaegim	처용가	Ch'ŏyongga	Cheoyongga

한글 용례	ALA-LC Romanization	정부 표기안	한글 용례	ALA-LC Romanization	정부 표기안
처용랑	Ch'ŏyongnang	Cheoyongrang	천가	Ch'ŏn'ga	Cheonga
처용무	Ch'ŏyongmu	Cheoyongmu	천간	Ch'ŏn'gan	Cheongan
처음	ch'ŏŭm	cheoeum	천간지비	ch'ŏn'ganjibi	cheonganjibi
처음판	ch'ŏŭmp'an	cheoeumpan	천감	Ch'ŏn'gam	Cheongam
처인리	Ch'ŏin-ni	Cheoin-ri	천강	Ch'ŏn'gang	Cheongang
처장	ch'ŏjang	cheojang	천개	Ch'ŏn'gae	Cheongae
처절	ch'ŏjŏl	cheojeol	천거	ch'ŏn'gŏ	cheongeo
처참한	ch'ŏch'amhan	cheochamhan	천경	Ch'ŏn'gyŏng	Cheongyeong
처창즈	Ch'ŏch'angjŭ	Cheochangjeu	천계	Ch'ŏn'gye	Cheongye
처처	ch'ŏch'ŏ	cheocheo	천고	ch'ŏn'go	cheongo
처첩	ch'ŏch'ŏp	cheocheop	천곡	Ch'ŏn'gok	Cheongok
처치	ch'ŏch'i	cheochi	천곡리	Ch'ŏn'gong-ni	Cheongok-ri
처한	ch'ŏhan	cheohan	천곡사	Ch'ŏn'goksa	Cheongoksa
처했다	ch'ŏhaetta	cheohaetda	천공	ch'ŏn'gong	cheongong
처했던	ch'ŏhaettŏn	cheohaetdeon	천관	Ch'ŏn'gwan	Cheongwan
처화	Ch'ŏhwa	Cheohwa	천구	Ch'ŏn'gu	Cheongu
척	ch'ŏk	cheok	천국	ch'ŏn'guk	cheonguk
척결	ch'ŏkkyŏl	cheokgyeol	천군	ch'ŏn'gun	cheongun
척경	ch'ŏkkyŏng	cheokgyeong	천군동	Ch'ŏn'gun-dong	Cheongun-dong
척관법	ch'ŏkkwanpŏp	cheokgwanbeop	천군리	Ch'ŏn'gun-ni	Cheongun-ri
척도	ch'ŏkto	cheokdo	천궈푸	Ch'ŏn'gwŏp'u	Cheongwopu
척독	ch'ŏktok	cheokdok	천권	ch'ŏn'gwŏn	cheongwon
척불	ch'ŏkpul	cheokbul	천극	Ch'ŏn'gŭk	Cheongeuk
척사	ch'ŏksa	cheoksa	천금	ch'ŏn'gŭm	cheongeum
척사론	ch'ŏksaron	cheoksaron	천기	ch'ŏn'gi	cheongi
척수	ch'ŏksu	cheoksu	천녀	Ch'ŏnyŏ	Cheonnyeo
척식	ch'ŏksik	cheoksik	천년	ch'ŏnnyŏn	cheonnyeon
척암	Ch'ŏgam	Cheogam	천년기	ch'ŏnnyŏngi	cheonnyeongi
척약재	Ch'ŏgyakchae	Cheogyakjae	천년사	ch'ŏnnyŏnsa	cheonnyeonsa
척양론	ch'ŏgyangnon	cheogyangnon	천당	ch'ŏndang	cheondang
척완	Ch'ŏgwan	Cheogwan	천대	ch'ŏndae	cheondae
척재	Ch'ŏkchae	Cheokjae	천덕	ch'ŏndŏk	cheondeok
척주	Ch'ŏkchu	Cheokju	천덕군	Ch'ŏndŏk-kun	Cheondeok-gun
척추	ch'ŏkch'u	cheokchu	천덕송	Ch'ŏndŏksong	Cheondeoksong
척추염	ch'ŏkch'uyŏm	cheokchuyeom	천도	ch'ŏndo	cheondo
척치해	Ch'ŏkch'ihae	Cheokchihae	천도교	Ch'ŏndogyo	Cheondogyo
척화	ch'ŏkhwa	cheokhwa	천도교인	Ch'ŏndogyoin	Cheondogyoin
척화론	ch'ŏkhwaron	cheokhwaron	천도빈	Ch'ŏndobin	Cheondobin
척화론자	ch'ŏkhwaronja	cheokwaronja	천도설	ch'ŏndosŏl	cheondoseol
척화비	ch'ŏkhwabi	cheokhwabi	천도회	Ch'ŏndohoe	Cheondohoe
척후	ch'ŏkhu	cheokhu	천둥	ch'ŏndung	cheondung
척후대	ch'ŏkhudae	cheokhudae	천등사	Ch'ŏndŭngsa	Cheondeungsa
척후병	ch'ŏkhubyŏng	cheokhubyeong	천랑	Ch'ŏllang	Cheollang
척후선	ch'ŏkhusŏn	cheokhuseon	천력	Ch'ŏllyŏk	Cheollyeok
천	ch'ŏn	cheon	천령	Ch'ŏllyŏng	Cheollyeong

한글 용례	ALA-LC Romanization	정부 표기안	한글 용례	ALA-LC Romanization	정부 표기안
천로	Ch'ŏllo	Cheollo	천석종	ch'ŏnsŏkchong	cheonseokjong
천록	Ch'ŏllok	Cheollok	천성	ch'ŏnsŏng	cheonseong
천뢰	Ch'ŏlloe	Cheolloe	천성군	Ch'ŏnsŏng-gun	Cheonseong-gun
천리	ch'ŏlli	cheolli	천성산	Ch'ŏnsŏngsan	Cheonseongsan
천리교	Ch'ŏlligyo	Cheolligyo	천세	ch'ŏnse	cheonse
천리마	ch'ŏllima	cheollima	천손	ch'ŏnson	cheonson
천마	ch'ŏnma	cheonma	천수	ch'ŏnsu	cheonsu
천마도	Ch'ŏnmado	Cheonmado	천수각	Ch'ŏnsugak	Cheonsugak
천마문	ch'ŏnmamun	cheonmamun	천수경	Ch'ŏnsugyŏng	Cheonsugyeong
천마산	Ch'ŏnmasan	Cheonmasan	천수석	Ch'ŏnsusŏk	Cheonsuseok
천마성	Ch'ŏnmasŏng	Cheonmaseong	천시	ch'ŏnsi	cheonsi
천마총	Ch'ŏnmach'ong	Cheonmachong	천시원	Ch'ŏnsiwŏn	Cheonsiwon
천막	ch'ŏnmak	cheonmak	천식	ch'ŏnsik	cheonsik
천만	ch'ŏnman	cheonman	천신	Ch'ŏnsin	Cheonsin
천명	ch'ŏnmyŏng	cheonmyeong	천아성	Ch'ŏnasŏng	Cheonaseong
천명도	Ch'ŏnmyŏngdo	Cheonmyeongdo	천안	Ch'ŏnan	Cheonan
천목	Ch'ŏnmok	Cheonmok	천안군	Ch'ŏnan-gun	Cheonan-gun
천무극	Ch'ŏnmugŭk	Cheonmugeuk	천안부	Ch'ŏnan-bu	Cheonan-bu
천문	ch'ŏnmun	cheonmun	천안시	Ch'ŏnan-si	Cheonan-si
천문대	ch'ŏnmundae	cheonmundae	천안함	Ch'ŏnanham	Cheonanham
천문도	ch'ŏnmundo	cheonmundo	천안호	Ch'ŏnanho	Cheonanho
천문학	ch'ŏnmunhak	cheonmunhak	천애	ch'ŏnae	cheonae
천문학사	ch'ŏnmunhaksa	cheonmunhaksa	천여	Ch'ŏnyŏ	Cheonyeo
천미천	Ch'ŏnmich'ŏn	Cheonmicheon	천역	Ch'ŏnyŏk	Cheonyeok
천민	ch'ŏnmin	cheonmin	천연	ch'ŏnyŏn	cheonyeon
천변	ch'ŏnbyŏn	cheonbyeon	천연당	Ch'ŏnyŏndang	Cheonyeondang
천보	Ch'ŏnbo	Cheonbo	천연두	ch'ŏnyŏndu	cheonyeondu
천봉	ch'ŏnbong	cheonbong	천예군	Ch'ŏnye-gun	Cheonye-gun
천부	Ch'ŏnbu	Cheonbu	천예록	Ch'ŏnyerok	Cheonyerok
천부경	Ch'ŏnbugyŏng	Cheonbugyeong	천왕	Ch'ŏnwang	Cheonwang
천부동	Ch'ŏnbu-dong	Cheonbu-dong	천왕굿	Ch'ŏnwanggut	Cheonwanggut
천부인	Ch'ŏnbuin	Cheonbuin	천왕문	Ch'ŏnwangmun	Cheonwangmun
천불	ch'ŏnbul	cheonbul	천왕봉	Ch'ŏnwangbong	Cheonwangbong
천불도	ch'ŏnbulto	cheonbuldo	천왕사	Ch'ŏnwangsa	Cheonwangsa
천사	ch'ŏnsa	cheonsa	천왕상	ch'ŏnwangsang	cheonwangsang
천사들	ch'ŏnsadŭl	cheonsadeul	천외	ch'ŏnoe	cheonoe
천사연	Ch'ŏnsayŏn	Cheonsayeon	천우협	Ch'ŏnuhyŏp	Cheonuhyeop
천산	Ch'ŏnsan	Cheonsan	천운	ch'ŏnun	cheonun
천삼백리	ch'ŏn-sambaengni	cheonsambaengni	천원	ch'ŏnwŏn	cheonwon
천상	ch'ŏnsang	cheonsang	천원군	Ch'ŏnwŏn-gun	Cheonwon-gun
천새	Ch'ŏnsae	Cheonsae	천은사	Ch'ŏnŭnsa	Cheoneunsa
천생	Ch'ŏnsaeng	Cheonsaeng	천의	Ch'ŏnŭi	Cheonui
천생석	Ch'ŏnsaengsŏk	Cheonsaengseok	천인	ch'ŏnin	cheonin
천석	ch'ŏnsŏk	cheonseok	천일	ch'ŏnil	cheonil
천석꾼	ch'ŏnsŏkkkun	cheonseokkkun	천일록	ch'ŏnillok	cheonillok

한글 용례	ALA-LC Romanization	정부 표기안	한글 용례	ALA-LC Romanization	정부 표기안
천일염	ch'ŏniryŏm	cheoniryeom	천태	Ch'ŏnt'ae	Cheontae
천잉스	Ch'ŏningsŭ	Cheoningseu	천태종	Ch'ŏnt'aejong	Cheontaejong
천자	Ch'ŏnja	Cheonja	천태종사	Ch'ŏnt'aejongsa	Cheontaejongsa
천자문	ch'ŏnjamun	cheonjamun	천태학	Ch'ŏnt'aehak	Cheontaehak
천작	ch'ŏnjak	cheonjak	천파	Ch'ŏnp'a	Cheonpa
천장	ch'ŏnjang	cheonjang	천평	ch'ŏnp'yŏng	cheonpyeong
천장암	Ch'ŏnjangam	Cheonjangam	천하	ch'ŏnha	cheonha
천재	ch'ŏnjae	cheonjae	천하국	Ch'ŏnhaguk	Cheonhaguk
천재들	ch'ŏnjaedŭl	cheonjaedeul	천하도	Ch'ŏnhado	Cheonhado
천적	ch'ŏnjŏk	cheonjeok	천학	ch'ŏnhak	cheonhak
천전	Ch'ŏnjŏn	Cheonjeon	천한	ch'ŏnhan	cheonhan
천전리	Ch'ŏnjŏn-ni	Cheonjeon-ri	천향	Ch'ŏnhyang	Cheonhyang
천전파	Ch'ŏnjŏnp'a	Cheonjeonpa	천혜	ch'ŏnhye	cheonhye
천정	ch'ŏnjŏng	cheonjeong	천호	ch'ŏnho	cheonho
천제	Ch'ŏnje	Cheonje	천화	Ch'ŏnhwa	Cheonhwa
천제국	Ch'ŏnjeguk	Cheonjeguk	천황	ch'ŏnhwang	cheonhwang
천조	Ch'ŏnjo	Cheonjo	천황제	ch'ŏnhwangje	cheonhwangje
천주	Ch'ŏnju	Cheonju	천회	ch'ŏnhoe	cheonhoe
천주교	Ch'ŏnjugyo	Cheonjugyo	철	ch'ŏl	cheol
천주교계	Ch'ŏnjugyogye	Cheonjugyogye	철강	ch'ŏlgang	cheolgang
천주교사	Ch'ŏnjugyosa	Cheonjugyosa	철강업	ch'ŏlgangŏp	cheolgangeop
천주교인	Ch'ŏnjugyoin	Cheonjugyoin	철강왕	ch'ŏlgangwang	cheolgangwang
천주꽃	ch'ŏnjukkot	cheonjukkot	철강인	ch'ŏlgangin	cheolgangin
천주당	Ch'ŏnjudang	Cheonjudang	철거	ch'ŏlgŏ	cheolgeo
천주사	Ch'ŏnjusa	Cheonjusa	철거단	ch'ŏlgŏdan	cheolgeodan
천주학	Ch'ŏnjuhak	Cheonjuhak	철권	ch'ŏlgwŏn	cheolgwon
천줄	ch'ŏnjul	cheonjul	철근	ch'ŏlgŭn	cheolgeun
천중절	Ch'ŏnjungjŏl	Cheonjungjeol	철기	ch'ŏlgi	cheolgi
천지	ch'ŏnji	cheonji	철길	ch'ŏlkil	cheolgil
천지관	ch'ŏnjigwan	cheonjigwan	철도	ch'ŏlto	cheoldo
천지인	Ch'ŏnjiin	Cheonjiin	철도국	ch'ŏltoguk	cheoldoguk
천진교	Ch'ŏnjin'gyo	Cheonjingyo	철도성	Ch'ŏltosŏng	Cheoldoseong
천진불	Ch'ŏnjinbul	Cheonjinbul	철도원	ch'ŏltowŏn	cheoldowon
천진암	Ch'ŏnjinam	Cheonjinam	철도청	Ch'ŏltoch'ŏng	Cheoldocheong
천천	Ch'ŏnch'ŏn	Cheoncheon	철령	Ch'ŏllyŏng	Cheollyeong
천천리	Ch'ŏnch'ŏn-ni	Cheoncheon-ri	철령전	Ch'ŏllyŏngjŏn	Cheollyeongjeon
천천히	ch'ŏnch'ŏnhi	cheoncheonhi	철로	ch'ŏllo	cheollo
천첩	ch'ŏnch'ŏp	cheoncheop	철망	ch'ŏlmang	cheolmang
천추	ch'ŏnch'u	cheonchu	철밥통	ch'ŏlbapt'ong	cheolbaptong
천축	Ch'ŏnch'uk	Cheonchuk	철부지	ch'ŏlbuji	cheolbuji
천축국	Ch'ŏnch'ukkuk	Cheonchukguk	철불	ch'ŏlbul	cheolbul
천축국도	Ch'ŏnch'ukkukto	Cheonchukgukdo	철사	ch'ŏlsa	cheolsa
천축기	Ch'ŏnch'ukki	Cheonchukgi	철산	Ch'ŏlsan	Cheolsan
천치메이	Ch'ŏnch'imei	Cheonchimei	철산군	Ch'ŏlsan-gun	Cheolsan-gun
천탑	ch'ŏnt'ap	cheontap	철산동	Ch'ŏlsan-dong	Cheolsan-dong

한글 용례	ALA-LC Romanization	정부 표기안	한글 용례	ALA-LC Romanization	정부 표기안
철산현	Ch'ŏlsan-hyŏn	Cheolsan-hyeon	첨가제	ch'ŏmgaje	cheomgaje
철새	ch'ŏlsae	cheolsae	첨단	ch'ŏmdan	cheomdan
철성	Ch'ŏlsŏng	Cheolseong	첨단화	ch'ŏmdanhwa	cheomdanhwa
철성군	Ch'ŏlsŏng-gun	Cheolseong-gun	첨모당	Ch'ŏmmodang	Cheommodang
철쇄	ch'ŏlswoe	cheolswoe	첨병	ch'ŏmbyŏng	cheombyeong
철수	ch'ŏlsu	cheolsu	첨성	ch'ŏmsŏng	cheomseong
철시	ch'ŏlsi	cheolsi	첨성대	Ch'ŏmsŏngdae	Cheomseongdae
철악현	Ch'ŏrak-hyŏn	Cheorak-hyeon	첨수무	Ch'ŏmsumu	Cheomsumu
철안	ch'ŏran	cheoran	첨재	ch'ŏmjae	cheomjae
철야	ch'ŏrya	cheorya	첨절	ch'ŏmjŏl	cheomjeol
철옹	ch'ŏrong	cheorong	첨지	ch'ŏmji	cheomji
철옹성	ch'ŏrongsŏng	cheorongseong	첩	ch'ŏp	cheop
철원	Ch'ŏrwŏn	Cheorwon	첩보	ch'ŏppo	cheopbo
철원군	Ch'ŏrwŏn-gun	Cheorwon-gun	첩보전	ch'ŏppojŏn	cheopbojeon
철원부	Ch'ŏrwŏn-bu	Cheorwon-bu	첩승무	Ch'ŏpsŭngmu	Cheopseungmu
철인	ch'ŏrin	cheorin	첩자	ch'ŏpcha	cheopja
철인들	ch'ŏrindŭl	cheorindeul	첩장	ch'ŏpchang	cheopjang
철자	ch'ŏlcha	cheolja	첩장본	ch'ŏpchangbon	cheopjangbon
철자법	ch'ŏlchapŏp	cheoljabeop	첩정	ch'ŏpchŏng	cheopjeong
철장	ch'ŏljang	cheoljang	첩지	ch'ŏpchi	cheopji
철저	ch'ŏlchŏ	cheoljeo	첩첩	ch'ŏpch'ŏp	cheopcheop
철저히	ch'ŏlchŏhi	cheoljeohi	첩해	ch'ŏphae	cheophae
철정	Ch'ŏlchŏng	Cheoljeong	첫	ch'ŏt	cheot
철제	ch'ŏlche	cheolje	첫걸음	ch'ŏtkŏrŭm	cheotgeoreum
철조	ch'ŏlcho	cheoljo	첫날	ch'ŏnnal	cheonnal
철종	Ch'ŏlchong	Cheoljong	첫날밤	ch'ŏnnalpam	cheonnalbam
철창	ch'ŏlch'ang	cheolchang	첫돌	ch'ŏttol	cheotdol
철채	ch'ŏlch'ae	cheolchae	첫발	ch'ŏtpal	cheotbal
철천	Ch'ŏlch'ŏn	Cheolcheon	첫번째	ch'ŏtpŏntchae	cheotbeonjjae
철천리	Ch'ŏlch'ŏn-ni	Cheolcheon-ri	첫사랑	ch'ŏtsarang	cheotsarang
철탑	ch'ŏlt'ap	cheoltap	첫판	ch'ŏtp'an	cheotpan
철폐	ch'ŏlp'ye	cheolpye	청	ch'ŏng	cheong
철필	ch'ŏlp'il	cheolpil	청각	ch'ŏnggak	cheonggak
철학	ch'ŏrhak	cheolhak	청간	ch'ŏnggan	cheonggan
철학사	ch'ŏrhaksa	cheolhaksa	청간정	Ch'ŏngganjŏng	Cheongganjeong
철학사론	ch'ŏrhaksaron	cheolhaksaron	청강	ch'ŏnggang	cheonggang
철학선	ch'ŏrhaksŏn	cheolhakseon	청강리	Ch'ŏnggang-ni	Cheonggang-ri
철학자	ch'ŏrhakcha	cheolhakja	청개구리	ch'ŏnggaeguri	cheonggaeguri
철학적	ch'ŏrhakchŏk	cheolhakjeok	청경	Ch'ŏnggyŏng	Cheonggyeong
철학회	ch'ŏrhakhoe	cheolhakhoe	청계	Ch'ŏnggye	Cheonggye
철화	ch'ŏrhwa	cheolhwa	청계공파	Ch'ŏnggyegongp'a	Cheonggyegongpa
철회	ch'ŏrhoe	cheolhoe	청계사	Ch'ŏnggyesa	Cheonggyesa
첨	ch'ŏm	cheom	청계산	Ch'ŏnggyesan	Cheonggyesan
첨가	ch'ŏmga	cheomga	청계천	Ch'ŏnggyech'ŏn	Cheonggyecheon
첨가물	ch'ŏmgamul	cheomgamul	청고	Ch'ŏnggo	Cheonggo

한글 용례	ALA-LC Romanization	정부 표기안	한글 용례	ALA-LC Romanization	정부 표기안
청곡	Ch'ŏnggok	Cheonggok	청로	ch'ŏngno	cheongno
청곡사	Ch'ŏnggoksa	Cheonggoksa	청록	ch'ŏngnok	cheongnok
청과물	ch'ŏnggwamul	cheonggwamul	청록집	Ch'ŏngnokchip	Cheongnokjip
청관	Ch'ŏnggwan	Cheonggwan	청록파	Ch'ŏngnokp'a	Cheongnokpa
청관재	Ch'ŏnggwanjae	Cheonggwanjae	청률사	Ch'ŏngnyongsa	Cheongnyolsa
청광	Ch'ŏnggwang	Cheonggwang	청룡	ch'ŏngnyong	cheongnyong
청교도	Ch'ŏnggyodo	Cheonggyodo	청룡기	ch'ŏngnyonggi	cheongnyonggi
청구	ch'ŏnggu	cheonggu	청룡리	Ch'ŏngnyong-ni	Cheongnyong-ri
청구권	ch'ŏnggukwŏn	cheonggugwon	청룡사	Ch'ŏngnyongsa	Cheongnyongsa
청구대	Ch'ŏnggudae	Cheonggudae	청릉군	Ch'ŏngnŭng-gun	Cheongneung-gun
청구도	Ch'ŏnggudo	Cheonggudo	청림	Ch'ŏngnim	Cheongnim
청구리	Ch'ŏnggu-ri	Cheonggu-ri	청림각	Ch'ŏngnimgak	Cheongnimgak
청구서	ch'ŏnggusŏ	cheongguseo	청림사	Ch'ŏngnimsa	Cheongnimsa
청국	Ch'ŏngguk	Cheongguk	청마	ch'ŏngma	cheongma
청국장	ch'ŏnggukchang	cheonggukjang	청마리	Ch'ŏngma-ri	Cheongma-ri
청군	ch'ŏnggun	cheonggun	청마산	Ch'ŏngmasan	Cheongmasan
청기	Ch'ŏnggi	Cheonggi	청말	Ch'ŏngmal	Cheongmal
청년	ch'ŏngnyŏn	cheongnyeon	청망	Ch'ŏngmang	Cheongmang
청년기	ch'ŏngnyŏn'gi	cheongnyeongi	청맥	ch'ŏngmaek	cheongmaek
청년들	ch'ŏngnyŏndŭl	cheongnyeondeul	청명	Ch'ŏngmyŏng	Cheongmyeong
청년부	ch'ŏngnyŏnbu	cheongnyeonbu	청명일	Ch'ŏngmyŏngil	Cheongmyeongil
청년사	ch'ŏngnyŏnsa	cheongnyeonsa	청명절	Ch'ŏngmyŏngjŏl	Cheongmyeongjeol
청년층	ch'ŏngnyŏnch'ŭng	cheongnyeoncheung	청목	ch'ŏngmok	cheongmok
청년회	ch'ŏngnyŏnhoe	cheongnyeonhoe	청목사	Ch'ŏngmoksa	Cheongmoksa
청단	Ch'ŏngdan	Cheongdan	청무	ch'ŏngmu	cheongmu
청담	Ch'ŏngdam	Cheongdam	청문	ch'ŏngmun	cheongmun
청담동	Ch'ŏngdam-dong	Cheongdam-dong	청문회	ch'ŏngmunhoe	cheongmunhoe
청당	Ch'ŏngdang	Cheongdang	청미회	Ch'ŏngmihoe	Cheongmihoe
청당동	Ch'ŏngdang-dong	Cheongdang-dong	청바지	ch'ŏngbaji	cheongbaji
청대	Ch'ŏngdae	Cheongdae	청백	ch'ŏngbaek	cheongbaek
청도	Ch'ŏngdo	Cheongdo	청백리	ch'ŏngbaengni	cheongbaengni
청도군	Ch'ŏngdo-gun	Cheongdo-gun	청백리들	ch'ŏngbaengnidŭl	cheongbaengnideul
청동	ch'ŏngdong	cheongdong	청보리	ch'ŏngbori	cheongbori
청동기	ch'ŏngdonggi	cheongdonggi	청봉	ch'ŏngbong	cheongbong
청동로	ch'ŏngdongno	cheongdongno	청부	ch'ŏngbu	cheongbu
청동제	ch'ŏngdongche	cheongdongje	청북	Ch'ŏngbuk	Cheongbuk
청두시	Ch'ŏngdu-si	Cheongdu-si	청빈	ch'ŏngbin	cheongbin
청라	ch'ŏngna	cheongna	청사	ch'ŏngsa	cheongsa
청람	ch'ŏngnam	cheongnam	청사진	ch'ŏngsajin	cheongsajin
청량	ch'ŏngnyang	cheongnyang	청사집	ch'ŏngsajip	cheongsajip
청량리	Ch'ŏngnyangni	Cheongnyangni	청산	ch'ŏngsan	cheongsan
청량사	Ch'ŏngnyangsa	Cheongnyangsa	청산군	Ch'ŏngsan-gun	Cheongsan-gun
청량산	Ch'ŏngnyangsan	Cheongnyangsan	청산리	Ch'ŏngsan-ni	Cheongsan-ri
청련사	Ch'ŏngnyŏnsa	Cheongnyeonsa	청산현	Ch'ŏngsan-hyŏn	Cheongsan-hyeon
청렴	ch'ŏngnyŏm	cheongnyeom	청상	Ch'ŏngsang	Cheongsang

한글 용례	ALA-LC Romanization	정부 표기안	한글 용례	ALA-LC Romanization	정부 표기안
청색	ch'ŏngsaek	cheongsaek	청운동	Ch'ŏngun-dong	Cheongun-dong
청색지	Ch'ŏngsaekchi	Cheongsaekji	청운리	Ch'ŏngun-ni	Cheongun-ri
청서	Chŏngsŏ	Cheongseo	청원	ch'ŏngwŏn	cheongwon
청석	Ch'ŏngsŏk	Cheongseok	청원군	Ch'ŏngwŏn-gun	Cheongwon-gun
청성	Ch'ŏngsŏng	Cheongseong	청원서	ch'ŏngwŏnsŏ	cheongwonseo
청성군	Ch'ŏngsŏng-gun	Cheongseong-gun	청월	ch'ŏngwŏl	cheongwol
청성동	Ch'ŏngsŏng-dong	Cheongseong-dong	청유	Ch'ŏngyu	Cheongyu
청성현	Ch'ŏngsŏng-hyŏn	Cheongseong-hyeon	청은	Ch'ŏngŭn	Cheongeun
청소	ch'ŏngso	cheongso	청음	Ch'ŏngŭm	Cheongeum
청소년	ch'ŏngsonyŏn	cheongsonyeon	청일	ch'ŏngil	cheongil
청소년기	ch'ŏngsonyŏn'gi	cheongsonyeongi	청자	ch'ŏngja	cheongja
청소년들	ch'ŏngsonyŏndŭl	cheongsonyeondeul	청장	ch'ŏngjang	cheongjang
청소년반	ch'ŏngsonyŏnban	cheongsonyeonban	청장관	Ch'ŏngjanggwan	Cheongjanggwan
청소년회	ch'ŏngsonyŏnhoe	cheongsonyeonhoe	청장년	ch'ŏngjangnyŏn	cheongjangnyeon
청소부	ch'ŏngsobu	cheongsobu	청전	Ch'ŏngjŏn	Cheongjeon
청송	Ch'ŏngsong	Cheongsong	청정	ch'ŏngjŏng	cheongjeong
청송군	Ch'ŏngsong-gun	Cheongsong-gun	청정리	Ch'ŏngjŏng-ni	Cheongjeong-ri
청송읍	Ch'ŏngsong-ŭp	Cheongsong-eup	청정성	ch'ŏngjŏngsŏng	cheongjeongseong
청송현	Ch'ŏngsong-hyŏn	Cheongsong-hyeon	청정한	ch'ŏngjŏnghan	cheongjeonghan
청수	Ch'ŏngsu	Cheongsu	청조사	Ch'ŏngjosa	Cheongjosa
청수암	Ch'ŏngsuam	Cheongsuam	청종	Ch'ŏngjong	Cheongjong
청신사	Ch'ŏngsinsa	Cheongsinsa	청주	Ch'ŏngju	Cheongju
청심	ch'ŏngsim	cheongsim	청주군	Ch'ŏngju-gun	Cheongju-gun
청십자	Ch'ŏngsipcha	Cheongsipja	청주대	Ch'ŏngjudae	Cheongjudae
청아	ch'ŏnga	cheonga	청주류	ch'ŏngjuryu	cheongjuryu
청악	Ch'ŏngak	Cheongak	청주목	Ch'ŏngjumok	Cheongju-mok
청안	Ch'ŏngan	Cheongan	청주시	Ch'ŏngju-si	Cheongju-si
청안군	Ch'ŏngan-gun	Cheongan-gun	청중	ch'ŏngjung	cheongjung
청안현	Ch'ŏngan-hyŏn	Cheongan-hyeon	청중들	ch'ŏngjungdŭl	cheongjungdeul
청암	Ch'ŏngam	Cheongam	청지	ch'ŏngji	cheongji
청암리	Ch'ŏngam-ni	Cheongam-ri	청지기	ch'ŏngjigi	cheongjigi
청암사	Ch'ŏngamsa	Cheongamsa	청직	ch'ŏngjik	cheongjik
청야	ch'ŏngya	cheongya	청진	ch'ŏngjin	cheongjin
청양	Ch'ŏngyang	Cheongyang	청진기	ch'ŏngjin'gi	cheongjingi
청양군	Ch'ŏngyang-gun	Cheongyang-gun	청천	Ch'ŏngch'ŏn	Cheongcheon
청양현	Ch'ŏngyang-hyŏn	Cheongyang-hyeon	청천강	Ch'ŏngch'ŏn'gang	Cheongcheongang
청어	Ch'ŏngŏ	Cheongeo	청초	ch'ŏngch'o	cheongcho
청어람	Ch'ŏngŏram	Cheongeoram	청춘	ch'ŏngch'un	cheongchun
청언	ch'ŏngŏn	cheongeon	청춘들	ch'ŏngch'undŭl	cheongchundeul
청연	ch'ŏngyŏn	cheongyeon	청출	ch'ŏngch'ul	cheongchul
청와대	Ch'ŏngwadae	Cheongwadae	청취	ch'ŏngch'wi	cheongchwi
청완	ch'ŏngwan	cheongwan	청탁	ch'ŏngt'ak	cheongtak
청우당	Ch'ŏngudang	Cheongudang	청탑	ch'ŏngt'ap	cheongtap
청운	ch'ŏngun	cheongun	청태	Ch'ŏngt'ae	Cheongtae
청운대	Ch'ŏngundae	Cheongundae	청태전	Ch'ŏngt'aejŏn	Cheongtaejeon

한글 용례	ALA-LC Romanization	정부 표기안	한글 용례	ALA-LC Romanization	정부 표기안
청파	Ch'ŏngp'a	Cheongpa	체념	ch'enyŏm	chenyeom
청평	Ch'ŏngp'yŏng	Cheongpyeong	체능	ch'enŭng	cheneung
청평사	Ch'ŏngp'yŏngsa	Cheongpyeongsa	체당금	ch'edanggŭm	chedanggeum
청평산	Ch'ŏngp'yŏngsan	Cheongpyeongsan	체대	ch'edae	chedae
청포	ch'ŏngp'o	cheongpo	체류	ch'eryu	cheryu
청포도	ch'ŏngp'odo	cheongpodo	체류기	ch'eryugi	cheryugi
청풍	ch'ŏngp'ung	cheongpung	체류자	ch'eryuja	cheryuja
청풍군	Ch'ŏngp'ung-gun	Cheongpung-gun	체르노빌	Ch'erŭnobil	Chereunobil
청하	ch'ŏngha	cheongha	체리	ch'eri	cheri
청하군	Ch'ŏngha-gun	Cheongha-gun	체벌	ch'ebŏl	chebeol
청하는	ch'ŏnghanŭn	cheonghaneun	체불	ch'ebul	chebul
청하자	Ch'ŏnghaja	Cheonghaja	체신	ch'esin	chesin
청하현	Ch'ŏngha-hyŏn	Cheongha-hyeon	체신국	Ch'esin'guk	Chesinguk
청학	Ch'ŏnghak	Cheonghak	체신부	Ch'esinbu	Chesinbu
청학동	Ch'ŏnghak-tong	Cheonghak-dong	체신성	Ch'esinsŏng	Chesinseong
청학사	Ch'ŏnghaksa	Cheonghaksa	체암	Ch'eam	Cheam
청한	ch'ŏnghan	cheonghan	체언	ch'eŏn	cheeon
청해	ch'ŏnghae	cheonghae	체온	ch'eon	cheon
청해진	Ch'ŏnghaejin	Cheonghaejin	체육	ch'eyuk	cheyuk
청향	Ch'ŏnghyang	Cheonghyang	체육계	ch'eyukkye	cheyukgye
청허	Ch'ŏnghŏ	Cheongheo	체육과	ch'eyukkwa	cheyukgwa
청헌	Ch'ŏnghŏn	Cheongheon	체육관	ch'eyukkwan	cheyukgwan
청현	Ch'ŏnghyŏn	Cheonghyeon	체육단	ch'eyuktan	cheyukdan
청호	Ch'ŏngho	Cheongho	체육사	ch'eyuksa	cheyuksa
청호동	Ch'ŏngho-dong	Cheongho-dong	체육성	Ch'eyuksŏng	Cheyukseong
청호리	Ch'ŏngho-ri	Cheongho-ri	체육학	ch'eyukhak	cheyukhak
청홍	ch'ŏnghong	cheonghong	체육회	ch'eyukhoe	cheyukhoe
청화	Ch'ŏnghwa	Cheonghwa	체이서	ch'eisŏ	cheiseo
청회	ch'ŏnghoe	cheonghoe	체인	ch'ein	chein
청회록	ch'ŏnghoerok	cheonghoerok	체인지	ch'einji	cheinji
체	ch'e	che	체자	ch'eja	cheja
체가	ch'ega	chega	체적	ch'ejŏk	chejeok
체감	ch'egam	chegam	체전	ch'ejŏn	chejeon
체감도	ch'egamdo	chegamdo	체제	ch'eje	cheje
체결	ch'egyŏl	chegyeol	체제기	ch'ejegi	chejegi
체결국	ch'egyŏlguk	chegyeolguk	체제론	ch'ejeron	chejeron
체결국들	ch'egyŏlguktŭl	chegyeolgukdeul	체제하	ch'ejeha	chejeha
체계	ch'egye	chegye	체제화	ch'ejehwa	chejehwa
체계별	ch'egyebyŏl	chegyebyeol	체조	ch'ejo	chejo
체계적	ch'egyejŏk	chegyejeok	체질	ch'ejil	chejil
체계화	ch'egyehwa	chegyehwa	체질과	ch'ejilkwa	chejilgwa
체관	Ch'egwan	Chegwan	체질론	ch'ejillon	chejillon
체급	ch'egŭp	chegeu	체질별	ch'ejilbyŏl	chejilbyeol
체납	ch'enap	chenap	체찰	ch'ech'al	chechal
체납세	ch'enapse	chenapse	체찰사	Ch'ech'alsa	Chechalsa

한글 용례	ALA-LC Romanization	정부 표기안	한글 용례	ALA-LC Romanization	정부 표기안
체커	ch'ek'ŏ	chekeo	초년생	ch'onyŏnsaeng	chonyeonsaeng
체코	Ch'ek'o	Cheko	초당	Ch'odang	Chodang
체크	ch'ek'ŭ	chekeu	초당동	Ch'odang-dong	Chodang-dong
체크리스트	ch'ek'ŭlisŭt'ŭ	chekeuriseuteu	초대	ch'odae	chodae
체포	ch'ep'o	chepo	초대석	ch'odaesŏk	chodaeseok
체포령	ch'ep'oryŏng	cheporyeong	초대소	ch'odaeso	chodaeso
체험	ch'ehŏm	cheheom	초대전	ch'odaejŏn	chodaejeon
체험기	ch'ehŏmgi	cheheomgi	초대형	ch'odaehyŏng	chodaehyeong
체험자	ch'ehŏmja	cheheomja	초도	ch'odo	chodo
체험적	ch'ehŏmjŏk	cheheomjeok	초동	ch'odong	chodong
체험형	ch'ehŏmhyŏng	cheheomhyeong	초등	ch'odŭng	chodeung
체현	ch'ehyŏn	chehyeon	초등과	ch'odŭngkwa	chodeunggwa
체훈	ch'ehun	chehun	초등생	ch'odŭngsaeng	chodeungsaeng
처도	ch'yŏdo	chyeodo	초등용	ch'odŭngyong	chodeungyong
처라	ch'yŏra	chyeora	초라한	ch'orahan	chorahan
초	ch'o	cho	초량	Ch'oryang	Choryang
초가	ch'oga	choga	초려	Ch'oryŏ	Choryeo
초가집	ch'ogajip	chogajip	초로	ch'oro	choro
초간	ch'ogan	chogan	초록	ch'orok	chorok
초간독	ch'ogandok	chogandok	초록리	Ch'orong-ni	Chorok-ri
초간본	ch'oganbon	choganbon	초록집	ch'orokchip	chorokjip
초간집	ch'oganjip	choganjip	초롱	ch'orong	chorong
초감제	ch'ogamje	chogamje	초롱불	ch'orongpul	chorongbul
초개책	ch'ogaech'aek	chogaechaek	초료	ch'oryo	choryo
초겨울	ch'ogyŏul	chogyeoul	초립	ch'orip	chorip
초계	Ch'ogye	Chogye	초면	ch'omyŏn	chomyeon
초계군	Ch'ogye-gun	Chogye-gun	초목	ch'omok	chomok
초고	ch'ogo	chogo	초무	Ch'omu	Chomu
초고령	ch'ogoryŏng	chogoryeong	초미	ch'omi	chomi
초고속	ch'ogosok	chogosok	초민족	ch'ominjok	chominjok
초곡	Ch'ogok	Chogok	초배	ch'obae	chobae
초곡리	Ch'ogong-ni	Chogok-ri	초벌	ch'obŏl	chobeol
초곤	Ch'ogon	Chogon	초보	ch'obo	chobo
초공	Ch'ogong	Chogong	초보자	ch'oboja	choboja
초과	ch'ogwa	chogwa	초복	ch'obok	chobok
초관	Ch'ogwan	Chogwan	초본류	ch'obonnyu	chobollyu
초국가적	ch'ogukkajŏk	chogukgajeok	초봉	ch'obong	chobong
초국경	ch'ogukkyŏng	chogukgyeong	초분	ch'obun	chobun
초국적	ch'ogukchŏk	chogukjeok	초빙전	ch'obingjŏn	chobingjeon
초군	ch'ogun	chogun	초빛	ch'obit	chobit
초궁	ch'ogung	chogung	초사	Ch'osa	Chosa
초급	ch'ogŭp	chogeup	초산	ch'osan	chosan
초급대	ch'ogŭptae	chogeupdae	초산군	Ch'osan-gun	Chosan-gun
초기	ch'ogi	chogi	초상	ch'osang	chosang
초기업	ch'ogiŏp	chogieop	초상권	ch'osangkwŏn	chosanggwon

한글 용례	ALA-LC Romanization	정부 표기안	한글 용례	ALA-LC Romanization	정부 표기안
초상화	ch'osanghwa	chosanghwa	초지진	Ch'ojijin	Chojijin
초생달	ch'osaengtal	chosaengdal	초직	Ch'ojik	Chojik
초서	ch'osŏ	choseo	초창기	ch'och'anggi	chochanggi
초서체	ch'osŏch'e	choseoche	초책	ch'och'aek	chochaek
초석	ch'osŏk	choseok	초천	Ch'och'ŏn	Chocheon
초선	ch'osŏn	choseon	초청	ch'och'ŏng	chocheong
초시	ch'osi	chosi	초청전	ch'och'ŏngjŏn	chocheongjeon
초식	ch'osik	chosik	초촌리	Ch'och'on-ni	Chochon-ri
초심	ch'osim	chosim	초촌면	Ch'och'on-myŏn	Chochon-myeon
초심자	ch'osimja	chosimja	초추	Ch'och'u	Chochu
초안	ch'oan	choan	초코파이	ch'ok'op'ai	chokopai
초약	ch'oyak	choyak	초토	ch'ot'o	choto
초여인	ch'oyŏin	choyeoin	초특급	ch'ot'ŭkkŭp	choteukgeup
초연	ch'oyŏn	choyeon	초파일	Ch'op'ail	Chopail
초연결	ch'oyŏn'gyŏl	choyeongyeol	초판	ch'op'an	chopan
초옥	ch'ook	chook	초판본	ch'op'anbon	chopanbon
초우	ch'ou	chou	초팔국	Ch'op'alguk	Chopalguk
초우량	ch'ouryang	chouryang	초평	Ch'op'yŏng	Chopyeong
초원	ch'owŏn	chowon	초포	Ch'op'o	Chopo
초월	ch'owŏl	chowol	초포리	Ch'op'o-ri	Chopo-ri
초위선	ch'owisŏn	chowiseon	초하	ch'oha	choha
초은	Ch'oŭn	Choeun	초학	ch'ohak	chohak
초음속	ch'oŭmsok	choeumsok	초학용	ch'ohagyong	chohagyong
초음파	ch'oŭmp'a	choeumpa	초한전	Ch'o-Hanjŏn	Cho-Hanjeon
초의	Ch'oŭi	Choui	초해	ch'ohae	chohae
초인	ch'oin	choin	초헌관	ch'ohŏn'gwan	choheongwan
초일류	ch'oillyu	choillyu	초혼	ch'ohon	chohon
초자	ch'oja	choja	초혼가	ch'ohon'ga	chohonga
초장	ch'ojang	chojang	초화	ch'ohwa	chohwa
초저금리	ch'ojŏgŭmni	chojeogeumni	촉	ch'ok	chok
초적	Ch'ojŏk	Chojeok	촉각	ch'okkak	chokgak
초전	ch'ojŏn	chojeon	촉구	ch'okku	chokgu
초정	Ch'ojŏng	Chojeong	촉막	Ch'ongmak	chokmak
초정리	Ch'ojŏng-ni	Chojeong-ri	촉매	ch'ongmae	chongmae
초정밀	ch'ojŏngmil	chojeongmil	촉사	ch'oksa	choksa
초조	ch'ojo	chojo	촉석	ch'oksŏk	chokseok
초조본	ch'ojobon	chojobon	촉석루	Ch'oksŏngnu	Chokseongnu
초존	ch'ojon	chojon	촉성	ch'oksŏng	chokseong
초주	ch'oju	choju	촉지	ch'okchi	chokji
초중	ch'ojung	chojung	촉진	ch'okchin	chokjin
초중등	ch'ojungdŭng	chojungdeung	촉진법	ch'okchinpŏp	chokjinbeop
초중학교	ch'ojunghakkyo	chojunghakgyo	촉한	Ch'ok'an	Chokhan
초지	cho'ji	choji	촌	ch'on	chon
초지능	ch'ojinŭng	chojineung	촌가	ch'on'ga	chonga
초지리	Ch'oji-ri	Choji-ri	촌급	ch'onkŭp	chongeup

한글 용례	ALA-LC Romanization	정부 표기안	한글 용례	ALA-LC Romanization	정부 표기안
촌놈	ch'onnom	chonnom	총련	ch'ongnyŏn	chongnyeon
촌놈들	ch'onnomdŭl	chonnomdeul	총련맹	ch'ongnyŏnmaeng	chongnyeonmaeng
촌담	ch'ondam	chondam	총련합회	ch'ongyŏnhaphoe	chongnyeonhapoe
촌락	ch'ollak	chollak	총로선	ch'ongnosŏn	chongnoseon
촌락사	ch'ollaksa	chollaksa	총록	ch'ongnok	chongnok
촌민	ch'onmin	chonmin	총론	ch'ongnon	chongnon
촌백성	ch'onbaeksŏng	chonbaekseong	총류	ch'ongnyu	chongnyu
촌사람	ch'onsaram	chonsaram	총리	ch'ongni	chongni
촌장	ch'onjang	chonjang	총리실	Ch'ongnisil	chongnisil
촌정	Ch'onjŏng	Chonjeong	총림	ch'ongnim	chongnim
촌주	ch'onju	chonju	총망라	ch'ongmangna	chongmangna
촌지	ch'onji	chonji	총명	ch'ongmyŏng	chongmyeong
촌철	ch'onch'ŏl	choncheol	총목	ch'ongmok	chongmok
촌티	ch'ont'i	chonti	총목록	ch'ongmongnok	chongmongnok
촐몬	Ch'olmon	Cholmon	총목차	ch'ongmokch'a	chongmokcha
촛불	ch'otpul	chotbul	총무	ch'ongmu	chongmu
촛불팀	ch'otpult'im	chotbultim	총무국	ch'ongmuguk	chongmuguk
총	ch'ong	chong	총무당	ch'ongmudang	chongmudang
총각	ch'onggak	chonggak	총무부	ch'ongmubu	chongmubu
총간	ch'onggan	chonggan	총무원	Ch'ongmuwŏn	chongmuwon
총감	Ch'onggam	Chonggam	총무처	Ch'ongmuch'ŏ	Chongmucheo
총감독	ch'onggamdok	chonggamdok	총반격	ch'ongban'gyŏk	chongbangyeok
총감부	Ch'onggambu	Chonggambu	총보	ch'ongbo	chongbo
총계	ch'onggye	chonggye	총보사	ch'ongbosa	chongbosa
총고	ch'onggo	chonggo	총본부	ch'ongbonbu	chongbonbu
총공세	ch'onggongse	chonggongse	총본산	ch'ongbonsan	chongbonsan
총관	ch'onggwan	chonggwan	총본집	ch'ongbonjip	chongbonjip
총괄	ch'onggwal	chonggwal	총부	ch'ongbu	chongbu
총괄반	ch'onggwalban	chonggwalban	총비서	ch'ongbisŏ	chongbiseo
총괄팀	ch'onggwalt'im	chonggwaltim	총사	ch'ongsa	chongsa
총구	ch'ongku	chonggu	총사령	ch'ongsaryŏng	chongsaryeong
총국	ch'ongguk	chongguk	총사령부	ch'ongsaryŏngbu	chongsaryeongbu
총논	ch'ongnon	chongnon	총살	ch'ongsal	chongsal
총단결	ch'ŏngdan'gyŏl	chongdangyeol	총상	ch'ongsang	chongsang
총도	ch'ongdo	chongdo	총색인표	ch'ongsaeginp'yo	chongsaeginpyo
총독	ch'ongdok	chongdok	총생산	ch'ongseangsan	chongsaengsan
총독부	Ch'ongdokpu	Chongdokbu	총서	ch'ongsŏ	chongseo
총동맹	ch'ongtongmaeng	chongdongmaeng	총선	ch'ongsŏn	chongseon
총동원	ch'ongdongwŏn	chongdongwon	총선거	ch'ongsŏn'gŏ	chongseongeo
총동창회	ch'ongdongch'anghoe	chongdongchanghoe	총설	ch'ongsŏl	chongseol
총람	ch'ongnam	chongnam	총성	ch'ongsŏng	chongseong
총람도	ch'ongnamdo	chongnamdo	총소리	ch'ongsori	chongsori
총람집	ch'ongnamjip	chongnamjip	총쇄록	Ch'ongswaerok	chongswaerok
총량	ch'ongnyang	chongnyang	총수	ch'ongsu	chongsu
총력	ch'ongnyŏk	chongnyeok	총수들	ch'ongsudŭl	chongsudeul

한글 용례	ALA-LC Romanization	정부 표기안	한글 용례	ALA-LC Romanization	정부 표기안
총수록	ch'ongsurok	chongsurok	총회록	ch'onghoerok	chonghoerok
총수입	ch'ongsuip	chongsuip	총후진	ch'onghujin	chonghujin
총신	Ch'ongsin	Chongsin	촬	ch'wal	chwal
총신대	Ch'ongsindae	Chongsindae	촬영	ch'waryŏng	chwaryeong
총액	ch'ongaek	chongaek	촬영가	ch'waryŏngga	chwaryeongga
총액제	ch'ongaekche	chongaekje	촬영사	ch'waryŏngsa	chwaryeongsa
총연	ch'ongnyŏn	chongyeon	촬영소	ch'waryŏngso	chwaryeongso
총연맹	ch'ongyŏnmaeng	chongyeonmaeng	촬요	ch'waryo	chwaryo
총연합	ch'ongyŏnhap	chongyeonhap	최	Ch'oe	Choe
총연합회	ch'ongyŏnhaphoe	chongyeonhaphoe	최강	ch'oegang	choegang
총영사	ch'ongnyŏngsa	chongyeongsa	최고	ch'oego	choego
총영사관	ch'ongnyŏngsagwan	chongyeongsagwan	최고봉	ch'oegobong	choegobong
총옥	ch'ongok	chongok	최근세	ch'oegŭnse	choegeunse
총요소	ch'ongyoso	chongyoso	최근세사	ch'oegŭnsesa	choegeunsesa
총원	ch'ongwŏn	chongwon	최근첩	ch'oegŭnch'ŏp	choegeuncheop
총장	ch'ongjang	chongjang	최남단	ch'oenamdan	choenamdan
총재	ch'ongjae	chongjae	최대	ch'oedae	choedae
총재님	ch'ongjaenim	chongjaenim	최대치	ch'oedaech'i	choedaechi
총정리	ch'ongjŏngni	chongjeongni	최동단	ch'oedongdan	choedongdan
총정치국	ch'ongjŏngch'iguk	chongjeongchiguk	최면	ch'oemyŏn	choemyeon
총조사	ch'ongjosa	chongjosa	최면술	ch'oemyŏnsul	choemyeonsul
총지	Ch'ongji	Chongji	최빈	ch'oebin	choebin
총진	Ch'ongjin	Chongjin	최빈국	ch'oebin'guk	choebinguk
총진군	ch'ongjin'gun	Chongjin-gun	최상	ch'oesang	choesang
총집	ch'ongjip	chongjip	최선	ch'oesŏn	choeseon
총참모부	ch'ongch'ammobu	chongchammobu	최신	ch'oesin	choesin
총체	ch'ongch'e	chongche	최신판	ch'oesinp'an	choesinpan
총체적	ch'ongch'ejŏk	chongchejeok	최악	ch'oeak	choeak
총체학	ch'ongch'ehak	chongchehak	최우선	ch'oeusŏn	choeuseon
총초	ch'ongch'o	chongcho	최우수	ch'oeusu	choeusu
총통	ch'ongt'ong	chongtong	최장편	ch'oejangp'yŏn	choejangpyeon
총투쟁	ch'ongt'ujaeng	chongtujaeng	최저	ch'oejŏ	choejeo
총파업	ch'ongp'aŏp	chongpaeop	최적	ch'oejŏk	choejeok
총판	ch'ongp'an	chongpan	최적성	ch'oejŏksŏng	choejeokseong
총판처	ch'ongp'anch'ŏ	chongpancheo	최적화	ch'oejŏkhwa	choejeokhwa
총편찬	ch'ongp'yŏnch'an	chongpyeonchan	최전선	ch'oejŏnsŏn	choejeonseon
총포	ch'ongp'o	chongpo	최전성기	ch'oejŏnsŏnggi	choejeonseonggi
총학생회	ch'onghaksaenghoe	chonghaksaenghoe	최종	ch'oejong	choejong
총합	ch'onghap	chonghap	최찬집	ch'oech'anjip	choechanjip
총해	ch'onghae	chonghae	최첨단	ch'oech'ŏmdan	choecheomdan
총협회	ch'onghyŏphoe	chonghyeobhoe	최초	ch'oech'o	choecho
총형	ch'onghyŏng	chonghyeong	최후	ch'oehu	choehu
총화	ch'onghwa	chonghwa	추	ch'u	chu
총활약	ch'onghwaryak	chonghwaryak	추강	Ch'ugang	Chugang
총회	ch'onghoe	chonghoe	추거	Ch'ugŏ	Chugeo

한글 용례	ALA-LC Romanization	정부 표기안	한글 용례	ALA-LC Romanization	정부 표기안
추격	ch'ugyŏk	chugyeok	추밀	Ch'umil	chumil
추격형	ch'ugyŏkhyŏng	chugyeokheong	추밀원	Ch'umirwŏn	Chumirwon
추경	ch'ugyŏng	chugyeong	추방	ch'ubang	chubang
추계	ch'ugye	chugye	추범	ch'ubŏm	chubeom
추고	ch'ugo	chugo	추보	Ch'ubo	Chubo
추곡리	Ch'ugong-ni	Chugok-ri	추봉	Ch'ubong	Chubong
추곡천	Ch'ugokch'ŏn	Chugokcheon	추분	Ch'ubun	Chubun
추관	Ch'ugwan	Chugwan	추비	ch'ubi	chubi
추관지	Ch'ugwanji	Chugwanji	추사	Ch'usa	Chusa
추구	ch'ugu	chugu	추사가	Ch'usaga	Chusaga
추국	ch'uguk	chuguk	추사체	Ch'usach'e	Chusache
추금록	ch'ugŭmnok	chugeumnok	추사파	Ch'usap'a	Chusapa
추기경	ch'ugigyŏng	chugigyeong	추산	ch'usan	chusan
추남	ch'unam	chunam	추살	ch'usal	chusal
추녀	ch'unyŏ	chunyeo	추상	ch'usang	chusang
추념	ch'unyŏm	chunyeom	추상주의	ch'usangjuŭi	chusangjuui
추는	ch'unŭn	chuneun	추서	ch'usŏ	chuseo
추단	Ch'udan	Chudan	추석	Ch'usŏk	Chuseok
추담	Ch'udam	Chudam	추성	Ch'usŏng	Chuseong
추당	Ch'udang	Chudang	추세	ch'use	chuse
추도	ch'udo	chudo	추세선	ch'usesŏn	chuseseon
추도사	ch'udosa	chudosa	추쇄	ch'uswae	chuswae
추도회	ch'udohoe	chudohoe	추수	ch'usu	chusu
추동	ch'udong	chudong	추수기	ch'usugi	chusugi
추락	ch'urak	churak	추수밭	ch'usubat	chusubat
추려	ch'uryŏ	churyeo	추승	Ch'usung	Chusung
추려서	ch'uryŏsŏ	churyeoseo	추신	ch'usin	chusin
추록	ch'urok	churok	추실	Ch'usil	Chusil
추릉리	Ch'urŭng-ni	Chureung-ri	추심	ch'usim	chusim
추리	ch'uri	churi	추악	ch'uak	chuak
추리극	ch'urigŭk	churigeuk	추악	ch'uak	chuak
추며	ch'umyŏ	chumyeo	추악상	ch'uaksang	chuaksang
추면서	ch'umyŏnsŏ	chumyeoseo	추안	ch'uan	chuan
추명설	ch'umyŏngsŏl	chumyeongseol	추암	Ch'uam	Chuam
추명학	Ch'umyŏnghak	Chumyeonghak	추암동	Ch'uam-dong	Chuam-dong
추모	ch'umo	chumo	추앙	ch'uang	chuang
추모경	ch'umogyŏng	chumogyeong	추어라	ch'uŏra	chueora
추모록	ch'umorok	chumorok	추억	ch'uŏk	chueok
추모문	ch'umomun	chumomun	추었다	ch'uŏtta	chueotda
추모비	ch'umobi	chumobi	추역군	Ch'uyŏk-kun	Chuyeok-gun
추모전	ch'umojŏn	chumojeon	추연	Ch'uyŏn	Chuyeon
추모집	ch'umojip	chumojip	추영	Ch'uyŏng	Chuyeong
추몽	Ch'umong	Chumong	추우	Ch'uu	Chuu
추문	ch'umun	chumun	추원	Ch'uwŏn	Chuwon
추미	Ch'umi	chumi	추원사	ch'uwonsa	Chuwonsa

한글 용례	ALA-LC Romanization	정부 표기안	한글 용례	ALA-LC Romanization	정부 표기안
추월	ch'uwŏl	chuwol	추함	ch'uham	chuham
추이	ch'ui	chui	추호	ch'uho	chuho
추인	ch'uin	chuin	추후	ch'uhu	chuhu
추자	ch'uja	chuja	축	ch'uk	chuk
추자도	Ch'ujado	Chujado	축가	ch'ukka	chukga
추자면	Ch'uja-myŏn	Chuja-myeon	축구	ch'ukku	chukgu
추재	Ch'ujae	Chujae	축구전	ch'ukkujŏn	chukgujeon
추적	ch'ujŏk	chujeok	축국	ch'ukkuk	chukguk
추적기	ch'ujŏkki	chujeokgi	축도	ch'ukto	chukdo
추적記	ch'ujŏkki	chujeokgi	축문	ch'ungmun	chungmun
추적자	ch'ujŏkcha	chujeokja	축복	ch'ukpok	chukbok
추적자들	ch'ujŏkchadŭl	chujeokjadeul	축사	ch'uksa	chuksa
추전리	Ch'ujŏn-ni	Chujeon-ri	축산	ch'uksan	chuksan
추정	ch'ujŏng	chujeong	축산면	Ch'uksan-myŏn	Chuksan-myeon
추정지	ch'ujŏngji	chujeongji	축산물	ch'uksanmul	chuksanmul
추조	Ch'ujo	Chujo	축산업	ch'uksanŏp	chuksaneop
추존	ch'ujon	chujon	축산인	ch'uksanin	chuksanin
추종	ch'ujong	chujong	축성	ch'uksŏng	chukseong
추종자	ch'ujongja	chujongja	축성록	ch'uksŏngnok	chukseongnok
추종자들	ch'ujongjadŭl	chujongjadeul	축성사	Ch'uksŏngsa	Chukseongsa
추증	ch'ujŭng	chujeung	축소	ch'ukso	chukso
추지	ch'uji	chuji	축쇄판	ch'ukswaep'an	chukswaepan
추진	ch'ujin	chujin	축수	ch'uksu	chuksu
추진기	ch'ujin'gi	chujingi	축수산업	ch'uksusanŏp	chuksusaneop
추진단	ch'ujindan	chujindan	축시	ch'uksi	chuksi
추진회	ch'ujinhoe	chujinhoe	축원	ch'ugwŏn	chugwon
추징	ch'ujing	chujing	축원문	ch'ugwŏnmun	chugwonmun
추천	ch'uch'ŏn	chucheon	축은	ch'ugŭn	chugeun
추천인	ch'uch'ŏnin	chucheonin	축음	ch'ugŭm	chugeum
추첨	ch'uch'ŏm	chucheom	축음기	ch'ugŭmgi	chugeumgi
추첨제	ch'uch'ŏmje	chucheomje	축재	ch'ukchae	chukjae
추출	ch'uch'ul	chuchul	축적	ch'ukchŏk	chukjeok
추출물	ch'uch'ulmul	chuchulmul	축전	ch'ukchŏn	chukjeon
추측	ch'uch'ŭk	chucheuk	축제	ch'ukche	chukje
추커	ch'uk'yŏ	chukyeo	축제성	ch'ukchesŏng	chukjeseong
추탄	Ch'ut'an	Chutan	축조	ch'ukcho	chukjo
추파	ch'up'a	chupa	축지	ch'ukchi	chukji
추판	Ch'up'an	Chupan	축차	ch'ukch'a	chukcha
추포	ch'up'o	chupo	축첩제	ch'ukch'ŏpche	chukcheopje
추포도	ch'up'odo	chupodo	축출	ch'ukch'ul	chukchul
추포사	Ch'up'osa	Chuposa	축포	ch'ukp'o	chukpo
추풍	ch'up'ung	chupung	축하	ch'ukha	chukha
추풍령	Ch'up'ungnyŏng	Chupungnyeong	춘	ch'un	chun
추풍사	Ch'up'ungsa	Chupungsa	춘간	Ch'un'gan	Chungan
추학	ch'uhak	chuhak	춘강	Ch'un'gang	Chungang

한글 용례	ALA-LC Romanization	정부 표기안	한글 용례	ALA-LC Romanization	정부 표기안
춘경	Ch'un'gyŏng	Chungyeong	춘향가	Ch'unhyangga	Chunhyangga
춘계	ch'un'gye	chungye	춘향사	Ch'unyangsa	Chunhyangsa
춘고	Ch'un'go	Chungo	춘향제	Ch'unhyangje	Chunhyangje
춘곡	Ch'un'gok	Chungok	춘화	ch'unhwa	chunhwa
춘관	Ch'un'gwan	Chungwan	춘희	ch'unhŭi	chunhui
춘관지	Ch'un'gwanji	Chungwanji	출	ch'ul	chul
춘광	ch'un'gwang	chungwang	출가	ch'ulga	chulga
춘교	Ch'un'gyo	Chungyo	출간	ch'ulgan	chulgan
춘궁	ch'un'gung	chungung	출격	ch'ulgyŏk	chulgyeok
춘궁기	ch'un'gunggi	chungunggi	출구	ch'ulgu	chulgu
춘궁리	Ch'un'gung-ni	Chungung-ri	출근	ch'ulgŭn	chulgeun
춘다	ch'unda	chunda	출근부	ch'ulgŭnbu	chulgeunbu
춘당	Ch'undang	Chundang	출납	ch'ullap	chullap
춘대	ch'undae	chundae	출납국	ch'ullapkuk	chullapguk
춘면곡	Ch'unmyŏn'gok	Chunmyeongok	출납사	ch'ullapsa	chullapsa
춘명	Ch'unmyŏng	Chunmyeong	출두	ch'ultu	chuldu
춘분	Ch'unbun	Chunbun	출로	ch'ullo	chullo
춘산	Ch'unsan	Chunsan	출마	ch'ulma	chulma
춘선	ch'unsŏn	chunseon	출마기	ch'ulmagi	chulmagi
춘성	Ch'unsŏng	Chunseong	출발	ch'ulbal	chulbal
춘성군	Ch'unsŏng-gun	Chunseong-gun	출발선	ch'ulbalsŏn	chulbalseon
춘소	ch'unso	chunso	출발점	ch'ulbalchŏm	chulbaljeom
춘암	Ch'unam	Chunam	출범	ch'ulbŏm	chulbeom
춘앵전	Ch'unaengjŏn	Chunaengjeon	출병	ch'ulbyŏng	chulbyeong
춘외춘	Ch'unoech'un	Chunoechun	출사	ch'ulsa	chulsa
춘원	Ch'unwŏn	Chunwon	출산	ch'ulsan	chulsan
춘위	Ch'unwi	Chunwi	출산력	ch'ulsallyŏk	chulsannyeok
춘자	ch'unja	chunja	출산율	ch'ulsanyul	chulsanyul
춘절	ch'unjŏl	chunjeol	출생	ch'ulsaeng	chulsaeng
춘정	ch'unjŏng	chunjeong	출세	ch'ulse	chulse
춘주	Ch'unju	Chunju	출세기	ch'ulsegi	chulsegi
춘천	Ch'unch'ŏn	Chuncheon	출소	ch'ulso	chulso
춘천군	Ch'unch'ŏn-gun	Chuncheon-gun	출신	ch'ulsin	chulsin
춘천시	Ch'unch'ŏn-si	Chuncheon-si	출신국	ch'ulsin'guk	chulsinguk
춘천현	Ch'unch'ŏn-hyŏn	Chuncheon-hyeon	출연	ch'uryŏn	churyeon
춘추	ch'unch'u	chunchu	출연금	ch'uryŏn'gŭm	churyeongeum
춘추각	Ch'unch'ugak	Chunchugak	출연자	ch'uryŏnja	churyeonja
춘추관	Ch'unch'ugwan	Chunchugwan	출옥	ch'urok	churok
춘추사	Ch'unch'usa	Chunchusa	출운	ch'urun	churun
춘추재	Ch'unch'ujae	Chunchujae	출원	ch'urwŏn	churwon
춘포	ch'unp'o	chunpo	출유	ch'uryu	churyu
춘풍	ch'unp'ung	chunpung	출입	ch'urip	churip
춘하	Ch'unha	Chunha	출입국	ch'uripkuk	churipguk
춘해	Ch'unhae	Chunhae	출입표	ch'uripp'yo	churippyo
춘향	Ch'unhyang	Chunhyang	출자	ch'ulcha	chulja

한글 용례	ALA-LC Romanization	정부 표기안	한글 용례	ALA-LC Romanization	정부 표기안
출장	ch'ulchang	chuljang	충녕	Ch'ungnyŏng	Chungnyeong
출정	ch'ulchŏng	chuljeong	충녕군	Ch'ungnyŏnggun	Chungnyeonggun
출제	ch'ulche	chulje	충달	Ch'ungdal	Chungdal
출중입표	ch'ulchungipp'yo	chuljungippyo	충담	Ch'ungdam	Chungdam
출처	ch'ulch'ŏ	chulcheo	충당	ch'ungdang	chungdang
출토	ch'ult'o	chulto	충돌	ch'ungdol	chungdol
출토품	ch'ult'op'um	chultopum	충동	ch'ungdong	chungdong
출판	ch'ulp'an	chulpan	충동들	ch'ungdongdŭl	chungdongdeul
출판계	ch'ulp'angye	chulpangye	충량	Ch'ungnyang	Chungnyang
출판국	ch'ulp'an'guk	chulpanguk	충렬	Ch'ungnyŏl	Chungnyeol
출판권	ch'ulp'ankwŏn	chulpangwon	충렬공	Ch'ungnyŏlgong	Chungnyeolgong
출판론	ch'ulp'annon	chulpannon	충렬록	Ch'ungnyŏllok	Chungnyeollok
출판물	ch'ulp'anmul	chulpanmul	충렬사	Ch'ungnyŏlsa	Chungnyeolsa
출판법	ch'ulp'anpŏp	chulpanbeop	충류	ch'ungnyu	chungnyu
출판본	ch'ulp'anbon	chulpanbon	충만	ch'ungman	chungman
출판부	ch'ulp'anbu	chulpanbu	충무	Ch'ungmu	Chungmu
출판사	ch'ulp'ansa	chulpansa	충무공	Ch'ungmugong	Chungmugong
출판소	ch'ulp'anso	chulpanso	충무사	Ch'ungmusa	Chungmusa
출판업	ch'ulp'anŏp	chulpaneop	충무시	Ch'ungmu-si	Chungmu-si
출판업계	ch'ulp'anŏpkye	chulpaneopgye	충문	Ch'ungmun	Chungmun
출판원	ch'ulp'anwŏn	chulpanwon	충민	Ch'ungmin	Chungmin
출판인	ch'ulp'anin	chulpanin	충보	Ch'ungbo	Chungbo
출판주의자	ch'ulp'anjuŭija	chulpanjuuija	충복	ch'ungbok	chungbok
출판처	ch'ulp'anch'ŏ	chulpancheo	충부	Ch'ungbu	Chungbu
출판팀	ch'ulp'ant'im	chulpantim	충북	Ch'ungbuk	Chungbuk
출판화	ch'ulp'anhwa	chulpanhwa	충북대	Ch'ungbuktae	Chungbukdae
출품	ch'ulp'um	chulpum	충북연	Ch'ungbugyŏn	Chungbugyeon
출항	ch'urhang	chulhang	충북학	Ch'ungbukhak	Chungbukhak
출향	ch'urhyang	chulhyang	충분	ch'ungbun	chungbun
출향인	ch'urhyangin	chulhyangin	충선	Ch'ungsŏn	Chungseon
출현	ch'urhyŏn	chulhyeon	충성	ch'ungsŏng	chungseong
출혈	ch'urhyŏl	chulhyeol	충숙	Ch'ungsuk	Chungsuk
춤	ch'um	chum	충순	Ch'ungsun	Chungsun
춤꾼	ch'umkkun	chumkkun	충순현	Ch'ungsun-hyŏn	Chungsun-hyeon
춤꾼들	chumkkundŭl	chumkkundeul	충신	ch'ungsin	chungsin
춤사위	ch'umsawi	chumsawi	충신들	ch'ungsindŭl	chungsindeul
춥게	ch'upke	chupge	충신리	Ch'ungsin-ni	Chungsin-ri
충	ch'ung	chung	충실	ch'ungsil	chungsil
충간공	Ch'unggan'gong	Chunggangong	충실성	ch'ungsilsŏng	chungsilseong
충격	ch'unggyŏk	chunggyeok	충심	ch'ungsim	chungsim
충격적	ch'unggyŏkchŏk	chunggyeokjeok	충암	Ch'ungam	Chungam
충고	ch'unggo	chunggo	충역	ch'ungyŏk	chungyeok
충군	ch'unggun	chunggun	충열	Ch'ungyŏl	Chungyeol
충남	Ch'ungnam	Chungnam	충영	Ch'ungyŏng	Chungyeong
충남대	Ch'ungnamdae	Chungnamdae	충원	ch'ungwŏn	chungwon

한글 용례	ALA-LC Romanization	정부 표기안	한글 용례	ALA-LC Romanization	정부 표기안
충원군	Ch'ungwŏn'gun	Chungwon-gun	취득	ch'widŭk	chwideuk
충원현	Ch'ungwŏn-hyŏn	Chungwon-hyeon	취득세	ch'widŭkse	chwideukse
충의	Ch'ungŭi	Chungui	취득자	ch'widŭkcha	chwideukja
충의록	ch'ungŭirok	chunguirok	취득제	ch'widŭkche	chwideukje
충의사	Ch'ungŭisa	Chunguisa	취락	ch'wirak	chwirak
충장	Ch'ungjang	Chungjang	취락지	chwirakchi	chwirakji
충재	Ch'ungjae	Chungjae	취록	ch'wirok	chwirok
충적	ch'ungjŏk	chungjeok	취리산	Ch'wirisan	Chwirisan
충전	ch'ungjŏn	chungjeon	취명	ch'wimyŏng	chwimyeong
충전소	ch'ungjŏnso	chungjeonso	취무	ch'wimu	chwimu
충절	ch'ungjŏl	chungjeol	취미	ch'wimi	chwimi
충정	Ch'ungjŏng	Chungjeong	취산	Ch'wisan	Chwisan
충정공	Ch'ungjŏnggong	Chungjeonggong	취산군	Ch'wisan-gun	Chwisan-gun
충족	ch'ungjok	chungjok	취성	Ch'wisŏng	Chwiseong
충주	Ch'ungju	chungju	취소	ch'wiso	chwiso
충주군	Ch'ungju-gun	Chungju-gun	취송	Ch'wisong	Chwisong
충주목	Ch'ungjumok	Chungju-mok	취수	ch'wisu	chwisu
충주시	Ch'ungju-si	Chungju-si	취악	ch'wiak	chwiak
충지	Ch'ungji	Chungji	취암	Ch'wiam	Chwiam
충청	Ch'ungch'ŏng	Chungcheong	취약	ch'wiyak	chwiyak
충청남도	Ch'ungch'ŏng-namdo	Chungcheongnam-do	취약국	ch'wiyakkuk	chwiyakguk
충청대	Ch'ungch'ŏngdae	Chungcheongdae	취약도	ch'wiyakto	chwiyakdo
충청도	Ch'ungch'ŏng-do	Chungcheong-do	취약성	ch'wiyaksŏng	chwiyakseong
충청북도	Ch'ungch'ŏng-bukto	Chungcheongbuk-do	취약지	ch'wiyakchi	chwiyakji
충청우도	Ch'ungch'ŏng-udo	Chungcheongu-do	취업	ch'wiŏp	chwieopja
충청좌도	Ch'ungch'ŏng-jwado	Chungcheongjwa-do	취업력	ch'wiŏmnyŏk	chwieomnyeok
충칭	Ch'ungch'ing	Chungching	취업자	ch'wiŏpcha	chwieopja
충칭시	Ch'ungch'ing-si	Chungching-si	취옹	Ch'wiong	Chwiong
충평	Ch'ungp'yŏng	Chungpyeong	취우령	Ch'wiuryŏng	Chwiuryeong
충헌	Ch'unghŏn	Chungheon	취원	Ch'wiwŏn	Chwiwon
충혼	ch'unghon	chunghon	취원창	Ch'wiwŏnch'ang	Chwiwonchang
충효	ch'unghyo	chunghyo	취음	Ch'wiŭm	Chwieum
충효당	Ch'unghyodang	Chunghyodang	취인소	ch'wiinso	chwiinso
충효동	Ch'unghyo-dong	Chunghyo-dong	취임	ch'wiim	chwiim
충훤	Ch'unghwŏn	Chunghwon	취임사	ch'wiimsa	chwiimsa
췌편	ch'wep'yŏn	chwepyeon	취재	ch'wijae	chwijae
취	ch'wi	chwi	취재기	ch'wijaegi	chwijaegi
취고수	ch'wigosu	chwigosu	취재단	ch'wijaedan	chwijaedan
취곤	ch'igon	chwigon	취재록	ch'wijaerok	chwijaerok
취국	ch'wiguk	chwiguk	취재반	ch'wijaeban	chwijaeban
취급	ch'wigŭp	chwigeup	취재팀	ch'wijaet'im	chwijaetim
취급점	ch'wigŭpchŏm	chwigeupjeom	취조	ch'wijo	chwijo
취농	ch'winong	chwinong	취조국	ch'wijoguk	chwijoguk
취당	Ch'widang	Chwidang	취주	ch'wiju	chwiju
취도	Ch'wido	Chwido	취주악	ch'wijuak	chwijuak

한글 용례	ALA-LC Romanization	정부 표기안	한글 용례	ALA-LC Romanization	정부 표기안
취지	ch'wiji	chwiji	치관	ch'igwan	chigwan
취직	ch'wijik	chwijik	치구	Ch'igu	Chigu
취타	ch'wit'a	chwita	치국	ch'iguk	chiguk
취타수	ch'wit'asu	chwitasu	치기	ch'igi	chigi
취타악	ch'it'aak	chwitaak	치는	ch'inŭn	chineun
취하	ch'wiha	chwiha	치다	ch'ida	chida
취하고	ch'wihago	chwihago	치덕	Ch'idŏk	Chideok
취하는	ch'wihanŭn	chwihaneun	치레	ch'ire	chire
취하다	ch'wihada	chwihada	치료	ch'iryo	chiryo
취하여	ch'wihayŏ	chwihayeo	치료법	ch'iryopŏp	chiryobeop
취학	ch'wihak	chwihak	치료적	ch'iryojŏk	chiryojeok
취한	ch'wihan	chwihan	치료제	ch'iryoje	chiryoje
취합	ch'wihap	chwihap	치료학	ch'iryohak	chiryohak
취향	ch'wihyang	chwihyang	치마	ch'ima	chima
취헌	Ch'wihŏn	chwiheon	치매	ch'imae	chimae
츠루오카	Ch'ŭruok'a	Cheuruoka	치면	ch'imyŏn	chimyeon
측	ch'ŭk	cheuk	치명	ch'imyŏng	chimyeong
측근	ch'ŭkkŭn	cheukgeun	치명적	ch'imyŏngjŏk	chimyeongjeok
측량	ch'ŭngnyang	cheungnyang	치미는	ch'iminŭn	chimineun
측량도	ch'ŭngnyangdo	cheungnyangdo	치밀하게	ch'imirhage	chimilhage
측면	ch'ŭngmyŏn	cheungmyeon	치밀하다	ch'imirhada	chimilhada
측면사	ch'ŭngmyŏnsa	cheungmyeonsa	치밀한	ch'imirhan	chimilhan
측우	ch'ŭgu	cheugu	치부	ch'ibu	chibu
측우기	ch'ŭgugi	cheugugi	치부법	ch'ibupŏp	chibubeop
측우대	ch'ŭgudae	cheugudae	치부책	ch'ibuch'aek	chibuchaek
측자	ch'ŭkcha	cheukja	치사	ch'isa	chisa
측정	ch'ŭkchŏng	cheukjeong	치사량	ch'isaryang	chisaryang
측정기	ch'ŭkchŏnggi	cheukjeonggi	치산	ch'isan	chisan
측정망	ch'ŭkchŏngmang	cheukjeongmang	치상	ch'isang	chisang
측정법	ch'ŭkchŏngpŏp	cheukjeongbeop	치성	ch'isŏng	chiseong
측정치	ch'ŭkchŏngch'i	cheukjeongchi	치세	ch'ise	chise
측천	Ch'ŭkch'ŏn	Cheukcheon	치솟는	ch'isonnŭn	chisonneun
측천후	Ch'ŭkch'ŏnhu	Cheukcheonhu	치수	ch'isu	chisu
측후	ch'ŭkhu	cheukhu	치숙	ch'isuk	chisuk
측후관	ch'ŭkhugwan	cheukhugwan	치아	ch'ia	chia
측후소	ch'ŭkhuso	cheukhuso	치악	Ch'iak	Chiak
층	ch'ŭng	cheung	치악산	Ch'iaksan	Chiaksan
층계	ch'ŭnggye	cheunggye	치안	ch'ian	chian
층위	ch'ŭngwi	cheungwi	치안군	ch'ian'gun	chiangun
치	ch'i	chi	치안대	ch'iandae	chiandae
치경방	ch'igyŏngbang	chigyeongbang	치암	Ch'iam	Chiam
치고	ch'igo	chigo	치어	ch'iŏ	chieo
치곤	ch'igon	chigon	치열	ch'iyŏl	chiyeol
치공	ch'igong	chigong	치욕	ch'iyok	chiyok
치과	ch'ikwa	chigwa	치욕적	ch'iyokchŏk	chiyokjeok

한글 용례	ALA-LC Romanization	정부 표기안	한글 용례	ALA-LC Romanization	정부 표기안
치우	Ch'iu	Chiu	친구들	ch'in'gudŭl	chingudeul
치우고	ch'iugo	chiugo	친국	ch'in'guk	chinguk
치우기	ch'iugi	chiugi	친다	ch'inda	chinda
치우는	ch'iunŭn	chiuneun	친디루스	Ch'indirusŭ	Chindiruseu
치운	ch'iun	chiun	친림	ch'illim	chillim
치원	Ch'iwŏn	Chiwon	친명파	Ch'inmyŏngp'a	Chinmyeongpa
치유	ch'iyu	chiyu	친목	ch'inmok	chinmok
치은	Ch'iŭn	Chieun	친목회	ch'inmokhoe	chinmokhoe
치의	ch'iŭi	chiui	친밀	ch'inmil	chinmil
치인	ch'iin	chiin	친밀감	ch'inmilgam	chinmilgam
치인리	Ch'iin-ni	Chiin-ri	친박	ch'inbak	chinbak
치일	ch'iil	chiil	친복지	ch'inbokchi	chinbokji
치임	ch'iim	chiim	친선	ch'insŏn	chinseon
치장	ch'ijang	chijang	친속	ch'insok	chinsok
치적	ch'ijŏk	chijeok	친수	ch'insu	chinsu
치정	ch'ijŏng	chijeong	친애	ch'inae	chinae
치죄	ch'ijoe	chijoe	친영	ch'inyŏng	chinyeong
치주	ch'iju	chiju	친왕	Ch'inwang	Chinwang
치중	ch'ijung	chijung	친우	ch'inu	chinu
치즈	ch'ijŭ	chijeu	친원파	Ch'inwŏnp'a	Chinwonpa
치지	ch'iji	chiji	친위	ch'inwi	chinwi
치질	ch'ijil	chijil	친위군	ch'inwigun	chinwigun
치차오	Ch'ich'ao	Chichao	친위대	ch'inwidae	chinwidae
치평	Ch'ip'yŏng	chipyeong	친위부	ch'inwibu	chinwibu
치하	ch'iha	chiha	친인척	ch'ininch'ŏk	chinincheok
치학	ch'ihak	chihak	친일	ch'inil	chinil
치헌	Ch'ihŏn	Chiheon	친일계	ch'inilgye	chinilgye
치화경	Ch'ihwagyŏng	Chihwagyeong	친일파	ch'inilp'a	chinilpa
치회	Ch'ihoe	Chihoe	친잠	ch'injam	chinjam
칙	ch'ik	chik	친잠례	Ch'injamnye	Chinjamrye
칙령	ch'ingnyŏng	chingnyeong	친절	ch'injŏl	chinjeol
칙명	ch'ingmyŏng	chingmyeong	친정	ch'injŏng	chinjeong
칙사	ch'iksa	chiksa	친제	ch'inje	chinje
칙서	ch'iksŏ	chikseo	친족	ch'injok	chinjok
칙유	ch'igyu	chigyu	친족법	ch'injokpŏp	chinjokbeop
칙임	ch'igim	chigim	친척	ch'inch'ŏk	chincheok
칙임관	ch'igimgwan	chigimgwan	친필	ch'inp'il	chinpil
칙지	ch'ikchi	chikji	친필본	ch'inp'ilbon	chinpilbon
칙첩	ch'ikch'ŏp	chikcheop	친화	ch'inhwa	chinhwa
칙판	ch'ilkp'an	chikpan	친화도	ch'inhwado	chinhwado
친	ch'in	chin	친화력	ch'inhwaryŏk	chinhwaryeok
친가	ch'in'ga	chinga	친화성	ch'inhwasŏng	chinhwaseong
친경	ch'in'gyŏng	chingyeong	친화적	ch'inhwajŏk	chinhwajeok
친경전	Ch'in"gyŏngjŏn	Chingyeongjeon	친화형	ch'inhwahyŏng	chinhwahyeong
친구	ch'in'gu	chingu	친환경	ch'inhwan'gyŏng	chinhwangyeong

한글 용례	ALA-LC Romanization	정부 표기안	한글 용례	ALA-LC Romanization	정부 표기안
칠	ch'il	chil	칠정론	ch'ilchŏngnon	chiljeongnon
칠계군	Ch'ilgye-gun	Chilgye-gun	칠정론적	ch'ilchŏngnonchŏk	chiljeongnonjeok
칠곡	Ch'ilgok	Chilgok	칠종	ch'ilchong	chiljong
칠곡군	Ch'ilgok-kun	Chilgok-gun	칠지	ch'ilchi	chilji
칠궁	Ch'ilgung	Chilgung	칠지도	Ch'iljido	Chiljido
칠금산	Ch'ilgŭmsan	Chilgeumsan	칠천	ch'ilch'ŏn	chilcheon
칠급	ch'ilgŭp	chilgeup	칠천량	ch'ilch'ŏnnyang	chilcheollyang
칠기	ch'ilgi	chilgi	칠층	ch'ilch'ŭng	chilcheung
칠년도	ch'illyŏndo	chillyeondo	칠칠치	ch'ilch'ilch'i	chilchilchi
칠년제	chillyŏnje	chillyeonje	칠포리	Ch'ilp'o-ri	Chilpo-ri
칠대	ch'ildae	childae	칠품	ch'ilp'um	chilpum
칠량	ch'illyang	chillyang	칠현	ch'irhyŏn	chilhyeon
칠레	Ch'ille	Chille	칠현금	Ch'irhyŏn'gŭm	Chilhyeongeum
칠리안속	Ch'illiansok	Chilliansok	칡	ch'ik	chik
칠면조	ch'ilmyŏnjo	chilmyeonjo	침	ch'im	chim
칠백	ch'ilbaek	chilbaek	침공	ch'imgong	chimgong
칠보산	Ch'ilbosan	Chilbosan	침굉	Ch'imgoeng	Chimgoeng
칠부	ch'ilbu	chilbu	침구	ch'imgu	chimgu
칠불	ch'ilbul	chilbul	침구경	ch'imgugyŏng	chimgugyeong
칠불사	Ch'ilbulsa	Chilbulsa	침구법	ch'imgupŏp	chimgubeop
칠산	ch'ilsan	chilsan	침구술	ch'imgusul	chimgusul
칠산동	Ch'ilsan-dong	Chilsan-dong	침구원	ch'imguwŏn	chimguwon
칠석	Ch'ilsŏk	Chilseok	침노	ch'imno	chimno
칠성	ch'ilsŏng	chilseong	침대	ch'imdae	chimdae
칠성면	Ch'ilsŏng-myŏn	Chilseong-myeon	침략	ch'imnyak	chimnyak
칠성문	Ch'ilsŏngmun	Chilseongmun	침략군	ch'imnyakkun	chimnyakgun
칠성탱	ch'ilsŏngt'aeng	chilseongtaeng	침략기	ch'imnyakki	chimnyakgi
칠송	Ch'ilsong	Chilsong	침략사	ch'imnyaksa	chimnyaksa
칠송정	Ch'ilsongjŏng	Chilsongjeong	침략자	ch'imnyakcha	chimnyakja
칠수	Ch'ilsu	Chilsu	침략자들	ch'imnyakchadŭl	chimnyakjadeul
칠순	ch'ilsun	chilsun	침례	ch'imnye	chimnye
칠언	ch'irŏn	chireon	침례교	Ch'imnyegyo	Chimnyegyo
칠언률	ch'irŏnnyul	chireonnyul	침례회	ch'imnyehoe	Chimnyehoe
칠언율	ch'irŏnnyul	chireonyul	침류	ch'imnyu	chimnyu
칠언절	ch'irŏnjŏl	chireonjeol	침몰	ch'immol	chimmol
칠요	Ch'iryo	Chiryo	침묵	ch'immuk	chimmuk
칠우	ch'iru	chiru	침산동	Ch'imsan-dong	Chimsan-dong
칠원군	Ch'irwŏn-gun	Chirwon-gun	침상	ch'imsang	chimsang
칠원현	Ch'irwŏn-hyŏn	Chirwon-hyeon	침선	ch'imsŏn	chimseon
칠월	Ch'irwŏl	Chirwol	침선장	ch'imsŏnjang	chimseonjang
칠음	Ch'irŭm	Chireum	침수	ch'imsu	chimsu
칠인	ch'irin	chirin	침술	ch'imsul	chimsul
칠장	ch'ilchang	chiljang	침식	ch'imsik	chimsik
칠장이	ch'iljangi	chiljangi	침실	ch'imsil	chimsil
칠정	ch'ilchŏng	chiljeong	침입	ch'imip	chimip

한글 용례	ALA-LC Romanization	정부 표기안
침쟁이	ch'imjaengi	chimjaengi
침체	ch'imch'e	chimche
침촌리	Ch'imch'on-ni	Chimchon-ri
침축사	ch'imch'uksa	chimchuksa
침탈	ch'imt'al	chimtal
침투	ch'imt'u	chimtu
침해	ch'imhae	chimhae
침향	ch'imhyang	chimhyang
칩	ch'ip	chip
칩거	ch'ipkŏ	chipgeo
칫다리	ch'ittari	chitdari
칭	ch'ing	ching
칭기스	Ch'inggisŭ	Chinggiseu
칭다오	Ch'ingdao	Chingdao
칭송	ch'ingsong	chingsong
칭하	ch'ingha	chingha

한글 용례	ALA-LC Romanization	정부 표기안
카	k'a	ka
카나다	K'anada	Kanada
카다로그	k'adarogŭ	kadarogeu
카덴자	K'adenja	Kadenja
카드	k'adŭ	kadeu
카디널	k'adinŏl	kadineol
카라반	k'araban	karaban
카레이스키	K'areisŭk'i	Kareiseuki
카롤꼬태	K'arolkkot'ae	Karolkkotae
카륜	K'aryun	Karyun
카르네프	K'arŭnep'ŭ	Kareunepeu
카르마	K'arŭma	Kareuma
카르멘텔스	K'arŭment'elsŭ	Kareumentelseu
카르스트	k'arŭsŭt'ŭ	kareuseuteu
카르텔	k'arŭt'el	kareutel
카르페디엠	K'arŭp'ediem	Kareupediem
카를로	K'arŭllo	Kareullo
카리	k'ari	kari
카리모바	K'arimoba	Karimoba
카리스마	k'arisŭma	kariseuma
카리스마적	k'arisŭmajŏk	kariseumajeok
카린	K'arin	Karin
카메라	k'amera	kamera
카메라당	K'ameradang	Kameradang
카산드라	K'asandŭra	Kasandeura
카오리	K'aori	Kaori
카오스	k'aosŭ	kaoseu

한글 용례	ALA-LC Romanization	정부 표기안
카우	k'au	kau
카우보이	k'auboi	kauboi
카운셀링	k'aunselling	kaunselling
카운슬링	k'aunsŭlling	kaunseulling
카운터스	k'aunt'ŏsŭ	kaunteoseu
카이로	K'airo	Kairo
카이로스	K'airosŭ	Kairoseu
카이스트	K'aisŭt'ŭ	Kaiseuteu
카인	K'ain	Kain
카자크	K'ajak'ŭ	Kajakeu
카자흐스탄	K'ajahŭsŭt'an	Kajaheuseutan
카즈오	K'ajŭo	Kajeuo
카지노	k'ajino	kajino
카치아피카스	K'ach'iap'ik'asŭ	Kachiapikaseu
카카오톡	K'ak'aot'ok	Kakaotok
카터	K'at'ŏ	Kateo
카토	K'at'o	Kato
카톡	k'at'ok	katok
카톨릭	K'at'ollik	Katollik
카페	k'ap'e	kape
카펜터	K'ap'ent'ŏ	Kapenteo
카프	K'ap'ŭ	Kapeu
카프카	K'ap'ŭk'a	Kapeuka
카피	k'ap'i	kapi
칵테일	k'akt'eil	kakteil
칸	k'an	kan
칸들	k'andŭl	kandeul
칸지	K'anji	Kanji
칸토어	K'ant'oŏ	Kantoeo
칸트	K'ant'ŭ	Kanteu
칼	k'al	kal
칼국수	k'alguksu	kalguksu
칼날	k'allal	kallal
칼라	k'alla	kalla
칼라판	k'allap'an	kallapan
칼럼	k'allŏm	kalleom
칼럼니스트	k'allŏmnisŭt'ŭ	kalleomniseuteu
칼럼리스트	k'allŏmnisŭt'ŭ	kalleomriseuteu
칼럼집	k'allŏmjip	kalleomjip
칼럼集	k'allŏmjip	kalleomjip
칼바람	k'albaram	kalbaram
칼빈	K'albin	Kalbin
칼빈대	K'albindae	Kalbindae
칼빈주의	K'albinjuŭi	Kalbinjuui
칼빈주의자	K'albinjuŭija	Kalbinjuuija

한글 용례	ALA-LC Romanization	정부 표기안	한글 용례	ALA-LC Romanization	정부 표기안
칼새	k'alsae	kalsae	커뮤니케이션즈	k'ŏmyunik'eisyŏnjŭ	keomyunikeisyeonjeu
캄보디아	K'ambodia	Kambodia	커뮤니티	k'ŏmyunit'i	keomyuniti
캄보디아어	K'ambodiaŏ	Kambodiaeo	커뮤빌더	k'ŏmyubildŏ	keomyubildeo
캄인	k'amin	kamin	커졌다	k'ŏjyŏtta	keojyeotda
캄캄한	k'amk'amhan	kamkamhan	커즈	K'ŏjŭ	Keojeu
캄푸치아	K'amp'uch'ia	Kampuchia	커피	k'ŏp'i	keopi
캅	k'ap	kap	컨버전스	k'ŏnbŏjŏnsŭ	keonbeojeonseu
캐나다	K'aenada	Kaenada	컨벤션	k'ŏnbensyŏn	keonbensyeon
캐나다판	K'aenadap'an	Kaenadapan	컨설턴트	k'ŏnsŏlt'ŏnt'ŭ	keonseolteonteu
캐내	k'aenae	kaenae	컨설팅	k'ŏnsŏlt'ing	keonseolting
캐내고	k'aenaego	kaenaego	컨설팅사	k'ŏnsŏlt'ingsa	keonseoltingsa
캐내기	k'aenaegi	kaenaegi	컨센서스	k'ŏnsensŏsŭ	keonsenseoseu
캐낸	k'aenaen	kaenaen	컨셉	k'ŏnsep	keonsep
캐는	k'aenŭn	kaeneun	컨소시엄	k'ŏnsosiŏm	keonsosieom
캐다	k'aeda	kaeda	컨콜디아사	K'ŏnk'oldiasa	Keonkoldiasa
캐딜락	K'aedillak	Kaedillak	컨테이너	k'ŏnt'einŏ	keonteineo
캐리어	k'aeriŏ	kaerieo	컨텍스트	k'ŏnt'eksŭt'ŭ	keontekseuteu
캐릭터	k'aerikt'ŏ	kaerikteo	컨텐츠	k'ŏnt'ench'ŭ	keontencheu
캐묻다	k'aemutta	kaemutda	컨티넨탈	k'ŏnt'inent'al	keontinental
캐빈	K'aebin	Kaebin	컨퍼런스	k'ŏnp'ŏrŏnsŭ	keonpeoreonseu
캐서린	K'aesŏrin	Kaeseorin	컬러	k'ŏllŏ	keolleo
캐스터	k'aesŭt'ŏ	kaeseuteo	컬러판	k'ŏllŏp'an	keolleopan
캐슬린	K'aesŭllin	Kaeseullin	컬러版	k'ŏllŏp'an	keolleopan
캐주얼	k'aejuŏl	kaejueol	컬럼	k'ŏll'om	keolleom
캐피탈	k'aep'it'al	kaepital	컬럼선	k'ŏllŏmsŏn	keolleomseon
캐피털리즘	k'aep'it'ŏllijŭm	kaepiteollijeum	컬렉션	k'ŏlleksyŏn	keolleksyeon
캔	k'aen	kaen	컬렉터	k'ŏllekt'ŏ	keollekteo
캔다	k'aenda	kaenda	컬렉팅	k'ŏllekt'ing	keollekting
캔들	k'aendŭl	kaendeul	컬리지언	K'ŏllijiŏn	Keollijieon
캔토즈	K'aent'ojŭ	Kaentojeu	컬처	k'ŏlch'ŏ	keolcheo
캘리그라피	k'aelligŭrap'i	kaelligeurapi	컬처그라퍼	K'ŏlch'ŏgŭrap'ŏ	keolcheogeurapeo
캘리포니아	K'aellip'onia	Kaelliponia	컬처라인	k'ŏlch'ŏrain	keolcheorain
캠코	K'aemk'o	Kaemko	컬쳐	k'ŏlch'yŏ	keolchyeo
캠퍼스	k'aemp'ŏsŭ	kaempeoseu	컴	k'ŏm	keom
캠페인	k'aemp'ein	kaempein	컴뮤니케이션	k'ŏmmyunik'eisyŏn	keommyunikeisyeon
캠페인론	k'aemp'einnon	kaempeillon	컴퍼니	k'ŏmp'ŏni	keompeoni
캠프	k'aemp'ŭ	kaempeu	컴포넌트	k'ŏmp'onŏnt'ŭ	keomponeonteu
캡슐	k'aepsyul	kaepsyul	컴퓨터	k'ŏmp'yut'ŏ	keompyuteo
캣	k'aet	kaet	컴퓨팅	k'ŏmp'yut'ing	keompyuting
커간다	k'ŏganda	keoganda	컷	k'ŏt	keot
커넥션	k'ŏneksyŏn	keoneksyeon	케냐	K'enya	Kenya
커다란	k'ŏdaran	keodaran	케네디	K'enedi	Kenedi
커런	K'ŏrŏn	Keoreon	케네스	K'enesŭ	Keneseu
커리어	k'ŏriŏ	keorieo	케노시스	K'enosisŭ	Kenosiseu
커뮤니케이션	k'ŏmyunik'eisyŏn	keomyunikeisyeon	케빈	K'ebin	Kebin

한글 용례	ALA-LC Romanization	정부 표기안	한글 용례	ALA-LC Romanization	정부 표기안
케어	k'eŏ	keeo	코메리칸	K'omerik'an	Komerikan
케이	k'ei	kei	코멘터리	k'oment'ŏri	komenteori
케이고	K'eigo	Keigo	코뮌주의	K'omwinjuŭi	Komwinjuui
케이블	k'eibŭl	keibeul	코뮤날레	K'omyunalle	Komyunalle
케이스	k'eisŭ	keiseu	코미디	k'omidi	komidi
케이엘넷	K'eiellet	Keiellet	코믹	k'omik	komik
케이크	k'eik'ŭ	keikeu	코민테른	k'omint'erŭn	komintereun
케이팝	k'eip'ap	keipap	코뿔소	k'oppulso	koppulso
케인즈	K'einjŭ	Keinjeu	코소보	K'osobo	Kosobo
케임브리지	K'eimbŭriji	Keimbeuriji	코스	k'osŭ	koseu
케케묵은	k'ek'emugŭn	kekemugeun	코스닥	k'osŭdak	koseudak
케포이	K'ep'oi	Kepoi	코스모그래피	k'osŭmogŭraep'i	koseumogeuraepi
켄	K'en	Ken	코스모스	K'osŭmosŭ	koseumoseu
켄이치	K'enich'i	Kenichi	코스모스회	K'osŭmosŭhoe	Koseumoseuhoe
켄타우로스	K'ent'aurosŭ	Kentauroseu	코스웨어	k'osŭweŏ	koseuweeo
켈렉션	k'ŏlleksyŏn	kelleksyeon	코스집	k'osŭjip	koseujip
캠프	K'emp'ŭ	Kempeu	코스케	K'osŭk'e	Koseuke
켜고	k'yŏgo	kyeogo	코스트	k'osŭt'ŭ	koseuteu
켜는	k'yŏnŭn	kyeoneun	코시로	K'osiro	Kosiro
켜라	k'yŏra	kyeora	코시안	K'osian	Kosian
켜주는	k'yŏjunŭn	kyeojuneun	코아트	K'oat'ŭ	Koateu
켠	k'yŏn	kyeon	코오러스	k'oorŏsŭ	kooreoseu
켤	k'yŏl	kyeol	코오롱	K'oorong	Koorong
코끼리	k'okkiri	kokkiri	코오스	k'oosŭ	kooseu
코난	K'onan	Konan	코우시로	K'ousiro	Kousiro
코넬	K'onel	Konel	코이카	K'oik'a	Koika
코닥	K'odak	Kodak	코인	k'oin	koin
코드	k'odŭ	kodeu	코주부	K'ojubu	Kojubu
코람데오	K'oramdeo	Koramdeo	코지	K'oji	Koji
코러스	K'orŏsŭ	Koreoseu	코치	k'och'i	kochi
코레	K'ore	Kore	코칭	k'och'ing	koching
코레아나	K'oreana	Koreana	코퍼레이숀	k'op'ŏresyon	kopeoreisyon
코레아니쿠스	K'oreanik'usŭ	Koreanikuseu	코퍼스	K'op'ŏsŭ	Kopeoseu
코레예바	K'oreyeba	Koreyeba	코페	k'op'e	kope
코르사코프	K'orŭsak'op'ŭ	Koreusakopeu	코펠리아	k'op'ellia	kopellia
코르세어	k'orŭseŏ	Koreuseeo	코피티션	k'op'it'isyŏn	kopitisyeon
코리	K'ori	Kori	콘극	k'on'gŭk	kongeuk
코리아	K'oria	Koria	콘사이스	k'onsaisŭ	konsaiseu
코리아게이트	K'oriageit'ŭ	Koriageiteu	콘서트	k'onsŏt'ŭ	konseoteu
코리아나	K'oriana	Koriana	콘스탄스	K'onsŭt'ansŭ	Konseutanseu
코리아카미노	K'oriak'amino	Koriakamino	콘스탄틴	K'onsŭt'ant'in	Konseutantin
코리안	K'orian	Korian	콘체른	k'onch'erŭn	konchereun
코리언	K'oriŏn	Korieon	콘크리트	k'onk'ŭrit'ŭ	konkeuriteu
코리오레이너스	K'orioreinŏsŭ	Korioreineoseu	콘테스트	k'ont'esŭt'ŭ	konteseuteu
코메디아	K'omedia	Komedia	콘텍스트	k'ont'eksŭt'ŭ	kontekseuteu

한글 용례	ALA-LC Romanization	정부 표기안	한글 용례	ALA-LC Romanization	정부 표기안
콘텐츠	k'ont'ench'ŭ	kontencheu	쿠데타	k'udet'a	kudeta
콘텐츠학	k'ont'ench'ŭhak	kontencheuhak	쿠릴	K'uril	Kuril
콘텐츠화	k'ont'ench'ŭhwa	kontencheuhwa	쿠바	K'uba	Kuba
콜	k'ol	kol	쿠북	K'ubuk	Kubuk
콜럼비아	K'ollŏmbia	Kolleombia	쿠웨이트	K'uweit'ŭ	Kuweiteu
콜레라	k'ollera	kollera	쿠키	k'uk'i	kuki
콜레주	K'olleju	Kolleju	쿠테타	k'ut'et'a	kuteta
콜렉션	k'olleksyŏn	kolleksyeon	쿨투라	k'ult'ura	kultura
콜로니얼	k'olloniŏl	kollonieol	쿰란	K'umnan	Kumnan
콜론	k'ollon	kollon	쿼바디스	K'wŏbadisŭ	Kwobadiseu
콜린	K'ollin	Kollin	쿼터	k'wŏt'ŏ	kwoteo
콜센터	k'olsent'ŏ	kolsenteo	퀘벡	K'webek	Kwebek
콜콜	k'olk'ol	kolkol	퀘스천	k'wesŭch'ŏn	kweseucheon
콜호즈	k'orhojŭ	kolhojeu	퀘스트	k'wesŭt'ŭ	kweseuteu
콤마	k'omma	komma	퀴노네스	K'winonesŭ	Kwinoneseu
콤소몰	k'omsomol	komsomol	큐레이터	k'yureit'ŏ	kyureiteo
콤팩트	k'omp'aekt'ŭ	kompaekteu	큐레이터들	k'yureit'ŏdŭl	kyureiteodeul
콤플렉스	k'omp'ŭlleksŭ	kompeullekseu	큐레이팅	k'yureit'ing	kyureiting
콧두리	k'otturi	kotduri	큐브	k'yubŭ	kyubeu
콧수염	k'otsuyŏm	kotsuyeom	큐티	k'yut'i	kyuti
콩	k'ong	kong	큐티클	k'yut'ik'ŭl	kyutikeul
콩고	K'onggo	Konggo	크게	k'ŭge	keuge
콩국수	k'ongguksu	kongguksu	크낙새	k'ŭnaksae	keunaksae
콩글리시	K'onggŭllisi	Konggeullisi	크는	k'ŭnŭn	keuneun
콩나물	k'ongnamul	kongnamul	크다	k'ŭda	keuda
콩나물국	k'ongnamulguk	kongnamulguk	크도다	k'ŭdoda	keudoda
콩나물밥	k'ongnamulpap	kongnamulbap	크라스키노	K'ŭrasŭk'ino	Keuraseukino
콩밥	k'ongbap	kongbap	크라스키노성	K'ŭrasŭk'inosŏng	Keuraseukinoseong
콩새미	K'ongsaemi	Kongsaemi	크라운	k'ŭraun	keuraun
콩죽	k'ongjuk	kongjuk	크레도	k'ŭredo	keuredo
콩쥐	K'ongjwi	Kongjwi	크레딧	k'ŭredit	keuredit
콩코	K'ongk'o	Kongko	크레용	k'ŭreyong	keureyong
콩트	k'ongt'ŭ	kongteu	크레인	k'ŭrein	keurein
콰자크	K'wajak'ŭ	Kwajakeu	크레타	k'ŭret'a	keureta
쾌담집	k'waedamjip	kwaedamjip	크레파스	k'ŭrep'asŭ	keurepaseu
쾌도	k'waedo	kwaedo	크로바	k'ŭroba	keuroba
쾌빈동	K'waebin-dong	Kwaebin-dong	크로스	k'ŭrosŭ	keuroseu
쾌빈리	K'waebin-ni	Kwaebin-ri	크로우노프카	K'ŭrounop'ŭk'a	Keurounopeuka
쾌사	k'waesa	kwaesa	크루즈	k'ŭrujŭ	keurujeu
쾌자풍	k'waejap'ung	kwaejapung	크리스	K'ŭrisŭ	Keuriseu
쾌활하다	k'waehwarhada	kwaehwalhada	크리스마스	K'ŭrisŭmasŭ	Keuriseumaseu
쾌활한	k'waehwarhan	kwaehwalhan	크리스챤	K'ŭrisŭch'an	Keuriseuchyan
쾰른	K'oellŭn	Koelleun	크리스챤들	K'ŭrisŭch'andŭl	Keuriseuchyandeul
쿄지	K'yoji	Kyoji	크리스천	K'ŭrisŭch'ŏn	Keuriseucheon
쿠더맹	k'udŏmaeng	kudeomaeng	크리스천들	k'ŭrisŭch'ŏndŭl	Keuriseucheondeul

한글 용례	ALA-LC Romanization	정부 표기안
크리스탈	k'ŭrisŭt'al	keuriseutal
크리스토	K'ŭrisŭt'o	Keuriseuto
크리스토프	K'ŭrisŭt'op'ŭ	Keuriseutopeu
크리스티안서	K'ŭrisŭt'iansŏ	Keuriseutianseo
크리에이트	k'ŭriedit'ŭ	keuriedieteu
크리에이터	K'ŭrieit'ŏ	keurieiteo
크리피아	K'ŭrip'ia	Keuripia
크립톤	K'ŭript'on	Keuripton
큰	k'ŭn	keun
큰굿	k'ŭngut	keungut
큰글	k'ŭngŭl	keungeul
큰길	k'ŭn'gil	keungil
큰독골	K'ŭndokkol	Keundokgol
큰머리	k'ŭnmŏri	keunmeori
큰방	k'ŭnbang	keunbang
큰산	k'ŭnsan	keunsan
큰상	k'ŭnsang	keunsang
큰집	k'ŭnjip	keunjip
클	k'ŭl	keul
클라라	K'ŭllara	Keullara
클라우드	k'ŭllaudŭ	keullaudeu
클라우제비츠	K'ŭllaujebich'ŭ	Keullaujebicheu
클라크	K'ŭllak'ŭ	Keullakeu
클래스	k'ŭllaesŭ	keullaeseu
클래식	k'ŭllaesik	keullaesik
클러서터	k'ŭllŏsŏt'ŏ	keulleoseoteo
클러스터	k'ŭllŏsŭt'ŏ	keulleoseuteo
클럽	k'ŭllŏp	keulleop
클레르	K'ŭllerŭ	Keullereu
클레어몬트	K'ŭlleŏmont'ŭ	Keulleeomonteu
클레이	K'ŭllei	Keullei
클로드	K'ŭllodŭ	Keullodeu
클리나멘	K'ŭllinamen	Keullinamen
클리닉	k'ŭllinik	Keullinik
클리블랜드	K'ŭllibŭllaendŭ	Keullibeullaendeu
클리어	k'ŭlliŏ	keullieo
클리오	K'ŭllio	keullio
클릭	k'ŭllik	keullik
클린턴	K'ŭllint'ŏn	Keullinteon
키	k'i	ki
키네마인	K'inemain	Kinemain
키드	k'idŭ	kideu
키르기스스탄	K'irŭgisŭsŭt'an	Kireugiseuseutan
키르기즈스탄	K'irŭgijŭsŭt'an	Kireugijeuseutan
키모노	k'imono	kimono

한글 용례	ALA-LC Romanization	정부 표기안
키부츠	k'ibuch'ŭ	kibucheu
키스	k'isŭ	kiseu
키요미	k'iyomi	kiyomi
키우고	k'iugo	kiugo
키우기	k'iugi	kiugi
키우는	k'iunŭn	kiuneun
키우다	k'iuda	kiuda
키우자	k'iuja	kiuja
키운다	k'iunda	kiunda
키웁니다	k'iumnida	kiumnida
키워	k'iwŏ	kiwo
키워낸	k'iwŏnaen	kiwonaen
키워드	k'iwŏdŭ	kiwodeu
키워라	k'iwŏra	kiwora
키워본	k'iwŏbon	kiwobon
키워준	k'iwŏjun	kiwojun
키웠나	k'iwŏnna	kiwonna
키웠다	k'iwŏtta	kiwotda
키위	K'iwi	Kiwi
키치	k'ich'i	kichi
키친	k'ich'in	kichin
키텔센	K'it'elsen	Kitelsen
키퍼	k'ip'ŏ	kipeo
키푸	K'ip'u	Kipu
킨죠	K'injyo	Kinjyo
킬로미터	k'illomit'ŏ	killomiteo
킴벌리	K'imbŏlli	Kimbeolli
킹덤	k'ingdŏm	kingdeom
킹메이커	k'ingmeik'ŏ	kingmeikeo

한글 용례	ALA-LC Romanization	정부 표기안
타	t'a	ta
타개	t'agae	tagae
타겟	t'aget	taget
타격	t'agyŏk	tagyeok
타격법	t'agyŏkpŏp	tagyeokbeop
타결	t'agyŏl	tagyeol
타계	t'agye	tagye
타고	t'ago	tago
타고난	t'agonan	tagonan
타구	t'agu	tagu
타기	t'agi	tagi
타나카	T'anak'a	Tanaka
타나토스	T'anat'osŭ	Tanatoseu
타나투	t'anat'u	tanatu

한글 용례	ALA-LC Romanization	정부 표기안	한글 용례	ALA-LC Romanization	정부 표기안
타는	t'anŭn	taneun	타운	t'aun	taun
타다	t'ada	tada	타워	t'awŏ	tawo
타다시	T'adasi	Tadasi	타율	t'ayul	tayul
타당	t'adang	tadang	타율성	t'ayulsŏng	tayulseong
타당성	t'adangsŏng	tadangseong	타이	t'ai	tai
타당화	t'adanghwa	tadanghwa	타이거즈	T'aigŏjŭ	Taigeojeu
타던	t'adŏn	tadeon	타이머	t'aimŏ	taimeo
타도	t'ado	tado	타이완	T'aiwan	Taiwan
타라	t'ara	tara	타이포그래피	t'aip'ogŭraep'i	taipogeuraepi
타락	t'arak	tarak	타이폴로지	t'aip'olloji	taipolloji
타락자	t'arakcha	tarakja	타이항산	T'aihangsan	Taihangsan
타래	t'arae	tarae	타안	t'ain	tain
타려는	t'aryŏnŭn	taryeoneun	타임	t'aim	taim
타려며는	t'aryŏmyŏnŭn	taryeomyeoneun	타임스	t'aimsŭ	taimseu
타려면	t'aryŏmyŏn	taryeomyeon	타임즈	t'aimjŭ	taimjeu
타령	t'aryŏng	taryeong	타자	t'aja	taja
타루	t'aru	taru	타자성	t'ajasŏng	tajaseong
타마키	T'amak'i	Tamaki	타작	t'ajak	tajak
타며	t'amyŏ	tamyeo	타잔	T'ajan	Tajan
타면	t'amyŏn	tamyeon	타전	t'ajŏn	tajeon
타면서	t'amyŏnsŏ	tamyeonseo	타조	T'ajo	Tajo
타모츠	T'amoch'ŭ	Tamocheu	타주	t'aju	taju
타미오	T'amio	Tamio	타진	t'ajin	tajin
타박네	t'abangne	tabangne	타카유키	T'ak'ayuk'i	Takayuki
타백	T'abaek	Tabaek	타카하시	T'ak'ahasi	Takahasi
타벨라	T'abella	Tabelra	타커스	T'ak'ŏsŭ	Takeoseu
타부	t'abu	tabu	타타르	T'at'arŭ	Tatareu
타사	t'asa	tasa	타투	t'at'u	tatu
타산	t'asan	tasan	타파	t'ap'a	tapa
타살	t'asal	tasal	타향	t'ahyang	tahyang
타살굿	T'asalgut	Tasalgut	타협	t'ahyŏp	tahyeop
타석	t'asŏk	taseok	타히티	T'ahit'i	Tahiti
타석기	T'asŏkki	taseokgi	탁	t'ak	tak
타스티무르	T'asŭt'imurŭ	Taseutimureu	탁류	t'angnyu	tangnyu
타실래요	t'asillaeyo	tasillaeyo	탁마	t'angma	tangma
타아	t'aa	taa	탁발	t'akpal	takbal
타야	t'aya	taya	탁발승	t'akpalsŭng	takbalseung
타야만	t'ayaman	tayaman	탁보	t'akpo	takbo
타오는	t'aonŭn	taoneun	탁본	t'akpon	takbon
타오르는	t'aorŭnŭn	taoreuneun	탁본전	t'akponjŏn	takbonjeon
타오르다	t'aorŭda	taoreuda	탁사	T'aksa	Taksa
타오르며	t'aorŭmyŏ	taoreumyeo	탁성	t'aksŏng	takseong
타오른	t'aorŭn	taoreun	탁아	t'aga	taga
타오름	t'aorŭm	taoreum	탁영	T'agyŏng	Tagyeong
타와다	T'awada	Tawada	탁영시	T'agyŏngsi	Tagyeongsi

한글 용례	ALA-LC Romanization	정부 표기안	한글 용례	ALA-LC Romanization	정부 표기안
탁월한	t'agwŏrhan	tagwolhan	탄허	T'anhŏ	Tanheo
탁잔	t'akchan	takjan	탄훈	t'anhun	tanhun
탁주	t'akchu	takju	탈	t'al	tal
탁주류	t'akchuryu	takjuryu	탈경계	t'algyŏnggye	talgyeonggye
탁지	T'akchi	Takji	탈경계적	t'algyŏnggyejŏk	talgyeonggyejeok
탁지부	T'akchibu	Takjibu	탈구조주의	t'algujojuŭi	talgujojuui
탁지지	T'akchiji	Takjiji	탈규제	t'algyuje	talgyuje
탁탁	t'akt'ak	taktak	탈근대	t'algŭndae	talgeundae
탄	t'an	tan	탈근대적	t'algŭndaejŏk	talgeundaejeok
탄강	t'an'gang	tangang	탈냉전	t'allaengjŏn	talnaengjeon
탄광	t'an'gwang	tangwang	탈냉전기	t'allaengjŏn'gi	talnaengjeongi
탄광촌	t'an'gwangch'on	tangwangchon	탈놀이	t'allori	tallori
탄금	t'an'gŭm	tangeum	탈레반	T'alleban	Talleban
탄금대	T'an'gŭmdae	Tangeumdae	탈물질주의	t'almulchiljuŭi	talmuljiljuui
탄닌산	T'anninsan	Tanninsan	탈민족	t'alminjok	talminjok
탄도	t'ando	tando	탈민족주의	t'alminjokchuŭi	talminjokjuui
탄디카	T'andik'a	Tandika	탈북	t'albuk	talbuk
탄력	tallyŏk	tallyeok	탈북민	t'albungmin	talbungmin
탄력성	tallyŏksŏng	tallyeokseong	탈북자	t'albukcha	talbukja
탄방	T'anbang	Tanbang	탈북자들	t'albukchadŭl	talbukjadeul
탄방동	T'anbang-dong	Tanbang-dong	탈분단	t'albundan	talbundan
탄부	T'anbu	Tanbu	탈사회주의	t'alsahoejuŭi	talsahoejuui
탄사	t'ansa	tansa	탈선	t'alsŏn	talseon
탄생	t'ansaeng	tansaeng	탈세	t'alse	talse
탄생기	t'ansaenggi	tansaenggi	탈송전탑	t'alsongjŏnt'ap	talsongjeontap
탄생담	t'ansaengdam	tansaengdam	탈식민	t'alsingmin	talsingmin
탄생설	t'ansaengsŏl	tansaengseol	탈식민성	t'alsingminsŏng	talsingminseong
탄생지	t'ansaengji	tansaengji	탈식민주의	t'alsingminjuŭi	talsingminjuui
탄성	t'ansŏng	tanseong	탈식민지화	t'alsingminjihwa	talsingminjihwa
탄소	t'anso	tanso	탈신화	t'alsinhwa	talsinhwa
탄소세	t'ansose	tansose	탈안보화	t'alanbohwa	taranbohwa
탄신	t'ansin	tansin	탈영토화	t'aryŏngt'ohwa	taryeongtohwa
탄신일	t'ansinil	tansinil	탈재현주의	t'aljaehyŏnjuŭi	taljaehyeonjuui
탄실	T'ansil	Tansil	탈주	t'alchu	talju
탄압	t'anap	tanap	탈주술화	t'alchusurhwa	taljusulhwa
탄연	T'anyŏn	Tanyeon	탈주자학적	t'aljujahakchŏk	taljujahakjeok
탄열현	T'anyŏr-hyŏn	Tanyeol-hyeon	탈중심	t'aljungsim	taljungsim
탄일	t'anil	tanil	탈진	t'alchin	taljin
탄일종	t'anilchong	taniljong	탈집단화	t'aljiptanhwa	taljipdanhwa
탄자니아	T'anjania	Tanjania	탈초	t'alch'o	talcho
탄전	t'anjŏn	tanjeon	탈초본	t'alch'obon	talchobon
탄주	t'anju	tanju	탈추격	t'alch'ugyŏk	talchugyeok
탄천	T'anch'ŏn	Tancheon	탈추격형	t'alch'ugyŏkhyŏng	talchugyeokyeong
탄탄	t'ant'an	tantan	탈출	t'alch'ul	talchul
탄핵	t'anhaek	tanhaek	탈출구	t'alch'ulgu	talchulgu

한글 용례	ALA-LC Romanization	정부 표기안	한글 용례	ALA-LC Romanization	정부 표기안
탈출기	t'alch'ulgi	talchulgi	탐험	t'amhŏm	tamheom
탈춤	t'alch'um	talchum	탐험가	t'amhŏmga	tamheomga
탈취	t'alch'wi	talchwi	탐험대	t'amhŏmdae	tamheomdae
탈해	t'arhae	talhae	탐험로	t'amhŏmno	tamheomno
탈핵	t'arhaek	talhaek	탐험팀	t'amhŏmt'im	tamheomtim
탈향	t'arhyang	talhyang	탐화	T'amhwa	Tamhwa
탈현대	t'arhyŏndae	talhyeondae	탑	t'ap	tap
탈환	t'arhwan	talhwan	탑골	T'apkol	Tapgol
탐	t'am	tam	탑내	t'amnae	tamnae
탐구	t'amgu	tamgu	탑동	T'ap-tong	Tap-dong
탐구당	T'amgudang	Tamgudang	탑리	T'am-ni	Tap-ri
탐구사	T'amgusa	Tamgusa	탑비	t'appi	tapbi
탐구회	t'amguhoe	tamguhoe	탑사	T'apsa	Tapsa
탐닉	t'amnik	tamnik	탑상	t'apsang	tapsang
탐라	T'amna	Tamna	탑솔	t'apsol	tapsol
탐라국	T'amnaguk	Tamnaguk	탑승	t'apsŭng	tapseung
탐라대	T'amnadae	Tamnadae	탑승권	t'apsŭngkwŏn	tapseunggwon
탐라록	T'amnarok	Tamnarok	탑승법	t'apsŭngpŏp	tapseungbeop
탐라사	T'amnasa	Tamnasa	탑신	T'apsin	Tabsin
탐라지	T'amnaji	Tamnaji	탑영	t'abyŏng	tabyeong
탐목기	t'ammokki	tammokgi	탑재	t'apchae	tapjae
탐미	t'ammi	tammi	탑지	t'apchi	tapji
탐방	t'ambang	tambang	탑파	t'app'a	tappa
탐방기	t'ambanggi	tambanggi	탑평리	T'app'yŏng-ni	Tappyeong-ri
탐방로	t'ambangno	tambangno	닷	t'at	tat
탐방지	t'ambangji	tambangji	탕	t'ang	tang
탐사	t'amsa	tamsa	탕건	t'anggŏn	tanggeon
탐사가	t'amsaga	tamsaga	탕건장	t'anggŏnjang	tanggeonjang
탐사기	t'amsagi	tamsagi	탕론	t'angnon	tangnon
탐사록	t'amsarok	tamsarok	탕아	t'anga	tanga
탐사식	t'amsasik	tamsasik	탕아들	t'angadŭl	tangadeul
탐사팀	t'amsat'im	tamsatim	탕약	t'angyak	tangyak
탐색	t'amsaek	tamsaek	탕지아	T'angjia	Tangjia
탐색적	t'amsaekchŏk	tamsaekjeok	탕크	t'angk'ŭ	tangkeu
탐색전	t'amsaekchŏn	tamsaekjeon	탕탕	t'angt'ang	tangtang
탐승기	t'amsŭnggi	tamseunggi	탕평	t'angp'yŏng	tangpyeong
탐욕	t'amyok	tamyok	탕평과	t'angp'yŏnggwa	tangpyeonggwa
탐장	T'amjang	Tamjang	탕평론	t'angp'yŏngnon	tangpyeongnon
탐정	t'amjŏng	tamjeong	탕평비	t'angp'yŏngbi	tangpyeongbi
탐정원	t'amjŏngwŏn	tamjeongwon	탕평책	t'angp'yŏngch'aek	tangpyeongchaek
탐조	t'amjo	tamjo	탕평파	T'angp'yŏngp'a	Tangpyeongpa
탐지	t'amji	tamji	태	t'ae	tae
탐진	T'amjin	Tamjin	태간리	T'aegan-ni	Taegan-ri
탐하다	t'amhada	tamhada	태강	T'aegang	Taegang
탐한	t'amhan	tamhan	태건	T'aegŏn	Taegeon

한글 용례	ALA-LC Romanization	정부 표기안	한글 용례	ALA-LC Romanization	정부 표기안
태격	t'aegyŏk	taegyeok	태부	T'aebu	Taebu
태견	T'aegyŏn	Taegyeon	태비	T'aebi	Taebi
태경	T'aegyŏng	Taegyeong	태사공	T'aesagong	Taesagong
태고	t'aego	taego	태산	T'aesan	Taesan
태고사	T'aegosa	Taegosa	태상	T'aesang	Taesang
태고정	T'aegojŏng	Taegojeong	태서	t'aesŏ	taeseo
태고종	T'aegojong	Taegojong	태성	T'aesŏng	Taeseong
태공	t'aegong	taegong	태성리	T'aesŏng-ni	Taeseong-ri
태교	t'aegyo	taegyo	태수	t'aesu	taesu
태국	T'aeguk	Taeguk	태실	t'aesil	taesil
태국군	T'aegukkun	Taegukgun	태아	t'aea	taea
태국인	T'aegugin	Taegugin	태악	T'aeak	Taeak
태권도	T'aekwŏndo	Taegwondo	태안	T'aean	Taean
태권도사	T'aekwŏndosa	Taegwondosa	태안군	T'aean-gun	Taean-gun
태권도전	T'aekwŏndojŏn	Taegwondojeon	태안사	T'aeansa	Taeansa
태권도專	T'aekwŏndojŏn	Taegwondojeon	태암	T'aeam	Taeam
태권도학	T'aekwŏndohak	Taegwondohak	태양	t'aeyang	taeyang
태극	T'aegŭk	Taegeuk	태양계	t'aeyanggye	taeyanggye
태극권	T'aegŭkkwŏn	Taegeukgwon	태양광	t'aeyanggwang	taeyanggwang
태극기	T'aegŭkki	Taegeukgi	태양리	T'aeyang-ni	Taeyang-ri
태극도	T'aegŭkto	Taegeukdo	태양사	T'aeyangsa	Taeyangsa
태극봉	T'aegŭkpong	Taegeukbong	태양열	t'aeyangyŏl	taeyangnyeol
태극장	T'aegŭkchang	Taegeukjang	태어나	t'aeŏna	taeeona
태기	t'aegi	taegi	태어나고	t'aeŏnago	taeeonago
태기산	T'aegisan	Taegisan	태어나고픈	t'aeŏnagop'ŭn	taeeonagopeun
태도	t'aedo	taedo	태어나기	t'aeŏnagi	taeeonagi
태도론	t'aedoron	taedoron	태어나길	t'aeŏnagil	taeeonagil
태동	t'aedong	taedong	태어나는	t'aeŏnanŭn	taeeonaneun
태동사	t'aedongsa	taedongsa	태어나다	t'aeŏnada	taeeonada
태두	t'aedu	taedu	태어나도	t'aeŏnado	taeeonado
태련	T'aeryŏn	Taeryeon	태어나랴	t'aeŏnarya	taeeonarya
태릉	T'aenŭng	Taereung	태어나므로	t'aeŏnamŭro	taeeonameuro
태막리지	T'aemangniji	Taemangniji	태어나서	t'aeŏnasŏ	taeeonaseo
태명	t'aemyŏng	taemyeong	태어나자	t'aeŏnaja	taeeonaja
태몽	t'aemong	taemong	태어나지	t'aeŏnaji	taeeonaji
태미	T'aemi	Taemi	태어난	t'aeŏnan	taeeonan
태방	T'aebang	Taebang	태어난다	t'aeŏnanda	taeeonanda
태백	T'aebaek	Taebaek	태어난다며는	t'aeŏnandamyŏnŭn	taeeonandamyeonneun
태백산	T'aebaeksan	Taebaeksan	태어난다면	t'aeŏnandamyŏn	taeeonandamyeon
태백선	T'aebaeksŏn	Taebaekseon	태어날래요	t'aeŏnallaeyo	taeeonallaeyo
태백시	T'aebaek-si	Taebaek-si	태어남	t'aeŏnam	taeeonam
태보	T'aebo	Taebo	태어났는가	t'aeŏnannŭn'ga	taeeonanneunga
태복사	T'aeboksa	Taeboksa	태어났다	t'aeŏnatta	taeeonatda
태봉	t'aebong	taebong	태어났더라면	t'aeŏnattŏramyŏn	taeeonatdeoramyeon
태봉국	T'aebongguk	Taebongguk	태어났을까요	t'aeŏnassŭlkkayo	taeeonatseulkkayo

한글 용례	ALA–LC Romanization	정부 표기안	한글 용례	ALA–LC Romanization	정부 표기안
태연	t'aeyŏn	taeyeon	태허	T'aehŏ	Taeheo
태영	T'aeyŏng	Taeyeong	태허정	T'aehŏjŏng	Taeheojeong
태왕	T'aewang	Taewang	태현	T'aehyŏn	Taehyeon
태우	T'aeu	Taeu	태형	T'aehyŏng	Taehyeong
태우기	t'aeugi	taeugi	태호	T'aeho	Taeho
태우는가	t'aeunŭn'ga	taeuneunga	태화	T'aehwa	Taehwa
태웅	T'aeung	Taeung	태화강	T'aehwagang	Taehwagang
태원	T'aewŏn	Taewon	태화동	T'aehwa-dong	Taehwa-dong
태원지	T'aewŏnji	Taewonji	태화사	T'aehwasa	Taehwasa
태을	T'aeŭl	Taeeul	태화산	T'aehwasan	Taehwasan
태인	T'aein	Taein	태환	t'aehwan	taehwan
태인군	T'aein-gun	Taein-gun	태후	t'aehu	taehu
태인현	T'aein-hyŏn	Taein-hyeon	태흥	T'aehŭng	Taeheung
태일	T'aeil	Taeil	택	t'aek	taek
태일력	T'aeillyŏk	Taeillyeok	택견	T'aekkyŏn	Taekgyeon
태일사	T'aeilsa	Taeilsa	택당	T'aektang	Taekdang
태자	t'aeja	taeja	택리지	T'aengniji	Taengniji
태재	T'aejae	Taejae	택민	T'aengmin	Taengmin
태재부	T'aejaebu	Taejaebu	택배	t'aekpae	taekbae
태정	T'aejŏng	Taejeong	택시	t'aeksi	taeksi
태조	T'aejo	Taejo	택암	T'aegam	Taekam
태종	T'aejong	Taejong	택일	t'aegil	taegil
태주	T'aeju	Taeju	택일학	t'aegirhak	taegilhak
태준이즘	T'aejunijŭm	Taejunijeum	택주	T'aekchu	Taekju
태지	T'aeji	Taeji	택지	t'aekchi	taekji
태진	t'aejin	taejin	택촌	T'aekch'on	Taekchon
태창	T'aech'ang	Taechang	택하다	t'aekhada	taekhada
태천	T'aech'ŏn	Taecheon	택하였다	t'aekhayŏtta	taekayeotda
태천군	T'aech'ŏn-gun	Taecheon-gun	탭	t'aep	taep
태천현	T'aech'ŏn-hyŏn	Taecheon-hyeon	탯줄	t'aetchul	taetjul
태청	T'aech'ŏng	Taecheong	탱	t'aeng	taeng
태초	t'aech'o	taecho	탱고	t'aenggo	taenggo
태촌	T'aech'on	Taechon	탱자	t'aengja	taengja
태치	T'aech'i	Taechi	탱화	t'aenghwa	taenghwa
태평	t'aep'yŏng	taepyeong	터	t'ŏ	teo
태평가	T'aep'yŏngga	Taepyeongga	터널	t'ŏnŏl	teoneol
태평경	T'aep'yŏnggyŏng	Taepyeonggyeong	터닝	t'ŏning	teoning
태평무	T'aep'yŏngmu	Taepyeongmu	터득	t'ŏdŭk	teodeuk
태평소	T'aep'yŏngso	Taepyeongso	터뜨렸는가	t'ŏttŭryŏnnŭn'ga	teotteuryeonneunga
태평양	T'aep'yŏngyang	Taepyeongyang	터부	t'ŏbu	teobu
태평춘	t'aep'yŏngch'un	taepyeongchun	터전	t'ŏjŏn	teojeon
태풍	t'aep'ung	taepung	터주	t'ŏju	teoju
태학	T'aehak	Taehak	터진	t'ŏjin	teojin
태학사	T'aehaksa	Taehaksa	터질	t'ŏjil	teojil
태학생	t'aehaksaeng	taehaksaeng	터치	t'ŏch'i	teochi

한글 용례	ALA-LC Romanization	정부 표기안	한글 용례	ALA-LC Romanization	정부 표기안
터키	Tʻŏkʻi	Teoki	텔리마틱	tʻellimatʻik	tellimatik
터키인	Tʻŏkʻiin	Teokiin	텔링	tʻelling	telling
털끝	tʻŏlkkŭt	teolkkeut	텔미	tʻelmi	telmi
털어	tʻŏrŏ	teoreo	템플	tʻempʻŭl	tempeul
텃밭	tʻŏtpat	teotbat	텰릭	Tʻyŏllik	Tyeollik
텃새	tʻŏtsae	teotsae	토	tʻo	to
텅	tʻŏng	teong	토건	tʻogŏn	togeon
텅빈	tʻŏngbin	teongbin	토곤테무르	Tʻogontʻemurŭ	Togontemureu
테	tʻe	te	토관	tʻogwan	togwan
테니스	tʻenisŭ	teniseu	토광	tʻogwang	togwang
테니스장	tʻenisŭjang	teniseujang	토광묘	tʻogwangmyo	togwangmyo
테드	Tʻedŭ	Tedeu	토굴	tʻogul	togul
테디	Tʻedi	Tedi	토기	tʻogi	togi
테라비트급	tʻerabitʻŭkŭp	terabiteugeup	토기장이	tʻogijangi	togijangi
테라스	tʻerasŭ	teraseu	토끼	tʻokki	tokki
테라우치	Tʻerauchʻi	Terauchi	토끼전	Tʻokkijŏn	tokkijeon
테라피	tʻerapʻi	terapi	토네이도	tʻoneido	toneido
테러	tʻerŏ	tereo	토닥	tʻodak	todak
테러리즘	tʻerŏrijŭm	tereorijeum	토닥이는	tʻodaginŭn	todagineun
테레비	tʻerebi	terebi	토담	tʻodam	todam
테마	tʻema	tema	토대	tʻodae	todae
테마별	tʻemabyŏl	temabyeol	토론	tʻoron	toron
테마전	tʻemajŏn	temajeon	토論	tʻoron	toron
테마파크	tʻemapʻakʻŭ	temapakeu	토론집	tʻoronjip	toronjip
테무진	Tʻemujin	Temujin	토론토	Tʻorontʻo	Toronto
테사	Tʻesa	Tesa	토론회	tʻoronhoe	toronhoe
테스트	tʻesŭtʻŭ	teseuteu	토룡제	tʻoryongje	toryongje
테이블	tʻeibŭl	teibeul	토르소	tʻorŭso	toreuso
테이프	tʻeipʻŭ	teipeu	토마	Tʻoma	Toma
테일러	Tʻeillŏ	Teilleo	토마스	Tʻomasŭ	Tomaseu
테제	tʻeje	teje	토마토	tʻomatʻo	tomato
테크	tʻekʻŭ	tekeu	토막	tʻomak	tomak
테크노파크	tʻekʻŭnopʻakʻŭ	tekeunopakeu	토막민	tʻomangmin	tomangmin
테크놀로지	tʻekʻŭnolloji	tekeunolloji	토모히코	Tʻomohikʻo	Tomohiko
테크닉	tʻekʻŭnik	tekeunik	토목	tʻomok	tomok
테크윙	Tʻekʻŭwing	tekeuwing	토목국	Tʻomokkuk	Tomokguk
테트라싸이클린계	tʻetʻŭrassaikʻŭllinʻgye	teteurassaikeullingye	토미이	Tʻomii	Tomii
텍스트	tʻeksŭtʻŭ	tekseuteu	토민	tʻomin	tomin
텍스트론	tʻeksŭtʻŭron	tekseuteuron	토박이	tʻobagi	tobagi
텍스트마이닝	tʻeksŭtʻŭmaining	tekseuteumaining	토번	Tʻobŏn	Tobeon
텐트	tʻentʻŭ	tenteu	토벌	tʻobŏl	tobeol
텔레마케터	tʻellemakʻetʻŏ	tellemaketeo	토별	tʻobyŏl	tobyeol
텔레비전	tʻellebijŏn	tellebijeon	토별가	Tʻobyŏlga	Tobyeolga
텔레커뮤니케이션	tʻellekʻŏmyunikʻeisyŏn	tellekeomyunikeisyeon	토부	Tʻobu	Tobu
텔레파시	tʻellepʻasi	tellepasi	토비	Tʻobi	Tobi

한글 용례	ALA-LC Romanization	정부 표기안	한글 용례	ALA-LC Romanization	정부 표기안
토사전	T'osajŏn	Tosajeon	토포사	T'op'osa	Toposa
토산	T'osan	Tosan	토포스	t'op'osŭ	toposeu
토산군	T'osan-gun	Tosan-gun	토픽	t'op'ik	topik
토산현	T'osan-hyŏn	Tosan-hyeon	토함	t'oham	toham
토석	t'osŏk	toseok	토함산	T'ohamsan	Tohamsan
토성	t'osŏng	toseong	토해	t'ohae	tohae
토성동	T'osŏng-dong	Toseong-dong	토향	T'ohyang	Tohyang
토성리	T'osŏng-ni	Toseong-ri	토형	T'ohyŏng	Tohyeong
토속	t'osok	tosok	토호	T'oho	Toho
토속어	t'osogŏ	tosogeo	토후국	T'ohuguk	Tohuguk
토시아키	T'osiak'i	Tosiaki	톡톡	t'okt'ok	toktok
토시테루	T'osit'eru	Tositeru	톨랜드	T'ollaendŭ	Tollaendeu
토양	t'oyang	toyang	톨스토이	T'olsŭt'oi	Tolseutoi
토어	T'oŏ	Toeo	톨톨	t'olt'ol	toltol
토오루	T'ooru	Tooru	톰스크	T'omsŭk'ŭ	Tomseukeu
토요	T'oyo	Toyo	톰슨	T'omsŭn	Tomseun
토요일	T'oyoil	Toyoil	톰지	T'omji	Tomji
토요회	T'oyohoe	Toyohoe	톱	t'op	top
토용	T'oyong	Toyong	통	t'ong	tong
토우	t'ou	tou	통감	t'onggam	tonggam
토월회	T'owŏrhoe	Towolhoe	통감부	T'onggambu	Tonggambu
토음	T'oŭm	Toeum	통계	t'onggye	tonggye
토의	t'oŭi	toui	통계과	t'onggyekwa	tonggyegwa
토이	t'oi	toi	통계국	t'onggyeguk	tonggyeguk
토인	t'oin	toin	통계처	T'onggyech'ŏ	Tonggyecheo
토인비	T'oinbi	Toinbi	통계청	T'onggyech'ŏng	Tonggyecheong
토장국	t'ojangguk	tojangguk	통계표	t'onggyep'yo	tonggyepyo
토장묘	T'ojangmyo	Tojangmyo	통계학	t'onggyehak	tonggyehak
토정	T'ojŏng	Tojeong	통고	t'onggo	tonggo
토종	t'ojong	tojong	통곡	t'onggok	tonggok
토주계	T'ojugye	Tojugye	통과	t'onggwa	tonggwa
토지	t'oji	toji	통관	t'onggwan	tonggwan
토지법	t'ojipŏp	tojibeop	통구	T'onggu	Tonggu
토질	t'ojil	tojil	통군	T'onggun	Tonggun
토착	t'och'ak	tochak	통권	t'onggwŏn	tonggwon
토착화	t'och'akhwa	tochakhwa	통근	t'onggŭn	tonggeun
토크	t'ok'ŭ	tokeu	통금	t'onggŭm	tonggeum
토크빌	T'ok'ŭbil	Tokeubil	통기	t'onggi	tonggi
토큰	t'ok'ŭn	tokeun	통김치	t'onggimch'i	tonggimchi
토탈	t'ot'al	total	통나무	t'ongnamu	tongnamu
토털	t'ot'ŏl	toteol	통념	t'ongnyŏm	tongnyeom
토토	t'ot'o	toto	통달	t'ongdal	tongdal
토파즈	T'op'ajŭ	Topajeu	통닭	t'ongdak	tongdak
토포관	T'op'ogwan	Topogwan	통도	T'ongdo	Tongdo
토포리	T'op'o-ri	Topo-ri	통도사	T'ongdosa	Tongdosa

한글 용례	ALA-LC Romanization	정부 표기안	한글 용례	ALA-LC Romanization	정부 표기안
통독	t'ongdok	tongdok	통역	t'ongyŏk	tongyeok
통람	t'ongnam	tongnam	통역관	t'ongyŏkkwan	tongyeokgwan
통람사	T'ongnamsa	Tongnamsa	통역사	t'ongyŏksa	tongyeoksa
통략	t'ongnyak	tongnyak	통영	T'ongyŏng	Tongyeong
통렬하고	t'ongnyŏrhago	tongnyeolhago	통영군	T'ongyŏng-gun	Tongyeong-gun
통렬한	t'ongnyŏrhan	tongnyeolhan	통영로	T'ongyŏngno	Tongyeongno
통령	t'ongnyŏng	tongnyeong	통영시	T'ongyŏng-si	Tongyeong-si
통례	t'ongnye	tongnye	통용	t'ongyong	tongyong
통로	t'ongno	tongno	통운	t'ongun	tongun
통론	t'ongnon	tongnon	통원	t'ongwŏn	tongwon
통명	T'ongmyŏng	Tongmyeong	통위영	T'ongwiyŏng	Tongwiyeong
통문	T'ongmun	Tongmun	통의	T'ongŭi	Tongui
통문관	T'ongmun'gwan	Tongmungwan	통의동	T'ongŭi-dong	Tongui-dong
통발	t'ongbal	tongbal	통인동	T'ongin-dong	Tongin-dong
통변	t'ongbyŏn	tongbyeon	통일	t'ongil	tongil
통보	t'ongbo	tongbo	통일관	t'ongilgwan	tongilgwan
통보사	t'ongbosa	tongbosa	통일교	T'ongilgyo	Tongilgyo
통분	t'ongbun	tongbun	통일당	T'ongiltang	Tongildang
통비결	t'ongbigyŏl	tongbigyeol	통일론	t'ongillon	tongillon
통사	t'ongsa	tongsa	통일부	T'ongilbu	Tongilbu
통사론	t'ongsaron	tongsaron	통일시	t'ongilsi	tongilsi
통사적	t'ongsajŏk	tongsajeok	통일안	t'ongiran	tongiran
통상	t'ongsang	tongsang	통일어	t'ongirŏ	tongireo
통상부	T'ongsangbu	Tongsangbu	통일원	T'ongirwŏn	Tongirwon
통상사	t'ongsangsa	tongsangsa	통일학	t'ongirhak	tongilhak
통색	t'ongsaek	tongsaek	통장	t'ongjang	tongjang
통석	t'ongsŏk	tongseok	통재	t'ongjae	tongjae
통설	t'ongsŏl	tongseol	통전	T'ongjŏn	Tongjeon
통섭	t'ongsŏp	tongseop	통전성	t'ongjŏnsŏng	tongjeonseong
통속	t'ongsok	tongsok	통정	t'ongjong	tongjeong
통속성	t'ongsoksŏng	tongsokseong	통제	t'ongje	tongje
통속적	t'ongsokchŏk	tongsokjeok	통제권	t'ongjekwŏn	tongjegwon
통속화	t'ongsokhwa	tongsokwa	통제령	t'ongjeryŏng	tongjeryeong
통솔	t'ongsol	tongsol	통제사	t'ongjesa	tongjesa
통시적	t'ongsijŏk	tongsijeok	통제소	t'ongjeso	tongjeso
통신	t'ongsin	tongsin	통제안	t'ongjean	tongjean
통신국	t'ongsin'guk	tongsinguk	통조림	t'ongjorim	tongjorim
통신대	t'ongsindae	tongsindae	통주	T'ongju	Tongju
통신망	t'ongsinmang	tongsinmang	통준위	T'ongjunwi	Tongjunwi
통신법	t'ongsinpŏp	tongsinbeop	통증	t'ongchŭng	tongjeung
통신부	T'ongsinbu	Tongsinbu	통지	t'ongji	tongji
통신비	t'ongsinbi	tongsinbi	통진	T'ongjin	Tongjin
통신사	t'ongsinsa	tongsinsa	통진군	T'ongjin-gun	Tongjin-gun
통신업	t'ongsinŏp	tongsineop	통진당	T'ongjindang	Tongjindang
통신원	t'ongsinwŏn	tongsinwon	통진현	T'ongjin-hyŏn	Tongjin-hyeon

한글 용례	ALA-LC Romanization	정부 표기안	한글 용례	ALA-LC Romanization	정부 표기안
통찰	t'ongch'al	tongchal	통해보	t'onghaebo	tonghaebo
통찰력	t'ongch'allyŏk	Tongchallyeok	통해서	t'onghaesŏ	tonghaeseo
통천	T'ongch'ŏn	Tongcheon	통해야	t'onghaeya	tonghaeya
통천군	T'ongch'ŏn-gun	Tongcheon-gun	통행	t'onghaeng	tonghaeng
통천현	T'ongch'ŏn-hyŏn	Tongcheon-hyeon	통행권	t'onghaengkwŏn	tonghaenggwon
통첩	t'ongch'ŏp	tongcheop	통혁당	T'onghyŏktang	Tonghyeokdang
통첩집	t'ongch'ŏpchip	tongcheopjip	통화	t'onghwa	tonghwa
통치	t'ongch'i	tongchi	통화료	t'onghwaryo	tonghwaryo
통치력	t'ongch'iryŏk	tongchiryeok	퇴	t'oe	toe
통치론	t'ongch'iron	tongchiron	퇴경	T'oegyŏng	Toegyeong
통치사	t'ongch'isa	tongchisa	퇴경당	T'oegyŏngdang	Toegyeongdang
통치성	t'ongch'isŏng	tongchiseong	퇴계	T'oegye	Toegye
통치술	t'ongch'isul	tongchisul	퇴계학	T'oegyehak	Toegyehak
통치안	t'ongch'ian	tongchian	퇴근	t'oegŭn	toegeun
통치자	t'ongch'ija	tongchija	퇴래리	T'oerae-ri	Toerae-ri
통치층	t'ongch'ich'ŭng	tongchicheung	퇴로	t'oero	toero
통치학	t'ongch'ihak	tongchihak	퇴마록	t'oemarok	toemarok
통쾌	t'ongk'wae	tongkwae	퇴보	t'oebo	toebo
통큰	t'ongk'ŭn	tongkeun	퇴사	t'oesa	toesa
통탄	t'ongt'an	tongtan	퇴사옹	T'oesaong	Toesaong
통통집	t'ongt'ongjip	tongtongjip	퇴석	T'oesŏk	Toeseok
통틀어	t'ongt'ŭrŏ	tongteureo	퇴수재	T'oesujae	Toesujae
통편	t'ongp'yŏn	tongpyeon	퇴옹	T'oeong	Toeong
통폐합	t'ongp'yehap	tongpyehap	퇴우당	T'oeudang	Toeudang
통풍	t'ongp'ung	tongpung	퇴임	t'oeim	toeim
통하는	t'onghanŭn	tonghaneun	퇴장	t'oejang	toejang
통하다	t'onghada	tonghada	퇴재	T'oejae	Toejae
통하여	t'onghayŏ	tonghayeo	퇴적	t'oejŏk	toejeok
통하였느냐	t'onghayŏnnŭnya	tonghayeonneunya	퇴적물	t'oejŏngmul	toejeongmul
통학	t'onghak	tonghak	퇴직	t'oejik	toejik
통학추	T'onghakch'u	Tonghakchu	퇴직금	t'oejikkŭm	toejikgeum
통한	t'onghan	tonghan	퇴직자	t'oejikcha	toejikja
통한가	t'onghan'ga	tonghanga	퇴진	t'oejin	toejin
통한다	t'onghanda	tonghanda	퇴짜	t'oetcha	toejja
통합	t'onghap	tonghap	퇴출	t'oech'ul	toechul
통합군제	t'onghapkunje	tonghapgunje	퇴치	t'oech'i	toechi
통합당	t'onghaptang	tonghapdang	퇴폐	t'oep'ye	toepye
통합론	t'onghamnon	tonghamnon	퇴폐주의	t'oep'yejuŭi	toepyejuui
통합법	t'onghappŏp	tonghapbeop	퇴행	t'oehaeng	toehaeng
통합본	t'onghappon	tonghapbon	퇴행성	t'oehaengsŏng	toehaengseong
통합성	t'onghapsŏng	tonghapseong	퇴헌	T'oehŏn	Toeheon
통합시	t'onghapsi	tonghapsi	퇴화	t'oehwa	toehwa
통합적	t'onghapchŏk	tonghapjeok	퇴휴당	T'oehyudang	Toehyudang
통합형	t'onghaphyŏng	tonghaphyeong	투	t'u	tu
통해	t'onghae	tonghae	투가리	t'ugari	tugari

한글 용례	ALA-LC Romanization	정부 표기안	한글 용례	ALA-LC Romanization	정부 표기안
투고	t'ugo	tugo	툭	t'uk	tuk
투금	t'ugŭm	tugeum	퉁소	t'ungso	tungso
투기	t'ugi	tugi	퉁소쟁이	t'ungsojaengi	tungsojaengi
투기성	t'ugisŏng	tugiseong	튀김	t'wigim	twigim
투데이	t'udei	tudei	튀는	t'winŭn	twineun
투르크메니스탄	T'urŭk'ŭmenisŭt'an	Tureukeumeniseutan	튀니지	T'winiji	Twiniji
투멘	T'umen	Tumen	튜브	t'yubŭ	tyubeu
투명	t'umyŏng	tumyeong	트기	t'ŭgi	teugi
투명성	t'umyŏngsŏng	tumyeongseong	트는	t'ŭnŭn	teuneun
투박한	t'ubakhan	tubakhan	트다	t'ŭda	teuda
투병	t'ubyŏng	tubyeong	트라우마	t'ŭrauma	teurauma
투비	t'ubi	tubi	트라이앵글	t'ŭraiaenggŭl	teuraiaenggeul
투빈	T'ubin	Ttubin	트란스	t'ŭransŭ	teuranseu
투사	t'usa	tusa	트랙터	t'ŭraekt'ŏ	teuraekteo
투사들	t'usadŭl	tusadeul	트랙트	t'ŭraekt'ŭ	teuraekteu
투서	t'usŏ	tuseo	트랜드	t'ŭraendŭ	teuraendeu
투성이	t'usŏngi	tuseongi	트랜스	t'ŭraensŭ	teuraenseu
투순군	T'usun-gun	Tusun-gun	트랜스내셔널	t'ŭraensŭnaesyŏnŏl	teuraenseunaesyeoneol
투시	t'usi	tusi	트랜스로컬리티	t'ŭraensŭrok'ŏllit'i	teuraenseurokeolliti
투어	t'uŏ	tueo	트랜스젠더	t'ŭraensŭjendŏ	teuraenseujendeo
투영	t'uyŏng	tuyeong	트러스트	t'ŭrŏsŭt'ŭ	teureoseuteu
투옥	t'uok	tuok	트럼펫	t'ŭrŏmp'et	teureompet
투위	t'uwi	tuwi	트렌드	t'ŭrendŭ	teurendeu
투융자	t'uyungja	tuyungja	트로이	t'ŭroi	teuroi
투입	t'uip	tuip	트로이카	t'ŭroik'a	teuroika
투자	t'uja	tuja	트로이한트	T'ŭroihant'ŭ	Teuroihanteu
투자론	t'ujaron	tujaron	트로츠키즘	T'ŭroch'ŭk'ijŭm	Teurocheukijeum
투자법	t'ujapŏp	tujabeop	트루만	T'ŭruman	Teuruman
투자실	t'ujasil	tujasil	트루먼	T'ŭrumŏn	Teurumeon
투자자	t'ujaja	tujaja	트리거	t'ŭrigŏ	teurigeo
투쟁	t'ujaeng	tujaeng	트릴레마	t'ŭrillema	teurillema
투쟁가	t'ujaengga	tujaengga	트립프신	T'ŭripp'ŭsin	Teurippeusin
투쟁기	t'ujaenggi	tujaenggi	트위터	t'ŭwit'ŏ	teuwiteo
투쟁론	t'ujaengnon	tujaengnon	트윗텔링	t'ŭwitt'elling	teuwittelling
투쟁론자	t'ujaengnonja	tujaengnonja	트카첸코	T'ŭk'ach'enk'o	Teukachenko
투쟁사	t'ujaengsa	tujaengsa	특	t'ŭk	teuk
투쟁史	t'ujaengsa	tujaengsa	특강	t'ŭkkang	teukgang
투지	t'uji	tuji	특공	t'ŭkkong	teukgong
투초	T'uch'o	Tucho	특구	t'ŭkku	teukgu
투표	t'up'yo	tupyo	특권	t'ŭkkwŏn	teukgwon
투표율	t'up'yoyul	tupyoyul	특권화	t'ŭkkwŏnhwa	teukgwonhwa
투하	t'uha	tuha	특급	t'ŭkkŭp	teukgeup
투항	t'uhang	tuhang	특기	t'ŭkki	teukgi
투호	T'uho	Tuho	특기자	t'ŭkkija	teukgija
투혼	t'uhon	tuhon	특대형	t'ŭktaehyŏng	teukdaehyeong

한글 용례	ALA-LC Romanization	정부 표기안
특등	t'ŭktŭng	teukdeung
특례	t'ŭngnye	teungnye
특례법	t'ŭngyepŏp	teungnyebeop
특명	t'ŭngmyŏng	teukmyeong
특목고	t'ŭngmokko	teungmokgo
특별	t'ŭkpyŏl	teukbyeol
특별반	t'ŭkpyŏlban	teukbyeolban
특별법	t'ŭkpyŏlpŏp	teukbyeolbeop
특별시	T'ŭkpyŏlsi	Teukbyeolsi
특별전	t'ŭkpyŏljŏn	teukbyeoljeon
특별展	t'ŭkpyŏljŏn	teukbyeoljeon
특별판	t'ŭkpyŏlp'an	teukbyeolpan
특별호	t'ŭkpyŏrho	teukbyeolho
특사	t'ŭksa	teuksa
특산	t'ŭksan	teuksan
특산물	t'ŭksanmul	teuksanmul
특산품	t'ŭksanp'um	teuksanpum
특색	t'ŭksaek	teuksaek
특선	t'ŭksŏn	teukseon
특선전	t'ŭksŏnjŏn	teukseonjeon
특설	t'ŭksŏl	teukseol
특설대	t'ŭksŏldae	teukseoldae
특성	t'ŭksŏng	teukseong
특성별	t'ŭksŏngbyŏl	teukseongbyeol
특성집	t'ŭksŏngjip	teukseongjip
특성화	t'ŭksŏnghwa	teukseonghwa
특성화고	t'ŭksŏnghwago	teukseonghwago
특수	t'ŭksu	teuksu
특수성	t'ŭksusŏng	teuksuseong
특수아	t'ŭksua	teuksua
특신	t'ŭksin	teuksin
특위	t'ŭgwi	teugwi
특유	t'ŭgyu	teugyu
특이	t'ŭgi	teugi
특이성	t'ŭgisŏng	teugiseong
특임	t'ŭgim	teugim
특작	t'ŭkchak	teukjak
특작류	t'ukchangnyu	teukjangnyu
특전단	t'ŭkchŏndan	teukjeondan
특정	t'ŭkchŏng	teukjeong
특종	t'ŭkchong	teukjong
특진	t'ŭkchin	teukjin
특질	tŭkchil	teukjil
특집	t'ŭkchip	teukjip
특집팀	t'ŭkchipt'im	teukjiptim

한글 용례	ALA-LC Romanization	정부 표기안
특집호	t'ŭkchipho	teukjipho
특징	t'ŭkching	teukjing
특징적	t'ŭkchingjŏk	teukjingjeok
특파원	t'ŭkp'awŏn	teukpawon
특파원들	t'ŭkp'awŏndŭl	teukpawondeul
특허	t'ŭkhŏ	teukheo
특허권	t'ŭkhŏkwŏn	teukheogwon
특허법	t'ŭkhŏpŏp	teukheobeop
특허청	T'ŭkhŏch'ŏng	Teukheocheong
특혜	t'ŭkhye	teukhye
특화	t'ŭkhwa	teukhwa
특효	t'ŭkhyo	teukhyo
특히	t'ŭkhi	teukhi
튼튼한	t'ŭnt'ŭnhan	teunteunhan
튼튼히	t'ŭnt'ŭnhi	teunteunhi
틀	t'ŭl	teul
틀다	t'ŭlda	teulda
틀리는	t'ŭllinŭn	teullineun
틀린	t'ŭllin	teullin
틈	t'ŭm	teum
틈새	t'ŭmsae	teumsae
티	t'i	ti
티격	t'igyŏk	tigyeok
티모르	T'imorŭ	Timoreu
티무르부카	T'imurŭbuk'a	Timureubuka
티베트	Tibet'ŭ	Tibeteu
티베트어	T'ibet'ŏ	Tibeteueo
티즈맵	T'ijŭmaep	Tijeumaep
티켓	t'ik'et	tiket
티핑	t'ip'ing	tiping
팀	t'im	tim
팀장	t'imjang	timjang
팅글리	T'inggŭlli	Tinggeulli

한글 용례	ALA-LC Romanization	정부 표기안
파	p'a	pa
파격	p'agyŏk	pagyeok
파격적	p'agyŏkchŏk	pagyeokjeok
파견	p'agyŏn	pagyeon
파계	p'agye	pagye
파고	p'ago	pago
파고다	P'agoda	Pagoda
파고든	p'agodŭn	pagodeun
파곡	P'agok	Pagok
파괴	p'agoe	pagoe

한글 용례	ALA-LC Romanization	정부 표기안	한글 용례	ALA-LC Romanization	정부 표기안
파괴적	p'agoejŏk	pagoejeok	파산법	p'asanpŏp	pasanbeop
파국	p'aguk	paguk	파산부	p'asanbu	pasanbu
파급	p'agŭp	pageup	파생	p'asaeng	pasaeng
파기	p'agi	pagi	파생어	p'asaengŏ	pasaengeo
파꽃	p'akkot	pakkot	파서	P'asŏ	Paseo
파나막스型	p'anamaksŭhyŏng	panamakseuhyeong	파소	p'aso	paso
파냐	P'anya	Panya	파송	p'asong	pasong
파노라마	p'anorama	panorama	파수	p'asu	pasu
파는	p'anŭn	paneun	파수꾼	p'asukkun	pasukkun
파니니	p'anini	panini	파수인	p'asuin	pasuin
파도	p'ado	pado	파수추	P'asuch'u	Pasuchu
파독	p'adok	padok	파스큘라	P'asŭk'yulla	Paseukyulla
파동	p'adong	padong	파스타	p'asŭt'a	paseuta
파라	p'ara	para	파스파	P'asŭp'a	Paseupa
파라고	P'arago	Parago	파슨스	P'asŭnsŭ	Paseunseu
파라독스	p'aradoksŭ	paradokseu	파시	P'asi	Pasi
파란	p'aran	paran	파시스트	p'asisŭt'ŭ	pasiseuteu
파랑	p'arang	parang	파시즘	p'asijŭm	pasijeum
파랑새	p'arangsae	parangsae	파시즘기	p'asijŭmgi	pasijeumgi
파러	p'arŏ	pareo	파시즘론	p'asijŭmnon	pasijeumnon
파령군	P'aryŏng-gun	Paryeong-gun	파아품	p'aap'um	paapum
파루	p'aru	paru	파악	p'aak	paak
파르테논	P'arŭt'enon	Pareutenon	파안	p'aan	paan
파르티잔	p'arŭt'ijan	pareutijan	파양	p'ayang	payang
파른본	P'arŭnbon	Pareunbon	파양군	P'ayang-gun	Payang-gun
파리	p'ari	pari	파어	p'aŏ	paeo
파면	p'amyŏn	pamyeon	파업	p'aŏp	paeop
파멸	p'amyŏl	pamyeol	파우스트	P'ausŭt'ŭ	Pauseuteu
파문	p'amun	pamun	파우저	P'aujŏ	Paujeo
파문힌	p'amuch'in	pamuchin	파운드	P'aundŭ	Paundeu
파미간	P'amigan	Pamigan	파워	p'awŏ	pawo
파미르	P'amirŭ	Pamireu	파원	p'awŏn	pawon
파반느	p'abannŭ	pabanneu	파월	p'awŏl	pawol
파발	p'abal	pabal	파이	p'ai	pai
파발군	p'abalgun	pabalgun	파이렛츠	p'airech'ŭ	pairetcheu
파발리	P'abal-li	Pabal-ri	파이프	p'aip'ŭ	paipeu
파발마	p'abalma	pabalma	파인	p'ain	pain
파벌	p'abŏl	pabeol	파일	p'ail	pail
파병	p'abyŏng	pabyeong	파자	p'acha	paja
파병론	p'abyŏngnon	pabyeongnon	파장	p'ajang	pajang
파병사	p'abyŏngsa	pabyeongsa	파장동	P'ajang-dong	Pajang-dong
파빈	P'abin	Pabin	파전	p'ajŏn	pajeon
파사	p'asa	pasa	파주	P'aju	Paju
파사드	P'asadŭ	Pasadeu	파주군	P'aju-gun	Paju-gun
파산	p'asan	pasan	파주목	P'ajumok	Paju-mok

한글 용례	ALA-LC Romanization	정부 표기안	한글 용례	ALA-LC Romanization	정부 표기안
파주시	P'aju-si	Paju-si	관관	p'an'gwan	pangwan
파중	p'ajung	pajung	관교	P'an'gyo	Pangyo
파지	p'aji	paji	관권	p'ankwŏn	pangwon
파직	p'ajik	pajik	관금	p'an'gŭm	pangeum
파진	p'ajin	pajin	관다	p'anda	panda
파진군	P'ajin-gun	Pajin-gun	관단	p'andan	pandan
파천	p'ach'ŏn	pacheon	관도	p'ando	pando
파천기	p'ach'ŏn'gi	pacheongi	관도라	p'andora	pandora
파천期	p'ach'ŏn'gi	pacheongi	관독	p'andok	pandok
파초	p'ach'o	pacho	관례	p'allye	pallye
파초도	p'ach'odo	pachodo	판매	p'anmae	panmae
파출	p'ach'ul	pachul	판매고	p'anmaego	panmaego
파출부	p'ach'ulbu	pachulbu	판매원	p'anmaewŏn	panmaewon
파출소	p'ach'ulso	pachulso	판매자	p'anmaeja	panmaeja
파커스	P'ak'ŏsŭ	Pakeoseu	판매처	p'anmaech'ŏ	panmaecheo
파콤	p'ak'om	pakom	판목	p'anmok	panmok
파크	p'ak'ŭ	pakeu	판문	P'anmun	Panmun
파키스탄	P'ak'isŭt'an	Pakiseutan	판문점	P'anmunjŏm	Panmunjeom
파탄	p'at'an	patan	판별	p'anbyŏl	panbyeol
파토스	p'at'osŭ	patoseu	판본	p'anbon	panbon
파트너	p'at'ŭnŏ	pateuneo	판사	p'ansa	pansa
파트너십	p'at'ŭnŏsip	pateuneosip	판서	p'ansŏ	panseo
파트너즈	p'at'ŭnŏjŭ	pateuneojeu	판석	p'ansŏk	panseok
파티	p'at'i	pati	판소리	p'ansori	pansori
파평	P'ap'yŏng	Papyeong	판소리사	p'ansorisa	pansorisa
파피루스	p'ap'irusŭ	papiruseu	판수	P'ansu	Pansu
파하다	p'ahada	pahada	판옥선	P'anoksŏn	Panokseon
파한	p'ahan	pahan	판윤	p'anyun	panyun
파해	p'ahae	pahae	판자	p'anja	panja
파헤치기	p'ahech'igi	pahechigi	판자촌	p'anjach'on	panjachon
파헤치다	p'ahech'ida	pahechida	판정	p'anjŏng	panjeong
파헤친	p'ahech'in	pahechin	판정자	p'anjŏngja	panjeongja
파혼	p'ahŭn	paheun	판촉	p'anch'ok	panchok
팍스	p'aksŭ	pakseu	판촌	P'anch'on	Panchon
판	p'an	pan	판촌리	P'anch'on-ni	Panchon-ri
판각	p'an'gak	pangak	판카이	P'ank'ai	Pankai
판갑	P'an'gap	Pangap	판타시아	p'ant'asia	pantasia
판결	p'an'gyŏl	pangyeol	판타지	p'ant'aji	pantaji
판결록	p'an'gyŏllok	pangyeollok	판테온	P'ant'eon	Panteon
판결문	p'an'gyŏlmun	pangyeolmun	판포리	P'anp'o-ri	Panpo-ri
판결사	p'an'gyŏlsa	pangyeolsa	판화	p'anhwa	panhwa
판결서	P'an'gyŏlsŏ	pangyeolseo	판화사	p'anhwasa	panhwasa
판결집	p'an'gyŏlchip	pangyeoljip	팔	p'al	pal
판고	p'an'go	pango	팔각	p'algak	palgak
판공비	p'an'gongbi	pangongbi	팔각정	P'algakchŏng	Ppalgakjeong

한글 용례	ALA-LC Romanization	정부 표기안	한글 용례	ALA-LC Romanization	정부 표기안
팔경	p'algyŏng	palgyeong	팔아서	p'arasŏ	paraseo
팔경도	p'algyŏngdo	palgyeongdo	팔아야	p'araya	paraya
팔공산	P'algongsan	Palgongsan	팔역	p'aryŏk	paryeok
팔관회	P'algwanhoe	Palgwanhoe	팔역지	P'aryŏkchi	paryeokji
팔괘	p'algwae	palgwae	팔영산	P'aryŏngsan	Paryeongsan
팔괘장	P'algwaejang	Palgwaejang	팔월	P'arwŏl	Palwol
팔구	p'algu	palgu	팔음	P'arŭm	Pareum
팔금도	P'algŭmdo	Palgeumdo	팔읍	p'arŭp	paleup
팔꿈치	p'alkkumch'i	palkkumchi	팔자	p'alja	palja
팔달동	P'altal-dong	Paldal-dong	팔자(八字)	p'alcha	palja
팔달문	P'altalmun	Paldalmun	팔자도	p'alchado	paljado
팔당	P'altang	Paldang	팔천	p'alch'ŏn	palcheon
팔도	p'alto	paldo	팔청리	P'alch'ŏng-ni	Palcheong-ri
팔도도	p'altodo	paldodo	팔포	P'alp'o	Palpo
팔레	P'alle	Palle	팜	p'am	pam
팔레스타인	P'allesŭt'ain	Palleseutain	팝	p'ap	pap
팔련	p'allyŏn	pallyeon	팝니다	p'amnida	pamnida
팔례	p'allye	pallye	팡밍	P'angming	Pangming
팔로군	P'allogun	Pallogun	팥죽	p'atchuk	patjuk
팔리	P'alli	Palli	팥쥐	P'atchwi	Patjwi
팔리는	p'allinŭn	pallineun	패	p'ae	pae
팔린	p'allin	pallin	패강	P'aegang	Paegang
팔만	p'alman	palman	패거리	p'aegŏri	paegeori
팔목	p'almok	palmok	패권	p'aekwŏn	paegwon
팔방	p'albang	palbang	패권주의	p'aekwŏnjuŭi	paegwonjuui
팔방위	p'albangwi	palbangwi	패기	p'aegi	paegi
팔복원	P'albogwŏn	Palbogwon	패널	p'aenŏl	paeneol
팔봉	P'albong	Palbong	패도	p'aedo	paedo
팔부	p'albu	palbu	패랭이	p'aeraengi	paeraengi
팔분	P'albun	Palbun	패랭이꽃	p'aeraengikkot	paeraengikkot
팔상	p'alsang	palsang	패러다임	p'aerŏdaim	paereodaim
팔상도	p'alsangdo	palsangdo	패러독스	p'aerŏdoksŭ	paereodokseu
팔상록	p'alsangnok	palsangnok	패러디	p'aerŏdi	paereodi
팔상전	P'alsangjŏn	Palsangjeon	패로디	p'aerodi	paerodi
팔색	p'alsaek	palsaek	패림	P'aerim	Ppaerim
팔색조	P'alsaekcho	Palsaekjo	패망	p'aemang	paemang
팔선	P'alsŏn	Palseon	패면	p'aemyŏn	paemyeon
팔성	p'alsŏng	palseong	패밀리	p'aemilli	paemilli
팔세아	P'alsea	Palsea	패배	p'aebae	paebae
팔순	p'alsun	palsun	패사	P'aesa	Paesa
팔심리	P'alsim-ni	Palsim-ri	패상	Paesang	Paesang
팔십	p'alsip	palsip	패서	p'aesŏ	paeseo
팔십년	p'alsimnyŏn	palsimnyeon	패설	p'aesŏl	paeseol
팔아	p'ara	para	패설집	p'aesŏlchip	paeseoljip
팔아라	p'arara	parara	패설집들	p'aesŏlchiptŭl	paeseoljipdeul

한글 용례	ALA-LC Romanization	정부 표기안	한글 용례	ALA-LC Romanization	정부 표기안
패션	p'aesyŏn	paesyeon	퍼스낼리티	p'ŏsŭnaellit'i	peoseunaelliti
패션쇼	p'aesyŏnsyo	paesyeonsyo	퍼스널	p'ŏsŭnŏl	peoseuneol
패소	p'aeso	paeso	퍼스트	p'ŏsŭt'ŭ	peoseuteu
패수	P'aesu	Paesu	퍼시픽	P'ŏsip'ik	Peosipik
패수현	P'aesu-hyŏn	Paesu-hyeon	퍼실리테이션	pŏsillit'eisyŏn	peosilliteisyeon
패스	p'aesŭ	paeseu	퍼주는	p'ŏjunŭn	peojuneun
패시픽	P'aesip'ik	Paesipik	퍼즐	p'ŏjŭl	peojeul
패영	P'aeyŏng	Paeyeong	퍼지	P'ŏji	Peoji
패왕	p'aewang	paewang	퍼지는	p'ŏjinŭn	peojineun
패자	p'aeja	paeja	퍼진	p'ŏjin	peojin
패장	p'aejang	paejang	퍼펙트	p'ŏp'ekt'ŭ	peopekteu
패전	p'aejŏn	paejeon	퍼포먼스	p'ŏp'omŏnsŭ	peopomeonseu
패주	P'aeju	Paeju	퍼플	p'ŏp'ŭl	peopeul
패천	P'aech'ŏn	Paecheon	퍼플맨	p'ŏp'ŭlmaen	peopeulmaen
패초	P'aech'o	Paecho	펀드	p'ŏndŭ	peondeu
패총	p'aech'ong	paechong	펀치볼	P'ŏnch'ibol	Peonchibol
패키지	p'aek'iji	paekiji	펄	p'ŏl	peol
패킷	p'aek'it	paekit	펄떡	p'ŏlttŏk	peoltteok
패턴	p'aet'ŏn	paeteon	펄떡거리는	p'ŏlttŏkkŏrinŭn	peoltteokgeorineun
팩션	p'aeksyŏn	paeksyeon	펄럭입니다	p'ŏllŏgimnida	peolleogimnida
팩컴	P'aekk'ŏm	Paekkeom	펄트	P'ŏlt'ŭ	Peolteu
팩터	p'aekt'ŏ	paekteo	펄펄	p'ŏlp'ŏl	peolpeol
팩토리	p'aekt'ori	paektori	펑텐파	P'ŏngt'enp'a	Peongtenpa
팩트	p'aekt'ŭ	paekteu	페가수스	P'egasusŭ	Pegasuseu
팬더	p'aendŏ	paendeo	페놀류	p'enollyu	penollyu
팬덤	p'aendŏm	paendeom	페레스트로이카	P'eresŭt'ŭroik'a	Pereseuteuroika
팬들	p'aendŭl	paendeul	페로	P'ero	Pero
팰리스	P'aellisŭ	Paelliseu	페루	P'eru	Peru
팸플릿	p'aemp'ŭllit	paempeullit	페르디낭	P'erŭdinang	Pereudinang
팽	P'aeng	Paeng	페르마	P'erŭma	Pereuma
팽목	P'aengmok	Paengmok	페르소나	p'erŭsona	pereusona
팽목항	P'aengmokhang	Paengmokang	페미니스트	p'eminisŭt'ŭ	peminiseuteu
팽배	p'aengbae	paengbae	페미니즘	p'eminijŭm	peminijeum
팽이	p'aengi	paengi	페비안	P'ebian	Pebian
팽창	p'aengch'ang	paengchang	페스타	p'esŭt'a	peseuta
팽팽하다	p'aengp'aenghada	paengpaenghada	페스트라이쉬	P'esŭt'ŭraishwi	Peseuteuraiswi
팽팽하다	p'aengp'aenghada	paengpaenghada	페스티벌	p'esŭt'ibŏl	peseutibeol
팽팽한	p'aengp'aenghan	paengpaenghan	페어	p'eŏ	peeo
퍼덕여도	p'ŏdŏgyŏdo	peodeogyeodo	페어팩스	P'eŏp'aeksŭ	Peeopaekseu
퍼덕이다	p'ŏdŏgida	peodeogida	페어플레이	p'eŏp'ŭllei	peeopeullei
퍼브	P'ŏbŭ	Peobeu	페이스	p'eisŭ	peiseu
퍼블리시티	p'ŏbŭllisit'i	peobeullisiti	페이스북	p'eisŭbuk	peiseubuk
퍼블리시티권	p'ŏbŭllisit'ikwŏn	peobeullisitigwon	페이신	P'eisin	Peisin
퍼블리싱	p'ŏbŭllising	peobeullising	페이지	p'eiji	peiji
퍼센트	p'esent'ŭ	peosenteu	페이퍼	p'eip'ŏ	peipeo

한글 용례	ALA-LC Romanization	정부 표기안	한글 용례	ALA-LC Romanization	정부 표기안
페이퍼로드	p'eip'ŏrodŭ	peipeorodeu	편술	p'yŏnsul	pyeonsul
펜	p'en	pen	편승	p'yŏnsŭng	pyeonseung
펜타곤	P'ent'agon	Pentagon	편식	p'yŏnsik	pyeonsik
펜타그램	P'ent'agŭraem	Pentageuraem	편싸움	p'yŏnssaum	pyeonssaum
펜화	p'enhwa	penhwa	편액	p'yŏnaek	pyeonaek
펠리컨	P'ellik'ŏn	Pellikeon	편역	p'yŏnyŏk	pyeonyeok
펠릭스	P'elliksŭ	Pellikseu	편역자	p'yŏnyŏkcha	pyeonyeokja
펴내	p'yŏnae	pyeonae	편역주	p'yŏnyŏkchu	pyeonyeokju
펴내는	p'yŏnaenŭn	pyeonaeneun	편의	p'yŏnŭi	pyeonui
펴낸	p'yŏnaen	pyeonaen	편의적	p'yŏnŭijŏk	pyeonuijeok
펴낸곳	p'yŏnaen'got	pyeonaengot	편의점	p'yŏnŭijŏm	pyeonuijeom
펴낸데	p'yŏnaende	pyeonaende	편익	p'yŏnik	pyeonik
펴낸이	p'yonaeni	pyeonaeni	편인	p'yŏnin	pyeonin
펴냄	p'yŏnaem	pyeonaem	편자	p'yŏnja	pyeonja
펴는	p'yŏnŭn	pyeoneun	편장	P'yŏnjang	Pyeonjang
펴다	p'yŏda	pyeoda	편저	p'yŏnjŏ	pyeonjeo
펴라	p'yŏra	pyeora	편저인	p'yŏnjŏin	pyeonjeoin
펴락	p'yŏrak	pyeorak	편저자	p'yŏnjŏja	pyeonjeoja
펴본	p'yŏbon	pyeobon	편전	p'yŏnjŏn	pyeonjeon
펴지	p'yŏji	pyeoji	편정	P'yŏnjŏng	Pyeonjeong
편	p'yŏn	pyeon	편제	p'yŏnje	pyeonje
편견	p'yŏn'gyŏn	pyeongyeon	편종	P'yŏnjong	Pyeonjong
편경	P'yŏn'gyŏng	Pyeongyeong	편주	p'yŏnju	pyeonju
편고	p'yŏn'go	pyeongo	편지	p'yŏnji	pyeonji
편년	py'ŏnnyŏn	pyeonnyeon	편지들	p'yŏnjidŭl	pyeonjideul
편년사	p'yŏnnyŏnsa	pyeonnyeonsa	편지사	p'yŏnjisa	pyeonjisa
편년체	p'yŏnnyŏnch'e	pyeonnyeonche	편지지	p'yŏnjiji	pyeonjiji
편대	p'yŏndae	pyeondae	편지집	p'yŏnjijip	pyeonjijip
편람	p'yŏllam	pyeollam	편지첩	p'yŏnjich'ŏp	pyeonjicheop
편력	p'yŏllyŏk	pyeollyeok	편지투	p'yŏnjit'u	pyeonjitu
편력기	p'yŏllyŏkki	pyeollyeokgi	편지함	p'yŏnjiham	pyeonjiham
편류	p'yŏnnyu	pyeollyu	편집	p'yŏnjip	pyeonjipsa
편리	p'yŏlli	pyeolli	편집국	p'yŏnjipkuk	pyeonjipguk
편리성	p'yŏllisŏng	pyeolliseong	편집부	p'yŏnjippu	pyeonjipbu
편린	p'yŏllin	pyeollin	편집사	p'yŏnjipsa	pyeonjipsa
편백	P'yŏnbaek	Pyeonbaek	편집실	p'yŏnjipsil	pyeonjipsil
편병	p'yŏnbyŏng	pyeonbyeong	편집인	p'yŏnjibin	pyeonjibin
편복	P'yŏnbok	Pyeonbok	편집자	p'yŏnjipcha	pyeonjipja
편사	p'yŏnsa	pyeonsa	편집자들	p'yŏnjipchadŭl	pyeonjipjadeul
편성	p'yŏnsŏng	pyeonseong	편집장	p'yŏnjipchang	pyeonjipjang
편성론	p'yŏnsŏngnon	pyeonseongnon	편집처	p'yŏnjipch'ŏ	pyeonjipcheo
편수	p'yŏnsu	pyeonsu	편집필	p'yŏnjipp'il	pyeonjippil
편수관	p'yŏnsugwan	pyeonsugwan	편차	p'yŏnch'a	pyeoncha
편수인	p'yŏnsuin	pyeonsuin	편찬	p'yŏnch'an	pyeonchan
편수청	P'yŏnsuch'ŏng	Pyeonsucheong	편찬사	p'yŏnch'ansa	pyeonchansa

한글 용례	ALA–LC Romanization	정부 표기안	한글 용례	ALA–LC Romanization	정부 표기안
편찬사적	p'yŏnch'ansajŏk	pyeonchansajeok	평라리	P'yŏngna-ri	Pyeongra-ri
편찬실	p'yŏnch'ansil	pyeonchansil	평론	p'yŏngnon	pyeongnon
편찬원	p'yŏnch'anwŏn	pyeonchanwon	평론가	p'yŏngnonga	pyeongnonga
편찬인	p'yŏnch'anin	pyeonchanin	평론가상	p'yŏngnon'gasang	pyeongnongasang
편찬자	p'yŏnch'anja	pyeonchanja	평론계	p'yŏngnon'gye	pyeongnongye
편찬팀	p'yŏnch'ant'im	pyeonchantim	평론사	p'yŏngnonsa	pyeongnonsa
편찬학	p'yŏnch'anhak	pyeonchanhak	평론선	p'yŏngnonsŏn	pyeongnonseon
편찬회	p'yŏnch'anhoe	pyeonchanhoe	평론집	p'yŏngnonjip	pyeongnonjip
편향	p'yŏnhyang	pyeonhyang	평리동	P'yŏngni-dong	Pyeongni-dong
편형	p'yŏnhyŏng	pyeonhyeong	평문	p'yŏngmun	pyeongmun
편호	p'yŏnho	pyeonho	평민	p'yŏngmin	pyeongmin
펼쳐	p'yŏlch'yŏ	pyeolchyeo	평민당	P'yŏngmindang	Pyeongmindang
펼쳐라	p'yŏlch'yŏra	pyeolchyeora	평민사	P'yŏngminsa	Pyeongminsa
펼쳐진	p'yŏlch'yŏjin	pyeolchyeojin	평방	p'yŏngbang	pyeongbang
펼쳐짐	p'yŏlch'yŏjim	pyeolchyeojim	평범	p'yŏngbŏm	pyeongbeom
펼치는	p'yŏlch'inŭn	pyeolchineun	평범하지	p'yŏngbŏmhaji	pyeongbeomhaji
펼치다	p'yŏlch'ida	pyeolchida	평범한	p'yŏngbŏmhan	pyeongbeomhan
펼치며	p'yŏlch'imyŏ	pyeolchimyeo	평보	P'yŏngbo	Pyeongbo
펼친	p'yŏlch'in	pyeolchin	평복	p'yŏngbok	pyeongbok
평	p'yŏng	pyeong	평북	P'yŏngbuk	Pyeongbuk
평가	p'yŏngka	pyeongga	평사	p'yŏngsa	pyeongsa
평가국	p'yŏngkaguk	pyeonggaguk	평사리	P'yŏngsa-ri	Pyeongsa-ri
평가단	p'yŏngkadan	pyeonggadan	평산	P'yŏngsan	Pyeongsan
평가론	p'yongkaron	pyeonggaron	평산군	P'yŏngsan-gun	Pyeongsan-gun
평가법	p'yongkapŏp	pyeonggabeop	평산현	P'yŏngsan-hyŏn	Pyeongsan-hyeon
평가사	p'yŏngkasa	pyeonggasa	평삼중	P'yongsamjung	Pyeongsamjung
평가서	p'yŏngkasŏ	pyeonggaseo	평상복	p'yŏngsangbok	pyeongsangbok
평가용	p'yŏngkayong	pyeonggayong	평생	p'yŏngsaeng	pyeongsaeng
평가원	p'yongkawŏn	pyeonggawon	평생직	pyŏngsaengjik	pyeongsaengjik
평가자	p'yŏngkaja	pyeonggaja	평서산현	P'yŏngsŏsan-hyŏn	Pyeongseosan-hyeon
평가적	p'yŏngkajŏk	pyeonggajeok	평석	p'yŏngsŏk	pyeongseok
평가제	p'yŏngkaje	pyeongaje	평설	p'yŏngsŏl	pyeongseol
평가틀	p'yŏngkat'ŭl	pyeonggateul	평성	P'yŏngsŏng	Pyeongseong
평가팀	p'yŏngkat'im	pyeonggatim	평성리	P'yŏngsŏng-ni	Pyeongseong-ri
평강	P'yŏnggang	Pyeonggang	평수	p'yŏngsu	pyeongsu
평강군	P'yŏnggang-gun	Pyeonggang-gun	평시	p'yŏngsi	pyeongsi
평강현	P'yŏnggang-hyŏn	Pyeonggang-hyeon	평시조	p'yŏngsijo	pyeongsijo
평논사	P'yŏngnonsa	Pyeongnonsa	평신도	p'yŏngsindo	pyeongsindo
평단	P'yŏngdan	Pyeongdan	평안	P'yŏngan	Pyeongan
평당원	P'yŏngdangwŏn	Pyeongdangwon	평안남도	P'yŏngan-namdo	Pyeongannam-do
평등	p'yŏngdŭng	pyeongdeung	평안남북도	P'yŏngan-nam-bukto	Pyeongannambuk-do
평등권	p'yŏngdŭngkwŏn	pyeongdeunggwon	평안도	P'yŏngan-do	Pyeongan-do
평등론	p'yŏngdŭngnon	pyeongdeungnon	평안북도	P'yŏngan-bukto	Pyeonganbuk-do
평등법	p'yŏngdŭngpŏp	pyeongdeungbeop	평안우도	P'yŏngan-udo	Pyeonganu-do
평등주의	p'yŏngdŭngjuŭi	pyeongdeungjuui	평안좌도	P'yŏngan-jwado	Pyeonganjwa-do

한글 용례	ALA-LC Romanization	정부 표기안	한글 용례	ALA-LC Romanization	정부 표기안
평야	p'yŏngya	pyeongya	평택현	P'yŏngt'aek-hyŏn	Pyeongtaek-hyeon
평양	P'yŏngyang	Pyeongyang	평판	p'yŏngp'an	pyeongpan
평양가	P'yŏngyangga	Pyeongyangga	평해	P'yŏnghae	Pyeonghae
평양부	P'yŏngyang-bu	Pyeongyang-bu	평해군	P'yŏnghae-gun	Pyeonghae-gun
평양성	P'yŏngyangsŏng	Pyeongyangseong	평해현	P'yŏnghae-hyŏn	Pyeonghae-hyeon
평양시	P'yŏngyang-si	Pyeongyang-si	평행	p'yŏnghaeng	pyeonghaeng
평양역	P'yŏngyangyŏk	Pyeongyangyeok	평행선	p'yŏnghaengsŏn	pyeonghaengseon
평양전	P'yŏngyangjŏn	Pyeongyangjeon	평화	p'yŏnghwa	pyeonghwa
평양지	P'yŏngyangji	Pyeongyangji	평화관	p'yŏnghwagwan	pyeonghwagwan
평여동	P'yŏngyŏ-dong	Pyeongyeo-dong	평화당	P'yŏnghwadang	Pyeonghwadang
평역	p'yŏngyŏk	pyeongyeok	평화동	Pyŏnghwa-dong	Pyeonghwa-dong
평우록	P'yŏngurok	Pyeongurok	평화로운	p'yŏnghwaroun	pyeonghwaroun
평원	p'yŏngwŏn	pyeongwon	평화론	p'yŏnghwaron	pyeonghwaron
평원군	P'yŏngwŏn-gun	Pyeongwon-gun	평화사	p'yŏnghwasa	pyeonghwasa
평음사	P'yŏngŭmsa	Pyeongeumsa	평화상	P'yŏnghwasang	Pyeonghwasang
평의회	p'yŏngŭihoe	pyeonguihoe	평화선	P'yŏnghwasŏn	Pyeonghwaseon
평장리	P'yŏngjang-ni	Pyeongjang-ri	평화적	p'yŏnghwajŏk	pyeonghwajeok
평재	P'yŏngjae	Pyeongjae	평화전	p'yŏnghwajŏn	pyeonghwajeon
평재리	P'yŏngjaeri	Pyeongjae-ri	평화주의	p'yŏnghwajuŭi	pyeonghwajuui
평저	p'yŏngjŏ	pyeongjeo	평화주의자	p'yŏnghwajuŭija	pyeonghwajuuija
평전	p'yŏngjŏn	pyeongjeon	평화주의자들	p'yŏnghwajuŭijadŭl	pyeonghwajuuijadeul
평점	p'yŏngchŏm	pyeongjeom	평화학	p'yŏnghwahak	pyeonghwahak
평정	p'yŏngjŏng	pyeongjeong	평화학적	p'yŏnghwahakchŏk	pyeonghwahakjeok
평정기	p'yŏngjŏnggi	pyeongjeonggi	폐	p'ye	pye
평정리	P'yŏngjŏng-ni	Pyeongjeong-ri	폐관	p'yegwan	pyegwan
평조	P'yŏngjo	Pyeongjo	폐광	p'yegwang	pyegwang
평주	P'yŏngju	Pyeongju	폐광산	p'yegwangsan	pyegwangsan
평준	p'yŏngjun	pyeongjun	폐광촌	p'yegwangch'on	pyegwangchon
평준화	p'yŏngjunhwa	pyeongjunhwa	폐기	p'yegi	pyegi
평지	p'yŏngji	pyeongji	폐기물	p'yegimul	pyegimul
평지성	p'yŏngjisŏng	pyeongjiseong	폐로자나	P'yerojana	Pyerojana
평창	P'yŏngch'ang	Pyeongchang	폐물	p'yemul	pyemul
평창고	P'yŏngch'anggo	Pyeongchanggo	폐백	p'yebaek	pyebaek
평창군	P'yŏngch'ang-gun	Pyeongchang-gun	폐비	p'yebi	pyebi
평창리	P'yŏngch'ang-ni	Pyeongchang-ri	폐비들	p'yebidŭl	pyebideul
평창읍	P'yŏngch'ang-ŭp	Pyeongchang-eup	폐사군도	p'yesagundo	pyesagundo
평창현	P'yŏngch'ang-hyŏn	Pyeongchang-hyeon	폐사지	p'yesaji	pyesaji
평천	P'yŏngch'ŏn	Pyeongcheon	폐선	p'yesŏn	pyeseon
평천리	Py'ŏngch'ŏn-ni	Pyeongcheon-ri	폐쇄	p'yeswae	pyeswae
평촌리	P'yŏngch'on-ni	Pyeongchon-ri	폐쇄성	p'yeswaesŏng	pyeswaeseong
평택	P'yŏngt'aek	Pyeongtaek	폐수	p'yesu	pyesu
평택군	P'yŏngt'aek-kun	Pyeongtaek-gun	폐암	p'yeam	pyeam
평택대	P'yŏngt'aektae	Pyeongtaekdae	폐읍	P'yeŭp	Pyeeup
평택시	P'yŏngt'aek-si	Pyeongtaek-si	폐인	p'yein	pyein
평택읍	P'yŏngt'aeg-ŭp	Pyeongtaek-eup	폐자원	p'yejawŏn	pyejawon

한글 용례	ALA-LC Romanization	정부 표기안	한글 용례	ALA-LC Romanization	정부 표기안
폐주	P'yeju	Pyeju	포병	p'obyŏng	pobyeong
폐지	p'yeji	pyeji	포병대	p'obyŏngdae	pobyeongdae
폐지론	p'yejiron	pyejiron	포부	p'obu	pobu
폐첩	p'yech'ŏp	pyecheop	포산	P'osan	Posan
폐하	p'yeha	pyeha	포상	p'osang	posang
폐하라	p'yehara	pyehara	포상금	p'osanggŭm	posanggeum
폐해	p'yehae	pyehae	포석	p'osŏk	poseok
폐허	p'yehŏ	pyeheo	포석정	P'osŏkchŏng	Poseokjeong
포	p'o	po	포석정지	P'osŏkchŏngji	Poseokjeongji
포개다	p'ogaeda	pogaeda	포섭	p'osŏp	poseop
포경	p'ogyŏng	pogyeong	포성	p'osŏng	poseong
포경사	p'ogyŏngsa	pogyeongsa	포수	p'osu	posu
포경업	p'ogyŏngŏp	pogyeongeop	포술사	p'osulsa	posulsa
포고문	pogomun	pogomun	포스	p'osŭ	poseu
포괄	p'ogwal	pogwal	포스코	P'osŭk'o	Poseuko
포괄적	p'ogwalchŏk	pogwaljeok	포스터	p'osŭt'ŏ	poseuteo
포교	p'ogyo	pogyo	포스터전	p'osŭt'ŏjŏn	poseuteojeon
포교기	p'ogyogi	pogyogi	포스텍	P'osŭt'ek	Poseutek
포교당	p'ogyodang	pogyodang	포스트	p'osŭt'ŭ	poseuteu
포교원	p'ogyowŏn	pogyowon	포스트모더니즘	p'osŭt'ŭmodŏnijŭm	poseuteumodeonijeum
포구	p'ogu	pogu	포스트모던	p'osŭt'ŭmodŏn	poseuteumodeon
포구락	P'ogurak	Pogurak	포스트콜로니얼리즘	p'osŭt'ŭk'olloniŏllijŭm	poseuteukollonieollijeum
포기	p'ogi	pogi	포시	P'osi	Posi
포남동	P'onam-dong	Ponam-dong	포식	p'osik	posik
포니	P'oni	Poni	포앤북스	P'oaenbuksŭ	Poaenbukseu
포대	p'odae	podae	포에버	p'oebŏ	poebeo
포덕	P'odŏk	Podeok	포연	p'oyŏn	poyeon
포덕문	P'odŏngmun	Podeongmun	포옹	p'oong	poong
포도	p'odo	podo	포용	p'oyong	poyong
포도밭	p'odobat	podobat	포월	P'owŏl	powol
포도청	P'odoch'ŏng	Podocheong	포월리	P'owŏl-li	Powol-ri
포드	P'odŭ	Podeu	포유	p'oyu	poyu
포럼	p'orŏm	poreom	포유류	p'oyuryu	poyuryu
포로	p'oro	poro	포은	P'oŭn	Poeun
포로들	p'orodŭl	porodeul	포의	P'oŭi	Poui
포르노	p'orŭno	poreuno	포이에마	P'oiema	Poiema
포르투	P'orŭt'u	Poreutu	포인트	p'oint'ŭ	pointeu
포르투갈	P'orŭt'ugal	Poreutugal	포장	p'ojang	pojang
포르투갈어	P'orŭt'ugarŏ	Poreutugaleo	포저	P'ojŏ	Pojeo
포맷	p'omaet	pomaet	포졸	p'ojol	pojol
포목	p'omok	pomok	포주	p'oju	poju
포목상	p'omoksang	pomoksang	포지오	P'ojio	Pojio
포박자	P'obakcha	Pobakja	포진	p'ojin	pojin
포백	P'obaek	Pobaek	포차	p'och'a	pocha
포백척	P'obaekch'ŏk	Pobaekcheok	포착	p'och'ak	pochak

한글 용례	ALA-LC Romanization	정부 표기안	한글 용례	ALA-LC Romanization	정부 표기안
포천	P'och'ŏn	Pocheon	폭탄주	p'okt'anju	poktanju
포천군	P'och'ŏn-gun	Pocheon-gun	폭파	p'okp'a	pokpa
포천시	P'och'ŏn-si	Pocheon-si	폭파범	p'okp'abŏm	pokpabeom
포천현	P'och'ŏn-hyŏn	Pocheon-hyeon	폭포	p'okp'o	pokpo
포철	P'och'ŏl	Pocheol	폭풍	p'okp'ung	pokpung
포청	P'och'ŏng	Pocheong	폰	p'on	pon
포청천	p'och'ŏngch'ŏn	pocheongcheon	폰트	p'ont'ŭ	ponteu
포커스	p'ok'ŏsŭ	pokeoseu	폴	p'ol	pol
포크배럴	p'ok'ŭbaerŏl	pokeubaereol	폴라	p'olla	polla
포터	p'ot'ŏ	poteo	폴란드	P'ollandŭ	Pollandeu
포털	p'ot'ŏl	poteol	폴리	p'olli	polli
포토	p'ot'o	poto	폴리스	p'ollisŭ	polliseu
포토맥	P'ot'omaek	Potomaek	폴리오	p'ollio	pollio
포토맥강	P'ot'omaekkang	Potomaekgang	폴리테이아	P'ollit'eia	Polliteia
포토저널리즘	p'ot'ojŏnŏllijŭm	potojeoneollijeum	폴리티카	p'ollit'ik'a	pollitika
포트사이드	P'ot'ŭsaidŭ	Poteusaideu	폴리티쿠스	P'ollit'ik'usŭ	Pollitikuseu
포핀	P'op'in	Popin	폴만	P'olman	Polman
포함	p'oham	poham	퐁	p'ong	pong
포항	P'ohang	Pohang	퐁넛	P'ongnŏt	Pongneot
포항시	P'ohang-si	Pohang-si	퐁니	P'ongni	Pongni
포항항	P'ohanghang	Pohanghang	표	p'yo	pyo
포호	p'oho	poho	표결	p'yogyŏl	pyogyeol
포화	p'ohwa	pohwa	표기	p'yogi	pyogi
포획	p'ohoek	pohoek	표기법	p'yogipŏp	pyogibeop
포효	p'ohyo	pohyo	표기안	p'yogian	pyogian
포휘	P'ohwi	Pohwi	표대	p'yodae	pyodae
폭	p'ok	pok	표류	p'yoryu	pyoryu
폭격	p'okkyŏk	pokgyeok	표류기	p'yoryugi	pyoryugi
폭도	p'okto	pokdo	표류민	p'yoryumin	pyoryumin
폭동	p'oktong	pokdong	표리	p'yori	pyori
폭동사	p'oktongsa	pokdongsa	표면	p'yomyŏn	pyomyeon
폭등	p'oktŭng	pokdeung	표범	p'yobŏm	pyobeom
폭력	p'ongnyŏk	pongnyeok	표본	p'yobon	pyobon
폭력배	p'ongnyŏkpae	pongnyeokbae	표상	p'yosang	pyosang
폭로	p'ongno	pongno	표석	p'yosŏk	pyoseok
폭리	p'ongni	pongni	표선	P'yosŏn	pyoseon
폭발	p'okpal	pokbal	표선리	P'yosŏn-ni	Pyoseon-ri
폭설	p'oksŏl	pokseol	표시	p'yosi	pyosi
폭소	p'okso	pokso	표식	p'yosik	pyosik
폭압	p'ogap	pokap	표심	p'yosim	pyosim
폭양	p'ogyang	pogyang	표암	P'yoam	Pyoam
폭언	p'ogŏn	pogeon	표적	p'yojŏk	pyojeok
폭주	p'okchu	pokju	표전	P'yojŏn	Pyojeon
폭침	p'okch'im	pokchim	표절	p'yojŏl	pyojeol
폭탄	p'okt'an	poktan	표절론	p'yojŏllon	pyojeollon

한글 용례	ALA–LC Romanization	정부 표기안	한글 용례	ALA–LC Romanization	정부 표기안
표점	p'yojŏm	pyojeom	푸이	P'ui	Pui
표정	p'yojŏng	pyojeong	푸코	P'uk'o	Puko
표정들	p'yojŏngdŭl	pyojeongdeul	푸틴	P'ut'in	Putin
표정리	P'yojŏng-ni	Pyojeong-ri	푼	p'un	pun
표제	p'yoje	pyoje	푼다	p'unda	punda
표제어	p'yojeŏ	pyojeeo	풀	p'ul	pul
표준	p'yojun	pyojun	풀고	p'ulgo	pulgo
표준안	p'yojunan	pyojunan	풀기	p'ulgi	pulgi
표준어	p'yojunŏ	pyojuneo	풀꽃	p'ulkkot	pulkkot
표준용	p'yojunyong	pyojunyong	풀다	p'ulda	pulda
표준형	p'yojunhyŏng	pyojunhyeong	풀라	p'ulla	pulla
표준화	p'yojunhwa	pyojunhwa	풀리는	p'ullinŭn	pullineun
표지	p'yoji	pyoji	풀리다	p'ullida	pullida
표지자	p'yojija	pyojija	풀리지	p'ulliji	pulliji
표지제	p'yojije	pyojije	풀리코프스키	P'ulik'op'ŭsŭk'i	Pullikopeuseuki
표집	p'yojip	pyojip	풀린	p'ullin	pullin
표차	p'yoch'a	pyocha	풀린다	p'ullinda	pullinda
표천	P'yoch'ŏn	Pyocheon	풀무	p'ulmu	pulmu
표출	p'yoch'ul	pyochul	풀무질	p'ulmujil	pulmujil
표충	p'yoch'ung	pyochung	풀무치	p'ulmuch'i	pulmuchi
표충비	P'yoch'ungbi	Pyochungbi	풀밭	p'ulbat	pulbat
표충사	P'yoch'ungsa	Pochungsa	풀벌레	p'ulbŏlle	pulbeolle
표충원	P'yoch'ungwŏn	Pyochungwon	풀벌레들	p'ulbŏlledŭl	pulbeolledeul
표해	p'yohae	pyohae	풀브라이트법	P'ulbŭrait'ŭpŏp	Pulbeuraiteubeop
표해록	p'yohaerok	pyohaerok	풀비	P'ulbi	Pulbi
표현	p'yohyŏn	pyohyeon	풀빛	p'ulpit	pulbit
표현력	p'yohyŏnnyŏk	pyohyeonnyeok	풀빵	p'ulppang	pulppang
표현법	p'yohyŏnpŏp	pyohyeonbeop	풀뿌리	p'ulppuri	pulppuri
표현주의	p'yohyŏnjuŭi	pyohyeonjuui	풀어	p'urŏ	pureo
표훈	p'yohun	pyohun	풀어낸	p'urŏnaen	pureonaen
푸는	p'unŭn	puneun	풀어라	p'urŏra	pureora
푸닥거리	p'udakkŏri	pudakgeori	풀어본	p'urŏbon	pureobon
푸단	P'udan	Pudan	풀어서	p'urŏsŏ	pureoseo
푸드	p'udŭ	pudeu	풀어쓴	p'urŏssŭn	pureosseun
푸르게	p'urŭge	pureuge	풀어쓴이	p'urŏssŭni	pureosseuni
푸르고	p'urŭgo	pureugo	풀어씀	p'urŏssŭm	pureosseum
푸르기도	p'urŭgido	pureugido	풀어야	p'urŏya	pureoya
푸르디	p'urŭdi	pureudi	풀었다	p'urŏtta	pureotda
푸르른	p'urŭrŭn	pureureun	풀이	p'uri	puri
푸르른데	p'urŭrŭnde	pureureunde	풀이씨	p'urissi	purissi
푸르름	p'urŭrŭm	pureureum	풀이집	p'urijip	purijip
푸르메	P'urŭme	Pureume	풀잎	p'urip	purip
푸른	p'urŭn	pureun	풀자	p'ulja	pulja
푸시킨	P'usik'in	Pusikin	풀종다리	P'ulchongdari	Puljongdari
푸에블로호	P'uebŭlloho	Puebeulloho	풀칠	p'ulch'il	pulchil

한글 용례	ALA-LC Romanization	정부 표기안	한글 용례	ALA-LC Romanization	정부 표기안
풀턴	Pʻultʻŏn	Pulteon	풍납	Pʻungnap	Pungnap
품	pʻum	pum	풍납동	Pʻungnap-tong	Pungnap-dong
품걸리	Pʻumgŏl-li	Pumgeol-ri	풍년	pʻungnyŏn	pungnyeon
품격	pʻumkyŏk	pumgyeok	풍덕군	Pʻungdŏk-kun	Pungdeok-gun
품계	pʻumgye	pumgye	풍도	Pʻungdo	Pungdo
품계석	pʻumgyesŏk	pumgyeseok	풍등가	Pʻungdŭngga	Pungdeungga
품고	pʻumko	pumgo	풍랑	Pʻungnang	Pungnang
품고서	pʻumkosŏ	pumgoseo	풍력	pʻungnyŏk	pungnyeok
품관	pʻumgwan	pumgwan	풍룡동	Pʻungnyong-dong	Pungnyong-dong
품는다	pʻumnŭnda	pumneunda	풍류	pʻungnyu	pungnyu
품다	pʻumta	pumda	풍류객	pʻungnyugaek	pungnyugaek
품명	pʻummyŏng	pummyeong	풍류도	pʻungnyudo	pungnyudo
품목	pʻummok	pummok	풍류랑	pʻungnyurang	pungnyurang
품바	pʻumba	pumba	풍류방	pʻungnyubang	pungnyubang
품사	pʻumsa	pumsa	풍류사	pʻungnyusa	pungnyusa
품사론	pʻumsaron	pumsaron	풍류지	pʻungnyuji	pungnyuji
품새론	pʻumsaeron	pumsaeron	풍류집	pʻungnyujip	pungnyujip
품석	pʻumsŏk	pumseok	풍림	Pʻungnim	Pungnim
품성	pʻumsŏng	pumseong	풍만	pʻungman	pungman
품안천	Pʻumanchʻŏn	Pumancheon	풍모	pʻungmo	pungmo
품앗이	pʻumasi	pumasi	풍물	pʻungmul	pungmul
품어	pʻumŏ	pumeo	풍물가	pʻungmulga	pungmulga
품위	pʻumwi	pumwi	풍물장	pʻungmuljang	pungmuljang
품은	pʻumŭn	pumeun	풍물잽이	pʻungmuljaebi	pungmuljaebi
품종	pʻumjong	pumjong	풍물지	pʻungmulji	pungmulji
품질	pʻumjil	pumjil	풍미(豐味)	pʻungmi	pungmi
품질원	pʻumjirwŏn	pumjirwon	풍미한	pʻungmihan	pungmihan
품평	pʻumpʻyŏng	pumpyeong	풍부한	pʻungbuhan	pungbuhan
풋뽈	pʻutppol	putppol	풍산	Pʻungsan	Pungsan
풍	pʻung	pung	풍산읍	Pʻungsan-ŭp	Pungsan-eup
풍각	pʻunggak	punggak	풍석	Pʻungsŏk	Pungseok
풍각현	Pʻunggak-hyŏn	Punggak-hyeon	풍선	pʻungsŏn	pungseon
풍간	Pʻunggan	Punggan	풍성	pʻungsŏng	pungseong
풍격	pʻungkyŏk	punggyeok	풍속	pʻungsok	pungsok
풍경	pʻunggyŏng	punggyeong	풍속기	pʻungsokki	pungsokgi
풍경들	pʻunggyŏngdŭl	punggyeongdeul	풍속도	pʻungsokto	pungsokdo
풍경전	pʻunggyŏngjŏn	punggyeongjeon	풍속도첩	pʻungsoktochʻŏp	pungsokdocheop
풍계	Pʻunggye	Punggye	풍속사	pʻungsoksa	pungsoksa
풍고	Pʻunggo	Punggo	풍속집	pʻungsokchip	pungsokjip
풍광	pʻunggwang	punggwang	풍속화	pʻungsokhwa	pungsokhwa
풍기	Pʻunggi	Punggi	풍속화집	pʻungsokhwajip	pungsokhwajip
풍기군	Pʻunggi-gun	Punggi-gun	풍수	pʻungsu	pungsu
풍기대	Pʻunggidae	Punggidae	풍수가	pʻungsuga	pungsuga
풍길리	Pʻunggil-li	Punggil-ri	풍수론	pʻungsuron	pungsuron
풍남	Pʻungnam	Pungnam	풍수설	pʻungsusŏl	pungsuseol

한글 용례	ALA-LC Romanization	정부 표기안	한글 용례	ALA-LC Romanization	정부 표기안
풍수학	p'ungsuhak	pungsuhak	프라임	p'ŭraim	peuraim
풍수해	p'ungsuhae	pungsuhae	프라즈냐	P'ŭrajŭnya	Peurajeunya
풍수화	p'ungsuhwa	pungsuhwa	프라테트타이	P'ŭrat'et'ŭt'ai	Peurateteutai
풍습	p'ungsŭp	pungseup	프라치	p'ŭrakch'i	peurakchi
풍습록	p'ungsŭmnok	pungseumnok	프란시스코	P'ŭransisŭk'o	Peuransiseuko
풍습사	p'ungsŭpsa	pungseupsa	프란쯔	P'ŭrantchŭ	Peuranjjeu
풍시조	p'ungsijo	pungsijo	프란체스카	P'ŭranch'esŭk'a	Peurancheseuka
풍신제	P'ungsinje	Pungsinje	프란체스코	P'ŭranch'esŭk'o	Peurancheseuko
풍아	p'unga	punga	프랑뎅	P'ŭrangdeng	Peurangdeng
풍악	p'ungak	pungak	프랑스	P'ŭrangsŭ	Peurangseu
풍악산	P'ungaksan	Pungaksan	프랑스인	P'ŭrangsŭin	Peurangseuin
풍애	P'ungae	Pungae	프랜시스	P'ŭraensisŭ	Peuraensiseu
풍양	P'ungyang	Pungyang	프랜차이즈	p'ŭraench'aijŭ	peuraenchaijeu
풍어	p'ungŏ	pungeo	프런티어	p'ŭrŏnt'iŏ	peureontieo
풍어굿	P'ungŏgut	Pungeogut	프레드	P'ŭredŭ	Peuredeu
풍어제	P'ungŏje	Pungeoje	프레메리	P'ŭremeri	Peuremeri
풍요	p'ungyo	pungyo	프레스	p'ŭresŭ	peureseu
풍요로운	p'ungyoroun	pungyoroun	프레시안	P'ŭresian	Peuresian
풍운	p'ungun	pungun	프레시웨이	P'ŭresiwei	Peuresiwei
풍운기	p'ungun'gi	pungungi	프레이저	P'ŭreijŏ	Peureijeo
풍원	P'ungwŏn	Pungwon	프레임	p'ŭreim	peureim
풍원군	P'ungwŏn-gun	Pungwon-gun	프레임워크	p'ŭreimwŏk'ŭ	peureimwokeu
풍월	p'ungwŏl	pungwol	프레팅	p'ŭret'ing	peureting
풍월도	p'ungwŏlto	pungwoldo	프렌드	p'ŭrendŭ	peurendeu
풍입송	P'ungipsong	Pungipsong	프렌들리	p'ŭrendŭlli	peurendeulli
풍자	p'ungja	pungja	프로	p'ŭro	peuro
풍작	p'ungjak	pungjak	프로그래밍	p'ŭrogŭraeming	peurogeuraeming
풍장	p'ungjang	pungjang	프로그램	p'ŭrogŭraem	peurogeuraem
풍전	p'ungjŏn	pungjeon	프로네시스	P'ŭronesisŭ	Peuronesiseu
풍정	p'ungjŏng	pungjeong	프로덕션	p'ŭrodŏksyŏn	peurodeoksyeon
풍족	p'ungjok	pungjok	프로듀서	p'ŭrodyusŏ	peurodyuseo
풍진	p'ungjin	pungjin	프로레타리아	p'ŭroret'aria	peuroretaria
풍천	P'ungch'ŏn	Pungcheon	프로메테우스	P'ŭromet'eusŭ	Peurometeuseu
풍천군	P'ungch'ŏn-gun	Pungcheon-gun	프로방스	P'ŭrobangsŭ	Peurobangseu
풍청리	P'ungch'ŏng-ni	Pungcheong-ri	프로세서	p'ŭrosesŏ	peuroseseo
풍탁	p'ungt'ak	pungtak	프로세스	p'ŭrosesŭ	peuroseseu
풍토	p'ungt'o	pungto	프로세스별	p'ŭrosesŭbyŏl	peuroseseubyeol
풍토기	p'ungt'ogi	pungtogi	프로세싱	p'ŭrosesing	peurosesing
풍화	p'unghwa	punghwa	프로이스	P'ŭroisŭ	Peuroiseu
퓨처	p'yuch'ŏ	pyucheo	프로이트	P'ŭroit'ŭ	Peuroiteu
프라센짓	P'ŭrasenjit	Peurasenjit	프로젝트	p'ŭrojekt'ŭ	peurojekteu
프라스틱	p'ŭrasŭt'ik	peuraseutik	프로젝트팀	p'ŭrojekt'ŭt'im	peurojekteutim
프라우다	P'ŭrauda	Peurauda	프로크루스테스	P'ŭrok'ŭrusŭt'esŭ	Peurokeuruseuteseu
프라이드	p'ŭraidŭ	peuraideu	프로테스탄트	P'ŭrot'esŭt'ant'ŭ	Peuroteseutanteu
프라이버시	p'ŭraibŏsi	peuraibeosi	프로테스탄티즘	P'ŭrot'esŭt'ant'ijŭm	Peuroteseutantijeum

한글 용례	ALA-LC Romanization	정부 표기안	한글 용례	ALA-LC Romanization	정부 표기안
프로토콜	p'ŭrot'ok'ol	peurotokol	플레이	p'ŭllei	peullei
프로파간다	p'ŭrop'aganda	peuropaganda	플레이어	p'ŭlleiŏ	peulleieo
프로파일	p'ŭrop'ail	peuropail	플레이트	P'ŭlleit'ŭ	Peulleiteu
프로파일러	p'ŭrop'aillŏ	peuropailleo	플로렌스	P'ŭllorensŭ	Peullorenseu
프로페셔널	p'ŭrop'esyŏnŏl	peuropesyeoneol	플롯	p'ŭllot	peullot
프로페셔널리즘	p'ŭrop'esyŏnŏllijŭm	peuropesyeoneollijeum	플루트	P'ŭllut'ŭ	Peulluteu
프로페셔널	p'ŭrop'yesyŏnŏl	peuropyesyeoneol	피	p'i	pi
프로포절	p'ŭrop'ojŏl	peuropojeol	피젯나	p'igenna	pigenna
프로핀테른	P'ŭrop'int'erŭn	Peuropintereun	피격	p'igyŏk	pigyeok
프롤로그	p'ŭrollogŭ	peurollogeu	피고	p'igo	pigo
프롬	p'ŭrom	peurom	피고름	p'igorŭm	pigoreum
프롬나드	p'ŭromnadŭ	peuromnadeu	피그	p'igŭ	pigeu
프롱베르제	P'ŭrongberŭje	Peurongbereuje	피그말리온	P'igŭmallion	Pigeumallion
프르제발스키	P'ŭrŭjebalsŭk'i	Peureujebalseuki	피기	p'igi	pigi
프리	p'ŭri	peuri	피난	p'inan	pinan
프리드리히	P'ŭridŭrihi	Peurideurihi	피난민	p'inanmin	pinanmin
프리랜서	p'ŭriraensŏ	peuriraenseo	피난민들	p'inanmindŭl	pinanmindeul
프리마	p'ŭrima	peurima	피난처	p'inanch'ŏ	pinancheo
프리모	P'ŭrimo	peurimo	피내	p'inae	pinae
프리미어	p'ŭrimiŏ	peurimieo	피눈물	p'inunmul	pinunmul
프리미엄	p'ŭrimiŏm	peurimieom	피는	p'inŭn	pineun
프리뷰	p'ŭribyu	peuribyu	피는가	p'inŭn'ga	pineunga
프리아무르	P'ŭriamurŭ	Peuriamureu	피닉스	p'iniksŭ	pinikseu
프리월	P'ŭriwil	Peuriwil	피다	p'ida	pida
프리이코노미	p'ŭriik'onomi	peuriikonomi	피동	p'idong	pidong
프리젠테이션	p'ŭrijent'eisyŏn	peurijenteisyeon	피동형	p'idonghyŏng	pidonghyeong
프리즈나	P'ŭrijŭna	Peurijeuna	피드백	p'idŭbaek	pideubaek
프리즘	p'ŭrijŭm	peurijeum	피디	p'idi	pidi
프리칭	p'ŭrich'ing	peuriching	피라네시	P'iranesi	Piranesi
프린세스	p'ŭrinsesŭ	peurinseseu	피랍	p'irap	pirap
프린스	p'ŭrinsŭ	peurinseu	피로	p'iro	piro
프린스턴	P'ŭrinsŭt'ŏn	peurinseuteon	피로연	p'iroyŏn	piroyeon
프린트	p'ŭrint'ŭ	peurinteu	피뢰침	p'iroech'im	piroechim
프린팅	p'ŭrint'ing	peurinting	피류	p'iryuk	piryuk
플라워	p'ŭllawŏ	peullawo	피리	p'iri	piri
플라자	p'ŭllaja	peullaja	피리라	p'irira	pirira
플라톤	P'ŭllat'on	Peullaton	피면	p'imyŏn	pimyeon
플랑크톤	p'ŭllangk'ŭt'on	peullangkeuton	피바다	p'ibada	pibada
플래너	p'ŭllaenŏ	peullaeneo	피복	p'ibok	pibok
플래닛	p'ŭllaenit	peullaenit	피복류	p'ibongnyu	pibongnyu
플랜	p'ŭllaen	peullaen	피부	p'ibu	pibu
플랜트	p'ŭllaent'ŭ	peullaenteu	피부과	p'ibukwa	pibugwa
플랫	p'ŭllaet	peullaet	피서록	p'isŏrok	piseorok
플랫폼	p'ŭllaetp'om	peullaetpom	피서지	p'isŏji	piseoji
플러스	p'ŭllŏsŭ	peulleoseu	피스	p'isŭ	piseu

한글 용례	ALA-LC Romanization	정부 표기안	한글 용례	ALA-LC Romanization	정부 표기안
피아	p'ia	pia	피터캣	P'it'ŏk'aet	Piteokaet
피아골	P'iagol	Piagol	피폭	p'ip'ok	pipok
피아노	p'iano	piano	피플	p'ip'ŭl	pipeul
피안사	P'iansa	Piansa	피하고자	p'ihagoja	pihagoja
피압박	p'iappak	piabbak	피해	p'ihae	pihae
피앤씨	P'iaenssi	Piaenssi	피해자	p'ihaeja	pihaeja
피어	p'io	pieo	피해자들	p'ihaejadŭl	pihaejadeul
피어나	p'iŏna	pieona	피해자학	p'ihaejahak	pihaejahak
피어난	p'iŏnan	pieonan	피해지	p'ihaeji	pihaeji
피어라	p'iŏra	pieora	피향정	P'ihyangjŏng	Pihyangjeong
피어리스	P'iŏrisŭ	Pieoriseu	피혁	p'ihyŏk	pihyeok
피어선대	P'iŏsŏndae	Pieoseondae	픽션	p'iksyŏn	piksyeon
피어싱	p'iŏsing	pieosing	픽스	P'iksŭ	Pikseu
피어오리	p'iŏori	pieoori	픽처	p'ikch'ŏ	pikcheo
피었습니까	p'iŏssŭmnikka	pieotseumnikka	픽포켓	p'ikp'ok'et	pikpoket
피었습니다	p'iŏtsŭmnida	pieosseumnida	핀	p'in	pin
피었으면	p'iŏtsŭmyŏn	pieoteumyeon	핀다	p'inda	pinda
피에타	P'iet'a	Pieta	필	p'il	pil
피엘	P'iel	Piel	필가첩	p'ilgach'ŏp	pilgacheop
피엠텐	p'iemt'en	piemten	필경	p'ilgyŏng	pilgyeong
피여	p'iyŏ	piyeo	필경사	p'ilgyŏngsa	pilgyeongsa
피역	p'iyŏk	piyeok	필기	p'ilgi	pilgi
피였던	p'iyŏttŏn	piyeotdeon	필기구	p'ilgigu	pilgigu
피우기	p'iugi	piugi	필담	p'iltam	pildam
피우는	p'iunŭn	piuneun	필독	p'ildok	pildok
피우는데	p'iunŭnde	piuneunde	필독서	p'iltoksŏ	pildokseo
피우다	p'iuda	piuda	필동	P'il-tong	Pil-dong
피우리라	p'iurira	piurira	필드	p'ildŭ	pildeu
피운	p'iun	piun	필라델피아	P'illadelp'ia	Pilladelpia
피워낸	p'iwŏnaen	piwonaen	필로소피아	p'ilosop'ia	Pillosopia
피의자	p'iŭija	piuija	필로소픽	P'illosop'ik	Pillosopik
피이터	P'iit'ŏ	Piiteo	필름	p'illŭm	pilleum
피일	p'iil	piil	필리버스터	p'iilibŏsŭt'ŏ	pillibeoseuteo
피임	p'iim	piim	필리핀	P'illip'in	Pillipin
피자	p'ija	pija	필리핀군	P'illip'in'gun	Pillipingun
피장	P'ijang	Pijang	필립	P'ilip	Pillip
피정	p'ijŏng	pijeong	필맥	p'ilmaek	pilmaek
피주	P'iju	Piju	필묵	p'ilmuk	pilmuk
피지	p'iji	piji	필벌	p'ilbŏl	pilbeol
피징용	p'ijingyong	pijingyong	필법	p'ilpŏp	pilbeop
피처	p'ich'ŏ	picheo	필봉	p'ilbong	pilbong
피침해	p'ich'imhae	pichimhae	필비	p'ilbi	pilbi
피케티	P'ik'et'i	Piketi	필비서	p'ilbisŏ	pilbiseo
피크닉	p'ik'ŭnik	pikeunik	필사	p'ilsa	pilsa
피터	P'it'ŏ	Piteo	필사본	p'ilsabon	pilsabon

한글 용례	ALA-LC Romanization	정부 표기안
필살기	p'ilsalgi	pilsalgi
필서	p'ilsŏ	pilseo
필수	p'ilsu	pilsu
필승	p'ilsŭng	pilseung
필암	P'iram	Piram
필어	P'irŏ	Pireo
필연	p'iryŏn	piryeon
필연적	p'iryŏnjŏk	piryeonjeok
필요	p'iryo	piryo
필요성	p'iryosŏng	piryoseong
필용	p'iryong	piryong
필원	p'irwŏn	pirwon
필자	p'ilcha	pilja
필자들	p'ilchadŭl	piljadeul
필적	p'ilchŏk	piljeok
필즈	P'iljŭ	Piljeu
필지	p'ilji	pilji
필진	p'ilchin	piljin
필찰첩	p'ilch'alch'ŏp	pilchalcheop
필첩	p'ilch'ŏp	pilcheop
필총	p'ilch'ong	pilchong
필치	p'ilch'i	pilchi
필화	p'irhwa	pilhwa
핍	p'ip	pip
핍박	p'ippak	pipbak
핏덩어리	p'ittŏngŏri	pitdeongeori
핏빛	p'itpit	pitbit
핏줄	p'itchul	pitjul
펑계	p'inggye	pinggye

한글 용례	ALA-LC Romanization	정부 표기안
하	ha	ha
하강	hagang	hagang
하게	hage	hage
하겠소	hagetso	hagetso
하겠습니다	hagessŭmnida	hagetseumnida
하겠어요	hagessŏyo	hagetseoyo
하경	Hagyŏng	Hagyeong
하계	hagye	hagye
하고	Hago	hago
하고도	hagodo	hagodo
하고서	hagosŏ	hagoseo
하곡	Hagok	Hagok
하관	hagwan	hagwan
하교	hagyo	hagyo

한글 용례	ALA-LC Romanization	정부 표기안
하구	hagu	hagu
하구나	haguna	haguna
하구둑	hagutuk	haguduk
하구려	Haguryŏ	haguryeo
하구암리	Haguam-ni	Haguam-ri
하귀	Hagwi	Hagwi
하그래이	hagŭraei	hageuraei
하급	hagŭp	hageup
하급반	hagŭppan	hageupban
하급심	hagŭpsim	hageupsim
하기	hagi	hagi
하기도	hagido	hagido
하기로	hagiro	hagiro
하나	hana	hana
하나님	Hananim	Hananim
하나로	hanaro	hanaro
하나요	hanayo	hanayo
하나원	Hanawŏn	Hanawon
하날	hanal	hanal
하남	Hanam	Hanam
하남도	Hanam-do	Hanamdo
하남동	Hanam-dong	Hanam-dong
하남둔	Hanamdun	Hanamdun
하남시	Hanam-si	Hanam-si
하남현	Hanam-hyŏn	Hanam-hyeon
하납	Hanap	Hanap
하네	hane	hane
하녀	hanyŏ	hanyeo
하노니	hanoni	hanoni
하노라	hanora	hanora
하느냐고	hanŭnyago	haneunyago
하느님	Hanŭnim	Haneunim
하느라고	hanŭrago	haneurago
하는가	hanŭn'ga	haneunga
하는데	hanŭnde	haneunde
하늘	hanŭl	haneul
하늘문	hanŭlmun	haneulmun
하늘소	hanŭlso	haneulso
하늘재	Hanŭlchae	Haneuljae
하늬사	Hanŭisa	Hanuisa
하니	hani	hani
하다	hada	hada
하다가	hadaga	hadaga
하다고	hadago	hadago
하다면	hadamyŏn	hadamyeon

한글 용례	ALA-LC Romanization	정부 표기안	한글 용례	ALA-LC Romanization	정부 표기안
하담	Hadam	Hadam	하멜	Hamel	Hamel
하당	Hadang	Hadang	하며	hamyŏ	hamyeo
하대	hadae	hadae	하면	hamyŏn	hamyeon
하던	hadŏn	hadeon	하면서	hamyŏnsŏ	hamyeonseo
하도	hado	hado	하면서도	hamyŏnsŏdo	hamyeonseodo
하도급	hadogŭp	hadogeup	하명	hamyŏng	hamyeong
하도급법	hadogŭppŏp	hadogeupbeop	하몽	Hamong	Hamong
하도리	Hado-ri	Hado-ri	하믈레트	Hamŭllet'ŭ	Hameulleteu
하동	Hadong	Hadong	하민	Hamin	Hamin
하동군	Hadong-gun	Hadong-gun	하바네라	Habanera	Habanera
하동현	Hadong-hyŏn	Hadong-hyeon	하바드	Habadŭ	Habadeu
하드볼	hadŭbol	hadeubol	하박	Habak	Habak
하든	Hadŭn	Hadeun	하반기	haban'gi	habangi
하듯	hadŭt	hadeut	하백	Habaek	Habaek
하등	hadŭng	hadeung	하백녀	Habaengnyŏ	Habaengnyeo
하등도	Hadŭngdo	Hadeungdo	하버드	Habŏdŭ	Habeodeu
하라	hara	hara	하버마스	Habŏmasŭ	Habeomaseu
하라고	harago	harago	하번	Habŏn	Habeon
하라다	Harada	Harada	하봉리	Habong-ni	Habong-ri
하라무렌	Haramuren	Haramuren	하부	habu	habu
하라지	haraji	haraji	하비	Habi	Habi
하라티무르	Harat'imurŭ	Haratimureu	하비타트	habit'at'ŭ	habitateu
하락	harak	harak	하빈	Habin	Habin
하랴	harya	harya	하빈현	Habin-hyŏn	Habin-hyeon
하러	harŏ	hareo	하사	hasa	hasa
하렘	Harem	Harem	하사관	hasagwan	hasagwan
하려	haryŏ	haryeo	하산	Hasan	hasan
하려는	haryŏnŭn	haryeoneun	하삼도	Hasamdo	Hasamdo
하려면	haryŏmyŏn	haryeomyeon	하상	hasang	hasang
하루	haru	haru	하생	hasaeng	hasaeng
하루끼	Harukki	Harukki	하생경	hasaenggyŏng	hasaenggyeong
하루살이	harusari	harusari	하서	Hasŏ	Haseo
하루치	haruch'i	haruchi	하서라	Hasŏra	Haseora
하루키	Haruk'i	Haruki	하석	Hasŏk	Haseok
하루헌	Haruhŏn	Haruheon	하성	Hasŏng	Haseong
하룻밤	harutpam	harutbam	하세요	haseyo	haseyo
하룻빛	harutpit	harutbit	하셨을까	hasyŏtsŭlkka	hasyeotseulkka
하류	haryu	haryu	하소	haso	haso
하류부	haryubu	haryubu	하소서	hasosŏ	hasoseo
하르방	harŭbang	hareubang	하수	hasu	hasu
하리	hari	hari	하수도	hasudo	hasudo
하리동	Hari-dong	Hari-dong	하수인	hasuin	hasuin
하리라	harira	harira	하숙	hasuk	hasuk
하마	hama	hama	하술라	Hasulla	Hasulla
하마비	hamabi	hamabi	하슬라	Hasŭlla	Haseulla

한글 용례	ALA-LC Romanization	정부 표기안	한글 용례	ALA-LC Romanization	정부 표기안
하시겠습니까	hasigessŭmnikka	hasigetseumnikka	하이네	Haine	Haine
하시네요	hasineyo	hasineyo	하이데	Haide	Haide
하시는	hasinŭn	hasineun	하이데거	Haidegŏ	Haidegeo
하시니	hasini	hasini	하이브리드	haibŭridŭ	haibeurideu
하시동	Hasi-dong	Hasi-dong	하이에크	Haiek'ŭ	Haiekeu
하시려면	hasiryŏmyŏn	hasiryeomyeon	하이재	Haijae	Haijae
하시면	hasimyŏn	hasimyeon	하이테크	hait'ek'ŭ	haitekeu
하신다	hasinda	hasinda	하이틴	hait'in	haitin
하신열무	Hasinyŏlmu	Hasinyeolmu	하이퍼	haip'o	haipeo
하실까요	hasilkkayo	hasilkkayo	하자	haja	haja
하십니까	hasimnikka	hasimnikka	하자는	hajanŭn	hajaneun
하십시오	hasipsio	hasipsio	하자면	hajamyŏn	hajamyeon
하야가와	Hayagawa	Hayagawa	하절	hajŏl	hajeol
하얀	hayan	hayan	하절사	Hajŏlsa	Hajeolsa
하양	Hayang	Hayang	하점면	Hajŏm-myŏn	Hajeom-myeon
하양군	Hayang-gun	Hayang-gun	하정	Hajŏng	Hajeong
하양현	Hayang-hyŏn	Hayang-hyeon	하주	Haju	Haju
하얼빈	Haŏlbin	Haeolbin	하중	hajung	hajung
하여	hayŏ	hayeo	하지	haji	haji
하여가	hayŏga	hayeoga	하지마	hajima	hajima
하여라	hayŏra	hayeora	하지만	hajiman	hajiman
하여서	hayŏsŏ	hayeoseo	하지일	Hajiil	Hajiil
하여야	hayŏya	hayeoya	하지하	Hajiha	Hajiha
하역	hayŏk	hayeok	하지현	Haji-hyŏn	Haji-hyeon
하였네	hayŏnne	hayeonne	하차	hach'a	hacha
하였는가	hayŏnnŭn'ga	hayeonneunga	하찮으나	hach'anŭna	hachaneuna
하였다	hayŏtta	hayeotda	하천	hach'ŏn	hacheon
하였도다	hayŏttoda	hayeotdoda	하천리	Hach'ŏn-ni	Hacheon-ri
하였습니다	hayŏssŭmnida	hayeotsseumnida	하천법	hach'ŏnpŏp	hacheonbeop
하였으며	hayŏssŭmyŏ	hayeosseumyeo	하천수	hach'ŏnsu	hacheonsu
하오	hao	hao	하천평	Hach'ŏnp'yŏng	Hacheonpyeong
하오리까	haorikka	haorikka	하청	hach'ŏng	hacheong
하옥	haok	haok	하체	hach'e	hache
하웅	Haong	Haong	하초	hach'o	hacho
하와이	Hawai	Hawai	하층	hach'ŭng	hacheung
하우	hau	hau	하치에몽	Hach'iemong	Hachiemong
하우넥스트	Hauneksŭt'ŭ	Haunekseuteu	하태용	Hat'aeyong	Hataeyong
하우스	hausŭ	hauseu	하택	Hat'aek	Hataek
하우징	haujing	haujing	하트	hat'ŭ	hateu
하운	Haun	Haun	하트만	Hat'ŭman	Hateuman
하운봉	Haunbong	Haunbong	하편	hap'yŏn	hapyeon
하원	hawŏn	hawon	하평	Hap'yŏng	Hapyeong
하은	Haŭn	Haeun	하품	hap'um	hapum
하의도	Haŭido	Hauido	하풍	Hap'ung	Hapung
하이	hai	hai	하프너	Hap'ŭnŏ	Hapeuneo

한글 용례	ALA-LC Romanization	정부 표기안	한글 용례	ALA-LC Romanization	정부 표기안
하하	haha	haha	학력병	hangnyŏkpyŏng	hangnyeokbyeong
하향	hahyang	hahyang	학력주의	hangnyŏkchuŭi	hangnyeokjuui
하현	hahyŏn	hahyeon	학련	hangnyŏn	hangnyeon
하호	Haho	Haho	학령	hangnyŏng	hangnyeong
하환	Hahwan	Hahwan	학령기	hangnyŏnggi	hangnyeonggi
하회	Hahoe	Hahoe	학례	hangnye	hangnye
하회동	Hahoe-dong	Hahoe-dong	학림	Hangnim	Hangnim
하회탈	Hahoet'al	Hahoetal	학림사	Hangnimsa	Hangnimsa
학	hak	hak	학마을	Hangmaŭl	Hangmaeul
학계	hakkye	hakgye	학맥	hangmaek	hangmaek
학계보	hakkyebo	hakgyebo	학명	hakmyŏng	hakmyeong
학고	Hakko	Hakgo	학무국	Hangmuguk	Hangmuguk
학고재	Hakkojae	Hakgojae	학무늬	hangmunŭi	hangmunui
학곡천	Hakkokch'ŏn	Hakgokcheon	학무부	Hangmubu	Hangmubu
학과	hakkwa	hakgwa	학문	hangmun	hangmun
학과들	hakkwadŭl	hakgwadeul	학문관	hangmun'gwan	hangmungwan
학과별	hakkwabyŏl	hakgwabyeol	학문론	hangmunnon	hangmunnon
학관	Hakkwan	hakgwan	학문별	hangmunbyŏl	hangmunbyeol
학교	hakkyo	hakgyo	학문사	Hangmunsa	Hangmunsa
학교고	Hakkyogo	Hakgyogo	학문성	hangmunsŏng	hangmunseong
학교례	hakkyorye	hakgyorye	학문양	hangmunyang	hangmunyang
학교법	hakkyopŏp	hakgyobeop	학문장	hangmunjang	hangmunjang
학교별	hakkyobyŏl	hakgyobyeol	학문적	hangmunjŏk	hangmunjeok
학교용	hakkyoyong	hakgyoyong	학민	hangmin	hangmin
학교장	hakkyojang	hakgyojang	학민사	Hangminsa	Hangminsa
학교지	hakkyoji	hakgyoji	학번	hakpŏn	hakbeon
학구	hakku	hakgu	학번들	hakpŏndŭl	hakbeondeul
학궁	Hakkung	Hakgung	학벌	hakpŏl	hakbeol
학급	hakkŭp	hakgeupbyeol	학벌주의	hakpŏlchuŭi	hakbeoljuui
학급당	hakkŭptang	hakgeupdang	학병	hakpyŏng	hakbyeong
학급별	hakkŭppyŏl	hakgeupbyeol	학보	hakpo	hakbo
학기	hakki	hakgi	학보사	Hakposa	hakbosa
학기제	hakkije	hakgije	학봉	Hakpong	Hakbong
학년	hangnyŏn	hangnyeon	학봉리	Hakpong-ni	Hakbong-ri
학년도	hangnyŏndo	hangnyeondo	학부	hakpu	hakbu
학년용	hangnyŏnyong	hangnyeonyong	학부모	hakpumo	hakbumo
학단	haktan	hakdan	학부모회	hakpumohoe	hakbumohoe
학당	haktang	hakdang	학사	haksa	haksa
학대	haktae	hakdae	학사모	haksamo	haksamo
학덕	haktŏk	hakdeok	학사집	haksajip	haksajip
학도	hakto	hakdo	학산	Haksan	Haksan
학도병	haktobyŏng	hakdobyeong	학살	haksal	haksal
학도용	haktoyong	hakdoyong	학생	haksaeng	haksaeng
학등	Haktŭng	hakdeung	학생계	haksaenggye	haksaenggye
학력	hangnyŏk	hangnyeok	학생극	haksaenggŭk	haksaenggeuk

한글 용례	ALA-LC Romanization	정부 표기안	한글 용례	ALA-LC Romanization	정부 표기안
학생단	haksaengdan	haksaengdan	학은	Hagŭn	Hageun
학생들	haksaengdŭl	haksaengdeul	학음공	Hagŭmgong	Hageumgong
학생용	haksaengyong	haksaengyong	학이	Hagi	Hagi
학생회	haksaenghoe	haksaenghoe	학이사	Hagisa	Hagisa
학설	haksŏl	hakseol	학익진	Hagikchin	Hagikjin
학성	Haksŏng	Hakseong	학인	hagin	hagin
학성리	Haksŏng-ni	Hakseong-ri	학인들	hagindŭl	hagindeul
학소대	Haksodae	Haksodae	학일	hagil	hagil
학송	Haksong	Haksong	학자	hakcha	hakja
학숙	haksuk	haksuk	학자금	hakchagŭm	hakjageum
학술	haksul	haksul	학자들	hakchadŭl	hakjadeul
학술계	haksulgye	haksulgye	학자원	Hakchawŏn	Hakjawon
학술사	haksulsa	haksulsa	학자회	hakchahoe	hakjahoe
학술사적	haksulsachŏk	haksulsajeok	학전	Hakchŏn	Hakjeon
학술상	haksulsang	haksulsang	학점	hakchŏm	hakjeom
학술원	haksurwŏn	haksurwon	학정	hakchŏng	hakjeong
학술장	haksuljang	haksuljang	학제	hakche	hakje
학술적	haksulchŏk	haksuljeok	학제적	hakchejŏk	hakjejeok
학술지	haksulji	haksulji	학조	Hakcho	Hakjo
학술집	haksuljip	haksuljip	학지광	Hakchigwang	Hakjigwang
학습	haksŭp	hakseup	학지사	Hakchisa	Hakjisa
학습관	haksŭpkwan	hakseupgwan	학진	Hakchin	Hakjin
학습권	haksŭpkwŏn	hakseupgwon	학창	hakch'ang	hakchang
학습서	haksŭpsŏ	hakseupseo	학천	Hakch'ŏn	Hakcheon
학습용	haksŭbyong	hakseubyong	학천리	Hakch'ŏn-ni	Hakcheon-ri
학습원	haksŭbwŏn	hakseubwon	학초	Hakch'o	Hakcho
학습자	haksŭpcha	hakseupja	학촌	Hakch'on	Hakchon
학습자들	haksŭpchadŭl	hakseupjadeul	학출	hakch'ul	hakchul
학식	haksik	haksik	학춤	hakch'um	hakchum
학암	Hagam	Hagam	학통	hakt'ong	haktong
학업	hagŏp	hageop	학파	hakp'a	hakpa
학여	Hagyŏ	Hagyeo	학파들	hakp'adŭl	hakpadeul
학여회	hagyŏhoe	hakyeohoe	학포	Hakp'o	Hakpo
학연	hagyŏn	hagyeon	학풍	hakp'ung	hakpung
학예	hagye	hagye	학해	Hakhae	Hakhae
학예과	hagyekwa	hagyegwa	학현	Hakhyŏn	Hakhyeon
학예부	hagyebu	hagyebu	학회	hakhoe	hakhoe
학예원	hagyewŏn	hagyewon	학회령	hakhoeryŏng	hakhoeryeong
학예회	hagyehoe	hagyehoe	학회보	hakhoebo	hakhoebo
학우	hagu	hagu	학회장	hakhoejang	hakhoejang
학우보	hagubo	hagubo	학훈	hakhun	hakhun
학우회	haguhoe	haguhoe	한	han	han
학운	hagun	hagun	한가	han'ga	hanga
학원	hagwŏn	hagwon	한가람	han'garam	hangaram
학위	hagwi	hagwi	한가람사	Han'garamsa	Hangaramsa

한글 용례	ALA-LC Romanization	정부 표기안	한글 용례	ALA-LC Romanization	정부 표기안
한가로운	han'garoun	hangaroun	한국어학	Han'gugŏhak	Hangugeohak
한가요	han'gayo	hangayo	한국인	Han'gugin	Hangugin
한간	Han'gan	Hangan	한국인들	Han'gugindŭl	Hangugindeul
한갓되이	han'gattoei	hangatdoei	한국인론	Han'guginnon	Hanguginnon
한강	Han'gang	Hangang	한국인사	Han'guginsa	Hanguginsa
한강권	Han'gangkwŏn	Hanganggwon	한국인회	Han'guginhoe	Hanguginhoe
한강권역	Han'gangkwŏnyŏk	Hanganggwonyeok	한국적	Han'gukchŏk	Hangukjeok
한강변	Han'gangbyŏn	Hangangbyeon	한국측	Han'gukch'ŭk	Hangukcheuk
한강사	Han'gangsa	Hangangsa	한국판	Han'gukp'an	Hangukpan
한강선	Han'gangsŏn	Hangangseon	한국학	Han'gukhak	Hangukhak
한강집	Han'gangjip	Hangangjip	한국학들	Han'gukhaktŭl	Hangukakdeul
한객	han'gaek	hangaek	한국해	Han'gukhae	Hangukae
한거	han'gŏ	hangeo	한국형	Han'gukhyŏng	Hangukhyeong
한겨레	Han'gyŏre	Hangyeore	한국호	Han'gukho	Hangukho
한결	han'gyŏl	hangyeol	한국화	Han'gukhwa	Hangukhwa
한경	Han'gyŏng	Hangyeong	한국화론	Han'gukhwaron	Hangukwaron
한경면	Hangyŏng-myŏn	Hangyeong-myeon	한군현	Han'gunhyŏn	Hangunhyeon
한계	han'gye	hangye	한극	Han'gŭk	Hangeuk
한계사	Han'gyesa	Hangyesa	한글	Han'gŭl	Hangeul
한계선	han'gyesŏn	hangyeseon	한글꼴	Han'gŭlkkol	Hangeulkkol
한계파	Han'gyep'a	Hangyepa	한글날	Han'gŭllal	Hangeullal
한고관	Han'gogwan	Hangogwan	한글본	Han'gŭlbon	Hangeulbon
한고려	han'goryŏ	hangoryeo	한글탑	Han'gŭlt'ap	Hangeultap
한과	han'gwa	hangwa	한글판	Han'gŭlp'an	Hangeulpan
한관	Han'gwan	Hangwan	한금	Han'gŭm	Hangeum
한국	Han'guk	Hanguk	한길	han'gil	hangil
한국계	Han'gukkye	Hangukgye	한길사	Han'gilsa	Hangilsa
한국관	Han'gukkwan	Hangukgwan	한길투	Han'gilt'u	Hangiltu
한국군	Han'gukkun	Hangukgun	한나	Hanna	Hanna
한국녀	Han'gungnyŏ	Hangungnyeo	한나라당	Hannaradang	Hannaradang
한국놈	Han'gungnom	Hangungnom	한나래	Hannarae	Hannarae
한국당	Han'guktang	Hangukdang	한나절	hannajŏl	hannajeol
한국대	Han'guktae	Hangukdae	한남	Hannam	Hannam
한국미	Han'gungmi	Hangungmi	한남대	Hannamdae	Hannamdae
한국美	Han'gungmi	Hangungmi	한낮	hannat	hannat
한국법	Han'gukpŏp	Hangukbeop	한내	Hannae	Hannae
한국병	Han'gukpyŏng	Hangukbyeong	한누리	hannuri	hannuri
한국본	Han'gukpon	Hangukbon	한눈	hannun	hannun
한국사	Han'guksa	Hanguksa	한다	handa	handa
한국史	Han'guksa	Hanguksa	한다는	handanŭn	handaneun
한국산	Han'guksan	Hanguksan	한다면	handamyŏn	handamyeon
한국성	Han'guksŏng	Hangukseong	한다지	handaji	handaji
한국어	Han'gugŏ	Hangugeo	한단	handan	handan
한국어사	Han'gugŏsa	Hangugeosa	한담	handam	handam
한국어판	Han'gugŏp'an	Hangugeopan	한대	Handae	Handae

한글 용례	ALA-LC Romanization	정부 표기안	한글 용례	ALA-LC Romanization	정부 표기안
한대나	handaena	handaena	한민당	Hanmindang	Hanmindang
한넷잠	handetcham	handetjam	한민보사	Hanminbosa	Hanminbosa
한도	hando	hando	한민전	Hanminjŏn	Hanminjeon
한독	Han-Tok	Han-Dok	한민족	Hanminjok	Hanminjok
한동	Handong	Handong	한民族	Hanminjok	Hanminjok
한동대	Handongdae	Handongdae	한민족사	Hanminjoksa	Hanminjoksa
한두리	Handu-ri	Handu-ri	한민회	Hanminhoe	Hanminhoe
한들	handŭl	handeul	한반도	Hanbando	Hanbando
한라	Halla	Halla	한반도식	Hanbandosik	hanbandosik
한라대	Halladae	Halladae	한반도형	Hanbandohyŏng	hanbandohyeong
한라산	Hallasan	Hallasan	한발	hanbal	hanbal
한란	Hallan	Hallan	한밝	hanbak	hanbak
한량	hallyang	hallyang	한밤	hanbam	hanbam
한량무	Hallyangmu	Hallyangmu	한방	Hanbang	Hanbang
한러	Han-Rŏ	Han-Reo	한방계	Hanbanggye	Hanbanggye
한려	Hallyŏ	Hallyeo	한방학	Hanbanghak	Hanbanghak
한로	Hallo	Hallo	한밭	hanbat	hanbat
한록	hallok	hallok	한배달	hanbaedal	hanbaedal
한류	Hallyu	hallyu	한백	Hanbaek	Hanbaek
한류노믹스	Hallyunomiksŭ	Hallyunomikseu	한벗	Hanbŏt	Hanbeot
한림	Hallim	Hallim	한벽	hanbyŏk	hanbyeok
한림당	Hallimdang	Hallimdang	한벽루	Hanbyŏngnu	Hanbyeongnu
한림대	Hallimdae	Hallimdae	한보	hanbo	hanbo
한림원	Hallimwŏn	Hallimwon	한복	Hanbok	Hanbok
한마	Hanma	Hanma	한복연	Hanbogyŏn	Hanbogyeon
한마당	hanmadang	hanmadang	한복쟁이	Hanbokchaengi	Hanbokjaengi
한마음	hanmaŭm	hanmaeum	한복관	hanbokp'an	hanbokpan
한말	Hanmal	hanmal	한부	Hanbu	Hanbu
한맥	hanmaek	hanmaek	한불	Han-Pul	Han-Bul
한멋	hanmŏt	hanmeot	한비	Hanbi	Hanbi
한멋사	Hanmŏtsa	Hanmeotsa	한비문	Hanbimun	hanbimun
한명	hanmyŏng	hanmyeong	한빛	hanbit	hanbit
한몽	Han-Mong	Han-Mong	한빛탑	Hanpitt'ap	Hanbittap
한뫼	Hanmoe	Hanmoe	한뿌리	hanppuri	hanppuri
한문	Hanmun	Hanmun	한사	Hansa	Hansa
한문과	Hanmunkwa	Hanmungwa	한사관	Hansagwan	Hansagwan
한문본	Hanmunbon	Hanmunbon	한사군	Hansagun	Hansagun
한문시	Hanmunsi	Hanmunsi	한사대	Hansadae	Hansadae
한문학	Hanmunhak	Hanmunhak	한사상	Hansasang	Hansasang
한문학론	Hanmunhangnon	Hanmunhangnon	한산	Hansan	Hansan
한문학사	Hanmunhaksa	Hanmunhaksa	한산군	Hansan-gun	Hansan-gun
한미	Han-Mi	Han-Mi	한산도	Hansando	Hansando
한미일	Han-Mi-Il	Han-Mi-Il	한산암	Hansanam	Hansanam
한미준	Hanmijun	Hanmijun	한상	hansang	hansang
한민	hanmin	hanmin	한샘	hansaem	hansaem

한글 용례	ALA-LC Romanization	정부 표기안	한글 용례	ALA-LC Romanization	정부 표기안
한생	hansaeng	hansaeng	한양군	Hanyang-gun	Hanyang-gun
한서	Hansŏ	Hanseo	한양대	Hanyangdae	Hanyangdae
한서대	Hansŏdae	Hanseodae	한양도	Hanyangdo	Hanyangdo
한선	Hansŏn	Hanseon	한양부	Hanyang-bu	Hanyang-bu
한선협	Hansŏnhyŏp	Hanseonhyeop	한어	Hanŏ	Haneo
한성	Hansŏng	Hanseong	한어과	Hanŏgwa	Haneogwa
한성대	Hansŏngdae	Hanseongdae	한어문	Hanŏmun	Haneomun
한성부	Hansŏng-bu	Hanseong-bu	한어통	Hanŏt'ong	Haneotong
한성시	Hansŏng-si	Hanseong-si	한어학	Hanŏhak	Haneohak
한세	hanse	hanse	한언	Hanŏn	Haneon
한세기	hansegi	hansegi	한얼	hanŏl	haneol
한센병	Hansenpyŏng	Hansenbyeong	한얼교	Hanŏlgyo	Haneolgyo
한솔	Hansol	Hansol	한역	Hanyŏk	Hanyeok
한솜	Hansom	Hansom	한영	Han-Yŏng	Han-Yeong
한송	Hansong	Hansong	한영문	Han-Yŏngmun	Han-Yeongmun
한송사	Hansongsa	Hansongsa	한옥	hanok	hanok
한수	Hansu	Hansu	한옥전	hanokchŏn	hanokjeon
한수재	Hansujae	Hansujae	한옥촌	hanokch'on	hanokchon
한수협	Hansuhyŏp	Hansuhyeop	한올	hanol	hanol
한스	Hansŭ	Hanseu	한우	Hanu	Hanu
한스타일	Hansŭt'ail	Hanseutail	한우리	hanuri	Hanuri
한승	Hansŭng	Hanseung	한울	Hanul	Hanul
한시	Hansi	Hansi	한울님	Hanullim	Hanullim
한시사	Hansisa	Hansisa	한울벗	Hanulbŏt	Hanulbeot
한시선	Hansisŏn	Hansiseon	한울안	Hanuran	Hanuran
한시적	hansijŏk	hansijeok	한울춤	Hanulch'um	Hanulchum
한시집	Hansijip	Hansijip	한울터	Hanult'ŏ	Hanulteo
한식	Hansik	Hansik	한웅	Hanung	Hanung
한식과	Hansikkwa	Hansikgwa	한원	Hanwŏn	Hanwon
한식당	Hansiktang	Hansikdang	한원군	Hanwŏn'gun	Hanwon-gun
한신	Hansin	Hansin	한음	Hanŭm	Haneum
한신대	Hansindae	Hansindae	한의	Hanŭi	Hanui
한실	Hansil	Hansil	한의과	Hanŭikwa	Hanuigwa
한심	hansim	hansim	한의대	Hanŭidae	Hanuidae
한심한	hansimhan	hansimhan	한의사	Hanŭisa	Hanuisa
한쌍	hanssang	hanssang	한의서	Hanŭisŏ	Hanuiseo
한아	Hana	Hana	한의약	Hanŭiyak	Hanuiyak
한암	Hanam	Hanam	한의약업	Hanŭiyagŏp	Hanuiyageop
한약	Hanyak	Hanyak	한의약업인	Hanŭiyagŏbin	Hanuiyageobin
한약물	hanyangmul	hanyangmul	한의원	hanŭiwŏn	hanuiwon
한약방	Hanyakpang	Hanyakbang	한의학	Hanŭihak	Hanuihak
한약업	hanyagŏp	hanyakeop	한의학적	Hanŭihakchŏk	Hanuihakjeok
한약업사	hanyagŏpsa	hanyakeopsa	한인	Hanin	Hanin
한양	Hanyang	Hanyang	한인계	Hanin'gye	Haningye
한양가	Hanyangga	Hanyangga	한인들	Hanindŭl	Hanindeul

한글 용례	ALA-LC Romanization	정부 표기안	한글 용례	ALA-LC Romanization	정부 표기안
한인사	Haninsa	Haninsa	한판	hanp'an	hanpan
한인지	Haninji	Haninji	한평	Hanp'yŏng	Hanpyeong
한인촌	Haninch'on	Haninchon	한포재	Hanp'ojae	Hanpojae
한일	Han-Il	Han-Il	한풍	Hanp'ung	Hanpung
한일사	Han-Ilsa	Han-Ilsa	한필	hanp'il	hanpil
한자	Hancha	Hanja	한학	Hanhak	Hanhak
한자목	Hanchamok	Hanjamok	한학가	Hanhakka	Hanhakga
한자어	Hanchaŏ	Hanjaeo	한학사	Hanhaksa	Hanhaksa
한자음	Hanchaŭm	Hanjaeum	한학서	Hanhaksŏ	Hanhakseo
한재	Hanjae	Hanjae	한한	Han-Han	Han-Han
한적	hanjŏk	hanjeok	한홀	Hanhol	Hanhol
한적들	Hanjŏktŭl	Hanjeokdeul	한화	Hanhwa	Hanhwa
한전	Hanjŏn	Hanjeon	한훤	Hanhwŏn	Hanhwon
한점	hanjŏm	hanjeom	한훤당	Hanhwŏndang	Hanhwondang
한정	hanjŏng	hanjeong	할	hal	hal
한정당	Hanjŏngdang	Hanjeongdang	할게	halke	halge
한정판	hanjŏngp'an	hanjeongpan	할까	halkka	halkka
한족	Hanjok	Hanjok	할까요	halkkayo	halkkayo
한주	Hanju	Hanju	할꼬	halkko	halkko
한줄기	hanjulgi	hanjulgi	할끼다	halkkida	halkkida
한줌	hanjum	hanjum	할당	haltang	haldang
한중록	Hanjungnok	Hanjungnok	할당제	haltangje	haldangje
한중	hanjŭng	hanjeung	할데	halte	halde
한증욕	Hanjŭngnyok	Hanjeungyok	할라전	Hallajŏn	Hallajeon
한지	Hanji	Hanji	할렐루야	Hallelluya	Hallelluya
한지장	hanjijang	hanjijang	할렘	Hallem	Hallem
한직	hanjik	hanjik	할리우드	Halliudŭ	Halliudeu
한진	Hanjin	Hanjin	할망	halmang	halmang
한쪽	hantchok	hanjjok	할매	halmae	halmae
한창	hanch'ang	hanchang	할매들	halmaedŭl	halmaedeul
한천	Hanch'ŏn	Hancheon	할머니	halmŏni	halmeoni
한천리	Hanch'ŏn-ni	Hancheon-ri	할머니들	halmŏnidŭl	halmeonideul
한체대	Hanch'edae	Hanchedae	할미꽃	Halmikkot	halmikkot
한촌	hanch'on	hanchon	할미들	halmidŭl	halmideul
한총련	Hanch'ongnyŏn	Hanchongnyeon	할미성	Halmisŏng	Halmiseong
한출	hanch'ul	hanchul	할미전	halmijŏn	halmijeon
한카	Hank'a	Hanka	할배	halbae	halbae
한탄	Hant'an	Hantan	할배들	halbaedŭl	halbaedeul
한탄강	Hant'an'gang	Hantangang	할복	halbok	halbok
한탄강댐	Hant'an'gangtaem	Hantangangdaem	할빈	Halbin	Halbin
한택	Hant'aek	Hantaek	할아버지	haraboji	harabeoji
한터	Hant'ŏ	Hanteo	할인	harin	harin
한테	hant'e	hante	할인료	harinnyo	harinnyo
한티	Hant'i	Hanti	할퀴는	halk'winŭn	halkwineun
한티재	Hant'ijae	Hantijae	함	ham	ham

한글 용례	ALA-LC Romanization	정부 표기안	한글 용례	ALA-LC Romanization	정부 표기안
함경	Hamgyŏng	Hamgyeong	함종	hamjong	hamjong
함경남도	Hamgyŏng-namdo	Hamgyeongnam-do	함종군	Hamjong-gun	Hamjong-gun
함경남북도	Hamgyŏng-nam-bukto	Hamgyeongnambuk-do	함종현	Hamjong-hyŏn	Hamjong-hyeon
함경도	Hamgyŏng-do	Hamgyeong-do	함주	Hamju	Hamju
함경북도	Hamgyŏng-bukto	Hamgyeongbuk-do	함주군	Hamju-gun	Hamju-gun
함경선	Hamgyŏngsŏn	Hamgyeongseon	함창	Hamch'ang	Hamchang
함길도	Hamgil-to	Hamgil-do	함창현	Hamch'ang-hyŏn	Hamchang-hyeon
함께	hamkke	hamkke	함춘원	Hamch'unwŏn	Hamchunwon
함남	Hamnam	Hamnam	함평	Hamp'yŏng	Hampyeong
함녕	Hamnyŏng	Hamnyeong	함평군	Hamp'yŏng-gun	Hampyeong-gun
함녕군	Hamnyŏng-gun	Hamnyeong-gun	함평현	Hamp'yŏng-hyŏn	Hampyeong-hyeon
함대	hamdae	hamdae	함함하다	hamhamhada	hamhamhada
함덕리	Hamdŏng-ni	Hamdeok-ri	함허	Hamhŏ	Hamheo
함동	Hamdong	Hamdong	함허당	Hamhŏdang	Hamheodang
함령	Hamnyŏng	Hamnyeong	함흥	Hamhŭng	Hamheung
함령군	Hamnyŏng-gun	Hamnyeong-gun	함흥군	Hamhŭng-gun	Hamheung-gun
함명	hammyŏng	hammyeong	함흥부	Hamhŭng-bu	Hamheung-bu
함몰	hammol	hammol	함흥시	Hamhŭng-si	Hamheung-si
함무라비	Hammurabi	Hammurabi	합	hap	hap
함박꽃	Hambakkkot	Hambakkkot	합격	hapkyŏk	hapgyeok
함박눈	hambangnun	hambangnun	합격자	hapkyŏkcha	hapgyeokja
함방	Hambang	Hambang	합계	hapkye	hapgye
함부로	hamburo	hamburo	합니까	hamnikka	hamnikka
함북	Hambuk	Hambuk	합니다	hamnida	hamnida
함산	Hamsan	Hamsan	합당	haptang	hapdang
함성	hamsŏng	hamseong	합덕	Haptŏk	Habdeok
함수	hamsu	hamsu	합동	haptong	hapdong
함안	Haman	Haman	합동성	haptongsŏng	hapdongseong
함안군	Haman-gun	Haman-gun	합력	hamnyŏk	hamnyeok
함암	Hamam	Hamam	합리	hamni	hamni
함암리	Hamam-ni	Hamam-ri	합리법	hamnipŏp	hamnibeop
함양	Hamyang	Hamyang	합리성	hamnisŏng	hamniseong
함양군	Hamyang-gun	Hamyang-gun	합리적	hamnijŏk	hamnijeok
함양부	Hamyang-bu	Hamyan-gbu	합리주의	hamnijuŭi	hamnijuui
함양현	Hamyang-hyŏn	Hamyang-hyeon	합리화	hamnihwa	hamnihwa
함열	Hamyŏl	Hamyeol	합리화법	hamnihwapŏp	hamnihwabeop
함열군	Hamyŏl-gun	Hamyeol-gun	합명	Hammyŏng	Hammyeong
함열현	Hamyŏr-hyŏn	Hamyeol-hyeon	합법	happŏp	hapbeop
함원전	Hamwŏnjŏn	Hamwonjeon	합법칙성	happŏpch'iksŏng	hapbeopchikseong
함은	Hamŭn	Hameun	합병	happyŏng	hapbyeong
함의	hamŭi	hamui	합병증	happyŏngchŭng	hapbyeongjeung
함일	Hamil	Hamil	합본	happon	hapbon
함장	hamjang	hamjang	합본호	happonho	hapbonho
함장실	hamjangsil	hamjangsil	합부	happu	hapbu
함정	hamjŏng	hamjeong	합사	hapsa	hapsa

한글 용례	ALA-LC Romanization	정부 표기안	한글 용례	ALA-LC Romanization	정부 표기안
합섬	hapsŏm	hapseom	핫토리	Hatt'ori	Hattori
합성	hapsŏng	hapseong	항	hang	hang
합성어	hapsŏngŏ	hapseongeo	항거	hanggŏ	hanggeo
합속현	Hapsok-hyŏn	Hapsok-hyeon	항공	hanggong	hanggong
합송	hapsong	hapsong	항공기	hanggonggi	hanggonggi
합송리	Hapsong-ni	Hapsong-ri	항공대	hanggongdae	hanggongdae
합쇄판	hapswaep'an	hapswaepan	항공력	hanggongnyŏk	hanggongnyeok
합수부	Hapsubu	Hapsubu	항공법	hanggongpŏp	hanggongbeop
합시다	hapsida	hapsida	항공사	hanggongsa	hanggongsa
합신	hapsin	hapsin	항구	hanggu	hanggu
합영	habyŏng	hapyeong	항구별	hanggubyol	hanggubyeol
합영법	Habyŏngpŏp	hapyeongbeop	항구적	hanggujŏk	hanggujeok
합의	habŭi	habui	항노화	hangnohwa	hangnohwa
합의서	habŭisŏ	habuiseo	항로	hangno	hangno
합의제	habŭije	habuije	항마	hangma	hangma
합일	habil	habil	항만	hangman	hangman
합일론	habillon	habillon	항만청	Hangmanch'ŏng	hangmancheong
합자	hapcha	hapja	항명	hangmyŏng	hangmyeong
합작	hapchak	hapjak	항목	hangmok	hangmok
합장	hapchang	hapjang	항미	hangmi	hangmi
합장묘	hapchangmyo	hapjangmyo	항법	hangpŏp	hangbeop
합장분	hapchangbun	hapjangbun	항변	hangbyŏn	hangbyeon
합제	Hapche	hapje	항복	hangbok	hangbok
합존	hapchon	hapjon	항산화	hangsanhwa	hangsanhwa
합주	hapchu	hapju	항상	hangsang	hangsang
합주곡	hapchugok	hapjugok	항생제	hangsaengje	hangsaengje
합중국	hapchungguk	hapjungguk	항성	hangsŏng	hangseong
합집	hapchip	hapjip	항소	hangso	hangso
합창	hapch'ang	hapchang	항소심	hangsosim	hangsosim
합창곡	hapch'anggok	hapchanggok	항아	hanga	hanga
합창단	hapch'andan	hapchangdan	항아리	hangari	hangari
합천	Hapch'ŏn	hapcheon	항암	hangam	hangam
합천군	Hapch'ŏn-gun	Hapcheon-gun	항암약	hangamyak	hangamyak
합체	hapch'e	hapche	항업	hangŏp	hangeop
합쳐	hapch'yŏ	hapchyeo	항염증	hangyŏmchŭng	hangyeomjeung
합치면	hapch'imyŏn	hapchimyeon	항의	hangŭi	hangui
합관화	happ'anhwa	happanhwa	항일	hangil	hangil
합관화류	happ'anhwaryu	happanhwaryu	항일전	hangilchŏn	hangiljeon
합편	happ'yŏn	happyeon	항장무	Hangjangmu	Hangjangmu
합포	Happ'o	Happo	항재	Hangjae	Hangjae
합포만	Hamp'oman	Happoman	항쟁	hangjaeng	hangjaeng
합하	Hap'a	Hapha	항쟁가	hangjaengga	hangjaengga
핫	hat	hat	항쟁기	hangjaenggi	hangjaenggi
핫덕	hattŏk	hatdeok	항쟁사	hangjaengsa	hangjaengsa
핫도그	hattogŭ	hatdogeu	항적	hangjŏk	hangjeok

한글 용례	ALA-LC Romanization	정부 표기안	한글 용례	ALA-LC Romanization	정부 표기안
항전	hangjŏn	hangjeon	해도	haedo	haedo
항조	hangjo	hangjo	해독	haedok	haedok
항주	Hangju	Hangju	해독문	haedongmun	haedongmun
항해	hanghae	hanghae	해독자	haedokcha	haedokja
항해기	hanghaegi	hanghaegi	해돋이	haedoji	haedoji
항해사	hanghaesa	hanghaesa	해돋이	haedoji	haedoji
항행	hanghaeng	hanghaeng	해동	haedong	haedong
해	hae	hae	해동기	haedonggi	haedonggi
해강	Haegang	Haegang	해동청	Haedongch'ŏng	Haedongcheong
해객	Haegaek	Haegaek	해두자	haeduja	haeduja
해결	haegyŏl	haegyeol	해드림	Haedŭrim	Haedeurim
해결력	haegyŏllyŏk	haegyeollyeok	해득	haedŭk	haedeuk
해결법	haegyŏlpŏp	haegyeolbeop	해들	Haedŭl	Haedeul
해결사	haegyŏlsa	haegyeolsa	해딴에	Haettane	Haettane
해결형	haegyŏrhyŏng	haegyeolhyeong	해락	haerak	haerak
해경	Haegyŏng	Haegyeong	해란	Haeran	Haeran
해경당	Haegyŏngdang	Haegyeongdang	해령	Haeryŏng	Haeryeong
해고	haego	haego	해례	haerye	haerye
해골	haegol	haegol	해례본	haeryebon	haeryebon
해골선	haegolsŏn	haegolseon	해로	haero	haero
해공	Haegong	Haegong	해로가	haeroga	haeroga
해관	Haegwan	Haegwan	해로도	haerodo	haerodo
해구	Haegu	Haegu	해류	haeryuk	haeryuk
해군	Haegun	Haegun	해림	Haerim	Haerim
해군국	Haegun'guk	Haegunguk	해마다	haemada	haemada
해군력	haegunnyŏk	haegunnyeok	해마루	haemaru	haemaru
해군성	Haegunsŏng	Haegunseong	해맞이	haemaji	haemaji
해금	haegŭm	haegeum	해면	haemyŏn	haemyeon
해기사	haegisa	haegisa	해명	haemyŏng	haemyeong
해기옹	Haegiong	Haegiong	해명현	Haemyŏng-hyŏn	Haemyeong-hyeon
해난	haenan	haenan	해모	Haemo	Haemo
해남	Haenam	Haenam	해모수	Haemosu	Haemosu
해남군	Haenam-gun	Haenam-gun	해무	haemu	haemu
해남도	Haenamdo	Haenamdo	해무사	haemusa	haemusa
해남현	Haenam-hyŏn	Haenam-hyeon	해문	Haemun	Haemun
해낸	haenaen	haenaen	해미군	Haemi-gun	Haemi-gun
해냄	haenaem	haenaem	해미현	Haemi-hyŏn	Haemi-hyeon
해넘이	haenŏmi	haeneomi	해밀턴	Haemilt'ŏn	Haemilteon
해녀	haenyŏ	haenyeo	해바라기	haebaragi	haebaragi
해누리	Haenuri	Haenuri	해발	haebal	haebal
해님	haenim	haenim	해방	haebang	haebang
해단	haedan	haedan	해방구	haebanggu	haebanggu
해답	haedap	haedap	해방군	haebanggun	haebanggun
해답서	haedapsŏ	haedapseo	해방기	haebanggi	haebanggi
해당	haedang	haedang	해방둥이	haebangdungi	haebangdungi

한글 용례	ALA-LC Romanization	정부 표기안	한글 용례	ALA-LC Romanization	정부 표기안
해방론	haebangnon	haebangnon	해송	Haegong	Haesong
해법	haepŏp	haebeop	해수	haesu	haesu
해변	haebyŏn	haebyeon	해수면	haesumyŏn	haesumyeon
해병	haebyŏng	haebyeong	해수욕	haesuyok	haesuyok
해병대	Haebyŏngdae	haebyeongdae	해수욕장	haesuyokchang	haesuyokjang
해보는	haebonŭn	haeboneun	해시	Haesi	Haesi
해보세요	haeposeyo	haeboseyo	해시계	haesigye	haesigye
해보지	haeboji	haeboji	해신	haesin	haesin
해본	haebon	haebon	해심	Haesim	Haesim
해봅시다	haebopsida	haebopsida	해아	Haea	Haea
해봤어	haebwassŏ	haebwasseo	해악	haeak	haeak
해부	haebu	haebu	해안	haean	haean
해부인	Haebuin	Haebuin	해안로	haeanno	haeann
해부학	haebuhak	haebuhak	해암	Haeam	Haeam
해빙	haebing	haebing	해야	haeya	haeya
해빙기	haebinggi	haebinggi	해야할	haeyahal	haeyahal
해사	Haesa	Haesa	해양	haeyang	haeyang
해산	haesan	haesan	해양대	Haeyangdae	haeyangdae
해상	haesang	haesang	해양도	haeyangdo	haeyangdo
해상법	haesangpŏp	haesangbeop	해양력	haeyangnyŏk	haeyangnyeok
해상왕	haesangwang	haesangwang	해양법	haeyangpŏp	haeyangbeop
해서	haesŏ	haeseo	해양법적	haeyangpŏpchŏk	haeyangbeopjeok
해서는	haesŏnŭn	haeseoneun	해양부	Haeyangbu	Haeyangbu
해서첩	haesŏch'ŏp	haeseocheop	해양사	haeyangsa	haeyangsa
해석	haesŏk	haeseok	해양학	haeyanghak	haeyanghak
해석사	haesŏksa	haeseoksa	해어화	Haeŏhwa	Haeeohwa
해석적	haesŏkchŏk	haeseokjeok	해역	haeyŏk	haeyeok
해석집	haesŏkchip	haeseokjip	해영	Haeyŏng	haeyeong
해석학	haesŏkhak	haeseokhak	해오라기	haeoragi	haeoragi
해석학적	haesŏkhakchŏk	haeseokhakjeok	해오름	Haeorŭm	Haeoreum
해선	Haesŏn	Haeseon	해옥	Haeok	Haeok
해설	haesŏl	haeseol	해온	haeon	haeon
해설사	haesŏlsa	haeseolsa	해왔나	haewanna	haewanna
해설서	haesŏlsŏ	haeseolseo	해왕성	Haewangsŏng	Haewangseong
해설식	haesŏlsik	haeseolsik	해외	haeoe	haeoe
해설안	haesŏran	haeseoran	해외사	haeoesa	haeoesa
해설집	haesŏlchip	haeseoljip	해외사적	haeoesachŏk	haeoesajeok
해설팀	haesŏlt'im	haeseoltim	해요	haeyo	haeyo
해설관	haesŏlp'an	haeseolpan	해우소	haeuso	haeuso
해성	haesŏng	haeseong	해운	haeun	haeun
해성현	Haesŏng-hyŏn	Haeseong-hyeon	해운대	Haeundae	Haeundae
해세	Haese	Haese	해운대구	Haeundae-gu	Haeundae-gu
해소	haeso	haeso	해운부	Haeunbu	Haeunbu
해소법	haesopŏp	haesobeop	해운사	Haeunsa	Haeunsa
해솔관	Haesolgwan	Haesolgwan	해운정	Haeunjŏng	Haeunjeong

한글 용례	ALA-LC Romanization	정부 표기안	한글 용례	ALA-LC Romanization	정부 표기안
해원	Haewŏn	Haewon	해집펑	haejipp'yŏng	haejippyeong
해월	Haewŏl	Haewol	해창만	Haech'angman	Haechangman
해위	Haewi	Haewi	해천	Haech'ŏn	Haecheon
해유	Haeyu	Haeyu	해청	Haech'ŏng	Haecheong
해유록	Haeyurok	Haeyurok	해체	haech'e	haeche
해윤	Haeyun	Haeyun	해체기	haech'egi	haechegi
해은	Haeŭn	Haeeun	해초	Haech'o	Haecho
해의	haeŭi	haeui	해충	haech'ung	haechung
해이	haei	haei	해치	Haech'i	Haechi
해인	haein	haein	해탄	Haet'an	Haetan
해인사	Haeinsa	Haeinsa	해탈	haet'al	haetal
해일	haeil	haeil	해탈문	haet'almun	haetalmun
해임	haeim	haeim	해태	Haet'ae	Haetae
해자	haeja	haeja	해태상	Haet'aesang	Haetaesang
해장	haejang	haejang	해터	Haet'o	Haeteo
해장국	haejangkuk	haejangguk	해파랑길	Haep'arangkil	Haeparanggil
해저	haejŏ	haejeo	해파리	haep'ari	haepari
해적	haejŏk	haejeok	해평	Haep'yŏng	Haepyeong
해적이	haejŏgi	haejeogi	해평동	Haep'yŏng-dong	Haepyeong-dong
해전	haejeon	haejeon	해풍	haep'ung	haepung
해전고	Haejŏn'go	Haejeongo	해피	haep'i	haepi
해전기	haejŏn'gi	haejeongi	해학	haehak	haehak
해전사	haejŏnsa	haejeonsa	해학집	haehakchip	haehakjip
해정	Haejŏng	Haejeong	해항	haehang	haehang
해제	haeje	haeje	해행	Haehaeng	haehaeng
해제론	haejeron	haejeron	해협	haehyŏp	haehyeop
해제자	haejeja	haejeja	해후	haehu	haehu
해제집	haejejip	haejejip	핵	haek	haek
해졌을까	haejyŏssŭlkka	haejyeosseulkka	핵교리	haekkyori	haekgyori
해조	Haejo	Haejo	핵군	haekkun	haekgun
해조음	Haejoŭm	Haejoeum	핵무기	Haengmugi	haengmugi
해종	Haejong	Haejong	핵산	haeksan	haeksan
해좌	Haejwa	Haejwa	핵심	haeksim	haeksim
해주	Haeju	Haeju	핵심적	haeksimjŏk	haeksimjeok
해주목	Haejumok	Haejumok	핵의학	haegŭihak	haeguihak
해주부	Haeju-bu	Haeju-bu	핸드북	haendŭbuk	haendeubuk
해주시면	haejusimyŏn	Haejusi-myeon	핸드폰	haendŭp'on	haendeupon
해주지	haejuji	haejuji	핸하르트	Haenharŭt'ŭ	Haenhareuteu
해주현	Haeju-hyŏn	Haeju-hyeon	핼리	Haelli	Haelli
해줘	haejwŏ	haejwo	햄릿	Haemnit	Haemrit
해지	haeji	haeji	햄버거	haembŏgŏ	haembeogeo
해지지	haejiji	haejiji	햄블리	Haembŭlli	Haembeulli
해직	haejik	haejik	햄수다	haemsuda	haemsuda
해진	Haejin	Haejin	햇무리	haenmuri	haenmuri
해진군	Haejin-gun	Haejin-gun	햇발	haetpal	haetbal

한글 용례	ALA-LC Romanization	정부 표기안	한글 용례	ALA-LC Romanization	정부 표기안
햇볕	haetpyŏt	haetbyeot	행복론	haengbongnon	haengbongnon
햇빛	haeppit	haetbit	행사	haengsa	haengsa
햇빛촌	Haetpitch'on	Haetbitchon	행사도	haengsado	haengsado
햇살	haetsal	haetsal	행사장	haengsajang	haengsajang
했고	haetko	haetgo	행상	haengsang	haengsang
했기에	haetkie	haetgie	행서	haengsŏ	haengseo
했나	haenna	haenna	행선	haengsŏn	haengseon
했네	haenne	haenne	행선지	haengsŏnji	haengseonji
했노라	haennora	haennora	행성	haengsŏng	haengseong
했는가	haennŭn'ga	haenneunga	행수	haengsu	haengsu
했다	haetta	haetda	행시	haengsi	haengsi
했다고	haettago	haetdago	행실	haengsil	haengsil
했던	haettŏn	haetdeon	행실도	haengsilto	haengsildo
했던가	haettŏn'ga	haeteonga	행영	haengyŏng	haengyeong
했습니다	haessŭmnida	haesseumnida	행운	haengun	haengun
했어	haessŏ	haesseo	행원	haengwŏn	haengwon
했어요	haessŏyo	haesseoyo	행위	haengwi	haengwi
했을까	haessŭlkka	haesseulkka	행위자	haengwija	haengwija
했지만	haetchiman	haetjiman	행위자론	haengwijaron	haengwijaron
행	haeng	haeng	행인	haengin	haengin
행각	haenggak	haenggak	행임	Haengim	Haengim
행각기	haenggakki	haenggakgi	행자	haengja	haengja
행간	haenggan	haenggan	행자들	haengjadŭl	haengjadeul
행계	Haenggye	Haenggye	행자부	Haengjabu	Haengjabu
행공	Haenggong	Haenggong	행장	haengjang	haengjang
행군	haenggun	haenggun	행장기	haengjanggi	haengjanggi
행궁	haenggung	haenggung	행적	haengjŏk	haengjeok
행다례	haengdarye	haengdarye	행전	haengjŏn	haengjeon
행담	haengdam	haengdam	행정	haengjŏng	haengjeong
행동	haengdong	haengdong	행정가	haengjŏngga	haengjeongga
행동상	haengdongsang	haengdongsang	행정구	hanegjŏnggu	haengjeonggu
행동주의	haengdongjuŭi	haengdongjuui	행정론	haengjŏngnon	haengjeongnon
행동주의자	haengdongjuŭija	haengdongjuuija	행정법	haengjŏngpŏp	haengjeongbeop
행동파	haengdongp'a	haengdongpa	행정부	haengjŏngbu	haengjeongbu
행랑	haengnang	haengnang	행정인	haengjŏngin	haengjeongin
행랑채	haengnangch'ae	haengnangchae	행정적	haengjŏngjŏk	haengjeongjeok
행려	haengnyŏ	haengnyeo	행정지	haengjŏngji	haengjeongji
행렬	haengnyŏl	haengnyeol	행정처	haengjŏngch'ŏ	haengjeongcheo
행로	haengno	haengno	행정팀	Haengjŏngt'im	haengjeongtim
행록	haengnok	haengnok	행정학	haengjŏnghak	haengjeonghak
행림	haengnim	haengnim	행주	haengju	haengju
행마	haengma	haengma	행진	haengjin	haengjin
행방	haengbang	haengbang	행진곡	haengjin'gok	haengjingok
행복	haengbok	haengbok	행차	haengch'a	haengcha
행복로	Haengbongno	haengbongno	행초	haengch'o	haengcho

한글 용례	ALA-LC Romanization	정부 표기안	한글 용례	ALA-LC Romanization	정부 표기안
행촌	Haengch'on	Haengchon	향산	Hyangsan	Hyangsan
행태	haengt'ae	haengtae	향상	hyangsang	hyangsang
행하는	haenghanŭn	haenghaneun	향서각	Hyangsŏgak	Hyangseogak
행행	haenghaeng	haenghaeng	향수	hyangsu	hyangsu
행협	haenghyŏp	haenghyeop	향시	hyangsi	hyangsi
행형	haenghyŏng	haenghyeong	향악	hyangak	hyangak
향	hyang	hyang	향약	hyangyak	hyangyak
향가	hyangga	hyangga	향연	hyangyŏn	hyangyeon
향곡	hyanggok	hyanggok	향우회	hyanguhoe	hyanguhoe
향교	hyanggyo	hyanggyo	향원	Hyangwŏn	Hyangwon
향군	hyanggun	hyanggun	향유	hyangyu	hyangyu
향궐례	Hyanggwŏllye	Hyanggwollye	향유자	hyangyuja	hyangyuja
향규	hyanggyu	hyanggyu	향유층	hyangyuch'ŭng	hyangyucheung
향기	hyanggi	hyanggi	향의	hyangŭi	hyangui
향기로운	hyanggiroun	hyanggiroun	향일암	Hyangiram	Hyangiram
향나무	hyangnamu	hyangnamu	향장	Hyangjang	Hyangjang
향낭	hyangnang	hyangnang	향적산	Hyangjŏksan	Hyangjeoksan
향내	hyangnae	hyangnae	향정	hyangjŏng	hyangjeong
향녀	hyangnyŏ	hyangnyeo	향정론	hyangjŏngnon	hyangjeongnon
향단	Hyangdan	Hyangdan	향제	hyangje	hyangje
향당	Hyangdang	Hyangdang	향지	hyangji	hyangji
향대	hyangdae	hyangdae	향지사	Hyangjisa	Hyangjisa
향도	hyangdo	hyangdo	향찰	hyangch'al	hyangchal
향도성	hyangdosŏng	hyangdoseong	향찰식	hyangch'alsik	hyangchalsik
향도자	hyangdoja	hyangdoja	향청	Hyangch'ŏng	Hyangcheong
향랑	hyangnang	hyangnang	향촌	hyangch'on	hyangchon
향령무	Hyangnyŏngmu	Hyangnyeongmu	향취	hyangch'wi	hyangchwi
향례	hyangnye	hyangnye	향토	hyangt'o	hyangto
향례지	Hyangnyeji	Hyangnyeji	향토사	hyangt'osa	hyangtosa
향로	hyangno	hyangno	향토지	hyangt'oji	hyangtoji
향로봉	Hyangnobong	Hyangnobong	향투	hyangt'u	hyangtu
향료	hyangnyo	hyangnyo	향하고	hyanghago	hyanghago
향리	hyangni	hyangni	향하는	hyanghanŭn	hyanghaneun
향리층	hyangnich'ŭng	hyangnicheung	향하다	hyanghada	hyanghada
향맥	hyangmaek	hyangmaek	향하여	hyanghayŏ	hyanghayeo
향목	hyangmok	hyangmok	향학	hyanghak	hyanghak
향목동	Hyangmok-tong	Hyangmok-dong	향한	hyanghan	hyanghan
향방	hyangbang	hyangbang	향한리	Hyanghan-ni	Hyanghan-ri
향배	hyangbae	hyangbae	향해	hyanghae	hyanghae
향병	hyangbyŏng	hyangbyeong	향화	Hyanghwa	Hyanghwa
향사	hyangsa	hyangsa	향후	hyanghu	hyanghu
향사대	hyangsadae	hyangsadae	향훈	hyanghun	hyanghun
향사례	Hyangsarye	hyangsarye	허	hŏ	heo
향사록	hyangsarok	hyangsarok	허가	hŏga	heoga
향사지	hyangsaji	hyangsaji	허고	hŏgo	heogo

한글 용례	ALA-LC Romanization	정부 표기안	한글 용례	ALA-LC Romanization	정부 표기안
허공	hŏgong	heogong	허지스	Hŏjisŭ	Heojiseu
허구	hŏgu	heogu	허통	hŏt'ong	heotong
허구성	hŏgusŏng	heoguseong	허학	Hŏhak	Heohak
허당	hŏdang	heodang	허허	hŏhŏ	heoheo
허둥대는	hŏdungdaenŭn	heodungdaeneun	허허당	Hŏhŏdang	Heoheodang
허둥대는가	hŏdungdaenŭn'ga	heodungdaeneunga	허혈성	hŏhyŏlsŏng	heohyeolseong
허드슨강	Hŏdŭsŭngang	Heodeuseungang	헌	hŏn	heon
허락	hŏrak	heorak	헌가	hŏn'ga	heonga
허령	hŏryŏng	heoryeong	헌납	hŏnnap	heonnap
허리	hŏri	heori	헌드레드	hŏndŭredŭ	heondeuredeu
허망	hŏmang	heomang	헌례	hŏllye	heollye
허무	hŏmu	heomu	헌마	hŏnma	heonma
허무는	hŏmunŭn	heomuneun	헌법	hŏnpŏp	heonbeop
허무주의자	hŏmujuŭija	hoemujuuija	헌법사	hŏnpŏpsa	heonbeopsa
허문	hŏmun	heomun	헌법적	hŏnpŏpjŏk	heonbeopjeok
허문다	hŏmunda	heomunda	헌법학	hŏnpŏphak	heonbeophak
허물	hŏmul	heomul	헌병	hŏnbyŏng	heonbyeong
허물기	hŏmulgi	heomulgi	헌병대	hŏnbyŏngdae	heonbyeongdae
허물다	hŏmulda	heomulda	헌비	hŏnbi	heonbi
허물어	hŏmurŏ	heomureo	헌사	hŏnsa	heonsa
허물어진	hŏmurŏjin	heomureojin	헌선도	Hŏnsŏndo	Heonseondo
허백당	Hŏbaektang	Heobaekdang	헌신	hŏnsin	heonsin
허백정	Hŏbaekchŏng	Heobaekjeong	헌신적	hŏnsinjŏk	heonsinjeok
허버트	Hŏbŏt'ŭ	Heobeoteu	헌의	Hŏnŭi	Heonui
허베이	Hŏbei	Heobei	헌인	Hŏnin	Heonin
허브	hŏbŭ	heobeu	헌장	hŏnjang	heonjang
허상	hŏsang	heosang	헌재	hŏnjae	heonjae
허상들	hŏsangdŭl	heosangdeul	헌정	hŏnjŏng	heonjeong
허수	hŏsu	heosu	헌정사	hŏnjŏngsa	heonjeongsa
허수아비	hŏsuabi	heosuabi	헌정적	hŏnjŏngjŏk	heonjeongjeok
허슬	hŏsŭl	heoseul	헌정집	hŏnjŏngjip	heonjeongjip
허실	hŏsil	heosil	헌정회	Hŏnjŏnghoe	Heonjeonghoe
허암	Hŏam	Heoam	헌종	Hŏnjong	Heonjong
허언	hŏŏn	heoeon	헌천수	Hŏnch'ŏnsu	Heoncheonsu
허용	hŏyong	heoyong	헌천화	Hŏnch'ŏnhwa	Heoncheonhwa
허울	hŏul	heoul	헌혈	hŏnhyŏl	heonhyeol
허원	Hŏwŏn	Heowon	헌화	hŏnhwa	heonhwa
허위	hŏwi	heowi	헌화가	hŏnhwaga	heonhwaga
허웅	Hŏŭng	Heoeung	헐	hŏl	heol
허웅당	Hŏŭngdang	Heoeungdang	헐뜯는	hŏlttŭnnŭn	heoltteunneun
허전한	hŏjŏnhan	heojeonhan	헐버트	Hŏlbŏt'ŭ	Heolbeoteu
허접	hŏjŏp	heojeop	헐어	hŏrŏ	heoreo
허정	Hŏjŏng	Heojeong	헐어진	hŏrŏjin	heoreojin
허제	Hŏje	Heoje	험	hŏm	heom
허주	Hŏju	Heoju	험곡	hŏmgok	heomgok

한글 용례	ALA-LC Romanization	정부 표기안	한글 용례	ALA-LC Romanization	정부 표기안
험난한	hŏmnanhan	heomnanhan	헨더슨	Hendŏsŭn	Hendeoseun
헷갈리기	hŏtkalligi	heotgalligi	헨드릭	Hendŭrik	Hendeurik
헷갈린	hŏtkallin	heotgallin	헨릭	Hellik	Hellik
헛일	hŏnil	heonil	헬기	helgi	helgi
헝가리	Hŏnggari	Heonggari	헬렌	Hellen	Hellen
헝겊	hŏnggŏp	heonggeop	헬무트	Helmut'ŭ	Helmuteu
헤게모니	hegemoni	hegemoni	헬스	helsŭ	helseu
헤겔	Hegel	Hegel	헬싱키	Helsingk'i	Helsingki
헤겔주의자	Hegeljuŭija	Hegeljuuija	헬조선	heljosŏn	heljoseon
헤겔派	Hegelp'a	Hegelpa	헷갈리는	hetkallinŭn	hetgallineun
헤다	heda	heda	혀	hyŏ	hyeo
헤드버그	Hedŭbŏgŭ	Hedeubeogeu	혁거세	Hyŏkkŏse	Hyeokgeose
헤로도토스	Herodot'osŭ	Herodotoseu	혁명	hyŏngmyŏng	hyeongmyeong
헤르츠나인	Herŭch'ŭnain	Hereucheunain	혁명가	hyŏngmyŏngga	hyeongmyeongga
헤리티지	herit'iji	heritiji	혁명가들	hyŏngmyŏnggadŭl	hyeongmyeonggadeul
헤매는	hemaenŭn	hemaeneun	혁명관	hyŏngmyŏnggwan	hyeongmyeonggwan
헤매다	hemaeda	hemaeda	혁명군	hyŏngmyŏnggun	hyeongmyeonggun
헤매며	hemaemyŏ	hemaemyeo	혁명기	hyŏngmyŏnggi	hyeongmyeonggi
헤멀	Hemŏl	Hemeol	혁명당	hyŏngmyŏngdang	hyeongmyeongdang
헤밍웨이	Hemingwei	Hemingwei	혁명사	hyŏngmyŏngsa	hyeongmyeongsa
헤세	Hese	Hese	혁명적	hyŏngmyŏngjŏk	hyeongmyeongjeok
헤스이	Hesŭi	Heseui	혁명파	hyŏngmyŏngp'a	hyeongmyeongpa
헤아려	hearyo	hearyeo	혁명화	hyŏngmyŏnghwa	hyeongmyeonghwa
헤아려본	hearyŏbon	hearyeobon	혁신	hyŏksin	hyeoksin
헤어지며	heŏjimyŏ	heeojimyeo	혁신가	hyŏksin'ga	hyeoksinga
헤어진	heŏjin	heeojin	혁신가들	hyŏksin'gadŭl	hyeoksingadeul
헤어짐	heŏjim	heeojim	혁신단	hyŏksindan	hyeoksindan
헤엄	heŏm	heeom	혁신당	Hyŏksindang	Hyeoksindang
헤이	Hei	Hei	혁신론	hyŏksinnon	hyeoksillon
헤이그	Heigŭ	Heigeu	혁신적	hyŏksinjŏk	hyeoksinjeok
헤이룽	Heirung	Heirung	혁신형	hyŏksinhyŏng	hyeoksinhyeong
헤이리	Heiri	Heiri	현	hyŏn	hyeon
헤이세이	Heisei	Heisei	현각	Hyŏn'gak	Hyeongak
헤이즈	Heijŭ	Heijeu	현감	hyŏn'gam	hyeongam
헤지	heji	heji	현경	Hyŏn'gyŏng	Hyeongyeong
헤쳐	hech'yŏ	hechyeo	현고기	Hyŏn'gogi	Hyeongogi
헤쳐간	hech'yŏgan	hechyeogan	현곡	Hyŏn'gok	Hyeongok
헤쳐서	hech'yŏsŏ	hecheoseo	현관	hyŏn'gwan	hyeongwan
헤쳐온	hech'yoon	hecheoon	현광	Hyŏn'gwang	Hyeongwang
헤치고	hech'igo	hechigo	현군	Hyŏn'gun	Hyeongun
헤치며	hech'imyŏ	hechimyeo	현금	hyŏn'gŭm	hyeongeum
헤치면	hech'imyŏn	hechimyeon	현기원	Hyŏn'giwŏn	Hyeongiwon
헤키운	Hek'iun	Hekiun	현남	Hyŏnnam	Hyeonnam
헤톨	Het'ol	Hetol	현남면	Hyŏnnam-myŏn	Hyeonnam-myeon
헨다	Henda	Henda	현노신	Hyŏnnosin	Hyeonnosin

한글 용례	ALA-LC Romanization	정부 표기안	한글 용례	ALA-LC Romanization	정부 표기안
현단계	hyŏndan'gye	hyeondangye	현상사	Hyŏnsangsa	Hyeonsangsa
현담	hyŏndam	hyeondam	현상학	hyŏnsanghak	hyeonsanghak
현당	Hyŏndang	Hyeondang	현상학적	hyŏnsanghakchŏk	hyeonsanghakjeok
현대	hyŏndae	hyeondae	현세	hyŏnse	hyeonse
현대家	Hyŏndaega	hyeondaega	현손	hyŏnson	hyeonson
현대극	hyŏndaegŭk	hyeondaegeuk	현시	Hyŏnsi	Hyeonsi
현대맨	hyŏndaemaen	hyeondaemaen	현시창	hyŏnsich'ang	hyeonsichang
현대문	hyŏndaemun	hyeondaemun	현신	hyŏnsin	hyeonsin
현대사	hyŏndaesa	hyeondaesa	현실	hyŏnsil	hyeonsil
현대사적	hyŏndaesachŏk	hyeondaesajeok	현실사	Hyŏnsilsa	Hyeonsilsa
현대성	hyŏndaesŏng	hyeondaeseong	현실주의	hyŏnsiljuŭi	hyeonsiljuui
현대시	hyŏndaesi	hyeondaesi	현실주의자	hyŏnsiljuŭija	hyeonsiljuuija
현대詩	hyŏndaesi	hyeondaesi	현실화	hyŏnsirhwa	hyeonsilhwa
현대식	hyŏndaesik	hyeondaesik	현악	hyŏnak	hyeonak
현대어	hyŏndaeŏ	hyeondaeeo	현악기	hyŏnakki	hyeonakgi
현대어본	hyŏndaeŏbon	hyeondaeeoobon	현안	hyŏnan	hyeonan
현대인	hyŏndaein	hyeondaein	현안들	hyŏnandŭl	hyeonandeul
현대적	hyŏndaejŏk	hyeondaejeok	현암	Hyŏnam	Hyeonam
현대전	hyŏndaejŏn	hyeondaejeon	현암사	Hyŏnamsa	Hyeonamsa
현대차	Hyŏndaech'a	hyeondaecha	현양	hyŏnyang	hyeonyang
현대화	hyŏndaehwa	hyeondaehwa	현어	Hyŏnŏ	Hyeoneo
현도	Hyŏndo	Hyeondo	현역	hyŏnyŏk	hyeonyeok
현도군	Hyŏndo-gun	Hyeondo-gun	현옹	Hyŏnong	Hyeonong
현동	Hyŏndong	Hyeondong	현우	Hyŏnu	Hyeonu
현등사	Hyŏndŭngsa	Hyeondeungsa	현우사	Hyŏnusa	Hyeonusa
현령	hyŏllyŏng	hyeollyeong	현웅	Hyŏnung	Hyeonung
현로	Hyŏllo	Hyeollo	현월	Hyŏnwŏl	Hyeonwol
현륭원	Hyŏllyungwŏn	Hyeollyungwon	현응	Hyŏnŭng	Hyeoneung
현리	Hyŏn-ni	Hyeon-ri	현이	Hyŏni	Hyeoni
현명	hyŏnmyŏng	hyeonmyeong	현인	hyŏnin	hyeonin
현묘	hyŏnmyo	hyeonmyo	현인들	hyŏnindŭl	hyeonindeul
현묘탑	Hyŏnmyot'ap	Hyeonmyotap	현자	hyŏnja	hyeonja
현무	Hyŏnmu	Hyeonmu	현장	hyŏnjang	hyeonjang
현무경	Hyŏnmugyŏng	Hyeonmugyeong	현장들	hyŏnjangdŭl	hyeonjangdeul
현묵	Hyŏnmuk	Hyeonmuk	현장론	hyŏnjangnon	hyeonjangnon
현묵자	Hyŏnmukcha	Hyeonmukja	현장론적	hyŏnjangnonchŏk	hyeonjangnonjeok
현문	Hyŏnmun	Hyeonmun	현재	hyŏnjae	hyeonjae
현물	hyŏnmul	hyeonmul	현재성	hyŏnjaesŏng	hyeonjaeseong
현물세	hyŏnmulse	hyeonmulse	현재적	hyŏnjaejŏk	hyeonjaejeok
현민	Hyŏnmin	Hyeonmin	현저동	Hyŏnjŏ-dong	Hyeonjeo-dong
현변	Hyŏnbyŏn	Hyeonbyeon	현전	hyŏnjŏn	hyeonjeon
현부	Hyŏnbu	Hyeonbu	현절사	Hyŏnjŏlsa	Hyeonjeolsa
현부인	hyŏnbuin	hyeonbuin	현정	Hyŏnjŏng	Hyeonjeong
현산	Hyŏnsan	Hyeonsan	현정론	Hyŏnjŏngnon	Hyeonjeongnon
현상	hyŏnsang	hyeonsang	현정리	Hyŏnjŏng-ni	Hyeonjeong-ri

한글 용례	ALA-LC Romanization	정부 표기안	한글 용례	ALA-LC Romanization	정부 표기안
현조	Hyŏnjo	Hyeonjo	혈청	hyŏlch'ŏng	hyeolcheong
현존	hyŏnjon	hyeonjon	혈통	hyŏlt'ong	hyeoltong
현종	Hyŏnjong	Hyeonjong	혈투	hyŏlt'u	hyeoltu
현주	Hyŏnju	Hyeonju	혐오	hyŏmo	hyeomo
현주소	hyŏnjuso	hyeonjuso	혐오주의	hyŏmojuŭi	hyeomojuui
현지	hyŏnji	hyeonji	혐한	hyŏmhan	hyeomhan
현지성	hyŏnjisŏng	hyeonjiseong	협	hyŏp	hyeop
현지화	hyŏnjihwa	hyeonjihwa	협동	hyŏptong	hyeopdong
현직	hyŏnjik	hyeonjik	협동체	hyŏptongch'e	hyeopdongche
현찰	hyŏnch'al	hyeonchal	협동화	hyŏptonghwa	hyeopdonghwa
현창	hyŏnch'ang	hyeonchang	협동회	hyŏptonghoe	hyeopdonghoe
현창록	Hyŏnch'angnok	hyeonchangnok	협력	hyŏmnyŏk	hyeomnyeok
현창회	Hyŏnch'anghoe	hyeonchanghoe	협력과	hyŏmnyŏkkwa	hyeomnyeokgwa
현충	Hyŏnch'ung	hyeonchung	협력관	hyŏmnyŏkkwan	hyeomnyeokgwan
현충사	Hyŏnch'ungsa	Hyeonchungsa	협력국	hyŏmnyŏkkuk	hyeomnyeokguk
현충사비	Hyŏnch'ungsabi	Hyeonchungsabi	협력단	hyŏmnyŏktan	hyeomnyeokdan
현충원	Hyŏnch'ungwŏn	Hyeonchungwon	협력비	hyŏmnyŏkpi	hyeomnyeokbi
현충일	Hyŏnch'ungil	Hyeonchungil	협력실	hyŏmnyŏksil	hyeomnyeoksil
현토	Hyŏnt'o	Hyeonto	협력적	hyŏmnyŏkchŏk	hyeomnyeokjeok
현토군	Hyŏnt'ogun	Hyeonto-gun	협력진	hyŏmnyŏkchin	hyeomnyeokjin
현판	hyŏnp'an	hyeonpan	협력체	hyŏmnyŏkch'e	hyeomnyeokche
현포동	Hyŏnp'o-dong	Hyeonpo-dong	협력팀	hyŏmnyŏkt'im	hyeomnyeoktim
현풍	Hyŏnp'ung	Hyeonpung	협률	hyŏmnyul	hyeomnyul
현풍군	Hyŏnp'ung-gun	Hyeonpung-gun	협률사	Hyŏmnyulsa	Hyeomnyulsa
현풍현	Hyŏnp'ung-hyŏn	Hyeonpung-hyeon	협박	hyŏppak	hyeopbak
현학	hyŏnhak	hyeonhak	협상	hyŏpsang	hyeopsang
현학사	Hyŏnhaksa	Hyeonhaksa	협상력	hyŏpsangnyŏk	hyeopsangnyeok
현해탄	Hyŏnhaet'an	Hyeonhaetan	협상문	hyŏpsangmun	hyeopsangmun
현행	hyŏnhaeng	hyeonhaeng	협상팀	hyŏpsangt'im	hyeopsangtim
현현	hyŏnhyŏn	hyeonhyeon	협생문	Hyŏpsaengmun	hyeopsaengmun
현황	hyŏnhwang	hyeonhwang	협성	hyŏpsŏng	hyeopseong
현황과	hyŏnhwangkwa	hyeonhwanggwa	협성회	Hyŏpsŏnghoe	Hyeopseonghoe
혈	hyŏl	hyeol	협신	hyŏpsin	hyeopsin
혈관	hyŏlgwan	hyeolgwan	협신사	Hyŏpsinsa	Hyeopsinsa
혈구	hyŏlgu	hyeolgu	협심증	hyŏpsimchŭng	hyeopsimjeung
혈당	hyŏltang	hyeoldang	협약	hyŏbyak	hyeobyak
혈로	hyŏllo	hyeollo	협약과	hyŏbyakkwa	hyeobyakgwa
혈맥	hyŏlmaek	hyeolmaek	협약집	hyŏbyakchip	hyeobyakjip
혈사	hyŏlsa	hyeolsa	협업	hyŏbŏp	hyeobeop
혈액	hyŏraek	hyeoraek	협업형	hyŏbŏphyŏng	hyeobeophyeong
혈액학	hyŏraekhak	hyeoraekhak	협율사	Hyŏmnyulsa	hyeomyulsa
혈연	hyŏryon	hyeoryeon	협의	hyŏbŭi	hyeobui
혈우	hyŏru	hyeoru	협의제	hyŏbŭije	hyeobuije
혈육	hyŏryuk	hyeoryuk	협의체	hyŏbŭich'e	hyeobuiche
혈전	hyŏlchŏn	hyeoljeon	협의회	hyŏbŭihoe	hyeobuihoe

한글 용례	ALA-LC Romanization	정부 표기안	한글 용례	ALA-LC Romanization	정부 표기안
협정	hyŏpchŏng	hyeopjeong	형상적	hyŏngsangjŏk	hyeongsangjeok
협정문	hyŏpchŏngmun	hyeopjeongmun	형상화	hyŏngsanghwa	hyeongsanghwa
협정상	hyŏpchŏngsang	hyeopjeongsang	형설	hyŏngsŏl	hyeongseol
협정안	hyŏpchŏngan	hyeopjeongan	형성	hyŏngsŏng	hyeongseong
협조	hyŏpcho	hyeopjo	형성기	hyŏngsŏnggi	hyeongseonggi
협조적	hyŏpchojŏk	hyeopjojeok	형성론	hyŏngsŏngnon	hyeongseongnon
협종	Hyŏpchong	hyeopjong	형성사	hyŏngsŏngsa	hyeongseongsa
협주	hyŏpchu	hyeopju	형세	hyŏngse	hyeongse
협찬	hyŏpch'an	hyeopchan	형수	hyŏngsu	hyeongsu
협치	hyŏpch'i	hyeopchi	형식	hyŏngsik	hyeongsik
협하산	Hyŏphasan	Hyeophasan	형식담	hyŏngsiktam	hyeongsikdam
협화회	Hyŏphwahoe	Hyeophwahoe	형식들	hyŏngsiktŭl	hyeongsikdeul
협회	hyŏphoe	hyeophoe	형식학	hyŏngsikhak	hyeongsikhak
협회보	hyŏphoebo	hyeopoebo	형식학적	hyŏngsikhakchŏk	hyeongsikhakjeok
협회장	hyŏphoejang	hyeopoejang	형안	hyŏngan	hyeongan
혔지	hyŏtchi	hyeotji	형암	Hyŏngam	Hyeongam
형	hyŏng	hyeong	형언	hyŏngŏn	hyeongeon
형고	Hyŏnggo	Hyeonggo	형용	hyŏngyong	hyeongyong
형관	Hyŏnggwan	Hyeonggwan	형용사	hyŏngyongsa	hyeongyongsa
형국	hyŏngguk	hyeongguk	형운	Hyŏngun	Hyeongun
형당	hyŏngdang	hyeongdang	형이상학	hyŏngisanghak	hyeongisanghak
형률	hyŏngnyul	hyeongnyul	형이상학적	hyŏngisanghakchŏk	hyeongisanghakjeok
형리	hyŏngni	hyeongni	형장	hyŏngjang	hyeongjang
형명	hyŏngmyŏng	hyeongmyeong	형장가	hyŏngjangga	hyeongjangga
형목	hyŏngmok	hyeongmok	형재	Hyŏngjae	Hyeongjae
형무	hyŏngmu	hyeongmu	형전	hyŏngjŏn	hyeongjeon
형무소	hyŏngmuso	hyeongmuso	형정	hyŏngjŏng	hyeongjeong
형문	Hyŏngmun	hyeongmun	형정사	hyŏngjŏngsa	hyeongjeongsa
형방	hyŏngbang	hyeongbang	형제	hyŏngje	hyeongje
형벌	hyŏngbŏl	hyeongbeol	형제담	hyŏngjedam	hyeongjedam
형벌권	hyŏngbŏlkwŏn	hyeongbeolgwon	형제들	hyŏngjedŭl	hyeongjedeul
형법	hyŏngpŏp	hyeongbeopak	형제애	hyŏngjeae	hyeongjeae
형법학	hyŏngpŏphak	hyeongbeophak	형질	hyŏngjil	hyeongjil
형부	hyŏngbu	hyeongbu	형태	hyŏngt'ae	hyeongtae
형사	hyŏngsa	hyeongsa	형태론	hyŏngt'aeron	hyeongtaeron
형사국	Hyŏngsaguk	Hyeongsaguk	형태론적	hyŏngt'aeronchŏk	hyeongtaeronjeok
형사령	hyŏngsaryŏng	hyeongsaryeong	형태소	hyŏngt'aeso	hyeongtaeso
형사법	hyŏngsapŏp	hyeongsabeop	형태적	hyŏngt'aejŏk	hyeongtaejeok
형사법적	hyŏngsapŏpchŏk	hyeongsabeopjeok	형편	hyŏngp'yŏn	hyeongpyeon
형사적	hyŏngsajŏk	hyeongsajeok	형평	hyŏngp'yŏng	hyeongpyeong
형산	Hyŏngsan	Hyeongsan	형평성	hyŏngp'yŏngsŏng	hyeongpyeongseong
형산강	Hyŏngsan'gang	Hyeongsangang	혜	hye	hye
형상	hyŏngsang	hyeongsang	혜각	Hyegak	Hyegak
형상권	hyŏngsangkwŏn	hyeongsanggwon	혜강	Hyegang	Hyegang
형상목	hyŏngsangmok	hyeongsangmok	혜견	Hyegyŏn	Hyegyeon

한글 용례	ALA-LC Romanization	정부 표기안	한글 용례	ALA-LC Romanization	정부 표기안
혜경	Hyegyŏng	Hyegyeong	호걸	hogŏl	hogeol
혜경궁	Hyegyŏnggung	Hyegyeonggung	호경리	Hogyŏng-ni	Hogyeong-ri
혜곡	Hyegok	Hyegok	호계면	Hogye-myŏn	Hogye-myeon
혜공	Hyegong	Hyegong	호계현	Hogye-hyŏn	Hogye-hyeon
혜남	Hyenam	Hyenam	호고	Hogo	Hogo
혜능	Hyenŭng	Hyeneung	호곡	hogok	hogok
혜당	Hyedang	Hyedang	호곡동	Hogok-tong	Hogok-dong
혜리나	Hyerina	Hyerina	호공	Hogong	Hogong
혜림	Hyerim	Hyerim	호관	hogwan	hogwan
혜명	Hyemyŏng	Hyemyeong	호구	hogu	hogu
혜문	Hyemun	Hyemun	호구고	Hogugo	Hogugo
혜민	hyemin	hyemin	호구부	hogubu	hogubu
혜민국	Hyemin'guk	Hyeminguk	호국	hoguk	hoguk
혜민방	Hyeminbang	Hyeminbang	호국룡	hogungnyong	hogungnyong
혜민서	Hyeminsŏ	Hyeminseo	호국성	hoguksŏng	hogukseong
혜민원	Hyeminwŏn	Hyeminwon	호국신	hoguksin	hoguksin
혜비	Hyebi	Hyebi	호군	Hogun	Hogun
혜빈	Hyebin	Hyebin	호그	Hogŭ	Hogeu
혜산	Hyesan	Hyesan	호근리	Hogŭn-ni	Hogeun-ri
혜산진	Hyesanjin	Hyesanjin	호기	hogi	hogi
혜성	hyesŏng	hyeseong	호기심	hogisim	hogisim
혜성가	Hyesŏngga	Hyeseongga	호남	Honam	Honam
혜심	Hyesim	Hyesim	호남대	Honamdae	Honamdae
혜안	hyean	hyean	호남리	Honam-ni	Honam-ri
혜인	Hyein	Hyein	호남선	Honamsŏn	Honamseon
혜자	Hyeja	Hyeja	호남영	Honamyŏng	Honamyeong
혜장	Hyejang	Hyejang	호남인	Honamin	Honamin
혜전	Hyejŏn	Hyejeon	호남파	Honamp'a	Honampa
혜정	Hyejŏng	Hyejeong	호남학	Honamhak	Honamhak
혜조	Hyejo	Hyejo	호놀룰루	Honollullu	Honollullu
혜종	Hyejong	Hyejong	호당	Hodang	Hodang
혜진	Hyejin	Hyejin	호돌이	Hodori	Hodori
혜천	Hyech'ŏn	Hyecheon	호동	Hodong	Hodong
혜천대	Hyech'ŏndae	Hyecheondae	호두	hodu	hodu
혜철	Hyech'ŏl	Hyecheol	호락	horak	horak
혜초	Hyech'o	Hyecho	호란	Horan	Horan
혜택	hyet'aek	hyetaek	호랑	horang	horang
혜화당	Hyehwadang	Hyehwadang	호랑이	horangi	horangi
혜화동	Hyehwa-dong	Hyehwa-dong	호령	horyŏng	horyeong
혜환	Hyehwan	Hyehwan	호롱불	horongpul	horongbul
혜휼	Hyehyul	Hyehyul	호루라기	horuragi	horuragi
호	ho	ho	호류사	Horyusa	Horyusa
호가	hoka	hoga	호리	Hori	Hori
호감	hogam	hogam	호리촌트	Horich'ont'ŭ	Horichonteu
호강	hogang	hogang	호림	Horim	Horim

한글 용례	ALA-LC Romanization	정부 표기안	한글 용례	ALA-LC Romanization	정부 표기안
호만포	Homanp'o	Homanpo	호연	hoyŏn	hoyeon
호메이	Homei	Homei	호연록	hoyŏnnok	hoyeollok
호명	homyŏng	homyeong	호열자	hoyŏlcha	hoyeolja
호명면	Homyŏng-myŏn	Homyeong-myeon	호영	hoyŏng	hoyeong
호모	homo	homo	호외	hooe	hooe
호무	Homu	Homu	호우	hou	hou
호미	homi	homi	호우총	Houch'ong	Houchong
호민관	Homin'gwan	Homingwan	호원	Howŏn	Howon
호밀	homil	homil	호위	howi	howi
호박	hobak	hobak	호위국	howiguk	howiguk
호반	hoban	hoban	호위군	howigun	howigun
호법	hopŏp	hobeop	호위청	Howich'ŏng	Howicheong
호보	Hobo	Hobo	호은	Hoŭn	Hoeun
호복	Hobok	Hobok	호응	hoŭng	hoeung
호봉	hobong	hobong	호의	hoŭi	houi
호부	Hobu	Hobu	호인	hoin	hoin
호분	hobun	hobun	호일	hoil	hoil
호사	hosa	hosa	호자	hoja	hoja
호사카	Hosak'a	Hosaka	호장	Hojang	Hojang
호산	Hosan	Hosan	호재	hojae	hojae
호산당	Hosandang	Hosandang	호적	hojŏk	hojeok
호산록	Hosannok	Hosanrok	호적류	hojŏngnyu	hojeongnyu
호산청	Hosanch'ŏng	Hosancheong	호적법	hojŏkpŏp	hojeokbeop
호상	hosang	hosang	호적표	hojŏkp'yo	hojeokpyo
호생	Hosaeng	Hosaeng	호전	hojŏn	hojeon
호생관	Hosaenggwan	Hosaenggwan	호전론	hojŏnnon	hojeonnron
호서	Hosŏ	Hoseo	호정	Hojŏng	Hojeong
호서대	Hosŏdae	Hoseodae	호제	hoje	hoje
호석	Hosŏk	Hoseok	호조	Hojo	Hojo
호선	Hosŏn	Hoseon	호족	hojok	hojok
호성	Hosŏng	Hoseong	호종	Hojong	Hojong
호세	Hose	Hose	호좌	Hojwa	Hojwa
호소	hoso	hoso	호좌영	Hojwayŏng	Hojwayeong
호소문	hosomun	hosomun	호주	Hoju	Hoju
호소카와	Hosok'awa	Hosokawa	호주머니	hojumoni	hojumeoni
호수	hosu	hosu	호중	Hojung	Hojung
호숫가	hosutka	hosutga	호지키	Hojik'i	Hojiki
호시	hosi	hosi	호진	Hojin	Hojin
호신	hosin	hosin	호질	hojil	hojil
호신술	hosinsul	hosinsul	호측현	Hoch'ŭk-hyŏn	Hocheuk-hyeon
호실	hosil	hosil	호치키	Hoch'ik'i	Hochiki
호안	Hoan	Hoan	호칭	hoch'ing	hoching
호암	Hoam	Hoam	호칭어	hoch'ingŏ	hochingeo
호야	Hoya	Hoya	호태	Hot'ae	Hotae
호여	Hoyŏ	Hoyeo	호태왕	Hot'aewang	Hotaewang

한글 용례	ALA-LC Romanization	정부 표기안	한글 용례	ALA-LC Romanization	정부 표기안
호턴	Hot'ŏn	Hoteon	혼인법	honinpŏp	honinbeop
호텔	hot'el	hotel	혼인사	honinsa	honinsa
호텔업	hot'erŏp	hotereop	혼인제	honinje	honinje
호판	hop'an	hopan	혼자	honja	honja
호패	hop'ae	hopae	혼자들	honjadŭl	honjadeul
호패법	hop'aepŏp	hopaebeop	혼전	honjŏn	honjeon
호포	Hop'o	Hopo	혼종	honjong	honjong
호헌	hohŏn	hoheon	혼천	honch'ŏn	honcheon
호형	hohyŏng	hohyeong	혼천설	honch'ŏnsŏl	honcheonseol
호환	hohwan	hohwan	혼천의	Honch'ŏnŭi	Honcheonui
호황	hohwang	hohwang	혼탁	hont'ak	hontak
호흡	hohŭp	hoheup	혼합	honhap	honhapsik
호흡기	hohŭpki	hoheupgi	혼합물	honhammul	honhammul
혹문	hongmun	hongmun	혼합식	honhapsik	honhapsik
혹은	hogŭn	hogeun	혼합액	honhabaek	honhabaek
혹파리	hokp'ari	hokpari	혼혈	honhyŏl	honhyeol
혹한	hokhan	hokhan	혼혈인	honhyŏrin	honhyeorin
혼	hon	hon	홀	hol	hol
혼구	Hon'gu	Hongu	홀기	Holgi	Holgi
혼다	Honda	Honda	홀딩스	Holdingsŭ	Holdingseu
혼당	Hondang	Hondang	홀로	hollo	hollo
혼돈	hondon	hondon	홀로도비치	Hollodobich'i	Hollodobichi
혼돈록	hondonnok	hondollok	홀로세	Hollose	Hollose
혼동	hondong	hondong	홀로코스트	Hollok'osŭt'ŭ	Hollokoseuteu
혼란	hollan	hollan	홀론	hollon	hollon
혼례	hollye	hollye	홀리다	hollida	hollida
혼례상	hollyesang	hollyesang	홀릭	hollik	hollik
혼례식	hollyesik	hollyesik	홀린	hollin	hollin
혼맥	honmaek	honmaek	홀본	Holbon	Holbon
혼명	honmyŏng	honmyeong	홀씨	holssi	holssi
혼미	honmi	honmi	홈	hom	hom
혼백	honbaek	honbaek	홈스	Homsŭ	Homseu
혼백들	honbaektŭl	honbaekdeul	홈페이지	homp'eiji	hompeiji
혼불	honpul	honbul	홉	hop	hop
혼서	Honsŏ	Honseo	홋카이도	Hotk'aido	Hotkaido
혼성	honsŏng	honseong	홍	hong	hong
혼성주	honsŏngju	honseongju	홍가	Hongga	Hongga
혼세	honse	honse	홍가사	honggasa	honggasa
혼속	honsok	honsok	홍건적	Honggŏnjŏk	Honggeonjeok
혼신	honsin	honsin	홍건족	Honggŏnjok	Honggeonjok
혼양주	honyangju	honyangju	홍기	honggi	honggi
혼양주류	honyangjuryu	honyangjuryu	홍대	Hongdae	Hongdae
혼용	honyong	honyong	홍도	Hongdo	Hongdo
혼의	Honŭi	Honui	홍도화	hongdohwa	hongdohwa
혼인	honin	honin	홍동지	Hongdongji	Hongdongji

한글 용례	ALA-LC Romanization	정부 표기안	한글 용례	ALA-LC Romanization	정부 표기안
홍련	Hongnyŏn	Hongnyeon	홍익재	Hongikchae	Hongikjae
홍로	Hongno	Hongno	홍제동	Hongje-dong	Hongje-dong
홍릉	Hongnŭng	Hongneung	홍제원	Hongjewŏn	Hongjewon
홍무	Hongmu	Hongmu	홍주	Hongju	Hongju
홍문	Hongmun	Hongmun	홍주군	Hongju-gun	Hongju-gun
홍문관	Hongmun'gwan	Hongmungwan	홍주목	Hongjumok	Hongjumok
홍문관지	Hongmun'gwanji	Hongmungwanji	홍진	Hongjin	Hongjin
홍문리	Hongmun-ni	Hongmun-ri	홍천	Hongch'ŏn	Hongcheon
홍범	hongbŏm	hongbeom	홍천군	Hongch'ŏn-gun	Hongcheon-gun
홍보	hongbo	hongbo	홍천현	Hongch'ŏn-hyŏn	Hongcheon-hyeon
홍보관	hongbogwan	hongbogwan	홍콩	Hongk'ong	Hongkong
홍보국	hongboguk	hongboguk	홍타이지	Hongt'aiji	Hongtaiji
홍보단	hongbodan	hongbodan	홍패	hongp'ae	hongpae
홍보부	hongbobu	hongbobu	홍포	hongp'o	hongpo
홍보실	hongbosil	hongbosil	홍학	honghak	honghak
홍보처	hongboch'ŏ	hongbocheo	홀무덤	honmudŏm	hotmudeom
홍복	hongbok	hongbok	홀처마	hotch'ŏma	hotcheoma
홍산	Hongsan	Hongsan	화	hwa	hwa
홍산군	Hongsan-gun	Hongsan-gun	화가	hwaga	hwaga
홍산현	Hongsan-hyŏn	Hongsan-hyeon	화가들	hwagadŭl	hwagadeul
홍살	hongsal	hongsal	화가회	hwagahoe	hwagahoe
홍살문	hongsalmun	hongsalmun	화각	hwagak	hwagak
홍삼	hongsam	hongsam	화각장	hwagakchang	hwagakjang
홍색	hongsaek	hongsaek	화갑	hwagap	hwagap
홍성	Hongsŏng	Hongseong	화강	hwagang	hwagang
홍성군	Hongsŏng-gun	Hongseong-gun	화강암	hwagangam	hwagangam
홍성사	Hongsŏngsa	Hongseongsa	화개	Hwagae	Hwagae
홍수	hongsu	hongsu	화개사	Hwagaesa	Hwagaesa
홍시	hongsi	hongsi	화개현	Hwagae-hyŏn	Hwagae-hyeon
홍신	Hongsin	Hongsin	화경	Hwagyŏng	Hwagyeong
홍신기	Hongsin'gi	Hongsingi	화경당	Hwagyŏngdang	Hwagyeongdang
홍암	Hongam	Hongam	화계	Hwagye	Hwagye
홍양현	Hongyang-hyŏn	Hongyang-hyeon	화계리	Hwagye-ri	Hwagye-ri
홍어	hongŏ	hongeo	화계사	Hwagyesa	Hwagyesa
홍역	hongnyŏk	hongyeok	화곡	Hwagok	Hwagok
홍염	hongyŏm	hongyeom	화곡동	Hwagok-tong	Hwagok-dong
홍영사	Hongyŏngsa	Hongyeongsa	화공	hwagong	hwagong
홍원	Hongwŏn	Hongwon	화관	hwagwan	hwagwan
홍원군	Hongwŏn-gun	Hongwon-gun	화교	Hwagyo	Hwagyo
홍원사	Hongwŏnsa	Hongwonsa	화교사	Hwagyosa	Hwagyosa
홍원현	Hongwŏn-hyŏn	Hongwon-hyeon	화구	hwagu	hwagu
홍유	Hongyu	Hongyu	화국	Hwaguk	Hwaguk
홍의	Hongŭi	Hongui	화국지	Hwagukchi	Hwagukji
홍익	hongik	Hongik	화기	hwagi	hwagi
홍익대	Hongiktae	Hongikdae	화기집	hwagijip	hwagijip

한글 용례	ALA-LC Romanization	정부 표기안	한글 용례	ALA-LC Romanization	정부 표기안
화남	Hwanam	Hwanam	화보	hwabo	hwabo
화남동	Hwanam-dong	Hwanam-dong	화보사	hwabosa	hwabosa
화냥년	hwanyangnyŏn	hwanyangnyeon	화보집	hwabojip	hwabojip
화녀	hwanyŏ	hwanyeo	화봉	Hwabong	Hwabong
화다	hwada	hwada	화부	hwabu	hwabu
화단	hwadan	hwadan	화북	Hwabuk	Hwabuk
화담	Hwadam	Hwadam	화분	hwabun	hwabun
화도	hwado	hwado	화불	hwalbul	hwabul
화도연	Hwadoyŏn	Hwadoyeon	화사	hwasa	hwasa
화동	hwadong	hwadong	화사기	Hwasagi	Hwasagi
화두	hwadu	hwadu	화사집	Hwasajip	Hwasajip
화랑	Hwarang	Hwarang	화사한	hwasahan	hwasahan
화랑대	Hwarangdae	Hwarangdae	화산	hwasan	hwasan
화랑도	Hwarangdo	Hwarangdo	화산리	Hwasan-ni	Hwasan-ri
화랑회	Hwaranghoe	Hwaranghoe	화산섬	hwasansŏm	hwasanseom
화랭이	Hwaraengi	Hwaraengi	화살	hwasal	hwasal
화려한	hwaryŏhan	hwaryeohan	화살촉	hwasalch'ok	hwasalchok
화려함	hwaryŏham	hwaryeoham	화상	hwasang	hwasang
화력	hwaryŏk	hwaryeok	화상석	hwasangsŏk	hwasangseok
화령	Hwaryŏng	Hwaryeong	화상전	hwasangjŏn	hwasangjeon
화령장	Hwaryŏngjang	Hwaryeongjang	화상찬	Hwasangch'an	Hwasangchan
화로	hwaro	hwaro	화서	Hwasŏ	Hwaseo
화론	hwaron	hwaron	화석	hwasŏk	hwaseok
화롯가	hwarotka	hwarotga	화선	hwasŏn	hwaseon
화룡	Hwaryong	Hwaryong	화섬	hwasŏm	hwaseom
화루	hwaru	hwaru	화성	Hwasŏng	Hwaseong
화류	hwaryu	hwaryu	화성군	Hwasŏng-gun	Hwaseong-gun
화류가	Hwaryuga	hwaryuga	화성론	hwasŏngnon	hwaseongnon
화릉	Hwarŭng	Hwareung	화성리	Hwasŏng-ni	Hwaseong-ri
화맥	hwamaek	hwamaek	화성법	hwasŏngpŏp	hwaseongbeop
화명	Hwamyŏng	Hwamyeong	화성시	Hwasŏng-si	Hwaseong-si
화목	hwamok	hwamok	화세계	hwasegye	hwasegye
화목회	Hwamukhoe	Hwamukhoe	화소	hwaso	hwaso
화문	hwamun	hwamun	화수회	Hwasuhoe	Hwasuhoe
화문녹	Hwamunnok	Hwamunnok	화숙	Hwasuk	Hwasuk
화문록	Hwamunnok	Hwamunnok	화순	Hwasun	Hwasun
화문석	hwamunsŏk	hwamunseok	화순군	Hwasun-gun	Hwasun-gun
화문집	hwamunjip	hwamunjip	화순현	Hwasun-hyŏn	Hwasun-hyeon
화물	hwamul	hwamul	화승총	hwasŭngch'ong	hwaseungchong
화물세	hwamulse	hwamulse	화식	hwasik	hwasik
화반	Hwaban	Hwaban	화신	Hwasin	Hwasin
화백	hwabaek	hwabaek	화신제	Hwasinje	Hwasinje
화법	hwapŏp	hwabeop	화악	Hwahak	Hwaak
화병	hwabyŏng	hwabyeong	화악산	Hwaaksan	Hwaaksan
화병(火病)	hwapyŏng	hwabyeong	화암	Hwaam	Hwaam

한글 용례	ALA-LC Romanization	정부 표기안	한글 용례	ALA-LC Romanization	정부 표기안
화암면	Hwaam-myŏn	Hwaam-myeon	화전가	hwajŏn'ga	hwajeonga
화약	hwayak	hwayak	화전리	Hwajŏn-ni	Hwajeon-ri
화약류	hwayangnyu	hwayangnyu	화전민	hwajŏnmin	hwajeonmin
화양	Hwayang	Hwayang	화전법	hwajŏnpŏp	hwajeonbeop
화양동	Hwayang-dong	Hwayang-dong	화전현	Hwajŏn-hyŏn	hwajeon-hyeon
화양리	Hwayang-ni	Hwayang-ni	화정	hwajŏng	hwajeong
화엄	Hwaŏm	Hwaeom	화제	hwaje	hwaje
화엄경	Hwaŏmgyŏng	Hwaeomgyeong	화제집	hwajejip	hwajejip
화엄부	Hwaŏmbu	Hwaeombu	화조	Hwajo	Hwajo
화엄사	Hwaŏmsa	Hwaeomsa	화조화	Hwajohwa	Hwajohwa
화엄종	Hwaŏmjong	Hwaeomjong	화주	hwaju	hwaju
화엄회	Hwaŏmhoe	Hwaeomhoe	화중	hwajung	hwajung
화염	hwayŏm	hwayeom	화질	hwajil	hwajil
화영	Hwayŏng	Hwayeong	화집	hwajip	hwajip
화예	hwaye	hwaye	화차	hwach'a	hwacha
화요시	Hwayosi	Hwayosi	화채	hwach'ae	hwachae
화요일	Hwayoil	Hwayoil	화척	Hwach'ŏk	Hwacheok
화요회	Hwayohoe	Hwayohoe	화천	Hwach'ŏn	Hwacheon
화용	hwayong	hwayong	화천군	Hwach'ŏn-gun	Hwacheon-gun
화용도	Hwayongdo	Hwayongdo	화천동	Hwach'ŏn-dong	Hwacheon-dong
화용론	hwayongnon	hwayongnon	화첩	hwach'ŏp	hwacheop
화원	hwawŏn	hwawon	화청	Hwach'ŏng	Hwacheong
화월	Hwawŏl	Hwawol	화태	Hwat'ae	Hwatae
화은	Hwaŭn	Hwaeun	화톳불	hwatotpul	hwatotbul
화은각	Hwaŭn'gak	Hwaeungak	화투	hwat'u	hwatu
화음	hwaŭm	hwaeum	화폐	hwap'e	hwape
화의	hwaŭi	hwaui	화평	Hwap'yŏng	Hwapyeong
화의법	hwaŭipŏp	hwauibeop	화평군	Hwap'yŏng-gun	Hwapyeong-gun
화이	hwai	hwai	화평사	Hwap'yŏngsa	Hwapyeongsa
화이론	hwairon	hwairon	화폐	hwap'ye	hwapye
화이트	hwait'ŭ	hwaiteu	화폐량	hwap'yeryang	hwapyeryang
화이트헤드	Hwait'ŭhedŭ	Hwaiteuhedeu	화폐사	hwap'yesa	hwapyesa
화인	hwain	hwain	화폐전	hwap'yejŏn	hwapyejeon
화자	hwaja	hwaja	화포	hwap'o	hwapo
화장	hwajang	hwajang	화포군	hwap'ogun	hwapogun
화장동	Hwajang-dong	Hwajang-dong	화포식	hwap'osik	hwaposik
화장묘	Hwajangmyo	Hwajangmyo	화폭	hwap'ok	hwapok
화장실	hwajangsil	hwajangsil	화하	Hwaha	Hwaha
화장장	hwajangjang	hwajangjang	화학	hwahak	hwahak
화장품	hwajangp'um	hwajangpum	화학계	hwahakkye	hwahakgye
화재	hwajae	hwajae	화학회	hwahakhoe	hwahakhoe
화쟁	hwajaeng	hwajaeng	화합	hwahap	hwahap
화쟁론	hwajaengnon	hwajaengnon	화해	hwahae	hwahae
화적	hwajŏk	hwajeok	화해꾼	hwahaekkun	hwahaekkun
화전	hwajŏn	hwajeon	화해론	hwahaeron	hwahaeron

한글 용례	ALA-LC Romanization	정부 표기안	한글 용례	ALA-LC Romanization	정부 표기안
화행	hwahaeng	hwahaeng	환궁	hwan'gung	hwangung
화혜	hwahye	hwahye	환금	hwan'gŭm	hwangeum
화혜장	hwahyejang	hwahyejang	환급	hwan'gŭp	hwangeup
화혼	hwahon	hwahon	환기	hwan'gi	hwangi
화회	hwahoe	hwahoe	환단	hwandan	hwandan
화훼	hwahwe	hwahwe	환대	hwandae	hwandae
화훼류	hwahweryu	hwahweryu	환도	hwando	hwando
화휘	hwahwi	hwahwi	환란	hwallan	hwallan
확	hwak	hwak	환류	hwallyu	hwallyu
확고한	hwakkohan	hwakgohan	환멸	hwanmyŏl	hwanmyeol
확대	hwaktae	hwakdae	환문총	Hwanmunch'ong	Hwanmunchong
확률	hwangnyul	hwangnyul	환발해	hwanbarhae	hwanbalhae
확립	hwangnip	hwangnip	환벽당	Hwanbyŏktang	Hwanbyeokdang
확보	hwakpo	hwakbo	환봉	Hwanbong	Hwanbong
확산	hwaksan	hwaksan	환부	hwanbu	hwanbu
확성기	hwaksŏnggi	hwakseonggi	환산	hwansan	hwansan
확신	hwaksin	hwaksin	환상	hwansang	hwansang
확실성	hwaksilsŏng	hwaksilseong	환상곡	hwansanggok	hwansanggok
확실한	hwaksirhan	hwaksilhan	환상미	hwansangmi	hwansangmi
확실히	hwaksirhi	hwaksilhi	환상적	hwansangjŏk	hwansangjeok
확인	hwagin	hwakin	환상형	hwansanghyŏng	hwansanghyeong
확인단	hwagindan	hwagindan	환생	hwansaeng	hwansaeng
확인법	hwaginpŏp	hwaginbeop	환성	Hwansŏng	Hwanseong
확장	hwakchang	hwakjang	환성	Hwansŏng	Hwanseong
확장성	hwakchangsŏng	hwakjangseong	환성사	Hwansŏngsa	hwanseongsa
확정	hwakchŏng	hwakjeong	환속	hwansok	hwansok
확정성	hwakchŏngsŏng	hwakjeongseong	환송	hwansong	hwansong
확충	hwakch'ung	hwakchung	환수	hwansu	hwansu
확포장	hwakp'ojang	hwakpojang	환수도권	hwansudokwŏn	hwansudogwon
환	hwan	hwan	환수법	hwansupŏp	hwansubeop
환각	hwan'gak	hwangak	환여	hwanyŏ	hwanyeo
환갑	hwan'gap	hwangap	환영	hwanyŏng	hwanyeong
환경	hwan'gyŏng	hwangyeong	환웅	Hwanung	Hwanung
환경법	hwan'gyŏngpŏp	hwangyeongbeop	환원	hwanwŏn	hwanwon
환경부	Hwan'gyŏngbu	Hwangyeongbu	환유	hwanyu	hwanyu
환경성	hwan'gyŏngsŏng	hwangyeongseong	환율	hwanyul	hwanyul
환경청	Hwan'gyŏngch'ŏng	Hwangyeongcheong	환인	Hwanin	Hwanin
환경학	hwan'gyŏnghak	hwangyeonghak	환자	hwanja	hwanja
환계락	Hwan'gyerak	Hwangyerak	환재	Hwanjae	Hwanjae
환관	hwan'gwan	hwangwan	환적	hwanjŏk	hwanjeok
환관직	hwan'gwanjik	hwangwanjik	환차	hwanch'a	hwancha
환구	Hwan'gu	Hwangu	환촌리	Hwanch'on-ni	Hwanchon-ri
환구단	Hwan'gudan	Hwangudan	환향녀	hwanhyangnyŏ	hwanhyangnyeo
환국	hwan'guk	hwanguk	환향년	hwanhyangnyŏn	hwanhyangnyeon
환국사	Hwan'guksa	Hwanguksa	환혜지	hwanheji	hwanheji

한글 용례	ALA-LC Romanization	정부 표기안	한글 용례	ALA-LC Romanization	정부 표기안
환호	hwanho	hwanho	황간	Hwanggan	Hwanggan
환호성	hwanhosŏng	hwanhoseong	황간현	Hwanggan-hyŏn	Hwanggan-hyeon
환황해	Hwanhwanghae	Hwanhwanghae	황강	Hwanggang	Hwanggang
환희	hwanhŭi	hwanhui	황경	Hwanggyŏng	Hwanggyeong
활	hwal	hwal	황계사	Hwanggyesa	Hwanggyesa
활간	hwalgan	hwalgan	황구	hwanggu	hwanggu
활겨레	hwalgyŏre	hwalgyeore	황국	hwangguk	hwangguk
활극	hwalgŭk	hwalgeuk	황군	hwanggun	hwanggun
활동	hwaltong	hwaldong	황궁	hwanggung	hwanggung
활동가	hwaltongga	hwaldongga	황금	hwanggŭm	hwanggeum
활동가들	hwaltonggadŭl	hwaldonggadeul	황금기	hwanggŭmgi	hwanggeumgi
활동기	hwaltonggi	hwaldonggi	황금꽃	hwanggŭmkkot	hwanggeumkkot
활동력	hwaltongnyŏk	hwaldongnyeok	황금산	Hwanggŭmsan	hwanggeumsan
활동론	hwaltongnon	hwaldongnon	황금알	hwanggŭmal	hwanggeumal
활동사	hwaltongsa	hwaldongsa	황금좌	Hwanggŭmjwa	Hwanggeumjwa
활동상	hwaltongsang	hwaldongsang	황금평	Hwanggŭmp'yŏng	Hwanggeumpyeong
활동지	hwaltongji	hwaldongji	황기	hwanggi	hwanggi
활력	hwallyŏk	hwallyeok	황남	Hwangnam	Hwangnam
활로	hwallo	hwallo	황남동	Hwangnam-dong	Hwangnam-dong
활룡	hwallyong	hwallyong	황녀	hwangnyŏ	hwangnyeo
활불	hwalbul	hwalbul	황단	Hwangdan	Hwangdan
활빈	hwalbin	hwalbin	황당	hwangdang	hwangdang
활빈당	Hwalbindang	Hwalbindang	황당한	hwangdanghan	hwangdanghan
활산	hwalsan	hwalsan	황도	Hwangdo	Hwangdo
활성	hwalsŏng	hwalseong	황려	Hwangnyŏ	Hwangnyeo
활성도	hwalsŏngdo	hwalseongdo	황룡	Hwangnyong	Hwangnyong
활성화	hwalsŏnghwa	hwalseonghwa	황룡사	Hwangnyongsa	Hwangnyongsa
활안	Hwaran	hwaran	황매	hwangmae	hwangmae
활약	hwaryak	hwaryak	황무지	hwangmuji	hwangmuji
활옷	hwarot	hwalot	황무현	Hwangmu-hyŏn	Hwangmu-hyeon
활용	hwaryong	hwaryong	황민	Hwangmin	Hwangmin
활용도	hwaryongdo	hwaryongdo	황민화	Hwangminhwa	Hwangminhwa
활용론	hwaryongnon	hwaryongnon	황사	hwangsa	hwangsa
활용률	hwaryongnyul	hwaryongnyul	황사리	Hwangsa-ri	Hwangsa-ri
활용성	hwaryongsŏng	hwaryongseong	황산	Hwangsan	Hwangsan
활인서	Hwarinsŏ	Hwarinseo	황산도	Hwangsando	Hwangsando
활자	hwalcha	hwalja	황산벌	Hwangsanbŏl	Hwangsanbeol
활자본	hwalchabon	hwaljabon	황상	Hwangsang	Hwangsang
활주	hwalchu	hwalju	황상동	Hwangsang-dong	Hwangsang-dong
활주로	hwalchuro	hwaljuro	황새	hwangsae	hwangsae
활초	Hwalch'o	hwalcho	황색	hwangsaek	hwangsaek
활터	hwalt'ŏ	hwalteo	황석	Hwangsŏk	Hwangseok
활판	hwalp'an	hwalpan	황석리	Hwangsŏng-ni	Hwangseok-ri
활화산	hwarhwasan	hwalhwasan	황성	hwangsŏng	Hwangseong
황	hwang	hwang	황성동	Hwangsŏng-dong	Hwangseong-dong

한글 용례	ALA-LC Romanization	정부 표기안	한글 용례	ALA-LC Romanization	정부 표기안
황소	hwangso	hwangso	황학	Hwanghak	Hwanghak
황손	hwangson	hwangson	황학동	Hwanghak-tong	Hwanghak-dong
황실	hwangsil	hwangsil	황해	Hwanghae	Hwanghae
황악산	Hwangaksan	Hwangaksan	황해남도	Hwanghae-namdo	Hwanghaenam-do
황오동	Hwango-dong	Hwango-dong	황해도	Hwanghae-do	Hwanghae-do
황자	Hwangja	Hwangja	황해북도	Hwanghae-bukto	Hwanghaebuk-do
황재	Hwangjae	Hwangjae	황해우도	Hwanghae-udo	Hwanghaeu-do
황저	Hwangjŏ	Hwangjeo	황해좌도	Hwanghae-jwado	Hwanghaejwa-do
황적	Hwangjŏk	Hwangjeok	황혼	hwanghon	hwanghon
황제	hwangje	hwangje	황홀	hwanghol	hwanghol
황제국	hwangjeguk	hwangjeguk	황후	hwanghu	hwanghu
황제권	hwangjekwŏn	hwangjegwon	황후궁	hwanghugung	hwanghugung
황제릉	hwangjerŭng	hwangjereung	해불	hwaepul	hwaebul
황제묘	hwangjemyo	hwangjemyo	햇불	hwaetpul	hwaetbul
황조	Hwangjo	Hwangjo	회	hoe	hoe
황조가	Hwangjoga	Hwangjoga	회갑	hoegap	hoegap
황족	hwangjok	hwangjok	회강	Hoegang	Hoegang
황족사	hwangjoksa	hwangjoksa	회견	hoegyŏn	hoegyeon
황종궁	Hwangjonggung	Hwangjonggung	회견장	hoegyŏnjang	hoegyeonjang
황주	Hwangju	Hwangju	회계	hoegye	hoegye
황주군	Hwangju-gun	Hwangju-gun	회계국	hoegyeguk	hoegyeguk
황주목	Hwangjumok	Hwangjumok	회계론	hoegyeron	hoegyeron
황쥬	hwangjyu	hwangjyu	회계사	hoegyesa	hoegyesa
황지	Hwangji	Hwangji	회계원	hoegyewŏn	hoegyewon
황천	hwangch'ŏn	hwangcheon	회계책	hoegyech'aek	hoegyechaek
황천살	hwangch'ŏnsal	hwangcheonsal	회고	hoego	hoego
황청현	Hwangch'ŏng-hyŏn	Hwangcheong-hyeon	회고기	hoegogi	hoegogi
황초령	Hwangch'oryŏng	Hwangchoryeong	회고담	hoegodam	hoegodam
황초령비	Hwangch'oryŏngbi	Hwangchoryeongbi	회고록	hoegorok	hoegorok
황촌	Hwangch'on	Hwangchon	회고전	hoegojŏn	hoegojeon
황태자	hwangt'aeja	hwangtaeja	회곽묘	hoegwangmyo	hoegwangmyo
황태자궁	hwangt'aejagung	hwangtaejagung	회관	hoegwan	hoegwan
황태자비	hwangt'aejabi	hwangtaejabi	회교	Hoegyo	Hoegyo
황태후	hwangt'aehu	hwangtaehu	회군	hoegun	hoegun
황토	hwangt'o	hwangto	회귀	hoegwi	hoegwi
황토빛	hwangt'opit	hwangtobit	회기	hoegi	hoegi
황톳길	hwangt'otkil	hwangtotgil	회남	Hoenam	Hoenam
황통	hwangt'ong	hwangtong	회남자	Hoenamja	Hoenamja
황파	Hwangp'a	hwangpa	회담	hoedam	hoedam
황폐	hwangp'ye	hwangpye	회답	hoedap	hoedapjip
황폐지	hwangp'yeji	hwangpyeji	회답사	hoedapsa	hoedapsa
황폐함	hwangp'yeham	hwangpyeham	회답集	hoedapchip	hoedapjip
황포	hwangp'o	hwangpo	회당	hoedang	hoedang
황하	Hwangha	Hwangha	회덕	Hoedŏk	Hoedeok
황하청	Hwanghach'ŏng	Hwanghacheong	회덕군	Hoedŏk-kun	Hoedeok-gun

한글 용례	ALA-LC Romanization	정부 표기안	한글 용례	ALA-LC Romanization	정부 표기안
회덕현	Hoedŏk-hyŏn	Hoedeok-hyeon	회오	hoeo	hoeo
회도	Hoedo	Hoedo	회오리	hoeori	hoeori
회동	hoedong	hoedong	회와	Hoewa	hoewa
회랑	hoerang	hoerang	회원	hoewŏn	hoewon
회령	Hoeryŏng	Hoeryeong	회원국	hoewŏn'guk	hoewonguk
회령군	Hoeryŏng-gun	Hoeryeong-gun	회원국들	hoewŏn'guktŭl	hoewongukdeul
회령시	Hoeryŏng-si	Hoeryeong-si	회원부	Hoewŏnbu	hoewonbu
회례	hoerye	hoerye	회원전	hoewŏnjŏn	hoewonjeon
회로	hoero	hoero	회월	Hoewŏl	Hoewol
회록	hoerok	hoerok	회유	hoeyu	hoeyu
회리	hoeri	hoeri	회의	hoeŭi	hoeui
회맹	hoemaeng	hoemaeng	회의록	hoeŭirok	hoeuirok
회맹록	hoemaengnok	hoemaengnok	회의론	hoeŭiron	hoeuiron
회맹제	Hoemaengje	Hoemaengje	회의소	hoeŭiso	hoeuiso
회명	hoemyŏng	hoemyeong	회의실	hoeŭisil	hoeuisil
회백색	hoebaeksaek	hoebaeksaek	회의장	hoeŭijang	hoeuijang
회보	hoebo	hoebo	회의제	hoeŭije	hoeuije
회보사	hoebosa	hoebosa	회의체	hoeŭich'e	hoeuiche
회복	hoebok	hoebok	회인군	Hoein-gun	Hoein-gun
회복사	hoeboksa	hoeboksa	회인현	Hoein-hyŏn	Hoein-hyeon
회사	hoesa	hoesa	회장	hoejang	hoejang
회사들	hoesadŭl	hoesadeul	회장님	hoejangnim	hoejangnim
회사령	hoesaryŏng	hoesaryeong	회재	Hoejae	Hoejae
회사사	hoesasa	hoesasa	회전	hoejŏn	hoejeon
회상	hoesang	hoesang	회전문	hoejŏnmun	hoejeonmun
회상기	hoesanggi	hoesanggi	회죄	hoejoe	hoejoe
회상도	hoesangdo	hoesangdo	회주	hoeju	hoeju
회상록	hoesangnnok	hoesangnok	회지	hoeji	hoeji
회색	hoesaek	hoesaek	회진	hoejin	hoejin
회생	hoesaeng	hoesaeng	회천	Hoech'ŏn	Hoecheon
회생법	hoesaengpŏp	hoesaengbeop	회초리	hoech'ori	hoechori
회선	hoesŏn	hoeseon	회촌	Hoech'on	Hoechon
회수	hoesu	hoesu	회통	hoet'ong	hoetong
회시	hoesi	hoesi	회피	hoep'i	hoepi
회시집	hoesijip	hoesijip	회항	hoehang	hoehang
회신	hoesin	hoesin	회헌	Hoehŏn	Hoeheon
회신집	hoesinjip	hoesinjip	회현리	Hoehyŏn-ni	Hoehyeon-ri
회신集	hoesinjip	hoesinjip	회화	hoehwa	hoehwa
회심곡	Hoesimgok	Hoesimgok	회화록	hoehwarok	hoehwarok
회암	Hoeam	Hoeam	회화사	hoehwasa	hoehwasa
회암사	Hoeamsa	Hoeamsa	회화서	hoehwasŏ	hoehwaseo
회양군	Hoeyang-gun	Hoeyang-gun	회회력	Hoehoeryŏk	Hoehoeryeok
회양목	hoeyangmok	hoeyangmok	회회인	Hoehoein	Hoehoein
회억	hoeŏk	hoeeok	획	hoek	hoek
회여	Hoeyŏ	Hoeyeo	획기적	hoekkijŏk	hoekgijeok

한글 용례	ALA-LC Romanization	정부 표기안	한글 용례	ALA-LC Romanization	정부 표기안
획득	hoektŭk	hoekdeuk	효율성	hyoyulsŏng	hyoyulseong
획일적	hoegilchŏk	hoegiljeok	효율적	hyoyulchŏk	hyoyuljeok
획정	hoekchŏng	hoekjeong	효율화	hyoyurhwa	hyoyulhwa
횡	hoeng	hoeng	효의후	Hyoŭihu	Hyouihu
횡계	Hoenggye	Hoenggye	효일	Hyoil	Hyoil
횡단	hoengdan	hoengdan	효자	hyoja	hyoja
횡단로	hoengdanno	hoengdanno	효자들	hyojadŭl	hyojadeul
횡단적	hoengdanjŏk	hoengdanjeok	효자리	Hyoja-ri	Hyoja-ri
횡령	hoengnyŏng	hoengnyeong	효장	Hyojang	Hyojang
횡령죄	hoengnyŏngjoe	hoengnyeongjoe	효전	Hyojŏn	Hyojeon
횡보	Hoengbo	Hoengbo	효정	Hyojŏng	Hyojeong
횡성	Hoengsŏng	Hoengseong	효제	Hyoje	Hyoje
횡성군	Hoengsŏng-gun	Hoengseong-gun	효제동	Hyoje-dong	Hyoje-dong
횡성현	Hoengsŏng-hyŏn	Hoengseong-hyeon	효종	Hyojong	Hyojong
횡천	Hoengch'ŏn	Hoengcheon	효창동	Hyoch'ang-dong	Hyochang-dong
횡포	hoengp'o	hoengpo	효창원	Hyoch'angwŏn	Hyochangwon
횡행	hoenghaeng	hoenghaeng	효치	hyoch'i	hyochi
효	hyo	hyo	효친	hyoch'in	hyochin
효경	Hyogyŏng	Hyogyeong	효행	hyohaeng	hyohaeng
효과	hyokwa	hyogwa	효행담	hyohaengdam	hyohaengdam
효과론	hyokwaron	hyogwaron	효행록	hyohaengnok	hyohaengnok
효과성	hyokwasŏng	hyogwaseong	효헌	Hyohŏn	Hyoheon
효과적	hyokwajŏk	hyogwajeok	효형	Hyohyŏng	Hyohyeong
효녀	hyonyŏ	hyonyeo	후	hu	hu
효능	hyonŭng	hyoneung	후견	hugyŏn	hugyeon
효능감	hyonŭnggam	hyoneunggam	후견인	hugyŏnin	hugyeonin
효도	hyodo	hyodo	후계	hugye	hugye
효령	Hyoryŏng	Hyoryeong	후계자	hugyeja	hugyeja
효림	Hyorim	Hyorim	후계자들	hugyejadŭl	hugyejadeul
효명	Hyomyŏng	Hyomyeong	후계자론	hugyejaron	hugyejaron
효모	hyomo	hyomo	후고구려	Hugoguryŏ	Hugoguryeo
효문	Hyomun	Hyomun	후고려	Hugoryŏ	Hugoryeo
효부	hyobu	hyobu	후과	hugwa	hugwa
효불효	hyoburhyo	hyobulhyo	후관	hugwan	hugwan
효성	hyosŏng	hyoseong	후궁	hugung	hugung
효소	hyoso	hyoso	후금	Hugŭm	Hugeum
효소액	hyosoaek	hyosoaek	후기	hugi	hugi
효소제	hyosoje	hyosoje	후나바시	Hunabasi	Hunabasi
효시	hyosi	hyosi	후농	Hunong	Hunong
효심	hyosim	hyosim	후다닥	hudadak	hudadak
효열부	hyoyŏlbu	hyoyeolbu	후당	Hudang	Hudang
효용	hyoyong	hyoyong	후려치다	huryŏch'ida	huryeochida
효용성	hyoyongsŏng	hyoyongseong	후릉	Hurŭng	Hureung
효원	Hyowŏn	Hyowon	후마	Huma	Huma
효율	hyoyul	hyoyul	후마니타스	Humanit'asŭ	Humanitaseu

한글 용례	ALA-LC Romanization	정부 표기안	한글 용례	ALA-LC Romanization	정부 표기안
후면	humyŏn	humyeon	후인	huin	huin
후박	hubak	hubak	후인들	huindŭl	huindeul
후반	huban	huban	후일	huil	huil
후반기	huban'gi	hubangi	후작	Hujak	Hujak
후반생	hubansaeng	hubansaeng	후조	Hujo	Hujo
후발	hubal	hubal	후조당	Hujodang	Hujodang
후발해	Hubarhae	Hubalhae	후주	Huju	Huju
후발해국	Hubarhaeguk	Hubalhaeguk	후지	Huji	Huji
후방	hubang	hubang	후지고	hujigo	hujigo
후배	hubae	hubae	후지모토	Hujimot'o	Hhujimoto
후백제	Hubaekche	Hhubaekje	후지산	Hujisan	Hujisan
후백제사	Hubaekchesa	Hubaekjesa	후지쓰카	Hujissŭk'a	Hujisseuka
후보	hubo	hubo	후지츠카	Hujich'ŭk'a	Hujicheuka
후보자	huboja	huboja	후지타	Hujit'a	Hujita
후불	hubul	hubul	후진	hujin	hujin
후불제	hubulche	hubulje	후진국	hujin'guk	hujinguk
후비	Hubi	hubi	후진화	hujinhwa	hujinhwa
후비대	hubidae	hubidae	후집	hujip	hujip
후사	husa	husa	후창	Huch'ang	Huchang
후사코	Husak'o	Husako	후창군	Huch'ang-gun	Huchang-gun
후산	Husan	Husan	후처	huch'ŏ	hucheo
후산리	Husan-ni	Husan-ri	후처기	huch'ŏgi	hucheogi
후삼국	Husamguk	Husamguk	후천	huch'ŏn	hucheon
후상	Husang	Husang	후천성	huch'ŏnsŏng	hucheonseong
후생	husaeng	husaeng	후추	huch'u	huchu
후생국	husaengguk	husaengguk	후추가루	huch'ugaru	huchugaru
후생학	husaenghak	husaenghak	후카가와	Huk'agawa	Hukagawa
후설	Husŏl	Huseol	후카오	Huk'ao	Hukao
후세	huse	huse	후쿠시마	Huk'usima	Hukusima
후속	husok	husok	후쿠자와	Huk'ujawa	Hukujawa
후속록	husongnok	husongnok	후쿠쥬	Huk'ujyu	Hukujyu
후속편	husokp'yŏn	husokpyeon	후퇴	hut'oe	hutoe
후손	huson	huson	후편	hup'yŏn	hupyeon
후손가	huson'ga	husonga	후포	Hup'o	Hupo
후손들	husondŭl	husondeul	후포리	Hup'o-ri	Hupo-ri
후송	husong	husong	후한	Huhan	Huhan
후신	husin	husin	후한서	Huhansŏ	Huhanseo
후예	huye	huye	후회	huhoe	huhoe
후예들	huyedŭl	huyedeul	훈	hun	hun
후원	huwŏn	huwon	훈가	Hun'ga	Hunga
후원분	huwŏnbun	huwonbun	훈경	hun'gyŏng	hungyeong
후원자	huwŏnja	huwonja	훈고	Hun'go	Hungo
후원자들	huwŏnjadŭl	huwonjadeul	훈고학	Hun'gohak	Hungohak
후원회	huwŏnhoe	huwonhoe	훈구	Hun'gu	Hungu
후유증	huyuchŭng	huyujeung	훈구파	Hun'gup'a	Hungupa

한글 용례	ALA-LC Romanization	정부 표기안	한글 용례	ALA-LC Romanization	정부 표기안
훈국	Hun'guk	Hunguk	휘감	hwigam	hwigam
훈도방	hundobang	hundobang	휘경	Hwigyŏng	Hwigyeong
훈독	hundok	hundok	휘경원	Hwigyŏngwŏn	Hwigyeongwon
훈련	hullyŏn	hullyeon	휘고	hwigo	hwigo
훈련대	hullyŏndae	hullyeondae	휘날리고	hwinalligo	hwinalligo
훈련성	hullyŏnsŏng	hullyeonseong	휘날리는	hwinallinŭn	hwinallineun
훈련소	hullyŏnso	hullyeonso	휘날리는데	hwinallinŭnde	hwinallineunde
훈련용	hullyŏnyong	hullyeonyong	휘날리며	hwinallimyŏ	hwinallimyeo
훈련원	hullyŏnwŏn	hullyeonwon	휘닉스	Hwiniksŭ	Hwinikseu
훈령	hullyŏng	hullyeong	휘돌아	hwidora	hwidora
훈령집	hullyŏngjip	hullyeongjip	휘두르니	hwidurŭni	hwidureuni
훈몽	hunmong	hunmong	휘릉	Hwirŭng	Hwireung
훈몽자	Hunmongja	Hunmongja	휘말린	hwimallin	hwimallin
훈민	hunmin	hunmin	휘모리	hwimori	hwimori
훈민사	Hunminsa	Hunminsa	휘문	Hwimun	Hwimun
훈서	hunsŏ	hunseo	휘문관	Hwimun'gwan	Hwimungwan
훈수	hunsu	hunsu	휘문중	Hwimunjung	Hwimunjung
훈요	hunyo	hunyo	휘발류	hwiballyu	hwiballyu
훈음	Hunŭm	Huneum	휘발성	hwibalsŏng	hwibalseong
훈장	hunjang	hunjang	휘보	hwibo	hwibo
훈장님	hunjangnim	hunjangnim	휘선	Hwisŏn	Hwiseon
훈족	Hunjok	Hunjok	휘어	hwiŏ	hwieo
훈지록	hunjirok	hunjirok	휘언	Hwiŏn	hwieon
훈척	Hunch'ŏk	Huncheok	휘장	hwijang	hwijang
훈춘	Hunch'un	Hunchun	휘젓는	hwijŏnnŭn	hwijeonneun
훈포상	hunp'osang	hunposang	휘종	Hwijong	Hwijong
훈풍	hunp'ung	hunpung	휘즈	Hwijŭ	Hwijeu
훈하	Hunha	Hunha	휘지	hwiji	hwiji
훈훈한	hunhunhan	hunhunhan	휘집	hwijip	hwijip
훌륭한	hullyunghan	hullyunghan	휘찬	hwich'an	hwichan
훌륭히	hullyunghi	hullyunghi	휘청거리는	hwich'ŏnggŏrinŭn	hwicheonggeorineun
훔쳐	humch'yŏ	humchyeo	휘통	hwit'ong	hwitong
훔치고	humch'igo	humchigo	휘호	hwiho	hwiho
훔치다	humch'ida	humchida	휘호집	hwihojip	hwihojip
훔치지	humch'iji	humchiji	휘황한	hwihwanghan	hwihwanghan
훔친	humch'in	humchin	휠체어	hwilch'eŏ	hwilcheeo
훗날	hunnal	hunnal	휩쓴	hwipssŭn	hwipsseun
휜	hwŏn	hwon	휩쓸린	hwipssŭllin	hwipsseullin
훼방꾼	hwebangkkun	hwebangkkun	휩쓸림	hwipssŭllim	hwipsseullim
훼방꾼들	hwebangkkundŭl	hwebangkkundeul	휴	hyu	hyu
훼손	hweson	hweson	휴가	hyuga	hyuga
훼손지	hwesonji	hwesonji	휴가철	hyugach'ŏl	hyugacheol
훼절	hwejŏl	hwejeol	휴게소	hyugeso	hyugeso
훼철	hwech'ŏl	hwecheol	휴게실	hyugesil	hyugesil
휘	hwi	hwi	휴교	hyugyo	hyugyo

한글 용례	ALA-LC Romanization	정부 표기안	한글 용례	ALA-LC Romanization	정부 표기안
휴대	hyudae	hyudae	흐느끼는	hŭnŭkkinŭn	heuneukkineun
휴대용	hyudaeyong	hyudaeyong	흐려진	hŭryŏjin	heuryeojin
휴대폰	hyudaep'on	hyudaepon	흐르고	hŭrŭgo	heureugo
휴맥스	Hyumaeksŭ	hyumaekseu	흐르네	hŭrŭne	heureune
휴머니스트	hyumŏnisŭt'ŭ	hyumeoniseuteu	흐르는	hŭrŭnŭn	heureuneun
휴머니즘	hyumŏnijŭm	hyumeonijeum	흐르다	hŭrŭda	heureuda
휴머니즘론	hyumŏnijŭmnon	hyumeonijeumnon	흐르리라	hŭrŭrira	heureurira
휴머니티즈	hyumŏnit'ijŭ	hyumeonitijeu	흐르지	hŭrŭji	heureuji
휴먼	hyumŏn	hyumeon	흐른	hŭrŭn	heureun
휴식	hyusik	hyusik	흐른다	hŭrŭnda	heureunda
휴식처	hyusikch'ŏ	hyusikcheo	흐름	hŭrŭm	heureum
휴암	Hyuam	Hyuam	흐뭇한	hŭmuthan	heumeutan
휴암리	Hyuam-ni	Hyuam-ri	흑	hŭk	heuk
휴양	hyuyang	hyuyang	흑교리	Hŭkkyo-ri	Heukgyo-ri
휴양림	hyuyangnim	hyuyangnim	흑돼지	hŭktwaeji	heukdwaeji
휴양소	hyuyangso	hyuyangso	흑룡	Hŭngyong	heungnyong
휴업	hyuŏp	hyueop	흑룡강	Hŭngnyonggang	Heungnyonggang
휴잇	Hyuit	Hyuit	흑룡강성	Hŭngyonggang-sŏng	Heungnyonggang-seong
휴전	hyujŏn	hyujeon	흑룡회	Hŭngnyonghoe	Heungnyonghoe
휴전선	hyujŏnsŏn	hyujeonseon	흑막	hŭngmak	heungmak
휴정	Hyujŏng	Hyujeong	흑방	hŭkpang	heukbang
휴즈	Hyujŭ	Hyujeu	흑백	hŭkpaek	heukbaek
휴직	hyujik	hyujik	흑산도	Hŭksando	Heuksando
휴피아	hyup'ia	hyupia	흑산면	Hŭksan-myŏn	Heuksan-myeon
휴학	hyuhak	hyuhak	흑색	hŭksaek	heuksaek
휴휴	hyuhyu	hyuhyu	흑석	hŭksŏk	heukseok
휴휴암	Hyuhyuam	Hyuhyuam	흑석동	hŭksŏk-tong	Heukseok-dong
휼민	hyulmin	hyulmin	흑석사	Hŭksŏksa	Heukseoksa
휼형	hyurhyŏng	hyulhyeong	흑역사	hŭgyŏksa	heugyeoksa
흉	hyung	hyung	흑우리	Hŭgu-ri	Heugu-ri
흉계	hyunggye	hyunggye	흑인	hŭgin	heugin
흉내	hyungnae	hyungnae	흑자	hŭkcha	heukja
흉내쟁이	hyungnaejaengi	hyungnaejaengi	흑점	hŭkchŏm	heukjeom
흉년	hyungnyŏn	hyungnyeon	흑정동	Hŭkchŏng-dong	Heukjeong-dong
흉노	Hyungno	Hyungno	흑치	Hŭkch'i	Heukchi
흉노족	Hyungnojok	Hyungnojok	흑풍	hŭkp'ung	heukpung
흉배	hyungbae	hyungbae	흔	hŭn	heun
흉부	hyungbu	hyungbu	흔든	hŭndŭn	heundeun
흉상	hyungsang	hyungsang	흔들다	hŭndŭlda	heundeulda
흉악	hyungak	hyungak	흔들려	hŭndŭllyŏ	heundeullyeo
흉작	hyungjak	hyungjak	흔들려야	hŭndŭllyŏya	heundeullyeoya
흉조	hyungjo	hyungjo	흔들리는	hŭndŭllinŭn	heundeullineun
흉중	hyungchŭng	hyungjeung	흔들리지	hŭndŭlliji	heundeulliji
흉한	hyunghan	hyunghan	흔들린다	hŭndŭllinda	heundeullinda
흐느껴	hŭnŭkkyŏ	heuneukkyeo	흔암리	Hŭnam-ni	Heunam-ri

한글 용례	ALA-LC Romanization	정부 표기안	한글 용례	ALA-LC Romanization	정부 표기안
흔적	hŭnjŏk	heunjeok	흥보	Hŭngbo	Heungbo
흔적들	hŭnjŏktŭl	heunjeokdeul	흥보가	Hŭngboga	Heungboga
흔종	Hŭnjong	Heunjong	흥부	Hŭngbu	Heungbu
흔한	hŭnhan	heunhan	흥부가	Hŭngbuga	Heungbuga
흔히	hŭnhi	heunhi	흥분	hŭngbun	heungbun
흘	hŭl	heul	흥사단	Hŭngsadan	Heungsadan
흘겨	hŭlgyŏ	heulgyeo	흥산	hŭngsan	heungsan
흘러	hŭllŏ	heulleo	흥성	hŭngsŏng	heungseong
흘러간	hŭllŏgan	heulleogan	흥신소	hŭngsinso	heungsinso
흘러야	hŭllŏya	heulleoya	흥양	Hŭngyang	Heungyang
흘렀기로	hŭllŏtkiro	heulleotgiro	흥양군	Hŭngyang-gun	Heungyang-gun
흘리며	hŭllimyŏ	heullimyeo	흥양현	Hŭngyang-hyŏn	Heungyang-hyeon
흘림	hŭllim	heullim	흥업	hŭngŏp	heungeop
흘림본	hŭllimbon	heullimbon	흥왕리	Hŭngwang-ni	Heungwang-ri
흙	hŭk	heuk	흥인	Hŭngin	Heungin
흙수저	hŭksujŏ	heuksujeo	흥인문	Hŭnginmun	Heunginmun
흙집	hŭkchip	heukjip	흥전리	Hŭngjŏn-ni	Heungjeon-ri
흠	hŭm	heum	흥정	hŭngjŏng	heungjeong
흠결	hŭmgyŏl	heumgyeol	흥청	hŭngch'ŏng	heungcheong
흠모	hŭmmo	heummo	흥청대다	hŭngch'ŏngdaeda	heungcheongdaeda
흠영	Hŭmyŏng	Heumyeong	흥하는	hŭnghanŭn	heunghaneun
흠재	Hŭmjae	Heumjae	흥학회	Hŭnghakhoe	Heunghakhoe
흠정	hŭmjŏng	heumjeong	흥해야	hŭnghaeya	heunghaeya
흠휼	Hŭmhyul	Heumhyul	흥행	hŭnghaeng	heunghaeng
흠흠	hŭmhŭm	heumheum	흩날리다	hŭnnallida	heunnallida
흡	hŭp	heup	흩어져	hŭt'ŏjyŏ	heuteojyeo
흡곡군	Hŭpkok-kun	Heupgok-gun	희	hŭi	hui
흡곡현	Hŭpkok-hyŏn	Heupgok-hyeon	희고	hŭigo	huigo
흡연	hŭbyŏn	heubyeon	희곡	hŭigok	huigok
흡혈	hŭphyŏl	heuphyeol	희곡가	hŭigokka	huigokga
흡혈귀	hŭphyŏlgwi	heuphyeolgwi	희곡선	hŭigoksŏn	huigokseon
흥	hŭng	heung	희곡집	hŭigokchip	huigokjip
흥국	hŭngguk	heungguk	희귀	hŭigwi	huigwi
흥국사	Hŭngguksa	Heungguksa	희귀한	hŭigwihan	huigwihan
흥남	Hŭngnam	Heungnam	희극	hŭigŭk	huigeuk
흥남시	Hŭngnam-si	Heungnam-si	희년	hŭinyŏn	huinyeon
흥덕	Hŭngdŏk	Heungdeok	희대	hŭidae	huidae
흥덕군	Hŭngdŏk-kun	Heungdeok-gun	희랍	Hŭirap	Huirap
흥덕리	Hŭngdŏng-ni	Heungdeok-ri	희로	hŭiro	hiro
흥덕사	Hŭngdŏksa	Heungdeoksa	희롱	hŭirong	huirong
흥덕현	Hŭngdŏk-hyŏn	Heungdeok-hyeon	희망	hŭimang	huimang
흥망	hŭngmang	heungmang	희망적	hŭimangjŏk	huimangjeok
흥망사	hŭngmangsa	heungmangsa	희문	Hŭimun	Huimun
흥무	Hŭngmu	Heungmu	희미한	hŭimihan	huimihan
흥미	hŭngmi	heungmi	희비	hŭibi	huibi

한글 용례	ALA-LC Romanization	정부 표기안
희빈	hŭibin	huibin
희생	hŭisaeng	huisaeng
희생양	hŭisaengyang	huisaengyang
희생자	hŭisaengja	huisaengja
희생자들	hŭisaengjadŭl	huisaengjadeul
희석	hŭisŏk	huiseok
희성	Hŭisŏng	Huiseong
희세	hŭise	hise
희소	hŭiso	huiso
희수	hŭisu	huisu
희양산	Hŭiyangsan	Huiyangsan
희열	hŭiyŏl	huiyeol
희운	Hŭiun	Huiun
희원	Hŭiwon	Huiwon
희유	hŭiyu	huiyu
희일	hŭiil	huiil
희작	Hŭijak	Huijak
희정	Hŭijŏng	Huijeong
희종	Hŭijong	Huijong
희주	Hŭiju	Huiju
희주군	Hŭiju-gun	Huiju-gun
희천	Hŭich'ŏn	Huicheon
희천군	Hŭich'ŏn-gun	Huicheon-gun
흰	hŭin	huin
흰나비	hwinnabi	huinnabi
흰두루	Hŭinduru	Huinduru
흰둥이	hŭindungi	hindungi
흰색	hŭinsaek	hinsaek
흰얼모	Hwinŏlmo	Huineolmo
흰집	hŭinjip	huinjip
히구치	Higuch'i	Higuchi
히긴스	Higinsŭ	Higinseu
히데미츠	Hidemich'ŭ	Hidemicheu
히데오	Hideo	Hideo
히데요시	Hideyosi	Hideyosi
히데지로	Hidejiro	Hidejiro
히데키	Hidek'i	Hideki
히딩크	Hidingk'ŭ	Hidingkeu
히라도	Hirado	Hirado
히라이	Hirai	Hirai
히라이와	Hiraiwa	Hiraiwa
히라타	Hirat'a	Hirata
히로미	Hiromi	Hiromi
히로부미	Hirobumi	Hirobumi
히로시	Hirosi	Hirosi

한글 용례	ALA-LC Romanization	정부 표기안
히로시마	Hirosima	Hirosima
히말라야	Himallaya	Himallaya
히말라야권	Himallayakwŏn	Hmallayagwon
히브리	Hibŭri	Hibeuri
히사시	Hisasi	Hisasi
히스터리	hisŭt'ŏri	hiseuteori
히스토리	hisŭt'ori	hiseutori
히스토리아	Hisŭt'oria	hiseutoria
히스토리카	hisŭt'orik'a	hiseutorika
히치하이커	hich'ihaik'ŏ	hichihaikeo
히카에초우	Hik'aech'ou	Hikaechou
히토시	Hit'osi	Hitosi
히포크라테스	Hip'ok'ŭrat'esŭ	Hipokeurateseu
히피	hip'i	hipi
히핑	hip'ing	hiping
힌트	hint'ŭ	hinteu
힐	hil	hil
힐디	Hildi	Hildi
힐링	hilling	hilling
힐베르트	Hilberŭt'ŭ	Hilbereuteu
힐탑	Hilt'ap	Hiltap
힘	him	him
힘든	himdŭn	himdeun
힘들	himdŭl	himdeul
힘들게	himdŭlge	himdeulge
힘줌	himjum	himjum
힘차게	himch'age	himchage
힘찬	himch'an	himchan
힙합	hiphap	hiphap

한글 용례	ALA-LC Romanization	정부 표기안
B급	B-kŭp	B-geup
UN군	UN-kun	UN-gun
X파일	X-p'ail	X-pail

2

한자어(漢字語)의
로마자 표기

한자 용례	한글	ALA-LC Romanization	정부 표기안	한자 용례	한글	ALA-LC Romanization	정부 표기안
1宿	1숙	1-suk	1-suk	柯谷里	가곡리	Kagong-ni	Gagok-ri
1段階	1단계	1-tan'gye	1-dangye	歌曲選	가곡선	kagoksŏn	gagokseon
1面	1면	1-myŏn	1-myeon	歌曲集	가곡집	kagokchip	gagokjip
10日間	10일간	10-ilgan	10-ilgan	加工	가공	kagong	gagong
100答	100답	100-tap	100-dap	加工業	가공업	kagongŏp	gagongeop
100選	100선	100-sŏn	100-seon	架橋	가교	kagyo	gagyo
103位	103위	103-wi	103-wi	家口	가구	kagu	gagu
2個國	2개국	2-kaeguk	2-gaeguk	佳句	가구	kagu	gagu
2回	2회	2-hoe	2-hoe	家具	가구	kagu	gagu
2期版	2기판	2-kip'an	2-gipan	佳邱洞	가구동	Kagu-dong	Gagu-dong
2級	2급	2-kŭp	2-geup	家具들	가구들	kagudŭl	gagudeul
2鑛區	2광구	2-kwanggu	2-gwanggu	歌劇	가극	kagŭk	gageuk
25時	25시	25-si	25-si	歌劇團	가극단	kagŭktan	gageukdan
3號墳	3호분	3-hobun	3-hobun	嘉南社	가남사	Kanamsa	Ganamsa
38線	38선	38-sŏn	38-seon	家內	가내	kanae	ganae
366事	366사	366-sa	366-sa	家奴	가노	kano	gano
4層	4층	4-ch'ŭng	4-cheung	可能	가능	kanŭng	ganeung
4巴戰	4파전	4-p'ajŏn	4-pajŏn	可能性	가능성	kanŭngsŏng	ganeungseong
4強	4강	4-kang	4-gang	加羅	가라	kara	gara
4種	4종	4-chong	4-jong	加羅山	가라산	Karasan	Garasan
5周年	5주년	5-chunyŏn	5-junyeon	駕洛	가락	Karak	Garak
5泊	5박	5-pak	5-bak	駕落國	가락국	Karakkuk	Garakguk
5色	5색	5-saek	5-saek	駕洛國	가락국	Karakkuk	Garakguk
6共	6공	6-kong	6-gong	駕洛國史	가락국사	Karakkuksa	Garakguksa
6哲	6철	6-ch'ŏl	6-cheol	可樂洞	가락동	Karak-tong	Garak-dong
7次	7차	7-ch'a	7-cha	駕洛史	가락사	Karaksa	Garaksa
84年度	84년도	84-yŏndo	84-yeondo	駕洛城	가락성	Karaksŏng	Garakseong
94位	94위	94-wi	94-wi	嘉藍	가람	karam	garam
				伽藍	가람	karam	garam
				伽藍考	가람고	Karamgo	Garamgo
한자 용례	한글	ALA-LC Romanization	정부 표기안	嘉禮	가례	karye	garye
卡	가	ka	ga	家禮	가례	karye	garye
家	가	ka	ga	嘉禮圖	가례도	karyedo	garyedo
可	가	ka	ga	家禮抄	가례초	karyech'o	garyecho
家家	가가	kaga	gaga	街路樹	가로수	karosu	garosu
加減	가감	kagam	gagam	歌論	가론	karon	garon
歌客	가객	kagaek	gagaek	嘉陵郡	가릉군	Karŭng-gun	Gareung-gun
可居	가거	Kagŏ	Gageo	嘉林	가림	karim	garim
可居島	가거도	Kagŏdo	Gageodo	假埋葬	가매장	kamaejang	gamaejang
價格	가격	kagyŏk	gagyeok	假面	가면	kamyŏn	gamyeon
價格法	가격법	kagyŏkpŏp	gagyeokbeop	假面劇	가면극	kamyŏn'gŭk	gamyeongeuk
家計	가계	kagye	gagye	假面劇選	가면극선	kamyŏn'gŭksŏn	gamyeongeukseon
家系	가계	kagye	gagye	假面舞	가면무	kamyŏnmu	gamyeonmu
歌曲	가곡	kagok	gagok				

한자 용례	한글	ALA-LC Romanization	정부 표기안	한자 용례	한글	ALA-LC Romanization	정부 표기안
假面戲	가면희	kamyŏnhŭi	gamyeonhui	加耶	가야	Kaya	Gaya
家廟	가묘	kamyo	gamyo	伽倻	가야	Kaya	Gaya
歌舞	가무	kamu	gamu	伽耶	가야	Kaya	Gaya
歌舞伎	가무기	kamugi	gamugi	伽倻國	가야국	Kayaguk	Gayaguk
歌舞童	가무동	kamudong	gamudong	伽倻琴	가야금	kayagŭm	gayageum
歌舞祭	가무제	kamuje	gamuje	加耶大	가야대	Kayadae	Gayadae
家門	가문	kamun	gamun	加耶史	가야사	Kayasa	Gayasa
家閥	가벌	kabŏl	gabeol	伽倻寺	가야사	Kayasa	Gayasa
家範	가범	kabŏm	gabeom	伽倻山	가야산	Kayasan	Gayasan
家法	가법	kapŏp	gabeop	加耶族	가야족	Kayajok	Gayajok
家兵	가병	kabyŏng	gabyeong	伽倻津	가야진	Kayajin	Gayajin
家谱	가보	kabo	gabo	嘉言	가언	kaŏn	gaeon
家譜	가보	kabo	gabo	假豫算	가예산	kayesan	gayesan
家寶	가보	kabo	gabo	家屋	가옥	kaok	gaok
家僕	가복	kabok	gabok	歌謠	가요	kayo	gayo
可否	가부	kabu	gabu	駕牛島	가우도	Kaudo	Gaudo
家父	가부	kabu	gabu	加雲洞	가운동	Kaun-dong	Gaun-dong
跏趺坐	가부좌	kabujwa	gabujwa	加恩縣	가은현	Kaŭn-hyŏn	Gaeun-hyeon
家婢	가비	kabi	gabi	加音丁洞	가음정동	Kaŭmjŏng-dong	Gaeumjeong-dong
歌辭	가사	Kasa	gasa	街人	가인	kain	gain
家事	가사	kasa	gasa	加入	가입	kaip	gaip
袈裟	가사	kasa	gasa	家藏本	가장본	kajangbon	gajangbon
袈裟	가사	kasa	gasa	家狀集	가장집	kajangjip	gajangjip
歌詞	가사	kasa	gasa	家傳	가전	kajŏn	gajeon
歌辞	가사	kasa	gasa	假傳	가전	kajŏn	gajeon
歌辭論	가사론	kasaron	gasaron	假傳體	가전체	kajŏnch'e	gajeonche
歌詞集	가사집	kasajip	gasajip	稼亭	가정	Kajŏng	gajeong
歌辭集	가사집	kasajip	gasajip	家庭	가정	kajŏng	gajeong
嘉山	가산	Kasan	Gasan	家政	가정	kajŏng	gajeong
伽山	가산	Kasan	Gasan	家政考	가정고	Kajŏnggo	Gajeonggo
家産	가산	kasan	gasan	家庭學	가정학	kajŏnghak	gajeonghak
伽山藁	가산고	Kasan'go	Gasango	家政學	가정학	kajŏnghak	gajeonghak
嘉山郡	가산군	Kasan-gun	Gasan-gun	加除	가제	kaje	gaje
駕山里	가산리	Kasan-ni	Gasan-ri	家族	가족	kajok	gajok
家産制	가산제	kasanje	gasanje	家族墓	가족묘	kajongmyo	gajongmyo
家相學	가상학	kasanghak	gasanghak	家族法	가족법	kajokpŏp	gajokbeop
家書	가서	kasŏ	gaseo	家族史	가족사	kajoksa	gajoksa
假說	가설	kasŏl	gaseol	家族學	가족학	kajokhak	gajokak
加速	가속	kasok	gasok	家族化	가족화	kajokhwa	gajokwa
加速化	가속화	kasokhwa	gasokwa	加佐洞	가좌동	Kajwa-dong	Gajwa-dong
家率	가솔	kasol	gasol	加重	가중	kajung	gajung
家塾	가숙	kasuk	gasuk	佳增里	가증리	Kajŭng-ni	Gajeung-ri
可視聽	가시청	kasich'ŏng	gasicheong	迦智山	가지산	Kajisan	Gajisan
家神	가신	kasin	gasin	歌集	가집	kajip	gajip
假押留	가압류	kaamnyu	gaamnyu	嘉昌郡	가창군	Kach'ang-gun	Gachang-gun

한자 용례	한글	ALA-LC Romanization	정부 표기안	한자 용례	한글	ALA-LC Romanization	정부 표기안
假處分	가처분	kach'ŏbun	gacheobun	各部	각부	kakpu	gakbu
佳川	가천	Kach'ŏn	Gacheon	覺非	각비	kakpi	gakbi
嘉泉	가천	Kach'ŏn	Gacheon	各司	각사	kaksa	gaksa
佳川洞	가천동	Kach'ŏn-dong	Gacheon-dong	各色	각색	kaksaek	gaksaek
家牒	가첩	kach'ŏp	gacheop	覺書	각서	kaksŏ	gakseo
家畜	가축	kach'uk	gachuk	刻石	각석	kaksŏk	gakseok
價值	가치	kach'i	gachi	角閃石	각섬석	kaksŏmsŏk	gakseomseok
價值觀	가치관	kach'igwan	gachigwan	覺性	각성	kaksŏng	gakseong
價值論	가치론	kach'iron	gachiron	各樣	각양	kagyang	gagyang
價值稅	가치세	kach'ise	gachise	各邑	각읍	kagŭp	gageup
假稱	가칭	kach'ing	gaching	刻字	각자	kakcha	gakja
家宅神	가택신	Kat'aeksin	Gataeksin	角抵	각저	Kakchŏ	Gakjeo
家兎肺	가토폐	kat'op'ye	gatopye	各種	각종	kakchong	gakjong
家統	가통	kat'ong	gatong	各派	각파	kakp'a	gakpa
嘉平	가평	kap'yŏng	gapyeong	刻板	각판	kakp'an	gakpan
加平	가평	Kap'yŏng	Gapyeong	角筆	각필	kakp'il	gakpil
加平郡	가평군	Kap'yŏng-gun	Gapyeong-gun	閣下	각하	kakha	gakha
加平縣	가평현	Kap'yŏng-hyŏn	Gapyeong-hyeon	角形	각형	kakhyŏng	gakyeong
家學	가학	kahak	gahak	覺訓	각훈	kakhun	gakun
稼行	가행	Kahaeng	gahaeng	間	간	kan	gan
家鄉	가향	kahyang	gahyang	刊	간	kan	gan
家形	가형	kahyŏng	gahyeong	肝	간	kan	gan
假戶籍	가호적	kahojŏk	gahojeok	刊記	간기	kan'gi	gangi
家婚	가혼	kahon	gahon	懇談會	간담회	kandamhoe	gandamhoe
嘉會洞	가회동	Kahoe-dong	Gahoe-dong	間島	간도	Kando	Gando
家訓	가훈	kahun	gahun	簡牘	간독	kandok	gandok
可興洞	가흥동	Kahŭng-dong	Gaheung-dong	簡略版	간략판	kallyakp'an	gallyakpan
角	각	kak	gak	簡明	간명	kanmyŏng	ganmyeong
各	각	kak	gak	刊本	간본	kanbon	ganbon
角干	각간	Kakkan	Gakgan	幹部	간부	kanbu	ganbu
各界	각계	kakkye	gakgye	干潟地	간석지	kansŏkchi	ganseokji
刻苦	각고	kakko	gakgo	間選制	간선제	kansŏnje	ganseonje
各庫	각고	kakko	gakgo	干涉	간섭	kansŏp	ganseop
各國	각국	kakkuk	gakguk	干涉期	간섭기	kansŏpki	ganseopji
各國史	각국사	kakkuksa	gakguksa	杆城郡	간성군	Kansŏng-gun	Ganseong-gun
角弓	각궁	kakkung	gakgung	杆城縣	간성현	Kansŏng-hyŏn	Ganseong-hyeon
角弓匠	각궁장	kakkungjang	gakgungjang	澗松	간송	Kansong	Gansong
各級	각급	kakkŭp	gakgeup	奸臣	간신	kansin	gansin
各道	각도	kakto	gakdo	看羊錄	간양록	Kanyangnok	Ganyangnok
刻綠展	각록전	kangnokchŏn	gangnokjeon	諫言	간언	kanŏn	ganeon
各論	각론	kangnon	gangnon	刊餘	간여	kanyŏ	ganyeo
閣僚	각료	kangnyo	gangnyo	艮翁	간옹	Kanong	Ganong
角里	각리	Kang-ni	Gank-ri	澗月寺	간월사	Kanwŏlsa	Ganwolsa
角杯	각배	kakpae	gakbae	姦淫	간음	kanŭm	ganeum
刻伯	각백	kakpaek	gakbaek	姦淫罪	간음죄	kanŭmjoe	ganeumjoe

한자 용례	한글	ALA-LC Romanization	정부 표기안	한자 용례	한글	ALA-LC Romanization	정부 표기안
簡儀	간의	kanŭi	ganui	感覺	감각	kamgak	gamgak
簡儀臺	간의대	Kanŭidae	Ganuidae	勘界使	감계사	Kamgyesa	Gamgyesa
簡易	간이	kani	gani	敢告	감고	kamgo	gamgo
間易	간이	kani	gani	監禁	감금	kamgŭm	gamgeum
簡易方	간이방	kanibang	ganibang	監督	감독	kamdok	gamdok
肝臟	간장	kanjang	ganjang	監督官	감독관	kamdokkwan	gamdokgwan
艮齋	간재	Kanjae	Ganjae	監督局	감독국	kamdokkuk	gamdokguk
間接	간접	kanjŏp	ganjeop	監督院	감독원	kamdogwŏn	gamdogwon
間接稅	간접세	kanjŏpse	ganjeopse	監督職	감독직	kamdokchik	gamdokjik
艱貞	간정	Kanjŏng	Ganjeong	減量	감량	kamnyang	gamnyang
干支	간지	kanji	ganji	甘露堂	감로당	Kamnodang	Gamnodang
簡札	간찰	kanch'al	ganchal	甘露水	감로수	kamnosu	gamnosu
簡札選	간찰선	kanch'alsŏn	ganchalseon	甘露幀	감로탱	Kamnot'aeng	Gamnotaeng
簡札集	간찰집	kanch'alchip	ganchaljip	監理	감리	kamni	gamni
簡札帖	간찰첩	kanch'alch'ŏp	ganchalcheop	監理教	감리교	Kamnigyo	Gamnigyo
干拓	간척	kanch'ŏk	gancheok	監理署	감리서	kamnisŏ	gamniseo
干拓村	간척촌	kanch'ŏkch'on	gancheokchon	監理派	감리파	Kamnip'a	Gamnipa
間諜	간첩	kanch'ŏp	gancheop	監理會	감리회	Kamnihoe	Gamnihoe
簡帖	간첩	kanch'ŏp	gancheop	監務公	감무공	Kammugong	Gammugong
姦通	간통	kant'ong	gantong	鑑別	감별	kambyŏl	gambyeol
姦通罪	간통죄	kant'ongjoe	gantongjoe	感別曲	감별곡	kambyŏlgok	gambyeolgok
簡便	간편	kanp'yŏn	ganpyeon	感謝	감사	kamsa	gamsa
刊行	간행	kanhaeng	ganhaeng	監司	감사	kamsa	gamsa
刊行物	간행물	kanhaengmul	ganhaengmul	監査	감사	kamsa	gamsa
刊行所	간행소	kanhaengso	ganhaengso	監査室	감사실	kamsasil	gamsasil
刊行委	간행위	Kanhaengwi	ganhaengwi	監査院	감사원	Kamsawŏn	Gamsawon
刊行會	간행회	kanhaenghoe	ganhaenghoe	憨山	감산	Kamsan	Gamsan
看護	간호	kanho	ganho	鑑賞	감상	kamsang	gamsang
看護婦	간호부	kanhobu	ganhobu	鑑賞法	감상법	kamsangpŏp	gamsangbeop
看護學	간호학	kanhohak	ganhohak	減稅	감세	kamse	gamse
看話	간화	kanhwa	ganhwa	監修	감수	kamsu	gamsu
看話禪	간화선	Kanhwasŏn	Ganhwaseon	感修狂	감수광	kamsugwang	gamsugwang
看話禪法	간화선법	Kanhwasŏnpŏp	Ganhwaseonbeop	監修人	감수인	kamsuin	gamsuin
葛根湯	갈근탕	kalgŭnt'ang	galgeuntang	監修者	감수자	kamsuja	gamsuja
葛藤	갈등	kaltŭng	galdeung	監視	감시	kamsi	gamsi
葛藤論	갈등론	kaltŭngnon	galdeungnon	感時	감시	kamsi	gamsi
葛文	갈문	Kalmun	Galmun	鑑識	감식	kamsik	gamsik
褐變	갈변	kalbyŏn	galbyeon	勘案	감안	kaman	gaman
葛庵	갈암	Karam	Garam	感於興	감어흥	kamŏhŭng	gameoheung
葛田	갈전	Kalchŏn	Galjeon	感染	감염	kamyŏm	gamyeom
葛川	갈천	Kalch'ŏn	Galcheon	感染學	감염학	kamyŏmhak	gamyeomhak
葛峴	갈현	Karhyŏn	Galhyeon	監營	감영	kamyŏng	gamyeong
葛峴里	갈현리	Karhyŏn-ni	Galhyeon-ri	監獄	감옥	kamok	gamok
感	감	kam	gam	監印廳	감인청	Kaminch'ŏng	Gamincheong
減價	감가	kamka	gamga	甘藷	감저	kamjŏ	gamjeo

한자 용례	한글	ALA-LC Romanization	정부 표기안	한자 용례	한글	ALA-LC Romanization	정부 표기안
監的所	감적소	kamjŏkso	gamjeokso	強國	강국	kangguk	gangguk
鑑定	감정	kamjŏng	gamjeong	江南	강남	Kangnam	Gangnam
甘酒	감주	kamju	gamju	江南區	강남구	Kangnam-gu	Gangnam-gu
監察	감찰	kamch'al	gamchal	江南大	강남대	Kangnamdae	Gangnamdae
監察史	감찰사	kamch'alsa	gamchalsa	講壇	강단	kangdan	gangdan
甘川里	감천리	Kamch'ŏn-ni	Gamcheon-ri	講堂	강당	Kangdang	gangdang
減刑	감형	kamhyŏng	gamhyeong	強大國	강대국	kangdaeguk	gangdaeguk
甘紅露	감홍로	kamhongno	gamhongno	岡島	강도	Kangdo	Gangdo
甘紅酒	감홍주	kamhongju	gamhongju	江都	강도	Kangdo	Gangdo
感化	감화	kamhwa	gamhwa	強度	강도	kangdo	gangdo
感興	감흥	kamhŭng	gamheung	江都府	강도부	Kangdo-bu	Gangdo-bu
感興錄	감흥록	kamhŭngnok	gamheungnok	講讀	강독	kangdok	gangdok
甲	갑	kap	gap	講讀會	강독회	kangdokhoe	gangdokhoe
甲骨	갑골	Kapkol	Gapgol	江東	강동	Kangdong	Gangdong
甲骨文	갑골문	Kapkolmun	Gapgolmun	江東郡	강동군	Kangdong-gun	Gangdong-gun
甲寺	갑사	Kapsa	Gapsa	江東縣	강동현	Kangdong-hyŏn	Gangdong-hyeon
岬寺	갑사	Kapsa	Gapsa	綱領	강령	kangnyŏng	gangnyeong
甲山郡	갑산군	Kapsan-gun	Gapsan-gun	康翎	강령	Kangnyŏng	Gangnyeong
甲戌	갑술	Kapsul	Gapsul	江翎郡	강령군	Kangnyŏng-gun	Gangnyeong-gun
甲申	갑신	Kapsin	Gapsin	康寧殿	강령전	Kangnyŏngjŏn	Gangnyeongjeon
甲午	갑오	kabo	gabo	講錄	강록	kangnok	gangnok
甲午年	갑오년	Kabonyŏn	Gabonyeon	講論	강론	kangnon	gangnon
甲冑	갑위	kabwi	gabwi	江樓里	강루리	Kangnu-ri	Gangnu-ri
甲乙	갑을	kabŭl	gabeul	江陵	강릉	Kangnŭng	Gangneung
甲寅	갑인	Kabin	Gabin	江陵郡	강릉군	Kangnŭng-gun	Gangneung-gun
甲寅字	갑인자	Kabincha	Gabinja	江陵府	강릉부	Kangnŭng-bu	Gangneung-bu
甲子	갑자	Kapcha	Gapja	江陵市	강릉시	Kangnŭng-si	Gangneung-si
甲種	갑종	kapchong	gapjong	江陵縣	강릉현	Kangnŭng-hyŏn	Gangneung-hyeon
甲冑	갑주	kapchu	gapju	降臨	강림	kangnim	gangnim
甲辰	갑진	Kapchin	Gapjin	講林里	강림리	Kangnim-ni	Gangnim-ri
甲進	갑진	Kapchin	Gapjin	綱目	강목	kangmok	gangmok
甲辰本	갑진본	Kapchinbon	Gapjinbon	綱目體	강목체	kangmokch'e	gangmokche
甲辰字	갑진자	Kapchincha	Gapjinja	江門洞	강문동	Kangmun-dong	Gangmun-dong
姜	강	Kang	gang	江邊	강변	kangbyŏn	gangbyeon
岡	강	kang	gang	江北	강북	Kangbuk	Gangbuk
強	강	kang	gang	江北區	강북구	Kangbuk-ku	Gangbuk-gu
江	강	kang	gang	講師	강사	kangsa	gangsa
綱鑑正	강감정	Kanggamjŏng	Ganggamjeong	江山	강산	kangsan	gangsan
疆界	강계	kanggye	ganggye	剛山	강산	Kangsan	Gangsan
江界	강계	Kanggye	Ganggye	岡上	강상	Kangsang	Gangsang
疆界考	강계고	kanggyego	ganggyego	江上	강상	kangsang	gangsang
江界郡	강계군	Kanggye-gun	Ganggye-gun	江上里	강상리	Kangsang-ri	Gangsang-ri
疆界圖	강계도	kanggyedo	ganggyedo	江西	강서	Kangsŏ	Gangseo
江界府	강계부	Kanggye-bu	Ganggye-bu	江西郡	강서군	Kangsŏ-gun	Gangseo-gun
強固化	강고화	kanggohwa	ganggohwa	講書院	강서원	Kangsŏwŏn	Gangseowon

한자 용례	한글	ALA-LC Romanization	정부 표기안	한자 용례	한글	ALA-LC Romanization	정부 표기안
江西縣	강서현	Kangsŏ-hyŏn	Gangseo-hyeon	疆土	강토	kangt'o	gangto
江石	강석	kangsŏk	gangseok	講學	강학	kanghak	ganghak
講說	강설	kangsŏl	gangseol	講學官	강학관	kanghakkwan	ganghakgwan
講說堂	강설당	Kangsŏltang	Gangseoldang	講學所	강학소	kanghakso	ganghakso
絳雪山	강설산	Kangsŏlsan	Gangseolsan	講學廳	강학청	Kanghakch'ŏng	Ganghakcheong
強盛	강성	kangsŏng	gangseong	江漢	강한	Kanghan	Ganghan
江城縣	강성현	Kangsŏng-hyŏn	Gangseong-hyeon	強한	강한	kanghan	ganghan
江蘇省	강소성	Kangso-sŏng	Gangso-seong	講解	강해	kanghae	ganghae
講習	강습	kangsŭp	gangseup	江海	강해	Kanghae	Ganghae
講習所	강습소	kangsŭpso	gangseupso	強行	강행	kanghaeng	ganghaeng
講習院	강습원	kangsŭbwŏn	gangseubwon	江湖	강호	kangho	gangho
江岸里	강안리	Kangan-ni	Gangan-ri	強化	강화	kanghwa	ganghwa
康安殿	강안전	Kanganjŏn	Ganganjeon	江華	강화	Kanghwa	Ganghwa
剛庵	강암	kangam	gangam	講和	강화	kanghwa	ganghwa
彊域	강역	kangyŏk	gangyeok	講話	강화	kanghwa	ganghwa
疆域	강역	kangyŏk	gangyeok	江華郡	강화군	Kanghwa-gun	Ganghwa-gun
疆域考	강역고	kangyŏkgo	gangyeokgo	江華島	강화도	Kanghwado	Ganghwado
講演	강연	kangyŏn	gangyeon	江華府	강화부	Kanghwa-bu	Ganghwa-bu
講演錄	강연록	kangyŏnnok	gangyeollok	江華史	강화사	Kanghwasa	Ganghwasa
講演鈔	강연초	kangyŏnch'o	gangyeoncho	江華縣	강화현	Kanghwa-hyŏn	Ganghwa-hyeon
講藝齋	강예재	Kangyejae	Gangyejae	康熙	강희	Kanghŭi	Ganghi
綱要	강요	kangyo	gangyo	改嫁	개가	kaega	gaega
江右	강우	Kangu	Gangu	改刊	개간	kaegan	gaegan
江原	강원	Kangwŏn	Gangwon	開刊	개간	kaegan	gaegan
江原大	강원대	Kangwŏndae	Gangwondae	開京	개경	Kaegyŏng	Gaegyeong
江原道	강원도	Kangwŏn-do	Gangwon-do	改稿	개고	kaego	gaego
江陰縣	강음현	Kangŭm-hyŏn	Gangeum-hyeon	改故	개고	kaego	gaego
講義	강의	kangŭi	gangui	概觀	개관	kaegwan	gaegwan
講議	강의	kangŭi	gangui	開館	개관	kaegwan	gaegwan
講義錄	강의록	kangŭirok	ganguirok	概觀	개관	kaegwan	gaegwan
講議錄	강의록	kangŭirok	ganguirok	開校	개교	kaegyo	gaegyo
講肄院	강이원	Kangiwŏn	Gangiwon	開國	개국	kaeguk	gaeguk
康仁	강인	kangin	gangin	開國寺	개국사	Kaeguksa	Gaeguksa
強者	강자	kangja	gangja	改金	개금	kaegŭm	gaegeum
講典	강전	kangjŏn	gangjeon	概念	개념	kaenyŏm	gaenyeom
強占	강점	kangjŏm	gangjeom	概念化	개념화	kaenyŏmhwa	gaenyeomhwa
強占期	강점기	kangjŏmgi	gangjeomgi	開途國	개도국	kaedoguk	gaedoguk
強制	강제	kangje	gangje	概略	개략	kaeryak	gaeryak
講座	강좌	kangjwa	gangjwa	改良	개량	kaeryang	gaeryang
江州	강주	Kangju	Gangju	改良主義	개량주의	kaeryangjuŭi	gaeryangjuui
康津	강진	Kangjin	Gangjin	開寧郡	개령군	Kaeryŏng-gun	Gaeryeong-gun
康津郡	강진군	Kangjin-gun	Gangjin-gun	開寧縣	개령현	Kaeryŏng-hyŏn	Gaeryeong-hyeon
江津縣	강진현	Kangjin-hyŏn	Gangjin-hyeon	概論	개론	kaeron	gaeron
江川	강천	kangch'ŏn	gangcheon	概論	개론	kaeron	gaeron
強奪	강탈	kangt'al	gangtal	開幕	개막	kaemak	gaemak

한자 용례	한글	ALA-LC Romanization	정부 표기안	한자 용례	한글	ALA-LC Romanization	정부 표기안
開目寺	개목사	Kaemoksa	Gaemoksa	槪要	개요	kaeyo	gaeyo
開文社	개문사	Kaemunsa	Gaemunsa	開運	개운	Kaeun	Gaeun
開発	개발	kaebal	gaebal	個月	개월	kaewŏl	gaewol
開發	개발	kaebal	gaebal	個人	개인	kaein	gaein
開發權	개발권	kaebalkwŏn	gaebalgwon	個人稅	개인세	kaeinse	gaeinse
開發論	개발론	kaeballon	gaeballon	個人展	개인전	kaeinjŏn	gaeinjeon
開發論的	개발론적	kaeballonjŏk	gaeballonjeok	芥子園	개자원	Kaejawŏn	Gaejawon
開發法	개발법	kaebalpŏp	gaebalbeop	開場	개장	kaejang	gaejang
開發部	개발부	kaebalbu	gaebalbu	開展	개전	kaejŏn	gaejeon
開發社	개발사	kaebalsa	gaebalsa	改正	개정	kaejŏng	gaejeong
開發史	개발사	kaebalsa	gaebalsa	改訂	개정	kaejŏng	gaejeong
開發稅	개발세	kaebalse	gaebalse	改定	개정	kaejŏng	gaejeong
開發院	개발원	kaebarwŏn	gaebarwon	改定案	개정안	kaejŏngan	gaejeongan
開發學	개발학	kaebarhak	gaebalhak	改正案	개정안	kaejŏngan	gaejeongan
改放	개방	kaebang	gaebang	改訂版	개정판	kaejŏngp'an	gaejeongpan
開放	개방	kaebang	gaebang	改題	개제	kaeje	gaeje
開放大	개방대	kaebangdae	gaebangdae	改造	개조	kaejo	gaejo
開放化	개방화	kaebanghwa	gaebanghwa	改造論	개조론	kaejoron	gaejoron
皆伯縣	개백현	Kaebaek-hyŏn	Gaebaek-hyeon	改造社	개조사	Kaejosa	Gaejosa
開闢	개벽	kaebyŏk	gaebyeok	改造派	개조파	kaejop'a	gaejopa
個別	개별	kaebyŏl	gaebyeol	价州郡	개주군	Kaeju-gun	Gaeju-gun
皆兵制	개병제	kaebyŏngje	gaebyeongje	改竄	개찬	kaech'an	gaechan
槪報	개보	kaebo	gaebo	開創	개창	kaech'ang	gaechang
槪報	개보	kaebo	gaebo	改彩	개채	kaech'ae	gaechae
介山郡	개산군	Kaesan-gun	Gaesan-gun	開拓	개척	kaech'ŏk	gaecheok
凱旋	개선	kaesŏn	gaeseon	開拓史	개척사	kaech'ŏksa	gaecheoksa
改善	개선	kaesŏn	gaeseon	价川	개천	Kaech'ŏn	Gaecheon
改善策	개선책	kaesŏnch'aek	gaeseonchaek	開天	개천	kaech'ŏn	gaecheon
槪說	개설	kaesŏl	gaeseol	价川郡	개천군	Kaech'ŏn-gun	Gaecheon-gun
槪說	개설	kaesŏl	gaeseol	開天節	개천절	Kaech'ŏnjŏl	Gaecheonjeol
開設	개설	kaesŏl	gaeseol	開催	개최	kaech'oe	gaechoe
開城	개성	Kaesŏng	Gaeseong	改築	개축	kaech'uk	gaechuk
個性	개성	kaesŏng	gaeseong	改築碑	개축비	kaech'ukpi	gaechukbi
開城郡	개성군	Kaesŏng-kun	Gaeseong-gun	開通	개통	kaet'ong	gaetong
開城府	개성부	Kaesŏng-bu	Gaeseong-bu	改編	개편	kaep'yŏn	gaepyeon
開城市	개성시	Kaesŏng-si	Gaeseong-si	開閉	개폐	kaep'ye	gaepye
開城縣	개성현	Kaesŏng-hyŏn	Gaeseong-hyeon	開閉門	개폐문	kaep'yemun	gaepyemun
蓋蘇文	개소문	Kaesomun	Gaesomun	開豊郡	개풍군	Kaep'ung-gun	Gaepung-gun
改修	개수	kaesu	gaesu	開港	개항	kaehang	gaehang
開市	개시	kaesi	gaesi	開港期	개항기	kaehanggi	gaehanggi
開市場	개시장	kaesijang	gaesijang	開港場	개항장	kaehangjang	gaehangjang
改新	개신	kaesin	gaesin	改憲	개헌	kaehŏn	gaeheon
改新教	개신교	Kaesin'gyo	Gaesingyo	改革	개혁	kaehyŏk	gaehyeok
開墾	개안	kaegan	gaean	改革論	개혁론	kaehyŏngnon	gaehyeongnon
開眼	개안	kaean	gaean	改革法	개혁법	kaehyŏkpŏp	gaehyeokbeop

한자 용례	한글	ALA-LC Romanization	정부 표기안	한자 용례	한글	ALA-LC Romanization	정부 표기안
改革史	개혁사	kaehyŏksa	gaehyeoksa	巨星	거성	kŏsŏng	geoseong
改革案	개혁안	kaehyŏgan	gaehyeogan	巨視	거시	kŏsi	geosi
改革主義	개혁주의	kaehyŏkchuŭi	gaehyeokjuui	居信	거신	Kŏsin	Geosin
開化	개화	kaehwa	gaehwa	巨岩	거암	kŏam	geoam
開化期	개화기	kaehwagi	gaehwagi	巨額	거액	kŏaek	geoaek
開化黨	개화당	Kaehwadang	gaehwadang	巨儒	거유	kŏyu	geoyu
開化論	개화론	kaehwaron	gaehwaron	居易	거이	kŏi	geoi
開化派	개화파	kaehwap'a	gaehwapa	巨人	거인	kŏin	geoin
概況	개황	kaehwang	gaehwang	巨匠	거장	kŏjang	geojang
客館	객관	kaekkwan	gaekgwan	巨濟	거제	Kŏje	Geoje
客觀式	객관식	kaekkwansik	gaekgwansik	巨濟郡	거제군	Kŏje-gun	Geoje-gun
客舍	객사	kaeksa	gaeksa	巨濟島	거제도	Kŏjedo	Geojedo
客舍門	객사문	kaeksamun	gaeksamun	巨濟府	거제부	Kŏje-bu	Geoje-bu
客舍址	객사지	kaeksaji	gaeksaji	巨濟市	거제시	Kŏje-si	Keoje-si
客席	객석	kaeksŏk	gaekseok	巨濟縣	거제현	Kŏje-hyŏn	Geoje-hyeon
客說	객설	kaeksŏl	gaekseol	居住	거주	kŏju	geoju
客樂譜	객악보	kaegakpo	gaegakbo	居住地	거주지	kŏjuji	geojuji
客主	객주	kaekchu	gaekju	擧重機	거중기	kŏjunggi	geojunggi
客主制	객주제	kaekchuje	gaekjuje	居昌	거창	Kŏch'ang	Geochang
更生	갱생	kaengsaeng	gaengsaeng	居昌郡	거창군	Kŏch'ang-gun	Geochang-gun
更新	갱신	kaengsin	gaengsin	居昌府	거창부	Kŏch'ang-bu	Geochang-bu
更新世	갱신세	kaengsinse	gaengsinse	居昌邑	거창읍	Kŏch'ang-ŭp	Geochang-eup
巨加	거가	Kŏga	Geoga	居昌縣	거창현	Kŏch'ang-hyŏn	Geochang-hyeon
擧動	거동	kŏdong	geodong	巨塔	거탑	kŏt'ap	geotap
契丹	거란	kŏran	Georan	去華	거화	kŏhwa	geohwa
契丹城	거란성	Kŏransŏng	Georanseong	乾	건	kŏn	geon
去來	거래	kŏrae	georae	建康	건강	kŏn'gang	geongang
去來法	거래법	kŏraepŏp	georaebeop	健康	건강	kŏn'gang	geongang
去來所	거래소	kŏraeso	georaeso	健康法	건강법	kŏn'gangpŏp	geongangbeop
居留	거류	kŏryu	georyu	乾坤	건곤	Kŏn'gon	Geongon
居留民	거류민	kŏryumin	georyumin	乾卦	건괘	kŏn'gwae	geongwae
居留地	거류지	kŏryuji	georyuji	建國	건국	kŏn'guk	geonguk
巨木	거목	kŏmok	geomok	建國期	건국기	kŏn'gukki	geongukgi
巨木들	거목들	kŏmoktŭl	geomokdeul	建國團	건국단	Kŏn'guktan	Geongukdan
巨文	거문	Kŏmun	Geomun	建國黨	건국당	Kŏn'guktang	Geongukdang
巨文島	거문도	Kŏmundo	Geomundo	建國大	건국대	Kŏn'guktae	Geongukdae
巨物	거물	kŏmul	geomul	建國論	건국론	kŏn'gungnon	geongungnon
巨芙	거부	Kŏbu	Geobu	建軍	건군	kŏn'gun	geongun
拒否	거부	kŏbu	geobu	建軍史	건군사	kŏn'gunsa	geongunsa
拒否者	거부자	kŏbuja	geobuja	建技研	건기연	Kŏn'giyŏn	Geongiyeon
居士	거사	kŏsa	geosa	乾沓	건답	kŏndap	geondap
居士集	거사집	kŏsajip	geosajip	乾畓法	건답법	kŏndappŏp	geondapbeop
巨山	거산	Kŏsan	Geosan	建大	건대	Kŏndae	Geondae
巨商	거상	kŏsang	geosang	乾洞寺	건동사	Kŏndongsa	Geondongsa
巨石	거석	kŏsŏk	geoseok	乾糧	건량	kŏllyang	geollyang

한자 용례	한글	ALA-LC Romanization	정부 표기안	한자 용례	한글	ALA-LC Romanization	정부 표기안
乾糧錢	건량전	kŏllyangjŏn	geollyangjeon	乾夏	건하	Kŏnha	Geonha
乾隆	건륭	Kŏllyung	Geollyung	乾下	건하	kŏnha	geonha
健陵	건릉	Kŏllŭng	Geolleung	乾貨物船	건화물선	kŏnhwamulsŏn	geonhwamulseon
乾陵	건릉	Kŏllŭng	Geolleung	傑	걸	kŏl	geol
建立	건립	kŏllip	geollip	乞粒	걸립	kŏllip	geollip
建立會	건립회	kŏlliphoe	geollipoe	乞食	걸식	kŏlsik	geolsik
建物	건물	kŏnmul	geonmul	乞食者	걸식자	kŏlsikcha	geolsikja
建物址	건물지	kŏnmulji	geonmulji	乞人	걸인	kŏrin	georin
乾蔘	건삼	kŏnsam	geonsam	傑作	걸작	kŏlchak	geoljak
乾上	건상	kŏnsang	geonsang	乞行	걸행	kŏrhaeng	geolhaeng
建設	건설	kŏnsŏl	geonseol	儉	검	kŏm	geom
建設隊	건설대	kŏnsŏldae	geonseoldae	劍	검	kŏm	geom
建設法	건설법	kŏnsŏlpŏp	geonseolbeop	黔澗	검간	Kŏmgan	Geomgan
建設法的	건설법적	kŏnsŏlpŏpchŏk	geonseolbeopjeok	檢擧	검거	kŏmgŏ	geomgeo
建設部	건설부	Kŏnsŏlbu	Geonseolbu	劍器	검기	kŏmgi	geomgi
建設社	건설사	kŏnsŏlsa	geonseolsa	劍器舞	검기무	kŏmgimu	geomgimu
建設誌	건설지	kŏnsŏlchi	geonseolji	檢丹里	검단리	Kŏmdan-ni	Geomdan-ri
健實化	건실화	kŏnsirhwa	geonsilhwa	劍道	검도	kŏmdo	geomdo
建陽	건양	Kŏnyang	Geonyang	劍道會	검도회	kŏmdohoe	geomdohoe
建陽大	건양대	Kŏnyangdae	Geonyangdae	劍舞	검무	kŏmmu	geommu
建業里	건업리	Kŏnŏm-ni	Geoneop-ri	檢事	검사	kŏmsa	geomsa
建元	건원	Kŏnwŏn	Geonwon	檢查	검사	kŏmsa	geomsa
健元	건원	Kŏnwŏn	Geonwon	劒山城	검산성	Kŏmsansŏng	Geomsanseong
健元陵	건원릉	Kŏnwŏnnŭng	Geonwolleung	檢索	검색	kŏmsaek	geomsaek
建議	건의	kŏnŭi	geonui	檢屍	검시	kŏmsi	geomsi
健入洞	건입동	Kŏnip-tong	Geonip-dong	檢屍官	검시관	kŏmsigwan	geomsigwan
健齋	건재	Kŏnjae	Geonjae	檢案	검안	kŏman	geoman
健全	건전	kŏnjŏn	geonjeon	檢案書	검안서	kŏmansŏ	geomanseo
健全化	건전화	kŏnjŏnhwa	geonjeonhwa	檢疫	검역	kŏmyŏk	geomyeok
建造物	건조물	kŏnjomul	geonjomul	檢疫所	검역소	kŏmyŏkso	geomyeokso
建準	건준	Kŏnjun	Geonjun	檢閱	검열	kŏmyŏl	geomyeol
乾芝里	건지리	Kŏnji-ri	Geonji-ri	檢閱部	검열부	kŏmnyŏlbu	geomyeolbu
建昌	건창	Kŏnch'ang	Geonchang	檢認定	검인정	kŏminjŏng	geominjeong
乾川	건천	kŏnch'ŏn	geoncheon	檢定	검정	kŏmjŏng	geomjeong
乾清宮	건청궁	Kŏnch'ŏnggung	Geoncheonggung	檢證	검증	kŏmjŭng	geomjeung
建築	건축	kŏnch'uk	geonchuk	檢察	검찰	kŏmch'al	geomchal
建築家	건축가	kŏnch'ukka	geonchukga	檢察職	검찰직	kŏmch'aljik	geomchaljik
建築物	건축물	kŏnch'ungmul	geonchungmul	檢察廳	검찰청	Kŏmch'alch'ŏng	Geomchalcheong
建築師	건축사	kŏnch'uksa	geonchuksa	檢討	검토	kŏmt'o	geomto
建築史	건축사	kŏnch'uksa	geonchuksa	檢討畢	검토필	kŏmt'op'il	geomtopil
建築士	건축사	kŏnch'uksa	geonchuksa	劫	겁	kŏp	geop
建築學	건축학	kŏnch'ukhak	geonchukak	劫外歌	겁외가	kŏboega	geoboega
乾漆	건칠	kŏnch'il	geonchil	偈頌	게송	kesong	gesong
乾漆佛	건칠불	kŏnch'ilbul	geonchilbul	揭載	게재	kejae	gejae
乾板	건판	kŏnp'an	geonpan	擊毬	격구	kyŏkku	gyeokgu

한자 용례	한글	ALA-LC Romanization	정부 표기안	한자 용례	한글	ALA-LC Romanization	정부 표기안
擊毬場	격구장	kyŏkkujang	gyeokgujang	決算	결산	kyŏlsan	gyeolsan
激動	격동	kyŏktong	gyeokdong	結城	결성	kyŏlsŏng	gyeolseong
激動期	격동기	kyŏktonggi	gyeokdonggi	結城郡	결성군	Kyŏlsŏng-gun	Gyeolseong-gun
激浪	격랑	kyŏngnang	gyeongnang	结成錄	결성록	kyŏlsŏngnok	gyeolseongnok
激流	격류	kyŏngnyu	gyeongnyu	結城縣	결성현	Kyŏlsŏng-hyŏn	Gyeolseong-hyeon
擊蒙	격몽	kyŏngmong	gyeongmong	結束	결속	kyŏlsok	gyeolsok
檄文	격문	kyŏngmun	gyeongmun	決訟	결송	kyŏlsong	gyeolsong
格物	격물	kyŏngmul	gyeongmul	決訟場	결송장	kyŏlsongjang	gyeolsongjang
格物學	격물학	kyŏngmurhak	gyeongmulhak	結繩	결승	kyŏlsŭng	gyeolseung
擊榜	격방	kyŏkpang	gyeokbang	結緣	결연	kyŏryŏn	gyeoryeon
激變期	격변기	kyŏkpyŏn'gi	gyeokbyeongi	缺員	결원	kyŏrwŏn	gyeorwon
擊棒	격봉	kyŏkpong	gyeokbong	決議	결의	kyŏrŭi	gyeorui
檄書	격서	kyŏksŏ	gyeokseo	決戰	결전	kyŏlchŏn	gyeoljeon
格庵	격암	Kyŏgam	Gyeogam	決定	결정	kyŏlchŏng	gyeoljeong
格言	격언	kyŏgŏn	gyeogeon	決定法	결정법	kyŏlchŏngpŏp	gyeoljeongbeop
擊錚	격쟁	kyŏkchaeng	gyeokjaeng	決濟	결제	kyŏlche	gyeolje
激戰記	격전기	kyŏkchŏn'gi	gyeokjeongi	結集	결집	kyŏlchip	gyeoljip
隔差	격차	kyŏkch'a	gyeokcha	結合	결합	kyŏrhap	gyeolhap
堅	견	kyŏn	gyeon	結核	결핵	kyŏrhaek	gyeolhaek
肩甲形	견갑형	kyŏn'gaphyŏng	gyeongapyeong	結婚	결혼	kyŏrhon	gyeolhon
遣唐使	견당사	kyŏndangsa	gyeondangsa	結婚式	결혼식	kyŏrhonsik	gyeolhonsik
犬猫	견묘	kyŏnmyo	gyeonmyo	謙	겸	kyŏm	gyeom
見聞	견문	kyŏnmun	gyeonmun	兼	겸	kyŏm	gyeom
見聞錄	견문록	kyŏnmunnok	gyeonmullok	兼修	겸수	kyŏmsu	gyeomsu
見聞誌	견문지	kyŏnmunji	gyeonmunji	謙齋	겸재	Kyŏmjae	Gyeomjae
絹物	견물	kyŏnmul	gyeonmul	謙齋派	겸재파	Kyŏmjaep'a	Gyeomjaepa
見性	견성	kyŏnsŏng	gyeonseong	兼職	겸직	kyŏmjik	gyeomjik
堅城	견성	Kyŏnsŏng	Gyeonseong	謙策	겸책	Kyŏmch'aek	Gyeomchaek
堅城郡	견성군	Kyŏnsŏng-gun	Gyeonseong-gun	謙軒	겸헌	Kyŏmhŏn	Gyeomheon
犬牙城	견아성	Kyŏnasŏng	Gyeonaseong	庚	경	kyŏng	gyeong
牽牛	견우	Kyŏnu	Gyeonu	京	경	kyŏng	gyeong
牽牛星	견우성	Kyŏnusŏng	Gyeonuseong	卿	경	kyŏng	gyeong
見遊記	견유기	kyŏnyugi	gyeonyugi	警戒	경계	kyŏnggye	gyeonggye
絹織	견직	kyŏnjik	gyeonjik	境界	경계	kyŏnggye	gyeonggye
絹織物	견직물	kyŏnjingmul	gyeonjingmul	境界碑	경계비	kyŏnggyebi	gyeonggyebi
見鶴里	견학리	Kyŏnhang-ni	Gyeonhak-ri	輕工業	경공업	kyŏnggongŏp	gyeonggongeop
結果	결과	kyŏlgwa	gyeolgwa	景觀	경관	kyŏnggwan	gyeonggwan
結構法	결구법	kyŏlgupŏp	gyeolgubeop	京官職	경관직	kyŏnggwanjik	gyeonggwanjik
結己縣	결기현	Kyŏlki-hyŏn	Gyeolgi-hyeon	京橋莊	경교장	Kyŏnggyojang	Gyeonggyojang
決斷	결단	kyŏltan	gyeoldan	京國	경국	Kyŏngguk	Gyeongguk
決死	결사	kyŏlsa	gyeolsa	經國	경국	kyŏngguk	gyeongguk
結社	결사	kyŏlsa	gyeolsa	經國典	경국전	Kyŏnggukchŏn	Gyeonggukjeon
決死團	결사단	kyŏlsadan	gyeolsadan	經國策	경국책	kyŏnggukch'aek	gyeonggukchaek
決死隊	결사대	kyŏlsadae	gyeolsadae	京軍	경군	kyŏnggun	gyeonggun
結社文	결사문	kyŏlsamun	gyeolsamun	京畿	경기	Kyŏnggi	Gyeonggi

한자 용례	한글	ALA-LC Romanization	정부 표기안	한자 용례	한글	ALA-LC Romanization	정부 표기안
競技	경기	kyŏnggi	gyeonggi	京文社	경문사	Kyŏngmunsa	Gyeongmunsa
景幾	경기	kyŏnggi	gyeonggi	景文社	경문사	Kyŏngmunsa	Gyeongmunsa
景氣	경기	kyŏnggi	gyeonggi	經文社	경문사	Kyŏngmunsa	Gyeongmunsa
京畿高	경기고	Kyŏnggigo	Gyeonggigo	庚美	경미	Kyŏngmi	Gyeongmi
京畿道	경기도	Kyŏnggi-do	Gyeonggi-do	耕美	경미	Kyŏngmi	Gyeongmi
京畿灣	경기만	Kyŏnggiman	Gyeonggiman	警民編	경민편	kyŏngminp'yŏn	gyeongminpyeon
競技場	경기장	kyŏnggijang	gyeonggijang	京紡	경방	kyŏngbang	gyeongbang
景幾體	경기체	Kyŏnggich'e	Gyeonggiche	警防團	경방단	kyŏngbangdan	gyeongbangdan
景幾體歌	경기체가	Kkyŏnggich'ega	Gyeonggichega	輕犯罪	경범죄	kyŏngbŏmjoe	gyeongbeomjoe
京畿學	경기학	Kyŏnggihak	Gyeonggihak	景福	경복	Kyŏngbok	Gyeongbok
京畿學人	경기학인	Kyŏnggihagin	Gyeonggihagin	景福高	경복고	Kyŏngbokko	Gyeongbokgo
慶南	경남	Kyŏngnam	Gyeongnam	景福宮	경복궁	Kyŏngbokkung	Gyeongbokgung
慶南大	경남대	kyŏngnamdae	Gyeongnamdae	景福中	경복중	Kyŏngbokchung	Gyeongbokjung
境內	경내	kyŏngnae	gyeongnae	鏡峰	경봉	Kyŏngbong	Gyeongbong
經農	경농	kyŏngnong	gyeongnong	京釜	경부	Kyŏng-Pu	Gyeongbu
局堂	경당	kyŏngdang	gyeongdang	經部	경부	kyŏngbu	gyeongbu
景德	경덕	kyŏngdŏk	gyeongdeok	京釜線	경부선	Kyŏngbusŏn	Gyeongbuseon
京都	경도	Kyŏngdo	Gyeongdo	慶北	경북	Kyŏngbuk	Gyeongbuk
京都大	경도대	Kyŏngdodae	Gyeongdodae	慶北大	경북대	Kyŏngbuktae	Gyeongbukdae
京東	경동	Kyŏngdong	Gyeongdong	警備	경비	kyŏngbi	gyeongbi
京東高	경동고	Kyŏngdonggo	Gyeongdonggo	警備隊	경비대	kyŏngbidae	gyeongbidae
京東中	경동중	Kyŏngdongjung	Gyeongdongjung	慶嬪	경빈	Kyŏngbin	Gyeongbin
経絡學	경락학	Kyŏngnakhak	Gyeongnakak	經師	경사	Kyŏngsa	Gyeongsa
經歷	경력	kyŏngnyŏk	gyeongnyeok	經史	경사	Kyŏngsa	Gyeongsa
景濂亭	경렴정	Kyŏngnyŏmjŏng	Gyeongnyeomjeong	慶山	경산	Kyŏngsan	Gyeongsan
經禮	경례	kyŏnnye	gyeongnye	經山	경산	Kyŏngsan	Gyeongsan
敬老	경로	kyŏngno	gyeongno	京山	경산	Kyŏngsan	Gyeongsan
経綸	경륜	kyŏngnyun	gyeongnyun	慶山郡	경산군	Kyŏngsan-gun	Gyeongsan-gun
經律	경률	kyŏngnyul	gyeongnyul	慶山大	경산대	Kyŏngsandae	Gyeongsandae
景陵	경릉	Kyŏngnŭng	Gyeongneung	京山府	경산부	Kyŏngsan-bu	Gyeongsan-bu
經理	경리	kyŏngni	gyeongni	慶山市	경산시	Kyŏngsan-si	Gyeongsan-si
經理局	경리국	kyŏngniguk	gyeongniguk	慶山縣	경산현	Kyŏngsan-hyŏn	Gyeongsan-hyeon
競馬	경마	kyŏngma	gyeongma	慶尙	경상	Kyŏngsang	Gyeongsang
競賣	경매	kyŏngmae	gyeongmae	經常	경상	kyŏngsang	gyeongsang
慶脈	경맥	kyŏngmaek	gyeongmaek	經商	경상	kyŏngsang	gyeongsang
景慕	경모	Kyŏngmo	gyeongmo	慶尙南道	경상남도	Kyŏngsang-namdo	Gyeongsangnam-do
景慕宮	경모궁	Kyŏngmogung	Gyeongmogung	慶尙大	경상대	Kyŏngsangdae	Gyeongsangdae
警務	경무	kyŏngmu	gyeongmu	慶尙道	경상도	Kyŏngsang-do	Gyeongsang-do
景武	경무	Kyŏngmu	Gyeongmu	慶尙道	경상도	Kyŏngsang-do	Gyeongsang-do
警務官	경무관	kyŏngmugwan	gyeongmugwan	慶尙北道	경상북도	Kyŏngsang-bukto	Gyeongsangbuk-do
警務局	경무국	kyŏngmuguk	gyeongmuguk	經商學	경상학	kyŏngsanghak	gyeongsanghak
景武臺	경무대	Kyŏngmudae	Gyeongmudae	經常學	경상학	kyŏngsanghak	gyeongsanghak
警務署	경무서	kyŏngmusŏ	gyeongmuseo	經書	경서	kyŏngsŏ	gyeongseo
警務廳	경무청	Kyŏngmuch'ŏng	Gyeongmucheong	京西洞	경서동	Kyŏngsŏ-dong	Gyeongseo-dong
景文	경문	Kyŏngmun	Gyeongmun	景西洞	경서동	Kyŏngsŏ-dong	Gyeongseo-dong

한자 용례	한글	ALA-LC Romanization	정부 표기안	한자 용례	한글	ALA-LC Romanization	정부 표기안
經書院	경서원	Kyŏngsŏwŏn	Gyeongseowon	慶源	경원	Kyŏngwŏn	Gyeongwon
慶星	경성	Kyŏngsŏng	Gyeongseong	暻園	경원	Kyŏngwŏn	Gyeongwon
京城	경성	Kyŏngsŏng	Gyeongseong	慶源郡	경원군	Kyŏngwŏn-gun	Gyeongwon-gun
鏡城郡	경성군	Kyŏngsŏng-gun	Gyeongseong-gun	暻園大	경원대	Kyŏngwŏndae	Gyeongwondae
慶星大	경성대	Kyŏngsŏngdae	Gyeongseongdae	京元線	경원선	Kyŏngwŏnsŏn	Gyeongwonseon
京城府	경성부	Kyŏngsŏng-bu	Gyeongseong-bu	經緯	경위	kyŏngwi	gyeongwi
經世	경세	kyŏngse	gyeongse	經由	경유	kyŏngyu	gyeongyu
經世論	경세론	kyŏngseron	gyeongseron	耕隱	경은	Kyŏngŭn	Gyeongeun
經世書	경세서	kyŏngsesŏ	gyeongseseo	京音社	경음사	Kyŏngŭmsa	Gyeongeumsa
經世院	경세원	Kyŏngsewŏn	Gyeongsewon	京義線	경의선	Kyŏngŭisŏn	Gyeonguiseon
經疏	경소	kyŏngso	gyeongso	京仁	경인	Kyŏngin	Gyeongin
庚戌	경술	Kyŏngsul	Gyeongsul	景仁	경인	Kyŏngin	Gyeongin
結繩文	경승문	kyŏlsŭngmun	gyeongseungmun	耕仁	경인	Kyŏngin	Gyeongin
警視廳	경시청	Kyŏngsich'ŏng	Gyeongsicheong	庚子	경자	Kyŏngja	Gyeongja
儆新	경신	Kyŏngsin	Gyeongsin	庚子字	경자자	Kyŏngjacha	Gyeongjaja
敬信	경신	Kyŏngsin	Gyeongsin	耕作權	경작권	kyŏngjakkwŏn	gyeongjakgwon
庚申	경신	Kyŏngsin	Gyeongsin	耕作人	경작인	kyŏngjagin	gyeongjagin
敬庵	경암	Kyŏngam	Gyeongam	更張	경장	kyŏngjang	gyeongjang
敬菴	경암	Kyŏngam	Gyeongam	耕藏設	경장설	kyŏngjangsŏl	gyeongjangseol
慶陽縣	경양현	Kyŏngyang-hyŏn	Gyeongyang-hyeon	敬齋	경재	Kyŏngjae	Gyeongjae
警語	경어	kyŏngŏ	gyeongeo	經齋	경재	kyŏngjae	gyeongjae
境域	경역	kyŏngyŏk	gyeongyeok	競爭	경쟁	kyŏngjaeng	gyeongjaeng
經筵	경연	kyŏngyŏn	gyeongyeon	競爭	경쟁	kyŏngjaeng	gyeongjaeng
競演	경연	kyŏngyŏn	gyeongyeon	競爭國	경쟁국	kyŏngjaengguk	gyeongjaengguk
經營	경영	kyŏngyŏng	gyeongyeong	競爭力	경쟁력	kyŏngjaengnyŏk	gyeongjaengnyeok
経営	경영	kyŏngyŏng	gyeongyeong	經籍	경적	kyŏngjŏk	gyeongjeok
經營力	경영력	kyŏngyŏngnyŏk	gyeongyeongnyeok	經典	경전	kyŏngjŏn	gyeongjeon
經營論	경영론	kyŏngyŏngnon	gyeongyeongnon	經濟	경제	kyŏngje	gyeongje
経営社	경영사	kyŏngyŏngsa	gyeongyeongsa	経済	경제	kyŏngje	gyeongje
經營社	경영사	kyŏngyŏngsa	gyeongyeongsa	経済	경제	kyŏngje	gyeongje
經營史	경영사	kyŏngyŏngsa	gyeongyeongsa	經題	경제	kyŏngje	gyeongje
經營院	경영원	Kyŏngyŏngwŏn	Gyeongyeongwon	経濟	경제	kyŏngje	gyeongje
經營人	경영인	kyŏngyŏngin	gyeongyeongin	經濟觀	경제관	kyŏngjegwan	gyeongjegwan
經營者	경영자	kyŏngyŏngja	gyeongyeongja	經濟圈	경제권	kyŏngjekwŏn	gyeongjegwon
經營學	경영학	kyŏngyŏnghak	gyeongyeonghak	經濟力	경제력	kyŏngjeryŏk	gyeongjeryeok
庚午	경오	Kyŏngo	Gyeongo	經濟論	경제론	kyŏngjeron	gyeongjeron
庚午字	경오자	Kyŏngocha	Gyeongoja	經濟法	경제법	kyŏngjepŏp	gyeongjebeop
瓊玉膏	경옥고	kyŏngokko	gyeongokgo	経済部	경제부	Kyŏngjebu	Gyeongjebu
敬窩	경와	Kyŏngwa	Gyeongwa	經濟史	경제사	kyŏngjesa	gyeongjesa
警友	경우	kyŏngu	gyeongu	經濟人	경제인	kyŏngjein	gyeongjein
境遇	경우	kyŏngu	gyeongu	經濟志	경제지	kyŏngjeji	gyeongjeji
警友會	경우회	kyŏnguhoe	gyeonguhoe	經濟學	경제학	kyŏngjehak	gyeongjehak
景昱	경욱	Kyŏnguk	Gyeonguk	經濟學的	경제학적	kyŏngjehakchŏk	gyeongjehakjeok
慶雲	경운	Kyŏngun	Gyeongun	京兆	경조	kyŏngjo	gyeongjo
慶雲洞	경운동	Kyŏngun-dong	Gyeongun-dong	京兆圖	경조도	kyŏngjodo	gyeongjodo

한자 용례	한글	ALA-LC Romanization	정부 표기안	한자 용례	한글	ALA-LC Romanization	정부 표기안
警鐘	경종	kyŏngjong	gyeongjong	傾向劇	경향극	Kyŏnghyanggŭk	Gyeonghyanggeuk
景宗	경종	Kyŏngjong	Gyeongjong	敬軒	경헌	kyŏnghŏn	gyeongheon
慶州	경주	Kyŏngju	Gyeongju	經驗	경험	kyŏnghŏm	gyeongheom
慶州郡	경주군	Kyŏngju-gun	Gyeongju-gun	經驗方	경험방	kyŏnghŏmbang	gyeongheombang
慶州府	경주부	Kyŏngju-bu	Gyeongju-bu	經驗方	경험방	kyŏnghŏmbang	gyeongheombang
慶州史	경주사	Kyŏngjusa	Gyeongjusa	經驗的	경험적	kyŏnghŏmjŏk	gyeongheomjeok
慶州市	경주시	Kyŏngju-si	Gyeongju-si	經穴	경혈	Kyŏnghyŏl	gyeonghyeol
耕地	경지	kyŏngji	gyeongji	經穴圖	경혈도	kyŏnghyŏlto	gyeonghyeoldo
境地里	경지리	Kyŏngji-ri	Gyeongji-ri	經協	경협	kyŏnghyŏp	gyeonghyeop
耕智社	경지사	Kyŏngjisa	Gyeongjisa	京和社	경화사	Kyŏnghwasa	Gyeonghwasa
京職	경직	kyŏngjik	gyeongjik	慶會樓	경회루	Kyŏnghoeru	Gyeonghoeru
庚辰	경진	Kyŏngjin	Gyeongjin	慶興	경흥	Kyŏnghŭng	Gyeongheung
庚辰年	경진년	Kyŏngjinnyŏn	Gyeongjinnyeon	慶興郡	경흥군	Kyŏnghŭng-gun	Gyeongheung-gun
経集	경집	kyŏngjip	gyeongjip	慶興府	경흥부	Kyŏnghŭng-bu	Gyeongheung-bu
敬差官	경차관	kyŏngch'agwan	gyeongchagwan	慶熙	경희	Kyŏnghŭi	Gyeonghui
慶讚會	경찬회	Kyŏngch'anhoe	Gyeongchanhoe	慶熙宮	경희궁	Kyŏnghŭigung	Gyeonghuigung
警察	경찰	kyŏngch'al	gyeongchal	慶熙大	경희대	Kyŏnghŭidae	Gyeonghuidae
警察局	경찰국	Kyŏngch'alguk	Gyeongchalguk	癸	계	kye	gye
警察權	경찰권	kyŏngch'alkwŏn	gyeongchalgwon	系	계	kye	gye
警察大	경찰대	Kyŏngch'aldae	Gyeongchaldae	械	계	kye	gye
警察史	경찰사	kyŏngch'alsa	gyeongchalsa	契	계	kye	gye
警察署	경찰서	kyŏngch'alsŏ	gyeongchalseo	戒	계	kye	gye
警察廳	경찰청	Kyŏngch'alch'ŏng	Gyeongchalcheong	癸甲	계갑	kyegap	gyegap
警察聽	경찰청	Kyŏngch'alch'ŏng	Gyeongchalcheong	戒經	계경	kyegyŏng	gyegyeong
警察學	경찰학	kyŏngch'arhak	gyeongchalhak	谿谷	계곡	kyegok	gyegok
警策	경책	kyŏngch'aek	gyeongchaek	桂冠	계관	kyegwan	gyegwan
敬天	경천	kyŏngch'ŏn	gyeongcheon	階級	계급	kyegŭp	gyegeup
擎天兒	경천아	kyŏngch'ŏna	gyeongcheona	契機	계기	kyegi	gyegi
經總	경총	Kyŏngch'ong	Gyeongchong	戒女書	계녀서	Kyenyŏsŏ	gyenyeoseo
慶祝	경축	kyŏngch'uk	gyeongchuk	季年	계년	kyenyŏn	gyenyeon
慶祝辭	경축사	kyŏngch'uksa	gyeongchuksa	季年史	계년사	kyenyŏnsa	gyenyeonsa
京春	경춘	Kyŏngch'un	Gyeongchun	階段	계단	kyedan	gyedan
驚蟄	경칩	Kyŏngch'ip	Gyeongchip	階段式	계단식	kyedansik	gyedansik
耕波	경파	Kyŏngp'a	Gyeongpa	計量	계량	kyeryang	gyeryang
京坂	경판	kyŏngp'an	gyeongpan	計量法	계량법	kyeryangpŏp	gyeryangbeop
京板	경판	kyŏngp'an	gyeongpan	啓錄	계록	kyerok	gyerok
鏡浦	경포	Kyŏngp'o	Geongpo	鷄龍	계룡	Kyeryong	Gyeryong
鏡浦臺	경포대	Kyŏngp'odae	Gyeongpodae	鷄龍寺	계룡사	Kyeryongsa	Gyeryongsa
京學	경학	kyŏnghak	gyeonghak	鷄龍山	계룡산	Kyeryongsan	Gyeryongsan
經學	경학	Kyŏnghak	Gyeonghak	鷄林	계림	Kyerim	Gyerim
耕學社	경학사	Kyŏnghaksa	Gyeonghaksa	鷄林路	계림로	Kyerimno	Gyerimno
經學院	경학원	kyŏnghagwŏn	gyeonghagwon	鷄鳴	계명	Kyemyŏng	Gyemyeong
經學的	경학적	Kyŏnghakchŏk	Gyeonghakjeok	啓明	계명	kyemyŏng	gyemyeong
京鄕	경향	Kyŏnghyang	Gyeonghyang	誡命	계명	kyemyŏng	gyemyeong
傾向	경향	kyŏnghyang	gyeonghyang	啓明大	계명대	Kyemyŏngdae	Gyemyeongdae

한자 용례	한글	ALA-LC Romanization	정부 표기안	한자 용례	한글	ALA-LC Romanization	정부 표기안
繼母	계모	kyemo	gyemo	癸酉年	계유년	Kyeyunyŏn	Gyeyunyeon
啓蒙	계몽	kyemong	gyemong	癸酉銘	계유명	Kyeyumyŏng	Gyeyumyeong
啓夢	계몽	kyemong	gyemong	戒律	계율	kyeyul	gyeyul
啓蒙圖	계몽도	kyemongdo	gyemongdo	戒律觀	계율관	kyeyulgwan	gyeyulgwan
啓蒙社	계몽사	Kyemongsa	Gyemongsa	戒律宗	계율종	Kyeyulchong	Gyeyuljong
啓蒙主義	계몽주의	kyemongjuŭi	gyemongjuui	戒逸軒	계일헌	Kyeirhŏn	Gyeilheon
啓蒙誌	계몽지	kyemongji	gyemongji	季節	계절	kyejŏl	gyejeol
癸卯	계묘	Kyemyo	Gyemyo	季節花	계절화	kyejŏrhwa	gyejeolhwa
啓文	계문	kyemun	gyemun	鷄足	계족	kyejok	gyejok
癸未	계미	Kyemi	Gyemi	鷄足山	계족산	Kyejoksan	Gyejoksan
癸未字	계미자	Kyemicha	Gyemija	繼體	계체	kyech'e	gyeche
階伯	계백	Kyebaek	Gyebaek	啓草	계초	kyech'o	gyecho
堦伯	계백	kyebaek	gyebaek	啓礎	계초	kyech'o	gyecho
系譜	계보	kyebo	gyebo	癸丑	계축	Kyech'uk	Gyechuk
系譜的	계보적	kyebojŏk	gyebojeok	癸丑字	계축자	Kyech'ukcha	Gyechukja
戒本	계본	kyebon	gyebon	階層	계층	kyech'ŭng	gyecheung
戒本疏	계본소	kyebonso	gyebonso	系統	계통	kyet'ong	gyetong
繼父	계부	kyebu	gyebu	界品	계품	kyep'um	gyepum
繼妃	계비	kyebi	gyebi	癸亥	계해	Kyehae	Gyehae
繫辭	계사	kyesa	gyesa	溪湖學的	계호학적	Kyehohakchŏk	Gyehohakjeok
繫辭傳	계사전	Kyesajŏn	Gyesajeon	契會圖	계회도	kyehoedo	gyehoedo
桂山	계산	Kyesan	Gyesan	計劃	계획	kyehoek	gyehoek
薊山	계산	Kyesan	Gyesan	計劃區	계획구	kyehoekku	gyehoekgu
計算	계산	kyesan	gyesan	計劃論	계획론	kyehoengnon	gyehoengnon
桂山洞	계산동	Kyesan-dong	Gyesan-dong	計劃法	계획법	kyehoekpŏp	gyehoekbeop
稽山里	계산리	Kyesan-ni	Gyesan-ri	計劃書	계획서	kyehoeksŏ	gyehoekseo
桂山里	계산리	Kyesan-ni	Gyesan-ri	計劃案	계획안	kyehoegan	gyehoegan
啓星	계성	Kyesŏng	Gyeseong	攷	고	ko	go
啓聖	계성	Kyesŏng	gyeseong	告	고	ko	go
繼頌	계송	kyesong	gyesong	考	고	ko	go
桂壽洞	계수동	Kyesu-dong	Gyesu-dong	高	고	ko	go
啓示	계시	kyesi	gyesi	古	고	ko	go
界身足論	계신족론	kyesinjongnon	gyesinjongnon	故	고	ko	go
契約	계약	kyeyak	gyeyak	古家	고가	koga	goga
契約論	계약론	kyeyangnon	gyeyangnon	古歌	고가	koga	goga
契約法	계약법	kyeyakpŏp	gyeyakbeop	古家屋	고가옥	kogaok	gogaok
契約書	계약서	kyeyaksŏ	gyeyakseo	古簡	고간	kogan	gogan
戒嚴	계엄	kyeŏm	gyeeom	古簡札	고간찰	koganch'al	goganchal
戒嚴令	계엄령	kyeŏmnyŏng	gyeeomnyeong	古康洞	고강동	Kogang-dong	Gogang-dong
戒嚴法	계엄법	kyeŏmpŏp	gyeeombeop	古經	고경	kogyŏng	gogyeong
系列	계열	kyeyŏl	gyeyeol	古考	고고	kogo	gogo
桂苑	계원	kyewŏn	gyewon	考古	고고	kogo	gogo
契員	계원	kyewŏn	gyewon	考古部	고고부	Kogobu	Gogobu
桂園	계원	kyewŏn	gyewon	古考學	고고학	kogohak	gogohak
癸酉	계유	Kyeyu	Gyeyu	考古學	고고학	kogohak	gogohak

한자 용례	한글	ALA-LC Romanization	정부 표기안	한자 용례	한글	ALA-LC Romanization	정부 표기안
考古學報	고고학보	kogohakpo	gogohakbo	皐蘭寺	고란사	Koransa	Goransa
考古學史	고고학사	kogohaksa	gogohaksa	考略	고략	koryak	goryak
考古學的	고고학적	kogohakchŏk	gogohakjeok	高麗	고려	Koryŏ	Goryeo
雇工	고공	kogong	gogong	高麗歌	고려가	Koryŏga	Goryeoga
考課	고과	kokwa	gogwa	高麗館	고려관	Koryŏgwan	Goryeogwan
考課法	고과법	kokwapŏp	gogwabeop	高麗國	고려국	Koryŏguk	Goryeoguk
高校	고교	kogyo	gogyo	高麗大	고려대	Koryŏdae	Goryeodae
高句	고구	Kogu	Gogu	高麗圖	고려도	Koryŏdo	Goryeodo
高句麗	고구려	Koguryŏ	Goguryeo	高麗墓	고려묘	Koryŏmyo	Goryeomyo
高句麗碑	고구려비	Koguryŏbi	Goguryeobi	高麗史	고려사	Koryŏsa	Goryeosa
高句麗史	고구려사	Koguryŏsa	Goguryeosa	高麗城	고려성	Koryŏsŏng	Goryeoseong
高句麗人	고구려인	Koguryŏin	Goguryeoin	高麗式	고려식	Koryŏsik	Goryeosik
古宮	고궁	kogung	gogung	高麗樂	고려악	Koryŏak	Goryeoak
古筠	고균	kogyun	gogyun	高麗苑	고려원	Koryŏwŏn	Goryeowon
古今	고금	kogŭm	gogeum	高麗律	고려율	Koryŏyul	Goryeoyul
古今島	고금도	Kogŭmdo	Gogeumdo	高麗葬	고려장	Koryŏjang	Goryeojang
古今島鎭	고금도진	Kogŭmdojin	Gogeumdojin	高麗朝	고려조	Koryŏjo	Goryeojo
古今註	고금주	kogŭmju	gogeumju	高麗志	고려지	Koryŏji	Goryeoji
古今注	고금주	kogŭmju	gogeumju	高麗塔	고려탑	Koryŏt'ap	Goryeotap
高級	고급	kogŭp	gogeup	高麗派	고려파	Koryŏp'a	Goryeopa
古記	고기	kogi	gogi	高靈	고령	Koryŏng	Goryeong
古記錄	고기록	kogirok	gogirok	高齡	고령	koryŏng	goryeong
古南	고남	Konam	Gonam	高靈郡	고령군	Koryŏng-gun	Goryeong-gun
古南里	고남리	Konam-ni	Gonam-ri	高靈誌	고령지	Koryŏngji	Goryeongji
高女	고녀	konyŏ	gonyeo	高靈縣	고령현	Koryŏng-hyŏn	Goryeong-hyeon
苦惱	고뇌	konoe	gonoe	高齡化	고령화	koryŏnghwa	goryeonghwa
孤潭	고담	Kodam	Godam	考錄	고록	korok	gorok
古談	고담	kodam	godam	稿料	고료	koryo	goryo
高談社	고담사	Kodamsa	Godamsa	庫樓	고루	koru	goru
古堂	고당	Kodang	Godang	鼓樓	고루	koru	goru
古唐城	고당성	Kodangsŏng	Godangseong	古流	고류	koryu	goryu
古代	고대	kodae	godae	古輪	고륜	koryun	goryun
高大	고대	Kodae	Godae	高利貸	고리대	koridae	goridae
高垈里	고대리	Kodae-ri	Godae-ri	姑母	고모	komo	gomo
古代史	고대사	kodaesa	godaesa	姑母夫	고모부	komobu	gomobu
古都	고도	kodo	godo	古木	고목	komok	gomok
孤島	고도	kodo	godo	枯木	고목	komok	gomok
高度	고도	kodo	godo	古墓	고묘	komyo	gomyo
古都里	고도리	Kodo-ri	Godo-ri	古武藝	고무예	komuye	gomuye
古都徵	고도징	kodojing	godojing	古文	고문	komun	gomun
高度化	고도화	kodohwa	godohwa	顧問	고문	komun	gomun
孤独	고독	kodok	godok	古文論	고문론	komunnon	gomullon
皷動	고동	kodong	godong	古文書	고문서	komunsŏ	gomunseo
高等	고등	kodŭng	godeung	古文書學	고문서학	komunsŏhak	gomunseohak
高等洞	고등동	Kodŭng-dong	Godeung-dong	古文獻	고문헌	komunhŏn	gomunheon

한자 용례	한글	ALA-LC Romanization	정부 표기안	한자 용례	한글	ALA-LC Romanization	정부 표기안
古美術	고미술	komisul	gomisul	古說話	고설화	kosŏrhwa	goseolhwa
古美術品	고미술품	komisulp'um	gomisulpum	古城	고성	kosŏng	goseong
告發	고발	kobal	gobal	固城	고성	Kosŏng	goseong
古方	고방	kobang	gobang	高城	고성	Kosŏng	Goseong
告白	고백	kobaek	gobaek	高城郡	고성군	Kosŏng-gun	Goseong-gun
古法典	고법전	kobŏpchŏn	gobeopjeon	固城郡	고성군	Kosŏng-gun	Goseong-gun
攷辨	고변	kobyŏn	gobyeon	古城里	고성리	Kosŏng-ni	Goseong-ri
高普	고보	kobo	gobo	固城府	고성부	Kosŏng-bu	Goseong-bu
古本	고본	kobon	gobon	固城邑	고성읍	Kosŏng-ŭp	Goseong-eup
古峰	고봉	Kobong	Gobong	固城縣	고성현	Kosŏng-hyŏn	Goseong-hyeon
高峯	고봉	kobong	gobong	高城縣	고성현	Kosŏng-hyŏn	Goseong-hyeon
高峰	고봉	kobong	gobong	告訴	고소	koso	goso
高烽縣	고봉현	Kobong-hyŏn	Gobong-hyeon	古小說	고소설	kososŏl	gososeol
古阜	고부	Kobu	Gobu	古小說史	고소설사	kososŏlsa	gososeolsa
古阜郡	고부군	Kobu-gun	Gobu-gun	古小說學	고소설학	kososŏrhak	gososeolhak
古墳	고분	kobun	gobun	告訴狀	고소장	kosochang	gosojang
古墳群	고분군	kobun'gun	gobungun	高速	고속	kosok	gosok
古事	고사	kosa	gosa	孤松	고송	Kosong	Gosong
古史	고사	kosa	gosa	枯松亭	고송정	Kosongjŏng	Gosongjeong
古詞	고사	kosa	gosa	古藪里	고수리	Kosu-ri	Gosu-ri
故事	고사	kosa	gosa	高僧	고승	kosŭng	goseung
考查	고사	kosa	gosa	高僧傳	고승전	kosŭngjŏn	goseungjeon
鼓詞	고사	kosa	gosa	告示	고시	kosi	gosi
攷事	고사	kosa	gosa	考試	고시	kosi	gosi
古事記	고사기	Kosagi	Gosagi	古詩	고시	kosi	gosi
古辭典	고사전	kosajŏn	gosajeon	高試	고시	kosi	gosi
考查制	고사제	kosaje	gosaje	古詩歌	고시가	kosiga	gosiga
故事通	고사통	Kosat'ong	Gosatong	考試界	고시계	Kosigye	Gosigye
古山	고산	Kosan	Gosan	考試院	고시원	kosiwŏn	gosiwon
孤山	고산	Kosan	Gosan	考試制	고시제	kosije	gosije
高山	고산	Kosan	Gosan	古時調	고시조	kosijo	gosijo
杲山	고산	Kosan	Gosan	告示集	고시집	kosijip	gosijip
鼓山	고산	Kosan	Gosan	拷訊	고신	kosin	gosin
高山郡	고산군	Kosan-gun	Gosan-gun	古神道	고신도	kosindo	gosindo
高山洞	고산동	Kosan-dong	Gosandong	古新羅	고신라	Kosilla	Gosilla
孤山里	고산리	Kosan-ni	Gosan-ri	高失業	고실업	kosirŏp	gosireop
高山里	고산리	Kosan-ni	Gosan-ri	高氏窟	고씨굴	Kossigul	Gossigul
古山子	고산자	Kosanja	Gosanja	孤兒	고아	koa	goa
孤山亭	고산정	Kosanjŏng	Gosanjeong	古衙洞	고아동	Koa-dong	Goa-dong
高山縣	고산현	Kosan-hyŏn	Gosan-hyeon	孤巖	고암	Koam	Goam
古生代	고생대	kosaengdae	gosaengdae	高野	고야	Koya	Goya
古書	고서	kosŏ	goseo	高陽	고양	Koyang	Goyang
古書籍	고서적	kosŏjŏk	goseojeok	高陽郡	고양군	Koyang-gun	Goyang-gun
古書畵	고서화	kosŏhwa	goseohwa	高陽市	고양시	Koyang-si	Goyang-si
古石器	고석기	kosŏkki	goseokgi	高陽縣	고양현	Koyang-hyŏn	Goyang-hyeon

한자 용례	한글	ALA-LC Romanization	정부 표기안	한자 용례	한글	ALA-LC Romanization	정부 표기안
古語	고어	koŏ	goeo	高敞縣	고창현	Koch'ang-hyŏn	Gochang-hyeon
苦言	고언	koŏn	goeon	古體	고체	koch'e	goche
古屋	고옥	kook	gook	古體詩	고체시	koch'esi	gochesi
雇傭	고용	koyong	goyong	古塚	고총	koch'ong	gochong
孤雲	고운	Koun	Goun	告祝	고축	koch'uk	gochuk
高原	고원	kowŏn	gowon	鼓吹	고취	koch'wi	gochwi
高原郡	고원군	Kowŏn-gun	Gowon-gun	鼓吹樂	고취악	koch'wiak	gochwiak
高位職	고위직	kowijik	gowijik	古宅	고택	kot'aek	gotaek
固有	고유	koyu	goyu	故宅	고택	kot'aek	gotaek
固有色	고유색	koyusaek	goyusaek	故宅址	고택지	kot'aekchi	gotaekji
考異	고이	koi	goi	古板本	고판본	kop'anbon	gopanbon
古印刷	고인쇄	koinswae	goinswae	古版畫	고판화	kop'anhwa	gopanhwa
古蹟	고적	kojŏk	gojeok	高平	고평	kop'yŏng	gopyeong
古迹	고적	kojŏk	gojeok	古風	고풍	kop'ung	gopung
古跡記	고적기	kojŏkki	gojeokgi	古下	고하	koha	goha
古迹記	고적기	kojŏkki	gojeokgi	高學歷	고학력	kohangnyŏk	gohangnyeok
古蹟圖	고적도	kojŏkto	gojeokdo	高學歷化	고학력화	kohangnyŏkhwa	gohangnyeokwa
古典	고전	kojŏn	gojeon	苦學生	고학생	kohaksaeng	gohaksaeng
古典籍	고전적	kojŏnjŏk	gojeonjeok	告合	고합	koham	goham
古典學	고전학	kojŏnhak	gojeonhak	苦行	고행	kohaeng	gohaeng
古鼎	고정	kojŏng	gojeong	苦行錄	고행록	kohaengnok	gohaengnok
固定	고정	kojŏng	gojeong	故鄉	고향	kohyang	gohyang
考定	고정	kojŏng	gojeong	古鄉	고향	kohyang	gohyang
高亭	고정	Kojŏng	Gojeong	古縣內面	고현내면	Kohyŏnnae-myŏn	Gohyeonnae-myeon
古亭	고정	kojŏng	gojeong	古縣里	고현리	Kohyŏn-ni	Gohyeon-ri
高亭里	고정리	Kojŏng-ni	Gojeong-ri	古畫帖	고화첩	kohwach'ŏp	gohwacheop
高祖	고조	Kojo	Gojo	古活字	고활자	kohwalcha	gohwalja
古朝鮮	고조선	Kojosŏn	Gojoseon	古訓	고훈	kohun	gohun
孤存	고존	kojon	gojon	高興	고흥	Kohŭng	Goheung
高宗	고종	Kojong	Gojong	高興郡	고흥군	Kohŭng-gun	Goheung-gun
孤竹	고죽	Kojuk	Gojuk	高興邑	고흥읍	Kohŭng-ŭp	Goheung-eup
攷證	고증	kojŭng	gojeung	古稀	고희	kohŭi	gohui
考證	고증	kojŭng	gojeung	哭	곡	kok	gok
考證學	고증학	kojŭnghak	gojeunghak	曲	곡	kok	gok
古地	고지	koji	goji	曲江樓	곡강루	Kokkangnu	Gokgangnu
高地	고지	koji	goji	曲禮	곡례	kongnye	gongnye
古地圖	고지도	kojido	gojido	曲馬	곡마	kongma	gongma
古地圖	고지도	kojido	gojido	穀物	곡물	kongmul	gongmul
固執	고집	kojip	gojip	谷山	곡산	Koksan	Goksan
考徵	고징	kojing	gojing	谷山郡	곡산군	Koksan-gun	Goksan-gun
古刹	고찰	koch'al	gochal	谷山府	곡산부	Koksan-bu	Goksan-bu
考察	고찰	koch'al	gochal	曲線	곡선	koksŏn	gokseon
高敞	고창	Koch'ang	Gochang	谷城	곡성	Koksŏng	Gokseong
高敞郡	고창군	Koch'ang-gun	Gochang-gun	谷城郡	곡성군	Koksŏng-gun	Gokseong-gun
高唱祭	고창제	Koch'angje	Gochangje	谷城縣	곡성현	Koksŏng-hyŏn	Gokseong-hyeon

한자 용례	한글	ALA-LC Romanization	정부 표기안	한자 용례	한글	ALA-LC Romanization	정부 표기안
曲水亭	곡수정	Koksujŏng	Goksujeong	工具類	공구류	kongguryu	gongguryu
穀食	곡식	koksik	goksik	空軍	공군	konggun	gonggun
谷安里	곡안리	Kogan-ri	Gogan-ri	公貴里	공귀리	Konggwi-ri	Gonggwi-ri
曲藝	곡예	kogye	gogye	共給	공급	konggŭp	gonggeup
穀雨	곡우	kogu	gogu	供給	공급	konggŭp	gonggeup
曲集	곡집	kokchip	gokjip	供給元	공급원	konggŭpwŏn	gonggeubwon
曲筆史	곡필사	kokp'ilsa	gokpilsa	供給處	공급처	konggŭpch'ŏ	gonggeupcheo
坤	곤	kon	gon	供給會	공급회	Konggŭphoe	gonggeuphoe
昆	곤	kon	gon	公企業	공기업	konggiŏp	gonggieop
坤卦	곤괘	kon'gwae	gongwae	空男	공남	Kongnam	gongnam
昆南郡	곤남군	Konnam-gun	Gonnam-gun	貢納	공납	kongnap	gongnap
困敦	곤돈	kondon	gondon	公納	공납	kongnap	gongnap
袞龍袍	곤룡포	kollyongp'o	gollyongpo	貢納制	공납제	kongnapche	gongnapje
昆崙山	곤륜산	Kollyunsan	Gollyunsan	公納制	공납제	kongnapche	gongnapje
昆明	곤명	konmyŏng	gonmyeong	貢女	공녀	kongnyŏ	gongnyeo
壼範	곤범	Konbŏm	Gonbeom	公奴婢	공노비	kongnobi	gongnobi
坤上	곤상	konsang	gonsang	工團	공단	kongdan	gongdan
昆陽郡	곤양군	Konyang-gun	Gonyang-gun	公團	공단	kongdan	gongdan
坤輿圖	곤여도	Konyŏdo	Gonyeodo	工団	공단	kongdan	gongdan
昆池岩	곤지암	Konjiam	Gonjiam	工大	공대	kongdae	gongdae
昆蟲	곤충	konch'ung	gonchung	功德	공덕	kongdŏk	gongdeok
昆蟲類	곤충류	konch'ungnyu	gonchungnyu	功德歌	공덕가	Kongdŏkka	Gongdeokga
骨角器	골각기	kolgakki	golgakgi	功德經	공덕경	Kongdŏkkyŏng	Gongdeokgyeong
滑稽	골계	kolgye	golgye	孔德里	공덕리	Kongdŏng-ni	Gongdeok-ri
滑稽傳	골계전	kolgyejŏn	golgyejeon	功德人	공덕인	kongdŏgin	gongdeogin
骨品制	골품제	kolp'umje	golpumje	公道	공도	kongdo	gongdo
共	공	kong	gong	共同	공동	kongdong	gongdong
功	공	kong	gong	共同體	공동체	kongdongch'e	gongdongche
空間	공간	konggan	gonggan	共樂	공락	kongnak	gongnak
共感	공감	konggam	gonggam	公路	공로	kongno	gongno
公開	공개	konggae	gonggae	公論	공론	kongnon	gongnon
公概念	공개념	konggaenyŏm	gonggaenyeom	公論社	공론사	kongnonsa	gongnonsa
公車文	공거문	konggŏmun	gonggeomun	共立	공립	kongnip	gongnip
恭敬	공경	konggyŏng	gonggyeong	公立	공립	kongnip	gongnip
恭敬歌	공경가	konggyŏngga	gonggyeongga	公立高	공립고	kongnipko	gongnipgo
公告	공고	konggo	gonggo	孔孟學	공맹학	Kong-Maenghak	Gong-Maenghak
工高	공고	konggo	gonggo	公募	공모	kongmo	gongmo
公告文	공고문	konggomun	gonggomun	公募展	공모전	kongmojŏn	gongmojeon
鞏固化	공고화	konggohwa	gonggohwa	公務	공무	kongmu	gongmu
公共	공공	konggong	gonggong	工務局	공무국	kongmuguk	gongmuguk
公共性	공공성	konggongsŏng	gonggongseong	公務員	공무원	kongmuwŏn	gongmuwon
工科	공과	kongkwa	gonggwa	公務員들	공무원들	kongmuwŏndŭl	gongmuwondeul
工科大	공과대	kongkwadae	gonggwadae	公務員法	공무원법	kongmuwŏnpŏp	gongmuwonbeop
公館	공관	konggwan	gonggwan	公文	공문	kongmun	gongmun
工具	공구	konggu	gonggu	公文書館	공문서관	Kongmunsŏgwan	Gongmunseogwan

한자 용례	한글	ALA-LC Romanization	정부 표기안	한자 용례	한글	ALA-LC Romanization	정부 표기안
貢物	공물	kongmul	gongmul	共生	공생	kongsaeng	gongsaeng
公民	공민	kongmin	gongmin	攻城	공성	kongsŏng	gongseong
恭愍	공민	kongmin	gongmin	貢稅里	공세리	Kongse-ri	Gongse-ri
公民證	공민증	kongminchŭng	gongminjeung	共嘯	공소	kongso	gongso
空房	공방	kongbang	gongbang	公孫	공손	Kongson	Gongson
貢房	공방	kongbang	gongbang	攻守	공수	kongsu	gongsu
工房	공방	kongbang	gongbang	空手	공수	kongsu	gongsu
空白	공백	kongbaek	gongbaek	空輸	공수	kongsu	gongsu
公法	공법	kongpŏp	gongbeop	空手道	공수도	kongsudo	gongsudo
貢法	공법	kongpŏp	gongbeop	公須里	공수리	Kongsu-ri	Gongsu-ri
公法學	공법학	kongpŏphak	gongbeopak	恭順	공순	Kongsun	Gongsun
工兵隊	공병대	kongbyŏngdae	gongbyeongdae	公示	공시	kongsi	gongsi
公報	공보	kongbo	gongbo	公式	공식	kongsik	gongsik
共報	공보	kongbo	gongbo	功臣	공신	kongsin	gongsin
公報舘	공보관	kongbogwan	gongbogwan	共新	공신	Kongsin	gongsin
公報官室	공보관실	Kongbogwansil	Gongbogwansil	功臣錄	공신록	kongsinnok	gongsinnok
公報部	공보부	Kongbobu	Gongbobu	功臣田	공신전	kongsinjŏn	gongsinjeon
公報室	공보실	kongbosil	gongbosil	公安	공안	kongan	gongan
公報處	공보처	Kongboch'ŏ	Gongbocheo	公案	공안	kongan	gongan
工夫論	공부론	kongburon	gongburon	公安局	공안국	kongan'guk	gonganguk
孔夫子	공부자	Kongbuja	Gongbuja	公案集	공안집	konganjip	gonganjip
拱北里	공북리	Kongbung-ni	Gongbuk-ri	公約	공약	kongyak	gongyak
共匪	공비	kongbi	gongbi	供養	공양	kongyang	gongyang
空士	공사	Kongsa	Gongsa	供養文	공양문	kongyangmun	gongyangmun
公使	공사	kongsa	gongsa	工業	공업	kongŏp	gongeop
公事	공사	kongsa	gongsa	工業界	공업계	kongŏpkye	gongeopgye
公社	공사	kongsa	gongsa	工業大	공업대	kongŏptae	gongeopdae
工事	공사	kongsa	gongsa	工業体	공업체	kongŏpch'e	gongeopche
公使館	공사관	kongsagwan	gongsagwan	工業化	공업화	kongŏphwa	gongeopwa
公社法	공사법	kongsapŏp	gongsabeop	空如	공여	Kongyŏ	gongyeo
工事誌	공사지	kongsaji	gongsaji	共譯	공역	kongyŏk	gongyeok
公事册	공사책	kongsach'aek	gongsachaek	公演	공연	kongyŏn	gongyeon
公山	공산	kongsan	gongsan	工營	공영	kongyŏng	gongyeong
共産軍	공산군	kongsan'gun	gongsangun	共榮	공영	kongyŏng	gongyeong
共産圈	공산권	kongsankwŏn	gongsangwon	公營	공영	kongyŏng	gongyeong
共産圈	공산권	kongsankwŏn	gongsangwon	工藝	공예	kongye	gongye
共産黨	공산당	Kongsandang	Gongsandang	工芸	공예	kongye	gongye
共産黨	공산당	Kongsandang	Gongsandang	工藝家	공예가	kongyega	gongyega
共産黨史	공산당사	Kongsandangsa	Gongsandangsa	工藝館	공예관	kongyegwan	gongyegwan
公山城	공산성	Kongsansŏng	Gongsanseong	工藝品	공예품	kongyep'um	gongyepum
共産主義	공산주의	kongsanjuŭi	gongsanjuui	工藝學	공예학	kongyehak	gongyehak
共産主義者	공산주의자	kongsanjuŭija	gongsanjuuija	共用	공용	kongyong	gongyong
共産主義者	공산주의자	kongsanjuŭija	gongsanjuuija	公員	공원	kongwŏn	gongwon
共産主義者들	공산주의자들	kongsanjuŭijadŭl	gongsanjuuijadeul	公園	공원	kongwŏn	gongwon
工商	공상	kongsang	gongsang	公園化	공원화	kongwŏnhwa	gongwonhwa

한자 용례	한글	ALA-LC Romanization	정부 표기안	한자 용례	한글	ALA-LC Romanization	정부 표기안
公有地	공유지	kongyuji	gongyuji	公職	공직	kongjik	gongjik
功蔭田	공음전	kongŭmjŏn	gongeumjeon	公職者	공직자	kongjikcha	gongjikja
公議	공의	kongŭi	gongui	孔昌	공창	Kongch'ang	Gongchang
公議會	공의회	kongŭihoe	gonguihoe	公娼	공창	kongch'ang	gongchang
公益	공익	kongik	gongik	公娼制	공창제	kongch'angje	gongchangje
貢人	공인	kongin	gongin	公採	공채	kongch'ae	gongchae
公認	공인	kongin	gongin	公薦	공천	kongch'ŏn	gongcheon
工人	공인	kongin	gongin	共青團	공청단	Kongch'ŏngdan	Gongcheongdan
公人	공인	kongin	gongin	公聽會	공청회	kongch'ŏnghoe	gongcheonghoe
公子	공자	Kongja	Gongja	公廳會	공청회	kongch'ŏnghoe	gongcheonghoe
孔子	공자	Kongja	Gongja	空超	공초	Kongch'o	Gongcho
孔子廟	공자묘	Kongjamyo	Gongjamyo	供出	공출	kongch'ul	gongchul
孔子學	공자학	Kongjahak	Gongjahak	供託	공탁	kongt'ak	gongtak
孔雀	공작	kongjak	gongjak	供託法	공탁법	kongt'akpŏp	gongtakbeop
工作	공작	kongjak	gongjak	共通	공통	kongt'ong	gongtong
公爵	공작	kongjak	gongjak	公派	공파	kongp'a	gongpa
孔雀館	공작관	Kongjakkwan	Gongjakgwan	公判	공판	kongp'an	gongpan
工作團	공작단	kongjaktan	gongjakdan	孔版社	공판사	Kongp'ansa	Gongpansa
工作員	공작원	kongjagwŏn	gongjagwon	共編	공편	kongp'yŏn	gongpyeon
控帳	공장	kongjang	gongjang	共編著	공편저	kongp'yŏnjŏ	gongpyeonjeo
工匠	공장	kongjang	gongjang	貢弊	공폐	kongp'ye	gongpye
工場	공장	kongjang	gongjang	工学	공학	konghak	gonghak
工場法	공장법	kongjangpŏp	gongjangbeop	工學	공학	konghak	gonghak
恭齋	공재	kongjae	gongjae	工學科	공학과	konghakkwa	gonghakgwa
共著	공저	kongjŏ	gongjeo	工學會	공학회	konghakhoe	gonghakoe
公的	공적	kongchŏk	gongjeok	空港	공항	konghang	gonghang
工典	공전	kongjŏn	gongjeon	空港化	공항화	konghanghwa	gonghanghwa
工專	공전	kongjŏn	gongjeon	公害	공해	konghae	gonghae
工程	공정	kongjŏng	gongjeong	貢獻	공헌	konghŏn	gongheon
公正性	공정성	kongjŏngsŏng	gongjeongseong	貢獻度	공헌도	konghŏndo	gongheondo
共濟	공제	kongje	gongje	共和	공화	konghwa	gonghwa
共濟會	공제회	kongjehoe	gongjehoe	共和國	공화국	konghwaguk	gonghwaguk
共助	공조	kongjo	gongjo	共和国	공화국	konghwaguk	gonghwaguk
工曹	공조	kongjo	gongjo	共和黨	공화당	Konghwadang	Gonghwadang
共助會	공조회	kongjohoe	gongjohoe	共和制	공화제	konghwaje	gonghwaje
共存	공존	kongjon	gongjon	共和主義	공화주의	konghwajuŭi	gonghwajuui
公主	공주	kongju	gongju	恐慌	공황	konghwang	gonghwang
公州	공주	Kongju	Gongju	公會	공회	konghoe	gonghoe
公州郡	공주군	Kongju-gun	Gongju-gun	公會堂	공회당	konghoedang	gonghoedang
公主宮	공주궁	kongjugung	gongjugung	功勳	공훈	konghun	gonghun
公州牧	공주목	Kongju-mok	Gongju-mok	功勳錄	공훈록	konghunnok	gonghullok
公州市	공주시	Kongju-si	Gongju-si	功勳史	공훈사	konghunsa	gonghunsa
公州邑	공주읍	Kongju-ŭp	Gongju-eup	串	곶	kot	got
公州縣	공주현	Kongju-hyŏn	Gongju-hyeon	科客	과객	kwagaek	gwagaek
空紙	공지	kongji	gongji	過客	과객	kwagaek	gwagaek

한자 용례	한글	ALA-LC Romanization	정부 표기안	한자 용례	한글	ALA-LC Romanization	정부 표기안
科擧	과거	kwagŏ	gwageo	郭山	곽산	Kwaksan	Gwaksan
過去	과거	kwagŏ	gwageo	郭山郡	곽산군	Kwaksan-gun	Gwaksan-gun
科擧	과거	kwagŏ	gwageo	藿憂錄	곽우록	Kwagurok	Gwagurok
科擧法	과거법	kwagŏpŏp	gwageobeop	冠	관	kwan	gwan
過去史	과거사	kwagŏsa	gwageosa	官	관	kwan	gwan
科擧制	과거제	kwagŏje	gwageoje	棺	관	kwan	gwan
科技院	과기원	Kwagiwŏn	Gwagiwon	關	관	kwan	gwan
課農	과농	kwanong	gwanong	館閣詩	관각시	kwan'gaksi	gwangaksi
科名	과명	kwamyŏng	gwamyeong	灌漑	관개	kwan'gae	gwangae
科目	과목	kwamok	gwamok	管見	관견	kwan'gyŏn	gwangyeon
科榜	과방	kwabang	gwabang	觀經	관경	kwan'gyŏng	gwangyeong
寡婦	과부	kwabu	gwabu	關界	관계	kwan'gye	gwangye
寡婦歌	과부가	kwabuga	gwabuga	関係	관계	kwan'gye	gwangye
課稅	과세	kwase	gwase	官階	관계	kwan'gye	gwangye
科業	과업	kwaŏp	gwaeop	關係	관계	kwan'gye	gwangye
科場	과장	kwajang	gwajang	關係論	관계론	kwan'gyeron	gwangyeron
科田	과전	kwajŏn	gwajeon	關係網	관계망	kwan'gyemang	gwangyemang
科田法	과전법	kwajŏnpŏp	gwajeonbeop	關係法	관계법	kwan'gyepŏp	gwangyebeop
課程	과정	kwajŏng	gwajeong	關係史	관계사	kwan'gyesa	gwangyesa
過程	과정	kwajŏng	gwajeong	関係史	관계사	kwan'gyesa	gwangyesa
瓜亭	과정	kwajŏng	gwajeong	關係者	관계자	kwan'gyeja	gwangyeja
過庭錄	과정록	Kwajŏngnok	Gwajeongnok	官公學	관공학	kwan'gonghak	gwangonghak
過程論	과정론	kwajŏngnon	gwajeongnon	棺槨	관곽	kwan'gwak	gwangwak
過程史	과정사	kwajŏngsa	gwajeongsa	観光	관광	kwan'gwang	gwangwang
過程學	과정학	kwajŏnghak	gwajeonghak	觀光	관광	kwan'gwang	gwangwang
課題	과제	kwaje	gwaje	觀光法	관광법	kwan'gwangpŏp	gwangwangbeop
果川	과천	Kwach'ŏn	Gwacheon	觀光學	관광학	kwan'gwanghak	gwangwanghak
果川郡	과천군	Kwach'ŏn-gun	Gwacheon-gun	管區	관구	kwan'gu	gwangu
果川市	과천시	Kwach'ŏn-si	Gwacheon-si	官給	관급	kwan'gŭp	gwangeup
果川縣	과천현	Kwach'ŏn-hyŏn	Gwacheon-hyeon	官妓	관기	kwan'gi	gwangi
科學	과학	kwahak	gwahak	關南	관남	kwannam	gwannam
科学	과학	kwahak	gwahak	關內	관내	kwannae	gwannae
科學館	과학관	kwahakkwan	gwahakgwan	管內	관내	kwannae	gwannae
科學大	과학대	kwahaktae	gwahakdae	觀念	관념	kwannyŏm	gwannyeom
科學徒	과학도	kwahakto	gwahakdo	觀念史	관념사	kwannyŏmsa	gwannyeomsa
科學部	과학부	Kwahakpu	Gwahakbu	觀念史的	관념사적	kwannyŏmsajŏk	gwannyeomsajeok
科學史	과학사	kwahaksa	gwahaksa	觀念的	관념적	kwannyŏmjŏk	gwannyeomjeok
科學院	과학원	Kwahagwŏn	Gwahagwon	官奴	관노	kwanno	gwanno
科學者	과학자	kwahakcha	gwahakja	觀德洞	관덕동	Kwandŏk-tong	Gwandeok-dong
科學的	과학적	kwahakchŏk	gwahakjeok	関東	관동	Kwandong	Gwandong
科學化	과학화	kwahakhwa	gwahakwa	關東	관동	Kwandong	Gwandong
科學會	과학회	kwahakhoe	gwahakoe	關東史	관동사	Kwandongsa	Gwandongsa
科解	과해	kwahae	gwahae	觀瀾	관란	Kwallan	Gwallan
過化	과화	kwahwa	gwahwa	關聯	관련	kwallyŏn	gwallyeon
郭	곽	kwak	gwak	關聯性	관련성	kwallyŏnsŏng	gwallyeonseong

한자 용례	한글	ALA-LC Romanization	정부 표기안	한자 용례	한글	ALA-LC Romanization	정부 표기안
冠禮	관례	kwallye	gwallye	管城錄	관성록	Kwansŏngnok	Gwanseongnok
官僚	관료	kwallyo	gwallyo	觀世	관세	kwanse	gwanse
官僚權	관료권	kwallyokwŏn	gwallyogwon	關稅	관세	kwanse	gwanse
官僚制	관료제	kwallyoje	gwallyoje	關稅局	관세국	Kwanseguk	Gwanseguk
官僚制	관료제	kwallyoje	gwallyoje	関稅局	관세국	Kwanseguk	Gwanseguk
官僚制論	관료제론	kwallyojeron	gwallyojeron	關稅率	관세율	kwanseyul	gwanseyul
官僚制說	관료제설	kwallyojesŏl	gwallyojeseol	関稅率	관세율	kwanseyul	gwanseyul
官僚主義	관료주의	kwallyojuŭi	gwallyojuui	觀世音	관세음	kwanseŭm	gwanseeum
官吏	관리	kwalli	gwalli	觀水里	관수리	Kwansu-ri	Gwansu-ri
管理	관리	kwalli	gwalli	觀水集	관수집	Kwansujip	Gwansujip
管理局	관리국	kwalliguk	gwalliguk	慣習	관습	kwansŭp	gwanseup
管理論	관리론	kwalliron	gwalliron	慣習法	관습법	kwansŭppŏp	gwanseupbeop
管理法	관리법	kwallipŏp	gwallibeop	觀心釋	관심석	kwansimsŏk	gwansimseok
管理士	관리사	kwallisa	gwallisa	官衙	관아	kwana	gwana
管理室	관리실	kwallisil	gwallisil	宮衙	관아	kunga	gwana
管理業	관리업	kwalliŏp	gwallieop	觀我齋	관아재	Kwanajae	Gwanajae
管理者	관리자	kwallija	gwallija	冠岳	관악	kwanak	gwanak
管理廳	관리청	kwallich'ŏng	gwallicheong	冠岳寺	관악사	Kwanaksa	Gwanaksa
管理學	관리학	kwallihak	gwallihak	冠岳山	관악산	Kwanaksan	Gwanaksan
官立	관립	kwallip	gwallip	冠嶽山	관악산	Kwanaksan	Gwanaksan
冠帽	관모	kwanmo	gwanmo	官案	관안	kwanan	gwanan
觀門寺	관문사	Kwanmunsa	Gwanmunsa	冠巖	관암	Kwanam	Gwanam
關彌	관미	Kwanmi	Gwanmi	冠陽	관양	kwanyang	gwanyang
關防	관방	kwanbang	gwanbang	館譯語	관역어	kwanyŏgŏ	gwanyeogeo
關防史	관방사	kwanbangsa	gwanbangsa	關羽	관우	Kwanu	Gwanu
觀法	관법	kwanpŏp	gwanbeop	關羽廟	관우묘	Kwanumyo	Gwanumyo
官報	관보	kwanbo	gwanbo	關友會	관우회	Kwanuhoe	Gwanuhoe
冠服	관복	kwanbok	gwanbok	觀優戲	관우희	kwanuhŭi	gwanuhui
官服	관복	kwanbok	gwanbok	關雲	관운	Kwanun	Gwanun
關釜	관부	Kwan-Pu	Gwan-Pu	關雲長	관운장	Kwanunjang	Gwanunjang
官府	관부	kwanbu	gwanbu	官員	관원	kwanwŏn	gwanwon
官府圖	관부도	kwanbudo	gwanbudo	觀音	관음	kwanŭm	gwaneum
關北	관북	Kwanbuk	Gwanbuk	觀音經	관음경	kwanŭmgyŏng	gwaneumgyeong
関北	관북	kwanbuk	gwanbuk	觀音圖	관음도	kwanŭmdo	gwaneumdo
官史	관사	kwansa	gwansa	觀音里	관음리	Kwanŭm-ni	Gwaneum-ri
關山	관산	Kwansan	Gwansan	觀音寺	관음사	Kwanŭmsa	gwaneumsa
冠山里	관산리	Kwansan-ni	Gwansan-ri	觀音像	관음상	kwanŭmsang	gwaneumsang
管山城	관산성	Kwansansŏng	Gwansanseong	觀音庵	관음암	Kwanŭmam	Gwaneumam
觀相	관상	kwansang	gwansang	觀音殿	관음전	Kwanŭmjŏn	Gwaneumjeon
觀象	관상	kwansang	gwansang	觀音宗	관음종	kwanŭmjong	gwaneumjong
觀象監	관상감	Kwansanggam	Gwansanggam	官人	관인	kwanin	gwanin
觀相學	관상학	kwansanghak	gwansanghak	官長	관장	Kwanjang	gwanjang
關西	관서	Kwansŏ	Gwanseo	觀点	관점	kwanchŏm	gwanjeom
官署志	관서지	kwansŏji	gwanseoji	觀點	관점	kwanchŏm	gwanjeom
管城	관성	Kwansŏng	Gwanseong	灌頂	관정	Kwanjŏng	Gwanjeong

한자 용례	한글	ALA-LC Romanization	정부 표기안	한자 용례	한글	ALA-LC Romanization	정부 표기안
官制	관제	kwanje	gwanje	廣陵	광릉	Kwangnŭng	Gwangneung
官職	관직	kwanjik	gwanjik	光陵	광릉	Kwangnŭng	Gwangneung
官撰	관찬	kwanch'an	gwanchan	光明	광명	kwangmyŏng	gwangmyeong
觀察	관찰	kwanch'al	gwanchal	光明殿	광명전	Kwangmyŏngjŏn	Gwangmyeongjeon
觀察府	관찰부	kwanch'albu	gwanchalbu	光明化	광명화	kwngmyŏnghwa	gwangmyeonghwa
觀察使	관찰사	kwanch'alsa	gwanchalsa	光廟	광묘	Kwangmyo	Gwangmyo
觀察誌	관찰지	kwanch'alji	gwanchalji	光武	광무	Kwangmu	Gwangmu
官廳	관청	kwanch'ŏng	gwancheong	光武帝	광무제	Kwangmuje	Gwangmuje
關草	관초	kwanch'o	gwancho	光文	광문	Kwangmun	Gwangmun
貫通	관통	kwant'ong	gwantong	光文閣	광문각	Kwangmun'gak	Gwangmungak
觀瀑圖	관폭도	kwanp'okto	gwanpokdo	光文社	광문사	Kwangmunsa	Gwangmunsa
關하여	관하여	kwanhayŏ	gwanhayeo	廣文社	광문사	Kwangmunsa	Gwangmunsa
官學	관학	kwanhak	gwanhak	光文會	광문회	Kwangmunhoe	Gwangmunhoe
館學	관학	kwanhak	gwanhak	鑛物	광물	kwangmul	gwangmul
官學生	관학생	kwanhaksaeng	gwanhaksaeng	廣報	광보	kwangbo	gwangbo
館學生	관학생	kwanhaksaeng	gwanhaksaeng	光復	광복	kwangbok	gwangbok
關한	관한	kwanhan	gwanhan	光復軍	광복군	Kwangbokkun	Gwangbokgun
関한	관한	kwanhan	gwanhan	光復團	광복단	Kwangboktan	Gwangbokdan
慣行	관행	kwanhaeng	gwanhaeng	光復論	광복론	kwangbongnon	gwangbongnon
觀行	관행	kwanhaeng	gwanhaeng	光復節	광복절	Kwangbokchŏl	Gwangbokjeol
管絃樂	관현악	kwanhyŏnak	gwanhyeonak	光復志	광복지	Kwangbokchi	Gwangbokji
冠婚	관혼	kwanhon	gwanhon	光復會	광복회	Kwangbokhoe	Gwangbokoe
冠昏	관혼	kwanhon	gwanhon	廣佛	광불	kwangbul	gwangbul
冠昏禮	관혼례	kwanhollye	gwanhollye	鑛山	광산	kwangsan	gwangsan
官話	관화	kwanhwa	gwanhwa	鑛山局	광산국	kwangsan'guk	gwangsanguk
館後里	관후리	Kwanhu-ri	Gwanhu-ri	光山郡	광산군	Kwangsan-gun	Gwangsan-gun
寬勳	관훈	Kwanhun	Gwanhun	光産業	광산업	kwangsanŏp	gwangsaneop
寬懃	관훈	Kwanhun	Gwanhun	鑛山學	광산학	kwangsanhak	gwangsanhak
寬勳洞	관훈동	Kwanhun-dong	Gwanhun-dong	光山縣	광산현	Kwangsan-hyŏn	Gwangsan-hyeon
灌畦志	관휴지	Kwanhyuji	Gwanhyuji	鑛床	광상	kwangsang	gwangsang
光	광	kwang	gwang	光宣	광선	Kwangsŏn	gwangseon
廣開土	광개토	Kwanggaet'o	Gwanggaeto	廣成	광성	Kwangsŏng	Gwangseong
廣開土境	광개토경	Kwanggaet'gyong	Gwanggaetogyeong	廣成洞	광성동	Kwangsŏng-dong	Gwangseong-dong
廣敬	광경	Kwanggyŏng	Gwanggyeong	曠菴	광암	Kwangam	Gwangam
廣告	광고	kwanggo	gwanggo	廣岩洞	광암동	Kwangam-dong	Gwangam-dong
廣攷	광고	kwanggo	gwanggo	光巖寺	광암사	Kwangamsa	Gwangamsa
廣告人	광고인	kwanggoin	gwanggoin	曠野	광야	kwangya	gwangya
鑛工業	광공업	kwanggongŏp	gwanggongeop	光陽	광양	Kwangyang	Gwangyang
鑛區	광구	kwanggu	gwanggu	光陽郡	광양군	Kwangyang-gun	Gwangyang-gun
廣記	광기	kwanggi	gwanggi	光陽湾	광양만	Kwangyangman	Gwangyangman
廣德洞	광덕동	Kwangdŏk-tong	Gwangdeok-dong	光陽市	광양시	Kwangyang-si	Gwangyang-si
光德齋	광덕재	Kwangdŏkchae	Gwangdeokjae	光陽港	광양항	Kwangyanghang	Gwangyanghang
光東	광동	kwangdong	gwangdong	光陽縣	광양현	Kwangyang-hyŏn	Gwangyang-hyeon
廣梁灣	광량만	Kwangnyangman	Gwangnyangman	鑛業	광업	kwangŏp	gwangeop
光令里	광령리	Kwangnyŏng-ni	Gwangnyeong-ri	鑛業令	광업령	kwangŏmnyŏng	gwangeomnyeong

한자 용례	한글	ALA-LC Romanization	정부 표기안	한자 용례	한글	ALA-LC Romanization	정부 표기안
鑛業法	광업법	kwangŏppŏp	gwangeopbeop	掛佛圖	괘불도	kwaebuldo	gwaebuldo
廣域	광역	kwangyŏk	gwangyeok	掛佛幀	괘불탱	kwaebult'aeng	gwaebultaeng
廣域市	광역시	kwangyŏksi	gwangyeoksi	掛佛畵	괘불화	kwaeburhwa	gwaebulhwa
廣禮覽	광예람	Kwangyeram	Gwangyeram	掛書	괘서	kwaesŏ	gwaeseo
匡祐堂	광우당	Kwangudang	Gwangudang	掛石里	괘성리	Kwaesŏng-ni	Gwaeseong-ri
光云	광운	Kwangun	Gwangun	掛鞭堂	괘편당	Kwaep'yŏndang	Gwaepyeondang
廣儀里	광의리	Kwangŭi-ri	Gwangui-ri	槐潭	괴담	Koedam	Goedam
狂人	광인	kwangin	gwangin	怪談	괴담	koedam	goedam
狂人들	광인들	kwangindŭl	gwangindeul	傀儡	괴뢰	koeroe	goeroe
光一	광일	Kwangil	Gwangil	傀儡軍	괴뢰군	koeroegun	goeroegun
狂子	광자	kwangja	gwangja	槐山	괴산	Koesan	Goesan
廣場	광장	kwangjang	gwangjang	槐山郡	괴산군	Koesan-gun	Goesan-gun
廣濟	광제	Kwangje	Gwangje	怪獸	괴수	koesu	goesu
廣濟院	광제원	Kwangjewŏn	Gwangjewon	槐市里	괴시리	Koesi-ri	Goesi-ri
光祖	광조	Kwangjo	Gwangjo	槐亭洞	괴정동	Koejŏng-dong	Goejeong-dong
光宗	광종	Kwangjong	Gwangjong	怪疾	괴질	koejil	goejil
廣州	광주	Kwangju	Gwangju	槐軒	괴헌	Koehŏn	Goeheon
光州	광주	Kwangju	Gwangju	僑	교	kyo	gyo
広州郡	광주군	Kwangju-gun	Gwangju-gun	校監	교감	kyogam	gyogam
廣州郡	광주군	Kwangju-gun	Gwangju-gun	校勘	교감	kyogam	gyogam
光州郡	광주군	Kwangju-gun	Gwangju-gun	校勘本	교감본	kyogambon	gyogambon
光州牧	광주목	Kwangju-mok	Gwangju-mok	敎界	교계	kyogye	gyogye
廣州牧	광주목	Kwangju-mok	Gwangju-mok	敎科	교과	kyogwa	gyogwa
光州府	광주부	Kwangju-bu	Gwangju-bu	敎科	교과	kyogwa	gyogwa
光州史	광주사	Kwangjusa	Gwangjusa	敎科書	교과서	kyogwasŏ	gyogwaseo
廣州市	광주시	Kwangju-si	Gwangju-si	敎科書	교과서	kyogwasŏ	gyogwaseo
光州市	광주시	Kwangju-si	Gwangju-si	敎科用	교과용	kyogwayong	gyogwayong
光振	광진	Kwangjin	Gwangjin	敎官	교관	kyogwan	gyogwan
廣川	광천	kwangch'ŏn	Gwangcheon	敎區	교구	kyogu	gyogu
廣川里	광천리	Kwangch'ŏn-ni	Gwangcheon-ri	敎區	교구	kyogu	gyogu
廣平	광평	Kwangp'yŏng	Gwangpyeong	敎区史	교구사	kyogusa	gyogusa
光學	광학	kwanghak	gwanghak	敎區史	교구사	kyogusa	gyogusa
廣學	광학	kwanghak	gwanghak	校宮記	교궁기	kyogunggi	gyogunggi
廣學社	광학사	Kwanghaksa	Gwanghaksa	嶠南	교남	kyonam	gyonam
廣寒樓	광한루	Kwanghallu	Gwanghallu	敎團	교단	kyodan	gyodan
廣寒樓記	광한루기	Kwanghallugi	Gwanghallugi	敎團	교단	kyodan	gyodan
光海	광해	kwanghae	gwanghae	敎団史	교단사	kyodansa	gyodansa
鑛害	광해	kwanghae	gwanghae	敎堂	교당	kyodang	gyodang
光海州	광해주	Kwanghaeju	Gwanghaeju	敎大	교대	kyodae	gyodae
光化門	광화문	Kwanghwamun	Gwanghwamun	交代	교대	kyodae	gyodae
光曉	광효	Kwanghyo	Gwanghyo	矯導	교도	kyodo	gyodo
光熙門	광희문	Kwanghŭimun	Gwanghimun	敎導	교도	kyodo	gyodo
卦	괘	kwae	gwae	敎導隊	교도대	kyododae	gyododae
掛	괘	kwae	gwae	喬桐	교동	Kyodong	Gyodong
掛佛	괘불	kwaebul	gwaebul	校洞	교동	Kyo-dong	Gyo-dong

한자 용례	한글	ALA-LC Romanization	정부 표기안	한자 용례	한글	ALA-LC Romanization	정부 표기안
喬桐郡	교동군	Kyodong-gun	Gyodong-gun	教授官	교수관	kyosugwan	gyosugwan
喬桐縣	교동현	Kyodong-hyŏn	Gyodong-hyeon	教授法	교수법	kyosupŏp	gyosubeop
橋梁	교량	kyoryang	gyoryang	教授案	교수안	kyosuan	gyosuan
教鍊	교련	kyoryŏn	gyoryeon	教授用	교수용	kyosuyong	gyosuyong
教鍊官	교련관	kyoryŏn'gwan	gyoryeongwan	絞首刑	교수형	kyosuhyŏng	gyosuhyeong
教鍊廳	교련청	Kyoryŏnch'ŏng	Gyoryeoncheong	教室	교실	kyosil	gyosil
交流	교류	kyoryu	gyoryu	教室	교실	kyosil	gyosil
交流史	교류사	kyoryusa	gyoryusa	校案	교안	kyoan	gyoan
教理	교리	kyori	gyori	教案	교안	kyoan	gyoan
教理圖	교리도	kyorido	gyorido	教養	교양	kyoyang	gyoyang
交隣	교린	kyorin	gyorin	教養	교양	kyoyang	gyoyang
交隣志	교린지	kyorinji	gyorinji	教養本	교양본	kyoyangbon	gyoyangbon
教林	교림	Kyorim	Gyorim	教養人	교양인	kyoyangin	gyoyangin
教命	교명	kyomyŏng	gyomyeong	校譯	교역	kyoyŏk	gyoyeok
教務院	교무원	Kyomuwŏn	Gyomuwon	校閲	교열	kyoyŏl	gyoyeol
教文社	교문사	Kyomunsa	Gyomunsa	教王經	교왕경	kyowanggyŏng	gyowanggyeong
教文社	교문사	Kyomunsa	Gyomunsa	教外	교외	kyooe	gyooe
僑民	교민	kyomin	gyomin	交友	교우	kyou	gyou
僑民團	교민단	kyomindan	gyomindan	交友論	교우론	kyouron	gyouron
教坊	교방	kyobang	gyobang	教友社	교우사	Kyousa	Gyousa
教坊	교방	kyobang	gyobang	教友社	교우사	Kyousa	Gyousa
教坊鼓	교방고	Kyobanggo	Gyobanggo	教友村	교우촌	kyouch'on	gyouchon
教範	교범	kyobŏm	gyobeom	校友會	교우회	kyouhoe	gyouhoe
教範	교범	kyobŏm	gyobeom	教員	교원	kyowŏn	gyowon
教保	교보	Kyobo	Gyobo	教員	교원	kyowŏn	gyowon
教本	교본	kyobon	gyobon	教員大	교원대	kyowŏndae	gyowondae
交付	교부	kyobu	gyobu	校院誌	교원지	kyowŏnji	gyowonji
交付稅	교부세	kyobuse	gyobuse	教員會	교원회	kyowŏnhoe	gyowonhoe
教師	교사	kyosa	gyosa	交遊	교유	kyoyu	gyoyu
教師	교사	kyosa	gyosa	教育	교육	kyoyuk	gyoyuk
教師用	교사용	kyosayong	gyosayong	教育	교육	kyoyuk	gyoyuk
蛟山	교산	Kyosan	Gyosan	教育界	교육계	kyoyukkyue	gyoyukgye
校生	교생	kyosaeng	gyosaeng	教育科	교육과	kyoyukkwa	gyoyukgwa
教書	교서	kyosŏ	gyoseo	教育館	교육관	kyoyukkwan	gyoyukgwan
校書館	교서관	Kyosŏgwan	Gyoseogwan	教育局	교육국	kyoyukkuk	gyoyukguk
教書抄	교서초	kyosŏch'o	gyoseocho	教育隊	교육대	kyoyuktae	gyoyukdae
教書會	교서회	kyosŏhoe	gyoseohoe	教育論	교육론	kyoyungnon	gyoyungnon
校釋	교석	kyosŏk	gyoseok	教育法	교육법	kyoyukpŏp	gyoyukbeop
教禪	교선	kyosŏn	gyoseon	教育部	교육부	Kyoyukpu	Gyoyukbu
交涉	교섭	kyosŏp	gyoseop	教育費	교육비	kyoyukpi	gyoyukbi
交涉史	교섭사	kyosŏpsa	gyoseopsa	教育史	교육사	kyoyuksa	gyoyuksa
校成里	교성리	Kyosŏng-ni	Gyoseong-ri	教育史	교육사	kyoyuksa	gyoyuksa
絞首	교수	kyosu	gyosu	教育社	교육사	Kyoyuksa	gyoyuksa
教授	교수	kyosu	gyosu	教育省	교육성	Kyoyuksŏng	Gyoyukseong
教授	교수	kyosu	gyosu	教育者	교육자	kyoyukcha	gyoyukja

한자 용례	한글	ALA-LC Romanization	정부 표기안	한자 용례	한글	ALA-LC Romanization	정부 표기안
教育廳	교육청	Kyoyukch'ŏng	Gyoyukcheong	交河	교하	Kyoha	Gyoha
教育學	교육학	kyoyukhak	gyoyukak	交河郡	교하군	Kyoha-gun	Gyoha-gun
教育學	교육학	kyoyukhak	gyoyukak	交河里	교하리	Kyoha-ri	Gyoha-ri
教育學的	교육학적	kyoyukhakchŏk	gyoyukakjeok	交河縣	교하현	Kyoha-hyŏn	Gyoha-hyeon
教育會	교육회	Kyoyukhoe	Gyoyukoe	教學	교학	kyohak	gyohak
教育會	교육회	kyoyukhoe	gyoyukoe	教學	교학	kyohak	gyohak
郊隱	교은	Kyoŭn	Gyoeun	校合	교합	kyohap	gyohap
教音社	교음사	Kyoŭmsa	Gyoeumsa	橋項里	교항리	Kyohang-ni	Gyohang-ri
教義	교의	kyoŭi	gyoui	交響	교향	kyohyang	gyohyang
教儀	교의	kyoŭi	gyoui	交響樂	교향악	kyohyangak	gyohyangak
教人	교인	kyoin	gyoin	絞刑	교형	kyohyŏng	gyohyeong
教藏	교장	kojang	gyojang	教化	교화	kyohwa	gyohwa
校長	교장	kyojang	gyojang	教化所	교화소	kyohwaso	gyohwaso
敎長	교장	kyojang	gyojang	交換	교환	kyohwan	gyohwan
教材	교재	kyojae	gyojae	交換局	교환국	kyohwan'guk	gyohwanguk
教材	교재	kyojae	gyojae	教誨	교회	kyohoe	gyohoe
教典	교전	kyojŏn	gyojeon	教會	교회	kyohoe	gyohoe
交戰	교전	kyojŏn	gyojeon	教會報	교회보	kyohoebo	gyohoebo
校點	교점	kyojŏm	gyojeom	教會史	교회사	kyohoesa	gyohoesa
校正	교정	kyojŏng	gyojeong	教會史	교회사	kyohoesa	gyohoesa
校訂	교정	kyojŏng	gyojeong	教訓	교훈	kyohun	gyohun
矯正	교정	kyojŏng	gyojeong	教訓	교훈	kyohun	gyohun
教程	교정	kyojŏng	gyojeong	教訓歌	교훈가	kyohun'ga	gyohunga
教宗	교종	kyojong	gyojong	口	구	ku	gu
校注	교주	kyoju	gyoju	句	구	ku	gu
校註	교주	kyoju	gyoju	舊	구	ku	gu
校註本	교주본	kyojubon	gyojubon	具	구	Ku	gu
教旨	교지	kyoji	gyoji	九	구	ku	gu
教職科	교직과	kyojikkwa	gyojikgwa	久	구	ku	gu
交叉	교차	kyoch'a	gyocha	舊家庭	구가정	kugajŏng	gugajeong
交遞	교체	kyoch'e	gyoche	區間	구간	kugan	gugan
校村里	교촌리	Kyoch'on-ni	Gyochon-ri	口腔	구강	kugang	gugang
教總	교총	Kyoch'ong	gyochong	口訣	구결	kugyŏl	gugyeol
教總	교총	Kyoch'ong	Gyochong	口訣文	구결문	kugyŏlmun	gugyeolmun
交通	교통	kyot'ong	gyotong	九經	구경	kugyŏng	gugyeong
交通局	교통국	Kyot'ongguk	gyotongguk	九曲	구곡	kugok	gugok
交通量	교통량	kyot'ongnyang	gyotongnyang	九曲歌	구곡가	kugokka	gugokga
交通路	교통로	kyot'ongno	gyotongno	九曲圖	구곡도	Kugokto	Gugokdo
交通部	교통부	Kot'ongbu	Gyotongbu	九曲帖	구곡첩	Kugokch'ŏp	Gugokcheop
交通史	교통사	kyot'ongsa	gyotongsa	舊官	구관	kugwan	gugwan
交通省	교통성	Kyot'ongsŏng	gyotongseong	九九歌	구구가	kuguga	guguga
交通學	교통학	kyot'onghak	gyotonghak	救國	구국	kuguk	guguk
教派	교파	kyop'a	gyopa	救國隊	구국대	kuguktae	gugukdae
教判論	교판론	kyop'annon	gyopallon	救急	구급	kugŭp	gugeup
僑胞	교포	kyop'o	gyopo	救急方	구급방	kugŭppang	gugeupbang

한자 용례	한글	ALA-LC Romanization	정부 표기안	한자 용례	한글	ALA-LC Romanization	정부 표기안
舊基里	구기리	Kugi-ri	Gugi-ri	九峰	구봉	Kubong	Gubong
九堂	구당	kudang	gudang	九鳳	구봉	Kubong	Gubong
久堂	구당	kudang	gudang	龜峰	구봉	Kubong	Gubong
舊唐書	구당서	kudangsŏ	gudangseo	九鳳里	구봉리	Kubong-ni	Gubong-ri
九大	구대	kudae	gudae	區分	구분	kubun	gubun
構圖	구도	kudo	gudo	區分法	구분법	kubunpŏp	gubunbeop
求道	구도	kudo	gudo	口碑	구비	kubi	gubi
舊東洋	구동양	kudongyang	gudongyang	仇史郡	구사군	Kusa-gun	Gusa-gun
俱樂部	구락부	kurakpu	gurakbu	九思堂	구사당	Kusadang	Gusadang
俱楽部	구락부	kurakpu	gurakbu	俱舍論	구사론	kusaron	gusaron
九朗窟	구랑굴	Kunanggul	Guranggul	龜山	구산	Kusan	Kusan
九禮	구례	kurye	gurye	九山	구산	kusan	gusan
求禮	구례	Kurye	Gurye	龜山洞	구산동	Kusan-dong	Gusan-dong
求禮郡	구례군	Kurye-gun	Gurye-gun	九山里	구산리	Kusan-ni	Gusan-ri
求禮縣	구례현	Kurye-hyŏn	Gurye-hyeon	龜山縣	구산현	Kusan-hyŏn	Gusan-hyeon
九龍	구룡	kuryong	guryong	舊三國	구삼국	Kusamguk	Gusamguk
九龍江	구룡강	Kuryonggang	Guryonggang	舊三國史	구삼국사	Kusamguksa	Gusamguksa
九龍橋	구룡교	Kuryonggyo	Guryonggyo	求償	구상	kusang	gusang
九龍里	구룡리	Kuryong-ni	Guryong-ri	具象	구상	kusang	gusang
拘留	구류	kuryu	guryu	構想	구상	kusang	gusang
丘陵地	구릉지	kurŭngji	gureungji	具相論	구상론	kusangnon	gusangnon
九里市	구리시	Kuri-si	Guri-si	具相論的	구상론적	kusangnonjŏk	gusangnonjeok
鳩林里	구림리	Kurim-ni	Gurim-ri	久瑞洞	구서동	Kusŏ-dong	Guseo-dong
九萬	구만	kuman	guman	舊石器	구석기	kusŏkki	guseokgi
購買	구매	kumae	gumae	九選	구선	kusŏn	guseon
究明	구명	kumyŏng	gumyeong	龜船	구선	kusŏn	guseon
救明	구명	kumyŏng	gumyeong	九星	구성	Kusŏng	Guseong
口文	구문	kumun	gumun	龜城	구성	Kusŏng	Guseong
構文	구문	kumun	gumun	九城	구성	kusŏng	guseong
構文論	구문론	kumunnon	gumunnon	構成	구성	kusŏng	guseong
歐文社	구문사	Kumunsa	Gumunsa	龜城郡	구성군	Kusŏng-gun	Guseong-gun
歐美	구미	Kumi	Gumi	九城洞	구성동	Kusŏng-dong	Guseong-dong
九美	구미	kumi	gumi	構成體	구성체	kusŏngch'e	guseongche
龜尾	구미	Kumi	Gumi	構成學	구성학	kusŏnghak	guseonghak
龜尾市	구미시	Kumi-si	Gumi-si	救世	구세	kuse	guse
九美亭	구미정	Kumijŏng	Gumijeong	救世軍	구세군	Kusegun	Gusegun
九尾狐	구미호	kumiho	gumiho	舊小說	구소설	kusosŏl	gusoseol
救民	구민	kumin	gumin	拘束	구속	kusok	gusok
究旻社	구민사	Kuminsa	Guminsa	口述	구술	kusul	gusul
求法	구법	kubŏp	gubeop	求是	구시	kusi	gusi
句法	구법	kupŏp	gubeop	求心	구심	kusim	gusim
求法僧	구법승	kubŏpsŭng	gubeopseung	求心力	구심력	kusimnyŏk	gusimnyeok
丘甫	구보	Kubo	Gubo	口心書	구심서	kusimsŏ	gusimseo
舊譜	구보	kubo	gubo	舊衙里	구아리	Kua-ri	Gua-ri
仇甫	구보	Kubo	Gubo	久菴	구암	Kuam	Guam

한자 용례	한글	ALA-LC Romanization	정부 표기안	한자 용례	한글	ALA-LC Romanization	정부 표기안
鳩岩洞	구암동	Kuam-dong	Guam-dong	歐洲	구주	Kuju	Guju
鳩巖洞	구암동	Kuam-dong	Guam-dong	久之	구지	Kuji	guji
龜巖里	구암리	Kuam-ni	Guam-ri	仇知	구지	Kuji	Guji
狗邪國	구야국	Kuyaguk	Guyaguk	區誌	구지	kuji	guji
口語	구어	kuŏ	gueo	求智	구지	Kuji	Guji
九於里	구어리	Kuŏ-ri	Gueo-ri	求智面	구지면	Kuji-myŏn	Guji-myeon
區域	구역	kuyŏk	guyeok	久澄	구징	Kujing	gujing
区域	구역	kuyŏk	guyeok	龜川	구천	Kuch'ŏn	Gucheon
區域會	구역회	kuyŏkhoe	guyeokoe	區廳	구청	kuch'ŏng	gucheong
龜淵	구연	Kuyŏn	Guyeon	求請	구청	kuch'ŏng	gucheong
舊屋	구옥	kuok	guok	具體	구체	kuch'e	guche
舊王宮	구왕궁	kuwanggung	guwanggung	具體的	구체적	kuch'ejŏk	guchejeok
九容	구용	Kuyong	Guyong	具體化	구체화	kuch'ehwa	guchehwa
九雲	구운	Kuun	Guun	具塚	구총	kuch'ong	guchong
九雲夢	구운몽	Kuunmong	Gu⊠ong	構築	구축	kuch'uk	guchuk
救援	구원	kuwŏn	guwon	九層	구층	kuch'ŭng	gucheung
九月	구월	Kuwŏl	Guwol	九層塔	구층탑	kuch'ŭngt'ap	gucheungtap
九月山	구월산	Kuwŏlsan	Guwolsan	拘置	구치	kuch'i	guchi
仇乙縣	구을현	Kuŭr-hyŏn	Gueul-hyeon	拘置所	구치소	kuch'iso	guchiso
口音	구음	kuŭm	gueum	舊宅	구택	kut'aek	gutaek
九宜	구의	Kuŭi	Guui	舊派	구파	kup'a	gupa
九宜洞	구의동	Kuŭi-dong	Guui-dong	舊坪里	구평리	Kup'yŏng-ni	Gupyeong-ri
九二	구이	kui	gui	鷗浦	구포	Kup'o	Gupo
拘引	구인	kuin	guin	龜浦	구포	Kup'o	Gupo
九人	구인	kuin	guin	鷗浦公	구포공	Kup'ogong	Gupogong
九人會	구인회	Kuinhoe	Guinhoe	九品	구품	kup'um	gupum
九一	구일	kuil	guil	九品階	구품계	kup'umgye	gupumgye
九一集	구일집	Kuilchip	Guiljip	口諷貼	구풍첩	kup'ungch'ŏp	gupungcheop
九潛里	구잠리	Kujam-ni	Gujam-ri	九河	구하	Kuha	Guha
舊藏	구장	kujang	gujang	龜何歌	구하가	Kuhaga	Guhaga
舊藏本	구장본	kujangbon	gujangbon	舊韓國	구한국	kuhan'guk	guhanguk
口傳	구전	kujŏn	gujeon	句解	구해	kuhae	guhae
救濟	구제	kuje	guje	具現	구현	kuhyŏn	guhyeon
舊制	구제	kuje	guje	救護	구호	kuho	guho
舊制度	구제도	kujedo	gujedo	口號	구호	kuho	guho
救助	구조	kujo	gujo	九湖洞	구호동	Kuho-dong	Guho-dong
構造	구조	kujo	gujo	救活	구활	kuhwal	guhwal
舊助羅里	구조라리	Kujora-ri	Gujora-ri	舊活字	구활자	kuhwalcha	guhwalja
構造論	구조론	kujoron	gujoron	舊活字本	구활자본	kuhwalchabon	guhwaljabon
構造的	구조적	kujojŏk	gujojeok	救荒	구황	kuhwang	guhwang
構造主義	구조주의	kujojuŭi	gujojuui	九黃里	구황리	Kuhwang-ni	Guhwang-ri
具足	구족	Kujok	gujok	救荒方	구황방	kuhwangbang	guhwangbang
具足戒	구족계	kujokkye	gujokgye	救恤	구휼	kuhyul	guhyul
舊左	구좌	Kujwa	Gujwa	救恤穀	구휼곡	kuhyulgok	guhyulgok
				菊	국	kuk	guk

한자 용례	한글	ALA-LC Romanization	정부 표기안	한자 용례	한글	ALA-LC Romanization	정부 표기안
國	국	kuk	guk	國務院	국무원	Kungmuwŏn	Gugmuwon
國歌	국가	kukka	gukga	國文	국문	kungmun	gungmun
國家	국가	kukka	gukga	國文論	국문론	kungmunnon	gungmullon
國家觀	국가관	kukkagwan	gukgagwan	國文法	국문법	kungmunpŏp	gungmunbeop
國家說	국가설	kukkasŏl	gukgaseol	國文學	국문학	kungmunhak	gungmunhak
國岡	국강	Kukkang	gukgang	国文學	국문학사	kungmunhak	gungmunhaksa
國岡上	국강상	Kukkangsang	gukgangsang	國文學史	국문학사	kungmunhaksa	gungmunhaksa
國岡上	국강상	kukkangsang	gukgangsang	國文學的	국문학적	kungmunhakchŏk	gungmunhakjeok
國格	국격	kukkyŏk	gukgyeok	國民	국민	kungmin	gungmin
國經	국경	kukkyŏng	gukgyeong	國民課	국민과	Kungminkwa	Gungmingwa
國境	국경	kukkyŏng	gukgyeong	國民黨	국민당	Kungmindang	Gungmindang
國鏡	국경	kukkyŏng	gukgyeong	國民大	국민대	Kungmindae	Gungmindae
國境史	국경사	kukkyŏngsa	gukgyeongsa	國民報	국민보	kungminbo	gungminbo
國慶日	국경일	kukkyŏngil	gukgyeongil	國民服	국민복	kungminbok	gungminbok
國庫	국고	kukko	gukgo	國民葬	국민장	kungminjang	gungminjang
國公有地	국공유지	kukkongyuji	gukgongyuji	國民座	국민좌	kungminjwa	gungminjwa
國校	국교	kukkyo	gukgyo	國民會	국민회	kungminhoe	gungminhoe
國交	국교	kukkyo	gukgyo	國防	국방	kukpang	gukbang
国軍	국군	Kukkun	gukgun	國防論	국방론	kukpangnon	gukbangnon
國軍	국군	Kukkun	Gukgun	國防部	국방부	Kukpangbu	Gukbangbu
國劇	국극	kukkŭk	gukgeuk	國防史	국방사	kukpangsa	gukbangsa
國劇社	국극사	kukkŭksa	gukgeuksa	國防省	국방성	Kukpangsŏng	Gukbangseong
國記	국기	kukki	gukgi	局報	국보	kukpo	gukbo
國難	국난	kungnan	gungnan	國寶	국보	kukpo	gukbo
國內	국내	kungnae	gungnae	國寶級	국보급	kukpogŭp	gukbogeup
國內	국내	kungnae	gungnae	國保法	국보법	Kukpopŏp	Gukbobeop
國內法	국내법	kungnaepŏp	gungnaebeop	國保委	국보위	Kukpowi	Gukbowi
國內法的	국내법적	kungnaepŏpchŏk	gungnaebeopjeok	國富	국부	kukpu	gukbu
國內城	국내성	Kungnaesŏng	Gungnaeseong	國富論	국부론	kukpuron	gukburon
國內外	국내외	kungnaeoe	gungnaeoe	國賓	국빈	kukpin	gukbin
國老	국노	Kungno	gungno	國事	국사	kuksa	guksa
菊唐草文	국당초문	kuktangch'omun	gukdangchomun	國師	국사	kuksa	guksa
國大	국대	kuktae	gukdae	國史	국사	kuksa	guksa
國圖	국도	kukto	gukdo	國師堂	국사당	Kuksadang	Guksadang
國道	국도	kukto	gukdo	國師碑	국사비	Kuksabi	Guksabi
國都	국도	kukto	gukdo	國司院	국사원	Kugsawŏn	Guksawon
國力	국력	kungnyŏk	gungnyeok	國師殿	국사전	Kuksajŏn	Guksajeon
國論	국론	kungnon	gungnon	國師集	국사집	kuksajip	guksajip
國利	국리	kungni	gungni	國産	국산	kuksan	guksan
國立	국립	kungnip	gungnip	國喪	국상	kuksang	guksang
國立大	국립대	kungniptae	gungnipdae	國書	국서	kuksŏ	gukseo
局面	국면	kungmyŏn	gungmyeon	國仙	국선	kuksŏn	gukseon
國舞	국무	kungmu	gungmu	國仙道	국선도	Kuksŏndo	Gukseondo
國務	국무	kungmu	gungmu	國仙徒	국선도	kuksŏndo	gukseondo
國巫	국무	kungmu	gungmu	國稅	국세	kukse	gukse

한자 용례	한글	ALA-LC Romanization	정부 표기안	한자 용례	한글	ALA-LC Romanization	정부 표기안
國粹	국수	kuksu	guksu	國政	국정	kukchŏng	gukjeong
國粹主義	국수주의	kuksujuŭi	guksujuui	國定	국정	kukchŏng	gukjeong
麴醇	국순	kuksun	guksun	國際	국제	kukche	gukje
國術	국술	kuksul	guksul	國際大	국제대	Kukchedae	Gukjedae
國是	국시	kuksi	guksi	國際法	국제법	kukchepŏp	gukjebeop
國樂	국악	kugak	gugak	國際部	국제부	kukchebu	gukjebu
國樂器	국악기	kugakki	gugakgi	國際語	국제어	kukcheŏ	gukjeeo
國樂院	국악원	Kugagwŏn	Gugagwon	國際的	국제적	kukchejŏk	gukjejeok
國樂祭	국악제	kugakche	gugakje	國際主義	국제주의	kukchejuŭi	gukjejuui
國樂學	국악학	kugakhak	gugakak	國際板	국제판	kukchep'an	gukjepan
國樂會	국악회	kugakhoe	gugakoe	國際化	국제화	kukchehwa	gukjehwa
鞫案	국안	kugan	gugan	國祖	국조	kukcho	gukjo
国語	국어	kugo	gugeo	國朝	국조	kukcho	gukjo
國語	국어	Kugŏ	Gugeo	國尊	국존	kukchon	gukjon
國語科	국어과	Kugŏkwa	Gugeogwa	國債	국채	kukch'ae	gukchae
國語本	국어본	Kugŏbon	Gugeobon	國策	국책	kukch'aek	gukchaek
國語史	국어사	Kugŏsa	Gugeosa	國鐵	국철	kukch'ŏl	gukcheol
國語學	국어학	Kugŏhak	Gugeohak	國恥	국치	kukch'i	gukchi
國語學的	국어학적	Kugŏhakchŏk	Gugeohakjeok	國恥日	국치일	kukch'iil	gukchiil
國譯	국역	kugyŏk	gugyeok	國土	국토	kukt'o	gukto
國譯本	국역본	kugyŏkpon	gugyeokbon	國土研	국토연	Kukt'oyŏn	Guktoyeon
國營	국영	kugyŏng	gugyeong	國統	국통	kukt'ong	guktong
國榮	국영	kugyŏng	gugyeong	國統調	국통조	Kukt'ongjo	Guktongjo
國王	국왕	kugwang	gugwang	菊坡	국파	Kukp'a	Gukpa
國外	국외	kugoe	gugoe	國學	국학	kukhak	gukak
國運	국운	kugun	gugun	國學院	국학원	kukhagwŏn	gukagwon
國原	국원	Kugwŏn	Gugwon	國學派	국학파	kukhakp'a	gukakpa
國原京	국원경	Kugwŏn'gyŏng	Gugwongyeong	國漢	국한	Kuk-Han	Guk-Han
國原城	국원성	Kugwŏnsŏng	Gugwonseong	國漢文	국한문	Kuk-Hanmun	Guk-Hanmun
國有	국유	kugyu	gugyu	國漢文體	국한문체	Kuk-Hanmunch'e	Guk-Hanmunche
菊隱	국은	Kugŭn	Gugeun	國魂	국혼	kukhon	gukon
國益	국익	kugik	gugik	國婚	국혼	kukhon	gukon
國一	국일	kugil	gugil	菊花	국화	kukhwa	gukwa
國子	국자	kukcha	gukja	國花	국화	kukhwa	gukwa
國子監	국자감	Kukchagam	Gukjagam	菊花圖	국화도	kukhwado	gukwado
國字論	국자론	kukcharon	gukjaron	菊花酒	국화주	kukhwaju	gukwaju
國子生	국자생	kukchasaeng	gukjasaeng	國會	국회	Kukhoe	Gukoe
國子學	국자학	kukchahak	gukjahak	國會法	국회법	Kukhoepŏp	Gukoebeop
國葬	국장	kukchang	gukjang	群	군	kun	gun
國長生	국장생	kukchangsaeng	gukjangsaeng	君	군	kun	gun
國賊	국적	kukchŏk	gukjeok	軍	군	kun	gun
國籍	국적	kukchŏk	gukjeok	郡谷里	군곡리	Kun'gong-ni	Gungok-ri
國籍船隊	국적선대	kukchŏksŏndae	gukjeokseondae	軍官	군관	kun'gwan	gungwan
國籍船社	국적선사	kukchŏksŏnsa	gukjeokseonsa	軍國	군국	kun'guk	gunguk
國展	국전	kukchŏn	gukjeon	軍國主義	군국주의	kun'gukchuŭi	gungukjuui

한자 용례	한글	ALA-LC Romanization	정부 표기안	한자 용례	한글	ALA-LC Romanization	정부 표기안
軍團	군단	kundan	gundan	軍役稅	군역세	kunyŏkse	gunyeokse
軍談	군담	kundam	gundam	軍役制	군역제	kunyŏkche	gunyeokje
軍隊	군대	kundae	gundae	軍營	군영	kunyŏng	gunyeong
軍隊化	군대화	kundaehwa	gundaehwa	軍營制	군영제	kunyŏngje	gunyeongje
群島	군도	kundo	gundo	群玉	군옥	kunok	gunok
群落	군락	kullak	gullak	軍用	군용	kunyong	gunyong
軍亂	군란	kullan	gullan	群雄	군웅	kunung	gunung
軍糧	군량	kullyang	gullyang	軍威	군위	Kunwi	Gunwi
軍糧米	군량미	kullyangmi	gullyangmi	軍威郡	군위군	Kunwi-gun	Gunwi-gun
軍令	군령	kullyŏng	gullyeong	軍威縣	군위현	Kunwi-hyŏn	Gunwi-hyeon
軍令權	군령권	kullyŏngkwŏn	gullyeonggwon	軍律	군율	kullyul	gunyul
軍禮	군례	kullye	gullye	郡邑誌	군읍지	kunŭpchi	guneupji
軍禮樂	군례악	kullyeak	gullyeak	軍人	군인	kunin	gunin
郡立	군립	kullip	gullip	軍人田	군인전	kuninjŏn	guninjeon
軍馬	군마	kunma	gunma	軍人會	군인회	Kuninhoe	Guninhoe
群舞	군무	kunmu	gunmu	君子	군자	kunja	gunja
軍門	군문	kunmun	gunmun	君子國	군자국	kunjaguk	gunjaguk
郡民會	군민회	kunminhoe	gunminhoe	君子里	군자리	Kunja-ri	Gunja-ri
軍閥	군벌	kunbŏl	gunbeol	君子面	군자면	Kunja-myŏn	Gunja-myeon
軍法	군법	kunpŏp	gunbeop	軍籍	군적	kunjŏk	gunjeok
軍部	군부	kunbu	gunbu	軍田	군전	kunjŏn	gunjeon
軍備	군비	kunbi	gunbi	軍政	군정	kunjŏng	gunjeong
軍師	군사	kunsa	gunsa	軍政官	군정관	kunjŏnggwan	gunjeonggwan
郡史	군사	kunsa	gunsa	軍政期	군정기	kunjŏnggi	gunjeonggi
軍事	군사	kunsa	gunsa	軍政法	군정법	kunjŏngpŏp	gunjeongbeop
軍史	군사	kunsa	gunsa	郡政史	군정사	kunjŏngsa	gunjeongsa
軍士	군사	kunsa	gunsa	軍政聽	군정청	Kunjŏngch'ŏng	Gunjeongcheong
軍事力	군사력	kunsaryŏk	gunsaryeok	軍政廳	군정청	Kunjŏngch'ŏng	Gunjeongcheong
軍事類	군사류	kunsaryu	gunsaryu	軍制	군제	kunje	gunje
軍事史	군사사	kunsasa	gunsasa	軍制史	군제사	kunjesa	gunjesa
軍事的	군사적	kunsajŏk	gunsajeok	郡主	군주	kunju	gunju
軍事學	군사학	kunsahak	gunsahak	君主	군주	kunju	gunju
群山	군산	Kunsan	Gunsan	郡誌	군지	kunji	gunji
群山中	군산중	Kunsanjung	Gunsanjung	郡志	군지	kunji	gunji
群像	군상	kunsang	gunsang	軍鎭	군진	kunjin	gunjin
群像들	군상들	kunsangdŭl	gunsangdeul	群集	군집	kunjip	gunjip
郡書	군서	kunsŏ	gunseo	軍縮	군축	kunch'uk	gunchuk
軍需	군수	kunsu	gunsu	軍縮論	군축론	kunch'ungnon	gunchungnon
郡守	군수	kunsu	gunsu	軍浦	군포	Kunp'o	Gunpo
軍守	군수	Kunsu	Gunsu	軍浦市	군포시	Kunp'o-si	Gunpo-si
軍守里	군수리	Kunsu-ri	Gunsu-ri	郡縣	군현	kunhyŏn	gunhyeon
君臣	군신	kunsin	gunsin	窟	굴	kul	gul
軍樂	군악	kunak	gunak	堀起	굴기	kulgi	gulgi
軍樂隊	군악대	kunaktae	gunakdae	掘佛寺	굴불사	Kulbulsa	Gulbulsa
軍役	군역	kunyŏk	gunyeok	掘浦川	굴포천	Kulp'och'ŏn	Gulpocheon

한자 용례	한글	ALA-LC Romanization	정부 표기안	한자 용례	한글	ALA-LC Romanization	정부 표기안
弓	궁	kung	gung	卷末	권말	kwŏnmal	gwonmal
宮	궁	kung	gung	卷末記	권말기	kwŏnmalgi	gwonmalgi
宮家	궁가	kungga	gungga	卷未	권미	kwŏnmi	gwonmi
宮闕	궁궐	kunggwŏl	gunggwol	券番	권번	kwŏnbŏn	gwonbeon
宮闕志	궁궐지	kunggwŏlji	gunggwolji	勸善	권선	kwŏnsŏn	gwonseon
宮內	궁내	kungnae	gungnae	勸善文	권선문	kwŏnsŏnmun	gwonseonmun
宮內府	궁내부	Kungnaebu	Gungnaebu	卷首	권수	kwŏnsu	gwonsu
宮內廳	궁내청	Kungnaech'ŏng	Gungnaecheong	勸業	권업	kwŏnŏp	gwoneop
宮女	궁녀	kungnyŏ	gungnyeo	圈域	권역	kwŏnyŏk	gwonyeok
宮奴	궁노	kungno	gungno	圈域別	권역별	kwŏnyŏkpyŏl	gwonyeokbyeol
宮奴婢	궁노비	kungnobi	gungnobi	權原	권원	kwŏnwŏn	gwonwon
窮理	궁리	kungni	gungni	卷子本	권자본	kwŏnjabon	gwonjabon
宮門	궁문	kungmun	gungmun	勸酒	권주	kwŏnju.	gwonju
宮房	궁방	kungbang	gungbang	勸酒歌	권주가	kwŏnjuga	gwonjuga
弓山里	궁산리	Kungsan-ni	Gungsan-ri	拳銃	권총	kwŏnch'ong	gwonchong
弓手	궁수	kungsu	gungsu	拳銃形	권총형	kwŏnch'onghyŏng	gwonchonghyeong
弓術	궁술	kungsul	gungsul	卷軸	권축	kwŏnch'uk	gwonchuk
弓矢	궁시	kungsi	gungsi	卷軸裝	권축장	kwŏnch'ukchang	gwonchukjang
宮室	궁실	kungsil	gungsil	卷七	권칠	kwŏnch'il	gwonchil
宮人	궁인	kungin	gungin	拳鬪	권투	kwŏnt'u	gwontu
宮牆址	궁장지	Kungjangji	Gungjangji	勸學	권학	kwŏnhak	gwonhak
宮殿	궁전	kungjŏn	gungjeon	闕內	궐내	kwŏllae	gwollae
宮廷	궁정	kungjŏng	gungjeong	闕圖	궐도	kwŏlto	gwoldo
宮庭	궁정	kungjŏng	gungjeong	闕城郡	궐성군	Kwŏlsŏng-gun	Gwolseong-gun
宮井	궁정	kungjŏng	gungjeong	几	궤	kwe	gwe
宮井洞	궁정동	Kungjŏng-dong	Gungjeongdong	軌範	궤범	kwebŏm	gwebeom
宮調	궁조	kungjo	gungjo	几杖	궤장	kwejang	gwejang
宮中	궁중	kungjung	gungjung	几杖圖	궤장도	kwejangdo	gwejangdo
宮中畵	궁중화	kungjunghwa	gungjunghwa	龜鑑	귀감	kwigam	gwigam
宮址	궁지	kungji	gungji	龜甲	귀갑	kwigam	gwigap
宮坪里	궁평리	Kungp'yŏng-ni	Gungpyeong-ri	龜甲文	귀갑문	kwigammun	gwigammun
宮合	궁합	kunghap	gunghap	歸國	귀국	kwiguk	gwiguk
宮合論	궁합론	kunghamnon	gunghamnon	歸農	귀농	kwinong	gwinong
宮合法	궁합법	kunghappŏp	gunghapbeop	歸來亭	귀래정	Kwiraejŏng	Gwiraejeong
宮墟址	궁허지	kunghŏchi	gungheoji	歸路	귀로	kwiro	gwiro
弓會	궁회	kunghoe	gunghoe	鬼面	귀면	kwimyŏn	gwimyeon
圈	권	kwŏn	gwon	鬼面瓦	귀면와	kwimyŏnwa	gwimyeonwa
捲	권	kwŏn	gwon	貴妃	귀비	kwibi	gwibi
券	권	kwŏn	gwon	貴山洞	귀산동	Kwisan-dong	Gwisan-dong
卷	권	kwŏn	gwon	貴山里	귀산리	Kwisan-ni	Gwisan-ri
勸農	권농	kwŏnnong	gwonnongji	歸省	귀성	kwisŏng	gwiseong
捲堂	권당	kwŏndang	gwondang	龜城府	귀성부	Kwisŏng-bu	Gwiseong-bu
權力	권력	kwŏllyŏk	gwollyeok	歸屬	귀속	kwisok	gwisok
權力型	권력형	kwŏllyŏkhyŏng	gwollyeokyeong	歸順	귀순	kwisun	gwisun
權利	권리	kwŏlli	gwolli	鬼神	귀신	kwisin	gwisin

한자 용례	한글	ALA-LC Romanization	정부 표기안	한자 용례	한글	ALA-LC Romanization	정부 표기안
鬼室	귀실	kwisil	gwisil	菌	균	kyun	gyun
歸依	귀의	kwiŭi	gwiui	菌類	균류	kyunnyu	gyullyu
貴人	귀인	kwiin	gwiin	均如	균여	kyunyŏ	gyunyeo
貴逸里	귀일리	Kwiil-li	Gwiil-ri	均如派	균여파	kyunyŏp'a	gyunyeopa
龜亭	귀정	Kwijŏng	Gwijeong	均役法	균역법	kyunyŏkpŏp	gyunyeokbeop
貴族	귀족	kwijok	gwijok	均衡	균형	kyunhyŏng	gyunhyeong
貴族院	귀족원	kwijogwŏn	gwijogwon	均衡性	균형성	kyunhyŏngsŏng	gyunhyeongseong
貴族制	귀족제	kwijokche	gwijokje	橘林	귤림	Kyullim	Gyullim
貴族制論	귀족제론	kwijokcheron	gwijokjeron	橘園	귤원	Kyurwŏn	Gyurwon
貴族制說	귀족제설	Kwijokchesŏl	gwijokjeseol	橘亭公派	귤정공파	Kyulchŏnggongp'a	Gyuljeonggongpa
貴重本	귀중본	kwijungbon	gwijungbon	極	극	kŭk	geuk
歸着	귀착	kwich'ak	gwichak	克己	극기	kŭkki	geukgi
龜海	귀해	Kwihae	Gwihae	劇團	극단	kŭktan	geukdan
歸鄉	귀향	kwihyang	gwihyang	扐堂	극당	kŭktang	geukdang
歸化	귀화	kwihwa	gwihwa	極大化	극대화	kŭktaehwa	geukdaehwa
歸化所	귀화소	kwihwaso	gwihwaso	極東	극동	Kŭktong	Geukdong
歸化語	귀화어	kwihwaŏ	gwihwaeo	極樂	극락	kŭngnak	geungnak
歸化人	귀화인	kwihwain	gwihwain	極樂寺	극락사	Kŭngnaksa	Geungnaksa
歸還	귀환	kwihwan	gwihwan	極樂庵	극락암	Kŭngnagam	Geungnagam
規格	규격	kyugyŏk	gyugyeok	極樂殿	극락전	Kŭngnakchŏn	Geungnakjeon
葵堂	규당	Kyudang	Gyudang	克服	극복	kŭkpok	geukbok
規例	규례	kyurye	gyurye	劇本	극본	kŭkpon	geukbon
規模	규모	kyumo	gyumo	極祕	극비	kŭkpi	geukbi
規模化	규모화	kyumohwa	gyumohwa	劇研	극연	kŭgyŏn	geugyeon
閨房	규방	kyubang	gyubang	劇研座	극연좌	kŭgyŏnjwa	geugyeonjwa
閨秀	규수	kyusu	gyusu	劇藝術	극예술	kŭngyesul	geungnyesul
圭菴	규암	Kyuam	Gyuam	劇藝術學	극예술학	kŭngyesurhak	geungnyesulhak
規約	규약	kyuyak	gyuyak	克日	극일	kŭgil	geugil
閨壺	규온	kyugon	gyuon	劇場	극장	kŭkchang	geukjang
揆園	규원	kyuwŏn	gyuwon	極限	극한	kŭkhan	geukan
閨怨	규원	kyuwŏn	gyuwon	劇協	극협	Kŭkhŏp	Geukhyeop
規律	규율	kyuyul	gyuyul	極刑	극형	kŭkhyŏng	geukyeong
奎章閣	규장각	Kyujanggak	Gyujanggak	根據	근거	kŭn'gŏ	geungeo
奎章閣志	규장각지	Kyujanggakchi	Gyujanggakji	近古文選	근고문선	kŭn'gomunsŏn	geungomunseon
規程	규정	kyujŏng	gyujeong	近郊	근교	kŭn'gyo	geungyo
規定	규정	kyujŏng	gyujeong	根國	근국	kŭn'guk	geunguk
規程集	규정집	kyujŏngjip	gyujeongjip	近畿	근기	kŭn'gi	geungi
規制	규제	kyuje	gyuje	根機論	근기론	Kŭn'giron	geungiron
規制法	규제법	kyujepŏp	gyujebeop	槿堂	근당	Kŭndang	Geundang
閨中	규중	kyujung	gyujung	近代	근대	kŭndae	geundae
規則	규칙	kyuch'ik	gyuchik	近代史	근대사	kŭndaesa	geundaesa
規則集	규칙집	kyuch'ikchip	gyuchikjip	近代詩	근대시	kŭndaesi	geundaesi
糾彈	규탄	kyut'an	gyutan	近代化	근대화	kŭndaehwa	geundaehwa
閨閣	규합	kyuhap	gyuhap	近代化論	근대화론	kŭndaehwaron	geundaehwaron
閨訓	규훈	kyuhun	gyuhun	勤勞	근로	kŭllo	geullo

한자 용례	한글	ALA-LC Romanization	정부 표기안	한자 용례	한글	ALA-LC Romanization	정부 표기안
勤勞者	근로자	kŭlloja	geulloja	金庫	금고	kŭmgo	geumgo
權墨	근묵	kŭnmuk	geunmuk	禁錮法	금고법	kŭmgopŏp	geumgobeop
近思錄	근사록	kŭnsarok	geunsarok	金庫法	금고법	kŭmgopŏp	geumgobeop
近世	근세	kŭnse	geunse	金谷	금곡	Kŭmgok	Geumgok
近庵	근암	Kŭnam	Geunam	金谷洞	금곡동	Kŭmgok-tong	Geumgok-dong
謹譯	근역	kŭnyŏk	geunyeok	金谷寺	금곡사	Kŭmgoksa	Geumgoksa
權域	근역	kŭnyŏk	geunyeok	金官	금관	kŭmgwan	geumgwan
近影	근영	kŭnyŏng	geunyeong	金冠	금관	kŭmgwan	geumgwan
權友會	근우회	Kŭnuhoe	Geunuhoe	金冠塚	금관총	Kŭmgwanch'ong	Geumgwanchong
根源	근원	kŭnwŏn	geunwon	金鑛	금광	kŭmgwang	geumgwang
近園	근원	kŭnwŏn	geunwon	金光明經	금광명경	Kŭmgwangmyŏnggyŏng	Geumgwangmyeonggyeong
近衛隊	근위대	kŭnwidae	geunwidae	金溝郡	금구군	Kŭmgu-gun	Geumgu-gun
近日	근일	kŭnil	geunil	金溝縣	금구현	Kŭmgu-hyŏn	Geumgu-hyeon
近作	근작	kŭnjak	geunjak	禁軍	금군	kŭmgun	geumgun
謹齋	근재	Kŭnjae	Geunjae	禁軍將	금군장	kŭmgunjang	geumgunjang
勤政殿	근정전	Kŭnjŏngjŏn	Geunjeongjeon	禁忌	금기	kŭmgi	geumgi
近朝	근조	kŭnjo	geunjo	禁忌言	금기언	kŭmgiŏn	geumgieon
勤職	근직	kŭnjik	geunjik	琴南里	금남리	Kŭmnam-ni	Geumnam-ri
覲參記	근참기	kŭnch'amgi	geunchamgi	錦囊	금낭	kŭmnang	geumnang
近體詩	근체시	kŭnch'esi	geunchesi	禁斷	금단	kŭmdan	geumdan
近肖古	근초고	Kŭnch'ogo	Geunchogo	金塘寺	금당사	Kŭmdangsa	Geumdangsa
芹村	근촌	Kŭnch'on	Geunchon	錦帶	금대	kŭmdae	geumdae
近親	근친	kŭnch'in	geunchin	金銅	금동	kŭmdong	geumdong
近親婚	근친혼	kŭnch'inhon	geunchinhon	金銅冠	금동관	kŭmdonggwan	geumdonggwan
根品	근품	kŭnp'um	geunpum	金銅佛	금동불	kŭmdongbul	geumdongbul
近海	근해	kŭnhae	geunhae	金銅製	금동제	kŭmdongje	geumdongje
近海圖	근해도	kŭnhaedo	geunhaedo	金蘭亭	금란정	Kŭmnanjŏng	Geumnanjeong
近現代	근현대	kŭnhyŏndae	geunhyeondae	金鈴	금령	Kŭmnyŏng	Geumnyeong
近現代史	근현대사	kŭnhyŏndaesa	geunhyeondaesa	金陵	금릉	Kŭmnŭng	Geumneung
勤化	근화	kŭnhwa	geunhwa	金陵郡	금릉군	Kŭmnŭng-gun	Geumneung-gun
槿花	근화	kŭnhwa	geunhwa	金利	금리	kŭmni	geumni
槿花洞	근화동	Kŭnhwa-dong	Geunhwa-dong	錦里	금리	Kŭm-ni	Geum-ri
錦江	금강	Kŭmgang	Geumgang	金馬	금마	kŭmma	geumma
金江	금강	Kŭmgang	Geumgang	金馬渚	금마저	Kŭmmajŏ	Geummajeo
金剛	금강	kŭmgang	geumgang	金脈	금맥	kŭmmaek	geummaek
金剛經	금강경	kŭmganggyŏng	geumganggyeong	今文經	금문경	kŭmmun'gyŏng	geummungyeong
金剛門	금강문	kŭmgangmun	geumgangmun	金文堂	금문당	Kŭmmundang	Geummundang
金剛山	금강산	Kŭmgangsan	Geumgangsan	金門島	금문도	Kŭmmundo	Geummundo
金剛山歌	금강산가	Kŭmgangsan'ga	Geumgangsanga	金瓶梅	금병매	Kŭmbyŏngmae	Geumbyeongmae
金剛山記	금강산기	Kŭmgangsan'gi	Geumgangsangi	襟譜	금보	kŭmbo	geumbo
金剛山圖	금강산도	Kŭmgangsando	Geumgangsando	衿譜	금보	kŭmbo	geumbo
金剛頂	금강정	Kŭmgangjŏng	Geumgangjeong	金佛	금불	Kŭmbul	Geumbul
錦溪	금계	Kŭmgye	Geumgye	金絲	금사	Kŭmsa	Geumsa
金溪	금계	Kŭmgye	Geumgye	金史	금사	Kŭmsa	Geumsa
禁錮	금고	kŭmgo	geumgo	金沙里	금사리	Kŭmsa-ri	Geumsa-ri

한자 용례	한글	ALA-LC Romanization	정부 표기안	한자 용례	한글	ALA-LC Romanization	정부 표기안
金絲塚	금사총	Kŭmsach'ong	Geumsachong	金曜日	금요일	Kŭmyoil	Geumyoil
金山	금산	Kŭmsan	Geumsan	禁衛	금위	kŭmwi	geumwi
錦山	금산	Kŭmsan	Geumsan	禁衛營	금위영	Kŭmwiyŏng	Geumwiyeong
錦山郡	금산군	Kŭmsan-gun	Geumsan-gun	金融	금융	kŭmyung	geumyung
金山郡	금산군	Kŭmsan-gun	Geumsan-gun	金融界	금융계	kŭmnyunggye	geumyunggye
金山寺	금산사	Kŭmsansa	Geumsansa	金融論	금융론	kŭmyungnon	geumyungnon
錦山川	금산천	Kŭmsanch'ŏn	Geumsancheon	金融史	금융사	kŭmnyungsa	geumyungsa
禁書	금서	kŭmsŏ	geumseo	金銀	금은	kŭmŭn	geumeun
錦石	금석	kŭmsŏk	geumseok	金銀製	금은제	kŭmŭnje	geumeunje
金石	금석	kŭmsŏk	geumseok	金入絲	금입사	kŭmipsa	geumipsa
金石錄	금석록	kŭmsŏngnok	geumseongnok	金井	금정	Kŭmjŏng	Geumjeong
金石文	금석문	kŭmsŏngmun	geumseongmun	金鋌	금정	kŭmjŏng	geumjeong
金石院	금석원	Kŭmsŏgwŏn	Geumseogwon	錦汀里	금정리	Kŭmjŏng-ni	Geumjeong-ri
金石學	금석학	kŭmsŏkhak	geumseokak	禁制	금제	kŭmje	geumje
金僊覺	금선각	Kŭmsŏn'gak	Geumseongak	金鳥山	금조산	Kŭmjosan	Geumjosan
金星	금성	Kŭmsŏng	Geumseong	禁酒	금주	kŭmju	geumju
錦城	금성	Kŭmsŏng	Geumseong	禁止	금지	kŭmji	geumji
錦星	금성	kŭmsŏng	geumseong	禁止法	금지법	kŭmjipŏp	geumjibeop
金城	금성	Kŭmsŏng	Geumseong	金川	금천	Kŭmch'ŏn	Geumcheon
金城郡	금성군	Kŭmsŏng-gun	Geumseong-gun	金川郡	금천군	Kŭmch'ŏn-gun	Geumcheon-gun
金星社	금성사	Kŭmsŏngsa	Geumseongsa	衿川縣	금천현	Kŭmch'ŏn-hyŏn	Geumcheon-hyeon
錦城山	금성산	Kŭmsŏngsan	Geumseongsan	今體詩	금체시	kŭmch'esi	geumchesi
錦城縣	금성현	Kŭmsŏng-hyŏn	Geumseong-hyeon	金灘里	금탄리	Kŭm'tan-ni	Geumtan-ri
金城縣	금성현	Kŭmsŏng-hyŏn	Geumseong-hyeon	金坡里	금파리	Kŭmp'a-ri	Geumpa-ri
金屬	금속	kŭmsok	geumsok	金浦里	금포리	Kŭmp'o-ri	Geumpo-ri
金屬學	금속학	kŭmsokhak	geumsokak	禁標	금표	kŭmp'yo	geumpyo
金屬學的	금속학적	kŭmsokhakchŏk	geumsokakjeok	禁標圖	금표도	kŭmp'yodo	geumpyodo
金刷	금쇄	kŭmswae	geumswae	禁標碑	금표비	Kŭmp'yobi	geumpyobi
錦繡	금수	Kŭmsu	Geumsu	金鶴圖	금학도	kŭmhakto	geumhakdo
禽獸	금수	kŭmsu	geumsu	金鶴洞	금학동	Kŭmhak-tong	Geumhak-dong
錦繡山	금수산	Kŭmsusan	Geumsusan	琴湖	금호	Kŭmho	Geumho
金安洞	금안동	Kŭman-dong	Geuman-dong	錦湖	금호	Kŭmho	Geumho
琴巖	금암	Kŭmam	Geumam	琴湖洞	금호동	Kŭmho-dong	Geumho-dong
金液	금액	Kŭmaek	Geumaek	金化	금화	Kŭmhwa	Geumhwa
金野郡	금야군	Kŭmya-gun	Geumya-gun	金華	금화	Kŭmhwa	Geumhwa
衿陽縣	금양현	Kŭmyang-hyŏn	Geumyang-hyeon	金化郡	금화군	Kŭmhwa-gun	Geumhwa-gun
金言	금언	Kŭmŏn	Geumeon	金華寺	금화사	Kŭmhwasa	Geumhwasa
琴易堂	금역당	Kŭmyŏktang	Geumyeokdang	金華集	금화집	Kŭmhwajip	Geumhwajip
禁煙	금연	kŭmyŏn	geumyeon	金化縣	금화현	Kŭmhwa-hyŏn	Geumhwa-hyeon
金吾	금오	Kŭmo	Geumo	金環	금환	Kŭmhwan	Geumhwan
金鰲	금오	Kŭmo	Geumo	金環蝕	금환식	kŭmhwansik	geumhwansik
金鰲	금오	Kŭmo	Geumo	金環塚	금환총	Kŭmhwanch'ong	Geumhwanchong
金烏	금오	Kŭmo	Geumo	今後	금후	kŭmhu	geumhu
金烏山	금오산	Kŭmosan	Geumosan	級	급	kŭp	geup
金玉	금옥	kŭmok	geumok	及鞫案	급국안	kŭpkugan	geupgugan

한자 용례	한글	ALA-LC Romanization	정부 표기안	한자 용례	한글	ALA-LC Romanization	정부 표기안
給料	급료	kŭmnyo	geumnyo	基金	기금	kigŭm	gigeum
急流	급류	kŭmnyu	geumnyu	機器	기기	kigi	gigi
急流亭	급류정	Kŭmnyujŏng	Geumnyujeong	記紀	기기	kigi	gigi
急流亭系	급류정계	Kŭmnyujŏnggye	Geumnyujeonggye	畿內	기내	kinae	ginae
及門	급문	kŭmmun	geummun	妓女	기녀	kinyŏ	ginyeo
急方	급방	kŭppang	geupbang	紀年	기년	kinyŏn	ginyeon
急變	급변	kŭppyŏn	geupbyeon	記念	기념	kinyŏm	ginyeom
給使	급사	kŭpsa	geupsa	紀念	기념	kinyŏm	ginyeom
及菴	급암	Kŭbam	Geubam	紀念館	기념관	kinyŏmgwan	ginyeomgwan
給與課	급여과	kŭbyŏkwa	geubyeogwa	記念館	기념관	kinyŏmgwan	ginyeomgwan
給電	급전	kŭpchŏn	geupjeon	記念館	기념관	kinyŏmgwan	ginyeomgwan
及第	급제	kŭpche	geupje	紀念舘	기념관	kinyŏmgwan	ginyeomgwan
急進	급진	kŭpchin	geupjin	紀念物	기념물	kinyŏmmul	ginyeommul
急進團	급진단	kŭpchindan	geupjindan	記念物	기념물	kinyŏmmul	ginyeommul
急進主義	급진주의	kŭpchinjuŭi	geupjinjuui	紀念碑	기념비	kinyŏmbi	ginyeombi
亘璇	긍선	Kŭngsŏn	Geungseon	記念辭	기념사	kinyŏmsa	ginyeomsa
兢齋	긍재	Kŭngjae	Geungjae	記念日	기념일	kinyŏmil	ginyeomil
肯定	긍정	kŭngjŏng	geungjeong	紀念日	기념일	kinyŏmil	ginyeomil
肯定的	긍정적	kŭngjŏngjŏk	geungjeongjeok	紀念展	기념전	kinyŏmjŏn	ginyeomjeon
紀	기	ki	gi	記念誌	기념지	kinyŏmji	ginyeomji
己	기	ki	gi	記念集	기념집	kinyŏmjip	ginyeomjip
記	기	ki	gi	紀念集	기념집	kinyŏmjip	ginyeomjip
耆	기	ki	gi	記念塔	기념탑	kinyŏmt'ap	ginyeomtap
器	기	ki	gi	機能	기능	kinŭng	gineung
期	기	ki	gi	技能	기능	kinŭng	gineung
綺閣	기각	Kigak	Gigak	機能論	기능론	kinŭngnon	gineungnon
期間	기간	kigan	gigan	技能者	기능자	kinŭngja	gineungja
起居地	기거지	kigŏji	gigeoji	機能主義	기능주의	kinŭngjuŭi	gineungjuui
機械	기계	kigye	gigye	技多利	기다리	Kidari	Gidari
機械類	기계류	kigyeryu	gigyeryu	基壇	기단	kidan	gidan
機械學	기계학	kigyehak	gigyehak	基壇部	기단부	kidanbu	gidanbu
機械化	기계화	kigyehwa	gigyehwa	基段式	기단식	kidansik	gidansik
寄稿文	기고문	kigomun	gigomun	奇談	기담	kidam	gidam
氣功	기공	kigong	gigong	奇譚	기담	kidam	gidam
氣功道	기공도	kigongdo	gigongdo	期待	기대	kidae	gidae
機關	기관	kigwan	gigwan	祈禱	기도	kido	gido
機關別	기관별	kigwanbyŏl	gigwanbyeol	祈禱文	기도문	kidomun	gidomun
機關誌	기관지	kigwanji	gigwanji	祈禱會	기도회	kidohoe	gidohoe
機關紙	기관지	kigwanji	gigwanji	基督	기독	Kidok	Gidok
技巧	기교	kigyo	gigyo	基督教	기독교	Kidokkyo	Gidokgyo
技巧主義	기교주의	kigyojuŭi	gigyojuui	基督教	기독교	Kidokkyo	Gidokgyo
機構	기구	kigu	gigu	基督教系	기독교계	Kidokkyogye	Gidokgyogye
器具攷	기구고	kigugo	gigugo	基督教徒	기독교도	Kidokkyodo	Gidokgyodo
耆舊傳	기구전	kigujŏn	gigujeon	基督教報	기독교보	Kidokkyobo	Gidokgyobo
饑饉	기근	kigŭn	gigeun	基督教人들	기독교인들	Kidokkyoindŭl	Gidokgyoindeul

한자 용례	한글	ALA-LC Romanization	정부 표기안	한자 용례	한글	ALA-LC Romanization	정부 표기안
基督教學	기독교학	Kidokkyohak	Gidokgyohak	基本的	기본적	kibonjŏk	gibonjeok
紀覽	기람	kiram	giram	技峯	기봉	Kibong	Gibong
紀略	기략	kiryak	giryak	騎士	기사	kisa	gisa
記略	기략	kiryak	giryak	己巳	기사	Kisa	Gisa
紀畧	기략	kiryak	giryak	技師	기사	kisa	gisa
騎驢	기려	kiryŏ	giryeo	記寫	기사	kisa	gisa
岐路	기로	kiro	giro	紀事	기사	kisa	gisa
崎路	기로	kiro	giro	記事	기사	kisa	gisa
耆老	기로	kiro	giro	騎士團	기사단	kisadan	gisadan
記錄	기록	kirok	girok	奇事錄	기사록	kisarok	gisarok
記錄類	기록류	kirongnyu	girongnyu	記事集	기사집	kisajip	gisajip
記錄文	기록문	kirongmun	girongmun	箕山	기산	kisan	gisan
記錄物	기록물	kirongmul	girongmul	氣象	기상	kisang	gisang
記錄院	기록원	Kirogwŏn	Girogwon	氣象圖	기상도	kisangdo	gisangdo
記錄集	기록집	kirokchip	girokjip	氣象學	기상학	kisanghak	gisanghak
記錄學	기록학	kirokhak	girokak	寄生	기생	kisaeng	gisaeng
記錄化	기록화	kirokhwa	girokwa	妓生	기생	kisaeng	gisaeng
記錄畵	기록화	kirokhwa	girokwa	寄生蟲	기생충	kisaengch'ung	gisaengchung
奇留	기류	kiryu	giryu	寄生蟲學	기생충학	kisaengch'unghak	gisaengchunghak
麒麟	기린	kirin	girin	奇書	기서	kisŏ	giseo
麒麟苑	기린원	Kirinwŏn	Girinwon	記書	기서	kisŏ	giseo
祇林寺	기림사	Kirimsa	Girimsa	機船	기선	kisŏn	giseon
基立	기립	Kirib	girip	汽船	기선	kisŏn	giseon
騎馬	기마	kima	gima	期成	기성	kisŏng	giseong
騎馬兵	기마병	kimabyŏng	gimabyeong	杞城洞	기성동	Kisŏng-dong	Giseong-dong
己卯	기묘	Kimyo	Gimyo	箕城洞	기성동	Kisŏng-dong	Giseong-dong
己卯錄	기묘록	Kimyorok	Gimyorok	既成服	기성복	kisŏngbok	giseongbok
己卯字	기묘자	Kimyocha	Gimyoja	期成會	기성회	kisŏnghoe	giseonghoe
機務司	기무사	Kimusa	Gimusa	起世因本經	기세인본경	Kiseinbon'gyŏng	Giseinbongyeong
機務處	기무처	kimuch'ŏ	Gimucheo	基率里	기솔리	Kisol-li	Gisol-ri
記聞	기문	kimun	gimun	旗手	기수	kisu	gisu
紀聞	기문	kimun	gimun	寄宿	기숙	kisuk	gisuk
奇聞	기문	kimun	gimun	寄宿館	기숙관	kisukkwan	gisukgwan
技文堂	기문당	Kimundang	Gimundang	技術	기술	kisul	gisul
器物	기물	kimul	gimul	記術	기술	kisul	gisul
己未	기미	Kimi	Gimi	記述	기술	kisul	gisul
棄民	기민	kimin	gimin	技術史	기술사	kisulsa	gisulsa
機密	기밀	kimil	gimil	技術賞	기술상	kisulsang	gisulsang
基盤	기반	kiban	giban	技術院	기술원	kisurwŏn	gisurwon
氣魄	기백	kibaek	gibaek	技術者	기술자	kisulcha	gisulja
技法	기법	kipŏp	gibeop	技術的	기술적	kisuljŏk	gisuljeok
奇變	기변	kibyŏn	gibyeon	技術職	기술직	kisuljik	gisuljik
騎兵	기병	kibyŏng	gibyeong	技術處	기술처	Kisulch'ŏ	Gisulcheo
基本	기본	kibon	gibon	技試	기시	kisi	gisi
基本法	기본법	kibonpŏp	gibonbeop	起信	기신	kisin	gisin

한자 용례	한글	ALA-LC Romanization	정부 표기안	한자 용례	한글	ALA-LC Romanization	정부 표기안
起信論	기신론	kisinnon	gisinnon	記者團	기자단	kijadan	gijadan
起亞	기아	Kia	Gia	箕子廟	기자묘	Kijamyo	Gijamyo
箕雅	기아	Kia	gia	箕子祠	기자사	Kijasa	Gijasa
妓樂	기악	kiak	giak	機資材	기자재	kijajae	gijajae
伎樂	기악	kiak	giak	箕子殿	기자전	Kijajŏn	Gijajeon
奇巖	기암	kiam	giam	箕子志	기자지	Kijaji	Gijaji
歧陽	기양	Kiyang	Giyang	記者會	기자회	kijahoe	gijahoe
基陽縣	기양현	Kiyang-hyŏn	Giyang-hyeon	機張	기장	Kijang	Gijang
記言	기언	kiŏn	gieon	機張郡	기장군	Kijang-gun	Gijang-gun
企業	기업	kiŏp	gieop	機張縣	기장현	Kijang-hyŏn	Gijang-hyeon
企業家	기업가	kiŏpka	gieopga	企齋	기재	Kijae	Gijae
起業家	기업가	kiŏpkka	gieopga	記載例	기재례	kijaeye	gijaerye
起業論	기업론	kiŏmnon	gieomnon	奇蹟	기적	kijŏk	gijeok
企業社	기업사	Kiŏpsa	gieopsa	汽笛	기적	kijŏk	gijeok
企業體	기업체	kiŏpch'e	gieopche	奇蹟	기적	kijŏk	gijeok
寄與	기여	kiyŏ	giyeo	奇跡	기적	kijŏk	gijeok
寄與度	기여도	kiyŏdo	giyeodo	紀傳	기전	kijŏn	gijeon
奇緣	기연	kiyŏn	giyeon	機電	기전	Kijŏn	Gijeon
技研社	기연사	Kiyŏnsa	Giyeonsa	畿甸	기전	Kijŏn	Gijeon
技藝	기예	kiye	giye	紀傳體	기전체	kijŏnch'e	gijeonche
幾五郎	기오랑	Kiorang	Giorang	起點	기점	kichŏm	gijeom
紀要	기요	kiyo	giyo	紀程	기정	kijŏng	gijeong
騎牛	기우	kiu	giu	基調	기조	kijo	gijo
祈雨	기우	kiu	giu	既存	기존	kijon	gijon
奇遇記	기우기	kiugi	giugi	基準	기준	kijun	gijun
祈雨壇	기우단	kiudan	giudan	基準局	기준국	Kijun'guk	Gijunguk
祈雨祭	기우제	kiuje	giuje	基準法	기준법	kijunpŏp	gijunbeop
起原	기원	kiwŏn	giwon	忌中	기중	kijung	gijung
紀原	기원	kiwŏn	giwon	其中	기중	kijung	gijung
起源	기원	kiwŏn	giwon	起重機	기중기	kijunggi	gijunggi
紀元	기원	kiwŏn	giwon	寄贈	기증	kijŭng	gijeung
起源史	기원사	kiwŏnsa	giwonsa	奇贈	기증	kijŭng	gijeung
己酉	기유	Kiyu	Giyu	寄贈展	기증전	kijŭngjŏn	gijeungjeon
記遊	기유	kiyu	giyu	基地	기지	kiji	giji
棄隱	기은	Kiŭn	Gieun	機池市	기지시	Kiji-si	Giji-si
記疑	기의	kiŭi	giui	氣質	기질	kijil	gijil
紀異	기이	kii	gii	基川縣	기천현	Kich'ŏn-hyŏn	Gicheon-hyeon
記異	기이	kii	gii	基礎	기초	kich'o	gicho
紀伊齋	기이재	Kiijae	Giijae	基礎論	기초론	kich'oron	gichoron
其人	기인	kiin	giin	己丑	기축	Kich'uk	Gichuk
奇人	기인	kiin	giin	旣出	기출	kich'ul	gichul
忌日	기일	kiil	giil	基層	기층	kich'ŭng	gicheung
記者	기자	kija	gija	其他	기타	kit'a	gita
祈子	기자	kija	gija	其他文	기타문	kit'amun	gitamun
箕子	기자	Kija	Gija	寄託	기탁	kit'ak	gitak

한자 용례	한글	ALA-LC Romanization	정부 표기안	한자 용례	한글	ALA-LC Romanization	정부 표기안
耆婆郞歌	기파랑가	Kip'arangga	Giparangga	吉祥寺	길상사	kilsangsa	Gilsangsa
幾何	기하	kiha	giha	吉城	길성	Kilsŏng	Gilseong
幾何學	기하학	kihahak	gihahak	吉城郡	길성군	Kilsŏng-Gun	Gilseong-gun
幾何學的	기하학적	kihahakchŏk	gihahakjeok	吉城縣	길성현	Kilsŏng-hyŏn	Gilseong-hyeon
氣學	기학	kihak	gihak	吉実	길실	Kilsil	Gilsil
寄港	기항	kihang	gihang	吉安社	길안사	Kiransa	Giransa
寄航地	기항지	kihangji	gihangji	吉日	길일	kiril	giril
己亥	기해	Kihae	Gihae	吉兆	길조	kilcho	giljo
記行	기행	kihaeng	gihaeng	吉州	길주	Kilchu	Gilju
紀行	기행	kihaeng	gihaeng	吉州郡	길주군	Kilchu-gun	Gilju-gun
紀行文	기행문	kihaengmun	gihaengmun	吉州牧	길주목	Kilchu-mok	Gilju-mok
紀行帖	기행첩	kihaengch'ŏp	gihaengcheop	吉한	길한	kirhan	gilhan
氣血論	기혈론	kihyŏllon	gihyeollon	吉韓	길한	Kirhan	Gilhan
記協	기협	Kihyŏp	Gihyeop	金	김	kŭm	geum
記號	기호	kiho	giho	金寧	김령	Kimnyŏng	Gimnyeong
畿湖	기호	Kiho	Giho	金堤郡	김재군	Kimje-gun	Gimjae-gun
記號論	기호론	kihoron	gihoron	金堤	김제	Kimje	Gimje
記號論的	기호론적	kihoronchŏk	gihoronjeok	金堤市	김제시	Kimje-si	Gimje-si
畿湖派	기호파	kihop'a	gihopa	金泉	김천	Kimch'ŏn	Gimcheon
記號學	기호학	kihohak	gihohak	金泉郡	김천군	Kimch'ŏn-gun	Gimcheon-gun
畿湖學	기호학	Kihohak	Gihohak	金浦	김포	Kimp'o	Gimpo
畿湖學派	기호학파	Kihohakp'a	Gihohakpa	金浦郡	김포군	Kimp'o-gun	Gimpo-gun
己和	기화	Kihwa	Gihwa	金浦縣	김포현	Kimp'o-hyŏn	Gimpo-hyeon
機會	기회	kihoe	gihoe	金海	김해	Kimhae	Gimhae
機會主義	기회주의	kihoejuŭi	gihoejuui	金海郡	김해군	Kimhae-gun	Gimhae-gun
企劃	기획	kihoek	gihoek	金海府	김해부	Kimhae-bu	Gimhae-bu
企劃団	기획단	kihoektan	gihoekdan	金海市	김해시	Kimhae-si	Gimhae-si
企劃團	기획단	kihoektan	gihoekdan	金海式	김해식	Kimhaesik	Gimhaesik
企劃班	기획반	kihoekpan	gihoekban	羅唐	나당	Na-Tang	Na-Dang
企劃部	기획부	kihoekpu	gihoekbu	奈良	나라	Nara	Nara
企劃室	기획실	kihoeksil	gihoeksil	儺禮	나례	narye	narye
企劃院	기획원	Kihoegwŏn	Gihoegwon	儺禮廳	나례청	Naryech'ŏng	Naryecheong
企劃展	기획전	kihoekchŏn	gihoekjeon	羅里洞	나리동	Nari-dong	Nari-dong
企劃處	기획처	kihoekch'ŏ	gihoekcheo	羅末	나말	Namal	Namal
紀效	기효	Kihyo	Gihyo	癩病	나병	nabyŏng	nabyeong
氣候	기후	kihu	gihu	羅福里	나복리	Nabong-ni	Nabok-ri
緊急	긴급	kin'gŭp	gingeup	羅山	나산	nasan	nasan
吉	길	kil	gil	羅禪	나선	Nasŏn	Naseon
吉禮	길례	killye	gillye	羅孫	나손	Nason	Nason
吉龍	길룡	Killyong	Gillyong	懶庵	나암	Naam	Naam
吉里郡	길리군	Killi-gun	Gilli-gun	懶翁	나옹	Naong	Naong
吉林	길림	Killim	Gillim	羅原里	나원리	Nawŏn-ni	Nawon-ri
吉林省	길림성	Killim-sŏng	Gillim-seong	螺鈿	나전	najŏn	najeon
吉明	길명	Kilmyŏng	Gilmyeong	懶拙齋	나졸재	Nanjolchae	Najoljae
吉祥	길상	Kilsang	Gilsang	羅州	나주	Naju	Naju

한자 용례	한글	ALA-LC Romanization	정부 표기안	한자 용례	한글	ALA-LC Romanization	정부 표기안
羅州郡	나주군	Naju-gun	Naju-gun	落點	낙점	nakchŏm	nakjeom
羅州牧	나주목	Naju-mok	Naju-mok	落照	낙조	nakcho	nakjo
羅州市	나주시	Naju-si	Naju-si	烙竹匠	낙죽장	nNakchukchang	nakjukjang
羅津	나진	Najin	Najin	落泉	낙천	Nakch'ŏn	Nakcheon
羅針盤	나침반	nach'imban	nachimban	樂天	낙천	nakch'ŏn	nakcheon
拿捕	나포	nap'o	napo	落幅	낙폭	nakp'ok	nakpok
羅漢	나한	nahan	nahan	洛下	낙하	nakha	naka
羅漢圖	나한도	nahando	nahando	洛下生	낙하생	nakhasaeng	nakasaeng
羅漢殿	나한전	nahanjŏn	nahanjeon	落花	낙화	nakhwa	nakwa
樂健亭	낙건정	Nakkŏnjŏng	Nakgeonjeong	落花岩	낙화암	Nakhwaam	Nakhwaam
落款	낙관	nakkwan	nakgwan	落花巖	낙화암	Nakhwaam	Nakhwaam
樂觀的	낙관적	nakkwanjŏk	nakgwanjeok	亂	난	nan	nan
酪農	낙농	nangnong	nangnong	蘭溪	난계	Nan'gye	Nangye
落島	낙도	Nakto	Nakdo	亂藁	난고	nan'go	nango
樂都縣	낙도현	Nakto-hyŏn	Nakdo-hyeon	亂稿	난고	nan'go	nango
洛東	낙동	Naktong	Nakdong	乱稿	난고	nan'go	nango
洛東江	낙동강	Naktonggang	Nakdonggang	蘭谷	난곡	Nan'gok	Nangok
洛東里	낙동리	Naktong-ni	Nakdong-ri	亂錄	난록	nallok	nallok
樂浪	낙랑	Nangnang	Nangnang	難民	난민	nanmin	nanmin
樂浪郡	낙랑군	Nangnang-gun	Nangnang-gun	蘭山縣	난산현	Nansan-hyŏn	Nansan-hyeon
樂浪里	낙랑리	Nangnang-ni	Nangnang-ri	蘭雪軒	난설헌	Nansŏrhŏn	Nanseolheon
樂浪府	낙랑부	Nangnang-bu	Nangnangbu	亂蹟	난적	nanjŏk	nanjeok
樂浪人	낙랑인	Nangnangin	Nangnangin	亂賊	난적	nanjŏk	nanjeok
落雷木	낙뢰목	nangnoemok	nangnoemok	蘭汀	난정	Nanjŏng	Nanjeong
樂陵郡	낙릉부	Nangnŭng-gun	Nangneung-bu	亂中	난중	nanjung	nanjung
樂民洞	낙민동	Nangmin-dong	Nangmin-dong	蘭草	난초	nanch'o	nancho
洛史	낙사	Naksa	Naksa	蘭草文	난초문	nanch'omun	nanchomun
諸山	낙산	Naksan	Naksan	難破	난파	nanp'a	nanpa
洛山	낙산	Naksan	Naksan	難破記	난파기	nanp'agi	nanpagi
洛山洞	낙산동	Naksan-dong	Naksan-dong	難解語	난해어	nanhaeŏ	nanhaeeo
洛山寺	낙산사	Naksansa	Naksansa	男	남	nam	nam
落書	낙서	naksŏ	nakseo	南	남	nam	nam
落選	낙선	naksŏn	nakseon	南·北道	남·북도	nambuk-to	namtpbuk-do
樂善齋	낙선재	Naksŏnjae	Nakseonjae	南江	남강	Namgang	Namgang
樂善齋本	낙선재본	Naksŏnjaebon	Nakseonjaebon	南岡	남강	Namgang	Namgang
樂善齊	낙선제	Naksŏnje	Nakseonje	南京	남경	Namgyŏng	Namgyeong
洛水里	낙수리	Naksu-ri	Naksu-ri	南京里	남경리	Namgyŏng-ni	Namgyeong-ri
樂安	낙안	Nagan	Nagan	籃溪	남계	Namgye	Namgye
樂安郡	낙안군	Nagan-gun	Nagan-gun	藍溪	남계	Namgye	Namgye
樂安城	낙안성	Nagansŏng	Naganseong	南溪	남계	Namgye	Namgye
樂安縣	낙안현	Nagan-hyŏn	Nagan-hyeon	濫溪	남계	Namgye	Namgye
洛涯	낙애	Nagae	Nagae	楠溪里	남계리	Namgye-ri	Namgye-ri
樂園	낙원	nagwŏn	nagwon	南溪里	남계리	Namgye-ri	Namgye-ri
烙印	낙인	nagin	nagin	南谷	남곡	Namgok	Namgok
落日	낙일	nagil	nagil	南宮	남궁	namgung	namgung

한자 용례	한글	ALA-LC Romanization	정부 표기안	한자 용례	한글	ALA-LC Romanization	정부 표기안
南極	남극	Namgŭk	Namgeuk	南嶽	남악	namak	namak
男根	남근	namgŭn	namgeun	南陽	남양	Namyang	Namyang
男根石	남근석	namgŭnsŏk	namgeunseok	南陽郡	남양군	Namyang-gun	Namyang-gun
男女	남녀	namnyŏ	namnyeo	南陽里	남양리	Namyang-ni	Namyang-ri
南塘	남당	Namdang	Namdang	南陽府	남양부	Namyang-bu	Namyang-bu
南大門	남대문	Namdaemun	Namdaemun	南燕	남연	Namyŏn	Namyeon
南道	남도	namdo	namdo	南倭	남왜	Namwae	Namwae
南道行	남도행	namdohaeng	namdohaeng	攬要	남요	namyo	namyo
南老	남로	Namno	Namno	南原	남원	Namwŏn	Namwon
南劳党	남로당	Namnodang	Namnodang	南原郡	남원군	Namwŏn-gun	Namwon-gun
南勞黨	남로당	Namnodang	Namnodang	南原府	남원부	Namwŏn-bu	Namwon-bu
南里	남리	Nam-ni	Nam-ri	南原市	남원시	Namwŏn-si	Namwon-si
南蠻	남만	Namman	Namman	南原縣	남원현	Namwŏn-hyŏn	Namwon-hyeon
男妹	남매	nammae	nammae	藍衣社	남의사	Namŭisa	Namuisa
男妹塔	남매탑	nammaet'ap	nammaetap	南二面	남이면	Nami-myŏn	Nami-myeon
南買縣	남매현	Nammae-hyŏn	Nammae-hyeon	南人	남인	Namin	Namin
南冥	남명	Nammyŏng	Nammyeong	南一	남일	Namil	Namil
南冥學	남명학	Nammyŏnghak	Nammyeonghak	南一洞	남일동	Namil-dong	Namil-dong
南門	남문	nammun	nammun	南長	남장	Namjang	Namjang
南民	남민	nammin	nammin	南征	남정	namjŏng	namjeong
南方	남방	nambang	nambang	南庭	남정	Namjŏng	Namjeong
南方式	남방식	nambangsik	nambangsik	南征記	남정기	namjŏnggi	namjeonggi
南譜	남보	nambo	nambo	南井里	남정리	Namjŏng-ni	Namjeong-ri
南鳳	남봉	Nambong	Nambong	南朝	남조	Namjo	Namjo
南部	남부	nambu	nambu	南朝鮮	남조선	Namjosŏn	Namjoseon
南部軍	남부군	Nambugun	Nambugun	南조선	남조선	Namjosŏn	Namjoseon
南北	남북	nambuk	nambuk	南宗禪	남종선	Namjongsŏn	Namjongseon
南北國	남북국	nambukkuk	nambukguk	南宗畵	남종화	Namjonghwa	Namjonghwa
南北道	남북도	nambukto	nambukdo	南中	남중	Namjung	Namjung
南北韓	남북한	Nam-Pukhan	Nam-Bukan	南進	남진	namjin	namjin
南氷洋	남빙양	Nambingyang	Nambingnyang	南昌	남창	Namch'ang	Namchang
男寺黨	남사당	Namsadang	Namsadang	南昌里	남창리	Namch'ang-ni	Namchang-ri
男寺黨牌	남사당비	Namsadangp'ae	Namsadangbi	南遷	남천	Namch'ŏn	Namcheon
南寺里	남사리	Namsa-ri	Namsa-ri	南天	남천	Nam-ch'ŏn	Namcheon
南沙里	남사리	Namsa-ri	Namsa-ri	南川	남천	namch'ŏn	namcheon
南山	남산	Namsan	Namsan	南川郡	남천군	Namch'ŏn-gun	Namcheon-gun
南山堂	남산당	Namsandang	Namsandang	南川縣	남천현	Namch'ŏn-hyŏn	Namcheon-hyeon
南山里	남산리	Namsan-ni	Namsal-ri	南坡	남파	namp'a	nampa
南山城	남산성	Namsansŏng	Namsanseong	南坡洞	남파동	Namp'a-dong	Nampa-dong
南鮮	남선	Namsŏn	Namseon	男便	남편	namp'yŏn	nampyeon
南善	남선	Namsŏn	Namseon	南平	남평	Namp'yŏng	Nampyeong
南城	남성	Namsŏng	Namseong	南平郡	남평군	Namp'yŏng-gun	Nampyeong-gun
南城里	남성리	Namsŏng-ni	Namseong-ri	南平縣	남평현	Namp'yŏng-hyŏn	Nampyeong-hyeon
南松	남송	Namsong	Namsong	南浦	남포	Namp'o	Nampo
南宋	남송	Namsong	Namsong	藍浦郡	남포군	Namp'o-gun	Nampo-gun

한자 용례	한글	ALA-LC Romanization	정부 표기안	한자 용례	한글	ALA-LC Romanization	정부 표기안
藍浦縣	남포현	Namp'o-hyŏn	Nampo-hyeon	内景	내경	naegyŏng	naegyeong
南漂	남표	Namp'yo	Nampyo	内經	내경	naegyŏng	naegyeong
南風	남풍	namp'ung	nampung	内谷洞	내곡동	Naegok-tong	Naegok-dong
南學	남학	Namhak	Namhak	内科	내과	naekwa	naegwa
南漢	남한	Namhan	Namhan	内科學	내과학	naekwahak	naegwahak
南韓	남한	Namhan	Namhan	内官	내관	naekwan	naegwan
南漢江	남한강	Namhan'gang	Namhangang	内國稅	내국세	naegukse	naegukse
南漢山	남한산	Namhansan	Namhansan	内規	내규	naegyu	naegyu
南海	남해	Namhae	Namhae	内禁衛	내금위	Naegŭmwi	Naegeumwi
南海郡	남해군	Namhae-gun	Namhae-gun	内唐洞	내당동	Naedang-dong	Naedang-dong
南海岸	남해안	Namhaean	Namhaean	内德	내덕	Naedŏk	Naedeok
南海縣	남해현	Namhae-hyŏn	Namhae-hyeon	内德里	내덕리	Naedŏng-ni	Nedeok-ri
南行	남행	namhaeng	namhaeng	内洞	내동	Nae-dong	Nae-dong
南湖	남호	Namho	Namho	内洞里	내동리	Naedong-ni	Naedong-ri
南華經	남화경	Namhwagyŏng	Namhwagyeong	來歷	내력	naeryŏk	naeryeok
南宦	남환	namhwan	namhwan	内陸	내륙	naeryuk	naeryuk
南勳	남훈	Namhun	Namhun	内陸	내륙	naeryuk	naeryuk
納物	남물	nammul	nammul	内陸圈	내륙권	naeryukkwŏn	naeryukgwon
拉北	납북	nappuk	napbuk	内里	내리	Nae-ri	Nae-ri
拉北者	납북자	nappukcha	napbukja	内幕	내막	naemak	naemak
納稅	납세	napse	napse	内幕	내막	naemak	naemak
臘藥症	납약증	nabyakchŭng	nabyakjeung	内面	내면	naemyŏn	naemyeon
拉越北	납월북	nabwŏlbuk	nabwolbuk	内面	내면	naemyŏn	naemyeon
納采禮	납채례	Napch'aerye	Napchaerye	内面化	내면화	naemyŏnhwa	naemyeonhwa
狼林	낭림	Nangnim	Nangnim	内命婦	내명부	naemyŏngbu	naemyeongbu
浪漫	낭만	nangman	nangman	内務	내무	naemu	naemu
浪漫座	낭만좌	Nangmanjwa	Nangmanjwa	内務部	내무부	Naemubu	Naemubu
浪漫主義	낭만주의	nangmanjuŭi	nangmanjuui	内務部	내무부	Naemubu	Naemubu
浪費	낭비	nangbi	nangbi	内務省	내무성	naemusŏng	naemuseong
狼山	낭산	Nangsan	Nangsan	奈勿	내물	naemul	naemul
朗山	낭산	nangsan	nangsan	内密	내밀	naemil	naemil
娘子	낭자	nangja	nangja	内服	내복	naebok	naebok
娘子谷	낭자곡	Nangjagok	Nangjagok	内部	내부	naebu	naebu
娘子傳	낭자전	nangjajŏn	nangjajeon	内分泌	내분비	naebunbi	naebunbi
朗州	낭주	Nangju	Nangju	内分泌學	내분비학	naebunbihak	naebunbihak
狼川郡	낭천군	Nangch'ŏn-gun	Nangcheon-gun	萊山	내산	Naesan	Naesan
狼川縣	낭천현	Nangch'ŏn-hyŏn	Nangcheon-hyeon	内山里	내산리	Naesan-ni	Naesan-ri
浪清	낭청	Nangch'ŏng	Nangcheong	乃城	내성	Naesŏng	naeseong
朗慧	낭혜	Nanghye	Nanghye	奈城誌	내성지	Naesŏngji	Naeseongji
乃	내	nae	nae	來蘇	내소	Naeso	Naeso
内	내	nae	nae	來蘇寺	내소사	Naesosa	Naesosa
内閣	내각	naegak	naegak	内需	내수	naesu	naesu
内閣制	내각제	naegakche	naegakje	内秀里	내수리	Naesu-ri	Naesu-ri
内簡	내간	naegan	naegan	内需司	내수사	Naesusa	Naesusa
内簡體	내간체	naeganch'e	naeganche	内侍	내시	naesi	naesi

한자 용례	한글	ALA-LC Romanization	정부 표기안	한자 용례	한글	ALA-LC Romanization	정부 표기안
內侍監	내시감	Naesigam	Naesigam	年報	년보	yŏnbo	nyeonbo
內侍府	내시부	Naesibu	Naesibu	老	노	no	no
來迎圖	내영도	naeyŏngdo	naeyeongdo	魯	노	no	no
內外	내외	naeoe	naeoe	蘆	노	No	No
內外	내외	naeoe	naeoe	盧	노	no	no
內容	내용	naeyong	naeyong	老稼齋	노가재	Nogajae	Nogajae
內容	내용	naeyong	naeyong	老乞大	노걸대	Nogŏldae	Nogeoldae
內容素	내용소	naeyongso	naeyongso	老鷄	노계	Nogye	Nogye
內容的	내용적	naeyongjŏk	naeyongjeok	蘆溪	노계	Nogye	Nogye
來遠	내원	naewŏn	naewon	老空	노공	Nogong	Nogong
內院寺	내원사	Naewŏnsa	Naewonsa	老軀	노구	nogu	nogu
內義	내의	naeŭi	naeui	魯國	노국	Noguk	Noguk
內醫院	내의원	Naeŭiwŏn	Naeuiwon	老斤里	노근리	Nogŭn-ri	Nogeun-ri
內人	내인	naein	naein	魯南里	노남리	Nonam-ni	Nonam-ri
來日	내일	naeil	naeil	老年	노년	nonyŏn	nonyeon
內藏山	내장산	Naejangsan	Naejangsan	勞農	노농	nonong	nonong
內藏山	내장산	Naejangsan	Naejangsan	蘆洞	노동	No-dong	No-dong
內在	내재	naejae	naejae	勞動	노동	nodong	nodong
內在的	내재적	naejaejŏk	naejaejeok	劳動局	노동국	nodongguk	nodongguk
內殿	내전	naejŏn	naejeon	勞動黨	노동당	Nodongdang	Nodongdang
內典錄	내전록	Naejŏnnok	Naejeollok	路東洞	노동동	Nodong-dong	Nodong-dong
奈堤	내제	Naeje	Naeje	勞動力	노동력	nodongnyŏk	nodongnyeok
內助	내조	naejo	naejo	盧東里	노동리	Nodong-ni	Nodong-ri
內助	내조	naejo	naejo	勞動法	노동법	nodongpŏp	nodongbeop
內職	내직	naejik	naejik	勞動法的	노동법적	nodongpŏpchŏk	nodongbeopjeok
內天王寺	내천왕사	Naech'ŏnwangsa	Naecheonwangsa	勞動報	노동보	nodongbo	nodongbo
內村里	내촌리	Naech'on-ni	Naechon-ri	勞動部	노동부	Nodongbu	Nodongbu
內篇	내편	naep'yŏn	naepyeon	勞動者	노동자	nodongja	nodongja
內坪里	내평리	Naep'yŏng-ni	Naepyeong-ri	勞動節	노동절	Nodongjŏl	Nodongjeol
內浦	내포	Naep'o	Naepo	勞動會	노동회	nodonghoe	nodonghoe
內化里	내화리	Naehwa-ri	Naehwa-ri	老辣	노랄	Noral	Noral
內訓	내훈	Naehun	Naehun	鷺梁	노량	Noryang	Noryang
內訓	내훈	naehun	naehun	露梁	노량	Noryang	Noryang
冷凍	냉동	naengdong	naengdong	露梁津	노량진	Noryangjin	Noryangjin
冷凍魚	냉동어	naengdongŏ	naengdongeo	鷺梁津	노량진	Noryangjin	Noryangjin
冷麵	냉면	naengmyŏn	naengmyeon	勞力	노력	noryŏk	noryeok
冷水	냉수	naengsu	naengsu	老齡	노령	noryŏng	noryeong
冷水里	냉수리	Naengsu-ri	Naengsu-ri	露領	노령	Noryŏng	Noryeong
冷戰	냉전	naengjŏn	naengjeon	老齡化	노령화	noryŏnghwa	noryeonghwa
冷戰期	냉전기	naengjŏn'gi	naengjeongi	老論	노론	Noron	Noron
冷泉	냉천	Naengch'ŏn	Naengcheon	魯陵志	노릉지	Norŭngji	Noreungji
冷泉里	냉천리	Naengch'ŏn-ni	Naengcheon-ri	勞務	노무	nomu	nomu
年	년	yŏn	nyeon	勞務士	노무사	nomusa	nomusa
年鑑	년감	yŏn'gam	nyeongam	路芳草	노방초	Nobangch'o	Nobangcho
年度	년도	yŏndo	nyeondo	蘆邊洞	노변동	Nobyŏn-dong	Nobyeon-dong

한자 용례	한글	ALA-LC Romanization	정부 표기안	한자 용례	한글	ALA-LC Romanization	정부 표기안
勞報	노보	nobo	nobo	老圃	노포	Nop'o	Nopo
奴僕	노복	nobok	nobok	老圃洞	노포동	Nop'o-dong	Nopo-dong
老峯	노봉	Nobong	Nobong	蘆花里	노화리	Nohwa-ri	Nohwa-ri
露峯	노봉	nobong	nobong	老會	노회	nohoe	nohoe
鹵簿	노부	Nobu	Nobu	老後	노후	nohu	nohu
奴婢	노비	nobi	nobi	鹿角器	녹각기	nokkakki	nokgakgi
奴婢名	노비명	nobimyŏng	nobimyeong	錄卷	녹권	nokkwŏn	nokgwon
奴婢制	노비제	nobije	nobije	錄券	녹권	nokkwŏn	nokgwon
奴婢帖	노비첩	nobich'ŏp	nobicheop	鹿屯島	녹둔도	Noktundo	Nokdundo
蘆沙	노사	Nosa	Nosa	鹿文	녹문	Nongmun	Nongmun
勞使	노사	nosa	nosa	鹿門	녹문	Nongmun	Nongmun
勞使觀	노사관	nosagwan	nosagwan	祿俸	녹봉	nokpong	nokbong
魯山	노산	Nosan	Nosan	祿俸制	녹봉제	nokpongje	nokbongje
鷺山	노산	Nosan	Nosan	祿俸制	녹봉제	nokpongje	nokbongje
魯山洞	노산동	Nosan-dong	Nosan-dong	綠水	녹수	noksu	noksu
路上	노상	nosang	nosang	綠熟	녹숙	noksuk	noksuk
魯西	노서	Nosŏ	Noseo	綠雨堂	녹우당	Nogudang	Nogudang
路西洞	노서동	Nosŏ-dong	Noseo-dong	綠苑	녹원	nogwŏn	nogwon
露西亞	노서아	Nosŏa	Noseoa	綠地	녹지	nokchi	nokji
老石洞	노석동	Nosŏk-tong	Noséok-dong	鹿邨	녹촌	Nokch'on	Nokchon
路線	노선	nosŏn	noseon	錄取	녹취	nokch'wi	nokchwi
魯城	노성	Nosŏng	Noseong	錄勳	녹훈	nokhun	nokun
老少	노소	noso	noso	論攷	논고	non'go	nongo
老松	노송	nosong	nosong	論考	논고	non'go	nongo
老松圖	노송도	nosongdo	nosongdo	論藁	논고	non'go	nongo
老僧	노승	nosŭng	noseung	論功	논공	non'gong	nongong
老僧圖	노승도	nosŭngdo	noseungdo	論谷里	논공리	Non'gong-ni	Nongong-ri
路岩里	노암리	Noam-ni	Noam-ri	論壇	논단	nondan	nondan
奴隷	노예	noye	noye	論難	논란	nollan	nollan
奴隷制	노예제	noyeje	noyeje	論理	논리	nolli	nolli
老隱洞	노은동	Noŭn-dong	Noeun-dong	論理學	논리학	nollihak	nollihak
老人	노인	noin	noin	論脈訣	논맥결	nonmaekkyŏl	nonmaekgyeol
老人亭	노인정	noinjŏng	noinjeong	論孟	논맹	Non-Maeng	Non-Maeng
老人會	노인회	noinhoe	noinhoe	論文	논문	nonmun	nonmun
露日	노일	Ro-Il	No-Il	論文集	논문집	nonmunjip	nonmunjip
老子	노자	Noja	Noja	論辨	논변	nonbyŏn	nonbyeon
老子學	노자학	Nojahak	Nojahak	論報	논보	nonbo	nonbo
老莊	노장	No-Chang	No-Jang	論山	논산	Nonsan	Nonsan
露積峯	노적봉	Nojŏkpong	Nojeokbong	論山郡	논산군	Nonsan-gun	Nonsan-gun
路祭	노제	noje	noje	論說	논설	nonsŏl	nonseol
勞組	노조	nojo	nojo	論選	논선	nonsŏn	nonseol
老洲	노주	Noju	Noju	論說選	논설선	nonsŏlsŏn	nonseolseon
露天	노천	noch'ŏn	nocheon	論說集	논설집	nonsŏlchip	nonseoljip
老村	노촌	Noch'on	Nochon	論疏選	논소선	nonsosŏn	nonsoseon
勞總	노총	noch'ong	nochong	論頌	논송	nonsong	nonsong

한자 용례	한글	ALA-LC Romanization	정부 표기안	한자 용례	한글	ALA-LC Romanization	정부 표기안
論述	논술	nonsul	nonsul	農繁期	농번기	nongbŏn'gi	nongbeongi
論述記	논술기	nonsulgi	nonsulgi	農法	농법	nongpŏp	nongbeop
論語	논어	Nonŏ	Noneo	農本主義	농본주의	nongbonjuŭi	nongbonjuui
論議	논의	nonŭi	nonui	農夫	농부	nongbu	nongbu
論爭	논쟁	nonjaeng	nonjaeng	農事	농사	nongsa	nongsa
論爭考	논쟁고	nonjaenggo	nonjaenggo	農産	농산	nongsan	nongsan
論爭史	논쟁사	nonjaengsa	nonjaengsa	農産物	농산물	nongsanmul	nongsanmul
論著	논저	nonjŏ	nonjeo	農商工部	농상공부	Nongsanggongbu	Nongsanggongbu
論著集	논저집	nonjŏjip	nonjeojip	農商務省	농상무성	Nongsangmusŏng	Nongsangmuseong
論點	논점	nonchŏm	nonjeom	農書	농서	nongsŏ	nongseo
論題別	논제별	nonjebyŏl	nonjebyeol	籠城	농성	nongsŏng	nongseong
論調	논조	nonjo	nonjo	農所里	농소리	Nongso-ri	Nongso-ri
論註	논주	nonju	nonju	農水産	농수산	nongsusan	nongsusan
論集	논집	nonjip	nonjip	農水産物	농수산물	nongsusanmul	nongsusanmul
論叢	논총	nonch'ong	nonchong	農水産部	농수산부	Nongsusanbu	Nongsusanbu
論하다	논하다	nonhada	nonhada	農心	농심	nongsim	nongsim
弄	농	nong	nong	農樂	농악	nongak	nongak
農歌	농가	nongga	nongga	罌巖	농암	Nongam	Nongam
農家	농가	nongga	nongga	農巖	농암	Nongam	Nongam
農耕	농경	nonggyŏng	nonggyeong	農漁民	농어민	nongŏmin	nongeomin
農工	농공	nonggong	nonggong	農漁業	농어업	nongŏŏp	nongeoeop
農工具類	농공구류	nonggongguryu	nonggongguryu	農漁村	농어촌	nongŏch'on	nongeochon
農科	농과	nongkwa	nonggwa	農業	농업	nongŏp	nongeop
籠橋	농교	Nonggyo	Nonggyo	農業大	농업대	nongŏptae	nongeopdae
農具	농구	nonggu	nonggu	農業法	농업법	nongŏppŏp	nongeopbeop
籠球	농구	nonggu	nonggu	農業史	농업사	nongŏpsa	nongeopsa
農具類	농구류	nongguryu	nongguryu	農業省	농업성	Nongŏpsŏng	Nongeopseong
農軍	농군	nonggun	nonggun	農業學	농업학	nongŏphak	nongeopak
農器具	농기구	nonggigu	nonggigu	農謠	농요	nongyo	nongyo
農奴	농노	nongno	nongno	農園	농원	nongwŏn	nongwon
弄談	농담	nongdam	nongdam	農人	농인	nongin	nongin
農大	농대	nongdae	nongdae	農作物	농작물	nongjangmul	nongjangmul
農林	농림	nongnim	nongnim	農蠶	농잠	nongjam	nongjam
農林家	농림가	nongnimga	nongnimga	農場	농장	nongjang	nongjang
農林高	농림고	nongnimgo	nongnimgo	農莊	농장	nongjang	nongjang
農林部	농림부	Nongnimbu	Nongnimbu	農政	농정	nongjŏng	nongjeong
農林省	농림성	Nongnimsŏng	Nongnimseong	農政部	농정부	Nongjŏngbu	Nongjeongbu
農林中	농림중	nongnimjung	nongnimjung	農政史	농정사	nongjŏngsa	nongjeongsa
農林學	농림학	nongnimhak	nongnimhak	農組	농조	Nongjo	Nongjo
農務部	농무부	Nongmubu	Nongmubu	農地	농지	nongji	nongji
農民	농민	nongmin	nongmin	農地法	농지법	nongjipŏp	nongjibeop
農民校	농민교	nongmin'gyo	nongmingyo	農村	농촌	nongch'on	nongchon
農民軍	농민군	nongmin'gun	nongmingun	農畜業	농축업	nongch'ugŏp	nongchugeop
農民層	농민층	nongminch'ŭng	nongmincheung	農土	농토	nongt'o	nongto
農民會	농민회	nongminhoe	nongminhoe	農圃	농포	Nongp'o	Nongpo

한자 용례	한글	ALA-LC Romanization	정부 표기안	한자 용례	한글	ALA-LC Romanization	정부 표기안
農圃洞	농포동	Nongp'o-dong	Nongpo-dong	多	다	ta	da
農圃子	농포자	Nongp'oja	Nongpoja	茶	다	ta	da
農學	농학	nonghak	nonghak	茶經	다경	tagyŏng	dagyeong
農閑期	농한기	nonghan'gi	nonghangi	茶果類	다과류	tagwaryu	dagwaryu
農協	농협	Nonghyŏp	Nonghyeop	多國籍	다국적	tagukchŏk	dagukjeok
農化學	농화학	nonghwahak	nonghwahak	多鈕細	다뉴세	tanyuse	danyuse
農會	농회	nonghoe	nonghoe	多鈕細文鏡	다뉴세문경	tanyusemun'gyŏng	danyusemungyeong
農會報	농회보	nonghoebo	nonghoebo	多大	다대	Tadae	Dadae
惱	뇌	noe	noe	多大洞	다대동	Tadae-dong	Dadae-dong
賂物	뇌물	noemul	noemul	多大鎭	다대진	Tadaejin	Dadaejin
樓閣	누각	nugak	nugak	多大浦	다대포	Tadaep'o	Dadaepo
漏刻	누각	nugak	nugak	茶道	다도	tado	dado
縷緋匠	누비장	nubijang	nubijang	茶道學	다도학	Tadohak	Dadohak
樓上	누상	nusang	nusang	多島海	다도해	Tadohae	Dadohae
漏水器	누수기	nusugi	nusugi	茶洞	다동	Ta-dong	Da-dong
樓岩里	누암리	Nuam-ni	Nuam-ri	陀羅	다라	Tara	Dara
樓巖里	누암리	Nuam-ni	Nuam-ri	陀羅尼	다라니	tarani	darani
樓亭	누정	nujŏng	nujeong	陀羅尼經	다라니경	taranigyŏng	daranigyeong
陋巷	누항	Nuhang	Nuhang	多楽園	다락원	Taragwŏn	Daragwon
訥齋	눌재	Nuljae	Nuljae	多樂園	다락원	Taragwŏn	Daragwon
勒島	늑도	Nŭkto	Neukdo	茶禮	다례	tarye	darye
陵	능	nŭng	neung	多媒體	다매체	tamaech'e	damaeche
楞伽經	능가경	Nŭnggagyŏng	Neunggagyeong	多面	다면	tamyŏn	damyeon
陵谷	능곡	nŭnggok	neunggok	茶母	다모	tamo	damo
綾羅島	능라도	Nŭngnado	Neungnado	茶墨畵	다묵화	tamukhwa	damukwa
能力	능력	nŭngnyŏk	neungnyeok	多文化	다문화	tamunhwa	damunhwa
能率	능률	nŭngyul	neungnyul	多文化	다문화	tamunhwa	damunhwa
陵墓	능묘	nŭngmyo	neungmyo	多勿	다물	Tamul	Damul
陵墓碑	능묘비	nŭngmyobi	neungmyobi	多物島	다물도	Tamulto	Damuldo
陵碑	능비	nŭngbi	neungbi	茶房	다방	tabang	dabang
陵山里	능산리	Nŭngsan-ni	Neungsan-ri	多芳里	다방리	Tabang-ni	Dabangni
綾城	능성	Nŭngsŏng	Neungseong	多寶	다보	Tabo	Dabo
綾城縣	능성현	Nŭngsŏng-hyŏn	Neungseong-hyeon	多寶塔	다보탑	Tabot'ap	Dabotap
楞嚴	능엄	Nŭngŏm	Neungeom	茶賦	다부	tabu	dabu
楞嚴經	능엄경	Nŭngŏmgyŏng	Neungeomgyeong	多富	다부	Tabu	Dabu
陵園	능원	nŭngwŏn	neungwon	多富洞	다부동	Tabu-dong	Dabu-dong
綾原	능원	Nŭngwŏn	Neungwon	多富里	다부리	Tabu-ri	Dabu-ri
陵園墓	능원묘	nŭngwŏnmyo	neungwonmyo	茶婢	다비	tabi	dabi
能仁	능인	nŭngin	neungin	茶史	다사	tasa	dasa
綾州郡	능주군	Nŭngju-gun	Neungju-gun	多士軒	다사헌	Tasahŏn	Dasaheon
綾州牧	능주목	Nŭngju-mok	Neungju-mok	茶山	다산	Tasan	Dasan
陵寢寺	능침사	Nŭngch'imsa	Neungchimsa	多山里	다산리	Tasan-ni	Dasan-ri
陵幸	능행	nŭnghaeng	neunghaeng	茶山學	다산학	Tasanhak	Dasanhak
陵幸圖	능행도	nŭnghaengdo	neunghaengdo	茶書畵	다서화	tasŏhwa	daseohwa
菱花板	능화판	nŭnghwap'an	neunghwapan	多松里	다송리	Tasong-ni	Dasong-ri

한자 용례	한글	ALA-LC Romanization	정부 표기안	한자 용례	한글	ALA-LC Romanization	정부 표기안
多數	다수	tasu	dasu	檀大	단대	Tandae	Dandae
茶詩	다시	tasi	dasi	團領	단령	tallyŏng	dallyeong
茶詩集	다시집	tasijip	dasijip	單幕劇	단막극	tanmakkŭk	danmakgeuk
多識	다식	tasik	dasik	端末機	단말기	tanmalgi	danmalgi
茶神傳	다신전	tasinjŏn	dasinjeon	段面	단면	tanmyŏn	danmyeon
多樣性	다양성	tayangsŏng	dayangseong	斷面	단면	tanmyŏn	danmyeon
多餘集	다여집	Tayŏjip	Dayeojip	短命	단명	tanmyŏng	danmyeong
茶碗	다완	tawan	dawan	丹牧	단목	Tanmok	Danmok
茶雲洞	다운동	Taun-dong	Daun-dong	單味	단미	tanmi	danmi
多元主義	다원주의	tawŏnjuŭi	dawonjuui	檀民	단민	Tanmin	Danmin
茶人	다인	tain	dain	斷髮	단발	tanbal	danbal
多者	다자	taja	daja	斷髮令	단발령	tanballyŏng	danballyeong
茶店	다점	tajŏm	dajeom	蛋白質	단백질	tanbaekchil	danbaekjil
多次元	다차원	tach'awŏn	dachawon	丹山	단산	Tansan	Dansan
多層	다층	tach'ŭng	dacheung	斷想	단상	tansang	dansang
茶戶	다호	Taho	Daho	單色	단색	tansaek	dansaek
茶戶里	다호리	Taho-ri	Daho-ri	丹城	단성	Tansŏng	Danseong
茶話	다화	tahwa	dahwa	丹城郡	단성군	Tansŏng-gun	Danseong-gun
茶花	다화	tahwa	dahwa	團成社	단성사	Tansŏngsa	Danseongsa
茶會	다회	tahoe	dahoe	丹城縣	단성현	Tansŏng-hyŏn	Danseong-hyeon
多繪	다회	tahoe	dahoe	短時調	단시조	tansijo	dansijo
旦	단	tan	dan	單式	단식	tansik	dansik
壇	단	tan	dan	丹心	단심	tansim	dansim
單	단	tan	dan	丹心歌	단심가	tansimga	dansimga
檀	단	tan	dan	單眼的	단안적	tananjŏk	dananjeok
團	단	tan	dan	丹崖	단애	tanae	danae
丹	단	tan	dan	端陽	단양	Tanyang	Danyang
短歌	단가	tan'ga	danga	丹陽	단양	Tanyang	Danyang
短劍	단검	tan'gŏm	dangeom	丹陽郡	단양군	Tanyang-gun	Danyang-gun
壇經	단경	tan'gyŏng	dangyeong	丹陽縣	단양현	Tanyang-hyŏn	Danyang-hyeon
段階	단계	tan'gye	dangye	端午	단오	Tano	Dano
丹溪	단계	Tan'gye	Dangye	丹吾	단오	Tano	Dano
丹谷	단곡	Tan'gok	Dangok	端午圖	단오도	Tanodo	Danodo
單科	단과	tankwa	dangwa	端午節	단오절	Tanojŏl	Danojeol
段丘	단구	tan'gu	dangu	端午祭	단오제	Tanoje	Danoje
丹邱	단구	tan'gu	dangu	檀雄	단웅	Tanung	Danung
丹邱院	단구원	Tan'guwŏn	Danguwon	檀園	단원	Tanwŏn	Danwon
檀國	단국	tan'guk	danguk	單院	단원	tanwŏn	danwon
檀君	단군	Tan'gun	Dangun	單院制	단원제	tanwŏnje	danwonje
壇君	단군	Tan'gun	Dangun	丹月洞	단월동	Tanwŏl-dong	Danwol-dong
檀君敎	단군교	Tan'gun'gyo	Dangungyo	單位	단위	tanwi	danwi
檀君紀	단군기	Tan'gun'gi	Dangungi	單一	단일	tanil	danil
檀君陵	단군릉	Tan'gunnŭng	Dangulleung	單子	단자	tanja	danja
短期	단기	tan'gi	dangi	丹齋	단재	Tanjae	Danjae
檀紀	단기	Tan'gi	Dangi	丹田	단전	tanjŏn	danjeon

한자 용례	한글	ALA-LC Romanization	정부 표기안	한자 용례	한글	ALA-LC Romanization	정부 표기안
斷絶	단절	tanjŏl	danjeol	潭陽府	담양부	Tamyang-bu	Damyang-bu
端宗	단종	Tanjong	Danjong	潭陽邑	담양읍	Tamyang-ŭp	Damyang-eup
斷罪	단죄	tanjoe	danjoe	潭陽縣	담양현	Tamyang-hyŏn	Damyang-hyeon
団地	단지	tanji	danji	擔任	담임	tamim	damim
丹池	단지	Tanji	Danji	坦子菌	담자균	tamjagyun	damjagyun
斷指	단지	tanji	danji	談場	담장	tamjang	damjang
團地	단지	tanji	danji	潭州	담주	Tamju	Damju
端川	단천	Tanch'ŏn	Dancheon	湛軒	담헌	Tamhŏn	Damheon
端川郡	단천군	Tanch'ŏn-gun	Dancheon-gun	湛軒書	담헌서	Tamhŏnsŏ	Damheonseo
丹靑	단청	tanch'ŏng	dancheong	談話	담화	tamhwa	damhwa
丹靑	단청	tanch'ŏng	dancheong	答	답	tap	dap
丹靑匠	단청장	tanch'ŏngjang	dancheongjang	答歌	답가	tapka	dapga
丹靑展	단청전	tanch'ŏngjŏn	dancheongjeon	畓洞	답동	Tap-tong	Dap-dong
團体	단체	tanch'e	danche	答問	답문	tammun	dammun
團體	단체	tanch'e	danche	答訪	답방	tappang	dapbang
団体	단체	tanch'e	danche	答辯	답변	tappyŏn	dapbyeon
團體長	단체장	tanch'ejang	danchejang	踏査	답사	tapsa	dapsa
斷層	단층	tanch'ŭng	dancheung	踏査記	답사기	tapsagi	dapsagi
短波	단파	tanp'a	danpa	踏査詩	답사시	tapsasi	dapsasi
短編	단편	tanp'yŏn	danpyeon	答案	답안	taban	daban
短篇	단편	tanp'yŏn	danpyeon	答案紙	답안지	tabanji	dabanji
短篇集	단편집	tanp'yŏnjip	danpyeonjip	答響	답향	taphyang	dapyang
丹學	단학	tanhak	danhak	唐	당	Tang	Dang
丹海	단해	Tanhae	Danhae	黨	당	tang	dang
單行本	단행본	tanhaengbon	danhaengbon	幢竿	당간	tanggan	danggan
短形	단형	tanhyŏng	danhyeong	堂姑母	당고모	tanggomo	danggomo
達摩	달마	talma	dalma	糖尿	당뇨	tangnyo	dangnyo
達磨	달마	Talma	Dalma	糖尿病	당뇨병	tangnyopyŏng	dangnyobyeong
達摩會	달마회	talmahoe	dalmahoe	螳螂	당랑	tangnang	dangnang
達西	달서	Talsŏ	Dalseo	黨論	당론	tangnon	dangnon
達城	달성	Talsŏng	Dalseong	唐律	당률	tangnyul	dangnyul
達城郡	달성군	Talsŏng-gun	Dalseong-gun	當面	당면	tangmyŏn	dangmyeon
達城郡	달성군	Talsŏng-gun	Dalseong-gun	堂山	당산	Tangsan	Dangsan
擔當	담당	tamdang	damdang	堂山祭	당산제	Tangsanje	Dangsanje
擔當官	담당관	tamdanggwan	damdanggwan	堂上	당상	tangsang	dangsang
擔當官室	담당관실	tamdanggwansil	damdanggwansil	堂上官	당상관	tangsanggwan	dangsanggwan
擔當者	담당자	tamdangja	damdangja	當選	당선	tangsŏn	dangseon
談論	담론	tamnon	damnon	當選作	당선작	tangsŏnjak	dangseonjak
擔保	담보	tambo	dambo	唐城	당성	Tangsŏng	Dangseong
擔保法	담보법	tambopŏp	dambobeop	黨性	당성	tangsŏng	dangseong
曇毗	담비	tambi	dambi	唐詩	당시	Tangsi	Dangsi
談藪	담수	tamsu	damsu	唐詩論	당시론	Tangsiron	Dangsiron
譚詩	담시	tamsi	damsi	當爲	당위	tangwi	dangwi
潭陽	담양	Tamyang	Tamyang	唐人里	당인리	Tangin-ni	Dangin-ri
潭陽郡	담양군	Tamyang-gun	Damyang-gun	黨爭	당쟁	tangjaeng	dangjaeng

한자 용례	한글	ALA-LC Romanization	정부 표기안	한자 용례	한글	ALA-LC Romanization	정부 표기안
党爭	당쟁	tangjaeng	dangjaeng	大科	대과	taekwa	daegwa
堂丁里	당정리	Tangjŏng-ni	Dangjeong-ri	大観	대관	taegwan	daegwan
堂祭	당제	tangje	dangje	大觀	대관	taegwan	daegwan
幢主	당주	tangju	dangju	大關嶺	대관령	Taegwallyŏng	Daegwallyeong
當直	당직	tangjik	dangjik	大光	대광	Taegwang	Daegwang
唐津	당진	Tangjin	Dangjin	大光里	대광리	Taegwang-ni	Daegwang-ri
唐津郡	당진군	Tangjin-gun	Dangjin-gun	大光明殿	대광명전	taegwangmyŏngjŏn	daegwangmyeongjeon
唐津邑	당진읍	Tangjin-ŭp	Dangjin-eup	大光殿	대광전	taegwangjŏn	daegwangjeon
當千	당천	Tangch'ŏn	Dangcheon	大橋	대교	taegyo	daegyo
唐草文	당초문	tangch'omun	dangchomun	大教區	대교구	taegyogu	daegyogu
黨派	당파	tangp'a	dangpa	對校本	대교본	taegyobon	daegyobon
堂下	당하	tangha	dangha	大邱	대구	Taegu	Daegu
堂後	당후	tanghu	danghu	大邱郡	대구군	Taegu-gun	Daegu-gun
大	대	tae	dae	大邱圈	대구권	Taegukwŏn	Daegugwon
對	대	tae	dae	大邱大	대구대	Taegudae	Daegudae
大家	대가	taega	daega	大邱府	대구부	Taegu-bu	Daegu-bu
大駕洛國史	대가락국사	Taegarakkuksa	Daegarakguksa	大邱市	대구시	Taegu-si	Daegu-si
大伽倻	대가야	Taegaya	Daegaya	大邱縣	대구현	Taegu-hyŏn	Daegu-hyeon
大加耶	대가야	Taegaya	Daegaya	大國	대국	taeguk	daeguk
大覺	대각	Taegak	Daegak	大君	대군	taegun	daegun
大角干	대각간	Taegakkan	Daegakgan	大弓	대궁	taegung	daegung
對角線	대각선	taegaksŏn	daegakseon	大權	대권	taekwŏn	daegwon
大覺會	대각회	Taegakhoe	Daegakoe	大闕	대궐	taegwŏl	daegwol
臺諫	대간	taegan	daegan	大錦里	대금리	Taegŭm-ni	Daegeum-ri
大鑑	대감	taegam	daegam	大氣	대기	taegi	daegi
大監	대감	taegam	daegam	大企業	대기업	taegiŏp	daegieop
大綱	대강	taegang	daegang	大記者	대기자	taegija	daegija
大講堂	대강당	taegangdang	daegangdang	大기회	대기회	taegihoe	daegihoe
大建社	대건사	Taegŏnsa	Daegeonsa	大南	대남	taenam	daenam
大檢	대검	Taegŏm	Daegeom	對南	대남	taenam	daenam
大격동	대격동	taegyŏktong	daegyeokdong	代納	대납	taenap	daenap
大見	대견	Taegyŏn	Daegyeon	對內	대내	taenae	daenae
大決斷	대결단	taegyŏltan	daegyeoldan	對內外	대내외	taenaeoe	daenaeoe
大經	대경	taegyŏng	daegyeong	大農	대농	taenong	daenong
大系	대계	taegye	daegye	大陀羅尼經	대다라니경	taedaranigyŏng	daedaranigyeong
大計	대계	taegye	daegye	對談	대담	taedam	daedam
大谷	대곡	Taegok	Daegok	大德	대덕	Taedŏk	Daedeok
大哭	대곡	taegok	daegok	大德郡	대덕군	Taedŏk-kun	Daedeok-gun
大谷郡	대곡군	Taegok-kun	Daegok-gun	大島	대도	taedo	daedo
大谷里	대곡리	Taegong-ni	Daegok-ri	大道	대도	taedo	daedo
垈谷里	대곡리	Taegong-ni	Daegok-ri	大刀	대도	taedo	daedo
對共	대공	taegong	daegong	大盜	대도	taedo	daedo
大共	대공	Taegong	daegong	大都市圈	대도시권	taedosikwŏn	daedosigwon
大公	대공	taegong	daegong	大都護府	대도호부	taedohobu	daedohobu
大公園	대공원	taegongwŏn	daegongwon	大東	대동	taedong	daedong

한자 용례	한글	ALA-LC Romanization	정부 표기안	한자 용례	한글	ALA-LC Romanization	정부 표기안
大同	대동	taedong	daedong	大武神	대무신	Taemusin	Daemusin
大同江	대동강	Taedonggang	Daedonggang	大間	대문	taemun	daemun
大同教	대동교	Taedonggyo	Daedonggyo	大門	대문	taemun	daemun
大同郡	대동군	Taedong-gun	Daedong-gun	對美	대미	taemi	daemi
大同團	대동단	Taedongdan	Daedongdan	對民	대민	taemin	daemin
大動亂	대동란	taedongnan	daedongnan	大般	대반	taeban	daeban
大東流	대동류	taedongnyu	daedongnyu	大般若經	대반야경	Taebanyagyŏng	Daebanyagyeong
大同門	대동문	Taedongmun	Daedongmun	大方	대방	taebang	daebang
大同報	대동보	Taedongbo	Daedongbo	大邦	대방	Taebang	Daebang
大同譜	대동보	taedongbo	daedongbo	帶方	대방	Taebang	Daebang
大東亞	대동아	Taedonga	Daedonga	大方廣	대방광	Taebanggwang	Daebanggwang
擡頭	대두	taedu	daedu	帶方郡	대방군	Taebang-gun	Daebang-gun
大豆	대두	taedu	daedu	大方等	대방등	Taebangdŭng	Daebangdeung
大屯	대둔	taedun	daedun	帶方州	대방주	Taebang-ju	Daebang-ju
大芚寺	대둔사	Taedunsa	Daedunsa	帶方縣	대방현	Taebang-hyŏn	Daebang-hyeon
大芚山	대둔산	Taedunsan	Daedunsan	大法院	대법원	Taebŏbwŏn	Daebeobwon
大量	대량	taeryang	daeryang	大法典	대법전	taepŏpchŏn	daebeopjeon
大連	대련	Taeryŏn	Daeryeon	大寶	대보	taebo	daebo
大領	대령	taeryŏng	daeryeong	大寶鑑	대보감	taebogam	daebogam
大禮	대례	taerye	daerye	大報壇	대보단	Taebodan	Daebodan
大路	대로	taero	daero	大菩薩	대보살	taebosal	daebosal
大麓	대록	Taerok	Daerok	大本營	대본영	Taebonyŏng	Daebonyeong
大陸	대륙	taeryuk	daeryuk	大鳳	대봉	Taebong	Daebong
大陸棚	대륙붕	taeryukpung	daeryukbung	大峯	대봉	Taebong	Daebong
代理	대리	taeri	daeri	大鳳洞	대봉동	Taebong-dong	Daebong-dong
大里里	대리리	Taeri-ri	Daeri-ri	大夫	대부	taebu	daebu
大理石	대리석	taerisŏk	daeriseok	代父	대부	taebu	daebu
大林	대림	taerim	daerim	大夫人	대부인	taebuin	daebuin
對立	대립	taerip	daerip	臺北	대북	Taebuk	Daebuk
代立	대립	taerip	daerip	大佛	대불	taebul	daebul
對馬	대마	Taema	Daema	大佛頂	대불정	Taebulchŏng	Daebuljeong
大馬島	대마도	Taemado	Daemado	對比	대비	taebi	daebi
對馬島	대마도	Taemado	Daemado	大妃	대비	taebi	daebi
對馬州	대마주	Taemaju	Daemaju	對備	대비	taebi	daebi
大莫離支	대막리지	Taemangniji	Daemangniji	大師	대사	taesa	daesa
臺灣	대만	Taeman	Daeman	大使	대사	taesa	daesa
對明	대명	taemyŏng	daemyeong	大事件	대사건	taesakŏn	daesageon
大命	대명	taemyŏng	daemyeong	大使館	대사관	taesagwan	daesagwan
大明	대명	Taemyŏng	Daemyeong	大赦令	대사령	taesaryŏng	daesaryeong
大明洞	대명동	Taemyŏng-dong	Daemyeong-dong	大射禮	대사례	taesarye	daesarye
大明律	대명률	Taemyŏngnyul	Daemyeongnyul	大事錄	대사록	taesarok	daesarok
大木匠	대목장	taemokchang	daemokjang	大辭林	대사림	taesarim	daesarim
對蒙	대몽	taemong	daemong	大赦免	대사면	taesamyŏn	daesamyeon
大舞臺	대무대	taemudae	daemudae	大師碑	대사비	taesabi	daesabi
大無量壽經	대무량수경	Taemuryangsugyŏng	Daemuryangsugyeong	大司成	대사성	Taesasŏng	Daesaseong

한자 용례	한글	ALA-LC Romanization	정부 표기안	한자 용례	한글	ALA-LC Romanization	정부 표기안
大私習	대사습	Taesasŭp	Daesaseup	大陽	대양	taeyang	daeyang
大辭源	대사원	taesawŏn	daesawon	大陽2里	대양2리	Taeyang-2-ri	Daeyang2-ri
大辭典	대사전	taesajŏn	daesajeon	大業	대업	taeŏp	daeeop
大事典	대사전	taesajŏn	daesajeon	代役	대역	taeyŏk	daeyeok
大師集	대사집	taesajip	daesajip	大逆	대역	taeyŏk	daeyeok
大司憲	대사헌	Taesahŏn	Daesaheon	大役事	대역사	taeyŏksa	daeyeoksa
臺山	대산	Taesan	Daesan	大演說會	대연설회	taeyŏnsŏrhoe	daeyeonseolhoe
大山	대산	taesan	daesan	大豫測	대예측	taeyech'ŭk	daeyecheuk
對象	대상	taesang	daesang	大예측	대예측	taeyech'ŭk	daeyecheuk
大象	대상	Taesang	Daesang	大悟	대오	taeo	daeo
大賞	대상	taesang	daesang	大王	대왕	taewang	daewang
大賞展	대상전	taesangjŏn	daesangjeon	大王陵	대왕릉	taewangnŭng	daewangneung
大西洋	대서양	Taesŏyang	Daeseoyang	大王碑	대왕비	taewangbi	daewangbi
大서정시	대서정시	taesŏjŏngsi	daeseojeongsi	大旺社	대왕사	Taewangsa	Daewangsa
大選	대선	taesŏn	daeseon	大王巖	대왕암	Taewangam	Daewangam
大禪師	대선사	taesŏnsa	daeseonsa	大王岩	대왕암	Taewangam	Daewangam
大雪	대설	taesŏl	daeseol	對外	대외	taeoe	daeoe
大說	대설	Taesŏl	Daeseol	對外觀	대외관	taeoegwan	daeoegwan
大成	대성	taesŏng	daeseong	大要	대요	taeyo	daeyo
大聖	대성	Taesŏng	Daeseong	代用	대용	taeyong	daeyong
大星	대성	Taesŏng	Daeseong	對遇	대우	taeu	daeu
大成洞	대성동	Taesŏng-dong	Daeseong-dong	大宇	대우	Taeu	Daeu
大城山	대성산	Taesŏngsan	Daeseongsan	大運	대운	Taeun	Daeun
大成殿	대성전	Taesŏngjŏn	Daeseongjeon	大雄	대웅	taeung	daeung
大世	대세	taese	daese	大雄殿	대웅전	taeungjŏn	daeungjeon
大勢	대세	taese	daese	大雄殿址	대웅전지	taeungjŏnji	daeungjeonji
代數	대수	taesu	daesu	大垣	대원	Taewŏn	Daewon
大水路	대수로	taesuro	daesuro	大原	대원	Taewŏn	Daewon
大巡	대순	taesun	daesun	大元	대원	Taewŏn	Daewon
大勝	대승	taesŭng	daeseung	大圓覺	대원각	Taewon'gak	Daewongak
大乘	대승	taesŭng	daeseung	大圓覺寺	대원각사	Taewon'gaksa	Daewongaksa
大升	대승	Taesŭng	Daeseung	大院君	대원군	taewŏn'gun	daewongun
大乘論	대승론	taesŭngnon	daeseungnon	大源寺	대원사	Taewŏnsa	Daewonsa
大乘寺	대승사	Taesŭngsa	Daeseungsa	大尉	대위	taewi	daewi
待時	대시	taesi	daesi	大尹	대윤	Taeyun	Daeyun
大神	대신	Taesin	Daesin	大栗里	대율리	Taeyul-li	Daeyul-ri
大臣	대신	taesin	daesin	大律師	대율사	Taeyulsa	Daeyulsa
大神大	대신대	Taesindae	Daesindae	大恩	대은	Taeŭn	Daeeun
大心	대심	Taesim	Daesim	對應	대응	taeŭng	daeeung
大心里	대심리	Taesim-ni	Daesim-ri	對應策	대응책	taeŭngch'aek	daeeungchaek
大審院	대심원	Taesimwŏn	Daesimwon	大義	대의	taeŭi	daeui
大雅里	대아리	Taea-ri	Daea-ri	大意	대의	taeŭi	daeui
大阿飡	대아찬	Taeach'an	Daeachan	大移動	대이동	taeidong	daeidong
代案	대안	taean	daean	大耳里	대이리	Taei-ri	Daei-ri
大洋	대양	taeyang	daeyang	大人	대인	taein	daein

한자 용례	한글	ALA-LC Romanization	정부 표기안	한자 용례	한글	ALA-LC Romanization	정부 표기안
對日	대일	taeil	daeil	大朝鮮	대조선	Taejosŏn	Daejoseon
大慈	대자	taeja	daeja	對照表	대조표	taejop'yo	daejopyo
大慈庵	대자암	Taejaam	Daejaam	大鐘	대종	taejong	daejong
臺帳	대장	taejang	daejang	大宗師	대종사	Taejongsa	Daejongsa
大將	대장	taejang	daejang	大鐘賞	대종상	Taejongsang	Daejongsang
大帳	대장	taejang	daejang	大宗會	대종회	taejonghoe	daejonghoe
大藏	대장	taejang	daejang	大主教	대주교	taejugyo	daejugyo
大長	대장	taejang	daejang	大竹	대죽	Taejuk	Daejuk
隊長	대장	taejang	daejang	對中	대중	taejung	daejung
大藏閣	대장각	Taejanggak	Daejanggak	大衆	대중	taejung	daejung
大藏刻版	대장각판	taejanggakp'an	daejanggakpan	臺址	대지	taeji	daeji
大藏經	대장경	taejanggyŏng	daejanggyeong	大地	대지	taeji	daeji
大藏經板	대장경판	taejanggyŏngp'an	daejanggyeongpan	大智度論	대지도론	taejidoron	daejidoron
大將軍	대장군	taejanggun	daejanggun	大地震	대지진	taejijin	daejijin
大藏省	대장성	Taejangsŏng	Daejangseong	大眞	대진	taejin	daejin
大藏殿	대장전	taejangjŏn	daejangjeon	大集	대집	taejip	daejip
大長征	대장정	taejangjŏng	daejangjeong	代差	대차	taech'a	daecha
大載	대재	Taejae	Daejae	大刹	대찰	taech'al	daechal
大寂光殿	대적광전	taejŏkkwangjŏn	daejeokgwangjeon	對策	대책	taech'aek	daechaek
大典	대전	taejŏn	daejeon	大川	대천	taech'ŏn	daecheon
大全	대전	taejŏn	daejeon	代天	대천	taech'ŏn	daecheon
大田	대전	Taejŏn	Daejeon	待闡錄	대천록	Taech'ŏllok	Daecheollok
大展	대전	taejŏn	daejeon	大捷	대첩	taech'ŏp	daecheop
大戰	대전	taejon	daejeon	大捷碑	대첩비	taech'ŏppi	daecheopbi
大田郡	대전군	Taejŏn-gun	Daejeon-gun	對淸	대청	taech'ŏng	daecheong
大田大	대전대	Taejŏndae	Daejeondae	大淸	대청	taech'ŏng	daecheong
大戰略	대전략	taejŏllyak	daejeollyak	對淸	대청	taech'ŏng	daecheong
代田法	대전법	taejŏnpŏp	daejeonbeop	對替	대체	taech'e	daeche
大田市	대전시	Taejŏn-si	Daejeon-i	大草島	대초도	Taech'odo	Daechodo
大展集	대전집	taejŏnjip	daejeonjip	大草里	대초리	Taech'o-ri	Daecho-ri
大全集	대전집	taejŏnjip	daejeonjip	大塚	대총	taech'ong	daechong
大典集	대전집	taejŏnjip	daejeonjip	貸出	대출	taech'ul	daechul
大轉換	대전환	taeŏnhwan	daejeonhwan	大峙	대치	Taech'i	Daechi
大전환	대전환	taejŏnhwan	daejeonhwan	大峙里	대치리	Taech'i-ri	Daechi-ri
大接主	대접주	taejŏpchu	daejeopju	大稱	대칭	taech'ing	daeching
大靜	대정	Taejŏng	Daejeong	大討論	대토론	taet'oron	daetoron
大定	대정	taejŏng	daejeong	大通	대통	taet'ong	daetong
大正	대정	taejŏng	daejeong	大統領	대통령	taet'ongnyŏng	daetongnyeong
大靜縣	대정현	Taejŏng-hyŏn	Daejeong-hyeon	大統領論	대통령론	taet'ongnyŏngnon	daetongnyeongnon
大祭	대제	taeje	daeje	大統領制	대통령제	taet'ongnyŏngje	daetongnyeongje
大提閣	대제각	Taejegak	Daejegak	大統合	대통합	Taet'onghap	daetonghap
大祭展	대제전	taejejŏn	daejejeon	大鬪爭	대투쟁	taet'ujaeng	daetujaeng
大提學	대제학	Taejehak	Daejehak	大阪	대판	Taep'an	Daepan
對照	대조	taejo	daejo	大平	대평	taep'yŏng	daepyeong
大潮	대조	Taejo	Daejo	大坪	대평	Taep'yŏng	Daepyeong

한자 용례	한글	ALA-LC Romanization	정부 표기안	한자 용례	한글	ALA-LC Romanization	정부 표기안
大坪洞	대평동	Taep'yŏng-dong	Daepyeong-dong	大峴洞	대현동	Taehyŏn-dong	Daehyeon-dong
大坪里	대평리	Taep'yŏng-ni	Daepyeong-ri	大亨	대형	Taehyŏng	Daehyeong
大砲	대포	taep'o	daepo	大型	대형	taehyŏng	daehyeong
大浦洞	대포동	Taep'o-dong	Daepo-dong	大兄	대형	taehyŏng	daehyeong
大浦里	대포리	Taep'o-ri	Daepo-ri	大慧	대혜	Taehye	Daehye
大幅	대폭	taep'ok	daepok	大壺	대호	taeho	daeho
大爆發	대폭발	taep'okpal	daepokbal	大護軍	대호군	taehogun	daehogun
代表	대표	taep'yo	daepyo	大和	대화	taehwa	daehwa
代表團	대표단	taep'yodan	daepyodan	對話	대화	taehwa	daehwa
代表詩	대표시	taep'yosi	daepyosi	大華教	대화교	Taehwagyo	Daehwagyo
代表作	대표작	taep'yojak	daepyojak	大化里	대화리	Taehwa-ri	Daehwa-ri
代表制	대표제	taep'yoje	daepyoje	大華嚴	대화엄	Taehwaŏm	Daehwaeom
大河	대하	taeha	daeha	大和倭	대화왜	Taehwawae	Daehwawae
對하여	대하여	taehayŏ	daehayeo	對話展	대화전	taehwajŏn	daehwajeon
対하여	대하여	taehayŏ	daehayeo	大會	대회	taehoe	daehoe
大学	대학	taehak	daehak	大会	대회	taehoe	daehoe
大學	대학	taehak	daehak	大會議室	대회의실	taehoeŭisil	daehoeuisil
大學館	대학관	taehakkwan	daehakgwan	大勳	대훈	Taehun	Daehun
大学校	대학교	taehakkyo	daehakgyo	大訓社	대훈사	Taehunsa	Daehunsa
大學校	대학교	taehakkyo	daehakgyo	大勳章	대훈장	taehunjang	daehunjang
大虐殺	대학살	taehaksal	daehaksal	大黑山島	대흑산도	Taehŭksando	Daeheuksando
大學生	대학생	taehaksaeng	daehaksaeng	大興	대흥	Taehŭng	Daeheung
大學生들	대학생들	taehaksaengdŭl	daehaksaengdeul	大興郡	대흥군	Taehŭng-gun	Daeheung-gun
大學院	대학원	taehagwŏn	daehagwon	大興寺	대흥사	Taehŭngsa	Daeheungsa
大學院長	대학원장	taehagwŏnjang	daehagwonjang	大興縣	대흥현	Taehŭng-hyŏn	Daeheung-hyeon
大學長室	대학장실	Taehakchangsil	daehakjangsil	德橋里	덕교리	Tŏkkyo-ri	Deokgyo-ri
大寒	대한	taehan	daehan	德南	덕남	Tŏngnam	Deongnam
對韓	대한	taehan	daehan	德垈里	덕대리	Tŏktae-ri	Deokdae-ri
大韓	대한	Taehan	Daehan	德目	덕목	tŏngmok	deongmok
對한	대한	taehan	daehan	德山	덕산	Tŏksan	Deoksan
大韓國人	대한국인	Taehan'gugin	Daehangugin	德山郡	덕산군	Tŏksan-gun	Deoksan-gun
大漢門	대한문	Taehanmun	Daehanmun	德山里	덕산리	Tŏksan-ni	Deoksan-ri
大韓人	대한인	Taehanin	Daehanin	德山縣	덕산현	Tŏksan-hyŏn	Deoksan-hyeon
對抗	대항	taehang	daehang	德城	덕성	Tŏksŏng	Deokseong
大項里	대항리	Taehang-ni	Daehang-ri	德壽	덕수	Tŏksu	Deoksu
對抗戰	대항전	taehangjŏn	daehangjeon	德壽宮	덕수궁	Tŏksugung	Deoksugung
大海	대해	taehae	daehae	德修里	덕수리	Tŏksu-ri	Deoksu-ri
大海濤	대해도	Taehaedo	Daehaedo	德案	덕안	tŏgan	deogan
大海戰	대해전	taehaejŏn	daehaejeon	德陽	덕양	Tŏgyang	Deogyang
大行首	대행수	taehaengsu	daehaengsu	德源郡	덕원군	Tŏgwŏn-gun	Deogwon-gun
大行進	대행진	taehaengjin	daehaengjin	德裕	덕유	Tŏgyu	Deogyu
大香爐	대향로	taehyangno	daehyangno	德裕山	덕유산	Tŏgyusan	Deogyusan
大憲	대헌	taehŏn	daeheon	德異	덕이	Tŏgi	Deogi
大革命	대혁명	taehyŏngmyŏng	daehyeongmyeong	德仁里	덕인리	Tŏgin-ni	Deogin-ri
大賢	대현	Taehyŏn	Daehyeon	德在里	덕재리	Tŏkchae-ri	Deokjae-ri

한자 용례	한글	ALA-LC Romanization	정부 표기안	한자 용례	한글	ALA-LC Romanization	정부 표기안
德積島	덕적도	Tŏkchŏkto	Deokjeokdo	都堂	도당	todang	dodang
德積面	덕적면	Tŏkchŏk-myŏn	Deokjeok-myeon	徒黨	도당	todang	dodang
德周寺	덕주사	Tŏkchusa	Deokjusa	道德	도덕	todŏk	dodeok
德津洞	덕진동	Tŏkchin-dong	Deokjin-dong	道德經	도덕경	todŏkkyŏng	dodeokgyeong
德昌鑛	덕창진	Tŏkch'angjin	Deokchangjin	道德的	도덕적	todŏkchŏk	dodeokjeok
德川	덕천	Tŏkch'ŏn	Deokcheon	道德會	도덕회	todŏkhoe	dodeokhoe
德川郡	덕천군	Tŏkch'ŏn-gun	Deokcheon-gun	都督	도독	todok	dodok
德川洞	덕천동	Tŏkch'ŏn-dong	Deokcheon-dong	都督府	도독부	todokpu	dodokbu
德泉里	덕천리	Tŏkch'ŏn-ni	Deokcheon-ri	都督使	도독사	Todoksa	Dodoksa
德川里	덕천리	Tŏkch'ŏn-ni	Deokcheon-ri	道東	도동	Todong	Dodong
德村	덕촌	Tŏkch'on	Deokchon	道東里	도동리	Todong-ni	Dodong-ri
德峙	덕치	Tŏkch'i	Deokchi	道頭里	도두리	Todu-ri	Dodu-ri
德峙里	덕치리	Tŏkch'i-ri	Deokchi-ri	渡來	도래	torae	dorae
德行綠	덕행록	tŏkhaengnok	deokaengnok	渡來人	도래인	toraein	doraein
德惠	덕혜	Tŏkhye	Deokye	渡來地	도래지	toraeji	doraeji
道	도	to	do	度量	도량	toryang	doryang
圖	도	to	do	度量衡	도량형	toryanghyŏng	doryanghyeong
島	도	to	do	道令	도령	toryŏng	doryeong
道家	도가	Toga	Doga	道路	도로	toro	doro
都監	도감	togam	dogam	図錄	도록	torok	dorok
圖鑑	도감	togam	dogam	圖錄	도록	torok	dorok
道岬寺	도갑사	Togapsa	Dogapsa	道論	도론	toron	doron
渡江	도강	togang	dogang	道理	도리	tori	dori
渡江圖	도강도	togangdo	dogangdo	道立	도립	torip	dorip
刀劍	도검	togŏm	dogeom	道馬里	도마리	Toma-ri	Doma-ri
刀劍類	도검류	togŏmnyu	dogeomnyu	逃亡	도망	tomang	domang
圖經	도경	togyŏng	dogyeong	徒門	도문	Tomun	Domun
陶溪	도계	Togye	Dogye	徒門江	도문강	Tomun'gang	Domungang
道溪洞	도계동	Togye-dong	Dogye-dong	圖門江	도문강	Tomun'gang	Domungang
陶谷	도곡	Togok	Dogok	賭博	도박	tobak	dobak
道谷洞	도곡동	Togok-tong	Dogok-dong	盜伐	도벌	tobŏl	dobeol
道館	도관	Togwan	Dogwan	陶范	도범	Tobŏm	Dobeom
道觀	도관	Togwan	Dogwan	道別	도별	tobyŏl	dobyeol
道教	도교	Togyo	Dogyo	圖譜	도보	tobo	dobo
道教	도교	Togyo	Dogyo	圖譜集	도보집	tobojip	dobojip
道具	도구	togu	dogu	道峯山	도봉산	Tobongsan	Dobongsan
島根県	도근현	Togŭn-hyŏn	Dogeun-hyeon	都部	도부	tobu	dobu
都給	도급	togŭp	dogeup	島飛山	도비산	Tobisan	Dobisan
陶器	도기	togi	dogi	道史	도사	tosa	dosa
陶南	도남	Tonam	Donam	道士	도사	tosa	dosa
圖南	도남	Tonam	Donam	陶山	도산	Tosan	Dosan
道內	도내	tonae	donae	島山	도산	Tosan	Dosan
都農	도농	tonong	donong	道山里	도산리	Tosan-ni	Dosan-ri
島潭	도담	Todam	Dodam	途上國	도상국	tosangguk	dosangguk
嶋潭里	도담리	Todam-ni	Dodam-ri	島嶼	도서	tosŏ	doseo

한자 용례	한글	ALA-LC Romanization	정부 표기안	한자 용례	한글	ALA-LC Romanization	정부 표기안
圖書	도서	tosŏ	doseo	渡日	도일	toil	doil
都序	도서	tosŏ	doseo	道入	도입	toip	doip
圖書館	도서관	tosŏgwan	doseogwan	導入	도입	toip	doip
圖書館報	도서관보	tosŏgwanbo	doseogwanbo	陶磁	도자	toja	doja
圖書館本	도서관본	tosŏgwanbon	doseogwanbon	陶瓷器	도자기	tojagi	dojagi
圖書館學	도서관학	Tosŏgwanhak	doseogwanhak	陶磁器	도자기	tojagi	dojagi
島嶼誌	도서지	tosŏji	doseoji	陶瓷	도자기	toja	dojagi
道詵	도선	Tosŏn	Doseon	陶瓷史	도자사	tojasa	dojasa
渡船	도선	tosŏn	doseon	陶磁展	도자전	tojajŏn	dojajeon
道詵寺	도선사	Tosŏnsa	Doseonsa	陶瓷學	도자학	tojahak	dojahak
圖說	도설	tosŏl	doseol	稻作	도작	tojak	dojak
圖設	도설	tosŏl	doseol	道場	도장	tojang	dojang
都城	도성	tosŏng	doseong	道藏	도장	Tojang	Dojang
都城圖	도성도	tosŏngdo	doseongdo	道藏經	도장경	Tojanggyŏng	Dojanggyeong
兜率	도솔	Tosol	Dosol	圖章類	도장류	tojangnyu	dojangnyu
兜率歌	도솔가	Tosolga	Dosolga	盜賊	도적	tojŏk	dojeok
兜率山	도솔산	Tosolsan	Dosolsan	挑戰	도전	tojŏn	dojeon
兜率庵	도솔암	Tosoram	Dosoram	桃戰	도전	tojŏn	dojeon
兜率天	도솔천	Tosolch'ŏn	Dosolcheon	道典	도전	tojŏn	dojeon
都承旨	도승지	tosŭngji	doseungji	逃戰	도전	tojŏn	dojeon
都市	도시	tosi	dosi	都接主	도접주	Tojŏpchu	Dojeopju
都市民	도시민	tosimin	dosimin	道政	도정	tojŏng	dojeong
都市史	도시사	tosisa	dosisa	道程	도정	tojŏng	dojeong
都市化	도시화	tosihwa	dosihwa	島主	도주	toju	doju
圖式	도식	tosik	dosik	道誌	도지	toji	doji
都心	도심	tosim	dosim	道支部	도지부	tojibu	dojibu
圖案	도안	toan	doan	島鎭	도진	tojin	dojin
跳躍	도약	toyak	doyak	圖讖	도참	toch'am	docham
跳躍期	도약기	toyakki	doyakgi	圖讖說	도참설	toch'amsŏl	dochamseol
跳躍的	도약적	toyakchŏk	doyakjeok	道昌里	도창리	Toch'ang-ni	Dochang-ri
道淵	도연	Toyŏn	Doyeon	淘採爲耕	도채위경	toch'aewigyŏng	dochaewigyeong
陶藝展	도예전	toyejŏn	doyejeon	到處	도처	toch'ŏ	docheo
檮杌	도올	Tool	Dool	圖帖	도첩	toch'ŏp	docheop
陶俑	도용	Toyong	Doyong	都廳	도청	toch'ŏng	docheong
道源	도원	Towŏn	Dowon	桃灘	도탄	tot'an	dotan
桃源京	도원경	Towŏn'gyŏng	Dowongyeong	圖版	도판	top'an	dopan
桃源圖	도원도	Towŏndo	Dowondo	圖幅	도폭	top'ok	dopok
桃源洞	도원동	Towŏn-dong	Dowon-dong	圖表	도표	top'yo	dopyo
道月	도월	Towŏl	Dowol	圖表解	도표해	top'yohae	dopyohae
陶隱	도은	Toŭn	Doeun	到彼岸寺	도피안사	Top'iansa	Dopiansa
都邑期	도읍기	toŭpki	doeupgi	渡河歌	도하가	tohaga	dohaga
道義	도의	Toŭi	Doui	道學	도학	Tohak	Dohak
道議員	도의원	toŭiwŏn	douiwon	道学	도학	tohak	dohak
道議會	도의회	toŭihoe	douihoe	道學派	도학파	Tohakp'a	Dohakpa
道人	도인	toin	doin	道項里	도항리	Tohang-ni	Dohang-ri

한자 용례	한글	ALA-LC Romanization	정부 표기안	한자 용례	한글	ALA-LC Romanization	정부 표기안
圖解	도해	tohae	dohae	毒性學	독성학	toksŏnghak	dokseonghak
渡海	도해	tohae	dohae	獨蘇	독소	Tok-So	Dok-So
圖形	도형	tohyŏng	dohyeong	讀誦	독송	toksong	doksong
都護府	도호부	tohobu	dohobu	讀誦經	독송경	toksonggyŏng	doksonggyeong
圖畵	도화	tohwa	dohwa	獨守	독수	toksu	doksu
挑花	도화	tohwa	dohwa	獨習	독습	toksŭp	dokseup
挑花里	도화리	Tohwa-ri	Dohwa-ri	讀心術	독심술	toksimsul	doksimsul
桃花里	도화리	Tohwa-ri	Dohwa-ri	獨語	독어	Togŏ	Dogeo
圖畵院	도화원	Tohwawŏn	Dohwawon	獨逸	독일	Togil	Dogil
陶畵展	도화전	tohwajŏn	dohwajeon	獨逸史	독일사	Togilsa	Dogilsa
都會	도회	tohoe	dohoe	讀者	독자	tokcha	dokja
毒	독	tok	dok	讀者들	독자들	tokchadul	dokjadeul
讀經	독경집	tokkyŏng	dokgyeongjip	獨占	독점	tokchŏm	dokjeom
讀經集	독경집	tokkyŏngjip	dokgyeongjip	獨占	독점	tokchŏm	dokjeom
獨谷	독곡	Tokkok	Dokgok	獨奏	독주	tokchu	dokju
讀氣	독기	tokki	dokgi	獨學	독학	tokhak	dokak
毒氣	독기	tokki	dokgi	讀함	독함	tokham	dokam
獨對	독대	toktae	dokdae	讀解	독해	tokhae	dokae
獨島	독도	Tokto	Dokdo	獨行道	독행도	Tokhaengdo	Dokaengdo
獨樂堂	독락당	Tongnaktang	Dongnakdang	墩臺	돈대	tondae	dondae
讀禮	독례	Tongnye	Dongnye	敦寧	돈령	tonnyŏng	dollyeong
讀禮錄	독례록	Tongnyerok	Dongnyerok	頓悟	돈오	tono	dono
独立	독립	tongnip	dongnip	頓悟禪	돈오선	Tonosŏn	Donoseon
獨立	독립	tongnip	dongnip	豚肉	돈육	tonyuk	donyuk
獨立館	독립관	tongnipkwan	dongnipgwan	敦義門	돈의문	Tonŭimun	Donuimun
獨立軍	독립군	tongnipkun	dongnipgun	頓漸	돈점	tonjŏm	donjeom
獨立軍史	독립군사	tongnipkunsa	dongnipgunsa	敦化	돈화	tonhwa	donhwa
獨立團	독립단	tongniptan	dongnipdan	敦化門	돈화문	Tonhwamun	Donhwamun
獨立黨	독립당	Tongniptang	Dongnipdang	敦煌	돈황	Tonhwang	Donhwang
獨立門	독립문	Tongnimmun	Dongnimmun	頓煌本	돈황본	Tonhwangbon	Donhwangbon
獨茂齋	독무재	Tongmujae	Dongmujae	乭	돌	tol	dol
獨文學	독문학	Tongmunhak	Dongmunhak	突擊	돌격	tolgyŏk	dolgyeok
毒物	독물	tongmul	dongmul	突擊隊	돌격대	tolgyŏktae	dolgyeokdae
毒物記	독물기	tongmulgi	dongmulgi	突厥	돌궐	Tolgwŏl	Dolgwol
獨步	독보	tokpo	dokbo	埃山	돌산	Tolsan	Dolsan
読本	독본	tokpon	dokbon	突山	돌산	tolsan	dolsan
讀本	독본	tokpon	dokbon	乭石	돌석	Tolsŏk	Dolseok
讀史	독사	toksa	doksa	銅	동	tong	dong
禿山	독산	Toksan	Doksan	洞	동	tong	dong
禿山城	독산성	Toksansŏng	Doksanseong	東	동	tong	dong
獨山城	독산성	Toksansŏng	Doksanseong	同	동	tong	dong
讀書	독서	toksŏ	dokseo	冬	동	tong	dong
讀書記	독서기	toksŏgi	dokseogi	東歐選	동가선	Tonggasŏn	Donggaseon
讀書會	독서회	toksŏhoe	dokseohoe	東江	동강	Tonggang	Donggang
毒性	독성	toksŏng	dokseong	東岡	동강	Tonggang	Donggang

한자 용례	한글	ALA-LC Romanization	정부 표기안	한자 용례	한글	ALA-LC Romanization	정부 표기안
東岡公派	동강공파	Tonggangongp'a	Dongganggongpa	東渡	동도	Tongdo	Dongdo
同居	동거	tonggŏ	donggeo	東獨	동독	Tongdok	Dongdok
銅劍	동검	tonggŏm	donggeom	東豆川	동두천	Tongduch'ŏn	Dongducheon
凍結	동결	tonggyŏl	donggyeol	東豆川市	동두천시	Tongduch'ŏn-si	Dongducheon-si
東京	동경	Tonggyŏng	Donggyeong	動樂山	동락산	Tongaksan	Dongnaksan
東經	동경	Tonggyŏng	Donggyeong	動乱	동란	tongnan	dongnan
銅鏡	동경	tonggyŏng	donggyeong	動亂	동란	tongnan	dongnan
東京都	동경도	Tonggyŏng-do	Donggyeong-do	東萊	동래	Tongnae	Dongnae
冬季	동계	tonggye	donggye	東來	동래	Tongnae	Dongnae
東溪	동계	Tonggye	Donggye	東來江	동래강	Tongnaegang	Dongnaegang
桐溪	동계	Tonggye	Donggye	東萊郡	동래군	Tongnae-gun	Dongnae-gun
洞契	동계	tonggye	donggye	東萊府	동래부	Tongnae-bu	Dongnae-bu
東鷄寺	동계사	Tonggyesa	Donggyesa	東來說	동래설	tongnaesŏl	dongnaeseol
東谷	동곡	Tonggok	Donggok	東萊縣	동래현	Tongnae-hyŏn	Dongnae-hyeon
東光	동광	Tonggwang	Donggwang	動力	동력	tongnyŏk	dongnyeok
東光社	동광사	Tonggwangsa	Donggwangsa	同連	동련	tongnyŏn	dongnyeon
東喬	동교	Tonggyo	Donggyo	東寧府	동령부	Tongnyŏngbu	Dongnyeongbu
東橋洞	동교동	Tonggyo-dong	Donggyo-dong	冬老面	동로면	Tongno-myŏn	Dongno-myeon
東歐	동구	Tonggu	Donggu	冬老縣	동로현	Tongno-hyŏn	Dongno-hyeon
東九	동구	Tonggu	Donggu	洞里	동리	tongni	dongni
東九陵	동구릉	Tonggunŭng	Donggureung	東籬	동리	Tongni	Dongni
東國	동국	tongguk	dongguk	東里	동리	Tong-ni	Dong-ri
東國大	동국대	Tongguktae	Donggukdae	桐裡山	동리산	Tongnisan	Dongnisan
洞窟	동굴	tonggul	donggul	洞林	동림	Tongnim	Dongnim
東宮	동궁	Tonggung	Donggung	東林寺	동림사	Tongnimsa	Dongnimsa
東宮妃	동궁비	Tonggungbi	Donggungbi	東立門	동립문	Tongnimmun	Dongnimmun
東闕	동궐	tonggwŏl	donggwol	同盟	동맹	tongmaeng	dongmaeng
東闕圖	동궐도	Tonggwŏlto	Donggwoldo	同盟國	동맹국	tongmaengguk	dongmaengguk
洞規	동규	tonggyu	donggyu	同盟團	동맹단	tongmaengdan	dongmaengdan
銅器	동기	tonggi	donggi	同盟主義	동맹주의	tongmaengjuŭi	dongmaengjuui
動機	동기	tonggi	donggi	東面	동면	Tongmyŏn	Dongmyeon
東南	동남	tongnam	dongnam	東明	동명	tongmyŏng	dongmyeong
東南圈	동남권	tongnamkwŏn	dongnamgwon	東溟	동명	Tongmyŏng	Dongmyeong
東南里	동남리	Tongnam-ni	Dongnam-ri	洞名	동명	tongmyŏng	dongmyeong
東南方	동남방	tongnambang	dongnambang	東明社	동명사	Tongmyŏngsa	Dongmyeongsa
東南亞	동남아	Tongnama	Dongnama	東牟山	동모산	Tongmosan	Dongmosan
同年	동년	tongnyŏn	dongnyeon	童蒙	동몽	Tongmong	Dongmong
東農	동농	Tongnong	Dongnong	東文	동문	Tongmun	Dongmun
東茶頌	동다송	tongdasong	dongdasong	東門	동문	tongmun	dongmun
東大	동대	Tongdae	Dongdae	同門	동문	tongmun	dongmun
東大門	동대문	Tongdaemun	Dongdaemun	同文	동문	tongmun	dongmun
東大寺	동대사	Tongdaesa	Dongdaesa	東門洞	동문동	Tongmun-dong	Dongmun-dong
同德	동덕	Tongdŏk	Dongdeok	同門錄	동문록	tongmunnok	dongmullok
冬德里	동덕리	Tongdŏng-ni	Dongdeok-ri	東文社	동문사	Tongmunsa	Dongmunsa
東都	동도	Tongdo	Dongdo	東文選	동문선	tongmunsŏn	dongmunseon

한자 용례	한글	ALA-LC Romanization	정부 표기안	한자 용례	한글	ALA-LC Romanization	정부 표기안
同門會	동문회	tongmunhoe	dongmunhoe	東星社	동성사	Tongsŏngsa	Dongseongsa
動物	동물	tongmul	dongmul	同姓婚	동성혼	tongsŏnghon	dongseonghon
動物類	동물류	tongmullyu	dongmullyu	桐巢	동소	Tongso	Dongso
動物形	동물형	tongmurhyŏng	dongmulhyeong	東小門	동소문	Tongsomun	Dongsomun
東民	동민	Tongmin	Dongmin	同順泰號	동순태호	Tongsunt'aeho	Dongsuntaeho
東班	동반	Tongban	Dongban	童僧	동승	tongsŭng	dongseung
東邦	동방	tongbang	dongbang	同時	동시	tongsi	dongsi
東方	동방	tongbang	dongbang	動植物	동식물	tongsingmul	dongsingmul
東邦社	동방사	Tongbangsa	Dongbangsa	動植物名	동식물명	tongsingmulmyŏng	dongsingmulmyeong
東方朔	동방삭	Tongbangsak	Dongbangsak	東信	동신	tongsin	dongsin
東方學	동방학	Tongbanghak	Dongbanghak	東神堂	동신당	Tongsindang	Dongsindang
冬栢	동백	tongbaek	dongbaek	東新大	동신대	Tongsindae	Dongsindae
東伯林	동백림	Tongbaengnim	Dongbaengnim	同心	동심	tongsim	dongsim
同福	동복	Tongbok	Dongbok	同心草	동심초	tongsimch'o	dongsimcho
同福郡	동복군	Tongbok-kun	Dongbok-gun	東亞	동아	tonga	donga
同福縣	동복현	Tongbok-hyŏn	Dongbok-hyeon	東亞大	동아대	Tongadae	Dongadae
東本洞	동본동	Tongbon-dong	Dongbon-dong	東亞史	동아사	Tongasa	Dongasa
東峰	동봉	Tongbong	Dongbong	東嶽	동악	Tongak	Dongak
東部	동부	tongbu	dongbu	東岳	동악	Tongak	Dongak
東部洞	동부동	Tongbu-dong	Dongbu-dong	動安	동안	tongan	dongan
東北	동북	tongbuk	dongbuk	東巖	동암	Tongam	Dongam
东北	동북	tongbuk	dongbuk	洞約	동약	tongyak	dongyak
東北路	동북로	Tongbungno	Dongbungno	東洋	동양	tongyang	dongyang
東北面	동북면	Tongbung-myŏn	Dongbuk-myeon	東洋大	동양대	Tongyangdae	Dongyangdae
東北方	동북방	Tongbukpang	Dongbukbang	東洋史	동양사	tongyangsa	dongyangsa
東北亞	동북아	Tongbuga	Dongbuga	東洋學	동양학	tongyanghak	dongyanghak
東匪	동비	Tongbi	Dongbi	東洋畵	동양화	tongyanghwa	dongyanghwa
東氷庫	동빙고	Tongbinggo	Dongbinggo	東語	동어	tongŏ	dongeo
東史	동사	Tongsa	Dongsa	同業	동업	tongŏp	dongeop
東師	동사	Tongsa	Dongsa	東興	동여	Tongyŏ	Dongyeo
東史約	동사약	Tongsayak	Dongsayak	東興圖	동여도	Tongyŏdo	Dongyeodo
動産	동산	tongsan	dongsan	東暎	동영	Tongyŏng	Dongyeong
童山	동산	Tongsan	Dongsan	東完社	동완사	Tongwansa	Dongwansa
銅山	동산	Tongsan	Dongsan	東外洞	동외동	Tongoe-dong	Dongoe-dong
銅山郡	동산군	Tongsan-gun	Dongsan-gun	童謠	동요	tongyo	dongyo
東山房	동산방	Tongsanbang	Dongsanbang	童謠選	동요선	tongyosŏn	dongyoseon
東三洞	동삼동	Tongsam-dong	Dongsam-dong	同友	동우	tongu	dongu
銅像	동상	tongsang	dongsang	同友會	동우회	tonguhoe	donguhoe
東西	동서	tongsŏ	dongseo	東園	동원	Tongwŏn	Dongwon
東西大	동서대	Tongsŏdae	Dongseodae	東垣	동원	Tongwŏn	Dongwon
東西獨	동서독	Tong-Sŏdok	Dong-Seodok	東園社	동원사	Tongwŏnsa	Dongwonsa
東西里	동서리	Tongsŏ-ri	Dongseo-ri	東儒	동유	Tongyu	Dongyu
東星	동성	Tongsŏng	Dongseong	東유럽	동유럽	Tongyurŏp	Dongyureop
同姓	동성	tongsŏng	dongseong	東遊誌	동유지	tongyuji	dongyuji
東城	동성	Tongsŏng	Dongseong	東遊帖	동유첩	Tongyuch'ŏp	Dongyucheop

한자 용례	한글	ALA-LC Romanization	정부 표기안	한자 용례	한글	ALA-LC Romanization	정부 표기안
東律	동율	Tongyul	Dongyul	東昌尉	동창위	Tongch'angwi	Dongchangwi
東義	동의	Tongŭi	Dongui	同窓會	동창회	tongch'anghoe	dongchanghoe
東醫	동의	Tongŭi	Dongui	洞天	동천	Tongch'ŏn	Dongcheon
東義大	동의대	Tongŭidae	Donguidae	東川	동천	tongch'ŏn	Dongcheon
同義語	동의어	tongŭiŏ	donguieo	東泉	동천	Tongch'ŏn	Dongcheon
東醫學	동의학	Tongŭihak	Donguihak	東川洞	동천동	Tongch'ŏn-dong	Dongcheon-dong
同異	동이	tongi	dongi	東川里	동천리	Tongch'ŏn-ni	Dongcheon-ri
東夷	동이	Tongi	Dongi	東泉社	동천사	Tongch'ŏnsa	Dongcheonsa
同異考	동이고	tongigo	dongigo	東超	동초	Tongch'o	Dongcho
同異論	동이론	tongiron	dongiron	東村	동촌	tongch'on	dongchon
東夷傳	동이전	Tongijŏn	Dongijeon	同春	동춘	Tongch'un	Dongchun
東夷族	동이족	Tongijok	Dongijok	同春堂	동춘당	Tongch'undang	Dongchundang
東潤縣	동이현	Tongi-hyŏn	Dongi-hyeon	銅鐸	동탁	Tongt'ak	Dongtak
同人	동인	tongin	dongin	東塔	동탑	Tongt'ap	Dongtap
東人	동인	Tongin	Dongin	動熊	동태	tongt'ae	dongtae
同人誌	동인지	tonginji	donginji	動態	동태	tongt'ae	dongtae
同人會	동인회	tonginhoe	donginhoe	動態的	동태적	tongt'aejŏk	dongtaejeok
東逸	동일	Tongil	Dongil	動能的	동태적	tongt'aejŏk	dongtaejeok
童子	동자	tongja	dongja	凍土	동토	tongt'o	dongto
董子	동자	tongja	dongja	童土	동토	Tongt'o	Dongto
銅錢	동전	tongjŏn	dongjeon	東波	동파	Tongp'a	Dongpa
銅錢法	동전법	tongjŏnpŏp	dongjeonbeop	東稗	동패	Tongp'ae	Dongpae
同正	동정	tongjŏng	dongjeong	東便制	동편제	Tongp'yŏnje	Dongpyeonje
銅製	동제	tongje	dongje	同胞	동포	tongp'o	dongpo
同祖	동조	tongjo	dongjo	東圃	동포	Tongp'o	Dongpo
東潮	동조	Tongjo	Dongjo	東學	동학	Tonghak	Donghak
同族	동족	tongjok	dongjok	東學教	동학교	Tonghakkyo	Donghakgyo
東周	동주	Tongju	Dongju	東學軍	동학군	Tonghakkun	Donghakgun
東州	동주	Tongju	Dongju	東學黨	동학당	Tonghaktang	Donghakdang
東洲	동주	Tongju	Dongju	東學當	동학당	Tonghaktang	Donghakdang
東州牧	동주목	Tongju-mok	Dongju-mok	東學堂	동학당	Tonghaktang	Donghakdang
東州縣	동주현	Tongju-hyŏn	Dongju-hyeon	東學亂	동학란	Tonghangnan	Donghangnan
洞誌	동지	tongji	dongji	東鶴寺	동학사	Tonghaksa	Donghaksa
同知	동지	tongji	dongji	東學社	동학사	Tonghaksa	Donghaksa
同志	동지	tongji	dongji	東漢	동한	Tonghan	Donghan
冬至	동지	Tongji	Dongji	東海	동해	Tonghae	Donghae
冬至使	동지사	Tongjisa	Dongjisa	東海大	동해대	Tonghaedae	Donghaedae
同志社	동지사	Tongjisa	Dongjisa	東海市	동해시	Tonghae-si	Donghae-si
冬至日	동지일	Tongjiil	Dongjiil	東海岸	동해안	Tonghaean	Donghaean
同志會	동지회	tongjihoe	dongjihoe	東行	동행	Tonghaeng	Donghaeng
東進	동진	tongjin	dongjin	同行	동행	tonghaeng	donghaeng
東眞	동진	Tongjin	Dongjin	動向	동향	tonghyang	donghyang
同質性	동질성	tongjilsŏng	dongjilseong	東軒	동헌	tonghŏn	dongheon
東쪽	동쪽	tongtchok	dongjjok	東顯	동현	Tonghyŏn	Donghyeon
同窓	동창	tongch'ang	dongchang	同好	동호	tongho	dongho

한자 용례	한글	ALA-LC Romanization	정부 표기안	한자 용례	한글	ALA-LC Romanization	정부 표기안
東湖	동호	tongho	dongho	等	등	tŭng	deung
同好人	동호인	tonghoin	donghoin	登階集	등계집	tŭnggyejip	deunggyejip
同好會	동호회	tonghohoe	donghohoe	登階集	등계집	Tŭnggyejip	Deunggyejip
童話	동화	Tonghwa	Donghwa	登極	등극	tŭnggŭk	deunggeuk
東華	동화	Tonghwa	Donghwa	等級	등급	tŭnggŭp	deunggeup
東和	동화	Tonghwa	Donghwa	證記	등기	tŭnggi	deunggi
同和	동화	tonghwa	donghwa	登記	등기	tŭnggi	deunggi
同化	동화	tonghwa	donghwa	登記法	등기법	tŭnggipŏp	deunggibeop
桐華里	동화리	Tonghwa-ri	Donghwa-ri	登壇	등단	tŭngdan	deungdan
桐華寺	동화사	Tonghwasa	Donghwasa	燈臺	등대	tŭngdae	deungdae
東還	동환	tonghwan	donghwan	燈錄	등록	tŭngnok	deungnok
洞會	동회	tonghoe	donghoe	登錄	등록	tŭngnok	deungnok
頭巾	두건	tugŏn	dugeon	謄錄	등록	tŭngnok	deungnok
杜鵑酒	두견주	tugyŏnju	dugyeonju	騰錄	등록	tŭngnok	deungnok
斗溪	두계	tugye	dugye	燈籠	등룡	tŭngnong	deungnyong
斗谷洞	두곡동	Tugok-tong	Dugok-dong	燈불	등불	tŭngpul	deungbul
斗洛里	두락리	Turang-ni	Durak-ri	登山	등산	tŭngsan	deungsan
杜陵	두릉	Turŭng	Dureung	謄書	등서	tŭngsŏ	deungseo
豆滿	두만	Tuman	Duman	謄書册	등서책	tŭngsŏch'aek	deungseochaek
豆滿江	두만강	Tuman'gang	Dumangang	藤庵	등암	Tŭngam	Deungam
豆谷里	두만리	Tugong-ni	Duman-ri	登億里	등억리	Tŭngŏng-ni	Deungeok-ri
杜門	두문	Tumun	Dumun	登用	등용	tŭngyong	deungyong
杜門洞	두문동	Tumun-dong	Dumun-dong	登雲	등운	tŭngun	deungun
杜門洞碑	두문동비	Tumun-dongbi	Dumun-dongbi	燈盞	등잔	tŭngjan	deungjan
斗山	두산	Tusan	Dusan	燈盞불	등잔불	tŭngjanpul	deungjanbul
斗山洞	두산동	Tusan-dong	Dusan-dong	登場	등장	tŭngjang	deungjang
杜詩	두시	Tusi	Dusi	羅馬字	라마자	Ramacha	Ramaja
斗庵館	두암관	Tuamgwan	Duamgwan	洛誦	락송	naksong	raksong
斗牛星	두우성	Tuusŏng	Duuseong	樂喜	락희	Nak'ŭi	Rakui
頭篆	두전	tujŏn	dujeon	蘭	란	nan	ran
斗井里	두정리	Tujŏng-ni	Dujeong-ri	嵐	람	nam	ram
痘瘡	두창	tuch'ang	duchang	嵐沙	람사	Namsa	Ramsa
頭陀	두타	Tut'a	Duta	萊府	래부	Naebu	Raebu
頭陀山	두타산	Tut'asan	Dutasan	略	략	yak	ryak
頭品	두품	tup'um	dupum	凉月	량월	Yangwŏl	Ryangwol
遁甲	둔갑	tun'gap	dungap	麗史	러사	Yŏsa	Ryeosa
屯兵	둔병	tunbyŏng	dunbyeong	麗遼	러요	Yŏ-Yo	Ryeo-Yo
屯山	둔산	Tunsan	Dunsan	力	력	yŏk	ryeok
屯山洞	둔산동	Tunsan-dong	Dunsan-dong	力士	력사	yŏksa	ryeoksa
屯田	둔전	tunjŏn	dunjeon	力士像	력사상	yŏksasang	ryeoksasang
遁村	둔촌	Tunch'on	Dunchon	嶺南樓	령남루	Yŏngnamnu	Ryeongnamnu
屯土	둔토	tunt'o	dunto	令書	령서	yŏngsŏ	ryeongseo
得道	득도	tŭkto	deukdo	露韓	로한	Ro-Han	Ro-Han
得之	득지	Tŭkchi	Deukji	辽宁省	료녕성	Yonyŏng-sŏng	Ryonyeong-seong
得通	득통	tŭkt'ong	deuktong	淚如雨	루여우	nuyŏu	ruyeou

한자 용례	한글	ALA-LC Romanization	정부 표기안	한자 용례	한글	ALA-LC Romanization	정부 표기안
類	류	yu	ryu	磨研	마연	mayŏn	mayeon
流變	류변	yubyŏn	ryubyeon	麻永里	마영리	Mayŏng-ni	Mayeong-ri
類集	류집	yujip	ryujip	磨雲嶺	마운령	Maullyŏng	Maullyeong
類解補	류해보	yuhaebo	ryuhaebo	磨雲嶺碑	마운령비	Maullyŏngbi	Maullyeongbi
林	림	im	rim	麻月里	마월리	Mawŏl-li	Mawol-ri
林海	림해	imhae	rimhae	麻衣	마의	maŭi	maui
馬	마	ma	ma	馬醫方	마의방	maŭibang	mauibang
馬經	마경	magyŏng	magyeong	馬耳	마이	Mai	Mai
麻谷	마곡	Magok	Magok	馬耳山	마이산	Maisan	Maisan
麻谷寺	마곡사	Magoksa	Magoksa	馬場洞	마장동	Majang-dong	Majang-dong
麻科	마과	makwa	magwa	馬場里	마장리	Majang-ni	Majang-ri
馬具	마구	magu	magu	馬賊	마적	majŏk	majeok
馬具類	마구류	maguryu	maguryu	麻田郡	마전군	Majŏn-gun	Majeon-gun
馬軍	마군	magun	magun	麻田洞	마전동	Majŏn-dong	Majeon-dong
摩尼山	마니산	Manisan	Manisan	麻田縣	마전현	Majŏn-hyŏn	Majeon-hyeon
馬島	마도	Mado	Mado	磨製	마제	maje	maje
馬島洞	마도동	Mado-dong	Mado-dong	馬車	마차	mach'a	macha
馬島鎭	마도진	Madojin	Madojin	摩擦	마찰	mach'al	machal
馬洞	마동	Ma-dong	Ma-dong	馬川面	마천면	Mach'ŏn-myŏn	Macheon-myeon
摩羅	마라	mara	mara	痲醉	마취	mach'wi	machwi
摩羅難陀	마라난타	Maranant'a	Marananta	馬牌	마패	map'ae	mapae
馬羅島	마라도	Marado	Marado	麻浦	마포	Map'o	Mapo
魔力	마력	maryŏk	maryeok	馬霞里	마하리	Maha-ri	Maha-ri
馬利	마리	Mari	Mari	馬韓	마한	Mahan	Mahan
摩利山	마리산	Marisan	Marisan	馬韓城	마한성	Mahansŏng	Mahanseong
麻立干	마립간	maripkan	maripgan	馬形	마형	mahyŏng	mahyeong
馬馬	마마	mama	mama	馬忽郡	마홀군	Mahol-gun	Mahol-gun
馬夫	마부	mabu	mabu	幕	막	mak	mak
馬夫들	마부들	mabudŭl	mabudeul	幕僚	막료	mangnyo	mangnyo
麻北洞	마북동	Mabuk-tong	Mabuk-dong	幕府	막부	makpu	makbu
馬事	마사	masa	masa	幕府制	막부제	makpuje	makbuje
馬山	마산	Masan	Masan	卍	만	man	man
馬山大	마산대	Masandae	Masandae	万	만	man	man
馬山里	마산리	Masan-ni	Masan-ri	萬	만	man	man
馬山市	마산시	Masan-si	Masan-si	挽歌	만가	man'ga	manga
馬山浦	마산포	Masanp'o	Masanpo	萬家	만가	man'ga	manga
馬上	마상	masang	masang	輓歌	만가	man'ga	manga
磨石器	마석기	masŏkki	maseokgi	萬頃江	만경강	Man'gyŏnggang	Mangyeonggang
馬水里	마수리	Masu-ri	Masu-ri	萬頃郡	만경군	Man'gyŏng-gun	Mangyeong-gun
魔術	마술	masul	masul	萬景臺	만경대	Man'gyŏngdae	Mangyeongdae
馬息嶺	마식령	Masingnyŏng	Masingnyeong	萬景峰號	만경봉호	Man'gyŏngbongho	Mangyeongbongho
馬岩面	마암면	Maam-myŏn	Maam-myeon	萬頃縣	만경현	Man'gyŏng-hyŏn	Mangyeong-hyeon
磨崖	마애	maae	maae	萬古	만고	man'go	mango
磨崖佛	마애불	maaebul	maaebul	萬國	만국	man'guk	manguk
痲藥	마약	mayak	mayak	萬卷堂	만권당	man'gwŏndang	mangwondang

한자 용례	한글	ALA-LC Romanization	정부 표기안	한자 용례	한글	ALA-LC Romanization	정부 표기안
万年	만년	mannyŏn	mannyeon	滿月城	만월성	Manwŏlsŏng	Manwolseong
萬年	만년	mannyŏn	mannyeon	萬有	만유	manyu	manyu
曼茶羅	만다라	mandara	mandara	萬義塚	만의총	Manŭich'ong	Manuichong
萬達里	만달리	Mandal-li	Mandal-ri	蠻夷傳	만이전	Manijŏn	Manijeon
萬東廟	만동묘	Mandongmyo	Mandongmyo	萬二千峯	만이천봉	man-ich'ŏnbong	manicheonbong
萬曆	만력	mallyŏk	mallyeok	萬人疎	만인소	maninso	maninso
漫錄	만록	mallok	mallok	卍字	만자	mancha	manja
謾錄	만록	mallok	mallok	輓章	만장	manjang	manjang
瞞錄	만록	mannok	mallok	挽章	만장	manjang	manjang
萬里	만리	Malli	Malli	晚全	만전	Manjŏn	Manjeon
滿蒙	만몽	Man-Mong	Man-Mong	萬全	만전	manjŏn	manjeon
萬物	만물	manmul	manmul	晚全堂	만전당	Manjŏndang	Manjeondang
萬物譜	만물보	manmulbo	manmulbo	滿州	만주	Manju	Manju
萬物相	만물상	manmulsang	manmulsang	滿洲	만주	Manju	Manju
漫步	만보	manbo	manbo	滿州國	만주국	Manjuguk	Manjuguk
萬寶	만보	Manbo	Manbo	滿洲國	만주국	Manjuguk	Manjuguk
萬步	만보	manbo	manbo	滿洲式	만주식	Manjusik	Manjusik
萬福	만복	manbok	manbok	滿洲語	만주어	Manjuŏ	Manjueo
萬福寺	만복사	Manboksa	Manboksa	滿州語	만주어	Manjuŏ	Manjueo
萬福莊	만복장	Manbokchang	Manbokjang	滿洲族	만주족	Manjujok	Manjujok
萬奉	만봉	Manbong	Manbong	晚餐	만찬	manch'an	manchan
萬死	만사	mansa	mansa	滿鐵	만철	Manch'ŏl	Mancheol
挽詞	만사	mansa	mansa	晚村洞	만촌동	Manch'on-dong	Manchon-dong
滿史	만사	mansa	mansa	晚秋	만추	manch'u	manchu
萬死錄	만사록	Mansarok	Mansarok	晚翠堂	만취당	Manch'widang	Manchwidang
滿鮮	만선	Mansŏn	Manseon	萬波	만파	manp'a	manpa
滿船	만선	mansŏn	manseon	漫筆	만필	manp'il	manpil
萬姓	만성	mansŏng	manseong	晚學志	만학지	Manhakchi	Manhakji
晚醒	만성	Mansŏng	Manseong	萬悔	만해	Manhoe	Manhae
晚歲	만세	manse	manse	卍海	만해	Manhae	Manhae
萬世	만세	manse	manse	萬海	만해	Manhae	Manhae
晚歲	만세	Manse	Manse	萬海堂	만해당	Manhaedang	Manhaedang
萬歲	만세	manse	manse	萬海詩	만해시	Manhaesi	Manhaesi
萬歲曆	만세력	manseryŏk	manseryeok	蠻行	만행	manhaeng	manhaeng
萬歲樓	만세루	Manseru	Manseru	萬行	만행	manhaeng	manhaeng
萬歲報	만세보	Mansebo	Mansebo	卍行	만행	manhaeng	manhaeng
萬樹里	만수리	Mansu-ri	Mansu-ri	萬戶	만호	manho	manho
萬壽祠	만수사	Mansusa	Mansusa	萬戶府	만호부	manhobu	manhobu
漫語	만어	manŏ	maneo	漫畫	만화	manhwa	manhwa
慢葉	만엽	Manyŏp	Manyeop	晚華	만화	Manhwa	Manhwa
漫詠	만영	manyŏng	manyeong	漫畫史	만화사	manhwasa	manhwasa
晚悟	만오	Mano	Mano	萬悔堂	만회당	Manhoedang	Manhoedang
晚雲洞	만운동	Manun-dong	Manun-dong	萬休堂	만휴당	Manhyudang	Manhyudang
滿月	만월	manwŏl	manwol	末	말	mal	mal
滿月臺	만월대	Manwŏldae	Manwoldae	靺鞨	말갈	Malgal	Malgal

한자 용례	한글	ALA-LC Romanization	정부 표기안	한자 용례	한글	ALA-LC Romanization	정부 표기안
靺鞨人	말갈인	Malgarin	Malgarin	梅洞	매동	Mae-dong	Mae-dong
靺鞨族	말갈족	Malgaljok	Malgaljok	梅龍里	매룡리	Maeryong-ni	Maeryong-ri
末期	말기	malgi	malgi	買賣	매매	maemae	maemae
末年	말년	mallyŏn	mallyeon	賣買	매매	maemae	maemae
抹茶	말다	Malta	Malda	賣買法	매매법	maemaepŏp	maemaebeop
末寺	말사	malsa	malsa	妹夫	매부	maebu	maebu
末山里	말산리	Malsan-ni	Malsan-ri	梅山	매산	Maesan	Maesan
抹殺	말살	malsal	malsal	梅山里	매산리	Maesan-ni	Maesan-ri
末世	말세	malse	malse	買收	매수	maesu	maesu
末葉	말엽	maryŏp	maryeop	賣藥	매약	maeyak	maeyak
亡	망	mang	mang	梅翁	매옹	Maeong	Maeong
忘	망	mang	mang	梅月堂	매월당	Maewŏltang	Maewoldang
網巾	망건	manggŏn	manggeon	梅隱	매은	Maeŭn	Maeeun
亡國	망국	mangguk	mangguk	每日	매일	maeil	maeil
亡國論	망국론	manggungnon	manggungnon	梅一生寒	매일생한	maeilsaenghan	maeilsaenghan
亡國史	망국사	mangguksa	mangguksa	買入	매입	maeip	maeip
亡妹	망매	mangmae	mangmae	埋藏	매장	maejang	maejang
亡妹歌	망매가	mangmaega	mangmaega	妹弟	매제	maeje	maeje
亡命	망명	mangmyŏng	mangmyeong	梅竹文	매죽문	maejungmun	maejungmun
望夫	망부	mangbu	mangbu	梅竹軒	매죽헌	Maejukhŏn	Maejukeon
望夫石	망부석	mangbusŏk	mangbuseok	每緝	매집	maejip	maejip
望山里	망산리	Mangsan-ni	Mangsan-ri	梅窓	매창	Maech'ang	Maechang
妄想	망상	mangsang	mangsang	梅天	매천	Maech'ŏn	Maecheon
妄想錄	망상록	mangsangnok	mangsangnok	梅泉	매천	Maech'ŏn	Maecheon
望星里	망성리	Mangsŏng-ni	Mangseong-ri	媒體	매체	maech'e	maeche
忘憂	망우	mangu	mangu	梅香	매향	maehyang	maehyang
忘憂堂	망우당	Mangudang	Mangudang	梅軒	매헌	Maehŏn	Maeheon
忘憂臺	망우대	mangudae	mangudae	梅湖	매호	Maeho	Maeho
忘憂洞	망우동	Mangu-dong	Mangu-dong	梅花	매화	maehwa	maehwa
望遠鏡	망원경	mangwŏn'gyŏng	mangwongyeong	梅花歌	매화가	Maehwaga	Maehwaga
望月	망월	mangwŏl	mangwol	梅花圖	매화도	maehwado	maehwado
亡人	망인	mangin	mangin	脈	맥	maek	maek
芒種	망종	Mangjong	Mangjong	麥溪	맥계	Maekkye	Maekgye
輞川洞	망천동	Mangch'ŏn-dong	Mangcheon-dong	貊國	맥국	Maekkuk	Maekguk
亡하였나	망하였나	manghayŏnna	manghayeonna	脈絡	맥락	maengnak	maengnak
望海樓	망해루	Manghaeru	Manghaeru	麥類	맥류	maengnyu	maengnyu
望海寺	망해사	Manghaesa	Manghaesa	麥蜜蘭	맥밀란	Maekmillan	Maengmillan
望鄉	망향	manghyang	manghyang	脈搏	맥박	maekpak	maekbak
忘軒	망헌	Manghŏn	Mangheon	麥酒	맥주	maekchu	maekju
每經	매경	Maegyŏng	Maegyeong	脈診	맥진	maekchin	maekjin
梅溪	매계	Maegye	Maegye	猛犬	맹견	maenggyŏn	maenggyeon
梅谷洞	매곡동	Maegok-tong	Maegok-dong	猛犬圖	맹견도	Maenggyŏndo	Maenggyeondo
梅菊	매국	maeguk	maeguk	孟冬	맹동	maengdong	maengdong
賣國	매국	maeguk	maeguk	孟山	맹산	Maengsan	Maengsan
梅菊文	매국문	maegungmun	maegungmun	孟山郡	맹산군	Maengsan-gun	Maengsan-gun

한자 용례	한글	ALA-LC Romanization	정부 표기안	한자 용례	한글	ALA-LC Romanization	정부 표기안
孟山縣	맹산현	Maengsan-hyŏn	Maengsan-hyeon	滅門	멸문	myŏlmun	myeolmun
盟誓	맹서	maengsŏ	maengseo	滅族	멸족	myŏljok	myeoljok
盲啞	맹아	maenga	maenga	滅種	멸종	myŏlchong	myeoljong
盟宴	맹연	maengyŏn	maengyeon	名	명	myŏng	myeong
盲人	맹인	maengin	maengin	命	명	myŏng	myeong
孟子	맹자	Maengja	Maengja	明	명	myŏng	myeong
孟子齋	맹자재	Maengjajae	Maengjajae	名家	명가	myŏngga	myeongga
孟秋	맹추	maengch'u	maengchu	名鑑	명감	myŏnggam	myeonggam
孟春	맹춘	maengch'un	maengchun	名鑒	명감	myŏnggam	myeonggam
猛風	맹풍	maengp'ung	maengpung	明鑑	명감	myŏnggam	myeonggam
孟夏	맹하	maengha	maengha	明鏡臺	명경대	Myŏnggyŏngdae	Myeonggyeongdae
盲學校	맹학교	maenghakkyo	maenghakgyo	明經社	명경사	Myŏnggyŏngsa	Myeonggyeongsa
孟峴	맹현	Maenghyŏn	Maenghyeon	名考	명고	myŏnggo	myeonggo
孟賢	맹현	Maenghyŏn	Maenghyeon	名鼓	명고	myŏnggo	myeonggo
猛虎	맹호	maengho	maengho	名官	명관	myŏngwan	myeonggwan
盟休	맹휴	maenghyu	maenghyu	名句	명구	myŏnggu	myeonggu
面	면	myŏn	myeon	名妓	명기	myŏnggi	myeonggi
麵	면	myŏn	myeon	名論文	명논문	myŏngnonmun	myeongnonmun
面對	면대	myŏndae	myeondae	名單	명단	myŏngdan	myeongdan
緬禮	면례	myŏllye	myeollye	名堂	명당	myŏngdang	myeongdang
麵類	면류	myŏllyu	myeollyu	明堂	명당	myŏngdang	myeongdang
冕旒冠	면류관	myŏllyugwan	myeollyugwan	明堂記	명당기	myŏngdanggi	myeongdanggi
面貌	면모	myŏnmo	myeonmo	明堂說	명당설	myŏngdangsŏl	myeongdangseol
面牧洞	면목동	Myŏnmok-tong	Myeonmok-dong	命道	명도	myŏngdo	myeongdo
綿絲	면사	myŏnsa	myeonsa	明道會	명도회	Myŏngdohoe	Myeongdohoe
免稅	면세	myŏnse	myeonse	明洞	명동	Myŏng-dong	Myeong-dong
俛仰	면앙	myŏnang	myeonang	鳴梁	명량	Myŏngnyang	Myeongnyang
俛仰亭	면앙정	Myŏnangjŏng	Myeonangjeong	命令	명령	myŏngnyŏng	myeongnyeong
俛仰亭歌	면앙정가	Myŏnangjŏngga	Myeonangjeongga	明倫	명륜	myŏngnyun	myeongnyun
沔陽	면양	Myŏnyang	Myeonyang	明倫堂	명륜당	Myŏngnyundang	Myeongnyundang
綿業史	면업사	myŏnŏpsa	myeoneopsa	明倫堂試	명륜당시	Myŏngnyundangsi	Myeongnyundangsi
免役	면역	myŏnyŏk	myeonyeok	明倫洞	명륜동	Myŏngnyun-dong	Myeongnyun-dong
免疫學	면역학	myŏnyŏkhak	myeonyeokak	明陵	명릉	Myŏngnŭng	Myeongneung
俛宇	면우	Myŏnu	Myeonu	命理	명리	myŏngni	myeongni
面長	면장	myŏnjang	myeonjang	命理學	명리학	Myŏngnihak	Myeongnihak
面積	면적	myŏnjŏk	myeonjeok	明末	명말	Myŏngmal	Myeongmal
面接	면접	myŏnjŏp	myeonjeop	名目	명목	myŏngmok	myeongmok
免職	면직	myŏnjik	myeonjik	名文	명문	myŏngmun	myeongmun
免賤	면천	myŏnch'ŏn	myeoncheon	名門	명문	myŏngmun	myeongmun
沔川郡	면천군	Myŏnch'ŏn-gun	Myeoncheon-gun	明文	명문	myŏngmun	myeongmun
綿布	면포	myŏnp'o	myeonpo	銘文	명문	myŏngmun	myeongmun
勉學	면학	myŏnhak	myeonhak	名門家	명문가	myŏngmun'ga	myeongmunga
棉花	면화	myŏnhwa	myeonhwa	明文堂	명문당	Myŏngmundang	Myeongmundang
綿花	면화	myŏnhwa	myeonhwa	名文集	명문집	myŏngmunjip	myeongmunjip
滅共	멸공	myŏlgong	myeolgong	名物	명물	myŏngmul	myeongmul

한자 용례	한글	ALA-LC Romanization	정부 표기안	한자 용례	한글	ALA-LC Romanization	정부 표기안
明美堂	명미당	Myŏngmidang	Myeongmidang	命運	명운	myŏngun	myeongun
明寶	명보	myŏngbo	myeongbo	名苑	명원	myŏngwŏn	myeongwon
名薄	명부	myŏngbu	myeongbu	茗園	명원	Myŏngwŏn	Myeongwon
冥府	명부	myŏngbu	myeongbu	明月	명월	myŏngwŏl	myeongwol
名簿	명부	myŏngbu	myeongbu	明月館	명월관	Myŏngwŏlgwan	Myeongwolgwan
冥府殿	명부전	myŏngbujŏn	myeongbujeon	名儒	명유	myŏngyu	myeongyu
名分	명분	myŏngbun	myeongbun	明律	명율	Myŏngyul	Myeongyul
名分論	명분론	myŏngbunnon	myeongbunnon	名義	명의	myŏngŭi	myeongui
名士	명사	myŏngsa	myeongsa	名醫	명의	myŏngŭi	myeongui
名詞	명사	myŏngsa	myeongsa	明義錄	명의록	myŏngŭirok	myeonguirok
明史	명사	Myŏngsa	Myeongsa	明義會	명의회	Myŏngŭihoe	Myeonguihoe
明沙	명사	Myŏngsa	Myeongsa	名人	명인	myŏngin	myeongin
名士들	명사들	myŏngsadŭl	myeongsadeul	名人들	명인들	myŏngindŭl	myeongindeul
名士錄	명사록	myŏngsarok	myeongsarok	名人傳	명인전	myŏnginjŏn	myeonginjeon
明沙里	명사리	Myŏngsa-ri	Myeongsa-ri	明逸里	명일리	Myŏngil-li	Myeongil-ri
名山	명산	myŏngsan	myeongsan	明磁	명자	Myŏngja	Myeongja
明山	명산	myŏngsan	myeongsan	名作	명작	myŏngjak	myeongjak
名山記	명산기	myŏngsan'gi	myeongsangi	名將	명장	myŏngjang	myeongjang
明山論	명산론	mMyŏngsannon	myeongsallon	明莊里	명장리	Myŏngjang-ni	Myeongjang-ri
瞑想	명상	myŏngsang	myeongsang	名將傳	명장전	myŏngjangjŏn	myeongjangjeon
冥想家	명상가	myŏngsangga	myeongsangga	明齋	명재	Myŏngjae	Myeongjae
明書苑	명서원	Myŏngsŏwŏn	Myeongseowon	名著	명저	myŏngjŏ	myeongjeo
明石亭	명석정	Myŏngsŏkchŏng	Myeongseokjeong	名著選	명저선	myŏngjŏsŏn	myeongjeoseon
名選	명선	myŏngsŏn	myeongse	名田	명전	myŏngjŏn	myeongjeon
名城	명성	myŏngsŏng	myeongseong	名節	명절	myŏngjŏl	myeongjeol
名所	명소	myŏngso	myeongso	明正	명정	myŏngjŏng	myeongjeong
名勝	명승	myŏngsŭng	myeongseung	命題	명제	myŏngje	myeongje
名勝地	명승지	myŏngsŭngji	myeongseungji	明宗	명종	Myŏngjong	Myeongjong
名詩	명시	myŏngsi	myeongsi	名酒	명주	myŏngju	myeongju
明詩選	명시선	myŏngsisŏn	myeongsiseon	溟州	명주	Myŏngju	Myeongju
名詩調	명시조	myŏngsijo	myeongsijo	溟州郡	명주군	Myŏngju-gun	Myeongju-gun
名詩集	명시집	myŏngsijip	myeongsijip	明志	명지	Myŏngji	Myeongji
名臣	명신	myŏngsin	myeongsin	明知	명지	Myŏngji	Myeongji
明神	명신	myŏngsin	myeongsin	明知大	명지대	Myŏngjidae	Myeongjidae
名臣錄	명신록	myŏngsinnok	myeongsinnok	明智里	명지리	Myŏngji-ri	Myeongji-ri
名臣傳	명신전	myŏngsinjŏn	myeongsinjeon	明進閣	명진각	Myŏngjin'gak	Myeongjingak
明心	명심	myŏngsim	myeongsim	名刹	명찰	myŏngch'al	myeongchal
明暗	명암	myŏngam	myeongam	名唱	명창	myŏngch'ang	myeongchang
冥陽	명양	myŏngyang	myeongyang	明川	명천	Myŏngch'ŏn	Myeongcheon
鳴洋社	명양사	Myŏngyangsa	Myeongyangsa	明川郡	명천군	Myŏngch'ŏn-gun	Myeongcheon-gun
名言	명언	myŏngŏn	myeongeon	明川縣	명천현	Myŏngch'ŏn-hyŏn	Myeongcheon-hyeon
名言句	명언구	myŏngŏn'gu	myeongeongu	明清	명청	Myŏng-Ch'ŏng	Myeong-Cheong
明衍	명연	Myŏngyŏn	Myeongyeon	明治	명치	myŏngch'i	myeongchi
名譽	명예	myŏngye	myeongye	明治屋	명치옥	Myŏngch'iok	Myeongchiok
鳴梧里	명오리	Myŏngo-ri	Myeongo-ri	明治町	명치정	Myŏngch'ijŏng	Myeongchijeong

한자 용례	한글	ALA-LC Romanization	정부 표기안	한자 용례	한글	ALA-LC Romanization	정부 표기안
明治座	명치좌	myŏngch'ijwa	myeongchijwa	暮歲	모세	mose	mose
名稱	명칭	myŏngch'ing	myeongching	矛盾	모순	mosun	mosun
名칼럼	명칼럼	myŏngk'allŏm	myeongkalleom	摹瑟浦	모슬포	Mosŭlp'o	Moseulpo
名칼럼選	명칼럼선	myŏngk'allŏmsŏn	myeongkalleomseon	母岳	모악	Moak	Moak
鳴灘	명탄	Myŏngt'an	Myeongtan	暮嶽	모악	moak	moak
名判	명판	myŏngp'an	myeongpan	牟陽城	모양성	Moyangsŏng	Moyangseong
明浦里	명포리	Myŏngp'o-ri	Myeongpo-ri	牟陽村	모양촌	Moyangch'on	Moyangchon
名品	명품	myŏngp'um	myeongpum	慕容	모용	moyong	moyong
名品選	명품선	myŏngp'umsŏn	myeongpumseon	母乳	모유	moyu	moyu
名品展	명품전	myŏngp'umjŏn	myeongpumjeon	母音	모음	moŭm	moeum
名筆集	명필집	myŏngp'ilchip	myeongpiljip	模擬	모의	moŭi	moui
明行	명행	Myŏnghaeng	Myeonghaeng	母子	모자	moja	moja
明行錄	명행록	myŏnghaengnok	myeonghaengnok	帽子	모자	moja	moja
名賢	명현	myŏnghyŏn	myeonghyeon	矛田洞	모전동	Mojŏn-dong	Mojeon-dong
名號	명호	myŏngho	myeongho	模塼塔	모전탑	Mojŏnt'ap	Mojeontap
名畵	명화	myŏnghwa	myeonghwa	茅亭	모정	Mojŏng	Mojeong
名畵記	명화기	myŏnghwagi	myeonghwagi	茅亭里	모정리	Mojŏng-ni	Mojeong-ri
明花洞	명화동	Myŏnghwa-dong	Myeonghwa-dong	模造	모조	mojo	mojo
名畵錄	명화록	myŏnghwarok	myeonghwarok	毛彫法	모조법	mojopŏp	mojobeop
名后	명후	myŏnghu	myeonghu	募集	모집	mojip	mojip
母	모	mo	mo	茅村里	모촌리	Moch'on-ni	Mochon-ri
摸	모	mo	mo	慕忠祠	모충사	Moch'ungsa	Mochungsa
母系	모계	mogye	mogye	冒險	모험	mohŏm	moheom
母國	모국	moguk	moguk	模型	모형	mohyŏng	mohyeong
母國語	모국어	mogugŏ	mogugeo	慕花	모화	Mohwa	Mohwa
母企業	모기업	mogiŏp	mogieop	睦	목	mok	mok
牟尼	모니	moni	moni	木	목	mok	mok
牟尼佛	모니불	monibul	monibul	木家具	목가구	mokkagu	mokgagu
牡丹	모란	moran	moran	木刻	목각	mokkak	mokgak
牧丹江	모란강	Moran'gang	Morangang	木刻幀	목각정	mokkakchŏng	mokgakjeong
牡丹文	모란문	moranmun	moranmun	木簡	목간	mokkan	mokgan
牡丹屛	모란병	moranbyŏng	moranbyeong	木溪	목계	mokkye	mokgye
牡丹峰	모란봉	Moranbong	Moranbong	木工	목공	mokkong	mokgong
牧丹峰	모란봉	Moranbong	Moranbong	木工藝	목공예	mokkongye	mokgongye
牡丹花	모란화	moranhwa	moranhwa	目科	목과	mokkwa	mokgwa
募立制	모립제	moripche	moripje	木槨	목곽	mokkwak	mokgwak
謀反	모반	moban	moban	木槨墓	목곽묘	mokkwangmyo	mokgwangmyo
模倣	모방	mobang	mobang	木棺墓	목관묘	mokkwanmyo	mokgwanmyo
模倣說	모방설	mobangsŏl	mobangseol	木器	목기	mokki	mokgi
模範	모범	mobŏm	mobeom	木器匠	목기장	mokkijang	mokgijang
募兵	모병	mobyŏng	mobyeong	牧丹	목단	moktan	mokdan
摹寫	모사	mosa	mosa	牡丹江	목단강	Moktan'gang	Mokdangang
謀殺記	모살기	mosalgi	mosalgi	牡丹江市	목단강시	Moktan'gang-si	Mokdangang-si
摸索	모색	mosaek	mosaek	牧童	목동	moktong	mokdong
模索	모색	mosaek	mosaek	牧童歌	목동가	moktongga	mokdongga

한자 용례	한글	ALA-LC Romanization	정부 표기안	한자 용례	한글	ALA-LC Romanization	정부 표기안
目連	목련	mongnyŏn	mongnyeon	目次	목차	mokch'a	mokcha
目連經	목련경	mongnyŏn'gyŏng	mongnyeongyeong	木川	목천	mokch'ŏn	mokcheon
目錄	목록	mongnok	mongnok	木川郡	목천군	Mokch'ŏn-gun	Mokcheon-gun
目錄集	목록집	mongnokchip	mongnokjip	木川縣	목천현	Mokch'ŏn-hyŏn	Mokcheon-hyeon
木馬	목마	mongma	mongma	牧畜	목축	mokch'uk	mokchuk
牧馬	목마	mongma	mongma	木漆	목칠	mokch'il	mokchil
木覓	목멱	mongmyŏk	mongmyeok	木塔	목탑	mokt'ap	moktap
木覓山	목멱산	Mongmyŏksan	Mongmyeoksan	木板	목판	mokp'an	mokpan
牧文	목문	Mongmun	Mongmun	木版本	목판본	mokp'anbon	mokpanbon
牧民	목민	mongmin	mongmin	木版画	목판화	mokp'anhwa	mokpanhwa
牧民官	목민관	mongmin'gwan	mongmingwan	木浦	목포	Mokp'o	Mokpo
牧民書	목민서	mongminsŏ	mongminseo	木浦大	목포대	Mokp'odae	Mokpodae
牧民學	목민학	mongminhak	mongminhak	木浦市	목포시	Mokp'o-si	Mokpo-si
木部	목부	mokpu	mokbu	目標	목표	mokp'yo	mokpyo
木佛	목불	mokpul	mokbul	木活字	목활자	mokhwalcha	mokwalja
牧使	목사	moksa	moksa	木活字版	목활자판	mokhwalchap'an	mokwaljapan
牧師	목사	moksa	moksa	沒落	몰락	mollak	mollak
木石	목석	moksŏk	mokseok	夢	몽	mong	mong
木石苑	목석원	Moksŏgwŏn	Mokseogwon	蒙古	몽고	Monggo	Monggo
木星	목성	moksŏng	mokseong	蒙古風	몽고풍	Monggop'ung	Monggopung
木壽	목수	moksu	moksu	蒙山	몽산	Mongsan	Mongsan
牧羊社	목양사	Mogyangsa	Mogyangsa	夢心齋	몽심재	Mongsimjae	Mongsimjae
木魚	목어	mogŏ	mogeo	夢陽	몽양	Mongyang	Mongyang
木曜會	목요회	Mogyohoe	Mogyohoe	蒙語	몽어	Mongŏ	Mongeo
沐浴	목욕	mogyok	mogyok	蒙語學	몽어학	Mongŏhak	Mongeohak
牧牛子	목우자	Moguja	Moguja	夢窩	몽와	Mongwa	Mongwa
木友會	목우회	Moguhoe	Moguhoe	夢游	몽유	Mongyu	Mongyu
牧園	목원	Mogwŏn	Mogwon	夢遊	몽유	mongyu	mongyu
牧園大	목원대	Mogwŏndae	Mogwondae	夢遊錄	몽유록	mongyurok	mongyurok
牧隱	목은	Mogŭn	Mogeun	夢村	몽촌	Mongch'on	Mongchon
牧邑誌	목읍지	mogŭpchi	mogeupji	夢鶴	몽학	Monghak	Monghak
牧日	목일	Mogil	Mogil	蒙學	몽학	Monghak	Monghak
牧子	목자	mokcha	mokja	夢郷	몽향	Monghyang	Monghyang
牧場	목장	mokchang	mokjang	卯	묘	myo	myo
木齊	목재	Mokchae	Mokjae	妙覺寺	묘각사	Myogaksa	Myogaksa
目的	목적	mokchŏk	mokjeok	墓碣銘	묘갈명	myogalmyŏng	myogalmyeong
目的稅	목적세	mokchŏkse	mokjeokse	墓群	묘군	myogun	myogun
牧正史	목정사	mokchŏngsa	mokjeongsa	廟堂	묘당	myodang	myodang
木製	목제	mokche	mokje	廟圖	묘도	myodo	myodo
木造	목조	mokcho	mokjo	苗脈	묘맥	myomaek	myomaek
木彫刻	목조각	mokchogak	mokjogak	妙方	묘방	myobang	myobang
木造塔	목조탑	mokchot'ap	mokjotap	妙法	묘법	myobŏp	myobeop
穆宗	목종	Mokchong	Mokjong	描法	묘법	myopŏp	myobeop
牧誌	목지	mokchi	mokji	墓碑	묘비	myobi	myobi
目支國	목지국	Mokchiguk	Mokjiguk	廟祀	묘사	myosa	myosa

한자 용례	한글	ALA-LC Romanization	정부 표기안	한자 용례	한글	ALA-LC Romanization	정부 표기안
廟祠	묘사	myosa	myosa	武具類	무구류	muguryu	muguryu
妙選	묘선	myosŏn	myoseon	畝俱理	무구리	Muguri	Muguri
墓所	묘소	myoso	myoso	無窮花	무궁화	mugunghwa	mugunghwa
卯時	묘시	Myosi	Myosi	無極	무극	mugŭk	mugeuk
妙藥	묘약	myoyak	myoyak	無極里	무극리	Mugŭk-ni	Mugeuk-ri
墓域	묘역	myoyŏk	myoyeok	武器	무기	mugi	mugi
卯月	묘월	Myowŏl	Myowol	無寄	무기	Mugi	Mugi
妙義	묘의	myoŭi	myoui	無期	무기	mugi	mugi
廟儀	묘의	myoŭi	myoui	武器類	무기류	mugiryu	mugiryu
妙寂庵	묘적암	Myojŏgam	Myojeogam	舞沂里	무기리	Mugi-ri	Mugi-ri
墓田	묘전	myojŏn	myojeon	無記名	무기명	mugimyŏng	mugimyeong
墓制	묘제	myoje	myoje	舞妓山	무기산	Mugisan	Mugisan
苗族	묘족	Myojok	Myojok	無期限	무기한	mugihan	mugihan
墓地	묘지	myoji	myoji	無落款	무낙관	munakkwan	munakgwan
墓誌	묘지	myoji	myoji	巫女	무녀	munyŏ	munyeo
墓誌銘	묘지명	myojimyŏng	myojimyeong	巫女圖	무녀도	munyŏdo	munyeodo
妙淸	묘청	myoch'ŏng	myocheong	無能	무능	munŭng	muneung
妙香	묘향	myohyang	myohyang	巫堂	무당	mudang	mudang
妙香山	묘향산	Myohyangsan	Myohyangsan	巫黨	무당	mudang	mudang
妙香山圖	묘향산도	Myohyangsando	Myohyangsando	巫堂舞	무당무	mudangmu	mudangmu
廟號	묘호	myoho	myoho	舞臺	무대	mudae	mudae
描畫	묘화	myohwa	myohwa	舞圖	무도	mudo	mudo
戊	무	mu	mu	舞蹈	무도	mudo	mudo
無	무	mu	mu	無等	무등	mudŭng	mudeung
巫歌	무가	muga	muga	舞登里	무등리	Mudŭng-ni	Mudeung-ri
無去洞	무거동	Mugŏ-dong	Mugeo-dong	無等山	무등산	Mudŭngsan	Mudeungsan
巫覡	무격	mugyŏk	mugyeok	無等山圈	무등산권	Mudŭngsankwŏn	Mudeungsangwon
武經	무경	mugyŏng	mugyeong	無等會	무등회	Mudŭnghoe	Mudeunghoe
無竟	무경	Mugyŏng	Mugyeong	無量壽殿	무량수전	muryangsujŏn	muryansujeon
武溪	무계	Mugye	Mugye	無量	무량	Muryang	Muryang
茂溪里	무계리	Mugye-ri	Mugye-ri	無量寺	무량사	Muryangsa	Muryangsa
武庫	무고	mugo	mugo	武梁祠	무량사	Muryangsa	Muryangsa
舞鼓	무고	mugo	mugo	無量壽	무량수	muryangsu	muryangsu
誣告	무고	mugo	mugo	無量壽經	무량수경	muryangsugyŏng	muryangsugyeong
誣告罪	무고죄	mugochoe	mugojoe	無量心	무량심	muryangsim	muryangsim
無空	무공	Mugong	Mugong	無量殿	무량전	Muryangjŏn	Muryangjeon
貿公	무공	Mugong	Mugong	武力	무력	muryŏk	muryeok
武科	무과	mukwa	mugwa	武靈	무령	Muryŏng	Muryeong
武官	무관	mugwan	mugwan	武寧	무령	Muryŏng	Muryeong
武官職	무관직	mugwanjik	mugwanjik	無賴	무뢰	muroe	muroe
武橋	무교	Mugyo	Mugyo	無賴漢	무뢰한	muroehan	muroehan
巫敎的	무교적	mugyojŏk	mugyojeok	無料	무료	muryo	muryo
武具	무구	mugu	mugu	舞龍里	무룡리	Muryong-ni	Muryong-ri
無垢	무구	mugu	mugu	無明	무명	mumyŏng	mumyeong
舞具	무구	mugu	mugu	無名子	무명자	mumyŏngja	mumyeongja

한자 용례	한글	ALA-LC Romanization	정부 표기안	한자 용례	한글	ALA-LC Romanization	정부 표기안
無名會	무명회	Mumyŏnghoe	Mumyeonghoe	母岳洞	무악동	Muak-tong	Muak-dong
無文	무문	mumun	mumun	務安	무안	Muan	Muan
無門關	무문관	Mumun'gwan	Mumungwan	務安郡	무안군	Muan-gun	Muan-gun
武班	무반	muban	muban	務安縣	무안현	Muan-hyŏn	Muan-hyeon
武班職	무반직	mubanjik	mubanjik	無碍	무애	muae	muae
無邊	무변	Mubyŏn	Mubyeon	無涯	무애	Muae	Muae
舞譜	무보	mubo	mubo	無額面	무액면	muaengmyŏn	muaengmyeon
茂峯	무봉	Mubong	Mubong	貿易	무역	muyŏk	muyeok
武夫	무부	mubu	mubu	貿易法	무역법	muyŏkpŏp	muyeokbeop
無分別	무분별	mubunbyŏl	mubunbyeol	貿易史	무역사	muyŏksa	muyeoksa
無比	무비	Mubi	Mubi	貿易學	무역학	muyŏkhk	muyeokhak
武士	무사	musa	musa	無煙炭	무연탄	muyŏnt'an	muyeontan
武史	무사	musa	musa	無染	무염	Muyŏm	Muyeom
武士志	무사지	musaji	musaji	無影	무영	Muyŏng	Muyeong
無産	무산	musan	musan	無影塔	무영탑	Muyŏngt'ap	Muyeongtap
茂山郡	무산군	Musan-gun	Musan-gun	武藝	무예	muye	muye
無産者	무산자	musanja	musanja	武藝圖	무예도	muyedo	muyedo
撫山縣	무산현	Musan-hyŏn	Musan-hyeon	武藝史	무예사	muyesa	muyesa
無上	무상	musang	musang	武藝廳	무예청	Muyech'ŏng	Muyecheong
無相	무상	Musang	Musang	戊午	무오	Muo	Muo
無常	무상	musang	musang	戊午字	무오자	Muocha	Muoja
無償	무상	musang	musang	舞踊	무용	muyong	muyong
無色	무색	musaek	musaek	無用	무용	muyong	muyong
無色界	무색계	musaekkye	musaekgye	舞踊團	무용단	muyongdan	muyongdan
無線	무선	musŏn	museon	無用堂	무용당	Muyongdang	Muyongdang
無所思	무소사	musosa	musosa	無用論	무용론	muyongnon	muyongnon
無所有	무소유	musoyu	musoyu	舞踊人	무용인	muyongin	muyongin
巫俗	무속	musok	musok	舞踊塚	무용총	muyongch'ong	muyongchong
巫俗考	무속고	musokko	musokgo	舞踊學	무용학	muyonghak	muyonghak
巫俗人	무속인	musogin	musogin	無寃	무원	muwŏn	muwon
巫俗畫	무속화	musokhwa	musokwa	無寃錄	무원록	muwŏnnok	muwonnok
茂松會	무송회	Musonghoe	Musonghoe	武毅	무의	Muŭi	Muui
武術	무술	musul	musul	武毅公	무의공	Muŭigong	Muuigong
武臣	무신	musin	musin	舞衣島	무의도	Muŭido	Muuido
戊辰	무신	Musin	Musin	無衣子	무의자	muŭija	muuija
巫神	무신	musin	musin	無二	무이	mui	mui
戊申	무신	Musin	Musin	戊寅	무인	Muin	Muin
巫神圖	무신도	musindo	musindo	巫人	무인	muin	muin
巫神像	무신상	musinsang	musinsang	武人	무인	muin	muin
戊申字	무신자	Musincha	Musinja	武人石	무인석	muinsŏk	muinseok
無心莊	무심장	musimjang	musimjang	戊寅字	무인자	Muincha	Muinja
無雙	무쌍	mussang	mussang	無任所	무임소	muimso	muimso
無我	무아	mua	mua	武裝	무장	mujang	mujang
無岳	무악	muak	muak	武將	무장	mujang	mujang
母岳	무악	muak	muak	茂長	무장	mujang	Mujang

한자 용례	한글	ALA-LC Romanization	정부 표기안	한자 용례	한글	ALA-LC Romanization	정부 표기안
茂長郡	무장군	Mujang-gun	Mujang-gun	默庵	묵암	Mugam	Mugam
茂長縣	무장현	Mujang-hyŏn	Mujang-hyeon	默菴	묵암	Mugam	Mugam
无汀	무정	Mujŏng	Mujeong	墨緣	묵연	mugyŏn	mugyeon
武定	무정	Mujŏng	Mujeong	墨藝	묵예	mugye	mugye
無情	무정	mujŏng	mujeong	墨子	묵자	Mukcha	Mukja
無政府	무정부	mujŏngbu	mujeongbu	墨場	묵장	mukchang	mukjang
無政府主義	무정부주의	mujŏngbujuŭi	mujeongbujuui	默齋	묵재	Mukchae	Mukjae
武帝	무제	muje	muje	墨跡	묵적	mukchŏk	mukjeok
無題	무제	muje	muje	墨迹	묵적	mukchŏk	mukjeok
巫祖	무조	mujo	mujo	墨竹畵	묵죽화	mukchukhwa	mukjukwa
無罪	무죄	mujoe	mujoe	墨香	묵향	mukhyang	mukyang
茂朱	무주	Muju	Muju	問	문	mun	mun
茂朱郡	무주군	Muju-gun	Muju-gun	文	문	mun	mun
茂朱縣	무주현	Muju-hyŏn	Muju-hyeon	門	문	mun	mun
無盡	무진	mujin	mujin	文簡	문간	Mun'gan	Mungan
霧津	무진	Mujin	Mujin	文鑑	문감	mun'gam	mungam
無盡圖	무진도	mujindo	mujindo	文匣	문갑	mun'gap	mungap
無盡意	무진의	Mujinŭi	Mujinui	文康公	문강공	Mun'ganggong	Munganggong
無盡藏	무진장	mujinjang	mujinjang	門客	문객	mun'gaek	mungaek
武昌浦	무창포	Much'angp'o	Muchangpo	文件	문건	munkŏn	mungeon
無忝齋	무첨재	Much'ŏmjae	Mucheomjae	聞見錄	문견록	mun'gyŏnnok	mungyeollok
無體	무체	much'e	muche	文卿	문경	Mun'gyŏng	Mungyeong
武村里	무촌리	Much'on-ni	Muchon-ri	聞慶	문경	Mun'gyŏng	Mungyeong
武則天	무측천	Much'ŭkch'ŏn	mucheukcheon	聞慶郡	문경군	Mun'gyŏng-gun	Mungyeong-gun
無何	무하	muha	muha	聞慶府	문경부	Mun'gyŏng-bu	Mungyeong-bu
武學	무학	muhak	muhak	聞慶縣	문경현	Mun'gyŏng-hyŏn	Mungyeong-hyeon
無學	무학	muhak	muhak	文系	문계	Mun'gye	Mungye
舞鶴	무학	muhak	muhak	文庫	문고	mun'go	mungo
武學齋	무학재	Muhakchae	Muhakjae	文稿	문고	mun'go	mungo
無限	무한	muhan	muhan	文庫社	문고사	Mun'gosa	Mungosa
貿協	무협	Muhyŏp	Muhyeop	文谷	문곡	Mun'gok	Mungok
無形	무형	muhyŏng	muhyeong	文公部	문공부	Mun'gongbu	Mungongbu
無號	무호	muho	muho	文科	문과	munkwa	mungwa
武后	무후	muhu	muhu	文官	문관	mun'gwan	mungwan
撫恤	무휼	muhyul	muhyul	文官職	문관직	mun'gwanjik	mungwanjik
墨家	묵가	Mukka	Mukga	文教	문교	mun'gyo	mungyo
墨溪	묵계	Mukkye	Mukgye	文教部	문교부	Mun'gyobu	Mungyobu
墨溪里	묵계리	Mukkye-ri	Mukgye-ri	文記	문기	mun'gi	mungi
默谷里	묵곡리	Mukkong-ni	Mukgong-ri	文記類	문기류	mun'giryu	mungiryu
墨蘭	묵란	mungnan	mungnan	文壇	문단	mundan	mundan
墨蘭畵	묵란화	mungnanhwa	mungnanhwa	問答	문답	mundap	mundap
墨林	묵림	mungnim	mungnim	問答式	문답식	mundapsik	mundapsik
墨房	묵방	Mukpang	Mukbang	文德	문덕	mundŏk	mundeok
墨房里	묵방리	Mukpang-ni	Mukbang-ri	聞道	문도	mundo	mundo
默思	묵사	Muksa	Muksa	門徒	문도	mundo	mundo

한자 용례	한글	ALA-LC Romanization	정부 표기안	한자 용례	한글	ALA-LC Romanization	정부 표기안
門徒會	문도회	mundohoe	mundohoe	文選集	문선집	munsŏnjip	munseonjip
間得	문득	mundŭk	mundeuk	文成	문성	Munsŏng	Munseong
文登縣	문등현	Mundŭng-hyŏn	Mundeung-hyeon	文星閣	문성각	Munsŏnggak	Munseonggak
文例集	문례집	mullyejip	mullyejip	文城郡	문성군	Munsŏng-gun	Munseong-gun
門樓	문루	mullu	mullu	文成堂	문성당	Munsŏngdang	Munseongdang
文流	문류	mullyu	mullyu	文聖社	문성사	Munsŏngsa	Munseongsa
文理	문리	mulli	mulli	聞韶	문소	munso	munso
文理科	문리과	Mullikwa	Mulligwa	文粹	문수	munsu	munsu
文脈館	문맥관	Munmaekkwan	Munmaekgwan	文殊寺	문수사	Munsusa	Munsusa
文盲	문맹	munmaeng	munmaeng	文殊院	문수원	Munsuwŏn	Munsuwon
文明	문명	munmyŏng	munmyeong	文殊殿	문수전	Munsujŏn	Munsujeon
文明論	문명론	munmyŏngnon	munmyeongnon	文臣	문신	munsin	munsin
文明史	문명사	munmyŏngsa	munmyeongsa	文臣制	문신제	munsinje	munsinje
文明社	문명사	Munmyŏngsa	Munmyeongsa	文雅	문아	Muna	Muna
間目	문목	munmok	munmok	間安	문안	munan	munan
文廟	문묘	munmyo	munmyo	文巖	문암	Munam	Munam
文廟樂	문묘악	munmyoak	munmyoak	文岩里	문암리	Munam-ni	Munam-ri
文武	문무	munmu	munmu	文樣	문양	Munyang	Munyang
文武官	문무관	munmugwan	munmugwan	汶陽	문양	Munyang	Munyang
文無子	문무자	Munmuja	Munmuja	紋樣	문양	munyang	munyang
文物	문물	munmul	munmul	汶陽里	문양리	Munyang-ni	Munyang-ri
文物展	문물전	munmuljŏn	munmuljeon	文陽社	문양사	Munyangsa	Munyangsa
文民	문민	munmin	munmin	紋樣板	문양판	munyangp'an	munyangpan
文房	문방	munbang	munbang	文言	문언	munŏn	muneon
文房圖	문방도	munbangdo	munbangdo	文淵閣	문연각	Munyŏn'gak	Munyeongak
門閥	문벌	munbŏl	munbeol	文英	문영	Munyŏng	Munyeong
文法	문법	munpŏp	munbeop	文藝	문예	munye	munye
文法論	문법론	munpŏmnon	munbeomnon	文芸	문예	munye	munye
文法學	문법학	munpŏphak	munbeopak	文藝狂	문예광	munyegwang	munyegwang
文峯	문봉	Munbong	Munbong	文藝社	문예사	Munyesa	Munyesa
文部	문부	munbu	munbu	文藝選	문예선	munyesŏn	munyeseon
文部省	문부성	Munbusŏng	Munbuseong	文藝團	문예원	munyedan	munyewon
文批	문비	Munbi	Munbi	文藝誌	문예지	munyeji	munyeji
間槎	문사	munsa	munsa	文瓦	문와	munwa	munwa
文思	문사	munsa	munsa	文友	문우	munu	munu
間槎錄	문사록	munsarok	munsarok	文佑社	문우사	Munusa	Munusa
文士語	문사어	munsaŏ	munsaeo	文運堂	문운당	Munundang	Munundang
文山	문산	Munsan	Munsan	文園	문원	munwŏn	munwon
文山館	문산관	Munsan'gwan	Munsangwan	文苑	문원	munwŏn	munwon
門生	문생	munsaeng	munsaeng	文苑閣	문원각	Munwŏn'gak	Munwongak
文書	문서	munsŏ	munseo	文原里	문원리	Munwŏn-ni	Munwon-ri
文書類	문서류	munsŏryu	munseoryu	門蔭	문음	munŭm	muneum
紋席	문석	munsŏk	munseok	文蔭	문음	munŭm	muneum
文選	문선	munsŏn	munseon	文音社	문음사	Munŭmsa	Muneumsa
文宣閣	문선각	Munsŏn'gak	Munseongak	文義郡	문의군	Munŭi-gun	Munui-gun

한자 용례	한글	ALA-LC Romanization	정부 표기안	한자 용례	한글	ALA-LC Romanization	정부 표기안
文義縣	문의현	Munŭi-hyŏn	Munui-hyeon	文體論的	문체론적	munch'eronjŏk	muncheronjeok
文翼公	문익공	Munikkong	Munikgong	文叢	문총	munch'ong	munchong
文人	문인	munin	munin	文忠祠	문충사	Munch'ungsa	Munchungsa
文仁	문인	Munin	Munin	文治	문치	munch'i	munchi
文人들	문인들	munindŭl	munindeul	文治主義	문치주의	munch'ijuŭi	munchijuui
門人錄	문인록	munillok	munillok	門派	문파	munp'a	munpa
文人名	문인명	muninmyŏng	muninmyeong	汶坡	문파	Munp'a	Munpa
文人房	문인방	Muninbang	Muninbang	文平公	문평공	Munp'yŏnggong	Munpyeonggong
文人石	문인석	muninsŏk	muninseok	文豐地	문풍지	munp'ungji	munpungji
文人畵	문인화	muninhwa	muninhwa	文筆	문필	munp'il	munpil
文字	문자	muncha	munja	文筆家	문필가	munp'ilga	munpilga
文字圖	문자도	munchado	munjado	門下	문하	munha	munha
文字集	문자집	munchajip	munjajip	門下省	문하성	munhasŏng	munhaseong
文字學	문자학	munchahak	munjahak	文學	문학	munhak	munhak
文章	문장	munjang	munjang	文學家	문학가	munhakka	munhakga
文章部	문장부	munjangbu	munjangbu	文學觀	문학관	munhakkwan	munhakgwan
文蹟	문적	munjŏk	munjeok	文學館	문학관	munhakkwan	munhakgwan
文典	문전	munjŏn	munjeon	文學館	문학관	munhakkwan	munhakgwan
門前	문전	munjŏn	munjeon	文學堂	문학당	Munhaktang	Munhakdang
文定	문정	Munjŏng	Munjeong	文學論	문학론	munhangnon	munhangnon
文正	문정	munjŏng	munjeong	文學里	문학리	Munhang-ni	Munhak-ri
文貞公	문정공	Munjŏnggong	Munjeonggong	文學史	문학사	munhaksa	munhaksa
文正公派	문정공파	Munjŏnggongp'a	Munjeonggongpa	文學賞	문학상	munhaksang	munhaksang
問題	문제	munje	munje	文學選	문학선	munhaksŏn	munhakseon
問題点	문제점	munjechŏm	munjejeom	文學性	문학성	munhaksŏng	munhakseong
問題點	문제점	munjechŏm	munjejeom	文學人	문학인	munhagin	munhagin
問題集	문제집	munjejip	munjejip	文學者	문학자	munhakcha	munhakja
文潮社	문조사	Munjosa	Munjosa	文學的	문학적	munhakchŏk	munhakjeok
文存	문존	munjon	munjon	文學派	문학파	munhakp'a	munhakpa
文宗	문종	Munjong	Munjong	文學會	문학회	munhakhoe	munhakoe
文酒	문주	munju	munju	問項	문항	munhang	munhang
文周里	문주리	Munju-ri	Munju-ri	問解	문해	munhae	munhae
門中	문중	munjung	munjung	問解集	문해집	munhaejip	munhaejip
門址	문지	munji	munji	問解處	문해처	munhaech'ŏ	munhaecheo
文志社	문지사	Munjisa	Munjisa	文香	문향	munhyang	munhyang
文集	문집	munjip	munjip	文鄕	문향	munhyang	munhyang
文集選	문집선	munjipsŏn	munjipseon	文憲	문헌	Munhŏn	Munheon
文贊	문찬	munch'an	munchan	文献	문헌	munhŏn	munheon
文川	문천	Munch'ŏn	Muncheon	文獻	문헌	munhŏn	munheon
文川郡	문천군	Munch'ŏn-gun	Muncheon-gun	文獻考	문헌고	munhŏn'go	munheongo
文帖	문첩	munch'ŏp	muncheop	文獻錄	문헌록	munhŏnnok	munheollok
文牒	문첩	munch'ŏp	muncheop	文獻的	문헌적	munhŏnjok	munheonjeok
文牒抄	문첩초	munch'ŏpch'ŏ	muncheopcho	文獻集	문헌집	munhŏnjip	munheonjip
文體	문체	munch'e	munche	文獻輯	문헌집	munhŏnjip	munheonjip
文體論	문체론	munch'eron	muncheron	文献集	문헌집	munhŏnjip	munheonjip

한자 용례	한글	ALA-LC Romanization	정부 표기안	한자 용례	한글	ALA-LC Romanization	정부 표기안
文獻學	문헌학	munhŏnhak	munheonhak	物譜	물보	mulbo	mulbo
文獻學的	문헌학적	munhŏnhakchŏk	munheonhakjeok	物産	물산	mulsan	mulsan
文革	문혁	munhyŏk	munhyeok	物資	물자	mulcha	mulja
紋形	문형	munhyŏng	munhyeong	勿齋	물재	muljae	muljae
汶湖里	문호리	Munho-ri	Munho-ri	物的	물적	mulchŏk	muljeok
文化	문화	munhwa	munhwa	物主	물주	mulchu	mulju
文華	문화	munhwa	munhwa	物主制	물주제	mulchuje	muljuje
文化館	문화관	munhwagwan	munhwagwan	勿川	물천	Mulch'ŏn	mulcheon
文化郡	문화군	Munhwa-gun	Munhwa-gun	物品	물품	mulp'um	mulpum
文化圈	문화권	munhwakwŏn	munhwagwon	味	미	mi	mi
文化論	문화론	munhwaron	munhwaron	美	미	mi	mi
文化名	문화명	munhwamyŏng	munhwamyeong	尾	미	mi	mi
文化病	문화병	munhwapyŏng	munhwabyeong	米穀	미곡	migok	migok
文化部	문화부	Munhwabu	Munhwabu	米穀法	미곡법	migokpŏp	migokbeop
文化史	문화사	munhwasa	munhwasa	未空	미공	Migong	Migong
文化社	문화사	munhwasa	munhwasa	未公開	미공개	migonggae	migonggae
文化語	문화어	munhwaŏ	munhwaeo	美國	미국	Miguk	Miguk
文化院	문화원	munhwawŏn	munhwawon	美國史	미국사	Miguksa	Miguksa
文化人	문화인	munhwain	munhwain	美國人	미국인	Migugin	Migugin
文化財	문화재	munhwajae	munhwajae	美國學	미국학	Migukhak	Migukak
文化財課	문화재과	Munhwajaekwa	Munhwajaegwa	美軍	미군	Migun	Migun
文化財廳	문화재청	Munhwajaech'ŏng	Munhwajaecheong	美女	미녀	minyŏ	minyeo
文化的	문화적	munhwajŏk	munhwajeok	味談	미담	midam	midam
文化展	문화전	munhwajŏn	munhwajeon	美談	미담	midam	midam
文化祭	문화제	munhwaje	munhwaje	未堂	미당	Midang	Midang
文化誌	문화지	munhwaji	munhwaji	美都波	미도파	Midop'a	Midopa
文化學	문화학	munhwahak	munhwahak	米豆	미두	midu	midu
文化縣	문화현	Munhwa-hyŏn	Munhwa-hyeon	未來	미래	mirae	mirae
文會	문회	Munhoe	Munhoe	未來佛	미래불	Miraebul	Miraebul
文興	문흥	Munhŭng	Munheung	未來像	미래상	miraesang	miraesang
文興里	문흥리	Munhŭng-ni	Munheung-ri	未來詩	미래시	miraesi	miraesi
物價	물가	mulka	mulga	彌勒	미륵	mirŭk	mireuk
物傑里	물걸리	Mulgŏl-li	Mulgeol-ri	彌勒里	미륵리	Mirŭng-ni	Mireung-ri
物權	물권	mulkwŏn	mulgwon	彌勒佛	미륵불	mirŭkpul	mireukbul
物權法	물권법	mulkwŏnpŏp	mulgwonbeop	彌勒寺	미륵사	Mirŭksa	Mireuksa
勿吉	물길	Mulkil	mulgil	彌勒殿	미륵전	mirŭkchŏn	mireukjeon
物動	물동	multong	muldong	彌勒宗	미륵종	Mirŭkchong	Mireukjong
勿論	물론	mullon	mullon	未亡	미망	mimang	mimang
物類	물류	mullyu	mullyu	未亡人	미망인	mimangin	mimangin
物理	물리	mulli	mulli	美文社	미문사	Mimunsa	Mimunsa
物理學	물리학	mullihak	mullihak	未發表	미발표	mipalp'yo	mibalpyo
物名	물명	mulmyŏng	mulmyeong	未分	미분	mibun	mibun
物名攷	물명고	mulmyŏnggo	mulmyeonggo	渼沙里	미사리	Misa-ri	Misa-ri
物名類	물명류	mulmyŏngnyu	mulmyeongnyu	眉山	미산	Misan	Misan
物目	물목	mulmok	mulmok	瑂山	미산	Misan	Misan

한자 용례	한글	ALA-LC Romanization	정부 표기안	한자 용례	한글	ALA-LC Romanization	정부 표기안
未生	미생	misaeng	misaeng	梶村	미촌	Mich'on	Michon
彌生	미생	misaeng	misaeng	彌鄒	미추	Mich'u	Michu
微生物	미생물	misaengmul	misaengmul	彌鄒忽	미추홀	Mich'uhol	Michuhol
微生物學	미생물학	misaengmurhak	misaengmulhak	彌陀	미타	mit'a	mita
未成年	미성년	misŏngnyŏn	miseongnyeon	彌陀經	미타경	Mit'agyŏng	Mitagyeong
未成年者	미성년자	misŏngnyŏnja	miseongnyeonja	美坪洞	미평동	Mip'yŏng-dong	Mipyeong-dong
美세움	미세움	Miseum	Miseum	美風	미풍	mip'ung	mipung
微笑	미소	miso	miso	美學	미학	mihak	mihak
美蘇	미소	Mi-So	Mi-So	美學的	미학적	mihakchŏk	mihakjeok
美松里	미송리	Misong-ni	Misong-ri	美行	미행	mihaeng	mihaeng
米壽	미수	misu	misu	渼湖	미호	Miho	Miho
眉叟	미수	Misu	Misu	美湖川	미호천	Mihoch'ŏn	Mihocheon
未收錄	미수록	misurok	misurok	閔	민	Min	Min
未收復	미수복	misubok	misubok	民家	민가	min'ga	minga
美術	미술	misul	misul	民歌	민가	min'ga	minga
美術	미술	misul	misul	民家協	민가협	Min'gahyŏp	Mingahyeop
美術家	미술가	misulga	misulga	民間	민간	min'gan	mingan
美術館	미술관	misulgwan	misulgwan	民間人	민간인	min'ganin	minganin
美術論	미술론	misullon	misullon	民教社	민교사	Min'gyosa	Mingyosa
美術部	미술부	misulbu	misulbu	民國	민국	min'guk	minguk
美術史	미술사	misulsa	misulsa	民權	민권	minkwŏn	mingwon
美術史的	미술사적	misulsajŏk	misulsajeok	民団	민단	Mindan	Mindan
美術人	미술인	misurin	misurin	民團	민단	mindan	mindan
美術展	미술전	misulchŏn	misuljeon	民譚	민담	mindam	mindam
美術祭	미술제	misulje	misulje	民談	민담	mindam	mindam
美術品	미술품	misulp'um	misulpum	民譚集	민담집	mindamjip	mindamjip
美術會	미술회	misurhoe	misulhoe	民亂	민란	millan	millan
未時	미시	misi	misi	民曆	민력	millyŏk	millyeok
微視	미시	misi	misi	民笠	민립	Millip	millip
微視的	미시적	misijŏk	misijeok	民立	민립	millip	millip
美式	미식	misik	misik	民文庫	민문고	Minmun'go	Minmungo
眉巖	미암	Miam	Miam	民防衛	민방위	minbangwi	minbangwi
未完成	미완성	miwansŏng	miwanseong	民法	민법	minpŏp	minbeop
美容	미용	miyong	miyong	民法聯	민법연	Minbŏmnyŏn	Minbeobyeon
美源	미원	Miwŏn	Miwon	民辯	민변	Minbyŏn	Minbyeon
未月	미월	Miwŏl	Miwol	民兵	민병	minbyŏng	minbyeong
美人	미인	miin	miin	民報	민보	minbo	minbo
美人曲	미인곡	miin'gok	miingok	民報社	민보사	Mminbosa	Minbosa
美人圖	미인도	miindo	miindo	民堡議	민보의	Minboŭi	Minboui
美日	미일	Mi-Il	Mi-Il	民福	민복	minbok	minbok
美的	미적	michŏk	mijeok	民本	민본	minbon	minbon
未轉向	미전향	mijŏnhyang	mijeonhyang	閔妃	민비	Minbi	Minbi
美洲	미주	Miju	Miju	民比研	민비연	Minbiyŏn	Minbiyeon
美進社	미진사	Mijinsa	Mijinsa	民事	민사	minsa	minsa
彌秩夫城	미질부성	Mijilbusŏng	Mijilbuseong	民社黨	민사당	Minsadang	Minsadang

한자 용례	한글	ALA-LC Romanization	정부 표기안	한자 용례	한글	ALA-LC Romanization	정부 표기안
民事法	민사법	minsapŏp	minsabeop	民族說	민족설	minjoksŏl	minjokseol
民生	민생	minsaeng	minsaeng	民族的	민족적	minjokchŏk	minjokjeok
民書	민서	minsŏ	minseo	民族主義	민족주의	minjokchuŭi	minjokjuui
民石	민석	Minsŏk	Minseok	民族誌	민족지	minjokchi	minjokji
民選	민선	minsŏn	minseon	民族紙	민족지	minjokchi	minjokji
民聲社	민성사	Minsŏngsa	Minseongsa	民族學	민족학	minjokhak	minjokak
民世	민세	minse	minse	民族魂	민족혼	minjokhon	minjokon
民訴法	민소법	minsopŏp	minsobeop	民主	민주	minju	minju
民俗	민속	minsok	minsok	民主黨	민주당	Minjudang	Minjudang
民俗劇	민속극	minsokkŭk	minsokgeuk	民主的	민주적	minjujŏk	minjujeok
民俗舞	민속무	minsongmu	minsongmu	民主主義	민주주의	minjujuŭi	minjujuui
民俗藥	민속약	minsogyak	minsogyak	民主主義論	민주주의론	minjujuŭiron	minjujuuiron
民俗苑	민속원	Minsogwŏn	Minsogwon	民主主義的	민주주의적	minjujuŭijŏk	minjujuuijeok
民俗苑版	민속원판	Minsogwŏnp'an	Minsogwonpan	民主化	민주화	minjuhwa	minjuhwa
民俗誌	민속지	minsokchi	minsokji	民衆	민중	minjung	minjung
民俗學	민속학	minsokhak	minsokak	民衆黨	민중당	Minjungdang	Minjungdang
民俗學的	민속학적	minsokhakchŏk	minsokakjeok	民衆社	민중사	Minjungsa	Minjungsa
民俗画	민속화	minsokhwa	minsokwa	民知社	민지사	Minjisa	Minjisa
民愛青	민애청	Minaech'ŏng	Minaecheong	民昌	민창	minch'ang	minchang
民約論	민약론	minyangnon	minyangnon	民青	민청	minch'ŏng	mincheong
民言協	민언협	Minŏnhyŏp	Mineonhyeop	民青聯	민청련	Minch'ŏngnyŏn	Mincheongnyeon
民營	민영	minyŏng	minyeong	民草	민초	minch'o	mincho
民藝社	민예사	Minyesa	Minyesa	民草들	민초들	minch'odŭl	minchodeul
民藝總	민예총	Minyech'ong	Minyechong	民推社	민추사	Minch'usa	Minchusa
民藝品	민예품	minyep'um	minyepum	民推委	민추위	Minch'uwi	Minchuwi
民謠	민요	minyo	minyo	民推協	민추협	Minch'uhyŏp	Minchuhyeop
民謠選	민요선	minyosŏn	minyoseon	民統	민통	Mint'ong	Mintong
民謠集	민요집	minyojip	minyojip	民統聯	민통련	Mint'ongnyŏn	Mintongnyeon
民謠學	민요학	minyohak	minyohak	民統線	민통선	mint'ongsŏn	Mintongseon
民友會	민우회	Minuhoe	Minuhoe	民韓黨	민한당	Minhandang	Minhandang
民願	민원	minwŏn	minwon	民畫	민화	minhwa	minhwa
民音	민음	Minŭm	Mineum	民画	민화	minhwa	minhwa
民音社	민음사	Minŭmsa	Mineumsa	民話	민화	minhwa	minhwa
民議	민의	minŭi	minui	密經疏	밀경소	milgyŏngso	milgyeongso
民議院	민의원	Minŭiwŏn	Minuiwon	密教	밀교	milgyo	milgyo
民自黨	민자당	Minjadang	Minjadang	密交	밀교	milgyo	milgyo
民自聯	민자련	Minjaryŏn	Minjaryeon	密教	밀교	milgyo	milgyo
民狀	민장	minjang	minjang	蜜多經	밀다경	mildagyŏng	mildagyeong
民政	민정	minjŏng	minjeong	密林	밀림	millim	millim
民正黨	민정당	Minjŏngdang	Minjeongdang	密命	밀명	milmyŏng	milmyeong
民政派	민정파	minjŏngp'a	minjeongpa	密使	밀사	milsa	milsa
民潮社	민조사	Minjosa	Minjosa	密城	밀성	Milsŏng	Milseong
民族	민족	minjok	minjok	密城君	밀성군	Milsŏnggun	Milseonggun
民族論	민족론	minjongnon	minjongnon	密室	밀실	milsil	milsil
民族史	민족사	minjoksa	minjoksa	密庵	밀암	Miram	Miram

한자 용례	한글	ALA-LC Romanization	정부 표기안	한자 용례	한글	ALA-LC Romanization	정부 표기안
密約	밀약	miryak	miryak	反	반	pan	ban
密陽	밀양	Miryang	Miryang	半	반	pan	ban
密陽郡	밀양군	Miryang-gun	Miryang-gun	半跏像	반가상	pan'gasang	bangasang
密陽市	밀양시	Miryang-si	Miryang-si	槃經疏	반경소	pan'gyŏngso	bangyeongso
蜜語	밀어	mirŏ	mireo	磻溪	반계	Pan'gye	Bangye
密言	밀언	mirŏn	mireon	磻溪堤	반계제	Pan'gyeje	Bangyeje
密營	밀영	miryŏng	miryeong	盤谷	반곡	Pan'gok	Bangok
密因	밀인	mirin	mirin	反骨	반골	pan'gol	bangol
密旨	밀지	milchi	milji	反共	반공	pan'gong	bangong
波羅	바라	para	bara	反共主義	반공주의	pan'gongjuŭi	bangongjuui
波羅蜜	바라밀	paramil	baramil	盤龜	반구	Pan'gu	Bangu
波羅蜜經	바라밀경	paramilgyŏng	baramilgyeong	盤龜臺	반구대	Pan'gudae	Bangudae
波羅密經	바라밀경	Paramilgyŏng	Baramilgyeong	伴鷗亭	반구정	Pan'gujŏng	Bangujeong
波羅密多	바라밀다	paramilda	baramilda	潘南	반남	Pannam	Bannam
朴	박	Pak	Bak	反對	반대	pandae	bandae
博多	박다	Pakta	Bakda	半島	반도	pando	bando
朴達嶺	박달령	Paktallyŏng	Bakdallyeong	半導體	반도체	pandoch'e	bandoche
朴達山	박달산	Paktalsan	Bakdalsan	反亂	반란	pallan	ballan
朴達峙	박달치	Paktalch'i	Bakdalchi	叛亂民	반란민	pallanmin	ballanmin
朴達峴	박달현	Paktarhyŏn	Bakdalhyeon	伴侶	반려	pallyŏ	ballyeo
博覽	박람	pangnam	bangnam	半萬年	반만년	panmannyŏn	banmannyeon
博覽會	박람회	pangnamhoe	bangnamhoe	反美	반미	panmi	banmi
剝離	박리	pangni	bangni	反民	반민	panmin	banmin
薄命	박명	pangmyŏng	bangmyeong	反民族	반민족	panminjok	banminjok
博文	박문	pangmun	bangmun	反覆	반복	panbok	banbok
博文社	박문사	Pangmunsa	Bangmunsa	反腐敗	반부패	panbup'ae	banbupae
博物	박물	pangmul	bangmul	盤山	반산	Pansan	Bansan
搏物	박물	pangmul	bangmul	班常制	반상제	pansangje	bansangje
博物館	박물관	pangmulgwan	bangmulgwan	磐石	반석	pansŏk	banseok
博物館會	박물관회	pangmulgwanhoe	bangmulgwanhoe	般說	반설	pansŏl	banseol
博物學	박물학	pangmurhak	bangmulhak	反省	반성	pansŏng	banseong
博物會	박물회	pangmurhoe	bangmulhoe	半世紀	반세기	pansegi	bansegi
博士	박사	paksa	baksa	反詩	반시	pansi	bansi
博施	박시	paksi	baksi	反詩主義	반시주의	pansijuŭi	bansijuui
博英社	박영사	Pagyŏngsa	Bagyeongsa	般若	반야	Panya	Banya
博議	박의	pagŭi	bagui	般若經	반야경	panyagyŏng	banyagyeong
博而精	박이정	Pagijŏng	Bagijeong	盤如洞	반여동	Panyŏ-dong	Banyeo-dong
拍子	박자	pakcha	bakja	反譯	반역	panyŏk	banyeok
剝地	박지	pakchi	bakji	半月	반월	panwŏl	banwol
博川郡	박천군	Pakch'ŏn-gun	Bakcheon-gun	半月記	반월기	panwŏlgi	banwolgi
博平郡	박평군	Pakp'yŏng-gun	Bakpyeong-gun	反應	반응	panŭng	baneung
迫害	박해	pakhae	bakae	反義語	반의어	panŭiŏ	banuieo
迫害史	박해사	pakhaesa	bakaesa	反日	반일	panil	banil
班	반	pan	ban	搬入	반입	panip	banip
叛	반	pan	ban	反切	반절	panjŏl	banjeol

한자 용례	한글	ALA-LC Romanization	정부 표기안	한자 용례	한글	ALA-LC Romanization	정부 표기안
反正	반정	panjŏng	banjeong	發願	발원	parwŏn	barwon
反正錄	반정록	panjŏngnok	banjeongnok	發源	발원	parwŏn	barwon
反帝	반제	panje	banje	發音	발음	parŭm	bareum
反帝國主義	반제국주의	panjegukchuŭi	banjegukjuui	發電	발전	palchŏn	baljeon
反主流	반주류	panjuryu	banjuryu	發展	발전	palchŏn	baljeon
班次	반차	panch'a	bancha	發展論	발전론	palchŏnnon	baljeollon
班次圖	반차도	panch'ado	banchado	發展史	발전사	palchŏnsa	baljeonsa
盤泉	반천	Panch'ŏn	Bancheon	發電所	발전소	palchŏnso	baljeonso
槃泉	반천	Panch'ŏn	Bancheon	發展誌	발전지	palchŏnji	baljeonji
反託	반탁	pant'ak	bantak	發展學	발전학	palchŏnhak	baljeonhak
盤浦	반포	Panp'o	Banpo	發智論	발지론	palchiron	baljiron
頒布	반포	panp'o	banpo	拔萃	발췌	palch'we	balchwe
頒布所	반포소	panp'oso	banposo	拔萃	발췌	palch'we	balchwe
頒布處	반포처	panp'och'ŏ	banpocheo	拔萃	발췌	palch'we	balchwe
反抗	반항	panhang	banhang	拔取	발취	palch'wi	balchwi
反核	반핵	panhaek	banhaek	拔齒	발치	palch'i	balchi
發	발	pal	bal	發表	발표	palp'yo	balpyo
發刊	발간	palgan	balgan	發表集	발표집	palp'yojip	balpyojip
發見	발견	palgyŏn	balgyeon	發表會	발표회	palp'yohoe	balpyohoe
發見品	발견품	palgyŏnp'um	balgyeonpum	發汗	발한	parhan	balhan
發告	발고	palgo	balgo	發翰洞	발한동	Parhan-dong	Balhan-dong
發堀	발굴	palgul	balgul	發汗浴	발한욕	parhannyok	balhannyok
發掘	발굴	palgul	balgul	渤海	발해	Parhae	Balhae
發掘品	발굴품	palgulp'um	balgulpum	渤海	발해	Parhae	Balhae
發根	발근	palgŭn	balgeun	渤海考	발해고	Parhaego	Balhaego
發給	발급	palgŭp	balgeup	渤海館	발해관	Parhaegwan	Balhaegwan
發端	발단	paltan	baldan	渤海國	발해국	Parhaeguk	Balhaeguk
發達	발달	paltal	baldal	渤海琴	발해금	Parhaegŭm	Balhaegeum
發達	발달	paltal	baldal	渤海樂	발해악	Parhaeak	Balhaeak
發達史	발달사	paltalsa	baldalsa	發行	발행	parhaeng	balhaeng
發達史	발달사	paltalsa	baldalsa	发行	발행	parhaeng	balhaeng
發賣處	발매처	palmaech'ŏ	balmaecheo	発行所	발행소	parhaengso	balhaengso
發明	발명	palmyŏng	balmyeong	發行所	발행소	parhaengso	balhaengso
發蒙	발몽	palmong	balmong	發行人	발행인	parhaengin	balhaengin
跋文	발문	palmun	balmun	發行者	발행자	parhaengja	balhaengja
勃發	발발	palbal	balbal	發行處	발행처	parhaengch'ŏ	balhaengcheo
鉢山里	발산리	Palsan-ni	Balsan-ri	發火	발화	parhwa	balhwa
發祥	발상	palsang	balsang	發火筒	발화통	parhwat'ong	balhwatong
發祥地	발상지	palsangji	balsangji	發效	발효	parhyo	balhyo
發生	발생	palsaeng	balsaeng	發効	발효	parhyo	balhyo
拔書控	발서공	palsŏgong	balseogong	醱酵	발효	parhyo	balhyo
發送	발송	palsong	balsong	發暉	발휘	parhwi	balhwi
發心	발심	palsim	balsim	榜	방	pang	bang
發言	발언	parŏn	bareon	房	방	pang	bang
發言集	발언집	parŏnjip	bareonjip	坊刻	방각	panggak	banggak

한자 용례	한글	ALA-LC Romanization	정부 표기안	한자 용례	한글	ALA-LC Romanization	정부 표기안
坊刻本	방각본	panggakpon	banggakbon	方式	방식	pangsik	bangsik
坊刊本	방간본	pangganbon	bangganbon	方案	방안	pangan	bangan
防穀	방곡	panggok	banggok	方藥	방약	pangyak	bangyak
防共	방공	panggong	banggong	防禦	방어	pangŏ	bangeo
芳內里	방내리	Pangnae-ri	Bangnae-ri	防禦使	방어사	pangŏsa	bangeosa
坊內里	방내리	Pangnae-ri	Bangnae-ri	方魚津	방어진	Pangŏjin	Bangeojin
芳洞里	방동리	Pangdong-ni	Bangdong-ri	方言	방언	pangŏn	bangeon
放浪	방랑	pangnang	bangnang	方言學	방언학	pangŏnhak	bangeonhak
放浪記	방랑기	pangnanggi	bangnanggi	坊役	방역	pangyŏk	bangyeok
方略	방략	pangnyak	bangnyak	放役	방역	pangyŏk	bangyeok
邦禮	방례	pangnye	bangnye	坊役制	방역제	pangyŏkche	bangyeokje
放免	방면	pangmyŏn	bangmyeon	方外	방외	pangoe	bangoe
榜目	방목	pangmok	bangmok	放友会	방우회	Panguhoe	Banguhoe
邦牧	방목	Pangmok	Bangmok	方位	방위	pangwi	bangwi
訪問	방문	pangmun	bangmun	防衛	방위	pangwi	bangwi
榜文	방문	pangmun	bangmun	防衛稅	방위세	pangwise	bangwise
方丈	방문	pangjang	bangmun	方位學	방위학	pangwihak	bangwihak
邦文社	방문사	Pangmunsa	Bangmunsa	芳夔洞	방이동	Pangi-dong	Bangi-dong
房物歌	방물가	pangmulga	bangmulga	放任	방임	pangim	bangim
方法	방법	pangbŏp	bangbeop	放任主義	방임주의	pangimjuŭi	bangimjuui
方法論	방법론	pangbŏmnon	bangbeomnon	方劑	방제	pangje	bangje
方法論的	방법론적	pangbŏmnonjŏk	bangbeomnonjeok	防除	방제	pangje	bangje
訪北	방북	pangbuk	bangbuk	方劑學	방제학	pangjehak	bangjehak
放射	방사	pangsa	bangsa	防潮堤	방조제	pangjoje	bangjoje
放射線	방사선	pangsasŏn	bangsaseon	房中	방중	pangjung	bangjung
放射線學	방사선학	pangsasŏnhak	bangsaseonhak	房中術	방중술	pangjungsul	bangjungsul
放射性	방사성	pangsasŏng	bangsaseong	防止	방지	pangji	bangji
舫山	방산	Pangsan	Bangsan	方止法	방지법	pangjipŏp	bangjibeop
方山	방산	Pangsan	Bangsan	防止法	방지법	pangjipŏp	bangjibeop
方山里	방산리	Pangsan-ni	Bangsan-ri	紡織	방직	pangjik	bangjik
放生	방생	pangsaeng	bangsaeng	防振會	방진회	Pangjinhoe	Bangjinhoe
方生	방생	pangsaeng	bangsaeng	防諜	방첩	pangch'ŏp	bangcheop
放生母	방생모	pangsaengmo	bangsaengmo	防諜隊	방첩대	pangch'ŏptae	bangcheopdae
放生所	방생소	pangsaengso	bangsaengso	放黜	방출	pangch'ul	bangchul
放生處	방생처	pangsaengch'ŏ	bangsaengcheo	方針	방침	pangch'im	bangchim
訪書志	방서지	pangsŏji	bangseoji	放通	방통	Pangt'ong	Bangtong
訪仙門	방선문	Pangsŏnmun	Bangseonmun	放通大	방통대	Pangt'ongdae	Bangtongdae
放送	방송	pangsong	bangsong	防牌	방패	pangp'ae	bangpae
放送局	방송국	pangsongguk	bangsongguk	防牌形	방패형	pangp'aehyŏng	bangpaehyeong
放送大	방송대	pangsongdae	bangsongdae	方便	방편	pangp'yŏn	bangpyeon
放送論	방송론	pangsongnon	bangsongnon	防風	방풍	pangp'ung	bangpung
放送社	방송사	pangsongsa	bangsongsa	訪韓	방한	panghan	banghan
放送人	방송인	pangsongin	bangsongin	芳啣錄	방함록	panghamnok	banghamnok
放送學	방송학	pangsonghak	bangsonghak	方向	방향	panghyang	banghyang
方術	방술	pangsul	bangsul	方向性	방향성	panghyangsŏng	banghyangseong

한자 용례	한글	ALA-LC Romanization	정부 표기안	한자 용례	한글	ALA-LC Romanization	정부 표기안
方向舵	방향타	panghyangt'a	banghyangta	白谷里	백곡리	Paekkong-ni	Baekgok-ri
放火	방화	panghwa	banghwa	白骨	백골	paekkol	baekgol
培	배	pae	bae	白骨島	백골도	Paekkolto	Baekgoldo
褙	배	pae	bae	百科	백과	paekkwa	baekgwa
倍加	배가	paega	baega	百官	백관	paekkwan	baekgwan
背景	배경	paegyŏng	baegyeong	百官志	백관지	Paekkwanji	Baekgwanji
背敎	배교	paegyo	baegyo	白光	백광	paekkwang	baekgwang
背敎者	배교자	paegyoja	baegyoja	白圭志	백규지	Paekkyuji	Baekgyuji
排球	배구	paegu	baegu	白南	백남	Paengnam	Baengnam
配給	배급	paegŭp	baegeup	百年	백년	paengnyŏn	baengnyeon
倍達	배달	paedal	baedal	百年史	백년사	paengnyŏnsa	baengnyeonsa
培達	배달	paedal	baedal	百念	백념	paengnyŏm	baengnyeom
倍達國	배달국	Paedalguk	Baedalguk	白農	백농	Paengnong	Baengnong
倍達國史	배달국사	Paedalguksa	Baedalguksa	栢潭	백담	Paektam	Baekdam
培文社	배문사	Paemunsa	Baemunsa	百潭	백담	Paektam	Baekdam
配分	배분	paebun	baebun	百潭寺	백담사	Paektamsa	Baekdamsa
排佛	배불	paebul	baebul	白銅	백동	paektong	baekdong
排佛論	배불론	paebullon	baebullon	白銅貨	백동화	paektonghwa	baekdonghwa
培山	배산	paesan	baesan	白頭	백두	Paektu	Baekdu
排水	배수	paesu	baesu	白頭山	백두산	Paektusan	Baekdusan
配食	배식	paesik	baesik	白蘭	백란	paengnan	baengnan
培英社	배영사	Paeyŏngsa	Baeyeongsa	百聯	백련	paengnyŏn	baengnyeon
俳優	배우	paeu	baeu	白蓮	백련	paengnyŏn	baengnyeon
配位	배위	paewi	baewi	白蓮寺	백련사	Paengnyŏnsa	Baengnyeonsa
排日	배일	paeil	baeil	白翎	백령	paengnyŏng	baengnyeong
褙子	배자	paeja	baeja	白翎島	백령도	Paengnyŏngdo	Baengnyeongdo
排字	배자	paeja	baeja	白翎人	백령인	Paengnyŏngin	Baengnyeongin
背裝	배장	paejang	baejang	白露	백로	paengno	baengno
陪葬品	배장품	paejangp'um	baejangpum	白鷺	백로	paengno	baengno
培材	배재	Paejae	Baejae	白鹿	백록	paengnok	baengnok
培材大	배재대	Paejaedae	Baejaedae	白鹿潭	백록담	Paengnoktam	Baengnokdam
排斥	배척	paech'ŏk	baecheok	白鹿洞	백록동	Paengnok-tong	Baengnok-dong
排出	배출	paech'ul	baechul	白菱	백릉	paengnŭng	baengneung
配置	배치	paech'i	baechi	白馬	백마	paengma	baengma
配享	배향	paehyang	baehyang	白馬江	백마강	Paengmagang	Baengmagang
培訓	배훈	paehun	baehun	百萬	백만	paengman	baengman
百	백	paek	baek	白文	백문	Paengmun	Baengmun
百家	백가	paekka	baekga	百問訣	백문결	paengmun'gyŏl	baengmungyeol
白岡	백강	Paekkang	Baekgang	白文社	백문사	Paengmunsa	Baengmunsa
白江	백강	Paekkang	Baekgang	白紋席	백문석	paengmunsŏk	baengmunseok
白江口	백강구	Paekkanggu	Baekganggu	白民	백민	paengmin	baengmin
百結	백결	Paekkyŏl	Baekgyeol	白民社	백민사	Paengminsa	Baengminsa
栢谷	백곡	Paekkok	Baekgok	白髮	백발	paekpal	baekbal
白谷	백곡	paekkok	baekgok	百倍	백배	paekpae	baekbae
柏谷	백곡	paekkok	baekgok	白白敎	백백교	Paekpaekkyo	Baekbaekgyo

한자 용례	한글	ALA-LC Romanization	정부 표기안	한자 용례	한글	ALA-LC Romanization	정부 표기안
白凡	백범	Paekpŏm	Baekbeom	白日場	백일장	paegilchang	baegiljang
伯父	백부	paekpu	baekbu	白日下	백일하	paegirha	baegilha
百弗	백불	Paekpul	Baekbul	百日紅	백일홍	paegirhong	baegilhong
白沙	백사	paeksa	baeksa	白瓷	백자	paekcha	baekja
白山	백산	paeksan	baeksan	白磁	백자	paekcha	baekja
百三位	백삼위	paek-samwi	baeksamwi	白磁窯	백자요	paekchayo	baekjayo
白象	백상	paeksang	baeksang	伯爵	백작	paekchak	baekjak
百想	백상	paeksang	baeksang	百濟	백제	Paekche	Baekje
白色	백색	paeksaek	baeksaek	百済	백제	Paekche	Baekje
帛書	백서	paeksŏ	baekseo	百濟系	백제계	Paekchegye	Baekjegye
白書	백서	paeksŏ	baekseo	百濟國	백제국	Paekcheguk	Baekjeguk
白石	백석	paeksŏk	baekseok	百濟美	백제미	Paekchemi	Baekjemi
百選	백선	paeksŏn	baekseon	百濟史	백제사	Paekchesa	Baekjesa
百姓	백성	paeksŏng	baekseong	百濟寺	백제사	Paekchesa	Baekjesa
白城郡	백성군	Paeksŏng-gun	Baekseong-gun	百濟船	백제선	Paekchesŏn	Baekjeseon
白松	백송	paeksong	baeksong	百濟語	백제어	Paekcheŏ	Baekjeeo
白岳	백악	paegak	baegak	百濟人	백제인	Paekchein	Baekjein
栢巖	백암	Paegam	Baegam	百濟人들	백제인들	Paekcheindŭl	Baekjeindeul
白岩	백암	Paegam	Baegam	白潮	백조	paekcho	baekjo
栢巖公派	백암공파	Paegamgongp'a	Baegamgongpa	白鳥	백조	paekcho	baekjo
伯岩里	백암리	Paegam-ni	Baegam-ri	白潮派	백조파	Paekchop'a	Baekjopa
白冶	백야	paegya	baegya	百拙齋	백졸재	Paekcholjae	Baekjoljae
白夜	백야	paegya	baegya	白洲	백주	Paekchu	Baekju
白洋	백양	paegyang	baegyang	百周年	백주년	paekchunyŏn	baekjunyeon
白羊	백양	paegyang	baegyang	百中	백중	paekchung	baekjung
白楊堂	백양당	Paegyangdang	Baegyangdang	百中堂	백중당	Paekchungdang	Baekjungdang
白羊寺	백양사	Paegyangsa	Baegyangsa	百中曆	백중력	Paekchungnyŏk	Baekjungnyeok
百餘	백여	paegyŏ	baegyeo	白紙	백지	paekchi	baekji
白熱社	백열사	Paegyŏlsa	Baegyeolsa	百尺	백척	paekch'ŏk	baekcheok
白映社	백영사	Paegyŏngsa	Baengyeongsa	白川	백천	Paekch'ŏn	Baekcheon
百五	백오	paek-o	baego	白川郡	백천군	Paekch'ŏn-gun	Baekcheon-gun
白雲	백운	Paegun	Baegun	白川里	백천리	Paekch'ŏl-li	Baekcheon-ri
白雲洞	백운동	Paegun-dong	Baegun-dong	百草	백초	paekch'o	baekcho
白雲里	백운리	Paegun-ni	Baegun-ri	白村	백촌	paekch'on	baekchon
白雲山	백운산	Paegunsan	Baegunsan	白村江	백촌강	Paekch'on'gang	Baekchongang
百源錄	백원록	Paegwŏnnok	Baegwollok	白塔	백탑	paekt'ap	baektap
白月碑	백월비	Paegwŏlbi	Baegwolbi	百態	백태	paekt'ae	baektae
白月山	백월산	Paegwŏlsan	Baegwolsan	白坡	백파	paekp'a	baekpa
白衣	백의	paegŭi	baegui	百八	백팔	paek-p'al	baekpal
白衣社	백의사	Paegŭisa	Baeguisa	百篇	백편	paekp'yŏn	baekpyeon
百忍	백인	paegin	baegin	白下	백하	Paekha	Baeka
百忍堂	백인당	Paegindang	Baegindang	白河	백하	Paekha	Baeka
百人帖	백인첩	paeginch'ŏp	baegincheop	白鶴	백학	paekhak	baekak
白日	백일	paegil	baegil	白鶴扇	백학선	Paekhaksŏn	Baekakseon
百日	백일	paegil	baegil	百合	백합	paekhap	baekap

한자 용례	한글	ALA-LC Romanization	정부 표기안	한자 용례	한글	ALA-LC Romanization	정부 표기안
百合花	백합화	paekhaphwa	baekapwa	犯越	범월	pŏmwŏl	beomwol
白軒	백헌	paekhŏn	baekeon	範圍	범위	pŏmwi	beomwi
白湖	백호	paekho	baeko	梵音	범음	Pŏmŭm	Beomeum
白虎	백호	paekho	baeko	犯人	범인	pŏmin	beomin
白華山	백화산	Paekhwasan	Baekwasan	梵亭	범정	Pŏmjŏng	Beomjeong
百貨店	백화점	paekhwajŏm	baekwajeom	凡濟	범제	Pŏmje	Beomje
番	번	pŏn	beon	汎潮	범조	Pŏmjo	Beomjo
飜刻	번각	pŏn'gak	beongak	凡潮社	범조사	Pŏmjosa	Beomjosa
飜刻版	번각판	pŏn'gakp'an	beongakpan	梵鐘	범종	pŏmjong	Beomjong
樊南	번남	Pŏnnam	Beonnam	梵鍾	범종	pŏmjong	Beomjong
煩惱	번뇌	pŏnnoe	beonnoe	犯罪	범죄	pŏmjoe	beomjoe
藩邦志	번방지	pŏnbangji	beonbangji	犯罪史	범죄사	pŏmjoesa	beomjoesa
飜案	번안	pŏnan	beonan	犯罪人	범죄인	pŏmjoein	beomjoein
樊巖	번암	Pŏnam	Beonam	犯罪者	범죄자	pŏmjoeja	beomjoeja
飜譯	번역	pŏnyŏk	beonyeok	範疇	범주	pŏmju	beomju
翻譯	번역	pŏnyŏk	beonyeok	汎眞	범진	Pŏmjin	Beomjin
飜譯官	번역관	pŏnyŏkkwan	beonyeokgwan	汎太平洋	범태평양	pŏmt'aep'yŏngnyang	beomtaepyeongyang
飜譯本	번역본	pŏnyŏkpon	beonyeokbon	泛鶴里	범학리	Pŏmhang-ni	Beomhak-ri
飜譯書	번역서	pŏnyŏksŏ	beonyeokseo	汎韓	범한	Pŏmhan	Beomhan
飜譯院	번역원	Pŏnyŏgwŏn	Beonyeogwon	梵海	범해	Pŏmhae	Beomhae
繁榮	번영	pŏnyŏng	beonyeong	泛盧亭	범허정	Pŏmhŏjŏng	Beomheojeong
番地	번지	pŏnji	beonji	法	법	pŏp	beop
罰	벌	pŏl	beol	法經	법경	pŏpkyŏng	beopgyeong
筏橋	벌교	Pŏlgyo	Beolgyo	法界圖	법계도	Pŏpkyedo	Beopgyedo
筏橋邑	벌교읍	Pŏlgyo-ŭp	Beolgyo-eup	法界圖	법계도	pŏpkyedo	beopgyedo
閥閱	벌열	pŏryŏl	beoryeol	法界圖記	법계도기	Pŏpkyedogi	Beopgyedogi
汎	범	pŏm	beom	法界圖記	법계도기	Pŏpkyedogi	beopgyedogi
犯禁	범금	pŏmgŭm	beomgeum	法供養	법공양	pŏpkongyang	beopgongyang
凡例	범례	pŏmnye	beomnye	法官	법관	pŏpkwan	beopgwan
汎論社	범론사	Pŏmnonsa	Beomnonsa	法宮	법궁	pŏpkung	beopgung
汎文社	범문사	Pŏmmunsa	Beommunsa	法規	법규	pŏpkyu	beopgyu
汎民聯	범민련	Pŏmminnyŏn	Beommillyeon	法規集	법규집	pŏpkyujip	beopgyujip
汎民族	범민족	pŏmminjok	beomminjok	法道	법도	pŏpto	beopdo
凡方洞	범방동	Pŏmbang-dong	Beombang-dong	法洞里	법동리	Pŏptong-ni	Beopdong-ri
凡夫	범부	pŏmbu	beombu	法令	법령	pŏmnyŏng	beomnyeong
凡父	범부	pŏmbu	beombu	法令集	법령집	pŏmnyŏngjip	beomnyeongjip
凡阜里	범부리	Pŏmbu-ri	Beombu-ri	法論	법론	pŏmnon	beomnon
泛傞錄	범사록	Pŏmsarok	Beomsarok	法輪	법륜	pŏmnyun	beomnyun
汎愛	범애	pŏmae	beomae	法輪社	법륜사	Pŏmnyunsa	Beomnyunsa
汎洋社	범양사	Pŏmyangsa	Beomyangsa	法律	법률	pŏmnyul	beomnyul
梵魚	범어	Pŏmŏ	Beomeo	法律學	법률학	pŏmnyurhak	beomnyulhak
梵語	범어	Pŏmŏ	Beomeo	法理	법리	pŏmni	beomni
梵魚寺	범어사	Pŏmŏsa	Beomeosa	梵網經	법망경	Pŏmmanggyŏng	Beommanggyeong
汎友社	범우사	Pŏmusa	Beomusa	法脈	법맥	pŏmmaek	beommaek
凡友社	범우사	Pŏmusa	Beomusa	法名	법명	pŏmmyŏng	beommyeong

한자 용례	한글	ALA-LC Romanization	정부 표기안	한자 용례	한글	ALA-LC Romanization	정부 표기안
法務	법무	pŏmmu	beommu	法人稅法	법인세법	pŏbinsepŏp	beobinsebeop
法務官	법무관	pŏmmugwan	beommugwan	法藏	법장	pŏpchang	beopjang
法務部	법무부	Pŏmmubu	Beommubu	法的	법적	pŏpchŏk	beopjeok
法務士	법무사	pŏmmusa	beommusa	法典	법전	pŏpchŏn	beopjeon
法務士法	법무사법	pŏmmusapŏp	beommusabeop	法典社	법전사	Pŏpchŏnsa	Beopjeonsa
法務室	법무실	Pŏmmusil	Beommusil	法政	법정	pŏpchŏng	beopjeong
法文	법문	pŏmmun	beommun	法頂	법정	Pŏpchŏng	Beopjeong
法門	법문	pŏmmun	beommun	法制	법제	pŏpche	beopje
法文社	법문사	Pŏmmunsa	Beommunsa	法制論	법제론	pŏpcheron	beopjeron
法寶	법보	pŏppo	beopbo	法制處	법제처	Pŏpchech'ŏ	Beopjecheo
法寶院	법보원	Pŏppowŏn	Beopbowon	法制化	법제화	pŏpchehwa	beopjehwa
法服	법복	pŏppok	beopbok	法曹	법조	pŏpcho	beopjo
法部	법부	pŏppu	beopbu	法曹閣	법조각	Pŏpchogak	Beopjogak
法事	법사	pŏpsa	beopsa	法曹人	법조인	pŏpchoin	beopjoin
法司	법사	pŏpsa	beopsa	法宗	법종	pŏpchong	beopjong
法師	법사	pŏpsa	beopsa	法住	법주	Pŏpchu	Beopju
法史	법사	pŏpsa	beopsa	法住寺	법주사	Pŏpchusa	Beopjusa
法史的	법사적	pŏpsajŏk	beopsajeok	法集	법집	pŏpchip	beopjip
法事宗	법사종	Pŏpsajong	Beopsajong	法泉	법천	Pŏpch'ŏn	Beopcheon
法史學	법사학	pŏpsahak	beopsahak	法泉里	법천리	Pŏpch'ŏn-ni	Beopcheon-ri
法相	법상	Pŏpsang	Beopsang	法泉寺	법천사	Pŏpch'ŏnsa	Beopcheonsa
法相宗	법상종	Pŏpsangjong	Beopsangjong	法哲學	법철학	pŏpch'ŏrhak	beopcheolhak
法書	법서	pŏpsŏ	beopseo	法帖	법첩	pŏpch'ŏp	beopcheop
法書院	법서원	Pŏpsŏwŏn	Beopseowon	法治	법치	pŏpch'i	beopchi
法席	법석	pŏpsŏk	beopseok	法治主義	법치주의	pŏpch'ijuŭi	beopchijuui
法說	법설	pŏpsŏl	beopseol	法統	법통	pŏpt'ong	beoptong
法性	법성	Pŏpsŏng	Beopseong	法統性	법통성	pŏpt'ongsŏng	beoptongseong
法性宗	법성종	Pŏpsŏngjong	Beopseongjong	法學	법학	pŏphak	beopak
法聖浦	법성포	Pŏpsŏngp'o	Beopseongpo	法學會	법학회	pŏphakhoe	beopakoe
法身	법신	pŏpsin	beopsin	法華經	법화경	Pŏphwagyŏng	Beopwagyeong
法眼	법안	pŏban	beoban	法華寺	법화사	Pŏphwasa	Beopwasa
法語	법어	pŏbŏ	beobeo	法會	법회	pŏphoe	beopoe
法語集	법어집	pŏbŏjip	beobeojip	法興	법흥	pŏphŭng	beopeung
法王	법왕	pŏbwang	beobwang	配置圖	배치도	paech'ido	bechido
法王寺	법왕사	Pŏbwangsa	Beobwangsa	壁江	벽강	Pyŏkkang	Byeokgang
法友會	법우회	Pŏbuhoe	Beobuhoe	碧骨	벽골	Pyŏkkol	Byeokgol
法苑	법원	pŏbwŏn	beobwon	碧骨郡	벽골군	Pyŏkkol-gun	Byeokgol-gun
法院	법원	pŏbwŏn	beobwon	碧骨堤	벽골제	Pyŏkkolche	Byeokgolje
法元社	법원사	Pŏbwŏnsa	Beobwonsa	碧骨堤史	벽골제사	Pyŏkkolchesa	Byeokgoljesa
法醫	법의	pŏbŭi	beobui	碧潼郡	벽동군	Pyŏktong-gun	Byeokdong-gun
法意識	법의식	pŏbŭisik	beobuisik	辟邪	벽사	pyŏksa	byeoksa
法醫學	법의학	pŏbŭihak	beobuihak	碧史館	벽사관	Pyŏksagwan	Byeoksagwan
法仁	법인	pŏbin	beobin	碧山	벽산	Pyŏksan	Byeoksan
法印	법인	pŏbin	beobin	壁書	벽서	pyŏksŏ	byeokseo
法人	법인	pŏbin	beobin	碧城	벽성	Pyŏksŏng	Byeokseong

한자 용례	한글	ALA-LC Romanization	정부 표기안	한자 용례	한글	ALA-LC Romanization	정부 표기안
碧城郡	벽성군	Pyŏksŏng-gun	Byeokseong-gun	變數	변수	pyŏnsu	byeonsu
碧松亭	벽송정	Pyŏksongjŏng	Byeoksongjeong	變身	변신	pyŏnsin	byeonsin
碧水	벽수	Pyŏksu	Byeoksu	變用	변용	pyŏnyong	byeonyong
碧眼	벽안	Pyŏgan	Byeogan	變容	변용	pyŏnyong	byeonyong
碧巖	벽암	Pyŏgam	Byeogam	辨疑	변의	pyŏnŭi	byeonui
碧巖錄	벽암록	Pyŏgamnok	Byeogamnok	變奏	변주	pyŏnju	byeonju
辟疫	벽역	Pyŏgyŏk	Byeogyeok	辨證法	변증법	Pyŏnjŭngpŏp	Byeonjeungbeop
碧梧	벽오	Pyŏgo	Byeogo	辨證法的	변증법적	Pyŏnjŭngpŏpchŏk	Byeonjeungbeopjeok
碧梧桐	벽오동	pyŏgodong	byeogodong	變遷	변천	pyŏnch'ŏn	byeoncheon
闢衛	벽위	Pyŏgwi	Byeogwi	變遷記	변천기	pyŏnch'ŏn'gi	byeoncheongi
僻隱	벽은	Pyŏgŭn	Byeogeun	變遷史	변천사	pyŏnch'ŏnsa	byeoncheonsa
碧蹄	벽제	Pyŏkche	Byeokje	變態	변태	pyŏnt'ae	byeontae
碧蹄館	벽제관	Pyŏkchegwan	Byeokjegwan	卞韓	변한	Pyŏnhan	Byeonhan
碧珍	벽진	Pyŏkchin	Byeokjin	變革	변혁	pyŏnhyŏk	byeonhyeok
碧珍郡	벽진군	Pyŏkchin-gun	Byeokjin-gun	變形	변형	pyŏnhyŏng	byeonhyeong
壁体	벽체	pyŏkch'e	byeokche	辯護	변호	pyŏnho	byeonho
碧初	벽초	Pyŏkch'o	Byeokcho	辯護士	변호사	pyŏnhosa	byeonhosa
碧波	벽파	Pyŏkp'a	Byeokpa	辨護士	변호사	pyŏnhosa	byeonhosa
碧海	벽해	pyŏkhae	Byeokae	辯護士會	변호사회	pyŏnhosahoe	byeonhosahoe
壁画	벽화	pyŏkhwa	byeokwa	変化	변화	pyŏnhwa	byeonhwa
壁畵	벽화	pyŏkhwa	byeokwa	變化	변화	pyŏnhwa	byeonhwa
壁畵墓	벽화묘	pyŏkhwamyo	byeokwamyo	別乾坤	별건곤	pyŏlgŏn'gon	byeolgeongon
卞	변	Pyŏn	Byeon	別曲	별곡	pyŏlgok	byeolgok
邊境	변경	pyŏn'gyŏng	byeongyeong	別曲體	별곡체	pyŏlgokch'e	byeolgokche
邊境史	변경사	pyŏn'gyŏngsa	byeongyeongsa	別曲體歌	별곡체가	pyŏlgokch'ega	byeolgokchega
邊界	변계	pyŏn'gye	byeongye	別軍	별군	pyŏlgun	byeolgun
變故	변고	pyŏn'go	byeongo	別宮	별궁	pyŏlgung	byeolgung
邊光	변광	Pyŏn'gwang	Byeongwang	別記	별기	pyŏlgi	byeolgi
邊郡	변군	byŏn'gun	byeongun	別單	별단	pyŏldan	byeoldan
變動	변동	pyŏndong	byeondong	別堂	별당	pyŏldang	byeoldang
変動	변동	pyŏndong	byeondong	別洞	별동	Pyŏltong	byeoldong
變動論	변동론	pyŏndongnon	byeondongnon	別同異	별동이	pyŏltongi	byeoldongi
變亂	변란	pyŏllan	byeollan	別別	별별	pyŏlbyŏl	byeolbyeol
辯論	변론	pyŏllon	byeollon	別本	별본	pyŏlbon	byeolbon
辨理士	변리사	pyŏllisa	byeollisa	別詞	별사	pyŏlsa	byeolsa
辯明	변명	pyŏnmyŏng	byeonmyeong	別史	별사	pyŏlsa	byeolsa
變貌	변모	pyŏnmo	byeonmo	別山臺	별산대	pyŏlsandae	byeolsandae
辮髮	변발	pyŏnbal	byeonbal	別有	별유	pyŏryu	byeoryu
邊方	변방	pyŏnbang	byeonbang	別章	별장	pyŏlchang	byeoljang
變法	변법	pyŏnpŏp	byeonbeop	別錢	별전	pyŏlchŏn	byeoljeon
辯士	변사	pyŏnsa	byeonsa	別傳	별전	pyŏlchŏn	byeoljeon
邊山	변산	Pyŏnsan	Byeonsan	別祭誌	별제지	pyŏlcheji	byeoljeji
變相圖	변상도	pyŏnsangdo	byeonsangdo	鼈主簿	별주부	Pyŏljubu	Byeoljubu
變成帶	변성대	pyŏnsŏngdae	byeonseongdae	鼈主簿傳	별주부전	Pyŏljubujŏn	Byeoljubujeon
變成相	변성상	pyŏnsŏngsang	byeonseongsang	別集	별집	pyŏlchip	byeoljip

한자 용례	한글	ALA-LC Romanization	정부 표기안	한자 용례	한글	ALA-LC Romanization	정부 표기안
別集類	별집류	pyŏlchimnyu	byeoljimnyu	幷入	병입	pyŏngip	byeongip
別册	별책	pyŏlch'aek	byeolchaek	病者	병자	pyŏngja	byeongja
別册	별책	pyŏlch'aek	byeolchaek	丙子	병자	Byŏngja	Byeongja
別天地	별천지	pyŏlch'ŏnji	byeolcheonji	丙子錄	병자록	Pyŏngjarok	Byeongjarok
別抄	별초	pyŏlch'o	byeolcho	丙子字	병자자	Pyŏngjacha	Byeongjaja
別編	별편	pyŏlp'yŏn	byeolpyeon	併作	병작	pyŏngjak	byeongjak
別行錄	별행록	pyŏrhaengnok	byeolhaengnok	兵將	병장	pyŏngjang	byeongjang
病	병	pyŏng	byeong	兵仗器	병장기	pyŏngjanggi	byeongjanggi
丙	병	pyŏng	byeong	兵典	병전	pyŏngjŏn	byeongjeon
幷	병	pyŏng	byeong	兵政	병정	pyŏngjŏng	byeongjeong
兵家	병가	pyŏngga	byeongga	兵丁	병정	pyŏngjŏng	byeongjeong
兵鑑	병감	pyŏnggam	byeonggam	兵制史	병제사	pyŏngjesa	byeongjesa
兵考	병고	Pyŏnggo	Byeonggo	兵曹	병조	pyŏngjo	byeongjo
丙科	병과	pyŏngkwa	byeonggwa	兵志	병지	pyŏngji	byeongji
兵器	병기	pyŏnggi	byeonggi	丙辰銘	병진명	pyŏngjinmyŏng	byeongjinmyeong
兵器類	병기류	pyŏnggiryu	byeonggiryu	丙辰字	병진자	Pyŏngjincha	Byeongjinja
兵團	병단	pyŏngdan	byeongdan	兵站	병참	pyŏngch'am	byeongcham
病理	병리	pyŏngni	byeongni	併唱	병창	pyŏngch'ang	byeongchang
病理學	병리학	pyŏngnihak	byeongnihak	兵判	병판	pyŏngp'an	byeongpan
兵馬	병마	pyŏngma	byeongma	屛風	병풍	pyŏngp'ung	byeongpung
兵馬使	병마사	pyŏngmasa	byeongmasa	捹風	병풍	pyŏngp'ung	byeongpung
兵務	병무	pyŏngmu	byeongmu	屛風山	병풍산	Pyŏngp'ungsan	Byeongpungsan
兵務廳	병무청	Pyŏngmuch'ŏng	Byeongmucheong	兵學	병학	pyŏnghak	byeonghak
兵法	병법	pyŏngpŏp	byeongbeop	兵學社	병학사	Pyŏnghaksa	Byeonghaksa
兵部	병부	pyŏngbu	byeongbu	兵學通	병학통	pyŏnghakt'ong	byeonghaktong
兵史	병사	pyŏngsa	byeongsa	併合	병합	pyŏnghap	byeonghap
絣山	병산	pyŏngsan	byeongsan	併合史	병합사	pyŏnghapsa	byeonghapsa
屛山	병산	pyŏngsan	byeongsan	病害蟲	병해충	pyŏnghaech'ung	byeonghaechung
柄山洞	병산동	Pyŏngsan-dong	Byeongsan-dong	堡	보	po	bo
屛山里	병산리	Pyŏngsan-ni	Byeongsan-ri	普覺	보각	Pogak	Bogak
炳床	병상	pyŏngsang	byeongsang	寶鑑	보감	pogam	bogam
兵船	병선	pyŏngsŏn	byeongseon	寶鑑	보감	pogam	bogam
竝設	병설	pyŏngsŏl	byeongseol	譜鑑	보감	pogam	bogam
幷世	병세	pyŏngse	byeongse	宝鑑	보감	pogam	bogam
兵術	병술	pyŏngsul	byeongsul	保强	보강	pogang	bogang
丙戌	병술	Pyŏngsul	Byeongsul	保健	보건	pogŏn	bogeon
兵役	병역	pyŏngyŏk	byeongyeok	保健	보건	pogŏn	bogeon
兵役法	병역법	pyŏngyŏkpŏp	byeongyeokbeop	保健法	보건법	pogŏnpŏp	bogeonbeop
兵營	병영	pyŏngyŏng	byeongyeong	保健部	보건부	Pogŏnbu	Bogeonbu
丙午	병오	Pyŏngo	Byeongo	保健省	보건성	Pogŏnsŏng	Bogeonseong
丙五	병오	Pyŏngo	Byeongo	保健所	보건소	pogŏnso	bogeonso
丙午本	병오본	Pyŏngobon	Byeongobon	寶劍	보검	pogŏm	bogeom
兵要	병요	pyŏngyo	byeongyo	保景	보경	Pogyŏng	Bogyeong
病院	병원	pyŏngwŏn	byeongwon	寶庫	보고	pogo	bogo
丙寅	병인	Pyŏngin	Byeongin	保皐	보고	Pogo	Bogo

한자 용례	한글	ALA-LC Romanization	정부 표기안	한자 용례	한글	ALA-LC Romanization	정부 표기안
報告	보고	pogo	bogo	普門里	보문리	Pomun-ni	Bomun-ri
報告文	보고문	pogomun	bogomun	普文社	보문사	Pomunsa	Bomunsa
報告書	보고서	pogosŏ	bogoseo	普門寺	보문사	Pomunsa	Bomunsa
報告集	보고집	pogojip	bogojip	譜文社	보문사	Pomunsa	Bomunsa
保管所	보관소	pogwanso	bogwanso	寶物	보물	pomul	bomul
普光寺	보광사	Pogwangsa	Bogwangsa	寶物級	보물급	pomulkŭp	bomulgeup
報國	보국	poguk	boguk	普法	보법	Popŏp	Bobeop
輔國	보국	poguk	boguk	步法	보법	popŏp	bobeop
步軍	보군	pogun	bogun	步兵	보병	pobyŏng	bobyeong
普勸文	보권문	pogwŏnmun	bogwonmun	報本壇	보본단	Pobondan	Bobondan
補闕	보궐	pogwŏl	bogwol	褓負	보부	pobu	bobu
普及	보급	pogŭp	bogeup	褓負商	보부상	pobusang	bobusang
普及社	보급사	Pogŭpsa	Bogeupsa	黼黻	보불	pobul	bobul
普及處	보급처	pogŭpch'ŏ	bogeupcheo	報聘	보빙	pobing	bobing
普及會	보급회	pogŭphoe	bogeupoe	報聘使	보빙사	Pobingsa	bobingsa
寶娜	보나	Pona	Bona	保社部	보사부	Posabu	Bosabu
報德	보덕	Podŏk	Bodeok	菩薩	보살	posal	bosal
報道	보도	podo	bodo	菩薩經	보살경	posalgyŏng	bosalgyeong
報道人	보도인	podoin	bodoin	菩薩戒	보살계	posalgye	bosalgye
保羅	보라	Pora	Bora	普薩戒本	보살계본	posalgyebon	bosalgyebon
譜略	보략	poryak	boryak	菩薩圖	보살도	posaldo	bosaldo
寶蓮	보련	poryŏn	boryeon	普薩寺	보살사	Posalsa	Bosalsa
寶蓮閣	보련각	Poryŏn'gak	Boryeongak	菩薩寺	보살사	Posalsa	Bosalsa
寶蓮閣	보련각	Poryŏn'gak	Boryeongak	菩薩像	보살상	posalsang	bosalsang
保寧	보령	poryŏng	boryeong	報償	보상	posang	bosang
保寧郡	보령군	Poryŏng-gun	Boryeong-gun	補償	보상	posang	bosang
保寧里	보령리	Poryŏng-ni	Boryeong-ri	補償金	보상금	posanggŭm	bosanggeum
保寧縣	보령현	Poryŏng-hyŏn	Boryeong-hyeon	寶書	보서	posŏ	boseo
堡壘	보루	poru	boru	寶石	보석	posŏk	boseok
菩提	보리	pori	bori	普說	보설	posŏl	boseol
菩提寺	보리사	Porisa	Borisa	寶城	보성	posŏng	boseong
寶林	보림	porim	borim	普盛	보성	Posŏng	Boseong
普林里	보림리	Porim-ni	Borim-ri	普成	보성	Posŏng	Boseong
保林社	보림사	Porimsa	Borimsa	寶城郡	보성군	Posŏng-gun	Boseong-gun
寶林寺	보림사	Porimsa	Borimsa	甫城里	보성리	Posŏng-ni	Boseong-ri
寶林寺藏	보림사장	Porimsajang	Borimsajang	普成社	보성사	Posŏngsa	Boseongsa
保晚堂	보만당	Pomandang	Bomandang	保稅	보세	pose	bose
保晚齋	보만재	Pomanjae	Bomanjae	保守	보수	posu	bosu
保晚齊	보만제	Pomanje	Bomanje	報酬	보수	posu	bosu
寶文	보문	pomun	bomun	補修	보수	posu	bosu
普門	보문	Pomun	Bomun	補修課	보수과	posukwa	bosugwa
寶文閣	보문각	Pomun'gak	Bomungak	保守主義	보수주의	posujuŭi	bosujuui
普文館	보문관	Pomun'gwan	Bomungwan	保守主義的	보수주의적	posujuŭijŏk	bosujuuijeok
普文堂	보문당	Pomundang	Bomundang	補習	보습	posŭp	boseup
普門洞	보문동	Pomun-dong	Bomun-dong	布施	보시	posi	bosi

한자 용례	한글	ALA-LC Romanization	정부 표기안	한자 용례	한글	ALA-LC Romanization	정부 표기안
普信	보신	Posin	Bosin	補訂版	보정판	pojŏngp'an	bojeongpan
普信閣	보신각	Posin'gak	Bosingak	普濟	보제	Poje	Boje
普信閣鐘	보신각종	Posin'gakchong	Bosingakjong	普濟寺	보제사	Pojesa	Bojesa
補兒	보아	poa	boa	補助	보조	pojo	bojo
保安	보안	poan	boan	普照	보조	Pojo	Bojo
保安課	보안과	Poankwa	Boangwa	補助率	보조율	pojoyul	bojoyul
保安隊	보안대	Poandae	Boandae	補助者	보조자	pojoja	bojoja
保安法	보안법	poanpŏp	boanbeop	保存	보존	pojon	bojon
保安司	보안사	Poansa	Boansa	保存錄	보존록	pojonnok	bojollok
葆養志	보양지	Poyangji	Boyangji	保存論	보존론	pojonnon	bojollon
寶漣閣	보연각	Poryŏn'gak	Boyeongak	保全法	보존법	pojŏnpŏp	bojonbeop
補完	보완	powan	bowan	保存版	보존판	pojonp'an	bojonpan
普愚	보우	Pou	Bou	保存學	보존학	pojonhak	bojonhak
普雨	보우	Pou	Bou	保存會	보존회	pojonhoe	bojonhoe
保元	보원	powŏn	bowon	步卒	보졸	pojol	bojol
寶月聘	보월빙	powŏlbing	bowolbing	普州	보주	Poju	Boju
保衛	보위	powi	bowi	保證	보증	pojŭng	bojeung
保衛省	보위성	Powisŏng	Bowiseong	保證法	보증법	pojŭngpŏp	bojeungbeop
保有	보유	poyu	boyu	寶晉	보진	Pojin	Bojin
補遺	보유	poyu	boyu	葆眞齋	보진재	Ppojinjae	Bojinjae
補遺版	보유판	poyup'an	boyupan	寶晉齋	보진재	Pojinjae	Bojinjae
保育	보육	poyuk	boyuk	寶晉齋	보진재	Pojinjae	Bojinjae
保育院	보육원	poyugwŏn	boyugwon	步天	보천	poch'ŏn	bocheon
報恩	보은	Poŭn	Boeun	步天歌	보천가	poch'ŏn'ga	bocheonga
報恩郡	보은군	Poŭn-gun	Boeun-gun	普天堡	보천보	Poch'ŏnbo	Bocheonbo
報恩寺	보은사	Poŭnsa	Boeunsa	補綴	보철	poch'ŏl	bocheol
報恩縣	보은현	Poŭn-hyŏn	Boeun-hyeon	補綴學	보철학	poch'ŏrhak	bocheolhak
補疑	보의	poŭi	boui	報牒	보첩	poch'ŏp	bocheop
寶印	보인	poin	boin	譜牒	보첩	poch'ŏp	bocheop
輔仁	보인	poin	boin	報牒巧	보첩교	Poch'ŏpkyo	Bocheopgyo
寶印所	보인소	Poinso	Boinso	報牒抄	보첩초	poch'ŏpch'o	bocheopcho
保障	보장	pojang	bojang	報草	보초	poch'o	bocho
寶藏	보장	pojang	bojang	補充	보충	poch'ung	bochung
寶藏錄	보장록	pojangnok	bojangnok	補充隊	보충대	poch'ungdae	bochungdae
保障論	보장론	pojangnon	bojangnon	普陀寺	보타사	Pot'asa	Botasa
保障費	보장비	pojangbi	bojangbi	普通	보통	pot'ong	botong
保全	보전	pojŏn	bojeon	補編	보편	pop'yŏn	bopyeon
寶殿	보전	pojŏn	bojeon	寶品展	보품전	pop'umjŏn	bopumjeon
普專	보전	Pojŏn	Bojeon	譜學	보학	pohak	bohak
補傳	보전	pojŏn	bojeon	譜	보학	po	bohak
寶典	보전	pojŏn	bojeon	補閑	보한	Pohan	Bohan
保全局	보전국	Pojŏnguk	Bojeonguk	保閑	보한	Pohan	Bohan
保全林	보전림	pojŏnnim	bojeollim	保閑齋	보한재	Pohanjae	Bohanjae
補正	보정	pojŏng	bojeong	補閑集	보한집	Pohanjip	Bohanjip
補整	보정	pojŏng	bojeong	步行	보행	pohaeng	bohaeng

한자 용례	한글	ALA-LC Romanization	정부 표기안	한자 용례	한글	ALA-LC Romanization	정부 표기안
保險	보험	pohŏm	boheom	伏岩里	복암리	Pogam-ni	Bogam-ri
保險法	보험법	pohŏmpŏp	boheombeop	卜業	복업	pogŏp	bogeop
普賢	보현	Pohyŏn	Bohyeon	服役	복역	pogyŏk	bogyeok
普賢刹	보현찰	Pohyŏnch'al	Bohyeonchal	復原	복원	pogwŏn	bokwon
保護	보호	poho	boho	復元	복원	pogwŏn	bogwon
保護法	보호법	pohopŏp	bohobeop	復位	복위	pogwi	bogwi
保護史	보호사	pohosa	bohosa	福音	복음	pogŭm	bogeum
保護院	보호원	pohowŏn	bohowon	福音主義	복음주의	Pogŭmjuŭi	bogeumjuui
保護率	보호율	pohoyul	bohoyul	福音會	복음회	pogŭmhoe	bogeumhoe
寶貨	보화	pohwa	bohwa	腹藏	복장	pokchang	bokjang
普化里	보화리	Pohwa-ri	Bohwa-ri	服裝	복장	pokchang	bokjang
寶訓	보훈	pohun	bohun	服齋	복재	pokchae	bokjae
報勳	보훈	pohun	bohun	服齋公	복재공	Pokchaegong	Bokjaegong
報勳處	보훈처	Pohunch'ŏ	Bohuncheo	卜占	복점	pokchŏm	bokjeom
福	복	pok	bok	複製	복제	pokche	bokje
幅巾	복건	pokkŏn	bokgeon	復製	복제	pokche	bokje
復古	복고	pokko	bokgo	服制	복제	pokche	bokje
復古風	복고풍	pokkop'ung	bokgopung	福祉	복지	pokchi	bokji
福橋里	복교리	Pokkyo-ri	Bokgyo-ri	福祉論	복지론	pokchiron	bokjiron
復舊	복구	pokku	bokgu	福祉法	복지법	pokchipŏp	bokjibeop
復舊史	복구사	pokkusa	bokgusa	福祉部	복지부	Pokchibu	Bokjibu
復權	복권	pokkwŏn	bokgwon	福祉士	복지사	pokchisa	bokjisa
福券	복권	pokkwŏn	bokgwon	福祉學	복지학	pokchihak	bokjihak
福德房	복덕방	poktŏkpang	bokdeokbang	復職	복직	pokchik	bokjik
伏龍洞	복룡동	Pongnyong-dong	Bongnyong-dong	福川	복천	Pokch'ŏn	Bokcheon
伏龍里	복룡리	Pongnyong-ni	Bongnyong-ri	復泉	복천	Pokch'ŏn	Bokcheon
伏魔經	복마경	pongmagyŏng	bongmagyeong	福泉洞	복천동	Pokch'ŏn-dong	Bokcheon-dong
復命	복명	pongmyŏng	bongmyeong	福泉寺	복천사	Pokch'ŏnsa	Bokcheonsa
福本主義	복본주의	pokponjuŭi	bokbonjuui	複合	복합	pokhap	bokap
伏獅里	복사리	Poksa-ri	Boksa-ri	伏賢	복현	Pokhyŏn	Bokyeon
服色	복색	poksaek	boksaek	伏賢洞	복현동	Pokhyŏn-dong	Bokyeon-dong
卜筮	복서	Poksŏ	bokseo	本	본	pon	bon
福星里	복성리	Poksŏng-ni	Bokseong-ri	本伽倻	본가야	pon'gaya	bongaya
復性書	복성서	Poksŏngsŏ	Bokseongseo	本館	본관	pon'gwan	bongwan
復讐	복수	poksu	boksu	本貫制	본관제	pon'gwanje	bongwanje
複數	복수	poksu	boksu	本國	본국	pon'guk	bonguk
福順縣	복순현	Poksun-hyŏn	Boksun-hyeon	本紀	본기	pon'gi	bongi
服飾	복식	poksik	boksik	本記	본기	pon'gi	bongi
服飾觀	복식관	poksikkwan	boksikgwan	本堂	본당	pondang	bondang
服飾類	복식류	poksingnyu	boksingnyu	本大路	본대로	pondaero	bondaero
服飾本	복식본	poksikpon	boksikbon	本洞	본동	Pon-dong	Bon-dong
服飾史	복식사	poksiksa	boksiksa	本利志	본리지	Ponniji	Bolliji
服飾史的	복식사적	poksiksajŏk	boksiksajeok	本末	본말	ponmal	bonmal
複眼的	복안적	poganchŏk	boganjeok	本末體	본말체	ponmalch'e	bonmalche
伏岩	복암	Pogam	Bogam	本文	본문	ponmun	bonmun

한자 용례	한글	ALA-LC Romanization	정부 표기안	한자 용례	한글	ALA-LC Romanization	정부 표기안
本部	본부	ponbu	bonbu	封名	봉명	pongmyŏng	bongmyeong
本部史	본부사	ponbusa	bonbusa	鳳鳴洞	봉명동	Pongmyŏng-dong	Bongmyeong-dong
本部化	본부화	ponbuhwa	bonbuhwa	鳳毛	봉모	Pongmo	Bongmo
本社	본사	ponsa	bonsa	奉謨堂	봉모당	Pongmodang	Bongmodang
本山	본산	ponsan	bonsan	鳳舞洞	봉무동	Pongmu-dong	Bongmu-dong
本色	본색	ponsaek	bonsaek	奉仕	봉사	pongsa	bongsa
本是	본시	ponsi	bonsi	封事	봉사	pongsa	bongsa
本心	본심	ponsim	bonsim	奉使	봉사	pongsa	bongsa
本然	본연	ponyŏn	bonyeon	峯山	봉산	Pongsan	Bongsan
本願	본원	ponwŏn	bonwon	鳳山	봉산	Pongsan	Bongsan
本位	본위	ponwi	bonwi	鳳山郡	봉산군	Pongsan-gun	Bongsan-gun
本人	본인	ponin	bonin	封書	봉서	pongsŏ	bongseo
本籍	본적	ponjŏk	bonjeok	鳳棲	봉서	Pongsŏ	Bongseo
本店	본점	ponjŏm	bonjeom	鳳棲齋	봉서재	Pongsŏjae	Bongseojae
本町	본정	Ponjŏng	Bonjeong	奉先	봉선	pongsŏn	bongseon
本朝	본조	ponjo	bonjo	鳳仙里	봉선리	Pongsŏn-ni	Bongseon-ri
本地	본지	ponji	bonji	奉先寺	봉선사	Pongsŏnsa	Bongseonsa
本質	본질	ponjil	bonjil	鳳仙花	봉선화	pongsŏnhwa	bongseonhwa
本妻	본처	ponch'ŏ	boncheo	鳳仙花歌	봉선화가	pongsŏnhwaga	bongseonhwaga
本草	본초	ponch'o	boncho	鳳城	봉성	Pongsŏng	Bongseong
本草學	본초학	ponch'ohak	bonchohak	鳳城里	봉성리	Pongsŏng-ni	Bongseong-ri
本土	본토	pont'o	bonto	奉聖寺	봉성사	Pongsŏngsa	Bongseongsa
本學	본학	ponhak	bonhak	鳳城縣	봉성현	Pongsŏng-hyŏn	Bongseong-hyeon
本鄉堂	본향당	Ponhyangdang	Bonhyangdang	奉送	봉송	pongsong	bongsong
峯	봉	pong	bong	封鎖	봉쇄	pongswae	bongswae
峰	봉	pong	bong	封鎖令	봉쇄령	pongswaeryŏng	bongswaeryeong
鳳	봉	pong	bong	烽燧	봉수	pongsu	bongsu
封建	봉건	ponggŏn	bonggeon	烽燧臺	봉수대	pongsudae	bongsudae
鳳溪洞	봉계동	Ponggye-dong	Bonggye-dong	奉安記	봉안기	pongan'gi	Bongangi
鳳溪里	봉계리	Ponggye-ri	Bonggye-ri	鳳安里	봉안리	Pongan-ni	Bongan-ri
捧供	봉공	ponggong	bonggong	鳳巖	봉암	Pongam	Bongam
峰記	봉기	ponggi	bonggi	鳳陽齋	봉양재	Pongyangjae	Bongyangjae
蜂起	봉기	ponggi	ponggi	鳳梧洞	봉오동	Pongo-dong	Bongo-dong
鳳岐洞	봉기동	Ponggi-dong	Bonggi-dong	奉恩	봉은	pongŭn	bongeun
奉吉	봉길	Ponggil	Bonggil	奉恩寺	봉은사	Pongŭnsa	Bongeunsa
奉吉里	봉길리	Ponggil-li	Bonggil-ri	鳳儀洞	봉의동	Pongŭi-dong	Bongui-dong
捧納	봉납	pongnap	bongnap	鳳伊	봉이	pongi	Bongi
鳳德里	봉덕리	Pongdŏng-ni	Bongdeok-ri	封爵	봉작	pongjak	bongjak
奉德寺	봉덕사	Pongdŏksa	Bongdeoksa	縫製	봉제	pongje	bongje
蓬島	봉도	Pongdo	Bongdo	縫製界	봉제계	pongjegye	bongjegye
逢萊山	봉래산	Pongnaesan	Bongnaesan	縫製界社	봉제계사	Pongjegyesa	Bongjegyesa
鳳來儀	봉래의	Pongnaeŭi	Bongnaeui	蓬左	봉좌	Pongjwa	Bongjwa
俸祿	봉록	pongnok	bongnok	奉賛	봉찬	Pongch'an	Bongchan
鳳林	봉림	Pongnim	Bongnim	奉賛會	봉찬회	Pongch'anhoe	Bongchanhoe
鳳鳴	봉명	Pongmyŏng	Bongmyeong	奉天	봉천	Pongch'ŏn	Bongcheon

한자 용례	한글	ALA-LC Romanization	정부 표기안	한자 용례	한글	ALA-LC Romanization	정부 표기안
奉天洞	봉천동	Pongch'ŏn-dong	Bongcheon-dong	衰譚	부담	pudam	budam
鳳川里	봉천리	Pongch'ŏn-ni	Bongcheon-ri	負擔	부담	pudam	budam
鳳村	봉촌	Pongch'on	Bongchon	負擔金	부담금	pudamgŭm	budamgeum
鳳坪	봉평	Pongp'yŏng	Bongpyeong	不當	부당	pudang	budang
鳳坪里	봉평리	Pongp'yŏng-ni	Bongpyeong-ri	部隊	부대	pudae	budae
鳳鶴里	봉학리	Ponghang-ni	Bonghak-ri	符都	부도	pudo	budo
奉化	봉화	Ponghwa	Bonghwa	浮屠	부도	pudo	budo
烽火	봉화	ponghwa	bonghwa	不渡	부도	pudo	budo
奉化郡	봉화군	Ponghwa-gun	Bonghwa-gun	浮圖	부도	pudo	budo
烽火臺	봉화대	ponghwadae	bonghwadae	浮屠群	부도군	pudogun	budogun
烽火城	봉화성	Ponghwasŏng	Ponghwaseong	符都誌	부도지	pudoji	budoji
鳳凰	봉황	ponghwang	bonghwang	不動	부동	pudong	budong
鳳凰閣	봉황각	Ponghwanggak	Bonghwanggak	不動産	부동산	pudongsan	budongsan
鳳凰琴	봉황금	Ponghwanggŭm	Bonghwanggeum	不動産法	부동산법	pudongsanpŏp	budongsanbeop
鳳凰洞	봉황동	Ponghwang-dong	Bonghwang-dong	不動産學	부동산학	pudongsanhak	budongsanhak
不	부	pu	bu	埠頭	부두	pudu	budu
副	부	pu	bu	部落	부락	purak	burak
父	부	pu	bu	浮浪	부랑	purang	burang
府	부	pu	bu	浮浪者	부랑자	purangja	burangja
富	부	pu	bu	扶寧	부령	Puryŏng	Buryeong
附	부	pu	bu	富寧郡	부령군	Puryŏng-gun	Buryeong-gun
婦家	부가	puga	buga	扶寧縣	부령현	Puryŏng-hyŏn	Buryeon-hyeon
附加	부가	puga	buga	附例	부례	purye	burye
附加稅	부가세	pugase	bugase	附錄	부록	purok	burok
否決	부결	pugyŏl	bugyeol	富利	부리	Puri	Buri
釜慶	부경	Pugyŏng	Bugyeong	府吏	부리	puri	buri
赴京	부경	Pugyŏng	Bugyeong	富利面	부리면	Puri-myŏn	Buri-myeon
釜慶大	부경대	Pugyŏngdae	Bugyeongdae	孚林	부림	Purim	Burim
父系	부계	pugye	bugye	釜馬	부마	Pu-Ma	Bu-Ma
缶溪面	부계면	Pugye-myŏn	Bugye-myeon	駙馬國	부마국	Pumaguk	Bumaguk
部曲	부곡	pugok	bugok	父母	부모	pumo	bumo
賦課	부과	pugwa	bugwa	部門	부문	pumun	bumun
賦課金	부과금	pugwagŭm	bugwageum	部間	부문	pumun	bumun
剖棺	부관	pugwan	bugwan	富民	부민	pumin	bumin
浮橋	부교	pugyo	bugyo	府民	부민	pumin	bumin
副校理	부교리	pugyori	bugyori	附方	부방	pubang	bubang
富國論	부국론	pugungnon	bugungnon	浮碧樓	부벽루	Pubyŏngnu	Bubyeongnu
附君	부군	pugun	bugun	負褓商	부보상	pubosang	bubosang
附近	부근	pugŭn	bugeun	夫婦	부부	pubu	bubu
富近里	부근리	Pugŭn-ni	Bugeun-ri	覆瓿稿	부부고	pubugo	bubugo
傅記	부기	chŏn'gi	bugi	夫婦塚	부부총	Pubuch'ong	Bubuchong
簿記	부기	pugi	bugi	部分	부분	pubun	bubun
富吉	부길	Pugil	Bugil	富士	부사	Pusa	Busa
婦女	부녀	punyŏ	bunyeo	副使	부사	pusa	busa
富農	부농	punong	bunong	府使	부사	pusa	busa

한자 용례	한글	ALA-LC Romanization	정부 표기안	한자 용례	한글	ALA-LC Romanization	정부 표기안
釜山	부산	Pusan	Busan	府尹公派	부윤공파	Puyun'gongp'a	Buyungongpa
釜山大	부산대	Pusandae	Busandae	訃音	부음	puŭm	bueum
釜山市	부산시	Pusan-si	Busan-si	附音	부음	puŭm	bueum
釜山鎭	부산진	Pusanjin	Busanjin	府邑誌	부읍지	puŭpchi	bueupji
釜山鎭城	부산진성	Pusanjinsŏng	Busanjinseong	副應	부응	puŭng	bueung
釜山廳	부산청	Pusanch'ŏng	Busancheong	夫人	부인	puin	buin
釜山浦	부산포	Pusanp'o	Busanpo	婦人	부인	puin	buin
釜山港	부산항	Pusanhang	Busanhang	夫人傳	부인전	pŭinjŏn	buinjeon
浮石	부석	Pusŏk	Buseok	婦人會	부인회	puinhoe	buinhoe
浮石寺	부석사	Pusŏksa	Buseoksa	釜日	부일	Puil	Buil
艀船	부선	pusŏn	buseon	赴任	부임	puim	buim
附設	부설	pusŏl	buseol	夫子	부자	puja	buja
府城	부성	pusŏng	buseong	父子	부자	puja	buja
賦稅	부세	puse	buse	富者	부자	puja	buja
府勢	부세	puse	buse	副將	부장	pujang	bujang
扶蘇	부소	Puso	Buso	部長	부장	pujang	bujang
扶蘇山	부소산	Pusosan	Busosan	副葬品	부장품	pujangp'um	bujangpum
附屬	부속	pusok	busok	不在者	부재자	pujaeja	bujaeja
附屬具	부속구	pusokku	busokgu	符籍	부적	pujŏk	bujeok
副承旨	부승지	pusŭngji	buseungji	夫迪洞	부적동	Pujŏk-tong	Bujeok-dong
扶安	부안	Puan	Buan	夫迪里	부적리	Pujŏng-ni	Bujeok-ri
扶安郡	부안군	Puan-gun	Buan-gun	不正	부정	pujŏng	bujeong
扶安縣	부안현	Puan-hyŏn	Buan-hyeon	不定	부정	pujŏng	bujeong
付岩洞	부암동	Puam-dong	Buam-dong	否定	부정	pujŏng	bujeong
斧壤	부양	Puyang	Buyang	否定的	부정적	pujŏngjŏk	bujeongjeok
扶養	부양	puyang	buyang	浮彫	부조	pujo	bujo
夫餘	부여	Puyŏ	Buyeo	扶助論	부조론	pujoron	bujoron
扶餘	부여	Puyŏ	Buyeo	不祧廟	부조묘	pujomyo	bujomyo
附與	부여	puyŏ	buyeo	浮彫法	부조법	pujopŏp	bujobeop
扶餘郡	부여군	Puyŏ-gun	Buyeo-gun	部族	부족	pujok	bujok
夫餘記	부여기	Puyŏgi	Buyeogi	不足	부족	pujok	bujok
扶餘城	부여성	Puyŏsŏng	Buyeoseong	賦存	부존	pujon	bujon
扶餘市	부여시	Puyŏ-si	Buyeo-si	附註	부주	puju	buju
夫餘族	부여족	Puyŏjok	Buyeojok	敷地	부지	puji	buji
扶餘縣	부여현	Puyŏ-hyŏn	Buyeo-hyeon	府誌	부지	puji	buji
賦役	부역	puyŏk	buyeok	不振	부진	pujin	bujin
赴役	부역	puyŏk	buyeok	負債	부채	puch'ae	buchae
扶旺寺	부왕사	Puwangsa	Buwangsa	夫妻	부처	puch'ŏ	bucheo
附倭	부왜	puwae	buwae	富川	부천	Puch'ŏn	Bucheon
芙蓉	부용	puyong	buyong	富川市	부천시	Puch'ŏn-si	Bucheon-si
芙蓉堂	부용당	Puyongdang	Buyongdang	副總理	부총리	puch'ongni	buchongni
府院	부원	puwŏn	buwon	浮沈	부침	puch'im	buchim
府院君	부원군	puwŏn'gun	buwongun	傅統	부통	chŏnt'ong	butong
府院洞	부원동	Puwŏn-dong	Buwon-dong	副統領	부통령	put'ongnyŏng	butongnyeong
富原縣	부원현	Puwŏn-hyŏn	Buwon-hyeon	腐敗	부패	pup'ae	bupae

한자 용례	한글	ALA-LC Romanization	정부 표기안	한자 용례	한글	ALA-LC Romanization	정부 표기안
附編	부편	pup'yŏn	bupyeon	北部線	북부선	pukpusŏn	bukbuseon
富平	부평	Pup'yŏng	Bupyeong	北四里	북사리	Puksa-ri	Buksa-ri
富平府	부평부	Pup'yŏng-bu	Bupyeong-bu	北山	북산	Puksan	Buksan
駙浦里	부포리	Pup'o-ri	Bupori	北廂記	북상기	Puksanggi	Buksanggi
部品	부품	pup'um	bupum	北宋	북송	Puksong	Buksong
部下	부하	puha	buha	北送	북송	puksong	buksong
浮海	부해	Puhae	Buhae	北阿峴	북아현	Pugahyŏn	Bugahyeon
符號	부호	puho	buho	北嶽	북악	Pugak	Bugak
復活	부활	puhwal	buhwal	北岳	북악	pugak	Bugak
復活會	부활회	Puhwarhoe	Buhwalhoe	北輿	북여	pugyŏ	bugyeo
付黃	부황	puhwang	buhwang	北沿部	북연부	pugyŏnbu	bugyeonbu
浮休	부휴	Puhyu	Buhyu	北轅錄	북원록	Pugwŏllok	Bugwollok
浮休堂	부휴당	Puhyudang	Buhyudang	北人	북인	Pugin	Bugin
浮休子	부휴자	Puhyuja	Buhyuja	北人系	북인계	Pugin'gye	Bugingye
富興	부흥	puhŭng	buheung	北一面	북일면	Pugil-myŏn	Bugil-myeon
復興	부흥	puhŭng	buheung	北渚	북저	Pukchŏ	Bukjeo
富興里	부흥리	Puhŭng-ni	Buheung-ri	北亭	북정	Pukchŏng	Bukjeong
復興戰	부흥전	puhŭngjŏn	buheungjeon	北亭洞	북정동	Pukchŏng-dong	Bukjeong-dong
北	북	puk	buk	北亭里	북정리	Pukchŏng-ni	Bukjeong-ri
北間島	북간도	Pukkando	Bukgando	北朝	북조	Pukcho	Bukjo
北京	북경	Pukkyŏng	Bukgyeong	北朝鮮	북조선	Pukchosŏn	Bukjoseon
北京市	북경시	Pukkyŏng-si	Bukgyeong-si	北宗禪	북종선	Pukchongsŏn	Bukjongseon
北關	북관	pukkwan	bukgwan	北宗畵	북종화	pukchonghwa	bukjonghwa
北關誌	북관지	pukkwanji	bukgwanji	北枝里	북지리	Pukchi-ri	Bukji-ri
北傀	북괴	Pukkoe	Bukgoe	北地藏寺	북지장사	Pukchijangsa	Bukjijangsa
北國	북국	pukkuk	bukguk	北進	북진	pukchin	bukjin
北闕	북궐	pukkwŏl	bukgwol	北窓	북창	pukch'ang	bukchang
北極	북극	Pukkŭk	Bukgeuk	北青	북청	Pukch'ŏng	Bukcheong
北極星	북극성	Pukkŭksŏng	Bukgeukseong	北青郡	북청군	Pukch'ŏng-gun	Bukcheong-gun
北道	북도	pukto	bukdo	北村	북촌	pukch'on	bukchon
北洞	북동	Puk-tong	Buk-dong	北坪	북평	Pukp'yŏng	Bukpyeong
北斗	북두	Puktu	Bukdu	北坪洞	북평동	Pukp'yŏng-dong	Bukpyeong-dong
北斗星	북두성	Puktusŏng	Bukduseong	北爆	북폭	pukp'ok	bukpok
北勞黨	북로당	Pungnodang	Bungnodang	北風	북풍	pukp'ung	bukpung
北幕	북막	Pungmak	Bungmak	北河	북하	Pukha	Buka
北面	북면	Pung-myŏn	Buk-myeon	北學	북학	pukhak	Bukak
北門	북문	pungmun	bungmun	北學論	북학론	Pukhangnon	Bukangnon
北美	북미	Puk-Mi	Buk-Mi	北學議	북학의	Pukhagŭi	Bukagui
北方	북방	pukpang	bukbang	北學派	북학파	Pukhakp'a	Bukakpa
北方式	북방식	pukpangsik	Bukbangsik	北韓	북한	Pukhan	Bukan
北伐	북벌	pukpŏl	bukbeol	北漢	북한	Pukhan	Bukan
北伐論	북벌론	pukpŏllon	bukbeollon	北漢江	북한강	Pukhan'gang	Bukangang
北普	북보	Pukpo	Bukbo	北韓法	북한법	Puk'anpŏp	Bukanbeop
北部	북부	pukpu	bukbu	北漢山	북한산	Pukhansan	Bukansan
北部洞	북부동	Pukpu-dong	Bukbu-dong	北漢誌	북한지	Pukhanji	Bukanji

한자 용례	한글	ALA-LC Romanization	정부 표기안	한자 용례	한글	ALA-LC Romanization	정부 표기안
北韓學	북한학	Pukhanhak	Bukanhak	分裂	분열	punyŏl	bunyeol
北核	북핵	pukhaek	bukaek	分院	분원	punwŏn	bunwon
北行歌	북행가	pukhaengga	bukaengga	分子	분자	punja	bunja
墳	분	pun	bun	粉粧	분장	punjang	bunjang
分	분	pun	bun	粉粧土	분장토	Punjangt'o	Bunjangto
汾江	분강	Pun'gang	Bungang	分爭	분쟁	punjaeng	bunjaeng
分科	분과	punkwa	bungwa	紛爭	분쟁	punjaeng	bunjaeng
分科會	분과회	Punkwahoe	bungwahoe	墳周	분주	punju	bunju
分館	분관	pun'gwan	bungwan	粉青	분청	punch'ŏng	buncheong
分校	분교	pun'gyo	bungyo	粉青	분청	punch'ŏng	buncheong
墳丘墓	분구묘	pun'gumyo	bungumyo	粉青瓷	분청자	punch'ŏngja	buncheongja
分局	분국	pun'guk	bunguk	粉青磁	분청자	punch'ŏngja	buncheongja
分權	분권	punkwŏn	bungwon	分抄	분초	punch'o	buncho
紛糾	분규	pun'gyu	bungyu	奮忠	분충	punch'ung	bunchung
分給制	분급제	pun'gŭpche	bungeupje	憤痛	분통	punt'ong	buntong
分期	분기	pun'gi	bungi	分布	분포	pump'o	bunpo
忿怒	분노	punno	bunno	分布圖	분포도	punp'odo	bunpodo
憤怒	분노	punno	bunno	分割	분할	punhal	bunhal
分斷	분단	pundan	bundan	分解	분해	punhae	bunhae
分斷	분단	pundan	bundan	分化	분화	punhwa	bunhwa
分斷國	분단국	pundan'guk	bundanguk	芬皇	분황	Punhwang	Bunhwang
分斷論	분단론	pundannon	bundallon	芬皇寺	분황사	Punhwangsa	Bunhwangsa
分斷史	분단사	pundansa	bundansa	不可	불가	pulga	bulga
盆唐	분당	Pundang	Bundang	不可能	불가능	pulganŭng	bulganeung
糞禮	분례	pullye	bullye	不加擔	불가담	pulgadam	bulgadam
糞禮記	분례기	pullyegi	bullyegi	不可論	불가론	pulgaron	bulgaron
分類	분류	pullyu	bullyu	不可侵	불가침	pulgach'im	bulgachim
分類法	분류법	pullyupŏp	bullyubeop	佛經	불경	Pulgyŏng	Bulgyeong
分類集	분류집	pullyujip	bullyujip	佛經展	불경전	pulgyŏngjŏn	bulgyeongjeon
粉末	분말	punmal	bunmal	佛供	불공	pulgong	bulgong
墳墓	분묘	punmyo	bunmyo	佛光	불광	Pulgwang	bulgwang
墳墓群	분묘군	punmyogun	bunmyogun	佛光山	불광산	Pulgwangsan	Bulgwangsan
奮武錄	분무록	punmurok	bunmurok	佛教	불교	Pulgyo	Bulgyo
分配	분배	punbae	bunbae	佛教系	불교계	Pulgyogye	Bulgyogye
分別	분별	punbyŏl	bunbyeol	佛教界	불교계	Pulgyogye	Bulgyogye
分散	분산	punsan	bunsan	佛教觀	불교관	Pulgyogwan	Bulgyogwan
分析	분석	punsŏk	bunseok	佛教徒	불교도	Pulgyodo	Bulgyodo
分析局	분석국	punsŏkkuk	bunseokguk	佛教徒	불교도	Pulgyodo	Bulgyodo
分析論	분석론	punsŏngnon	bunseongnon	佛教史	불교사	Pulgyosa	Bulgyosa
分析的	분석적	punsŏkchŏk	bunseokjeok	佛教式	불교식	Pulgyosik	Bulgyosik
分析팀	분석팀	punsŏkt'im	bunseoktim	佛教學	불교학	Pulgyohak	Bulgyohak
分水嶺	분수령	punsuryŏng	bunsuryeong	佛國	불국	Pulguk	Bulguk
分野	분야	punya	bunya	佛國寺	불국사	Pulguksa	Bulguksa
分野別	분야별	punyabyŏl	bunyabyeol	不屈	불굴	pulgul	bulgul
分業	분업	punŏp	buneop	佛窟	불굴	Pulgul	Bulgul

한자 용례	한글	ALA-LC Romanization	정부 표기안	한자 용례	한글	ALA-LC Romanization	정부 표기안
佛窟寺	불굴사	Pulgulsa	Bulgulsa	佛影	불영	puryŏng	buryeong
佛紀	불기	Pulgi	Bulgi	佛影寺	불영사	Puryŏngsa	Buryeongsa
佛堂	불당	puldang	buldang	不憂	불우	puru	buru
佛圖	불도	Pulto	Buldo	不憂軒	불우헌	Puruhŏn	Buruheon
不良	불량	pullyang	bullyang	不憂軒歌	불우헌가	Puruhŏn'ga	Buruheonga
不逞	불령	pullyŏng	bullyeong	不憂軒曲	불우헌곡	Puruhŏn'gok	Buruheongok
不老	불로	pullo	bullo	佛恩	불은	Purŭn	Bureun
不老洞	불로동	Pullo-dong	Bullo-dong	不應	불응	purŭng	bureung
不滿	불만	pulman	bulman	不二	불이	puri	buri
不忘	불망	pulmang	bulmang	不二門	불이문	purimun	burimun
不賣香	불매향	pulmaehyang	bulmaehyang	佛印	불인	Purin	Burin
不眠	불면	pulmyŏn	bulmyeon	佛日	불일	Puril	Buril
不眠症	불면증	pulmyŏnchŭng	bulmyeonjeung	佛日寺	불일사	Purilsa	Burilsa
不滅	불멸	pulmyŏl	bulmyeol	不姙	불임	purim	burim
佛名	불명	pulmyŏng	bulmyeong	佛者	불자	pulcha	bulja
佛名經	불명경	Pulmyŏnggyŏng	Bulmyeonggyeong	佛殿	불전	pulchŏn	buljeon
佛母	불모	pulmo	bulmo	佛頂	불정	Pulchŏng	Buljeong
不毛地	불모지	pulmoji	bulmoji	佛祖	불조	Pulcho	Buljo
佛武道	불무도	Pulmudo	Bulmudo	佛坐	불좌	puljwa	buljwa
佛文	불문	pulmun	bulmun	不參	불참	pulch'am	bulcham
不法	불법	pulpŏp	bulbeop	不請客	불청객	pulch'ŏnggaek	bulcheonggaek
佛法	불법	pulpŏp	bulbeop	佛陀	불타	pult'a	bulta
不變	불변	pulbyŏn	bulbyeon	佛塔	불탑	pult'ap	bultap
佛報	불보	pulbo	bulbo	不通	불통	pult'ong	bultong
不復	불복	pulbok	bulbok	不平等	불평등	pulp'yŏngdŭng	bulpyeongdeung
不復歸	불복귀	pulbokkwi	bulbokgwi	佛韓	불한	Pul-Han	Bul-Han
佛腹藏	불복장	pulbokchang	bulbokjang	不汗黨	불한당	purhandang	bulhandang
不死	불사	pulsa	bulsa	弗咸	불함	Purham	Bulham
佛事	불사	pulsa	bulsa	不咸	불함	Purham	Bulham
佛寺	불사	pulsa	bulsa	不咸山	불함산	Purhamsan	Bulhamsan
佛舍利	불사리	Pulsari	Bulsari	不虛	불허	purhŏ	bulheo
不死鳥	불사조	pulsajo	bulsajo	不化	불화	purhwa	bulhwa
佛像	불상	Pulsang	bulsang	佛畫	불화	Purhwa	Bulhwa
佛像群	불상군	pulsanggun	bulsanggun	佛畵	불화	Purhwa	Bulhwa
佛書	불서	Pulsŏ	Bulseo	佛畵所	불화소	Purhwaso	Bulhwaso
佛設	불설	Pulsŏl	Bulseol	佛畵帖	불화첩	Purhwach'ŏp	Bulhwacheop
佛說	불설	Pulsŏl	Bulseol	不確實	불확실	purhwaksil	bulhwaksil
佛性	불성	pulsŏng	bulseong	不換	불환	purhwan	bulhwan
佛心	불심	Pulsim	Bulsim	不況	불황	purhwang	bulhwang
不安度	불안도	purando	burando	佛會	불회	Purhoe	Bulhoe
不安定	불안정	puranjŏng	buranjeong	佛會圖	불회도	purhoedo	bulhoedo
佛岩	불암	puram	buram	佛會寺	불회사	Purhoesa	Bulhoesa
佛岩寺	불암사	Puramsa	Buramsa	不孝	불효	purhyo	bulhyo
佛語	불어	Purŏ	Bureo	鵬	붕	pung	bung
不亦	불역	puryŏk	buryeok	崩	붕	pung	bung

한자 용례	한글	ALA-LC Romanization	정부 표기안	한자 용례	한글	ALA-LC Romanization	정부 표기안
崩壞	붕괴	punggoe	bunggoe	非理	비리	piri	biri
崩壞	붕괴	punggoe	bunggoe	備忘錄	비망록	pimangnok	bimangnok
朋黨	붕당	pungdang	bungdang	碑銘	비명	pimyŏng	bimyeong
崩御	붕어	pungŏ	bungeo	碑名	비명	pimyŏng	bimyeong
朋友	붕우	pungu	bungu	碑銘錄	비명록	pimyŏngnok	bimyeongnok
朋遠	붕원	Pungwŏn	Bungwon	碑木	비목	pimok	bimok
碑	비	pi	bi	非武裝	비무장	pimujang	bimujang
非	비	pi	bi	碑文	비문	pimun	bimun
妃	비	pi	bi	秘密	비밀	pimil	bimil
婢	비	pi	bi	祕密	비밀	pimil	bimil
悲歌	비가	piga	biga	秘方	비방	pibang	bibang
碑閣	비각	pigak	bigak	備邊	비변	pibyŏn	bibyeon
秘訣	비결	pigyŏl	bigyeol	備邊司	비변사	Pibyŏnsa	Bibyeonsa
祕訣	비결	pigyŏl	bigyeol	比峰	비봉	Pibong	Bibong
備攷	비고	pigo	bigo	妃嬪	비빈	pibin	bibin
秘高	비고	pigo	bigo	秘史	비사	pisa	bisa
備考	비고	pigo	bigo	婢史	비사	pisa	bisa
比較	비교	pigyo	bigyo	比史城	비사성	Pisasŏng	Bisaseong
比較論	비교론	pigyoron	bigyoron	飛山洞	비산동	Pisan-dong	Bisan-dong
比較史的	비교사적	pigyosajŏk	bigyosajeok	飛霜	비상	pisang	bisang
比較誌	비교지	pigyoji	bigyoji	非常	비상	pisang	bisang
比較表	비교표	pigyop'yo	bigyopyo	飛上	비상	pisang	bisang
比丘	비구	pigu	bigu	飛翔	비상	pisang	bisang
比丘尼	비구니	piguni	biguni	秘書	비서	pisŏ	biseo
悲劇	비극	pigŭk	bigeuk	秘書監	비서감	pisŏgam	biseogam
非金屬	비금속	pigŭmsok	bigeumsok	秘書室	비서실	pisŏsil	biseosil
秘器	비기	pigi	bigi	碑石	비석	pisŏk	biseok
備記	비기	pigi	bigi	批選	비선	pisŏn	biseon
秘記	비기	pigi	bigi	卑俗語	비속어	pisogŏ	bisogeo
泌尿器	비뇨기	pinyogi	binyogi	非訟	비송	pisong	bisong
泌尿器科	비뇨기과	pinyogikwa	binyogigwa	飛鴉	비아	Pia	Bia
批答	비답	pidap	bidap	比安縣	비안현	Pian-hyŏn	Bian-hyeon
非同盟	비동맹	pidongmaeng	bidongmaeng	悲哀	비애	piae	biae
非同盟主義	비동맹주의	pidongmaengjuŭi	bidongmaengjuui	蜚語	비어	piŏ	pieo
非同人	비동인	pidongin	bidongin	備禦考	비어고	Piŏgo	Bieogo
比來洞	비래동	Pirae-dong	Birae-dong	蜚語論	비어론	piŏron	pieoron
備略	비략	piryak	biryak	斐然齋	비연재	Piyŏnjae	Biyeonjae
比例	비례	pirye	birye	肥沃	비옥	piok	biok
毘盧庵	비로암	Piroam	Biroam	肥沃度	비옥도	piokto	biokdo
毗盧遮那	비로자나	Pirojana	Birojana	祕玩	비완	Piwan	Biwan
昆盧遮那佛	비로자나불	Pirojanabul	Birojanabul	備要	비요	piyo	biyo
秘錄	비록	pirok	birok	備要補	비요보	piyobo	biyobo
肥料	비료	piryo	biryo	備用	비용	piyong	biyong
飛龍	비룡	piryong	biryong	費用	비용	piyong	biyong
飛龍里	비룡리	Piryong-ni	Biryong-ri	悲運	비운	piun	biun

한자 용례	한글	ALA-LC Romanization	정부 표기안	한자 용례	한글	ALA-LC Romanization	정부 표기안
秘苑	비원	Piwŏn	Biwon	非行論	비행록	pihaengnon	bihaengnok
費隱	비은	Piŭn	Bieun	秘話	비화	pihwa	bihwa
庇仁郡	비인군	Piin-gun	Biin-gun	嬪	빈	pin	bin
庇仁縣	비인현	Piin-hyŏn	Biin-hyeon	賓客	빈객	pin'gaek	bingaek
悲壯	비장	pijang	bijang	貧困	빈곤	pin'gon	bingon
秘藏本	비장본	pijangbon	bijangbon	賓館	빈관	pin'gwan	bingwan
祕藏石	비장석	pijangsŏk	bijangseok	嬪宮	빈궁	pin'gung	bingung
悲壯한	비장한	pijanghan	bijanghan	頻度	빈도	pindo	bindo
秘傳	비전	pijŏn	bijeon	儐禮	빈례	pillye	billye
秘傳	비전	pijŏn	bijeon	貧民	빈민	pinmin	binmin
秘典	비전	pijŏn	bijeon	貧民院	빈민원	Pinminwŏn	Binminwon
非轉向	비전향	pijŏnhyang	bijeonhyang	賓王錄	빈왕록	Pinwangnok	Binwangnok
非正規	비정규	pijŏnggyu	bijeonggyu	殯殿	빈전	pinjŏn	binjeon
飛鳥	비조	pijo	bijo	賓興錄	빈흥록	pinhŭngnok	binheungnok
批准	비준	pijun	bijun	憑考	빙고	pinggo	binggo
比準表	비준표	pijunp'yo	bijunpyo	氷庫	빙고	pinggo	binggo
備志	비지	piji	biji	氷上	빙상	pingsang	bingsang
悲愴	비창	pich'ang	bichang	氷神	빙신	pingsin	bingsin
丕闡堂	비천당	Pich'ŏndang	Bicheondang	氷河	빙하	pingha	bingha
飛天像	비천상	pich'ŏnsang	bicheonsang	氷河期	빙하기	pinghagi	binghagi
碑帖	비첩	pich'ŏp	bicheop	憑虛	빙허	pinghŏ	bingheo
秘帖	비첩	pich'ŏp	bicheop	憑虛閣	빙허각	Pinghŏgak	Bingheogak
備蓄	비축	pich'uk	bichuk	氷花	빙화	pinghwa	binghwa
翡翠	비취	pich'wi	bichwi	史	사	sa	sa
備置	비치	pich'i	bichi	四	사	sa	sa
非妥協	비타협	pit'ahyŏp	bitahyeop	士	사	sa	sa
琵琶	비파	pip'a	bipa	死	사	sa	sa
琵琶形	비파형	pip'ahyŏng	bipahyeong	四佳	사가	Saga	Saga
批判	비판	pip'an	bipan	四家	사가	Saga	Saga
批評	비평	pip'yŏng	bipyeong	四佳亭	사가정	Sagajŏng	Sagajeong
批評論	비평론	pip'yŏngnon	bipyeongnon	寺刊	사간	sagan	sagan
批評史	비평사	pip'yŏngsa	bipyeongsa	思簡公	사간공	Sagan'gong	Sagangong
批評社	비평사	Pip'yŏngsa	Bipyeongsa	司諫院	사간원	Saganwŏn	Saganwon
批評的	비평적	pip'yŏngjŏk	bipyeongjeok	思刊會	사간회	Saganhoe	Saganhoe
批評集	비평집	pip'yŏngjip	bipyeongjip	史鑑	사감	sagam	sagam
批評學	비평학	pip'yŏnghak	bipyeonghak	四介	사개	Sagae	sagae
非暴力	비폭력	pip'ongnyŏk	bipongnyeok	樣客	사객	Sagaek	Sagaek
悲風	비풍	pip'ung	bipung	事件	사건	sakŏn	sageon
批下	비하	piha	biha	查經	사경	sagyŏng	sagyeong
飛下	비하	Piha	Biha	寫經	사경	sagyŏng	sagyeong
飛下洞	비하동	Piha-dong	Biha-dong	寫經所	사경소	sagyŏngso	sagyeongso
飛下里	비하리	Piha-ri	Biha-ri	寫經僧	사경승	sagyŏngsŭng	sagyeongseung
匪懈堂	비해당	Pihaedang	Bihaedang	寫經院	사경원	Sagyŏngwŏn	Sagyeongwon
非行	비행	pihaeng	bihaeng	寫經畵	사경화	sagyŏnghwa	sagyeonghwa
飛行機	비행기	pihaenggi	bihaenggi	查經會	사경회	sagyŏnghoe	sagyeonghoe

한자 용례	한글	ALA-LC Romanization	정부 표기안	한자 용례	한글	ALA-LC Romanization	정부 표기안
史溪	사계	Sagye	sagye	私奴	사노	sano	sano
四季	사계	sagye	sagye	社勞盟	사노맹	Sanomaeng	Sanomaeng
沙溪	사계	Sagye	Sagye	寺奴婢	사노비	sanobi	sanobi
事故	사고	sago	sago	私奴婢	사노비	sanobi	sanobi
史考	사고	sago	sago	士農	사농	sanong	sanong
司庫	사고	sago	sago	詞腦歌	사뇌가	sanoega	sanoega
四庫	사고	sago	sago	斯多含	사다함	Sadaham	Sadaham
思考	사고	sago	sago	四端	사단	sadan	sadan
私庫	사고	sago	sago	社團	사단	sadan	sadan
私稿	사고	sago	sago	祠堂	사당	sadang	sadang
史庫	사고	sago	sago	舍堂	사당	Sadang	Sadang
思考力	사고력	sagoryŏk	sagoryeok	祀堂	사당	sadang	sadang
史庫址	사고지	sagoji	sagoji	祠堂圖	사당도	sadangdo	sadangdo
司空	사공	Sagong	Sagong	舍堂洞	사당동	Sadang-dong	Sadang-dong
史官	사관	sagwan	sagwan	事大	사대	sadae	sadae
史觀	사관	sagwan	sagwan	史臺	사대	sadae	sadae
史館	사관	sagwan	sagwan	四代	사대	sadae	sadae
士官	사관	sagwan	sagwan	射臺	사대	sadae	sadae
查括	사괄	sagwal	sagwal	師大	사대	sadae	sadae
四教	사교	sagyo	sagyo	四大	사대	sadae	sadae
四教儀	사교의	sagyoŭi	sagyoui	四大門	사대문	sadaemun	sadaemun
四國	사국	saguk	saguk	士大夫	사대부	sadaebu	sadaebu
四國志	사국지	sagukchi	sagukji	事大主義	사대주의	sadaejuŭi	sadaejuui
四君子	사군자	sagunja	sagunja	使道	사도	sado	sado
射弓	사궁	sagung	sagung	師道	사도	sado	sado
射弓會	사궁회	sagunghoe	sagunghoe	思悼	사도	Sado	Sado
私權	사권	sakwŏn	sagwon	死都	사도	sado	sado
史劇	사극	sagŭk	sageuk	沙道城	사도성	Sadosŏng	Sadoseong
砂金	사금	sagŭm	sageum	舍羅	사라	Sara	Sara
沙金	사금	sagŭm	sageum	沙羅	사라	sara	sara
私金融	사금융	sagŭmyung	sageumyung	舍羅里	사라리	Sara-ri	Sara-ri
事紀	사기	sagi	sagi	寫蘭記	사란기	saran'gi	sarangi
史記	사기	sagi	sagi	舍廊	사랑	sarang	sarang
士氣	사기	sagi	sagi	事略	사략	saryak	saryak
司記	사기	sagi	sagi	史略	사략	saryak	saryak
沙磯	사기	Sagi	Sagi	史良	사량	Saryang	Saryang
砂器	사기	sagi	sagi	司令官	사령관	saryŏnggwan	saryeonggwan
私記	사기	sagi	sagi	司令部	사령부	saryŏngbu	saryeongbu
沙器	사기	sagi	sagi	四禮	사례	Sarye	Sarye
沙器里	사기리	Sagi-ri	Sagi-ri	事例	사례	sarye	sarye
史男	사남	Sanam	Sanam	四禮儀	사례의	Saryeŭi	Saryeui
寺內	사내	sanae	sanae	事例的	사례적	saryejŏk	saryejeok
社內	사내	sanae	sanae	事例集	사례집	saryejip	saryejip
仕女圖	사녀도	Sanyŏdo	Sanyeodo	事例册	사례책	saryech'aek	saryechaek
四年	사년	sanyŏn	sanyeon	斯盧	사로	Saro	Saro

한자 용례	한글	ALA-LC Romanization	정부 표기안	한자 용례	한글	ALA-LC Romanization	정부 표기안
斯盧國	사로국	Saroguk	Saroguk	思母曲	사모곡	samogok	samogok
社勞青	사로청	Saroch'ŏng	Sarocheong	事目	사목	samok	samok
史論	사론	saron	saron	司牧	사목	samok	samok
史論集	사론집	saronjip	saronjip	事務	사무	samu	samu
史料	사료	saryo	saryo	事務局	사무국	samuguk	samuguk
史料考	사료고	saryogo	saryogo	思無邪	사무사	samusa	samusa
史料館	사료관	saryogwan	saryogwan	事務所	사무소	samuso	samuso
史料選	사료선	saryosŏn	saryoseon	私貿易	사무역	samuyŏk	samuyeok
史料展	사료전	saryojŏn	saryojeon	事務員	사무원	samuwŏn	samuwon
史料集	사료집	saryojip	saryojip	事務處	사무처	samuch'ŏ	samucheo
士類	사류	saryu	saryu	沙門	사문	samun	samun
四留齋	사류재	Saryujae	Saryujae	私文書	사문서	samunsŏ	samunseo
詞律	사률	saryul	saryul	事物	사물	samul	samul
舍利	사리	sari	sari	四物	사물	samul	samul
莎里	사리	Sa-ri	Sa-ri	四勿齋	사물재	Samulchae	Samuljae
舍利講	사리강	sarigang	sarigang	沙彌	사미	sami	sami
舍利器	사리기	sarigi	sarigi	沙彌戒	사미계	samigye	samigye
舍利瓶	사리병	saribyŏng	saribyeong	沙彌僧	사미승	samisŭng	samiseung
沙里院	사리원	Sariwŏn	Sariwon	思美人曲	사미인곡	samiin'gok	samiingok
舍利塔	사리탑	sarit'ap	saritap	士民	사민	samin	samin
舍利函	사리함	sariham	sariham	娑婆	사바	saba	saba
史林	사림	sarim	sarim	娑婆	사바	saba	saba
士林	사림	sarim	sarim	俟百錄	사백록	Sabaengnok	Sabaengnok
士林派	사림파	sarimp'a	sarimpa	師範	사범	sabŏm	sabeom
私立	사립	sarip	sarip	司法	사법	sabŏp	sabeop
私立大	사립대	sariptae	saripdae	司法部	사법부	sabŏppu	sabeopbu
私立中	사립중	saripchung	saripjung	司法省	사법성	sabŏpsŏng	sabeopseong
司馬	사마	Sama	Sama	四辨	사변	sabyŏn	sabyeon
斯麻	사마	Sama	Sama	事變	사변	sabyŏn	sabyeon
司馬齋	사마재	Samajae	Samajae	思辨錄	사변록	Sabyŏnnok	Sabyeollok
死亡	사망	samang	samang	私兵	사병	sabyŏng	sabyeong
死亡力	사망력	samangnyŏk	samangnyeok	社報	사보	sabo	sabo
駟望縣	사망현	Samang-hyŏn	Samang-hyeon	私服	사복	sabok	sabok
四面	사면	samyŏn	samyeon	司僕寺	사복시	saboksi	saboksi
赦免	사면	samyŏn	samyeon	史部	사부	sabu	sabu
赦免令	사면령	samyŏnnyŏng	samyeollyeong	四浮	사부	sabu	sabu
四溟	사명	samyŏng	samyeong	四部	사부	sabu	sabu
使命	사명	samyŏng	samyeong	沙鳧洞	사부동	Sabu-dong	Sabu-dong
泗溟	사명	Samyŏng	Samyeong	舍北	사북	Sabuk	Sabuk
沙明	사명	Samyŏng	Samyeong	四分	사분	sabun	sabun
四溟堂	사명당	Samyŏngdang	Samyeongdang	四分律	사분률	sabunnyul	sabullyul
泗溟堂	사명당	Samyŏngdang	Samyeongdang	四佛山	사불산	Sabulsan	Sabulsan
四冥堂	사명당	Samyŏngdang	Samyeongdang	泗沘	사비	sabi	sabi
思慕	사모	samo	samo	泗沘城	사비성	Sabisŏng	Sabiseong
思母	사모	samo	samo	社史	사사	sasa	sasa

한자 용례	한글	ALA-LC Romanization	정부 표기안	한자 용례	한글	ALA-LC Romanization	정부 표기안
史寫記	사사기	sasagi	sasagi	私習	사습	sasŭp	saseup
思社研	사사연	Sasayŏn	Sasayeon	司試	사시	sasi	sasi
四山	사산	sasan	sasan	史臣	사신	sasin	sasin
蛇山城	사산성	Sasansŏng	Sasanseong	四神	사신	sasin	sasin
四三	사삼	sSasam	sasam	私信	사신	sasin	sasin
泗上	사상	sasang	sasang	使臣	사신	sasin	sasin
捨象	사상	sasang	sasang	四神圖	사신도	sasindo	sasindo
沙上	사상	Sasang	Sasang	四神塚	사신총	sasinch'ong	sasinchong
四象	사상	sasang	sasang	事實	사실	sasil	sasil
思想	사상	sasang	sasang	史實	사실	sasil	sasil
思想家	사상가	sasangga	sasangga	事實記	사실기	sasilgi	sasilgi
思想界	사상계	sasanggye	sasanggye	事審官	사심관	sasimgwan	sasimgwan
思想史	사상사	sasangsa	sasangsa	四十九齊	사십구재	sasip-kujae	sasipgujae
思想書	사상서	sasangsŏ	sasangseo	四十二	사십이	sasip-i	sasibi
思想的	사상적	sasangjŏk	sasangjeok	四十八	사십팔	sasip-p'al	sasippal
四色	사색	sasaek	sasaek	俟巖	사암	Saam	Saam
死生學	사생학	sasaenghak	sasaenghak	俟菴	사암	Saam	Saam
私生活	사생활	sasaenghwal	sasaenghwal	梭巖	사암	Saam	Saam
四書	사서	sasŏ	saseo	思菴	사암	Saam	Saam
辭書	사서	sasŏ	saseo	賜額	사액	saaek	saaek
司書	사서	sasŏ	saseo	沙也可	사야가	Sayaga	Sayaga
史書	사서	sasŏ	saseo	史約	사약	sayak	sayak
司書館	사서관	sasŏgwan	saseogwan	四養齋	사양재	Sayangjae	Sayangjae
司書局	사서국	Sasŏguk	Saseoguk	事業	사업	saŏp	saeop
辭書部	사서부	sasŏbu	saseobu	事業團	사업단	saŏptan	saeopdan
四書學	사서학	sasŏhak	saseohak	事業大	사업대	saŏptae	saeopdae
四仙	사선	sasŏn	saseon	事業法	사업법	saŏppŏp	saeopbeop
死線	사선	sasŏn	saseon	事業部	사업부	Saŏppu	saeopbu
四仙舞	사선무	sasŏnmu	saseonmu	事業性	사업성	saŏpsŏng	saeopseong
事說	사설	sasŏl	saseol	事業者	사업자	saŏpcha	saeopja
私設	사설	sasŏl	saseol	事業體	사업체	saŏpch'e	saeopche
辭說	사설	sasŏl	saseol	事業化	사업화	saŏphwa	saeopwa
社說	사설	sasŏl	saseol	事業會	사업회	saŏphoe	saeophoe
社說選	사설선	sasŏlsŏn	saseolseon	斯呂觸	사여촉	saryŏch'ok	sayeochok
社說集	사설집	sasŏlchip	saseoljip	司譯院	사역원	Sayŏgwŏn	Sayeogwon
四聲	사성	sasŏng	saseong	事緣	사연	sayon	sayeon
沙城洞	사성동	Sasŏng-dong	Saseong-dong	事緣들	사연들	sayondŭl	sayeondeul
四小門	사소문	Sasomun	Sasomun	查閱	사열	sayŏl	sayeol
士小節	사소절	sasojŏl	sasojeol	史芸	사예	Saye	Saye
士受	사수	Sasu	Sasu	史要	사요	sayo	sayo
死守	사수	sasu	sasu	使用	사용	sayong	sayong
射手	사수	sasu	sasu	使用料	사용료	sayongnyo	sayongnyo
私淑人	사숙인	sasugin	sasugin	使用法	사용법	sayongpŏp	sayongbeop
私淑齋	사숙재	Sasukchae	Sasukjae	使用者	사용자	sayongja	sayongja
邪術	사술	sasul	sasul	師友	사우	sau	sau

한자 용례	한글	ALA-LC Romanization	정부 표기안	한자 용례	한글	ALA-LC Romanization	정부 표기안
祠宇	사우	Sau	sau	史蹟地	사적지	sajŏkchi	sajeokji
四友	사우	sau	sau	事典	사전	sajŏn	sajeon
四友堂	사우당	Saudang	Saudang	事前	사전	sajŏn	sajeon
寺院	사원	sawŏn	sawon	四箋	사전	sajŏn	sajeon
社員	사원	sawŏn	sawon	寺田	사전	sajŏn	sajeon
四原德	사원덕	sawŏndŏk	sawondeok	私傳	사전	sajŏn	sajeon
寺院田	사원전	sawŏnjŏn	sawonjeon	私田	사전	sajŏn	sajeon
寺院誌	사원지	sawŏnji	sawonji	詞典	사전	sajŏn	sajeon
四月	사월	sawŏl	sawol	辭典	사전	sajŏn	sajeon
沙月洞	사월동	Sawŏl-tong	Sawol-dong	辞典	사전	sajŏn	sajeon
思惟	사유	sayu	sayu	事前的	사전적	sajŏnjŏk	sajeonjeok
四遊錄	사유록	sayurok	sayurok	使節	사절	sajŏl	sajeol
思惟像	사유상	sayusang	sayusang	使節團	사절단	sajŏltan	sajeoldan
私有化	사유화	sayuhwa	sayuhwa	事情	사정	sajŏng	sajeong
死六臣	사육신	Sayuksin	Sayuksin	司正	사정	sajŏng	sajeong
死六臣墓	사육신묘	sayuksinmyo	Sayuksinmyo	查定	사정	sajŏng	sajeong
謝恩	사은	saŭn	saeun	查定人	사정인	sajŏngin	sajeongin
謝恩使	사은사	saŭnsa	saeunsa	思齊堂	사제당	Sajedang	Sajedang
士儀	사의	Saŭi	Saui	師第錄	사제록	sajerok	sajerok
四醫	사의	saŭi	saui	賜祭廳	사제청	Sajech'ŏng	Sajecheong
四宜堂	사의당	Saŭidang	Sauidang	思潮	사조	sajo	sajo
死而	사이	sai	sai	思潮社	사조사	Sajosa	Sajosa
死囚	사인	sasu	sain	士族	사족	sajok	sajok
四人轎	사인교	sain'gyo	saingyo	蛇足	사족	sajok	sajok
四人幇	사인방	sainbang	sainbang	士族層	사족층	sajokch'ŭng	sajokcheung
辭任	사임	saim	saim	四種	사종	sajong	sajong
師任堂	사임당	Saimdang	Saimdang	謝罪	사죄	sajoe	sajoe
使者	사자	saja	saja	謝罪團	사죄단	sajoedan	sajoedan
四字	사자	saja	saja	四住	사주	saju	saju
獅子	사자	saja	saja	四柱	사주	saju	saju
祠字	사자	saja	saja	四周	사주	saju	saju
師資記	사자기	sajagi	sajagi	師走祭	사주제	sajuje	sajuje
獅子舞	사자무	sajamu	sajamu	四柱學	사주학	sajuhak	sajuhak
獅子像	사자상	sajasang	sajasang	四重	사중	sajung	sajung
社長	사장	sajang	sajang	寺誌	사지	saji	saji
私邸	사저	sajŏ	sajeo	祠誌	사지	saji	saji
事蹟	사적	sajŏk	sajeok	寺址	사지	saji	saji
史的	사적	sachŏk	sajeok	史直	사직	Sajik	Sajik
史籍	사적	sajŏk	sajeok	社稷	사직	sajik	sajik
史跡	사적	sajŏk	sajeok	辭職	사직	sajik	sajik
史蹟	사적	sajŏk	sajeok	社稷壇	사직단	Sajiktan	Sajikdan
私的	사적	sachŏk	sajeok	史直洞	사직동	Sajik-tong	Sajik-dong
事蹟考	사적고	sajŏkko	sajeokgo	社稷洞	사직동	Sajik-tong	Sajik-dong
事蹟紀	사적기	sajŏkki	sajeokgi	社稷署	사직서	Sajiksŏ	Sajikseo
事蹟碑	사적비	sajŏkpi	sajeokbi	寫眞	사진	sajin	sajin

한자 용례	한글	ALA-LC Romanization	정부 표기안	한자 용례	한글	ALA-LC Romanization	정부 표기안
寫眞選	사진선	sajinsŏn	sajinseon	沙坪川	사평천	Sap'yŏngch'ŏn	Sapyeongcheon
写眞	사진집	sajin	sajinjip	沙平縣	사평현	Sap'yŏng-hyŏn	Sapyeong-hyeon
寫眞輯	사진집	sajinjip	sajinjip	四品階	사품계	Sap'umgye	Sapumgye
寫眞集	사진집	sajinjip	sajinjip	沙風	사풍	sap'ung	sapung
寫眞帖	사진첩	sajinch'ŏp	sajincheop	史學	사학	sahak	sahak
寫眞版	사진판	sajinp'an	sajinpan	私學	사학	sahak	sahak
四集	사집	sajip	sajip	史學論	사학론	sahangnon	sahangnon
私集	사집	sajip	sajip	史學報	사학보	sahakpo	sahakbo
四集科	사집과	sajipkwa	sajipgwa	史學史	사학사	sahaksa	sahaksa
私撰	사찬	sach'an	sachan	史學者	사학자	sahakcha	sahakja
寺刹	사찰	sach'al	sachal	史學會	사학회	sahakhoe	sahakoe
私娼	사창	sach'ang	sachang	事項	사항	sahang	sahang
社倉里	사창리	Sach'ang-ni	Sachang-ri	四海	사해	sahae	sahae
社債	사채	sach'ae	sachae	辭解	사해	sahae	sahae
私債	사채	sach'ae	sachae	使行	사행	sahaeng	sahaeng
四天	사천	sach'ŏn	sacheon	士行	사행	sahaeng	sahaeng
斜川	사천	Sach'ŏn	Sacheon	思鄕	사향	Sahyang	Sahyang
泗川	사천	Sach'ŏn	Sacheon	思鄕曲	사향곡	Sahyanggok	Sahyanggok
四千	사천	sach'ŏn	sacheon	麝香貓	사향묘	Sahyangmyo	Sahyangmyo
泗川郡	사천군	Sach'ŏn-gun	Sacheon-gun	司憲	사헌	sahŏn	saheon
斜川里	사천리	Sach'ŏn-ni	Sacheon-ri	司憲府	사헌부	Sahŏnbu	Saheonbu
沙川伯	사천백	Sach'ŏnbaek	Sacheonbaek	死刑	사형	sahyŏng	sahyeong
四天王	사천왕	sach'ŏnwang	sacheonwang	士華	사화	Sahwa	sahwa
四天王門	사천왕문	Sach'ŏnwangmun	Sacheonwangmun	詞華	사화	sahwa	sahwa
四天王寺	사천왕사	Sach'ŏnwangsa	Sacheonwangsa	士禍	사화	sahwa	sahwa
四天王像	사천왕상	Sach'ŏnwangsang	Sacheonwangsang	史話	사화	sahwa	sahwa
泗川縣	사천현	Sach'ŏn-hyŏn	Sacheon-hyeon	史話集	사화집	sahwajip	sahwajip
死體	사체	sach'e	sache	詞華集	사화집	sahwajip	sahwajip
史草	사초	sach'o	sacho	社會	사회	sahoe	sahoe
私草	사초	sach'o	sacho	社会	사회	sahoe	sahoe
史艸	사초	sach'o	sacho	社會科	사회과	sahoekwa	sahoegwa
四寸	사촌	sach'on	sachon	社會黨	사회당	Sahoedang	Sahoedang
沙村	사촌	Sach'on	Sachon	社會論	사회론	sahoeron	sahoeron
沙村里	사촌리	Sach'on-ni	Sachon-ri	社會史	사회사	sahoesa	sahoesa
四忠	사충	Sach'ung	Sachung	社會史的	사회사적	sahoesachŏk	sahoesajeok
四忠壇	사충단	Sach'ungdan	Sachungdan	社會相	사회상	sahoesang	sahoesang
思親	사친	Sach'in	Sachin	社會的	사회적	sahoejŏk	sahoejeok
事親歌	사친가	Sach'in'ga	Sachinga	社會主義	사회주의	sahoejuŭi	sahoejuui
思親歌	사친가	Sach'in'ga	Sachinga	社會主義圈	사회주의권	sahoejuŭikwŏn	sahoejuuigwon
四七	사칠	sach'il	sachil	社會主義的	사회주의적	sahoejuŭijŏk	sahoejuuijeok
事態	사태	sat'ae	satae	社會學	사회학	sahoehak	sahoehak
辭退	사퇴	sat'oe	satoe	社會學的	사회학적	sahoehakchŏk	sahoehakjeok
死鬪	사투	sat'u	satu	事後	사후	sahu	sahu
四版本	사판본	sap'anbon	sapanbon	死後	사후	sahu	sahu
賜牌	사패	sap'ae	sapae	事後的	사후적	sahujŏk	sahujeok

한자 용례	한글	ALA-LC Romanization	정부 표기안	한자 용례	한글	ALA-LC Romanization	정부 표기안
社訓集	사훈집	sahunjip	sahunjip	山불	산불	Sanpul	sanbul
四休亭	사휴정	Sahyujŏng	Sahyujeong	山史	산사	sansa	sansa
朔寧	삭령	Sangnyŏng	Sangnyeong	蒜山縣	산산현	Sansan-hyŏn	Sansan-hyeon
朔寧郡	삭령군	Sangnyŏng-gun	Sangnyeong-gun	山蔘	산삼	sansam	sansam
朔寧縣	삭령현	Sangnyŏng-hyŏn	Sangnyeong-hyeon	山上	산상	sansang	sansang
朔望	삭망	sangmang	sangmang	山城	산성	sansŏng	sanseong
朔望日	삭망일	sangmangil	sangmangil	酸性	산성	sansŏng	sanseong
朔望祭	삭망제	sangmangje	sangmangje	山城群	산성군	sansŏnggun	sanseonggun
朔邑	삭읍	sagŭp	sageup	山城下	산성하	sansŏngha	sanseongha
朔州	삭주	Sakchu	Sakju	山松	산송	sansong	sansong
朔州郡	삭주군	Sakchu-gun	Sakju-gun	山訟	산송	sansong	sansong
削職	삭직	sakchik	sakjik	傘壽	산수	sansu	sansu
削奪	삭탈	sakt'al	saktal	山水	산수	sansu	sansu
山	산	san	san	山水圖	산수도	sansudo	sansudo
山家	산가	san'ga	sanga	山水畵	산수화	sansuhwa	sansuhwa
山間	산간	san'gan	sangan	山水畵展	산수화전	sansuhwajŏn	sansuhwajeon
山經表	산경표	san'gyŏngp'yo	sangyeongpyo	算術	산술	sansul	sansul
散稿	산고	san'go	sango	算述	산술	sansul	sansul
散藁	산고	san'go	sango	山神	산신	sansin	sansin
産技協	산기협	San'gihyŏp	Sangihyeop	山神閣	산신각	sansin'gak	sansingak
山길	산길	sankil	sangil	山神堂	산신당	sansindang	sansindang
山堂	산당	sandang	sandang	産室	산실	sansil	sansil
山臺	산대	sandae	sandae	産室廳	산실청	Sansilch'ŏng	Sansilcheong
山圖	산도	sando	sando	山岳	산악	sanak	sanak
山東	산동	Sandong	Sandong	山嶽	산악	sanak	sanak
山童	산동	Sandong	Sandong	山野	산야	sanya	sanya
山돼지	산돼지	santwaeji	sandwaeji	産業	산업	sanŏp	saneop
山陵	산릉	sallŭng	salleung	産業	산업	sanŏp	saneop
山林	산림	sallim	sallim	産業界	산업계	sanŏpkye	saneopgye
山林法	산림법	sallimpŏp	sallimbeop	産業大	산업대	sanŏptae	saneopdae
山林部	산림부	Sallimbu	Sallimbu	産業別	산업별	sanŏppyŏl	saneopbyeol
山林廳	산림청	Sallimch'ŏng	Sallimcheong	産業別	산업별	sanŏppyŏl	saneopbyeol
山脈	산맥	sanmaek	sanmaek	産業社	산업사	sanŏpsa	saneopsa
算命	산명	sanmyŏng	sanmyeong	産業史	산업사	sanŏpsa	saneopsa
山門	산문	sanmun	sanmun	産業化	산업화	sanŏphwa	saneopwa
散文	산문	sanmun	sanmun	汕耘	산운	Sanun	Sanun
散文選	산문선	sanmunsŏn	sanmunseon	山有花	산유화	sanyuhwa	sanyuhwa
散文集	산문집	sanmunjip	sanmunjip	山有花會	산유화회	Sanyuhwahoe	Sanyuhwahoe
山房	산방	sanbang	sanbang	産育俗	산육속	sanyuksok	sanyuksok
算法	산법	sanpŏp	sanbeop	散吟	산음	sanŭm	saneum
散譜	산보	sanbo	sanbo	山人	산인	sanin	sanin
山本	산본	sanbon	sanbon	散人	산인	sanin	sanin
山本洞	산본동	Sanbon-dong	Sanbon-dong	山頂	산정	sanjŏng	sanjeong
産婦	산부	sanbu	sanbu	算定	산정	sanjŏng	sanjeong
産婦人科	산부인과	sanbuinkwa	sanbuingwa	山亭洞	산정동	Sanjŏng-dong	Sanjeong-dong

한자 용례	한글	ALA-LC Romanization	정부 표기안	한자 용례	한글	ALA-LC Romanization	정부 표기안
山頂洞	산정동	Sanjŏng-dong	Sanjeong-dong	三角	삼각	samgak	samgak
散調	산조	sanjo	sanjo	三角山	삼각산	Samgaksan	Samgaksan
山中	산중	sanjung	sanjung	三角山記	삼각산기	Samgaksan'gi	Samgaksangi
山地	산지	sanji	sanji	三角地	삼각지	Samgakchi	Samgakji
山誌	산지	sanji	sanji	三江	삼강	samgang	samgang
産地	산지	sanji	sanji	三綱	삼강	samgang	samgang
山直	산직	Sanjik	Sanjik	三綱錄	삼강록	samgangnok	samgangnok
散策	산책	sanch'aek	sanchaek	三巨里	삼거리	samgŏri	samgeori
山川	산천	sanch'ŏn	sancheon	三乞	삼걸	samgŏl	samgeol
山泉	산천	sanch'ŏn	sancheon	三京	삼경	Samgyŏng	Samgyeong
産泉	산천	Sanch'ŏn	Sancheon	三更	삼경	samgyŏng	samgyeong
山清	산청	sanch'ŏng	sancheong	三經	삼경	samgyŏng	samgyeong
山清郡	산청군	Sanch'ŏng-gun	Sancheong-gun	三戒	삼계	samgye	samgye
山清郡	산청군	Sanch'ŏng-gun	Sancheong-gun	三溪	삼계	samgye	samgye
山樵	산초	sanch'o	sancho	三界	삼계	samgye	samgye
山村	산촌	sanch'on	sanchon	三階	삼계	samgye	samgye
産婆	산파	sanp'a	sanpa	三階教	삼계교	Samgyegyo	Samgyegyo
散布	산포	sanp'o	sanpo	三溪洞	삼계동	Samgye-dong	Samgye-dong
散筆	산필	sanp'il	sanpil	三苦	삼고	samgo	samgo
山河	산하	sanha	sanha	三空	삼공	samgong	samgong
傘下	산하	sanha	sanha	三串里	삼곶리	Samgon-ni	Samgot-ri
産學	산학	sanhak	sanhak	三觀	삼관	samgwan	samgwan
産學	산학	sanhak	sanhak	三光	삼광	Samgwang	Samgwang
算學	산학	sanhak	sanhak	三槐	삼괴	Samgoe	Samgoe
山海	산해	sanhae	sanhae	三魁堂	삼괴당	Samgoedang	Samgoedang
山海經	산해경	sanhaegyŏng	sanhaegyeong	三教	삼교	Samgyo	samgyo
山海關	산해관	Sanhaegwan	Sanhaegwan	三國	삼국	samguk	samguk
山行	산행	sanhaeng	sanhaeng	三國史	삼국사	samguksa	samguksa
珊瑚	산호	sanho	sanho	三國樂	삼국악	Samgugak	Samgugak
珊瑚林	산호림	sanhorim	sanhorim	三國志	삼국지	samgukchi	samgukji
珊瑚莊	산호장	Sanhojang	Sanhojang	三軍	삼군	samgun	samgun
散華	산화	sanhwa	sanhwa	三軍府	삼군부	samgunbu	samgunbu
殺生	살생	salsaeng	salsaeng	三宮	삼궁	samgung	samgung
薩水	살수	salsu	salsu	三歸寺	삼귀사	Samgwisa	Samgwisa
殺手	살수	salsu	salsu	三歸亭	삼귀정	Samgwijŏng	Samgwijeong
殺人	살인	sarin	sarin	三岑	삼금	Samgŭm	Samgeum
殺人罪	살인죄	sarinjoe	sarinjoe	三琴	삼금	samgŭm	samgeum
殺害	살해	sarhae	salhae	三期	삼기	samgi	samgi
參	삼	sam	sam	三金	삼김	samgim	samgim
三	삼	sam	sam	三南	삼남	samnam	samnam
蔘	삼	sam	sam	三年	삼년	samnyŏn	samnyeon
三嘉	삼가	samga	samga	三年史	삼년사	samnyŏnsa	samnyeonsa
三歌	삼가	samga	samga	三年喪	삼년상	samnyŏnsang	samnyeonsang
三嘉郡	삼가군	Samga-gun	Samga-gun	三老	삼노	samno	samno
三嘉縣	삼가현	Samga-hyŏn	Samga-hyeon	三多島	삼다도	samdado	samdado

한자 용례	한글	ALA-LC Romanization	정부 표기안	한자 용례	한글	ALA-LC Romanization	정부 표기안
三塘	삼당	Samdang	Samdang	三文	삼문	Sammun	Sammun
三代	삼대	samdae	samdae	三眉	삼미	Sammi	Sammi
三大	삼대	samdae	samdae	三美	삼미	Sammi	Sammi
三代目	삼대목	samdaemok	samdaemok	三民	삼민	sammin	sammin
三德里	삼덕리	Samdŏng-ni	Samdeok-ri	三民社	삼민사	Samminsa	Samminsa
三道	삼도	samdo	samdo	三民主義	삼민주의	samminjuŭi	samminjuui
三洞	삼동	Sam-dong	Sam-dong	三芳錄	삼방록	Sambangnok	Sambangnok
三東	삼동	Samdong	Samdong	三訪里	삼방리	Sambang-ni	Sambang-ri
三東洞	삼동동	Samdong-dong	Samdong-dong	三防峽	삼방협	Sambanghyŏp	Sambanghyeop
三頭品	삼두품	samdup'um	samdupum	三百選	삼백선	sambaeksŏn	sambaekseon
三登郡	삼등군	Samdŭng-gun	Samdeung-gun	三別抄	삼별초	Sambyŏlch'o	Sambyeolcho
三登縣	삼등현	Samdŭng-hyŏn	Samdeung-hyeon	三甫	삼보	sambo	sambo
三樂	삼락	samnak	samnak	三寶	삼보	sambo	sambo
三樂里	삼락리	Samnang-ni	Samnak-ri	三峰	삼봉	sambong	sambong
三郎	삼랑	samnang	samnang	三鳳	삼봉	sambong	sambong
三郎寺	삼랑사	Samnangsa	Samnangsa	三部	삼부	sambu	sambu
三浪津	삼랑진	Samnangjin	Samnangjin	三府	삼부	sambu	sambu
三樑	삼량	Samnyang	Samnyang	三部經	삼부경	sambugyŏng	sambugyeong
三樑架	삼량가	Samnyangga	Samnyangga	三佛	삼불	sambul	sambul
三聯	삼련	Samnyŏn	Samnyeon	三不	삼불	sambul	sambul
三蓮亭	삼련정	Samnyŏnjŏng	Samnyeonjeong	三司	삼사	samsa	samsa
三靈屯	삼령둔	Samnyŏngdun	Samnyeongdun	三事	삼사	samsa	samsa
三禮	삼례	samnye	samnye	三史	삼사	samsa	samsa
三禮儀	삼례의	Samnyeŭi	Samnyeui	三山	삼산	Samsan	Samsan
三論	삼론	samnon	samnon	三相	삼상	samsang	samsang
三論宗	삼론종	samnonjong	samnonjong	三生	삼생	samsaeng	samsaeng
三論學	삼론학	samnonhak	samnonhak	三選	삼선	samsŏn	samseon
三龍	삼룡	samnyong	samnyong	三說記	삼설기	Samsŏlgi	Samseolgi
三龍里	삼룡리	Samnyong-ni	Samnyong-ri	三姓	삼성	samsŏng	samseong
三陵	삼릉	Samnŭng	Samneung	三城	삼성	Samsŏng	Samseong
三菱	삼릉	samnŭng	samneung	三聖	삼성	samsŏng	samseong
三陵屯	삼릉둔	Samnŭngdun	Samneungdun	三成	삼성	Sam-sŏng	Samseong
三里	삼리	Sam-ni	Sam-ri	三星	삼성	samsŏng	samseong
森林	삼림	samnim	samnim	三省	삼성	samsŏng	samseong
森林法	삼림법	samnimpŏp	samnimbeop	三聖閣	삼성각	Samsŏnggak	Samseonggak
三摩地印	삼마지인	Sammajiin	Sammajiin	三聖紀	삼성기	Samsŏnggi	Samseonggi
三萬	삼만	samman	samman	三城里	삼성리	samsŏng-ni	Samseong-ri
三昧	삼매	sammae	sammae	三聖祠	삼성사	Samsŏngsa	Samseongsa
三昧經	삼매경	sammaegyŏng	sammaegyeong	三省齋	삼성재	Samsŏngjae	Samseongjae
三昧經論	삼매경론	sammaegyŏngnon	sammaegyeongnon	三省版	삼성판	Samsŏngp'an	Samseongpan
三昧論	삼매론	sammaeron	sammaeron	三星版	삼성판	Samsŏngp'an	Samseongpan
三麥宗	삼맥종	Sammaekchong	Sammaekjong	三姓穴	삼성혈	Samsŏnghyŏl	Samseonghyeol
三明	삼명	Sammyŏng	sammyeong	三世	삼세	samse	samse
三木島	삼목도	Sammokto	Sammokdo	三素齋	삼소재	Samsojae	Samsojae
三無	삼무	sammu	sammu	三松	삼송	Samsong	Samsong

한자 용례	한글	ALA-LC Romanization	정부 표기안	한자 용례	한글	ALA-LC Romanization	정부 표기안
三水	삼수	samsu	samsu	三藏經	삼장경	samjanggyŏng	samjanggyeong
三水郡	삼수군	Samsu-gun	Samsu-gun	三藏院	삼장원	Samjangwŏn	Samjangwon
三秀堂	삼수당	Samsudang	Samsudang	三才	삼재	samjae	samjae
三神	삼신	samsin	samsin	三田	삼전	Samjŏn	Samjeon
三信	삼신	Samsin	Samsin	三田渡	삼전도	Samjŏndo	Samjeondo
三神閣	삼신각	Samsin'gak	Samsingak	三田渡碑	삼전도비	Samjŏndobi	Samjeondobi
三身佛	삼신불	samsinbul	samsinbul	三戰論	삼전론	Samjŏnnon	Samjeollon
三審制	삼심제	samsimje	samsimje	三田浦	삼전포	Samjŏnp'o	Samjeonpo
三十九	삼십구	samsip-ku	samsipgu	三政	삼정	samjŏng	samjeong
三十年史	삼십년사	samsimnyŏnsa	samsimnyeonsa	三井	삼정	samjŏng	samjeong
三十三	삼십삼	samsip-sam	samsipsam	三政錄	삼정록	Samjŏngnok	samjeongnok
三十六計	삼십육계	Samsip-yukkye	Samsimyukgye	三政策	삼정책	Samjŏngch'aek	samjeongchaek
三十二	삼십이	samsip-i	samsibi	三諦	삼제	samje	samje
三十一	삼십일	samsip-il	samsibil	三族	삼족	samjok	samjok
三十八	삼십팔	samsip-p'al	samsippal	三足	삼족	samjok	samjok
三安	삼안	Saman	Saman	三足堂	삼족당	Samjoktang	Samjokdang
三愛	삼애	Samae	Samae	三尊	삼존	samjon	samjon
三養	삼양	samyang	samyang	三尊圖	삼존도	samjondo	samjondo
三陽	삼양	Samyang	Samyang	三尊像	삼존상	samjonsang	samjonsang
三陽洞	삼양동	Samyang-dong	Samyang-dong	三宗	삼종	samjong	samjong
三業	삼업	samŏp	sameop	三從	삼종	samjong	samjong
三亦	삼역	Samyŏk	Samyeok	三種	삼종	samjong	samjong
三淵	삼연	Samyŏn	Samyeon	三州	삼주	Samju	Samju
三葉	삼엽	samyŏp	samyeop	三柱	삼주	Samju	Samju
三英社	삼영사	Samyŏngsa	Samyeongsa	三洲	삼주	samju	samju
三友	삼우	Samu	Samu	三竹	삼죽	Samjuk	Samjuk
三韻	삼운	samun	samun	三俊	삼준	Samjun	Samjun
三原論的	삼원론적	samwŏnonjŏk	samwollonjeok	三重	삼중	samjung	samjung
三圓社	삼원사	Samwŏnsa	Samwonsa	三中堂	삼중당	Samjungdang	Samjungdang
三月	삼월	samwŏl	samwol	三支	삼지	Samji	Samji
三月會	삼월회	Samworhoe	samwolhoe	三枝	삼지	samji	samji
三位	삼위	samwi	samwi	三池淵	삼지연	Samjiyŏn	Samjiyeon
三育	삼육	Samyuk	Samnyuk	三知院	삼지원	Samjiwŏn	Samjiwon
三隱	삼은	samŭn	sameun	三枝槍	삼지창	samjich'ang	samjichang
三邑誌	삼읍지	samŭpchi	sameupji	三次	삼차	samch'a	samcha
三益	삼익	Samik	Samik	三陟	삼척	Samch'ŏk	Samcheok
三人	삼인	samin	samin	三陟郡	삼척군	Samch'ŏk-kun	Samcheok-gun
三人行	삼인행	Saminhaeng	Saminhaeng	三陟市	삼척시	Samch'ŏk-si	Samcheok-si
三日	삼일	samil	samil	三千	삼천	samch'ŏn	samcheon
三一	삼일	Sam-il	Samil	三川	삼천	Samch'ŏn	Samcheon
三一五	삼일오	Sam-iro	Samiro	三泉	삼천	Samch'ŏn	samcheon
三一節	삼일절	Sam-ilchŏl	Samiljeol	三千里	삼천리	samch'ŏlli	samcheolli
三日浦	삼일포	samilp'o	samilpo	三千里社	삼천리사	Samch'ŏllisa	Samcheollisa
三藏	삼장	samjang	samjang	三千萬	삼천만	samch'ŏnman	samcheonman
三章	삼장	samjang	samjang	三千三	삼천삼	samch'ŏn-sam	samcheonsam

한자 용례	한글	ALA-LC Romanization	정부 표기안	한자 용례	한글	ALA-LC Romanization	정부 표기안
三千三百	삼천삼백	samch'ŏn-sambaek	samcheonsambaek	喪	상	sang	sang
三千浦	삼천포	Samch'ŏnp'o	Samcheonpo	賞	상	sang	sang
三淸	삼청	samch'ŏng	samcheong	償却	상각	sanggak	sanggak
三淸洞	삼청동	Samch'ŏng-dong	Samcheong-dong	象嵌	상감	sanggam	sanggam
三體	삼체	samch'e	samche	上甲里	상갑리	Sanggam-ni	Sanggap-ri
三層	삼층	samch'ŭng	samcheung	霜降	상강	sanggang	sanggang
三七制	삼칠제	samch'ilche	samchilje	相見禮	상견례	sanggyŏnnye	sanggyeonnye
三灘	삼탄	Samt'an	Samtan	上京	상경	sanggyŏng	sanggyeong
三胎子	삼태자	Samt'aeja	Samtaeja	商界史	상계사	sanggyesa	sanggyesa
三版	삼판	samp'an	sampan	上古	상고	sanggo	sanggo
參版	삼판	samp'an	sampan	商高	상고	sanggo	sanggo
三八	삼팔	samp'al	sampal	上古史	상고사	sanggosa	sanggosa
三八度線	삼팔도선	Samp'aldosŏn	Sampaldoseon	商工	상공	sanggong	sanggong
三八線	삼팔선	Samp'alsŏn	Sampalseon	商工部	상공부	Sanggongbu	Sanggongbu
三浦	삼포	Samp'o	Sampo	商工業	상공업	sanggongŏp	sanggongeop
森浦	삼포	Samp'o	Sampo	商工業史	상공업사	sanggongŏpsa	sanggongeopsa
三品	삼품	samp'um	sampum	上官	상관	sanggwan	sanggwan
三學	삼학	samhak	samhak	相關	상관	sanggwan	sanggwan
三學士	삼학사	samhaksa	samhaksa	相國	상국	sangguk	sangguk
三學社	삼학사	Samhaksa	Samhaksa	商權	상권	sangkwŏn	sanggwon
三韓	삼한	Samhan	Samhan	相剋	상극	sanggŭk	sanggeuk
三海洋	삼해양	Samhaeyang	Samhaeyang	上錦里	상금리	Sanggŭm-ni	Sanggeum-ri
三亥酒	삼해주	Samhaeju	Samhaeju	上奇物	상기물	sanggimul	sanggimul
三絃	삼현	samhyŏn	samhyeon	上納	상납	sangnap	sangnap
三賢	삼현	samhyŏn	samhyeon	商團	상단	sangdan	sangdan
三乎齋	삼호재	Samhojae	Samhojae	常談	상담	sangdam	sangdam
三化	삼화	samhwa	samhwa	相談	상담	sangdam	sangdam
三和	삼화	samhwa	samhwa	相談所	상담소	sangdamso	sangdamso
三花嶺	삼화령	Samhwaryŏng	Samhwaryeong	上黨	상당	sangdang	sangdang
三和寺	삼화사	Samhwasa	Samhwasa	相當	상당	sangdang	sangdang
三和縣	삼화현	Samhwa-hyŏn	Samhwa-hyeon	上黨縣	상당현	Sangdang-hyŏn	Sangdang-hyeon
三患齋	삼환재	Samhwanjae	Samhwanjae	上代	상대	sangdae	sangdae
三皇	삼황	samhwang	samhwang	商大	상대	sangdae	sangdae
三回	삼회	samhoe	samhoe	上大等	상대등	sangdaedŭng	sangdaedeung
三會	삼회	samhoe	samhoe	相對	상대성	sangdae	sangdaeseong
三休堂	삼휴당	Samhyudang	Samhyudang	相對性	상대성	sangdaesŏng	sangdaeseong
三休子	삼휴자	Samhyuja	Samhyuja	上道里	상도리	Sangdo-ri	Sangdo-ri
三興	삼흥	Samhŭng	Samheung	上東	상동	sangdong	sangdong
三興里	삼흥리	Samhŭng-ni	Samheung-ri	上洞	상동	Sang-dong	Sang-dong
三喜	삼희	Samhŭi	Samheui	尙洞	상동	Sang-dong	Sang-dong
揷橋	삽교	Sapkyo	Sapgyo	上等	상등	sangdŭng	sangdeung
雪橋	삽교	Sapkyo	Sapgyo	上樑	상량	sangnyang	sangnyang
上	상	sang	sang	上梁文	상량문	sangnyangmun	sangnyangmun
像	상	sang	sang	上樑文	상량문	sangnyangmun	sangnyangmun
商	상	sang	sang	喪禮	상례	sangnye	sangnye

한자 용례	한글	ALA-LC Romanization	정부 표기안	한자 용례	한글	ALA-LC Romanization	정부 표기안
相禮	상례	sangnye	sangnye	商山誌	상산지	Sangsanji	Sangsanji
上老	상로	Sangno	Sangno	象山學	상산학	Sangsanhak	Sangsanhak
常綠	상록	sangnok	sangnok	想像	상상	sangsang	sangsang
常綠樹	상록수	sangnoksu	sangnoksu	想思女	상상녀	sangsanyŏ	sangsangnyeo
常錄樹	상록수	sangnoksu	sangnoksu	想像力	상상력	sangsangnyŏk	sangsangnyeok
常綠會	상록회	sangnokhoe	sangnokoe	相生	상생	sangsaeng	sangsaeng
詳論	상론	sangnon	sangnon	上生	상생	sangsaeng	sangsaeng
上流	상류	sangnyu	sangnyu	上生經	상생경	sangsaenggyŏng	sangsaenggyeong
上里	상리	Sang-ni	Sang-ri	上書	상서	sangsŏ	sangseo
象理	상리	sangni	sangni	象胥	상서	sangsŏ	sangseo
上林	상림	sangnim	sangnim	尚書	상서	sangsŏ	sangseo
上林里	상림리	Sangnim-ni	Sangnim-ri	尙書	상서	sangsŏ	sangseo
上梅里	상매리	Sangmae-ri	Sangmae-ri	上書文	상서문	sangsŏmun	sangseomun
祥明	상명	sangmyŏng	sangmyeong	尚書省	상서성	Sangsŏsŏng	Sangseoseong
詳明	상명	sangmyŏng	sangmyeong	尙書省	상서성	Sangsŏsŏng	Sangseoseong
祥明大	상명대	Sangmyŏngdae	Sangmyeongdae	尙書院	상서원	Sangsŏwŏn	Sangseowon
上耄	상모	sangmo	sangmo	上石	상석	sangsŏk	sangseok
上摹里	상모리	Sangmo-ri	Sangmo-ri	商船	상선	sangsŏn	sangseon
商務	상무	sangmu	sangmu	常設	상설	sangsŏl	sangseol
尙武	상무	sangmu	sangmu	上疏	상소	sangso	sangso
商務局	상무국	sangmuguk	sangmuguk	上疏文	상소문	sangsomun	sangsomun
商務論	상무론	sangmuron	sangmuron	相續	상속	sangsok	sangsok
商務省	상무성	Sangmusŏng	Sangmuseong	上水道	상수도	sangsudo	sangsudo
尙美社	상미사	Sangmisa	Sangmisa	商術	상술	sangsul	sangsul
常民	상민	sangmin	sangmin	上昇	상승	sangsŭng	sangseung
詳密	상밀	Sangmil	Sangmil	上乘	상승	sangsŭng	sangseung
相撲	상박	sangbak	sangbak	相乘論	상승론	sangsŭngnon	sangseungnon
上半期	상반기	sangban'gi	sangbangi	上時	상시	sasngsi	sangsi
上柏	상백	Sangbaek	sangbaek	上時里	상시리	Sangsi-ri	Sangsi-ri
想白	상백	Sangbaek	Sangbaek	常識	상식	sangsik	sangsik
上柏里	상백리	Sangbaeng-ni	Sangbaek-ri	常識論	상식론	sangsingnon	sangsingnon
賞罰	상벌	sangbŏl	sangbeol	上莘里	상신리	Sangsin-ni	Sangsin-ri
商法	상법	sangpŏp	sangbeop	喪失	상실	sangsil	sangsil
常變	상변	sangbyŏn	sangbyeon	象牙	상아	sanga	sanga
桑蓬錄	상봉록	sangbongnok	sangbongnok	象牙塔	상아탑	sangat'ap	sangatap
上部	상부	sangbu	sangbu	上言	상언	sangŏn	sangeon
上佛	상불	sangbul	sangbul	上言式	상언식	sangŏnsik	sangeonsik
商事	상사	sangsa	sangsa	商業	상업	sangŏp	sangeop
商社	상사	sangsa	sangsa	商業論	상업론	sangŏmnon	sangeomnon
相思	상사	sangsa	sangsa	商業史	상업사	sangŏpsa	sangeopsa
相思洞	상사동	Sangsa-dong	Sangsa-dong	商業學	상업학	sangŏphak	sangeopak
商事法	상사법	sangsapŏp	sangsabeop	喪輿	상여	sangyŏ	sangyeo
常山	상산	Sangsan	Sangsan	賞輿金	상여금	sangyŏgŭm	sangyeogeum
商山	상산	Sangsan	Sangsan	上五里	상오리	Sango-ri	Sango-ri
商山邑	상산읍	Sangsan-ŭp	Sangsan-eup	上吾里	상오리	Sango-ri	Sango-ri

한자 용례	한글	ALA-LC Romanization	정부 표기안	한자 용례	한글	ALA-LC Romanization	정부 표기안
上王	상왕	sangwang	sangwang	上奏	상주	sangju	sangju
常用	상용	sangyong	sangyong	詳註	상주	sangju	sangju
上元	상원	Sangwŏn	Sangwon	商州	상주	Sangju	Sangju
象院	상원	sangwŏn	sangwon	尙州	상주	Sangju	Sangju
祥原	상원	Sangwŏn	Sangwon	常州	상주	Sangju	Sangju
上院	상원	Sangwŏn	Sangwon	上柱國	상주국	sangjuguk	sangjuguk
祥原郡	상원군	Sangwŏn-gun	Sangwon-gun	尙州郡	상주군	Sangju-gun	Sangju-gun
尙院寺	상원사	Sangwŏnsa	Sangwonsa	尙州郡	상주군	Sangju-gun	Sangju-gun
上院寺	상원사	Sangwŏnsa	Sangwonsa	尙州里	상주리	Sangju-ri	Sangju-ri
霜月	상월	Sangwŏl	Sangwol	尙州牧	상주목	Sangju-mok	Sangju-mok
上位	상위	sangwi	sangwi	上奏文	상주문	sangjumun	sangjumun
象緯考	상위고	sangwigo	sangwigo	上柱寺	상주사	Sangjusa	Sangjusa
桑楡	상유	Sangyu	Sangyu	上住寺	상주사	Sangjusa	Sangjusa
喪儀	상의	Sangŭi	sangui	尙州市	상주시	Sangju-si	Sangju-si
商議	상의	sangŭi	sangui	喪中	상중	sangjung	sangjung
傷痍	상이	sangi	sangi	尙志	상지	sangji	sangji
商人	상인	sangin	sangin	常之	상지	sangji	sangji
上仁洞	상인동	Sangin-dong	Sangin-dong	尙志大	상지대	Sangjidae	Sangjidae
商人稅	상인세	sanginse	sanginse	象徵	상징	sangjing	sangjing
常任	상임	sangim	sangim	象徵性	상징성	sangjingsŏng	sangjingseong
箱子	상자	sangja	sangja	象徵畵	상징화	sangjinghwa	sangjinghwa
上場	상장	sangjang	sangjang	常體	상체	sangch'e	sangche
喪葬	상장	sangjang	sangjang	象村	상촌	Sangch'on	Sangchon
上章	상장	Sangjang	sangjang	上村里	상촌리	Sangch'on-ni	Sangchon-ri
喪葬禮	상장례	sangjangnye	sangjangnye	賞春	상춘	sangch'un	sangchun
相爭	상쟁	sangjaeng	sangjaeng	賞春曲	상춘곡	sangch'un'gok	sangchungok
詳節	상절	sangjŏl	sangjeol	相衝	상충	sangch'ung	sangchung
商店	상점	sangjŏm	sangjeom	上層	상층	sangch'ŭng	sangcheung
上井里	상정리	Sangjŏng-ni	Sangjeong-ri	狀態	상태	sangt'ae	sangtae
上帝	상제	sangje	sangje	相宅志	상택지	Sangt'aekchi	Sangtaekji
喪祭	상제	sangje	sangje	常平	상평	Sangp'yŏng	Sangpyeong
狀題	상제	sangje	sangje	商標法	상표법	sangp'yopŏp	sangpyobeop
上帝教	상제교	Sangjegyo	Sangjegyo	商品	상품	sangp'um	sangpum
喪祭禮	상제례	sangjerye	sangjerye	上下	상하	sangha	sangha
喪祭儀	상제의	sangjeŭi	sangjeui	上學	상학	sanghak	sanghak
相助	상조	sangjo	sangjo	桑韓	상한	Sanghan	Sanghan
尙潮社	상조사	Sangjosa	Sangjosa	傷寒論	상한론	Sanghallon	Sanghannon
相助會	상조회	sangjohoe	sangjohoe	桑港	상항	Sanghang	Sanghang
上座	상좌	sangjwa	sangjwa	詳解	상해	sanghae	sanghae
上佐	상좌	sangjwa	sangjwa	上海	상해	Sanghae	Sanghae
上座部	상좌부	sangjwabu	sangjwabu	上海派	상해파	Sanghaep'a	Sanghaepa
上佐平	상좌평	Sangjwap'yŏng	Sangjwapyeong	常虛	상허	Sanghŏ	Sangheo
上州	상주	Sangju	Sangju	上弦	상현	sanghyŏn	sanghyeon
尙州	상주	Sangju	Sangju	象形	상형	sanghyŏng	sanghyeong
常住	상주	sangju	sangju	相互	상호	sangho	sangho

한자 용례	한글	ALA-LC Romanization	정부 표기안	한자 용례	한글	ALA-LC Romanization	정부 표기안
上好	상호	sangho	sangho	生藥學	생약학	saengyakhak	saengyakak
償還	상환	sanghwan	sanghwan	生業	생업	saengŏp	saengeop
狀況	상황	sanghwang	sanghwang	生員	생원	saengwŏn	saengwon
狀況論	상황론	sanghwangnon	sanghwangnon	生員科	생원과	saengwŏn'gwa	saengwongwa
狀況論的	상황론적	sanghwangnonjŏk	sanghwangnonjeok	生員試	생원시	saengwŏnsi	saengwonsi
商會	상회	sanghoe	sanghoe	生員傳	생원전	saengwŏnjŏn	saengwonjeon
賞勳	상훈	sanghun	sanghun	生六臣	생육신	Saengyuksin	Saenyuksin
賞勳	상훈	sanghun	sanghun	生長	생장	saengjang	saengjang
色	색	saek	saek	生長素	생장소	saengjangso	saengjangso
索引	색인	saegin	saegin	生存	생존	saengjon	saengjon
索引集	색인집	saeginjip	saeginjip	生存權	생존권	saengjonkwŏn	saengjongwon
索引輯	색인집	saeginjip	saeginjip	生進試	생진시	saengjinsi	saengjinsi
色卽	색즉	saekchŭk	saekjeuk	生態	생태	saengt'ae	saengtae
色彩	색채	saekch'ae	saekchae	生態系	생태계	saengt'aegye	saengtaegye
生	생	saeng	saeng	生態學	생태학	saengt'aehak	saengtaehak
生家	생가	saengga	saengga	生活	생활	saenghwal	saenghwal
生居	생거	saenggŏ	saenggeo	生活錄	생활록	saenghwallok	saenghwallok
生居地	생거지	saenggŏji	saenggeoji	生活社	생활사	Saenghwalsa	Saenghwalsa
生谷洞	생곡동	Saenggok-tong	Saenggok-dong	生活史	생활사	saenghwalsa	saenghwalsa
生氣	생기	saenggi	saenggi	書	서	sŏ	seo
生堂神	생당신	Saengdangsin	Saengdangsin	西	서	sŏ	seo
生徒	생도	saengdo	saengdo	序	서	sŏ	seo
生靈	생령	saengnyŏng	saengnyeong	徐	서	Sŏ	Seo
生理	생리	saengni	saengni	書家	서가	sŏga	seoga
生理學	생리학	saengnihak	saengnihak	書架	서가	sŏga	seoga
生命	생명	saengmyŏng	saengmyeong	書架圖	서가도	sŏgado	seogado
生命論	생명론	sengmyŏngnon	saengmyeongnon	書簡	서간	sŏgan	seogan
生命水	생명수	saengmyŏngsu	saengmyeongsu	西間島	서간도	Sŏgando	Seogando
生物	생물	saengmul	saengmul	書間集	서간집	sŏganjip	seoganjip
生物學	생물학	saengmurhak	saengmulhak	書簡集	서간집	sŏganjip	seoganjip
生白賦	생백부	saengbaekpu	saengbaekbu	書簡帖	서간첩	sŏganch'ŏp	seogancheop
生佛	생불	saengbul	saengbul	西江	서강	sŏgang	seogang
生死學	생사학	saengsahak	saengsahak	西江大	서강대	Sŏgangdae	Seogangdae
生産	생산	saengsan	saengsan	逝去	서거	sŏgŏ	seogeo
生産力	생산력	saengsannyŏk	saengsannyeok	書訣帖	서결첩	sŏgyŏlch'ŏp	seogyeolcheop
生産史	생산사	saengsansa	saengsansa	西坰	서경	Sŏgyŏng	Seogyeong
生産性	생산성	saengsansŏng	saengsanseong	書經	서경	sŏgyŏng	seogyeong
生産性	생산성	saengsansŏng	saengsanseong	書景	서경	sŏgyŏng	seogyeong
生産者	생산자	saengsanja	saengsanja	西京	서경	Sŏgyŏng	Seogyeong
生産職	생산직	saengsanjik	saengsanjik	叙景	서경	sŏgyŏng	seogyeong
生生	생생	saengsaeng	saengsaeng	西京大	서경대	Sŏgyŏngdae	Seogyeongdae
生成	생성	saengsŏng	saengseong	西京志	서경지	Sŏgyŏngji	Seogyeongji
生成史	생성사	saengsŏngsa	saengseongsa	書契	서계	sŏgye	seogye
生涯	생애	saengae	saengae	西溪	서계	sŏgye	seogye
生藥	생약	saengyak	saengyak	書攷	서고	sŏgo	seogo

한자 용례	한글	ALA-LC Romanization	정부 표기안	한자 용례	한글	ALA-LC Romanization	정부 표기안
序曲	서곡	sŏgok	seogok	瑞文堂	서문당	Sŏmundang	Seomundang
西谷	서곡	Sŏgok	Seogok	庶民	서민	sŏmin	seomin
西串	서곶	Sŏgot	Seogot	序跋	서발	sŏbal	seobal
書觀	서관	sŏgwan	seogwan	書房	서방	sŏbang	seobang
書館	서관	sŏgwan	seogwan	西方	서방	sŏbang	seobang
書舘	서관	sŏgwan	seogwan	書法	서법	sŏpŏp	seobeop
書狂	서광	sŏgwang	seogwang	書法論	서법론	sŏpŏmnon	seobeomnon
書光	서광	Sŏgwang	Seogwang	栖碧	서벽	Sŏbyŏk	Seobyeok
曙光	서광	sŏgwang	seogwang	西邊洞	서변동	Sŏbyŏn-dong	Seobyeon-dong
西歐	서구	sŏgu	seogu	書譜	서보	sŏbo	seobo
西宮	서궁	sŏgung	Seogung	瑞峰	서봉	Sŏbong	Seobong
西闕	서궐	sŏgwŏl	seogwol	西部	서부	sŏbu	seobu
西歸	서귀	Sŏgwi	Seogwi	西部洞	서부동	Sŏbu-dong	Seobu-dong
西歸浦	서귀포	Sŏgwip'o	Seogwipo	西北	서북	sŏbuk	seobuk
西紀	서기	sŏgi	seogi	西北界	서북계	Sŏbukkye	Seobukgye
書記	서기	sŏgi	seogi	西北面	서북면	Sŏbung-myŏn	Seobuk-myeon
書紀	서기	sŏgi	seogi	西北方	서북방	sŏbukpang	seobukbang
徐那伐	서나벌	Sonabŏl	Seonabeol	西氷庫	서빙고	Sŏbinggo	Seobinggo
紓難錄	서난록	sŏnallok	seonallok	書肆	서사	Sŏsa	Seosa
西南	서남	Sŏnam	Seonam	敍事	서사	sŏsa	seosa
西南大	서남대	Sŏnamdae	Seonamdae	書辭	서사	sŏsa	seosa
西南方	서남방	sŏnambang	seonambang	書寫	서사	sŏsa	seosa
書堂	서당	sŏdang	seodang	叙事	서사	sŏsa	seosa
書堂圖	서당도	sŏdangdo	seodangdo	敘事	서사	sŏsa	seosa
西大門	서대문	Sŏdaemun	Seodaemun	叙事詩	서사시	sŏsasi	seosasi
書道	서도	sŏdo	seodo	敍事詩	서사시	sŏsasi	seosasi
西道	서도	Sŏdo	Seodo	敍事體	서사체	sŏsach'e	seosache
薯童謠	서동요	Sŏdongyo	Seodongyo	書辭學	서사학	sŏsahak	seosahak
西屯洞	서둔동	Sŏdun-dong	Seodun-dong	西山	서산	Sŏsan	Seosan
徐羅伐	서라벌	Sŏrabŏl	Seorabeol	瑞山	서산	Sŏsan	Seosan
序例	서례	sŏrye	seorye	瑞山郡	서산군	Sŏsan-gun	Seosan-gun
書論	서론	sŏron	seoron	瑞山縣	서산현	Sŏsan-hyŏn	Seosan-hyeon
序論	서론	sŏron	seoron	西三陵	서삼릉	Sŏsamnŭng	Seosamneung
壻留	서류	sŏryu	seoryu	西廂記	서상기	Sŏsanggi	Seosanggi
書類	서류	sŏryu	seoryu	書生	서생	sŏsaeng	seosaeng
書陵部	서릉부	Sŏrŭngbu	Seoreungbu	序說	서설	sŏsŏl	seoseol
書吏	서리	sŏri	seori	序設	서설	sŏsŏl	seoseol
西林	서림	Sŏrim	Seorim	逝世	서세	sŏse	seose
書林	서림	sŏrim	seorim	西小門	서소문	Sŏsomun	Seosomun
西面	서면	Sŏ-myŏn	Seo-myeon	西繡	서수	Sŏsu	Seosu
署名	서명	sŏmyŏng	seomyeong	西水羅洞	서수라동	Sŏsura-dong	Seosura-dong
書木	서목	Sŏmok	Seomok	叙述	서술	sŏsul	seosul
書目	서목	sŏmok	seomok	敍述	서술	sŏsul	seosul
西武	서무	Sŏmu	Seomu	序詩	서시	sŏsi	seosi
序文	서문	sŏmun	seomun	書試	서시	sŏsi	seosi

한자 용례	한글	ALA-LC Romanization	정부 표기안
書式	서식	sŏsik	seosik
棲息地	서식지	sŏsikchi	seosikji
書式集	서식집	sŏsikchip	seosikjip
書信	서신	sŏsin	seosin
書室	서실	sŏsil	seosil
西岳洞	서악동	Sŏak-tong	Seoak-dong
西安	서안	Sŏan	Seoan
西庵	서암	Sŏam	Seoam
西巖	서암	Sŏam	Seoam
西厓	서애	Sŏae	Seoae
西洋	서양	sŏyang	seoyang
西洋史	서양사	sŏyangsa	seoyangsa
西洋書	서양서	sŏyangsŏ	seoyangseo
西洋畵	서양화	sŏyanghwa	seoyanghwa
西洋画	서양화	sŏyanghwa	seoyanghwa
緖言	서언	sŏŏn	seoeon
庶孼	서얼	sŏŏl	seoeol
庶孽	서얼	sŏŏl	seoeol
西域	서역	sŏyŏk	seoyeok
西域記	서역기	sŏyŏkki	seoyeokgi
西域人	서역인	Sŏyŏgin	Seoyeogin
西域傳	서역전	Sŏyŏkchŏn	Seoyeokjeon
書筵	서연	sŏyŏn	seoyeon
書芸	서예	sŏye	seoye
書藝	서예	sŏye	seoye
書藝家	서예가	sŏyega	seoyega
書藝史	서예사	sŏyesa	seoyesa
書藝展	서예전	sŏyejŏn	seoyejeon
西五陵	서오능	Sŏonŭng	Seooneung
西友	서우	Sŏu	Seou
書雲觀	서운관	Sŏun'gwan	Seoungwan
西原	서원	Sŏwŏn	Seowon
書員	서원	sŏwŏn	seowon
書院	서원	sŏwŏn	seowon
誓願	서원	sŏwŏn	seowon
瑞原郡	서원군	Sŏwŏn-gun	Seowon-gun
西原大	서원대	Sŏwŏndae	Seowondae
書院圖	서원도	sŏwŏndo	seowondo
西轅錄	서원록	Sŏwŏnnok	Seowollok
西原縣	서원현	Sŏwŏn-hyŏn	Seowon-hyeon
西遊	서유	sŏyu	seoyu
西遊記	서유기	Sŏyugi	Seoyugi
瑞音	서음	Sŏŭm	Seoeum
庶人	서인	sŏin	seoin
西人	서인	sŏin	seoin

한자 용례	한글	ALA-LC Romanization	정부 표기안
庶子	서자	sŏja	seoja
庶子說	서자설	sŏjasŏl	seojaseol
西將臺	서장대	Sŏjangdae	Seojangdae
書齋	서재	sŏjae	seojae
書齊	서재	sŏjae	seojae
鋤齊里	서재리	Sŏjae-ri	Seojae-ri
書籍	서적	sŏjŏk	seojeok
書跡	서적	sŏjŏk	seojeok
書蹟	서적	sŏjŏk	seojeok
書籍鋪	서적포	sŏjŏkp'o	seojeokpo
書展	서전	sŏjŏn	seojeon
書典	서전	sŏjŏn	seojeon
书店	서점	sŏjŏm	seojeom
書店	서점	sŏjŏm	seojeom
西征	서정	sŏjŏng	seojeong
西征錄	서정록	sŏjŏngnok	seojeongnok
西亭里	서정리	Sŏjŏng-ni	Seojeong-ri
西中	서중	Sŏjung	Seojung
書誌	서지	sŏji	seoji
書誌攷	서지고	sŏjigo	seojigo
書誌的	서지적	sŏjijŏk	seojijeok
書誌學	서지학	sŏjihak	seojihak
書紙學	서지학	sŏjihak	seojihak
書誌學的	서지학적	sŏjihakchŏk	seojihakjeok
瑞進閣	서진각	Sŏjin'gak	Seojingak
序集	서집	sŏjip	seojip
書札	서찰	sŏch'al	seochal
書札帖	서찰첩	sŏch'alch'ŏp	seochalcheop
書册	서책	sŏch'aek	seochaek
舒川	서천	Sŏch'ŏn	Seocheon
西遷	서천	sŏch'ŏn	seocheon
舒川郡	서천군	Sŏch'ŏn-gun	Seocheon-gun
書川洞	서천동	Sŏch'ŏn-dong	Seocheon-dong
西川里	서천리	Sŏch'ŏn-ni	Seocheon-ri
書帖	서첩	sŏch'ŏp	seocheop
書體	서체	sŏch'e	seoche
瑞草	서초	Sŏch'o	Seocho
瑞草區	서초구	Sŏch'o-gu	Seocho-gu
瑞草洞	서초동	Sŏch'o-dong	Seocho-dong
西村	서촌	sŏch'on	seochon
西陂	서파	Sŏp'a	Seopa
西便	서편	Sŏp'yŏn	Seopyeon
西便制	서편제	Sŏp'yŏnje	Seopyeonje
書平	서평	sŏp'yŏng	seopyeong
書評	서평	sŏp'yŏng	seopyeong

한자 용례	한글	ALA-LC Romanization	정부 표기안	한자 용례	한글	ALA-LC Romanization	정부 표기안
西平館	서평관	Sŏp'yŏnggwan	Seopyeonggwan	石공업	석공업	sŏkkongŏp	seokgongeop
西坪里	서평리	Sŏp'yŏng-ni	Seopyeong-ri	石槨墓	석곽묘	sŏkkwangmyo	seokgwangmyo
西平縣	서평현	Sŏp'yŏng-hyŏn	Seopyeong-hyeon	石棺	석관	sŏkkwan	seokgwan
西浦	서포	Sŏp'o	Seopo	石棺墓	석관묘	sŏkkwanmyo	seokgwanmyo
西浦洞	서포동	Sŏp'o-dong	Seopo-dong	石鑛	석광	sŏkkwang	seokgwang
序品	서품	sŏp'um	seopum	石橋里	석교리	Sŏkkyo-ri	Seokgyo-ri
西河	서하	Sŏha	Seoha	石窟	석굴	sŏkkul	seokgul
西學	서학	Sŏhak	Seohak	石窟庵	석굴암	Sŏkkuram	Seokguram
書學	서학	sŏhak	seohak	石器	석기	sŏkki	seokgi
西學觀	서학관	sŏhakkwan	seohakgwan	石南	석남	Sŏngnam	Seongnam
西學堂	서학당	Sŏhaktang	Seohakdang	石農	석농	Sŏngnong	Seongnong
西學史	서학사	Sŏhaksa	Seohaksa	石多里	석다리	Sŏkta-ri	Seokda-ri
西漢	서한	Sŏhan	Seohan	石潭	석담	sŏktam	seokdam
書翰	서한	sŏhan	seohan	石堂	석당	Sŏktang	Seokdang
書翰文	서한문	sŏhanmun	seohanmun	石島	석도	Sŏkto	Seokdo
西漢書	서한서	Sŏhansŏ	SeohanSeo	石濤	석도	Sŏkto	Seokdo
書翰集	서한집	sŏhanjip	seohanjip	釋讀	석독	sŏktok	seokdok
西海	서해	Sŏhae	Seohae	石燈	석등	sŏktŭng	seokdeung
誓海錄	서해록	sŏhaerok	seohaerok	石燈記	석등기	sŏktŭnggi	seokdeunggi
西海岸	서해안	Sŏhaean	Seohaean	石燈籠	석등롱	Sŏktŭngnong	Seokdeungnong
西行	서행	sŏhaeng	seohaeng	石璘	석린	Sŏngnin	Seongnin
西行錄	서행록	sŏhaengnok	seohaengnok	石麟	석린	Sŏngnin	Seongnin
書香	서향	sŏhyang	seohyang	石墓	석묘	sŏngmyo	seongmyo
西湖	서호	Sŏho	Seoho	石門	석문	sŏngmun	seongmun
西好里	서호리	Sŏho-ri	Seoho-ri	石物	석물	sŏngmul	seongmul
西話	서화	sŏhwa	seohwa	石物誌	석물지	sŏngmulchi	seongmulji
書畫	서화	sŏhwa	seohwa	釋放	석방	sŏkpang	seokbang
書畵	서화	sŏhwa	seohwa	釋譜	석보	Sŏkpo	Seokbo
書畫家	서화가	sŏhwaga	seohwaga	石鳳里	석봉리	Sŏkpong-ni	Seokbong-ri
書畵家	서화가	sŏhwaga	seohwaga	石斧	석부	sŏkpu	seokbu
書畵家들	서화가들	sŏhwagadŭl	seohwagadeul	石北	석북	Sŏkpuk	Seokbuk
書畵帖	서화첩	sŏhwach'ŏp	seohwacheop	石佛	석불	sŏkpul	seokbul
書會	서회	sŏhoe	seohoe	石佛寺	석불사	Sŏkpulsa	Seokbulsa
書彙	서휘	sŏhwi	seohwi	石佛像	석불상	sŏkpulsang	seokbulsang
瑞興郡	서흥군	Sŏhŭng-gun	Seoheung-gun	石佛座	석불좌	sŏkpuljwa	seokbuljwa
釋	석	sŏk	seok	石碑書	석비서	sŏkpisŏ	seokbiseo
石	석	sŏk	seok	石氷庫	석빙고	sŏkpinggo	seokbinggo
釋迦	석가	Sŏkka	Seokga	碩士	석사	sŏksa	seoksa
釋迦佛	석가불	Sŏkkabul	Seokgabul	石獅子	석사자	sŏksaja	seoksaja
釋迦塔	석가탑	Sŏkkatap	Seokgatap	石山	석산	Sŏksan	Seoksan
石刻	석각	sŏkkak	seokgak	石山里	석산리	Sŏksan-ni	Seoksan-ri
石劍	석검	sŏkkŏm	seokgeom	石像	석상	sŏksang	seoksang
石溪	석계	sŏkkye	seokgye	石城	석성	Sŏksŏng	Seokseong
石谷里	석곡리	Sŏkkong-ni	Seokgok-ri	石城郡	석성군	Sŏksŏng-gun	Seokseong-gun
石工	석공	sŏkkong	seokgong	石城縣	석성현	Sŏksŏng-hyŏn	Seokseong-hyeon

한자 용례	한글	ALA-LC Romanization	정부 표기안	한자 용례	한글	ALA-LC Romanization	정부 표기안
石水洞	석수동	Sŏksu-dong	Seoksu-dong	石灰	석회	sŏkhoe	seokoe
石室	석실	sŏksil	seoksil	選	선	sŏn	seon
石室墳	석실분	sŏksilbun	seoksilbun	善	선	sŏn	seon
石巖里	석암리	Sŏgam-ni	Seogam-ri	扇	선	sŏn	seon
石悟	석오	Sŏgo	Seogo	禪	선	sŏn	seon
石吾	석오	Sŏgo	Seogo	禪家	선가	sŏn'ga	seonga
石牛	석우	Sŏgu	Seogu	仙家	선가	sŏn'ga	seonga
石油	석유	sŏgyu	seogyu	先覺	선각	sŏn'gak	seongak
釋義	석의	sŏgŭi	seogui	先覺者	선각자	sŏn'gakcha	seongakja
石儀	석의	Sŏgŭi	Seogui	選擧	선거	sŏn'gŏ	seongeo
釋疑	석의	sŏgŭi	seogui	選舉	선거	sŏn'gŏ	seongeo
石刃	석인	Sŏgin	Seogin	選擧	선거	sŏn'gŏ	seongeo
錫杖洞	석장동	Sŏkchang-dong	Seokjang-dong	選擧權	선거권	sŏn'gŏkwŏn	seongeogwon
石壯里	석장리	Sŏkchang-ni	Seokjang-ri	選擧法	선거법	sŏn'gŏpŏp	seongeobeop
石帳里	석장리	Sŏkchang-ni	Seokjang-ri	選擧法	선거법	sŏn'gŏpŏp	seongeobeop
石齋	석재	Sŏkchae	Seokjae	選擧制	선거제	sŏn'gŏje	seongeoje
石田	석전	Sŏkchŏn	Seokjeon	選擧志	선거지	Sŏn'gŏji	seongeoji
石井	석정	Sŏkchŏng	Seokjeong	先決	선결	sŏn'gyŏl	seongyeol
石鼎	석정	sŏkchŏng	seokjeong	仙境	선경	sŏn'gyŏng	seongyeong
石井里	석정리	Sŏkchŏng-ni	Seokjeong-ri	善瓊	선경	Sŏn'gyong	Seongyeong
石造	석조	sŏkcho	seokjo	選鑛	선광	sŏn'gwang	seongwang
石造物	석조물	sŏkchomul	seokjomul	船橋	선교	sŏn'gyo	seongyo
石造殿	석조전	Sŏkchojŏn	Seokjojeon	宣教	선교	sŏn'gyo	seongyo
釋尊	석존	sŏkchon	seokjon	宣敎	선교	sŏn'gyo	seongyo
釋奠祭	석존제	Sŏkchŏnje	Seokjonje	汕僑	선교	Sŏn'gyo	Seongyo
石鐘	석종	sŏkchong	seokjong	禪教訣	선교결	sŏn'gyogyŏl	seongyogyeol
石鐘形	석종형	sŏkchonghyŏng	seokjonghyeong	禪教攷	선교고	sŏn'gyogo	seongyogo
石洲	석주	Sŏkchu	Seokju	宣教師	선교사	sŏn'gyosa	seongyosa
石柱	석주	sŏkchu	seokju	宣敎使	선교사	sŏn'gyosa	seongyosa
石泉	석천	sŏkch'ŏn	seokcheon	船橋莊	선교장	Sŏn'gyojang	Seongyojang
石川	석천	sŏkch'ŏn	seokcheon	鮮教會	선교회	sŏn'gyohoe	seongyohoe
石村	석촌	Sŏkch'on	Seokchon	宣敎會	선교회	sŏn'gyohoe	seongyohoe
石村洞	석촌동	Sŏkch'on-dong	Seokchon-dong	先驅	선구	sŏn'gu	seongu
石築	석축	sŏkch'uk	seokchuk	先驅者	선구자	sŏn'guja	seonguja
石灘	석탄	Sŏkt'an	Seoktan	仙女	선녀	sŏnnyŏ	seonnyeo
石炭	석탄	sŏkt'an	seoktan	先農壇	선농단	Sŏnnongdan	Seonnongdan
石灘里	석탄리	Sŏkt'an-ni	Seoktan-ri	先農祭	선농제	Sŏnnongje	Seonnongje
石塔	석탑	sŏkt'ap	seoktap	船隊	선대	sŏndae	seondae
石塔材	석탑재	sŏkt'apchae	seoktapjae	宣德	선덕	Sŏndŏk	Seondeok
石坡	석파	Sŏkp'a	Seokpa	先導	선도	sŏndo	seondo
錫鈑	석판	sŏkp'an	seokpan	仙道	선도	Sŏndo	Seondo
石版	석판	sŏkp'an	seokpan	善導	선도	sŏndo	seondo
碩學들	석학들	sŏkhakdŭl	seokakdeul	善道	선도	Sŏndo	Seondo
石湖	석호	sŏkho	seoko	仙道教	선도교	Sŏndogyo	Seondogyo
石花村	석화촌	Sŏkhwach'on	Seokwachon	選讀	선독	sŏndok	seondok

한자 용례	한글	ALA-LC Romanization	정부 표기안	한자 용례	한글	ALA-LC Romanization	정부 표기안
煽動	선동	sŏndong	seondong	選書	선서	sŏnsŏ	seonseo
煽動員	선동원	sŏndongwŏn	seondongwon	宣誓	선서	sŏnsŏ	seonseo
宣陵	선릉	Sŏnnŭng	Seolleung	禪書	선서	sŏnsŏ	seonseo
禪理	선리	sŏlli	seolli	宣誓文	선서문	sŏnsŏmun	seonseomun
善隣	선린	sŏllin	seollin	船所	선소	sŏnso	seonso
扇面展	선면전	sŏnmyŏnjŏn	seonmyeonjeon	船首	선수	sŏnsu	seonsu
宣明	선명	Sŏnmyŏng	Seonmyeong	船需	선수	sŏnsu	seonsu
宣武	선무	sŏnmu	seonmu	先習	선습	sŏnsŭp	seonseup
禪舞	선무	sŏnmu	seonmu	禪詩	선시	sŏnsi	seonsi
宣務	선무	sŏnmu	seonmu	仙岩	선암	sŏnam	seonam
仙舞	선무	sŏnmu	seonmu	仙岩里	선암리	Sŏnam-ni	Seonam-ri
宣撫使	선무사	sŏnmusa	seonmusa	仙巖寺	선암사	Sŏnamsa	Seonamsa
禪墨	선묵	sŏnmuk	seonmuk	仙岩寺	선암사	Sŏnamsa	Seonamsa
禪文	선문	sŏnmun	seonmun	宣揚	선양	sŏnyang	seonyang
禪門	선문	sŏnmun	seonmun	宣揚會	선양회	sŏnyanghoe	seonyanghoe
鮮文	선문	sŏnmun	seonmun	禪語錄	선어록	sŏnŏrok	seoneorok
鮮文大	선문대	Sŏnmundae	Seonmundae	宣言	선언	sŏnŏn	seoneon
先物	선물	sŏnmul	seonmul	宣言文	선언문	sŏnŏnmun	seoneonmun
選民	선민	sŏnmin	seonmin	宣言書	선언서	sŏnŏnsŏ	seoneonseo
選民主義	선민주의	sŏnminjuŭi	seonminjuui	宣烈	선열	sŏnyŏl	seonyeol
船舶	선박	sŏnbak	seonbak	先烈	선열	sŏnyŏl	seonyeol
船舶稅	선박세	sŏnbakse	seonbakse	善影	선영	sŏnyŏng	seonyeong
禪房	선방	sŏnbang	seonbang	宣醞圖	선온도	sŏnondo	seonondo
善本	선본	sŏnbon	seonbon	鮮于	선우	Sŏnu	Seonu
先鋒	선봉	sŏnbong	seonbong	禪雲	선운	Sŏnun	Seonun
仙府	선부	Sŏnbu	Seonbu	禪雲寺	선운사	Sŏnunsa	Seonunsa
仙府洞	선부동	Sŏnbu-dong	Seonbu-dong	璿源	선원	sŏnwŏn	seonwon
選佛堂	선불당	sŏnbuldang	seonbuldang	禪苑	선원	sŏnwŏn	seonwon
選佛場	선불장	Sŏnbulchang	Seonbuljang	禪院	선원	sŏnwŏn	seonwon
選佛場	선불장	Sŏnbulchang	Seonbuljang	禪源	선원	sŏnwŏn	seonwon
鮮卑	선비	Sŏnbi	Seonbi	船員	선원	sŏnwŏn	seonwon
鮮卑族	선비족	Sŏnbijok	Seonbijok	璿源錄	선원록	sŏnwŏnnok	seonwonnok
禪師	선사	sŏnsa	seonsa	先儒	선유	sŏnyu	seonyu
先師	선사	sŏnsa	seonsa	仙遊	선유	sŏnyu	seonyu
禪寺	선사	sŏnsa	seonsa	仙人	선인	sŏnin	seonin
禪師	선사	sŏnsa	seonsa	先人	선인	sŏnin	seonin
先史	선사	sŏnsa	seonsa	鮮人	선인	sŏnin	seonin
禪師碑	선사비	sŏnsabi	seonsabi	仙人道	선인도	Sŏnindo	Seonindo
善山	선산	Sŏnsan	Seonsan	仙人洞	선인동	Sŏnin-dong	Seonin-dong
善山郡	선산군	Sŏnsan-gun	Seonsan-gun	先人들	선인들	sŏnindŭl	seonindeul
善山邑	선산읍	Sŏnsan-ŭp	Seonsan-eup	仙引子	선인자	sŏninja	seoninja
先生	선생	sŏnsaeng	seonsaeng	先蠶壇	선잠단	Sŏnjamdan	Seonjamdan
先生家	선생가	sŏnsaengga	seonsaengga	先蠶祭	선잠제	Sŏnjamje	Sonjamje
先生案	선생안	sŏnsaengan	seonsaengan	線裝	선장	sŏnjang	seonjang
先生集	선생집	sŏnsaengjip	seonsaengjip	船籍	선적	sŏnjŏk	seonjeok

한자 용례	한글	ALA-LC Romanization	정부 표기안	한자 용례	한글	ALA-LC Romanization	정부 표기안
宣傳	선전	sŏnjŏn	seonjeon	宣和	선화	sŏnhwa	seonhwa
鮮展	선전	sŏnjŏn	seonjeon	禪畵	선화	sŏnhwa	seonhwa
宣傳官	선전관	sŏnjŏn'gwan	seonjeonggwan	禪話	선화	sŏnhwa	seonhwa
宣傳隊	선전대	sŏnjŏndae	seonjeondae	仙華子	선화자	Sŏnhwaja	Seonhwaja
宣傳部	선전부	Sŏnjŏnbu	seonjeonbu	薛	설	sŏl	seol
宣傳員	선전원	sŏnjŏnwŏn	seonjeonwon	說	설	sŏl	seol
善政	선정	sŏnjŏng	seonjeong	雪	설	sŏl	seol
選定	선정	sŏnjŏng	seonjeong	設計	설계	sŏlgye	seolgye
宣靖陵	선정릉	Sŏnjŏngnŭng	Seonjeongneung	設計團	설계단	Sŏlgyedan	seolgyedan
宣政殿	선정전	Sŏnjŏngjŏn	Seonjeongjeon	雪溪里	설계리	Sŏlgye-ri	Seolgye-ri
先祖	선조	sŏnjo	seonjo	雪谷	설곡	sŏlgok	seolgok
宣祖	선조	Sŏnjo	Seonjo	說敎	설교	sŏlgyo	seolgyo
先祖들	선조들	sŏnjodŭl	seonjodeul	說敎	설교	sŏlgyo	seolgyo
宣宗	선종	Sŏnjong	Seonjong	說敎學	설교학	sŏlgyohak	seolgyohak
禪宗	선종	Sŏnjong	Seonjong	說得	설득	sŏltŭk	seoldeuk
善州	선주	Sŏnju	Seonju	說例	설례	sŏllye	seollye
船主	선주	sŏnju	seonju	設立	설립	sŏllip	seollip
選注	선주	sŏnju	seonju	設立者	설립자	sŏllipcha	seollipja
善竹橋	선죽교	Sŏnjukkyo	Seonjukgyo	設問	설문	sŏlmun	seolmun
仙芝	선지	Sŏnji	Seonji	說問	설문	sŏlmun	seolmun
先進	선진	sŏnjin	seonjin	說文	설문	sŏlmun	seolmun
先進國	선진국	sŏnjin'guk	seonjinguk	說法	설법	sŏlpŏp	seolbeop
先進化	선진화	sŏnjinhwa	seonjinhwa	雪峯	설봉	sŏlbong	seolbong
選集	선집	sŏnjip	seonjip	雪峰	설봉	Sŏlbong	seolbong
船着場	선착장	sŏnch'akchang	seonchakjang	設備	설비	sŏlbi	seolbi
先天	선천	sŏnch'ŏn	seoncheon	雪上	설상	sŏlsang	seolsang
鮮初	선초	Sŏnch'o	Seoncho	雪城	설성	Sŏlsŏng	Seolseong
選叢	선총	sŏnch'ong	seonchong	雪岫	설수	sŏlsu	seolsu
禪漆	선칠	sŏnch'il	seonchil	雪嶽	설악	Sŏrak	Seorak
選擇	선택	sŏnt'aek	seontaek	雪嶽山	설악산	Sŏraksan	Seoraksan
先鞭	선편	sŏnp'yŏn	seonpyeon	雪原	설원	sŏrwŏn	seorwon
選編	선편	sŏnp'yŏn	seonpyeon	雪月梅	설월매	Sŏrwŏlmae	Seorwolmae
旋風	선풍	Sŏnp'ung	Seonpung	說傳	설전	sŏlchŏn	seoljeon
船何主	선하주	sŏnhaju	seonhaju	設定	설정	sŏlchŏng	seoljeong
禪學	선학	sŏnhak	seonhak	雪中梅	설중매	sŏljungmae	seoljungmae
禪學院	선학원	sŏnhagwŏn	seonhagwon	說叢	설총	sŏlch'ong	seolchong
禪解	선해	sŏnhae	seonhae	設置	설치	sŏlch'i	seolchi
善行	선행	sŏnhaeng	seonhaeng	雪風	설풍	sŏlp'ung	seolpung
先賢	선현	sŏnhyŏn	seonhyeon	雪恨	설한	sŏrhan	seolhan
禪賢	선현	sŏnhyŏn	seonhyeon	說畫	설화	sŏrhwa	seolhwa
先賢들	선현들	sŏnhyŏndul	seonhyeondeul	說話	설화	sŏrhwa	seolhwa
鮮血	선혈	sŏnhyŏl	seonhyeol	雪華山	설화산	sŏrhwasan	seolhwasan
扇形	선형	sŏnhyŏng	seonhyeong	說話集	설화집	sŏrhwajip	seolhwajip
仙花	선화	sŏnhwa	seonhwa	瞻用志	섬용지	Sŏmyongji	Seomyongji
善畵	선화	sŏnhwa	seonhwa	纖維	섬유	sŏmyu	seomyu

한자 용례	한글	ALA-LC Romanization	정부 표기안	한자 용례	한글	ALA-LC Romanization	정부 표기안
纖維	섬유	sŏmyu	seomyu	性潭	성담	Sŏngdam	Seongdam
蟾津	섬진	Sŏmjin	Seomjin	聖堂	성당	sŏngdang	seongdang
蟾津江	섬진강	Sŏmjin'gang	Seomjingang	聖德	성덕	Sŏngdŏk	Seongdeok
攝生	섭생	sŏpsaeng	seopsaeng	城圖	성도	sŏngdo	seongdo
涉外	섭외	sŏboe	seoboe	聲讀	성독	sŏngdok	seongdok
涉外局	섭외국	Sŏboeguk	Seoboeguk	城東	성동	Sŏngdong	Seongdong
攝政	섭정	sŏpchŏng	seopjeong	城東洞	성동동	Sŏngdong-dong	Seongdong-dong
省	성	sŏng	seong	城東里	성동리	Sŏngdong-ni	Seongdong-ri
城	성	sŏng	seong	城洞里	성동리	Sŏngdong-ni	Seongdong-ri
姓	성	sŏng	seong	性理	성리	sŏngni	seongni
聖	성	sŏng	seong	性理說	성리설	Sŏngnisŏl	Seongniseol
城乾洞	성건동	Sŏnggŏn-dong	Seonggeon-dong	性理學	성리학	Sŏngnihak	Seongnihak
性格	성격	sŏngkyŏk	seonggyeok	性理學派	성리학파	sŏngnihakp'a	Seongnihakpa
聖潔	성결	Sŏnggyŏl	Seonggyeol	成立	성립	sŏngnip	seongnip
聖潔敎	성결교	Sŏnggyŏlgyo	Seonggyeolgyo	成立史	성립사	sŏngnipsa	seongnipsa
聖經	성경	Ssŏnggyŏng	Seonggyeong	成立史的	성립사적	sŏngnipsajŏk	seongnipsajeok
聖經學	성경학	Sŏnggyŏnghak	Seonggyeonghak	姓名	성명	sŏngmyŏng	seongmyeong
惺溪	성계	Sŏnggye	Seonggye	聲明	성명	sŏngmyŏng	seongmyeong
省谷	성곡	Sŏnggok	Seonggok	姓名學	성명학	sŏngmyŏnghak	seongmyeonghak
聖骨	성골	sŏnggol	seonggol	聲明會	성명회	sŏngmyŏnghoe	seongmyeonghoe
成功	성공	sŏnggong	seonggong	聖母	성모	Sŏngmo	Seongmo
成功學	성공학	sŏnggonghak	seonggonghak	聖母堂	성모당	Sŏngmodang	Seongmodang
聖公會	성공회	Sŏnggonghoe	Seonggonghoe	聖廟	성묘	sŏngmyo	seongmyo
聖公會大	성공회대	sŏnggonghoedae	Seonggonghoedae	成文	성문	sŏngmun	seongmun
成果	성과	sŏngkwa	seonggwa	性文	성문	Sŏngmun	Seongmun
成果給	성과급	sŏngkwagŭp	seonggwageup	城門	성문	sŏngmun	seongmun
城廓	성곽	sŏngkwak	seonggwak	成文閣	성문각	Sŏngmun'gak	Seongmungak
城郭	성곽	sŏngkwak	seonggwak	城門里	성문리	Sŏngmun-ni	Seongmun-ri
聖光	성광	Sŏnggwang	Seonggwang	城壁	성벽	sŏngbyŏk	seongbyeok
聖敎	성교	sŏnggyo	seonggyo	姓譜	성보	sŏngbo	seongbo
聖君	성군	sŏnggun	seonggun	聖寶	성보	sŏngbo	seongbo
成均	성균	sŏnggyun	seonggyun	成輔社	성보사	Sŏngbosa	Seongbosa
成均館	성균관	Sŏnggyun'gwan	Seonggyungwan	聖峰閣	성봉각	Sŏngbonggak	Seongbonggak
成均館大	성균관대	sŏnggyun'gwandae	Seonggyungwandae	城北	성북	Sŏngbuk	Seongbuk
性器	성기	sŏnggi	seonggi	城北洞	성북동	Sŏngbuk-tong	Seongbuk-dong
城南	성남	Sŏngnam	Seongnam	成佛	성불	sŏngbul	seongbul
城南里	성남리	Sŏngnam-ni	Seongnam-ri	成佛經	성불경	Sŏngbulgyŏng	Seongbulgyeong
城南市	성남시	Sŏngnam-si	Seongnam-si	成佛論	성불론	sŏngbullon	seongbullon
城內	성내	sŏngnae	seongnae	成佛寺	성불사	Sŏngbulsa	Seongbulsa
城內洞	성내동	Sŏngnae-dong	Seongnae-dong	性史	성사	sŏngsa	seongsa
城內里	성내리	Sŏngnae-ri	Seongnae-ri	聖師	성사	Sŏngsa	Seongsa
城內部	성내부	Sŏngnae-bu	Seongnae-bu	成事	성사	sŏngsa	seongsa
聖女	성녀	Sŏngnyŏ	Seongnyeo	星山	성산	Sŏngsan	Seongsan
成年	성년	sŏngnyŏn	seongnyeon	城山	성산	sŏngsan	seongsan
成年式	성년식	sŏngnyŏnsik	seongnyeonsik	星山洞	성산동	Sŏngsan-dong	Seongsan-dong

한자 용례	한글	ALA-LC Romanization	정부 표기안	한자 용례	한글	ALA-LC Romanization	정부 표기안
聖上	성상	sŏngsang	seongsang	惺齋	성재	Sŏngjae	Seongjae
性相	성상	Sŏngsang	Seongsang	省齋	성재	Sŏngjae	Seongjae
聖書	성서	Sŏngsŏ	Seongseo	誠齋	성재	Sŏngjae	Seongjae
聖書的	성서적	Sŏngsŏjŏk	Seongseojeok	成績	성적	sŏngjŏk	seongjeok
醒石	성석	Sŏngsŏk	Seongseok	性的	성적	sŏngchŏk	seongjeok
惺叟	성수	Sŏngsu	Seongsu	聖蹟圖	성적도	Sŏngjŏkto	Seongjeokdo
成熟	성숙	sŏngsuk	seongsuk	成績表	성적표	sŏngjŏkp'yo	seongjeokpyo
成熟期	성숙기	sŏngsukki	seongsukgi	聖戰	성전	sŏngjŏn	seongjeon
城市	성시	sŏngsi	seongsi	姓傳	성전	sŏngjŏn	seongjeon
城市圖	성시도	sŏngsido	seongsido	成正	성정	Sŏngjŏng	Seongjeong
聖詩集	성시집	sŏngsijip	seongsijip	聲調	성조	sŏngjo	seongjo
誠信	성신	Sŏngsin	Seongsin	聖祖	성조	Sŏngjo	Seongjo
聖心	성심	sŏngsim	seongsim	成宗	성종	Sŏngjong	Seongjong
姓氏	성씨	sŏngssi	seongssi	成宗朝	성종조	Sŏngjongjo	Seongjongjo
聲樂	성악	sŏngak	seongak	星座	성좌	sŏngjwa	seongjwa
成安	성안	sŏngan	seongan	星州	성주	Sŏngju	Seongju
城巖洞	성암동	Sŏngam-dong	Seongam-dong	聖住	성주	Sŏngju	Seongju
成語	성어	sŏngŏ	seongeo	城主	성주	sŏngju	seongju
聖業	성업	sŏngŏp	seongeop	成州	성주	Sŏngju	Seongju
城役	성역	sŏngyŏk	seongyeok	成州郡	성주군	Sŏngju-gun	Seongju-gun
聖域化	성역화	sŏngyŏkhwa	seongyeokwa	星州郡	성주군	Sŏngju-gun	Seongju-gun
性五	성오	Sŏngo	Seongo	星州牧	성주목	Sŏngju-mok	Seongju-mok
省吾	성오	Sŏngo	Seongo	聖住寺	성주사	Sŏngjusa	Seongjusa
省窩	성와	Sŏngwa	Seongwa	聖志	성지	Sŏngji	Seongji
星友	성우	Sŏngu	Seongu	聖地	성지	sŏngji	seongji
惺牛	성우	Sŏngu	Seongu	城址	성지	sŏngji	seongji
星雲	성운	Sŏngun	Seongun	成誌社	성지사	Sŏngjisa	Seongjisa
聖雄	성웅	sŏngung	seongung	聖職	성직	sŏngjik	seongjik
姓源	성원	sŏngwŏn	seongwon	省察	성찰	sŏngch'al	seongchal
姓源錄	성원록	sŏngwŏllok	seongwollok	成册	성책	sŏngch'aek	seongchaek
星苑社	성원사	Sŏngwŏnsa	Seongwonsa	成册草	성책초	sŏngch'aekch'o	seongchaekcho
城隱	성은	Sŏngŭn	Seongeun	星泉	성천	Sŏngch'ŏn	Seongcheon
城邑	성읍	sŏngŭp	seongeup	性澈	성철	Sŏngch'ŏl	Seongcheol
成人	성인	sŏngin	seongin	成川	성춘	Sŏngch'ŏn	Seongchun
聖人	성인	sŏngin	seongin	成川郡	성춘군	Sŏngch'ŏn-gun	Seongchun-gun
成因	성인	sŏngin	seongin	成就	성취	sŏngch'wi	seongchwi
聖人峰	성인봉	Sŏnginbong	Seonginbong	聖誕	성탄	Sŏngt'an	Seongtan
聖人選	성인선	sŏnginsŏn	seonginseon	聖誕節	성탄절	Sŏngt'anjŏl	Seongtanjeol
成人式	성인식	sŏnginsik	seonginsik	成敗	성패	sŏngp'ae	seongpae
聖人傳	성인전	sŏnginjŏn	seonginjeon	聖河	성하	Sŏngha	Seongha
聖者	성자	Sŏngja	Seongja	聖學	성학	Sŏnghak	Seonghak
成長	성장	sŏngjang	seongjang	成海	성해	Sŏnghae	Seonghae
成長期	성장기	sŏngjanggi	seongjanggi	誠軒	성헌	Sŏnghŏn	Seongheon
成長史	성장사	sŏngjangsa	seongjangsa	成形	성형	sŏnghyŏng	seonghyeong
成長株	성장주	sŏngjangju	seongjangju	星湖	성호	Sŏngho	Seongho

한자 용례	한글	ALA-LC Romanization	정부 표기안	한자 용례	한글	ALA-LC Romanization	정부 표기안
聖號錄	성호록	sŏnghorok	seonghorok	世明	세명	semyŏng	semyeong
星湖里	성호리	Sŏngho-ri	Seongho-ri	稅務	세무	semu	semu
星湖學	성호학	Sŏnghohak	Seonghohak	稅務士	세무사	semusa	semusa
成婚錄	성혼록	sŏnghonnok	seonghollok	稅務士會	세무사회	semusahoe	semusahoe
聖火	성화	sŏnghwa	seonghwa	稅務署	세무서	semusŏ	semuseo
成和社	성화사	Sŏnghwasa	Seonghwasa	細文鏡	세문경	semun'gyŏng	semungyeong
城隍	성황	sŏnang	seonghwang	世文社	세문사	Semunsa	Semunsa
城隍壇	성황단	sŏnghwangdan	seonghwangdan	歲拜	세배	sebae	sebae
城隍堂	성황당	sŏnghwangdang	seonghwangdang	稅法	세법	sepŏp	sebeop
城隍祠	성황사	Sŏnghwangsa	Seonghwangsa	世譜	세보	sebo	sebo
城隍神	성황신	sŏnghwangsin	seonghwangsin	世輔	세보	sebo	sebo
城隍祭	성황제	sŏnghwangje	seonghwangje	細部	세부	sebu	sebu
聖會	성회	sŏnghoe	seonghoe	世上	세상	sesang	sesang
成孝	성효	sŏnghyo	seonghyo	細石器	세석기	sesŏkki	seseokgi
世	세	se	se	細石刃	세석인	sesŏgin	seseogin
歲	세	se	se	世說	세설	sesŏl	seseol
勢	세	se	se	世俗	세속	sesok	sesok
世家	세가	sega	sega	世孫	세손	seson	seson
世間	세간	segan	segan	世孫宮	세손궁	seson'gung	sesongung
世居	세거	segŏ	segeo	洗手	세수	sesu	sesu
世經	세경	segyŏng	segyeong	世襲巫	세습무	sesŭmmu	seseummu
世經本	세경본	segyŏngbon	segyeongbon	世乘	세승	sesŭng	seseung
世經社	세경사	Segyŏngsa	Segyeongsa	歲時	세시	sesi	sesi
稅經社	세경사	Segyŏngsa	Segyeongsa	歲時記	세시기	sesigi	sesigi
世界	세계	segye	segye	洗心	세심	sesim	sesim
世界觀	세계관	segyegwan	segyegwan	稅心	세심	Sesim	Sesim
世界社	세계사	Segyesa	Segyesa	洗心記	세심기	sesimgi	sesimgi
世界史	세계사	segyesa	segyesa	洗心譚	세심담	Sesimdam	Sesimdam
世界人	세계인	segyein	segyein	洗心齋	세심재	Sesimjae	Sesimjae
世界化	세계화	segyehwa	segyehwa	洗心宗	세심종	Sesimjong	Sesimjong
世稿	세고	sego	sego	世安	세안	Sean	Sean
稅穀	세곡	segok	segok	稅役	세역	seyŏk	seyeok
細工	세공	segong	segong	世英	세영	Seyŏng	Seyeong
稅關	세관	segwan	segwan	稅源	세원	sewŏn	sewon
世光	세광	segwang	segwang	歲月	세월	sewŏl	sewol
世紀	세기	segi	segi	歲月	세월	sewŏl	sewol
世記	세기	segi	segi	稅率	세율	seyul	seyul
世代	세대	sedae	sedae	世仁	세인	Sein	sein
世代記	세대기	sedaegi	sedaegi	世人	세인	sein	sein
世代別	세대별	sedaebyŏl	sedaebyeol	世子	세자	seja	seja
世帶主	세대주	sedaeju	sedaeju	洗者	세자	seja	seja
世德錄	세덕록	sedŏngnok	sedeongnok	世子宮	세자궁	sejagung	sejagung
世德祠	세덕사	Sedŏksa	Sedeoksa	世子保	세자보	sejabo	sejabo
勢力	세력	seryŏk	seryeok	世子嬪	세자빈	sejabin	sejabin
世琳	세림	Serim	Serim	世蹟	세적	sejŏk	sejeok

한자 용례	한글	ALA-LC Romanization	정부 표기안	한자 용례	한글	ALA-LC Romanization	정부 표기안
世傳	세전	sejŏn	sejeon	小企業	소기업	sogiŏp	sogieop
細田里	세전리	Sejŏn-ni	Sejeon-ri	少年	소년	sonyŏn	sonyeon
稅政	세정	sejŏng	sejeong	小年	소년	sonyŏn	sonyeon
稅制	세제	seje	seje	少年團	소년단	sonyŏndan	sonyeondan
稅制史	세제사	sejesa	sejesa	少年兵	소년병	sonyŏnbyŏng	sonyeonbyeong
稅制上	세제상	sejesang	sejesang	少年院	소년원	sonyŏnwŏn	sonyeonwon
世祖	세조	Sejo	Sejo	少年誌	소년지	sonyŏnji	sonyeonji
世祖體字	세조체자	Sejoch'eja	Sejocheja	少年會	소년회	sonyŏnhoe	sonyeonhoe
世尊	세존	sejon	sejon	蘇大縣	소대현	Sodae-hyŏn	Sodae-hyeon
世宗	세종	Sejong	Sejong	消毒	소독	sodok	sodok
世宗	세종	Sejong	Sejong	所得	소득	sodŭk	sodeuk
世宗大	세종대	Sejongdae	Sejongdae	所得層	소득층	sodŭkch'ŭng	sodeukcheung
細竹里	세죽리	Sejung-ni	Sejuk-ri	所羅里	소라리	Sora-ri	Sora-ri
世中	세중	sejung	sejung	蘇萊	소래	Sorae	Sorae
世珍	세진	Sejin	Sejin	蘇來寺	소래사	Soraesa	Soraesa
世進社	세진사	Sejinsa	Sejinsa	蘇聯	소련	Soryŏn	Soryeon
世昌	세창	Sech'ang	Sechang	蘇聯派	소련파	Soryŏnp'a	Soryeonpa
世采	세채	sech'ae	sechae	小路	소로	soro	soro
貰册	세책	sech'aek	sechaek	小魯里	소로리	Soro-ri	Soro-ri
細則	세칙	sech'ik	sechik	小祿	소록	sorok	sorok
世態	세태	set'ae	setae	小鹿	소록	Sorok	Sorok
細胞	세포	sep'o	sepo	小鹿島	소록도	Sorokto	Sorokdo
歲寒	세한	sehan	sehan	小論	소론	soron	soron
歲寒圖	세한도	sehando	sehando	少論	소론	soron	soron
歲畵	세화	sehwa	sehwa	少林	소림	Sorim	Sorim
世和	세화	Sehwa	Sehwa	小林	소림	sorim	sorim
世華	세화	Sehwa	Sehwa	少林寺	소림사	Sorimsa	Sorimsa
蘇	소	So	So	所望社	소망사	Somangsa	Somangsa
小	소	So	So	小賣	소매	somae	somae
小伽倻	소가야	Sogaya	Sogaya	小賣業	소매업	somaeŏp	somaeeop
紹介	소개	sogae	sogae	昭明縣	소명현	Somyŏng-hyŏn	Somyeong-hyeon
小京	소경	Sogyŏng	Sogyeong	素描	소묘	somyo	somyo
小溪	소계	Sogye	Sogye	素描集	소묘집	somyojip	somyojip
小溪亭	소계정	sogyejŏng	Sogyejeong	昭武	소무	Somu	Somu
小考	소고	sogo	sogo	護聞	소문	somun	somun
嘯皐	소고	Sogo	Sogo	素門	소문	somun	somun
嘯皐家	소고가	Sogoga	Sogoga	召文	소문	somun	somun
紹古堂	소고당	Sogodang	Sogodang	小門	소문	somun	somun
小曲	소곡	sogok	sogok	素文	소문	somun	somun
小科	소과	sokwa	sogwa	少微	소미	Somi	Somi
小國	소국	soguk	soguk	小盤	소반	soban	soban
小劇場	소극장	sogŭkchang	sogeukjang	小盤匠	소반장	sobanjang	sobanjang
素琴	소금	Sogŭm	Sogeum	小方	소방	Sobang	Sobang
小金剛	소금강	Sogŭmgang	Sogeumgang	消防	소방	sobang	sobang
遡及	소급	sogŭp	sogeup	小白	소백	Sobaek	Sobaek

한자 용례	한글	ALA-LC Romanization	정부 표기안	한자 용례	한글	ALA-LC Romanization	정부 표기안
小白山	소백산	Sobaeksan	Sobaeksan	昭陽亭	소양정	Soyangjŏng	Soyangjeong
素凡	소범	Sobŏm	Sobeom	素言	소언	soŏn	soeon
小法典	소법전	sopŏpchŏn	sobeopjeon	昭烈帝	소열제	Soyŏlje	Soyeolje
疏本	소본	sobon	sobon	小烏子	소오자	Sooja	Sooja
所夫里	소부리	Sobu-ri	Sobu-ri	素王	소왕	Sowang	Sowang
消費	소비	sobi	sobi	疏外	소외	sooe	sooe
消費者	소비자	sobija	sobija	疎外	소외	sooe	sooe
消費品	소비품	sobip'um	sobipum	消遙	소요	soyo	soyo
小史	소사	sosa	sosa	逍遙	소요	soyo	soyo
素沙里	소사리	Sosa-ri	Sosa-ri	騷擾	소요	soyo	soyo
小辞典	소사전	sosajŏn	sosajeon	消遙堂	소요당	Soyodang	Soyodang
瀟湘	소상	sosang	sosang	逍遙山	소요산	Soyosan	Soyosan
小暑	소서	Sosŏ	Soseo	訴冤	소원	sowŏn	sowon
召西奴	소서노	Sosŏno	Soseono	素月	소월	Sowŏl	Sowol
小選	소선	sosŏn	soseon	所有	소유	soyu	soyu
小說	소설	sosŏl	soseol	所有權	소유권	soyukwŏn	soyugwon
小雪	소설	Sosŏl	soseol	所有權法	소유권법	soyukwŏnpŏp	soyugwonbeop
小說論	소설론	sosŏllon	soseollon	所有地	소유지	soyuji	soyuji
小說史	소설사	sosŏlsa	soseolsa	小尹	소윤	Soyun	Soyun
小說選	소설선	sosŏlsŏn	soseolseon	騷音	소음	soŭm	soeum
小說集	소설집	sosŏlchip	soseoljip	疏議	소의	soŭi	soui
小說學	소설학	sosŏrhak	soseolhak	小人	소인	soin	soin
邵城	소성	Sosŏng	Soseong	燒印	소인	soin	soin
燒成	소성	sosŏng	soseong	所任	소임	soim	soim
素素里	소소리	Soso-ri	Soso-ri	小字	소자	soja	soja
訴訟	소송	sosong	sosong	素子	소자	soja	soja
訴訟	소송	sosong	sosong	小作	소작	sojak	sojak
訴訟法	소송법	sosongpŏp	sosongbeop	小作權	소작권	sojakkwŏn	sojakgwon
訴訟案	소송안	sosongan	sosongan	小作農	소작농	sojangnong	sojangnong
紹修	소수	Sosu	Sosu	小作料	소작료	sojangnyo	sojangnyo
小數者	소수자	sosuja	sosuja	小作人	소작인	sojagin	sojagin
消息	소식	sosik	sosik	小作制	소작제	sojakche	sojakje
小神機箭	소신기전	sosin'gijŏn	sosingijeon	少壯	소장	sojang	sojang
小神學校	소신학교	Sosinhakkyo	Sosinhakgyo	所藏	소장	sojang	sojang
小神學校史	소신학교사	Sosinhakkyosa	Sosinhakgyosa	訴狀	소장	sochang	sojang
小兒	소아	soa	soa	所藏本	소장본	sojangbon	sojangbon
小兒論	소아론	soaron	soaron	所藏處	소장처	sojangch'ŏ	sojangcheo
小樂府	소악부	soakpu	soakbu	所藏品	소장품	sojangp'um	sojangpum
所安	소안	Soan	Soan	所在	소재	sojae	sojae
所安面	소안면	Soan-myŏn	Soan-myeon	素材	소재	sojae	sojae
素菴	소암	Soam	Soam	蘇齋	소재	Sojae	Sojae
蘇岩	소암	Soam	Soam	所載	소재	sojae	sojae
少額	소액	soaek	soaek	素材展	소재전	sojaejŏn	sojaejeon
蘇爺島	소야도	Soyado	Soyado	篠田	소전	Sojŏn	Sojeon
昭陽江	소양강	Soyanggang	Soyanggang	小篆	소전	Sojŏn	Sojeon

한자 용례	한글	ALA-LC Romanization	정부 표기안	한자 용례	한글	ALA-LC Romanization	정부 표기안
小亭	소정	Sojŏng	Sojeong	消化器	소화기	sohwagi	sohwagi
蘇亭	소정	Sojŏng	Sojeong	所懷	소회	sohoe	sohoe
小丁	소정	Sojŏng	Sojeong	小黑山	소흑산	Sohŭksan	Soheuksan
蘇井里	소정리	Sojŏng-ni	Sojeong-ri	小黑山島	소흑산도	Sohŭksando	Soheuksando
小組	소조	sojo	sojo	續	속	sok	sok
塑造	소조	sojo	sojo	速記錄	속기록	sokkirok	sokgirok
塑造佛	소조불	Sojobul	Sojobul	俗談	속담	soktam	sokdam
燒酒	소주	soju	soju	俗談論	속담론	soktamnon	sokdamnon
所志	소지	soji	soji	續大典	속대전	soktaejŏn	sokdaejeon
小集團	소집단	sojiptan	sojipdan	速度	속도	sokto	sokdo
疏箚	소차	soch'a	socha	速度戰	속도전	soktojŏn	sokdojeon
蔬菜	소채	soch'ae	sochae	續錄	속록	songnok	songnok
小泉	소천	Soch'ŏn	socheon	俗離	속리	songni	songni
訴請	소청	soch'ŏng	socheong	俗離寺	속리사	Songnisa	Songnisa
訴請制	소청제	soch'ŏngje	socheongje	俗離山	속리산	Songnisan	Songnisan
小銃	소총	soch'ong	sochong	速報	속보	sokpo	sokbo
笑叢	소총	soch'ong	sochong	俗說	속설	soksŏl	sokseol
篠叢	소총	Soch'ong	Sochong	屬性	속성	soksŏng	sokseong
小癡	소치	Soch'i	Sochi	續修	속수	soksu	soksu
小台里	소태리	Sot'ae-ri	Sotae-ri	速修	속수	soksu	soksu
少太山	소태산	Sot'aesan	Sotaesan	俗樂	속악	sogak	sogak
疏通	소통	sot'ong	sotong	俗語	속어	sogŏ	sogeo
小包函	소포함	sop'oham	sopoham	俗謠	속요	sogyo	sogyo
小品	소품	sop'um	sopum	屬邑	속읍	sogŭp	sogeup
小品展	소품전	sop'umjŏn	sopumjeon	俗字譜	속자보	sokchabo	sokjabo
小學	소학	sohak	sohak	續典	속전	sokchŏn	sokjeon
小學校	소학교	sohakkyo	sohakgyo	贖錢	속전	sokchŏn	sokjeon
小學類	소학류	sohangnyu	sohangnyu	俗節	속절	sokchŏl	sokjeol
小學生	소학생	sohaksaeng	sohaksaeng	俗祭	속제	sokche	sokje
小學書	소학서	sohaksŏ	sohakseo	續志	속지	sokchi	sokji
小寒	소한	sohan	sohan	續誌	속지	sokchi	sokji
宵海	소해	Sohae	Sohae	續集	속집	sokchip	sokjip
昭憲	소헌	sohŏn	soheon	續撰	속찬	sokch'an	sokchan
素軒	소헌	Sohŏn	Soheon	續纂	속찬	sokch'an	sokchan
昭顯	소현	Sohyŏn	Sohyeon	束草	속초	Sokch'o	Sokcho
小型	소형	sohyŏng	sohyeong	俗稱	속칭	sokch'ing	sokching
昭惠	소혜	Sohye	Sohye	續篇	속편	sokp'yŏn	sokpyeon
昭惠	소혜	Sohye	Sohye	續編	속편	sokp'yŏn	sokpyeon
小壺	소호	soho	soho	屬縣	속현	sokhyŏn	sokyeon
少昊	소호	Soho	Soho	俗畫	속화	sokhwa	sokwa
小花	소화	Sohwa	Sohwa	速效	속효	sokhyo	sokyo
小華	소화	sohwa	sohwa	孫	손	son	son
昭和	소화	Sohwa	Sohwa	蓀谷	손곡	Son'gok	Songok
消化	소화	sohwa	sohwa	蓀谷洞	손곡동	Son'gok-tong	Songok-dong
笑話	소화	sohwa	sohwa	損失	손실	sonsil	sonsil

한자 용례	한글	ALA-LC Romanization	정부 표기안	한자 용례	한글	ALA-LC Romanization	정부 표기안
巽菴	손암	Sonam	Sonam	松石	송석	Songsŏk	Songseok
遜庵	손암	Sonam	Sonam	松石軒	송석헌	Songsŏkhŏn	Songseokeon
巽窩	손와	Sonwa	Sonwa	松仙里	송선리	Songsŏn-ni	Songseon-ri
損益	손익	sonik	sonik	松雪堂	송설당	Songsŏltang	Songseoldang
損齋	손재	Sonjae	Sonjae	松雪體	송설체	Songsŏlch'e	Songseolche
捐害	손해	sonhae	sonhae	松雪軒	송설헌	Songsŏrhŏn	Songseolheon
損害	손해	sonhae	sonhae	頌壽	송수	songsu	songsu
率居	솔거	Solgŏ	Solgeo	送信所	송신소	songsinso	songsinso
宋	송	Song	Song	松岳	송악	Songak	Songak
松江	송강	Songgang	Songgang	松嶽	송악	Songak	Songak
松岡	송강	Songgang	Songgang	松岳郡	송악군	Songak-kun	Songak-gun
松江亭	송강정	Songgangjŏng	Songgangjeong	松嶽郡	송악군	Songak-kun	Songak-gun
誦經	송경	songgyŏng	songgyeong	松嶽山	송악산	Songaksan	Songaksan
松京	송경	Songgyŏng	Songgyeong	松嶽城	송악성	Songaksŏng	Songakseong
松溪	송계	Songgye	Songgye	訟案	송안	songan	songan
松谷	송곡	Songgok	Songgok	松庵	송암	Songam	Songam
松光	송광	Songgwang	Songgwang	松岩	송암	Songam	Songam
松光面	송광면	Songgwang-myŏn	Songgwang-myeon	松巖	송암	Songam	Songam
松廣寺	송광사	Songgwangsa	Songgwangsa	松厓	송애	Songae	Songae
松菊	송국	songguk	songguk	松窩	송와	Songwa	Songwa
松菊2里	송국2리	Songguk-2-ri	Songguk-2-ri	宋遼	송요	Song-Yo	Songyo
松菊里	송국리	Songgung-ni	Songguk-ri	松雲	송운	Songun	Songun
松菊里式	송국리식	Songgung-nisik	Songguk-risik	松原	송원	Songwŏn	Songwon
松菊里型	송국리형	Songgung-nihyŏng	Songguk-rihyeong	松隱	송은	Songŭn	Songeun
松菊齋	송국재	Songgukchae	Songgukjae	宋子	송자	Songja	Songja
松內里	송내리	Songnae-ri	Songnae-ri	松齋	송재	Songjae	Songjae
松潭	송담	Songdam	Songdam	松齋祠	송재사	Songjaesa	Songjaesa
松堂	송당	Songdang	Songdang	宋田里	송전리	Sonjŏn-ni	Songjeon-ri
松堂里	송당리	Songdang-ni	Songdang-ri	松田里	송전리	Songjŏn-ni	Songjeon-ri
宋代	송대	Songdae	Songdae	松田灣	송전만	Songjŏnman	Songjeonman
宋代史	송대사	Songdaesa	Songdaesa	松節洞	송절동	Songjŏl-tong	Songjeol-dong
頌德碑	송덕비	songdŏkpi	songdeokbi	松節酒	송절주	songjŏlju	songjeolju
松都	송도	Songdo	Songdo	松亭	송정	Songjŏng	Songjeong
松島	송도	Songdo	Songdo	松汀里	송정리	Songjŏng-ni	Songjeong-ri
松斗里	송두리	Songdu-ri	Songdu-ri	松亭里	송정리	Songjŏng-ni	Songjeong-ri
松露酒	송로주	songnoju	songnoju	松竹	송죽	songjuk	songjuk
訟務	송무	songmu	songmu	松竹里	송죽리	Songjung-ni	Songjuk-ri
訟事	송사	songsa	songsa	松川	송천	Songch'ŏn	Songcheon
宋史	송사	Songsa	Songsa	松泉	송천	Songch'ŏn	Songcheon
松山	송산	Songsan	Songsan	松川里	송천리	Songch'ŏl-li	Songcheon-ri
松山里	송산리	Songsan-ni	Songsan-ri	頌祝歌	송축가	Songch'ukka	songchukga
宋山里	송산리	Songsan-ni	Songsan-ri	松炭市	송탄시	Songt'an-si	Songtan-si
松山縣	송산현	Songsan-hyŏn	Songsan-hyeon	松坡	송파	Songp'a	Songpa
宋商	송상	Songsang	Songsang	松坪洞	송평동	Songp'yŏng-dong	Songpyeong-dong
宋書	송서	Songsŏ	Songseo	松浦	송포	Songp'o	Songpo

한자 용례	한글	ALA-LC Romanization	정부 표기안	한자 용례	한글	ALA-LC Romanization	정부 표기안
松下	송하	Songha	Songha	受教	수교	sugyo	sugyo
宋學	송학	Songhak	Songhak	修交史	수교사	sugyosa	sugyosa
松鶴	송학	Songhak	Songhak	水口	수구	Sugu	Sugu
松鶴島	송학도	Songhakto	Songhakdo	守舊黨	수구당	sugudang	sugudang
松鶴洞	송학동	Songhak-tong	Songhak-dong	守舊派	수구파	sugup'a	sugupa
松鶴里	송학리	Songhang-ni	Songhak-ri	水軍	수군	sugun	sugun
松軒	송헌	Songhŏn	Songheon	水宮	수궁	sugung	sugung
松峴宮	송현궁	Songhyŏn'gung	Songhyeongung	水宮歌	수궁가	Sugungga	Sugungga
松峴洞	송현동	Songhyŏn-dong	Songhyeon-dong	需給	수급	sugŭp	sugeup
松禾	송화	Songhwa	Songhwa	手記	수기	sugi	sugi
松花	송화	songhwa	songhwa	隨記	수기	sugi	sugi
松花江	송화강	Songhwagang	Songhwagang	手記集	수기집	sugijip	sugijip
松禾郡	송화군	Songhwa-gun	Songhwa-gun	秀吉	수길	Sugil	Sugil
松花酒	송화주	songhwaju	songhwaju	受難	수난	sunan	sunan
松禾縣	송화현	Songhwa-hyŏn	Songhwa-hyeon	受難史	수난사	sunansa	sunansa
送還	송환	songhwan	songhwan	藪內洞	수내동	Sunae-dong	Sunae-dong
刷	쇄	swae	swae	修女	수녀	sunyŏ	sunyeo
鎖國	쇄국	swaeguk	swaeguk	修女들	수녀들	sunyŏdŭl	sunyeodeul
瑣錄	쇄록	swaerok	swaerok	首楞嚴經	수능엄경	Sunŭngŏmgyŏng	Suneungeomgyeong
瑣尾錄	쇄미록	Swaemirok	Swaemirok	手段	수단	sudan	sudan
刷新	쇄신	swaesin	swaesin	水畓	수답	sudap	sudap
刷還	쇄환	swaehwan	swaehwan	修堂	수당	Sudang	Sudang
水	수	su	su	壽堂	수당	Sudang	Sudang
數	수	su	su	修德	수덕	Sudŏk	Sudeok
水佳里	수가리	Suga-ri	Suga-ri	修德寺	수덕사	Sudŏksa	Sudeoksa
手柬	수간	sugan	sugan	首都	수도	sudo	sudo
手簡	수간	sugan	sugan	修道	수도	sudo	sudo
壽崗	수강	sugang	sugang	首都圈	수도권	sudokwŏn	sudogwon
修改	수개	sugae	sugae	水島里	수도리	Sudo-ri	Sudo-ri
手決	수결	sugyŏl	sugyeol	修道寺	수도사	Sudosa	Sudosa
壽經	수경	sugyŏng	sugyeong	修道庵	수도암	Sudoam	Sudoam
手鏡	수경	sugyŏng	sugyeong	修道院	수도원	sudowŏn	sudowon
水耕法	수경법	sugyŏngpŏp	sugyeongbeop	水稻作	수도작	sudojak	sudojak
水系	수계	sugye	sugye	修道會	수도회	sudohoe	sudohoe
手稿	수고	sugo	sugo	壽銅	수동	Sudong	Sudong
手稿本	수고본	sugobon	sugobon	水落	수락	Surak	Surak
水谷	수곡	Sugok	Sugok	水落寺	수락사	Suraksa	Suraksa
水谷洞	수곡동	Sugok-tong	Sugok-dong	修略	수략	suryak	suryak
手工	수공	sugong	sugong	水力	수력	suryŏk	suryeok
水攻	수공	sugong	sugong	修練	수련	suryŏn	suryeon
手工業	수공업	sugongŏp	sugongeop	狩獵	수렵	suryŏp	suryeop
手工業者	수공업자	sugongŏpcha	sugongeopja	狩獵圖	수렵도	suryŏpto	suryeopdo
水工學	수공학	sugonghak	sugonghak	狩獵塚	수렵총	suryŏpch'ong	suryeopchong
修觀	수관	sugwan	sugwan	守令	수령	suryŏng	suryeong
修交	수교	sugyo	sugyo	首領論	수령론	suryŏngnon	suryeongnon

한자 용례	한글	ALA-LC Romanization	정부 표기안	한자 용례	한글	ALA-LC Romanization	정부 표기안
守令制	수령제	suryŏngje	suryeongje	守備隊	수비대	subidae	subidae
水路	수로	suro	suro	搜查	수사	susa	susa
首露	수로	suro	suro	灑辭	수사	susa	susa
水路局	수로국	Suroguk	Suroguk	隨槎錄	수사록	susarok	susarok
水路誌	수로지	suroji	suroji	水産	수산	susan	susan
收錄	수록	surok	surok	水産界	수산계	susan'gye	susangye
隨錄	수록	surok	surok	水産高	수산고	Susan'go	Susango
受錄者	수록자	surokcha	surokja	水産局	수산국	Susan'guk	Susanguk
水雷	수뢰	suroe	suroe	水産大	수산대	Susandae	Susandae
水陸	수륙	suryuk	suryuk	修山里	수산리	Susan-ni	Susan-ri
水陸齋	수륙재	suryukchae	suryukjae	水産物	수산물	susanmul	susanmul
修理	수리	suri	suri	水産部	수산부	Susanbu	Susanbu
水利	수리	suri	suri	水産省	수산성	Susansŏng	Susanseong
數理的	수리적	surijŏk	surijeok	水産業	수산업	susanŏp	susaneop
水利學	수리학	surihak	surihak	水産誌	수산지	susanji	susanji
数理學	수리학	surihak	surihak	水産廳	수산청	Susanch'ŏng	Susancheong
秀林	수림	Surim	Surim	水産會	수산회	susanhoe	susanhoe
樹立	수립	surip	surip	水蔘	수삼	susam	susam
收買	수매	sumae	sumae	繡像	수상	susang	susang
樹木	수목	sumok	sumok	隨想	수상	susang	susang
樹木園	수목원	sumogwŏn	sumogwon	受賞	수상	susang	susang
水没	수몰	sumol	sumol	隨想錄	수상록	susangnok	susangnok
守夢	수몽	sumong	sumong	受賞者	수상자	susangja	susangja
水墨	수묵	sumuk	sumuk	受賞作	수상작	susangjak	susangjak
水墨畵	수묵화	sumukhwa	sumukwa	隨想集	수상집	susangjip	susangjip
守門	수문	sumun	sumun	水色	수색	susaek	susaek
水文	수문	sumun	sumun	修書院	수서원	Susŏwŏn	Suseowon
水門	수문	sumun	sumun	水石	수석	susŏk	suseok
秀文	수문	Sumun	Sumun	首席	수석	susŏk	suseok
修文館	수문관	Sumun'gwan	Sumungwan	壽石	수석	susŏk	suseok
修文館	수문관	Sumun'gwan	Sumungwan	水石里	수석리	Susŏk-ni	Suseok-ri
壽文社	수문사	Sumunsa	Sumunsa	首善	수선	susŏn	suseon
守門神	수문신	sumunsin	sumunsin	水城	수성	susŏng	suseong
守門將	수문장	sumunjang	sumunjang	獸性	수성	susŏng	suseong
須彌壇	수미단	sumidan	sumidan	隨城	수성	Susŏng	Suseong
壽民	수민	Sumin	Sumin	守城	수성	susŏng	suseong
手搏	수박	subak	subak	水城高	수성고	Susŏnggo	Suseonggo
手搏戱	수박희	subakhŭi	subakui	壽城郡	수성군	Susŏng-gun	Suseong-gun
垂範	수범	subŏm	subeom	水成里	수성리	Susŏng-ni	Suseong-ri
修譜	수보	subo	subo	遂成縣	수성현	Susŏng-hyŏn	Suseong-hyeon
壽福	수복	subok	subok	壽世	수세	suse	suse
收復	수복	subok	subok	輸送	수송	susong	susong
受附帳	수부장	subujang	subujang	秀樹	수수	Susu	Susu
水北亭	수북정	Subukchŏng	Subukjeong	手術	수술	susul	susul
守備	수비	subi	subi	收拾	수습	susŭp	suseup

한자 용례	한글	ALA-LC Romanization	정부 표기안	한자 용례	한글	ALA-LC Romanization	정부 표기안
修習	수습	susŭp	suseup	水月	수월	suwŏl	suwol
首飾	수식	susik	susik	水銀	수은	suŭn	sueun
水神	수신	susin	susin	輸銀	수은	Suŭn	Sueun
修身	수신	susin	susin	睡隱	수은	Suŭn	Sueun
修信使	수신사	susinsa	susinsa	壽衣	수의	suŭi	suui
修身書	수신서	susinsŏ	susinseo	獸醫	수의	suŭi	suui
修心	수심	susim	susim	獸醫師	수의사	suŭisa	suuisa
愁心	수심	susim	susim	獸醫師會	수의사회	Suŭisahoe	Suuisahoe
修心訣	수심결	susimgyŏl	susimgyeol	殊異傳	수이전	suijŏn	suijeon
遂安郡	수안군	Suan-gun	Suan-gun	囚人	수인	suin	suin
遂安縣	수안현	Suan-hyŏn	Suan-hyeon	守仁	수인	Suin	suin
守庵	수암	Suam	Suam	手印	수인	suin	suin
修養	수양	suyang	suyang	水仁線	수인선	Suinsŏn	suinseon
首陽	수양	suyang	suyang	須一覽	수일람	Suillam	Suillam
修養團	수양단	suyangdan	suyangdan	蒐佚本	수일본	suilbon	suilbon
修養論	수양론	suyangnon	suyangnon	輸入	수입	suip	suip
首陽山	수양산	Suyangsan	Suyangsan	帥字旗	수자기	Sujagi	Sujagi
修養會	수양회	suyanghoe	suyanghoe	水資源	수자원	sujawŏn	sujawon
粹語	수어	suŏ	sueo	收藏	수장	sujang	sujang
授業	수업	suŏp	sueop	樹葬	수장	sujang	sujang
授業料	수업료	suŏmnyo	sueomnyo	水葬	수장	sujang	sujang
壽宴	수연	suyŏn	suyeon	收藏品	수장품	sujangp'um	sujangpum
秀演	수연	Suyŏn	Suyeon	修齋	수재	Sujae	Sujae
壽宴韻	수연운	suyŏnun	suyeonun	水底	수저	sujŏ	sujeo
水營	수영	Suyŏng	Suyeong	匙箸	수저	sujŏ	sujeo
水營里	수영리	Suyŏng-ni	Suyeong-ri	水賊	수적	sujŏk	sujeok
需要	수요	suyo	suyo	水田	수전	sujŏn	sujeon
受容	수용	suyong	suyong	守節	수절	sujŏl	sujeol
收用	수용	suyong	suyong	守節歌	수절가	sujŏlga	sujeolga
收容	수용	suyong	suyong	修正	수정	sujŏng	sujeong
受容期	수용기	suyonggi	suyonggi	水晶	수정	sujŏng	sujeong
收容所	수용소	suyongso	suyongso	水正果	수정과	sujŏnggwa	sujeonggwa
受容者	수용자	suyongja	suyongja	修訂本	수정본	sujŏngbon	sujeongbon
守愚	수우	Suu	Suu	修正主義	수정주의	sujŏngjuŭi	sujeongjuui
守愚堂	수우당	Suudang	Suudang	修正廳	수정청	Sujŏngch'ŏng	Sujeongcheong
水運	수운	suun	suun	修訂版	수정판	sujŏngp'an	sujeongpan
輸運	수운	suun	suun	修正版	수정판	sujŏngp'an	sujeongpan
水雲	수운	suun	suun	水曹	수조	sujo	sujo
水運倉	수운창	Suunch'ang	Suunchang	守拙堂	수졸당	Sujoltang	Sujoldang
水原	수원	Suwŏn	Suwon	守拙齋	수졸재	Sujoljae	Sujoljae
水原郡	수원군	Suwŏn-gun	Suwon-gun	樹種	수종	sujong	sujong
水原大	수원대	Suwŏndae	Suwondae	守宗齋	수종재	Sujongjae	Sujongjae
水原府	수원부	Suwŏn-bu	Suwon-bu	首座	수좌	sujwa	sujwa
水原市	수원시	Suwŏn-si	Suwon-si	樹州	수주	Suju	Suju
水原邑	수원읍	Suwŏn-ŭp	Suwon-eup	水州	수주	Suju	Suju

한자 용례	한글	ALA-LC Romanization	정부 표기안	한자 용례	한글	ALA-LC Romanization	정부 표기안
水酒縣	수주현	Suju-hyŏn	Suju-hyeon	睡軒	수헌	Suhŏn	Suheon
水準	수준	sujun	sujun	受驗	수험	suhŏm	suheom
水中	수중	sujung	sujung	受驗書	수험서	suhŏmsŏ	suheomseo
修證	수증	sujŭng	sujeung	輸血	수혈	suhyŏl	suhyeol
受之	수지	Suji	Suji	輸血學	수혈학	suhyŏrhak	suhyeolhak
收支	수지	suji	suji	水協	수협	Suhyŏp	Suhyeop
樹脂	수지	suji	suji	受刑者	수형자	suhyŏngja	suhyeongja
須知	수지	suji	suji	守護	수호	suho	suho
受職	수직	sujik	sujik	水滸傳	수호전	Suhojŏn	Suhojeon
垂直	수직	sujik	sujik	水滸誌	수호지	Suhoji	Suhoji
袖珍	수진	Sujin	Sujin	受勳者	수훈자	suhunja	suhunja
守眞齋	수진재	Sujinjae	Sujinjae	淑女	숙녀	sungnyŏ	sungnyeo
水質	수질	sujil	sujil	淑大	숙대	Suktae	Sukdae
收集	수집	sujip	sujip	叔明	숙명	sungmyŏng	sungmyeong
蒐集	수집	sujip	sujip	宿命	숙명	sungmyŏng	sungmyeong
修撰官	수찬관	such'an'gwan	suchangwan	淑明	숙명	Sungmyŏng	Sungmyeong
手札	수찰	such'al	suchal	淑夫人	숙부인	Sukpuin	Sukbuin
壽昌	수창	Such'ang	Suchang	淑嬪	숙빈	Sukpin	Sukbin
壽昌宮	수창궁	Such'anggung	Suchanggung	宿所	숙소	sukso	sukso
手帖	수첩	such'ŏp	sucheop	熟時	숙시	suksi	suksi
收草	수초	such'o	sucho	熟語	숙어	sugŏ	sugeo
隨鈔	수초	such'o	sucho	淑英	숙영	sugyŏng	sugyeong
邃初堂	수초당	Such'odang	Suchodang	宿願	숙원	sugwŏn	sugwon
水村	수촌	Such'on	Suchon	宿衛	숙위	sugwi	sugwi
水邨	수촌	Such'on	Suchon	宿題	숙제	sukche	sukje
壽春	수춘	Such'un	Suchun	蕭宗	숙종	Sukchong	Sukjong
輸出	수출	such'ul	suchul	熟地黃	숙지황	sukchihwang	sukjihwang
輸出入	수출입	such'urip	suchurip	宿直	숙직	sukchik	sukjik
數値	수치	such'i	suchi	蕭川	숙천	Sukch'ŏn	Sukcheon
守則	수칙	such'ik	suchik	宿踐	숙천	sukch'ŏn	sukcheon
收奪相	수탈상	sut'alsang	sutalsang	蕭川郡	숙천군	Sukch'ŏn-gun	Sukcheon-gun
手標	수표	sup'yo	supyo	蕭川縣	숙천현	Sukch'ŏn-hyŏn	Sukcheon-hyeon
隨筆	수필	sup'il	supil	蕭清	숙청	Sukch'ŏng	Sukcheong
手筆	수필	sup'il	supil	淑香	숙향	sukhyang	sukyang
隨筆集	수필집	sup'ilchip	supiljip	循	순	sun	sun
數學	수학	suhak	suhak	純	순	sun	sun
修學	수학	suhak	suhak	巡	순	sun	sun
數學史	수학사	suhaksa	suhaksa	瞬間	순간	sun'gan	sungan
修学社	수학사	Suhaksa	Suhaksa	巡檢	순검	sun'gŏm	sungeom
修學院	수학원	suhagwŏn	suhagwon	殉教	순교	sun'gyo	sungyo
水害	수해	suhae	suhae	殉教者	순교자	sun'gyoja	sungyoja
修行	수행	suhaeng	suhaeng	殉教者	순교자	sun'gyoja	sungyoja
修行法	수행법	suhaengpŏp	suhaengbeop	殉國	순국	sun'guk	sunguk
修行章	수행장	suhaengjang	suhaengjang	巡邏	순라	sulla	sulla
水許誌	수허지	Suhŏji	Suheoji	巡邏軍	순라군	sullakun	sullagun

한자 용례	한글	ALA-LC Romanization	정부 표기안	한자 용례	한글	ALA-LC Romanization	정부 표기안
巡禮	순례	sullye	sullye	順川	순천	Sunch'ŏn	Suncheon
巡禮記	순례기	sullyegi	sullyegi	順天郡	순천군	Sunch'ŏn-gun	Suncheon-gun
巡禮者	순례자	sullyeja	sullyeja	順川郡	순천군	Sunch'ŏn-gun	Suncheon-gun
巡撫	순무	sunmu	sunmu	順天大	순천대	Sunch'ŏndae	Suncheondae
巡撫使	순무사	sunmusa	sunmusa	順天灣	순천만	Sunch'ŏnman	Suncheonman
巡撫營	순무영	sunmuyŏng	sunmuyeong	順川市	순천시	Sunch'ŏn-si	Suncheon-si
純文藝	순문예	sunmumye	sunmunye	順天鄉	순천향	Sunch'ŏnhyang	Suncheonhyang
純文學	순문학	sunmunhak	sunmunhak	順天鄉大	순천향대	Sunch'ŏnhyangdae	Suncheonhyangdae
巡訪	순방	sunbang	sunbang	順川縣	순천현	Sunch'ŏn-hyŏn	Suncheon-hyeon
純白瓷	순백자	sunbaekcha	sunbaekja	純青磁	순청자	sunch'ŏngja	suncheongja
旬報	순보	sunbo	sunbo	淳風	순풍	sunp'ung	sunpung
純福音	순복음	sunbogŭm	sunbogeum	順解	순해	sunhae	sunhae
純夫	순부	Sunbu	Sunbu	淳化	순화	sunhwa	sunhwa
巡查	순사	sunsa	sunsa	醇化	순화	sunhwa	sunhwa
順城縣	순성현	Sunsŏng-hyŏn	Sunseong-hyeon	順和	순화	sunhwa	sunhwa
巡狩	순수	sunsu	sunsu	醇化論	순화론	sunhwaron	sunhwaron
純粹	순수	sunsu	sunsu	循環	순환	sunhwan	sunhwan
巡狩碑	순수비	sunsubi	sunsubi	循環期	순환기	sunhwan'gi	sunhwangi
順安郡	순안군	Sunan-gun	Sunan-gun	循環期學	순환기학	sunhwan'gihak	sunhwangihak
順庵	순암	Sunam	Sunam	巡廻	순회	sunhoe	sunhoe
順菴	순암	Sunam	Sunam	順興	순흥	Sunhŭng	Sunheung
殉愛譜	순애보	sunaebo	sunaebo	順興郡	순흥군	Sunhŭng-gun	Sunheung-gun
醇言	순언	sunŏn	suneon	順興面	순흥면	Sunhŭng-myŏn	Sunheung-myeon
純元	순원	Sunwŏn	Sunwon	順興邑	순흥읍	Sunhŭng-ŭp	Sunheung-eup
順位	순위	sunwi	sunwi	戌	술	sul	sul
順應	순응	sunŭng	suneung	述	술	sul	sul
殉義碑	순의비	sunŭibi	sunuibi	術家	술가	sulga	sulga
荀子	순자	Sunja	Sunja	述記	술기	sulgi	sulgi
殉葬	순장	sunjang	sunjang	述文	술문	sulmun	sulmun
殉節	순절	sunjŏl	sunjeol	述文贊	술문찬	sulmunch'an	sulmunchan
殉節記	순절기	sunjŏlgi	sunjeolgi	術士	술사	sulsa	sulsa
殉節圖	순절도	sunjŏldo	sunjeoldo	術數	술수	sulsu	sulsu
殉節錄	순절록	sunjŏllok	sunjeollok	術數家	술수가	sulsuga	sulsuga
純祖	순조	Sunjo	Sunjo	戌時	술시	sulsi	sulsi
順宗	순종	Sunjong	Sunjong	述而	술이	Suri	Suri
純宗	순종	Sunjong	Sunjong	述亭	술정	Suljŏng	Suljeong
蓴池里	순지리	Sunji-ri	Sunji-ri	述亭里	술정리	Suljŏng-ni	Suljeong-ri
殉職	순직	sunjik	sunjik	崇禮	숭례	sungnye	sungnye
巡礼	순찰	sunch'al	sunchal	崇禮門	숭례문	Sungnyemun	Sungnyemun
巡察使	순찰사	sunch'alsa	sunchalsa	崇慕誌	숭모지	sungmoji	sungmoji
淳昌	순창	Sunch'ang	Sunchang	崇慕會	숭모회	Sungmoheo	Sungmohoe
淳昌郡	순창군	Sunch'ang-gun	Sunchang-gun	崇拜	숭배	sungbae	sungbae
順昌里	순창리	Sunch'ang-ni	Sunchang-ri	崇山	숭산	Sungsan	Sungsan
淳昌縣	순창현	Sunch'ang-hyŏn	Sunchang-hyeon	崇實	숭실	Sungsil	Sungsil
順天	순천	Sunch'ŏn	Suncheon	崇儒	숭유	sungyu	sungyu

한자 용례	한글	ALA-LC Romanization	정부 표기안	한자 용례	한글	ALA-LC Romanization	정부 표기안
崇義	숭의	sungŭi	sungui	僧匠	승장	sŭngjang	seungjang
崇義團	숭의단	Sungŭidan	Sunguidan	僧將	승장	sŭngjang	seungjang
崇仁	숭인	Sungin	Sungin	僧傳	승전	sŭngjŏn	seungjeon
崇仁門	숭인문	Sunginmun	Sunginmun	勝戰	승전	sŭngjŏn	seungjeon
崇田	숭전	sungjŏn	sungjeon	勝戰舞	승전무	sŭngjŏnmu	seungjeonmu
崇田大	숭전대	Sungjŏndae	Sungjeondae	承政	승정	sŭngjŏng	seungjeong
崇禎	숭정	Sungjŏng	Sungjeong	承政院	승정원	Sŭngjŏngwŏn	Seungjeongwon
崇祖	숭조	Sungjo	Sungjo	昇州	승주	Sŭngju	Seungju
崇孝	숭효	sunghyo	sunghyo	昇州郡	승주군	Sŭngju-gun	Seungju-gun
襲擊	습격	sŭpkyŏk	seupgyeok	昇州牧	승주목	Sŭngju-mok	Seungju-mok
習慣	습관	sŭpkwan	seupgwan	承旨	승지	sŭngji	seungji
濕瘟	습온	sŭbon	seubon	承志園	승지원	Sŭngjiwŏn	Seungjiwon
拾遺	습유	sŭbyu	seubyu	僧職	승직	sŭngjik	seungjik
習齋	습재	sŭpchae	seupjae	昇進	승진	sŭngjin	seungjin
習靜	습정	Sŭpchŏng	seupjeong	僧塔	승탑	sŭngt'ap	seungtap
拾潗	습집	sŭpchip	seupjip	昇平	승평	Sŭngp'yŏng	Seungpyeong
丞	승	sŭng	seung	昇平郡	승평군	Sŭngp'yŏng-gun	Seungpyeong-gun
乘	승	sŭng	seung	侍	시	si	si
勝	승	sŭng	seung	始	시	si	si
升	승	sŭng	seung	市	시	si	si
僧伽	승가	sŭngga	seungga	時	시	si	si
僧伽大	승가대	Sŭnggadae	Seunggadae	詩	시	si	si
僧伽寺	승가사	Sŭnggasa	Seunggasa	時價	시가	sika	siga
僧階	승계	sŭnggye	seunggye	時歌	시가	siga	siga
承繼	승계	sŭnggye	seunggye	詩歌	시가	siga	siga
勝共	승공	sŭnggong	seunggong	詩歌論	시가론	sigaron	sigaron
僧官	승관	sŭnggwan	seunggwan	詩歌史	시가사	sigasa	sigasa
僧軍	승군	sŭnggun	seunggun	詩歌選	시가선	sigasŏn	sigaseon
僧尼錄	승니록	sŭngnirok	seungnirok	市街地	시가지	sigaji	sigaji
僧團	승단	sŭngdan	seungdan	詩歌集	시가집	sigajip	sigajip
僧堂	승당	sŭngdang	seungdang	詩歌學	시가학	sigahak	sigahak
承堂	승당	Sŭngdang	Seungdang	視角	시각	sigak	sigak
僧侶	승려	sŭngnyŏ	seungnyeo	時間	시간	sigan	sigan
僧錄	승록	sŭngnok	seungnok	時間制	시간제	siganje	siganje
勝利	승리	sŭngni	seungni	侍講院	시강원	Sigangwŏn	Sigangwon
乘馬	승마	sŭngma	seungma	始改正	시개정	sigaejŏng	sigaejeong
僧舞	승무	sŭngmu	seungmu	詩經	시경	sigyŏng	sigyeong
僧坊	승방	sŭngbang	seungbang	時計	시계	sigye	sigye
僧房	승방	sŭngbang	seungbang	時系列	시계열	sigyeyŏl	sigyeyeol
僧兵	승병	sŭngbyŏng	seungbyeong	詩稿	시고	sigo	sigo
勝負數	승부수	sŭngbusu	seungbusu	詩藁	시고	sigo	sigo
丞相	승상	sŭngsang	seungsang	施工	시공	sigong	sigong
僧試	승시	sŭngsi	seungsi	是空	시공	sigong	sigong
僧院址	승원지	sŭngwŏnji	seungwonji	時空	시공	sigong	sigong
承認	승인	sŭngin	seungin	時空觀	시공관	sigonggwan	sigonggwan

한자 용례	한글	ALA-LC Romanization	정부 표기안	한자 용례	한글	ALA-LC Romanization	정부 표기안
時空社	시공사	Sigongsa	Sigongsa	市史	시사	sisa	sisa
時局	시국	siguk	siguk	時事	시사	sisa	sisa
時局歌	시국가	sigukka	sigukga	詩史	시사	sisa	sisa
試掘	시굴	sigul	sigul	詩社	시사	sisa	sisa
試券	시권	sigwŏn	sigwon	示唆點	시사점	sisachŏm	sisajeom
市內	시내	sinae	sinae	詩冊	시산	sisan	sisan
侍女	시녀	sinyŏ	sinyeo	詩書畵	시서화	sisŏhwa	siseohwa
詩壇	시단	sidan	sidan	詩選	시선	sisŏn	siseon
詩壇社	시단사	Sidansa	Sidansa	詩選集	시선집	sisŏnjip	siseonjip
時代	시대	sidae	sidae	施設	시설	sisŏl	siseol
時代劇	시대극	sidaegŭk	sidaegeuk	施設論	시설론	sisŏllon	siseollon
時代別	시대별	sidaebyŏl	sidaebyeol	施設業	시설업	sisŏrŏp	siseoreop
時代史	시대사	sidaesa	sidaesa	詩性	시성	sisŏng	siseong
時代的	시대적	sidaejŏk	sidaejeok	詩聖	시성	sisŏng	siseong
試圖	시도	sido	sido	時勢	시세	sise	sise
市圖	시도	sido	sido	時習之	시습지	sisŭpchi	siseupji
市道別	시도별	sidobyŏl	sidobyeol	詩心	시심	sisim	sisim
試鍊	시련	siryŏn	siryeon	試案	시안	sian	sian
試鍊	시련	siryŏn	siryeon	詩語	시어	siŏ	sieo
試練	시련	siryŏn	siryeon	時渦淵	시와연	Siwayŏn	Siwayeon
試論	시론	siron	siron	時用	시용	siyong	siyong
時論	시론	siron	siron	始原	시원	siwŏn	siwon
詩論	시론	siron	siron	始元	시원	siwŏn	siwon
試論的	시론적	sironjŏk	sironjeok	詩苑	시원	siwŏn	siwon
詩論集	시론집	sironjip	sironjip	始源	시원	siwŏn	siwon
市立	시립	sirip	sirip	詩園	시원	Siwŏn	siwon
市立大	시립대	siriptae	siripdae	示威	시위	siwi	siwi
始末	시말	simal	simal	詩律	시율	siyul	siyul
詩名	시명	simyŏng	simyeong	諟隱	시은	Siŭn	Sieun
柿木洞	시목동	Simok-tong	Simok-dong	詩意圖	시의도	siŭido	siuido
始務	시무	simu	simu	是議方	시의방	siŭibang	siuibang
時務	시무	simu	simu	市議會	시의회	siŭihoe	siuihoe
時文	시문	simun	simun	詩人	시인	siin	siin
詩文	시문	simun	simun	詩人들	시인들	siindŭl	siindeul
詩文稿	시문고	simun'go	simungo	詩人選	시인선	siinsŏn	siinseon
詩文選	시문선	simunsŏn	simunseon	詩人會	시인회	siinhoe	siinhoe
詩文集	시문집	simunjip	simunjip	媤任堂	시임당	Siimdang	Siimdang
詩文學	시문학	simunhak	simunhak	始作	시작	sijak	sijak
市民	시민	simin	simin	市場	시장	sijang	sijang
時伯	시백	sibaek	sibaek	市場論	시장론	sijangnon	sijangnon
示範	시범	sibŏm	sibeom	市場化	시장화	sijanghwa	sijanghwa
時報	시보	sibo	sibo	市糴考	시적고	Sijŏkko	Sijeokgo
時報社	시보사	Sibosa	Sibosa	市廛	시전	sijŏn	sijeon
施肥	시비	sibi	sibi	詩箋紙	시전지	sijŏnji	sijeonji
是非	시비	sibi	sibi	時節	시절	sijŏl	sijeol

한자 용례	한글	ALA-LC Romanization	정부 표기안	한자 용례	한글	ALA-LC Romanization	정부 표기안
時節歌	시절가	sijŏlga	sijeolga	試驗官	시험관	sihŏmgwan	siheomgwan
市政	시정	sijŏng	sijeong	試驗林	시험림	sihŏmnim	siheomnim
施政	시정	sijŏng	sijeong	試驗場	시험장	sihŏmjang	siheomjang
始祖	시조	sijo	sijo	施惠廳	시혜청	Sihyech'ŏng	Sihyecheong
時兆	시조	sijo	sijo	諡號	시호	siho	siho
時調	시조	sijo	sijo	諡號制	시호제	sihoje	sihoje
始祖廟	시조묘	sijomyo	sijomyo	詩話	시화	sihwa	sihwa
時兆社	시조사	Sijosa	Sijosa	始華	시화	Sihwa	Sihwa
時調詩	시조시	sijosi	sijosi	詩畵	시화	sihwa	sihwa
時調集	시조집	sijojip	sijojip	詩話類	시화류	sihwaryu	sihwaryu
時調唱	시조창	sijoch'ang	sijochang	詩話史	시화사	sihwasa	sihwasa
時調學	시조학	sijohak	sijohak	時效	시효	sihyo	sihyo
侍從	시종	sijong	sijong	始興	시흥	Sihŭng	Siheung
時種	시종	sijong	sijong	始興郡	시흥군	Sihŭng-gun	Siheung-gun
侍從官	시종관	sijonggwan	sijonggwan	始興縣	시흥현	Sihŭng-hyŏn	Siheung-hyeon
詩註	시주	siju	siju	式	식	sik	sik
侍中	시중	sijung	sijung	食	식	sik	sik
時中	시중	sijung	sijung	食客	식객	sikkaek	sikgaek
時至	시지	siji	siji	食口	식구	sikku	sikgu
市誌	시지	siji	siji	食器	식기	sikki	sikgi
時至洞	시지동	Siji-dong	Siji-dong	式年科	식년과	singnyŏn'gwa	singnyeongwa
詩集	시집	sijip	sijip	式年試	식년시	singnyŏnsi	singnyeonsi
視察團	시찰단	sich'altan	sichaldan	食堂	식당	siktang	sikdang
施策	시책	sich'aek	sichaek	食糧	식량	singnyang	singnyang
諡册	시책	Sich'aek	sichaek	式禮	식례	singnye	singnye
諡册文	시책문	Sich'aengmun	Sichaengmun	式例	식례	singnye	singnye
侍天主	시천주	Sich'ŏnju	Sicheonju	識論	식론	singnon	singnon
詩帖	시첩	sich'ŏp	sicheop	食料品	식료품	singnyop'um	singnyopum
屍體	시체	sich'e	siche	植物	식물	singmul	singmul
詩抄	시초	sich'o	sicho	植物類	식물류	singmullyu	singmullyu
詩鈔	시초	sich'o	sicho	植物別	식물별	singmulbyŏl	singmulbyeol
詩波	시파	sip'a	sipa	植物誌	식물지	singmulji	singmulji
詩派	시파	sip'a	sipa	植物學	식물학	singmurhak	singmulhak
詩片	시편	sip'yŏn	sipyeon	植民	식민	singmin	singmin
詩評	시평	sip'yŏng	sipyeong	植民主義	식민주의	singminjuŭi	singminjuui
時評集	시평집	sip'yŏngjip	sipyeongjip	植民地	식민지	singminji	singminji
詩學	시학	sihak	sihak	埴民地	식민지	singminji	singminji
詩學的	시학적	sihakchŏk	sihakjeok	殖産	식산	siksan	siksan
詩學會	시학회	sihakhoe	sihakoe	息山	식산	Siksan	Siksan
弑害	시해	sihae	sihae	食生活	식생활	siksaenghwal	siksaenghwal
時行	시행	sihaeng	sihaeng	識身足論	식신족론	siksinjongnon	siksinjongnon
施行	시행	sihaeng	sihaeng	食鹽	식염	sigyŏm	sigyeom
施行令	시행령	sihaengnyŏng	sihaengnyeong	息影亭	식영정	Sigyŏngjŏng	Sigyeongjeong
市響	시향	sihyang	sihyang	食邑	식읍	sigŭp	sigeup
試驗	시험	sihŏm	siheom	食傳	식전	sikchŏn	sikjeon

2. 한자어(漢字語)의 로마자 표기   625

한자 용례	한글	ALA-LC Romanization	정부 표기안	한자 용례	한글	ALA-LC Romanization	정부 표기안
食卓	식탁	sikt'ak	siktak	新舊論	신구론	sin'guron	singuron
食品	식품	sikp'um	sikpum	新國	신국	sin'guk	singuk
食品名	식품명	sikp'ummyŏng	sikpummyeong	新國富論	신국부론	sin'gukpuron	singukburon
食品史	식품사	sikp'umsa	sikpumsa	新軍部	신군부	sin'gunbu	singunbu
食貨志	식화지	Sikhwaji	sikhwaji	新宮	신궁	sin'gung	singung
信	신	sin	sin	神宮	신궁	sin'gung	singung
新	신	sin	sin	神權	신권	sinkwŏn	singwon
申	신	sin	sin	新規	신규	sin'gyu	singyu
臣	신	sin	sin	新劇	신극	sin'gŭk	singeuk
辛	신	sin	sin	新劇座	신극좌	sin'gŭkchwa	singeukjwa
神	신	sin	sin	新基	신기	Sin'gi	Singi
神歌	신가	sin'ga	singa	新記	신기	sin'gi	singi
新歌謠	신가요	sin'gayo	singayo	神器	신기	sin'gi	singi
新家庭	신가정	sin'gajŏng	singajeong	神氣	신기	sinki	singi
新가치	신가치	sin'gach'i	singachi	身機	신기	sin'gi	singi
新刊	신간	sin'gan	singan	新基洞	신기동	Sin'gi-dong	Singi-dong
新幹會	신간회	Sin'ganhoe	Singanhoe	神氣論	신기론	Sin'giron	Singiron
新鑑	신감	sin'gam	singam	新基里	신기리	Sin'gi-ri	Singi-ri
新講	신강	sin'gang	singang	新技法	신기법	sin'gipŏp	singibeop
神格	신격	sinkyŏk	singyeok	新技術	신기술	sin'gisul	singisul
神經	신경	sin'gyŏng	singyeong	新紀元社	신기원사	Sin'giwŏnsa	Singiwonsa
新耕里	신경리	Sin'gyŏng-ni	Singyeong-ri	神機箭	신기전	Sin'gijŏn	Singijeon
新經濟	신경제	sin'gyŏngje	singyeongje	神女	신녀	sinnyŏ	sinnyeo
新경제학	신경제학	sin'gyŏngjehak	singyeongjehak	新年	신년	sinnyŏn	sinnyeon
新傾向	신경향	sin'gyŏnghyang	singyeonghyang	新年辭	신년사	sinnyŏnsa	sinnyeonsa
新溪	신계	sin'gye	singye	新年號	신년호	sinnyŏnho	sinnyeonho
新溪郡	신계군	Sin'gye-gun	Singye-gun	信念	신념	sinnyŏm	sinnyeom
新階段	신계단	Sin'gyedan	Singyedan	神農	신농	Sinnong	Sinnong
新溪里	신계리	Sin'gye-ri	Singye-ri	神壇樹	신단수	Sindansu	Sindansu
新溪縣	신계현	Sin'gye-hyŏn	Singye-hyeon	新塘	신당	sindang	sindang
新考	신고	sin'go	singo	神堂	신당	sindang	sindang
申告	신고	sin'go	singo	新堂洞	신당동	Sindang-dong	Sindang-dong
新稿	신고	sin'go	singo	新塘洞	신당동	Sindang-dong	Sindang-dong
辛苦	신고	sin'go	singo	神堂里	신당리	Sindang-ni	Sindang-ri
神誥	신고	sin'go	singo	新垈	신대	Sindae	Sindae
新高山	신고산	Sin'gosan	Singosan	新垈洞	신대동	Sindae-dong	Sindae-dong
新曲	신곡	sin'gok	singok	新垈里	신대리	Sindae-ri	Sindae-ri
神曲	신곡	sin'gok	singok	神德	신덕	Sindŏk	Sindeok
神功	신공	sin'gong	singong	信圖	신도	sindo	sindo
新空港	신공항	sin'gonghang	singonghang	信徒	신도	sindo	sindo
新教	신교	Sin'gyo	singyo	神道	신도	sindo	sindo
神教	신교	Sin'gyo	Singyo	薪島	신도	Sindo	Sindo
新教育	신교육	sin'gyoyuk	singyoyuk	信都郡	신도군	Sindo-gun	Sindo-gun
新丘	신구	sin'gu	singu	神道碑	신도비	Sindobi	Sindobi
新舊	신구	sin'gu	singu	新都市	신도시	sindosi	sindosi

한자 용례	한글	ALA-LC Romanization	정부 표기안	한자 용례	한글	ALA-LC Romanization	정부 표기안
信徒會	신도회	sindohoe	sindohoe	新聞紙	신문지	sinmunji	sinmunji
愼獨齋	신독재	Sindokchae	Sindokjae	新文版	신문판	sinmunp'an	sinmunpan
新東	신동	sindong	sindong	信眉	신미	Sinmi	Sinmi
神童	신동	sindong	sindong	辛未	신미	Sinmi	Sinmi
新東亞	신동아	sindonga	sindonga	辛未錄	신미록	Sinmirok	Sinmirok
神들	신들	Sindŭl	sindeul	新民	신민	sinmin	sinmin
新羅	신라	Silla	Silla	臣民	신민	sinmin	sinmin
新羅劍	신라검	Sillagŏm	Sillageom	新民黨	신민당	Sinmindang	Sinmindang
新羅系	신라계	Sillagye	Sillagye	新民報	신민보	Sinminbo	Sinminbo
新羅館	신라관	Sillagwan	Sillagwan	新民謠	신민요	sinminyo	sinminyo
新羅軍	신라군	Sillagun	Sillagun	新民族主義	신민족주의	sinminjokchuŭi	sinminjokjuui
新羅琴	신라금	Sillagŭm	Sillageum	新民主主義	신민주주의	sinminjujuŭi	sinminjujuui
新羅大	신라대	Silladae	Silladae	新民會	신민회	Sinminhoe	Sinminhoe
新羅坊	신라방	Sillabang	Sillabang	新方	신방	sinbang	sinbang
新羅碑	신라비	Sillabi	Sillabi	神方	신방	sinbang	sinbang
新羅史	신라사	Sillasa	Sillasa	新法	신법	sinpŏp	sinbeop
新羅船	신라선	Sillasŏn	Sillaseon	新法典	신법전	sinpŏpchŏn	sinbeopjeon
新羅所	신라소	Sillaso	Sillaso	身邊	신변	sinbyŏn	sinbyeon
新羅樂	신라악	Sillaak	Sillaak	神變加持	신변가지	sinbyŏn'gaji	sinbyeongaji
新羅院	신라원	Sillawŏn	Sillawon	新報	신보	sinbo	sinbo
新羅人	신라인	Sillain	Sillain	新補	신보	sinbo	sinbo
神靈	신령	sillyŏng	sillyeong	申報	신보	sinbo	sinbo
新寧郡	신령군	Sinnyŏng-gun	Sillyeong-gun	新報告書	신보고서	sinbogosŏ	sinbogoseo
新寧縣	신령현	Sinnyŏng-hyŏn	Sillyeong-hyeon	新報社	신보사	sinbosa	sinbosa
新綠	신록	sillok	sillok	申報社	신보사	Sinbosa	Sinbosa
新論	신론	sillon	sillon	新鳳洞	신봉동	Sinbong-dong	Sinbong-dong
信賴	신뢰	silloe	silloe	神父	신부	sinbu	sinbu
信賴性	신뢰성	silloesŏng	silloeseong	身分	신분	sinbun	sinbun
新里	신리	Sin-ni	Sin-ri	身分史	신분사	sinbunsa	sinbunsa
新梅洞	신매동	Sinmae-dong	Sinmae-dong	身分制	신분제	sinbunje	sinbunje
新梅里	신매리	Sinmae-ri	Sinmae-ri	神祕	신비	sinbi	sinbi
晨明	신명	Sinmyŏng	Sinmyeong	神秘	신비	sinbi	sinbi
身命	신명	sinmyŏng	sinmyeong	神秘主義	신비주의	sinbijuŭi	sinbijuui
辛卯	신묘	Sinmyo	Sinmyo	辛巳	신사	Sinsa	Sinsa
辛卯年	신묘년	Sinmyonyŏn	Sinmyonyeon	紳士	신사	sinsa	sinsa
新舞踊	신무용	sinmuyong	sinmuyong	新史	신사	sinsa	sinsa
新墨會	신묵회	Sinmukhoe	Sinmukoe	神師	신사	sinsa	sinsa
新聞	신문	sinmun	sinmun	神社	신사	sinsa	sinsa
新門	신문	sinmun	sinmun	新思想	신사상	sinsasang	sinsasang
新文界	신문계	sinmun'gye	sinmungye	新思潮	신사조	sinsajo	sinsajo
申聞鼓	신문고	Sinmun'go	Sinmungo	紳士會	신사회	sinsahoe	sinsahoe
新文館	신문관	Sinmun'gwan	Sinmungwan	新產業	신산업	sinsanŏp	sinsaneop
新聞局	신문국	sinmun'guk	sinmunguk	神像	신상	sinsang	sinsang
新聞社	신문사	sinmunsa	sinmunsa	新上里	신상리	Sinsang-ni	Sinsang-ri
新文章	신문장	sinmunjang	sinmunjang	新生	신생	sinsaeng	sinsaeng

한자 용례	한글	ALA-LC Romanization	정부 표기안	한자 용례	한글	ALA-LC Romanization	정부 표기안
新生代	신생대	sinsaengdae	sinsaengdae	愼庵	신암	Sinam	Sinam
新生命	신생명	sinsaengmyŏng	sinsaengmyeong	薪菴	신암	Sinam	Sinam
新生活	신생활	sinsaenghwal	sinsaenghwal	新岩里	신암리	Sinam-ni	Sinam-ri
新書	신서	sinsŏ	sinseo	信仰	신앙	sinang	sinang
新書苑	신서원	Sinsŏwŏn	Sinseowon	信仰物	신앙물	sinangmul	sinangmul
新釋	신석	sinsŏk	sinseok	新約	신약	Sinyak	Sinyak
新石器	신석기	sinsŏkki	sinseokgi	信陽	신양	Sinyang	Sinyang
神仙	신선	sinsŏn	sinseon	新陽里	신양리	Sinyang-ni	Sinyang-ri
新選	신선	sinsŏn	sinseon	新陽社	신양사	Sinyangsa	Sinyangsa
神仙圖	신선도	sinsŏndo	sinseondo	新語	신어	sinŏ	sineo
神仙들	신선들	sinsŏndŭl	sinseondeul	新女性	신여성	sinnyŏsŏng	sinnyeoseong
神仙佛	신선불	sinsŏnbul	sinseonbul	新女子	신여자	sinnyŏja	sinyeoja
神仙寺	신선사	Sinsŏnsa	Sinseonsa	新譯	신역	sinyŏk	sinyeok
新說	신설	sinsŏl	sinseol	新研究	신연구	sinyŏn'gu	sinyeongu
新城	신성	sinsŏng	sinseong	新燕里	신연리	Sinyŏn-ni	Sinyeon-ri
新星	신성	sinsŏng	sinseong	信永	신영	Sinyŏng	Sinyeong
新城碑	신성비	sinsŏngbi	sinseongbi	新英社	신영사	Sinyŏngsa	Sinyeongsa
新稅	신세	sinse	sinse	新營誌	신영지	sinyŏngji	sinyeongji
新世界	신세계	sinsegye	sinsegye	新銳	신예	sinye	sinye
新世洞	신세동	Sinse-dong	Sinse-dong	神王	신왕	sinwang	sinwang
新少年	신소년	sinsonyŏn	sinsonyeon	神王像	신왕상	sinwangsang	sinwangsang
新小說	신소설	sinsosŏl	sinsoseol	新外換論	신외환론	sinoehwannon	sinoehwallon
新소장품	신소장품	sinsojangp'um	sinsojangpum	信用	신용	sinyong	sinyong
新素材	신소재	sinsojae	sinsojae	新龍里	신용리	Sinyong-ni	Sinyong-ri
新松里	신송리	Sinsong-ni	Sinsong-ri	信用狀	신용장	sinyongchang	sinyongjang
身數	신수	sinsu	sinsu	伸寃	신원	sinwŏn	sinwon
新修版	신수판	sinsup'an	sinsupan	信元	신원	sinwŏn	sinwon
神市	신시	sinsi	sinsi	新元	신원	Sinwŏn	Sinwon
新詩	신시	sinsi	sinsi	新院里	신원리	Sinwŏl-li	Sinwol-ri
新詩歌	신시가	sinsiga	sinsiga	新元寺	신원사	Sinwŏnsa	Ssinwonsa
新時代	신시대	sinsidae	sinsidae	新月里	신월리	Sinwŏl-li	Sinwol-ri
新市場	신시장	sinsijang	sinsijang	神位	신위	sinwi	sinwi
新式	신식	sinsik	sinsik	辛酉	신유	Sinyu	Sinyu
新實學	신실학	sinsirhak	sinsilhak	辛酉年	신유년	Sinyunyŏn	Sinyunyeon
信心銘	신심명	sinsimmyŏng	sinsimmyeong	新儒學	신유학	sinnyuhak	sinnyuhak
新亞	신아	sina	sina	新音里	신음리	Sinŭm-ni	Sineum-ri
新雅社	신아사	Sinasa	Sinasa	新義	신의	sinŭi	sinui
新亞細亞	신아세아	sinasea	sinasea	神醫	신의	sinŭi	sinui
新案	신안	Sinan	Sinan	新義州	신의주	Sinŭiju	Sinuiju
新安	신안	Sinan	Sinan	新義州府	신의주부	Sinŭiju-bu	Sinuiju-bu
新安郡	신안군	Sinan-gun	Sinan-gun	新義州市	신의주시	Sinŭiju-si	Sinuiju-si
新案法	신안법	sinanpŏp	sinanbeop	新人	신인	sinin	sinin
身安寺	신안사	Sinansa	Sinansa	新人間	신인간	sinin'gan	siningan
新安縣	신안현	Sinan-hyŏn	Sinan-hyeon	新人會	신인회	sininhoe	sininhoe
新岩	신암	Sinam	Sinam	信一	신일	sinil	sinil

한자 용례	한글	ALA-LC Romanization	정부 표기안	한자 용례	한글	ALA-LC Romanization	정부 표기안
新日	신일	Sinil	Sinil	新倉里	신창리	Sinch'ang-ni	Sinchang-ri
新任	신임	sinim	sinim	新昌縣	신창현	Sinch'ang-hyŏn	Sinchang-hyeon
辛壬	신임	Sinim	Sinim	信天	신천	Sinch'ŏn	Sincheon
新自由主義	신자유주의	sinjayujuŭi	sinjayujuui	信川郡	신천군	Sinch'ŏn-gun	Sincheon-gun
新字典	신자전	sinjajŏn	sinjajeon	新川里	신천리	Sinch'ŏl-li	Sincheon-ri
新作	신작	sinjak	sinjak	新天地	신천지	Sinch'ŏnji	Sincheonji
新作路	신작로	sinjangno	sinjangno	新川派	신천파	Sinch'ŏnp'a	Sincheonpa
伸張	신장	sinjang	sinjang	信川縣	신천현	Sinch'ŏn-hyŏn	Sincheon-hyeon
神將	신장	sinjang	sinjang	申請	신청	sinch'ŏng	sincheong
腎臟	신장	sinjang	sinjang	新青年	신청년	sinch'ŏngnyŏn	sincheongnyeon
神將像	신장상	sinjangsang	sinjangsang	新體	신체	sinch'e	sinche
愼齋	신재	Sinjae	Sinjae	新體系	신체계	sinch'egye	sinchegye
新戰術	신전술	sinjŏnsul	sinjeonsul	新體詩	신체시	sinch'esi	sinchesi
新定	신정	sinjŏng	sinjeong	新體詩歌	신체시가	sinch'esiga	sinchesiga
新訂	신정	sinjŏng	sinjeong	新村	신촌	Sinch'on	Sinchon
神政	신정	sinjŏng	sinjeong	新村里	신촌리	Sinch'on-ni	Sinchon-ri
神貞	신정	Sinjŏng	Sinjeong	新築	신축	sinch'uk	sinchuk
新政黨	신정당	sinjŏngdang	sinjeongdang	辛丑	신축	Sinch'uk	Sinchuk
新정보화	신정보화	sinjŏngbohwa	sinjeongbohwa	新春	신춘	sinch'un	sinchun
新訂版	신정판	sinjŏngp'an	sinjeongpan	信託	신탁	sint'ak	sintak
神祭	신제	sinje	sinje	信託業	신탁업	sint'agŏp	sintageop
新照明	신조명	sinjomyŏng	sinjomyeong	信泰	신태	Sint'ae	Sintae
新朝社	신조사	Sinjosa	Sinjosa	新太陽	신태양	Sint'aeyang	Sintaeyang
新潮社	신조사	Sinjosa	Sinjosa	新太陽社	신태양사	Sint'aeyangsa	Sintaeyangsa
新潮社	신조사	Sinjosa	Sinjosa	新泰仁	신태인	Sint'aein	Sintaein
新朝鮮	신조선	Sinjosŏn	Sinjoseon	新版	신판	sinp'an	sinpan
新造船	신조선	sinjosŏn	sinjoseon	新編	신편	sinp'yŏn	sinpyeon
新朝鮮報	신조선사	Sinjosŏnbo	Sinjoseonsa	神編	신편	sinp'yŏn	sinpyeon
新種	신종	sinjong	sinjong	新平	신평	Sinp'yŏng	Sinpyeong
神鍾	신종	sinjong	sinjong	新坪里	신평리	Sinp'yŏng-ri	Sinpyeong-ri
新左派	신좌파	sinjwap'a	sinjwapa	新浦	신포	Sinp'o	Sinpo
新註	신주	sinju	sinju	新浦江	신포강	Sinp'ogang	Sinpogang
神州	신주	sinju	sinju	新浦洞	신포동	Sinp'o-dong	Sinpo-dong
神呪經	신주경	Sinjugyŏng	Sinjugyeong	新表現	신표현	sinp'yohyŏn	sinpyohyeon
新增	신증	sinjŭng	sinjeung	新豊里	신풍리	Sinp'ung-ni	Sinpung-ri
新知	신지	Sinji	Sinji	信筆	신필	sinp'il	sinpil
新池洞	신지동	Sinji-dong	Sinji-dong	神學	신학	sinhak	sinhak
新지식	신지식	sinjisik	sinjisik	神學校	신학교	sinhakkyo	sinhakgyo
新地誌	신지지	sinjiji	sinjiji	神學校史	신학교사	sinhakkyosa	sinhakgyosa
新進	신진	sinjin	sinjin	神學大	신학대	sinhaktae	sinhakdae
新撰	신찬	sinch'an	sinchan	神學院	신학원	sinhagwŏn	sinhagwon
新纂	신찬	sinch'an	sinchan	新韓	신한	sinhan	sinhan
新昌	신창	Sinch'ang	Sinchang	新韓國報	신한국보	Sinhan'gukpo	Sinhangukbo
新昌郡	신창군	Sinch'ang-gun	Sinchang-gun	宸翰帖	신한첩	sinhanch'ŏp	sinhancheop
新昌洞	신창동	Sinch'ang-dong	Sinchang-dong	新項里	신항리	Sinhang-ni	Sinhang-ri

한자 용례	한글	ALA-LC Romanization	정부 표기안	한자 용례	한글	ALA-LC Romanization	정부 표기안
辛亥	신해	Sinhae	Sinhae	實名制	실명제	silmyŏngje	silmyeongje
辛亥生	신해생	Sinhaesaeng	Sinhaesaeng	實務	실무	silmu	silmu
新解釋	신해석	sinhaesŏk	sinhaeseok	実務	실무	silmu	silmu
愼行	신행	sinhaeng	sinhaeng	實務者	실무자	silmuja	silmuja
信行	신행	sinhaeng	sinhaeng	實尾島	실미도	Silmido	Silmido
新行	신행	sinhaeng	sinhaeng	實事	실사	silsa	silsa
新行政府	신행정부	sinhaengjŏngbu	sinhaengjeongbu	實史	실사	silsa	silsa
新協	신협	sinhyŏp	sinhyeop	實事本	실사본	silsabon	silsabon
神惠	신혜	sinhye	sinhye	實像	실상	silsang	silsang
新婚	신혼	sinhon	sinhon	實狀	실상	silsang	silsang
信弘	신홍	Sinhong	Sinhong	實相	실상	silsang	silsang
信和	신화	Sinhwa	Sinhwa	實相寺	실상사	Silsangsa	Silsangsa
新話	신화	sinhwa	sinhwa	實相塔	실상탑	Silsangt'ap	Silsangtap
新华	신화	Sinhwa	Sinhwa	實勢	실세	silse	silse
新華	신화	sinhwa	sinhwa	實習	실습	silsŭp	silseup
神話	신화	sinhwa	sinhwa	實施	실시	silsi	silsi
新華里	신화리	Sinhwa-ri	Sinhwa-ri	實是	실시	Silsi	silsi
新貨幣	신화폐	sinhwap'ye	sinhwapye	實業	실업	sirŏp	sireop
新會話	신회화	sinhoehwa	sinhoehwa	實用	실용	siryong	siryong
神孝寺	신효사	Sinhyosa	Sinhyosa	實義	실의	sirŭi	sirui
信興	신흥	Sinhŭng	Sinheung	實在	실재	silchae	siljae
新興	신흥	sinhŭng	sinheung	實績	실적	silchŏk	siljeok
新興郡	신흥군	Sinhŭng-gun	Sinheung-gun	失傳	실전	silchŏn	siljeon
新興大	신흥대	Sinhŭngdae	Sinheungdae	實傳	실전	silchŏn	siljeon
新興洞	신흥동	Sinhŭng-dong	Sinheung-dong	實戰	실전	silchŏn	siljeon
新興里	신흥리	Sinhŭng-ni	Sinheung-ri	實際	실제	silche	silje
新興寺	신흥사	Sinhŭngsa	Sinheungsa	實存	실존	silchon	siljon
神興寺	신흥사	Sinhŭngsa	Sinheungsa	失踪	실종	silchong	siljong
室	실	sil	sil	室中	실중	silchung	siljung
實科	실과	silkwa	silgwa	實證	실증	silchŭng	siljeung
實技	실기	silgi	silgi	實證的	실증적	silchŭngjŏk	siljeungjeok
實紀	실기	silgi	silgi	實證主義	실증주의	siljŭngjuŭi	siljeungjuui
實記	실기	silgi	silgi	悉直	실직	Siljik	Siljik
悉曇語	실담어	sildamŏ	sildameo	悉直國	실직국	Silchikkuk	Siljikguk
實力	실력	sillyŏk	sillyeok	實質的	실질적	silchiljŏk	siljiljeok
實力說	실력설	sillyŏksŏl	sillyeokseol	實踐	실천	silch'ŏn	silcheon
實例	실례	sillye	sillye	實踐的	실천적	silch'ŏnjŏk	silcheonjeok
実例	실례	sillye	sillye	實體	실체	silch'e	silche
失錄	실록	sillok	sillok	實測	실측	silch'ŭk	silcheuk
實錄	실록	sillok	sillok	實態	실태	silt'ae	siltae
実錄	실록	sillok	sillok	実態	실태	silt'ae	siltae
實錄字	실록자	sillokcha	sillokja	失敗	실패	silp'ae	silpae
實錄廳	실록청	Sillokch'ŏng	Sillokcheong	實學	실학	sirhak	silhak
實錄鈔	실록초	sillokch'o	sillokcho	實學社	실학사	Sirhaksa	Silhaksa
實名	실명	silmyŏng	silmyeong	實學者	실학자	sirhakcha	silhakja

한자 용례	한글	ALA-LC Romanization	정부 표기안	한자 용례	한글	ALA-LC Romanization	정부 표기안
實學派	실학파	Sirhakp'a	Silhakpa	瀋陽市	심양시	Simyang-si	Simyang-si
實學會	실학회	sirhakhoe	silhakoe	尋牛圖	심우도	simudo	simudo
失香	실향	sirhyang	silhyang	尋牛頌	심우송	Simusong	Simusong
實驗	실험	sirhŏm	silheom	深遠	심원	simwŏn	simwon
實驗的	실험적	sirhŏmjŏk	silheomjeok	心園	심원	simwŏn	simwon
實話	실화	sirhwa	silhwa	深遠한	심원한	simwŏnhan	simwonhan
實況記	실황기	sirhwanggi	silhwanggi	尋幽	심유	simyu	simyu
心	심	sim	sim	心醫	심의	simŭi	simui
沈	심	sim	sim	審議	심의	simŭi	simui
審決	심결	simgyŏl	simgyeol	深衣	심의	simŭi	simui
審決例	심결례	simgyŏllye	simgyeollye	審議会	심의회	simŭihoe	simuihoe
審決集	심결집	simgyŏlchip	simgyeoljip	審議會	심의회	simŭihoe	simuihoe
心經	심경	simgyŏng	simgyeong	心情	심정	simjŏng	simjeong
審計	심계	simgye	simgye	心中	심중	simjung	simjung
審計院	심계원	simgyewŏn	simgyewon	心卽理	심즉리	Simjŭngni	Simjeungni
心告	심고	simgo	simgo	心體	심체	simch'e	simche
深谷里	심곡리	Simgong-ni	Simgok-ri	尋春	심춘	Simch'un	Simchun
深貴里	심귀리	Simgwi-ri	Simgwi-ri	深層	심층	simch'ŭng	simcheung
心靈	심령	simnyŏng	simnyeong	審判	심판	simp'an	simpan
心靈學	심령학	simnyŏnghak	simnyeonghak	審判所	심판소	simp'anso	simpanso
心論	심론	simnon	simnon	心學	심학	simhak	simhak
心論經	심론경	simnon'gyŏng	simnongyeong	深海底	심해저	simhaejŏ	simhaejeo
審理	심리	simni	simni	沁行	심행	Simhaeng	Simhaeng
心理	심리	simni	simni	心香	심향	simhyang	simhyang
審理錄	심리록	simnirok	simnirok	心火	심화	simhwa	simhwa
心理的	심리적	simnijŏk	simnijeok	深化	심화	simhwa	simhwa
心理戰	심리전	simnijŏn	simnijeon	十	십	sip	sip
心理學	심리학	simnihak	simnihak	十干	십간	sipkan	sipgan
心理学	심리학	simnihak	simnihak	十訣	십결	sipkyŏl	sipgyeol
審問	심문	simmun	simmun	十戒	십계	sipkye	sipgye
訊問	심문	sinmun	simmun	十誡命	십계명	sipkyemyŏng	sipgyemyeong
審問官	심문관	simmun'gwan	simmungwan	十九	십구	Sip-ku	sipgu
心方	심방	Simbang	Simbang	十年史	십년사	simnyŏnsa	simnyeonsa
審査	심사	simsa	simsa	十大	십대	siptae	sipdae
心山	심산	simsan	simsan	十圖	십도	sipto	sipdo
尋常	심상	simsang	simsang	十六	십륙	sip-yuk	simnyuk
心象	심상	simsang	simsang	十六聖	십륙성	Sip-yuksŏng	simnyukseong
心象社	심상사	Simsangsa	Simsangsa	十輪經	십륜경	simnyun'gyŏng	simnyungyeong
心書	심서	simsŏ	simseo	十里	십리	simni	simni
心性	심성	simsŏng	simseong	十門	십문	simmun	simmun
心性論	심성론	simsŏngnon	simseongnon	十四	십사	sip-sa	sipsa
心身	심신	simsin	simsin	十三	십삼	sip-sam	sipsam
心岳	심악	Simak	Simak	十三節	십삼절	sip-samjŏl	sipsamjeol
沈陽	심양	Simyang	Simyang	十聖	십성	sipsŏng	sipseong
瀋陽	심양	Simyang	Simyang	十勝	십승	sipsŭng	sipseung

한자 용례	한글	ALA-LC Romanization	정부 표기안	한자 용례	한글	ALA-LC Romanization	정부 표기안
十勝地	십승지	sipsŭngji	sipseungji	雙修堂	쌍수당	Ssangsudang	Ssangsudang
十烈士碑	십열사비	Sibyŏlsabi	Sibyeolsabi	雙庵洞	쌍암동	Ssangam-dong	Ssangam-dong
十五	십오	sip-o	sibo	雙玉淚	쌍옥루	Ssangongnu	Ssangongnu
十五世紀	십오세기	sip-osegi	sibosegi	雙熊里	쌍웅리	Ssangung-ni	Ssangung-ri
十五日	십오일	sip-oil	siboil	雙清里	쌍청리	Ssangch'ŏng-ni	Ssangcheongni
十月	십월	siwŏl	sibwol	雙忠祠	쌍충사	Ssangch'ungsa	Ssangchungsa
十六志	십육지	sip-yukchi	sibyukji	雙鶴里	쌍학리	Ssanghang-ni	Ssanghank-ri
十二	십이	sip-i	sibi	氏	씨	ssi	ssi
十二宮	십이궁	Sip-igung	Sibigung	氏族	씨족	ssijok	ssijok
十二六	십이류	sip-iryuk	Sibiryuk	氏族制	씨족제	ssijokche	ssijokje
十二時	십이시	sip-isi	sibisi	俄	아	a	a
十二月	십이월	sip-iwŏl	sibiwol	我	아	a	a
十二支	십이지	sip-iji	sibiji	鵝溪	아계	Agye	Agye
十二支像	십이지상	sip-ijisang	sibijisang	雅曲	아곡	agok	agok
十二支神	십이지신	sip-ijisin	sibijisin	俄館	아관	Agwan	agwan
十二次	십이차	sip-ich'a	sibicha	我國	아국	aguk	aguk
十一	십일	sip-il	sibil	亞南	아남	Anam	Anam
十一月	십일월	sip-irwŏl	sibirwol	児童	아동	adong	adong
十字	십자	sipcha	sipja	兒童	아동	adong	adong
十字街	십자가	sipchaga	sipjaga	兒童劇	아동극	adonggŭk	adonggeuk
十字架	십자가	sipchaga	sipjaga	兒童學	아동학	adonghak	adonghak
十長生	십장생	sipchangsaeng	sipjangsaeng	我等	아등	adŭng	adeung
十長生圖	십장생도	sipchangsaengdo	sipjangsaengdo	阿羅	아라	Ara	Ara
十長生文	집장생문	sipchangsaengmun	sipjangsaengmun	阿拉語科	아랍어과	Arabŏkwa	Arabeogwa
十條	십조	sipcho	sipjo	阿里郎	아리랑	arirang	arirang
十進	십진	sipchin	sipjin	阿里娘	아리랑	arirang	arirang
十清軒	십청헌	Sipch'ŏnghŏn	Sipcheongheon	阿利水	아리수	Arisu	Arisu
十抄詩	십초시	sipch'osi	sipchosi	娥林	아림	Arim	Arim
十七	십칠	sip-ch'il	sipchil	衙門	아문	amun	amun
十八賢	십팔현	sip-p'arhyŏn	sippalhyeon	蛾眉	아미	Ami	Ami
十學	십학	siphak	sipak	阿彌	아미	Ami	Ami
十號	십호	sipho	sipo	娥媚	아미	ami	ami
十訓	십훈	siphun	sipun	峨嵋山	아미산	Amisan	Amisan
十訓要	십훈요	siphunyo	sipunyo	阿彌陀	아미타	amit'a	amita
雙	쌍	ssang	ssang	阿彌陀經	아미타경	amit'agyŏng	amitagyeong
雙劍	쌍검	ssanggŏm	ssanggeom	阿彌陀佛	아미타불	Amit'abul	Amitabul
雙溪亭	쌍계정	Ssanggyejŏng	Ssanggyejeong	牙拍舞	아박무	Abangmu	Abangmu
雙嶺	쌍령	Ssangnyŏng	Ssangnyeong	我邦	아방	abang	abang
雙龍	쌍룡	Ssangyong	Ssangnyong	亞卜	아복	Abok	Abok
雙陵	쌍릉	ssangnŭng	ssangneung	阿斯達	아사달	Asadal	Asadal
雙梅堂	쌍매당	ssangmaedang	ssangmaedang	阿斯達山	아사달산	Asadalsan	Asadalsan
雙猫圖	쌍묘도	Ssangmyodo	Ssangmyodo	芽山	아산	Asan	Asan
雙碧	쌍벽	ssangbyŏk	ssangbyeok	牙山	아산	Asan	Asan
雙北	쌍북	Ssangbuk	Ssangbuk	牙山郡	아산군	Asan-gun	Asan-gun
雙北里	쌍북리	Ssangbung-ni	Ssangbuk-ri	牙山灣	아산만	Asanman	Asanman

한자 용례	한글	ALA-LC Romanization	정부 표기안	한자 용례	한글	ALA-LC Romanization	정부 표기안
牙山市	아산시	Asan-si	Asan-si	惡法	악법	akpŏp	akbeop
牙山縣	아산현	Asan-hyŏn	Asan-hyeon	樂譜	악보	akpo	akbo
亞細亞	아세아	Asea	Asea	樂部	악부	akpu	akbu
亞世亞	아세아	Asea	Asea	樂府	악부	akpu	akbu
雅誦	아송	asong	asong	樂師	악사	aksa	aksa
阿修羅	아수라	Asura	Asura	樂書	악서	aksŏ	akseo
亞新社	아신사	Asinsa	Asinsa	樂聖齋	악성재	aksŏngjae	akseongjae
我我錄	아아록	Aarok	Aarok	惡稅	악세	akse	akse
雅樂	아악	aak	aak	樂友會	악우회	Aguhoe	Aguhoe
雅樂史	아악사	aaksa	aaksa	樂人	악인	agin	agin
兒菴	아암	Aam	Aam	惡人	악인	agin	agin
俄語	아어	aŏ	aeo	樂章	악장	akchang	akjang
雅言	아언	aŏn	aeon	樂章文	악장문	akchangmun	akjangmun
亞鉛	아연	ayŏn	ayeon	樂調	악조	akcho	akjo
牙箏	아쟁	ajaeng	ajaeng	樂志	악지	akchi	akji
雅亭	아정	Ajŏng	Ajeong	樂學	악학	akhak	akak
牙州	아주	Aju	Aju	安	안	an	an
鵝州	아주	Aju	Aju	案	안	an	an
亞州	아주	Aju	Aju	安加	안가	an'ga	anga
亞洲	아주	Aju	Aju	安岡	안강	an'gang	angang
亞洲大	아주대	Ajudae	Ajudae	安居	안거	an'gŏ	angeo
峨嵯	아차	Ach'a	Acha	安溪里	안계리	An'gye-ri	Angye-ri
峨嵯山	아차산	Ach'asan	Achasan	安國	안국	an'guk	anguk
亜太	아태	A-T'ae	A-tae	安國洞	안국동	An'guk-tong	Anguk-dong
亞太	아태	A-T'ae	A-Tae	安國寺	안국사	An'guksa	Anguksa
兒學	아학	ahak	ahak	安南	안남	Annam	Annam
阿含	아함	Aham	Aham	案內	안내	annae	annae
阿含經	아함경	Ahamgyŏng	Ahamgyeong	案內孃	안내양	annaeyang	annaeyang
啞軒	아헌	ahŏn	aheon	安德	안덕	Andŏk	Andeok
亞獻官	아헌관	ahŏn'gwan	aheongwan	安道	안도	Ando	Ando
雅號	아호	aho	aho	安東	안동	Andong	Andong
阿孝	아효	ahyo	ahyo	安東郡	안동군	Andong-gun	Andong-gun
惡	악	ak	ak	安動郡	안동군	Andong-gun	Andong-gun
樂考	악고	Akko	Akgo	安東大	안동대	Andongdae	Andongdae
樂工	악공	akkong	akgong	安東里	안동리	Andong-ni	Andong-ri
樂官	악관	akkwan	akgwan	安東布	안동포	Andongp'o	Andongpo
惡鬼	악귀	akkwi	akgwi	安樂	안락	allak	allak
樂劇	악극	akkŭk	akgeuk	顔樂堂	안락당	Allaktang	Allakdang
樂劇團	악극단	akkŭktan	akgeukdan	安樂道	안락도	allakto	allakdo
樂器	악기	akki	akgi	安樂亭	안락정	Allakchŏng	Allakjeong
惡女	악녀	angnyŏ	angnyeo	安陵	안릉	Allŭng	Alleung
樂團	악단	aktan	akdan	顔面	안면	anmyŏn	anmyeon
樂隊	악대	aktae	akdae	安眠島	안면도	Anmyŏndo	Anmyeondo
惡靈	악령	angnyŏng	angnyeong	安撫	안무	anmu	anmu
惡魔	악마	angma	angma	安武	안무	Anmu	Anmu

한자 용례	한글	ALA-LC Romanization	정부 표기안	한자 용례	한글	ALA-LC Romanization	정부 표기안
安撫使	안무사	anmusa	anmusa	安寂庵	안적암	Anjŏgam	Anjeogam
安民	안민	anmin	anmin	安全	안전	anjŏn	anjeon
安民歌	안민가	Anmin'ga	Anminga	安全部	안전부	Anjŏnbu	Anjeonbu
安邊	안변	Anbyŏn	Anbyeon	安全性	안전성	anjŏnsŏng	anjeonseong
安邊郡	안변군	Anbyŏn-gun	Anbyeon-gun	安全員	안전원	anjŏnwŏn	anjeonwon
安邊府	안변부	Anbyŏn-bu	Anbyeon-bu	安定	안정	anjŏng	anjeong
安保	안보	anbo	anbo	安定郡	안정군	Anjŏng-gun	Anjeong-gun
安北	안북	Anbuk	Anbuk	安定化	안정화	anjŏnghwa	anjeonghwa
安北府	안북부	Anbuk-pu	Anbuk-bu	安州	안주	Anju	Anju
安北城	안북성	Anbuksŏng	Anbukseong	安州郡	안주군	Anju-gun	Anju-gun
安分堂	안분당	Anbundang	Anbundang	安州牧	안주목	Anju-mok	Anju-mok
安山	안산	Ansan	Ansan	安平	안평	Anp'yŏng	Anpyeong
安山郡	안산군	Ansan-gun	Ansan-gun	安平君	안평군	Anp'yŏnggun	Anpyeonggun
安山市	안산시	Ansan-si	Ansan-si	安風	안풍	Anp'ung	Anpung
安眠島	안석	Ansŏk	Anseok	安鶴洞	안학동	Anhak-tong	Anhak-dong
安城	안성	Ansŏng	Anseong	安峽縣	안협현	Anhyŏp-hyŏn	Anhyeop-hyeon
安成	안성	Ansŏng	Anseong	安徽省	안휘성	Anhwi-sŏng	Anhwi-seong
安城郡	안성군	Ansŏng-gun	Anseong-gun	安興	안흥	Anhŭng	Anheung
安城川	안성천	Ansŏngch'ŏn	Anseongcheon	謁聖試	알성시	Alsŏngsi	Alseongsi
安城縣	안성현	Ansŏng-hyŏn	Anseong-hyeon	謁頂禮	알정례	Aljŏngnye	Aljeongnye
安素堂	안소당	Ansodang	Ansodang	巖	암	am	am
安順	안순	Ansun	Ansun	癌	암	am	am
安息	안식	ansik	ansik	巖刻	암각	amgak	amgak
安息日	안식일	ansigil	ansigil	岩刻	암각	amgak	amgak
安心	안심	ansim	ansim	巖刻畵	암각화	amgakhwa	amgakwa
安心寺	안심사	Ansimsa	Ansimsa	岩刻畵	암각화	amgakhwa	amgakwa
安亞樂	안아락	anarak	anarak	岩刻畵群	암각화군	amgakhwagun	amgakwagun
安岳	안악	Anak	Anak	暗路	암로	amno	amno
安岳郡	안악군	Anak-kun	Anak-gun	岩寺	암사	amsa	amsa
安岳縣	안악현	Anak-hyŏn	Anak-hyeon	岩寺洞	암사동	Amsa-dong	Amsadong
雁鴨	안압	Anap	Anap	暗殺	암살	amsal	amsal
雁鴨池	안압지	Anapchi	Anapji	暗殺者	암살자	amsalcha	amsalja
安養	안양	Anyang	Anyang	暗數	암수	amsu	amsu
安陽	안양	Anyang	Anyang	暗室	암실	amsil	amsil
安養市	안양시	Anyang-si	Anyang-si	暗行	암행	amhaeng	amhaeng
安養川	안양천	Anyangch'ŏn	Anyangcheon	巖軒	암헌	amhŏn	amheon
安悅縣	안열현	Anyŏr-hyŏn	Anyeol-hyeon	暗黑	암흑	amhŭk	amheuk
安原	안원	Anwŏn	Anwon	暗黑期	암흑기	amhŭkki	amheukgi
安陰縣	안음현	Anŭm-hyŏn	Aneum-hyeon	壓	압	ap	ap
安義	안의	Anŭi	Anui	狎鷗	압구	Apku	Apgu
安義郡	안의군	Anŭi-gun	Anui-gun	狎鷗亭	압구정	Apkujŏng	Apgujeong
安義縣	안의현	Anŭi-hyŏn	Anui-hyeon	狎鷗亭洞	압구정동	Apkujŏng-dong	Apgujeong-dong
安仁里	안인리	Anin-ni	Anin-ri	押捺	압날	amnal	amnal
鞍裝	안장	anjang	anjang	押梁州	압량주	Amnyang-ju	Amnyang-ju
安齋	안재	Anjae	Anjae	壓力	압력	amnyŏk	amnyeok

한자 용례	한글	ALA-LC Romanization	정부 표기안	한자 용례	한글	ALA-LC Romanization	정부 표기안
鴨綠	압록	Amnok	Amnok	也窟	야굴	Yagul	Yagul
鴨綠江	압록강	Amnokkang	Amnokgang	冶金	야금	yagŭm	yageum
押留	압류	amnyu	amnyu	冶金術	야금술	yagŭmsul	yageumsul
壓迫	압박	appak	apbak	野談	야담	yadam	yadam
押收	압수	apsu	apsu	野談集	야담집	yadamjip	yadamjip
壓勝	압승	apsŭng	apseung	野党	야당	yadang	yadang
壓勝術	압승술	apsŭngsul	apseungsul	野堂	야당	yadang	yadang
壓海郡	압해군	Aphae-gun	Apae-gun	冶爐	야로	yaro	yaro
仰德里	앙덕리	Angdŏng-ni	Angdeok-ri	野錄	야록	yarok	yarok
昂揚	앙양	angyang	angyang	夜雷	야뢰	yaroe	yaroe
哀	애	ae	ae	野牧里	야목리	Yamong-ni	Yamok-ri
愛	애	ae	ae	野史	야사	yasa	yasa
哀歌	애가	aega	aega	野山	야산	yasan	yasan
愛歌集	애가집	aegajip	aegajip	野生	야생	yasaeng	yasaeng
愛國	애국	aeguk	aeguk	野生花	야생화	yasaenghwa	yasaenghwa
愛國歌	애국가	aegukka	aegukga	野性	야성	yasŏng	yaseong
愛国論	애국론	aegungnon	aegungnon	耶穌	야소	Yaso	Yaso
愛国日	애국일	aegugil	aegugil	耶蘇	야소	Yaso	Yaso
埃及	애급	Aegŭp	Aegeup	耶蘇教	야소교	Yasogyo	Yasogyo
隘路	애로	aero	aero	耶穌教	야소교	Yasogyo	Yasogyo
愛馬	애마	aema	aema	野叟	야수	yasu	yasu
哀史	애사	aesa	aesa	野實社	야실사	Yasilsa	Yasilsa
厓西	애서	Aesŏ	Aeseo	野言	야언	yaŏn	yaeon
愛石	애석	aesŏk	aeseok	野營	야영	yayŏng	yayeong
愛心	애심	aesim	aesim	野營所	야영소	yayŏngso	yayeongso
涯月	애월	Aewŏl	Aewol	野外	야외	yaoe	yaoe
涯月里	애월리	Aewŏl-li	Aewol-ri	野遊	야유	yayu	yayu
愛人	애인	aein	aein	野遊會	야유회	yayuhoe	yayuhoe
愛日羅	애일라	Aeilla	Aeilla	冶隱	야은	Yaŭn	Yaeun
愛藏展	애장전	aejangjŏn	aejangjeon	冶鐵	야철	yach'ŏl	yacheol
愛藏版	애장판	aejangp'an	aejangpan	夜學	야학	yahak	yahak
哀絶陽	애절양	Aejŏryang	Aejeoryang	夜學歌	야학가	yahakka	yahakga
愛情	애정	aejŏng	aejeong	夜學校	야학교	yahakkyo	yahakgyo
愛族	애족	aejok	aejok	夜學會	야학회	yahakhoe	yahakoe
哀册文	애책문	aech'aengmun	aechaengmun	夜行	야행	yahaeng	yahaeng
愛灘	애탄	Aet'an	aetan	野花	야화	Yahwa	Yahwa
愛鄕	애향	aehyang	aehyang	夜花	야화	yahwa	yahwa
愛鄕塾	애향숙	Aehyangsuk	Aehyangsuk	夜話	야화	yahwa	yahwa
液體	액체	aekch'e	aekche	夜話記	야화기	yahwagi	yahwagi
鸚鵡	앵무	aengmu	aengmu	約款	약관	yakkwan	yakgwan
鸚鵡文	앵무문	aengmumun	aengmumun	約款集	약관집	yakkwanjip	yakgwanjip
夜	야	ya	ya	藥局	약국	yakkuk	yakguk
夜間	야간	yagan	yagan	略記	약기	yakki	yakgi
冶谷	야곡	Yagok	Yagok	略歷	약력	yangnyŏk	yangnyeok
野球	야구	yagu	yagu	藥令	약령	yangnyŏng	yangnyeong

한자 용례	한글	ALA-LC Romanization	정부 표기안	한자 용례	한글	ALA-LC Romanization	정부 표기안
藥令市	약령시	yangnyŏngsi	yangnyeongsi	陽口	양구	Yanggu	Yanggu
略錄	약록	yangnok	yangnok	陽溝	양구	Yanggu	Yanggu
略論	약론	yangnon	yangnon	楊溝	양구	Yanggu	Yanggu
藥理	약리	yangni	yangni	楊口郡	양구군	Yanggu-gun	Yanggu-gun
藥理	약리	yangni	yangni	楊口縣	양구현	Yanggu-hyŏn	Yanggu-hyeon
藥理學	약리학	yangnihak	yangnihak	兩國	양국	yangguk	yangguk
若木	약목	Yangmok	Yangmok	洋弓	양궁	yanggung	yanggung
藥房	약방	yakpang	yakbang	楊根郡	양근군	Yanggŭn-gun	Yanggeun-gun
藥峯	약봉	Yakpong	Yakbong	兩大	양대	yangdae	yangdae
略史	약사	yaksa	yaksa	陽德郡	양덕군	Yangdŏk-kun	Yangdeok-gun
藥師	약사	yaksa	yaksa	良洞里	양동리	Yangdong-ni	Yangdong-ri
藥師經	약사경	Yaksagyŏng	Yaksagyeong	養洞里	양동리	Yangdong-ni	Yangdong-ri
藥師洞	약사동	Yaksa-dong	Yaksa-dong	兩亂	양란	yangnan	yangnan
藥師庵	약사암	Yaksaam	Yaksaam	養老	양로	yangno	yangno
藥山	약산	yaksan	yaksan	羊林社	양림사	Yangnimsa	Yangnimsa
若山	약산	yaksan	yaksan	陽梅	양매	Yangmae	Yangmae
藥膳	약선	yaksŏn	yakseon	兩面	양면	yangmyŏn	yangmyeon
約束	약속	yaksok	yaksok	陽明	양명	Yangmyŏng	Yangmyeong
藥水	약수	yaksu	yaksu	陽明學	양명학	Yangmyŏnghak	Yangmyeonghak
藥水里	약수리	Yaksu-ri	Yaksu-ri	陽明學的	양명학적	Yangmyŏnghakchŏk	Yangmyeonghakjeok
藥業	약업	yagŏp	yageop	兩無	양무	yangmu	yangmu
藥用	약용	yagyong	yagyong	楊門	양문	yangmun	yangmun
略字	약자	yakcha	yakja	羊門	양문	Yangmun	Yangmun
略字譜	약자보	yakchabo	yakjabo	兩門錄	양문록	Yangmunnok	Yangmullok
略字體	약자체	yakchach'e	yakjache	良民	양민	yangmin	yangmin
藥材	약재	yakchae	yakjae	兩班	양반	yangban	yangban
藥典	약전	yakchŏn	yakjeon	両班	양반	yangban	yangban
略傳	약전	yakchŏn	yakjeon	兩班田	양반전	yangbanjŏn	yangbanjeon
躍進	약진	yakchin	yakjin	兩班傳	양반전	Yangbanjŏn	yangbanjeon
藥泉	약천	yakch'ŏn	yakcheon	良方	양방	yangbang	yangbang
略出	약출	yakch'ul	yakchul	洋服	양복	yangbok	yangbok
略探記	약탐기	yakt'amgi	yaktamgi	養蜂	양봉	yangbong	yangbong
藥品	약품	yakp'um	yakpum	養父	양부	yangbu	yangbu
藥學	약학	yakhak	yakak	養士洞	양사동	Yangsa-dong	Yangsa-dong
藥學會	약학회	Yyakhakhoe	Yakakoe	養士齋	양사재	Yangsajae	Yangsajae
略解	약해	yakhae	yakae	陽山	양산	Yangsan	Yangsan
兩	양	yang	yang	梁山	양산	Yangsan	Yangsan
量	양	yang	yang	楊山	양산	Yangsan	Yangsan
羊	양	yang	yang	陽山歌	양산가	Yangsan'ga	Yangsanga
陽刻	양각	yanggak	yanggak	梁山郡	양산군	Yangsan-gun	Yangsan-gun
兩界	양계	yanggye	yanggye	梁山城	양산성	Yangsansŏng	Yangsanseong
糧穀	양곡	yanggok	yanggok	梁山市	양산시	Yangsan-si	Yangsan-si
陽光	양광	Yanggwang	Yanggwang	樣相	양상	yangsang	yangsang
楊廣道	양광도	Yanggwang-do	Yanggwang-do	良書	양서	yangsŏ	yangseo
楊口	양구	Yanggu	Yanggu	良書閣	양서각	Yangsŏgak	Yangseogak

한자 용례	한글	ALA-LC Romanization	정부 표기안	한자 용례	한글	ALA-LC Romanization	정부 표기안
養成	양성	yangsŏng	yangseong	陽地里	양지리	Yangji-ri	Yangji-ri
陽城郡	양성군	Yangsŏng-gun	Yangseong-gun	良質	양질	yangjil	yangjil
養成所	양성소	yangsŏngso	yangseongso	良妻	양처	yangch'ŏ	yangcheo
兩水里	양수리	Yangsu-ri	Yangsu-ri	陽川	양천	Yangch'ŏn	Yangcheon
養術	양술	yangsul	yangsul	陽川郡	양천군	Yangch'ŏn-gun	Yangcheon-gun
樣式	양식	yangsik	yangsik	陽青里	양청리	Yangch'ŏng-ni	Yangcheong-ri
良心	양심	yangsim	yangsim	陽村	양촌	Yangch'on	Yangchon
養心	양심	yangsim	yangsim	陽宅論	양택론	yangt'aengnon	Yangtaengnon
養心堂	양심당	Yangsimdang	Yangsimdang	陽坡	양파	Yangp'a	Yangpa
洋樂	양악	yangak	yangak	陽坪	양평	Yangp'yŏng	Yangpyeong
洋樂隊	양악대	yangaktae	yangakdae	楊平	양평	Yangp'yŏng	Yangpyeong
量案	양안	yangan	yangan	楊平郡	양평군	Yangp'yŏng-gun	Yangpyeong-gun
襄陽	양양	Yangyang	Yangyang	陽坪里	양평리	Yangp'yŏng-ni	Yangpyeong-ri
陽壤	양양	Yangyang	Yangyng	洋行	양행	yanghaeng	yanghaeng
襄陽郡	양양군	Yangyang-gun	Yangyang-gun	養軒	양헌	Yanghŏn	Yangheon
襄陽府	양양부	Yangyangbu	Yangyang-bu	養花	양화	yanghwa	yanghwa
良役	양역	yangyŏk	yangyeok	洋靴	양화	yanghwa	yanghwa
讓寧	양영	Yangnyŏng	Yangyeong	洋畫	양화	yanghwa	yanghwa
養英閣	양영각	Yangyŏnggak	Yangyeonggak	楊花津	양화진	Yanghwajin	Yanghwajin
洋擾	양요	yangyo	yangyo	洋灰	양회	yanghoe	yanghoe
洋擾史	양요사	yangyosa	yangyosa	於	어	ŏ	eo
良友堂	양우당	Yangudang	Yangudang	漁溪	어계	Ŏgye	Eogye
梁園	양원	yangwŏn	yangwon	魚具	어구	ŏgu	eogu
養育費	양육비	yangyukpi	yangyukbi	唔堂	어당	Ŏdang	Eodang
陽陰歷	양음력	yangŭmnyŏk	yangeumnyeok	於道	어도	Ŏdo	Eodo
襄毅	양의	Yangŭi	Yangui	御道址	어도지	Ŏdoji	Eodoji
兩者	양자	yangja	yangja	語錄	어록	ŏrok	eorok
揚子	양자	yangja	yangja	語錄碑	어록비	ŏrokpi	eorokbi
揚子江	양자강	Yangjagang	Yangjagang	魚龍傳	어룡전	Ŏryongjŏn	Eoryongjeon
養蠶	양잠	yangjam	yangjam	魚類	어류	ŏryu	eoryu
襄莊公	양장공	Yangjanggong	Yangjanggong	語文	어문	ŏmun	eomun
良將里	양장리	Yangjang-ni	Yangjang-ri	語文閣	어문각	Ŏmun'gak	Eomungak
陽齋	양재	Yangjae	Yangjae	語文法	어문법	ŏmunpŏp	eomunbeop
羊猪	양저	yangjŏ	yangjeo	語文學	어문학	ŏmunhak	eomunhak
兩銓	양전	yangjŏn	yangjeon	語文學社	어문학사	Ŏmunhaksa	Eomunhaksa
良田洞	양전동	Yangjŏn-dong	Yangjeon-dong	語文學的	어문학적	ŏmunhakchŏk	eomunhakjeok
醸造	양조	yangjo	yangjo	語法	어법	ŏpŏp	eobeop
楊州	양주	Yangju	Yangju	御寶	어보	ŏbo	eobo
梁州	양주	Yangju	Yangju	魚譜	어보	ŏbo	eobo
醸酒	양주	yangju	yangju	漁父	어부	ŏbu	eobu
楊州郡	양주군	Yangju-gun	Yangju-gun	漁父歌	어부가	ŏbuga	eobuga
楊州牧	양주목	Yangju-mok	Yangju-mok	漁父詞	어부사	Ŏbusa	Eobusa
醸酒集	양주집	yangjujip	yangjujip	御史	어사	ŏsa	eosa
陽地	양지	yangji	yangji	御射	어사	ŏsa	eosa
陽智郡	양지군	Yangji-gun	Yangji-gun	御史臺	어사대	ŏsadae	eosadae

한자 용례	한글	ALA-LC Romanization	정부 표기안	한자 용례	한글	ALA-LC Romanization	정부 표기안
御射圖	어사도	ŏsado	eosado	言論人會	언론인회	ŏlloninhoe	eolloninhoe
漁業	어업	ŏŏp	eoeop	言論紙	언론지	ŏllonji	eollonji
御用	어용	ŏyong	eoyong	言論學	언론학	ŏllonhak	eollonhak
御用人	어용인	ŏyongin	eoyongin	言弄	언롱	Ŏllong	Eollong
御用紙	어용지	ŏyongji	eoyongji	言文	언문	ŏnmun	eonmun
於于	어우	Ŏu	Eou	諺文	언문	ŏnmun	eonmun
於于堂	어우당	Ŏudang	Eoudang	諺文志	언문지	ŏnmunji	eonmunji
語源	어원	ŏwŏn	eowon	諺釋	언석	ŏnsŏk	eonseok
語源的	어원적	ŏwŏnjŏk	eowonjeok	彦陽	언양	Ŏnyang	Eonyang
漁隱洞	어은동	Ŏŭn-dong	Eoeun-dong	彦陽郡	언양군	Ŏnyang-gun	Eonyang-gun
於音里	어음리	Ŏŭm-ni	Eoeum-ri	彦陽縣	언양현	Ŏnyang-hyŏn	Eonyang-hyeon
御醫	어의	ŏŭi	eoui	言語	언어	ŏnŏ	eoneo
御衣	어의	ŏŭi	eoui	言語集	언어집	ŏnŏjip	eoneojip
於義洞	어의동	Ŏŭi-dong	Eoui-dong	言語學	언어학	ŏnŏhak	eoneohak
漁場	어장	ŏjang	eojang	言學	언학	ŏnhak	eonhak
禦將臺	어장대	Ŏjangdae	Eojangdae	諺解	언해	ŏnhae	eonhae
語典	어전	ŏjŏn	eojeon	諺解文	언해문	ŏnhaemun	eonhaemun
御定	어정	ŏjŏng	eojeong	諺解本	언해본	ŏnhaebon	eonhaebon
御題	어제	ŏje	eoje	諺解書	언해서	ŏnhaesŏ	eonhaeseo
御製	어제	ŏje	eoje	言行	언행	ŏnhaeng	eonhaeng
御眞	어진	ŏjin	eojin	言行錄	언행록	ŏnhaengnok	eonhaengnok
御札	어찰	ŏch'al	eochal	竺弄	얼롱	Ŏllong	Eollong
御天歌	어천가	ŏch'ŏn'ga	eocheonga	嚴	엄	ŏm	eom
漁村	어촌	ŏch'on	eochon	閹茂	엄무	ŏmmu	eommu
魚貝	어패	ŏp'ae	eopae	嚴妃	엄비	Ŏmbi	Eombi
魚貝類	어패류	ŏp'aeryu	eopaeryu	嚴莊	엄장	Ŏmjang	Eomjang
御筆	어필	ŏp'il	eopil	業務	업무	ŏmmu	eommu
語學	어학	ŏhak	eohak	業者	업자	ŏpcha	eopja
語學類	어학류	ŏhangnyu	eohangnyu	業績	업적	ŏpchŏk	eopjeok
語學史	어학사	ŏhaksa	eohaksa	業種	업종	ŏpchong	eopjong
語學會	어학회	ŏhakhoe	eohakoe	業種別	업종별	ŏpchongbyŏl	eopjongbyeol
語彙	어휘	ŏhwi	eohwi	業體	업체	ŏpch'e	eopche
語彙論	어휘론	ŏhwiron	eohwiron	業体	업체	ŏpch'e	eopche
抑佛	억불	ŏkpul	eokbul	女	여	yŏ	yeo
憶吹簫	억취소	Ŏkch'wiso	Eokchwiso	呂	여	Yŏ	Yeo
言	언	ŏn	eon	餘暇	여가	yŏga	yeoga
谚蔺	언간	ŏn'gan	eongan	驪江	여강	Yŏgang	Yeogang
諺簡	언간	Ŏn'gan	Eongan	與件	여건	yŏkŏn	yeogeon
彦機	언기	Ŏn'gi	Eongi	女傑	여걸	yŏgŏl	yeogeol
言動	언동	ŏndong	eondong	女誡	여계	yŏgye	yeogye
言路	언로	ŏllo	eollo	女教員	여교원	yŏgyowŏn	yeogyowon
言論	언론	ŏllon	eollon	女軍	여군	yŏgun	yeogun
言論史	언론사	ŏllonsa	eollonsa	旅券	여권	yŏkwŏn	yeogwon
言論社	언론사	ŏllonsa	eollonsa	女根石	여근석	yŏgŭnsŏk	yeogeunseok
言論人	언론인	ŏllonin	eollonin	女大	여대	yŏdae	yeodae

한자 용례	한글	ALA-LC Romanization	정부 표기안	한자 용례	한글	ALA-LC Romanization	정부 표기안
輿圖	여도	yŏdo	yeodo	女僧	여승	yŏsŭng	yeoseung
女樂	여락	Yŏak	yeorak	女僧歌	여승가	yŏsŭngga	yeoseungga
如來	여래	yŏrae	yeorae	如是	여시	Yŏsi	Yeosi
如來圖	여래도	yŏraedo	yeoraedo	與信	여신	yŏsin	yeosin
如來藏	여래장	yŏraejang	yeoraejang	餘燼	여신	yŏsin	yeosin
如來坐	여래좌	yŏraejwa	yeoraejwa	女神	여신	yŏsin	yeosin
女伶	여령	yŏryŏng	yeoryeong	驪陽	여양	Yŏyang	Yeoyang
旅路	여로	yŏro	yeoro	女王	여왕	yŏwang	yeowang
餘錄	여록	yŏrok	yeorok	麗謠	여요	Yŏyo	Yeoyo
餘論	여론	yŏron	yeoron	麗謡	여요	yŏyo	Yeoyo
輿論	여론	yŏron	yeoron	女優	여우	yŏu	yeou
輿論	여론	yŏron	yeoron	女苑	여원	Yŏwŏn	Yeowon
女流	여류	yŏryu	yeoryu	與猶堂	여유당	Yŏyudang	Yeoyudang
與林	여림	Yŏrim	Yeorim	如意	여의	yŏŭi	yeoui
麗末	여말	Yŏmal	Yeomal	如意君	여의군	Yŏŭigun	Yeoui-gun
女盟	여맹	yŏmaeng	yeomaeng	汝矣島	여의도	Yŏŭido	Yeouido
黎明	여명	yŏmyŏng	yeomyeong	如意洞	여의동	Yŏŭi-dong	Yeoui-dong
黎明期	여명기	yŏmyŏnggi	yeomyeonggi	了義諸	여의제	yŏŭije	yeouije
麗文閣	여문각	Yŏmun'gak	Yeomungak	如意珠	여의주	yŏŭiju	yeouiju
余美里	여미리	Yŏmi-ri	Yeomi-ri	女人	여인	yŏin	yeoin
與民樂	여민락	yŏmillak	yeomillak	女人像	여인상	yŏinsang	yeoinsang
餘白	여백	yŏbaek	yeobaek	女子	여자	yŏja	yeoja
女範	여범	yŏbŏm	yeobeom	女子界	여자계	yŏjagye	yeojagye
女福	여복	yŏbok	yeobok	女子들	여자들	yŏjadŭl	yeojadeul
與服志	여복지	Yŏbokchi	Yeobokji	女將軍	여장군	yŏjanggun	yeojanggun
女四書	여사서	Yŏsasŏ	yeosaseo	與敵	여적	yŏjŏk	yeojeok
礪山	여산	Yŏsan	Yeosan	餘滴	여적	yŏjŏk	yeojeok
礪山郡	여산군	Yŏsan-gun	Yeosan-gun	女專	여전	yŏjŏn	yeojeon
麗瑞島	여서도	Yŏsŏdo	Yeoseodo	旅情	여정	yŏjŏng	yeojeong
餘善縣	여선현	Yŏsŏn-hyŏn	Yeoseon-hyeon	旅程	여정	yŏjŏng	yeojeong
女性	여성	yŏsŏng	yeoseong	餘情集	여정집	yŏjŏngjip	yeojeongjip
如星	여성	Yŏsŏng	Yeoseong	驪州	여주	Yŏju	Yeoju
女性論	여성론	yŏsŏngnon	yeoseongnon	驪州郡	여주군	Yŏju-gun	Yeoju-gun
女性誌	여성지	yŏsŏngji	yeoseongji	驪州郡	여주군	Yŏju-gun	Yeoju-gun
女性學	여성학	yŏsŏnghak	yeoseonghak	驪州牧	여주목	Yŏju-mok	Yeoju-mok
女性學	여성학	yŏsŏnghak	yeoseonghak	驪州邑	여주읍	Yŏju-ŭp	Yeoju-eup
女小學	여소학	Yŏsohak	Yeosohak	女中花	여중화	Yŏjunghwa	yeojunghwa
女俗	여속	yŏsok	yeosok	輿地	여지	yŏji	yeoji
女俗考	여속고	yŏsokko	yeosokgo	輿地考	여지고	Yŏjigo	yeojigo
呂宋	여송	Yŏsong	Yeosong	輿地圖	여지도	yŏjido	yeojido
如松	여송	Yŏsong	Yeosong	輿地志	여지지	yŏjiji	yeojiji
麗水	여수	Yŏsu	Yeosu	輿地誌	여지지	yŏjiji	yeojiji
旅愁	여수	yŏsu	yeosu	女職工	여직공	yŏjikkong	yeojikgong
麗水大	여수대	Yŏsudae	Yeosudae	女眞	여진	Yŏjin	Yeojin
麗水市	여수시	Yŏsu-si	Yeosu-si	女眞學	여진학	Yŏjinhak	Yeojinhak

한자 용례	한글	ALA-LC Romanization	정부 표기안	한자 용례	한글	ALA-LC Romanization	정부 표기안
麗川	여천	Yŏch'ŏn	Yeocheon	曆法	역법	yŏkpŏp	yeokbeop
麗川郡	여천군	Yŏch'ŏn-gun	Yeocheon-gun	譯法	역법	yŏkpŏp	yeokbeop
麗川市	여천시	Yŏch'ŏn-si	Yeocheon-si	歷史	역사	yŏksa	yeoksa
女體	여체	yŏch'e	yeoche	驛舍	역사	yŏksa	yeoksa
麗初	여초	Yŏch'o	Yeocho	役事	역사	yŏksa	yeoksa
余草里	여초리	Yŏch'o-ri	Yeocho-ri	繹史	역사	yŏksa	yeoksa
女風	여풍	yŏp'ung	yeopung	歷史家	역사가	yŏksaga	yeoksaga
女學	여학	yŏhak	yeohak	歷史科	역사과	yŏksakwa	yeoksagwa
女學校	여학교	yŏhakkyo	yeohakgyo	歷史觀	역사관	yŏksagwan	yeoksagwan
女學堂	여학당	yŏhaktang	yeohakdang	歷史館	역사관	yŏksagwan	yeoksagwan
女學生	여학생	yŏhaksaeng	yeohaksaeng	歷史國	역사국	yŏksaguk	yeoksaguk
閭巷	여항	yŏhang	yeohang	歷史劇	역사극	yŏksagŭk	yeoksageuk
閭巷人	여항인	Yŏhangin	Yeohangin	歷史略	역사략	yŏksaryak	yeoksaryak
旅行	여행	yŏhaeng	yeohaeng	歷史像	역사상	yŏksasang	yeoksasang
旅行記	여행기	yŏhaenggi	yeohaenggi	歷史上	역사상	yŏksasang	yeoksasang
餘響	여향	yŏhyang	yeohyang	歷史的	역사적	yŏksajŏk	yeoksajeok
旅軒	여헌	Yŏhŏn	Yeoheon	歷史學	역사학	yŏksahak	yeoksahak
黎湖	여호	Yŏho	Yeoho	櫟山	역산	Yŏksan	Yeoksan
女禍	여화	yŏhwa	yeohwa	驛三洞	역삼동	Yŏksam-dong	Yeoksam-dong
女訓	여훈	yŏhun	yeohun	曆象	역상	yŏksang	yeoksang
驪興	여흥	Yŏhŭng	Yeoheung	曆象考	역상고	yŏksanggo	yeoksanggo
驪興郡	여흥군	Yŏhŭng-gun	Yeoheung-gun	曆書	역서	yŏksŏ	yeokseo
譯	역	yŏk	yeok	譯述	역술	yŏksul	yeoksul
驛	역	yŏk	yeok	疫神	역신	yŏksin	yeoksin
訳	역	yŏk	yeok	逆臣	역신	yŏksin	yeoksin
歷	역	yŏk	yeok	逆臣들	역신들	yŏksindŭl	yeoksindeul
役	역	yŏk	yeok	譯語	역어	yŏgŏ	yeogeo
逆	역	yŏk	yeok	櫟翁	역옹	Yŏgong	Yeogong
曆	역	yŏk	yeok	亦用	역용	yŏgyong	yeogyong
易經	역경	Yŏkkyŏng	Yeokgyeong	譯義	역의	yŏgŭi	yeogui
譯經	역경	yŏkkyŏng	yeokgyeong	逆賊	역적	yŏkchŏk	yeokjeok
譯經院	역경원	Yŏkkyŏngwŏn	Yeokgyeongwon	逆賊錄	역적록	yŏkchŏngnok	yeokjeongnok
譯經人	역경인	yŏkkyŏngin	yeokgyeongin	驛前	역전	yŏkchŏn	yeokjeon
譯科	역과	yŏkkwa	yeokgwa	易占	역점	yŏkchŏm	yeokjeom
役官	역관	yŏkkwan	yeokgwan	歷程	역정	yŏkchŏng	yeokjeong
譯官	역관	yŏkkwan	yeokgwan	譯註	역주	yŏkchu	yeokju
域內	역내	yŏngnae	yeongnae	訳註	역주	yŏkchu	yeokju
歷年代	역년대	yŏngnyŏndae	yeongnyeondae	譯註書	역주서	yŏkchusŏ	yeokjuseo
歷代	역대	yŏktae	yeokdae	譯註集	역주집	yŏkchujip	yeokjujip
亦樂	역락	Yŏngnak	Yeongnak	驛站	역참	yŏkch'am	yeokcham
易理	역리	yŏngni	yeongni	譯編	역편	yŏkp'yŏn	yeokpyeon
驛馬	역마	yŏngma	yeongma	訳編	역편	yŏkp'yŏn	yeokpyeon
逆謨	역모	yŏngmo	yeongmo	譯學	역학	yŏkhak	yeokhak
歷問研	역문연	Yŏngmunyŏn	Yeongmunyeon	力學	역학	yŏkhak	yeokak
力民社	역민사	Yŏngminsa	Yeongminsa	易學	역학	yŏkhak	yeokak

한자 용례	한글	ALA-LC Romanization	정부 표기안	한자 용례	한글	ALA-LC Romanization	정부 표기안
易學社	역학사	Yŏkhaksa	Yeokaksa	研究者	연구자	yŏn'guja	yeonguja
譯學書	역학서	yŏkhaksŏ	yeokhakseo	研究者	연구자	yŏn'guja	yeonguja
譯學院	역학원	Yŏkhagwŏn	Yeokhagwon	研究誌	연구지	yŏn'guji	yeonguji
役割	역할	yŏkhal	yeokal	研究陣	연구진	yŏn'gujin	yeongujin
譯解	역해	yŏkhae	yeokae	研究陣	연구진	yŏn'gujin	yeongujin
譯解	역해	yŏkhae	yeokae	研究集	연구집	yŏn'gujip	yeongujip
亦乎說	역호설	yŏkhosŏl	yeokoseol	研究草	연구초	yŏn'guch'o	yeongucho
譯訓	역훈	yŏkhun	yeokun	研究會	연구회	yŏn'guhoe	yeonguhoe
輦	연	yŏn	yeon	戀君歌	연국가	yŏn'gun'ga	yeongukga
燕	연	yŏn	yeon	戀君	연군	yŏn'gun	yeongun
戀歌	연가	yŏn'ga	yeonga	演劇	연극	yŏn'gŭk	yeongeuk
年刊	연간	yŏn'gan	yeongan	演劇團	연극단	yŏn'gŭktan	yeongeukdan
年鑑社	연감사	Yŏn'gamsa	Yeongamsa	演劇史	연극사	yŏn'gŭksa	yeongeuksa
連結	연결	yŏn'gyŏl	yeongyeol	演劇學	연극학	yŏn'gŭkhak	yeongeukak
連結式	연결식	yŏn'gyŏlsik	yeongyeolsik	沿近	연근	yŏn'gŭn	yeongeun
連結體	연결체	yŏn'gyŏlch'e	yeongyeolche	鍊金	연금	yŏn'gŭm	yeongeum
淵鏡	연경	Yŏn'gyŏng	Yeongyeong	年金	연금	yŏn'gŭm	yeongeum
連繫	연계	yŏn'gye	yeongye	鍊金術	연금술	yŏn'gŭmsul	yeongeumsul
蓮桂錄	연계록	yŏn'gyerok	yeongyerok	年金化	연금화	yŏn'gŭmhwa	yeongeumhwa
蓮桂所	연계소	Yŏn'gyeso	Yeongyeso	燕岐	연기	Yŏn'gi	Yeongi
緣故	연고	yŏn'go	yeongo	演技	연기	yŏn'gi	yeongi
緣故主義	연고주의	yŏn'gojuŭi	yeongojuui	緣起	연기	yŏn'gi	yeongi
連谷里	연곡리	Yŏn'gong-ni	Yeongok-ri	燕岐郡	연기군	Yŏn'gi-gun	Yeongi-gun
鷰谷寺	연곡사	Yŏn'goksa	Yeongoksa	緣起法	연기법	yŏn'gipŏp	yeongibeop
然觀	연관	Yŏn'gwan	Yeongwan	燕岐縣	연기현	Yŏn'gi-hyŏn	Yeongi-hyeon
聯關	연관	yŏn'gwan	yeongwan	延吉	연길	Yŏn'gil	Yeongil
聯關表	연관표	yŏn'gwanp'yo	yeongwanpyo	延吉市	연길시	Yŏn'gil-si	Yeongil-si
研究	연구	yŏn'gu	yeongu	蓮潭	연담	Yŏndam	Yeondam
研究係	연구계	yŏn'gugye	yeongugye	演談	연담	yŏndam	yeondam
研究係	연구계	yŏn'gugye	yeongugye	蓮塘洞	연당동	Yŏndang-dong	Yeondang-dong
研究官	연구관	yŏn'gugwan	yeongugwan	蓮塘里	연당리	Yŏndang-ni	Yeondang-ri
研究團	연구단	yŏn'gudan	yeongudan	聯隊	연대	yŏndae	yeondae
研究物	연구물	yŏn'gumul	yeongumul	延大	연대	Yŏndae	Yeondae
研究班	연구반	yŏn'guban	yeonguban	連帶	연대	yŏndae	yeondae
研究社	연구사	yŏn'gusa	yeongusa	年代	연대	yŏndae	yeondae
研究史	연구사	yŏn'gusa	yeongusa	年代記	연대기	yŏndaegi	yeondaegi
研究書	연구서	yŏn'gusŏ	yeonguseo	煉禱	연도	yŏndo	yeondo
研究書	연구서	yŏn'gusŏ	yeonguseo	燕島里	연도리	Yŏndo-ri	Yeondo-ri
研究所	연구소	yŏn'guso	yeonguso	蓮洞	연동	Yŏn-dong	Yeon-dong
研究室	연구실	yŏn'gusil	yeongusil	蓮洞里	연동리	Yŏndong-ni	Yeondong-ri
研究室	연구실	yŏn'gusil	yeongusil	連動化	연동화	yŏndonghwa	yeondonghwa
研究案	연구안	yŏn'guan	yeonguan	軟豆色	연두색	yŏndusaek	yeondusaek
研究院	연구원	yŏn'guwŏn	yeonguwon	燃燈	연등	yŏndŭng	yeondeung
研究員	연구원	yŏn'guwŏn	yeonguwon	蓮燈洞	연등동	Yŏndŭng-dong	Yeondeung-dong
研究院	연구원	yŏn'guwŏn	yeonguwon	燃燈會	연등회	yŏndŭnghoe	yeondeunghoe

한자 용례	한글	ALA-LC Romanization	정부 표기안	한자 용례	한글	ALA-LC Romanization	정부 표기안
連絡	연락	yŏllak	yeollak	連鎖	연쇄	yŏnswae	yeonswae
連絡船	연락선	yŏllaksŏn	yeollakseon	研修	연수	yŏnsu	yeonsu
燃藜室	연려실	Yŏllyŏsil	Yeollyeosil	研修	연수	yŏnsu	yeonsu
年歷表	연력표	yŏllyŏkp'yo	yeollyeokpyo	延壽	연수	Yŏnsu	Yeonsu
宴禮樂	연례악	yŏllyeak	yeollyeak	淵藪	연수	yŏnsu	yeonsu
燃料	연료	yŏllyo	yeollyo	研修團	연수단	yŏnsudan	yeonsudan
年輪	연륜	yŏllyun	yeollyun	研修院	연수원	yŏnsuwŏn	yeonsuwon
聯盟	연맹	yŏnmaeng	yeonmaeng	研修院	연수원	yŏnsuwŏn	yeonsuwon
延命	연명	yŏnmyŏng	yeonmyeong	演習	연습	yŏnsŭp	yeonseup
連名簿	연명부	yŏnmyŏngbu	yeonmyeongbu	聯時	연시	yŏnsi	yeonsi
宴舞	연무	yŏnmu	yeonmu	聯時調	연시조	yŏnsijo	yeonsijo
演武館	연무관	yŏnmugwan	yeonmugwan	戀心	연심	yŏnsim	yeonsim
研墨會	연묵회	Yŏnmukhoe	Yeonmukoe	沿岸	연안	yŏnan	yeonan
衍文	연문	yŏnmun	yeonmun	延安	연안	Yŏnan	Yeonan
研文社	연문사	Yŏnmunsa	Yeonmunsa	延安郡	연안군	Yŏnan-gun	Yeonan-gun
恋文集	연문집	yŏnmunjip	yeonmunjip	延安府	연안부	Yŏnan-bu	Yeonan-bu
聯美	연미	yŏnmi	yeonmi	燕岩	연암	Yŏnam	Yeonam
淵民	연민	Yŏnmin	Yeonmin	蓮庵	연암	Yŏnam	Yeonam
蓮盤里	연반리	Yŏnban-ni	Yeonban-ri	淵菴	연암	Yŏnam	Yeonam
聯邦	연방	yŏnbang	yeonbang	燕巖	연암	Yŏnam	Yeonam
聯邦制	연방제	yŏnbangje	yeonbangje	淵陽里	연양리	Yŏnyang-ni	Yeonyang-ri
聯芳集	연방집	yŏnbangjip	yeonbangjip	衍譯會	연역회	yŏnyŏkhoe	yeonyeokhoe
延白	연백	Yŏnbaek	Yeonbaek	淵淵	연연	yŏnyŏn	yeonyeon
延白郡	연백군	Yŏnbaek-kun	Yeonbaek-gun	淵源	연원	yŏnwŏn	yeonwon
延邊	연변	Yŏnbyŏn	Yeonbyeon	淵源圖	연원도	yŏnwŏndo	yeonwondo
延邊	연변	Yŏnbyŏn	Yeonbyeon	淵源錄	연원록	yŏnwŏllok	yeonwollok
練兵	연병	yŏnbyŏng	yeonbyeong	演義	연의	yŏnŭi	yeonui
年譜	연보	yŏnbo	yeonbo	衍義	연의	yŏnŭi	yeonui
研史	연사	yŏnsa	yeonsa	連義	연의	yŏnŭi	yeonui
燕山	연산	Yŏnsan	Yeonsan	演義圖	연의도	yŏnŭido	yeonuido
連山郡	연산군	Yŏnsan-gun	Yeonsan-gun	戀人	연인	yŏnin	yeonin
燕山君	연산군	Yŏnsan'gun	Yeonsangun	連作	연작	yŏnjak	yeonjak
蓮山洞	연산동	Yŏnsan-dong	Yeonsan-dong	聯作詩	연작시	yŏnjaksi	yeonjaksi
燕山主	연산주	Yŏnsanju	Yeonsanju	延長	연장	yŏnjang	yeonjang
連山縣	연산현	Yŏnsan-hyŏn	Yeonsan-hyeon	連載	연재	yŏnjae	yeonjae
緣生論	연생론	yŏnsaengnon	yeonsaengnon	淵齋	연재	Yŏnjae	Yeonjae
演說	연설	yŏnsŏl	yeonseol	延州	연주	Yŏnju	Yeonju
演說集	연설집	yŏnsŏlchip	yeonseoljip	延州郡	연주군	Yŏnju-gun	Yeonju-gun
演說會	연설회	yŏnsŏrhoe	yeonseolhoe	戀主臺	연주대	Yŏnjudae	Yeonjudae
演成	연성	yŏnsŏng	yeonseong	蓮池	연지	yŏnji	yeonji
連城郡	연성군	Yŏnsŏng-gun	Yeonseong-gun	軟質	연질	yŏnjil	yeonjil
延世	연세	yŏnse	yeonse	演輯	연집	yŏnjip	yeonjip
延世大	연세대	Yŏnsedae	Yeonsedae	年次	연차	yŏnch'a	yeoncha
演小	연소	yŏnso	yeonso	連川	연천	Yŏnch'ŏn	Yeoncheon
連續	연속	yŏnsok	yeonsok	淵泉	연천	Yŏnch'ŏn	Yeoncheon

한자 용례	한글	ALA-LC Romanization	정부 표기안	한자 용례	한글	ALA-LC Romanization	정부 표기안
漣川	연천	Yŏnch'ŏn	Yeoncheon	熱力	열력	yŏllyŏk	yeollyeok
漣川郡	연천군	Yŏnch'ŏn-gun	Yeoncheon-gun	涅槃	열반	yŏlban	yeolban
漣川縣	연천현	Yŏnch'ŏn-hyŏn	Yeoncheon-hyeon	涅槃經	열반경	yŏlban'gyŏng	yeolbangyeong
煙草	연초	yŏnch'o	yeoncho	涅槃經疏	열반경소	yŏlban'gyŏngso	yeolbangyeongso
連丑洞	연축동	Yŏnch'uk-tong	Yeonchuk-dong	涅槃像	열반상	Yŏlbansang	Yeolbansang
演出	연출	yŏnch'ul	yeonchul	涅槃宗	열반종	Yŏlbanjong	Yeolbanjong
延坪	연평	Yŏnp'yŏng	Yeonpyeong	烈士	열사	yŏlsa	yeolsa
延坪島	연평도	Yŏnp'yŏngdo	Yeonpyeongdo	烈士碑	열사비	yŏlsabi	yeolsabi
年表	연표	yŏnp'yo	yeonpyo	洌上	열상	yŏlsang	yeolsang
延豊郡	연풍군	Yŏnp'ung-gun	Yeonpung-gun	熱誠	열성	yŏlsŏng	yeolseong
延豊縣	연풍현	Yŏnp'ung-hyŏn	Yeonpung-hyeon	列聖	열성	yŏlsŏng	yeolseong
聯合	연합	yŏnhap	yeonhap	洌水	열수	Yŏlsu	Yeolsu
聯合展	연합전	yŏnhapchŏn	yeonhapjeon	洌巖	열암	Yŏram	Yeoram
聯合會	연합회	yŏnhaphoe	yeonhapoe	洌陽	열양	Yŏryang	Yeoryang
沿海	연해	yŏnhae	yeonhae	洌陽	열양	Yŏryang	Yeoryang
沿海州	연해주	Yŏnhae-ju	Yeonhae-ju	列王記	열왕기	yŏrwanggi	yeorwanggi
燕行	연행	yŏnhaeng	yeonhaeng	列傳	열전	yŏlchŏn	yeoljeon
燕行歌	연행가	yŏnhaengga	yeonhaengga	列次	열차	yŏlch'a	yeolcha
燕行圖	연행도	yŏnhaengdo	yeonhaengdo	熱河	열하	Yŏrha	Yeolha
燕行錄	연행록	yŏnhaengnok	yeonhaengnok	說乎	열호	yŏrho	yeolho
燕行使	연행사	yŏnhaengsa	yeonhaengsa	悅話	열화	Yŏrhwa	Yeolhwa
宴享	연향	yŏnhyang	yeonhyang	悅話堂	열화당	Yŏrhwadang	Yeolhwadang
宴享圖	연향도	yŏnhyangdo	yeonhyangdo	悅話亭	열화정	yŏrhwajŏng	yeolhwajeong
宴享色	연향색	Yŏnhyangsaek	yeonhyangsaek	念	염	yŏm	yeom
沿革	연혁	yŏnhyŏk	yeonhyeok	廉	염	yŏm	yeom
沿革圖	연혁도	yŏnhyŏkto	yeonhyeokdo	念佛	염불	yŏmbul	yeombul
沿革集	연혁집	yŏnhyŏkchip	yeonhyeokjip	念佛宗	염불종	Yŏmbuljong	Yeombuljong
年號	연호	yŏnho	yeonho	艶史	염사	yŏmsa	yeomsa
蓮華	연화	yŏnhwa	yeonhwa	染色	염색	yŏmsaek	yeomsaek
蓮花	연화	Yŏnhwa	Yeonhwa	染色法	염색법	yŏmsaekpŏp	yeomsaekbeop
蓮華經	연화경	yŏnhwagyŏng	yeonhwagYeong	染色本	염색본	yŏmsaekpon	yeomsaekbon
蓮花里	연화리	Yŏnhwa-ri	Yeonhwa-ri	染色匠	염색장	yŏmsaekchang	yeomsaekjang
年會	연회	yŏnhoe	yeonhoe	拈頌	염송	yŏmsong	yeomsong
宴會	연회	yŏnhoe	yeonhoe	念誦經	염송경	yŏmsonggyŏng	yeomsonggyeong
宴會圖	연회도	yŏnhoedo	yeonhoedo	拈頌集	염송집	yŏmsongjip	yeomsongjip
宴會食	연회식	yŏnhoesik	yeonhoesik	染疫病	염역병	yŏmyŏkpyŏng	yeomyeokbyeong
演戲	연희	yŏnhŭi	yeonhui	鹽州	염주	Yŏmju	Yeomju
延禧	연희	Yŏnhŭi	Yeonhui	念珠	염주	yŏmju	yeomju
烈強	열강	yŏlgang	yeolgang	念珠盒	염주합	yŏmjuhap	yeomjuhap
列強	열강	yŏlgang	yeolgang	鹽倉洞	염창동	Yŏmch'ang-dong	Yeomchang-dong
列強國	열강국	yŏlgangguk	yeolgangguk	鹽倉里	염창리	Yŏmch'ang-ni	Yeomchang-ri
列國志	열국지	yŏlgukchi	yeolgukji	拈筆	염필	yŏmp'il	yeompil
熱氣	열기	yŏlki	yeolgi	靈	영	yŏng	yeong
烈女	열녀	yŏllyŏ	yeollyeo	永嘉	영가	yŏngga	yeongga
列島	열도	yŏlto	yeoldo	永嘉集	영가집	yŏnggajip	yeonggajip

한자 용례	한글	ALA-LC Romanization	정부 표기안	한자 용례	한글	ALA-LC Romanization	정부 표기안
營刊	영간	yŏnggan	yeonggan	靈山	영산	yŏngsan	yeongsan
令監	영감	yŏnggam	yeonggam	榮山江	영산강	Yŏngsan'gang	Yeongsangang
永康縣	영강현	Yŏnggang-hyŏn	Yeonggang-hyeon	靈山郡	영산군	Yŏngsan-gun	Yeongsan-gun
營建	영건	yŏnggŏn	yeonggeon	靈山齋	영산재	Yŏngsanjae	Yeongsanjae
靈光	영광	Yŏnggwang	Yeonggwang	靈山殿	영산전	Yŏngsanjŏn	Yeongsanjeon
榮光	영광	yŏnggwang	yeonggwang	靈山縣	영산현	Yŏngsan-hyŏn	Yeongsan-hyeon
靈光郡	영광군	Yŏnggwang-gun	Yeonggwang-gun	影像	영상	yŏngsang	yeongsang
永久	영구	yŏnggu	yeonggu	映像	영상	yŏngsang	yeongsang
英國	영국	Yŏngguk	Yeongguk	映像物	영상물	yŏngsangmul	yeongsangmul
營軍	영군	yŏnggun	yeonggun	映像學	영상학	yŏngsanghak	yeongsanghak
嶺南	영남	Yŏngnam	Yeongnam	永生堂	영생당	Yŏngsaeng	Yeongsaengdang
嶺南大	영남대	Yŏngnamdae	Yeongnamdae	嶺西	영서	Yŏngsŏ	Yeongseo
嶺南道	영남도	Yŏngnam-do	Yeongnam-do	瀛仙洞	영선동	Yŏngsŏn-dong	Yeongseon-dong
嶺南鎭	영남진	Yŏngnamjin	Yeongnamjin	寧城	영성	Yŏngsŏng	Yeongseong
靈臺	영대	yŏngdae	yeongdae	英城子	영성자	Yŏngsŏngja	Yeongseongja
映帶亭	영대정	Yŏngdaejŏng	Yeongdaejeong	永世	영세	yŏngse	yeongse
盈德	영덕	Yŏngdŏk	Yeongdeok	迎送	영송	yŏngsong	yeongsong
盈德郡	영덕군	Yŏngdŏk-kun	Yeongdeok-gun	永松里	영송리	Yŏngsong-ni	Yeongsong-ri
盈德縣	영덕현	Yŏngdŏk-hyŏn	Yeongdeok-hyeon	領收	영수	yŏngsu	yeongsu
永都	영도	Yŏngdo	Yeongdo	靈壽閣頌	영수각송	Yŏngsugaksong	Yeongsugaksong
影島	영도	Yŏngdo	Yeongdo	領收證	영수증	yŏngsujŭng	yeongsujeung
嶺東	영동	Yŏngdong	Yeongdong	永申	영신	Yŏngsin	Yeongsin
永同	영동	Yŏngdong	Yeongdong	嬰兒	영아	yŏnga	yeonga
永同郡	영동군	Yŏngdong-gun	Yeongdong-gun	靈岩	영암	Yŏngam	Yeongam
永同大	영동대	Yŏngdongdae	Yeongdongdae	靈巖	영암	Yŏngam	Yeongam
永同縣	영동현	Yŏngdong-hyŏn	Yeongdong-hyeon	靈岩郡	영암군	Yŏngam-gun	Yeongam-gun
永樂	영락	yŏngnak	yeongnak	靈巖郡	영암군	Yŏngam-gun	Yeongam-gun
永樂亭	영락정	Yŏngnakchŏng	Yeongnakjeong	靈巖寺	영암사	Yŏngamsa	Yeongamsa
寧陵	영릉	Yŏngnŭng	Yeongneung	靈岩邑	영암읍	Yŏngam-ŭp	Yeongam-eup
英陵	영릉	Yŏngnŭng	Yeongneung	營養	영양	yŏngyang	yeongyang
營林	영림	yŏngrim	yeongnim	英陽	영양	yŏngyang	yeongyang
永明	영명	yŏngmyŏng	Yeongmyeong	英語	영어	Yŏngŏ	Yeongeo
英文	영문	yŏngmun	yeongmun	英語文	영어문	Yŏngŏmun	Yeongeomun
英文典	영문전	Yŏngmunjŏn	Yeongmunjeon	英語社	영어사	Yŏngŏsa	Yeongeosa
英文學	영문학	yŏngmunhak	yeongmunhak	英語學	영어학	Yŏngŏhak	Yeongeohak
英美	영미	Yŏng-Mi	Yeong-Mi	永言	영언	yŏngŏn	yeongeon
英美語	영미어	Yŏng-Miŏ	Yeong-Mieo	零言	영언	yŏngŏn	yeongeon
寧邊	영변	Yŏngbyŏn	Yeongbyeon	營業	영업	yŏngŏp	yeongeop
寧邊郡	영변군	Yŏngbyŏn-gun	Yeongbyeon-gun	領域	영역	yŏngyŏk	yeongyeok
寧邊府	영변부	Yŏngbyŏn-bu	Yeongbyeon-bu	榮辱	영욕	yŏngyok	yeongyok
永福里	영복리	Yŏngbong-ni	Yeongbok-ri	英雄	영웅	yŏngung	yeongung
嶺北	영북	Yŏngbuk	Yeongbuk	英雄傳	영웅전	yŏngungjŏn	yeongungjeon
寧社	영사	yŏngsa	yeongsa	英雄主義	영웅주의	yŏngungjuŭi	yeongungjuui
領事館	영사관	yŏngsagwan	yeongsagwan	永遠	영원	yŏngwŏn	yeongwon
榮山	영산	Yŏngsan	Yeongsan	寧遠	영원	Yŏngwŏn	Yeongwon

한자 용례	한글	ALA-LC Romanization	정부 표기안	한자 용례	한글	ALA-LC Romanization	정부 표기안
寧遠郡	영원군	Yŏngwŏn-gun	Yeongwon-gun	榮川市	영천시	Yŏngch'ŏn-si	Yeongcheon-si
寧遠縣	영원현	Yŏngwŏn-hyŏn	Yeongwon-hyeon	永川市	영천시	Yŏngch'ŏn-si	Yeongcheon-si
寧越	영월	Yŏngwŏl	Yeongwol	永春	영춘	Yŏngch'un	Yeongchun
寧越郡	영월군	Yŏngwŏl-gun	Yeongwol-gun	永春郡	영춘군	Yŏngch'un-gun	Yeongchun-gun
永柔郡	영유군	Yŏngyu-gun	Yeongyu-gun	永春縣	영춘현	Yŏngch'un-hyŏn	Yeongchun-hyeon
領有權	영유권	yŏngyukwŏn	yeongyugwon	靈鷲	영취	Yŏngch'wi	Yeongchwi
嬰幼兒	영유아	yŏngyua	yeongyua	榮親	영친	yŏngch'in	yeongchin
永柔縣	영유현	Yŏngyu-hyŏn	Yeongyu-hyeon	領土	영토	yŏngt'o	yeongto
靈應記	영응기	yŏngŭnggi	yeongeunggi	領土史	영토사	yŏngt'osa	yeongtosa
靈異錄	영이록	Yŏngirok	Yeongirok	永平	영평	Yŏngp'yŏng	Yeongpyeong
寧仁	영인	Yŏngin	Yeongin	永平郡	영평군	Yŏngp'yŏng-gun	Yeongpyeong-gun
影印	영인	yŏngin	yeongin	永平縣	영평현	Yŏngp'yŏng-hyŏn	Yeongpyeong-hyeon
影印本	영인본	yŏnginbon	yeonginbon	榮豊	영풍	Yŏngp'ung	Yeongpung
迎日	영일	Yŏngil	Yeongil	永豊郡	영풍군	Yŏngp'ung-gun	Yeongpung-gun
迎日郡	영일군	Yŏngil-gun	Yeongil-gun	榮豊郡	영풍군	Yŏngp'ung-gun	Yeongpung-gun
迎日湾	영일만	Yŏngilman	Yeongilman	寧夏	영하	Yŏngha	Yeongha
迎日灣	영일만	Yŏngilman	Yeongilman	暎霞亭	영하정	Yŏnghajŏng	Yeonghajeong
迎日縣	영일현	Yŏngir-hyŏn	Yeongil-hyeon	永學	영학	Yŏnghak	Yeonghak
令狀	영장	yŏngchang	yeongjang	英韓版	영한판	Yŏng-Hanp'an	Yeong-Hanpan
營將制	영장제	yŏngjangje	yeongjangje	嶺海	영해	yŏnghae	yeonghae
泠齋	영재	Yŏngjae	Yeongjae	領海	영해	yŏnghae	yeonghae
迎接	영접	yŏngjŏp	yeongjeop	寧海	영해	Yŏnghae	Yeonghae
迎接錄	영접록	yŏngjŏmnok	yeongjeomnok	寧海郡	영해군	Yŏnghae-gun	Yeonghae-gun
迎接所	영접소	yŏngjŏpso	yeongjeopso	寧海府	영해부	Yŏnghae-bu	Yeonghae-bu
影幀	영정	yŏngjŏng	yeongjeong	影響	영향	yŏnghyang	yeonghyang
榮靖	영정	Yŏngjŏng	Yeongjeong	暎虛	영허	Yŏnghŏ	Yeongheo
英祖	영조	Yŏngjo	Yeongjo	靈驗	영험	yŏnghŏm	yeongheom
英祖朝	영조조	Yŏngjojo	Yeongjojo	靈驗錄	영험록	yŏnghŏmnok	yeongheomnok
英宗	영종	Yŏngjong	Yeongjong	嶺湖	영호	Yŏngho	Yeongho
永宗	영종	Yŏngjong	Yeongjong	嶺湖南	영호남	Yŏng-Honam	Yeong-Honam
永宗島	영종도	Yŏngjongdo	Yeongjongdo	靈魂	영혼	yŏnghon	yeonghon
永宗鎭	영종진	Yŏngjongjin	Yeongjongjin	映画	영화	yŏnghwa	yeonghwa
榮州	영주	Yŏngju	Yeongju	榮華	영화	yŏnghwa	yeonghwa
榮州郡	영주군	Yŏngju-gun	Yeongju-gun	映畵	영화	yŏnghwa	yeonghwa
榮州里	영주리	Yŏngju-ri	Yeongju-ri	詠畵	영화	yŏnghwa	yeonghwa
領地	영지	yŏngji	yeongji	映畵史	영화사	yŏnghwasa	yeonghwasa
永進	영진	yŏngjin	yeongjin	映畵賞	영화상	yŏnghwasang	yeonghwasang
領津里	영진리	Yŏngjin-ni	Yeongjin-ri	映畵學	영화학	yŏnghwahak	yeonghwahak
永昌	영창	Yŏngch'ang	Yeongchang	永興	영흥	Yŏnghŭng	Yeongheung
永昌縣	영창현	Yŏngch'ang-hyŏn	Yeongchang-hyeon	永興郡	영흥군	Yŏnghŭng-gun	Yeongheung-gun
永川	영천	Yŏngch'ŏn	Yeongcheon	永興府	영흥부	Yŏnghŭng-bu	Yeongheung-bu
榮川	영천	Yŏngch'ŏn	Yeongcheon	例	예	ye	ye
榮川郡	영천군	Yŏngch'ŏn-gun	Yeongcheon-gun	芮	예	ye	ye
永川郡	영천군	Yŏngch'ŏn-gun	Yeongcheon-gun	禮	예	ye	ye
鈴泉里	영천리	Yŏngch'ŏn-ni	Yeongcheon-ri	乂	예	ye	ye

한자 용례	한글	ALA-LC Romanization	정부 표기안	한자 용례	한글	ALA-LC Romanization	정부 표기안
藝耕	예경	yegyŏng	yegyeong	禮成江圖	예성강도	Yesŏnggangdo	Yeseonggangdo
禮經	예경	Yegyŏng	Yegyeong	隷屬	예속	yesok	yesok
豫警報	예경보	yegyŏngbo	yegyeongbo	禮訟	예송	yesong	yesong
禮考	예고	yego	yego	禮樹里	예수리	Yesu-ri	Yesu-ri
睨觀	예관	Yegwan	Yegwan	芸術	예술	yesul	yesul
濊國	예국	Yeguk	Yeguk	藝術	예술	yesul	yesul
例規	예규	yegyu	yegyu	藝術課	예술과	yesulkwa	yesulgwa
倪圭志	예규지	Yegyuji	Yegyuji	藝術狂	예술광	yesulgwang	yesulgwang
例規集	예규집	yegyujip	yegyujip	藝術團	예술단	yesultan	yesuldan
預金	예금	yegŭm	yegeum	藝術大	예술대	yesuldae	yesuldae
禮記	예기	Yegi	Yegi	藝術史	예술사	yesulsa	yesulsa
藥南	예남	Yenam	Yenam	芸術社	예술사	Yesulsa	Yesulsa
禮念	예념	yenyŏm	yenyeom	藝術社	예술사	Yesulsa	Yesulsa
藝能	예능	yenŭng	yeneung	藝術院	예술원	Yesurwŏn	Yesurwon
藝能學	예능학	yenŭnghak	yeneunghak	藝術院賞	예술원상	Yesurwŏnsang	Yesurwonsang
禮體能	예능화	yech'enŭng	yeneunghwa	藝術人	예술인	yesurin	yesurin
禮堂	예당	yedang	yedang	藝術人團	예술인단	yesurindan	yesurindan
藝大	예대	yedae	yedae	藝術人들	예술인들	yesurindŭl	yesurindeul
穢德	예덕	Yedŏk	Yedeok	藝術祭	예술제	yesulche	yesulje
禮德里	예덕리	Yedŏng-ni	Yedeok-ri	藝術座	예술좌	yesuljwa	yesuljwa
濊貊	예맥	Yemaek	Yemaek	藝術學	예술학	yesurhak	yesulhak
禮文	예문	yemun	yemun	藝術魂	예술혼	yesurhon	yesulhon
藝文	예문	yemun	yemun	禮式	예식	yesik	yesik
禮物	예물	yemul	yemul	禮樂	예악	yeak	yeak
豫防	예방	yebang	yebang	禮安	예안	Yean	Yean
禮拜	예배	yebae	yebae	禮安郡	예안군	Yean-gun	Yean-gun
禮法	예법	yepŏp	yebeop	禮安里	예안리	Yean-ni	Yean-ri
藝譜	예보	yebo	yebo	禮安縣	예안현	Yean-hyŏn	Yean-hyeon
豫報	예보	yebo	yebo	豫言	예언	yeŏn	yeeon
禮服	예복	yebok	yebok	豫言書	예언서	yeŏnsŏ	yeeonseo
禮部	예부	Yebu	yebu	藝苑	예원	Yewŏn	Yewon
禮部	예부	yebu	yebu	藝畹志	예원지	Yewŏnji	Yewonji
豫備	예비	yebi	yebi	禮音	예음	Yeŭm	Yeeum
予算	예산	yesan	yesan	禮疑	예의	yeŭi	yeui
禮山	예산	Yesan	Yesan	藝人	예인	yein	yein
豫算	예산	yesan	yesan	藝逸	예일	Yeil	Yeil
禮山郡	예산군	Yesan-gun	Yesan-gun	禮典	예전	yejŏn	yejeon
豫算案	예산안	yesanan	yesanan	禮節	예절	yejŏl	yejeol
禮山縣	예산현	Yesan-hyŏn	Yesan-hyeon	豫定	예정	yejŏng	yejeong
豫想	예상	yesang	yesang	豫定地	예정지	yejŏngji	yejeongji
隷書集	예서지	yesŏjip	yeseoji	例題	예제	yeje	yeje
隷書帖	예서첩	yesŏch'ŏp	yeseocheop	禮曹	예조	Yejo	Yejo
禮說	예설	yesŏl	yeseol	睿宗	예종	Yejong	Yejong
藥城	예성	Yesŏng	Yeseong	叡智閣	예지각	Yejigak	Yejigak
禮成江	예성강	Yesŏnggang	Yeseonggang	禮智院	예지원	Yejiwŏn	Yejiwon

한자 용례	한글	ALA-LC Romanization	정부 표기안	한자 용례	한글	ALA-LC Romanization	정부 표기안
禮讚	예찬	yech'an	yechan	悟道頌	오도송	odosong	odosong
睿札	예찰	yech'al	yechal	五洞	오동	O-dong	O-dong
醴泉	예천	Yech'ŏn	Yecheon	梧桐閣	오동각	Odonggak	Odonggak
禮泉郡	예천군	Yech'ŏn-gun	Yecheon-gun	五禮	오례	orye	orye
醴泉郡	예천군	Yech'ŏn-gun	Yecheon-gun	五禮儀	오례의	oryeŭi	oryeui
醴泉縣	예천현	Yech'ŏn-hyŏn	Yecheon-hyeon	五龍	오룡	oryong	oryong
禮抄	예초	yech'o	yecho	五龍洞	오룡동	Oryong-dong	Oryong-dong
藝總	예총	yech'ong	yechong	五龍寺	오룡사	Oryongsa	Oryongsa
豫測	예측	yech'ŭk	yecheuk	五柳	오류	oryu	oryu
禮治	예치	yech'i	yechi	五柳軒	오류헌	Oryuhŏn	Oryuheon
預託	예탁	yet'ak	yetak	五倫	오륜	oryun	oryun
禮學	예학	yehak	yehak	伍倫	오륜	Oryun	Oryun
例解	예해	yehae	yehae	五倫臺	오륜대	Oryundae	Oryundae
禮笏	예홀	yehol	yehol	五陵	오릉	Orŭng	Oreung
吳	오	O	O	五里	오리	ori	ori
五	오	o	o	梧里	오리	Ori	Ori
五歌	오가	Oga	Oga	五林洞	오림동	Orim-dong	Orim-dong
吾家山	오가산	Ogasan	Ogasan	梧梅里	오매리	Omae-ri	Omae-ri
五家解	오가해	ogahae	ogahae	五夢女	오몽녀	Omongnyŏ	Omongnyeo
烏瞰	오감	ogam	ogam	污物	오물	omul	omul
烏瞰圖	오감도	ogamdo	ogamdo	誤發彈	오발탄	obalt'an	obaltan
五個年	오개년	ogaenyŏn	ogaenyeon	梧芳里	오방리	Obang-ni	Obang-ri
五訣	오결	ogyŏl	ogyeol	五百	오백	obaek	obaek
五更	오경	ogyŏng	ogyeong	五百年	오백년	obaengnyŏn	obaengnyeon
五經	오경	ogyŏng	ogyeong	五百년	오백년	obaengnyŏn	obaengnyeon
五戒	오계	ogye	ogye	五百歲	오백세	obaekse	obaekse
梧谷	오곡	ogok	ogok	五福	오복	obok	obok
五谷	오곡	Ogok	Ogok	五服	오복	obok	obok
五谷里	오곡리	Ogong-ni	Ogok-ri	五福洞	오복동	Obok-tong	Obok-dong
五廣大	오광대	Ogwangdae	Ogwangdae	五峰	오봉	obong	obong
五局里	오국리	Ogung-ni	oguk-ri	五峯	오봉	obong	obong
五國志	오국지	ogukchi	ogukji	梧峯	오봉	Obong	Obong
五宮	오궁	ogung	ogung	梧鳳洞	오봉동	Obong-dong	Obong-dong
五卷	오권	ogwŏn	ogwon	梧峯里	오봉리	Obong-ni	Obong-ri
五金	오금	ogŭm	ogeum	五峰山	오봉산	Obongsan	Obongsan
懊惱	오뇌	onoe	onoe	五部	오부	obu	obu
梧堂	오당	Odang	Odang	五分解	오분해	obunhae	obunhae
悟堂	오당	Odang	Odang	五山	오산	Osan	Osan
五臺	오대	Odae	Odae	鰲山	오산	Osan	Osan
五臺山	오대산	Odaesan	Odaesan	烏山	오산	Osan	Osan
五德	오덕	odŏk	odeok	鰲山里	오산리	Osan-ni	Osan-ri
五德洞	오덕동	Odŏk-tong	Odeok-dong	五常	오상	osang	osang
吾德洞	오덕동	Odŏk-tong	Odeok-dong	五色	오색	osaek	osaek
五德里	오덕리	Odŏng-ni	Odeok-ri	五色里	오색리	Osaeng-ni	Osaek-ri
悟道	오도	odo	odo	烏石里	오석리	Osŏng-ni	Oseok-ri

한자 용례	한글	ALA-LC Romanization	정부 표기안	한자 용례	한글	ALA-LC Romanization	정부 표기안
五星	오성	osŏng	oseong	吾平	오평	Op'yŏng	Opyeong
五成齋	오성재	Osŏngjae	Oseongjae	五行	오행	ohaeng	ohaeng
五素	오소	oso	oso	五行說	오행설	ohaengsŏl	ohaengseol
五旬	오순	osun	osun	五行志	오행지	Ohaengji	Ohaengji
五旬節	오순절	Osunjŏl	Osunjeol	五賢	오현	ohyŏn	ohyeon
午時	오시	osi	osi	五絃	오현	ohyŏn	ohyeon
五十	오십	osip	osip	五湖	오호	oho	oho
五十三	오십삼	osip-sam	osipsam	五湖里	오호리	Oho-ri	Oho-ri
五十七	오십칠	osip-ch'il	osipchil	午會	오회	ohoe	ohoe
五嶽	오악	oak	oak	午後	오후	ohu	ohu
五岳	오악	oak	oak	玉	옥	ok	ok
吾菴	오암	Oam	Oam	玉匣	옥갑	okkap	okgap
五陽	오양	oyang	oyang	玉溪	옥계	Okkye	Okgye
五羊仙	오양선	Oyangsŏn	Oyangseon	玉溪洞	옥계동	Okkye-dong	Okgye-dong
五言	오언	oŏn	oeon	玉果郡	옥과군	Okkwa-gun	Okgwa-gun
五言律	오언률	oŏnnyul	oeollyul	玉果縣	옥과현	Okkwa-hyŏn	Okgwa-hyeon
五言絶	오언절	oŏnjŏl	oeonjeol	沃溝	옥구	Okku	Okgu
污染	오염	oyŏm	oyeom	沃溝郡	옥구군	Okku-gun	Okgu-gun
誤用	오용	oyong	oyong	沃溝府	옥구부	Okku-bu	Okgu-bu
五月	오월	Owŏl	Owol	沃溝縣	옥구현	Okku-hyŏn	Okgu-hyeon
五衛將	오위장	Owijang	Owijang	玉潭	옥담	Oktam	Okdam
五衛將本	오위장본	Owijangbon	Owijangbon	玉島	옥도	Okto	Okdo
五律	오율	oyul	oyul	玉洞	옥동	Ok-tong	Ok-dong
五音	오음	oŭm	oeum	玉淚	옥루	ongnu	ongnu
梧陰	오음	Oŭm	Oeum	玉樓夢	옥루몽	Ongnumong	Ongnumong
鳥耳島	오이도	Oido	Oido	玉流泉	옥류천	Ongnyuch'ŏn	Ongnyucheon
鳥耳島	오이도	Oido	Oido	玉梅香	옥매향	Ongmaehyang	Ongmaehyang
吳子	오자	Oja	Oja	玉房	옥방	okpang	okbang
五丈原	오장원	Ojangwŏn	Ojangwon	玉峯	옥봉	Okpong	Okbong
五賊	오적	ojŏk	ojeok	獄事	옥사	oksa	oksa
五典	오전	Ojŏn	Ojeon	獄舍	옥사	oksa	oksa
五政	오정	Ojŏng	Ojeong	玉山	옥산	Oksan	Oksan
梧井洞	오정동	Ojŏng-dong	Ojeong-dong	玉山寺	옥산사	Oksansa	Oksansa
五帝	오제	oje	oje	玉山縣	옥산현	Oksan-hyŏn	Oksan-hyeon
吾照里	오조리	Ojo-ri	Ojo-ri	玉璽	옥새	oksae	oksae
五種	오종	ojong	ojong	玉石	옥석	oksŏk	okseok
五洲	오주	oju	oju	玉石里	옥석리	Oksŏng-ni	Okseok-ri
鳥竹匠	오주강	Ojukchang	Ojugang	玉城里	옥성리	Oksŏng-ni	Okseong-rni
鳥竹軒	오죽헌	Ojukhŏn	Ojukeon	玉所	옥소	Okso	Okso
梧津里	오진리	Ojin-ni	Ojin-ri	玉簫傳	옥소전	Oksojŏn	Oksojeon
梧倉	오창	Och'ang	Ochang	沃野里	옥야리	Ogya-ri	Ogya-ri
梧泉	오천	Och'ŏn	Ocheon	玉吾齋	옥오재	Ogojae	Ogojae
五千年史	오천년사	och'ŏnnyonsa	ocheonnyeonsa	屋外	옥외	ogoe	ogoe
五體	오체	och'e	oche	玉鷺	옥원	Ogwŏn	Ogwon
五層	오층	och'ŭng	ocheung	玉仁洞	옥인동	Ogin-dong	Ogin-dong

한자 용례	한글	ALA-LC Romanization	정부 표기안	한자 용례	한글	ALA-LC Romanization	정부 표기안
沃沮	옥저	Okchŏ	Okjeo	瓦窯址	와요지	wayoji	wayoji
玉田	옥전	okchŏn	okjeon	臥牛	와우	Wau	Wau
獄中	옥중	okchung	okjung	臥山洞	와우동	Wasan-dong	Wau-dong
沃川	옥천	Okch'ŏn	Okcheon	臥牛里	와우리	Wau-ri	Wau-ri
玉川	옥천	Okch'ŏn	Okcheon	卧牛里	와우리	Wau-ri	Wau-ri
沃川郡	옥천군	Okch'ŏn-gun	Okcheon-gun	臥牛山	와우산	Wausan	Wausan
玉泉庵	옥천암	Okch'ŏnam	Okcheonam	臥遊	와유	wayu	wayu
玉泉縣	옥천현	Okch'ŏn-hyŏn	Okcheon-hyeon	瓦積	와적	wajŏk	wajeok
玉樞經	옥추경	Okch'ugyŏng	Okchugyeong	瓦塼	와전	wajŏn	wajeon
沃坡	옥파	Okp'a	Okpa	瓦甋	와전	wajŏn	wajeon
玉篇	옥편	okp'yŏn	okpyeon	渦中	와중	wajung	wajung
玉壺	옥호	okho	oko	瓦質	와질	wajil	wajil
溫溪	온계	On'gye	Ongye	完	완	wan	wan
溫古	온고	on'go	ongo	阮堂	완당	Wandang	Wandang
溫度	온도	ondo	ondo	莞島	완도	Wando	Wando
穩城郡	온성군	Onsŏng-gun	Onseong-gun	莞島郡	완도군	Wando-gun	Wando-gun
穩城縣	온성현	Onsŏng-hyŏn	Onseong-hyeon	完璧	완벽	Wanbyŏk	Wanbyeok
溫水	온수	onsu	onsu	完山	완산	Wansan	Wansan
溫水郡	온수군	Onsu-gun	Onsu-gun	完山府	완산부	Wansan-bu	Wansan-bu
溫陽	온양	Onyang	Onyang	完山州	완산주	Wansan-ju	Wansan-ju
溫陽	온양	Onyang	Onyang	浣石亭	완석정	Wansŏkchŏng	Wanseokjeong
溫陽郡	온양군	Onyang-gun	Onyang-gun	完城	완성	Wansŏng	wanseong
溫源	온원	Onwŏn	Onwon	完成	완성	wansŏng	wanseong
溫衣洞	온의동	Onŭi-dong	Onui-dong	完譯	완역	wanyŏk	wanyeok
溫祚	온조	Onjo	Onjo	玩易堂	완역당	Wanyŏktang	Wanyeokdang
溫泉	온천	onch'ŏn	oncheon	琬琰	완염	Wanyŏm	Wanyeom
溫泉	온천	onch'ŏn	oncheon	完營	완영	Wanyŏng	Wanyeong
翁	옹	ong	ong	玩月會	완월회	Wanwŏrhoe	Wanwolhoe
雍固執	옹고집	onggojip	onggojip	莞爾	완이	Wani	Wani
甕棺	옹관	onggwan	onggwan	完全	완전	wanjŏn	wanjeon
甕棺	옹관	onggwan	onggwan	完州	완주	Wanju	Wanju
甕棺墓	옹관묘	onggwanmyo	onggwanmyo	完州郡	완주군	Wanju-gun	Wanju-gun
甕器	옹기	onggi	onggi	完平	완평	Wanp'yŏng	Wanpyeong
擁立	옹립	ongnip	ongnip	完豊	완풍	Wanp'ung	Wanpung
甕墓	옹묘	ongmyo	ongmyo	完解	완해	wanhae	wanhae
翁主	옹주	ongju	ongju	緩和	완화	wanhwa	wanhwa
甕津	옹진	Ongjin	Ongjin	曰	왈	wal	wal
甕津郡	옹진군	Ongjin-gun	Ongjin-gun	王	왕	wang	wang
甕津縣	옹진현	Ongjin-hyŏn	Ongjin-hyeon	王儉	왕검	Wanggŏm	Wanggeom
擁護	옹호	ongho	ongho	王儉城	왕검성	Wanggŏmsŏng	Wanggeomseong
渦卷	와권	Wagwŏn	Wagwon	王京	왕경	wanggyŏng	wanggyeong
渦卷文	와권문	Wagwŏnmun	Wagwonmun	王卿	왕경	Wanggyŏng	Wanggyeong
瓦當	와당	wadang	wadang	王系	왕계	wanggye	wanggye
臥龍堂	와룡당	Waryongdang	Waryongdang	王國	왕국	wangguk	wangguk
瓦斯燈	와사등	wasadŭng	wasadeung	王宮	왕궁	wanggung	wanggung

한자 용례	한글	ALA-LC Romanization	정부 표기안	한자 용례	한글	ALA-LC Romanization	정부 표기안
王宮里	왕궁리	Wanggung-ni	Wanggungni	倭人	왜인	Waein	Waein
王宮址	왕궁지	wanggungji	wanggungji	倭人條	왜인조	Waeinjo	Waeinjo
王權	왕권	wangkwŏn	wanggwon	倭賊	왜적	waejŏk	waejeok
王代	왕대	wangdae	wangdae	倭學	왜학	Waehak	Waehak
王大妃	왕대비	wangdaebi	wangdaebi	外	외	oe	oe
王圖	왕도	wangdo	wangdo	外科	외과	oekwa	oegwa
王都	왕도	wangdo	wangdo	外科學	외과학	oekwahak	oegwahak
王道	왕도	wangdo	wangdo	外交	외교	oegyo	oegyo
王들	왕들	wangdŭl	wangdeul	外交類	외교류	oegyoryu	oegyoryu
王郎	왕랑	Wangnang	Wangnang	外交史	외교사	oegyosa	oegyosa
往來	왕래	wangnae	wangnae	外交學	외교학	oegyohak	oegyohak
王陵	왕릉	wangnŭng	wangneung	外國	외국	oeguk	oeguk
王命	왕명	wangmyŏng	wangmyeong	外國語	외국어	oegugŏ	oegugeo
王廟	왕묘	wangmyo	wangmyo	外國語學	외국어학	oegugŏhak	oegugeohak
王廟圖	왕묘도	wangmyodo	wangmyodo	外國人	외국인	oegugin	oegugin
王妃	왕비	wangbi	wangbi	外國傳	외국전	oegukchŏn	oegukjeon
王師	왕사	wangsa	wangsa	外國換	외국환	oegukhwan	oegukwan
王寺	왕사	wangsa	wangsa	外大	외대	Oedae	Oedae
王師碑	왕사비	wangsabi	wangsabi	外洞	외동	Oe-dong	Oe-dong
旺山	왕산	Wangsan	Wangsan	外亂	외란	oeran	oeran
往生歌	왕생가	wangsaengga	wangsaengga	外來	외래	oerae	oerae
王城	왕성	wangsŏng	wangseong	外來語	외래어	oeraeŏ	oeraeeo
王世子	왕세자	wangseja	wangseja	外務	외무	oemu	oemu
王孫	왕손	wangson	wangson	外務省	외무성	Oemusŏng	Oemuseong
王孫錄	왕손록	wangsonnok	wangsollok	外部	외부	oebu	oebu
王室	왕실	wangsil	wangsil	外史	외사	oesa	oesa
往十	왕십	Wangsip	Wangsip	外傷	외상	oesang	oesang
往十里	왕십리	Wangsimni	Wangsimni	外傷學	외상학	oesanghak	oesanghak
往五	왕오	wango	wango	外試	외시	oesi	oesi
王朝	왕조	wangjo	wangjo	外信	외신	oesin	oesin
王太后	왕태후	wangt'aehu	wangtaehu	巍巖	외암	Oeam	Oeam
往還	왕환	wanghwan	wanghwan	外人	외인	oein	oein
王后	왕후	wanghu	wanghu	外資	외자	oeja	oeja
王興寺	왕흥사	Wanghŭngsa	Wangheungsa	外誌	외지	oeji	oeji
倭	왜	Wae	Wae	外集	외집	oejip	oejip
歪曲	왜곡	waegok	waegok	外債	외채	oech'ae	oechae
倭館	왜관	Waegwan	Waegwan	外出	외출	oech'ul	oechul
倭寇	왜구	Waegu	Waegu	外篇	외편	oep'yŏn	oepyeon
倭國	왜국	Waeguk	Waeguk	外編	외편	oep'yŏn	oepyeon
倭亂	왜란	Waeran	Waeran	外航	외항	oehang	oehang
倭亂期	왜란기	Waeran'gi	Waerangi	外形	외형	oehyŏng	oehyeong
倭亂史	왜란사	Waeransa	Waeransa	外換	외환	oehwan	oehwan
倭變	왜변	waebyŏn	waebyeon	外換論	외환론	oehwannon	oehwallon
倭語	왜어	Waeŏ	Waeeo	窯	요	yo	yo
倭語學	왜어학	Waeŏhak	Waeeohak	要	요	yo	yo

한자 용례	한글	ALA-LC Romanization	정부 표기안	한자 용례	한글	ALA-LC Romanization	정부 표기안
料簡記	요간기	yogan'gi	yogangi	曜日	요일	yoil	yoil
要綱	요강	yogang	yogang	要節	요절	yojŏl	yojeol
要訣	요결	yogyŏl	yogyeol	要點	요점	yochŏm	yojeom
謠曲	요곡	yogok	yogok	妖情	요정	yojŏng	yojeong
蓼谷里	요곡리	Yogong-ni	Yogok-ri	要旨	요지	yoji	yoji
料金	요금	yogŭm	yogeum	窯址	요지	yoji	yoji
妖女	요녀	yonyŏ	yonyeo	瑤池鏡	요지경	yojigyŏng	yojigyeong
遼東	요동	Yodong	Yodong	遼河	요하	Yoha	Yoha
遼東城	요동성	Yodong-sŏng	Yodong-seong	要解	요해	yohae	yohae
遼東城塚	요동성총	Yodong-sŏngch'ong	Yodong-seongchong	妖花	요화	yohwa	yohwa
要略	요략	yorak	yorak	浴場	욕장	yokchang	yokjang
搖籃	요람	yoram	yoram	欲知島	욕지도	Yokchido	Yokjido
要覽	요람	yoram	yoram	欲知面	욕지면	Yokchi-myŏn	Yokji-myeon
要覽	요람	yoram	yoram	龍	용	yong	yong
搖籃期	요람기	yoramgi	yoramgi	龍岡	용강	Yonggang	Yonggang
要領	요령	yoryŏng	yoryeong	龍岡郡	용강군	Yonggang-gun	Yonggang-gun
遼寧	요령	Yoryŏng	Yoryeong	龍江洞	용강동	Yonggang-dong	Yonggang-dong
要路	요로	yoro	yoro	龍江里	용강리	Yonggang-ni	Yonggang-ri
要路院	요로원	Yorowŏn	Yorowon	龍岡縣	용강현	Yonggang-hyŏn	Yonggang-hyeon
要錄	요록	yorok	yorok	龍見	용견	Yonggyŏn	Yonggyeon
要論	요론	yoron	yoron	龍觀洞	용관동	Yonggwan-dong	Yonggwan-dong
要類	요류	yoryu	yoryu	龍宮	용궁	Yonggung	Yonggung
料理	요리	yori	yori	龍宮郡	용궁군	Yonggung-gun	Yonggung-gun
要目	요목	yomok	yomok	龍宮面	용궁면	Yonggung-myŏn	Yonggung-myeon
要門論	요문론	yomunnon	yomullon	龍宮縣	용궁현	Yonggung-hyŏn	Yonggung-hyeon
療法	요법	yopŏp	yobeop	龍女	용녀	Yongnyŏ	Yongnyeo
要史	요사	yosa	yosa	用達	용달	yongdal	yongdal
遼史	요사	Yosa	Yosa	龍潭	용담	Yongdam	Yongdam
遙山	요산	yosan	yosan	龍潭郡	용담군	Yongdam-gun	Yongdam-gun
遼山	요산	Yosan	Yosan	龍潭洞	용담동	Yongdam-dong	Yongdam-dong
樂山	요산	Yosan	Yosan	龍潭沼	용담소	Yongdamso	Yongdamso
遼西	요서	Yosŏ	Yoseo	龍潭縣	용담현	Yongdam-hyŏn	Yongdam-hyeon
要選	요선	yosŏn	yoseon	龍德里	용덕리	Yongdŏng-ni	Yongdeong-ri
了世	요세	Yose	Yose	龍洞宮	용동궁	Yongdonggung	Yongdonggung
要素	요소	yoso	yoso	龍頭里	용두리	Yongdu-ri	Yongdu-ri
妖僧	요승	yosŭng	yoseung	龍頭巖	용두암	Yongduam	Yongduam
要約	요약	yoyak	yoyak	用例	용례	yongnye	yongnye
要約集	요약집	yoyakchip	yoyakjip	用例集	용례집	yongnyejip	yongnyejip
要員	요원	yowŏn	yowon	龍灣	용만	Yongman	Yongman
料率	요율	yoyul	yoyul	龍面	용면	yongmyŏn	yongmyeon
要儀	요의	yoŭi	youi	龍門	용문	Yongmun	Yongmun
要議	요의	yoŭi	youi	龍門寺	용문사	Yongmunsa	Yongmunsa
要義	요의	yoŭi	youi	龍門傳	용문전	Yongmunjŏn	Yongmunjeon
要人	요인	yoin	yoin	龍尾里	용미리	Yongmi-ri	Yongmi-ri
要因	요인	yoin	yoin	鎔范	용범	yongbŏm	yongbeom

한자 용례	한글	ALA-LC Romanization	정부 표기안	한자 용례	한글	ALA-LC Romanization	정부 표기안
龍鳳	용봉	yongbong	yongbong	溶解	용해	yonghae	yonghae
龍鳳洞	용봉동	Yongbong-dong	Yongbong-dong	溶解爐	용해로	yonghaero	yonghaero
龍飛	용비	yongbi	yongbi	容軒	용헌	Yonghŏn	Yongheon
勇士	용사	yongsa	yongsa	龍華	용화	yonghwa	yonghwa
龍蛇	용사	yongsa	yongsa	龍興里	용흥리	Yonghŭng-ni	Yongheung-ri
龍山	용산	Yongsan	Yongsan	右	우	u	u
龍山洞	용산동	Yongsan-dong	Yongsan-dong	愚	우	u	u
龍山里	용산리	Yongsan-ni	Yongsan-ri	禹	우	u	u
用成	용성	Yongsŏng	Yongseong	雨	우	u	u
龍城	용성	Yongsŏng	Yongseong	牛角	우각	ugak	ugak
龍城里	용성리	Yongsŏng-ni	Yongseong-ri	牛溪	우계	Ugye	Ugye
用成門	용성문	Yongsŏngmun	Yongseongmun	愚稿	우고	ugo	ugo
龍水洞	용수동	Yongsu-dong	Yongsu-dong	憂國	우국	uguk	uguk
龍神	용신	yongsin	yongsin	右軍	우군	ugun	ugun
龍岳	용악	Yongak	Yongak	牛禁	우금	Ugŭm	Ugeum
龍安郡	용안군	Yongan-gun	Yongan-gun	牛禁里	우금리	Ugŭm-ni	Ugeum-ri
龍安縣	용안현	Yongan-hyŏn	Yongan-hyeon	雨期	우기	ugi	ugi
龍岩	용암	yongam	yongam	雩南	우남	Unam	Unam
龍巖里	용암리	Yongam-ni	Yongam-ri	愚潭	우담	Udam	Udam
龍岩浦	용암포	Yongamp'o	Yongampo	友堂	우당	Udang	Udang
用語	용어	yongŏ	yongeo	愚堂	우당	Udang	Udang
用語集	용어집	yongŏjip	yongeojip	牛堂	우당	Udang	Udang
用役	용역	yongyŏk	yongyeok	憂堂	우당	Udang	Udang
龍淵	용연	Yongyŏn	Yongyeon	優待	우대	udae	udae
龍淵洞	용연동	Yongyŏn-dong	Yongyeon-dong	右道	우도	Udo	Udo
龍淵里	용연리	Yongyŏn-ni	Yongyeon-ri	牛島歌	우도가	Udoga	Udoga
龍王	용왕	Yongwang	Yongwang	牛洞里	우동리	Udong-ni	Udong-ri
龍仁	용인	Yongin	Yongin	牛痘	우두	udu	udu
龍仁郡	용인군	Yongin-gun	Yongin-gun	牛頭	우두	udu	udu
龍仁大	용인대	Yongindae	Yongindae	牛頭里	우두리	Udu-ri	Udu-ri
龍仁縣	용인현	Yongin-hyŏn	Yongin-hyeon	牛頭山	우두산	Udusan	Udusan
傭者	용자	yongja	yongja	愚得錄	우득록	Udŭngnok	Udeungnok
容齋	용재	Yongjae	Yongjae	盂蘭	우란	Uran	Uran
慵齋	용재	Yongjae	Yongjae	盂蘭盆	우란분	Uranbun	Uranbun
龍井	용정	Yongjŏng	Yongjeong	盂蘭盆經	우란분경	Uranbun'gyŏng	Uranbungyeong
龍洲	용주	Yongju	Yongju	優良	우량	uryang	uryang
龍珠寺	용주사	Yongjusa	Yongjusa	于陵島	우릉도	Urŭngdo	Ureungdo
用地	용지	yongji	yongji	牛馬	우마	uma	uma
用紙	용지	yongji	yongji	宇萬	우만	Uman	Uman
勇進	용진	yongjin	yongjin	疣墨	우묵	umuk	umuk
龍川郡	용천군	Yongch'ŏn-gun	Yongcheon-gun	優美館	우미관	Umigwan	Umigwan
龍川里	용천리	Yongch'ŏn-ni	Yongcheon-ri	牛步	우보	ubo	ubo
龍灘洞	용탄동	Yongt'an-dong	Yongtan-dong	愚伏	우복	Ubok	Ubok
用品	용품	yongp'um	yongpum	宇峯	우봉	Ubong	Ubong
龍河郡	용하군	Yongha-gun	Yongha-gun	牛峰	우봉	Ubong	Ubong

한자 용례	한글	ALA-LC Romanization	정부 표기안	한자 용례	한글	ALA-LC Romanization	정부 표기안
牛峯縣	우봉현	Ubong-hyŏn	Ubong-hyeon	宇宙論	우주론	ujuron	ujuron
愚夫	우부	ubu	ubu	佑晋	우진	Ujin	Ujin
于史	우사	Usa	Usa	宇進	우진	Ujin	Ujin
又史	우사	Usa	Usa	于眞	우진	Ujin	Ujin
尤史	우사	Usa	Usa	牛川里	우천리	Uch'ŏn-ni	Ucheon-ri
愚山	우산	Usan	Usan	郵遞	우체	uch'e	uche
于山	우산	Usan	Usan	郵遞局	우체국	uch'eguk	ucheguk
牛山	우산	usan	usan	優體車琢國	우체모탁국	Uch'emot'akkuk	Uchemotakguk
于山國	우산국	Usan'guk	Usanguk	郵遞司	우체사	uch'esa	uchesa
牛山島	우산도	Usando	Usando	牛峙里	우치리	Uch'i-ri	Uchi-ri
于山島	우산도	Usando	Usando	郵便	우편	up'yŏn	upyeon
牛山里	우산리	Usan-ni	Usan-ri	郵便局	우편국	up'yŏn'guk	upyeonguk
虞裳	우상	Usang	Usang	虞風縣	우풍현	Up'ung-hyŏn	Upung-hyeon
偶像	우상	usang	usang	又玄	우현	Uhyŏn	Uhyeon
偶像化	우상화	usanghwa	usanghwa	寓話	우화	uhwa	uhwa
宇石	우석	Usŏk	Useok	于火縣	우화현	Uhwa-hyŏn	Uhwa-hyeon
又石	우석	usŏk	useok	牛黃	우황	uhwang	uhwang
又石大	우석대	Usŏktae	Useokdae	旭水洞	욱수동	Uksu-dong	Uksu-dong
優先	우선	usŏn	useon	雲	운	un	un
優先株	우선주	usŏnju	useonju	韻	운	un	un
優秀	우수	usu	usu	芸閣	운각	Un'gak	Ungak
雨水里	우수리	Usu-ri	Usu-ri	雲崗	운강	Un'gang	Ungang
右水營	우수영	Usuyŏng	Usuyeong	雲谷	운곡	Un'gok	Ungok
牛市場	우시장	usijang	usijang	雲谷里	운곡리	Un'gong-ni	Ungok-ri
又新	우신	Usin	Usin	雲南	운남	Unnam	Unnam
寓菴	우암	Uam	Uam	云南	운남	Unnam	Unnam
右庵	우암	Uam	Uam	雲南郡	운남군	Unnam-gun	Unnam-gun
尤庵	우암	Uam	Uam	雲南洞	운남동	Unnam-dong	Unnam-dong
宇洋	우양	Uyang	Uyang	雲泥洞	운니동	Unni-dong	Unni-dong
寓言	우언	uŏn	ueon	雲垈里	운대리	Undae-ri	Undae-ri
偶然	우연	Uyŏn	Uyeon	運動	운동	undong	undong
遇王縣	우왕현	Uwang-hyŏn	Uwang-hyeon	運動家	운동가	undongga	undongga
又月	우월	Uwŏl	Uwol	運動圈	운동권	undongkwŏn	undonggwon
優位	우위	uwi	uwi	運動論	운동론	undongnon	undongnon
牛乳	우유	uyu	uyu	運動史	운동사	undongsa	undongsa
牛醫方	우의방	uŭibang	uuibang	運動場	운동장	undongjang	undongjang
右翼	우익	uik	uik	運動會	운동회	undonghoe	undonghoe
友一	우일	Uil	Uil	雲龍里	운룡리	Unnyong-ni	Ullyong-ri
愚齋	우재	Ujae	Ujae	韻律	운률	unyul	ullyul
憂亭	우정	Ujŏng	Ujeong	運命	운명	unmyŏng	unmyeong
郵政	우정	ujŏng	ujeong	雲默	운묵	Unmuk	Unmuk
右政丞	우정승	ujŏngsŭng	ujeongseung	雲門	운문	Unmun	Unmun
迂拙齋	우졸재	Ujoljae	Ujoljae	雲甫	운보	Unbo	Unbo
宇宙	우주	uju	uju	雲峯郡	운봉군	Unbong-gun	Unbong-gun
宇宙觀	우주관	ujugwan	ujugwan	韻府	운부	unbu	unbu

한자 용례	한글	ALA-LC Romanization	정부 표기안	한자 용례	한글	ALA-LC Romanization	정부 표기안
雲師	운사	Unsa	Unsa	蔚珍郡	울진군	Ulchin-gun	Uljin-gun
雲山	운산	Unsan	Unsan	蔚珍縣	울진현	Ulchin-hyŏn	Uljin-hyeon
雲山郡	운산군	Unsan-gun	Unsan-gun	熊女	웅녀	ungnyŏ	ungnyeo
韻書	운서	unsŏ	unseo	雄飛社	웅비사	Ungbisa	Ungbisa
雲棲	운서	Unsŏ	Unseo	熊山	웅산	Ungsan	Ungsan
耘石	운석	unsŏk	unseok	熊津	웅진	Ungjin	Ungjin
雲城里	운성리	Unsŏng-ni	Unseong-ri	雄津	웅진	Ungjin	Ungjin
運送	운송	unsong	unsong	熊津江	웅진강	Ungjin'gang	Ungjingang
雲水	운수	Unsu	Unsu	熊津洞	웅진동	Ungjin-dong	Ungjin-dong
運輸	운수	unsu	unsu	熊川	웅천	Ungch'ŏn	Ungcheon
雲巖	운암	Unam	Unam	熊川郡	웅천군	Ungch'ŏn-gun	Ungcheon-gun
雲養	운양	Unyang	Unyang	熊川式	웅천식	Ungch'ŏnsik	Ungcheonsik
雲英	운영	Unyŏng	Unyeong	熊川縣	웅천현	Ungch'ŏn-hyŏn	Ungcheon-hyeon
運營	운영	unyŏng	unyeong	熊浦里	웅포리	Ungp'o-ri	Ungpo-ri
運用	운용	unyong	unyong	元	원	wŏn	won
雲雨	운우	unu	unu	原	원	wŏn	won
雲藏	운장	unjang	unjang	圓	원	wŏn	won
雲庭	운정	Unjŏng	Unjeong	怨	원	wŏn	won
雲鳥樓	운조루	Unjoru	Unjoru	袁	원	Wŏn	Won
雲從	운종	Unjong	Unjong	原價	원가	wŏnka	wonga
雲從街	운종가	Unjongga	Unjongga	圓覺	원각	Wŏn'gak	Wongak
雲住寺	운주사	Unjusa	Unjusa	圓覺經	원각경	Wŏn'gakkyŏng	Wongakgyeong
雲泉洞	운천동	Unch'ŏn-dong	Uncheon-dong	圓覺寺	원각사	Won'gaksa	Wongaksa
雲楚	운초	Unch'o	Uncho	圓覺社	원각사	Wŏn'gaksa	Wongaksa
云初	운초	Unch'o	Uncho	圓覺寺碑	원각사비	Wŏn'gaksabi	Wongaksabi
雲坪	운평	Unp'yŏng	Unpyeong	圓鑑	원감	wŏn'gam	wongam
雲坪里	운평리	Unp'yŏng-ni	Unpyeong-ri	遠隔	원격	wŏn'gyŏk	wongyeok
雲下	운하	Unha	Unha	元敬	원경	Wŏn'gyŏng	Wongyeong
雲鶴	운학	Unhak	Unhak	圓徑	원경	Wŏn'gyŏng	Wongyeong
雲鶴里	운학리	Unhang-ni	Unhang-ri	原稿	원고	wŏn'go	wongo
運航船	운항선	unhangsŏn	unhangseon	圓光	원광	Wŏn'gwang	Wongwang
運航船社	운항선사	unhangsŏnsa	unhangseonsa	圓光大	원광대	Wŏn'gwangdae	Wongwangdae
雲響	운향	Unhyang	Unhyang	圓光社	원광사	Wŏn'gwangsa	Wongwangsa
雲峴宮	운현궁	Unhyŏn'gung	Unhyeongung	圓嶠	원교	Wŏn'gyo	Wongyo
韻會	운회	unhoe	unhoe	元國	원국	Wŏn'guk	Wonguk
云仡	운흘	Unhŭl	Unheul	遠近	원근	wŏn'gŭn	wongeun
鬱陵	울릉	Ullŭng	Ulleung	遠近法	원근법	wŏn'gŭnpŏp	wongeunbeop
鬱陵郡	울릉군	Ullŭng-gun	Ulleung-gun	圓技術	원기술	wŏn'gisul	wongisul
鬱陵島	울릉도	Ullŭngdo	Ulleungdo	元年	원년	wŏnnyŏn	wonnyeon
蔚山	울산	Ulsan	Ulsan	元堂洞	원당동	Wŏndang-dong	Wondang-dong
蔚山郡	울산군	Ulsan-gun	Ulsan-gun	元堂里	원당리	Wŏndang-ni	Wondang-ri
蔚山大	울산대	Ulsandae	Ulsandae	願堂祭	원당제	Wŏndangje	Wondangje
蔚州	울주	Ulchu	Ulju	元代	원대	Wŏndae	Wondae
蔚州郡	울주군	Ulchu-gun	Ulju-gun	原圖	원도	wŏndo	wondo
蔚珍	울진	Ulchin	Uljin	源洞	원동	Wŏn-dong	Won-dong

한자 용례	한글	ALA-LC Romanization	정부 표기안	한자 용례	한글	ALA-LC Romanization	정부 표기안
遠藤	원등	Wŏndŭng	Wondeung	元述郞	원술랑	Wŏnsullang	Wonsullang
原覽	원람	wŏllam	wollam	原始	원시	wŏnsi	wonsi
怨靈	원령	Wŏllyŏng	Wollyeong	原始林	원시림	wŏnsirim	wonsirim
元老	원로	wŏllo	wollo	猿巖里	원암리	Wŏnam-ni	Wonam-ri
元祿	원록	Wŏnnok	Wollok	鴛鴦	원앙	wŏnang	wonang
源綠	원록	Wŏllok	wollok	鴛鴦文	원앙문	wŏnangmun	wonangmun
原論	원론	wŏllon	wollon	遠洋	원양	wŏnyang	wonyang
原流	원류	wŏllyu	wollyu	園藝	원예	wŏnye	wonye
源流	원류	wŏllyu	wollyu	元五	원오	Wŏno	Wono
源流	원류	wŏllyu	wollyu	元五里	원오리	Wŏno-ri	Wono-ri
源流圖	원류도	wŏllyudo	wollyudo	願王歌	원왕가	Wŏnwangga	Wonwangga
源流史	원류사	wŏllyusa	wollyusa	元月里	원월리	Wŏnwŏl-li	Wonwol-ri
元陵	원릉	Wŏllŭng	Wolleung	原乳	원유	wŏnyu	wonyu
原理	원리	wŏlli	wolli	原油	원유	wŏnyu	wonyu
園林	원림	wŏllim	wollim	圓融	원융	Wŏnyung	Wonyung
原明	원명	Wŏnmyŏng	Wonmyeong	圓音	원음	Wŏnŭm	Woneum
圓妙	원묘	Wŏnmyo	Wonmyo	原音社	원음사	Wŏnŭmsa	Woneumsa
原妙	원묘	Wŏnmyo	Wonmyo	原因	원인	wŏnin	wonin
原文	원문	wŏnmun	wonmun	猿人	원인	wŏnin	wonin
元文	원문	wŏnmun	wonmun	元一	원일	Wŏnil	Wonil
原文社	원문사	Wŏnmunsa	Wonmunsa	原子	원자	wŏnja	wonja
原文集	원문집	wŏnmunjip	wonmunjip	原子力	원자력	wŏnjaryŏk	wonjaryeok
圓美	원미	wŏnmi	wonmi	原子力廳	원자력청	Wŏnjaryŏkch'ŏng	Wonjaryeokcheong
圓方閣	원방각	Wŏnbanggak	Wonbanggak	原子爐	원자로	wŏnjaro	wonjaro
原本	원본	wŏnbon	wonbon	原資材	원자재	wŏnjajae	wonjajae
圓峰里	원봉리	Wŏnbong-ni	Wonbong-ri	原作	원작	wŏnjak	wonjak
怨夫詞	원부사	Wŏnbusa	Wonbusa	元章	원장	Wŏnjang	Wonjang
怨婦詞	원부사	Wŏnbusa	Wonbusa	院長	원장	wŏnjang	wonjang
圓佛	원불	Wŏnbul	Wonbul	圓齋	원재	Wŏnjae	wonjae
圓佛敎	원불교	Wŏn Pulgyo	Wonbulgyo	原著	원저	wŏnjŏ	wonjeo
元史	원사	Wŏnsa	Wonsa	原典	원전	wŏnjŏn	wonjeon
元山	원산	Wŏnsan	Wonsan	原典性	원전성	wŏnjŏnsŏng	wonjeonseong
圓山縣	원산현	Wŏnsan-hyŏn	Wonsan-hyeon	原典集	원전집	wŏnjŏnjip	wonjeonjip
原三國	원삼국	wŏnsamguk	wonsamguk	元井里	원정리	Wŏnjŏng-ni	Wonjeong-ri
原色	원색	wŏnsaek	wonsaek	元照	원조	Wŏnjo	Wonjo
原色版	원색판	wŏnsaekp'an	wonsaekpan	圓照	원조	wŏnjo	wonjo
院生	원생	wŏnsaeng	wonsaeng	援助	원조	wŏnjo	wonjo
遠西	원서	Wŏnsŏ	Wonseo	援朝	원조	wŏnjo	wonjo
原書	원서	wŏnsŏ	wonseo	元宗	원종	Wŏnjong	Wonjong
苑西洞	원서동	Wŏnsŏ-dong	Wonseo-dong	原從	원종	wŏnjong	wonjong
原石	원석	wŏnsŏk	wonseok	原州	원주	Wŏnju	Wonju
原城	원성	Wŏnsŏng	Wonseong	圓柱	원주	wŏnju	wonju
原城郡	원성군	Wŏnsŏng-gun	Wonseong-gun	原州郡	원주군	Wŏnju-gun	Wonju-gun
園所	원소	wŏnso	wonso	原州牧	원주목	Wŏnju-mok	Wonju-mok
源水里	원수리	Wŏnsu-ri	Wonsu-ri	原州市	원주시	Wŏnju-si	Wonju-si

한자 용례	한글	ALA-LC Romanization	정부 표기안	한자 용례	한글	ALA-LC Romanization	정부 표기안
園誌	원지	wŏnji	wonji	月奈	월나	Wŏlla	Wolla
苑池	원지	wŏnji	wonji	月南	월남	Wŏllam	Wollam
院趾洞	원지동	Wŏnji-dong	Wonji-dong	越南	월남	Wŏllam	Wollam
圓眞	원진	Wŏnjin	Wonjin	月內洞	월내동	Wŏllae-dong	Wollae-dong
院津里	원진리	Wŏnjin-ni	Wonjin-ri	月臺址	월대지	Wŏltaeji	Woldaeji
源泉	원천	Wŏnch'ŏn	Woncheon	越浪	월랑	Wŏllang	Wollang
原川里	원천리	Wŏnch'ŏl-li	Woncheon-ri	月令	월령	Wŏllyŏng	Wollyeong
源泉亭	원천정	Wŏnch'ŏnjŏng	Woncheonjeong	月令歌	월령가	wŏllyŏngga	wollyeongga
原初	원초	wŏnch'o	woncho	月梅	월매	wŏlmae	wolmae
圓測	원측	Wŏnch'ŭk	Woncheuk	月尾	월미	Wŏlmi	Wolmi
原則	원칙	wŏnch'ik	wonchik	月尾島	월미도	Wŏlmido	Wolmido
圓澤	원택	Wŏnt'aek	Wontaek	月白	월백	wŏlbaek	wolbaek
元通	원통	Wŏnt'ong	Wontong	月報	월보	wŏlbo	wolbo
圓通	원통	wŏnt'ong	wontong	月報社	월보사	wŏlbosa	wolbosa
圓通記	원통기	wŏnt'onggi	wontonggi	月峰山	월봉산	Wŏlbongsan	Wolbongsan
元通寺	원통사	Wŏnt'ongsa	Wontongsa	月比山	월비산	Wŏlbisan	Wolbisan
圓通寺	원통사	Wŏnt'ongsa	Wontongsa	月寺	월사	wŏlsa	wolsa
圓通殿	원통전	Wŏnt'ongjŏn	Wontongjeon	月沙	월사	Wŏlsa	Wolsa
圓筒形	원통형	wŏnt'onghyŏng	wontonghyeong	月山	월산	wŏlsan	wolsan
圓板	원판	wŏnp'an	wonpan	月山里	월산리	Wŏlsan-ni	Wolsan-ri
原平郡	원평군	Wŏnp'yŏng-gun	Wonpyeong-gun	月生	월생	Wŏlsaeng	Wolsaeng
院豊里	원풍리	Wŏnpung-ni	Wonpung-ri	月生山	월생산	Wŏlsaengsan	Wolsaengsan
園幸	원행	wŏnhaeng	wonhaeng	月城	월성	Wŏlsŏng	Wolseong
元亨	원형	Wŏnhyŏng	wonhyeong	月城郡	월성군	Wŏlsŏng-gun	Wolseong-gun
原型	원형	wŏnhyŏng	wonhyeong	月城洞	월성동	Wŏlsŏng-dong	Wolseong-dong
原形	원형	wŏnhyŏng	Wonhyeong	月城路	월성로	Wŏlsŏngno	Wolseongno
圓形	원형	wŏnhyŏng	wonhyeong	月松里	월송리	Wŏlsong-ni	Wolsong-ri
源花	원화	wŏnhwa	wonhwa	月岳山	월악산	Wŏraksan	Woraksan
元孝	원효	wŏnhyo	wonhyo	月巖	월암	Wŏram	Woram
元曉路	원효로	Wŏnhyoro	Wonhyoro	月巖里	월암리	Wŏram-ni	Woram-ri
元曉疏	원효소	Wŏnhyoso	Wonhyoso	月夜	월야	wŏrya	worya
元曉宗	원효종	Wŏnhyojong	Wonhyojong	月餘	월여	wŏryŏ	woryeo
元興里	원흥리	Wŏnhŭng-ni	Wonheung-ri	月淵	월연	Wŏryŏn	Woryeon
元興寺	원흥사	Wŏnhŭngsa	Wonheungsa	月影圖	월영도	Wŏryŏngdo	Woryeongdo
月	월	wŏl	wol	月印	월인	wŏrin	worin
月刊	월간	wŏlgan	wolgan	月田	월전	Wŏlchŏn	Woljeon
越境	월경	wŏlgyŏng	wolgyeong	月田里	월전리	Wŏlchŏn-ni	Woljeon-ri
月桂冠	월계관	wŏlgyegwan	wolgyegwan	月亭	월정	Wŏlchŏng	Woljeong
月桂洞	월계동	Wŏlgye-dong	Wolgye-dong	月汀	월정	Wŏljŏng	Woljeong
月溪洞	월계동	Wŏlgye-dong	Wolgye-dong	月精	월정	Wŏlchŏng	Woljeong
月皐	월고	Wŏlgo	Wolgo	月精橋	월정교	Wŏlchŏnggyo	Woljeonggyo
月谷	월곡	Wŏlgok	Wolgok	月精里	월정리	Wŏlchŏng-ni	Woljeong-ri
月谷里	월곡리	Wŏlgong-ni	Wolgok-ri	月精寺	월정사	Wŏlchŏngsa	Woljeongsa
月光	월광	wŏlgwang	wolgwang	月池	월지	Wŏlchi	Wolji
月光寺	월광사	Wŏlgwangsa	Wolgwangsa	月支國	월지국	Wŏlchiguk	Woljiguk

한자 용례	한글	ALA-LC Romanization	정부 표기안	한자 용례	한글	ALA-LC Romanization	정부 표기안
月支國史	월지국사	Wŏlchiguksa	Woljiguksa	委員團	위원단	wiwŏndan	wiwondan
月窓	월창	wŏlch'ang	wolchang	委員長	위원장	wiwŏnjang	wiwonjang
月川	월천	Wŏlch'ŏn	Wolcheon	委員會	위원회	wiwŏnhoe	wiwonhoe
月川里	월천리	Wŏlch'ŏn-ni	Wolcheon-ri	委員会	위원회	wiwŏnhoe	wiwonhoe
月村	월촌	Wŏlch'on	Wolchon	委任	위임	wiim	wiim
月村洞	월촌동	Wŏlch'on-dong	Wolchon-dong	慰藉料	위자료	wijaryo	wijaryo
月出	월출	wŏlch'ul	wolchul	衛正	위정	wijŏng	wijeong
月出山	월출산	Wŏlch'ulsan	Wolchulsan	偽造	위조	wijo	wijo
月灘	월탄	Wŏlt'an	Woltan	偽足	위족	wijok	wijok
月誕	월탄	Wŏlt'an	Woltan	韙倉	위창	Wich'ang	Wichang
月坪洞	월평동	Wŏlp'yŏng-dong	Wolpyeong-dong	位置	위치	wich'i	wichi
月下	월하	Wŏrha	Wolha	為한	위한	wihan	wihan
月軒	월헌	Wŏrhŏn	Wolheon	委巷	위항	wihang	wihang
月軒公派	월헌공파	Wŏrhŏn'gongp'a	Wolheongongpa	葦杭	위항	Wihang	Wihang
月湖	월호	Wŏrho	Wolho	違憲的	위헌적	wihŏnjŏk	wiheonjeok
月會	월회	wŏrhoe	wolhoe	危險	위험	wihŏm	wiheom
爲	위	wi	wi	威化	위화	wihwa	wihwa
韋	위	Wi	Wi	有	유	yu	yu
為鑑	위감	wigam	wigam	酉	유	yu	yu
葦溪	위계	Wigye	Wigye	柳	유	Yu	Yu
危機	위기	wigi	wigi	劉	유	Yu	yu
偉大한	위대한	widaehan	widaehan	儒家	유가	Yuga	Yuga
威德大	위덕대	Widŏktae	Wideokdae	瑜伽	유가	Yuga	Yuga
蝟島	위도	Wido	Wido	瑜伽師	유가사	Yugasa	Yugasa
魏略	위략	Wirak	Wiryak	瑜伽師地論	유가사지론	Yugasajiron	Yugasajiron
慰禮	위례	Wirye	Wirye	有感	유감	yugam	yugam
慰禮城	위례성	Wiryesŏng	Wiryeseong	有蓋	유개	yugae	yugae
衛滿	위만	Wiman	Wiman	遊擊	유격	yugyŏk	yugyeok
為民	위민	wimin	wimin	游擊	유격	yugyŏk	yugyeok
違反	위반	wiban	wiban	遊擊	유격	yugyŏk	yugyeok
位相	위상	wisang	wisang	遊擊隊	유격대	yugyŏktae	yugyeokdae
衛生	위생	wisaeng	wisaeng	遊擊戰	유격전	yugyŏkchŏn	yugyeokjeon
卫生	위생	wisaeng	wisaeng	有莖式	유경식	Yugyŏngsik	Yugyeongsik
衛生士	위생사	wisaengsa	wisaengsa	儒契案	유계안	yugyean	yugyean
衛生學	위생학	wisaenghak	wisaenghak	遺稿	유고	yugo	yugo
衛生學的	위생학적	wisaenghakchŏk	wisaenghakjeok	遺藥	유고	yugo	yugo.
魏書	위서	Wisŏ	Wiseo	有故	유고	yugo	yugo
魏鮮志	위선지	Wisŏnji	Wiseonji	遺稿集	유고집	yugojip	yugojip
衛星	위성	wisŏng	wiseong	酉谷	유곡	Yugok	Yugok
慰安	위안	wian	wian	幽谷錄	유곡록	Yugongnok	Yugongnok
慰安婦	위안부	wianbu	wianbu	柳谷里	유곡리	Yugong-ni	Yugok-ri
韋庵	위암	Wiam	Wiam	有孔	유공	Yugong	Yugong
韋菴	위암	Wiam	Wiam	有功者	유공자	yugongja	yugongja
委員	위원	wiwŏn	wiwon	遊廓	유곽	yugwak	yugwak
渭原郡	위원군	Wiwŏn-gun	Wiwon-gun	儒教	유교	Yugyo	Yugyo

한자 용례	한글	ALA-LC Romanization	정부 표기안	한자 용례	한글	ALA-LC Romanization	정부 표기안
儒教學	유교학	Yugyohak	Yugyohak	儒脈	유맥	yumaek	yumaek
儒教會	유교회	Yugyohoe	Yugyohoe	遺墨	유묵	yumuk	yumuk
遺構	유구	yugu	yugu	遺墨帖	유묵첩	yumukch'ŏp	yumukcheop
琉球	유구	Yugu	Yugu	遺物	유물	yumul	yumul
悠久	유구	yugu	yugu	唯物	유물	yumul	yumul
有機	유기	Yugi	yugi	遺物館	유물관	yumulgwan	yumulgwan
遊記	유기	yugi	yugi	唯物論	유물론	yumullon	yumullon
留記略	유기략	yugiryak	yugiryak	遺物相	유물상	yumulsang	yumulsang
唯氣論	유기론	yugiron	yugiron	遺物集	유물집	yumulchip	yumuljip
幼年	유년	yunyŏn	yunyeon	遺芳	유방	yubang	yubang
有段	유단	yudan	yudan	流配	유배	yubae	yubae
儒達山	유달산	Yudalsan	Yudalsan	遺範	유범	yubŏm	yubeom
留堂	유당	Yudang	Yudang	有別	유별	yubyŏl	yubyeol
儒道	유도	Yudo	Yudo	留保	유보	yubo	yubo
柔道	유도	yudo	yudo	儒佛	유불	Yu-Pul	Yu-Bul
儒道會	유도회	Yudohoe	Yudohoe	遺詞	유사	Yusa	Yusa
柔道會	유도회	Yudohoe	Yudohoe	類事	유사	yusa	yusa
遊覽	유람	yuram	yuram	類似	유사	yusa	yusa
遊覽歌	유람가	yuramga	yuramga	有司	유사	yusa	yusa
遊覽團	유람단	yuramdan	yuramdan	遺事	유사	yusa	yusa
流浪	유랑	yurang	yurang	遺事錄	유사록	yusarok	yusarok
由來	유래	yurae	yurae	類似性	유사성	yusasŏng	yusaseong
由來記	유래기	yuraegi	yuraegi	遺史誌	유사지	yusaji	yusaji
由來譚	유래담	yuraedam	yuraedam	遺産	유산	yusan	yusan
由來誌	유래지	yuraeji	yuraeji	遊山記	유산기	yusan'gi	yusangi
由來集	유래집	yuraejip	yuraejip	流觴	유상	Yusang	Yusang
有力	유력	yuryŏk	yuryeok	有償	유상	yusang	yusang
有力者	유력자	yuryŏkcha	yuryeokja	儒生	유생	yusaeng	yusaeng
有令	유령	yuryŏng	yuryeong	遺書	유서	yusŏ	yuseo
遺老	유로	Yuro	Yuro	類書	유서	yusŏ	yuseo
遺錄	유록	yurok	yurok	諭書	유서	yusŏ	yuseo
孺留	유류	Yuryu	Yuryu	由書	유서	yusŏ	yuseo
琉璃	유리	yuri	yuri	維石	유석	Yusŏk	Yuseok
瑠璃	유리	yuri	yuri	類釋	유석	yusŏk	yuseok
瑠璃光	유리광	yurigwang	yurigwang	類選	유선	yusŏn	yuseon
唯理論	유리론	Yuriron	Yuriron	有線	유선	yusŏn	yuseon
琉璃杯	유리배	yuribae	yuribae	類說	유설	yusŏl	yuseol
瑠璃製	유리제	yurije	yurije	流星	유성	yusŏng	yuseong
琉璃製	유리제	Yurije	yurije	裕松	유송	Yusong	Yusong
琉璃廠	유리창	yurich'ang	yurichang	留守	유수	yusu	yusu
裕林	유림	yurim	yurim	留守府	유수부	Yusubu	Yusubu
儒林	유림	Yurim	Yurim	柔術	유술	yusul	yusul
維摩經	유마경	Yumagyŏng	Yumagyeong	有述	유술	Yusul	Yusul
有望	유망	yumang	yumang	儒術	유술	Yusul	yusul
遺忘錄	유망록	yumangnok	yumangnok	酉戌錄	유술록	Yusullok	Yusullok

한자 용례	한글	ALA-LC Romanization	정부 표기안	한자 용례	한글	ALA-LC Romanization	정부 표기안
遺詩集	유시집	yusijip	yusijip	遺傳	유전	yujŏn	yujeon
酉時	유시집	yusi	yusijip	流轉期	유전기	yujŏngi	yujeongi
唯識	유식	yusik	yusik	楡田里	유전리	Yujŏn-ni	Yujeon-ri
遺臣	유신	yusin	yusin	有情	유정	yujŏng	yujeong
維新	유신	yusin	yusin	惟政	유정	Yujŏng	Yujeong
有信閣	유신각	Yusin'gak	Yusingak	柳井里	유정리	Yujŏng-ni	Yujeong-ri
維新論	유신론	yusinnon	yusillon	柔兆	유조	Yujo	Yujo
維新會	유신회	yusinhoe	yusinhoe	遺族	유족	yujok	yujok
惟心	유심	yusim	yusim	遺族會	유족회	yujokhoe	yujokoe
遊心	유심	yusim	yusim	遺珠	유주	yuju	yuju
幼兒	유아	yua	yua	遺址	유지	yuji	yuji
幼兒期	유아기	yuagi	yuagi	有志	유지	yuji	yuji
幼兒園	유아원	yuawŏn	yuawon	有旨	유지	yuji	yuji
流言	유언	yuŏn	yueon	油紙	유지	yuji	yuji
遺言錄	유언록	yuŏnnok	yueollok	維持法	유지법	yujipŏp	yujibeop
流域	유역	yuyŏk	yuyeok	裕進	유진	Yujin	Yujin
流域史	유역사	yuyŏksa	yuyeoksa	類輯	유집	yujip	yujip
悠然堂	유연당	Yuyŏndang	Yuyeondang	遺集	유집	yujip	yujip
游藝志	유예지	Yuyeji	Yuyeji	柳川	유천	Yuch'ŏn	Yucheon
有用	유용	yuyong	yuyong	流川洞	유천동	Yuch'ŏn-dong	Yucheon-dong
有容	유용	yuyong	yuyong	柳川里	유천리	Yuch'ŏl-li	Yucheon-ri
類苑	유원	yuwŏn	yuwon	遺帖	유첩	yuch'ŏp	yucheop
柳月里	유월리	Yuwŏl-li	Yuwol-ri	流体	유체	yuch'e	yuche
遺音	유음	yuŭm	yueum	類抄	유초	yuch'o	yucho
遺衣	유의	yuŭi	yuui	類叢	유총	yuch'ong	yuchong
類義語	유의어	yuŭiŏ	yuuieo	流出	유출	yuch'ul	yuchul
幼肄	유이	yui	yui	類聚	유취	yuch'wi	yuchwi
油印	유인	yuin	yuin	幼稚	유치	yuch'i	yuchi
誘因	유인	yuin	yuin	誘致	유치	yuch'i	yuchi
有人島	유인도	yuindo	yuindo	幼稚園	유치원	yuch'iwŏn	yuchiwon
有一	유일	yuil	yuil	流通	유통	yut'ong	yutong
唯一	유일	yŭil	yuil	流通業	유통업	yut'ongŏp	yutongeop
惟一	유일	yuil	yuil	類編	유편	yup'yŏn	yupyeon
唯一團	유일단	Yŭildan	Yuildan	遺篇	유편	yup'yŏn	yupyeon
遊日錄	유일록	Yuillok	Yuillok	遺編	유편	yup'yŏn	yup'yeon
流入	유입	yuip	yuip	柳坪里	유평리	Yup'yŏng-ni	Yupyeong-ri
儒者	유자	Yuja	Yuja	遺表	유표	yup'yo	yupyo
遺作展	유작전	yujakchŏn	yujakjeon	遺品	유품	yup'um	yupum
遺作集	유작집	yujakchip	yujakjip	裕豊	유풍	Yup'ung	Yupung
遺蹟	유적	yujŏk	yujeok	柳下	유하	Yuha	Yuha
遺跡	유적	yujŏk	yujeok	有下	유하	yuha	yuha
遺蹟攷	유적고	yujŏkko	yujeokgo	柳下里	유하리	Yuha-ri	Yuha-ri
遺蹟址	유적지	yujŏkchi	yujeokji	儒學	유학	Yuhak	Yuhak
遺蹟地	유적지	yujŏkchi	yujeokji	留學	유학	yuhak	yuhak
油田	유전	yujŏn	yujeon	儒学	유학	Yuhak	Yuhak

한자 용례	한글	ALA-LC Romanization	정부 표기안	한자 용례	한글	ALA-LC Romanization	정부 표기안
儒學部	유학부	Yuhakpu	Yuhakbu	陸軍	육군	yukkun	yukgun
儒學史	유학사	Yuhaksa	Yuhaksa	六技	육기	yukki	yukgi
儒学史	유학사	Yuhaksa	Yuhaksa	六年度	육년도	yungnyŏndo	yungnyeondo
留學社	유학사	Yuhaksa	yuhaksa	六堂	육당	Yuktang	Yukdang
留學生	유학생	yuhaksaeng	yuhaksaeng	六堂本	육당본	Yuktangbon	Yukdangbon
留學生들	유학생들	yuhaksaengdŭl	yuhaksaengdeul	六道	육도	Yukto	Yukdo
留學僧	유학승	yuhaksŭng	yuhakseung	六禮	육례	yungnye	yungnye
留學者	유학자	yuhakcha	yuhakja	六百年史	육백년사	yukpaengnyŏnsa	yukbaengnyeonsa
儒學者	유학자	Yuhakcha	Yuhakja	六法社	육법사	Yukpŏpsa	Yukbeopsa
留學者들	유학자들	yuhakchadŭl	yuhakjadeul	育法社	육법사	Yukpŏpsa	Yukbeopsa
儒學的	유학적	Yuhakchŏk	Yuhakjeok	六部	육부	yukpu	yukbu
儒學派	유학파	Yuhakp'a	Yuhakpa	陸上	육상	yuksang	yuksang
有限	유한	yuhan	yuhan	六先生	육선생	Yuksŏnsaeng	Yukseonsaeng
柳韓	유한	Yuhan	Yuhan	肉聲	육성	yuksŏng	yukseong
有韓社	유한사	Yuhansa	Yuhansa	育成	육성	yuksŏng	yukseong
柳巷	유항	Yuhang	Yuhang	育成策	육성책	yuksŏngch'aek	yukseongchaek
遺骸	유해	yuhae	yuhae	六臣	육신	Yuksin	Yuksin
類解	유해	yuhae	yuhae	六臣墓	육신묘	Yuksinmyo	Yuksinmyo
有害	유해	yuhae	yuhae	六十	육십	yuksip	yuksip
流行	유행	yuhaeng	yuhaeng	六十年代	육십년대	yuksimnyŏndae	yuksimnyeondae
遊行	유행	yuhaeng	yuhaeng	育英	육영	yugyŏng	yugyeong
流行歌	유행가	yuhaengga	yuhaengga	育英會	육영회	yugyŏnghoe	yugyeonghoe
遊行錄	유행록	Yuhaengnok	Yuhaengnok	六月	육월	Yuwŏl	Yugwol
遺香	유향	yuhyang	yuhyang	六一	육일	yugil	yugil
留鄉所	유향소	yuhyangso	yuhyangso	六一齋	육일재	Yugiljae	Yugiljae
遺墟碑	유허비	yuhŏbi	yuheobi	六一帖	육일첩	Yugilch'ŏp	Yugilcheop
儒賢	유현	yuhyŏn	yuhyeon	六典	육전	yukchŏn	yukjeon
流刑	유형	yuhyŏng	yuhyeong	六情	육정	yukchŏng	yukjeong
類型	유형	yuhyŏng	yuhyeong	六條	육조	yukcho	yukjo
有形	유형	yuhyŏng	yuhyeong	六祖	육조	yukcho	yukjo
誘惑	유혹	yuhok	yuhok	育種	육종	yukchong	yukjong
幽懷	유회	yuhoe	yuhoe	育種學	육종학	yukchonghak	yukjonghak
有懷堂	유회당	Yuhoedang	Yuhoedang	育志社	육지사	Yukchisa	Yukjisa
類彙	유휘	yuhwi	yuhwi	六鎭	육진	yukchin	yukjin
遊休	유휴	yuhyu	yuhyu	肉彈	육탄	yukt'an	yuktan
遺痕	유흔	yuhŭn	yuheun	肉筆	육필	yukp'il	yukpil
有喜	유희	yuhŭi	yuhui	肉筆詩	육필시	yukp'ilsi	yukpilsi
六	육	yuk	yuk	六穴砲	육혈포	yukhyŏlp'o	yukyeolpo
陸	육	yuk	yuk	育訓	육훈	yukhun	yukun
六甲	육갑	yukkap	yukgap	尹	윤	Yun	Yun
六個國	육개국	yukkaeguk	yukgaeguk	輪告	윤고	yun'go	yungo
六經	육경	Yukkyŏng	Yukgyeong	倫理	윤리	yulli	yulli
六谷	육곡	Yukkok	Yukgok	倫理觀	윤리관	yulligwan	yulligwan
六谷里	육곡리	Yukkong-ni	Yukgok-ri	倫理論	윤리론	yulliron	yulliron
陸塊	육괴	yukkoe	yukgoe	倫理的	윤리적	yullijŏk	yullijeok

한자 용례	한글	ALA-LC Romanization	정부 표기안	한자 용례	한글	ALA-LC Romanization	정부 표기안
倫理學	윤리학	yullihak	yullihak	銀入	은입	ŭnip	eunip
倫史	윤사	Yunsa	yunsa	銀入絲	은입사	ŭnipsa	eunipsa
尢植	윤식	Yunsik	Yunsik	銀粧刀	은장도	ŭnjangdo	eunjangdo
尢執	윤집	yunjip	yunjip	銀製	은제	ŭnje	eunje
輪廻	윤회	yunhoe	yunhoe	恩重經	은중경	ŭnjunggyŏng	eunjunggyeong
律	율	yul	yul	恩津	은진	Ŭnjin	Eunjin
栗谷	율곡	Yulgok	Yulgok	恩津郡	은진군	Ŭnjin-gun	Eunjin-gun
栗谷寺	율곡사	Yulgoksa	Yulgoksa	恩津縣	은진현	Ŭnjin-hyŏn	Eunjin-hyeon
栗谷學	율곡학	Yulgokhak	Yulgokak	銀泉	은천	Ŭnch'ŏn	Euncheon
律坤	율곤	Yulgon	Yulgon	銀泉里	은천리	Ŭnch'ŏn-ni	Euncheon-ri
栗垈里	율대리	Yultae-ri	Yuldae-ri	隱退	은퇴	ŭnt'oe	euntoe
栗洞	율동	Yul-tong	Yul-dong	恩平	은평	Ŭnp'yŏng	Eunpyeong
栗里	율리	Yul-li	Yul-ri	銀河	은하	Ŭnha	Eunha
律師	율사	yulsa	yulsa	銀河界	은하계	Ŭnhagye	Eunhagye
聿修齋	율수재	Yulsujae	Yulsujae	銀河水	은하수	Ŭnhasu	Eunhasu
律詩	율시	yulsi	yulsi	銀海寺	은해사	Ŭnhaesa	Eunhaesa
栗田	율전	Yulchŏn	Yuljeon	銀行	은행	ŭnhaeng	eunhaeng
栗村	율촌	yulch'on	yulchon	銀行券	은행권	ŭnhaengkwŏn	eunhaenggwon
律學	율학	Yurhak	Yulhak	銀行論	은행론	ŭnhaengnon	eunhaengnon
栗峴洞	율현동	Yurhyŏn-dong	Yulhyeon-dong	乙	을	ŭl	eul
戎書	융서	yungsŏ	yungseo	乙卯	을묘	Ŭlmyo	Eulmyo
融合	융합	yunghap	yunghap	乙卯字	을묘자	Ŭlmyocha	Eulmyoja
隆熙	융희	Yunghŭi	Yunghi	乙未	을미	Ŭlmi	Eulmi
銀	은	ŭn	eun	乙密	을밀	Ŭlmil	Eulmil
銀工匠	은공장	ŭn'gongjang	eungongjang	乙密臺	을밀대	Ŭlmiltae	Eulmildae
銀冠	은관	ŭn'gwan	eungwan	乙巳	을사	Ŭlsa	Eulsa
恩光社	은광사	Ŭn'gwangsa	Eungwangsa	乙已	을사	Ŭlsa	Eulsa
隱岐	은기	Ŭngi	Eungi	乙酉	을유	Ŭryu	Euryu
銀臺	은대	ŭndae	eundae	乙種	을종	Ŭlchong	Euljong
隱遁	은둔	ŭndun	eundun	乙支	을지	Ŭlji	Eulji
隱峯	은봉	Ŭnbong	Eunbong	乙巴素	을파소	Ŭlp'aso	Eulpaso
隱峯	은봉	Ŭnbong	Eunbong	乙亥	을해	Ŭrhae	Eulhae
隱秘	은비	ŭnbi	eunbi	乙亥字	을해자	Ŭrhaecha	Eulhaeja
恩山	은산	Ŭnsan	Eunsan	陰	음	ŭm	eum
殷山	은산	Ŭnsan	Eunsan	音	음	ŭm	eum
殷山郡	은산군	Ŭnsan-gun	Eunsan-gun	陰刻	음각	ŭmgak	eumgak
殷山縣	은산현	Ŭnsan-hyŏn	Eunsan-hyeon	音經	음경	ŭmgyŏng	eumgyeong
隱仙里	은선리	Ŭnsŏn-ni	Eeunseon-ri	音階	음계	ŭmgye	eumgye
殷成	은성	Ŭnsŏng	Eunseong	陰記	음기	ŭmgi	eumgi
銀世界	은세계	ŭnsegye	eunsegye	淫談	음담	ŭmdam	eumdam
隱語	은어	ŭnŏ	euneo	音讀	음독	ŭmdok	eumdok
殷栗	은율	Ŭnyul	Eunyul	音読	음독	ŭmdok	eumdok
殷栗郡	은율군	Ŭnyul-gun	Eunyul-gun	飲料	음료	ŭmnyo	eumnyo
殷栗縣	은율현	Ŭnyur-hyŏn	Eunyul-hyeon	音律	음률	ŭmnyul	eumnyul
隱逸	은일	Ŭnil	Eunil	蔭叙	음서	ŭmsŏ	eumseo

한자 용례	한글	ALA-LC Romanization	정부 표기안	한자 용례	한글	ALA-LC Romanization	정부 표기안
音聲	음성	ŭmsŏng	eumseong	應三	응삼	Ŭngsam	Eungsam
陰城	음성	Ŭmsŏng	Eumseong	應身錄	응신록	ŭngsillok	eungsillok
陰城郡	음성군	Ŭmsŏng-gun	Eumseong-gun	應永記	응영기	Ŭngyŏnggi	Eungyeonggi
音聲學	음성학	ŭmsŏnghak	eumseonghak	凝窩	응와	Ŭngwa	Eungwa
陰城縣	음성현	Ŭmsŏng-hyŏn	Eumseong-hyeon	應用	응용	ŭngyong	eungyong
音順	음순	ŭmsun	eumsun	應製文	응제문	ŭngjemun	eungjemun
飮食	음식	ŭmsik	eumsik	應旨	응지	ŭngji	eungji
飮食史	음식사	ŭmsiksa	eumsiksa	應眞堂	응진당	Ŭngjindang	Eungjindang
音樂	음악	ŭmak	eumak	應眞殿	응진전	Ŭngjinjŏn	Eungjinjeon
音樂家	음악가	ŭmakka	eumakga	膺懲	응징	ŭngjing	eungjing
音樂界	음악계	ŭmakkye	eumakgye	應辦色	응판색	Ŭngp'ansaek	Eungpansaek
音樂史	음악사	ŭmaksa	eumaksa	應化	응화	ŭnghwa	eunghwa
音樂人	음악인	ŭmagin	eumagin	應化身	응화신	Ŭnghwasin	Eunghwasin
音樂學	음악학	ŭmakhak	eumakhak	衣	의	ŭi	ui
陰崖	음애	Ŭmae	Eumae	醫家	의가	ŭiga	uiga
陰陽	음양	ŭmyang	eumyang	醫監	의감	ŭigam	uigam
陰陽	음양	ŭmyang	eumyang	義擧	의거	ŭigŏ	uigeo
陰陽家	음양가	ŭmyangga	eumyangga	依據	의거	ŭigŏ	uigeo
陰陽論	음양론	ŭmyangnon	eumyangnon	義擧	의거	ŭigŏ	uigeo
吟於時	음어시	ŭmŏsi	eumeosi	意見	의견	ŭigyŏn	uigyeon
音譯	음역	ŭmyŏk	eumyeok	議決	의결	ŭigyŏl	uigyeol
音韻	음운	ŭmun	eumun	義經	의경	ŭigyŏng	uigyeong
音韻論	음운론	ŭmunnon	eumunnon	醫科	의과	ŭikwa	uigwa
音韻學	음운학	ŭmunhak	eumunhak	醫官	의관	ŭigwan	uigwan
飮酒	음주	ŭmju	eumju	儀軌	의궤	ŭigwe	uigwe
音註	음주	ŭmju	eumju	儀軌圖	의궤도	Ŭigwedo	Uigwedo
飮酒禮	음주례	ŭmjurye	eumjurye	義禁府	의금부	ŭigŭmbu	uigeumbu
陰竹郡	음죽군	Ŭmjuk-kun	Eumjuk-gun	儀器	의기	ŭigi	uigi
陰竹縣	음죽현	Ŭmjuk-hyŏn	Eumjuk-hyeon	義記	의기	ŭigi	uigi
陰晴史	음청사	Ŭmch'ŏngsa	Eumcheongsa	醫大	의대	ŭidae	uidae
陰宅	음택	ŭmt'aek	eumtaek	意圖	의도	ŭido	uido
音學	음학	ŭmhak	eumhak	宜寧	의령	Ŭiryŏng	Uiryeong
音訓	음훈	ŭmhun	eumhun	醫零	의령	ŭiryŏng	uiryeong
邑	읍	ŭp	eup	義寧郡	의령군	Ŭiryŏnng-gun	Uiryeong-gun
邑內	읍내	ŭmnae	eumnae	宜寧郡	의령군	Ŭiryŏng-gun	Uiryeong-gun
邑城	읍성	ŭpsŏng	eupseong	義寧縣	의령현	Ŭiryŏng-hyŏn	Uiryeong-hyeon
邑制	읍제	ŭpche	eupje	儀禮	의례	ŭirye	uirye
吧誌	읍지	ŭpchi	eupji	疑禮	의례	Ŭirye	Uirye
邑誌	읍지	ŭpchi	eupji	儀例	의례	ŭirye	uirye
挹翠軒	읍취헌	Ŭpch'wihŏn	Eupchwiheon	義禮美	의례미	ŭiryemi	uiryemi
泣血錄	읍혈록	Ŭphyŏllok	Eupyeollok	儀禮服	의례복	ŭiryebok	uiryebok
鷹鶻方	응골방	ŭnggolbang	eunggolbang	義로운	의로운	ŭiroun	uiroun
應答	응답	ŭngdap	eungdap	醫療	의료	ŭiryo	uiryo
應法經	응법경	Ŭngpŏpkyŏng	Eungbeopgyeong	醫療法	의료법	ŭiryopŏp	uiryobeop
應報	응보	ŭngbo	eungbo	醫療人	의료인	ŭiryoin	uiryoin

한자 용례	한글	ALA-LC Romanization	정부 표기안	한자 용례	한글	ALA-LC Romanization	정부 표기안
衣類	의류	ŭiryu	uiryu	醫藥論	의약론	ŭiyangnon	uiyangnon
衣類學	의류학	ŭiryuhak	uiryuhak	醫藥學	의약학	ŭiyakhak	uiyakak
義理	의리	ŭiri	uiri	義烈	의열	ŭiyŏl	uiyeol
醫林	의림	ŭirim	uirim	義烈祠	의열사	Ŭiyŏlsa	Uiyeolsa
義務	의무	ŭimu	uimu	儀旺	의왕	Ŭiwang	Uiwang
疑問	의문	ŭimun	uimun	意慾	의욕	ŭiyok	uiyok
儀物	의물	ŭimul	uimul	義勇	의용	ŭiyong	uiyong
意味	의미	ŭimi	uimi	義勇軍	의용군	ŭiyonggun	uiyonggun
意味學	의미학	ŭimihak	uimihak	義勇隊	의용대	ŭiyongdae	uiyongdae
懿愍	의민	Ŭimin	Uimin	議員	의원	ŭiwŏn	uiwon
意方	의방	ŭibang	uibang	醫院	의원	ŭiwŏn	uiwon
醫方	의방	ŭibang	uibang	議院	의원	ŭiwŏn	uiwon
儀範	의범	ŭibŏm	uibeom	儀衛	의위	ŭiwi	uiwi
義兵	의병	ŭibyŏng	uibyeong	意義	의의	ŭiŭi	uiui
義兵史	의병사	ŭibyŏngsa	uibyeongsa	疑義	의의	ŭiŭi	uiui
義兵將	의병장	ŭibyŏngjang	uibyeongjang	義人	의인	ŭiin	uiin
醫報	의보	ŭibo	uibo	義慈	의자	Ŭija	Uija
衣服	의복	ŭibok	uibok	椅子	의자	ŭija	uija
衣服飾	의복식	ŭiboksik	uiboksik	儀仗	의장	ŭijang	uijang
醫本	의본	ŭibon	uibon	議長	의장	ŭijang	uijang
意思	의사	ŭisa	uisa	毅齋	의재	Ŭijae	Uijae
義士	의사	ŭisa	uisa	義寂	의적	Ŭijŏk	Uijeok
醫師	의사	ŭisa	uisa	儀典	의전	ŭijŏn	uijeon
議事局	의사국	Ŭisaguk	Uisaguk	醫專	의전	ŭijŏn	uijeon
議事堂	의사당	ŭisadang	uisadang	儀節	의절	ŭijŏl	uijeol
義士塚	의사총	ŭisach'ong	uisachong	議政	의정	ŭijŏng	uijeong
醫史學	의사학	ŭisahak	uisahak	議定	의정	ŭijŏng	uijeong
醫師會	의사회	ŭisahoe	uisahoe	議政府	의정부	Ŭijŏngbu	Uijeongbu
義山	의산	Ŭisan	Uisan	議政史	의정사	ŭijŏngsa	uijeongsa
義湘	의상	Ŭisang	Uisang	議定書	의정서	ŭijŏngsŏ	uijeongseo
醫生	의생	ŭisaeng	uisaeng	議定案	의정안	ŭijŏngan	uijeongan
醫書	의서	ŭisŏ	uiseo	議政院	의정원	Ŭijŏngwŏn	Uijeongwon
義城	의성	Ŭisŏng	Uiseong	議題	의제	ŭije	uije
義城郡	의성군	Ŭisŏng-gun	Uiseong-gun	依存	의존	ŭijon	uijon
醫聖堂	의성당	Ŭisŏngdang	Uiseongdang	毅宗	의종	Ŭijong	Uijong
義城縣	의성현	Ŭisŏng-hyŏn	Uiseong-hyeon	儀註	의주	ŭiju	uiju
意恂	의순	Ŭisun	Uisun	儀注	의주	ŭiju	uiju
義僧軍	의승군	ŭisŭnggun	uiseunggun	義州	의주	ŭiju	uiju
儀式	의식	ŭisik	uisik	義州郡	의주군	Ŭiju-gun	Uiju-gun
意識	의식	ŭisik	uisik	義州牧	의주목	Ŭiju-mok	Uiju-mok
衣食住	의식주	ŭisikchu	uisikju	義州府	의주부	Ŭiju-bu	Uiju-bu
儀式集	의식집	ŭisikchip	uisikjip	意志	의지	ŭiji	uiji
宜安	의안	Ŭian	Uian	義昌	의창	Ŭich'ang	Uichang
毅菴	의암	Ŭiam	Uiam	義天	의천	Ŭich'ŏn	Uicheon
醫藥	의약	ŭiyak	uiyak	義天錄	의천록	Ŭich'ŏnnok	Uicheollok

한자 용례	한글	ALA-LC Romanization	정부 표기안	한자 용례	한글	ALA-LC Romanization	정부 표기안
義塚	의총	ŭich'ong	uichong	理念	이념	inyŏm	inyeom
義親	의친	Ŭich'in	Uichin	理念的	이념적	inyŏmjŏk	inyeomjeok
義通	의통	Ŭit'ong	Uitong	二段	이단	idan	idan
医學	의학	ŭihak	uihak	異端	이단	idan	idan
醫學	의학	ŭihak	uihak	異端論	이단론	idannon	idallon
醫學校	의학교	ŭihakkyo	uihakgyo	異端者	이단자	idanja	idanja
醫學論	의학론	ŭihangnon	uihangnon	異端者들	이단자들	idanjadŭl	idanjadeul
醫學報	의학보	ŭihakpo	uihakbo	以堂	이당	Idang	idang
醫學社	의학사	Ŭihaksa	Uihaksa	怡堂	이당	Idang	Idang
醫學史	의학사	ŭihaksa	uihaksa	貳堂	이당	Idang	Idang
醫學院	의학원	Ŭihagwŏn	Uihagwon	梨大	이대	Idae	Idae
医学的	의학적	ŭihakchŏk	uihakjeok	移動	이동	idong	idong
医學的	의학적	ŭihakchŏk	uihakjeok	異同議	이동의	idongŭi	idongui
醫學會	의학회	ŭihakhoe	uihakoe	吏讀	이두	idu	idu
義解	의해	Ŭihae	Uihae	伊藤	이등	Idŭng	Ideung
義賢	의현	ŭihyŏn	uihyeon	履歷	이력	iryŏk	iryeok
義賢들	의현들	ŭihyŏndŭl	uihyeondeul	履歷書	이력서	iryŏksŏ	iryeokseo
義俠	의협	ŭihyŏp	uihyeop	二禮	이례	irye	irye
疑惑	의혹	ŭihok	uihok	二禮鈔	이례초	Iryech'o	Iryecho
醫皇	의황	ŭihwang	uihwang	異論	이론	iron	iron
議會	의회	ŭihoe	uihoe	理論	이론	iron	iron
議會論	의회론	ŭihoeron	uihoeron	理論的	이론적	ironjŏk	ironjeok
議會史	의회사	ŭihoesa	uihoesa	二倫	이륜	iryun	iryun
義興	의흥	Ŭihŭng	uiheung	彝倫	이륜	iryun	iryun
義興郡	의흥군	Ŭihŭng-gun	Uiheung-gun	裡里	이리	Iri	Iri
義興縣	의흥현	Ŭihŭng-hyŏn	Uiheung-hyeon	裡里市	이리시	Iri-si	Iri-si
二	이	i	i	裏面	이면	imyŏn	imyeon
理	이	i	i	裏面史	이면사	imyŏnsa	imyeonsa
里	이	i	i	耳明酒	이명주	imyŏngju	imyeongju
耳	이	i	i	耳目	이목	imok	imok
李	이	Yi	Yi	移文	이문	imun	imun
異見	이견	igyŏn	igyeon	以文	이문	Imun	Imun
二更	이경	igyŏng	igyeong	吏文	이문	imun	imun
耳溪	이계	Igye	Igye	異物	이물	imul	imul
以古	이고	igo	igo	伊未自	이미자	Imija	Imija
梨谷里	이곡리	Igong-ni	Igok-ri	移民	이민	imin	imin
理工系	이공계	igonggye	igonggye	二百	이백	ibaek	ibaek
理科書	이과서	ikwasŏ	igwaseo	二百日	이백일	ibaegil	ibaegil
異國	이국	iguk	iguk	異本	이본	ibon	ibon
梨琴洞	이금동	Igŭm-dong	Igeum-dong	以北	이북	ibuk	ibuk
利己	이기	igi	igi	耳鼻	이비	ibi	ibi
理氣論	이기론	igiron	igiron	理事	이사	isa	isa
利己主義	이기주의	igijuŭi	igijuui	理事長	이사장	isajang	isajang
以南	이남	inam	inam	泥沙波忽	이사파홀	Isap'ahol	Isapahol
二年	이년	inyŏn	inyeon	移山	이산	isan	isan

한자 용례	한글	ALA-LC Romanization	정부 표기안	한자 용례	한글	ALA-LC Romanization	정부 표기안
離散	이산	isan	isan	二次	이차	ich'a	icha
異常	이상	isang	isang	梨川	이천	Ich'ŏn	Icheon
理想	이상	isang	isang	利川	이천	Ich'ŏn	Icheon
理想的	이상적	isangjŏk	isangjeok	伊川郡	이천군	Ich'ŏn-gun	Icheon-gun
移設	이설	isŏl	iseol	利川郡	이천군	Ich'ŏn-gun	Icheon-gun
二聖	이성	isŏng	iseong	泥川洞	이천동	Ich'ŏn-dong	Icheon-dong
二聖山	이성산	Isŏngsan	Iseongsan	二千字	이천자	ich'ŏnja	icheonja
二十	이십	isip	isip	伊川縣	이천현	Ich'ŏn-hyŏn	Icheon-hyeon
二十年史	이십년사	isimnyŏnsa	isimnyeonsa	利川縣	이천현	Ich'ŏn-hyŏn	Icheon-hyeon
二十四	이십사	isip-sa	isipsa	異體	이체	ich'e	iche
二十五年	이십오년	isip-onyŏn	isibonyeon	梨村	이촌	Ich'on	Ichon
二十八	이십팔	isip-p'al	isippal	伊太利	이태리	It'aeri	Itaeri
爾雅	이아	ia	ia	二品	이품	ip'um	ipum
移讓	이양	iyang	iyang	理學	이학	ihak	ihak
易言	이언	iŏn	ieon	彛學	이학	ihak	ihak
利用	이용	iyong	iyong	異學	이학	ihak	ihak
二友	이우	iu	iu	吏學	이학	ihak	ihak
二憂堂	이우당	Iudang	Iudang	理學社	이학사	Ihaksa	Ihaksa
怡雲志	이운지	Iunji	Iunji	理解	이해	ihae	ihae
二元	이원	iwŏn	iwon	易解方	이해방	ihaebang	ihaebang
利原	이원	Iwŏn	Iwon	梨花	이화	Ihwa	Ihwa
利原郡	이원군	Iwŏn-gun	Iwon-gun	李花	이화	Ihwa	ihwa
二元論	이원론	iwŏllon	iwollon	梨化	이화	Ihwa	Ihwa
利原縣	이원현	Iwŏn-hyŏn	Iiwon-hyeon	梨花洞	이화동	Ihwa-dong	Ihwa-dong
二月	이월	Iwŏl	Iwol	以會	이회	Ihoe	Ihoe
以威亭	이위정	Iwijŏng	Iwijeong	以後	이후	ihu	ihu
理由	이유	iyu	iyu	二休亭	이휴정	Ihyujŏng	Ihyujeong
以夷	이이	ii	ii	益文社	익문사	Ingmunsa	Ingmunsa
異人	이인	iin	iin	益山	익산	Iksan	Iksan
李子	이자	Yija	Yija	翼算	익산	iksan	iksan
怡齋	이재	Ijae	Ijae	益山郡	익산군	Iksan-gun	Iksan-gun
頤齋	이재	Ijae	Ijae	益山市	익산시	Iksan-si	Iksan-si
移轉	이전	ijŏn	ijeon	益生	익생	iksaeng	iksaeng
以前	이전	ijŏn	ijeon	翼宗	익종	Ikchong	Ikjong
吏典	이전	ijŏn	ijeon	人	인	in	in
里程	이정	ijŏng	ijeong	仁	인	in	in
里程表	이정표	ijŏngp'yo	ijeongpyo	印	인	in	in
以政學齋	이정학재	Ijŏnghakchae	Ijeonghakjae	寅	인	In	in
李祖	이조	Yijo	Yijo	忍	인	in	in
李朝	이조	Yijo	Yijo	認可	인가	in'ga	inga
伊助	이조	Ijo	Ijo	麟角寺	인각사	In'gaksa	Ingaksa
夷族	이족	ijok	ijok	人間	인간	in'gan	ingan
二種	이종	ijong	ijong	人間論	인간론	in'gannon	ingannon
移住	이주	iju	iju	人間像	인간상	in'gansang	ingansang
二重	이중	ijung	ijung	人間學	인간학	in'ganhak	inganhak

한자 용례	한글	ALA-LC Romanization	정부 표기안	한자 용례	한글	ALA-LC Romanization	정부 표기안
人鑑	인감	in'gam	ingam	人民黨	인민당	Inmindang	Inmindang
人格	인격	inkyŏk	ingyeok	印譜	인보	inbo	inbo
鱗莖	인경	in'gyŏng	ingyeong	人本主義	인본주의	inbonjuŭi	inbonjuui
仁慶山	인경산	In'gyŏngsan	Ingyeongsan	引鳳簫	인봉소	Inbongso	Inbongso
人工	인공	in'gong	ingong	人符經	인부경	Inbugyŏng	Inbugyeong
人口	인구	in'gu	ingu	仁屍里	인비리	Inbi-ri	Inbi-ri
人權	인권	inkwŏn	ingwon	人士	인사	insa	insa
人氣	인기	inki	ingi	人事	인사	insa	insa
人乃天	인내천	innaech'ŏn	innaecheon	仁寺洞	인사동	Insa-dong	Insa-dong
仁堂	인당	Indang	Indang	人士들	인사들	insadŭl	insadeul
印度	인도	Indo	Indo	仁山	인산	Insan	Insan
仁同	인동	Indong	Indong	人蔘史	인삼사	insamsa	insamsa
忍冬	인동	indong	indong	人蔘	인삼사	insam	insamsa
仁同郡	인동군	Indong-gun	Indong-gun	引上	인상	insang	insang
忍冬草	인동초	Indongch'o	Indongcho	印象	인상	insang	insang
仁同縣	인동현	Indong-hyŏn	Indong-hyeon	人相學	인상학	insanghak	insanghak
引得	인득	indŭk	indeuk	人生	인생	insaeng	insaeng
人力	인력	illyŏk	illyeok	人生論	인생론	insaengnon	insaengnon
人類	인류	illyu	illyu	印書舘	인서관	Insŏgwan	Inseogwan
人類學	인류학	illyuhak	illyuhak	印書體字	인서체자	insŏch'echa	inseocheja
人類學的	인류학적	illyuhakchŏk	illyuhakjeok	印石	인석	insŏk	inseok
仁陵	인릉	Illŭng	Illeung	仁宣	인선	Insŏn	Inseon
人脈	인맥	inmaek	inmaek	人性	인성	insŏng	inseong
人名	인명	inmyŏng	inmyeong	印刷	인쇄	inswae	inswae
人名錄	인명록	inmyŏngnok	inmyeongnok	印刷部	인쇄부	inswaebu	inswaebu
仁穆	인목	Inmok	Inmok	印刷社	인쇄사	inswaesa	inswaesa
人文	인문	inmun	inmun	印刷史	인쇄사	inswaesa	inswaesa
人門	인문	inmun	inmun	印刷所	인쇄소	inswaeso	inswaeso
人文系	인문계	inmun'gye	inmungye	印刷術	인쇄술	inswaesul	inswaesul
人文堂	인문당	Inmundang	Inmundang	寅時	인시	Insi	Insi
人文社	인문사	Inmunsa	Inmunsa	認識	인식	insik	insik
人文學	인문학	inmunhak	inmunhak	認識論	인식론	insingnon	insingnon
人文學的	인문학적	inmunhakchŏk	inmunhakjeok	人心	인심	insim	insim
人物	인물	inmul	inmul	因緣	인연	inyŏn	inyeon
人物考	인물고	inmulgo	inmulgo	因緣經	인연경	Inyŏn'gyŏng	Inyeongyeong
人物들	인물들	inmuldŭl	inmuldeul	仁旺	인왕	Inwang	Inwang
人物論	인물론	inmullon	inmullon	仁王經	인왕경	Inwanggyŏng	Inwanggyeong
人物史	인물사	inmulsa	inmulsa	仁旺洞	인왕동	Inwang-dong	Inwang-dong
人物傳	인물전	inmuljŏn	inmuljeon	仁旺里	인왕리	Inwang-ni	Inwang-ri
人物志	인물지	inmulji	inmulji	仁王門	인왕문	Inwangmun	Inwangmun
人物誌	인물지	inmulji	inmulji	仁王寺	인왕사	Inwangsa	Inwangsa
人物形	인물형	inmurhyŏng	inmulhyeong	仁王山	인왕산	Inwangsan	Inwangsan
人物畵	인물화	inmurhwa	inmulhwa	仁王像	인왕상	Inwangsang	Inwangsang
人民	인민	inmin	inmin	仁王會	인왕회	Inwanghoe	Inwanghoe
人民軍	인민군	Inmin'gun	Inmingun	仁友	인우	inu	inu

한자 용례	한글	ALA-LC Romanization	정부 표기안	한자 용례	한글	ALA-LC Romanization	정부 표기안
仁友會	인우회	Inuhoe	Inuhoe	認許可	인허가	inhŏga	inheoga
寅月	인월	Inwŏl	Inwol	人形	인형	inhyŏng	inhyeong
印章	인장	injang	injang	人形劇	인형극	inhyŏnggŭk	inhyeonggeuk
印章類	인장류	injangnyu	injangnyu	印花紋	인화문	inhwamun	inhwamun
人材	인재	injae	injae	仁孝	인효	inhyo	inhyo
訒齋	인재	Injae	Injae	咽喉	인후	inhu	inhu
忍齋	인재	Injae	Injae	一	일	il	il
人災	인재	injae	injae	壹	일	il	il
麟齋	인재	Injae	Injae	日	일	il	il
寅齋	인재	Injae	Injae	一家	일가	ilga	ilga
人的	인적	inchŏk	injeok	一角	일각	ilgak	ilgak
印篆	인전	Injŏn	Injeon	一角門	일각문	ilgangmun	ilgangmun
仁田社	인전사	Injŏnsa	Injeonsa	一角獸	일각수	ilgaksu	ilgaksu
隣接	인접	injŏp	injeop	日刊	일간	Ilgan	ilgan
人定	인정	injŏng	injeong	一鏡	일경	Ilgyŏng	Ilgyeong
人靜	인정	injŏng	injeong	逸稿	일고	ilgo	ilgo
仁政	인정	Injŏng	Injeong	日谷	일곡	Ilgok	Ilgok
認定	인정	injŏng	injeong	日谷洞	일곡동	Ilgok-tong	Ilgok-dong
仁政殿	인정전	Injŏngjŏn	Injeongjeon	日課	일과	ilgwa	ilgwa
仁濟	인제	Inje	Inje	一觀	일관	ilgwan	ilgwan
麟蹄	인제	Inje	Inje	一貫	일관	Ilgwan	Ilgwan
麟蹄郡	인제군	Inje-gun	Inje-gun	一貫道	일관도	Ilgwando	Ilgwando
仁濟大	인제대	Injedae	Injedae	一括	일괄	ilgwal	ilgwal
仁濟志	인제지	Injeji	Iinjeji	日光社	일광사	Ilgwangsa	Ilgwangsa
麟蹄縣	인제현	Inje-hyŏn	Inje-hyeon	一軍	일군	ilgun	ilgun
仁祖	인조	Injo	Injo	日記	일기	ilgi	ilgi
人造	인조	injo	injo	一期	일기	ilgi	ilgi
仁宗	인종	Injong	Injong	壹岐島	일기도	Ilgido	Ilgido
忍從	인종	injong	injong	日記文	일기문	ilgimun	ilgimun
仁之	인지	Inji	inji	一念	일념	illyŏm	illyeom
認知	인지	inji	inji	一答	일답	iltap	ildap
認知的	인지적	injijŏk	injijeok	一堂	일당	Ildang	Ildang
因珍島	인진도	Injindo	Injindo	一代	일대	iltae	ildae
因珍島郡	인진도군	Injindo-gun	Injindo-gun	一帶	일대	iltae	ildae
仁川	인천	Inch'ŏn	Incheon	一帶	일대	iltae	ildae
人天	인천	inch'ŏn	incheon	一代記	일대기	iltaegi	ildaegi
仁川郡	인천군	Inch'ŏn-gun	Incheon-gun	日東	일동	Ildong	Ildong
仁川大	인천대	Inch'ŏndae	Incheondae	一蠹	일두	Ildu	Ildu
仁川府	인천부	Inch'ŏn-bu	Incheon-bu	一頭品	일두품	ildup'um	ildupum
仁川市	인천시	Inch'ŏn-si	Incheon-si	日得錄	일득록	Ildŭngnok	Ildeungnok
仁川港	인천항	Inch'ŏnhang	Incheonhang	一等	일등	iltŭng	ildeung
人體	인체	inch'e	inche	一覽	일람	illam	illam
印出	인출	inch'ul	inchul	一覽圖	일람도	illamdo	illamdo
仁荷	인하	Inha	Inha	一覽集	일람집	illamjip	illamjip
仁荷大	인하대	Inhadae	Inhadae	日曆	일력	illyŏk	illyeok

한자 용례	한글	ALA-LC Romanization	정부 표기안	한자 용례	한글	ALA-LC Romanization	정부 표기안
日錄	일록	illok	illok	日善	일선	Ilsŏn	Ilseon
一流	일류	illyu	illyu	一善郡	일선군	Ilsŏn-gun	Ilseon-gun
一萬里	일만리	ilmalli	ilmalli	一善縣	일선현	Ilsŏn-hyŏn	Ilseon-hyeon
逸名	일명	ilmyŏng	ilmyeong	一醒	일성	Ilsŏng	Ilseong
一名	일명	ilmyŏng	ilmyeong	日省	일성	ilsŏng	ilseong
佾舞	일무	Ilmu	Ilmu	日省堂	일성당	Ilsŏngdang	Ilseongdang
一間	일문	ilmun	ilmun	日星錄	일성록	Ilsŏngnok	Ilseongnok
日文	일문	Ilmun	Ilmun	日省錄	일성록	Ilsŏngnok	Ilseongnok
一民	일민	Ilmin	Ilmin	一松	일송	Ilsong	Ilsong
逸民	일민	ilmin	ilmin	一乘	일승	Ilsŭng	Ilseung
一般	일반	ilban	ilban	一乘宗	일승종	ilsŭngjong	Ilseungjong
一班	일반	ilban	ilban	日時	일시	ilsi	ilsi
一般譚	일반담	Ilbandam	Ilbandam	一試考	일시고	ilsigo	ilsigo
一般人	일반인	ilbanin	ilbanin	一時金	일시금	ilsigŭm	ilsigeum
一般職	일반직	ilbanjik	ilbanjik	日食圖	일식도	ilsikto	ilsikdo
一百年史	일백년사	ilbaengnyŏnsa	ilbaengnyŏnsa	一新	일신	ilsin	ilsin
一百首	일백수	ilbaeksu	ilbaeksu	日新	일신	ilsin	ilsin
一番地	일번지	ilbŏnji	ilbeonji	日新社	일신사	Ilsinsa	Ilsinsa
日報	일보	ilbo	ilbo	一心	일심	Ilsim	Ilsim
一步	일보	ilbo	ilbo	一庵	일암	Iram	Iram
日報社	일보사	ilbosa	ilbosa	日語	일어	Irŏ	Ireo
日本	일본	Ilbon	Ilbon	日語學	일어학	Irŏhak	Ireohak
日本觀	일본관	Ilbon'gwan	Ilbongwan	一然	일연	Iryŏn	Iryŏn
日本國	일본국	Ilbon'guk	Ilbonguk	一然學	일연학	Iryŏnhak	Iryeonhak
日本軍	일본군	Ilbon'gun	Ilbongun	一英	일영	Iryŏng	Iryeong
日本府	일본부	Ilbonbu	Ilbonbu	逸翁	일옹	Irong	Irong
日本史	일본사	Ilbonsa	Ilbonsa	日曜	일요	iryo	iryo
日本城	일본성	Ilbonsŏng	Ilbonseong	日曜日	일요일	iryoil	iryoil
日本語	일본어	Ilbonŏ	Ilboneo	一容	일용	iryong	iryong
日本人	일본인	Ilbonin	Ilbonin	日用	일용	iryong	iryong
日本版	일본판	Ilbonp'an	Ilbonpan	日用品	일용품	iryongp'um	iryongpum
日本學	일본학	Ilbonhak	Ilbonhak	一友	일우	iru	iru
日本化	일본화	Ilbonhwa	Ilbonhwa	一宇	일우	Iru	Iru
一部	일부	ilbu	ilbu	一雨	일우	Iru	Iru
一夫	일부	ilbu	ilbu	一元	일원	irwŏn	irwon
一鵬	일붕	Ilbung	Ilbung	一圓	일원	irwŏn	irwon
一簑	일사	Ilsa	Ilsa	一源	일원	Irwŏn	Irwon
日史	일사	ilsa	ilsa	一元論	일원론	irwŏnnon	irwonnon
一山	일산	Ilsan	Ilsan	一圓相	일원상	Irwŏnsang	Irwonsang
日常	일상	ilsang	ilsang	一元化	일원화	irwŏnhwa	irwonhwa
一生	일생	ilsaeng	ilsaeng	日月	일월	irwŏl	irwol
一石	일석	Ilsŏk	Ilseok	一月	일월	Irwŏl	Irwol
日鮮	일선	Il-Sŏn	Il-Seon	一日	일일	iril	iril
一善	일선	Ilsŏn	ilseon	日日	일일	iril	iril
一線	일선	ilsŏn	ilseon	一張	일장	ilchang	iljang

한자 용례	한글	ALA-LC Romanization	정부 표기안	한자 용례	한글	ALA-LC Romanization	정부 표기안
一齋	일재	Iljae	Iljae	一亨	일형	Irhyŏng	Ilhyeong
一丁	일정	Iljŏng	iljeong	一回	일회	irhoe	ilhoe
日政	일정	Ilchŏng	Iljeong	日休堂	일휴당	Irhyudang	Ilhyudang
日帝	일제	Ilche	Ilje	壬	임	im	im
日帝期	일제기	Ilchegi	Iljegi	臨溪	임계	Imgye	Imgye
一潮閣	일조각	Ilchogak	Iljogak	臨官	임관	imgwan	imgwan
一種	일종	ilchong	iljong	賃金	임금	imgŭm	imgeum
一柱	일주	ilju	ilju	林檎	임금	imgŭm	imgeum
一走	일주	ilchu	ilju	任金法	임금법	imgŭmpŏp	imgeumbeop
一周忌	일주기	ilchugi	iljugi	賃金法	임금법	imgŭmpŏp	imgeumbeop
一柱門	일주문	iljumun	iljumun	賃金制	임금제	imgŭmje	imgeumje
一中堂	일중당	Ilchungdang	Ijungdang	任那	임나	Imna	Imna
一志	일지	Ilji	Ilji	賃勞動	임노동	imnodong	imnodong
一指	일지	Ilchi	Ilji	林堂洞	임당동	Imdang-dong	Imdang-dong
一枝	일지	ilchi	ilji	賃貸	임대	imdae	imdae
日誌	일지	ilchi	ilji	賃貸料	임대료	imdaeryo	imdaeryo
逸志	일지	ilchi	ilji	賃貸借	임대차	imdaech'a	imdaecha
一志社	일지사	Ilchisa	Iljisa	臨東面	임동면	Imdong-myŏn	Imdong-myeon
日枝庵	일지암	Ilchiam	Iljiam	壬乱	임란	Imnan	Imnan
一進	일진	Iljin	Iljin	壬亂	임란	Imnan	Imnan
一進會	일진회	Iljinhoe	Iljinhoe	任務	임무	immu	immu
逸集	일집	ilchip	iljip	壬丙	임병	Imbyŏng	Imbyeong
一次	일차	ilch'a	ilcha	人父	임부	inbu	imbu
一泉	일천	Ilch'ŏn	Ilcheon	任佛里	임불리	Imbul-li	Imbul-ri
一千年	일천년	ilch'ŏnnyŏn	ilcheonnyeon	臨事	임사	imsa	imsa
一靑	일청	Ilch'ŏng	Ilcheong	林産物	임산물	imsanmul	imsanmul
一切	일체	ilch'e	ilche	臨床	임상	imsang	imsang
一體	일체	ilch'e	ilche	臨床學	임상학	imsanghak	imsanghak
逸村	일촌	Ilch'on	Ilchon	臨時	임시	imsi	imsi
日出	일출	ilch'ul	ilchul	臨時職	임시직	imsijik	imsijik
一致	일치	ilch'i	ilchi	壬申	임신	Imsin	Imsin
一致論	일치론	ilch'iron	ilchiron	壬申字	임신자	Imsincha	Imsinja
一致說	일치설	ilch'isŏl	ilchiseol	任實	임실	Imsil	Imsil
一致體	일치체	ilch'ich'e	ilchiche	任實郡	임실군	Imsil-gun	Imsil-gun
一鍼	일침	ilch'im	ilchim	任實縣	임실현	Imsir-hyŏn	Imsil-hyeon
一通	일통	ilt'ong	iltong	林業	임업	imŏp	imeop
一統	일통	ilt'ong	iltong	臨瀛	임영	Imyŏng	Imyeong
一派	일파	ilp'a	ilpa	壬午	임오	Imo	Imo
一波	일파	Ilp'a	Ilpa	任用	임용	imyong	imyong
一片	일편	ilp'yŏn	ilpyŏn	林園	임원	imwŏn	imwon
一平	일평	Ilp'yŏng	Ilpyeong	林隱	임은	Imŭn	Imeun
一韓	일한	Irhan	Ilhan	壬寅	임인	Imin	Imin
日海	일해	Irhae	Ilhae	壬寅字	임인자	Imincha	Iminja
日向	일향	Irhyang	Ilhyang	林庄	임장	Imjang	Imjang
一憲	일헌	Irhŏn	Ilheon	臨齋	임재	Imjae	Imjae

한자 용례	한글	ALA-LC Romanization	정부 표기안	한자 용례	한글	ALA-LC Romanization	정부 표기안
臨戰	임전	imjŏn	imjeon	入絲	입사	ipsa	ipsa
林政	임정	imjŏng	imjeong	入絲匠	입사장	ipsajang	ipsajang
臨政	임정	Imjŏng	Imjeong	入山	입산	ipsan	ipsan
臨濟錄	임제록	Imjerok	Imjerok	入賞	입상	ipsang	ipsang
臨濟宗	임제종	Imjejong	Imjejong	立像	입상	ipsang	ipsang
臨終	임종	imjong	imjong	入賞者	입상자	ipsangja	ipsangja
任重	임중	Imjung	Imjung	立石	입석	ipsŏk	ipseok
壬津	임진	Imjin	Imjin	立石里	입석리	Ipsŏng-ni	Ipseok-ri
壬辰	임진	Imjin	Imjin	入試	입시	ipsi	ipsi
臨津	임진	Imjin	Imjin	入室	입실	ipsil	ipsil
臨津閣	임진각	Imjin'gak	Imjingak	立案	입안	iban	iban
臨津江	임진강	Imjin'gang	Imjingang	立巖	입암	Ibam	Ibam
壬辰亂	임진란	Imjinnan	Imjillan	立場	입장	ipchang	ipjang
壬辰錄	임진록	Imjinnok	Imjillok	立齋	입재	Ipchae	Ipjae
壬辰字	임진자	Imjincha	Imjinja	笠店里	입점리	Ipchŏm-ni	Ipjeom-ri
貰借人	임차인	imch'ain	imchain	立證	입증	ipchŭng	ipjeung
林昌	임창	Imch'ang	Imchang	立地	입지	ipchi	ipji
林泉	임천	Imch'ŏn	Imcheon	立地的	입지적	ipchijŏk	ipjijeok
林川	임천	Imch'ŏn	Imcheon	入札	입찰	ipch'al	ipchal
林川郡	임천군	Imch'ŏn-gun	Imcheon-gun	立春	입춘	Ipch'un	Ipchun
林川面	임천면	Imch'ŏn-myŏn	Imcheon-myeon	立夏	입하	Ipha	Ipa
林川府	임천부	Imch'ŏn-bu	Imcheon-bu	入學	입학	iphak	ipak
林泉寺	임천사	Imch'ŏnsa	Imcheonsa	入峽記	입협기	Iphyŏpki	Ipyeopgi
壬波	임파	Imp'a	Impa	剩餘	잉여	ingyŏ	ingyeo
臨陂郡	임피군	Imp'i-gun	Impi-gun	者	자	cha	ja
臨陂縣	임피현	Imp'i-hyŏn	Impi-hyeon	子	자	cha	ja
林下	임하	Imha	Imha	刺	자	cha	ja
臨下洞	임하동	Imha-dong	Imha-dong	字	자	cha	ja
林學科	임학과	Imhakkwa	Imhakgwa	自家	자가	chaga	jaga
臨海	임해	imhae	imhae	自强	자강	chagang	jagang
入	입	ip	ip	自强會	자강회	chaganghoe	jaganghoe
立脚	입각	ipkak	ipgak	資格	자격	chagyŏk	jagyeok
入格者	입격자	ipkyŏkcha	ipgyeokja	自擊漏	자격루	Chagyŏngnu	Jagyeongnu
入口	입구	ipku	ipgu	自決	자결	chagyŏl	jagyeol
入唐	입당	iptang	ipdang	自決主義	자결주의	chagyŏljuŭi	jagyeoljuui
入道	입도	ipto	ipdo	自警文	자경문	chagyŏngmun	jagyeongmun
立冬	입동	Iptong	Ipdong	慈慶殿	자경전	Chagyŏngjŏn	Jagyeongjeon
入門	입문	immun	immun	磁界	자계	chagye	jagye
入法	입법	ippŏp	ipbeop	資金	자금	chagŭm	jageum
立法	입법	ippŏp	ipbeop	紫金丹	자금단	chagŭmdan	jageumdan
立法論的	입법론적	ippŏmnonjŏk	ipbeomnonjeok	瓷器	자기	chagi	jagi
立法的	입법적	ippŏpchŏk	ipbeopjeok	磁器	자기	chagi	jagi
立法化	입법화	ippŏphwa	ipbeopwa	子女	자녀	chanyŏ	janyeo
立峯里	입봉리	Ippong-ni	Ipbong-ri	慈堂	자당	chadang	jadang
入社	입사	ipsa	ipsa	自動	자동	chadong	jadong

한자 용례	한글	ALA-LC Romanization	정부 표기안	한자 용례	한글	ALA-LC Romanization	정부 표기안
自動車	자동차	chadongch'a	jadongcha	慈城郡	자성군	Chasŏng-gun	Jaseong-gun
自動化	자동화	chadonghwa	jadonghwa	自省錄	자성록	chasŏngnok	jaseongnok
者들	자들	chadŭl	jadeul	姿勢	자세	chase	jase
資料	자료	charyo	jaryo	子孫	자손	chason	jason
資料史	자료사	charyosa	jaryosa	自修	자수	chasu	jasu
資料選	자료선	charyosŏn	jaryoseon	刺繡	자수	chasu	jasu
資料室	자료실	charyosil	jaryosil	刺繡匠	자수장	chasujang	jasujang
資料院	자료원	charyowŏn	jaryowon	子時	자시	chasi	jasi
資料的	자료적	charyojŏk	jaryojeok	子息	자식	chasik	jasik
資料展	자료전	charyojŏn	jaryojeon	自信	자신	chasin	jasin
資料輯	자료집	charyojip	jaryojip	自我	자아	chaa	jaa
資料集	자료집	charyojip	jaryojip	自菴	자암	Chaam	Jaam
字類	자류	charyu	jaryu	自然	자연	chayŏn	jayeon
姉妹	자매	chamae	jamae	自然觀	자연관	chayŏn'gwan	jayeongwan
自滅	자멸	chamyŏl	jamyeol	自然法	자연법	chayŏnpŏp	jayeonbeop
紫明	자명	chamyŏng	jamyeong	自然史	자연사	chayŏnsa	jayeonsa
自鳴鼓	자명고	Chamyŏnggo	Jamyeonggo	自然石	자연석	chayŏnsŏk	jayeonseok
慈母	자모	chamo	jamo	自然頌	자연송	chayŏnsong	jayeonsong
字母	자모	chamo	jamo	自然神	자연신	chayŏnsin	jayeonsin
諮問	자문	chamun	jamun	自然展	자연전	chayŏnjŏn	jayeonjeon
滋味	자미	chami	jami	自然主義	자연주의	chayŏnjuŭi	jayeonjuui
自美協	자미협	Chamihyŏp	Jamihyeop	自營	자영	chayŏng	jayeong
自民党	자민당	Chamindang	Jamindang	自營業	자영업	chayŏngŏp	jayeongeop
自白法	자백법	chabaekpŏp	jabaekbeop	子午	자오	chao	jao
資本	자본	chabon	jabon	子午線	자오선	Chaosŏn	Jaoseon
資本家	자본가	chabon'ga	jabonga	慈雲	자운	Chaun	Jaun
資本論	자본론	chabonnon	jabonnon	雌雄	자웅	chaung	jaung
資本主義	자본주의	chabonjuŭi	jabonjuui	雌雄歌	자웅가	Chach'iga	Jaungga
資本主義論	자본주의론	chabonjuŭiron	jabonjuuiron	資源	자원	chawŏn	jawon
慈悲	자비	chabi	jabi	自願	자원	chawŏn	jawon
慈悲嶺	자비령	Chabiryŏng	Jabiryeong	資源部	자원부	Chawŏnbu	Jawonbu
慈山	자산	Chasan	Jasan	資源化	자원화	chawŏnhwa	jawonhwa
資産	자산	chasan	jasan	自衛	자위	chawi	jawi
玆山	자산	Chasan	Jasan	自衛隊	자위대	Chawidae	Jawidae
自山	자산	Chasan	Jasan	自衛的	자위적	chawijŏk	jawijeok
慈山郡	자산군	Chasan-gun	Jasan-gun	自由	자유	chayu	jayu
自殺	자살	chasal	jasal	自由黨	자유당	Chayudang	Jayudang
資生	자생	chasaeng	jasaeng	自由論	자유론	chayuron	jayuron
自生地	자생지	chasaengji	jasaengji	自由人	자유인	chayuin	jayuin
字書	자서	chasŏ	jaseo	自由主義	자유주의	chayujuŭi	jayujuui
自敍	자서	chasŏ	jaseo	自由케	자유케	chayuk'e	jayuke
自叙錄	자서록	chasŏrok	jaseorok	自由化	자유화	chayuhwa	jayuhwa
自叙傳	자서전	chasŏjŏn	jaseojeon	自由化論	자유화론	chayuhwaron	jayuhwaron
自選	자선	chasŏn	jaseon	自律	자율	chayul	jayul
自性	자성	Chasŏng	Jaseong	自律性	자율성	chayulsŏng	jayulseong

한자 용례	한글	ALA-LC Romanization	정부 표기안	한자 용례	한글	ALA-LC Romanization	정부 표기안
自律化	자율화	chayurhwa	jayulhwa	紫霞	자하	chaha	jaha
慈恩	자은	Chaŭn	Jaeun	紫霞洞	자하동	Chaha-dong	Jaha-dong
慈恩島	자은도	Chaŭndo	Jaeundo	紫霞門	자하문	Chahamun	Jahamun
慈恩寺	자은사	Chaŭnsa	Jaeunsa	字學	자학	chahak	jahak
慈仁	자인	Chain	Jain	自虐	자학	chahak	jahak
慈仁縣	자인현	Chain-hyŏn	Jain-hyeon	字解集	자해집	chahaejip	jahaejip
子一	자일	Chail	Jail	字形	자형	chahyŏng	jahyeong
自作里	자작리	Chajang-ni	Jajak-ri	字號	자호	chaho	jaho
慈藏	자장	Chajang	Jajang	自好齋	자호재	Chahojae	Jahojae
資材	자재	chajae	jajae	自画像	자화상	chahwasang	jahwasang
自在	자재	chajae	jajae	自畫像	자화상	chahwansang	jahwasang
自著	자저	chajŏ	jajeo	字會	자회	chahoe	jahoe
自著集	자저집	chajŏjip	jajeojip	自訓	자훈	chahun	jahun
自傳	자전	chajŏn	jajeon	作	작	chak	jak
字典	자전	chajŏn	jajeon	作家	작가	chakka	jakga
自傳的	자전적	chajŏnjŏk	jajeonjeok	作家들	작가들	chakkadŭl	jakgadeul
自轉車	자전차	chajŏnch'a	jajeoncha	作家論	작가론	chakkaron	jakgaron
子正	자정	chajŏng	jajeong	作家選	작가선	chakkasŏn	jakgaseon
慈州	자주	Chaju	Jaju	作家展	작가전	chakkajŏn	jakgajeon
自主	자주	chaju	jaju	作故	작고	chakko	jakgo
自主性	자주성	chajusŏng	jajuseong	作隊廳	작대청	Chaktaech'ŏng	Jakdaecheong
自主的	자주적	chajujŏk	jajujeok	作名法	작명법	changmyŏngpŏp	jangmyeongbeop
自主化	자주화	chajuhwa	jajuhwa	作文	작문	changmun	jangmun
子中	자중	Chajung	Jajung	作文法	작문법	changmunpŏp	jangmunbeop
字中天	자중천	Chajungch'ŏn	Jajungcheon	作物	작물	changmul	jangmul
自證論	자증론	chajŭngnon	jajeungnon	作物別	작물별	changmulbyŏl	jangmulbyeol
資質	자질	chajil	jajil	作法	작법	chakpŏp	jakbeop
自撰	자찬	chach'an	jachan	作城	작성	chaksŏng	jakseong
自處	자처	chach'ŏ	jacheo	作成	작성	chaksŏng	jakseong
字體	자체	chach'e	jache	作聖圖	작성도	Chaksŏngdo	jakseongdo
自超	자초	chach'o	jacho	作成法	작성법	chaksŏngpŏp	jakseongbeop
資治	자치	chach'i	jachi	作城碑	작성비	chaksŏngbi	jakseongbi
自治	자치	chach'i	jachi	作成者	작성자	chaksŏngja	jakseongja
自治道	자치도	chach'ido	jachido	鵲城縣	작성현	Chaksŏng-hyŏn	Jakseong-hyeon
自治論	자치론	chach'iron	jachiron	作詩	작시	chaksi	jaksi
自治法	자치법	chach'ipŏp	jachibeop	芍藥	작약	chagyak	jagyak
自治部	자치부	Chach'ibu	Jachibu	作業	작업	chagŏp	jageop
自治史	자치사	chach'isa	jachisa	作用	작용	chagyong	jagyong
自治制	자치제	chach'ije	jachije	酌儀	작의	chagŭi	jagui
自治州	자치주	chach'iju	jachiju	作者	작자	chakcha	jakja
自治學	자치학	chach'ihak	jachihak	作戰	작전	chakchŏn	jakjeon
自治化	자치화	chach'ihwa	jachihwa	鵲村	작촌	Chakch'on	Jakchon
自嘆辭	자탄사	chat'ansa	jatansa	酌通	작통	chakt'ong	jaktong
自通	자통	chat'ong	jatong	作統法	작통법	chakt'ongpŏp	jaktongbeop
紫浦里	자포리	Chap'o-ri	Japo-ri	作品	작품	chakp'um	jakpum

한자 용례	한글	ALA-LC Romanization	정부 표기안	한자 용례	한글	ALA-LC Romanization	정부 표기안
作品論	작품론	chakp'umnon	jakpumnon	場	장	chang	jang
作品選	작품선	chakp'umsŏn	jakpumseon	丈	장	chang	chang
作品集	작품집	chakp'umjip	jakpumjip	蔣	장	Chang	Jang
酌海	작해	chakhae	jakae	長歌	장가	changga	jangga
爵號	작호	chakho	jako	長江	장강	Changgang	Janggang
殘留	잔류	challyu	jallyu	章介	장개	Changgae	Janggae
殘絲	잔사	chansa	jansa	藏經	장경	changgyŏng	janggyeong
殘影	잔영	chanyŏng	janyeong	藏經閣	장경각	Changgyŏngkak	Janggyeonggak
殘酷	잔혹	chanhok	janhok	狀啓	장계	changgye	janggye
殘酷史	잔혹사	chanhoksa	janhoksa	杖鼓	장고	changgo	janggo
殘酷事	잔혹사	chanhoksa	janhoksa	長鼓山	장고산	Changgosan	Janggosan
潛女	잠녀	chamnyŏ	jamnyeo	長谷	장곡	Changgong	Janggok
蠶臺縣	잠대현	Chamdae-hyŏn	Jamdae-hyeon	長谷里	장곡리	Changgong-ni	Janggok-ri
箴銘類	잠명류	chammyŏngnyu	jammyeongnyu	長空	장공	Changgong	Janggong
蠶絲	잠사	chamsa	jamsa	長官	장관	changgwan	janggwan
潛水	잠수	chamsu	jamsu	長官室	장관실	Changgwansil	Janggwansil
潛庵	잠암	Chamam	Jamam	將官廳	장관청	Changgwanch'ŏng	Janggwancheong
蠶業	잠업	chamŏp	jameop	長橋洞	장교동	Changgyo-dong	Janggyo-dong
潛在	잠재	chamjae	jamjae	將軍	장군	changgun	janggun
暫定	잠정	chamjŏng	jamjeong	將軍堂	장군당	Changgundang	Janggundang
潛行	잠행	chamhaeng	jamhaeng	將軍像	장군상	changgunsang	janggunsang
雜歌	잡가	chapka	japga	將軍傳	장군전	changgunjŏn	janggunjeon
雜稿	잡고	chapko	japgo	將軍塚	장군총	Changgunch'ong	Janggunchong
雜科	잡과	chapkwa	japgwa	將棋	장기	changgi	janggi
雜記	잡기	chapki	japgi	長期	장기	changgi	janggi
雜談	잡담	chaptam	japdam	長鬐	장기	Changgi	Janggi
雜錄	잡록	chamnok	jamnok	長鬐郡	장기군	Changgi-gun	Janggi-gun
雜文	잡문	chammun	jammun	長期的	장기적	changgijŏk	janggijeok
雜文選	잡문선	chammunsŏn	jammunseon	長鬐縣	장기현	Changgi-hyŏn	Janggi-hyeon
雜病	잡병	chappyŏng	japbyeong	障泥	장니	changni	jangni
雜祀	잡사	chapsa	japsa	長短	장단	changdan	jangdan
雜役稅	잡역세	chabyŏkse	jabyeokse	長湍	장단	Changdan	Jangdan
雜詠	잡영	chabyŏng	jabyeong	長湍郡	장단군	Changdan-gun	Jangdan-gun
雜儀	잡의	chabŭi	jabui	長短期	장단기	changdan'gi	jangdangi
雜著	잡저	chapchŏ	japjeo	長湍縣	장단현	Changdan-hyŏn	Jangdan-hyeon
雜誌	잡지	chapchi	japji	長德里	장덕리	Changdŏng-ni	Jangdeok-ri
雜誌社	잡지사	chapchisa	japjisa	粧刀	장도	changdo	jangdo
雜誌人	잡지인	chapchiin	japjiin	粧刀匠	장도장	changdojang	jangdojang
雜纂集	잡찬집	chapch'anjip	japchanjip	長樂里	장락동	Changnang-ni	Jangnak-dong
雜草	잡초	chapch'o	japcho	將來	장래	changnae	jangnae
雜筆	잡필	chapp'il	jappil	獎勵	장려	changnyŏ	jangnyeo
雜卉園	잡훼원	Chaphwewŏn	Japwewon	獎勵會	장려회	changnyŏhoe	jangnyeohoe
腸	장	chang	jang	長連郡	장련군	Changnyŏn-gun	Jangnyeon-gun
章	장	chang	jang	長連縣	장련현	Changnyŏn-hyŏn	Jangnyeon-hyeon
張	장	Chang	Jang	壯烈	장렬	changnyŏl	jangnyeol

한자 용례	한글	ALA-LC Romanization	정부 표기안	한자 용례	한글	ALA-LC Romanization	정부 표기안
長嶺府	장령부	Changnyŏng-bu	Jangnyeong-bu	長水里	장수리	Changsu-ri	Jangsu-ri
葬禮	장례	changnye	jangnye	長水堤	장수제	Changsuje	jangsuje
長老	장로	changno	jangno	長水縣	장수현	Changsu-hyŏn	Jangsu-hyeon
長老教	장로교	Changnogyo	Jangnogyo	長承浦	장승포	Changsŭngp'o	Jangseungpo
長老派	장로파	Changnop'a	Jangnopa	場市	장시	changsi	jangsi
長老會	장로회	Changnohoe	Jangnohoe	長時調	장시조	changsijo	jangsijo
莊陵	장릉	Changnŭng	Jangneung	長詩集	장시집	changsijip	jangsijip
長陵	장릉	Changnŭng	Jangneung	裝飾	장식	changsik	jangsik
長林洞	장림동	Changnim-dong	Jangnim-dong	裝飾具	장식구	changsikku	jangsikgu
長明燈	장명등	changmyŏngdŭng	jangmyeongdeung	裝飾品	장식품	changsikp'um	jangsikpum
長木	장목	Changmok	Jangmok	裝身	장신	changsin	jangsin
長門	장문	changmun	jangmun	長神	장신	Changsin	Jangsin
薔薇	장미	changmi	jangmi	裝身具	장신구	changsin'gu	jangsingu
薔薇村	장미촌	changmich'on	jangmichon	裝身具史	장신구사	changsin'gusa	jangsingusa
長方	장방	changbang	jangbang	長神大	장신대	Changsindae	Jangsindae
長方形	장방형	changbanghyŏng	jangbanghyeong	長信院	장신원	Changsinwŏn	Jangsinwon
長白	장백	Changbaek	Jangbaek	長安	장안	Changan	Jangan
長白山	장백산	Changbaeksan	Jangbaeksan	長安社	장안사	Changansa	Jangansa
障壁	장벽	changbyŏk	jangbyeok	丈巖	장암	Changam	Changam
將兵	장병	changbyŏng	jangbyeong	障碍人	장애인	changaein	jangaein
醬譜	장보	changbo	jangbo	障碍者	장애자	changaeja	jangaeja
藏本	장본	changbon	jangbon	壯襄	장양	Changyang	Jangyang
帳簿	장부	changbu	jangbu	壯襄公	장양공	Changyanggong	Jangyanggong
丈夫	장부	changbu	changbu	莊嚴	장엄	changŏm	jangeom
裝備	장비	changbi	jangbi	莊嚴具	장엄구	changŏmgu	jangeomgu
壯士	장사	changsa	jangsa	長淵	장연	Changyŏn	Jangyeon
獐山	장산	Changsan	Jangsan	長淵郡	장연군	Changyŏn-gun	Jangyeon-gun
章山	장산	Changsan	Jangsan	長淵縣	장연현	Changyŏn-hyŏn	Jangyeon-hyeon
長山島	장산도	Changsando	Jangsando	章旺社	장왕사	Changwangsa	Jangwangsa
長山洞	장산동	Changsan-dong	Jangsan-dong	壯勇營	장용영	Changyongyŏng	Jangyongyeong
長山里	장산리	Changsan-ni	Jangsan-ri	壯元	장원	changwŏn	jangwon
長生	장생	changsaeng	jangsaeng	莊園	장원	changwŏn	jangwon
長生圖	장생도	changsaengdo	jangsaengdo	長院里	장원리	Changwŏn-ni	Jangwon-ri
藏書閣	장서각	Changsŏgak	Jangseogak	長位洞	장위동	Changwi-dong	Jangwi-dong
藏書展	장서전	changsŏjŏn	jangseojeon	長幼	장유	changyu	jangyu
長城	장성	Changsŏng	Jangseong	葬儀社	장의사	changŭisa	janguisa
長城郡	장성군	Changsŏng-gun	Jangseong-gun	匠人	장인	changin	jangin
長城里	장성리	Changsŏng-ni	Jangseong-ri	長者	장자	changja	jangja
長城縣	장성현	Changsŏng-hyŏn	Jangseong-hyeon	莊子	장자	Changja	Jangja
場所	장소	changso	jangso	長岑縣	장잠현	Changjam-hyŏn	Jangjam-hyeon
長孫	장손	changson	jangson	長箋	장전	changjŏn	jangjeon
將帥	장수	changsu	jangsu	長征	장정	changjŏng	jangjeong
長壽	장수	changsu	Jangsu	裝幀	장정	changjŏng	jangjeong
長水	장수	Changsu	Jangsu	章程	장정	changjŏng	jangjeong
長水郡	장수군	Changsu-gun	Jangsu-gun	裝訂	장정	changjŏng	jangjeong

한자 용례	한글	ALA-LC Romanization	정부 표기안	한자 용례	한글	ALA-LC Romanization	정부 표기안
長靜縣	장정현	Changjŏng-hyŏn	Jangjeong-hyeon	在京	재경	chaegyŏng	jaegyeong
長堤郡	장제군	Changje-gun	Jangje-gun	財政史	재경사	chaejŏngsa	jaegyeongsa
長佐里	장좌리	Changjwa-ri	Jangjwa-ri	財界	재계	chaegye	jaegye
陵誌	장지	nŭngji	jangji	再構成	재구성	chaegusŏng	jaeguseong
狀誌	장지	changji	jangji	災難	재난	chaenan	jaenan
障紙門	장지문	changjimun	jangjimun	財団	재단	chaedan	jaedan
長津江	장진강	Changjin'gang	Jangjingang	財團	재단	chaedan	jaedan
長津郡	장진군	Changjin-gun	Jangjin-gun	才談	재담	chaedam	jaedam
長川里	장천리	Changch'ŏl-li	Jangcheon-ri	再跳躍	재도약	chaedoyak	jaedoyak
長淺城縣	장천성현	Changch'ŏnsŏng-hyŏn	Jangcheonseong-hyeon	載東	재동	Chaedong	Jae-dong
長村里	장촌리	Changch'on-ni	Jangchon-ri	載寧	재령	Chaeryŏng	Jaeryeong
長春	장춘	changch'un	jangchun	載寧郡	재령군	Chaeryŏng-gun	Jaeryeong-gun
長春市	장춘시	Changch'un-si	Jangchun-si	載寧縣	재령현	Chaeryŏng-hyŏn	Jaeryeong-hyeon
獎忠	장충	Changch'ung	Jangchung	材料	재료	chaeryo	jaeryo
獎忠壇	장충단	Changch'ungdan	Jangchungdan	再臨	재림	chaerim	jaerim
藏版	장판	changp'an	jangpan	在滿	재만	chaeman	jaeman
長編	장편	changp'yŏn	jangpyeon	財務	재무	chaemu	jaemu
長篇	장편	changp'yŏn	jangpyeon	財務論	재무론	chaemuron	jaemuron
長坪里	장평리	Changp'yŏng-ni	Jangpyeong-ri	才物譜	재물보	Chaemulbo	Jaemulbo
長蝦里	장하리	Changha-ri	Jangha-ri	在美	재미	chaemi	jaemi
獎學	장학	changhak	janghak	再發見	재발견	chaebalgyŏn	jaebalgyeon
獐鶴里	장학리	Changhang-ni	Janghak-ri	再發掘	재발굴	chaebalgul	jaebalgul
獎學會	장학회	changhakhoe	janghakoe	栽培	재배	chaebae	jaebae
長恨歌	장한가	changhan'ga	janghanga	財閥	재벌	chaebŏl	jaebeol
長恨夢	장한몽	Changhanmong	Janghanmong	財閥史	재벌사	chaebŏlsa	jaebeolsa
獐項里	장항리	Changhang-ni	Janghang-ri	再保險	재보험	chaebohŏm	jaeboheom
莊憲	장헌	Changhŏn	Jangheon	裁縫	재봉	chaebong	jaebong
章憲	장헌	Changhŏn	Jangheon	再分擔	재분담	chaebundam	jaebundam
長峴里	장현리	Changhyŏn-ni	Janghyeon-ri	再分配	재분배	chaebunbae	jaebunbae
莊胡公	장호공	Changhogong	Janghogong	在佛	재불	chaebul	jaebul
薔花	장화	changhwa	janghwa	再思	재사	Chaesa	Jaesa
長華	장화	Changhwa	Janghwa	齋舍	재사	chaesa	jaesa
長華里	장화리	Changhwa-ri	Janghwa-ri	再思堂	재사당	Chaesadang	Jaesadang
長興	장흥	Changhŭng	Jangheung	財産	재산	chaesan	jaesan
長興郡	장흥군	Changhŭng-gun	Jangheung-gun	財産課	재산과	chaesankwa	jaesangwa
長興里	장흥리	Changhŭng-ni	Jangheung-ri	財産權	재산권	chaesankwŏn	jaesangwon
長興府	장흥부	Changhŭng-bu	Jangheung-bu	財産權	재산권	chaesankwŏn	jaesangwon
長興縣	장흥현	Changhŭng-hyŏn	Jangheung-hyeon	財産權法	재산권법	chaesankwŏnpŏp	jaesangwonbeop
在	재	chae	jae	宰相	재상	chaesang	jaesang
裁可	재가	chaega	jaega	再生	재생	chaesaeng	jaesaeng
再開發	재개발	chaegaebal	jaegaebal	在蘇	재소	chaeso	jaeso
再改發	재개발	chaegaebal	jaegaebal	宰臣	재신	chaesin	jaesin
再建	재건	chaegŏn	jaegeon	齋室	재실	chaesil	jaesil
再檢討	재검토	chaegŏmt'o	jaegeomto	才彥錄	재언록	chaeŏllok	jaeeollok
再結合	재결합	chaegyŏrhap	jaegyeolhap	在外	재외	chaeoe	jaeoe

한자 용례	한글	ALA-LC Romanization	정부 표기안	한자 용례	한글	ALA-LC Romanization	정부 표기안
財用考	재용고	Chaeyonggo	Jaeyonggo	抵當	저당	chŏdang	jeodang
財源	재원	chaewŏn	jaewon	抵當權	저당권	chŏdangkwŏn	jeodanggwon
齋儀	재의	chaeŭi	jaeui	著名	저명	chŏmyŏng	jeomyeong
再認識	재인식	chaeinsik	jaeinsik	底邊	저변	chŏbyŏn	jeobyeon
在日	재일	chaeil	jaeil	底本	저본	chŏbon	jeobon
財政	재정	chaejŏng	jaejeong	楮石里	저성리	Chŏsŏng-ni	Jeoseong-ni
財政論	재정론	chaejŏngnon	jaejeongnon	低所得層	저소득층	chŏsodŭkch'ŭng	jeosodeukcheung
再定立	재정립	chaejŏngnip	jaejeongnip	著術	저술	chŏsul	jeosul
再造	재조	chaejo	jaejo	著述書	저술서	chŏsulsŏ	jeosulseo
再造論	재조론	chaejoron	jaejoron	低濕地	저습지	chŏsŭpchi	jeoseupji
再照明	재조명	chaejomyŏng	jaejomyeong	低湿地	저습지	chŏsŭpchi	jeoseupji
再調整	재조정	chaejojŏng	jaejojeong	低溫	저온	chŏon	jeoon
在中	재중	chaejung	jaejung	著雍	저옹	Chŏong	Jeoong
在地	재지	chaeji	jaeji	底引網	저인망	chŏinmang	jeoinmang
在職	재직	chaejik	jaejik	著作	저작	chŏjak	jeojak
在天	재천	Chaech'ŏn	Jaecheon	著作權	저작권	chŏjakkwŏn	jeojakgwon
再統一	재통일	chaet'ongil	jaetongil	著作權法	저작권법	chŏjakkwŏnpŏp	jeojakgwonbeop
再版	재판	chaep'an	jaepan	著作權者	저작권자	chŏjakkwŏnja	jeojakgwonja
裁判	재판	chaep'an	jaepan	著作賞	저작상	chŏjaksang	jeojaksang
裁判官	재판관	chaep'an'gwan	jaepangwan	著作人	저작인	chŏjagin	jeojagin
裁判所	재판소	chaep'anso	jaepanso	著作者	저작자	chŏjakcha	jeojakja
再編	재편	chaep'yŏn	jaepyeon	貯藏	저장	chŏjang	jeojang
再編成	재편성	chaep'yŏnsŏng	jaepyeonseong	苧田洞	저전동	Chŏjŏn-dong	Jeojeon-dong
再評價	재평가	chaep'yŏngka	jaepyeongga	咀呪	저주	chŏju	jeoju
在學	재학	chaehak	jaehak	貯蓄	저축	chŏch'uk	jeochuk
再合	재합	chaehap	jaehap	苧浦里	저포리	Chŏp'o-ri	Jeopo-ri
災害	재해	chaehae	jaehae	抵抗	저항	chŏhang	jeohang
在鄉	재향	chaehyang	jaehyang	抵抗	저항	chŏhang	jeohang
梓鄉誌	재향지	Chaehyangji	Jaehyangji	樗軒	저헌	Chŏhŏn	Jeoheon
再現	재현	chaehyŏn	jaehyeon	敵	적	chŏk	jeok
再顯	재현	chaehyŏn	jaehyeon	勣	적	chŏk	jeok
再活	재활	chaehwal	jaehwal	的	적	chŏk	jeok
再活用	재활용	chaehwaryong	jaehwaryong	籍	적	chŏk	jeok
再活院	재활원	chaehwarwŏn	jaehwarwon	赤褐色	적갈색	chŏkkalsaek	jeokgalsaek
爭議	쟁의	chaengŭi	jaengui	敵愾心	적개심	chŏkkaesim	jeokgaesim
爭點	쟁점	chaengchŏm	jaengjeom	謫居地	적거지	chŏkkŏji	jeokgeoji
爭点	쟁점	chaengchŏm	jaengjeom	積曲線	적곡선	chŏkkoksŏn	jeokgokseon
爭取	쟁취	chaengch'wi	jaengchwi	積極	적극	chŏkkŭk	jeokgeuk
爭鬪	쟁투	chaengt'u	jaengtu	赤旗	적기	chŏkki	jeokgi
爭鬪史	쟁투사	chaengt'usa	jaengtusa	積德	적덕	chŏktŏk	jeokdeok
著	저	chŏ	jeo	赤道	적도	Chŏkto	Jeokdo
低減	저감	chŏgam	jeogam	積良洞	적량동	Chŏngnyang-dong	Jeongnyang-dong
狙擊	저격	chŏgyŏk	jeogyeok	寂滅	적멸	chŏngmyŏl	jeongmyeol
低丘陵地	저구릉지	chŏgurŭngji	jeogureungji	適務	적무	chŏngmu	jeongmu
著團協	저단협	Chŏdanhyŏp	Jeodanhyeop	績文	적문	chŏngmun	jeongmun

한자 용례	한글	ALA-LC Romanization	정부 표기안	한자 용례	한글	ALA-LC Romanization	정부 표기안
摘發	적발	chŏkpal	jeokbal	餞客記	전객기	chŏn'gaekki	jeongaekgi
赤壁	적벽	Chŏkpyŏk	Jeokbyeok	典據	전거	chŏn'gŏ	jeongeo
赤壁歌	적벽가	Chŏkpyŏkka	Jeokbyeokga	典據論	전거론	chŏn'gŏron	jeongeoron
積算	적산	chŏksan	jeoksan	傳系	전계	chŏn'gye	jeongye
寂山	적산	Chŏksan	Jeoksan	典故	전고	chŏn'go	jeongo
赤裳山	적상산	Chŏksangsan	Jeoksangsan	全谷	전곡	Chŏn'gok	Jeongok
赤色	적색	chŏksaek	jeoksaek	全谷里	전곡리	Chŏn'gong-ni	Jeongok-ri
積石	적석	chŏksŏk	jeokseok	展功志	전공지	Chŏn'gongji	jeongongji
積石墓	적석묘	chŏksŏngmyo	jeokseongmyo	全科目	전과목	chŏngwamok	jeongwamok
積石塚	적석총	chŏksŏkch'ong	jeokseokchong	全國	전국	chŏn'guk	jeonguk
積善	적선	chŏksŏn	jeokseon	全国区	전국구	chŏn'gukku	jeongukgu
赤城	적성	Chŏksŏng	Jeokseong	全國區	전국구	chŏn'gukku	jeongukgu
赤城碑	적성비	chŏksŏngbi	jeokseongbi	全國的	전국적	chŏn'gukchŏk	jeongukjeok
赤城誌	적성지	Chŏksongji	Jeokseongji	戰國策	전국책	chŏn'gukch'aek	jeongukchaek
適所	적소	chŏkso	jeokso	前近代	전근대	chŏngŭndae	jeongeundae
迪率力	적솔력	chŏksollyŏk	jeoksollyeok	電氣	전기	chŏn'gi	jeongi
適時	적시	chŏksi	jeoksi	轉機	전기	chŏn'gi	jeongi
赤十字	적십자	Chŏksipcha	Jeoksipja	前期	전기	chŏn'gi	jeongi
適用	적용	chŏgyong	jeogyong	傳記	전기	chŏn'gi	jeongi
適應	적응	chŏgŭng	jeogeung	傳奇	전기	chŏn'gi	jeongi
翟衣	적의	chŏgŭi	jeogui	殿記	전기	chŏn'gi	jeongi
嫡長子	적장자	chŏkchangja	jeokjangja	傳記類	전기류	chŏn'giryu	jeongiryu
嫡長子說	적장자설	chŏkchangjasŏl	jeokjangjaseol	電氣學	전기학	chŏn'gihak	jeongihak
適材	적재	chŏkchae	jeokjae	全岐縣	전기현	Chŏn'gi-hyŏn	Jeongi-hyeon
適正	적정	chŏkchŏng	jeokjeong	全南	전남	Chŏnnam	Jeonnam
適正性	적정성	chŏkchŏngsŏng	jeokjeongseong	全南大	전남대	Chŏnnamdae	Jeonnamdae
寂照	적조	chŏkcho	jeokjo	全南史	전남사	Chŏnnamsa	Jeonnamsa
的中	적중	chŏkchung	jeokjung	傳單展	전단전	chŏndanjŏn	jeondanjeon
適中	적중	chŏkchung	jeokjung	傳達	전달	chŏndal	jeondal
適合	적합	chŏkhap	jeokap	傳達者	전달자	chŏndalcha	jeondalja
赤虎記	적호기	Chŏkhogi	Jeokogi	專擔	전담	chŏndam	jeondam
赤化	적화	chŏkhwa	jeokwa	田畓	전답	chŏndap	jeondap
戰	전	chŏn	jeon	殿堂	전당	chŏndang	jeondang
田	전	chŏn	jeon	全大	전대	chŏndae	jeondae
塼	전	chŏn	jeon	傳道	전도	chŏndo	jeondo
展	전	chŏn	jeon	全圖	전도	chŏndo	jeondo
前	전	chŏn	jeon	傳道隊	전도대	chŏndodae	jeondodae
全	전	chŏn	jeon	傳道人	전도인	chŏndoin	jeondoin
傳	전	chŏn	jeon	傳道人들	전도인들	chŏndoindŭl	jeondoindeul
殿閣	전각	chŏn'gak	jeongak	傳道會	전도회	chŏndohoe	jeondohoe
篆刻	전각	chŏn'gak	jeongak	傳墩	전돈	chŏndon	jeondon
篆刻集	전각집	chŏn'gakchip	jeongakjip	典洞	전동	Chŏn-dong	Jeon-dong
專刊	전간	chŏn'gan	jeongan	電燈	전등	chŏndŭng	jeondeung
展開	전개	chŏn'gae	jeongae	傳燈	전등	chŏndŭng	jeondeung
展開史	전개사	chŏn'gaesa	jeongaesa	剪燈	전등	Chŏndŭng	Jeondeung

한자 용례	한글	ALA-LC Romanization	정부 표기안	한자 용례	한글	ALA-LC Romanization	정부 표기안
傳燈錄	전등록	Chŏndŭngnok	Jeondeungnok	全備	전비	chŏnbi	jeonbi
傳燈寺	전등사	Chŏndŭngsa	Jeondeungsa	前事	전사	chŏnsa	jeonsa
全羅	전라	Chŏlla	Jeolla	前史	전사	chŏnsa	jeonsa
全羅南道	전라남도	Chŏlla-namdo	Jeollanam-do	戰史	전사	chŏnsa	jeonsa
全羅道	전라도	Chŏlla-do	Jeolla-do	全史字版	전사자판	Chŏnsajap'an	Jeonsajapan
全羅北道	전라북도	Chŏlla-bukto	Jeollabuk-do	電算	전산	chŏnsan	jeonsan
戰亂期	전란기	chŏllan'gi	jeollangi	電算網	전산망	chŏnsanmang	jeonsanmang
戰亂史	전란사	chŏllansa	jeollansa	電算院	전산원	Chŏnsanwŏn	Jeonsanwon
展覽	전람	chŏllam	jeollam	電算学	전산학	chŏnsanhak	jeonsanhak
展覽會	전람회	chŏllamhoe	jeollamhoe	電算化	전산화	chŏnsanhwa	jeonsanhwa
傳來	전래	chŏllae	jeollae	前生	전생	chŏnsaeng	jeonsaeng
傳來史	전래사	chŏllaesa	jeollaesa	全書	전서	chŏnsŏ	jeonseo
戰略	전략	chŏllyak	jeollyak	篆書	전서	chŏnsŏ	jeonseo
戰略論	전략론	chŏllyangnon	jeollyangnon	篆書體	전서체	chŏnsŏch'e	jeonseoche
戰略的	전략적	chŏllyakchŏk	jeollyakjeok	戰線	전선	chŏnsŏn	jeonseon
戰略的	전략적	chŏllyakchŏk	jeollyakjeok	電線	전선	chŏnsŏn	jeonseon
電力	전력	chŏllyŏk	jeollyeok	傳說	전설	chŏnsŏl	jeonseol
全禮	전례	chŏllye	jeollye	全盛	전성	chŏnsŏng	jeonseong
典禮	전례	chŏllye	jeollye	傳貰權	전세권	chŏnsekwŏn	jeonsegwon
典禮考	전례고	Chŏllyego	Jeollyego	傳貰權法	전세권법	chŏnsekwŏnpŏp	jeonsegwonbeop
典錄	전록	chŏllok	jeollok	專修	전수	chŏnsu	jeonsu
典律	전률	Chŏnyul	Jeollyul	傳授	전수	chŏnsu	jeonsu
顚末	전말	chŏnmal	jeonmal	傳受	전수	chŏnsu	jeonsu
展望	전망	chŏnmang	jeonmang	傳受館	전수관	Chŏnsugwan	Jeonsugwan
展望社	전망사	Chŏnmangsa	Jeonmangsa	戰術	전술	chŏnsul	jeonsul
專賣	전매	chŏnmae	jeonmae	戰術核	전술핵	chŏnsurhaek	jeonsulhaek
專賣所	전매소	chŏnmaeso	jeonmaeso	戰勝	전승	chŏnsŭng	jeonseung
全面	전면	chŏnmyŏn	jeonmyeon	全勝	전승	chŏnsŭng	jeonseung
全貌	전모	chŏnmo	jeonmo	傳承	전승	chŏnsŭng	jeonseung
戰歿	전몰	chŏnmol	jeonmol	傳承	전승	chŏnsŭng	jeonseung
電文	전문	chŏnmun	jeonmun	戰勝地	전승지	chŏnsŭngji	jeonseungji
箋文	전문	chŏnmun	jeonmun	全乘和	전승화	chŏnsŭnghwa	jeonseunghwa
全文	전문	chŏnmun	jeonmun	展示	전시	chŏnsi	jeonsi
專門	전문	chŏnmun	jeonmun	展時	전시	chŏnsi	jeonsi
專門家	전문가	chŏnmun'ga	jeonmunga	展示館	전시관	chŏnsigwan	jeonsigwan
專門大	전문대	chŏnmundae	jeonmundae	戰時期	전시기	chŏnsigi	jeonsigi
專門性	전문성	chŏnmunsŏng	jeonmunseong	展示室	전시실	chŏnsisil	jeonsisil
前半期	전반기	chŏnban'gi	jeonbangi	展示用	전시용	chŏnsiyong	jeonsiyong
前方	전방	chŏnbang	jeonbang	展示場	전시장	chŏnsijang	jeonsijang
煎餠	전병	chŏnbyŏng	jeonbyeong	電信局	전신국	chŏnsin'guk	jeonsinguk
電報	전보	chŏnbo	jeonbo	傳心	전심	chŏnsim	jeonsim
轉補	전보	chŏnbo	jeonbo	前夜	전야	chŏnya	jeonya
田賦	전부	chŏnbu·	jeonbu	佃漁志	전어지	Chŏnŏji	Jeoneoji
全北	전북	Chŏnbuk	Jeonbuk	傳染病	전염병	chŏnyŏmpyŏng	jeonyeombyeong
全北大	전북대	Chŏnbuktae	Jeonbukdae	傳染病史	전염병사	chŏnyŏmpyŏngsa	jeonyeombyeongsa

한자 용례	한글	ALA-LC Romanization	정부 표기안	한자 용례	한글	ALA-LC Romanization	정부 표기안
戰友	전우	chŏnu	jeonu	全州邑	전주읍	Chŏnju-ŭp	Jeonju-eup
戰友會	전우회	Chŏnuhoe	Jeonuhoe	田中	전중	Chŏnjung	Jeonjung
全韻	전운	chŏnun	jeonun	轉職	전직	chŏnjik	jeonjik
戰雄	전웅	chŏnung	jeonung	全集	전집	chŏnjip	jeonjip
全員	전원	chŏnwŏn	jeonwon	展集	전집	chŏnjip	jeonjip
田元	전원	Chŏnwŏn	Jeonwon	前集	전집	chŏnjip	jeonjip
前衛	전위	chŏnwi	jeonwi	電鐵	전철	chŏnch'ŏl	jeoncheol
專有	전유	chŏnyu	jeonyu	電鐵化	전철화	chŏnch'ŏrhwa	jeoncheolhwa
傳胤	전윤	chŏnyun	jeonyun	全體	전체	chŏnch'e	jeonche
全義	전의	Chŏnŭi	Jeonui	磚塔	전탑	chŏnt'ap	jeontap
全義郡	전의군	Chŏnŭi-gun	Jeonui-gun	塼塔	전탑	chŏnt'ap	jeontap
全義縣	전의현	Chŏnŭi-hyŏn	Jeonui-hyeon	塼塔址	전탑지	chŏnt'apchi	jeontapji
轉移	전이	chŏni	jeoni	傳統	전통	chŏnt'ong	jeontong
全人	전인	chŏnin	jeonin	傳統劇	전통극	chŏnt'onggŭk	jeontonggeuk
全日	전일	chŏnil	jeonil	傳統的	전통적	chŏnt'ongjŏk	jeontongjeok
全日制	전일제	chŏnilche	jeonilje	戰鬪	전투	chŏnt'u	jeontu
電磁	전자	chŏnja	jeonja	電波	전파	chŏnp'a	jeonpa
電子	전자	chŏnja	jeonja	傳播	전파	chŏnp'a	jeonpa
全作詩	전작시	chŏnjaksi	jeonjaksi	全篇	전편	chŏnp'yŏn	jeonpyeon
全作集	전작집	chŏnjakchip	jeonjakjip	殿下	전하	chŏnha	jeonha
轉載	전재	chŏnjae	jeonjae	前漢書	전한서	chŏnhansŏ	jeonhanseo
全載	전재	chŏnjae	jeonjae	轉向	전향	chŏnhyang	jeonhyang
全齋	전재	Chŏnjae	jeonjae	電話	전화	chŏnhwa	jeonhwa
战争	전쟁	chŏnjaeng	jeonjaeng	電話局	전화국	Chŏnhwaguk	Jeonhwaguk
戰爭	전쟁	chŏnjaeng	jeonjaeng	電話機	전화기	chŏnhwagi	jeonhwagi
戰爭期	전쟁기	chŏnjaenggi	jeonjaenggi	轉換	전환	chŏnhwan	jeonhwan
戰爭論	전쟁론	chŏnjaengnon	jeonjaengnon	轉換記	전환기	chŏnhwan'gi	jeonhwangi
戰爭史	전쟁사	chŏnjaengsa	jeonjaengsa	轉換期	전환기	chŏnhwan'gi	jeonhwangi
戰爭史	전쟁사	chŏnjaengsa	jeonjaengsa	戰後	전후	chŏnhu	jeonhu
典藉	전적	chŏnjŏk	jeonjeok	前後	전후	chŏnhu	jeonhu
典籍	전적	chŏnjŏk	jeonjeok	前後圖	전후도	chŏnhudo	jeonhudo
全訂	전정	chŏnjŏng	jeonjeong	典彙集	전휘집	chŏnhwijip	jeonhwijip
井田制	전정제	chŏngjŏnje	jeonjeongje	節	절	chŏl	jeol
井田制論	전정제론	chŏngjŏnjeron	jeonjeongjeron	節減	절감	chŏlgam	jeolgam
全訂版	전정판	chŏngjŏngp'an.	jeonjeongpan	浙江省	절강성	Chŏlgang-sŏng	Jeolgang-seong
田制考	전제고	chŏnjego	jeonjego	節谷	절곡	Chŏlgok	Jeolgok
前朝	전조	chŏnjo	jeonjo	竊科	절과	chŏlgwa	jeolgwa
銓注	전주	chŏnju	jeonju	絕句	절구	chŏlgu	jeolgu
全州	전주	Chŏnju	Jeonju	絕叫	절규	chŏlgyu	jeolgyu
全州郡	전주군	Chŏnju-gun	Jeonju-gun	絕對	절대	chŏltae	jeoldae
全州大	전주대	Chŏnjudae	Jeonjudae	絕代	절대	chŏldae	jeoldae
全州牧	전주목	Chŏnju-mok	Jeonju-mok	絕對性	절대성	chŏltaesŏng	jeoldaeseong
全州府	전주부	Chŏnju-bu	Jeonju-bu	切頭	절두	chŏldu	jeoldu
全州府城	전주부성	Chŏnju-busŏng	Jeonju-buseong	切頭山	절두산	Chŏldusan	Jeoldusan
全州市	전주시	Chŏnju-si	Jeonju-si	節略	절략	chŏllyak	jeollyak

한자 용례	한글	ALA-LC Romanization	정부 표기안	한자 용례	한글	ALA-LC Romanization	정부 표기안
絶命	절명	chŏlmyŏng	jeolmyeong	接主	접주	chŏpchu	jeopju
絶命歌	절명가	chŏlmyŏngga	jeolmyeongga	接觸論	접촉론	chŏpch'ongnon	jeopchongnon
節目	절목	chŏlmok	jeolmok	情	정	chŏng	jeong
節目類	절목류	chŏlmongnyu	jeolmongnyu	鄭	정	Chŏng	Jeong
節山里	절산리	Chŏlsan-ni	Jeolsan-ri	丁	정	chŏng	cheong
節稅	절세	chŏlse	jeolse	井	정	chŏng	jeong
節要	절요	chŏryo	jeoryo	鄭家	정가	Chŏngga	Jeongga
絶義	절의	chŏrŭi	jeorui	亭閣	정각	chŏnggak	jeonggak
節義錄	절의록	chŏrŭirok	jeoruirok	井間譜	정간보	Chŏngganbo	Jeongganbo
節吏島	절이도	Chŏrido	Jeorido	政鑑	정감	chŏnggam	jeonggam
節酌	절작	chŏljak	jeoljak	鄭鑑錄	정감록	Chŏnggamnok	Jonggamnok
節制	절제	chŏlje	jeolje	政客	정객	chŏnggaek	jeonggaek
節制會	절제회	chŏljehoe	jeoljehoe	政經	정경	chŏnggyŏng	jeonggyeong
節次	절차	chŏlch'a	jeolcha	政經社	정경사	Chŏnggyŏngsa	Jeonggyeongsa
節次法	절차법	chŏlch'apŏp	jeolchabeop	政經塾	정경숙	Chŏnggyŏngsuk	Jeonggyeongsuk
折帖裝	절첩장	chŏlch'ŏpchang	jeolcheopjang	定界碑	정계비	chŏnggyebi	jeonggyebi
占	점	chŏm	jeom	鼎谷	정곡	Chŏnggok	Jeonggok
點檢	점검	chŏmgŏm	jeomgeom	精工	정공	Chŏnggong	Jeonggong
占卦	점괘	chŏmgwae	jeomgwae	靜觀	정관	Chŏnggwan	Jeonggwan
點校	점교	chŏmgyo	jeomgyo	鼎冠	정관	Chŏnggwan	Jeonggwan
占領	점령	chŏmnyŏng	jeomnyeong	貞觀	정관	chŏnggwan	jeonggwan
占錄	점록	chŏmnok	jeomnok	靜觀齋	정관재	Chŏnggwanjae	Jeonggwanjae
占卜	점복	chŏmbok	jeombok	淨光	정광	chŏnggwang	jeonggwang
占卜辭	점복사	chŏmboksa	jeomboksa	精校	정교	chŏnggyo	jeonggyo
占星	점성	chŏmsŏng	jeomseong	正敎本	정교본	chŏnggyobon	Jeonggyobon
占星術	점성술	chŏmsŏngsul	jeomseongsul	正敎會	정교회	Chŏnggyohoe	Jeonggyohoe
占星學	점성학	chŏmsŏnghak	jeomseonghak	庭球	정구	chŏnggu	jeonggu
點眼	점안	chŏman	jeoman	庭球會	정구회	chŏngguhoe	jeongguhoe
店員	점원	chŏmwŏn	jeomwon	政局	정국	chŏngguk	jeongguk
漸進	점진	chŏmjin	jeomjin	政權	정권	chŏngkwŏn	jeonggwon
店村市	점촌시	Chŏmch'on-si	Jeomchon-si	政權期	정권기	chŏngkwŏn'gi	jeonggwongi
粘土	점토	chŏmt'o	jeomto	定規	정규	chŏnggyu	jeonggyu
點土	점토	chŏmt'o	jeomto	定規軍	정규군	chŏnggyugun	jeonggyugun
粘土帶	점토대	chŏmt'odae	jeomtodae	定期	정기	chŏnggi	jeonggi
佔畢	점필	Chŏmp'il	Jeompil	精氣	정기	chŏnggi	jeonggi
佔畢齋	점필재	Chŏmp'iljae	Jeompiljae	定期船	정기선	chŏnggisŏn	jeonggiseon
接骨士	접골사	chŏpkolsa	jeopgolsa	定期船社	정기선사	chŏnggisŏnsa	jeonggiseonsa
接近	접근	chŏpkŭn	jeopgeun	定期戰	정기전	chŏnggijŏn	jeonggijeon
接頭	접두	chŏptu	jeopdu	正南	정남	chŏngnam	jeongnam
接木	접목	chŏmmok	jeommok	定年	정년	chŏngnyŏn	jeongnyeon
接司	접사	chŏpsa	jeopsa	停年	정년	chŏngnyŏn	jeongnyeon
接續	접속	chŏpsok	jeopsok	情談	정담	chŏngdam	jeongdam
蝶裝	접장	chŏpchang	jeopjang	正答	정답	chŏngdap	jeongdap
蝶裝本	접장본	chŏpchangbon	jeopjangbon	政黨	정당	chŏngdang	jeongdang
接種	접종	chŏpchong	jeopjong	政堂	정당	chŏngdang	jeongdang

한자 용례	한글	ALA-LC Romanization	정부 표기안	한자 용례	한글	ALA-LC Romanization	정부 표기안
政黨論	정당론	chŏngdangnon	jeongdangnon	情報	정보	chŏngbo	jeongbo
政黨法	정당법	chŏngdangpŏp	jeongdangbeop	訂補	정보	chŏngbo	jeongbo
政黨史	정당사	chŏngdangsa	jeongdangsa	精報	정보	chŏngbo	jeongbo
定大業	정대업	Chŏngdaeŏp	Jeongdaeeop	情報局	정보국	chŏngboguk	jeongboguk
程度	정도	chŏngdo	jeongdo	情報圖	정보도	chŏngbodo	jeongbodo
正道	정도	chŏngdo	jeongdo	情報部	정보부	chŏngbobu	jeongbobu
貞洞	정동	Chŏng-dong	Jeong-dong	情報院	정보원	chŏngbowŏn	jeongbowon
正東	정동	chŏngdong	jeongdong	情報學	정보학	chŏngbohak	jeongbohak
正郎	정랑	chŏngnang	jeongnang	情報化	정보화	chŏngbohwa	jeongbohwa
貞烈	정렬	Chŏngnyŏl	Jeongnyeol	征服	정복	chŏngbok	jeongbok
整禮	정례	chŏngnye	jeongnye	征服說	정복설	chŏngboksŏl	jeongbokseol
定例	정례	chŏngnye	jeongnye	正本	정본	chŏngbon	jeongbon
正路	정로	chŏngno	jeongno	定本	정본	chŏngbon	jeongbon
正錄廳	정록청	Chŏngnokch'ŏng	jeongnokcheong	丁峰里	정봉리	Chŏngbong-ni	Cheongbong-ri
定陵	정릉	Chŏngnŭng	Jeongneung	政府	정부	chŏngbu	jeongbu
正理	정리	chŏngni	jeongni	政府論	정부론	chŏngburon	jeongburon
整理	정리	chŏngni	jeongni	政府史	정부사	chŏngbusa	jeongbusa
定林	정림	Chŏngnim	Jeongnim	貞婦怨	정부원	chŏngbuwŏn	jeongbuwon
定林寺	정림사	Chŏngnimsa	Jeongnimsa	政府制	정부제	chŏngbuje	jeongbuje
正立	정립	chŏngnip	jeongnip	政府學	정부학	chŏngbuhak	jeongbuhak
定立	정립	chŏngnip	jeongnip	正北	정북	chŏngbuk	jeongbuk
貞明	정명	Chŏngmyŏng	Jeongmyeong	井北洞	정북동	Chŏngbuk-tong	Jeongbuk-dong
正名論	정명론	chŏngmyŏngnon	jeongmyeongnon	整備	정비	chŏngbi	jeongbi
丁卯	정묘	Chŏngmyo	Cheongmyo	精舍	정사	chŏngsa	jeongsa
丁卯年	정묘년	Chŏngmyonyŏn	Cheongmyonyeon	正史	정사	chŏngsa	jeongsa
政務	정무	chŏngmu	jeongmu	情死	정사	chŏngsa	jeongsa
貞武公	정무공	Chŏngmugong	Jeongmugong	靜山	정산	Chŏngsan	Jeongsan
正文	정문	chŏngmun	jeongmun	正常	정상	chŏngsang	jeongsang
正門	정문	chŏngmun	jeongmun	頂上	정상	chŏngsang	jeongsang
精文鏡	정문경	chŏngmun'gyŏng	jeongmungyeong	正常化	정상화	chŏngsanghwa	jeongsanghwa
精文堂	정문당	Chŏngmundang	Jeongmundang	程書	정서	chŏngsŏ	jeongseo
正文社	정문사	Chŏngmunsa	Jeongmunsa	淨書	정서	chŏngsŏ	jeongseo
精文研	정문연	Chŏngmunyŏn	Jeongmunyeon	正西	정서	chŏngsŏ	jeongseo
丁未	정미	Chŏngmi	Cheongmi	情緒	정서	chŏngsŏ	jeongseo
精米所	정미소	chŏngmiso	jeongmiso	正書	정서	chŏngsŏ	jeongseo
正民社	정민사	Chŏngminsa	Jeongminsa	正書法	정서법	chŏngsŏpŏp	jeongseobeop
精密	정밀	chŏngmil	jeongmil	正書本	정서본	chŏngsŏbon	jeongseobon
定方	정방	Chŏngbang	Jeongbang	精選	정선	chŏngsŏn	jeongseon
丁方	정방	Chŏngbang	Cheongbang	旌善	정선	Chŏngsŏn	Jeongseon
貞柏洞	정백동	Chŏngbaek-tong	Jeongbaek-dong	旌善郡	정선군	Chŏngsŏn-gun	Jeongseon-gun
貞白里	정백리	Chŏngbaeng-ni	Jeongbaek-ri	精說	정설	chŏngsŏl	jeongseol
征伐	정벌	chŏngbŏl	jeongbeol	定說	정설	chŏngsŏl	jeongseol
正變	정변	chŏngbyŏn	jeongbyeon	情勢	정세	chŏngse	jeongse
政變	정변	chŏngbyŏn	jeongbyeon	正俗	정속	chŏngsok	jeongsok
定辨錄	정변록	Chŏngbyŏnnok	Jeongbyeollok	精髓	정수	chŏngsu	jeongsu

한자 용례	한글	ALA-LC Romanization	정부 표기안	한자 용례	한글	ALA-LC Romanization	정부 표기안
淨水	정수	chŏngsu	jeongsu	丁酉字	정유자	Chŏngyucha	Cheongyuja
精粹	정수	chŏngsu	jeongsu	正音	정음	chŏngŭm	jeongeum
正粹錄	정수록	chŏngsurok	jeongsurok	正音考	정음고	Chŏngŭmgo	jeongeumgo
定肅	정숙	Chŏngsuk	jeongsuk	正音社	정음사	Chŏngŭmsa	jeongeumsa
政丞	정승	chŏngsŭng	jeongseung	正音學	정음학	Chŏngŭmhak	jeongeumhak
精神	정신	chŏngsin	jeongsin	井邑	정읍	Chŏngŭp	Jeongeup
貞信	정신	Chŏngsin	Jeongsin	井邑郡	정읍군	Chŏngŭp-kun	Jeongeup-gun
精神攷	정신고	chŏngsin'go	jeongsingo	井邑詞	정읍사	Chŏngŭpsa	Jeongeupsa
精神史	정신사	chŏngsinsa	jeongsinsa	井邑縣	정읍현	Chŏngŭp-hyŏn	Jeongeup-hyeon
精神的	정신적	chŏngsinjŏk	jeongsinjeok	精義	정의	chŏngŭi	jeongui
正樂譜	정악보	chŏngakpo	jeongakbo	正義	정의	chŏngŭi	jeongui
正樂院	정악원	Chŏngagwŏn	Jeongagwon	正義團	정의단	chŏngŭidan	jeonguidan
正菴	정암	Chŏngam	Jeongam	正義錄	정의록	chŏngŭirok	jeonguirok
鼎岩	정암	Chŏngam	Jeongam	貞義錄	정의록	chŏngŭirok	jeonguirok
靜菴	정암	Chŏngam	Jeongam	正義府	정의부	Chŏngŭibu	Jeonguibu
靜庵	정암	Chŏngam	Jeongam	旌義縣	정의현	Chŏngŭi-hyŏn	Jeongui-hyeon
釘巖里	정암리	Chŏngam-ni	Jeongam-ri	正二品	정이품	Chŏngip'um	Jeongipum
亭岩里	정암리	Chŏngam-ni	Jeongam-ri	正一品	정일품	Chŏngilp'um	Jeongilpum
亭巖里	정암리	Chŏngam-ni	Jeongam-ri	亭子	정자	chŏngja	jeongja
正岩社	정암사	Chŏngamsa	Jeongamsa	靜齋	정재	Chŏngjae	Jeongjae
正陽寺	정양사	Chŏngyangsa	jeongyangsa	瀞齋	정재	Chŏngjae	Jeongjae
精言	정언	chŏngŏn	jeongeon	呈才	정재	chŏngjae	jeongjae
正言	정언	chŏngŏn	jeongeon	呈才舞	정재무	Chŏngjaemu	Jeongjaemu
正易	정역	Chŏngyŏk	Jeongyeok	正典	정전	chŏngjŏn	jeongjeon
正譯	정역	chŏngyŏk	jeongyeok	停戰	정전	chŏngjŏn	jeongjeon
正譯本	정역본	chŏngyŏkpon	jeongyeokbon	正殿	정전	chŏngjŏn	jeongjeon
精銳	정예	chŏngye	jeongye	正傳	정전	chŏngjŏn	jeongjeon
貞梧洞	정오동	Chŏngo-dong	Jeongo-dong	靖節	정절	Chŏngjŏl	Jeongjeol
鼎俎志	정오지	Chŏngjoji	Jeongoji	訂正	정정	chŏngjŏng	jeongjeong
正往山	정왕산	Chŏngwangsan	Jeongwangsan	訂正版	정정판	chŏngjŏngp'an	jeongjeongpan
政要	정요	chŏngyo	jeongyo	正祖	정조	Chŏngjo	Jeongjo
情欲	정욕	chŏngyok	jeongyok	鼎足	정족	Chŏngjok	Jeongjok
政友	정우	Chŏngu	Jeongu	鼎足山	정족산	Chŏngjoksan	Jeongjoksan
頂宇	정우	Chŏngu	Jeongu	正宗	정종	Chŏnjong	Jeongjong
正友堂	정우당	Chŏngudang	Jeongudang	定宗	정종	Chŏngjong	Jeongjong
正字社	정우사	Chŏngusa	Jeongusa	貞州	정주	Chŏngju	Jeongju
正字社	정우사	Chŏngusa	Jeongusa	定住	정주	chŏngju	jeongju
正韻	정운	chŏngun	jeongun	井州	정주	Chŏngju	Jeongju
庭園	정원	chŏngwŏn	jeongwon	定州	정주	Chŏngju	Jeongju
定員	정원	chŏngwŏn	jeongwon	定州郡	정주군	Chŏngju-gun	Jeongju-gun
政院	정원	Chŏngwŏn	Jeongwon	定州牧	정주목	Chŏngju-mok	Jeongju-mok
正月	정월	chŏngwŏl	jeongwol	定州城	정주성	Chŏngjusŏng	Jeongjuseong
庭月流	정월류	chŏngwŏllyu	jeongwollyu	井州市	정주시	Chŏngju-si	Jeongju-si
精油	정유	chŏngyu	jeongyu	淨衆	정중	chŏngjung	jeongjung
丁酉	정유	Chŏngyu	Cheongyu	正中	정중	chŏngjung	jeongjung

한자 용례	한글	ALA-LC Romanization	정부 표기안	한자 용례	한글	ALA-LC Romanization	정부 표기안
貞之	정지	Chŏngji	Jeongji	定平郡	정평군	Chŏngp'yŏng-gun	Jeongpyeong-gun
正直	정직	chŏngjik	jeongjik	旌表	정표	chŏngp'yo	jeongpyo
定診	정진	chŏngjin	jeongjin	精品展	정품전	chŏngp'umjŏn	jeongpumjeon
精進	정진	chŏngjin	jeongjin	政風	정풍	chŏngp'ung	jeongpung
正進	정진	chŏngjin	jeongjin	情恨	정한	chŏnghan	jeonghan
定着	정착	chŏngch'ak	jeongchak	精解	정해	chŏnghae	jeonghae
定着化	정착화	chŏngch'akhwa	jeongchakwa	丁亥	정해	Chŏnghae	Cheonghae
正倉院	정창원	Chŏngch'angwŏn	Jeongchangwon	正解	정해	chŏnghae	jeonghae
政策	정책	chŏngch'aek	jeongchaek	情解書	정해서	chŏnghaesŏ	jeonghaeseo
政策論	정책론	chŏngch'aengnon	jeongchaengnon	正憲	정헌	Chŏnghŏn	Jeongheon
政策史	정책사	chŏngch'aeksa	jeongchaeksa	正軒	정헌	Chŏnghŏn	jeongheon
政策室	정책실	chŏngch'aeksil	jeongchaeksil	靜軒	정헌	Chŏnghŏn	Jeongheon
政策的	정책적	chŏngch'aekchŏk	jeongchaekjeok	貞顯	정현	Chŏnghyŏn	Jeonghyeon
政策學	정책학	chŏngch'aekhak	jeongchaekak	定形	정형	chŏnghyŏng	jeonghyeong
程川	정천	Chŏngch'ŏn	Jeongcheon	整形	정형	chŏnghyŏng	jeonghyeong
停滯	정체	chŏngch'e	jeongche	定慧	정혜	Chŏnghye	Jeonghye
正體	정체	chŏngch'e	jeongche	定慧寺	정혜사	Chŏnghyesa	Jeonghyesa
停滯性	정체성	chŏngch'esŏng	jeongcheseong	井湖	정호	Chŏngho	Jeongho
正體性	정체성	chŏngch'esŏng	jeongcheseong	精魂	정혼	chŏnghon	jeonghon
定礎式	정초식	chŏngch'osik	jeongchosik	貞和	정화	Chŏnghwa	Jeonghwa
丁丑	정축	Chŏngch'uk	Cheongchuk	精華	정화	chŏnghwa	jeonghwa
丁丑本	정축본	Chŏngch'ukpon	Cheongchukbon	淨化	정화	chŏnghwa	jeonghwa
丁丑字	정축자	Chŏngch'ukcha	Cheongchukja	靖孝	정효	Chŏnghyo	Jeonghyo
政治	정치	chŏngch'i	jeongchi	貞孝	정효	Chŏnghyo	Jeonghyo
精緻	정치	chŏngch'i	jeongchi	正訓	정훈	chŏnghun	jeonghun
政治觀	정치관	chŏngch'igwan	jeongchigwan	庭訓	정훈	chŏnghun	jeonghun
政治大	정치대	chŏngch'idae	jeongchidae	政訓	정훈	chŏnghun	jeonghun
政治論	정치론	chŏngch'iron	jeongchiron	政訓局	정훈국	Chŏnghun'guk	Jeonghunguk
政治史	정치사	chŏngch'isa	jeongchisa	貞熹	정희	Chŏnghŭi	Jeonghi
政治人	정치인	chŏngch'iin	jeongchiin	第	제	che	je
政治的	정치적	chŏngch'ijŏk	jeongchijeok	帝	제	che	je
政治學	정치학	chŏngch'ihak	jeongchihak	劑	제	che	je
正寢	정침	chŏngch'im	jeongchim	制	제	che	je
淨土	정토	chŏngt'o	jeongto	第1	제1	che-1	je1
征討錄	정토록	chŏngt'orok	jeongtorok	第3	제3	che-3	je3
淨土宗	정토종	Chŏngt'ojong	Jeongtojong	諸家	제가	chega	jega
精通	정통	chŏngt'ong	jeongtong	製鋼	제강	chegang	jegang
正統	정통	chŏngt'ong	jeongtong	提綱	제강	chegang	jegang
正統論	정통론	chŏngt'ongnon	jeongtongnon	製鋼所	제강소	chegangso	jegangso
正統史	정통사	chŏnt'ongsa	jeongtongsa	諸經	제경	Chegyŏng	jegyeong
正統性	정통성	chŏngt'ongsŏng	jeongtongseong	帝系考	제계고	Chegyego	Jegyego
政特班	정특반	Chŏngt'ŭkpan	Jeongteukban	堤高	제고	chego	jego
政特班	정특반	Chŏngt'ŭkpan	Jeongteukban	提高	제고	chego	jego
定平	정평	Chŏngp'yŏng	Jeongpyeong	製菓	제과	chegwa	jegwa

한자 용례	한글	ALA-LC Romanization	정부 표기안	한자 용례	한글	ALA-LC Romanization	정부 표기안
祭具	제구	chegu	jegu	濟生	제생	chesaeng	jesaeng
帝國	제국	cheguk	jeguk	齋生	제생	chaesaeng	jesaeng
諸國	제국	cheguk	jeguk	帝釋	제석	chesŏk	jeseok
諸國紀	제국기	chegukki	jegukgi	帝釋院	제석원	Cchesŏgwŏn	Jeseogwon
諸國記	제국기	chegukki	jegukgi	帝釋天	제석천	Chesŏkch'ŏn	Jeseokcheon
帝國期	제국기	chegukki	jegukgi	提醒	제성	chesŏng	jeseong
帝國主義	제국주의	chegukchuŭi	jegukjuui	濟世	제세	chese	jese
帝國主義者	제국주의자	chegukchuŭi	jegukjuuija	提示	제시	chesi	jesi
祭基	제기	Chegi	Jegi	濟甖	제쌍	chessang	jessang
祭器	제기	chegi	jegi	諸衙圖	제아도	cheado	jeado
提起	제기	chegi	jegi	提案	제안	chean	jean
祭基洞	제기동	Chegi-dong	Jegi-dong	堤岩里	제암리	Cheam-ri	Jeam-ri
堤內里	제내리	Chenae-ri	Jenae-ri	製藥	제약	cheyak	jeyak
祭壇址	제단지	chedanji	jedanji	制約	제약	cheyak	jeyak
製糖	제당	chedang	jedang	濟陽縣	제양현	Cheyang-hyŏn	Jeyang-hyeon
帝大	제대	chedae	jedae	題語	제어	cheŏ	jeeo
濟大	제대	Chedae	Jedae	提言	제언	cheŏn	jeeon
制度	제도	chedo	jedo	諸言語	제언어	cheŏnŏ	jeeoneo
制度課	제도과	chedokwa	jedogwa	題詠詩	제영시	cheyŏngsi	jeyeongsi
制度論	제도론	chedoron	jedoron	帝王	제왕	chewang	jewang
制度史	제도사	chedosa	jedosa	帝王學	제왕학	chewanghak	jewanghak
制度的	제도적	chedojŏk	jedojeok	提要	제요	cheyo	jeyo
製鍊所	제련소	cheryŏnso	jeryeonso	堤原	제원	Chewŏn	Jewon
諸禮	제례	cherye	jerye	堤原郡	제원군	Chewŏn-gun	Jewon-gun
祭禮	제례	cherye	jerye	齋月堂	제월당	Chewŏltang	Jewoldang
祭禮文	제례문	cheryemun	jeryemun	祭儀	제의	cheŭi	jeui
祭禮樂	제례악	cheryeak	jeryeak	提議	제의	cheŭi	jeui
祭輓錄	제만록	chemannok	jemallok	祭儀性	제의성	cheŭisŏng	jeuiseong
祭亡妹	제망매	Chemangmae	Jemangmae	祭儀鈔	제의초	cheŭich'o	jeuicho
題名	제명	chemyŏng	jemyeong	制夷	제이	chei	jei
濟物浦	제물포	Chemulp'o	Jemulpo	第一	제일	cheil	jeil
濟民	제민	chemin	jemin	弟子	제자	cheja	jeja
齊民	제민	chemin	jemin	制作	제작	chejak	jejak
諸般	제반	cheban	jeban	製作	제작	chejak	jejak
題跋	제발	chebal	jebal	製作	제작	chejak	jejak
製法	제법	chepŏp	jebeop	制作論	제작론	chejangnon	jejangnon
諸譜	제보	chebo	jebo	製作處	제작처	chejakch'ŏ	jejakcheo
齋峰	제봉	Chebong	Jebong	堤裁	제재	chejae	jejae
製粉	제분	chebun	jebun	制定	제정	chejŏng	jejeong
諸佛	제불	chebul	jebul	齋亭	제정	Chejŏng	Jejeong
祭祀	제사	chesa	jesa	帝政	제정	Chejŏng	Jejeong
題辭	제사	chesa	jesa	製造	제조	chejo	jejo
第三	제삼	chesam	jesam	製造所	제조소	chejoso	jejoso
諸相	제상	chesang	jesang	製造業	제조업	chejoŏp	jejoeop
諸像	제상	chesang	jesang	濟州	제주	Cheju	Jeju

한자 용례	한글	ALA-LC Romanization	정부 표기안	한자 용례	한글	ALA-LC Romanization	정부 표기안
祭酒	제주	cheju	jeju	彫刻史	조각사	chogaksa	jogaksa
濟州郡	제주군	Cheju-gun	Jeju-gun	彫刻僧	조각승	chogaksŭng	jogakseung
濟州大	제주대	Chejudae	Jejudae	條件	조건	chokŏn	jogeon
濟州道	제주도	Cheju-do	Jeju-do	造景	조경	chogyŏng	jogyeong
濟州島	제주도	Chejudo	Jejudo	曹溪	조계	Chogye	Jogye
济州道	제주도	Cheju-do	Jeju-do	租界	조계	chogye	jogye
濟州牧	제주목	Cheju-mok	Jeju-mok	曹溪寺	조계사	Chogyesa	Jogyesa
濟州民	제주민	Chejumin	Jejumin	曹溪山	조계산	Chogyesan	Jogyesan
濟州府	제주부	Cheju-bu	Jeju-bu	曹溪宗	조계종	Chogyejong	Jogyejong
濟州市	제주시	Cheju-si	Jeju-si	朝貢	조공	chogong	jogong
濟州語	제주어	Chejuŏ	Jejueo	朝光	조광	Chogwang	Jogwang
濟州邑	제주읍	Cheju-ŭp	Jeju-eup	助教	조교	chogyo	jogyo
濟州人	제주인	Chejuin	Jejuin	祖丘	조구	Chogu	Jogu
濟昌縣	제주현	Chech'ang-hyŏn	Jeju-hyeon	祖國	조국	choguk	joguk
濟衆	제중	chejung	jejung	祖國史	조국사	choguksa	joguksa
濟衆院	제중원	Chejungwŏn	Jejungwon	遭難	조난	chonan	jonan
製紙	제지	cheji	jeji	鳥南洞	조남동	Chonam-dong	Jonam-dong
製紙辭	제지사	chejisa	jejisa	兆年	조년	Chonyŏn	Jonyeon
諸刹	제찰	chech'al	jechal	調達	조달	chodal	jodal
製册	제책	chech'aek	jechaek	調達廳	조달청	Chodalch'ŏng	Jodalcheong
堤川	제천	Chech'ŏn	Jecheon	照膽	조담	chodam	jodam
祭天	제천	chech'ŏn	jecheon	祖堂	조당	Chodang	Jodang
堤川郡	제천군	Chech'ŏn-gun	Jecheon-gun	早稻	조도	Chodo	Jodo
堤川縣	제천현	Chech'ŏn-hyŏn	Jecheon-hyeon	朝島	조도	Chodo	Jodo
製鐵	제철	chech'ŏl	jecheol	曹洞	조동	Cho-dong	Jo-dong
製鐵所	제철소	chech'ŏlso	jecheolso	早洞里	조동리	Chodong-ni	Jodong-ri
提出	제출	chech'ul	jechul	助動詞	조동사	chodongsa	jodongsa
提出者	제출자	chech'ulcha	jechulja	曹洞宗	조동종	Chodongjong	Jodongjong
製品	제품	chep'um	jepum	操鍊	조련	choryŏn	joryeon
制限	제한	chehan	jehan	操鍊局	조련국	choryŏn'guk	joryeonguk
提奚縣	제해현	Chehae-hyŏn	Jehae-hyeon	鳥嶺	조령	Choryŏng	Joryeong
際饗	제향	chehyang	jehyang	詔令	조령	choryŏng	joryeong
祭享	제향	chehyang	jehyang	條例	조례	chorye	jorye
祭饗	제향	chehyang	jehyang	照禮洞	조례동	Chorye-dong	Jorye-dong
祭饗날	제향날	chehyangnal	jehyangnal	鳥類	조류	choryu	joryu
制憲	제헌	chehŏn	jeheon	藻類	조류	choryu	joryu
諸賢	제현	chehyŏn	jehyeon	潮流	조류	choryu	joryu
諸賢集	제현집	chehyŏnjip	jehyeonjip	調理	조리	chori	jori
曹	조	Cho	Jo	調理書	조리서	chorisŏ	joriseo
趙	조	Cho	Jo	眺望	조망	chomang	jomang
條	조	cho	jo	照明	조명	chomyŏng	jomyeong
兆	조	cho	jo	朝明	조명	Cho-Myŏng	Jo-Myeong
曹	조	cho	jo	祖母	조모	chomo	jomo
鳥	조	cho	jo	條目	조목	chomok	jomok
彫刻	조각	chogak	jogak	召文國	조문국	Chomun'guk	Jomunguk

한자 용례	한글	ALA-LC Romanization	정부 표기안	한자 용례	한글	ALA-LC Romanization	정부 표기안
朝報	조보	Chobo	Jobo	朝鮮海	조선해	Chosŏnhae	Joseonhae
祖父母	조부모	chobumo	jobumo	朝鮮畵	조선화	Chosŏnhwa	Joseonhwa
朝士	조사	Chosa	Josa	造成	조성	chosŏng	joseong
調査	조사	chosa	josa	造成記	조성기	chosŏnggi	joseonggi
朝謝	조사	chosa	josa	造成廳	조성청	Chosŏngch'ŏng	Joseongcheong
祖師	조사	chosa	josa	租稅	조세	chose	jose
調査局	조사국	chosaguk	josaguk	祖稅	조세	chose	jose
調査團	조사단	chosadan	josadan	租稅論	조세론	choseron	joseron
祖師堂	조사당	chosadang	josadang	租稅犯	조세범	chosebŏm	josebeom
調査法	조사법	chosapŏp	josabeop	彫塑	조소	choso	joso
調査部	조사부	chosabu	josabu	鳥獸	조수	chosu	josu
調査書	조사서	chosasŏ	josaseo	潮水	조수	chosu	josu
調査所	조사소	chosaso	josaso	朝野	조야	choya	joya
調査室	조사실	chosasil	josasil	條約	조약	choyak	joyak
調査者	조사자	chosaja	josaja	條約局	조약국	Choyakkuk	Joyakguk
祖師殿	조사전	chosajŏn	josajeon	朝陽閣	조양각	Choyanggak	Joyanggak
調査會	조사회	chosahoe	josahoe	朝陽洞	조양동	Choyang-dong	Joyang-dong
調査會	조사회	chosahoe	josahoe	助役論	조역론	choyŏngnon	joyeongnon
造山	조산	Chosan	Josan	造營	조영	choyŏng	joyeong
眺山	조산	Chosan	Josan	造永洞	조영동	Choyŏng-dong	Joyeong-dong
祖上	조상	chosang	josang	漕運	조운	choun	joun
彫像	조상	chosang	josang	朝銀	조은	Choŭn	Joeun
造像經	조상경	Chosanggyŏng	Josanggyeong	鳥人	조인	choin	join
朝鮮	조선	Chosŏn	Joseon	朝日	조일	choil	joil
造船	조선	chosŏn	joseon	朝廷	조정	chojŏng	jojeong
朝鮮國	조선국	Chosŏn'guk	Joseonguk	調整	조정	chojŏng	jojeong
朝鮮大	조선대	Chosŏndae	Joseondae	調整法	조정법	chojŏngpŏp	jojeongbeop
朝鮮圖	조선도	Chosŏndo	Joseondo	調整室	조정실	chojŏngsil	jojeongsil
朝鮮錄	조선록	Chosŏllok	Joseollok	朝祖	조조	Chojo	Jojo
朝鮮文	조선문	Chosŏnmun	Joseonmun	朝宗巖	조종암	Chojongam	Jojongam
朝鮮民	조선민	Chosŏnmin	Joseonmin	組織	조직	chojik	jojik
朝鮮病	조선병	Chosŏnpyŏng	Joseonbyeong	組織論	조직론	chojingnon	jojingnon
朝鮮賦	조선부	Chosŏnbu	Joseonbu	組織史	조직사	chojiksa	jojiksa
朝鮮部	조선부	Chosŏnbu	Joseonbu	組織員	조직원	chojigwŏn	jojigwon
朝鮮社	조선사	Chosŏnsa	Joseonsa	組織的	조직적	chojikchŏk	jojikjeok
朝鮮史	조선사	Chosŏnsa	Joseonsa	朝天	조천	choch'ŏn	jocheon
造船所	조선소	chosŏnso	joseonso	朝天記	조천기	choch'ŏn'gi	jocheongi
朝鮮語	조선어	Chosŏnŏ	Joseoneo	朝天錄	조천록	Choch'ŏllok	Jocheonnok
朝鮮語科	조선어과	Chosŏnŏkwa	Joseoneogwa	朝淸	조청	Cho-Ch'ŏng	Jo-Cheong
朝鮮語學	조선어학	Chosŏnŏhak	Joseoneohak	朝總聯	조총련	Choch'ongnyŏn	Jochongnyeon
朝鮮人	조선인	Chosŏnin	Joseonin	措置	조치	choch'i	jochi
造船匠	조선장	chosŏnjang	joseonjang	鳥致院	조치원	Choch'iwŏn	Jochiwon
朝鮮朝	조선조	Chosŏnjŏ	Joseonjo	造塔洞	조탑동	Chot'ap-tong	Jotap-dong
朝鮮族	조선족	Chosŏnjok	Joseonjok	組版	조판	chop'an	jopan
朝鮮族	조선족	Chosŏnjok	Joseonjok	組版所	조판소	chop'anso	jopanso

한자 용례	한글	ALA-LC Romanization	정부 표기안	한자 용례	한글	ALA-LC Romanization	정부 표기안
造幣	조폐	chop'ye	jopye	宗	종	chong	jong
朝漢	조한	Cho-Han	Jo-Han	宗家	종가	chongga	jongga
組合	조합	chohap	johap	鍾閣	종각	chonggak	jonggak
鳥合	조합	chohap	johap	鐘閣	종각	chonggak	jonggak
組合論	조합론	chohamnon	johamnon	宗鏡錄	종경록	Chonggyŏngnok	Jonggyeongnok
祖合法	조합법	chohappŏp	johapbeop	宗杲	종고	Chonggo	Jonggo
組合法	조합법	chohappŏp	johapbeop	鍾谷	종곡	chonggok	jonggok
組合所	조합소	chohapso	johapso	宗教	종교	chonggyo	jonggyo
組合員	조합원	chohabwŏn	johabwon	宗敎	종교	chonggyo	jonggyo
條項	조항	chohang	johang	宗教系	종교계	chonggyogye	jonggyogye
條解	조해	chohae	johae	宗教論	종교론	chonggyoron	jonggyoron
造型	조형	chohyŏng	johyeong	宗教史	종교사	chonggyosa	jonggyosa
造形美	조형미	chohyŏngmi	johyeongmi	宗教誌	종교지	chonggyoji	jonggyoji
調和	조화	chohwa	johwa	宗教學	종교학	chonggyohak	jonggyohak
彫花	조화	chohwa	johwa	宗敎學	종교학	chonggyohak	jonggyohak
造化	조화	chohwa	johwa	從軍	종군	chonggun	jonggun
彫花紋	조화문	chohwamun	johwamun	宗徒	종도	chongdo	jongdo
朝興	조흥	Chohŭng	Joheung	種痘	종두	chongdu	jongdu
族	족	chok	jok	種痘法	종두법	Chongdupŏp	Jongdubeop
族圖	족도	chokto	jokdo	從量制	종량제	chongnyangje	jongnyangje
族譜	족보	chokpo	jokbo	鐘路	종로	Chongno	Jongno
族長	족장	chokchang	jokjang	鍾路	종로	Chongno	Jongno
足跡	족적	chokchŏk	jokjeok	鐘樓	종루	chongnu	jongnu
足徵錄	족징록	Chŏkchingnok	Jokjingnok	宗理	종리	chongni	jongni
存	존	chon	jon	宗理院	종리원	Chongniwŏn	Jongniwon
尊經	존경	chon'gyŏng	jongyeong	宗廟	종묘	Chongmyo	Jongmyo
尊經閣	존경각	Chon'gyŏnggak	Jongyeonggak	宗廟樂	종묘악	Chongmyoak	Jongmyoak
尊德亭	존덕정	Chondŏkchŏng	Jondeokjeong	宗務	종무	chongmu	jongmu
存立	존립	chollip	jollip	宗務府	종무부	Chongmubu	Jongmubu
尊佛	존불	chonbul	jonbul	宗務院	종무원	Chongmuwŏn	Jongmuwon
尊者	존자	chonja	jonja	宗密	종밀	Chongmil	Jongmil
存齋	존재	Chonjae	jonjae	宗法師	종법사	Chongpŏpsa	Jongbeopsa
存在論	존재론	chonjaeron	jonjaeron	從北	종북	chongbuk	jongbuk
存在論的	존재론적	chonjaeronjŏk	jonjaeronjeok	鐘北	종북	chongbuk	jongbuk
尊周	존주	Chonju	Jonju	從祀	종사	chongsa	jongsa
尊華錄	존화록	Chonhwarok	Jonhwarok	宗史	종사	chongsa	jongsa
卒	졸	chol	jol	宗師	종사	chongsa	jongsa
拙藁	졸고	cholgo	jolgo	從先錄	종선록	Chongsŏnnok	Jongseollok
拙堂公	졸당공	Choltanggong	Joldanggong	鍾城郡	종성군	Chongsŏng-gun	Jongseong-gun
卒本	졸본	Cholbon	Jolbon	從屬	종속	chongsok	jongsok
卒本城	졸본성	Cholbonsŏng	Jolbonseong	宗孫	종손	chongson	jongson
猝富	졸부	cholbu	jolbu	宗孫家	종손가	chongson'ga	jongsonga
卒業	졸업	chorŏp	joreop	宗約所	종약소	chongyakso	jongyakso
鐘	종	chong	jong	腫瘍	종양	chongyang	jongyang
終	종	chong	jong	從業員	종업원	chongŏbwŏn	jongeobwon

한자 용례	한글	ALA-LC Romanization	정부 표기안	한자 용례	한글	ALA-LC Romanization	정부 표기안
從遊人	종유인	chongyuin	jongyuin	罪業	죄업	choeŏp	joeeop
宗議會	종의회	chongŭihoe	jonguihoe	罪人	죄인	choein	joein
種子	종자	chongja	jongja	州	주	chu	ju
宗祖	종조	Chongjo	Jongjo	奏	주	chu	ju
種族性	종족성	chongjoksŏng	jongjokseong	週	주	chu	ju
宗中	종중	chongjung	jongjung	註	주	chu	ju
終止符	종지부	chongjibu	jongjibu	朱	주	chu	ju
宗親	종친	chongch'in	jongchin	住	주	chu	ju
宗親錄	종친록	chongch'innok	jongchillok	主	주	chu	ju
宗親會	종친회	chongch'inhoe	jongchinhoe	酒	주	chu	ju
宗宅	종택	chongt'aek	jongtaek	駐	주	chu	ju
宗派	종파	chongp'a	jongpa	周	주	chu	ju
宗派圖	종파도	chongp'ado	jongpado	株價	주가	chuka	juga
宗派史	종파사	chongp'asa	jongpasa	週刊	주간	chugan	jugan
綜合	종합	chonghap	jonghap	主幹	주간	chugan	jugan
綜合的	종합적	chonghapchŏk	jonghapjeok	週間	주간	chugan	jugan
統合的	종합적	t'onghapchŏk	jonghapjeok	週間誌	주간지	chuganji	juganji
綜合展	종합전	chonghapchŏn	jonghapjeon	住居	주거	chugŏ	jugeo
從享	종향	chonghyang	jonghyang	住居址	주거지	chugŏji	jugeoji
鍾峴	종현	Chonghyŏn	Jonghyeon	朱耕	주경	chugyŏng	jugyeong
宗會	종회	chonghoe	jonghoe	主敬	주경	chugyŏng	jugyeong
左	좌	chwa	jwa	注谷洞	주곡동	Chugok-tong	Jugok-dong
左傾	좌경	chwagyŏng	jwagyeong	主管	주관	chugwan	jugwan
左溪	좌계	Chwagye	Jwagye	主觀式	주관식	chugwansik	jugwansik
左道	좌도	chwado	jwado	主教	주교	chugyo	jugyo
佐洞	좌동	Chwa-dong	Jwa-dong	州郡制	주군제	chugunje	jugunje
坐像	좌상	chwasang	jwasang	主權	주권	chukwŏn	jugwon
坐禪	좌선	chwasŏn	jwaseon	周忌	주기	chugi	jugi
左蘇	좌소	Chwaso	Jwaso	周期	주기	chugi	jugi
左水營	좌수영	Chwasuyŏng	Jwasuyeong	週期	주기	chugi	jugi
左繩	좌승	chwasŭng	jwaseung	主氣論	주기론	Chugiron	Jugiron
左右	좌우	chwau	jwau	周年	주년	chunyon	junyeon
座右銘	좌우명	chwaumyŏng	jwaumyeong	主導	주도	chudo	judo
左翼	좌익	chwaik	jwaik	柱梁	주량	Churyang	Juryang
左翼手	좌익수	chwaiksu	jwaiksu	柱聯	주련	churyŏn	juryeon
左傳	좌전	Chwajŏn	Jwajeon	周禮	주례	Churye	Jurye
佐田	좌전	Chwajŏn	Jwajeon	主流	주류	churyu	juryu
挫折	좌절	chwajŏl	jwajeol	周留	주류	Churyu	Juryu
坐知	좌지	Chwaji	Jwaji	酒類	주류	churyu	juryu
佐鎭	좌진	Chwajin	Jwajin	周留城	주류성	Churyusŏng	Juryuseong
佐忠	좌충	Chwach'ung	Jwachung	主理	주리	Churi	Juri
左派	좌파	chwap'a	jwapa	主理論	주리론	Churiron	Juriron
座標	좌표	chwap'yo	jwapyo	主理派	주리파	Churip'a	Juripa
罪	죄	choe	joe	酒幕	주막	chumak	jumak
罪狀記	죄상기	choesanggi	joesanggi	呪文	주문	chumun	jumun

한자 용례	한글	ALA-LC Romanization	정부 표기안	한자 용례	한글	ALA-LC Romanization	정부 표기안
朱文	주문	Chumun	Jumun	駐越	주월	chuwŏl	juwol
周珉	주민	Chumin	Jumin	舟月里	주월리	Chuwŏl-li	Juwol-ri
住民	주민	chumin	jumin	朱乙	주을	Chuŭl	Jueul
住民들	주민들	chumindŭl	jumindeul	朱乙邑	주을읍	Chuŭl-ŭp	Jueul-eup
廚房	주방	chubang	jubang	主義	주의	chuŭi	juui
酒方文	주방문	chubangmun	jubangmun	奏議類	주의류	chuŭiryu	juuiryu
周邊	주변	chubyŏn	jubyeon	做儀里	주의리	Chuŭi-ri	Juui-ri
周邊學	주변학	chubyŏnhak	jubyeonhak	主人	주인	chuin	juin
呪寶	주보	chubo	jubo	主日	주일	chuil	juil
週報	주보	chubo	jubo	主一	주일	Chuil	Juil
周本	주본	chubon	jubon	主任	주임	chuim	juim
周峰	주봉	Chubong	Jubong	走者	주자	chuja	juja
主婦	주부	chubu	jubu	朱子	주자	Chuja	Juja
籌備	주비	chubi	jubi	鑄字	주자	chuja	juja
籌備會	주비회	chubihoe	jubihoe	鑄字洞	주자동	Chuja-dong	Juja-dong
舟山里	주산리	Chusan-ni	Jusan-ri	朱子書	주자서	Chujasŏ	Jujaseo
酒色	주색	chusaek	jusaek	朱子學	주자학	Chujahak	Jujahak
朱書	주서	Chusŏ	Juseo	朱子學的	주자학적	Chujahakchŏk	Jujahakjeok
註釋	주석	chusŏk	juseok	主張	주장	chujang	jujang
主席	주석	chusŏk	juseok	主題	주제	chuje	juje
注釋本	주석본	chusŏkpon	juseokbon	主題圖	주제도	chujedo	jujedo
主城	주성	Chusŏng	Juseong	主題別	주제별	chujebyŏl	jujebyeol
主城里	주성리	Chusŏng-ni	Juseong-ri	主潮	주조	chujo	jujo
住所	주소	chuso	juso	鑄造	주조	chujo	jujo
住所錄	주소록	chusorok	jusorok	主從	주종	chujong	jujong
呪術	주술	chusul	jusul	朱注	주주	Chuju	JuJu
主僧	주승	chusŭng	juseung	主持	주지	chuji	juji
株式	주식	chusik	jusik	住持	주지	chuji	juji
主顔	주안	chuan	juan	主體	주체	chuch'e	juche
住岩	주암	Chuam	Juam	舟村	주촌	Chuch'on	Juchon
住岩댐	주암댐	Chuamtaem	Juamdaem	周村	주촌	Chuch'on	Juchon
舟嚴里	주암리	Chuam-ni	Juam-ri	主催	주최	chuch'oe	juchoe
註譯	주역	chuyŏk	juyeok	住宅	주택	chut'aek	jutaek
周易	주역	chuyŏk	juyeok	周波數	주파수	chup'asu	jupasu
主役	주역	chuyŏk	juyeok	主編	주편	chup'yŏn	jupyeon
主役들	주역들	chuyŏktŭl	juyeokdeul	周浦里	주포리	Chup'o-ri	Jupo-ri
周易學	주역학	chuyŏkhak	juyeokhak	主筆	주필	chup'il	jupil
珠淵	주연	Chuyŏn	Juyeon	籌學	주학	Chuhak	Juhak
周翁	주옹	Chuong	Juong	駐韓	주한	chuhan	juhan
周王	주왕	Chuwang	Juwang	蛛肛	주항	chuhang	juhang
周王山	주왕산	Chuwangsan	Juwangsan	註解	주해	chuhae	juhae
主要	주요	chuyo	juyo	注解	주해	chuhae	juhae
主要	주요	chuyo	juyo	註解集	주해집	chuhaejip	juhaejip
主要國	주요국	chuyoguk	juyoguk	住協研	주협연	Chuhyŏbyŏn	Juhyeobyeon
主要部	주요부	chuyobu	juyobu	竹	죽	chuk	juk

한자 용례	한글	ALA-LC Romanization	정부 표기안	한자 용례	한글	ALA-LC Romanization	정부 표기안
竹簡	죽간	chukkan	jukgan	中	중	chung	jung
竹溪	죽계	Chukkye	Jukgye	中佳邱洞	중가구동	Chunggagu-dong	Junggagu-dong
竹溪志	죽계지	Chukkyeji	Jukgyeji	重刊	중간	chunggan	junggan
竹谷	죽곡	Chukkok	Jukgok	中間	중간	chunggan	junggan
竹谷里	죽곡리	Chukkong-ni	Jukgok-ri	中間財	중간재	chungganjae	jungganjae
竹內里	죽내리	Chungnae-ri	Jungnae-ri	仲介	중개	chunggae	junggae
竹島	죽도	Chukto	Jukdo	仲介士	중개사	chunggaesa	junggaesa
竹東里	죽동리	Chuktong-ni	Jukdong-ri	仲介業	중개업	chunggaeŏp	junggaeeop
竹嶺	죽령	Chungnyŏng	Jungnyeong	仲車	중거	chunggŏ	junggeo
竹嶺縣	죽령현	Chungnyŏng-hyŏn	Jungnyeong-hyeon	重建歌	중건가	chunggŏn'ga	junggeonga
竹露堂	죽로당	Chungnodang	Jungnodang	中堅	중견	chunggyŏn	junggyeon
竹林	죽림	chungnim	jungnim	重慶	중경	Chunggyŏng	Junggyeong
竹林里	죽림리	Chungnim-ni	Jungnim-ri	中京誌	중경지	Chunggyŏngji	Junggyeongji
竹部	죽부	Chukpu	Jukbu	中繼	중계	chunggye	junggye
竹山	죽산	chuksan	Juksan	中溪	중계	Chunggye	Junggye
竹山郡	죽산군	Chuksan-gun	Juksan-gun	中高	중고	chunggo	junggo
竹山里	죽산리	Chuksan-ni	Juksan-ri	中古期	중고기	chunggogi	junggogi
竹山縣	죽산현	Chuksan-hyŏn	Juksan-hyeon	中高等	중고등	chunggodŭng	junggodeung
竹西	죽서	Chuksŏ	Jukseo	中古船	중고선	chunggosŏn	junggoseon
竹西樓	죽서루	Chuksŏru	Jukseoru	中高制	중고제	chunggoje	junggoje
竹石館	죽석관	Chuksŏkkwan	Jukseokgwan	中共	중공	Chunggong	Junggong
竹所	죽소	chukso	jukso	中共軍	중공군	Chunggonggun	Junggonggun
竹樹	죽수	Chuksu	Juksu	重工業	중공업	chunggongŏp	junggongeop
竹塢	죽오	Chugo	Jugo	重課稅	중과세	chungkwase	junggwase
竹杖洞	죽장동	Chukchang-dong	Jukjang-dong	重光	중광	Chunggwang	Junggwang
竹田	죽전	Chukchŏn	Jukjeon	中區	중구	Chung-gu	Jung-gu
竹田洞	죽전동	Chukchŏn-dong	Jukjeon-dong	中國	중국	Chungguk	Jungguk
竹亭里	죽정리	Chukchŏng-ni	Jukjeong-ri	中國史	중국사	Chungguka	Jungguksa
竹竹里	죽죽리	Chukchung-ni	Jukjung-ri	中國禪	중국선	Chungguksŏn	Junggukseon
竹旨郎	죽지랑	Chukchirang	Jukjirang	中國式	중국식	Chungguksik	Jungguksik
竹川	죽천	Chukch'ŏn	Jukcheon	中國語	중국어	Chunggugŏ	Junggugeo
竹坂洞	죽판동	Chukp'an-dong	Jukpan-dong	中國學	중국학	Chunggukhak	Junggukak
竹下	죽하	Chukha	Juka	中國画	중국화	Chunggukhwa	Junggukwa
竹鄉	죽향	Chukhyang	Jukyang	中軍	중군	chunggun	junggun
竹香	죽향	Chukhyang	Jukyang	仲龜	중귀	Chunggwi	Junggwi
竹軒	죽헌	Chukhŏn	Jukeon	中金里	중금리	Chunggŭm-ni	Junggeum-ri
竹峴縣	죽현현	Chukhyŏn-hyŏn	Jukyeon-hyeon	中期	중기	chunggi	junggi
準據	준거	chun'gŏ	jungeo	重記	중기	chunggi	junggi
竣工	준공	chungong	jungong	中南美	중남미	Chung-Nammi	Jung-Nammi
竣工史	준공사	chun'gongsa	jungongsa	中年	중년	chungnyŏn	jungnyeon
準備	준비	chunbi	junbi	重大	중대	chungdae	jungdae
準備團	준비단	chunbidan	junbidan	中隊	중대	chungdae	jungdae
準備會	준비회	chunbihoe	junbihoe	中代	중대	chungdae	jungdae
准陽	준양	Chunyang	Junyang	重大事	중대사	chungdaesa	jungdaesa
準租稅	준조세	chunjose	junjose	中道	중도	chungdo	jungdo

한자 용례	한글	ALA-LC Romanization	정부 표기안	한자 용례	한글	ALA-LC Romanization	정부 표기안
中島	중도	Chungdo	Jungdo	中心	중심	chungsim	jungsim
中道系	중도계	chungdogye	jungdogye	中心制	중심제	chungsimje	jungsimje
中道宗	중도종	chungdojong	jungdojong	中嶽	중악	chungak	jungak
中毒者	중독자	chungdokcha	jungdokja	中央	중앙	chungang	jungang
中洞	중동	Chung-dong	Jung-dong	中央黨	중앙당	chungangdang	jungangdang
中東	중동	Chungdong	Jungdong	中央大	중앙대	Chungangdae	Jungangdae
仲冬	중동	Chungdong	Jungdong	中央委	중앙위	chungangwi	jungangwi
中等	중등	chungdŭng	jungdeung	中央塔	중앙탑	chungangt'ap	jungangtap
中里	중리	Chung-ni	Jung-ri	中央会	중앙회	chunganghoe	junganghoe
中立	중립	chungnip	jungnip	中央會	중앙회	chunganghoe	junganghoe
中梅	중매	chungmae	jungmae	中壤	중양	Chungyang	Jungyang
中面	중면	Chung-myŏn	Jung-myeon	中葉	중엽	chungyŏp	jungyeop
中門	중문	chungmun	jungmun	中英朝	중영조	Chung-Yŏng-Cho	Jung-Yeong-Jo
中文	중문	chungmun	jungmun	中外	중외	chungoe	jungoe
中磻溪	중반계	Chungban'gye	Jungbangye	中要	중요	chungyo	jungyo
重盤郡	중반군	Chungban-gun	Jungban-gun	重要	중요	chungyo	jungyo
重複	중복	chungbok	jungbok	重要國	중요국	chungyoguk	jungyoguk
重峰	중봉	Chungbong	Jungbong	中庸	중용	chungyong	jungyong
中部	중부	chungbu	jungbu	中庸齋	중용재	Chungyongjae	Jungyongjae
中部大	중부대	Chungbudae	Jungbudae	重友會	중우회	Chunguhoe	Junguhoe
中部洞	중부동	Chungbu-dong	Jungbu-dong	中元	중원	Chungwŏn	Jungwon
重山	중산	Chungsan	Jungsan	中原	중원	Chungwŏn	Jungwon
中山	중산	chungsan	jungsan	中原京	중원경	Chungwŏn'gyŏng	Jungwongyeong
中山洞	중산동	Chungsan-dong	Jungsan-dong	中原郡	중원군	Chungwŏn-gun	Jungwon-gun
中山里	중산리	Chungsan-ni	Jungsan-ri	中原音	중원음	Chungwŏnŭm	Jungwoneum
重山齋	중산재	Chungsanjae	Jungsanjae	中月里	중월리	Chungwŏl-li	Jungwol-ri
中産層	중산층	chungsanch'ŭng	jungsancheung	中人	중인	chungin	jungin
重商	중상	chungsang	jungsang	中日韓	중일한	Chung-Il-Han	Jung-Il-Han
重傷	중상	chungsang	jungsang	中長期	중장기	chungjanggi	jungjanggi
重商主義	중상주의	chungsangjuŭi	jungsangjuui	中壯里	중장리	Chungjang-ni	Jungjang-ri
衆生	중생	chungsaeng	jungsaeng	仲裁	중재	chungjae	jungjae
中書	중서	chŭngsŏ	jungseo	重訂	중정	chungjŏng	jungjeong
中西部	중서부	chungsŏbu	jungseobu	中井里	중정리	Chungjŏng-ni	Jungjeong-ri
重石	중석	chungsŏk	jungseok	中宗	중종	Chungjong	Jungjong
中成	중성	chungsŏng	jungseong	重創	중창	chungch'ang	jungchang
中城里	중성리	Chungsŏng-ni	Jungseong-ri	重創碑	중창비	chungch'angbi	jungchangbi
中世	중세	chungse	jungse	中川	중천	Chungch'ŏn	Jungcheon
中世史	중세사	chungsesa	jungsesa	中草	중초	chungch'o	jungcho
中蘇	중소	Chung-So	Jung-So	中草本	중초본	chungch'opon	jungchobon
中小	중소	chungso	jungso	中村	중촌	Chungch'on	Jungchon
重頌	중송	chungsong	jungsong	中村里	중촌리	Chungch'on-ni	Jungchon-ri
重修	중수	chungsu	jungsu	中樞	중추	chungch'u	jungchu
重修碑	중수비	chungsubi	jungsubi	中樞院	중추원	chungch'uwŏn	Jungchuwon
中時調	중시조	chungsijo	jungsijo	仲春	중춘	chungch'un	jungchun
中新里	중신리	Chungsin-ni	Jungsin-ri	重版	중판	chungp'an	jungpan

한자 용례	한글	ALA-LC Romanization	정부 표기안	한자 용례	한글	ALA-LC Romanization	정부 표기안
中版	중판	chungp'an	jungpan	證書	증서	chŭngsŏ	jeungseo
重編	중편	chungp'yŏn	jungpyeon	增修	증수	chŭngsu	jeungsu
重編本	중편본	chungp'yŏnbon	jungpyeonbon	增修所	증수소	chŭngsuso	jeungsuso
仲夏	중하	chungha	jungha	證市	증시	chŭngsi	jeungsi
中學	중학	chunghak	junghak	增殖	증식	chŭngsik	jeungsik
中學校	중학교	chunghakkyo	junghakgyo	證言	증언	chŭngŏn	jeungeon
中學生	중학생	chunghaksaeng	junghaksaeng	證言錄	증언록	chŭngŏnnok	jeungeollok
中韓	중한	Chung-Han	Jung-Han	贈與稅	증여세	chŭngyŏse	jeungyeose
重玄記	중현기	chunghyŏn'gi	junghyeongi	證人	증인	chŭngin	jeungin
中型	중형	chunghyŏng	junghyeong	增資	증자	chŭngja	jeungja
中和	중화	Chunghwa	Junghwa	曾子	증자	Chŭngja	Jeungja
中華	중화	chunghwa	junghwa	增資論	증자론	chŭngjaron	jeungjaron
中和郡	중화군	Chunghwa-gun	Junghwa-gun	增正	증정	chŭngjŏng	jeungjeong
中華論	중화론	chunghwaron	junghwaron	增訂	증정	chŭngjŏng	jeungjeong
中華主義	중화주의	chunghwajuŭi	junghwajuui	增進	증진	chŭngjin	jeungjin
重化學	중화학	chunghwahak	junghwahak	增村	증촌	chŭngch'on	jeungchon
中和縣	중화현	Chunghwa-hyŏn	Junghwa-hyeon	曾村里	증촌리	Chŭngch'on-ni	Jeungchon-ri
重會緣	중회연	chunghoeyŏn	junghoeyeon	增解	증해	chŭnghae	jeunghae
中興	중흥	chunghŭng	jungheung	贈行錄	증행록	chŭnghaengnok	jeunghaengnok
重興祖	중흥조	Chunghŭngjo	Jungheungjo	至	지	chi	ji
即決	즉결	chŭkkyŏl	jeukgyeol	知	지	chi	ji
卽位	즉위	chŭgwi	jeugwi	志	지	chi	ji
櫛目	즐목	chŭlmok	jeulmok	址	지	chi	ji
櫛目文	즐목문	chŭlmongmun	jeulmongmun	地	지	chi	ji
櫛文	즐문	chŭlmun	jeulmun	只	지	chi	ji
增加	증가	chŭngga	jeungga	之	지	chi	ji
增強	증강	chŭnggang	jeunggang	地價	지가	chika	jiga
證券	증권	chŭngkwŏn	jeunggwon	知覺	지각	chigak	jigak
證券	증권	chŭngkwŏn	jeunggwon	旨甘	지감	chigam	jigam
證卷	증권	chŭngkwŏn	jeunggwon	地鏡里	지경리	Chigyŏng-ni	Jigyeong-ri
證卷業	증권업	chŭngkwŏnŏp	jeunggwoneop	之曲	지곡	chigok	jigok
證券業	증권업	chŭngkwŏnŏp	jeunggwoneop	指空	지공	Chigong	Jigong
贈答	증답	chŭngdap	jeungdap	地官	지관	chigwan	jigwan
增大	증대	chŭngdae	jeungdae	止觀	지관	chigwan	jigwan
證道歌	증도가	chŭngdoga	jeungdoga	持觀門	지관문	chigwanmun	jigwanmun
證明	증명	chŭngmyŏng	jeungmyeong	之光	지광	chigwang	jigwang
證補	증보	chŭngbo	jeungbo	智光	지광	chigwang	jigwang
增補	증보	chŭngbo	jeungbo	地区	지구	chigu	jigu
增補版	증보판	chŭngbopan	jeungbopan	地璆	지구	Chigu	Jigu
增補版	증보판	chŭngbop'an	jeungbopan	地球	지구	chigu	jigu
甑山	증산	Chŭngsan	Jeungsan	地區	지구	chigu	jigu
甑山教	증산교	Chŭngsan'gyo	Jeungsangyo	地球儀	지구의	chiguŭi	jiguui
甑山郡	증산군	Chŭngsan-gun	Jeungsan-gun	地球村	지구촌	chiguch'on	jiguchon
甑山道	증산도	Chŭngsando	Jeungsando	指歸	지귀	chigwi	jigwi
甑山縣	증산현	Chŭngsan-hyŏn	Jeungsan-hyeon	知歸洞	지귀동	Chigwi-dong	Jigwi-dong

한자 용례	한글	ALA-LC Romanization	정부 표기안
支那	지나	China	Jina
支那語	지나어	Chinaŏ	Jinaeo
指南	지남	chinam	jinam
池內洞	지내동	Chinae-dong	Jinae-dong
眞珠	지누	chinju	jinu
知訥	지눌	Chinul	Jinul
芝堂	지당	Chidang	Jidang
地帶	지대	chidae	jidae
地帶論	지대론	chidaeron	jidaeron
智島	지도	Chido	Jido
指導	지도	chido	jido
地図	지도	chido	jido
地圖	지도	chido	jido
智島郡	지도군	Chido-gun	Jido-gun
指導論	지도론	chidoron	jidoron
指導部	지도부	chidobu	jidobu
指導案	지도안	chidoan	jidoan
指導者	지도자	chidoja	jidoja
指導者들	지도자들	chidojadŭl	jidojadeul
地圖集	지도집	chidojip	jidojip
地圖化	지도화	chidohwa	jidohwa
枝洞	지동	Chi-dong	Ji-dong
地動說	지동설	chidongsŏl	jidongseol
識略	지략	chiryak	jiryak
智略	지략	chiryak	jiryak
智略譚	지략담	Chiryaktam	Jiryakdam
知禮郡	지례군	Chirye-gun	Jirye-gun
知禮洞	지례동	Chirye-dong	Jirye-dong
知禮里	지례리	Chirye-ri	Jirye-ri
知禮縣	지례현	Chirye-hyŏn	Jirye-hyeon
地論	지론	chiron	jiron
智異	지리	Chiri	Jiri
地理	지리	chiri	jiri
地理類	지리류	chiriryu	jiriryu
智異山	지리산	Chirisan	Jirisan
地理山	지리산	Chirisan	Jirisan
智理山	지리산	Chirisan	Jirisan
智異山圈	지리산권	Chirisankwŏn	Jirisangwon
智異山記	지리산기	Chirisan'gi	Jirisangi
地理說	지리설	chirisŏl	jiriseol
地理志	지리지	chiriji	jiriji
地理誌	지리지	chiriji	jiriji
地理學	지리학	chirihak	jirihak
地理學的	지리학적	chirihakchŏk	jirihakjeok
智明	지명	Chimyŏng	Jimyeong
地名	지명	chimyŏng	jimyeong
地名考	지명고	chimyŏnggo	jimyeonggo
指紋	지문	chimun	jimun
之文	지문	chimun	jimun
地文	지문	chimun	jimun
知文社	지문사	Chimunsa	Jimunsa
地方	지방	chibang	jibang
脂肪	지방	chibang	jibang
地方官	지방관	chibanggwan	jibanggwan
地方局	지방국	chibangguk	jibangguk
地方別	지방별	chibangbyŏl	jibangbyeol
地方費	지방비	chibangbi	jibangbi
地方史	지방사	chibangsa	jibangsa
地方稅	지방세	chibangse	jibangse
地方稅法	지방세법	chibangsepŏp	jibangsebeop
地方志	지방지	chibangji	jibangji
地方債	지방채	chibangch'ae	jibangchae
脂肪體	지방체	chibangch'e	jibangche
地方化	지방화	chibanghwa	jibanghwa
地方會	지방회	chibanghoe	jibanghoe
支配	지배	chibae	jibae
支配的	지배적	chibaejŏk	jibaejeok
芝峰	지봉	Chibong	Jibong
支部	지부	chibu	jibu
地秘錄	지비록	chibirok	jibirok
志士	지사	chisa	jisa
知事	지사	chisa	jisa
支社	지사	chisa	jisa
之辭	지사	chisa	jisa
芝山	지산	Chisan	Jisan
地山	지산	Chisan	Jisan
志山	지산	Chisan	jisan
池山	지산	Chisan	Jisan
池山洞	지산동	Chisan-dong	Jisan-dong
地上	지상	chisang	jisang
紙上	지상	chisang	jisang
誌石	지석	chisŏk	jiseok
支石	지석	chisŏk	jiseok
支石里	지석리	Chisŏng-ni	Jiseok-ri
支石墓	지석묘	chisŏngmyo	jiseongmyo
芝仙里	지선리	Chisŏn-ni	Jiseon-ri
至誠	지성	chisŏng	jiseong
知性	지성	chisŏng	jiseong
知性史	지성사	chisŏngsa	jiseongsa
知性人	지성인	chisŏngin	jiseongin

한자 용례	한글	ALA-LC Romanization	정부 표기안	한자 용례	한글	ALA-LC Romanization	정부 표기안
支所	지소	chiso	jiso	地蔵	지장	Chijang	Jijang
智炤林	지소림	Chisorim	Jisorim	地藏	지장	Chijang	Jijang
持續	지속	chisok	jisok	地藏經	지장경	chijanggyŏng	jijanggyeong
指數	지수	chisu	jisu	地藏寺	지장사	Chijangsa	Jijangsa
智水	지수	chisu	jisu	地藏庵	지장암	Chijangam	Jijangam
知守齋	지수재	Chisujae	Jisujae	支齋	지재	Chijae	Jijae
至純	지순	chisun	jisun	只在堂	지재당	Chijaedang	Jijaedang
至純한	지순한	chisunhan	jisunhan	知的	지적	chichŏk	jijeok
紙繩	지승	chisŭng	jiseung	地籍	지적	chijŏk	jijeok
指示	지시	chisi	jisi	地籍學	지적학	chijŏkhak	jijeokak
知時	지시	chisi	jisi	地轉	지전	chijŏn	jijeon
知識	지식	chisik	jisik	池田	지전	Chijŏn	Jijeon
知識人	지식인	chisigin	jisigin	志傳	지전	chijŏn	jijeon
知識層	지식층	chisikch'ŭng	jisikcheung	地轉說	지전설	chijŏnsŏl	jijeonseol
地神	지신	chisin	jisin	地點	지점	chijŏm	jijeom
之神	지신	chisin	jisin	支店	지점	chijŏm	jijeom
志安	지안	Chian	jian	止亭	지정	Chijŏng	Jijeong
地域	지역	chiyŏk	jiyeok	至正	지정	chijŏng	jijeong
地域內	지역내	chiyŏngnae	jiyeongnae	指定	지정	chijŏng	jijeong
地域圖	지역도	chiyŏkto	jiyeokdo	地主	지주	chiju	jiju
地域別	지역별	chiyŏkpyŏl	jiyeokbyeol	支柱	지주	chiju	jiju
地域語	지역어	chiyŏgŏ	jiyeogeo	地誌	지지	chiji	jiji
地域差	지역차	chiyŏkch'a	jiyeokcha	地支	지지	chiji	jiji
地域學	지역학	chiyŏkhak	jiyeokak	地志	지지	chiji	jiji
地緣	지연	chiyŏn	jiyeon	之地	지지	chiji	jiji
地獄	지옥	chiok	jiok	地持經	지지경	chijigyŏng	jijigyeong
地獄圖	지옥도	chiokto	jiokdo	止止堂	지지당	Chijidang	Jijidang
地獄說	지옥설	chioksŏl	jiokseol	知止堂	지지당	Chijidang	Jijidang
地獄花	지옥화	chiokhwa	jiokwa	地震	지진	chijin	jijin
之友	지우	chiu	jiu	脂質	지질	chijil	jijil
支援	지원	chiwŏn	jiwon	地質	지질	chijil	jijil
志願	지원	chiwŏn	jiwon	地質學	지질학	chijirhak	jijilhak
地圓	지원	chiwŏn	jiwon	智泉	지천	Chich'ŏn	Jicheon
志願兵	지원병	chiwŏnbyŏng	jiwonbyeong	芝川	지천	Chich'ŏn	Jicheon
地圓說	지원설	Chiwŏnsŏl	Jiwonseol	之體	지체	chich'e	jiche
地位	지위	chiwi	jiwi	芝村	지촌	Chich'on	Jichon
地乳	지유	chiyu	jiyu	紙杻	지축	chich'uk	jichuk
知音	지음	chiŭm	jieum	地軸	지축	chich'uk	jichuk
之印	지인	chiin	jiin	指針	지침	chich'im	jichim
知人	지인	chiin	jiin	指針書	지침서	chich'imsŏ	jichimseo
之一	지일	Chiil	Jiil	知濯	지탁	Chit'ak	Jitak
智者	지자	Chija	Jija	智塔里	지탑리	Chit'am-ni	Jitap-ri
地字	지자	chija	jija	紙筒	지통	chit'ong	jitong
地自體	지자체	chijach'e	jijache	地平	지평	chip'yŏng	jipyeong
誌狀	지장	chijang	jijang	砥平郡	지평군	Chip'yŏng-gun	Jipyeong-gun

한자 용례	한글	ALA-LC Romanization	정부 표기안	한자 용례	한글	ALA-LC Romanization	정부 표기안
地平線	지평선	chip'yŏngsŏn	jipyeongseon	稷山郡	직산군	Chiksan-gun	Jiksan-gun
砥平縣	지평현	Chip'yŏng-hyŏn	Jipyeong-hyeon	稷山縣	직산현	Chiksan-hyŏn	Jiksan-hyeon
紙幣	지폐	chip'ye	jipye	直選	직선	chiksŏn	jikseon
止浦	지포	Chip'o	Jipo	直選制	직선제	chiksŏnje	jikseonje
指標	지표	chip'yo	jipyo	直說	직설	chiksŏl	jikseol
地表	지표	chip'yo	jipyo	直所址	직소지	chiksoji	jiksoji
地下	지하	chiha	jiha	職業	직업	chigŏp	jigeop
地下	지하	chiha	jiha	職業語	직업어	chigŏbŏ	jigeobeo
地下國	지하국	chihaguk	jihaguk	職員	직원	chigwŏn	jigwon
地下水	지하수	chihasu	jihasu	職員錄	직원록	chigwŏnnok	jigwonnok
地下室	지하실	chihasil	jihasil	職場	직장	chikchang	jikjang
志學社	지학사	Chihaksa	Jihaksa	職場人	직장인	chikchangin	jikjangin
之菡	지함	Chiham	Jiham	直前	직전	chikchŏn	jikjeon
志向	지향	chihyang	jihyang	直接	직접	chikchŏp	jikjeop
指向	지향	chihyang	jihyang	職制	직제	chikche	jikje
志向的	지향적	chihyangjŏk	jihyangjeok	織造	직조	chikcho	jikjo
止虛	지허	Chihŏ	Jiheo	直指	직지	chikchi	jikji
持驗紀	지험기	chihŏmgi	jiheomgi	直旨	직지	chikchi	jikji
地形	지형	chihyŏng	jihyeong	直指寺	직지사	Chikchisa	Jikjisa
地形圖	지형도	chihyŏngdo	jihyeongdo	直筆	직필	chikp'il	jikpil
知慧	지혜	chihye	jihye	直轄	직할	chikhal	jikhal
智慧	지혜	chihye	jihye	直轄市	직할시	Chikhalsi	Jikalsi
之湖	지호	Chiho	Jiho	直割市	직할시	Chikhalsi	Jikalsi
地化學	지화학	chihwahak	jihwahak	直解	직해	chikhae	jikae
地化學圖	지화학도	chihwahakto	jihwahakdo	直行	직행	chikhaeng	jikaeng
地化學的	지화학적	chihwahakchŏk	jihwahakjeok	直後	직후	chikhu	jiku
指環	지환	chihwan	jihwan	辰	진	chin	jin
支會	지회	chihoe	jihoe	眞覺	진각	Chin'gak	Jingak
指揮	지휘	chihwi	jihwi	眞景	진경	chin'gyŏng	jingyeong
直諫	직간	chikkan	jikgan	眞境	진경	Chin'gyŏng	Jingyeong
直徑階	직경계	chikkyŏnggye	jikgyeonggye	眞經	진경	chin'gyŏng	jingyeong
職工	직공	chikkong	jikgong	眞空	진공	Chin'gong	Jingong
職官類	직관류	chikkwannyu	jikgwallyu	進攻	진공	chin'gong	jingong
直交易	직교역	chikkyoyŏk	jikgyoyeok	眞寬	진관	Chin'gwan	Jingwan
職權	직권	chikkwŏn	jikgwon	津寬寺	진관사	Chin'gwansa	Jingwansa
織女	직녀	Chingnyŏ	Jingnyeo	震光	진광	Chin'gwang	Jingwang
直洞	직동	Chik-tong	Jik-dong	進國	진국	Chin'guk	Jinguk
直立	직립	chingnip	jingnip	陳羅里	진나리	Chinna-ri	Jinna-ri
職務	직무	chingmu	jingmu	鎭南浦	진남포	Chinnamp'o	Jinnampo
織物	직물	chingmul	jingmul	進農書	진농서	chinnongsŏ	jinnongseo
纖物	직물	chingmul	jingmul	診斷	진단	chindan	jindan
職方	직방	chikpang	jikbang	震檀	진단	Chindan	Jindan
職分	직분	chikpun	jikbun	診斷記	진단기	chindan'gi	jindangi
職分論	직분론	chikpunnon	jikbullon	診斷學	진단학	chindanhak	jindanhak
稷山	직산	Chiksan	Jiksan	眞德	진덕	Chindŏk	Jindeok

한자 용례	한글	ALA-LC Romanization	정부 표기안	한자 용례	한글	ALA-LC Romanization	정부 표기안
珍島	진도	Chindo	Jindo	辰時	진시	Chinsi	Jinsi
珍島犬	진도견	Chindogyŏn	Jindogyeon	縉紳	진신	chinsin	jinsin
珍島郡	진도군	Chindo-gun	Jindo-gun	搢紳札	진신찰	chinsinch'al	jinsinchal
珍島邑	진도읍	Chindo-ŭp	Jindo-eup	眞實	진실	chinsil	jinsil
珍島縣	진도현	Chindo-hyŏn	Jindo-hyeon	眞實攝	진실섭	chinsilsŏp	jinsilseop
鎭東里	진동리	Chindong-ni	Jindong-ri	眞心	진심	chinsim	jinsim
進禮	진례	Chillye	Jillye	鎭安	진안	Chinan	Jinan
進禮縣	진례현	Chillye-hyŏn	Jillye-hyeon	鎭安郡	진안군	Chinan-gun	Jinan-gun
進路	진로	chillo	jillo	鎭安縣	진안현	Chinan-hyŏn	Jinan-hyeon
眞露	진로	Chillo	Jillo	晉陽	진양	Chinyang	Jinyang
診療	진료	chillyo	jillyo	晉陽	진양	Chinyang	Jinyang
診療費	진료비	chillyobi	jillyobi	晉陽郡	진양군	Chinyang-gun	Jinyang-gun
眞理	진리	chilli	jilli	眞言集	진언집	chinŏnjip	jineonjip
真理	진리	chilli	jilli	進宴	진연	chinyŏn	jinyeon
眞理會	진리회	chillihoe	jillihoe	眞影	진영	chinyŏng	jinyeong
診脈	진맥	chinmaek	jinmaek	珍原	진원	Chinwŏn	Jinwon
進明	진명	chinmyŏng	jinmyeong	珍原縣	진원현	Chinwŏn-hyŏn	Jinwon-hyeon
鎭溟縣	진명현	Chinmyŏng-hyŏn	Jinmyeong-hyeon	振威	진위	Chinwi	Jinwi
眞木里	진목리	Chinmong-ni	Jinmok-ri	振威郡	진위군	Chinwi-gun	Jinwi-gun
震默	진묵	Chinmuk	Jinmuk	鎭衛隊	진위대	Chinwidae	Jinwidae
進文社	진문사	Chinmunsa	Jinmunsa	振威縣	진위현	Chinwi-hyŏn	Jinwi-hyeon
眞番	진번	Chinbŏn	Jinbeon	眞儒	진유	Chinyu	Jinyu
眞寶	진보	chinbo	jinbo	眞人	진인	chinin	jinin
眞寶	진보	Chinbo	Jinbo	眞逸	진일	Chinil	Jinnil
進步	진보	chinbo	jinbo	眞一郞	진일랑	Chinillang	Jinnillang
眞寶郡	진보군	Chinbo-gun	Jinbo-gun	眞一齋	진일재	Chiniljae	Jinniljae
眞寶縣	진보현	Chinbo-hyŏn	Jinbo-hyeon	進爵	진작	chinjak	jinjak
晉本	진본	chinbon	jinbon	振作	진작	chinjak	jinjak
辰砂	진사	chinsa	jinsa	鎭岑郡	진잠군	Chinjam-gun	Jinjam-gun
進士	진사	chinsa	jinsa	鎭岑縣	진잠현	Chinjam-hyŏn	Jinjam-hyeon
進士公派	진사공파	Chinsagongp'a	Jinsagongpa	珍藏	진장	chinjang	jinjang
珍山郡	진산군	Chinsan-gun	Jinsan-gun	震災	진재	chinjae	jinjae
進上	진상	chinsang	jinsang	眞蹟	진적	chinjŏk	jinjeok
眞相	진상	chinsang	jinsang	進展	진전	chinjŏn	jinjeon
鎭瑞	진서	Chinsŏ	Jinseo	眞殿	진전	chinjŏn	jinjeon
晉書	진서	Chinsŏ	Jinseo	眞靜	진정	Chinjŏng	Jinjeong
鎭西里	진서리	Chinsŏ-ri	Jinseo-ri	眞諦	진제	Chinje	Jinje
眞書帖	진서첩	chinsŏch'ŏp	jinseocheop	眞宗	진종	Chinjong	Jinjong
眞城	진성	Chinsŏng	Jinseong	真珠	진주	chinju	jinju
眞誠	진성	chinsŏng	jinseong	晉州	진주	Chinju	Jinju
眞誠堂	진성당	Chinsŏngdang	Jinseongdang	晋州	진주	Chinju	Jinju
眞率	진솔	chinsol	jinsol	晉州郡	진주군	Chinju-gun	Jinju-gun
眞髓	진수	chinsu	jinsu	眞珠灣	진주만	Chinjuman	Jinjuman
進水會	진수회	Chinsuhoe	Jinsuhoe	晉州牧	진주목	Chinju-mok	Jinju-mok
陳述	진술	chinsul	jinsul	晉州城	진주성	Chinjusŏng	Jinjuseong

한자 용례	한글	ALA-LC Romanization	정부 표기안	한자 용례	한글	ALA-LC Romanization	정부 표기안
晋州市	진주시	Chinju-si	Jinju-si	執綱所	집강소	Chipkangso	Jipgangso
陣中	진중	chinjung	jinjung	集考	집고	chipko	jipgo
進饌	진찬	chinch'an	jinchan	集權	집권	chipkwŏn	jipgwon
進饌圖	진찬도	chinch'ando	jinchando	執權	집권	chipkwŏn	jipgwon
進饌樂	진찬악	chinch'anak	jinchanak	執權期	집권기	chipkwŏn'gi	jipgwongi
鎭川	진천	Chinch'ŏn	Jincheon	集權的	집권적	chipkwŏnjŏk	jipgwonjeok
鎭川郡	진천군	Chinch'ŏn-gun	Jincheon-gun	執念	집념	chimnyŏm	jimnyeom
鎭川郡	진천군	Chinch'ŏn-gun	Jincheon-gun	集團	집단	chiptan	jipdan
辰泉洞	진천동	Chinch'ŏn-dong	Jincheon-dong	集大成	집대성	chiptaesŏng	jipdaeseong
鎭川邑	진천읍	Chinch'ŏn-ŭp	Jincheon-eup	輯覽	집람	chimnam	jimnam
鎭川縣	진천현	Chinch'ŏn-hyŏn	Jincheon-hyeon	輯覧	집람	chimnam	jimnam
進出	진출	chinch'ul	jinchul	輯略	집략	chimnyak	jimnyak
塵土	진토	chint'o	jinto	集略	집략	chimnyak	jimnyak
眞坡里	진파리	Chinp'a-ri	Jinpa-ri	輯錄	집록	chimnok	jimnok
進學	진학	chinhak	jinhak	集論	집론	chimnon	jimnon
鎭海	진해	Chinhae	Jinhae	執務	집무	chimmu	jimmu
鎭海灣	진해만	Chinhaeman	Jinhaeman	集文堂	집문당	Chimmundang	Jimmundang
進行	진행	chunhaeng	jinhaeng	集辨	집변	chippyŏn	jipbyeon
進行法	진행법	chinhaengpŏp	jinhaengbeop	集部	집부	chippu	jipbu
進行表	진행표	chinhaengp'yo	jinhaengpyo	執事	집사	chipsa	jipsa
振虛	진허	Chinhŏ	Jinheo	集算法	집산법	chipsanpŏp	jipsanbeop
鎭魂曲	진혼곡	chinhon'gok	jinhongok	執徐	집서	chipsŏ	jipseo
進化	진화	chinhwa	jinhwa	集釋	집석	chipsŏk	jipseok
眞話堂	진화당	Chinhwadang	Jinhwadang	輯釋	집석	chipsŏk	jipseok
眞興	진흥	Chinhŭng	Jinheung	輯說	집설	chipsŏl	jipseol
振興	진흥	chinhŭng	jinheung	集設	집설	chipsŏl	jipseol
振興論	진흥론	chinhŭngnon	jinheungnon	集成	집성	chipsŏng	jipseong
振興法	진흥법	chinhŭngpŏp	jinheungbeop	集成方	집성방	chipsŏngbang	jipseongbang
振興院	진흥원	chinhŭngwŏn	jinheungwon	集姓村	집성촌	chipsŏngch'on	jipseongchon
振興策	진흥책	chinhŭngch'aek	jinheungchaek	集安	집안	Chiban	Jiban
振興廳	진흥청	chinhŭngch'ŏng	jinheungcheong	集約	집약	chibyak	jibyak
振興會	진흥회	chinhŭnghoe	jinheunghoe	集要	집요	chibyo	jibyo
帙	질	chil	jil	輯要	집요	chibyo	jibyo
質問	질문	chilmun	jilmun	集議	집의	chibŭi	jibui
疾病	질병	chilbyŏng	jilbyeong	集字	집자	chipcha	jipja
疾病論	질병론	chilbyŏngnon	jilbyeongnon	集傳	집전	chipchŏn	jipjeon
疾書	질서	chilsŏ	jilseo	集注	집주	chipchu	jipju
秩序	질서	chilsŏ	jilseo	集註	집주	chipchu	jipju
窒素	질소	chilso	jilso	集中	집중	chipchung	jipjung
質岩	질암	chiram	jiram	執中	집중	Chipchung	Jipjung
質疑	질의	chirŭi	jirui	集眞	집진	chipchin	jipjin
楫	집	chip	jip	執筆	집필	chipp'il	jippil
緝	집	chip	jip	執筆者	집필자	chipp'ilcha	jippilja
輯	집	chip	jip	執筆陣	집필진	chipp'iljin	jippiljin
執綱	집강	chipkang	jipgang	集解	집해	chiphae	jiphae

한자 용례	한글	ALA-LC Romanization	정부 표기안	한자 용례	한글	ALA-LC Romanization	정부 표기안
執行	집행	chiphaeng	jipaeng	纂要	찬요	ch'anyo	chanyo
集賢	집현	chiphyŏn	jipyeon	纂要抄	찬요초	ch'anyoch'o	chanyocho
集賢社	집현사	Chiphyŏnsa	Jipyeonsa	撰者	찬자	ch'anja	chanja
集會	집회	chiphoe	jipoe	纂笏	찬홀	ch'anhol	chanhol
徵	징	ching	jing	刹那	찰나	ch'alla	challa
懲毖	징비	chingbi	jingbi	察理使	찰리사	Ch'allisa	Challisa
懲毖錄	징비록	Chingbirok	Jingbirok	札翰	찰한	ch'arhan	chalhan
徵稅	징세	chingse	jingse	參加	참가	ch'amga	chamga
澄心錄	징심록	Chingsimnok	Jingsimnok	參加國	참가국	ch'amgaguk	chamgaguk
徵用	징용	chingyong	jingyong	參加論	참가론	ch'amgaron	chamgaron
且	차	ch'a	cha	參加者	참가자	ch'amgaja	chamgaja
次	차	ch'a	cha	參考	참고	ch'amgo	chamgo
借款	차관	ch'agwan	chagwan	參考略	참고략	ch'amgoryak	chamgoryak
遮那	차나	Chana	Chana	參觀記	참관기	ch'amgwan'gi	chamgwangi
遮那佛	차나불	Chanabul	Chanabul	參謀	참모	ch'ammo	chammo
差別	차별	ch'abyŏl	chabyeol	參謀部	참모부	ch'ammobu	chammobu
差使	차사	ch'asa	chasa	參拜	참배	ch'ambae	chambae
借書	차서	ch'asŏ	chaseo	懺法	참법	ch'ampŏp	chambeop
次序	차서	ch'asŏ	chaseo	懺法	참법	ch'ampŏp	chambeop
次世代	차세대	ch'asedae	chasedae	慘變	참변	ch'ambyŏn	chambyeon
次修	차수	ch'asu	chasu	參奉	참봉	ch'ambong	chambong
茶時	차시	ch'asi	chasi	參席	참석	ch'amsŏk	chamseok
次元	차원	ch'awŏn	chawon	參禪	참선	ch'amsŏn	chamseon
箚疑	차의	ch'aŭi	chaui	參與	참여	ch'amyŏ	chamyeo
差異	차이	ch'ai	chai	參與者	참여자	ch'amyŏja	chamyeoja
借字	차자	ch'aja	chaja	參與的	참여적	ch'amyŏjŏk	chamyeojeok
車戰	차전	ch'ajŏn	chajeon	參議公	참의공	Ch'amŭigong	Chamuigong
次次雄	차차웅	Ch'ach'aung	Chachaung	參佺	참전	ch'amjŏn	chamjeon
蹉陀	차타	ch'at'a	chata	參戰	참전	ch'amjŏn	chamjeon
着韓	착한	ch'akhan	chakan	參判	참판	ch'amp'an	champan
纂	찬	ch'an	chan	懺悔	참회	ch'amhoe	chamhoe
撰	찬	ch'an	chan	懺悔法	참회법	ch'amhoepŏp	chamhoebeop
纂圖方	찬도방	Ch'andobang	Chandobang	唱	창	ch'ang	chang
讚佛	찬불	ch'anbul	chanbul	窓	창	ch'ang	chang
讚佛歌	찬불가	ch'anbulga	chanbulga	唱歌	창가	ch'angga	changga
讚佛謠	찬불요	ch'anburyo	chanburyo	創刊	창간	ch'anggan	changgan
纂說	찬설	ch'ansŏl	chanseol	創刊號	창간호	ch'angganho	changganho
讚頌	찬송	ch'ansong	chansong	滄江	창강	Ch'anggang	Changgang
讚頌歌	찬송가	ch'ansongga	chansongga	創建	창건	ch'anggŏn	changgeon
讚頌歌史	찬송가사	ch'ansonggasa	chansonggasa	昌慶宮	창경궁	Ch'anggyŏnggung	Changgyeonggung
纂修	찬수	ch'ansu	chansu	滄溪	창계	Ch'anggye	Changgye
纂修廳	찬수청	Ch'ansuch'ŏng	Chansucheong	倉庫	창고	ch'anggo	changgo
撰術	찬술	ch'ansul	chansul	蒼谷	창곡	Ch'anggok	Changgok
撰述	찬술	ch'ansul	chansul	蒼空	창공	ch'anggong	changgong
纂譯解	찬역해	ch'anyŏkhae	chanyeokae	創軍史	창군사	ch'anggunsa	changgunsa

한자 용례	한글	ALA-LC Romanization	정부 표기안	한자 용례	한글	ALA-LC Romanization	정부 표기안
唱劇	창극	ch'anggŭk	changgeuk	創世記	창세기	ch'angsegi	changsegi
唱劇團	창극단	ch'anggŭktan	changgeukdan	唱酬錄	창수록	ch'angsurok	changsurok
唱劇史	창극사	ch'anggŭksa	changgeuksa	唱酬集	창수집	ch'angsujip	changsujip
唱劇調	창극조	ch'anggŭkcho	changgeukjo	昌酬集	창수집	ch'angsujip	changsujip
唱劇座	창극좌	ch'anggŭkchwa	changgeukjwa	昌新	창신	Ch'angsin	Changsin
唱剧集	창극집	ch'anggŭkchip	changgeukjip	彰新	창신	Ch'angsin	Changsin
娼女	창녀	ch'angnyŏ	changnyeo	彰信寺	창신사	Ch'angsinsa	Changsinsa
昌寧	창녕	Ch'angnyŏng	Changnyeong	彰新社	창신사	Ch'angsinsa	Changsinsa
昌寧郡	창녕군	Ch'angnyŏng-gun	Changnyeong-gun	唱樂	창악	ch'angak	changak
昌寧縣	창녕현	Ch'angnyŏng-hyŏn	Changnyeong-hyeon	蒼巖	창암	Ch'angam	Changam
暢達	창달	ch'angdal	changdal	蒼岩	창암	Ch'angam	Changam
暢達	창달	ch'angdal	changdal	倉巖里	창암리	Ch'angam-ni	Changam-ri
倉垈里	창대리	Ch'angdae-ri	Changdae-ri	昌陽洞	창양동	Ch'angyang-dong	Changyang-dong
昌德	창덕	Ch'angdŏk	Changdeok	創業	창업	ch'angŏp	changeop
昌德宮	창덕궁	Ch'angdŏkkung	Changdeokgung	創業者	창업자	ch'angŏpcha	changeopja
昌蘭	창란	Ch'angnan	Changnan	創業主	창업주	ch'angŏpchu	changeopju
蒼茛	창랑	Ch'angnang	Changnang	倉然	창연	ch'angyŏn	changyeon
滄浪	창랑	Ch'angnang	Changnang	昌原	창원	Ch'angwŏn	Changwon
滄浪里	창랑리	Ch'angnang-ni	Changnang-ri	昌原郡	창원군	Ch'angwŏn-gun	Changwon-gun
槍類	창류	ch'angnyu	changnyu	昌原大	창원대	Ch'angwŏndae	Changwondae
昌陵	창릉	Ch'angnŭng	Changneung	昌原市	창원시	Ch'angwŏn-si	Changwon-si
倉里	창리	Ch'ang-ri	Chang-ri	倡義	창의	ch'angŭi	changui
創立	창립	ch'angnip	changnip	倡義歌	창의가	ch'angŭiga	changuiga
創立者	창립자	ch'angnipcha	changnipja	倡義軍	창의군	ch'angŭigun	changuigun
昌梅里	창매리	Ch'angmae-ri	Changmae-ri	倡義錄	창의록	ch'angŭirok	changuirok
捉脈賦	창맥부	Ch'angmaekpu	Changmaekbu	倡義祠	창의사	Ch'angŭisa	Changuisa
創舞	창무	ch'angmu	changmu	倡義祠碑	창의사비	Ch'angŭisabi	Changuisabi
窓門	창문	ch'angmun	changmun	創意性	창의성	ch'angŭisŏng	changuiseong
彰文	창문	Ch'angmun	Changmun	創人社	창인사	Ch'anginsa	Changinsa
創文閣	창문각	Ch'angmun'gak	Changmungak	唱者	창자	ch'angja	changja
昌文社	창문사	Ch'angmunsa	Changmunsa	創作	창작	ch'angjak	changjak
彰文社	창문사	Ch'angmunsa	Changmunsa	創作社	창작사	Ch'angjaksa	Changjaksa
創民社	창민사	Ch'angminsa	Changminsa	創作選	창작선	ch'angjaksŏn	changjakseon
創發	창발	ch'angbal	changbal	創作說	창작설	ch'angjaksŏl	changjakseol
蒼白한	창백한	ch'angbaekhan	changbaekan	創作詩	창작시	ch'angjaksi	changjaksi
槍棒	창봉	ch'angbong	changbong	創作集	창작집	ch'angjakchip	changjakjip
創批	창비	Ch'angbi	Changbi	創製	창제	ch'angje	changje
創社	창사	ch'angsa	changsa	創制	창제	ch'angje	changje
創寺	창사	ch'angsa	changsa	創造	창조	ch'angjo	changjo
昌山	창산	Ch'angsan	Changsan	創造的	창조적	ch'angjojŏk	changjojeok
彰善	창선	Ch'angsŏn	Changseon	滄洲	창주	Ch'angju	Changju
創設	창설	ch'angsŏl	changseol	滄州	창주	Ch'angju	Changju
創設史	창설사	ch'angsŏlsa	changseolsa	創知社	창지사	Ch'angjisa	Changjisa
昌成	창성	Ch'angsŏng	Changseong	創出	창출	ch'angch'ul	changchul
昌城郡	창성군	Ch'angsŏng-gun	Changseong-gun	昌平郡	창평군	Ch'angp'yŏng-gun	Changpyeong-gun

한자 용례	한글	ALA-LC Romanization	정부 표기안	한자 용례	한글	ALA-LC Romanization	정부 표기안
昌平社	창평사	Ch'angp'yŏngsa	Changpyeongsa	處理法	처리법	ch'ŏripŏp	cheoribeop
昌平縣	창평현	Ch'angp'yŏng-hyŏn	Changpyeong-hyeon	處方	처방	ch'ŏbang	cheobang
創學	창학	ch'anghak	changhak	處方錄	처방록	ch'ŏbangnok	cheobangnok
滄海	창해	Ch'anghae	Changhae	處罰	처벌	ch'ŏbŏl	cheobeol
倡和稿	창화고	ch'anghwago	changhwago	處罰法	처벌법	ch'ŏbŏlpŏp	cheobeolbeop
創會	창회	ch'anghoe	changhoe	處分	처분	ch'ŏbun	cheobun
蔡	채	Ch'ae	Chae	處士	처사	ch'ŏsa	cheosa
採菊亭	채국정	Ch'aegukchŏng	Chaegukjeong	處士型	처사형	ch'ŏsahyŏng	cheosahyeong
債權	채권	ch'aekwŏn	chaegwon	處暑	처서	Ch'ŏsŏ	Cheoseo
責權	채권	ch'aekwŏn	chaegwon	處所址	처소지	ch'ŏsoji	cheosoji
菜根譚	채근담	Ch'aegŭndam	Chaegeundam	處所志	처소지	ch'ŏsoji	cheosoji
彩文社	채문사	Ch'aemunsa	Chaemunsa	處容	처용	Ch'ŏyong	Cheoyong
採譜	채보	ch'aebo	chaebo	處容歌	처용가	Ch'ŏyongga	Cheoyongga
彩鳳	채봉	ch'aebong	chaebong	處容舞	처용무	Ch'ŏyongmu	Cheoyongmu
採算	채산	ch'aesan	chaesan	處仁里	처인리	Ch'ŏin-ni	Cheoin-ri
苔山祠	채산사	Ch'aesansa	Chaesansa	處長	처장	ch'ŏjang	cheojang
採用	채용	ch'aeyong	chaeyong	妻妾	처첩	ch'ŏch'ŏp	cheocheop
彩雲面	채운면	Ch'aeun-myŏn	Chaeun-myeon	處置	처치	ch'ŏch'i	cheochi
彩枝里	채지리	Ch'aeji-ri	Chaeji-ri	處한	처한	ch'ŏhan	cheohan
採取	채취	ch'aech'wi	chaechwi	處刑	처형	ch'ŏhyŏng	cheohyeong
綵華	채화	ch'aehwa	chaehwa	尺	척	ch'ŏk	cheok
彩花	채화	ch'aehwa	chaehwa	拓境碑	척경비	ch'ŏkkyŏngbi	cheokgyeongbi
綵花	채화	ch'aehwa	chaehwa	尺牘	척독	ch'ŏktok	cheokdok
彩花席	채화석	ch'aehwasŏk	chaehwaseok	尺木	척목	ch'ŏngmok	cheongmok
栅	책	ch'aek	chaek	斥佛	척불	ch'ŏkpul	cheokbul
册	책	ch'aek	chaek	斥邪	척사	ch'ŏksa	cheoksa
册架圖	책가도	ch'aekkado	chaekgado	斥邪論	척사론	ch'ŏksaron	cheoksaron
册들	책들	ch'aektŭl	chaekdeul	拓殖	척식	ch'ŏksik	cheoksik
策略	책략	ch'aengnyak	chaengnyak	惕若齋	척약재	Ch'ŏgyakchae	Cheogyakjae
策問	책문	ch'aengmun	chaengmun	斥洋	척양	ch'ŏgyang	cheogyang
册文	책문	ch'aengmun	chaengmun	斥洋論	척양론	ch'ŏgyangnon	cheoyangnon
册封	책봉	ch'aekpong	chaekbong	斥倭論	척왜론	ch'ŏgwaeron	cheogwaeron
策士	책사	ch'aeksa	chaeksa	惕齋	척재	Ch'ŏkchae	Cheokjae
册人	책인	ch'aegin	chaegin	陟州	척주	Ch'ŏkchu	Cheokju
責任	책임	ch'aegim	chaegim	斥和	척화	ch'ŏkhwa	cheokwa
責任者	책임자	ch'aegimja	chaegimja	斥和碑	척화비	ch'ŏkhwabi	cheokwabi
責任制	책임제	ch'aegimje	chaegimje	斥候	척후	ch'ŏkhu	cheoku
册板	책판	ch'aekp'an	chaekpan	陟候	척후	ch'ŏkhu	cheoku
妻	처	ch'ŏ	cheo	斥候隊	척후대	ch'ŏkhudae	cheokudae
處瓊	처경	Ch'ŏgyŏng	Cheogyeong	天	천	ch'ŏn	cheon
處女	처녀	ch'ŏnyŏ	cheonyeo	千	천	ch'ŏn	cheon
處女窟	처녀굴	Ch'ŏnyŏgul	Cheonyeogul	川	천	ch'ŏn	cheon
處能	처능	Ch'ŏnŭng	Cheoneung	天慳地秘	천간지비	ch'ŏn'ganjibi	cheonganjibi
處理	처리	ch'ŏri	cheori	千江	천강	ch'ŏn'gang	cheongang
處理錄	처리록	ch'ŏrirok	cheorirok	天開社	천개사	Ch'ŏn'gaesa	Cheongaesa

한자 용례	한글	ALA-LC Romanization	정부 표기안	한자 용례	한글	ALA-LC Romanization	정부 표기안
天鼓	천고	Ch'ŏn'go	Cheongo	天府	천부	Ch'ŏnbu	Cheonbu
泉谷	천곡	Ch'ŏn'gok	Cheongok	天符經	천부경	Ch'ŏnbugyŏng	Cheonbugyeong
泉谷里	천곡리	Ch'ŏn'gong-ni	Cheongok-ri	天府洞	천부동	Ch'ŏnbu-dong	Cheonbu-dong
遷柩	천구	Ch'ŏn'gu	Cheongu	天符印	천부인	Ch'ŏnbuin	Cheonbuin
天君	천군	Ch'ŏn'gun	Cheongun	千佛	천불	ch'ŏnbul	cheonbul
天氣	천기	ch'ŏn'gi	cheongi	天使	천사	ch'ŏnsa	cheonsa
天女	천녀	ch'ŏnyŏ	cheonnyeo	天山	천산	Ch'ŏnsan	Cheonsan
千年	천년	ch'ŏnnyŏn	cheonnyeon	川上	천상	Ch'ŏnsang	Cheonsang
天年	천년	ch'ŏnnyŏn	cheonnyeon	天象	천상	ch'ŏnsang	cheonsang
千年考	천년고	ch'ŏnnyŏn'go	cheonnyeongo	天上	천상	ch'ŏnsang	cheonsang
天德	천덕	Ch'ŏndŏk	Cheondeok	川上里	천상리	Ch'ŏnsang-ni	Cheonsang-ri
遷都	천도	ch'ŏndo	cheondo	川生	천생	ch'ŏnsaeng	cheonsaeng
天道	천도	ch'ŏndo	cheondo	千石鍾	천석종	ch'ŏnsŏkchong	cheonseokjong
天道教	천도교	Ch'ŏndogyo	Cheondogyo	淺城郡	천성군	Ch'ŏnsŏng-gun	Cheonseong-gun
天道敎	천도교	Ch'ŏndogyo	Cheondogyo	千歲	천세	ch'ŏnse	cheonse
遷都說	천도설	ch'ŏndosŏl	cheondoseol	千歲曆	천세력	ch'ŏnseryŏk	cheonseryeok
天道策	천도책	ch'ŏndoch'aek	cheondochaek	天孫	천손	ch'ŏnson	cheonson
天動	천동	ch'ŏndong	cheondong	千首	천수	ch'ŏnsu	cheonsu
天狼	천랑	Ch'ŏllang	Cheollang	千手	천수	ch'ŏnsu	cheonsu
天嶺	천령	Ch'ŏllyŏng	Cheollyeong	天壽	천수	ch'ŏnsu	cheonsu
川老	천로	Ch'ŏllo	Cheollo	泉水石	천수석	Ch'ŏnsusŏk	Cheonsuseok
天路	천로	ch'ŏllo	cheollo	天市	천시	Ch'ŏnsi	Cheonsi
千里	천리	ch'ŏlli	cheolli	天神	천신	ch'ŏnsin	cheonsin
天理	천리	ch'ŏlli	cheolli	千尋	천심	Ch'ŏnsim	Cheonsim
天理大	천리대	Ch'ŏllidae	Cheollidae	天安	천안	Ch'ŏnan	Cheonan
天摩	천마	Ch'ŏnma	Cheonma	天安郡	천안군	Ch'ŏnan-gun	Cheonan-gun
天馬	천마	ch'ŏnma	cheonma	天安府	천안부	Ch'ŏnan-bu	Cheonan-bu
天磨	천마	Ch'ŏnma	Cheonma	天然	천연	ch'ŏnyŏn	cheonyeon
天馬圖	천마도	Ch'ŏnmado	Cheonmado	天王	천왕	ch'ŏnwang	cheonwang
天馬文	천마문	ch'ŏnmamun	cheonmamun	天王門	천왕문	ch'ŏnwangmun	cheonwangmun
天摩山	천마산	Ch'ŏnmasan	Cheonmasan	天王寺	천왕사	Ch'ŏnwangsa	Cheonwangsa
天磨山	천마산	Ch'ŏnmasan	Cheonmasan	天王像	천왕상	ch'ŏnwangsang	cheonwangsang
天馬塚	천마총	Ch'ŏnmach'ong	Cheonmachong	天原	천원	Ch'ŏnwŏn	Cheonwon
千萬	천만	ch'ŏnman	cheonman	天原郡	천원군	Ch'ŏnwŏn-gun	Cheonwon-gun
天命	천명	ch'ŏnmyŏng	cheonmyeong	泉隱寺	천은사	Ch'ŏnŭnsa	Cheoneunsa
闡明	천명	ch'ŏnmyŏng	cheonmyeong	天醫道	천의도	Ch'ŏnŭido	Cheonuido
天武極	천무극	Ch'ŏnmugŭk	Cheonmugeuk	天一	천일	ch'ŏnil	cheonil
天文	천문	ch'ŏnmun	cheonmun	千日	천일	ch'ŏnil	cheonil
天文臺	천문대	ch'ŏnmundae	cheonmundae	千字	천자	ch'ŏnja	cheonja
天文圖	천문도	ch'ŏnmundo	cheonmundo	千字文	천자문	ch'ŏnjamun	cheonjamun
天文類	천문류	ch'ŏnmullyu	cheonmullyu	川前里	천전리	Ch'ŏnjŏn-ni	Cheonjeon-ri
天文學	천문학	ch'ŏnmunhak	cheonmunhak	泉田里	천전리	Ch'ŏnjŏn-ni	Cheonjeon-ri
天文學的	천문학적	ch'ŏnmunhakchŏk	cheonmunhakjeok	川前派	천전파	Ch'ŏnjŏnp'a	Cheonjeonpa
天民	천민	ch'ŏnmin	cheonmin	天祭	천제	ch'ŏnje	cheonje
天符	천부	Ch'ŏnbu	Cheonbu	天帝	천제	Ch'ŏnje	Cheonje

한자 용례	한글	ALA-LC Romanization	정부 표기안	한자 용례	한글	ALA-LC Romanization	정부 표기안
天帝釋	천제석	Ch'ŏnjesŏk	Cheonjeseok	鉄原	철원	Ch'ŏrwŏn	Cheorwon
天朝	천조	Ch'ŏnjo	Cheonjo	鐵圓郡	철원군	Chŏrwŏn-gun	Cheorwon-gun
天主	천주	Ch'ŏnju	Cheonju	鐵原郡	철원군	Ch'ŏrwŏn-gun	Cheorwon-gun
天主教	천주교	Ch'ŏnjugyo	Cheonjugyo	鐵原府	철원부	Ch'ŏrwŏn-bu	Cheorwon-bu
天主教	천주교	Ch'ŏnjugyo	Cheonjugyo	鐵人	철인	ch'ŏrin	cheorin
天主教系	천주교계	Ch'ŏnjugyogye	Cheonjugyogye	鐵人들	철인들	ch'ŏrindŭl	cheorindeul
天主堂	천주당	Ch'ŏnjugyodang	Cheonjudang	綴字	철자	ch'ŏlcha	cheolja
天智	천지	Ch'ŏnji	Cheonji	綴字法	철자법	ch'ŏlchapŏp	cheoljabeop
天地	천지	ch'ŏnji	cheonji	鐵製	철제	ch'ŏlche	cheolje
天池	천지	Ch'ŏnji	Cheonji	鐵造	철조	ch'ŏlcho	cheoljo
天地人	천지인	ch'ŏnjiin	cheonjiin	哲宗	철종	Ch'ŏlchong	Cheoljong
天眞菴	천진암	Ch'ŏnjinam	Cheonjinam	鐵槍	철창	ch'ŏlch'ang	cheolchang
泉川里	천천리	Ch'ŏnch'ŏl-li	Cheoncheon-ri	鐵川里	철천리	Ch'ŏlch'ŏn-ni	Cheolcheon-ri
千秋	천추	ch'ŏnch'u	cheonchu	鐵筆	철필	ch'ŏlp'il	cheolpil
天竺	천축	Ch'ŏnch'uk	Cheonchuk	哲學	철학	ch'ŏrhak	cheolhak
天竺國	천축국	Ch'ŏnch'ukkuk	Cheonchukguk	哲學史	철학사	ch'ŏrhaksa	cheolhaksa
天竺國圖	천축국도	Ch'ŏnch'ukkukto	Cheonchukgukdo	哲學的	철학적	ch'ŏrhakchŏk	cheolhakjeok
千塔	천탑	ch'ŏnt'ap	cheontap	哲學會	철학회	ch'ŏrhakhoe	cheolhakoe
天台	천태	Ch'ŏnt'ae	Cheontae	添加	첨가	ch'ŏmga	cheomga
天台宗	천태종	Ch'ŏnt'aejong	Cheontaejong	添加物	첨가물	ch'ŏmgamul	cheomgamul
天台宗史	천태종사	Ch'ŏnt'aejongsa	Cheontaejongsa	尖端	첨단	ch'ŏmdan	cheomdan
天台學	천태학	Ch'ŏnt'aehak	Cheontaehak	瞻慕堂	첨모당	Ch'ŏmmodang	Cheommodang
天平線	천평선	ch'ŏnp'yŏngsŏn	cheonpyeongseon	瞻星臺	첨성대	Ch'ŏmsŏngdae	Cheomseongdae
天下	천하	ch'ŏnha	cheonha	僉載	첨재	ch'ŏmjae	cheomjae
天下圖	천하도	ch'ŏnhado	cheonhado	添品	첨품	ch'ŏmp'um	cheompum
千戶	천호	ch'ŏnho	cheonho	妾	첩	ch'ŏp	cheop
天皇	천황	ch'ŏnhwang	cheonhwang	帖	첩	ch'ŏp	cheop
天皇家	천황가	Ch'ŏnhwangga	Cheonhwangga	捷徑	첩경	ch'ŏpkyŏng	cheopgyeong
天皇教	천황교	Ch'ŏnhwanggyo	Cheonhwanggyo	捷報	첩보	ch'ŏppo	cheopbo
千興	천흥	Ch'ŏnhŭng	Cheonheung	牒報	첩보	ch'ŏppo	cheopbo
天興寺	천흥사	Ch'ŏnhŭngsa	Cheonheungsa	帖裝	첩장	ch'ŏpchang	cheopjang
鐵鋼	철강	ch'ŏlgang	cheolgang	帖裝本	첩장본	ch'ŏpchangbon	cheopjangbon
鐵筋	철근	ch'ŏlgŭn	cheolgeun	牒呈	첩정	ch'ŏpchŏng	cheopjeong
鐵驥	철기	Ch'ŏlgi	Cheolgi	帖册	첩책	ch'ŏpch'aek	cheopchaek
鐵器	철기	ch'ŏlgi	cheolgi	捷解	첩해	ch'ŏphae	cheopae
鐵道	철도	ch'ŏlto	cheoldo	廳	청	ch'ŏng	cheong
鐵道局	철도국	ch'ŏltoguk	cheoldoguk	清澗亭	청간정	Ch'ŏngganjŏng	Cheongganjeong
鐵佛	철불	ch'ŏlbul	cheolbul	清江	청강	Ch'ŏnggang	Cheonggang
鐵山郡	철산군	Ch'ŏlsan-gun	Cheolsan-gun	晴江	청강	Ch'ŏnggang	Cheonggang
鐵山洞	철산동	Ch'ŏlsan-dong	Cheolsan-dong	清江里	청강리	Ch'ŏnggang-ni	Cheonggang-ri
鐵山縣	철산현	Ch'ŏlsan-hyŏn	Cheolsan-hyeon	清季	청계	Ch'ŏnggye	Cheonggye
鐵城	철성	ch'ŏlsŏng	cheolseong	青溪	청계	ch'ŏnggye	cheonggye
鐵城郡	철성군	Ch'ŏlsŏng-gun	Cheolseong-gun	清溪	청계	ch'ŏnggye	cheonggye
鐵甕城	철옹성	ch'ŏrongsŏng	cheorongseong	清溪	청계	Ch'ŏnggye	Cheonggye
鐵原	철원	Ch'ŏrwŏn	Cheorwon	清溪寺	청계사	Ch'ŏnggyesa	Cheonggyesa

한자 용례	한글	ALA-LC Romanization	정부 표기안	한자 용례	한글	ALA-LC Romanization	정부 표기안
清溪川	청계천	Ch'ŏnggyech'ŏn	Cheonggyecheon	青鹿	청록	Ch'ŏngnok	Cheongnok
青谷	청곡	Ch'ŏnggok	Cheonggok	青鹿集	청록집	Ch'ŏngnokchip	Cheongnokjip
清館	청관	Ch'ŏnggwan	Cheonggwan	青鹿派	청록파	Ch'ŏngnokp'a	Cheongnokpa
青冠齋	청관재	Ch'ŏnggwanjae	Cheonggwanjae	青鹿派	청록파	Ch'ŏngnokp'a	Cheongnokpa
青丘	청구	Ch'ŏnggu	Cheonggu	青龍	청룡	ch'ŏngnyong	cheongnyong
青丘	청구	Ch'ŏnggu	Cheonggu	青龍里	청룡리	Ch'ŏngnyong-ni	Cheongnyong-ri
青邱	청구	ch'ŏnggu	cheonggu	青里	청리	Ch'ŏng-ni	Cheong-ri
請求	청구	ch'ŏnggu	cheonggu	青林	청림	Ch'ŏngnim	Cheongnim
青邱	청구	Ch'ŏnggu	Cheonggu	青馬	청마	Ch'ŏngma	Cheongma
請求權	청구권	ch'ŏnggukwŏn	cheonggugwon	青馬里	청마리	Ch'ŏngma-ri	Cheongma-ri
青邱大	청구대	Ch'ŏnggudae	Cheonggudae	青溟	청명	Ch'ŏngmyŏng	Cheongmyeong
青邱圖	청구도	Ch'ŏnggudo	Cheonggudo	青明	청명	ch'ŏngmyŏng	cheongmyeong
青邱里	청구리	Ch'ŏnggu-ri	Cheonggu-ri	清明	청명	Ch'ŏngmyŏng	Cheongmyeong
請求書	청구서	ch'ŏnggusŏ	cheongguseo	清明日	청명일	Ch'ŏngmyŏngil	Cheongmyeongil
青旗社	청기사	Ch'ŏnggisa	Cheonggisa	清明節	청명절	Ch'ŏngmyŏngjŏl	Cheongmyeongjeol
清難	청난	ch'ŏngnan	cheongnan	青木	청목	Ch'ŏngmok	Cheongmok
青年	청년	ch'ŏngnyŏn	cheongnyeon	清文	청문	ch'ŏngmun	Cheongmun
青年	청년	ch'ŏngnyŏn	cheongnyeon	清文閣	청문각	Ch'ŏngmun'gak	Cheongmungak
青年團	청년단	ch'ŏngnyŏndan	cheongnyeondan	清文閣	청문각	Ch'ŏngmun'gak	Cheongmungak
青年社	청년사	ch'ŏngnyŏnsa	cheongnyeonsa	青文社	청문사	Ch'ŏngmunsa	Cheongmunsa
青年社	청년사	Ch'ŏngnyŏnsa	Cheongnyeonsa	聽聞會	청문회	ch'ŏngmunhoe	cheongmunhoe
青年層	청년층	ch'ŏngnyŏnch'ŭng	cheongnyeoncheung	青眉會	청미회	Ch'ŏngmihoe	Cheongmihoe
青年會	청년회	ch'ŏngnyŏnhoe	cheongnyeonhoe	清白吏	청백리	ch'ŏngbaengni	cheongbaengni
青年會	청년회	ch'ŏngnyŏnhoe	cheongnyeonhoe	清凡	청범	Ch'ŏngbŏm	Cheongbeom
青儂	청농	Ch'ŏngnong	Cheongnong	清貧	청빈	ch'ŏngbin	cheongbin
清儂	청농	Ch'ŏngnong	Cheongnong	清史	청사	Ch'ŏngsa	Cheongsa
青潭	청담	Ch'ŏngdam	Cheongdam	青史	청사	ch'ŏngsa	cheongsa
清潭	청담	Ch'ŏngdam	Cheongdam	廳舍	청사	ch'ŏngsa	cheongsa
清堂洞	청당동	Ch'ŏngdang-dong	Cheongdang-dong	青史	청사	ch'ŏngsa	cheongsa
清臺	청대	Ch'ŏngdae	Cheongdae	青山	청산	ch'ŏngsan	cheongsan
清道	청도	Ch'ŏngdo	Cheongdo	青山郡	청산군	Ch'ŏngsan-gun	Cheongsan-gun
清道郡	청도군	Ch'ŏngdo-gun	Cheongdo-gun	青山里	청산리	Ch'ŏngsan-ni	Cheongsan-ri
青銅	청동	ch'ŏngdong	cheongdong	青山里	청산리	Ch'ŏngsan-ni	Cheongsan-ri
青銅	청동	ch'ŏngdong	cheongdong	清賞	청상	ch'ŏngsang	cheongsang
青銅器	청동기	ch'ongdonggi	cheongdonggi	青色	청색	ch'ŏngsaek	cheongsaek
青銅器	청동기	ch'ŏngdonggi	cheongdonggi	青色紙	청색지	Ch'ŏngsaekchi	Cheongsaekji
青銅製	청동제	ch'ŏngdongje	cheongdongje	青色紙社	청색지사	Ch'ŏngsaekchisa	Cheongsaekjisa
青燈	청등	ch'ŏngdŭng	cheongdeung	青城洞	청성동	Ch'ŏngsŏng-dong	Cheongseong-dong
青嵐	청람	Ch'ŏngnam	Cheongnam	清城縣	청성현	Ch'ŏngsŏng-hyŏn	Cheongseong-hyeon
清浪	청랑	Ch'ŏngnang	Cheongnang	清掃	청소	ch'ŏngso	cheongso
清凉	청량	ch'ŏngnyang	Cheongnyang	青少年	청소년	ch'ŏngsonyŏn	cheongsonyeon
清凉	청량	Ch'ŏngnyang	cheongnyang	青少年	청소년	ch'ŏngsonyŏn	cheongsonyeon
清凉寺	청량사	Ch'ŏngnyangsa	Cheongnyangsa	清掃法	청소법	ch'ŏngsopŏp	cheongsobeop
清凉山	청량산	Ch'ŏngnyangsan	Cheongnyangsan	聽松	청송	Ch'ŏngsong	Cheongsong
青綠	청록	ch'ŏngnok	cheongnok	青松	청송	Ch'ŏngsong	Cheongsong

한자 용례	한글	ALA-LC Romanization	정부 표기안	한자 용례	한글	ALA-LC Romanization	정부 표기안
青松郡	청송군	Ch'ŏngsong-gun	Cheongsong-gun	清州市	청주시	Ch'ŏngju-si	Cheongju-si
青松賦	청송부	Ch'ŏngsongbu	Cheongsongbu	廳址	청지	ch'ŏngji	cheongji
青松縣	청송현	Ch'ŏngsong-hyŏn	Cheongsong-hyeon	青芝社	청지사	Ch'ŏngjisa	Cheongjisa
清心堂	청심당	Ch'ŏngsimdang	Cheongsimdang	清津	청진	Ch'ŏngjin	Cheongjin
青十字	청십자	Ch'ŏngsipcha	Cheongsipja	清川	청천	Ch'ŏngch'ŏn	Cheongcheon
青嶽	청악	Ch'ŏngak	Cheongak	清川江	청천강	Ch'ŏngch'ŏn'gang	Cheongcheongang
清安郡	청안군	Ch'ŏngan-gun	Cheongan-gun	清初	청초	Ch'ŏngch'o	Cheongcho
清菴	청암리	Ch'ŏngam	Cheongam-ri	青春	청춘	ch'ŏngch'un	cheongchun
清巖里	청암리	Ch'ŏngam-ni	Cheongam-ri	青春期	청춘기	ch'ŏngch'un'gi	cheongchungi
青野	청야	ch'ŏngya	cheongya	青坡	청파	Ch'ŏngp'a	Cheongpa
青陽	청양	Ch'ŏngyang	Cheongyang	清平	청평	Ch'ŏngp'yŏng	Cheongpyeong
青陽郡	청양군	Ch'ŏngyang-gun	Cheongyang-gun	清平寺	청평사	Ch'ŏngp'yŏngsa	Cheongpyeongsa
青陽縣	청양현	Ch'ŏngyang-hyŏn	Cheongyang-hyeon	清風	청풍	ch'ŏngp'ung	cheongpung
清語	청어	Ch'ŏngŏ	Cheongeo	清風	청풍	ch'ŏngp'ung	cheongpung
清緣記	청연기	ch'ŏngyŏn'gi	cheongyeongi	清風郡	청풍군	Ch'ŏngp'ung-gun	Cheongpung-gun
青瓦臺	청와대	Ch'ŏngwadae	Cheongwadae	清風面	청풍면	Ch'ŏngp'ung-myŏn	Cheongpung-myeon
清玩	청완	ch'ŏngwan	cheongwan	清河郡	청하군	Ch'ŏngha-gun	Cheongha-gun
青友黨	청우당	Ch'ŏngudang	Cheongudang	青鶴	청학	Ch'ŏnghak	Cheonghak
青友堂	청우당	Ch'ŏngudang	Cheongudang	青鶴	청학	Ch'ŏnghak	Cheonghak
青雲	청운	ch'ŏngun	cheongun	清虛堂	청허당	Ch'ŏnghŏdang	Cheongheodang
青雲	청운	ch'ŏngun	cheongun	清虛堂	청허당	Ch'ŏnghŏdang	Cheongheodang
青雲洞	청운동	Ch'ŏngun-dong	Cheongun-dong	青湖	청호	Ch'ŏngho	Cheongho
青雲社	청운사	Ch'ŏngunsa	Cheongunsa	晴湖	청호	Ch'ŏngho	Cheongho
青雄	청웅	Ch'ŏngung	Cheongung	清湖里	청호리	Ch'ŏngho-ri	Cheongho-ri
清原	청원	Ch'ŏngwŏn	Cheongwon	青畫	청화	ch'ŏnghwa	cheonghwa
清原	청원	Ch'ŏngwŏn	Cheongwon	青化	청화	ch'ŏnghwa	cheonghwa
請願	청원	ch'ŏngwŏn	cheongwon	菁華	청화	ch'ŏnghwa	cheonghwa
清原郡	청원군	Ch'ŏngwŏn-gun	Cheongwon-gun	體系	체계	ch'egye	chegye
清原郡	청원군	Ch'ŏngwŏn-gun	Cheongwon-gun	体系	체계	ch'egye	chegye
請願書	청원서	ch'ŏngwŏnsŏ	cheongwonseo	體系的	체계적	ch'egyejŏk	chegyejeok
清日	청일	Ch'ŏng-Il	Cheong-Il	體系化	체계화	ch'egyehwa	chegyehwa
清日	청일	Ch'ŏng-Il	Cheong-Il	諦觀	체관	Ch'egwan	Chegwan
青磁	청자	ch'ŏngja	cheongja	滯納	체납	ch'enap	chenap
青瓷	청자	ch'ŏngja	cheongja	滯納稅	체납세	ch'enapse	chenapse
青磁	청자	ch'ŏngja	cheongja	體能	체능	ch'enŭng	cheneung
廳長	청장	ch'ŏngjang	cheongjang	體大	체대	ch'edae	chedae
清齋	청재	Ch'ŏngjae	Cheongjae	體力	체력	ch'eryŏk	cheryeok
清淨	청정	ch'ŏngjŏng	cheongjeong	體本用	체본용	ch'ebonyong	chebonyong
清亭里	청정리	Ch'ŏngjŏng-ni	Cheongjeong-ri	遞信	체신	ch'esin	chesin
清州	청주	Ch'ŏngju	Cheongju	體育	체육	ch'eyuk	cheyuk
清州	청주	Ch'ŏngju	Cheongju	體育界	체육계	ch'eyukkye	cheyukgye
清州郡	청주군	Ch'ŏngju-gun	Cheongju-gun	體育科	체육과	ch'eyukkwa	cheyukgwa
清州大	청주대	Ch'ŏngjudae	Cheongjudae	體育課	체육과	Ch'eyukkwa	Cheyukgwa
清州牧	청주목	Ch'ŏngju-mok	Cheongju-mok	體育館	체육관	ch'eyukkwan	cheyukgwan
清州市	청주시	Ch'ŏngju-si	Cheongju-si	体育論	체육론	ch'eyungnon	cheyungnon

한자 용례	한글	ALA-LC Romanization	정부 표기안	한자 용례	한글	ALA-LC Romanization	정부 표기안
體育部	체육부	Ch'eyukpu	Cheyukbu	初等	초등	ch'odŭng	chodeung
體育學	체육학	ch'eyukhak	cheyukak	草廬	초려	Ch'oryŏ	Choryeo
体育会	체육회	ch'eyukhoe	cheyukhoe	樵老	초로	ch'oro	choro
體育會	체육회	ch'eyukhoe	cheyukhoe	抄錄	초록	ch'orok	chorok
體制	체제	ch'eje	cheje	抄錄輯	초록집	ch'orokchip	chorokjip
體制下	체제하	ch'ejeha	chejeha	抄錄集	초록집	ch'orokchip	chorokjip
体制	체제하	ch'eje	chejeha	初眉	초미	ch'omi	chomi
體操	체조	ch'ejo	chejo	初發心	초발심	ch'obalsim	chobalsim
體質	체질	ch'ejil	chejil	初步	초보	ch'obo	chobo
體質科	체질과	ch'ejilkwa	chejilgwa	招聘展	초빙전	ch'obingjŏn	chobingjeon
體察使	체찰사	ch'ech'alsa	chechalsa	楚辭	초사	Ch'osa	Chosa
體察使制	체찰사제	ch'ech'alsaje	chechalsaje	楚山	초산	Ch'osan	Chosan
體驗	체험	ch'ehŏm	cheheom	楚山郡	초산군	Ch'osan-gun	Chosan-gun
體驗的	체험적	ch'ehŏmjŏk	cheheomjeok	楚山誌	초산지	Ch'osanji	Chosanji
體訓	체훈	ch'ehun	chehun	肖像	초상	ch'osang	chosang
初	초	ch'o	cho	肖像畫	초상화	ch'osanghwa	chosanghwa
超	초	ch'o	cho	草書	초서	ch'osŏ	choseo
楚	초	ch'o	cho	草書體	초서체	ch'osŏch'e	choseoche
抄	초	ch'o	cho	礎石	초석	ch'osŏk	choseok
草家	초가	ch'oga	choga	抄選	초선	ch'osŏn	choseon
初刊	초간	ch'ogan	chogan	初試	초시	ch'osi	chosi
草澗	초간	Ch'ogan	Chogan	礎式	초식	ch'osik	chosik
楚簡	초간	ch'ogan	chogan	草庵	초암	Ch'oam	Choam
草簡牘	초간독	ch'ogandok	chogandok	草野	초야	ch'oya	choya
抄槪	초개	ch'ogae	chogae	初夜	초야	ch'oya	choya
抄槪册	초개책	ch'ogaech'aek	chogaechaek	初戀	초연	Ch'oyŏn	Choyeon
初經	초경	ch'ogyŏng	chogyeong	草原	초원	ch'owŏn	chowon
草溪	초계	ch'ogye	chogye	超越	초월	ch'owŏl	chowol
草溪郡	초계군	Ch'ogye-gun	Chogye-gun	超위선	초위선	ch'owisŏn	chowiseon
草藁	초고	ch'ogo	chogo	草衣	초의	Ch'oŭi	Choui
草稿	초고	ch'ogo	chogo	艸衣	초의	Ch'oŭi	Choui
肖古	초고	Ch'ogo	Chogo	抄儀	초의	ch'oŭi	choui
超高速	초고속	ch'ogosok	chogosok	超一流	초일류	ch'oillyu	choillyu
草谷里	초곡리	Ch'ogong-ni	Chogok-ri	樵笛	초적	ch'ojŏk	chojeok
哨官	초관	ch'ogwan	chogwan	草田	초전	Ch'ojŏn	Chojeon
初級	초급	ch'ogŭp	chogeup	楚亭	초정	Ch'ojŏng	Chojeong
初級大	초급대	ch'ogŭptae	chogeupdae	初雕	초조	ch'ojo	chojo
初期	초기	ch'ogi	chogi	初雕本	초조본	Ch'ojobon	chojobon
樵談	초담	ch'odam	chodam	鈔存	초존	ch'ojon	chojon
草堂	초당	ch'odang	chodang	初終禮	초종례	ch'ojongnye	chojongnye
草堂洞	초당동	Ch'odang-dong	Chodang-dong	草芝里	초지리	Ch'oji-ri	Choji-ri
招待	초대	ch'odae	chodae	抄集	초집	ch'ojip	chojip
初代	초대	ch'odae	chodae	初槧本	초참본	ch'och'ambon	chochambon
招待展	초대전	ch'odaejŏn	chodaejeon	草册	초책	ch'och'aek	chochaek
草島	초도	Ch'odo	Chodo	草村面	초천면	Ch'och'on-myŏn	Chocheon-myeon

한자 용례	한글	ALA-LC Romanization	정부 표기안	한자 용례	한글	ALA-LC Romanization	정부 표기안
招請	초청	ch'och'ŏng	chocheong	總覽圖	총람도	ch'ongnamdo	chongnamdo
草村里	초촌리	Ch'och'on-ni	Chochon-ri	摠覽圖	총람도	ch'ongnamdo	chongnamdo
初版	초판	ch'op'an	chopan	總力	총력	ch'ongnyŏk	chongnyeok
初八日	초팔일	Ch'op'aril	choparil	總聯	총련	ch'ongnyŏn	chongnyeon
草浦里	초포리	Ch'op'o-ri	Chopo-ri	總錄	총록	ch'ongnok	chongnok
抄解	초해	ch'ohae	chohae	總論	총론	ch'ongnon	chongnon
招魂	초혼	ch'ohon	chohon	總理	총리	ch'ongni	chongni
招魂閣	초혼각	Ch'ohon'gak	Chohongak	叢林	총림	ch'ongnim	chongnim
草花文	초화문	ch'ohwamun	chohwamun	總目	총목	ch'ongmok	chongmok
觸角	촉각	ch'okkak	chokgak	總目錄	총목록	ch'ongmongnok	chongmongnok
觸感	촉감	ch'okkam	chokgam	總武堂	총무당	Ch'ongmudang	Chongmudang
促成	촉성	ch'oksŏng	chokseong	總務部	총무부	ch'ongmubu	chongmubu
促進	촉진	ch'okchin	chokjin	總務院	총무원	ch'ongmuwŏn	chongmuwon
促進法	촉진법	ch'okchinpŏp	chokjinbeop	總務處	총무처	ch'ongmuch'ŏ	chongmucheo
村	촌	ch'on	chon	叢白書	총백서	ch'ongbaeksŏ	chongbaekseo
村家	촌가	ch'on'ga	chonga	總譜	총보	ch'ongbo	chongbo
村落	촌락	ch'ollak	chollak	叢寶	총보	ch'ongbo	chongbo
村民	촌민	ch'onmin	chonmin	總本部	총본부	ch'ongbonbu	chongbonbu
村井	촌정	Ch'onjŏng	Chonjeong	叢部	총부	ch'ongbu	chongbu
寸志	촌지	ch'onji	chonji	總部	총부	ch'ongbu	chongbu
寸鐵	촌철	ch'onch'ŏl	choncheol	叢史	총사	ch'ongsa	chongsa
銃	총	ch'ong	chong	總索引	총색인	ch'ongsaegin	chongsaegin
叢	총	ch'ong	chong	總索引表	총색인표	ch'ongsaeginp'yo	chongsaeginpyo
總	총	ch'ong	chong	總生産	총생산	ch'ongseangsan	chongsaengsan
摠	총	ch'ong	chong	叢書	총서	ch'ongsŏ	chongseo
塚	총	ch'ong	chong	總說	총설	ch'ongsŏl	chongseol
叢刊	총간	ch'onggan	chonggan	摠攝	총섭	ch'ongsŏp	chongseop
總監	총감	Ch'onggam	Chonggam	叢瑣錄	총쇄록	ch'ongswaerok	chongswaerok
總監部	총감부	Ch'onggambu	Chonggambu	總數	총수	ch'ongsu	chongsu
叢桂	총계	Ch'onggye	Chonggye	總帥	총수	ch'ongsu	chongsu
叢考	총고	ch'onggo	chonggo	総帥	총수	ch'ongsu	chongsu
摠管	총관	ch'onggwan	chonggwan	總帥들	총수들	ch'ongsudŭl	chongsudeul
總括	총괄	ch'onggwal	chonggwal	叢髓錄	총수록	ch'ongsurok	chongsurok
總括班	총괄반	ch'onggwalban	chonggwalban	叢髓錄	총수록	ch'ongsurok	chongsurok
總規	총규	ch'onggyu	chonggyu	叢髓錄	총수록	ch'ongsurok	chongsurok
摠圖	총도	ch'ongdo	chongdo	總神	총신	Ch'ongsin	Chongsin
總圖	총도	ch'ongdo	chongdo	總神大	총신대	Ch'ongsindae	Chongsindae
總督	총독	ch'ongdok	chongdok	總聯盟	총연맹	ch'ongyŏnmaeng	chongyeonmaeng
總督府	총독부	Ch'ongdokpu	Chongdokbu	總聯合	총연합	ch'ongyŏnhap	chongyeonhap
總同盟	총동맹	ch'ongdongmaeng	chongdongmaeng	總聯合會	총연합회	ch'ongyŏnhaphoe	chongyeonhapoe
總覽	총람	ch'ongnam	chongnam	總要	총요	ch'ongyo	chongyo
總覽	총람	ch'ongnam	chongnam	總要素	총요소	ch'ongyoso	chongyoso
總攬	총람	ch'ongnam	chongnam	總長	총장	ch'ongjang	chongjang
叢覽	총람	ch'ongnam	chongnam	總長會	총장회	ch'ongjanghoe	chongjanghoe
摠覽	총람	ch'ongnam	chongnam	總裁	총재	ch'ongjae	chongjae

한자 용례	한글	ALA-LC Romanization	정부 표기안	한자 용례	한글	ALA-LC Romanization	정부 표기안
總集	총집	ch'ongjip	chongjip	秋溪	추계	Ch'ugye	Chugye
総集	총집	ch'ongjip	chongjip	推計	추계	ch'ugye	chugye
總責	총책	ch'ongch'aek	chongchaek	楸溪	추계	Ch'ugye	Chugye
總體的	총체적	ch'ongch'ejŏk	chongchejeok	楸谷里	추곡리	Ch'ugong-ni	Chugok-ri
叢鈔	총초	ch'ongch'o	chongcho	秋官	추관	Ch'ugwan	Chugwan
總則	총칙	ch'ongch'ik	chongchik	秋官志	추관지	Ch'ugwanji	Chugwanji
總統	총통	ch'ongt'ong	chongtong	追求	추구	ch'ugu	chugu
銃筒	총통	ch'ongt'ong	chongtong	追記	추기	ch'ugi	chugi
總罷業	총파업	ch'ongp'aŏp	chongpaeop	樞機卿	추기경	Ch'ugigyŏng	Chugigyeong
總販	총판	ch'ongp'an	chongpan	追念	추념	ch'unyŏm	chunyeom
總版	총판	ch'ongp'an	chongpan	秋堂	추당	Ch'udang	Chudang
總販處	총판처	ch'ongp'anch'ŏ	chongpancheo	追悼	추도	ch'udo	chudo
銃砲	총포	ch'ongp'o	chongpo	追悼會	추도회	ch'udohoe	chudohoe
總學生會	총학생회	ch'onghaksaenghoe	chonghaksaenghoe	秋冬	추동	ch'udong	chudong
總學長	총학장	ch'onghakchang	chonghakjang	追錄	추록	ch'urok	churok
總合	총합	ch'onghap	chonghap	楸陵里	추릉리	Ch'urŭng-ni	Chureung-ri
總解	총해	ch'onghae	chonghae	推命說	추명설	ch'umyŏngsŏl	chumyeongseol
總協會	총협회	ch'onghyŏphoe	chonghyeopoe	推命學	추명학	Ch'umyŏnghak	Chumyeonghak
叢話	총화	ch'onghwa	chonghwa	追慕	추모	ch'umo	chumo
總和	총화	ch'onghwa	chonghwa	芻牟鏡	추모경	ch'umogyŏng	chumogyeong
總會	총회	ch'onghoe	chonghoe	追慕碑	추모비	ch'umobi	chumobi
總會錄	총회록	ch'onghoerok	chonghoerok	追慕集	추모집	ch'umojip	chumojip
銃後陣	총후진	ch'onghujin	chonghujin	樞密院	추밀원	Ch'umirwŏn	Chumirwon
撮略	촬략	ch'wallyak	chwallyak	秋帆	추범	ch'ubŏm	chubeom
撮影	촬영	ch'waryŏng	chwaryeong	追封	추봉	Ch'ubong	Chubong
撮影所	촬영소	ch'waryŏngso	chwaryeongso	秋峰	추봉	Ch'ubong	Chubong
撮要	촬요	ch'waryo	chwaryo	秋分	추분	Ch'ubun	Chubun
撮要方	촬요방	ch'waryobang	chwaryobang	秋史	추사	Ch'usa	Chusa
崔	최	Ch'oe	Choe	秋史家	추사가	Ch'usaga	Chusaga
最古	최고	ch'oego	choego	秋史體	추사체	Ch'usach'e	Chusache
最高	최고	ch'oego	choego	秋史派	추사파	Ch'usap'a	Chusapa
最近	최근	ch'oegŭn	choegeun	秋山	추산	Ch'usan	Chusan
最近帖	최근첩	ch'oegŭnch'ŏp	choegeuncheop	秋城	추성	Ch'usŏng	Chuseong
最吶	최눌	Ch'oenul	Choenul	趨勢	추세	ch'use	chuse
催眠術	최면술	ch'oemyŏnsul	choemyeonsul	趁實	추실	ch'usil	chusil
最上	최상	ch'oesang	choesang	推案	추안	ch'uan	chuan
最新	최신	ch'oesin	choesin	秋岩洞	추암동	Ch'uam-dong	Chuam-dong
最新版	최신판	ch'oesinp'an	choesinpan	追遠錄	추원록	ch'uwŏllok	chuwollok
最低	최저	ch'oejŏ	choejeo	秋月	추월	ch'uwŏl	chuwol
最終	최종	ch'oejong	choejong	推移	추이	ch'ui	chui
璀粲集	최찬집	ch'oech'anjip	choechanjip	楸子面	추자면	Ch'uja-myŏn	Chuja-myeon
最初	최초	ch'oech'o	choecho	秋齋	추재	Ch'ujae	Chujae
最惠國	최혜국	ch'oehyeguk	choehyeguk	追跡	추적	ch'ujŏk	chujeok
追加	추가	ch'uga	chuga	楸田里	추전리	Ch'ujŏn-ni	Chujeon-ri
秋江	추강	Ch'ugang	Chugang	推定	추정	ch'ujŏng	chujeong

한자 용례	한글	ALA-LC Romanization	정부 표기안	한자 용례	한글	ALA-LC Romanization	정부 표기안
追贈	추증	ch'ujŭng	chujeung	春谷	춘곡	Ch'un'gok	Chungok
推進	추진	ch'ujin	chujin	春官	춘관	Ch'un'gwan	Chungwan
推進會	추진회	ch'ujinhoe	chujinhoe	春官志	춘관지	Ch'un'gwanji	Chungwanji
推薦	추천	ch'uch'ŏn	chucheon	春宮里	춘궁리	Ch'un'gung-ni	Chungung-ri
楸灘	추탄	Ch'ut'an	Chutan	春堂	춘당	Ch'undang	Chundang
秋波	추파	Ch'up'a	Chupa	春明	춘명	Ch'unmyŏng	Chunmyeong
秋風	추풍	ch'up'ung	chupung	春坊	춘방	ch'unbang	chunbang
秋風嶺	추풍령	Ch'up'ungnyŏng	Chupungnyeong	春峰	춘봉	Ch'unbong	Chunbong
醜學	추학	ch'uhak	chuhak	春史	춘사	Ch'unsa	Chunsa
祝	축	ch'uk	chuk	春山	춘산	Ch'unsan	Chunsan
丑	축	ch'uk	chuk	春城	춘성	Ch'unsŏng	Chunseong
軸	축	ch'uk	chuk	春城郡	춘성군	Ch'unsŏng-gun	Chunseong-gun
祝歌	축가	ch'ukka	chukga	春鶯囀	춘앵전	Ch'unaengjŏn	Chunaengjeon
蹴球	축구	ch'ukku	chukgu	春外春	춘외춘	Ch'unoech'un	Chunoechun
蹴球戰	축구전	ch'ukkujŏn	chukgujeon	春園	춘원	Ch'unwŏn	Chunwon
蹴鞠	축국	ch'ukkuk	chukguk	春田	춘전	Ch'unjŏn	Chunjeon
蹴鞠戲	축국희	ch'ukkukhŭi	chukgukhui	春情	춘정	ch'unjŏng	Chunjeong
祝文	축문	ch'ungmun	chungmun	春亭	춘정	Ch'unjŏng	Chunjeong
祝福	축복	ch'ukpok	chukbok	春州	춘주	Ch'unju	Chunju
祝辭	축사	ch'uksa	chuksa	春川	춘천	Ch'unch'ŏn	Chuncheon
畜産	축산	ch'uksan	chuksan	春川郡	춘천군	Ch'unch'ŏn-gun	Chuncheon-gun
畜産物	축산물	ch'uksanmul	chuksanmul	春川市	춘천시	Ch'unch'ŏn-si	Chuncheon-si
築城	축성	ch'uksŏng	chukseong	春川縣	춘천현	Ch'unch'ŏn-hyŏn	Chuncheon-hyeon
築城史	축성사	ch'uksŏngsa	chukseongsa	春秋	춘추	ch'unch'u	chunchu
縮小論	축소론	ch'uksoron	chuksoron	春秋閣	춘추각	Ch'unch'ugak	Chunchugak
縮刷版	축쇄판	ch'ukswaep'an	chukswaepan	春秋館	춘추관	Ch'unch'ugwan	Chunchugwan
祝壽	축수	ch'uksu	chuksu	春秋社	춘추사	Ch'unch'usa	Chunchusa
丑時	축시	ch'uksi	chuksi	春風	춘풍	Ch'unp'ung	Chunpung
祝式	축식	ch'uksik	chuksik	春夏	춘하	ch'unha	chunha
祝願	축원	ch'ugwŏn	chugwon	春香	춘향	Ch'unhyang	Chunhyang
丑月	축월	ch'ugwŏl	chugwol	春香歌	춘향가	Ch'unhyangga	Chunhyangga
蓄音	축음	ch'ugŭm	chugeum	春香祠	춘향사	Ch'unhyangsa	Chunhyangsa
蓄音機	축음기	ch'ugŭmgi	chugeumgi	春湖	춘호	Ch'unho	Chunho
蓄財	축재	ch'ukchae	chukjae	出	출	ch'ul	chul
蓄積	축적	ch'ukchŏk	chukjeok	出家	출가	ch'ulga	chulga
祝典	축전	ch'ukchŏn	chukjeon	出馬	출마	ch'ulma	chulma
祝祭	축제	ch'ukche	chukje	出産	출산	ch'ulsan	chulsan
逐條	축조	ch'ukcho	chukjo	出産力	출산력	ch'ulsannyŏk	chulsallyeok
祝輯	축집	ch'ukchip	chukjip	出生	출생	ch'ulsaeng	chulsaeng
逐次	축차	ch'ukch'a	chukcha	出世	출세	ch'ulse	chulse
春	춘	ch'un	chun	出身	출신	ch'ulsin	chulsin
春江	춘강	Ch'un'gang	Chungang	出雲	출운	ch'urun	churun
春岡	춘강	Ch'un'gang	Chungang	出遊	출유	ch'uryu	churyu
春崗	춘강	Ch'un'gang	Chungang	出入	출입	ch'urip	churip
春季	춘계	ch'un'gye	chungye	出入國	출입국	ch'uripkuk	churipguk

한자 용례	한글	ALA-LC Romanization	정부 표기안	한자 용례	한글	ALA-LC Romanization	정부 표기안
出資	출자	ch'ulcha	chulja	忠壯	충장	Ch'ungjang	Chungjang
出征	출정	ch'uljŏng	chuljeong	冲齋	충재	Ch'ungjae	Chungjae
出題	출제	ch'ulche	chulje	冲積	충적	ch'ungjŏk	chungjeok
出土	출토	ch'ult'o	chulto	忠節	충절	Ch'ungjŏl	Chungjeol
出版	출판	ch'ulp'an	chulpan	忠貞	충정	Ch'ungjŏng	Chungjeong
出版局	출판국	ch'ulp'an'guk	chulpanguk	忠正公	충정공	Ch'ungjŏnggong	Chungjeonggong
出版論	출판론	ch'ulp'allon	chulpallon	忠定公	충정공	Ch'ungjŏnggong	Chungjeonggong
出版物	출판물	ch'ulp'anmul	chulpanmul	忠正寺	충정사	Ch'ungjŏngsa	Chungjeongsa
出版法	출판법	ch'ulp'anpŏp	chulpanbeop	冲照	충조	Ch'ungjo	Chungjo
出版本	출판본	ch'ulp'anbon	chulpanbon	忠州	충주	Ch'ungju	Chungju
出版部	출판부	ch'ulp'anbu	chulpanbu	忠州郡	충주군	Ch'ungju-gun	Chungju-gun
出版社	출판사	ch'ulp'ansa	chulpansa	忠州댐	충주댐	Ch'ungjutaem	Chungjudaem
出版所	출판소	ch'ulp'anso	chulpanso	忠州牧	충주목	Ch'ungju-mok	Chungju-mok
出版院	출판원	ch'ulp'anwŏn	chulpanwon	忠州市	충주시	Ch'ungju-si	Chungju-si
出版人	출판인	ch'ulp'anin	chulpanin	冲止	충지	Ch'ungji	Chungji
出品	출품	ch'ulp'um	chulpum	冲止	충지	Ch'ungji	Chungji
出品用	출품용	ch'ulp'umyong	chulpumyong	忠淸南道	충청남도	Ch'ungch'ŏng-namdo	Chungcheongnam-do
忠簡公	충간공	Ch'unggan'gong	Chunggangong	忠淸大	충청대	Ch'ungch'ŏngdae	Chungcheongdae
忠告	충고	ch'unggo	chunggo	忠淸道	충청도	Ch'ungch'ŏng-do	Chungcheong-do
忠南	충남	Ch'ungnam	Chungnam	忠淸北道	충청북도	Ch'ungch'ŏng-bukto	Chungcheongbuk-do
忠南大	충남대	Ch'ungnamdae	Chungnamdae	忠淸右道	충청우도	Ch'ungch'ŏng-udo	Chungcheongu-do
忠寧君	충녕군	Ch'ungnyŏnggun	Chungnyeonggun	忠淸左道	충청좌도	Ch'ungch'ŏng-jwado	Chungcheongjwa-do
忠烈	충렬	Ch'ungnyŏl	Chungnyeol	忠賢	충현	Ch'unghyŏn	Chunghyeon
忠烈公	충렬공	Ch'ungnyŏlgong	Chungnyeolgong	忠賢錄	충현록	ch'unghyŏllok	chunghyeollok
忠烈錄	충렬록	Ch'ungnyŏllok	Chungnyeollok	忠孝	충효	ch'unghyo	chunghyo
忠烈祠	충렬사	Ch'ungnyŏlsa	Chungnyeolsa	忠孝堂	충효당	ch'unghyodang	chunghyodang
忠武	충무	Ch'ungmu	Chungmu	忠孝洞	충효동	Ch'unghyo-dong	Chunghyo-dong
忠武公	충무공	Ch'ungmugong	Chungmugong	忠孝錄	충효록	ch'unghyorok	chunghyorok
忠武祠	충무사	Ch'ungmusa	Chungmusa	忠孝齋	충효재	Ch'unghyojae	Chunghyojae
忠武市	충무시	Ch'ungmu-si	Chungm-usi	萃編	췌편	ch'wep'yŏn	chwepyeon
忠北	충북	Ch'ungbuk	Chungbuk	醉國	취국	ch'wiguk	chwiguk
忠北大	충북대	Ch'ungbuktae	Chungbukdae	取扱	취급	ch'wigŭp	chwigeup
忠北學	충북학	Ch'ungbukhak	Chungbukak	取扱店	취급점	ch'wigŭpchŏm	chwigeupjeom
忠肅	충숙	Ch'ungsuk	Chungsuk	取得	취득	ch'widŭk	chwideuk
忠順縣	충순현	Ch'ungsun-hyŏn	Chungsun-hyeon	取得者	취득자	ch'widŭkcha	chwideukja
忠臣	충신	ch'ungsin	chungsin	聚落	취락	ch'wirak	chwirak
忠信里	충신리	Ch'ungsin-ni	Chungsin-ri	聚落址	취락지	chwirakchi	chwirakji
冲庵	충암	Ch'ungam	Chungam	趣味	취미	ch'wimi	chwimi
充員	충원	ch'ungwŏn	chungwon	炊事	취사	ch'wisa	chwisa
忠原君	충원군	Ch'ungwŏn'gun	Chungwongun	鷲山	취산	Ch'wisan	Chwisan
忠原縣	충원현	Ch'ungwŏn-hyŏn	Chungwon-hyeon	脆弱	취약	ch'wiyak	chwiyak
忠毅	충의	Ch'ungŭi	Chungui	就業	취업	ch'wiŏp	chwieop
忠義	충의	Ch'ungŭi	Chungui	取引所	취인소	ch'wiinso	chwiinso
忠義堂	충의당	Ch'ungŭidang	Chunguidang	取材	취재	ch'wijae	chwijae
忠義錄	충의록	ch'ungŭirok	chunguirok	吹奏	취주	ch'wiju	chwiju

한자 용례	한글	ALA-LC Romanization	정부 표기안	한자 용례	한글	ALA-LC Romanization	정부 표기안
吹奏樂	취주락	ch'wijuak	chwijurak	勅	칙	ch'ik	chik
趣旨	취지	ch'wiji	chwiji	勅令	칙령	ch'ingnyŏng	chingnyeong
吹打	취타	ch'it'a	chwita	勅諭	칙유	ch'igyu	chigyu
吹打樂	취타악	ch'it'aak	chwitaak	親家	친가	ch'in'ga	chinga
測量	측량	ch'ŭngnyang	cheungnyang	親耕	친경	ch'in'gyŏng	chingyeong
側面	측면	ch'ŭngmyŏn	cheungmyeon	親臨	친림	Ch'illim	Chillim
測雨	측우	ch'ŭgu	cheugu	親睦	친목	ch'inmok	chinmok
測雨器	측우기	ch'ŭgugi	cheugugi	親睦會	친목회	ch'inmokhoe	chinmokoe
測雨臺	측우대	ch'ŭgudae	cheugudae	親美	친미	ch'inmi	chinmi
測字	측자	ch'ŭkcha	cheukja	親朴	친박	ch'inbak	chinbak
測定	측정	ch'ŭkchŏng	cheukjeong	親兵	친병	ch'inbyŏng	chinbyeong
測定法	측정법	ch'ŭkchŏngpŏp	cheukjeongbeop	親寫本	친사본	ch'insabon	chinsabon
則天	측천	Ch'ŭkch'ŏn	Cheukcheon	親善	친선	ch'insŏn	chinseon
則天后	측천후	Ch'ŭkch'ŏnhu	Cheukcheonhu	親臣	친신	ch'insin	chinsin
測候	측후	ch'ŭkhu	cheuku	親迎	친영	ch'inyŏng	chinyeong
層	층	ch'ŭng	cheung	親王	친왕	Ch'inwang	Chinwang
層階	층계	ch'ŭnggye	cheunggye	親日	친일	ch'inil	chinil
層位	층위	ch'ŭngwi	cheungwi	親日系	친일계	ch'inilgye	chinilgye
齒	치	ch'i	chi	親日派	친일파	ch'inilp'a	chinilpa
治經方	치경방	ch'igyŏngbang	chigyeongbang	親蠶	친잠	ch'injam	chinjam
齒科	치과	ch'ikwa	chigwa	親族	친족	ch'injok	chinjok
治國	치국	ch'iguk	chiguk	親族法	친족법	ch'injokpŏp	chinjokbeop
治療	치료	ch'iryo	chiryo	親筆	친필	ch'inp'il	chinpil
治療方	치료방	ch'iryobang	chiryobang	親筆本	친필본	ch'inp'ilbon	chinpilbon
治方	치방	ch'ibang	chibang	親해진	친해진	ch'inhaejin	chinhaejin
置簿	치부	ch'ibu	chibu	七	칠	ch'il	chil
致富	치부	ch'ibu	chibu	漆谷	칠곡	Ch'ilgok	Chilgok
治簿法	치부법	ch'ibupŏp	chibubeop	漆谷郡	칠곡군	Ch'ilgok-kun	Chilgok-gun
置簿冊	치부책	ch'ibuch'aek	chibuchaek	七館	칠관	ch'ilgwan	chilgwan
治水	치수	ch'isu	chisu	七郡	칠군	ch'ilgun	chilgun
痴叔	치숙	ch'isuk	chisuk	七宮	칠궁	Ch'ilgung	Chilgung
齒牙	치아	ch'ia	chia	七金山	칠금산	Ch'ilgŭmsan	Chilgeumsan
稚岳	치악	Ch'iak	Chiak	七級	칠급	ch'ilgŭp	chilgeup
稚岳山	치악산	Ch'iaksan	Chiaksan	漆器	칠기	ch'ilgi	chilgi
雉岳山	치악산	Ch'iaksan	Chiaksan	漆器類	칠기류	ch'ilgiryu	chilgiryu
治安	치안	ch'ian	chian	七年度	칠년도	ch'illyŏndo	chillyeondo
癡菴	치암	Ch'iam	Chiam	七代	칠대	ch'ildae	childae
癡友	치우	ch'iu	chiu	七樑	칠량	ch'illyang	chillyang
蚩尤旗	치우기	Ch'iugi	Chiugi	七面鳥	칠면조	ch'ilmyŏnjo	chilmyeonjo
治意經	치의경	Ch'iŭigyŏng	Chiuigyeong	七百	칠백	ch'ilbaek	chilbaek
緇仁里	치인리	Ch'iin-ni	Chiin-ri	七百年	칠백년	ch'ilbaengnyŏn	chilbaengnyeon
致任	치임	ch'iim	chiim	七部	칠부	ch'ilbu	chilbu
治腫	치종	ch'ijong	chijong	七佛	칠불	ch'ilbul	chilbul
治平	치평	ch'ip'yŏng	chipyeong	七佛寺	칠불사	Ch'ilbulsa	Chilbulsa
治刑	치형	ch'ihyŏng	chihyeong	七山洞	칠산동	Ch'ilsan-dong	Chilsan-dong

한자 용례	한글	ALA-LC Romanization	정부 표기안	한자 용례	한글	ALA-LC Romanization	정부 표기안
七書	칠서	ch'ilsŏ	chilseo	浸略	침략	ch'imnyak	chimnyak
七星	칠성	ch'ilsŏng	chilseong	侵略	침략	ch'imnyak	chimnyak
七星閣	칠성각	Ch'ilsŏnggak	Chilseonggak	浸略期	침략기	ch'imnyakki	chimnyakgi
七星橋	칠성교	Ch'ilsŏnggyo	Chilseonggyo	侵略史	침략사	ch'imnyaksa	chimnyaksa
七星門	칠성문	ch'ilsŏngmun	chilseongmun	浸禮	침례	ch'imnye	chimnye
七星神	칠성신	Ch'ilsŏngsin	Chilseongsin	浸禮教	침례교	Ch'imnyegyo	Chimnyegyo
七松	칠송	Ch'ilsong	Chilsong	浸禮會	침례회	Ch'imnyehoe	Chimnyehoe
七松亭	칠송정	Ch'ilsongjŏng	Chilsongjeong	沈默	침묵	ch'immuk	chimmuk
七旬	칠순	ch'ilsun	chilsun	砧山洞	침산동	Ch'imsan-dong	Chimsan-dong
七言	칠언	ch'irŏn	chireon	針線	침선	ch'imsŏn	chimseon
七言律	칠언률	ch'irŏnnyul	chireollyul	針線匠	침선장	ch'imsŏnjang	chimseonjang
七言絶	칠언절	ch'irŏnjŏl	chireonjeol	寢室	침실	ch'imsil	chimsil
七曜	칠요	Ch'iryo	chiryo	侵縮史	침축사	ch'imch'uksa	chimchuksa
漆原郡	칠원군	Ch'irwŏn-gun	Chirwon-gun	浸透	침투	ch'imt'u	chimtu
七月	칠월	Ch'irwŏl	Chirwol	侵害	침해	ch'imhae	chimhae
七月圖	칠월도	ch'irwŏlto	chirwoldo	稱	칭	ch'ing	ching
七位	칠위	ch'irwi	chirwi	快賓洞	쾌빈동	K'waebin-dong	Kwaebin-dong
七音	칠음	ch'irŭm	chileum	快賓里	쾌빈리	K'waebin-ni	Kwaebin-ri
七人	칠인	ch'irin	chirin	快子風	쾌자풍	k'waejap'ung	kwaejapung
七齋	칠재	ch'ilchae	chiljae	打擊	타격	t'agyŏk	tagyeok
七井	칠정	Ch'ilchŏng	Chiljeong	打擊法	타격법	t'agyŏkpŏp	tagyeokbeop
七情	칠정	ch'ilchŏng	chiljeong	妥結	타결	t'agyŏl	tagyeol
七政曆	칠정력	Ch'ilchŏngnyŏk	Chiljeongnyeok	打球	타구	t'agu	tagu
七情論	칠정론	ch'ilchŏngnon	chiljeongnon	打毬	타구	t'agu	tagu
七政算	칠정산	Ch'ilchŏngsan	Chiljeongsan	妥當性	타당성	t'adangsŏng	tadangseong
七支	칠지	ch'ilchi	chilji	妥當性	타당성	t'adangsŏng	tadangseong
七支刀	칠지도	Ch'ilchido	Chiljido	墮落	타락	t'arak	tarak
七層	칠층	ch'ilch'ŭng	chilcheung	墮落者	타락자	t'arakcha	tarakja
七灘	칠탄	Ch'ilt'an	Chiltan	打令	타령	t'aryŏng	taryeong
七浦	칠포	Ch'ilp'o	Chilpo	他殺	타살	t'asal	tasal
七浦里	칠포리	Ch'ilp'o-ri	Chilpo-ri	打殺	타살	t'asal	tasal
七絃	칠현	ch'irhyŏn	chilhyeon	打石	타석	t'asŏk	taseok
七絃琴	칠현금	ch'irhyŏn'gŭm	chilhyeongeum	打石器	타석기	t'asŏkki	taseokgi
七賢調	칠현조	Ch'irhyŏnjo	Chilhyeonjo	打愚	타우	T'au	Tau
鍼	침	ch'im	chim	他律	타율	t'ayul	tayul
針	침	ch'im	chim	他律性	타율성	t'ayulsŏng	tayulseong
侵攻	침공	ch'imgong	chimgong	他人	타인	t'ain	tain
枕肱	침굉	Ch'imgoeng	Chimgoeng	打作	타작	t'ajak	tajak
鍼灸	침구	ch'imgu	chimgu	打出	타출	t'ach'ul	tachul
鍼灸經	침구경	ch'imgugyŏng	chimgugyeong	打出文	타출문	t'ach'ulmun	tachulmun
鍼灸法	침구법	ch'imgupŏp	chimgubeop	打出法	타출법	t'ach'ulpŏp	tachulbeop
鍼灸術	침구술	ch'imgusul	chimgusul	他鄉	타향	t'ahyang	tahyang
鍼灸藥	침구약	ch'imguyak	chimguyak	卓	탁	t'ak	tak
鍼灸醫	침구의	ch'imguŭi	chimguui	乇羅	탁라	T'angna	Tangna
鍼灸學	침구학	ch'imguhak	chimguhak	濁流	탁류	t'angnyu	tangnyu

한자 용례	한글	ALA-LC Romanization	정부 표기안	한자 용례	한글	ALA-LC Romanization	정부 표기안
托鉢僧	탁발승	t'akpalsŭng	takbalseung	探究	탐구	t'amgu	tamgu
托鉢	탁본	t'akpal	takbon	探求	탐구	t'amgu	tamgu
拓本	탁본	t'akpon	takbon	探求	탐구	t'amgu	tamgu
拓本展	탁본전	t'akponjŏn	takbonjeon	探求堂	탐구당	T'amgudang	Tamgudang
卓上版	탁상판	t'aksangp'an	taksangpan	探求苑	탐구원	T'amguwŏn	Tamguwon
濯纓	탁영	T'agyŏng	Tagyeong	耽羅	탐라	T'amna	Tamna
卓月	탁월	T'agwŏl	Tagwol	耽羅大	탐라대	T'amnadae	Tamnadae
度支	탁지	T'akchi	Takji	耽羅錄	탐라록	T'amnarok	Tamnarok
度支部	탁지부	T'akchibu	Takjibu	耽羅謠	탐라요	T'amnayo	Tamnayo
度支志	탁지지	T'akchiji	Takjiji	探查	탐사	t'amsa	tamsa
嘆	탄	t'an	tan	探查記	탐사기	t'amsagi	tamsagi
誕降	탄강	t'an'gang	tangang	探索	탐색	t'amsaek	tamsaek
炭鑛	탄광	t'an'gwang	tangwang	探索的	탐색적	t'amsaekchŏk	tamsaekjeok
彈琴	탄금	t'an'gŭm	tangeum	探偵員	탐정원	t'amjŏngwŏn	tamjeongwon
彈琴歌	탄금가	t'an'gŭmga	tangeumga	耽津	탐진	T'amjin	Tamjin
彈琴臺	탄금대	T'an'gŭmdae	Tangeumdae	探險隊	탐험대	t'amhŏmdae	tamheomdae
炭坊洞	탄방동	T'anbang-dong	Tanbang-dong	探玄記	탐현기	t'amhyŏn'gi	tamhyeongi
彈詞	탄사	t'ansa	tansa	塔	탑	t'ap	tap
誕生	탄생	t'ansaeng	tansaeng	塔洞	탑동	T'ap-tong	Tap-dong
誕生地	탄생지	t'ansaengji	tansaengji	塔里	탑리	T'am-ni	Tap-ri
彈性	탄성	t'ansŏng	tanseong	塔碑	탑비	t'appi	tapbi
嘆息類	탄식류	t'ansingnyu	tansingnyu	塔寺	탑사	t'apsa	tapsa
誕辰	탄신	t'ansin	tansin	塔像	탑상	t'apsang	tapsang
誕辰日	탄신일	t'ansinil	tansinil	塔身部	탑신부	t'apsinbu	tapsinbu
彈壓	탄압	t'anap	tanap	搨影	탑영	t'abyŏng	tabyeong
炭翁	탄옹	T'anong	Tanong	塔材	탑재	t'apchae	tapjae
誕日	탄일	t'anil	tanil	塔址	탑지	t'apchi	tapji
誕日鐘	탄일종	t'aniljong	taniljong	塔婆	탑파	t'app'a	tappa
炭田	탄전	t'anjŏn	tanjeon	塔坪里	탑평리	T'app'yŏng-ni	Tappyeong-ri
彈奏	탄주	t'anju	tanju	蕩男	탕남	t'angnam	tangnam
吞虛	탄허	T'anhŏ	Tanheo	蕩女	탕녀	t'angnyŏ	tangnyeo
誕訓	탄훈	t'anhun	tanhun	蕩兒	탕아	t'anga	tanga
脫	탈	t'al	tal	湯液	탕액	t'angaek	tangaek
脫冷戰期	탈냉전기	t'allaengjŏn'gi	tallaengjeongi	蕩蕩	탕탕	t'angt'ang	tangtang
脫北	탈북	t'albuk	talbuk	蕩平	탕평	t'angp'yŏng	tangpyeong
脫北者	탈북자	t'albukcha	talbukja	蕩平碑	탕평비	T'angp'yŏngbi	Tangpyeongbi
脫線	탈선	t'alsŏn	talseon	蕩平派	탕평파	T'angp'ŏngp'a	Tangpyeongpa
脫稅	탈세	t'alse	talse	台	태	t'ae	tae
脫草	탈초	t'alch'o	talcho	泰澗里	태간리	T'aegan-ni	Taegan-ri
脫草本	탈초본	t'alch'obon	talchobon	太古	태고	t'aego	taego
脫추격형	탈추격형	t'alch'ugyŏkhyŏng	talchugyeokyeong	太古史	태고사	t'aegosa	taegosa
脫出	탈출	t'alch'ul	talchul	太古亭	태고정	T'aegojŏng	Taegojeong
奪取	탈취	t'alch'wi	talchwi	太公	태공	t'aegong	taegong
脫歡	탈환	t'arhwan	talhwan	兌卦	태괘	T'aegwae	Taegwae
奪還	탈환	t'arhwan	talhwan	泰國	태국	T'aeguk	Taeguk

한자 용례	한글	ALA-LC Romanization	정부 표기안	한자 용례	한글	ALA-LC Romanization	정부 표기안
胎拳道史	태권도사	T'aekwŏndosa	Taegwondosa	泰川縣	태천현	T'aech'ŏn-hyŏn	Taecheon-hyeon
太極	태극	T'aegŭk	Taegeuk	太平	태평	t'aep'yŏng	taepyeong
太極道	태극도	T'aegŭkto	Taegeukdo	太平經	태평경	T'aep'yŏnggyŏng	Taepyeonggyeong
太記	태기	t'aegi	taegi	太平洋	태평양	T'aep'yŏngnyang	Taepyeongnyang
太能	태능	T'aenŭng	Taeneung	太學	태학	T'aehak	Taehak
態度	태도	t'aedo	taedo	太學社	태학사	T'aehaksa	Taehaksa
態度論	태도론	t'aedoron	taedoron	太學院	태학원	T'aehagwŏn	Taehagwon
胎靈	태령	T'aeryŏng	Taeryeong	太虛亭	태허정	T'aehŏjŏng	Taeheojeong
泰陵	태릉	T'aerŭng	Taereung	太賢	태현	T'aehyŏn	Taehyeon
太無眞	태무진	T'aemujin	Taemujin	太湖	태호	T'aeho	Taeho
太白	태백	T'aebaek	Taebaek	太和	태화	T'aehwa	Taehwa
太白山	태백산	T'aebaeksan	Taebaeksan	太華	태화	T'aehwa	Taehwa
太伯山	태백산	T'aebaeksan	Taebaeksan	泰和	태화	T'aehwa	Taehwa
胎封	태봉	T'aebong	Taebong	太和江	태화강	T'aehwagang	Taehwagang
胎峰	태봉	t'aebong	taebong	太華洞	태화동	T'aehwa-dong	Taehwa-dong
泰封國	태봉국	T'aebongguk	Taebongguk	太皇帝	태황제	t'aehwangje	taehwangje
太師公	태사공	T'aesagong	Taesagong	太后	태후	t'aehu	taehu
胎産	태산	t'aesan	taesan	胎訓	태훈	t'aehun	taehun
太山	태산	T'aesan	Taesan	澤堂	택당	T'aektang	Taekdang
太上	태상	T'aesang	Taesang	澤堂	택당	T'aektang	Taekdang
泰西	태서	t'aesŏ	taeseo	擇里	택리	T'aengni	Taengni
台城里	태성리	T'aesŏng-ni	Taeseong-ri	擇里志	택리지	T'aengniji	Taengniji
泰成社	태성사	T'aesŏngsa	Taeseongsa	擇日	택일	t'aegil	taegil
胎室	태실	t'aesil	taesil	宅地	택지	t'aekchi	taekji
泰安	태안	T'aean	Taean	幀	탱	t'aeng	taeng
太安	태안	T'aean	Taean	幀畵	탱화	t'aenghwa	taenghwa
太安郡	태안군	T'aean-gun	Taean-gun	幀畵匠	탱화장	t'aenghwajang	taenghwajang
泰安寺	태안사	T'aeansa	Taeansa	土	토	t'o	to
苔岩	태암	T'aeam	Taeam	土建	토건	t'ogŏn	togeon
台巖	태암	T'aeam	Taeam	土壙	토광	t'ogwang	togwang
太陽	태양	T'aeyang	Taeyang	土壙墓	토광묘	t'ogwangmyo	togwangmyo
太陽社	태양사	T'aeyangsa	Taeyangsa	土器	토기	t'ogi	togi
太王	태왕	t'aewang	taewang	土器類	토기류	t'ogiryu	togiryu
泰乙	태을	T'aeŭl	Taeeul	討論	토론	t'oron	toron
太乙	태을	T'aeŭl	Taeeul	討論會	토론회	t'oronhoe	toronhoe
泰仁	태인	T'aein	Taein	土幕	토막	t'omak	tomak
泰仁郡	태인군	T'aein-gun	Taein-gun	土幕民	토막민	t'omangmin	tomangmin
泰仁縣	태인현	T'aein-hyŏn	Taein-hyeon	土木	토목	t'omok	tomok
太子	태자	t'aeja	taeja	土民	토민	t'omin	tomin
泰齋	태재	T'aejae	Taejae	討伐	토벌	t'obŏl	tobeol
太祖	태조	T'aejo	Taejo	兎鼈歌	토별가	t'obyŏlga	tobyeolga
太祖陵	태조릉	T'aejorŭng	Taejoreung	土司傳	토사전	T'osajŏn	Tosajeon
太宗	태종	T'aejong	Taejong	兎山郡	토산군	T'osan-gun	Tosan-gun
泰川	태천	T'aech'ŏn	Taecheon	兎山縣	토산현	T'osan-hyŏn	Tosan-hyeon
泰川郡	태천군	T'aech'ŏn-gun	Taecheon-gun	土城	토성	t'osŏng	toseong

한자 용례	한글	ALA-LC Romanization	정부 표기안	한자 용례	한글	ALA-LC Romanization	정부 표기안
土城洞	토성동	T'osŏng-dong	Toseong-dong	通門	통문	t'ongmun	tongmun
土城里	토성리	T'osŏng-ni	Toseong-ri	通文館	통문관	T'ongmun'gwan	Tongmungwan
土城址	토성지	t'osŏngji	toseongji	通文館	통문관	T'ongmun'gwan	Tongmungwan
土壤	토양	t'oyang	toyang	通變	통변	t'ongbyŏn	tongbyeon
土曜	토요	T'oyo	Toyo	通辯術	통변술	t'ongbyŏnsul	tongbyeonsul
土俑	토용	t'oyong	toyong	統譜	통보	t'ongbo	tongbo
土亭	토정	T'ojŏng	Tojeong	通補	통보	t'ongbo	tongbo
吐紬契	토주계	T'ojugye	Tojugye	通寶	통보	t'ongbo	tongbo
土地	토지	t'oji	toji	通報	통보	t'ongbo	tongbo
土地法	토지법	t'ojipŏp	tojibeop	痛憤	통분	t'ongbun	tongbun
土版	토판	t'op'an	topan	統分	통분	T'ongbun	Tongbun
土浦里	토포리	T'op'o-ri	Topo-ri	通史	통사	t'ongsa	tongsa
吐含	토함	t'oham	toham	痛史	통사	t'ongsa	tongsa
吐含山	토함산	T'ohamsan	Tohamsan	痛史	통사	t'ongsa	tongsa
土香	토향	t'ohyang	tohyang	通事	통사	t'ongsa	tongsa
通	통	t'ong	tong	通史的	통사적	t'ongsajŏk	tongsajeok
通鑑	통감	t'onggam	tonggam	通商	통상	t'ongsang	tongsang
統監府	통감부	T'onggambu	Tonggambu	通商部	통상부	T'ongsangbu	Tongsangbu
統計	통계	t'onggye	tonggye	通塞	통색	t'ongsaek	tongsaek
統計課	통계과	T'onggyekwa	Tonggyegwa	通釋	통석	t'ongsŏk	tongseok
統計的	통계적	t'onggyejŏk	tonggyejeok	通俗	통속	t'ongsok	tongsok
統計學	통계학	t'onggyehak	tonggyehak	通時的	통시적	t'ongsijŏk	tongsijeok
統計學的	통계학적	t'onggyehakchŏk	tonggyehakjeok	通信	통신	t'ongsin	tongsin
通攷	통고	t'onggo	tonggo	通訊	통신	t'ongsin	tongsin
通考	통고	t'onggo	tonggo	通信大	통신대	t'ongsindae	tongsindae
慟哭	통곡	t'onggok	tonggok	通信社	통신사	t'ongsinsa	tongsinsa
痛哭	통곡	t'onggok	tonggok	通信使	통신사	t'ongsinsa	tongsinsa
通過	통과	t'onggwa	tonggwa	通信史	통신사	t'ongsinsa	tongsinsa
通教	통교	T'onggyo	Tonggyo	通信員	통신원	t'ongsinwŏn	tongsinwon
通溝	통구	T'onggu	Tonggu	統營	통영	T'ongyŏng	Tongyeong
通九味	통구미	t'onggumi	tonggumi	統營郡	통영군	T'ongyŏng-gun	Tongyeong-gun
統軍	통군	T'onggun	Tonggun	通義	통의	t'ongǔi	tongui
通卷	통권	t'onggwŏn	tonggwon	統一論	통일론	t'ongillon	tongillon
通紀	통기	t'onggi	tonggi	統一案	통일안	t'ongiran	tongiran
通記	통기	t'onggi	tonggi	統一案들	통일안들	t'ongirandŭl	tongirandeul
通度	통도	T'ongdo	Tongdo	統一語	통일어	t'ongirŏ	tongireo
通度寺	통도사	T'ongdosa	Tongdosa	統一院	통일원	T'ongirwŏn	Tongirwon
通覽社	통람사	T'ongnamsa	Tongnamsa	通典	통전	t'ongjŏn	tongjeon
通覽社	통람사	T'ongnamsa	Tongnamsa	通政	통정	t'ongjŏng	tongjeong
通略	통략	t'ongnyak	tongnyak	統制	통제	t'ongje	tongje
統領	통령	t'ongnyŏng	tongnyeong	統制令	통제령	t'ongjeryŏng	tongjeryeong
通路	통로	t'ongno	tongno	統制所	통제소	t'ongjeso	tongjeso
通論	통론	t'ongnon	tongnon	統制案	통제안	t'ongjean	tongjean
統理	통리	T'ongni	Tongni	通州	통주	T'ongju	Tongju
通文	통문	t'ongmun	tongmun	通知	통지	t'ongji	tongji

한자 용례	한글	ALA-LC Romanization	정부 표기안	한자 용례	한글	ALA-LC Romanization	정부 표기안
通志	통지	t'ongji	tongji	投資家	투자가	t'ujaga	tujaga
通津郡	통진군	T'ongjin-gun	Tongjin-gun	投資論	투자론	t'ujaron	tujaron
通津縣	통진현	T'ongjin-hyŏn	Tongjin-hyeon	抗爭	투쟁	t'ujaeng	tujaeng
通川	통천	T'ongch'ŏn	Tongcheon	鬪爭	투쟁	t'ujaeng	tujaeng
通川郡	통천군	T'ongch'ŏn-gun	Tongcheon-gun	鬪爭	투쟁	t'ujaeng	tujaeng
通川縣	통천현	T'ongch'ŏn-hyŏn	Tongcheon-hyeon	鬪爭記	투쟁기	t'ujaenggi	tujaenggi
通牒	통첩	t'ongch'ŏp	tongcheop	鬪爭史	투쟁사	t'ujaengsa	tujaengsa
通牒集	통첩집	t'ongch'ŏpchip	tongcheopjip	投票	투표	t'up'yo	tupyo
統治	통치	t'ongch'i	tongchi	特講	특강	t'ŭkkang	teukgang
統治史	통치사	t'ongch'isa	tongchisa	特區	특구	t'ŭkku	teukgu
統治案	통치안	t'ongch'ian	tongchian	特權	특권	t'ŭkkwŏn	teukgwon
統治層	통치층	t'ongch'ich'ŭng	tongchicheung	特權層	특권층	t'ŭkkwŏnch'ŭng	teukgwoncheung
通則	통칙	t'ongch'ik	tongchik	特例	특례	t'ŭngnye	teungnye
通筒集	통통집	t'ongt'ongjip	tongtongjip	特例法	특례법	t'ŭngyepŏp	teungnyebeop
通編	통편	t'ongp'yŏn	tongpyeon	特別	특별	t'ŭkpyŏl	teukbyeol
通하다	통하다	t'onghada	tonghada	特別	특별	t'ŭkpyŏl	teukbyeol
通한	통한	t'onghan	tonghan	特別班	특별반	t'ŭkpyŏlban	teukbyeolban
統合	통합	t'onghap	tonghap	特別班	특별반	t'ŭkpyŏlban	teukbyeolban
統合論	통합론	t'onghamnon	tonghamnon	特別法	특별법	t'ŭkpyŏlpŏp	teukbyeolbeop
統合市	통합시	t'onghapsi	tonghapsi	特別市	특별시	T'ŭkpyŏlsi	Teukbyeolsi
通解	통해	t'onghae	tonghae	特別展	특별전	t'ŭkpyŏlchŏn	teukbyeoljeon
通해	통해	t'onghae	tonghae	特報	특보	t'ŭkpo	teukbo
通解補	통해보	t'onghaebo	tonghaebo	特使	특사	t'uksa	teuksa
通解書	통해서	t'onghaesŏ	tonghaeseo	特産物	특산물	t'ŭksanmul	teuksanmul
筒形	통형	t'onghyŏng	tonghyeong	特色	특색	t'ŭksaek	teuksaek
通貨	통화	t'onghwa	tonghwa	特選	특선	t'ŭksŏn	teukseon
統和	통화	T'onghwa	Tonghwa	特選展	특선전	t'ŭksŏnjŏn	teukseonjeon
退耕	퇴경	T'oegyŏng	Toegyeong	特設	특설	t'ŭksŏl	teukseol
退溪	퇴계	T'oegye	Toegye	特性	특성	t'ŭksŏng	teukseong
退溪家	퇴계가	T'oegyega	Toegyega	特性別	특성별	t'ŭksŏngbyŏl	teukseongbyeol
退溪學	퇴계학	T'oegyehak	Toegyehak	特需	특수	t'ŭksu	teuksu
退來里	퇴래리	T'oerae-ri	Toerae-ri	特殊	특수	t'ŭksu	teuksu
退老	퇴로	T'oero	Toero	特殊兒	특수아	t'ŭksua	teuksua
退修齋	퇴수재	T'oesujae	Toesujae	特定	특정	t'ŭkchŏng	teukjeong
退任	퇴임	t'oeim	toeim	特質	특질	t'ŭkchil	teukjil
退齋	퇴재	T'oejae	Toejae	特輯	특집	t'ŭkchip	teukjip
堆積	퇴적	t'oejŏk	toejeok	特輯版	특집판	t'ŭkchipp'an	teukjippan
堆積物	퇴적물	t'oejŏngmul	toejeongmul	特徵	특징	t'ŭkching	teukjing
退職	퇴직	t'oejik	toejik	特派員	특파원	t'ŭkp'awŏn	teukpawon
退職金	퇴직금	t'oejikkŭm	toejikgeum	特許	특허	t'ŭkhŏ	teukeo
投棄	투기	t'ugi	tugi	特許法	특허법	t'ŭkhŏpŏp	teukeobeop
鬪士	투사	t'usa	tusa	特化	특화	t'ŭkhwa	teukwa
鬪委	투위	t'uwi	tuwi	特效	특효	t'ŭkhyo	teukyo
投融資	투융자	t'uyungja	tuyungja	特히	특히	t'ŭkhi	teuki
投資	투자	t'uja	tuja	坡谷	파곡	P'agok	Pagok

한자 용례	한글	ALA-LC Romanization	정부 표기안	한자 용례	한글	ALA-LC Romanization	정부 표기안
破空論	파공론	p'agongnon	pagongnon	判例	판례	p'allye	pallye
破壞	파괴	p'agoe	pagoe	判例集	판례집	p'allyejip	pallyejip
波及	파급	p'agŭp	pageup	販賣	판매	p'anmae	panmae
波動	파동	p'adong	padong	販賣所	판매소	p'anmaeso	panmaeso
派閥	파벌	p'abŏl	pabeol	販賣處	판매처	p'anmaech'ŏ	panmaecheo
派兵	파병	p'abyŏng	pabyeong	板木	판목	p'anmok	panmok
派譜	파보	p'abo	pabo	板門	판문	P'anmun	Panmun
婆沙論	파사론	p'asaron	pasaron	板門店	판문점	P'anmunjŏm	Panmunjeom
破産	파산	p'asan	pasan	板門店里	판문점리	P'anmunjŏm-ni	Panmunjeom-ri
破産法	파산법	p'asanpŏp	pasanbeop	板本	판본	p'anbon	panbon
破産部	파산부	P'asanbu	Pasanbu	版本	판본	p'anbon	panbon
破睡稚	파수추	P'asuch'u	Pasuchu	板本學	판본학	p'anbonhak	panbonhak
破睡篇	파수편	P'asup'yŏn	Pasupyeon	判事	판사	p'ansa	pansa
波市	파시	p'asi	pasi	判書	판서	p'ansŏ	panseo
破我品	파아품	p'aap'um	paapum	判尹公	판윤공	P'anyun'gong	Panyungong
破顏	파안	p'aan	paan	板紙	판지	p'anji	panji
罷業	파업	p'aŏp	paeop	板村里	판촌리	P'anch'on-ni	Panchon-ri
派越	파월	p'awŏl	pawol	版畫	판화	p'anhwa	panhwa
巴人	파인	P'ain	Pain	版畫	판화	p'anhwa	panhwa
破字	파자	p'acha	paja	版畫史	판화사	p'anhwasa	panhwasa
芭長洞	파장동	P'ajang-dong	Pajang-dong	八	팔	p'al	pal
坡田	파전	P'ajŏn	Pajeon	八角	팔각	p'algak	palgak
坡州	파주	P'aju	Paju	八景	팔경	p'algyŏng	palgyeong
杷州	파주	P'aju	Ppaju	八景圖	팔경도	p'algyŏngdo	palgyeongdo
坡州郡	파주군	P'aju-gun	Paju-gun	八谷	팔곡	P'algok	Palgok
坡州牧	파주목	P'aju-mok	Paju-mok	八公山	팔공산	P'algongsan	Palgongsan
坡州市	파주시	P'aju-si	Paju-si	八關會	팔관회	P'algwanhoe	Palgwanhoe
罷職	파직	p'ajik	pajik	八卦	팔괘	p'algwae	palgwae
播遷	파천	p'ach'ŏn	pacheon	八吉祥	팔길상	P'algilsang	Palgilsang
芭蕉	파초	p'ach'o	pacho	八達	팔달	p'altal	paldal
芭蕉圖	파초도	p'ach'odo	pachodo	八達洞	팔달동	P'altal-dong	Paldal-dong
派出所	파출소	p'ach'ulso	pachulso	八達門	팔달문	P'altalmun	Paldalmun
坡平	파평	P'ap'yŏng	Papyeong	八達山	팔달산	P'altalsan	Paldalsan
破閑	파한	P'ahan	Pahan	八堂	팔당	P'altang	Paldang
破閑集	파한집	P'ahanjip	Pahanjip	八道	팔도	p'alto	paldo
版	판	p'an	pan	八道圖	팔도도	p'altodo	paldodo
板	판	p'an	pan	八陵	팔릉	P'allŭng	Palleung
板刻本	판각본	p'an'gakpon	pangakbon	八萬	팔만	p'alman	palman
判決	판결	p'an'gyŏl	pangyeol	八方位	팔방위	p'albangwi	palbangwi
判決錄	판결록	p'an'gyŏllok	pangyeollok	八峰	팔봉	P'albong	Palbong
判決集	판결집	p'an'gyŏlchip	pangyeoljip	八部	팔부	p'albu	palbu
判官	판관	p'an'gwan	pangwan	八相	팔상	p'alsang	palsang
板橋	판교	P'an'gyo	Pangyo	八相圖	팔상도	p'alsangdo	palsangdo
判斷	판단	p'andan	pandan	八相錄	팔상록	P'alsangnok	Palsangnok
判斷論	판단론	pandannon	pandallon	八歲	팔세	p'alse	palse

한자 용례	한글	ALA-LC Romanization	정부 표기안	한자 용례	한글	ALA-LC Romanization	정부 표기안
八世譜	팔세보	p'alsebo	palsebo	編述	편술	p'yŏnsul	pyeonsul
八旬	팔순	p'alsun	palsun	扁額	편액	p'yŏnaek	pyeonaek
八尋里	팔심리	P'alsim-ni	Palsim-ri	鞭羊	편양	P'yŏnyang	Pyeonyang
八域	팔역	p'aryŏk	paryeok	編譯	편역	p'yŏnyŏk	pyeonyeok
八域歌	팔역가	P'aryŏkka	paryeokga	編譯者	편역자	p'yŏnyŏkcha	pyeonyeokja
八域誌	팔역지	p'aryŏkchi	paryeokji	編譯著	편역저	p'yŏnyŏkchŏ	pyeonyeokjeo
八域志	팔역지	p'aryŏkchi	paryeokji	編譯陣	편역진	p'yŏnyŏkchin	pyeonyeokjin
八月	팔월	p'arwŏl	parwol	片雲	편운	P'yŏnun	pyeonun
八日	팔일	p'aril	paril	便宜	편의	p'yŏnŭi	pyeonui
八佾舞	팔일무	P'arilmu	Parilmu	便宜的	편의적	p'yŏnŭijŏk	pyeonuijeok
八字	팔자	p'alcha	palja	編入	편입	p'yŏnip	pyeonip
八字圖	팔자도	p'alchado	paljado	编著	편자	p'yŏnjŏ	pyeonja
八秩	팔질	p'alchil	paljil	編者	편자	p'yŏnja	pyeonja
八清里	팔청리	P'alch'ŏng-ni	Palcheong-ri	編著	편저	p'yŏnjŏ	pyeonjeo
八篇	팔편	p'alp'yŏn	palpyeon	編著者	편저자	p'yŏnjŏja	pyeonjeoja
敗	패	p'ae	pae	便紙	편지	p'yŏnji	pyeonji
貝殼	패각	p'aegak	paegak	编辑	편집	p'yŏnjip	pyeonjip
霸氣	패기	p'aegi	paegi	編輯	편집	p'yŏnjip	pyeonjip
稗林	패림	p'aerim	paerim	編輯局	편집국	p'yŏnjipkuk	pyeonjipguk
稗說	패설	p'aesŏl	paeseol	編輯部	편집부	p'yŏnjippu	pyeonjipbu
浿水	패수	P'aesu	Paesu	編輯室	편집실	p'yŏnjipsil	pyeonjipsil
浿水縣	패수현	P'aesu-hyŏn	Paesu-hyeon	編輯人	편집인	p'yŏnjibin	pyeonjibin
覇王	패왕	p'aewang	paewang	編輯者	편집자	p'yŏnjipcha	pyeonjipja
貝塚	패총	p'aech'ong	paechong	編輯處	편집처	p'yŏnjipch'ŏ	pyeonjipcheo
彭原郡	팽원군	P'aengwŏn-gun	Paengwon-gun	編輯筆	편집필	p'yŏnjipp'il	pyeonjippil
篇	편	p'yŏn	pyeon	編撰	편찬	p'yŏnch'an	pyeonchan
編	편	p'yŏn	pyeon	編纂	편찬	p'yŏnnch'an	pyeonchan
編刊	편간	p'yŏn'gan	pyeongan	編纂課	편찬과	p'yŏnch'ankwa	pyeonchangwa
便攷	편고	p'yŏn'go	pyeongo	編纂局	편찬국	p'yŏnch'an'guk	pyeonchanguk
便考	편고	p'yŏn'go	pyeongo	編纂室	편찬실	p'yŏnch'ansil	pyeonchansil
編年	편년	p'yŏnnyŏn	pyeonnyeon	編纂者	편찬자	p'yŏnch'anja	pyeonchanja
編年史	편년사	p'yŏnnyŏnsa	pyeonnyeonsa	編纂會	편찬회	p'yŏnch'anhoe	pyeonchanhoe
編年體	편년체	p'yŏnnyŏnch'e	pyeonnyeonche	編處	편처	p'yŏnch'ŏ	pyeoncheo
便覽	편람	p'yŏllam	pyeollam	偏向	편향	p'yŏnhyang	pyeonhyang
便覽	편람	p'yŏllam	pyeollam	評	평	p'yŏng	pyeong
遍歷	편력	p'yŏllyŏk	pyeollyeok	坪	평	p'yŏng	pyeong
篇目	편목	p'yŏnmok	pyeonmok	評価	평가	p'yŏngka	pyeongga
編目	편목	p'yŏnmok	pyeonmok	評價	평가	p'yŏngka	pyeongga
片史	편사	p'yŏnsa	pyeonsa	評價士	평가사	p'yŏngkasa	pyeonggasa
編選	편선	p'yŏnsŏn	pyeonseon	評価書	평가서	p'yŏngkasŏ	pyeonggaseo
編成	편성	p'yŏnsŏng	pyeonseong	評價院	평가원	P'yŏngkawŏn	Pyeonggawon
編修	편수	p'yŏnsu	pyeonsu	評價制	평가제	p'yŏngkaje	pyeonggaje
編修錄	편수록	p'yŏnsurok	pyeonsurok	平康	평강	P'yŏnggang	Pyeonggang
編修人	편수인	p'yŏnsuin	pyeonsuin	平岡	평강	P'yŏnggang	Pyeonggang
編修會	편수회	P'yŏnsuhoe	pyeonsuhoe	平康郡	평강군	P'yŏnggang-gun	Pyeonggang-gun

한자 용례	한글	ALA-LC Romanization	정부 표기안	한자 용례	한글	ALA-LC Romanization	정부 표기안
平康縣	평강현	P'yŏnggang-hyŏn	Pyeonggang-hyeon	平靜	평정	p'yŏngjŏng	pyeongjeong
平南	평남	P'yŏngnam	Pyeongnam	平調	평조	p'yŏngjo	pyeongjo
平等	평등	p'yŏngdŭng	pyeongdeung	平準化	평준화	p'yŏngjunhwa	pyeongjunhwa
平羅里	평라리	P'yŏngna-ri	Pyeongna-ri	平地	평지	p'yŏngji	pyeongji
評論	평론	p'yŏngnon	pyeongnon	平地城	평지성	p'yŏngjisŏng	pyeongjiseong
評論家	평론가	p'yŏngnon'ga	pyeongnonga	平昌	평창	P'yŏngch'ang	Pyeongchang
評論社	평론사	p'yŏngnonsa	pyeongnonsa	平昌郡	평창군	P'yŏngch'ang-gun	Pyeongchang-gun
評論集	평론집	p'yŏngnonjip	pyeongnonjip	坪倉里	평창리	P'yŏngch'ang-ni	Pyeongchang-ri
平民	평민	p'yŏngmin	pyeongmin	平昌邑	평창읍	P'yŏngch'ang-ŭp	Pyeongchang-eup
平北	평북	P'yŏngbuk	Pyeongbuk	平昌縣	평창현	P'yŏngch'ang-hyŏn	Pyeongchang-hyeon
評事	평사	p'yŏngsa	pyeongsa	坪川	평천	P'yŏngch'ŏn	Pyeongcheon
平山	평산	P'yŏngsan	Pyeongsan	平川里	평천리	Py'ŏngch'ŏn-ni	Pyeongcheon-ri
平山郡	평산군	P'yŏngsan-gun	Pyeongsan-gun	坪村里	평촌리	P'yŏngch'on-ni	Pyeongchon-ri
平山縣	평산현	P'yŏngsan-hyŏn	Pyeongsan-hyeon	平澤	평택	P'yŏngt'aek	Pyeongtaek
平生	평생	p'yŏngsaeng	pyeongsaeng	平澤郡	평택군	P'yŏngt'aek-kun	Pyeongtaek-gun
評釋	평석	p'yŏngsŏk	pyeongseok	平澤大	평택대	P'yŏngt'aektae	Pyeongtaekdae
評選	평선	p'yŏngsŏn	pyeongseon	平澤市	평택시	P'yŏngt'aek-si	Pyeongtaek-si
評說	평설	p'yŏngsŏl	pyeongseol	平澤縣	평택현	P'yŏngt'aek-hyŏn	Pyeongtaek-hyeon
平成	평성	P'yŏngsŏng	Pyeongseong	平海	평해	P'yŏnghae	Pyeonghae
平城里	평성리	P'yŏngsŏng-ni	Pyeongseong-ri	平海郡	평해군	P'yŏnghae-gun	Pyeonghae-gun
平時調	평시조	p'yŏngsijo	pyeongsijo	平海縣	평해현	P'yŏnghae-hyŏn	Pyeonghae-hyeon
平信徒	평신도	p'yŏngsindo	pyeongsindo	平和	평화	p'yŏnghwa	pyeonghwa
平安	평안	P'yŏngan	Pyeongan	平和洞	평화동	Pyŏnghwa-dong	Pyeonghwa-dong
平安南道	평안남도	P'yŏngan-namdo	Pyeongannam-do	平和論	평화론	p'yŏnghwaron	pyeonghwaron
平安南·北道	평안남북도	P'yŏngan-nam-bukto	Pyeongannambuk-do	平和社	평화사	P'yŏnghwasa	Pyeonghwasa
平安道	평안도	P'yŏngan-do	Pyeongan-do	平和的	평화적	p'yŏnghwajŏk	pyeonghwajeok
平安北道	평안북도	P'yŏngan-bukto	Pyeonganbuk-do	平和主義	평화주의	p'yŏnghwajuŭi	pyeonghwajuui
平野	평야	p'yŏngya	pyeongya	平和學	평화학	p'yŏnghwahak	pyeonghwahak
平壤	평양	P'yŏngyang	Pyeongyang	癈棄	폐기	p'yegi	pyegi
平壤府	평양부	P'yŏngyang-bu	Pyeongyang-bu	廢棄物	폐기물	p'yegimul	pyegimul
平壤城	평양성	P'yŏngyangsŏng	Pyeongyangseong	廢妃	폐비	p'yebi	pyebi
平壤驛	평양역	P'yŏngyangyŏk	Pyeongyangyeok	廢四郡圖	폐사군도	p'yesagundo	pyesagundo
平壤志	평양지	P'yŏngyangji	Pyeongyangji	廢寺址	폐사지	p'yesaji	pyesaji
平呂洞	평여동	P'yŏngyŏ-dong	Pyeongyeo-dong	廃水	폐수	p'yesu	pyesu
評譯	평역	p'yŏngyŏk	pyeongyeok	肺水腫	폐수종	p'yesujong	pyesujong
萍遇錄	평우록	P'yŏngurok	pyeongurok	廃水化	폐수화	p'yesuhwa	pyesuhwa
平原	평원	p'yŏngwŏn	pyeongwon	廢主	폐주	p'yeju	pyeju
平原郡	평원군	P'yŏngwŏn-gun	Pyeongwon-gun	廢墟	폐허	p'yehŏ	pyeheo
評議	평의	p'yŏngŭi	pyeongui	砲	포	p'o	po
評議會	평의회	p'yŏngŭihoe	pyeonguihoe	捕鯨	포경	p'ogyŏng	pogyeong
平障里	평장리	P'yŏngjang-ni	Pyeongjang-ri	捕鯨史	포경사	p'ogyŏngsa	pogyeongsa
平底	평저	p'yŏngjŏ	pyeongjeo	布告文	포고문	p'ogomun	pogomun
評傳	평전	p'yŏngjŏn	pyeongjeon	布教	포교	p'ogyo	pogyo
評伝	평전	p'yŏngjŏn	pyeongjeon	布教記	포교기	p'ogyogi	pogyogi
坪井	평정	P'yŏngjŏng	Pyeongjeong	布教堂	포교당	p'ogyodang	pogyodang

한자 용례	한글	ALA-LC Romanization	정부 표기안	한자 용례	한글	ALA-LC Romanization	정부 표기안
浦口	포구	p'ogu	pogu	爆彈	폭탄	p'okt'an	poktan
浦南洞	포남동	P'onam-dong	Ponam-dong	瀑布	폭포	p'okp'o	pokpo
布德	포덕	p'odŏk	Podeok	暴風	폭풍	p'okp'ung	pokpung
布德文	포덕문	p'odŏngmun	podeongmun	表	표	p'yo	pyo
捕盜	포도	p'odo	podo	票	표	p'yo	pyo
葡萄	포도	p'odo	podo	標	표	p'yo	pyo
捕盜廳	포도청	P'odoch'ŏng	Podocheong	表記	표기	p'yogi	pyogi
捕虜	포로	p'oro	poro	表記法	표기법	p'yogipŏp	pyogibeop
布木	포목	p'omok	pomok	表記案	표기안	p'yogian	pyogian
布木商	포목상	p'omoksang	pomoksang	漂流	표류	p'yoryu	pyoryu
抱朴子	포박자	P'obakcha	Pobakja	漂流記	표류기	p'yoryugi	pyoryugi
包背裝	포배장	p'obaejang	pobaejang	漂流民	표류민	p'yoryumin	pyoryumin
包山	포산	P'osan	Posan	表裏	표리	p'yori	pyori
鮑石亭	포석정	P'osŏkchŏng	Poseokjeong	標本	표본	p'yobon	pyobon
鮑石亭址	포석정지	P'osŏkchŏngji	Poseokjeongji	表象	표상	p'yosang	pyosang
砲聲	포성	p'osŏng	poseong	標識	표식	p'yosik	pyosik
砲手	포수	p'osu	posu	豹菴	표암	P'yoam	Pyoam
泡影集	포영집	P'oyŏngjip	Poyeongjip	標月指	표월지	p'yowŏlchi	pyowolji
抱雍	포옹	p'oong	poong	表箋	표전	p'yojŏn	pyojeon
包容	포용	p'oyong	poyong	標點	표점	p'yojŏm	pyojeom
浦月里	포월리	P'owŏl-li	Powol-ri	表情	표정	p'yojŏng	pyojeong
圃隱	포은	P'oŭn	Poeun	表井里	표정리	P'yojŏng-ni	Pyojeong-ri
包裝	포장	p'ojang	pojang	標題	표제	p'yoje	pyoje
浦渚	포저	P'ojŏ	Pojeo	表題	표제	p'yoje	pyoje
抱接	포접	p'ojŏp	pojeop	標準	표준	p'yojun	pyojun
抱接制	포접제	P'ojŏpche	Pojeopje	標準的	표준적	p'yojunjŏk	pyojunjeok
包主	포주	p'oju	poju	標準化	표준화	p'yojunhwa	pyojunhwa
抱川	포천	P'och'ŏn	Pocheon	瓢泉	표천	P'yoch'ŏn	Pyocheon
抱川郡	포천군	P'och'ŏn-gun	Pocheon-gun	表忠碑	표충비	p'yoch'ungbi	pyochungbi
抱川縣	포천현	P'och'ŏn-hyŏn	Pocheon-hyeon	表忠寺	표충사	P'yoch'ungsa	Pyochungsa
砲艦	포함	p'oham	poham	表忠祠	표충사	P'yoch'ungsa	Pyochungsa
包含	포함	p'oham	poham	表忠院	표충원	P'yoch'ungwŏn	Pyochungwon
浦項	포항	P'ohang	Pohang	漂海歌	표해가	P'yohaega	Pyohaega
浦項市	포항시	P'ohang-si	Pohang-si	漂海錄	표해록	p'yohaerok	pyohaerok
捕虎	포호	p'oho	poho	表現	표현	p'yŏhyŏn	pyohyeon
圃彙	포휘	P'ohwi	Pohwi	品	품	p'um	pum
爆擊	폭격	p'okkyŏk	pokgyeok	品格	품격	p'umkyŏk	pumgyeok
暴徒	폭도	p'okto	pokdo	品類足論	품류족론	p'umnyujongnon	pumnyujongnon
暴動	폭동	p'oktong	pokdong	品目	품목	p'ummok	pummok
暴力	폭력	p'ongnyŏk	pongnyeok	稟報	품보	p'umbo	pumbo
暴利	폭리	p'ongni	pongni	品詞論	품사론	p'umsaron	pumsaron
爆發	폭발	p'okpal	pokbal	品質	품질	p'umjil	pumjil
暴雪	폭설	p'oksŏl	pokseol	豊角縣	풍각현	P'unggak-hyŏn	Punggak-hyeon
暴壓	폭압	p'ogap	pogap	風磬	풍경	P'unggyŏng	Punggyeong
爆沈	폭침	p'okch'im	pokchim	風景	풍경	p'unggyŏng	punggyeong

한자 용례	한글	ALA-LC Romanization	정부 표기안	한자 용례	한글	ALA-LC Romanization	정부 표기안
風光	풍광	p'unggwang	punggwang	豊饒	풍요	p'ungyo	pungyo
豊基	풍기	P'unggi	Punggi	豊饒로운	풍요로운	p'ungyoroun	pungyoroun
豊基郡	풍기군	P'unggi-gun	Punggi-gun	風雲	풍운	p'ungun	pungun
豊吉里	풍길리	P'unggil-li	Punggil-ri	風雲記	풍운기	p'ungun'gi	pungungi
豊南	풍남	P'ungnam	Pungnam	風雲兒들	풍운아들	p'ungunadŭl	pungunadeul
豊南祭	풍남제	P'ungnamje	Pungnamje	風月	풍월	p'ungwŏl	pungwol
風納	풍납	P'ungnap	Pungnap	豊呈	풍정	P'ungjŏng	Pungjeong
風納洞	풍납동	P'ungnap-tong	Pungnap-dong	風情畵	풍정화	p'ungjŏnghwa	pungjeonghwa
豊年	풍년	p'ungnyŏn	Pungnyeon	豊進	풍진	P'ungjin	Pungjin
豊德郡	풍덕군	P'ungdŏk-kun	Pungdeok-gun	豊川	풍천	P'ungch'ŏn	Pungcheon
豊龍洞	풍룡동	P'ungnyong-dong	Pungnyong-dong	豊川郡	풍천군	P'ungch'ŏn-gun	Pungcheon-gun
風流	풍류	p'ungnyu	pungnyu	豊清里	풍청리	P'ungch'ŏng-ni	Pungcheong-ri
風流道	풍류도	P'ungnyudo	pungnyudo	風鐸	풍탁	p'ungt'ak	pungtak
風流集	풍류집	p'ungnyujip	pungnyujip	風土	풍토	p'ungt'o	pungto
風流會	풍류회	p'ungnyuhoe	pungnyuhoe	風土記	풍토기	p'ungt'ogi	pungtogi
風貌	풍모	p'ungmo	pungmo	風化	풍화	p'unghwa	punghwa
風物	풍물	p'ungmul	pungmul	被	피	p'i	pi
風伯	풍백	P'ungbaek	Pungbaek	披露宴	피로연	p'iroyŏn	piroyeon
豊山	풍산	P'ungsan	Pungsan	被服	피복	p'ibok	pibok
楓石	풍석	P'ungsŏk	Pungseok	被服學	피복학	p'ibokhak	pibokak
風石	풍석	P'ungsŏk	Pungseok	皮膚	피부	p'ibu	pibu
風俗	풍속	p'ungsok	pungsok	皮膚科	피부과	p'ibukwa	pibugwa
風俗記	풍속기	p'ungsokki	pungsokgi	避暑	피서	p'isŏ	piseo
風俗圖	풍속도	p'ungsokto	pungsokdo	避暑錄	피서록	p'isŏrok	piseorok
風俗史	풍속사	p'ungsoksa	pungsoksa	彼我	피아	p'ia	pia
風俗誌	풍속지	p'ungsokchi	pungsokji	彼岸寺	피안사	P'iansa	Piansa
風俗集	풍속집	p'ungsokchip	pungsokjip	被壓迫	피압박	p'iappak	piapbak
風俗畫	풍속화	p'ungsokhwa	pungsokhwa	避姙	피임	p'iim	piim
風俗畵	풍속화	p'ungsokhwa	pungsokhwa	被害	피해	p'ihae	pihae
風水	풍수	p'ungsu	pungsu	被害者	피해자	p'ihaeja	pihaeja
風水家	풍수가	p'ungsuga	pungsuga	披香亭	피향정	P'ihyangjŏng	Pihyangjeong
風水說	풍수설	p'ungsusŏl	pungsuseol	華	필	p'il	pil
風習	풍습	p'ungsŭp	pungseup	畢	필	p'il	pil
風習錄	풍습록	p'ungsŭmnok	pungseumnok	筆家帖	필가첩	p'ilgach'ŏp	pilgacheop
諷詩	풍시	p'ungsi	pungsi	筆耕	필경	p'ilgyŏng	pilgyeong
諷詩調	풍시조	p'ungsijo	pungsijo	筆耕畓	필경답	p'ilgyŏngdap	pilgyeongdap
風神	풍신	p'ungsin	pungsin	筆記	필기	p'ilgi	pilgi
風神祭	풍신제	p'ungsinje	pungsinje	筆譚	필담	p'iltam	pildam
風雅	풍아	p'unga	punga	筆談	필담	p'iltam	pildam
楓嶽	풍악	P'ungak	Pungak	必讀	필독	p'ildok	pildok
枫岳	풍악	p'ungak	pungak	筆墨	필묵	p'ilmuk	pilmuk
楓嶽山	풍악산	P'ungaksan	Pungaksan	必罰	필벌	p'ilbŏl	pilbeol
豊壤	풍양	P'ungyang	Pungyang	筆法	필법	p'ilpŏp	pilbeop
豊漁	풍어	p'ungŏ	pungeo	筆史	필사	p'ilsa	pilsa
風謠	풍요	p'ungyo	pungyo	筆寫	필사	p'ilsa	pilsa

한자 용례	한글	ALA-LC Romanization	정부 표기안	한자 용례	한글	ALA-LC Romanization	정부 표기안
筆寫本	필사본	p'ilsabon	pilsabon	下北亭	하북정	Habukchŏng	Habukjeong
必須	필수	p'ilsu	pilsu	河濱	하빈	Habin	Habin
必須的	필수적	p'ilsujŏk	pilsujeok	河濱縣	하빈현	Habin-hyŏn	Habin-hyeon
必勝	필승	p'ilsŭng	pilseung	下舍堂	하사당	Hasadang	Hasadang
筆神	필신	p'ilsin	pilsin	下生	하생	hasaeng	hasaeng
筆語	필어	p'irŏ	pireo	下生經	하생경	hasaenggyŏng	hasaenggyeong
必要	필요	p'iryo	piryo	河西	하서	Hasŏ	Haseo
筆苑	필원	p'irwŏn	pirwon	河書	하서	Hasŏ	Haseo
筆者	필자	p'ilcha	pilja	何仙姑	하선고	Hasŏn'go	Haseongo
必知	필지	p'ilji	Pilji	霞城	하성	Hasŏng	Haseong
筆札帖	필찰첩	p'ilch'alch'ŏp	pilchalcheop	下水道	하수도	hasudo	hasudo
筆帖	필첩	p'ilch'ŏp	pilcheop	下宿	하숙	hasuk	hasuk
筆叢	필총	p'ilch'ong	pilchong	何瑟羅	하슬라	Hasŭlla	Haseulla
逼迫	핍박	p'ippak	pipbak	下詩洞	하시동	Hasi-dong	Hasi-dong
下	하	ha	ha	下昂式	하앙식	haangsik	haangsik
河	하	ha	ha	河陽郡	하양군	Hayang-gun	Hayang-gun
夏	하	ha	ha	河陽縣	하양현	Hayang-hyŏn	Hayang-hyeon
霞谷	하곡	Hagok	Hagok	何如歌	하여가	hayŏga	hayeoga
河口	하구	hagu	hagu	何如體	하여체	hayŏch'e	hayeoche
下九岩里	하구암리	Haguam-ni	Haguam-ri	荷屋	하옥	Haok	Haok
夏期	하기	hagi	hagi	夏雨	하우	Hau	Hau
河南	하남	Hanam	Hanam	夏雲峰	하운봉	Haunbong	Haunbong
河南洞	하남동	Hanam-dong	Hanam-dong	夏園	하원	Hawŏn	Hawon
河南市	하남시	Hanam-si	Hanam-si	河源里	하원리	Hawŏn-ni	Hawon-ri
河南縣	하남현	Hanam-hyŏn	Hanam-hyeon	霞隱	하은	Haŭn	Haeun
下女	하녀	hanyŏ	hanyeo	何異齋	하이재	Haijae	Haijae
荷潭	하담	Hadam	Hadam	瑕疵	하자	haja	haja
荷堂	하당	Hadang	Hadang	河岾面	하점면	Hajŏm-myŏn	Hajeom-myeon
下垈	하대	hadae	hadae	夏至	하지	haji	haji
下都給	하도급	hadogŭp	hadogeup	夏至日	하지일	hajiil	hajiil
河東	하동	Hadong	Hadong	下枝縣	하지현	Haji-hyŏn	Haji-hyeon
河東郡	하동군	Hadong-gun	Hadong-gun	河川	하천	hach'ŏn	hacheon
河東縣	하동현	Hadong-hyŏn	Hadong-hyeon	荷川里	하천리	Hach'ŏn-ni	Hacheon-ri
下等	하등	hadŭng	hadeung	河清	하청	Hach'ŏng	Hacheong
河洛	하락	Harak	Harak	下層	하층	hach'ŭng	hacheung
下流	하류	haryu	haryu	下苔島	하태도	Hat'aedo	Hataedo
下里	하리	Ha-ri	Ha-ri	下品	하품	hap'um	hapum
下里洞	하리동	Hari-dong	Hari-dong	荷風	하풍	Hap'ung	Hapung
下馬	하마	hama	hama	河合	하합	Hahap	Hahap
下馬碑	하마비	hamabi	hamabi	下弦	하현	hahyŏn	hahyeon
何夢	하몽	Hamong	Hamong	河回	하회	Hahoe	Hahoe
河泊	하박	Habak	Habak	河回洞	하회동	Hahoe-dong	Hahoe-dong
河伯	하백	Habaek	Habaek	鶴	학	hak	hak
下鳳里	하봉리	Habong-ni	Habong-ri	學界	학계	hakkye	hakgye
河北	하북	Habuk	Habuk	學界報	학계보	Hakkyebo	Hakgyebo

한자 용례	한글	ALA-LC Romanization	정부 표기안	한자 용례	한글	ALA-LC Romanization	정부 표기안
學古	학고	Hakko	Hakgo	虐殺	학살	haksal	haksal
鶴皐	학고	Hakko	Hakgo	學生	학생	haksaeng	haksaeng
學古房	학고방	Hakkobang	Hakgobang	學生界	학생계	Haksaenggye	Haksaenggye
鶴谷川	학곡천	Hakkokch'ŏn	Hakgokcheon	學生劇	학생극	haksaenggŭk	haksaenggeuk
學科	학과	hakkwa	hakgwa	鶴石	학석	Haksŏk	Hakseok
學館	학관	hakkwan	hakgwan	學說	학설	haksŏl	hakseol
学校	학교	hakkyo	hakgyo	學性	학성	Haksŏng	Hakseong
學校	학교	hakkyo	hakgyo	鶴城	학성	Haksŏng	Hakseong
學校法	학교법	hakkyopŏp	hakgyobeop	學成	학성	Haksŏng	Hakseong
學校長會	학교장회	hakkyojanghoe	hakgyojanghoe	鶴星里	학성리	Haksŏng-ni	Hakseong-ri
學究	학구	hakku	hakgu	鶴巢臺	학소대	Haksodae	Haksodae
學宮	학궁	hakkung	hakgung	鶴首里	학수리	Haksu-ri	Haksu-ri
學級	학급	hakkŭp	hakgeup	學塾	학숙	haksuk	haksuk
學年度	학년도	hangnyŏngdo	hangnyeondo	學術	학술	haksul	haksul
學團	학단	haktan	hakdan	學術院	학술원	haksurwŏn	haksurwon
學堂	학당	haktang	hakdang	学術院	학술원	haksurwŏn	haksurwon
虐待	학대	haktae	hakdae	學術誌	학술지	haksulji	haksulji
學徒	학도	hakto	hakdo	學習	학습	haksŭp	hakseup
學燈	학등	Haktŭng	Hakdeung	學習書	학습서	haksŭpsŏ	hakseupseo
學力	학력	hangnyŏk	hangnyeok	學式	학식	haksik	haksik
學禮	학례	hangnye	hangnye	鶴巖	학암	Hagam	Hagam
學流	학류	hangnyu	hangnyu	學業	학업	hagŏp	hageop
鶴林	학림	hangnim	hangnim	學易齋	학역재	Hagyŏkchae	Hagyeokjae
學林	학림	hangnim	hangnim	學綠	학연	hagyŏn	hagyeon
學脈	학맥	hangmaek	hangmaek	學硏	학연	hagyŏn	hagyeon
鶴鳴	학명	Hangmyŏng	Hangmyeong	學硏社	학연사	Hagyŏnsa	Hagyeonsa
學務課	학무과	Hangmukwa	Hangmugwa	學藝	학예	hagye	hagye
學務局	학무국	Hangmuguk	Hangmuguk	學藝社	학예사	Hagyesa	Hagyesa
學文	학문	hangmun	hangmun	學友	학우	hagu	hagu
學問	학문	hangmun	hangmun	學友報	학우보	hagubo	hagubo
學文社	학문사	Hangmunsa	Hangmunsa	學友會	학우회	haguhoe	haguhoe
學間的	학문적	hangmunjŏk	hangmunjeok	學院	학원	hagwŏn	hagwon
學民	학민	Hangmin	Hangmin	學園	학원	hagwŏn	hagwon
學閥	학벌	hakpŏl	hakbeol	學園社	학원사	Hagwŏnsa	Hagwonsa
學兵	학병	hakpyŏng	hakbyeong	學位	학위	hagwi	hagwi
學報	학보	hakpo	hakbo	學儒	학유	hagyu	hagyu
鶴峯	학봉	Hakpong	Hakbong	鶴隱	학은	Hagŭn	Hageun
鶴峰	학봉	Hakpong	Hakbong	鶴陰公	학음공	Hagŭmgong	Hageumgong
鶴峰里	학봉리	Hakpong-ni	Hakbong-ri	學而	학이	hagi	hagi
學部	학부	hakpu	hakbu	學而思	학이사	Hagisa	Hagisa
學父母	학부모	hakpumo	hakbumo	學人	학인	hagin	hagin
學社	학사	haksa	haksa	學一	학일	hagil	hagil
學舍	학사	haksa	haksa	學者	학자	hakcha	hakja
學士	학사	haksa	haksa	學長	학장	hakchang	hakjang
鶴山	학산	Haksan	Haksan	學點	학점	hakchŏm	hakjeom

한자 용례	한글	ALA-LC Romanization	정부 표기안	한자 용례	한글	ALA-LC Romanization	정부 표기안
學之光	학지광	Hakchigwang	Hakjigwang	韓國詞	한국사	Han'guksa	Hanguksa
鶴川	학천	Hakch'ŏn	Hakcheon	韓國産	한국산	Han'guksan	Hanguksan
鶴川里	학천리	Hakch'ŏn-ni	Hakcheon-ri	韓國語	한국어	Han'gugŏ	Hangugeo
學派	학파	hakp'a	hakpa	韓国語	한국어	Han'gugo	Hangugeo
學圃	학포	Hakp'o	Hakpo	韓國語版	한국어판	Han'gugŏp'an	Hangugeopan
學風	학풍	hakp'ung	hakpung	韓國人	한국인	Han'gugin	Hangugin
學海	학해	Hakhae	Hakae	韓國的	한국적	Han'gukchŏk	Hangukjeok
學海堂	학해당	Hak'aedang	Hakaedang	韓國學	한국학	Han'gukhak	Hangukak
學峴	학현	Hakhyŏn	Hakyeon	韓國型	한국형	Han'gukhyŏng	Hangukyeong
學現社	학현사	Hakhyŏnsa	Hakyeonsa	韓國形	한국형	Han'gukhyŏng	Hangukyeong
學會	학회	hakhoe	hakoe	韓國画	한국화	Han'gukhwa	Hangukhwa
学会	학회	hakhoe	hakoe	韓国画	한국화	Han'gukhwa	Hangukhwa
學會報	학회보	hakhoebo	hakoebo	韓國畫	한국화	Han'gukhwa	Hangukhwa
學訓	학훈	hakhun	hakun	韓國畵	한국화	Han'gukhwa	Hangukhwa
恨	한	han	han	漢郡縣	한군현	Han'gunhyŏn	Hangunhyeon
韓	한	Han	Han	韓劇	한극	Han'gŭk	Hangeuk
寒	한	han	han	韓南	한남	Hannam	Hannam
漢	한	Han	han	韓南大	한남대	Hannamdae	Hannamdae
漢簡	한간	Han'gan	Hangan	閑談	한담	handam	handam
寒岡	한강	Han'gang	Hangang	閒談	한담	handam	handam
漢江	한강	Han'gang	Hangang	漢唐	한당	Han-Tang	Han-Dang
寒岡	한강	Han'gang	Hangang	漢大	한대	Handae	Handae
漢江邊	한강변	Han'gangbyŏn	Hangangbyeon	韓獨	한독	Han-Tok	Han-Dok
漢江史	한강사	Han'gangsa	Hangangsa	韓東	한동	Handong	Handong
韓客	한객	Han'gaek	Hangaek	韓東大	한동대	Handongdae	Handongdae
漢京	한경	Hangyŏng	Hangyeong	漢拏	한라	Halla	Halla
韓経	한경	Han'gyŏng	Hangyeong	漢拏大	한라대	Halladae	Halladae
限界	한계	han'gye	hangye	漢拏山	한라산	Hallasan	Hallasan
寒溪	한계	Han'gye	Hangye	寒蘭	한란	hallan	hallan
閑溪	한계	Han'gye	Hangye	閑良	한량	hallyang	hallyang
寒溪寺	한계사	Han'gyesa	Hangyesa	閑良舞	한량무	hallyangmu	hallyangmu
寒皐觀	한고관	Han'gogwan	Hangogwan	閑麗	한려	Hallyŏ	Hallyeo
閑谷	한곡	Han'gok	Hangok	閒錄	한록	hallok	hallok
韓館	한관	han'gwan	hangwan	寒流	한류	hallyu	hallyu
韓国	한국	Han'guk	Hanguk	韓流	한류	Hallyu	Hallyu
韓國	한국	Han'guk	Hanguk	翰林	한림	Hallim	Hallim
韓國軍	한국군	Han'gukkun	Hangukgun	翰林大	한림대	Hallimdae	Hallimdae
韓國紀	한국기	Han'gukki	Hangukgi	翰林院	한림원	Hallimwŏn	Hallimwon
韓國女	한국녀	Han'gungnyŏ	Hangungnyeo	汗馬	한마	Hanma	Hanma
韓國黨	한국당	Han'guktang	Hangukdang	韓末	한말	Hanmal	Hanmal
韓國大	한국대	Han'guktae	Hangukdae	翰墨社	한묵사	Hanmuksa	Hanmuksa
韓國法	한국법	Han'gukpŏp	Hangukbeop	漢文	한문	Hanmun	Hanmun
韓国病	한국병	Han'gukpyŏng	Hangukbyeong	韓文	한문	Hanmun	Hanmun
韓國本	한국본	Han'gukpon	Hangukbon	漢文選	한문선	Hanmunsŏn	Hanmunseon
韓國史	한국사	Han'guksa	Hanguksa	漢文學	한문학	Hanmunhak	Hanmunhak

한자 용례	한글	ALA-LC Romanization	정부 표기안	한자 용례	한글	ALA-LC Romanization	정부 표기안
漢文學論	한문학론	Hanmunhangnon	Hanmunhangnon	漢詩選	한시선	Hansisŏn	Hansiseon
漢文學史	한문학사	Hanmunhaksa	Hanmunhaksa	漢詩譯	한시역	Hansiyŏk	Hansiyeok
韓文化	한문화	Hanmunhwa	Hanmunhwa	韓食	한식	Hansik	Hansik
韓美	한미	Han-Mi	Han-Mi	韓信	한신	Hansin	Hansin
韓美日	한미일	Han-Mi-Il	Han-Mi-Il	韓神	한신	Hansin	Hansin
韓民	한민	Hanmin	Hanmin	翰信	한신	Hansin	Hansin
韓民戰	한민전	Hanminjŏn	Hanminjeon	韓神大	한신대	Hansindae	Hansindae
韓민족	한민족	Hanminjok	Hanminjok	寒闇堂	한암당	Hanamdang	Hanamdang
漢民族	한민족	Hanminjok	Hanminjok	漢藥	한약	Hanyak	Hanyak
韓民族	한민족	Hanminjok	Hanminjok	漢藥	한약	Hanyak	Hanyak
韓民族史	한민족사	Hanminjoksa	Hanminjoksa	漢陽	한양	Hanyang	Hanyang
韓半島	한반도	Hanbando	Hanbando	漢陽歌	한양가	Hanyangga	Hanyangga
恨半島	한반도	Hanbando	Hanbando	漢陽郡	한양군	Hanyang-gun	Hanyang-gun
韓方	한방	Hanbang	Hanbang	漢陽大	한양대	Hanyangdae	Hanyangdae
漢方	한방	Hanbang	Hanbang	漢陽圖	한양도	Hanyangdo	Hanyangdo
漢方界	한방계	Hanbanggye	Hanbanggye	漢語	한어	Hanŏ	Haneo
寒碧	한벽	hanbyŏng	hanbyeok	韓語	한어	Hanŏ	Haneo
韓服	한복	Hanbok	Hanbok	漢語本	한어본	Hanŏbon	Haneobon
韓佛	한불	Han-Pul	Han-Bul	韓語通	한어통	Hanŏt'ong	Haneotong
韓社	한사	Hansa	Hansa	漢語學	한어학	Hanŏhak	Haneohak
韓史觀	한사관	Hansagwan	Hansagwan	閑言	한언	hanŏn	haneon
韓社大	한사대	Hansadae	Hansadae	韓譯	한역	Hanyŏk	Hanyeok
漢山	한산	Hansan	Hansan	漢譯	한역	Hanyŏk	Hanyeok
韓山	한산	Hansan	Hansan	漢譯歌	한역가	Hanyŏkka	Hanyeokga
韓山郡	한산군	Hansan-gun	Hansan-gun	韓歷研	한역연	Hanyŏgyŏn	Hanyeogyeon
漢山記	한산기	Hansan'gi	Hansangi	韓英	한영	Han-Yŏng	Han-Yeong
漢山州	한산주	Hansan-ju	Hansan-ju	漢英	한영	Han-Yŏng	Han-Yeong
漢山侯	한산후	Hansanhu	Hansanhu	漢永	한영	Hanyŏng	Hanyeong
漢書	한서	Hansŏ	Hanseo	韓屋	한옥	Hanok	Hanok
韓瑞	한서	Hansŏ	Hanseo	韓屋村	한옥촌	Hanokch'on	Hanokchon
韓瑞大	한서대	Hansŏdae	Hanseodae	漢王	한왕	Hanwang	Hanwang
漢城	한성	Hansŏng	Hanseong	漢陰	한음	Hanŭm	Haneum
漢城郡	한성군	Hansŏng-gun	Hanseong-gun	漢醫	한의	Hanŭi	Hanui
漢城期	한성기	Hansŏnggi	Hanseonggi	韓醫	한의	Hanŭi	Hanui
漢城大	한성대	Hansŏngdae	Hanseongdae	韓醫科	한의과	Hanŭikwa	Hanuigwa
漢城府	한성부	Hansŏng-bu	Hanseong-bu	韓醫大	한의대	Hanŭidae	Hanuidae
翰成社	한성사	Hansŏngsa	Hanseongsa	韓醫方	한의방	Hanŭibang	Hanuibang
韓世	한세	Hanse	Hanse	韓醫師	한의사	Hanŭisa	Hanuisa
寒松	한송	Hansong	Hansong	韓醫藥	한의약	Hanŭiyak	Hanuiyak
寒水	한수	Hansu	Hansu	韓醫學	한의학	Hanŭihak	Hanuihak
漢水	한수	Hansu	Hansu	漢醫學	한의학	Hanŭihak	Hanuihak
寒水面	한수면	Hansu-myŏn	Hansu-myeon	漢醫學的	한의학적	Hanŭihakchŏk	Hanuihakjeok
寒水齋	한수재	Hansujae	Hansujae	韓人	한인	Hanin	Hanin
漢詩	한시	Hansi	Hansi	恨人	한인	hanin	hanin
漢詩文	한시문	Hansimun	Hansimun	韓人들	한인들	Hanindŭl	Hanindeul

한자 용례	한글	ALA-LC Romanization	정부 표기안	한자 용례	한글	ALA-LC Romanization	정부 표기안
韓人村	한인촌	Haninch'on	Haninchon	咸鏡	함경	Hamgyŏng	Hamgyeong
韓日	한일	Han-Il	Han-Il	咸鏡南道	함경남도	Hamgyŏng-namdo	Hamgyeongnam-do
漢字	한자	Hancha	Hanja	咸鏡南·北道	함경남북도	Hamgyŏng-nam-bukto	Hamgyeongnambuk-do
漢字語	한자어	Hanchaŏ	Hanjaeo	咸鏡道	함경도	Hamgyŏng-do	Hamgyeong-do
漢字音	한자음	Hanchaŭm	Hanjaeum	咸鏡北道	함경북도	Hamgyŏng-bukto	Hamgyeongbuk-do
寒齋	한재	Hanjae	Hanjae	咸吉道	함길도	Hamgil-to	Hamgil-do
漢籍	한적	Hanjŏk	Hanjeok	咸南	함남	Hamnam	Hamnam
韓籍	한적	Hanjŏk	Hanjeok	艦隊	함대	hamdae	hamdae
漢朝	한조	Han-Cho	Han-Jo	咸德里	함덕리	Hamdŏng-ni	Hamdeok-ri
韓族	한족	Hanjok	Hanjok	咸洞	함동	Hamdong	Hamdong
漢族	한족	Hanjok	Hanjok	含量	함량	hamnyang	hamnyang
韓州	한주	Hanju	Hanju	咸寧郡	함령군	Hamnyŏng-gun	Hamnyeong-gun
寒洲	한주	Hanju	Hanju	陷沒	함몰	hammol	hammol
閑中	한중	Hanjung	Hanjung	咸北	함북	Hambuk	Hambuk
韓中	한중	Han-Chung	Han-Jung	咸山	함산	Hamsan	Hamsan
恨中錄	한중록	Hanjungnok	Hanjungnok	喊聲	함성	hamsŏng	hamseong
閑中錄	한중록	Hanjungnok	Hanjungnok	咸安	함안	Haman	Haman
閒中錄	한중록	Hanjungnok	Hanjungnok	咸安郡	함안군	Haman-gun	Haman-gun
韓中日	한중일	Han-Chung-Il	Han-Jung-Il	咸巖里	함암리	Hamam-ni	Hamam-ri
汗蒸	한증	hanjŭng	hanjeung	咸陽	함양	Hamyang	Hamyang
汗蒸浴	한증욕	hanjŭngnyok	hanjeungyok	咸陽郡	함양군	Hamyang-gun	Hamyang-gun
韓紙	한지	Hhanji	Hanji	咸陽府	함양부	Hamyang-bu	Hamyang-bu
韓紙匠	한지장	hanjijang	hanjijang	咸陽縣	함양현	Hamyang-hyŏn	Hamyang-hyeon
韓振	한진	Hanjin	Hanjin	咸悅郡	함열군	Hamyŏl-gun	Hamyeol-gun
寒天	한천	Hanch'ŏn	Hancheon	咸悅縣	함열현	Hamyŏr-hyŏn	Hamyeol-hyeon
韓體大	한체대	Hanch'edae	Hanchedae	含怨	함원	hamwŏn	hamwon
韓村	한촌	Hanch'on	Hanchon	含資縣	함자현	Hamja-hyŏn	Hamja-hyeon
寒村	한촌	Hanch'on	Hanchon	含章室	함장실	hamjangsil	hamjangsil
韓總聯	한총련	Hanch'ongnyŏn	Hanchongnyeon	咸從	함종	hamjong	hamjong
漢灘	한탄	Hant'an	Hantan	咸從郡	함종군	Hamjong-gun	Hamjong-gun
漢灘江	한탄강	Hant'an'gang	Hantangang	咸從縣	함종현	Hamjong-hyŏn	Hamjong-hyeon
寒圃齋	한포재	Hanp'ojae	Hanpojae	咸州	함주	Hamju	Hamju
漢風	한풍	Hanp'ung	Hanpung	咸州郡	함주군	Hamju-gun	Hamju-gun
閑筆	한필	hanp'il	hanpil	咸昌縣	함창현	Hamch'ang-hyŏn	Hamchang-hyeon
閒筆	한필	hanp'il	hanpil	咸平	함평	Hamp'yŏng	Hampyeong
漢學	한학	Hanhak	Hanhak	咸平郡	함평군	Hamp'yŏng-gun	Hampyeong-gun
翰學社	한학사	Hanhaksa	HanHaksa	咸平縣	함평현	Hamp'yŏng-hyŏn	Hampyeong-hyeon
漢學書	한학서	Hanhaksŏ	Hanhakseo	涵虛	함허	Hamhŏ	Hamheo
漢韓	한한	Han-Han	Han-Han	函虛堂	함허당	Hamhŏdang	Hamheodang
漢和	한화	Hanhwa	Hanhwa	咸興	함흥	Hamhŭng	Hamheung
閑話	한화	hanhwa	hanhwa	咸興郡	함흥군	Hamhŭng-gun	Hamheung-gun
寒暄堂	한훤당	Hanhwŏndang	Hanhwondang	咸興府	함흥부	Hamhŭng-bu	Hamheung-bu
割腹	할복	halbok	halbok	咸興市	함흥시	Hamhŭng-si	Hamheung-si
含	함	ham	ham	合	합	hap	hap
咸	함	Ham	Ham	合格	합격	hapkyŏk	hapgyeok

한자 용례	한글	ALA-LC Romanization	정부 표기안	한자 용례	한글	ALA-LC Romanization	정부 표기안
合格者	합격자	hapkyŏkcha	hapgyeokja	恒山	항산	Hangsan	Hangsan
合黨	합당	haptang	hapdang	姮娥	항아	hanga	hanga
合同	합동	haptong	hapdong	抗癌	항암	hangam	hangam
合理	합리	hamni	hamni	抗日	항일	hangil	hangil
合理的	합리적	hamnijŏk	hamnijeok	抗日戰	항일전	hangilchŏn	hangiljeon
合理化	합리화	hamnihwa	hamnihwa	抗爭	항쟁	hangjaeng	hangjaeng
合理化法	합리화법	hamnihwapŏp	hamnihwabeop	抗爭期	항쟁기	hangjaenggi	hangjaenggi
合名	합명	hammyŏng	hammyeong	抗爭史	항쟁사	hangjaengsa	hangjaengsa
合邦論	합방론	happangnon	hapbangnon	抗戰	항전	hangjŏn	hangjeon
合法	합법	happŏp	hapbeop	害	해	hae	hae
合洴	합병	happyŏng	hapbyeong	垓	해	hae	hae
合本	합본	happon	hapbon	亥	해	hae	hae
合部	합부	happu	hapbu	海客論	해객론	Haegaengnon	Haegaengnon
合纖	합섬	hapsŏm	hapseom	解決	해결	haegyŏl	haegyeol
合成	합성	hapsŏng	hapseong	解決策	해결책	haegyŏlch'aek	haegyeolchaek
合松里	합송리	Hapsong-ni	Hapsong-ri	海耕堂	해경당	Haegyŏngdang	Haegyeongdang
合搜部	합수부	Hapsubu	Hapsubu	骸骨	해골	haegol	haegol
合營	합영	habyŏng	habyeong	海公	해공	Haegong	Haegong
合意	합의	habŭi	habui	海觀	해관	Haegwan	Haegwan
合意書	합의서	habŭisŏ	habuiseo	海軍	해군	haegun	haegun
合一	합일	habil	habil	奚琴	해금	Haegŭm	haegeum
合資	합자	hapcha	hapja	海技士	해기사	haegisa	haegisa
合作	합작	hapchak	hapjak	海枝士	해기사	haegisa	haegisa
合掌	합장	hapchang	hapjang	海寄翁	해기옹	Haegiong	Haegiong
合葬墳	합장분	hapchangbun	hapjangbun	海南	해남	Haenam	Haenam
合唱	합창	hapch'ang	hapchang	海南郡	해남군	Haenam-gun	Haenam-gun
合唱團	합창단	hapch'angdan	hapchangdan	海南縣	해남현	Haenam-hyŏn	Haenam-hyeon
陜川	합천	Hapch'ŏn	Hapcheon	海女	해녀	haenyŏ	haenyeo
陜川郡	합천군	Hapch'ŏn-gun	Hapcheon-gun	解答	해답	haedap	haedap
合編	합편	happ'yŏn	happyeon	解答書	해답서	haedapsŏ	haedapseo
合浦	합포	Happ'o	Happo	海大	해대	Haedae	Haedae
航空	항공	hanggong	hanggong	解讀	해독	haedok	haedok
航空機	항공기	hanggonggi	hanggonggi	解讀者	해독자	haedokcha	haedokja
航空大	항공대	Hanggongdae	Hanggongdae	海東	해동	haedong	haedong
航空社	항공사	hanggongsa	hanggongsa	海東記	해동기	Haedonggi	Haedonggi
航路	항로	hangno	hangno	海東疏	해동소	Haedongso	Haedongso
降魔	항마	hangma	hangma	解例	해례	haerye	haerye
港灣	항만	hangman	hangman	海路	해로	haero	haero
港湾	항만	hangman	hangman	解路	해로	haero	haero
港灣國	항만국	hangman'guk	hangmanguk	海路圖	해로도	haerodo	haerodo
港灣廳	항만청	Hangmanch'ŏng	Hangmancheong	解明	해명	haemyŏng	haemyeong
項目	항목	hangmok	hangmok	海冥縣	해명현	Haemyŏng-hyŏn	Haemyeong-hyeon
項	항목	hang	hangmok	海霧	해무	haemu	haemu
抗美	항미	hangmi	hangmi	海務士	해무사	haemusa	haemusa
抗辭犯	항사범	hangsabŏm	hangsabeom	海美郡	해미군	Haemi-gun	Haemi-gun

한자 용례	한글	ALA-LC Romanization	정부 표기안	한자 용례	한글	ALA-LC Romanization	정부 표기안
海美縣	해미현	Haemi-hyŏn	Haemi-hyeon	解憂	해우	haeu	haeu
解放	해방	haebang	haebang	海運	해운	haeun	haeun
解放軍	해방군	haebanggun	haebanggun	海雲臺	해운대	Haeundae	Haeundae
解法	해법	haepŏp	haebeop	海雲亭	해운정	Haeunjŏng	Haeunjeong
海邊	해변	haebyŏn	haebyeon	解寃	해원	haewŏn	haewon
海兵	해병	haebyŏng	haebyeong	解寃圖	해원도	haewŏndo	haewondo
海兵隊	해병대	Haebyŏngdae	Haebyeongdae	亥月	해월	Haewŏl	Haewol
解剖	해부	haebu	haebu	海葦	해위	Haewi	Haewi
海嬪人	해부인	Haebuin	Haebuin	解由	해유	haeyu	haeyu
解剖學	해부학	haebuhak	haebuhak	海恩	해은	Haeŭn	Haeeun
海史	해사	Haesa	Haesa	海隱	해은	Haeŭn	Haeeun
海士	해사	Haesa	Haesa	解義	해의	haeŭi	haeui
海事	해사	haesa	haesa	偕仁	해인	Haein	Haein
海山	해산	Haesan	Haesan	海印	해인	Haein	Haein
海上	해상	haesang	haesang	海印寺	해인사	Haeinsa	Haeinsa
楷書	해서	haesŏ	haeseo	垓子	해자	haeja	haeja
海西	해서	Haesŏ	Haeseo	解者	해자	haeja	haeja
楷書帖	해서첩	haesŏch'ŏp	haeseocheop	解字	해자	haeja	haeja
解析	해석	haesŏk	haeseok	解字者	해자자	haejaja	haejaja
解釋	해석	haesŏk	haeseok	海底	해저	haejŏ	haejeo
解釋集	해석집	haesŏkchip	haeseokjip	海戰	해전	haejon	haejeon
解析學	해석학	haesŏkhak	haeseokak	楷庭	해정	Haejŏng	Haejeong
解說	해설	haesŏl	haeseol	解題	해제	haeje	haeje
解說書	해설서	haesolsŏ	haeseolseo	解題本	해제본	haejebon	haejebon
解說者	해설자	haesŏlcha	haeseolja	解題輯	해제집	haejejip	haejejip
解說集	해설집	haesŏlchip	haeseoljip	海朝	해조	Haejo	Haejo
海星	해성	Haesŏng	Haeseong	海藻	해조	haejo	haejo
解消	해소	haeso	haeso	海左	해좌	Haejwa	Haejwa
解消法	해소법	haesopŏp	haesobeop	海州	해주	Haeju	Haeju
海送	해송	haesong	haesong	海州牧	해주목	Haeju-mok	Haeju-mok
亥時	해시	Haesi	Haesi	海州府	해주부	Haeju-bu	Haeju-bu
海神	해신	haesin	haesin	海州城	해주성	Haejusŏng	Haejuseong
解深	해심	haesim	haesim	海州縣	해주현	Haeju-hyŏn	Haeju-hyeon
海牙	해아	Haea	Haea	海珍郡	해진군	Haejin-gun	Haejin-gun
海岳	해악	haeak	haeak	解集評	해집평	haejipp'yŏng	haejippyeong
海岸	해안	haean	haean	海倉灣	해창만	Haech'angman	Haechangman
海巖	해암	Haeam	Haeam	海天	해천	Haech'ŏn	Haecheon
海洋	해양	haeyang	haeyang	解體	해체	haech'e	haeche
海洋高	해양고	haeyanggo	haeyanggo	解体	해체	haech'e	haeche
海洋大	해양대	haeyangdae	haeyangdae	海草	해초	haech'o	haecho
海洋力	해양력	haeyangnyŏk	haeyangnyeok	解脫	해탈	haet'al	haetal
海洋法	해양법	haeyangpŏp	haeyangbeop	解脫門	해탈문	haet'almun	haetalmun
海洋社	해양사	Haeyangsa	Haeyangsa	海平	해평	Haep'yŏng	Haepyeong
海域	해역	haeyŏk	haeyeok	海平洞	해평동	Haep'yŏng-dong	Haepyeong-dong
海外	해외	haeŏe	haeoe	海風	해풍	haep'ung	haepung

한자 용례	한글	ALA-LC Romanization	정부 표기안	한자 용례	한글	ALA-LC Romanization	정부 표기안
海피아	해피아	haep'ia	haepia	行政法	행정법	haengjŏngpŏp	haengjeongbeop
海鶴	해학	Haehak	Haehak	行政府	행정부	haengjŏngbu	haengjeongbu
諧謔	해학	haehak	haehak	行政史	행정사	haengjŏngsa	haengjeongsa
海峽	해협	haehyŏp	haehyeop	行政人	행정인	haengjŏngin	haengjeongin
解惑	해혹	haehok	haehok	行政的	행정적	haengjŏngjŏk	haengjeongjeok
核	핵	haek	haek	行政誌	행정지	haengjŏngji	haengjeongji
核心	핵심	haeksim	haeksim	行政處	행정처	haengjŏngch'ŏ	haengjeongcheo
核醫學	핵의학	haegŭihak	haeguihak	行政學	행정학	haengjŏnghak	haengjeonghak
行	행	haeng	haeng	幸州	행주	Haengju	Haengju
行脚	행각	haenggak	haenggak	杏洲	행주	Haengju	Haengju
杏溪	행계	Haenggye	Haenggye	行進	행진	haengjin	haengjin
行軍	행군	haenggun	haenggun	行進曲	행진곡	haengjin'gok	haengjingok
行軍樂	행군악	haenggunak	haenggunak	行次	행차	haengch'a	haengcha
行宮	행궁	haenggung	haenggung	杏村	행촌	Haengch'on	Haengchon
行宮址	행궁지	haenggungji	haenggungji	行態	행태	haengt'ae	haengtae
行記	행기	haenggi	haenggi	行態學的	행태학적	haengt'aehakchŏk	haengtaehakjeok
杏壇	행단	haengdan	haengdan	行刑	행형	haenghyŏng	haenghyeong
行動	행동	haengdong	haengdong	向	향	hyang	hyang
行旅	행려	haengnyŏ	haengnyeo	香	향	hyang	hyang
行路	행로	haengno	haengno	鄉歌	향가	hyangga	hyangga
幸路	행로	haengno	haengno	鄉歌	향가	hyangga	hyangga
行錄	행록	haengnok	haengnok	香谷	향곡	Hyanggok	Hyanggok
行里	행리	Haeng-ni	Haeng-ri	鄉校	향교	hyanggyo	hyanggyo
幸福	행복	haengbok	haengbok	鄉校	향교	hyanggyo	hyanggyo
行事	행사	haengsa	haengsa	鄉軍	향군	hyanggun	hyanggun
杏史	행사	haengsa	haengsa	鄉規	향규	hyanggyu	hyanggyu
行事圖	행사도	haengsado	haengsado	香氣	향기	hyanggi	hyanggi
杏山	행산	haengsan	haengsan	香塘	향당	Hyangdang	Hyangdang
行首	행수	haengsu	haengsu	香臺	향대	hyangdae	hyangdae
行實	행실	haengsil	haengsil	香洞	향동	Hyang-dong	Hyang-dong
行實圖	행실도	haengsilto	haengsildo	享樂	향락	hyangnak	hyangnak
行源	행원	haengwŏn	haengwon	享樂圖	향락도	hyangnakto	hyangnakdo
行願	행원	haengwŏn	haengwon	鄉禮	향례	hyangnye	hyangnye
行願品	행원품	haengwŏnp'um	haengwonpum	鄉禮	향례	hyangnye	hyangnye
行為	행위	haengwi	haengwi	鄉禮志	향례지	Hyangnyeji	Hyangnyeji
行為法	행위법	haengwipŏp	haengwibeop	香爐	향로	hyangno	hyangno
行為者	행위자	haengwija	haengwija	鄉吏	향리	hyangni	hyangni
行為者論	행위자론	haengwijaron	haengwijaron	鄉里	향리	hyangni	hyangni
行狀	행장	haengjang	haengjang	鄉脈	향맥	hyangmaek	hyangmaek
行蹟	행적	haengjŏk	haengjeok	響鈸舞	향발무	Hyangbalmu	Hyangbalmu
行蹟頌	행적송	haengjŏksong	haengjeoksong	向方	향방	hyangbang	hyangbang
行傳	행전	haengjŏn	haengjeon	鄉兵	향병	hyangbyŏng	hyangbyeong
行政	행정	haengjŏng	haengjeong	向斜帶	향사대	hyangsadae	hyangsadae
行程記	행정기	haengjŏnggi	haengjeonggi	享祀錄	향사록	hyangsarok	hyangsarok
行政論	행정론	haengjŏngnon	haengjeongnon	享祀志	향사지	hyangsaji	hyangsaji

한자 용례	한글	ALA-LC Romanization	정부 표기안	한자 용례	한글	ALA-LC Romanization	정부 표기안
響山	향산	Hyangsan	Hyangsan	虛靜	허정	Hŏjŏng	Heojeong
向上	향상	hyangsang	hyangsang	虛舟	허주	Hŏju	Heoju
鄕書閣	향서각	Hyangsŏgak	Hyangseogak	許通	허통	hŏt'ong	heotong
鄕樂	향악	Hyangak	Hyangak	許하라	허하라	hŏhara	heohara
鄕約	향약	hyangyak	hyangyak	獻陵	헌릉	Hŏllŭng	Heolleung
鄕藥	향약	hyangyak	hyangyak	憲法	헌법	hŏnpŏp	heonbeop
鄕藥	향약	Hyangyak	Hyangyak	憲法論	헌법론	hŏnpŏmnon	heonbeomnon
鄕約	향약	hyangyak	hyangyak	憲法史	헌법사	hŏnpŏpsa	heonbeopsa
鄕藥方	향약방	hyangyakpang	hyangyakbang	憲法的	헌법적	hŏnpŏpchŏk	heonbeopjeok
鄕藥材	향약재	hyangyakchae	hyangyakjae	憲法學	헌법학	hŏnpŏphak	heonbeopak
饗宴	향연	hyangyŏn	hyangyeon	獻仙桃	헌선도	Hŏnsŏndo	Heonseondo
鄕宜	향의	hyangŭi	hyangui	巘陽	헌양	Hŏnyang	Heonyang
鄕制	향제	hyangje	hyangje	獻仁陵	헌인릉	Hŏninnŭng	Heonilleung
鄕志	향지	Hyangji	Hyangji	憲章	헌장	hŏnjang	heonjang
鄕誌	향지	hyangji	hyangji	憲政	헌정	hŏnjŏng	heonjeong
鄕札	향찰	hyangch'al	hyangchal	憲政會	헌정회	Hŏnjŏnghoe	Heonjeonghoe
鄕札	향찰	hyangch'al	hyangchal	憲宗	헌종	Hŏnjong	Heonjong
鄕札式	향찰식	hyangch'alsik	hyangchalsik	獻血	헌혈	hŏnhyŏl	heonhyeol
鄕村	향촌	hyangch'on	hyangchon	獻花	헌화	hŏnhwa	heonhwa
鄕村	향촌	hyangch'on	hyangchon	獻花歌	헌화가	hŏnhwaga	heonhwaga
嚮忠	향충	hyangch'ung	hyangchung	赫居世	혁거세	Hyŏkkŏse	Hyeokgeose
鄕土	향토	hyangt'o	hyangto	革命	혁명	hyŏngmyŏng	hyeongmyeong
鄕土	향토	hyangt'o	hyangto	革命家	혁명가	hyŏngmyŏngga	hyeongmyeongga
鄕土史	향토사	hyangt'osa	hyangtosa	革命論	혁명론	hyŏngmyŏngnon	hyeongmyeongnon
鄕土史	향토사	hyangt'osa	hyangtosa	革命史	혁명사	hyŏngmyŏngsa	hyeongmyeongsa
鄕土誌	향토지	hyangt'oji	hyangtoji	革命說	혁명설	hyŏngmyŏngsŏl	hyeongmyeongseol
香透	향투	hyangt'u	hyangtu	革新	혁신	hyŏksin	hyeoksin
香風	향풍	hyangp'ung	hyangpung	革新團	혁신단	Hyŏksindan	Hyeoksindan
向하는	향하는	hyanghanŭn	hyanghaneun	革新論	혁신론	hyŏksinnon	hyeoksillon
鄕學	향학	hyanghak	hyanghak	懸	현	hyŏn	hyeon
鄕學	향학	hyanghak	hyanghak	縣	현	hyŏn	hyeon
向한	향한	hyanghan	hyanghan	峴	현	hyŏn	hyeon
向化	향화	hyanghwa	hyanghwa	現	현	hyŏn	hyeon
向後	향후	hyanghu	hyanghu	玄	현	Hyŏn	Hyeon
許	허	hŏ	heo	玄覺	현각	Hyŏn'gak	Hyeongak
虛構	허구	hŏgu	heogu	縣監	현감	hyŏn'gam	hyeongam
虛白	허백	Hŏbaek	Heobaek	賢劫經	현겁경	Hyŏn'gŏpkyŏng	Hyeongeopgyeong
許白堂	허백당	Hŏbaektang	Heobaekdang	玄皐記	현고기	Hyŏn'gogi	Hyeongogi
虛辭	허사	hŏsa	heosa	玄谷	현곡	Hyŏn'gok	Hyeongok
虛相	허상	hŏsang	heosang	顯敎	현교	hyŏn'gyo	hyeongyo
虛像	허상	hŏsang	heosang	玄琴	현금	Hyŏn'gŭm	Hyeongeum
虛實	허실	hŏsil	heosil	現今	현금	hyŏn'gŭm	hyeongeum
虛室	허실	hŏsil	heosil	玄談	현담	Hyŏndam	Hyeondam
虛庵	허암	Hŏam	Heoam	玄堂	현당	Hyŏndang	Hyeondang
虛應堂	허응당	Hŏŭngdang	Heoeungdang	現代	현대	hyŏndae	hyeondae

한자 용례	한글	ALA-LC Romanization	정부 표기안	한자 용례	한글	ALA-LC Romanization	정부 표기안
現代劇	현대극	hyŏndaegŭk	hyeondaegeuk	現在	현재	hyŏnjae	hyeonjae
現代史	현대사	hyŏndaesa	hyeondaesa	玄齋	현재	Hyŏnjae	Hyeonjae
現代詩	현대시	hyŏndaesi	hyeondaesi	顯節祠	현절사	Hyŏnjŏlsa	Hyeonjeolsa
現代的	현대적	hyŏndaejŏk	hyeondaejeok	玄亭里	현정리	Hyŏnjŏng-ni	Hyeonjeong-ri
縣洞	현동	Hyŏn-dong	Hyeon-dong	顯祖錄	현조록	hyŏnjorok	hyeonjorok
顯隆園	현릉원	Hyŏllyungwŏn	Hyeollyungwon	現存	현존	hyŏnjon	hyeonjon
賢母	현모	hyŏnmo	hyeonmo	顯宗	현종	Hyŏnjong	Hyeonjong
玄妙	현묘	Hyŏnmyo	Hyeonmyo	玄洲	현주	Hyŏnju	Hyeonju
玄妙塔	현묘탑	Hyŏnmyot'ap	Hyeonmyotap	現住所	현주소	hyŏnjuso	hyeonjuso
玄武經	현무경	Hyŏnmugyŏng	Hyeonmugyeong	現證	현증	hyŏnjŭng	hyeonjeung
賢文堂	현문당	Hyŏnmundang	Hyeonmundang	現地	현지	hyŏnji	hyeonji
玄文社	현문사	Hyŏnmunsa	Hyeonmunsa	縣誌	현지	hyŏnji	hyeonji
賢文社	현문사	Hyŏnmunsa	Hyeonmunsa	顯彰	현창	hyŏnch'ang	hyeonchang
現物	현물	hyŏnmul	hyeonmul	顯彰錄	현창록	hyŏnch'angnok	hyeonchangnok
現物稅	현물세	hyŏnmulse	hyeonmulse	賢妻	현처	hyŏnch'ŏ	hyeoncheo
玄民	현민	Hyŏnmin	Hyeonmin	顯忠	현충	Hyŏnch'ung	Hyeonchung
賢婦	현부	hyŏnbu	hyeonbu	顯忠祠	현충사	Hyŏnch'ungsa	Hyeonchungsa
顯妃	현비	Hyŏnbi	Hyeonbi	顯忠祠碑	현충사비	Hyŏnch'ungsabi	Hyeonchungsabi
賢嬪	현빈	Hyŏnbin	Hyeonbin	顯忠會	현충회	Hyŏnch'unghoe	Hyeonchunghoe
峴山	현산	Hyŏnsan	Hyeonsan	懸吐	현토	hyŏnt'o	hyeonto
現狀	현상	hyŏnsang	hyeonsang	懸板	현판	hyŏnp'an	hyeonpan
懸賞	현상	hyŏnsang	hyeonsang	玄圃	현포	Hyŏnp'o	Hyeonpo
現象	현상	hyŏnsang	hyeonsang	玄圃洞	현포동	Hyŏnp'o-dong	Hyeonpo-dong
現象學	현상학	hyŏnsanghak	hyeonsanghak	玄風郡	현풍군	Hyŏnp'ung-gun	Hyeonpung-gun
現象學的	현상학적	hyŏnsanghakchŏk	hyeonsanghakjeok	玄風縣	현풍현	Hyŏnp'ung-hyŏn	Hyeonpung-hyeon
賢首	현수	Hyŏnsu	Hyeonsu	玄鶴	현학	Hyŏnhak	Hyeonhak
現實	현실	hyŏnsil	hyeonsil	現行	현행	hyŏnhaeng	hyeonhaeng
現實社	현실사	Hyŏnsilsa	Hyeonsilsa	玄玄閣	현현각	Hyŏnhyŏn'gak	Hyeonhyeongak
現実社	현실사	Hyŏnsilsa	Hyeonsilsa	現況	현황	hyŏnhwang	hyeonhwang
絃樂	현악	hyŏnak	hyeonak	現況	현황	hyŏnhwang	hyeonhwang
絃樂器	현악기	hyŏnakki	hyeonakgi	血	혈	hyŏl	hyeol
懸案	현안	hyŏnan	hyeonan	血淚	혈루	hyŏllu	hyeollu
玄岩	현암	hyŏnam	hyeonam	血脈	혈맥	hyŏlmaek	hyeolmaek
玄庵	현암	Hyŏnam	Hyeonam	血史	혈사	hyŏlsa	hyeolsa
玄石社	현암사	Hyŏnsŏksa	Hyeonamsa	血液	혈액	hyŏraek	hyeoraek
玄岩社	현암사	Hyŏnamsa	Hyeonamsa	血液學	혈액학	hyŏraekhak	hyeoraekak
顯揚	현양	hyŏnyang	hyeonyang	血緣	혈연	hyŏryŏn	hyeoryeon
玄月	현월	Hyŏnwŏl	Hyeonwol	血肉	혈육	hyŏryuk	hyeoryuk
玄音社	현음사	Hyŏnŭmsa	Hyeoneumsa	血戰	혈전	hyŏlchŏn	hyeoljeon
縣邑誌	현읍지	hyŏnŭpchi	hyeoneupji	血戰記	혈전기	hyŏlchŏn'gi	hyeoljeongi
玄黙困	현익곤	Hyŏnikkon	Hyeonikgon	血鬪	혈투	hyŏlt'u	hyeoltu
縣一洞	현일동	Hyŏnil-dong	Hyeonil-dong	嫌惡	혐오	hyŏmo	hyeomo
現場	현장	hyŏnjang	hyeonjang	協同	협동	hyŏptong	hyeopdong
現場記	현장기	hyŏnjanggi	hyeonjanggi	協同化	협동화	hyŏptonghwa	hyeopdonghwa
現場論的	현장론적	hyŏnjangnonjŏk	hyeonjangnonjeok	協力	협력	hyŏmnyŏk	hyeomnyeok

한자 용례	한글	ALA-LC Romanization	정부 표기안	한자 용례	한글	ALA-LC Romanization	정부 표기안
協力課	협력과	hyŏmnyŏkkwa	hyeomnyeokgwa	形成史	형성사	hyŏngsŏngsa	hyeongseongsa
協力局	협력국	hyŏmnyŏkkuk	hyeomnyeokguk	形成史的	형성사적	hyŏngsŏngsajŏk	hyeongseongsajeok
協力團	협력단	hyŏmnyŏktan	hyeomnyeokdan	型式	형식	hyŏngsik	hyeongsik
協力室	협력실	hyŏmnyŏksil	hyeomnyeoksil	形式	형식	hyŏngsik	hyeongsik
協力體	협력체	hyŏmnyŏkch'e	hyeomnyeokche	型式學	형식학	hyŏngsikhak	hyeongsikak
協律	협률	hyŏmnyul	hyeomnyul	型式學的	형식학적	Hyŏngsikhakchŏk	hyeongsikakjeok
協律社	협률사	Hyŏmnyulsa	Hyeomnyulsa	形而	형이	hyŏngi	hyeongi
協商	협상	hyŏpsang	hyeopsang	形而上	형이상	hyŏngisang	hyeongisang
協生門	협생문	Hyŏpsaengmun	Hyeopsaengmun	刑杖	형장	hyŏngjang	hyeongjang
協信	협신	Hyŏpsin	Hyeopsin	亨齋	형재	Hyŏngjae	Hyeongjae
協約	협약	hyŏbyak	hyeobyak	刑典	형전	hyŏngjŏn	hyeongjeon
協議	협의	hyŏbŭi	hyeobui	兄弟	형제	hyŏngje	hyeongje
協議會	협의회	hyŏbŭihoe	hyeobuihoe	形態	형태	hyŏngt'ae	hyeongtae
協定	협정	hyŏpchŏng	hyeopjeong	形態別	형태별	hyŏngt'aebyŏl	hyeongtaebyeol
夾注	협주	hyŏpchu	hyeopju	形態的	형태적	hyŏngt'aejŏk	hyeongtaejeok
協贊	협찬	hyŏpch'an	hyeopchan	形便	형편	hyŏngp'yŏn	hyeongpyeon
協贊	협찬	hyŏpch'an	hyeopchan	形便圖	형편도	hyŏngp'yŏndo	hyeongpyeondo
夾河山	협하산	Hyŏphasan	Hyeopasan	蕙覺	혜각	Hyegak	Hyegak
挾戶	협호	hyŏpho	hyeopo	慧覺	혜각	Hyegak	Hyegak
協會	협회	hyŏphoe	hyeopoe	惠岡	혜강	Hyegang	Hyegang
協會報	협회보	hyŏphoebo	hyeopoebo	慧堅	혜견	Hyegyŏn	Hyegyeon
協會展	협회전	hyŏphoejŏn	hyeopoejeon	惠慶	혜경	Hyegyŏng	Hyegyeong
形	형	hyŏng	hyeong	惠慶宮	혜경궁	Hyegyŏnggung	Hyegyeonggung
刑	형	hyŏng	hyeong	慧勤	혜근	Hyegŭn	Hyegeun
兄	형	hyŏng	hyeong	惠能	혜능	Hyenŭng	Hyeneung
型	형	hyŏng	hyeong	慧林	혜림	Hyerim	Hyerim
刑考	형고	Hyŏnggo	Hyeonggo	惠民	혜민	hyemin	hyemin
刑吏	형리	hyŏngni	hyeongni	惠民方	혜민방	hyeminbang	hyeminbang
刑牧	형목	hyŏngmok	hyeongmok	惠民署	혜민서	Hyeminsŏ	Hyeminseo
刑務	형무	hyŏngmu	hyeongmu	惠嬪	혜빈	Hyebin	Hyebin
刑務所	형무소	hyŏngmuso	hyeongmuso	兮山	혜산	Hyesan	Hyesan
刑罰	형벌	hyŏngbŏl	hyeongbeol	彗星	혜성	hyesŏng	hyeseong
刑罰法	형벌법	hyŏngbŏlpŏp	hyeongbeolbeop	彗星歌	혜성가	Hyesŏngga	hyeseongga
刑法	형법	hyŏngpŏp	hyeongbeop	惠須取	혜수취	Hyesuch'wi	Hyesuchwi
刑部	형부	Hyŏngbu	hyeongbu	慧諶	혜심	Hyesim	Hyesim
刑事	형사	hyŏngsa	hyeongsa	蕙園	혜원	Hyewŏn	Hyewon
刑事令	형사령	hyŏngsaryŏng	hyeongsaryeong	蕙園	혜원	Hyewŏn	Hyewon
刑事法	형사법	hyŏngsapŏp	hyeongsabeop	惠莊	혜장	hyejang	hyejang
兄山	형산	Hyŏngsan	Hyeongsan	惠藏	혜장	Hyejang	Hyejang
兄山江	형산강	Hyŏngsan'gang	Hyeongsangang	慧眞	혜진	Hyejin	Hyejin
形象	형상	hyŏngsang	hyeongsang	惠泉大	혜천대	Hyech'ŏndae	Hyecheondae
形象權	형상권	hyŏngsangkwŏn	hyeongsanggwon	慧超	혜초	Hyech'o	Hyecho
螢雪	형설	hyŏngsŏl	hyeongseol	惠化	혜화	Hyehwa	Hyehwa
形成	형성	hyŏngsŏng	hyeongseong	惠化堂	혜화당	Hyehwadang	Hyehwadang
形成論	형성론	hyŏngsŏngnon	hyeongseongnon	惠化洞	혜화동	Hyehwa-dong	Hyehwa-dong

한자 용례	한글	ALA-LC Romanization	정부 표기안
惠化門	혜화문	Hyehwamun	Hyehwamun
乎	호	ho	ho
戶	호	ho	ho
號	호	ho	ho
號經	호경	Hogyŏng	Hogyeong
虎溪	호계	Hogye	Hogye
虎溪縣	호계현	Hogye-hyŏn	Hogye-hyeon
好古	호고	Hogo	Hogo
虎谷洞	호곡동	Hogok-tong	Hogok-dong
戶口	호구	hogu	hogu
戶口考	호구고	Hogugo	Hogugo
護國	호국	hoguk	hoguk
護國星	호국성	hoguksŏng	hogukseong
護國神	호국신	hoguksin	hoguksin
好近	호근	Hogŭn	Hogeun
好近里	호근리	Hogŭn-ni	Hogeun-ri
湖南	호남	Honam	Honam
湖南大	호남대	Honamdae	Honamdae
湖南里	호남리	Honam-ni	Honam-ri
湖南營	호남영	Honamyŏng	Honamyeong
湖南學	호남학	Honamhak	Honamhak
好童	호동	Hodong	Hodong
湖洛	호락	horak	horak
湖洛論	호락론	Horangnon	Horangnon
胡亂	호란	horan	horan
湖林	호림	Horim	Horim
護摩	호마	homa	homa
湖滿浦	호만포	Homanp'o	Homanpo
虎鳴	호명	Homyŏng	Homyeong
護法	호법	hobŏp	hobeop
號譜	호보	hobo	hobo
號墳	호분	hobun	hobun
壺山	호산	Hosan	Hosan
湖山	호산	hosan	hosan
湖山公	호산공	Hosan'gong	Hosangong
湖山錄	호산록	Hosannok	Hosallok
壺山房	호산방	Hosanbang	Hosanbang
護産廳	호산청	Hosanch'ŏng	Hosancheong
好喪	호상	hosang	hosang
好色	호색	hosaek	hosaek
毫生館	호생관	Hosaenggwan	Hosaenggwan
湖西	호서	Hosŏ	Hoseo
湖西大	호서대	Hosŏdae	Hoseodae
湖西史	호서사	Hosŏsa	Hoseosa
昊石	호석	Hosŏk	Hoseok
扈聖	호성	Hosŏng	Hoseong
護身	호신	hosin	hosin
護身術	호신술	hosinsul	hosinsul
號室	호실	hosil	hosil
湖岩	호암	Hoam	Hoam
虎岩	호암	hoam	hoam
湖巖	호암	Hoam	Hoam
湖巖	호암	Hoam	Hoam
浩然	호연	Hoyŏn	Hoyeon
好緣錄	호연록	hoyŏnnok	hoyeollok
湖逸	호일	Hoil	Hoil
壺齋	호재	hojae	hojae
戶籍	호적	hojŏk	hojeok
戶籍案	호적안	hojŏgan	hojeogan
戶典	호전	hojŏn	hojeon
蝴蝶裝	호접장	hojŏpchang	hojeopjang
浩亭	호정	Hojŏng	Hojeong
戶曹	호조	hojo	hojo
豪族	호족	hojok	hojok
湖左	호좌	Hojwa	Hojwa
湖左營	호좌영	Hojwayŏng	Hojwayeong
虎叱	호질	hojil	hojil
好太	호태	Hot'ae	Hotae
好太王	호태왕	Hot'aewang	Hotaewang
好太王碑	호태왕비	Hot'aewangbi	Hotaewangbi
湖學	호학	Hohak	Hohak
護憲	호헌	hohŏn	hoheon
呼吸	호흡	hohŭp	hoheup
惑	혹	hok	hok
或問	혹문	hongmun	hongmun
惑星	혹성	hoksŏng	hokseong
魂	혼	hon	hon
婚	혼	hon	hon
渾沌	혼돈	Hondon	Hondon
餛飩錄	혼돈록	Hondonnok	Hondollok
婚禮	혼례	hollye	hollye
婚脈	혼맥	honmaek	honmaek
魂不	혼불	honpul	honbul
婚俗	혼속	honsok	honsok
混用	혼용	honyong	honyong
混用論	혼용론	honyongnon	honyongnon
混用體	혼용체	honyongch'e	honyongche
混元經	혼원경	honwŏn'gyŏng	honwongyeong
婚姻	혼인	honin	honin
魂殿	혼전	Honjŏn	Honjeon

한자 용례	한글	ALA-LC Romanization	정부 표기안	한자 용례	한글	ALA-LC Romanization	정부 표기안
弘濟洞	혼제동	Hongje-dong	Honje-dong	洪原縣	홍원현	Hongwŏn-hyŏn	Hongwon-hyeon
渾天說	혼천설	Honch'ŏnsŏl	Honcheonseol	弘益	홍익	hongik	hongik
渾天儀	혼천의	Honch'ŏnŭi	Honcheonui	弘益大	홍익대	Hongiktae	Hongikdae
混合	혼합	honhap	honhap	弘益齋	홍익재	Hongikchae	Hongikjae
笏記	홀기	holgi	holgi	弘益齊	홍익제	Hongikche	Hongikje
洪	홍	hong	hong	弘濟庵	홍제암	Hongjeam	Hongjeam
洪家	홍가	Hongga	Hongga	洪州	홍주	Hongju	Hongju
紅袈裟	홍가사	honggasa	honggasa	洪州郡	홍주군	Hongju-gun	Hongju-gun
紅島	홍도	Hongdo	Hongdo	洪州牧	홍주목	Hongju-mok	Hongju-mok
紅蓮	홍련	Hongnyŏn	Hongnyeon	洪州城	홍주성	Hongjusŏng	Hongjuseong
紅樓夢	홍루몽	Hongnumong	Hongnumong	弘芝苑	홍지원	Hongjiwŏn	Hongjiwon
洪陵	홍릉	Hongnŭng	Hongneung	洪川	홍천	Hongch'ŏn	Hongcheon
弘明	홍명	Hongmyŏng	Hongmyeong	洪川郡	홍천군	Hongch'ŏn-gun	Hongcheon-gun
弘文	홍문	Hongmun	Hongmun	洪川縣	홍천현	Hongch'ŏn-hyŏn	Hongcheon-hyeon
弘文閣	홍문각	Hongmun'gak	Hongmungak	紅鶴	홍학	Honghak	Honghak
弘文館	홍문관	Hongmun'gwan	Hongmungwan	紅峴里	홍현리	Honghyŏn-ni	Honghyeon-rli
弘文館志	홍문관지	Hongmun'gwanji	Hongmungwanji	和	화	hwa	hwa
弘文堂	홍문당	Hongmundang	Hongmundang	畵	화	hwa	hwa
紅門里	홍문리	Hongmun-ni	Hongmun-ri	畵家	화가	hwaga	hwaga
紅白	홍백	Hongbaek	Hongbaek	華甲	화갑	hwagap	hwagap
弘範	홍범	hongbŏm	hongbeom	華岡	화강	Hwagang	Hwagang
洪範	홍범	Hongbŏm	Hongbeom	花崗岩	화강암	hwagangam	hwagangam
弘法	홍법	hongpŏp	hongbeop	花開	화개	Hwagae	Hwagae
弘法寺	홍법사	Hongbŏpsa	Hongbeopsa	花開縣	화개현	Hwagae-hyŏn	Hwagae-hyeon
弘法院	홍법원	Hongbŏbwŏn	Hongbeobwon	華鏡	화경	Hwagyŏng	Hwagyeong
弘報	홍보	hongbo	hongbo	華溪	화계	Hwagye	Hwagye
弘報室	홍보실	hongbosil	hongbosil	花溪里	화계리	Hwagye-ri	Hwagye-ri
鴻山郡	홍산군	Hongsan-gun	Hongsan-gun	華溪寺	화계사	Hwagyesa	Hwagyesa
鴻山縣	홍산현	Hongsan-hyŏn	Hongsan-hyeon	華谷	화곡	Hwagok	Hwagok
紅箭門	홍살문	hongsalmun	hongsalmun	華僑	화교	Hwagyo	Hwagyo
紅色	홍색	hongsaek	hongsaek	華僑社	화교사	Hwagyosa	Hwagyosa
洪城	홍성	Hongsŏng	Hongseong	和國志	화국지	Hwagukchi	Hwagukji
洪城郡	홍성군	Hongsŏng-gun	Hongseong-gun	火器	화기	hwagi	hwagi
弘盛社	홍성사	Hongsŏngsa	Hongseongsa	火氣	화기	hwagi	hwagi
洪水	홍수	hongsu	hongsu	和氣	화기	hwagi	hwagi
洪水量	홍수량	hongsuryang	hongsuryang	畵記	화기	hwagi	hwagi
弘新	홍신	Hongsin	Hongsin	和吉	화길	Hwagil	Hwagil
泓菴	홍암	Hongam	Hongam	華南	화남	Hwanam	Hwanam
洪崖	홍애	Hongae	Hongae	華南洞	화남동	Hwanam-dong	Hwanam-dong
洪陽縣	홍양현	Hongyang-hyŏn	Hongyang-hyeon	火女	화녀	hwanyŏ	hwanyeo
洪易	홍역	hongyŏk	hongyeok	禾多	화다	Hwada	Hwada
紅焰	홍염	Hongyŏm	Hongyeom	化達里	화달리	Hwadal-li	Hwadal-ri
洪原	홍원	Hongwŏn	Hongwon	畵談	화담	hwadam	hwadam
洪原郡	홍원군	Hongwŏn-gun	Hongwon-gun	花潭	화담	Hwadam	Hwadam
弘願寺	홍원사	Hongwŏnsa	Hongwonsa	花島	화도	Hwado	Hwado

한자 용례	한글	ALA-LC Romanization	정부 표기안	한자 용례	한글	ALA-LC Romanization	정부 표기안
華島	화도	Hwado	Hwado	花思集	화사집	hwasajip	hwasajip
畵圖緣	화도연	Hwadoyŏn	Hwadoyeon	火山	화산	hwasan	hwasan
花洞	화동	Hwa-dong	Hwa-dong	花山	화산	Hwasan	Hwasan
話頭	화두	hwadu	hwadu	華山	화산	Hwasan	Hwasan
畵廊	화랑	hwarang	hwarang	華山里	화산리	Hwasan-ni	Hwasan-ri
画廊	화랑	hwarang	hwarang	花山里	화산리	Hwasan-ni	Hwasan-ri
花郎	화랑	Hwarang	Hwarang	和尙	화상	hwasang	hwasang
畵廊	화랑	hwarang	hwarang	和尚	화상	hwasang	hwasang
花娘女	화랑녀	hwanangnyŏ	Hwarangnyeo	畵像石	화상석	hwasangsŏk	hwasangseok
花郎臺	화랑대	Hwarangdae	Hwarangdae	和尙傳	화상전	hwasangjŏn	hwasangjeon
花郎道	화랑도	Hwarangdo	Hwarangdo	華西	화서	Hwasŏ	Hwaseo
花郎徒	화랑도	hwarangdo	Hwarangdo	化石	화석	hwasŏk	hwaseok
華麗	화려	hwaryŏ	hwaryeo	化纖	화섬	hwasŏm	hwaseom
華麗한	화려한	hwaryŏhan	hwaryeohan	華城	화성	Hwasŏng	Hwaseong
華麗縣	화려현	Hwaryŏ-hyŏn	Hwaryeo-hyeon	和成	화성	Hwasŏng	Hwaseong
火力	화력	hwaryŏk	hwaryeok	和聲	화성	hwasŏng	hwaseong
畵論	화론	hwaron	hwaron	華城郡	화성군	Hwasŏng-gun	Hwaseong-gun
花柳態	화류태	hwaryut'ae	hwaryutae	花城里	화성리	Hwasŏng-ni	Hwaseong-ri
花里	화리	Hwa-ri	Hwa-ri	花樹會	화수회	Hwasuhoe	Hwasuhoe
畵脈	화맥	hwamaek	hwamaek	和順	화순	Hwasun	Hwasun
華明	화명	Hwamyŏng	Hwamyeong	和順郡	화순군	Hwasun-gun	Hwasun-gun
華明洞	화명동	Hwamyŏng-dong	Hwamyeong-dong	和順縣	화순현	Hwasun-hyŏn	Hwasun-hyeon
花夢集	화몽집	Hwamongjip	Hwamongjip	華岳	화악	Hwaak	Hwaak
華墨會	화묵회	Hwamukhoe	Hwamukoe	火藥	화약	hwayak	hwayak
花紋	화문	hwamun	hwamun	火藥類	화약류	hwayangnyu	hwayangnyu
花門錄	화문록	Hwamunnok	Hwamunnok	華陽	화양	Hwayang	Hwayang
花紋席	화문석	hwamunsŏk	hwamunseok	華陽洞	화양동	Hwayangdong	Hwayang-dong
畵門集	화문집	hwamunjip	hwamunjip	華語	화어	Hwaŏ	Hwaeo
貨物	화물	hwamul	hwamul	華嚴	화엄	hwaŏm	hwaeom
化物	화물	hwamul	hwamul	華嚴經	화엄경	Hwaŏmgyŏng	Hwaeomgyeong
畵伯	화백	hwabaek	hwabaek	華嚴經疏	화엄경소	Hwaŏmgyŏngso	Hwaeomgyeongso
和白	화백	hwabaek	hwabaek	華嚴寺	화엄사	Hwaŏmsa	Hwaeomsa
畵法	화법	hwapŏp	hwabeop	華嚴宗	화엄종	Hwaŏmjong	Hwaeomjong
火病	화병	hwapyŏng	hwabyeong	華嚴學	화엄학	Hwaŏmhak	Hwaeomhak
画報	화보	hwabo	hwabo	華嚴會	화엄회	Hwaŏmhoe	Hwaeomhoe
画譜	화보	hwabo	hwabo	火焰	화염	hwayŏm	hwayeom
畵報	화보	hwabo	hwabo	華營	화영	Hwayŏng	Hwayeong
畵譜	화보	hwabo	hwabo	華容道	화용도	Hwayongdo	Hwayongdo
畫報	화보	hwabo	hwabo	畵員	화원	hwawŏn	hwawon
画報社	화보사	hwabosa	hwabosa	話員	화원	hwawŏn	hwawon
畵報集	화보집	hwabojip	hwabojip	畵苑	화원	hwawŏn	hwawon
和夫	화부	Hwabu	hwabu	火月	화월	Hwawŏl	Hwawol
花盆	화분	hwabun	hwabun	華夷	화이	Hwai	Hwai
花盆形	화분형	hwabunhyŏng	hwabunhyeong	華人	화인	Hwain	Hwain
華史	화사	Hwasa	Hwasa	火印	화인	hwain	hwain

한자 용례	한글	ALA-LC Romanization	정부 표기안	한자 용례	한글	ALA-LC Romanization	정부 표기안
化粧	화장	hwajang	hwajang	貨幣史	화폐사	hwap'yesa	hwapyesa
火葬	화장	hwajang	hwajang	火砲	화포	hwap'o	hwapo
華藏	화장	Hwajang	Hwajang	火砲式	화포식	hwap'osik	hwaposik
禾長洞	화장동	Hwajang-dong	Hwajang-dong	畫風	화풍	hwap'ung	hwapung
火葬墓	화장묘	hwajangmyo	hwajangmyo	華夏	화하	Hwaha	Hwaha
火災	화재	hwajae	hwajae	化學	화학	hwahak	hwahak
和諍	화쟁	hwajaeng	hwajaeng	華學社	화학사	Hwahaksa	Hwahaksa
和諍論	화쟁론	hwajaengnon	hwajaengnon	和韓	화한	Hwahan	Hwahan
火賊	화적	hwajŏk	hwajeok	和合	화합	hwahap	hwahap
畫傳	화전	hwajŏn	hwajeon	和解	화해	hwahae	hwahae
畫展	화전	hwajŏn	hwajeon	華海師	화해사	Hwahaesa	Hwahaesa
花煎	화전	hwajŏn	hwajeon	靴鞋	화혜	hwahye	hwahye
和戰	화전	hwajŏn	hwajeon	靴鞋匠	화혜장	hwahyejang	hwahyejang
花田里	화전리	Hwajŏn-ni	Hwajeon-ri	花卉	화훼	hwahwe	hwahwe
花井	화정	Hwajŏng	Hwajeong	畫彙	화휘	hwahwi	hwahwi
化汀	화정	Hwajŏng	Hwajeong	擴大	확대	hwaktae	hwakdae
和靜	화정	hwajŏng	hwajeong	確立	확립	hwangnip	hwangnip
畫題	화제	hwaje	hwaje	確保	확보	hwakpo	hwakbo
畫題集	화제집	hwajejip	hwajejip	擴散	확산	hwaksan	hwaksan
画題集	화제집	hwajejip	hwajejip	擴張	확장	hwakchang	hwakjang
花鳥	화조	hwajo	hwajo	確定	확정	hwakchŏng	hwakjeong
花鳥圖	화조도	hwajodo	hwajodo	擴充	확충	hwakch'ung	hwakchung
花鳥畵	화조화	hwajohwa	hwajohwa	環	환	hwan	hwan
畫足	화족	hwajok	hwajok	還	환	hwan	hwan
和州牧	화주목	Hwaju-mok	Hwaju-mok	丸	환	hwan	hwan
化中	화중	hwajung	hwajung	還境	환경	hwan'gyŏng	hwangyeong
火中	화중	hwajung	hwajung	環境	환경	hwan'gyŏng	hwangyeong
和中	화중	Hwajung	hwajung	環境權	환경권	hwan'gyŏngkwŏn	hwangyeonggwon
畫集	화집	hwajip	hwajip	環境論	환경론	hwan'gyŏngnon	hwangyeongnon
画集	화집	hwajip	hwajip	環境廳	환경청	Hwan'gyŏngch'ŏng	Hwangyeongcheong
華泉	화천	Hwach'ŏn	Hwacheon	環境學	환경학	hwan'gyŏnghak	hwangyeonghak
和泉	화천	Hwach'ŏn	Hwacheon	桓公	환공	Hwan'gong	Hwangong
華川	화천	Hwach'ŏn	Hwacheon	宦官	환관	hwan'gwan	hwangwan
華川郡	화천군	Hwach'ŏn-gun	Hwacheon-gun	桓國	환국	Hwan'guk	Hwanguk
化川洞	화천동	Hwach'ŏn-dong	Hwacheon-dong	還給	환급	hwan'gŭp	hwangeup
和泉洞	화천동	Hwach'ŏn-dong	Hwacheon-dong	還丹	환단	hwandan	hwandan
貨泉洞	화천동	Hwach'ŏn-dong	Hwacheon-dong	桓檀	환단	Hwandan	Hwandan
花川里	화천리	Hwach'ŏn-ni	Hwacheon-ri	還曆	환력	hwallyŏk	hwallyeok
畫帖	화첩	hwach'ŏp	hwacheop	還流	환류	hwallyu	hwallyu
和請	화청	hwach'ŏng	hwacheong	幻滅	환멸	hwanmyŏl	hwanmyeol
和親	화친	hwach'in	hwachin	換封	환봉	Hwanbong	Hwanbong
和平	화평	hwap'yŏng	hwapyeong	幻想	환상	hwansang	hwansang
和平社	화평사	Hwap'yŏngsa	Hwapyeongsa	環狀	환상	hwansang	hwansang
貨幣	화폐	hwap'ye	hwapye	幻想曲	환상곡	hwansanggok	hwansanggok
貨幣	화폐	hwap'ye	hwapye	還生	환생	hwansaeng	hwansaeng

한자 용례	한글	ALA-LC Romanization	정부 표기안	한자 용례	한글	ALA-LC Romanization	정부 표기안
還生說	환생설	hwansaengsŏl	hwansaengseol	皇壇	황단	Hwangdan	Hwangdan
喚惺	환성	Hwansŏng	hwanseong	黃圖	황도	Hwangdo	Hwangdo
喚惺	환성	Hwansŏng	Hwanseong	黃驪縣	황려현	Hwangnyŏ-hyŏn	Hwangnyeo-hyeon
還俗	환속	hwansok	hwansok	皇龍	황룡	hwangnyong	hwangnyol
還收	환수	hwansu	hwansu	皇龍寺	황룡사	Hwangnyongsa	Hwangnyongsa
寰輿	환여	hwanyŏ	hwanyeo	黃武縣	황무현	Hwangmu-hyŏn	Hwangmu-hyeon
歡迎	환영	hwanyŏng	hwanyeong	皇民	황민	hwangmin	hwangmin
歡迎圖	환영도	hwanyŏngdo	hwanyeongdo	皇民化	황민화	hwangminhwa	hwangminhwa
歡迎會	환영회	hwanyŏnghoe	hwanyeonghoe	皇甫	황보	Hwangbo	Hwangbo
桓雄	환웅	Hwanung	Hwanung	黃沙	황사	hwangsa	hwangsa
還元	환원	hwanwŏn	hwanwon	篁沙里	황사리	Hwangsa-ri	Hwangsa-ri
換率	환율	hwannyul	hwanyul	荒山	황산	Hwangsan	Hwangsan
桓因	환인	Hwanin	Hwanin	黃桑	황상	Hwangsang	Hwangsang
桓仁	환인	Hwanin	Hwanin	鳳顙洞	황상동	Hwangsang-dong	Hwangsang-dong
患者	환자	hwanja	hwanja	黃桑洞	황상동	Hwangsang-dong	Hwangsang-dong
桓帝	환제	Hwanje	Hwanje	黃色	황색	hwangsaek	hwangsaek
幻戲	환희	hwanhŭi	hwanhui	黃石	황석	Hwangsŏk	Hwangseok
活氣	활기	hwalgi	hwalgi	黃石里	황석리	Hwangsŏng-ni	Hwangseok-ri
活動	활동	hwaltong	hwaldong	黃石山	황석산	Hwangsŏksan	Hwangseoksan
活動史	활동사	hwaltongsa	hwaldongsa	皇城	황성	hwangsŏng	hwangseong
活力	활력	hwallyŏk	hwallyeok	隍城	황성	Hwangsŏng	Hwangseong
活龍	활룡	Hwallyong	Hwallyong	隍城洞	황성동	Hwangsŏng-dong	Hwangseong-dong
活法	활법	hwalpŏp	hwalbeop	皇室	황실	hwangsil	hwangsil
活佛	활불	hwalbul	hwalbul	荒野	황야	hwangya	hwangya
活性化	활성화	hwalsŏnghwa	hwalseonghwa	皇吾洞	황오동	Hwango-dong	Hwango-dong
活眼	활안	Hwaran	Hwaran	皇吾里	황오리	Hwango-ri	Hwango-ri
活用	활용	hwaryong	hwaryong	黃人	황인	Hwangin	Hwangin
活人	활인	hwarin	hwarin	皇帝	황제	hwangje	hwangje
活字	활자	hwalcha	hwalja	黃帝	황제	Hwangje	Hwangje
活字本	활자본	hwalchabon	hwaljabon	黃帝	황제	hwangje	hwangje
活字匠	활자장	hwaljajang	hwaljajang	皇帝權	황제권	hwangjekwŏn	hwangjegwon
活版	활판	hwalp'an	hwalpan	皇帝墓	황제묘	Hwangjemyo	hwangjemyo
活版本	활판본	hwalp'anbon	hwalpanbon	黃州	황주	Hwangju	Hwangju
黃	황	Hwang	Hwang	黃州郡	황주군	Hwangju-gun	Hwangju-gun
黃澗	황간	Hwanggan	Hwanggan	黃州牧	황주목	Hwangju-mok	Hwangju-mok
黃澗縣	황간현	Hwanggan-hyŏn	Hwanggan-hyeon	潢川	황천	Hwangch'ŏn	Hwangcheon
黃岡縣	황강현	Hwanggang-hyŏn	Hwanggang-hyeon	黃泉煞	황천살	hwangch'ŏnsal	hwangcheonsal
黃巾	황건	Hwanggŏn	Hwanggeon	黃青縣	황청현	Hwangch'ŏng-hyŏn	Hwangcheong-hyeon
黃巾賊	황건적	Hwanggŏnjŏk	Hwanggeonjeok	黃村里	황촌리	Hwangch'on-ni	Hwangchon-ri
皇國	황국	hwangguk	hwangguk	黃土	황토	hwangt'o	hwangto
黃金	황금	hwanggŭm	hwanggeum	黃土	황토	hwangt'o	hwangto
黃金山	황금산	Hwanggŭmsan	Hwanggeumsan	皇統	황통	hwangt'ong	hwangtong
皇南	황남	Hwangnam	Hwangnam	荒廢	황폐	hwangp'e	hwangpye
皇南洞	황남동	Hwangnam-dong	Hwangnam-dong	荒廢地	황폐지	hwangp'eji	hwangpyeji
皇南里	황남리	Hwangnam-ni	Hwangnam-ri	黃河	황하	Hwangha	Hwangha

한자 용례	한글	ALA-LC Romanization	정부 표기안	한자 용례	한글	ALA-LC Romanization	정부 표기안
黃海	황해	Hwanghae	Hwanghae	回文傳	회문전	Hoemunjŏn	Hoemunjeon
黃海南道	황해남도	Hwanghae-namdo	Hwanghaenam-do	灰白色	회백색	hoebaeksaek	hoebaeksaek
黃海道	황해도	Hwanghae-do	Hwanghae-do	會報	회보	hoebo	hoebo
黃海道	황해도	Hwanghae-do	Hwanghae-do	會報社	회보사	Hoebosa	Hoebosa
黃海北道	황해북도	Hwanghae-bukto	Hwanghaebuk-do	回復	회복	hoebok	hoebok
黃昏	황혼	hwanghon	hwanghon	會社	회사	hoesa	hoesa
皇華集	황화집	Hwanghwajip	Hwanghwajip	会社	회사	hoesa	hoesa
皇后	황후	hwanghu	hwanghu	會社制	회사제	hoesaje	hoesaje
回	회	hoe	hoe	會三經	회삼경	Hoesamgyŏng	Hoesamgyeong
會	회	hoe	hoe	回想	회상	hoesang	hoesang
回甲	회갑	hoegap	hoegap	回想錄	회상록	hoesangnok	hoesangnok
囘甲	회갑	hoegap	hoegap	回想社	회상사	Hoesangsa	Hoesangsa
會見	회견	hoegyŏn	hoegyeon	灰色	회색	hoesaek	hoesaek
會慶	회경	Hoegyŏng	Hoegyeong	回生	회생	hoesaeng	hoesaeng
会計	회계	hoegye	hoegye	回收	회수	hoesu	hoesu
會計論	회계론	hoegyeron	hoegyeron	回示集	회시집	hoesijip	hoesijip
會計士	회계사	hoegyesa	hoegyesa	回心	회심	hoesim	hoesim
會計士會	회계사회	hoegyesahoe	hoegyesahoe	回心曲	회심곡	hoesimgok	hoesimgok
會計冊	회계책	hoegyech'aek	hoegyechaek	晦庵	회암	Hoeam	Hoeam
懷古	회고	hoego	hoego	淮陽郡	회양군	Hoeyang-gun	Hoeyang-gun
回顧	회고	hoego	hoego	悔悟	회오	hoeo	hoeo
回顧錄	회고록	hoegorok	hoegorok	會要	회요	hoeyo	hoeyo
回顧展	회고전	hoegojŏn	hoegojeon	會員	회원	hoewŏn	hoewon
會館	회관	hoegwan	hoegwan	會員展	회원전	hoewŏnjŏn	hoewonjeon
会舘	회관	hoegwan	hoegwan	会議	회의	hoeŭi	hoeui
會舘	회관	hoegwan	hoegwan	會議	회의	hoeŭi	hoeui
會期	회기	hoegi	hoegi	會議錄	회의록	hoeŭirok	hoeuirok
淮南子	회남자	Hoenamja	Hoenamja	會義所	회의소	hoeŭiso	hoeuiso
會談	회담	hoedam	hoedam	會議所	회의소	hoeŭiso	hoeuiso
回答	회답	hoedap	hoedap	会議所	회의소	hoeŭiso	hoeuiso
晦堂	회당	Hoedang	Hoedang	會議室	회의실	hoeŭisil	hoeuisil
悔堂	회당	Hedang	Hoedang	懷仁	회인	Hoein	Hoein
懷德	회덕	Hoedŏk	Hoedeok	懷仁郡	회인군	Hoein-gun	Hoein-gun
懷德郡	회덕군	Hoedŏk-kun	Hoedeok-gun	懷仁縣	회인현	Hoein-hyŏn	Hoein-hyeon
懷德縣	회덕현	Hoedŏk-hyŏn	Hoedeok-hyeon	會長	회장	hoejang	hoejang
繪圖	회도	hoedo	hoedo	晦齋	회재	Hoejae	Hoejae
回廊	회랑	hoerang	hoerang	會典	회전	hoejŏn	hoejeon
會寧	회령	Hoeryŏng	Hoeryeong	廻轉	회전	hoejŏn	hoejeon
會寧郡	회령군	Hoeryŏng-gun	Hoeryeong-gun	廻轉門	회전문	hoejŏnmun	hoejeonmun
會寧市	회령시	Hoeryŏng-si	Hoeryeong-si	晦靜堂	회정당	Hoejŏngdang	Hoejeongdang
回路	회로	hoero	hoero	會津	회진	Hoejin	Hoejin
會錄	회록	hoerok	hoerok	會津縣	회진현	Hoejin-hyŏn	Hoejin-hyeon
會盟錄	회맹록	hoemaengnok	hoemaengnok	會統	회통	hoet'ong	hoetong
晦明	회명	hoemyŏng	hoemyeong	會通	회통	hoet'ong	hoetong
回文	회문	hoemun	hoemun	會合	회합	hoehap	hoehap

한자 용례	한글	ALA-LC Romanization	정부 표기안	한자 용례	한글	ALA-LC Romanization	정부 표기안
晦軒	회헌	Hoehŏn	Hoeheon	孝懿后	효의후	Hyoŭihu	Hyouihu
檜軒	회헌	Hoehŏn	Hoeheon	曉日	효일	Hyoil	Hyoil
會峴里	회현리	Hoehyŏn-ni	Hoehyeon-ri	孝子	효자	hyoja	hyoja
繪畫	회화	hoehwa	hoehwa	孝子里	효자리	Hyoja-ri	Hyoja-ri
絵画	회화	hoehwa	hoehwa	孝田	효전	Hyojŏn	Hyojeon
繪畵	회화	hoehwa	hoehwa	孝悌	효제	Hyoje	Hyoje
繪畫科	회화과	hoehwakwa	hoehwagwa	孝悌圖	효제도	Hyojedo	Hyojedo
繪畫史	회화사	hoehwasa	hoehwasa	孝悌洞	효제동	Hyoje-dong	Hyoje-dong
會話書	회화서	hoehwasŏ	hoehwaseo	孝宗	효종	Hyojong	Hyojong
繪畫展	회화전	hoehwajŏn	hoehwajeon	孝昌	효창	Hyoch'ang	Hyochang
回回曆	회회력	Hoehoeryŏk	hoehoeryeok	孝昌園	효창원	Hyoch'angwŏn	Hyochangwon
劃法	획법	hoekpŏp	hoekbeop	孝親	효친	hyoch'in	hyochin
劃定	획정	hoekchŏng	hoekjeong	孝行	효행	hyohaeng	hyohaeng
橫斷	횡단	hoengdan	hoengdan	孝行譚	효행담	hyohaengdam	hyohaengdam
橫步	횡보	hoengbo	hoengbo	孝行錄	효행록	hyohaengnok	hyohaengnok
橫城	횡성	Hoengsŏng	Hoengseong	孝憲	효헌	Hyohŏn	Hyoheon
橫城郡	횡성군	Hoengsŏng-gun	Hoengseong-gun	後	후	hu	hu
橫城郡	횡성군	Hoengsŏng-gun	Hoengseong-gun	厚	후	hu	hu
橫城縣	횡성현	Hoengsŏng-hyŏn	Hoengseong-hyeon	後繼者	후계자	hugyeja	hugyeja
橫川	횡천	Hoengch'ŏn	Hoengcheon	後光	후광	hugwang	hugwang
橫行	횡행	hoenghaeng	hoenghaeng	後光	후광	hugwang	hugwang
孝	효	hyo	hyo	後期	후기	hugi	hugi
孝經	효경	hyogyŏng	hyogyeong	後記	후기	hugi	hugi
效果	효과	hyokwa	hyogwa	後期史	후기사	hugisa	hugisa
效果	효과	hyokwa	hyogwa	厚陵	후릉	Hurŭng	Hureung
效果的	효과적	hyokwajŏk	hyogwajeok	後半	후반	huban	huban
效果的	효과적	hyokwajŏk	hyogwajeok	後百濟	후백제	Hubaekche	Hubaekje
孝女	효녀	hyonyŏ	hyonyeo	後部	후부	hubu	hubu
孝睦洞	효목동	Hyomok-tong	Hyomok-dong	后妃	후비	hubi	hubi
孝夫	효부	Hyobu	hyobu	后山	후산	Husan	Husan
孝不孝	효불효	hyoburhyo	hyobulhyo	後山里	후산리	Husan-ni	Husan-ri
孝不孝橋	효불효교	Hyoburhyogyo	Hyobulhyogyo	後三國	후삼국	Husamguk	Husamguk
曉星	효성	Hyosŏng	Hyoseong	厚生	후생	husaeng	husaeng
曉星	효성	Hyosŏng	Hyoseong	厚生學	후생학	husaenghak	husaenghak
孝孫	효손	Hyoson	Hyoson	喉舌	후설	husŏl	huseol
孝純	효순	Hyosun	Hyosun	後續	후속	husok	husok
嚆矢	효시	hyosi	hyosi	後續錄	후속록	husongnok	husongnok
孝心	효심	hyosim	hyosim	後孫家	후손가	huson'ga	husonga
孝烈	효열	hyoyŏl	hyoyeol	後松	후송	Husong	Husong
孝烈婦	효열부	hyoyŏlbu	hyoyeolbu	後裔	후예	huye	huye
孝烈行	효열행	hyoyŏrhaeng	Hyoyeolhaeng	後裔들	후예들	huyedŭl	huyedeul
效率	효율	hyoyul	hyoyul	後援	후원	huwŏn	huwon
效率性	효율성	hyoyulsŏng	hyoyulseong	後苑	후원	huwŏn	huwon
效率的	효율적	hyoyulchŏk	hyoyuljeok	後圓墳	후원분	huwŏnbun	huwonbun
效率化	효율화	hyoyurha	hyoyulhwa	後援會	후원회	huwŏnhoe	huwonhoe

한자 용례	한글	ALA-LC Romanization	정부 표기안	한자 용례	한글	ALA-LC Romanization	정부 표기안
後人	후인	huin	huin	彙考	휘고	hwigo	hwigo
厚齋	후재	Hujae	Hujae	徽陵	휘릉	Hwirŭng	Hwireung
後彫堂	후조당	Hujodang	Hujodang	徽文	휘문	Hwimun	Hwimun
後集	후집	hujip	hujip	徽文館	휘문관	Hwimun'gwan	Hwimungwan
厚昌郡	후창군	Huch'ang-gun	Huchang-gun	徽文中	휘문중	Hwimunjung	Hwimunjung
後妻	후처	huch'ŏ	hucheo	彙報	휘보	hwibo	hwibo
後妻記	후처기	huch'ŏgi	hucheogi	輝水鉛	휘수연	hwisuyŏn	hwisuyeon
後天	후천	huch'ŏn	hucheon	彙語	휘어	hwiŏ	hwieo
後退	후퇴	hut'oe	hutoe	彙言	휘언	Hwiŏn	Hwieon
後編	후편	hup'yŏn	hupyeon	彙儀	휘의	hwiŭi	hwiui
厚逋	후포	Hup'o	Hupo	徽宗	휘종	Hwijong	Hwijong
厚浦里	후포리	Hup'o-ri	Hupo-ri	彙輯	휘집	hwijip	hwijip
後學錄	후학록	huhangnok	huhangnok	彙撰	휘찬	hwich'an	hwichan
後漢	후한	Huhan	Huhan	彙纂	휘찬	hwich'an	hwichan
後漢書	후한서	Huhansŏ	Huhanseo	彙編	휘편	hwip'yŏn	hwipyeon
訓經	훈경	hun'gyŏng	hungyeong	揮毫	휘호	hwiho	hwiho
訓故	훈고	hun'go	hungo	揮毫集	휘호집	hwihojip	hwihojip
訓詁	훈고	hun'go	hungo	休校	휴교	hyugyo	hyugyo
訓故學	훈고학	hun'gohak	hungohak	携帶	휴대	hyudae	hyudae
訓局	훈국	Hun'guk	Hunguk	携帶用	휴대용	hyudaeyong	hyudaeyong
薰陶坊	훈도방	Hundobang	Hundobang	休庵	휴암	Hyuam	Hyuam
訓讀	훈독	hundok	hundok	休巖里	휴암리	Hyuam-ni	Hyuam-ri
訓練	훈련	hullyŏn	hullyeon	休岩里	휴암리	Hyuam-ni	Hyuam-ri
訓鍊	훈련	hullyŏn	hullyeon	休業	휴업	hyuŏp	hyueop
訓練所	훈련소	hullyŏnso	hullyeonso	休戰史	휴전사	hyujŏnsa	hyujeonsa
訓練用	훈련용	hullyŏnyong	hullyeonyong	休靜	휴정	Hyujŏng	Hyujeong
訓令	훈령	hullyŏng	hullyeong	休學	휴학	hyuhak	hyuhak
訓令集	훈령집	hullyŏngjip	hullyeongjip	休休	휴휴	Hyuhyu	hyuhyu
訓蒙	훈몽	hunmong	hunmong	恤民	휼민	hyulmin	hyulmin
訓蒙字	훈몽자	Hunmongja	Hunmongja	胸背	흉배	hyungbae	hyungbae
訓民	훈민	hunmin	hunmin	胸部	흉부	hyungbu	hyungbu
訓書	훈서	hunsŏ	hunseo	黑橋里	흑교리	Hŭkkyo-ri	Heukgyo-ri
訓釋	훈석	hunsŏk	hunseok	黑竜江	흑룡강	Hŭngnyonggang	Heungnyonggang
訓要	훈요	hunyo	hunyo	黑龍江	흑룡강	Hŭngnyonggang	Heungnyonggang
訓音	훈음	Hunŭm	Huneum	黑龍會	흑룡회	Hŭngnyonghoe	Heungnyonghoe
訓長	훈장	hunjang	hunjang	黑幕	흑막	hŭngmak	heungmak
勳章	훈장	hunjang	hunjang	黑山	흑산	Hŭksan	Heuksan
勳章	훈장	hunjang	hunjang	黑山島	흑산도	Hŭksando	Heuksando
訓點	훈점	hunjŏm	hunjeom	黑色	흑색	hŭksaek	heuksaek
塤篪錄	훈지록	hunjirok	hunjirok	黑石洞	흑석동	Hŭksŏk-tong	Heukseok-dong
薰風	훈풍	hunp'ung	hunpung	黑曜石	흑요석	Hŭgyosŏk	Heugyoseok
毁節	훼절	hwejŏl	hwejeol	黑隅里	흑우리	Hŭgu-ri	Heugu-ri
毁撤	훼철	hwech'ŏl	hwecheol	黑人	흑인	hŭgin	heugin
徽慶	휘경	Hwigyŏng	Hwigyeong	黑字	흑자	hŭkcha	heukja
徽慶園	휘경원	Hwigyŏngwŏn	Hwigyeongwon	黑齒	흑치	Hŭkch'i	Heukchi

한자 용례	한글	ALA-LC Romanization	정부 표기안
黑風	흑풍	hŭkp'ung	heukpung
欣岩里	흔암리	Hŭnam-ni	Heunam-ri
欣巖里	흔암리	Hŭnam-ni	Heunam-ri
痕迹	흔적	hŭnjŏk	heunjeok
欽英	흠영	Hŭmyŏng	Heumyeong
欽定	흠정	hŭmjŏng	heumjeong
欽欽	흠흠	hŭmhŭm	heumheum
翕谷郡	흡곡군	Hŭpkok-kun	Heupgok-gun
翕谷縣	흡곡현	Hŭpkok-hyŏn	Heupgok-hyeon
興國	흥국	hŭngguk	heungguk
興國寺	흥국사	Hŭngguksa	Heungguksa
興南	흥남	Hŭngnam	Heungnam
興南市	흥남시	Hŭngnam-si	Heungnam-si
興德	흥덕	Hŭngdŏk	Heungdeok
興德郡	흥덕군	Hŭngdŏk-kun	Heungdeo-kgun
興德里	흥덕리	Hŭngdŏng-ni	Heungdeok-ri
興德寺	흥덕사	Hŭngdŏksa	Heungdeoksa
興德縣	흥덕현	Hŭngdŏk-hyŏn	Heungdeok-hyeon
興法	흥법	Hŭngbŏp	Heungbeop
興甫	흥보	Hŭngbo	Heungbo
興士團	흥사단	Hŭngsadan	Heungsadan
興宣	흥선	Hŭngsŏn	Heungseon
興城	흥성	Hŭngsŏng	Heungseong
興信所	흥신소	hŭngsinso	heungsinso
興陽	흥양	Hŭngyang	Heungyang
興陽郡	흥양군	Hŭngyang-gun	Heungyang-gun
興陽縣	흥양현	Hŭngyang-hyŏn	Heungyang-hyeon
興業	흥업	hŭngŏp	heungeop
興旺里	흥왕리	Hŭngwang-ni	Heungwang-ri
興田里	흥전리	Hŭngjŏn-ni	Heungjeon-ri
興天寺	흥천사	Hŭngch'ŏnsa	Heungcheonsa
興하는	흥하는	hŭnghanŭn	heunghaneun
興學	흥학	Hŭnghak	Heunghak
興海郡	흥해군	Hŭnghae-gun	Heunghae-gun
興化鎭	흥화진	Hŭnghwajin	Heunghwajin
喜	희	hŭi	hui
戲曲	희곡	hŭigok	huigok
戲曲	희곡	hŭigok	huigok
戲曲論	희곡론	hŭigongnon	huigongnon
戲曲選	희곡선	hŭigoksŏn	huigokseon
戲曲集	희곡집	hŭigokchip	huigokjip
戲曲集	희곡집	hŭigokchip	huigokjip
稀貴	희귀	hŭigwi	huigwi
稀貴本	희귀본	hŭigwibon	huigwibon
希望	희망	hŭimang	huimang

한자 용례	한글	ALA-LC Romanization	정부 표기안
禧嬪	희빈	Hŭibin	Huibin
喜捨	희사	hŭisa	huisa
犧牲者	희생자	hŭisaengja	huisaengja
晞陽	희양	Hŭiyang	Huiyang
僖運	희운	Hŭiun	Huiun
稀有	희유	hŭiyu	huiyu
僖靖	희정	Hŭijŏng	Huijeong
希正	희정	Hŭijŏng	Huijeong
熙州郡	희주군	Hŭiju-gun	Huiju-gun
熙川郡	희천군	Hŭich'ŏn-gun	Hicheon-gun

한자 용례	한글	ALA-LC Romanization	정부 표기안
UN軍	UN군	UN-kun	UN-gun

3

역사인명(歷史人名)의
로마자 표기

* 정부 표기안 성씨 표기는 "국립 국어원 주요 성씨 로마자 표기 제2차 시안"을 적용하였습니다.

한자 용례	한글	ALA-LC Romanization	정부 표기안	한자 용례	한글	ALA-LC Romanization	정부 표기안
姜邯贊	강감찬	Kang Kam-ch'an	Kang Gamchan	姜士尙	강사상	Kang Sa-sang	Kang Sasang
姜居正	강거정	Kang Kŏ-jŏng	Kang Geojeong	姜士元	강사원	Kang Sa-wŏn	Kang Saweon
姜健	강건	Kang Kŏn	Kang Geon	姜士弼	강사필	Kang Sa-p'il	Kang Sapil
姜京根	강경근	Kang Kyŏng-gŭn	Kang Gyeonggeun	姜尙模	강상모	Kang Sang-mo	Kang Sangmo
姜景敍	강경서	Kang Kyŏng-sŏ	Kang Gyeongseo	姜相鎬	강상호	Kang Sang-ho	Kang Sangho
康景善	강경선	Kang Kyŏng-sŏn	Kang Gyeongseon	姜尙昊	강상호	Kang Sang-ho	Kang Sangho
姜敬愛	강경애	Kang Kyŏng-ae	Kang Gyeongae	姜相湖	강상호	Kang Sang-ho	Kang Sangho
康公萱	강공훤	Kang Kong-hwŏn	Kang Gonghwon	姜緖	강서	Kang Sŏ	Kang Seo
姜龜孫	강구손	Kang Ku-son	Kang Guson	姜碩	강석	Kang Sŏk	Kang Seok
姜奎燦	강규찬	Kang Kyu-ch'an	Kang Gyuch'an	姜碩期	강석기	Kang Sŏk-ki	Kang Seokgi
康克誠	강극성	Kang Kŭk-sŏng	Kang Geukseong	姜碩德	강석덕	Kang Sŏk-tŏk	Kang Seokdeok
康基德	강기덕	Kang Ki-dŏk	Kang Gideok	姜錫奉	강석봉	Kang Sŏk-pong	Kang Seokbong
姜基東	강기동	Kang Ki-dong	Kang Gidong	姜碩賓	강석빈	Kang Sŏk-pin	Kang Seokbin
康箕贊	강기찬	Kang Ki-ch'an	Kang Gichan	姜石山	강석산	Kang Sŏk-san	Kang Seoksan
姜南中	강남중	Kang Nam-jung	Kang Namjung	姜錫元	강석원	Kang Sŏg-wŏn	Kang Seokwon
姜達永	강달영	Kang Tar-yŏng	Kang Dalyeong	姜碩振	강석진	Kang Sŏk-chin	Kang Seokjin
姜大成	강대성	Kang Tae-sŏng	Kang Daeseong	姜碩昌	강석창	Kang Sŏk-ch'ang	Kang Seokchang
姜大遂	강대수	Kang Tae-su	Kang Daesu	姜錫鎬	강석호	Kang Sŏk-ho	Kang Seokho
姜大適	강대적	Kang Tae-jŏk	Kang Daejeok	姜錫浩	강석호	Kang Sŏk-ho	Kang Seokho
姜大洪	강대홍	Kang Tae-hong	Kang Daehong	姜銑	강선	Kang Sŏn	Kang Seon
姜德龍	강덕룡	Kang Tŏng-nyong	Kang Deoknyong	姜善餘	강선여	Kang Sŏn-yŏ	Kang Seonyeo
姜東郁	강동욱	Kang Tong-uk	Kang Donguk	姜暹	강섬	Kang Sŏm	Kang Seom
姜東柱	강동주	Kang Tong-ju	Kang Dongju	康聖利	강성리	Kang Sŏng-ni	Kang Seongri
姜斗安	강두안	Kang Tu-an	Kang Duan	姜世龜	강세구	Kang Se-gu	Kang Segu
姜邁	강매	Kang Mae	Kang Mae	姜世晃	강세황	Kang Se-hwang	Kang Sehwang
姜孟卿	강맹경	Kang Maeng-gyŏng	Kang Maenggyeong	姜小白	강소백	Kang So-baek	Kang Sobaek
姜冕夏	강면하	Kang Myŏn-ha	Kang Myeonha	姜小泉	강소천	Kang So-ch'ŏn	Kang Socheon
康命吉	강명길	Kang Myŏng-gil	Kang Myeonggil	姜小春	강소춘	Kang So-ch'un	Kang Sochun
姜明俊	강명준	Kang Myŏng-jun	Kang Myeongjun	姜壽男	강수남	Kang Su-nam	Kang Sunam
康明花	강명화	Kang Myŏng-hwa	Kang Myeonghwa	康守衡	강수형	Kang Su-hyŏng	Kang Suhyeong
姜文奉	강문봉	Kang Mun-bong	Kang Munbong	姜叔突	강숙돌	Kang Suk-tol	Kang Sukdol
姜文錫	강문석	Kang Mun-sŏk	Kang Munseok	康舜龍	강순룡	Kang Sul-lyong	Kang Sulryong
姜文秀	강문수	Kang Mun-su	Kang Munsu	姜順必	강순필	Kang Sun-p'il	Kang Sunpil
姜文馨	강문형	Kang Mun-hyŏng	Kang Munhyeong	姜順弼	강순필	Kang Sun-p'il	Kang Sunpil
姜文會	강문회	Kang Mun-hoe	Kang Munhoe	姜時永	강시영	Kang Si-yŏng	Kang Siyeong
姜敏著	강민저	Kang Min-jŏ	Kang Minjeo	姜時元	강시원	Kang Si-wŏn	Kang Siwon
姜民瞻	강민첨	Kang Min-ch'ŏm	Kang Mincheom	姜時煥	강시환	Kang Si-hwan	Kang Sihwan
姜樸	강박	Kang Pak	Kang Bak	姜信明	강신명	Kang Sin-myŏng	Kang Sinmyeong
姜栢年	강백년	Kang Paeng-nyŏn	Kang Paeknyeon	姜信文	강신문	Kang Sin-mun	Kang Sinmun
康伯珍	강백진	Kang Paek-chin	Kang Baekjin	姜信載	강신재	Kang Sin-jae	Kang Sinjae
姜秉洙	강병수	Kang Pyŏng-su	Kang Byeongsu	康良煜	강양욱	Kang Yang-uk	Kang Yanguk
姜保	강보	Kang Po	Kang Bo	姜永韶	강영소	Kang Yŏng-so	Kang Yeongso
姜思德	강사덕	Kang Sa-dŏk	Kang Sadeok	姜完淑	강완숙	Kang Wan-suk	Kang Wansuk

한자 용례	한글	ALA-LC Romanization	정부 표기안	한자 용례	한글	ALA-LC Romanization	정부 표기안
姜龍煥	강용환	Kang Yong-hwan	Kang Yonghwan	姜沆	강항	Kang Hang	Kang Hang
姜鏞訖	강용흘	Kang Yong-hŭl	Kang Yonghul	姜海錫	강해석	Kang Hae-sŏk	Kang Haeseok
姜宇奎	강우규	Kang U-gyu	Kang Ugyu	康亨燮	강형섭	Kang Hyŏng-sŏp	Kang Hyeongseop
康遇聖	강우성	Kang U-sŏng	Kang Useong	康好文	강호문	Kang Ho-mun	Kang Homun
姜遠馨	강원형	Kang Wŏn-hyŏng	Kang Wonhyeong	姜浩溥	강호보	Kang Ho-bo	Kang Hobo
姜瑋	강위	Kang Wi	Kang Wi	姜渾	강혼	Kang Hon	Kang Hon
姜渭龍	강위룡	Kang Wi-ryong	Kang Wiryong	姜弘立	강홍립	Kang Hong-nip	Kang Hongnip
康柔英	강유영	Kang Yu-yŏng	Kang Yuyeong	姜弘重	강홍중	Kang Hong-jung	Kang Hongjung
康有爲	강유위	Kang Yu-wi	Kang Yuwi	姜淮季	강회계	Kang Hoe-gye	Kang Hoegye
康潤國	강윤국	Kang Yun-guk	Kang Yunguk	姜淮伯	강회백	Kang Hoe-baek	Kang Hoebaek
康允紹	강윤소	Kang Yun-so	Kang Yunso	康孝文	강효문	Kang Hyo-mun	Kang Hyomun
康允忠	강윤충	Kang Yun-ch'ung	Kang Yunchung	姜興業	강흥업	Kang Hŭng-ŏp	Kang Heungeop
姜融	강융	Kang Yung	Kang Yung	姜希孟	강희맹	Kang Hŭi-maeng	Kang Huimaeng
姜應貞	강응정	Kang Ŭng-jŏng	Kang Eungjeong	康希白	강희백	Kang Hŭi-baek	Kang Huibaek
姜彝天	강이천	Kang I-ch'ŏn	Kang Icheon	姜希顔	강희안	Kang Hŭi-an	Kang Huian
姜翼	강익	Kang Ik	Kang Ik	姜熙彦	강희언	Kang Hŭi-ŏn	Kang Huieon
姜翼文	강익문	Kang Ing-mun	Kang Ikmun	姜熙悅	강희열	Kang Hŭi-yŏl	Kang Huiyeol
姜仁富	강인부	Kang In-bu	Kang Inbu	慶大升	경대승	Kyŏng Tae-sŭng	Gyeong Daeseung
姜寅植	강인식	Kang In-sik	Kang Insik	桂奉瑀	계봉우	Kye Pong-u	Gye Bongu
姜仁裕	강인유	Kang In-yu	Kang Inyu	桂鎔默	계용묵	Kye Yong-muk	Gye Yongmuk
姜一淳	강일순	Kang Il-sun	Kang Ilsun	桂應祥	계응상	Kye Ŭng-sang	Gye Eungsang
姜章沅	강장원	Kang Chang-wŏn	Kang Jangwon	桂貞植	계정식	Kye Chŏng-sik	Gye Jeongsik
姜在天	강재천	Kang Chae-ch'ŏn	Kang Jaecheon	啓弘	계홍	Kye Hong	Gye Hong
姜宰豪	강재호	Kang Chae-ho	Kang Jaeho	高敬命	고경명	Ko Kyŏng-myŏng	Ko Gyeongmyeong
姜貞姬	강정희	Kang Chŏng-hŭi	Kang Jeonghui	高敬祖	고경조	Ko Kyŏng-jo	Ko Gyeongjo
姜貞熙	강정희	Kang Chŏng-hŭi	Kang Jeonghui	高景虛	고경허	Ko Kyŏng-hŏ	Ko Gyeongheo
康濟羲	강제희	Kang Che-hŭi	Kang Jehui	高景欽	고경흠	Ko Kyŏng-hŭm	Ko Gyeongheum
姜周龍	강주룡	Kang Chu-ryong	Kang Juryong	高光洙	고광수	Ko Kwang-su	Ko Gwangsu
姜浚欽	강준흠	Kang Chun-hŭm	Kang Junheum	高光洵	고광순	Ko Kwang-sun	Ko Gwangsun
康仲珍	강중진	Kang Chung-jin	Kang Jungjin	高光詢	고광순	Ko Kwang-sun	Ko Gwangsun
姜甑山	강증산	Kang Chŭngsan	Kang Jeungsan	高光旭	고광욱	Ko Kwang-uk	Ko Gwanguk
姜鑌乾	강진건	Kang Chin-gŏn	Kang Jingeon	高仇	고구	Ko Ku	Ko Gu
姜晉奎	강진규	Kang Chin-gyu	Kang Jingyu	故國壤	고국양	Kogugyang	Gogugyang
姜鑌海	강진해	Kang Chin-hae	Kang Jinhae	故國原	고국원	Kogugwŏn	Gogugwon
姜璡熙	강진희	Kang Chin-hŭi	Kang Jinhui	故國川	고국천	Kogukch'ŏn	Gogukcheon
姜昌瑞	강창서	Kang Ch'ang-sŏ	Kang Changseo	高吉德	고길덕	Ko Kil-tŏk	Ko Gildeok
姜昌濟	강창제	Kang Ch'ang-je	Kang Changje	高奴子	고노자	Ko No-ja	Ko Noja
姜昌熙	강창희	Kang Ch'ang-hŭi	Kang Changhui	高達	고달	Ko Tal	Ko Dal
康致誠	강치성	Kang Ch'i-sŏng	Kang Chiseong	高德武	고덕무	Ko Tŏng-mu	Ko Deongmu
姜必慶	강필경	Kang P'il-gyŏng	Kang Pilgyeong	高斗煥	고두환	Ko Tu-hwan	Ko Duhwan
姜必魯	강필로	Kang P'il-lo	Kang Pilro	高得時	고득시	Ko Tŭk-si	Ko Deuksi
姜必方	강필방	Kang P'il-bang	Kang Pilbang	高得宗	고득종	Ko Tŭk-chong	Ko Deukjong
姜必愼	강필신	Kang P'il-sin	Kang Pilsin	高孟英	고맹영	Ko Maeng-yŏng	Ko Maengyeong
姜必孝	강필효	Kang P'ir-hyo	Kang Pilhyo	高明子	고명자	Ko Myŏng-cha	Ko Myeongja
姜鶴年	강학년	Kang Hang-nyŏn	Kang Haknyeon	高武	고무	Ko Mu	Ko Mu

한자 용례	한글	ALA-LC Romanization	정부 표기안	한자 용례	한글	ALA-LC Romanization	정부 표기안
高伯淑	고백숙	Ko Paek-suk	Ko Baeksuk	高裕燮	고유섭	Ko Yu-sŏp	Ko Yuseop
高秉幹	고병간	Ko Pyŏng-gan	Ko Byeonggan	高應陟	고응척	Ko Ŭng-ch'ŏk	Ko Eungcheok
高秉國	고병국	Ko Pyŏng-guk	Ko Byeongguk	高義和	고의화	Ko Ŭi-hwa	Ko Uihwa
高甫俊	고보준	Ko Po-jun	Ko Bojun	高而虛	고이허	Ko I-hŏ	Ko Iheo
高福壽	고복수	Ko Pok-su	Ko Boksu	高翼	고익	Ko Ik	Ko Ik
高福章	고복장	Ko Pok-chang	Ko Bokjang	高仁繼	고인계	Ko In-gye	Ko Ingye
高峰起	고봉기	Ko Pong-gi	Ko Bonggi	高因厚	고인후	Ko In-hu	Ko Inhu
高鳳禮	고봉례	Ko Pong-rye	Ko Bongrye	高子章	고자장	Ko Cha-jang	Ko Jajang
高士褧	고사경	Ko Sa-gyŏng	Ko Sagyeong	高在旭	고재욱	Ko Chae-uk	Ko Jaeuk
高舍鷄	고사계	Ko Sa-gye	Ko Sagye	高正義	고정의	Ko Chŏng-ŭi	Ko Jeongui
高尙顏	고상안	Ko Sang-an	Ko Sangan	高從厚	고종후	Ko Chong-hu	Ko Jonghu
高相殷	고상은	Ko Sang-ŭn	Ko Sangeun	高準澤	고준택	Ko Chun-t'aek	Ko Juntaek
高相俊	고상준	Ko Sang-jun	Ko Sangjun	高贊輔	고찬보	Ko Ch'an-bo	Ko Chanbo
高常賢	고상현	Ko Sang-hyŏn	Ko Sanghyeon	高昌一	고창일	Ko Ch'ang-il	Ko Changil
高錫柱	고석주	Ko Sŏk-chu	Ko Seokju	高采柱	고채주	Ko Ch'ae-ju	Ko Chaeju
高石鎭	고석진	Ko Sŏk-chin	Ko Seokjin	高荊山	고형산	Ko Hyŏng-san	Ko Hyeongsan
高仙芝	고선지	Ko Sŏn-ji	Ko Seonji	高豁信	고활신	Ko Hwal-sin	Ko Hwalsin
高成昌	고성창	Ko Sŏng-ch'ang	Ko Seongchang	高闊信	고활신	Ko Hwal-sin	Ko Hwalsin
高成厚	고성후	Ko Sŏng-hu	Ko Seonghu	高羲東	고희동	Ko Hŭi-dong	Ko Huidong
高松軒	고송헌	Ko Song-hŏn	Ko Songheon	公炳禹	공병우	Kong Pyŏng-u	Gong Byeongu
高壽	고수	Ko Su	Ko Su	公孫康	공손강	Kongson Kang	Gongson Gang
高壽寬	고수관	Ko Su-gwan	Ko Sugwan	公孫樹	공손수	Kong Son-su	Gong Sonsu
高順欽	고순흠	Ko Sun-hŭm	Ko Sunheum	公孫邃	공손수	Kongson Su	Gongson Su
高時彥	고시언	Ko Si-ŏn	Ko Sieon	公孫述	공손술	Kongson Sul	Gongson Sul
高安茂	고안무	Ko An-mu	Ko Anmu	公孫淵	공손연	Kongson Yŏn	Gongson Yeon
高若海	고약해	Ko Yak-hae	Ko Yakhae	公孫弘	공손홍	Kongson Hong	Gongson Hong
高彥伯	고언백	Ko Ŏn-baek	Ko Eonbaek	孔胤恒	공윤항	Kong Yun-hang	Gong Yunhang
高汝霖	고여림	Ko Yŏ-rim	Ko Yeorim	孔學源	공학원	Kong Hag-wŏn	Gong Hagwon
高汝興	고여흥	Ko Yŏ-hŭng	Ko Yeoheung	郭基洛	곽기락	Kwak Ki-rak	Gwak Girak
高延武	고연무	Ko Yŏn-mu	Ko Yeonmu	郭福山	곽복산	Kwak Pok-san	Gwak Boksan
高延壽	고연수	Ko Yŏn-su	Ko Yeonsu	郭尙	곽상	Kwak Sang	Gwak Sang
高永根	고영근	Ko Yŏng-gŭn	Ko Yeonggeun	郭尙勳	곽상훈	Kwak Sang-hun	Gwak Sanghun
高英起	고영기	Ko Yŏng-gi	Ko Yeonggi	郭秀彥	곽수언	Kwak Su-ŏn	Gwak Sueon
高榮朧	고영롱	Ko Yŏng-nong	Ko Yeongrong	郭承祐	곽승우	Kwak Sŭng-u	Gwak Seungu
高永錫	고영석	Ko Yŏng-sŏk	Ko Yeongseok	郭始徵	곽시징	Kwak Si-jing	Gwak Sijing
高永昌	고영창	Ko Yŏng-ch'ang	Ko Yeongchang	郭元	곽원	Kwak Wŏn	Gwak Won
高永喜	고영희	Ko Yŏng-hŭi	Ko Yeonghui	郭元佑	곽원우	Kwak Wŏn-u	Gwak Wonu
高勇之	고용지	Ko Yong-ji	Ko Yongji	郭元振	곽원진	Kwak Wŏn-jin	Gwak Wonjin
高用賢	고용현	Ko Yong-hyŏn	Ko Yonghyeon	郭自防	곽자방	Kwak Cha-bang	Gwak Jabang
高龍煥	고용환	Ko Yong-hwan	Ko Yonghwan	郭再祐	곽재우	Kwak Chae-u	Gwak Jaeu
高用厚	고용후	Ko Yong-hu	Ko Yonghu	郭存中	곽존중	Kwak Chon-jung	Gwak Jonjung
高優婁	고우루	Ko U-ru	Ko Uru	郭鍾錫	곽종석	Kwak Chong-sŏk	Gwak Jongseok
高雲	고운	Ko Un	Ko Un	郭重奎	곽중규	Kwak Chung-gyu	Gwak Junggyu
高雲起	고운기	Ko Un-gi	Ko Ungi	郭之欽	곽지흠	Kwak Chi-hŭm	Gwak Jiheum
高元勳	고원훈	Ko Wŏn-hun	Ko Wonhun	郭天豪	곽천호	Kwak Ch'ŏn-ho	Gwak Cheonho

한자 용례	한글	ALA-LC Romanization	정부 표기안	한자 용례	한글	ALA-LC Romanization	정부 표기안
郭泰祺	곽태기	Kwak T'ae-gi	Gwak Taegi	弓裔	궁예	Kungye	Gungye
郭漢一	곽한일	Kwak Han-il	Gwak Hanil	權景裕	권경유	Kwŏn Kyŏng-yu	Gweon Gyeongyu
郭海龍	곽해룡	Kwak Hae-ryong	Gwak Haeryong	權敬中	권경중	Kwŏn Kyŏng-jung	Gweon Gyeongjung
郭憲	곽헌	Kwak Hŏn	Gwak Heon	權克智	권극지	Kwŏn Kŭk-chi	Gweon Gŭkji
郭鉉	곽현	Kwak Hyŏn	Gwak Hyeon	權近	권근	Kwŏn Kŭn	Gweon Geun
郭熙	곽희	Kwak Hŭi	Gwak Hui	權吉	권길	Kwŏn Kil	Gweon Gil
具明謙	구명겸	Ku Myŏng-gyŏm	Gu Myeonggyeom	權達手	권달수	Kwŏn Tal-su	Gweon Dalsu
具命奎	구명규	Ku Myŏng-gyu	Gu Myeonggyu	權湛	권담	Kwŏn Tam	Gweon Dam
具文信	구문신	Ku Mun-sin	Gu Munsin	權大運	권대운	Kwŏn Tae-un	Gweon Daeun
具文治	구문치	Ku Mun-ch'i	Gu Munchi	權大載	권대재	Kwŏn Tae-jae	Gweon Daejae
具本雄	구본웅	Ku Pon-ung	Gu Bonung	權大恒	권대항	Kwŏn Tae-hang	Gweon Daehang
具鳳齡	구봉령	Ku Pong-ryŏng	Gu Bongryeong	權大衡	권대형	Kwŏn Tae-hyŏng	Gweon Daehyeong
具思孟	구사맹	Ku Sa-maeng	Gu Samaeng	權悳奎	권덕규	Kwŏn Tŏk-kyu	Gweon Deokgyu
具思顔	구사안	Ku Sa-an	Gu Saan	權德輿	권덕여	Kwŏn Tŏg-yŏ	Gweon Deokyeo
具常	구상	Ku Sang	Gu Sang	權濤	권도	Kwŏn To	Gweon Do
具常浚	구상준	Ku Sang-jun	Gu Sangjun	權敦仁	권돈인	Kwŏn Ton-in	Gweon Donin
具善復	구선복	Ku Sŏn-bok	Gu Seonbok	權東壽	권동수	Kwŏn Tong-su	Gweon Dongsu
具善行	구선행	Ku Sŏn-haeng	Gu Seonhaeng	權東鎭	권동진	Kwŏn Tong-jin	Gweon Dongjin
具宬	구성	Ku Sŏng	Gu Seong	權斗經	권두경	Kwŏn Tu-gyŏng	Gweon Dugyeong
具成祐	구성우	Ku Sŏng-u	Gu Seongu	權擥	권람	Kwŏn Nam	Gweon Nam
具聖任	구성임	Ku Sŏng-im	Gu Seongim	權孟孫	권맹손	Kwŏn Maeng-son	Gweon Maengson
具壽聃	구수담	Ku Su-dam	Gu Sudam	權武	권무	Kwŏn Mu	Gweon Mu
具壽永	구수영	Ku Su-yŏng	Gu Suyeong	權文海	권문해	Kwŏn Mun-hae	Gweon Munhae
具汝淳	구여순	Ku Yŏ-sun	Gu Yeosun	權敏手	권민수	Kwŏn Min-su	Gweon Minsu
具然壽	구연수	Ku Yŏn-su	Gu Yeonsu	權秉悳	권병덕	Kwŏn Pyŏng-dŏk	Gweon Byeongdeok
具然英	구연영	Ku Yŏn-yŏng	Gu Yeonyeong	權溥	권부	Kwŏn Pu	Gweon Bu
具然幸	구연행	Ku Yŏn-haeng	Gu Yeonhaeng	權士仁	권사인	Kwŏn Sa-in	Gweon Sain
具然欽	구연흠	Ku Yŏn-hŭm	Gu Yeonheum	權三得	권삼득	Kwŏn Sam-dŭk	Gweon Samdeuk
具永淑	구영숙	Ku Yŏng-suk	Gu Yeongsuk	權相老	권상로	Kwŏn Sang-no	Gweon Sangro
具完喜	구완희	Ku Wan-hŭi	Gu Wanhui	權常愼	권상신	Kwŏn Sang-sin	Gweon Sangsin
具鎔書	구용서	Ku Yong-sŏ	Gu Yongseo	權尙然	권상연	Kwŏn Sang-yŏn	Gweon Sangyeon
具允明	구윤명	Ku Yun-myŏng	Gu Yunmyeong	權尙游	권상유	Kwŏn Sang-yu	Gweon Sangyu
具人文	구인문	Ku In-mun	Gu Inmun	權相一	권상일	Kwŏn Sang-il	Gweon Sangil
具仁會	구인회	Ku In-hoe	Gu Inhoe	權尙夏	권상하	Kwŏn Sang-ha	Gweon Sangha
具在洙	구재수	Ku Chae-su	Gu Jaesu	權成萬	권성만	Kwŏn Sŏng-man	Gweon Seongman
丘從直	구종직	Ku Chong-jik	Ku Jongjik	權世淵	권세연	Kwŏn Se-yŏn	Gweon Seyeon
具準儀	구준의	Ku Chun-ŭi	Gu Junui	權世侯	권세후	Kwŏn Se-hu	Gweon Sehu
具春善	구춘선	Ku Ch'un-sŏn	Gu Chunseon	權秀	권수	Kwŏn Su	Gweon Su
具春先	구춘선	Ku Ch'un-sŏn	Gu Chunseon	權守平	권수평	Kwŏn Su-p'yŏng	Gweon Supyeong
具春熙	구춘희	Ku Ch'un-hŭi	Gu Chunhui	權順長	권순장	Kwŏn Sun-jang	Gweon Sunjang
具致寬	구치관	Ku Ch'i-gwan	Gu Chigwan	權順昌	권순창	Kwŏn Sun-ch'ang	Gweon Sunchang
具致洪	구치홍	Ku Ch'i-hong	Gu Chihong	權是經	권시경	Kwŏn Si-gyŏng	Gweon Sigyeong
具宅奎	구택규	Ku T'aek-kyu	Gu Taekgyu	權永	권영	Kwŏn Yŏng	Gweon Yeong
仇頗解	구파해	Ku P'a-hae	Gu Pahae	權寧萬	권영만	Kwŏn Yŏng-man	Gweon Yeongman
鞠景仁	국경인	Kuk Kyŏng-in	Guk Gyeongin	權寧壁	권영벽	Kwŏn Yŏng-byŏk	Gweon Yeongbyeok

한자 용례	한글	ALA-LC Romanization	정부 표기안	한자 용례	한글	ALA-LC Romanization	정부 표기안
權寧宇	권영우	Kwŏn Yŏng-u	Gweon Yeongu	權漢功	권한공	Kwŏn Han-gong	Gweon Hangong
權寧禹	권영우	Kwŏn Yŏng-u	Gweon Yeongu	權爀	권혁	Kwŏn Hyŏk	Gweon Hyeok
權榮台	권영태	Kwŏn Yŏng-t'ae	Gweon Yeongtae	權詗	권형	Kwŏn Hyŏng	Gweon Hyeong
權五福	권오복	Kwŏn O-bok	Gweon Obok	權好文	권호문	Kwŏn Ho-mun	Gweon Homun
權五尙	권오설	Kwŏn O-sŏl	Gweon Oseol	權弘	권홍	Kwŏn Hong	Gweon Hong
權五稷	권오직	Kwŏn O-jik	Gweon Ojik	權和	권화	Kwŏn Hwa	Gweon Hwa
權用正	권용정	Kwŏn Yong-jŏng	Gweon Yongjeong	權煥	권환	Kwŏn Hwan	Gweon Hwan
權遇	권우	Kwŏn U	Gweon U	權希文	권희문	Kwŏn Hŭi-mun	Gweon Huimun
權裕	권유	Kwŏn Yu	Gweon Yu	琴蘭秀	금난수	Kŭm Nan-su	Geum Nansu
權愈	권유	Kwŏn Yu	Gweon Yu	奇大升	기대승	Ki Tae-sŭng	Gi Daesŭng
權憬	권율	Kwŏn Yul	Gweon Yul	奇大恒	기대항	Ki Tae-hang	Gi Daehang
權膺善	권응선	Kwŏn Ŭng-sŏn	Gweon Eungseon	奇三萬	기삼만	Ki Sam-man	Gi Samman
權應銖	권응수	Kwŏn Ŭng-su	Gweon Eungsu	奇參衍	기삼연	Ki Sam-yŏn	Gi Samyeon
權應挺	권응정	Kwŏn Ŭng-jŏng	Gweon Eungjeong	奇陽衍	기양연	Ki Yang-yŏn	Gi Yangyeon
權應昌	권응창	Kwŏn Ŭng-ch'ang	Gweon Eungchang	奇宇萬	기우만	Ki U-man	Gi Uman
權以鎭	권이진	Kwŏn I-jin	Gweon Ijin	奇義獻	기의헌	Ki Ŭi-hŏn	Gi Uiheon
權仁玉	권인옥	Kwŏn In-ok	Gweon Inok	奇益獻	기익헌	Ki Ik-hŏn	Gi Ikheon
權一	권일	Kwŏn Il	Gweon Il	奇自獻	기자헌	Ki Cha-hŏn	Gi Jaheon
權日身	권일신	Kwŏn Il-sin	Gweon Ilsin	奇正鎭	기정전	Ki Chŏng-jin	Gi Jeongjin
權自愼	권자신	Kwŏn Cha-sin	Gweon Jasin	奇宗獻	기종헌	Ki Chong-hŏn	Gi Jongheon
權在衡	권재형	Kwŏn Chae-hyŏng	Gweon Jaehyeong	奇卓誠	기탁성	Ki T'ak-sŏng	Gi Takseong
權適	권적	Kwŏn Chŏk	Gweon Jeok	奇洪壽	기홍수	Ki Hong-su	Gi Hongsu
權節	권절	Kwŏn Chŏl	Gweon Jeol	吉善宙	길선주	Kil Sŏn-ju	Gil Seonju
權貞善	권정선	Kwŏn Chŏng-sŏn	Gweon Jeongseon	吉永洙	길영수	Kil Yŏng-su	Gil Yeongsu
權靖善	권정선	Kwŏn Chŏng-sŏn	Gweon Jeongseon	金嘉鎭	김가진	Kim Ka-jin	Kim Gajin
權柱	권주	Kwŏn Chu	Gweon Ju	金珏鉉	김각현	Kim Kak-hyŏn	Kim Gakhyeon
權晙	권준	Kwŏn Chun	Gweon Jun	金甲東	김갑동	Kim Kap-tong	Kim Gapdong
權重道	권중도	Kwŏn Chung-do	Gweon Jungdo	金甲淳	김갑순	Kim Kap-sun	Kim Gapsun
權仲敦	권중돈	Kwŏn Chung-don	Gweon Jungdon	金開南	김개남	Kim Kae-nam	Kim Gaenam
權重錫	권중석	Kwŏn Chung-sŏk	Gweon Jungseok	金巨雄	김거웅	Kim Kŏ-ung	Kim Geoung
權重顯	권중현	Kwŏn Chung-hyŏn	Gweon Junghyeon	金健	김건	Kim Kŏn	Kim Geon
權仲和	권중화	Kwŏn Chung-hwa	Gweon Junghwa	金堅壽	김견수	Kim Kyŏn-su	Kim Gyeonsu
權重煥	권중환	Kwŏn Chung-hwan	Gweon Junghwan	金謙光	김겸광	Kim Kyŏm-gwang	Kim Gyeomgwang
權摯	권지	Kwŏn Chi	Gweon Ji	金敬老	김경로	Kim Kyŏng-no	Kim Gyeongro
權徵	권징	Kwŏn Ching	Gweon Jing	金景瑞	김경서	Kim Kyŏng-sŏ	Kim Gyeongseo
權昌郁	권창욱	Kwŏn Ch'ang-uk	Gweon Changuk	金景善	김경선	Kim Kyŏng-sŏn	Kim Gyeongseon
權採	권채	Kwŏn Ch'ae	Gweon Chae	金慶孫	김경손	Kim Kyŏng-son	Kim Gyeongson
權轍	권철	Kwŏn Ch'ŏl	Gweon Cheol	金景承	김경승	Kim Kyŏng-sŭng	Kim Gyeongseung
權哲身	권철신	Kwŏn Ch'ŏl-sin	Gweon Cheolsin	金敬信	김경신	Kim Kyŏng-sin	Kim Gyeongsin
權泰錫	권태석	Kwŏn T'ae-sŏk	Gweon Taeseok	金慶餘	김경여	Kim Kyŏng-yŏ	Kim Gyeongyeo
權泰燮	권태섭	Kwŏn T'ae-sŏp	Gweon Taeseop	金景庸	김경용	Kim Kyŏng-yong	Kim Gyeongyong
權泰應	권태응	KwŏnT'ae-ŭng	GweonTaeeung	金景六	김경육	Kim Kyŏng-yuk	Kim Gyeongyuk
權泰俊	권태준	Kwŏn T'ae-jun	Gweon Taejun	金兢律	김경율	Kim Kŭng-yul	Kim Geungyul
權韠	권필	Kwŏn P'il	Gwŏn Pil	金璟載	김경재	Kim Kyŏng-jae	Kim Gyeongjae
權必迪	권필적	Kwŏn P'il-chŏk	Gweon Piljeok	金慶徵	김경징	Kim Kyŏng-jing	Kim Gyeongjing

한자 용례	한글	ALA-LC Romanization	정부 표기안	한자 용례	한글	ALA-LC Romanization	정부 표기안
金敬泰	김경태	Kim Kyŏng-t'ae	Kim Gyeongtae	金九容	김구용	Kim Ku-yong	Kim Guyong
金敬熙	김경희	Kim Kyŏng-hŭi	Kim Gyeonghui	金龜柱	김구주	Kim Ku-ju	Kim Guju
金啓洛	김계락	Kim Kye-rak	Kim Gyerak	金仇亥	김구해	Kim Ku-hae	Kim Guhae
金桂林	김계림	Kim Kye-rim	Kim Gyerim	金九鉉	김구현	Kim Ku-hyŏn	Kim Guhyeon
金啓明	김계명	Kim Kye-myŏng	Kim Gyemyeong	金國光	김국광	Kim Kuk-kwang	Kim Gukgwang
金桂善	김계선	Kim Kye-sŏn	Kim Gyeseon	金國飯	김국반	Kim Kuk-pan	Kim Gukban
金繼宗	김계종	Kim Kye-jong	Kim Gyejong	金君綏	김군수	Kim Kun-su	Kim Gunsu
金季昌	김계창	Kim Kye-ch'ang	Kim Gyechang	金君鼎	김군정	Kim Kun-jŏng	Kim Gunjeong
金繼輝	김계휘	Kim Kye-hwi	Kim Gyehwi	金權武	김권무	Kim Kwŏn-mu	Kim Gwonmu
金公諒	김공량	Kim Kong-ryang	Kim Gongryang	金貴	김귀	Kim Kwi	Kim Gwi
金公鼎	김공정	Kim Kong-jŏng	Kim Gongjeong	金貴榮	김귀영	Kim Kwi-yŏng	Kim Gwiyeong
金觀聲	김관성	Kim Kwan-sŏng	Kim Gwanseong	金圭冕	김규면	Kim Kyu-myŏn	Kim Gyumyeon
金觀植	김관식	Kim Kwan-sik	Kim Gwansik	金奎植	김규식	Kim Kyu-sik	Kim Gyusik
金冠五	김관오	Kim Kwan-o	Kim Gwano	金圭鎭	김규진	Kim Kyu-jin	Kim Gyujin
金官五	김관오	Kim Kwan-o	Kim Gwano	金奎鎭	김규진	Kim Kyu-jin	Kim Gyujin
金寬毅	김관의	Kim Kwan-ŭi	Kim Gwanui	金奎熙	김규희	Kim Kyu-hŭi	Kim Gyuhui
金官長	김관장	Kim Kwan-jang	Kim Gwanjang	金均貞	김균정	Kim Kyun-jŏng	Kim Gyunjeong
金觀柱	김관주	Kim Kwan-ju	Kim Gwanju	金克儉	김극검	Kim Kŭk-kŏm	Kim Geukgeom
金觀鎬	김관호	Kim Kwan-ho	Kim Gwanho	金克己	김극기	Kim Kŭk-ki	Kim Geukgi
金光均	김광균	Kim Kwang-gyun	Kim Gwanggyun	金克成	김극성	Kim Kŭk-sŏng	Kim Geukseong
金光旋	김광선	Kim Kwang-sŏn	Kim Gwangseon	金謹思	김근사	Kim Kŭn-sa	Kim Geunsa
金珖燮	김광섭	Kim Kwang-sŏp	Kim Gwangseop	金圻	김기	Kim Ki	Kim Gi
金光遂	김광수	Kim Kwang-su	Kim Gwangsu	金耆	김기	Kim Ki	Kim Gi
金光洙	김광수	Kim Kwang-su	Kim Gwangsu	金己得	김기득	Kim Ki-dŭk	Kim Gideuk
金光粹	김광수	Kim Kwang-su	Kim Gwangsu	金起林	김기림	Kim Ki-rim	Kim Girim
金廣玉	김광옥	Kim Kwang-ok	Kim Gwangok	金箕錫	김기석	Kim Ki-sŏk	Kim Giseok
金光宇	김광우	Kim Kwang-u	Kim Gwangu	金起孫	김기손	Kim Ki-son	Kim Gison
金光煜	김광욱	Kim Kwang-uk	Kim Gwanguk	金基洙	김기수	Kim Ki-su	Kim Gisu
金光濟	김광제	Kim Kwang-je	Kim Gwangje	金琪洙	김기수	Kim Ki-su	Kim Gisu
金光準	김광준	Kim Kwang-jun	Kim Gwangjun	金綺秀	김기수	Kim Ki-su	Kim Gisu
金光中	김광중	Kim Kwang-jung	Kim Gwangjung	金起元	김기원	Kim Ki-wŏn	Kim Giwon
金光軫	김광진	Kim Kwang-jin	Kim Gwangjin	金起田	김기전	Kim Ki-jŏn	Kim Kijeon
金光瑨	김광진	Kim Kwang-jin	Kim Gwangjin	金起宗	김기종	Kim Ki-jong	Kim Gijong
金光振	김광진	Kim Kwang-jin	Kim Gwangjin	金基鎭	김기진	Kim Ki-jin	Kim Gijin
金光轍	김광철	Kim Kwang-ch'ŏl	Kim Gwangchŏl	金起昶	김기창	Kim Ki-ch'ang	Kim Gichang
金光炫	김광현	Kim Kwang-hyŏn	Kim Gwanghyeon	金起漢	김기한	Kim Ki-han	Kim Gihan
金光俠	김광협	Kim Kwang-hyŏp	Kim Gwanghyeop	金基顯	김기현	Kim Ki-hyŏn	Kim Gihyeon
金宏集	김굉집	Kim Koeng-jip	Kim Goengjip	金基瀅	김기형	Kim Ki-hyŏng	Kim Gihyeong
金宏弼	김굉필	Kim Koeng-p'il	Kim Goengpil	金基厚	김기후	Kim Ki-hu	Kim Gihu
金教臣	김교신	Kim Kyo-sin	Kim Gyosin	金吉童	김길동	Kim Kil-tong	Kim Kildong
金教獻	김교헌	Kim Kyo-hŏn	Kim Gyoheon	金吉通	김길통	Kim Kil-t'ong	Kim Kiltong
金坵	김구	Kim Ku	Kim Gu	金洛淳	김낙순	Kim Nak-sun	Kim Naksun
金九	김구	Kim Ku	Kim Gu	金洛喆	김낙철	Kim Nak-ch'ŏl	Kim Nakcheol
金龜	김구	Kim Ku	Kim Gu	金南重	김남중	Kim Nam-jung	Kim Namjung
金九德	김구덕	Kim Ku-dŏk	Kim Gudeok	金南天	김남천	Kim Nam-ch'ŏn	Kim Namcheon

한자 용례	한글	ALA-LC Romanization	정부 표기안	한자 용례	한글	ALA-LC Romanization	정부 표기안
金魯敬	김노경	Kim No-gyŏng	Kim Nogyeong	金東元	김동원	Kim Tong-wŏn	Kim Dongwon
金魯應	김노응	Kim No-ŭng	Kim Noeung	金東仁	김동인	Kim Tong-in	Kim Dongin
金魯鎭	김노진	Kim No-jin	Kim Nojin	金東弼	김동필	Kim Tong-p'il	Kim Dongpil
金丹冶	김단야	Kim Tan-ya	Kim Danya	金東煥	김동환	Kim Tong-hwan	Kim Donghwan
金達淳	김달순	Kim Tal-sun	Kim Dalsun	金斗樑	김두량	Kim Tu-ryang	Kim Duryang
金達鎭	김달진	Kim Tal-chin	Kim Daljin	金枓奉	김두봉	Kim Tu-bong	Kim Dubong
金達鉉	김달현	Kim Tar-hyŏn	Kim Dalhyeon	金斗星	김두성	Kim Tu-sŏng	Kim Duseong
金淡	김담	Kim Tam	Kim Dam	金斗漢	김두한	Kim Tu-han	Kim Duhan
金大建	김대건	Kim Tae-gŏn	Kim Daegeon	金得臣	김득신	Kim Tŭk-sin	Kim Deuksin
金大德	김대덕	Kim Tae-dŏk	Kim Daedeok	金鸞祥	김란상	Kim Nan-sang	Kim Ransang
金大陸	김대륙	Kim Tae-ryuk	Kim Daeryuk	金蘭淳	김란순	Kim Nan-sun	Kim Ransun
金大問	김대문	Kim Tae-mun	Kim Daemun	金來成	김래성	Kim Nae-sŏng	Kim Raeseong
金大鳳	김대봉	Kim Tae-bong	Kim Daebong	金笠	김립	Kim Rip	Kim Rip
金大城	김대성	Kim Tae-sŏng	Kim Daeseong	金瑪利亞	김마리아	Kim Maria	Kim Maria
金大成	김대성	Kim Tae-sŏng	Kim Daeseong	金萬基	김만기	Kim Man-gi	Kim Mangi
金大材	김대재	Kim Tae-jae	Kim Daejae	金萬壽	김만수	Kim Man-su	Kim Mansu
金大正	김대정	Kim Tae-jŏng	Kim Daejeong	金萬秀	김만수	Kim Man-su	Kim Mansu
金大鼎	김대정	Kim Tae-jŏng	Kim Daejeong	金晩植	김만식	Kim Man-sik	Kim Mansik
金大中	김대중	Kim Tae-jung	Kim Daejung	金萬重	김만중	Kim Man-jung	Kim Manjung
金德齡	김덕령	Kim Tŏng-nyŏng	Kim Deokryeong	金邁淳	김매순	Kim Mae-sun	Kim Maesun
金德明	김덕명	Kim Tŏng-myŏng	Kim Deokmyeong	金猛	김맹	Kim Maeng	Kim Maeng
金德生	김덕생	Kim Tŏk-saeng	Kim Deoksaeng	金孟性	김맹성	Kim Maeng-sŏng	Kim Maengseong
金德成	김덕성	Kim Tŏk-sŏng	Kim Deokseong	金沔	김면	Kim Myŏn	Kim Myeon
金德承	김덕승	Kim Tŏk-sŭng	Kim Deokseung	金明	김명	Kim Myŏng	Kim Myeong
金德泳	김덕영	Kim Tŏg-yŏng	Kim Deokyeong	金鳴鳳	김명봉	Kim Myŏng-bong	Kim Myeongbong
金德遠	김덕원	Kim Tŏg-wŏn	Kim Deokwon	金明淳	김명순	Kim Myŏng-sun	Kim Myeongsun
金德濟	김덕제	Kim Tŏk-che	Kim Deokje	金命時	김명시	Kim Myŏng-si	Kim Myeongsi
金道洙	김도수	Kim To-su	Kim Dosu	金明植	김명식	Kim Myŏng-sik	Kim Myeongsik
金度演	김도연	Kim To-yŏn	Kim Doyeon	金命元	김명원	Kim Myŏng-wŏn	Kim Myeongwon
金道泰	김도태	Kim To-t'ae	Kim Dotae	金明胤	김명윤	Kim Myŏng-yun	Kim Myeongyun
金燾鉉	김도현	Kim To-hyŏn	Kim Dohyeon	金明鐵	김명철	Kim Myŏng-ch'ŏl	Kim Myeongcheol
金道鉉	김도현	Kim To-hyŏn	Kim Dohyeon	金命喜	김명희	Kim Myŏng-hŭi	Kim Myeonghui
金道訓	김도훈	Kim To-hun	Kim Dohun	金武力	김무력	Kim Mu-ryŏk	Kim Muryeok
金道喜	김도희	Kim To-hŭi	Kim Dohui	金武亭	김무정	Kim Mu-jŏng	Kim Mujeong
金墩	김돈	Kim Ton	Kim Don	金無滯	김무체	Kim Mu-ch'e	Kim Muche
金敦中	김돈중	Kim Ton-jung	Kim Donjung	金汶	김문	Kim Mun	Kim Mun
金敦熙	김돈희	Kim Ton-hŭi	Kim Donhui	金汶根	김문근	Kim Mun-gŭn	Kim Mungeun
金東奎	김동규	Kim Tong-gyu	Kim Donggyu	金文起	김문기	Kim Mun-gi	Kim Mungi
金東里	김동리	Kim Tong-ni	Kim Dongri	金文世	김문세	Kim Mun-se	Kim Munse
金東三	김동삼	Kim Tong-sam	Kim Dongsam	金文衍	김문연	Kim Mun-yŏn	Kim Munyeon
金東錫	김동석	Kim Tong-sŏk	Kim Dongseok	金文穎	김문영	Kim Mun-yŏng	Kim Munyeong
金東洙	김동수	Kim Tong-su	Kim Dongsu	金文汪	김문왕	Kim Mun-wang	Kim Munwang
金東植	김동식	Kim Tong-sik	Kim Dongsik	金文王	김문왕	Kim Mun-wang	Kim Munwang
金東臣	김동신	Kim Tong-sin	Kim Dongsin	金文鼎	김문정	Kim Mun-jŏng	Kim Munjeong
金東雲	김동운	Kim Tong-un	Kim Dongun	金文天	김문천	Kim Mun-ch'ŏn	Kim Muncheon

한자 용례	한글	ALA-LC Romanization	정부 표기안	한자 용례	한글	ALA-LC Romanization	정부 표기안
金文鉉	김문현	Kim Mun-hyŏn	Kim Munhyeon	金傅	김부	Kim Pu	Kim Bu
金枚	김미	Kim Mi	Kim Mi	金富軾	김부식	Kim Pu-sik	Kim Busik
金民山	김민산	Kim Min-san	Kim Minsan	金芙蓉	김부용	Kim Pu-yong	Kim Buyong
金民友	김민우	Kim Min-u	Kim Minu	金富儀	김부의	Kim Pu-ŭi	Kim Buui
金民澤	김민택	Kim Min-t'aek	Kim Mintaek	金富佾	김부일	Kim Pu-il	Kim Buil
金方慶	김방경	Kim Pang-gyŏng	Kim Banggyeong	金朋濬	김붕준	Kim Pung-jun	Kim Bungjun
金伯謙	김백겸	Kim Paek-kyŏm	Kim Baekgyeom	金憑	김빙	Kim Ping	Kim Bing
金伯飯	김백반	Kim Paek-pan	Kim Baekban	金思蘭	김사란	Kim Sa-ran	Kim Saran
金白淨	김백정	Kim Paek-chŏng	Kim Baekcheong	金史良	김사량	Kim Sa-ryang	Kim Saryang
金梵文	김범문	Kim Pŏm-mun	Kim Beommun	金思穆	김사목	Kim Sa-mok	Kim Samok
金凡父	김범부	Kim Pŏm-bu	Kim Beombu	金沙彌	김사미	Kim Sa-mi	Kim Sami
金範禹	김범우	Kim Pŏm-u	Kim Beomu	金思讓	김사양	Kim Sa-yang	Kim Sayang
金法宣	김법선	Kim Pŏp-sŏn	Kim Beopseon	金士用	김사용	Kim Sa-yong	Kim Sayong
金炳國	김병국	Kim Pyŏng-guk	Kim Byeongguk	金師禹	김사우	Kim Sa-u	Kim Sau
金柄奎	김병규	Kim Pyŏng-gyu	Kim Byeonggyu	金嗣宗	김사종	Kim Sa-jong	Kim Sajong
金炳奎	김병규	Kim Pyŏng-gyu	Kim Byeonggyu	金思濬	김사준	Kim Sa-jun	Kim Sajun
金炳基	김병기	Kim Pyŏng-gi	Kim Byeonggi	金思轍	김사철	Kim Sa-ch'ŏl	Kim Sacheol
金炳魯	김병로	Kim Pyŏng-ro	Kim Byeongro	金師幸	김사행	Kim Sa-haeng	Kim Sahaeng
金炳俶	김병숙	Kim Pyŏng-suk	Kim Byeongsuk	金士衡	김사형	Kim Sa-hyŏng	Kim Sahyeong
金炳始	김병시	Kim Pyŏng-si	Kim Byeongsi	金三龍	김삼룡	Kim Sam-ryong	Kim Samryong
金炳淵	김병연	Kim Pyŏng-yŏn	Kim Byeongyeon	金三洙	김삼수	Kim Sam-su	Kim Samsu
金炳榮	김병영	Kim Pyŏng-yŏng	Kim Byeongyeong	金三賢	김삼현	Kim Sam-hyŏn	Kim Samhyeon
金秉英	김병영	Kim Pyŏng-yŏng	Kim Byeongyeong	金尙	김상	Kim Sang	Kim Sang
金丙榮	김병영	Kim Pyŏng-yŏng	Kim Byeongyeong	金尙魯	김상로	Kim Sang-no	Kim Sangro
金炳翊	김병익	Kim Pyŏng-ik	Kim Byeongik	金相万	김상만	Kim Sang-man	Kim Sangman
金炳朝	김병조	Kim Pyŏng-jo	Kim Byeongjo	金尙宓	김상복	Kim Sang-bok	Kim Sangbok
金秉祚	김병조	Kim Pyŏng-jo	Kim Byeongjo	金相福	김상복	Kim Sang-bok	Kim Sangbok
金炳俊	김병준	Kim Pyŏng-jun	Kim Byeongjun	金尙賓	김상빈	Kim Sang-bin	Kim Sangbin
金炳弼	김병필	Kim Pyŏng-p'il	Kim Byeongpil	金尙星	김상성	Kim Sang-sŏng	Kim Sangseong
金炳學	김병학	Kim Pyŏng-hak	Kim Byeonghak	金相肅	김상숙	Kim Sang-suk	Kim Sangsuk
金丙浩	김병호	Kim Pyŏng-ho	Kim Byeongho	金尙玉	김상옥	Kim Sang-ok	Kim Sangok
金炳昊	김병호	Kim Pyŏng-ho	Kim Byeongho	金尙沃	김상옥	Kim Sang-ok	Kim Sangok
金甫	김보	Kim Po	Kim Bo	金相玉	김상옥	Kim Sang-ok	Kim Sangok
金普	김보	Kim Po	Kim Bo	金相沃	김상옥	Kim Sang-ok	Kim Sangok
金輔根	김보근	Kim Po-gŭn	Kim Bogeun	金尙鎔	김상용	Kim Sang-yong	Kim Sangyong
金寶男	김보남	Kim Po-nam	Kim Bonam	金尙容	김상용	Kim Sang-yong	Kim Sangyong
金甫當	김보당	Kim Po-dang	Kim Bodang	金尙辰	김상진	Kim Sang-jin	Kim Sangjin
金寶鼎	김보정	Kim Po-jŏng	Kim Bojeong	金尙喆	김상철	Kim Sang-ch'ŏl	Kim Sangcheol
金普澤	김보택	Kim Po-t'aek	Kim Botaek	金相台	김상태	Kim Sang-t'ae	Kim Sangtae
金輔鉉	김보현	Kim Po-hyŏn	Kim Bohyeon	金尙台	김상태	Kim Sang-t'ae	Kim Sangtae
金福根	김복근	Kim Pok-kŭn	Kim Bokgeun	金尙憲	김상헌	Kim Sang-hŏn	Kim Sangheon
金福漢	김복한	Kim Pok-han	Kim Bokhan	金尙鉉	김상현	Kim Sang-hyŏn	Kim Sanghyeon
金鳳毛	김봉모	Kim Pong-mo	Kim Bongmo	金尙浩	김상호	Kim Sang-ho	Kim Sangho
金封休	김봉휴	Kim Pong-hyu	Kim Bonghyu	金尙鎬	김상호	Kim Sang-ho	Kim Sangho
金富	김부	Kim Pu	Kim Bu	金生	김생	Kim Saeng	Kim Saeng

한자 용례	한글	ALA-LC Romanization	정부 표기안	한자 용례	한글	ALA-LC Romanization	정부 표기안
金舒玄	김서현	Kim Sŏ-hyŏn	Kim Seohyeon	金銖	김수	Kim Su	Kim Su
金錫圭	김석규	Kim Sŏk-kyu	Kim Seokgyu	金守剛	김수강	Kim Su-gang	Kim Sugang
金錫文	김석문	Kim Sŏng-mun	Kim Seokmun	金洙根	김수근	Kim Su-gŭn	Kim Sugeun
金碩臣	김석신	Kim Sŏk-sin	Kim Seoksin	金洙南	김수남	Kim Su-nam	Kim Sunam
金錫衍	김석연	Kim Sŏg-yŏn	Kim Seokyeon	金壽男	김수남	Kim Su-nam	Kim Sunam
金碩材	김석재	Kim Sŏk-chae	Kim Seokjae	金壽童	김수동	Kim Su-dong	Kim Sudong
金錫胄	김석주	Kim Sŏk-chu	Kim Seokju	金首露	김수로	Kim Suro	Kim Suro
金錫柱	김석주	Kim Sŏk-chu	Kim Seokju	金秀文	김수문	Kim Su-mun	Kim Sumun
金奭準	김석준	Kim Sŏk-chun	Kim Seokjun	金水參	김수삼	Kim Su-sam	Kim Susam
金奭鑌	김석진	Kim Sŏk-chin	Kim Seokjin	金守省	김수성	Kim Su-sŏng	Kim Suseong
金碩昌	김석창	Kim Sŏk-ch'ang	Kim Seokchang	金壽永	김수영	Kim Su-yŏng	Kim Suyeong
金銑	김선	Kim Sŏn	Kim Seon	金守溫	김수온	Kim Su-on	Kim Suon
金先錫	김선석	Kim Sŏn-sŏk	Kim Seonseok	金壽長	김수장	Kim Su-jang	Kim Sujang
金善照	김선조	Kim Sŏn-jo	Kim Seonjo	金壽增	김수증	Kim Su-jŭng	Kim Sujeuung
金善弼	김선필	Kim Sŏn-p'il	Kim Seonpil	金壽天	김수천	Kim Su-ch'ŏn	Kim Sucheon
金蟾	김섬	Kim Sŏm	Kim Seom	金秀哲	김수철	Kim Su-ch'ŏl	Kim Sucheol
金成	김성	Kim Sŏng	Kim Seong	金壽恒	김수항	Kim Su-hang	Kim Suhang
金聲根	김성근	Kim Sŏng-gŭn	Kim Seonggeun	金守鉉	김수현	Kim Su-hyŏn	Kim Suhyeon
金聲德	김성덕	Kim Sŏng-dŏk	Kim Seongdeok	金壽弘	김수홍	Kim Su-hong	Kim Suhong
金誠立	김성립	Kim Sŏng-nip	Kim Seongrip	金壽興	김수흥	Kim Su-hŭng	Kim Suheung
金性洙	김성수	Kim Sŏng-su	Kim Seongsu	金叔滋	김숙자	Kim Suk-cha	Kim Sukja
金星淑	김성숙	Kim Sŏng-suk	Kim Seongsuk	金叔興	김숙흠	Kim Suk-hŭm	Kim Sukheum
金成業	김성업	Kim Sŏng-ŏp	Kim Seongeop	金恂	김순	Kim Sun	Kim Sun
金成玉	김성옥	Kim Sŏng-ok	Kim Seongok	金淳	김순	Kim Sun	Kim Sun
金性澂	김성은	Kim, Sŏng-ŭn	Kim Seongeun	金純	김순	Kim Sun	Kim Sun
金聖應	김성응	Kim Sŏng-ŭng	Kim Seongeung	金順	김순	Kim Sun	Kim Sun
金誠一	김성일	Kim Sŏng-il	Kim Seongil	金舜基	김순기	Kim Sun-gi	Kim Sungi
金成柱	김성주	Kim Sŏng-ju	Kim Seongju	金順男	김순남	Kim Sun-nam	Kim Sunnam
金聲振	김성진	Kim Sŏng-jin	Kim Seongjin	金順命	김순명	Kim Sun-myŏng	Kim Sunmyeong
金聖鐸	김성탁	Kim Sŏng-t'ak	Kim Seongtak	金順式	김순식	Kim Sun-sik	Kim Sunsik
金聖泰	김성태	Kim Sŏng-t'ae	Kim Seongtae	金順玉	김순옥	Kim Sun-ok	Kim Sunok
金世均	김세균	Kim Se-gyun	Kim Segyun	金順元	김순원	Kim Sun-wŏn	Kim Sunwon
金世基	김세기	Kim Se-gi	Kim Segi	金循義	김순의	Kim Sun-ŭi	Kim Sunui
金世濂	김세렴	Kim Se-ryŏm	Kim Seryeom	金順哲	김순철	Kim Sun-ch'ŏl	Kim Suncheol
金世敏	김세민	Kim Se-min	Kim Semin	金昇圭	김승규	Kim Sŭng-gyu	Kim Seunggyu
金世鎔	김세용	Kim Se-yong	Kim Seyong	金承俊	김승준	Kim Sŭng-jun	Kim Seungjun
金世用	김세용	Kim Se-yong	Kim Seyong	金時默	김시묵	Kim Si-muk	Kim Simuk
金世宗	김세종	Kim Se-jong	Kim Sejong	金時敏	김시민	Kim Si-min	Kim Simin
金世震	김세진	Kim Se-jin	Kim Sejin	金是聲	김시성	Kim Si-sŏng	Kim Siseong
金世鎬	김세호	Kim Se-ho	Kim Seho	金時習	김시습	Kim Si-sŭp	Kim Siseup
金小浪	김소랑	Kim So-rang	Kim Sorang	金時讓	김시양	Kim Si-yang	Kim Siyang
金小成	김소성	Kim So-sŏng	Kim Soseong	金始淵	김시연	Kim Si-yŏn	Kim Siyeon
金素月	김소월	Kim So-wŏl	Kim Sowol	金始鍾	김시종	Kim Si-jong	Kim Sijong
金素姬	김소희	Kim So-hŭi	Kim Sohui	金時昌	김시창	Kim Si-ch'ang	Kim Sichang
金續命	김속명	Kim Song-myŏng	Kim Songmyeong	金始顯	김시현	Kim Si-hyŏn	Kim Sihyeon

한자 용례	한글	ALA-LC Romanization	정부 표기안	한자 용례	한글	ALA-LC Romanization	정부 표기안
金始炯	김시형	Kim Si-hyŏng	Kim Sihyeong	金演洙	김연수	Kim Yŏn-su	Kim Yeonsu
金時昿	김시황	Kim Si-hwang	Kim Sihwang	金泳	김영	Kim Yŏng	Kim Yeong
金時晃	김시황	Kim Si-hwang	Kim Sihwang	金穎	김영	Kim Yŏng	Kim Yeong
金軾	김식	Kim Sik	Kim Sik	金瑛	김영	Kim Yŏng	Kim Yeong
金埴	김식	Kim Sik	Kim Sik	金榮龜	김영구	Kim Yŏng-gu	Kim Yeonggu
金植材	김식재	Kim Sik-chae	Kim Sikjae	金永根	김영근	Kim Yŏng-gŭn	Kim Yeonggeun
金式材	김식재	Kim Sik-chae	Kim Sikjae	金永悳	김영덕	Kim Yŏng-dŏk	Kim Yeongdeok
金湜	김식재	Kim Sik	Kim Sik	金永旽	김영돈	Kim Yŏng-don	Kim Yeongdon
金藎國	김신국	Kim Sin-guk	Kim Singuk	金榮斗	김영두	Kim Yŏng-du	Kim Yeongdu
金莘尹	김신윤	Kim Sin-yun	Kim Sinyun	金永郎	김영랑	Kim Yŏng-nang	Kim Yeongrang
金信濟	김신제	Kim Sin-je	Kim Sinje	金永穆	김영목	Kim Yŏng-mok	Kim Yeongmok
金新朝	김신조	Kim Sin-jo	Kim Sinjo	金泳三	김영삼	Kim Yŏng-sam	Kim Yeongsam
金深	김심	Kim Sim	Kim Sim	金永錫	김영석	Kim Yŏng-sŏk	Kim Yeongseok
金諶	김심	Kim Sim	Kim Sim	金永壽	김영수	Kim Yŏng-su	Kim Yeongsu
金審言	김심언	Kim Sim-ŏn	Kim Simeon	金英一	김영일	Kim Yŏng-il	Kim Yeongil
金渥	김악	Kim Ak	Kim Ak	金永才	김영재	Kim Yŏng-jae	Kim Yeongjae
金安	김안	Kim An	Kim An	金永迪	김영적	Kim Yŏng-jŏk	Kim Yeongjeok
金晏均	김안견	Kim An-gyun	Kim Angyun	金永典	김영전	Kim Yŏng-jŏn	Kim Yeongjeon
金安國	김안국	Kim An-guk	Kim Anguk	金霽濟	김영제	Kim Yŏng-je	Kim Yeongje
金安老	김안로	Kim An-no	Kim Anro	金英珠	김영주	Kim Yŏng-ju	Kim Yeongju
金閼智	김알지	Kim Al-chi	Kim Alji	金永哲	김영철	Kim Yŏng-ch'ŏl	Kim Yeongcheol
金巖	김암	Kim Am	Kim Am	金英哲	김영철	Kim Yŏng-ch'ŏl	Kim Yeongcheol
金若魯	김약로	Kim Yang-no	Kim Yakro	金永浩	김영호	Kim Yŏng-ho	Kim Yeongho
金若先	김약선	Kim Yak-sŏn	Kim Yakseon	金永煦	김영후	Kim Yŏng-hu	Kim Yeonghu
金若水	김약수	Kim Yak-su	Kim Yaksu	金銳	김예	Kim Ye	Kim Ye
金躍淵	김약연	Kim Yag-yŏn	Kim Yakyeon	金禮英	김예영	Kim Ye-yŏng	Kim Yeyeong
金若溫	김약온	Kim Yag-on	Kim Yakon	金禮直	김예직	Kim Ye-jik	Kim Yejik
金若采	김약채	Kim Yak-ch'ae	Kim Yakchae	金禮鎭	김예진	Kim Ye-jin	Kim Yejin
金若恒	김약항	Kim Yak-hang	Kim Yakhang	金午星	김오성	Kim O-sŏng	Kim Oseong
金若行	김약행	Kim Yak-haeng	Kim Yakhaeng	金玉均	김옥균	Kim Ok-kyun	Kim Okgyun
金陽	김양	Kim Yang	Kim Yang	金完	김완	Kim Wan	Kim Wan
金良鑑	김양감	Kim Yang-gam	Kim Yanggam	金完圭	김완규	Kim Wan-gyu	Kim Wangyu
金良劍	김양검	Kim Yang-gŏm	Kim Yanggeom	金完奎	김완규	Kim Wan-gyu	Kim Wangyu
金良倫	김양검	Kim Yang-gŏm	Kim Yanggeom	金完根	김완근	Kim Wan-gŭn	Kim Wangeun
金良鏡	김양경	Kim Yang-gyŏng	Kim Yanggyeong	金完秀	김완수	Kim Wan-su	Kim Wansu
金良相	김양상	Kim Yang-sang	Kim Yangsang	金嶢	김요	Kim Yo	Kim Yo
金陽淳	김양순	Kim Yang-sun	Kim Yangsun	金鏞	김용	Kim Yong	Kim Yong
金良彦	김양언	Kim Yang-ŏn	Kim Yangeon	金用謙	김용겸	Kim Yong-gyŏm	Kim Yonggyeom
金陽澤	김양택	Kim Yang-t'aek	Kim Yangtaek	金容圭	김용규	Kim Yong-gyu	Kim Yonggyu
金亮行	김양행	Kim Yang-haeng	Kim Yanghaeng	金鎔範	김용범	Kim Yong-bŏm	Kim Yongbeom
金億	김억	Kim Ŏk	Kim Eok	金庸源	김용원	Kim Yong-wŏn	Kim Yongweon
金彦昇	김언승	Kim Ŏn-sŭng	Kim Eonseung	金鏞元	김용원	Kim Yong-wŏn	Kim Yongwon
金汝知	김여지	Kim Yŏ-ji	Kim Yeoji	金用材	김용재	Kim Yong-jae	Kim Yongjae
金演	김연	Kim Yŏn	Kim Yeon	金瑢俊	김용준	Kim Yong-jun	Kim Yongjun
金緣	김연	Kim Yŏn	Kim Yeon	金龍春	김용춘	Kim Yong-ch'un	Kim Yongchun

한자 용례	한글	ALA-LC Romanization	정부 표기안	한자 용례	한글	ALA-LC Romanization	정부 표기안
金龍七	김용칠	Kim Yong-ch'il	Kim Yongchil	金允植	김윤식	Kim Yun-sik	Kim Yunsik
金龍澤	김용택	Kim Yong-t'aek	Kim Yongtaek	金允中	김윤중	Kim Yun-jung	Kim Yunjung
金禹錫	김우석	Kim U-sŏk	Kim Useok	金允忠	김윤충	Kim Yun-ch'ung	Kim Yunchung
金宇烈	김우열	Kim U-yŏl	Kim Uyeol	金允侯	김윤후	Kim Yun-hu	Kim Yunhu
金祐徵	김우징	Kim U-jing	Kim Ujing	金律熙	김율희	Kim Yur-hŭi	Kim Yulhui
金禹昌	김우창	Kim U-ch'ang	Kim Uchang	金隱居	김은거	Kim Ŭn-gŏ	Kim Eungeo
金宇杭	김우항	Kim U-hang	Kim Uhang	金殷傅	김은전	Kim Ŭn-bu	Kim Eunbu
金宇亨	김우형	Kim U-hyŏng	Kim Uhyeong	金殷鎬	김은호	Kim Ŭn-ho	Kim Eunho
金雲卿	김운경	Kim Un-gyŏng	Kim Ungyeong	金應基	김응기	Kim Ŭng-gi	Kim Eunggi
金雲學	김운학	Kim Un-hak	Kim Unhak	金應南	김응남	Kim Ŭng-nam	Kim Eungnam
金雄	김웅	Kim Ung	Kim Ung	金凝廉	김응렴	Kim Ŭng-nyŏm	Kim Eungryeom
金雄元	김웅원	Kim Ung-wŏn	Kim Ungwon	金膺廉	김응렴	Kim Ŭng-nyŏm	Kim Eungryeom
金元局	김원국	Kim Wŏn-guk	Kim Wonguk	金應彬	김응빈	Kim Ŭng-bin	Kim Eungbin
金元國	김원국	Kim Wŏn-guk	Kim Wonguk	金應瑞	김응서	Kim Ŭng-sŏ	Kim Eungseo
金元亮	김원량	Kim Wŏn-nyang	Kim Wonryang	金應元	김응원	Kim Ŭng-wŏn	Kim Eungwon
金元福	김원복	Kim Wŏn-bok	Kim Wonbok	金應祖	김응조	Kim Ŭng-jo	Kim Eungjo
金元鳳	김원봉	Kim Wŏn-bong	Kim Wonbong	金應鐵	김응철	Kim Ŭng-ch'ŏl	Kim Eungcheol
金元植	김원식	Kim Wŏn-sik	Kim Wonsik	金應河	김응하	Kim Ŭng-ha	Kim Eungha
金元容	김원용	Kim Wŏn-yong	Kim Wonyong	金應海	김응해	Kim Ŭng-hae	Kim Eunghae
金元義	김원의	Kim Wŏn-ŭi	Kim Wonui	金應煥	김응환	Kim Ŭng-hwan	Kim Eunghwan
金元沖	김원충	Kim Wŏn-ch'ung	Kim Wonchung	金義	김의	Kim Ŭi	Kim Ui
金元表	김원표	Kim Wŏn-p'yo	Kim Wonpyo	金義寬	김의관	Kim Ui-gwan	Kim Uigwan
金元行	김원행	Kim Wŏn-haeng	Kim Wonhaeng	金義元	김의원	Kim Ŭi-wŏn	Kim Uiwon
金緯	김위	Kim Wi	Kim Wi	金義珍	김의진	Kim Ŭi-jin	Kim Uijin
金偉男	김위남	Kim Wi-nam	Kim Winam	金義忠	김의충	Kim Ŭi-ch'ung	Kim Uichung
金魏文	김위문	Kim Wi-mun	Kim Wimun	金利生	김이생	Kim I-saeng	Kim Isaeng
金謂磾	김위제	Kim Wi-je	Kim Wije	金履素	김이소	Kim I-so	Kim Iso
金魏弘	김위홍	Kim Wi-hong	Kim Wihong	金履陽	김이양	Kim I-yang	Kim Iyang
金庾	김유	Kim Yu	Kim Yu	金履元	김이원	Kim I-wŏn	Kim Iwon
金裕卿	김유경	Kim Yu-gyŏng	Kim Yugyeong	金履翼	김이익	Kim I-ik	Kim Iik
金有慶	김유경	Kim Yu-gyŏng	Kim Yugyeong	金履載	김이재	Kim I-jae	Kim Ijae
金幼卿	김유경	Kim Yu-gyŏng	Kim Yugyeong	金益兼	김익겸	Kim Ik-kyŏm	Kim Ikgyeom
金有聲	김유성	Kim Yu-sŏng	Kim Yuseong	金翊東	김익동	Kim Ik-tong	Kim Ikdong
金裕成	김유성	Kim Yu-sŏng	Kim Yuseong	金益相	김익상	Kim Ik-sang	Kim Iksang
金庾信	김유신	Kim Yu-sin	Kim Yusin	金翼中	김익중	Kim Ik-chung	Kim Ikjung
金有淵	김유연	Kim Yu-yŏn	Kim Yuyeon	金益勳	김익훈	Kim Ik-hun	Kim Ikhun
金裕貞	김유정	Kim Yu-jŏng	Kim Yujeong	金益熙	김익희	Kim Ik-hŭi	Kim Ikhui
金堉	김육	Kim Yuk	Kim Yuk	金仁謙	김인겸	Kim In-gyŏm	Kim Ingyeom
金陸珍	김육진	Kim Yuk-chin	Kim Yukjin	金仁鏡	김인경	Kim In-gyŏng	Kim Ingyeong
金允謙	김윤겸	Kim Yun-gyŏm	Kim Yungyeom	金仁慶	김인경	Kim In-gyŏng	Kim Ingyeong
金允經	김윤경	Kim Yun-gyŏng	Kim Yungyeong	金仁問	김인문	Kim In-mun	Kim Inmun
金允德	김윤덕	Kim Yun-dŏk	Kim Yundeok	金麟孫	김인손	Kim In-son	Kim Inson
金允成	김윤성	Kim Yun-sŏng	Kim Yunseong	金仁洙	김인수	Kim In-su	Kim Insu
金允壽	김윤수	Kim Yun-su	Kim Yunsu	金仁承	김인승	Kim In-sŭng	Kim Inseung
金允升	김윤승	Kim Yun-sŭng	Kim Yunseung	金仁湜	김인식	Kim In-sik	Kim Insik

한자 용례	한글	ALA-LC Romanization	정부 표기안	한자 용례	한글	ALA-LC Romanization	정부 표기안
金仁存	김인존	Kim In-jon	Kim Injon	金廷鎭	김정진	Kim Chŏng-jin	Kim Jeongjin
金仁俊	김인준	Kim In-jun	Kim Injun	金庭鎭	김정진	Kim Chŏng-jin	Kim Jeongjin
金仁泰	김인태	Kim In-t'ae	Kim Intae	金鼎集	김정집	Kim Chŏng-jip	Kim Jeongjip
金麟厚	김인후	Kim In-hu	Kim Inhu	金廷漢	김정한	Kim Chŏng-han	Kim Jeonghan
金一	김일	Kim Il	Kim Il	金鼎鉉	김정현	Kim Chŏng-hyŏn	Kim Jeonghyeon
金一鏡	김일경	Kim Il-gyŏng	Kim Ilgyeong	金正浩	김정호	Kim Chŏng-ho	Kim Jeongho
金一龍	김일룡	Kim Il-lyong	Kim Ilryong	金正會	김정회	Kim Chŏng-hoe	Kim Jeonghoe
金日善	김일선	Kim Il-sŏn	Kim Ilseon	金正喜	김정희	Kim Chŏng-hŭi	Kim Jeonghui
金日成	김일성	Kim Il-sŏng	Kim Ilseong	金悌	김제	Kim Che	Kim Je
金馹孫	김일손	Kim Il-son	Kim Ilson	金悌男	김제남	Kim Che-nam	Kim Jenam
金一宇	김일우	Kim Ir-u	Kim Ilu	金悌隆	김제륭	Kim Che-ryung	Kim Jeryung
金慈璟	김자경	Kim Cha-gyŏng	Kim Jagyeong	金堤上	김제상	Kim Che-sang	Kim Jesang
金子粹	김자수	Kim Cha-su	Kim Jasu	金齊顔	김제안	Kim Che-an	Kim Jean
金自粹	김자수	Kim Cha-su	Kim Jasu	金濟煥	김제환	Kim Che-hwan	Kim Jehwan
金自點	김자점	Kim Cha-jŏm	Kim Jajeom	金肇聲	김조성	Kim Cho-sŏng	Kim Joseong
金自貞	김자정	Kim Cha-jŏng	Kim Jajeong	金肇盛	김조성	Kim Cho-sŏng	Kim Joseong
金長生	김장생	Kim Chang-saeng	Kim Jangsaeng	金祖淳	김조순	Kim Cho-sun	Kim Josun
金長淳	김장순	Kim Chang-sun	Kim Jangsun	金祚伊	김조이	Kim Cho-i	Kim Joi
金在魯	김재로	Kim Chae-ro	Kim Jaero	金存中	김존중	Kim Chon-jung	Kim Jonjung
金在瑞	김재서	Kim Chae-sŏ	Kim Jaeseo	金宗南	김종남	Kim Chong-nam	Kim Jongnam
金在洙	김재수	Kim Chae-su	Kim Jaesu	金宗敏	김종민	Kim Chong-min	Kim Jongmin
金在俊	김재준	Kim Chae-jun	Kim Jaejun	金宗瑞	김종서	Kim Chong-sŏ	Kim Jongseo
金載瓚	김재찬	Kim Chae-ch'an	Kim Jaechan	金鍾石	김종석	Kim Chong-sŏk	Kim Jongseok
金在昌	김재창	Kim Chae-ch'ang	Kim Jaechang	金鍾秀	김종수	Kim Chong-su	Kim Jongsu
金在洪	김재홍	Kim Chae-hong	Kim Jaehong	金宗衍	김종연	Kim Chong-yŏn	Kim Jongyeon
金載勳	김재훈	Kim Chae-hun	Kim Jaehun	金鍾宇	김종우	Kim Chong-u	Kim Jongu
金佇	김저	Kim Chŏ	Kim Jeo	金鍾正	김종정	Kim Chong-jŏng	Kim Jongjeong
金詮	김전	Kim Chŏn	Kim Jeon	金宗直	김종직	Kim Chong-jik	Kim Jongjik
金佺	김전	Kim Chŏn	Kim Jeon	金宗杓	김종표	Kim Chong-p'yo	Kim Jongpyo
金點權	김점권	Kim Chŏm-gwŏn	Kim Jeomgwon	金鍾泌	김종필	Kim Chong-p'il	Kim Jongpil
金叕	김정	Kim Chŏng	Kim Jeong	金鍾漢	김종한	Kim Chong-han	Kim Jonghan
金淨	김정	Kim Chŏng	Kim Jeong	金宗漢	김종한	Kim Chong-han	Kim Jonghan
金定卿	김정경	Kim Chŏng-gyŏng	Kim Jeonggyeong	金鍾厚	김종후	Kim Chong-hu	Kim Jonghu
金正國	김정국	Kim Chŏng-guk	Kim Jeongguk	金左根	김좌근	Kim Chwa-gŭn	Kim Jwageun
金正奎	김정규	Kim Chŏng-gyu	Kim Jeonggyu	金佐明	김좌명	Kim Chwa-myŏng	Kim Jwamyeong
金禎根	김정근	Kim Chŏng-gŭn	Kim Jeonggeun	金佐鎭	김좌진	Kim Chwa-jin	Kim Jwajin
金貞淑	김정숙	Kim Chŏng-suk	Kim Jeongsuk	金湊	김주	Kim Chu	Kim Ju
金正純	김정순	Kim Chŏng-sun	Kim Jeongsun	金柱	김주	Kim Chu	Kim Ju
金廷湜	김정식	Kim Chŏng-sik	Kim Jeongsik	金柱臣	김주신	Kim Chu-sin	Kim Jusin
金廷彦	김정언	Kim Chŏng-ŏn	Kim Jeongeon	金周元	김주원	Kim Chu-wŏn	Kim Juwon
金政友	김정우	Kim Chŏng-u	Kim Jeongu	金周鼎	김주정	Kim Chu-jŏng	Kim Jujeong
金正日	김정일	Kim Chŏng-il	Kim Jeongil	金周泰	김주태	Kim Chu-t'ae	Kim Jutae
金正一	김정일	Kim Chŏng-il	Kim Jeongil	金俊	김준	Kim Chun	Kim Jun
金貞柱	김정주	Kim Chŏng-ju	Kim Jeongju	金晙	김준	Kim Chun	Kim Jun
金正柱	김정주	Kim Chŏng-ju	Kim Jeongju	金浚	김준	Kim Chun	Kim Jun

한자 용례	한글	ALA–LC Romanization	정부 표기안	한자 용례	한글	ALA–LC Romanization	정부 표기안
金焌	김준	Kim Chun	Kim Jun	金昌河	김창하	Kim Ch'ang-ha	Kim Changha
金俊龍	김준룡	Kim Chun-nyong	Kim Junnyong	金昌漢	김창한	Kim Ch'ang-han	Kim Changhan
金俊民	김준민	Kim Chun-min	Kim Junmin	金昌協	김창협	Kim Ch'ang-hyŏp	Kim Changhyeop
金俊淵	김준연	Kim Chun-yŏn	Kim Junyeon	金昌煥	김창환	Kim Ch'ang-hwan	Kim Changhwan
金中龜	김중구	Kim Chung-gu	Kim Junggu	金昌洽	김창흡	Kim Ch'ang-hŭp	Kim Changheup
金仲龜	김중귀	Kim Chung-gwi	Kim Junggwi	金昌翕	김창흡	Kim Ch'ang-hŭp	Kim Changheup
金仲亮	김중량	Kim Chung-nyang	Kim Jungryang	金昌熙	김창희	Kim Ch'ang-hŭi	Kim Changhui
金仲溫	김중온	Kim Chung-on	Kim Jungon	金采龍	김채룡	Kim Ch'ae-ryong	Kim Chaeryong
金重政	김중정	Kim Chung-jŏng	Kim Jungjeong	金策	김책	Kim Ch'aek	Kim Chaek
金重夏	김중하	Kim Chung-ha	Kim Jungha	金處善	김처선	Kim Ch'ŏ-sŏn	Kim Cheoseon
金重漢	김중한	Kim Chung-han	Kim Junghan	金陟侯	김척후	Kim Ch'ŏk-hu	Kim Cheokhu
金志剛	김지강	Kim Chi-gang	Kim Jigang	金天益	김천익	Kim Ch'ŏn-ik	Kim Cheonik
金之鏡	김지경	Kim Chi-gyŏng	Kim Jigyeong	金千鎰	김천일	Kim Ch'ŏn-il	Kim Cheonil
金祉燮	김지섭	Kim Chi-sŏp	Kim Jiseop	金天澤	김천택	Kim Ch'ŏn-t'aek	Kim Cheontaek
金志誠	김지성	Kim Chi-sŏng	Kim Jiseong	金千興	김천흥	Kim Ch'ŏn-hŭng	Kim Cheonheung
金地粹	김지수	Kim Chi-su	Kim Jisu	金喆	김철	Kim Ch'ŏl	Kim Cheol
金智煥	김지환	Kim Chi-hwan	Kim Jihwan	金鐵	김철	Kim Ch'ŏl	Kim Cheol
金直哉	김직재	Kim Chik-chae	Kim Jikjae	金澈	김철	Kim Ch'ŏl	Kim Cheol
金鎭龜	김진구	Kim Chin-gu	Kim Jingu	金綴洙	김철수	Kim Ch'ŏl-su	Kim Cheolsu
金震陽	김진양	Kim Chin-yang	Kim Jinyang	金鐵友	김철우	Kim Ch'ŏr-u	Kim Cheolu
金振宇	김진우	Kim Chin-u	Kim Jinu	金瞻	김첨	Kim Ch'ŏm	Kim Cheom
金振泰	김진태	Kim Chin-t'ae	Kim Jintae	金添慶	김첨경	Kim Ch'ŏm-gyŏng	Kim Cheomgyeong
金振夏	김진하	Kim Chin-ha	Kim Jinha	金春光	김춘광	Kim Ch'un-gwang	Kim Chungwang
金鎭衡	김진형	Kim Chin-hyŏng	Kim Jinhyeong	金春永	김춘영	Kim Ch'un-yŏng	Kim Chunyeong
金鎭祜	김진호	Kim Chin-ho	Kim Jinho	金春秋	김춘추	Kim Ch'un-ch'u	Kim Chunchu
金振興	김진흥	Kim Chin-hŭng	Kim Jinheung	金春澤	김춘택	Kim Ch'un-t'aek	Kim Chuntaek
金銈	김질	Kim Chil	Kim Jil	金春熙	김춘희	Kim Ch'un-hŭi	Kim Chunhui
金叱	김질	Kim Chil	Kim Jil	金沖	김충	Kim Ch'ung	Kim Chung
金集	김집	Kim Chip	Kim Jip	金忠恭	김충공	Kim Ch'ung-gong	Kim Chunggong
金瓚	김찬	Kim Ch'an	Kim Chan	金忠善	김충선	Kim Ch'ung-sŏn	Kim Chungseon
金敞	김창	Kim Ch'ang	Kim Chang	金忠義	김충의	Kim Ch'ung-ŭi	Kim Chungui
金昌德	김창덕	Kim Ch'ang-dŏk	Kim Changdeok	金就礪	김취려	Kim Ch'wi-ryŏ	Kim Chwiryeo
金昌律	김창률	Kim Ch'ang-ryul	Kim Changryul	金峙	김치	Kim Ch'i	Kim Chi
金昌滿	김창만	Kim Ch'ang-man	Kim Changman	金緻	김치	Kim Ch'i	Kim Chi
金昌錫	김창석	Kim Ch'ang-sŏk	Kim Changseok	金致珏	김치각	Kim Ch'i-gak	Kim Chigak
金昌燮	김창섭	Kim Ch'ang-sŏp	Kim Changseop	金致陽	김치양	Kim Ch'i-yang	Kim Chiyang
金昌洙	김창수	Kim Ch'ang-su	Kim Changsu	金致仁	김치인	Kim Ch'i-in	Kim Chiin
金昌淑	김창숙	Kim Ch'ang-suk	Kim Changsuk	金鐸	김탁	Kim T'ak	Kim Tak
金昌始	김창시	Kim Ch'ang-si	Kim Changsi	金坦	김탄	Kim T'an	Kim Tan
金昌植	김창식	Kim Ch'ang-sik	Kim Changsik	金台洙	김태수	Kim T'ae-su	Kim Taesu
金昌業	김창업	Kim Ch'ang-ŏp	Kim Changeop	金泰淵	김태연	Kim T'ae-yŏn	Kim Taeyeon
金昌郁	김창욱	Kim Ch'ang-uk	Kim Changuk	金台榮	김태영	Kim T'ae-yŏng	Kim Taeyeong
金昌祖	김창조	Kim Ch'ang-jo	Kim Changjo	金泰午	김태오	Kim T'ae-o	Kim Taeo
金昌俊	김창준	Kim Ch'ang-jun	Kim Changjun	金泰廷	김태정	Kim T'ae-jŏng	Kim Taejeong
金昌集	김창집	Kim Ch'ang-jip	Kim Changjip	金台俊	김태준	Kim T'ae-jun	Kim Taejun

한자 용례	한글	ALA-LC Romanization	정부 표기안	한자 용례	한글	ALA-LC Romanization	정부 표기안
金台鉉	김태현	Kim T'ae-hyŏn	Kim Taehyeon	金弘道	김홍도	Kim Hong-do	Kim Hongdo
金泰昊	김태호	Kim T'ae-ho	Kim Taeho	金洪培	김홍배	Kim Hong-bae	Kim Hongbae
金澤榮	김택영	Kim T'aeg-yŏng	Kim Taekyeong	金弘郁	김홍욱	Kim Hong-uk	Kim Honguk
金吐	김토	Kim T'o	Kim To	金鴻陸	김홍육	Kim Hong-yuk	Kim Hongyuk
金通精	김통정	Kim T'ong-jŏng	Kim Tongjeong	金弘濟	김홍제	Kim Hong-je	Kim Hongje
金平	김평	Kim P'yŏng	Kim Pyeong	金弘集	김홍집	Kim Hong-jip	Kim Hongjip
金平默	김평묵	Kim P'yŏng-muk	Kim Pyeongmuk	金洪就	김홍취	Kim Hong-ch'wi	Kim Hongchwi
金平植	김평식	Kim P'yŏng-sik	Kim Pyeongsik	金化達	김화달	Kim Hwa-dal	Kim Hwadal
金品釋	김품석	Kim P'um-sŏk	Kim Pumseok	金華鎭	김화진	Kim Hwa-jin	Kim Hwajin
金必振	김필진	Kim P'il-chin	Kim Piljin	金煥	김환	Kim Hwan	Kim Hwan
金學起	김학기	Kim Hak-ki	Kim Hakgi	金煥基	김환기	Kim Hwan-gi	Kim Hwangi
金學性	김학성	Kim Hak-sŏng	Kim Hakseong	金煥泰	김환태	Kim Hwan-t'ae	Kim Hwantae
金學成	김학성	Kim Hak-sŏng	Kim Hakseong	金活蘭	김활란	Kim Hwal-lan	Kim Hwalran
金學韶	김학소	Kim Hak-so	Kim Hakso	金晃	김황	Kim Hwang	Kim Hwang
金鶴羽	김학우	Kim Hag-u	Kim Haku	金黃元	김황원	Kim Hwang-wŏn	Kim Hwangwon
金鶴鎭	김학진	Kim Hak-chin	Kim Hakjin	金懷鍊	김회련	Kim Hoe-ryŏn	Kim Hoeryeon
金學鐵	김학철	Kim Hak-ch'ŏl	Kim Hakcheol	金孝芳	김효방	Kim hyo-bang	Kim hyobang
金寒	김한	Kim Han	Kim Han	金孝方	김효방	Kim hyo-bang	Kim hyobang
金漢藎	김한신	Kim Han-sin	Kim Hansin	金孝炳	김효병	Kim Hyo-byŏng	Kim Hyobyeong
金漢朝	김한조	Kim Han-jo	Kim Hanjo	金孝誠	김효성	Kim Hyo-sŏng	Kim Hyoseong
金漢中	김한중	Kim Han-jung	Kim Hanjung	金孝讓	김효양	Kim Hyo-yang	Kim Hyoyang
金恒	김항	Kim Hang	Kim Hang	金孝元	김효원	Kim Hyo-wŏn	Kim Hyowon
金海岡	김해강	Kim Hae-gang	Kim Haegang	金孝宗	김효종	Kim Hyo-jong	Kim Hyojong
金海卿	김해경	Kim Hae-gyŏng	Kim Haegyeong	金孝眞	김효진	Kim Hyo-jin	Kim Hyojin
金海壽	김해수	Kim Hae-su	Kim Haesu	金厚臣	김후신	Kim Hu-sin	Kim Husin
金行濤	김행도	Kim Haeng-do	Kim Haengdo	金后稷	김후직	Kim Hu-jik	Kim Hujik
金行成	김행성	Kim Haeng-sŏng	Kim Haengseong	金訓	김훈	Kim Hun	Kim Hun
金珦	김향	Kim Hyang	Kim Hyang	金徽	김휘	Kim Hwi	Kim Hwi
金憲章	김헌장	Kim Hŏn-jang	Kim Heonjang	金烋	김휴	Kim Hyu	Kim Hyu
金憲貞	김헌정	Kim Hŏn-jŏng	Kim Heonjeong	金訢	김흔	Kim Hŭn	Kim Heun
金憲昌	김헌창	Kim Hŏn-ch'ang	Kim Heonchang	金昕	김흔	Kim Hŭn	Kim Heun
金爀	김혁	Kim Hyŏk	Kim Hyeok	金忻	김흔	Kim Hŭn	Kim Heun
金顯	김현	Kim Hyŏn	Kim Hyeon	金欽突	김흠돌	Kim Hŭm-dol	Kim Heumdol
金玄成	김현성	Kim Hyŏn-sŏng	Kim Hyeonseong	金興慶	김흥경	Kim Hŭng-gyŏng	Kim Heunggyeong
金炯善	김형선	Kim Hyŏng-sŏn	Kim Hyeongseon	金興光	김흥광	Kim Hŭng-gwang	Kim Heunggwang
金迥洙	김형수	Kim Hyŏng-su	Kim Hyeongsu	金興根	김흥근	Kim Hŭng-gŭn	Kim Heunggeun
金亨信	김형신	Kim Hyŏng-sin	Kim Hyeongsin	金禧	김희	Kim Hŭi	Kim Hui
金衡在	김형재	Kim Hyŏng-jae	Kim Hyeongjae	金熹	김희	Kim Hŭi	Kim Hui
金乎	김호	Kim Ho	Kim Ho	金喜	김희	Kim Hŭi	Kim Hui
金好	김호	Kim Ho	Kim Ho	金希善	김희선	Kim Hŭi-sŏn	Kim Huiseon
金浩永	김호영	Kim Ho-yŏng	Kim Hoyeong	金希壽	김희수	Kim Hŭi-su	Kim Huisu
金琿	김혼	Kim Hon	Kim Hon	金喜洙	김희수	Kim Hŭi-su	Kim Huisu
金弘圭	김홍규	Kim Hong-gyu	Kim Honggyu	金喜元	김희원	Kim Hŭi-wŏn	Kim Huiwon
金弘奎	김홍규	Kim Hong-gyu	Kim Honggyu	金熙祚	김희조	Kim Hŭi-jo	Kim Huijo
金弘根	김홍근	Kim Hong-gŭn	Kim Honggeun	金喆熙	김희철	Kim Ch'ŏr-hŭi	Kim Cheolhui

한자 용례	한글	ALA-LC Romanization	정부 표기안	한자 용례	한글	ALA-LC Romanization	정부 표기안
羅德憲	나덕헌	Na Tŏk-hŏn	Na Deokheon	南慈賢	남자현	Nam Cha-hyŏn	Nam Jahyeon
羅稻香	나도향	Na To-hyang	Na Dohyang	南廷哲	남정철	Nam Chŏng-ch'ŏl	Nam Cheongcheol
羅萬甲	나만갑	Na Man-gap	Na Mangap	南鐘三	남종삼	Nam Chong-sam	Nam Jongsam
羅碩佐	나석좌	Na Sŏk-chwa	Na Seokjwa	南次郎	남차랑	Nam Ch'a-rang	Nam Charang
羅錫疇	나석주	Na Sŏk-chu	Na Seokju	南天祐	남천우	Nam Ch'ŏn-u	Nam Cheonu
羅世纘	나세찬	Na Se-ch'an	Na Sechan	南天漢	남천한	Nam Ch'ŏn-han	Nam Cheonhan
羅壽淵	나수연	Na Su-yŏn	Na Suyeon	南致熏	남치훈	Nam Ch'i-hun	Nam Chihun
羅淑	나숙	Na Suk	Na Suk	南泰徵	남태징	Nam T'ae-jing	Nam Taejing
羅良佐	나양좌	Na Yang-chwa	Na Yangjwa	南亨祐	남형우	Nam Hyŏng-u	Nam Hyeongu
羅龍煥	나용환	Na Yong-hwan	Na Yonghwan	南孝溫	남효온	Nam Hyo-on	Nam Hyoon
羅雲奎	나운규	Na Un-gyu	Na Ungyu	南孝直	남효직	Nam Hyo-jik	Nam Hyojik
羅運榮	나운영	Na Un-yŏng	Na Unyeong	南暉	남휘	Nam Hwi	Nam Hwi
羅月煥	나월환	Na Wŏr-hwan	Na Wolhwan	盧克淸	노극청	No Kŭk-ch'ŏng	No Geukcheong
羅寅永	나인영	Na In-yŏng	Na Inyeong	盧基善	노기선	No Ki-sŏn	No Giseon
羅仁協	나인협	Na In-hyŏp	Na Inhyeop	盧伯麟	노백린	No Paeng-nin	No Baekrin
羅仲昭	나중소	Na Chung-so	Na Jungso	盧百容	노백용	No Paeg-yong	No Baekyong
羅蕙錫	나혜석	Na Hye-sŏk	Na Hyeseok	盧寶璵	노보여	No Po-yŏ	No Boyeo
羅花郞	나화랑	a Hwa-rang	Na Hwarang	盧思愼	노사신	No Sa-sin	No Sasin
羅興儒	나흥유	Na Hŭng-yu	Na Heungyu	盧相稷	노상직	o Sang-jik	No Sangjik
南啓宇	남계우	Nam Kye-u	Nam Gyeu	盧碩崇	노석숭	No Sŏk-sung	No Seoksung
南公轍	남공철	Nam Kong-ch'ŏl	Nam Gongcheol	盧善卿	노선경	No Sŏn-gyŏng	No Seongyeong
南九萬	남구만	Nam Ku-man	Nam Guman	盧守愼	노수진	No Su-sin	No Susin
南九明	남구명	Nam Ku-myŏng	Nam Gumyeong	盧壽鉉	노수현	No Su-hyŏn	No Suhyeon
南宮璧	남궁벽	Namgung Pyŏk	Namgung Byeok	盧永淳	노영순	No Yŏng-sun	No Yeongsun
南宮信	남궁신	Namgung Sin	Namgung Sin	盧永禧	노영희	No Yŏng-hŭi	No Yeonghui
南宮檍	남궁억	Namgung Ŏk	Namgung Eok	盧友明	노우명	No U-myŏng	No Umyeong
南奎熙	남규희	Nam Kyu-hŭi	Nam Gyuhui	盧元燮	노원섭	No Wŏn-sŏp	No Wonseop
南秉吉	남병길	Nam Pyŏng-gil	Nam Byeonggil	盧應奎	노응규	No Ŭng-gyu	No Eunggyu
南師古	남사고	Nam Sa-go	Nam Sago	魯認	노인	No In	No In
南秀文	남수문	Nam Su-mun	Nam Sumun	盧重禮	노중례	No Chung-nye	No Jungrye
南榮熙	남영희	Nam Yŏng-hŭi	Nam Yeonghui	盧天命	노천명	No Ch'ŏn-myŏng	No Cheonmyeong
南龍翼	남용익	Nam Yong-ik	Nam Yongik	盧喆龍	노철룡	No Ch'ŏl-lyong	No Cheolryong
南有常	남유상	Nam Yu-sang	Nam Yusang	盧泰禹	노태우	No T'ae-u	No Taeu
南有容	남유용	Nam Yu-yong	Nam Yuyong	盧泰愚	노태우	No T'ae-u	No Taeu
南誾	남은	Nam Ŭn	Nam Eun	論介	논개	Non'gae	Nongae
南應雲	남응운	Nam Ŭng-un	Nam Eungun	曇徵	담징	Tamjing	Damjing
南膺中	남응중	Nam Ŭng-jung	Nam Eungjung	大野勃	대야발	Tae Ya-pal	Dae Yabal
南怡	남이	Nam I	Nam I	大祚榮	대조영	Tae Cho-yŏng	Dae Joyeong
南以恭	남이공	Nam I-gong	Nam Igong	都相鳳	도상봉	To Sang-bong	Do Sangbong
南二星	남이성	Nam I-sŏng	Nam Iseong	都容浩	도용호	To Yong-ho	Do Yongho
南以信	남이신	Nam I-sin	Nam Isin	獨孤聲	독고성	Tokko Sŏng	Dokgo Seong
南以雄	남이웅	Nam I-ung	Nam Iung	董仲舒	동중서	Tong Chung-sŏ	Dong Jungseo
南以興	남이흥	Nam I-hŭng	Nam Iheung	杜景升	두경승	Tu Kyŏng-sŭng	Du Gyeongseung
南益熏	남익훈	Nam Ik-hun	Nam Ikhun	杜牧	두목	Tu Mok	Du Mok
南仁樹	남인수	Nam In-su	Nam Insu	杜甫	두보	Tu Po	Du Bo

한자 용례	한글	ALA-LC Romanization	정부 표기안	한자 용례	한글	ALA-LC Romanization	정부 표기안
劉克良	류극량	Yu Kŭng-nyang	Yu Geukryang	文一平	문일평	Mun Il-p'yŏng	Mun Ilpyeong
劉兢達	류긍달	Yu Kŭng-dal	Yu Geungdal	文章弼	문장필	Mun Chang-p'il	Mun Jangpil
劉大致	류대치	Yu Tae-ch'i	Yu Daechi	文昌範	문창범	Mun Ch'ang-bŏm	Mun Changbeom
劉如大	류여대	Yu Yŏ-dae	Yu Yeodae	文瀅植	문형식	Mun Hyŏng-sik	Mun Hyeongsik
劉益	류익	Yu Ik	Yu Ik	文希賢	문희현	Mun Hŭi-hyŏn	Mun Huihyeon
柳子光	류자광	Yu Cha-gwang	Yu Jagwang	閔謙鎬	민겸호	Min Kyŏm-ho	Min Gyeomho
劉在韶	류재소	Yu Chae-so	Yu Jaeso	閔庚壽	민경수	Min Kyŏng-su	Min Gyeongsu
劉存奕	류존혁	Yu Chon-hyŏk	Yu Jonhyeok	閔光勳	민광훈	Min Kwang-hun	Min Gwanghun
柳致儼	류치엄	Yu Ch'i-ŏm	Yu Chieom	閔奎鎬	민규호	Min Kyu-ho	Min Gyuho
劉協	류협	Yu Hyŏp	Yu Hyeop	閔肯鎬	민긍호	Min Kŭng-ho	Min Geungho
馬建常	마건상	Ma Kŏn-sang	Ma Geonsang	閔箕	민기	Min Ki	Min Gi
馬聖麟	마성린	Ma Sŏng-nin	Ma Seongrin	閔起文	민기문	Min Ki-mun	Min Gimun
馬春植	마춘식	Ma Ch'un-sik	Ma Chunsik	閔德孝	민덕효	Min Tŏk-hyo	Min Deokhyo
孟萬澤	맹만택	Maeng Man-t'aek	Maeng Mantaek	閔命爀	민명혁	Min Myŏng-hyŏk	Min Myeonghyeok
孟思誠	맹사성	Maeng Sa-sŏng	Maeng Saseong	閔夢龍	민몽룡	Min Mong-nyong	Min Mongryong
孟鍾鎬	맹종호	Maeng Chong-ho	Maeng Jongho	閔無咎	민무구	Min Mu-gu	Min Mugu
明濟世	명제세	Myŏng Che-se	Myeong Jese	閔無疾	민무질	Min Mu-jil	Min Mujil
慕容儁	모용준	Moyong Chun	Moyong Jun	閔百祥	민백상	Min Paek-sang	Min Baeksang
毛允淑	모윤숙	Mo Yun-suk	Mo Yunsuk	閔丙吉	민병길	Min Pyŏng-gil	Min Byeonggil
毛澤東	모택동	Mo T'aek-tong	Mo Taekdong	閔丙奭	민병석	Min Pyŏng-sŏk	Min Byeongseok
牟興甲	모흥갑	Mo Hŭng-gap	Mo Heunggap	閔復基	민복기	Min Pok-ki	Min Bokgi
睦來善	목내선	Mok Nae-sŏn	Mok Naeseon	閔商鎬	민상호	Min Sang-ho	Min Sangho
睦大欽	목대흠	Mok Tae-hŭm	Mok Daehŭm	閔聖徽	민성휘	Min Sŏng-hwi	Min Seonghwi
睦萬中	목만중	Mok Man-jung	Mok Manjung	閔升鎬	민승호	Min Sŭng-ho	Min Seungho
睦性善	목성선	Mok Sŏng-sŏn	Mok Seongseon	閔汝翼	민여익	Min Yŏ-ik	Min Yeoik
睦仁吉	목인길	Mok In-gil	Mok Ingil	閔泳綺	민영기	Min Yŏng-gi	Min Yeonggi
穆麟德	목인덕	Mok In-dŏk	Mok Indeok	閔泳達	민영달	Min Yŏng-dal	Min Yeongdal
睦林一	목임일	Mok Im-il	Mok Imil	閔泳敦	민영돈	Min Yŏng-don	Min Yeongdon
睦長欽	목장흠	Mok Chang-hŭm	Mok Jangheum	閔令謨	민영모	Min Yŏng-mo	Min Yeongmo
睦昌明	목창명	Mok Ch'ang-myŏng	Mok Changmyeong	閔泳穆	민영목	Min Yŏng-mok	Min Yeongmok
睦行善	목행선	Mok Haeng-sŏn	Mok Haengseon	閔泳韶	민영소	Min Yŏng-so	Min Yeongso
睦虎龍	목호룡	Mok Ho-ryong	Mok Horyong	閔泳緯	민영위	Min Yŏng-wi	Min Yeongwi
文甲松	문갑송	Mun Kap-song	Mun Gapsong	閔泳翊	민영익	Min Yŏng-ik	Min Yeongik
文公裕	문공유	Mun Kong-yu	Mun Gongyu	閔泳柱	민영주	Min Yŏng-ju	Min Yeongju
文公仁	문공인	Mun Kong-in	Mun Gongin	閔泳駿	민영준	Min Yŏng-jun	Min Yeongjun
文克謙	문극겸	Mun Kŭk-kyŏm	Mun Geukgyeom	閔泳瓚	민영찬	Min Yŏng-ch'an	Min Yeongchan
文錫鳳	문석봉	Mun Sŏk-pong	Mun Seokbong	閔泳轍	민영철	Min Yŏng-ch'ŏl	Min Yeongcheol
文聖烈	문성렬	Mun Sŏng-nyŏl	Mun Seongryeol	閔泳喆	민영철	Min Yŏng-ch'ŏl	Min Yeongcheol
文世煥	문세환	Mun Se-hwan	Mun Sehwan	閔泳煥	민영환	Min Yŏng-hwan	Min Yeonghwan
文時煥	문시환	Mun Si-hwan	Mun Sihwan	閔泳徽	민영휘	Min Yŏng-hwi	Min Yeonghwi
文讓穆	문양목	Mun Yang-mok	Mun Yangmok	閔龍鎬	민용호	Min Yong-ho	Min Yongho
文良穆	문양목	Mun Yang-mok	Mun Yangmok	閔遇洙	민우수	Min U-su	Min Usu
文益成	문익성	Mun Ik-sŏng	Mun Ikseong	閔昱	민욱	Min Uk	Min Uk
文益漸	문익점	Mun Ik-chŏm	Mun Ikjeom	閔元植	민원식	Min Wŏn-sik	Min Wonsik
文一民	문일민	Mun Il-min	Mun Ilmin	閔有慶	민유경	Min Yu-gyŏng	Min Yugyeong

한자 용례	한글	ALA-LC Romanization	정부 표기안	한자 용례	한글	ALA-LC Romanization	정부 표기안
閔維重	민유중	Min Yu-jung	Min Yujung	朴景仁	박경인	Pak Kyŏng-in	Bak Gyeongin
閔應洙	민응수	Min Ŭng-su	Min Eungsu	朴京一	박경일	Pak Kyŏng-il	Bak Gyeongil
閔應植	민응식	Min Ŭng-sik	Min Eungsik	朴慶後	박경후	Pak Kyŏng-hu	Bak Gyeonghu
閔應亨	민응형	Min Ŭng-hyŏng	Min Eunghyeong	朴景暉	박경휘	Pak Kyŏng-hwi	Bak Gyeonghwi
閔仁伯	민인백	Min In-baek	Min Inbaek	朴啓周	박계주	Pak Kye-ju	Bak Gyeju
閔點	민점	Min Chŏm	Min Jeom	朴啓賢	박계현	Pak Kye-hyŏn	Bak Gyehyeon
閔鼎重	민정중	Min Chŏng-jung	Min Jeongjung	朴啓華	박계화	Pak Kye-hwa	Bak Gyehwa
閔霽	민제	Min Che	Min Je	朴寬俊	박관준	Pak Kwan-jun	Bak Gwanjun
閔齊仁	민제인	Min Che-in	Min Jein	朴光榮	박광영	Pak Kwang-yŏng	Bak Gwangyeong
閔宗道	민종도	Min Chong-do	Min Jongdo	朴光玉	박광옥	Pak Kwang-ok	Bak Gwangok
閔宗植	민종식	Min Chong-sik	Min Jongsik	朴光佑	박광우	Pak Kwang-u	Bak Gwangu
閔宗儒	민종유	Min Chong-yu	Min Jongyu	朴光一	박광일	Pak Kwang-il	Bak Gwangil
閔鍾顯	민종현	Min Chong-hyŏn	Min Jonghyŏn	朴光浩	박광호	Pak Kwang-ho	Bak Gwangho
閔漬	민지	Min Chi	Min Ji	朴球	박구	Pak Ku	Bak Gu
閔鎭遠	민진원	Min Chin-wŏn	Min Jinwon	朴權	박권	Pak Kwŏn	Bak Gweon
閔鎭長	민진장	Min Chin-jang	Min Jinjang	朴貴姫	박귀희	Pak Kwi-hŭi	Bak Gwihui
閔鎭周	민진주	Min Chin-ju	Min Jinju	朴珪壽	박규수	Pak Kyu-su	Bak Gyusu
閔晉鎬	민진호	Min Chin-ho	Min Jinho	朴謹元	박근원	Pak Kŭn-wŏn	Bak Geunwon
閔鎭厚	민진후	Min Chin-hu	Min Jinhu	朴金喆	박금철	Pak Kŭm-ch'ŏl	Bak Geumcheol
閔贊鎬	민찬호	Min Ch'an-ho	Min Chanho	朴琪	박기	Pak Ki	Bak Gi
閔昌植	민창식	Min Ch'ang-sik	Min Changsik	朴基成	박기성	Pak Ki-sŏng	Bak Giseong
閔哲勳	민철훈	Min Ch'ŏr-hun	Min Cheolhun	朴岐壽	박기수	Pak Ki-su	Bak Gisu
閔忠植	민충식	Min Ch'ung-sik	Min Chungsik	朴綺壽	박기수	Pak Ki-su	Bak Gisu
閔致庠	민치상	Min Ch'i-sang	Min Chisang	朴箕陽	박기양	Pak Ki-yang	Bak Giyang
閔致憲	민치헌	Min Ch'i-hŏn	Min Chiheon	朴箕貞	박기정	Pak Ki-jŏng	Bak Gijeong
閔泰植	민태식	Min T'ae-sik	Min Taesik	朴基駿	박기준	Pak Ki-jun	Bak Gijun
閔泰瑗	민태원	Min T'ae-wŏn	Min Taewon	朴己出	박기출	Pak Ki-ch'ul	Bak Gichul
閔台鎬	민태호	Min T'ae-ho	Min Taeho	朴基豊	박기풍	Pak Ki-p'ung	Bak Gipung
閔弼鎬	민필호	Min P'ir-ho	Min Pilho	朴基洪	박기홍	Pak Ki-hong	Bak Gihong
閔泌鎬	민필호	Min P'ir-ho	Min Pilho	朴吉龍	박길룡	Pak Kil-lyong	Bak Gilryong
閔馨男	민형남	Min Hyŏng-nam	Min Hyeongnam	朴蘭英	박난영	Pak Nan-yŏng	Bak Nanyeong
閔虎林	민호림	Min Ho-rim	Min Horim	朴南秀	박남수	Pak Nam-su	Bak Namsu
閔渙	민환	Min Hwan	Min Hwan	朴魯甲	박노갑	Pak No-gap	Bak Nogap
閔曦	민희	Min Hŭi	Min Hui	朴魯壽	박노수	Pak No-su	Bak Nosu
閔熙	민희	Min Hŭi	Min Hui	朴達	박달	Pak Tal	Bak Dal
朴純弼	바군필	Pak Sun-p'il	Bak Sunpil	朴大根	박대근	Pak Tae-gŭn	Bak Daegeun
朴薑	박강	Pak Kang	Bak Gang	朴大德	박대덕	Pak Tae-dŏk	Bak Daedeok
朴剛生	박강생	Pak Kang-saeng	Bak Gangsaeng	朴大立	박대립	Pak Tae-rip	Bak Daerip
朴居謙	박거겸	Pak Kŏ-gyŏm	Bak Geogyeom	朴大夏	박대하	Pak Tae-ha	Bak Daeha
朴建雄	박건웅	Pak Kŏn-ung	Bak Geonung	朴德山	박덕산	Pak Tŏk-san	Bak Deoksan
朴健雄	박건웅	Pak Kŏn-ung	Bak Geonung	朴道秀	박도수	Pak To-su	Bak Dosu
朴建中	박건중	Pak Kŏn-jung	Bak Geonjung	朴東吉	박동길	Pak Tong-gil	Bak Donggil
朴經	박경	Pak Kyŏng	Bak Gyeong	朴東亮	박동량	Pak Tong-nyang	Bak Dongryang
朴景利	박경리	Pak Kyŏng-ni	Bak Gyeongri	朴東望	박동망	Pak Tong-mang	Bak Dongmang
朴景洙	박경수	Pak Kyŏng-su	Bak Gyeongsu	朴東命	박동명	Pak Tong-myŏng	Bak Dongmyeong

한자 용례	한글	ALA-LC Romanization	정부 표기안	한자 용례	한글	ALA-LC Romanization	정부 표기안
朴東善	박동선	Pak Tong-sŏn	Bak Dongseon	朴成榟	박성재	Pak Sŏng-jae	Bak Seongjae
朴東宣	박동선	Pak Tong-sŏn	Bak Dongseon	朴成哲	박성철	Pak Sŏng-ch'ŏl	Bak Seongcheol
朴東實	박동실	Pak Tong-sil	Bak Dongsil	朴星煥	박성환	Pak Sŏng-hwan	Bak Seonghwan
朴東說	박동열	Pak Tong-yŏl	Bak Dongyeol	朴世堅	박세견	Pak Se-gyŏn	Bak Segyeon
朴東完	박동완	Pak Tong-wan	Bak Dongwan	朴世堂	박세당	Pak Se-dang	Bak Sedang
朴東鑛	박동진	Pak Tong-jin	Bak Dongjin	朴世模	박세모	Pak Se-mo	Bak Semo
朴斗秉	박두병	Pak Tu-byŏng	Bak Dubyeong	朴世茂	박세무	Pak Se-mu	Bak Semu
朴斗星	박두성	Pak Tu-sŏng	Bak Duseong	朴世永	박세영	Pak Se-yŏng	Bak Seyeong
朴斗世	박두세	Pak Tu-se	Bak Duse	朴世采	박세채	Pak Se-ch'ae	Bak Sechae
朴斗鑛	박두진	Pak Tu-jin	Bak Dujin	朴世和	박세화	Pak Se-hwa	Bak Sehwa
朴來元	박래원	Pak Nae-wŏn	Bak Raewon	朴世煦	박세후	Pak Se-hu	Bak Sehu
朴來源	박래원	Pak Nae-wŏn	Bak Raewon	朴世熹	박세희	Pak Se-hŭi	Bak Sehui
朴綠珠	박록주	Pak Nok-chu	Bak Rokju	朴素立	박소립	Pak So-rip	Bak Sorip
朴萬奎	박만규	Pak Man-gyu	Bak Mangyu	朴松庇	박송비	Pak Song-bi	Bak Songbi
朴萬順	박만순	Pak Man-sun	Bak Mansun	朴守卿	박수경	Pak Su-gyŏng	Bak Sugyeong
朴命龍	박명룡	Pak Myŏng-nyong	Bak Myeongryong	朴壽根	박수근	Pak Su-gŭn	Bak Sugeun
朴明鑛	박명진	Pak Myŏng-jin	Bak Myeongjin	朴守良	박수량	Pak Su-ryang	Bak Suryang
朴名賢	박명현	Pak Myŏng-hyŏn	Bak Myeonghyeon	朴守文	박수문	Pak Su-mun	Bak Sumun
朴木月	박목월	Pak Mog-wŏl	Bak Mokwol	朴壽春	박수춘	Pak Su-ch'un	Bak Suchun
朴茂	박무	Pak Mu	Bak Mu	朴守弘	박수홍	Pak Su-hong	Bak Suhong
朴文奎	박문규	Pak Mun-gyu	Bak Mungyu	朴淳	박순	Pak Sun	Bak Sun
朴文良	박문량	Pak Mun-nyang	Bak Munryang	朴順天	박순천	Pak Sun-ch'ŏn	Bak Suncheon
朴文湘	박문상	Pak Mun-sang	Bak Munsang	朴術音	박술음	Pak Sur-ŭm	Bak Suleum
朴文秀	박문수	Pak Mun-su	Bak Munsu	朴述熙	박술희	Pak Sur-hŭi	Bak Sulhui
朴文郁	박문욱	Pak Mun-uk	Bak Munuk	朴崇元	박숭원	Pak Sung-wŏn	Bak Sungweon
朴文一	박문일	Pak Mun-il	Bak Munil	朴崇質	박숭질	Pak Sung-jil	Bak Sungjil
朴敏雄	박민웅	Pak Min-ung	Bak Minung	朴習	박습	Pak Sŭp	Bak Seup
朴民獻	박민헌	Pak Min-hŏn	Bak Minheon	朴昇	박승	Pak Sŭng	Bak Seung
朴範信	박범신	Pak Pŏm-sin	Bak Beomsin	朴勝極	박승극	Pak Sŭng-guk	Bak Seungguk
朴秉來	박병래	Pak Pyŏng-nae	Bak Byeongrae	朴勝萬	박승만	Pak Sŭng-man	Bak Seungman
朴炳翼	박병익	Pak Pyŏng-ik	Bak Byeongik	朴勝武	박승무	Pak Sŭng-mu	Bak Seungmu
朴鳳然	박봉연	Pak Pong-yŏn	Bak Bongyeon	朴勝鳳	박승봉	Pak Sŭng-bong	Bak Seungbong
朴師洙	박사수	Pak Sa-su	Bak Sasu	朴勝彬	박승빈	Pak Sŭng-bin	Bak Seungbin
朴三吉	박삼길	Pak Sam-gil	Bak Samgil	朴承洗	박승세	Pak Sŭng-se	Bak Seungse
朴祥	박상	Pak Sang	Bak Sang	朴昇英	박승영	Pak Sŭng-yŏng	Bak Seungyeong
朴商玉	박상옥	Pak Sang-ok	Bak Sangok	朴勝源	박승원	Pak Sŭng-wŏn	Bak Seungwon
朴尙鑛	박상진	Pak Sang-jin	Bak Sangjin	朴承宗	박승종	Pak Sŭng-jong	Bak Seungjong
朴尙衷	박상충	Pak Sang-ch'ung	Bak Sangchung	朴昇中	박승중	Pak Sŭng-jung	Bak Seungjung
朴瑞	박서	Pak Sŏ	Bak Seo	朴承弼	박승필	Pak Sŭng-p'il	Bak Seungpil
朴犀	박서	Pak Sŏ	Bak Seo	朴承浩	박승호	Pak Sŭng-ho	Bak Seungho
朴瑞生	박서생	Pak Sŏ-saeng	Bak Seosaeng	朴昇煥	박승환	Pak Sŭng-hwan	Bak Seunghwan
朴錫命	박석명	Pak Sŏng-myŏng	Bak Seongmyeong	朴承休	박승휴	Pak Sŭng-hyu	Bak Seunghyu
朴盛源	박성원	Pak Sŏng-wŏn	Bak Seongwon	朴勝喜	박승희	Pak Sŭng-hŭi	Bak Seunghui
朴聖源	박성원	Pak Sŏng-wŏn	Bak Seongwon	朴時星	박시성	Pak Si-sŏng	Bak Siseong
朴性源	박성원	Pak Sŏng-wŏn	Bak Seongwon	朴信	박신	Pak Sin	Bak Sin

한자 용례	한글	ALA-LC Romanization	정부 표기안	한자 용례	한글	ALA-LC Romanization	정부 표기안
朴芽枝	박아지	Pak A-ji	Bak Aji	朴元宗	박원종	Pak Wŏn-jong	Bak Wonjong
朴安臣	박안신	Pak An-sin	Bak Ansin	朴元亨	박원형	Pak Wŏn-hyŏng	Bak Wonhyeong
朴良柔	박양유	Pak Yang-yu	Bak Yangyu	朴元熙	박원희	Pak Wŏn-hŭi	Bak Wonhui
朴漁	박어	Pak Ŏ	Bak Eo	朴葳	박위	Pak Wi	Bak Wi
朴於屯	박어둔	Pak Ŏ-dun	Bak Eodun	朴魏膺	박위웅	Pak Wi-ŭng	Bak Wieung
朴汝龍	박여룡	Pak Yŏ-ryong	Bak Yeoryong	朴裕全	박유전	Pak Yu-jŏn	Bak Yujeon
朴淵	박연	Pak Yŏn	Bak Yeon	朴有鎭	박유진	Pak Yu-jin	Bak Yujin
朴然	박연	Pak Yŏn	Bak Yeon	朴育和	박육화	Pak Yuk-hwa	Bak Yukhwa
朴堧	박연	Pak Yŏn	Bak Yeon	朴誾	박은	Pak Ŭn	Bak Eun
朴燕巖	박연암	Pak Yŏn-am	Bak Yeonam	朴訔	박은	Pak Ŭn	Bak Eun
朴烈	박열	Pak Yŏl	Bak Yeol	朴殷植	박은식	Pak Ŭn-sik	Bak Eunsik
朴說	박열	Pak Yŏl	Bak Yeol	朴恩惠	박은혜	Pak Ŭn-hye	Bak Eunhye
朴燁	박엽	Pak Yŏp	Bak Yeop	朴應犀	박응서	Pak Ŭng-sŏ	Bak Eungseo
朴墉	박영	Pak Yong	Bak Yong	朴應順	박응순	Pak Ŭng-sun	Bak Eungsun
朴英	박영	Pak Yŏng	Bak Yeong	朴應川	박응천	Pak Ŭng-ch'ŏn	Bak Eungcheon
朴泳教	박영교	Pak Yŏng-gyo	Bak Yeonggyo	朴義	박의	Pak Ŭi	Bak Ui
朴英規	박영규	Pak Yŏng-gyu	Bak Yeonggyu	朴毅長	박의장	Pak Ŭi-jang	Bak Uijang
朴英晩	박영만	Pak Yŏng-man	Bak Yeongman	朴義俊	박의준	Pak Ŭi-jun	Bak Uijun
朴永文	박영문	Pak Yŏng-mun	Bak Yeongmun	朴宜中	박의중	Pak Ŭi-jung	Bak Uijung
朴榮發	박영발	Pak Yŏng-bal	Bak Yeongbal	朴彝叙	박이서	Pak I-sŏ	Bak Iseo
朴永緒	박영서	Pak Yŏng-sŏ	Bak Yeongseo	朴而章	박이장	Pak I-jang	Bak Ijang
朴泳善	박영선	Pak Yŏng-sŏn	Bak Yeongseon	朴以昌	박이창	Pak I-ch'ang	Bak Ichang
朴永元	박영원	Pak Yŏng-wŏn	Bak Yeongwon	朴寅亮	박인량	Pak In-nyang	Bak Inryang
朴泳鍾	박영종	Pak Yŏng-jong	Bak Yeongjong	朴仁老	박인로	Pak In-no	Bak Inro
朴映遂	박영준	Pak Yŏng-jun	Bak Yeongjun	朴仁範	박인범	Pak In-bŏm	Bak Inbeom
朴榮濬	박영준	Pak Yŏng-jun	Bak Yeongjun	朴仁祥	박인상	Pak In-sang	Bak Insang
朴永俊	박영준	Pak Yŏng-jun	Bak Yeongjun	朴仁碩	박인석	Pak In-sŏk	Bak Inseok
朴永鑛	박영진	Pak Yŏng-jin	Bak Yeongjin	朴仁秀	박인수	Pak In-su	Bak Insu
朴泳孝	박영효	Pak Yŏng-hyo	Bak Yeonghyo	朴仁植	박인식	Pak In-sik	Bak Insik
朴英熙	박영희	Pak Yŏng-hŭi	Bak Yeonghui	朴寅浩	박인호	Pak In-ho	Bak Inho
朴乂兼	박예겸	Pak Ye-gyŏm	Bak Yegyeom	朴寅煥	박인환	Pak In-hwan	Bak Inhwan
朴鋭謙	박예겸	Pak Ye-gyŏm	Bak Yegyeom	朴一	박일	Pak Il	Bak Il
朴婉緒	박완서	Pak Wan-sŏ	Bak Wanseo	朴一秉	박일병	Pak Il-byŏng	Bak Ilbyeong
朴容大	박용대	Pak Yong-dae	Bak Yongdae	朴日省	박일성	Pak Il-sŏng	Bak Ilseong
朴容萬	박용만	Pak Yong-man	Bak Yongman	朴一洙	박일수	Pak Il-su	Bak Ilsu
朴容晩	박용만	Pak Yong-man	Bak Yongman	朴一禹	박일우	Pak Il-u	Bak Ilu
朴容善	박용선	Pak Yong-sŏn	Bak Yongseon	朴一源	박일원	Pak Il-wŏn	Bak Ilwon
朴龍喆	박용철	Pak Yong-ch'ŏl	Bak Yongcheol	朴子安	박자안	Pak Cha-an	Bak Jaan
朴容弼	박용필	Pak Yong-p'il	Bak Yongpil	朴子青	박자청	Pak Cha-ch'ŏng	Bak Jacheong
朴容羲	박용희	Pak Yong-hŭi	Bak Yonghui	朴自興	박자흥	Pak Cha-hŭng	Bak Jaheung
朴雲壽	박운수	Pak Un-su	Bak Unsu	朴長遠	박장원	Pak Chang-wŏn	Bak Jangwon
朴遠	박원	Pak Wŏn	Bak Won	朴長浩	박장호	Pak Chang-ho	Bak Jangho
朴元植	박원식	Pak Wŏn-sik	Bak Wonsik	朴在郁	박재욱	Pak Chae-uk	Bak Jaeuk
朴元陽	박원양	Pak Wŏn-yang	Bak Wonyang	朴琠	박전지	Pak Chŏn	Bak Jeon
朴元綽	박원작	Pak Wŏn-jak	Bak Wonjak	朴全之	박전지	Pak Chŏn-ji	Bak Jeonji

한자 용례	한글	ALA-LC Romanization	정부 표기안	한자 용례	한글	ALA-LC Romanization	정부 표기안
朴娗	박정	Pak Chŏng	Bak Jeong	朴礎	박초	Pak Ch'o	Bak Cho
朴鼎吉	박정길	Pak Chŏng-gil	Bak Jeonggil	朴椿	박춘	Pak Ch'un	Bak Chun
朴正愛	박정애	Pak Chŏng-ae	Bak Jeongae	朴春	박춘	Pak Ch'un	Bak Chun
朴定陽	박정양	Pak Chŏng-yang	Bak Jeongyang	朴春琴	박춘금	Pak Ch'un-gŭm	Bak Chungeum
朴鼎賢	박정현	Pak Chŏng-hyŏn	Bak Jeonghyeon	朴忠侃	박충간	Pak Ch'ung-gan	Bak Chunggan
朴正熙	박정희	Pak Chŏng-hŭi	Bak Jeonghui	朴忠元	박충원	Pak Ch'ung-wŏn	Bak Chungwon
朴齊家	박제가	Pak Che-ga	Bak Jega	朴忠佐	박충좌	Pak Ch'ung-jwa	Bak Chungjwa
朴齊儉	박제검	Pak Che-gŏm	Bak Jegeom	朴致毅	박치의	Pak Ch'i-ŭi	Bak Chieui
朴齊寬	박제관	Pak Che-gwan	Bak Jegwan	朴致仁	박치인	Pak Ch'i-in	Bak Chiin
朴堤上	박제상	Pak Che-sang	Bak Jesang	朴致和	박치화	Pak Ch'i-hwa	Bak Chihwa
朴齊純	박제순	Pak Che-sun	Bak Jesun	朴泰輔	박태보	Pak T'ae-bo	Bak Taebo
朴鍾基	박종기	Pak Chong-gi	Bak Jonggi	朴泰尙	박태상	Pak T'ae-sang	Bak Taesang
朴鍾鴻	박종명	Pak Chong-hong	Bak Jonghong	朴泰洵	박태순	Pak T'ae-sun	Bak Taesun
朴宗皐	박종부	Pak Chong-bu	Bak Jongbu	朴泰遠	박태원	Pak T'ae-wŏn	Bak Taeweon
朴宗岳	박종악	Pak Chong-ak	Bak Jongak	朴泰維	박태유	Pak T'ae-yu	Bak Taeyu
朴宗興	박종여	Pak Chong-yŏ	Bak Jongyeo	朴泰俊	박태준	Pak T'ae-jun	Bak Taejun
朴從愚	박종우	Pak Chong-u	Bak Jongu	朴八陽	박팔양	Pak P'ar-yang	Bak Paryang
朴宗儒	박종유	Pak Chong-yu	Bak Jongyu	朴彭年	박팽년	Pak P'aeng-nyŏn	Bak Paengnyeon
朴鐘哲	박종철	Pak Chong-ch'ŏl	Bak Jongcheol	朴弼寬	박필관	Pak P'il-kwan	Bak Pilgwan
朴鐘和	박종화	Pak Chong-hwa	Bak Jonghwa	朴弼夢	박필몽	Pak P'il-mong	Bak Pilmong
朴宗薰	박종훈	Pak Chong-hun	Bak Jonghun	朴弼正	박필정	Pak P'il-jŏng	Bak Piljeong
朴準承	박준승	Pak Chun-sŭng	Bak Junseung	朴弼周	박필주	Pak P'il-chu	Bak Pilju
朴準源	박준원	Pak Chun-wŏn	Bak Junwon	朴弼顯	박필현	Pak P'ir-hyŏn	Bak Pilhyeon
朴重彬	박중빈	Pak Chung-bin	Bak Jungbin	朴漢永	박한영	Pak Han-yŏng	Bak Hanyeong
朴仲善	박중선	Pak Chung-sŏn	Bak Jungseon	朴漢柱	박한주	Pak Han-ju	Bak Hanju
朴仲孫	박중손	Pak Chung-son	Bak Jungson	朴恒	박항	Pak Hang	Bak Hang
朴重華	박중화	Pak Chung-hwa	Bak Junghwa	朴憲永	박헌영	Pak Hŏn-yŏng	Bak Heonyeong
朴知誡	박지계	Pak Chi-gye	Bak Jigye	朴爀	박혁	Pak Hyŏk	Bak Hyeok
朴趾源	박지원	Pak Chi-wŏn	Bak Jiwon	朴赫居世	박혁거세	Pak Hyŏkkŏse	Bak Hyeokgeose
朴遲胤	박지윤	Pak Chi-yun	Bak Jiyun	朴玄錫	박현석	Pak Hyŏn-sŏk	Bak Hyeonseok
朴枝華	박지화	Pak Chi-hwa	Bak Jihwa	朴賢淑	박현숙	Pak Hyŏn-suk	Bak Hyeonsuk
朴進	박진	Pak Chin	Bak Jin	朴衡秉	박형병	Pak Hyŏng-byŏng	Bak Hyeongbyeong
朴晉	박진	Pak Chin	Bak Jin	朴浩	박호	Pak Ho	Bak Ho
朴鎭順	박진순	Pak Chin-sun	Bak Jinsun	朴泓	박홍	Pak Hong	Bak Hong
朴鎭淳	박진순	Pak Chin-sun	Bak Jinsun	朴弘耉	박홍구	Pak Hong-gu	Bak Honggu
朴震英	박진영	Pak Chin-yŏng	Bak Jinyeong	朴弘老	박홍로	Pak Hong-no	Bak Hongro
朴晉材	박진재	Pak Chin-jae	Bak Jinjae	朴弘長	박홍장	Pak Hong-jang	Bak Hongjang
朴澄	박징	Pak Ching	Bak Jing	朴煥	박환	Pak Hwan	Bak Hwan
朴次貞	박차정	Pak Ch'a-jŏng	Bak Chajeong	朴璜	박황	Pak Hwang	Bak Hwang
朴贊翊	박찬익	Pak Ch'an-ik	Bak Chanik	朴潢	박황	Pak Hwang	Bak Hwang
朴昌魯	박창로	Pak Ch'ang-no	Bak Changro	朴晦壽	박회수	Pak Hoe-su	Bak Hoesu
朴天器	박천기	Pak Ch'ŏn-gi	Bak Cheongi	朴孝寬	박효관	Pak Hyo-gwan	Bak Hyogwan
朴天植	박천식	Pak Ch'ŏn-sik	Bak Cheonsik	朴孝三	박효삼	Pak Hyo-sam	Bak Hyosam
朴哲愛	박철애	Pak Ch'ŏr-ae	Bak Cheolae	朴孝元	박효원	Pak Hyo-wŏn	Bak Hyowon
朴喆熙	박철희	Pak Ch'ŏr-hŭi	Bak Cheolhui	朴薰	박훈	Pak Hun	Bak Hun

한자 용례	한글	ALA-LC Romanization	정부 표기안	한자 용례	한글	ALA-LC Romanization	정부 표기안
朴勳一	박훈일	Pak Hun-il	Bak Hunil	白南奎	백남규	Paek Nam-gyu	Baek Namgyu
朴喧	박훤	Pak Hwŏn	Bak Hwon	白南雲	백남운	Paek Nam-un	Baek Namun
朴興生	박흥생	Pak Hŭng-saeng	Bak Heungsaeng	白南薰	백남훈	Paek Nam-hun	Baek Namhun
朴興植	박흥식	Pak Hŭng-sik	Bak Heungsik	白南勳	백남훈	Paek Nam-hun	Baek Namhun
朴熙道	박희도	Pak Hŭi-do	Bak Huido	白大珩	백대형	Paek Tae-hyŏng	Baek Daehyeong
朴熙錫	박희석	Pak Hŭi-sŏk	Bak Huiseok	白道洙	백도수	Paek To-su	Baek Dosu
朴希實	박희실	Pak Hŭi-sil	Bak Huisil	白敦明	백돈명	Paek Ton-myŏng	Baek Donmyeong
潘福海	반복해	Pan Pok-hae	Ban Bokhae	白賁華	백분화	Paek Pun-hwa	Baek Bunhwa
潘阜	반부	Pan Pu	Ban Bu	白思柔	백사유	Paek Sa-yu	Baek Sayu
班尙書	반상서	Pan Sang-sŏ	Ban Sangseo	白三圭	백삼규	Paek Sam-gyu	Baek Samgyu
潘碩枰	반석평	Pan Sŏk-p'yŏng	Ban Seokpyeong	白相奎	백상규	Paek Sang-gyu	Baek Sanggyu
方國珍	방국진	Pang Kuk-chin	Bang Gukjin	白善淵	백선연	Paek Sŏn-yŏn	Baek Seonyeon
方德龍	방덕용	Pang Tŏng-yong	Bang Deokyong	白性郁	백성욱	Paek Sŏng-uk	Baek Seonguk
方萬春	방만춘	Pang Man-ch'un	Bang Manchun	白世哲	백세철	Paek Se-ch'ŏl	Baek Secheol
房士良	방사량	Pang Sa-ryang	Bang Saryang	白壽翰	백수한	Paek Su-han	Baek Suhan
方信榮	방신영	Pang Sin-yŏng	Bang Sinyeong	白壽鉉	백수현	Paek Su-hyŏn	Baek Suhyeon
方臣祐	방신우	Pang Sin-u	Bang Sinu	白勝鉉	백승현	Paek Sŭng-hyŏn	Baek Seunghyeon
方應謨	방응모	Pang Ŭng-mo	Bang Eungmo	白時耉	백시구	Paek Si-gu	Baek Sigu
方定煥	방정환	Pang Chŏng-hwan	Bang Jeonghwan	白時源	백시원	Paek Si-wŏn	Baek Siwon
方鍾鉉	방종현	Pang Chong-hyŏn	Bang Jonghyeon	白信愛	백신애	Paek Sin-ae	Baek Sinae
方俊杓	방준표	Pang Chun-p'yo	Bang Junpyo	白禹鏞	백우용	Paek U-yong	Baek Uyong
方虎山	방호산	Pang Ho-san	Bang Hosan	白雲翰	백운한	Paek Un-han	Baek Unhan
龐孝泰	방효태	Pang Hyo-t'ae	Bang Hyotae	白惟咸	백유함	Paek Yu-ham	Baek Yuham
裵龜子	배구자	Pae Ku-ja	Bae Guja	白允祖	백윤조	Paek Yun-jo	Baek Yunjo
裵克廉	배극렴	Pae Kŭng-ryŏm	Bae Geukryeom	白義洙	백의수	Paek Ŭi-su	Baek Uisu
裵孟厚	배맹후	Pae Maeng-hu	Pae Maenghu	白頤正	백이정	Paek I-jŏng	Baek Ijeong
裵炳鉉	배병현	Pae Pyŏng-hyŏn	Bae Byeonghyeon	白仁傑	백인걸	Paek In-gŏl	Baek Ingeol
裵三益	배삼익	Pae Sam-ik	Pae Samik	白仁錫	백인석	Paek In-sŏk	Baek Inseok
裵成龍	배성룡	Pae Sŏng-nyong	Bae Seongryong	白寅榮	백인영	Paek In-yŏng	Baek Inyeong
裵雲成	배운성	Pae Un-sŏng	Bae Unseong	白日奎	백일규	Paek Il-gyu	Baek Ilgyu
裵貞子	배정자	Pae Chŏng-ja	Bae Jeongja	白一圭	백일규	Paek Il-gyu	Baek Ilgyu
裵仲孫	배중손	Pae Chung-son	Bae Jungson	白任至	백임지	Paek Im-ji	Baek Imji
裵天澤	배천택	Pae Ch'ŏn-t'aek	Bae Cheontaek	白子端	백자단	Paek Cha-dan	Baek Jadan
裵哲	배철	Pae Ch'ŏl	Bae Cheol	白貞基	백정기	Paek Chŏng-gi	Baek Jeonggi
裵玄慶	배현경	Pae Hyŏn-gyŏng	Bae Hyeongyeong	白振南	백진남	Paek Chin-nam	Baek Jinnam
裵萱伯	배훤백	Pae Hwŏn-baek	Bae Hwonbaek	白昌燮	백창섭	Paek Ch'ang-sŏp	Baek Changseop
裵興立	배흥립	Pae Hŭng-nip	Bae Heungrip	白天藏	백천장	Paek Ch'ŏn-jang	Baek Cheonjang
白慶楷	백경해	Paek Kyŏng-hae	Baek Gyeonghae	白鐵	백철	Paek Ch'ŏl	Baek Cheol
白寬洙	백관수	Paek Kwan-su	Baek Gwansu	白初月	백초월	Paek Ch'o-wŏl	Baek Chowol
白光勳	백광훈	Paek Kwang-hun	Baek Gwanghun	白鶴林	백학림	Paek Hang-nim	Baek Hakrim
白基萬	백기만	Paek Ki-man	Baek Giman	白學明	백학명	Paek Hang-myŏng	Baek Hangmyeong
白樂寬	백낙관	Paek Nak-kwan	Baek Nakgwan	白鶴準	백학준	Paek Hak-chun	Baek Hakjun
白樂莘	백낙신	Paek Nak-sin	Baek Naksin	白鴻俊	백홍준	Paek Hong-jun	Baek Hongjun
白樂淵	백낙연	Paek Nag-yŏn	Baek Nakyeon	范仲淹	범중엄	Pŏm Chung-ŏm	Beom Jungeom
白樂俊	백낙준	Paek Nak-chun	Baek Nakjun	卞季良	변계량	Pyŏn Kye-ryang	Byeon Gyeryang

한자 용례	한글	ALA-LC Romanization	정부 표기안	한자 용례	한글	ALA-LC Romanization	정부 표기안
卞寬植	변관식	Pyŏn Kwan-sik	Byeon Gwansik	徐堂輔	서당보	Sŏ Tang-po	Seo Dangbo
邊光秀	변광수	Pyŏn Kwang-su	Byeon Gwangsu	徐邁修	서매수	Sŏ Mae-su	Seo Maesu
邊貴鉉	변귀현	Pyŏn Kwi-hyŏn	Byeon Gwihyeon	徐命九	서명구	Sŏ Myŏng-gu	Seo Myeonggu
卞基鍾	변기종	Pyŏn Ki-jong	Byeon Gijong	徐命均	서명균	Sŏ Myŏng-gyun	Seo Myeonggyun
邊士貞	변사정	Pyŏn Sa-jŏng	Byeon Sajeong	徐命善	서명선	Sŏ Myŏng-sŏn	Seo Myeongseon
卞相璧	변상벽	Pyŏn Sang-pyŏk	Byeon Sangbyeok	徐命膺	서명응	Sŏ Myŏng-ŭng	Seo Myeongeung
卞相泰	변상태	Pyŏn Sang-t'ae	Byeon Sangtae	徐文尙	서문상	Sŏ Mun-sang	Seo Munsang
邊成玉	변성옥	Pyŏn Sŏng-ok	Byeon Seongok	徐文裕	서문유	Sŏ Mun-yu	Seo Munyu
邊燧	변수	Pyŏn Su	Byeon Su	徐文重	서문중	Sŏ Mun-jung	Seo Munjung
邊安烈	변안렬	Pyŏn An-nyŏl	Byeon Anryeol	徐珉濠	서민호	Sŏ Min-ho	Seo Minho
邊良傑	변양걸	Pyŏn Yang-gŏl	Byeon Yanggeol	徐範錫	서범석	Sŏ Pŏm-sŏk	Seo Beomseok
卞延壽	변연수	Pyŏn Yŏn-su	Byeon Yeonsu	徐丙五	서병오	Sŏ Pyŏng-o	Seo Byeongo
卞榮魯	변영로	Pyŏn Yŏng-no	Byeon Yeongro	徐丙鶴	서병학	Sŏ Pyŏng-hak	Seo Byeonghak
卞榮晩	변영만	Pyŏn Yŏng-man	Byeon Yeongman	徐丙浩	서병호	Sŏ Pyŏng-ho	Seo Byeongho
卞榮泰	변영태	Pyŏn Yŏng-t'ae	Byeon Yeongtae	徐相敦	서상돈	Sŏ Sang-don	Seo Sangdon
卞玉蘭	변옥란	Pyŏn Ong-nan	Byeon Okran	徐相燉	서상돈	Sŏ Sang-don	Seo Sangdon
卞玉希	변옥희	Pyŏn Ok-hŭi	Byeon Okhui	徐常修	서상수	Sŏ Sang-su	Seo Sangsu
卞元圭	변원규	Pyŏn Wŏn-gyu	Byeon Wongyu	徐相烈	서상열	Sŏ Sang-yŏl	Seo Sangyeol
邊應星	변응성	Pyŏn Ŭng-sŏng	Byeon Eungseong	徐相庸	서상용	Sŏ Sang-yong	Seo Sangyong
邊應井	변응정	Pyŏn Ŭng-jŏng	Byeon Eungjeong	徐相雨	서상우	Sŏ Sang-u	Seo Sangu
邊以中	변이중	Pyŏn I-jung	Byeon Ijung	徐相崙	서상윤	Sŏ Sang-yun	Seo Sangyun
卞宗仁	변종인	Pyŏn Chong-in	Byeon Jongin	徐相日	서상일	Sŏ Sang-il	Seo Sangil
卞仲良	변중양	Pyŏn Chung-yang	Byeon Jungyang	徐相祖	서상조	Sŏ Sang-jo	Seo Sangjo
卞孝文	변효문	Pyŏn Hyo-mun	Byeon Hyomun	徐相天	서상천	Sŏ Sang-ch'ŏn	Seo Sangcheon
卞熙瑢	변희용	Pyŏn Hŭi-yong	Byeon Huiyong	徐相弼	서상필	Sŏ Sang-p'il	Seo Sangpil
卜馬利	복마리	Pok Ma-ri	Bok Mari	徐相漢	서상한	Sŏ Sang-han	Seo Sanghan
卜章漢	복장한	Pok Chang-han	Bok Janghan	徐聖耈	서성구	Sŏ Sŏng-gu	Seo Seonggu
卜智謙	복지겸	Pok Chi-gyŏm	Bok Jigyeom	徐世忠	서세충	Sŏ Se-ch'ung	Seo Sechung
卜惠淑	복혜숙	Pok Hye-suk	Bok Hyesuk	徐羊甲	서양갑	Sŏ Yang-gap	Seo Yanggap
奉汝諧	봉여해	Pong Yŏ-hae	Bong Yeohae	徐榮	서영	Sŏ Yŏng	Seo Yeong
奉天祐	봉천우	Pong Ch'ŏn-u	Bong Cheonu	徐榮輔	서영보	Sŏ Yŏng-bo	Seo Yeongbo
朴洛鍾	빅낙종	Pak Nak-jong	Bak Nakjong	徐溫	서온	Sŏ On	Seo On
朴準植	빅준식	Pak Chun-sik	Bak Junsik	徐元俊	서원준	Sŏ Wŏn-jun	Seo Wonjun
司馬光	사마광	Sama Kwang	Sama Gwang	徐有榘	서유구	Sŏ Yu-gu	Seo Yugu
司馬德文	사마덕문	Sama Tŏng-mun	Sama Deokmun	徐有大	서유대	Sŏ Yu-dae	Seo Yudae
尙震	상진	Sang Chin	Sang Jin	徐有隣	서유린	Sŏ Yu-rin	Seo Yurin
徐居正	서거정	Sŏ Kŏ-jŏng	Seo Geojeong	徐理修	서이수	Sŏ I-su	Seo Isu
徐敬德	서경덕	Sŏ Kyŏng-dŏk	Seo Gyeongdeok	徐益	서익	Sŏ Ik	Seo Ik
徐景雨	서경우	Sŏ Kyŏng-u	Seo Gyeongu	徐仁周	서인주	Sŏ In-ju	Seo Inju
徐敬忠	서경충	Sŏ Kyŏng-ch'ung	Seo Gyeongchung	徐一	서일	Sŏ Il	Seo Il
徐光範	서광범	Sŏ Kwang-bŏm	Seo Gwangbeom	徐長輔	서장보	Sŏ Chang-bo	Seo Jangbo
徐兢	서긍	Sŏ Kŭng	Seo Geung	徐載弼	서재필	Sŏ Chae-p'il	Seo Jaepil
徐起	서기	Sŏ Ki	Seo Gi	徐正淳	서정순	Sŏ Chŏng-sun	Seo Jeongsun
徐淇修	서기수	Sŏ Ki-su	Seo Gisu	徐廷禹	서정우	Sŏ Chŏng-u	Seo Jeongu
徐箕淳	서기순	Sŏ Ki-sun	Seo Gisun	徐廷仁	서정인	Sŏ Chŏng-in	Seo Jeongin

한자 용례	한글	ALA-LC Romanization	정부 표기안	한자 용례	한글	ALA-LC Romanization	정부 표기안
徐廷柱	서정주	Sŏ Chŏng-ju	Seo Jeongju	成聃壽	성담수	Sŏng Tam-su	Seong Damsu
徐宗伋	서종급	Sŏ Chong-gŭp	Seo Jonggeup	成夢井	성몽정	Sŏng Mong-jŏng	Seong Mongjeong
徐宗玉	서종옥	Sŏ Chong-ok	Seo Jongok	成奉祖	성봉조	Sŏng Pong-jo	Seong Bongjo
徐宗泰	서종태	Sŏ Chong-t'ae	Seo Jongtae	成士達	성사달	Sŏng Sa-dal	Seong Sadal
徐宗廈	서종하	Sŏ Chong-ha	Seo Jongha	成三問	성삼문	Sŏng Sam-mun	Seong Sammun
徐重錫	서중석	Sŏ Chung-sŏk	Seo Jungseok	成石璘	성석린	Sŏng Sŏng-nin	Seong Seongrin
徐哲	서철	Sŏ Ch'ŏl	Seo Cheol	成石因	성석인	Sŏng Sŏg-in	Seong Seokin
徐弼	서필	Sŏ P'il	Seo Pil	成世明	성세명	Sŏng Se-myŏng	Seong Semyeong
徐必遠	서필원	Sŏ P'ir-wŏn	Seo Pilwon	成世昌	성세창	Sŏng Se-ch'ang	Seong Sechang
徐恒錫	서항석	Sŏ Hang-sŏk	Seo Hangseok	成守慶	성수경	Sŏng Su-gyŏng	Seong Sugyeong
徐瀅修	서형수	Sŏ Hyŏng-su	Seo Hyeongsu	成守琛	성수침	Sŏng Su-ch'im	Seong Suchim
徐浩修	서호수	Sŏ Ho-su	Seo Hosu	成始伯	성시백	Sŏng Si-baek	Seong Sibaek
徐厚	서후	Sŏ Hu	Seo Hu	成安義	성안의	Sŏng An-ŭi	Seong Anui
徐輝	서휘	Sŏ Hwi	Seo Hwi	成抑	성억	Sŏng Ŏk	Seong Eok
徐熙	서희	Sŏ Hŭi	Seo Hui	成汝完	성여완	Sŏng Yŏ-wan	Seong Yeowan
徐熹淳	서희순	Sŏ Hŭi-sun	Seo Huisun	成念祖	성염조	Sŏng Yŏm-jo	Seong Yeomjo
石城柱	석성주	Sŏk Sŏng-ju	Seok Seongju	成泳	성영	Sŏng Yŏng	Seong Yeong
石宙明	석주명	Sŏk Chu-myŏng	Seok Jumyeong	成佑吉	성우길	Sŏng U-gil	Seong Ugil
石宙善	석주선	Sŏk Chu-sŏn	Seok Juseon	成渭濟	성위제	Sŏng Wi-je	Seong Wije
石志永	석지영	Sŏk Chi-yŏng	Seok Jiyeong	成允文	성윤문	Sŏng Yun-mun	Seong Yunmun
宣居怡	선거이	Sŏn Kŏ-i	Seon Geoi	成應吉	성응길	Sŏng Ŭng-gil	Seong Eunggil
先道解	선도해	Sŏn To-hae	Seon Dohae	成以文	성이문	Sŏng I-mun	Seong Imun
宣東基	선동기	Sŏn Tong-gi	Seon Donggi	成任	성임	Sŏng Im	Seong Im
宣炳國	선병국	Sŏn Pyŏng-guk	Seon Byeongguk	成周悳	성주덕	Sŏng Chu-dŏk	Seong Judeok
宣若海	선약해	Sŏn Yak-hae	Seon Yakhae	成俊慶	성준경	Sŏng Chun-gyŏng	Seong Jungyeong
鮮于爀	선우혁	Sŏnu Hyŏk	Seonu Hyeok	成准得	성준득	Sŏng Chun-dŭk	Seong Jundeuk
鮮于浹	선우협	Sŏnu Hyŏp	Seonu Hyeop	成重淹	성중엄	Sŏng Chung-ŏm	Seong Jungeom
鮮于燻	선우훈	Sŏnu Hun	Seonu Hun	性聰	성총	Sŏng Ch'ong	Seong Chong
薛卿東	설경동	Sŏl Kyŏng-dong	Seol Gyeongdong	成春香	성춘향	Sŏng Ch'un-hyang	Seong Junhyang
薛景成	설경성	Sŏl Kyŏng-sŏng	Seol Gyeongseong	成忠	성충	Sŏng Ch'ung	Seong Jung
薛公儉	설공검	Sŏl Kong-gŏm	Seol Gonggeom	成海應	성해응	ŏng Hae-ŭng	Seong Haeeung
薛文遇	설문우	Sŏl Mun-u	Seol Munu	成俔	성현	Sŏng Hyŏn	Seong Hyeon
薛秀眞	설수진	Sŏl Su-jin	Seol Sujin	成渾	성혼	Sŏng Hon	Seong Hon
薛愼	설신	Sŏl Sin	Seol Sin	成希顔	성희안	Sŏng Hŭi-an	Seong Huian
薛烏儒	설오유	Sŏl O-yu	Seol Oyu	蘇馬諟	소마시	So Ma-si	So Masi
薛儒	설유	Sŏl Yu	Seol Yu	蕭排押	소배압	So Pae-ap	So Baeap
薛義植	설의식	Sŏl Ŭi-sik	Seol Uisik	蕭保先	소보선	So Po-sŏn	So Boseon
薛仁貴	설인귀	Sŏl In-gwi	Seol Ingwi	蘇宣奎	소선규	So Sŏn-gyu	So Seongyu
偰長壽	설장수	Sŏl Chang-su	eol Jangsu	蘇世讓	소세양	So Se-yang	So Seyang
薛貞植	설정식	Sŏl Chŏng-sik	Seol Jeongsik	蘇律熙	소율희	So Yur-hŭi	So Yulhui
薛聰	설총	Sŏl Ch'ong	Seol Chong	蘇定方	소정방	So Chŏng-bang	So Jeongbang
成慶麟	성경린	Sŏng Kyŏng-nin	Seong Gyeongrin	邵台輔	소태보	So T'ae-bo	So Taebo
成錦鳶	성금연	Sŏng Kŭm-yŏn	Seong Geumyeon	孫建	손건	Son Kŏn	Son Geon
成崎運	성기운	Sŏng Ki-un	Seong Giun	孫琦	손기	Son Ki	Son Gi
成達生	성달생	Sŏng Tal-saeng	Seong Dalsaeng	孫基禎	손기정	Son Ki-jŏng	Son Gijeong

한자 용례	한글	ALA-LC Romanization	정부 표기안	한자 용례	한글	ALA-LC Romanization	정부 표기안
孫代音	손대음	Son Tae-ŭm	Son Daeeum	宋晚載	송만재	Song Man-jae	Song Manjae
孫東滿	손동만	Son Tong-man	Son Dongman	宋明	송명	Song-Myŏng	Song Myeong
孫斗煥	손두환	Son Tu-hwan	Son Duhwan	宋明欽	송명흠	Song Myŏng-hŭm	Song Myeongheum
孫武	손무	Son Mu	Son Mu	宋武鉉	송무현	Song Mu-hyŏn	Song Muhyeon
孫文	손문	Son Mun	Son Mun	宋文胄	송문주	Song Mun-ju	Song Munju
孫文彧	손문욱	Son Mun-uk	Son Munuk	宋美齡	송미령	Song Mi-ryŏng	Song Miryeong
孫秉熙	손병희	Son Pyŏng-hŭi	Son Byeonghui	宋民古	송민고	Song Min-go	Song Mingo
孫昭	손소	Son So	Son So	宋秉璿	송병선	Song Pyŏng-sŏn	Song Byeongseon
孫舜	손순	Son Sun	Son Sun	宋秉祚	송병조	Song Pyŏng-jo	Song Byeongjo
孫順	손순	Son Sun	Son Sun	宋秉晙	송병준	Song Pyŏng-jun	Song Byeongjun
孫舜孝	손순효	Son Sun-hyo	Son Sunhyo	宋鳳郁	송봉욱	Song Pong-uk	Song Bonguk
孫元一	손원일	Son Wŏn-il	Son Wonil	宋玢	송분	Song Pun	Song Bun
孫應星	손응성	Son Ŭng-sŏng	Son Eungseong	宋祀連	송사련	Song Sa-ryŏn	Song Saryeon
孫仁甲	손인갑	Son In-gap	Son Ingap	宋相琦	송상기	Song Sang-gi	Song Sanggi
孫子	손자	Sonja	Sonja	宋象仁	송상인	Song Sang-in	Song Sangin
孫在馨	손재형	Son Chae-hyŏng	Son Jaehyeong	宋象賢	송상현	Song Sang-hyŏn	Song Sanghyeon
孫貞圭	손정규	Son Chŏng-gyu	Son Cheonggyu	宋錫夏	송석하	Song Sŏk-ha	Song Seokha
孫貞道	손정도	Son Chŏng-do	Son Cheongdo	宋性澈	송성철	Song Sŏng-ch'ŏl	Song Seongcheol
孫正植	손정식	Son Chŏng-sik	Son Cheongsik	宋世琳	송세림	Song Se-rim	Song Serim
孫肇瑞	손조서	Son Cho-sŏ	Son Joseo	宋世珩	송세형	Song Se-hyŏng	Song Sehyeong
孫仲暾	손중돈	Son Chung-don	Son Jungdon	宋純	송순	Song Sun	Song Sun
孫晉泰	손진태	Son Chin-t'ae	Son Jintae	宋時烈	송시열	Song Si-yŏl	Song Siyeol
孫天民	손천민	Son Ch'ŏn-min	Son Cheonmin	宋時榮	송시영	Song Si-yŏng	Song Siyeong
孫清	손청	Son Ch'ŏng	Son Cheong	宋諶	송심	Song Sim	Song Sim
孫弘積	손홍적	Son Hong-jŏk	Son Hongjeok	宋彦琦	송언기	Song Ŏn-gi	Song Eongi
孫華仲	손화중	Son Hwa-jung	Son Hwajung	宋彦祥	송언상	Song Ŏn-sang	Song Eonsang
宋居信	송거신	Song Kŏ-sin	Song Geosin	宋言愼	송언신	Song Ŏn-sin	Song Eonsin
宋繼白	송계백	Song Kye-baek	Song Gyebaek	宋汝悰	송여종	Song Yŏ-jong	Song Yeojong
宋公綽	송공작	Song Kong-jak	Song Gongjak	宋影	송영	Song Yŏng	Song Yeong
宋光祿	송광록	Song Kwang-nok	Song Gwangrok	宋英耈	송영구	Song Yŏng-gu	Song Yeonggu
宋光淵	송광연	Song Kwang-yŏn	Song Gwangyeon	宋元相	송원상	Song Wŏn-sang	Song Wonsang
宋國瞻	송국첨	Song Kuk-ch'ŏm	Song Gukcheom	宋有仁	송유인	Song Yu-in	Song Yuin
宋君斐	송군비	Song Kun-bi	Song Gunbi	宋儒眞	송유진	Song Yu-jin	Song Yujin
宋奎濂	송규렴	Song Kyu-ryŏm	Song Gyuryeom	宋乙秀	송을수	Song Ŭl-su	Song Eulsu
宋近洙	송근수	Song Kŭn-su	Song Geunsu	宋應漑	송응개	Song Ŭng-gae	Song Eunggae
宋麒壽	송기수	Song Ki-su	Song Gisu	宋應洞	송응형	Song Ŭng-hyŏng	Song Eunghyeong
宋吉儒	송길유	Song Kir-yu	Song Kilyu	宋以穎	송이영	Song I-yŏng	Song Iyeong
宋南憲	송남헌	Song Nam-hŏn	Song Namheon	宋益孫	송익손	Song Ik-son	Song Ikson
宋達洙	송달수	Song Tal-su	Song Dalsu	宋翼弼	송익필	Song Ik-p'il	Song Ikpil
宋大立	송대립	Song Tae-rip	Song Daerip	宋寅	송인	Song In	Song In
宋德相	송덕상	Song Tŏk-sang	Song Deoksang	宋寅明	송인명	Song In-myŏng	Song Inmyeong
宋德榮	송덕영	Song Tŏg-yŏng	Song Deokyeong	宋仁壽	송인수	Song In-su	Song Insu
宋東陽	송동양	Song Tong-yang	Song Dongyang	宋麟壽	송인수	Song In-su	Song Insu
宋來熙	송래희	Song Nae-hŭi	Song Naehui	宋一舟	송일주	Song Il-chu	Song Ilju
宋萬甲	송만갑	Song Man-gap	Song Mangap	宋子清	송자청	Song Cha-ch'ŏng	Song Jacheong

한자 용례	한글	ALA-LC Romanization	정부 표기안	한자 용례	한글	ALA-LC Romanization	정부 표기안
宋在奎	송재규	Song Chae-gyu	Song Jaegyu	申明均	신명균	Sin Myŏng-gyun	Sin Myeonggyun
宋在文	송재문	Song Chae-mun	Song Jaemun	申命淳	신명순	Sin Myŏng-sun	Sin Myeongsun
宋在徽	송재휘	Song Chae-hwi	Song Jaehwi	辛夢參	신몽삼	Sin Mong-sam	Sin Mongsam
宋廷奎	송정규	Song Chŏng-gyu	Song Jeonggyu	申伯雨	신백우	Sin Paeg-u	Sin Baegu
宋松禮	송종례	Song Song-nye	Song Songrye	申甫純	신보순	Sin Po-sun	Sin Bosun
宋浚吉	송준길	Song Chun-gil	Song Jungil	申卜童	신복동	Sin Pok-tong	Sin Boktong
宋鎭禹	송진우	Song Chin-u	Song Jinu	申福模	신복모	Sin Pong-mo	Sin Bokmo
宋穉圭	송치규	Song Ch'i-gyu	Song Chigyu	申師任堂	신사임당	Sin Saimdang	Sin Saimdang
宋學先	송학선	Song Hak-sŏn	Song Hakseon	申錫九	신석구	Sin Sŏk-ku	Sin Seokgu
宋含弘	송함홍	Song Ham-hong	Song Hamhong	申錫雨	신석우	Sin Sŏg-u	Sin Seoku
宋玹壽	송현수	Song Hyŏn-su	Song Hyeonsu	申錫愚	신석우	Sin Sŏg-u	Sin Seoku
宋和	송화	Song Hwa	Song Hwa	辛夕汀	신석정	Sin Sŏk-chŏng	Sin Seokjeong
宋煥箕	송환기	Song Hwan-gi	Song Hwangi	辛錫正	신석정	Sin Sŏk-chŏng	Sin Seokjeong
宋欽	송흠	Song Hŭm	Song Heum	申碩祖	신석조	Sin Sŏk-cho	Sin Seokjo
宋興祿	송흥록	Song Hŭng-nok	Song Heungnok	申奭鎬	신석호	Sin Sŏk-ho	Sin Seokho
宋希奎	송희규	Song Hŭi-gyu	Song Huigyu	申世霖	신세림	Sin Se-rim	Sin Serim
申庚林	신경림	Sin Kyŏng-nim	Sin Gyeongnim	申世俊	신세준	Sin Se-jun	Sin Sejun
申景瑗	신경원	Sin Kyŏng-wŏn	Sin Gyeongwon	申㴊	신속	Sin Sok	Sin Sok
申景裕	신경유	Sin Kyŏng-yu	Sin Gyeongyu	愼守謙	신수겸	Sin Su-gyŏm	Sin Sugyeom
申景濬	신경준	Sin Kyŏng-jun	Sin Gyeongjun	愼守勤	신수근	Sin Su-gŭn	Sin Sugeun
辛慶晉	신경진	Sin Kyŏng-jin	Sin Gyeongjin	申肅	신숙	Sin Suk	Sin Suk
辛景行	신경행	Sin Kyŏng-haeng	Sin Gyeonghaeng	申叔舟	신숙주	Sin Suk-chu	Sin Sukju
申景禧	신경희	Sin Kyŏng-hŭi	Sin Gyeonghui	申崇謙	신숭겸	Sin Sung-gyŏm	Sin Sunggyeom
辛啓榮	신계영	Sin Kye-yŏng	Sin Gyeyeong	愼承善	신승선	Sin Sŭng-sŏn	Sin Seungseon
申公濟	신공제	Sin Kong-je	Sin Gongje	申湜	신식	Sin Sik	Sin Sik
申光洙	신광수	Sin Kwang-su	Sin Gwangsu	申汝哲	신여철	Sin Yŏ-ch'ŏl	Sin Yeocheol
辛光業	신광업	Sin Kwang-ŏp	Sin Gwangeop	申榮三	신영삼	Sin Yŏng-sam	Sin Yeongsam
申光漢	신광한	Sin Kwang-han	Sin Gwanghan	申寧漢	신영한	Sin Yŏng-han	Sin Yeonghan
申光絢	신광현	Sin Kwang-hyŏn	Sin Gwanghyeon	辛裔	신예	Sin Ye	Sin Ye
申圭植	신규식	Sin Kyu-sik	Sin Gyusik	申玩	신완	Sin Wan	Sin Wan
申奎植	신규식	Sin Kyu-sik	Sin Gyusik	申用溉	신용개	Sin Yong-gae	Sin Yonggae
辛克禮	신극례	Sin Kŭng-nye	Sin Geukrye	申禹鉉	신우현	Sin U-hyŏn	Sin Uhyeon
申箕善	신기선	Sin Ki-sŏn	Sin Giseon	申緯	신위	Sin Wi	Sin Wi
申大羽	신대우	Sin Tae-u	Sin Daeu	辛有定	신유정	Sin Yu-jŏng	Sin Yujeong
申德均	신덕균	Sin Tŏk-kyun	Sin Deokgyun	申維翰	신유한	Sin Yu-han	Sin Yuhan
申德隣	신덕린	Sin Tŏng-nin	Sin Deokrin	辛允武	신윤무	Sin Yun-mu	Sin Yunmu
申德淳	신덕순	Sin Tŏk-sun	Sin Deoksun	申潤福	신윤복	Sin Yun-bok	Sin Yunbok
辛旽	신돈	Sin Ton	Sin Don	辛應時	신응시	Sin Ŭng-si	Sin Eungsi
申乬石	신돌석	Sin Tol-sŏk	Sin Dolseok	申應朝	신응조	Sin Ŭng-jo	Sin Eungjo
申得淵	신득연	Sin Tŭg-yŏn	Sin Deugyeon	申應熙	신응희	Sin Ŭng-hŭi	Sin Eunghui
申砬	신립	Sin Rip	Sin Rip	申翼相	신익상	Sin Ik-sang	Sin Iksang
申晚	신만	Sin Man	Sin Man	申翊聖	신익성	Sin Ik-sŏng	Sin Ikseong
申萬葉	신만엽	Sin Man-yŏp	Sin Manyeop	申翊全	신익전	Sin Ik-chŏn	Sin Ikjeon
申末舟	신말주	Sin Mal-chu	Sin Malju	申翼熙	신익희	Sin Ik-hŭi	Sin Ikhui
申冕	신면	Sin Myŏn	Sin Myeon	辛引孫	신인손	Sin In-son	Sin Inson

한자 용례	한글	ALA-LC Romanization	정부 표기안	한자 용례	한글	ALA-LC Romanization	정부 표기안
辛日鎔	신일용	Sin Il-yong	Sin Iryong	沈德符	심덕부	Sim Tŏk-pu	Sim Deokbu
申綽	신작	Sin Chak	Sin Jak	沈道斌	심도빈	Sim To-bin	Sim Dobin
申潛	신잠	Sin Cham	Sin Jam	沈命世	심명세	Sim Myŏng-se	Sim Myeongse
申檣	신장	Sin Chang	Sin Jang	沈敏謙	심민겸	Sim Min-gyŏm	Sim Mingyeom
申在植	신재식	Sin Chae-sik	Sin Jaesik	沈逢源	심봉원	Sim Pong-wŏn	Sim Bongwon
愼在哲	신재철	Sin Chae-ch'ŏl	Sin Jaecheol	沈思遜	심사손	Sim Sa-son	Sim Sason
申在孝	신재효	Sin Chae-hyo	Sin Jaehyo	沈師正	심사정	Sim Sa-jŏng	Sim Sajeong
申晸	신정	Sin Chŏng	Sin Jeong	沈象奎	심상규	Sim Sang-gyu	Sim Sanggyu
申瀞	신정	Sin Chŏng	Sin Jeong	沈翔雲	심상운	Sim Sang-un	Sim Sangun
申靖夏	신정하	Sin Chŏng-ha	Sin Jeongha	沈相學	심상학	Sim Sang-hak	Sim Sanghak
申正會	신정회	Sin Chŏng-hoe	Sin Jeonghoe	沈相薰	심상훈	Sim Sang-hun	Sim Sanghun
申正熙	신정희	Sin Chŏng-hŭi	Sin Jeonghui	沈星雲	심성운	Sim Sŏng-un	Sim Seongun
申從濩	신종호	Sin Chong-ho	Sin Jongho	沈守慶	심수경	Sim Su-gyŏng	Sim Sugyeong
申浚	신준	Sin Chun	Sin Jun	沈守澤	심수택	Sim Su-t'aek	Sim Sutaek
申楫	신집	Sin Chip	Sin Jip	沈壽賢	심수현	Sim Su-hyŏn	Sim Suhyeon
愼執平	신집평	Sin Chip-p'yŏng	Sin Jippyeong	沈舜澤	심순택	Sim Sun-t'aek	Sim Suntaek
辛昌	신창	Sin Ch'ang	Sin Chang	沈彦光	심언광	Sim Ŏn-gwang	Sim Eongwang
申采浩	신채호	Sin Ch'ae-ho	Sin Chaeho	沈演	심연	Sim Yŏn	Sim Yeon
申忠一	신충일	Sin Ch'ung-il	Sin Chungil	沈連源	심연원	Sim Yŏn-wŏn	Sim Yeonwon
申快童	신쾌동	Sin K'wae-dong	Sin Kwaedong	沈悅	심열	Sim Yŏl	Sim Yeol
申泰岳	신태악	Sin T'ae-ak	Sin Taeak	沈溫	심온	Sim On	Sim On
申泰嶽	신태악	Sin T'ae-ak	Sin Taeak	沈友勝	심우승	Sim U-sŭng	Sim Useung
申泰鼎	신태정	Sin T'ae-jŏng	Sin Taejeong	沈友信	심우신	Sim U-sin	Sim Usin
申泰休	신태휴	Sin T'ae-hyu	Sin Daehyu	沈友英	심우영	Sim U-yŏng	Sim Uyeong
愼杓晟	신표성	Sin P'yo-sŏng	Sin Byoseong	沈友正	심우정	Sim U-jŏng	Sim Ujeong
申漢枰	신한평	Sin Han-p'yŏng	Sin Hanpyeong	沈元俊	심원준	Sim Wŏn-jun	Sim Wonjun
申海永	신해영	Sin Hae-yŏng	Sin Haeyeong	沈攸	심유	Sim Yu	Sim Yu
申櫶	신헌	Sin Hŏn	Sin Heon	沈義謙	심의겸	Sim Ŭi-gyŏm	Sim Uigyeom
申浩	신호	Sin Ho	Sin Ho	沈宜德	심의덕	Sim Ŭi-dŏk	Sim Uideok
辛鎬俊	신호준	Sin Ho-jun	Sin Hojun	沈履之	심이지	Sim I-ji	Sim Iji
申洪植	신홍식	Sin Hong-sik	Sin Hongsik	沈履澤	심이택	Sim I-t'aek	Sim Itaek
愼後聃	신후담	Sin Hu-dam	Sin Hudam	沈益顯	심익현	Sim Ik-hyŏn	Sim Ikhyeon
申厚載	신후재	Sin Hu-jae	Sin Hujae	沈貞	심정	Sim Chŏng	Sim Jeong
申欽	신흠	Sin Hŭm	Sin Heum	沈定鎭	심정진	Sim Chŏng-jin	Sim Jeongjin
申興雨	신흥우	Sin Hŭng-u	Sin Heungu	沈之伯	심지백	Sim Chi-baek	Sim Jibaek
愼希復	신희복	Sin Hŭi-bok	Sin Huibok	沈之源	심지원	Sim Chi-wŏn	Sim Jiwon
沈鋼	심강	Sim Kang	Sim Gang	沈之漢	심지한	Sim Chi-han	Sim Jihan
沈健永	심건영	Sim Kŏn-yŏng	Sim Geonyeong	沈淸	심청	Sim Ch'ŏng	Sim Cheong
沈光世	심광세	Sim Kwang-se	Sim Gwangse	沈淸澤	심청택	Sim Ch'ŏng-t'aek	Sim Cheongtaek
沈光洙	심광수	Sim Kwang-su	Sim Gwangsu	沈忠謙	심충겸	Sim Ch'ung-gyŏm	Sim Chunggyeom
沈光彦	심광언	Sim Kwang-ŏn	Sim Gwangeon	沈鐸	심탁	Sim T'ak	Sim Tak
沈器遠	심기원	Sim Ki-wŏn	Sim Giwon	沈太山	심태산	Sim T'ae-san	Sim Taesan
沈南一	심남일	Sim Nam-il	Sim Namil	沈通源	심통원	Sim T'ong-wŏn	Sim Tongwon
沈魯崇	심노숭	Sim No-sung	Sim Nosung	沈亨求	심형구	Sim Hyŏng-gu	Sim Hyeonggu
沈大孚	심대부	Sim Tae-bu	Sim Daebu	沈煥之	심환지	Sim Hwan-ji	Sim Hwanji

한자 용례	한글	ALA-LC Romanization	정부 표기안	한자 용례	한글	ALA-LC Romanization	정부 표기안
沈澮	심회	Sim Hoe	Sim Hoe	安勝	안승	An Sŭng	An Seung
沈孝生	심효생	Sim Hyo-saeng	Sim Hyosaeng	安承禹	안승우	An Sŭng-u	An Seungu
沈熏	심훈	Sim Hun	Sim Hun	安瑛	안영	An Yŏng	An Yeong
沈喜壽	심희수	Sim Hŭi-su	Sim Huisu	安龍福	안용복	An Yong-bok	An Yongbok
阿志泰	아지태	A Chi-t'ae	A Jitae	安祐	안우	An U	An U
阿直岐	아직기	Ajikki	Ajikgi	安遇慶	안우경	An U-gyŏng	An Ugyeong
安堅	안견	An Kyŏn	An Gyeon	安裕	안유	An Yu	An Yu
安兼濟	안겸제	An Kyŏm-je	An Gyeomje	安潤德	안윤덕	An Yun-dŏk	An Yundeok
安敬根	안경근	An Kyŏng-gŭn	An Gyeonggeun	安應七	안응칠	An Ŭng-ch'il	An Eungchil
安駉壽	안경수	An Kyŏng-su	An Gyeongsu	安益泰	안익태	An Ik-t'ae	An Iktae
安敬信	안경신	An Kyŏng-sin	An Gyeongsin	安在鴻	안재홍	An Chae-hong	An Jaehong
安景昌	안경창	An Kyŏng-ch'ang	An Gyeongchang	安鼎福	안정복	An Chŏng-bok	An Jeongbok
安國善	안국선	An Kuk-sŏn	An Gukseon	安宗洙	안종수	An Chong-su	An Jongsu
安貴生	안귀생	An Kwi-saeng	An Gwisaeng	安鍾彦	안종언	An Chong-ŏn	An Jongeon
安珪	안규	An Kyu	An Gyu	安宗源	안종원	An Chong-wŏn	An Jongwon
安圭泰	안규태	An Kyu-t'ae	An Gyutae	安鍾和	안종화	An Chong-hwa	An Jonghwa
安圭洪	안규홍	An Kyu-hong	An Gyuhong	安重根	안중근	An Chung-gŭn	An Junggeun
安基成	안기성	An Ki-sŏng	An Giseong	安中植	안중식	An Chung-sik	An Jungsik
安驥泳	안기영	An Ki-yŏng	An Giyeong	安止	안지	An Chi	An Ji
安吉祥	안길상	An Kil-sang	An Gilsang	安稷崇	안직숭	An Chik-sung	An Jiksung
安那含	안나함	An Na-ham	An Naham	安震	안진	An Chin	An Jin
安東晙	안동준	An Tong-jun	An Dongjun	安縝	안진	An Chin	An Jin
安魯生	안로생	An No-saeng	An Nosaeng	安昌男	안창남	An Ch'ang-nam	An Changnam
安名世	안명세	An Myŏng-se	An Myeongse	安昌浩	안창호	An Ch'ang-ho	An Changho
安玟英	안민영	An Min-yŏng	An Minyeong	安處謙	안처겸	An Ch'ŏ-gyŏm	An Cheogyeom
安邦俊	안방준	An Pang-jun	An Bangjun	安處順	안처순	An Ch'ŏ-sun	An Cheosun
安秉珍	안병진	An Pyŏng-jin	An Byeongjin	安天保	안천보	An Ch'ŏn-bo	An Cheonbo
安秉瓚	안병찬	An Pyŏng-ch'an	An Byeongchan	安哲孫	안철손	An Ch'ŏl-son	An Cheolson
安炳燦	안병찬	An Pyŏng-ch'an	An Byeongchan	安軸	안축	An Ch'uk	An Chuk
安炳瓚	안병찬	An Pyŏng-ch'an	An Byeongchan	安琛	안침	An Ch'im	An Chim
安秉鎬	안병호	An Pyŏng-ho	An Byeongho	安泰國	안태국	An T'ae-guk	An Taeguk
安輔	안보	An Po	An Bo	安含	안함	An Ham	An Ham
安甫鱗	안보린	An Po-rin	An Borin	安含光	안함광	An Ham-gwang	An Hamgwang
安福	안복	An Pok	An Bok	安珦	안향	An Hyang	An Hyang
安師琦	안사기	An Sa-gi	An Sagi	安獻徵	안헌징	An Hŏn-jing	An Heonjing
安士雄	안사웅	An Sa-ung	An Saung	安玹	안현	An Hyŏn	An Hyeon
安瑺	안상	An Sang	An Sang	安浩相	안호상	An Ho-sang	An Hosang
安夕影	안석영	An Sŏg-yŏng	An Seogyeong	安弘國	안홍국	An Hong-guk	An Hongguk
安碩柱	안석주	An Sŏk-chu	An Seokju	安弘敏	안홍민	An Hong-min	An Hongmin
安世禎	안세정	An Se-jŏng	An Sejeong	安廓	안확	An Hwak	An Hwak
安世桓	안세환	An Se-hwan	An Sehwan	安孝濟	안효제	An Hyo-je	An Hyoje
安沼	안소	An So	An So	安熙濟	안희제	An Hŭi-je	An Huije
安壽吉	안수길	An Su-gil	An Sugil	梁健錄	양건록	Yang Kŏn-nok	Yang Geonrok
安純	안순	An Sun	An Sun	梁建一	양건일	Yang Kŏn-il	Yang Geonil
安崇善	안숭선	An Sung-sŏn	An Sungseon	楊九龍	양구룡	Yang Ku-ryong	Yang Guryong

한자 용례	한글	ALA-LC Romanization	정부 표기안	한자 용례	한글	ALA-LC Romanization	정부 표기안
梁圭喆	양규철	Yang Kyu-ch'ŏl	Yang Gyucheol	魚允中	어윤중	Ŏ Yun-jung	Eo Yunjung
梁槿煥	양근환	Yang Kŭn-hwan	Yang Geunhwan	魚在淵	어재연	Ŏ Chae-yŏn	Eo Jaeyeon
梁起鐸	양기탁	Yang Ki-t'ak	Yang Gitak	魚孝瞻	어효첨	Ŏ Hyo-ch'ŏm	Eo Hyocheom
梁吉	양길	Yang Kil	Yang Gil	嚴燾	엄도	Ŏm To	Eom Do
梁德壽	양덕수	Yang Tŏk-su	Yang Deoksu	嚴福童	엄복동	Ŏm Pok-tong	Eom Bokdong
楊東茂	양동무	Yang Tong-mu	Yang Dongmu	嚴世永	엄세영	Ŏm Se-yŏng	Eom Seyeong
梁東浩	양동호	Yang Tong-ho	Yang Dongho	嚴守安	엄수안	Ŏm Su-an	Eom Suan
梁得中	양득중	Yang Tŭk-chung	Yang Deukjung	嚴仁燮	엄인섭	Ŏm In-sŏp	Eom Inseop
楊萬春	양만춘	Yang Man-ch'un	Yang Manchun	嚴株東	엄주동	Ŏm Chu-dong	Eom Judong
楊伯淵	양백연	Yang Paeg-yŏn	Yang Baekyeon	嚴柱益	엄주익	Ŏm Chu-ik	Eom Juik
楊士彦	양사언	Yang Sa-ŏn	Yang Saeon	嚴璨	엄찬	Ŏm Ch'an	Eom Chan
楊士衡	양사형	Yang Sa-hyŏng	Yang Sahyeong	嚴恒燮	엄항섭	Ŏm Hang-sŏp	Eom Hangseop
梁山璹	양산숙	Yang San-suk	Yang Sansuk	嚴愰	엄황	Ŏm Hwang	Eom Hwang
梁三成	양삼성	Yang Sam-sŏng	Yang Samseong	呂圭亨	여규형	Yŏ Kyu-hyŏng	Yeo Gyuhyeong
梁瑞鳳	양서봉	Yang Sŏ-bong	Yang Seobong	呂聖齊	여성제	Yŏ Sŏng-je	Yeo Seongje
楊成規	양성규	Yang Sŏng-gyu	Yang Seonggyu	呂運徹	여운철	Yŏ Un-ch'ŏl	Yeo Uncheol
梁誠之	양성지	Yang Sŏng-ji	Yang Seongji	呂運亨	여운형	Yŏ Un-hyŏng	Yeo Unhyeong
梁世奉	양세봉	Yang Se-bong	Yang Sebong	呂運弘	여운홍	Yŏ Un-hong	Yeo Unhong
楊世振	양세진	Yang Se-jin	Yang Sejin	呂準	여준	Yŏ Chun	Yeo Jun
楊松巖	양송암	Yang Song-am	Yang Songam	淵蓋蘇文	연개소문	Yŏn Kaesomun	Yeon Gaesomun
梁承壽	양승수	Yang Sŭng-su	Yang Seungsu	延基羽	연기우	Yŏn Ki-u	Yeon Giu
楊承雨	양승우	Yang Sŭng-u	Yang Seungu	延基浩	연기호	Yŏn Ki-ho	Yeon Giho
楊禮壽	양예수	Yang Ye-su	Yang Yesu	燕文進	연문진	Yŏn Mun-jin	Yeon Munjin
梁雨庭	양우정	Yang U-jŏng	Yang Ujeong	延秉學	연병학	Yŏn Pyŏng-hak	Yeon Byeonghak
梁允奉	양윤봉	Yang Yun-bong	Yang Yunbong	延秉昊	연병호	Yŏn Pyŏng-ho	Yeon Byeongho
梁應鼎	양응정	Yang Ŭng-jŏng	Yang Eungjeong	延炳昊	연병호	Yŏn Pyŏng-ho	Yeon Byeongho
梁甸伯	양전백	Yang Chŏn-baek	Yang Jeonbaek	延奉烈	연봉렬	Yŏn Pong-nyŏl	Yeon Bongnyeol
梁柱東	양주동	Yang Chu-dong	Yang Judong	淵秀英	연수영	Yŏn Su-yŏng	Yŏn Suyeong
梁昌俊	양창준	Yang Ch'ang-jun	Yang Changjun	淵淨土	연정토	Yŏn Chŏng-t'o	Yeon Jeongto
梁泰煥	양태환	Yang T'ae-hwan	Yang Taehwan	延陀勃	연타발	Yŏn T'a-bal	Yeon Tabal
梁彭孫	양팽손	Yang P'aeng-son	Yang Paengson	廉尙燮	염상섭	Yŏm Sang-sŏp	Yeom Sangseop
梁漢默	양한묵	Yang Han-muk	Yang Hanmuk	廉想涉	염상섭	Yŏm Sang-sŏp	Yeom Sangseop
梁憲洙	양헌수	Yang Hŏn-su	Yang Heonsu	廉悌臣	염제신	Yŏm Che-sin	Yeom Jesin
梁會一	양회일	Yang Hoe-il	Yang Hoeil	廉興邦	염흥방	Yŏm Hŭng-bang	Yeom Heungbang
楊稀枝	양희지	Yang hŭi-ji	Yang huiji	芮承錫	예승석	Ye Sŭng-sŏk	Ye Seungseok
楊熙止	양희지	Yang Hŭi-ji	Yang Huiji	吳剛杓	오강표	O Kang-p'yo	Oh Gangpyo
魚得江	어득강	Ŏ Tŭk-kang	Eo Deukgang	吳健	오건	O Kŏn	Oh Geon
魚夢龍	어몽룡	Ŏ Mong-nyong	Eo Mongryong	吳謙	오겸	O Kyŏm	Oh Gyeom
魚世謙	어세겸	Ŏ Se-gyŏm	Eo Segyeom	吳慶錫	오경석	O Kyŏng-sŏk	Oh Gyeongseok
魚世恭	어세공	Ŏ Se-gong	Eo Segong	吳桂花	오계화	O Kye-hwa	Oh Gyehwa
魚叔權	어숙권	Ŏ Suk-kwŏn	Eo Sukgwon	吳光鮮	오광선	O Kwang-sŏn	Oh Gwangseon
魚泳潭	어영담	Ŏ Yŏng-dam	Eo Yeongdam	吳光運	오광운	O Kwang-un	Oh Gwangun
魚有鳳	어유봉	Ŏ Yu-bong	Eo Yubong	烏光贊	오광찬	O Kwang-ch'an	O Gwangchan
魚有沼	어유소	Ŏ Yu-so	Eo Yuso	吳兢善	오긍선	O Kŭng-sŏn	Oh Geungseon
魚允迪	어윤적	Ŏ Yun-jŏk	Eo Yunjeok	吳琪燮	오기섭	O Ki-sŏp	Oh Giseop

한자 용례	한글	ALA-LC Romanization	정부 표기안	한자 용례	한글	ALA-LC Romanization	정부 표기안
吳基涉	오기섭	O Ki-sŏp	Oh Giseop	吳挺緯	오정위	O Chŏng-wi	Oh Jeongwi
吳基鎬	오기호	O Ki-ho	Oh Giho	吳挺一	오정일	O Chŏng-il	Oh Jeongil
吳端	오단	O Tan	Oh Dan	吳挺昌	오정창	O Chŏng-ch'ang	Oh Jeongchang
吳達濟	오달제	O Tal-che	Oh Dalje	吳宗植	오종식	O Chong-sik	Oh Jongsik
吳道一	오도일	O To-il	Oh Doil	吳知泳	오지영	O Chi-yŏng	Oh Jiyeong
吳東元	오동원	O Tong-wŏn	Oh Dongwon	吳之湖	오지호	O Chi-ho	Oh Jiho
吳東振	오동진	O Tong-jin	Oh Dongjin	吳卓	오탁	O T'ak	Oh Tak
吳斗寅	오두인	O Tu-in	Oh Duin	吳太石	오태석	O T'ae-sŏk	Oh Taeseok
吳冕稙	오면직	O Myŏn-jik	Oh Myeonjik	吳泰周	오태주	O T'ae-ju	Oh Taeju
吳命峻	오명준	O Myŏng-jun	Oh Myeongjun	吳弼善	오필선	O P'il-sŏn	Oh Pilseon
吳命恒	오명항	O Myŏng-hang	Oh Myeonghang	吳夏英	오하영	O Ha-yŏng	Oh Hayeong
吳白龍	오백룡	O Paeng-nyong	Oh Baekryong	吳赫	오혁	O Hyŏk	Oh Hyeok
吳鳳煥	오봉환	O Pong-hwan	Oh Bonghwan	吳華英	오화영	O Hwa-yŏng	Oh Hwayeong
吳思忠	오사충	O Sa-ch'ung	Oh Sachung	吳華泳	오화영	O Hwa-yŏng	Oh Hwayeong
吳相淳	오상순	O Sang-sun	Oh Sangsun	吳宏默	오횡묵	O Hoeng-muk	Oh Hoengmuk
吳成崙	오성윤	O Sŏng-yun	Oh Seongyun	吳希吉	오희길	O Hŭi-gil	Oh Huigil
吳成煥	오성환	O Sŏng-hwan	Oh Seonghwan	吳熙常	오희상	O Hŭi-sang	Oh Huisang
吳世文	오세문	O Se-mun	Oh Semun	玉丹春	옥단춘	Ok Tan-ch'un	Ok Danchun
吳世才	오세재	O Se-jae	Oh Sejae	溫達	온달	On Tal	On Dal
吳世昌	오세창	O Se-ch'ang	Oh Sechang	王可道	왕가도	Wang Ka-do	Wang Gado
吳壽祺	오수기	O Su-gi	Oh Sugi	王昛	왕거	Wang Kŏ	Wang Geo
吳淑庇	오숙비	O Suk-pi	Oh Sukbi	王建	왕건	Wang Kŏn	Wang Geon
吳陞	오승	O Sŭng	Oh Seung	王暻	왕경	Wang Kyŏng	Wang Gyeong
吳承績	오승적	O Sŭng-jŏk	Oh Seungjeok	王翯	왕고	Wang Ko	Wang Go
吳始復	오시복	O Si-bok	Oh Sibok	王國髦	왕국모	Wang Kung-mo	Wang Gukmo
吳始壽	오시수	O Si-su	Oh Sisu	王規	왕규	Wang Kyu	Wang Gyu
吳良遇	오양우	O Yang-u	Oh Yangu	王昀	왕균	Wang Kyun	Wang Gyun
吳億齡	오억령	O Ŏng-nyŏng	Oh Eokryeong	王基	왕기	Wang Ki	Wang Gi
吳延寵	오연총	O Yŏn-ch'ong	Oh Yeonchong	王燾	왕도	Wang To	Wang Do
吳永善	오영선	O Yŏng-sŏn	Oh Yeongseon	王同穎	왕동영	Wang Tong-yŏng	Wang Dongyeong
吳永一	오영일	O Yŏng-il	Oh Yeongil	王隆	왕륭	Wang Ryung	Wang Ryung
吳瑗	오원	O Wŏn	Oh Won	王莽	왕망	Wang Mang	Wang Mang
烏有蘭	오유란	O Yu-ran	O Yuran	王武	왕무	Wang Mu	Wang Mu
吳允謙	오윤겸	O Yun-gyŏm	Oh Yungyeom	王邦衍	왕방연	Wang Pang-yŏn	Wang Bangyeon
吳允吉	오윤길	O Yun-gil	Oh Yungil	王侑	왕보	Wang Po	Wang Bo
吳允常	오윤상	O Yun-sang	Oh Yunsang	王逢規	왕봉규	Wang Pong-gyu	Wang Bonggyu
吳潤善	오윤선	O Yun-sŏn	Oh Yunseon	王山岳	왕산악	Wang San-ak	Wang Sanak
吳應台	오응태	O Ŭng-t'ae	Oh Eungtae	王三錫	왕삼석	Wang Sam-sŏk	Wang Samseok
吳義善	오의선	O Ŭi-sŏn	Oh Uiseon	王世儀	왕세의	Wang Se-ŭi	Wang Seui
吳一英	오일영	O Ir-yŏng	Oh Ilyeong	王昭	왕소	Wang So	Wang So
吳子慶	오자경	O Cha-gyŏng	Oh Jagyeong	王誦	왕송	Wang Song	Wang Song
吳子升	오자승	O Cha-sŭng	Oh Jaseung	王守仁	왕수인	Wang Su-in	Wang Suin
吳潛	오잠	O Cham	Oh Jam	王詢	왕순	Wang Sun	Wang Sun
吳章煥	오장환	O Chang-hwan	Oh Janghwan	王順式	왕순식	Wang Sun-sik	Wang Sunsik
吳載純	오재순	O Chae-sun	Oh Jaesun	王新福	왕신복	Wang Sin-bok	Wang Sinbok

한자 용례	한글	ALA-LC Romanization	정부 표기안	한자 용례	한글	ALA-LC Romanization	정부 표기안
王信虎	왕신호	Wang Sin-ho	Wang Sinho	王曦	왕희	Wang Hŭi	Wang Hui
王安德	왕안덕	Wang An-tŏk	Wang Andeok	王僖	왕희	Wang Hŭi	Wang Hui
王安石	왕안석	Wang An-sŏk	Wang Anseok	姚克一	요극일	Yo Kŭg-il	Yo Geugil
王陽明	왕양명	Wang Yang-myŏng	Wang Yangmyeong	禹景玉	우경옥	U Kyŏng-ok	U Gyeongok
王淵	왕연	Wang Yŏn	Wang Yeon	禹君則	우군칙	U Kun-ch'ik	U Gunchik
王乂	왕예	Wang Ye	Wang Ye	禹德麟	우덕린	U Tŏng-nin	U Deokrin
王祦	왕오	Wang O	Wang O	禹德淳	우덕순	U Tŏk-sun	U Deoksun
王溫	왕온	Wang On	Wang On	禹東鮮	우동선	U Tong-sŏn	U Dongseon
王瑤	왕요	Wang Yo	Wang Yo	于勒	우륵	Urŭk	Ureuk
王俁	왕우	Wang U	Wang U	禹孟善	우맹선	U Maeng-sŏn	U Maengseon
王昱	왕욱	Wang Uk	Wang Uk	禹範善	우범선	U Pŏm-sŏn	U Beomseon
王旭	왕욱	Wang Uk	Wang Uk	禹尙中	우상중	U Sang-jung	U Sangjung
王柔	왕유	Wang Yu	Wang Yu	禹性傳	우성전	U Sŏng-jŏn	U Seongjeon
王儒	왕유	Wang Yu	Wang Yu	于承慶	우승경	U Sŭng-gyŏng	U Seunggyeong
王仁	왕인	Wang In	Wang In	禹昇圭	우승규	U Sŭng-gyu	U Seunggyu
王滋	왕자	Wang Cha	Wang Ja	牛僧孺	우승유	U Sŭng-yu	U Seungyu
王子仁	왕자인	Wang Cha-in	Wang Jain	禹仁烈	우인열	U In-yŏl	U Inyeol
王字之	왕자지	Wang Cha-ji	Wang Jaji	禹長春	우장춘	U Chang-ch'un	U Jangchun
王璋	왕장	Wang Chang	Wang Jang	禹在龍	우재룡	U Chae-ryong	U Jaeryong
王在一	왕재일	Wang Chae-il	Wang Jaeil	禹禎圭	우정규	U Chŏng-gyu	U Jeonggyu
王佺	왕전	Wang Chŏn	Wang Jeon	禹倬	우탁	U T'ak	U Tak
王典	왕전	Wang Chŏn	Wang Jŏn	禹夏永	우하영	U Ha-yŏng	U Hayeong
王顓	왕전	Wang Chŏn	Wang Jeon	于學儒	우학유	U Hag-yu	U Hakyu
王禎	왕정	Wang Chŏng	Wang Jeong	禹玄寶	우현보	U Hyŏn-bo	U Hyeonbo
王琮	왕종	Wang Chong	Wang Jong	元景夏	원경하	Wŏn Kyŏng-ha	Won Gyeongha
王綧	왕준명	Wang Chun	Wang Jun	元均	원균	Wŏn Kyun	Won Gyun
王濬明	왕준명	Wang Chun-myŏng	Wang Junmyŏng	元斗杓	원두표	Wŏn Tu-p'yo	Won Dupyo
王淐	왕창	Wang Ch'ang	Wang Chang	元宣	원선	Wŏn Sŏn	Won Seon
王昌東	왕창동	Wang Ch'ang-dong	Wang Changdong	袁世凱	원세개	Wŏn Se-gae	Won Segae
王皦	왕철	Wang Ch'ŏl	Wang Cheol	元世性	원세성	Wŏn Se-sŏng	Won Seseong
王寵之	왕청지	Wang Ch'ong-ji	Wang Cheongji	元世勳	원세훈	Wŏn Se-hun	Won Sehun
王忠	왕충	Wang Ch'ung	Wang Chung	元松壽	원송수	Wŏn Song-su	Won Songsu
王晫	왕탁	Wang T'ak	Wang Tak	元心昌	원심창	Wŏn Sim-ch'ang	Won Simchang
王珆	왕태	Wang T'ae	Wang Tae	元容錫	원용석	Wŏn Yong-sŏk	Won Yongseok
王楷	왕해	Wang Hae	Wang Hae	元容八	원용팔	Wŏn Yong-p'al	Won Yongpal
王晛	왕현	Wang Hyŏn	Wang Hyeon	元仁孫	원인손	Wŏn In-son	Won Inson
王亨	왕형	Wang Hyŏng	Wang Hyeong	元天錫	원천석	Wŏn Ch'ŏn-sŏk	Won Cheonseok
王譓	왕혜	Wang Hye	Wang Hye	元昊	원호	Wŏn Ho	Won Ho
王晧	왕호	Wang Ho	Wang Ho	元曉	원효	Wŏnhyo	Wonhyo
王孝隣	왕효린	Wang Hyo-rin	Wang Hyorin	元孝然	원효연	Wŏn Hyo-yŏn	Won Hyoyeon
王煦	왕후	Wang Hu	Wang Hu	魏繼廷	위계정	Wi Kye-jŏng	Wi Gyejeong
王勳	왕훈	Wang Hun	Wang Hun	魏桂煥	위계환	Wi Kye-hwan	Wi Gyehwan
王徽	왕휘	Wang Hwi	Wang Hwi	魏伯珪	위백규	Wi Paek-kyu	Wi Baekgyu
王昕	왕흔	Wang Hŭn	Wang Heun	韋壽餘	위수여	Wi Su-yŏ	Wi Suyeo
王欽	왕흠	Wang Hŭm	Wang Heum	俞珏卿	유각경	Yu Kak-kyŏng	Yu Gakgyeong

한자 용례	한글	ALA-LC Romanization	정부 표기안	한자 용례	한글	ALA-LC Romanization	정부 표기안
柳監	유감	Yu Kam	Yu Gam	柳韶	유소	Yu So	Yu So
兪絳	유강	Yu Kang	Yu Gang	柳洙	유수	Yu Su	Yu Su
柳建休	유건휴	Yu Kŏn-hyu	Yu Geonhyu	柳壽垣	유수원	Yu Su-wŏn	Yu Suwon
庚黔弼	유검필	Yu Kŏm-p'il	Yu Geompil	柳淑	유숙	Yu Suk	Yu Suk
柳謙明	유겸명	Yu Kyŏm-myŏng	Yu Gyeommyeong	劉淑	유숙	Yu Suk	Yu Suk
柳京洙	유경수	Yu Kyŏng-su	Yu Gyeongsu	兪肅基	유숙기	Yu Suk-ki	Yu Sukgi
柳季聞	유계문	Yu Kye-mun	Yu Gyemun	柳洵	유순	Yu Sun	Yu Sun
柳繼春	유계춘	Yu Kye-ch'un	Yu Gyechun	柳順汀	유순정	Yu Sun-jŏng	Yu Sunjeong
柳桂和	유계화	Yu Kye-hwa	Yu Gyehwa	柳濕	유습	Yu Sŭp	Yu Seup
柳公權	유공권	Yu Kong-kwŏn	Yu Gonggwon	柳陞	유승	Yu Sŭng	Yu Seung
柳寬	유관	Yu Kwan	Yu Gwan	兪升旦	유승단	Yu Sŭng-dan	Yu Seungdan
柳寬順	유관순	Yu Kwan-sun	Yu Gwansun	柳承一	유승일	Yu Sŭng-il	Yu Seungil
柳洸	유광	Yu Kwang	Yu Gwang	柳時淵	유시연	Yu Si-yŏn	Yu Siyeon
柳光翼	유광익	Yu Kwang-ik	Yu Gwangik	柳時柱	유시주	Yu Si-ju	Yu Siju
柳瑾	유근	Yu Kŭn	Yu Geun	柳伸	유신	Yu Sin	Yu Sin
劉錦山	유금산	Yu Kŭm-san	Yu Geumsan	劉信	유신	Yu Sin	Yu Sin
兪箕煥	유기환	Yu Ki-hwan	Yu Gihwan	兪莘煥	유신환	Yu Sin-hwan	Yu Sinhwan
兪吉濬	유길준	Yu Kil-chun	Yu Giljun	兪億兼	유억겸	Yu Ŏk-kyŏm	Yu Eokgyeom
柳聃年	유담년	Yu Tam-nyŏn	Yu Damnyeon	兪彦鎬	유언호	Yu Ŏn-ho	Yu Eonho
柳東植	유동식	Yu Tong-sik	Yu Dongsik	兪汝霖	유여림	Yu Yŏ-rim	Yu Yeorim
柳得恭	유득공	Yu Tŭk-kong	Yu Deukgong	柳淵	유연	Yu Yŏn	Yu Yeon
柳亮	유량	Yu Ryang	Yu Ryang	柳泳慶	유영경	Yu Yŏng-gyŏng	Yu Yeonggyeong
柳孟教	유맹교	Yu Maeng-gyo	Yu Maenggyo	劉永國	유영국	Yu Yŏng-guk	Yu Yeongguk
劉孟源	유맹원	Yu Maeng-wŏn	Yu Maengwon	柳榮河	유영하	Yu Yŏng-ha	Yu Yeongha
柳夢寅	유몽인	Yu Mong-in	Yu Mongin	劉屋句	유옥구	Yu Ok-ku	Yu Okgu
劉茂	유무	Yu Mu	Yu Mu	柳藕	유우	Yu U	Yu U
柳文華	유문화	Yu Mun-hwa	Yu Munhwa	柳雲	유운	Yu Un	Yu Un
柳方善	유방선	Yu Pang-sŏn	Yu Bangseon	柳雲龍	유운룡	Yu Un-nyong	Yu Unryong
柳邦憲	유방헌	Yu Pang-hŏn	Yu Bangheon	柳元之	유원지	Yu Wŏn-ji	Yu Wonji
兪伯曾	유백증	Yu Paek-chŭng	Yu Baekjeung	庚應圭	유응규	Yu Ŭng-gyu	Yu Eunggyu
柳秉禹	유병우	Yu Pyŏng-u	Yu Byeongu	兪應孚	유응부	Yu Ŭng-bu	Yu Eungbu
柳鳳輝	유봉휘	Yu Pong-hwi	Yu Bonghwi	柳義孫	유의손	Yu Ŭi-son	Yu Uison
柳泗	유사	Yu Sa	Yu Sa	柳義養	유의양	Yu Ŭi-yang	Yu Uiyang
柳相	유상	Yu Sang	Yu Sang	柳宜貞	유의정	Yu Ŭi-jŏng	Yu Uijeong
柳尙	유상	Yu Sang	Yu Sang	劉爾泰	유이태	Yu I-t'ae	Yu Itae
柳崑	유상	Yu Sang	Yu Sang	柳麟錫	유인석	Yu In-sŏk	Yu Inseok
柳尙運	유상운	Yu Sang-un	Yu Sangun	柳仁淑	유인숙	Yu In-suk	Yu Insuk
柳崇祖	유상조	Yu Sung-jo	Yu Sungjo	柳寅植	유인식	Yu In-sik	Yu Insik
劉錫昶	유석창	Yu Sŏk-ch'ang	Yu Seokchang	柳仁雨	유인우	Yu In-u	Yu Inu
劉錫鉉	유석현	Yu Sŏk-hyŏn	Yu Seokhyeon	柳仁著	유인저	Yu In-jŏ	Yu Injeo
柳先鋒	유선봉	Yu Sŏn-bong	Yu Seonbong	柳寅俊	유인준	Yu In-jun	Yu Injun
柳成龍	유성룡	Yu Sŏng-nyong	Yu Seongryong	柳子明	유자명	Yu Cha-myŏng	Yu Jamyeong
柳誠源	유성원	Yu Sŏng-wŏn	Yu Seongwon	柳自新	유자신	Yu Cha-sin	Yu Jasin
兪星濬	유성준	Yu Sŏng-jun	Yu Seongjun	柳琠	유전	Yu Chŏn	Yu Jeon
柳成春	유성춘	Yu Sŏng-ch'un	Yu Seongchun	柳廷顯	유정현	Yu Chŏng-hyŏn	Yu Jeonghyeon

한자 용례	한글	ALA-LC Romanization	정부 표기안	한자 용례	한글	ALA-LC Romanization	정부 표기안
柳宗介	유종개	Yu Chong-gae	Yu Jonggae	柳希春	유희춘	Yu Hŭi-ch'un	Yu Huichun
柳重教	유중교	Yu Chung-gyo	Yu Junggyo	陸明心	육명심	Yuk Myŏng-sim	Yuk Myeongsim
劉知遠	유지원	Yu Chi-wŏn	Yu Jiwon	尹慤	윤각	Yun Kak	Yun Gak
劉瑨	유진	Yu Chin	Yu Jin	尹絳	윤강	Yun Kang	Yun Gang
劉進吉	유진길	Yu Chin-gil	Yu Jingil	尹漑	윤개	Yun Kae	Yun Gae
柳珍山	유진산	Yu Chin-san	Yu Jinsan	尹健厚	윤건후	Yun Kŏn-hu	Yun Geonhu
兪鎭午	유진오	Yu Chin-o	Yu Jino	尹潔	윤결	Yun Kyŏl	Yun Gyeol
兪鎭律	유진율	Yu Chin-yul	Yu Jinyul	尹景完	윤경완	Yun Kyŏng-wan	Yun Gyeongwan
兪鎭熙	유진희	Yu Chin-hŭi	Yu Jinhui	尹崑崗	윤곤강	Yun Kon-gang	Yun Gongang
劉敞	유창	Yu Ch'ang	Yu Chang	尹公欽	윤공흠	Yun Kong-hŭm	Yun Gongheum
庚昌淳	유창순	Yu Ch'ang-sun	Yu Changsun	尹瓘	윤관	Yun Kwan	Yun Gwan
兪昌煥	유창환	Yu Ch'ang-hwan	Yu Changhwan	尹光顔	윤광안	Yun Kwang-an	Yun Gwangan
兪千遇	유천우	Yu Ch'ŏn-u	Yu Cheonu	尹教重	윤교중	Yun Kyo-jung	Yun Gyojung
劉徹	유철	Yu Ch'ŏl	Yu Cheol	尹克榮	윤극영	Yun Kŭg-yŏng	Yun Geukyeong
柳清臣	유청신	Yu Ch'ŏng-sin	Yu Jeongsin	尹根壽	윤근수	Yun Kŭn-su	Yun Geunsu
兪最基	유최기	Yu Ch'oe-gi	Yu Choegi	尹汲	윤급	Yun Kŭp	Yun Geup
劉忠烈	유충렬	Yu Ch'ung-nyŏl	Yu Chungryeol	尹琦燮	윤기섭	Yun Ki-sŏp	Yun Giseop
柳致明	유치명	Yu Ch'i-myŏng	Yu Chimyeong	尹基鼎	윤기정	Yun Ki-jŏng	Yun Gijeong
柳致松	유치송	Yu Ch'i-song	Yu Chisong	尹德榮	윤덕영	Yun Tŏg-yŏng	Yun Deogyeong
柳致眞	유치진	Yu Ch'i-jin	Yu Chijin	尹德駿	윤덕준	Yun Tŏk-chun	Yun Deokjun
柳致環	유치환	Yi Ch'i-hwan	Yi Chihwan	尹德熙	윤덕희	Yun Tŏk-hŭi	Yun Deokhui
柳濯	유탁	Yu T'ak	Yu Dak	尹暾	윤돈	Yun Ton	Yun Don
柳彭老	유팽로	Yu P'aeng-no	Yu Paengro	尹東柱	윤동주	Yun Tong-ju	Yun Dongju
劉怖深	유포심	Yu P'o-sim	Yu Posim	尹東喆	윤동철	Yun Tong-ch'ŏl	Yun Dongcheol
庚弼	유필	Yu P'il	Yu Pil	尹斗緒	윤두서	Yun Tu-sŏ	Yun Duseo
柳必永	유필영	Yu P'ir-yŏng	Yu Pilyeong	尹斗壽	윤두수	Yun Tu-su	Yun Dusu
柳赫然	유혁연	Yu Hyŏg-yŏn	Yu Hyeokyeon	允良	윤량	Yun Ryang	Yun Ryang
柳珩	유형	Yu Hyŏng	Yu Hyeong	允璘	윤린	Yun Rin	Yun Rin
柳馨遠	유형원	Yu Hyŏng-wŏn	Yu Hyeongwon	尹文擧	윤문거	Yun Mun-gŏ	Yun Mungeo
兪好仁	유호인	Yu Ho-in	Yu Hoin	尹民傑	윤민걸	Yun Min-gŏl	Yun Mingeol
柳洪	유홍	Yu Hong	Yu Hong	尹白南	윤백남	Yun Paeng-nam	Yun Baeknam
兪泓	유홍	Yu Hong	Yu Hong	尹百源	윤백원	Yun Paeg-wŏn	Yun Baekwon
劉鴻逵	유홍규	Yu Hong-gyu	Yu Honggyu	尹炳求	윤병구	Yun Pyŏng-gu	Yun Byeonggu
劉鴻基	유홍기	Yu Hong-gi	Yu Honggi	尹炳球	윤병구	Yun Pyŏng-gu	Yun Byeonggu
柳弘錫	유홍석	Yu Hong-sŏk	Yu Hongseok	尹潽善	윤보선	Yun Po-sŏn	Yun Boseon
柳鴻錫	유홍석	Yu Hong-sŏk	Yu Hongseok	尹復榮	윤복영	Yun Pog-yŏng	Yun Bogyeong
兪槩	유황	Yu Hwang	Yu Hwang	尹奉吉	윤봉길	Yun Pong-gil	Yun Bonggil
柳孝立	유효립	Yu Hyo-rip	Yu Hyorip	尹鳳朝	윤봉조	Yun Pong-jo	Yun Bongjo
柳孝源	유효원	Yu Hyo-wŏn	Yu Hyowon	尹逢春	윤봉춘	Yun Pong-ch'un	Yun Bongchun
柳厚祚	유후조	Yu Hu-jo	Yu Hujo	尹彬	윤빈	Yun Pin	Yun Bin
柳興湜	유흥식	Yu Hŭng-sik	Yu Heungsik	尹師國	윤사국	Yun Sa-guk	Yun Saguk
柳僖	유희	Yu Hŭi	Yu Hui	尹師德	윤사덕	Yun Sa-dŏk	Yun Sadeok
劉希慶	유희경	Yu Hŭi-gyŏng	Yu Huigyeong	尹師路	윤사로	Yun Sa-ro	Yun Saro
柳希亮	유희량	Yu Hŭi-ryang	Yu Huiryang	尹士昐	윤사분	Yun Sa-bun	Yun Sabun
柳希奮	유희분	Yu Hŭi-bun	Yu Huibun	尹山溫	윤산온	Yun San-on	Yun Sanon

한자 용례	한글	ALA-LC Romanization	정부 표기안	한자 용례	한글	ALA-LC Romanization	정부 표기안
尹祥	윤상	Yun Sang	Yun Sang	尹毅中	윤의중	Yun Ŭi-jung	Yun Uijung
尹碩	윤석	Yun Sŏk	Yun Seok	尹伊桑	윤이상	Yun I-sang	Yun Isang
尹瑄	윤선	Yun Sŏn	Yun Seon	尹履之	윤이지	Yun I-ji	Yun Iji
尹宣擧	윤선거	Yun Sŏn-gŏ	Yun Seongeo	尹益善	윤익선	Yun Ik-sŏn	Yun Ikseon
尹善道	윤선도	Yun Sŏn-do	Yun Seondo	尹鱗瞻	윤인첨	Yun In-ch'ŏm	Yun Incheom
尹宣佐	윤선좌	Yun Sŏn-jwa	Yun Seonjwa	尹日善	윤일선	Yun Il-sŏn	Yun Ilseon
尹城	윤성	Yun Sŏng	Yun Seong	尹任	윤임	Yun Im	Yun Im
尹聖基	윤성기	Yun Sŏng-gi	Yun Seonggi	尹滋承	윤자승	Yun Cha-sŭng	Yun Jaseung
尹聖時	윤성시	Yun Sŏng-si	Yun Seongsi	尹自新	윤자신	Yun Cha-sin	Yun Jasin
尹世麟	윤세린	Yun Se-rin	Yun Serin	尹子雲	윤자운	Yun Cha-un	Yun Jaun
尹世復	윤세복	Yun Se-bok	Yun Sebok	尹自任	윤자임	Yun Cha-im	Yun Jaim
尹世儒	윤세유	Yun Se-yu	Yun Seyu	尹長燮	윤장섭	Yun Chang-sŏp	Yun Jangseop
尹世冑	윤세주	Yun Se-ju	Yun Seju	尹廷琦	윤정기	Yun Chŏng-gi	Yun Jeonggi
尹世豪	윤세호	Yun Se-ho	Yun Seho	尹定善	윤정선	Yun Chŏng-sŏn	Yun Jeongseon
尹小龍	윤소룡	Yun So-ryong	Yun Soryong	尹廷俊	윤정준	Yun Chŏng-jun	Yun Jeongjun
尹紹宗	윤소종	Yun So-jong	Yun Sojong	尹定鉉	윤정현	Yun Chŏng-hyŏn	Yun Jeonghyeon
尹秀	윤수	Yun Su	Yun Su	尹濟奎	윤제규	Yun Che-gyu	Yun Jegyu
尹塾	윤숙	Yun Suk	Yun Suk	尹宗儀	윤종의	Yun Chong-ŭi	Yun Jongui
尹淳	윤순	Yun Sun	Yun Sun	尹冑榮	윤주영	Yun Chu-yŏng	Yun Juyeong
尹舜擧	윤순거	Yun Sun-gŏ	Yun Sungeo	尹俊熙	윤준희	Yun Chun-hŭi	Yun Junhui
尹淳達	윤순달	Yun Sun-dal	Yun Sundal	尹拯	윤증	Yun Chŭng	Yun Jeung
尹順之	윤순지	Yun Sun-ji	Yun Sunji	尹志	윤지	Yun Chi	Yun Ji
尹勝求	윤승구	Yun Sŭng-gu	Yun Seunggu	尹趾善	윤지선	Yun Chi-sŏn	Yun Jiseon
尹承旭	윤승욱	Yun Sŭng-uk	Yun Seunguk	尹志述	윤지술	Yun Chi-sul	Yun Jisul
尹承勳	윤승훈	Yun Sŭng-hun	Yun Seunghun	尹趾完	윤지완	Yun Chi-wan	Yun Jiwan
尹新之	윤신지	Yun Sin-ji	Yun Sinji	尹持忠	윤지충	Yun Chi-ch'ung	Yun Jichung
尹心悳	윤심덕	Yun Sim-dŏk	Yun Simdeok	尹質	윤질	Yun Chil	Yun Jil
尹心衡	윤심형	Yun Sim-hyŏng	Yun Simhyeong	尹集	윤집	Yun Chip	Yun Jip
尹安性	윤안성	Yun An-sŏng	Yun Anseong	尹忠祐	윤충우	Yun Ch'ung-u	Yun Chungu
尹暘	윤양	Yun Yang	Yun Yang	尹致暎	윤치영	Yun Ch'i-yŏng	Yun Chiyeong
尹陽來	윤양래	Yun Yang-nae	Yun Yangnae	尹致定	윤치정	Yun Ch'i-jŏng	Yun Chijeong
尹彦頤	윤언이	Yun Ŏn-i	Yun Eoni	尹致昊	윤치호	Yun Ch'i-ho	Yun Chiho
尹汝任	윤여임	Yun Yŏ-im	Yun Yeoim	尹致和	윤치화	Yun Ch'i-hwa	Yun Chihwa
尹榮	윤영	Yun Yŏng	Yun Yeong	尹致義	윤치희	Yun Ch'i-hŭi	Yun Chihui
尹鈴孫	윤영손	Yun Yŏng-son	Yun Yeongson	尹鐸	윤탁	Yun T'ak	Yun Tak
尹用求	윤용구	Yun Yong-gu	Yun Yonggu	尹卓然	윤탁연	Yun T'ag-yŏn	Yun Takyeon
尹容善	윤용선	Yun Yong-sŏn	Yun Yongseon	尹泰駿	윤태준	Yun T'ae-jun	Yun Taejun
尹雄烈	윤웅렬	Yun Ung-nyŏl	Yun Ungnyeol	尹澤	윤택	Yun T'aek	Yun Taek
尹元擧	윤원거	Yun Wŏn-gŏ	Yun Wongeo	尹澤根	윤택근	Yun T'aek-kŭn	Yun Taekgeun
尹元老	윤원로	Yun Wŏl-lo	Yun Wolro	尹澤榮	윤택영	Yun T'aeg-yŏng	Yun Taekyeong
尹元衡	윤원형	Yun Wŏn-hyŏng	Yun Wonhyeong	尹弼商	윤필상	Yun P'il-sang	Yun Pilsang
尹游	윤유	Yun Yu	Yun Yu	尹海	윤해	Yun Hae	Yun Hae
尹有一	윤유일	Yun Yu-il	Yun Yuil	尹行恁	윤행임	Yun Haeng-im	Yun Haengim
尹殷輔	윤은보	Yun Ŭn-bo	Yun Eunbo	尹向	윤향	Yun Hyang	Yun Hyang
尤膺	윤응	Yun Ŭng	Yun Eung	尹憲柱	윤헌주	Yun Hŏn-ju	Yun Heonju

한자 용례	한글	ALA-LC Romanization	정부 표기안	한자 용례	한글	ALA-LC Romanization	정부 표기안
尹鉉	윤현	Yun Hyŏn	Yun Hyeon	李慶億	이경억	Yi Kyŏng-ŏk	Yi Gyeongeok
尹顯振	윤현진	Yun Hyŏn-jin	Yun Hyeonjin	李敬輿	이경여	Yi Kyŏng-yŏ	Yi Gyeongyeo
尹亨植	윤형식	Yun Hyŏng-sik	Yun Hyeongsik	李景儒	이경유	Yi Kyŏng-yu	Yi Gyeongyu
尹壕	윤호	Yun Ho	Yun Ho	李慶胤	이경윤	Yi Kyŏng-yun	Yi Gyeongyun
尹虎	윤호	Yun Ho	Yun Ho	李敬一	이경일	Yi Kyŏng-il	Yi Gyeongil
尹桓	윤환	Yun Hwan	Yun Hwan	李京日	이경일	Yi Kyŏng-il	Yi Gyeongil
尹煌	윤황	Yun Hwang	Yun Hwang	李景在	이경재	Yi Kyŏng-jae	Yi Gyeongjae
尹淮	윤회	Yun Hoe	Yun Hoe	李慶全	이경전	Yi Kyŏng-jŏn	Yi Gyeongjeon
尹曉峰	윤효봉	Yun Hyo-bong	Yun Hyobong	李敬中	이경중	Yi Kyŏng-jung	Yi Gyeongjung
尹孝孫	윤효손	Yun Hyo-son	Yun Hyoson	李景稷	이경직	Yi Kyŏng-jik	Yi Gyeongjik
尹孝定	윤효정	Yun Hyo-jŏng	Yun Hyojeong	李耕植	이경직	Yi Kyŏng-jik	Yi Gyŏngjik
尹孝重	윤효중	Yun Hyo-jung	Yun Hyojung	李慶昌	이경창	Yi Kyŏng-ch'ang	Yi Gyeongchang
尹暉	윤휘	Yun Hwi	Yun Hwi	李景泌	이경필	Yi Kyŏng-p'il	Yi Gyeongpil
尹鑴	윤휴	Yun Hyu	Yun Hyu	李景夏	이경하	Yi Kyŏng-ha	Yi Gyeongha
尹昕	윤흔	Yun Hŭn	Yun Heun	李慶涵	이경함	Yi Kyŏng-ham	Yi Gyeongham
尹義培	윤희배	Yun Hŭi-bae	Yun Hŭibae	李景憲	이경헌	Yi Kyŏng-hŏn	Yi Gyeongheon
尹喜淳	윤희순	Yun Hŭi-sun	Yun Huisun	李景華	이경화	Yi Kyŏng-hwa	Yi Gyeonghwa
尹熙平	윤희평	Yun Hŭi-p'yŏng	Yun Huipyeong	李慶徽	이경휘	Yi Kyŏng-hwi	Yi Gyeonghwi
殷元忠	은원충	Ŭn Wŏn-ch'ung	Eun Wonchung	李季仝	이계동	Yi Kye-dong	Yi Gyedong
李嘉愚	이가우	Yi Ka-u	Yi Gau	李繼孟	이계맹	Yi Kye-maeng	Yi Gyemaeng
李家煥	이가환	Yi Ka-hwan	Yi Gahwan	李繼孫	이계손	Yi Kye-son	Yi Gyeson
李覺民	이각민	Yi Kang-min	Yi Gakmin	李啓元	이계원	Yi Kye-wŏn	Yi Gyewon
李侃	이간	Yi Kan	Yi Gan	李季甸	이계전	Yi Kye-jŏn	Yi Gyejeon
李柬	이간	Yi Kan	Yi Gan	李季皓	이계호	Yi Kye-ho	Yi Gyeho
李侃	이간	Yi Kan	Yi Gan	李高	이고	Yi Ko	Yi Go
李甲	이갑	Yi Kap	Yi Gap	李穀	이곡	Yi Kok	Yi Gok
李甲成	이갑성	Yi Kap-sŏng	Yi Gapseong	李珙	이공	Yi Kong	Yi Gong
李甲秀	이갑수	Yi Kap-su	Yi Gapsu	李珙	이공	Yi Kong	Yi Gong
李江	이강	Yi Kang	Yi Gang	李孔大	이공대	Yi Kong-dae	Yi Gongdae
李堈	이강	Yi Kang	Yi Gang	李公壽	이공수	Yi Kong-su	Yi Gongsu
李康國	이강국	Yi Kang-guk	Yi Gangguk	李公遂	이공수	Yi Kong-su	Yi Gongsu
李康年	이강년	Yi Kang-nyŏn	Yi Gangnyeon	李公升	이공승	Yi Kong-sŭng	Yi Gongseung
李康季	이강년	Yi Kang-nyŏn	Yi Gangnyeon	李公柱	이공주	Yi Kong-ju	Yi Gongju
李塏	이개	Yi Kae	Yi Gae	李觀述	이관술	Yi Kwan-sul	Yi Gwansul
李建芳	이건방	Yi Kŏn-bang	Yi Geonbang	李冠五	이관오	Yi Kwan-o	Yi Gwano
李建奭	이건석	Yi Kŏn-sŏk	Yi Geonseok	李觀徵	이관징	Yi Kwan-jing	Yi Gwanjing
李建昌	이건창	Yi Kŏn-ch'ang	Yi Geonchang	李适	이괄	Yi Kwal	Yi Gwal
李健弼	이건필	Yi Kŏn-p'il	Yi Geonpil	李壙	이광	Yi Kwang	Yi Gwang
李乾夏	이건하	Yi Kŏn-ha	Yi Geonha	李匡呂	이광려	Yi Kwang-nyŏ	Yi Gwangryeo
李崐齡	이걸령	Yi Kŏl-lyŏng	Yi Geolryeong	李匡師	이광사	Yi Kwang-sa	Yi Gwangsa
李傑笑	이걸소	Yi Kŏl-so	Yi Geolso	李光洙	이광수	Yi Kwang-su	Yi Gwangsu
李謙宜	이겸의	Yi Kyŏm-ŭi	Yi Gyeomui	李光實	이광실	Yi Kwang-sil	Yi Gwangsil
李景山	이경산	Yi Kyŏng-san	Yi Gyeongsan	李光庭	이광정	Yi Kwang-jŏng	Yi Gwangjeong
李景奭	이경석	Yi Kyŏng-sŏk	Yi Gyeongseok	李光濟	이광제	Yi Kwang-je	Yi Gwangje
李景燮	이경섭	Yi Kyŏng-sŏp	Yi Gyeongseop	李光佐	이광좌	Yi Kwang-jwa	Yi Gwangjwa

한자 용례	한글	ALA-LC Romanization	정부 표기안	한자 용례	한글	ALA-LC Romanization	정부 표기안
李光弼	이광필	Yi Kwang-p'il	Yi Gwangpil	李箕鎭	이기진	Yi Ki-jin	Yi Gijin
李光夏	이광하	Yi Kwang-ha	Yi Gwangha	李起築	이기축	Yi Ki-ch'uk	Yi Gichuk
李光鉉	이광현	Yi Kwang-hyǒn	Yi Gwanghyeon	李基弘	이기홍	Yi Ki-hong	Yi Gihong
李光浩	이광호	Yi Kwang-ho	Yi Gwangho	李箕洪	이기홍	Yi Ki-hong	Yi Gihong
李教翼	이교익	Yi Kyo-ik	Yi Gyoik	李捺致	이날치	Yi Nal-ch'i	Yi Nalchi
李球	이구	Yi Ku	Yi Gu	李南軾	이남식	YiNam-sik	Yi Namsik
李久澄	이구징	Yi Ku-jing	Yi Gujing	李魯春	이노춘	Yi No-ch'un	Yi Nochun
李求壎	이구훈	Yi Ku-hun	Yi Guhun	李能和	이능화	Yi Nŭng-hwa	Yi Neunghwa
李龜壎	이구훈	Yi Ku-hun	Yi Guhun	李端相	이단상	Yi Tan-sang	Yi Dansang
李國賢	이국현	Yi Kuk-hyǒn	Yi Gukhyeon	李端錫	이단석	Yi Tan-sŏk	Yi Danseok
李權武	이권무	Yi Kwǒn-mu	Yi Gwonmu	李端夏	이단하	Yi Tan-ha	Yi Danha
李貴	이귀	Yi Kwi	Yi Gwi	李達	이달	Yi Tal	Yi Dal
李圭景	이규경	Yi Kyu-gyǒng	Yi Gyugyeong	李達衷	이달충	Yi Tal-ch'ung	Yi Dalchung
李奎報	이규보	Yi Kyu-bo	Yi Gyubo	李湛之	이담지	Yi Tam-ji	Yi Damji
李揆祥	이규상	Yi Kyu-sang	Yi Gyusang	李大期	이대기	Yi Tae-gi	Yi Daegi
李圭完	이규완	Yi Kyu-wan	Yi Gyuwan	李大鳳	이대봉	Yi Tae-bong	Yi Daebong
李奎遠	이규원	Yi Kyu-wǒn	Yi Gyuwon	李大源	이대원	Yi Tae-wǒn	Yi Daewon
李奎禎	이규정	Yi Kyu-jǒng	Yi Gyujeong	李大爲	이대위	Yi Tae-wi	Yi Daewi
李圭晙	이규준	Yi Kyu-jun	Yi Gyujun	李大稙	이대직	Yi Tae-jik	Yi Daejik
李奎憲	이규헌	Yi Kyu-hǒn	Yi Gyuheon	李德懋	이덕무	Yi Tŏng-mu	Yi Deokmu
李鈞	이균	Yi Kyun	Yi Gyun	李德成	이덕성	Yi Tŏk-sŏng	Yi Deokseong
李克	이극	Yi Kŭk	Yi Geuk	李德壽	이덕수	Yi Tŏk-su	Yi Deoksu
李克墩	이극돈	Yi Kŭk-ton	Yi Geukdon	李德洙	이덕수	Yi Tŏk-su	Yi Deoksu
李克魯	이극로	Yi Kŭng-no	Yi Geukro	李德羽	이덕우	Yi Tŏg-u	Yi Deoku
李克培	이극배	Yi Kŭk-pae	Yi Geukbae	李德應	이덕응	Yi Tŏg-ŭng	Yi Deokeung
李克福	이극복	Yi Kŭk-pok	Yi Geukbok	李德泂	이덕형	Yi Tŏk-hyǒng	Yi Deokhyeong
李克仁	이극인	Yi Kŭg-in	Yi Geukin	李德馨	이덕형	Yi Tŏk-hyǒng	Yi Deokhyeong
李克增	이극증	Yi Kŭk-chŭng	Yi Geukcheung	李德弘	이덕홍	Yi Tŏk-hong	Yi Deokhong
李克和	이극화	Yi Kŭk-hwa	Yi Geukhwa	李德恢	이덕회	Yi Tŏk-hoe	Yi Deokhoe
李根湘	이근상	Yi Kŭn-sang	Yi Geunsang	李裪	이도	Yi To	Yi Do
李根弼	이근필	Yi Kŭn-p'il	Yi Geunpil	李道宰	이도재	Yi To-jae	Yi Dojae
李昑	이금	Yi Kŭm	Yi Geum	李惇五	이돈오	Yi Ton-o	Yi Dono
李錦載	이금재	YiKŭm-jae	YiKeumjae	李敦化	이돈화	Yi Ton-hwa	Yi Donhwa
李肯翊	이긍익	Yi Kŭng-ik	Yi Geungik	李東珪	이동규	Yi Tong-gyu	Yi Donggyu
李基東	이기동	Yi Ki-dong	Yi Gidong	李東琦	이동기	Yi Tong-gi	Yi Donggi
李起龍	이기룡	Yi Ki-ryong	Yi Giryong	李東寧	이동령	Yi Tong-nyǒng	Yi Dongryeong
李基白	이기백	i Ki-baek	Yi Gibaek	李東山	이동산	Yi Tong-san	Yi Dongsan
李起鵬	이기붕	Yi Ki-bung	Yi Gibung	李東秀	이동수	Yi Tong-su	Yi Dongsu
李基錫	이기석	Yi Ki-sŏk	Yi Giseok	李東郁	이동욱	Yi Tong-uk	Yi Donguk
李基讓	이기양	Yi Ki-yang	Yi Giyang	李東仁	이동인	Yi Tong-in	Yi Dongin
李紀淵	이기연	Yi Ki-yǒn	Yi Giyeon	李東初	이동초	Yi Tong-ch'o	Yi Dongcho
李基寧	이기영	Yi Ki-yǒng	Yi Giyeong	李同春	이동춘	YiTong-ch'un	Yi Dongchun
李箕永	이기영	Yi Ki-yǒng	Yi Giyeong	李東河	이동하	Yi Tong-ha	Yi Dongha
李基祚	이기조	Yi Ki-jo	Yi Gijo	李東馨	이동형	Yi Tong-hyǒng	Yi Donghyeong
李器之	이기지	Yi Ki-ji	Yi Giji	李東輝	이동휘	Yi Tong-hwi	Yi Donghwi

한자 용례	한글	ALA-LC Romanization	정부 표기안	한자 용례	한글	ALA-LC Romanization	정부 표기안
李斗益	이두익	Yi Tu-ik	Yi Duik	李芳實	이방실	Yi Pang-sil	Yi Bangsil
李得胤	이득윤	Yi Tŭg-yun	Yi Deugyun	李芳遠	이방원	Yi Pang-wŏn	Yi Bangwon
李得濟	이득제	Yi Tŭk-che	Yi Deukje	李範奭	이범석	Yi Pŏm-sŏk	Yi Beomseok
李隣	이린	Yi Rin	Yi Rin	李範允	이범윤	Yi Pŏm-yun	Yi Beomyun
李琳	이림	Yi Rim	Yi Rim	李範稷	이범직	Yi Pŏm-jik	Yi Beomjik
李林	이림	Yi Rim	Yi Rim	李範晉	이범진	Yi Pŏm-jin	Yi Beomjin
李立	이립	Yi Rip	Yi Rip	李檗	이벽	Yi Pyŏk	Yi Byeok
李馬礎	이마초	Yi Ma-ch'o	Yi Macho	李昪	이변	Yi Pyŏn	Yi Byeon
李萬珪	이만규	Yi Man-gyu	Yi Mangyu	李秉岐	이병기	Yi Pyŏng-gi	Yi Byeonggi
李萬植	이만식	Yi Man-sik	Yi Mansik	李丙燾	이병도	Yi Pyŏng-do	Yi Byeongdo
李孟專	이맹전	Yi Maeng-jŏn	Yi Maengjeon	李秉模	이병모	Yi Pyŏng-mo	Yi Byeongmo
李孟賢	이맹현	Yi Maeng-hyŏn	Yi Maenghyeon	李秉武	이병무	Yi Pyŏng-mu	Yi Byeongmu
李勉昇	이면승	Yi Myŏn-sŭng	Yi Myeonseung	李秉常	이병상	Yi Pyŏng-sang	Yi Byeongsang
李冕宙	이면주	Yi Myŏn-ju	Yi Myeonju	李秉元	이병원	Yi Pyŏng-wŏn	Yi Byeongwon
李明龍	이명룡	Yi Myŏng-nyong	Yi Myeongryong	李秉泰	이병태	Yi Pyŏng-t'ae	Yi Byeongtae
李明博	이명박	Yi Myŏng-bak	Yi Myeongbak	李炳憲	이병헌	Yi Pyŏng-hŏn	Yi Byeongheon
李命福	이명복	Yi Myŏng-bok	Yi Myeongbok	李甫	이보	Yi Po	Yi Bo
李明相	이명상	Yi Myŏng-sang	Yi Myeongsang	李寶林	이보림	Yi Po-rim	Yi Borim
李明善	이명선	Yi Myŏng-sŏn	Yi Myeongseon	李甫欽	이보흠	Yi Po-hŭm	Yi Boheum
李命壽	이명수	Yi Myŏng-su	Yi Myeongsu	李復基	이복기	Yi Pok-ki	Yi Bokgi
李明彦	이명언	Yi Myŏng-ŏn	Yi Myeongeon	李福男	이복남	Yi Pong-nam	Yi Boknam
李明郁	이명욱	Yi Myŏng-uk	Yi Myeonguk	李福源	이복원	Yi Pog-wŏn	Yi Bokwon
李命允	이명윤	Yi Myŏng-yun	Yi Myeongyun	李鳳商	이봉상	Yi Pong-sang	Yi Bongsang
李命俊	이명준	Yi Myŏng-jun	Yi Myeongjun	李鳳秀	이봉수	Yi Pong-su	Yi Bongsu
李明漢	이명한	Yi Myŏng-han	Yi Myeonghan	李奉昌	이봉창	Yi Pong-ch'ang	Yi Bongchang
李穆	이목	Yi Mok	Yi Mok	李逢春	이봉춘	Yi Pong-ch'un	Yi Bongchun
李穆淵	이목연	Yi Mog-yŏn	Yi Mokyeon	李玽	이부	Yi Pu	Yi Bu
李夢游	이몽유	Yi Mong-yu	Yi Mongyu	李陼	이부	Yi Pu	Yi Bu
李夢鶴	이몽학	Yi Mong-hak	Yi Monghak	李附子	이부자	Yi Pu-ja	Yi Buja
李茂	이무	Yi Mu	Yi Mu	李蘋	이빈	Yi Pin	Yi Bin
李門	이문	Yi Mun	Yi Mun	李彬	이빈	Yi Pin	Yi Bin
李文烈	이문열	Yi Mun-yŏl	Yi Munyeol	李師道	이사도	Yi Sa-do	Yi Sado
李文源	이문원	Yi Mun-wŏn	Yi Munwon	李師命	이사명	Yi Sa-myŏng	Yi Samyeong
李文眞	이문진	Yi Mun-jin	Yi Munjin	異斯夫	이사부	Isabu	Isabu
李文鐸	이문탁	Yi Mun-t'ak	Yi Muntak	李師聖	이사성	Yi Sa-sŏng	Yi Saseong
李文馨	이문형	Yi Mun-hyŏng	Yi Munhyeong	李思哲	이사철	Yi Sa-ch'ŏl	Yi Sacheol
李敏求	이민구	Yi Min-gu	Yi Mingu	李祚	이산	Yi San	Yi San
李敏輔	이민보	Yi Min-bo	Yi Minbo	李山甫	이산보	Yi San-bo	Yi Sanbo
李敏敍	이민서	Yi Min-sŏ	Yi Minseo	李山海	이산해	Yi San-hae	Yi Sanhae
李敏迪	이민적	Yi Min-jŏk	Yi Minjeok	李森	이삼	Yi Sam	Yi Sam
李敏哲	이민철	Yi Min-ch'ŏl	Yi Mincheol	李三晩	이삼만	Yi Sam-man	Yi Samman
李潑	이발	Yi Pal	Yi Bal	李參平	이삼평	Yi Sam-p'yŏng	Yi Sampyeong
李芳幹	이방간	Yi Pang-gan	Yi Banggan	李參鉉	이삼현	Yi Sam-hyŏn	Yi Samhyeon
李芳果	이방과	Yi Pang-gwa	Yi Banggwa	李箱	이상	Yi Sang	Yi Sang
李芳碩	이방석	Yi Pang-sŏk	Yi Bangseok	李翔	이상	Yi Sang	Yi Sang

한자 용례	한글	ALA-LC Romanization	정부 표기안	한자 용례	한글	ALA-LC Romanization	정부 표기안
李尙吉	이상길	Yi Sang-gil	Yi Sanggil	李誠齊	이성제	Yi Sŏng-je	Yi Seongje
李商老	이상로	Yi Sang-no	Yi Sangro	李誠中	이성중	Yi Sŏng-jung	Yi Seongjung
李相佰	이상백	Yi Sang-baek	Yi Sangbaek	李成夏	이성하	Yi Sŏng-ha	Yi Seongha
李相卨	이상설	Yi Sang-sŏl	Yi Sangseol	李世民	이세민	Yi Se-min	Yi Semin
李象秀	이상수	Yi Sang-su	Yi Sangsu	李世白	이세백	Yi Se-baek	Yi Sebaek
李祥玉	이상옥	Yi Sang-ok	Yi Sangok	李世輔	이세보	Yi Se-bo	Yi Sebo
李相龍	이상용	Yi Sang-yong	Yi Sangyong	李世榮	이세영	Yi Se-yŏng	Yi Seyeong
李尙毅	이상의	Yi Sang-ŭi	Yi Sangui	李世永	이세영	Yi Se-yŏng	Yi Seyeong
李商在	이상재	Yi Sang-jae	Yi Sangjae	李世應	이세응	Yi Se-ŭng	Yi Seeung
李尙迪	이상적	Yi Sang-jŏk	Yi Sangjeok	李世仁	이세인	Yi Se-in	Yi Sein
李象靖	이상정	Yi Sang-jŏng	Yi Sangjeong	李世章	이세장	Yi Se-jang	Yi Sejang
李相朝	이상조	Yi Sang-jo	Yi Sangjo	李世佐	이세좌	Yi Se-jwa	Yi Sejwa
李上佐	이상좌	Yi Sang-jwa	Yi Sangjwa	李世春	이세춘	Yi Se-ch'un	Yi Sechun
李尙眞	이상진	Yi Sang-jin	Yi Sangjin	李世弼	이세필	Yi Se-p'il	Yi Sepil
李相哲	이상철	Yi Sang-ch'ŏl	Yi Sangcheol	李世華	이세화	Yi Se-hwa	Yi Sehwa
李祥憲	이상헌	Yi Sang-hŏn	Yi Sangheon	李蘇民	이소민	Yi So-min	Yi Somin
李相協	이상협	Yi Sang-hyŏp	Yi Sanghyeop	李昭應	이소응	Yi So-ŭng	Yi Soeung
李尙馨	이상형	Yi Sang-hyŏng	Yi Sanghyeong	李紹膺	이소응	Yi So-ŭng	Yi Soeung
李相和	이상화	Yi Sang-hwa	Yi Sanghwa	李昭漢	이소한	Yi So-han	Yi Sohan
李相璜	이상황	Yi Sang-hwang	Yi Sanghwang	李蓀	이손	Yi Son	Yi Son
李象羲	이상희	Yi Sang-hŭi	Yi Sanghui	李松茂	이송무	Yi Song-mu	Yi Songmu
李穡	이색	Yi Saek	Yi Saek	李松縉	이송진	Yi Song-jin	Yi Songjin
李生	이생	Yi Saeng	Yi Saeng	李晬	이수	Yi Su	Yi Su
李舒	이서	Yi Sŏ	Yi Seo	李壽	이수	Yi Su	Yi Su
李曙	이서	Yi Sŏ	Yi Seo	李守恭	이수공	Yi Su-gong	Yi Sugong
李書九	이서구	Yi Sŏ-gu	Yi Seogu	李晬光	이수광	Yi Su-gwang	Yi Sugwang
李錫	이석	Yi Sŏk	Yi Seok	李秀吉	이수길	Yi Su-gil	Yi Sugil
李鉐均	이석균	Yi Sŏk-kyun	Yi Seokgyun	李壽民	이수민	Yi Su-min	Yi Sumin
李錫庸	이석용	Yi Sŏg-yong	Yi Seokyong	李秀峰	이수봉	Yi Su-bong	Yi Subong
李石亨	이석형	Yi Sŏk-hyŏng	Yi Seokhyeong	李守一	이수일	Yi Su-il	Yi Suil
李選	이선	Yi Sŏn	Yi Seon	李壽長	이수장	Yi Su-jang	Yi Sujang
李瑄根	이선근	Yi Sŏn-gŭn	Yi Seongeun	李樹廷	이수정	Yi Su-jŏng	Yi Sujeong
李愃	이선래	Yi Sŏn	Yi Seon	李樹海	이수해	Yi Su-hae	Yi Suhae
李善來	이선래	Yi Sŏn-nae	Yi Seonrae	李守鉉	이수현	Yi Su-hyŏn	Yi Suhyeon
李先齊	이선제	Yi Sŏn-je	Yi Seonje	李壽鉉	이수현	Yi Su-hyŏn	Yi Suhyeon
李契	이설	Yi Sŏl	Yi Seol	李壽興	이수흥	Yi Su-hŭng	Yi Suheung
李晟	이성	Yi Sŏng	Yi Seong	李叔蕃	이숙번	Yi Suk-pŏn	Yi Sukbeon
李成桂	이성계	Yi Sŏng-gye	Yi Seonggye	李純	이순	Yi Sun	Yi Sun
李聖求	이성구	Yi Sŏng-gu	Yi Seonggu	李珣	이순	Yi Sun	Yi Sun
李成九	이성구	Yi Sŏng-gu	Yi Seonggu	李焞	이순	Yi Sun	Yi Sun
李聖根	이성근	Yi Sŏng-gŭn	Yi Seonggeun	李舜根	이순근	Yi Sun-gŭn	Yi Sungeun
李成林	이성림	Yi Sŏng-nim	Yi Seongrim	李順蒙	이순몽	Yi Sun-mong	Yi Sunmong
李象範	이성범	Yi Sang-bŏm	Yi Sangbeom	李純信	이순신	Yi Sun-sin	Yi Sunsin
李聖淵	이성연	Yi Sŏng-yŏn	Yi Seongyeon	李舜臣	이순신	Yi Sun-sin	Yi Sunsin
李聖任	이성임	Yi Sŏng-im	Yi Seongim	李純祐	이순우	Yi Sun-u	Yi Sunu

한자 용례	한글	ALA-LC Romanization	정부 표기안	한자 용례	한글	ALA-LC Romanization	정부 표기안
李純之	이순지	Yi Sun-ji	Yi Sunji	利嚴	이엄	Yi Ŏm	Yi Eom
李順鐸	이순탁	Yi Sun-t'ak	Yi Suntak	李璵	이여	Yi Yŏ	Yi Yeo
李崇	이숭	Yi Sung	Yi Sung	李汝發	이여발	Yi Yŏ-bal	Yi Yeobal
李崇仁	이숭인	Yi Sung-in	Yi Sungin	李如星	이여성	Yi Yŏ-sŏng	Yi Yeoseong
李崇孝	이숭효	Yi Sung-hyo	Yi Sunghyo	李如松	이여송	Yi Yŏ-song	Yi Yeosong
李根澤	이슨택	Yi Kŭn-t'aek	Yi Geuntaek	李汝節	이여절	Yi Yŏ-jŏl	Yi Yeojeol
李承龍	이승룡	Yi Sŭng-nyong	Yi Seungryong	李懌	이역	Yi Yŏk	Yi Yeok
李承晩	이승만	Yi Sŭng-man	Yi Seungman	李昖	이연	Yi Yŏn	Yi Yeon
李承福	이승복	Yi Sŭng-bok	Yi Seungbok	李棚	이연	Yi Yŏn	Yi Yeon
李承召	이승소	Yi Sŭng-so	Yi Seungso	李延年	이연년	Yi Yŏn-nyŏn	Yi Yeonnyeon
李承純	이승순	Yi Sŭng-sun	Yi Seungsun	李延齡	이연령	Yi Yŏl-lyŏng	Yi Yeonryeong
李承燁	이승엽	Yi Sŭng-yŏp	Yi Seungyeop	李延紹	이연소	Yi Yŏn-so	Yi Yeonso
李承薰	이승훈	Yi Sŭng-hun	Yi Seunghun	李延壽	이연수	Yi Yŏn-su	Yi Yeonsu
李昇薰	이승훈	Yi Sŭng-hun	Yi Seunghun	李炎	이염	Yi Yŏm	Yi Yeom
李承休	이승휴	Yi Sŭng-hyu	Yi Seunghyu	李英	이영	Yi Yŏng	Yi Yeong
李承熙	이승희	Yi Sŭng-hŭi	Yi Seunghui	李昊	이영	Yi Yŏng	Yi Yeong
李時發	이시발	Yi Si-bal	Yi Sibal	李永垠	이영근	Yi Yŏng-ŭn	Yi Yeongeun
李時昉	이시방	Yi Si-bang	Yi Sibang	李瑩來	이영래	Yi Yŏng-nae	Yi Yeongrae
李時白	이시백	Yi Si-baek	Yi Sibaek	李永齡	이영령	Yi Yŏng-nyŏng	Yi Yeongryeong
李時秀	이시수	Yi Si-su	Yi Sisu	李英淑	이영숙	Yi Yŏng-suk	Yi Yeongsuk
李施愛	이시애	Yi Si-ae	Yi Siae	李永信	이영신	Yi Yŏng-sin	Yi Yeongsin
李時言	이시언	Yi Si-ŏn	Yi Sieon	李英胤	이영윤	Yi Yŏng-yun	Yi Yeongyun
李始榮	이시영	Yi Si-yŏng	Yi Siyeong	李英柱	이영주	Yi Yŏng-ju	Yi Yeongju
李時雨	이시우	Yi Si-u	Yi Siu	李英搢	이영진	Yi Yŏng-chin	Yi Yeongjin
李始源	이시원	Yi Si-wŏn	Yi Siwon	李永鎬	이영호	Yi Yŏng-ho	Yi Yeongho
李是遠	이시원	Yi Si-wŏn	Yi Siwon	李永煥	이영환	Yi Yŏng-hwan	Yi Yeonghwan
李時恒	이시항	Yi Si-hang	Yi Sihang	李芮	이예	Yi Ye	Yi Ye
李植	이식	Yi Sik	Yi Sik	李沃	이옥	Yi Ok	Yi Ok
李愼儀	이신의	Yi Sin-ŭi	Yi Sinui	李鈺	이옥	Yi Ok	Yi Ok
李深源	이심원	Yi Sim-wŏn	Yi Simwon	李玉同	이옥동	Yi Ok-tong	Yi Okdong
李安訥	이안눌	Yi An-nul	Yi Annul	李莞	이완	Yí Wan	Yi Wan
李安社	이안사	Yi An-sa	Yi Ansa	李浣	이완	Yi Wan	Yi Wan
李嚴	이암	Yi Am	Yi Am	李完用	이완용	Yi Wan-yong	Yi Wanyong
李嵒	이암	Yi Am	Yi Am	李堯憲	이요헌	Yi Yo-hŏn	Yi Yoheon
李野淳	이야순	Yi Ya-sun	Yi Yasun	李瑢	이용	Yi Yong	Yi Yong
李約東	이약동	Yi Yak-tong	Yi Yakdong	李鏞	이용	Yi Yong	Yi Yong
李若氷	이약빙	Yi Yak-ping	Yi Yakbing	李容九	이용구	Yi Yong-gu	Yi Yonggu
李陽	이양	Yi Yang	Yi Yang	李容肅	이용숙	Yi Yong-suk	Yi Yongsuk
李樑	이양	Yi Yang	Yi Yang	李用淳	이용순	Yi Yong-sun	Yi Yongsun
李陽元	이양원	Yi Yang-wŏn	Yi Yangwon	李庸岳	이용악	Yi Yong-ak	Yi Yongak
李御寧	이어령	Yi Ŏ-ryŏng	Yi Eoryeong	李容禹	이용우	Yi Yong-u	Yi Yongu
李億	이억	Yi Ŏk	Yi Eok	李用雨	이용우	Yi Yong-u	Yi Yongu
李億祺	이억기	Yi Ŏk-ki	Yi Eokgi	李容郁	이용욱	Yi Yong-uk	Yi Yonguk
李彦英	이언영	Yi Ŏn-yŏng	Yi Eonyeong	李容翊	이용익	Yi Yong-ik	Yi Yongik
李彦迪	이언적	Yi Ŏn-jŏk	Yi Eonjeok	李容植	이용직	Yi Yong-jik	Yi Yongjik

한자 용례	한글	ALA-LC Romanization	정부 표기안	한자 용례	한글	ALA-LC Romanization	정부 표기안
李龍喆	이용철	Yi Yong-ch'ŏl	Yi Yongcheol	李殷瓚	이은찬	Yi Ŭn-ch'an	Yi Eunchan
李容泰	이용태	Yi Yong-t'ae	Yi Yongtae	李乙雪	이을설	Yi Ŭl-sŏl	Yi Eulseol
李用賢	이용현	Yi Yong-hyŏn	Yi Yonghyeon	李膺	이응	Yi Ŭng	Yi Eung
李容熙	이용희	Yi Yong-hŭi	Yi Yonghui	李應魯	이응로	Yi Ŭng-no	Yi Eungro
李芸	이운	Yi Un	Yi Un	李應允	이응윤	Yi Ŭng-yun	Yi Eungyun
李運永	이운영	Yi Un-yŏng	Yi Unyeong	李應俊	이응준	Yi Ŭng-jun	Yi Eungjun
李雄宰	이웅재	Yi Ung-jae	Yi Ungjae	李應辰	이응진	Yi Ŭng-jin	Yi Eungjin
李原	이원	Yi Wŏn	Yi Won	李應招	이응초	Yi Ŭng-ch'o	Yi Eungcho
李元具	이원구	Yi Wŏn-gu	Yi Wongu	李義甲	이의갑	Yi Hŭi-gap	Yi Huigap
李元培	이원배	Yi Wŏn-bae	Yi Wonbae	李義健	이의건	Yi Ŭi-gŏn	Yi Uigeon
李元範	이원범	Yi Wŏn-bŏm	Yi Wonbeom	李義立	이의립	Yi Ŭi-rip	Yi Uirip
李源鳳	이원봉	Yi Wŏn-bong	Yi Wonbong	李義旼	이의민	Yi Ŭi-min	Yi Uimin
李源鏞	이원용	Yi Wŏn-yong	Yi Wonyong	李義方	이의방	Yi Ŭi-bang	Yi Uibang
李元膺	이원응	Yi Wŏn-ŭng	Yi Woneung	李義培	이의배	Yi Ŭi-bae	Yi Uibae
李元翼	이원익	Yi Wŏn-ik	Yi Wonik	李義鳳	이의봉	Yi Ŭi-bong	Yi Uibong
李元禎	이원정	Yi Wŏn-jŏng	Yi Wonjeong	李宜愼	이의신	Yi Ŭi-sin	Yi Uisin
李源祚	이원조	Yi Wŏn-jo	Yi Wonjo	李義養	이의양	Yi Ŭi-yang	Yi Uiyang
李元春	이원춘	Yi Wŏn-ch'un	Yi Wonchun	李宜朝	이의조	Yi Ŭi-jo	Yi Uijo
李元熙	이원희	Yi Wŏn-hŭi	Yi Wonhui	李義徵	이의징	Yi Ŭi-jing	Yi Uijing
李偉卿	이위경	Yi Wi-gyŏng	Yi Wigyeong	李宜哲	이의철	Yi Ŭi-ch'ŏl	Yi Uicheol
李瑋鍾	이위종	Yi Wi-jong	Yi Wijong	李宜風	이의풍	Yi Ŭi-p'ung	Yi Uipung
李濡	이유	Yi Yu	Yi Yu	李宜顯	이의현	Yi Ŭi-hyŏn	Yi Uihyeon
李瑜	이유	Yi Yu	Yi Yu	李義興	이의흥	Yi Ŭi-hŭng	Yi Uiheung
李琛	이유	Yi Yu	Yi Yu	李珥	이이	Yi I	Yi I
李維民	이유민	Yi Yu-min	Yi Yumin	李彛章	이이장	Yi I-jang	Yi Ijang
李惟秀	이유수	Yi Yu-su	Yi Yusu	李爾瞻	이이첨	Yi I-ch'ŏm	Yi Icheom
李裕元	이유원	Yi Yu-wŏn	Yi Yuwon	李翊	이익	Yi Ik	Yi Ik
李留院	이유원	Yi Yu-wŏn	Yi Yuwon	李瀷	이익	Yi Ik	Yi Ik
李裕寅	이유인	Yi Yu-in	Yi Yuin	李翊模	이익모	Yi Ing-mo	Yi Ikmo
李幼澄	이유징	Yi Yu-jing	Yi Yujing	李益相	이익상	Yi Ik-sang	Yi Iksang
李惟泰	이유태	Yi Yu-t'ae	Yi Yutae	李翊相	이익상	Yi Ik-sang	Yi Iksang
李裕弼	이유필	Yi Yu-p'il	Yi Yupil	李益星	이익성	Yi Ik-sŏng	Yi Ikseong
李維欽	이유흠	Yi Yu-hŭm	Yi Yuheum	李益運	이익운	Yi Ig-un	Yi Ikun
李陸史	이육사	Yi Yuk-sa	Yi Yuksa	李益馝	이익필	Yi Ik-p'il	Yi Ikpil
李昀	이윤	Yi Yun	Yi Yun	李裀	이인	Yi In	Yi In
李潤慶	이윤경	Yi Yun-gyŏng	Yi Yungyeong	李仁同	이인동	Yi In-dong	Yi Indong
李胤永	이윤영	Yi Yun-yŏng	Yi Yunyeong	李仁老	이인로	Yi Il-lo	Yi Inro
李允用	이윤용	Yi Yun-yong	Yi Yunyong	李仁復	이인복	Yi In-bok	Yi Inbok
李潤雨	이윤우	Yi Yun-u	Yi Yunu	李麟祥	이인상	Yi In-sang	Yi Insang
李允宰	이윤재	Yi Yun-jae	Yi Yunjae	李仁燮	이인서	Yi In-sŏp	Yi Inseop
李栗谷	이율곡	Yi Yul-gok	Yi Yulgok	李仁星	이인성	Yi In-sŏng	Yi Inseong
李隆基	이융기	Yi Yung-gi	Yi Yunggi	李麟榮	이인영	Yi In-yŏng	Yi Inyeong
李垠	이은	Yi Ŭn	Yi Eun	李仁榮	이인영	Yi In-yŏng	Yi Inyeong
李殷相	이은상	Yi Ŭn-sang	Yi Eunsang	李仁任	이인임	Yi In-im	Yi Inim
李垠鎔	이은영	Yi Ŭn-yong	Yi Eunyong	李麟佐	이인좌	Yi In-jwa	Yi Injwa

한자 용례	한글	ALA-LC Romanization	정부 표기안	한자 용례	한글	ALA-LC Romanization	정부 표기안
李人稙	이인직	Yi In-jik	Yi Injik	李定基	이정기	Yi Chŏng-gi	Yi Jeonggi
李仁行	이인행	Yi In-haeng	Yi Inhaeng	李正南	이정남	Yi Chŏng-nam	Yi Jeongnam
李仁亨	이인형	Yi In-hyŏng	Yi Inhyeong	李廷鸞	이정란	Yi Chŏng-nan	Yi Jeongran
李寅煥	이인환	Yi In-hwan	Yi Inhwan	李正魯	이정로	Yi Chŏng-no	Yi Jeongro
李鎰	이일	Yi Il	Yi Il	李正履	이정리	Yi Chŏng-ni	Yi Jeongri
李一相	이일상	Yi Il-sang	Yi Ilsang	李廷立	이정립	Yi Chŏng-nip	Yi Jeongrip
李資謙	이자겸	Yi Cha-gyŏm	Yi Jagyeom	李貞敏	이정민	Yi Chŏng-min	Yi Jeongmin
李資諒	이자량	Yi Cha-ryang	Yi Jaryang	李鼎輔	이정보	Yi Chŏng-bo	Yi Jeongbo
李子晟	이자성	Yi Cha-sŏng	Yi Jaseong	李貞淑	이정숙	Yi Chŏng-suk	Yi Jeongsuk
李子松	이자송	Yi Cha-song	Yi Jasong	李廷馣	이정암	Yi Chŏng-am	Yi Jeongam
李子淵	이자연	Yi Cha-yŏn	Yi Jayeon	李正英	이정영	Yi Chŏng-yŏng	Yi Jeongyeong
李子威	이자위	Yi Cha-wi	Yi Jawi	李正雨	이정우	Yi Chŏng-u	Yi Jeongu
李資義	이자의	Yi Cha-ŭi	Yi Jaui	李廷濟	이정제	Yi Chŏng-je	Yi Jeongje
李子春	이자춘	Yi Cha-ch'un	Yi Jachun	李廷馨	이정형	Yi Chŏng-hyŏng	Yi Jeonghyeong
李資玄	이자현	Yi Cha-hyŏn	Yi Jahyeon	李濟	이제	Yi Che	Yi Je
李綽升	이작승	Yi Chak-sŭng	Yi Jakseung	李濟馬	이제마	Yi Che-ma	Yi Jema
李潛	이잠	Yi Cham	Yi Jam	李濟臣	이제신	Yi Che-sin	Yi Jesin
李暲	이장	Yi Chang	Yi Jang	李濟鏞	이제용	Yi Che-yong	Yi Jeyong
李長坤	이장곤	Yi Chang-gon	Yi Janggon	李祭夏	이제하	Yi Che-ha	Yi Jeha
李將大	이장대	Yi Chang-dae	Yi Jangdae	李齊賢	이제현	Yi Che-hyŏn	Yi Jehyeon
李長孫	이장손	Yi Chang-son	Yi Jangson	李兆年	이조년	Yi Cho-nyŏn	Yi Jonyeon
李臧用	이장용	Yi Chang-yong	Yi Jangyong	李祖淵	이조연	Yi Cho-yŏn	Yi Joyeon
李章熙	이장희	Yi Chang-hŭi	Yi Janghui	李存性	이존성	Yi Chon-sŏng	Yi Jonseong
李樟熙	이장희	Yi Chang-hŭi	Yi Janghui	李存秀	이존수	Yi Chon-su	Yi Jonsu
李栽	이재	Yi Chae	Yi Jae	李存吾	이존오	Yi Chon-o	Yi Jono
李載	이재	Yi Chae	Yi Jae	李存勖	이존욱	Yi Chon-uk	Yi Jonuk
李緯	이재	Yi Chae	Yi Jae	李存中	이존중	Yi Chon-jung	Yi Jonjung
李載覺	이재각	Yi Chae-gak	Yi Jaegak	李倧	이종	Yi Chong	Yi Jong
李載崑	이재곤	Yi Chae-gon	Yi Jaegon	李鍾乾	이종건	Yi Chong-kŏn	Yi Jonggeon
李在寬	이재관	Yi Chae-gwan	Yi Jaegwan	李鍾麟	이종린	Yi Chong-nin	Yi Jongrin
李載冕	이재면	Yi Chae-myŏn	Yi Jaemyeon	李從茂	이종무	Yi Chong-mu	Yi Jongmu
李在明	이재명	Yi Chae-myŏng	Yi Jaemyeong	李種善	이종선	Yi Chong-sŏn	Yi Jongseon
李載純	이재순	Yi Chae-sun	Yi Jaesun	李鍾聲	이종성	Yi Chong-sŏng	Yi Jongseong
李載元	이재원	Yi Chae-wŏn	Yi Jaewon	李宗城	이종성	Yi Chong-sŏng	Yi Jongseong
李載裕	이재유	Yi Chae-yu	Yi Jaeyu	李鍾愚	이종우	Yi Chong-u	Yi Jongu
李載允	이재윤	Yi Chae-yun	Yi Jaeyun	李宗仁	이종인	Yi Chong-in	Yi Jongin
李在濬	이재준	Yi Chae-jun	Yi Jaejun	李鍾一	이종일	Yi Chong-il	Yi Jongil
李在學	이재학	Yi Chae-hak	Yi Jaehak	李宗張	이종장	Yi Chong-jang	Yi Jongjang
李載現	이재현	Yi Chae-hyŏn	Yi Jaehyeon	李從周	이종주	Yi Chong-ju	Yi Jongju
李在協	이재협	Yi Chae-hyŏp	Yi Jaehyeop	李宗準	이종준	Yi Chong-jun	Yi Jongjun
李載晃	이재황	Yi Chae-hwang	Yi Jaehwang	李鍾泰	이종태	Yi Chong-t'ae	Yi Jongtae
李勣	이적	Yi Chŏk	Yi Jeok	李宗鉉	이종현	Yi Chong-hyŏn	Yi Jonghyeon
李霆	이정	Yi Chŏng	Yi Jeong	李鍾浩	이종호	Yi Chong-ho	Yi Jongho
李廷龜	이정구	Yi Chŏng-gu	Yi Jeonggu	李種厚	이종후	Yi Chong-hu	Yi Jonghu
李正己	이정기	Yi Chŏng-gi	Yi Jeonggi	李鍾勳	이종훈	Yi Chong-hun	Yi Jonghun

한자 용례	한글	ALA-LC Romanization	정부 표기안	한자 용례	한글	ALA-LC Romanization	정부 표기안
李種徽	이종휘	Yi Chong-hwi	Yi Jonghwi	李震相	이진상	Yi Chin-sang	Yi Jinsang
李澍	이주국	Yi Chu	Yi Ju	李眞源	이진원	Yi Chin-wŏn	Yi Jinwon
李柱國	이주국	Yi Chu-guk	Yi Juguk	李眞儒	이진유	Yi Chin-yu	Yi Jinyu
李冑	이주국	Yi Chu	Yi Ju	李盡忠	이진충	Yi Chin-ch'ung	Yi Jinchung
李冑相	이주상	Yi Chu-sang	Yi Jusang	李鎭宅	이진태	Yi Chin-t'aek	Yi Jintaek
李周淵	이주연	Yi Chu-yŏn	Yi Juyeon	李澄	이징	Yi Ching	Yi Jing
李周鑛	이주진	Yi Chu-jin	Yi Jujin	李澄石	이징석	Yi Ching-sŏk	Yi Jingseok
李周喆	이주철	Yi Chu-ch'ŏl	Yi Jucheol	李澄玉	이징옥	Yi Ching-ok	Yi Jingok
李舟河	이주하	Yi Chu-ha	Yi Juha	李澄筆	이징필	Yi Ching-p'il	Yi Jingpil
李周憲	이주헌	Yi Chu-hŏn	Yi Juheon	異次頓	이차돈	Yi Ch'a-don	Yi Chadon
李舟花	이주화	Yi Chu-hwa	Yi Juhwa	李昌誼	이창의	Yi Ch'ang-ŭi	Yi Changui
李埈	이준	Yi Chun	Yi Jun	李采	이채	Yi Ch'ae	Yi Jae
李俊	이준	Yi Chun	Yi Jun	李坧	이척	Yi Ch'ŏk	Yi Jeok
李儁	이준	Yi Chun	Yi Jun	李蒇	이천	Yi Ch'ŏn	Yi Cheon
李浚慶	이준경	Yi Chun-gyŏng	Yi Jungyeong	李天民	이천민	Yi Ch'ŏn-min	Yi Cheonmin
李埈鎔	이준용	Yi Chun-yong	Yi Junyong	李天輔	이천보	Yi Ch'ŏn-bo	Yi Cheonbo
李俊儀	이준의	Yi Chun-ŭi	Yi Junui	李天夫	이천부	Yi Ch'ŏn-bu	Yi Cheonbu
李仲孚	이중부	Yi Chung-bu	Yi Jungbu	李天祐	이천우	Yi Ch'ŏn-u	Yi Cheonu
李仲燮	이중섭	Yi Chung-sŏp	Yi Jungseop	李鐵堅	이철견	Yi Ch'ŏl-gyŏn	Yi Cheolgyeon
李仲若	이중약	Yi Chung-yak	Yi Jungyak	李哲承	이철승	Yi Ch'ŏl-sŭng	Yi Cheolseung
李中彦	이중언	Yi Chung-ŏn	Yi Jungeon	李詹	이첨	Yi Ch'ŏm	Yi Jeom
李中業	이중업	Yi Chung-ŏp	Yi Jungeop	李清源	이청원	Yi Ch'ŏng-wŏn	Yi Cheongwon
李重夏	이중하	Yi Chung-ha	Yi Jungha	李清俊	이청준	Yi Ch'ŏng-jun	Yi Cheongjun
李仲虎	이중호	Yi Chung-ho	Yi Jungho	李青天	이청천	Yi Ch'ŏng-ch'ŏn	Yi Cheongcheon
李重煥	이중환	Yi Chung-hwan	Yi Junghwan	李初	이초	Yi Ch'o	Yi Cho
李至	이지	Yi Chi	Yi Ji	李恩言	이총언	Yi Ch'ong-ŏn	Yi Chongeon
李之蘭	이지란	Yi Chi-ran	Yi Jiran	李最應	이최응	Yi Ch'oe-ŭng	Yi Choeeung
李知命	이지명	Yi Chi-myŏng	Yi Jimyeong	李最中	이최중	Yi Ch'oe-jung	Yi Choejung
李知白	이지백	Yi Chi-baek	Yi Jibaek	李軸	이축	Yi Ch'uk	Yi Chuk
李至純	이지순	Yi Chi-sun	Yi Jisun	李椿	이춘	Yi Ch'un	Yi Jun
李知深	이지심	Yi Chi-sim	Yi Jisim	李春富	이춘부	Yi Ch'un-bu	Yi Chunbu
李止淵	이지연	Yi Chi-yŏn	Yi Jiyeon	李春永	이춘영	Yi Ch'un-yŏng	Yi Chunyeong
李祉永	이지영	Yi Chi-yŏng	Yi Jiyeong	李春英	이춘영	Yi Ch'un-yŏng	Yi Chunyeong
李志完	이지완	Yi Chi-wan	Yi Chiwan	李春風	이춘풍	Yi Ch'un-p'ung	Yi Chunpung
李址鎔	이지용	Yi Chi-yong	Yi Jiyong	李冲	이충	Yi Ch'ung	Yi Chung
李之翼	이지익	Yi Chi-ik	Yi Jiik	李忠伋	이충급	Yi Ch'ung-gŭp	Yi Chunggeup
李之氐	이지저	Yi Chi-jŏ	Yi Jijeo	李鐸	이탁	Yi T'ak	Yi Tak
李之函	이지함	Yi Chi-ham	Yi Jiham	李台佐	이태좌	Yi T'ae-jwa	Yi Taejwa
李之菡	이지함	Yi Chi-ham	Yi Jiham	李泰俊	이태준	Yi T'ae-jun	Yi Taejun
李之國	이지함	Yi Chi-ham	Yi Jiham	李台重	이태중	Yi T'ae-jung	Yi Daejung
李稷	이직	Yi Chik	Yi Jik	李太賢	이태현	Yi T'ae-hyŏn	Yi Taehyeon
李直輔	이직보	Yi Chik-po	Yi Jikbo	李宅求	이택구	Yi T'aek-gu	Yi Taekgu
李直彦	이직언	Yi Chig-ŏn	Yi Jikeon	李澤徵	이택징	Yi T'aek-ching	Yi Taekjing
李禛	이진	Yi Chin	Yi Jin	李通	이통	Yi T'ong	Yi Tong
李鎭國	이진국	Yi Chin-guk	Yi Jinguk	李坡	이파	Yi P'a	Yi Pa

한자 용례	한글	ALA-LC Romanization	정부 표기안	한자 용례	한글	ALA-LC Romanization	정부 표기안
李弼濟	이필제	Yi P'il-che	Yi Pilje	李娎	이혈	Yi Hyŏl	Yi Hyeol
李弼柱	이필주	Yi P'il-chu	Yi Pilju	李衡祥	이형상	Yi Hyŏng-sang	Yi Hyeongsang
李夏榮	이하영	Yi Ha-yŏng	Yi Hayeong	李馨益	이형익	Yi Hyŏng-ik	Yi Hyeongik
李夏源	이하원	Yi Ha-wŏn	Yi Hawon	李晧	이호	Yi Ho	Yi Ho
李河潤	이하윤	Yi Ha-yun	Yi Hayun	李岵	이호	Yi Ho	Yi Ho
李昰應	이하응	Yi Ha-ŭng	Yi Haeung	李淏	이호	Yi Ho	Yi Ho
李夏銓	이하전	Yi Ha-jŏn	Yi Hajeon	李好閔	이호민	Yi Ho-min	Yi Homin
李夏鎭	이하진	Yi Ha-jin	Yi Hajin	李混	이혼	Yi Hon	Yi Hon
李學逵	이학규	Yi Hak-kyu	Yi Hakgyu	李琿	이혼	Yi Hon	Yi Hon
李鶴秀	이학수	Yi Hak-su	Yi Haksu	李紅光	이홍광	Yi Hong-gwang	Yi Honggwang
李學純	이학순	Yi Hak-sun	Yi Haksun	李弘奎	이홍규	Yi Hong-gyu	Yi Honggyu
李翰	이한	Yi Han	Yi Han	李弘淵	이홍연	Yi Hong-yŏn	Yi Hongyeon
李漢福	이한복	Yi Han-bok	Yi Hanbok	李鴻炎	이홍염	Yi Hong-yŏm	Yi Hongyeom
李漢膺	이한응	Yi Han-ŭng	Yi Haneung	李弘暐	이홍위	Yi Hong-wi	Yi Hongwi
李漢應	이한응	Yi Han-ŭng	Yi Haneung	李鴻章	이홍장	Yi Hong-jang	Yi Hongjang
李漢喆	이한철	Yi Han-ch'ŏl	Yi Hancheol	李弘冑	이홍주	Yi Hong-ju	Yi Hongju
李漢皓	이한호	Yi Han-ho	Yi Hanho	李弘海	이홍해	Yi Hong-hae	Yi Honghae
李恒	이항	Yi Hang	Yi Hang	李化三	이화삼	Yi Hwa-sam	Yi Hwasam
李恒老	이항로	Yi Hang-no	Yi Hangro	李和	이화삼	Yi Hwa	Yi Hwa
李恒發	이항발	Yi Hang-bal	Yi Hangbal	李華鎭	이화진	Yi Hwa-jin	Yi Hwajin
李恒福	이항복	Yi Hang-bok	Yi Hangbok	李廓	이확	Yi Hwak	Yi Hwak
李恒熙	이항희	Yi Hang-hŭi	Yi Hanghui	李峘	이환	Yi Hwan	Yi Hwan
李海浪	이해랑	Yi Hae-rang	Yi Haerang	李奐	이환	Yi Hwan	Yi Hwan
李海龍	이해룡	Yi Hae-ryong	Yi Haeryong	李活	이활	Yi Hwal	Yi Hwal
李海壽	이해수	Yi Hae-su	Yi Haesu	李晄	이황	Yi Hwang	Yi Hwang
李海朝	이해조	Yi Hae-jo	Yi Haejo	李滉	이황	Yi Hwang	Yi Hwang
李海昌	이해창	Yi Hae-ch'ang	Yi Haechang	李晦光	이회광	Yi Hoe-gwang	Yi Hoegwang
李緈	이행	Yi Haeng	Yi Haeng	李會榮	이회영	Yi Hoe-yŏng	Yi Hoeyeong
李行	이행	Yi Haeng	Yi Haeng	李孝石	이효석	Yi Hyo-sŏk	Yi Hyoseok
李滓	이행	Yi Haeng	Yi Haeng	李厚源	이후원	Yi Hu-wŏn	Yi Huwon
李荇	이행	Yi Haeng	Yi Haeng	李后定	이후정	Yi Hu-jŏng	Yi Hujeong
李行里	이행리	Yi Haeng-ni	Yi Haengri	李勳求	이훈구	Yi Hun-gu	Yi Hungu
李行遠	이행원	Yi Haeng-wŏn	Yi Haengwon	李輝	이휘	Yi Hwi	Yi Hwi
李珦	이향	Yi Hyang	Yi Hyang	李彙寧	이휘령	Yi Hwi-ryŏng	Yi Hwiryeong
李憲球	이헌구	Yi Hŏn-gu	Yi Heongu	李彙璿	이휘선	Yi Hwi-sŏn	Yi Hwiseon
李憲國	이헌국	Yi Hŏn-guk	Yi Heonguk	李徽之	이휘지	Yi Hwi-ji	Yi Hwiji
李奕蕤	이혁유	Yi Hyŏg-yu	Yi Hyeokyu	李興立	이흥립	Yi Hŭng-nip	Yi Heungrip
李峴	이현	Yi Hyŏn	Yi Hyeon	李熙	이희	Yi Hŭi	Yi Hui
李賢輔	이현보	Yi Hyŏn-bo	Yi Hyeonbo	李熹	이희	Yi Hŭi	Yi Hui
李鉉相	이현상	Yi Hyŏn-sang	Yi Hyeonsang	李禧	이희	Yi Hŭi	Yi Hui
李玄錫	이현석	Yi Hyŏn-sŏk	Yi Hyeonseok	李希儉	이희검	Yi Hŭi-gŏm	Yi Huigeom
李鉉燮	이현섭	Yi Hyŏn-sŏp	Yi Hyeonseop	李喜謙	이희겸	Yi Hŭi-gyŏm	Yi Huigyeom
李顯英	이현영	Yi Hyŏn-yŏng	Yi Hyeonyeong	李希輔	이희보	Yi Hŭi-bo	Yi Huibo
李玄逸	이현일	Yi Hyŏn-il	Yi Hyeonil	李熙昇	이희승	Yi Hŭi-sŭng	Yi Huiseung
李顯稷	이현직	Yi Hyŏn-jik	Yi Hyeonjik	李禧著	이희저	Yi Hŭi-jŏ	Yi Huijeo

한자 용례	한글	ALA-LC Romanization	정부 표기안	한자 용례	한글	ALA-LC Romanization	정부 표기안
李喜朝	이희조	Yi Hŭi-jo	Yi Huijo	任元厚	임원후	Im Wŏn-hu	Im Wonhu
李喜之	이희지	Yi Hŭi-ji	Yi Huiji	任濡	임유	Im Yu	Im Yu
李喜春	이희춘	Yi Hŭi-ch'un	Yi Huichun	任由謙	임유겸	Im Yu-gyŏm	Im Yugyeom
李熙太	이희태	Yi Hŭi-t'ae	Yi Huitae	林惟茂	임유무	Im Yu-mu	Im Yumu
印貞植	인정식	In Chŏng-sik	In Jeongsik	任有後	임유후	Im Yu-hu	Im Yuhu
林幹	임간	Im Kan	Im Gan	任應準	임응준	Im Ŭng-jun	Im Eungjun
林巨正	임거정	Im Kŏ-jŏng	Im Geojeong	任懿	임의	Im Ŭi	Im Ui
林堅味	임견미	Im Kyŏn-mi	Im Gyeonmi	任翊	임익	Im Ik	Im Ik
任景肅	임경숙	Im Kyŏng-suk	Im Gyeongsuk	任益惇	임익돈	Im Ik-ton	Im Ikdon
林慶業	임경업	Im Kyŏng-ŏp	Im Gyeongeop	任靖周	임정주	Im Chŏng-ju	Im Jeongju
林景清	임경청	Im Kyŏng-ch'ŏng	Im Gyeongcheong	林悌	임제	Im Che	Im Je
任啓英	임계영	Im Kye-yŏng	Im Gyeyeong	林存	임존	Im Chon	Im Jon
任國老	임국노	Im Kung-no	Im Gukno	林宗	임종	Im Chong	Im Jong
任權	임권	Im Kwŏn	Im Gweon	任仲樑	임중량	Im Chung-nyang	Im Jungryang
林得義	임득의	Im Tŭg-ŭi	Im Deukui	任徵夏	임징하	Im Ching-ha	Im Jingha
林明弼	임명필	Im Myŏng-p'il	Im Myeongpil	林哲愛	임철애	Im Ch'ŏr-ae	Im Cheolae
林民庇	임민비	Im Min-bi	Im Minbi	任樞	임추	Im Ch'u	Im Chu
林民鎬	임민호	Im Min-ho	Im Minho	林椿	임춘	Im Ch'un	Im Chun
林樸	임박	Im Pak	Im Bak	林春吉	임춘길	Im Ch'un-gil	Im Chungil
任百經	임백경	Im Paek-kyŏng	Im Baekgyeong	林春南	임춘남	Im Ch'un-nam	Im Chunnam
林百齡	임백령	Im Paeng-nyŏng	Im Baengryeong	林春秋	임춘추	Im Ch'un-ch'u	Im Chunchu
林白湖	임백호	Im Paek-ho	Im Baekho	林太甲	임태갑	Im T'ae-gap	Im Taegap
林炳稷	임병직	Im Pyŏng-jik	Im Byeongjik	任翰伯	임한백	Im Han-baek	Im Hanbaek
林炳瓚	임병찬	Im Pyŏng-ch'an	Im Byeongchan	林翰洙	임한수	Im Han-su	Im Hansu
任士洪	임사홍	Im Sa-hong	Im Sahong	林漢浩	임한호	Im Han-ho	Im Hanho
林象德	임상덕	Im Sang-dŏk	Im Sangdeok	任憲晦	임헌회	Im Hŏn-hoe	Im Heonhoe
林尙沃	임상옥	Im Sang-ok	Im Sangok	任鉉	임현	Im Hyŏn	Im Hyeon
任相元	임상원	Im Sang-wŏn	Im Sangwon	林亨秀	임형수	Im Hyŏng-su	Im Hyeongsu
任商準	임상준	Im Sang-jun	Im Sangjun	任虎臣	임호신	Im Ho-sin	Im Hosin
林先味	임선미	Im Sŏn-mi	Im Seonmi	林和	임화	Im Hwa	Im Hwa
任善伯	임선백	Im Sŏn-baek	Im Seonbaek	林檜	임회	Im Hoe	Im Hoe
任善準	임선준	Im Sŏn-jun	Im Seonjun	任孝明	임효명	Im Hyo-myŏng	Im Hyomyŏng
任聖皐	임성고	Im Sŏng-go	Im Seonggo	林薰	임훈	Im Hun	Im Hun
任聖周	임성주	Im Sŏng-ju	Im Seongju	任熙載	임희재	Im Hŭi-jae	Im Huijae
任時倜	임시척	Im Si-ch'ŏk	Im Sicheok	蔣介石	장개석	Chang Kae-sŏk	Jang Gaeseok
林信	임신	Im Sin	Im Sin	張健相	장건상	Chang Kŏn-sang	Jang Geonsang
林億齡	임억령	Im Ŏng-nyŏng	Im Eokryeong	張建相	장건상	Chang Kŏn-sang	Jang Geonsang
林彦	임언	Im Ŏn	Im Eon	張建榮	장건영	Chang Kŏn-yŏng	Jang Geonyeong
任彦國	임언국	Im Ŏn-guk	Im Eonguk	張經世	장경세	Chang Kyŏng-se	Jang Gyeongse
林衍	임연	Im Yŏn	Im Yeon	張基榮	장기영	Chang Ki-yŏng	Jang Giyeong
林泳	임영	Im Yŏng	Im Yeong	張吉山	장길산	Chang Kil-san	Jang Gilsan
任永信	임영신	Im Yŏng-sin	Im Yeongsin	張綠水	장녹수	Chang Nok-su	Jang Noksu
林禮煥	임예환	Im Ye-hwan	Im Yehwan	張端說	장단열	Chang Tan-yŏl	Jang Danyeol
林完	임완	Im Wan	Im Wan	張德秀	장덕수	Chang Tŏk-su	Jang Deoksu
任元濬	임원준	Im Wŏn-jun	Im Wonjun	張德俊	장덕준	Chang Tŏk-chun	Jang Deokjun

한자 용례	한글	ALA-LC Romanization	정부 표기안	한자 용례	한글	ALA-LC Romanization	정부 표기안
張德震	장덕진	Chang Tŏk-chin	Jang Deokjin	張暐	장위	Chang Wi	Jang Wi
張道斌	장도빈	Chang To-bin	Jang Dobin	張維	장유	Chang Yu	Jang Yu
張斗鉉	장두현	Chang Tu-hyŏn	Jang Duhyeon	張潤	장윤	Chang Yun	Jang Yun
張斗煥	장두환	Chang Tu-hwan	Jang Duhwan	張應一	장응일	Chang Ŭng-il	Jang Eungil
張萬榮	장만영	Chang Man-yŏng	Jang Manyeong	張應震	장응진	Chang Ŭng-jin	Jang Eungjin
張末孫	장말손	Chang Mal-son	Jang Malson	張仁煥	장인환	Chang In-hwan	Jang Inhwan
張晚	장면	Chang Man	Jang Man	張日星	장일성	Chang Il-sŏng	Jang Ilseong
張勉	장면	Chang Myŏn	Jang Myeon	張子溫	장자온	Chang Cha-on	Jang Jaon
張撫夷	장무이	Chang Mu-i	Jang Mui	張在英	장재영	Chang Chae-yŏng	Jang Jaeyeong
張文休	장문휴	Chang Mun-hyu	Jang Munhyu	張貞心	장정심	Chang Chŏng-sim	Jang Cheongsim
張弁	장변	Chang Pyŏn	Jang Byeon	張周蓮	장주연	Chang Chu-yŏn	Jang Juyeon
張寶高	장보고	Chang Po-go	Jang Bogo	張周瓚	장주찬	Chang Chu-ch'an	Jang Juchan
張保皐	장보고	Chang Po-go	Jang Bogo	張俊河	장준하	Chang Chun-ha	Jang Junha
張保臯	장보고	Chang Po-go	Jang Bogo	蔣中正	장중정	Chang Chung-jŏng	Jang Jungjeong
張福樞	장복추	Chang Pok-ch'u	Jang Pokchu	張志淵	장지연	Chang Chi-yŏn	Jang Jiyeon
張鳳翰	장봉한	Chang Pong-han	Jang Bonghan	張志暎	장지영	Chang Chi-yŏng	Jang Jiyeong
張鵬翼	장붕익	Chang Pung-ik	Jang Bungik	張之琬	장지완	Chang Chi-wan	Jang Jiwan
張思吉	장사길	Chang Sa-gil	Jang Sagil	張志尹	장지윤	Chang Chi-yun	Jang Jiyun
張士誠	장사성	Chang Sa-sŏng	Jang Saseong	張志恒	장지항	Chang Chi-hang	Jang Jihang
張師勛	장사훈	Chang Sa-hun	Jang Sahun	張智賢	장지현	Chang Chi-hyŏn	Jang Jihyeon
張瑞彦	장서언	Chang Sŏ-ŏn	Jang Seoeon	張鎭弘	장진홍	Chang Chin-hong	Jang Jinhong
張碩教	장석교	Chang Sŏk-kyo	Jang Seokgyo	張昌澤	장창택	Chang Ch'ang-t'aek	Jang Jangtaek
張錫英	장석영	Chang Sŏg-yŏng	Jang Seogyeong	張喆鎬	장철호	Chang Ch'ŏr-ho	Jang Cheolho
張聖旭	장성욱	Chang Sŏng-uk	Jang Seonguk	張哲浩	장철호	Chang Ch'ŏr-ho	Jang Cheolho
張守萬	장수만	Chang Su-man	Jang Suman	張致旭	장치욱	Chang Ch'i-uk	Jang Chiuk
張水山	장수산	Chang Su-san	Jang Susan	張澤相	장택상	Chang T'aek-sang	Jang Taeksang
張壽華	장수화	Chang Su-hwa	Jang Suhwa	張豊雲	장풍운	Chang P'ung-un	Jang Pungun
張舜龍	장순룡	Chang Sun-nyong	Jang Sunryong	張弼武	장필무	Chang P'il-mu	Jang Pilmu
張淳明	장순명	Chang Sun-myŏng	Jang Sunmyeong	張夏	장하	Chang Ha	Jang Ha
張順明	장순명	Chang Sun-myŏng	Jang Sunmyeong	張沆	장항	Chang Hang	Jang Hang
張純錫	장순석	Chang Sun-sŏk	Jang Sunseok	張憲植	장헌식	Chang Hŏn-sik	Jang Heonsik
張順孫	장순손	Chang Sun-son	Jang Sunson	張顯光	장현광	Chang Hyŏn-gwang	Jang Hyeongwang
張承彦	장승언	Chang Sŭng-ŏn	Jang Seungeon	張混	장혼	Chang Hon	Jang Hon
張承業	장승업	Chang Sŭng-ŏp	Jang Seungeop	張孝根	장효근	Chang Hyo-gŭn	Jang Hyogeun
張時雨	장시우	Chang Si-u	Jang Siu	張禧嬪	장희빈	Chang Hŭibin	Jang Huibin
張紳	장신	Chang Sin	Jang Sin	張希載	장희재	Chang Hŭi-jae	Jang Huijae
張彦夫	장언부	Chang Ŏn-bu	Jang Eonbu	全慶昌	전경창	Chŏn Kyŏng-ch'ang	Jeon Gyeongchang
張永山	장영산	Chang Yŏng-san	Jang Yeongsan	全桂文	전계문	Chŏn Kye-mun	Jeon Gyemun
蔣英實	장영실	Chang Yŏng-sil	Jang Yeongsil	全繼信	전계신	Chŏn Kye-sin	Jeon Gyesin
張泳瓚	장영찬	Chang Yŏng-ch'an	Jang Yeongchan	田拱之	전공지	Chŏn Kong-ji	Jeon Gongji
張琬	장완	Chang Wan	Jang Wan	田祿生	전녹생	Chŏn Nok-saeng	Jeon Noksaeng
張旭鎭	장욱진	Chang Uk-chin	Jang Ukjin	全德基	전덕기	Chŏn Tŏk-ki	Jeon Deokgi
張雲翼	장운익	Chang Un-ik	Jang Unik	全德元	전덕원	Chŏn Tŏg-wŏn	Jeon Deogwon
張雄	장웅	Chang Ung	Jang Ung	全斗煥	전두환	Chŏn Tu-hwan	Jeon Duhwan
張元福	장원복	Chang Wŏn-bok	Jang Wonbok	田明雲	전명운	Chŏn Myŏng-un	Jeon Myeongun

한자 용례	한글	ALA-LC Romanization	정부 표기안	한자 용례	한글	ALA-LC Romanization	정부 표기안
全文燮	전문섭	Chŏn Mun-sŏp	Jeon Munseop	鄭克後	정극후	Chŏng Kŭk-hu	Jeong Geukhu
全佰英	전백영	Chŏn Paeg-yŏng	Jeon Baegyeong	丁錦竹	정금죽	Chŏng Kŭm-juk	Cheong Keumjuk
全琫準	전봉준	Chŏn Pong-jun	Jeon Bongjun	鄭琦	정기	Chŏng Ki	Jeong Gi
全錫淡	전석담	Chŏn Sŏk-tam	Jeon Seokdam	鄭起龍	정기룡	Chŏng Ki-ryong	Jeong Giryong
全盛鎬	전성호	Chŏn Sŏng-ho	Jeon Seongho	鄭基善	정기선	Chŏng Ki-sŏn	Jeong Giseon
全素洙	전소수	Chŏn So-su	Jeon Sosu	鄭期遠	정기원	Chŏng Ki-wŏn	Jeong Giwon
全湜	전식	Chŏn Sik	Jeon Sik	鄭洛	정낙	Chŏng Nak	Jeong Nak
全彦	전언	Chŏn Ŏn	Jeon Eon	鄭洛鎔	정낙영	Chŏng Nag-yong	Jeong Nagyong
全英甫	전영보	Chŏn Yŏng-bo	Jeon Yeongbo	鄭魯湜	정노식	Chŏng No-sik	Jeong Nosik
田榮澤	전영택	Chŏn Yŏng-t'aek	Jeon Yeongtaek	鄭達憲	정달헌	Chŏng Tar-hŏn	Jeong Dalheon
全用先	전용선	Chŏn Yong-sŏn	Jeon Yongseon	鄭湛	정담	Chŏng Tam	Jeong Dam
田溶一	전용일	Chŏn Yong-il	Jeon Yongil	鄭大年	정대년	Chŏng Tae-nyŏn	Jeong Daenyeon
田愚	전우	Chŏn U	Jeon U	鄭大容	정대용	Chŏng Tae-yong	Jeong Daeyong
田元均	전원균	Chŏn Wŏn-gyun	Jeon Wongyun	丁大有	정대유	Chŏng Tae-yu	Cheong Daeyu
全有亨	전유형	Chŏn Yu-hyŏng	Jeon Yuhyeong	鄭道傳	정도전	Chŏng To-jŏn	Jeong Dojeon
全翊戴	전익대	Chŏn Ik-tae	Jeon Ikdae	鄭東植	정동식	Chŏng Tong-sik	Jeong Dongsik
全長雲	전장운	Chŏn Chang-un	Jeon Jangun	鄭東愈	정동유	Chŏng Tong-yu	Jeong Dongyu
全存傑	전존걸	Chŏn Chon-gŏl	Jeon Jongeol	鄭東哲	정동철	Chŏng Tong-ch'ŏl	Jeong Dongcheol
錢鎭漢	전진한	Chŏn Chin-han	Jeon Jinhan	鄭東鎬	정동호	Chŏng Tong-ho	Jeong Dongho
全昌根	전창근	Chŏn Ch'ang-gŭn	Jeon Changgeun	鄭斗源	정두원	Chŏng Tu-wŏn	Jeong Duwon
全泰壹	전태일	Chŏn T'ae-il	Jeon Taeil	鄭蘭宗	정란종	Chŏng Nan-jong	Jeong Ranjong
全弼淳	전필순	Chŏn P'il-sun	Jeon Pilsun	鄭萬瑞	정만서	Chŏng Man-sŏ	Jeong Manseo
全鎣弼	전형필	Chŏn Hyŏng-p'il	Jeon Hyeongpil	鄭晩錫	정만석	Chŏng Man-sŏk	Jeong Manseok
鄭可臣	정가신	Chŏng Ka-sin	Jeong Gasin	鄭萬朝	정만조	Chŏng Man-jo	Jeong Manjo
鄭甲孫	정갑손	Chŏng Kap-son	Jeong Gapson	鄭萬和	정만화	Chŏng Man-hwa	Jeong Manhwa
鄭介淸	정개청	Chŏng Kae-ch'ŏng	Jeong Gaecheong	鄭命壽	정명수	Chŏng Myŏng-su	Jeong Myeongsu
鄭經世	정경세	Chŏng Kyŏng-se	Jeong Gyeongse	鄭明植	정명식	Chŏng Myŏng-sik	Jeong Myeongsik
鄭敬行	정경행	Chŏng Kyŏng-haeng	Jeong Gyeonghaeng	鄭明熙	정명희	Chŏng Myŏng-hŭi	Jeong Myeonghui
鄭慶欽	정경흠	Chŏng Kyŏng-hŭm	Jeong Gyeongheum	鄭夢周	정몽주	Chŏng Mong-ju	Jeong Mongju
鄭啓采	정계채	Chŏng Kye-ch'ae	Jeong Gyechae	鄭文孚	정문부	Chŏng Mun-bu	Jeong Munbu
鄭崑壽	정곤수	Chŏng Kon-su	Jeong Gonsu	鄭文升	정문승	Chŏng Mun-sŭng	Jeong Munseung
鄭公淸	정공청	Chŏng Kong-ch'ŏng	Jeong Gongcheong	鄭文炯	정문형	Chŏng Mun-hyŏng	Jeong Munhyeong
鄭廣敬	정광경	Chŏng Kwang-gyŏng	Jeong Gwanggyeong	鄭眉壽	정미수	Chŏng Mi-su	Jeong Misu
鄭廣朝	정광조	Chŏng Kwang-jo	Jeong Gwangjo	鄭民始	정민시	Chŏng Min-si	Jeong Minsi
鄭光弼	정광필	Chŏng Kwang-p'il	Jeong Gwangpil	鄭撥	정발	Chŏng Pal	Jeong Bal
鄭光漢	정광한	Chŏng Kwang-han	Jeong Gwanghan	鄭邦輔	정방보	Chŏng Pang-bo	Jeong Bangbo
鄭喬	정교	Chŏng Kyo	Jeong Gyo	鄭邦祐	정방우	Chŏng Pang-u	Jeong Bangu
鄭矩	정구	Chŏng Ku	Jeong Gu	鄭方義	정방의	Ch'ŏng Pang-ŭi	Jeong Bangui
鄭逑	정구	Chŏng Ku	Jeong Gu	鄭倍傑	정배걸	Chŏng Pae-gŏl	Jeong Baegeol
鄭球	정구영	Chŏng Ku	Jeong Gu	鄭栢	정백	Chŏng Paek	Jeong Baek
鄭求瑛	정구영	Chŏng Ku-yŏng	Jeong Guyeong	鄭百昌	정백창	Chŏng Paek-ch'ang	Jeong Baekchang
鄭逵	정규	Chŏng Kyu	Jeong Gyu	鄭百亨	정백형	Chŏng Paek-hyŏng	Jeong Baekhyeong
鄭筠	정균	Chŏng Kyun	Jeong Gyun	丁範祖	정범조	Chŏng Pŏm-jo	Cheong Beomjo
鄭克永	정극영	Chŏng Kŭg-yŏng	Jeong Geukyeong	鄭範朝	정범조	Chŏng Pŏm-jo	Jeong Beomjo
丁克仁	정극인	Chŏng Kŭg-in	Cheong Geugin	鄭丙朝	정병조	Chŏng Pyŏng-jo	Jeong Byeongjo

한자 용례	한글	ALA-LC Romanization	정부 표기안	한자 용례	한글	ALA-LC Romanization	정부 표기안
鄭秉夏	정병하	Chŏng Pyŏng-ha	Jeong Byeongha	鄭曄	정엽	Chŏng Yŏp	Jeong Yeop
鄭炳鎬	정병호	Chŏng Pyŏng-ho	Jeong Byeongho	丁玉亨	정옥형	Chŏng Ok-hyŏng	Cheong Okhyeong
鄭鳳壽	정봉수	Chŏng Pong-su	Jeong Bongsu	鄭蘊	정온	Chŏng On	Jeong On
鄭北窓	정북창	Chŏng Puk-ch'ang	Jeong Bukchang	鄭鏞基	정용기	Chŏng Yong-gi	Jeong Yonggi
鄭飛石	정비석	Chŏng Pi-sŏk	Jeong Biseok	鄭用來	정용래	Chŏng Yong-nae	Jeong Yongrae
鄭士龍	정사룡	Chŏng Sa-ryong	Jeong Saryong	鄭容俊	정용준	Chŏng Yong-jun	Jeong Yongjun
丁思愼	정사신	Chŏng Sa-sin	Cheong Sasin	鄭用采	정용채	Chŏng Yong-ch'ae	Jeong Yongchae
鄭士信	정사신	Chŏng Sa-sin	Jeong Sasin	鄭羽良	정우량	Chŏng U-ryang	Jeong Uryang
鄭士仁	정사인	Chŏng Sa-in	Jeong Sain	鄭運	정운	Chŏng Un	Jeong Un
鄭賜湖	정사호	Chŏng Sa-ho	Jeong Saho	鄭雲慶	정운경	Chŏng Un-gyŏng	Jeong Ungyeong
鄭思孝	정사효	Chŏng Sa-hyo	Jeong Sahyo	鄭雲復	정운복	Chŏng Un-bok	Jeong Unbok
鄭尙驥	정상기	Chŏng Sang-gi	Jeong Sanggi	丁元爕	정원섭	Chŏng Wŏn-sŏp	Cheong Wonseop
鄭敍	정서	Chŏng Sŏ	Jeong Seo	鄭元容	정원용	Chŏng Wŏn-yong	Jeong Wonyong
鄭碩達	정석달	Chŏng Sŏk-tal	Jeong Seokdal	鄭元采	정원채	Chŏng Wŏn-ch'ae	Jeong Wonchae
鄭錫五	정석오	Chŏng Sŏg-o	Jeong Seogo	鄭元泰	정원태	Chŏng Wŏn-t'ae	Jeong Wontae
鄭鎧	정선	Chŏng Sŏn	Jeong Seon	鄭元澤	정원택	Chŏng Wŏn-t'aek	Jeong Wontaek
鄭敾	정선	Chŏng Sŏn	Jeong Seon	鄭元衡	정원형	Chŏng Wŏn-hyŏng	Jeong Wonhyeong
鄭誠謹	정성근	Chŏng Sŏng-gŭn	Jeong Seonggeun	鄭元欽	정원흠	Chŏng Wŏn-hŭm	Jeong Wonheum
鄭世規	정세규	Chŏng Se-gyu	Jeong Segyu	鄭惟吉	정유길	Chŏng Yu-gil	Jeong Yugil
鄭世雅	정세아	Chŏng Se-a	Jeong Sea	鄭維城	정유성	Chŏng Yu-sŏng	Jeong Yuseong
鄭世雲	정세운	Chŏng Se-un	Jeong Seun	鄭惟一	정유일	Chŏng Yu-il	Jeong Yuil
鄭世裕	정세유	Chŏng Se-yu	Jeong Seyu	鄭潤	정윤	Chŏng Yun	Jeong Yun
鄭世虎	정세호	Chŏng Se-ho	Jeong Seho	鄭允謙	정윤겸	Chŏng Yun-gyŏm	Jeong Yungyeom
丁壽崗	정수강	Chŏng Su-gang	Cheong Sugang	鄭允玉	정윤옥	Chŏng Yun-ok	Jeong Yunok
鄭壽銅	정수동	Chŏng Su-dong	Jeong Sudong	丁胤禧	정윤희	Chŏng Yun-hŭi	Cheong Yunhui
鄭秀貞	정수정	Chŏng Su-jŏng	Jeong Sujeong	丁應斗	정응두	Chŏng Ŭng-du	Cheong Eungdu
鄭守忠	정수충	Chŏng Su-ch'ung	Jeong Suchung	鄭應文	정응문	Chŏng Ŭng-mun	Jeong Eungmun
鄭守弘	정수홍	Chŏng Su-hong	Jeong Suhong	鄭應珉	정응민	Chŏng Ŭng-min	Jeong Eungmin
鄭叔瞻	정숙첨	Chŏng Suk-ch'ŏm	Jeong Sukcheom	鄭應聖	정응성	Chŏng Ŭng-sŏng	Jeong Eungseong
鄭淳萬	정순만	Chŏng Sun-man	Jeong Sunman	鄭而漢	정이한	Chŏng I-han	Jeong Ihan
鄭順朋	정순붕	Chŏng Sun-bung	Jeong Sunbung	鄭伊衡	정이형	Chŏng I-hyŏng	Jeong Ihyeong
鄭崇祖	정숭조	Chŏng Sung-jo	Jeong Sungjo	鄭仁卿	정인경	Chŏng In-gyŏng	Jeong Ingyeong
鄭襲明	정습명	Chŏng Sŭp-myŏng	Jeong Seupmyeong	鄭寅普	정인보	Chŏng In-bo	Jeong Inbo
鄭時修	정시수	Chŏng Si-su	Jeong Sisu	鄭寅爕	정인섭	Chŏng In-sŏp	Jeong Inseop
鄭蓍	정시수	Chŏng Si	Jeong Si	鄭寅承	정인승	Chŏng In-sŭng	Jeong Inseung
丁時翰	정시한	Chŏng Si-han	Cheong Sihan	鄭麟趾	정인지	Chŏng In-ji	Jeong Inji
鄭信	정신	Chŏng Sin	Jeong Sin	鄭仁弘	정인홍	Chŏng In-hong	Jeong Inhong
丁若鏞	정약용	Chŏng Yag-yong	Cheong Yakyong	丁一權	정일권	Chŏng Il-gwŏn	Cheong Ilgweon
丁若銓	정약전	Chŏng Yak-chŏn	Cheong Yakjeon	鄭一亨	정일형	Chŏng Ir-hyŏng	Jeong Ilhyeong
丁若鍾	정약종	Chŏng Yak-chong	Cheong Yakjong	鄭在寬	정재관	Chŏng Chae-gwan	Jeong Jaegwan
鄭良弼	정양필	Chŏng Yang-p'il	Jeong Yangpil	鄭載圭	정재규	Chŏng Chae-gyu	Jeong Jaegyu
鄭彦慤	정언각	Chŏng Ŏn-gak	Jeong Eongak	鄭載崙	정재륜	Chŏng Chae-ryun	Jeong Jaeryun
鄭彦信	정언신	Chŏng Ŏn-sin	Jeong Eonsin	鄭在允	정재윤	Chŏng Chae-yun	Jeong Jaeyun
鄭汝立	정여립	Chŏng Yŏ-rip	Jeong Yeorip	鄭在潤	정재윤	Chŏng Chae-yun	Jeong Jaeyun
鄭汝昌	정여창	Chŏng Yŏ-ch'ang	Jeong Yeochang	鄭齊斗	정제두	Chŏng Che-du	Jeong Jedu

한자 용례	한글	ALA-LC Romanization	정부 표기안	한자 용례	한글	ALA-LC Romanization	정부 표기안
鄭造	정조	Chŏng Cho	Jeong Jo	鄭翰景	정한경	Chŏng Han-gyŏng	Jeong Hangyeong
鄭存謙	정존겸	Chŏng Chon-gyŏm	Jeong Jongyeom	鄭諴	정함	Chŏng Ham	Jeong Ham
鄭存實	정존실	Chŏng Chon-sil	Jeong Jonsil	鄭沆	정항	Chŏng Hang	Jeong Hang
鄭種	정종	Chŏng Chong	Jeong Jong	鄭恒齡	정항령	Chŏng Hang-nyŏng	Jeong Hangryeong
鄭悰	정종	Chŏng Chong	Jeong Jong	鄭向明	정향명	Chŏng Hyang-myŏng	Jeong Hyangmyeong
鄭宗溟	정종명	Chŏng Chong-myŏng	Jeong Jongmyeong	鄭顯德	정현덕	Chŏng Hyŏn-dŏk	Jeong Hyeondeok
鄭宗榮	정종영	Chŏng Chong-yŏng	Jeong Jongyeong	鄭賢燮	정현섭	Chŏng Hyŏn-sŏp	Jeong Hyeonseop
鄭準澤	정준택	Chŏng Chun-t'aek	Jeong Juntaek	鄭顯祖	정현조	Chŏng Hyŏn-jo	Jeong Hyeonjo
鄭仲夫	정중부	Chŏng Chung-bu	Jeong Jungbu	鄭玄宗	정현종	Chŏng Hyŏn-jong	Jeong Hyeonjong
鄭地	정지	Chŏng Chi	Jeong Ji	鄭顯哲	정현철	Chŏng Hyŏn-ch'ŏl	Jeong Hyeoncheol
鄭知常	정지상	Chŏng Chi-sang	Jeong Jisang	鄭澔	정호	Chŏng Ho	Jeong Ho
鄭芝溶	정지용	Chŏng Chi-yong	Jeong Jiyong	丁好寬	정호관	Chŏng Ho-gwan	Cheong Hogwan
鄭之雲	정지운	Chŏng Chi-un	Jeong Jiun	丁好善	정호선	Chŏng Ho-sŏn	Cheong Hoseon
鄭智遠	정지원	Chŏng Chi-wŏn	Jeong Jiwon	鄭弘溟	정홍명	Chŏng Hong-myŏng	Jeong Hongmyeong
鄭芝潤	정지윤	Chŏng Chi-yun	Jeong Jiyun	鄭弘淳	정홍순	Chŏng Hong-sun	Jeong Hongsun
鄭志鉉	정지현	Chŏng Chi-hyŏn	Jeong Jihyeon	鄭弘翼	정홍익	Chŏng Hong-ik	Jeong Hongik
鄭知和	정지화	Chŏng Chi-hwa	Jeong Jihwa	鄭華巖	정화암	Chŏng Hwa-am	Jeong Hwaam
鄭鎭宅	정진택	Chŏng Chin-t'aek	Jeong Jintaek	鄭煥直	정환직	Chŏng Hwan-jik	Jeong Hwanjik
丁贊鎭	정찬진	Chŏng Ch'an-jin	Cheong Chanjin	丁黃載	정황재	Chŏng Hwang-jae	Cheong Hwangjae
鄭昌大	정창대	Chŏng Ch'ang-dae	Jeong Changdae	鄭孝常	정효상	Chŏng Hyo-sang	Jeong Hyosang
鄭昌孫	정창손	Chŏng Ch'ang-son	Jeong Changson	鄭孝全	정효전	Chŏng Hyo-jŏn	Jeong Hyojeon
鄭昌順	정창순	Chŏng Ch'ang-sun	Jeong Changsun	鄭厚謙	정후겸	Chŏng Hu-gyŏm	Jeong Hugyeom
鄭昌衍	정창연	Chŏng Ch'ang-yŏn	Jeong Changyeon	鄭欽之	정흠지	Chŏng Hŭm-ji	Jeong Heumji
鄭天益	정천익	Chŏng Ch'ŏn-ik	Jeong Cheonik	鄭熙啓	정희계	Chŏng Hŭi-gye	Jeong Huigye
丁哲	정철	Chŏng Ch'ŏl	Cheong Cheol	鄭希登	정희등	Chŏng Hŭi-dŭng	Jeong Huideung
鄭澈	정철	Chŏng Ch'ŏl	Jeong Cheol	鄭希亮	정희량	Chŏng Hŭi-ryang	Jeong Huiryang
鄭招	정초	Chŏng Ch'o	Jeong Cho	鄭希良	정희량	Chŏng Hŭi-ryang	Jeong Huiryang
鄭摠	정총	Chŏng Ch'ong	Jeong Chong	趙擎韓	조 경한	Cho Kyŏng-han	Jo Gyeonghan
鄭春洙	정춘수	Chŏng Ch'un-su	Jeong Chunsu	趙簡	조간	Cho Kan	Jo Gan
鄭忠信	정충신	Chŏng Ch'ung-sin	Jeong Chungsin	趙絅	조경	Cho Kyŏng	Jo Gyeong
鄭忠燁	정충엽	Chŏng Ch'ung-yŏp	Jeong Chungyeop	趙慶鎬	조경호	Cho Kyŏng-ho	Jo Gyeongho
鄭致和	정치화	Chŏng Ch'i-hwa	Jeong Chihwa	曹京煥	조경환	Cho Kyŏng-hwan	Jo Gyeonghwan
丁七星	정칠성	Chŏng Ch'il-sŏng	Cheong Chilseong	曹繼商	조계상	Cho Kye-sang	Jo Gyesang
鄭七星	정칠성	Chŏng Ch'il-sŏng	Jeong Chilseong	趙公瑾	조공근	Cho Kong-gŭn	Jo Gonggeun
鄭琢	정탁	Chŏng T'ak	Jeong Tak	趙貫	조관	Cho Kwan	Jo Gwan
鄭擢	정탁	Chŏng T'ak	Jeong Tak	趙觀彬	조관빈	Cho Kwan-bin	Jo Gwanbin
鄭泰植	정태식	Chŏng T'ae-sik	Jeong Taesik	趙匡	조광	Cho Kwang	Jo Gwang
丁泰鎭	정태진	Chŏng T'ae-jin	Cheong Taejin	趙光達	조광달	Cho Kwang-dal	Jo Gwangdal
鄭太和	정태화	Chŏng T'ae-hwa	Jeong Taehwa	趙光輔	조광보	Cho Kwang-bo	Jo Gwangbo
鄭泰熙	정태희	Chŏng T'ae-hŭi	Jeong Taehui	曹光遠	조광연	Cho Kwang-wŏn	Jo Gwangwon
鄭平九	정평구	Chŏng P'yŏng-gu	Jŏng Pyeonggu	趙光祖	조광조	Cho Kwang-jo	Jo Gwangjo
鄭必東	정필동	Chŏng P'il-tong	Jeong Pildong	曹匡振	조광진	Cho Kwang-jin	Jo Gwangjin
丁夏祥	정하상	Chŏng Ha-sang	Cheong Hasang	趙龜夏	조구하	Cho Ku-ha	Jo Guha
鄭夏彦	정하언	Chŏng Ha-ŏn	Jeong Haeon	趙龜命	조귀명	Cho Kwi-myŏng	Jo Gwimyeong
丁學游	정학유	Chŏng Hag-yu	Cheong Hagyu	趙克寬	조극관	Cho Kŭk-kwan	Jo Geukgwan

한자 용례	한글	ALA-LC Romanization	정부 표기안	한자 용례	한글	ALA-LC Romanization	정부 표기안
趙克善	조극선	Cho Kŭk-sŏn	Jo Geukseon	曺鳳振	조봉진	Cho Pong-jin	Jo Bongjin
趙道彬	조도빈	Cho To-bin	Jo Dobin	趙備	조비	Cho Pi	Jo Bi
趙東杰	조동걸	Cho Tong-gŏl	Jo Donggeol	趙師錫	조사석	Cho Sa-sŏk	Jo Saseok
趙東植	조동식	Cho Tong-sik	Jo Dongsik	趙思義	조사의	Cho Sa-ŭi	Jo Saui
趙東完	조동완	Cho Tong-wan	Jo Dongwan	趙尙絅	조상경	Cho Sang-gyŏng	Jo Sanggyeong
趙東潤	조동윤	Cho Tong-yun	Jo Dongyun	趙相愚	조상우	Cho Sang-u	Jo Sangu
趙東卓	조동탁	Cho Tong-t'ak	Jo Dongtak	曺尙治	조상치	Cho Sang-ch'i	Jo Sangchi
趙東祜	조동호	Cho Tong-ho	Jo Dongho	趙瑞卿	조서경	Cho Sŏ-gyŏng	Jo Seogyeong
趙同熙	조동희	Cho Tong-hŭi	Jo Donghui	曺錫雨	조석우	Cho Sŏg-u	Jo Seoku
趙斗淳	조두순	Cho Tu-sun	Jo Dusun	趙錫胤	조석윤	Cho Sŏg-yun	Jo Seokyun
趙斗元	조두원	Cho Tu-wŏn	Jo Duwon	趙錫晉	조석진	Cho Sŏk-chin	Jo Seokjin
趙得永	조득영	Cho Tŭg-yŏng	Jo Deukgyeong	趙性家	조성가	Cho Sŏng-ga	Jo Seongga
趙琳	조림	Cho Rim	Jo Rim	趙聖期	조성기	Cho Sŏng-gi	Jo Seonggi
曺晩植	조만식	Cho Man-sik	Jo Mansik	曺錫文	조성문	Cho Sŏng-mun	Jo Seongmun
趙萬永	조만영	Cho Man-yŏng	Jo Manyeong	趙聖復	조성복	Cho Sŏng-bok	Jo Seongbok
趙末生	조말생	Cho Mal-saeng	Jo Malsaeng	趙成夏	조성하	Cho Sŏng-ha	Jo Seongha
趙孟頫	조맹부	Cho Maeng-bu	Jo Maengbu	曺成煥	조성환	Cho Sŏng-hwan	Jo Seonghwan
趙孟善	조맹선	Cho Maeng-sŏn	Jo Maengseon	曺世傑	조세걸	Cho Se-gŏl	Jo Segeol
趙銘	조명	Cho Myŏng	Jo Myeong	趙素昂	조소앙	Cho So-ang	Jo Soang
趙明履	조명이	Cho Myŏng-i	Jo Myeongi	趙涑	조속	Cho Sok	Jo Sok
趙明翼	조명익	Cho Myŏng-ik	Jo Myeongik	趙秀三	조수삼	Cho Su-sam	Jo Susam
趙明河	조명하	Cho Myŏng-ha	Jo Myeongha	曺守誠	조수성	Cho Su-sŏng	Jo Suseong
趙明熙	조명희	Cho Myŏng-hŭi	Jo Myeonghui	趙壽益	조수익	Cho Su-ik	Jo Suik
趙穆	조목	Cho Mok	Jo Mok	趙順生	조순생	Cho Sun-saeng	Jo Sunsaeng
趙文命	조문명	Cho Mun-myŏng	Jo Munmyeong	趙淳卓	조순탁	Cho Sun-t'ak	Jo Suntak
曺敏修	조민수	Cho Min-su	Jo Minsu	祖承訓	조승훈	Cho Sŭng-hun	Jo Seunghun
趙民熙	조민희	Cho Min-hŭi	Jo Minhui	趙時元	조시원	Cho Si-wŏn	Jo Siwon
趙璞	조박	ChoPak	Jo Bak	曺植	조식	Cho Sik	Jo Sik
趙秉甲	조병갑	Cho Pyŏng-gap	Jo Byeonggap	曺莘卿	조신경	Cho Sin-gyŏng	Jo Singyeong
趙炳甲	조병갑	Cho Pyŏng-gap	Jo Byeonggap	趙愼	조신성	Cho Sin	Jo Sin
趙秉龜	조병구	Cho Pyŏng-gu	Jo Byeonggu	趙信聖	조신성	Cho Sin-sŏng	Jo Sinseong
趙炳彬	조병빈	Cho Pyŏng-bin	Jo Byeongbin	趙心泰	조심태	Cho Sim-t'ae	Jo Simtae
趙秉世	조병세	Cho Pyŏng-se	Jo Byeongse	趙彦秀	조언수	Cho Ŏn-su	Jo Eonsu
趙秉式	조병식	Cho Pyŏng-sik	Jo Byeongsik	趙汝籍	조여적	Cho Yŏ-jŏk	Jo Yeojeok
趙炳玉	조병옥	Cho Pyŏng-ok	Jo Byeongok	趙榮國	조영국	Cho Yŏng-guk	Jo Yeongguk
趙秉翊	조병익	Cho Pyŏng-ik	Jo Byeongik	趙英圭	조영규	Cho Yŏng-gyu	Jo Yeonggyu
趙秉益	조병익	Cho Pyŏng-ik	Jo Byeongik	趙英茂	조영무	Cho Yŏng-mu	Jo Yeongmu
趙秉準	조병준	Cho Pyŏng-jun	Jo Byeongjun	趙榮福	조영복	Cho Yŏng-bok	Jo Yeongbok
趙秉稷	조병직	Cho Pyŏng-jik	Jo Byeongjik	趙榮祐	조영석	Cho Yŏng-sŏk	Jo Yeongseok
趙秉弼	조병필	Cho Pyŏng-p'il	Jo Byeongpil	趙永仁	조영인	Cho Yŏng-in	Jo Yeongin
趙秉鉉	조병현	Cho Pyŏng-hyŏn	Jo Byeonghyeon	趙榮進	조영진	Cho Yŏng-jin	Jo Yeongjin
趙秉鎬	조병호	Cho Pyŏng-ho	Jo Byeongho	趙寧夏	조영하	Cho Yŏng-ha	Jo Yeongha
趙福成	조복성	Cho Pok-sŏng	Jo Bokseong	趙琬九	조완구	Cho Wan-gu	Jo Wangu
趙復陽	조복양	Cho Pog-yang	Jo Bokyang	趙完基	조완기	Cho Wan-gi	Jo Wangi
曺奉岩	조봉암	Cho Pong-am	Jo Bongam	趙完璧	조완벽	Cho Wan-byŏk	Jo Wanbyeok

한자 용례	한글	ALA-LC Romanization	정부 표기안	한자 용례	한글	ALA-LC Romanization	정부 표기안
趙庸	조용	Cho Yong	Jo Yong	趙宗道	조종도	Cho Chong-do	Jo Jongdo
趙鏞元	조용원	Cho Yong-wŏn	Jo Yongwon	趙鍾永	조종영	Cho Chong-yŏng	Jo Jongyeong
趙鏞夏	조용하	Cho Yong-ha	Jo Yongha	趙浚	조준	Cho Chun	Jo Jun
曹友仁	조우인	Cho U-in	Jo Uin	趙駿命	조준명	Cho Chun-myŏng	Jo Junmyeong
曹煜	조욱	Cho Uk	Jo Uk	趙準永	조준영	Cho Chun-yŏng	Jo Junyeong
趙云仡	조운흘	Cho Un-hŭl	Jo Unheul	趙重應	조중응	Cho Chung-ŭng	Jo Jungeung
趙元紀	조원기	Cho Wŏn-gi	Jo Wongi	趙重顯	조중현	Cho Chung-hyŏn	Jo Junghyeon
趙瑋	조위	Cho Wi	Jo Wi	趙重桓	조중환	Cho Chung-hwan	Jo Junghwan
趙威明	조위명	Cho Wi-myŏng	Jo Wimyeong	趙重晦	조중회	Cho Chung-hoe	Jo Junghoe
趙位寵	조위총	Cho Wi-ch'ong	Jo Wichong	趙持謙	조지겸	Cho Chi-gyŏm	Jo Jigyeom
趙有善	조유선	Cho Yu-sŏn	Jo Yuseon	趙之遴	조지린	Cho Chi-rin	Jo Jirin
趙昀	조윤	Cho Yun	Jo Yun	趙之瑞	조지서	Cho Chi-sŏ	Jo Jiseo
曹潤孫	조윤손	Cho Yun-son	Jo Yunson	趙芝薰	조지훈	Cho Chi-hun	Jo Jihun
曹元正	조윤정	Cho Wŏn-jŏng	Jo Wonjeong	趙鑛球	조진구	Cho Chin-gu	Jo Jingu
趙潤濟	조윤제	Cho Yun-je	Jo Yunje	趙纘韓	조찬한	Cho Ch'an-han	Jo Chanhan
曹尤通	조윤통	Cho Yun-t'ong	Jo Yuntong	趙喆鎬	조철호	ho Ch'ŏr-ho	Jo Jeolho
曹尤亨	조윤형	Cho Yun-hyŏng	Jo Yunhyeong	趙冲	조충	Cho Ch'ung	Jo Chung
趙應植	조응식	Cho Ŭng-sik	Jo Eungsik	曹倬	조탁	Cho T'ak	Jo Tak
趙翼	조익	Cho Ik	Jo Ik	趙泰耉	조태구	Cho T'ae-gu	Jo Taegu
趙翊	조익	Cho Ik	Jo Ik	趙泰億	조태억	Cho T'ae-ŏk	Jo Taeeok
趙益貞	조익정	Cho Ik-chŏng	Jo Ikjeong	趙泰一	조태일	Cho T'ae-il	Jo Taeil
曹益清	조익청	Cho Ik-ch'ŏng	Jo Ikcheong	趙泰采	조태채	Cho T'ae-ch'ae	Jo Taechae
趙仁規	조인규	Cho In-gyu	Jo Ingyu	趙澤元	조택원	Cho T'aeg-wŏn	Jo Taegwon
趙仁璧	조인벽	Cho In-byŏk	Jo Inbyeok	趙弼永	조필영	Cho P'ir-yŏng	Jo Pilyeong
曹寅承	조인승	Cho In-sŭng	Jo Inseung	曹夏望	조하망	Cho Ha-mang	Jo Hamang
趙寅永	조인영	Cho In-yŏng	Jo Inyeong	曹漢英	조한영	Cho Han-yŏng	Jo Hanyeong
趙仁沃	조인옥	Cho In-ok	Jo Inok	趙憲	조헌	Cho Hŏn	Jo Heon
趙演鉉	조인현	Cho Yŏn-hyŏn	Jo Yeonhyeon	趙顯命	조현명	Cho Hyŏn-myŏng	Jo Hyeonmyeong
曹仁煥	조인환	Cho In-hwan	Jo Inhwan	曹好益	조호익	Cho Ho-ik	Jo Hoik
趙日新	조일신	Cho Il-sin	Jo Ilsin	曹好益	조호익	Cho Ho-ik	Jo Hoik
趙一訓	조일훈	Cho Ir-hun	Jo Ilhun	趙桓	조환	Cho Hwan	Jo Hwan
曺子一	조자일	Cho Cha-il	Jo Jail	趙晃	조황	Cho Hwang	Jo Hwang
趙自知	조자지	Cho Cha-ji	Jo Jaji	趙暉	조휘	Cho Hwi	Jo Hwi
趙子衡	조자형	Cho Cha-hyŏng	Jo Jahyeong	曹恰	조흡	Cho Hŭp	Jo Heup
趙在元	조재원	Cho Chae-wŏn	Jo Jaewon	趙熙龍	조희룡	Cho Hŭi-ryong	Jo Huiryong
趙載浩	조재호	Cho Chae-ho	Jo Jaeho	趙義純	조희순	Cho Hŭi-sun	Jo Huisun
趙靖	조정	Cho Chŏng	Jo Jeong	趙義淵	조희연	Cho Hŭi-yŏn	Jo Huiyeon
趙挺	조정	Cho Chŏng	Jo Jeong	趙僖英	조희영	Cho Hŭi-yŏng	Jo Huiyeong
趙禎	조정	Cho Chŏng	Jo Jeong	趙希逸	조희일	Cho Hŭi-il	Jo Huiil
趙鼎九	조정구	Cho Chŏng-gu	Jo Jeonggu	朱基徹	주기철	Chu Ki-ch'ŏl	Ju Gicheol
趙正萬	조정만	Cho Chŏng-man	Jo Jeongman	朱德海	주덕해	Chu Tŏk-hae	Ju Deokhae
趙貞喆	조정철	Cho Chŏng-ch'ŏl	Jo Jeongcheol	朱斗烈	주두열	Chu Tu-yŏl	Ju Duyeol
曹操	조조	Cho Cho	Jo Jo	周命新	주명신	Chu Myŏng-sin	Ju Myeongsin
趙存斗	조존두	Cho Chon-du	Jo Jondu	朱蒙	주몽	Chumong	Jumong
趙存性	조존성	Cho Chon-sŏng	Jo Jonseong	周文謨	주문모	Chu Mun-mo	Ju Munmo

한자 용례	한글	ALA-LC Romanization	정부 표기안	한자 용례	한글	ALA-LC Romanization	정부 표기안
朱思忠	주사충	Chu Sa-ch'ung	Ju Sachung	車道善	차도선	Ch'a To-sŏn	Cha Doseon
周相鎬	주상호	Chu Sang-ho	Ju Sangho	車利錫	차리석	Ch'a I-sŏk	Cha Iseok
朱成七	주성칠	Chu Sŏng-ch'il	Ju Seongchil	車鳳習	차봉습	Ch'a Pong-sŭp	Cha Bongseup
朱世傑	주세걸	Chu Se-gŏl	Ju Segeol	車奉習	차봉습	Ch'a Pong-sŭp	Cha Bongseup
周世敏	주세민	Chu Se-min	Ju Semin	車相晉	차상진	Ch'a Sang-jin	Cha Sangjin
周世鵬	주세붕	Chu Se-bung	Ju Sebung	車相瓚	차상찬	Ch'a Sang-ch'an	Cha Sangchan
周時經	주시경	Chu Si-gyŏng	Ju Sigyeong	車石東	차석동	Ch'a Sŏk-tong	Cha Seokdong
周英贊	주영찬	Chu Yŏng-ch'an	Ju Yeongchan	車松祐	차송우	Ch'a Song-u	Cha Songu
朱寧河	주영하	Chu Yŏng-ha	Ju Yeongha	車若松	차약송	Ch'a Yak-song	Cha Yaksong
朱耀燮	주요섭	Chu Yo-sŏp	Ju Yoseop	車天輅	차천로	Ch'a Ch'ŏn-no	Cha Cheonro
朱耀翰	주요한	Chu Yo-han	Ju Yohan	車忠亮	차충량	Ch'a Ch'ung-nyang	Cha Chungryang
周雲龍	주운룡	Chu Un-nyong	Ju Unryong	車紅女	차홍녀	Ch'a Hong-nyŏ	Cha Hongnyeo
朱元璋	주원장	Chu Wŏn-jang	Ju Wonjang	車喜植	차희식	Ch'a Hŭi-sik	Cha Huisik
朱義植	주의식	Chu Ŭi-sik	Ju Uisik	蔡光默	채광묵	Ch'ae Kwang-muk	Chae Gwangmuk
朱翊鈞	주익균	Chu Ik-kyun	Ju Ikgyun	蔡奎燁	채규엽	Ch'ae Kyu-yŏp	Chae Gyuyeop
朱全忠	주전충	Chu Chŏn-ch'ung	Ju Jeonchung	蔡奎恒	채규항	Ch'ae Kyu-hang	Chae Gyuhang
周宗訓	주종훈	Chu Chong-hun	Ju Jonghun	蔡基文	채기문	Ch'ae Ki-mun	Chae Gimun
朱熹	주희	Chu Hŭi	Ju Hui	蔡基仲	채기중	Ch'ae Ki-jung	Chae Gijung
智祿延	지녹연	Chi Nog-yŏn	Ji Nokyeon	蔡基中	채기중	Ch'ae Ki-jung	Chae Gijung
池錫永	지석영	Chi Sŏg-yŏng	Ji Seokyeong	蔡東鮮	채동선	Ch'ae Tong-sŏn	Chae Dongseon
池錫浩	지석호	Chi Sŏk-ho	Ji Seokho	蔡得沂	채득기	Ch'ae Tŭk-ki	Chae Deukgi
遲受信	지수신	Chi Su-sin	Ji Susin	蔡萬植	채만식	Ch'ae Man-sik	Chae Mansik
池湧奇	지용기	Chi Yong-gi	Ji Yonggi	蔡無逸	채무일	Ch'ae Mu-il	Chae Muil
池龍壽	지용수	Chi Yong-su	Ji Yongsu	蔡無擇	채무택	Ch'ae Mu-t'aek	Chae Mutaek
池允深	지윤심	Chi Yun-sim	Ji Yunsim	蔡斌	채빈	Ch'ae Pin	Chae Bin
池昌翰	지창한	Chi Ch'ang-han	Ji Changhan	蔡尙憲	채상덕	Ch'ae Sang-dŏk	Chae Sangdeok
智蔡文	지채문	Chi Ch'ae-mun	Ji Chaemun	蔡相憲	채상덕	Ch'ae Sang-dŏk	Chae Sangdeok
池靑天	지청천	Chi Ch'ŏng-ch'ŏn	Ji Cheongcheon	蔡成禹	채성우	Ch'ae Sŏng-u	Chae Seongu
池喜謙	지희겸	Chi Hŭi-gyŏm	Ji Huigyeom	蔡世英	채세영	Ch'ae Se-yŏng	Chae Seyeong
陳果夫	진과부	Chin Kwa-bu	Jin Gwabu	蔡松年	채송년	Ch'ae Song-nyŏn	Chae Songnyeon
陳國斌	진국빈	Chin Kuk-pin	Jin Gukbin	蔡壽	채수	Ch'ae Su	Chae Su
陳其美	진기미	Chin Ki-mi	Jin Gimi	蔡壽永	채수영	Ch'ae Su-yŏng	Chae Suyeong
陳德三	진덕삼	Chin Tŏk-sam	Jin Deoksam	蔡永贊	채영찬	Ch'ae Yŏng-ch'an	Chae Yeongchan
眞亮	진량	Chin Ryang	Jin Ryang	蔡元	채원	Ch'ae Wŏn	Chae Won
陳武晟	진무성	Chin Mu-sŏng	Jin Museong	蔡元秉	채원병	Ch'ae Wŏn-byŏng	Chae Wonbyeong
陳復昌	진복창	Chin Pok-ch'ang	Jin Bokchang	蔡裕後	채유후	Ch'ae Yu-hu	Chae Yuhu
陳瑄	진선	Chin Sŏn	Jin Seon	蔡應彦	채응언	Ch'ae Ŭng-ŏn	Chae Eungeon
陳寔	진식	Chin Sik	Jin Sik	蔡仁揆	채인규	Ch'ae In-gyu	Chae Ingyu
陳榮喆	진영철	Chin Yŏng-ch'ŏl	Jin Yeongcheol	蔡靖	채정	Ch'ae Chŏng	Chae Jeong
秦再奚	진재해	Chin Chae-hae	Jin Jaehae	蔡濟恭	채제공	Ch'ae Che-gong	Chae Jegong
眞淨	진정	Chin Chŏng	Jin Jeong	蔡駿植	채준식	Ch'ae Chun-sik	Chae Junsik
陳俊	진준	Chin Chun	Jin Jun	蔡之洪	채지홍	Ch'ae Chi-hong	Chae Jihong
陳春	진춘	Chin Ch'un	Jin Chun	蔡燦	채찬	Ch'ae Ch'an	Chae Chan
陳漢中	진한중	Chin Han-chung	Jin Hanjung	蔡忠順	채충순	Ch'ae Ch'ung-sun	Chae Chungsun
眞欽	진흠	Chin Hŭm	Jin Heum	蔡弼近	채필근	Ch'ae P'il-gŭn	Chae Pilgeun

한자 용례	한글	ALA-LC Romanization	정부 표기안	한자 용례	한글	ALA-LC Romanization	정부 표기안
蔡河中	채하중	Ch'ae Ha-jung	Chae Hajung	崔麟	최린	Ch'oe Rin	Choe Rin
蔡弘遠	채홍원	Ch'ae Hong-wŏn	Chae Hongwon	崔林	최림	Ch'oe Rim	Choe Rim
蔡洪哲	채홍철	Ch'ae Hong-ch'ŏl	Chae Hongcheol	崔萬理	최만리	Ch'oe Mal-li	Choe Manri
拓俊京	척준경	Ch'ŏk Chun-gyŏng	Cheok Jungyeong	崔萬生	최만생	Ch'oe Man-saeng	Choe Mansaeng
千世德	천세덕	Ch'ŏn Se-dŏk	Cheon Sedeok	崔鳴吉	최명길	Ch'oe Myŏng-gil	Choe Myeonggil
崔堈	최강	Ch'oe Kang	Choe Gang	崔明錄	최명록	Ch'oe Myŏng-nok	Choe Myeongrok
崔涇	최경	Ch'oe Kyŏng	Choe Gyeong	崔明錫	최명석	Ch'oe Myŏng-sŏk	Choe Myeongseok
崔璟德	최경덕	Ch'oe Kyŏng-dŏk	Choe Gyeongdeok	崔明植	최명식	Ch'oe Myŏng-sik	Choe Myeongsik
崔慶翔	최경상	Ch'oe Kyŏng-sang	Choe Gyeongsang	崔明翊	최명익	Ch'oe Myŏng-ik	Choe Myeongik
崔景錫	최경석	Ch'oe Kyŏng-sŏk	Choe Gyeongseok	崔命昌	최명창	Ch'oe Myŏng-ch'ang	Choe Myeongchang
崔景善	최경선	Ch'oe Kyŏng-sŏn	Choe Gyeongseon	崔明鶴	최명학	Ch'oe Myŏng-hak	Choe Myeonghak
崔景植	최경식	Ch'oe Kyŏng-sik	Choe Gyeongsik	崔茂	최무	Ch'oe Mu	Choe Mu
崔慶長	최경장	Ch'oe Kyŏng-jang	Choe Gyeongjang	崔茂宣	최무선	Ch'oe Mu-sŏn	Choe Museon
崔慶昌	최경창	Ch'oe Kyŏng-ch'ang	Choe Gyeongchang	崔文淸	최문청	Ch'oe Mun-ch'ŏng	Choe Muncheong
崔敬鶴	최경학	Ch'oe Kyŏng-hak	Choe Gyeonghak	崔文煥	최문환	Ch'oe Mun-hwan	Choe Munhwan
崔慶會	최경회	Ch'oe Kyŏng-hoe	Choe Gyeonghoe	崔炳憲	최병헌	Ch'oe Pyŏng-hŏn	Choe Byeongheon
崔珙	최공	Ch'oe Kong	Choe Gong	崔炳浩	최병호	Ch'oe Pyŏng-ho	Choe Pyeongho
崔公哲	최공철	Ch'oe Kong-ch'ŏl	Choe Gongcheol	崔炳鎬	최병호	Ch'oe Pyŏng-ho	Choe Byeongho
崔關	최관	Ch'oe Kwan	Choe Gwan	崔秉和	최병화	Ch'oe Pyŏng-hwa	Choe Byeonghwa
崔光	최광	Ch'oe Kwang	Choe Gwang	崔溥	최보	Ch'oe Po	Choe Bo
崔光秀	최광수	Ch'oe Kwang-su	Choe Gwangsu	崔福述	최복술	Ch'oe Pok-sul	Choe Boksul
崔光玉	최광옥	Ch'oe Kwang-ok	Choe Gwangok	崔鳳俊	최봉준	Ch'oe Pong-jun	Choe Bongjun
崔匡裕	최광유	Ch'oe Kwang-yu	Choe Gwangyu	崔鳳煥	최봉환	Ch'oe Pong-hwan	Choe Bonghwan
崔奎東	최규동	Ch'oe Kyu-dong	Choe Gyudong	崔府	최부	Ch'oe Pu	Choe Bu
崔奎瑞	최규서	Ch'oe Kyu-sŏ	Choe Gyuseo	崔北	최북	Ch'oe Puk	Choe Buk
崔圭昌	최규창	Ch'oe Kyu-ch'ang	Choe Gyuchang	崔士威	최사위	Ch'oe Sa-wi	Choe Sawi
崔圭夏	최규하	Ch'oe Kyu-ha	Choe Gyuha	崔思全	최사전	Ch'oe Sa-jŏn	Choe Sajeon
崔根培	최근배	Ch'oe Kŭn-bae	Choe Geunbae	崔思諏	최사추	Ch'oe Sa-ch'u	Choe Sachu
崔謹愚	최근우	Ch'oe Kŭn-u	Choe Geunu	崔山斗	최산두	Ch'oe San-du	Choe Sandu
崔沂	최기	Ch'oe Ki	Choe Gi	崔山輝	최산휘	Ch'oe San-hwi	Choe Sanhwi
崔起南	최기남	Ch'oe Ki-nam	Choe Ginam	崔象德	최상덕	Ch'oe Sang-dŏk	Choe Sangdeok
崔那海	최나해	Ch'oe Na-hae	Choe Nahae	崔尙林	최상림	Ch'oe Sang-nim	Choe Sangrim
崔鸞	최난	Ch'oe Nan	Choe Nan	崔祥純	최상순	Ch'oe Sang-sun	Choe Sangsun
崔南善	최남선	Ch'oe Nam-sŏn	Choe Namseon	崔相旭	최상욱	Ch'oe Sang-uk	Choe Sanguk
崔老星	최노성	Ch'oe No-sŏng	Choe Noseong	崔商翼	최상익	Ch'oe Sang-ik	Choe Sangik
崔讜	최당	Ch'oe Tang	Choe Dang	崔相鶴	최상학	Ch'oe Sang-hak	Choe Sanghak
崔德之	최덕지	Ch'oe Tŏk-chi	Choe Deokji	崔曙海	최서해	Ch'oe Sŏ-hae	Choe Seohae
崔都憲	최도헌	Ch'oe To-hŏn	Choe Doheon	崔錫淳	최석순	Ch'oe Sŏk-sun	Choe Seoksun
崔獨鵑	최독견	Ch'oe Tok-kyŏn	Choe Dokgyeon	崔碩淳	최석순	Ch'oe Sŏk-sun	Choe Seoksun
崔敦根	최돈근	Ch'oe Ton-gŭn	Choe Dongeun	崔錫采	최석재	h'oe Sŏk-ch'ae	Choe Sŏkchae
崔東五	최동오	Ch'oe Tong-o	Choe Dongo	崔錫鼎	최석정	Ch'oe Sŏk-chŏng	Choe Seokcheong
崔東昈	최동오	Ch'oe Tong-o	Choe Dongo	崔碩俊	최석준	Ch'oe Sŏk-chun	Choe Seokjun
崔斗善	최두선	Ch'oe Tu-sŏn	Choe Duseon	崔錫恒	최석항	Ch'oe Sŏk-hang	Choe Seokhang
崔亮	최량	Ch'oe Ryang	Choe Ryang	崔詵	최선	Ch'oe Sŏn	Choe Seon
崔婁伯	최루백	Ch'oe Nu-baek	Choe Nubaek	崔宣奎	최선규	Ch'oe Sŏn-gyu	Choe Seongyu

한자 용례	한글	ALA-LC Romanization	정부 표기안	한자 용례	한글	ALA-LC Romanization	정부 표기안
崔善珪	최선규	Ch'oe Sŏn-gyu	Choe Seongyu	崔元信	최원식	Ch'oe Wŏn-sin	Choe Wonsin
崔善準	최선준	Ch'oe Sŏn-jun	Choe Seonjun	崔元澤	최원택	Ch'oe Wŏn-t'aek	Choe Wontaek
崔暹	최섬	Ch'oe Sŏm	Choe Seom	崔濡	최유	Ch'oe Yu	Choe Yu
崔聖模	최성모	Ch'oe Sŏng-mo	Choe Seongmo	崔有慶	최유경	Ch'oe Yu-gyŏng	Choe Yugyeong
崔誠之	최성지	Ch'oe Sŏng-ji	Choe Seongji	崔愈恭	최유공	Ch'oe Yu-gong	Choe Yugong
崔成鎬	최성호	Ch'oe Sŏng-ho	Choe Seongho	崔有臨	최유림	Ch'oe Yu-rim	Choe Yurim
崔世輔	최세보	Ch'oe Se-bo	Choe Sebo	崔惟善	최유선	Ch'oe Yu-sŏn	Choe Yuseon
崔世允	최세윤	Ch'oe Se-yun	Choe Seyun	崔有渰	최유엄	Ch'oe Yu-ŏm	Choe Yueom
崔世珍	최세진	Ch'oe Se-jin	Choe Sejin	崔有源	최유원	Ch'oe Yu-wŏn	Choe Yuwon
崔世翰	최세한	Ch'oe Se-han	Choe Sehan	崔攸之	최유지	Ch'oe Yu-ji	Choe Yuji
崔壽鳳	최수봉	Ch'oe Su-bong	Choe Subong	崔惟清	최유청	Ch'oe Yu-ch'ŏng	Choe Yucheong
崔淑生	최숙생	Ch'oe Suk-saeng	Choe Suksaeng	崔有海	최유해	Ch'oe Yu-hae	Choe Yuhae
崔淑精	최숙정	Ch'oe Suk-chŏng	Choe Sukjeong	崔潤德	최윤덕	Ch'oe Yun-dŏk	Choe Yundeok
崔承老	최승로	Ch'oe Sŭng-no	Choe Seungro	崔允儀	최윤의	Ch'oe Yun-ŭi	Choe Yunui
崔承祐	최승우	Ch'oe Sŭng-u	Choe Seungu	崔恩	최은	Ch'oe Ŭn	Choe Eun
崔昇煥	최승환	Ch'oe Sŭng-hwan	Choe Seunghwan	崔殷含	최은함	Ch'oe Ŭn-ham	Choe Eunham
崔承喜	최승희	Ch'oe Sŭng-hŭi	Choe Seunghui	崔恩喜	최은희	Ch'oe Ŭn-hŭi	Choe Eunhui
崔時亨	최시형	Ch'oe Si-hyŏng	Choe Sihyeong	崔凝	최응	Ch'oe Ŭng	Choe Eung
崔時興	최시흥	Ch'oe Si-hŭng	Choe Siheung	崔應龍	최응룡	Ch'oe Ŭng-nyong	Choe Eungryong
崔埴	최식	Ch'oe Sik	Choe Sik	崔應賢	최응현	Ch'oe Ŭng-hyŏn	Choe Eunghyeon
崔愼	최신	Ch'oe Sin	Choe Sin	崔義	최의	Ch'oe Ŭi	Choe Ui
崔安	최안	Ch'oe An	Choe An	崔怡	최이	Ch'oe I	Choe I
崔安道	최안도	Ch'oe An-do	Choe Ando	崔益翰	최익한	Ch'oe Ik-han	Choe Ikhan
崔良伯	최양백	Ch'oe Yang-baek	Choe Yangbaek	崔益鉉	최익현	Ch'oe Ik-hyŏn	Choe Ikhyeon
崔良業	최양업	Ch'oe Yang-ŏp	Choe Yangeop	崔仁	최인	Ch'oe In	Choe In
崔養玉	최양옥	Ch'oe Yang-ok	Choe Yangok	崔寅奎	최인규	Ch'oe In-gyu	Choe Ingyu
崔彦撝	최언위	Ch'oe Ŏn-wi	Choe Eonwi	崔仁浩	최인호	Ch'oe In-ho	Choe Inho
崔汝諧	최여해	Ch'oe Yŏ-hae	Choe Yeohae	崔日	최일	Ch'oe Il	Choe Il
崔瑛	최영	Ch'oe Yŏng	Choe Yeong	崔林壽	최임수	Ch'oe Im-su	Choe Imsu
崔瑩	최영	Ch'oe Yŏng	Choe Yeong	崔滋	최자	Ch'oe Cha	Choe Ja
崔永慶	최영경	Ch'oe Yŏng-gyŏng	Choe Yeonggyeong	崔滋盛	최자성	Ch'oe Cha-sŏng	Choe Jaseong
崔永昌	최영창	Ch'oe Yŏng-ch'ang	Choe Yeongchang	崔載瑞	최재서	Ch'oe Chae-sŏ	Choe Jaeseo
崔玉山	최옥산	Ch'oe Ok-san	Choe Oksan	崔在亨	최재형	Ch'oe Chae-hyŏng	Choe Jaehyeong
崔溫	최온	Ch'oe On	Choe On	崔載喜	최재희	Ch'oe Chae-hŭi	Choe Jaehui
崔庸健	최용건	Ch'oe Yong-gŏn	Choe Yonggeon	崔廷德	최정덕	Ch'oe Chŏng-dŏk	Choe Jeongdeok
崔容達	최용달	Ch'oe Yong-dal	Choe Yongdal	崔廷植	최정식	Ch'oe Chŏng-sik	Choe Jeongsik
崔龍蘇	최용서	h'oe Yong-so	Choe Yongso	崔井安	최정안	Ch'oe Chŏng-an	Choe Jeongan
崔容成	최용성	Ch'oe Yong-sŏng	Choe Yongseong	崔珽宇	최정우	Ch'oe Chŏng-u	Choe Jeongu
崔龍雲	최용운	Ch'oe Yong-un	Choe Yongun	崔濟宣	최제선	Ch'oe Che-sŏn	Choe Jeseon
崔瑀	최우	Ch'oe U	Choe U	崔齊顔	최제안	Ch'oe Che-an	Choe Jean
崔禹錫	최우석	Ch'oe U-sŏk	Choe Useok	崔濟愚	최제우	Ch'oe Che-u	Choe Jeu
崔遇清	최우청	Ch'oe U-ch'ŏng	Choe Ucheong	崔宗裕	최종유	Ch'oe Chong-yu	Choe Jongyu
崔旭永	최욱영	Ch'oe Ug-yŏng	Choe Ukyeong	崔宗周	최종주	Ch'oe Chong-ju	Choe Jongju
崔雲海	최운해	Ch'oe Un-hae	Choe Unhae	崔宗峻	최종준	Ch'oe Chong-jun	Choe Jongjun
崔雄	최웅	Ch'oe Ung	Choe Ung	崔俊文	최준문	Ch'oe Chun-mun	Choe Junmun

한자 용례	한글	ALA-LC Romanization	정부 표기안	한자 용례	한글	ALA-LC Romanization	정부 표기안
崔重洪	최중홍	Ch'oe Chung-hong	Choe Junghong	崔喜	최희	Ch'oe Hŭi	Cheo Hui
崔知夢	최지몽	Ch'oe Chi-mong	Choe Jimong	崔希亮	최희량	Ch'oe Hŭi-ryang	Choe Huiryang
崔振東	최진동	Ch'oe Chin-dong	Choe Jindong	鄒許祖	추허조	Ch'u Hŏ-jo	Chu Heojo
崔震立	최진립	Ch'oe Chin-nip	Choe Jinrip	卓光茂	탁광무	T'ak Kwang-mu	Tak Gwangmu
崔質	최질	Ch'oe Chil	Choe Jil	卓愼	탁신	T'ak Sin	Tak Sin
崔瓚植	최찬식	Ch'oe Ch'an-sik	Choe Chansik	卓挺埴	탁정식	T'ak Chŏng-sik	Tak Jeongsik
崔昌大	최창대	Ch'oe Ch'ang-dae	Choe Changdae	卓靑	탁청	T'ak Ch'ŏng	Tak Cheong
崔昌植	최창식	Ch'oe Ch'ang-sik	Choe Changsik	彭翰周	팽한주	P'aeng Han-ju	Paeng Hanju
崔昌羽	최창우	Ch'oe Ch'ang-u	Choe Changu	表沿沫	표연말	P'yo Yŏn-mal	Pyo Yeonmal
崔昌益	최창익	Ch'oe Ch'ang-ik	Choe Changik	表永俊	표영준	P'yo Yŏng-jun	Pyo Yeongjun
崔昌玄	최창현	Ch'oe Ch'ang-hyŏn	Choe Changhyeon	河敬德	하경덕	Ha Kyŏng-dŏk	Ha Gyeongdeok
崔昌賢	최창현	Ch'oe Ch'ang-hyŏn	Choe Changhyeon	河敬復	하경복	Ha Kyŏng-bok	Ha Gyeongbok
崔昌興	최창흥	Ch'oe Ch'ang-hŭng	Choe Changheung	河拱辰	하공진	Ha Kong-jin	Ha Gongjin
崔陟卿	최척경	Ch'oe Ch'ŏk-kyŏng	Choe Cheokkyeong	河圭一	하규일	Ha Kyu-il	Ha Gyuil
崔鐵	최철	Ch'oe Ch'ŏl	Choe Cheol	河崙	하륜	Ha Ryun	Ha Ryun
崔鐵堅	최철견	Ch'oe Ch'ŏl-gyŏn	Choe Cheolgyeon	河丙洙	하병수	Ha Pyŏng-su	Ha Byeongsu
崔春國	최춘국	Ch'oe Ch'un-guk	Choe Chunguk	鄭河淑	하숙	Chŏng Ha-suk	Jeong Hasuk
崔椿命	최춘명	Ch'oe Ch'un-myŏng	Choe Chunmyeong	何如璋	하여장	Ha Yŏ-jang	Ha Yeojang
崔冲	최충	Ch'oe Ch'ung	Choe Chung	河演	하연	Ha Yŏn	Ha Yeon
崔忠粹	최충수	Ch'oe Ch'ung-su	Choe Chungsu	河緯地	하위지	Ha Wi-ji	Ha Wiji
崔忠獻	최충헌	Ch'oe Ch'ung-hŏn	Choe Chungheon	河應臨	하응림	Ha Ŭng-nim	Ha Eungrim
崔致雲	최치운	Ch'oe Ch'i-un	Choe Chiun	河泰鏞	하태용	Ha T'ae-yong	Ha Taeyong
崔致遠	최치원	Ch'oe Ch'i-wŏn	Choe Chiwon	河弘度	하홍도	Ha Hong-do	Ha Hongdo
崔卓	최탁	Ch'oe T'ak	Choe Tak	韓景琦	한경기	Han Kyŏng-gi	Han Gyeonggi
崔坦	최탄	Ch'oe T'an	Choe Tan	韓繼美	한계미	Han Kye-mi	Han Gyemi
崔泰應	최태응	Ch'oe T'ae-ŭng	Choe Taeeung	韓啓源	한계원	Han Kye-wŏn	Han Gyewon
崔台夏	최태하	Ch'oe T'ae-ha	Choe Taeha	韓繼禧	한계희	Han Kye-hŭi	Han Gyehui
崔八鏞	최팔용	Ch'oe P'ar-yong	Choe Palyong	韓光肇	한광조	Han Kwang-jo	Han Gwangjo
崔坪	최평	Ch'oe P'yŏng	Choe Pyeong	韓嶠	한교	Han Kyo	Han Gyo
崔學源	최학원	Ch'oe Hag-wŏn	Choe Hakwon	韓構	한구	Han Ku	Han Gu
崔漢綺	최한기	Ch'oe Han-gi	Choe Hangi	韓圭卨	한규설	Han Kyu-sŏl	Han Gyuseol
崔沆	최항	Ch'oe Hang	Choe Hang	韓圭稷	한규직	Han Kyu-jik	Han Gyujik
崔恒	최항	Ch'oe Hang	Choe Hang	韓根祖	한근조	Han Kŭn-jo	Han Geunjo
崔瀣	최해	Ch'oe Hae	Choe Hae	韓基根	한기근	Han Ki-gŭn	Han Gigeun
崔海山	최해산	Ch'oe Hae-san	Choe Haesan	韓耆東	한기동	Han Ki-dong	Han Gidong
崔行歸	최행귀	Ch'oe Haeng-gwi	Choe Haenggwi	韓基岳	한기악	Han Ki-ak	Han Giak
崔珦	최향	Ch'oe Hyang	Choe Hyang	韓德銖	한덕수	Han Tŏk-su	Han Deoksu
崔賢	최현	Ch'oe Hyŏn	Choe Hyeon	韓賴	한뢰	Han Roe	Han Roe
崔鉉培	최현배	Ch'oe Hyŏn-bae	Choe Hyeonbae	韓晩裕	한만유	Han Man-yu	Han Manyu
崔炯	최형	Ch'oe Hyŏng	Choe Hyeong	韓明胤	한명윤	Han Myŏng-yun	Han Myeongyun
崔惠吉	최혜길	Ch'oe Hye-gil	Choe Hyegil	韓明澮	한명회	Han Myŏng-hoe	Han Myeonghoe
崔湖	최호	Ch'oe Ho	Choe Ho	韓文俊	한문준	Han Mun-jun	Han Munjun
崔弘嗣	최홍사	Ch'oe Hong-sa	Choe Hongsa	韓昉	한방	Han Pang	Han Bang
崔弘宰	최홍재	Ch'oe Hong-jae	Choe Hongjae	韓邦彦	한방언	Han Pang-ŏn	Han Bangeon
崔興源	최흥원	Ch'oe Hŭng-wŏn	Choe Heungwon	韓百謙	한백겸	Han Paek-kyŏm	Han Baekgyeom

한자 용례	한글	ALA-LC Romanization	정부 표기안	한자 용례	한글	ALA-LC Romanization	정부 표기안
韓伯倫	한백륜	Han Paeng-nyun	Han Baekryun	韓鎭敎	한진교	Han Chin-gyo	Han Jingyo
韓秉道	한병도	Han Pyŏng-do	Han Byeongdo	韓澄	한징	Han Ching	Han Jing
韓鳳洙	한봉수	Han Pong-su	Han Bongsu	韓忠	한충	Han Ch'ung	Han Chung
韓奉一	한봉일	Han Pong-il	Han Bongil	韓就	한취	Han Ch'wi	Han Chwi
韓斌	한빈	Han Pin	Han Bin	韓致奫	한치윤	Han Ch'i-yun	Han Chiyun
韓尙敬	한상경	Han Sang-gyŏng	Han Sanggyeong	韓致亨	한치형	Han Ch'i-hyŏng	Han Chihyeong
韓相龍	한상룡	Han Sang-ryong	Han Sangryong	韓泰東	한태동	Han T'ae-dong	Han Taedong
韓尙質	한상질	Han Sang-jil	Han Sangjil	韓弼敎	한필교	Han P'il-gyo	Han Pilgyo
韓錫東	한석동	Han Sŏk-tong	Han Seokdong	韓亨允	한형윤	Han Hyŏng-yun	Han Hyeongyun
韓石峰	한석봉	Han Sŏk-pong	Han Seokbong	韓濩	한호	Han Ho	Han Ho
韓善國	한선국	Han Sŏn-guk	Han Seonguk	韓確	한확	Han Hwak	Han Hwak
韓雪野	한설야	Han Sŏr-ya	Han Seolya	韓孝純	한효순	Han Hyo-sun	Han Hyosun
韓聖根	한성근	Han Sŏng-gŭn	Han Seonggeun	韓效元	한효원	Han Hyo-wŏn	Han Hyowon
韓聖佑	한성우	Han Sŏng-u	Han Seongu	韓焄	한훈	Han Hun	Han Hun
韓成俊	한성준	Han Sŏng-jun	Han Seongjun	韓訓	한훈	Han Hun	Han Hun
韓松溪	한송계	Han Song-gye	Han Songgye	韓興	한흥	Han Hŭng	Han Heung
韓脩	한수	Han Su	Han Su	韓興根	한흥근	Han Hŭng-gŭn	Han Heunggeun
韓時覺	한시각	Han Si-gak	Han Sigak	韓興一	한흥일	Han Hŭng-il	Han Heungil
韓愼	한신	Han Sin	Han Sin	韓希愈	한희유	Han Hŭi-yu	Han Huiyu
韓信	한신	Han Sin	Han Sin	咸錫憲	함석헌	Ham Sŏk-hŏn	Ham Seokheon
韓信卿	한신경	Han Sin-gyŏng	Han Singyeong	咸有一	함유일	Ham Yu-il	Ham Yuil
韓愼晟	한신성	Han Sin-sŏng	Han Sinseong	咸允洙	함윤수	Ham Yun-su	Ham Yunsu
韓安仁	한안인	Han An-in	Han Anin	咸在韶	함재소	Ham Chae-so	Ham Jaeso
韓堰	한언	Han Ŏn	Han Eon	咸在韻	함재운	Ham Chae-un	Ham Jaeun
韓彦恭	한언공	Han Ŏn-gong	Han Eongong	咸台永	함태영	Ham T'ae-yŏng	Ham Taeyeong
韓彦國	한언국	Han Ŏn-guk	Han Eonguk	咸大勳	함태훈	Ham Tae-hun	Ham Daehun
韓用龜	한용구	Han Yong-gu	Han Yonggu	咸亨洙	함형수	Ham Hyŏng-su	Ham Hyeongsu
韓龍雲	한용운	Han Yong-un	Han Yongun	咸和鎭	함화진	Ham Hwa-jin	Ham Hwajin
韓禹錫	한우석	Han U-sŏk	Han Useok	解夫婁	해부루	Hae Pu-ru	Hae Buru
韓元震	한원진	Han Wŏn-jin	Han Wonjin	許堅	허견	Hŏ Kyŏn	Heo Gyeon
韓愈	한유	Han Yu	Han Yu	許珙	허공	Hŏ Kong	Heo Gong
韓有星	한유성	Han Yu-sŏng	Han Yuseong	許筠	허균	Hŏ Kyun	Heo Gyun
韓惟忠	한유충	Han Yu-ch'ung	Han Yuchung	許克	허극	Hŏ Kŭk	Heo Geuk
韓惟漢	한유한	Han Yu-han	Han Yuhan	許蘭雪軒	허난설헌	Hŏ Nansŏrhŏn	Heo Nanseolheon
韓陰	한음	Han Ŭm	Han Eum	許得良	허득량	Hŏ Tŭng-nyang	Heo Deukryang
韓應寅	한응인	Han Ŭng-in	Han Eungin	許穆	허목	Hŏ Mok	Heo Mok
韓仁及	한인급	Han In-gŭp	Han Ingeup	許磐	허반	Hŏ Pan	Heo Ban
韓章錫	한장석	Han Chang-sŏk	Han Jangseok	許伯	허백	Hŏ Paek	Heo Baek
韓貞萬	한정만	Han Chŏng-man	Han Jeongman	許篈	허봉	Hŏ Pong	Heo Bong
韓周煥	한주환	Han Chu-hwan	Han Juhwan	許鳳學	허봉학	Hŏ Pong-hak	Heo Bonghak
韓準	한준	Han Chun	Han Jun	許斌	허빈	Hŏ Pin	Heo Bin
韓浚謙	한준겸	Han Chun-gyŏm	Han Jungyeom	許筬	허성	Hŏ Sŏng	Heo Seong
韓俊烱	한준형	Han Chun-hyŏng	Han Junhyeong	許聖默	허성묵	Hŏ Sŏng-muk	Heo Seongmuk
韓重爀	한중혁	Han Chung-hyŏk	Han Junghyeok	許成澤	허성택	Hŏ Sŏng-t'aek	Heo Seongtaek
韓志城	한지성	Han Chi-sŏng	Han Jiseong	許曄	허엽	Hŏ Yŏp	Heo Yeop

한자 용례	한글	ALA-LC Romanization	정부 표기안	한자 용례	한글	ALA-LC Romanization	정부 표기안
許永植	허영식	Hŏ Yŏng-sik	Heo Yeongsik	玄哲	현철	Hyŏn Ch'ŏl	Hyeon Cheol
許完	허완	Hŏ Wan	Heo Wan	玄興澤	현흥택	Hyŏn Hŭng-t'aek	Hyeon Heungtaek
許煜	허욱	Hŏ Uk	Heo Uk	洪景來	홍경래	Hong Kyŏng-nae	Hong Gyeongrae
許頊	허욱	Hŏ Uk	Heo Uk	洪敬謨	홍경모	Hong Kyŏng-mo	Hong Gyŏngmo
許蔿	허위	Hŏ Wi	Heo Wi	洪季男	홍계남	Hong Kye-nam	Hong Gyenam
許有全	허유전	Hŏ Yu-jŏn	Heo Yujeon	洪啓禧	홍계희	Hong Kye-hŭi	Hong Gyehui
許任	허임	Hŏ Im	Heo Im	洪寬	홍관	Hong Kwan	Hong Gwan
許磁	허자	Hŏ Cha	Heo Ja	洪灌	홍관	Hong Kwan	Hong Gwan
許載	허재	Hŏ Chae	Heo Jae	洪國榮	홍국영	Hong Kug-yŏng	Hong Gugyeong
許積	허적	Hŏ Chŏk	Heo Jeok	洪奎	홍규	Hong Kyu	Hong Gyu
許傳	허전	Hŏ Chŏn	Heo Jeon	洪起文	홍기문	Hong Ki-mun	Hong Gimun
許貞淑	허정숙	Hŏ Chŏng-suk	Heo Jeongsuk	洪起膺	홍기응	Hong Ki-ŭng	Hong Gieung
許貞子	허정자	Hŏ Chŏng-ja	Heo Jeongja	洪基兆	홍기조	Hong Ki-jo	Hong Gijo
許稠	허조	Hŏ Cho	Heo Jo	洪起昌	홍기창	Hong Ki-ch'ang	Hong Gichang
許琮	허종	Hŏ Chong	Heo Jong	洪起憲	홍기헌	Hong Ki-hŏn	Hong Giheon
許浚	허준	Hŏ Chun	Heo Jun	洪吉童	홍길동	Hong Kil-tong	Hong Gildong
許楚姬	허초희	Hŏ Ch'o-hŭi	Heo Chohui	洪蘭坡	홍난파	Hong Nan-p'a	Hong Nanpa
許琛	허침	Hŏ Ch'im	Heo Chim	洪南杓	홍남표	Hong Nam-p'yo	Hong Nampyo
許沆	허항	Hŏ Hang	Heo Hang	洪茶丘	홍다구	Hong Ta-gu	Hong Dagu
許憲	허헌	Hŏ Hŏn	Heo Heon	洪大容	홍대용	Hong Tae-yong	Hong Daeyong
許亨孫	허형손	Hŏ Hyŏng-son	Heo Hyeongson	洪萬選	홍만선	Hong Man-sŏn	Hong Manseon
許亨植	허형식	Hŏ Hyŏng-sik	Heo Hyeongsik	洪萬宗	홍만종	Hong Man-jong	Hong Manjong
許弘仁	허홍인	Hŏ Hong-in	Heo Hongin	洪冕熹	홍면희	Hong Myŏn-hŭi	Hong Myeonhui
許黃玉	허황옥	Hŏ Hwang-ok	Heo Hwangok	洪命熹	홍명희	Hong Myŏng-hŭi	Hong Myeonghui
許厚	허후	Hŏ Hu	Heo Hu	洪範圖	홍범도	Hong Pŏm-do	Hong Beomdo
許昕	허흔	Hŏ Hŭn	Heo Heun	洪秉箕	홍병기	Hong Pyŏng-gi	Hong Byeonggi
玄德秀	현덕수	Hyŏn Tŏk-su	Hyeon Deoksu	洪鳳漢	홍봉한	Hong Pong-han	Hong Bonghan
玄炳根	현병근	Hyŏn Pyŏng-gŭn	Hyeon Byeonggŭn	洪奭周	홍석주	Hong Sŏk-chu	Hong Seokju
玄炳瑾	현병근	Hyŏn Pyŏng-gŭn	Hyeon Byeonggŭn	洪世泰	홍세태	Hong Se-t'ae	Hong Setae
玄鳳吉	현봉길	Hyŏn Pong-gil	Hyeon Bonggil	洪養默	홍양묵	Hong Yang-muk	Hong Yangmuk
玄尙璧	현상벽	Hyŏn Sang-byŏk	Hyeon Sangbyeok	洪良浩	홍양호	Hong Yang-ho	Hong Yangho
玄相允	현상윤	Hyŏn Sang-yun	Hyeon Sangyun	洪彦博	홍언박	Hong Ŏn-bak	Hong Eonbak
玄碩圭	현석규	Hyŏn Sŏk-kyu	Hyeon Seokgyu	洪彦秀	홍언수	Hong Ŏn-su	Hong Eonsu
玄錫文	현석문	Hyŏn Sŏng-mun	Hyeon Seokmun	洪英植	홍영식	Hong Yŏng-sik	Hong Yeongsik
玄昔運	현석운	Hyŏn Sŏg-un	Hyeon Seogun	洪永厚	홍영후	Hong Yŏng-hu	Hong Yeonghu
玄楯	현순	Hyŏn Sun	Hyeon Sun	洪禹成	홍우성	Hong U-sŏng	Hong Useong
玄暎運	현영운	Hyŏn Yŏng-un	Hyeon Yeongun	洪儒	홍유	Hong Yu	Hong Yu
玄益哲	현익철	Hyŏn Ik-ch'ŏl	Hyeon Ikcheol	泓宥	홍유	Hong Yu	Hong Yu
玄鎰	현일	Hyŏn Il	Hyeon Il	洪裕孫	홍유손	Hong Yu-son	Hong Yuson
玄正卿	현정경	Hyŏn Chŏng-gyŏng	Hyeon Jeonggyeong	洪允成	홍윤성	Hong Yun-sŏng	Hong Yunseong
玄濟明	현제명	Hyŏn Che-myŏng	Hyeon Jemyeong	洪彝敍	홍이서	Hong I-sŏ	Hong Iseo
玄俊爀	현준혁	Hyŏn Chun-hyŏk	Hyeon Junhyeok	洪翼漢	홍익한	Hong Ik-han	Hong Ikhan
玄鎭健	현진건	Hyŏn Chin-gŏn	Hyeon Jingeon	洪麟漢	홍인한	Hong In-han	Hong Inhan
玄采	현채	Hyŏn Ch'ae	Hyeon Chae	洪一憲	홍일헌	Hong Ir-hŏn	Hong Ilheon
玄天默	현천묵	Hyŏn Ch'ŏn-muk	Hyeon Cheonmuk	洪子藩	홍자번	Hong Cha-bŏn	Hong Jabeon

한자 용례	한글	ALA–LC Romanization	정부 표기안	한자 용례	한글	ALA–LC Romanization	정부 표기안
洪在鶴	홍재학	Hong Chae-hak	Hong Jaehak	黃俊良	황준량	Hwang Chun-nyang	Hwang Junryang
洪鍾宇	홍종우	Hong Chong-u	Hong Jongu	黃遵憲	황준헌	Hwang Chun-hŏn	Hwang Junheon
洪疇	홍주	Hong Chu	Hong Ju	黃仲寶	황중보	Hwang Chung-bo	Hwang Jungbo
洪俊奇	홍준기	Hong Chun-gi	Hong Jungi	黃進	황진	Hwang Chin	Hwang Jin
洪仲方	홍중방	Hong Chung-bang	Hong Jungbang	黃眞伊	황진이	Hwang Chin-i	Hwang Jini
洪重喜	홍중희	Hong Chung-hŭi	Hong Junghui	黃執中	황집중	Hwang Chip-chung	Hwang Jipjung
洪縉	홍진	Hong Chin	Hong Jin	黃泰成	황태성	Hwang T'ae-sŏng	Hwang Taeseong
洪進	홍진	Hong Chin	Hong Jin	黃泌秀	황필수	Hwang P'il-su	Hwang Pilsu
洪震	홍진	Hong Chin	Hong Jin	黃學秀	황학수	Hwang Hak-su	Hwang Haksu
洪璉基	홍진기	Hong Chin-gi	Hong Jingi	黃赫	황혁	Hwang Hyŏk	Hwang Hyeok
洪振道	홍진도	Hong Chin-do	Hong Jindo	黃玹	황현	Hwang Hyŏn	Hwang Hyeon
洪振文	홍진문	Hong Chin-mun	Hong Jinmun	黃喜	황희	Hwang Hŭi	Hwang Hui
洪曉民	홍효민	Hong Hyo-min	Hong Hyomin				
黃景源	황경원	Hwang Kyŏng-wŏn	Hwang Gyeongwon				
黃杞煥	황기환	Hwang Ki-hwan	Hwang Gihwan				
黃玘煥	황기환	Hwang Ki-hwan	Hwang Gihwan				
黃紀煥	황기환	Hwang Ki-hwan	Hwang Gihwan				
黃大用	황대용	Hwang Tae-yong	Hwang Daeyong				
黃晚東	황만동	Hwang Man-dong	Hwang Mandong				
黃炳吉	황병길	Hwang Pyŏng-gil	Hwang Byeonggil				
皇甫瓘	황보관	Hwangbo Kwan	Hwangbo Gwan				
皇甫琳	황보림	Hwangbo Im	Hwangbo Im				
皇甫兪義	황보유의	Hwangbo Yu-ŭi	Hwangbo Yuui				
皇甫仁	황보인	Hwangbo In	Hwangbo In				
皇甫悌恭	황보제공	Hwangbo Che-gong	Hwangbo Jegong				
皇甫抗	황보항	Hwangbo Hang	Hwangbo Hang				
黃嗣永	황사영	Hwang Sa-yŏng	Hwang Sayeong				
黃嗣永	황사영	Hwang Sa-yŏng	Hwang Saeong				
黃尙奎	황상규	Hwang Sang-gyu	Hwang Sanggyu				
黃錫禹	황석우	Hwang Sŏg-u	Hwang Seoku				
黃巢	황소	Hwang So	Hwang So				
黃順常	황순상	Hwang Sun-sang	Hwang Sunsang				
黃順元	황순원	Hwang Sun-wŏn	Hwang Sunwon				
黃述祚	황술조	Hwang Sul-cho	Hwang Suljo				
黃信德	황신덕	Hwang Sin-dŏk	Hwang Sindeok				
黃愛德	황애덕	Hwang Ae-dŏk	Hwang Aedeok				
黃瑩	황영	Hwang Yŏng	Hwang Yeong				
黃鈺	황옥	Hwang Ok	Hwang Ok				
黃兪顯	황유현	Hwang Yu-hyŏn	Hwang Yuhyeon				
黃允吉	황윤길	Hwang Yun-gil	Hwang Yungil				
黃胤錫	황윤석	Hwang Yun-sŏk	Hwang Yunseok				
黃義敦	황의돈	Hwang Ŭi-don	Hwang Uidon				
黃梓	황자	Hwang Cha	Hwang Ja				
黃長燁	황장엽	Hwang Chang-yŏp	Hwang Jangyeop				
黃周亮	황주량	Hwang Chu-ryang	Hwang Juryang				

이영기

서울 生.
성균관 대학교 도서관학과 졸업
Master of Science in Library and Information Science, Catholic University of America
Senior Cataloging Specialist, Library of Congress

—

ALA-LC Romanization Tables에 의한
한글 로마자 표기 용례 사전
정부 표기법 용례 첨부

초판 1쇄 인쇄 | 2018년 08월 07일
초판 1쇄 발행 | 2018년 08월 17일

편   저   이영기

발 행 인   한정희
발 행 처   경인문화사
총 괄 이 사   김환기
편   집   김지선 박수진 유지혜 한명진
마 케 팅   김선규 하재일 유인순
출 판 번 호   제406-1973-000003호
주   소   경기도 파주시 회동길 445-1 경인빌딩 B동 4층
전   화   031-955-9300 팩   스   031-955-9310
홈 페 이 지   www.kyunginp.co.kr
이 메 일   kyungin@kyunginp.co.kr

ISBN   978-89-499-4761-7   13020
값 57,000원